# 云南工商年鉴

# YUNNAN INDUSTRY AND COMMERCE ALMANAC

## 2010

云南省工商行政管理局　主办

德宏民族出版社

**图书在版编目（CIP）数据**

云南工商年鉴（2010）/云南省工商局 编 －潞西：德宏民族出版社，2010.10

ISBN 978－7－80750－378－1

Ⅰ．云… Ⅱ．云… Ⅲ．工商行政管理－云南省－2010－年鉴 Ⅳ．①F203.9－54

中国版本图书馆CIP数据核字（2010）第195943号

书 名：云南工商年鉴（2010）

作 者：云南省工商局 编

| | | | |
|---|---|---|---|
| 出版·发行 | 德宏民族出版社 | 责任编辑 | 方 萍 |
| 社 址 | 潞西市勇罕街1号 | 责任校对 | 银传秀 |
| 邮 编 | 678400 | 封面设计 | 李世萍 |
| 电 话 | 0692－2124877 2112886 | 印 刷 | 昆明鹰达印刷有限公司 |
| 网 址 | www.dmpress.cn | | |
| 开 本 | 大16 | 版 次 | 2010年10月第1版 |
| 印 张 | 44 | 印 次 | 2010年10月第1次 |
| 字 数 | 1200千 | 印 数 | 1－5000 |
| 书 号 | ISBN 978－7－80750－378－1/F·25 | 定 价 | 288.00元 |

# 云南工商年鉴编辑委员会

闫友谊(云南省财政厅办公室主任)
李发新(云南省住房和城乡建设厅办公室主任)
陈　琨(云南省交通运输厅办公室副主任)
郑青江(云南省农业厅办公室副主任)
文　彬(云南省林业厅办公室主任)
曾　毅(云南省水利厅办公室副主任)
周学文(云南省商务厅办公室主任)
郭振荣(云南省文化厅办公室主任)
林　健(云南省卫生厅办公室主任)
谢云丹(云南省国家税务局办公室副主任)
徐胜旗(云南省地方税务局办公室主任)
冯敬亮(云南省人民政府研究室办公室主任)
张玉建(云南省新闻出版局办公室主任)
杨志伟(云南省安全生产监督管理局办公室主任)
尹　耀(云南省旅游局办公室主任)
杨剑峰(云南电网公司办公室主任)
赵　毅(云南省工商行政管理局督察员)
李连周(云南省工商行政管理局督察员)
张建学(云南省工商行政管理局督察员)
夏国泰(云南省工商行政管理局督察员)
李维高(云南省工商行政管理局督察员)
王一丁(云南省工商行政管理局法规处处长)
杨　宇(云南省工商行政管理局企业注册处处长)
杨万鸿(云南省工商行政管理局企业监督管理处处长)
李爱杉(云南省工商行政管理局市场规范管理处处长)
杨建宏(云南省工商行政管理局消费者权益保护处处长)
王　伟(云南省工商行政管理局食品流通监督管理处处长)
罗　宁(云南省工商行政管理局反垄断与反不正当竞争处处长)
陈学坤(云南省工商行政管理局广告监督管理处处长)
冯　林(云南省工商行政管理局商标监督管理处处长)
戚发云(云南省工商行政管理局计划财务处处长)
杨忠华(云南省工商行政管理局基本建设管理处处长)
李　晗(云南省工商行政管理局人教处处长)
赵鑫玉(云南省工商行政管理局机关党委副书记)
高丽春(云南省工商行政管理局离退人员办公室主任)
孙家学(云南省工商行政管理局纪检监察室主任)
胡　杰(云南省工商行政管理局经济检查总队总队长)
马志贵(云南省工商行政管理局直属分局局长)
杨荣光(云南省消费者协会办公室主任)
杨鸿毅(云南省个体私营经济协会办公室主任)
裔　焱(云南省广告协会办公室主任)
彭念越(云南省工商行政管理局机关服务中心主任)

孙建国(云南工商大厦总经理)
湛　江(云南省昆明市工商行政管理局局长)
毛文光(云南省曲靖市工商行政管理局局长)
焦　平(云南省玉溪市工商行政管理局局长)
杨　军(云南省昭通市工商行政管理局局长)
王德山(云南省保山市工商行政管理局局长)
苏国胜(云南省楚雄彝族自治州工商行政管理局局长)
王玉华(云南省红河哈尼族彝族自治州工商行政管理局局长)
陈　勇(云南省文山壮族苗族自治州工商行政管理局局长)
赵书华(云南省普洱市工商行政管理局局长)
岩温扁(云南省西双版纳傣族自治州工商行政管理局局长)
李志林(云南省大理白族自治州工商行政管理局局长)
黄春伟(云南省德宏傣族景颇族自治州工商行政管理局局长)
屈春亮(云南省丽江市工商行政管理局局长)
唐思虎(云南省怒江傈僳族自治州工商行政管理局局长)
杨永祥(云南省迪庆藏族自治州工商行政管理局局长)
马有林(云南省临沧市工商行政管理局局长)
杜立基(云南省工商行政管理局办公室副主任)
龚新群(云南工商年鉴编辑部主任)

## 云南工商年鉴编辑部

**主　　编**　李　向
**副 主 编**　杜立基　龚新群
**编　　辑**　任　媛　张海强　任云志　付淑芳　坝汝明　陆云天　夏跃丽　袁　竞　刘昭颖　黄　勇　余春江　黄佳琪　陈绍斌　王鸣江　尹旭元　李　聪　施　剑　冷传奎　王天发　陈邦龙　杨银华　李　谦　李　苹
**编　　务**　李世萍　邹　平
**彩版设计**　李世萍　陈　波
**英文要目翻译**　李　惠
**索引编制**　冷传奎

# 《云南工商年鉴》(2010)总撰名单

（排名不分先后）

任 媛　赵光能　范红一　周卫华　孙 荣　陈 寒　马永刚　龙泽祥　孙 斌

谭永斌　钱明辉　刘金武　高 燕　李艳琼　李建波　李志全　杨晓梅　张 磊

石 红　范文智　徐颖梅　李 曦　邹 灯　杨忠娅　田 艳　薛德进　徐海林

坝汝明　许 艳　李 琦　付绍坤　孔庆辉　王 忠　柳万刚　黄 锐　普志雄

杨贵荣　任春艳　吴 琦　史陆山　何 羚　李德斌　张朝铜　陈永高　尹坪锋

温纯钢　陈 源　吉 剑　罗元泽　杨富友　汪显仲　龙小东　陈 红　吴继银

吴家娇　郭丽波　赵海碧　李兴明　者洪英　张玉辉　杜林海　杨发兴　周 平

李江华　杨光辉　刑海菊　胡卫高　姚少文　王 伟　杨加梅　李丽琼　刘朝云

王威良　赵 懿　惠同先　沈宏幸　王 静　周雪梅　赵泳坪　蒋 毅　贾荣甲

陆建新　付琴惠　毛 俊　颜文俊　江莉莉　杨 洪　苏永媛　刘成发　刘 芸

李文丽　朱卫锋　张云祥　黄富山　吴宗宽　黄 勇　杨 静　刘体云　马春娅

兰 宏　邱继发　陈 琛　赵 云　杨晓帆　查 葵　聂春海　赵 璐　陈 敏

朱月红　刘忠华　雷建萍　邓永刚　王炳华　李正兵　李克用　汪永林　杨树江

刘润莹　张 华　张鑫文　李晓坤　王云才　谢马军　孔维福　王 刚　杨志娟

孙建廷　寸建强　董文海　倪 坤　赛复明　陈绍斌　赵建升　曹 毅　文世哲

陈静葵　刘顺琳　李金亮　杨茂春　赵晓琴　和庆璋　李红萍　段菊萍　央 宗

王绍琴　和智军　李 权　王小丹　姜 燕　周向红　崔宏铭　杨蕈蕈　和金焕

申学友　王云萍　杨 长

# 编 辑 说 明

一、《云南工商年鉴》是由云南省工商行政管理局主管、主办，云南工商年鉴编辑部编辑的大型资料性工具书。每年编辑出版一卷。

二、《云南工商年鉴》旨在较全面、系统、翔实地介绍云南省工商行政管理系统的基本情况，实事求是地辑录云南工商系统在法制建设、企业注册、企业监督管理、外商投资注册、市场规范管理、消费者权益保护、食品流通监督管理、反垄断与反不正当竞争、广告监督管理、商标监督管理等方面的年度管理概况，为全省工商行政管理系统提供资料信息服务，为全省各级党政机关、科研教学部门、社会各界提供咨询服务，为全省各级领导提供决策依据，同时也为各方人士了解、研究云南工商管理和经济发展起宣导作用。

三、《云南工商年鉴》(2010)正文120万字，设特载、专文、大事记、工商行政管理、州市县工商行政管理概况、法规·政策、重要文件选载、统计资料等部类。为便于阅读，其体例分为一、二、三级目和条目。一级目为大部类，标题在版内占三栏；二级目在一级目内，标题在版内占两栏；三级目在二级目内，标题在版内占一栏；三级目之下为条目，标题以【】标明。此外，书末附有索引，采用主题分析法编制，按主题词首字汉语拼音音序排列，供读者查阅。

四、《云南工商年鉴》(2010)主要记述2009年度云南省工商行政管理系统内的工作。稿件均经过各单位领导审定。稿件截止日期为2010年3月30日。

五、《云南工商年鉴》(2010)的编辑出版得到了云南省有关委办厅局、云南省年鉴研究会等单位的大力支持，特别是中共云南省委常委、副省长李江，省人大常委会副主任程映萱，原省人大常委会副主任吴光范，省政府副秘书长张荣明等有关领导的关心和指导。在此，一并表示衷心的感谢。

六、由于编辑工作量大，加之时间所限，缺点错误在所难免，恳请广大读者批评指正。

云南工商年鉴编辑部

二〇一〇年十月八日

# 编 辑 说 明

[illegible]

# 目录

## 特载



## 专文



## 大事记



## 工商行政管理

## 州市县 工商行政管理概况

·红河哈尼族彝族自治州·



个旧市



开远市



蒙自县



建水县



石屏县



弥勒县



泸西县

## 法规·政策

## 重要文件选载



## 统计资料

# 宣传页目录

# CONTENTS IN BRIEF

## SPECIAL REPORTS



## SPECIAL ARTICLES

## IMPORTANT EVENTS



## INDUSTRIAL AND COMMERCIAL ADMINISTRATION



## General Situation of Industrial and Commercial Administration of Local Prefecture, City and County

## Laws and Regulations . Policy



## Important Documents Selections



## Statistical Data



## Index

# 回顾与展望

## 2009年工作回顾

2009年，是全省工商行政管理系统充分发挥工商职能，为我省经济社会发展做出积极贡献的一年；是自身建设不断加强，发展基础不断夯实的一年；是不懈探索实践，积累宝贵经验的一年。一年来，全省工商系统在省委、省政府和国家工商总局的正确领导下，认真落实全国和全省工商行政管理工作会议的部署安排，努力实现“三个到位”、“六个好”的工作目标，紧紧围绕积极应对国际金融危机冲击、服务我省经济平稳较快发展的大局，尽职尽责加强市场监管，尽心尽力服务经济发展，着力更新观念、创新机制、提升效能，积极推进工商行政管理新举措，市场监管有新成效，自身建设有新进展，圆满完成了各项任务，为我省经济平稳较快发展和社会和谐稳定做出了积极贡献。

云南省工商行政管理局党组书记、局长　纳宗会

## 展望2010年

2010年是实施“十一五”规划的最后一年。做好2010年的经济工作，对于进一步有效应对国际金融危机冲击，巩固经济回升基础，为“十二五”规划启动实施奠定良好基础具有十分重要的意义。全省工商行政管理系统要以邓小平理论和“三个代表”重要思想为指导，深入贯彻落实科学发展观，认真贯彻落实党的十七大，十七届三中、四中全会，中央经济工作会议，省委八届七次、八次全会和全国工商行政管理工作会议精神，坚决落实省委、省政府推动经济社会平稳较快发展的决策部署，按照国家工商总局“六个四”的要求，围绕实现我省工商“三个到位”、“六个好”的工作目标，增强“四种意识”，推进“四项建设”，抓好“六项重点工作”，不断提高科学监管和促进科学发展的能力和水平，努力营造良好的市场环境，为促进我省经济社会平稳较快发展和社会和谐稳定作出新的更大贡献。

# 云南工商

云南省工商行政管理局党组成员、副局长　赵　健

云南省工商行政管理局党组成员、副局长　刘本军

云南省工商行政管理局党组成员、副局长　曹　阳

# 云南工商

云南省工商行政管理局党组成员、纪检组长　胡　琨

云南省工商行政管理局巡视员　曾荣基

云南省工商行政管理局副巡视员　荆日荣

# 领导视察

中共云南省委常委、副省长李江深入工商基层视察

国家工商总局刘凡副局长到云南视察

国家工商总局钟攸平副局长到云南视察

国家工商总局纪检组长何昕到云南视察

# 办公室（信息中心）工作

2009年，云南省工商行政管理局办公室坚持科学发展观，深入贯彻党的十七大和十七届三中、四中全会精神，紧密结合工作职能和岗位要求，理论联系实际，不断加强自身建设，努力提高工作效率，在局党组的科学决策和坚强领导下，全面协调全省工商系统认真落实“四个统一”，积极推进“四化建设”，努力实现“四高要求”和“三个到位”、“六个好”的工作目标，细致认真地做好“三定”改革的前期调研、方案拟定和具体实施工作，积极稳妥地开展“问题奶粉”患儿的查找和赔付工作；尽职尽责加强市场监管，尽心尽力服务经济发展；着力更新观念，积极推进停征“两费”后全省工商行政管理系统的工作转型，努力提高全系统科学监管促进科学发展的能力和水平，圆满完成了各项工作任务。同时，信息中心、文秘、信访、档案管理等各项工作，也取得了新的成绩，为全省工商行政管理系统的平稳、有序运行，促进云南经济较快发展和社会和谐稳定作出了积极贡献。

云南省工商行政管理局局长助理、办公室主任　李　向

# 法制建设

2009年，云南省工商行政管理局法规处深入开展学习实践科学发展观活动，认真落实创建“阳光工商”的决策和部署，开展“五五”普法和地方立法、立规工作。同时，紧紧围绕落实阳光政府“四项制度”、国家工商总局转变“四种理念”、省局党组“六个必须”和“六项重点工作”的要求，较好地实现了“四种理念”的转变和做到“六个必须”，为落实“四个统一”、“四化建设”，实现“三个到位”、“六个好”工作目标，推进科学监管促进科学发展作出了积极的贡献。

2009年下半年，按照《中共云南省工商行政管理局党组关于深入开展一面旗一团火一盘棋主题实践活动的通知》要求，认真学习了上级有关文件和省委白恩培书记《努力做一名党和人民满意的领导干部》等文章和论述，深刻理解“一面旗、一团火、一盘棋”的内涵，进一步明确了开展“三个一”主题实践活动的重要意义和具体要求。在此基础上，对照“三个一”的要求，切实查找突出问题和不足，深刻分析原因，明确了努力方向。同时，按照机关党委的安排，认真召开“五爱专题组织生活会”，全处干部职工都在会上进行了“三比两看一盘算”发言，并撰写了书面思想汇报材料。

根据《云南省工商行政管理局关于转发二00九年度群众评议省直机关作风活动实施方案的通知》和《云南省工商行政管理局关于印发群众评议省局机关作风活动工作方案的通知》的安排部署，按照省局工作方案规定的指导思想、评议内容、方法步骤和具体要求，认真开展自评自查，积极参与群众评议省局机关作风活动，完成了第一、二、三阶段的工作任务，制定并落实整改措施6条。法规处还认真组织开展了行政执法案件集中回访活动，会同公平交易处、经检总队制定工作方案，在全系统进行了行政执法案件回访工作。

云南省工商行政管理局法规处处长　王一丁

# 企业注册

云南省工商系统登记注册能手岗位练兵大比武竞赛

云南省工商行政管理局企业注册处处长　杨　宇

2009年是新中国成立60周年，是工商系统全面落实新“三定”方案、转变职能的第一年，是经济发展遇到严峻挑战的一年。全省工商系统在企业注册管理工作中，认真落实国家工商总局和省局2009年工商行政管理工作的总体要求，坚决落实中共中央、省委、省政府和国家总局应对国际金融危机“保增长、扩内需、调结构”的政策措施，以支持各类市场主体健康发展为重点，认真履行企业登记管理职能，努力提高登记管理工作水平和服务质量，积极帮扶企业发展，为推动我省经济社会平稳较快发展，促进社会和谐作出了新的贡献。

截至2009年10月底，全省登记注册的内资企业实有50 289户，注册资本（金）4 039.12亿元；私营企业实有132 772户，注册资本2 798.57亿元；农民专业合作社3 445户，出资总额17.14亿元，成员总数136 443人。2009年1～10月，全省新注册内资企业3 012户，注册资本（金）192.09亿元；私营企业21 969户，注册资本475.6亿元；农民专业合作社2 147户，出资总额10.11亿元，成员总数113 002人。

省局企业处1～10月份共办理各类企业设立登记413户，办理变更登记3 334户，办理注销登记236户，办理名称预登记451户，受理网上远程名称预先核准申请6 000多件，补（换）执照148户，办理股权出质登记113件，办理档案迁移91户。

# 企业监督管理

2009年，在省局党组的正确领导、关心、支持下，全省工商系统企业监督管理部门以科学发展观为统领，按照全国、全省工商行政管理工作会议的部署，围绕“三个到位、六个好”的工作目标和六项重点工作任务，在大力推进企业监管工作的“四化建设”，贯彻落实“阳光政府”四项制度，服务经济发展、维护市场秩序等方面做出了积极的努力，各项工作取得了新的成绩。

截至2009年6月30日，省局及昆明市局共有2 780户企业通过了网上年检，其中，省局共有550户企业在网上申报了年检。同时，试点开展了企业属地年检工作，昆明市、曲靖市改革了企业年检模式，将原来由登记机关负责企业年检的工作模式调整为以辖区工商所（分局）负责大部份企业年检工作，登记机关负责一些重点行业、重点企业年检的工作模式，将企业年检工作与“经济户口”状态核实、日常巡查有机地结合起来，实现真正意义上的属地监管，快捷、高效、便民地做好企业年检工作。针对部分大型企业和子公司、分支机构较多且经营地点分散的，工商部门实行上门年检，为企业提供方便，受到企业的高度赞扬，云南健之佳有限公司、云南冶金集团、云南昆瑞公路有限公司还专门制作了锦旗送到了省工商局，对上门年检表示感谢。全省工商部门共开展上门年检14 757户。

全省登记机关共走访企业17 865户，召开企业座谈会550次。

截至2009年6月30日，全省应参加2008年度年检的内资、私营企业户数为161 921户，实际参加年检的内资、私营企业136 026户，已通过年检企业134 663户，待处理1 363户，年检率为83.17%；全省应参加2008年度验照的个体工商户834 863户，已验照688 922户，验照率为82.52%。

云南省工商行政管理局企业监督管理处处长　杨万鸿

# 外商投资企业注册

2009年，云南省工商行政管理局在外商投资企业登记管理工作中，坚持以科学发展观统领全局，按照国家工商总局做到“四个统一”、加强“四化建设”、推进“四个转变”、实现“四高目标”的要求及省局党组“三个到位、六个好”的工作目标，紧紧围绕省局党组确定的“六项重点工作”及全省工商系统“服务效能提升年”的各项要求，确定了“服务大局，科学监管；履职创新，提升效能”的工作思路，努力更新观念，创新外资登记管理体制，提高科学监管和依法行政的水平，充分发挥外资登记管理职能作用，为促进经济平稳较快发展做出了积极贡献。全省利用外资实现逆境中增长，全年新登记外商投资企业176户，投资总额达22.82亿美元，注册资本达12.66亿美元，外方认缴达10.09亿美元。

云南省工商行政管理局局长助理、外商投资企业注册处处长　李　路

2008年度外资企业年检参检率进一步提升。应参加年检外商投资企业3 276户（含法人及分支机构），实际参加年检2 798户，参检率75.09%，与上年度相比提高8.95%，其中企业法人年检率为66.38%，与上年度相比提高10.2%。

2009年，在省局党组的正确领导下，市场规范管理处认真贯彻落实科学发展观，按照国家工商总局监管与发展、服务、维权、执法“四个统一”的要求，努力实现“三个到位”和“六个好”的工作目标要求，充分发挥市场监管职能作用，统筹兼顾，突出重点，围绕中心，狠抓落实，市场监管工作取得了较好成效。全省工商系统在市场监管工作中，共查处商品交易市场违法违章案件24 430件，案值7 679.49万元，罚没金额2 443.11万元。其中：查处成品油案件137件，检查加油站4 966个次,清理取缔非法加油站10个，查扣成品油35.68吨。查处农资案件1 265件，案值1 700.42万元，罚没金额802.9万元，整顿市场15 703个次，取缔无照经营576户，受理投诉572件，挽回经济损失360.99万元。检查汽车交易市场1 147个次。

在对拍卖市场的监管工作中，全省工商机关共进行现场监督拍卖活动216次，备案368次，出具《拍卖确认书》1.5万余份。

# 市场规范

云南省工商行政管理局市场规范管理处处长　李爱杉

# 消费者权益保护

2009年，云南省工商局消保处以保障食品市场和商品市场消费安全为目标，深入开展流通环节食品安全和农村商品市场专项整治，在强化和规范日常监管、构建长效监管机制上下功夫，加大流通环节食品安全监管和消费者权益保护工作力度，切实维护食品市场秩序，保护消费者合法权益，为扩大消费需求、推动科学发展、促进社会和谐稳定做出了积极的贡献。

一、克服困难做好婴幼儿“问题奶粉”事件患儿一次性赔偿金发放工作。根据卫生部门三次提供的全省婴幼儿“问题奶粉”事件患儿信息，我省共有患儿5 717名，其中重症患儿37名，接受一般性治疗患儿5 680名。经过全省各级工商机关、消费者协会等广大工商干部的艰苦努力，发放患儿一次性赔偿金5 194名，其中重症患儿34名，接受一般性治疗患儿5 160名。一次性赔偿金未能发放到位的486名患儿中，重名患儿107名(含一名重症患儿，已按一般性治疗的标准发放赔偿金)，联系不上的331名，不接受赔偿金的17名，身份证明、医疗诊断证明等不全的1名，患儿监护人认为自己的小孩未患泌尿性结石、不需要赔偿的20名，外省患儿10名。

二、积极开展培育创建“农村食品安全示范店”。为提升农村食品安全整体水平，营造安全放心的消费环境，按照省局年初计划，2009年应完成3 332个农村食品安全示范店的创建工作，到年底全省工商系统已经培育创建4 981个农村食品安全示范店。

三、推行一票通，实现食品安全流程监管全覆盖。在2009年的消保工作会议上，经过征求各州市的意见，省局开始在全省范围内推行“一票通”制度，进一步健全和完善了食品安全追溯机制，从而实现了食品安全监管的流程制约，过程监控全覆盖。在农村食品市场专项执法检查中，全省工商系统共检查食品经营户415 386户次，检查批发市场、集贸市场等各类市场11 867个，取缔无照经营户1 937户，捣毁制假售假窝点11个，查处制售假冒伪劣食品案件1 451件，查处制售假冒伪劣食品案值108.5万元，罚没金额135.1万元，受理和处理消费者申诉、举报407件，为消费者挽回经济损失162万元。

云南省工商行政管理局消费者权益保护处处长　杨建宏

# 监督管理

云南省工商行政管理局食品流通监督管理处是按照云南省人民政府办公厅《关于印发云南省工商行政管理局主要职责内设机构和人员编制规定的通知》的精神设立的。主要职责是：拟订流通环节食品安全监督管理的具体措施办法；组织实施流通环节食品安全监督检查、质量监测及有关市场准入制度；承担规定范围内的食品流通许可工作；承担流通环节食品安全重大突发事件应对处置和重大食品安全案件查处工作。承办省局党组交办的其他事项。

云南省工商行政管理局食品流通监督管理处处长　王　伟

# 反垄断与反不正当竞争执法

云南省工商行政管理局反垄断与反不正当竞争执法处是按照云南省人民政府办公厅《关于印发云南省工商行政管理局主要职责内设机构和人员编制规定的通知》的精神设立的。主要职责：拟订有关反垄断、反不正当竞争的具体措施、办法；根据授权查处市场交易中的垄断协议，滥用市场支配地位、滥用行政权力排除限制竞争方面的垄断案件；查处市场中的不正当竞争、商业贿赂、走私贩私及其他经济违法案件，督查督办大案要案和典型案件。拟订直销监督管理和禁止传销的具体措施、办法；承担监督管理直销企业和直销员及其直销活动工作；查处违法直销和传销案件，督查督办大案要案和典型案件；承担协调有关方面开展打击传销联合行动工作，负责云南省打击传销领导小组办公室的具体工作。承办省局党组交办的其他工作。

云南省工商行政管理局反垄断与反不正当竞争执法处处长　罗　宁

2009年，云南省工商局广告监督管理处以邓小平理论、“三个代表”重要思想为指导，全面落实科学发展观，深入贯彻国家工商总局“四个统一”、省工商局“三个到位”、“六个好”工作目标要求，始终坚持监管与发展、监管与服务、监管与维权、监管与执法的统一，坚持专项整治、日常监管、建立长效机制三者的有机结合，有效促进了全省广告市场的健康有序发展。

2009年，全省广告业继续保持了平稳健康发展的势头。截至年底，全省核准登记的广告经营单位4 159户，比2008年核准登记的3 887户，增加了272户，增加率为7.0%；广告从业人员19 563人，比上年的18 856人，增加了707人，增加率为3.75%；广告经营收入202 360万元，比上年的177 626万元，增长了24 734万元，增长率为13.92%。

全省各级工商行政管理部门继续把医疗、药品、食品、保健食品、化妆品、美容服务等违法广告作为打击重点，进一步加大案件查办力度。查处违法广告案件1 705件，收缴罚没款355.2万元。其中，查处违法食品、违法保健食品案件104件，收缴罚没款57.16万元；查处违法药品广告案件199件，收缴罚没款33.14万元；查处违法医疗广告案件158件，收缴罚没款30.14万元；查处违法化妆品广告案件16件，收缴罚没款3.70万元；查处违法美容服务广告案件7件，收缴罚没款1.87万元。

云南省工商行政管理局广告监督管理处处长　陈学坤

# 商标监督管理

2009年，云南省工商局商标监督管理处在省局党组的正确领导下，认真贯彻十七大精神，全面落实科学发展观，按照国家工商总局“四个统一”和云南工商“三个到位、六个好”工作目标的要求，紧紧围绕总局商标局和省局党组的安排部署，加强商标法制宣传，完善商标监管机制，提升商标服务效能，强化商标行政保护，大力推进云南商标战略实施。

全年省局编发《云南省推进商标战略工作简报》12期，各州、市工商局利用新闻媒体、红盾网、印刷品、展板等多种形式，集中报道或展示各地推进商标战略和商标监管工作的成果，宣传推进商标战略的新举措。“4·26”期间，各级工商机关共组织宣传咨询活动37场次，接受咨询3.5万人次；举办各种形式的座谈会、培训班15期，参会人员1 500人次；发放宣传资料13万余份，张贴宣传画200余张，制作展板120块，悬挂宣传布标450幅，电视、广播、报刊播发宣传标语260余条、文章21篇，取得了较好的宣传效果。

云南省工商行政管理局商标监管管理处处长　冯　林

云南省荣获中国驰名商标新闻发布会

云南省著名商标授牌仪式

全年共指导商标注册申请4 500多件，全省有效注册商标总数达到2.7万多件；新推荐申报驰名商标认定申请10件，新获准驰名商标认定5件，全省驰名商标总数达到15件；新认定云南省著名商标170件，全省著名商标总数达到773件；查处各类商标侵权违法案件982件，案值1 062万元，各项工作成绩显著，商标战略全面推进。2009年，全省工商系统12个商标工作先进单位和8名先进个人受到总局表彰，省政府授予省工商局推进商标战略先进单位。

2009年，云南省工商局计划财务处以落实全省工商行政管理工作会议和全省工商行政管理系统计划财务工作会议精神为主线，紧紧围绕省委、省政府“保增长、保民生、保稳定”的重要决策，按照“加强监管，搞好服务，创新机制，维护公平的市场秩序，支持各类市场主体的发展，搞活经济，为应对国际金融危机、保持经济平稳较快发展作出新的贡献”的总体要求，千方百计提高计划财务对全省工商行政管理工作的保障能力。

按照省财政厅《关于云南省工商行政管理局2009年部门预算的批复》，全省工商系统纳入部门预算管理的行政性收费征收计划为3 029.97万元，罚没收入为10 095.44万元。2009年全系统实际完成行政性收费5 396.05万元，罚没收入14 855.42万元，分别完成全年计划的178%和147%。

2009年，全系统应缴省财政行政性收费4 338.53万元，按规定比例应缴国家工商总局1 057.52万元。实际上缴省财政4 995.12万元（包括上缴后又拨回由省工商局上缴国家工商总局的656.6万元），上缴国家工商总局规费1 057.52万元，全年的行政性收费收入已100%的缴入了国库。

2009年，全系统应缴罚没收入14 856.38万元，实际上缴省财政14 856.38万元，全年的罚没收入已100%的缴入国库。

云南省工商行政管理局计划财务处处长　戚发云

# 基本建设管理

2009年，云南工商行政管理系统基本建设管理部门深入学习实践科学发展观，按照贯彻“四个统一”、加强“四化建设”、推进“四个转变”和实现“四高目标”的要求，紧紧围绕“三个到位”、“六个好”的工作目标，树立大局意识，坚定不移地贯彻落实省局党组确定的规范化建设方针，遵循基本建设管理原则，科学推进全系统基本建设管理工作，取得了新的成绩。

1. 2009年投资计划安排的重点是续建项目的收尾、竣工工作；严格执行控制党政机关办公楼等楼堂馆所建设的规定；重点安排基层无房、危房办公问题和部分危房改造、修缮项目。其中，省财政资金计划安排项目40个，含续建项目16个、新建项目16个、改造项目7个和购置项目1个；《云南省工商系统2009年度申请国家工商总局补助基本建设项目资金表》涉及项目13个，含续建项目3个、新建项目8个、修缮项目2个。两个申报计划按程序经省局基建领导小组和省局党组会议审议后顺利完成申报，并得到批准实施。

2.严格依照程序完成相关项目的批复工作。经过严格勘查审查并经省局基建领导小组和局长办公会议批准，全年审批下达基本建设项目74个，其中：批准新建项目57个，维修改造项目9个，置换项目3个，恢复施工项目4个，同意资金调用项目1个。

云南省工商行政管理局基本建设管理处处长　杨忠华

3.认真组织实施省局办公楼维护保养及工商干部培训中心消防改造安装工程。

4.积极开展2009年度住房补贴申报工作。其中：离休应补贴人员8人，补贴面积248.07平方米，补贴数额12.90万元。退休应补贴人员267人，补贴面积21 750平方米，补贴数额866.58万元。

# 人事教育

1.自2009年初，云南省工商局人教处在充分领会政策精神和把握省内外情况的基础上，形成省工商局“三定”规定草案和说明并上报省编办。2009年10月，《云南省工商行政管理局主要职能内设机构和人员编制规定》经省人民政府批准正式印发后，省局成立以纳宗会局长为组长的省工商局新“三定”工作领导小组及办公室，拟定《云南省工商局关于新“三定”规定的实施意见》、《云南省工商局关于印发各处室总队分局主要职责和人员配置规定的通知》，自10月28日至12月底，分动员部署、组织实施、总结三个阶段积极稳妥地完成省局“三定”工作。

2.以省局机关机构改革“三定”工作为契机，在选人用人方面，引入公开竞争机制，开展正、副处级领导职位竞争上岗，10名年轻干部走上了正处级领导岗位,7名同志走上了副处级领导干部岗位。选拔任用干部工作向民主化、公开化方向前进了一大步。通过全员双向选择、交流轮岗，省局机关在编公务员中有52%的人员进行了交流轮岗，同时，不断完善人事管理制度，使省局机关的干部使用和管理更加科学化、制度化、规范化。为加大机关和基层干部交流力度，省局调整具有一定基层工作经验的州、市局局长担任机关处长，从而改善了干部结构，激发了工作动力。

3.圆满完成对2008年度公务员年度考核工作。全省各州市工商系统的公务员考核工作也都如期完成。与省人力资源和社会保障厅联合组织第五届双先表彰工作，召开表彰大会，表彰集体二等功5个、集体三等功15个、个人二等功10人、三等功20人及先进工商所25个、先进个人43人，并编印先进事迹材料和光荣册。

4.在认真总结2008年岗位练兵活动成果的基础上，制定下发《云南省工商局关于表彰2008年度全省工商系统执法办案注册登记和计算机操作能手的决定》，并在“双先”表彰大会上对35名执法办案能手、35名注册登记能手、30名计算机操作能手予以表彰奖励。

云南省工商行政管理局人事处处长　李　晗

# 机关党建

云南省工商局机关党员全员培训

云南省工商局副巡视员荆日荣在省工商局机关党员全员培训会上讲话，机关党委副书记赵鑫玉作培训活动安排

云南省工商行政管理局机关党委副书记　赵鑫玉

# 老干工作

2009年，云南省工商局离退休人员办公室认真贯彻落实科学发展观，以“全面做好离退休干部工作”精神为指导，以围绕中心、服务大局，努力做到离退休干部工作让党组放心、让老同志满意为工作目标，以贯彻落实省局党组下发的老干部工作“三个文件”为主要内容，老干办紧密结合省局机关和系统老干部工作实际，按照省局党组提出的实现“三个到位”、“六个好”的工作要求，牢固树立为离退休干部服务的思想，更新观念，改进作风，创新工作机制和方式，加强调查研究，不断提高管理效能和服务水平，构建和谐的老干部关系，推进离退休干部管理服务工作的制度化、规范化、程序化、法制化建设，努力做到了离退休干部管理服务工作让党组放心、让老同志满意。

截至2009年11月20日，全系统共有离退休干部职工4 329人，其中离休214人，退休3 188人，提前退休926人，离岗退养1人，党员2 767人；有离退休党支部114个，党小组62个。全系统老干部的“政治待遇”和“生活待遇”得到进一步落实，老干管理和服务水平进一步提高，促进了全系统中心工作的顺利开展。

云南省工商行政管理局离退休人员办公室主任　高丽春

# 纪检监察

2009年，云南省工商局纪检监察室在省纪委、省监察厅和省工商局党组的正确领导下，坚持标本兼治、综合治理、惩防并举、注重预防的方针，以建立健全党风廉政建设责任制为龙头，以强化廉政风险点防范管理为抓手，反腐倡廉教育、监督、制度、改革、纠风等各项工作整体推进，具有云南工商特点的惩治和预防腐败体系不断完善，全省工商系统党风廉政建设和反腐败工作取得了明显成效。

云南省工商局组织干部职工到云南省反腐倡廉警示教育基地进行警示教育

1.组织和配合相关部门对医药购销中的不正之风、工程领域中存在的突出问题等方面进行了整治。深入开展了商业贿赂专项治理工作，共查处商业贿赂案件19件，案值276.07万元。

2.按照省纪委《关于认真贯彻落实厉行节约八项要求的通知》的精神，制定了办公楼管理、公务接待、因公出国（境）管理等六项厉行节约的具体措施，严格控制一般性支出，降低运行成本，完成了省纪委规定的各项硬性指标任务。

3.积极开展形式多样的廉政文化建设活动，党员干部以廉为荣、以贪为耻的意识进一步增强，全省工商系统敬廉、尚廉、践廉的氛围更加浓厚。

4.加强了对各级领导班子特别是“一把手”的监督。大力推行政务公开，加强对内部重要事项的民主监督。认真处理好信访举报工作，严肃查办违纪违法案件。2009年，全省工商系统各级纪检监察机构共接到信访举报139件，受理131件，立案39件，结案27件。全年给予党纪政纪处分18人。同时，为59名受到失实举报的党员干部澄清了事实，保护了干部。

云南省工商行政管理局纪检监察室主任　孙家学

5.积极开展廉政风险点防范管理工作，有效防范了廉政风险和监管风险。曲靖市工商系统廉政风险点防范管理工作得到了总局领导的肯定，有关经验在全国工商系统党风廉政建设座谈会上进行交流。西双版纳州工商系统廉政风险点防范管理的做法和经验，在省纪委《纪检监察》（专刊）上刊登，省纪委、省委组织部和省委宣传部联合摄制了专题片在全省播出，受到了各级党委、政府和人民群众的好评。

# 云南省工商行政管理局
## 经济检查总队

2009年，云南省工商局经济检查总队紧紧围绕整顿和规范经济秩序这一中心，以加大执法力度，积极探索新领域，查办新案件，拓展专项整治成果，全员执法办案经验推广和全省执法办案能手竞赛活动等工作为重点，组织开展专项执法行动，各项工作都取得了显著成绩。截至10月份，全省工商系统共查处各类经济违法、违章案件21 542件，案件总值16 181.58万元，全系统上缴财政罚没款9 186.81万元。

云南省工商行政管理局经济检查总队总队长　胡　杰

# 云南省工商行政管理局

## 直属分局

2009年，云南省工商局直属分局在省局党组的正确领导下，认真落实国家工商总局和省局党组提出的各项工作任务，继续深入学习实践科学发展观，认真落实“四个统一”、加强“四化建设”、建设“三个过硬”队伍和实现“四高”要求，努力实现“三个到位”、“六个好”的工作目标。根据工作部署安排，分局结合职能职责、工作业务需要，积极拓展学习范围，加强适用性法律法规的学习和研讨。加强干部队伍的思想、理论和业务能力的建设，认真探索贯彻落实的具体措施和办法,更新观念，开拓创新，努力构建长效监管机制，大力提升监管执法和服务经济发展的水平，较好地完成所管辖市场的监管与服务工作，各项工作取得新的成绩。

分局认真履行职责，加大了对所属云南商品批发交易市场、机动车市场、商品展销会市场、省属拍卖企业、人才市场等15个省级市场的监管，分局共组织执法人员检查各类展销会、所辖市场72次，出动执法人员177人次。进行驻场监管37天、89人次，参与了昆交会全程监管。共受理消费投诉和举报87件、购物纠纷调解43件。

云南省工商行政管理局直属分局局长　马志贵

# 消费者协会

2009年1～10月，云南省消费者协会以邓小平理论和“三个代表”重要思想为指导，以科学发展观为统领，认真贯彻落实党的十七大、十七届四中全会、中央经济工作会议精神，紧紧围绕省委、省政府“保增长、保民生、保稳定”的工作大局，按照国家工商总局“四个统一”、“四化建设”、“四个转变”、“四高目标”和省工商局“三个到位”、“六个好”工作目标的要求，以创新思维、改善手段、提高能力的思路，以“消费与发展”年主题为主线，加强消费教育与监督，努力改善消费环境，提振消费信心，增强公信力，扩大影响力，为扩大内需、促进经济平稳较快发展和构建和谐社会做出积极贡献。

云南省消费者协会办公室主任　杨荣光

据不完全统计，“3·15”期间，共发放宣传材料2 267 336份、问卷调查3 000份，接受消费者咨询251 609人次，现场受理消费者投诉422件，为消费者挽回经济损失10.56万元。

# 个私协会

2009年，云南省个私协会在省委、省政府的领导下，在中国个协和省工商局的指导下，以服务政府、服务社会、服务会员为己任，充分发挥职能作用，坚定有力地贯彻实施党和政府“保增长、保民生、保稳定”的工作大局，鼓励创业促进就业的各项措施；坚定有力地深入学习和实践科学发展观，创新工作机制，开创工作局面，提升服务水平；真抓实干，埋头苦干，着力加强新形势下个私协会工作的各项建设。特别是面对金融危机的冲击，自年初省政府1号文件发布以来，在政府的一系列就业再就业措施中，个私协会在省局的坚强领导下，立足本职、服从大局、勇于担当、不辱使命，发挥协会职能，服务个私经济发展，促进社会就业，取得了显著成效。

云南省个私协会办公室主任　杨鸿毅

# 广告协会

2009年，云南省广告协会在省工商局党组的正确领导下，在中广协的指导下，全面落实科学发展观，认真履行协会职责，围绕“服务、创新、指导、协调”的目标，扎实推进各项工作，取得了新的成绩。

（一）加强法律法规的宣传，增强广大会员的法律意识。对广告审查员进行了年审,向广告审查员宣传了广告监管的法律法规和广告审查的必备知识，督促企业审查员把好广告审查关，负责对所有广告发布前进行审查。各州、市广告指导站重点对媒体单位和部分企业负责人及广告从业人员进行专门业务培训，重点学习了国家工商总局颁布的《药品广告审查发布标准》、《医疗广告管理办法》、《房地产广告发布暂行规定》等规章，提高了广告行业遵纪守法的自觉性。

（二）组织召开了全省广告协会四届七次理事会。为加强全省广告协会之间和理事单位行业之间的沟通与交流，组织参加中广协“2009中国广告论坛”、“中国广告通讯会刊座谈会”、“中国城市标识会议”、国际广告作品参展和出国培训考察等活动；组织参加广西南宁十六届中国国际广告节活动，征集作品47件，获入围奖9件，完成了中广协下达的作品任务；组织参加“民族团结专题公益广告大赛”活动并征集作品160件参展评审。

（三）围绕中宣部、国家工商总局和中广协推进行业精神文明建设的工作部署和要求，省广协在全省广告经营单位中大力宣传恪守道德自律准则、诚信规范经营、履行社会责任的精神文明创建申报工作，在全省广告企业积极参与申报后，各州市广告协会推荐，广告监管部门审查同意，经省广告协会会长办公会议集体研究，评选出我省18家单位获得“全省广告行业精神文明先进单位”称号，并推荐8家单位上报中广协获得“全国广告行业精神文明先进单位”荣誉称号，评选出我省5家协会组织和1名协会工作者获得“全省广告行业精神文明先进单位组织奖”和“个人奖”，为广告行业健康发展树立了好的榜样。

云南省广告协会办公室主任　裔　焱

# 云南工商大厦

2009年，云南工商大厦在省局党组的领导下，认真贯彻省局党组的各项会议精神，坚持以邓小平理论和“三个代表”重要思想为指导，树立和落实科学发展观，围绕云南工商“三个到位”、“六个好”的工作目标和六项重要工作任务，按照“以人为本”和“团结干事”的要求，切实抓好各项工作，取得了明显成效。

云南工商大厦总经理　孙建国

# 机关服务中心

2009年，云南省工商局机关服务中心认真贯彻落实科学发展观，按照省局党组提出的“三个到位”、“六个好”的工作目标要求，紧紧围绕“六项重点工作”,牢固树立服务意识，围绕机关工作大局积极主动、全力以赴开展工作，经过服务中心全体干部职工的共同努力，圆满完成了省局党组和机关党委交给的各项任务。

云南省工商行政管理局机关服务中心主任　彭念越

# 昆明工商

2009年，昆明市工商局在省局党组和市委、市政府的领导下，深入学习实践科学发展观，全面落实各项工作部署，认真履行职能职责，扎实推进监管执法工作，积极服务地方经济发展，全面完成省局“六项重点”工作和市委、市政府部署的目标任务，创建省级文明单位和“昆明市平安建设先进单位”。获得6项国家部委和省委、省政府的表彰、奖励。

一年来，全市新增内资企业15 973户，同比增长34%；新增个体工商户60 578户，同比增长33%。年末登记在册的个体工商户238 058户、私营企业68 500户、内资企业10 810户。年内新发展外资企业99户，完成任务指标的127%，投资总额14.76亿美元。新设分支机构46户。年末全市共有外资企业738户、分支机构451个，投资总额62.65亿美元，注册资本35.32亿美元，实收资本17.94亿美元。全年各级维权机构共接听来电44 337个，接待来访和咨询12 365人次，受理消费者申（投）诉2 719件，为消费者挽回经济损失878万元。支持消费者起诉22件。

2009年5月14日，中共云南省委常委、副省长李江率省政府办公厅、省监察厅等部门领导，在省工商局纳宗会局长、赵健副局长及市工商局王爱中局长的陪同下，对官渡区工商局实施“阳光政府”四项制度工作情况进行专题调研。李江副省长对官渡区工商局认真贯彻落实“阳光政府”四项制度给予了高度评价

省工商局纳宗会局长、赵健副局长对禄劝县工商局进行工作调研

国家工商总局督察组到昆明市西山区检查食品安全工作

昆明市工商局召开全市工商系统贯彻落实“阳光政府”四项制度推进会

昆明市工商局12315投诉中心

昆明市工商局执法人员开展市场检查

昆明市工商局召开新闻通报会，就《关于支持外引内培发展外向型经济和民营经济的若干意见》主要精神和内容向媒体进行通报

昆明市工商局举办诗歌朗诵比赛，热烈庆祝新中国成立60周年

2009年12月17日，省局法规处处长王一丁同志、昆明市工商局局长湛江同志莅临安宁市工商局检查指导工作，并亲赴基建工地查看新建办公大楼施工情况

昆明市工商局湛江局长到禄劝县工商局调研指导工作

昆

昆明市工商局常晋云副局长到马街宝珠农贸市场检查指导“创卫”工作

官渡区工商局推行“目标责任落实制、片长督查制、12小时蹲守制、全天候保洁制、创卫保证金制”，整合力量、狠抓落实，全方位开展农贸市场“创卫”工作

6月1日，官渡区工商局在小板桥骏骐干菜批发市场举行贯彻《食品安全法》及推行“一票通”启动仪式，率先在全省推行食品批发进销货凭证“一票通”制度，标志着工商部门切实把进货查验登记制度落到实处

2009年“3·15”国际消费者权益日，官渡区工商局正式启动官渡园大商圈“无障碍退货制度”。当天，官渡园大商圈10家单位荣获昆明市“诚信市场”称号。官渡区工商局通过三年来对诚信体系的构建和诚信市场的培育，使官渡园大商圈云集商家7000多户，已经初步确立了面向全省乃至东南亚的市场品牌

官渡区工商局与公安部门配合在官渡古镇举办打击非法传销宣传活动

昆

盘龙区工商局开展市场检查

盘龙区工商局开展市场巡查

盘龙区工商局开展“七小”整治

盘龙区工商局召集服务对象召开听证会

盘龙区工商局开展“创卫”宣传

2009年10月29日，安宁市工商局局长姚京伟同志陪同国家“创卫”专家组领导赴大屯农贸市场检查

安宁市工商局为获得“诚信市场”荣誉称号的市场主办单位授牌

# 昆

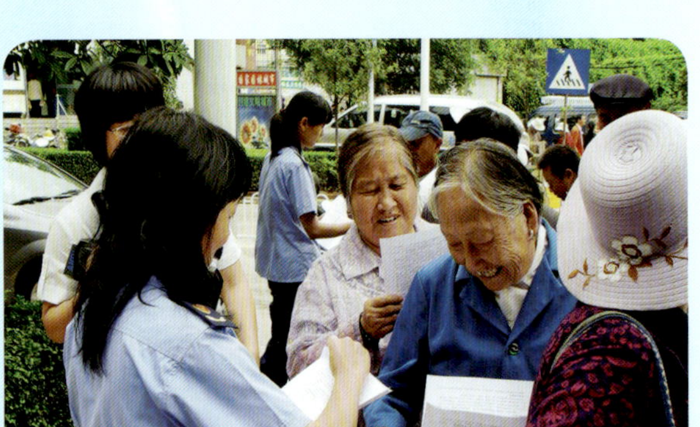

在打击防范“假币、假发票、非法集资、传销”宣传活动中，安宁市工商局干部为群众发放宣传材料

安宁市工商局为获得“农资放心店”荣誉称号的经营户授牌

在“3·15”国际消费者权益日活动中，安宁市工商局干部走上街头开展宣传，提升群众维权意识

安宁市工商局干部上门指导个体工商户办理相关证照，深受群众好评

# 昭通市工商行政管理局

昭通市工商局成功主办"走进大山包，感受新昭通"摄影活动。图为云南省工商局局长纳宗会（右一）、昭通市委书记夜礼斌（左一）为金奖获得者（中）颁奖

2009年是新中国成立60周年，也是推进"十一五"规划顺利实施的一年，更是停征"两费"后加强工商队伍建设、推进工商事业持续发展的重要一年。一年来，全市工商系统在市委、市政府和省工商局的正确领导下，紧紧围绕市委、市政府保增长、扩内需、调结构、抓改革、促开放、保民生的工作大局，努力实现"三个到位""六个好"的工作目标，采取有效措施，积极应对困难，充分发挥职能作用，千方百计促进经济平稳较快发展，尽职尽责维护公平公正的市场秩序，尽心尽力保护消费者合法权益，努力提高干部队伍素质，大力推进规范化建设，为保持昭通经济发展良好势头作出了新贡献。

2009年，全市登记内资企业2 143户（其中企业法人554户），注册资金427 406万元，登记国有企业796户、集体企业230户、股份合作制企业206户、公司552户、其他企业24户。登记私营企业4 246户，投资者人数9 182人，从业人员64 745人，注册资本881 452.35万元。

在昭通苹果推介展销会上，昭通工商内引外联，牵线搭桥，为昭通苹果走出昭通、走向全国做出了积极的贡献。图为昭通市人民政府王敏正市长（右二）在市工商局张学平副局长（右一）的陪同下，向采购商介绍昭通苹果

昭通市工商局与重庆市渝中区工商局签订《促进昭通苹果流通合作协议》，进一步加强云南昭通与重庆渝中两地工商部门的交流合作与发展

昭通市个体私营经济协会与云南省农村信用社联合社昭通办事处在昭通市委小礼堂举行《昭通市中小企业股权质押贷款合作协议》签字仪式，进一步健全和完善了中小企业融资担保体系

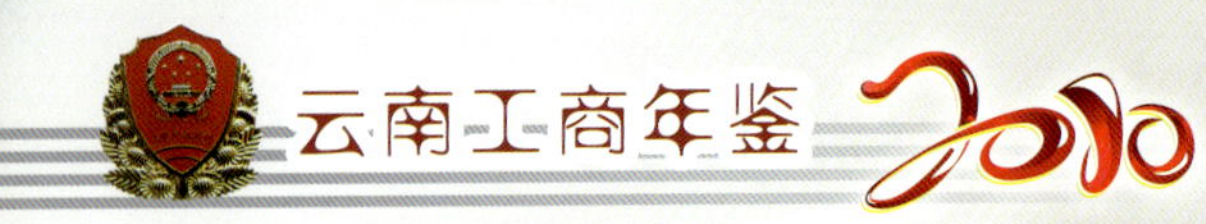


# 曲靖市工商行政管理局

按照省工商局和曲靖市委、市政府的安排部署，全市工商系统深入学习党的十七届四中全会精神，深入学习实践科学发展观，从党建工作制度建设、党员队伍教育管理、加强党内监督等措施入手，全面加强党的基层组织建设，全力服务曲靖经济社会发展大局，坚持政令畅通，创新务实工作，努力提高科学监管的能力和水平，各项工作稳步推进，取得明显成效，全市工商精神打造和工商文化建设进一步深化，班子队伍建设进一步夯实，团队精神建设年活动有力推进，服务效能进一步提升。多项工作受到省局和市委、市政府肯定。年内，市工商局被曲靖市第三届人民代表大会常务委员会授予“人民满意单位”荣誉称号；被市委命名为市级文明行业，市局机关和8个县（市）区局成功争创为“省级文明单位”。7月，国家工商总局纪检组长石见元专程到曲靖市工商局及南宁分局视察了风险点防范管理、基层建设及业务工作开展情况，对全市工商系统工作给予高度评价。

2009年，全市共有内资企业5 662户，注册资本362.39亿元；私营企业9 173户，注册资本172.93亿元；外资企业232户，投资总额9.24亿美元，注册资本达4.51亿美元，外方认缴资本达3亿美元。年内应检外资企业216户，实检136户，参检率62.97%，合格率100%。实现销售收入37.7亿元，纳税总额2.9亿元。一年来，全市工商系统共查办各类案件5 309件，案值9 334.25万元，罚没款1 444万元。

2009年12月17日，省工商局李路处长在富村德胜村委会查看“两站”台账

2009年6月16日，昆明市工商局湛江局长到墨红工商所指导工作

马龙县工商局开展禁毒宣传

2009年3月29日，富源县工商局局长带队进田间地头开展普法宣传

马龙县工商局大力开展“七进”活动

# 玉溪市工商行政管理局

玉溪市工商局下辖八县一区工商局和一个开发区工商分局，下设20个副科级分局和16个工商所。内设16个职能科室，代管3个群团组织。截至2009年底，全系统共有在职人员715人，其中：行政人员668人、工勤人员11人、事业人员36人。全系统有硕士研究生9人，大学本科学历的332人，大学专科学历的298人，大专以上学历的占总人数的89.37%。

2009年，玉溪市工商系统坚持以科学发展观统领全市工商工作全局，深入贯彻党的十七届三中、四中全会精神，紧紧围绕地方经济发展战略，以深入开展学习实践科学发展观活动为契机，以落实“阳光政府”四项制度为抓手，以实施基层规范化建设为切入点，努力提高科学监管促进科学发展的能力和水平，各项工作稳步推进，取得了明显的成效。全市工商系统全年共查办各类违法违规案件2 790件，案值3 471万元。截至2009年底，全市共有内资企业3 202户、私营企业6 793户、外商投资企业198户、个体工商户71 854户，各类市场经济主体稳步发展。

省工商局局长纳宗会看望澄江县工商局干部职工

省工商局局长纳宗会在澄江县委书记崔明的陪同下调研工商服务新农村建设情况

玉溪市委常委、常务副市长谢兴荣在玉溪市工商局焦平局长的陪同下检查春节市场

玉溪工商干部检查经营户进销货登记台账

玉溪工商干部为“食品安全放心示范店”授牌

玉溪工商干部到超市检查食品安全

元江县工商局组织专人上门服务，指导和扶持商标注册

元江县工商局深入田间地头，开展红盾助农行动

# 保山市工商行政管理局

保山市工商局下辖5个县（区）工商局，有47个基层工商所（分局），现有在编干部职工488人。内设企业科、办公室、人事教育科、纪检室、计财科、法制科、公平交易科、市管科、商管科、消费者协会、外资科、个私协会等12个科室。

2009年，全市共有各类内资企业1 751户（2009年度新登记81户），其中：国有企业438户、集体企业596户、股份合作制企业87户、有限公司629户，注册资本517 020万元；共有私营企业3 084户（2009年度办理开业登记565户，办理注销登记209户），投资者人数7 325人，雇工人数61 889人，注册资本680 141.82万元；有农民专业合作社625户，出资总额24 448.42万元；有外商投资企业109户；有个体工商户47 076户。2009年，保山市工商系统共查处各类经济违法案件1 512件，案值3 046.33万元，罚没款482.97万元。

2009年，保山市消协被中消协评为全国消协先进集体，被省工商局评为2008年度全系统政务信息与宣传工作先进单位，被省人事厅、省工商局评为2008年度集体三等功，被省工商局评为2008年度工商系统奶制品市场专项整治先进单位，被省人事厅、省工商局评为2008年度集体三等功，被省政府、省工商局评为2008年度商标战略先进单位。

# 楚雄彝族自治州工商行政管理局

2009年，楚雄州工商部门在省局党组、州委、州政府的领导下，在州人大、州政协及州纪委的指导、监督下，以科学发展观为统领，全面贯彻牢记一条主线，把好两道关口，确保双安全，提高两个保障，实现一个目标的“一二二二一”的工作思路，即牢记依法行政是工商部门的生命线；把好市场主体准入关、流通环节市场秩序关；确保班子安全和队伍安全；提高财务和信息化保障能力；实现落实好“三定”方案的目标；坚持“三个第一”，全力服务改革、发展、稳定，为地方经济社会发展作出了贡献。

2009年末，楚雄州共有个体工商户55 974户，注册资金11.2亿元，从业人员102 400人，分别比2008年底净增6 765户、3.66亿元、16 154人，分别增长13.75%、48.54%、18.73%。年内新办理登记个体工商户14 553户，注册资金4.59亿元，从业人员25 472人。个体工商户加速增长，成为市场主体增长亮点。全州共有私营企业5 262户，注册资本75.09亿元，从业人员103 424人，分别比2008年底净增长710户、13.65亿元、13 851人，分别增长15.60%、22.22%、15.46%。年内新设立私营企业1 138户，注册资本11.79亿元，从业人员15 449人。

2009年，楚雄州工商部门共接待消费者来电来访11 539个次，受理消费者申（投）诉949件、举报211件、咨询816件，解决1 976件，解决率100%，为消费者挽回经济损失53.93万元。

省工商局纳宗会局长深入元谋县工商局能禹分局慰问干部职工，与干部职工亲切握手

省工商局荆日荣副巡视员率队到楚雄州局看望慰问老干部，与老干部亲切握手

楚雄州注册登记能手选拔赛现场

南华县工商局切实加大食品安全监管，着力构建安全放心食品消费环境

南华县工商局立足职能，加强野生菌交易市场监管，保护农民利益

# 红河哈尼族彝族自治州工商行政管理局

红河哈尼族彝族自治州工商行政管理局辖13个县、市工商行政管理局，76个工商所、分局。局机关驻蒙自县红河大道南侧。机关内设办公室、人教科、监察室、法制科、计划财务科、基础设施办公室、公平交易科、经济检查支队、企业个体私营注册登记管理科、外资科、商标广告管理科、市场科、机关后勤服务中心、12315消费者申诉指挥中心、信息办公室、工业园区分局共16个科级单位。代管的群团组织有红河州消费者协会、红河州信用促进会、红河州广告协会。截至2009年底，共有在职干部职工1 076人。

2009年7月8日，省局周发洪副局长到红河州工商局调研

2009年，红河州工商行政管理系统在省工商局和中共红河州委、州人民政府的领导下，深入学习实践科学发展观，紧紧围绕全省工商行政管理工作会议的安排部署以及州委、州政府的各项中心工作，按照国家工商总局的“四个统一”、“四化建设”、“四个转变”、“四高目标”和云南省工商局“三个到位”、“六个好”的工作目标要求，以开展“服务效能提升年”活动为契机，紧扣中心，围绕大局，积极应对全球金融危机，保民生、保增长、保稳定，在服务地方经济发展上谱写了新的篇章，整顿和规范市场经济秩序取得新成效，队伍综合能力和基层规范化建设迈上新台阶。

全州工商干部认真学习十七届四中全会精神。图为专题讲座现场

全州工商系统学习实践科学发展观全员培训会现场

# 文山壮族苗族自治州工商行政管理局

2009年，文山州工商行政管理局下辖8个县局，下设29个工商所（分局），内设科室有办公室、人事教育科、计财科、法制科、市场监督管理科、企业个体私营注册登记管理科、商标广告监督管理科、公平交易科、12315消费者申诉举报指挥中心、经济检查支队。全州工商系统有在职干部职工758人，其中：公务员675人，少数民族266人，有共产党员478人，具有大专以上文化577人。全州有离退休干部职工316人，其中离休人员22人、退休人员294人。州局机关现有在职人员62人，其中共产党员43人，占人员总数的69.4%。

2009年，文山州工商局以党的十七大、十七届四中全会精神为指导，深入学习实践科学发展观，主动服务保增长、扩内需、调结构的工作大局，按照做到“四个统一”、加强“四化建设”、推进“四个转变”、实现“四高目标”和“三个到位”、“六个好”的要求，认真扎实地开展各项工作，切实推进职能转型，提升效能，全力服务经济建设，为推动文山州经济平稳较快发展、促进社会和谐安定作出了积极贡献。

旅游旺季在即，景区游客渐增，丘北县工商局为净化旅游市场，加大执法力度，利用周末及时抽调专人到普者黑景区清理整顿景区市场，开展对景区市场的综合整治，营造一个安全、健康、有序的旅游市场。图为执法人员正在检查儿童游泳圈

丘北县工商局锦屏分局经常组织干部深入农村边远少数民族地区，向广大农村经营户宣传《食品安全法》。图为工商干部正在指导经营者做进销货台账

丘北县工商局对20户食品经营户进行表彰，并授予“食品安全示范店”的称号。图为工商干部亲自上门授牌

# 普洱市工商行政管理局

2009年，普洱市工商系统有市局机关内设职能科室11个、群团组织办事机构3个、直属分局1个；派出县局级机构10个，县局级机关内设股室60个、群团组织办事机构20个、分局16个、工商所21个。全市工商系统共有在职人员702人，其中：公务员592人、工人11人、事业（群团）人员99人。学历结构：大专以上学历616人，占在职人数的87.74%（其中：本科及以上249人，占35.47%；专科367人，占52.27%）；高中、中专学历73人，占10.39%；初中及以下学历13人，占1.85%。现有基层党组织33个，其中党总支6个、党支部27个，有中共党员425人（含离退休人员）。市局机关有干部职工75人，有离休人员19人，退休人员219人。

全市辖区内有222个集贸市场、2 373户内资企业、49 376户个体工商户、3 051户私营企业、94户外资企业；有570件注册商标、26件云南省著名商标。

省工商局胡琨纪检组长到普洱市检查指导工作

普洱市工商局领导班子述职述廉报告会

普洱市工商局利用建成的普洱市工商系统远程视频会议系统开展食品流通领域许可证办理培训

宁洱县举行乡镇"一会两站"授牌仪式

墨江县举办2009年"消费与发展"专题晚会

# 西双版纳傣族自治州工商行政管理局

2009年，西双版纳州工商行政管理局有内设机构12个。即：办公室、人教科、计财科、法制科、企业科、公平交易科、市场科、商广科、监察室、外资科、12315消费者申诉举报指挥中心、后勤服务中心。下设5个派出机构，即：景洪市局、勐海县局、勐腊县局、西双版纳州局直属分局、西双版纳州局磨憨分局。实有17个基层工商分局（所）。挂靠或分设于西双版纳州工商局的社团组织有消费者协会、个体私营经济协会、广告协会。

西双版纳州工商行政管理系统编制总人数为316人（实有280人）。学历结构：研究生3人、本科137人、专科106人、中专及以下34人。民族结构：共有16种民族，其中汉族135人，占48%；傣族61人，占22%；另有彝族24人、哈尼族21人、拉祜族6人、回族7人、基诺族6人、瑶族3人、白族4人、布朗族2人、苗族3人、景颇族2人、佤族2人、土家族、布依族、土族和侗族各1人。全局在职人员的平均年龄为41岁。

2009年是贯彻落实党的十七大和十七届二中、四中全会精神，全面建设小康社会、落实科学发展观和阳光政府“四项制度”的重要一年。一年来，全州工商系统在州委、州政府和省工商局的正确领导下，坚持以邓小平理论和“三个代表”重要思想为指导，紧紧围绕“四个统一”，全面推进“四化建设”，努力实现“三个到位”、“六个好”工作目标，充分发挥工商行政管理职能作用，以构建和谐社会为主旨，狠抓省局部署的“六项重点工作”和市场网格化监管、党风廉政风险点管理、贯彻实施阳光政府“四项制度”等重要工作，全面依法整顿和规范市场经济秩序，努力营造规范有序、公平竞争的市场环境和诚信和谐、安全健康的消费环境；进一步加强队伍建设和信息化建设，提高队伍素质和依法行政水平。通过全局上下同心同德、改革创新、开拓进取，各项工作均取得了可喜成绩，为推动全州经济社会的发展作出了新的贡献。

注册登记大厅

销毁假劣商品

勐腊县2009年春季非公企业人才招聘会现场

西双版纳州工商局举办国庆文艺晚会

# 大理白族自治州工商行政管理局

大理州工商局党组书记、局长李志林实地指导基本建设工作

大理州工商局召开离退休干部座谈会

2009年，大理州工商局共有在职干部职工913人（其中公务员802人）、离退休干部354人。州局机关内设11个科室及经检支队、“12315”指挥中心、信息办，下辖12个县（市）工商局和开发区、旅游度假区两个州属分局，35个工商分局，17个工商所。全州工商系统继续开展“文明单位”创建活动，努力提升“文明单位”、“文明行业”等级，2009年，包括州工商局在内的6个州、县（市）工商局被中共云南省委、省人民政府命名表彰为“省级文明单位”。

2009年，大理州工商系统按照云南省工商局、中共大理州委和州人民政府的安排部署，坚持以邓小平理论和“三个代表”重要思想为指导，深入贯彻落实科学发展观，认真实施阳光政府四项制度，围绕落实国家工商总局的要求和云南工商工作目标，创新机制、提升效能，依法行政、规范执法，积极推进工商工作转型，切实履行工商行政管理机关市场监管和行政执法职能，为促进社会经济发展作出了新的贡献。

弥渡县工商局执法人员检查食品市场

弥渡县工商局开展送法下乡活动

大理州工商局参加洱海保护治理活动

弥渡县工商局宣传《食品安全法》

# 德宏傣族景颇族自治州工商行政管理局

省工商局纳宗会局长在瑞丽向缅籍商人了解经营情况

德宏州工商局下辖潞西、瑞丽、梁河、盈江、陇川5个县（市）工商局和姐告、畹町2个直属分局。全州工商系统有在职公务员435人、事业编制人员47人、工勤人员7人。2009年，德宏州工商局坚持以“三个代表”重要思想和科学发展观为指导，认真贯彻落实党的十七大、十七届三中、四中全会精神、中央经济工作会议精神、省委八届七次全会精神和全省工商工作会议精神，深入学习实践科学发展观，严格按照“四个统一”、“四化建设”、“四个转变”、“四高目标”要求，组织开展“服务效能提升年”活动，全面完成六项重点工作，努力实现“三个到位”、“六个好”工作目标。

瑞丽市工商局为外国籍自然人办理注册登记

2009年，全州共有内资企业1 133户，注册资金220 839万元， 年内办理内资企业开业登记99户，注册资金72 534万元；有外资企业116户（其中：法人企业37户、分支机构79户），投资总额29 702.91万美元，注册资本15 075.96万美元，年内登记外商投资企业13户，投资总额29 702.91万美元，注册资本15 075.96万美元；有私营企业3 136户，注册资金654 289万元，年内办理私营企业开业登记554户，注册资本79 083万元；有个体工商户32 085户，注册资金126 652万元，年内新增个体工商户8 548户，注册资金32 911万元；认定A类市场24个、B类市场12个，在全州确定了重点示范市场4个。全州共有云南省著名商标14件、德宏州重点扶持商标58件。2009年全州共立案查处各类经济违法案件1 519件，案值1 800万元，实现罚没收入829万元。

工商干部为缅甸消费者圆满解决85吨问题水泥投诉，维护外国籍消费者的合法权益，受到好评。图为消费者向瑞丽市工商局赠送锦旗

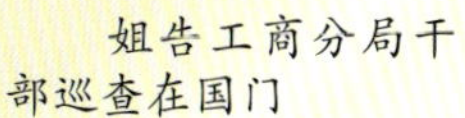

姐告工商分局干部巡查在国门

德宏州工商局开展“一所一标”工作。图为工作人员向申请人颁发商标注册证

# 丽江市工商行政管理局

2009年，丽江市工商局有在职干部职工316人，其中，研究生2人，大专以上学历235人，中共党员有204人。另有离退休老干部128人。市局内设机构有办公室、人事教育科、计划财务科、企业个体注册登记管理科、公平交易科、市场监督管理科、12315消费者申诉举报指挥中心、商标广告监督管理科、法制科、纪检监察室、机关服务中心；下辖古城区、玉龙县、永胜县、华坪县、宁蒗县工商局和玉龙雪山直属分局，11个工商分局、7个工商所；代管个私协、消委会、广告协会三个社团组织。

2009年，丽江市实有注册登记个体工商户23 270户，从业人员38 819人，注册资金82 564万元。登记注册内资企业1 388户（企业法人312户），注册资本（金）325 834万元，其中：国有企业394户，注册资金28 095万元；集体企业358户，注册资金20 574万元；股份合作企业103户，注册资金6 054万元；公司527户，注册资本269 553万元；其他企业6户，注册资金1 553万元。

2009年，全市工商系统共受理消费者申诉1 100件，调解成功1 091件，成功率为99.18%，为消费者挽回经济损失111.75万元，接待来访、接受咨询3 675人次。

# 怒江傈僳族自治州工商行政管理局

怒江傈僳族自治州工商行政管理局下设兰坪、泸水、福贡、贡山4个县工商局，13个工商所（分局），全州工商系统共有干部职工196人。州局机关内设办公室、人事教育科、纪检监察室、公平交易市场监督管理科、商标广告监督管理科、企业个体注册登记科、消费者权益保护科（12315指挥中心）、法制科、计划财务科共9个科室。

2009年，全州工商行政管理系统认真贯彻“四个统一”，积极推进“四化建设”，努力实现“三个到位”、“六个好”及“三年打好四个翻身仗”的工作目标，紧紧围绕省局党组及州委、政府的中心工作，按照州局党组“一年打基础、二年抓提升、三年实现目标”的怒江工商工作思路，以开展深入学习实践科学发展观活动和实施“阳光政府”四项制度为契机，深入整顿和规范市场经济秩序，拓宽工商行政管理“绿色通道”，着力打造“阳光工商”。进一步推进全系统党风廉政建设和反腐败工作，切实加强自身建设，完善市场监管体系，不断提高依法行政能力。全州工商系统在困难中前进，在发现和解决问题中发展，在发展中创新，变压力为动力，在教训中总结经验。通过全体干部职工的共同努力，各项工作取得了新的成绩。

怒江州工商局学习实践科学发展观全员培训动员大会现场

全州工商工作会议现场

全州工商系统第一届职工运动会

开展行政执法培训

参加第一届职工运动会的州局机关代表队

# 迪庆藏族自治州工商行政管理局

迪庆州工商行政管理局下辖3个县工商局，设有1个直属分局。州局机关设办公室、商标广告科、企业科、人事教育科、法制科、纪检监察室、公平交易科、计划财务科、12315指挥中心、经检支队10个科室。现有行政人员120名、机关工勤人员3名、群团事业人员19名、离退休人员68名。全州共有13个工商所（分局）。

2009年，迪庆州工商行政管理局在省工商局的正确领导下，在迪庆州委、政府的关心支持下，全面实践科学发展观，深入贯彻落实党的十七大和十七届四中全会精神、省委八届七次全会和州委六届七次全会精神，以“七项重点工作”为中心，不断解放思想，加强队伍建设，改革监管方式，强化监管手段，切实履行职责，为迪庆经济发展和社会和谐做出了新的努力，圆满完成了年度各项工作任务。

截至2009年底，全州登记的内资企业有568户，注册资金336 410万元；私营企业755户，投资人数1 644人，雇工人数20 273人，注册资金381 856.92万元；个体工商户8 929户，从业人员14 145人，资金数额为44 305.2万元；农民专业合作社100户，出资总额合计6 601万元，与2008年底相比较共增加农民专业合作社65户，增长185%；出资总额增长207%。全州工商系统共接听消费者来电347人次，受理投诉217起，调解217起，接受咨询253件、举报37件，为消费者挽回经济损失278万元。

# 临沧市工商行政管理局

临沧市工商系统共有行政机构9个，即市局、8县（区）工商局；有派出机构39个（工商所24个、分局15个），有内设职能业务机构41个（市局9个、县区局32个）。全市工商系统有纪检监察机构9个，即市、县（区）工商局纪检监察室；所属事业单位19个，即市、县（区）消费者协会、个私协会和市广告协会。全市工商系统共有人员编制529名，其中，市、县（区）工商行政管理机关495名、所属事业单位34名。共有在职人员502人。行政班子领导职数市工商局1正3副（年内有1正3副），8县（区）工商局8正18副（年内有8正19副）。全市纪检领导职数9个（年内有9个），全市工商系统共有机关党委1个、党总支8个、党支部46个、妇女委员会9个、工会委员会9个。

2009年，临沧市工商行政管理工作以邓小平理论和“三个代表”重要思想为指导，深入学习实践科学发展观，认真贯彻党的十七大、十七届三中、四中全会和中央经济工作会议精神，按照云南工商工作新目标，进一步明确了全市工商系统推进科学监管、促进科学发展的“六抓基本工作思路”，即抓班子、带好队伍，抓监管、重在创新，抓服务、树好形象，抓示范、突出亮点，抓基层、注重规范，抓落实、务求实效；明确了全市工商系统推进科学监管、促进科学发展的“四新目标”，即在服务改革发展稳定上有新作为、在监管执法上取得新突破、在经验探索上创造新成果、在工作落实上取得新成效。扎实推进全市工商行政管理改革和创新，各项工作措施得到了较好的落实。至年底，全市34个单位进入了文明单位行列，其中省级7个，市级26个，县级1个。市局被省人力资源和社会保障厅、省工商局荣记先进集体二等功，全系统65个次先进集体和92人次先进个人分别受到了省、市、县级表彰。

省工商局曾荣基巡视员在临沧市工商局调研

全市工商系统基层规范化建设现场会

临沧市工商系统基层单位开展深入学习实践科学发展观骨干培训班

临沧市工商局查封假冒伪劣商品演练

临沧市工商局迎国庆诗歌朗诵比赛

临沧市工商行政管理局2009年度重大决策听证会

# 昆明钢铁控股有限公司

昆钢产品——彩涂板

昆明钢铁控股有限公司是国家特大型钢铁企业和云南省政府重点大型企业集团，中国企业500强之一，是一个集钢铁冶金、煤焦化工、矿业开发、重型装备制造、水泥建材、房地产开发、钒钛产业、现代物流、工程设计、海外业务等产业为一体的跨所有制、跨行业、跨地区、跨国经营的大型企业集团。2009年，昆钢产铁570万吨、产钢573万吨、产材610万吨，实现销售收入410亿元，利税28亿元，利润10.52亿元。

昆钢坚持用高新技术改造传统产业，致力于实施资源战略，充分发挥地域优势，积极内引外联，开发国内国外两种资源，拓展两个市场；坚持“主业优强，相关多元”的发展战略，大力发展做大做强相关多元产业。2009年，昆钢积极拓展外部市场，培育和发展壮大铁矿业、煤焦化工、水泥建材、房地产、装备制造、铁合金、管道输送、工程设计、现代服务等产业，全年相关多元产业实现销售收入165亿元，利润8.87亿元，跻身中国企业500强。

地址：云南省安宁市郎家庄

电话：0871-8603459

# 云南罗平锌电股份有限公司

云南罗平锌电股份有限公司成立于2000年12月21日，于2007年2月15日在深圳证券交易所中小板成功上市，首次向社会公开发行股票2 560万股，股票代码为“002114”。公司注册资本18 385.2万元，主营业务为水力发电、铅锌等有色金属的开采、锌冶炼及其延伸产品的生产销售，是集矿石采选、水力发电和锌冶炼一体化的上市公司，是云南省政府实施“矿电冶结合”发展战略的典范企业和罗平地方经济发展的支柱企业。现有五个生产单位、三个控股子公司、四个参股子公司、一家分公司。公司现已形成年产电锌12万吨、镉300吨、锗4吨、铟3吨、超细锌粉1.2万吨的综合生产能力，截至2009年12月31日，总资产为11.26亿元，净资产为4.77亿元，员工总数2 750人。

公司上市以来，严格遵照《公司法》、《证券法》及《公司章程》要求，健全法人治理结构，规范公司运作行为，通过严格贯彻执行ISO9001：2000国际标准化质量管理体系工作，强化投资管理，拓展生产经营规模，不断增强自身竞争能力和可持续发展能力。

2009年，面对全球金融风暴的冲击，公司变压力为动力，变危机为契机，以超前的意识和发展的眼光实行企业规模扩张战略，极力推行“电锌资源综合利用投资项目”建设，使公司的电锌生产能力由原来的6万吨/年迅速提升至12万吨/年规模，推动公司的冶炼能力与技术装备水平走上了一个新的台阶，增强了公司在市场上的竞争实力和发展活力，实现公司在电锌产业上的新跨越。

公司先后被评为“重合同守信用企业”、“进出口先进企业”，被曲靖市列为30户重点工业企业予以挂牌保护。

2006年和2008年分别被云南省人民政府评为“优强企业”和“优强工业企业”。2003年和2006年获得中共云南省委、云南省人民政府“文明单位”称号，云南省银行业协会“守信用客户”称号，云南省劳动保障诚信示范企业、云南省消费者协会“诚信单位”称号，云南省劳动关系和谐企业等称号。公司的“久隆”牌商标已在上海期交所注册，电解锌产品可以直接用于上海期货交易所锌标准合约的履约交割。2010年1月15日，公司的“久隆”牌商标及图被国家商标局认定为中国驰名商标。

地址：云南省罗平县罗雄镇长家湾

电话：0874-8256825

邮编：655800

发电大坝

发电机组

公司产品

生产车间

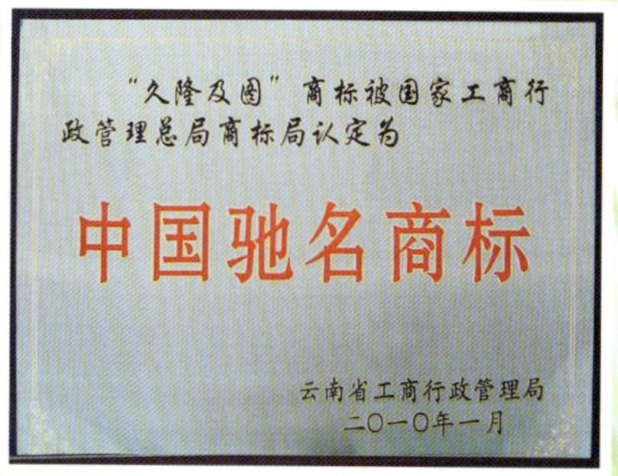
“久隆及图”商标被国家工商行政管理总局商标局认定为
中国驰名商标
云南省工商行政管理局
二〇一〇年一月

荣誉

# 普洱市卫国林业局

团结务实的领导班子

普洱市卫国林业局始建于1969年10月，位于云南省南部，普洱市中部，经营范围地跨景谷和宁洱两县，是滇南森林资源较为丰富的地区之一，经营区总面积96.4万亩，森林覆盖率达98%，活立木蓄积量794.6万立方米，是云南省重点森工企业之一，云南省林产加工龙头企业。

1978年十一届三中全会以前，卫国林业局是单一的木材生产企业，进入八十年代后，在改革开放的大好形势下，企业在搞好木材生产的同时，开始实施横向经济联合，搞多种经营，实现综合开发。至90年代，卫国林业局开始走以林为主、林板结合、林果结合、林运结合的发展路子，取得了较好的社会效益、生态效益和经济效益。

随着社会的发展，时代的进步，企业各方面建设都取得了良好成绩。进入新世纪，尤其是党的十七大后，企业立足局情，开拓创新，积极进取，形成了以实施天然林资源保护工程为主，以林产加工、林下资源开发、景观林木培育，森林生态旅游服务为一体的现代林业企业。企业先后荣获“国家二级企业”、“全国森工系统优秀企业”、“全国营造林先进单位”、“全国模范职工之家”、“全国林业行业思想政治工作优秀单位”等荣誉称号。

云南省著名商标

商标注册人：普洱市卫国林业局

使用商品（服务）：胶合板，纤维板

2009年11月-2012年11月

云南省工商行政管理局

二〇〇九年十一月

卫国林业局办公楼

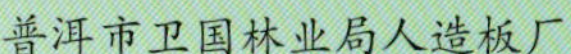

普洱市卫国林业局人造板厂

卫国林业局小黑江森林公园

卫国林业局生产的建筑模板

卫国林业局生产的胶合板

地址：普洱市宁洱县
电话：0879-3202802
传真：0879-3203002
邮编：665100

卫国林业局生产的细木工板

卫国林业局生产的中密度纤维板

# 中铁八局昆明铁路建设有限公司

董事长、党委书记　徐明辉

总经理　栾宏源

中铁八局集团昆明铁路建设有限公司始建于1953年，公司前身为昆明铁路局工程总公司。2004年3月，公司更名为中铁八局集团昆明铁路建设有限公司。2007年12月作为中国中铁股份有限公司旗下企业整体上市。中铁八局昆建公司是建设部核准的铁路工程施工总承包一级企业，具有铁路、公路、桥梁、房建、市政、给排水、通信信号、电力、爆破、钢结构、设备安装、装饰装潢等多种施工能力以及轨枕等混凝土预制构件生产能力。公司下辖钢结构、机械化、试验检测、房地产开发等7个分（子）公司和36个直属项目部。主要承担地铁、轻轨、铁路、公路、工业和民用建筑，市政建设、基础工程及城市轨道交通等施工任务，拥有精良的各型机械设备，年生产能力30亿元以上，在全国国有大型建筑施工企业500强及中国铁路、公路、桥梁、隧道建筑业100家最大经营规模建筑企业中榜上有名，在云南省建筑业百强中列第四位。施工区域分布在云南、贵州、四川、广西、广东、安徽、辽宁、黑龙江、山西九个省区。

公司已创造了一大批省级、部级“样板工程”和“优质工程”。所承建的昆明新民航路铁路立交桥、银海荷塘月色小区获云南省优质工程奖，昆明铁路怡园小区荣获铁道部优质工程奖，昆明西二环路立交桥、云南广大铁路广通河特大桥、南昆铁路马料河特大桥、贵昆线K812公路立交桥等均被评为样板工程，云南广大线广楚段铺架工程被省市誉为创造了“云南的深圳速度”，北二环立交桥为99昆明世博会增光添彩，新建的昆明市二环快速系统福海立交桥更是以“高起点、高规格、高速度、高质量”

打造执行力团队

哈尔滨地铁

党建活动

白水河大桥

的精心建设受到了昆明市委、市政府及建设单位的高度赞扬，在昆明市建筑行业树立了一座丰碑。

2006年以来，公司在省外中标承建了沈阳地铁、哈尔滨地铁、哈大客运专线、珠海至广州城际铁路、安徽六武高速公路、广西岑兴高速公路、安徽阜阳颍河大桥及柳州北外环路等工程，先后承建了大瑞线、昆广复线、大丽线、黔桂线、沾昆二线、昆河线、贵昆线、南昆线、盘西线、成昆线及云南省内多条铁路支线、专用线、铁路货场的新建和改造工程；承建了省内多条旅游索道和昆铁曲靖油库、宣威油库等多座油库工程建设。

公司曾多次荣获云南省“先进企业”称号，连续20年获云南省“重信用、守合同先进企业”称号，还荣获“全国质量效益型先进企业”、“全国守合同重信用企业”、“全国用户满意企业”荣誉称号，被评为“全国优秀施工企业”，“全国路桥施工百强企业”，“建国60周年中国企业文化先进单位”、“全国企业文化建设优秀单位”、云南省“安全生产管理先进企业”；荣获四川省“五一劳动奖状”；全国总工会“工人先锋号”、中国中铁“哈大杯”和铁道部“火车头奖杯”、集团公司“文明单位”、“四好班子”、“三工建设示范单位”、“学习型组织标兵单位”等荣誉称号。

地址：昆明市春城路321号 电话：0871-6124227 邮编：650200

广珠城际铁路

昆明市荷塘月色住宅小区

云南省著名商标

QianLie®
前列

# 云南前列电缆厂

35KV悬链式干法交联生产线

云南前列电缆厂建于1995年7月，经过十多年的发展，现已形成规模，是云南省内专业生产电线电缆产品的综合型骨干企业。产品广泛用于城乡电网改造、市政工程建设、建筑、照明等行业。

企业位于享有“云南第一村”美誉的云南省玉溪市大营街工业区，装备有从国内外引进的制造及检测设备，2010年6月通过了市级企业技术中心验收，具有十分雄厚的科研、技术和生产实力。能按国家标准（GB）、国际电工委员会标准（IEC）及其他工业国家先进标准生产各种类型的优质电线电缆产品。现已形成年产值15亿元的生产能力，主要产品有：铝绞线及钢芯铝绞线、各种布电线、电力电缆、控制电缆、1-10KV架空绝缘电缆、35KV及以下交联聚乙烯绝缘电缆等。

工厂管理先进，设施完善。产品全部取得全国工业产品生产许可证证书、强制性产品3C认证证书，并通过ISO9001-2008国际质量体系认证。产品抽检、统检合格率达100%。“前列”牌电线电缆产品连续多年被评为云南省著名商标，多次获得国家级新产品、新技术金奖、消费者信得过产品等荣誉称号。

前列电缆重视西南及全国市场的开发和维护，坚持从质量保证、交货期保证及技术服务保证三方面着力，多年来，前列电缆一直被定为云南电网公司城农网使用产品，在全国市场不断获得喜人业绩和用户良好的口碑。

证　书

云南前列电缆厂

你公司(厂)使用在 9 类 [illegible] 商品(服务)上的 [illegible] 商标经云南省工商行政管理局认定为“云南省著名商标”，有效期为二OO九年十一月至二O一二年十一月。

特发此证

云南省工商行政管理局
二OO九年十一月

荣誉

地　址：云南省玉溪市红塔区大营街工业区
电　话：0877-2770151　2772638　2770159
传　真：0877-2770388
E-mail：qianlie1@163.com

“前列”牌电缆

# 镇沅县松香厂

镇沅县松香厂始建于1971年，是生产松香、松节油 、a蒎烯和b蒎烯的林化企业。1999年改制成股份合作制企业，2007年通过公开竞买成交，成功改制为私营企业，注册资金2 350万元，下属企业有鹏鹄宾馆和顺翔木业，总职工人数为137人（松香厂51人，鹏鹄宾馆14人，顺翔木业82人）。年工业总产值6 000万元，上缴税金200万元。2010年4月经云南省林业厅认定为“林业产业省级龙头企业”。

工厂坐落在云南省松脂主产区镇沅县按板镇，现拥有连续法松香生产线和蒎烯生产线各一条，以天然的思茅松脂为原料，年产松香1.2万吨，松节油2 500吨，蒎烯2 300吨。先进的生产工艺和完善的检验设备确保了产品质量达到或超过国家标准，深受国内外用户的青睐。

生产车间

镇沅县松香厂秉承“质量第一、诚信至上”的经营理念，愿与广大新老客户真诚合作，共谋发展。

联系人：康志胜

地　址：镇沅县按板镇上观音

电　话：0879-5621810 5814868

传　真：0879-5621491

产品

厂区一角

# 玉溪滇雪粮油食品工业有限公司

玉溪滇雪粮油食品工业有限公司隶属于玉溪市红塔区粮食局，始建于1951年。公司油脂加工厂及办公区位于玉溪市红塔区研和工业园区大栗园56号，厂区占地面积2.4万平方米；仓储、物流配送中心在红塔区高仓镇六品村，占地面积约2万平方米。是云南省建厂最早、规模最大、经济效益较好的食用植物油专业生产企业之一，也是云南省最大的农产品加工龙头企业之一。历经五十多年的发展，从传统的粮油加工企业多元化发展为集粮油生产、加工、贸易、仓储为一体的现代化粮油企业。

2009年，公司实现了历史性的突破发展，油菜籽（大豆）加工能力达10万吨，精炼能力5万吨，油脂储备能力4万吨，年小包装生产能力达2 000万瓶，现代储中央及云南各地州、市、县储备油近2万吨。2009年收购并加工菜籽6.5万余吨，实现销售收入1.87亿元，利税300余万元，收购量、产量及销售收入等各项指标均名列省内前茅。

公司生产并销售的菜籽油产品有一级、四级两种，小包装规格有1.5、2.0、5.0、8.0、20、24升等。采用基地原料加工而成的“滇雪”100%纯菜籽油（一级）品质纯正，质量优于GB1536-2004国家标准，以云南高原双低非转基因优质油菜籽为原料，采用公司自主创新的蒸馏法精炼菜籽色拉油工艺替代化学碱炼脱酸和脱臭工艺，经过多道工序精细加工而成。酸价低、杂质少、烟点高、透明晶亮、香味浓郁、营养丰富、不含胆固醇，适宜煎、炒、烹、炸和调配美味佳肴，色香味具佳，是美食烹饪的理想用油，居家送礼的绿色佳品。高级食品厂选用公司生产的100%纯菜籽油（一级）作机械润滑油。公司自建立以来从未发生过消费者因产品质量的投诉事件，在云南已有较高的品牌知名度和市场占有率。

2009年底，公司推出了“菜家村”系列中小包装食用油：5L一级纯菜籽油；8L、20L四级纯菜籽油；5L、25L、30L四级纯菜籽油；5L、8L、20L、25L、30L一级豆油等产品。新品一上市，就以优越的产品质量、创新的包装图案赢得了广大消费者青睐。

公司是云南省首批国家食品生产许可证认证企业，是“云南省农业产业化经营省级重点龙头企业”、“云南省农产品加工重点企业”、“玉溪市农产品加工重点企业和玉溪市农业产业化经营市级重点龙头企业”；连续6年被评为“重信誉守合同”企业。公司生产的“滇雪”菜油被中国粮食行业协会授予“放心油”称号、荣获“云南名牌”、“云南省著名商标”；是“云南省军队用油唯一推荐产品”、“云南省第八届消费者喜爱商品”。2005年和2007年企业分别通过了ISO9001:2000质量管理体系认证和HACCP食品安全管理体系认证。公司在中国农业发展银行、中国工商银行、云南红塔农村信用合作银行的信用等级评价均为AA。

地址：玉溪市红塔区研和镇大栗园56号　　电话：0877-2990518

传真：0877-2990449　　邮编：653106

厂区大门

储油罐

小包装车间

预榨车间

# 云南建工集团第七建筑工程有限公司

云南建工集团第七建筑工程有限公司是云南建工集团有限公司控股的有限公司，具有国家建设部批准的房屋建筑工程施工总承包壹级资质，是为适应市场经济发展需要，按照现代企业制度改革，经云南省政府批准于2000年5月首批改制的省属国有大中型建筑施工企业。公司始属1953年创建的“建工部西南三公司五处”（简称中建五处），原云南省第九建筑工程公司。

公司注册资本金5 770万元，资产总额12 578.7万元，流动资产9 803.5万元，各类大中型机械设备126台（辆），具备年建安生产能力10亿元，工业生产能力4 000万元。在不断地发展和完善过程中，公司形成了集工业与民用建筑施工，水电和设备安装，砼预制构件生产和预应力张拉、吊装，建筑装饰装潢，钢屋架制安，市政工程和园林建筑，道路、桥梁工程，水利电站建设为一体的生产经营格局。

多年来，公司承建了一大批高技术、高难度、大跨度工程。在冶金、矿山、化工、轻工、能源、交通、市政、邮电、水利、文教、卫生、房地产住宅小区建设等领域长期承担国家和省、市、专州县的工程施工。在昆明钢铁厂、云南磷肥厂、云南光学仪器厂、昆明三聚磷酸钠厂、昆明烟厂、滇西水泥厂、开远水泥厂、云南轮胎厂，昆明西货运站大楼、昆明军区通信大楼、成都军区22分部综合楼、玉溪军分区办公大楼、保山武警边防支队办公楼、景洪武警边防支队办公楼、怒江中级人民法院办公大楼、金山宾馆、滇池假日酒店、昆明旺角商城、省烟草公司大楼、省石油安装总公司综合楼、建水县人民政府办公大楼、富源县保险公司综合楼、楚雄市北浦中学教学楼、曲靖市国土资源局档案信息综合楼、曲靖师范学院新校区信息及现代教育技术中心和建水县第六中学教学楼科技实验楼，船房小区坤辉花园、云南省教委住宅小区、云南省体委职工住宅、云南省委四号院住宅、省级机关杨家地金牛小区、志城家园住宅小区、西宁奉青花园住宅小区、时代风华小区、滇池康城二期住宅、理想小镇、昆明理工大呈贡校区行政办公楼、云南师范大学呈贡校区食堂、云南民族大学呈贡校区图书馆、云师大附中星耀校区，澄江1—4级电站、文山嘎机电站、一汽红塔云南汽车制造有限公司冲焊联合厂房接建工程、曲靖卷烟厂二库区新建仓库三标段工程，西山区高新区道路建设、丽江永胜大街道路扩建、腾冲县固东过境公路等各类大中型工程建设施工中屡创佳绩，重信用、守合同，圆满完成工程施工任务，工程质量和工期均受到建设单位和质监部门的高度评价，向社会各界充分展现了云南七建的雄厚实力。尤其是西南光学仪器厂引进工程荣获“国家银质奖”、昆明三聚磷酸纳厂黄磷车间荣获国家建筑最高奖——“鲁班金像奖”；省级机关杨家地金牛小区一期工程、二期工程分别被评为2001年度昆明市“春城杯”优质工程一等奖、二等奖和“省优质工程”三等奖，玉溪军分区11.15工程1#办公楼荣获2003年度云南省优质工程一等奖。每年都创一批省优、昆明市优、地（州）优质工程。

公司曾两度被国家建设部评为“创全优工程先进企业”，荣获“全国先进施工企业”称号，1995年跻身进入“全国500强企业”。连年荣获昆明市政府表彰的“重信用、守合同”企业，2002年通过了

楚雄职教中心学生宿舍

河口虹桥商业广场

会泽水泥厂

ISO9001:2000质量管理体系标准认证，促进了理念创新和管理能力的提升。2005年在云南省建筑业百强总承包企业中居第28强；2007年成为昆明市西山区纳税超五百万元大户、昆明市西山区重点保护企业。2008年通过质量、环境和职业健康安全三标一体系认证，建筑业企业工法编制工作效果显著，荣获“全国建设质量先进企业”和“2008中国建筑业连续3年最具综合实力10强企业”等多项荣誉，在集团和社会中的信誉和影响力逐年稳步提升。

公司经过自身的不断进取，已具备强大的经营规模和抗市场风险能力、完善的管理体系和现代化的企业制度。不断推广和采用先进的施工技术，体现“人无我有、人有我优”的创新理念，竭力增强公司整体实力。

昨天的荣誉已成为过去，面对今天和未来，公司将一如继往，坚持“以人为本，和谐发展，求真务实，效益至上”的理念，遵循“质量第一求效益，用户至上创信誉”的宗旨，倡导敢想、敢干、敢于创新的精神，按照“质量好、工期快、成本低、守信誉”的要求真诚服务社会，客户的满意就是公司的追求，用事实证明云南七建是社会各界真正值得信赖的朋友和无悔的选择！

地址：昆明市西山区明波明河路202号

电话：0871-8244956

滇池高尔夫

东南亚摄影基地——玉龙湾

建水县人民政府办公楼

省委杨家地老年活动中心

玉溪军分区综合办公楼

# 云南玉溪银河化工有限责任公司

云南玉溪银河化工有限责任公司成立于2001年1月，是通过先租赁、后购买原峨山化工有限公司组建的一家民营股份制企业。它依山傍水，风景秀丽，位于峨山城郊3千米处，拥有固定资产2.49亿元，职工996人，其中各类专业技术人才241名。主导产品为尿素、碳酸氢铵、甲醇和食品添加剂液体二氧化碳，是云南省小氮肥生产骨干企业之一。公司生产的“猊江”牌尿素外观晶莹剔透、颗粒大而均匀，以其良好的品质和市场信誉占领云南省部分地州市场。

公司成立以来，在各级党委和政府的关心支持下，规模、资产和利税均有大幅度提高。2009年，在原材料价格上涨、供电不足以及国家限价的严峻形势下，通过公司全体干部员工的共同努力，公司全年共生产合成氨94 374吨、尿素149 093吨、碳酸氢铵12 149吨、食用二氧化碳6 066吨、甲醇13 563吨，完成工业总产值2.63亿元，完成销售收入2.97亿元，基本完成了公司年初制定的总目标。

公司积极响应国家节能减排号召，为了降低生产成本、提高能源利用率、减少排放，贯彻主体工程的环境保护、安全与工业卫生“三同步”的原则，以消除生产对环境造成的危害，投资1 200万元新上一套终端水处理设备，生产废水达到了达标排放。通过技术改造对造气炉渣、合成氨生产过程中的废气、余热进行全部回收利用，现已投入试运行，达到了预期的节能减排效果。

公司多次被评为峨山县优秀工业企业、玉溪市安全生产先进单位和“重合同、守信用”企业；2007年2月被玉溪市总工会评为“先进职工之家”；2007年4月被评为玉溪市“劳动关系，和谐企业”；2008年3月被评为2007年度消防安全工作先进单位；2009年被玉溪市评为“非公有制经济纳税大户”。

公司办公区

联系人：马仁伟
地　址：云南省玉溪市峨山县石牌坊
电　话：0877-4011172
传　真：0877-4011259
邮　编：653200

# 云南省通海秀山水泥有限责任公司

云南省通海秀山水泥有限责任公司（原云南省通海县水泥厂），始建于1970年，原属国有企业，1996年改为股份合作制企业，2002年改为民营企业。

云南省通海秀山水泥有限责任公司经过多次扩建、技术改造和全体员工的不懈努力，使企业在激烈的市场竞争中从小到大，从弱到强，不断得到发展壮大。目前，已形成新型干法旋转窑的生产规模，具有年产“秀山”牌优质水泥55万吨的生产能力，其产品除了销往全省各地外，还出口到越南、老挝、柬埔寨等国家和地区。

云南省通海秀山水泥有限公司采用国际标准生产的32.5级、42.5级、52.5级“秀山”牌系列水泥、矿渣硅酸盐水泥、普通硅酸盐水泥、道路水泥等产品，以优异的质量和良好的信誉深得用户的青睐。产品合格率连续30年保持100%。成为全省各地高层建筑、体育场馆、电站、铁路、桥梁、隧道设施等重点工程的指定产品。并先后多次荣获国家、省、市、县的“云南省质量效益型企业”、“质量无投诉企业”、“科技先进企业”、“玉溪市优秀企业”、“先进单位”称号。“秀山”商标被评为“云南省著名商标”和“玉溪市知名商标”。

“团结、务实、高效、奋进”是云南省通海秀山水泥有限公司全体员工的工作理念。质量保证是公司对广大用户的承诺，公司愿将产品交给市场检验，留给大地作证。

联系人：高家树

地　址：云南省玉溪市通海县里山刘家坝

电　话：0877-3665177

邮　编：652705

# 云南伟华建筑工程有限公司

总经理 胡宇华

云南伟华建筑工程有限公司成立于2006年9月，是一家集房屋建筑、市政建设、土石方工程、建筑装修装饰工程为一体的贰级建筑企业。公司机构健全，制度完善。

公司现有员工300余名，注册资金2 100万元，净资产3 605万元，有大中型机械设备 107多台（件），有各种专业技术人员 150人，其中二级注册建造师25人、一级建造师2人；公司中、高级职称的工程技术和工程管理人员共22人，初级技术管理人员50人，堪称文山州建筑战线上一支能吃苦耐劳、勇于挑战、奉献社会的施工队伍。

公司自成立以来，在建设主管部门的指导下，通过自身的不懈努力、开拓进取，公司的整体管理水平、技术力量、工程质量、安全生产都得到了全面的发展和提高，已成为马关县资质高，实力强的建筑企业，在文山州境内建筑市场占有了一席之地。

发展实业、振兴企业是公司的发展目标，“质量第一、客户至上” 是公司恪守的服务宗旨，不骄不躁、严谨踏实是公司的一贯工作作风，“优质、高效、团结、奉献”是员工遵循的工作态度。

多年来，公司本着“以人为本，以质取胜”的经营理念，以信誉求生存、以质量求发展，牢固树立精品意识、努力打造精品工程，为客户提供高质量的服务，在文山地区同行业中树立了良好的企业形象，赢得了社会认可和广大客户及质检部门的好评。

公司先后承建工程70余个，包括教育、卫生、经济适用房、企业厂房等各类用房，生产总值达1亿元以上，工程合格率均为100%，公司成立以来已累计为地方创税500余万元，为文山地区基础设施的改善和促进地方经济发展作出了积极贡献。

公司在不断发展的同时，也不忘回报社会，已先后为公益事业捐款80万元，资助贫困大学生及捐资建校等款项50余万元。在劳动就业方面，优先招用下岗失业人员，先后吸纳30余名失业工人就业，为缓解马关地区就业压力起到了积极作用。

地址：马关县骏城路186号
电话：0876-7134899
邮编：663700

公司承建的县医院住院部大楼

公司承建的马关一中教学楼

公司承建的木兰苑

公司承建的华联会所

# 泸水县兴乡建筑有限责任公司

泸水县兴乡建筑有限责任公司始建于2001年12月。是拥有房屋建筑施工总承包贰级、金属门窗工程专业承包叁级、市政公用工程施工总承包叁级、建筑防水工程专业承包叁级、土石方工程专业承包三级、城市及道路照明工程专业承包三级、建筑装饰装修工程专业承包三级资质的建筑企业。公司可承接房屋建筑工程、金属门窗工程、市政公用工程、建筑防水工程、土石方工程、城市及道路照明工程、建筑装饰装修工程等多种施工任务，是泸水县建筑行业内极具竞争实力和发展潜力的施工企业之一。

公司现有员工435人，其中管理和技术人员412人，项目经理23人。下设14个分公司，多个项目经理部。装备精良，拥有各种大型机械化施工设备1 246台（部），总装备能力达13 246千瓦，年生产施工能力在1.5亿元以上。

公司秉承“建精品工程、塑品牌形象”的施工理念，发扬“质量兴业、市场为先、以人为本，诚信发展”的企业精神，在近几年的工程建设中取得了瞩目的成绩：由公司承建的六库民族体育广场、泸水一中教学楼、泸水县小沙坝社会主义新农村、泸水县林业局科技推广培训中心、泸水县自然保护局办公楼、泸水县片马镇民族体育广场、泸水县大兴地乡自表瓦基村委会、泸水县文化活动中心、泸水县第一人们医院、六库滨江生态走廊三期、四期工程等均以工程质量高、工期短赢得了业主和监理公司的一致好评。公司总经理祝正明2003年获得云南省光彩事业先进个人称号；2004年在云南省怒江州工商界联合会第三届会员代表大会中荣获先进会员称号；2006年度被评为云南省建筑业企业优秀项目经理的荣誉称号。公司2004年12月被中共怒江州委、州人民政府授予怒江傈僳族自治州成立五十周年庆祝活动重点工程建设作出突出贡献奖；2006年被怒江州劳动和社会保障局评为怒江州劳动保障诚信示范企业；承建的泸水县六库民族体育广场，荣获2006年度优质工程三等奖；2007年被泸水县工商联评为泸水县工商联协进会员；2008年被泸水县委、政府评为农业农村工作先进集体；2008年被泸水县委、政府评为泸水县“1.24”暴雪（雨）灾抢险救灾工作先进集体；2008年被云南省住房和城乡建设厅评为建筑行业安全生产先进企业。

地址：怒江州六库镇江西老干村祝家新园
传真：0886-3627038

# 镇沅县兴隆建筑开发有限责任公司

职中教学楼

镇沅彝族哈尼族拉祜族自治县兴隆建筑开发有限责任公司成立于1978年9月，原为四川省安岳县乡镇局直属集体企业。现为二级房屋建筑施工总承包资质，有职工650多人，有工程技术系列、财务系列、经济系列、统计系列职称人员163人，其中高级职称4人、中级职称59人、一级建造师1人、二级建造师13人、建造员8人、专职质检员4人、专职安全员7人。同时，公司还具有市政叁级、土石方专业承包叁级、室内装修资质及铝合金门窗生产许可证。

企业先后获得了县级“重合同、守信用”、“优秀管理”、“先进集体”、文明单位、先进党支部，市级首批诚信单位、省级“诚信单位”、市级“重合同、守信用”，2008年评为省级“重合同、守信用”单位。三十余年共完成房屋、市政、装饰工程三百多项，2007年2月进入普洱市城区，施工七层及以上商住楼及工业厂房10万余平方米。2009年又进入景洪市区施工群体商住楼，工程合格率100%，得到业主、领导及公众的好评！

地址：镇沅县城人民路兴隆宾馆

传真：0879-5811209

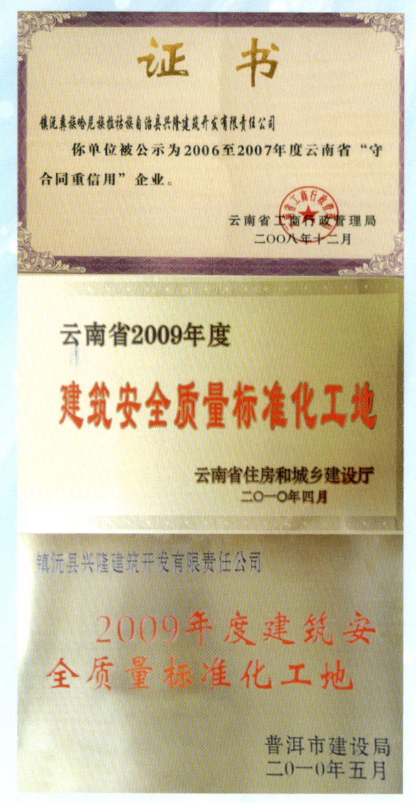


# 福贡县建筑安装工程公司

福贡县建筑安装工程公司是福贡县惟一从事工业与民用建筑施工、现代化装饰装潢、建筑门窗生产及经营建筑材料的中型企业，成立于1991年5月，公司注册资金2 184万元，拥有固定资产1 705万元，职工人数1 500人，企业性质为集体公司，总公司下设七个科、十八个工程队，具有房屋建筑工程施工总承包三级资质，有二级项目经理18人、三级16人、二级建造师1人、高级工程师2人、工程师22人、助工47人、施工管理人员55人、技术人员105人、工程概预算5人、专职质检员22人、专职安全员28人、持证上岗施工人员26人，施工机械设备1 245台（件），是一个实力雄厚信誉颇高的建筑施工企业。

总经理　杨银西

以市场为导向，以质量求生存、信誉求发展的经营方针，积极投入市场竞争，在竞争中不断发展壮大，公司主营房屋建筑工程施工总承包；建筑材料、房屋装修、工程装潢、装修、碎石及空心砖制品加工。公司以文明施工，安全生产，用户至上，质量第一为宗旨，全心全意为客房服务，在管理上，公司形成了有自己特点的、规模的、完整的规章制度。公司所建的工程项目，从未出现过质量和安全事故，工程合格率为100%，优良率为90%以上。

地址：怒江州福贡县上帕镇（上帕街石月亮片区32号）

电话/传真：0886-3411176

邮编：673400

公司承建的项目——福贡县子里甲校区教学楼

公司承建的项目——银峰小区

# 文山州大景房地产开发有限公司

文山州大景房地产开发有限公司成立于2001年，是具有独立法人资格的房地产开发三级资质企业。主要从事房地产开发，兼营药材、林产品、矿产品、建筑等。公司成立以来，始终坚持以“科学发展观”为指导；坚持诚信、务实、开拓、创新、内强素质、外树形象的发展思路；坚持“以人为本、安全第一，质量为本、效率第一、艰苦创业，振兴大景”，为文山经济和社会发展作贡献的企业宗旨。以市场为导向，开拓进取，努力拼搏，使公司从小到大，逐步发展，现有从业人员100余人，注册资本金1 500万元，资产总额2.9亿元。

总经理、法人代表　王　般

近几年来，公司先后开发的房地产项目有文山县马塘市场、文山城南片“泰康小区”和东风路旧城改造项目第十一组团等，开发总面积1 080亩，总建筑面积120余万平方米。

2003年11月开工建设的文山城南“泰康小区”位于文山州八县的出入口处，近临三七工业园、公园及客运站，具有较好的商品流通区位优势。小区占地面积900亩，总建筑面积100余万平方米，总配套投资2.6亿元。目前，建设已具规模，并经有关部门验收、登记的“文山大景综合商品批发城”，内设综合商品批发、菜市场、步行街、餐饮街、电子街、文化娱乐街等，可入住2 000余户近万人，小区地势开阔，交通便利，是从商和居住的好地方。

2007年11月开工建设，2009年底竣工的文山城东风路旧城改造项目第十一组团（即“大景商业城”），占地8 796平方米，建1幢24层、2幢15层商住楼（含2层地下商场及车库），总建筑面积近5.86万平方米，总投资1.8亿元。该项目位于文山城中心黄金地段，市场潜力较大，商业前景广阔，具有交通便利，功能齐全，设施完备，环境优美等特点，已成为文山城东风路片区商居的一大靓点。

公司在经营房地产业的同时，还十分注重绿化事业，多年前，在开化镇铜厂村租赁1 800亩荒山种植杉树100万株，目前杉树已成林，部分已成材，总蓄积量1万多立方米。

截至2009年底，公司已累计上缴税金5 432万元，捐赠社会公益事业资金183万元。自2005年起，连续五年被评为文山县“重合同、守信用”企业、文山县“优秀纳税企业”、“房地产企业纳税大户”、“爱心助残企业”、文山州建设领域“关爱农民工十佳企业”、“非公有制经济十强企业”、文山州“先进私营企业”。2008年，为四川汶川地震灾区捐款9.6万元。董事长、总经理王般被评为全国个私协会系统抗震救灾无私奉献会员，受到中国个体劳动者协会表彰。

地址：文山县开化镇下沙坝东沙路56号

电话：0876-2120700

邮编：663000

已建成投入使用的文山城南泰康小区大景批发城一角

已建成投入使用的泰康小区商住楼

荣誉

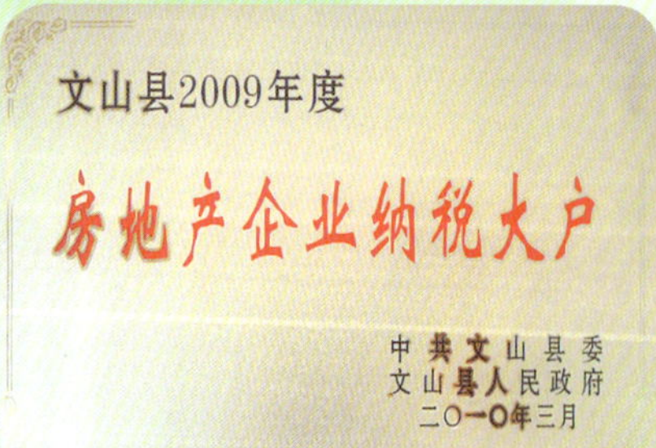


荣誉

已建成投入使用的大景商业城

# 澜沧欧林房地产开发经营有限责任公司

澜沧欧林房地产开发经营有限责任公司成立于2009年1月，注册资金600万元，资质等级四级，主要经营房地产开发销售、园林绿化服务等。

公司现有员工25人，其中高工2人、工程师5人、初职11人。

公司始终坚持诚信经营，本着以人为本精神，努力创建和谐舒适安居工程。公司在普洱市澜沧县城开发的“景秀拉祜家园”项目占地面积9万余平方米，总投资2亿元，建筑面积1.4万平方米，一期开发的住宅、商铺、车库共计1 100套，已销售924套，销售率84%。

公司在项目开发过程中，注重建立健全管理机构和制度，明确岗位责任制，采用奖罚激励机制，培养公司员工团队精神，并拥有一支懂市场营销、有技能、会管理的销售队伍，在景秀拉祜家园项目中不断创造新的销售业绩，使得公司各职能部门充分发挥作用，在行业中向着做大做强的目标迈出辉煌的步伐，更上一层楼，为当地经济发展做出应有的贡献。


地址：云南省普洱市澜沧县滇西苑宾馆

电话：0879-7236766

邮编：665600

“拉祜人家”（方案）——沿河商铺

“拉祜人家”（方案）——巷道

拉祜家园

# 怒江永利房地产开发有限责任公司

怒江永利房地产开发有限责任公司于2004年5月成立，是州内第一批商品房开发企业，主要以房地产开发经营、建筑材料、五金交电化工产品、免烧砖生产销售为一体的民营企业，注册资本800万元，固定资产1 500万元，公司现有员工30余人，其中高级职称2人、中级职称3人、初级职称10人。

公司成立以来，通过全体员工的共同努力，依靠技术进步、科学发展、自力更生、强化管理、艰苦创业，不断推动企业向前发展，在集资建房走向住房商品化的艰难路程中，摸着石头过河走到现在，积累了丰富的经验，使企业成为边穷落后的边疆少数民族地区房地产开发的排头兵，怒江州房地产开发先进企业，2006年5月被云南省建设厅评为云南省“十五”房地产开发先进企业荣誉称号。近年来，公司开发的州水局住宅小区获省优工程三等奖，其它重点项目还有江西住宅楼工程项目，六库江东建业小区项目，六库江东汽车配件市场青山江岸住宅区一、二期项目。公司始终以“质量第一、信誉第一、用户第一”为经营服务宗旨，将努力为怒江的房地产业开发做出更大的贡献，为边、穷少数民族地区经济发展添砖加瓦。

地址：泸水县六库镇穿城路307号
电话：0886-3630908
邮编：673100

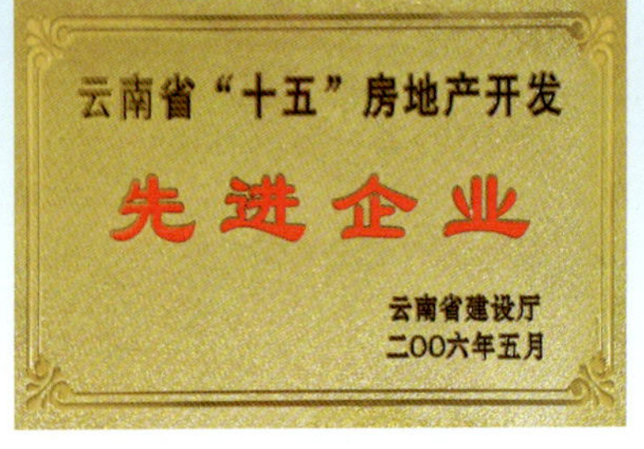

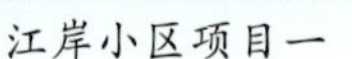
江岸小区项目一

六库江东建业小区项目

六库江东汽车配件市场

# 兰坪云江房地产开发有限公司

兰坪云江房地产开发有限公司成立于2006年6月，为一人有限责任公司，注册资金256万元，属国家四级房地产开发企业，经营范围为房屋建筑及其销售。

公司现有在职职工32人，其中工程师有6人、助理工程师8人、评估师3人、经纪人协理2人、会计师1人、其它人员12人。

兰坪云江房地产开发有限公司是一个机构健全、技术力量雄厚的新兴企业。凭借自身实力，先后承接了兰坪县“云江苑”小区开发建设，规模近8万平方米，投资额1.2亿元。现与昆明启鸿房地产开发公司合资开发昆明启鸿“假日城市”楼盘，开发建设规模近70万平方米，投资额18亿元。经过“云江”人科学的管理和辛勤的劳动，项目的各项指标均达到较高水平，受到广大回迁居民及购房单位与个人的好评。

公司秉承“质量立业，以人为本”的企业经营理念，凭借雄厚的经济实力和专业技术人才，使公司得以迅速发展和不断壮大。在短短三年多的时间里，取得了骄人的业绩。面对变幻莫测的房地产市场，公司以“闯市场、创品牌、抓管理、高效益”为目标，发扬“团结、求实、敬业、创新”的企业精神，在经营中不断大胆探索，改革创新，锐意进取，将以超人的胆识，朝着更辉煌的目标迈进！

地址：兰坪县三江经贸公司园内
传真：0886-3214477
邮编：671400

# 华宁县农村信用合作联社

华宁联社共辖19个营业网点，有在职职工142人。长期以来，始终坚持“立足三农，服务城乡，支持中小企业，促进地方经济发展”市场定位，积极支持地方经济建设，为城乡经济发展、农业产业结构调整、农业增产、农民增收等发挥了积极的融资作用，现已发展成为内控制度健全，经营管理完善，服务功能齐全，资产质量较高，经营效益较好的金融机构。截至2010年6月末，全社各项存款13.26亿元，贷款10.66亿元，分别占全县金融机构存贷款份额的52.62%和61.79%，涉农贷款9.36亿元，占贷款的88%，是华宁县金融体系的重要组成部分，是农村金融的主力军和联系农民的金融纽带。被省公安厅评为“2008年度全省企业事业单位治安保卫工作先进集体”、被云南省农村信用社联合社评为“2009年度先进集体”，被玉溪市人民政府评为“2005~2007年守合同重信用企业”、“2009年度‘零火灾’创建工作先进单位”。

地　　址：云南省玉溪市华宁县宁州镇宁锦路中段

电　　话：0877-5013747

邮政编码：652800

办公楼

现代化办公环境

# 中国人民财产保险股份有限公司墨江支公司

中国人保财险墨江支公司自1982年12月恢复成立以来，不断发展壮大，经历了从小到大，从弱到强的艰难发展历程。恢复成立时保险费不足2万元，通过不断的改革发展，锐意进取，强化管理，扎实推进，至2009年保费规模已达1 500万元，保险产品已覆盖广大的城镇和农村。同时公司的赔付能力不断增强，抗风险能力不断提高，自1982年至2009年，墨江支公司累计支付各类保险赔款4 498万元，在经济社会发展过程中，突出了保险经济补偿作用，保障了人民群众的生活安全，为墨江县经济社会的和谐稳定发挥了积极作用。

人保财险墨江支公司非常关注社会公益事业的发展，累计向挂钩扶贫村、教育、地震灾害等捐款近10万余元。响应县委、政府的号召，积极参加社会主义新农村建设工作，并获得了2008~2009年社会主义新农村建设“先进挂钩单位”荣誉称号，坚持依法合规、诚信经营理念，连续被墨江县工商局评为“守合同重信用”企业。

2007年实现保费收入1 099.9万元,首次实现突破千万元大关；2008年实现保费收入1 307万元；2009年实现保费收入1 493万元，成为矗立在北回归线上的“标杆”。2008年、2009年连续两年在云南省分公司召开的经营表彰大会暨营销精英表彰大会上，墨江支公司被评为云南省分公司标杆县支公司。

地址：墨江县果园路38号

电话：0879-4235882

传真：0879-4235194

邮编：654800

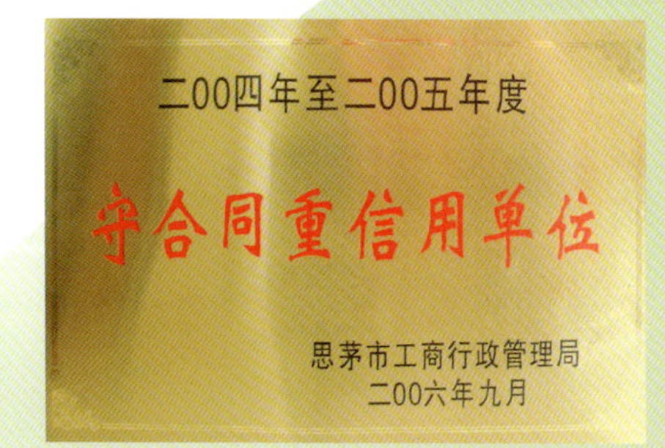

# 丽江古城管理有限责任公司

董事长　和仕勇

丽江古城管理有限责任公司是国有独资企业，注册资金1.1亿元，现有职工96人。主要职责是负责丽江古城的保护、管理、维修及投资融资开发；古城内国有资产管理、公房出租和狮子山公园门票销售。

地址：丽江古城五一街文治巷72号

市委市政府领导视察公司

# 贡山县鸿亚商贸有限责任公司

法定代表人、董事长 唐之欢

贡山县鸿亚商贸有限责任公司成立于2004年，注册资本600万元。下属企业有瑞丽分公司、泸水分公司、贡山县思姑茶种植农民专业合作社。经营范围：进口边贸木材、矿石及加工销售建筑材料、日用品批发零售、茶叶种植加工等。

公司法定代表人、董事长唐之欢，精通六种民族语言，曾担任缅甸克钦朋迈公司驻贡山办事处主任，熟悉缅方企业和地方各阶层领导。

公司成立以来，一直致力于缅东北地区林、矿稀缺资源的实地踏勘、评估、论证等基础性工作，先后与缅甸联邦资源部、林业部、矿业部接洽磋商，并与缅甸联邦丰利公司、缅甸联邦腊桑翁部、缅甸腊碧温公司合作对缅北地区林、矿资源开展为期三年的普查工作，取得了该区域林、矿资源储量第一手详实资料。2008年，取得边境贸易资格，成为贡山县有影响的边贸企业。

为贯彻落实云南省“走出去”经营战略和向大贸发展的远景规划，公司把贡山独龙族怒族自治县独龙江马库边贸通道建设与经营开发项目、贡山县有机茶种植加工产业化示范项目、贡山县块菌种植产业化加工出口项目作为远景规划和发展目标。在实地踏勘、评估、论证的基础上，于2010年4月进行了可行性研究和申报工作。

近年来，公司以独立报关报检的市场主体资格统领贡山县边境贸易企业开展集群式边境贸易，2009年实现林矿年进口贸易额2 000多万元。同年，成立了贡山县思姑茶种植农民专业合作社。

2010年1～5月，完成《贡山独龙族怒族自治县独龙江马库边贸通道建设与经营开发项目建议书》、《贡山县有机茶种植、加工产业化示范项目可行性研究报告》、《贡山县块菌种植产业化加工出口项目可行性研究报告》，为项目的立项做了充分的准备。

公司每年进口木材3万立方米左右，年创税收200多万元。

电 话：0886-3512060

传 真：0886-3512526

邮 箱：gshysm@126.com

# 云南元光商贸有限公司

## ——是一家综合性贸易企业

法人代表：李晓生
电话/传真：0871-5817679
地　　址：昆明市江东华龙人家29幢2单元902

# 昆明蚂蚁搬运有限公司

昆明蚂蚁公司是成都蚂蚁企业集团全国连锁企业之一。自2001年7月成立以来，始终坚持“勤勤恳恳、兢兢业业、团结协作、创业创新”的企业精神，本着“蚂蚁搬家，服务到家”和“蚂蚁保洁、无微不至”的服务宗旨，坚持以质量为生命，以顾客为上帝，从顾客的利益出发，建立了灵活、安全、可靠的全方位服务体系，为广大顾客提供细致周到的服务。

公司以科学的管理、先进的技术结合现代化管理模式，实行准军事化管理，如今已拥有40辆汽车，中高级技术管理人员40多人，专业技术工人300多人，成为昆明市较大规模、较具实力的搬家、保洁公司。

蚂蚁企业经过十年的风雨历程，不断提升，努力奋斗，取得了可喜的成就：

1. 2008年1月，被云南省政府授予“云南省诚信建设先进单位”；
2. 2008年3月，被云南省工商局、云南省消费者协会授予“消费诚信单位”；
3. 2009年4月，被中国质量诚信协会评为“云南省AAAA级品牌企业”；
4. 2010年1月，被云南省物流搬家专业委员会授予“副会长单位”；
5. 2010年5月，被CHC全国高科技质量监督工作委员会评为“全国公众满意单位”。

法定代表人：李　浪
地　　址：昆明市江岸小区盈江路171号
电话/传真：0871-5152369

# 云南省镇沅彝族哈尼族拉祜族自治县
# 五一茶有限责任公司

镇沅彝族哈尼族拉祜族自治县五一茶有限责任公司位于弥宁公路线边，距镇沅县城30千米，茶园分布在海拔1 800米的无量山区。这里云雾弥漫、林木苍茫、流水潺潺、林茶相依，年降雨量达1 680毫米，年平均气温15.5℃，土壤呈酸性或微酸性，具有得天独厚的生态环境和气候条件，孕育了五一茶的优良品质。公司有3 500亩良种生态茶园，现有职工204名，注册资金300万元，总资产1 400万元，年产绿茶100余吨、普洱茶100吨，年产值1 000余万元。

公司具有严格的管理、科学的种植和精良的加工工艺，使产品“五一”系列绿茶、普洱茶在色、香、味、型上独具特色。主要产品有“五一生态”系列绿茶和“五一”普洱茶系列，“五一生态”系列绿茶具有“汤色翠绿、香高味醇、回味甘甜、茶碱不腻”等特点，“五一”普洱茶系列具有“滋味醇厚、回甘持久、香气纯高、叶底褐红柔软、经久耐泡”等特点。产品自投放市场以来，长期保持质量稳定，深受广大消费者喜爱，取得了良好的经济效益和社会效益。产品连续多届被评为“云南省消费者喜爱商品”称号，2003年被中国绿色食品发展中心认定为“绿色食品A级产品”，2005年中国茶叶流通协会授予“放心茶・中茶协推荐品牌”，2004、2007年公司注册使用的“五一”商标两届被评为“云南省著名商标”；公司先后被评为“云南省商业企业诚信单位”、“云南省茶叶产业发展先进企业”、2008年“国家扶贫龙头企业”等，2006年公司取得食品生产许可证。

公司以改革为动力，以效益为中心，坚持“质量第一，顾客第一，信誉第一”的服务宗旨，树立“团结拼搏、开拓创新、诚信求是”的企业精神，不断做大做强五一茶。公司将继续投身于五一生态绿茶系列产品和五一普洱茶系列产品的研制和生产，为消费者提供值得信赖的绿色食品。

公司本着热忱服务、信誉至上、互惠互利的指导思想，竭诚欢迎社会各界有识之士携手共进、共谋发展。

法人代表：李跃升
公司地址：云南省镇沅彝族哈尼族拉祜自治县恩乐镇五一村
联系电话：0879—6889006、6889007、5816051
上海市销售点：闸北区普善路259号满堂春茶叶市场1楼25号
联系电话：021—51000667
北京市销售点：宣武区马连道茶缘茶城C—25—1
联系电话：010—51809782
昆明市销售点：官南大道188号康乐茶叶交易市场C—801
联系电话：0871—6087086
思茅市销售点：月光路
联系电话：0879—2136618

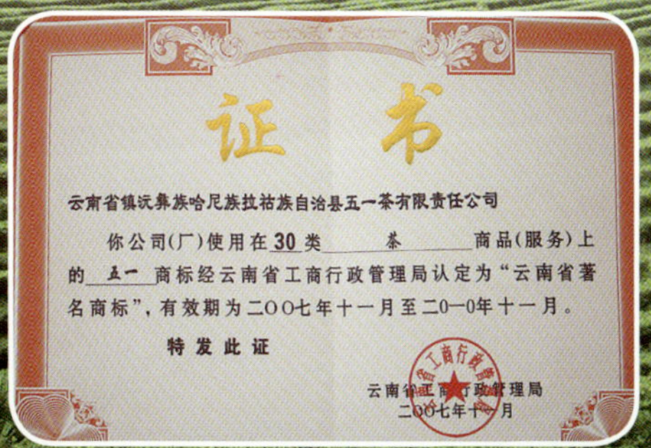

证书

云南省镇沅彝族哈尼族拉祜族自治县五一茶有限责任公司

你公司(厂)使用在30类 茶 商品(服务)上的 五一 商标经云南省工商行政管理局认定为“云南省著名商标”，有效期为二OO七年十一月至二O一O年十一月。

特发此证

云南省工商行政管理局
二OO七年十一月

五一碧翠

五一毫峰

# 云南龙生茶业股份有限公司

云南龙生茶业股份有限公司是一家集茶叶种植、加工、销售为一体的国家扶贫龙头企业、农业产业化经营省级重点龙头企业。公司下设1个子公司、1个分公司、1个省级企业技术中心、27个茶叶初制加工车间，自有茶山8.5万亩，茶园种植面积4万亩，是目前国内经营茶园面积最大的茶叶企业之一。公司注册资本1.28亿元，目前拥有资产总额2.61亿元,拥有各类专业技术管理人才200余人，农业产业化从业人员1万多人。

董事长兼总经理　朱启忠

公司主要生产包括绿茶、普洱茶、茉莉花茶、乌龙茶、红茶在内的各类茶叶产品，拥有“茶叶种植—茶叶加工—茶叶销售”完整产业链。2000年，龙生系列绿茶被云南省经贸委评为“云南名牌产品”，“龙生玉芽花茶”曾获全国茉莉花茶评比金奖第一名；2001年8月，“龙生玉芽花茶”在全国优质茉莉花茶质量评比中再获金奖；2002年8月，“龙生翠茗”在第三届全国优质绿茶质量评比中获金奖；2003年4月，“龙生宫廷普洱茶”在第六届中国普洱茶叶节质量评比中获“普洱茶王”称号；2003年10月，“龙生”商标被认定为“云南省著名商标”；“龙生翠茗绿茶”、“龙生茉莉花茶”、“龙生普洱茶”等主要产品通过了中国绿色食品发展中心“绿色食品”认证；2007年7月，公司成为云南省首家获得“标准化良好行为”AAA级证书的茶叶企业；2007年12月，“龙生普洱茶”被评为“云南名牌产品”。公司于2000年11月通过了ISO9000国际质量管理体系认证，建立了从鲜叶原料到成品茶生产的全流程质量控制体系。2005年12月，公司成为云南省首批通过茶叶市场准入食品生产许可证（QS）A级认证的企业。2006年8月，公司自有茶园被列为国家级普洱茶原料基地。公司所有茶园按照有机农业有机茶标准要求进行管理，目前已有9 240亩茶园获得了中农质量认证中心有机茶生产及加工认证，另有20 318亩茶园通过中国质量认证中心有机茶转换认证。2008年公司被云南省科技厅列为第一批高新技术企业，2009年12月通过清洁生产审核验收。

地址：云南省普洱市思茅区园丁路1号

邮编：666500

96青饼

龙生翠茗

荣誉

# 墨江县鑫源建筑工程有限公司

墨江县鑫源建筑工程有限公司成立于2002年1月，由原墨江县第一建筑公司、第二建筑公司及墨江县水源公路桥梁建筑有限公司重组合并而来。现已成为以建筑为主，以乡村道路建设、建材生产加工销售、餐饮服务为辅的综合型企业。公司具有建筑施工总承包叁级资质，能承建14层以下、24米跨度以内的建筑物及70米以下的构筑物。公司下设三个子公司，有二十个项目部，注册资金1 166万元，拥有各种机械及车辆164台（套），共有职工335人，持有职称的工程技术和经济管理人员73人，其中持有中级职称的技术管理人员13人，初级职称的60人，具有大专以上学历的8人，中专学历15人，受过专业培训并持有上岗合格证的96人。近三年来，完成工程70多项，其中2009年代表工程有双胞城回归世家群体住宅楼，建筑面积4万多平方米。公司所承建的项目包括农行职工住宅楼、国税办公楼、华源商住小区、球香苑、家园住宅楼、德鑫住宅楼、果园山住宅楼、金成楼、森林公安办公楼及住宅楼等，一次性验收合格率达到100%。

回归世家

墨江县鑫源建筑工程有限公司始终坚持以质量求生存、以信誉求发展的方针，自成立以来，从未发生过重大的质量事故和安全事故。2009年共完成施工产值7 018.92万元，工程全部一次交验合格，达到国家验评标准。已连续5年被评为墨江县“重合同、守信用”先进企业，2009年被评为“诚信单位”。

法定代表人：金松　　地址：墨江县环城路3号

电话：0879-4232847　　邮编：654800

荣誉

# 兰坪县啦井国珍酒厂

兰坪县啦井国珍酒厂创建于1985年，占地10余亩，拥有固定资产500万元。建厂以来努力提高生产经营的规范化、科学化，坚持以质量求生存、以信誉求发展的企业理念。先后多次被州、县人民政府评为“先进个体工商户”、“纳税先进个体户”、“工商联合会先进会员”，2008年被兰坪县人民政府评为“全县农业农村工作先进龙头企业”。

建厂二十多年来，始终以打造地方民族品牌为己任，不断开发新产品，坚持采用传统“天锅法”酿酒工艺进行酿造，开发出盐马古道酒（38°、46°、52°）、古道香酒、陈年窖酒、大麦酒、松茸酒、苦荞酒、五味子酒等多种特色纯粮酒，在兰坪及周边市场享有很高的声誉。其中，盐马古道酒以包装精美，口感纯正，得到广大消费者的赞誉。

地址：兰坪县啦井镇马道子社42号

电话：0886-3286059

厂长、经理　和国珍

地下窖酒库

土法酿酒车间

古道酒系列产品

# 景谷清酒业

## 普洱市景谷傣族彝族自治县民乐镇大富那景谷清酒厂

尊重经销商 培育市场 协助经销商 服务到家 与时俱进 共创双赢

普洱市景谷傣族彝族自治县民乐镇大富那景谷清酒厂建立于1999年，位于“茶祖”之乡——景谷傣族彝族自治县民乐镇。企业所处地理位置优越，背靠澜沧江，盛产稻谷、茶叶、木材；森林覆盖率达70%以上，厂区周围50千米内无城区，长年山青水秀，环境优美。

景谷清酒业是一家以生产白酒为主的个体私营企业，现有职工80人，固定资产1 000余万元，年白酒生产规模2 000吨。主要产品有：阳春酒、景谷窖、景谷清酒系列产品，井田酒、景谷小清酒、景谷包谷酒等高中低档产品。产品以米酒为主体，酿造工艺独特，口感柔和，视为盛世佳酿、傣家珍品。自投放市场以来，畅销景洪、昆明、大理、临沧等地，得到了广大消费者的一致好评。

景谷清酒业愿与社会各界真诚合作，共同发展。

地址：普洱市景谷民乐镇大富那
电话：0879-5331628 5223889

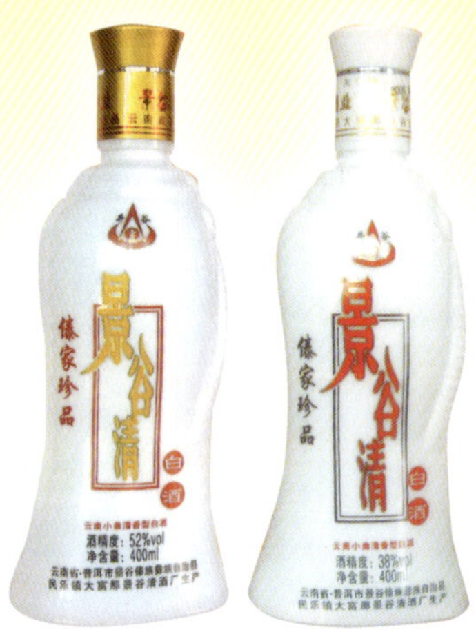

# 景东云彤医药有限公司

云彤医药有限公司成立于2008年6月24日，公司位于美丽的银生古城——景东，公司注册资金100万元，在总经理闫伟先生的带领和全体员工的共同努力下，现已发展为一家中等规模的药品批发和零售企业。公司组织机构完善，下设部门有：综合企业部（采购组、开单组、出货组、储运组）、人力资源部、商品信息部、质量管理部、财务部、零售门店管理部等部门，公司现有员工50余人，其中专业技术人员占员工人数的三分之一，吸纳下岗职工10人、农民工40余人，并已按照国家规定缴纳相关保险，让员工享受相关福利待遇，公司现有直营门店2家。

公司各部门现已建成现代化的微机管理流程，坚持以科学的GSP管理与先进的LT技术相结合，严格控制质量程序，不断扩大销售网络。

公司不断加强人才管理，凭着勤奋、务实、节俭、创新、学习的工作作风，正在不断发展壮大，公司本着“品质第一，顾客是我们的上帝”、“顾客所需，我们所想”的经营理念，竭诚为广大顾客提供优质的产品和满意的服务。

云彤——因您而存在！

地址：普洱市景东县西郊路36号

电话：0879-6225333

# 景东百草堂药业有限公司

总经理　陈朝严

百草堂药业有限公司成立于2004年5月19日，公司位于美丽的银生古城——景东，注册资金200万元。现已发展成为一家中等规模的药品批发和零售连锁企业。公司组织机构完善，现有员工120余人，其中专业技术人员占员工人数三分之一，吸纳下岗职工30余人、农民工70余人，并已按照国家规定缴纳相关保险，让员工享受相关福利待遇。公司现有直营门店23家、加盟店43家，村级药柜（景东）26家，批发业务覆盖景东、镇沅、景谷、宁洱、墨江、南华、南涧、云县等地区。公司直营门店有11家（景东有6家）被评定为医保定点药店、慢性病、特殊病定点药店。

2007年，公司实施药品“两网建设”，在景东和镇沅设立村级药柜近60家，并参加“万村千乡市场工程”的农家店的药品配送。现配送网络横向辐射四个地州（普洱、临沧、大理、楚雄），纵向遍及村级市场，配送半径250千米。

地址：普洱市景东县景川路108号　　　邮编：676200

公司门店

中药柜

药品区

# 景东四通药业有限公司

董事长　李明伟

景东四通药业有限公司成立于2008年11月，注册资金100万元。经营面积1 506平方米，是一家自然人独资有限责任公司。主要经营中药材、生物药品、中药饮片、中成药、生化药品、抗生素，化学制剂批发和零售。

公司成立以来，不断发展壮大，现有零售药店27家，其中直营店7家、加盟店20家。共有员工30人，具有大专以上文凭4人，有执业药师职称2人，药师协理12人。

本着“为百姓选好药，把顾客当亲人和朋友”的经营理念，景东四通药业有限公司始终如一地把消费者利益放在首位，“用一百倍的真诚，对待一分钱的交易”在市场中铸造了“价格让你动心、实力给你信心、服务让你称心、环境让你舒心、质量让你放心”五大核心竞争力。2009年通过国家GSP认证。

总经理：胡玉彩

地　址：普洱市景东县凤玉路2号

传　真：0879-6222326

# 丽江百岁坊银器有限公司

百年的古城，百年的老字号。丽江百岁坊银器公司秉承茶马古道鼎盛时期的千年打银工艺，现已发展成为具有一定规模的现代企业。在丽江古城及束河等地都有百岁坊银器品牌以及丽江百岁坊银器公司打造的另一品牌东巴系列的专营店铺。2005 年 10 月被云南省消费者协会评为“诚信单位”；2006 年 9 月被丽江市政府评为市级“守合同、重信用”企业。2009年11月，“百岁坊”商标被云南省工商行政管理局评为“云南省著名商标”。

随着社会经济的发展和人民生活水平的提高，人们对首饰品的需求从单一型向多样化发展。公司在生产传统产品的同时，根据客户的需求，不断推陈出新，研制开发了许多新产品，从原来的几十种发展到上百种，以满足各界朋友的需求；随着丽江旅游业的日益发展，公司将不断改进生产技术，引进先进的管理经验及高技人才，秉承千年打银工艺，融汇西、汉、藏、白、彝、蒙古等各民族传统工艺之精华，公司两大品牌的精品在国内屡获殊荣，不仅传承民族文化，同时也弘扬了中华银器文化之经典，百年的品质给你百年的祝福，丽江百岁坊、东巴银器！

荣　誉

酒具的加工

手　镯

专利产品：纳西八格图

地址：云南丽江古城新义街百岁坊12号

电话：0888-5165999

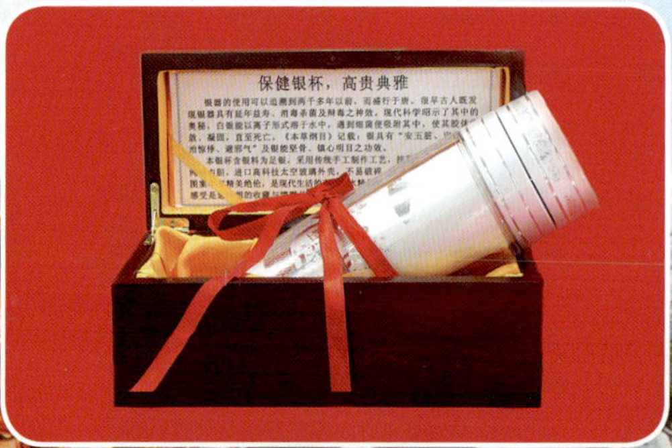

专利产品：纯银内胆保健杯

百岁坊一店

# 特　载

## 实施阳光政府四项制度　提高科学行政服务效能

### ——在全省县级以上行政机关实施阳光政府四项制度动员部署电视电话会议上的讲话

（2009年2月27日）

中共云南省委常委、副省长　李　江

同志们：

为贯彻落实科学发展观，加快推进政府自身建设，省政府决定召开全省电视电话会议，认真总结2008年我省责任政府四项制度实施情况，安排部署实施阳光政府四项制度的工作，对深入推进法制政府、责任政府各项制度的实施提出新的要求。下面，我讲三点意见。

**一、2008年我省推行责任政府四项制度成效显著**

2008年，是新一届省政府的开局之年，针对我省一些行政机关不同程度存在不作为、乱作为，责任心不强、服务质量不高，办事效率低、推诿扯皮等问题，围绕建设责任政府的目标，我省在县以上行政机关推行了行政问责制、服务承诺制、限时办结制、首问责任制等四项制度。一年来，在省委、省政府的高度重视和有力推动下，各地、各部门严格按照省政府的部署和要求，结合实际制定工作方案，认真组织实施，责任政府四项制度得到有效落实，机关工作得到有效改进，政府自身建设得到有效加强。

一是推动了机关作风的转变。各地、各部门把推进四项制度作为加强自身建设的有力手段，狠抓各项制度措施的落实，强化公务员依法行政、执政为民的理念，完善自我约束机制，着力改进机关作风。通过落实服务承诺制、限时办结制、首问责任制，规范了机关工作人员的行政行为，促使机关人员尽职尽责、恪尽职守，变被动服务为主动服务，减少了办事拖拉、推诿扯皮的现象。通过强化对行政机关工作人员不作为、乱作为，以及责任心不强、服务质量不高、办事效率低等问题的问责，增强了机关工作人员的责任心和事业心。通过实施四项制度，对行政机关工作的要求更高、更严，使机关工作人员进一步增强了责任意识和服务意识，改善了服务态度，改进了工作作风，有力地推动了政府各项工作的落实。

二是促进了行政效率的提高。各地、各部门通过实施责任政府四项制度，进一步规范工作流程和服务程序，要求工作人员必须按照规定的时间、程序和要求处理各项行政事务，规范了行政行为，提高了工作效能。结合责任政府四项制度的实施，省政府启动了第四轮行政审批制度改革，大幅精简行政审批事项、压缩审批时限，使行政效率明显提高，省级共清理、取消和调整了392项行政审批事项。各地也进一步加大力度，减少行政审批事项，提高审批效率。比如，曲靖市行政审批事项精简率达到了55%；昆明市精简市级行政审批项目309项，并将行政审批的时限压缩了一半以上，成为我国行政审批事项最少的省会城市。各地、各部门还积极创新工作方式、方法，通过推行网上办理业务、延时服务、预约服务、流动办理等方式，有效提高了行政效率。例如,省工商局在全系统推行"一审一核"登记制度,大大缩短了登记时间,省交通厅把实施责任政府四项制度与电子政务建设结合起来,优化了工作流程,提高了工作效率,省发展改革委深入全省16个州(市)现场办公,当场审批项目、排解难题,加快了重大项目建设进程。

三是提高了为民服务的质量。各地、各部门把更好地服务社会、更多地让利于民,作为推进责任政府四项制度落实的重要内容。紧紧围绕人民群众关心的热点、难点问题,通过各种方式向社会公开服务承诺事项,规范服务标准,并认真兑现服务承诺,服务质量明显改善。结合责任政府四项制度的实施,省政府开展了新一轮行政事业性收费清理工作,减少收费项目,降低收费标准,全省共减少行政事业性收费项目91项,占实际批准收费项目的57.6%,共减少行政事业性收费5 800多万元,减轻了企业和群众的负担。为了构建实施责任政府四项制度的有效载体,省政府积极推进政务服务中心建设,16个州(市)和部分有条件的县(区、市)进一步完善和加快政务服务中心建设,努力搭建政务服务平台,为广大人民群众提供了优质、便捷、高效的服务。同时,许多地方积极创新,采取了许多便民、利民的服务方式。比如,大理州利用"114"电信查询服务台,开通了政务信息服务直通车,为广大民众提供政务信息查询服务,昆明市推行了"一线工作法",大姚县实行"群众联系卡制度",宾川县针对山区乡村交通落后的情况,全面推行"代事制"。这些措施有效提高了为民服务的质量和水平。

四是推进了民生问题有效解决。各地、各部门把解决民生问题作为贯彻落实四项制度的出发点和落脚点。始终坚持把人民群众的需求和愿望作为改进工作的重要依据,采取召开座谈会、网络和问卷调查等多种形式,广泛征求社会公众和行政服务对象的意见和建议,认真查找工作中的不足和问题,研究提出解决办法和整改措施,努力解决民生问题。省政府邀请社会各界代表召开征求意见座谈会,秦光荣省长亲自到会听取意见,了解群众对政府工作的意见建议和期望,省政府把关系民生的问题纳入责任政府四项制度督查的重点,对群众反映突出的18个民生问题进行逐项督办、逐项落实解决,并通过新闻媒体通报督办落实情况,产生了积极的社会反响。各地、各部门也加大了涉及民生各项政策的落实力度,教育、医疗、就业、社会保障、低收入群众生活等一批民生问题得到有效解决,推进了和谐社会建设。

五是提升了政府的执行力和公信力。围绕责任政府四项制度的实施,各地、各部门强化了机关和工作人员的责任意识、诚信意识。通过严格实施行政问责、狠抓服务承诺的落实兑现、加强机关内部管理等,有效提升了政府的执行力和公信力。自推行服务承诺制以来,省级24个首批实施服务承诺的部门限时办结率达到100%,首问首办率达到97.94%,投诉回复率达到100%。实施行政问责制以来,全省共问责1 417人,其中,厅级干部19人,县处级干部235人,乡科级干部663人,一般干部500人。在对孟连"7.19"事件、阳宗海水体砷污染事件等热点问题处理中,省政府不仅对相关责任人给予了严厉问责,责成相关责任单位公开道歉,而且将其作为全省学习实践科学发展观活动的典型案例,进行深入剖析、深刻反省,认真吸取经验教训,这种不回避、不护短的态度,赢得了社会各界的好评,树立了政府的良好形象。

实施责任政府四项制度,是我省加强政府自身建设迈出的坚实一步,有效推进了政府各项工作的落实,提高了人民群众对政府工作的满意度。同时,进一步优化了我省的发展环境,为去年全省经济社会发展各项目标任务顺利完成提供了有力保障。

总结一年来推进责任政府四项制度工作,主要经验有:思想认识到位是重要前提;坚强的组织领导是根本保证;深入扎实的宣传发动是有效手段;加强监督、问责到位是有力保障;社会各界的广泛参与是坚实基础;积极探索、改革创新是不竭动力。这些经验为今年推行阳光政府四项制度奠定了良好基础。

在充分肯定去年实施责任政府四项制度取得成绩的同时,我们也要清醒地认识到,深入推进责任政府四项制度的实施还存在一些不容忽视的问题:少数地方和部门认识不到位,存在松懈思想和厌倦情绪,地区间、部门间存在工作推进不平衡的现象;社会的认知度和群众的满意度还有待提高;行政问责的主动性、时效性还需进一步提高,问责力度还需要进一步加大;配套措施不够完善和规范,长效机制的建设有待进一步加强。这些问题,需要我们引起高度重视,在今年的工作中采取有效措施,切实加以解决。

**二、把阳光政府四项制度作为今年加强政府自身建设的重要任务**

(一)实施阳光政府四项制度是加强政府自身建设的重要举措。

政府自身建设是一项长期的系统工程。近几年来,省政府紧紧围绕建设人民满意政府的总体目标,整体谋划、周密部署,突出重点、分步实施,不断加强政府自身建设。2007年,为了进一步规范政府行政行为,促进依法行政,推进法制政府建设,省政府实施了省属企业国有资产处置审批制度、重大资源开发利用项目审批制度、重大投资项目审批和核准制度、省级财政追加预算支出审批制度、重大经济政策的审批制度、重大决策通报制度、省政府办公厅公文审签制度、全省经济运行分析报告制度等八项制度。2008年,为有效解决部分行政机关工作人员不作为、乱作为,责任心、事业心不强,服务质量和水平不高、办事效率低下等问题,推进责任政府建设,省政府实施了行政问责制、首问责任制、服务承诺制、限时办结制等四项制度。今年,为了促进政府决策的科学化、民主化,增强政府行政行为的透明度,畅通公众了解政务信息的渠道,扩大公众对政府工作的监督范围,建设阳光政府,省政府决定实施重大决策听证制度、重要事项公示制度、重点工作通报制度、政务信息查询制度。

阳光政府四项制度是我省面对新形势、新任务,顺应经济社会发展变化,完善政府自身建设体系的重要组成部分,是加强政府自身建设的又一项重要举措。在政府重大决策前召开听证会，及时听取群众意见，通过问政于民、问需于民、问计于民，有助于形成了解民情、反映民意、集中民智、珍惜民力的政府决策机制，使政府决策更具科学性并获得广泛的社会认同和理解，促使决策达到预期目的和实现最大社会效益。在政府实施重要事项之前，及时向社会进行公示，接受公众监督，有助于提高政府行政活动的透明度，提高公众对政府工作的信任度。在政府工作中及时将涉及人民群众切身利益、关系国计民生的重点工作向社会进行通报，有助于畅通政府与人民群众的联系渠道，让人民群众了解政府工作，更好地监督政府工作。采取多种有效方式为公众查询政务信息提供服务，促进政府信息公开，推进政府信息共享，有助于人民群众通过公开、公平、合法的渠道及时获取政府信息并加以利用，充分发挥政府信息对人民群众生产、生活和经济社会活动的服务作用。

实施阳光政府四项制度，一方面，能从制度上保障人民群众行使民主管理和民主监督的权利，实现人民群众对政府工作的知情权、表达权、参与权和监督权。另一方面，强化了对行政权力的监督和制约，有利于促进政府自身建设，提升政府的执行力和公信力。

(二)准确把握阳光政府四项制度的内涵和基本要求。

实施重大决策听证制度，主要目的在于加快政府决策民主化、科学化进程。县以上行政机关，对于法律、法规、规章规定应当听证的决策事项，涉及公共利益、群众切身利益以及社会公众普遍关注的重大决策事项，对当地经济社会发展有重大影响的决策事项，在决策前都要采取面向社会公开的方式进行听证；听证会要严格按照程序进行，保证听证的合法性；听证会结束后，要形成书面听证报告，经审查后的听证报告应作为政府决策的依据，并向社会公布听证情况。

实施重要事项公示制度，主要目的在于使政府工作更加广泛地接受人民群众的监督。县以上行政机关，对于关系经济社会发展的重要事项，涉及公共利益、群众切身利益以及社会公众普遍关注的重要事项，公务员录用、职称评定、重要的评优评先、表彰、奖励等事项，在实施前都要向社会进行公示；听取群众的意见和建议。公示可以结合各地实际，主要通过以下几种方式进行：一是政府网站和各级政府政务服务中心；二是在政府办公区、档案馆、公共图书馆设立的政府信息公示栏、电子信息屏等设施；三是报刊、广播、电视、短信等媒体。组织公示的单位要周密组织公示活动，广泛收集群众的反馈意见，充分采纳合理建议，将意见采纳情况告知公众，并向同级政府报告公示和公示意见、建议采纳情况。

实施重点工作通报制度，主要目的在于推动工作落实，提高政府执行力。县以上行政机关，对同级政府确定的重点工作，在执行过程中和工作完成后，要向社会进行通报。通报的内容主要包括涉及重大公共利益和群众切身利益的工作进展情况及其成效，重点建设项目的进展情况，向社会公布的服务承诺事项和落实情况，公众关注以及其他应当向群众通报的重要事项等四个方面。重点工作通报以政府网站和新闻媒体为主要载体，也可以通过召开新闻发布会、发布公告、在各级政府政务服务中心通报等便于公众知晓的方式进行；涉及重大公共利益和群众切身利益的工作进展情况及其成效、重点建设项目的进展情况、政府部门服务承诺事项的落实情况等，要求每个季度通报1次，公众关注以及其他应当向群众通报的重要事项要适时进行通报，重大突发事件要及时进行通报；各级政府负责人或新闻发言人，承担重点工作的责任部门负责人或新闻发言人，要围绕通报的重点工作开展在线访谈活动，密切与广大网民的联系；开展重点工作通报的各部门要认真收集整理群众对通报情况的反馈信息，不断完善各项工作。

实施政务信息查询制度，主要目的在于及时、高效地满足社会公众对政务信息的多样化需求。县以上行政机关，要通过“96128”政务信息电话专线、政府网站、各级政府政务服务中心、档案馆和公共图书馆等场所设立的政府信息公告栏和电子信息屏等设施、信函和来访等方式，为公众查询政务信息提供服务。这里需要专门谈一谈“96128”政务信息电话专线。借鉴大理州的成功做法，全省将在各州(市)设置统一的“96128”专线电话号码，服务终端设在各级政府和职能部门，由各级政府职能部门负责为各地公众提供政务信息电话查询服务。省和州(市)政府及其职能部门要按照“首问责任制”和“限时办结制”的要求，认真办理和解答公众查询事项，努力提高政务信息查询服务质量。

(三)全面推进阳光政府四项制度的贯彻实施。

省政府决定，从3月1日起，在全省县级以上行政机关实施阳光政府四项制度。各地、各部门要把推动阳光政府四项制度作为今年加强政府自身建设的重要内容，切实抓出成效。

一是要加强组织领导。各地、各部门要把贯彻落实阳光政府四项制度列入重要工作日程，切实加强领导，精心组织，周密部署，一级抓一级，层层抓落实。2008年，我省建立了“四项制度”联席会议制度，负责统一领导责任政府四项制度的实施工作，并明确了具体办事部门。下一步，我省的阳光政府四项制度将继续在“四项制度联席会议”的领导下推进。各州(市)、县(市、区)人民政府和省直各部门主要负责人是推行阳光政府四项制度的第一责任人。同时，各地、各部门也要明确领导机构和责任部门，完善工作机制，制定具体措施，建立配套制度，认真负责地抓好本地区、本部门的推进工作，确保取得实效。

二是要明确职责分工。根据云南省人民政府《关于在全省县级以上行政机关推行重大决策听证重要事项公示重点工作通报政务信息查询等制度的决定》，为了协调力量，落实责任，确保阳光政府四项制度的顺利实施，省政府办公厅制定印发了阳光政府四项制度的具体实施办法，明确重大决策听证制度由省政府法制办牵头协调推进；重要事项公示制度和重点工作通报制度由省政府督查室牵头协调推进；政务信息查询制度由省工业和信息化委员会牵头协调推进;省监察厅负责四项制度实施中的监督检查及投诉受理工作。各州(市)人民政府和省直各部门也要明确具体牵头组织实施部门,根据《决定》和实施办法,结合实际,3月底前,分别制定完成切实可行的实施方案,把四项制度的内容具体化,完善配套措施,抓紧组织实施。

三是要抓好平台建设。网站、电话、政务服务中心及档案馆、公共图书馆的相应设施是阳光政府四项制度实施的重要载体和平台,没有完善的平台支撑,四项制度绝不可能落到实处。因此,各级政府,特别是县级政府要把平台建设作为今年上半年的重要任务,切实抓出实效。第一,要高度重视把政府网站建设好、维护好,使之切实发挥公开政府信息、方便公众查询的作用。政府信息公开行政管理部门,要进一步整合分散在各部门的政务信息,建立完善的政务信息数据库,及时更新、充实信息;确保公众全面、准确地获取政务信息。第二,要加快档案馆、公共图书馆、各级政府政务服务中心等场所政府信息公开设施的建设。各级政府要把这些设施的建设、完善列入重要工作日程,建设经费纳入本级财政预算,加大督办力度,力争上半年全面完成相关设施的建设任务。第三,要抓好"96128"政务信息电话专线的建设。4月1日前,省级行政机关以及条件基本成熟的昆明市、大理州要首先开通"96128"专线;6月30日前,其他州(市)必须全面开通。今天会议之后,各级政府和职能部门要及时制定方案,为开通电话专线和提供查询服务做好准备,确保按时开通"96128"政务信息电话专线。

四是要强化学习培训。实施阳光政府四项制度规范标准要求高,执行程序要求严,公众广泛关注。为了使我们在执行中能够按规范操作、按要求推进,确保执行有力、落实到位,不变形、不走样,实现制度设计的目标,各地、各部门要制定学习计划,尽快组织学习培训,使各级行政机关的工作人员全面掌握阳光政府四项制度的主要内容和基本要求,切实增强落实阳光政府四项制度的主动性和自觉性。3月份,省级责任部门要分别牵头,围绕各项制度的实施认真组织开展培训。这里特别强调,省、州(市)、县(市、区)各级政府职能部门,要高度重视抓好电话专线联络员队伍建设和培训工作。"96128"电话专线一旦开通,每个职能部门的联络员将承担为公众提供电话咨询服务的任务,联络员的服务态度、服务水平、对部门工作和相关政策的熟悉程度,不仅会影响政务信息查询制度的执行效果,还关乎政府的形象。因此,抓好各职能部门"96128"政务信息专线电话信息联络员队伍的建设和培训是一项十分重要而紧迫的任务,要通过集中培训,建设一支政治可靠、业务精湛、作风优良的高素质联络员队伍,确保"96128"政务信息查询专线畅通,确保政务信息查询工作让人民群众满意。

五是要加大宣传力度。去年,责任政府四项制度抓出成效的一条重要经验就是重视宣传工作。今年,阳光政府四项制度的实施,也要像去年宣传责任政府四项制度一样,认真制定宣传方案,加大宣传报道力度。要突出重点,创新方式,开展形式多样、广泛深入的宣传活动。要注重对先进典型的宣传,充分发挥典型的示范激励作用。同时,也要敢于曝光负面典型,发挥好新闻媒体的监督作用,促进工作落实。在开展宣传中,要正确宣传好"96128"政务信息电话专线的作用,准确把握政务信息服务功能,避免公众把"96128"作为日常事务的查询电话。

六是要加强监督检查。健全举报、投诉、监督机制,建立省、州(市)、县(市、区)三级监督网络,公布投诉电话,定期和不定期对各地、各部门实施阳光政府四项制度的情况进行监督检查。各级监察部门和政府督查部门,要将阳光政府四项制度的实施作为今年监督检查工作的重点,通过听取汇报、民意调查、明查暗访、集中督查和动态跟踪等多种方式,切实加大监督检查力度。对搞形式主义,不执行或落实不力的要严肃问责。要把行政监督与舆论监督、社会监督有机结合起来,增强监督实效,及时发现并解决问题。

**三、统筹抓好法制政府和责任政府各项制度的深入落实**

虽然今年我省推出阳光政府四项制度,但这并不意味着我们建设法制政府、责任政府的任务已经完成,不能因为阳光政府四项制度的实施而放松对责任政府四项制度和法制政府八项制度的贯彻落实。加强政府自身建设是一项长期的任务,不可能一蹴而就、一劳永逸,更不是搞活动、一阵风。各地、各部门要统一思想,坚定信心,毫不动摇,毫不松懈,采取切实有效措施,结合阳光政府四项制度的实施,继续抓好法制政府八项制度和责任政府四项制度的深入落实。

(一)继续抓好法制政府八项制度的落实。

2007年我省出台法制政府八项制度以来,省政府及有关部门通过认真贯彻执行八项制度,进一步规范了政府行为,加强了内部管理,提高了行政效能。秦光荣省长多次强调,要进一步加大法制政府八项制度的落实力度,特别是要以重大投资项目审批、重大资源开发利用、重大国有资产处置和重大财政支出项目审批等制度为重点,进行再宣传、再部署、再落实、再深化。因此,省政府决定,今年把法制政府八项制度的实施主体进一步扩展到州(市)、县(市、区)级政府。我们要提高认识,抓住关键,采取有力措施,深入贯彻落实好法制政府八项制度。

一是要有重点地深入推行法制政府八项制度。今年4月底以前,省级负责实施法制政府八项制度的相关责任部门,要精心组织、认真开展一次自查活动,查找实施中存在的薄弱环节和突出问题,采取行之有效的措施,切实加以解决。省政府出台的法制政府八项制度,主要是针对省级政府部门。各州(市)、县(市、区)政府要参照这八项制度,结合自身实际,制定出台相应制度,促进地方政府相关工作的制度化,办事程序的规范化。在这里,要特别强调,重大投资项目审批、重大资源开发利用、重大国有资产处置、重大财政支出项目审批等四个方面,是州(市)、县(市、区)政府落实法制政府八项制度的重点。各州(市)、县(市、区)政府在4月底前,必须制定相应的制度和配套措施,认真抓好实施工作。

二是要做好与相关制度实施的衔接工作。各地、各部门要根据新的形势,把实施法制政府八项制度与实施责任政府四项制度、阳光政府四项制度有机结合起来。把责任政府四项制度中服务承诺、首问责任、限时办结的相关要求,贯穿于法制政府八项制度实施的始终;要通过开展行政问责,推动法制政府八项制度的实施;要按照阳光政府四项制度的要求,在法制政府八项制度制定实施中,有针对性地开展重大决策听证、重要事项公示和重点工作通报,切实推进法制政府建设进程,推进政府工作质量和水平进一步提高。

三是要强化监督检查。各级政府要把法制政府八项制度的贯彻落实情况作为今年监督检查工作的重点。省监察厅要加强对省级行政机关实施情况,以及各州(市)、县(市、区)政府和有关部门配套制度建立和落实情况进行监督检查,对落实不力的进行问责。省政府督查室要加大督查力度,认真开展专项督查,并进行通报。对督查中发现的问题,要查找原因,采取有效措施切实加以改进,要及时总结宣传各地、各部门贯彻落实中的好经验、好做法,通过抓监督检查,确保法制政府八项制度的实施有部署、有行动、见成效。

(二)进一步巩固责任政府四项制度的成果。

去年,省政府把责任政府四项制度作为推进政府自身建设的突破口和主要抓手,狠抓落实,取得了较好成效。我们要再接再厉,咬定青山不放松,把责任政府四项制度的落实持之以恒抓下去,形成长效机制。

一是要进一步加大推进力度。省、州(市)两级要继续走在前列。去年在贯彻落实责任政府四项制度中,省级相关部门和州(市)率先启动,发挥了模范带头作用。今年全省经济社会发展的任务特别繁重,为确保我省各项任务的落实,省、州(市)两级要继续带头抓好责任政府四项制度的深入落实工作,进一步提高工作效能,提升服务质量和服务水平,为全省各地、各部门深入贯彻落实责任政府四项制度提供示范。同时,要加强对下级机关实施责任政府四项制度的指导和督促,努力形成全省上下深入实施责任政府四项制度的工作局面。

县(市、区)级要加快推进步伐。县(市、区)级行政机关处在为民服务的前沿,与人民群众的联系最为紧密,实施责任政府四项制度的重点也在县(市、区)级行政机关。各县(市、区)行政机关要在已经开展工作的基础上,针对工作中的薄弱环节和存在的突出问题,进一步加强组织领导,建立健全工作制度,完善工作规程,依靠制度管人、管事,把责任政府四项制度贯穿于机关工作的全过程,促进机关工作作风转变,提高行政效率和服务质量。今年上半年,省政府将召开县(市、区)推进责任政府四项制度工作现场会,推进责任政府四项制度在县级全面落实。

要抓好向企事业窗口单位的拓展工作。按照省政府"将四项制度实施范围向学校、医院等与人民群众生产生活密切相关的企事业单位拓展"的要求,为了满足人民群众在医疗、教育等方面的服务需求,今年上半年,要在卫生、教育系统中选择部分单位,开展实施责任政府四项制度的试点,取得经验后逐步将实施范围拓展到学校、医院以及水、电、气等提供公共服务产品的企业和窗口行业,以促进我省公共服务水平的提升。

二是要进一步抓细抓实各项制度。要突出问责制的保障作用。要紧紧围绕实现经济平稳较快发展目标,继续把领导干部作为问责的重点对象,把不作为、乱作为、严重损害群众利益等行为作为问责重点,把行政许可事项集中与人民群众生产生活密切相关的政府部门和"窗口"单位作为问责工作的重点,加大对省委、省政府重大决策、重点工作、重大项目落实情况的问责力度,扩大问责范围,提高问责时效和问责质量,不断推动行政问责工作向纵深开展。

要进一步落实好服务承诺制、首问责任制和限时办结制。各地、各部门要在去年公开服务承诺的基础上,进一步梳理承诺事项和内容,狠抓承诺事项的兑现,特别是涉及机构改革职能调整变动的部门和单位,要结合新的工作职能,及时向社会公开服务承诺事项。要加强服务承诺制与重点工作通报制度之间的衔接,扩大承诺与通报的内容和范围,做到该承诺的必须承诺,承诺事项必须落实,落实情况必须通报。

各地、各部门要通过加强制度建设来保证首问责任制和限时办结制的落实。要建立健全岗位责任制等制度,将部门职责和工作任务、工作目标分解落实到内设机构、各个岗位及承办人员,建立主体明确、层级清晰、具体量化的岗位责任制,形成内设机构之间、岗位之间的无缝责任链条。要完善工作规程,简化办事程序,高质量、高效率地办理各类行政事项,切实提高政府行政效能。

三是要建立贯彻落实四项制度的长效机制。要加快推进政务服务中心建设。各级政务服务中心是完善行政审批、提高行政效率、方便群众办事的有效途径和重要平台,也是落实责任政府四项制度、阳光政府四项制度的重要载体。去年,为加强政务服务中心建设,省政府专门召开了会议,出台了文件,对这项工作进行了部署,提出重点在州(市)及其政府所在地和县级市建设政务服务中心。各地要按照省政府的要求,已经建立政务服务中心的,要加快完善服务功能,优化运行机制,使之充分发挥便民利民的作用,还没有建立的,要积极创造条件,有效整合资源,硬件、软件一起上,切实加快建设步伐。

要巩固行政审批制度改革和行政事业性收费清理成果。去年6月,配合责任政府四项制度的实施,省政府开展了行政审批制度改革和行政事业性收费清理工作,对规范行政审批行为,提高行政效率,减轻企业和群众负担,营造良好发展环境发挥了积极的作用。各地、各部门要不折不扣地落实省政府取消的行政审批事项和行政事业性收费项目,进一步整合、优化审批程序,规范收费行为,提高行政机关工作效能和服务水平,为经济社会发展创造良好的环境。省级有关部门要结合机构改革,进一步梳理行政审批事项,该下放的审批权限要坚决下放。要加强对行政审批制度改革和行政事业性收费清理工作的监督检查,巩固改革和清理的成果,坚决防止出现反弹。

要努力使四项制度常态化。责任政府四项制度是建设人民满意政府的基本要求,是各级人民政府和职能部门必须长期坚持的基本工作制度。各地、各部门要认真总结责任政府四项制度推进过程中的经验,在思路、措施、方法上深入研究,加大改革创新力度,积极探索建立健全确保责任政府四项制度长期有效实施的体制机制,将责任政府四项制度的各项要求用制度的形式固定下来、坚持下去,使之规范化、常态化,使四项制度的要求真正成为各级行政机关工作人员的自觉行动和习惯。

加强政府自身建设是一项长期而艰巨的重要任务。各地、各部门要按照省委、省政府的统一部署和要求,坚定信心,再接再厉,扎扎实实抓好各项制度实施,以新的成效确保今年我省经济社会发展目标任务的顺利完成。

# 实施商标战略 打造名优品牌

## ——在云南省"昆明电工及图"等5件商标荣获中国驰名商标新闻发布会上的讲话

(2009年7月1日)

云南省人民政府副秘书长 张荣明

同志们:

大家好!去年7月1日,为进一步促进我省企业加强自主创新、提高产品质量,推动我省经济发展方式转变,省政府召开了全省推进商标战略工作会议。一年后的今天,省政府又在这里举行新闻发布会,向大家通报我省被国家工商总局新认定的5件中国驰名商标,这充分体现了省政府推进商标战略工作的决心和信心,体现了省政府对全省企业有效运用商标战略提升信用水准和社会形象、增强核心竞争能力的殷切希望。

此次我省被认定的中国驰名商标,不仅在数量上超过历史任何时期,而且在行业、地域上也有了新的覆盖,标志着我省商标战略的实施取得了重大突破,实属来之不易。这是省委、省政府高度重视、大力推进的结果,也饱含着企业的汗水与智慧、凝聚着工商的辛勤与努力,是我省商标发展史上的一件喜事。

受省委常委、副省长李江同志的委托,我非常高兴前来参加今天的新闻发布会,向获得中国驰名商标的昆明电缆股份有限公司、云南锡业股份有限公司、贵研铂业股份有限公司、云南云维股份有限公司、宣威火腿行业协会办公室表示热烈的祝贺!向为这项工作付出辛勤努力的同志们,以及关心、支持这项工作的有关部门和社会各界人士表示衷心的感谢!借此机会,就深入推进商标战略讲三点意见。

**一、提高认识,进一步明确培育和争创驰名商标的目标任务**

商标,是企业运用品牌经营的主要标志。驰名商标,既凝结着产品的科技含量,更凝结着知识含量,体现着企业的文化和企业的信用,代表着企业的综合竞争能力。一个地区拥有驰名商标的多少,直接体现着该地区的经济实力。省委、省政府高度重视商标战略工作。去年,省政府制定了《关于云南省推进商标战略工作的实施意见》,采取有效措施,不断完善各项工作机制,真抓实干,大力推进我省商标战略的实施。通过全省上下的共同努力,圆满完成了既定的目标任务,使我省的中国驰名商标在一年的时间内就增加了5件,加上原来的7件,目前,我省已拥有中国驰名商标12件、云南著名商标636件、地理标志证明商标10件。但客观地讲,我省商标工作仍然相对滞后,在国内外市场真正拿得出、叫得响、影响大的商标数量还不多。因此,我们要从全省发展战略的高度不断增强商标意识,坚持把推进商标战略作为一项突出的任务来抓。各级政府、各有关部门要把加强商标注册和组织推荐申请认定著名商标及驰名商标工作,作为经济工作上水平的重要内容,高度重视,长抓不懈,抓出更大成效。全省企业要学习借鉴驰名商标企业的强烈商标意识以及争先创优精神,制定完善培育驰名商标和著名商标计划,并把它纳入自主创新和科技创新的总体战略,努力打造专利产品和产品品牌,利用商标知识产权提升经济实力和企业形象。新闻媒体要紧跟我省推进商标战略的步伐,积极宣传商标法律法规知识,广泛开展以实施商标战略、创立驰名商标为主题的宣传活动,报道我省优秀企业、优秀品牌,介绍企业创立驰名商标的先进经验,营造创立驰名商标的良好氛围。要通过不懈努力,使我省的中国驰名商标数量年年有新突破,到2012年,总数力争达到40件,拥有中国驰名商标在全国的排名力争达到20位以内,力争在西部省区位居前列。

**二、再接再厉,不断扩大驰名商标的影响力**

对一个企业而言,一件商标就是一

面旗帜。创立驰名商标是增强企业竞争力的有效手段。拥有驰名商标的企业，要珍惜名誉，再接再厉，注重实效，抓好产品的规范化和标准化生产，保证产品质量，借助驰名商标这一无形资产，延伸品牌领域，打造系列名牌，全方位提升产品的市场占有率、市场覆盖率和企业的形象、企业的信誉，不断做大做强，成为云南经济发展的“领头羊”，带动相关企业、相关行业的飞速发展。广大企业尤其是中小企业，要以获得驰名商标的企业为榜样，强化以商标促效益、以效益促发展的意识，转变经营理念，充分认识驰名商标、著名商标的无形资产价值在企业经营中的重要作用，找准市场定位，将商标资产管理纳入企业经营管理的重要内容，加强对商标价值的评估评定，增加研发投入，科学制定创立驰名商标方案，大力实施商标战略，打造核心竞争优势。各级政府、各部门要进一步强化服务意识，深入到重点企业给予指导和帮助，提高企业实施商标战略的能力。要通过扩大驰名商标的影响力，充分调动方方面面的积极性，扩大商标总量，提高商标档次，促使更多的企业创立中国驰名商标，促进商标知识产权制度与现代企业制度紧密结合，培育创立一批在国内外都有影响力的驰名商标，吸引社会资源、生产要素和资金向驰名商标企业集中，形成一批拥有自主知识产权、核心竞争力强的优势产业和企业集团，使之成为我省经济新的增长点。

**三、依法维权，切实加大对商标的保护力度**

商标是知识产权的重要组成部分，商标专用权的保护是规范市场经济秩序的必然要求和重要内容。打击商标侵权假冒行为，开展注册商标尤其是驰名商标的专用权保护工作是商标监管的核心任务。各地要以强化商标办案为重点，加强对侵犯产品商标和地理标志证明商标的查处力度，切实做好商标保护工作。广大企业要增强自我保护意识，建立市场信息网络，加强市场调查，一旦发现自己的商标专用权受到侵犯或被假冒，要及时向工商行政管理机关举报，并积极提供线索、证据。各级工商部门要充分发挥职能作用，创新执法理念，加强市场监管，严厉打击商标假冒侵权等违法违规行为，依法规范经营行为和市场秩序，切实维护企业及注册商标的合法权益。各级行政执法部门要继续探索打假维权保名牌的新思路，依法对驰名、著名商标进行重点保护，对假冒驰名、著名商标的违法行为从严查处，决不姑息；对典型案件，要曝光披露、警示社会，努力创造一个公平竞争的经济环境和诚信稳定的市场环境。

同志们，实施商标战略是一项长期的任务、是一项系统工程，需要全社会的共同努力，形成合力。这次新闻发布会的召开，标志着我省推进商标战略工作又迈向了一个新的起点，各级政府、各部门和广大企业要携起手来，共同努力，奋力开拓，以更加扎实的工作，培育、创立更多的著名商标、驰名商标，为促进我省经济社会又好又快的发展做出应有的贡献。

# 深入学习实践科学发展观
# 充分发挥工商行政管理职能作用
# 促进我省经济社会平稳较快发展

## ——在全省工商行政管理工作会议上的讲话

(2009年2月16日)

云南省工商行政管理局党组书记、局长　纳宗会

同志们：

今天，省政府召开全省工商行政管理工作会议，主要任务是深入贯彻落实党的十七大、十七届三中全会和中央经济工作会议精神，传达贯彻省委八届六次全会、省十一届人大二次会议、省政协十届二次会议和全国工商行政管理工作会议精神，表彰奖励全省商标战略工作先进单位，回顾总结2008年全省工商行政管理工作，安排部署2009年的各项任务。刚才，李江副省长作了重要讲话，使我们深受鼓舞和鞭策，我们要认真学习、深刻领会、抓好落实，为维护公平公正的市场秩序，营造宽松的市场环境，促进我省经济平稳较快发展作出新的贡献，不辜负省政府领导的期望。下面，我代表省工商局党组就全省工商行政管理工作讲三点意见。

**一、尽心尽力办好大事、尽职尽责应对难事，2008年全省工商行政管理各项工作取得显著成绩**

2008年，是云南工商行政管理发展史上极不平凡、令人难忘，经受考验、富有挑战的一年。一年来，我们在省委、省政府和国家工商总局的正确领导下，认真贯彻“四个统一”、积极推进“四化建设”、努力实现“四高要求”和“三个到位”“六个好”的云南工商工作目标，群策群力、上下一心、团结拼搏、开拓进取、抓大事、攻难事、创新事，积极参与抗击雨雪冰冻灾害和汶川特大地震灾害，主动服务北京奥运成功举办，规范推进停征“两费”重大改革，妥善处置三聚氰胺奶制品等突发事件，全面协助企业应对国际金融危机冲击，队伍建设迈出新的步伐，各项工作取得显著成绩，得到了国家工商总局和省委、省政府的充分肯定。省委书记白恩培同志对我局工作作出重要批示。国家工商总局周伯华局长三次专门听取我局工作情况汇报，并深入我省基层视察指导。省长秦光荣、副省长李江同志先后亲临省局机关和基层视察指导。一年来，主要完成以下工作：

(一)深入学习实践科学发展观活动取得阶段性成效。

在去年上半年扎实开展解放思想大讨论活动，提出“紧紧围绕一条主线，着力从四个方面解放思想，深入思考六个方面的问题，努力实现一个总体目标”，形成全系统“解放思想，深化改革，科学监管，促进发展”科学发展思路的基础上，从去年9月份开始，省局机关按照中央和省委的部署，参加了第一批深入学习实践科学发展观活动。开展活动以来，省局党组始终坚持用科学理论武装头脑、指导实践、推动工作，坚持以科学发展观统领云南工商工作，找准云南工商促进经济社会又好又快发展的结合点和切入点。在认真扎实抓好集中学习的基础上，创新载体促学习，上下互动谋发展，学习实践活动成效明显。组织全系统开展了“我为工商科学发展、科学监管建一言”万人建言和省局机关干部职工实名谏言活动，鼓励全系统干部职工建言献策，贡献才智，拓展思路，共收集建言7 000多条；组织全系统百余名党员干部深入基层，开展了农村经纪人培育、“一会两站”建设、边境“国门工商”建设、推进商标战略、个私经济党建、市场规范化管理、基层干部全员执法办案能力建设、党风廉政建设风险点管理等八个典型课题调研，总结基层落实科学发展观的典型，在全系统推广学习，调查报告在

《云南日报》、《中国工商报》连载刊登，使云南工商落实科学发展观讲有经验、学有典型、赶有目标。广泛征求社会各界意见建议，共征求到省直各委办厅局、企业、州市工商局、省局机关各处室和干部职工283条意见建议，通过深入剖析存在的突出问题，进一步明确了云南工商工作的努力方向，推进科学监管促进科学发展的理念逐步清晰。全系统摆脱思维束缚、转变陈旧观念、破除体制机制障碍，自觉把科学发展观贯穿于想问题、作决策、干工作的全过程，思想的大解放，带来了行动的大变革，干部职工精神状态更加振奋，各项职能工作更加有效推进。深入学习实践科学发展观活动得到了国家工商总局、省委的肯定和社会群众的广泛认可。在贯彻"四项制度"省直机关作风评议中，省工商局满意度名列前茅。

（二）服务云南经济社会又好又快发展取得良好效果。

服务各类市场主体保持良好势头。不折不扣认真贯彻省政府"四项制度"，进一步简化程序，规范流程，不断探索和推行全省统一、规范、高效的登记注册工作模式。实行一个窗口对外服务，建立便捷高效的市场准入服务体系，为各种所有制经济平等竞争、互相促进创造良好的环境。坚决执行停止征收"两费"，支持个体经济发展。放宽市场准入条件，协调解决前置审批许可难题，进一步降低了创业门槛。推行属地登记管理，下放登记注册权限，方便企业和经营者就近就便办理工商登记业务。严格执行就业优惠政策，支持自主创业和自谋职业。面对金融危机，积极采取有力措施，努力服务我省经济平稳较快发展，取得良好效果。2008年全省共有内资企业16.88万户，其中私营企业11.64万户；外资企业2 077户；个体工商户86万户。

推进云南商标战略成效明显。积极向国家工商总局请示汇报，总局领导率商标局、商标评审委员会负责人专程到云南调研，出席省政府推进商标战略工作会议，我省实施商标战略工作得到了总局大力支持。承办省政府推进商标战略工作会议，代拟了《云南省人民政府关于实施商标战略工作的意见》，确定了驰名商标培育后备名单，商标战略工作上升到省政府的工作层面。2008年，推荐上报驰名商标认定申请12件，新认定云南著名商标201件。目前，全省有效注册商标总数达2.8万件。其中，中国驰名商标7件，云南省著名商标636件，地理标志证明商标10件。

服务新农村建设深入推进。认真落实"七农机制"，规范农资市场、保护农民利益、搞活农产品流通、促进农村经济发展。开展"红盾护农"，实施农资商品备案制度，通过科学分级、不定期监测、公正抽检、依托行业协会等，构建科学的农资产品监管体系。推进"经纪活农"，积极培育、发展农村经纪人，推行农村经纪人"上岗证"制度，积极帮助农民销售蔬菜、仔猪等拳头农副产品，为广大农民架起农田与市场间的金桥。推进"合同帮农"，制定和推广涉农合同示范文本195类，"订单农业"合同签约率和履行率逐步提高。推进"商标富农"，积极培育和扶持农业品牌，形成了以"斗南花卉"为龙头的优势产业结构和一批农业著名、知名商标品牌。推进"权益保农"，加强"一会两站"建设，昆明、曲靖、玉溪、楚雄等地以政府名义行文由村委会主任担任站长、治保主任担任联络员，有机地把工商12315维权网络和村民委员会自治组织结合在一起，把消费纠纷化解在萌芽状态。推进"政策爱农"，积极为农民专业合作社设立登记服务，2008年，全省登记农民专业合作社1301户。推进"市场助农"，全面开展农资"诚信市场"、"诚信经营户"、"农村示范店"创建工作。2008年全系统建立了146个扶贫点，共派出250余名新农村建设辅导员，为我省建设社会主义新农村做出了积极的贡献。

消费维权水平进一步提高。全面建成16个州、市工商局12315指挥中心，工作流程不断规范。工商维权服务点"五进"行动继续深入。农村消费维权"一会两站"发展较快，全省覆盖率已达80%以上。横向到边、纵向到底的全省消费维权网络体系初步建立。在清查"三鹿"等问题奶粉工作中，各级消费者协会和各州（市）工商局12315指挥中心全日值班，耐心回答咨询，认真受理处理申投诉，细心化解矛盾。2008年，全系统共受理消费者申投诉32 895件，成功调解32 135件，调解成功率达97.7%，为消费者挽回经济损失5 862余万元。

（三）整顿规范市场经济秩序取得良好成绩。

全系统以清理整治奶制品市场为重点，加大流通环节产品质量和食品安全专项整治力度，整顿和规范市场经济秩序取得新进展。2008年全系统共查处各类经济违法违章案件近6万件，总案值7.2亿多元，收缴罚没款1.6亿多元。

流通领域食品安全和产品质量监管进一步加强。狠抓"两项制度"落实，进一步完善了食品安全监管机制。加大流通领域商品质量抽检力度，及时发布监测信息，指导市场消费，确保消费安全。稳步推进食品经营主体信用分类和食品质量分类监管，将"两个100%"制度向广大农村延伸，积极探索小食杂店、小摊点有效监管模式，较好地解决了无证照经营问题。应对毒奶粉事件，及时启动市场突发事件处置一级预案，彻底清查流通领域不合格奶粉，保障人民群众生命安全。共检查奶制品经营户27.69万户次，下架封存不合格奶制品192.55吨，在政府的领导下，调动全系统工商干部积极配合各级消费者协会，紧紧依靠基层组织，经过六天六夜的努力，圆满完成了婴幼儿患者理赔工作，受到各级政府领导的充分肯定。

广告市场秩序进一步好转。实行广告信用监管，规范广告发布环节，针对广告监管难点、热点及人民群众关心的问题，加强广告监测，对药品、医疗、保健食品、化妆品、美容等五类广告重点监管，虚假违法广告整治行动取得明显成效。2008年，共监测和检查各类广告118.8万条次，查出违法广告23 706条次，查处违法广告案件884件。

商标行政保护力度进一步加大。强化商标日常监管，提高监管效能。以食品、药品、农资产品及服装为重点，组织开展保护奥林匹克标志专用权专项整治，加大商标保护力度，严厉打击商标侵权行为。2008年共查处商标违法案件945件。

反不正当竞争等各项监管执法工作深入开展。进一步加大商业贿赂整治力度，加强中介评估机构业内的不正当交易行为治理和规范，积极对建筑行业、规划设计部门、政府采购部门等行业内的商业贿赂进行摸底调查。全系统查处案件207件，罚没款856万元。打击传销规范直销取得新进展，进一步完善打传联席会议制度，建立区域联防机制，积极发动基层社区、村委会、房屋出租户参与“禁传”工作，建立打击传销的长效工作机制。明确责任，继续保持高压态势，深入开展专项整治行动，共查处案件87件，捣毁传销窝点2 123个。开展反兴奋剂专项治理，重点行业安全生产“百日督查”，配合有关部门开展两烟打假、反走私、扫黄打非、打黑除恶、禁毒防艾、公众聚集场所消防安全、校园周边治安、网吧管理等专项治理取得新成效，有力维护了我省市场安全稳定。

市场主体监管制度进一步完善。建立企业监督检查、年检工作规范。查处无照经营案件2.62万件。开展亮照经营管理，全省县级以上城市、乡镇政府所在地的市场主体亮照经营率达100%。完善企业信用分类监管制度，开展商品交易市场信用分类监管，为建立科学有效的市场信用考核评估机制，准确评定市场信用等级、依法实施分类监管打下坚实的基础。

执法行为进一步规范。狠抓执法监督，严格落实行政执法责任制，加大法制宣传培训力度，依法行政意识和能力得到普遍提高。初步实现了企业登记程序化、市场监管网格化、执法办案规范化，全系统监管执法能力进一步提升。

（四）自身建设不断加强，系统管理规范化水平不断提高。

信息化建设取得新进展。明确全系统按“三个层次”分类指导、分层推进的信息化建设新思路。第一层次紧紧盯住沿海发达省市工商局信息化建设先进水平，以高标准的信息化建设样板和示范作用，带动第二、第三层次加快发展，构成云南工商系统信息化建设的总体模式。“云南工商政务业务一体化软件”全面推广使用，将信息技术广泛应用于市场准入、市场监管、行政执法等领域，提高监管现代化，提升管理精细化。移动执法办公系统“工商新时空”项目投入试运行，重点食品快速检测信息系统开始建设，信息化的创新和服务能力不断加强。

财务管理基本建设进一步规范。全面推行大理州工商局财务规范化管理的经验做法。完成省局8个事业单位的内部审计。完成行政性收费收入3.7亿元。积极应对停征“两费”改革，全面清理“两费”票据，加强财务管理，压缩消耗性支出，确保正常运转需要。全面完成资产清查，进一步健全了固定资产管理制度。制定下发《基本建设管理办法》，推行办公用房标准化建设，完成对边境8个州市、25个县工商局、130个工商所（分局）的基础设施建设情况统计，加强基本建设项目管理，集中财力办大事。安排建设资金3 500多万元，竣工面积4万多平方米。

干部队伍整体素质有了新提高。领导班子建设稳步推进。各级领导班子不断增强凝聚力和战斗力，不断提高理论水平、领导艺术、创新意识和决策水平。树立了一批能团结、会管理、敢干事、干成事的班子典型代表，和找准位、干到位、不越位、不缺位、补好位的“一把手”和副职典型代表。队伍素质明显提升。狠抓能力建设，登记能手、执法办案能手、计算机能手岗位大练兵、大比武活动深入开展，干部工作能力和工作水平有了较大提高。组织开展全员军事训练干部职工时间观念、纪律观念和团队意识明显增强；组织纪念改革开放和工商恢复建制30周年演讲比赛，坚定了干部职工解放思想、深化改革、科学监管、促进发展的信心和决心。机关作风进一步转变。对垂直管理以来省局制定的，涉及市场准入、市场监管、消费维权、依法行政、内部管理等方面的11类120余个规章制度进行了清理和完善，编印成《云南省工商行政管理系统制度汇编手册》，用制度规范监管执法，规范内部管理，各项工作规范化水平进一步提高。改进督查调研方式，认真总结和推广各地好的经验和做法，实实在在帮助基层解决困难。“抓机关，带基层，学基层，促机关”，权责一致、分工合理、执行顺畅、监督有力的运行管理体制基本建立。办事效率不断提高，服务能力不断增强，机关作风不断改善，人民群众满意度明显提升。全省工商系统精神文明建设成果丰硕，巍山县工商局被授予全国文明单位、昭通市工商局被授予全国精神文明建设先进单位；涌现出了一批先进集体和个人，受到了各级党委、政府的表彰和奖励。

基层规范化建设不断推进。积极应对“两费”停收后工商职能调整，加强基层规范化建设。分别在昆明、曲靖、腾冲组织召开了基层工商所规范化建设、基层工商所全员执法能力建设、个私经济组织党建工作三个座谈会，加快基层工商所由“收费监管型”向“监管服务型”转变，大胆探索，勇于创新，实现基层工作的转变与提升。昆明市推行“十佳工商所”创建、玉溪市推行基层工商所监管执法绩效考核、临沧推行工商所“十小工程”建设等做法，取得了很好的经验，成效明显。砚山县工商局实行“六员三级制”执法队伍建设，对基层工商干部的分类管理、分类培训进行了大胆探索。初步形成了“人尽其责、职尽其效、管理规范、工作有序”的良好局面。

党风廉政建设工作不断创新加强。制定《建立健全惩治和预防腐败体系2008－2012年工作规划》的实施意见，修订完善了《党风廉政建设责任书》。结合工商工作岗位特点，找出了党风廉政建设的风险点，并总结出风险点管理的措施、办法和经验。制定党风廉政建设突发大要案处置预案，加强违法违纪案件调查处理工作的针对性、时效性和主动性。全面完成基层工商所向监管服务对象述职述廉工作，基层干部勤政廉政意识不断加强。倡导纪检监察干部学习纪检监察业务，学习市场监管执法业务，做到“纪检办案是高手、工商履职是能手”，纪检监察干部爱工商事业、爱纪检岗位的敬业精神进一步提高。全面推进工商廉政文化建设，融入到队伍建设、政风行风建设和监管服务之中，融入到业务工作的方方面面。推广32个廉政文化建设试点单位经验，运用各种载体凝聚人心，弘扬正气，精心营造潜移默化的廉政文化氛围。“以廉为荣、以贪为耻”的氛围已然形成，不断涌现出反腐倡廉的先进典型，进一步树立了工商干部良好的职业操守。

一年来，全省各级消协、个协、广协，老干办、省工商学会、省工商学校、拍卖行、培训中心、机关服务中心，尽职尽责、尽心尽力，做了大量卓有成效的工作，取得了可喜成绩。

2008年，是工商行政管理机关恢复建制30周年，30年辉煌成就增强了我们履行职责的自豪感和使命感，激发了事业心和进取心。在2008年这样一个特殊的年份，我们的工作取得的成绩，来之不易，值得珍惜，值得自豪。这些成绩的取得是省委、省政府和国家工商总局以及各级党委、政府高度重视和正确领导的结果,是云南工商系统一万二千多名干部职工团结奋进的结果,在此,我代表省局党组,向支持和关注工商行政管理事业发展的各级领导和同志们表示诚挚的感谢! 向为工商行政管理事业发展进行过艰苦探索和不懈奋斗的同志们表示由衷的敬意!

在充分肯定成绩的同时,我们要清醒地认识到云南工商工作距党和人民的要求还有差距,与全国先进地区相比也有差距,还存在一些问题和不足:学习实践科学发展观需要进一步深入,解放思想、更新观念的力度需要进一步加大,服务经济发展、当好市场卫士的意识需要进一步加强,基层基础建设的步伐需要进一步加快,工商行政管理干部队伍建设任何时候都要放在更加突出的地位。这些问题需要在今后的工作中认真加以解决。

**二、深入学习实践科学发展观,全力服务经济平稳较快发展大局,全面完成2009年各项工作任务**

应对当前国际金融危机严重冲击,保持经济平稳较快发展是今年全省经济工作的首要任务。作为政府主管市场监管的行政执法部门,工商行政管理工作的根本任务就是,通过市场监管,营造和维护公平竞争、规范有序、诚信和谐的市场环境和安全放心的消费环境,来促进保增长、扩内需、调结构各项政策措施的贯彻落实。全省工商系统要进一步树立大局意识和服务意识,增强忧患意识和责任意识,把促进经济平稳较快发展作为今年工作的中心任务,作为检验所有工作成效的重要标准,采取一切有效措施,切实提高市场监管服务效能,全力服务发展大局。2009年,全省工商工作的总体要求是:以邓小平理论和"三个代表"重要思想为指导,深入学习实践科学发展观,认真贯彻落实党的十七大、十七届三中全会、中央经济工作会议精神,紧紧围绕省委省政府保增长保民生保稳定的工作大局,按照努力实现国家工商总局"四个统一"、"四化建设"、"四个转变"、"四高目标"和云南工商"三个到位""六个好"工作目标的要求,着力更新观念、创新机制、提升效能,努力提高科学监管促进科学发展的能力和水平,营造良好市场环境,提升市场信心,为促进我省经济社会平稳较快发展和社会稳定和谐作出新的贡献。

贯彻这个总体要求,一定要抓住关键,突出以下重点。

(一)深入开展学习实践科学发展观活动。

开展深入学习实践科学发展观活动,是全系统今年最重要的一项政治任务。省工商局、楚雄州工商局、大理市工商局、瑞丽市工商局作为第一批开展学习实践活动的单位,学习实践活动取得了实实在在的成效,为全系统开展深入学习实践科学发展观活动开了个好头、树立了榜样。全系统要按照中央和省委的要求,以提高党员干部贯彻科学发展观的能力为核心,认真组织好第二批学习实践活动,突出实践特色,解决突出问题,切实推动工作,不断把学习实践活动推向深入,达到党员干部受教育、科学发展上水平、人民群众得实惠和促进科学发展、维护边疆安宁、增进民族团结、构建和谐云南的要求。要坚定不移地用中国特色社会主义理论体系武装头脑,不断深化对科学发展观的科学内涵、精神实质和根本要求的认识,真正把思想和行动统一到科学发展观的要求上来。要着力转变不适应不符合科学发展观的思想观念,着力解决影响和制约科学发展的突出问题,健全和完善推进科学监管促进科学发展的体制机制,把科学发展观贯彻落实到监管执法和自身建设的各个方面。要抓好面上的指导,认真总结全系统第一批学习实践活动单位的好经验和好做法,在各级党委的领导下,积极指导和督察全系统16个州、市工商局及所属基层单位,扎扎实实开展好学习实践活动。

(二)充分发挥工商行政管理职能作用,努力营造良好市场环境,促进我省经济平稳较快发展。

积极贯彻中央应对当前国际金融危机的大政方针,充分发挥工商行政管理职能作用,加强服务大局意识,把今年定为"服务效能提升年",努力做好各项服务工作。

1. 创新服务方式,提升服务效能,努力为市场主体快速发展营造健康的发展环境。市场主体是市场经济的细胞,发展数量的多少、经营规模的大小、科技含量的高低、产业结构的优劣,是衡量经济发展水平的重要标志。全系统要尽快建立和完善统一规范、高效便捷的市场主体登记注册服务体系,创新服务方式,提升服务效能,积极促进各类市场主体健康快速发展。

坚持"两个毫不动摇",支持各类市场主体加快发展。改进管理、高效服务,大力支持公有制企业改革发展;简化程序、放宽准入,积极鼓励个体工商户、私营企业加快发展;优化环境、创新机制,继续引导外商投资企业健康发展。为中央和省委、省政府确定的扩大内需、促进增长的重大投资和利用外资项目,开辟"绿色通道",特事特办,提供便捷高效的登记注册服务。鼓励中小企业采用公司组织形式或实施公司制改造,防范投资风险。开展股权出质登记,加强股权出资登记管理,认真做好动产抵押登记工作,切实帮助企业特别是中小企业解决融资难问题。支持经营困难的企业调整经营方向,应对金融危机。对守法经营,确因资金紧张无法按时出资的企业,依法允许延长出资期限。对生产经营暂时出现困难的个体工商户、私营企业,在年检验照等方面予以支持,减免年检费用。坚持疏导结合,引导无证无照经营户办证办照合法经营。

鼓励先进、淘汰落后,支持优势企业做大做强。支持公有制企业改制重组,鼓励行业龙头企业、优势企业兼并重组落后企业、困难企业。鼓励优势企业强强联合,提高规模效益。鼓励关联产业、上下游企业联合重组,实现现代化经营,提高抗风险能力。完善企业信用分类监管制度,开展"守合同重信用"企业公示,鼓励诚信经营,增强企业信心。积极履行指导广告业发展的职能,加强对广告行业协会自律工作的指导,促进广告产业健康发展。积极配合有关部门,依法做好产能过剩、技术落后、破坏资源、污染环境等企业的变更登记、注销登记或吊销营业执照工作。

推进云南商标战略,帮助企业提升市场竞争力。建立商标跟踪服务卡,推行商标注册建议书,切实抓好商标注册申请推动工作。加强农产品商标、地理标志证明商标、民间传统特色产品商标的培育。积极开展知名、著名商标认定。大力培育和推荐中国驰名商标,认真落实责任制,主动上门工作,努力完成省政府下达的任务，实现云南商标战略新突破。组织开展"一所一标"活动，每个农村工商所（分局）每年至少指导申请一件农产品注册商标；至少扶持一件当地特色农产品商标；至少指导一户涉农企业积极运用"公司+商标+农户"经营模式，开展品牌化经营。有条件的工商所（分局）要积极开展"一所多标"活动。

培育和发展农村市场经营主体，促进农业增效农民增收。积极扶持组建农民专业合作社，支持农民专业合作社跨地域、跨所有制、跨行业开展经营服务。支持农村龙头企业发展，鼓励实现"公司+农户"，办基地，发展壮大农副产品加工业。培育发展农村经纪人，加强对农村经纪人的培训工作，提高农村经纪人的经纪能力，促进农产品市场流通。

完善市场主体信息分析报告制度，为政府决策和经济发展服务。定期开展市场主体登记信息综合分析利用工作，形成分析报告，深入反映相关区域内的企业数量、经济规模、经济结构、产业优势等综合情况，为政府决策、投资者和社会公众服务。通过工商网站发布饱和行业进入风险提示，鼓励和引导进入符合国家产业政策的行业。

推进个私经济党建工作，促进个私经济快速发展。充分发挥各级个体私营经济协会的作用，紧紧依靠各级党委的领导，积极推进个私经济组织中开展党建工作，帮助个私企业提升经营管理水平，推动个私企业发展壮大。

2. 以加强流通环节食品安全监管为重点，深入整顿规范市场秩序，努力为经济平稳较快发展营造良好的市场环境。公平公正的市场秩序是经济健康运行的重要保障。全系统要按照中央经济工作会议"深入整顿规范市场秩序"的要求，加大监管执法力度，提高监管执法效能，大力营造公平竞争、规范有序、诚信和谐的市场环境。

全面加强流通环节食品安全监管。严把食品市场主体准入关，依法取缔无照经营，确保食品生产经营主体资格合法有效。强化食品市场日常监管，加大市场巡查力度，层层落实监管责任区，确保监管执法到位。强化对食品质量的监督和分类监管，严格监督食品经营者建立健全并落实进货查验、购销台账和索证索票制度，鼓励食品经营者建立电子台账，巩固、简化和延伸"两个100%"。集中开展乳制品、季节性、重大节日食品专项执法检查，着力解决突出问题。集中开展流通环节违法添加非食用物质和滥用食品添加剂的专项执法检查。配合政府"万村千乡市场工程"，把创建"农村食品安全示范店"作为工商监管农村食品安全的抓手。对消费者举报申诉比较集中的问题，加强质量监测，并及时通报相关部门，切实维护食品市场秩序。

全力抓好农村农资商品市场监管。积极推进农资市场信用分类监管，继续实行农资产品购销台账、质量追溯、质量承诺、商品退市和重要农资商品备案等制度，建立健全农资市场长效监管机制。开展"红盾护农保春耕"等专项行动，严厉打击生产销售假冒伪劣农资违法行为，确保农户播上"放心种"、施上"放心肥"、打上"放心药"。继续推广涉农合同示范文本，依法加强合同监管，查处涉农合同欺诈行为。开展"家电下乡"商品质量监管，严厉查处翻新废旧、假冒伪劣家电销往农村，发展和保护农村消费市场。

积极推进商品交易市场信用分类监管，强化流通领域商品质量监管。在搞好试点、总结经验的基础上，积极推进商品交易市场信用分类监管，激励守信、惩戒失信，有效提高市场开办者、经营者诚信意识，促进自觉守法经营，提升流通领域商品质量监管水平。突出重点商品、重点市场、重点区域开展专项整治行动，严厉打击制售假冒伪劣商品行为。积极支持政府实施乡镇农贸市场和农产品批发市场建设改造、城市标准化菜市场建设、农家店和农村商品配送中心建设、省级物流中心等城乡市场建设工程，指导开办者、经营者规范管理、规范经营。深化"诚信市场"创建活动，鼓励争先创优，提升市场信用。

突出重点领域，加大商标行政执法力度。以保护涉农商标、地理标志、食品商标、药品商标、驰名商标、著名商标、知名商标、涉外商标为重点，继续加大注册商标行政执法力度，严厉打击商标侵权假冒行为。对规模化商品批发零售市场，实施规范化商标监管，有效遏制商标侵权假冒行为。

深入开展虚假违法广告专项整治，维护文明诚信的广告市场秩序。继续以直接关系人民群众健康安全的食品、药品、医疗等广告为重点，查处在食品广告中宣传预防和治疗作用的行为；查处在医疗、药品广告中夸大功能、保证疗效的行为。加大对新闻媒体广告的监管力度，指导和监督媒体单位履行广告发布审查的法定责任和义务。加强广告监测预警，把违法广告的影响和危害消灭在萌芽状态。充分发挥部门联席会议的作用，完善综合治理机制，增强监管合力。

以反垄断执法为契机，加强竞争执法工作。研究建立省工商局反垄断执法工作机构，开展反垄断法宣传和反垄断执法培训，依法组织查处垄断案件，维护有效竞争格局。继续查处公用企业和依法具有独占地位的经营者限制竞争行为。深入开展打击"傍名牌"执法行动，加大保护商业秘密力度，保护企业自主创新力。

保持高压态势，严厉打击传销严格规范直销。建立联合执法和区域协作执法机制，严查传销大要案件，坚决遏制传销活动向校园、农村和少数民族地区蔓延渗透。抓好打击传销社会治安综合治理，深入开展"无传销社区（村）"创建活动，群防群控。进一步加强对直销企业的政策引导、行政指导和教育督导，规范直销市场健康发展。

深入开展治理商业贿赂专项工作。进一步将执法领域向工程建设、产权交易、土地出让、资源开发和经销等群众反映强烈的热点、难点领域拓展。严肃查处制假售假、产品质量、食品安全事件背后存在的商业贿赂问题。排查案件线索，搞好部门协作，建立健全防治商业贿赂的长效机制。

探索网络商品交易市场监管，继续强化其他市场监管工作。建立网络商品交易监管工作机构，规范网络商品交易行为。加强旅游市场监管，服务我省旅游二次创业。加强拍卖行为监督，查处拍卖串通行为。加强市场防控重大动物疫情工作，严防疫情通过市场流通环节传播。积极参与社会治安综合治理，取缔黑网吧、整治校园周边环境、安置帮教、流动人口服务管理、预防青少年犯罪、禁毒防艾、反假币、反走私等工作，深入推进平安社区和平安村寨建设。

3. 大力强化消费者权益保护工作，努力为经济平稳较快发展营造和谐的消费环境。保护消费者权益，关系增强消费信心、拉动经济增长,既是坚持以人为本、关注民生的必然要求,也是推动科学发展、促进社会和谐稳定的重要工作。全系统要进一步完善和创新消费维权工作机制,不断提高消费者权益保护工作水平,积极营造安全放心的消费环境,增强消费信心。

全面提升"12315"服务效能。继续加大"12315"平台信息化建设力度,完善软硬件设施,拓宽网络覆盖面,强化快速处置功能,完善工作机制,不断规范工作流程。建立省局数据统计分析中心,强化"12315"综合分析功能,开通短信平台发布消费警示,实现消费维权由事后调处为主向事前调控和防范为主转变。拓展服务领域,开展工商业务全方位咨询。努力把"12315"建设成为云南工商第一形象品牌。

大力推进"一会两站"建设。积极争取各级党委政府支持,加大"一会两站"建设力度,努力实现城乡全覆盖。抓好巩固、规范和提高,健全工作制度,开展业务培训,确保"一会两站"建成一个,规范一个,作用发挥一个。延伸服务内容,借助"一会两站"工作平台认真落实"七农机制",服务新农村建设。力求把消费纠纷解决在基层,把"一会两站"建设成为党委政府的"第二信访部门"。

强化服务领域消费维权。继续以电信、家电维修、餐馆、旅游、美容美发、装饰装修等消费者投诉比较集中的领域为重点,开展服务领域维权专项执法检查。积极会同相关部门在一些服务行业推广服务合同示范文本,规范合同格式条款,制止"霸王条款",依法查处合同欺诈违法行为,切实保护消费者合法权益。

加强消费指导扩大消费需求。各级消费者协会要以"消费与发展"为年主题,组织开展"3·15"等多种形式的消费维权宣传教育活动,继续开展"消费者喜爱商品"评选活动,倡导科学、健康、文明消费,着力提高消费信心,改善居民消费预期,引导和促进消费者扩大消费需求。

4. 认真贯彻省委省政府鼓励创业带动就业的政策措施,努力为经济平稳较快发展营造宽松的就业环境。就业是民生之本,也是保稳定的关键因素。全系统要从保障和改善民生事业的高度出发,认真落实优惠政策,加强就业指导和引导,千方百计促进就业再就业。大力支持返乡农民工、高校毕业生、下岗失业人员、退役军人等创办个体工商户、私营企业,鼓励自主创业和自谋职业,以创业带动就业。大力支持发展劳动密集型产业、中小企业和服务业,多渠道增加就业岗位。鼓励个体工商户、私营企业积极吸纳返乡农民工和下岗失业人员就业。积极配合有关部门加强劳动权益保护,服务创业工作,维护社会稳定。各级个私协会要积极组织开展创业培训和职业技能培训,设立就业咨询窗口,举办就业洽谈会,创新开展就业再就业指导服务工作。

(三)按照落实科学发展观的要求,大力加强自身建设。

1. 积极推进新一轮机构改革,进一步完善体制机制。

研究拟定新"三定"方案,积极推进机构改革。按照建立权责一致、分工合理、决策科学、执行顺畅、监督有力的行政管理体制要求,以新一轮省级政府机构改革为契机,以国家工商总局新"三定"方案为依据,认真总结1999年实行省以下垂直管理以来体制机制建设的经验,尽快研究拟定云南省工商系统新"三定"方案。按照省委、省政府的安排部署积极稳妥开展新一轮机构改革,着力理顺省、州(市)、县、所四级职责关系,着力解决机关内设机构职能交叉、责权脱节、执行力不强等问题,着力促进基层工商所职能加强和工作提升,着力化解历史遗留问题和历史积累矛盾,努力构建和完善"层级分明、运转协调、监管科学、执法统一、高效廉政"的适应垂直管理特点的工商行政管理体制机制。

深入推进依法行政,努力打造"阳光工商"。积极参与省人大、省政府及相关部门的立法立规工作。研究制定全系统工商行政管理行政指导工作规则等规范性文件。认真做好执法证统一换发工作,严格落实执法责任制和责任追究制,强化执法监督。依法做好行政复议,发挥上级机关对下级机关执法行为的监督和规范作用。全面提升全系统行政执法水平,打好"阳光工商"法制基础。认真贯彻执行省政府推行的重大决策听证制度、重要事项公示制度、重点工作通报制度、政务信息查询制度"阳光政府"四项制度,深化政务公开,促使工商行政管理行政权力公开透明运行,努力打造"阳光工商"。

全面加强基层建设,筑牢工作基础。认真总结各州、市基层工商所规范化建设经验,建设一批规范化建设示范工商所(分局),带动全系统基层规范化水平整体提升。针对停征"两费"对基层传统工作模式的影响,抓紧制定基层执法业务标准体系和工作绩效评估体系,分别制定城区工商所(分局)、农村工商所(分局)、边境口岸工商所(分局)工作责任制和考核办法,进一步明确基层工商所职责任务。开展基层工作专题调研,加强工作指导,为基层办实事、解难题。努力抓好经费保障,确保基层正常运转,特别是针对执法装备落后的问题,要坚持"向基层需要倾斜、向执法需要倾斜",提升基层装备保障水平。经过全系统共同努力,逐步达到"执法行为规范、监管制度规范、基础设施规范、队伍管理规范"的基层工商所规范化建设目标。

2. 按照"三个过硬"的要求,努力建设高素质的干部队伍。

加强各级领导班子建设。只有建设高水平的班子,才能带出高素质的队伍,创造高质量的业绩。要按照科学发展观的要求,从思想建设、能力建设、制度建设、作风建设等方面入手,着力加强各级领导班子的执行力、创新力、凝聚力,把各级领导班子建成勤奋学习的模范、团结实干的模范、开拓创新的模范、勤政廉政的模范。

深化干部人事制度改革。进一步完善选人用人、职级晋升、责任追究、轮岗交流等制度。加强年轻干部培养,今年准备报请有关部门同意,在全系统采取公开招考方式,破格提拔一批30岁左右的副处级干部,构建老中青三结合的领导干部队伍。坚持逢进必考,严把"入口",招录大学应届毕业生和相关专业人才充实工商队伍。积极争取有关部门支持,拓宽"出口",促进干部队伍横向交流。考虑干部个体差异,进一步细化岗位履职标准,健全绩效考核评价激励机制,激活每一个干部的内在潜力,充分调动工作积极性。通过深化改革,努力形成"人尽其责、职尽其效、管理规范、工作有序"的良好局面。

提高培训效能增强队伍素质。针对基层工作任务的新变化、新要求,大规模开展干部教育培训工作,特别是抓好工商所(分局)长的培训,着力提高基层干部市场监管的能力和依法行政的能力。坚持"走出去和请进来",分期分批选送年轻干部到国家工商总局、省局或先进发达地区工商局跟班见习,到总局深圳学院培训学习;从今年开始到2013年,每季度邀请国家工商总局一名正司(局)长来省局授课一次。认真总结去年"三能手"比武竞赛活动的经验,深化岗位练兵,继续推进"三能手"培养选拔工作。全面落实"五五"普法规划,增强法制宣传培训的针对性和有效性,不断提高干部队伍法律素养。

坚持不懈地抓好党风廉政建设。以各级领导班子为重点,紧紧围绕党风廉政建设责任制的责任分解、责任考核、责任追究,进一步完善实施细则和配套规定,切实增强党风廉政建设责任制的可操作性和有效性。认真落实省局党组《<建立健全惩治和预防腐败体系2008~2012年工作规划>的实施意见》,建立具有云南工商特点的拒腐防变教育长效机制、反腐倡廉制度体系和权力运行监控机制。围绕行政许可、执法办案、财务基建、人事管理等重点部位和岗位,深入推行廉政风险点和岗位风险点管理。认真研究党风廉政建设工作的新情况、新变化和新问题,争取纪检监察工作的主动性和预见性。继续一手抓树立争先创优的先进典型,一手抓严肃查处没有事实根据乱举报、乱告状等破坏团结、影响工作的不良行为,营造风清气正的干事环境。

3. 加强计划财务、基本建设和信息化建设等工作,大力提高保障能力。

推进财务管理规范化,增强当家理财的能力。坚持增收节支、勤俭办事,合理调整支出结构,合理安排经费,降低行政成本,提高资金使用效率,把有限的经费安排到最急需的地方,集中财力办大事。进一步完善固定资产管理制度、财务会计核算制度、单位财务管理制度,提升财务信息化管理水平,做到事前审核、事中控制、事后检查全过程监督。严格执行部门项目预算,加强支出管理和固定资产管理,保证账账、账物、账实相符。强化审计工作,今年省局将对8个州、市工商局进行内部审计。要早研究、早安排登记注册规费和罚没款的收缴工作。联系有关部门,组织开展审计资格培训,争取全系统有100名财会人员取得审计资格证,全面提升业务素质。

做好基建基础工作,增强基本建设统筹谋划的能力。加快健全完善全系统基本建设数据库,为基建决策和资产管理提供科学依据。按照统筹兼顾、量力而行、保障重点的原则,认真做好全系统2009~2011年三年基本建设规划,并严格按规划安排各地基建项目。严格执行新修订的基本建设管理办法和办公楼标准化建设方案,推进全系统办公楼标准化、规范化、整齐化进程。严肃工作纪律,对违反审批程序擅自开工、不按标准规范建设的,从严追究一把手和相关人员的责任。加强对基建工作人员的教育管理,努力提高政治素质和业务素质。

抓好互联互通和信息共享,增强信息化支撑的能力。进一步完善云南电子政务工商专网,实现省、州(市)、县、所四级纵向、横向网络互联互通。加快全系统信息资源整合,推进信息共享。组织开发一批重点工作应用系统,开展网上登记、网上年检等新网络业务,促进监管服务工作创新。抓培训促应用,深入推广云南工商政务业务一体化软件,加快全系统办公自动化系统应用,提高信息化应用水平。按照"三个层次"要求,制定各个层次的建设目标和考核办法,加强分类指导,强化分层推进,全面推进全系统信息化建设工作。

4. 抓好老干部等四个方面的工作,大力营造内和外顺的工作环境。

进一步增强服务意识,认真做好老干部工作,每年召开1~2次座谈会,每季度组织一次形势通报会,经费上给予适当倾斜,定期组织体检,定期开展文体娱乐活动,尽力帮助离退休干部职工解决生活上的困难。想方设法解决好全系统干部职工津补贴补发、住房补贴等事关干部职工切身利益的问题,关心家庭和睦、关注子女成长、关爱干部职工身心健康,多办实事、多解难事,努力创造安心、舒心、开心的工作和生活环境。一如既往地开展群众性争先创优活动,全面提升"文明单位"创建水平,在全系统进一步形成崇尚先进、学习先进、赶超先进的浓烈氛围,推动各项工作迈上新台阶。继续加强宣传报道和政务信息工作,大力宣传全系统开展深入学习实践科学发展观活动、服务经济社会发展、加强自身建设等工作的闪光点和亮点,塑造工商部门良好的社会形象,积极营造内和外顺的工作环境。

各级个私经济协会、消费者协会、广告协会、工商学会、机关服务中心、省工商学校、省局培训中心、省拍卖行等事业单位的工作是全系统工作的重要组成部分。各事业单位要紧紧围绕中心任务尽心尽力、尽职尽责、开拓创新,不断在各自工作领域开创新局面。

**三、深入学习实践科学发展观,科学监管促进科学发展,坚定不移地推进"三个到位"、"六个好"的工作目标**

科学发展观,第一要义是发展,核心是以人为本,基本要求是全面协调可持续,根本方法是统筹兼顾。作为市场监管执法部门,全省工商系统贯彻落实科学发展观就是要推进科学监管促进科学发展。科学监管就是,紧紧围绕云南经济发展大局,坚持以人为本,坚持依法行政,坚持全面履行市场监管职责,努力做到监管与发展、服务、维权、执法的四个统一,着力构建公平竞争、规范有序、诚信和谐、符合云南经济发展实际的市场秩序,实现对市场主体及其市场行为的最佳监管,实现对消费者合法权益的最大保护,实现生产者经营者、消费者和管理者关系的最大和谐,促进经济社会又好又快发展。全系统广大干部职工要不断深化对科学监管理念的认识,勇于探索、敢于实践,不断在科学发展中推进科学监管、在科学监管中促进科学发展。

第一,推进科学监管,要做到"六个必须"。

推进科学监管必须更新思想观念。要按照科学发展观的要求,更新发展理念,服务科学发展;更新监管理念,创新监管机制;更新执法理念,规范执法行为;更新维权理念,坚持以人为本。

推进科学监管必须突出服务大局。要把促进科学发展作为履行市场监管职责的出发点和落脚点,全力服务云南经济平稳较快发展大局,努力实现监管与服务的统一。

推进科学监管必须坚持依法行政。依法行政是科学监管的立足之本,要把监管执法统一到执行法律法规上来,依法监管、依法维权,做到严格执法、公正执法、文明执法,努力实现监管与执法、维权的统一。

推进科学监管必须结合云南省情。要充分认识云南边疆民族地区市场发育缓慢、市场经济发展滞后、地区发展差异大的特点，培育、发展、监管三举并重，科学监管推动科学发展，努力实现监管与发展的统一。

推进科学监管必须加强长效监管机制建设。健全规范化的市场准入和退出机制，科学化的市场检查机制和预警机制，社会化的消费维权机制，网格化的属地监管责任机制，诚信化的市场信用监管机制，实现高效能的监管，达到高质量的服务。

推进科学监管必须加强科学决策能力建设。建立能够深入了解基层、充分反映民意、广泛集中民智的科学民主决策机制，坚持决策科学化，使市场监管执法各项工作能够遵循市场经济的发展规律。

第二，推进科学监管，要坚定不移地推进“三个到位、六个好”的工作目标。

2007年，省局党组按照科学发展观和国家工商总局“四个统一”的要求，在深入调查研究和认真分析云南工商市场监管执法工作和队伍建设现状的基础上，广泛征求各方意见，提出了全面落实科学发展观，认真贯彻“四个统一”，积极推进“四化建设”，努力实现“三个到位”、“六个好”的云南工商工作新目标。一年多来，全系统各级领导班子和广大干部职工紧紧围绕这一工作目标，思想和行动更加统一，责任意识和服务意识更加增强，监管水平和执法效能更加提高，各项工作都取得了新的成绩。实践表明，“三个到位”、“六个好”工作目标符合落实科学发展观的要求；符合贯彻国家工商总局“四个统一”、“四化建设”、“四个转变”和“四高目标”的要求，是我们云南工商推进科学监管促进科学发展的有效途径和根本保障。

1. 坚定不移地推进“三个到位”。

明确职责、履职到位。就是要紧扣市场准入、市场监管、消费维权等工作，全面履行市场监管五项职责，在市场监管中履职到位；大力支持“两烟”产业、生物产业、旅游业、水电产业、矿产业等云南优势产业，扶持高新技术产业、文化产业和现代服务业，鼓励和支持非公经济发展，培育和扶持少数民族地区市场发展，在促进发展中履职到位；不断强化维权工作，市场到哪里，消费到哪里，我们的维权就到哪里，在消费维权中履职到位；严格规范执法主体，严格规范执法行为，严格规范执法程序，在依法行政中履职到位。

爱岗敬业、工作到位。就是要树立“工商兴我荣，工商衰我耻”的主人翁意识，热爱工商事业，热爱工作岗位；倡导“我为红盾添光彩、我为工商作奉献”的良好风尚，大力培养无私奉献的精神；建立健全各项规章制度，靠制度管人，用机制激励人，让每一位干部职工安心工作、用心谋事，实现工作到位。

统筹兼顾、谋划到位。就是要找准社会反映的热点、市场监管的弱点，针对不同时期、不同地区市场发育的特点，统筹兼顾，实现市场监管谋划到位；理性分析自身建设现状，统筹谋划班子队伍建设、基本建设、信息化建设等事关全局的重大事项，实现自身建设谋划到位；统筹谋划系统管理，增强大局意识，维护政令畅通，上下齐心、形成合力，推进和谐机关、和谐队伍、和谐系统建设，实现系统管理谋划到位。

2. 坚定不移地建设“六个好”。

建设一个好班子。一抓两个“十六字”方针的落实，贯彻好民主集中制；二抓学习，掀起学习实践科学发展观、学习市场经济理论和法律法规、学习社会文化知识的“三学”热潮，建设学习型班子；三抓团结干事，班子成员间要工作到位不越位、补位不缺位，相互配合、敢于决断，以诚相待、形成合力，建设团结型班子；四抓班子作风，班子成员要以身作则、率先垂范，深入基层、真抓实干，秉公用权、廉洁从政，生活正派、情趣健康。通过四抓，努力把各级领导班子建成勤奋学习的模范、团结实干的模范、开拓创新的模范、勤政廉政的模范。

带出一支好队伍。加强思想政治教育，忠于党、忠于国家、忠于人民、忠于工商事业；加强业务培训，组织开展“三能手”竞赛，组织干部到总局和发达省区跟班见习，到省内外交流锻炼，引导干部职工珍惜业余时间读好书爱学习，不断提高自身综合素质；加强队伍作风建设，践行“八个坚持、八个反对”，求真务实、不骄不躁，讲真话、做实事、务实效，努力建设一支“政治上过硬、业务上过硬、作风上过硬”的干部队伍。

完善一套好制度。坚持用制度管权、按制度办事、靠制度管人，不断推进制度化、规范化建设；清理完善垂直管理以来省局制定的，涉及市场准入、市场监管、消费维权、依法行政、内部管理等方面的各项制度，使之更加系统化、规范化和科学化；认真抓好各项制度的落实，确保制度执行到位，逐步建立起一整套能够保障监管执法到位和全系统协调运转的好制度。

营造一个好环境。加强全系统基础设施建设，加快执法装备配置更新，推进基层工商所规范化建设；大力开展创建“文明单位”、“文明行业”等争先创优活动；从谱写和唱响《云南工商之歌》入手，建设富有时代精神、充满云南特色的工商文化；主动争取各级党委和政府的领导，加强与其他部门的配合协作，努力营造内和外顺的好环境。

搭建一个好平台。完善云南电子政务工商专网，充实工商行政管理信息资源，建设综合业务应用平台、公共服务平台和工商内部管理平台，推广云南工商政务业务一体化软件，加快办公自动化系统应用，提升16个州市工商局“12315”服务效能，推行网上登记、网上年检和网上信息服务，为监管执法各项工作搭建一个信息技术支撑的好平台。

树立一个好形象。坚持不懈地抓理想信念和宗旨教育；坚持“一把手”负总责和“一岗双责”，坚持层层抓落实，不断完善党风廉政建设责任制；紧扣“以廉为荣、以贪为耻”主题，不断丰富内涵，全面推进工商廉政文化建设；创新监督手段，推行阳光政务，深化政务公开，实施风险点管理。通过不断加强党风廉政建设，培育工商系统风清气正的好风气，树立工商人一身正气的好形象。

同志们，促进经济社会平稳较快发展的责任十分重大，实现工商工作转型的任务相当艰巨。使命和责任激励着我们，困难和挑战考验着我们。让我们更加紧密地团结在以胡锦涛同志为总书记的党中央周围，在省委、省政府和国家工商总局的坚强领导下，深入贯彻落实科学发展观，坚定信心，振奋精神，扎实工作，锐意进取，为维护市场秩序、促进我省经济社会又好又快发展作出新的贡献，以更加优异的成绩迎接新中国成立60周年！

# 贯彻落实阳光政府四项制度 巩固法制政府和责任政府各项制度的深入推进 打造阳光工商

## ——在全省工商局贯彻落实阳光政府四项制度昆明现场会上的讲话

（2009年3月31日）

云南省工商行政管理局党组书记、局长　纳宗会

同志们：

为认真贯彻落实省政府重大决策听证、重要事项公示、重点工作通报、政务信息查询阳光政府四项制度，学习、总结昆明市工商局的经验做法，抓示范、抓典型，深入推进全系统贯彻落实阳光政府四项制度，全面加强各级工商机关自身建设，省局党组决定召开这次现场会。今天上午，省局副处以上干部，昆明、曲靖、玉溪、楚雄四州市工商局局长和“四制办”负责人，分三个组参观学习了官渡太和分局、盘龙龙泉分局、西山棕树营分局，听取了官渡区工商局、西山区工商局的介绍。刚才，又观看了盘龙区工商局、五华区工商局贯彻落实阳光政府四项制度的纪实片，听取了昆明市工商局王爱中局长的情况介绍。会议得到了省政府督查室、研究室、法制办、新闻办、效能办、工信委、监察厅等单位领导的大力指导和帮助。会议开得很及时、很成功，基本达到了预期目的。下面我讲三点意见。

**一、省工商局贯彻落实阳光政府四项制度全面展开**

实施阳光政府四项制度，是省政府贯彻落实党中央、国务院行政管理体制改革精神，加强政府自身建设，构建行为规范、运转协调、公开透明、廉洁高效的行政管理体制的重要举措，是继2007年打造“法制政府”和2008年打造“责任政府”工作的延续和深化。省政府作出在全省县级以上行政机关全面推行阳光政府四项制度的重大部署后，省局党组以高度的政治责任感和敏锐性，立即组建工作机构、健全工作机制、制定措施办法，迅速推动四项制度在全系统贯彻落实。

一是加强组织领导，迅速推动实施。在年初全省工商行政管理工作会议上，省局党组将落实四项制度作为全系统六项重点工作之一安排部署，提出了落实四项制度打造“阳光工商”的目标。3月3日，省局召开了贯彻落实四项制度动员大会，明确贯彻落实责任政府四项制度领导小组继续负责领导贯彻落实阳光政府四项制度工作，“四制办”继续负责新四项制度落实工作的跟踪、督查和推进。同时，抽调两名同志到信息中心专门负责省政府“96128”专线的转接查询。3月下旬，制定下发了贯彻落实四项制度的实施方案、实施办法和工作计划，迅速在全系统推开贯彻落实四项制度工作。

二是抓示范、抓典型，找准工作突破口。3月31日，省局召开贯彻落实四项制度“抓示范、抓典型”工作推进会，要求坚持“两线作战”，既要在全系统全面推进四项制度的贯彻落实，更要注重典型示范单位的培养和挖掘，以点带面、分层推进。会后，选择了昆明市及四个区工商局作为示范点，加强检查指导，力求率先突破，为全系统贯彻落实四项制度探索有效途径、积累经验做法。从今天参观学习和情况介绍来看，他们都创出了特色、创出了经验。

三是紧扣职能工作，突出六项重点。省局把加强流通环节食品安全监管、搞好服务促进发展、推进商标战略、积极维权促进消费、加强自身建设夯实工作基础、加强督查检查促进工作落实等六项

重点工作，作为贯彻落实四项制度工作的重点，用落实四项制度来推动重点工作，用重点工作的推进情况来检验落实四项制度的成效。在长期坚持处长值班制度的基础上，推出每月1～2次处长专题接待制度，解决群众多方面、多层次的信息需求。办证大厅建设使用“叫号服务系统”，较好地解决了大厅拥挤问题。个私协会认真落实省政府鼓励创业“贷免扶补”工作，“创业导师库”网站建成运行，培训帮扶工作全面启动。即将获准新认定中国驰名商标5件，商标战略取得新突破。4月17日，在省政府组织的省级机关重点工作集中通报会上，省局将全系统保增长、保民生、保稳定的26条措施进行了通报，获得广泛好评。

四是强化监督检查，建立长效机制。省局将贯彻落实四项制度列入六项重点工作内容，作为对机关处室、对州市工商局年终考核的重要指标。督查室、监察室、“四制办”加强监督检查，强化执行情况跟踪反馈，定期通报进展情况。对工作不力、效果不明显、群众不满意、搞形式走过场的将责令整改，并视情形进行问责。5月中下旬，省局将对州、市工商局贯彻落实四项制度工作进行一次全面督查。

与此同时，全省各级工商部门也从自身实际出发，认真贯彻落实四项制度，一些好的经验做法，省局已通过简报形式印发各地交流学习。总体上讲，省局贯彻落实四项制度取得了初步成效。4月9日，省政府督查室安南专员到省工商局督查时认为：“省工商局落实阳光政府四项制度工作，领导重视、认识到位、行动迅速，有较强的政治敏锐性，在较短的时间内做了大量富有成效的工作。”4月17日，《云南日报》整版刊登《让云南工商更加阳光》，指出省工商局贯彻落实阳光政府四项制度迈出新步伐。4月20日，省监察厅和《生活新报》记者到省工商局明察暗访，反馈办事群众普遍反映省工商局服务态度好、办事效率高。

**二、昆明市工商局贯彻落实阳光政府四项制度卓有成效**

4月16日，我和赵健副局长与省局贯彻落实阳光政府四项制度领导小组及“四制办”的同志一起，到昆明市局机关和四个区工商局，还有部分基层分局进行了专题调研，今天召开现场会又参观学习了几个点。从3个分局、4个区局和市局机关的工作情况可以看出，昆明市工商局党组高度重视阳光政府四项制度的贯彻落实工作，组织有力、行动迅速、措施得当，工作很有成效，为全省工商系统深入贯彻落实四项制度起到了示范带头作用。通过贯彻落实四项制度，昆明市各级工商部门的服务意识进一步增强、执法行为进一步规范、工作效能进一步提升、队伍素质进一步提高。

昆明市工商局的做法和经验归纳起来，主要有三条：

一是思想认识到位。昆明市局党组认为，工商部门贯彻落实阳光政府四项制度是推进科学监管促进科学发展的需要，有利于改进工作作风，提高服务效能，推动工作落实，树立工商形象。盘龙区工商局提出贯彻落实阳光政府四项制度要做到“七个一”，即借一次东风、做一次好事、锻炼一次队伍、提升一步素质、积累一批资源、完善一个机制、（工作）推上一个台阶。官渡太和分局认识到，基层工商部门处于监管执法和服务群众的第一线，直接面对群众，每一项工作都与人民群众切身利益息息相关，贯彻落实阳光政府四项制度基层工商部门负有义不容辞的责任。思想是行动的先导，正是这些深刻的认识推动着昆明市工商局贯彻落实阳光政府四项制度工作不断向前推进。

二是紧扣职能、突出重点，分层指导、整体推进。昆明市工商局按照“统筹兼顾、整体推进，因地制宜、突出特色，结合职能、突出重点”的工作思路，分清三个层次，加强分类指导，使全市工商系统贯彻落实阳光政府四项制度有序进行、整体推进，市局、区局、分局三个层次都找准了位置，分清了层次，干出了亮点。

作为全市工商系统的领导机关，昆明市工商局紧紧围绕“三抓、三紧扣”来贯彻落实阳光政府四项制度。“三抓”，即抓学习教育，提高认识；抓组织领导，明确工作原则；抓规范统一、建立长效机制。“三紧扣”，即紧扣阳光政府四项制度要求，做到准确理解；紧扣工商职能，突出工商特色；紧扣分层指导，突出工作重点。通过“三抓、三紧扣”，做到了统一建立长效机制的思路、统一长效机制的构架、统一搭建工作平台、统一标识营造氛围、统一联动“96128”专线的“五统一”，从而建立起完善的组织领导体系、制度保障体系、绩效考核体系，找准了市一级领导机关抓贯彻落实阳光政府四项制度的工作重心，为全市工商系统贯彻落实阳光政府四项制度提供了强有力的组织和制度保障。

盘龙区工商局通过搭建“无障碍语音互动系统”和“工作任务跟踪督办系统”两个平台，构建阳光工商长效机制，提供人性化服务，使人民群众贴心、暖心，全面充实了落实四项制度的内容实质。五华区工商局开发使用“便民智能查询系统”，开展“五星级”档案室创建，组织维权体验活动，建立了多项工作载体，把心贴近群众、真情服务群众。盘龙、五华都是从公开透明、畅通民意、温暖人心的角度出发，紧扣职能职责，搭建工作平台，创新服务载体，建立长效机制，使落实阳光四制与履行工商职能紧密结合，形式和内容有机统一，具有很强的可操作性。

官渡区太和分局地处市区中心，针对辖区楼宇经济发达、社区居民较多、农贸市场密集的特点，开展行政许可听证，服务楼宇经济；加强蔬菜农残和食品副食品禁用添加剂检测，公开检测结果，抓好食品安全公示；开展手机短信温馨提示，通报年检验照通知、食品检测信息、农贸市场管理等情况；设立信息查询专用电脑，方便群众查询。西山区棕树营分局辖区处于城郊结合部，农贸市场多、老旧小区多、低端商业业态多，根据工作需要，他们组织活禽经营屠宰点设置听证，做好蔬菜农残检测和市场整治信息公示，通报无照经营整治工作，设立办事引导员做好咨询服务，努力实现“西山工商欢迎您，找我办事无障碍”的目标。太和、龙泉、棕树营分局都是从人民群众最关心、最密切、最细微的热点焦点入手，紧密结合基层工作，紧密结合辖区实际，找准了最基层工商贯彻落实四项制度的结合点和切入点，实实在在地推进阳光政府四项制度在基层的贯彻落实。

三是响亮地提出了落实四项制度打造阳光工商的工作目标。昆明市工商局提出，贯彻落实四项制度要通过“三抓、三紧扣”，把落实阳光四制的工作平台搭建起来，把联系群众的渠道更加畅通起来，把工商工作更加阳光地展示出来，把昆明工商的形象更好地树立起来。盘龙区工商局围绕“公开、透明、温暖”主题，努力打造阳光工商，做到“重大决策让人民群众参与，重要事项让人民群众知道，重点工作让人民群众了解，政务信息让人民群众查询”。官渡区工商局按照“六个必然要求：（干部的身份亮出来、工作职责公布出来、工作过程显示出来、精神面貌展示出来、规范化建设推出来、工作效果体现出来）来构建阳光工商。五华区工商局提出建设阳光工商，实现“阳光便民无障碍，真情服务零距离”。西山区工商局以“建阳光局、做阳光人、办阳光事”为要求，保障人民群众充分行使民主管理和民主监督的权力。落实四项制度，打造阳光工商，不仅生动地阐释了四项制度与阳光工商内在联系，还将上级指示创造性地落实到部门工作中。

**三、深化认识、强化措施，深入推进阳光政府四项制度的贯彻落实**

前一阶段，省局、昆明市和其他州（市）工商局贯彻落实阳光政府四项制度都取得了一定成绩，但这是一项长期工作，我们仅仅迈出了第一步。少数同志认识还不够深刻，对贯彻落实责任政府四项制度和阳光政府四项制度的内在要求认识不到位，有厌战、疲劳情绪；少数部门落实四项制度与履行本职工作结合还不够紧密，缺乏实际内容和可操作性，停留在空喊口号上；少数地方进展还比较缓慢，全系统工作开展不够平衡。这些问题必须认真加以解决。

第一，要不断深化对贯彻落实阳光政府四项制度重要性的认识。

阳光政府，简单地讲就是透明的政府、温暖的政府。“透明”，就是权力的运行必须在阳光之下，最大限度地保障人民群众行使知情权、参与权、表达权和监督权；“温暖”，就是权力的运行必须更加注重以人为本，全力维护和发展人民群众的根本利益。因此，落实四项制度建设阳光政府，既是贯彻落实“三个代表”重要思想的必然要求，又是深入学习和实践科学发展观的具体行动。工商部门是政府的职能部门，工商工作是政府工作的重要组成部分，每一项工作都与人民群众的利益息息相关，无论是县级以上工商部门，还是县级以下工商部门，贯彻落实阳光政府四项制度都责无旁贷。各级领导要进一步增强责任感、紧迫感，切实把贯彻落实阳光政府四项制度列入重要工作日程，采取有效措施，切实抓出成效。

第二，贯彻落实阳光政府四项制度要着力在打造阳光工商上下功夫。

贯彻阳光政府四项制度，落实到我们工商部门，就是要构建公开、透明、温暖的“阳光工商”，使我们市场监管执法和服务人民群众的每一项工作，都能体现“阳光”的透明与温暖，都能获得监管服务对象和人民群众的满意和赞同。各级工商部门要紧密联系自身实际，认真研究办法措施，通过贯彻落实阳光政府四项制度，实施阳光许可，着力构建高效率、零障碍的市场准入绿色通道；实施阳光监管，着力构建从管理本位向服务本位转变的服务型工商；实施阳光执法，着力构建人性化、疏导式的和谐执法机制；实施阳光监督，着力构建群众评议、内部考核的全方位干部监督体系，不断推进创建阳光工商的进程。

第三，要认真总结学习昆明市工商局的经验，找准位置，整体推进。

各州、市工商局要学习昆明市工商局的经验，加强组织领导，明确工作思路，强化对县级工商局和基层工商所（分局）的分类指导，确保本系统落实四制工作干出特色、创出亮点。各县级工商局要学习盘龙、五华、官渡区工商局，紧扣职能职责，抓住工作重点，创新服务载体，公开透明、畅通民意、温暖人心，使落实阳光四制工作有内容、有重点、有着落，有较强的可操作性。各基层工商所（分局）要像太和、龙泉、棕树营分局一样，紧密结合基层工作，紧密结合辖区实际，从人民群众最关心、最贴近、最想知道的工作做起，找准结合点和切入点，实实在在地推进阳光政府四项制度的贯彻落实。

省局机关干部特别是处室领导，要深刻领会党组召开这次现场会的意图，切实把思想和行动统一到党组的决策上来。认真学习基层抓工作落实的作风，认真总结基层的经验做法，认真思考处室抓落实的措施办法，不断用源于基层、源于实践的经验，抓好机关，指导基层。切实做到机关带基层、基层促机关，互相学习、互相借鉴、取长补短，共同把落实四项制度、创建阳光工商推向深入。

同志们，加强工商机关自身建设是一项长期而艰巨的任务，各级工商部门要按照省委、省政府的统一部署，认真贯彻这次现场会的精神，坚定信心，再接再厉，扎扎实实抓好各项制度的实施，确保圆满完成各项工作任务，为云南经济平稳较快发展作出新的贡献。

# 履职尽责不松懈　服务大局不动摇 努力推动工商行政管理工作再上新台阶

## ——在全省工商行政管理局长座谈会上的讲话

（2009年8月12日）

云南省工商行政管理局党组书记、局长　纳宗会

同志们：

这次全省工商行政管理局长座谈会的主要任务是：传达贯彻全国工商局长座谈会精神，回顾总结上半年的工作，安排部署下半年的任务。省政府领导对工商工作非常重视，省委常委、副省长李江会前专门听取了汇报，对上半年工商工作给予了充分肯定，对下半年的工作提出了明确要求，使我们深受鼓舞。

今天上午，省局机关3个业务处室的负责人作了工作交流，4个州（市）局的局长进行了述职述廉，在汇报中有很多成功的经验和做法，也有一些深层次的思考和探索，对我们有很强的启发和借鉴作用。刚才，省局党组各位成员围绕落实年初工作部署的情况，发表了很好的意见，对今后的工作提出了明确的要求，希望同志们认真抓好落实。下面，我就上半年工作情况进行简要回顾，对下半年重点任务进行安排部署。

**一、围绕中心，突出重点，上半年各项工作取得较好成绩**

今年上半年，全系统认真按照省委、省政府和国家工商总局的安排部署，以迎接新中国成立60周年为动力，深入学习实践科学发展观，围绕落实国家工商总局“四个统一”、“四化建设”、“四个转变”、“四高目标”和云南工商“三个到位”、“六个好”的工作目标，全力服务云南经济社会发展大局，着力更新观念、创新机制、提升效能，积极推进工商工作转型，努力提高科学监管促进科学发展的能力和水平，服务发展有新举措，市场监管有新成效，“六项重点”工作有新突破，自身建设有新进展，各项工作都取得了较好成绩，全系统继续保持了扎实工作、奋发进取的良好势头。

（一）创新服务举措，提升服务效能，积极促进我省经济平稳较快发展取得新成绩。

全系统把促进我省经济平稳较快发展作为工作的首要任务和履行职能的根本目的，从工商职能出发，制定并认真落实工商保增长、保民生、保稳定、保中央和省委省政府决策部署落实的26条措施，取得了明显成效。

一是积极服务各类市场主体平稳发展。坚持把工作的切入点放到培育市场主体、扶持企业发展上，促进各类市场主体继续保持了平稳快速发展的良好势头。上半年，全省新登记注册内资企业1 762户，注册资本（金）359.55亿元；私营企业12 458户，注册资本（金）248.23亿元；外资企业90户，注册资本（金）4.34亿美元；个体工商户13.68万户。截至6月底，全省实有内资企业175 941户，注册资本（金）6 443.57亿元，其中私营企业125 353户，注册资本（金）2 532.61亿元；外资企业1 831户；个体工商户91.78万户。

二是积极服务农村改革发展。不断深化工商服务农村改革发展工作机制，开展“红盾护农”行动，维护农民利益，上半年共查处农资违法案件536件，为农民挽回经济损失33.94万元，农资市场秩序得到进一步规范。积极培育发展农业经纪人，到目前为止，已培育发展农业经纪人8 300户。严厉查处以“家电下乡”名义制售翻新家电行为，维护农村消费者合法权益，确保了“家电下乡”惠农政策落实到位。采取有效措施，加大了涉农合同示范文本的制定和推广力度，严厉打击利用合同坑农、害农、损农的行为，今年以来共检查涉农企业1 247户次，检查涉农合同份数24.75万份；签约农户35.55万户，签约合同35.82万

份，合同金额22.72亿元。大力扶持组建农民专业合作社，促进农业增效和农民增收，上半年新登记农民专业合作社1 229户，出资总额5.19亿元，成员总数99 352人。截至6月底，全省农民专业合作社经工商注册登记的已达2 530户，出资总额达到10.97亿元，成员总数12.19万人，分别比去年底增加了94.5%、56.88%和4.54倍，发展十分迅猛。

三是消费维权水平进一步提高。强化全系统“12315”网络建设，不断提升“12315”服务效能，开展工商业务全方位咨询，消费维权开始由事后调处为主向事前调控和防范为主转变，“12315”正在成为云南工商的“第一品牌”。以纪念“3·15”国际消费者权益日为契机，围绕“消费与发展”年主题，组织开展“十个一”系列宣传咨询服务活动。上半年，全系统共受理消费者申（投）诉7 448件，成功调解7 274件，调解成功率达98%，为消费者挽回经济损失798.74万元。

四是积极服务鼓励创业促进就业工作。按照省政府统一要求，从今年开始免收个体工商户登记费和验照换照费。各级个私协会认真落实省政府以创业促就业“贷免扶补”政策，积极帮助创业人员申请政府创业免息贷款，积极开展创业培训和帮扶工作。省个私协建成运行“创业导师库”网站，建立创业导师信息2 342人，累计点击48 359人次；积极动员18个管理规范、经营稳定、信誉良好的非公企业作为大学生见习基地，为大学生搭建就业平台。省工商局、省个私协和云南大学组织举办“百家民营、外企高校招聘会”，深受大学毕业生和广大企业欢迎。积极开展“三走进、三破解”主题实践活动，走进校园，关注大学生就业热点问题，举办了“自主创业我先行”云南高校大学毕业生创业报告会，有650多名应届大学毕业生参加。

（二）立足监管职能，加大监管力度，维护市场秩序取得新成效。

全系统进一步加大监管执法力度，提高监管执法效能，大力营造公平竞争、规范有序、诚信和谐的市场环境，提升市场信心。上半年，共查处各类经济违法违章案件12 711件，总案值6 551.28万元，罚没款4 125万元。

一是流通环节食品安全监管进一步加强。认真宣传和贯彻落实《食品安全法》，梳理研究工商部门食品安全监管的工作职责，制定下发贯彻实施的工作意见，对全系统贯彻落实《食品安全法》进行了全面安排部署。及时启动甲型H1N1流感疫情市场防控日报告和零报告制度，加强对上市猪肉质量的监测，切实做好甲型H1N1流感疫情市场防控工作。在全省范围内推行食品经营进销货“一票通”制度，进一步规范和延伸“两项制度”，食品安全监管机制不断完善。不断加大流通环节食品安全监管执法力度，集中开展了奶制品市场、打击流通环节违法添加非食用物质和滥用食品添加剂、重点食品以及季节性、节日性食品和农村食品市场等专项执法检查。为全省695个工商所（分局）配备700个食品快速检测箱，为县级工商局配备精密食品快速检测仪135台；充分发挥快速检测车、检测仪、检测箱的作用，上半年共快速检测商品3 000余组。

二是商标行政保护力度进一步加大。不断巩固和完善商标监管执法工作中行之有效的制度措施，积极探索遏制商标侵权假冒行为发生的长效机制。结合各地实际，以食品、药品、农资、服装等商品为重点，把日常巡查与专项执法相结合，加大了对中国驰名商标、云南省著名商标、地理标志证明商标、涉外商标的保护力度。今年上半年，全系统共查处各类商标侵权案件180件。

三是广告市场秩序进一步好转。继续深入开展虚假违法广告专项整治，以直接关系人民群众健康的医疗、药品、保健食品、化妆品、美容服务广告，以及整治互联网低俗之风为重点，加强广告监测和预警。密切部门协作，强化共同治理，不断完善广告监管长效机制，切实维护了广告市场秩序。上半年，共监测和检查各类广告46.46万条次，查处违法广告案件528件。

四是打击传销规范直销和治理商业贿赂工作深入开展。按照国家工商总局和省委、省政府的部署，全系统认真组织开展了打击传销专项行动和创建“无传销社区（村）”、“防止传销进校园”宣传活动，加大了对异地聚集、拉人头式传销活动的重拳打击，打击传销工作取得了阶段性成果。强化拓宽案件来源、案件查处、上下联动、督促指导、自查自纠、协调配合等开展各项工作，治理商业贿赂工作不断深入。

五是积极参与社会治安综合治理。严厉打击流通领域走私贩私行为、非法拼装车行为。积极参与和开展取缔黑网吧、整治校园周边环境、安置帮教、流动人口服务管理、预防青少年犯罪、禁毒防艾、“反假币、反洗钱”、打击私开通道等专项行动，为深入推进平安社区和平安村寨建设作出了积极贡献。

（三）明确目标责任，加强督促检查，“六项重点”工作推进取得新突破。

“六项重点”工作以责任制的形式，层层细化分解到每一个部门、每一名工商干部，充分调动了广大干部职工特别是基层干部的工作激情，“六项重点”工作推进有力、进展顺利。

一是“农村食品安全示范店”和“诚信市场”创建顺利推进。省局制定了2009年每个城镇工商所（分局）要培育创建示范店8个以上，边远地区工商所（分局）要培育创建示范店3个以上，全系统培育创建示范店达3 500个左右的目标任务。积极与商务部门协调，在100户居民户以上的自然村，每个村选择1~2个经营条件较好的食品经营户作为发展对象，进行重点帮扶和规范经营。经过培育达到条件的，由县工商局和商务部门授牌“农村食品安全示范店”挂牌经营，商务部门和县人民政府对每户示范店给予一定的资金扶持。同时，开展星级示范店评定，报请县政府命名“2星级”示范店、乡镇政府命名“1星级”示范店。目前，已创建“农村食品安全示范店”4 981个，在总量上已提前超额完成预定目标。认真按照国家工商总局的要求和省局《商品交易市场信用分类监管实施方案》，加强组织领导，加大工作力度，全系统商品交易市场信用分类监管信息化建设工作稳步推进，基本完成全省市场信息的采集录入工作，并按新的监管模式对1 207个市场进行信用分类监管，其中A类市场338个，B类市场573个,C类市场188个,D类市场108个。

二是服务效能不断提升。积极开展"服务效能提升年"活动,服务理念不断转变,服务方式不断创新,服务大局、服务群众、服务经营者和消费者、服务经济社会发展的能力得到显著提升。特别是今年3月以来,省政府在全省县级以上行政机关推行了重大决策听证、重要事项公示、重点工作通报和政务信息查询等四项制度,着力建设"阳光政府",加强行政机关自身建设。全系统紧扣工商职能,在继续深入推进打造法制政府和责任政府"四项制度"的同时,大力推行阳光许可、阳光监管、阳光执法、阳光维权和阳光监督,深化政务、局务公开,着力构建公开、透明、温暖的"阳光工商"。省局及时召开贯彻落实四项制度工作推进会和昆明现场会,通过抓示范、树典型,找准工作突破口,推动贯彻"四项制度"打造"阳光工商"工作,服务水平和执法水平明显提升。全系统积极学习借鉴昆明现场会的经验,从自身实际出发,行动迅速,在较短的时间内做了大量富有成效的工作。昆明、曲靖、玉溪、楚雄、大理、丽江、版纳等州(市)工商局各具特色,得到了省政府领导、省级有关部门和当地党委政府的充分肯定。

三是推进商标战略实现历史性突破。全系统不断完善各项工作措施,积极推进商标战略实施,大部分州(市)基本按进度完成了省局年初制定的"一所一标"工作考核阶段指标,知名、著名、驰名商标梯级培育、认定保护、推荐申报工作有序开展。截至6月底,全省有效注册商标总数24 669件,在西部省区位居第四。拥有驰名商标12件,著名商标636件,地理标志证明商标13件,商标国际注册71件。尤其是今年上半年,新获准认定中国驰名商标5件,推进商标战略实现历史性的突破。

四是"一会两站"建设步伐加快。认真贯彻落实《云南省人民政府关于加强"一会两站"建设的工作意见》,在各级政府支持帮助下,全面推进"一会两站"建设。目前,全省乡镇和街道办事处"一会两站"覆盖率已达70%以上,部分州(市)已基本实现全覆盖。"一会两站"建设工作由部门行为上升为政府行为在全省推广,受到国家工商总局的充分肯定。

五是基层工商所规范化建设稳步推进。针对停征"两费"对基层传统工作模式的影响,认真总结推广昆明、玉溪、德宏等地基层建设规范和标准100余项,并分别制定城区工商所(分局)、农村工商所(分局)、边境口岸工商所(分局)工作责任制和考核办法,进一步明确基层工商所的职责任务。昆明、曲靖、玉溪、楚雄、红河、临沧等州(市)建设了一批规范化建设示范工商所(分局),带动了全系统基层规范化建设整体水平的较快提升,基层工商工作转型初显成效。

六是督促检查力度大。省局机关指定了每一项工作的负责领导、负责处室和责任人、协办处室和责任人。在对"六项重点"工作进行细化和量化的基础上,层层制定上级对下级的考核指标和考核细则,层层签订目标责任书,并安排专人督促检查,确保每一项重点工作的落实有目标、有人抓、有督查、有考核。

(四)完善制度措施,推进规范管理,加强自身建设取得新进展。

一是坚持不懈地把学习实践科学发展观活动引向深人。继续巩固学习实践活动的成果,紧紧围绕省工商局领导班子整改方案狠抓落实,要求在上半年以前落实的9条整改措施,有8条已经落实并销号,有1条得到了部分落实,取得了实实在在的成效。根据国家工商总局的统一部署,结合各地正在开展的第二批学习实践活动,组织全省州(市)以下工商部门广大党员干部,认真开展了学习实践科学发展观全员培训,把思想统一到贯彻落实科学发展观,统一到国家工商总局"四个统一"和云南工商"三个到位"、"六个好"工作目标上来,进一步深化了学习实践活动。国家工商总局将我们开展全员培训的经验做法,在全国工商系统进行交流。

二是干部队伍建设进一步加强。初步研究拟定了云南省工商局新"三定"方案,为推进新一轮机构改革,促进工商工作转型和工商职能到位奠定了基础。开展省局机关处室和事业单位主要负责人2008年履职情况汇报及民主测评工作,取得良好效果。继续在全系统广泛开展了岗位大练兵、大比武活动,目前已完成县(区)级工商局"三能手"的初选任务。启动工商时代前沿知识讲座,邀请国家工商总局正司(局)长到云南为干部职工讲课,组织省、州(市)、县(区)工商局长29人参加了国家工商行政管理总局深圳学院的12期短期脱产培训班学习,不断丰富新知识、新理论,开阔视野,队伍整体素质有了新提升。

三是财务管理和基本建设进一步规范。围绕"一个加强"、"两个完善",计划财务管理规范化建设水平不断提高。完成对曲靖、红河、迪庆等州(市)工商局内部审计。周密部署,精心组织,经营性国有资产管理改革工作稳步推进。截至6月底,全系统共上缴行政性收费收入2 073万元,完成全年计划任务数的68.42%;罚没款4 125万元。制定了2009~2011年全系统基本建设三年规划,明确了全系统基本建设重点。对全系统办公楼标准化方案进行了进一步的修改完善。严格执行控制党政机关办公楼等楼堂馆所建设的规定,以解决基层工商所无房、危房办公问题和部分危房改造、修缮项目为重点,以推进续建项目的收尾、竣工为着力点,认真开展建设项目的审批和投资计划的编制工作。组织7个检查组,开展了全系统2008年度及历年在建工程项目清理检查工作。对未审计且投资在50万元以上的10个项目进行了统一审计。通过以上措施,规范了全系统的基本建设工作,基层办公条件有了新的改善。

四是党风廉政建设继续深化。认真落实惩治和预防腐败体系建设《实施意见》,惩防体系不断完善,党风廉政建设工作继续向纵深推进。重新修订了党风廉政建设责任书,制定了各级贯彻落实党风廉政建设责任制的考核内容、办法、评分标准等量化考核指标体系,加强了党风廉政建设责任制落实情况的跟踪督促和检查。扎实推进廉政风险和监管风险防范管理工作,受到国家工商总局充分肯定。7月31日,总局石见元组长专程到曲靖市工商局及南宁分局视察了风险点防范管理、基层建设及工作开展情况后,认为"从省局到基层都在坚决按照总局的要求开展工作,起步早、行动快,领导重视、思路清晰、工作规范,廉政风险点防范管理取得阶段性成果"。

与此同时,全省各级消协、个协、广协、老干办、省工商学会、省工商学校、拍卖行、培训中心、机关服务中心,尽职尽责、尽心尽力,做了大量卓有成效的工作,取得了可喜成绩。

李江副省长指出,从上半年的情况看,全省工商紧紧围绕省委、省政府和国家工商总局的部署,认真落实全国和全省工商工作会议精神,充分发挥自身优势,求真务实,自加压力,做了许多富有成效的工作。尤其是抓阳光政府"四项制度"的落实、服务市场主体发展、推进商标战略、农村食品安全示范店建设和"一会两站"建设、大力推动基层工商工作转型等方面,重点突出,很有特色,很有亮点,找准了工作的切入点,工作经得起检验。

在成绩面前,我们也要正视工作中存在的不足:一是少数单位抓"六项重点"工作落实措施不够有力,工作进展不平衡;二是部分干部对依托信息化推进市场监管机制创新的认识不足,监管执法的现代化水平有待进一步提高;三是一些亮点、重点工作及时总结上报和宣传还不够充分。对这些问题我们必须要有清醒的认识,在今后的工作中努力加以克服和解决。

**二、履职尽责,狠抓落实,全面完成今年各项工作任务**

当前,我省经济运行正处在企稳向好、逐步回暖的关键时期,确保经济平稳较快发展的任务还十分艰巨。今年是新中国成立60周年,充分发挥工商行政管理职能作用,维护公平竞争、规范有序、诚信和谐的市场秩序,对于促进经济平稳较快发展、为庆祝新中国成立60周年营造良好经济社会环境,具有十分重要的意义。

7月9~10日在甘肃兰州召开了全国工商局长座谈会。这次会议回顾总结和充分肯定了上半年的工作成绩,围绕"四个重点"对全国工商系统下半年的任务进行了安排部署。即:以应对金融危机为重点,努力抓好服务发展各项措施的落实;以贯彻落实《食品安全法》为重点,努力抓好市场监管各项措施的落实;以推进"四个平台"建设为重点,努力抓好消费维权各项措施的落实;以内强素质、外树形象为重点,努力抓好队伍建设各项措施的落实。最后,周伯华局长强调,下半年的重点任务就是抓好落实。要突出重点抓落实,树立典型抓落实,创新方法抓落实,着眼治本抓落实,真正做到常规工作出精品、重点工作出亮点、创新工作出经验、监管服务上水平。

李江副省长要求我们要紧紧把工商工作与贯彻落实省委常委会的决策部署结合起来,与贯彻落实全国工商局长座谈会精神结合起来,在狠抓落实上下功夫。一是要认真抓好服务我省经济社会平稳较快发展各项政策措施的落实。在服务市场主体发展、推进商标战略实施、促进支持鼓励创业带动就业、通过支持农民专业合作社发展、与商务部门一道抓好农村食品安全示范店建设促进农村改革发展等方面实现新突破、抓出新成效。二是要认真抓好以流通环节食品安全为重点的市场监管各项措施的落实。积极探索和研究流通环节食品安全监管的着力点,进一步加大监管执法力度,站在维护市场秩序、维护人民群众生命健康安全的高度,严格监管,从严执法,切实让党委政府放心、人民群众放心。三是要认真抓好消费维权"四个平台"建设。四是要抓好自身建设。李江副省长表示,她将抽时间到基层,对工商工作转型、农村食品安全示范店建设等工作情况进行调研和检查。

全系统要把坚决贯彻落实省委、省政府和国家工商总局的决策部署、省政府领导指示精神,融入到下半年的各项工作当中,坚持一手抓服务大局、促进经济社会平稳较快发展不动摇,一手抓履职尽责、维护市场秩序不松懈,全力以赴,扎实工作,确保圆满完成全年各项工作任务。尤其是要突出抓好以下工作:

(一)认真传达学习,深刻领会胡锦涛同志在云南考察工作时的讲话精神。

7月25~28日,胡锦涛总书记到我省昆明、楚雄等地,就经济社会发展、民族工作、党的建设等深入调研。在听取了省委、省政府的工作汇报后,锦涛同志作了重要讲话,对我省各项工作取得的成绩给予了充分肯定,就全力保持经济平稳较快发展、切实保障和改善民生、扎实推进民族团结进步事业、着力加强和改进党的建设等四个方面的工作,提出了明确要求和殷切期望。总书记的重要讲话,高屋建瓴,内涵丰富,具有很强的针对性和指导性。认真传达好、学习好、贯彻好、落实好总书记的重要讲话精神,是当前和今后一个时期全省上下的重要政治任务,省委已专门进行了安排部署,要求全省各级党组织要及时组织传达学习贯彻,深刻领会总书记的重要讲话精神,更加扎实地推动经济平稳较快发展、更加扎实地保障和改善民生、更加扎实地做好民族团结工作、更加扎实地推进党的建设。各州(市)工商局党组要以中心学习组学习等方式,认真学习贯彻总书记的重要讲话精神,统一思想,明确目标;要结合贯彻落实即将召开的党的十七届四中全会精神,认真总结经验,深入研究探索本单位、本部门扎实推进党的建设的措施办法,努力提高全系统党的思想、组织、作风、制度和反腐倡廉建设水平,不断增强各级党组织的创造力、凝聚力和战斗力;要结合各地经济发展实际,认真对照检查上半年各项促进经济发展的政策措施是否落实到位,在促进经济发展中工商还有哪些作为,把工商工作放到服务发展大局中来研究,做到理论联系实际、理论联系职能。

(二)勇于探索实践,切实推进科学监管促进科学发展。

深入学习实践科学发展观,是全系统一项长期的战略任务。通过学习实践活动,我们深深体会到,科学发展观内涵十分丰富,实践性、指导性极强,是统领云南工商工作的纲,是推进云南工商工作改革创新的强大动力。

继续深化科学监管促进科学发展的理性认识,进一步丰富"三个到位"、"六个好"的工作目标。省局党组坚持把加强理论武装和解放思想结合起来,从适应新时期工商行政管理工作面临的新任务和新挑战,适应新一轮工商机构改革和停征"两费"新形势、加快推进基层工商工作转型的需要出发,对科学发展观的认识和理解不断深化,形成了推进云南工商科学监管、促进科学发展的新共识。我们要紧紧围绕“科学监管促进科学发展”这一主题，组织专门力量，实施专项突破和重点攻坚，努力在解决影响和制约科学监管促进科学发展的突出问题、构建有利于科学监管促进科学发展的体制机制上实现突破，力争年底前形成一批科学监管促进科学发展的理论成果和实践成果。通过不断深化对科学监管理念的认识，努力在科学发展中推进科学监管、在科学监管中促进科学发展，并以此来不断丰富和完善“三个到位”、“六个好”的工作目标。

切实做到“个人形象一面旗、工作热情一团火、谋事布局一盘棋”。要求各级领导干部切实做到“个人形象一面旗、工作热情一团火、谋事布局一盘棋”，是省委根据新形势和新任务对加强全省领导班子和干部队伍建设提出的新要求，是全系统深入学习实践科学发展观、推进科学监管促进科学发展、努力实现“三个到位”、“六个好”工作目标的迫切需要，也是各级领导干部立党、立身、立职、立命的根本所在。个人形象一面旗，就是要党性强、作风正、有本事、口碑好，在各方面能担当表率；工作热情一团火，就是要有良好的精神状态，对工作始终充满火一样的热情；谋事布局一盘棋，就是要在工作中牢固树立大局意识，切实做到统筹兼顾，科学谋划。省局对在全系统深入开展“个人形象一面旗、工作热情一团火、谋事布局一盘棋”主题实践活动提出了具体明确的要求，各级党组织和党员领导干部要高度重视，模范带头，抓出实效。

及时总结推广实践中创造的新经验、好做法，群策群力提出解决问题、推动工作的新举措、好办法。新形势下，工商行政管理工作面临许多新情况、新问题，迫切需要我们不断总结新经验，探索新对策，拿出新举措，解决新问题，指导新实践。不重视总结经验，干什么事都从零开始，势必付出不必要的成本和代价，降低工作效率。近年来，在贯彻落实上级的决策部署、努力实现工作目标、科学监管促进科学发展、圆满完成各个阶段重点工作任务的实践中，各级工商部门尤其是基层单位，勤于思考，勇于探索，敢于创新，积累了许多生动具体的好思路、好做法、好经验，为省局党组决策起到了很好的参考借鉴作用。实践证明，善于总结新经验，是解决问题、推动工作的有效途径。全系统既要真抓实干，还要潜心研究和把握工商行政管理工作的内在规律。基层一线既是工商工作新经验的主要创造者，又是新经验最有条件的总结者，要充分调动广大干部职工的积极性、创造性，鼓励他们在实践中创造新经验。省局机关要及时对基层创造的经验进行总结归纳、完善提炼、宣传推广、加强指导，以此推动全省工商行政管理工作不断创新发展。常规工作要在精细化上做文章，比如我们推行网格化监管中“网中有格、格中有责、责中有人”的经验做法，就值得我们深入总结，不断细化，常规工作就能出精品；重点工作要在自身特色上出亮点，通过促进农村改革发展、创建农村“食品安全示范店”、推进“一会两站”建设服务消费维权、推行全员执法办案、加强基层工商所规范化建设等基本职能和工作转型上取得新突破，创造新经验，凸显工商部门特色，展示工商工作新亮点，从一定意义上来讲，这也是创新工作出经验、监管服务上水平的过程。

（三）加强组织领导，切实推进全系统机构改革、“阳光工商”创建和作风建设。

扎实稳妥推进全系统机构改革工作。省局机关新“三定”方案即将批准执行，全系统州（市）、县工商局机构改革也将全面展开，圆满完成机构改革任务是全系统下半年的一件大事。各单位要精心组织，周密部署，认真按照省委、省政府批准的工商新“三定”，正确把握机构改革的指导思想、目标和原则，扎实稳妥地推进全系统的机构改革。要切实加强对机构改革工作的领导，一把手亲自挂帅，组成专门班子，集中时间、集中精力，精心研究机构改革的具体实施方案，紧紧围绕定职能、定编制、定机构做好工作。要通过机构改革，进一步理顺工作关系、完善工作制度、健全工作规则，做到岗位相对明确、职责相对清晰，确保新职能的顺利运行。要在机构改革中继续深化人事制度改革，强化正确的用人导向，积极推行竞争上岗，使思想素质好、品行端正、有能力、有才干、积极向上、工作实绩突出的优秀人才脱颖而出；要不断健全和完善干部轮岗交流制度，科学制定不同岗位人员的交流年限，不仅省局机关要交流，还要实行省局机关、州（市）局、县（市、区）局干部的纵向和横向交流，通过多岗位锻炼，进一步提高干部队伍的综合素质；要留有专门的领导职位，对思想品德过硬、工作出色、作风扎实、文化学历较高、年龄在30岁左右的年轻干部，可破格提拔为县局级领导干部、州（市）局级领导干部，同时要注意培养选拔少数民族、妇女和党外干部，进一步增强干部队伍活力。要扎实细致地做好干部职工思想政治工作，广泛宣传，讲明政策，理顺情绪，坚决服从组织安排，服从工作需要，局部服从全局、个人服从集体。总之，要力求做到动员深入、措施得力、步骤稳妥、工作细致，思想不乱、工作不断、队伍不散，保证全系统机构改革工作实现预期目标。

深入推进“阳光工商”创建工作。打造“阳光工商”是一项长期工作，需要我们常抓不懈，不断推向深入。要继续深化阳光工商创建工作，着力构建高效率、零障碍的市场准入工作机制，做到阳光许可；着力构建从“管理本位”向“服务本位”转变的服务型工商工作机制，做到阳光监管；着力构建人性化、说理式的执法工作机制，做到阳光执法；着力构建为消费者提供多层次、多方式的消费维权服务的工作机制，做到阳光维权；着力构建“群众评议、内部考核”的内外监督相结合的工作机制，做到阳光监督。要扎实抓好局务公开，既要严格依法、依规、依政策办，又要坚持对内公开与对外公开区别对待，不同层级工商机关局务公开的内容、范围、方式也要有区别，不能简单化；要以涉及干部职工切身利益、需要干部职工知晓或参与的具体内容为重点，科学合理确定决策公开、人事公开、财物公开、干部职工关注的其他专项事务公开等内容，不断推进民主管理。

切实加强作风建设。下半年，省委、省政府在全省开展了群众评议省直机关作风活动。这次评议活动的内容多、方法活、范围广、涉及面宽、事关重大，不仅是对省局机关作风建设的集中检验，也是对全系统作风建设的集中检验。评议的结果直接体现着全系统服务云南经济社会的能力和水平，直接反映出全省工商工作在省委、省政府和广大人民群众心中的地位和形象，直接关系到全省工商事业的发展大局。省局党组高度重视这次评议活动，成立了领导小组，制定了评议工作方案，对评议活动作出了具体安排部署，并在省局机关进行了动员。全系统一定要高度重视，切实按照省局党组的要求，敢亮相、会亮相、亮好相，经常抓、反复抓、严格抓，在全系统努力形成“份内事、马上办，局内事、主动办，突发事、快速办，重大事、跟踪办，经办事、精细办，任何事、干净办”的良好作风。

（四）创新服务举措，切实抓好服务我省经济社会平稳较快发展各项政策措施的落实。

省委、省政府提出，要继续把保增长、保民生、保稳定作为我省下半年工作的主旋律，突出重点，扎实工作，千方百计实现全年经济社会发展目标。全系统要继续把促进经济平稳较快发展作为全年工作的中心任务，作为检验所有工作成效的重要标准，全力服务发展大局。

积极支持各类市场主体加快发展。要进一步抓好服务发展各项政策措施的落实，用好政策，搞好服务，努力使各类市场主体的数量继续保持稳定、持续、较快的增长。围绕“调结构、扩规模、上水平”，全力服务我省产业培育和产业结构调整。积极与金融机构等有关部门联合，采取试点先行、以点带面、逐步推开的方式，稳妥推进股权出质、出资登记管理，认真做好动产抵押登记工作，切实帮助企业特别是中小企业解决融资难问题。要学习借鉴山东、江苏、福建等地的经验，加强与各类市场主体的沟通联系，了解市场主体的需求，突出服务重点，加大帮扶力度，不断提高服务的针对性和有效性。

积极促进农村改革发展。继续深化和巩固完善工商服务农村改革发展“七农”机制，在提升水平上下功夫。要创新合同助农方式，规范订单合同文本，更好地为农户和涉农企业提供服务。大力培育发展农村经纪人，加强对农村经纪人的培训工作，提高农村经纪人的经纪能力，促进农产品市场流通。积极支持农村龙头企业发展，鼓励实现“公司+农户”模式，办基地，发展壮大农副产品加工业。积极扶持组建农民专业合作社，努力为农村产业化发展服务。待条件成熟时，省局将择机召开工商服务农村改革发展现场会。

积极服务好鼓励创业带动就业工作。要在认真落实省委、省政府出台的鼓励创业、带动就业一系列政策措施的基础上，进一步加大政策扶持和宣传力度，积极组织开展各类就业再就业招聘服务活动，鼓励创业，引导帮助下岗失业人员、高校毕业生、返乡农民工等实现就业再就业。充分发挥各级个私协会作用，积极探索开展就业指导和职业介绍工作。

积极服务政府决策和经济发展。坚持和完善市场主体登记信息、监管信息等定期分析报告制度，切实加强政策研究，深入反映相关区域内的企业数量、经济规模、经济结构、产业优势等综合情况，不断提高分析报告的科学性、时效性、准确性和针对性，为政府决策、投资者和社会公众提供有价值的数据分析报告。

（五）提升监管水平，切实为经济平稳较快发展营造良好的市场环境。

市场监管是工商部门的基本职责，只有加强市场监管执法，才能构建工商部门的执法权威，才能为经济平稳较快发展营造良好的市场环境。下半年，全系统要以贯彻落实《食品安全法》为重点，努力抓好市场监管各项措施的落实，维护良好的市场秩序。

深入贯彻落实《食品安全法》，不断强化流通环节食品安全监管。《食品安全法》的颁布施行，对规范食品生产经营活动、防范食品安全事故发生提出了新的更高的要求，增强了食品安全监管工作的规范性、科学性和有效性，对于保障广大人民群众的身体健康和生命安全，具有十分重要的现实作用和深远意义。作为流通环节食品安全监管的责任部门，全系统要牢固树立依法监管和依责履职的理念，切实强化责任意识，认真履行食品安全监管法定职责，做到依法监管不缺位、不越位，履行职责不推卸、不包揽，切实承担起流通环节食品安全的监管责任。要继续深入学习和广泛宣传《食品安全法》，特别是省局相关职能处室，要认真研究和吃透国家工商总局制定的两个规章、一个意见、八项制度等一系列配套规章制度。要围绕贯彻落实这些规章制度，依法履行流通环节食品安全监管职责，切实把流通环节食品安全监管各项工作落到实处。要加强向当地党委政府汇报流通环节食品安全监管工作情况，争取得到党委政府更多的领导和支持，在当地党委政府的统一负责、领导、组织和协调下，加强与各有关职能部门的协作配合，进一步提高食品安全监管执法效能。要以落实新“三定”方案为契机，合理调配执法力量，组建或明确流通环节食品安全监管机构，确保组织领导、工作机构、人员力量和工作措施到位。要严格责任制和责任追究制，强化各级工商行政管理机关领导责任制，实行一把手负总责、亲自抓，分管领导具体抓、全力抓；强化职能部门监督检查和指导责任制，进一步明确各内设机构的职能分工；强化基层工商所属地监管责任制，切实对辖区食品安全的监督管理负责。严格责任追究制，对在食品安全监管执法中，不履行或不及时履行职责、违法履行职责、互相推诿、滥用职权以及有其他渎职行为的，坚决予以处理，严肃追究责任。要加强食品流通许可证的登记发放管理，严格按照《食品安全法》和《食品流通许可证管理办法》的规定核发有关许可，该坚持的前置条件必须坚持。对食品生产经营户，坚持先证后照，未依法取得前置审批文件的，不得办理注册登记手续。年检验照时，发现有关许可证期满的，应当要求提交符合《食品安全法》规定的新的许可证。否则，出了问题，谁放行、谁负责。

积极履行职责，切实抓好各类市场监管执法工作。要围绕做好新中国成立60周年庆祝活动保障工作，突出重点商品、重点区域、重点场所，集中执法力量，深入开展专项执法检查，切实维护消费者合法权益，营造良好的市场秩序和消费环境。要依法查处公用企业和具有独占地位经营者的限制竞争行为、“傍名牌”行为，进一步加大反垄断和反不正当竞争执法力度，维护公平公正的竞争秩序。要广泛宣传《刑法》增设组织领导传销罪的重大意义，进一步加大打击传销、规范直销的工作力度，震慑传销分子。要继续加大商标行政执法力度，严厉打击商标侵权假冒行为，切实抓好上海世博会特殊标志保护工作。要深入开展虚假违法广告专项整治，努力维护健康、稳定的广告市场秩序。要积极参与社会治安综合治理、净化社会文化环境等工作，努力维护社会和谐稳定。

(六)加大工作力度，切实在“六项重点”工作上实现新突破，取得新成效。

以扎实抓好“六项重点”工作为突破口，通过重点工作突破来带动全面工作的落实，推动工商职能转型，是省局党组将履行职能与服务发展有机结合起来的一项重要新举措。全系统要坚定不移地把“六项重点”工作抓牢抓实，切实抓出成效。

进一步细化量化目标责任。要通过细化量化，使目标任务更具体、指向性更明确、操作性更强。要将每一项工作指标、工作绩效、工作责任等进行分解，做到工作有牵头领导、有责任处（科、股室、有具体落实的人员，使每一项工作任务目标明确、责任到人，切实做到“千斤重担大家挑，人人肩上有指标”。

进一步完善措施办法。要不断完善和强化工作措施，不断改进工作方法，不断增强工作的针对性，真正把各项措施落实到具体细节，用硬性措施推动“六项重点”工作的落实。

进一步加强督促检查。省局、州(市)局是对“六项重点”工作落实进行督促检查的主体，主要负责同志是抓落实的第一责任人。要把督促检查作为一项重要职责，放在突出位置，一级抓一级，层层抓落实。要充分发挥各级责任部门和督促检查机构在抓落实方面的组织、综合、协调作用，切实抓好催办督办、通报评价等工作，确保“六项重点”工作按质按量按期完成。省局督促落实的责任部门要对各地“六项重点”工作的推进情况，每月通报一次。

进一步强化目标责任制考核。各级工商部门要健全完善目标责任制考核的内容，认真落实年初制定的“六项重点”工作目标任务。年底，省局将组织考核组，对各地落实“六项重点”工作的情况进行全面考核验收。在此基础上，对工作成绩突出的单位进行表彰；对抓工作落实不力的单位实施行政问责。

(七)统筹兼顾推进，切实抓好各项工作措施的落实。

分类指导分层推进全系统信息化建设。目前，全系统信息化建设已进入全面应用、加快发展，加速实现信息技术与工商业务融合的关键阶段。为此，省局制定下发了《关于分类分层加快推进全系统信息化建设的工作意见》。省局信息化建设领导小组要进一步加强对全系统信息化建设的组织领导和统筹规划，加强省局信息中心指导、协调能力建设，保障三个层次整体推进、协调发展。要加强资源整合，着力提高信息化应用水平，以工商信息资源开发利用为主线，提高信息化应用为重点，推动不同业务、不同层级、不同地区的业务协同和联网运用，有效发挥信息化建设的整体效益，避免业务条块分割和“信息孤岛”。省局机关要起带头作用，改变过去自下而上的工作方式，自上而下、向下灌输，形成全系统统一的工作模式。要认真开展绩效考核，对照各个层次的发展指标，建立信息化工作绩效考核制度，上级对下级、机关对处室(科、股)每年都要进行年终考核。全系统两年进行一次信息化建设经费投入绩效评估或考核。

着力规范计划财务和基本建设工作。积极推进财务规范化管理，做到事前审核、事中控制、事后检查全过程监督。要坚持厉行节约，勤俭持家。厉行节约是我们的优良传统，党中央、国务院和省委、省政府对此高度重视，提出了新的更高要求，我们要坚决贯彻落实，从一点一滴做起，千方百计压缩接待、车辆、公务出国等各项开支，想方设法厉行节约，保障工商事业的发展。要制定切实可行的办法和措施，确保完成公款出国(境)支出压缩20%、车辆购置及运行费用支出压缩15%、公务接待支出压缩10%、节油节电节水上压缩5%四个硬性指标任务。精心组织，稳步推进经营性国有资产管理改革工作。强化内部审计，按期完成年初确定的各项审计任务。要积极推进基本建设规范化管理，严格执行新修订的基本建设管理办法和办公楼标准化建设方案，努力实现全系统基本建设标准化、规范化、整齐化。严肃工作纪律，对已批复的基本建设项目，必须定责任人、定工期、定质量，按期完成并被评为优良工程、通过审计的项目，对责任人给予一定奖励；对不实事求是，盲目超面积、超标准的申报项目，一律不予审批；对违反审批程序擅自开工、不按标准规范建设的，从严追究一把手和相关人员的责任。

坚持不懈地抓好党风廉政建设。针对当前全系统党风廉政建设工作的新情况，采取“三管齐下”的措施，进一步强化纪检监察工作的针对性和有效性。一是全面落实责任制，按照“一把手”负总责和“一岗双责”的要求，狠抓党风廉政建设责任制的落实；二是全面推行廉政风险点和岗位风险点管理，认真探索总结廉政风险点和岗位风险点防范管理的措施办法和成功经验，科学确定廉政风险点和风险岗位，采取管得住、管得了的人性化措施，着力在防范管理和消除风险上下功夫；三是积极探索党风廉政建设工作片区责任制，参照划片管理、分片包干的片区监督管理模式，由纪检监察室对各片区抓责任制落实、干部廉洁自律、风险点防范管理、违法违纪苗头、群众监督等情况逐一进行分析，形成有价值的分析报告，每季度向省局纪检组汇报一次，每半年纪检组向省局党组汇报一次，并选择优秀的分析报告印发全系统，指导和推动全系统党风廉政建设工作。全系统各级纪检监察部门要始终将党风廉政建设与工商工作融为一体，进一步加强调查研究，加强监督检查，不断把党风廉政建设工作推向深入，做出新的成绩。

同志们，做好当前和下半年的工作，任务非常艰巨，责任十分重大。我们要认真贯彻落实省委、省政府和国家工商总局的决策部署，坚定信心，振奋精神，在狠抓落实上下功夫、见成效，为维护市场秩序、促进我省经济社会平稳较快发展作出新的贡献，以更加优异的成绩向新中国成立60周年献礼！

# 专　文

# 创新监管工作模式　打造云南阳光工商

## ——在全省工商行政管理局长座谈会上的讲话

（2009年8月12日）

云南省工商行政管理局党组成员、副局长　赵　健

同志们：

这次全省工商行政管理局长座谈会十分重要。会议期间，我认真学习领会了全国工商行政管理局长座谈会精神，聆听了4个州市局长的述职述廉汇报和省局机关3个处室负责人作的工作交流发言，感到他们常规工作干出了成绩，重点工作抓出了亮点，创新工作总结出了经验，深受启发，收获很大。接下来，纳局长将全面回顾总结上半年工作，统筹安排下半年任务。希望同志们认真学习领会，抓好贯彻落实。

根据会议安排，我就分管的部分工作讲几点意见，供同志们参考。

**（一）加快推进商标战略，强化商标宣传保护力度。**

1. 认真贯彻落实总局商标战略实施工作会议精神，进一步统一思想，提高认识。7月下旬，国家工商总局在吉林省长春市召开了全国工商系统贯彻落实《国家知识产权战略纲要》大力推进商标战略实施工作会议，总局周伯华局长亲自出席会议并作了重要讲话。周局长的讲话高度概括总结了商标工作取得的显著成绩，深刻分析了商标工作面临的形势和任务，全面阐述了推进商标战略实施重要而深远的意义，明确提出了推进商标战略实施的具体要求，是我们当前和今后一个时期商标工作的重要指导方针和需要遵循的基本纲领。为认真贯彻落实总局商标战略实施工作会议精神，这次会议给各州市工商局印发了周伯华局长、付双建副局长的重要讲话等文件和材料。各地要组织干部职工认真学习，深刻领会，全面落实，要把思想认识统一到会议精神上来，进一步增强在新形势下做好商标工作的使命感和责任感。按照周伯华局长提出的立足基本职能，创新监管模式，全面提升商标注册能力、商标运用能力、商标保护能力和商标管理能力的要求，对今年上半年推进商标战略实施的各项工作进行认真总结，进一步采取有效措施，深入推进商标战略的实施。

2. 加强组织领导，加快推进商标战略。为进一步加强对商标战略实施的组织领导，省局决定成立"云南省工商行政管理局商标战略实施领导小组"，领导小组由纳宗会局长任组长，赵健副局长任副组长，省局相关处室主要负责人为成员。领导小组办公室设在商标处，负责日常工作。各州市县工商局也要尽快成立相应的领导小组和工作班子，建立主要领导亲自抓、分管领导具体抓、各有关职能部门共同参与的工作机制和责任机制。各地商标战略领导机构及其办事机构组建后尽快上报省局商标战略实施领导小组办公室。

今年后五个月要抓紧做好以下工作：

一是进一步完善商标战略的实施规划。各地要按照总局《关于贯彻落实〈国家知识产权战略纲要〉，大力推进商标战略的实施意见》，并结合《云南省政府关于推进商标战略工作的实施意见》的落实，按照突出地方特色，注重阶段性，与国家和省的大政方针相衔接的三

项要求，研究制定2009～2020年商标战略的中长期规划。今明两年要进一步完善推进商标战略实施的具体工作意见，明确推动实施商标战略的工作思路，对各项任务分解细化，明确每一项工作的完成时限、标准要求、分管领导和责任人，将各项商标战略任务落到实处。

二是开展商标核查，加快商标信息化建设。省局决定9月份在全省范围内开展有效注册商标等有关情况的核查工作。各地要在去年开展的“两清”工作的基础上，按照省局的安排部署，对照总局提供的数据，对辖区内的有效注册商标一件一件地进行核实，填报每一件商标的基本信息，依托省局OA系统建立全省商标信息数据库。各州市局也要以此为契机，建立、健全商标监管的信息管理系统，提高工作效率。

三是抓紧做好驰名商标的申报工作。在上半年已申报“宝焰”和“思源”等2件商标的基础上，再组织申报“康王”、“云天化”、“久隆”、“南天”、“大益”、“文山三七”等8～10件商标。相关州市工商局必须抓紧落实，确保按时上报。

四是认真做好第七届云南省著名商标认定工作。抓紧进行申报材料的审查，按时保质保量完成今年新增云南省著名商标120件左右的目标任务。同时抓紧修改完善《云南省著名商标认定和保护办法》，争取尽快上报省政府法制办后尽早出台。

五是深入抓好“一所一标”工作。要加强联系和沟通，建立畅通的交流渠道，提供有效的商标业务指导，探索创新，注意总结、推广工作中的好经验、好做法，挖掘亮点，注意收集有效依据，确保全年注册商标目标任务的完成。要加强指导，进一步推动农产品商标和地理标志申请注册工作，努力提高农产品商标和地理标志的知名度和市场竞争力，进一步加强农产品商标、地理标志的管理使用和保护力度，适时开展规范使用和专项整治行动，切实保护农民利益。

六是积极探索开展商标使用许可和商标质押工作。要引导和鼓励企业加大驰名、著名商标的使用许可力度，拓展商标价值实现的新渠道。要学习借鉴外省的经验，引导企业利用驰名商标、著名商标出质、出资，发挥无形资产的融资功能，提升商标的市场化程度。有条件的昆明、曲靖、玉溪等州市工商局要积极探索开展此项工作。

七是做好今年年终考核的准备工作。推进商标战略实施和积极开展“一所一标”工作是省局党组确定的今年六项重点工作之一。省局年初下发了2009年重点工作任务量化考核指标，各地要按照要求继续抓紧落实，并注意做好总结工作，为年终考核做好准备。

3. 加大商标宣传和保护力度。一是加大商标宣传尤其是推进商标战略工作的宣传力度，各地要采取各种措施，通过各种途径，大力宣传商标法律法规和推进商标战略实施工作的政策和开展情况，提高全社会商标意识，为深入推进我省商标战略实施营造良好的舆论环境和社会环境。要加强商标培训工作，总局将从今年开始用两年时间分三批对各省、州、市级工商局分管局长进行为期三天的商标战略集中培训。省局计划从明年开始，对各州市县工商局的商标监管人员分期分批进行业务培训。各地也要采取各种措施加强对商标监管人员的培训。二是进一步加大商标行政执法力度，严厉打击各种商标侵权假冒行为，建立商标监管长效机制。加强商标日常监管，完善市场巡查机制，适时开展商标专项执法行动。要加强对商标代理市场的监管，规范商标代理市场秩序，减少商标恶意申请、恶意异议、恶意转让等行为。同时对商标代理机构进行信用分类监管。省局将对我省40多家商标代理机构的基本情况在云南工商红盾网上进行公示，为下一步按照总局要求集中开展商标代理机构的清理整顿工作打好基础。2010年世博会将在我国上海举办，做好世博会标志保护工作是我们的重要职责。各地要认真组织学习国务院于2004年10月20日公布的《世界博览会标志保护条例》，为即将要开展的全国保护世博会标志专有权专项整治行动做好准备。

**（二）加大整治力度，强化行业指导，促进广告业健康发展。**

1. 继续深入推进虚假违法广告专项整治，促进全省广告市场秩序进一步好转。一是突出整治重点，以“三抓”为着力点，不断巩固、扩大整治成果。一抓医疗、药品、保健食品、美容、化妆品等五类重点商品（服务）广告的整治；二抓互联网非法涉性低俗广告的治理；三抓食品广告的监管，严格按照《食品安全法》有关规定，严厉查处违法食品广告。二是坚持日常监管与专项整治有机结合，积极探索广告监管执法前移的工作机制。各地要认真研究、积极探索，抓住基层工商所职能转变这一契机，不断将广告监管职能向基层推进。省局将在充分调研、论证的基础上提出指导基层广告监管工作的意见，并不断总结、完善、创新行之有效的广告监管长效机制。三是坚持和完善联席会议制度，不断夯实广告联合监管工作机制。切实履行牵头单位的职责，会同行业主管部门继续加大专项治理力度，形成强大合力；继续坚持每季度召开一次联席会议，及时研究和解决监管中遇到的难点和突出问题。9月中下旬，省局将组织全系统对各地监管过程中各项整治措施、制度的落实情况开展交叉检查。

2. 切实加强对广告业的指导，促进我省广告业又好又快发展。一是积极支持、引导、鼓励发展广告业。各地要按照国家工商总局、国家发展和改革委员会共同制定的《关于促进广告业发展的指导意见》要求，结合当地实际，积极会同发展和改革部门，共同研究制定促进当地广告业发展的具体政策措施，并报请当地政府同意后上报省局，该项工作各地应于10月底前完成。省局将在充分调查研究，吸纳各地好的经验和做法的基础上，会同省发展和改革委员会制定促进我省广告业发展的具体政策措施。二是进一步加强对广告行业组织的指导。各地要认真落实国家工商总局《关于深入贯彻落实科学发展观支持和促进广告协会拓展职能增强服务能力完善行业管理的意见》，积极指导和支持广告协会充分发挥“提供服务、反应诉求、规范行为”的功能作用，不断提升服务能力和水平，建立和完善自律机制。

3. 强化政策法规实施和执行监督力度，积极做好《云南省广告管理条例》

立法工作。强化对《广告法》、《广告管理条例》等配套法律、法规、规章的实施和执行监督,加大法治化建设力度,充分发挥广告监管法律体系的整体功能;结合我省广告业发展的新情况、新问题和新趋势,积极做好《云南省广告管理条例》的立法工作。年底前完成《条例》的起草工作,目前各项起草准备工作正按计划有序开展。

**(三)落实计划财务管理措施,确保年度预算收支平衡。**

下半年,各地要按照这次局长座谈会议的要求采取有力措施,确保全年经费预算收支的平衡。一是要编制执行好预算,确保收支平衡。按照全省2010年省级部门预算编制工作会议的要求,扎实做好本系统、本单位2010年部门预算编制工作,做到数据真实可靠、不重不漏。对今年的财务收支,要抓好计划财务工作责任制的落实,努力完成全年的执收执缴任务。同时各级工商局要按照中央的要求和省局的做法,结合自身实际,制定厉行节约的控制数和有力措施,确保节约目标的实现,确保财务收支平衡。二是继续大力推进财务工作"四化"建设。要认真落实大理会议精神,制定具体考核指标,迎接年终考核。三是加强与省财政厅、审计厅的联系协调,继续做好各项具体业务工作。如市场建设遗留债务清理化解工作、经营性国有资产管理改革工作、内部审计工作,以及财务人员培训、离退休费社会化发放、固定资产管理、政府采购、票据管理等工作。

**(四)继续深入贯彻落实阳光政府四项制度,以加强对六项重点工作的督查为突破口,狠抓工作落实,确保全年工作任务圆满完成。**

下半年,全系统要继续深入推广阳光政府四项制度昆明现场会上的经验做法,认真借鉴曲靖市师宗县雄壁工商所、西双版纳州工商局现场会的工作经验,通过抓实抓好六项重点工作,推动全年工作任务圆满完成。省局机关将继续加大对全省工商系统阳光政府四项制度工作情况的推进指导和监督检查;州市工商局要加大对县级工商局和基层工商所(分局)的分类指导;县级工商局要紧扣职能职责,抓住工作重点,创新服务载体;基层工商所(分局)要坚持从人民群众最关心、最贴近、最想知道的工作做起,找准结合点和切入点,狠抓打造阳光工商的落实。

省、州市、县各级工商局要加强对六项重点工作的督查,要召开座谈会听取群众意见,总结经验查找不足;要定期不定期地进行明察暗访,并做好相应的文书记录,年底前将组织督查考核;要切实加强行政问责的落实,严格责任追究。

# 提高科学监管执法水平　营造安全健康消费环境

## ——在全省工商行政管理局长座谈会上的讲话

（2009年8月12日）

云南省工商行政管理局党组成员、副局长　刘本军

同志们：

今天召开全省工商局长座谈会，学习贯彻省委、省政府的指示和全国工商局长座谈会精神，总结上半年工作，部署下半年任务。下面，根据局党组的意见，就我分管和联系的工作，讲几点意见。

**一、上半年落实全省工商行政管理工作会议精神和省局党组确定的重点工作取得了明显成效**

（一）尽职尽责开展流通环节食品安全监管工作，保障人民群众的身体健康和生命安全。

（二）大力加强12315行政执法体系建设，尽心尽力做好维权服务工作。

（三）加大执法力度，反不正当竞争执法成效明显。

（四）积极推行科学监管，对违法行为人警示与疏导工作扎实推进。

**二、认真贯彻全国、全省局长座谈会精神，继续做好下半年各项工作**

（一）深入贯彻实施《食品安全法》，切实维护食品市场秩序。一是明确职责，依法履职。各州（市）、县级工商机关都要明确《食品安全法》赋予工商部门的职责，依法履职。对实际监管过程中，存在职能交叉的问题，要加强向当地政府请示汇报，请地方政府予以明确，做到不包不揽，不推不卸。二是切实抓好食品流通环节专项整顿工作。按照年初省局制定的流通环节食品安全整顿工作方案开展奶制品市场、季节性和节日性食品市场、农村食品市场专项整治。通过两年左右的时间，使食品安全监管制度得到有效落实，食品经营行为规范有序，食品质量安全水平明显提高，流通环节食品安全状况进一步好转，人民群众食品消费安全感进一步增强。三是要依法实施食品流通许可。严格依法审查食品流通许可申请人的条件，确保食品流通许可合法有效。四是要严格监督食品经营者把好食品进货关，督促食品经营者履行进货查验和进货查验记录义务。要积极鼓励有条件的商场、超市等食品经营者采用扫描、拍照、数据交换、电子表格等科技手段，实行计算机管理。要积极引导食品批发市场、集贸市场、商场、超市与生产加工基地、重点企业建立“场厂挂钩”、“场地挂钩”等协议准入机制。五是要严格监督食品经营者建立健全食品质量管理机制，切实提高经营者自查自纠和自管能力。要监督食品经营者对经营的食品及时进行集中全面的自查和清理，建立健全日常管理制度，定期检查库存和柜台上的食品，及时清理变质和超过保质期的食品，对不合格食品要立即下架封存。要强化基层食品安全监管，基层工商所（分局）按辖区对食品经营者进行严格的监督管理。六是要严格监督食品市场开办者建立健全场内管理机制，切实落实食品市场主办者对入场销售者的食品安全管理责任。要监督食品集中交易市场的开办者、食品经营柜台的出租者和食品展销会的举办者切实履行法定责任和义务。要监督食品市场开办者建立场内食品安全管理责任制，确保任务落实到户，责任落实到人。七是要严格监督食品经营者和市场主办者建立健全食品安全管理制度，切实完善食品经营者长效自律机制。要把监督食品经营者和市场主办者建立健全食品安全管理制度的工作作为食品安全监管执法的重要任务，强化监督，严格要求，抓点促面，注重实效，充分发挥制度的基础作用，为经营者全面履行《食品安全法》规定的责任和义务提供机制保障。八是积极创建农村食品安全示范店，不断提升农村食品安全整体水平。要按照《云南省工商系统“农村食品安全示范店”创建工作方案》和《云南省商务厅、云南省工商局关于在农家店开展“农村食品安全示范店”创建活动的通知》的要求，进一步开展“农村食品安全示范

店”活动。省局将对此项工作进行督促检查,并在年底对各州(市)局开展“农村食品安全示范店”创建工作情况进行考核。

(二)深入开展“家电下乡”市场专项整治工作,切实维护农村商品市场秩序。一是要强化对家电产品下乡活动定点销售网点的管理,切实规范家电下乡产品的经营行为。二是要加强对家电商品二手市场的监管,切实维护旧家电商品市场秩序。三是要严厉打击以“家电下乡”名义销售不合格和假冒伪劣商品等违法行为,切实保障农村商品市场消费安全。四是要加大社会监督和消费维权工作力度,开展专项整治,切实保护消费者合法权益。五是要切实加强与商务、工信、质监、公安等部门的沟通协作,加强信息通报,积极配合相关部门依法开展“家电下乡”监管工作,充分发挥整体优势,形成监管合力。

(三)加强12315行政执法体系“四个平台”建设。一是要以健全12315信息网络体系为重点,努力建设工商部门与广大消费者和人民群众信息互动的平台。二是要以建立健全社会消费维权组织网络为重点,努力建设工商部门畅通民意的平台。要继续加大“一会两站”和12315“五进”的推进力度,建立健全消费纠纷和解机制,拓宽消费纠纷和解的“绿色通道”,积极促进消费纠纷和解。三是要以建立健全执法监督机制为重点,努力建设工商部门接受社会监督和听取群众意见的平台。要充分发挥12315行政执法体系的作用,及时了解民情民意,公开政务信息,主动征求群众和社会各方面的意见和建议,广泛接受社会监督,不断提升工商部门依法行政的工作水平。四是要以建立健全指挥调度、快速处置和分析发布机制为重点,努力建设工商部门解决人民群众最关心、最直接、最现实利益问题的平台。要加大对消费者申诉举报工作的统一协调、指挥调度、分流转办和督查督办,使之成为工商部门统一的应急指挥中心,快捷高效地解决人民群众最关心、最直接、最现实利益问题。

(四)要继续抓好案件的查办工作。今年受金融危机的影响,行政执法工作受地方政府政策调整影响,办案数量和罚没收入有所下降。据不完全统计,截至6月底,全省工商系统罚没收入2 924万元,与去年同期3 174万元相比较,下降了250万元。下半年,各级办案机构要加大执法办案力度,突出抓好大要案件的查处工作,特别是要在查处医药购销、政府采购、工程建设、金融信贷等领域的商业贿赂案件中有新突破,在全省开展打击“傍名牌”和假冒伪劣商品专项行动中要有新突破,在供电、供水、供气、交通运输、专营专卖等与人民群众生活密切相关的行业企业强制交易行为案件中要有新突破。除此之外,还要加大对大型超市滥用市场优势地位对供应商滥收费,附加不合格交易条件等不公平交易行为和涉及“三农”以及食品安全的商业贿赂案件的查处工作。

(五)严厉打击传销组织。目前,以“世界通”为首的传销组织在我省非法传销非常活跃。为了严厉打击以“世界通”为首的传销组织,6月30日全省召开了以打击传销组织为主要对象的百日执法行动电视电话会议。各州、市工商局要根据电视电话会议精神,结合本地实际,精心组织,周密部署,认真抓好各项工作的落实,使百日执法行动取得实实在在的效果。

(六)加强执法队伍建设。各州、市工商局党组要继续抓好办案能手的选拔竞赛工作,要借选拔竞赛办案能手之机,提高各级工商机关的办案能力和水平。一是要建立竞争执法学习机制,加大执法办案培训工作。通过法律法规和办案技能的培训,使执法办案人员做到懂法规、会监管、能办案、办典案、办铁案。二是要在全省工商系统推行说理式办案文书,推行竞争执法办案规范化,提高执法水平,使当事人更清楚地认识自身违法行为及由此承担的责任,在接受处罚的同时受到更深刻的法律教育。三是积极探索基层相对集中办案模式,逐步建立“精简、统一、专业、高效”的竞争执法机制。

(七)注意廉政风险及监管风险防范工作。我们工商执法办案人员要学会保护自己,保护的有效方法,就是要以事实为依据,以法律为准绳,严格按照法律程序办事,不要乱作为。在办案过程中,要从自身职责出发,认真研究办案流程和流程上的各个环节,查找各个环节存在的风险点,不要因为我们的疏忽大意把案件办成败诉案件。之所以要讲这个问题,就是要求我们各级工商执法人员要办好案,办铁案,办典案,规避廉政风险和监管风险。

# 发挥监管职能作用　促进云南和谐发展

## ——在全省工商行政管理局长座谈会上的讲话

（2009年8月12日）

云南省工商行政管理局党组成员、副局长　曹　阳

同志们：

为深入贯彻落实全国工商局长座谈会精神和省委、省政府的要求，省局党组决定召开这次会议。上午和大家一起听取了省局机关3个处室负责人的工作交流和4个州市局长的述职述廉报告，深受启发。下面，我结合分管和联系的工作，讲几点意见。

**一、围绕促进经济平稳较快发展中心，服务保增长、保民生、保稳定大局取得显著成效**

（一）以贯彻实施阳光政府“四项制度”为契机，服务效能得到新提升。

（二）大力营造健康的发展环境，支持各类市场发展取得新突破。

（三）大力营造宽松的就业环境，鼓励创业带动就业工作取得新成绩。

（四）积极协调，主动配合，专项整治工作全面展开。

（五）扎实推进依法行政，行政执法工作迈上新台阶。

（六）大胆探索实践，个私经济党建工作有了新进展。总结回顾今年上半年的各项工作，在省局党组的领导下，经过全系统的共同努力，我们付出了艰辛，收获了喜悦。但按照国家工商总局周局长“服务发展要上新台阶、依法监管要出新成果”的工作要求，还存在较大差距。主要是服务发展在认识上需进一步提高，监管创新还不够到位，对基层业务工作的指导还要进一步加强。

**二、按照省委、省政府和国家工商总局的部署，全力做好下半年各项工作，按照国家工商总局要求和李副省长的指示精神，今年下半年要重点抓好以下几项工作**

（一）继续落实服务发展的各项措施，进一步促进各类市场主体加快发展。要坚持不懈地落实省局促进经济平稳较快发展，服务保增长、保民生、保稳定大局的26条措施，努力做到全心全意，尽心尽力。要重点按照“增加总量、扩大规模、鼓励先进、淘汰落后”的要求，围绕“调结构、扩规模、上水平”，积极支持各类市场主体稳定发展，努力服务产业结构调整和经济结构优化。要积极开展股权质押，实行股权出资及债权转股权，支持组建小额贷款公司，切实帮助企业特别是中小企业解决融资难问题。要积极支持农民专业合作社和农村龙头企业发展，努力为农村产业化发展服务。

（二）继续发挥企业登记、监管职能作用，进一步促进创业带动就业工作。要深入贯彻中央和云南省实行更加积极的就业政策，千方百计促进就业再就业。特别要针对受金融危机影响农民工大量返乡的问题，积极引导返乡农民工兴办个体工商户和私营企业、组建农民专业合作社，以创业带动就业。要认真落实国家七部委联合下发的《“三年百万”高校毕业生就业见习计划》，把支持高校毕业生就业与促进个体私营经济发展结合起来，切实完成好各项工作任务。

（三）继续推进登记注册岗位培训，将登记窗口建设成为展示工商廉洁高效、服务一流形象的重要阵地。要结合正在开展的群众评议省直机关作风活动，按照《云南省工商行政管理局关于做好2009年度全省工商系统注册登记岗位能手练兵大比武竞赛工作的通知》要求，做好注册登记岗位能手练兵大比武竞赛工作。要继续把登记窗口建设与落实责任政府“四项制度”和阳光政府“四项制度”结合起来，进一步完善省局注册大厅叫号服务评价系统。

（四）充分利用市场主体登记注册基础信息，为政府决策和经济发展服务。进一步完善企业信用分类监管制度，建立长效监管机制。充分发挥市场主体登记的公共服务职能，积极开展市场主体登记信息分析利用工作，建立登记监管数据综合利用机制，及时收集各类市场

主体发展信息，为政府和社会各界提供有价值的数据分析报告。当前，要把涉及重大工程、重大项目的企业登记信息作为重点分析内容，客观反映中央及省委、省政府政策措施的落实情况，服务和促进经济平稳较快发展。

（五）继续做好行政执法监督工作，进一步规范监管执法行为。要认真组织开展行政执法评议考核和案件回访活动工作，促进全省工商系统行政执法责任制的进一步落实。要开展专项执法检查，针对社会热点、难点问题和突出问题，进行不定期的专项执法检查、抽查工作。今年下半年，要集中力量，重点做好行政执法证的培训考试和换发工作，严把行政执法主体资格关。要加强法制业务培训，提高法制工作队伍的素质和能力。

（六）继续开拓创新，省个私协会要在"一个推进、三个提高"方面有新突破。一是在推进全省个私协非公党建工作上有新突破。要认真落实好省委组织部对全省个私经济党建工作提出的"五个下功夫"，即在服务上下功夫，在管理上下功夫，在制度上下功夫，在创新上下功夫，在总结上下功夫。要主动争取地方党委的支持，组建个私协党组织。要积极支持私营企业组建党组织，力争实现100人以上的私营企业有党组织，50人以上的私营企业有党员，3名以上党员的私营企业有支部的工作目标。二是要在提高服务地方经济科学发展、服务会员、指导服务各级协会工作的能力和水平上有新突破。在服务地方经济发展上，要继续做好"贷免扶补"、就业见习基地、创业导师库建设和青年文明号的推荐评选工作。在服务会员方面，要开展会员卡、会员服务窗口、省级免费法律培训基地、协会先进工作者和会员积极分子疗养等工作。在指导服务各级协会工作方面，要以全省个私协会工作规范为依据，抓好落实，见到成效。

# 加强党风廉政建设　确保工商监管到位

## ——在全省工商系统党风廉政建设工作会议上的报告

（2009 年 4 月 27 日）

云南省工商行政管理局党组成员、纪检组长　曾荣基

同志们：

这次会议的主要任务是：学习贯彻十七届中央纪委三次全会和国务院第二次廉政工作电视电话会议，云南省纪委八届四次全会和十一届省人民政府第二次廉政工作电视电话会议、国家工商总局党风廉政工作会议精神，总结2008年全省工商行政管理系统党风廉政建设和反腐败工作，安排部署2009年的工作任务，动员全省工商系统各级党组织和广大党员干部，以科学发展观为统领，统一思想，明确任务，努力工作，扎实推进全省工商系统党风廉政建设和反腐败工作。

**一、2008 年全省工商行政管理系统党风廉政建设和反腐败工作回顾**

2008 年，全省工商系统在省委、省政府和国家工商总局的正确领导下，高举中国特色社会主义伟大旗帜，以邓小平理论和"三个代表"重要思想为指导，全面落实科学发展观，广泛开展解放思想大讨论活动，深入落实省政府"四项制度"，认真学习贯彻十七大和省第八次党代会精神，坚决贯彻落实中央纪委第二次全会、国务院廉政工作会议、省纪委三次全会、省政府廉政工作会议以及国家工商总局党风廉政建设工作会议的部署，紧紧围绕推进惩治和预防腐败体系建设这一主线，把党风廉政建设和反腐倡廉工作融入工商职能工作之中，齐抓共管、标本兼治、综合治理、惩防并举，全省工商系统党风廉政建设和反腐败工作不断得到发展，取得了新的成效。

（一）认真开展深入学习实践科学发展观活动，大力推动党风廉政建设和反腐倡廉建设。

1. 进一步深化对党风廉政建设和反腐倡廉工作重要性的认识。通过高标准严要求的学习实践科学发展观活动，全系统各级班子和广大干部职工对十七大报告指出的"坚决惩治和有效预防腐败，关系人心向背和党的生死存亡，是党必须始终抓好的重大政治任务"有了深刻的理解；对反腐败斗争的长期性、复杂性、艰巨性有了深刻的认识；对党风廉政建设和反腐败工作极端重要性的认识不断深化。去年，全系统开展党风廉政专题教育69 940人次，撰写学习心得体会14 703篇，开展先进典型示范教育和典型案例警示教育共29 500人次。

2. 进一步推进党风廉政建设责任制的贯彻落实。一是完善了党风廉政建设责任制，进一步明确责任。重新修订完善了《2008 年云南省工商行政管理系统党风廉政建设责任》，制定下发了《云南省工商系统 2008 年党风廉政建设责任制量化考核评分标准和省局机关2008 年度党风廉政建设责任制量化考核评分标准》，明确了 7 项责任目标、47 项考核内容。二是抓好责任书签订，推进责任制层层落实。去年，全系统共签订责任书5 057份，形成了横向到边、纵向到底的贯彻落实党风廉政建设责任制体系。三是认真组织考核检查。今年初，省局党组对全系统贯彻落实党风廉政建设责任制情况进行了交叉检查考核，并在全系统通报了考核结果。省局机关成立了考核领导小组，制定了机关党风廉政建设工作责任制考核办法，分别对省局机关 26 个处级单位进行了考核。

今年初，按照省委、省政府的统一部署，省委 2008 年度党风廉政建设责任制工作考核第二十七组对省局 2008 年度落实党风廉政建设责任制工作进行了考核，给予了充分肯定。考核组认为，省工商局 2008 年度党风廉政建设工作既整体推进，又突出重点，富有特点，闪现亮点，取得了很好的成绩。考核组把省局的成绩和特点归纳为"五好五到位"，即

党风廉政建设和业务工作结合好、工作创新好、队伍作风建设好、廉政文化建设好、任务分解落实情况好，领导到位、认识到位、措施到位、责任追究到位、配合考核工作到位。

3. 进一步加强领导班子党风廉政建设和反腐倡廉建设。2008 年，全系统加强了各级领导班子党风廉政建设和反腐倡廉建设。省局领导班子率先垂范，起到了很好的模范带头作用。一是严格执行民主集中制。省局党组健全完善了以班子成员分工负责、分权制约的集体领导制度。二是去年省局党组和各州市局党组先后两次召开了以加强领导班子作风建设为主题和学习实践科学发展观为主要内容的民主生活会，针对基层提出的意见建议，制定了整改措施。三是省局党组广纳谏言、反映民意、集中民智，重大决策做到了决策过程民主化，决策程序规范化，决策结果公开化。在深入学习实践科学发展观活动中，开展了“我为工商科学发展、科学监管建一言”万人建言活动。四是坚持廉洁自律。各级纪检监察机构加强对领导干部遵守廉洁自律规定情况的监督检查，并认真落实领导干部重大事项报告制度。去年，全系统共有 314 名领导干部填报了《领导干部重大事项报告表》。五是自觉接受监督。全系统各级班子成员自觉接受上级党政机关的领导监督、人大的法律监督、政协的民主监督、社会的舆论监督和群众监督、系统的内部监督，确保权力在有效的监督下运行。六是开展述职述廉。坚持省局班子成员和省局机关各处室负责人、州市工商局局长在全省工商工作会议和全省工商局长座谈会上述职述廉工作。去年，省局首次在全国工商局长座谈会上述职述廉，促进了全系统监管执法工作，推动了党风廉政建设。

4. 进一步完善落实党风廉政建设和反腐倡廉工作制度。2008 年，全系统继续强化制度建设，省局党组制定下发了《建立健全惩治和预防腐败体系 2008 ~2012 年工作规划》、《云南省工商行政管理系统问责办法实施细则》、《云南省工商局党风廉政建设形势分析会制度》等 9 个规范性制度和规定。全系统修订和完善了各项制度和规定1 280个，全系统党风廉政建设制度进一步完善。

5. 进一步加大违法违纪案件查办力度。一是切实加强对查办案件的组织领导。全系统严格按照案件查办“分级负责，归口办理”的原则和程序，党组坚持做到对重大问题亲自过问，省局纪检组对重要案件亲自督办。二是认真落实上级交办、转办的信访举报案件。去年，省局共接到上级交办、转办的案件 58 件，结案率为 100%。三是坚持案件报告制度。健全完善了实名举报办理制和案件督办机制，坚持工商机关与检察机关建立预防职务犯罪联席会议制度，积极开展各种预防职务犯罪活动。2008 年，各级纪检监察机构共受理信访举报 143 件，立案 80 件，结案 80 件。给予党纪处分 2 人，其中留党察看 1 人，开除党籍 1 人；给予行政处分 12 人，其中警告 8 人、记过 1 人、记大过 1 人、开除公职 2 人。涉嫌犯罪被移送司法机关依法处理 2 人。去年，全系统为 131 名干部澄清事实，保护了干部。全系统进行诫勉谈话和任前廉政谈话 410 人次。

6. 进一步加强纪检监察机构干部队伍建设。一是围绕省纪委提出的“五个能力”的要求，各级纪检监察机构着重加强改革创新、实施有效监督和组织协调、查办案件等方面的能力建设，不断提高纪检监察履职能力和水平。二是加大纪检监察干部培训力度，分别选派了 22 名纪检监察干部到中纪委、省纪委组织的纪检监察培训班学习。三是继续开展了以“做党的忠诚卫士、当群众的贴心人”为主题的实践活动，认真开展了深入学习实践科学发展观活动，增强了落实科学发展观的自觉性和坚定性。四是进一步建立和完善了纪检监察机构的工作制度。按照理顺关系、规范工作和严格纪律的要求，全系统建立和完善了纪检监察工作制度 20 余个，切实做到了在监督别人的同时，自觉接受监督。

（二）紧贴工商工作实际，纪检监察职能充分发挥。

1. 党内监督进一步强化。各级纪检监察机构协助各级党组充分发挥监督职能，强化了各级领导干部廉政监督，采取专题督查调研、联系领导参加挂钩单位党组民主生活会等方式，重点加强了对各级党政“一把手”和班子成员在履行党风廉政建设责任制中的日常工作责任、日常自律行为和日常重大事项的监督。

2. 行政问责等“四项制度”监督有力。按照省局党组的统一部署和安排，及时制定下发了云南省工商行政管理系统《行政问责办法》、《行政问责实施细则》和《实施行政问责督查的通知》，建立了纪检监察 24 小时接受举报投诉制度，先后两次组织召开了省人大、政协、媒体和监管对象为代表的落实四项制度座谈会，采取重点抽查、明查暗访等形式，对昆明市所辖 7 个工商分局落实四项制度的情况进行了监督检查，同时，对被省局实施行政问责的怒江、保山、普洱三个州市工商局进行了问责回访，加大了行政问责工作的力度。去年，全系统先后问责各级领导干部 37 人，其中处级干部 8 人、科级干部 14 人、一般干部 15 人。

3. 配合财务部门整治“小金库”问题成效明显。按照省委、省政府《关于认真开展清理省直预算单位“小金库”和规范非税收入管理工作的通知》要求，省局纪检组积极协助财务部门在全系统 147 个预算单位及其 329 个下属单位中开展了清查“小金库”和规范非税收入管理工作，查出“小金库”资金 22.74 万元，取消违规开设的银行账户 60 个，对 2 人进行了组织处理，对 6 人进行了行政问责。省局清查“小金库”的工作受到了省委、省政府的表彰。

4. 停止征收“两费”的工作监督到位。按照国家财政部、发改委、工商总局《关于停止征收个体工商户管理费和集贸市场管理费有关问题的通知》要求，为严格工作纪律，防止不按规定停止征收“两费”或变相继续收费等问题的发生，省局纪检组及时下发了《关于加强停止征收“两费”工作监督检查的通知》，并会同财务部门对 16 个州市工商局停止征收“两费”的工作进行了监督检查，有效防止了虚报虚退和漏报漏退等问题的发生，保障了停止征收“两费”

工作的圆满完成。

5. 配合财务部门开展了内部审计工作。去年,按照省局党组的要求,省局监察室与计财处牵头,从系统内抽调财务人员组成审计小组,集中两个月的时间,对局机关9个事业单位2007年度财务收支及其经营情况进行了内部审计,并对审计查找出的财务事项审批手续不完善、往来款项清理不及时、固定资产管理不够严格、账簿设置不规范等问题进行了通报,提出了限期整改的时限和要求,切实加强了局机关和各事业单位的财务管理。

6. 加强对干部选拔任用条例贯彻情况的监督检查。去年,对全系统新提拔、调整和交流的137名科以上干部实施了全程监督。

7. 纠正行业不正之风成效明显。根据省委、省政府的要求,省局党组制定下发了《关于云南省2008年度党风廉政建设和反腐败工作主要任务分解的通知》,对涉及工商部门协办的12项任务进行具体细化,责任分解到省局党组成员、分管领导和各业务处室,明确了领导责任和牵头单位、协办单位的职责,促进了各项任务的落实。全系统各级工商机关和纪检监察机构,围绕政风行风建设,组织参加了地方政风行风热线直播工作,解决基层群众反映的问题375件;围绕治理行业不正之风的问题,认真清理了公费电话捆绑小灵通的使用,共清理290部;围绕纠正损害群众利益的突出问题,继续开展了治理商业贿赂、食品安全监管、打击虚假违法广告和“红盾护农”等专项治理工作,切实维护了人民群众的根本利益,受到人民群众和有关部门的好评。

在充分肯定成绩的同时,也必须清醒地认识到,我们的工作与省委、省政府和国家工商总局的要求,与全系统干部职工的期待还存在着一定的差距,全省工商系统的反腐倡廉工作形势仍然严峻,不容乐观。主要表现在:一是全系统信访举报件的总量有所上升。二是信访举报的问题,由以往政风行风问题,转向以领导干部工作作风和廉洁自律为主的问题,涉及的干部级别越来越高。三是一些基层单位因内部管理制度执行不力,落实不到位,出现了不应该出现的问题。四是因个别工商干部执法能力和水平偏低,影响了工商部门的政风行风建设。五是个别纪检监察干部工作的主动性、创造性还有待进一步加强。对此,各级党组、纪检监察机构要对这些问题引起高度重视,并采取有力措施,切实认真加以解决。

(三)去年党风廉政建设和反腐败工作的几点启示。

回顾和总结去年的工作,我们形成了党风廉政建设和反腐败工作的几点启示:

第一,必须深化对新形势下的反腐倡廉工作形势的认识,进一步统一思想,增强紧迫感和责任感。

第二,必须坚持“两手抓,两手都要硬”的方针,以党风廉政建设的成效,保障和促进工商职能到位。

第三,必须坚持抓住党风廉政建设责任制这个“龙头”,确保党风廉政建设各项任务的落实,并取得成效。

第四,必须坚持把党风廉政建设融人工商职能工作中,以完善惩治和预防腐败体系为重点,不断创新预防腐败的工作体制和工作机制。

第五,必须始终坚持党组统一领导,党政齐抓共管,纪检监察组织协调,部门各负其责,依靠群众的支持和参与的领导体制和工作机制。

## 二、2009年全省工商行政管理系统党风廉政建设和反腐败工作的主要任务

2009年,按照党中央、国务院和省委、省政府以及国家工商总局的部署和安排,全省工商系统党风廉政建设和反腐败工作的总体要求是:高举中国特色社会主义伟大旗帜,以邓小平理论和“三个代表”重要思想为指导,深入贯彻落实科学发展观,全面贯彻党的十七大、十七届三中全会精神,按照十七届中央纪委三次全会和省纪委八届四次全会、国家工商总局党风廉政工作会议的部署和要求,紧密结合工商机关实际,严明党的政治纪律,严格执行党风廉政建设责任制,坚持标本兼治、综合治理、惩防并举、注重预防的方针,以完善惩治和预防腐败体系为重点,着力推动《工作规划》实施意见的落实,以加强党性修养和作风建设为抓手,着力解决党员干部在党性党风党纪方面存在的突出问题,全面推进云南工商系统党风廉政建设和反腐败工作,为全省工商系统努力实现国家工商总局“四个统一”、“四化建设”、“四个转变”、“四高目标”和云南工商“三个到位、六个好”工作目标,提供坚强的政治和纪律保证。

按照上述总体要求,全系统党风廉政建设和反腐败工作,要继续坚持围绕工商工作促进经济平稳较快发展这个中心,服务保增长、保民生、保稳定大局,紧扣今年省局党组确定的“六项重点工作”,切实把党风廉政建设和反腐败工作融人到云南工商中心工作之中,重点加强贯彻落实科学发展观的监督检查、惩治和预防腐败体系建设、“阳光政府”四项制度、廉政风险点管理、严肃查处违纪违法案件这五项工作,努力在“六个方面”下功夫,见成效。

(一)更新理念,创新思路,为贯彻落实科学发展观提供坚强的思想政治保证。

在工商工作中全面落实科学发展观,是当前和今后一个时期的首要政治任务。保证科学发展观在工商机关的贯彻落实,是全系统各级党组、纪检组的首要工作。全省工商行政管理系统反腐倡廉工作要根据中央继续解放思想、坚持改革开放、推动科学发展、促进社会和谐的要求,进一步更新“四种理念”,做到“六个必须”,创新工作思路,促进科学监管,推动科学发展。

1. 结合国家工商总局更新“四种理念”的要求,转变反腐倡廉工作理念。一是更新发展理念,服务科学发展。要着力破除只讲市场监管、不关心经济发展,只注重发展速度、不落实科学发展,只强调经济发展、不重视社会和谐等错误观念,反腐倡廉工作要始终把促进和保障工商行政管理工作,置于服务科学发展、促进社会和谐的大局中去思考、去谋划。二是更新监管理念,创新监管机制。要把落后的、传统的、随意的监管思维,向文明的、现代的、依法的监管理念

转变,牢固树立科学监管、依法监管、有效监管的理念,努力做到创新监管、规范监管、高效监管,反腐倡廉工作也要更新工作理念,创新工作方式方法。三是更新执纪理念,规范执纪行为。各级纪检监察机构要始终把坚持依法执纪、规范执纪行为,作为执纪的基本准则,切实做到行为规范,履职到位。四是更新履职理念,坚持以人为本。要始终坚持教育、预防、惩处、保护的原则,切实维护工商干部职工的合法权利。

2. 按照省局提出的"六个必须"要求,促进科学监管。在全省工商工作会议上,省局党组提出了"以科学监管促进科学发展"的重大命题,明确要求推进科学监管要做到"六个必须",即推进科学监管必须更新思想观念;推进科学监管必须突出服务大局;推进科学监管必须坚持依法行政;推进科学监管必须结合云南省情;推进科学监管必须加强长效监管机制建设;推进科学监管必须加强科学决策能力建设。全省工商系统纪检监察机构要对各单位落实"六个必须"的情况开展监督检查,积极促进科学监管。

3. 坚持"四个坚定不移",努力营造贯彻落实科学发展观的良好氛围。各级党组、纪检监察机构要针对当前党风廉政建设和反腐倡廉工作出现的新情况、新问题,切实做到省局党组提出的"四个坚定不移":一是查处违纪违法案件坚定不移。二是澄清事实,保护干部坚定不移。三是查处无中生有、乱诬告、乱告状等行为坚定不移。四是营造风清气正的良好环境坚定不移。通过抓好"四个坚定不移"的贯彻落实,进一步拓展监督渠道,创新监督形式,优化内部环境,努力营造和谐稳定、团结干事的良好氛围。

(二)以完善惩治和预防腐败体系为重点,扎实推进党风廉政建设和反腐败工作。

中央纪委第三次全会明确要求,要以完善惩治和预防腐败体系为重点,加强反腐倡廉建设。按照这一要求,要重点研究如何在前3年工作的基础上,进一步完善具有我省工商特点的惩治和预防腐败体系。要以完善惩治和预防腐败体系为重点,扎实推进全省工商系统党风廉政建设和反腐败工作。

1. 进一步完善具有云南工商机关特点的监督制约机制。要认真贯彻落实省局《惩治和预防腐败体系2008~2012年工作规划》实施意见,搞好职责分工,明确目标任务,有计划、分阶段地抓好落实。要积极研究探索落实省局《工作规划》实施意见的载体和平台,研究建立考核评价机制,形成科学合理的评价体系,鼓励先进,督促后进,形成各单位、各部门共同推进落实《工作规划》的良好局面。要紧紧围绕对行政审批权的规范、行政执法权的监管和队伍管理权的监督,继续推行领导干部述职述廉、基层执法人员述职述廉以及干部监督工作联系会议、重要资金分配使用、政府采购和工程建设项目招标等监督制度,切实加强对权力的监督和制约。

2. 加强对科学发展观等重大决策部署贯彻落实情况的监督检查。按照中央和省委、省政府、国家工商总局的部署,当前要着重抓好以下几项工作:一是加强对国家工商总局制发的贯彻落实国务院扩大内需促进经济平稳较快增长十项措施的《若干意见》执行情况的监督检查。二是巩固深入开展学习实践科学发展观活动成果,督促检查整改措施的落实和长效机制的建立。三是加强对落实省局党组提出的"六项重点工作"情况的监督检查。四是继续加强对停止征收"两费"后,明令禁止收取的费用情况的监督检查,严禁以任何理由、任何名义继续收取或变相收取明令取消的各项收费,严肃查处违反规定的行为,并追究相关责任人的责任。

3. 全面推行廉政风险点管理。各级工商机关要把廉政风险点管理作为惩治和预防腐败体系建设的重要内容,在去年开展廉政风险点防范管理试点的基础上,全系统今年要按照总局的要求,全面推开廉政风险点防范管理工作。省局将制定下发廉政风险点管理和防范执法监管风险的补充意见。按照总局的要求,省局机关各处室既要根据新"三定"方案规定的工作职责,研究明晰行政权力运行和完成监管任务、综合管理的工作流程,从领导干部岗位开始,查找在法定职责范围内可能存在的廉政风险和监管风险,又要结合实际,对全系统本业务口提出风险防范指导意见。各级工商机关要认真总结开展廉政风险点管理工作的试点经验,研究制定全面推行廉政风险和监管风险防范管理的长效机制,切实管实、管住、管好廉政风险和监管风险点。

4. 努力营造弘扬新风正气的良好环境。要认真开展"加强党性修养,弘扬新风正气"为主题的作风建设教育活动,着力解决五个方面的问题:一是按照"八个坚持、八个反对"的要求,大力倡导八个方面的良好风气。二是坚持理论联系实际,认真研究解决影响和制约云南工商改革与发展的深层次矛盾和问题。三是强化责任意识,认真解决作风飘浮、不负责任、弄虚作假等问题;树立正确的政绩观,认真解决主观臆断、盲目攀比、虚报浮夸、报喜不报优等问题。四是强化党的纪律观念,认真查找党员干部中纪律观念淡薄、廉政从政意识不强、工作作风松散等问题。五是大力发扬艰苦奋斗精神,认真解决讲排场、比阔气、奢侈浪费等问题。各级纪检监察机构要完善党内监督制度,运用各种有效监督形式,以制度规范党性修养和作风养成的途径和方式,督促党员干部加强党性修养和党性锻炼,以坚强的党性和优良的作风保证科学发展观的贯彻落实。

5. 加强党风廉政教育。要以"树立优良作风,促进科学发展"为主题深入开展理想信念教育和党风党纪专题教育,为科学发展提供思想和组织保证。要坚持领导干部讲廉政党课制度,各单位主要领导年内至少要为基层党员干部讲一次廉政党课。要开展工商系统勤廉兼优领导干部评选表彰活动,以身边的典型事迹激励和带动党员干部廉洁从政。要充分利用各种反腐倡廉教育基地和组织观看电教片、报告会等多种形式开展示范教育和岗位廉政教育,利用发生在本单位、本系统的典型案件开展警示教育,切实增强教育的针对性和有效性。要大力加强廉政文化建设,深入开展“五进”活动,组织进行廉政文化建设成果展示,充分发挥廉政文化的影响力和渗透力,在全系统营造廉洁从政的良好氛围。

6. 严格执行廉洁自律各项规定。加强对领导干部遵守中央纪委《关于严格禁止利用职务上的便利谋取不正当利益的若干规定》和各级有关规定的监督检查。按照中纪委三次会议的要求,今年要重点抓好以下五项要求的落实:一是严禁领导干部违反规定收送现金、有价证券、支付凭证和收受干股等行为。二是落实领导干部配偶和子女从业、投资入股、到国(境)外定居等规定和有关事项报告登记制度,严禁发生与公共利益冲突的行为。三是治理违规组织集资合作建房、超标准建房、在风景名胜或公园区建房等问题和纠正领导干部违反规定发放住房补贴、多占住房、以明显低于市场价格购置住房或以劣换优、以借为名占用住房等问题。四是严禁领导干部利用和操纵招商引资项目、资产重组项目,为本人或特定关系人谋取私利。五是严禁领导干部相互请托,违反规定为对方的特定关系人在就业、投资人股、经商办企业等方面提供便利,谋取不正当利益。

(三)认真贯彻省政府“阳光政府”四项制度,努力建设“阳光工商”。

省政府继2007年提出建设“法治政府”、2008年提出建设“责任政府”后,今年又作出了建设“阳光政府”的重大决定和部署。各级纪检监察机构要把落实省政府“阳光政府”四项制度与党风廉政建设紧密结合起来,保证“阳光政府”四项制度在全省工商系统的全面实施,促进“阳光工商”建设。

1. 全面推行“阳光政府”四项制度。要认真落实省局制定下发的四项制度《实施办法》及《方案》、《细则》两个配套制度。全系统各级工商机关要以全面实施“阳光政府”四项制度为契机,在继续巩固行政问责等四项制度成果的基础上,结合自身实际,抓紧研究制定打造“阳光工商”的实施方案和具体细则,认真抓好各个阶段、各个环节和各项制度的落实。各级纪检监察机构要建立和完善监督检查机制,采取更加有效的措施,对打造“阳光工商”落实情况实施全程监督,加大行政问责力度,坚决纠正领导干部和公务员中存在的不作为、慢作为、乱作为等问题,确保省政府实施“阳光政府”四项制度的全面贯彻落实。

2. 继续深化政务公开、推进局务公开。要继续按照《政府信息公开条例》及省政府、国家工商总局和省局制定的各项配套制度和规定,认真抓好主动公开政府信息的录入上网工作,切实做到全面、及时、准确公开工商信息。要坚持立足实际、注重实效,依法公开、及时准确,突出重点、因事制宜,内外有别、上下有别的原则,将决策、人事、财务等干部职工关心的事项在适当范围内、用适当方法公开,保障干部职工的知情权、参与权、表达权、监督权。

3. 加强“阳光工商”载体建设。要进一步加强12315行政执法体系建设,完善云南电子政务工商专网,深入推进云南工商政务业务一体化软件建设,进一步完善网络公开平台,切实加强“阳光工商”载体建设。

(四)加大查处违纪违法案件的力度,维护党纪国法的严肃性。

1. 切实加大查办案件工作力度。各级纪检监察机构要按照省纪委的要求,高度重视信访举报工作,切实加大查办案件工作力度。牢固树立有案不查是失职,不查有影响的大案要案是不尽职,查办案件不促进经济社会发展是不称职的理念。要以查处发生在领导机关和领导干部违纪违法案件为重点,严肃查办利用人事权、行政处罚权、行政审批权索贿受贿、徇私舞弊的案件,严肃查办严重违反政治纪律、组织人事纪律等案件。要按照省纪委李汉柏书记强调的“坚持三个原则、提高办案能力、严肃办案纪律”的要求,坚持惩治与预防并重、惩处与保护并重、惩处与教育并重的原则,高度重视提高纪检监察队伍的办案能力,进一步严肃办案纪律尤其是保密纪律。对通过调查发现举报或反映失实的,要及时澄清,消除影响,保护干部,使查办案件工作切实做到惩处合规、保护到位、预防有效。

2. 深入开展治理商业贿赂工作。要围绕中央确定的重点领域和行业,重点查处工程建设、产权交易、土地出让、资源开发和经销等领域的商业贿赂案件,认真做好突出问题的整改工作。加强市场诚信体系建设,积极参与建立统一的市场诚信平台,健全失信惩戒和守信激励机制。加强执法办案系统和企业信用分类监管系统信息共享,建立健全防治商业贿赂长效机制。

3. 认真纠正损害群众利益的不正之风。要充分发挥职能作用,积极参与食品药品安全整治工作,全面加强流通环节食品安全和流通领域商品监管;积极参与治理医药购销和医疗服务中的突出问题,以查处直接关系群众身心健康和违法问题易发多发的药品、医疗、保健食品等虚假违法广告为重点,加强广告市场监管;积极参与治理公共服务行业侵害群众消费权益的问题,切实加强对行业协会、市场中介组织的监管;积极参与中央和省委、省政府部署的其他有关维护群众利益的专项整治工作,发挥工商机关应有的作用。要密切关注停止征收“两费”后出现的新情况新问题,严禁巧立名目变相收费;严禁借办理企业注册登记或年检之机搭车收费;严禁向监管服务对象强拉赞助、搞摊派;严禁在执法办案中乱处罚、随意加重处罚;严禁借行政处罚、行政审批吃拿卡要。

(五)强化党风廉政建设责任制,确保反腐倡廉各项任务落实。

1. 认真落实各项任务分解工作。要根据省委、省政府党风廉政建设和反腐败工作主要任务分解的安排,认真抓好落实工作。要对工商部门主办或涉及协办的任务进行具体细化,责任分解到党组成员、分管领导和各业务处室,明确领导责任和承办单位的职责,确保各项任务的落实。

2. 坚持和完善落实党风廉政建设责任制领导体制和工作机制。要继续坚持和完善落实党风廉政建设责任制领导体制和工作机制,坚持“一把手”负总责,班子成员按分工具体负责,建立健全齐抓共管的领导体制和工作机制,进一步形成一级抓一级、一级对一级负责、层层抓落实的领导体制和工作机制。各级都要切实抓好责任书签订的落实工作,认真组织好考核工作,充分运用好考核结果,推动党风廉政建设责任制落实。

3. 认真履行"一岗双责"。各级领导干部,尤其是"一把手"要切实担负起党风廉政建设和反腐败工作的政治责任,不断增强责任意识、纪律意识、责任追究意识,切实履行好"一岗双责",把落实党风廉政建设责任制和工商职能工作一起部署、一起落实、一起检查、一起考核,抓住责任分解;考核、追究三个关键环节,不断建立和完善责任制落实机制。

(六)按照科学发展观要求,进一步加强纪检监察机构自身建设。

1. 加强思想政治建设,坚定纪检监察工作政治方向。全系统各级纪检监察机构,要按照中纪委、省纪委和国家总局及省局党组的要求,深入学习实践科学发展观,用科学发展观统领纪检监察工作,用马克思主义中国化最新成果武装头脑,进一步坚定理想信念,牢固树立政治意识,大局意识,责任意识,改革意识和服务意识,自觉加强党性修养和作风建设,讲党性,重品行,作表率,切实做到政治坚强、公正廉洁、纪律严明,坚持正确的事业观、工作观、政绩观,认真开展好"做党的忠诚卫士、当群众的贴心人"主题实践活动,自觉做到对党和国家无限忠诚、对腐败分子和消极腐败现象坚决斗争、对广大干部和群众关心爱护、对自己的亲属严格要求,真正成为党的忠诚卫士和群众的贴心人。

2. 紧扣工商重点工作,认真履行纪检监察职责。各级纪检监察机构要始终坚持"围绕中心,服务大局",正确地、认真地、有效地开展好党风廉政建设和反腐倡廉工作。要按照《党章》赋予的职责,在党组的领导下,紧贴工商实际,围绕党组明确的重点工作,积极协助同级党组加强监督检查,确保重点工作落到实处。要着眼于发展这个第一要务,紧紧围绕保障和促进科学发展,谋划好反腐倡廉工作,制定反腐倡廉措施,更好地服务科学监管,保障科学发展。按照全面协调的要求和统筹兼顾的方法开展纪检监察工作,认真研究解决工商系统当前反腐倡廉建设面临的新情况新问题,及时发现和纠正党性不强、作风不正、执纪不严以及其他党风政风方面的突出问题,不断推进纪检监察工作观念更新、实践创新、体制机制和工作方式方法的创新。

3. 切实加强业务学习,提高纪检监察干部的履职水平。为切实提高纪检监察干部的能力和水平,一要针对省委2008年度党风廉政建设考核组提出的关于加强基层纪检监察干部队伍建设的建议,省局纪检组今年将组织举办县(区)级工商机关纪检监察业务培训班。二是要在全系统纪检监察干部中开展纪检监察业务和工商行政管理业务的"双学"活动。三是积极选送纪检监察干部到中纪委、省纪委和国家工商总局组织的业务培训班学习。四是拟选派部分纪检监察干部到上级纪检监察机构挂职锻炼。五是加强调研工作,省局拟在年内召开一次党风廉政建设重点工作座谈会。六是要建立健全纪检监察干部考核评价制度,加大轮岗交流和竞争上岗力度。

# 坚持科学发展观<br>全面推进云南工商行政管理系统各项工作

## ——在全省工商系统基层单位开展深入学习实践科学发展观全员培训动员暨骨干培训会上的讲话

（2009年3月30日）

云南省工商行政管理局副巡视员　荆日荣

同志们：

根据省局党组的决定，今天，我们在这里召开全省工商系统基层单位深入学习实践科学发展观全员培训动员暨骨干培训会，主要任务是：认真贯彻落实中央、省委和国家工商总局的部署精神，就我省工商系统基层单位开展深入学习实践科学发展观全员培训进行动员部署，并进行骨干培训。

在全党开展深入学习实践科学发展观活动，是党的十七大作出的战略决策，是用中国特色社会主义理论体系武装全党的重大举措。根据中央和省委的统一部署，全省第二批深入学习实践科学发展观活动已经全面启动，我省工商系统州（市）及以下基层单位将在当地党委的统一领导下，深入开展学习实践活动。在第二批学习实践活动中，省委明确要求要加强组织培训。为进一步突出实践特色，增强学习实践活动的效果，国家工商总局结合各地正在开展的学习实践活动，决定从今年3月份开始到6月底，集中一段时间，在全国工商系统地（市）及以下基层单位认真开展深入学习实践科学发展观全员培训，把学习实践活动的对象范围进一步延伸到全体干部。因此，在全省工商系统基层单位认真开展好学习实践科学发展观全员培训，既是贯彻落实中央、省委重大决策的具体措施，也是贯彻国家工商总局统一部署的具体行动，二者是一致的。

省局党组对全省工商系统州（市）及以下工商部门开展深入学习实践科学发展观活动和落实国家工商总局全员培训工作高度重视，3月2日国家工商总局视频动员会结束后，立即召开党组会进行研究，决定把全员培训作为全省工商系统基层单位结合实际开展深入学习实践科学发展观活动的自选动作，在各级党委的统一领导下，抓紧抓好，抓出特色，抓出成效。并成立了省局开展基层单位全员培训领导小组，制定下发了培训方案。今天，我们在这里分片区召开动员暨骨干培训会，就是要以全面实施全员培训为切入点，进一步把全系统深入学习实践科学发展观活动推向深入。下面，受省局党组的委托，我讲三点意见。

**一、统一思想，提高认识，充分理解开展深入学习实践科学发展观全员培训的重要意义**

（一）开展科学发展观全员培训，是努力做到“四个统一”，推进云南工商科学监管、科学发展的迫切需要。国家工商总局党组和周伯华局长认真总结多年来工商行政管理改革发展实践，提出工商机关要深入落实科学发展观，积极促进经济社会又好又快发展，必须努力做到监管与发展、监管与维权、监管与服务、监管与执法“四个统一”。“四个统一”把加强监管与促进发展、服务大局、消费维权、依法行政有机统一起来，是工商行政管理工作全面落实科学发展观的具体体现，把工商行政管理机关履行职能与落实科学发展观的结合提到了新高度。近两年来，省局新一届领导班子坚持以科学发展观统领云南工商行政管理工作，紧密联系工商系统的工作实际和工商干部的思想实际，找准云南工商工作促进经济社会又好又快发展的结合点和切入点，大力倡导用创新意识指导工商工作，按照科学发展观的要求，努力做到“四个统一”，提出了新时期云南工商行政管理工作“三个到位”、“六个好”新目标。在省局机关学习实践科学发展观活动中,又提出了推进科学监管、促进科学发展的新思路,把全省工商工作推向了一个新的发展阶段。但是,我们也要清醒地认识到,在落实科学发展观、做到“四个统一”、推进“三个到位”、“六个好”工作目标上,我们的一些干部还存在差距,有的促进科学发展的自觉性还不够高,有的还存在着以管理者自居的思想,有的还没有把推动科学发展作为检验工作的重要标准等,影响了科学发展观在全系统的贯彻落实。我们要通过开展科学发展观全员培训,引导广大干部深刻理解科学发展观的重大意义、科学内涵、精神实质和根本要求,充分认识维护市场秩序是我们的基本职责,促进科学发展是我们的根本目的,进一步增强贯彻落实科学发展观、努力做到“四个统一”、加快推进“三个到位”、“六个好”工作目标的自学性和坚定性。引导广大干部转变不符合科学发展的思想观念,着力解决影响和制约科学发展的突出问题,着力提高推进科学监管、促进科学发展的能力,尽职尽责当好市场秩序的监管者、经济发展的促进者、消费者权益的维护者和市场主体的服务者,推进全省工商工作再上新台阶。

(二)开展科学发展观全员培训,是适应新一轮工商机构改革和停征“两费”新形势,加快推进基层工商工作转型的迫切需要。新时期工商部门的职责任务越来越繁重,工商行政管理工作不断面临新的任务和挑战,主要反映在:市场主体多元化格局的出现,增加了监管规范的复杂性;多渠道、少环节、开放式营销网络的形成,需要进一步拓宽市场监管的视野和范围;高科技手段在商品流通领域的运用和现代经营方式的出现,对监管的科技含量提出了新的更高的要求,市场竞争的加剧也加大了监管执法的难度。尤其是在我们云南,经济发展相对滞后,市场发育不仅层次低,而且呈现山区、坝区、城市、农村、边贸等多样性,工商部门维护市场秩序和服务经济社会发展的任务更加艰巨。国家工商总局新“三定”方案赋予工商行政管理的职责明显加强,我们确认市场主体、维护市场秩序、维护企业和消费者合法权益的工作,在促进经济发展中发挥着越来越重要的作用,尤其在应对国际金融危机的形势下,保增长、调结构、扩内需、保就业,这些党和政府的中心工作都与我们的职责密切相关。根据总局的新“三定”方案,省局党组正在就省局机关和全省工商系统新“三定”方案进行论证,全省工商行政管理工作的职责任务,将进一步加强。“两费”停征为工商行政管理机关履行职能到位提供了新的契机,全省工商系统特别是基层工商部门面对新形势,迎接新挑战,大胆探索,主动转型,使全省工商事业的发展出现了新的转机,但是,还有许多发展难题需要我们进一步破解。我们要通过开展科学发展观全员培训,进一步更新发展理念、服务科学发展,更新监管理念、创新监管机制,更新执法理念、规范执法行为,更新维权理念、坚持以人为本,进一步推进工商行政管理制度化、规范化、程序化、法治化建设,着力健全长效机制,加快推进工作转型,不断提升工商工作服务经济社会发展的效能,积极谋求全省工商事业发展新局面。

(三)开展科学发展观全员培训,是积极推进基层建设,夯实工商事业发展基础,推进“四个转变”的迫切需要。基层工商机关是履行市场监管和行政执法职能的主体力量,承担着市场监管执法、服务科学发展、维护边疆安宁、增强民族团结和构建和谐云南的重大责任,是提高执法效能、规范执法行为的关键。基层干部认知科学发展观的水平、落实科学发展观的能力,直接影响着工商行政管理工作的全局。省局党组高度重视基层工作,近年来全省工商系统基层建设稳步推进,基层队伍不断加强,基层工作成效显著。但是,与新形势、新任务的要求相比,我们的基层工作还存在一些不适应或不完全适应的地方,主要是:有的地方对基层建设抓得不实,工作浮在表面;有的地方基层监管效能有待进一步提高,执法行为需要进一步规范;多数基层单位的监管领域还更多地着眼于低端市场,监管方式还比较粗放,监管方法还习惯于以突击性、专项性整治为主,监管手段还不完全适应现代市场监管的要求等。我们要通过开展科学发展观全员培训,大力推进基层队伍建设和规范化建设,实现工商事业的全面协调可持续发展,把科学发展观的要求真正落实到基层,把省局党组提出的推进科学监管、促进科学发展的要求,真正体现在基层市场监管和行政执法的各个方面,促进我省基层工商部门适应社会主义市场经济监管需要,努力实现监管领域由低端向高端延伸,监管方式由粗放向精细转变,监管方法由突击性、专项性整治向日常规范监管转变,监管手段由传统向现代化转变,提高基层工商部门监管执法效能和服务科学发展的水平,达到高质、高效、高水平监管,展示基层工商部门在服务经济社会发展中的新面貌、新水准和新形象,使全省工商基层工作得到新的提升。

(四)开展科学发展观全员培训,是用科学理论武装干部头脑,建设高素质干部队伍的迫切需要。当前,全省工商行政管理工作正处在发展的关键时期。全面落实“四个统一”、“四化建设”、“四个理念”、“四个转变”和“四高目标”,实现省局党组制定的“三个到位”、“六个好”工作目标,首要的是建设一支政治上过硬、业务上过硬、作风上过硬的高素质干部队伍,关键是要深入学习实践科学发展观,自觉用科学发展观武装头脑、指导实践、推动工作。总的来讲,我们的干部队伍特别是基层干部是有素质、有能力,信得过、靠得住,能监管、善服务的。但是,面对新形势、新任务,我们也要清醒地认识到,一些基层干部的思想、作风、素质、能力,与推进科学监管、促进科学发展的要求还有不小的差距。我们要通过开展科学发展观全员培训,用科学发展观武装干部头脑,让广大干部更加准确地把握科学发展观的重大意义、科学内涵、精神实质和根本要求,把握工商行政管理工作贯彻落实科学发展观的基本要求和具体内容,把握科学发展与市场监管执法的内在规律,进一步增强宗旨意识、大局意识、忧患意识和责任意识,进一步增强把科学发展观贯彻落实到实际工作中的责任感和紧迫感,以理论武装的新成果促进思想上的新解放,提升推进科学监管、促进科学发展的能力,真正把科学发展观落实到工作中,全面实现建设高素质队伍、运用高科技手段、实现高效能监管、达到高质量服务的目标。

**二、科学发展观内涵丰富,实践性、指导性强,是统领云南工商工作的纲**

省局机关和楚雄州、大理市、瑞丽市

工商局参加了第一批深入学习实践科学发展观活动。在学习实践活动中,省局党组坚持把加强理论武装和解放思想结合起来,对科学发展观的认识和理解不断深化,形成了推进云南工商科学监管、促进科学发展的新共识;坚持把解决突出问题和建立完善长效机制结合起来,解决影响和制约云南工商工作科学监管、科学发展的突出问题有了新突破,长效机制得到新完善;坚持把推进科学发展与服务大局结合起来,服务云南经济社会建设大局取得新成效。通过学习实践活动,我们深深体会到,科学发展观内涵十分丰富,实践性、指导性极强,是统领云南工商工作的纲,是推进云南工商工作改革创新的强大动力。

(一)深刻领会和准确把握科学发展观的内涵。

作为马克思主义中国化最新成果重要组成部分的科学发展观,其理论基础深厚、思想内涵丰富、内在逻辑严密、理论框架清晰,涉及经济、政治、文化、社会发展各个领域,是一个完整的理论体系。准确地认识和把握这一最新成果的科学内涵,是我们贯彻落实科学发展观的前提,也是开展这次全员培训的核心内容,必须要把理论学习贯穿于全员培训的始终,坚持不懈地用中国特色社会主义理论体系武装头脑,不断深化对科学发展观的重大意义、科学内涵、精神实质和根本要求的认识,真正把思想和行动统一到科学发展观的要求上来。

科学发展观第一要义是发展。发展对于坚持和发展中国特色社会主义具有决定性意义,是解决中国一切问题的"总钥匙"。离开发展,坚持党的先进性、发挥社会主义制度的优越性和实现民富国强都无从谈起。科学发展观,明确强调必须始终坚持以经济建设为中心,聚精会神搞建设,一心一意谋发展。只有坚持以经济建设为中心,不断增强综合国力,为全面协调发展打下坚实的物质基础,解决前进道路上的矛盾和问题,为党完善执政兴国发展是第一要务的全面实践,胜利实现全面建设小康社会和社会主义现代化的宏伟目标。同时,科学发展观强调第一要义是发展,是又好又快发展,只有以人为本、全面协调可持续、统筹兼顾的发展,才是符合第一要义的发展,才是真正的科学发展。

科学发展观的核心是以人为本。以人为本的人,是指最广大人民群众。以人为本就是以最广大人民的根本利益为本,始终把实现好、维护好、发展好最广大人民的根本利益作为党和国家一切工作的出发点和落脚点;就是要切实保障人民依法享有各项权益,包括政治参与、权益保障和文化等方面的权益,体现社会主义的人文关怀和人道主义,促进人的全面发展;就是要做到发展为了人民、发展依靠人民、发展成果由人民共享。

科学发展观基本要求是全面协调可持续。"全面"是指发展要有全面性、整体性,不能只顾及一点不顾其余;全面发展,就是要按照中国特色社会主义事业总体布局,全面推进社会主义经济建设、政治建设、文化建设、社会建设以及生态文明建设和党的建设,促进经济社会和人的全面发展。"协调"是指发展要有协调性、均衡性,各方面、各环节的发展要相互衔接、相互促进;协调发展,就是要推进生产力和生产关系、经济基础和上层建筑相协调,推进经济、政治、文化建设的各个环节、各个方面相协调。"可持续"是指发展要有持久性、连续性,就是生生不息、代代永续;"可持续"的核心,是为后人考虑,为未来着想;"可持续"的最大障碍,是一些人急于求成,追求"政绩",留下了很多后患的短期行为。

科学发展观的根本方法是统筹兼顾。统筹兼顾,顾名思义就是统一谋划、全面照顾。它体现了马克思主义关于事物之间普遍联系、相互制约的观点和全面系统看待事物的思维方式。古人云:不谋全局者,不足谋一域;不谋万世者,不足谋一时。统筹兼顾就是从全局上考虑谋划发展问题,把发展看作是相互推进、系统协调的过程,这实质上是在强调战略思维的重要性。必须掌握统筹兼顾的科学思想方法:一是要总揽全局、统筹规划,以宽广的胸怀把握全局、审时度势、与时俱进,以辩证的思维分析全局、顺势而为、因势利导,以系统的方法谋划全局、瞻前顾后、统筹安排。二是要立足现实、着眼长远,既考虑现在发展需要,又要考虑未来发展需要,坚决防止急功近利的短期行为。三是要注重整体、突出重点,抓住牵动全局的主要工作和事关群众利益的突出问题,着力推进、重点突破。

科学发展观的精神实质是实现经济社会又好又快发展。又好又快发展是有机统一的整体,"好"与"快"互为条件,既相互促进又相互制约,不能将二者割裂开来或对立起来。又好又快,"好"是前提,忽视发展的质量和效益,不惜浪费资源和破坏环境,片面追求一时的高速度,势必会造成大起大落,就不能实现真正的发展。只有坚持"好"字优先,才能实现长期持续地快速发展。同时,"快"是必要条件,只有保持较快的发展,才能抢抓机遇,不断增强经济实力,使经济增长的潜能充分发挥出来,更好地解决发展中的矛盾和问题。

面对新形势、新任务,我们开展深入学习实践科学发展观活动和全员培训,首要的就是要在理论学习上下功夫,在深刻理解和准确把握科学发展观的重大意义、科学内涵、精神实质和根本要求上下功夫。通过学习培训,摒弃一切不适应、不符合科学发展观要求的思想观念和做法,真正树立科学的世界观和方法论。

(二)云南工商工作贯彻落实科学发展观就是要在推进科学监管、促进科学发展上下功夫。

在省局机关深入学习实践科学发展观活动中,省局党组紧紧围绕科学发展观的重大意义、科学内涵、精神实质和根本要求,通过系统学习理论、深入调查研究、广泛征求意见,集中全系统干部职工的智慧,形成了全省工商系统贯彻落实科学发展观的新思路,那就是:推进科学监管、促进科学发展。

科学监管,就是要紧紧围绕云南经济发展大局,坚持以人为本,坚持依法行政,坚持全面履行市场监管职责,努力做到监管与发展、服务、维权、执法的四个统一,着力构建公平竞争、规范有序、诚信和谐、符合云南经济发展实际的市场秩序,实现对市场主体及其市场行为的最佳监管,实现对消费者合法权益的最大保护,实现生产经营者、消费者和管理者关系的最大和谐,促进经济社会又好又快发展。

推进科学监管,要做到"六个必须"。一是推进科学监管必须更新思想观念。要按照科学发展观的要求,更新发展理念,服务科学发展;更新监管理念,创新监管机制;更新执法理念,规范执法行为；更新维权理念，坚持以人为本。二是推进科学监管必须突出服务大局。要把促进科学发展作为履行市场监管职责的出发点和落脚点，全力服务云南经济平稳较快发展大局，努力实现监管与服务的统一。三是推进科学监管必须坚持依法行政。依法行政是科学监管的立足之本，要把监管执法统一到执行法律法规上来，依法监管、依法维权，做到严格执法、公正执法、文明执法，努力实现监管与执法、维权的统一。四是推进科学监管必须结合云南省情。要充分认识云南边疆民族地区市场发展缓慢、市场经济发展滞后、地区发展差异大的特点，培育、发展、监管三举并重，科学监管推动科学发展，努力实现监管与发展的统一。五是推进科学监管必须加强长效监管机制建设。健全规范化的市场准入和退出机制，科学化的市场检查机制和预警机制，社会化的消费维权机制，网格化的属地监管责任机制，诚信化的市场信用监管机制，实现高效能的监管，达到高质量的服务。六是推进科学监管必须加强科学决策能力建设。建立能够深入了解基层、充分反映民意、广泛集中民智的科学民主决策机制，坚持决策科学化，使市场监管执法各项工作能够遵循市场经济的发展规律。

（三）深入贯彻落实科学发展观，推进科学监管、促进科学发展，要坚定不移地推进“三个到位”、“六个好”工作目标。

2007年8月，省局党组按照科学发展观和国家工商总局“四个统一”的要求，在深入调查研究和认真分析云南工商市场监管执法工作和队伍建设现状的基础上，广泛征求各方意见，提出了全面落实科学发展观，认真贯彻“四个统一”，积极推进“四化建设”，努力实现“三个到位”、“六个好”的云南工商工作新目标。一年多来，全系统各级领导班子和广大干部职工紧紧围绕这一工作目标，思想和行动更加统一，责任意识和服务意识更加增强，监管水平和执法效能更加提高，各项工作都取得了新的成绩。实践表明，“三个到位”、“六个好”工作目标符合落实科学发展观的要求；符合贯彻国家工商总局“四个统一”、“四化建设”、“四个转变”、“三个过硬”和“四高目标”的要求，是我们云南工商推进科学监管、促进科学发展的有效途径和根本保障。

要坚定不移地推进“三个到位”。明确职责、履职到位，就是紧扣服务发展，在促进发展和提升服务水平中履职到位；紧扣市场监管，在积极营造公平竞争、规范有序、和谐诚信的市场环境中履职到位；紧扣消费维权，在切实保护消费者和经营者的合法权益中履职到位；紧扣依法行政，在严格规范行政执法主体，严格规范行政许可、行政执法行为，严格按程序履职用权中履职到位。爱岗敬业、工作到位，就是要牢固树立“工商兴我荣、工商衰我耻”的主人翁意识，在工商干部职工中大力培养无私奉献精神，大力培养良好的职业道德，坚持用制度管人、用机制激励人，让每一位干部职工安心工作、用心谋事，实现工作到位。统筹兼顾、谋划到位，就是要找准社会反映的热点、市场监管的弱点，针对不同时期、不同地区市场发展的特点，统筹兼顾，实现市场监管谋划到位；理性分析自身建设现状，统筹谋划班子队伍建设、基本建设、信息化建设等事关全局的重大事项，实现自身建设谋划到位；统筹谋划系统管理，增强大局意识，维护政令畅通，上下齐心，形成合力，推进和谐机关、和谐队伍、和谐系统建设，实现系统管理谋划到位。

要坚定不移地建设“六个好”。围绕提高各级领导班子的“执行力、创新力、凝聚力”，建设一个好班子。围绕政治过硬、业务过硬、作风过硬的要求，带出一支好队伍。围绕按制度管权、按制度办事、靠制度管人，推进全系统工作规范化建设，完善一套好制度。围绕加强基础建设、弘扬新风正气、建设和谐工商，营造一个好环境。围绕提高工作效率、提升现代化监管水平加快信息化建设，搭建一个好平台。围绕加强党风廉政建设和反腐败工作，树立一个好形象。

（四）全省工商系统深入学习实践科学发展观，推进科学监管、促进科学发展要在六项重点工作上寻求新突破。

在2月份以省政府名义召开的全省工商行政管理工作会议上，李江副省长作了重要讲话，省局纳宗会局长代表党组作了工作报告，就今年全系统的工作任务进行了全面部署，会议结束时又对今年全省工商系统的重点工作作了进一步强调，明确今年全系统工作重点是全力推进“服务效能提升年”，切实做好科学监管促进科学发展和服务经济发展大局两篇文章，抓好6项重点工作。李副省长的重要讲话和纳局长的工作报告及重要讲话，是今年全省工商工作的根本指导思想和重要依据，必须要坚定不移地贯彻落实。

全力推进“服务效能提升年”。省工商局党组把2009年定为“服务效能提升年”，通过创新和完善工商服务方式，切实提高全省工商系统服务经济、服务民生的效率和水平，更好地促进我省经济社会又好又快发展。结合工作实际，我们要在五个方面创新服务理念，提升服务效能。要树立服务公平理念，由重点服务向公平服务转变；树立服务公开的理念，由坐等服务向上门服务转变；树立服务效率理念，由重服务过程向重服务效率转变；树立服务质量理念，由粗放服务向精细服务转变；树立服务均衡理念，由突击服务向均衡服务转变，以效能提升服务，以服务提升形象。

全力服务我省经济平稳较快发展大局。面对金融危机，我们工商部门要在政府工作当中“有位有为有威”，就是要牢固树立服务大局的意识，把工商工作放到政府全局中去考虑，把工商工作放到社会大局中去谋划，把执法监管放到整体格局中去落实，把促进经济社会平稳较快发展作为工商工作的根本任务，作为检验工商工作成效的根本标准，更加充分地履行工商职能，更加主动地服务经济发展，更加坚定地当好市场卫士。认真贯彻落实国务院、国家工商总局的十条措施，省政府“保发展、保稳定、保民生”的各项政策措施，在服务市场准入、服务企业改组改制、服务个私经济发展、服务商标战略、服务新农村建设中找到切入点，真正把监管与服务统一起来，创新监管方式，提高服务效能，努力营造良好的经济发展软环境、投资软环境、市场软环境、就业软环境，增强投资者、经营者、消费者的信心。

切实抓好六项重点工作。一是流通环节食品安全监管要在“农村食品安全示范店”创建和“诚信市场”创建上求突破。二是搞好服务、促进发展要在强化服务经济发展上求突破。三是推进商标战略要在中国驰名商标培育申报和基层工商所开展"一所一标"活动上求突破。四是积极维权、促进消费要在"一会两站"建设和"12315平台"建设上求突破。五是加强自身建设、夯实工作基础要在基层工商所规范化建设上求突破。六是抓工作、促落实要在加强督查上求突破。各级工商部门要认真按照全省工商工作会议的部署,及时成立组织机构,制定具体的实施方案,对工作任务进行细化分解,落实责任领导、责任单位和责任人,加强督促检查,确保六项重点工作按期完成。

**三、开展科学发展观全员培训需要注意的问题**

开展深入学习实践科学发展观全员培训的指导思想、基本原则、方法步骤和目标要求,在省局下发的《培训方案》中已作了全面部署。为了把这次培训工作抓出特色,抓出成效,下面,我再强调三个问题。

(一)明确培训分工,落实领导责任。全员培训的对象是州(市)、县(市、区)工商局及工商所(分局)全体干部。全省工商系统全员培训采取分级负责的办法,层层抓落实。省局主要负责州(市)工商局局长、人教科长、"学办"主任和县(市、区)工商局局长的培训;州(市)工商局负责本级机关干部全员培训和辖区内县(市、区)工商局人教股长、"学办"主任和工商所长(分局长)的骨干培训;县(市、区)工商局负责本单位的全员培训,大量的培训任务在基层。为了加强对全省工商系统全员培训的组织领导,省局成立了以纳宗会局长为组长的全员培训领导小组,办公室设在人教处,负责全系统全员培训的具体工作。省局党组要求各州(市)、县(市、区)工商局党组对全员培训负全面领导责任,"一把手"为第一责任人。各州(市)、县(市、区)工商局党组必须要高度重视全员培训,切实加强对全员培训的组织领导。州(市)工商局在抓好本机关全员培训的同时,要加强对县(市、区)工商局全员培训的指导,及时了解情况,注重总结经验,研究解决培训中的问题。在全员培训中,各级领导班子成员要按照重品行、讲党性、作表率的要求,以身作则,率先垂范,带头深入学习,带头调查研究,带头研讨交流,以自己的示范作用推动全员培训深入开展。

(二)突出培训重点,抓好工作落实。一是要突出重点内容。要紧扣深入学习实践科学发展观这个主题,认真组织广大干部全面学习规定的培训内容,重点放在深刻理解和准确把握科学发展观的重大意义、科学内涵、精神实质和根本要求上,放在深刻理解和准确把握把科学发展观贯彻落实到工商工作中的具体措施和要求上。二是要抓好重点环节。按照国家工商总局抓好"五个环节"的要求,结合云南工商工作实际,在全员培训中,各地工商部门要按照省局党组的部署要求,重点抓好"十个一":即:一要抓好思想发动,统一思想认识;二要抓好骨干培训,以骨干培训带动全员培训;三要抓好个人自学,把理论武装贯穿始终;四要抓好领导辅导,由省、州(市)、县(市、区)三级工商局的领导干部给干部上一堂辅导课,重点阐述当前工商工作面临的形势任务、本级领导班子对科学发展观的理解,本单位贯彻落实科学发展观的要求,围绕"三个到位""六个好"工作目标,进一步推进科学监管、促进科学发展的工作设想和举措;五要抓好专题讲座,采取邀请专家讲座和播放国家工商总局辅导报告光盘等形式,提升培训效果;六要抓好典型经验交流,以先进典型引领全员培训;七要抓好观摩学习,实地看,现场学;八要抓好成果检验,州(市)、县(市、区)工商局领导班子成员,每人要撰写一篇调研(理论)文章,其他干部每人要撰写一篇个人学习体会;九要抓好学习研讨,认真组织干部开展交流研讨活动;十要抓好宣传工作,认真总结推广全员培训中的好做法、好经验、好典型。十个环节步步相连,环环相扣,要全面抓好落实。三是要突出实践特色。各地在学习实践活动和全员培训中,要紧密结合工作实际,认真总结近几年来基层创造的新经验,在结合上动脑筋,在特色上花心思,注重突出工商部门的实践特色,创出新经验,创出新特色。四是要确保取得实效。要在理论学习上下功夫,着力深化干部对科学发展观的认识和理解;要在解放思想上下功夫,着力转变不适应、不符合科学发展观要求的思想观念;要在提升素质上下功夫,着力提高干部推进科学监管、促进科学发展的能力;要在破解难题上下功夫,着力解决制约和影响全省工商工作科学发展的突出问题;要在推动实践上下功夫,确保全员培训取得实实在在的成效。

(三)坚持多措并举,抓好集中培训。集中培训是指导培训对象深化学习的重要手段,是这次全员培训的中心环节。近年来,基层工商干部特别是工商所(分局)的同志们,平时工作繁忙,参加集中学习的机会不是很多,这次全员培训是一次很好的学习机会。各地要充分调动广大干部的学习积极性,把深入学习实践科学发展观变成干部的自觉行动,努力营造讲学习、重实践、比工作、比贡献的良好氛围。要把个人自学、集中培训、领导辅导、专家讲座、经验交流、现场观摩、网上培训、在线研讨等多种形式结合起来,灵活多样的开展学习培训,用身边的人、身边的事激励干部,增强培训效果。要重点抓好工商所长(分局长)的集中培训。集中培训时间不少于3天,但不仅限于3天。在集中培训中,各地要建立严格的学习纪律和考勤制度,规定的学习篇目必须要有组织地全部学习一遍,确保人员、内容、时间、效果"四落实"。

同志们,这次全员培训,作为各地结合工商实际,开展深入学习实践科学发展观活动的自选动作,是深化学习实践活动的重要载体和有力抓手。各级党组一定要深刻理解,准确定位,高度重视。州(市)、县(市)区工商局班子一把手一定要亲自向当地党委主要领导和"学办"汇报。一定要摆正位置,妥善处理好学习实践活动和全员培训的关系,在当地党委的统一领导下,统筹兼顾,整体推进,高标准地抓好学习实践活动,高质量地完成全员培训工作。要把深入学习实践科学发展观活动和全员培训作为推动工作的强大动力,全面推进各项工作的落实,为服务我省经济平稳较快发展做出新贡献,以优异的成绩迎接新中国成立60周年!

谢谢大家!

# 大 事 记

## 2009 年 1 月 ~ 12 月

### 1 月

21 日

△中共云南省省委常委、副省长李江率领省工商局、省卫生厅、省农业厅、省质监局、昆明市人民政府主要负责人对昆明市节前市场进行检查。省工商局党组书记、局长纳宗会及相关处室负责人陪同检查。李江副省长在检查中强调,各大超市及市场一定要保证节日货源充足,保证品种丰富,保证商品质量,保证满足百姓消费需求,力争成为百姓投诉率最低,满意率最高的节日市场;政府各职能部门一定要加强节日市场监管,严厉打击销售假冒伪劣及扰乱市场经济秩序的违法违规行为,确保市场稳定、物价平稳,确实维护广大消费者的切身利益,让广大老百姓过一个安定、欢乐、祥和的春节。

### 2 月

4 日

△中共云南省省委常委、副省长李江到省工商局检查、指导工作,听取了省工商局 2008 年工作情况汇报。并对 2009 年云南省工商工作进行了指导性安排。同时向全省工商系统干部职工致以节日的慰问和美好的祝愿。

16 日

△全省工商行政管理工作会议在昆明连云宾馆召开。中共云南省省委常委、副省长李江出席会议并作了重要讲话。省政府副秘书长张荣明主持会议。省工商局党组书记、局长纳宗会作了关于《深入学习实践科学发展观,充分发挥工商行政管理职能作用,促进我省经济社会平稳较快发展》的工作报告。同时对全省工商系统先进典型进行了表彰。昆明、曲靖、玉溪、保山、楚雄、德宏 6 个州市政府分管领导作了工作交流发言。

### 3 月

3 日

△云南省工商行政管理局召开省局机关创建省级精神文明单位动员大会。省工商局领导和全体干部职工参加了会议。会议由省工商局党组书记、局长纳宗会主持,赵健副局长代表省工商局党组在会上做了动员讲话。

△云南省工商行政管理局召开了贯彻落实“阳光政府”四项制度动员大会。

15 日

△云南省工商行政管理局、云南省消费者协会在昆明金马坊组织开展纪念“3·15”宣传咨询活动。省工商局党组书记、局长纳宗会,副局长赵健,纪检组长曾荣基,副局长曹阳在宣传咨询活动现场分别接待消费者的咨询和投诉。

### 4 月

21 ~24 日

△全省工商系统党风廉政建设暨计划财务工作会议在昆明召开。省纪委相关领导出席会议并作了重要讲话,省工商局党组书记、局长纳宗会出席会议并代表党组与相关责任人签订了党风廉政建设、计划财务工作及重点工作目标考核责任书;部分州市工商局进行了经验交流发言。

23 日

△国家工商总局刘凡副局长在省工商局副局长赵健、保山市工商局局长王德山等陪同下到腾冲县就农民专业合作社、农村经纪人、农民土地流转合同格式规范等问题进行了专题调研。

### 5 月

8 日

△云南省工商行政管理局召开贯彻落实“阳光政府”四项制度昆明现场会。省工商局党组书记、局长纳宗会出席了会议并作了重要讲话。赵健副局长出席了会议并作了发言。

14 日

△中共云南省省委常委、副省长李江率省政府副秘书长张荣明、省政府办公厅副主任、省政府督查室主任陈志国、省政府督查室督查专员安南、省监察厅副厅长赵志彬等有关领导到昆明市官渡区工商局太和分局就贯彻落实“阳光政府”四项制度工作情况进行督查调研。省工商局纳宗会局长、赵健副局长及昆明市工商局、官渡区工商局、太和工商分局和省局有关同志参加了汇报。

### 6 月

24 日

△云南省工商行政管理局召开查处取缔“黑网吧”专项行动联席会议。省工商局、省文明办、省公安厅、省文化厅、省通信管理局和省直机关工委六厅局相关负责同志参加了会议。会议传达国家六部委《关于加强直辖市配合开展查处取缔黑网吧专项行动的通知》精神,听取各单位关于协调配合工作的具体意见建议。

## 7月

1日

△云南省工商行政管理局召开云南省5件商标荣获中国驰名商标新闻发布会。云南省政府副秘书长张荣明出席新闻发布会并作了重要讲话，省工商局党组书记、局长纳宗会出席新闻发布会并宣读“云南省荣获中国驰名商标新闻发布会发布词”。省工商局赵健副局长出席新闻发布会并作了发言，省局领导周发洪、曾荣基、刘本军、曹阳、荆日荣出席了新闻发布会。

14日

△云南省工商行政管理局党组书记、局长纳宗会带领省局办公室、市场处、机关党委、计划财务处相关人员一行9人深入“7·19”地震灾区指导抗震救灾工作。先后深入楚雄州姚安县、大姚县、南华县地震灾区，并对灾区工商干部职工进行慰问。

15日

△中共云南省省委常委、副省长李江在大理州委书记刘明、永平县委书记程永标、县长张剑萍的陪同下，对永平县工商局贯彻落实“阳光政府”四项制度及学习实践科学发展观活动工作进行检查指导。

## 8月

11～13日

△全省工商行政管理局长座谈会在玉溪市江川县召开，会议传达贯彻了全国工商行政管理局长座谈会精神。省工商局党组书记、局长纳宗会出席会议并作了《履职尽责不松懈，服务大局不动摇，努力推动工商行政管理工作再上新台阶》的专题讲话。

## 9月

15～18日

△云南省工商行政管理局党组书记、局长纳宗会，副局长赵健参加第五届泛珠三角区域工商部门高层联席会议。

28日

△云南省工商行政管理局召开离退休老干部座谈会，共庆新中国60华诞。省局党组书记、局长纳宗会率局党组全体成员向全系统离退休老同志表示慰问和节日的祝贺。

△云南省工商行政管理局发出《关于转发国家工商行政管理总局关于切实维护社会稳定，大力加强市场监管工作的通知》。

## 10月

20日

△云南省工商行政管理局发出《关于转发国家工商总局商标局注册商标专用权属登记程序规定的通知》。

27日

△云南省工商局发出《关于印发云南省工商行政管理局各处室总队分局主要职责和人员配置规定的通知》。

## 11月

9日

△云南省工商行政管理局发出《关于转发国家工商总局关于进一步促进个体私营经济发展的若干意见的文件的通知》。

25日

△云南省工商行政管理局发出《关于印发省工商局干部双向选择轮岗交流工作实施方案的通知》。

## 12月

18日

△云南省工商行政管理局收到国家工商行政管理总局《关于立足工商行政管理职能进一步推进非公有制经济组织党建工作的意见》的通知。

# 工商行政管理

## 综　述

**【概况】** 2009年，云南省工商行政管理系统坚持以科学发展观统领全省工商行政管理工作全局，深入贯彻党的十七大和十七届三中、四中全会精神，认真落实国家工商总局和省委、省政府的工作部署，努力实现“三个到位”“六个好”的工作目标，紧紧围绕积极应对国际金融危机冲击、服务云南经济平稳较快发展的大局，尽职尽责加强市场监管，尽心尽力服务经济发展，着力更新观念、创新机制、提升效能，积极推进工商行政管理工作转型，努力提高科学监管促进科学发展的能力和水平，服务发展有新举措，市场监管有新成效，自身建设有新进展，圆满完成了各项工作任务，为云南经济平稳较快发展和社会和谐稳定作出了积极的贡献。

**【法治建设】** 2009年，全省工商系统深入开展“五五”普法工作，认真组织《食品安全法》等法律法规的学习、宣传和组织实施工作，积极开展法律法规主题宣传活动。深化行政执法监督，积极指导复议和应诉工作，核审行政处罚案件727件，受理行政复议案件2件，办理行政诉讼应诉案件5件；对全系统《工商行政管理机关行政处罚文书、行政复议文书和行政赔偿文书》的使用情况、行使自由裁量权的有关情况、实施行政强制措施以及开展行政指导工作的情况进行执法检查。加强立法、立规工作，积极开展《云南省广告管理条例》、《云南省著名商标认定和保护办法》的立法、修订筹备和起草工作，并对地方性法规进行了初步清理。积极探索推行人性化监管、柔性化执法，结合工作实际制定了《云南省工商局关于做好对违法行为人警示与疏导工作的实施意见》，切实加强对违法行为人的警示与疏导工作，行政执法争议明显减少。

**【竞争执法】** 2009年，全省工商系统在国家工商总局的授权和指导下，扎实推进竞争执法工作。不断深化商业贿赂专项工作，围绕中央和省委、省政府确定的重点领域和行业，突出工程建设、产权交易、土地出让、资源开发和经销等群众反映强烈的重点领域，加大商业贿赂案件的查办力度，构建治理商业贿赂长效机制。全系统共查处商业贿赂案件7件，案值276.07万元，罚没款66.25万元。深入开展打击“傍名牌”执法工作，加大对重点案件的查处力度，指导企业积极防范，维护企业合法权益。全年共查处“傍名牌”案件308件，罚没金额123.63万元，涉及被侵权商标品牌40种。认真开展“两烟”打假打私工作及流通领域反走私工作，查处各类涉烟案件871件，取缔无证无照经营户607户，罚没金额52.94万元；查处流通领域各类贩私案件82件，罚没款138.04万元。

**【打击传销与规范直销】** 2009年，全省工商系统继续保持打击传销高压态势，认真组织开展打击传销专项行动和创建“无传销社区（村）”、“防止传销进校园”宣传活动，加大对异地聚集、拉人头式传销活动的重拳打击。通过不懈努力，于2009年5月12日重新恢复云南省打击传销工作领导小组和办公室。借助社会治安综合治理平台，继续完善打击传销的领导协调机制和部门协作机制，严厉查处传销大要案件，查处传销案件82件，捣毁取缔传销窝点1 563个，清理遣散参与传销人员6 946人，配合公安机关抓获各级别传销头目和骨干分子100人，移送司法机关案件14件。继续做好宣传教育工作，营造良好的打击传销舆论氛围。开展直销市场专项检查，加强对直销企业的政策引导、行政指导和教育督导，进一步规范了直销市场秩序。

**【消费者权益保护】** 2009年，全省工商系统强化“12315”网络建设，不断提升“12315”服务效能，开展工商业务全方位咨询，消费维权开始由事后调处为主向事前调控和防范为主转变，“12315”正在成为我省工商的“第一品牌”。以纪念“3·15”国际消费者权益日为契机，围绕“消费与发展”年主题，组织开展消费维权“十个一”系列宣传咨询服务活动。积极争取各级党委、政府支持，全面推进“一会两站”建设，“一会两站”建设由部门行为上升为政府行为。2009年，全省乡镇、街道办事处100%建立消费者协会分会，建立“两站”15 183个，消费维权网络覆盖面进一步扩大。全系统共受理消费者申（投）诉14 487件，成功调解14 178件，调解成功率达97.87%，为消费者挽回经济损失2 977.11万元。

**【市场规范管理】** 1. 开展“诚信市场”创建，加强对各类市场的监管。以商品交易市场信用分类监管为依托，全面开展“诚信市场”创建工作。对1 286个市场进行信用分类监管，其中A类市场368个，B类市场706个，C类市场204个，D类市场8个。加强对各类市场的监管，积极维护规范有序的市场秩序。重点是加强粮油市场监管，进一步落实云南省粮食行政首长负责制和责任追究制，查处粮食违法经营户29户，粮食违法经营案件29件，案值50万元，罚没金额16.91万元,没收查扣粮食2.4万千克。强化成品油市场监管,加强对成品油质量的监测,查处成品油案件137件,案值653.26万元,罚没金额94.04万元,检查加油站4 966个次。加强烟花爆竹市场监管,对全省烟花爆竹生产经营旺季市场进行了6 675场次检查,共检查烟花爆竹经营户9 398户次,查处超范围经营396户,取缔无证照经营685户,受理消费者投诉118件,为消费者挽回经济损失29.5万元。强化旅游市场监管,加强对旅游商品市场、商场、购物店、旅行社、宾馆、及景区、景点周边环境的普查整治,省工商局被云南省人民政府授予"云南省推进旅游'二次创业'突出贡献奖"。加强拍卖市场监管,全系统共进行现场监督拍卖活动216次,备案368次,拍卖确认书15 316份。加强合同监管,加大对企业动产抵押工作的指导力度,全省共办理动产抵押登记2 149份,主债权金额8.9亿元;制定发布合同示范文本77种,进一步规范了《云南省典当业机动车质押合同》和《云南省典当业房屋抵押合同》。

2. 积极服务农村改革发展。深入开展"红盾护农"行动,全面开展农资市场主体清理工作,全省共取缔无证经营者576户;开展农资经营者信用分类监管,目前已有20 228户达到A级经营户,占全省总数的73.89%;督促农资经营者建立"两账两票一卡一书"和"种子留样备查公示"制度,积极推行农资"质量承诺先行赔偿"制度;积极培育发展农业经纪人,大力扶持农民专业合作社,截至2009年底,全省农民专业合作社经工商注册登记的已达4 331户,出资总额23.03亿元,成员总数达14.74万人;培育发展农业经纪人10 864户,发展十分迅速。推进合同帮农,全省共发布涉农合同示范文本161个;按照"订单+企业(基地)+农户"的模式,加强对订单大户企业和生产基地的帮扶力度。全年共检查涉农企业2 812户,检查涉农合同46万多份;签约农户662 394户,合同金额49.79亿元。建立市场监管信息定期分析报告制度,全年共发布云南农副产品价格监测日报695期,农副产品和农资价格监测分析周报98期,季报4期。

【食品流通监督管理】 2009年,全省工商系统认真宣传和贯彻落实《食品安全法》,进一步加大流通环节食品安全监管和专项整治工作力度。全面推行"一票通"制度,通过以"一票通"为载体的票据链实现食品批发和零售的全程流向监控,逐步实现食品安全监管全覆盖。积极开展"农村食品安全示范店"创建工作,以示范推动食品经营者自律,切实保障农村食品安全,全年共培育创建4 981个农村食品安全示范店。积极做好婴幼儿奶粉事件患儿一次性赔偿金发放工作,切实做好甲型H1N1流感疫情市场防控。深入开展奶制品市场、打击流通环节违法添加非食用物质和滥用食品添加剂、重点食品以及季节性、节日性食品和农村食品市场等专项执法检查,全系统共检查食品经营户870 486户次,检查批发市场、集贸市场等各类市场26 016个次,取缔无照经营户5 458户,吊销营业执照64户,捣毁制假售假窝点64个,查处制售假冒伪劣食品案件2 604件,案值359.9万元,罚没金额407.6万元;检查食品添加剂经营户41 745户次,查处案件19件,案值359.9万元,罚没金额407.6万元。

【企业注册登记】 2009年,全省工商系统完善市场主体准入制度,积极服务市场主体发展。严格执行"一审一核制",切实加强"窗口"建设,提高注册登记工作效率,全省已有17项窗口受理人员可当场办结的登记事项和备案事项。积极支持和推动公有制企业改制、兼并和重组,扶持公有制企业做大做强,对各级政府为扩大内需确定的重大投资项目和重点建设项目需要组建公司或者办理增资、改制登记的,开辟"绿色通道",推行服务前移和服务延伸,全程提供登记咨询和指导服务。制定出台了帮扶我省外商投资企业平稳健康发展的14条措施,进一步放宽市场准入条件、简化审批环节、改进服务方式、加强企业回访,外资工作受到省委省政府的高度评价,被评为"招商引资先进单位"。坚持和完善市场主体登记信息、监管信息等定期分析报告制度,积极服务政府决策和经济发展。截至12月底,全省实有内资企业186 784户,注册资本(金)7 253.23亿元;实有外资企业1 887户,注册资本(金)92.84亿美元,新增176户。

【广告监督管理】 2009年,全省工商系统加大整顿规范广告市场力度,切实维护文明诚信的广告市场秩序。充分发挥整治虚假违法广告联席会议的作用,继续加强对药品、医疗、保健食品等重点广告的监管,强化对电视购物广告、金融服务广告、互联网广告和涉农广告的治理力度,分层分类推进广告市场整治工作。强化监管措施,进一步加强广告发布环节的监管,完善和落实媒体单位发布虚假违法广告行为领导责任追究制。健全联合监管的综合治理机制,密切与有关部门的协作配合,监管合力与实效不断增强。全年共监测和检查各类广告127万条(次),查处违法广告案件1 705件,罚没金额355.2万元。加强广告行政立法,全面开展《云南省广告管理条例》的起草工作。切实加强行业指导,认真研究制定云南省促进广告业发展的意见。积极组织开展云南省第八届公益广告评比活动,推动云南公益广告事业健康发展。

【商标监督管理】 2009年,全省工商系统深入推进商标战略实施,进一步完善商标战略实施规划,积极开展"一所一标"和"一所多标"活动。全年新获准认定中国驰名商标5件,新申请注册商标4 540件,实现了历史性突破;新认定云南省著名商标170件,开展认定知名商标的州市由2个发展到5个。到年底,全省有效注册商标总数达24 669件,其中拥有驰名商标12件,著名商标773件,地理标志证明商标13件,商标国际注册71件。深入开展商标侵权假冒行为查处和商标代理市场清理整顿工作,认真开展保护世界博览会标志专有权行动,切实加强商标行政保护工作。积极修订《云南省著名商标认定和保护办法》,完善著名商标认定保护工作。2009年,全省工商系统共查处各类商标侵权案件982件。

【个私经济管理】 1. 积极促进私营经济健康发展。加大政策扶持力度,积极推广网上年检,认真做好市场主体基础信息分析工作,为私营企业提供便捷高效的服务。积极与金融机构等有关部门联合,稳妥推进股权出质、出资登记管理,认真做好动产抵押登记工作,切实帮助企业特别是中小企业解决融资难问题。截至12月底,全省实有私营企业136 746户,注册资本(金)3 072.92亿元,新增26 383户。

2. 积极服务个体创业。认真兑现省政府对创业人员从事个体经营的优惠政策,从2009年1月1日起,在全省范围内免收个体工商户登记费和验照换照费。进一步放宽市场准入,凡法律法规未禁止非公有制经济投资的行业和领域,都允许个体经营。认真落实关于内地与港澳建立更紧密经贸关系第三阶段扩大开放政策,积极促进港澳个体工商户发展。截至12月底,全省城乡个体工商户共有98.67万户,从业人员2 009 177人,资金数额293.81万元,新发展25.37万户,净增14.4万户。

3. 认真落实云南省人民政府以创业促就业"贷免扶补"政策。积极帮助创业人员申请政府创业免息贷款,大力开展培训和帮扶工作,全省各级个私协会共成功帮扶创业者1 222人,帮助创业者获得贷款5 929万元。建成运行"创业导师库"网站,已录入2 484名创业导师,访问量达到59 241人次,受到国家工商总局的充分肯定。

4. 全面清理整治无照经营。强化日常巡查和监管,全面推行责任区监管新模式,通过合理划分责任区、落实责任人、明确岗位职责,实现对辖区内各类市场主体的全方位、全过程监管。突出整治重点,严厉查处取缔无照经营行为。截至12月底,全省共查处取缔无照经营案件23 461件,案件总值23 444.97万元,没收金额575.08万元,罚款金额6 885.04万元。

【信息化建设】 加强对全系统信息化建设的组织领导和统筹规划,保障"三个层次"整体推进、协调发展。全面推广使用"云南工商政务业务一体化软件",将信息技术广泛应用于市场准入、市场监管、行政执法、消费维权、行政事务等领域。全面升级广告监测系统,实现违法广告自动识别,最大限度地克服监测的人为因素,保证监测结果的准确性。省工商局"智能排队叫号和效能评价系统"正式投入使用,监管现代化不断提高,管理精细化显著提升,信息化的创新和服务能力明显增强。

【庆祝新中国成立60周年】 2009年,是中华人民共和国成立六十周年。全省工商系统开展了一系列庆祝建国60周年的宣传、教育活动,进一步激发了广大工商干部的爱党爱国热情。以支部为单位,组织开展了"热爱党、热爱祖国、热爱人民、热爱社会主义、热爱工商事业"主题组织生活会,认真开展"三比二看一盘算"感恩教育活动;在云南工商杂志上开辟庆祝建国60周年纪念活动专栏,举办了机关干部职工摄影展;编印了纪念建国60周年和云南省工商局恢复建制30周年的大型图册《红盾在云岭闪光》;积极开展"迎国庆、讲文明、树新风"活动,组织开展了"爱国歌曲人家唱"群众性歌咏比赛,积极参加省直机关第七届"红土地之歌"演讲比赛,分别获得二等奖和三等奖;选送节目参加省直机关工委"祖国在我心中"文艺晚会,其中《红盾颂》获创作二等奖。

同时,全系统围绕庆祝新中国成立60周年切实做好社会稳定工作,积极参与社会治安综合治理、净化社会主义文化环境等工作。深入开展"扫黄打非"斗争,收缴非法出版物76 699件,处罚违规经营户61户,取缔经营户79户,查办案件74件。全面推进卫星电视转播秩序整治工作,加大查处取缔黑网吧力度,查处取缔黑网吧136户,罚款金额25.26万元。与有关部门密切配合,继续做好未成年人思想道德建设、校园周边环境整治、禁毒防艾、处置非法集资、反假币、反洗钱、打黑除恶等工作。认真做好"大接访大下访"工作,及时疏导化解矛盾,减少治安隐患。

【工商文化】 继续巩固深入学习实践科学发展观的成果,坚持用社会主义核心价值观教育干部,在全系统牢固树立"工商兴我荣,工商衰我耻"的主人翁意识,深入开展"个人形象一面旗、工作热情一团火、谋事布局一盘棋"主题实践活动,树立云南工商良好形象。开展干部队伍大规模培训,继续开展注册登记、执法办案、计算机操作"三能手"岗位大练兵、大比武活动,2009年新评定"三能手"共100人,激发了广大干部职工比学习、比工作、比奉献的热情。逐步构建云南工商廉政文化建设的长效机制,通过处长专题接待日、行风评议、走访社会各界等多种形式,广纳意见和建议。充分运用网络、广播电视、各类刊物、宣传栏等载体,全面展示云南工商文化,树立云南工商廉洁、高效、务实的部门形象。

【创建阳光工商】 2009年,全省工商系统认真贯彻落实云南省人民政府重大决策听证、重要事项公示、重点工作通报、政务信息查询四项制度,积极开展阳光工商创建活动。省工商局结合工商职能,提出把加强流通环节食品安全监管、搞好服务促进发展、推进商标战略、积极维权促进消费、加强自身建设夯实工作基础、加强督查检查促进工作落实等六项重点工作作为贯彻落实阳光政府四项制度、创建阳光工商工作的重点。全系统紧扣工商职能,着力构建高效率、零障碍的市场准入工作机制,做到阳光许可;着力构建从"管理本位"向"服务本位"转变的服务型工商工作机制,做到阳光监管;着力构建人性化、说理式的执法工作机制,做到阳光执法;着力构建为消费者提供多层次、多方式的消费维权服务的工作机制,做到阳光维权;着力构建"群众评议、内部考核"的内外监督相结合的工作机制,做到阳光监督,不断深化"阳光工商"创建工作。全省各级工商部门的服务意识明显增强、执法行为更加规范、工作效能明显提升、队伍素质明显提高,贯彻落实阳光政府四项制度,创建阳光工商工作取得明显成效。

# 法制建设

2009年,在省局党组的正确领导下,法规处紧紧围绕落实阳光政府“四项制度”、国家工商总局转变“四种理念”、省局党组“六个必须”和“六项重点工作”的要求,较好地实现了“四种理念”的转变和做到“六个必须”,为落实“四个统一”、“四化”建设,实现“三个到位”、“六个好”工作目标,推进科学监管促进科学发展作出了积极的努力。

**一、2009年主要工作**

(一)深入开展学习实践科学发展观活动,积极转变执法理念。

1. 根据省局党组的统一部署,认真开展学习实践科学发展观活动的总结、整改和回头看工作。

2. 根据省局党组的部署,开展中国特色社会主义理论体系专题学习教育活动。

(二)迅速落实创建阳光工商的决策和部署。

1. 认真落实省政府、省局党组关于建设阳光政府、打造阳光工商的决策和部署,牢固树立“建设阳光法制,促进阳光工商”的理念和思路。

2. 制定法规处创建阳光工商具体措施。提出了“建设阳光法制、促进阳光工商”的创建工作思路,就是要结合法制工作职能职责特点,在整体推进的基础上,突出“三个监督检查”,即突出对抽象行政行为、具体行政行为和紧急管理措施制定和执行的监督检查,并制定了13条创建阳光工商的具体措施。

3. 积极参加创建阳光工商昆明现场会的筹备、组织工作,提出了许多具有创新性、建设性的意见和建议。

4. 研究起草《重大决策听证实施办法》,参与研究制定重要事项公示、重点工作通报、政务信息查询等制度。

5. 建立了重大决策听证月报制度和月计划制度。

6. 积极开展重大决策听证活动的指导工作。

7. 起草了《处长专题接待日规定》,主持处长专题接待日通报会次。

(三)深入开展“三个一”主题实践活动。

2009年下半年,按照《中共云南省工商行政管理局党组关于深入开展一面旗一团火一盘棋主题实践活动的通知》要求,认真学习了上级有关文件和省委白恩培书记《努力做一名党和人民满意的领导干部》等文章和论述,深刻理解“一面旗、一团火、一盘棋”的内涵,进一步明确了开展“三个一”主题实践活动的重要意义和具体要求。在此基础上,对照“三个一”的要求,切实查找了突出问题和不足,深刻分析原因,明确了努力方向。同时,按照机关党委的安排,认真召开“五爱专题组织生活会”,全处党员、群众都在会上进行了“三比两看一盘算”发言和撰写书面思想汇报材料。

(四)认真开展群众评议省局机关作风活动。

6月份以来,根据《云南省工商行政管理局关于转发二00九年度群众评议省直机关作风活动实施方案的通知》和《云南省工商行政管理局关于印发群众评议省局机关作风活动工作方案的通知》的安排部署,按照省局工作方案规定的指导思想、评议内容、方法步骤和具体要求,认真开展自评自查,积极参与群众评议省局机关作风活动,完成了第一、二、三阶段的工作任务,制定并落实整改措施6条。同时,认真组织开展行政执法案件集中回访活动,会同公平交易处、经检总队制定了工作方案,在全系统进行了行政执法案件回访工作。

(五)进一步深化行政执法监督工作。

1. 完成了迎接省政府对省工商局行政执法评议考核的各项工作,制定整改措施,并进行了严肃认真的整改。省工商局2008年度的行政执法工作被省政府评为特别优秀的单位。

2. 组织实施了对州、市工商局的行政执法评议考核工作。采取了州、市工商局相互交叉评议考核的方式,重点对2008年度各州、市工商局行政审批制度的执行情况开展了评议考核。

3. 开展了案件核审、行政复议、行政诉讼应诉、批复请示等日常监督工作。省局法规处核审行政处罚案件727件,办理行政复议案件2件,办理行政诉讼应诉案件5件。

4. 积极参与了组织实施岗位大练兵活动。

5. 组织实施行政执法证的培训、审核和换证工作。参加了总局行政执法证软件培训和学习考察工作。拟定了我省的工作方案,正式启动了行政执法证的培训、审核和换证工作。目前已基本完成省局的换证工作,正在进行州、市局的数据录入和审核工作。

6. 组织开展了2009年度执法检查活动。根据国家工商总局的安排部署,全省工商系统对《工商行政管理机关行政处罚文书、行政复议文书和行政赔偿文书》的使用情况、行使自由裁量权的有关情况、实施行政强制措施的情况和开展行政指导工作的情况进行了执法检查。

(六)深入开展“五五”普法工作。

1. 开展了依法治理信息上报工作,向省依法治省领导小组办公室报送依法治理信息7期。

2. 及时开展法律法规学习宣传活动。组织或者参与组织了阳光政府《四项制度》、《食品安全法》及其实施条例等法律法规的学习、宣传、实施工作。

3. 深入开展法律法规主题宣传活动。12.4、3·15、4.26分别开展了《宪法》、《消费者权益保护法》、《商标法》等法律法规宣传、咨询活动。

4. 参与了金色热线及3·15热线咨询、答疑活动。

(七)积极参与立法、立规工作。

1. 参与省人大、省政府、工商总局及其相关部门的有关立法工作。参加了国务院《食品安全法实施条例》制定、《消费者权益保护法》修订、《云南省工业大麻种植加工许可规定》等法律、法规、规章及其他规范性文件的研究、讨论工作。

2. 参加《云南省著名商标认定和保护办法》的修订工作,向省政府上报了《云南省工商行政管理局关于报送云南省著名商标认定和保护办法修正案的报告》。

3. 参加《云南省广告管理条例》的

立法筹备、调研、起草工作，向省政府上报了《云南省工商行政管理局关于申请将云南省广告条例列入立法计划的报告》。

4. 认真做好地方性法规清理工作。按照省人大常委会《关于开展地方性法规清理工作的通知》、《云南省人民政府法制办公室关于开展地方性法规清理工作的通知》要求，对地方性法规进行了初步清理。经过全面清理，1979年以来由省工商局起草、以省政府议案报省人大及其常务委员会制定和批准的地方性法规共有7件。

5. 参与了商品交易市场登记取消后市场监督管理有关问题的调查研究，提出了相关意见建议。

6. 研究、办理回复有关部门规范性文件的征求意见稿107件。

7. 研究、办理与有关部门的会签文件59件。

（八）积极参加省局三定方案起草、修改工作。

1. 参与省工商局"三定"方案的前期调研、起草工作。

2. 协助人教处审查省直相关部门的"三定"方案。

3. 协助人教处审查本局内设机构的工作职责。

4. 拟定法规处主要职责、岗位设置、人员配置方案草案。

（九）加强对基层工作的调研和指导。

1. 根据省局党组的统一安排，开展了督查调研活动。

2. 对基层工商所全员执法办案和转型进行了研究和指导。

3. 进一步加强了对基层工商所规范化建设的研究和落实。

4. 加强对基层执法办案的指导，共指导基层办理疑难案件3件。

## 纪检监察

2009年是全省工商系统改革发展极不平凡的一年。在复杂严峻的形势面前，云南省工商行政管理局纪检监察室在省纪委、省监察厅和省工商局党组的正确领导下，深入学习实践科学发展观，全面贯彻落实省委、省政府和国家工商总局的各项工作部署，加快推进"三个到位"、"六个好"工作目标，在服务我省经济社会发展中取得了显著成绩。全省各级工商机关认真落实中央《建立健全惩治和预防腐败体系2008－2012年工作规划》、省委的实施办法和省局的实施意见，坚持标本兼治、综合治理、惩防并举、注重预防的方针，以党风廉政建设责任制为龙头，以廉政风险点防范管理为抓手，紧密结合工商部门实际，突出工作重点，狠抓工作落实，严格监督检查，反腐倡廉教育、监督、制度、改革、纠风等各项工作整体推进，具有云南工商特点的惩治和预防腐败体系不断完善，全省工商系统党风廉政建设和反腐败工作取得了明显成效。

（一）加强监督检查，促进了全省工商系统各项中心工作和重点任务的落实。

紧紧围绕党中央、国务院和省委、省政府保增长、保民生、保稳定的一系列重大决策部署，以国务院扩大内需促进经济增长十项措施的《若干意见》、国家工商总局和省局的落实措施为重点，认真抓好上级各项决策部署和工作措施在全省工商系统贯彻落实情况的监督检查。组织和配合相关部门对医药购销中的不正之风、工程领域中存在的突出问题等方面进行了整治。以省局党组确定的"六项重点工作"为重点，认真抓好各项中心工作和重点任务落实情况的监督检查，有力地促进了各项工作任务的完成。

围绕中央、省委确定的重点领域和行业，加大查办商业贿赂案件力度，深入开展了商业贿赂专项治理工作。2009年，全省各级工商机关共查处商业贿赂案件19件，案值276.07万元。

（二）弘扬新风正气，作风建设取得新成效。

2009年，全省工商系统以深入学习实践科学发展观活动为契机，认真组织开展了"加强党性修养、弘扬新风正气"主题教育活动和"个人形象一面旗、工作热情一团火、谋事布局一盘棋"主题实践活动。按照"六个着力"、"四个大兴"的要求，从五个方面督促各级领导干部着力加强党性修养。按照省纪委《关于认真贯彻落实厉行节约八项要求的通知》，制定了办公楼管理、公务接待、因公出国（境）管理等六项厉行节约的具体措施，严格控制一般性支出，降低运行成本，完成了省纪委规定的各项硬性指标任务。

（三）加强宣传教育，党员领导干部廉洁自律意识进一步增强。

以学习宣传反腐倡廉方针政策和制度规定为重点，采取集中学习、播放电教片、举办讲座、网上学习等多种形式，认真开展了"树立优良作风、促进科学发展"主题教育活动，重点加强了对《关于严格禁止利用职务上的便利谋取不正当利益的若干规定》等制度规定的学习宣传，各级领导干部廉政意识进一步增强。积极开展形式多样的廉政文化建设活动，党员干部以廉为荣、以贪为耻的意识进一步增强，全省工商系统敬廉、尚廉、践廉的氛围更加浓厚。

（四）健全制约机制，对权力运行的监督进一步强化。

继续采取专题督查调研、省局分管领导参加挂钩州（市）工商局党组民主生活会、领导干部述职述廉等方式，加强了对各级领导班子特别是"一把手"的监督。深入开展"小金库"专项治理，认真执行领导干部个人有关事项报告制度，加强了对领导干部出国（境）等事项的管理。采取行政监察、执法监察和效能监察等多种方式，加强了对行政许可和行政执法行为的监督。以省局机关实施新"三定"工作为重点，加强了对干部选拔任用工作的监督。对8个州（市）工商局财务工作进行了内部审计，组成7个工作组开展了2008年度及历年基建工程项目清理检查，加强了对财务和基建项目的监督。大力推行政务公开，加强了对内部重要事项的民主监督。认真做好信访举报工作，严肃查办违纪违法案件。2009年，全省工商系统各级纪检监察机构共接到信访举报139件，受理131件，立案39件，结案27件。全年给予党纪政纪处分18人。同时，为59名受到失实举报的党员干部澄清了事实,保护了干部。

(五)积极探索推进,廉政风险点防范管理和基层述职述廉工作进一步加强。

全省各级工商机关在已经取得试点经验的基础上,充实内容,扩大范围,积极开展廉政风险点防范管理工作,有效防范了廉政风险和监管风险。曲靖市工商系统廉政风险点防范管理工作得到了总局领导的肯定,有关经验在全国工商系统党风廉政建设座谈会上进行交流。西双版纳州工商系统廉政风险点防范管理的做法和经验,在省纪委《纪检监察》(专刊)上刊登,省纪委、省委组织部和省委宣传部联合摄制了专题片在全省播出。同时,基层执法人员述职述廉工作积极推进,全省工商系统共4 161名基层行政执法人员向市场主体和服务对象代表进行了述职述廉,主动接受群众监督,受到了各级党委、政府和人民群众的好评。

(六)强化责任考核,党风廉政建设责任制得到有效落实。

省局党组进一步完善了考核评价机制,把党风廉政建设与工商各项工作更加紧密地融合在一起,进一步实现党风廉政建设与其它工作一起部署、一起检查、一起考核,全省各级工商机关全面落实党风廉政建设"一把手"负责制,层层签订责任书,逐级落实责任制度。在省局机关实施新"三定"工作中,省局党组与新提拔的17名正、副处级干部签订了《新任领导干部廉政建设责任承诺书》,责任体系进一步得到完善。年底,省局对16个州(市)工商局和机关26个处级单位进行了检查考核,确保了党风廉政建设责任的落实,有效促进了党风廉政建设各项任务的完成。

(七)重视自身建设,纪检监察干部队伍素质和工作水平得到提高。

各级纪检监察机构认真组织开展了"做党的忠诚卫士、当群众的贴心人"主题实践活动,开展了向王瑛、李龙伟、杨雪斌等先进典型学习活动,开展了"学习纪检监察业务、学习市场监管业务"活动。同时,采取选派培训、以会代训、考察学习和岗位培训等多种形式,加大了培训工作力度,纪检监察干部队伍的整体素质有了新的提高,纪检监察机构自身建设进一步加强。

## 人事教育

2009年,全省工商系统在人事教育工作中,坚持以邓小平理论和"三个代表"重要思想为指导、以科学发展观为统领,全省工商系统各级人事部门和广大人事干部紧紧围绕省局党组中心工作,进一步增强"四种意识",以建设"三个过硬"队伍、实现"四个统一"和"三个到位"、"六个好"提供组织保障和人才支持为目标,认真履行人事教育各项工作职责,努力抓好各项工作的贯彻落实,在完成省局机关新"三定"工作、深化干部人事制度改革、加强领导班子和干部队伍建设、推进工商所规范化建设、加强学习培训和自身建设等方面取得明显成绩。

**一、紧紧围绕中心工作,积极稳妥完成省局机关机构改革和新"三定"工作,服务大局的工作水平进一步提高**

为制定符合中央、省委、省政府精神,符合国家总局要求,符合工商职能工作需要的比较科学的省工商局"三定"规定草案和说明,自2009年年初,通过到总局请教咨询和到上海、湖南、重庆等省市工商部门学习考察,在充分领会政策精神和把握省内外情况的基础上,经多次内部讨论、外部协商、向上级汇报和征求多方意见,形成省工商局"三定"规定草案和说明并上报省编办。2009年10月,《云南省工商行政管理局主要职能内设机构和人员编制规定》经省人民政府批准正式印发后,省局党组高度重视,成立以纳宗会局长为组长的省工商局新"三定"工作领导小组及办公室,拟定《云南省工商局关于新"三定"规定的实施意见》、《云南省工商局关于印发各处室总队分局主要职责和人员配置规定的通知》,自10月28日开始至12月底,分动员部署、组织实施、总结三个阶段积极稳妥地完成省局"三定"工作。1. 通过明确省工商局新"三定"实施的方法步骤、工作安排和相关要求,制订下发《省工商局新"三定"处级领导干部任职实施办法》、《省工商局机关处级领导干部竞争上岗工作实施方案》和《省工商局干部双向选择轮岗交流工作实施方案》。2. 通过明确处室(总队、分局)职责,在"三定"核定的人员编制和正、副处级领导职数限额内,合理配置人员和处级领导。按不同职务层次和职务类别,主要采取测评考核、竞争上岗、交流轮岗、双向选择和组织安排等多种方式,确定处级领导干部职位和其他干部工作岗位。

省政府批准的省工商局新"三定"规定,充分体现省委、省政府对工商工作的高度重视。在政府机构缩减和编制总数不变的情况下,省工商局在职能职责、机构设置、编制职数三方面都得到加强,对于全省工商系统贯彻落实科学发展观和完成新时期工商工作任务、加强工商机关自身建设、提升工商部门的地位和作用有着非常重要的意义,对推动省以下工商部门机构改革、加强全系统组织建设、能力建设亦将产生积极的推动和引导作用。省工商局职责的强化,内设机构、人员编制的增加和调整,对于进一步解决工商行政管理职能到位方面的障碍,进一步加快工商事业发展步伐,必将起到积极深远的作用。

**二、以加大竞争性选拔干部力度为重点,进一步深化干部人事制度改革,干部选拔任用工作的科学性和合理性进一步显现**

深化干部人事制度改革,是建设高素质干部队伍的有效途径,是新形势下加快工商事业发展的组织保证。2009年,按照省局党组进一步推进深化干部人事制度改革的要求,在完善干部选拔任用机制、加强干部交流、推进干部年轻化和事业单位人事制度改革方面取得新进展。1. 以省局机关机构改革"三定"工作为契机,在选人用人方面,引入公开竞争机制,开展正、副处级领导职位竞争上岗,10名年轻干部走上了正处级领导岗位,7名同志走上了副处级领导干部岗位。选拔任用干部工作向民主化、公开化方向前进了一大步。通过全员双向选择、交流轮岗,省局机关在编公务员中有52%的人员进行了交流轮岗,同时,将“正处级实职领导干部在同一岗位任满5年、副处级实职领导干部和处级非领导干部在同一岗位任满6年、科以下干部在同一岗位任满7年,均应定期轮岗交流”作为制度规定不断完善充实,使省局机关的干部使用和管理更加科学化、制度化、规范化。2. 注重干部队伍结构调整,重视年轻干部的培养。2009年,为加大机关和基层干部交流力度,进一步拓展思路、谋求创新,加强机关作风建设,省局调整具有一定基层工作经验的州、市局局长担任机关处长,从而改善了干部结构、激发了工作动力。省局机关55岁以上的2名正处级领导干部和州、市局3名副处级领导干部改任非领导职务,干部发展空间得到有效拓宽,为进一步建立能上能下、有效激励、严格监督、竞争择优、充满活力的用人机制迈出新的步伐。3. 根据《云南省事业单位人事制度改革实施意见》和《云南省事业单位岗位设置管理实施意见》及时摸底调查上报《事业单位收入分配等情况统计报表》,并且结合全省工商实际,按照实事求是、积极稳妥、平稳推进的原则,组织开展政策研究、情况咨询、摸底调查工作,初步拟定全系统事业单位岗位设置方案和实施计划,事业单位人事制度改革工作逐步启动。4. 鉴于省工商行政管理学校面临主要职能弱化,生均定额核定经费保障困难的实际情况,认真调研并积极向省财政厅、省编办汇报并寻求支持,按照省局党组要求,拟定省工商学校改革方案并上报。

**三、积极探索考核和评价机制,领导班子建设和干部队伍建设工作进一步拓展**

2009年,按照着眼于全面提高领导干部的领导水平和领导能力,把系统各级领导班子建设成为政治坚定、求真务实、开拓创新、勤政廉政、团结协作的坚强领导集体的要求,一方面积极探索符合科学发展观要求的领导干部考核和评价机制,加强对领导干部的管理和监督。另一方面加强干部的考核工作。1. 按照省局党组的要求,完成机关处室和事业单位主要负责人2008年履职情况汇报及民主测评工作,取得良好成效。2. 根据省纪委、省委组织部通知要求,省、州市局召开2009年度专题民主生活会,重点对照检查在加强党性修养和作风养成、贯彻落实胡锦涛总书记在十七届中央纪委第三次全会重要讲话中提出的“六个着力、六个切实”要求方面存在的突出问题,对照检查在落实中央关于党政机关厉行节约的有关规定方面存在的突出问题,同时认真对照检查在贯彻落实科学发展观、遵守十七届中央纪委第三次全会提出的廉洁自律五条规定和落实党风廉政建设责任制方面存在的问题,并针对存在问题提出了切实可行的整改措施。3. 按照省委组织部要求,深入开展了整顿用人上的不正之风工作,并按要求进行检查汇报和整改总结。4. 配合省委组织部完成省工商局副巡视员的推荐考察和任命工作,配合省委组织部第十一干部考察组完成工商系统副厅级后备干部的推荐考察工作。5. 圆满完成对2008年度公务员年度考核工作。按照优秀等次人员确定比例,公务员考核确定为优秀等次人员38名、称职152名,事业单位工作人员确定为优秀等次人员10名、合格66名。全省各州市的公务员考核工作也都如期完成。6. 与省人力资源和社会保障厅联合组织第五届双先表彰工作,召开表彰大会,表彰集体二等功5个、集体三等功15个、个人二等功10人、三等功20人及先进工商所25个、先进个人43人,并编印先进事迹材料和光荣册。

**四、以提高能力素质为核心,培训教育工作进一步深化**

2009年,围绕工商职责任务的新变化和新要求,继续加大干部教育培训工作力度,着力提高干部的业务素质和工作能力。1. 高度重视开展学习实践科学发展观全员培训活动。省局党组多次召开党组会专题研究,制定详细的培训方案,由纳宗会局长亲自挂帅,周发洪副局长、曾荣基组长、曹阳副局长带队分赴昆明、曲靖、玉溪、德宏四个片区,进行全省工商系统基层单位开展学习实践科学发展观全员培训活动。共培训工商局长、人教科长、“学办”主任、县(市、区)工商局长等骨干184人,整个培训活动主题突出、内容丰富、形式生动活泼、工商特色鲜明、培训效果明显,各组按照总局、省局党组规定的学习内容和规定动作展开学习,实现了部门培训活动与地方学习实践的有机结合,体现了条块联动,协调推进,得到当地政府部门的充分肯定和好评。2. 继续开展全省工商系统岗位大练兵大比武活动。2009年是开展岗位大练兵大比武承前启后的关键一年,在认真总结2008年岗位练兵活动成果的基础上,制定下发《云南省工商局关于表彰2008年度全省工商系统执法办案注册登记和计算机操作能手的决定》,并在“双先”表彰大会上对35名执法办案能手、35名注册登记能手、30名计算机操作能手予以表彰奖励。此举迅速在广大干部职工中掀起学法律、学业务、学技能的大练兵热潮,营造出比、学、赶、帮、超的良好学习氛围。同时,及时制定下发《云南省管理局关于继续开展全省工商系统岗位大练兵大比武活动的通知》,号召全省工商系统积极投入岗位大练兵大比武活动。全省工商系统岗位大练兵大比武活动按计划如期展开。3. 举办云南工商时代前沿知识系列讲座。按照省局党组要求,为帮助干部更新知识,提高业务理论和监管执法水平,提高科学监管促进科学发展的能力,举办三期云南工商时代前沿知识系列讲座,分别邀请国家总局商标局、食品流通监督管理局、消费者权益保护局的领导前来授课,收到很好的培训效果。4. 组织省、州市、县工商局局长29人参加国家工商总局深圳学院的12期短期脱产培训班学习。通过培训,学习了新知识、新理论,开阔了视野,思想上、理论上普遍得到提高。

**五、全力推进基层工商所规范化建设,夯实基础的工作力度进一步加大**

推进工商所规范化建设,是新形势新任务对工商工作提出的新要求,也是省局党组确定的2009年六项重点工作之一。为全面提高全省工商系统工商所规范化建设水平,充分发挥工商所在市场监管、行政执法和促进经济社会发展中的职能作用,进一步规范工商所工作职责、工作流程、执法行为、工作制度、队伍管理、考核标准,促进工商所基础设施完善配套、监管方式改革创新、监管服务效能提高、执法行为明显规范,队伍素质切实提高、廉政作风整体加强、工商形象全面提升。2009年,制定下发《云南省工商行政管理局关于印发加快工商所规范化建设实施方案的通知》和《云南省工商局关于实施工商所规范化建设中几个问题的通知》。与此同时,进行基层工商所规范化建设专题调研活动。通过调研,深入到工商所、干部职工中间,广泛听取意见和建议,帮助基层工商所牢固树立规范化建设的思路,强化执法行为规范、监管制度规范、基础设施规范、队伍管理规范的理念,并及时总结、发现和推广先进经验,着力解决好工作中遇到的困难和问题,做到统筹谋划、督促指导、整体推进。现已有一批工商所达到规范化建设的水平。

**六、切实加强自身建设,人事部门的履职水平和服务效能进一步提升**

2009年,全省工商系统各级人事部门和广大人事干部带头讲党性、重品行、作表率,进一步转变工作作风、强化服务理念、加强自我修养,努力做到用人立得起、党建推得开、制度抓得严、形象树得好。在加强人事部门自身建设方面,结合开展深入学习实践科学发展观活动,积极开展"三个一"主题实践活动,对个人形象,精神状态、谋事能力进行深刻反省,使各级人事干部进一步增强党性修养、改进工作作风、提高谋事水平。按照省委组织部的工作部署,结合工商工作实际,向全省十六个州市印发《云南省工商系统各级人事部门深化拓展"讲党性、重品行、作表率"活动实施意见》,在全系统各级人事部门积极开展"讲党性、重品行、作表率"树立组工干部新形象的学习实践活动,增强各级人事部门的党性意识、形象意识和服务意识。进一步加强各项规章制度的建立、完善和落实,规范工作程序,加大信息化建设力度,购置人力资源管理软件和相关硬件设施。同时,认真落实阳光政府"四项制度",落实相关内部管理措施,切实提高人事工作服务水平,从而圆满完成全系统人事统计、年度工资审批和规范津贴补贴、77名提前退休从事个体私营经济活动人员的材料初审、汇总上报及转批,完成14个单位共94人的公务员招录、退役士兵安置,完成27人工作调动手续办理、新农村建设指导员的选派和组织、全系统因公出(境)管理等大量日常性工作,较好的体现出全省工商系统人事部门的履职水平和服务效能。

## 公平交易

2009年,全省工商系统在公平交易(经济检查)工作中,紧紧围绕整顿和规范市场经济秩序这一中心,加大公平交易执法力度,积极探索新领域,查办新案件,拓展专项整治成果,以治理商业贿赂、打击传销、"两烟"打假打私、"扫黄打非"、全员执法办案经验推广、全省执法办案能手竞赛活动等工作为重点,组织开展专项执法行动,各项工作都取得了明显成绩。截至10月份,全省工商系统共查处各类经济违法、违章案件21 542件,案件总值16 181.58万元,全系统上缴财政罚没款9 186.81万元。

**一、2009年主要工作情况**

(一)治理商业贿赂工作。

全省公平交易(经济检查)系统全面贯彻落实国家工商总局、省治理商业贿赂工作领导小组的工作部署和要求,制定下发了《云南省工商行政管理局推进市场诚信体系建设,加快建立健全防治商业贿赂长效机制的实施意见》,紧紧围绕自查自纠、案件查办、建立长效机制三大任务,强化拓宽案件来源、案件查处、上下联动、督促指导、自查自纠、协调配合,有效开展各项工作,同时不断深入治理商业贿赂工作。

2009年1~10月,全系统共查处商业贿赂案件7件,案值276.07万元,罚没款66.25万元。

(二)打击传销规范直销工作。

按照国家工商总局和省委、省政府的部署,全省工商系统认真组织开展了打击传销专项行动,组织开展了打击传销百日联合执法行动、创建"无传销社区(村)"活动和"防止传销进校园"、"打传规直宣传月"等宣传活动,加大了对异地聚集、拉人头式传销活动的重拳打击,打击传销工作取得了阶段性成果。为切实加强对我省打击传销工作的组织领导,省局多次与省政府汇报、商请,通过不懈努力,于2009年5月12日重新恢复了云南省打击传销工作领导小组和办公室,为今后组织开展打击传销工作提供了强有力的组织保障。

在积极做好打击传销工作的同时,还加强了与直销企业、非直销企业分支机构的沟通联系,规范监管直销市场和店铺。通过对直销企业、非直销企业分支机构进行走访和组织召开3届联谊会等形式,了解相关信息和企业生产经营情况,通报全省打传工作动态,宣传打传规直的法规、政策,寓监管于服务之中。

2009年1~10月,全省工商系统共出动执法人员30 205人次,检查出租房等易聚会场所17 594个,查办各类传销案件75起,案值3 118.10万元,处以罚款17.60万元,捣毁取缔各类传销窝点1 304个,清理遣散参与传销人员3 875人,抓获各级别传销头目及骨干47人,移送司法机关案件10起、100人,其中:判刑16人。组织开展各类宣传活动441场次,组织开展公交车电视视频宣传活动1次7天,通过电视发布公益广告20期次,委托电视台编播禁传知识及典型案例5期,分发、张贴各类宣传画79 120张,印刷发放各种宣传资料386 058份,分发《打击传销与规范直销知识问答》400余册,制作悬挂横幅485条,张贴宣传海报及标语9 154张(条),制作张贴禁传警示、提示39 610张,以橱窗宣传方式制作宣传展板开展宣传20余期、217块,邀请电视台记者跟踪采访报道22期(次),编写宣传材料投稿报道宣传20余篇,编发手机短信536万余条。在对直销、非直销企业专项检查工作中,全省工商系统共出动行政执法人员4 125人次,出动执法车辆913台次,发放各种宣传资料1.9万余份,检查经销商、服务网点、授权专卖店、加盟店2 361个。

(三)打击"傍名牌"工作。

为贯彻总局反垄断与反不正当竞争

执法局《2009年竞争执法工作要点》及国家工商总局组织召开“部分省(区、市)工商机关查处‘傍名牌’案件工作会议”精神，相继下发了《云南省工商行政管理局关于印发2009年度开展打击“傍名牌”不正当竞争行为专项执法行动实施方案的通知》及补充通知，开展了为期3个月的专项整治执法工作。重点是加大了对国家工商总局交办重点案件的查处，省局公平交易处(总队)对国家工商总局交办的六家企业投诉案件直接督办，认真分析研究案情和适用法律，明确办案机构、责任人和办结时间。坚持“三个强化”，确保案件顺利查处。即强化组织领导、强化执法重点和强化案件定性。指导企业积极防范。各级工商机关主动上门征求知名商品生产企业的意见，帮助他们出主意想办法，对如何保护企业商标、字号等进行指导，协助建立有关商标、字号等知识产权保护的规章制度。在打击“傍名牌”工作中，全省共出动执法人员11 513人次，检查经营户25 658户，查处案件308件，罚没金额123.63万元。全省查处“傍名牌”案件涉及被侵权的商标品牌有：“贵州茅台”、“五粮液”、“剑南春”、“娃哈哈”、“步步高”、“东芝”、“格力”、“万利达”、“三洋”、“东芝”、“松下”、“西门子”、“美的”、“康佳”、“清华”、“海尔”、“荣事达”、“格力”、“方太”、“SONY(索尼)”、“PHLIPUS”(飞利浦)、“壳牌”、“昆仑”、“嘉实多”、“富贵鸟”、“YOTOY(九牧王)”“阿迪达斯”、“耐克”“皮尔卡丹”、“啄木鸟”、“老爷车”、“诺基亚”、“摩托罗拉”、“康王”、“大益”、“普洱茶”等近40种驰名和著名商标、高知名度商标和地理标志证明商标。

(四)“两烟”打假打私工作及流通领域反走私工作。

1. 为认真落实省“两烟”打假打私工作领导小组的安排部署，全省工商系统依据职责，对卷烟销售市场和宾馆酒店、娱乐场所进行了认真监管，有力地维护了卷烟销售市场秩序。据不完全统计，全省出动执法人员8 239人次，检查卷烟经营户21 898户，检查宾馆、酒店、娱乐场所、旅游景区4 053家；查处各类涉烟案件871件，其中一般程序处罚案件232件、简易程序处罚案件639件，取缔无证无照经营户607户，罚没金额52.94万元；没收假冒卷烟18 137.9条、走私烟29条、烟丝22.2吨、烟叶48吨、非法渠道卷烟3 608.5条；发放宣传资料5 379份。

2. 认真开展流通领域贩私案件查处工作，据不完全统计，全系统出动执法人员4 095人次，检查经营户11 904户次，查处案件82件，罚没款138.04万元，依法没收泰国红牛饮料3 878件、力宝精饮料32件、棕榈油302桶、人发957千克、化妆品2 280支、牛肉干4.5吨、芝麻107.2吨。

3. 参与完成省打私办牵头关于对张代文走私案件的联合调查工作，受到省打私办的好评。

4. 完成对边境八州市县市场销售非法入境无合法进口手续肉类产品专项检查工作，工作中出动执法人员2 749人次，检查市场1 159个次，检查经营户8 908户，检查经营鲜肉摊点5 390个、肉制品专卖店902个，检查屠宰场2个，检查冷冻库房7个，检查饭店104家，检查学校食堂5个，没收并销毁非法入境无合法进口手续走私猪肉520千克，查处并销毁病死猪肉89千克，取缔无经营资格经营户8户。

(五)“扫黄打非”工作。

全省工商系统按照中共中央办公厅、国务院办公厅关于开展三个阶段的“扫黄打非”集中整治行动的部署，根据国家工商总局、省扫黄办的具体要求，坚持不懈地做好“扫黄打非”工作。

截至10月上旬，全省工商系统共出动执法人员17 486人次，检查出版物市场1 387个次，检查经营户21 813个，检查印刷复制企业4 035家；收缴政治性非法出版物634本、非法宗教宣传品80件、“法轮功”邪教组织宣传品80件、淫秽色情出版物68 838盘(本)、盗版出版物870本、盗版音像制品5 327盘、盗版教材教辅读物603本、非法报刊267张；处罚违规经营户61户，取缔经营户79户，查办案件74件，其中：政治性非法出版物案件3件，淫秽色情出版物案件61件，侵权盗版案件10件；清查“六四”文化衫2 653件。

(六)专项重点工作。

为全面贯彻落实全国、全省工商行政管理工作会议精神，更好地完成省局提出的2009年六项重点工作中关于“建立和维护公平公正的市场秩序，加大监管执法力度，在查处经济违法案件中，坚持事前预警告诫、事中纠正制止、事后教育规范，营造良好的市场环境”的要求，省局公平交易处(总队)及时制发了《云南省工商行政管理局关于做好对违法行为人警示与疏导工作的实施意见》，各州(市)工商局按照《意见》制定了工作方案，成立了工作小组，明确了责任人，使“做好对违法行为人警示与疏导工作”稳步推进。

(七)其他公平交易(经济检查)执法工作。

全省工商系统继续严厉打击生产和流通领域涉毒违法行为，同时配合相关部门对娱乐场所、宾馆饭店等场所进行整治，认真做好“推套防艾”工作。按照省委、省政府、国家工商总局的安排部署，严厉打击流通领域走私贩私行为、非法拼装车行为。积极开展“打黑除恶”、“反假币、反洗钱”、“三电”专项斗争等工作，均取得了较好成效。

(八)认真完成交办、协办工作。1. 对2008年全省工商系统开展“执法办案能手”竞赛进行阅卷、梳理、统计，确定了35名“执法办案能手”，安排部署了2009年全省工商系统开展“执法办案能手”相关工作，同时完成《工商行政管理法规汇集》3 000册的编印下发工作。2. 完成对楚雄两个个案反映情况的复查工作。3. 完成云南省第十一次人民代表大会人大代表两个提案的答复，人大代表对省局的答复表示“满意”。4. 参加拟定省广播电台《金色热线》公平交易工作记者答问提纲、完善“七农”工作机制方案和支持外引内培发展外向型经济和民营经济若干意见研究。5. 完成省政府第八调研组百日调研督查督办通知第5期交办的任务，将昆明电缆电线股份有限公司的驰名商标纳入长效监管范围进行保护。6. 参加省政府对我局执法工作评议、考核工作。7. 参与“净化社会文化环境”实施方案和专项整治，参加网吧监管平台建设、“绿色网吧”技术论证和取缔“黑网吧”专项行动。8. 及时下发、转发、拟定各类文件材料等工作。9. 认真完成省局安排的各项调研任务。

## 市场规范管理

2009年，在省局党组的正确领导下，认真贯彻落实科学发展观，按照国家工商总局监管与发展、服务、维权、执法“四个统一”的要求，努力实现“三个到位”和“六个好”的工作目标要求，充分发挥市场监管职能作用，统筹兼顾，突出重点，围绕中心，狠抓落实，市场监管工作取得了较好成效。全省在市场监管工作中，共查处商品交易市场违法违章案件24 430件，案值7 679.49，罚没金额2 443.11万元。其中：查处成品油案件137件，检查加油站4 966个次，清理取缔非法加油站10个，查扣成品油35.68吨。查处农资案件1 265件，案值1 700.42万元，罚没金额802.9万元，整顿市场15 703个次，取缔无照经营576户，受理投诉572件，挽回经济损失360.99万元。检查汽车交易市场1 147个次。

**一、继续抓好责任政府四项制度的落实，狠抓阳光政府四项制度建设**

认真贯彻落实十七届四中全会精神，在巩固责任政府四项制度建设的基础上，根据省局的统一安排，市场处制定了阳光政府四项制度的具体措施，明确责任人，指定信息查询联络员和统计上报的专门人员，确保阳光政府四项制度在市场处得到不折不扣的落实。向社会公示了一期全省申请品牌汽车销售企业名单，成功组织了一次以农资市场监管为主题的处长接待日活动，有20户农资经营者参加，并邀请了省农业厅、省供销合作社领导参加了接待活动。对全省“诚信市场”创建情况进行了通报，确保省局下达重要事项公示和重点工作通报任务的落实。

**二、充分发挥市场监管职能，提升了服务农村改革发展水平**

（一）下发了《云南省工商局关于印发建立市场监管信息定期分析报告制度开展诚信市场创建活动的实施方案和完善七农工作机制促进农业增效农民增收工作意见的通知》。根据省局2009年重点任务分解要求，为切实履行责任处室的职责，制定了《云南省工商局关于建立市场监管信息定期分析报告制度的实施方案》、《云南省工商行政管理局关于立足工商行政管理职能完善“七农”工作机制促进农业增效农民增收工作意见》和《云南省工商行政管理局开展诚信市场创建活动实施方案》。通过两个工作方案和一个实施意见的下发，建立起了市场监管信息定期分析报告制度，明确了“诚信市场”创建措施，提出了立足工商职能促进农业增效农民增收的措施。各级工商机关也按省局的要求和省局的模式成立了领导机构，制定了工作方案，各州市局分别建立了市场监管信息定期分析报告制度，开展了“诚信市场”创建活动。在全年工作中，市场处加强了组织协调和督查调研，为基层完成好重点工作任务指标出谋划策，推动了重点工作任务的完成。截至2009年12月31日，共编制云南农副产品价格监测日报695期，农副产品和农资价格监测分析周报98期、季报4期。2009年全国价格监测总结表彰培训大会上，我省呈贡采集点的张斌同志被评为2008年价格监测优秀采集员。

（二）深入开展“红盾护农”行动，加强农资市场监管，切实维护农资消费者利益。按照国家工商总局《2009年“红盾护农”工作》的部署，全省各级工商机关进一步加强组织领导，采取有力措施，依法规范农资市场秩序，加大农村消费维权工作力度，严厉打击扰乱农资市场的违法违章行为，维护广大农民群众的利益，认真开展了“红盾护农”专项行动，取得了较好成效。

1. 严把市场主体准入，确保农资市场主体合法。各级工商机关按照云南省工商行政管理局关于《深入开展2009年红盾护农行动的通知》要求，采取有力措施，深入开展农资市场主体清理工作，对无照经营、超范围经营行为进行查处，对不具备经营资格的，坚决停止其经营行为，全省共取缔无证经营者576户，确保了农资经营市场主体合法。

2. 开展农资经营者信用分类监管，建立农资经营者内部自律机制。加大市场巡查力度，摸清农资市场主体底数，全省共有农资经营者27 375户，其中20 228户被评定为A级经营户。督促农资经营者建立“两账两票一卡一书”和“种子留样备查公示”制度，实现农资商品质量可追溯管理。积极推行农资“质量承诺先行赔偿”制度。适时开展农资商品定向监测，掌握农资商品质量现状。

3. 认真贯彻落实国家工商总局《农业生产资料市场监督管理办法》。根据国家局的要求，下发了《关于认真贯彻落实国家工商行政管理总局农业生产资料市场监督管理办法的通知》，对如何贯彻落实该办法提出了明确要求，作出了安排部署。

4. 加快涉农维权网络和涉农维权站点建设，构建农资商品维权体系，健全农资安全快速反映机制。各州、市工商机关充分发挥基层工商所（分局）的作用，逐步推进“一会两站”、乡村“维权站”建设。基本形成了统一指挥、上下联动的四级执法体系和维权网络。

5. 加大对“红盾护农”行动的宣传力度。在开展“红盾护农”行动的过程中，采取多种有效方法大力宣传“红盾护农”行动的有关措施、方法和成果，树立工商机关“红盾护农”行动品牌，让老百姓主动维权，让经营者自觉守法。制作了云南省工商系统服务新农村建设电视专题片、“红盾护农”成果展版，参加全国经验交流。通过电视专题片的展播和“红盾护农”成果展版的展出，充分展现了云南工商系统立足工商职能，服务农村改革发展的丰硕成果和有效措施。

（三）农业经纪人培育发展有突破。按国家工商总局的要求，结合全省实际，加大了对农业经纪人培育发展的力度，分别制定了计划，省局在《云南省工商行政管理局关于立足工商行政管理职能完善“七农”工作机制促进农业增效农民增收工作意见》中对农业经纪人的培育发展作了明确的要求。有的州市局下达了培育发展的任务，突出了粮食、水果、蔬菜、花卉、农业技术经纪人的重点，将培育发展任务落实到县级工商局，落实到基层工商所，落实到工商干部，采取更加优惠的政策培育发展农业经纪人。到目前为止，全省发展农业经纪人有10 864户，经纪业务量达到100 006.17万元。

（四）合同帮农效果好。各地工商部门采取印发宣传资料、召开座谈会等有效形式，加强合同法律教育和诚信教育，提高农民的合同意识和诚信意识。加大对合同的检查力度，特别注重对涉农合同的检查，加大了涉农合同示范文本的制定和推广力度。全省共发布涉农合同示范文本161个。进一步规范了涉农企业和农户的签约行为，逐步提高“订单农业”的合同签约率和履约率。加强对涉农合同全过程的指导、规范和监管。严厉打击利用合同坑农、害农、损农的行为，保护农民利益。按照“订单+企业（基地）+农户”的模式，加强了对订单大户企业和生产基地的帮扶力度。2009年，检查了涉农企业2 812户，检查涉农合同份数46万多份；签约农户662 394户，合同金额497 904万多元。

（五）支持农村市场发展，促进农产品流通。立足工商职能，为“万村千乡市场工程”服务，推进农村商品流通体系建设。积极鼓励、支持企业参与农副产品批发市场和集贸市场的经营，鼓励发展花卉、水果等农产品拍卖、连锁经营、网上交易。积极支持地方政府改造提升现有的农副产品批发市场和集贸市场，支持配合商务部门开展的农村市场流通体系建设。

**三、商品交易市场信用分类监管信息化建设工作稳步推进**

按照国家工商总局的要求和省局《商品交易市场信用分类监管实施方案》的要求，省局领导小组加强了督查检查，各地工商机关加大了工作力度，加强了组织领导。省局及时通报了全系统商品交易市场信用分类监管信息化建设工作进展情况，肯定了成绩，指出了地区发展不平衡、信息采集不全面、软件操作不熟悉等问题。并就取消市场登记后如何转企业登记对部分州市开展了专题调研。通过以上措施，商品交易市场信用分类监管信息化建设工作已按时完成阶段性任务。2009年全省共认定市场1 263个，其中A类市场368个，B类市场706个，C类市场204个，D类市场8个。

**四、粮食市场监管措施有力**

加强粮食市场监管，为进一步落实云南省粮食行政首长负责制和责任追究制，完善了监管措施，强化了各项制度，严厉打击违法经营活动，确保粮食安全，维护市场稳定。在上半年粮食市场监管工作中，共出动执法人员27 501人次，检查粮食市场12 459个次，检查粮食经营户45 558户次，查处粮食违法经营户29户，粮食违法经营案件29件，案值50万元，罚没金额16.91万元，没收查扣粮食2.4万千克。

**五、进一步加强了对合同的监督管理**

1. 制定发布了合同示范文本。为了更好地促进我省优势产业的发展，保护农民及涉农企业的利益，根据《中华人民共和国合同法》，全省共制定发布合同示范文本77种，省局市场处制定了甘蔗种植订购合同、农业种养殖产销合同、蔬菜买卖合同及水果买卖合同等4个合同示范文本，已发布在全省推广使用。

2. 切实做好企业动产抵押登记工作。加大了对企业动产抵押工作的指导力度，及时解答和回复企业、个人提出的有关动产抵押方面的咨询，督促指导各级工商机关搞好动产抵押登记服务。全省共办理动产抵押登记2 149份，主债权金额8.9亿元。

3. 规范了《云南省典当业机动车质押合同》和《云南省典当业房屋抵押合同》，并于2009年6月在全省行业范围内统一使用。

4. 加强了拍卖市场的监管。在拍卖市场的监管活动中，全省工商机关共进行现场监督拍卖活动216次，备案368次，拍卖确认书15 316份。

**六、其他市场监管工作情况**

1. 进一步加大了重大动物疫病市场防控工作。为了强化活禽和活体鸟类经营市场的监督管理，做好高致病性禽流感防控工作，国家工商总局、农业部、卫生部、国家林业局联合下发《开展活禽和活体鸟类经营市场专项整治行动方案的通知》。省工商局联合省农业厅、卫生厅、林业厅原文转发了该文件。明确了开展专项整治的目的意义、方法步骤，提出了具体工作要求，此项工作正按计划开展。根据国家工商总局下发的《关于认真贯彻落实国务院常务会议工作部署切实加大甲型H1N1流感防控工作力度的通知》要求，为了认真贯彻落实国家工商总局的防控工作部署，进一步加强防控工作，省局以工商明电的形式下发了通知，提出了具体要求，明确了工作重点和工作措施，建立了零报告、周报告制度，要求特殊情况及时上报。各地加强了市场监管力度，按省局要求做到每天对市场进行巡查，认真做好市场巡查记录。督促市场开办者、经营者承担起第一责任人的责任。制定下发了《云南省工商行政管理局甲型H1N1流感防控工作应急预案》（试行）。

2. 加强了品牌汽车经销售商的备案审核。对总局下发的审核企业及时按有关规定进行审核上报，对总局公布的品牌汽车销售企业名单及时转发公布。配合商务厅开展对外商投资品牌汽车总经销商品牌经销商的审批工作，及时对外商投资设立汽车总经销品牌经销商进行审核并回复商务厅。

3. 加强对成品油市场的监管。对昆明、曲靖、玉溪、楚雄四个州市成品油的质量状况进行了监测，共抽取了四个州市20座加油站的40个样品，经过云南省产品质量监督检验研究院检测，各项指标全部合格。通过监测，全面掌握了成品油市场的情况，为加强成品油市场监管提供了依据。在日常监管工作中，全年共查处成品油案件137件，案值653.26万元，罚没金额94.04万元，检查加油站4 966个次。

4. 加强对烟花爆竹市场监管。据不完全统计，2009年，共出动执法人员9 988人次，对全省烟花爆竹生产经营旺季市场进行了6 675场次检查，共检查烟花爆竹经营户9 398户次，查处超范围经营396户，取缔无证照经营685户，受理消费者投诉118件，为消费者挽回经济损失29.5万元。

5. 加强了旅游市场的监管。在当地党委、政府的统一领导下，各地工商机关严格履行工商职能，对辖区内的旅游商品市场、商场、购物店、旅行社、宾馆、及景区、景点周边环境进行了普查整治。各级工商行政管理机关始终坚持解放思想、实事求是，勇于开拓、大胆创新，较好地完成了云南省人民政府赋予的任务，云南省工商局被云南省人民政府授予"云南省推进旅游'二次创业'突出贡献奖。

**七、其他工作**

1. 开展了公众聚集场所消防安全专项整治检查验收工作。根据《云南省防火安全委员会关于开展公众聚集场所消防安全专项整治工作检查验收的通知》要求，以省工商局党组成员、副局长周发洪为组长，联合消防总队组成第四检查验收组，两次赴玉溪、普洱、西双版纳进行检查验收，完成了公众聚集场所消防安全专项整治检查验收工作。共检查营业性场所84个，发现火灾安全隐患98个，下发《督察社会单位意见整改书面通知》86份，及时消除了火灾安全隐患。

2. 对汽车摩托车下乡市场进行了监管，促进了汽车摩托车下乡工作的有序进行。2009年1月~6月10日，全省在汽车摩托车下乡市场监管工作中共出动执法人员7 360人次，检查经营主体9 019户次，取缔无照经营15户，查处不正当竞争案件10件，案值16.04万元，查处广告违法案件112件，案值19.87万元，其中：虚假宣传案件86件，案值10.83万元，督促经销商退市不合格汽车摩托车4台，受理农民消费者有关汽车摩托车咨询申诉举报106件，受理咨询85件，受理申诉举报37件，其中：办结37件，协调解决纠纷33件，为消费者挽回经济损失合计20.6万元。

3. 参与国家工商总局市场监管工作重点课题研究。总局研究中心制定了《市场监管重点问题及对策》，加强了课题研究，我省承担的研究课题是《如何进一步发挥工商行政管理职能作用，积极促进农业经纪人发展》。为了认真完成课题研究工作，省局对课题研究工作作出了专门部署。指定曲靖市工商局、玉溪市工商局、大理州工商局、红河州工商局参与课题研究，明确了课题研究的目的和研究的重点内容，提出了时限要求，进展顺利，正按计划开展工作。

4. 认真开展了"限塑"、"禁塑"工作。按照国务院、云南省人民政府的有关文件规定，从2009年1月1日起，云南省全面禁止生产、销售、使用塑料购物袋(包括厚度小于和大于0.025毫米的塑料购物袋)。全省工商部门立足职能，加大了"禁塑"工作力度，取得了明显的效果。全省工商行政管理系统在开展"禁塑"工作中，共出动执法人员49 070人次，检查农贸市场、超市、商场7 962个次，检查各类经营户313 203户次；查处违法经营8 754户，收缴塑料购物袋9 820.14万个，查获半成品购物袋2.567吨，打掉"黑窝点"17个，查处案件368件，罚没款93.91万元，制作、发放"限塑、禁塑"宣传单1 831.1余万份，在超市、商场、商品交易市场等经营场所免费悬挂宣传布标、牌匾939条，开展宣传活动108次，媒体、宣传报道229期，召集商场、超市、市场等负责人会议315户次。2009年3月16~23日，省局组织了16个州市工商局相关人员对全省"禁塑"工作落实情况进行了专项交叉检查。在省发改委的统一安排下，由省局带队，联合省质监局、环保厅、工信委，于5月31号至6月3日对楚雄、大理、保山、德宏等州市进行了督查调研，从检查情况来看，总体效果较好。

5. 加大了农民专业合作社的培育发展力度，大幅度增加了农民专业合作社登记数量，完成了年初下达的每个县(市、区)至少登记一户农民专业合作社的任务。

## 企业注册登记管理

2009年是新中国成立60周年，是工商系统全面落实新"三定"方案、转变职能的第一年，是经济发展遇到严峻挑战的一年。全省工商系统在企业注册管理工作中，认真落实国家工商总局和省局2009年工商行政管理工作的总体要求，坚决落实中央、省委省政府和国家总局应对国际金融危机，保增长、扩内需、调结构的政策措施，以支持各类市场主体健康发展为重点，认真履行企业登记管理职能，努力提高登记管理工作水平和服务质量，积极帮扶企业发展，为推动我省经济社会平稳较快发展，促进社会和谐作出了新的贡献。

**一、认真履行企业登记管理职能，努力完善市场主体准入制度，创新登记服务方式，切实提高登记管理和服务科学发展的能力和水平，积极支持国有企业深化改革，热情服务非公经济发展。**

(一)切实解放思想，改进工作作风，完善登记制度，优化登记流程，提高注册登记工作效率，严格执行"一审一核制"，进一步增授受理人员的权限，减少审批环节，扩大窗口办结的业务范围，目前我省已有17项窗口受理人员可当场办结的登记事项和备案事项，2009年底前还将再研究扩充可授权窗口人员当场办结的登记事项；

(二)切实加强"窗口"建设，积极创新注册登记服务方式，提高注册登记质量，提升服务水平，努力为企业提供方便快捷、优质高效的登记注册服务。工作中切实贯彻落实省政府"行政问责制、服务承诺制、限时办结制、首问负责制"四项制度和阳光政府四项制度，严格履职，热情服务，明确办结时限，严格按承诺时限办结，做到凡是无法定前置审批条件，登记材料齐全、手续完备的，一律当场许可，五个工作日发放证照。

截至2009年10月底，全省登记注册的内资企业实有50 289户，注册资本(金)4 039.12亿元；私营企业实有132 772户，注册资本2 798.57亿元；农民专业合作社3 445户，出资总额17.14亿元，成员总数136 443人。2009年1~10月，全省新注册内资企业3 012户，注册资本(金)192.09亿元；私营企业21 969户，注册资本475.6亿元；农民专业合作社2 147户，出资总额10.11亿元，成员总数113 002人。

省局企业处1～10月份共办理各类企业设立登记413户，变更登记3 334户，注销登记236户，名称预登记451户，受理网上远程名称预先核准申请6 000多件，补（换）执照148户，办理股权出质登记113件，档案迁移91户。

（三）积极支持和推动公有制企业的改制、兼并和重组，扶持公有制企业做大做强，对各级政府为扩大内需确定的重大投资项目和重点建设项目，需要组建公司或者办理增资、改制登记的，开辟"绿色通道"，推行服务前移和服务延伸，按照"专人负责、提前介入、主动跟踪、限时办结"的原则，全程提供登记咨询和指导服务，对材料齐全符合法定形式的，两个工作日内办结。对于云南世博集团有限公司和云南旅游产业集团有限公司整合重组、云南丰源水务有限公司组建等省政府重点项目，省局企业处均做到了当天受理、当天办结、当天发照。

（四）积极支持基层登记部门的高效率审批工作，对冠以"云南"区划企业名称的远程报送审核工作，实行专人网上审批，一个工作日办结。

（五）认真贯彻落实《云南省人民政府关于鼓励创业促进就业的若干意见》精神。1. 结合工作职能牵头制定了贯彻措施：对个体工商户、个人独资企业、合伙企业的设立登记，按照注册资金（营运资金）以与其生产规模和经营范围相适应的原则办理登记，不作数额上的限制，一个工作日内办结，创业人员办理个体工商登记，一律免收证照类、登记类费用；允许创业人员将家庭住所、租借房、临时商业用房等作为创业经营场所；积极为各类创业人员办理注册登记提供优质的服务，为促进我省自主创业和就业营造良好宽松的环境。2. 积极参加"金色热线"，对创业就业涉及企业登记的有关政策情况进行现场解答，提供咨询服务。

二、认真贯彻落实全国和全省工商工作会议精神。重点是认真组织学习会议精神，理清工作思路，明确工作目标；结合会议精神，联系全省企业登记管理工作的实际，提出工作要求，切实把会议精神贯彻落实到全省企业登记管理业务工作中去。

三、继续深入学习实践科学发展观。认真学习和贯彻落实《云南省工商行政管理局领导班子深入学习实践科学发展观整改落实方案》，对《方案》中涉及到本部门的整改项目，严格按照整改要求，组织全处干部认真研究，结合本处职能，制定了《贯彻科学发展观、突出实践特色、促进经济发展、完善市场准入制度的有关措施》，并在工作中认真抓好落实；认真做好学习实践科学发展观整改落实后续工作，组织全处干部对学习实践科学发展观活动进行一次"回头看"，发现问题，及时补课，并按照局党组的要求，对"回头看"的情况进行了认真总结。

四、切实抓好党风廉政建设工作。积极参加局机关组织的学习教育活动，坚持利用每周五的学习时间，认真开展党纪、政纪、党风廉政学习，做到常抓不懈、警钟常鸣；认真学习贯彻全省党风廉政建设工作会议精神，层层签定责任书，认真落实党风廉政建设责任书的要求，认真抓好企业处党风廉政建设措施的落实；结合实施阳光政府四项制度，继续实行着装上岗、亮牌上岗，公开接受社会公众监督。

五、认真贯彻落实阳光政府四项制度。认真组织干部进行学习，统一思想，提高认识，做到人人熟悉阳光政府四项制度的有关内容，人人熟悉省局有关要求和具体措施；结合企业注册管理工作实际，把贯彻落实阳光政府四项制度与推进责任政府四项制度结合起来，进一步公开办事流程、审批程序、收费标准等，公开接受监督，进一步提升窗口服务形象；把落实阳光政府四项制度与落实三个责任书紧密结合起来，抓好工作落实。

六、按照"四化"建设要求，积极配合做好省局注册大厅"智能排队叫号和效能评价系统"的安装调试工作，4月1日起，"智能排队叫号和效能评价系统"已正式投入使用，为前来办事的群众营造了一个公平、宽松、有序的办事环境，为群众对窗口工作人员服务质量进行随机评价提供了一个平台。

七、认真总结2008年度全省工商系统注册登记岗位能手练兵大比武竞赛工作经验，切实抓好2009年度全系统注册登记岗位能手比武竞赛工作。制定下发了《云南省工商行政管理局关于继续做好2009年度全省工商系统注册登记岗位能手练兵大比武竞赛工作的通知》，对2009年度全省注册登记岗位能手练兵大比武竞赛工作进行统一部署，积极组织指导全省各级登记机关开展注册登记岗位大练兵活动；精心组织人员拟编试卷、拟订相关工作方案，各项准备工作已就序，定于12月20～21日开展竞赛，届时全处干部将全员参与，分工负责，通力合作，确保本年度全省工商系统注册登记岗位能手练兵大比武竞赛工作得以圆满完成。

八、积极开展对全系统注册登记工作的指导。及时转发总局《股权出资登记办法》，并提出了《股权出资登记办法》有关释义理解及登记业务的见解和观点，帮助和指导全省工商系统从事企业登记的同志尽快熟悉掌握股权出资登记相关业务；及时转发总局《关于印发〈内资企业登记提交材料规范〉和〈内资企业登记文书规范〉的通知》，统一印制所需表格并以最快的速度下发到各县级工商局，并组织全处人员进行认真学习，保证新规范于6月1日起在我省正式施行；进一步加强业务培训，于8月29～30日组织召开了一次全省工商系统注册登记管理工作会，会上认真听取了各州市局对落实省局六项重点工作关于"完善市场主体准入制度、创新监管服务方式"等方面工作进展情况和开展注册登记岗位大练兵工作进展情况的汇报，并对全省自开展股权出质登记和股权出资登记工作以及国家总局新的《内资企业登记提交材料规范》和《内资企业登记文书规范》施行以来遇到的问题进行了认真研究解答，进一步规范程序，统一要求，切实指导全省进一步做好企业注册登记管理工作。

九、认真贯彻落实国家工商总局和云南省人民政府工作部署，积极应对国际金融危机的影响,充分发挥企业登记管理职能作用,结合云南实际,采取放宽市场准入、拓宽企业融资渠道等一系列切实可行的措施,积极帮扶我省企业发展。

十、认真抓好省局六项重点工作的落实,结合工作职能,制定下发了《关于完善市场主体准入制度创新监管服务方式促进经济平稳较快发展工作方案》,积极督促各州市县局抓好贯彻落实,并安排专人对各地市局的工作进展情况进行了收集、整理。

## 外资企业登记管理

2009年,云南省工商行政管理局在外商投资企业登记管理工作中,坚持以科学发展观统领全局,按照国家工商总局做到"四个统一"、加强"四化建设"、推进"四个转变"、实现"四高目标"的要求及省局党组"三个到位、六个好"的工作目标,紧紧围绕省局党组确定的"六项重点工作"及全省工商系统"服务效能提升年"的各项要求,确定了"服务大局,科学监管;履职创新,提升效能"的工作思路,努力更新观念,创新外资登记管理体制机制,提高科学监管和依法行政的水平,充分发挥外资登记管理职能作用,为促进经济平稳较快发展做出了积极贡献。全省利用外资实现逆境中增长,全年新登记外商投资企业176户,投资总额达22.82亿美元,注册资本达12.66亿美元,外方认缴达10.09亿美元。

**一、积极应对金融危机,服务发展外资市场主体有新成效**

2009年初,省局党组提出"全省工商系统的核心任务是充分发挥工商行政管理职能作用,努力营造良好市场环境,积极应对国际金融危机严重冲击,促进经济平稳较快发展,全力服务云南经济社会发展大局。"外资企业登记管理作为工商职能组成部分之一,就是把"应对金融危机,帮扶外资企业平稳渡过难关"作为工作的出发点,把工作思路、工作措施置于大局之中,把承担的职责与大局联系起来,紧紧围绕大局,在大局中找准自己工作的方位,充分发挥外资企业市场准入主体确认和监管的职能。

(一)认清形势,把握大局。

受金融危机的发展和影响,2008年底到2009年初,省工商局受理外资企业注销和变更为内资企业的申请较以往有较大幅度增加,而2009年一季度外资企业新增企业户数与上年同期相比减少了50%,投资总额减少了22.33%,注册资本减少了43.78%,其中外方认缴出资减少了41.29%。我省外资工作形势严峻。

(二)围绕职能,积极帮扶。

1. 外资处对外资登记和企业监管的每个环节进行逐项认真梳理,多次组织研讨,集体逐条讨论、论证每一意见的利弊、可行性,在广泛征求各州市工商部门意见的基础上,最终形成了《关于帮扶云南省外资企业平稳健康发展的若干意见》,对进一步放宽市场准入条件、进一步简化审批环节、进一步改进登记服务方式等三个方面提出了14项具体措施,是目前云南省级涉外部门出台的较为系统的帮扶政策。涉及"进一步放宽市场准入条件"的八条政策,既考虑到当前经济发展形势,又考虑到改革趋势以及法律风险,权衡利弊,做出了一些较大突破。

2. 各州市局也出台一系列帮扶外资企业发展政策、措施。

昆明市局推出25条扶持优惠措施,出台了《关于企业逾期年检行为执行首查不罚三步式行政执法程序和行政处罚自由裁量权的实施意见》和《关于适用"首查不处罚"及"三步式"行政执法程序有关问题的通知》。

大理州局发布了《大理州工商行政管理局关于完善市场主体准入制度创新监管服务方式促进经济平稳较快发展工作方案》,放宽市场主体注册登记条件,拓宽企业融资渠道,帮助企业解决融资难问题,其中涉及外资工作的条款有11条。

玉溪市局组织召开了以"信心责任发展"为主题的政府部门、金融机构和企业参加的题为"坚定信心携手努力共克时艰"的座谈会。

曲靖市制定八条措施提升外资登记工作效能,坚持做到"两个不得",推行行政提醒制,保证曲靖利用外资数量和质量的平稳增长。

(三)措施得当,成效显著。

在各有关部门的共同努力下,我省外商直接投资明显出现企稳向好的态势。从新增投资上看:下半年新登记外商投资企业97户,投资总额达13.16亿美元,注册资本达8.24亿美元,与上半年相比分别增加了22.78%,36.23%,86.42%。截至2009年底,全省累计实有外商投资企业1 887户,投资总额累计达158.94亿美元,注册资本累计达92.84亿美元,其中外方认缴累计达68.21亿美元;从产业结构上看,外商投资第三产业比例已大大超过第二产业,新增第三产业投资总额占新增总量的60.71%,新增第三产业注册资本占新增总量的61.3%;从投资领域上看,2009年新设的投资总额达千万美元以上规模企业主要集中在市政公用及园区配套设施建设、电力燃气等能源开发、各类房地产开发等领域,新能源和金融担保项目成为今年利用外资的新亮点;从综合质量上看,根据省委集中检查考核结果,全省外商投资企业就业人数达7.9万人,上缴税收47.7亿元,外商投资对我省固定资产投资、就业、税收及产业发展的贡献度进一步加大。

**二、创新服务方式,提升服务外资企业效能有新举措**

2009年,外资处围绕省局党组年初提出的开展"服务效能提升年活动"的精神,不断转变服务理念,不断创新服务方式,努力使服务大局、服务群众、服务经济社会发展的能力得到显著提升。

(一)在全省外资系统召开外资企业座谈会,转变工作作风。

2009年,省局外资处以"云南省工商行政管理局群众评议省局机关作风活动"为契机,除要求本处全体干部从自身做起外,还下发了《关于全省外资系统认真贯彻"群众评议省局机关作风活动"六项措施的通知》,要求各州市局从六个方面进行改进。省局和各州市局分别召开了外资企业座谈会,共召集了

284家外商投资企业到会,发放、收回调查问卷286份。通过座谈会及问卷调查,省局和各州市外资登记管理部门直观地了解到了外资企业对本部门的看法、想法及意见建议,主动地了解到了自身存在问题和不足,同时也提供了一个与企业交流和沟通的平台,受到了企业的好评。《中国工商报》还对此次座谈会进行了报道。

(二)在授权登记体制下采取多种措施,方便企业就近办理。

1. 省局外资处在七个未授权局开展"一局多点、就近受理、远程核准"的登记模式,外资企业在非授权局所在地也可以就近申报、就近领取执照。此举方便了企业,加快了企业办证速度,获得了当地企业和政府的欢迎。

2. 昆明市局任命36名外资登记审查员,委托各开发区和县市区工商局对外资企业登记申请开展受理、审查和发照工作,实现"多点受理、集中审核、系统联动、远程登记"。

3. 对于必须在省局登记注册的特殊项目,为帮助当地经济招商引资、支持企业发展,依授权局申请,省局外资处交由授权局登记注册管理,全年共将七个项目分别授权到昆明市局、德宏州局、大理市局、红河州局。

**三、更新外资企业监管理念,创新外资企业监管方式有新突破**

(一)进一步改进年检方式。在上年试行《进一步改进外资企业年检服务方式的相关措施》深受各方好评的基础上,2009年正式下发《关于在全省推行改进外资企业年检服务方式的通知》在全省实行。通知中在七个方面提出进一步改进外资企业年检服务方式,其中:

1. 坚持网上年检,网检率达99%。

2. 坚持当场办结。对注册资本已按期缴纳、前置行政许可符合法定形式的外商投资企业,在通过网上年检初审后到工商部门复核时,只要材料齐备、符合法定形式,当场受理,当场办结,当场加盖年检戳记,真正做到"网上预审,一次办结",当场办结率达95%。

3. 扩大上门年检企业范围。2008年度检验中共对7户守法经营、分支机构众多的大型外商投资企业及其下属的516户分支机构进行了上门指导、上门年检服务,获得企业好评。

在省局及各州市局的努力下,2008年度企业检验参检率进一步提升。本年度应参加年检外商投资企业3 276户(含法人及分支机构),实际参加年检2 798户,参检率75.09%,与上一年度相比提高8.95%,其中企业法人年检率为66.38%,与上一年度相比提高10.2%。

(二)进一步在监管中体现服务。依据《关于帮扶云南省外商投资企业平稳健康发展的若干意见》及《关于在全省推行改进外资企业年检服务方式的通知》,把2008年度企业年检工作作为帮扶企业的重要平台。在2008年度检验中,对存在问题的企业主要以教育及指导为主,本年度共向外商投资企业进行行政提醒298次,其中提醒出资70次;提醒前置许可证件缺失或过期87次;提醒变更、备案登记事项14次;对受金融危机影响,外商投资企业资金紧张无法按时缴付出资的63户企业,对其出资期限届满未履行出资的行为不予处罚,经审批机关批准,允许其延长出资期限至2009年底,延期出资金额34 040.19万美元;对受金融危机影响,成立后超过六个月未开业或者开业后自行停业连续六个月以上的,且有意待机发展的121户外商投资企业,经企业申请说明情况后,允许其延续至2009年底。

(三)进一步净化市场环境。通过认真逐户梳理年检数据,加大力度清理三无企业。报请省政府同意,严格按照行政处罚程序,2009年吊销了272户连续两年以上未参加年检的外商投资企业。同时重点开展了对历年查无下落的外商投资企业分支机构、外国企业常驻代表机构、来华从事生产经营活动的外国企业的清理工作,拟吊销外商投资企业分支机构209户、外国企业常驻代表机构287户,已在《云南经济日报》进行了公示,吊销工作正依照程序有序进行。

(四)进一步加强日常监管力度。《云南省工商局外资企业回访制度》下发后,各州市局加大对外资企业的走访、回访。

曲靖市局下发了《关于开展对外商投资企业进行回访工作的通知》,要求各县(市)区工商局对一体化软件中辖区内的外资企业的设立、变更、注销的信息进行核实,并建立起完整外资企业属地监管信息。

玉溪市局坚持每季度回访企业一次。至11月底,到基层督促指导工作30余次,回访企业95户次,纠正不规范登记行为5次。

版纳州局对全州82户外商投资企业及分支机构开展了"大回访活动",逐户走访企业,上门宣传,现场辅导企业操作网上年检流程,解答年检疑难。

通过实地走访企业,各外资登记机关掌握了企业实际生产经营的第一手资料,既帮助企业解决困难和问题,又指导企业提高自律意识,提前预防和纠正企业违章违法经营行为。

**四、继续推进信息化建设,外资企业登记管理信息化水平上新台阶**

(一)出台了《云南省关于建立全省外资企业联网登记管理系统的工作意见》。用高科技手段、建立信息化管理方式是我们改善投资环境、提高服务效能的重要手段,也是总局"四高目标"和省局信息化建设的要求。为了达到这一目标,大大提高我省外资企业登记管理信息化程度,外资处在2009年工作要点中提出,力争在年内建立全省统一外资数据库,实现全省外资联网登记管理,通过"全省外资联网登记管理系统",以云南省局为基点,其他九个授权局远程登录省局,统一登记、监管业务。2009年,外资处和信息中心、昆明市局多次研讨论证,进行部署,并出台了《云南省关于建立全省外资企业联网登记管理系统的工作意见》。

(二)加强对外资登记数据、年检数据的分析、利用。外资处每月、每季度按时向国家局上报统计报表及分析;在国家局简化了年检报表的情况下,仍对四大项十七小项进行了分析;每月及时向云南工业及信息化委员会通报外商投资企业发展情况。通过对外资登记数据、年检数据的分析,为外资处及有关部门提供了有力依据。

昆明市局外资处完成了2008年外资方面数据的采集、整理、汇总、分析，与信息处、企业处通力协作，制作了《昆明市市场经济主体分析报告(2008)》。

**五、加强处室管理、制度建设，自身建设有新进展**

1. 2009年初，根据省局工作部署和六项重点工作，省局外资处制定下发了《二〇〇九年云南省工商局外资企业登记管理工作要点》。《工作要点》提出了16项工作计划，首次制定了任务分解表，将任务细化量化分解到处室每一个干部，确定责任人和责任处领导，确定任务目标和完成时限。目标任务更具体、操作性更强。处室工作有了量化、任务有了人头、进度有了时限、落实有了督查。

2. 全年共召开26次处务会，及时通报国家局、省局重大事项、重点工作，培养一般干部的大局观、全局观；跟踪检查每位同志的任务落实情况；做好省局"新三定"机构改革过程中干部思想工作；及时讨论业务中出现的重点问题、特殊问题。

3. 制定并下发了《云南省工商局外资企业回访制度》，从十个方面规范了外资企业回访工作，采取有效措施让基层工商部门对省局登记企业及时进行属地监管，对定期走访企业、帮扶企业解决困难和问题及实行"痕迹管理"等方面进行了规定，省局第一次从制度层面上对外资企业回访进行了规范。

4. 在国家总局至今未统一制定《外资企业登记书式示范文本》的情况下，省局外资处经长期准备，对现行的119种登记文本进行了整理、规范，制定下发《外资企业登记书式示范文本》，并上网公示。《示范文本》既规范了各级外资登记部门的行政行为，也极大地方便了广大申请人。

2009年，省局外资处在积极应对金融危机、服务大局、促进发展中做出了一些成绩，获得省政府的表彰，在创新服务方式、创新外资企业监管方式上取得了一定的成果，在自身建设、推进外资企业登记管理信息化建设方面获得了一些成效，受到了省委、省政府的高度评价，被评为"2008年招商引资先进单位"。

## 企业监督管理

2009年，在省局党组和分管局领导的正确领导、关心、支持下，全省工商系统企业监督管理部门以科学发展观为统领，按照全国、全省工商行政管理工作会议的部署，围绕"三个到位，六个好"的工作目标和六项重点工作任务，在大力推进企业监管工作的"四化"建设，贯彻落实阳光政府"四项制度"，服务经济发展、维护市场秩序等方面做出了积极的努力，各项工作取得了新的成绩。

**一、围绕保增长、保民生、保稳定、促进经济平稳发展，2008年度年检验照工作任务圆满完成**

2009年上半年，全省工商系统企业监管部门把2008年度企业年检验照工作列入重点工作来抓，工作中认真贯彻落实总局《企业年度检验办法》和《个体工商户验照办法》，结合各地实际，周密部署，认真安排，并按照国家工商总局的部署，将2008年度企业年检和验照作为帮助企业应对国际金融危机不利影响平台，采取有效措施保增长、保民生、保稳定，促进经济发展。

(一)做到早部署、早安排。对于企业年检、个体户验照工作，曹副局长高度重视，年初就要求企业监督管理处要做好部署和安排，按照局领导的要求，企业监督管理处对企业年检、个体户验照工作做到了早部署、早安排。为开展好企业年检工作，年初就认真组织全处干部认真学习国家工商总局的《企业年度检验办法》等文件精神，针对年检可能遇到的问题认真研究讨论。及时转发了国家局《关于在2008年度企业年检中做好帮扶企业工作的通知》，对全省年检工作提出了具体的措施，要求各地工商局要加强对企业年检工作的组织与领导，采取有效措施，创新服务方式，把2008年度企业年检作为帮助企业应对国际金融危机不利影响的工作平台，切实开展好2008年度企业年检及个体户验照工作。文件下发后，各州、市十分重视年检、验照工作，成立了专门的工作机构，认真组织学习相关文件精神、周密部署企业年检及个体工商验照工作，同时将年检、验照工作与落实省政府"阳光政府四项制度"相结合，全面提高服务质量和工作效能，为圆满完成2008年度年检及个体户验照工作提供了坚强的组织保障。

(二)广泛宣传，增强主动参加年检验照的意识。全省各级工商部门利用多种形式和多渠道广泛宣传年检验照工作，增强企业参检和个体工商户验照意识。年初，省局在《云南日报》及红盾信息网上发布了年检公告，对年检内容、提交材料、年检时间进行公告，并印制大量的年检须知放置年检窗口与企业领取年检报告书一同发给企业，积极开展宣传工作。各地工商部门也采取多种形式加大宣传力度，曲靖市师宗县工商局为做好企业年检工作，实行登管联动，采取张贴通告、电话联系等多种形式进行宣传，提高企业的参检意识，真正发挥对市场主体再把关的作用。德宏州工商局还通过发送手机短信提示年检的方式，通知企业负责人按时参加年检。

(三)创新年检工作模式，强化服务意识，提高工作效率。在年检工作中，进一步转变工作作风，强化服务意识，坚持依法行政和热情服务相结合，坚持做到"一口清"、"一次清"，切实采取一系列新举措，为企业年检提供高效、便捷、优质的服务。

1. 大力推进网上年检，减轻企业负担。结合实际在全省积极推进网上年检工作，为企业申报年检创造方便。有条件的州市，企业可以到登记机关申报，也可以进行网上申报，鼓励和支持企业网上申报，简化程序，努力提高服务水平，减轻企业负担。企业网上年检以信息化技术为支撑，很大程度上改变了传统年检耗时费力、效率低下的状态，大大提高了年检效率，而且对于方便企业年检、减轻企业负担、增强年检数据的可靠性和准确度都起到了积极的推动作用。截至2009年6月30日，省局及昆明市局共有2 780户企业通过了网上年检，其中，省局共有550户企业在网上申报了年检。2. 试点开展了企业属地年检工作。昆明市、曲靖市改革了企业年检模式，将原来由登记机关负责企业年检的工作模式调整为以辖区工商所(分局)负责大部份企业年检工作,登记机关负责一些重点行业、重点企业年检的工作模式,将企业年检工作与“经济户口”状态核实、日常巡查有机地结合起来,实现真正意义上的属地监管,快捷、高效、便民地做好企业年检工作。3. 针对部分大型企业和子公司、分支机构较多且经营地点分散的,工商部门实行上门年检,为企业提供方便,受到企业的高度赞扬,云南健之佳有限公司、云南冶金集团、云南昆瑞公路有限公司还专门制作了锦旗送到了省工商局,对上门年检表示感谢。全省工商部门共开展上门年检14 757户。

(四)突出重点,加大监管力度。

1. 依法把好登记前置许可项目。在年检、验照工作中,全省工商系统严格执行国家法律法规规定的前置许可项目,依法加强对各类市场主体的资格审查。凡国家法律法规明确规定,必须进行前置行政许可的经营项目,依法把好关。对未办理前置行政许可手续或前置行政许可有效期届满的企业,督促其在法定的年检期限内,补办有关手续,并提交有效批准证书、许可证或资格认定文件;逾期未办理的,不予通过年检,并责令其依法变更经营范围或办理注销登记。

2. 结合年检、验照工作,继续做好涉及人民生命财产安全的煤矿、非煤矿山、危险化学品、烟花爆竹、民用爆炸物品、食品、药品、网吧、交通运输、公众聚集场所经营等重点热点行业的企业,以及涉及节能减排企业的专项整顿,建立与企业信用分类监管有机结合的监管机制,强化安全生产整治工作,尤其是对生产、经营易燃易爆物品的企业、煤矿生产企业和非煤矿山企业,严格审查书面材料。该变更登记的依法办理变更登记;对整顿不合格被责令关闭的企业,依法办理注销登记;对违法行为情节严重的依法吊销其营业执照。

3. 加强对登记事项的监督。加大对违法企业年检的审查力度,特别对提交虚假材料和隐瞒重要事实骗取登记等损害其他股东和企业合法权益的,依法撤销相关登记;对登记事项发生变更的,依法限期办理变更登记,对未按规定办理变更的企业,依法进行查处。对法人已不存在而分支机构仍在经营的企业,依法办理注销。全省在年检期间共责令办理变更登记企业1 278户。

4. 根据《云南省工商行政管理局关于转发国家工商总局禁止在企业名称中使用八一等涉及军队和武警部队字样文件的通知》要求,各级登记机关及工商所(分局)按照谁登记谁负责的原则结合企业年检开展清理工作。对清理出的含有“八一”等字样的企业名称,针对不同情况作了处理。全省经清理规范企业名称 107 户、规范个体户名称1 396户。

(五)采取四项有效措施,帮扶企业渡过难关。为促进云南经济平稳较快发展,全省工商企业监管部门发挥职能作用,根据国家工商总局《关于在 2008 年度企业年检中做好帮扶企业工作的通知》,将企业年检作为积极帮助企业应对国际金融危机不利影响的工作平台,采取四项有效措施,开展帮扶企业工作。1. 在年检期间,对于需要办理增资、增项、改制等登记手续的,开辟“绿色通道”,注意跟踪企业申办项目进展情况,主动及时提供指导。全省登记机关共走访企业17 865户,召开企业座谈会 550 次。2. 于 2008 年 7 月 1 日以后出资期限到期的无违法记录的企业,因资金紧张无法按时缴付出资的,共有 367 户企业申请,登记机关同意允许延长出资期限至 2009 年底。3. 对于受国际金融危机影响,企业成立后超过六个月未开业,或者开业后自行停业连续六个月以上的 713 户企业,允许其年检延续至 2009 年底。4. 考虑到部分企业由于种种原因在 6 月 30 日前确实难以完成年检的实际情况,将年检时间延长至 8 月 31 日。

截至 2009 年 6 月 30 日,全省应参加 2008 年度年检的内资、私营企业户数为161 921户,实际参加年检的内资、私营企业 136 026 户,已通过年检企业 134 663 户,待处理 1 363 户,年检率为 83.17%;全省应参加 2008 年度验照的个体工商户户数为834 863户,已验照户数688 922户,验照率为 82.52%。

**二、充分发挥个体登记监管服务职能,在促进个体经济平稳较快发展上取得了新的突破**

2009 年,全省工商系统个体工商户登记注册部门认真贯彻落实十七大提出的坚持两个毫不动摇,推进公平准入、坚持“四个统一”,充分发挥个体登记监管服务职能,为“保增长、扩内需、调结构”作出了贡献。

1. 认真兑现省政府对创业人员从事个体经营的优惠政策。在开展个体工商户登记注册工作中,认真贯彻执行《云南省人民政府关于鼓励创业促进就业的若干意见》文件对创业人员从事个体经营的优惠政策,从 2009 年 1 月 1 日起,对创业人员从事个体经营的,免收个体工商户注册登记费,包括开业登记、变更登记、补发营业执照及营业执照副本等各项费用。

2. 毫不动摇地鼓励、支持和引导个体私营经济发展。进一步放宽市场准入,凡法律法规未禁止非公有制经济投资的行业和领域,都允许个体经营。认真落实国家宏观调控政策,促进经济结构调整和经济增长方式转变。按照国家淘汰落后生产力和实现节能降耗、污染减排、安全生产等目标的要求,严把市场主体准入关。

3. 认真组织实施《个体工商户名称登记管理办法》。《个体工商户名称登记管理办法》于 4 月 1 日开始实施,为贯彻执行好《办法》,及时转发了《个体工商户名称登记管理办法》明确了个体工商户名称中的行政区划不得冠以地州市或者省的名称。在《办法》实施前已使用的冠省、州、市的个体工商户名称可允许其继续使用。工商行政管理机关办理名称预先核准,不得收取费用。各地在接到通知后,认真组织从事个体工商户名称登记管理工作的干部进行了学习,使广大干部正确理解、准确把握《个体工商户名称登记管理办法》的内容和精神实质,为做好全省个体工商户名称登记管理工作打下了基础。

4. 进一步规范了委托基层工商所开展个体工商户登记和分类监管的行为。各地结合本地实际,继续完善分层登记和分类监管办法,推动了个体工商户分层分类登记管理改革向纵深发展。全省各县市工商局在巩固往年个体工商户分层登记的基础上,全面实施分类监管工作。认真总结实施个体工商户分层分类登记管理工作的经验和做法,大力推进企业信用体系建设。各地按省局一体化软件的要求,大部分州市、县工商局和工商所(分局)建立了三级联网平台,实现数据共享,为推进企业信用分类监管提供了基础和条件。

5. 进一步做好港澳居民在内地申办个体工商户的登记服务工作。认真落实关于内地与港澳建立更紧密经贸关系第三阶段扩大开放政策,进一步提高工作效率和水平,积极促进港澳个体工商户发展,坚持依法办事,严格程序和把握政策,为港澳居民来我省申办个体工商户提供优质服务。

截至2009年12月25日,全省城乡个体工商户共有986 655户,从业人员2 009 177人,资金数额2 938 143.15万元,分别比上年同期增长14.95%、13.04%、32.17%。

**三、采取措施,狠抓落实省局六项重点工作任务**

按照《云南省工商行政管理局关于对2009年重点工作任务分解的通知》和《云南省工商行政管理局2009年重点工作目标考核实施细则》的要求,企业监督管理处高度重视,多次召开处务会对"六项重点工作任务"进行研究。在充分论证、集体讨论的基础上,制定了落实六项重点工作的工作措施,与有关业务处室共同认真落实六项重点工作任务。1. 充分利用企业信用监管数据平台,通过各级工商部门的公开网站及时公布企业的年检信息及违法被吊销企业的信息,帮助企业了解工商监管企业的信息,使其在投资决策中起到参考作用。2. 积极推行网上年检,进一步提高工作效率。省局及部分州(市)局已开通网上年检通道,鼓励企业网上申报年检,进一步加大网上年检推进的力度,提高年检效率。对仍以传统方式申报年检的企业,切实做好服务,并将有关数据及时录入计算机系统。3. 充分发挥监管职能,努力营造良好的经济发展软环境。进一步改进企业年检工作。对于年检中材料完备的企业,实行当场办结;对于经营有困难的企业,经申请可减免年检费用。对于受国际金融危机影响,企业成立后超过六个月未开业或者开业后自行停业连续六个月以上的,允许其延续至2009年12月31日。对于2008年登记注册的企业逾期未申报年检的,由原登记机关通知其限期办理年检,企业在2009年12月31日前办理年检的,不予行政处罚,不列入不良信息记录。

**四、严格依法行政,积极查处各类违法案件,推进监管职能到位**

(一)加大对州、市局查办违反登记法律法规案件的指导工作力度。为更好适应"两费"取消后,工商职能重心由收费向查办案件的转移,企业监督管理处加大了对州、市局查办违反登记法律法规案件的指导工作力度。2009年,对西双版纳州局吊销尚岗煤矿进行了行政指导,对昆明市工商局查处涉嫌不合格化肥进行指导,并及时向有关部门进行了通报。

(二)依法做好登记范围内逾期未年检企业的行政处罚工作。在开展2008年度企业年检工作的同时,依据相关法律法规,企业监督管理处积极组织工作人员开展了对逾期未参加年检企业的行政处罚工作。按照合法、合理、公平、公正和程序正当、高效便民、权责一致的行政执法要求,明确职责,严格执法程序,做到执法依据充分、执法决定准确、执法程序规范、执法行为文明礼貌。截至11月6日,企业监督管理处共查处逾期未年检企业案件22起,其中一般程序案件13起,简易程序案件9起,共处罚金额17.85万元。

(三)积极妥善处理好各类股权利益纠纷工作和做好法庭应诉工作。企业因办理各类股东变更、法人变更、企业类型变更登记引起股东之间的利益纷争,往往会首先反映到登记机关要求予以解决争议。企业监督管理处在调解此类矛盾时,做到依法行政,宣传政策,耐心调解,不使矛盾激化;注意合理规避执法风险,在解决争议过程中做到不偏不倚,合法公正,严格依法行事;在解决争议过程中做到细心、耐心、谨慎、合理及合法;在解决争议过程中积极找线索,发现案源,对发现的各类违法案件严格依法查处。2009年,对云南新兴房地产经营有限公司的纠纷案,企业监督管理处调查后,依据《公司法》在《云南信息报》公告,责令其限期办理变更登记。

随着依法行政的不断推进,企业监督管理处对行政应诉工作给予了高度重视,不断提高应诉水平,保证在法定期限内向法院提供事实证据、适用依据和答辩状,促进了依法行政工作。2009年,企业监督管理处代表省局应诉涉及工商登记的行政诉讼案4起,做好应诉工作有效化解了若干行政争议,切实维护了公民、法人和其他组织的合法权益,也维护了工商机关的良好形象。

(四)严格执法,强化日常监管,打击违法经营活动,维护市场秩序。全省各级工商部门结合当地实际,强化对企业和个体工商户的日常监管工作,积极全面推行责任区监管新模式,通过合理划分责任区、落实责任人、明确岗位职责、实现对辖区各类市场经济主体实行全方位、全过程的监督管理,严格执法,积极查处各类市场主体违法案件。截至2009年12月25日,全省共查处取缔无照经营案件23 461件,案件总值23 444.97万元,没收金额575.08万元,罚款金额6 885.04万元。

**五、认真落实"四项制度",努力打造"阳光工商"**

阳光政府四项制度是省政府继法制政府八项制度、责任政府四项制度后提出的又一重要制度,是我省面对新形势、新任务,顺应经济社会发展变化,完善政府自身建设体系的重要组成部分,是加强政府自身建设的重要举措,实施四项制度对拉近工商部门同人民群众之间的距离,促进经济社会和谐发展,维护社会稳定具有重要的意义。为认真落实"四项制度",努力打造"阳光工商",企业监督管理处采取切实可行的措施,把阳光政府四项制度贯穿于企业监管工作的始终。

(一)加强学习、提高认识。根据省局落实"四项制度"工作部署,企业监督管理处利用专题会议、处务会等各种形式,组织全处同志认真学习省政府及省局关于实施四项制度有关文件精神,做到全处每一位干部都知晓阳光政府四项制度的内容和具体实施要求。组织全处干部认真学习了省工商局贯彻落实阳光政府四项制度昆明现场会参观点的经验和做法,要求干部从人民群众最关心、最贴近、最想知道的工作做起,进一步推动阳光政府四项制度创建阳光工商工作的落实。通过学习进一步促进企业监督管理工作制度化、规范化、程序化、法治化建设进程,使每一位干部都以积极的态度对待来自各方面的监督,提高贯彻落实阳光政府四项制度的自觉性,树立良好的企业监管执法形象。

(二)多措并举,务求实效。为把推行阳光政府四项制度创建阳光工商工作落到实处,企业监督管理处充分发挥企业监管职能作用,采取切实可行的措施,务求取得实效。1. 按照国家工商行政管理总局《工商行政管理机关行政处罚案件听证规则》的规定,作出吊销、收缴或者扣缴营业执照、对法人或者其他组织处以三万元以上罚款的行政处罚应当告知当事人举行听证的权利,经当事人申请听证的,要做好听证准备工作,配合相关部门开展好听证工作。2. 继续完善公示制度。对办理企业年检的依据、条件、程序、时限、收费标准等项目,本处的职能、职责,办理公务的公务人员的身份、职责,监督电话进行公示。3. 开展年检工作及吊销营业执照等重要事项,经局领导审定后采取简报、工商红盾信息网及报刊等便于上下级和公众知晓的方式对社会及时进行通报和公示,公示前还安排人员认真清理未参加年检企业名单,对未参加年检企业逐户进行电话催检,切实做到执法与服务相统一。认真做好实施重点工作通报的情况,要自觉接受人民群众的监督。对于群众的来信来访,认真整理和分析,及时办理,做到"件件有着落,事事有回应"。2009年,共答复群众来信来访28起,回复有关部门回函26件。4. 为方便公众获取企业监管信息,在执行有关保密规定的前提下,积极对公民、法人和其他组织提供企业监管信息查询服务。通过红盾信息网站及时公布企业的年检信息及违法被吊销企业的信息,帮助企业了解工商监管企业的信息,使其在投资决策中起到参考作用。

(三)搞好服务,提高效率。将落实阳光政府四项制度与巩固责任政府四项制度相结合。在实施"阳光政府"四项制度过程中,继续贯彻好省政府在全省行政机关推行的服务承诺制、首问责任制、限时办结制等制度和开展"服务效能提升年"活动的要求,认真抓好"窗口"建设,减少办事程序、降低办事成本、提高服务质量。强化全处各层次工作岗位的工作力度和工作质量,认真落实责任追究制度,严格按规章制度规范公务人员的行为,严肃工作纪律,推进行政效能建设。

**六、积极参与社会治安综合治理工作,深入推进专项行动开展**

1. 认真开展查处取缔黑网吧专项行动。根据国家工商总局等六部委《关于加强协调配合开展查处取缔黑网吧专项行动的通知》精神,为规范互联网上网服务业经营秩序,有效遏制网吧违法违规经营行为,进一步净化社会文化市场秩序,由省工商局牵头,省文明办、省公安厅、省文化厅、省通信管理局、省关工委共同参与,从6月1日至9月底在全省范围内开展了查处取缔黑网吧专项行动,取得了明显的成效。经过近三个月的专项整治,查处取缔黑网吧专项行动取得了明显成效。截至11月底,全省工商部门在开展查处取缔黑网吧专项行动中共组织出动执法人员9 503人次,检查已登记网吧3 596户次,查处违法经营43户,罚款10.67万元。查处取缔黑网吧96户,罚款19.26万元。

2. 开展了计划生育药械市场专项整治行动。认真贯彻落实省计生委等8部门《关于印发云南省计划生育药械市场专项整治行动实施计划的通知》行动部署和工作要求,从3月份起在全省开展了专项行动,切实保障人民群众的身心健康,促进社会的和谐稳定。截至9月底,全省工商部门在专项行动中共组织出动检查2 666人次,督查计划生育药械经营企业1 290户。

3. 开展打击盗窃破坏"三电"违法犯罪专项斗争,确保"三电"畅通。按国家工商总局《关于贯彻落实2009年全国打击盗窃破坏电力电信广播电视设施违法犯罪专项斗争工作方案的通知》要求,积极参与打击盗窃破坏"三电"违法犯罪专项斗争,确保"三电"畅通。

4. 开展地理信息市场专项整治行动。按照国家工商总局七部门《关于印发全国地理信息市场专项整治工作方案的通知》要求,从4月起,全省各级工商机关要按照专项整治工作方案职责分工的要求,切实抓好流通环节地理信息产品整治工作,并向相关部门提供从事地理信息产品生产的企业注册信息,和有关职能部门一起,依法严厉查处未依法注册登记、超经营许可范围擅自经营、销售地理信息产品、盗版地图等违法行为,维护地理信息市场的正常秩序。

5. 开展了安全生产"三项行动"。按照国家工商总局《关于充分发挥职能作用积极开展安全生产"三项行动"的通知》,从5月份起,各地按照文件要求,结合工商部门的实际认真贯彻落实。通过积极参与开展安全生产执法行动、治理行动和宣传教育行动,把促进安全发展、保障人民群众生命财产安全作为检验各级工商行政管理机关履责能力的重要标准,不断提高依法履行职责的水平。

6. 积极协同公安厅、社保厅、建设厅开展了查处非法保安组织专项行动。

**七、以保民生、保稳定为目标,支持就业再就业工作取得新的成绩**

就业是民生之本,也是保障经济持续发展、促进社会和谐稳定的重大问题。全省工商部门,积极发挥职能作用,开辟就业再就业绿色通道,做好就业再就业工作。1. 认真贯彻执行《云南省人民政府关于鼓励创业促进就业的若干意见》。多次与劳动部门、地税部门共同研究贯彻1号文件的具体措施,参与制定了1号文件的实施意见,并在工作中认真贯彻执行。2. 鼓励自主创业和自谋职业,大力支持和促进劳动密集型产业、服务业、非公有制经济、中小企业健康发展,鼓励企业吸纳就业,多渠道、多方式增加就业岗位。3. 大力服务就业再就业工程。积极支持应届大学毕业生、复退转业军人、下岗职工、农民工、残疾人等人员就业再就业和自主创业。设立专门服务窗口,为自主创业等人员办理工商营业执照提供政策咨询服务及绿色直通服务。2009 年 1 ~ 9 月,全省工商部门共安置下岗职工2 826人从事个体经济,共安置高校毕业生 629 人从事个体经济。

## 商标监督管理

2009 年,全省工商系统商标监管部门在省局党组的正确领导下,认真贯彻十七大精神,全面落实科学发展观,按照国家工商总局"四个统一"和云南工商"三个到位六个好"工作目标的要求,紧紧围绕总局商标局和省局党组的安排部署,加强商标法制宣传,完善商标监管机制,提升商标服务效能,强化商标行政保护,大力推进云南商标战略实施,全年共指导商标注册申请4 500多件,全省有效注册商标总数达到 2.7 万多件;新推荐申报驰名商标认定申请 10 件,新获准驰名商标认定 5 件,全省驰名商标总数达到 15 件;新认定云南省著名商标 170 件,全省著名商标总数达到 773 件;查处各类商标侵权违法案件 982 件,案值1 062万元,各项工作成绩显著,商标战略全面推进。2009 年,全省工商系统 12 个商标工作先进单位和 8 名先进个人受到总局表彰,省政府授予省工商局推进商标战略先进单位。

**一、加大商标法制培训和宣传力度,努力营造全社会共同推进商标战略的良好氛围**

全省各级工商机关结合本地实际,创新培训方式,拓宽宣传渠道,努力提升商标法制培训和宣传的效能,营造出全社会共同推进商标战略的良好氛围。1. 举办商标战略专题讲座。4 月 22 日,邀请国家工商总局商标局吕志华副局长到我省进行商标战略专题讲座,省局领导、省局机关副处以上干部、州(市)工商局领导及商标部门负责人共 206 人听取了讲授,深化了对商标战略重要意义的认识。2. 召开新闻发布会宣传驰名商标争创成果。7 月 1 日,受省政府委托,省工商局和省政府新闻办共同召开"云南省荣获中国驰名商标新闻发布会",发布我省"昆电工"等 5 件商标荣获中国驰名商标的有关情况,营造政府培育驰名商标、企业争创驰名商标、市场推崇驰名商标、社会热爱驰名商标的良好氛围。3. 进行实施商标战略成果集中报道和展示。省局编发《云南省推进商标战略工作简报》12 期。各州、市工商局利用新闻媒体、红盾网、印刷品、展板等多种形式,集中报道或展示各地推进商标战略和商标监管工作的成果,宣传推进商标战略的新举措。"4.26"期间,各级工商机关共组织宣传咨询活动 37 场次,接受咨询 3.5 万人次;举办各种形式的座谈会、培训班 15 期,参会人员 1 500 人次;发放宣传资料 13 万余份,张贴宣传画 200 余张,制作展板 120 块,悬挂宣传布标 450 幅,电视、广播、报刊播发宣传标语 260 余条、文章 21 篇,取得了较好的宣传效果。4. 积极为企业搭建交流培训平台。省局两次召开重点培育企业商标战略座谈会,州、市工商局举办企业实施商标战略培训班,县级工商局走访、回访著名商标企业,宣传实施商标战略的重要意义,帮助企业解决商标工作中的困难和问题。5. 利用全国性展会平台提升宣传层次。组织两家企业参加"成都西部博览会"驰名商标成就展,9 家涉农企业参加"青岛第三届中国商标节"展销,全省 12 家地理标志证明商标产品参加"重庆亚太地区地理标志国际研讨会"展览,为我省名特优产品走出云南做出了积极努力。

**二、健全工作机制,创新服务载体,着力提高商标工作服务水平**

培育商标、发展商标是推进商标战略实施的基础工作。2008 年以来推广的"三书一卡"工作制度和"两兴"、"两清"、"两规划"、"两本账"工作,以及 2009 年组织开展的"一所一标"活动,已经成为全省工商系统培育商标、发展商标的重要手段。

(一)深入推行"三书一卡"工作制度。2009 年,全省各地继续积极推行商标法律告知书、商标注册建议书、商标策略提示书和商标管理跟踪服务联系卡的"三书一卡"制度,坚定不移地把商标战略实施工作落到实处。基层工商部门通过市场日常巡查、企业年检等方式,向各类市场主体发放商标法律告知书、商标注册建议书、商标策略提示书和商标管理跟踪服务联系卡等"三书一卡"文件材料超过 1.5 万多份,体现了在商标监管工作中履行行政指导职责任务,取得了较好的效果。

(二)扎实推进"两兴"、"两清"、"两规划"、"两本账"工作。各地工商部门结合实际,通过年检、走访、日常巡查等切实有效的工作,摸清辖区内的商标注册情况,建立辖区内有效注册商标登记台账和拟培育、发展商标登记台账,在此基础上着手制定商标培育和发展的规划任务。有的州市如临沧市还实行"一件商标一个户口一个档案"的分级分类建立电子和书式商标经济户口档案,为扎实推进商标的培育和发展奠定了良好的工作基础。

(三)组织开展"一所一标"活动。在全系统组织开展"一所一标"活动,要求每个农村工商所(分局)每年至少指导申请一件农产品注册商标;至少扶持一件当地特色农产品商标;至少指导一户涉农企业积极运用"公司 + 商标 + 农户"经营模式,开展品牌化经营,有条件的工商所(分局)开展"一所多标"活动。"一所一标"作为全系统的重点工作,省局进行了专项督察。年终考核时,所有州、市工商局都完成了省局制定的考核指标,昆明、曲靖、保山、玉溪等地超额完成了任务。通过"一所一标"活动,全省工商系统基层工商所(分局)全年共指导申请注册商标4 500多件。

(四)认真落实阳光政府四项制度,努力提升服务效能。各级工商部门在贯彻落实省政府重大决策听证、重要事项公示、重点工作通报、政务信息查询"阳光政府"四项制度,打造"阳光工商"过程中,结合商标工作,创新服务载体,努力提升商标监管服务效能。1. 公示云南省著名商标认定重要事项。10 月 13 日,分别在《都市时报》、《云南经济日报》和云南工商红盾网、云南省广告协会网上，对2009年初审认定的171件新申请和187件到期重新认定的云南省著名商标进行了初审认定公示，12月10日，又在上述报纸和网站媒体上进行终审公示，进一步增强著名商标认定工作的透明度。2. 公示我省商标代理组织。为了加强对商标代理市场的监管，规范商标代理市场秩序，减少商标恶意申请、恶意异议、恶意转让等行为，按照国家工商总局的要求，我省认真开展了商标代理组织的核查工作，并在云南工商红盾网和《都市时报》上，对我省38家商标代理机构进行了公示，方便了商标申请人代理选择和投诉举报。3. 主动通报商标工作情况。先后召开企业评议省工商局机关座谈会和商标工作专题接待座谈会，邀请了36家企业代表参加，向企业和社会通报了近年来我省商标工作情况，以及我省推进商标战略的工作重点，获得了广大企业的好评。

**三、突出工作重点，开展梯次培育，商标战略实施工作迈上新台阶**

培育高知名度商标是推进商标战略的重点。全省工商系统按照商标梯次培育发展规划，认真抓好各项工作措施的落实，驰名商标培育争创工作取得新突破，云南省著名商标稳步发展，知名商标认定工作稳妥展开，推进商标战略实施工作迈上新台阶。

（一）进一步健全了商标战略实施工作组织领导机制。省局成立了由纳宗会局长任组长，赵健副局长任副组长，省局相关处室主要负责人为成员的“云南省工商行政管理局商标战略实施领导小组”，各州（市）、县工商局都成立了相应的领导小组和工作机构，全省工商系统建立起了主要领导亲自抓、分管领导具体抓、各有关职能部门共同参与的工作机制和责任机制。

（二）进一步完善了商标战略实施规划。按照总局《关于贯彻落实<国家知识产权战略纲要>，大力推进商标战略的实施意见》，并结合对《云南省政府关于推进商标战略工作的实施意见》的具体贯彻落实情况，按照突出地方特色，注重阶段性，与国家和省的大政方针相衔接的三项要求，着手研究制定实施商标战略的中长期规划，进一步完善推进商标战略实施的具体工作意见，明确推动实施商标战略的工作思路，对各项任务分解细化，明确每一项工作的完成时限、标准要求、分管领导和责任人，力争将各项商标战略任务落到实处。

（三）驰名商标培育争创工作取得新突破。4月24日，国家工商总局商标局一次性认定昆明电缆股份有限公司“昆电工及图”、云南锡业股份有限公司“云锡YT”、贵研铂业股份有限公司“贵研SPM”、云南云维股份有限公司“云维及图”和宣威火腿行业协会办公室“宣威火腿Xuanweiham及图”等5件商标为驰名商标，我省驰名商标总数达到了12件。2009年，指导、推荐云南下关沱茶（集团）股份有限公司“宝焰”、云南滇虹药业集团股份有限公司“康王”、云南红酒业有限公司“云南红”、云南罗平锌电股份有限公司“久隆”、云南云天化股份有限公司“金沙江”、云南玉溪水松纸厂“思源”、文山壮族苗族自治州三七特产局“文山三七”、云南绿A生物工程有限公司“绿A”、云南南天电子信息产业股份有限公司“南天”、昆明黄龙山（饲料）工贸有限公司“黄龙山”、云南大山饮品有限公司的“大山”、云南省玉溪望子隆生物制药有限公司“望子隆”、云南大山饮品有限公司“大山”、勐海茶厂的“大益”、云南省腾冲制药厂“腾药”等15件商标，申报驰名商标认定。

（四）第七届云南省著名商标认定活动顺利开展。通过开展宣传培训、受理申请、形式审查、实质审查、重点商品质量抽检、初审认定、初审异议调查审理、最终认定等一系列工作，2009年第七届云南省著名商标认定活动共认定了356件云南省著名商标，其中，新认定著名商标170件，到期重新认定著名商标186件，我省著名商标总数达到773件。

（五）部分州、市工商稳妥开展知名商标认定工作。红河、曲靖、昆明、玉溪等州市开展了知名商标认定活动，认定知名商标300多件。昆明市政府和曲靖市政府召开授牌大会对知名商标企业进行授牌表彰。保山、昭通、临沧等州、市出台了知名商标认定保护办法，知名商标认定即将启动。

**四、严厉打击商标假冒侵权行为，切实保护商标专用权，为推进商标战略实施创造良好的市场环境**

（一）深入开展商标侵权假冒行为查处工作。全省工商系统结合各地工作实际，以食品、药品、农资、服装等商品为重点，把日常巡查与专项执法相结合，广开案源，强化案件沟通指导，加大了对中国驰名商标、云南省著名商标、涉外商标的保护力度。同时，不断加强商标专用权保护的制度化、规范化、程序化、法制化建设，进一步巩固商标监管执法工作中行之有效的制度和做法，积极探索遏制商标侵权假冒行为发生的长效机制。2009年，全省共查处各类商标侵权违法案件982件，案值1 062.18万元，没收、销毁侵权商品7 317件，没收、销毁侵权商标标识32 021件（套），罚没金额487.6万元。

（二）部署开展保护世界博览会标志专有权行动。2010年上海世博会将于2010年5月1日至10月31日在我国上海举行，为了保护世博会标志权利人的合法权益，为上海世博会的顺利举办创造良好的社会环境，国家工商总局制定了《保护世界博览会标志专有权行动方案》。为在我省开展好世博会标志专有权保护行动，切实维护权利人和消费者的合法权益，按照《方案》的要求，结合我省的实际情况，省局商标处提出了具体贯彻实施意见，各州市按照总局的部署和省局的安排认真开展了保护世界博览会标志专有权第一阶段的行动。

（三）认真开展商标代理市场的清理整顿工作。按照国家工商总局《关于进一步规范商标代理市场秩序的通知》，要求各地要对商标代理机构进行信用分类监管，促进商标代理机构诚信经营，并加强监管。鉴于我省商标代理机构主要集中在昆明市，省局将对其进行监管的工作委托昆明市工商局负责开展。昆明市局商标处认真开展了相关工作：在11月初组织36家商标代理机构召开了规范商标代理市场秩序动员会议，传达有关文件精神及安排部署；要求各商标代理组织填写《昆明市商标代理组织登记表》，并定期（每半年一次）报送商标代理业务情况，建立健全商标代理组织管理信息数据库；随后采取随机抽查的形式，上门进行摸底调查，重点对七类违法违规行为进行查处；在此过程中，探索建立对商标代理组织长效监管的机制。

（四）抓好《云南省著名商标认定和保护办法》修订工作，完善著名商标认定保护工作。随着我省经济社会的不断发展，云南省著名商标认定工作遇到了一些新情况和新问题，《云南省著名商标认定和保护办法》的一些规定已不适应当前认定工作实际，为此，我们向省政府法制办建议修订《云南省著名商标认定和保护办法》，建议云南省著名商标的有效期从3年延长到5年，著名商标的续展修改为重新认定以及增加著名商标所有人名称变更、著名商标的转让和变更商标的规定等，省政府法制办同意修改意见，正进行相关修订程序。

## 广告监督管理

2009年，全省工商系统以邓小平理论、“三个代表”重要思想为指导，全面落实科学发展观，深入贯彻国家工商总局“四个统一”、省工商局“三个到位”、“六个好”工作目标要求，始终坚持监管与发展、监管与服务、监管与维权、监管与执法的统一，坚持专项整治、日常监管、建立长效机制三者的有机结合，有效促进了全省广告市场的健康有序发展。

**一、强化服务，全省广告业保持健康稳定发展好势头**

2009年为应对金融危机爆发，国家工商总局、省局都把“保增长、保稳定”作为工商行政管理首要任务，云南省广告监管工作紧紧围绕大局，把“强化服务、促进广告业健康发展”放在更加突出的位置。1. 改进服务方式。认真贯彻省政府阳光政府“四项制度”，进一步强化服务，缩短广告行政审批时限，简化办事程序，为广告经营单位提供优质、高效服务。2. 加强行政指导。指导相对人正确地认识把握广告，使广告活动符合法律法规的要求，保障自身、商家和消费者的合法利益；指导相对人熟悉广告法律法规，依法建立广告承接登记、审核、档案管理三项内部管理制度，依法履行广告审查法定义务，依法办理广告行政许可、登记手续。3. 坚持规范管理。各级工商部门始终坚持把发展放在首位，以规范为主，综合运用行政建议、行政告诫、责令暂停发布、约见谈话、质询等多种方式，规范广告发布行为。全省责令停止发布违法广告5 899条次；通过发布广告监测通报、广告违法警示公告、广告提示公告、典型违法广告案例公示等多种方式，提醒公众识别，促进广告经营单位自律。4. 积极做好地方广告管理法规立法前期工作。《云南省广告管理条例》起草工作全面展开，经省政府法制办同意，条例列入了2010年立法计划。省工商局成立了领导小组，制定了工作计划，研究并起草了征求意见初稿，征求了相关部门意见，于2009年12月28日召开了第一次听证会。5. 积极开展贯彻落实《促进广告业发展的指导意见》的调研工作。认真贯彻国家发改委、国家工商总局《促进广告业发展的指导意见》，结合云南实际，组织开展了全省性的调查研究，16个州市工商局与当地发改部门共同研究制定了促进广告业发展的办法、措施，省工商局也与省发改委会商，共同制定全省促进广告业发展的意见。6. 发挥行业协会作用。积极指导行业组织工作，以协会来带动行业，促进行业发展。7. 积极促进公益广告事业发展。组织开展了全省第八届公益广告评比活动。各级工商部门精心组织，共收集作品256件，评选出获奖作品79件。其中，金奖3件，银奖8件，铜奖20件，入围奖48件。在此基础上，推选出参加国家工商行政管理总局和中央文明办评选的作品11件，先进单位3个，先进个人3名。

2009年，全省广告业继续保持了平稳健康发展的势头。截至年底，我省核准登记的广告经营单位4 159户，比2008年核准登记的3 887户，增加了272户，增加率为7.0%；广告从业人员19 563人，比上年的18 856人增加了707人，增加率为3.75%；广告经营收入202 360万元，比上年的177 626万元增长了24 734万元，增长率为13.92%。

**二、部门联动，虚假违法广告专项整治工作深入推进**

2009年，全省各级工商部门认真贯彻国家工商总局“深入开展虚假违法广告专项治理，充分发挥联席会议作用，努力维护良好、健康、稳定的广告市场秩序”工作要求，以与人民群众生活息息相关的医疗、药品、食品、保健食品、化妆品、美容服务为重点，继续保持高压态势，把虚假违法广告专项整治引向深入。1. 充分发挥工商部门牵头职能作用。认真履行整治虚假违法广告联席会议牵头部门职责，各级工商部门坚持每季度组织召开一次联席会议，相互通报情况，分析存在问题，研究整治措施。2. 加强协调，相互配合，形成监管合力。全省工商部门对药监部门提请立案查处的违法药品广告高度重视，仅省局就立案查处38件；药监部门认真落实广告审查备案制度，凡审批的药品广告均到工商部门备案，对工商部门提请采取行政强制措施的严重违法广告产品也采取了果断措施，仅省药监局在全省范围内暂停销售的违法广告产品就达60多个；卫生部门对发布严重违法广告医疗机构给予行政警告17家次，立案查处3家，吊销诊疗科目1家，撤销《医疗审查证明》8家；广播电视部门对省级台和州市级台播出的所有频道频率进行了检查，停止发布、纠正违法广告600余条；新闻出版部门加强了对媒体广告的引导规范，强化行业自律，在云南新闻界开展了“让党放心、让人民满意、做负责任媒体”承诺宣誓活动，增强云南媒体社会责任意识。联席会议成员单位各司其职，齐抓共管的工作格局进一步形成。3. 分层分类，开展专项整治。组织开展了电视购物广告、金融服务广告、互联网广告和涉农广告等专项整治行动。其中，先后三次组织开展了互联网广告集中清理整治行动，共清理检查门户网站23 056家，其中，监测医院网站75家、食品药品网站86家、购物和成人用品网站51家；检查互联网广告13 555条次。对检查发现有问题的5家互联网站和1 870条非法“性药品”、性病治疗广告及时进行了处理。

**三、明确职责，广告市场日常监管工作得到强化**

2009年，全省各级工商部门以停收“两费”为契机，进一步促进职能转变，明确职责，强化广告层级管理，明确广告监管任务，落实广告监管责任，使全省广告日常监管工作进一步得到强化。1. 加大广告监测力度。进一步加强广告监测工作，把广告监测作为广告监管的基础性工作抓落实，为广告监管工作提供有力保障。2009年，全省共监测和检查各类广告107.32万条次，查出违法广告10 441条次。2. 加强了属地监管力度。各级工商部门把广告监管纳入辖区管理、片区管理和市场巡查的重要内容，强化了广告市场日常监管，尤其是强化了户外广告、印刷品广告的日常巡查，做到及时发现问题，及时加以纠正。全省基层工商部门共收缴非法印刷品广告21.18万份。3. 组织开展广告市场专项检查。省局组织16个州市工商局对全省各地的广告市场进行了全面检查，全省共检查报纸20份、17个电视频道、14个广播频率。检查各类广告9 364条次，查出涉嫌违法广告127条次。通过检查，总结了全省各地广告监管工作好经验、好做法，促进了州市间的学习交流，发现了工商部门在广告监管工作中存在的问题和不足，加强了工商部门与媒体的沟通，向媒体宣传了广告法律法规，有效促进了媒体的法律意识和责任意识，对促进全省广告市场进一步好转起到了积极作用。4. 对全省主要媒体广告发布情况进行了定期抽查，对抽查发现的问题及时纠正、及时处理。1～3季度，省局共抽查媒体广告12 477条次，发现涉嫌违法广告119条次。

**四、夯实基础，广告监管长效机制进一步健全完善**

2009年，全省各级工商部门始终坚持标本兼治、重在治本的方针，努力做好“政府监管、群众参与、社会监督、行业自律”广告监管长效机制的基础工作。1. 制度化。全面建立了省局机关广告监测、广告案件查办、受理违法广告举报、违法广告公告、行政告诫、联席会议成员单位协调联系等工作制度，为进一步全面规范全省广告监管工作奠定了基础。2. 规范化。结合全省实际，就制定广告监测规范、广告抽查规范、广告经营行政指导规范和建立完善广告案件查办部门联动、系统内上下联动机制等进行了研究并提出了初步意见，规范行为标准，统一执法标准。3. 法制化。严格依法行政的同时，积极开展《云南省广告管理条例》的立法前期工作，针对云南省广告市场的区域性和特殊性，开展有操作性、实用性的地方立法工作。4. 程序化。理顺了广告行政许可、进一步规范了违法广告投诉举报等工作办理流程，明确了工作职责，方便服务对象，畅通信息渠道，提高社会监督效果。2009年，仅省局就受理违法广告举报案件94件，均已办结。

**五、突出重点，违法广告案件查办力度进一步加大**

全省各级工商行政管理部门继续把医疗、药品、食品、保健食品、化妆品、美容服务广告作为打击重点，进一步加大案件查办力度。查处违法广告案件1 705件，收缴罚没款355.2万元。其中，查处违法食品、违法保健食品案件104件，收缴罚没款57.16万元；查处违法药品广告案件199件，收缴罚没款33.14万元；查处违法医疗广告案件158件，收缴罚没款30.14万元；查处违法化妆品广告案件16件，收缴罚没款3.70万元；查处违法美容服务广告案件7件，收缴罚没款1.87万元。

# 计划财务工作

**一、2009年全系统计划财务工作取得显著成绩**

2009年，全省工商行政管理系统在省委、省政府的领导和关心下，在省局党组的正确领导下，在省财政厅、审计厅、发改委等有关部门的帮助和支持下，以邓小平理论和“三个代表”重要思想为指导，以落实科学发展观为统领，以落实全省工商行政管理工作会议和全省工商行政管理系统计划财务工作会议精神为主线，紧紧围绕省委、省政府“保增长、保民生、保稳定”的重要决策，按照“加强监管，搞好服务，创新机制，维护公平的市场秩序，支持各类市场主体的发展，搞活经济，为应对国际金融危机、保持经济平稳较快发展作出新的贡献”的总体要求，千方百计提高计划财务对全省工商行政管理工作的保障能力。

（一）2009年部门预算执行情况。

1. 圆满完成了行政性收费和罚没款收缴任务。按照省财政厅《关于云南省工商行政管理局2009年部门预算的批复》，全省工商系统纳入部门预算管理的行政性收费征收计划为3 029.97万元，罚没收入为10 095.44万元。2009年全系统实际完成行政性收费5 396.05万元，罚没收入14 855.42万元，分别完成全年计划的178%和147%。

2009年，全系统应缴省财政行政性收费4 338.53万元，按规定比例应缴国家工商总局1 057.52万元。实际上缴省财政4 995.12万元（包括上缴后又拨回由省工商局上缴国家工商总局的656.6万元），上缴国家工商总局规费1 057.52万元，全年的行政性收费收入已100%的缴入了国库。

2009年，全系统应缴罚没收入14 856.38万元，实际上缴省财政14 856.38万元，全年的罚没收入已100%的缴入国库。

2. 经费预算收支基本平衡。

——经费收入情况。2009年全系统实现经费总收入116 499万元，其中：省财政拨款103 189万元；国家工商总局补助经费3 414万元；地方财政和其他部门补助经费6 875万元；其他收入3 021万元。全年经费总收入比上年113 287万元增加3 212万元，增长2.8%。

——经费支出情况。2009年全系统经费总支出115 773万元，其中：基本支出91 342万元，占总支出的79%；项目支出24 432万元，占总支出的21%。全年经费总支出比上年114 989万元增加784万元，增长0.7%。

——收支平衡情况。上年度历年滚存结余7 133万元，2009年经费收入116 499万元，经费支出115 773万元，

2009年末经费收支滚存结余7 859万元。

3. 国家工商总局补助经费安排支出情况。

2009年国家工商总局补助经费3 414万元，其中工商行政管理专项补助经费1 040万元，化解市场建设遗留债务专项补助经费2 374万元。其中：

——工商行政管理专项补助经费全部安排基层工商部门列入当年支出，其中：基础设施维修改造项目经费500万元，执法办案专项经费191万元，购买12315行政执法车辆272万元，自然灾害等特殊业务补助经费77万元。

——安排基层化解市场建设遗留债务专项补助经费2 374万元，化解市场建设遗留债务项目16个，完成专项补助经费7 300万元的32.5%。

4. 省工商局待安排项目经费支出情况。

2009年省工商局待安排项目经费预算4 800万元，已全部安排基层工商部门列入当年支出，其中：基层基本建设、房屋修缮费支出3 304万元，信息化建设经费1 000万元，实施商标战略奖励和执法办案经费补助486万元，省政府领导审批支出事项10万元。

（二）2009年计划财务工作情况。

2009年，计财处紧紧围绕省局党组确定的“三个到位”“六个好”的工作目标，以“四化建设”为突破口，努力落实“两节”措施，千方百计在强化部门预算执行力度，确保当年预算收支平衡的前提下，努力做好计划财务各项工作。

1. 推进“四化”建设取得阶段性成果。

2009年以来，计财处紧紧围绕贯彻全省工商行政管理工作会议精神和国家工商总局提出的“积极推进制度化、规范化、程序化、法治化建设”的总体部署和要求，把推广大理州工商局财务管理经验，作为加强系统财务管理工作的突破口，加强业务指导，促进计划财务管理工作由“核算型”向“管理型”的转变，由传统理财观念向规范管理观念的转变，由粗放管理向科学管理机制的转变，推进“四化”建设取得阶段性成果。重点是修改、补充和完善了《关于统一使用全省工商系统会计核算凭证的规定》、《云南省工商行政管理系统固定资产管理制度（试行）》，制定了《云南省工商行政管理系统因公出国（境）经费管理办法》（试行）和《云南省工商行政管理局关于贯彻厉行节约八项要求机关接待办法的补充通知》等管理制度，规范了出国经费、车辆购置、行政运行、接待等管理办法，进一步完善了与工商行政管理体制相适应的财务管理制度。统一了财务会计核算软件、部门预算（决算）软件、固定资产管理软件、票据管理软件、政府集中采购管理软件，强化了经费事前审批、事中监督、事后检查和经常性的财务检查、内部审计等财务监督管理措施，规范了财务管理行为。按照统一工作程序、统一考核办法、统一评分标准、统一指标口径，采取“听、看、查、评”的方式，省局组织了财务管理工作考核。通过考核看到：全系统的财务管理工作无论从制度建设、预算执行、资金管理、会计核算、财务监督、会计基础工作到集体当家、民主理财，“一支笔”审批、收支两条线、政府采购制度的执行等各个环节已基本步入了规范化管理的轨道。

2. 清理化解市场建设遗留债务成效明显，化解基本建设债务工作有序推进。

中央财政安排一次性专项资金转移支付帮助地方化解工商市场建设遗留债务，是中央对各级工商部门的关心和支持，有利于工商行政管理事业的健康发展。全省工商系统严格按照财政部和国家工商总局《关于清理化解工商系统市场建设遗留债务有关问题的通知》和省工商局与省财政厅联合下发的《云南省清理化解工商系统市场建设遗留债务实施方案》的要求，按照规定的时间、范围、方法、步骤，切实加强领导，明确目标，落实责任人，加强与有关部门的配合，完成了清理统计、调查核实、上报审批、登报公示、拨付化解等各项工作。

全省工商系统到2009年10月底有各类债务9 342.23万元，经过化解工作：

——市场建设遗留债务化解工作圆满完成。全系统有6个州市14个县级工商局上报市场建设遗留债务项目45个，债务余额4 497.41万元，经逐个核实，认定4个州市8个县级工商局的16笔债务余额本金2 373.66万元，分别于2009年7月1日和9月17日在《云南日报》上公示后分两批进行了清偿和化解。市场建设遗留债务的清偿和化解工作分别得到了财政部和国家工商总局督查调研组的充分肯定。

——政府性债务化解工作有序进行。按照统一口径和范围，全省16个州市工商局上报有202个地方政府性债务项目，债务余额6 968.57万元，其中基本建设债务5 693.25万元。基本建设债务项目经与省财政厅逐个核实，认定16个州市89笔债务余额本金4 256.78万元，已于2010年2月25日在《云南日报》上进行了公示，清偿和化解工作正有序进行。

3. 工商行政管理专项补助资金管理使用情况受到国家工商总局督查调研组的好评。

根据国家工商总局《关于对国家工商总局补助资金使用情况进行专项检查的通知》等文件的要求，年内对2006年以来财政部、国家工商行政管理总局拨付云南省工商系统的专项补助资金管理使用情况进行了自检自查和交叉检查。由于省局党组历来都十分重视对工商行政管理专项补助资金的管理使用工作。把管好、用好专项补助资金与贯彻落实国家工商总局提出的“四个统一”和“四化”建设紧密结合起来，积极推进财务管理“四化”建设，努力实现“三个到位”和“六个好”的工作目标，在盘活现有资产，实现资源最佳配置的同时，按照统筹兼顾，重点突出，量力而行，区别轻重缓急，努力改善基层工作生活条件的要求，把专项补助资金向基层一线倾斜，向边疆少数民族地区倾斜，向边远贫困地区倾斜，使有限的资金发挥最大的效益。国家工商总局专项补助资金督查调研组检查后认为申报程序严格、资金安排重点突出、管理方法和监督措施得当、有力。做到了拨付及时，专款专用，没有发现截留、挪用专项资金和违反《工商行政管理专项补助经费管理办法》的行为。全省工商系统对国家工商总局拨付的补助资金管理使用总体情况良好。

4. 加强内部审计，规范财务管理行为。

按照年初的财务工作部署，根据《云南省工商行政管理系统内部审计工作规定》和《云南省工商行政管理系统领导干部任期经济责任审计办法》的规定，在各州市工商局完成所属单位50%部门预算执行情况及其财务收支情况的审计、经济责任审计工作的同时，省局抽调州市局财务科长共15人次完成了对曲靖、红河、昭通、迪庆、玉溪、文山、普洱、西双版纳等八个州市工商局2008年度预算执行及财政财务收支情况进行内部审计的工作任务。组织、委托中介机构完成了昆明、昭通等5个州(市)的10个基本建设工程项目竣工决算和财务结算审计工作。通过审计进一步规范了财务管理，促进了廉政勤政建设。

5. 全面完成了经营性国有资产的清理统计工作。

全省工商系统按照省委、省政府的统一部署，在省非税收入管理局具体指导下，全面完成了经营国有资产的清查工作。各级工商部门都成立了由主要领导任组长、分管领导任副组长，财务、纪检、人事等相关职能部门负责人为成员的规范政府非税收入管理工作领导小组。制定了经营性国有资产清查工作方案。进一步明确了经营性国有资产清查工作的目标、范围、原则、方法和任务、时间安排及实施步骤。举办了经营性国有资产清查培训班。对开展行政事业单位经营性国有资产清查工作进行了全面动员，对经营性国有资产清查报表和软件的使用及操作进行了培训。明确了工作纪律。对在资产清查工作中如果出现失职、渎职、顶风违纪的各种行为，分别进行问责、免职、党纪政纪处分，直至追究法律责任。加强对经营性国有资产清查工作的业务指导。在资产清查工作中注重收集情况、反映问题、及时帮助解决清查工作遇到的困难和问题。全面组织开展了147个预算单位经营性国有资产清理统计工作，通过清查，截至2008年12月31日，全系统资产总额182 511.23万元，其中：经营性资产18 307.14万元，占资产总额的10.03%；负债总额13 878.76万元。完成了省非税收入管理局核查小组的重点核查和国有资产清查工作的“回头看”。通过清查、重点核查和“回头看”，进一步摸清了家底，初步掌握了全系统经营性国有资产的产权关系、债权债务关系和人员情况。

6. 精心组织，积极做好清查“小金库”、“回头看”工作。

为巩固“小金库”清查工作成果，根据省纪委等部门下发的有关在党政机关和事业单位开展“小金库”专项治理工作实施办法的要求，全系统在2008年清查工作的基础上，紧紧围绕单位向社会承诺不设“小金库”等制度是否兑现等问题，开展“小金库”清查及“回头看”检查防范工作。全系统签订防范“小金库”承诺书264份，承诺书兑现率达到了100%，全系统制定财务管理工作内部控制制度196项，为促进全系统依法行政，维护财经纪律，防范资金风险，巩固清查“小金库”成果，进一步规范财务管理，提高财务管理水平，促进党风廉政建设，发挥了财务监督的积极作用。

7. 项目支出绩效评价工作得到了省财政厅的充分肯定。

2009年，省工商局根据省政府、省财政厅关于开展2008年度财政项目支出绩效评价工作的有关要求，结合本单位、本系统项目支出实际情况全面开展了绩效评价工作。重点是成立了由主要领导担任组长、分管领导担任副组长，计划财务处、办公室、信息中心、基建处等处室负责人为成员的绩效评价工作领导小组，落实了机构和人员，明确绩效评价工作范围。拟定了绩效评价工作实施方案，明确了本次绩效评价的工作目标、工作依据、评价对象、评价方法、工作组织、工作内容、工作进度，并设计了项目单位自评报告撰写的提纲，对绩效评价的任务、流程、内容和方法进行解释说明，使本次绩效评价工作标准化、规范化。制定了项目支出绩效评价指标体系，按照指标体系的要求对云南省工商系统项目资金的使用、管理及绩效状况进行了综合评价。全系统147个预算单位按照省级财政拨款关系全面开展了2008年项目支出绩效评价的自评工作，自评面为100%，在自评基础上分别向上一级工商部门写出了自评报告。通过省财政厅综合考评后认为省工商局财务管理工作基础扎实，绩效评价工作认识到位，措施有力，认真完成自评工作，综合考评得96分，从而受到省财政厅的通报表扬。

8. 系统财务人员的培训工作取得进展。

为落实全省工商工作会议上确定的“组织开展审计资格培训，争取全系统有100名财会人员取得审计资格证，全面提升业务素质”的目标，各级工商部门采取自学、集中培训、以会代训等形式切实加大系统财务人员培训力度。省局在省财政厅、省审计厅等部门支持下组织开展了系统内部审计岗位资格、基本建设财务管理、离退休费社会化发放三项培训工作。省、州、县局财务人员、纪检监察干部、人事干部共270多人参加了培训。通过考试有260人取得了《内部审计岗位资格证书》，有270人获得了工商系统基本建设财务岗位资格证。同时还先后选派三批共79人分别参加了财务继续教育的培训学习。

9. 会计基础工作得到了进一步加强。

在会计基础工作方面，部门预算编制和系统财务决算工作连续六年受到省财政厅的表彰奖励。上年实行了部门预算滚动管理，同时票证管理和资产管理工作进一步得到了规范。旧版票据的清理登记、缴销工作和新旧版财政票据转化工作进展顺利。固定资产购置、变卖、处置、报废的评估审定和审核审批工作进一步得到了规范。政府采购和国库集中支付工作进一步得到了完善，从而促进了党风廉政建设，财务管理工作得到了进一步加强。

## 消费者权益保护

2009年，全省工商系统以邓小平理论和“三个代表”重要思想为指导，深入学习实践科学发展观，按照国家工商总局“四个统一”、“四化建设”、“四个转变”、“四高目标”和省局党组“三个到位”、“六个好”的要求,依法监管,创新理念,切实履行法定职责,以保障食品市场和商品市场消费安全为目标,深入开展流通环节食品安全和农村商品市场专项整治,在强化和规范日常监管、构建长效监管机制上下功夫,加大流通环节食品安全监管和消费者权益保护工作力度,切实维护食品市场秩序,保护消费者合法权益,为扩大消费需求、推动科学发展、促进社会和谐稳定做出了积极的贡献。

**一、克服困难做好婴幼儿奶粉事件患儿一次性赔偿金发放工作**

12月4日,省政府召开全省妥善处置婴幼儿奶粉事件患儿赔偿问题工作会议,会议决定由工商部门牵头,消费者协会具体负责实施我省的患儿一次性赔偿金发放工作。全省各级工商机关、消费者协会本着对患儿及其家长高度负责的态度,通过非常艰辛的努力,耐心细致,忍辱负重,做了大量工作,圆满完成全省婴幼儿奶粉事件患儿一次性赔偿金发放工作,维护了社会稳定和谐,彰显了工商机关、消协讲政治、顾大局、信得过、靠得住、过得硬的队伍良好形象。省政府丁绍祥秘书长对全省工商系统在患儿一次性赔偿金发放工作中的突出表现给予了充分肯定,对全省工商系统、消费者协会在患儿一次性赔偿金发放工作中表现出的耐心细致、忍辱负重给予了高度赞扬。在工作中,重点是层层进行动员,把思想统一到省政府的工作部署上来,切实增强做好赔付工作的紧迫感和责任感。成立工作领导小组,抽调得力人员,集中人力、集中精力、明确责任,全力以赴开展患儿一次性赔偿金发放工作。召开会议,从一次性赔偿金发放工作的目标、原则、方法和纪律等方面进行了系统培训,使参与患儿一次性赔偿金发放工作的广大干部掌握了发放工作的基本方法、工作流程、规范用语等,达到了“心中有数,工作有度”的培训目的。完善患儿信息,对卫生部门提供的患儿信息认真进行核对、分析,对常住址、监护人联系方式等信息不全的患儿,想尽一切办法进行查找。通过与卫生、公安、通信运营商、乡镇村委会、街道办事处、社区居委会反复联系,补充完善了部分患儿的信息,为后期的赔付工作打下了良好的基础。全力以赴开展患儿一次性赔偿金发放工作。2009年1月4日上午九点,全省工商系统统一行动,以消协工作人员身份进行患儿一次性赔偿金发放工作。在发放工作过程中,全省工商干部表现出了高度的政治责任感,始终保持高压力、高强度的工作状态,加班加点、苦干实干,跋山涉水、走村进寨,向患儿监护人发放患儿一次性赔偿金。特别是一些边远山区,汽车无法通行,工商干部要翻山越岭走过很长的山路才能找到患儿监护人,把赔偿金送到他们手中。面对部分患儿家长的对赔偿工作的误会、不理解,工作人员用耐心细致的工作、诚挚亲切的态度拉近与患儿监护人的距离,化解患儿监护人的抵触情绪,不仅把赔偿金送到患儿监护人手中,还用实际行动把党和政府对患儿的关心与慰问传达给患儿监护人,达到了良好的社会效果。这次患儿一次性赔偿金发放工作涉及患儿众多,情况具体复杂,工作难度很大,工商干部充分发扬特别能吃苦、特别能战斗的精神,群策群力、迎难而上,千方百计开展发放工作,努力做到“一户不漏,一个不错”。对前期赔付工作中联系不上的患儿,按照国家工业和信息化部《关于进一步做好患儿赔偿金发放工作的通知》要求,全省工商系统以县为单位,按照统一模式,通过媒体或网络发布公告,查找前期赔付工作中联系不上的患儿。积极稳妥说服患儿监护人撤销诉讼。在患儿一次性赔偿金发放过程中,曲靖、大理、临沧三个州、市有三名患儿监护人不愿接受赔付,希望通过司法诉讼的途径获取更大的赔偿。对此情况省工商局非常重视,为了不因个别患儿监护人的诉讼行为给整个赔付工作带来反复,影响社会稳定,省工商局及时组织三个州、市工商局做好患儿监护人的说服教育及引导工作。经过工作人员对3位患儿监护人反复多次、深入细致的劝说,三位患儿监护人终于同意撤诉,接受了赔偿金。为了确保按照省政府的时限要求,按质按量、高效快捷地完成我省患儿一次性赔偿金发放工作,省工商局由纳宗会局长及其他局领导、处长带队,组成十个督查组,深入一线,对患儿人数较多的十个州、市患儿一次性赔偿金发放工作进行督查,共同研究患儿一次性赔偿金发放工作中遇到的困难,实地帮助解决问题。

根据卫生部门三次提供的全省婴幼儿奶粉事件患儿信息,我省共有患儿5 717名,其中重症患儿37名,接受一般性治疗患儿5 680名。经过全省各级工商机关、消费者协会广大工商干部的艰苦努力,发放患儿一次性赔偿金5 194名,其中重症患儿34名,接受一般性治疗患儿5 160名。一次性赔偿金未能发放到位的486名患儿中,重名患儿107名(含一名重症患儿,已按一般性治疗的标准发放赔偿金),联系不上的331名,不接受赔偿金的17名,身份证明、医疗诊断证明等不全的1名,患儿监护人认为自己的小孩未患泌尿性结石、不需要赔偿的20名,外省患儿10名。

**二、积极开展培育创建“农村食品安全示范店”**

广大农村是我省食品安全体系最薄弱、最容易出事的部位,省局党组高度重视对重点部位的重点约束,把以示范推动食品经营者自律,作为保障农村食品安全的着力点,2009年初,把“农村食品安全示范店”创建工作确定为全省工商系统六项重点工作任务之一,制订下发了《云南省工商行政管理系统“农村食品安全示范店”创建工作方案》,采取多种方式,积极帮扶、培育农村食品经营者参加“农村食品安全示范店”创建工作。重点是深入了解我省农村食品经营的普遍状况,制定了符合云南实际的“农村食品安全示范店”创建标准;由工商所(分局)选择辖区内经营状况良好、经营相对规范的食品经营者按照创建标准进行培育、规范;加强创建工作的宣传力度,扩大“农村食品安全示范店”的社会影响力,让广大农村消费者和食品经营者知晓创建工作的重要意义;对不符合条件但有意愿参与“农村食品安全示范店”创建工作的食品经营者要有的放矢的帮助解决问题,积极开展帮扶创建工作;积极与商务厅协调,决定将“农村食品安全示范店"纳入到"万村千乡市场工程"建设,联合下发了《云南省商务厅云南省工商行政管理局关于在农家店开展"农村食品安全示范店"创建活动的通知》,形成创建合力;针对"农村食品安全示范店"建立有效的激励措施,使经营者切实得到规范经营、文明经商带来的经济社会效益,从而调动农村食品经营者申请创建"农村食品安全示范店"的积极性,提升农村食品安全整体水平,营造安全放心的消费环境。按照省局年初计划,2009年应完成3 332个农村食品安全示范店的创建工作,到年底全省工商系统已经培育创建4 981个农村食品安全示范店,超额完成目标。

**三、推行一票通,实现食品安全流程监管全覆盖**

近年来,省局不断摸索流通环节食品安全流程监管长效机制,通过深入调研,全系统消保部门深切感受到食品安全监管重在抓源头,管住源头就管住了一片。由于我省经济发展不平衡,作为省会城市的昆明在经济总量上远远大于其它州、市,因此在食品流通环节,各州、市对昆明的依附程度很高。从统计的数据看,云南市场上销售的食品,90%以上是从昆明几家大型批发市场进的货。针对这一情况,在2008年的全省工商系统消保工作会议上,省局提出对昆明和各州、市政府所在地的大型批发市场进行重点监管。2009年初,省工商局经过广泛征求意见,制定下发了《云南省工商行政管理局关于推行统一食品批发进销货凭证的通知》,进一步加强流通环节食品安全的源头治理,加大了对省会城市和州(市)政府所在地的食品批发企业、批发商的监管力度。通过落实市场开办者对入场销售者执行"两项制度"的监督检查,落实市场开办者第一责任人的责任,把市场开办者和食品批发商从监管的客体变成自律的主体,让经营者自动进行设防,在自身的经营过程中,主动承担食品安全的第一责任。这些制度、措施的建立和落实,较好地解决了"要他做"变成"他要做","我负责"变成"他负责","管一天"变成"天天管"的问题,从而实现了流通环节食品安全监管的初始约束:源头监管全覆盖。

建立从食品批发到零售的流向监控和问题食品追溯机制,是实现食品安全全程监管机制需要解决的重要内容。在2009年的消保工作会议上,经过征求各州市的意见,省局开始在全省范围内推行"一票通"制度,通过以"一票通"为载体的票据链来实现食品批发和零售的全程流向监控,对食品批发企业的出货票据进行统一,按照"票随货走"的要求建立追溯制度,切实解决食品零售商登记台账难的问题。食品零售商在进货时向批发商索取和保存出货票据,将其装订成册后作为进货台账,有效解决了城乡广大食品零售商受自身文化程度限制,不会建立台账或者建立台账质量差等问题。"一票通"制度贯通了整个食品销售链,进一步健全和完善了食品安全追溯机制,从而实现了食品安全监管的流程制约:过程监控全覆盖。

**四、深入贯彻落实《食品安全法》**

2009年6月1日《食品安全法》正式施行以来,全省各级工商机关从深入贯彻落实科学发展观、全面推进依法行政和建设责任政府的高度,从维护人民群众根本利益出发,把学习、宣传、实施《食品安全法》作为一项重要工作列入议事日程。从省局到州(市)局到县局,层层成立贯彻实施《食品安全法》工作领导小组,加强组织领导,确保学习、宣传、实施《食品安全法》的各项工作落到实处。全省工商系统以学习、宣传、实施《食品安全法》为契机,努力实现食品安全监管在思想理念、工作措施、工作作风和工作机制等方面的新转变。

1. 认真组织执法人员深入学习《食品安全法》。邀请国家工商总局食品监管司领导到云南作关于《食品安全法》贯彻实施中如何正确履行工商职能的专题讲座,并在全系统采取集中学习、个人自学、知识竞赛、岗位练兵等多种方式开展《食品安全法》的学习,深刻领会《食品安全法》的精神实质,准确把握《食品安全法》规定要求,做到对《食品安全法》全面掌握、综合运用、依法行政。

2. 广泛宣传《食品安全法》,努力营造良好的舆论氛围和社会环境。各级工商机关采取多种方式向社会各界广泛宣传《食品安全法》,特别是以食品经营者和消费者作为重点宣传对象,让食品经营者了解《食品安全法》的重大现实意义和赋予工商行政管理机关的监管职责,熟悉掌握《食品安全法》规定的从事食品经营所应具备的基本条件、《食品安全法》规定的食品经营者的进货查验和记录、定期清理库存食品、召回和退市等基本制度、食品经营者的法律责任等主要内容;让消费者了解权益受到损害时获得救济的途径、民事赔偿的具体内容、食品安全的知识,增强消费者食品安全意识和自我保护能力。昆明市工商局在碧鸡广场开展《食品安全法》宣传活动;昆明市禄劝县工商局红盾艺术团自编曲目,深入乡镇通过文艺演出宣传《食品安全法》;昆明市西山区工商局编写的《食品安全知识宣传手册》被区教育局纳入教学大纲,在全区200余所中、小学进行教学活动。通过广泛宣传《食品安全法》,增强了食品经营者和广大消费者的食品安全守法经营意识、责任意识和依法监督意识,为贯彻实施《食品安全法》营造了良好的舆论氛围和社会环境。

3.《食品安全法》正式实施后,在国务院配套条例和国家工商总局《食品流通许可证管理办法》还未下发的情况下,为了解决过渡阶段实施食品流通许可问题,方便食品经营者正常开展经营活动,云南省工商局按照《食品安全法》关于食品生产经营主体准入条件的规定,结合云南实际,制定下发了《云南省工商行政管理局关于开展食品流通许可有关工作的暂行通知》,对食品流通许可证的发放部门、发放条件、发放程序与已有的食品卫生许可证的衔接等问题予以明确,对符合条件的食品经营户采取发放核准通知书的方式,许可经营,既保证了广大食品经营者不因配套法规未出台而影响正常经营活动,又严格规范了准入管理,防止发生过渡期间的监管真空。

4. 在八月召开的全省工商行政管理局长座谈会上,省局纳局长又对全省工商系统继续深入贯彻落实《食品安全法》作了部署安排。纳局长要求全系统要牢固树立依法监管和依责履职的理念,切实强化责任意识,认真履行食品安全监管法定职责,做到依法监管不缺位、不越位,履行职责不推卸、不包揽,切实承担起流通环节食品安全监管责任。围绕贯彻落实《食品安全法》,依法履行流通环节食品安全监管职责,切实把流通环节食品安全监管各项工作落到实处,进一步提高食品安全监管执法效能。强化基层工商所属地监管责任制,切实对辖区食品安全监督管理负责。严格责任追究制,对在食品安全监管执法中不履行或不及时履行职责、违法履行职责、互相推诿、滥用职权以及有其他渎职行为的,坚决予以处理,严肃追究责任。

5. 认真组织培训,确保食品流通许可证核发工作顺利开展。10月28日、29日,省局举办了全省工商系统食品流通许可专题培训,对省局制定并即将下发的《食品流通许可证发放管理办法》进行讲解,明确要求全省工商系统从11月11日起正式核发食品流通许可证,同时陆续更换前期发放的食品流通许可核准通知书,整个更换工作于12月31日前结束。

## 五、深入开展流通环节食品安全整顿

(一)集中开展重点食品以及季节性、节日性食品的专项执法检查。全省工商系统把开展重点食品专项执法检查作为整顿工作的重要任务,着力解决各地区食品市场存在的突出问题。1. 集中开展了重点品种的专项执法检查。以消费者申诉举报多和与人民群众生活密切相关的食品品种为重点,突出抓好奶制品、肉制品、米面制品、禽蛋制品、儿童食品、老年食品、膨化食品、豆制品、饮料、糕点、月饼、干果、调味品、食用油、酒类、腌制食品、冷冻食品等品种以及超市自制食品的专项执法检查,严厉打击销售过期霉变食品、“三无”食品等违法行为。2. 集中开展了重点区域的专项执法检查。以城乡结合部、旅游景区、车站码头为重点,依法抓好小食品店、小摊点、小市场的专项检查,集中执法力量加大市场巡查力度,坚决依法取缔无照商贩,严厉打击制售假冒伪劣食品违法行为。3. 集中开展了季节性、节日性食品市场专项执法检查。以“五一”、中秋、“十一”为重点,突出抓好对节日性食品以及季节性食品的检查,重点整治价实不符、过度包装、搭售商品、虚假宣传及欺诈消费者等问题,切实保障节日食品和季节性消费安全。4. 集中开展了对重点食品经营企业和市场的专项执法检查。以商场、超市、批发市场、集贸市场和食品经营企业为重点,突出抓好市场开办者和经营者自查自纠和自律工作,认真监督落实食品经营者对食品安全的法定责任和义务,由基层工商所按辖区逐户进行排查,监督市场开办者、经营者自查和整改食品安全方面的问题,切实做到不进、不存、不销假冒伪劣食品和不合格食品,严格规范食品经营者的经营行为。专项检查中,全省工商系统共出动执法人员246 939人次,检查食品经营户870 486户次,检查批发市场、集贸市场等各类市场26 016个,取缔无照经营户5 458户,吊销营业执照64户,捣毁制假售假窝点64个,查处制售假冒伪劣食品案件2 604件,查处制售假冒伪劣食品案值359.9万元,罚没金额407.6万元,受理和处理消费者申诉、举报2 373件,为消费者挽回经济损失225.9万元。

(二)集中开展农村食品市场专项执法检查。1. 加大对农村城镇、集镇、乡村举办的食品交易会、庙会赶集和旅游景区景点、车站码头等经营食品的监管力度,严格规范农村食品经营秩序;2. 加大对城乡结合部和乡镇各类食品批发市场、集贸市场,特别是食杂店的监管力度,狠抓重点场所和经营者的整治,严格规范经营行为;3. 加大对消费者反映强烈和与农民群众日常生活消费关系密切的食品品种的监管,狠抓重点品种的整治,强化对食品质量安全的监管,严格规范食品市场安全准入行为。在农村食品市场专项执法检查中,全省工商系统共出动执法人员105 965人次,检查食品经营户415 386户次,检查批发市场、集贸市场等各类市场11 867个,取缔无照经营户1 937户,捣毁制假售假窝点11个,查处制售假冒伪劣食品案件1 451件,查处制售假冒伪劣食品案值108.5万元,罚没金额135.1万元,受理和处理消费者申诉、举报407件,为消费者挽回经济损失162万元。

(三)集中开展奶制品市场专项执法检查。全省工商系统深入贯彻《乳品质量安全监督管理条例》和《奶业整顿和振兴规划纲要》以及国家工商总局的实施意见,严格监督奶制品销售者落实进货查验制度和进货台账制度,突出重点市场、重点区域和重点奶制品销售者,严格规范经营行为,进一步整顿和规范奶制品市场秩序,促进奶制品行业健康有序发展。

## 六、开展打击流通环节违法添加非食用物质和滥用食品添加剂的专项执法检查

按照卫生部、国家工商总局等9部门下发的《关于开展全国打击违法添加非食用物质和滥用食品添加剂专项整治的紧急通知》要求,全省工商系统认真开展了打击违法添加非食用物质和滥用食品添加剂专项整治工作。重点是严格要求食品经营者建立健全进货验收、索证索票、购销台账等食品安全制度,实地检查食品标识标签、商标广告等使用情况,了解和掌握食品经营户和食品加工户食品添加剂使用情况。按照国务院及有关部门联合发布的公告要求,监督流通环节食品和食品添加剂经营者对在食品中添加非食用物质和滥用食品添加剂的行为进行自查自纠。监督流通环节食品和食品添加剂经营者对在自查中发现违法违规行为的,认真进行整改,主动销毁非法食品添加物,迅速召回已售出的问题食品。采取明查暗访等方式,调查流通环节违法食品添加物和滥用食品添加剂的食品类别,分析产生问题的主要原因。充分发挥12315消费者申诉举报网络的作用,认真受理对流通环节违法添加非食用物质和滥用食品添加剂等违法行为的举报。结合工商部门网格化监管工作,明确监管责任,确保监管到位,将整治工作按网格分配,使任务和责任落实到人。做好食品添加剂使用频率高的重点区域、重点食品生产经营企业、重点农副产品的质量监测。坚决打击非法

生产制售国家明令禁止的药物和化学物质的违法行为。利用食品快速检测设备对可能添加非食用物质和滥用食品添加剂的重点食品进行快速检测，检测食品39 974组，重点对甲醛、吊白块、亚硝酸盐、硼砂等有害食品添加剂及注水肉五个大项进行检测，共抽检粉丝、豆腐、辣椒制品、调味品、水发产品、猪血、面粉、馒头、豆腐肠、酱菜、凉拌卤肉、猪肉、食用油等50余个品种。加大宣传教育力度，营造良好工作氛围。各州、市工商局采取多种方式，开展打击违法添加非食用物质和滥用食品添加剂宣传教育。召开商场、超市、市场管理人员会议，学习、宣传食品添加剂一般知识，同时利用普法培训等各种方式向食品经营户宣传食品安全的有关知识。通过学习与培训，增强业主与从业人员对食品添加剂知识的了解，掌握食品添加剂使用原则和应注意的事项。楚雄州元谋县工商局将违法添加非食用物质和滥用食品添加剂黑名单印发到各食品经营户，并在交通要道、人流集中地区进行张贴，扩大宣传面，让群众认识、拒绝、检举违法添加非食用物质和滥用食品添加剂行为，取得了良好的社会效果。各基层工商分局(所)还督促相关企业采取开设宣传栏、张贴温馨提示的方式，提高食品安全责任意识。

在专项整治中，全省工商系统共出动执法人员32 058人次，检查食品添加剂经营户41 745户次，查处无照经营449户，查扣非食用物质和食品添加剂403.1千克，查扣滥用食品添加剂食品1 993.3千克，发放宣传材料5 000余份，查处流通环节涉及违法添加非食用物质和滥用食品添加剂案件19件，案值359.9万元，罚没金额407.6万元。通过专项整治，食品生产经营中违法添加非食用物质和滥用食品添加剂的问题得到有效遏制，食品和食品添加剂市场得到有效净化。

**七、深入开展“家电下乡”、“汽车摩托车下乡”市场专项整治工作**

根据国家工商总局《关于深入开展“家电下乡”、“汽车摩托车下乡”市场专项整治工作的通知》要求，全省工商系统在全省范围内认真开展了“家电下乡”、“汽车摩托车下乡”市场专项整治工作。据统计，云南省共有“家电下乡”、“汽车摩托车下乡”中标销售企业853户，其中“家电下乡”销售企业757户，“汽车摩托车下乡”销售企业96户；“家电下乡”、“汽车摩托车下乡”销售网点数6 142个，其中“家电下乡”销售网点数5 685个，“汽车摩托车下乡”销售网点数457个。在专项整治中，全省共出动执法人员6 493人次，检查经营主体7 126户次，取缔无照经营3户，查处违法案件总数60件，案值21.67万元，查处销售不合格和假冒伪劣家电案件21件，案值3.31万元，查处不合格和假冒伪劣家电830台，查处虚假违法广告案件40件，案值14.53万元；受理消费者咨询626件、举报58件，办结申诉举报58件，协调解决消费纠纷总计71件，为消费者挽回经济损失合计32.187万元。

1. 强化部门协作。“家电下乡”、“汽车摩托车下乡”市场监管政策性强，涉及部门多，各级工商管理机关在当地政府的统一领导下，切实加强与商务、财政、工信、质监、公安等部门的沟通协作，加强信息通报，积极配合相关部门依法开展“家电下乡”、“汽车摩托车下乡”监管工作，组织开展联合执法检查，充分发挥整体优势，形成监管合力。

2. 强化对家电、汽车、摩托车等产品下乡活动定点销售网点的管理，切实规范家电、汽车、摩托车等下乡产品的经营行为。全省各级工商行政管理机关积极与商务部门联系，在取得“家电下乡”、“汽车摩托车下乡”中标销售企业及所属销售网点名录后，对家电、汽车、摩托车等产品经营主体进行全面检查，严防非销售网点违反规定销售产品，确保产品来源合法、质量合格，杜绝不合格和假冒伪劣商品进入“家电下乡”、“汽车摩托车下乡”流通体系。同时，加强对中标销售企业及销售网点经营行为的监督检查，积极配合相关部门指导中标销售企业及销售网点完善管理措施，增强网点销售服务功能，严格履行流通企业承诺、“三包”规定和及时提供汽车保养、维修等服务。

3. 加强对家电、汽车、摩托车等商品二手市场的监管，切实维护旧家电、旧汽车、旧摩托车等商品市场秩序。按照国家鼓励和支持家电、汽车、摩托车等商品“以旧换新”政策的实施要求，积极配合相关部门加强对“以旧换新”活动的监管，严防回收的旧家电、旧汽车、旧摩托车改头换面重新流入市场。严格规范市场主体经营行为，会同相关部门指导交易市场严格管理、加强自律，依法维护旧家电、旧汽车、旧摩托车市场交易秩序。

4. 严厉打击以“家电下乡”、“汽车摩托车下乡”名义销售不合格和假冒伪劣商品等违法行为，切实保障农村商品市场消费安全。加强对家电、汽车、摩托车等商品市场经营主体资格审查，严厉查处打着“家电下乡”、“汽车摩托车下乡”旗号制售假冒伪劣商品、销售不合格商品、以次充好、以假充真等违法行为以及利用“家电下乡”、“汽车摩托车下乡”名义实施垄断、商业贿赂、虚假宣传、虚假广告、不正当有奖销售、强行搭售、假冒注册商标、冒用他人企业名称和仿冒知名商品特有的名称、包装、装潢等违法行为。

5. 强化农村商品市场日常监管，切实维护农村商品市场秩序。全省围绕家用电器、建材、装饰材料、农资等商品，突出重点环节、重点区域和重点经营户，加强农村商品市场监管。依法监督农村商品销售者建立并执行进货检查验收制度，引导其建立和完善商品质量承诺、不合格商品退市等自律制度，努力构建农村商品市场监管长效机制，提高监管执法水平。

6. 加大案件查办力度，依法打击违法经营行为和违法犯罪活动。全省突出重点区域、重点场所和重点经营者，加强案件排查、区域协办和督查督办工作，及时发现和依法惩处各类违法行为。同时，积极配合公安部门严厉打击假借“家电下乡”、“汽车摩托车下乡”名义从事的违法犯罪活动。

7. 充分发挥12315消费者申诉举报网络和“一会两站”的作用，及时受理和处理消费者有关“家电下乡”、“汽车摩托车下乡”的咨询、申诉和举报。依法受理和按程序处理“家电下乡”、“汽车摩托车下乡”活动中的商品消费纠纷,做到件件有着落,事事有回音。同时强化对咨询、申诉和举报信息的综合分析,掌握市场消费动态情况,为政府和有关部门完善相关政策措施和跟踪监管提供参考和信息。

8. 认真开展消费教育和消费引导。广泛宣传和普及“家电下乡”、“汽车摩托车下乡”政策以及家电、汽车、摩托车等商品消费知识,帮助广大农民消费者理解和掌握相关政策、法规和操作程序,提高农民消费者购买“家电下乡”、“汽车摩托车下乡”产品的积极性和依法维权意识与能力,努力营造良好的舆论氛围和社会环境。

**八、大力加强12315行政执法体系建设**

按照省局党组提出的开展工商业务全方位咨询,进一步提升12315服务效能,努力把12315建设成为云南工商“第一形象品牌”的工作要求,及时总结全省12315行政监管执法网络开通以来取得的经验和存在的不足,制定下发了《云南省工商系统12315工作规程》,对全省12315行政执法工作的受理、分派、督办等各个工作环节进一步作了规范。全省16个州、市12315指挥中心工作关系清晰,工作程序流畅,工作效能明显提高。

## 基本建设

2009年,云南工商行政管理系统基本建设管理部门深入学习实践科学发展观,按照贯彻“四个统一”、加强“四化建设”、推进“四个转变”和实现“四高目标”的要求,紧紧围绕“三个到位”“六个好”的工作目标,树立大局意识,提高一盘棋思想,坚定不移贯彻落实省局党组规范化建设方针,遵循基本建设管理“严”、“责”、“勤”、“活”、“实”五字工作原则,抓谋划、建制度、强管理、促规范,科学推进全系统基本建设管理工作。

**一、加强学习,不断提高基本建设管理水平**

积极推进全系统基本建设规范化工作,关键在于执行,因此监管干部能力和水平的提高至关重要。全省各级基本建设管理部门非常重视学习活动的组织开展,结合工作的实际,积极采取多形式的学习活动,切实提高全体干部职工的管理能力和水平。

(一)深入开展学习实践科学发展观活动。通过学习,进一步树立了科学发展的理念,把科学发展观贯彻落实到全系统基本建设工作中,在制度建设、项目审查、监督管理等具体工作中予以体现,认真查找存在的问题,提出改进的方向,制定改进的措施。

(二)认真组织基本建设管理方面法律法规和规章制度的学习,进一步明确了目标、强化了责任、规范了程序、落实了要求,有效地提高基本建设管理和指导基层的水平。

(三)深入现场实地学习,认真听取基层意见建议,仔细分析查找具体项目中存在的困难问题,实事求是地研究解决问题的办法,一起制定解决问题的措施。

**二、认真履职,努力完成各项基本建设工作任务**

推进全系统办公用房规范化建设工作是省局党组的重要决策,面对新形势新任务,全省各级工商机关认真学习领会两办《通知》精神,坚定不移地贯彻落实省局党组决议,认真履行职责,不断提高执行力,以全系统办公用房规范化方案修改完善为重点,强化项目监督检查,努力完成各项基本建设工作任务。

(一)认真制定全系统基本建设规划。遵照省局基本建设领导小组工作指导意见,在认真听取各州、市工商局意见建议的基础上,认真分析研究,权衡轻重缓急,坚持统筹兼顾,编制完成了《云南省工商行政管理系统2009年~2011年基本建设规划纲要》,规划从指导思想、基本原则、组织保障、工作意见、建设规划等方面对今后3年的全系统基本建设工作,作出了统一的安排和部署。

(二)认真开展全系统办公用房规范化方案修改完善工作。《云南省工商系统办公楼标准化方案》制定实施以来,对全系统基本建设工作的开展发挥了积极的推动作用,探索了规范化建设的路子。根据4月26日省局党组会议和5月13日省局基建领导小组会议精神,基本建设管理处积极采取措施,明确时间任务,有条不紊地推进标准化方案的修改完善工作。重点是认真搜集整理原方案实施过程中发现的不足和问题,明确修改完善方向和目标;多方考察选择设计单位,为修改完善工作的展开打好基础;积极采取实地考察建成项目和在建项目,对基层推荐的优质工程项目组织现场观摩和进行研讨等方式,多形式地为修改完善工作创造条件;按程序修改完善设计方案,分别采取了专家咨询、专题会议讨论、征询基层意见等方式对《设计方案》进行修改完善,尽可能达到经济实用、特色鲜明的设计目标。到年底,6种建设规模的方案图和施工图已设计完成,已分别发送到各项目建设单位。

(三)完成年度基本建设工程项目投资计划的编制工作。结合《中共中央办公厅、国务院办公厅关于党政机关厉行节约若干问题的通知》的学习贯彻,按照省局党组对基建工程项目投资计划工作的指示和要求,基于量力而行、先急后缓、统筹兼顾、突出重点、适当照顾的思路,确定了2009年投资计划安排的原则:重点是续建项目的收尾、竣工工作;严格执行控制党政机关办公楼等楼堂馆所建设的规定;重点安排基层无房、危房办公问题和部分危房改造、修缮项目。其中,省财政资金计划安排项目40个,含续建项目16个、新建项目16个、改造项目7个和购置项目1个;《云南省工商系统2009年度申请国家工商总局补助基本建设项目资金表》涉及项目13个,含续建项目3个、新建项目8个、修缮项目2个。两个申报计划按程序经省局基建领导小组和省局党组会议审议后顺利完成申报,并得到批准实施。

(四)严格依照程序完成相关项目的批复工作。经过严格勘查审查并经省局基建领导小组和局长办公会议批准,全年审批下达基本建设项目74个,其中:批准新建项目57个,维修改造项目

9个,置换项目3个,恢复施工项目4个,同意资金调用项目1个。

(五)认真组织实施省局办公楼维护保养及工商干部培训中心消防改造安装工程。先后组织完成了省局办公区与生活区道路铺设工程、省局办公楼屋顶和部分楼层防水工程、一楼注册大厅安装智能排队系统及服务质量电子检测评价系统改造工程、办公楼室内墙体粉刷工程、卫生间和洗漱间排气通风改造工程、办公区与生活区绿化分割工程、12楼党组会议室装修改造工程、2楼中会议室背景墙改造工程、2楼贵宾接待室安装地毯等9项工程,质量验收合格;积极协调各方面关系,严格依照项目程序进行设计、核定工程价格和组织招标,认真加强项目监督管理,严抓工程质量,确保了培训中心消防改造安装工程顺利通过消防部门的验收,消除了安全隐患。

(六)开展住房补贴申报工作。根据《云南省机关事业单位职工住房补贴暂行办法》、云南省财政厅、建设厅联合下发的有关文件规定,按照省局领导的指示和要求,积极开展2009年度住房补贴申报工作。符合发放条件的州、市工商系统6个(部分县、区局),其中:离休应补贴人员8人,补贴面积248.07平方米,补贴数额12.90万元。退休应补贴人员267人,补贴面积21 750平方米,补贴数额866.58万元。

(七)积极接待处理来信来访工作。群众问题无小事,对于干部群众反映的问题,做到热情接待,及时研究,认真答复。处理住房补贴问题等上访事件5件,接待上访者十几人次。经过耐心细致的工作,圆满解决一起,按政策规定答复了四起,避免了重复上访事件的发生。

**三、建章立制,有序推进基本建设规范化工作**

完善的规章制度是有序推进基本建设规范化工作的保障,为加强全系统基本建设管理工作,在严格执行《云南省工商行政管理系统基本建设管理办法》的基础上,进一步建立健全基本建设管理规章制度是2009年基本建设工作的重要内容。在年初制定印发《2009年基本建设管理工作意见》基础上,认真完善了基建管理制度,制定下发了《云南省工商系统基本建设项目管理规范》、《云南省工商系统建设项目投资概(预)算编制规范》和《云南省工商系统基本建设项目责任书》等规章制度。通过规章制度的完善和层层签订《责任书》,进一步明确责任,规范流程要求,加强全系统基本建设质量管理、资金管理、招投标管理、安全管理、廉政建设管理等,确保把每一项基本建设具体工作落到实处。

**四、加强管理,严格推进基本建设规范化工作**

在标准化方案和相关规章制度的执行中,监督检查不可少,加强管理是保证。在省局党组的正确领导下,省局基建处积极采取措施,加强全系统基本建设项目的管理。

(一)认真贯彻省局党组会议精神,及时发文叫停了35个准备开工建设的项目,确保省局党组关于废止原《标准化方案》执行的相关决定得到有效贯彻。35个项目中,2009年1月1日以后经省局批准立项的31个,2008年批准立项但尚未开工建设的3个。同时,针对相关州市工商局书面申请恢复部分项目施工的问题,积极转变作风,以实事求是的态度,采取邀请相关专家研究、现场检查等方式,书面批复5个项目恢复施工。

(二)及时组织开展全系统2008年度及历年在建工程项目清理检查工作。结合原《标准化方案》的废止执行,为帮助基层解决建设过程中存在的困难和问题,及时组织开展全系统2008年度及历年在建工程项目的清理检查工作,对在建项目的工程进展、资金使用、批复执行等情况进行了统计,并制定了进一步实施检查的方案。7月上旬,省局组成6个检查组,分别完成了全系统101个停建、在建和拟建项目的监督检查,进一步摸清了系统基本建设家底,总结了开展基本建设管理的"严"、"责"、"勤"、"活"、"实"五字工作原则。

(三)认真开展建设项目规划设计和投资概(预)算审查。在全程参与6个试点项目建设的同时,对所有规范化建设项目的规划设计和投资概(预)算认真进行审查,确保规范化建设不走样,投资概(预)算科学节俭。对于因土地限制不能满足规范化建设的项目,采取省、州(市)、县三级工商机关共同逐个研究的方式,报省局领导同意后才开展实施。

(四)加强工程项目竣工审计清理和核查工作。根据下审一级的原则,省局认真组织开展对文山州、红河州、曲靖市、保山市、丽江市等5个州市工商局机关办公大楼建设项目的审计工作,顺利完成审计任务;同时对已竣工的所有建设项目,要求全省各级工商行政管理机关必须抓紧完成建设工程项目的审计;认真开展已竣工项目审记情况的清理登记工作,积极配合省局计财处对未审计且投资在50万元以上的10个项目进行省局统一审计,各项审计工作顺利完成。

(五)认真进行动员部署,分别召开了两次全系统规范化建设工作会,结合新的《规范化建设方案》建设项目的建设,对《规范化建设方案》进行讲解,对《云南省工商系统基本建设项目管理规范》、《云南省工商系统建设项目投资概(预)算编制规范》和《云南省工商系统基本建设项目责任书》相关内容进行重点介绍,在充分听取建设单位意见的基础上对全面加强规范化建设工作提出了具体要求,使大家进一步明确了目标,强化了责任,增强了紧迫感;

(六)认真开展政府性债务清理工作。按照省政府和省财政厅及省局党组的指示和要求,为切实搞好全省工商系统基本建设历史遗留债务的清欠工作,采取实地抽查、统计检查和证据核查等方式,与计财处协同配合对全系统基本建设债务进行了清理、检查、核实,摸清掌握了全省工商系统政府性债务底数,保证了清欠工作的顺利进行。

## 老干工作

2009年,省工商局老干办以党的十七大提出的认真贯彻落实科学发展观,"全面做好离退休干部工作"精神为指导,以围绕中心、服务大局,努力做到离退休干部工作让党组放心、让老同志基本满意为工作目标，以贯彻落实省局党组下发的老干部工作“三个文件”为主要内容，老干办紧密结合省局机关和系统老干部工作实际，按照省局党组提出的实现“三个到位”、“六个好”的工作要求，牢固树立为离退休干部服务的思想，结合省局机关和系统老干部工作实际，更新观念，改进作风，创新工作机制和方式，加强调查研究，不断提高管理效能和服务水平，构建和谐的老干部关系，推进离退休干部管理服务工作的制度化、规范化、程序化、法制化建设，努力做到了离退休干部管理服务工作让党组放心、让老同志满意。

**一、基本情况**

截至2009年11月20日，全系统共有离退休干部职工4 329人，其中离休214人，退休3 188人，提前退休926人，离岗退养1人，中共党员2 767人；有离退休党支部114个，党小组62个。全系统老干部工作的形势进一步好转，老干部队伍进一步稳定，老干部的“政治待遇”和“生活待遇”得到进一步落实，老干管理和服务水平进一步提高，促进了全系统中心工作的顺利开展。

**二、主要工作**

（一）认真落实老干部的政治待遇，切实抓好政治学习，增强了思想政治工作的实效性。1. 省局老干办下发和转发了文件8份到各州、市工商局，安排和部署有关政策文件的学习，使老干部及时了解党的大政方针、经济发展和工商工作重点。及时贯彻传达宣传党中央、国务院和省委、省政府的方针政策及应对国际金融危机的措施、全省老干部工作会议和全国、全省工商工作会议及党风廉政建设、财务工作会议精神，组织老干部参加了不同形势的报告会、情况通报会，使老干部及时地了解省委、省政府和当地政府的工作动态、经济社会形势和工商工作的发展思路，引导广大老同志认清形势，振奋精神，共克时艰，增强了学习、教育活动的实效性。2. 认真学习贯彻党的十七届四中全会精神，组织开展中国特色社会主义理论体系和社会主义核心价值体系的学习。通过采取集中学与个人自学、重点学习与知识问答、主题发言与专题讨论及送学上门等形式的学习贯彻，大家对加强新形势党的建设有了进一步的认识，对理想信念更加坚定，纷纷表示要珍惜光荣历史，维护团结稳定，坚决拥护中国共产党的领导，永葆共产党员的先进性。3. 积极组织开展纪念建党88周年和建国60周年系列活动，广大老同志谈亲身经历、谈沧桑巨变，抚今追昔，更加感到中国共产党的伟大，回忆过去、展望未来，对党领导全国人民高举中国特色社会主义伟大旗帜，构建社会主义和谐社会的美好前景更加充满信心。4. 按照省局党组的统一安排，认真组织开展了学习实践科学发展观“回头看”活动和以“五热爱”、“三个一”为主题的组织生活会，通过学习活动，老干办全体党员表示要立足岗位，转变观念，围绕中心、服务大局，不断探索新形势下老干部工作的特点和规律，以实际行动为工商事业的改革发展、为老干部工作做出新贡献。2009年，老干办在坚持组织好每月15日机关离退休人员的政治学习的同时，还协助老干支部召开支委会6次，老体协委员会4次，指导开展活动4次250人次，接送老同志参加机关政治学习等活动3次80余人次，提供阅文6次50余人次，组织副厅以上老同志参加省委、省政府召开的情况通报会2场10余人次，组织召开座谈会4次。从而，增强了思想政治工作的针对性，使省局机关老干部真切地感受到了省局党组和局领导对老同志政治上的关心和生活上的照顾，也让省局机关老同志充分享受到了改革开放的成果，保证了机关老同志思想稳定。

（二）积极进行走访慰问活动，帮助老干部排忧解难。走访和慰问老干部，是老干部工作的一项重要制度。1. 全省各州、市、县工商局在春节和“敬老节”和建国60周年期间，开展了以吃年饭、团拜会、座谈会、联欢会、唱红歌等形式多样、丰富多彩的慰问老干部活动，对行动不便、生病住院和遗属进行了看望和慰问，全系统走访慰问老干部人数达98.5%。2. 省局新的领导班子对老干部工作更加关心和重视，省局党组不仅对老干部工作提出了更新更高的要求，而且局领导还率先垂范，看望、慰问离退休老领导和行动不便的老同志，送去上级领导和单位的关怀，省局党组成员凡下基层调研都要看望1～2位老同志的工作机制已经形成。2009年，省局领导和老干办走访慰问离退休人员70余人次，探视看望慰问生病住院的机关离退休老干部35人次，上门看望行动不便的老干部10余次，通过走访慰问，思想沟通，掌握了解情况，进行政策宣传，使老干部倍感亲切，从内心感受到领导和组织对他们的关怀。

（三）切实加强制度建设，完善工作机制。按照总局“四化建设”和省局落实“新三定方案”要求，从加强老干办自身建设，转变工作作风，提高工作效能出发，树立以人为本、服务为先的理念，为切实提高老干部工作的管理水平和服务质量，2009年，老干办以落实“四项制度”为契机，把加强制度建设，完善工作机制作为加强自身建设的基础工作来抓。1. 抓职能明确。将人事厅下发的新的老干办职责进行定位：即“参与决策、制定计划、组织实施、做好协调”。同时，对职责进行分解，实行定岗、定人、定责，对老干部党小组、老体协指派了联络员，并完善配套措施，拓展、延伸服务内容，努力为机关老同志提供方便、快捷、优质、高效的服务。2. 继续完善《老干办工作职责》、《老干办管理服务工作岗位职责》、《省局机关离休干部联络员工作职责》、《省局机关老体协联络员工作职责》、《省局机关片区老干部联络员工作职责》、《老干部党小组联络员工作职责》、《云南省工商行政管理系统离退休人员管理工作考核评比办法》、《省工商局老干部工作领导小组议事规则和领导小组办公室职责》、《老干党支部工作制度》、《老干部党小组长工作职责》。3. 按照云南省委组织部、老干部局《转发中组部关于深入学习宣传老干部工作方针政策文件的通知》要求，开展了本处室业务学习培训，掀起学政策、用政策的高潮，人人讲课，个个上场，苦练基本功，夯实了业务水平。4. 巩固和发展了老干办、老干支部、老体协“三位一体”的老干部管理服务工作机制，逐步实现了“三个转变”,即:从常规性地落实好老干部政治待遇向多层面完善老干部发挥作用机制转变,从基础性地保障好老干部生活待遇向多种方式推进亲情服务、人文关怀转变,从一般性地抓好本级老干部的服务管理向注重对系统老干部工作的指导、协调,实现争先创优新跨越,全面提升全系统老干部工作水平转变,促进了职能到位,达到了“两个满意”的目的。

(四)加强调查研究、信息和宣传工作。调查研究、信息和宣传工作是做好老干部工作的有效方法。为此,老干办根据局领导的指示和新职责的要求,积极搞好调查研究。2009年,除完成局党组统一组织的调研任务外,老干办还对红河、昆明、大理、德宏、保山、怒江、玉溪、普洱、西双版纳等8个州市老干部工作进行了综合调研;在组织好全省离退休人员疗养的同时,以召开座谈会的形式进行调研工作,收到了较好效果。通过调研,不仅掌握了基层老干部工作的基本情况,倾听了老同志的诉求,为进一步解决老干部的热点难点问题提供了基本依据,而且经过调研中的工作探讨、难点分析、经验交流、政策宣传辅导等促进了职能发挥,为今后搞好对系统的指导、协调奠定了基础。同时,信息和宣传工作效果明显。2009年,在老干办被评为政务信息一等奖的基础上,2009年老干办共拟写信息稿件11篇(其中以省局工作简报名义下发1篇,被政务信息采用4篇、“云岭先锋”简报采用1篇、《云南工商》4篇,向省委老干部局和省级机关老体协上报工作情况2篇),对涉及老干部的重大活动,重要会议、重点工作和典型经验等,通过各种新闻媒体作宣传报道,扩大了影响,引起了关注,尤其是工作简报和《云南工商》的下发,及时将省局领导对老同志的关心、对老干部工作的要求传达给基层,对加强和指导各单位做好老干部工作起到了较好的推动作用;而且基层各单位也在《云南省工商系统关于进一步加强离退休人员工作的意见》和《云南省工商行政管理系统离退休人员管理工作考核评比试行办法》的推动下,切实加强信息和宣传工作,使信息和宣传工作有了实质性突破。截至11月20日,共收到各单位上报工作研讨文章6篇,总结材料16篇,各种信息资料30篇,起到了上下沟通、指导工作和交流经验、推动发展的效果。按照省委老干局布置的工作任务,按时完成系统内各项报表的汇总上报,按季度汇总领取了离休干部配偶无固定工作人员的补助近35万余元,分别上报了工商系统“老有所为”和“老年体育工作个人”先进材料,使系统两位老同志受到了表彰。

(五)切实做好老干部信访接待工作。按照《关于加强新形势下老干部信访工作的通知》文件要求,老干办在认真学习文件精神,认清老干部信访形势特点,把握老干部信访工作的指导思想和原则、工作程序和要求的同时,认真分析了全系统老干部信访现状,把握热点难点开展工作,对系统老同志的来电、来信和来访,老干工作人员将其作为主要的工作职责认真履行,本着耐心、热心、关心的态度热情接待、耐心解释、积极协调、认真办理,做到了件件有答复、事事有回音。为维护好老干部的权益作出了积极的努力。截至11月20日,共接待老同志来访5批7人次,来信4封,电话上访、咨询20人次,通过大量艰苦细致的工作,使老干部得到比较满意的答复,为维护改革发展稳定的大局起到了积极作用。尤其是11月4日对省委组织部辛部长和老干部局薛局长批转的曲靖市局离休干部江松乔反映问题的及时调查处理和回复,得到了省委老干部局的充分肯定。

(六)调动积极因素,发挥老干支部和老体协的作用。发挥老干党支部和老体协自我管理、自我教育、自我服务的作用是老干部工作的重要方法。1. 老干办积极参与、出谋划策,调动老干部的积极性,与老干支部和老体协一起做好政治学习、组织生活、情况通报、民主评议、走访看望等工作,共同组织各项文体活动,增强了集体的凝聚力和向心力。2009年,共配合老干党支部和老体协组织机关老同志到昆明近郊开展各种文体活动5次,200余人次老同志参加,各小组组织活动10次,350余人次参加,组织系统老干部疗养8期400余人次,组织机关老同志到大理考察工农业生产活动1次,使老同志亲身感受到了省局党组的关怀,体验了社会主义新农村建设带来的日新月异的变化和农民朋友奔小康的精神面貌。2. 组建了机关老干部合唱队,每月两次集中,大唱革命歌曲,歌颂祖国。组建了老干部乒乓球队,并坚持每星期不少于3次的练习。选拔、组织机关老同志参加省级机关“新闻出版杯”老年人运动会,并取得了象棋第3名、乒乓球第5名的好成绩。3. 为机关老同志代领代报各种费用近45万余元,安全行车4万多千米;与老体协一起收集、整理、汇编了《健康知识讲座》6期500余份发给每个老干部,受到了大家的好评。通过丰富多彩的活动,营造了团结和谐的氛围、活跃了机关离退休老同志的政治文化生活,增强了老同志的体质,开拓了视野,愉悦了身心。

(七)根据全省工商行政管理工作会议精神,按照党的十七大关于“全面做好离退休干部工作”的要求,认真落实《关于进一步加强全省工商系统离退休人员管理工作的意见》,各级党组面对新形势新任务,结合自身实际顺势而谋、乘势而上,创造性地开展工作,推动老干部工作上了一个新台阶。玉溪、大理、红河、曲靖等单位进一步提高对老干部工作重要性的认识,加强对老干部工作的领导,把老干部工作放在工商改革发展大局中来思考,置于构建和谐工商和系统老干部人数多、分布广、老龄化进程日益加快的大背景下来谋划、作为工商整体工作的重要组成部分来推进,把老干部工作列入重要议事日程,定期研究部署,及时解决问题;昆明、保山、德宏、普洱、临沧、西双版纳、文山等单位进一步健全老干部工作领导小组,各级主要负责同志经常关心过问老干部工作,积极争取当地老干工作部门的指导,形成了党组统一领导,部门齐抓共管,老干部积极参与的工作格局;楚雄、昭通、怒江、丽江、迪庆等单位进一步加强老干部工作服务管理制度建设、老干党支部建设,增强思想政治工作的针对性,确保了老干部队伍的和谐稳定。

## 消费者协会工作

2009年1～10月，云南省消费者协会以邓小平理论和"三个代表"重要思想为指导，以科学发展观为统领，认真贯彻落实党的十七大、十七届四中全会、中央经济工作会议精神，紧紧围绕省委省政府保增长保民生保稳定的工作大局，按照国家工商总局"四个统一"、"四化建设"、"四个转变"、"四高目标"和省工商局"三个到位"、"六个好"工作目标的要求，以创新思维、改善手段、提高能力的思路，以"消费与发展"年主题为主线，加强消费教育与监督，努力改善消费环境，提高消费信心，增强公信力，扩大影响力，为扩大内需、促进经济平稳较快发展和构建和谐社会做出积极贡献。

**一、加强宣传教育力度，提高社会监督水平，省消协认真开展"十个一"活动**

为深入贯彻落实党的十七届三中全会和中央经济工作会议精神，推进消费维权工作深入开展，省消协在"3·15"期间，紧紧围绕"消费与发展"年主题，组织开展了"十个一"系列活动。

1. 召开一个年主题新闻通报会。2月27日，省消协组织召开了由有关行政执法部门、社会各界、消费者代表、常务理事、驻滇部分新闻单位、诚信承诺企业共80余人参加的年主题新闻通报会。省工商局党组书记、局长，省消协会长纳宗会作了重要讲话。2. 举办了"消费与发展"专题电视晚会，于3月14日、3月20日在云南电视台三频道播出。3. 省工商局党组书记、局长，省消协会长纳宗会于3月14日在云南电视台三频道发表了电视讲话。呼吁全社会共同关心、关注"消费与发展"年主题，做好消费维权工作。4. 开展一次网上访谈。省消协常务副会长路化成做客3·15维权网和云南网作消费维权访谈，为广大消费者答疑解惑。5. 建立消费纠纷和解机制。为把消费维权工作进一步落到实处，于3月4日建立消费纠纷和解制度，在昆明地区10家单位(企业)建立消费纠纷和解机制，消费者投诉和解途径实现新的突破。6. 发布消费警示。省消协分别于2月19日、3月1日发布"网络消费、电视购物陷阱多"等消费警示，受到广大消费者的欢迎。7. 召开一次消费维权联席会议。3月6日上午省消协召开了省级相关行业协会消费维权联席会议，通报相关信息，结合行业实际，做好消费维权工作，达到预期效果。8. 编印一期"消费与发展"宣传专刊。为提高消费者消费维权能力，进一步增强自我保护意识，省消协分别以法律法规、相关规定、领导讲话、吃、穿、住、行、游八个版块，编印了"消费与发展"宣传专刊30万份，于3月10日发向全省各地消协组织，起到广泛宣传的作用。9. 编印一个"消费维权在行动"专版。3月14日在《云南日报》刊出，呼吁全社会共同关心、关注消费维权工作。10. 举办了一次大型宣传咨询服务活动。省工商局、消协，市工商局、消协于3月15日联合省、市有关部门和相关单位在昆明金马碧鸡广场举行了声势浩大的现场宣传咨询服务活动。

**二、提振消费信心，扩大消费需求，促进经济增长，全省各地广泛开展纪念"3·15"国际消费者权益日活动**

"3·15"期间，全省各地工商、消协联合有关部门，隆重开展了纪念"3·15国际消费者权益日"系列活动。纪念活动以"消费与发展"年主题为主线，以引导消费、扩大内需、推进维权、维护稳定、促进和谐发展为重点。活动主题突出、内容丰富、形式新颖、声势浩大、影响广泛、效果明显。

1. 省消协与省工商局联合向全省发出了通知，进行全面部署，明确了活动名称、活动主题、形式内容及要求。3月15日当天，全省各级党委、政府、人大、政协领导亲临"3·15"活动现场。省政协原副主席和占钧，省人大原副主任祁山、李树基等省消协名誉会长亲临现场指导工作。名誉会长和占钧还在启动仪式上发表了重要讲话，希望社会各界共同努力，用心承担社会责任，从维护消费者权益、引导消费者消费入手，致力于改善消费环境，提振消费信心，促进我省经济平稳较快发展。

2. 围绕2009"消费与发展"年主题，突出"四个结合"，即：宣传消费政策与引导科学消费相结合；创新维权理念与推进消费维权相结合；加强消费教育与净化消费市场相结合；关注热点难点与维护和谐稳定促发展相结合。(1)为使社会各界充分认识年主题的重要意义和作用，倡导社会各界，积极参与到年主题的各项活动中来，全省上下组织召开了年主题新闻通报会、发布会、座谈会、行业协会协调会、联席会，广泛宣传年主题。(2)省、州、市各级领导分别在"3·15"前夕发表主题电视讲话、消费维权在线访谈。省工商局局长、省消协会长纳宗会在云南电视台作了《深入学习实践科学发展观努力开创新形势下消费者权益保护工作新局面》的重要电视讲话。省消协常务副会长路化成应邀做客"3·15"维权网和云南网畅谈消费维权。(3)省工商局、省消协在云南日报组织刊登专版、编印2009年纪念"3·15国际消费者权益日"专刊。(4)举办纪念"3·15国际消费者权益日"专题文艺晚会，诠释"消费与发展"年主题，展示消费维权成果，增强信心，引导消费，促进发展，贴近生活，贴近实际，贴近群众。3月11日，省工商局、省消协、省电视台主办的"3·15"主题晚会，省委常委省人民政府副省长李江、省人大副主任程映萱、省人大原副主任祁山、省政协原副主席和占钧等省消协名誉会长亲临晚会现场指导工作。玉溪市委宣传部、市工商局、市消协主办的"3·15"晚会在红塔体育中心聂耳音乐厅隆重举行，《26个民族的祝福》等18个节目主题突出、内容丰富、独具特色。(5)组织"3·15"执法检查活动，严查损害消费者合法权益的违法行为，开展市场监督检查活动，净化消费市场环境，重点对食品、药品、农资、卷烟等进行专项检查，消费者的权益得到保护。(6)集中销毁了近期查获的假冒伪劣商品，威慑了制假售假行为，扩大了社会影响。(7)到农村进行巡回宣传，提高广大消费者的自我保护意识。借助多媒体投影、光盘、幻灯片等手段将种子、农机、化肥、农耕科技知识和消费维权常识送进村，指导消费和农业生产，让群众看得清楚、听得明白，学得着、用得上。(8)围绕消费热点、难点,发布消费警示与提示,引导消费者避开消费陷阱;针对消费领域的热点、疑点,发放问卷调查,便于甄别,维护消费者的合法权益。(9)对商业销售、餐饮住宿、旅游娱乐等七大行业,通过报刊、网络等传媒手段进行了消费领域潜规则的征集,以便有效破解,建立长效社会监督机制。

3. 全省"3·15"系列活动体现了主题突出、形式新颖、上下联动、部门配合、影响广泛、成效明显的特点。做到了广播有声音,电视有画面,报刊有文章,网络有信息。据不完全统计,共发放宣传材料2 267 336份,问卷调查3 000份,接受消费者咨询251 609人次,现场受理消费者投诉422 件,为消费者挽回经济损失10.56万元。

**三、认真受理消费者投诉,为消费排忧解难**

认真及时受理消费者投诉,热情、耐心接待消费者咨询,严格依法调解消费者纠纷,做到有诉必接,有接必查,有查必果,向社会公开承诺,认真落实省政府"阳光政府"四项制度,受理解决消费者投诉程序公开,同时,充分发挥理事单位和行业协会的作用,在部分大中型企业建立消费纠纷和解机制,搭建消费投诉和解平台,有效化解消费纠纷,逐步实现咨询和投诉快捷转办,形成工作合力,提高维权水平,为消费者提供方便、快捷的服务,从而降低消费者的维权成本,提高消费维权效率。2009 年前三季度,全省各地消费者协会共受理消费者投诉10 786件,解决10 690 件,解决率 99%,使消费者免受经济损失2 671万元,支持消费者起诉73 件,提供案件后政府罚没款32.23 万元,接待来访、接受咨询近 6 万人次,收到表扬信172 件。

**四、加强组织建设,省工商局六项重要工作,全省消协一会两站建设完成阶段性任务**

2009 年3 月以来,全省各级工商机关、消费者协会在当地政府的统一领导下,大力推进消费者协会分会、12315 申诉举报联络站、消费者投诉站(简称"一会两站")建设,采取以政府领导、工商牵头、部门参与、协会配合、以点带面、整体推进的工作方法,取得了明显的成绩。1. 积极向当地政府请示汇报,争取政策、经费上的支持。2. 将"一会两站"规范化建设列入党组议事日程,召开专题会议,成立领导小组,分管领导亲自抓。3. 制定工作实施方案,纳入年度工作绩效考核。4. 采取以会代训的方式,对分会工作人员开展培训。5. 组成检查组,对分会建设工作进行督导检查。据统计,全省16 州、市消费者协会分会应建数1 389个,实建数1 302个。截至10 月末,全省分会建设完成进度94%,超额完成阶段性目标任务。

按照省政府和省工商局党组的要求,努力实现2009 年年底消费者协会分会完成100% 全覆盖,2010 年底实现12315 申诉举报联络站、消费者投诉站完成100% 全覆盖。充分发挥"一会两站"作用,更加方便城乡消费者就近解决消费纠纷,及时有效地保护消费者合法权益,为提振消费信心,建设和谐社区、和谐村镇,促进经济平稳较快发展做出应有的贡献。

## 个私协会工作

2009 年,省个私协会在省委、省政府的领导下,在中国个协和省工商局的指导下,以服务政府、服务社会、服务会员为己任,充分发挥职能作用,坚定有力地贯彻实施党和政府保增长、保民生、保稳定,鼓励创业促进就业的各项措施;坚定有力地深入学习和实践科学发展观,创新工作机制,开创工作局面,提升服务水平;真抓实干,埋头苦干,着力加强新形势下个私协会工作的各项建设。特别是面对金融危机的冲击,自年初省政府1 号文件发布以来,在政府的一系列就业再就业措施中,个私协会在省局的坚强领导下,立足本职、服从大局、勇于担当、不辱使命,发挥协会职能,服务个私经济发展,促进社会就业,取得了显著成效。

**一、发挥优势,全力做好"贷免扶补"工作**

鼓励创业"贷免扶补"工作是省委、省政府积极应对金融危机,稳定就业,推进创业促就业,以实际行动"保增长、保民生、保稳定"的一项重要举措。2009 年初全省鼓励创业"贷免扶补"工作开展以来,省个私协会根据省政府的统一部署,围绕中心,服务大局,充分发挥个私协会的职能作用。广泛宣传动员和部署,把1 000人的任务分解到各州市,按照统一政策、统一管理、统一服务和分系统实施、分层次落实、分阶段帮扶的"三统三分"工作机制,制定工作方案,细化任务指标,明确工作职责,强化工作措施,纳入目标考核等形式,为创业人员提供了"一条龙、一站式、一体化"的帮扶服务。经过半年多的努力,截至2009 年11 月10 日,全省各级个私协会已成功帮扶创业者1 222人,帮助创业者获得贷款5 929万元,完成省政府下达的任务。至10 月底,全省个体工商户达97 万户,注册资金279 亿元,比上年同期分别增长了12.96%、32.29%,促进了全省个私经济的大发展。

(一)领导重视、认识到位。4 月8 日,全省县以上工商局、个私协会参加了全省鼓励创业"贷免扶补"工作启动电视电话会议后,迅速掀起了学习李江副省长的讲话精神的热潮,省工商局党组专门召开党组会听取省个私协会的"贷免扶补"工作汇报,并决定把"贷免扶补"工作任务指标(包括创业1 000人,就业3 000 ~ 5 000人,创业导师1 000人),列入省工商局2009 年六项重点工作,并将鼓励创业"贷免扶补"工作纳入全省工商系统、个私协会的工作目标考核。为确保此项工作顺利完成,专门成立了以曹阳副局长兼个私协会会长为组长的省工商局、个私协会鼓励创业"贷免扶补"工作机构,各州市个私协会为领导小组成员单位,领导小组办公室设在省个私协会办公室,负责具体工作。各州市和县(市、区)工商局、个私协会成立相应的鼓励创业"贷免扶补"工作机构,并明确了省、州(市)、县各级职责。

(二)行动迅速,建立导师库。按照李副省长的指示,由省个私协会承担创建云南省鼓励创业"贷免扶补"导师信息库的任务,省工商局领导高度重视,拨出1.8 万元专款,省个私协会办公室积极行动,仅用5天时间成功建成创业导师库,并由各级工商局、个私协会筛选推荐自愿为初次创业人员提供免费帮扶和创业培训服务,在当地各行业中具有一定创业经验和特点的企业家、乡镇致富带头人及成功人士、能够对创业促就业提出建设性意见和指导性意见的专家学者以及行业管理等部门作为创业导师,统一录入创业导师库。截至2009年10月底,省个私协会创业导师信息库已录入2 484名创业导师,访问量已经达到59 323人次,最高日访问达7 632人次,访问地遍布全国,甚至还有一些国外访客。

(三)注重培训、强化意识。4月16日,个私协以会代训,培训骨干,在昆明举办了各州市个私协会秘书长参加的“贷免扶补”工作培训班。学习了省委常委、李江副省长在全省鼓励创业贷免扶补工作启动电视电话会议的讲话、云南省人民政府办公厅下发的《云南省人民政府关于印发云南省鼓励创业贷免扶补实施办法(暂行)的通知》,《云南省鼓励创业贷免扶补实施办法细则(暂行)的通知》,对开展“贷免扶补”工作的重要意义、指导思想、目标要求、工作步骤及实施方法进行了培训,并对下步工作作了具体安排,要求每个承办单位和具体承办工作人员熟悉各项政策和工作程序。4月21日,在全省工商系统的党风廉政和财务工作会上,省工商局纳宗会局长与各州市局长签定责任书,以确保分配到各州市协会“贷免扶补”工作任务完成。

6月10日,李江副省长主持召开第一次“贷免扶补”工作联席会议后,省工商局党组迅速组织专题会议进行贯彻落实,根据个私协会系统“贷免扶补”工作整体推进情况和存在的薄弱环节,按照李副省长七点指示精神,提出了“加强学习、加强培训、加强责任、加强帮扶、加强指导、加强宣传、加强创业导师队伍建设”八项有力措施。同时要求省个私协会组织力量、分片包干、专人联系对全系统“贷免扶补”工作进行地域全覆盖、干部总动员式再培训,以培训促规范操作、促阶段进度、促帮扶效果。

6月21日~7月2日,省个私协办公室集中力量和时间,精心组织,认真准备,强力实施,把“贷免扶补”工作相关文件,印制汇编教材450份,发放宣传小册子2万余份,分赴各州市并以州市为单位集中会长或副会长、秘书长及工作人员开展培训,共培训全省16个州市、137个县市区包括协会会长、主管副局长、协会秘书长和工作人员在内的330人。通过再培训,进一步强化了各级工商部门和协会的领导意识、责任意识,强化了推进中的规范操作,特别是强化了“帮扶一户、成功一户”的效果意识。

(四)加强宣传,积极引导。省工商局、个私协会通过媒体动员、协会组织、行政推进等手段,在电视、广播、报纸、网络上大力宣传党和国家、省委省政府关于鼓励创业的有关方针政策,宣传“贷免扶补”有关优惠政策、服务内容、服务程序。在云南省工商局、个私协会组织的“云南百家民营外资企业高校招聘会上”向各高校毕业生进行大力宣传和讲解;在全省发放宣传手册2万多份;在媒体和网上公布咨询电话并解答上千人次的访问;部分州、市、县(区)工商局、个私协会还专门设立窗口,对“贷免扶补”工作进行宣传、解答并热情为有创业想法人员进行帮扶服务。

(五)全面帮扶、落实“贷免扶补”任务。1. 不畏艰难,开展入户调查帮扶。五华区个私协会以“四个到位”即贯彻落实到位,确保工作有序开展;宣传咨询到位,确保会员家喻户晓;把关严谨到位,确保政策不变形不走样;入户调查到位,确保工作稳步推进。保障“贷免扶补”一次性完成40名帮扶任务、196万元贷款资金全面落实;丽江市个私协会秘书长李向阳身带疾病,但坚持岗位,身体力行,帮扶上海理工大的硕士研究生李贸斌成功拿到创业贷款;勐海县个私协会副会长岩伦亲自深入创业者当中,逐户了解情况,好中选优、优中选强,把既能创业又能带动多人就业的创业者,先行帮扶,实现创业。2. 建立创业档案,全程跟踪服务。丽江市工商局、个私协会建立健全创业人员工作台账,动态掌握帮扶对象经营情况,及时帮助解决经营过程中遇到的困难和问题,确保阶段性工作按质按量完成。临沧双江县个私协会秘书长董志亮,不顾天气炎热,跋山涉水逐户考查创业项目的可行性,逐户帮助填制项目计划书,逐户落实创业贷款,同时还建立创业者档案,全程跟踪服务。对政府安排的残疾人等弱势群体更是关心倍至,主动推荐策划创业项目,让他们切身感受到党和政府的关怀。3. 宣传政策到位,创业者踊跃。省个私协会不仅在报纸媒体上宣传“贷免扶补”政策,同时利用创业导师库网站把可以公开的“贷免扶补”政策在网上公布,引起了全社会关注,电话咨询成热线,创业报名成热点,咨询报名人数上万人。普洱市西盟县瓦族小伙子岩嘎来得知消息后,从中缅边界的家乡来到县城,并最终在个私协会的帮扶下开了个快餐店,还带动了5人就业,圆了自己的创业梦。

**二、精心推选,建立高校毕业生见习基地**

围绕高校毕业生就业问题,国务院办公厅发出了《关于加强普通高等学校毕业生就业工作的通知》,国家工商总局等七部委也发出了《关于印发三年百万高校毕业生就业见习计划的通知》。为全面贯彻落实这一系列工作目标,云南省工商局与省人保、教育、财政、工信委、卫生、国资、地税等10部门印发了《云南省高校毕业生就业见习工作实施意见》,在全省范围内共建立100个省级大学生见习基地,其中给省个私协会下达了建立18个基地的任务。个私协在省工商局的领导下,开展了系列配套的服务工作,千方百计为高校毕业生就业创造条件。协会根据日常工作中掌握的会员企业情况,采取以优秀会员为主、兼顾地域覆盖原则,推荐了云南亨德森外国语学校等19家上规模、效益好、管理规范的私营企业。经省政府批准,成为全省首批大学生就业见习基地。19个见习基地在协会的指导下成立了专门机构,由专人负责,制定了见习管理办法和见习协议,采取见习计划专列、见习资料专管、见习补助专项、见习岗位专留的特别管理措施。目前,已按计划组织大学生到岗见习。见习基地的建立,让政府满意学生满意,同时也实现了企业人才链的正常衔接，达到了互利双赢的效果。8月下旬，李江副省长率办公厅、人保厅、教育厅领导对亨德森外国语学校进行了视察，给予了充分肯定。

**三、责无旁贷，组织“百家民营外资企业高校招聘会”**

面对金融危机的寒流，全省的就业形势非常严峻。为把党和政府关于稳定就业、扩大就业的各项政策措施落实到实处，省个私协会勇于担当，真抓实干，在认真筹备和精心组织下，省工商局、省个私协会、云南大学于2009年4月联合举办了“云南省百家民营、外资企业高校招聘会”。组织了全省145家优秀民营和外资企业进场，其中联通云南公司等几家国有企业主动要求进场招聘，会上共提供了3 000多个就业岗位，发放相关宣传资料7 248份，应聘大学生向企业咨询达8 816人次；企业收到大学生自荐书2 359份；供需双方达成意向性招聘协议887人。招聘会取得了预期效果。

**四、开拓创新，加强新形势下协会工作的各项建设**

（一）抓住机遇，打造现代服务型协会。2009年，云南省个私协会在围绕中心，服务大局，完成各项工作任务的过程中，抓住历史机遇，始终把打造现代服务型协会作为组织建构目标。1. 围绕中国个协“基层组织建设年”活动，大力加强全系统基层协会建设和队伍建设。提出了所有县（区）协会必须达到“门前有标志、办公有场所、墙上有制度、活动有场地、工作有设备”和组织机构健全、基础建设良好、工作人员到位、经费会费落实、规章制度完善的目标。要求每个州市树立1～2个达到规范化标准和业绩突出的“样榜基层协会”，推出1～2个亮点业务和服务品牌，这项工作正稳步推进。2. 省个私协会积极着手筹建“云南省个体私营经济协会网站”，充分利用现代网络技术搭建起一系列高效便捷、双向沟通的信息服务平台。协会正积极筹划开展与省农村信用合作社的战略合作，通过协会的桥梁和纽带功能，实现个私经济产业资源与银行金融资源有效对接，形成优化配置，从而促进经济发展，实现三赢局面。此项工作前期认证、合作框架、运作模式及业务培训已基本完成。至年底，正围绕农信社的“惠商卡”与协会的“会员卡”进行合二而一的技术操作，此卡将赋予授信贷款等功能，充分体现服务价值。3. 组织部分州市及基层协会的会长、秘书长分批赴东北、山东和江苏进行学习考察。就协会在新形势下的科学发展、推进个私党建工作、信息网站的建设工作等，与这些先进地区交流经验，学习取经，从中启发思路，开拓视野。

（二）立足本职，巩固思想宣传教育阵地。为继续强化“团结、教育和引导”个体私营企业会员的职能作用，省个私协会以精神文明创建活动为载体，开展思想道德教育，引导会员企业增强文明诚信意识，提高会员队伍的整体素质。2009年，协会在全省范围内，对在个体私营经济领域中，涌现出来的一批勇于创新、注重信用、文明操业；在当地或本行业中经济效益、社会效益双双创佳的个体工商户和私营企业青年集体，开展了“青年文明号”的评定、命名活动。经过对各候选单位的审核和集中公示，共青团云南省委和省工商局、省个私协会决定命名云南万芳生物技术有限公司生产技术部等34家个私企业的青年集体为2008年度省级青年文明号。

**五、义不容辞，积极开展“防艾”工作**

按照中宣部、国家工商总局等12个部门联合实施的“全国农民工预防艾滋病宣传教育工程”，个私协会发挥职能作用，配合工商部门，组织开展对会员企业农民工预防艾滋病宣传教育工作。各地个私协会结合当地实际，在社会公共场所或会员企业内发放印刷品、举办知识讲座、组织宣传表演队演出或到边境村寨和城市农民工集中地点播放影像等多种形式，向农民工和社会群众宣传传播防治艾滋病的医学知识，充分认识艾滋病的严重危害，告诫大家要远离毒品和不良习惯，养成文明健康的生活方式，共同创造和谐安定的社会环境。同时，加强对娱乐、服务、出租车等行业会员的禁毒教育培训，在重点场所张贴禁毒宣传画，设置禁毒标志牌，发放宣传资料；积极开展创建无毒基层协会活动，做好宣传教育、志愿服务、跟踪帮教工作。

近两年来，在国家工商总局、中国个协、省禁毒委、省防艾委的大力支持下，工商部门和个私协会为全省个体私营经营户发放各类“禁毒防艾”宣传画和宣传册15万余份，组织“禁毒防艾”培训教育321期，参加培训人员10万人次；特别是针对边境25个县市开展了强有力的“珍爱生命、远离毒品、预防艾滋病”宣传教育活动，取得了良好社会效果。在宣传教育的基础上，边境县市个私协会积极开展境外替代种植工作，积极组织有条件的私营企业和个体工商户到边境和缅甸、老挝北部地区考察，鼓励投资发展替代种植、加工生产、资源开发利用、双边贸易、基础建设、发展境外旅游等经济活动，数十家私营企业已进行了选项投资，为逐步发展替代产品，形成替代经济，从源头上减少“金三角”地区罂粟种植，进行了积极探索。

2009年，为加大防艾宣传力度，个私协会又将预防艾滋病知识宣传材料4.2万份（包括宣传折页和扑克牌），在2009年12月1日“世界艾滋病日”期间，组织发放到农民工手中。确保此项工作落实到位，并力争实现会员企业农民工防艾知识知晓率达到80%。

## 广告协会工作

2009年，云南省广告协会在省工商局党组的正确领导下，在中广协的指导下，全面落实科学发展观，认真履行协会职责，围绕“服务、创新、指导、协调”的目标，扎实推进各项工作，取得了新的成绩。

（一）加强法律法规的宣传，增强广大会员的法律意识。1. 根据《广告审查员管理办法》的有关规定，对广告审查员进行了年审，向广告审查员宣传了广告监管的法律法规和广告审查的必备知识，督促企业审查员把好广告审查关，负责对所有广告发布前进行审查，这对于发布前把关，发布后监督，制止虚假违法广告起到了十分重要的作用。2. 随着广告市场准入门坎降低和药品、医疗、房地产等广告量不断增加的现状，各州、市广告指导站重点对媒体单位和部分企业负责人及广告从业人员进行专门业务培训，重点学习了国家工商总局颁布的《药品广告审查发布标准》、《医疗广告管理办法》、《房地产广告发布暂行规定》等规章，通过学习法律、讲案例、论危害，提高了广告行业遵纪守法的自觉性。

（二）组织召开了全省广告协会四届七次理事会，认真学习贯彻国家工商总局《关于深入贯彻落实科学发展观，支持和促进广告协会拓展职能，增强服务能力，完善行业管理的意见》和全国广告协会秘书长会议精神。为加强全省广告协会之间和理事单位行业之间的沟通与交流，组织参加中广协"2009 中国广告论坛"、"中国广告通讯会刊座谈会"、"中国城市标识会议"、国际广告作品参展和出国培训考察等活动；组织参加广西南宁十六届中国国际广告节活动，征集作品 47 件，获入围奖 9 件，完成了中广协下达的作品任务；组织参加"民族团结专题公益广告大赛"活动并征集作品 160 件参展评审。通过各级协会和理事单位及广告企业的积极参与，充分发挥了我省特有的地缘、区位和资源优势，为提高市场竞争力，实现广告企业做大做强打下了良好的基础。

（三）依照中国广告协会的规定和要求，为加强广告业经营秩序规范化、标准化建设，不断完善广告企业资质认定工作规划和方案，积极为企业创造条件、提升品质，促进企业优化组合，推动企业向集约化发展，增强企业的影响力和竞争力，根据《中国广告业企业资质认定办法》，完成了一家广告企业的资质认定。

（四）围绕中宣部、国家工商总局和中广协推进行业精神文明建设的工作部署和要求，省广协在全省广告经营单位中大力宣传恪守道德自律准则、诚信规范经营、履行社会责任的精神文明创建申报工作，在全省广告企业积极参与申报后，各州市广告协会推荐，广告监管部门审查同意，经省广告协会会长办公会议集体研究，评出我省 18 家单位获得"全省广告行业精神文明先进单位"称号，并推荐 8 家上报中广协获得"全国广告行业精神文明先进单位"荣誉称号，评出我省 5 家协会组织和 1 名协会工作者获得"全省广告行业精神文明先进单位组织奖"和"个人奖"，为广告行业健康发展树立了好的榜样。

（五）在省工商局党组和会长的关心、帮助、支持下，根据广告协会工作的特点和理事会员单位的需求，为宣传国家和省委、省政府方针政策及工商行政管理相关法律法规，立足于服务大局、服务社会、服务经济、服务行业发展，展示宣传省内广告经营单位获奖作品、优秀作品、创意作品，紧扣省政府、省局党组商标战略工作目标，大力宣传我省企业驰名商标、著名商标，及时组建了云南省广告协会网站，筹拨经费购置设备，抽调人员充实力量，并在副会长丁辉、凌剑星的帮助支持参与下，协会办公室组织聘请专家、学者讲课，不断改进网站管理，及时调整和充实了栏目，使网站的运作、维护和功能明显提高。截至年底，网站共创建、扩建栏目 18 个，发布各类广告信息、图片3 000余条（幅），网页浏览量日均达到1 000余人次。初步搭建完成 16 个州市协会网页窗口栏目。云南省广告协会网发布的信息、作品图片，扩大了我省广告经营单位和企业知名度，为提升协会形象和行业竞争力创造了条件，搭建了行业发展、信息服务平台，得到中广协及业界的好评。

## 直属分局

2009 年，云南省工商局直属分局在省局党组的正确领导下，认真落实国家工商总局和省局党组提出的各项工作任务，继续深入学习实践科学发展观，认真落实"四个统一"、加强"四化建设"、建设"三个过硬"队伍和实现"四高"要求，努力达到"三个到位"、"六个好"的工作目标。根据工作部署安排，分局结合职能职责、工作业务需要，积极拓展学习范围，加强适用性法律法规的学习和研讨。加强干部队伍的思想、理论和业务能力的建设，认真思考贯彻落实的具体措施和办法，更新观念，开拓创新，努力构建长效监管机制，大力提升监管执法和服务经济发展的水平，较好地完成所管辖市场的监管与服务工作，各项工作取得新的成绩。

分局认真履行职责，加大了对所属云南商品批发交易市场、机动车市场、商品展销会市场、省属拍卖企业、人才市场等 15 个省级市场的监管，分局共组织执法人员检查各类展销会、所辖市场 72 次，出动执法人员 177 人次。进行驻场监管 37 天，89 人次，参与了昆交会全程监管。共受理消费投诉和举报 87 件、购物纠纷调解 43 件。

**一、采取有效措施，全力抓好食品市场监管工作**

2009 年，直属分局结合《中华人民共和国食品安全法》的实施，对展销会市场开办者、主办企业及所管理的商品市场内所有食品经营户组织了学习，对《食品安全法》作了广泛宣传，并将《食品安全法》印制后发给企业和经营者，多次组织他们学习法律条文，进行宣讲、讨论，使参会人员加深对法规的理解，明确各自的职责，增强食品经营者的守法意识，自觉规范自己的经营行为。并在商场内向消费者作了《食品安全法》的讲解，提高消费者和社会各界参与食品安全监督的积极性，为食品安全法的实施营造良好的社会氛围。进一步加强食品安全监管执法力度，组织分局人员对批发市场经营户和涉及经销食品的展销会进行日常监管巡查，展开检查整治工作，全力以赴重点抓好涉及人民群众生命安全的食品市场监管，对到保质期的食品和发现的不合格食品坚决作撤柜处理。不断完善各项保障措施和责任制的检查落实，进一步完善内部自律机制，严格食品管理责任，继续落实索证索票和进销货台账制度，进货时查验食品检验报告等规定，督促食品经营者诚信守法经营，为消费者营造了安全、健康、放心的消费环境。

**二、创新展销会监管模式，进一步规范展销会秩序，促进云南会展经济的健康发展**

分局在对展销会的监管中，面对不

断变化的展销形势,积极总结探索创新监管模式。针对参展商情况复杂,流动性大,参展商品繁多,交易时间集中,人流量大,事后商品有问题追查难、索赔难等特点,除收取主办单位一定数量的保证金外,监督和要求主办单位在招商中严格把关,审查参展商经营主体资格,并提交相关证照,签订"展销会主办单位承诺书"。主办单位与参展商签订承诺书,进一步从细从严制约和规范主办单位、参展商行为。落实索证索票和进销货台账制度。整合执法力量,联合相关部门进行专项执法检查,形成齐抓共管的局面。对大型的食品、服装展专门召开会议研究,作为监管重点,分局全体人员轮流驻场监管,全程驻场监管有效地规范了交易秩序。对其他展销会加大巡查力度,及时处理消费者投诉、查处违法违规等行为,切实维护好各类展销会的市场秩序和消费安全,保证了展销市场繁荣稳定。2009年,分局共登记注册商品展销会39个,已举办36个。对展销会开展检查58次,出动执法人员126人次。进行驻场监管37天、89人次,并参与了昆交会的监管。共受理消费投诉和举报47件、购物纠纷调解22件。

**三、做好所管辖商品市场的换验照及日常监管工作**

根据个体工商户验照规定,开展了对云南商品批发交易市场内895户个体工商户验换照工作。2009年,对应验照的875户个体工商户办理了年度验照,验照率达100%;共办理商场内经营户新注册登记41户,注销登记41户,变更登记2户。无论是验照,还是新办开业登记,分局人员对经营户都做到热情、耐心,为其提供方便、快捷的服务并及时办理有关工商登记事项,使经营户满意,积极支持工商工作,做到了全商场无一户无照经营的情况。

直属分局继续做好云南商品批发交易市场的服务与监管工作。2009年,随着经济形势的发展变化,昆明市区加快了城中村的改造。由于担心商场很快就撤迁,经营户的思想产生了很大的波动,不安心经营,影响了正常的经营秩序。分局及时主动向市场主办单位了解情况,收集可靠信息,明确了市场的稳定性,召开会议做了广大经营户的思想工作,鼓励经营者安心经营。使市场交易活跃,秩序井然,为市场的巩固、发展和繁荣作出了努力。

2009年9月,由于云南商品批发交易市场第三届个体劳协已任期届满,分局在人少事多的情况下,参与、协助劳协做了大量组织筹备工作,推荐新一届劳协组成人员,召开了第四届个体劳协第一次会议,顺利实现了换届。使个体劳协组织能继续发挥联系个体工商户的桥梁和纽带作用,为积极创建规范有序、和谐诚信的商场作出了贡献。

同时,分局加强对商场的监管,共组织检查市场9次,出动执法人员36人次,市场巡查25次。调解消费者投诉18件,购物纠纷21件。

**四、精心组织人力,开展商品交易市场信用分类监管的统计录入工作**

市场信用分类监管,是工商部门依托信息化技术,根据市场经营者的信用状况,将经营者划分为不同信用类别,实行不同监管方式的监管模式。分局领导高度重视,专门召开了相关的会议,并且安排了专人负责。2009年,分局对所监管的7个市场进行了认真细致的统计录入工作,共计录入市场开办单位7家,个体工商户1 500余家。其中认定信用等级为A类的市场6个、B类的1个,圆满完成了信用分类监管的数据采集工作。

**五、切实做好拍卖市场的监管备案工作**

2009年,分局继续加强与拍卖行业协会的沟通联系,了解拍卖企业情况,用"拍卖法"规范拍卖企业,维护拍卖秩序。全年共受理13户拍卖企业备案71次,拍卖成交额5.3亿多,解决投诉1件。向有关处室报送拍卖监督管理情况统计材料。

**五、加大力度,监管好新旧车市场**

随着经济形势的变化,汽车消费需求旺盛、交易活跃,随之投诉也比往年增多,分局加大了对机动车市场的监管。组织人员对云南世博车市的品牌授权、主体经营资格、云南旧车交易市场的交易秩序等进行了检查,作了整顿和规范。对汽车消费投诉,分局比较重视,多次直接派人员参与消费者、经销商共同协调解决。2009年,共受理消费者投诉21件,都给予比较合理的解决,尽量使消费者和经销商满意。

分局在2009年中,顺利完成了所管理市场的登记、监管与服务工作,但由于人员抽调较多,在市场监管方面也存在不到位,案件查处力度不够等问题。

## 机关服务中心

2009年,云南省工商局机关服务中心认真贯彻落实科学发展观,按照省局党组提出的"三个到位""六个好"的工作目标要求,紧紧围绕"六项重点工作",牢固树立服务意识,围绕机关工作大局积极主动、全力以赴开展工作,经过服务中心全体干部职工的共同努力,圆满完成了省局党组和机关党委交给的各项任务。

(一)认真传达省局工作会议精神,统一思想认识,明确工作思路。

省局工作会议结束后,机关服务中心及时组织召开了"中心"办公会,在传达好、领会好省局工作会议精神的基础上,认真研究部署了坚持以"服务"为中心,把做好服务工作摆在首位,确立了人人为我、我为人人的指导思想工作思路和工作措施,并组织召开了干部职工大会,将全省工商行政管理工作会精神传达到了每一位干部职工,进一步统一了大家的思想认识,明确了全年工作的任务和工作要求。为全面深入地传达好工作会议精神,中心还把纳局长等领导的讲话印发到各科室,并要求各科负责人对在外出差人员进行补课,让精神传达到每一位同志,不留死角,切实把大家的思想和行动统一到了省局党组和机关服务中心的工作部署上来。同时,机关服务中心按照省局的统一部署,结合机关服务实际制定出了工作方案,各科室按照服务中心的安排,对工作任务进行了分解、细化,责任到人,确保了各项工作任务落到实处,为全年工作任务的完成奠定了基础。

(二)牢固树立服务意识,围绕中心

服务大局,各项工作圆满完成。

1. 积极努力,搞好协调,充分发挥服务中心综合组织保障能力不断提升。重点是加强对国有资产的管理。在省政府国有资产清理过程中,积极配合抽调精兵强将协助计财处清理固定资产,切实把省局的固定资产清理清楚,做到账物相符,资产有人管,领取有登记,报废有批复,把责任细化到人,并且制定了固定资产的管理办法和实施细则,有的放矢,防止国有资产流失。认真清理东风西路58号产权。对多年来一直未搞清楚的东风西路58号产权彻底清理清楚,并办证14本,经过积极努力,成功出售回迁户房屋6户7套,回收资金60余万元。做好每年财务收支预算工作,根据财务收支预算,严格财务费用审核报批手续,做到了手续不齐不报,超预算不报,经过财务人员认真管理,确保了中心正常运转,把有限的经费用到了该用的地方,不该用的地方坚决不用。按照财政厅、建设厅68号文件规定,按要求积极申报2000年以来转业干部无房户59名,房改办、财政厅已通过审核,等明年财政预算资金。创建省级文明单位,经全局职工共同努力,创建工作已经过省、市、区文明检查考核验收,已公示完毕,待省文明办授牌。按照省政府非税管理的要求,对机关服务中心管理的非税国有资产进行了清查、核查、上报并按规定做了前两次公示,圆满完成此项工作。

2. 精心组织,严格管理,机关干部职工餐饮服务质量进一步提高。根据各个季节的特点,结合省局机关人员的生活口味,尽量把日常的三餐供应确保按时按质需要,严格食品卫生的有关标准。2009年,多次接受了省、市、区、办事处卫生单位的检查,特别是最近接受了市创卫办的检查,受到了检查组的高度评价。2009年1月~12月4日,机关食堂共完成营业额539 569.66元,保障全局职工就餐10.17万人次,消费473 708.14元,接待3 000余人次,营业额456 434元。完成了采购物品凭证归档工作,根据卫生部门要求,需要建立完整采购档案,当天所购食品要进行登记,制度进一步落实。按时完成了机关工作人员的培训、安全管理,建康证、卫生证、营业执照的年检工作。确立了"风险点"建设,完善了经营科从经费的审批,物品的采购,入库验货、存放、加工各个环节流程的严格管理,保证了财务的有序安全流通。落实科学发展观整改要求。投资7万余元建立了机关服务中心美容美发厅;深化机关食堂改革,开办了职工生活便利店,满足了广大干部职工的物品供应。圆满完成了省局组织春节大型会餐及中秋月饼供应任务,受到了广大干部职工的好评。在日常工作中,严格执行机关食堂的有关规定及操作流程,根据实际情况不断完善。严格财务管理,按时上缴各种费用,做到账目清楚。完成了全年四次的运行费充值,清零工作。

3. 建立机制,规范管理,物业管理工作取得明显成效。从2009年1月1日起,省工商局五个老宿舍点移交给昆明静宅物业管理公司实行市场化管理,并移交出去5名门卫。为做好此项工作,顺利迈出市场化、专业化管理的第一步,在中心领导的主持下,多次召开研究协调会,对面临的困难和实际问题提出要求和解决方法。物管科积极配合、支持、移交相关设施、资料和房屋、住户花名册、水电表底数等基础数据,为该公司能顺利进入提供了良好条件。同时,适时调整工作人员职能,根据需要进行技能培训,特别是在水电工家中有事需暂时请假,短期空缺的情况下为使水电维修正常有序,经物管科研究并报告中心领导同意我们及时在科内进行了工作调整和分工。逐步建立双重台账数据库。为完善物业管理机制,及时了解住户、商铺的费用收缴情况,对各宿舍区住户的基础数据,实行电子和纸制双重建档,通过各种渠道尽可能地及时了解和掌握住户的变动情况,还重点对金桂苑小区的商铺逐一进行了现场调查,核对数据,重新建立了商户基础数据库,纳入规范管理,完善了对经营户的收费和押金制度。在中心领导的指导下,利用各种形式做好物业管理法规和卫生防疫知识的宣传更新,老点设立了宣传栏、意见箱,金桂苑更新了小区告示栏、宣传牌,适时对楼道、电梯的安全管理发出温馨提示和通知,并主动与保卫科协调联系,加强对小区保安人员的教育,提出要求做好安全保卫工作。本着公平、公正、热情服务的原则,克服畏难情绪,利用正式通知、催交、个人口头告知等多种形式,加大相关费用的收缴力度,尽力营造一个相互理解、相互支持,自觉、愉快的交费氛围。特别是从6月1日起,水价上调后,为了对单位和住户负责,在一季度抄表的基础上,5月底再次对住户的水表进行了核抄,住户提供的水表数一律不作为依据,共核抄水表288户,水表抄核率达90%。对收费存在的问题,也积极向中心领导和局领导提交了"关于金桂苑小区近年来物管卫生费收支情况的报告"和建议,并对8位住户前两年的差错,进行了更正补充。

2009年,机关服务中心对金桂苑和老宿舍也加强了管理和服务,为使住户有个安全、整洁舒适的居住环境,在2008年维修完善的基础上,对所有居住点的楼道墙面进行了彻底粉刷;对金桂苑小区公共受损的消防、单元锁、门、水池通风口、桌子、水管主管道和影响监控照明的线路、灯具及时进行更换和维修;对小区共用设施、设备定期巡查,做好日常维护管理,及时发现和解决问题;制定了物管科维修服务登记表,为金桂苑小区和办公楼处室提供了及时、有效的服务。截至11月底,共提供各种维修服务350余次,其中75%的为办公楼和处室,并为办公楼新装电话6部、电话调配线4部;加强与相关部门、住户间的协调工作,主动与省房改办,水、电、环卫部门,维修单位保持良好的协调与合作,取得相互的理解和支持,同时,对小区住户间发生的矛盾积极帮助协调予以解决。除完成好物管科日常工作外,对一些临时性工作或领导交办的工作也完成较好:主要有2006~2008年节能情况普查和节能减排"十一、五"工作规划的制定;昆明市居民小区(金桂苑)节水器具的普查上报;2009年政府植树造林的"以钱代劳"工作;迎接创建国家卫生城市的工作准备及小结;实行垃圾分类,新建金桂苑绿化专用垃圾池;向昆明重点工程建设办公室,协调、反映省工商局排污管道及消防设施受损情况;以及水电表“一户一表”的改造进入前期准备工作;并贯彻落实省政府厉行节约八项要求的情况汇总;配合创建省级文明单位工作;落实办事处开展的冬季灭鼠活动工作。

4. 主动与相关保卫部门密切配合,完善措施、加强警戒,机关大楼、小区保卫工作成效显著。完成与前卫派出所、大观派出所、东陆派出所相关业务工作;完成奥运期间安全保卫工作;完成办公大楼两个值班岗亭安装工作完成规范公车、自驾车、金桂苑小区车库车位出入证、停放证总共500余张制作工作;完成小区“ID”卡总共300余张开卡及运行工作;完成办公大楼及各宿舍点日常安全保卫工作;同时针对消防、视频监控系统机器老化严重的特点,制定了机关维修更换等措施,尽量使局办公大楼的人防、技防、物防的三防结合体系进一步改善,提高局办公楼的安全系数。节假日前,对全办公大楼范围内的灭火器、消防栓和水龙带进行了检测,使其达到正常工作状态,定期对中心所属区域进行消防安全检查,发现隐患,及时采取措施。局消防系统当前处于无法运行状态,对当前的状态作了详细的汇报报告及维修机关措施报告,同时近期因周边道路施工,周围道闸设施需更换,也拟定了详细的更换处理办法。在大型活动期间,保卫科狠抓各项制度的落实,落实了领导和各级值班人员,制定了各项防范措施,加强了防控力量,加大了对各点的检查督导力度,在每次的重大活动期间各级值班人员都能够认真履行职责,做到高度警惕、恪尽职守,经过保卫科和各级值班人员的共同努力,没有发生任何较大的安全事故,圆满完成各项任务。针对省工商局地处城乡结合部的复杂情况,积极与派出所保持密切联系。时常进行安全检查,不断加强保安人员防范意识,保卫工作成效显著。保安人员在6月17日凌晨2点左右在金桂苑小区成功抓获一名小偷。

5. 保障完善奖惩激励机制,激发驾驶员工作热情,确保车辆安全行驶。进一步建立健全驾驶员岗位服务承诺制度。继续教育和引导驾驶对照所签定的服务承诺书中职责认真抓好落实,搞好对照检查,查找出薄弱环节并加以改正,取得了明显效果,仅超速、超载、闯红灯、酒后驾驶等违反交通法规的行为较上一年明显减少。建立健全了对专职驾驶人员的考核测评制度。车管科依据局党组2009年3月6日会议决定,于3月16~18日对全体派驻处室的18名专职驾驶员对照所签定的服务承诺书中的承诺情况进行考核测评,考核采取了召开全体专职驾驶员动员学习,驾驶员对照考核内容开展自查自评并撰写自查报告,驾驶员对照量化考核表逐一自评,车管科派驻处室全体人员对派驻本处的驾驶员进行测评,处室领导签字确认,中心领导综合评定,全局公示等方式进行。车管科在此次考核测评中查找出个别驾驶员存在的薄弱环节,有针对性地进行了教育帮助,通过考核测评,大大激发了全体驾驶员的工作热情,18名派驻处室驾驶员满意率达到了99%,取得了预期的目的。切实搞好机关车辆各项保障工作。截至年底,2009年中心管理及处室使用车辆费用支出总数为:车辆维修保养费276 012元;燃油使用费439 496.64元;车辆年检84台,年检费用1.26万元;车船使用税31 140元;事故保险理赔4.2万元。

## 云南省拍卖行

2009年,云南省拍卖行在省工商局党组、局领导的亲切关怀和正确领导下,认真学习实践科学发展观和党的十七届四中全会精神,坚持以邓小平理论和“三个代表”重要思想为指导,深入贯彻落实科学发展观,紧紧围绕省局党组“三个到位”和建设“六个好”的工作目标开展拍卖工作,为使拍卖行在处置全省系统罚没物资及公物的服务工作与省局党组确定的云南工商工作目标和党风廉政建设相适应及发挥促进作用,着力在标准化、规范化、法制化、专业化建设进程中下功夫,并取得了新的发展,完成了局党组交给的各项任务,工作取得了一定的成绩,促进了拍卖行工作进一步朝着健康的方向发展。

**一、深入学习实践科学发展观,充分认识贯彻党的十七届四中全会精神的重要意义**

2009年,云南省拍卖行坚持以“三个代表”重要思想和科学发展观为指导,紧密联系党员和全体人员的思想实际,紧密联系工作实际,坚持学以致用、用以促学,始终坚持用党的十七届四中全会精神来武装头脑、指导实践、推动工作、干出成效,并且将它作为学习、工作、生活的出发点和落脚点。通过学习贯彻党的十七届四中全会精神,深入贯彻落实科学发展观,更加自觉地走科学发展的道路,推动经济社会又好又快发展。通过学习贯彻党的十七届四中全会精神,更加自觉地全面推进党建工作,不断加强党员的思想建设、作风建设、制度建设和反腐倡廉建设,提高全员的能力素质,始终保持先进性。通过学习贯彻十七届四中全会精神,更加自觉地继续解放思想、振奋精神,保持锐意进取、奋发有为的精神状态,以学习贯彻党的十七届四中全会为动力,推动各项工作任务的圆满完成,努力开创打造本职工作“阳光拍卖”事业的新局面。重点是认真组织全体工作人员深入学习实践科学发展观活动,进一步增强贯彻落实科学发展观的自觉性和坚定性,切实增强政治意识、大局意识、责任意识和服务意识,不断总结工作中好的经验和做法,把思想行动统一到国家工商总局、省委、省政府和省局党组的要求上来。着力转变不适应不符合科学发展观的思想观念,着力解决影响和制约科学发展的突出问题,健全和完善推进制度管理促进科学发展的机制,把科学发展观贯彻到增强服务意识和自身建设上来。及时传达学习全省工商行政管理工作会议文件精神,明确2009年全省工商行政管理中心工作和目标任务,紧紧围绕局党组年初确定的目标开展工作,努力完成各项工作任务。积极置身于局党组部署的阶段性工作任务之中,尽心尽力、尽职尽责的努力完成了目标任务。

**二、进一步提高认识,切实推进阳光政府四项制度,打造阳光拍卖**

为确保阳光政府四项制度在拍卖工

作中落在实处，进一步提高认识，增强紧迫感和责任感，对落实阳光政府四项制度创建阳光政府工作中的重大问题，及时请示报告，研究解决，切实采取有力措施，推进阳光政府四项制度，创建本职“阳光拍卖”工作的全面落实。

1. 坚持运用科学发展观来统领拍卖工作，树立科学经营管理的理念，不断地加强内部管理，加强自身建设，构建行为规范、操作公开透明、廉洁高效的经营管理运行模式。

2. 严肃财经纪律，进一步完善财务制度，建立责、权、利相结合的拍卖目标责任运行机制，紧紧围绕全省工商行政管理系统罚没物资及公物处置做好拍卖服务工作。

3. 加强党风廉政责任制建设，进一步规范全系统处置罚没物资及公物的行为，认真落实“四个统一”，积极推进“四化”建设，努力实现“三个到位”和“六个好”的工作目标。以科学发展观要求为指导，在拍卖工作中细化工作流程，业务方面做到繁事简办，大事细办，特事特办，量化业务，减少办事中间环节。提高工作质量，完善工作程序，不断提高效率，区别对待具体业务，特事特办，以此为依据，确定工作重点不搞“一锅饭、一锅端”。确定工作主次，组织力量具体事情具体分析，灵活处理工作业务，总结新经验，探索新方法。

4. 切实提高服务效能，提高服务水平，提高队伍素质，打造公开、公平、公正，规范有序、诚信和谐的拍卖市场氛围，努力维护拍卖市场秩序，做到责任拍卖、诚信拍卖、阳光拍卖。

5. 严格依照《中华人民共和国拍卖法》及《云南省工商行政管理系统罚没物资及公物委托拍卖试行办法》，积极履行职责，在做好、做扎实系统内罚没物资及公物拍卖的基础上，通过推行拍卖流程等标准化、规范化建设，严格财经纪律，推进内部管理等事项改革，制订规章制度，强化内部控制，依法运作拍卖，使业务得到更好发展。

**三、统一思想，明确任务，努力工作，扎实推进党风廉政建设和反腐败工作。**

通过对国家工商总局党风廉政建设工作会议精神和省局2009年党风廉政建设反腐败工作任务的认真学习，深入开展党风廉政建设和反腐败斗争，坚持标本兼治、综合治理、惩防并举、注重预防的方针，进一步建立健全制度、监督并重的惩治和预防腐败体系，不断完善工作机制，进一步深化了对党风廉政建设和反腐倡廉工作重要性的认识，进一步推进党风廉政建设责任制的贯彻落实。通过全行人员的认真学习，对反腐败斗争的长期性、复杂性、艰巨性有了深刻的认识，对党风廉政建设和反腐败工作极端重要性的认识不断深化。重点是进一步完善具有与拍卖工作特点的监督制约机制，解决在思想、组织、作风以及工作方面存在的问题，教育引导全行人员讲政治、讲党性、讲大局，自觉维护党的形象。组织全员参与党风廉政责任制建设，层层签订廉政承诺书，形成人人肩上有责任，共同抓好的局面。全面推行廉政风险点管理，从公物发出处置拍卖信息到拍卖整个过程完成，即建立廉政风险点防范，使拍卖全程廉政风险点实现可防可控，安全运行，并把廉政风险点管理作为惩治和预防腐败体系建设的重要内容来抓。努力营造弘扬新风正气的良好环境，以完善惩治和预防腐败体系为重点，扎实推进党风廉政建设和反腐败工作。

# 州市县工商行政管理概况

## 昆明市

【概况】 2009年,昆明市工商局在省局党组和市委、市政府的领导下,深入学习实践科学发展观,全面落实各项工作部署,认真履行职能职责,扎实推进监管执法工作,积极服务地方经济发展,全面完成省局"六项重点"工作和市委、市政府部署的目标任务,创建省级文明单位和"昆明市平安建设先进单位"。获得6项国家部委和省委、省政府的表彰、奖励。

【法制建设】 1. 开展《商品交易市场监督管理办法》、《户外广告管理条例》立法工作。2. 参与制定《阳光政府四项制度实施细则》及配套规定。3. 完成260余项行政处罚自由裁量权细化规范标准的制定、报备和公示工作。4. 认真清理规范性文件和行政执法内部管理制度,对215件法规规章和规范性文件提出修改意见和建议。将277条常见问题及解答作为政务信息整理汇总并向省政府96128热线和市政府12345热线报送。5. 认真落实"首查不处罚"规定及"三步式"执法程序工作。6. 完成行政执法文书规范使用和行政执法证换发工作。7. 聘请两家律师事务所担任法律顾问。8. 核审案件133件,组织听证会5起;受理行政复议8件,调解一起;应诉行政诉讼7件。对2008年以来的行政处罚一般程序案件和行政复议案件657件进行了回访、评查。对5万元以上行政处罚案件116件进行报备。

【纪检监察】 2009年,昆明市工商局党风廉政建设不断推进,工作作风不断改进,市纪委3次明察暗访,对该项工作给予充分肯定。1. 开展"加强作风建设、促进科学发展"主题教育活动,认真落实党风廉政建设责任制,强化"工作目标任务督查落实"。2. 贯彻《实施纲要》,落实《工作规划》,在"细、实、全"上下功夫,深化风险点防范管理。完善惩治和预防腐败的工作体系和长效管理机制。3. 开展"行政效能提升年"和"干部作风改进年"活动,解决党性党风党纪问题。4. 落实阳光政府四项制度。压缩承诺时限至2个工作日办结,当场办结率达80%。"着力构建高效率、零障碍的市场准入服务体系,全力为地方经济发展服务"的做法,在市委工作会议上交流。落实"阳光政府四项制度"的做法受到李江副省长的高度评价,被云南多家主流媒体报道,被省工商局推广。5. 继续开展基层执法人员向监管服务对象述职述廉活动。安排2个区局和2个县局的领导向监管服务对象述职述廉。各县区局安排2个基层所(分局)向监管服务对象述职述廉。6. 履行纪检监察职能。受理信访举报28件36人。澄清事实19人,批评教育2人,通报批评1人,诫勉谈话8人,组织调离1人,行政处分1人;调查处理中2件4人。

【人事教育】 2009年,昆明市工商局全面落实"四化建设"、"四高要求"、"四个转变"、"三个过硬"和"三个到位、六个好"工作目标,努力提高队伍素质,为各项工作的顺利完成提供强力保障。1. 重视班子建设。抓好党组中心组理论学习。落实"三个到位、六个好"工作目标,完善对县(市)区局领导班子的综合考核办法。以"四个模范"为标准,调整县(市)区工商局领导干部36人。2. 队伍素质不断提升。采取"走出去、请进来"的办法更新知识。开展各类培训226期27 241人次,各类学习70 443人次,组织讨论74次,撰写心得3 304篇。"三能手"竞赛评选出注册登记能手40名、执法办案能手61名、计算机操作能手30名,82人参加省局"三能手"竞赛获佳绩。3. 以"四个规范"为标准开展工商所规范化建设,达标46个,完成率139%。

【企业注册登记】 1. 充分运用信息化资源。启动网上注册登记,不定期在网站上发布"企业登记指导意见"。2. 完成《2008年昆明市市场主体分析报告》及2009年前三季度《昆明市市场经营主体分析报告》上报市政府。3. 推进"服务效能提升年"。开展登记注册能手大比武,提高服务能力和水平。继续探索"行政指导"制度,为服务对象进行法律、法规和登记指导。4. 积极应对金融危机。依据《关于支持外引内培,发展外向型经济和民营经济的若干意见》提出25条具体措施。在金融危机的背景下,全市新增内资企业15 973户,同比增长34%;新增个体工商户60 578户,同比增长33%;新增外资企业99户,同比下降10%,投资总额和注册资本分别增长18%和28%。年末登记在册的个体工商户238 058户、私营企业68 500户、内资企业10 810户。

【外商投资企业注册】 2009年,昆明市工商局根据《关于外引内培促进民营经济发展的若干意见》加强软环境建设,提高行政效率,圆满完成市委、市政府的战略目标和省局布置的任务。落实外商投资企业登记"一审一核"制;开展"与项目同行"活动;采取"重在事前、主动服务、协同服务"的工作方法,开展"上门办、承诺办、联合办、预约办、直接办"的服务方式。外资企业对昆明市工商机关作风评议的满意率为100%。年内新发展外资企业99户,完成任务指标的127%,投资总额14.76亿美元。新设分支机构46户。年末全市共有外资企业738户、分支机构451个,投资总额62.65亿美元,注册资本35.32亿美元,实收资本17.94亿美元。

【企业监督管理】 2009年,昆明市工商局认真开展"基层组织建设年"和"会员服务年"活动,积极引导应对金融危机,确保个私经济健康快速发展,圆满完成市委、市政府和省局部署的各项任务。1. 认真开展"基层组织建设年"活动,建立健全个私经济组织,抓好党建、工建、行业组织建设工作。2. 开展"会员服务年"活动。依托"个私企业帮扶服务中心",引导个私企业应对金融危机,做好"贷免扶补"工作,完成297人、1 415万元创业无息贷款发放工作。3. 加强"普法"培训。开展6期、1 000多人的《食品安全法》培训。"禁毒防艾"培训、讲座16次,8 000余人参加活动。

【市场规范管理】 2009年,昆明市工商局不断创新监管机制,提高监管效能,各类市场整规工作成效显著,成为"昆明市平安建设先进单位"。1. 开展"守重"企业、"诚信市场"、"农资放心店"创建活动。完成420个市场信用分类监管基本信息数据的录入。新发展"守合同重信用"企业766户,创建"诚信市场"53个。20个"4A级诚信市场"向省局推荐参评"5A级诚信市场"。创建农资放心店137个(户)。2. 将呈贡农资市场、蔬菜批发市场和小板桥种子市场定为农副产品和农资价格监测点。认真落实市场监管信息定期分析报告制度。3. 深化新农村建设服务机制。开展"家电下乡"、"汽车摩托车下乡"专项整治行动。对586个家电下乡企业、2 910组产品样品进行检测。完善"红盾护农"机制,强化农资市场监管。出动人员12 383人次、车辆3 928台次,开展宣传活动248场次,发放宣传材料4.15万份,媒体报道32篇次,检查农资市场296个次、农资经营户11 728户次,取缔无照经营9户,抽检化肥61个批次,立案查处农资案件77件,案值85万元。查扣和没收物资72 437.55千克。受理投诉15件,为农民挽回损失75.14万元。完善"经纪活农"机制。发展农村经纪人154户,开展2次经纪人培训。完善"合同帮农"机制。指导签约涉农合同5万份,金额3.4亿元。检查涉农企业294户,检查涉农合同55 829份,调解涉农合同纠纷6件,金额6万元。完善"市场助农"机制。全市共有各类商品交易市场572个,年成交额339.92亿元。4. 推进农贸市场"创卫"和"七小"行业整治规范工作。出动83 128人次,整治农贸市场72 411个次、市场内经营户222 984户次,取缔占道摊点9 310个,责令整改16 384户,查处违法违章行为14 066起,整治达标112个,改造8个,关停4个,创卫达标率90%以上。检查"四小"行业经营户25 164户次,规范办照2 451户,取缔1 675户。5. 推进"禁塑"工作。出动人员35 623人次、车辆7 004台次,检查市场6 035个次、药店2 326家次、景区1 036个次、经营户221 475户次,收缴不合格塑料袋64.9万个、饭盒2 500个。6. 认真做好"甲流"防控工作。出动人员80 375人次、车辆16 083台次,检查生猪市场4 243个次、农贸市场28 616个次、猪肉及制品市场1.5万个次,检查猪肉及制品经营户454 991户次。抽检猪肉及制品24 946批次。取缔无证照经营78户,取缔非法加工窝点6个。检查(审查)流感病毒药品广告131条(块),检查(审查)医疗器械广告36条(块),检查(审查)消杀用品广告30条(块)。7. 认真做好职责范围内的其他工作。检查各类合同4 065份,金额104 250.75万元。监管拍卖现场1场次、拍卖确认书13 645份,金额14 202.28万元。受理企业动产抵押登记342份,金额504 049万元;办理注销登记112份,主债权金额176 878万元。办理展览、展销会登记11个。办理注销市场登记证34个。8. 积极会同相关部门开展各专项整治工作。在2009年各项市场整规行动中,全市工商机关共派出执法检查组675个次,出动执法人员42 065人次、车辆8 007台次,检查各类市场8 505个次、景区1 005个次、经营户235 304户次,取缔无证照经营1 817户、制假售假窝点43个、非法传销窝点41个、"黑网吧"35个、"黑诊所"24家,清理摊点15 984个。查处各类案件1 238件。查扣和没收不合格食品9 904.44千克、猪肉1 900千克、散装饮料3吨、瓶装饮料11 450瓶、假茅台酒156瓶、散装白酒4 623.58千克、瓶酒671瓶、假冒军队专供酒72瓶、假冒伪劣糖果原料2 600千克、假食盐20吨、调味品210件、味精100千克、化肥46吨、种子5 247.75千克、农药1 430.4千克、过期药品69合、淫秽书刊89本、盗版音像制品116件、非法传销宣传材料100余本、不合格塑料袋64.9万个、饭盒2 500个、烟花爆竹257件(箱)、电脑耗材2 090件、电脑235台、卫星接收器材26个(台)、油墨603支、汽车制动片319付、洗发品489瓶、香皂257块、牙膏205支等。受理消费者投诉和举报2 058件,为消费者挽回经济损失84.54万元。

【消费者权益保护】 2009年,昆明市工商局以保障食品市场和商品市场消费安全为目标,切实开展保护消费者合法权益工作。加强与市长热线、政务信息专线、数字城管等政府信息系统的对接,实现信息共享。认真办理省局,市委、市政府信访及市长热线转办件15件。各级维权机构共接听来电44 337个,接待来访和咨询12 365人次,受理消费者申(投)诉2 719件,为消费者挽回经济损失878万元。支持消费者起诉22件。

【食品流通监督管理】 2009年,昆明市工商局的流通领域食品安全监管工作受到国务院、省、市政府的充分肯定。1. 抓好"农村食品安全示范店"和"诚信市场"创建工作。共创建"农村食品安全示范店"610个,完成115%。创建"诚信市场"53个,完成265%。2. 编写《食品安全知识宣传手册》、《食品流通环节监管手册》广泛宣传《食品安全法》。全市工商人员集中学习233场次,参加人员5 378人次,举行相关知识竞赛2次。举办培训班36个,受训人数3 556人次,举办专题讲座54个,听课人数5 217人次;开展现场咨询667场次,发放宣传资料31 302份,制作专栏150个。3. 做好食品流通许可证的许可培训和具体发放工作。发放《食品流通许可证》1 440份。4. 抓好流通环节食品经营主体基础数据的清查、统计工作,全市有38 640户食品流通环节经营主体,包括超市515个,食杂店26 305个,食品小作坊1 097个,餐饮小摊点1 742个,食品流动小摊贩995个。抓好流通环节监管领域的风险点管控工作。找出风险点11个并制定防范措施。5. 开展流动快速检测为主和实验室检测为辅的食品快速监测工作。开展抽检行动232次,抽检食品4 854组。6. 按照"规范源头"、"票随货走"的要求建立食品进销货台账、凭证"一票通"制度。食品经营者100%建立索证索票和进货台账。7. 加强基层食品安全工作的检查、督查。2009年共开展15次食品安全监管专项执法行动,出动执法人员63 907人次,检查食品经营户211 400户次,检查农贸市场2 589个次,查获假冒伪劣食品38 114.5千克,价值46.51万元。取缔无照食品经营户2 802户,捣毁制假窝点8个,查处制售假冒伪劣案件102件,案值75.17万元。

**【反垄断与反不正当竞争执法】** 2009年,昆明市工商局依据《反不正当竞争法》有关规定,积极探索查处公用企业和依法具有独占地位的经营者限制竞争行为以及地方政府及其所属部门滥用行政权力排除、限制竞争行为的实践,加大案件查处力度。共查处违反《反不正当竞争法》案件57件,案值511.54万元,没收73.83万元,罚款183.61万元。

**【广告监督管理】** 2009年,昆明市工商局强化"一个中心,六个分中心"监测机制,建立广告联络员制度,实现户外广告登记数字化管理,创新影院片头广告监测,有效推进广告监管由低端向高端延伸,此做法在《中国工商报》上进行了专题报道。1. 监测各类广告743 727条次,完成目标任务185.93%。查出虚假违法广告5 900余条次,办理广告违法案件101件。责令改正2 558条次,责令停发3 363条次。在全市范围内停止了40个药品、30个非药品广告的发布,停止9家医疗机构的医疗广告。公示违法广告警示10条次,公示《广告监测报告》12期。2. 联动开展"整治虚假违法广告专项行动"。出动执法人员2 261人次、检查车辆583辆次,对3 345块户外广告、店堂广告牌,22幢楼宇广告进行了检查,没收销毁印刷品广告1 245份;拆除店堂广告、布标20块(幅),责令改正87块,查处虚假户外广告案13件,罚没款23 500元。检查媒体广告6 230条次,违法违规广告72条次,违法率为1.15%。3. 加强户外广告管理。认真落实"四项制度",推行户外广告登记现场办结制。536件户外广告全部现场办结。整治户外广告设施设置,撤除不规范的243个单立柱。清理取缔"取名"、"起名"户外广告。确保"城市建成区无烟草广告"的指标。推进户外广告登记管理工作的数字化建设,完成了"昆明市户外广告登记与管理"系统。4. 积极配合"红盾护农"行动,开展农资广告的专项整治工作。检查农资广告10 291条次。5. 认真做好广告立法调研工作。完成《昆明市户外广告管理条例》修订调研任务,对《昆明市新建市政道路、桥梁和公共广场、绿地冠名权有偿使用办法》、《昆明市户外广告设施设置管理办法》、《中华人民共和国广告法(修订送审稿)的意见建议》、《云南省广告管理条例(征求意见初稿)的意见》提出修改意见、建议。6. 清理整治未取得授权大量使用各类知名品牌汽车的商标。

**【商标监督管理】** 2009年,昆明市工商局一手抓商标培育发展,一手抓商标专用权保护,全面推进商标战略,成效突出,被评为"全国工商行政管理系统商标工作先进集体"。1. 开展"一所一标"、"一所多标"活动,积极培育"三级名牌"。提出商标注册申请733件,完成748%;新获准认定驰名商标2件、著名商标37件、知名商标65件,重新认定著名商标89件。年末全市有驰名商标6件、著名商标284件、知名商标165件,地理标志证明商标1件。有效商标注册量达14 600余件。2. 组织4·26保护知识产权宣传周活动,开展23场次以"尊重知识,鼓励创新"为主题的商标知识宣传咨询活动,接受咨询3万余人次;举办座谈会、培训班7期,受训1 000余人次;发放宣传资料4万多份,设置展台19个,设置展板35块,张贴宣传标语70余条,悬挂横幅200余幅(块);登载宣传文章21篇。3. 开展商标专用权保护专项行动2次,出动执法人员2 356人次,检查各类市场622个次,检查各类经营主体8 076户次,查处涉嫌商标侵权、假冒注册商标等违法案件131件,查获商品货值200万元,查处无照经营44户。4. 做好商标注册的指导服务工作。推行"三书一卡"和"五书",引导和帮助企业、社会组织积极参与商标战略,发出商标注册建议书2 267份、商标变更建议书113份、商标续展建议书152份、商标策略提示书496份、商标法律告知书361份。继续落实"未注册商标"企业登记制和回访制,回访1 818户企业,对501户未注册商标的企业进行登记备案。5. 推行商标联络员制度。有商标联络员866名,对3户申请驰名商标企业进行全程陪跟服务,对88户申请著名商标企业和118户申请知名商标企业进行提前介入服务;发放服务卡2 774份。6. 开展"四个一"活动,实施"商标富农"服务。指导申请涉农商标94件,占新申请商标量的7.2%。

**【计划财务工作】** 2009年,昆明市工商局严格依法理财,完善内部财务管理制度。落实"两节"措施,抓好"六项"工作,推进"四化建设",财务管理由粗放管理向科学管理机制转变,受到省局好评。1. 严格收费行为,做好行政性收费和罚没款收缴工作。从细节上严格票据的领用、结报、缴销制度。做到账账相符、账实相符、账表相符,钱票两清。完成行政性收费收缴2 056万元,罚没收缴5 532万元。2. 做好经营性国有资产管理改革工作。自查自纠省非税收入检查组提出的审核建议。按时按质按量真实上报经营性国有资产情况。全系统资产总额464 262 603.81元，其中经营性资产30 354 983.38元，经营收入3 224 732.45元；经营收入使用5 188 777元。3. 努力做好基础工作。完成了机动车辆保险、购置工作。做好职工工资统发和各项社会保障工作以及专项补助资金申报工作；做好账务登记处理及报表汇总上报工作，完成财务凭证、账本的归档工作；执行厉行节约相关规定，节能减排费用指标同比下降23%；清理统计地方政府性债务，尚有政府性债务653.36万元，市场建设遗留债务183.25万元。

**【基本建设】** 1. 启动安宁市局、嵩明县局、西山区海口分局办公楼3个新建项目。2. 竣工验收盘龙、呈贡局办公楼新建项目及寻甸功山工商所、晋宁晋城工商分局、嵩明小街工商所、禄劝撒营盘工商所新建办公楼项目，总建筑面积17 300平方米，总投资580万元。3. 在建项目进展顺利。富民局、石林局新建办公楼项目进展顺利；安宁、嵩明局项目正在进行施工图设计及投资概（预）算编制。4. 装修改造项目顺利实施。五华局机关、呈贡局雨花、洛龙所修缮项目已完工，官渡昆明站分局办公用房改扩建工程竣工待验收。5. 待建项目2个。五华局莲华分局办公用房参加区政府统建，已获省局批准立项。西山局海口分局新建项目正在进行初步方案设计。上述两个项目总建筑面积1 400平方米，总投资465万元，其中省局拨款165万元。6. 债务清理按时完成。基本建设历史债务余额326.82万元。

**【机关党建工作】** 1. 加强组织建设。制定2009年机关党建工作要点和2009年永葆先进性"云岭先锋"工程目标责任书并与17个党支部签订。完成支部委员换届工作。召开机关党委委员会议2次，研究、讨论、部署党员发展、培养工作。2. 加强思想建设。每个干部自学"科学发展观学习读本"并写心得一篇。邀请云南大学教授作科学发展观专题讲座，邀请昆明市市委常委、昆明警备区政委张朝凤就科学发展观的历史价值与党员干部的政治责任作专题讲授。开展市局机关深入学习实践科学发展观"立足本职、从我做起"工作思想交流会和正反典型事例讨论会；以支部为单位学习贯彻十七届四中全会精神。3. 加强精神文明建设，促进了干部职工的身心健康。成功创建"省级文明单位"和"市级平安建设先进单位"。推荐一户"五好文明家庭"；组织干部职工观看影片《缉毒警》。4. 加强基层党组织建设。把党支部建到工商所（分局），落实"三会一课"等制度。建立健全个私经济党组织，扩大党组织的覆盖面。

**【老干工作】** 2009年，昆明市工商局认真落实"二个待遇"，为离退休老干部搞好服务。1. 除及时传达各级组织对老干部工作的要求及文件精神外，申请经费1.3万元为老干部报销报刊费，支持、鼓励9位老同志参加老年大学学习。2. 组织开展各种活动。春节前组织联欢会，通报全市工商工作情况；组织6次旅游、参观、学习活动；三八节期间组织离退休女同志进行登山活动；组织曾担任过副科级以上领导职务的老干部考察新农村建设；组织102名老干部到43医院做身体健康检查；60周年国庆之际，对建国初期参加革命工作的老同志进行慰问。3. 为达到退休和提前退休条件的36人办理报批手续；为95名退休人员办理了医疗互助；为5人办理《特殊慢性病、慢性病就医证》；为16名慢、特病老干部办理了复审、复查的换证工作。适时探望和慰问生病住院离退休干部12人次。协助处理病故老干部后事2起。

**【经济检查】** 2009年，昆明市工商局加强各类经济主体的监管，行政执法工作有效开展。1. 开展"无传销社区（村）"创建活动。新创建无传销社区（村）26个，总数达到63个。在全市统一组织开展查处"客登庸"专项行动，联合相关部门对网络传销组织"世界通"进行突击检查。捣毁传销窝点67个，教育劝返226人，移送司法机关11人。2. 治理商业贿赂。向工程建设、产权交易、土地出让、资源开发等热点难点领域拓展，共立案查处商业贿赂案件34件，案值271万元。3. 倡导"柔性执法"理念，认真落实首查不罚等制度，推行"三步式"执法程序，做到规范与服务相结合。实行行政执法约谈制度。对新办照人员发放"守法经营提示书"，对轻微违法当事人发放"行政指导建议书"。将行政指导贯穿于企业登记、商标、广告、食品安全等工作中。实现案件零复议、零诉讼。全年共查处经济违法案件12 412件，案值2.73亿元，罚没金额5 264万元。4. 加强商品质量监督检查。抓好产品商标标识、认证标志、检验合格证明等查验工作，现场检查产品标识卡及号码与商品能否对应，切实加大对制售假冒伪劣商品违法行为的案件查办力度。

**【信息化建设】** 2009年，昆明市工商局信息化建设荣获"全国工商系统信息化工作先进单位"称号。1. 做好"工商新时空"移动执法系统推广应用工作，2 100台终端投入使用。2. 研发、完善、应用各类监管软件。开通行政审批事项网上登记，投入使用"食品流通许可证管理"和"股权出质登记"应用软件。新制作内资企业登记文书86个电子书式，拓展"工商政务业务一体化"系统功能；重新研发广告登记监管软件。分析完成新的行政执法流程。3. 加强计算机培训，开展"计算机能手"竞赛活动。1 676人参加了138场次的各类计算机培训，累计参训5 986人次。产生昆明市工商局计算机操作能手30名，10名选手到省局参赛。4. 搭建"阳光政务四项制度"工作平台。开通重大决策听证、重要事项公示、重点工作通报、政务信息查询四项制度栏目的信息平台5个频道，10个栏目，13个子栏目，开通行政许可咨询邮箱及行政效能投诉邮箱，发布信息450条。5. 做好计算机信息网络安全保密工作。

**【消委会工作】** 2009年，昆明市消费者权益保护委员会按照"消费与发展"年主题及"三个到位，六个好"的目标，切实维护消费者的权益。被中消协评为"全国消协组织保护消费者权益先进集体"、"开展消费与发展年主题活动先进单位"，获得"2007～2009年开展母乳代用品市场监督活动单项工作优秀奖"、"2008年度中国消费者协会工作创新奖”、中国消费者协会“2008年工作创新奖”和2009年“母乳代用品问卷调查”优秀奖。1. 召开昆明市消费者协会三届六次理事会暨秘书长工作会议，总结经验、制定目标，认真开展“消费与发展”年主题活动。2. 精心组织“3·15国际消费者权益日”大型宣传咨询服务活动。全市参加活动的工作人员5 824人次，悬挂宣传标语665条，发放各种宣传材料818 490份，接受消费者咨询42 109多人次，现场受理消费者投诉231件，现场解决投诉146起，为消费者挽回经济损失约98 709元。参加《春城热线》现场直播，热线直播中受理的16件消费者投诉在规定的时间内圆满完成。3. 先后组织完成了“商品住房市场调查问卷”、“邮政营业窗口服务情况专项调查”和“母乳代用品市场监督检查”问卷调查。4.“一会两站”建设成效明显。全市“一会两站”达1 912个。67个投诉站被市政府评为“昆明市农村消费维权组织网络建设先进集体”。先后向社会发布26条消费警示及消费提示。5. 开展比较试验工作，引导合理消费。针对“婴儿纸尿裤”、“食用橄榄油”开展了比较试验工作。将比较试验结果及时通报。6. 认真受理消费投诉，解决消费纠纷。受理消费者投诉2 719件，解决2 663件；受理二次以上投诉9件，支持消费者起诉22件，接待来访和咨询12 365人次，收到表扬信3件。7. 分别参加昆明市主城区生活污水和生活垃圾及城区部分公园价格调整听证会，充分发表意见和建议。8. 支持中国消费者协会到昆明市的《消法》调研工作，为《消法》修订提供参考意见。9. 征集50多条“消费领域潜规则”，邀请有关部门人员进行评议。10. 开展第三届昆明市创建消费者满意企业活动，推进市场经济社会信用体系建设。

【个私协会工作】 2009年，昆明市各级个私协会按照“三自”职能开展工作，建立分层分类的服务体系，服务型协会建设取得实效。1. 修订《基层协会规范化建设实施纲要》及十二个配套制度，加强协会自身建设。2. 加强个私经济组织建设。建立党支部415个、团组织185个；建立工会组织36个，组建行业协会32个，涉及20个行业。3. 努力提高会员素质。开展思想政治教育和群众性精神文明创建活动。编制爱国宣传知识宣传单《共和国之路》在会员中广泛发放，组织观看《伟大的历程》教育片。加强会员的法治教育。举办6期“六五”普法培训。4. 做好禁毒防艾的宣传工作。举办培训班、讲座、宣传活动16次，8 000余人参加活动。发放宣传资料31 760份，制作展板120份。5. 重视先进典型的示范和带头作用。2009年度，个私企业荣获7项单位和个人荣誉称号。让个私企业职工学有榜样、赶有目标。6. 积极打造阳光协会，重申会费管理和年检服务纪律，做好会费的规范管理工作。7. 积极引导会员应对金融危机，完成“就业帮扶工作”和“企业帮扶工作”目标任务。成立昆明市个私协会个私企业帮扶服务中心，为个私企业提供更完善的服务。组织个私经济开展“共同约定行动”，呼吁广大私营企业面对金融危机担起社会责任。许多私营企业承诺“不减员，不减薪”，并公开向社会提供工作岗位。组建800人的导师库，为初次创业人员免费提供一对一的帮扶和指导。邀请杰出企业家阮鸿献在昆明学院作“风雨人生路”的创业辅导。推荐8家企业为高校毕业生见习基地。举办“云南省百家民营、外资企业高校招聘会”，100多家私营企业、20余家外资企业参加了招聘，现场达成900余个就业意向协议。与相关部门就“贷免扶补”工作建立工作联席机制，完成297人（超额57人）、1 415万元（超额415万元）创业无息贷款的发放工作。8. 积极促进区域经济协调发展。与浙江、珠海、青海个私协会进行交流；收集企业招商引资项目，促进项目对接与合作，引导个私企业优势互补。精心组织首批获得“贷免扶补”贷款28人到石林县万家欢生态园和石林禾谕蔬菜专业合作社参观学习。9. 组织会员参加各项活动。在“三·八”节到来之际，300余名女职工充分享受协会提供的文化服务，为100名女职工进行体检。10. 建立个私协会企业帮扶维权中心和帮扶维权站。为会员提供法律援助处理各类侵权案件1 000多起。11. 继续办好《信息传递》，累计出刊102期。

【广告协会工作】 2009年，昆明市广告协会履行“提供服务、反应诉求、规范行业”的基本职能开展工作，再次被中国广告协会授予“全国先进广告协会”光荣称号。1. 修订出台《昆明广告业企业资质认定办法》，评出2008～2009年度昆明一级广告企业27家、二级广告企业4家、三级广告企业2家。2. 心系会员，强化服务，为100多户会员单位提供代理年检业务。3. 加强行业自律，杜绝发布虚假违法广告，树立“做诚信，树品牌”的行业诚信意识。4. 充分发挥协会的桥梁纽带作用。组织33家户外广告企业学习《昆明市建成区户外广告设施整治工作方案》，在要求企业积极配合整治工作的同时，充分听取企业的意见和建议。代表企业向市委、市政府递交了《关于我市户外广告经营企业对昆明市建成区户外广告设施整治工作有关情况的报告》，希望政府部门正确处理好规范与发展的关系。5. 组织开展各项业内活动。举办“云南移动·彩云之南”第三届广告创意大赛，参赛作品158件，获奖作品72件。组团参加第十六届中国国际广告节。组织会员发布庆祝“新中国成立60周年”公益广告活动。组织会员参加“迎六·一关爱贫困儿童”募捐活动，六家广告企业捐款20 817元。6. 认真做好《现代广告》杂志征订工作。

【大事记】

△1月21日，李江副省长率队对昆明市节前市场进行检查。省工商局纳宗会局长，副市长李文荣、市工商局王爱中局长等领导陪同检查。

△2月13日，昆明市召开首届“昆明市知名商标授牌大会”，对荣获“昆明市知名商标”的100家企业代表授牌。副市长李文荣出席会议并作了重要讲话。

△20日，昆明市工商局组织召开了整治广播电视医疗和药品广告动员会。昆明电视台、昆明人民广播电台等21家媒体及医疗、药品广告代理公司的负责人参加了会议。

△26日，昆明市工商学会召开一届六次理事会暨工商行政管理恢复建制30年座谈会。市工商局局长、学会会长王爱中出席会议并作了《昆明工商行政管理30年的实践与发展》的讲话。

△3月13日，昆明市局组织召开全市工商行政管理工作会议。省工商局党组成员、副局长曹阳，市政府副秘书长杨志华出席会议并作重要讲话。

△16日，在昆明市工商局党组成员、纪检组长陈志良的陪同下，怒江州工商系统50余名中层干部组成的考察组到晋宁古城工商所、官渡凉亭工商分局就基层规范化建设工作及综合监管工作进行参观交流。

△19日，昆明市局组织召开全市商标管理工作会议，李世清副局长出席会议并作重要讲话，各县（市）、区分管领导、商广和登记部门负责人参加了会议。

△25日，云南省工商局在昆明市白鱼口省工人疗养院组织召开了为期3天的全省工商系统第一片区基层单位深入学习实践科学发展观全员培训动员暨骨干培训会。省局局长纳宗会、办公室主任李向等领导出席培训会，昆明、大理、丽江、迪庆四个州（市）工商局局长、35个县（市、区）工商局局长共计46人参加了培训。

△31日，昆明市工商局召开全市工商系统贯彻落实阳光政府四项制度动员部署大会，市局领导及十四个县（市、区）局局长、市局机关各部门负责人参加了会议。

△4月9日，中国消费者协会在昆明市五华区工商局召开了修订《消费者权益保护法》调研座谈会，中消协秘书长助理徐炽、法律部主任李轩及省、市消协领导、四区消协会长、副会长、秘书长等参加了座谈会。

△9日，昆明市工商局在云南省工商局干部培训中心召开了全市系统深入学习实践科学发展观全员培训动员暨骨干培训会，市局机关各部门主要负责人，各县（市、区）工商局党组成员、工商所长（分局长）参加了会议和培训。

△9日，昆明市工商局组织五华、盘龙、官渡和西山四城区工商局主抓“四制”工作的局领导及工作人员，召开了贯彻落实阳光政府四项制度工作推进会。

△24日，国务院和云南省打击违法添加非食用物质和滥用食品添加剂两个专项整治领导小组对昆明市工商局的专项整治工作开展情况进行了综合考评。

△25日，国家工商总局在商标监督管理程序中认定了“昆电工及图”商标、“贵研及图”商标为驰名商标。

△26日，昆明市召开全市深入学习实践科学发展观活动分析检查阶段工作部署视频会议，仇和书记对昆明市工商局深入学习实践科学发展观活动学习调研阶段的工作给予充分肯定。

△28日，省工商局周发洪副局长率省局市场处相关领导到五华区局调研商品交易市场信用分类监管和诚信市场建设工作情况，市工商局常晋云副局长陪同调研。

△5月7日，昆明市工商局召开深入学习科学发展观活动分析检查阶段工作布置会。市局党组成员、全体干部职工参加了会议，昆明市委深入学习科学发展观活动第18督导组到会指导。

△8日，昆明市工商局组织召开了医疗、药品、保健食品、美容服务、化妆品重点行业违法广告整治动员会。

△25日，昆明市开展政法综治维稳信访工作第十三督查组一行3人在市信访局王国亮局长带领下，对市工商局开展综治维稳信访工作进行了专项督查。

△6月2日，中共昆明市委常委、警备区政治委员张朝凤同志及昆明市学习实践科学发展观活动第18指导组一行7人，到昆明市工商局检查指导党组学习实践科学发展观专题民主生活会。

△15日，昆明市政协常务副主席张建伟率区创卫办、食安局、龙翔办事处有关领导对五华区龙翔农贸市场进行了检查。五华局刘新锟副局长陪同检查。

△16日，省工商局曹阳副局长在市工商局李世清副局长的陪同下，率省、市个私协秘书长及有关同志一行13人到宜良县工商局，就贷免扶补工作进行调研。

△16日，昆明市工商局召开了全系统深入贯彻落实阳光政府四项制度推进会。各县（市）区局局长、四制办负责人、办公室主任及机关各部门负责人参加会议。

△25～26日，云南省工商局行政执法检查第一评议考核组对昆明市工商局2008年度行政许可工作进行了评议考核。召开了行政许可执法评议考核座谈会，听取外部监督员、企业代表意见，并进行了现场测评。

△7月8日，由云南省政府法制办、省工商局、省商务厅组成的省政府督查组，在市政府和少柏副秘书长、市政府法制办、市编委办、市监察局、市行政审批服务中心等部门分管领导的陪同下，对昆明市工商局行政审批项目清理工作进行了检查。

△8月14日，广西壮族自治区工商局朱军局长一行8人到昆明市局考察调研。省局荆日荣副巡视员、市局王爱中局长、有关部门领导和五华、盘龙、官渡、西山四个区局局长参加了会议。

△21日，在市局王爱中局长、办公室张海强主任的陪同下，省局党组书记、局长纳宗会，副巡视员荆日荣，人教处处长陈学坤到东川区工商局，对“六项重点”工作、阳光政府四项制度等工作落实情况进行调研。

△27日，昆明市局召开了全市工商局长座谈会，会议认真传达学习了全国、全省工商局长座谈会议精神和昆明市委工作会议精神，

△9月1日，国家工商总局消费者权益保护局孙文序局长在省市局相关部门领导的陪同下，深入石林县工商局视察基层消保维权工作。

△3日，省局党组书记、局长纳宗会，副局长赵健，副巡视员荆日荣，局长助理、办公室主任李向，人教处处长陈学坤，消保处处长杨建宏等省局领导在昆明市局王爱中局长的陪同下，到昆明市禄劝县工商局对“六项重点”工作、“一会两站”、食品安全、基础设施建设、阳光政府四项制度、基层工商所规范化建设等工作的落实情况进行调研。

△3日下午，省个私协会陈斌秘书长到官渡区调研个体私营经济党建工作。官渡区工商局副局长、区个私协常务副会长郑巧云，区局机关党委、区个私协等相关部门的负责人参加了会议。

△9日,昆明市综治维稳巡视督查第四小组,到昆明市工商局就国庆60周年安全保卫工作进行专项督查。

△24日,昆明市工商局组织召开纪念新中国成立60周年离休干部座谈会,党组书记、局长王爱中同志参加会议并作了重要讲话。

△28日,省局党组书记、局长纳宗会,副局长赵健,局长助理、办公室主任李向等省局领导,视察了西山区工商局前卫分局,并亲切慰问了分局基层工商干部。

△10月20日,昆明市人大执法检查组成员一行20多人在市工商局常晋云副局长的陪同下,对盘龙辖区内的园博花鸟市场及奇石宠物城的犬类管理工作进行了检查。并就市场内犬类经营户落实《昆明市养犬管理条例》的执行情况进行了调查。

△11月11日,昆明市工商局消保处开始核发正式的《食品流通许可证》。

△16~17日,国家工商总局第四督查组对昆明市工商系统流通环节食品安全和家电下乡市场等专项整治工作进行了督查,省工商局刘本军副局长和相关处室领导陪同检查。听取了昆明市工商局党组书记、局长王爱中的专题汇报。

△17日,市工商局党组成员、副局长常晋云主持召开会议,就《昆明市户外广告管理条例》立法修订工作进行安排部署。市工商局法制处、广告处负责人及相关人员参加了会议。

△19日,昆明市工商局王爱中局长、常晋云副局长带领市场处有关人员,到五华、盘龙、官渡、西山和高新技术开发区,以暗访的形式,对红联一社、达江、新虹山、金刀营(万家欢)、小庄、大树后营农贸市场创卫整治工作进行了突击检查。

△30日,昆明市工商局王爱中局长到五华、盘龙、官渡区,对农贸市场创卫整治工作相对滞后的几个农贸市场进行了督促检查。

△12月5日,昆明市政府副秘书长、昆明市"四创两争"办公室主任王友祥在盘龙区梁昆副区长的陪同下,对盘龙区桃源农贸市场进行了检查。

△28~30日,昆明市工商局党组书记、局长湛江同志,带领办公室、人教处、机关党委的相关同志,先后到西山、寻甸、嵩明、五华等区县工商局开展工作调研。

**【2009年受到表彰的单位和个人名单】**

昆明市工商局(人教处)荣获云南省军队转业干部安置先进集体。

昆明市工商局人教处副处长尹林荣获云南省军队转业干部安置先进工作者。

昆明市工商局网络信息监督管理处荣获全国工商系统信息化工作先进单位。

昆明市工商局副局长傅晋利荣获全国工商系统信息化工作先进个人。

昆明市工商行政管理局(商标处)荣获全国工商系统商标工作先进集体。

**【2009年任职的局领导名单】**

党组书记、局长　王爱中(~2009.12)
　　　　　　　　湛　江(2009.12~)
副 局 长　常晋云　傅晋利　李世清
纪检组长　陈志良

## 盘龙区

**【概况】** 昆明市盘龙区工商行政管理局行政机关位于昆明北市区任旗营天润金碧园小区内。监管辖区为盘龙区下属鼓楼、拓东、东华、青云、龙泉、金辰、联盟、茨坝、松华、双龙10个街道办事处,托管的滇源、阿子营两个乡镇的行政区域,总面积886.93平方公里,人口72.89万人。实有在职干部职工231人,其中:公务员203人、事业单位人员28人。机关内设11个部门,即:办公室(含财务、计算机信息管理中心)、人事教育科、机关党委、纪检监察室、法制科、企业个体注册登记管理科(含便民服务中心)、商标广告监督管理科、公平交易科(含经济检查大队)、市场监督管理科(含合同)、"3·15"指挥中心、机关服务中心。派出机构8个分局、2个工商所,即:真庆、东华、鼓楼、青云、龙泉、茨坝、小坝、世博8个工商分局和滇源、阿子营工商所,同时,还负责对盘龙区个体私营经济协会和盘龙区保护消费者协会的工作进行组织和指导。

截至2009年12月31日,全局监管市场66个,各类经营主体共计24 546户,其中:内资企业1 130户,外资企业123户,私营企业9 690户,个体工商户24 546户。

**【法制建设】** 2009年,盘龙区工商局按照工商行政管理"规范化、制度化、程序化、法治化"建设的要求和实现"四个统一"、"三个到位"、"六个好"工作目标,继续推进法制建设。1. 大力推行"阳光政务",进一步规范执法行为。在2008年公示的13项行政许可事项基础上继续压缩修改为7项(行政许可事项4项、非行政许可事项1项、管理服务事项2项);按照市局要求认真贯彻落实"首查不处罚"规定以及"三步式"行政执法程序,共发放市场准入提示3 354户次;对于按规定可以直接给予处罚,但"情节轻微、对社会不会造成严重危害、以及所产生的后果能够及时消除的,发出《限期办照通知书》1 268份,发出《责令改正通知书》1 306份。2. 更新执法理念,把推行行政指导与规范监管执法融合起来,重点围绕市场准入提示、轻微违法告诫、经营风险建议和重大案例披露四项制度,把行政指导具体运用于工商行政管理的各个领域。2009年,以书面形式约见经营主体法定代表人或负责人进行谈话、提出建议,组织法律法规培训,进行事前提醒,实施经营风险建议59次,申请重大案例披露1次。3. 继续强化执法监督,建立、健全和完善行政执法责任制,开展网上督察,对办案全过程进行监督。规范案件核审,严把案件质量关。2009年办结各类违法违章案件1 639件(一般程序立案案件121件;一般程序简易方式案件1 514件,简易程序案件4件),均无复议撤销案件和行政诉讼败诉撤销案件。

继续推进"五五"普法宣传教育,对内,组织全局执法人员集中开展2009年执法办案岗位练兵竞赛考试,增强依法行政能力,提高执法水平,全局5名选手获得昆明市工商系统执法办案能手称号。对外,深入开展"法律六进"活动,努力营造良好的法制环境,不断提高各类市场主体及其从业人员法律意识，增强守法经营的自觉性，为依法行政、依法管理营造良好的法制环境。

【纪检监察】 2009年，盘龙区工商局纪检监察工作以“行政效能提升年”和“干部作风改进年”活动为切入点，以落实阳光政府“四项制度”、强化风险点管理为抓手，进一步促进履职到位，转变工作作风、提高服务质量、提升服务效率，不断推进各项工作落实。通过搭建“无障碍语音互动平台”畅通了工商部门与人民群众沟通、互动的渠道，使“阳光政府四项制度”较好地融入到基层工商日常工作中，为打造“阳光工商”奠定了基础。4月24日下午召开了盘龙区工商局落实阳光政府四项制度情况通报会，该局5168315“一号通”得到了省、市、区各级领导的高度评价和新闻媒体的广泛宣传。5月8日上午，全省工商系统落实阳光政府四项制度现场会在龙泉分局召开；5月26日下午，省局落实阳光政府四项制度新闻发布在龙泉分局召开。结合全市开展“行政效能提升年”和“干部作风改进”活动，整合信息管理资源，建立了“工作任务目标跟踪督办平台”，对每一项工作任务目标的推进落实情况进行全程跟踪，切实提高了工作效能。在07年、08年开展基层执法人员向监管服务对象代表述职述廉活动基础上，以座谈会的形式，进一步在世博、真庆两个分局开展分局领导述职述廉活动，共有7名分局领导和21名干部接受了监管服务对象的测评，平均满意率为95%。

【人事教育】 2009年，盘龙区工商局继续以队伍建设为根本，着力增强干部职工综合素质。1. 全局干部认真学习邓小平理论、“三个代表”重要思想的深刻内涵和十七届三中、四中全会精神，深入学习实践科学发展观，不断提高思想政治觉悟。2. 以政治、业务、作风“三过硬”为目标，进一步锻造队伍。继续组织开展注册登记、执法办案、计算机操作“三能手”业务培训以及岗位练兵和技能比武活动，促使全局进一步形成学业务、学法律、学运用的氛围，提高了干部队伍综合素质和全面履职的能力。3. 围绕执法为民要求和职能工作特点，大力开展理想信念教育、宗旨教育、思想道德教育、正反典型教育等专题教育活动，引导广大干部树立正确的世界观、人生观、价值观，解决队伍思想、作风、纪律等方面的突出问题，进一步端正思想，增强为民服务的自觉性。4. 制定科学、有效的干部教育培训计划，认真加以实施，打造“学习型工商”。同时，抓好复退转军人业务知识培训和法律法规学习。5. 坚持开展争优创先活动，健全工作激励机制，营造“比、学、赶、帮、超”的良好工作氛围。6. 在总结创建“十佳工商分局”经验及学习借鉴先进的基础上，认真开展基层工商分局规范化建设工作。2009年，茨坝、龙泉、青云、真庆四个分局已接受了市局规范化建设的验收检查，得到了考核组的较高评价。市工商局把茨坝分局作为全市工商系统基层规范化建设试点，召开了市局系统基层规范化建设现场会，接受参观学习。7. 做好干部选拔和人员调配工作，继续开展中层干部竞争上岗工作，使德才兼备的4名分局长，6名正股、6名副股级中层干部得到了任用提拔，进一步激励广大干部爱岗敬业，恪尽职守，勤奋学习，积极进取，增强了干部队伍整体活力。

【企业注册登记】 2009年，盘龙区工商局企业注册登记管理工作围绕打造优质投资软环境，促进辖区经济发展，不断提升服务效能开展。1. 开辟三个“绿色通道”，对政府招商引资项目，积极介入、全程跟踪、快办快结、特事特办。2009年通过“绿色通道”对897户（注册资金数1.63亿元）政府各级部门招商引资进驻盘龙辖区的企业提供了优质高效的服务工作。2. 积极支持发展小额贷款公司，并以动产抵押和股权出质登记服务，切实帮助企业解决融资难题，努力打造良好经济发展环境。2月25日为某企业完成了盘龙区第一份股权出质登记，4月16日特事特办完成了昆明市第一份市场登记转企业登记有限公司（昆明市王旗营蔬菜批发市场有限公司）的注册登记。3. 建立民营企业联系制度，完成了盘龙区80家企业，200户个体工商户“民营企业联系台账”，实行一对一、门对门挂钩联系服务。4. 从有限的工作经费中拨出专项资金，购置“排队叫号系统”和“服务评价系统”，通过办事群众对窗口工作人员态度、业务能力的监督和评价，不断提高窗口服务水平和工作效率。2009年，办理各类注册登记22 271份，其中：新注册企业2 223户（内资78户，私营2 145户），办理变更登记1 683份、注销登记171份、外资登记2份、户外广告登记12份、动产抵押47份、股权出质11份；办理个体工商户登记8 275户。

【企业监督管理】 2009年，盘龙区工商局结合辖区工作实际，在上年试点的基础上继续对各类经营主体实施信用分类监管，制定下发了关于做好市场信用分类监管数据采集和等级认定工作的通知，局属八个分局积极组织人员，完成了本辖区商品交易市场信用分类监管前期调查摸底工作，并按照国家局下发的《商品交易市场信用信息采集表》规定的内容，开展对辖区内所有商品交易市场信息的采集工作，共录入45个市场和2 864户经营户相关信息。45个市场中有：A类市场22个，B类市场23个。

【市场规范管理】 2009年，盘龙辖区市场总数为66个，其中：消费品市场64个（消费品综合市场19个，农副产品市场45个），生产资料综合市场2个。按市场主办分类为：企业法人主办38个（其中公司法人37个，非公司企业法人主办1个）；其他单位主办28个。

2009年，市场管理工作主要以抓好创卫，促进信用体系，服务社会主义新农村建设为主突破口，协调、配合其他专项整治，确保了工商管理工作职能到位。盘龙区工商局按照市局和区委、区政府开展“创卫”的相关工作部署，结合辖区工作实际，认真开展工作，全力履行市场规范管理职责。1. 以创卫工作为重点，确保创卫工作有新的突破。在2007年、2008年46个市场创卫升级改造达标工作基础上，着力落实对辖区农贸市场的整治和巩固工作，加强对全区42个市场的创卫工作的指导和督促检查，并针对市场出现的问题,及时下达督办通知,经过检查、指导和督办,国家专家组在对昆明市创卫工作的暗访中,对盘龙农贸市场的规范管理给予了较好的评价。2. 整治辖区经济秩序,打击非法经营行为。结合辖区实际,针对四小行业(小副食、小美发、小浴室、小旅社)无证照经营的问题,及时组织或积极配合相关职能部门,开展四小行业专项整治工作,2009年共清查、整治"四小"行业无证照经营4 516户次,办理营业执照 122 户,查处取缔 195 户,整治达标率达到 95% 以上。3. 开展诚信宣传动员,着力打造诚信经营。2009 年,在不断充实和完善信用分类监管的基础上,结合辖区企业实际,全力开展诚信市场的创建,对一批诚信度较高的商场(市场),经报市工商局组织考核、验收后,确定了 1A 级诚信市场 1 个,2A 级诚信市场 7 个,3A 级诚信市场 3 个,4A 级诚信市场 4 个。4. 认真开展"守合同重信用"企业评比工作,促进企业建立诚信经营机制。通过对辖区企业的诚信经营程度、企业订立经济合同以及合同履行情况进行检查、考评后,向市局推荐了 25 家企业,这 25 家企业全部通过了市局的考核验收并进入社会公示。5. 针对农村知识贫乏,法律意识差的特点,有针对性地向辖区农村开展送法律进乡村工作,分别在松华乡、小河村举办了"合同帮农"法律法规以及农村经纪人相关知识的培训,努力提高农村经纪人掌握和正确运用法律及相关知识参与经济活动的能力,并开展了农资放心店的创建、确定和考评活动,2009年,创建农资放心店 6 个,培育农村经纪人 16 人。

**【消费者权益保护】** 2009 年,盘龙区工商局继续完善 12315 行政执法体系,通过无障碍语音互动平台将 12315(5168315)专线与省政府"96128 政务查询专线"全面对接,打造 12315 无障碍维权通道,全方位受理各类申(投)诉咨询,大大降低人民群众维权成本及行政成本,提高了工作效能。同时,配合"目标任务跟踪督办系统"对工作任务进行跟踪督办,提高 12315 应急处置能力,杜绝"久调不解"、"以调代处"、"办而不结"的现象,塑造 12315 行政执法和消费维权品牌形象。截至 2009 年 12 月 31 日,该系统共接听电话6 162个,其中投诉 725 起,各类咨询4 306件,举报 175 件,政风专线 4 件,内部事务 751 件。

同时,加强与消费者协会的联系与协作配合,在行政村和社区建立消费者投诉站和 12315 联络站,帮助消费者排忧解难办实事。同时,定期或不定期地对消费者咨询、申诉、举报、侵害消费者权益等情况和社会热点问题进行分析,及时通过网络发布消费维权提示和消费安全预警,并通过举办"3·15国际消费者权益日"大型宣传活动,努力营造良好的舆论和社会环境。

2009 年,盘龙区工商局3·15指挥中心共查处侵害消费者权益案件 2 件,涉案案值 6.11 万元;共受理消费者申诉 278 件,为消费者挽回经济损失 65.15 万元;共受理消费者举报 97 件,罚款金额为 1.3 万元;受理消费者咨询5 523人次。

**【食品流通监督管理】** 2009 年,盘龙区工商局继续加大流通环节食品安全监管力度,进一步推进索证索票和进货台账"两项制度"建设,解决重点区域和重点品种的突出问题,积极构建食品安全监管长效机制。根据《中华人民共和国食品安全法》赋予的职责,11 月 11 日正式开始审核发放《食品流通许可证》,截至 12 月 31 日,盘龙辖区内食品经营户总在册户数5 871户,561 户已换发(含新办)流通许可证,为稳步推进流通环节食品安全工作打下坚实基础。与此同时,深入开展农村食品安全示范店创建,引导、鼓励商场、超市向农村延伸,2009年共培育新建食品安全示范店 56 家,借助信息化网络资源,有步骤地将农村食品安全示范店与当地工商分局监管网链接,建立食品质量监管的快速检测网络。

**【反垄断与反不正当竞争执法】** 2009 年,盘龙区工商局公平交易工作紧紧围绕"营造公平竞争、规范有序、诚信和谐市场环境"的目标,认真履行职责,严厉查处工商行政管理部门职责范围内的无照经营行为、垄断行为、不正当竞争行为、传销和变相传销行为、制售假冒伪劣商品、商标侵权和广告违法违规行为、侵害消费者合法权益行为等违法行为。全年共查处各类经济违法违章案件 790 件,罚没款共计 304.61 万元,立案查处反不正当竞争案件 7 件,其中 1 件在调查中,1 件已销案,罚没款为 26.2 万元。积极开展扫黄打非、打击传销等专项行动,2009 年共建 9 个"无传销社区",并指导分局加大日常监管力度,定期排查集会场所,及时发现案件线索以及可能影响社会稳定的因素,预防传销行为的发生。

**【广告监督管理】** 2009 年,盘龙区工商局继续贯彻落实《广告法》及《广告管理条例》,做好广告发布登记工作。为了使辖区内发布的户外房地产广告内容更加规范,采取了事前介入、事后跟踪的方法,同时建立健全了辖区户外广告登记台账。在广告监管中坚持"集中监测、统一认识、两级执法、联动监管"的原则,做好备案,严格按照"三步走"的要求进行查处,同时,采取企业先自检自查,对突出问题再重点检查的方法,完成了 13 家媒体全年广告自查报告。2009 年,全区广告专项工作共出动执法人员 268 人次、52 车次,检查户外广告 336 块,发出责令整改违规广告 9 起,纠正不良广告 2 起,立案查处 1 起。

**【商标监督管理】** 2009 年,盘龙区工商局按照全省工商六项重点工作要求,在全区开展三级名牌培育申报工作,同时,制定了《盘龙区工商行政管理局规范推荐三级名牌和工商分局开展"一所一标""一所多标"活动实施方案》,明确培育目标,加大重点帮扶力度,并利用"4.26 世界知识产权日"积极做好商标宣传工作,在完善商标管理制度方面,还制订了商标管理联络员制度、商标管理行政指导制度、未注册商标备案和回访制度、商标企业跟踪服务制度、商品商标授权登记制度,从制度上保障了商标工作的连续性。2009 年,全区共发放商标注册建议书 485 份,完成新申请注册商标数 176 件;推荐参评省级著名商标 3 件,完成著名商标重新认定 13 件,推荐参评市局知名商标8件，推荐参评全国驰名商标1件。与此同时，认真开展二次保护注册商标专用权专项行动，全区共查处商标案件10件，罚款10.85万元。

【基本建设】 2009年，盘龙区工商局进一步加强基本建设管理工作，局新办公楼置换工作稳步推进，办公楼内部装修工程顺利竣工，并于7月8日正式投入使用。

【机关党建工作】 1.3月，开展了学习实践科学发展观活动，按照“党员干部受教育、科学发展上水平、人民群众得实惠”的总要求，进行了学习调研、分析检查、整改落实三个阶段的学习，截至8月已基本完成，全局共有135名党员和107名干部职工参加了教育培训。2. 认真开展“行政效能提升年”、“干部作风改进年”活动，组织实施“阳光政府”四项工作制度，紧紧围绕工商中心工作，以服务发展为第一要务。引导各基层支部争创“共产党员示范窗口”和“共产党员先锋岗”。按照五好五带头要求，加强领导班子建设，提高职工队伍素质。贯彻落实区“先锋办”制定的党员挂牌上岗、机关联系基层、领导干部一帮一制度，激励各支部党员开展为民服务日活动以及争创“共产党员示范窗口”、“共产党员先锋岗”活动。3. 切实加强党支部建设，认真对照与各支部签定的《永葆共产党员先进性“云岭先锋”工程目标责任书》、《党建目标考核责任书》的各项工作内容，经常性指导和督促落实情况，以便及时做好查缺补漏工作。继续完善“标准化党支部创建活动”。扎实推进学习型、服务型、高效型、创新型、廉洁型为主要内容的机关效能建设创建活动。4. 认真做好党员发展工作。坚持发展党员的“十六字”方针，实行发展党员预审制、考察制、公示制；入党介绍人资格审查制、票决制，党员发展工作形成了制度化、规范化和程序化。一年来，对已具备正式党员条件的6名预备党员办理了转正手续；确定了5名党员为发展对象；向区级机关党委、区委党校推荐8名新经济组织、2名个体工商户参加入党积极分子培训，接受党的基本知识培训。5. 加强“两新”组织建党组织建设。制定了《盘龙区工商行政管理局2009年“两新”组织建党组织和发展党员工作计划》，按时向区委组织部上报党建工作情况；同时，由个私协会党支部牵头，在星耀集团公司中做好党员发展工作，认真按省委组织部和省、市工商局的要求，做好“两新”组织的统计上报工作。6. 积极做好先进支部和优秀党员的表彰奖励工作。七一前夕，报区委表彰优秀党员一名，非经济组织优秀党务工作者一名；报区级机关党委表彰优秀党员、优秀党务工作者各4名；在局属支部和党员中表彰了5个先进党支部和32名优秀党员。激励了全体党员勤奋工作、奋发向上的热情，为推进全局党建工作发挥了积极的作用。同时，积极响应上级号召，组织各支部党员106名，向“云岭先锋在盘龙·党员干部帮困资金专户”捐款2 000元。在党费收缴方面，严格党费收缴规定，截至2009年10月21日，已收到各支部党费18 337.4元。

【信息化建设】 2009年，盘龙区工商局以“一大平台、四大机制”建设为基础，继续加强信息化建设，结合贯彻落实“阳光政府四项制度”，进一步加大软、硬件投入。为了确保人民群众可以方便、快捷地了解、查询工商工作，使“阳光工商”日常化、常态化，该局自筹资金在原系统平台基础上，整合资源，搭建了“无障碍语音互动平台”和“工作任务跟踪督办平台”，为构建阳光政府，打造长效机制夯实了基础。同时，在干部职工中广泛开展“计算机操作岗位练兵竞赛”活动，盘龙局4名同志被评为“昆明市工商局计算机操作能手”，1名同志被评为“云南省工商局计算机操作能手”。

【消委会工作】 2009年，盘龙区消协共受理消费者投诉件540件，接受电话咨询4 578人次，为消费者挽回经济损失62万元，完成消费提示11期，消费热点提示12期，投诉分析12次，开展宣传12次，规范了分会“一会两站”台账建设，制定了“盘龙区消费维权基层组织网络建设管理办法”和“盘龙区消费维权基层组织网络建设工作制度”，其中，“盘龙区消费维权基层组织网络建设管理办法”获得了盘龙区2005～2008年经济社会制度创新鼓励奖；被市政府评为“昆明市农村消费维权组织网络建设先进集体”；喜获昆明市消协系统保护消费者权益工作创新奖、工作进步奖和鼓励奖三个奖项中的“工作进步奖”。

【个私协会工作】 2009年，盘龙区个体私营经济协会继续围绕促进辖区非公经济发展这个中心目标，充分发挥协会组织“三自”作用，围绕大局，服务中心，面向全区个体工商户和私营企业认真做好宣传、教育、咨询、服务工作，努力提高会员的整体素质，促进非公有制经济健康稳定发展。1. 动员全区个体工商户和私营企业从业人员积极应对金融危机，并组织104家非公企业参加专题讲座，提高企业对金融危机影响的认识和应对能力，同时对会员开展诚实守信，以人为善，助人为乐，为国分忧等理想道德教育。2. 为个体工商户和私营企业开辟验照年检绿色通道，为会员提供年检代办服务。同时，认真做好促进就业再就业工作，组织辖区27家私营企业参加“云南省百家民营、外资企业高校招聘会”，现场接受大学毕业生咨询1 744人次，发放宣传资料1 255份，收到大学生自荐书364份。3. 关心企业，为会员办实事、办好事。认真落实云南省鼓励创业“贷免扶补”方案，通过与农村信用社等相关部门协调、努力，使40个创业者获得了创业帮扶贷款，并在网上建立了80人的创业“导师库”。4. 积极开展非公有制经济领域党建工作和工会组建工作。年内非公经济建立党组织21户，在非公经济企业中建立了工会组织165个。5. 认真组织辖区8家非公企业参加盘龙区委、区政府举办的第29届盘龙江文化艺术节暨盘龙区庆祝建国60周年系列活动，充分展示了非公企业职工健康向上的精神面貌以及他们为促进社会和谐，推动盘龙经济社会跨越式发展，建设现代新昆明作出的积极贡献。6. 积极配合政府和工商部门做好“创卫“宣传工作，向全区经营户和市民们发出倡议，要求他们自觉服从相关职能部门的督促、检查和市场开办方的管理，并积极投入到“创卫”的活动中来。

【2009年受到表彰的单位和个人名单】 昆明市盘龙区工商行政管理局被省政府评为省级文明单位。

【2009年任职的局领导名单】

局　　长　王玉华（～2009.07）

副 局 长　杨学东　李昌东　陈　进

纪检组长　冯光发

## 五 华 区

【概况】 五华区工商行政管理局共有在职人员244人，其中，公务员222人、工勤人员7人、事业编制人员15人，有离退休人员73人。设有内设机构8个，分别是办公室、人事教育科、法制科、企业个体私营注册登记管理科、市场监督管理科、商标广告监督管理科、公平交易科和经济检查大队；单列机构2个，分别是监察室和机关党委；事业单位3个，分别是五华区个体私营经济协会、五华区消费者协会、五华区工商局机关后勤服务中心；派出机构9个，分别是长春分局、大观分局、科技园分局、龙翔分局、丰宁分局、莲华分局、红云分局、黑林铺分局和普吉分局。

【法制建设】 2009年，五华区工商局狠抓执法规范化建设，把执法的最终落脚点放在抓规范、促发展上，使得执法水平不断提升。1. 认真贯彻落实“三步式”行政执法程序和“首查不处罚”规定，将执法标准从“合法”的最低要求上升到“合法、合理、合情”三者有机统一的高度，达到处罚与教育相结合的目的。2. 坚持行政处罚重大疑难案件的会审制与案件核审工作制相结合，实行行政处罚案件承办部门初审，法制科进行核审，重大、疑难案件报案审会审核的三级核审制，保证了案件的集体决策和正确处理。3. 及时调整案件核审流程、定期召开法制联席会、卷宗交叉评查、强化二级督察，加强对案件查办动态监督，有效提高了案件查办效率。4. 强化涉罪案件执法监督，制定《五华区工商行政管理局移送涉嫌犯罪案件实施办法》，进一步明确移送范围，完善移送程序，保障涉罪案件移送有章可循，强化相关部门及人员的责任，促进了案件查办工作规范化。

【纪检监察】 开展工商廉政文化进机关、进基层、进家庭的“三进”活动，把廉政文化进机关工作与建设信用工商、法治工商、信息工商结合起来，努力营造机关廉政文化氛围。同时，通过召开家庭助廉座谈会、发放争当“廉内助”倡议书、征集治家格言和开展创建“廉洁家庭”等项活动，把廉政文化引入家庭。在上年开展风险点防范管理的基础上，制定完善了《五华区党风廉政风险点防范暂行办法》，认真排查了全局需要防范管理的廉政风险点和监管风险点。根据廉政风险点和监管风险点的表现形式和风险危害程度，评定了风险等级，共评定一级风险点8条，二级风险点34条，三级风险点33条，建立起了分级与分类监控相结合的廉政风险点防范体系。先后七次修订完善《五华工商督察实施方案》，全面启动治庸计划，全年共开展了各季度的实地督察和网上督察26轮次，确保政令畅通，保障效能督查的有效到位。

【人事教育】 2009年，五华区工商局坚持规范管理，全面加强干部队伍能力建设。1. 局党组始终将两级班子建设放在首位，不断健全完善党组理论中心学习制度、党组议事规则、领导班子成员联系基层制度、领导班子民主生活会制度、领导干部述职述廉制度，把班子建设成有凝聚力、亲和力的战斗集体。2. 建立了以实绩考核为主的个人绩效考核机制，对全局每一名工作人员实行百分制考核，基本形成一个对干部考核的规范体系，从而客观、公正、全面评估每名干部的工作质量和履职效能。3. 开展大规模的干部培训活动，与云南大学法学院合作开展全员集中培训，共开展专题业务培训9期，参学人员共1 950人次，进一步提高了队伍素质。4. 分步骤在全局开展了民主推荐中层干部、中层干部岗位交流和对一般干部轮岗工作。调整一般干部5名，提拔中层干部9名，免职3名，实行诫勉谈话1人，进一步激发中层干部工作的积极性和创造性，提高工作的质量和效率。

【企业注册登记】 2009年，五华区工商局坚定不移地贯彻服务促进发展的各项政策措施，积极促进五华经济平稳较快发展。年内新发展个体工商户7 324户、私营企业2 391户、内资企业133户，完成涉外注册资金的登记83亿。1. 推行“零距离”的深入服务，倡导“零缺陷”的周到服务，实施“零工作日”的审批服务，不断提升窗口服务质量。2. 进一步缩短行政审批时限，并将所有审批事项进入电子监察系统。实施年检公开无保留、年检流程无障碍、年检服务无距离、年检准入无差错的“四无阳光年检”办法，畅通年检通道，为经营者提供最大的便利，完成个体工商户验照14 477户，企业年检9 074户。3. 对全区50户企业、100户个体工商户实行一对一、门对门挂钩联系服务。积极扶持组建农民专业合作社，年内共登记农民专业合作社11家，注册资金1 198万元。认真做好股权出质和股权出资的登记工作，共办理股权出质8份，涉及出质金额4 521万元。

【市场规范管理】 2009年，五华区工商局进一步加大市场监管力度，提高监管水平，营造良好的市场环境。1. 打好创卫攻坚战。紧紧抓住农贸市场开办者和入场经营者，认真贯彻落实各项创卫工作措施；积极协调相关职能部门，对重点、难点市场实施综合整治；实行驻场式管理，加大工作督察力度，收到了较好的管理效果。2. 认真落实无照整治工作。针对无照的经营户，采取多种方式疏导办理证照；对不具备办证条件的经营户开展了大规模的联合整治取缔行动。全年共下发办照提示、责令整改书865份，立案查处无照经营案件2 360件，取缔685户，严厉打击了七小无照经营行为。3. 积极推进商品交易市场信用分类监管工作。按照市局的要求全面开展数据采集录入工作，评定出5个2A级诚信市场、4个1A级诚信市场。4. 扎实推进社会主义新农村建设。以沙朗、厂口为重点深入推进新农村建设。大力发展农村经纪人,全面推行合同示范文本,全年新发展经纪人13户,下发各类涉农合同示范文本210份。

【消费者权益保护】 2009年,五华区工商局、区消协共受理、分派消费者申(投)诉1 692件,为消费者挽回经济损失219.66万元,努力为辖区消费者营造一个和谐的消费维权环境。1. 大力推进"一会两站"建设构建覆盖城乡的消费维权体系。在实现了五华区76个社区、沙朗、厂口两个办事处及11个村委会全部建立"一会两站"网络的基础上,加大"一会两站"规范化建设力度,积极搭建12315城乡远程消费维权平台,真正将监管、维权、服务的触角伸入农村。2. 积极构建多部门快速联动执法网络,加强12315行政执法体系建设。在建立健全"三级受理网络"为主的12315消费者申诉举报受理平台的基础上,进一步优化了12315工作流程,减少了流转环节,强化了快速处置功能,建立起了政府各职能部门的信息共享和协作执法的工作体系。3. 积极开展形式多样的宣传活动力促消费维权意识提升。主动走进辖区学校、社区和企业,以生动的消费案例为题材进行现场讲解,提高居民鉴别、抵制假冒伪劣商品的能力,指导学生提高消费维权意识和防范能力,引导商场诚信经营,提高企业守法经营意识,力求把消费纠纷解决在基层、和解在企业。

【食品流通监督管理】 2009年,五华区工商局以实施食品安全网格化监管为抓手,打防并举,确保食品安全监管到位。1. 将监管区域细划为82个网格并明确责任人,构建起了"任务清楚、责任明确、有责有权、权责统一"的监管格局。2. 大力开展食品安全示范店创建活动,共新评选出80家"食品安全示范店"。同时,积极开展食品安全快速检测工作,对检测不合格的食品定期发布消费警示,以达到积极引导消费,促进经营自律的效果。3. 积极开展各项专项整治,全年共开展35次流通环节食品安全专项整治,取缔食品类无照经营570户,查处假冒伪劣食品案件5件,捣毁制假窝点5个,查扣涉嫌假冒的茅台酒及茅台特供酒111件零57瓶,依法扣留各类散装白酒约4 175千克,涉嫌假冒"莲花"牌味精100千克。

【反垄断与反不正当竞争执法】 2009年,五华区工商局在维护市场公平交易工作中,抓住重点区域、盯住重点环节认真履职,为辖区营造了一个安全、健康、公平、有序的环境。1. 加大日常对辖区侵犯注册商标专用权行为的监管和查处力度,全年共开展2次保护注册商标专用权集中专项整治行动,查处了一批侵犯"LV"、"香奈儿"、"古驰"、"Hp"等注册商标专用权的商标侵权行为,立案查处商标侵权案件28件,没收侵权物品案值为20.4万元。2. 严密封堵和查缴政治性非法出版物,集中对辖区内各类侵权盗版制品问题突出的区域和市场开展专项整治,取缔非法出版物的黑窝点。认真开展各项专项检查行动,共收缴低俗音像制品137张,收缴少儿版人民币57张,取缔无照音像制品销售店1家。3. 积极开展创建"无传销社区(村)"工作,实施了打击传销进社区、进校园、进乡镇的"三进"活动,同时加强对直销企业的监管力度,共检查各大宾馆、饭店、写字楼、各类企业1 500家,发放宣传资料3 500余份,张贴打传宣传画786幅,形成全社会"携手抵制、共同打击"的良好局面和舆论氛围。

【广告监督管理】 2009年,五华区工商局在广告监督管理工作中,指定专人开展35户报刊和辖区企业发布的固定形式印刷品广告的监管,共监测报刊广告499条,固定形式印刷品广告14 121条。开展两次虚假违法广告集中整治行动,纠正违规广告8条,责令整改3条。结合"创卫"工作,进一步加强对辖区户外烟草广告的整治。同时,创新广告监管方式,开展对辖区企业自建网站或网页发布的广告监测工作,纠正辖区企业发布的违规网络广告1件。开展对影院发布广告的监管,强化影院广告审查责任,《中国工商报》对该局影院发布广告的监管工作进行了报道。

【商标监督管理】 2009年,五华区工商局商标工作以服务引导、帮助辖区企业争创"三级名牌"为工作重点,深入实施商标战略,使辖区企业商标意识不断强化。1. 做好商标管理指导服务,以推行商标管理"五书"行政指导工作为抓手,用办照、年检、验照、企业回访等机会,根据情况对辖区经营者发放"商标注册建议书"等五书,建议其商标注册和正确使用商标。2. 建立注册商标跟踪服务,在日常工作中,注意收集企业的商标情况,清楚掌握辖区内商标注册情况,有针对性的进行跟踪服务,对辖区红云红河烟草集团有限公司等17户企业进行了上门跟踪服务,帮助企业解决商标注册、使用、管理和保护方面的需求。3. 联合五华区科技局、五华科技产业园管理委员会经济发展局积极组织开展"一所一标、一所多标"工作,全年共完成新注册商标301件,新发展昆明市知名商标9件,云南省著名商标3件,重点扶持昆明贝克诺顿制药有限公司、南磷集团股份有限公司争创中国驰名商标。

【基本建设】 2009年,五华区工商局先后投资9.7万元对基层分局硬件设施进行改造,加大分局规范化建设力度,长春分局、大观分局、科技园分局、龙翔分局、黑林铺分局达到省局规范化建设标准。同时,为全局各部门调整增配计算机、打印机等设备54台,配发工商新时空终端设备241台,新增与区政府的光缆线路1条,全局基础建设得到了有效加强。

【老干工作】 2009年,五华区工商局认真做好离退干部的服务与管理工作。坚持走访和生病探视制度,看望生病住院离退休干部21次。积极组织离退休老干部开展丰富多彩的活动,举行了离退休职工春节座谈会,组织老干部进行春游。加强离退休党支部建设,坚持每月一次的组织生活,并开展形式多样、内容丰富的学习活动,做到离退休不离党的本质,永葆共产党员的先进性。

【个私协会工作】 2009年,五华区个私协会积极发挥"三自"作用,不断提升协会的服务水平和质量。积极开展"贷免扶补"工作,为40名"贷免扶补"创业对象申请发放了196万元创业资金。五华区个私协贯彻落实贷免扶补政策的经验做法,在全省鼓励创业贷免扶补工作推进会上做了交流。认真做好就业再就业工作,深入推进非公企业工会组建与党建工作,切实发挥行业优势为会员做好服务,协会工作受到了中个协的表彰。

【2009年受到表彰的单位和个人名单】

五华区工商局2009年被云南省委、省政府命名表彰为第十二批"云南省级文明单位"。

五华区工商局科技园分局被国家工商行政管理总局评为2009年"全国商标监管工作先进单位"。

五华区个私协被中国个体劳动者协会评为2009年"个私系统基层协会先进单位"。

【2009年任职的局领导名单】

党组书记、局长　张卫民
副 局 长　王乃新　刘新锟　陆　弋
纪检组长　戴生权

## 官渡区

【概况】 2009年,昆明市官渡区工商行政管理局在职人员241人,其中:公务员205人、事业单位人员36人。内设机构有办公室、网络室、人教科、机关党委、监察室、法制科、注册科、商广科、市场科、公平交易科(含经检大队)、消保科,代管个体私营经济协会。派出机构为机场分局、菊花分局、佴家湾分局、昆明站分局、太和分局、凉亭分局、小板桥分局、大板桥分局、官渡分局、牛街庄办公室。

【法制建设】 2009年,官渡区工商局将阳光政府四项制度的实施与深入学习实践科学发展观相结合、与工商行政管理职能相结合,全面开展以"阳光政府四项制度在官渡工商"为主题的实践活动,抓住"贴近群众、化解矛盾、便民利民、促进发展"这一核心,突出"创造性",摸索出一条独具特点的贯彻落实阳光政府四项制度工作新路子,切实体现了基层工商落实阳光政府四项制度的"双向互动性"和"担当社会责任的使命感和能力"的特点,得到了省委、省政府及省、市工商局的高度评价。全省各州市工商局纷纷前来参加交流落实阳光政府四项制度经验。

【纪检监察】 全面落实2009年度党风廉政建设责任制和"一岗双责"的目标任务,分五级签定了《党风廉政建设"一岗双责"责任书》等责任书258份。从建设工程、日常账务管理、固定资产管理、票据管理等方面查找出廉政风险点5类50个方面,及时制定了相应的防范措施5类27项。通过认真落实党风廉政建设责任制、开展形式多样的廉政文化建设活动、开展广泛的思想政治教育工作、开展基层执法人员向监管服务对象代表和行风义务监督员述职述廉工作、贯彻落实《建立健全教育、制度、监督并重的惩治和预防腐败体系实施纲要》等工作,扎实推进党风廉政建设工作。把增强全局执行力放在突出的位置,强化督查意识,认真落实"四级联动、七种方式、十项内容、责任倒查"的联动督察工作机制,将四级联动督察贯穿于监管工作的全过程,同时针对三、四级督察落实督察任务的情况进行反向督察。2009年开展专项督察3轮次,出动督察检查50余人次,发出督察检查建议书20份,肯定成绩10条,指出问题8条;通报批评4次,批评人数26人。

【人事教育】 2009年,官渡区工商局分三个阶段、九个环节,完成了学习实践科学发展观活动,撰写调研报告5篇,撰写心得体会368篇,梳理社会各界意见建议23条。开展"一面旗、一团火、一盘棋"主题实践活动,干部职工观念进一步更新,作风进一步改进,推进科学监管促进科学发展、服务经济发展大局的意识更加坚定。作为全省工商系统唯一一家区局单位参加了云南省建国60周年精神文明成果展。

不断加强干部教育培训工作,促进干部教育培训向多领域、主体式、全方位发展。在鼓励干部职工加强学历教育的同时,积极组织参加注册登记能手、执法办案能手和计算机操作能手竞赛活动,以岗位大练兵为契机,狠抓业务技能培训。2009年,1人荣获云南省工商局计算机操作能手,5人荣获得昆明市工商局注册登记能手,3人荣获计算机操作能手。

【企业注册登记】 大力开展"服务效能提升年"、"干部作风改进年"活动,增强服务意识,创新服务方式,提升服务效能,着力打造"三最四低"的投资发展软环境,按照"非禁即入"的原则,进一步放宽市场准入条件,降低门槛,大力扶持非公经济发展,充分运用股权权能,解决企业资金短缺、融资难等问题。加强行政指导和服务,建立市场监管信息定期分析报告制度。

坚持一审一核制、绿色通道、特事特办制等制度;推进授权登记制度,对招商引资项目,积极介入、全程跟踪、快办快结,完善企业信用信息数据库,定期开展市场主体登记信息综合分析,形成分析报告,反映全区企业数量、经济规模、经济结构、产业优势等综合情况,2009年完成市场主体发展分析报告信息三期,为政府决策和经济发展提供了有力的支持。

2009年,全区发展市场主体13 668户(个体11 273户、私营企业2 366户、内资14户、农民专业合作社11户、外资4户);新增非公经济从业人员4万人;完成招商引资内资7 058万元、外资35万美元。

【市场规范管理】 2009年,官渡区工商局认真抓好农贸市场创卫及七小行业整治工作,年初签订工作责任书,细化任务、明确职责、严格奖惩,成立官渡区集贸市场保洁有限公司,接管18个农贸市场的保洁工作,率先在全市探索农贸市场专业化全天候保洁模式,同时严格按照"死守、严管、重罚、协调"的原则,以推行"目标责任落实制、片长督查制、12小时蹲守制、全天候保洁制、创卫保证金制"为整治措施,以"定岗、定位、定责"为工作基础,以"处罚、追责"等手段为有力保障,整合力量、狠抓落实,全方位开展农贸市场及七小行业整治工作。在2009年的创卫整治工作中,清理临时摊点418余个次,清除市场内乱设摊点545

个,取缔市场外溢摊点714个,拆除乱搭建摊棚2 000余平方米,开展创卫督查487次,发布创卫通报13期,下达责令改正通知书113份,查处市场违法违章行为72起,取缔无证照经营户351户家。

在全市工商系统率先完成商品交易市场信用分类监管信用信息数据的采集、录入任务,对录入的96个市场,采用新的监管方式监管;积极开展诚信市场评选活动,评选区级诚信市场27个、13个市级诚信市场验收通过。推荐28户企业参加市级"守合同、重信用"企业评选。

通过开展"红盾护农"行动、"农资放心店"创建活动、支持农村专业合作经济组织的发展等方式,积极服务新农村建设。2009年,共评选农资放心店11户,小板桥种子市场被评为新华社全国农用产品和农用生产资料价格行情评报点及市级诚信市场;通过培训,81人获得农村经纪人资格证;发放《家畜家禽养殖产销合同》、《农产品订购合同》等9种涉农合同5 000余份;全年新登记农民专业合作社11户。

【消费者权益保护】 "一会两站"和"12315平台"建设效果明显,全区"一会两站"实现全覆盖。积极受理及调解消费者申(投)诉,为消费者提供消费警示,对申(投)诉较多的经营者对其进行重点检查,加强监管。2009年,全区共建立消费者协会分会15个,消费者投诉站和12315联络站82个,全区聘请社会监督员155名,做到了全区每个办事处辖区有一个以上分会,每个社区居委会有一个以上投诉站、联络站;受理解决消费者申投诉447件,为消费者挽回经济损失51.6万元,解决率达到98%以上;发布消费警示6篇,案例分析2篇。

【食品流通监督管理】 2009年,官渡区工商局认真宣传和贯彻落实《食品安全法》,率先在全省启动食品批发进销货台账"一票通";完成食品流通许可授权工作,规范食品流通许可行为;进一步推行食品经营户分类监管,继续巩固两个"100%"的成果,全区建立76家"食品安全示范店",达到了全区100%的乡镇、100%的行政村建立了"食品安全示范店"。深入开展流通环节产品质量和食品安全专项整治,加强流通环节食品质量监测,大力开展节假日食品安全专项整治行动,严厉查处和打击流通环节违法添加非食用物质和滥用食品添加剂的行为。对全区68户食品添加剂经营户进行培训,开展食品快速检测449个品种、抽检1 554组,合格率100%。

【商标广告监督管理】 制定《官渡区工商局规范推荐三级名牌和基层工商分局开展"一所多标"活动实施的方案》,积极开展了"一所一标"、"一所多标"和商标行政指导工作,加强商标注册的宣传、服务和引导,努力提高官渡区企业竞争力,实现"商标兴企"、"商标兴农"。2009年共扶持商标注册210个,向昆明市工商局推荐扶持驰名商标2户,扶持申报"云南省著名商标"4户,申报"昆明市知名商标"8户。

加大商标专用权保护力度,严厉查处商标侵权行为,保护商标注册人的合法权益,2009年查处商标侵权案件34件。

以药品、医疗、保健食品、化妆品、美容服务广告为重点,加强对主流媒体广告经营行为的监管,开展广告经营资格检查和整治虚假违法广告的专项行动,进一步规范广告发布行为,加强户外广告监管。2009年共监测各类广告1 200余条,立案查处广告案件1件,责令整改违规广告4起,办理户外广告登记57户。

【基本建设】 严格按照"执法行为规范、监管制度规范、基础设施规范、队伍管理规范"四个规范的目标要求,稳步推进基层工商分局规范化建设。2009年,8个基层工商分局通过市工商局规范化建设的考核验收。年内重点完成了昆明站工商分局办公楼改扩建项目。

【经济检查】 认真组织开展打击传销行动和继续创建"无传销社区(村)"活动,与公安部门配合举办各种打传宣传活动,出动人员260人、车辆45车次,开展宣传活动6次,发放"远离传销、促进和谐"宣传册和图画5 000余份,接受群众咨询1 000余人次。坚持打击与防范相结合,与官渡区检察院签署《关于在查处商业贿赂案件工作中加强协作配合的实施意见》,创新联合打击商业贿赂新机制。加强对粮食、钢材、汽车配件等重要商品市场的监管;严格执行"禁塑"规定;深入开展了节假日及重大活动期间的市场整治规范监管工作,深入开展了扫黄打非、打黑除恶、"黑网吧"取缔、禁毒等专项整治工作,开展市场甲型H1N1流感防控工作,积极配合治理校园及周边环境,净化文化市场,做好预防青少年犯罪、艾滋病防治等工作,努力维护社会和谐稳定。2009年,全局查处经济案件2 840件,罚没款974.5万元。

【信息化建设】 信息化建设实现新突破。在全局范围内配备"工商新时空"移动执法平台移动终端,实现了执法监管工作的移动办公,工商日常工作趋于智能化、信息化、便捷化;进一步加强办公自动化和计算机信息系统保密管理工作,办公、业务用计算机网络严格实现物理分离;多媒体、信息化、数字化手段运用更加广泛,做到了以网络信息技术推动官渡工商日常监管方式的进一步变革和服务效能的进一步提高。

【个私协会工作】 认真落实鼓励创业促进就业的"贷免扶补"政策,40名初次创业者申报小额贷款182万元,解决460名人员就业。推荐102位创业导师为创业人员提供"一对一"帮扶。组织300家私营企业开展工会与企业、职工签定"共同约定书"活动,引导企业构建和谐劳动关系。组织27家私营企业参加全省"百家民营企业、外资企业"招聘活动,招聘382名高校毕业生。推荐昆明华曦牧业集团有限公司为高校毕业生见习就业基地。组织745家个私企业负责人参加《就业促进法》及相关内容培训,充分调动个私企业参与解决就业问题的积极性和主动性。

【2009年受到表彰的单位和个人名单】

官渡区工商局被云南省人事厅、云

南省工商行政管理局联合授予"云南省工商行政管理系统集体二等功"荣誉称号。

官渡区工商行政管理局获"昆明市五一劳动奖状"。

【2009 年任职的局领导名单】

党组书记、局长　赵书华(～2009. 07)
　　　　　　　　张建华(2009. 11～)
副局长　高　敏　郑巧云　陈　坤
纪检组长　王　超

## 西山区

【法制建设】　根据上级和西山区普法工作的整体要求，结合实际，采取多种形式认真做好普法工作。1. 制定全年普法工作计划，明确方向，有针对性地开展2009年普法工作。2. 采取以局内局域网为学习载体、下发学习要求和内容的方式，对2009年普法计划内的《中华人民共和国食品安全法》、《中华人民共和国消防法》、《中华人民共和国政府信息公开条例》等法律法规以及相关法律问题进行宣传。3. 在网络平台上设置了"个人观点"栏目，对执法办案中遇到的法律理解方面的问题展开讨论，达到正确理解法律精神以及法律规定的目的。4. 利用案件核审、讨论等机会，采取一对一的方式向办案人员宣传和讲解有关法律、法规及法学知识，努力使执法干部在会办案，办好案上下功夫，达到了规范执法的目的。5. 掀起大学习、大竞赛热潮，积极组织干部参加行政执法能手竞赛考试。6. 根据西山区普法办公室要求以及《二 00 九年度法制宣传教育与依法治理工作计划》，举行2009年全民普法考试，对干部、职工学习《2009年普法教育读本》的情况考核。7. 认真做好2009年普法工作总结。通过以上措施，使全局干部职工的法律素质不断提高，法制观念不断强化，执法人员依法行政的能力明显增强，服务管理对象的法律意识普遍提高，为西山区市场经济健康有序发展创造良好的法治环境打下了坚实的基础。

以落实阳光政府四项制度为契机，行政处罚案件听证工作有序进行。依据省、市工商局要求，西山区工商局开展落实阳光政府四项制度、创建阳光工商的活动，其中重大决策听证工作由法制科负责组织实施。作为区一级工商行政管理部门，重大决策听证事项主要集中于重大违法行为的处罚，基于该实际情况，该局认真学习了相关文件精神，明确工作思路，并根据《云南省工商行政管理重大决策听证实施细则》、《昆明市工商行政管理局重大决策听证制度实施细则》的精神，参照《行政处罚法》、《工商行政管理机关行政处罚程序规定》以及《工商行政管理机关行政处罚案件听证规则》的规定，制定了西山区工商局的《重大决策听证制度实施办法》以及分局的听证制度，为切实保障行政相对人的知情权、参与权、表达权和监督权，提高行政决策的科学性、民主性，保护人民群众的合法权益提供制度保障。同时对外发布有关听证的法律、法规、制度，对于将要召开的听证会提前7日发布听证公告，听证会结束后及时对外公示听证结果，自觉接受群众监督，截至12月4日，共公布相关信息23条。应行政相对人的申请，分别于4月、6月、7月举行了3次重大行政处罚案件听证会，涉及案件案值180余万元，听证会借鉴司法机关听证质证制度，组织案件调查人与听证申请人进行了证据交换，确保听证会顺利进行。

【企业注册登记】　2009年，西山区工商局以规范市场主体准入行为为重点，切实提高登记管理和服务科学发展的能力和水平。进一步做好日常企业登记管理工作，积极支持国有企业深化改革，热情服务非公经济发展，努力建立"依法、规范、便民、高效、廉洁"的企业登记管理工作机制，切实推进依法行政，不断完善企业注册工作制度，继续推行企业登记授权制度；严格登记管理程序，按照法律法规规定的程序办理登记注册等事项，建立完善并严格执行各类新型企业登记工作流程的程序规定；进一步依法规范企业注册登记行为，积极探索注册登记管理方式，进一步提高注册登记质量，提升服务水平，认真贯彻落实《云南省人民政府关于鼓励创业促进就业的若干意见》精神，为各类创业人员办理注册登记提供优质的服务，努力营造良好宽松的创业环境和公平公正的市场准入环境。

2009年共受理、核准了3 953户次企业的设立、变更、注销和备案登记；为企业名称预先查重上报1.2万余次；在为企业提供优质服务的同时，积极向各级政府及相关职能部门提供经济发展的统计数据、报表100余份，经济运行分析每季度一份，为各级政府领导对经济工作的决策提供了依据。

截至12月4日，全区共有个体工商户36 184户，从业人员122 359人，注册资(本)金92 556.7万元；私营企业6 983户，投资者13 315人，从业人员40 769人，注册资(本)金655 994.4万元；内资企业869户，注册资(本)金376 802.6万元。根据国家发展农业产业化政策，积极开展对农民专业合作社的宣传，并在申请、填表、办照上主动服务，全区农民专业合作社总数现已达到25户，成员191人，注册资金150万元。

【市场规范管理】　2009年，西山区工商局加强与各级各部门的相互协作，结合工作实际，创新工作方式，实行"创卫"工作与日常监管工作"多点面结合"制度，将"创卫"工作与其他日常监管工作有机结合。1. 将"创卫"工作与安全生产相结合。由区工商局与各工商分局签订《安全生产责任书》，各工商分局与市场开办方签订《安全生产责任书》，明确各方在安全生产工作中的职责，特别加强农贸市场食品安全监管，确保全区各农贸市场不出现重、特大安全责任事故。2. 将"创卫"工作与无照经营整治工作相结合。制定了《西山区工商局农贸市场"创卫"及无照经营取缔整治督察办法》及《考评细则》，结合辖区特点，采取"导、帮、转、责、取缔"等多种行政管理手段，充分发挥行政指导监管作用，对已经取得前置审批或营业执照的但尚有部分条件不达标或不规范的一批经营户，采取上门指导规范使其符合经营条件。对部分因硬件设施不能达标的经营户帮助其达标并为其办照经营。疏导一批因经营项目特殊前置手续办理困难的经营户转行。对无照经营户通过实施行政告知、限期责令改正等行政行为仍达不到标准的给予了强制取缔。对已规范达标市场及经营户实行定期检查与随机督导的方法防止反弹,切实把工作做深、做细、做实,确保"创卫"工作全面达标。3. 将"创卫"工作与"七小整治"相结合。为全面实现创卫目标,由西山区工商局牵头组织区属各相关执法部门,对西山区辖区内7个街道办事处"七小"行业进行集中整治。对农贸市场周边影响创卫工作的"七小"行业坚决予以取缔,净化了市场周边环境。4. 将"创卫"工作与主城区禁燃工作相结合。将农贸市场创卫工作与主城区禁燃工作有机结合,组织力量对辖区内使用高污染燃料的经营户进行集中整治,并召开专会组织农贸市场开办方进行禁燃宣传,要求各工商分局、各农贸市场开办方对市场内经营户开展宣传教育,同时采取强硬措施,坚决禁止在农贸市场内使用高污染燃料。5. 将"创卫"工作与"诚信市场"的评比工作相结合。为使农贸市场健康、有序的发展,促进农贸市场的改造提升,努力为辖区各农贸市场创造条件,鼓励各农贸市场积极参与"诚信市场"评比。年内,中林佳湖生鲜果蔬市场顺利通过该项评比,被授予"诚信市场"称号。6. 将"创卫"工作与广告监管相结合。积极协助西山区工商局商广科以消灭市区烟草广告为硬指标,加大执法力度,对市区广告进行经常性的监测和巡查,并组织执法力量在市区开展了全面清查整治烟草广告的专项行动,通过日常监测巡查和专项整治行动,市区的烟草广告基本上得到了有效清理。

**【食品流通监督管理】** 加大食品安全监管力度,从源头上把好食品安全关,加大了食品经营户的监管,实现了食品市场监管方式由粗放型监管向源头监管的转变,监管方法由突击性、专项性向日常监管的转变,取得明显成效。2009年,共开展各类食品专项执法检查达37次,检查食品经营户42 263户次。与上一年相比,查获的"三无"或过期食品数量明显下降;严格按照《国务院关于加强食品等产品安全检查监督管理的特别规定》,以流通领域商品质量为重点,以日常市场巡查为抓手,建立了食品安全责任制和经营者自律、工商部门监管、社会监督"三位一体"的长效监管机制;在辖区大力开展"农村食品经营示范店"创建活动,在全区5 000多食品经营户中,评选出70家食品经营户作为2009年西山区的"食品安全示范店";强化食品安全监管信息的联网应用,建立流通领域商品质量监测分析报告制度,定期(每月)将抽测结果向社会进行公示。共开展抽取食品样品50种,检测532组。

**【反垄断与反不正当竞争执法】** 按照"打防结合、综合治理、标本兼治、重在治本"的工作方针,采取措施开展打击传销违法活动。2月14日,西山区工商局与相关职能部门在碧鸡广场举办了主题为"远离传销共建和谐"的打传专项宣传活动,通过布置展版,发放宣传材料等形式,在群众中进行广泛宣传,揭露传销行为给社会和群众利益带来的危害性,增强群众识别、防范传销的意识,提高民众对传销违法性的认知、反感,从而自觉抵制传销活动,努力营造"社会和谐人人有责、和谐社会人人共享"的发展环境。此次宣传活动印发宣传材料1 000余份。会同西山区公安分局干警对辖区明波村、庄房村等九个传销窝点进行清查。现场查获参与传销人员22余名,查缴《方与圆》、《世界上最伟大的推销员》及手抄笔记本等60余本。执法人员对出租房房主及参与传销的人员进行了耐心、细致的法规宣传及说服教育,发放《制止传销人人有责》的宣传册30余本,并在公共场合张贴打击非法传销的宣传海报,对参与的传销人员予以遣散、遣返。

**【商标监督管理】** 认真开展商标的行政指导工作:通过"五书"制度的贯彻落实,全局商标跟踪服务企业走访共计496家(其中对已注册的企业走访共计467家);动员企业注册商标并发放《商标注册建议书》共计516份;在企业走访中发放企业联系卡共计241份;发放"商标意见五书"共计381份。在商标跟踪服务过程中,发现商标已变更11件、商标已转让6件、商标已续展的84件、商标有许可的76件;跟踪服务驰名商标17件、著名商标7件、知名商标29件。对辖区各类经营主体在申请注册商标、正确使用注册商标、依法维护自己的合法利益、以及利用商标做大企业规模等方面给予及时的指导和帮助。通过发放商标注册建议书、商标变更建议书、商标续展建议书、商标策略提示书、商标法律告知书("五书")的形式,引导企业等各类市场主体尽早申请商标注册,指导权利人依法使用注册商标,及时纠正经营者在商标使用中存在的不规范行为;在日常的巡查过程中和年度年检、验照时,注重收集企业的商标情况,对未注册的商标实行"未注册商标备案"并及时回访,建议其申请注册商标,全年共计回访未注册企业288户。开展"一所一标"和"一所多标"工作,坚持以科学发展观为指导,充分发挥工商职能,深刻认识开展"一所一标"活动的重要性,把"商标兴农"作为实施商标战略的全新突破点,根据"商标兴农"的工作要求,认真开展"一所一标"工作,把海口工商分局、碧鸡工商分局定位为"一所一标"工作示范点,与当地政府部门取得密切联系,深入乡村,开展认真细致的调研工作。调研组成员共同深入海口、碧鸡、明波、福海、马街、永昌等辖区的农户和涉农企业,收集数据、采访农户、实地考察,根据农户和企业种植、生产、加工、经营的规模及特色,结合农村经济发展现状、产业结构、布局、优势、特色产业特点,选准突破口和主攻方向,与农户和企业共同研究制定出有针对性地、科学合理的帮扶计划和措施,指导农户和企业把产业特色明显的产品申请注册商标。通过努力工作,年内西山区已经有以云南绿晶种业有限公司和昆明绿绿果蔬有限公司为代表的9家涉农企业注册的涉及农产品的商标10件。

**【经济检查】** 2009年,西山区工商局以科学发展观为统领,以地方经济发展为目标,进一步解放思想,转变执法观念,通过加大培训教育力度,整合规章制度,用科学的质量标准和简明的办事程序来指导和规范公平交易工作,不断提升依法行政、文明管理、高效服务的能力和水平。按照此工作思路，积极查办传统领域案件并拓展监管执法领域，力争维护市场秩序，繁荣地方经济，切实履行工商监管职能。加大对传统领域案件的查处力度。努力做到对传统领域案件的查处不放松，特别是对农药、种子、食品、家电、紧俏商品、专营专控商品等重点行业的监管及违法案件的查处加大了力度；协调相关部门，积极寻找案源，周密部署，对销售不合格成品油的违法经营行为进行查处。根据线索，在对一个问题油站的检查中，又顺藤摸瓜找到了几个隐藏的“油老鼠”。8月份以来，已立案调查的成品油案件4个，经权威部门出具的检验报告显示，所查处的案件中不合格的成品油包括90#、93#汽油、0#柴油及燃料油。该类案件的及时查处，堵住了不合格成品油销售的源头，维护了广大消费者的利益。2009年，围绕重点领域和行业，找到突破口，对酒类行业销售中涉及到的酒商及餐馆不正当竞争行为进行查处，把治理商业贿赂工作推向深入，以案件查处，带动行业逐步走向规范。

**【消费者协会工作】** 在区委、区政府的领导下，联合工商、教育、财政等部门，群策群力，把部门行为上升为政府行为和社会行为，形成了“政府牵头、工商教育主抓、相关部门联动”的消费教育与维权进校园活动机制。把消费维权教育融入青少年素质教育之中，西山区消协先后参与编写并印发了《食品安全知识宣传手册》9万多册，免费分发到全区203所中、小学、幼儿园(含教办、民办)的9万多名学生中。

同时，在辖区学校建立了消费教育与维权联络站和青少年维权岗，聘请了“3·15”小记者等，并利用黑板报宣传、知识问答、讲座、演讲比赛等形式多样的活动，在中小学、幼儿园中开展消费维权教育。通过各种活动的开展，实现了一个学校教育一批孩子，一个孩子带动一个家庭，从而提高全社会消费维权意识的目的，收到了良好的社会效果，得到了各级领导的高度肯定。

**【个私协会工作】** 积极组织企业参加“昆明市非公企业招聘洽谈会”，积极支持就业再就业工作，西山区个私协会于3月8日组织28家企业参加了昆明市个私协会和昆明学院联合举办的“昆明市非公企业招聘洽谈会”，提供了部门经理、文秘、财务、管理、营销、服务、技工等数十个岗位。一方面为企业和应聘毕业生搭建了一个良好的平台，即发挥了民营企业在推动就业与再就业中的重要作用，又为应届毕业生提供了更多的就业机会，为企业招聘人员提供了服务，也为应届毕业生实现就业提供了服务。

认真贯彻落实云南省鼓励创业“贷免扶补”工作，根据省、市个私协会的工作部署，区个私协会高度重视“贷免扶补”工作，把它作为一项民心工程，列入重要工作日程来抓，全力开展好鼓励创业“贷免扶补”工作。为确保此项工作落实到位，区个私协及时制定了鼓励创业“贷免扶补”工作实施方案，明确了工作目标、工作程序和工作要求，通过制定实施方案，把此项工作具体化，确保“贷免扶补”工作稳步健康推进。经过一个多月深入细致的工作，截至8月11日全面完成了市个私协下达的41名创业人员的创业帮扶任务，41位创业人员共领到了200万元两年期无息贷款。

同时，为了给贷款会员提供实实在在的服务，8月5日，按行业组织了首批获得贷款的种养殖户到经营管理完善、在行业中有一定规模和影响力的石林县万家欢生态园和石林禾谕蔬菜专业合作社参观学习。通过观摩学习，为种养殖户和企业搭建了很好的合作平台，为将来种养殖户的发展起到积极的作用。协助创业人员解决创业过程中遇到的困难和问题，区个私协会在下设分会的配合下，经过严格的筛选在全区的非公企业中推荐出了100位在各乡镇成功创业有一定代表性、一定规模，并且志愿为初次创业者提供咨询服务的“创业导师”。初次创业者可以根据自己的需要，通过网络，选择合适的导师为自己提供相关的信息咨询服务。

**【2009年任职的局领导名单】**

局　　长 王　斌

副局长 何新胜　窦　炜　严玲华

纪检组长 严　飞

## 东川区

**【概况】** 东川区工商局共有118人。其中在职人员73人(公务员有61人、个私协会人员有12人)，离退休人员45人。在职人员中有本科学历的27人、专科学历的36人、中专学历的3人、高中文化6人、初中文化1人。在职人员50岁以上7人、40~50岁40人、30~40岁17人、30岁以下9人，平均年龄40.31岁。男职工有45人、女职工有28人。局党总支下设七个党支部(机关一支部、机关二支部、新村分局党支部、城南工商所党支部、汤丹工商所党支部、老干支部、个协党支部)，共有党员93人，其中在职人员有党员44人、离退休人员中有党员35人、个私企业中有党员14人。

**【法制建设】** 1. 组织普法学习和法律法规考试，对执法人员文明执法情况考评，全体执法人员通过2008年度行政执法证审验。2. 加强行政执法日常监督，依法对一般程序案件进行核审，对简易程序案件进行备案，对一般程序简单方式案件事后监督备案。截至11月30日，查处各类经济违法违章案件219件。其中，一般程序案件58件，简易程序案件33件，一般程序简单方式案件128件。达到听证条件的40件，依法送达了听证告知书，当事人无一要求举行听证。无行政复议、诉讼案件。无达到移送涉嫌犯罪标准的案件。3. 订购《工商行政管理法规汇编》、2009版《工商行政管理机关行政处罚文书使用手册》等业务书籍报刊。加强执法文书管理，规范新版文书使用。

**【纪检监察】** 1. 党组书记与党组成员、党组成员与分管联系单位、各单位与所属工作人员“三级责任书”签订达100%。2. 将党风廉政建设工作指标量化，半年和年终对各部门党风廉政建设责任制落实情况进行全面的检查考核。3. 开展深入学习实践科学发展观、“行政效能提升年”、“干部作风改进年”和

"一面旗、一团火、一盘棋"等学教活动，进行全员培训，组织观看典型案例碟片。4. 制定东川区工商局阳光政府"四项制度"实施细则，明确了"96128"政务专线办公室及信息联络员。5. 开展了元旦春节期间严格执行廉洁自律规定自检自查，未出现违纪违规行为。6. 开展廉政风险点管理，在行政审批、行政执法、队伍管理、市场监管、财务管理、基本建设、阳光局务、阳光政务、内部管理等十一个风险类别方面，查找了共十九个风险岗位、三十三个风险环节和五十二个方面的风险点表现，制订了五十三条防范措施和七条问责措施，全员签订《廉政风险点防范承诺书》。

【人事教育】 1. 全局人员参加各类学习教育3 944人次，组织了14次以政治理论、先进典型、警示教育和思想道德教育等为主要内容的集中学习教育活动，全局中层干部开展理论学习3次，撰写心得体会176篇。2. 制定岗位大练兵活动实施方案，计算机操作、行政执法、注册登记三项比赛中均有一人获得市工商局三项能手称号。3. 开展评先选优，评选出优秀公务员12人，优秀工作人员2人。4. 开展第3次创建省级文明单位活动，开展全国文明城市创建活动。开展"说好普通话、树立东川工商新形象"、"向国旗敬礼、做一个有道德的人"网上签名寄语等活动，在国庆前夕以部门为单位举行以"歌颂祖国"为主题的诗歌朗诵比赛。

【企业注册登记】 推行岗位责任制、服务承诺制、集中办事制、AB岗制零缺位制、告知承诺制、限时办结制、首问责任制、建立健全失职追究制、窗口部门一次性告知制，畅通"绿色通道"，继续推行"企业登记授权制度"，继续坚持企业回访(认领)、重大项目跟踪服务、企业工商联络员等制度，积极服务政府招商引资项目，严格执行就业优惠政策，积极引导以抓创业带动就业的措施落实，服务东川区经济发展。截至2009年11月30日，全区共有内资企业356户，注册资本139 968万元(其中年内新登记17户，注册资本16 381万元)；私营企业共有820户，注册资本236 932万元(其中年内新登记148户，注册资本26 368万元)；农民专业合作社共用82户，登记资金6 921万元(其中年内新登记52户)；个体工商户共有5 707户，登记资金30 727万元(其中年内新登记1 969户，注册资金12 829万元)；当年全区新增从业人员2 610人。

截至2009年11月30日，2008年度内资企业应检345户，实检226户，参检率65.5%，合格率100%；私营企业应检681户(含分支机构89户)，实检560户，参检率82.22%，合格率100%。在企业年检中办理变更登记193户，办理企业注销登记21户。对未按规定参加年检的企业下发《教育规范告知书》3户，查处未按规定参加年检案件11件。

【市场规范管理】 1. 开展农贸市场"创卫"工作，实行网格监管和驻场式管理，全局在职干部职工人人参与创卫，人人缴纳"创卫"履职保证金，与各市场开办方签订《东川区农贸市场开办者经验管理责任书》，并在铜都镇人民政府的支持下，由铜都镇经管办向每个市场收取3万元的"创卫"保证金。2. 开展无照经营和"七小"经营户专项整治，在网格监管基础上，派出6名执法人员与相关职能部门的人员共同组成专项工作整治小组开展整治。3. 开展"诚信"市场、"农资放心店"创建活动，新创建农资放心店7个。4. 建立市场主体信息分析报告制度，为地方党委和政府提供科学决策依据。

【消费者权益保护】 1. 在乡镇、社区、行政村建立"一会两站"160个，对11个分会、153个投诉站的427名工作人员进行了培训。2. 针对消费投诉数据进行统计分析，强化综合分析功能，及时发布消费警示4期。3. 受理和解决消费者申投诉64件，解决率100%，为消费者挽回经济损失2万余元。4. 在纪念国际消费者权益日之际，组织食品安全法律进校园活动，在铜都镇中学、乌龙镇中学、拖布卡中学等三所学校进行宣传，并印发食品安全法宣传材料3 000余份。5. 开展"3·15"国际消费者权益日活动，组织15家理事成员单位、5家企业100余人，发放宣传资料24 280份，检查市场24个，出动检查人员94人次，参与群众3 000人次，销毁假冒伪劣商品420千克，现场解决投诉4件。

【食品流通监督管理】 1. 召开食品安全监管专题会议，层层签订《食品安全监管责任书》。2. 联合相关部门举行了贯彻《食品安全法》学习培训会，邀请云南大学法学院教授、昆明市工商局法律顾问周麒对《食品安全法》做了专题讲座。3. 开展打击违法添加非食用物质和滥用食品添加剂工作，查处了假冒散装白酒案件4件。4. 积极推进"农村食品安全示范店"创建活动，按照"成熟一个发展一个"和"示范引领，以点带面，点面结合，全面推开"的原则，对14家"农村食品安全示范店"进行授牌。5. 印发1 200本进货台账，督促食品经营者建立健全索证索票和进销货台账制度，45家批发商使用了"一票通"。6. 完成357组食品快速检测。7. 对全区968户食品经营户建立了信用分类档案。8. 开展各类食品安全专项整治16次，查处取缔食品无照经营76户，查处制售假冒伪劣食品案件13件。9. 开展食品安全应急预案演练。

【反垄断与反不正当竞争执法】 2009年，东川区工商局坚持打击与防范相结合，深入治理商业贿赂行为。继续开展对公用企业和垄断组织的强制交易、强制服务等排挤性、限制性不正当竞争行为调查及规范，以及地方政府及其所属部门滥用行政权力排除、限制竞争行为。保持高压态势，严厉打击传销和严格规范直销，创建"无传销社区"2个。以打击"傍名牌"为重点，进一步强化知识产权保护，认真组织开展流通领域打假治劣专项行动。

【广告监督管理】 开展2009年度广告年检工作，参检率100%。建立广告审核登记制度，完善户外广告登记工作。开展整治邪教组织等利用广告从事宣传活动的专项工作。年内立案查处违法广告案2件。

【商标监督管理】 2009年，东川区工商局实施商标行政指导，建立商标备案信息169份。同时开展“一所一标”和“一所多标”工作。邀请昆明天华商标事务所权威人士到东川现场指导，着重引导“福在山”、“红土地画”、“蒋家沟泥石流”申报商标注册。截至11月30日，新申请注册商标21件。开展保护注册商标专用权专项执法行动，立案查处5起销售侵犯他人注册商标专用权商标案。开展创“三级名牌”工作，指导、帮助和推荐了3个商标的持有单位参加2009年云南省著名商标申报工作。

【经济检查】 1. 开展建筑材料专项执法检查，共抽取细木工板、钢材、家电等37个样品进行检测，对33个不合格建材18件案件进行立案查处。2. 深入开展“家电下乡”专项执法检查行动。发放“家电下乡”宣传材料200余份，督促23家“家电下乡”经营户建立并执行进货检查验收制度，不合格商品退市等自律制度。对“家电下乡”商品，从进货台账、下乡产品标识卡、合格证、认证标志、产品质量等方面进行检查。3. 加大对无照经营的查处力度，立案查处无照经营案件106件。4. 配合相关部门开展“扫黄打非”、“两烟”市场整治及开展反假币、反洗钱活动。

【个私协会工作】 1. 组织召开东川区个体私营经济协会理事会议，审议通过了东川区个体私营经济协会2008年工作报告。2. 加强和规范会费的收支，按照“二办”、“三查”、“四加强”的原则抓好协会自身建设。3. 印发《致全区个体私营企业会员的一封公开信》5 000余份，要求广大会员积极行动起来，主动检举揭发违法犯罪线索，勇敢地同违法犯罪分子作斗争，不断把“打黑除恶”专项斗争推向深入。4. 加强维权、帮扶机制建设，维护个体工商户和私营企业会员的合法权益，促进就业和再就业。开展“贷免扶补”工作。在全区初步选择20家企业、50户个体工商户实行一对一、门对门挂钩联系服务。确定了16人为创业导师，建立了创业导师库。

【2009年任职的局领导名单】
党组书记、局长　李　春
副 局 长　蔡星海　金　波　刘　磊

## 安宁市

【概况】 2009年，昆明市安宁工商行政管理局有在职干部职工92人。其中，公务员71人，事业编制人员20人，工勤人员1人。本科以上学历41人，占在职人员总数的45%；大专学历42人，占在职人员总数的46%。内设办公室、人事教育科、监察室、法制科、企业个体注册登记管理科、公平交易科、市场监督管理科、商标广告监督管理科等8个机构；下设连然分局、昆钢分局、温泉工商所、太平工商所、草铺工商所、八街工商所及县街工作站等7个派出机构。

2009年，安宁市工商局被昆明市工商局授予“2009年度工作先进单位一等奖”。安宁工商局昆钢分局、公平交易科被评为“昆明市工商系统先进集体”。龙泽祥同志、李剑飞同志、李萍同志被评为“昆明市工商系统先进工作者”。华学芳同志、阳家云同志、白朝兴同志获得昆明市工商局“执法办案能手”荣誉称号；陶丽娜同志、李萍同志获得昆明市工商局“注册登记能手”荣誉称号；陶丽娜同志获得昆明市工商局“计算机操作能手”荣誉称号。

【法制建设】 2009年，安宁市工商局积极推进“阳光政务”、“责任政府”工作，完成了行政许可审批项目的压缩、审批、上报工作，将审批项目从27项压缩到12项，审批时限从7个工作日压缩到3个工作日。制订了《安宁工商行政管理局重大事项听证制度实施细则》和12项行政执法工作制度，积极探讨和开展说理性执法工作和柔性执法。组织执法培训21次，全局执法人员自学各类法律法规435人次。印制18种常用文书6万多份，完成了对办案单位新文书使用“一对一”培训。专门抽调人员，组成2009年执法检查（评查）自检自查工作小组，对12个办案部门2008年以来的336件案件进行评查，进一步提高了执法人员的办案水平。

【纪检监察】 安宁市工商局在深入学习实践科学发展观工作中，紧紧围绕“党员干部受教育、科学发展上水平、人民群众得实惠”的目标，开展好“十个一”活动；在“行政效能提升年、干部作风改进年”活动中，重点以学习教育为主，增强责任意识、大局意识、服务意识、创新意识、法纪意识。全年共签订责任书96份，党组召开民主生活会2次、党风廉政建设专题会议3次、研究党风廉政建设工作办公会3次；结合贯彻落实阳光四制：建立了重大决策听证、重要事项公示、重点工作通报、政务信息查询制度；共开展巡察督察3次，出动巡察督察27人次，发现并指出问题8条，肯定成绩12条、发出巡察督察建议书18份。全年组织学习教育27次，参加政治教育1 802人次、参加业务学习729人次；组织示范教育3次，参加人员225人次，组织警示教育2次，参加学习141人次；组织学习讨论63次，撰写心得体会154篇、廉政建设论文7篇；在昆明市工商局的《纪检监察动态》上刊登2篇；撰写廉政建设简报49期。

【人事教育】 通过制定“安宁工商局2009年度干部职工学习教育培训计划”，科学安排全局学习教育，全面提高队伍科学履职能力、战斗力、凝聚力、创造力。积极将法律法规培训与业务学习相结合，将干部素质提升与队伍形象风纪养成相结合。坚持理论联系实际，不断丰富完善学习形式，全面扩大学习覆盖面和参与度，努力在监管服务中掌握新知识，积累新经验，形成学以致用、以用促学的良性循环。积极宣传与动员全局执法人员参加“登记注册技能”、“执法办案技能”、“计算机操作技能”大比武活动，通过集中学习和个人自学，进行公开选拔考试，有六位同志分别荣获昆明市工商局“登记注册”、“执法办案”、“计算机操作”能手的荣誉称号，“执法办案”大练兵团体排名第三的好成绩。安宁市为民服务中心安宁工商局窗口获国家级“巾帼文明岗”荣誉称号。为进一步调动干部职工工作积极性，坚持干部轮岗制度，推行干部职工“双向选择”。对涉及全局16个部门58个岗位进行轮岗,终有23个岗位进行了轮换,轮岗率为39%,使干部能到合理岗位,优化人员结构、提高工作效率。

【企业注册登记】 2009年,安宁市工商局改革创新登记制度,对18名注册登记人员进行了授权。简化审批程序,对内资企业实行直接授权登记制;对外商投资企业实行授权延伸服务机制;对申请材料齐全、符合法定形式的,实行当场办结;对企业登记承诺在2个工作日办理完结。并开通了网上年检,全年已有10余户企业顺利通过了网上年检。积极执行昆明市工商系统《关于支持外引内培,发展外向型经济和民营经济的若干意见》。按照"非禁即入"的原则,进一步放活非公有制经济发展。完善重点招商引资项目工商注册登记跟踪服务制,对招商引资项目积极介入、全程跟踪、快办快结。实行重大投资上门办理制、重大事项联合办理制、紧急事项预约办理制、全程陪同服务制。定期对关系国民经济的重要行业和关键领域的企业数量、资本规模和所有制结构等情况进行分析,向政府提报各类市场主体经济运行分析报告,为政府实现经济改革目标、制定产业政策等提供决策参考。2009年,全市登记注册的企业1 978户,注册资本703 834.5万元;年内新设立企业263户,与上年同期相比增加147户,增长8%。1 978户企业中,内资企业653户,与上年同期相比减少35户,下降5%;私营企业1 325户,与上年同期相比增加96户,增长8%。全市有个体工商户9 078户,从业人员18 552人,注册资金37 711万元,与上年同期相比减少3 529户,减少38.9%。年内新办个体工商户2 140户。在原有45户农民专业合作社的基础上,全年新设立14户。共办理企业动产抵押登记57份。办理股权出质登记2户,拓宽了融资渠道,解决市场主体融资难题。完成了市政府工业园区、水投、交投、旅投等投资公司的注册登记工作。

【企业监督管理】 安宁市工商局以落实各项"惠民政策"为抓手,促进市场主体快速发展。对2 164户经营主体实施注册登记零收费制度,免收注册登记费73.4万元。抓好年检验照工作,规范和净化市场主体,促进经济健康发展。全年已验照个体工商户5 948户,验照率为85.7%,在验照中,共查出各类违章违法经营活动126户,分别给予相应的教育和处罚,同时限期办理变更登记953户,注销登记367户;企业已年检1 538户,年检率为89.7%,在年检期间,全局对逾期年检的8户企业进行了处罚,罚款合计2.7万元。

【市场规范管理】 2009年,安宁市工商局积极组织开展打黑除恶专项斗争工作。出动车辆126台余次、执法人员564人次,对全市24个集贸市场、3 000余户经营户,211家宾馆酒店、歌舞厅、旅社、桑拿室、茶室等服务行业进行逐一排查,查出38户经营户存在长期不办经营证照,不缴纳经营管理费,强占市场摊位,欺行霸市,搞家族式经营,不服从管理等问题,在安宁市打黑除恶专项斗争工作小组的领导下,会同有关部门进行了集中整治,收到良好效果。开展限制生产、销售、使用塑料购物袋专项整治工作。出动执法人员556人次、车辆124台次,检查经营户1 870户次,检查各类市场23个、商场、超市12家,查处无照加工废旧塑料制品经营户1户,罚款1 500元。没收不合格塑料购物袋235万个。清理规范农药、化肥、农膜、农具等经营户89户,种子经营户48户;对全市48户种子经营户经营的51个品种的种子作留样备查。查处违规农资经营户6户,没收过期农药3个品种,共97袋(瓶)。新发展农村经纪人15个,拟推荐上报昆明市工商局"百佳农村经纪人"5户(人),拟推荐上报昆明市工商局"守合同重信用"涉农企业和农户5户。在2008年的基础上,"合同帮扶"工作示范点又增加了1个。鼓励、支持在广大农村建立商品经销"放心店"和农业生产资料连锁经营"放心店",已配合有关部门完成96户"万村千乡市场工程"建设。

【消费者权益保护】 2009年,在"3·15国际消费者权益日"活动中,参与人员共36人,现场解答消费者咨询510人次,现场发放宣传材料1.7万余份。销毁包括假酒、过期变质小食品、不可降解塑料袋、陈化粮、黑心棉、假冒卷烟等61个品种的物品,价值10.5万元。安宁市应建消费者协会分会、12315申诉举报工作站9个,已建立9个;应建行政村消费者投诉站、12315申诉举报联络站93个,已建立93个,建站率达100%,圆满完成了建站任务。充分发挥12315指挥中心作用,利用现代网络联动平台,拓宽网络覆盖面,强化快速处置功能,规范工作流程,努力做到事事有回音、件件有着落。全年接到申投诉115件,解决115件,消费者申投诉解决率达100%,为消费者挽回经济损失140 752元。

【食品流通监督管理】 2009年,安宁市工商局以宣传《食品安全法》为契机,开展流通环节食品添加剂主体资格清理工作。共出动执法人员448人次,出动执法车辆78辆次,检查食品经营户1 927户次。对证照齐全的107户食品添加剂经营户开展宣传教育,引导食品添加剂经营户建立和完善"两项制度"。推进食品经营分类监管,完善索证索票及进货台账制度建设。大力开展"农村食品经营示范店"创建活动,遵循政府引导、部门指导协调、企业自愿承诺、食品经营店申报、"食品安全示范店"创建领导小组评审确认、工商局命名挂牌的原则。全年建立食品经营示范店36户(未发牌),超额完成5户。积极推动"诚信市场"创建活动的开展,制定下发了《安宁工商局关于开展2008~2009年度"诚信市场"创建活动复核考评实施方案》,将在商品交易市场信用分类基本完成后,按照星级分类标准逐步命名星级"诚信市场"。

【广告监督管理】 开展整治虚假违法广告专项行动,全年共开展广告专项检查9次,出动执法人员96人次、车辆32辆次,检查各类广告335条次。建立广告监测分中心和监测点,监测各类广告462条次,发现轻微违法广告3条次,对负有责任的经营户分别采取了警示告诫、限期整改等措施。

【商标监督管理】 2009年,安宁市工商局认真落实基层工商分局(所)商标监督管理规范,有计划有步骤,突出特色地开展"一所一标"和"一所多标"工作。八街工商所主要以农民专业合作社和农产品商标为主,草铺工商所主要以工矿产品商标为主,温泉工商所和太平工商所主要以旅游和服务商标为主,连然分局在新注册商标数量上有所突破,昆钢分局主要以帮助扶持昆明钢铁股份有限公司"昆钢"牌申报中国驰名商标为主。共完成新申请 32 件,完成任务数的 106.67%;完成推荐"云南省著名商标" 1 件,推荐"昆明市知名商标"2 件。以食品、药品、农资产品、服装及商标印制企业为重点,加大商标专用权保护力度,共查处商标侵权案件 9 件,罚款72 496元。加大宣传和普及商标知识,提高全社会的商标意识。2009 年 4 月 20 ~ 26 日开展了"保护知识产权宣传周"活动,开展咨询服务,共发放印刷品、宣传资料1 000余份。

【计划财务工作】 依法收费、依法罚款,切实做到应收尽收、应缴尽缴。全年已对2 164户经营主体实施零收费制度,已收取注册登记费合计 73.40 万元。已完成行政性收费的执收执缴 26 万元,罚没收入 172.3 万元,财务规范化管理水平不断提高。

【基本建设】 安宁市工商局通过制定《规范化建设实施方案》、《规范化建设考核细则》,成立了规范化建设领导小组,确定了昆钢分局、草铺工商所为试点单位,并投入 12.8 万元,专门对办公房屋、制度、标识、资料收集进行统一规范。克服经费紧张的困难,对机关办公楼、太平所、草铺所、八街所的办公房屋进行改造和修缮。并于 2009 年 12 月,正式启动了安宁工商局新建办公大楼工程。力求通过规范化建设的实施,使得全局逐步达到"执法行为规范、监管制度规范、基层设施规范、队伍管理规范"的建设目标,从而带动执法监管规范化。年内已通过申报,并经昆明市工商局规范化建设考评组验收,受到了考评组的好评。

【老干工作】 2009 年,安宁市工商局对31 位退休人员,逐一进行电话询问,宣传了互助医疗的有关规定和要求,最终有 29 位退休人员继续参加互助医疗。对 80 周岁老年人保健补贴进行统计上报,进行逐一调查,对符合报批条件的 2 位老同志继续申报了老年人保健补贴。组织曾任副科以上实职的 8 位老领导参加安宁市每两年组织一次的干部保健体检。

【经济检查】 安宁市工商局坚持抓好队伍培训、抓素质建设、历练执法办案精兵。按事前预警告诫、事中纠正制止、事后教育规范,积极执行"三步式"行政执法程序,规范行政处罚自由裁量权的行使。共查处不正当竞争、商标侵权、广告发布、无照经营、产品质量、违反企业登记管理和其他违法行为的案件 342 件,罚没入库金额合计 172.3 万元。其中:简易程序处罚案件 236 件,罚没 30.3 万元;一般程序处罚案件 106 件,罚没 142 万元。查处无照加工废旧塑料制品经营户 1 户,没收不合格塑料购物袋 235 万个。加大商标专用权保护力度,共查处商标侵权案件 9 件,罚款 7.2 万元。与公安机关联合开展禁传宣传咨询活动 3 次;推荐创建 2009 年"无传销社区(村)"3 个试点;捣毁传销窝点 13 个,转公安部门刑事拘留 10 人。立案查处商业贿赂案件 1 件,结案处罚收缴罚没金额 11.13 万元。

【信息化建设】 安宁市工商局在贯彻落实责任政府四项制度的基础上,制定了《安宁工商局贯彻落实重大决策听证、重要事项公示、重点工作通报、政务信息查询实施办法》,在红盾信息网上开辟了"落实阳光政府四项制度"专栏进行重点工作通报、重要事项公示。在安宁市政务信息网和"96128"热线公布相关查询信息,并上报近 200 余项工商常见问题及解答信息。加强政务信息和新闻宣传,全年上报政务信息 265 期,其中:省局采用 5 篇、市局工作动态采用 57 期、市局一周要情采用 27 期、《云南工商行政管理》采用文章 2 篇、《今日安宁》采用 5 期、安宁政务信息网采用 6 条。通过及时弘扬先进,树立榜样,宣传经验,正面鼓劲,有力地促进了各项工作的开展。

【个私协会工作】 2009 年,安宁市个体私营经济协会认真按照"阳光政府四项制度"要求,理清发展思路,强化服务职能,围绕协会组织、业务、规范化和队伍建设工作,推动协会工作全面转型、全面创新和全面发展。按照市总工会"双措并举、二次覆盖"的部署,协会先后成立了连然分会美容美发行业联合工会、温泉分会餐饮行业联合工会、昆钢分会屠宰行业联合工会、八街分会食品经营行业联合工会、太平分会食品经营行业联合工会、草铺分会修理行业联合工会。多形式组织会员回顾改革开放 30 年来我国社会经济取得的巨大成就,并组织会员 126 人开展《安全生产法》、《食品安全法》学习培训,发放试卷 126 份,《信息传递》、《信息简报》、《安全生产法》、《食品安全法》学习材料 700 多份。发挥党和政府联系个私企业会员主渠道作用,深入会员中了解其生产经营面临的困难和问题,引导个私会员增强应对和战胜国际金融危机的信心。向市政府提交了"情况反映报告"和"安宁市个体私营企业当前面对的困难问题,需要协调解决的二个方面问题的报告"。此外,协会还通过多渠道帮助会员开展职业、就业技能、资质、资格培训,提高从业人员素质。帮助企业建立工会组织 26 家,党组织 3 个;帮助企业注册商标 2 户,提供咨询服务 56 人次。以扎实的服务引导工作,坚定个私企业信心、节支增收、共克时艰。使企业基本做到了不停工、不裁员、不减薪,勇于承担社会责任,为促进地方经济发展和维护社会稳定做出了积极贡献,得到了安宁市委、市政府的充分肯定。

【2009 年任职的局领导名单】

党组书记、局长 姚京伟

副 局 长 王荣明 张建文 邱究威

纪检组长 程 勇

## 呈贡县

【概况】 昆明市呈贡县工商行政管理

局内设机构7个，即：办公室、法制科、人教科、市场管理科、公平交易科、登记注册科、监察室；派出机构4个，即：城关工商分局、斗南工商分局、洛龙工商所、雨花工商所。其中，洛龙、雨花两工商所因区划调整，分别由洛羊、马金铺工商所改名而来。县个体私营经济协会、县消费者协会设在呈贡县工商局。2009年全局在职职工80人，其中公务员68人、工勤人员1人、事业编制人员11人。中共党员52人。大专以上文化74人。

2009年，呈贡县工商局在昆明市工商局的正确领导下，深入学习领会十七大精神，坚持以科学发展观指导工商行政管理各项工作，紧紧围绕省、市工商局的安排部署和县委、县人民政府的要求，结合呈贡工商工作实际，“对号入座”抓落实；认真贯彻“四个统一”，积极推进“四化”建设和“三个到位”、“六个好”；在解放思想、转变作风、强化管理、提高素质和服务发展以及软环境建设上狠下功夫，努力促进呈贡新区工商行政管理工作再上新台阶，为促进新区经济社会又好又快发展做出了应有的贡献。

**【法制建设】** 2009年，呈贡县工商局以贯彻落实“五五”普法规划，加强法制宣传，搞好法规培训为基础，以全面落实执法责任制、规范执法行为，加强执法监督检查为重点，严把案件质量关，强化案件核审和错案责任追究制度。一年来，共查处各类经济违法案件172件，案值2 134.58万元，罚没款149.85万元，无一起引起行政复议或行政诉讼。为进一步规范行政决策行为，提高行政决策的科学性、民主性，有效化解行政矛盾，年内共公开举行两次听证会。为提高职工法律水平，共举办《食品安全法》、《商标法》、《公司法》及相关配套法律法规规章的学习10余次，参加培训人员达50人次，组织考试4期，参加考试人数达200余人次，及格率达100%。

**【纪检监察】** 2009年，呈贡县工商局认真贯彻落实各级党风廉政建设工作会议的有关精神，严格按照昆明市工商局党风廉政工作部署和要求，认真履行纪检监察职能。1. 抓党风廉政宣传教育，促进各项工作的落实。全年共开展廉政教育11次，警示教育4次，示范教育4次，撰写心得体会154篇，组织讨论3次。2. 认真督促落实党风廉政建设及纠风责任制，分层级共签订了《党风廉政建设责任书》78份。3. 认真抓好责任政府“四项制度”的落实。4. 扎实推进“阳光政府”四项制度各项工作。5. 进一步推进廉政风险点管理工作，全局共梳理出10个大类的22个环节，查找出75个风险点，制定了87项防范措施，并在此基础上制定了对违反廉政风险点管理相应的问责办法（试行）。组织开展基层执法人员向监管服务对象代表述职述廉工作。认真开展廉政谈话，年内对全局中层以上干部（含副职）进行了廉政谈话。认真开展效能督察工作。全局共开展日常督察10轮次，专项督察2轮次。

**【人事教育】** 2009年，呈贡县工商局紧紧围绕“素质提高年”主题，按照“突出综合素质、提升岗位技能、实施全员培训、促进终身学习”的要求，以人事工作为基础，培训教育工作为重点，开展全局的人事教育工作。1. 认真组织全局干部职工开展学习实践科学发展观活动，第一阶段共组织学习培训195人次，撰写心得76篇，组织调研4次。2. 按政治过硬、业务过硬、作风过硬的要求，认真开展岗位练兵竞赛和演讲比赛、军事训练活动。通过开展以上活动，全局干部职工的业务技能水平有进一步的提高，办事效率、工作作风有明显转变，政治意识、责任意识、团队意识有所增强。全局有1人获省局能手称号，2人获市局能手称号。3. 积极开展精神文明建设活动。2009年，呈贡县工商局机关顺利通过省级文明单位的考评验收。两个分局保持市级文明单位称号，两个工商所保持县级文明单位称号；机关登记科、办公室、公平交易科、市管科保持县级文明科室称号。4. 不断推进基层工商所规范化建设，继续深入开展“十佳工商所”创建活动。

**【企业注册登记】** 2009年，呈贡县工商局加强与各职能部门的协调联系，推进联合审批进入实质性阶段，为企业解决实际困难；加强服务质量与服务水平的提升，换位思考切实为群众提供方便、快捷、高效的服务；着力做好重点招商引资项目的跟踪服务，进一步建立和完善“政府重点招商引资项目工商注册登记跟踪服务”制度。确保在第一时间为来昆投资的企业和个人提供优质服务。对各级政府重点扶持发展的企业和国有大型企业的登记工作，采取事前介入，指定专人负责，上门服务，全程跟踪等方式，主动掌握企业的登记需求，及时提供登记指导，搞好咨询服务为企业排忧解难办实事。截至2009年11月30日，呈贡县共有内资企业362户，注册资本411 138万元，与上年同期相比，户数、注册资本金分别增长了10.7%、3.22%。个体工商户5 719户，从业人员12 858人，资金数额22 795万元，与上年同期相比，户数、从业人员、资金数额分别增长了31.05%、25.93%、29.93%。共有私营企业633户，从业人员10 384人，注册资本金234 111万元。与上年同期相比，户数、从业人员、注册资本金分别增长了28.4%、9.79%、41.89%。

**【市场规范管理】** 立足职能，认真抓好整顿和规范市场秩序工作。1. 加强市场专项整治工作，先后组织开展了元旦、春节、清明节、狂欢节、“五一”、端午、“六一”儿童节期间的市场专项整治工作。累计出动执法人员1 500人次、车辆350辆次，派出检查组32个，检查市场104个次，商场12个次，超市52个次，各类经营户2.5万户次。2. 市场信用分类监管工作。年内全县达到信用分类监管的市场共9个。3. 农贸市场“创卫”和“七小”行业整治工作。全年累计出动执法人员2 160人次，检查整治各类市场120个次，经营户2.2万户次，取缔占道经营摊点1 200个，下达责令整改通知书680份，查处市场违法违章行为228起。4. 认真做好甲型H1N1流感疫情防控工作。建立完善了动物疫情防控8项措施，并实行“日报告”和“零报告”制度。出动执法人员1 571人次、车辆758辆次，检查农贸市场1 015个次，抽检鲜猪肉及其制品229批次。5. 积极服务社会主义新农村建设。开展涉农合同服务站、合同帮农示范点的建立工作。培育发展新“农村经纪人”24人,检查涉农企业26户,合同51份,使用合同示范文本4种,数量8 200份,签约农户2 980户;订单签约467份,金额9 280万元;订单履约465份,金额8 940万元。

【消费者权益保护】 2009年,呈贡县工商局紧紧围绕落实“消费与发展”年主题,深入开展“3·15国际消费者权益日”服务维权活动。活动中共出动宣传人员121人次,执法车辆25辆次,发放各种宣传材料5.37万份,受理消费者投诉4件,解决4件,为消费者挽回经济损失3 116元,悬挂宣传标语37条。全年共受理消费者投诉64件,调解成功63件,调解率为98.4%,接待消费者来访、咨询184人次,为消费者挽回经济损失6.4万余元。年内对15个新建的“一会两站”进行了授牌;挂牌成立了消费者权益法律服务中心和四个基层法律服务站。积极为昆明斗南花卉有限公司、云南天外天天然饮料有限责任公司等8家企业申报昆明市第三届“消费者满意企业”。

【食品流通监督管理】 2009年,呈贡县工商局按照“标本兼治,重在治本”及“全面整治、突出重点、注重实效”的工作思路,认真开展食品安全整治工作。逐级签订食品安全管理责任书,落实食品安全责任制。开展以“宣传贯彻《食品安全法》、全力保障公众饮食安全”为主题的食品安全宣传周活动,发放宣传资料近2 000份,受理咨询120余次。举办《食品安全法》专题学习培训,向参训人员发放《中华人民共和国食品安全法》宣传手册98本。继续做好37家乳制品生产企业下架未销售问题乳制品的排查统计工作,做好乳制品事件中患儿的一次性赔偿金的发放工作。截至11月30日,辖区内共有流通环节食品经营户1 187户(不包括餐馆),已全部建立了索证索票制度。全年累计出动执法人员2 285人次、车辆484辆次,检查各类市场208个次,食品经营户18 887户次,查处食品案件164件,罚没款61.62万元。查获假冒茅台酒34瓶,假冒蒸酶茶153袋,过期三无食品859袋(瓶)等食品,价值2.18万元。发布食品简报38篇。

【反垄断与反不正当竞争执法】 2009年,呈贡县工商局围绕“营造公平竞争、规范有序、诚信和谐市场环境”工作目标,开展经济案件查处工作,在查处经济案件工作中坚持“二十字”方针,做到依法行政、文明执法。认真贯彻落实国家工商总局、公安部《关于开展打击传销百日联合执法行动的通知》和国家工商总局《关于开展直销专项检查工作的通知》精神,结合呈贡县的实际情况,积极开展严打非法传销行为,全县共出动执法人员85人次、车辆21台次,共查处传销案件5件14人,捣毁传销窝点25个,遣散传销人员53人,移送司法机关3人,罚没金额1.45万元。为认真贯彻省、市烟草专卖局、工商局关于整顿和规范“两烟”市场经济秩序的工作部署和要求,加强同烟草等职能部门的协作配合,依法惩处制售假冒走私烟违法行为。全年对烟草市场进行了9次专项检查,共出动人员210人、车辆38车次,检查经营户1 045户,立案查处一般程序的无证经营卷烟的经营户27件。

【广告监督管理】 认真做好户外广告登记受理工作,加大广告监督管理力度,建立和谐高效的广告市场。全年共受理户外广告登记67件,检查各类广告539条,监测各类广告584块,其中责令改正27件,立案调查2件,对有固定位置户外广告的登记监管做到了有台账、有检查、有记录。

【商标监督管理】 积极履行商标注册服务职能,促进全县商标品牌战略发展。全年共引导企业申请注册商标30件,变更注册商标2件。截至年底,全县有注册商标199件,其中中国驰名商标1件,地理证明商标1件,云南省著名商标25件,知名商标5件。

【计划财务工作】 2009年,呈贡县工商局严格执行财务预算,按照“收支两条线”和“部门预算管理”的原则,不断提高财务经费保障能力。2009年共完成行政性收费70.17万元,已全部上缴入库,完成计划的204.28%;罚没收入共上缴入库164.25万元,完成计划的205.31%。

【机关党建工作】 2009年,呈贡县工商局党总支在县委组织部、县级机关工委的正确领导下,以邓小平理论、“三个代表”重要思想为指导,按照“强班子、固基础、聚人才,提高为新区科学发展服务的能力和水平”的要求,结合工商工作实际,扎实开展深入学习实践科学发展观活动,积极开展党员志愿者服务队和基层党组织互帮互助活动,并以开展“行政效能提升年、干部作风改进年”活动为契机,提高党员干部队伍整体素质。2009年11月25日组织到结对帮扶的股联社区开展捐赠活动,共捐赠西服17套、衬衣26件、裤子37条、皮鞋28双,价值约7 130元。积极开展“捐出一月党费、救助困难党员”活动,参加捐款党员47名,共捐款951元。同时,组织干部职工向台湾灾区捐款1 478元,向呈贡七甸马郎村一车祸学生捐款2 493元,2009年,全局共有党员59人,其中离退休党员7人,停薪留职党员1人;组织关系转到县便民服务中心4人;大专以上文化程度达到81%。在职党员占全局干部职工总数80人的63%。总支共有6个支部,即:局机关支部、城关工商分局支部、斗南工商分局支部、洛龙工商所支部、离退休支部、个私协会支部。

【老干工作】 2009年,呈贡县工商局结合科学发展观活动,共组织离退休干部参加相关会议、座谈会4次,分别开展了“七一”建党节、“八一”建军节、敬老节等活动;对生病住院的老同志及时到医院看望8人次,结合老干部支部工作,在春节前走访慰问离退休老干部及遗属人员40余人次。

【信息化建设】 为了提高全局信息化水平,结合“计算机操作技能”大练兵活动,在全局范围内加大了对工商业务软件应用的培训力度,其次对全局64台使用的电脑进行操作系统优化,保障各部门优质高效做好服务。大力提高触摸屏、电子显示屏的使用频率，将办事程序、流程通过信息化的渠道公开。自市局开发新的网络平台后，县局各部门不断完善其部门的子网页，加大了交流面。目前，大量工作信息都能在网络平台中及时得以更新和发布。一年来，共编发简报308篇，被省、市局采用120篇；被辖区党委、政府采用18篇，被市委、市政府办公厅采用12篇，被省委办公厅采用7篇，被中共中央办公厅采用6篇。在其他各类新闻媒体发表各类稿件15篇（条）。

**【个私协会工作】** 2009年，呈贡县个体私营经济协会工作按照省局“三个到位、六个好”的要求，认真履行协会的“三自”职能，把鼓励、引导、发展个私经济作为重要工作来抓，充分发挥了党和政府联系个私经营者的桥梁纽带作用和工商行政管理部门的助手作用，通过行之有效的工作，使党的方针、政策、法律、法规得以贯彻实施，保证全县个私经济朝着健康的方向发展。1. 加强对国家法律法规和政策的宣传。邀请律师为工商局干部职工、食品安全义务监督员、食品经营户400余人进行了《食品安全法》培训。为会员免费订购市个私协会编辑的《信息传递》100份，省个私协会编辑《信息简报》100份，为42位理事和会员免费订阅了2010年的党报党刊。2. 积极为会员提供服务。全年共看望生活困难的32户会员；为下岗职工19人办理营业执照，减免登记工本费621元；为残疾会员4人办理营业执照，减免登记工本费240元；帮助高校毕业生到个私经济领域就业6人。3. 做好贷免扶补工作，对10人完成了贷免扶补工作，并为创业人员建立了创业导师16名。4. 成立“个体私营经济协会支部委员会”。呈贡县机关工委于2009年2月10日同意成立“中国共产党呈贡县个体私营经济协会支部委员会”，隶属于呈贡县工商行政管理局党总支。

**【2009年任职的局领导名单】**

局　　长　朱红彪

副局长　肖　勇　段玉飞

纪检组长　杨　伟

## 晋宁县

**【概况】** 2009年，晋宁县工商局实有干部职工122人，其中在职职工91人，离退休职工31人。在职职工中公务员70人、工勤人员11人、个私协人员10人，其中女职工31人。离退休人员中离休人员1人，女性8人。按照机构编制规定和工作需要，机关设局办公室（含财务室、档案室、收发室、打字室、信息办）、人事教育科、纪检监察室、注册登记科、市场管理科、公平交易科、经济检查大队、法制科、消保办公室9个科（室）。基层设昆阳工商分局、晋城工商分局、新街工商所、上蒜工商所、宝峰工商所、古城工商所6个派出机构。党组织设党组、总支委员会。总支委员会下辖机关党支部、昆阳片工商所联合党支部、晋城片工商所联合党支部、离退休党支部。群团组织设晋宁县消费者协会、晋宁县个体私营经济协会、局工会、妇委会、团支部、老年协会。

**【法制建设】** 2009年，晋宁县工商局法制科工作人员2人，法学专业本科学历1人，法律专业专科学历1人。年内依法核审案件563件，其中一般程序案件102件，简便方式案件234件，简易程序案件227件。销售假冒伪劣商品案件55件、虚报注册资本案2件、商标案件24件、广告案件4件、商业贿赂案件2件、无照经营案件98件、其他378件，罚没款全部上缴入库，并实现了零复议、零诉讼。

全年开展法律法规及业务培训2次，参加人员考试成绩均为合格以上。制定实施了《全员办案实施方案》、《行政处罚案件评议考核办法》，业务科室及分局、工商所全面开展全员办案工作，取得良好效果：一是激发了办案积极性，案件数量较上年度明显增加；二是促进办案人员综合素质提高。根据《行政处罚案件评议考核办法》规定，对全局9名法制监督员进行4次培训，全年开展4次行政处罚案件评议考核，对查办的563件行政处罚案件进行了评查，对存在的问题进行了纠正。科、室年内对分局、工商所开展行政指导256次，对提高基层业务工作，完成上级工作任务起到促进作用。

**【纪检监察】** 2009年，晋宁县工商局紧紧围绕科学监管促进科学发展这一主线，坚持以落实《工作规划》、建设“三个过硬”队伍为总体思路，将“治庸”与实施“工作目标督查落实”、强化廉政风险点管理和贯彻“阳光政府四项制度”有机结合，促进了党风、政风、行风建设。1. 把扎实开展学习实践科学发展观活动与夯实科学发展理论基础、推进科学监管有机结合，通过实施《重点工作目标管理》和“月推进、月督察”及“挂图作战”的方式，确保各项工作推进和圆满完成。2. 制定和完善《注册登记档案管理规定》、《行政执法人员疏导工作机制》、《网格化管理办法》、《基层规范化考核办法》，将市场监管网格化与强化目标任务督察落实有机结合，将“有效管理”和“廉政风险点”防范同步落实，确保干部职工真正做到依法行政、廉洁从政，实现了履职监管零风险、廉政建设零报告的目标。3. 积极开展民主评议机关行风工作，认真落实领导干部勤政廉政公示制度、推行基层工商执法人员向监管服务对象代表述职述廉工作，行风建设被中共晋宁县委评为先进单位。4. 通过深入开展“提升效能年、改进作风年”活动和落实阳光政府四项制度，在教育、制度、监督、预防、惩处等党风廉政防控机制建设上，收到明显成效。年内，全局共开展集中型专题教育活动8次（其中政治学习6次，业务学习2次），开展警示教育2次、示范教育4次，党组中心理论组学习4次，各种学习计2 970人次，组织讨论31次，撰写心得体会213篇，各单位撰写廉政征文34篇，发出廉政警句12期，上报纪检要迅24篇，被《云南日报》采登2篇，组织义务监督员召开座谈会4次，156人次干部职工向各界捐款4 491元，干部职工加班累计558天，拒请吃73人次，6人拒收礼金10 400元。

**【人事教育】** 1. 加强理论培训促进工作发展。以学习实践科学发展观为统领，按照干部教育培训要求，结合队伍建设实际，拟定干部教育培训计划，采取多层次、多形式、多方法措施加强队伍教育培训，提高队伍综合素质，服务意识和公仆意识得到增强，忠于职守、勇于负责、公正执法、廉洁办事方针得到有效贯彻。

深入开展学习实践科学发展观活动，紧紧围绕国家工商总局"四个统一"，省局"三个到位、六个好"和市工商局"团结造环境、学习强素质、创新增活力、服务促发展、拼搏争第一、廉政保先进"的目标，遵循"突出综合素质、提升岗位技能、实施全员培训、促进终身学习"的原则，努力推进各项教育培训再上新台阶。以深入开展"行政效能提升年"和"干部作风改进年"为契机，以干部素质教育为重点，加强干部职工思想教育，坚定干部职工理想信念，加强道德修养，严明纪律，加强制度建设，努力创建学习型、创新型机关，为做好各项工作提供有力的思想和组织保证。

在业务大培训、岗位大练兵、技能大比武的基础上，深入推进"登记注册技能"、"执法办案技能"、"计算机操作技能""三能手"竞赛活动。

根据教育培训安排意见，年内组织干部职工学习《工商行政管理机关行政处罚文书使用手册》、《个体工商户验照办法》、《乳品质量安全监督管理条例》、《工商行政管理机关股权出质登记办法》、《云南省小额贷款公司管理办法(试行)》、《广告经营许可证管理办法》和新修改颁布的《中华人民共和国消防安全法》、《昆明市工商局市场信用分类监管实施意见》、《云南省经纪人管理办法》等法规，以便工作和实践。

2. 加强精神文明建设，积极开展基层工商所规范化建设。继续以创建省级文明单位和创建文明县城活动为契机，努力把精神文明建设推向一个新台阶。2009年晋宁局重新申报创建省级文明单位，经省文明委严格考评，被任命为新一轮省级文明单位。为进一步巩固"十佳工商所"创建成果，按照省市局要求，以"政治思想坚定、监管职能到位、业务素质优良、作风纪律严明、行政保障有力"为标准，以服务发展为核心、科学监管为主线、信息平台为支撑、队伍建设为根本，扎实推进基层工商所制度化、规范化、程序化、法治化建设。晋宁局在基层工商所规范化建设工作中，对昆阳分局、晋城分局、新街工商所、上蒜工商所、宝峰工商所、古城工商所六个派出机构统一模式、统一标准、统一标识、统一装修，采取整体推进办法，使两分局四所不分彼此，站在同一起跑线上齐头并进。两分局四所同时报市局参加规范化建设验收，得到市局考核验收组成员一致好评，考核组充分肯定了两分局四所在规范化建设中取得的成绩。

3. 深化人事制度改革，推行岗位轮换制度。为全面贯彻落实科学发展观，加强工商行政管理能力建设和队伍建设，建立科学有效的干部培养机制和激励机制，按照基层工商所规范化建设要求，晋宁局进一步整合人力资源，对基层岗位进行调整充实，本着选好、配足、配强工商所人员的原则，在全局范围内进行人员调整，优先考虑工商所人员组合，从机关下基层干部8名，基层干部交流轮岗22名，新提拔5名年轻干部到基层任职，基层人员年龄、学历结构得到进一步优化。

【企业注册登记】 2009年，晋宁县工商局认真贯彻落实《四项制度》，严格规范行政许可行为，围绕市委九届四次全会提出的"三最四低"工作要求和局长对社会的公开承诺，转变工作作风，简化行政审批程序，缩短办结时限，加强制度建设，规范行政许可行为，实行简易登记事项"直接审查通过制"；一般登记事项"一审一核制"；重大、复杂登记事项"集体合议制"。2009年，全县新注册登记个体工商户1 760户，注册资金6 321万元，从业人员2 629人，使全县个体工商户总数达到7 458户，注册资金共计14 011万元，从业人员共计10 620人。新注册登记私营企业248户，注册资金55 043万元，投资者人数454人，雇工人数1 573人，使全县私营企业总数达到1 140户，注册资金194 988万元，投资者人数2 299人，雇工13 583人。全县共有内资企业347户，注册资金共计117 502万元。其中1～12月新注册登记内资企业9户，注册资金14 080万元。

【外商投资企业注册】 近两年来，晋宁县社会、经济发展进入了一个良好时期，经济发展迈入快车道。在市委、市政府狠抓落实，把决策变成实践，把任务变成行动，把蓝图变成现实，把全市工作的组织程度提升到最大化，把各级干部特别是领导干部的主观能动性发挥到最大化，把社会抓落实的积极性调动到最大化，以更加昂扬向上的精神状态、更加求真务实的工作作风、更加开拓创新的发展举措，全力加快推进现代新昆明建设，奋力开创昆明跨越式发展新局面精神的指导下，晋宁县拉开了大招商、大引资序幕，全县各单位参与招商引资，从2008年起，县委、县政府赋予了晋宁县工商局招商引资任务，2008年任务800万元，2009年任务1 000万均完成。在全县招商引资的环境下，晋宁成了一块投资热土，外商逐步踏上晋宁这块古老的土地，并在这块热土上生根发芽。2009年已有外资企业23户，注册资金11 086万美元，投资总额17 277万美元。

【企业监督管理】 针对全县两年以上未年检，且未正常经营企业数据庞大的实际情况，晋宁局本着弄清监管数据，为县委、县政府了解企业发展状况和决策提供祥实有效的数据资料，在《云南经济日报》及"昆明红盾信息网"上刊登了补检公告及名单，责令企业自公告发布之日起六十日内办理补检手续，对补检期限届满仍未参加年检的223户企业依法立案调查，作吊销营业执照的处罚。

定点联系服务民营企业工作得到进一步落实。对辖区的20户重点企业及50户重点个体工商户，实行责任到人，由局领导，注册科、法制科负责人每人联系2户企业，其他科室负责人每人联系1户企业；分局、工商所按照属地原则，对辖区重点个体工商户进行联系服务。

加强企业年检、个体(换)验照工作，进一步规范各类市场主体经营行为。针对国际金融危机对企业的影响，结合年检对企业进行帮扶。在年检期间对需要办理增资、增项、改制等登记手续的，开辟"绿色通道"，注意跟踪企业申办项目进展情况，及时提供指导；对昆明市"守合同重信用"企业、重点招商引资企业及分支机构开辟“绿色通道”进行年检或预约年检，上门服务，为企业提供上门年检服务68户。2009年度应检企业1 294户(含223户名存实亡企业)，实际应检1 071户，共办理企业年检968户，吊销223户，年检率为90.4%；个体工商户应验户数5 955户，实验5 595户，验照率为94%，验照期间注销397户。

【市场规范管理】 在开展“诚信市场”创建工作中，晋宁木材交易市场、晋宁锦都商场、昆阳天天乐购物广场创建为3A级市场，宝峰集贸市场、夕阳集贸市场创建为1A级市场；“农资放心店”创建活动中，评选出10家“农资放心店”；“守合同重信用”企业评选工作中向市局推荐申报08~09年“守合同重信用”企业18户。

红盾护农工作成效显著。共出动执法人员1 323人次、车辆752台次，检查农资经营户及企业2 117户次，依法查处各类农资违法案件24件，案值64.43万元，罚没款42.95万元，共没收劣质种子1 947.5千克，劣质化肥2 675.7千克。查处涉农罚没款在5 000元以上案件8件。受理农户投诉12件，其中集体投诉4件，为200余户农民挽回经济损失7.12万元；办理抵押物登记24份，企业融资4.6亿元；参加建设工程招投标55次、BT、BOT合同谈判6次，招投标合同金额3.2亿元；参与晋宁县磷都矿业开发建设有限公司磷矿石销售竞拍会8次、房产拍卖1次，竞拍价款5.3亿元，有效地促进了企业和县域经济的有序健康发展。

【消费者权益保护】 2009年，晋宁县工商局认真贯彻落实省、市局消保工作会议精神，深入开展“流通环节食品安全专项整治”、“产品质量和食品安全专项整治”等工作，加大食品安全和其它产品质量监管工作力度，在受理及处理消费者申(投)诉中，注重查处违法违章行为，为地方经济发展和社会稳定认真履行工商职能职责，努力营造放心、满意的消费环境。

按照上级通知要求，认真开展奶制品、酒类、固体饮料等22项食品的专项检查工作，1~10月，共出动执法人员2 871人次、车辆602车次，检查食品经营户1.3余万户次、市场75个次；没收不合格食品98千克、不合格酒4桶零45瓶、违规经营的食盐4袋200千克，查处食品违法案件104件(其中：无照经营54件、售假4件、违反商标法27件、未建立进货台账19件)，案值30.2万元，罚没款15.86万元。认真贯彻落实2008年省、市工商局关于开展“十类”重点商品监管工作的精神，在完成县城101户十类重点商品经营户“两项制度”落实工作的同时，全县共完成245户十类重点商品经营户“两项制度”建立工作。

【食品流通监督管理】 在“两个100%，一个彻底解决”工作的基础上，深入开展“两项制度”向自然村延伸工作，确保流通环节食品经营户100%建立“两项制度”。全县共有81个批发商店自6月1日起开始使用统一的“一票通”。通过初选、检查、指导、督查、整改、初验、评审，精心选择的51户食品经营户中，44户荣获“食品安全示范店”称号，对2008年创建的29户“食品安全示范店”进行复评，除2家因停业和转向经营外，27户顺利通过复评，年底“食品安全示范店”共计71户。

以元旦、春节、清明、五一、六一、端午节、中秋、国庆节食品安全专项整治工作为重点，开展节日食品安全监管整治，全面、有效开展食品快速检测工作，年内，共抽检845组，合格803组，合格率95.03%，不合格42组，不合格率4.97%。

【反垄断与反不正当竞争执法】 在开展反垄断与反不正当行政执法工作中，晋宁县工商局加强对辖区电力、电信、居民饮用水、农民浇灌水等具有独占地位单位的监管力度，积极协助市局查办利用独占地位乱收费案件1件；注意加强与检察机关的联系协调，立案查处县检察院移送的两医药公司在经营过程中涉及商业贿赂案件2件，对当事人给予行政处罚12万元；加强市场监管，立案查处虚假宣传，误导销售电动车案件1件，罚款1.2万元；认真查办市局交办“两虚一抽”案件13件，经核查排除7件，立案调查6件，结案3件，正在调查3件。

【广告监督管理】 2009年，晋宁县工商局严格规范户外广告发布的登记，在登记过程中，严格依照法定程序并遵守对外承诺的3个工作日办结时限，确保户外广告发布的有效性。积极开展行政指导，成立全县第一家广告经营单位。按网格化监管模式，集中执法力量，开展辖区范围内各类广告的监测，重点加大了辖区范围内以墙体、印刷品等形式从事农药、化肥、农膜、农机、种子等农资广告巡查力度；加大了涉及政治色彩、封建迷信内容广告登记审查和日常巡查力度；加大对广告违法经营行为的打击力度，加大了医疗、食品、药品、房地产广告的登记审查和日常巡查力度；严查“家电下乡”广告违法行为。全年共依法办理户外广告登记52户、变更1户。开展各类广告专项整治行动，出动执法人员58人次、执法车辆12辆次，检查经营户189户，依法查处4起擅自发布户外广告违法行为，罚款3 600元。

【商标监督管理】 2009年，晋宁县工商局制定《开展名牌培育申报和“一所多标”活动实施方案》、《开展2009年保护知识产权宣传周活动实施方案》及《开展2009年度保护注册商标专用权专项行动方案》等多个规范性文件。结合日常监管及企业年检、个体验照工作，及时收集本辖区范围内企业、个体工商户及自然人注册商标情况，建立了商标监管纸质档案和台账。加大宣传，提高全社会对商标知识产权的认知，联合县司法局、知识产权局开展4·26知识产权宣传活动，提供商标咨询服务32人次，免费发放商标常用知识宣传画册、知识产权宣传资料计1万余份，34个著名、知名及在本县具有代表性的商标所有权人及其商品参与展示。结合全县各乡(镇)辖区实际，开展“一所多标”工作，积极开展商标行政指导，截至12月31日，晋宁县有效注册商标共有134件，其中云南省著名商标6件、昆明市知名商标3件，在9件省、市著名、知名商标中，有5件涉农商标。年内新申请注册商标40件，推荐、申报云南省著名商标2件，申请重新认定4件;推荐申报昆明市知名商标2件。

在查处商标侵权行为工作中,出动执法人员23人次、车辆9辆次,检查超市6个、个体工商户42户,依法查办侵犯注册商标专用权案件28件,涉案物品分别为酒、机油、香瓜子、糯米、茶叶等,共没收侵权商品365袋(瓶),没收侵权商品365袋(瓶),罚没金额13 843.5元。在商标监管中,建立了规范的商标监管数据库,为企业和个体工商户申报注册商标,全力打造"品牌战略",发挥了积极的作用。

【基本建设】 晋城工商分局办公楼建设选址在晋城镇庄蹻路,于2008年10月2日开工建设,2009年5月7日竣工验收。总用地面积1 613.03平方米,使用面积1 333.34平方米。建筑功能为综合办公楼,建筑高度15.6米。层数:3层,办公楼建筑面积为853平方米。在基层工商所规范化建设中,对昆阳工商分局、晋城工商分局、新街工商所、上蒜工商所、宝峰工商所、古城工商所的门头进行统一装修。

【机关党建工作】 2009年,晋宁县工商局以学习贯彻党的十七届三中、四中全会和省、市、县委全会精神为重点,用科学发展观统领党建工作,严格按照"抓基础、建机制、构体系"的工作思路与要求,突出工商部门"基层规范化"创新特色;以推进"云岭先锋"工程,积极发挥全体党员"五好五带头"先锋模范作用为重点,突出发展主题,加强机关效能建设,基层党组织思想、组织、作风、制度和队伍建设取得明显成效。在学习实践科学发展观活动中,通过多种方式先后选送骨干10人参加专题培训,开展各种形式的集中学习115天,参学人员732人次,党员干部撰写学习心得体会50余篇;开展主题实践活动2次、撰写专题调研报告12篇,广泛开展"谈思想、谈认识、谈差距"的交心谈心活动22人次,进行广泛征求意见和民主测评2次200余人(份),上传县委党建网信息55篇,采用36篇(党建专题6篇)。在强化组织建设,推进云岭先锋工程上,通过建立"四个规范"一个"工作创新",实施三大技能比赛,认真落实好"三会一课"、"民情恳谈"、"政治生日谈话"、发展党员"六项制度"及党员评议制度,基层党组织制度建设和党员队伍建设取得新进展。

【经济检查】 2009年,全县共查处各类经济违法违章案件563件,其中一般程序案件102件、一般程序简单方式案件234件、简易程序案件227件,案值433.2万元,罚没款合计119.49万元,实际罚没款入库数119.49万元。

从案件数量看,一般程序简单方式案件与简易程序案件占全年执法案件的82.23%,所占比例偏大,造成原因有:根据与县政府签定的《2009"两烟"打假打私目标责任书》要求,于6月份开始,组织全局执法人员对辖区酒店、旅店、饭店、网吧、娱乐场所等,开展清理取缔无证经营卷烟、违法销售假劣烟、走私烟及非标烟专项行动。截至11月20日,共立案查处"两烟"打假打私案件272件,案值6.83万元,罚没款2.81万元,涉案卷烟7 590余包;继历年取缔无证、照工作经验,严格按照省、市局首查不罚和"三步式"案件查办要求,结合河道周边清理整治专项行动,加大对公路沿线、学校周边及河道周边清查力度,截至11月20日,共立案查处无照经营案件107件,案值37.71万元,罚没款12.2万元;探索实施对23件案情清楚,案件简单,侵权销售"回味"牌注册商标专用权及外包装标识茶叶实行一般程序简单方式查处,案值0.29万元,罚没款1.23万元,没收商标侵权茶叶265袋。

在"打传"工作中共捣毁、取缔传销窝点9个,遣返传销人员44人,公安机关刑拘2人,收缴传销书刊、笔记本电脑等传销材料。同时,与各乡镇、各部门签订的"打传"目标责任书得到全面落实。通过检查、考评和验收,县工商局、昆阳镇、双河乡等8个部门,被评为"打传"先进和创建无传销单位(社区)。

【信息化建设】 2009年4月,建立了晋宁县党政机关OA电子政务内网终端,实现与县委、政府及其所属部门的文件、材料的网络传输。注册登记科与法制科开通两部96128政府信息公开电话,受理群众来电咨询、投诉等工作。在人均拥有一台工作电脑的基础上,人均配备移动执法终端1部,共配备移动执法终端89部。在开通政府信息公开网站的基础上,开通了阳光政府四项制度网络系统(重大决策听证制度、重要事项公示制度、重点工作通报、政务信息查询)。档案室建立了晋宁县县乡计算机商用密码通信网络终端,为文件、材料的网络传输保密工作奠定了基础。

【消费者协会工作】 晋宁县消费者协会把做好消费者投诉受理工作作为消费维权工作的重要手段,进一步加强"一会两站"和"12315"平台建设,完善投诉工作制度,规范投诉受理工作,确保投诉、举报得到及时受理、依法公正解决。在"3·15"宣传日活动中,以中消协确定的"消费与发展"为宣传主题,通过在晋宁电视台宣传,在市场、商场、饮食门店粘贴标语,悬挂横幅,搭建食品安全咨询台,成果展台等宣传形式,广泛开展《食品安全法》、《产品质量法》、《消费者权益保护法》等相关的法律法规的宣传,增强了消费者的自我保护意识和经营者守法诚信经营意识,使工商维权贴近生活、贴近实际、贴近消费者。发挥消协、12315平台作用,做好接诉、受理、调解工作,2008年11月~2009年12月,晋宁消费者协会共受理消费者投诉82件,成功调解70件,转办相关职能部门5件、终止调解2件、自动撤诉4件、支持向人民法院起诉1件,办结率100%,为消费者挽回经济损失1 385 676元。接待群众来电、来访咨询956人次,发布消费警示8期,消费提示3期。在调处涉及6个自然村、240余亩农田的双河188户农户不合格种子集体投诉工作中,积极主动、说法晓理、文明执法,为188户农户挽回了6.7万余元的经济损失。晋宁局全心全意爱农、护农的工作态度与办事效率得到了双方当事人与地方党委政府的一致好评,工作简报被国家工商总局网站采用。年内,建立"12315"申(投)诉举报站(点)182个,公布申(投)诉举报电话7个,拥有兼职维权工作人员364名,消费维权网站覆盖了全县133个村(居)委会、1个景点、48个市场、乡镇中心小学以上学校、超市和部分企业,有效地解决了农村消费者投诉难、维权难问题。在消费者满意企业创建工作中,县政府高度重视,全县企业和广大个体工商户积极响应,切实践行"诚实守信、依法经营、服务至上"理念,为消费者提供优质、高效服务,赢得了消费者普遍赞誉,经评选,19家企业和个体工商户获此殊荣。

【个私协会工作】 晋宁个私协会工作紧紧围绕服务会员、服务地方经济建设这一主线,充分发挥"自我教育、自我管理、自我服务"的职能和桥梁纽带作用,强化服务意识,提升服务强会理念,维护会员的合法权益,积极配合各级工商部门做好城镇待业人员、农民工、下岗职工、大学毕业生、退役军人的就业再就业帮扶工作,引导1 466人从事个体、私营企业经营,走上自主创业的道路。在开展贷免扶补工作中,推荐了32名创业导师进入全省创业导师数据库,为10户帮扶对象取得无息贷款,贷款金额47万元。关心会员疾苦,为112户经营户解决了生产经营和生活中的问题和困难。为个私会员解决了经营中的各类纠纷39起,维护会员合法权益60起。全年看望生病和受灾的会员98户。

以开展文体活动的方式为会员搭建交流的平台。新街、古城、昆阳分会开展了篮球友谊赛。昆阳分会组织会员参加昆阳镇第一届篮球运动会",在27支代表队中名列前八名。在个私会员中成立晋宁县个私志愿者服务队,有个私志愿者100多名,全年组织开展活动3次。组织个私会员开展3·15"国际消费者权益保护、商标知识产权、禁毒防艾等宣传活动及组织地方名优名特产品展示等活动4次,发出有关宣传材料2万多份。在个私会员中组织开展了公益事业活动。全县个私经营户为"2009中国·国际郑和化节"捐款116.4万元;为昆明春蕾基金会的成立捐款6万元。2009年6月21日,在昆阳分会的组织下,昆阳分会理事和昆阳正德装饰经营部在晋宁县宝峰双龙坝水库开展了"绿色家园、我们在行动"的义务植树造林活动。在本次活动中,正德装饰经营部出资购买柳树2 300棵,价值11 190元,种植面积近20亩。

在非公经济中开展了纪念中华人民共和国成立60周年的系列庆祝活动:1.举办"团结、友谊、奋进"为主题的非公经济"光彩杯"篮球运动会。本次篮球运动会参赛队共7支,昆阳分会代表队获得第一名,晋城分会、上蒜分会并列第二名,古城分会代表队、宝峰分会代表队、新街分会代表队并列第三名,昆明威尼拉大酒店代表队获得优秀组织奖。2.组织开展"我与祖国共奋进"征文竞赛活动,参加竞赛征文共26篇,评出一等奖1篇,二等奖2篇,三等奖3篇,鼓励奖20篇。3.举办"爱国守法科学发展"专题知识讲座,120余个私会员参加听课。4.组织个私志愿者开展"迎国庆、讲文明、树新风"的志愿活动,参加活动人数110多人。5.收集改革开放30年来具有代表性的照片50余幅制作展板,参加晋宁非公经济辉煌成就图片展。

【2009年受表彰的单位和个人名单】

2月10日,云南省人力资源和社会保障厅、云南省工商行政管理局为晋宁县工商行政管理局记集体三等功一次。

【2009年任职的局领导名单】

党组书记、局长 赵永华
副 局 长 杨继红 陶劭勇
纪检组长 余 仔

## 富民县

【概况】 昆明市富民县工商行政管理局共有在职人员69人,其中:公务员60人,事业单位人员8人,机关工勤人员1人。局机关内设机构为办公室、人教科、监察室、法制科、市场科、公平交易科、注册科。基层派出机构有永定分局、罗免分局、大营工商所、款庄工商所、东村工商所。代管县个体私营经济协会和消费者协会。全局共设有5个党支部。

【法制建设】 1.认真推行三步式执法工作。在查处经济违法案件中,始终贯彻执行好省市局文件精神,坚持做好对违法行为人的警示与疏导工作,针对市政府及市局要求贯彻实施的"三步执法"问题及首违不罚问题,制订了《富民县工商行政管理局三步式执法实施方案》,对三步式执法工作及首违不罚工作作了统一部署,相继出台了《行政告诫通知书》、《三步式执法案件登记台账》、《教育规范阶段违法行为改正情况复查表》、《责令改正通知书》、《限期整改阶段违法行为改正情况复查表》、《三步式执法案件月报表》、《三步式执法案件汇总表》、《"三步式"执法程序适用项目明细》,同时,认真组织了培训会,将三步式执法及首违不罚推进工作落到实处,在查处经济违法案件时真正做到事前预警告诫、事中纠政制止、事后教育规范。2.认真做好新式执法文书贯彻执行工作。针对新式执法文书的填制、适用及应当注意的问题等事项,组织全局职工开展了新式执法文书使用专题培训。3.重新修订简易一般程序案件相关文书材料,新增加了无烟草专卖零售许可证可适用查处行为。在立案审批及处罚决定审批中采用了集中审批的方法,缩减了签批环节。4.严把立案关、核审关、行政处罚决定审批关,认真组织开展包括无照经营案件、商标侵权案件、销售假冒伪劣商品案件、广告违法案件、一般程序简易处理案件等执法案件的回访工作。回访案件40件,充分听取了各类违法当事人的意见,当事人对全局执法情况反应良好。

【纪检监察】 1.加强组织领导,进一步完善党风廉政建设责任机制,做到了党风廉政建设工作与业务工作同安排、同部署、同落实。在与市局党组、县纪委签订责任书的同时,层层签订了"三级责任书",签订率达100%。全面贯彻"教育、制度、监督并重"三位一体机制。严格按照市局"六个机制"的要求,在全局建立和完善了党风廉政建设六个机制及相关台账资料的规范管理工作。2.加强廉政风险点管理,规范权力的行使,有效防止了腐败行为的发生。在2008年工作的基础上进一步加大工作力度,进一步深化对廉政风险点管理的认识,围绕重点部门和环节,深化查找廉政风险点,并针对查找出的廉政风险点和监管风险点,对应建立更加注重治本、更加注重预防的廉政风险点管理制度,形成了以岗位为点、以工作程序为线的廉政风险防控机制,自律与他律相结合、组织监督与群众监督相结合的工商廉政风险防范管理体系,促进了广大干部正确履职、依法行政、执法为民、廉洁从政。3. 结合业务工作,认真开展"行政效能提升年"和"干部作风改进年"活动,在认真总结以往经验的基础上,积极创新举措、强化源头防治,修改完善各项制度 15 个,经县软环境建设领导小组考核考评得分 97 分。4. 以建立阳光工商为目标,大力贯彻"阳光政府四项制度",制定下发了《富民县工商局重大决策听证等四项制度实施细则》、《2009 年富民县工商局重要事项分类负责部门及责任人任务分解表》,同时结合富民工作实际制定了《富民县工商局重要事项公示审批表》、《富民县工商局重点工作通报审批表》等格式文书材料。通过富民县政务信息网和富民县工商局公示栏向社会公众通报、公示信息 37 条次。5. 继续做好基层执法人员向监管服务对象述职述廉工作,组织永定分局、罗免分局执法人员向监管服务对象述职述廉,共征集意见建议 8 条,综合测评结果满意率为 97.6%。年终,在全县范围开展的民主评议机关(部门)作风工作中,富民县工商局以 81.1356 分在省市直管单位中排名第五名。

**【人事教育】** 1. 认真组织开展科学发展观学习实践活动,不断提高思想认识。严格按照"党员干部受教育、科学发展上水平、人民群众得实惠"的总体要求,举行骨干培训和全员培训,开展了"科学发展大家谈"活动、"三去三找三带回"专题调研活动和"六学四问两必谈"活动,开展党组中心组扩大学习暨骨干培训 2 次,集中培训 3 次,每名干部职工均认真撰写了学习心得体会,读书笔记总字数均在3 000字以上。全体干部职工对科学发展观的科学内涵、精神实质和根本要求有了深刻认识和理解,并严格按照科学发展的各项要求开展工作,学习实践活动取得了明显成效。2. 紧紧围绕提高干部队伍素质的目标,认真组织示范教育和爱国主义教育,组织全局干部职工集中观看了电影《缉毒警》、《五月的声音》等影片,引导广大干部职工学习英雄人物的崇高精神和高尚情操,激发干部职工百折不挠、艰苦创业的激情。3. 积极鼓励全局干部职工参加学历教育,不断提高自身文化知识水平,以适应新形势下工商行政管理工作的需要。2009 年又有 2 名同志取得大专学历、2 名同志取得本科学历。4. 加强干部职工的日常管理,一方面通过谈话、督察等形式对职工在执行政令、党风廉政、规章制度、政务公开、行风行纪、依法行政、办公环境等方面进行查找,认真做好干部职工的思想政治工作,把矛盾化解在萌芽状态,从源头上预防和制止了部分干部职工过激行为的发生。另一方面主动加强与干部的沟通交流,对干部因病住院、生活出现困难等情况及时给予慰问,对干部反映的问题、困难毫不推诿,并积极反映、协调帮助解决。5. 2009 年受到市政府表彰的部门 2 个,市工商局表彰的部门 5 个,县政府表彰的部门 3 个;受到市政府表彰的个人 5 人,省工商局表彰的个人 1 人,市工商局表彰的个人 6 人。在"三能手"竞赛活动中,有 2 人分别荣获市局注册登记能手和计算机操作能手荣誉称号。6. 经过评选推荐永定分局、罗免分局参加规范化工商所评选,在 10 月全市规范化工商所的检查验收中,受到了好评。

**【企业注册登记】** 1. 坚持管理与服务并重,以规范市场主体准入行为为重点,继续落实授权登记、招商引资项目跟踪服务,办照联系点、上门验照等制度。切实提高登记管理和服务科学发展的能力和水平,积极服务政府招商引资项目,热情服务非公经济发展,积极引导以抓创业带动就业的措施落实,服务全县经济发展。全年新注册私营企业 80 户,同比增长 14%,新注册个体工商户 926 户,同比增长 37%。2. 认真开展"服务效能提升年"活动,为各类市场主体登记注册提供优质服务,全年共办理涉及服务承诺事项的共有2 756件,首问首办率 100%,办结率 100%。

**【市场规范管理】** 1. 强化农资市场的监管,积极开展"诚信经营户"、"诚信放心店"创建活动,大力支持农村专业合作经济组织发展、积极服务新农村建设,新发展农村经纪人 15 人,制定《驼鸟养殖销售合同》等 5 类涉农合同,指导签订合同 116 份,新登记农民专业合作社 32 户,留样备查各类种子 173.9 吨,创建农资放心店 5 户。2. 积极按照县政府生猪定点屠宰工作安排,一方面要求屠宰厂加强管理,为经营户提供优质服务,一方面加大了对私屠乱宰行为的整治力度,确保了定点屠宰工作的顺利进行。3. 认真配合牵头单位做好农贸市场搬迁工作,深入走访广大经营户,做好宣传、动员工作,听取意见、建议,制定了具体措施上报县政府,解决了部分摊位租金过高、土杂经营户摊位不够等问题,同时做好划行归市、签订责任书、建立台账等工作,切实保证了市场的顺利搬迁。

**【消费者权益保护】** 全年受理消费者申(投)诉 39 起,办结 39 起,办结率 100%,为消费者挽回经济损失 200.88 万元。其中,成功调解一起房地产集体投诉,为 74 户消费者挽回经济损失 153 万元的案例得到了县委政府、人民群众的高度评价。

**【食品流通监督管理】** 1. 进一步完善市场准入、快速检测、消费维权三大体系,结合《食品安全法》的颁布实施,将《食品安全法》摘录成手册,印制了1 100 份发放到全局干部职工和食品经营户手中,组织食品经营户 70 人、干部 38 名参加了国家工商总局食品安全法律法规视频讲座。进一步巩固两项制度成果,全县 6 家超市、6 个农贸市场、25 户食品批发户、1 128户食品经营户都建立进货台账制度和索证索票制度,新创建"食品安全示范店"19 户,在全县 21 户食品批发经营户中推广使用由县局统一制作了销货凭证。重要商品的市场准入制已在商场、超市、集贸市场、农村小商店三个层面全面推进。利用食品快速检测仪抽检 11 次,抽检食品 477 组,合格 474 组,不合格3组,合格率达99.9%。2. 加大创新监管制度的落实力度,双向预警双向追溯制度荣获昆明市年度经济社会制度创新成果奖,得到了市食安委和县人民政府的表彰。一年来共组织开展了患儿赔偿、食品添加剂、不合格糖果、节前食品市场整治等产品质量和食品安全专项整治32次,出动人员530人次,出动执法车辆131台次,检查经营户3 951户次,没收下柜过期变质食品562.6千克,价值人民币68 146元。在2009年度县人民政府的食品安全监管工作考核中,再次获得一等奖。

【反垄断与反不正当竞争执法】 认真开展打击传销宣传活动,印制200份宣传材料在人口密集区域粘贴,积极发动基层社区、村委会、房屋出租户参与"禁传"工作,在永定镇永二村委会、罗免乡高仓村委会分别创建无传销社区。

【广告监督管理】 1. 进一步做好广告经营单位的经营资格审查工作,2~3月,对13户广告经营单位进行了经营资格审查,明确了广告经营主体资格,把好市场主体入门关。进一步建立健全广告管理制度,实现了广告管理制度化。认真组织开展医疗广告、违法药品广告、食品广告等专项整治,较好地净化了医疗广告、药品广告、食品广告市场。加强了对户外广告登记、变更、备案管理,特别是针对县房地产市场的迅速发展,拓宽监管领域,将各类房地产广告纳入登记管理。2. 强化广告监测工作,对县电视台进行全程监测,同时对散装食品、药品、医疗、房地产、化妆品等广告进行了监测,使广告市场秩序进一步规范;共监测广告736条,发布广告监测报告1期,登记户外广告11户,拆除布标12条、限期整改4户、补办登记4户,现场清理取缔7条,立案查处违法广告案件7件,罚没款7万元。

【商标监督管理】 1. 积极开展调研工作。对全县的商标情况进行了深入细致的调研,充分掌握全县的商标注册情况、未注册情况和著名商标、知名商标情况。并对小水井、宝石洞、金铜盆等14个显著的地理标志和彩玉石、点玉石、鸡枞、冬桃等11个显著农产品未注册商标进行了备案,建立完善了商标纸质档案、电子档案及回访制度。2. 积极推进商标管理行政指导制度,发放商标注册建议书25份、商标变更建议书5份、商标续展建议书3份。全年申报商标注册18件,全县共有注册商标46件,其中:著名商标2件,知名商标3件。3. 积极开展保护注册商标专用权工作,全年共查处商标侵权案4件,罚没款达8.3万元。商标战略工作被昆明市工商局表彰为全市工商系统推进商标战略工作先进单位二等奖。

【基本建设】 认真抓好办公楼建设工作,集办公、学习、运动、餐饮为一体的现代化新办公楼进入验收阶段;借规范化建设之机,对永定分局、罗免分局进行了装修,统一了标识;完成了大营工商所办公楼租用和装修工作,全局的基础建设工作更上了一个新台阶。

【老干工作】 2009年,富民县工商局通过协调与县委老干局签订了对曾任实职副科以上的离退休领导干部的代管协议,保证了他们的政治待遇。做好老干部的保健工作,于10月组织全局31名离退休老干部到县医院进行了体检。

【经济检查】 2009年,富民县工商局认真组织开展无照经营整治活动,规范无照经营户118户,立案查处无照经营案件50件。开展假冒茅台酒、家电下乡、建材市场、节前市场等专项整治,对8户销售不合格产品的经营户进行了立案处罚,收缴罚没款5.29万元。大力推行行政指导、首查不罚制度,执行"三步式执法程序"规范17户,对所办案件全面推行了约谈、约见机制。同时开展了扫黄打非、反兴奋剂、两烟打假、校园周边环境整治、禁毒防艾等专项治理行动,有力的维护了市场安全稳定。全年共办理各类经济违法案件89件,上缴罚没款33.71万元。

【消委会工作】 2009年,富民县消费者协会与县有关部门联合组织开展3·15国际消费者权益日宣传活动,积极推进消费维权组织向基层延伸,新建投诉(联络)站14个。组织各投诉站负责人参加培训2次。发布市场警示3期、消费警示4期、行政建议函3期。

【个私协会工作】 1. 充分发挥桥梁纽带作用,解决会员生产、生活中遇到的难题。永定分会为蓖麻种植企业重新选择适宜的种植土地、为受灾会员捐款、为学校捐献学习用品;罗免分会主动协调市场开办方,为经营户更新案板;大营分会为生病会员启动爱心基金;款庄分会为会员解决纠纷;东村分会协调相关部门为会员现场办公等等工作的开展,既充分体现了协会的凝聚力和团队精神,又为会员解决了实际困难,为工商工作的顺利开展奠定了坚实基础。2. 认真落实"贷免扶补"政策,充分发挥个私协会的作用,积极开展就业指导和职业介绍等工作,建立了由10个成功创业者组成的"就业帮扶导师库",帮助23户创业者成功申请了"创业小额无息贷款"。

【2009年任职的局领导名单】

党组书记、局长　张德华

副 局 长　王世能　易新江

纪检组长　李江龙

## 宜良县

【概况】 宜良县工商局内设机构8个:办公室、人事教育科、企业个体登记注册管理科、公平交易科、市场监督管理科、法制科、纪检监察室、个私协会办公室。派出机构6个:城区分局、汤池分局、狗街工商所、南羊工商所、马街工商所、古城工商所。代管个体私营经济协会、保护消费者权益委员会、广告协会3个群团组织工作。全局实有在职人员98人(其中公务员67人、事业单位人员31人、离退休及提前退休人员42人)。在职人员中,研究生学历2人,本科学历37人,大专学历48人,中专学历3人,高中以下7人,全局大专以上学历占88.7%。

2009年,宜良县工商局在省、市工商局和县委、县政府的坚强领导下,全局上下全面落实科学发展观，按照"四个统一"、"四化建设"、"三个到位"、"六个好"的工作思路，以六项重点工作为突破口，认真履行工商行政管理职能，尽心尽力服务宜良经济发展，尽职尽责维护市场经营秩序，全面推动全年工作圆满完成并取得较好的成绩。

**【法制建设】** 2009年，宜良县工商局利用"3·15"、"4.26"、国际禁毒日、端午花街节、个体换照、企业年检、查处取缔无照经营、食品安全监管、打击传销等契机，在县城和集镇设立宣传点，开展大型宣传活动，将工商行政管理法规摘录汇编成册下发；强化执法人员的法规学习培训，坚持每季度不少于一次的案件评析会进行学法、深入研讨执法，并交流办案经验；认真落实执法责任制，加强执法监督检查，加大案件回访力度，回访率达90%以上。全年组织了6次执法监督检查，切实规范执法行为。

**【纪检监察】** 2009年，宜良县工商局以廉政风险点管理和防范为切入点，不断推进党风廉政建设，健全惩防体系，树立了良好的政风和行风。1. 制定下发了《宜良县工商局党风廉政建设责任书及实施细则》，聘请了新一届政风行风义务监督员。2. 抓好队伍作风建设。把党风廉政建设工作作为工商行政管理工作的生命线，融入到注册登记、监管执法等各项业务工作之中，在全局深入开展了读书思廉、家庭助廉、廉政文化进机关、廉政文化进岗位、廉政文化进市场、廉政文化进家庭等一系列活动，把反腐倡廉的氛围通过文化形式渗透到干部职工的日常生活与行为之中，潜移默化的影响着工商干部职工的一言一行，有力促进了党风廉政建设责任制的落实。3. 深入推进"阳光政府四项制度"贯彻实施。以听证、公示、通报、查询的工作作为当前实施"阳光政府四项制度"的切入点，以市工商局和县委政府安排的各项专项整顿行动情况为重点，抓好四项制度的贯彻落实。各分局、科室、所都建立了"阳光政府"四项制度工作台账，每季度对重点工作、重要事项通过对外公示栏、黑板报、触摸屏等进行通报和公示，方便群众的参与监督。全年共向社会各界公示重要事项29项，重要工作通报48次。4. 加强督察检查工作，建立了三级监察体制，一级监察由党组直接负责，每月听取一次监察工作汇报，每季度研究一次监察工作计划并开展不少于一次监察；二级监察由机关各科(室)及分局、所正职组成，每季度开展不少于一轮的监察；第三级监察由各科(室)、分局、所负责人(含副职)组成，对本部门履职情况、工作纪律、内务管理等情况自行组织实施督察，自查自纠，每月要将上月督察工作情况书面报监察室。全年共开展督察检查工作34次，发放督察建议书64份，收集整改意见书64份，肯定成绩180条，指出问题86条。5. 开展基层工商分局、所执法人员向监管服务对象代表述职述廉工作，参加测评人员12人，发出测评表55张，收回55张，满意率达98.5%。

**【人事教育】** 1. 强化科学发展观学习实践活动。认真组织开展了6次全局人员集中学习，在学习的基础上，组织开展了以"科学发展在宜良"为主题的学习实践科学发展观演讲比赛暨学习交流活动。县局领导班子成员分别带队深入基层开展调研，从不同领域研究分析工商工作，查找问题，破解制约发展的难题。通过学习，使干部职工的思想进一步统一到贯彻落实科学发展观，统一到实现"四个统一和"三个到位"、"六个好"工作目标上，观念进一步更新，作风进一步改进，推进科学监管促进科学发展、服务经济发展大局的意识更加坚定。2. 注重业务培训和学历教育。采取一日一主题、机关科室长轮流授课、邀请专家学者授课、观看电教片、讨论交流、分批组织参观学习、岗位练兵等形式，从法律法规知识教育培训、基础业务知识教育、文化知识教育培训三个方面不断提高干部队伍的业务素质。3. 加强基层工商所规范化建设。基层工商所是工商行政管理的前沿阵地和重要基础，基础不牢，地动山摇，搞好基层工商所的建设是各级工商机关工作的重中之重。该局党组高度重视此项工作，制定了详细的《宜良县工商局基层工商所规范化建设实施方案》，明确城区、狗街两所为2009年的试点单位，实行责权相当的奖惩办法，使规范化创建工作人人有责任、项项有指标、事事有人管。对一般干部实行以岗定人、网络化到人，对工作职责、责任书任务每季度进行一次考核，每月一督促，每周一落实，有力推动基层工商所(分局)向综合监管方向发展。

**【企业注册登记】** 做好登记管理有关法律、法规和政策的宣传、咨询服务工作，严格按照法律法规规定的程序办理登记注册等事项，不随意增减程序，严把市场准入关，确保登记工作手续完备、程序合法。在各分局、科、所办证窗口实行"一站式办公"和"一条龙服务"，实行"两集中、两到位"行政审批改革，推行了"登记授权制"、"限时办结制"、"服务承诺制"、"首问负责制"、"企业联络员制度"、"重点企业免检"等制度，开设了企业免检与个体工商户验照绿色通道，为111户重点帮扶企业实行上门服务，免收年检费用。定期向政府上报各类市场主体经济运行分析报告，加强对企业登记管理数据的监测分析，为政府实现经济改革目标，制定产业政策拟供决策参考。一年来，共走访企业247户，办理股权出资登记企业4户，出资登记4 696.3万元，股权出质3 443.5万元。截至2009年底，全县共有个体工商户13 227户，从业人员20 875人，注册资金33 456万元；私营企业821户，投资者1 534人，雇工14 237人，注册资金114 168万元；农民专业合作社96户，成员总数884人，资金总额2 282万元；内资企业361户，注册资金218 354万元；个体工商户验照率达90.6%，企业年检率达86%。2009年引进云南恒邦百货有限公司到宜良县投资改造原宜良百货大楼，圆满完成县委、县政府下达的招商引资工作任务。

**【市场规范管理】** 2009年，宜良县工商局以保障市场消费安全和市场公平竞争为重点，深入开展了整顿规范市场经济秩序工作，有效维护了良好的市场经济秩序，为广大经营者营造了公平交易、诚信和谐的市场环境。1. 开展农贸市场专项整治工作。紧紧把握宜良农业大县实际,深入开展好红盾护农工作。近三年来,查处涉及农资案件 86 件,罚没款 42 万元。没收假冒、伪劣农药52 572袋(瓶),查获假冒伪劣种子 18 吨(其中商标侵权种子 8 吨),查处假冒伪劣化肥 217.84 吨。在抓好农贸市场整顿的基础上,健全完善市场长效机制,实行农资经营企业信用分类管理,在上年授予 51 户“农资放心店”的基础上,2009 年完成了 26 户“农资放心店”经营户的认定考核工作,营造了诚信经营良好氛围。2. 开展打击非法传销工作。认真贯彻落实国家工商总局、公安部《关于开展打击传销百日联合执法行动的通知》和国家工商总局《关于开展直销专项检查工作的通知》精神,联合县公安局在县城范围内开展打击传销的专项执法行动 3 次,端掉传销窝点 18 个,遣散传销人员 46 人。打击传销社会治安综合治理工作扎实有效,创建无传销社区工作广泛深入,全县共创建无传销社区 3 个。3. 开展网吧市场专项治理工作。共组织黑网吧整治专项行动 3 次,出动执法人员 57 人次、车辆 12 台次,检查经营户 108 户次,查处取缔黑网吧 3 户,没收电脑主机 16 台,显示器 15 台,查处违法网吧 1 户并给予行政处罚。开展“家电下乡”市场专项整治工作。“家电下乡”、“汽车摩托车下乡”是 2009 年中央应对国际金融危机,促进扩大内需的一项重要措施。该局严格按照总局、省局、市局要求,深入开展“家电下乡”、“汽车摩托车下乡”市场专项整治,严把家电、汽车、摩托车下乡经营主体市场准入关,监督定点企业落实进货查验制度,依法严厉打击“以旧翻新”、“以旧充新”等制假售假行为。全局共查获冒充家电下乡销售的不合格电饭煲 10 台;查处销售不合格家电案件 13 件,有效维护“家电下乡”、“汽车摩托车下乡”政策措施的落实和市场秩序。5. 积极开展各类市场专项整治工作。与县公安、技监、安监、卫生、农业等部门联合行动,在全县深入开展了“两会、两节”市场整治、“烟花爆竹”专项整治、活禽经营市场专项检查、“禁止生产销售使用塑料购物袋”专项检查、非煤矿山等重点行业的无照经营专项检查、文化市场大检查、打击“傍名牌”专项行动、“迎国庆、保安全”安全生产专项检查和市场信用分类工作,营造了良好的市场环境。截至 11 月 30 日,组织开展 30 次专项行动,全局累计出动人员2 700人次、车辆 850 台次,分别对全县十个乡镇辖区内的 38 个农贸市场、20 余个超市、5 121户经营户进行了严格检查,共检查市场 346 个次,查获市场违法违章案件 410 件,罚没金额663 397元,其中一般程序 296 件,简易程序 114 件,查处取缔无照经营户 210 户,清理乱摆摊设点 306 户;收缴不合格鞭炮1 235封(盘)、烟花 856 个;没收塑料袋69 900个,收缴盗版书刊 121 本、淫秽书刊 71 本、淫秽光碟 24 碟;完成全县 22 个市场的信用分类工作,其中 A 类市场 5 个,B 类市场 15 个,C 类市场 2 个。

【**消费者权益保护**】 2009 年,宜良县工商局利用现代网络联动平台,充分发挥 12315 指挥中心作用,不断强化“三级联动”快速反应机制,拓宽网络覆盖面,强化快速处置功能,规范工作流程,消费者申投诉解决率达到 98% 以上,截至 11 月 30 日,全县各级消协组织共受理各类投诉 75 件,成功调解 75 件,为消费者挽回经济损失 35.36 万元。6 月 26 日 ~8 月 1 日期间,妥善解决了一起因农药质量问题导致烟叶受损的集体投诉,为汤池镇、北古城镇、狗街镇、南羊等乡镇 46 户村民挽回经济损失256 920元。此举受到了农民群众和当地党委、政府的一致好评,国家工商总局信息网站两次跟踪报道了这一事件。

【**食品流通监督管理**】 2009 年,宜良县工商局按省局、市局和地方政府的安排部署,对重点地区、重点季节及重点商品进行了重点整治,先后开展了元旦、春节、五一、六一、中秋、国庆等节日食品安全专项执法检查,对农村市场、城郊结合部、批发市场、学校周边的 15 类重点食品进行专项整治。开展流通环节食品专项整治行动 18 次,出动人员1 540人次,检查食品经营户5 961户次,共查处案件 106 件,罚没款81 820元。其中,查处食品无照经营案件 91 件,罚没款46 550元;查处制售假冒伪劣食品案件 12 件,罚没款32 670元;查处未登记食品进货台账案件 3 件,罚没款2 600元;查获使用“苯甲酸钠”和“山梨酸钾”等食品添加剂案件 3 件。2009 年“食品安全示范店”创建工作由工商部门牵头,以宜良县食品安全管理委员会的名义,组成包括食品安全委员会四家单位在内的评审小组,对全县食品安全示范店进行评审。经过食品经营者自愿申报、辖区工商分局(所)初评、县创建“食品安全示范店”活动领导小组复审等环节层层把关,授予宜良天宝花园餐饮服务有限公司、宜良县恒邦百货商贸中心等 28 户经营者“食品安全示范店”称号,力求通过“食品安全示范店”的创建活动,引导健康消费,营造全社会消费领域食品安全氛围,建立以点带面、以点示范的食品安全消费格局,引导和促进食品安全监管长效机制建设。

【**广告监督管理**】 2009 年,宜良县工商局强化广告发布源头治理和对发布环节的监管,组织开展公益广告宣传活动,增加广告监测频次,加大广告执法力度,严厉查处影响社会稳定、损害消费者合法权益的虚假广告。进一步规范广告市场经营秩序,营造公平合理、竞争有序的消费环境,维护消费者合法权益,促进全县广告市场健康、有序、诚信、快速发展,为宜良经济发展,创造良好的市场信用环境。全年出动执法人员 118 人次、车辆 41 台次,检查广告 309 条,其中印刷品广告 8 条,户外广告 95 条,店堂广告 206 条。检查中查获 4 户印刷品广告、2 户路牌、墙体广告发布者无广告登记证,执法人员依法对 2 户广告发布者下达了限期整改通知书,对广告内容不规范的下发了《限期责令整改通知书》。

【**商标监督管理**】 2009 年,宜良县工商局进一步完善驰名商标、著名商标、知名商标数据库,全面推行商标注册(服务)建议书制度和商标跟踪服务联系卡制度,开展申请商标注册事前查询比对服务,对申报驰名商标、著名商标、知名商标的企业提前介入,加强指导帮扶,提供贴身服务和跟踪服务。结合宜良农业大县实际,着眼于辖区内特色农副产品的商标推广,从企业的实际需求着眼,积极为企业的发展谋划。对尚未形成一定规模的企业采取积极动员,上门宣传商标知识、知识产权法律法规等方式,动员辖区内有潜力的企业注册商标。年内,全县共有注册商标112件,其中农产品商标42件,占商标总数的37.5%;云南省著名商标8件,昆明市知名商标6件。2009年,新申请注册商标44件,扶持特色农产品商标3件。帮助宜良县盘江水泥有限公司和昆明市水笑鱼食品有限公司申报云南省著名商标的初评和复评。帮助指导宜大化工和张英老酱成功获评为昆明市知名商标。

**【机关党建工作】** 1. 抓目标责任制工作落实。制定《2009年党委工作意见》、《2009年党委宣传思想工作计划》并与各支部签订《2009年工商局党委党建工作目标责任书》,做到党建工作年初有计划、有安排;年中有检查、有督促;年底有结果、有考核。2. 抓行业作风建设。采取上下联动、自下而上的办法,对工商局的行业作风开展自检自查,听取各方面的意见和建议,聘请行业监督员对行业作风进行监督。3. 抓对口扶贫工作。党组领导先后5次到竹山乡白尼莫村大石洞村小组和新农村指导员派驻点小哨村委会进行深入调研,与村民共商脱贫致富良策。一方面是积极为小哨村两委申报地方知名商标,动员村委积极申报小哨冬桃、小哨咸菜、小哨干巴菌等地方知名商标的思路。另一方面是协助村委会与小哨包山拾菌的农户,用资源优势做大、做强小哨风景区农家乐的餐饮业。

**【老干工作】** 2009年,宜良县工商局积极开展有益于离退休老干部身心健康的活动,让他们老有所为、老有所想、老有所乐。征订《中国老年报》、《支部生活》等报刊、杂志,满足老年人的学习需求。做好生日慰问、生病住院慰问、重大节假日慰问,积极为老同志排忧解难。9月中旬,组织全体离退休干部进行身体检查;中秋节前夕,又对全局42名离退休干部进行了慰问。10月26日,在敬老节来临之际,再次组织离退休人员活动并送上了慰问品。

**【个私协会工作】** 1. 完成"创业导师库"推荐录入工作,在全县非公企业中推荐出32位在各乡镇成功创业,有一定代表性、一定规模,并且能够志愿为初次创业者提供咨询服务的"创业导师"。2. 完成"贷免扶补"前期工作,成功扶持10人创业。3. 成立宜良县个私协会企业帮扶维权中心,在县局成立"宜良县个私协会企业帮扶维权站",七个基层分会成立"帮扶维权点",为宜良县的个体私营企业提供帮扶维权服务,协调解决会员在生产经营中遇到的困难和问题,最大限度地维护个体工商户和私营企业会员的合法权益。4. 积极开展宜良异地商会成立筹备工作,为服务宜良招商引资、助推经济发展作出了积极贡献。

**【2009年任职的局领导名单】**

党组书记、局长　张勇浩

副局长　孙保明　李晓东

纪检组长　史凤兰

## 嵩明县

**【概况】** 2009年,嵩明县工商局内设机构8个:局办公室、人事教育科、纪检监察室、企业个体登记注册管理科、市场监督管理科、公平交易科、法制科、经济检查大队。派出机构7个:嵩阳工商分局、杨林工商分局、杨桥工商所、牛栏江工商所、小街工商所、滇源工商所、阿子营工商所,由于滇源、阿子营两镇年内由市政府批准交由盘龙区托管,嵩明县工商局滇源工商所、阿子营工商所于2009年11月11日交由昆明市盘龙区工商局托管。2009年,全局有公务员69人,工勤人员4人。个体私营经济协会人员16人。指导管理两个社团组织:县个体私营经济协会、县消费者协会。

**【法制建设】** 在行政执法工作中推行行政指导、柔性执法和说理性执法。对市场经营主体未及时参加年检等18种情节轻微、未造成严重危害后果的一般性违法经营行为,按照教育在先、规范在先、处罚在后的原则,实施首查不罚制度。严格执行"三步式"行政执法程序,规范行政处罚自由裁量权的行使。对危害公共安全、食品安全、生产安全、环境安全的违法经营行为,予以严厉打击;对其他一般性违法经营行为,未造成直接危害后果的,事后能够及时消除违法状态的,先进行教育规范,限期整改,拒不整改的再依法进行处罚。

广泛开展法律、法规的宣传工作。全年结合企业年检、个体验照、纪念3·15国际消费者权益日、知识产权宣传周等,对《公司法》、《无照经营查处取缔管理办法》、《食品安全法》、《商标法》、《广告法》等,利用宣传栏、设置展示台、发放宣传材料、利用巡查进村入户宣传等形式广泛开展宣传。

**【纪检监察】** 2009年,嵩明县工商局继续深入开展党风廉政建设学习教育,贯彻落实各级党风廉政建设和反腐败工作会议精神。干部职工参加政治学习教育2 007人次,业务学习770人次;组织讨论21次;撰写心得体会224篇。定期不定期召开会议,研究党风廉政建设及相关工作。层层签订目标责任书,使责任落实横向到边,纵向到底。年内,党风廉政建设领导小组开展督察检查4轮,发出建议书22份。继续执行外部监督员制度,制定《关于继续实行党风廉政建设及行风外部监督员制度的实施办法》;对外部监督员进行换届,向社会各界聘请外部监督员12人。组织外部监督员开展3次活动,在"行政效能提升年"和"干部作风改进年"及"科学发展观"活动中,两次向外部监督员发出问卷调查表20份;开展行风义务监督员巡视活动,组织3名外部监督员到5个基层单位进行座谈,听取职工意见建议,局党组对各单位提出的建议积极采纳。

**【人事教育】** 2009年,嵩明县工商局初步完成第三轮"竞争上岗、双向选择"工作。通过公布职位、公开报名、资格审查、竞岗演讲、民主测评、组织考核、任前公示、正式任命等程序,公开选拔20名中层干部,一般干部64人实行双向选择,在同一岗位上连续工作5年的,原则上进行岗位交流,不参加双向选择的不予定岗。根据实际,制定下发《嵩明县工商局2009年干部教育培训计划》、《嵩明县工商局关于继续开展岗位大练兵大比武活动的实施方案》,从政治素质、业务技能、依法行政能力、学历教育等几方面努力提高全局干部队伍的素质。干部职工年内参加食品安全法、科学发展观等各类专题讲座、理论培训共9期,培训人员达254人次。

组织开展第二届"岗位练兵、技能比武"活动,评选出县级执法办案能手7名、登记注册能手6名、计算机操作能手6名。推荐参加市局能手比武的选手认真备战,并取得较好成绩,其中4名干部获得市级登记注册能手称号、3名干部获得市级计算机操作能手称号,1名干部代表市局参加全省注册登记能手比武,并获省级登记注册能手称号。

**【企业注册登记】** 2009年,嵩明县工商局按照"非禁即入"的原则,进一步放活非公有制经济发展,将外向型经济和民营经济发展纳入重点工作目标,大力支持民间资本投资兴办企业。完善重点招商引资项目工商注册登记跟踪服务制度,对招商引资项目,积极介入、全程跟踪、快办快结。在杨林工业开发区等重点地区选择部分企业、个体工商户实行一对一、门对门挂钩联系服务,依法为民营企业排忧解难,促进民营企业可持续发展。2009年继续对全局符合条件的24名干部进行登记授权。全年共发展私营企业103户,内资企业17户,登记农民专业合作社5户。行政审批中心工商服务窗口被评为诚信服务窗口。

**【企业监督管理】** 认真执行国家"贷免扶补"政策,对大学毕业生、下岗失业人员、农民工、复转军人、留学回国人员等自主创业人员进一步放宽申报条件,不收取任何登记类、证照类、管理类等有关行政事业性收费;对高校毕业生从事个体经营、创办合伙企业或独资企业的不受出资额限制,在符合相关规定的情况下,允许创业人员将家庭住所、租住房、临时商业用房等作为创业经营场所。全年共发展个体工商户1 611户。

**【市场规范管理】** 2009年,嵩明县工商局继续深化"七农"机制,加大服务农村兴业、消费、维权的工作力度。年内新创建农资"放心店"5个,在春耕、秋种期间对农资市场进行专项检查20余次,抽检8个农资品种,并向社会公示抽测结果。对4户经营不合格化肥的农资经营户进行了处罚,共罚款32 165元,没收化肥11.05吨。发展农村经纪人17户。推广《花卉种植示范合同》、《中药种植合同》等合同示范文本7种,签订各类涉农合同36份,合同金额923万元。由政府对41户县级"守合同重信用企业"进行表彰奖励。坚持不懈做好市场重大动物疫病防控工作。立案查处8件"禁塑"案件,罚款2万余元。

按时完成商品交易市场信用分类监管信息化建设工作。对"小街农贸市场"、"西南街农贸市场"的基本信息进行采集、录入303条。推荐"泰和超市"参加昆明市"诚信市场"评比。充分发挥工商职能,积极参与社会治安综合治理。加强对文化娱乐场所的清理整治,全年联合公安部门共清理取缔黑网吧10户,查扣电脑63台,电子游戏机8台。结合工商职能,配合相关部门做好"七小"行业、"两河"流域环境治理工作。

**【消费者权益保护】** 突出抓好12315行政执法体系建设,认真做好消费者维权工作。全县111个消费者申投诉站全年共处理消费投诉53件,为消费者挽回经济损失7.5万余元,接待来人来电85人次,收到消费者送来锦旗1面。嵩阳分会受理、解决的购买搅拌机发生质量纠纷一案,被昆明市消协评为"昆明市为农村消费者维权十件典型案例"之一。在3·15国际消费者权益日,开展"消费与责任"为年主题的宣传、纪念活动。设置投诉咨询服务台8个,发放宣传材料5 000余份,向消费者提供咨询服务150余人次,销毁假冒伪劣商品价值6.5万余元。

**【食品流通监督管理】** 全年开展节日市场检查、不合格食品专项清理、重点商品检查等专项整治18次,继续加大对流通领域食品安全的监管工作。在食品批发经营户中广泛推行"一票通"工作得到了省市局的肯定。全年共开展8次食品快速检测工作,合计抽取161种食品、1 003组进行检测,检测187个项目。新创建28个"农村食品安全示范店",对2008年创建的15个"农村食品安全示范店"进行了复评。自2009年11月11日起,全局启用新的《食品流通许可证》。

**【反垄断与反不正当竞争执法】** 严厉打击传销违法犯罪活动,"打、防、控"体系进一步完善。全年,对两起传销举报认真调查落实,并组织执法人员43人次,配合公安对县城66个出租房进行突击检查,查获传销窝点1个。年内嵩阳镇回辉村委会创建为无传销社区。积极推动建立"政府牵头、部门配合、各司其职、综合治理"的查处取缔无照经营工作机制,采取打疏结合、疏堵并举的方式,开展市场主体净化行动。加强与公安、卫生等相关部门的密切配合,严厉打击无照经营行为。全年共查处无照经营案件150件,罚没款16.56万元。并对两年以上未参加年检的135户企业进行公告,限期补检,对仍未年检的53户已立案作依法吊销处理。全年共查处各类经济案件280件,案值320.79万元,罚没收入94.31万元。

**【广告监督管理】** 年初制定出台《嵩明县工商局2009年广告监督管理工作考核办法》,进一步细化责任和工作目标。加强对广告经营单位、全县户外广告的监测、巡查力度。年内共监管、监测的广告300余条。全年登记户外广告21户,查处广告案件8件,罚没金额3.45万元。

**【商标监督管理】** 年初制定出台《嵩明县工商局2009年度商标工作考核办法》。健全完善全县商标、驰名商标、著名商标、知名商标数据库,全面推行商标注册(服务)建议书制度和商标跟踪服务联系卡制度,对申报驰名商标、著名商标、知名商标的企业提前介入,加强指导帮扶,提供贴身服务和跟踪服务。全年新注册商标19件,查处商标侵权案件7

件,罚没款1.4万元。

【基本建设】 2009年,嵩明县工商局按照基层工商所规范化建设的标准,投入10万余元对小街工商所、牛栏江工商所、杨林工商分局的公示栏、工商所标志等进行改造。参与创建的3个工商所、分局通过了市局的考评验收。积极做好县局办公楼的新建工作,通过多方争取,办公楼按时开工,年内已经完成基础工程。

【机关党建工作】 以开展"行政效能提升年"、"干部作风改进年"活动、"学习实践科学发展观"活动为契机,狠抓支部理论学习,不断提高党员干部的思想政治素质和业务素质。以建设学习型、服务型、和谐型机关为重点,抓目标责任、基本制度、基本任务的落实。根据《县直机关工委2009年永葆先进性"云岭先锋"工程目标考核责任书》要求,总支书记余加才与7个基层支部书记签订了《嵩明县工商局党总支2009年党建目标责任书》;7个基层支部书记分别与80个党员签订了80份《党员设岗定责目标责任书》,形成了横向到边,纵向到底的责任网格。落实民情恳谈制度,开展"关爱党员行动","3+1"双扶双带双促工作。半年来投入资金7 100元,落实帮扶工程。春节期间投入5 100元,帮助前所村委会10户困难户渡过节日难关。春耕生产期间对挂钩村委会投入经费2 000元。

【老干工作】 嵩明县工商局有离休、退休及提前退休人员40人。2009年,制定了《2009年度老干部工作计划》,按计划全面落实老同志的各种待遇、政策;利用春节慰问的形式,走访到每一个老干部家庭,向老干部通报工商工作情况,增进在职人员与老干部的联系;对生病住院的离退休老干部及时到医院看望,全年慰问生病住院老同志10人;落实老干部反映的离休干部住房补贴、津补贴、医保管理等热点难点问题,做好耐心的政策宣传和向市局反映等工作,积极妥善与财务协调处理好两位离休干部上划省医保后门诊包岗费不能及时报销费用的问题;丰富老同志的生活,组织老干部参加县上组织的迎春跑步、参观新昆明建设、重阳节系列活动等;组织8名退休干部和1名离休干部到安宁疗养。

【信息化建设】 全面启动"工商新时空"移动执法系统的应用工作,全局89名在职干部配备了移动执法办公设备,新增台式电脑2台,笔记本电脑1台,触摸屏1台。依托昆明红盾信息网,强化内部网站和外部网站的建设,全年在网页上发布信息2 762条。2009年发布工商行政管理简报、纪检监察动态、个私协会工作动态等285期。

【个私协会工作】 在广大会员中深入开展学习实践科学发展观活动,教育和引导广大会员积极应对国际金融危机,围绕和配合工商部门的中心工作,进一步提升服务,扩大宣传,创新发展。县协会和各分会定期召开理事组长、会员大会,组织学习47次,参加学习教育人数达7 780人次,进一步提高会员的政治思想、遵纪守法和参与社会公益事业的意识。全年,会员捐资121.89万元。指导协会召开换届大会暨表彰会,由协会小组逐级推荐"文明个体户"、"光彩之星"、"先进会员"、"先进私营企业"等共255户接受政府的表彰。认真贯彻落实省政府"贷免扶补"政策,推荐20名成功创业的私营企业主作为创业导师,并将他们的信息录入创业导师库供社会使用。对13户申请政府贴息贷款的经营户,县协会认真调查初审并由县农村信用社按省政府"贷免扶补"政策发放政府贴息贷款51万元。

【2009年任职的局领导名单】

局　　长　余加才

副 局 长　孙开荣　李绍辉

纪检组长　李　薇

## 石林彝族自治县

【概况】 石林彝族自治县工商行政管理局内设局办公室、党务办公室、信息化办公室、纪检监察室、人事教育科、法制科、企业个体登记注册管理科、市场监督管理科、公平交易科;派出机构有城区工商分局、石林风景区工商分局、板桥工商所、北大村工商所、圭山工商所;代管石林县个体私营经济协会、石林县保护消费者权益委员会。全局有在职干部职工76人。

2009年,石林县工商局被国家工商总局评为全国商标工作先进集体;被市工商局评为先进单位二等奖、执法先进集体一等奖,北大村工商所和企业个体登记注册管理科被评为先进集体,刘林、林勤被评为先进个人,陈彦雄获得市局"计算机操作能手"称号,陶琼芳、罗玉萍、李红琼获得市局"注册登记能手"称号。县局机关被评为"省级文明单位",城区工商分局和景区工商分局被评为"市级文明单位",北大村、板桥、圭山工商所被评为"县级文明单位"。

【法制建设】 2009年,石林县工商局制定法规学习培训计划,确定了综合类、登记类、市场规范和公平交易类、商标广告类及新发布的法律法规五类为培训内容,以机关、各工商所(分局)为单位采取"小班"式教学,集中培训了《企业年度检验办法》、《个体工商户验照办法》、《中华人民共和国食品安全法》等法律法规及《查处无照经营重点要取哪些证据》、《调查取证中哪些情况属证据不足》、《侵犯注册商标专用权的行为和种类》等专业知识。年内组织开展培训10期750人次,进行了5次涉及相关法律法规知识的集中考试,参试人员361人次。对《食品安全法》进行了全员培训。组织进行专题培训2期,参加培训干部职工150人次。征订《工商行政管理机关行政处罚文书使用手册》(2009年版)78册,做到了人手1册,采取自学与集中培训相结合的方式,重点对《中华人民共和国行政处罚法》、《工商行政管理机关行政处罚程序规定》进行学习培训。积极开展法制宣传教育活动。利用"3·15"国际消费者权益日、"4·26"国际知识产权日、"6·26"国际禁毒日等重大法制宣传教育活动对广大经营户进行法制宣传教育,增强公民、法人和其他组织依法经营的观念和意识,营造守法经营的良好氛围。严格按照"三步式"

执法程序,做到首查不处罚,年内教育规范经营主体1 040户、责令改正876户、处罚304户。加强案件的监督把关力度,全年共核审案件261件,其中一般程序案件88件、简单方式案件173件;年内无听证、复议、诉讼案件发生。完成换发新执法证人员资格审查、统计、数码影像采集等数据采录上报工作。

【纪检监察】 2009年,石林县工商局制定了《石林工商局2009年党风廉政建设工作计划》和《石林县工商局2009年党风廉政建设主要工作任务分解通知》,逐级签订《党风廉政建设责任书》76份。坚持每季度对落实责任制情况进行检查考核,发现问题,及时进行纠正,限期整改,年内共开展检查考核3次,发出督查建议34份。认真落实阳光政府四项制度规定,加大政务公开力度,开通了96128电话查询专线,开辟四项制度公示栏目,在政府网站公示重要事项9条,重点工作12条,社会各界人士通过96128专线查询信息7条。围绕工商行政管理业务工作全面开展查找廉政风险点和监管风险环节,共查出风险环节62个,针对查找出来的廉政风险和监管风险环节,建立健全和完善相关制度,建立了《石林县工商局廉政风险和监管风险防范管理制度》8个,进一步规范了权力的行使,有效地从源头上预防了风险。结合学习实践科学发展观活动,认真组织开展"行政效能提升年"和"干部作风改进年"活动。采取集中学习、个人自学和网上学习的方式,进一步统一思想、提高认识,切实改进机关作风,提高工作效率;广泛开展行政效能和作风建设征求意见,向社会各界发出征求意见表277份,收回271份,征集到意见、建议4条。

【人事教育】 1. 抓学习,不断提升干部队伍素质。抓好党组中心组学习,以全面提高领导干部素质、提升学习创新能力为目标,全年共组织开展党组中心组学习扩大会6次。抓好学习实践科学发展观活动。在坚持学习实践活动基本要求的前提下,精心设计活动载体,采取领导带头讲学、封闭式全员培训、获得市局岗位能手和工作成绩突出的干部交流经验、个人自学写心得的学习方式,圆满完成了第二批学习实践科学发展观活动任务。以岗位练兵为抓手,继续做好干部教育。年初制定下发干部学习教育培训计划,采取集中培训和自学的方式,挑选出岗位能手和业务强将,结合工作实际,开展专题讲座、辅导和培训,有效提高了干部业务素质。年内,共有3名干部获得市局注册登记能手和1名干部获得计算机操作能手的称号。2. 抓基层规范化建设。采取"全员参与、建好硬件、提升素质、落实责任、规范细节、树立形象"的措施,城区工商分局、北大村工商所顺利通过市局考核组的考核验收,被评为"规范化工商所",全面完成基层工商所规范化建设工作任务。3. 积极开展文明行业及精神文明建设活动。在全局干部职工中认真宣传市民"十不准"公约,广泛开展"细节文明推进年"活动,从细节入手,从小事抓起,进一步推动精神文明创建活动的发展。

【企业注册登记】 2009年,全县共有各类市场主体7 734户,注册资金359 159万元,其中:内资企业321户,注册资金126 612万元,年内新登记12户,注册资金18 429万元,办理注销11户,注册资金2 146万元;私营企业905户(含231户分支机构),注册资金208 354万元,雇工数12 362人,年内新登记265户,注册资金53 043万元,雇工人数1 759人,办理注销13户,注册资金5 127万元;农民专业合作社32户,出资总额2 349万元,成员总数645人,年内新登记19户,出资总额1 706万元,成员总数317人;个体工商户6 476户,注册资金21 844万元,从业人员数15 272人,年内新登记1 308户,注册资金8 868万元,从业人数2 217人,办理注销360户。

开展安全生产专项检查,共清查105户各类市场主体前置审批手续,检查市场10个,个体工商户1 047户,重点、热点行业企业139户;出动执法人员144人次,查处各类违法案件16件,对7户存在安全隐患的企业发出了限期整改通知书。

【市场规范管理】 1. 以诚信体系建设为契机,开展诚信市场建设。年内主要开展了"守合同,重信用"企业、农资放心店评选和商品信用分类监管工作;18户企业被评为"守合同,重信用"企业,65户农资经营户被评为县级"农资放心店",其中14户被评为市级"农资放心店"。4月初完成了对全县7个集贸市场内863户经营户的信息采录,并作了初步的信用等级评定,认定信用等级为A类的市场6个、B类的1个。2. 深入开展红盾护农行动,在涉农企业中推广合同示范文本6种5 500份,年内签订357份(其中牛奶产销合同207份、农作物种子购销合同150份);培育发展农村经纪人37人,与上年同期相比增长了80.2%。3. 以节庆假日市场整治为主线,开展了学校周边环境整治、烟花爆竹检查、打击市场黑恶势力行动、集贸市场创卫、超薄塑料袋治理、重大动物疫病市场监测防控、农资市场检查、消防安全及安全生产检查等十余项专项督查检查和整规行动,共计出动执法人员358人次,检查各类市场23个次、市场主体2 432户次,印发各种宣传材料5 168份,发出各类整改通知书和建议书100余份,签定责任书2 919份,收缴不合格塑料袋13 600余个,收缴劣质烟花爆竹67件9 426封(规格为100头/封),29件2 324封(规格为200头/封),带雷火炮57封,盘炮71盘,特红礼炮7件,礼花98根,禁止销售的大火炮10个、擦炮40.5件,鱼雷170盒,摔炮6包;没收过期农药三唑酮52包、40%乙酰甲胺磷1瓶、"精禾草克"5%乳油11包、"巴草定"12%烯草酮乳油8包,查扣假冒玉米种子3 600千克,查获假冒企业名称和农药临时登记证号、标准证号、批准证号产品的除草剂25件计1 000瓶。

全年办理动产抵押登记33件(其中变更2件、注销10件),抵押物价值9 380.5万元,主债权金额4 021万元,与上年同期相比新登记数减少16%、抵押物价值增长87%、主债权金额增长48%。

【消费者权益保护】 2009年,石林县工商局联合县质监局、农牧局、食药局等7

家单位开展“消费与发展”年主题宣传活动,现场进行了“远离传销祸害,共建平安石林”万人签名活动,组织部分县级诚信企业和著名、知名商标持有企业参加名特优产品展示。活动当天共发放宣传材料32类6.5万份,现场接受群众咨询20人次,推荐企业名优产品展示30种,销毁假冒伪劣商品数量500千克,价值50万元。11月15日,在全县未设工商分局、所的大可乡、长湖镇、西街口镇挂牌设立3个消费者协会分会,在双龙服装百货市场、金方购物广场、会议中心等8个经营性场所设立了12315投诉站和联络站。认真受理调解消费者申、投诉工作,年内共受理消费者投诉95件,成功调解89件,调解成功率94%,为消费者挽回经济损失8.2万元,受理消费者咨询120余人次。

【食品流通监督管理】 2009年,石林县工商局围绕《食品安全法》在经营户中大力开展宣传活动,共举办培训18次,培训学习人数达1 200人次,发放宣传材料5 257份,走访食品经营户534户,开展现场咨询1次,在重要路段悬挂宣传标语9条。认真做好《食品流通许可证》的核发工作。进一步完善了“两项制度”建设,完善食品购销台账监管制度,加大推进“两项制度”工作向自然村延伸,强化对食品经营者的规范引导,并对食品批发户中推行“食品批发销货凭证”(一票通),督促、纠正台账登记不规范的食品经营户1 105户。认真组织开展假冒伪劣茅台酒、不合格糖果、猪肉质量安全监管、奶制品、添加非食用物质和滥用食品添加剂、“育颀”牌固体饮料等食品专项检查整治工作,全局共出动执法人员1 799人次,检查经营户12 996户次,没收“三无”、过期食品155.3千克,查处制售假冒伪劣食品案件17件,查处无照经营食品案件19件。组织相关部门人员对2008年“食品安全示范店”及2009年新创建的食品经营户进行考核,20户食品经营户被评为“食品安全示范店”,23户通过了复评。围绕食用植物油、猪肉、牛肉、白菜、面粉、食盐、牛奶、鱼丸、米线等食品开展快速检测工作,共抽检经营户267户,检测516组,其中14组不合格,合格率为96%。

【反垄断与反不正当竞争执法】 2009年,石林县工商局组织执法人员开展移动电话机市场专项检查、饮水机市场专项检查、仿瓷餐具检查、清剿整治低俗音像制品等10余项专项检查,共出动执法人员476人次,查缴销毁淫秽音像制品202碟;查处销售不合格影碟机、电扇、灯具、钢材、细木工板、种子、农药等违法行为,立案查处制假售假案件60件,涉案金额达22.9万元。举办“打击传销、规范直销”宣传月活动启动仪式,在全县范围内开展为期1个月的系列宣传活动,重点宣传普及《刑法修正案》中增设的“组织领导传销罪”、《禁止传销条例》和《直销管理条例》等法律法规,启动仪式宣传活动共出动人员200余人,发放《禁止传销条例》、《直销管理条例》知识宣传手册、挂图及宣传材料1 200余份,受教育群众800余人,制作、悬挂布标8条。根据群众举报传销线索,组织打击传销领导小组成员单位开展清理整治行动,共出动执法人员63人次、车辆11车次,取缔了以“中国永春堂科技有限公司”名义从事“电子商务”传销活动组织窝点6个,收缴用于传销活动的业务简介、笔记本、宣传册等材料220本(册)和服装4套、化妆品8套计25瓶、皮包2个,教育遣返河南和四川籍传销人员21人,签定《出租业主预防传销活动》责任书8份。积极组织开展创建无传销社区(村)活动,创建无传销社区2个。

全年共查处各类违法违规经济案件261件,涉案金额142.13万元,其中:一般程序案件88件,简易、简单方式案件173件。案件类型有:制假售假、无照经营、商标侵权、登记违法、虚假广告、逾期年检等案件。

【商标广告监督管理】 2009年,石林县工商局围绕“三级名牌”创建工作,突出做好商标培育、管理工作,积极引导企业树立“品牌兴企,商标兴企”的意识,营造培育、管理商标的良好氛围;按照“四访、四知、四做到”的要求,在企业中广泛开展定点联系服务民营企业工作,建立商标联络员制企业49户,帮助商标注册申请企业查询商标35件次,发放商标服务卡53份、商标行政指导书108份,全程跟踪帮助、指导4户企业申报中国驰名商标、云南省著名商标、昆明市知名商标。年内云南石林旅游集团有限公司的“石林”商标被认定为云南省著名商标、云南石丰种业有限公司的“石丰”和石林永瑞太阳能有限公司的“永瑞”商标被认定为昆明市知名商标。截至12月31日,全县共有注册商标139件,比上年同期增长87%,数量是1992年的11倍。其中:昆明市知名商标6件,云南省著名商标7件。召开“培育路南腐乳证明商标”听证会,积极调研、拟定整合腐乳市场,进一步促进产业发展;积极组织企业参加政府商标表彰大会,获得云南省著名、昆明市知名商标的企业分别得到了10万元和2万元的奖励。积极开展打击商标侵权专项行动,有效保护商标持有人的合法权益。全年共查处商标案件6件,纠正不规范使用商标行为21件次。制定和实施了“三项制度”(媒体联络员制度、广告经营单位备案制度、广告经营企业代理发布广告备案登记制度)和“三个体系”(广告监管目标体系、执行责任体系、考核监督体系)的工作方案,进一步严格广告审批流程,加大广告监测力度,采取定期或不定期的方式开展广告专项检查。年内共登记户外广告36件,查处虚假、违法广告案5件,审查县电视台发布的房地产、招生等广告48条,对5条问题广告提出了整改意见。

【财务管理】 2009年,石林县工商局严格经费使用审批制度,按照“集体当家、民主理财、一支笔审批”的规定,严格执行“部门申报、财务审核、局领导审批”的三级审批制度,确保资金使用上的安全和效益,做到事前控制、事中监督、事后审查。年内完成行政事业性收费174.41万元。

【基本建设】 2009年,石林县工商局县工商行政管理局办公业务用房于7月29日竣工验收并交付使用,实际建筑面积2 425.59平方米,总投资708.04万元,其中:工程建设投资650.96万元,办公家具、办公楼标识牌、档案密集架等设备投资57.08万元。

【老干工作】 1. 组织学习、宣传国家方针政策。确定每月8日为老干部学习座谈日，组织学习了《一法两条例》、《中国共产党纪律处分条例》、《中国共产党党内监督条例》、《石林彝族自治县殡葬管理暂行办法》及十六届四中全会精神，认真听取老干部们对当前工商工作的合理化建设；定期向老干部开放阅览室，让老干部们活到老，学到老。2. 组织老干部参加建国六十周年文艺汇演活动；在敬老节当天，组织召开座谈会，并到农家乐开展观光农家自然风光和参观新农村建设示范点活动。3. 在春节、中秋节、八一建军节期间走访慰问离退休老干部，为他们定做了防寒服、征订了健康文摘等书刊，年内共慰问老干部130人次，看望生病住院老干部17人次，列支经费2.6万元。

【信息化建设】 2009年，石林县工商局以开展"计算机操作能手"为抓手，继续加大信息化建设、培训力度；加强信息安全教育，做好涉密计算机的登记管理工作；加大信息化建设经费投入，投入129 900元购置了计算机22台、投影仪1台、液晶电视9台。

【个私协会工作】 2009年，石林县个私协会按照"阳光办会"、"民主办会"的要求，积极发挥协会的"三自"作用，加强会员入会登记管理工作，进一步规范入会申请手续，建立、健全会员资料库，着力巩固和稳定老会员，发展新会员，提高会员入会率；加大宣传力度，提高会员诚信经营、守法经营的意识，年内共开展各类宣传活动6次，发放宣传材料2.7万余份，涉及各类法规和职业道德类教育10余种；加强协会组织的管理，定期召开会员代表大会，民主选举协会理事，定期召开理事会议，共同探讨协会发展新路子，年内召开协会理事会2次，审议通过了《石林彝族自治县个私协会2008年工作总结和2009年工作计划》和《石林彝族自治县个私协会章程》。积极宣传、落实"贷免扶补"政策，帮助6户企业（创业人员）分别获得了5万元的无息贷款；组织创业人员参加SYB创业培训，让各位创业者得到了全面的商业训练，熟悉了商业运作过程；建立了"创业导师库"，推荐和采集了28名优秀创业人员信息。积极宣传、组织表彰会员中涌现出的好人好事，并向市总工会推荐会员参加市道德模范人物评选活动。认真落实创安、禁毒、防艾各项工作，做到工作有台账，信息及时报，年内共向相关部门报送材料42份、8万余字。

【2009年任职的局领导名单】

党组书记、局长　刘　林

副 局 长　洪　敏　李冬梅

纪检组长　彭海欧

## 禄劝彝族苗族自治县

【概况】 2009年，禄劝县工商局人员编制132人（其中行政编制104人，事业编制28人），实有在职人员129人（其中行政人员94人，事业人员35人）；退休人员28人（其中正常退休26人，提前退休2人），单位负担遗属人员4人，临时人员12人。全局共有内设科室10个，派出机构6个，党支部7个，党员105人。

2009年，全局整体工作呈现几个特点：一、重点任务进展迅速，整体工作稳步推进。市场主体发展任务完成了县委、政府下达任务数目标；矿山整治成果突出，查处了一大批违法案件，取缔了一大批无照经营矿点；消费维权实绩突出，一会两站在涉农消费中开始发挥作用。二、服务工作更显强化。围绕服务地方招商引资、新农村建设、文明创建做了大量工作，推出多项创新服务措施、制度。其中，该局制定的《支持招商引资促进经济发展措施》被评为全市制度创新成果奖。三、队伍作风转变明显。表现在五种意识明显增强：依法履职的责任意识明显增强；自我加压、自觉学习的业务意识明显增强；情为民所系、权为民所用、利为民所谋的服务意识明显增强；积极将科学发展、软环境建设实践于工作中的务实意识明显增强；敢于打破桎梏、不断解放思想的创新意识明显增强。

【法制建设】 2009年，禄劝县工商局按县普法办的要求，年初征订普法教材1 000套，对工商局职工采取个人自学，集中考试的方法进行普法，全局129人全部成绩合格并报县普法办。对个私协会会员的普法采取县局邀请老师授课、各分会集中培训统一考方式开展，全年共普法培训近900人。2009年度全局共办理行政处罚案件211件，其中法制科核审85件，罚款105万元；备案一般程序简便方式案件126件，罚款29.81万元；罚没款合计134.81万元。对所核审的案件基本都做到事实清楚、证据充分、定性准确、处理恰当、程序合法。参与市局法制处自由裁量权的细化工作，按县政府的要求完成行政审批制度改革和行政审批项目的细化工作；针对无照经营矿山、为无照经营提供便利条件、未按期年检等一系列违法案件的处罚幅度行文做了明确具体的指导意见。

【纪检监察】 2009年，禄劝县工商局紧紧围绕省局"六项重点工作"，积极开展督查检查。共出动督察人员56人次、车辆21台次，进行督察检查21次，发出督察整改建议书14份，督察通报3期，收到整改落实情况14份，对6人进行诫勉谈话，对1人进行通报批评。

【人事教育】 2009年，禄劝县工商局围绕"突出综合素质、提升岗位技能、实施全员培训、促进终身学习"的原则，加强对各类培训工作的计划和指导，采取集中培训、知识竞赛、网络考试、岗位练兵等形式，形成立体式干部教育培训格局，着力提高干部队伍业务素质。根据专项业务工作需要组织的对口业务培训，深入开展"登记注册技能"、"执法办案技能"、"计算机操作技能"三项技能大练兵活动，使广大干部不断掌握新知识、积累新经验、增长新本领，知识水平和工作能力始终能适应社会经济发展软环境的需要。有计划地实行干部轮岗，促进勤政廉政建设和干部综合业务素质的提高。

【企业注册登记】 通过创新和完善服务方式，切实提高窗口工作人员服务经济、服务民生的效率和水平,更好地促进全县经济社会又好又快发展。充分利用企业信用监管数据平台,及时通过报纸、显示屏等媒介公布企业设立、年检及被吊销企业的信息,帮助企业了解工商部门监管企业的信息。积极推行和鼓励企业网上年检和基层工商所年检制度,进一步提高工作效率。积极落实省政府《云南省人民政府关于鼓励创业促进就业的若干意见》及县委、县政府优化投资软环境、加快市场进程的各项政策,通过进一步精简行政审批、放宽登记条件、简化登记环节、开辟"绿色通道"、提高办事效率、严格收费标准、支持就业再就业工作、执行完善"四项制度"等措施,扶持非公经济健康发展。年内新登记个体工商户1 650户,从业人员2 290人,注册资金5 091万元;新登记私营企业 123 户,投资者 161 人,雇工 984 人,注册资金15 479万元;新登记内资企业 21 户,资金5 018万元;新登记农民专业合作社 25 户。合计发展市场主体1 819户。截至年底,全县有个体工商户7 727户,从业人员10 958人,注册资金13 523万元;私营企业 529 户,投资者 963 人,雇工 5 191人,注册资金104 149万元;内资企业 470 户,注册资金119 515万元。

**【企业监督管理】** 2009 年,全县共有应验照个体工商户6 390户,已验照4 352户,验照率 68.1%。验照期间,共办理变更登记 226 户、注销登记 379 户。共有应参检企业 907 户,由各工商所(分局)负责年检 730 户。截至年底,共年检各类企业 671 户,占应检总数的 91.9%。

**【市场规范管理】** 2009 年,禄劝县工商局进一步加大节日和农村食品安全专项整治力度,切实维护农民群众的切身利益。共出动执法人员 469 人次,检查食品经营户3 080户次,检查农贸市场 38 个次,查处无照食品经营户 3 户,查扣假冒伪劣食品 119 千克,退市食品 53 千克,切实保护农村广大消费者的合法权益。开展面条、腐乳、粮、肉、蔬菜、干菜、酒等食品中的吊白块、二氧化硫、亚硝酸盐、农药残留等项目的专项快速抽检,共抽检 17 个样 22 组,对不合格食品进行了责令下柜处理。对辖区内的住宿业、娱乐场所的安全隐患进行了排查。共出动了 203 人次,检查经营户 856 户,对 8 户存在安全隐患的网吧进行了责令整改处理。加强对节日期间烟花爆竹市场的监管力度。会同有关部门对全县的烟花爆竹市场进行拉网式的检查,共出动执法人员 498 人次,检查全县烟花爆竹经营户 562 户次,检查中,重点对各经营户所销售烟花爆竹是否有准运证、是否有产品合格证等进行了检查,收缴了 227 箱无产品合格证烟花爆竹。

**【消费者权益保护】** 2009 年,禄劝县工商局不断加大维权组织网络建设,不断加强消费者权益保护力度,积极受理消费申诉、投诉、举报工作,切实维护消费者权益。认真开展"3·15"宣传活动。在活动中,现场受理消费投诉 2 件,接受消费咨询 12 人次,共发放宣传材料 5 万余份,集中展示假冒伪劣商品 20 余种,并现场讲解了其识别鉴别方法。一年来,共受理投诉案件 124 件,调解成功 22 件,为消费者挽回经济损失 16.4 万元,接受消费者咨询服务 75 人次,不予以受理 2 件。

**【食品流通监督管理】** 2009 年,禄劝县工商局以《食品安全法》颁布实施为契机,扩大宣传力度,开展了 2 次大规模的法律法规及消费维权知识宣传活动,发放《食品安全法》宣传材料5 000份,其他法律法规宣传材料4 000份,接受人民群众咨询 16 人次。深入开展食品经营主体资格清理。全县辖区1 314户食品经营户,已建立食品进货台账制度1 314户,已建立户数 100%;县城的食品市场及超市 100% 建立健全进货索证索票制度;取缔无照经营 56 户。深入开展食品安全专项整治。共部署开展了 23 次大规模拉网式的食品安全专项执法检查,共出动执法人员1 875人次、执法车辆 423 台次,检查食品经营户8 255户次,查办案件 4 件,罚没款 1.28 万元;对存在明显质量问题的假冒伪劣食品依法予以退市,共收缴过期、变质、"三无"食品 433.6 千克,对大包装白沙糖、冰糖等食品自行分装成无标识食品责令下柜,没收假冒茅台酒 14 瓶。继续加强食品快速检测工作。利用省局配发的快速检测设备,继续加强对食品的快速检测工作,全年共开展了 12 次快速检测工作,检测样品 569 个。严格按照《中华人民共和国食品安全法》、《中华人民共和国食品安全法实施条例》、《食品流通许可证管理办法》的要求,认真组织对食品流通许可证的颁发和管理。继续开展农村"食品安全示范店"创建活动。积极引导和创建一批新的"食品安全示范店",以点带面,通过开展示范店创建活动,规范经营行为,倡导诚信经营,引导安全消费,促进农村食品流通体系建设。年内共创建"食品安全示范店"26 户。

**【反垄断与反不正当竞争执法】** 2009 年,禄劝县工商局会同烟草部门开展"风暴十号"专项行动,切实加强"两烟"打假打私工作,突出打击境外走私卷烟、假冒卷烟、非正规渠道卷烟及无证经营卷烟;在行动中共出动检查人员 356 人次,查办案件 56 件,其中未在核定的销售点销售卷烟的 2 件,无证经营卷烟 51 件,销售假烟 1 件,擅自收购烟叶 2 件,没收假冒卷烟3 291条,烟叶1 050千克,罚款6 706.8元。深入开展市场专项执法检查行动,严厉打击制售假冒伪劣商品违法行为,严厉查处各类违法违章案件,规范市场经济秩序。根据市局整治方案及各项专项整治行动的通知,结合实际,确定重点品种、重点市场、重点区域,开展有针对性的专项执法检查,切实解决人民群众投诉较多、反映强烈的产品质量突出问题。开展了茅台酒、背姿矫正带等多项专项执法检查,产品质量和食品安全专项整治行动,共查办案件 77 件,案值 320 万元,罚没款 21.8 万元;没收假冒茅台酒 14 瓶,没收假冒步步高抽油烟机 6 台,没收"背姿矫正带"84 个、没收各类假冒伪劣卷烟 30.9 条,没收不合格胶膜玻璃 651.3 平方米。

**【广告监督管理】** 2009 年,禄劝县工商局继续做好户外广告登记工作,并通过对未经登记擅自发布户外广告的行为进行查处,切实规范广告登记工作,全年共登记户外广告 46 户次。按照《2009 年度全市广告监管工作要点》及《关于开展整治邪教组织等利用广告从事宣传的专项工作安排》等,在全县范围内开展对各类广告的检查、整治,共出动执法人员120人次、执法车辆80台次,检查户外广告260户次。

【商标监督管理】 2009年,禄劝县工商局紧紧围绕“尊重知识,鼓励创新”的宣传主题,借4.26知识产权日开展了形式多样、内容丰富的“保护知识产权宣传周”活动,并把“宣传周”活动进一步向农村市场延伸;积极推动全县创“三级名牌、三级名品”活动;开展“一所一标”和“一所多标”工作,全面落实商标注册申请工作;制定并实施商标战略,以争创知名、著名、驰名商标,促进企业发展为目标,进一步加大资金、技术扶持力度,集中培育一批名牌产品、名牌企业,为全县经济社会又好又快发展做出贡献。全年新申请注册商标12件,推荐申报“云南省著名商标”2件,推荐申报“昆明市知名商标”3件。

【计划财务工作】 根据财经法规和省、市工商局财务管理相关规定,禄劝县工商局制定了内部财务管理规定和单位经费细化开支规定,建立票据回访制度,定期和不定期对各部门进行督促检查,按时、按质、按量上报各类统计报表,科学上报2010年预算和月滚动预算,据实上报2009年部门决算,提升现有各种财务管理软件运用的广度和深度,提高财务管理信息水平,以实施财务精细化管理为目标,初步实现财务工作流程规范化和工作标准化。全年完成行政性收费37.14万元,为计划数的212.4%,罚没款入库134.81万元。

【基本建设】 撒营盘工商所顺利竣工并通过验收,与系统内同类工程相比,投资少、标准高、质量好。完成转龙工商所1.5亩土地储备,全面启动规范化工商所建设,城区分局、撒营盘工商所顺利通过市局规范化验收。全局引入昆明工商形象识别系统,对城区分局、撒营盘所以及局机关的形象标识进行了统一更换。

【机关党建工作】 组织全局6个党支部和个私协党总支总计170名党员干部参加科学发展观学习活动,在全局范围内针对全局和个人自身存在的问题,广泛开展批评与自我批评。党组领导班子通过撰写分析报告、开展“两会一评议”,着力自查在科学领导、科学决策中存在的问题。干部职工结合岗位特点通过谈体会、写心得,着力自查在履职中存在的问题。全局各支部开展党员交心谈心活动,党员们结合自身感受,为全局的发展指问题、想办法、提措施。全局共开展党员交心谈心95人次,党员干部提出问题、建议20条,干部职工写出心得体会132篇。该局制作的反映全局学习实践科学发展观活动情况的专题片《科学发展熠红盾》,被县“科发办”下发到第三批学习实践活动单位进行推广学习。

【经济检查】 2009年,禄劝县工商局继续加大传销打击力度,充分发挥村委会、村民小组等基层组织和基层工商所市场巡查、派出所治安巡逻在查禁传销活动中的作用,对传销活动保持严密监控;充分利用12315、110举报网络、信访渠道,及时发现传销行为和组织;对传销活动进行反复清查、防止传销和变相传销活动回潮。积极配合县级各部门进行非法矿山整治,全年共出动执法人员90余人次、车辆30余台次,查处非法采矿案件10件,没收非法开采铅锌矿2吨,查处2家无证经营红砖厂,共计收缴罚没款24.54万元。

【信息化建设】 局机关、城区分局、撒营盘工商所、行政审批中心工商窗口相继建成了政务信息远程公示系统、自助查询系统并投入使用。

【消委会工作】 积极推进“一会两站”建设,2009年,禄劝县工商局加大12315农村消费维权组织网络建设力度,在全县乡镇政府所在地设立了16个消协分会,在195村委会、行政村设立了195个12315申诉举报站和投诉联络站的基础上,在县城中的3个超市和2个市场设立了5个12315申诉举报站和投诉联络站,圆满完成2009年度“一会两站”建设工作,在全县建立了覆盖乡镇、村委会的农村消费维权组织网络,建立了维护农民消费者合法权益的工作平台,全县辖区基本形成了纵向到底、横向到边、覆盖城乡、纵横联动的12315申诉举报网络,使农村消费申(投)诉不出村、不出乡就并得到妥善处理,使农村消费者的合法权益得到及时、有效保护。加强对全县所有12315申诉举报站和投诉联络站的管理和指导工作,使其能正常运转,真正起到12315申诉举报站和投诉联络站的作用,切实维护农民消费者合法权益。

【个私协会工作】 根据《章程》规定,在完成各分会理事会换届选举工作的基础上,园满完成县个体私营经济协会理事会换届选举工作。认真筹备,精心组织,召开了禄劝彝族苗族自治县个体私营经济协会第二次会员代表大会暨“守法、诚信”先进表彰大会。成功组建成立了“中共禄劝彝族苗族自治县个私经济组织总支委员会机关支部委员会和禄劝双星建筑有限责任公司党支部”两个支部。进一步规范了入会登记手续,完善了会员登记档案、登记台账,建立了会员档案资料库,同时加强对会费的收缴管理工作,加强对基层分会的指导和监督,严格收费标准,严格财经纪律,按照“取之于会员,用之于会员”的原则,使会费的收取和管理得到进一步的规范。

【2009年任职的局领导名单】

党组书记、局长　槐永纲

副 局 长　杨国虎　唐洪森

纪检组长　王真发

## 寻甸回族彝族自治县

【概况】 寻甸县工商局内设办公室、人事教育科、法制科、登记注册科、市场监督管理科、公平交易科、纪检监察室;县个体私营经济协会和消费者协会挂靠在工商局;派出机构有仁德分局、塘子工商所、羊街工商所、金所工商所、功山工商所、马街工商所、柯渡工商所、鸡街工商所。全局共有在职干部职工85人,其中男职工67人,女职工18人,公务员72

人,工勤人员13人,平均年龄41.5岁,少数民族10人。全局共有党员61人。

2009年,在昆明市局、寻甸县委政府的正确领导下,寻甸工商局坚持以邓小平理论和“三个代表”重要思想为指导,紧紧围绕市局的安排部署和县委政府中心工作,全面学习实践科学发展观,进一步更新观念、提升服务、强化职能、狠抓落实,切实维护市场秩序,积极营造服务、发展理念,为更好地促进全县经济社会又好又快发展、全面完成上级的各项工作布置做出新的努力。

**【法制建设】** 2009年,寻甸县工商局以贯彻落实《全面推进依法行政实施纲要》和建设“法制工商”为契机,抓好干部法制培训,不断推进法制建设,提高依法行政水平。全年共组织法规集中培训2次,召开执法经验交流培训2次,“一会两站”培训4次,开办黑板报24期,发放法律宣传资料1万余份。开展执法监督检查及案件核审,督促案件办理质量和进度,推行行政指导,对基层查处的大案、要案、疑难案件做到提前介入,提供法律服务,确保所办案件事实清楚、证据确凿、定性准确、处理恰当、程序合法。2009年共提前介入办理案件24件、深入基层指导办案58人次、协助基层办案18件,发出责令改正通知书350余份,大力推行全员执法办案,参与执法办案人员的比例达80%以上。

**【纪检监察】** 2009年,寻甸县工商局认真学习贯彻中纪委等各级党风廉政建设工作会议精神,全面履行党风廉政建设及纠风目标工作职责,层层抓好责任制的落实,在全局营造良好的廉政勤政氛围。紧紧围绕职责任务的新变化、新要求,出台了新的效能督察实施方案,督察内容包括政令禁令执行情况、依法行政情况、政治思想建设情况、业务工作落实情况等,督察方式采取上班签到、不定时实地督察、电话督察、以消费投诉为名进行督察、暗访督察、对节假日车辆封存情况进行督察等多种方式,对检查发现的问题和不足严格按考核标准进行扣分、限期整改,整改效果组织开展“回头看”,共组织开展督察检查4轮,发出督察建议书64份,有力地促进了各项工作的开展。在羊街、马街工商所开展基层执法人员向监管服务对象代表述职述廉活动,测评满意率98.5%。在廉政文化建设方面,继续坚持开展每月通过互联网向全局干部职工手机发送廉政短信、每季度发送一封《致全局干部职工的廉政公开信》、设置宣传橱窗板报公开栏、建立廉政文化走廊、安装廉政文化宣传图片等活动。共发送廉政短信12条,撰写廉政公开信4封,设置廉政文化走廊5个。围绕重点岗位推进廉政风险点管理,查找廉政风险环节39个,廉政风险点101个,制定防范措施64条,促进广大干部正确履职、依法行政、执法为民、廉洁从政。

**【人事教育】** 2009年,寻甸县工商局分别采取集中或分散培训、案例教学、知识竞赛、网络考试、岗位练兵等形式,形成立体式干部教育培训格局,着力提高干部队伍业务素质。组织技能大练兵、岗位大比武活动,其中一名同志荣获市级登记注册能手称号,一名同志进入省级行政执法能手决赛。认真贯彻执行上级的决策思路,按照实现“三个到位”和“六个好”的工作目标,结合寻甸实际对各项工作明确细化工作目标、方向,责任到人,采取“对号入座”的方法认真抓好落实。通过组织开展扎实有效的干部教育培训活动,全局干部职工的思想政治素质及文化业务素质得到进一步提高、工作热情进一步高涨,市场监管及行政执法能力不断加强。

**【企业登记注册】** 2009年,寻甸县工商局认真落实国家局《关于改进和加强企业登记管理工作的意见》,凡法律法规未明文禁止的行业和经营项目,只要不涉及对人民生命财产安全造成危害的,都按照《意见》要求予以登记。加强对企业登记的服务指导。对政府重点扶持发展的企业和国有大型企业及招商引资的企业登记工作,采取事前介入,指定专人负责,上门服务,全程跟踪等方式,主动掌握企业的登记需求,及时提供登记指导,搞好咨询服务,为企业排忧解难办实事。改变现有的企业年检模式,实现企业属地管理,将企业年检工作与“经济户口”状态核实、日常巡查有机地结合起来,实现真正意义上的属地监管。登记窗口全体工作人员正式进驻县便民服务中心上班,所有企业登记、商标、广告业务均搬至便民服务中心办理,真正实现领导进中心、人员进中心、公章进中心、业务进中心。在验照工作中做到“四个结合”:与经济户口相结合,认真清理核实各类有效数据,确保数据质量,严格分类监管;与清理无证经营相结合,在对辖区内无证经营进行集中整治的基础上,借验照之机进行清理、查处与取缔;与前置审批手续的清补查验相结合,严格前置审批,严把登记入口关,确保验照户证照齐全、手续完备、主体合法;与建立完善备案台账相结合,加大市场巡查的力度,按个体工商户验照要求进行备案。

通过以上措施的开展,截至2009年底,全县实有个体工商户7 602户,2009年新登记2 056户;实有私营企业426户,比上年同期增长了84户;实有内资企业288户,2009年新登记10户;实有农民专业合作社164户。

**【市场规范管理】** 全年创建“农村食品安全示范店”46户,创建“诚信商场”4个,农资放心店5户,“守合同、重信用”企业44户,推广合同示范文本7种,签订各类涉农合同19份,合同金额625万元。认真组织开展食品安全专项检查,共出动执法人员1 493人次、车辆746台次,检查食品经营户4 170户次,捣毁制假售假窝点1个,收缴不合格散装菜籽油46千克,不明原因病死畜肉600千克,各种过期变质食品249袋(盒)、饮料1 511袋(瓶),制作食品安全消费宣传板报10期;牵头组织对全县16个乡镇开展了农资市场联合执法检查,共出动执法车辆246台次、人员452人次,检查市场86个次,检查农资经营户938户,发放《农资真假识别基本常识》5 500份,查扣假冒伪劣种子253千克、没收不合格“永旭牌”过磷酸钙9吨、过期农药137瓶(盒、袋),立案查处农资案件9件,罚没款9.2万元。

【消费者权益保护】 加强“一会两站”建设,已成立消费者协会分会8个,已成立消费者投诉站、12315联络站174个,共受理消费者申(投)诉17件,接待消费者来访、咨询190余人次,挽回经济损失11.47万元,发布消费警示3期,销毁价值15万余元的假冒伪劣商品3.2吨。

【反垄断与反不正当竞争执法】 通过坚持不懈的努力,寻甸县工商局的行政执法工作总体案件数量上升,形成了机关职能科室与基层工商所均积极参与办案、齐头并进、全面开花的格局;总体案件质量得到加强,适用法规得当,程序更加规范化,充分体现了工商行政管理应有的法律效率;案件涉及面得到拓展,充分体现依法行政、执法为民,行政执法收到了较好的社会效益。全年共办理案件239件,其中一般程序案件220件(简单方式案件170件)、简易程序案件9件,组织听证会1次,申请法院强制执行案件2件,实现罚没款66万余元。

【广告监督管理】 2009年,寻甸县工商局切实加大广告市场监管整顿力度,积极配合文明县城的创建活动认真清理户外广告,严把市场准入关,把关系人民群众身心健康和违法问题易发多发的药品、医疗、保健食品、化妆品、美容服务等广告作为整治重点,严格审核登记,共审查发放《户外广告登记证》34份。

【商标监督管理】 2009年,寻甸县工商局积极引导企业组织开展“品牌兴企”、“品牌强企”的宣传培训活动,大力提升企业的商标发展战略意识,积极引导企业申请注册商标,加快培育驰名、著名商标,共申请注册商标21个,推荐市知名商标3个、省著名商标2个,3个市知名商标已被认定。办理商标侵权案件8件,没收假冒长城799注册商标玉米种子204千克、服装62件(套),罚款20147元。

【计划财务工作】 按照财务管理法制化、资金审批使用程序化、财务核销凭证制度化、财务凭证粘贴装订规范化等流程管理模式进行操作,并狠抓“两节”工作,如完善车辆管理制度、尽量压缩会议开支、水管改造等,使费用与上年同期相比出现了大幅度下降。同时,对每一笔收支票据的真实性、完整性进行认真审核,杜绝了可能发生的违反财经纪律的行为。继续强化分户账管理工作制度,进一步加强对各工商所(分局)的财务指导和监督,严格执行“收支两条线”,严格执行每月票据核销制度;组织各所内勤人员进行财务知识及业务培训,不定时对各所财务情况进行督促检查。

【基本建设】 2009年,寻甸县工商局结合基础建设较为薄弱、严重制约基层工作发展的实际,积极引导各基层部门树立“硬件不硬但软件不软”的观念,对3个基础条件相对较好的基层部门,按照《昆明市工商系统形象识别规范手册》的要求,投入资金11.8万元进行形象标识、政务公开及基础设施统一改造。同时,切实发挥主观能动性和创造性进行全员、全面创建,加强组织领导,落实目标任务,规范工作台账,抓动态监督,抓跟踪督察,举全局上下之力、聚全局干部之心,一心一意谋发展、竭尽全力抓规范。在省市工商局及寻甸县委政府的关心支持下,第一幢基层基础设施示范达标工商所于2009年2月27日正式搬迁投入使用。

【机关党建工作】 2009年,寻甸县工商局认真开展深入学习实践科学发展观活动,从思想教育篇(封闭式培训、先进典型经验交流、科学发展各个层次大家谈、理论知识点测试等)、工作模式篇(全面推行网格化监管工作模式)、业务思路篇(以六项重点工作的推进为目标,制定方案和细则、落实工作进度、解决实际困难)、基础保障篇(攻艰克难真抓实干的领导班子、团结协作锐意进取的干部队伍、有的放矢因地制宜的管理制度、文明和谐谋事干事的工作环境等)几个篇章入手,唱响主旋律、掀起新高潮,基本实现了“把党员干部的积极性进一步引领到科学发展上来,把科学发展观贯彻落实到工商行政管理的各个方面”的目标,理清了推进科学发展的总体思路和主要措施,得到了督导组的高度认可和好评。

【老干工作】 2009年,寻甸县工商局以贯彻落实好老干部政治、生活等方面的政策为主线,以为37名离退休老干部排忧解难、主动搞好服务为宗旨,主动与老干部多沟通,真正了解他们所想、所需、所盼、所求,切实为他们解决实际生活中的困难,继续为退休干部职工办理了工会组织的医疗互助公积金,做到有病人帮我,无病我帮人。在新春佳节及重阳节来临之际,因地制宜、结合实际,采取召开座谈会与发放慰问信相结合的方式,积极组织开展全局离退休老干部春节、重阳节慰问活动。同时,坚持对生病住院的老干部进行慰问看望。

【信息化建设】 1. 利用已有软件的统计及信息查询功能,充分发挥已有信息为决策服务的作用,进一步清理数据,为数据公报提供技术支持。2. 设立96128专线电话2部,发布内网信息938条,发布外网信息122条,在寻甸政务信息网、云南省政府信息公开网站上对外公示公开各类信息146条。3. 电子公文交换系统正式启用,与各单位、乡镇之间实现了电子公文交换,促进了公文处理的快速高效、安全保密。4. 在全局推行网格化监管工作模式,即依托计算机信息平台,以落实监管责任到人为核心,把寻甸监管辖区划分为33个网格作为管理单元,通过一年的推广实践,网格化监管工作模式初见成效,网格责任人责任心明显加强,工作的积极主动性得到提高,网格数据核实认领、数据的规范补充录入、巡查记录的录入方面成效十分明显,真正做到“重点管住,难点管好,一般管到,热点管快”。

【个私协会工作】 2009年,寻甸县个私协会按照科学办会、民主办会、依法办会的原则,认真开展非公经济党建工作数据采集工作,开展培训3次,收集采集表420份,掌握了私营企业中建立党组织、工会组织等各类组织情况。认真落实“贷免扶补”相关政策,发放宣传资料500余份,接听电话资询80余次,收到“创业计划书”28份,实行创业帮扶10

户，并严格进行筛选把关，完成36名创业导师信息的采集和录入工作。制作了7 000份个私协会慰问挂历，向各级理事、会员、社会各界表示诚挚的问候和衷心的感谢。联合地方政府在个私企业中开展《食品安全法》培训，发放食品安全宣传材料300份、"共和国之路"爱国主义教育宣传资料550份，培训食品经营户403户。在云南省爱国主义教育基地寻甸县柯渡镇丹桂村委会组织开展"光彩事业老区行——寻甸县个私协会理事单位救助困难群体行动"，21户因为疾病、残疾、年老体弱等原因生活仍然极度贫困的家庭接受了捐赠帮扶，共捐赠电饭锅21个、防寒被21床、捐赠款10 500元。各类会员活动丰富多彩，如在汶川大地震一周年之际，金所个私协分会到寻甸龙蟒磷化工有限公司与部分受灾干部职工进行了慰问座谈；鸡街分会组织辖区50位会员，利用早晚的时间参加为期6天的创业培训班学习等。

【2009年受到表彰的单位和个人名单】

寻甸县消费者协会羊街分会、寻甸县消费者协会金所分会荣获市级农村消费维权组织网络建设先进集体称号。

李志明、张建华、刘绍洪、陈永祥、杨光银荣获市级农村消费维权组织网络建设先进工作者称号。

【2009年任职的局领导名单】

党组书记、局长　刘健康
副 局 长　李志明　马家鸿
纪检组长　朱　荣

## 曲靖市

【概况】　按照省工商局和曲靖市委、市政府的安排部署，全市工商系统深入学习党的十七届四中全会精神，深入学习实践科学发展观，从党建工作制度建设、党员队伍教育管理、加强党内监督等措施入手，全面加强党的基层组织建设，全力服务曲靖经济社会发展大局，坚持政令畅通，创新务实工作，努力提高科学监管的能力和水平，各项工作稳步推进，取得明显成效，全市工商精神打造和工商文化建设进一步深化，班子队伍建设进一步夯实，团队精神建设年活动有力推进，服务效能进一步提升。多项工作受到省局和市委、市政府肯定。年内，市工商局被曲靖市第三届人民代表大会常务委员会授予"人民满意单位"荣誉称号；被市委命名为市级文明行业，市局机关和8个县(市)区局成功争创为"省级文明单位"。7月，国家工商总局纪检组长石见元专程到曲靖市工商局及南宁分局视察了风险点防范管理、基层建设及业务工作开展情况，对全市工商系统工作给予高度评价。

【法制建设】　大力加强法制建设，促进监管执法规范化，提升执法办案质量。全面推行执法规范化十项制度，继续抓好"三制四化"工作机制的推行，积极推行说理式执法文书和合理裁量制度，严格规范执法办案程序和执法办案行为。探索创新执法办案模式，对违法行为人进行警示与疏导。全市各级办案机构共组织对1 326个当事人进行回访，法制机构组织对229个当事人进行抽查回访。积极开展案件考评，全市共考评案件775件。市局组织了行政执法案件质量评查，收集全市159件行政处罚案例汇编成册作为学习教材，进一步规范执法行为。积极推行全员办案机制，增强执法能力，促进基层工商所全面履职到位。通过"以强带弱"、"促弱增强"、"互学互帮"、"以用促学"等措施，全员执法、人人办案，执法水平不断提升。全市工商系统共查办各类案件5 309件，其中立案案件775件，一般案件简化办理3 060件，简易案件1 474件，案值9 334.25万元。

【纪检监察】　2009年，曲靖市工商局认真落实"四项制度"，打造阳光工商，强化效能督察工作，制定效能督察实施办法，列出日常督察工作对照表、督察队任务管理表、督察队员质量评价表，从"六项重点"和"十项重点"工作、服务效能、工作规范等方面，逐一对照"一表一图"开展督察工作。积极抓好督察机构规范建设，营造良好氛围，切实提高督察工作科学性。以网络督察、电子监察等方式，加强日常监督与动态监督，工作效能、服务效能、队伍形象不断提升。全市工商系统着力建立"风险预警、风险免疫、风险防范、风险监督"四项机制，认真开展风险排查，全面抓好廉政风险点和监管风险点管理，维护市场安全和队伍安全。麒麟区局建立罚没物资管理制度，对罚没物资的入库、出库等环节严格实行监交制。宣威市局建立"三级防控机制"：股、所长加强对本部门风险责任人的日常教育和提醒；对苗头性问题，由分管局领导组织对责任人进行诫勉谈话；纪检组对出现风险的责任人进行处置和问责。根据国家工商总局安排，在2009年11月召开的全国工商系统廉政风险点座谈会上，曲靖市局向各地工商系统领导和与会代表介绍了廉政风险点工作经验，受到与会人员好评。

【人事教育】　2009年，曲靖市工商局深入开展学习实践科学发展观活动。按照总局、省局要求认真开展了全员培训、专题讲座、典型经验交流、现场观摩学习等"十个一"活动。全市89名科级干部到武汉大学进行金融危机、行政许可法、团队管理等内容的学习。部分基层工商所就争创全国一流工商所、个私经济协会工作等做法进行了交流发言。组织到南宁分局现场观摩。全体人员认真学习指定的《团队是这样造就的》等3本书籍，紧密联系实际分析查找问题。围绕"个人形象一面旗，工作热情一团火，谋事布局一盘棋"主题，精心组织开好专题民主生活会和组织生活会，通过深入剖析，形成高质量的分析检查报告。

加强队伍理念意识塑造，进一步提升队伍综合素质。以学习为抓手，采取"抽签讲法、同步摄录回放"的学法方式，"以强带弱、促弱增强"的全员执法办案模式，全面提升队伍综合素质。广泛开展岗位大练兵、大比武活动，全方位提升队伍"五种素质"和"三种能力"。全市共举办业务基础知识、法律法规专题培训、实战演练培训238期，考核选拔出104名县局执法能手、40名市局执法能手。继续深入学习礼仪知识和素质教育读本，加强礼节礼貌和形象仪表建设，提升工商人员的文明素质和个人修养，狠抓队伍大局意识、集体观念、责任意识和团队意识打造。全系统年内共组织学法抽讲792次，共有1 182人次主讲，提交手写讲稿1 553篇，同步摄录回放767次，摄录回放影像资料396.5小时。

【企业注册登记】 2009年，曲靖市工商局认真落实市委、市政府"保增长、保民生、保稳定"的具体措施，发挥职能作用，积极服务各类市场主体平稳发展。把工作的切入点放到培育市场主体、扶持企业发展、积极搞好服务上。转变工作作风，强化发展氛围。认真执行和落实服务承诺制、首问责任制、限时办结制和问责办法，个体户登记符合条件的当场办结、企业登记3日内办结。狠抓窗口作风建设，提供优质高效服务，优化发展环境。采取延时服务、电话预约、送照上门、AB角互换等措施，开展注册登记、企业年检等工作，方便人民群众。设立服务岗，主动为前来办理事项的群众服务。努力营造良好的经济发展软环境，促进了各类市场主体平稳快速发展。年内，全市共有内资企业5 662户，注册资本362.39亿元；私营企业9 173户，注册资本172.93亿元。做好企业年检工作，全市应检企业13 417户，实检12 628户，年检率94.1%。

【外商投资企业注册】 2009年，全市共有外资企业232户，投资总资9.24亿美元，注册资本达4.51亿美元，外方认缴资本达3亿美元。年内应检外资企业216户，实检136户，参检率62.97%，合格率100%。实现销售收入37.7亿元，纳税总额2.9亿元。不断推进服务窗口建设，规范执法行为。改进登记服务方式，进一步放宽市场准入条件，简化审批环节，实行"一审一核"制。大力推行预约服务、上门服务、跟踪服务等服务措施，建立疑难问题"会商"制度、走访企业制度、属地监管信息制度，对产能过剩、技术落后、破坏资源、污染环境的濒危企业进行清理。对政府的重点招商引资项目实行全程跟踪服务，为"曲靖农业科技示范园"四个项目进行了登记，三个项目进行了名称核准；为昆明三雪松咨询有限公司拟在曲靖市麒麟区开发区设立分公司一事举办行政许可听证会，帮助企业解决困难，通过不断提高登记管理水平，保证了外资登记窗口连续多年零投诉。

【企业监督管理】 认真贯彻执行云南省委、省政府加快非公有制经济发展的21条措施，落实一系列工作要求，充分发挥个体工商户登记职能，积极推进创业带动就业工作，落实国家在政策扶持、市场准入、收费减免等方面的优惠政策，鼓励扶持下岗失业人员、返乡农民工、大学毕业生实行自主创业，全年共安置下岗失业人员550人，高校毕业生从事个体经济共有169人。个体工商户突破10万大关，共有105 306户，注册资金31.21亿元。组织开展个体工商户验换照工作。应验照个体工商户75 716户，实际验照70 287户，验照率92.8%。大力加强对各类市场主体的引导和联系，共向个私业主发送工商法律法规、倡导诚信经营等内容的手机短信30.6万条。开展查处取缔无证照经营专项整治行动，共检查经营户6 443户，查处无照经营案件2 960件，案值3 010万元，罚款295万元。

【市场规范管理】 巩固深化"七农"工作机制，积极服务农村改革发展。1. 抓好红盾护农工作。加强"首管商品"管理，实行种子"留样备查"，开展"人盯人"、"一帮一"等有效监管措施，从源头上确保农业生产安全；全面推广"六制三账一卡一书"等做法，强化市场监管，加大违法案件查处力度。全市共查处农资案件11件，案值71.78万元，罚没金额73.68万元。师宗等6个县(市)区建立了放心农资服务站，农资市场秩序进一步规范。2. 抓好经纪活农工作。全市共组织对农村经纪人培训22期，合计1 796人次，全市农村经纪人有3 506户，圆满完成净增长不能低于8%的目标。年内发展农民专业合作社430户，涉及种植业、养殖业和农副产品加工等行业，有力促进了农业产业化经营。3. 开展合同帮农工作，全市工商系统开展了对会泽生菜、"富源魔芋"、"宣威土豆"、万寿菊、青刀豆等10个重点品种农业订单示范文本推行试点，对涉及农业企业199户，126 611份合同的履行进行指导监督，涉及金额34 080.8万元。4. 开展商标富农工作。总结完善宣威、富源等地在农产品商标和地理标志注册保护中的工作经验，健全完善地理标志证明商标的培育、保护、使用及管理措施。以商标为手段，带动特色产业发展，促进农民增收致富。

加强诚信创建，营造良好市场氛围。与市委宣传部、文明办密切配合，把诚信市场的创建列入全市诚信体系建设范畴。经考评、考核，初步认定并公示19个"1A、2A级诚信市场"；录入商品交易市场283个，已认定235个。继续全面抓好"消费者满意街"、"文明诚信市场"、"文明诚信企业"、"文明诚信经营户"的创评工作，参与全省、全国的"百城万店无假货"一条街、店的创评工作。各地还扩大创建覆盖面，开展了个体工商户"创星"工作。在诚信建设中，全系统延伸工作触角、拓展维权领域，积极主动工作，从老百姓日常生活息息相关的短斤少两行为入手，持之以恒加强度量衡器监管，群众利益得到实实在在地维护。

【消费者权益保护】 按照总局加强12315"四个平台"建设和省局把12315建设成为云南工商"第一形象品牌"的要求，加大12315行政执法体系建设力度，积极拓展服务领域，提升服务效能。2009年，全市工商部门共受理消费者申(投)诉举报5 024件，接待消费者咨询

22 310件,各地认真落实"两个100%"要求,认真维护消费者权益,为消费者挽回经济损失1 111.29万元。各级工商部门共收到锦旗16面,感谢信23封。市局抽查回访消费者326位,满意度为100%。各县(市)区工商局大力营造氛围,提高群众维权意识,广泛开展法律法规宣讲进农村、进学校、进社区、进企业、进市场、进商场、进超市的"七进"活动。同时,组织开展"送电影送法到农村"活动。全市"七进"活动应宣讲对象总数14 133个,2009年已宣讲7 171个,占50.73%,全员参与率达81.3%,全市共组织放映电影525场次。

**【食品流通监督管理】** 强化食品安全监管,扎实开展市场整治。结合《食品安全法》的实施,进一步加大宣传和市场巡查、整治力度,突出检查重点,落实责任片区、责任人,切实加大对重点食品、重点区域的监管力度;建立食品安全动态监管机制,抓好索证索票制度和进货台账制度"两项制度"的落实,力争做到城市和农村所有食品经营主体100%建立并执行"两项制度";"一票通"和"两项制度"不断规范,成功开展了食品安全应急演练,提高了快速反应能力和复杂条件下的监管水平,流通环节食品安全监管进一步加强,食品流通许可证核发工作有序进行,全市共核发食品流通许可证534个。全市有288个集贸市场、批发市场,620个商场超市,13 662户食品经营户建立了"七制两书"及"两项制度"。创建"食品安全示范店"415个,共查办制售假冒伪劣食品案件201件,查扣假冒伪劣食品和不合格食品14 901.66千克,查处制售假冒伪劣食品总案值达17.03万元。

**【反垄断与反不正当竞争执法】** 认真开展整顿和规范市场经济秩序工作。开展反走私综合治理工作,代曲靖市人民政府起草了《曲靖市人民政府关于反走私综合治理工作考核的实施细则》及《全市反走私综合治理工作考核评分细则》。开展"三电"专项整治、"两烟"市场整治、商业贿赂治理"回头看"、"扫黄打非"、报废机动车回收管理及废旧金属收购站点专项行动、"傍名牌"专项行动。针对群众投诉的热点,开展了整治手机市场、名酒市场、汽车反光模市场行动,与企业联合开展了上海大众汽车配件打假维权行动、"昆电工"驰名商标维权打假行动、电子产品专项检查等一系列专项行动,营造了公平竞争、规范有序、诚信和谐的市场环境,提升了市场信心。2009年,全市工商系统共查办各类案件5 309件,案值9 334.25万元,罚没款1 444万元。

**【广告监督管理】** 认真开展广告经营单位年检工作,应检广告经营单位171户,取得《广告经营许可证》的19户,全部通过年检,年检率100%。认真开展媒体广告的监测工作,全市共监测媒体广告11 426条次,监测出违法广告77条次,责令整改77条次,立案查处5条次。加强广告的日常监管,严厉打击虚假违法广告经营行为,共查处虚假违法广告案件392件,罚没款24.83万元。开展严厉打击网上性药品、性病广告和固定形式印刷品清理等专项整治行动。经查,辖区内无网上性药品和性病广告;有10户未经登记从事固定形式印刷品广告,外地广告经营者在本地发布的有3户,其中有1户发布非广告信息,对未经登记的下发了书面停刊的通知,对有证经营且内容轻微违规的下发了限期整改通知。开展不良广告和整治手机媒体低俗之风工作,监测检查电视、报纸、广播、期刊、户外媒体广告483条次,责令停止发布、责令整改30条次。在整治手机媒体低俗之风工作中,尚未发现违法、违规行为。

**【商标监督管理】** 抓好商标培育,积极推进商标战略的实施,全市有效注册商标达1 800件,其中地理标志证明商标5件,中国驰名商标2件,云南省著名商标69件,曲靖市知名商标84件。1. 积极帮助、引导做好商标申报工作,保障曲靖市知名商标、云南省著名商标、中国驰名商标的梯次培育、认定保护和推荐申报工作有序开展。2. 报请市政府召开了中国驰名商标、云南省著名商标、曲靖市知名商标表彰大会。"云维"、"宣威火腿"2枚商标被认定为中国驰名商标,实现了曲靖中国驰名商标"零"的突破。3. 全面开展"一所多标"活动。落实"三个至少"工作要求。即每个工商所每年至少指导帮助申请1件民间传统特色产品商标或农产品注册商标;至少确定1件已注册农产品商标,扶持其成为当地特色农产品;至少指导1户涉农企业积极运用"公司+商标+农户"经营模式。全年运用"公司+商标+农户"共发展商标44件(户),带动和参与农户162 813户。4. 进一步加大对注册商标的保护力度,打击侵权假冒行为,依法保护注册商标专用权。先后开展了对体育用品服装、"宣威火腿"证明商标使用专项整治,全市共查处假冒注册商标案件216件。

**【计划财务工作】** 严格财务预决算,认真贯彻落实"收支两条线"管理规定。在确保不发生"乱收费,乱罚款,乱摊派"的前提下,超额完成了纳入预算管理的非税收入计划任务,截至11月30日,全市共完成非税收入82万元,罚没款1 433万元,并全额上交省财政。加强财务管理,开展内部审计工作,对全系统10个预算单位2008年度部门预算执行及其财务收支情况进行了财务检查和内部审计,在审计中没有发现严重违反财经纪律的情况。加强财务规范化建设,2009年5月,财务规范化建设经验在全省财务工作会议上进行交流。

**【基本建设】** 2009年,曲靖市工商局完成了全市工商系统2009~2010年基本建设规划工作、建成基本建设管理"信息库"。所有新建、扩建、迁建、购置、改造装修办公用房项目,都严格按程序报批,严格执行省局办公用房《规范化建设方案》。经省局批准建设的项目20个,共征用土地64.68亩,批准建筑面积18 735平方米,批准总投资4 820万元。共筹集建设资金4 964万元,其中:省局拨款1 244万元、地方政府补助300万元、系统盘活闲置的房产、地产筹集3 420万元投入基本建设。通过努力,已开工建设项目18个,建筑面积16 490平方米,其中:已竣工搬迁7个,建筑面积

5 920平方米。在已竣工的基建项目中，麒麟区局机关和白石江工商所、罗平县局机关和鲁布革所、板桥分局共5个办公用房项目由于严格执行省局规范化方案，工程管理规范，建设质量好等，在省局规范化方案修改设计中，被省局推荐作了交流。

【机关党建工作】 进一步加强党的基层组织建设，从党建工作制度建设、党员队伍教育管理、加强党内监督等措施入手，全面增强基层党组织活力。1. 加强党建工作制度建设，规范工作流程。制定出台了《曲靖市工商局机关党员公开承诺》、《中共曲靖市工商局总支委员会机构设置》、《中共曲靖市工商局总支委员会工作制度》、《曲靖市工商局机关党员督察办法》等5项制度，确保党建工作机构设置完备、制度具体可行，整体工作有质的提高。2. 加强党员的学习教育和管理，不断增强党员意识。开展形式多样、内容丰富的学习教育活动，各支部制定出每月开展活动及学习计划，以党小组为单位每月开展一次读书活动、一次专题讨论，反复灌输熏陶，不断增强党员的荣誉感、责任感和自豪感。采取问题查找的方式，围绕党员亮身份、礼节礼貌仪容仪表形象建设、个人和集体关系、规范着装、参加集体活动、履行党员承诺、党员的表率作用发挥等主题，定期进行讨论分析。3. 建好活动阵地。建立党员活动室，活动开展有固定的场所、必要的经费保障。按照"一表一图"管理法，对照日程表逐一抓好落实。建立规范完整、内容翔实的工作台账、学习记录和督察记录。4. 加强党内督察，严格风险防范。把加强党内监督、加强党员管理和实施风险防范结合起来。全体党员公开身份职责，接受群众监督；公开党员承诺，领导干部必须以普通党员身份接受组织教育管理，加强党内监督，成立党员督察队，对全体党员执行规章制度情况开展监督检查，从具体细节抓起，把党徽佩戴、党费按时缴纳等列入督察范围，局党组成员违反制度加倍处罚。年内对总支进行了换届选举，产生了新一届总支委员会，积极组织开展各类活动。

【老干工作】 认真落实老同志各项政策待遇，为每位老同志订了《人民日报》、《云南日报》、《曲靖日报》、《参考消息》、《云南老年报》等5种报纸，每周为老干部送一份《曲靖工商政务信息》。将每月18号下午确定为市局机关老干部活动日，组织学习有关文件，通报市局工作情况、环境卫生及生活区管理情况，听取老干部意见建议。完善联系制度，改进服务，老干办每月安排一名工作人员电话联系老同志一次，关心了解老同志的生活情况、身体状况。邀请全体离退休老同志参加市局举办的"迎国庆爱国歌曲大家唱诗歌朗诵会"，召开九九重阳节座谈会，为老同志送生日礼物，涉及老干部的工资、医疗、文体活动等费用，按标准优先保证和发放。建立和完善老干部管理工作"三簿五册"台账，详细记录老干部管理和活动开展情况。年内老干党支部进行了换届选举，产生了由4人组成的新一届支部委员会，积极组织开展支部活动。

【经济检查】 按照"打防结合、标本兼治"的基本思路，进一步完善打击传销长效监管机制，加强宣传教育，不断增强群众的法律防范意识，完善监控预警机制，有效遏止了传销活动在全市蔓延，切实维护了社会稳定。全市共出动执法人员4 453人次、车辆908台次，检查出租房3 270间，捣毁窝点50个，教育遣返244人，发放各类宣传资料18 300余份。认真开展违法行为人警示与疏导工作，推行说理式执法文书，通过对违法行为人"事前预警告诫、事中纠正制止、事后教育规范"，将行政执法标准从"合法"的最低要求上升到"合法、合理、合情"三者有机统一，达到处罚与教育相结合的目的。

【信息化建设】 认真落实省局《关于分类分层加快推进全省系统信息化建设工作意见》。加强网络建设，对原有的市、县、所网络进行了进一步改造、完善，现已建成曲靖电子政务工商专网，实现了省、市、县、所四级联网。完成"商品交易市场信用分类监管"信息采集工作。进一步加强经济户口的分所、分片区、分巡查组的认领工作。结合商品交易市场信用分类监管工作，通过对市场主体的准入、经营行为的监管，市场主体各类"经济户口"信息入库率和质量有了较大提高，加大了"工商业务一体化"软件应用。为落实四项制度，实现政府信息公开提供了技术保障。在互联网上建立了工商信息网站，及时发布工商政务信息、政策法规、办事程序等，尝试开展网上工商业务，提供网上服务。抓好计算机技能岗位大练兵工作。围绕省局的方案要求，结合自身实际，采取集中培训、自学自练、互考互练、小考核、小竞赛等多种形式，切实做到全员参与、普遍提高，推动练兵活动深入开展。

【消委会工作】 加大消费者维权工作力度，全力推进"一会两站"规范化建设。努力把"一会两站"建成政府第二信访部门，实现网络建设全覆盖。督促"两站"认真落实食品安全、打击传销等工作职责。积极在乡镇、街道办事处建立消费者协会分会；在行政村、社区及重点市场、商场等建立12315联络站和消费者投诉站。按照"统筹规划、分步实施、突出重点、确保质量"的原则，在各级党委、政府的大力支持下，"一会两站"规范化建设取得明显成效。年内，已建立消协分会116个，按规范化建设要求，有38个分会正在积极的组织更名规范中，在村(居)委会、市场及500平方米以上经营单位建立"两站"1 779个。现消协分会、"两站"建设已100%完成，形成了覆盖城乡、上下联动、反应迅速、工作规范、高效便民的基层消费维权网络。各县(市)区工商局大力营造氛围，提高群众维权意识，广泛开展好维权"七进"活动；督促"两站"认真落实食品安全、打击传销等工作职责。围绕3·15"消费与服务"年主题开展宣传执法活动，消费维权由事后调处向事前调控和防范转变。以市政府名义，组织召开了曲靖市"一会两站"表彰会议，对消费者权益保护和"一会两站"工作开展取得成效的60个先进集体进行表彰。认真履行消协职能，做好消费者投诉受理和调解工作，确保"两个100%"落到实处。2009年，全市消协共受理消费者投诉

4 105件,解决4 105件,为消费者挽回经济损失1 226.58万元。

【个私协会工作】 全市个私协会加强基层规范化建设,做好以诚信守法和防艾禁毒知识为主要内容的宣传教育培训工作。认真落实以创业促就业"贷免扶补"政策,开展创业培训和帮扶工作。全市共推荐创业人员170人,帮助贷款850万元,带动就业489人。麒麟家私广场、吉玛特有限公司荣获省级"青年文明号"称号;吉玛特有限公司成为全省首批百家大学生就业实习基地之一;建功星有限公司等6家企业参加云南省百家私营企业大学生就业招聘会,为大学生搭建就业平台。继续加强个私经济组织党建工作,全市共建立个私协党组织72个,其中党总支4个,党支部68个,47名个私会员向党组织递交了入党申请书,实现县级个私协会党组织全覆盖。加强个私经济党建工作的做法被省局称为"曲靖模式"。

【广告协会工作】 2009年,曲靖市广告协会积极配合工商部门加强虚假违法广告案件的查处工作,特别是对重点广告进行重点监管,引导媒体广告经营单位、户外广告经营部门诚信经营,坚决抵制不健康和误导消费者的广告,坚决抵制虚假违法广告,净化广告市场。精心组织广告经营单位积极参加第七届、第八届云南省优秀公益广告评选活动。在各广告经营单位的积极参与下,两届评选活动共报送作品48件。全市共有22件主题鲜明、导向正确、创意新颖的优秀作品获奖。曲靖4家广告经营单位获云南省广告协会2008~2009年度广告行业精神文明先进单位表彰,宣威市广播电视局还被推荐为争创2008~2009年度全国精神文明先进单位。

【大事记】

△1月15~16日,国家工商总局直销局部展副局长一行到曲靖市检查指导春节食品市场监管、农村家电等商品及农村市场监管、奶制品监管、流通环节违法添加非食用物质和滥用食品添加剂专项整治情况、传达贯彻全国工商工作会议精神情况等项工作。

△2月11~19日,组织全市"五好工商所"所长到上海市工商局黄浦分局、浦东新区分局金桥工商所、浦东新区分局浦兴工商所学习同行的先进理念。

△4月24日,市工商局被市人大授予"人民满意单位"荣誉称号。

△5月4~6日,召开全系统深入学习实践科学发展观全员培训动员暨骨干培训会,全面启动深入学习实践科学发展观全员培训暨骨干培训工作。

△5月20~23日,省政府"阳光政府四项制度"督查组到市工商局督查调研"阳光政府四项制度"落实情况。

△7月10日,曲靖市纪委第一纪工委负责部门联系会议第一次会议在市工商局召开。对市工商局在廉政文化建设、队伍管理等工作中的做法成绩给予了充分肯定。

△31日,国家工商总局党组成员、中纪委驻国家工商总局纪检组长石见元同志,在省局纳宗会局长、赵健副局长和曲靖市委政府领导的陪同下,视察曲靖工商工作。

△8月19日,曲靖市人民政府在市工商局召开了获得中国驰名商标、云南省著名商标、曲靖市知名商标企业的表彰授牌大会。

△20~21日,召开全市工商行政管理局长会议,传达贯彻全省工商局长座谈会精神,总结上半年的工作,安排部署下半年的任务。

△10月27日,省委非公经济组织学习实践科学发展观活动指导组曹阳副组长一行到沾益调研。

【2009年受到表彰的单位和个人名单】

市消协被中国消费者协会授予全国消协组织保护消费者权益先进集体。

市工商局信息中心被国家工商总局表彰为全国工商系统信息化工作先进集体。

市工商局被省委、省政府表彰为省级文明单位、被省政府表彰为2008年云南省推进商标战略工作先进单位、被省档案局授予云南省党政机关档案室建设五星级单位、被省工商局表彰为2008年度云南省工商系统党风廉政建设一等奖和推进商标战略一等奖。

市工商局被曲靖市委、市政府表彰为文明行业、2008年度平安单位、曲靖市"千村扶贫、百村整体推进"挂钩帮扶先进集体、曲靖市未成年人思想道德建设工作先进单位、2008~2009"欢乐珠江源"广场文化活动先进单位,获得国庆60周年暨第三届文化艺术周"为祖国歌唱"歌咏比赛一等奖。

市工商局被曲靖市政府表彰为2008年曲靖市招商引资工作先进单位、2008年度食品安全工作先进单位、曲靖市2008年度行政执法工作先进集体、2008年创建云南省甲级卫生城市先进单位、曲靖市反恐怖工作先进单位、曲靖市档案工作先进集体、云南省档案工作"八项工程"建设行业满堂红单位、2008年度曲靖市政府系统信息工作三等奖。

湛江被全国扫黄打非办表彰为全国扫黄打非工作先进个人。

张志彬被曲靖市委、市政府表彰为曲靖市"千村扶贫、百村整体推进"挂钩帮扶先进个人。

薛莹被曲靖市政府表彰为2008年曲靖市招商引资工作先进个人。

华燕被曲靖市政府表彰为曲靖市档案工作先进个人。

张磊被曲靖市政府表彰为曲靖市政府系统信息工作先进个人。

【2009年任职的局领导名单】

党组书记、局长　湛　江

副 局 长　马有林　张建祥　刘家升

纪检组长　何国先

## 麒麟区

【概况】 2009年,麒麟区工商局共有在职干部职工161人,平均年龄42岁。大专以上学历占86.8%。内设机构13个,派出机构有南宁、寥廓、建宁、白石江、越州5个分局和三宝、珠街2个工商所。

2009年,麒麟区工商局围绕国家工商总局"四个统一"、"四化建设"和省工商局"三个到位"、"六个好"工作目标及区委、区政府"两最、两率先九个排头兵"的战略方针,按照省工商局确定的"服务效能提升年"和市局提出的"团队精神建设年”目标，监管强局、服务兴局、规范立局、素质固局，结合实际，突出特色亮点工作。以抓班子、带队伍为主线，提高行政执法能力，抓好干部作风建设教育，提升服务窗口质量，优化软环境建设，打造阳光工商。强化党风廉政建设，风险点管理取得成效。打造12315知名品牌，完善“一会两站”维权网络机构，实施“品牌兴农”、“品牌兴企”两兴工程。发挥工商职能，支持非公经济发展，服务新农村建设。推行企业信用分类监管，强化诚信体系建设。以开展流通环节产品质量和食品安全为重点开展各类市场专项整治，整顿和规范市场经济秩序，净化市场环境，维护广大消费者合法权益，全面推进监管职能到位。

2009年，麒麟区工商局被评为省级文明单位，连续8年被区纪委监察局评为纪检监察工作先进单位，连续9年被区委、区政府评为关心下一代工作先进集体。先后被区委、区政府评为市长热线工作先进集体、争创全国文明城市工作先进集体、先进基层党组织。被授予2009年度受国家、省级表彰先进单位二等奖。行政执法工作被区委、区政府评为一等奖。全年综合工作考核在全市工商系统名列第一名。档案管理达到了云南省党政机关档案室建设工程“五星级”标准。全年被国家、省、市、区表彰的集体荣誉达21项，被国家、省、市、区表彰的个人达23人。

**【法制建设】** 2009年，抓干部职工、监管服务对象和群众的普法教育，推行全员办案教育制度，加强行政执法。

拟出干部法律培训计划日程，利用周一机关例会，每月中层干部例会，中心组学习机会，采用“抽签讲法”的学法方式，“以强带弱、促弱增强”的全员执法办案模式，“由学生变为先生”的换位学习模式及“同步摄录并回放”的学习模式来强化学习。采取领导学法讲座，干部职工轮流讲法，以案说法，办案经验之谈，开展“一月一法，每月一考”的法制培训教育活动，提高干部职工的执法办案水平，并做到年初有计划、培训有记录、年终有总结，注重痕迹资料的收集。要求工商所每周组织学习的时间不得少于5个小时，机关每周学习时间不得少于3个小时来加强行政执法学习。全年共开展全局性培训21次，网上培训24次，参加学习人员2 800余人次，轮流讲法216人次。从网上发布学法交流文章72篇。开展法律法规宣讲进农村、进学校、进社区、进企业、进市场、进商场、进超市“七进”活动。在“七进”活动中，曲靖市、区宣传部，工商局、文化局、消费者协会共同开展了“送电影送法律到农村”活动。“七进”活动全局7个宣讲小分队共出动宣讲人员2 200人次、车辆399台次，悬挂标语横幅92条，展示假冒伪劣商品实物样品37个品种，印发法律法规知识、消费知识、识假辨假知识、禁毒防艾知识宣传资料7 000份，通过农村广播55次，以会代训27次等方式，对1 543个宣讲对象开展了宣讲活动，全区共开展“送电影送法律到农村”98场次，观众共计2万余人次，取得了较好的法律宣传效果。

按照“人人能监管、个个会办案”的要求，推行基层全员执法办案机制，针对麒麟区实际，努力探索重点领域、重点行业监管，加大监管执法力度，维护良好的市场经济秩序。于8月6日召开了基层执法交流暨案件主办人培训会，学习借鉴先进单位的先进经验和做法，为促进和推动麒麟区工商局行政执法工作再上新台阶奠定基础。对2008年办结的23件一般程序案件进行梳理点评和总结，推进行政执法水平。就全面贯彻落实市局“三制四化”行政执法规范化工作机制，大力促进执法办案规范化建设，严格规范执法文书及台账，建立健全法制员工作制度，实行行政执法案件考评制度，一般程序案件实行一案一评，行政强制案件实行一案一查制度，推行执法档案标准化和行政执法网络化。把好行政执法案件质量关，全年共查办各类案件904件，做到了件件有登记台账，有审核意见，审核率达100%。与上年同期相比，案件数下降31.35%。通过狠抓行政执法工作，提高了办案质量，面对由过去一手抓收费、一手抓监管转变为专心致志抓监管、一心一意搞服务，贯彻执行省、市局《关于对违法行为人警示教育和行政疏导方案》要求，对部分案件采用警示教育和行政疏导方法进行了解决，强化了服务，营造了良好的市场环境，为地方经济发展服务。

**【纪检监察】** 2009年，麒麟区工商局党组、纪检组认真贯彻落实中纪委全会和省、市、区纪委全会精神，把党风廉政建设工作与党员干部作风建设教育、行风整顿、工商职能结合起来，强化党风廉政建设，为完成各项业务工作提供纪律保证和政治保障。1. 建立健全党风廉政建设责任制。局党组与全局的7个党支部和13个科室签订了《党风廉政建设责任书》，成立党风廉政建设责任制领导小组，于5月14日召开全局党风廉政工作会。认真落实“一把手”负责制，并纳入各所、分局负责人岗位责任与执法工作同研究、同部署、同落实、同奖惩。形成谁主管谁负责、一级抓一级、层层抓落实，局党组统一领导，党政齐抓共管，各单位各负其责的局面。2. 继续完善风险点防范管理制度，全面推行廉政风险点和岗位风险点管理。建立和完善风险“预警、免疫、防范、监督”四项机制，努力规范工商部门行政审批权、行政执法权、队伍管理权，对容易产生廉政风险的重点环节、重点岗位采取防范措施，进一步加强对固定资产、基本建设、财务收支（特别是工商所的财务管理）的对内公开，对基本建设项目严格按相关规定通过立项、审批、公开召标、审计等程序进行，有效防范风险。7月31日，国家工商总局党组成员、中央纪委驻总局纪检组长石见元到麒麟区工商局南宁工商分局进行视察，对区局风险点管理工作给予了高度评价。区工商局风险点防范管理经验还被编制成学习教育光碟上交省纪委。3. 实行定期编办廉政文化板报制度。深化工商系统廉政文化建设“四廉五融入”，拓宽廉政文化宣传阵地，全年人人动手定期轮流编办廉政文化板报45期，在红盾网上发布廉政文化建设内容120期。4. 严肃查办违法违纪案件，切实做好信访举报工作。全年共受理信访件14件（含市长热线5件），做到件件有落实，有回复，办结率100%。办结的14件信访均属业务类，无纪检监察类信访件。加大案件查处力度。重点查处领导干部、"窗口"单位和基层工商所执法一线人员的违法违纪问题，对办事不公、以权谋私、侵害群众利益的问题进行严查。严肃办案纪律，严格办案程序，加强案件审理，按照干部管理权限，认真落实了自查、协查、督查制度。5. 以监督为动力，强化效能监察督察，促进政风、行风建设全面开展。完善三级督察工作机制，制定了专门《督察工作实施方案》及《实施细则》，并于4月14日召开了三级督察工作现场推进会。强化对风险点窗口及人员的监督，围绕各项工作，从任务的落实、工作质量的提升、工作效率的提高等深层次加强督促管理，围绕"效能"二字做好文章。全年共开展督察97次，发出督察通报14期，查纠违规车辆25车次。确保从办公到言表、从工作标准到责任追究，处处都有章可循、有规可依。6. 落实四项制度，打造阳光工商。围绕"公开、透明、温暖"的主题，坚持贴近基层、贴近群众、贴近工商实际，紧扣职能，服务群众，努力实现"重大决策让人民群众参与，重要事项让人民群众知道，重点工作让人民群众了解，政务信息让人民群众查询"。投资5万余元为机关及城区四分局所配置了电子查询触摸屏，在机关及7个工商分局所都设置了专门的阳光四制宣传栏。对"96128"政务查询电话服务及网上信息查询服务实行A角B角制度，进一步明确了《麒麟区工商局落实四项制度打造阳光工商工作流程图》内容。自推行落实"阳光政府四项制度"以来，充分利用区工商局红盾信息网站，新增加可提供社会各界和公众查询的信息144条，向社会公示的事项6大类78条，召开通报工作情况会议1次，达21项，开展听证会4次。使群众对工商的满意度进一步提高。

**【人事教育】** 2009年，麒麟区工商局以开展学习实践科学发展观活动及"团队精神"建设年活动为主线，通过加强干部职工的思想素质、法律素质、职业道德素质、业务技能素质、健康素质五种素质建设，把提高干部队伍素质与巩固共产党员先进性教育成果与树立社会主义荣辱观、严格规范用权行为、依法行政、优质服务和促进工商行政管理部门全面履行职责结合起来，为各项工作的开展提供了组织保证。认真贯彻落实《云南省党政领导干部选拔任用工作条例》，严格遵守《组织人事干部行为若干规范》，严格遵守政治纪律、组织纪律、人事纪律、财经纪律，在进行股、所长任免工作上做到了有民主测评和推荐情况、有考查材料、有党组会议记录和任前谈话记录以及任职文件。于4月初制定出台了《麒麟区工商局待岗学习规定》，为规范干部行为，提升干部队伍的素质提供了制度保障。完善交心谈心制度，全年区局交心谈心人员达148人次，收集好的意见与建议22条，帮助干部职工解决实际问题15个。搞好教育培训工作，提高干部队伍素质。建立健全了各项学习制度，制定了《曲靖市麒麟区工商局二〇〇九年干部教育培训方案》，积极开展各类培训活动，开展"三个一"自学活动和"三个一"集中学习活动，即要求全体干部职工每天学习1小时，每月读1本好书，每月撰写1篇学习心得体会文章；做到每周进行1次集中学习，每月开展1次学习心得体会交流，每季度举行1次学习评比来增强学习实效。组织干部职工学习《公务员素质读本》，收看《论语心得》、《大国崛起》、《伟大的历程》、《温商》等光碟收到好成效。开展"深化学习实践科学发展观"活动，组织全局党员干部围绕"个人形象一面旗，工作热情一团火，谋事布局一盘棋"、"我为麒麟工商发展该如何做"、"个人与集体"等主题进行了大讨论16次，积极开展了"党员先进性教育"、"学习党的十七届四中全会精神"、"心理健康"等大型教育活动8次，同时，还开展了"党员干部互帮互学"、"争创优秀党支部"、"重温入党申请书"、"六星级文明窗口及文明股室"等活动，召开社会评价工作恳谈会，激发党员的先锋模范作用，加强基层党建工作。6月25日，组织辖区内20户经营户代表召开了学习实践科学发展观群众测评座谈会，会上，发出和收回评议表25份，总体评议结果为优秀。11月3日，召开了科级领导干部述职述廉会议，会上发出和收回民主测评表45份，对6位党组成员的测评结果均为"满意"。9月15日～12月25日开展队伍整顿"百日行动"，仔细查找了队伍在作风建设、党风廉政建设等方面存在的12个问题，从职能职责是否明确、制度是否健全、管理是否到位、沟通是否畅通、执行是否有力五个方面进行对照分析，制定可行的整改措施，使队伍作风纪律进一步改善。积极开展"岗位大练兵、业务大比武"活动。在市局的计算机、行政执法、岗位注册能手比赛中均荣获好成绩。结合实际，出台了《麒麟区工商行政管理局工商所工作规范》，按照"队伍建设好、工作绩效好、行政执法好、内务管理好、基础设施好"的"五好"工商所创建标准，认真开展工商所规范化建设工作。

认真做好人事档案管理和统计报表工作，做到了档案管理的规范化、制度化。完成了麒麟区工商局143名机关公务员基本信息采集和13名机关工人及45名离退休人员基本信息的采集工作。

**【企业注册登记】** 2009年，麒麟区工商局强化市场准入服务指导，支持各类市场主体健康发展。成立了区局"会商"工作领导小组，认真落实"一审一核"制度、"首问责任制度"、"AB角制度"、预约服务制度、服务质量评价等制度，不断强化服务理念，实行服务流程公开化。缩短办证周期，开辟绿色通道，按规定公布企业诚信信息，努力营造良好的经济发展软环境、投资软环境、就业软环境，增强投资者、经营者的信心。

开展好验照贴花和企业年检工作。截至6月10日，已验个体经营户执照10 765户（应验总数为11 168户），验照率97%。截至7月14日，共年检企业3 817户（其中年检内资企业1 308户，年检私营企业2 509户）。实际应检企业4 010户，年检率达95%。年检中，认真审查、打击虚假出资、抽逃注资违法行为，查处违规企业45户，有效地规范了公司、企业行为。同时，对近年来未按照规定进行年检的410家企业和分支机构进行了拟吊销公告，并立案调查，依法吊销其营业执照。

严把市场准入关，严格规范审批登记注册程序。年内全区新登记的个体工商户4 971户，从业人员10 026人，资金数额15 996万元，与上年同期相比分别增加5.49%、15.68%、5.23%；新登记企业550户（含开发区），其中内资企业209户，私营企业341户，与上年同期相比分别增加9.4%、11.5%。截至2009年底，麒麟区共有个体工商户29 053户，从业人员54 183人，资金数额61 159万元，与上年同期相比分别增长12.83%，13.24%，26.06%；共有企业4 560户（含开发区），其中内资企业1 582户，私营企业2 978户，比上年同期分别增长13.2%，11.9%。强化政策扶持，为个私经济发展创造条件。会同区劳动局等部门组织相关私营企业开展了3次大型招聘会，解决就业问题。确定创业的企业个体工商户45户，安置落实就业人员150余人。建立个体企业创业导师库45户，为指导就业奠定了基础。

**【市场规范管理】** 1.“四个突出”加强农村市场监管：突出食品、农资、生猪等重点商品，重点查处制售假冒伪劣、掺杂使假、过期变质、以次充好的违法违章行为；突出集贸市场、超市、批发部、主产区等重点区域的消费维权工作，设立投诉举报电话，保证通讯联络畅通，同时依托12315申诉举报网络，及时受理农村消费者投诉，利用展板、发放宣传材料等方式进行“识假辨劣”、“保存证据”等消费观念教育，切实保护农村消费者的合法权益不受侵害；突出重大节假日、农资销售旺季、特色农副产品大量上市期等重点时段，有针对性地加大巡查频率和监管力度；突出生产、批发等重点环节，开展经营秩序监管工作，严厉打击欺行霸市、强买强卖、坑蒙拐骗、欺诈消费者等违法违章行为，规范市场经营行为。

2. 度量衡器专项检查。督促各分局、所每月开展度量衡器检查不少于2次。全年全局共出动执法人员627人次，出动执法车辆359台次，检查市场36个，检查经营户2 461户，检查度量衡器2 870（杆、台），收缴不合格度量衡器517（杆、台）。

3. 开展禁塑专项工作。采取广泛宣传，扩大影响，倡导文明环保消费。全面清查，强化监管，严厉打击无照经营和违法违规经营行为；严格准入，规范经营，加强对塑料购物袋使用的监督检查三条措施开展禁塑工作。全年全局共出动执法人员385人次，出动车辆178台次，印发禁塑宣传材料3万份，检查商场32家、大型超市7家、商品交易市场11家，与超市、商店、市场签订责任书165份，收缴不合格塑料购物袋187千克。

4. 加强甲型H1NI流感疫情防控工作。按照省、市工商局的要求，本着“高度重视，积极应对，联防联控，依法科学处理”的原则，发挥职能作用，强化组织落实，严密跟踪疫情动态发展，防患于未然。加大市场巡查力度，积极配合有关部门做好集贸市场监管，做好隐患猪肉的快速检测工作，防止疫情通过市场途径传播。严把活猪及其产品市场准入，认真查验猪肉的检验检疫合格证明等，督促经营者建立索证索票和进货台账制度，未经检疫部门检疫的猪肉一律不准进入市场销售，确保上市猪肉质量。充分发挥12315消费者申诉举报网络的作用，安排专人值班，确保电话畅通。一旦发现有关防控人感染猪流感疫情的情况及时上报市局。加强与农业、卫生、质检、公安等部门的协调配合和沟通联系，及时掌握有关疫情动态信息，并积极配合相关部门做好肉类产品市场检疫工作。全年全局共出动执法人员764人次、车辆349辆次，检查市场37个、经营户16 500户。

5. 强化“家电下乡”市场监管。规范家电经营主体准入制度，凡参与“家电下乡”活动的经营者，必须持营业执照、身份证明和各种家电产品质量合格证，到当地的工商部门办理申报备案登记。2009年备案“家电下乡”经营户79户，备案“家电下乡”售后服务网点4户。建立工商部门、经营户联动机制，对家电下乡商品销售网点和家电经营户进行全面检查，依法查处无照经营家电下乡商品及严厉打击家电“以旧翻新”、“以旧充新”等制售假、欺诈消费者的违法行为。开展“家电下乡”产品广告的市场专项检查，加大市场巡查力度，增设群众举报网点，充分发挥12315消费者申诉举报网络和基层工商所作用，建立健全农村消费者咨询、申诉、举报的受理、查办、反馈等工作制度。加大“家电下乡”市场监管的宣传力度，广泛宣传“家电下乡”的相关政策和识假辨假知识，公布中标家电产品名称和中标家电企业及其销售网点名单，并发布消费提示和警示，提醒消费者购买“家电下乡”商品时索要正规发票、保修卡等相关购物及售后服务凭证，增强消费者的自我防范和保护意识。全年全局共出动执法人员136人次，检查家电经营户及售后服务网点83户，解决“家电下乡”产品消费者投诉8件，查处违章违法广告案件2件，麒麟区“家电下乡”产品销售金额达2 100万元。

6. 合同监管及动产抵押物登记工作。认真执行《合同法》、《担保法》、《动产抵押登记办法》，全年办理动产抵押登记23件，办理注销7户。做好市场登记和商品展销会登记工作，办理商品展销会登记3户。

7. 积极推进诚信体系的“六进入”工作（即：进街道、进市场、进经营户、进企业、进学校、进村镇）。6月3日，区工商局、区企业信用协会召开了麒麟区企业信用协会换届暨“守合同、重信用”企业命名表彰大会。麒麟区企业信用协会第二届常务理事48人及受表彰的193户“守合同、重信用”企业参加了会议。

按照省、市工商局关于商品交易市场信用分类监管的相关工作要求，从采集、分类、录入、评价、反馈、公示等几方面入手，抓制度落实，促运转规范，抓达标试点工作，抓阳光信用公示，制定了12项管理制度和“信用商户”评价管理办法，形成从信用征集、等级评定、分类监管到综合反馈、分类奖惩等一整套市场信用分类监管操作规范，建立起良好的市场信用体系。5月6日，曲靖市工商局在闽南建材城召开商品交易市场信用分类监管工作现场推进会，为抓好企业信用分类工作起到了促进作用。全年完成36家市场、商场的信息采集、档案归档工作，信息采集及录入归档达100%。截至2009年底，全区共有34个省级“诚信企业”、6个市级“文明诚信企业”、19个区级“文明诚信企业”、1个省级“诚信市场”、2个市级“文明诚信市场”、14个区级“文明诚信市场”、10个“2A级诚信市场”。

【消费者权益保护】 创新消费维权机制，分派处理制度化。先后在全区建立了236个基层维权网站、联络站，遍布全区106个行政村、社区，113所中小学校，16个商场超市及大型集贸市场，7家公用企业。同时，组织600多名"两站"人员进行法律、法规等业务培训。4月17日，消协第三届第二次理事会和消费维权工作表彰会召开，对在护农维权、助农增收等方面作出突出贡献的3个先进消协分会及18个基层消费者投诉站、12315联络站进行了表彰。

继续实行局党组成员及股室负责人挂钩联系"一会两站"工作制度，在原有18个两站示范点的基础上2009年又选定18个两站示范点进行挂钩联系，挂钩联系责任人每季度必须不低于一次到"两站"挂钩点进行帮助指导工作，并采取风险抵押金的方式进行考核。全年麒麟区工商局受理消费者申（投）诉举报2 730件，为消费者挽回经济损失968.83万元，加倍赔偿金额4.29万元。

2009年消费维权呈现四个特点：1.商品消费案件所占比例最大，商品消费案件1 744件，服务消费案件660件，各占申诉总数的72.55%和27.45%。2.质量问题最为突出，质量申诉2 211件，占申诉总数的91.97%。尤其在352件移动电话申诉案件中，质量问题344件，占移动电话申诉案件的97.72%，是历年申诉的热点。3.个体工商户成为侵权的主体，从违法主体看，个体工商户1 901件，占案件总数的79.08%。4.大案值案件有所增加，主要是2009年以来房屋投诉增加，争议金额大。

围绕"消费·发展"年主题，在"3·15"期间，市、区两级工商部门及市、区消费者协会联同8个职能部门、9家企业开展大型宣传咨询服务活动。共设置1个主会场（珠江源广场）、12个分会场，参与宣传人员180余人，共印发各类宣传材料7大类近5万余份，接待咨询来访人员4 500余人次，受理投诉16件。

【食品流通监督管理】 制定出台了《麒麟区工商局农村食品安全示范店实施方案》及《评定标准》，创建"食品安全示范店"48户，实现了以点带面，推动食品安全监管出新成效。建立食品安全的动态监管机制。推行"七制两书两图一创建"工作机制和"进货有凭证、上柜有检查、质量有公示、销售有记录、退出有渠道"25字食品监管措施。与辖区内的2 380户食品经营户签订了责任书、承诺书。加大《食品安全法》宣传培训力度，组织食品经营者进行《食品安全法》教育培训8次，培训经营户达500余户，引导经营者明确责任义务，熟练掌握食品安全法律知识，守法经营。认真开展食品流通许可证发放工作，全年受理食品流通许可证210户。发挥食品快速检测设备的作用，开展流通环节食品安全专项执法检查。配合省质量技术监督部门对辖区230个经营户的1 500多种产品进行抽检，抽检产品金额43万元。全年全局共出动执法人员3 614人次、车辆735台次，检查商场、超市、批发市场、集贸市场和食品经营户16 444户，查处流通领域食品安全案件7件，案件总值13万元，为消费者挽回经济损失8万元。9月2～3日，由省人大教科文卫委主任马坚带队，省工商局刘本军副局长、省食品药品监督局孙燕副局长等组成的省人大《食品安全法》执法检查组一行到麒麟区检查，对麒麟区《食品安全法》宣传贯彻落实情况给予了充分肯定。1.2009年，组织打传大型专项活动12次，并由政府牵头，与各街道、社区、公安等职能部门紧密结合，于7月8日～10月15日在辖区内开展了打击传销百日联合执法行动。发放宣传资料2 000份，发出警示、提示21次，排查出租房屋2 247余间，排查小旅社、招待所227家，清查传销窝点34个，清查出传销人员428人，教育劝返428人，收缴各类传销书籍、学习笔记500余本，查获劣质化妆品18盒、劣质西服9套、传销用电脑1台、手机4部，查处传销案件2件，刑事拘留传销骨干成员3人。2.开展"两烟"打假打私专项行动。按照麒麟区"两烟"打私打假领导小组制订的专项整治行动方案，全年开展了春节、五一、国庆、中秋节"风暴十一号"、"风暴十二号"烟草打假打私专项行动。对全区持证的2 700多户卷烟零售户及宾馆酒店进行拉网式全面检查，对无证照经营户进行整治，全年共出动车辆149台次、人员312人次，清理整顿非法销售卷烟点81个，宾馆、酒店50个，娱乐场所15个，查获涉烟案件318起，涉案卷烟3 181条，案值35万元；非渠道进货卷烟案件48起，涉案卷烟921条。3.加大"扫黄打非"工作力度，加强出版物市场监管。加强与公安、文化部门配合，及时部署查缴非法出版物专项行动。进一步加强对印刷、复制企业的监管，利用清理无照经营行为的查处，严格检查印刷、复制企业经营资格和经营行为，取缔无照经营。全年对全区1 120户出版物印刷复制企业、进口出版物发行单位和出版物集中经营场所及批发、零售和出租单位、繁华街区的报刊零售摊点、宾馆饭店、饮食娱乐场所、歌舞娱乐场所进行了专项检查。共出动执法人员426人次、车辆60台次，查缴低俗音像制品102盘，收缴少儿版人民币13套（张）、少儿八卦玩具1套、卡通类非法出版物5套（本）。取缔无照经营4户。4.严把准入关、指导关、检查关、查处关"四关"，强化成品油市场监管。全局共组织大型成品油市场专项整治5次，对辖区内"玉柴"、"统一"、"长城"、"劲霸"、"昆仑天昊"、"尊龙王"、"施倍力"牌的润滑油、液压油、齿轮油、传动油等系列的48个品种的成品油进行了严格清理，共检查成品油经营户86户，暂扣涉嫌商标侵权成品油839件3 356（桶），价值约50万元，立案查处成品油大要案3件。5.开展商业贿赂整治工作。制定了"标本兼治、综合治理、惩防并举、注重预防"的方针，以加强教育，完善制度，强化监督，改进和完善政府对教育、图书发行领域的监管办法和手段。开展查处教育、图书发行领域的商业贿赂工作。全年查结案件1起，罚款3万元。6.名酒专项检查。查办名酒案件18件，没收假冒剑南春、国窖、茅台等名酒189瓶。

【反垄断与反不正当竞争执法】 2009年，麒麟区工商局围绕整顿和规范市场经济秩序这一中心，以查处商业贿赂案件为主线，食品安全监管、打击传销和开展各种专项整治为重点，加大公平交易执法力度，积极拓展专项整治成果，全面推进监管职能到位。1. 强化安全生产，确保社会稳定。以参与社会治安综合治理工作为重点，积极促进社会稳定和谐，扎实推进“平安麒麟”及国家最安全城市活动。将安全工作贯穿于整顿和规范市场经济秩序之中，集中开展了食品、化学危险品经营、黑网吧清查，煤矿生产企业和集贸市场专项整治，切实维护安全的消费环境和生产经营秩序。全面清查食品生产、加工、销售企业586户，联合区消防大队、公安局、文化局在全区范围内开展消防安全检查，检查加油站44户，检查商场、超市、公众聚集场所共180家，对6家消防通道不达标的经营户下发了责令整改通知书，要求限期整改。强化对烟花爆竹市场的监管，共出动检查人员337人次、检查车辆262台次，检查经营户195户，责令停业1户，取缔无证经营户38户，没收危险性较高的A级烟花6个。10月13～14日在辖区内开展了危险化学品专项检查，检查销售危险化学品经营户28户，生产危险化学品企业4户，立案查处超经营范围1户，违规生产企业1户。同时，对煤矿生产企业开展拉网式检查，督促企业及时办理或变更相应的登记手续，取缔关闭非法煤矿。

【商标广告监督管理】 2009年，麒麟区工商局完善了对企业商标培育的联系制度，采取加强引导、典型引路，宣传品牌效应，增强企业创名牌信心。加大宣传力度，提高企业和全社会商标法律意识。抓好商标战略实施，建设“品牌兴农、品牌兴企”工程，服务地方经济发展。全年共办理商标查询448件，成功地将38件商标送达国家商标局进行注册，其中涉农商标5件，同时办理商标变更2件，商标续展1件。新推荐申报省著名商标8件，市知名商标6件。截至2009年底，全区共有12件省著名商标、30件曲靖市知名商标。对58户广告经营单位进行了年检，年检率达100%。全年共办理户外广告登记证965户。开展维护名牌企业合法权益的专项行动，开展了“傍名牌”专项整治行动、4·26保护知识产权宣传日及对农药、化肥的专项整治行动。共计查扣“傍名牌”系列鞋子108只，服装50件，清理了6家农资经营部的部分农资、农药宣传广告，查封涉嫌侵权水泵37台。全年共组织大型商标、广告专项整治工作8次，共查处各类商标、广告违法案件154件，与上年同期相比，查处案件数下降39%。

【基本建设】 2009年，麒麟区工商局全面完成基本建设管理“信息库”和职工住房档案建设。经向省、市工商局及区委、区政府请示汇报，在征得各级领导的同意后，区局党组多次研讨，经过区工商局基本建设领导小组多次与曲靖圣庭房地产公司蹉商，双方达成协议，由曲靖圣庭房地产公司用本公司在南片区金宝路的土地为区工商局开发局机关办公大楼（办公楼建设于2009年2月10日开工）。坚持“心往基层想、人往基层走、钱往基层用、劲往基层使”的工作方针，按照“小局大所”、“精局强所”的思路，着力加强基层工商所建设，推进监管职能到位。共投资30万余元为各工商分局、所继续完善基层工商所的“五小”工程建设。白石江分局办公楼基本建设严格执行国家招投标的有关规定，建设质量严格把关，工程安全竣工，于5月8日乔迁，结束了白石江分局自成立以来租用办公地点的历史，新办公楼占地面积3.32亩，建筑面积840平方米，总投资约400余万元。建宁工商分局新办公大楼基本建设工作正在按程序开展。干部职工团购房基本建设工作也纳入了重要的工作日程，努力为干部职工营造良好的工作和生活环境。

【老干工作】 2009年，麒麟工商局有离退休老同志41人，其中，离休的3人，退休的38人，女性6人，党员31人，享受副处级待遇的7人。努力营造尊老、敬老、爱老、助老的和谐环境。全年区局先后5次召开专题会议研究老干部管理工作，进一步完善了《麒麟区工商局离退休干部管理工作制度》。实行定期召开老干部座谈会制，积极听取老干部的意见及建议。完善了老干部党支部学习活动制度、老体协活动制度，组织老干部参加市委、市政府读书班，学习党的十七届四中全会精神、老年心理学及健康保健知识。积极开展老干部走访慰问、助老解难活动。定期组织老干部到企业学习参观，视察基层工商所，让他们为工商发展出谋划策，引导老干部自我管理，为老干部增订了各类报刊杂志，丰富老干部的业余生活，积极参与各项活动。“九九”重阳节开展了召开一次座谈会、发放一份慰问品及慰问金、参观一次工商所（分局）、组织到个私企业进行一次参观，安排离休干部进行一次体检的“五个一”为主题的一系列活动。2009年麒麟杯中国门球冠军赛麒麟区预选赛上，麒麟区局老年二队夺得了冠军，蝉联该赛事二联冠。

【信息化建设】 积极推进“四化”建设，完善了《麒麟区工商局内部规范化系统》，研发了《麒麟区工商局“一图一表”工作应用系统》。用“一表一图”管理法反映各项工作的进度与成效，形成用工作量倒逼工作效率、工作考核倒逼工作目标、工作成效倒逼工作过程的模式，确保每一项工作都抓细抓实。同时，不断投入，抓好计算机网络的升级改造，加强培训，抓好业务系统开发应用，改版了麒麟区红盾信息对外网站，实现网上办公，网上查询企业，网上户外广告登记及展销会申请登记申报等阳光政务。

【个私协会工作】 2009年，麒麟区个私协会加强与有关部门的联系和协商，帮助个体工商户、民营企业解决生产、经营活动中场地、信息、融资等实际问题。坚持走访制度，在走访中了解情况，宣传政策，密切工作关系，加深感情，解决困难。认真围绕农民工工作重点，充分发挥职能作用，通过送政策、送服务、送信息、送温暖“四送”活动，切实为农民工办好事、办实事，全力促进农民工和残疾人创业就业。与沃尔玛、康桥医药公司等6家企业合作，建立了麒麟区高校毕业生就业见习基地，为133名高校毕业生培训上岗找到了就业门路。落实省、市相关精神要求，认真做好“贷免扶补”工作。为72户个体私营企业上报贷款申请，为31户发放了创业贷款，贷款总额155万元。10月29日麒麟区个私协会换届选举暨第一届第一次代表大会召开，选举产生了麒麟区第二届理事会，为指导全区私营个体经济工作奠定了基础。经区直机关党委批准，成立了麒麟区个私协会党总支，同时成立8个支部，并积极对个私企业党员开展大型培训3次。大力开展“诚信教育”、“防艾禁毒教育”和“职业道德教育”宣传培训活动。1月12日下午，麒麟区委、区政府防艾禁毒办检查小组对区工商局2009年度防艾禁毒责任制进行了检查与考核，以100分的满分在被抽查的17个区属部委办局中名列前茅。坚持开展“送温暖”活动，开展对受灾、死亡或遇特殊困难的个私业主进行走访慰问活动，全年看望慰问生病、住院、有困难的会员135户，慰问资金达5.6万元。

**【2009年任职的局领导名单】**

党组书记、局长　世　勇

副　局　长　张鹏寿　尹静明　武　亮

纪检组长　吴吉芳

## 宣威市

**【概况】** 2009年，宣威市工商局下设10个机关职能股室和12个分局、工商所，共有在职人员147人，其中：公务员124人，机关工人1人，事业工人22人。2009年，该局业务工作和信息宣传工作被曲靖市局考核为一等奖；综治工作、食品安全工作、社会评价行风工作受到曲靖市局、宣威市委政府表彰奖励；还有多项业务工作，受到了省局、曲靖市局、当地政府的充分肯定，各级介绍和推广该局工作经验的简报多达17件。城北分局荣获省级文明单位称号。

**【法制建设】** 2009年，宣威市工商局严格案件核审，强化执法监督，共核审一般程序案件174件，组织召开案审会议讨论万元案件68次，减轻行政处罚案件3件，返回不符合规定的简化案件17件。推行说理式执法文书，在网上发布了说理式执法文书范本6件。制作十余种常用行政文书，下发到各执法办案单位，同时配发《09版行政执法文书使用手册》，指导执法人员正确使用新的执法办案文书。

**【纪检监察】** 2009年，宣威市工商局层层落实《党风廉政建设责任书》，共签订责任书26份，分解任务13项。制定《宣威市工商局廉政谈话制度》，共开展单独或集体廉政谈话21人次。加强对党风廉政建设工作的分析和研究，于7月3日，召开由党组成员和股所长参加的党风廉政建设形势分析会。认真执行民主集中制，坚持重大决策、重大项目、重要人事任免和大额资金使用“三重一大”问题集体讨论制度，年内，共召开党组扩大会议研究基本建设、大额资金使用等重大问题20余次，切实做到科学决策、民主决策。深化工商廉政文化建设，年内共编办廉政文化板报17期；两次在干部职工中开展了书法摄影作品、廉政格言警句征集活动，选出书法作品24幅、摄影作品20幅在机关展出，提升了机关廉政文化长廊的品位。探索廉政风险点管理经验，实行“三级监督防控机制”：一级是单位和部门主要负责人对风险责任人进行日常教育和提醒；二级是分管领导对苗头性的问题进行诫勉谈话和训诫；三级是纪检监察部门对已出现的风险实行处置和问责。扎实推进阳光政府四项制度，确保各项制度一抓到底、抓出成效。

**【人事教育】** 推行全员上台讲课，要求城区三分局干部职工参加机关周一学习。每次集中学习分三节进行，分别由局领导、中层干部、一般干部职工上台讲课，讲课内容既有必学必讲章节，又有自选内容，包括人生哲理、寓言故事、生活常识等，要求讲课人使用普通话，学习过程全程摄录。推行跟班学习制度，基层单位的法制员、执法办案人员和财务人员，都轮流到机关跟班学习。跟班学习人员将所学所获带回工商所，进行再培训、再学习，效果十分明显。在参加曲靖市局“注册登记能手”比武中，全局有4名选手胜出，其中2名选手被推荐参加省局比武。特别是参加曲靖市局“执法办案能手”竞赛的10名执法人员，全部入围参加省局比武。另还有1名同志被选拔参加省局的“计算机能手”竞赛。

**【企业注册登记】** 制定了“会商”制度，对登记过程中遇到的疑难问题进行“会商”。开辟了“绿色通道”，实行“AB角”互换和“一审一核”、“当场登记”制度，尽量减少办事环节，提高办事效率。深入落实对企业的帮扶政策，帮扶企业应对国际金融危机。依据企业申请，同意3户分期出资的企业延期出资，同意39户企业延期年检，同意27户连续六个月未开业或停业的企业通过年检。初步建立市场主体登记信息披露制度，分别于第二、三季度公布了主场主体的动态登记信息，帮助创业人员了解各行业发展情况，为其投资决策提供参考；按时报送了两期市场主体发展情况分析报告，为党委政府实施管理提供参考。年内，辖区内共有各类企业2 136户，注册资本799 890.11万元。其中：内资企业792户，注册资本509 289.38万元（包括：国有企业127户、注册资本26 197.81万元，集体企业308户、注册资本42 825.17万元，股份合作制企业5户、注册资本1 017.8万元，公司制企业352户、注册资本439 248.6万元）；私营企业1 245户，注册资本282 353.43万元（包括：个人独资企业442户、注册资本53 449.44万元，合伙企业20户、注册资本10 857.47万元，公司制企业609户、注册资本218 046.52万元）；农民专业合作社99户，注册资本8 247.3万元。全市共有个体工商户14 979户，注册资本金54 803万元。

**【市场规范管理】** 制定信用分类监管等级评定表，全面建立信用分类监管制度，辖区内63个市场的信息采集和信用等级划分全面完成，并把宣威市金属材料交易市场、宣威市吉玛特、宣威市金宏达超市列为诚信创建的重点对象，按创建标准加强指导和进行规范，并与宣威市精神文明委员会联合下文，认定上述三个市场为宣威市2009年诚信市场，并在宣威电视台向社会予以公告。继续把籽种、化肥、农药、地膜列为农资首管商品，建立健全农资先行赔付制度、索票索证、“留样备查”等制度。全面推广“六制三账一书一卡”制度和“农资放心店”等经验做法，创建农资放心店4个。印制市场巡查手册120本、进销货台账120本、涉农合同示范文本3 000份，全面推行合同示范文本。2009年发展农村经纪人54户，在2008年(612户)的基础上增长8%。在板桥、龙场开展农村经纪人培训会，提高农村经纪人的业务能力。在发展农民专业合作社方面，深入农村，进一步调查了解农民种养殖情况，主动为其办理证照，引导大批农村经纪人根据市场要求转型，从事农民专业合作经营，共发展农民专业合作社98户。

**【消费者权益保护】** 及时处理曲靖指挥中心分派的任务，完善8小时以外或节假日12315值班制度。开设网上12315受理通道和分析板块，及时掌握12315工作热点和难点。认真开展12315政风查询、政务公开工作和96128政务查询工作。2009年，全局共受理处理申诉举报咨询305件，其中举报69件，为消费者挽回经济损失62万元，赔偿金额超过1万元以上的投诉案件共有3件，完全达到100%受理、100%处理的要求。

**【食品流通监督管理】** 开展食品安全事故应急演练，提高应急处置能力。创建"食品安全示范店"73户，推进食品市场诚信体系建设。加强食品经营户自律制度建设，督促1 077户食品经营户落实索证索票和进货台账制度，推行"一票通"80户。利用食品快速检测设备开展食品专项检测，共抽检115组次，其中，不合格2组。认真开展农村食品专项检查、节日市场整治、添加剂专项整治、奶制品专项检查和腌制品专项检查等执法行动，共出动执法人员1 985人次，开展食品专项检查12次，检查食品经营户3 056户，查处无照经营313户，查获不合格食品8 138千克，价值10万元，端掉食品制假黑窝点6个。

**【广告监督管理】** 认真做好户外广告发布前的审核登记，共受理户外广告登记200件。定期对电视台的医疗广告进行监测，共监测、检查广告455条次。同时加大违法广告查处力度，立案查处了药品、通讯等违规、违法广告29件，简易处罚224件，没收药品、医疗等印刷品广告8 000余份。认真组织公益广告参赛，其中宣威电视台制作的"城市一张脸"公益广告在云南省广告协会荣获金奖，并被推荐参加全国优秀公益广告评选。

**【商标监督管理】** 2009年，宣威市工商局共培育"文兴地滩羊肉"等35件注册商标(其中20件为农产品商标)。"宣威火腿"证明商标被认定为中国驰名商标，并开展了保护"宣威火腿"证明商标专项执法检查行动；推荐"宣达"等7件注册商标参评曲靖知名商标；推荐"宣华"等5件注册商标参评云南省著名商标。进一步总结和推广"公司十商标十农户"经营模式，宣威市海旋实业有限公司的"海旋"商标，参与农户达300户；宣威市倘塘镇黄豆腐制品有限公司的"倘塘"商标，参与农户有20户；宣威市元宝农产品开发有限公司的"紫云宝"商标，参与农户50户。加大商标保护力度。立案查处了"慢严舒柠"药品、"中字牌"种子、"皇明"太阳能、"美的"电磁炉等18个商标侵权案件。

**【计划财务工作】** 按照集体当家、民主理财的要求，按季度公开经费收支情况，让干部职工明白经费来源和去向，提高了财务收支的透明度。行政性收费标准在政府网站公开，接受社会和群众监督。为推进财务管理规范化进程，进一步规范工商所(分局)的财务管理工作，组织12名基层财务人员轮流到机关财务室跟班学习。

**【基本建设】** 2009年，共有宝山工商所和城北分局办公楼两个在建基建项目，建设面积1 500平方米。为确保工程的安全优质与廉洁，成立了基建工作领导小组，落实基建重大决策、重大问题和资金集体讨论制度，两个项目都在市纪委的监督下实行了公开招标，并签订了廉政合同，纪检监察全程参与了工程建设过程。

**【机关党建工作】** 将党建工作与全局的中心工作有机结合，努力营造一个党群关系和谐的创建氛围。按照"规定动作不走样，自选动作有创新"的要求，深入开展学习实践科学发展观活动。着眼于扩大党建工作覆盖面，积极发展个私经济领域入党积极份子，并将89名个体工商户流动党员纳入管理。以创建"先进基层党组织"为目标，抓好基层党组织建设，总支下属5个支部都能做到从组织建设入手，实现基层党建目标责任制顺利完成。

**【老干工作】** 设立老干办，配备专干，从组织上保障老干部的管理与服务工作。主要领导亲自过问并参与老干部管理和服务工作，局长亲自参加的座谈会有4次，登门慰问12人次。按政策着力解决老干部的待遇问题，发放了老干部2007年度三个月的津补贴。从日常生活全面关心照顾离退休老同志，探望住院老同志23人次，开支经费5 000余元。重阳节召开了全体离退休老干部座谈会，为老干部征订了《中国老年报》和《云南老年报》。

**【经济检查】** 深入开展打击非法传销活动，打掉传销窝点3个，教育遣返传销人员35人。扎实开展农资打假工作，检查农资经营户173户，查获假化肥22吨。深入开展扫黄打非工作，共查获低俗影像制品及非法刊物70余种，291本。加强煤炭行业监管，规范了煤矿企业的经营行为，促进全市煤炭企业健康有序发展。扎实开展两烟打假打私工作，查处无证照经营卷烟案件3件。加强网吧监管，全市77家网吧被规范为个人独资企业。开展度量衡器专项检查行动，检查市场420次，查处不合格度量衡器135把(台)。取缔无证照经营民用爆炸物品的经营户9户，查获流入市场的报废车辆2辆。2009年，共查办案件1 251件，其中简易案件199件，简化办理案件878件，一般程序立案案件174件(其中万元案78件)，罚没款260余万元。

**【信息化建设】** 加大硬件设施投入，对部分老化计算机进行了更新。强化网络安全防范措施，确保网络安全运行。利用现在设备及技术，自主建立了宣威市工商行政管理门户网站。加大对综合业务系统软件的使用培训，现“商品交易市场信用分类监管”基础数据录入基本完成，全市内资、个体工商户电子档案全部入库，网格化监管认领户数基本到位，对特殊行业、特殊地域、重点行业、隶属市场标注率达90%以上，12315系统和行政执法系统及“工商业务一体化”软件使用规范。

【消费者协会工作】 为扎实开展3·15宣传活动，印发了消费维权宣传资料，设置了宣传展板，出动了流动宣传车，并通过广播、电台、报刊等载体，及时发布消费警示、典型案例，组织宣传小分队进村入户，宣传消费维权知识，引导消费者合理消费、科学消费。为切实加强消协分会的组织建设，全市26个乡镇、街道均成立了消协分会。消协分会的会长由各乡镇、街道分管工商工作的政府领导担任，秘书长由当地工商所长（分局长）兼任。

【个私协会工作】 通过以会代训、送法下乡、当场咨询、书面问卷等形式开展普法教育活动2次，受教育人数达6 000余人。开展送法律、送电影进农村活动，丰富广大农民群众的精神生活，增强农民群众的法律意识和识假辨假能力，提升农村消费者的维权意识和自我保护的能力。投资4万余元，开展“防艾禁毒”教育培训9次，娱乐行业参加培训人员达5 200余人次。推进个私党建工作，将89名个体工商户党员纳入协会党组织管理。加强“贷免扶补”工作，与劳动和社会保障局、财政局、农村信用合作联社加强联系和协调，帮助61户个体工商户申请到305万的小额贷款。选出31名创业导师，并按质按量完成导师库录入工作。

【2009年受到表彰的单位和个人名单】

2月，城北分局被省人力资源和社会保障厅、省工商局评为先进集体。

12月，高兴龙同志被中国个体劳动者协会评为全国个私协会先进工作者。

【2009年任职的局领导名单】

党组书记、局长　高兴龙

副局长　马毓稳　蒋朝芳　张良英

纪检组长　冯灿锐

## 沾益县

【概况】 沾益县工商局共有编制78人，实有在职干部职工73人，离休1人，退休23人。全局73名在职干部职工中，党员52人，占71.2%，平均年龄36岁，大专以上学历68人，占93.2%。内设10个股（室），即办公室、人教股、法制股、监察室、经检大队、市场监督管理股、消协、12315申（投）诉举保中心、企业个体股、商广股；下设7个分局（所、队），即西平、花山2个分局，大坡、白水、炎方、德泽4个工商所及市场巡查大队；3个群团组织，即沾益县保护消费者权益委员会、沾益县个体私营经济协会、沾益县企业信用协会。

【法制建设】 1. 抓好法律知识学习培训，提升队伍法律素质建设。年初制定法律学习计划，采取轮流讲法、抽签讲法、学生变先生、同步摄录回放等学习模式学法讲法，结合工作实际，以案释法，开展案件评议。全年共学习了36部法律法规。2. 规范文书制作，推行说理式文书，通过网上学习、交流讨论、粘贴范本等方式，推行说理式文书的制作技巧、格式以及应注意的问题，并将推行情况纳入目标责任制进行考核。3. 加强涉案财物管理。县局统一制作了涉案财物入库、出库登记台账，设立一个涉案物资仓库，专人负责，健全完善台账登记管理。4. 积极组织开展听证工作，就“食品安全示范店”创建和企业年检中涉及的相关前置许可组织听证会，广泛听取监管服务对象、人民群众和当事人的意见和建议。5. 认真落实“三制四化”工作机制，促进执法办案规范化建设。6. 结合法律“七进”活动，认真开展普法工作。结合全县实际情况，深入到社区、农村、学校、市场进行普法，大力宣讲《食品安全法》、《产品质量法》、《消费者权益保护法》等法律法规知识。与县移动公司合作，印发了食品消费安全的粘贴画1万张，粘贴在集贸市场、商场、超市。

同时抓好案件审核工作。全年共审核案件242件，其中立案案件84件，一般案件简化办理106件，简易处罚案件52件，审核率100%。

【纪检监察】 2009年，沾益县工商局出台了《党风廉政建设责任制考核办法》，调整充实了督察队工作人员，层层签订《党风廉政建设责任制》。坚持党风廉政建设工作“一把手”负总责，其他分管领导成员各负其责的原则，按照“一岗双责”的工作要求，坚持“两手抓、两手都要硬”的工作方针，加强了监察、督察力度，从源头上预防和治理腐败。继续探索风险点管理，通过“查找岗位廉政风险，建立防控机制”从根本上拓宽预防和控制廉政风险的途径，有效推进党风廉政建设关口前移。主要采用“12345”工作方法做好风险点查找。“1”即树立一个风险意识。“2”即采取自下而上和自上而下两种方法查找廉政风险点。“3”即按照三个层次查找风险点，分别是县局党组、中层干部和重点岗位，确保风险点的查找不留死角。“4”即确定四个重点环节，重点在党组班子、注册登记、行政执法、财务管理四个方面查找。“5”即通过五种渠道进行风险点的查找，即从警示教育启示查找风险点，从信访举报、行风评议所反映问题查找风险点，从各种学习讨论的自查自纠问题中查找风险点，从案件评审中反映的共性问题中查找风险点，从人大代表建议、政协委员提案和社会舆论中查找风险点。编印了《沾益县工商局廉政风险点管理工作手册》，人手一册，要求入脑入心。

【人事教育】 2009年，沾益县工商局按照《党政领导干部选拔任用工作条例》有关规定，提拔任用了4名股所级干部。

【企业注册登记】 2009年，全县应参加年检的内资企业338户，实检330户，年检率97.7%。截至年底，全县共有内资企业196户，注册资金223 928万元，户数、资金分别比上年同期减少7.5%、减少47%。

【企业监督管理】 认真做好个体验照

及私营企业年检工作。在个体验照中，增强服务意识，对地处边远山区、分布零散、交通不便的个体户，采取上门服务的方式验照，使个体工商户足不出户就能验照。年初应检企业391户，实检381户，年检率97.5%；应验照个体工商户5 560户，实际验照5 560户，验照率100%。年检期间办理变更登记76户、注销登记14户。查处企业违法违章行为10起，罚没款金额1.4万元。

做好个体工商户和私营企业注册登记工作。截至11月底，全县实有个体工商户5 560户，从业人员8 119人，注册资金12 414万元，与上年同期相比分别增加4.47%、1%和15.98%。年内新办个体工商户1 081户，从业人员1 358人，注册资金2 765万元。同期内办理注销登记935户，变更登记852户。全县共有私营企业560户，从业人员9 187人，注册资金93 679万元，与去年同期相比分别增加5.2%、30.9%、16.26%；年内新增私营企业48户，从业人员865人，注册资金7 477万元。同期内办理公司注销28户，变更85户。

**【消费者权益保护】** 1. 积极开展“3·15”国际消费者权益日和“消费与发展”年主题活动，成立了以分管副县长为组长的领导小组，深入各乡(镇)开展法律“七进”活动和宣传咨询服务，“3·15”期间，全县共出动执法车辆和宣传车辆318辆次、人员1 030人次，设立咨询服务点38个，悬挂宣传标语横幅42条，宣传咨询服务布标34条，出黑板报6期，接受咨询服务8 630余人次，举办识假辨假等消费教育活动21场次，发放宣传材料3.1万份，受教育群众11.8万人。销毁假冒伪劣商品，总标值为61.8万元。2. 完善“一会两站”维权网络建设，在全县8个乡镇已成立消委分会，121个行政村、社区建立“两站”，全县20所中学均已建立“青少年维权岗”，在500平方米的商场、超市、企业、宾馆、市场等场所建立“两站”15个，覆盖率已达100%，实现了“一会两站”消费维权网络的全覆盖。全面完成各消协分会的换届选举和“两站”工作人员的充实调整工作。涌现出了西平玉光、望海“两站”等一批省、市先进工作站，受到了省、市政府乃至国家工商总局的表彰。

**【食品流通监督管理】** 1. 强化责任，建立食品安全监管长效机制。加大“两个100%”和“一个彻底解决”工作力度，对十类重点商品重点查验进货台账和相关票证，完善“七制二书二图一创建”，健全索票索证和进销货台账制度。2. 开展“食品安全示范店”创建。经过经营者自愿申报，县局检查考核，评出29户“食品安全示范店”并举行了授牌仪式，超额完成市局下达的任务数(23户)，食品市场得到有效净化。3. 加强节日食品市场监管。重点加强对消费者反映强烈和与群众日常生活关系密切的节日食品检查，严厉打击各种制售假冒伪劣食品、无照经营食品等违法行为。节日期间全局共出动执法人员543人次、执法车辆230余辆次，检查农村食品经营户2 937户，开展专项整治8余次，查获不合格食品120余千克，取缔无证经营6户。4. 扎实开展食品安全专项整治。全县食品经营主体1 214户，其中生产加工食品经营主体58户(企业7户)，流通环节食品经营主体725户(企业5户)，餐饮业经营主体431户。在各种专项整治中，累计出动执法人员达1 800余人次，检查经营企业和个体户累计达9 236户，检查各类批发市场、商场、超市累计达122个，查处假冒伪劣食品约154千克，其中猪肉2千克，奶制品3千克，儿童食品2千克，月饼40千克，各类饮料11千克，酒类20千克，其他74千克，严厉打击了制售假冒伪劣商品的行为。5. 以市局统一配发的食品安全快速检测仪(箱)为载体，积极开展食品安全检测。一年来，开展食品检测14次，抽检了107个批次的商品，涉及鲜肉、水发食品、饮料、干菜、食盐、袋装牛奶、散装白酒等，经检测均为合格。

**【反垄断与反不正当竞争执法】** 1. 继续保持打击传销高压态势，积极开展“无传销社区”创建活动，基层乡(镇)人民政府将打传工作纳入政府的日常工作，把打传工作转化为政府行为，建立了打传工作机制；加大宣传力度，建立预警机制。2009年1~11月，全县共出动公安、工商、乡镇(街道)、社区等部门打传人员300人次，出动执法车辆20余辆次，联合开展清查5次，共检查出租房500余间，捣毁传销窝点1个，清查出传销人员40余名，劝返30余人，对1人进行立案查处，罚款1 000元。2. 加强企业“两虚一逃”案件查处，在2008年度企业年检中，以查处“两虚一逃”为工作重点，按照“登管联动”的要求，认真履职，通过企业年检、加大监管力度，查处企业违法违章行为，年检期间共查处企业违法案件8件，罚款10万元。3. 加强手机市场监管。利用市局配发的“多功能防伪检测器”，对移动电话机市场进行专项整治。共出动执法人员290人次，出动车辆73台次，检查手机经营户50户，依法没收假冒劣质手机121部，案值2万余元，收缴罚没款2.5万元。4. 积极开展“扫黄”、“打非”行动，积极配合新闻出版、公安、文化等部门，全面推动“扫黄打非”工作深入开展。截至11月底，全局共出动执法人员100人次，出动车辆50台次，检查各类经营户500余户次，查获各类出版物20碟(本)，取缔无照经营户5户。5. 持之以恒加强度量衡器监管。将度量衡器作为一项重要工作来抓，做到市场监管、行政执法“不辱使命、不昧良心”，从老百姓日常生活息息相关的短斤少两行为入手，实实在在维护群众利益。截至11月，全局共出动执法人员486人次、执法车辆131台次，检查集贸市场258个次，检查度量衡器4 084杆(台)次，没收不合格度量衡器134杆(台)，辖区度量衡器合格率97%。

全年共查办各类案件242件，其中立案案件84件，一般案件简化办理106件，简易处罚案件52件，罚没款83.6万元。

**【商标监督管理】** 2009年，沾益县工商局积极开展商标专用权保护，打击“傍名牌”行为。开展打击“昆电工”电线、“宣威火腿”等侵犯商标专用权行为的专项整治。查获涉嫌侵犯“华夏”注册商标的葡萄酒20瓶，假冒“五粮液”1瓶，全局共查处商标假冒侵权及虚假标识案件3件,罚没款15.14万元。加大商标法律的宣传和商标培育力度,积极申报驰名商标、云南省著名商标和曲靖知名商标,按照《曲靖市人民政府关于推进商标战略工作的意见》和市局实施商标战略的"三个至少"、"三个反复"的要求,沾益县2009年新申请注册商标48枚,其中,农产品商标3枚。

截至2009年10月,沾益县有效注册商标46枚,其中中国驰名商标1枚("云维"),实现了沾益历史上驰名商标零的突破,云南省著名商标5枚,曲靖市知名商标10枚。

**【基本建设】** 2009年,沾益县工商局严格按照《云南省工商行政管理系统基本建设管理办法》规定要求,在建筑面积、附属设施、设计方案等方面认真加以贯彻落实,无超标违规建筑行为。8月,大坡工商所办公楼竣工投入使用。

**【老干工作】** 组织老干部政治学习,积极创造条件组织老干部到外学习考察,引导老同志在思想和行动上与党中央精神保持一致,做到政治坚定、思想常新,为构建和谐社会发挥榜样作用和促进作用。开展老干部座谈会,定期不定期召开离退休老干部座谈会,向退休老同志通报工作情况,让老干部及时了解工作动态,听取他们的意见和建议,了解他们生活中的实际困难,及时予以解决。组织全体24名离退休干部定期到市第一人民医院进行全身体检,得到了老干部好评。

**【信息化建设】** 2009年,沾益县工商局加大资金投入力度,加强软、硬件建设。更新增配电脑,全局共有电脑66台,基本达到一人一台。开展计算机操作运用岗位练兵活动。全员参与,人人动手。采取在线考试、网上培训等方式提高干部职工的计算机操作运用水平。

**【个私协会工作】** 1. 开展贫困会员慰问工作,由个私协会名誉会长、县政府分管副县长亲自带领协会工作人员对部分存在严重困难的个私会员进行送温暖活动,2009年春节共慰问困难会员29户,发放慰问金8 700元。2. 建立创业导师数据库,开展创业帮扶指导工作。成功创立了由13位创业导师组成的"沾益县创业导师数据库",为初次创业人员提供免费创业指导和培训服务。3. 启动"贷免扶补"创业贷款帮扶工作,积极帮助申请创业"小额贷款",经劳动、财政、信用社反复考察,成功为8户个体户申请到每户5万元、共计40万元的政府贴息贷款,解决了部分创业人员的资金困难。4. 开展"禁毒防艾、诚信守法"知识培训,进一步增强个私经济业主的遵纪守法意识、诚信经商意识、禁毒防艾意识。2009年共举办培训2场,受教育会员400余人。

**【2009年任职的局领导名单】**

党组书记、局长　杨　坤

副 局 长　周迎军　李旭祥

纪检组长　姚海丽

## 马龙县

**【概况】** 2009年,马龙县工商局有在职干部职工47人,其中:男职工26人,女职工21人,平均年龄40岁,中共党员22人;本科学历30人,大专学历12人,中专和高中学历5人。全局内设7个股室,派出机构有通泉分局和旧县、月望2个工商所。2009年,马龙县工商局在省、市工商局和县委、县政府的正确领导下,以学习为抓手,以责任落实为主线,紧紧围绕省局确定的"服务效能提升年"和曲靖市局"团队精神建设年"主题,团结并带领全局干部职工,充分发挥工商行政管理职能,在维护市场经济秩序、促进公平竞争、加强诚信体系建设等工作中取得了新的成效。

**【法制建设】** 2009年,马龙县工商局在巩固"执法能力建设年"及"五种素质建设年"活动成果的基础上,以"抽签讲法"等形式,认真抓好行政执法的学习培训工作。并借助信息化平台,加深对法律法规的学习、思考和理解,形成以学法带动执法实践,以执法激发学法动力的良好氛围。根据在查办案件过程中存在的问题,深入到办案单位结合案例讲解法律、法规,提高案件办理水平。结合岗位练兵"行政执法办案能手"竞赛活动,制定实施方案,严格考评程序,完成了岗位大练兵所列学习内容,并在全市组织的统一考试中取得了优异的成绩。加强案件核审,促进依法行政。对全局适用一般程序查办的178件案件(其中:适用立案简化办理程序查办案件132件)进行了核审,核审率为100%。经过核审的案件无一引起行政复议和行政诉讼。

**【纪检监察】** 按照反腐倡廉"一个坚决三个更加"的要求,马龙县工商局认真落实"一岗三责"(党风廉政、业务工作、综治),强化对行政权力的制约监督,拓展从源头上防治腐败工作领域,把反腐倡廉工作融入到工商行政管理工作中。1. 在宣传教育工作中,把反腐倡廉教育列入干部教育培训计划,开展了反腐倡廉专题教育、理想信念、党风党纪、廉洁从政和艰苦奋斗教育。按照"一三四五七"工作思路深入开展工商廉政文化建设活动,抓好教育保廉、环境熏廉、活动促廉和家庭助廉,营造了"以廉为荣、以贪为耻"的良好氛围。2. 在制度建设工作中,建立党组中心组学习制度,制定、健全、完善了《"三重一大"制度》、《禁酒令》、《拒吃请制度》、《车辆管理》、《请销假制度》等制度,严格执行党内监督条例、民主生活会和民主集中制等各项制度。3. 在管理工作中,坚持民主集中制,大事集体研究,小事及时沟通,开展了以"打造团队精神"为主题的谈心活动。在落实阳光政府四项制度工作中,设立了公示栏和通报栏,发布了公示和通报7期,充分利用电子触摸屏,公开了全局需向社会公开的内容。创新执行"外出去向卡"制度,将每个干部职工的在岗情况向社会公开,方便办事群众联系,广泛接受群众监督。召开2009年重点工作通报会1次,听证会1次。4. 在监督工作中,建立局党组、督察队、中层干部三级督察机制,开展效能督察,共对工作纪律、工作效能开展各种方式的督察活动57次。年内,县纠风办对该局2008年政风行风评议整改落实情况进行跟踪问效,评议组100%满意该局的整改工作。在全县对48家单位开展的社会评议工作中,该局位列第13名。

【人事教育】 2009年,马龙县工商局结合第二批学习实践科学发展观活动"个人形象一面旗,工作热情一团火,谋事布局一盘棋"的"三个一"要求,提出了"要我学是组织关心,我要学是自觉行动"的理念,采取"抽签讲法"主动学、"以强带弱、促弱增强"边干边学、"由学生变为先生"换位学、"同步摄录并回放"共同学等四种方式,学习了科学发展观理论、礼仪知识、国学知识、人本管理知识、工商行政管理法律法规、《公务员素质读本》,开展了"行政执法、注册登记、计算机""三能手"练兵比武、"七进"活动、"打造团队精神"等活动,不断提升了工商干部的综合素质,逐步适应了新形势新任务对工商工作的新要求。年内,在"三能手"业务大练兵活动中,该局先后选送了13名人员参加全市工商系统"三能手"竞赛,最终有4名同志通过选拔参加了省局的能手竞赛。

【企业注册登记】 2009年,马龙县工商局按照为非公经济发展"设路标、清路障"的工作思路,加强"窗口"建设,严格执行责任政府和阳光政府的两个"四项制度",实行"AB"角互换制度,对重大(疑难)登记事项按照"会商"制度进行处理,认真做好"鼓励创业贷免扶补"工作。加大对全县焦化、冶金、建材、化工等行业和生物制药、农产品加工企业的引导和规范力度,努力为非公经济营造"效率最高、服务最优、诚信最佳、条件最好"的发展环境,促进中小企业的发展壮大。在个私会员中推荐8户创业导师,并把信息录入云南省个体私营经济协会创业导师库。截至12月底,全县内资企业有210户,注册资本23 883万元;私营企业241户,投资人582人,雇工人员8 891人,注册资金79 617万元;个体工商户3 798户,从业人员4 231人,注册资金14 730万元,全县非公经济呈现出蓬勃发展的良好局面。大力支持和帮助农民成立"农民专业合作社"。全县共发展农民专业合作社8户,出资总额1 599.4万元,农民成员55人,全县初步形成了以禽蛋、獭兔、生猪养殖、食用菌、马铃薯种植等主导产业为主的新型农村经济组织。

【市场规范管理】 全年共办理抵押登记12份,主债权金额6 650万元,抵押物价值28 692.8万元。推行建设工程施工合同文本220本。拓展招投标监管内容,改革监管方式。监督建设工程招投标72次,参加政府采购招标29次,参加政府和学校投资建设工程验收30余次。审查并登记了2户商品展销会,拓展了监管领域,促进了执法到位。

对全县农资经营主体进行全面检查,严把农资市场主体准入关。对化肥、农药等农资监管建立"六制三账一卡一书"长效机制,开展种子市场清理,对种子监管实行"留样备查"。继续按照"一网络、二准入、三备案、四完善"的工作机制加强对农机具的监管和消费维权工作。加大对违法农资经营行为的查处力度。全年,共指导农户签订农机具买卖合同、蔬菜定购合同、大洋芋收购合同、化肥买卖合同、农副产品购销合同等涉农合同755份,合同金额37.2万元。培育发展农村经纪人129户,比上年增加了17%。

【消费者权益保护】 2009年,马龙县工商局从解决人民群众最关心、最直接、最现实的利益问题着手,按照总局加强12315"信息互动、畅通民意、听取群众意见、解决利益问题""四个平台"建设工作的要求,以"3·15"宣传、"送电影送法律到农村"、播放幻灯片等形式组成维权宣讲小分队开展了12315进校园、进农村、进社区、进企业等"七进"宣传活动,利用农村赶集日开展假冒伪劣商品巡回展示、讲解识假辨假知识等活动,大大提高了广大消费者尤其是农村消费者的识假辨假能力和维权意识。共到4个乡镇播放了4场幻灯片,到10个村委会放映数字电影11场,发放各类宣传资料5 000余份,受益群众达5 000多人。同时,按照"政府主导、工商推进、群众参与、社会联动"的工作思路,已在全县建立了县、乡、村三级消费维权网络。在"两站"工作中,建立了挂钩联系制度,各工商所(分局)实行片区责任制,并对"两站"人员进行了培训,提高了"两站"工作人员的业务素质。3月,在王家庄镇吴官田"两站"人员和公安机关的配合下,查处了一个在农村假借销售"泡酒料"等商品进行虚假宣传获取非法利润的团伙,督促违法经营者全部退还46位农户购货款6 092元,没收涉案物品案值2万余元。年内共受理消费者投诉71件,为消费者挽回经济损失2.43万元,加倍赔偿金额300元,核实举报23起,申诉中实施行政处罚的38件。

【食品流通监督管理】 2009年,马龙县工商局以贯彻落实《食品安全法》为契机,深入学习和广泛宣传《食品安全法》,认真履行食品安全监管职责。继续巩固完善流通环节食品安全专项整治成果,完善"七制两书两图一创建"工作机制。严格按照《食品安全法》和《食品流通许可证管理办法》的规定核发"食品流通许可证"。按照"食品安全示范店"创建工作要求,开展了"食品安全示范店"创建活动,共创建了21家"食品安全示范店",以点带面促进食品经营户守法经营、文明经营、安全经营。12月22日,组织全系统干部开展为期一天的流通环节食品安全事故应急预案演练。

【商标监督管理】 2009年,马龙县工商局认真落实"一所多标"和"三个至少"要求,在商标管理工作中推行"两规划"、"两本账"及商标培育、发展五年规划。通过反复向党委政府汇报、反复向社会宣传、反复向企业建议,营造了浓厚的商标创建氛围。至年底,全县共有注册商标28枚,其中曲靖市知名商标6枚,云南省著名商标5枚。年内申报的云南东玉工贸有限公司"金金球"和马龙县云昆养殖有限公司"深沟"2件商标先后被评为市知名商标和省著名商标。获评的5枚著名商标列入该局驰名商标储备库。商标战略的实施,提高了个私企业的商标意识,知名商标和著名商标也提升了商标所属企业的核心竞争力,为企业做大做强夯实了基础,实现了商标数量、质量的提升和质的飞跃。

【计划财务工作】 认真执行当年经费支出预算,严格预、决算管理。加强对"人、车、会、话"的管理力度,节减一般性支出,保证重点支出和专款专用,确保收支平衡。严格执行"收支两条线",认真开展行政事业单位经营性国有资产清查回头看自查自纠工作,加强非税收入管理。结合实际制定了《财务报账管理要求》,规范财务报账的手续和程序。做好基本建设信息录入和完善工作。全年共完成行政性收费107 002元。其中企业注册登记费78 262元,个体注册登记费28 740元,完成罚没收入21.06万元。

【基本建设】 马龙县工商局建立了账簿、款项和实物核查制度,加强固定资产和票据的管理、规范政府采购行为。在上级部门的支持和关心下,投资建设的龙翔路新办公楼公务用房和职工用房开工建设。在工程建设中按照省局基本建设的程序和要求进行。2009年,该局新建公务用房1幢1 500平方米,合计投入资金375万元。

【机关党建工作】 2009年,马龙县工商局设党总支1个,党支部3个。机关党支部设党小组4个,在职人员中有党员22人,平均年龄41岁,女性5名,男性17名,均为汉族,不存在工商所(分局)无党员空白点的情况。年内紧密结合深入学习实践科学发展观活动,进一步加深了对科学发展观内涵及其重大意义的理解,提高了认识,取得了共识,有力地促进了服务发展、监管执法和队伍建设等体制机制的健全完善,推动了各项工作的全面深入开展。

【经济检查】 全年共查处各种案件237件,其中一般程序案件178件,简易程序案件59件,案值24.62万元,罚没款21.06万元。行政执法工作中推行"事前预警告诫、事中纠正制止、事后教育规范"的工作机制,做好对违法行为人的警示与疏导工作。建立健全案件回访制度,对当事人处罚1 000元以上罚没款(含物资价格)的案件实行回访制度。全年共对19位当事人进行了回访。

【信息化建设】 马龙县工商局新投资2万余元新增台式电脑4台,保证了财务室、市场监督管理股、进驻县政府政务服务中心和电子触摸屏等重点部门使用。年内重点抓好"云南工商政务业务一体化软件"和省局OA系统公文收发管理的熟悉和运用,加快办公自动化系统、商品交易市场信用分类系统应用,推荐3名县级能手参加市局"计算机应用技能岗位练兵比武"。

【个私协会工作】 2009年,马龙县个私协会组织个私协会员召开"2009年迎春座谈会",会员就"企业如何尽快走出金融危机阴影"为主题作了深入的交流与探讨,共商发展大计。9月24日,召集辖区个体、私营企业党员开展深入学习科学发展观动员会,向广大会员和个私党员发出"亮身份、抓卫生、树信誉、显效益"倡议。10月23日,召开了马龙县个体私营经济协会第六届会员代表大会,夯实协会的组织基础。结合第三批学习实践科学发展观活动,于11月中旬组织30余名会员到云南云翔玻璃有限公司、马龙县兴达畜牧科技有限公司、马龙县马过河镇鑫乡食用菌种植场等企业开展了观摩学习活动。春节前向个私会员群发手机短信慰问新春,购买大米、食用油、被褥、水果等慰问品,价值4 000余元,对全县高龄、残疾、贫困和受灾的10户个体户开展"春暖慰问"活动。

【2009年任职的局领导名单】
党组书记、局长　李　贵
副 局 长　王保柱　朱恩荣
纪检组长　常家助

## 富源县

【概况】 2009年,富源县工商局有干部职工113名,其中,在职77人,离退休36人,有党支部10个,党员97名。新增设了消费者权益保护股,有内设股(室)9个,在全县11个乡镇设有2个分局、5个工商所。

2009年,富源县工商系统按照国家工商总局"四个统一"、"四化建设"、"四高目标"、"四个转变"和"三个过硬"的要求,围绕省局"三个到位六个好"和市局建设"曲靖大工商"的工作目标,认真落实"服务效能提升年"和"团队精神建设年"的工作部署,以学习实践科学发展观为契机,狠抓工作的规范开展和整体推进,各项工作取得明显成效。局机关通过省级文明单位的重新申报验收,工商行业被评为富源第一家文明行业,县局被县委、县政府命名表彰为软环境建设先进单位,精神文明建设、安全生产工作等先进集体。

【法制建设】 2009年,富源县工商局实行执法人员全员办案体制,加大普法力度,全力推进法制建设。1. 把80%以上的执法人员当案件主办人作为一项硬性指标,列入对相关单位的目标考核。2. 采取多种方式提升执法素质,利用软件开展抽签学法,开展案件评审和案件交叉检查,发布各个领域的典案供学习,在远程信息系统添加规范性法律文书供学习,模拟违法行为检测案件处理能力等,全面提升执法人员素质。3. 规范执法办案权限,通过委托、授权等形式实行登记权、办案权下放。4. 提升执法办案质量,全面落实行政执法规范化"十项制度",抓好"三制四化"工作机制的落实,从案件审批、证据收集、文书使用、卷宗装订等细节入手,建立案件协商、案件分级办理、案源登记撤销等制度,并坚持事前预警告诫、事中纠正制止、事后教育规范,营造和谐监管氛围,共发放预警通知书137份,责令整改通知书380余份,回访各类案件265件,全局所办的596件案件中没有一起复诉、诉讼案件。

【纪检监察】 2009年,富源县工商局健全制度,完善机制,防范工作中的不正之风,首先是内部监督,抓思想转变,抓意识提升,抓制度规范,抓源头治理,使干部职工牢记宗旨,勤奋工作;其次请人监督,在全县11个乡(镇)共聘请义务行风监督员13名,对全县工商系统的队伍建设、工作作风、依法履职情况进行监督检查;第三是走访群众,先后5次召开座谈会,通报工作情况和征求意见,并认真走访办事群众、监管服务对象、相关单位等130余人次,收集并整理意见建议8

条；第四是全面开展党风廉政建设工作，层层签订党风廉政建设责任书，强化中层干部监督，把握“廉政”和“勤政”这两个关键，开展各类教育，开展廉政文化建设，强化风险点管理，开展专题学习24场次，编制红盾清风16期，全局没有人员因党风廉政问题受惩处，被县委、县政府授予“软环境建设先进单位”称号，成为富源县2009年度9家免评对象之一。并细化责任，扩展载体，全面落实“阳光政府四项制度”，通过会议、公告栏等各类载体举行重大决策听证1项，公示重要事项40项次，通报重点工作110项次，接受信息查询235项次，其中96128专线接听24个。

按照“服务效能提升年”的要求，围绕“效能”二字做好文章，突出“细节、实际、主线、人员”八个字来抓落实，完善督查制度，提升督查能力，改进督查方法，延伸督查范围，强化督查考核，以督察工作的规范化来推进各项工作的规范、有序发展，建立了工作任务核销、责任落实等制度，使每项工作安排都做到有部署、有检查、有落实。2009年，对省局、市局重点工作实行目标管理考核，签订了《登记注册》、《食品安全监管》、《12315申投诉》等专项工作责任书8份，对所有工作实行任务核销和“一表一图”管理，开展各类专项督查监察34次，发各类督查通知通报22期，对未按时按要求完成工作任务达3次的4个单位的负责人进行了诫勉谈话。

**【人事教育】** 2009年，富源县工商局以学习教育为队伍建设的切入点，坚持制度治本，全面开展督查，打造团队精神，努力提升队伍素质。1. 深入开展科学发展观的全员学习培训，在学习实践科学发展观群众满意度测评中，群众的满意率为97.92%，比较满意率为2.08%。2. 全面开展“团队精神建设年”活动，开展了“如何建设团队”的大讨论、团队建设宣誓、自我反思、换位思考、应急演练等活动增强干部职工的团队精神和团队意识，全年11个次单位和8人次被表彰为县级以上各类先进。3. 采取各种方法全面开展学习，坚持每周一天的学习制度，建立讨论式、互动式的学习方法，调整2万元对学习教育实行单独的百分制目标管理考核，制作专门的学习笔记本等，抽签学习案例58个，学习法律法规50部（次），观看碟片328片，发放学习资料316套，同步摄录录像253小时。4. 多措并举开展岗位练兵，以“立足岗位、全员参与、注重实效”为核心，突出岗位职责、要求、技能，通过严格考核，奖励优胜等措施，全力开展练兵比武，评选县局执法办案能手13人，计算机能手6人，注册登记能手8人。5. 深入开展文明单位创建活动，开展了迎国庆诗歌朗诵，文艺汇演等活动，工商行政管理行业被县委、县政府命名为“文明行业”，创建了1个省级文明单位，1个市级文明单位和1个县级文明单位。

**【企业注册登记】** 2009年，富源县工商局认真落实“责任政府”、“阳光政府”四项制度，提升服务质量，设立工商服务岗，实行AB角负责制，抽派2人进驻县政务服务中心，对于手续齐备、且符合法定形式的做到当场办结。同时，突出优质高效服务，在预约服务、上门服务、主动服务方面建立了一些制度和体制。各分局、工商所在流动办照、验照和上门办照、验照上进行了探索和实践，部分分局、工商所配置3G无线网卡，携带打印机，进行巡回办照。年内，新登记内资企业8户，注册资金233万元。截至年底，全县共有内资企业391户，注册资金533 389万元。内资企业年检工作上，应检内资企业395户，实检340户，办理注销9户，年检率88.35%。

全县工商系统在认真摸底调查，全面宣传发动的基础上，实行领导分片挂钩制度，全力发展农民专业合作社，共登记发展农村专业合作社69户，注册资金4 908.15万元，社员380人；并积极引导其注册农产品商标，签订格式合同等，提升其市场竞争力。

**【企业规范管理】** 2009年，富源县工商局强化个私经济的服务管理，新登记私营企业212户，注册资金57 808万元，从业人员2 985人；登记个体工商户2 978户，注册资金11 473万元，从业人员4 047人。截至年底，全县共有私营企业1 155户，注册资金362 918万元，从业人员54 896人；个体工商户9 244户，注册资金29 660万元，从业人员12 669人。认真开展年检验照工作，应检私营企业951户，实检私营企业874户，办理注销5户，年检率92.43%；个体工商户应验照数为6 816户，实验6 033户，办理注销465户，验照率为95.3%。全局升华服务职能，充分发挥好登记准入职能，拓展行政指导、行政协调和信息引导，开设各类绿色通道，减免各项费用，鼓励返乡农民工、大中专毕业生实行自主创业。同时，以“无照经营”查处取缔为重点，狠抓企业和个体的监督管理，制定《富源县工商局无照经营查处取缔管理办法》和考核指标，以企业年检和个体验照工作为契机全力清查无照经营，共引导办照59户，查处无照经营户103户，利用《无照经营查处取缔办法》查处案件329件。

**【市场规范管理】** 2009年，富源县工商局在开展各类市场整治，规范各类市场秩序的基础上，以诚信创建、合同监管等为重点，突出市场的服务、支撑作用，全力服务新农村建设。年内新登记发展农村经纪人98户（全县累计469户），经纪业务5 340万元，建立经纪人示范户26户；备案涉农合同5 780份，新推广合同示范文本5种，合同金额9 096万元；3月下旬，富源县政府拨出8.53万元奖励2008年度农村经纪人发展等三项工作。深入开展“红盾护农”行动，在每户预交5 000元先行赔付金的基础上，开展了“农资经营放心服务店”的创建活动，确定了“富源县胜玉种业有限公司”等31户农资经营户为首批“农资放心店”。高标准开展诚信体系建设，开展“满意街”和“诚信市场”的创建，“大河镇古文路”等3条街为县委、县政府命名为“消费者满意街”；在营上镇的龙峰路，老厂乡大格村委会马街和中安镇的王家屯建材市场开展了“满意街”和“诚信市场”的创建；开展商品交易市场信用分类监管，成立领导小组，出台实施方案，组织软件录入、指标采集等的培训，录入“商品交易市场信用分类监管系统”市场13个，认定A级市场11个；强化度量衡器的管理，检查度量衡器3 152台杆，校对台称1 356台次，杆秤 325 杆次，没收不合格木制杆秤 139 杆。加大合同履约的检查力度，评选 2008 年度“守合同，重信用”企业 68 户；深入 136 家企业检查各类经济合同 677 份，涉及金额 19.69 亿元；检查涉农合同5 780份；办理企业动产抵押登记 120 份，主债权金额 17.5 亿元。建立市场监管信息定期分析报告制度，确定了 1 个信息报告点，对信息采集指标和内容进行了全面规范。

**【消费者权益保护】** 2009 年，富源县工商局强化维权宣传，开展消费维权“七进”活动，在设宣传点，组织开座谈会、印发宣传资料、电视滚动宣传、送电影送法律到农村等活动的基础上，以工商所、分局、消协分会为单位成立宣讲小分队，统一制作法律法规的宣讲光碟，在以“两站”为依托放映爱国主义电影的同时，集中村社的群众进行法律法规宣讲；局领导带领 4 个宣讲小组，到宣讲现场发表讲话，带头进行宣讲；全县工商系统 8 个宣讲小分队宣讲 499 场次，出动宣讲人员1 133人次。建设维权网络，进一步保质保量拓展好“两站”建设，重新出资 3.5 万元制作了“两站”铜牌 170 块、工作制度牌 329 块，全年“两站”共受理农村消费者投诉 21 起，挽回经济损失 1.3 万元。化解消费纠纷，健全了限时办结、责任追究等维权长效机制，共受理消费者申（投）诉 116 件，全部做到了 100% 受理和处理，为消费者挽回经济损失 5.87 万元；针对消费投诉热点和难点，及时发布消费警示 10 期。同时，引导投诉的热点、难点行业签订保证书和承诺书。

**【食品流通监督管理】** 2009 年，富源县工商局把流通环节产品质量和食品安全监管工作作为“重中之重”和“首要任务”，全力以赴管死管好。围绕《食品安全法》开展了声势浩大的宣传，悬挂食品安全宣传标语 24 条，制作展板 5 块，发放宣传资料6 000余份，集中辖区食品经营户，第一时间开展了《食品安全法》的培训，并做好细节，从食品经营户的一本台帐、一张发票抓起，帮助食品经营者规范台账和制度，在全县大型食品经营户中全面推行“七制两书两图”的管理机制，在大型食品经营户中设监测点。作为职能部门强化巡查，加大对食品经营户的巡查力度，坚决查处无证无照、经营过期变质以及假冒伪劣食品的经营户。充分发挥食品快速检测箱的作用，全面开展食品安全检测。制定“食品安全示范店”工作方案，成立创建工作领导小组，确定创建工作标准和创评机制，全面开展“食品安全示范户”的创建。核发许可证，实行授权委托，将《食品流通许可证》核发权限下放到分局、工商所，对现场核查、软件录入等进行了认真培训。2009 年，全局投资 1.2 万元制作了经营者自律七项制度牌 147 块、食品进销货台账 98 本、经营者安全经营承诺书 49 份，印制《食品经营购销货台账》1 500本，快速检测食品 64 组，规范系统地将“富源县龙玛特购物广场”等 49 家经营户创建为“食品安全示范店”，并在 16 户示范店中建立联系制度实行持续帮扶。

一年来，全县工商系统围绕食品安全，先后开展了“元旦、春节”期间食品市场专项整治、“五一”节期间食品安全集中整治、学校周边食品市场专项整治、端午节食品市场、中秋国庆两节食品市场专项执法检查等行动，共出动执法人员 972 人次，检查经营户5 572户次，查获假冒伪劣食品 791.06 千克，查处制售假冒伪劣食品案件 47 件，罚款 7.61 万元。

**【广告监督管理】** 2009 年，富源县工商局开展广告专项整治，将户外广告监管纳入日常工作监管，办理户外广告登记 165 件；开展互联网广告集中清理和食品药品广告整治以及整治手机媒体低俗之风等工作，清理违章违法张贴散发小广告 567 份，发出限期整改通知书 19 份，现场拆除 28 家未经登记擅自发布的各类户外广告；报送参评公益广告作品 3 件，富源电视台报送的“吸烟有害健康”获省工商局、省文明办联合组织的云南省第八届公益广告影视类银奖。全年办理户外广告核准登记 182 户，监测媒体广告1 465次，查处广告违法案件 30 件，罚款 3.4 万元。

**【商标监督管理】** 1. 明确工作目标，对推进商标战略、“一所多标”等工作目标、帮扶对象、实施计划、工作措施、责任主体等进行细化、量化，分阶段、分步骤实施，逐项落到实处。2. 提升服务质量，制定商标注册倡仪书，建立联系制度，深入企业、个体户（农户）家中进行宣传和培训，实行上门服务、主动服务。3. 鼓励做强品牌，鼓励企业参加“驰名商标”、“著名商标”和“知名商标”的评选。4. 形成合力，请示县委、县政府，成立商标战略工作领导小组，将商标战略列入目标考核。2009 年，新申报了“营上圆”、“滇乌”等商标 33 件，其中涉农商标 15 件；申报云南省著名商标 2 件（其中涉农 1 件），申报曲靖市知名商标 5 件（其中涉农商标 3 件）。商标区域分布上，全县最多的分局有 91 件，最少的分局、工商所也有 7 件。在商标专用权保护上，严厉查处侵犯注册商标专用权的行为，开展了清理“傍名牌”的专项行动，查获假冒摩托罗拉、NOKIA 等品牌手机 237 部，没收假冒“昆电工”牌电线 78 卷，“大西洋”牌电焊条 20 件等一大批冒牌商品。

**【计划财务工作】** 2009 年，富源县工商局全面规范财务管理体制，强化财务管理，提高资金使用效率。加强对基层单位的检查和财务人员的指导，督促各分局、工商所按时结账；实行报账制度，每季组织为分局（所）报账；坚持“一支笔”审批制度，加强对“人、车、会、话”的管理力度，节减支出，做到了收支平衡；认真执行“收支两条线”制度，按时上缴规费和罚没款；强化票据的管理，专人负责管理票据；接受了财务收支、基本建设的内部审计。特别是在固定资产管理上，全局实行“统一管理，归口使用，专人负责”的方式，在对固定资产一一登记造册的同时，采取图片登记的方式，建立各单位领用的非易耗固定资产图片库，建成了固定资产的图片档案，完成了固定资产清理归类，实行图片档案和实物档案相统一的模式管理。2009 年，组织完成行政性收费 37.95 万元，水电费、燃油费等开支均达到了下降目标。

【基本建设】 2009年,启动了分局(所)综合楼建设,新建分局(所)6幢3 803平方米,投资564万元;按照管理手段科学化、应用目的明确化等工作思路,收集整理3 000多条信息,创建了近60MB大小的基本建设信息应用文件系统;在资产处置工作上,按规范程序出售房地产3宗1 855.89平方米,原值99.37万元,出售价490.7万元,收回资金391.33万元;按规范程序处置"三菱"车(云D25986)一辆,申报购置长安微型车和"三菱"V73车辆各一辆;同时,为每个分局(所)配置摄像机、立式话筒等设施。

【老干工作】 2009年,富源县工商局调整完善老龄工作委员会、老年活动小组等工作机构,完善了局领导联系同级老干部制度、情况通报制度、走访探视慰问制度等工作制度;召开了重阳节、春节等老干部座谈会;给每位离退休干部订了一份《中国老年报》,老年支部的党员每人一份《支部生活》;利用座谈会的形式,组织学习中央、省、市、县的有关文件,通报工商部门近期的工作开展情况以及取得的成绩;5月份组织了全体老干部到县人民医院进行体检;对每一位生病住院的老干部进行看望和慰问,对病故老干部的家属进行走访。

【经济检查】 2009年,富源县工商局根据上级安排和消费者的申(投)诉热点,开展各类专项整治,共查处各类经济违法违章案件596件,处罚款115.97万元。其中,一般程序案件50件,立案简化办理案件525件,简易处罚案件21件。开展限塑专项行动,没收不合格塑料购物袋14.25万个;开展农资专项检查和整治,检查各类农药30余种,各类化肥4.6万吨,各类种子1 000余千克,没收劣质农药10箱,不合格农资170千克;开展文化市场专项检查和整治,检查音像制品店等相关经营场所356户次,收缴低俗书籍122本,淫秽盗版光碟2 600余碟,不良动漫卡片200张,查扣赌博游戏机61台,取缔黑网吧8个,没收电脑主机45台;开展校园周边环境的专项检查和整治,下发整改责任书50余份,取缔无证照经营户9户,没收销毁过期饮料、小食品75瓶袋,仿真玩具枪229支,工业用盐200千克;开展打传工作,在摸底调查,宣传动员的基础上,围绕城郊结合部,租房集中地等开展拉网式的清理整治,检查出租房300余间,发放各类宣传资料16 500余份,宣传手册600余份。

【信息化建设】 富源县工商局以立足应用为核心,全面加强信息化建设。重新调整、修订了计算机使用管理,数据质量管理,微机使用人员管理等工作制度8项。年内新添加计算机6台,达到0.8人一台的标准。改造办公楼网络,实现10M的光纤接入,对各分局(所)的专网进行了系统升级和维护。全面应用省、市局下发的各类软件,组织开展各类软件培训5次。及时更新、添加电子政务专网,"四项制度"情况通报网、红盾信息网等各类网页上的信息,共添加各类信息、资料450余条次。分层次、分级别确定标准,进行计算机操作的全员练兵比武。依托信息化平台,开展网上咨询、投诉建议等,展示工商部门的良好形象。

【消委会工作】 2009年,富源县工商局请示县政府出台《富源县一会两站建设工作实施方案》,进一步明确了消委分会和"消费者维权站"的工作人员、工作场所和工作经费。借此机会,规范了"消费者维权站"的建设,系统建立"消费者维权站"170个。同时,认真组织开展"3·15"活动,组织开展《消法》宣传和维权宣传,发放各类宣传资料1.3万余份,悬挂宣传标语40余条,现场销毁各类假冒伪劣商品30余种,总价值58.03万元。

【个私协会工作】 2009年,富源县个私协会以开展各类活动为重点,加强与广大经营者的沟通、联系。1. 加强非公经济领域的党建工作,组织党员开展活动;2. 开展各类协会活动,组织开理事会、恳谈会、座谈会等,在春节、中秋等节日时认真走访会员;3. 为会员解决困难和实际问题,慰问困难会员,帮助会员出主意、想办法;4. 认真开展政策法律宣传,开展"诚信教育"、"防艾禁毒"和"职业道德"教育。2009年,引导5名非公经济人士递交入党申请书,组织158名文娱行业的业主和从业人员进行禁毒防艾培训,发放节日礼品7 350份。

【2009年受到表彰的单位和个人名单】

3月,富源县工商局和富源县工商局中安分局被市政府表彰为消保维权先进单位。

2月,富源县工商局中安分局被国家工商总局表彰为全国工商行政管理系统商标工作先进集体、被省工商局表彰为先进工商所。

【2009年任职的局领导名单】

党组书记、局长 杨洪波
副 局 长 张 谦 杨云山
纪检组长 邵明和

## 罗平县

【概况】 2009年,罗平县工商局实有在职干部职工83人,离退休人员31人,下设10个业务科、室(队)、2个分局、6个工商所。

2009年,罗平县工商局围绕省局确定的"服务效能提升年"年主题,深入学习实践科学发展观,认真贯彻落实党的十七届四中全会精神,按照总局"四个统一"、"四化建设"、"四高目标"和"三个过硬"的要求,围绕"三个到位六个好"工作目标,落实省、市工商局和县委、县政府工作部署,以"低调务实而又胸怀凌云壮志"的曲靖工商精神,以落实"省局六项、市局十项"重点工作为目标,全面推进"三三四五"曲靖大工商建设,努力使罗平工商工作再上新台阶,为罗平经济社会又好又快发展服务。

【法制建设】 2009年,罗平县工商局采取"以案学法"、"抽签讲法"、"以强带弱、促弱增强"、"一带一、一帮一"、"由学生变为先生"、"跟班学习"、"模拟办案"等学习方式,逐步提高干部职工的执法办案能力。在案件查办过程中,严格落实"事前预警告诫、事中纠正制止、事后教育规范"三步走方针。全年,对违法行为人发送法律、法规宣传资料2万余份,对426件已结案的一般程序处罚案件,做到件件有回访,在回访过程中将教育引导与法律法规宣传工作贯穿始终。

**【纪检监察】** 1. 党组班子严格遵守民主集中制原则,凡涉及大额资金使用、人事调动、建设项目等,均由党组会集体决定。2. 积极探索廉政风险点管理,制定了《罗平县工商局廉政风险点管理办法》,做到识别风险先行、防范意识先行、防范措施先行,对物资采购等岗位和环节进行了风险规避。3. 坚持每周一节廉政教育、每季一节警示教育或学习先进活动。4. 按照流程,通过政府网站、电视台、公示栏、电子触摸屏、红盾信息网站等媒体向社会公开《五定方案》、服务承诺、业务流程、法律法规、收费依据(标准)、执法办案结果等,全面贯彻实施"重大决策听证、重要事项公示、重点工作通报、政务信息查询"阳光政府四项制度,使罗平工商工作置身于人民群众的监督之中。

**【人事教育】** 2009年,罗平县工商局坚持每周由干部职工使用普通话轮流主讲党的方针政策和法律法规知识。开展"五星级文明科室"、"五好工商所"创评和文明单位创建活动。全系统各派出机构均为"市级文明单位",罗平县工商局2005年、2007年、2009年连续三次被省委、省政府命名为"省级文明单位"。

**【企业注册登记】** 2009年,罗平县工商局严格执行"首问责任制、限时办结制"和"一审一核"、AB角互换的工作方式,落实"四个零服务",成立注册"会商"领导小组。全年,共办理内资企业设立登记53户,注册资本5 197.75万元,办理注销登记9户,注册资本72.5万元;私营企业设立登记86户,注册资本13 337.5万元,办理注销登记18户,注册资本1 524万元;个体设立登记2 268户,注册资本9 350.39万元,办理注销登记783户,注册资本2 162.38万元。

**【市场规范管理】** 2009年,罗平县工商局以市场监管为核心,推动全年工作的顺利开展。1. 诚信创建。按照国家工商总局及省、市局的要求,在全县创建县级"文明诚信企业"12家、"五星级个体工商户"39户、"文明诚信市场"1个、"消费者满意街"1条;创建"食品安全示范店"42个;完成"守重企业"公示认定53家,营造了"诚信、和谐、文明"的新农村建设氛围。2. 红盾护农。全面落实"六制三账一卡一书"制度。全年,出动执法人员540人次、车辆120台次,检查各类农资经营户2 050户次、市场81个次;开展宣传活动37次,发送宣传资料16 100余份;对163户种子经营户经营的105个品种的种子进行留样备查;查处农资无照经营案件4件、经营过期农药19件;依法查扣过期农药20.5千克、假冒"花油六号(H030)"油菜种23 238千克、伪劣化肥10.78吨,案值16万余元。3. 经纪活农。通过降低门槛、免收登记费、强化培训等措施培育发展农村经纪人总数为652户,与2008年前发展总数444户相比增长46.8%。4. 合同帮农。做好"订单农业"的事前、事中、事后全程跟踪服务,积极促进由"公司+农户"向"公司+经纪人+农户"和"专业合作社+经纪人+农户"的方向发展,打击合同欺诈。全县共签订涉农合同1 440份,金额7 000余万元。5. 政策爱农。加大对《农民专业合作社法》的宣传力度,认真落实各级党委、政府招商引资,鼓励发展个体私营经济的政策和措施。全年发展农民专业合作社58户,出资总额2 000余万元,成员总数370余人,主要涉及生猪养殖、山羊养殖、水产品养殖、黄姜购销等,在带动农民共同富裕方面发挥了积极作用。6. 权益保农。通过开展打击制售假冒伪劣商品违法行为、欺诈行为、虚假宣传误导消费行为等专项整治活动,加强农村市场监管,防止不法商贩借"家电下乡"之机销售假冒伪劣家电坑农害农行为的发生。全年对全县77户取得"家电下乡"、"汽车摩托车下乡"中标企业和93户销售网点进行跟踪监管,出动执法人员128人次,检查销售网点227个次,依法查处超范围经营家电一户、受理解决家电下乡消费者咨询65人次,未出现不满意投诉。7. 市场助农。坚持每周不少于一次开展对市场度量衡器的检查工作。全年出动执法人员883人次、车辆241台次,检查市场250个次,检查衡器7 658杆(台),依法没收不符合国家计量标准的衡器153杆(台)。

**【消费者权益保护】** 自2005年10月以来,罗平县工商局在全县12个乡(镇)、147个行政村、7个社区、7个市场(超市、商场)建立统一规范的"一会两站"173个,2009年与县教育局联合,在全县25所中学、12所中心学校建立学校"两站",使"一会两站"形成覆盖城乡、上下联动、反映迅速、工作规范、高效便民的基层消费维权网络,把"两站"真正建成基层政府的"第二信访部门"。全年,100%受理、100%处理消费者申(投)诉举报案件205件,接受咨询688人次,为消费者挽回经济损失330.98万元。收到锦旗2面。

**【食品流通监督管理】** 2009年6月1日实施的《中华人民共和国食品安全法》,是食品安全监管的一部基本法律,它的颁布为全面加强食品安全监管工作,提高食品安全水平,提供了强有力的法律保障。罗平县工商局除在全体干部职工中开展《食品安全法》及相关释义的学习,让干部职工准确理解、熟练掌握其立法过程和主要内容,以提高监管执法人员的食品安全法律知识水平、增强法律意识和责任意识外,还以工商所(分局)为单位,组织辖区政府、食品经营户开展以《食品安全法》为主要内容的法律法规培训,联合县商务局、食品药品监督管理局、产品质量技术监督局、农业局等相关部门利用星期天赶集人员较多的时机,现场接受群众咨询。利用张贴标语、悬挂布标、现场发放资料以及广播、电视等新闻媒体多种形式和法律法规"七进"活动进行宣传,加强市场监管。全年,出动执法人员480人次、车辆106台次,检查食品经营1 664户次、旅游景点(区)13个次、"农家乐"155户次、超市107个次、集贸市场30个次,检查鲜猪肉经营户800余户次,对160余户经营户销售的海带、木耳、黄花菜、辣椒面等进行了检测;依法查缴不合格食品562千克、假冒贵州茅台等名酒25瓶;取缔无照从事食品经营7户,查处制售假冒商品案件47件;对20余户进销货台账填写不全、索证索票制度落实不到位的经营户予以警告,限期整改。

【广告监督管理】 按照国家工商行政管理总局《广告经营许可证管理办法》和云南省工商行政管理局《关于对2008年度广告经营单位实施年度检查的通知》及曲靖市工商局有关文件的要求,从2009年1月1日~3月30日,对全县2008年度27户广告经营单位实施年度检查,全部通过。严厉查处五种广告的虚假违法行为,查处虚假违法广告案14件。对广告发布环节实施监管,强化依法经营意识。加大广告监测力度,增强敏感性和预见性,有效控制虚假违法广告蔓延。全年共监测各类广告42次。组织全县广告行业参加公益广告作品参赛征文活动:罗平县春雨广告有限公司获省级铜奖,罗平县阳光广告有限公司、罗平电视台、罗平天艺广告部获曲靖市第一届优秀广告作品奖,罗平县工商局荣获组织奖。

【商标监督管理】 按照市局"三个反复",落实"一所一标"、"一所多标"和《罗平县人民政府关于推进商标战略工作意见》的部署,推进全县商标战略工作。县人民政府对罗平县境内荣获中国驰名商标、云南省著名商标、曲靖市知名商标称号的商标所有人(企业),分别给予10万元、5万元、1万元的一次性奖励。召开"罗平小黄姜"证明商标的启用新闻发布会。做好"罗平蜂蜜"、"罗平菜油"2件证明商标的申报注册工作。2009年,全县申请商标注册23件,共有商标135件(申报中国驰名商标1件、云南省著名商标2件、曲靖市知名商标6件)。

【基本建设】 2009年,罗平县工商局严格按照省局标准化建设方案执行。年内机关、板桥、阿岗、马街、鲁布革综合办公楼全部完工,验收后已投入使用。

【机关党建工作】 自2009年7月16日成立中共罗平县工商行政管理局委员会以来,严格按照《党章》要求,动员和组织党委所属党员、全系统广大干部职工,按照县委提出的《促进科学发展、着力改善民生、构建和谐社会、建设活力罗平、提升执政水平、实现跨越发展》这一主题和"保增长、保民生、保安全、保稳定、保落实"及"三创两建"活动要求,构建机关、工商所(分局)、个私经济协会三级党组织党建工作的责任体系,落实中心组学习制度、党员学习培训制度和"三会一课"制度,推进"两新"组织党建工作要求,年内全局共有党员87人。

【消委会工作】 2009年以来,罗平县工商局把开展消保维权法律法规"七进"(进农村、进学校、进社区、进企业、进市场、进商场、进超市)宣讲活动作为学习实践科学发展观、提高干部队伍综合素质,更好地履行和发挥职能作用,打造"团队精神"的一项重要举措,精心组织,扎实工作。以工商所(分局)为单位,分管领导、机关科、室(队)挂钩联系工商所(分局),组建六个"七进"活动工作小分队,全局85名干部职工100%参加宣讲。整个活动,出动宣讲人员1 171人次、车辆234台次,悬挂标语(横幅)80条,展示假冒伪劣实物样品67个品种,印发宣传手册1万本、宣传资料8 000份,开展广播宣传35次,以会代训27次,放电影23场,电视报道5条。进农村宣讲73次、占行政村总数147个的49.7%;进学校84所、占学校总数176所的48%;进企业437户、占企业总数966户的45%;进社区7个、占社区总数7个的100%;进市场24个、占市场总数33个的73%;进商场2个、占商场总数2个的100%;进超市(50平方米以上)22个、占超市总数25个的88%;合计宣讲642个,占应宣讲1 356个的47%,圆满完成市局下达的考核任务。

【2009年任职的局领导名单】
党组书记、局长 张传虎
党组副书记 王体道
副局长 郑作宾 李荣昆
纪检组长 唐忠刚

## 师宗县

【概况】 2009年,师宗县工商局有在职干部职工78人,离退休人员24人,下设7个业务股室和1个分局、4个工商所。在市工商局和县委、县政府的正确领导下,师宗县工商行政管理系统以科学发展观统领全局,认真贯彻落实省、市工商行政管理工作会议精神,深入学习实践科学发展观,全面推行阳光政府"四项制度",建立健全可量化、可检查、可落实、可考核的评价机制,明确工作任务,细化工作责任,加强督促检查,使得省局部署的六项重点工作及市局部署的十项重点工作等各项工作得到了较好的落实。

【法制建设】 2009年,师宗县工商局深入开展消保维权法律法规宣讲进农村、进学校、进社区、进企业、进市场、进商场、进超市的"七进"活动,加强《食品安全法》培训;以全面落实执法责任制、规范执法行为,加强执法监督检查为重点,严把案件质量关,强化案件核审和错案责任追究制度。

【纪检监察】 2009年,师宗县工商局按照省、市工商局党风廉政建设工作会议和县纪委全会、县政府廉政工作会议要求,坚持标本兼治、综合治理,注重预防、惩防并举的方针,紧紧围绕党中央保增长、保民生、保稳定这条主线,以学习实践科学发展观、落实省政府推行的阳光政府"四项制度"、省(市)局"机关效能提升年"、"团队精神塑造年"活动和十六项重点工作为抓手,加大监督检查力度,规范行政权力运行,着力解决损害职工、群众利益的突出问题,结合部门实际,把市局党组、县委、政府、纪委和县直机关党委签定的党风廉政建设责任制等各项目标任务内容分解融入到各项业务工作中,认真落实党风廉政建设责任制。围绕"抓教育,建防线,治理源头;抓党风,带行风,廉洁从政;抓班子,带队伍,改进作风;抓监督,促管理,树好形象"的工作思路,全面推行党风廉政建设目标责任制,以工作效率,工作成果取信于民,努力开创党风廉政建设和反腐败工作的新局面。

【人事教育】 1. 认真制定理论学习计划,坚持每周开展讲法学习,坚持学在前、用在前,亲自走上讲台,为全局干部职工讲好法。2. 开好民主生活会。局党组认真准备召开党员领导干部专题民主生活会,查找存在的不足和问题,开展批评与自我批评;会前,党组广泛向各下属单位征求意见,并对发现的问题及时整改。党组成员在"从严要求自己、从严带好队伍、从严管理教育、从严抓制度建设、从严抓工作落实"上统一了思想认识,为队伍作风整顿作出了表率。3. 加强业务技能培训,提高干部业务水平。教育培训时采取集中学习与个人自学相结合、专题讲座、知识测试等手段,工作人员结合自身的岗位工作,加强业务知识学习,有针对性地进行岗位练兵,展开竞赛,提高业务素质和依法行政能力,确保学习、工作"两不误、两促进"。

【企业注册登记】 2009 年,师宗县工商局把窗口建设纳入日常工作常抓不懈,以登记窗口为主要切入点,设身处地为服务对象着想,完善便民设施,强化服务意识,改进服务态度,优化服务质量,满腔热情地为经营者排忧解难办实事,全力以赴服务地方经济发展。要求全系统认真落实服务承诺制、首问责任制、限时办结制和行政问责制,不断提高工作效率和服务质量。公开办事依据、条件、程序、结果,减少办事环节和流程;局机关和城区分局设立"工商服务岗",为办事群众引导、咨询,变被动首问为主动服务,各股室所(分局)人员之间实行"A、B 角"互动方便群众;清理审批程序,减少审批环节,在材料齐全符合法定条件的前提下,企业登记在当日内办结,个体户登记当场办结。个体工商户由工商所上门验照,零距离为企业、个体工商户搞好服务。对各级党委、政府确定的扩大内需、促进增长的重大投资项目、招商引资项目的注册登记,服务前移,指定专人提前介入,及时解决登记中遇到的困难和问题。通过实施以上举措,有力促进了各类市场主体健康成长,个体私营企业呈良性增长态势。截至 2009 年 11 月底,全县已登记注册内资企业 406 户,注册资本(金)11.48 亿元;私营企业已注册540 户,注册资本(金)10.3 亿余元,雇工人数15 773人;个体工商户已注册6 749户,从业人员9 741 人,注册资金2.7 亿元。年内新注册各类企业 114 户;新注册个体工商户1 967户。同时,全面落实市场主体(监管)信息定期分析报告制度,对市场主体登记信息、农副产品和农资价格信息、流通领域食品安全检测情况、消费维权工作情况、商标注册情况和广告监测情况等进行定期分析,形成分析报告按时上报,为各级党委政府决策、生产经营者投资、消费者消费和社会公众信息需求服务。

【市场规范管理】 2009 年,师宗县工商局全面贯彻落实《食品安全法》,取缔无照经营 61 户,查处食品违章违法案件 74 件,收查缴各类假冒伪劣等不合格食品2 220.394 千克,查获各种假冒名酒 126 瓶。创建"农村食品安全示范店"36 个;检测食品样品 149 个,未检测出不合格食品。"扫黄打非"专项整治工作方面,整顿网吧 20 家,查处取缔无照经营卡拉 OK 厅 16 户,取缔无照经营麻将室 9 家,收缴低俗光盘 24 碟。打击传销专项整治工作方面,对全县从事"香港世界通"手机软件业务的人员进行明察暗访,摸底调查。禁塑整治工作方面,查扣禁止使用的塑料袋 4 万余个。无照经营查处取缔工作方面,查处无照经营案件 209 件。农村市场整治方面,严厉查处涉及"三农"的"傍名牌"不正当竞争案件,全力追查以"家电下乡"名义到农村推销假冒伪劣商品不法商贩,确保中央惠农政策落到实处,查获假冒江川炮竹 10 件,查获假冒立白、太极洗衣粉、香皂、洗涤剂3 400瓶(袋),查获假冒伪劣手机 99 部。两烟市场整治方面,查处各类涉烟违法案件 9 起,涉案卷烟 562 条,其中,假烟案件 2 起,无照经营 7 件。全县共查处经济违法案件 489 件,案值 1 555.6万元。

在日常市场巡查中,对规模小、经营时间短且尚未造成危害后果的无照经营及其它违法违章行为,采取口头告诫或送达《限期纠正通知书》等形式,告知违法行为人违法事实,责令限期纠正,通知当事人行为错误、违反相关法律法规和该行为的后果等。事前预警告诫实行登记备案制,对事前预警告诫当事人轻微违法行为及告诫内容进行登记,对于违法行为轻微并及时纠正、没有造成危害后果的,工商行政管理机关不予行政处罚,对被告诫提醒当事人拒不改正违法违章行为的,视其情节轻重给予适当的行政处罚予以制止和纠正。全年在查处无照经营行动中,全局各所分局共发出《限期办照通知书》308 份,口头通知 312 户次。对于进入行政处罚程序的案件,针对违法行为人的主观意图、违法情节以及后果,正确使用自由裁量权,严格执行国家工商总局《关于工商行政管理机关正确行使行政处罚自由裁量权的指导意见》和市局制定的《曲靖市工商行政管理机关行政处罚自由裁量执行标准(试行)》的有关要求,正确使用自由裁量权。积极推行阳光执法和说理办案,利用行政处罚调查、听证、制作处罚决定书等环节,充分阐述法律规定、违法事实以及违法行为产生的后果和处罚的目的。通过论法理,对案件的定性、情节、处罚等问题作透彻的分析说明。通过说情理,对案件的分析判断符合违法主体主客观背景以及案发的原因和社情民意,从而使处罚决定合情理。在行政处罚文书中,对不予处罚、减轻处罚、从轻处罚或从重处罚的,进行了表述,并说明理由。全县各级工商行政管理机关在结案后,针对违法行为人行业特点和违法性质,进行法律法规教育和宣传,使违法行为人做到知法、懂法、守法,避免违法行为人在生产经营中"重蹈覆辙"。建立健全案件回访制度,实行 2 次回访(第 1 次由案件承办部门回访,第 2 次由法制部门回访)。制作书面《行政执法案件回访记录表》,全年采取口头、电话、信函、直接的方式第 1 次回访案件共 50 件,第 2 次回访案件 11 件。

在巩固近几年诚信创建成果的基础上,对照省市局的要求,拟定创建方案,通过走访摸底,加大宣传力度,动员市场开办者积极投入到创建活动中来,把全县 21 个市场开办单位、场内经营者的信用分类 22 项信息指标录入商品交易市场信用分类监管系统,完成市场基本信息、开办单位信息、场内经营信息的录入,提供市场日常管理信息和相关数据。通过录入的信息看,3个市场为A级市场,15个市场为B类市场,3个为C类市场。同时积极与县文明办协调,开展诚信市场创建、消费者满意街届满的复评活动,年内鑫鑫商城申报为市级文明诚信市场。开展度量衡器的检查,切实维护群众的利益,1~11月,共检查市场219个次,检查经营户6 531户次,检查度量衡器2 950杆(台),查缴不合格度量衡器404杆(台),为群众挽回经济损失1 950元。

认真落实云南省鼓励创业促进就业"贷免扶补"政策措施,抓好个体私营企业创业人员"贷免扶补"工作。深入企业和个体工商户中做好入户调查,广泛宣传鼓励创业"贷免扶补"政策,详细解答创业人员免行政性收费、免税、免担保、免利息的"四免"政策。发挥个私协会作用,搞好创业帮扶服务;结合个私协会点多面广的组织特点,建立了由10名成功创业人士为创业导师,负责指导12名初次创业人员提供帮扶指导服务。

**【商标监督管理】** 2009年,师宗县工商局落实全省推进商标战略会议精神,确定了"尽快提高市场主体的商标意识,大幅增加辖区内有效注册商标数量"的工作目标,建立和完善了商标宣传、咨询、查询、台账管理等工作机制。积极推行商标法律告知书、商标注册建议书、商标策略提示书和商标管理跟踪服务联系卡制度,从抓商标注册工作入手,采取措施动员广大企业开展商标注册,及时提醒企业变更、续展注册商标,并为注册商标的使用、管理、保护和争创工作提供意见建议。制作宣传手册和商标服务联系卡送发到相关企业,使业主了解更多的商标注册知识;同时关注初具规模的产业,为企业创名牌提供一系列服务措施,如举办商标法律法规培训和座谈会、监管执法中发现对企业品牌有害的情况及时反映给企业、和企业共同探索创品牌思路等;在基层工商所开展"一所多标"活动,全县各所(分局)都提前完成了市局下达的商标发展任务;围绕"三个至少"的工作思路,进一步增强企业的品牌意识,帮助企业精心培育品牌,拓展服务渠道,引导城区、龙庆几家农特产加工企业利用其注册商标"黑尔","凤凰谷"等品牌深加工五龙、高良、龙庆河谷热区所产软米糯米、软米等农特产品,收到了较好的经济效益。继续与北京宗和国际知识产权有限公司建立合作关系,第一时间做好商标设计、查询、注册申请等相关工作。到11月底,全县共拥有商标129件,其中涉农商标59件,云南省著名商标2件,曲靖市知名商标1件,全年新申报曲靖市知名商标3件。

**【基本建设】** 2009年,师宗县工商局以加强自身建设、夯实工作基础,抓好基层工商所(分局)规范化建设为契机,以巩固争创市级"五好工商所"为抓手,加强基层工商所硬件建设。1. 加强后勤保障,夯实硬件建设基础。按照"全面规划、因地制宜、量力而行、逐步改善"的原则,挤出资金注重抓工商所环境建设和硬件投入。一方面加强财务管理,严格执行收支两条线的财务管理制度,对县局机关和工商所的财务活动实行报账制,集中核算,统一管理,重大开支集体决策,保证了经费的有效使用。另一方面从办公中的一张纸、一度电、一升油、一滴水等细小处注重节约,节约有限的资金注重向工商所投入,集中财力,抓好硬件建设。2009年投入资金38.17万元,修缮雄壁工商所、彩云工商所办公楼及门窗、水电、服务窗口等内部设施的改造和"五小"工程的配套。在各所增配了照相机、摄像机、扫描仪等办案器材,加大信息化建设的投入,挤出10余万元在全系统内配备云南工商e通。2. 加强领导,认真建设完善全系统基本建设的信息库工作。为确保基本建设管理"信息库"录入工作的顺利进行,针对此项工作认真研究,加强领导,迅速开展,严格按照市局部署要求,采取措施,加快对信息采集和录入核查工作的进度,确保基本建设管理"信息库"录入工作按期顺利完成。组织相关人员认真学习文件精神和信息采集及录入工作的业务。专门召开了基建信息库数据录入工作会议,制定计划、采取措施,保证建设和完善基本建设管理"信息库"顺利进行。全局基本建设情况统计录入如下:征地面积县局3.68亩、雄壁所2.23亩、彩云所2.04亩、丹凤所1.28亩、五龙所2亩,共计11.23亩;征地投资县局110.21万元、五龙所29.24万元,共计139.45万元;建筑面积县局2 692.16平方米、雄壁所1 124.85平方米、分局1 551.36平方米、彩云642平方米、丹凤所537.96平方米、五龙所176.6平方米,共计6 724.93平方米;建筑投资县局352.6万元、雄壁所36万元、分局77.78万元、彩云所24.83万元、丹凤所9.01万元、五龙所1.91万元,共计投资502.13万元。巩固和完善了全局所有干部职工105人的"个人房产及住房补贴"的信息库。3. 加强基建装备管理,严格执行上级管理规定。师宗县工商局严格执行上级基建管理办法和服装、车辆管理的规定。在廉政建设方面严格执行招投标、建设、质量、审计、廉政"五大纪律",涉及到改造维修的零星小项目,局党组统一研究、会议决定、严格按照程序和廉政建设的相关规定办理。制定完善2009年师宗县工商局车辆使用管理制度,明确办公室和财务专人对基建、车辆、服装、水电等管理。在着装管理方面,由办公室财务专人登记、专人发放,县局督察队严格按照国家工商总局的着装规定,制定全系统着装管理规章制度,加大督察力度,使全局着装管理有序、季节统一、穿戴规范。4. 加强协调,征求意见,认真组织职工商住房建设的实施。根据现有住房政策,师宗县工商局领导和基建领导小组加强协调,深入全系统干部职工中做了大量耐心的讲解工作,召开多次会议分析解决职工住房的工作,在图纸设计、开发合作方式、团购条件、选房方案等征求全体职工意见,形成共识,最后统一实施方案,有序组织职工报名、团购、选房,为解决职工住房问题做了大量工作。

**【机关党建工作】** 2009年,师宗县工商行政管理局党总支委员会下设7个党支部,即局机关党支部、城区分局党支部、雄壁工商所党支部、彩云工商所党支部、丹凤工商所党支部、五龙工商所党支部、老干部党支部,党支部下设4个党小组。现有正式党员62名。其中:在职人员中正式党员51名;离退休人员中正式党员11名;妇女党员11名,男性党员51名;少数民族党员11名,汉族党员51名;学历结构大学12名,大专28名,中专12名,高中以下10名;年龄结构60岁以上5名,40岁以上27名,30岁以上27名,30岁以下3名。师宗县工商局2009年的党建党务工作,在曲靖市工商局党组和中共师宗县委的领导下,在县委组织部、县委宣传部、县直机关党委的具体业务指导下,县局党总支、各支部和全体共产党员认真学习邓小平理论、"三个代表"重要思想、科学发展观和党的十七大及四中全会精神,认真学习《党章》和省、市、县党代会精神,巩固开展保持共产党员先进性教育活动成果,深入开展第二批学习实践科学发展观活动,制定关于进一步加强全系统党的基层组织建设的实施方案并实施,积极探索部门党建路子,以发挥党支部的战斗堡垒作用和党员先进模范带头作用为契机,把党建工作与工商行政管理工作有机的结合起来,有力地促进了各项业务工作向前发展。

**【老干工作】** 2009年,师宗县工商行政管理局有离退休干部24人(含提前退养5人)。为进一步做好新形势下离退休人员的管理工作,促进全系统离退休人员的管理工作全面发展,结合全局离退休人员管理工作的实际,加强领导,建立机构,健全制度,狠抓落实,细心工作,使离退休人员管理工作取得成效,得到全系统老干部们的较好评价。全年听取了老干工作汇报4次,1月份召开了春节慰问,3月份召开了老干部建盖商住房报名座谈会,10月份组织了老干部到弥勒、泸西参观红河烟厂工业的发展情况和城市建设情况。深入到离退休人员中对单位工作征集意见和老干部工作调研2次。

**【信息化建设】** 2009年,师宗县工商局抓住工作重点,脚踏实地,以服务的理念做好工商信息化建设管理工作,使得信息化工作真正成为工商行政管理的一项重要手段,加速了信息化管理的步伐,促进了全局各项工作的顺利开展。进一步完善相关制度,形成了一套较完善的计算机采购、培训、学习、考试、办公、应用、管理等制度。加快网络和硬件建设,截至年底,全局有电脑81台,实现了一人一台,局机关和各派出机构已全部接入专网,按工作所需配备了照像机、摄像机、投影机、传真机、彩印机、复印机等办公多媒体设备。

**【消委会工作】** 2009年,师宗县消费者权益保护委员会以建立"四个平台"为目标,大力推进维权体系建设。1. 抓网络覆盖,按照全市所有乡镇100%建立消费者协会分会,所有行政村、社区等100%建立12315联络站和消费者投诉站的总体目标,已完成消费者协会分会建设9个、完成计划的100%,建成"两站"109个、完成计划的100%。2. 抓工作规范,制定了12315申诉举报工作规范,确保"一会两站"建成一个、规范一个、作用发挥一个,创建"两站"示范店14个。3. 抓服务延伸,充分借助"一会两站"平台,把消费纠纷解决在基层,把"一会两站"建设成为党委政府的"第二信访部门"。全年,师宗县12315指挥中心、各分会共受理投诉130件,解决130件,解决率为100%,为消费者挽回经济损失93 600元,接待来访咨询人员338人次。同时抓信息汇总分析。按月形成辖区范围内消费安全和消费维权信息分析报告,按照规定和程序在公示栏和政务信息网上站发布,引导和提示消费者科学合理消费。4. 开展消保维权法律法规"七进"活动,加强消费维权法律知识的普及。全县的普法对象总数为992个,已完成397个,完成49%。其中行政村104个已完成79个,完成75%;学校167所已完成50所,完成30%;企业590家已完成237家,完成40%;超市68个已完成56个,完成82%;社区5个、市场21个、商场37个都已100%完成。在"进农村"时,制作了5个真假商品对照流动展示柜,每个"两站"展示10天,每样展品都是农民生活、生产息息相关商品,并附简单识别方法,使老百姓一看就懂;在"进企业"时,指导、帮助企业建立了法制阅览室、法制宣传栏、陈列了企业所生产、经营商品的留样备查柜,为企业提供相关产品质量、企业诚信、消费维权等法律法规和资料,供企业员工和客服学习浏览;丹凤工商所把上年没收的假冒伪劣化肥摆到集市上讲解宣传,从外观、规格、执行标准上跟农民作了详细的讲解,让农民学会如何投诉和实施自我保护。

**【2009年任职的局领导名单】**

党组书记、局长　马　洪

副 局 长　罗恒基

纪检组长　李建文

## 陆良县

**【概况】** 2009年,陆良县工商局按照省、市工商局和县委、县政府的工作部署,坚持用科学发展观统领工作全局,紧紧围绕"三个到位六个好",紧扣"曲靖工商工作走在全省工商系统前列"的目标,狠抓省局"六项重点"、市局"十项重点"的落实,真正实现了在提升服务中展现作为,在监管执法中树立权威,在体现民生中巩固地位,在队伍建设中彰显形象,在职能转型中寻求突破。

**【法制建设】** 1. 强化法律法规培训,确实加强法制建设。始终坚持每周学法日制度,继续实行领导学法讲法和干部轮流讲法制度,全面推行抽签讲法、以案说法、岗位练兵、跟班学习等活动,强化"以强带弱"、"促弱增强"、"互学互帮"等学习手段,确实提升执法能力。2. 强化机制,规范执法行为。坚持基层法制员初审制、大案要案领导小组案审等制度,全面落实行政执法责任制度、行政执法评议考核制度、行政执法错案追究制度、行政赔偿追偿制度,全面提高法治化规范化水平。3. 全面推行全员执法办案机制,监管执法水平全面提升。积极适应工商部门停征"两费"后的形势变化,全局在不断总结推广全员执法办案的基础上,全面落实行政执法规范化十项制度,强化执法办案能力的提升和规范。4. 对违法行为人提倡警示与疏导。2009年全面推行轻微问题告诫制、管理责任建议制、典型案例披露制、案件回访制,同时积极推行说理式执法文书和合理裁量制度,严格规范执法办案程序和执法办案行为。

【纪检监察】 1. 狠抓党风廉政建设。坚持把党风廉政建设与业务工作同时部署、同时落实、同时检查、同时考核。按照层层签订责任书,落实责任分解、责任考核、责任追究各环节,形成纵向到底、横向到边的党风廉政建设责任体系。按照"四廉五融入"的工作思路,全面加强廉政文化建设,坚持廉政文化板报编办和网上廉政教育的学习,在电脑上制作廉政屏保、办公区建立廉政文化走廊、悬挂制度卡通漫画等形式,使廉政建设氛围更浓厚、内容更丰富。通过围绕行政审批权、行政执法权和队伍管理权等重点环节和重点岗位,开展风险点查找、梳理、建制、归档等工作,建立了自由裁量权、纪检监察备案等制度,筑牢党风廉政建设"安全网",使干部职工廉洁执法、健康成长。推行工商干部与家属及配偶签订《家庭廉政建设责任书》,请配偶监督工商干部的廉政建设,形成单位8小时内监管和家属配偶8小时外监督的24小时监督机制。2. 发挥民主监督,加强政风行风建设。按照陆良县人大常委会2009年的工作安排,对县工商行政管理工作进行评议。通过评议,县工商局成为陆良县人大开展工作评议以来首个100%满意的部门。通过继续聘请行风义务监督员,召开行风座谈会、发放行风问卷调查表等多形式加强行风建设。10月份,县委、政府、纪委在全县开展县级部门(单位)2009年度社会评价满意度测评活动。通过测评,满意率为98.34%。3. 加强效能督查,促进工作落实。按照市局"效能提升年"主题活动的要求,在全局各项工作落实中,强化效能督察,全面推行"一表一图管理方法"和"查找问题法",实现用工作量倒逼工作效率、工作考核倒逼工作目标、工作成效倒逼工作过程、查出问题找出对策的好局面。4. 抓"四项制度"的落实,打造阳光工商。通过在各所(分局)和机关服务大厅设立公示栏,进行重要事项公示、重点工作通报,全局还设立专门的信息查询联络员,"96128"政务信息电话专线员,并实行"AB"角制度,及时解答群众提问。

【人事教育】 1. 扎实开展学习实践科学发展观活动,在抓班子建设中有成效。应用发展观学习成果,强调树立领导干部的"魅力权力",深入开展了"党员干部作风教育"、"三力建设"、"三个一"活动和"科学发展观"学习实践活动,班子建设取得实效。2. 抓队伍建设有成效。按照市局确定的"要保证我们的队伍与全国同行同一时间接受全国最好的观念、意识教育"的指导原则和一手"硬"一手"软"带队伍的两种方法,扎实开展了读三本书、学五个光盘、讲七部法律法规活动;在全局实行"抽签讲法"、"同步摄录并回放"等四种有效的学习模式;同时,全局通过抓制度建设和思想教育,大力开展"岗位大练兵,业务大比武"活动,并组织开展积极向上的文化活动,真正提升队伍能力。3. 以"五好工商所"创建为抓手,逐步实现规范化管理。按照省局基层规范化建设目标和市局"五好工商所"创建的安排,各所(分局)都紧紧围绕"队伍建设好、工作绩效好、行政执法好、内务管理好、基础设施好"开展创建活动,在全局形成了争先创优的良好工作局面。2009年度,同乐工商所、大莫古工商所获市局"五好工商所"荣誉。

【企业规范管理】 2009年,陆良县工商局通过全面完善服务举措,推行服务承诺、"AB角"互换等措施,实现窗口服务过程零障碍、服务方式零距离、服务质量零缺陷、服务效率零投诉。截至年底,全县有内资企业768户,注册资金208 072万元;私营企业754户,注册资金118 921万元,从业人员14 184人;个体工商户10 054户,从业人员15 437人,注册资金29 195万元;农民专业合作社26户。通过坚持依法行政与热情服务相结合、登记管理与监督管理相结合,落实首问、首办等责任制和坚持做到个体工商户上门验照,企业年检的相关材料送上门,确保个体验照、企业年检的全面完成。通过日常监管巡查,共查处取缔无照经营户115户。

【市场规范管理】 (一)发挥职能作用,做好市场监管信息采集。按照省市工商局重点工作的安排,结合实际,认真落实和完善建立市场监管信息定期分析报告制度,为党委政府管理决策、生产经营者投资、消费者消费和社会公众信息需求提供服务。

(二)全面推进"七农"工作,服务社会主义新农村。1. 加大农资市场监管。在全面落实"六制三账一卡一书"的农资监管模式的同时,通过"农资放心示范店"的创建、农资产品质量的监测以及"红盾护农"专项行动的开展,确保了红盾护农各项措施的落实。2009年共立案查处农资案件5件,案值38万元,没收伪劣农药30.47千克、种子125千克、不合格化肥36.97吨,罚没金额29.7万元。县局"红盾护农"工作多次受到国家工商总局的肯定,2009年10月代表云南省出席了国家总局举行的红盾护农经验交流会进行交流。2. 加大服务新农村建设。通过优化服务举措、免收登记注册费用等措施,强化政策助农。培育发展农民专业合作社26户,培训经纪人326户;帮助申报农产品注册商标4件,指导7户涉农企业积极运用"公司+商标+农户"经营模式开展品牌化经营。3. 确实关心民生。始终把度量衡器监管作为服务广大民众最关心、最直接的举措,通过加大市场巡查,严厉打击"缺斤少两",坚持度量衡器监管制度化、经常化,确保广大民众权益不受侵犯。全年共没收不合格度量衡器50杆(台)。

(三)加强诚信体系建设和开展市场分类监管。1. 以创建促诚信。通过加大与县委、县政府的请示汇报力度和相关部门的密切配合,先后组织开展了"诚信市场"创建、"消费者满意街"、"守合同、重信用"企业等创建活动。2. 实施市场分类监管。充分利用省局"OA"系统,通过"定人、定岗、定职、定片"全面开展市场监管巡查工作,并对相关监管巡查资料进行录入,全面实施市场分类监管。

【消费者权益保护】 加强"12315"曲靖工商知名品牌建设，不断提升服务效能。通过完善陆良县工商局"四个平台"建设方案和12315申诉举报中心工作规程及流程图，规范申诉举报工作，配备专人，按照"两个100%"要求认真调处群众消费投诉。全年，共调处消费者申诉案件137件，为消费者挽回经济损失20.18万元。通过大力营造氛围，扎实开展消保维权"七进"活动。按照市局开展"七进"活动的安排部署，以工商所(分局)为单位，分管局领导亲自带队，组成若干消保法律法规宣讲小分队，深入各个场所进行宣讲。截至10月底，全局共组织宣讲小分队宣讲1 171次，参加人数达2 372人次，共计进农村123个，进学校219所，进企业776户，进社区17个，进市场26个，商场、超市全部宣讲结束，发放各种宣传资料21 500份。

【食品流通监督管理】 1. 狠抓食品安全监管，确保流通领域食品安全。通过建立"七制二书"管理制度，层层签订食品安全监管目标责任制，有效建立了"所管区、组管片、人管段"的食品安全监管体制；组织开展了食品安全演练活动，提高了食品安全应急处置能力。2. 开展"食品安全示范店"创建工程，前移"监管关口"。通过主动向县委政府请示、汇报，实现了"农村食品安全示范店"创建由部门行为变政府行为。按照"政府引导、企业自愿、保证质量、全面覆盖"的工作原则，严格按照"五统一五规范"的标准开展创建活动。对92户"食品安全示范店"进行了表彰授牌。3. 加大流通领域食品安全监管力度。重点突出以"元旦春节"、"国庆中秋"以及其它传统节日食品安全的"两节"市场专项整治和日常监管巡查，严厉打击销售假冒伪劣食品违法行为。2009年，通过专项整治和日常监管，共退市无"QS"认证标识的月饼5 500余千克，查处制售假冒伪劣食品案件4件，案值1.7万元。

【广告监督管理】 2009年，陆良县工商局积极推行户外广告登记备案台账制度，加大户外广告登记管理。同时通过媒体广告的监测，采取广告监测通报警示制度、大要案查处及曝光制度相结合的措施，建立和落实广告承办登记、验证、审核、档案管理等制度，加强对媒介单位的管理。2009年共查处虚假违法广告案件27件，责令更正16件，停止发布8件，罚没款1.44万元。共登记户外广告86件。共监测电视广告50条。

【商标监督管理】 在商标培育发展中，全局始终坚持"三个反复"，通过建立和完善"两规划"、"两本账"，推行"三书一卡"，实现"一所多标"。全年新申报注册商标17件；组织新申报曲靖市知名商标5件，云南省著名商标3件，推荐上报中国驰名商标1件。继续加大商标行政执法力度，严厉打击商标侵权假冒行为，全年共查办商标侵权案件23件，罚款20.5万元。

【基本建设】 2009年先后对城关分局、同乐工商所、大莫古工商所进行了改造、修缮和添置办公设施，投资37万元。为各所(分局)新购置打印机7台，摄录机8台。

【经济检查】 2009年，陆良县工商局针对手机市场、酒类市场、家电市场、农资市场、食品流通等重点领域产品质量安全，扎实开展了各类市场专项整治行动，全面开展以市场巡查为主线，强化监管执法，查处市场违法违规经营行为。全年共查处案件303件；没收假冒茅台酒65瓶、不合格饮水机18台、商标侵权汽车反光标识474条、伪劣食品25.7千克、农药30.47千克、种子125千克、不合格化肥36.97吨。查扣假冒"昆电工"牌电线共281圈。通过与公安部门通力合作，在对一些涉嫌传销的线索进行摸排基础上，配合公安部门打击非法传销"世界通"组织。

【消委会工作】 按照省、市、县政府加强"一会两站"建设的要求，县局及时向县委、县政府请示汇报，将"一会两站"建设列入政府目标考核责任制加以落实，2009年，在全县11个乡镇(场)建立了消协分会，并由乡镇领导担任消协分会会长；在全县139个村委会、82所学校、企业建立了"两站"。共调处消费者申诉案件137件，为消费者挽回经济损失20.18万元，有效维护了广大消费者的合法权益。

【个私协会工作】 2009年，陆良县工商局加强和完善协会各分会建设。通过今年个体验照和企业年检工作，使会员档案更加完善。按照市宣联发有关文件的安排，由中共陆良县委宣传部、县工商局、文化局、个私协会联合在全县开展"送电影送法律到农村"活动。年内，个私经济组织党建工作稳步开展。已建立党支部的三所一分局进行了巩固，对待建的四个所，已全面摸清，正在筹备建立。开展"贷免扶补"小额贷款工作。按照严格程序、真诚服务的原则，全年完成"贷免扶补"小额贷款15户，资金75万元。

【2009年任职的局领导名单】

党组书记、局长　李　宁

副 局 长　李　旭　姜　宁　许春锦

纪检组长　保崇云

## 会泽县

【概况】 会泽县工商行政管理局共有内设股室11个，派出机构8个。党支部9个，有中共党员73人。共有在职职工100人，离退休人员44人。

2009年，会泽县工商局在省、市工商局和县委、县政府的领导下，以邓小平理论和三个代表重要思想为指导，紧紧围绕党的十七届三中、四中全会精神，深入贯彻落实科学发展观，全面落实省局"食品安全监管及诚信创建、服务新农村建设、一所一标、工商所规范化建设、消费维权、行政督察"以及市局"抓班子带队伍、窗口建设、全员培训、协会工作、两兴工程、诚信创建"等重点工作部署，狠抓工作落实，各项工作取得明显成效。

【法制建设】 2009年，会泽县工商局采取了集中培训、学法考试、以会带训、以所分局为单位小范围培训、案例点评、执法交流学习、抽签讲法与同步录入回放等方式，抓好系统内法制宣传和全员执法培训工作，全年对系统内99人进行了各种形式的法律培训21次。同时，对所办案件进行回头看，开展以案学法，由执法培训小组对各所、分局过去所办的案件选择性的分别抽取10个卷宗，在培训中集体进行回头看，让大家查找问题，进行个人点评，再由培训人员进行集中点评，开展面对面的学习交流和借鉴好的经验做法。针对过去办结案件中行政处罚决定书存在认定违法事实叙述简单，证据不罗列、理由不阐述，执法缺少"人性化"，缺乏说服力和公信力的执法状况，强力推行说理式行政处罚决定书，以提高办案质量。2009年无行政诉讼案件。

**【纪检监察】** 2009年，会泽县工商局在开展党风廉政建设和反腐败工作中，强化四项机制：组织领导机制，责任考核奖惩机制，责任制考核机制，责任追究机制。抓好五项教育：抓十七届四中全会精神和各级反腐倡廉会议精神的传达和学习，提高对党风廉政建设的认识；抓正反两方面和法律法规教育，筑牢拒腐防变的思想道德防线；抓宗旨教育，立足岗位深入学习全国工商系统涌现的先进模范人物，增强干部职工"权为民所用，情为民所系，利为民所谋"的意识；抓条例和规章教育，提高干部职工的自身免疫力和抵御不正之风的能力；抓纪律作风教育，促进廉洁从政教育，在党员干部中积极倡导八个方面的良好风气，进一步加强了党员干部作风的明显好转，真正做到为民、务实、清廉、高效。在全县开展的群众评议机关工作中，会泽县工商局被评为第二名。

**【人事教育】** 1. 认真开展学习实践科学发展观活动。提交心得体会109篇；设学习园地8块，共编办9期，在网上开办科学发展观5个栏目，点击学习人数1 760人次。组织外出学习参观48人次。2. 加强学习教育，创新学习方式，采取抽签讲法、轮流讲学、座谈交流、同步摄录回放、现场命题回答、演讲比赛、礼仪展示、组建宣讲小分队等多种形式加强学习教育，以强带弱，促弱增强，规定工商所、分局每周组织学习的时间不少于5个小时，县局机关每周学习时间不少于3个小时；不断提高干部职工"处理日常事务的能力、语言文字表达和面对公众的能力以及信息化运用能力"。3. 积极开展"计算机操作、注册登记、执法办案"三项技能大比武活动，有两人荣获市局能手称号。4. 干部任用机制进一步健全，对全局20个岗位实行了调整，增强了干部职工的紧迫感和工作责任心。5. 继续开展以"队伍建设好、工作绩效好、行政执法好、内务管理好、基础设施好"为主要内容的"五好"工商所创建活动，完成待补工商所、乐业工商所的创建工作。

**【企业注册登记】** 截至2009年12月，全县共有国有、集体、股份合作制企业、有限责任公司639户，注册资本78 527万元。其中：国有企业147户，注册资本17 176万元；集体企业148户，注册资本12 309万元；股份合作制企业114户，注册资本1 560万元；有限责任公司230户，注册资本47 482万元。年内新发展企业13户，注册资本178万元。注销企业36户，企业变更158户。新发展"三资"企业10户(其中：分支机构7户)，注册资本279.54万美元。全县应参加年检的国有集体企业662户(其中国有企业162户、集体所有制企业151户、有限责任公司含分公司221户、股份合作制企业128户)，实际通过年检631户，年检率95.3%。全县应参加年检的私营企业602户(其中：有限公司330户、分公司246户、独资企业22户、合伙企业4户)，实际通过年检587户，年检率97.5%。

**【企业监督管理】** 截至2009年12月，全县共有私营企业656户，注册资本113 177万元，投资者人数2009人，雇工人数11 866人。其中：个人独资企业24户，合伙企业5户，有限责任公司627户。年内新发展私营企业68户，注册资金6 092万元，私营企业办理变更132户、注销17户。个体工商户9 196户，注册资金38 373万元，从业人员10 573人。年内新发展个体工商户2 856户，个体工商户办理变更600户、注销1 056户。

**【市场规范管理】** 2009年，会泽县工商局充分发挥工商职能，积极开展红盾护农、经纪活农、合同帮农、商标富农、权益保农、政策惠农、市场兴农"七农"工作，服务社会主义新农村建设。开展"诚信市场"创建活动，共评选出"诚信市场"3个、"消费者满意街"1条、"文明诚信企业"5个、"文明诚信经营户"12户。按时完成商品交易市场信用分类监管信息采集和录入工作。全县有市场78个，被省局审核认领A类市场8个，B类市场65个，C类市场5个。建立市场监管信息定期分析制度，开展农资市场全面实现信用分类监管，认真按照"六制三账一书一卡"进行有效监管，督促其建立好农资商品进销货台账和索照、索证、索票、索卡、向社会作出"服务承诺"等制度，在全县各乡镇设立"农资经营示范店"和"农资放心店"，聘请9名农资市场义务监督员对全县的农资市场监管工作进行监督。全县已建立农资连锁经营店359个(县供销社204个，县粮油公司48个、县经委工贸公司60个，市农资公司11个)。全县已发展农村经纪人401户，经纪业务量2 196万元；专业合作社54户，社员人数454人，社员投资额3 479.85万元。指导涉农企业6户，签订合同2 106份，签约金额2 312万元，合计订单履约3 166份，履约金额达8 531万元。

**【消费者权益保护】** 认真开展"消费与发展"年主题活动。召开假冒伪劣商品曝光展览销毁现场会，对查获的58个品牌标值30.2万元的假冒伪劣商品当众付之一炬。开展法律法规进农村、学校、社区、企业、市场、商场、超市"七进"活动，开展法律法规、维权知识、咨询服务和识假辩假知识巡回展示讲解活动。坚持两个100%，认真受理消费者投诉，努力为消费者排忧解难。全年共受理消费者投诉174件，为消费者挽回经济损失19万元。

**【广告监督管理】** 全县有广告经营单位11户，其中：媒体单位1户、广告公司

1户、兼营广告经营单位5户、个体经营户4户,从业人员61人。依法办理户外广告登记179件,监测电视媒体广告42期1 757条次。查办广告案件15件,罚没款1.17万元。

**【商标监督管理】** 1. 落实"一所一标"活动,努力实现"一所多标"。2. 全县有注册商标107件,其中:农产品商标45件。有云南省著名商标1件、曲靖市知名商标8件。3. 全年查办商标广告案件96件,罚没款19万元。

**【计划财务工作】** 1. 预算经费按照预算指标,精打细算,有计划地使用,首先,保证离退休职工的工资发放,其次,保证急需业务支出及正常工作的开展。2. 行政性收费全面实行收支两条线,严格按照县物价局核准的收费项目及标准收费,收费单据由专人负责领发、收回,做到钱票两清,全系统无贪污、挪用现象。3. 全年行政性收费收入213 332.92元。其中:单位直接收取个体登记费收入38 919元,银行代收代缴企业登记费174 413.92元,已全额上缴市局。

**【基本建设】** 争取省局立项并新建大井工商所办公用房,建筑面积518.92平方米,预算投资98万元,2009年底主体工程已完工。

**【经济检查】** 2009年,会泽县工商局认真开展整顿和规范经济秩序,严厉打击各类经济违法行为,保护生产者、经营者的合法权益,依法查处和取缔无照经营等违法行为,开展违法行为人警示与疏导工作。截至12月底,共查处各类经济违法违章案件817件(其中:一般程序立案案件85件、一般程序简化办理案件612件、简易处罚案件20件),收缴上交国库罚没款113.8万元。

**【消委会工作】** 1. 加强县消协"一会两站"和"消费维权教育学校"的建设和巩固工作。在全县所有乡、镇建立消费者协会分会,所有行政村建立消费者协会投诉站或12315申诉举报工作站,畅通农民消费维权渠道,努力做到投诉维权不出村。2. 完成第四届消协换届工作,聘请会泽县人民政府副县长肖良开为名誉会长,选举副局长蒋济骏为县消费者协会会长。

**【个私协会工作】** 会泽县个体私营经济协会充分发挥"自我教育、自我管理、自我服务、自我发展"职能作用,自身建设不断加强,会员队伍不断壮大。2009年,全县个体工商户会员发展到9 183户,注册资金37 958万元,从业人员10 187人,比上年同期分别增长19.7%、77%、11.8%;私营企业会员643户,注册资本112 575万元,投资者人数2 024人,雇工人数11 814人,比上年同期分别增长6.5%、7%、14.7%、3.9%。

积极开展个私党建工作。会泽县个体私营经济协会按照创建"五型"党建活动的目标要求,创新思路,突出特色,优化组织设置,积极探索党建工作的经验和做法,不断消除"空白点",努力扩大党建覆盖面,树立"企业个体发展到哪里,党组织就建到哪里"的思想,切实做好全县非公有制经济党组织的建设,设立个私协会党总支1个,个私分会党支部8个,在册党员117名;非公有制企业已建党组织34个,有党员466名。2009年培训入党积极分子20名,有15名个私会员向党组织递交了入党志愿书,批准为预备党员1人。

积极组织会员开展活动,扎实有效地开展思想政治工作和法制教育,组织会员开展活动27次,参加活动会员807人次,投入活动经费26 560元。慰问住院和困难个私会员52人,慰问金22 400元。认真开展诚信教育活动,评定出市、县表彰的消费者满意街2条、诚信市场2个、文明经营个体工商户11户、文明诚信企业5户、食品安全示范户69户。积极做好创业帮扶"贷免扶补"工作,为10户帮扶对象申请了50万元创业贷款。在个体工商户、私营企业会员及农民工中广泛开展禁毒和防治艾滋病宣传教育活动。共组织防艾禁毒知识培训6次,参加培训269人,发放宣传资料6 000份,标语、布标88条,媒体宣传2次,宣传经费2.5万元。

加强协会换届工作。选举产生了会泽县个私协会第七届理事会,聘请会泽县人民政府肖良开副县长为名誉会长,选举会泽县工商局党组书记、局长李本勇为第七届个私协会理事会会长。

**【2009年受到表彰的单位和个人名单】**

会泽县工商局被省政府表彰为省级文明单位。

**【2009年任职的局领导名单】**

党组书记、局长　李本勇
副 局 长　蒋济骏　舒泽斌
纪检组长　潘茂发

# 玉溪市

**【概述】** 玉溪市工商局下辖八县一区工商局和一个开发区工商分局,下设20个副科级分局和16个工商所。内设16个职能科室,代管3个群团组织。截至2009年底,全系统共有在职人员715人,其中:行政人员668人、工勤人员11人、事业人员36人。全系统有硕士研究生9人、大学本科学历的332人、大学专科学历的298人、大专以上学历639人,占总人数的89.37%。

2009年,玉溪市工商系统坚持以科学发展观统领全市工商工作全局,深入贯彻党的十七届三中、四中全会精神,紧紧围绕地方经济发展战略,以深入开展学习实践科学发展观活动为契机,以落实阳光政府"四项制度"为抓手,以实施基层规范化建设为切入点,努力提高科学监管促进科学发展的能力和水平，各项工作稳步推进，取得了明显的成效。全市工商系统全年共查办各类违法违规案件2 790件，案值3 471万元。截至2009年底，全市共有内资企业3 202户，私营企业6 793户，外商投资企业198户，个体工商户71 854户，各类市场经济主体稳步发展。

【法制建设】 2009年，玉溪市工商局以推进依法行政为核心，继续推进法制宣传教育、培训指导工作，不断提高干部法律意识和依法行政水平，制度建设和执法监督工作稳步推进。1. 开展干部法制宣传教育工作，继续深化“五五”普法工作。2009年，全市工商系统定期组织干部学习相关法律法规，开展普法考试2次，共培训干部1 500余人次，切实提高了普法教育的针对性和实效性。2. 严格案件核审，加大内部执法监督。2009年，市工商局严格把握事实关、证据关、程序关、文书关，核审一般程序处罚案件31件，内容涉及无照经营、虚报注册资本、虚假出资、经营危险化学品、反不正当竞争、销售假劣农资等方面。2009年，应申请组织听证6件，受理行政复议案件8件，维持5件，撤销2件，尚在审理中1件。3. 加强案件质量评查，开展行政执法监督。市局由法制科牵头，抽调部分县区执法骨干共6人组成行政执法案件考评小组，统一标准、统一尺度进行执法案卷综合复查考评，共抽查行政处罚案件180件，其中一般程序案件60件，简易程序案件120件。4. 开展案件回访，加强执法监督。2009年8月，市局组成两个案件回访小组，对2007年以来查办的部分一般程序行政处罚案件、行政复议案件共2 520件，采取以直接回访为主，电话回访、信函回访、召开座谈会回访等形式为辅的形式，按照30%的比例进行集中回访。2009年，全系统共集中回访了756件，回访涉及面广、具有代表性，做到了件件回访有落实、有记录。

【纪检监察】 2009年，玉溪市工商系统以风险点管理工作为重点，大力加强党风政风行风建设，不断推进党风廉政建设工作。1. 加强学习教育，构建教育机制体系。市局开展党风廉政建设年活动、党性修养和作风建设教育月活动、纪检监察日活动、主要领导讲党课活动、廉政文化建设活动，不断深化廉政文化建设。2. 加强组织领导，构建责任机制体系。市局党组紧紧围绕责任主体，狠抓“六个强化”（强化“一岗双责”、强化责任书签订、强化定期分析研究、强化任务分解、强化检查考核、强化责任追究），确保玉溪工商党风廉政建设责任制的贯彻落实。3. 加强风险点管理，构建预防机制体系。市局、县区局与检察部门联合成立了预防职务犯罪工作领导小组，制定工作规则，明确工作方案，坚持每年两次协调会议和一次廉政课制度，形成工商局和检察院齐抓共管预防职务犯罪的工作局面。并将风险点管理情况纳入党风廉政建设责任制一起考核，做到风险点管理责任到人、监控到位、防范有力，确保了廉政风险点无风险。4. 加强制度建设，构建长效机制体系。市局结合工作实际，不断加强制度建设和制度创新，建立和完善了目标责任考核制度、干部廉政诫勉谈话制度、领导干部权力监督制约制度、违纪责任连带追究制度、内外监督制度，形成了用制度规范行为、按制度办事、以制度管人的机制。5. 认真落实阳光政府四项制度。2009年以来，全市工商系统以创建阳光工商为目标，全面推进阳光政府四项制度的贯彻落实。截至2009年底，全市系统共举行重大决策听证13件，重要事项公示284次，重点工作通报209次，政务信息查询549次；其中，市局机关重大决策听证4件，重要事项公示8次，重点工作通报15次，政务信息查询（96128电话查询）32次；县（区）局重大决策听证9件，重要事项公示276次，重点工作通报194次，政务信息查询517次。

【人事教育】 2009年，玉溪市工商局围绕省局党组提出的“建设一个好班子、带出一支好队伍”的目标要求，紧紧抓住干部队伍素质建设这一根本和关键，狠抓班子和队伍建设。1. 大规模培训干部，提高干部队伍素质。市局以学习实践科学发展观为契机，全面实施了分层次分类别的全员教育培训计划，深入开展“全员学本领、岗位大练兵”活动，提高干部的政治理论水平和业务素质。2009年，市局举办了公文写作、财务管理、商标管理三期业务培训班，参训人员共260人。举办为期3天96人参加的全市工商系统落实科学监管促进科学发展干部培训班。制定了派遣干部到先进发达地区挂职学习制度。2009年10月至11月，市局组织了第一批县区局领导和基层分局（所）长共8人到重庆市工商局渝中区分局挂职学习，把电子商务监管、基层规范化管理等先进经验学习应用到实际工作，收到了很好的效果。2. 深入学习实践科学发展观。2009年3月~8月，市局党组把深入学习实践科学发展观活动作为首要政治任务和中心工作，紧紧围绕“五抓五到位、五扣五突出”的工作思路，较好地完成了学习实践活动。重点是抓组织领导，做到责任明确、措施到位。成立了领导小组，设立了专门机构，抽调了3名人员专门负责此项工作。抓学习教育，做到灵活多样、认识到位。采取多种形式的教育学习，形成了一个良好的学习氛围。抓分析检查，做到思路清晰、剖析到位。通过“请进来”、“走出去”、“坐下来”的方式，把市局党组和党员干部存在的突出问题和群众反映的突出问题查找出来，进行认真的分析研究。抓整改落实，做到有序推进、整改到位。以市局党组班子分析检查报告为依据，认真制定整改落实方案，建立健全整改责任制和督促检查制，把整改任务落实到人，确保整改落实任务不留死角。抓成果推广，做到舆论引导、宣传到位。利用各种新闻媒体开展宣传，做到对外宣传树好形象、对内宣传鼓干劲。同时，紧扣全员参与，突出全员培训。市局从3月份开始到5月底，在全市工商系统715名在职干部职工中开展深入学习实践科学发展观全员培训，并全部通过了考试。紧扣重点工作，突出专题调研。市局党组确定了7个专题调研课题，深入到基层一线开展调研，形成高质量的专题调研报告7个，其中两篇上了国家工商总局的网站。紧扣主题实践，突出职能特色。结合工商工作实际，认真开展“三个一”、“三讲、三做”和

"工商六送"主题实践活动。紧扣发展要义,突出机制创新。根据查摆出来的问题,对市局现有的制度规定进行了全面清理,进一步完善了管理机制。紧扣民主评议,突出群众参与。通过发放群众评议表和召开评议会两种方式,进行群众满意度测评,满意率93%,综合满意率100%。3. 继续推进基层管理规范化建设。全系统全面实施了以德、能、勤、绩四个方面为考核重点的工作目标绩效管理体系和工作效能督察制度,规范基层分局工作职能、岗位职责、内部管理、工作制度、工作流程,促进基层工作的制度化、程序化、规范化、法治化,并对15个基层工商所(分局)的规范化建设情况进行了检查验收。

**【企业注册登记】** 2009年,玉溪市工商系统把服务经济发展放在首位,不断探索和推行全市统一、规范、高效的注册登记工作模式,建立便捷高效的市场准入服务体系,不断提升服务水平和质量,为全市经济平稳较快发展营造了良好的发展软环境。1. 开展企业注册登记工作。市局按照"合法、便民、高效"的原则,继续加快了各级登记窗口的硬件投入和软件完善,为市场主体准入提供方便。制作了35种《办事指南》,对各类投资者登记前、登记中、登记后的行为提供全方位的服务指导。截至2009年底,全市共有内资企业3 202户,注册资本208.8亿元,新增138户;私营企业6 793户,注册资本129.6亿元,新增46户。2. 开展"绿色通道"工程。全市工商系统强化窗口服务效能,把促进下岗失业人员再就业等各项优惠政策落实在窗口,及时提供法律、政策咨询,简化登记程序,提高办事效率,建立了重大项目的绿色通道,农民工返乡创业的绿色通道,残疾人、大学生、下岗职工、退伍军人自主创业绿色通道等三个绿色通道,支持就业创业工程,建立实行专人专件办理,提前介入、全程跟踪、延伸服务,帮助解决企业在组建和发展过程中遇到的问题。3. 开展帮扶企业度难关工程。市局制定了"首问责任制、服务承诺制、限时办结制、跟踪服务制、预约服务制、上门服务制、企业联络员制"等一系列制度,强化对各类投资者的行政指导,采取提前介入、参与调研、定期回访等方式,把服务工作延伸到企业第一线,千方百计为企业排忧解难。2009年4月,市局组织召开了20多个行政单位、10多个银行、80多户企业参加的以"信心责任发展"为主题的政银企座谈会,积极推进银企合作,协调企业与金融单位签订助企解困促发展合作协议,帮助企业解决融资难的问题。

**【外商投资企业注册】** 2009年,玉溪市工商局充分发挥外资登记管理职能作用,采取有效措施,帮扶外商投资企业应对金融危机,促进企业平稳健康发展。1. 依法做好企业注册登记工作。2009年,全市共登记注册外商投资企业10户,其中法人企业3户,分支机构7户;办理名称预先登记10户,变更登记63户次,注销登记54户,备案登记10户。截至2009年底,全市共有外商投资企业198户(法人企业123户,分支机构75户),投资总额为73 344.46万美元,注册资本33 530.56万美元,实收资本22 428.84万美元,出资率达66.89%。其中外方认缴23 279.37万美元,实缴15 447.71万美元,外方出资率达66.36%。2. 采取有效措施,帮扶企业应对金融危机。为切实掌握辖区外资企业受金融危机影响状况,市局外资科对辖区内14户外资企业进行了实地走访和调研,听取企业的困难和意见,有针对性地提出了建议,并制定出台了10条具体帮扶措施。3. 完善工作制度,规范工作流程。根据玉溪市外商投资登记管理工作的实际需要,重新修订了玉溪市工商行政管理局外商投资企业登记管理工作目标管理考核制度、专管员制度、联络员制度、咨询服务制度、首办责任制度、企业登记档案管理制度七项制度,加强了对外商投资企业的属地监管工作。4. 坚持回访制度,服务企业发展。根据外资科实行的岗位责任制规定,科室成员坚持做到基层有问题随叫随到、耐心解答疑难问题,坚持每季度回访企业一次。至2009年底,到基层督促指导工作30余次,纠正不规范登记行为5次,回访企业95户次,受理、处置电话咨询720余个,接待来访100多人次,得到了外商投资企业的一致好评。

**【企业监督管理】** 2009年,玉溪市工商局强化市场准入服务,创新监管方式,落实各级优惠政策,加大监管力度,促进了全市个私经济的健康、快速发展。1. 强化市场准入服务。2009年,全市工商系统落实各项优惠政策,放宽准入条件,提高服务效能,大力扶持个私经济发展。截至2009年底,全市共发展个体工商户71 854户,发展私营企业6 793户。个私从业人员295 701人,其中个体工商户从业人员162 257人,私营企业投资者和雇工133 444人。注册资金1 555 125.38万元,其中私营企业1 296 004万元,个体工商户259 121.38万元。2. 开展企业年检、个体工商户验照工作。在年检工作中,市局首次全面启用了工商一体化软件,提升了年检工作的技术含量,规范了年检程序,提高了年检工作速度和质量。2009年度全市共有应检企业9 379户,应验照个体工商户62 202户。截至6月30日,实检企业7 316户,年检率为78%;实际验照60 336户,验照率为97%,全市年检、验照工作圆满完成。3. 开展各类专项整治工作。2009年,全系统在全市范围内深入开展查处取缔黑网吧、计生药械市场、企业安全生产"三项行动"活动、环境污染企业、水源保护、打击盗窃电力电信广播电视设备、打击非法用工、流动人口等专项整治行动,取得明显成效。4. 开展市场主体信用分类监管工作。全系统以经济户口为基础,以"信息管理系统"为依托,及时认真地采集和录入市场主体各种信息,完善数据库,整体推进市场主体信用分类监管,构建信息共享平台,实现了登记监管数据的系统化、信息化。截至2009年11月,全市共有市场经营主体(正常登记户数据库数据)82 551户,按照信用等级分类:守信(A)77 959户,警示(B)182户,一般失信(C)4 351户,严重失信(D)0户。

**【市场规范管理】** 2009年,玉溪市工商局加大了市场监管力度,创新工作思路,探索建立以市场巡查、责任制度、考核奖惩为一体的长效机制,市场监管各项工作取得实效。1. 开展农资市场专项整治,维护农民合法权益。全系统先后组织开展红盾护农保春耕、保夏种、保秋收等专项执法检查活动,共出动执法人员6 973人次,检查农资经营户15 758户次,发放宣传材料3.6万份,对2 192户农资经营户进行了信用分类监管,立案查处农资案件46件,案值148万元,罚没金额88万元,查处不合格和假冒伪劣农资190吨。截至年底,全市工商部门共创建农资安全示范店118个。2. 扎实开展"家电下乡"市场监管工作。全系统各级工商部门认真对辖区内家电、汽车、摩托车销售网点进行检查清理,规范经营主体市场准入,严厉查处无照经营行为。整治中,共出动执法人员267人次,检查经营主体464户次,查处违法案件11件,查处不合格和假冒伪劣家电61件,受理答复消费者有关"家电、汽车摩托车"下乡咨询76件,受理处理消费者申诉举报40件,为消费者挽回经济损失13.88万元。3. 全面推进商品交易市场信用分类监管及市场信息化建设。2009年,全市已调查登记商品交易市场(商场)109个,录入计算机信息系统109个,其中对符合信用分类监管条件的40个市场进行了分类监管(其中分出A类8个、B类30个、C类2个),完成了2009年商品交易市场信用分类监管及市场信息化建设阶段目标任务。3. 服务农村经济发展。2009年,全市工商系统认真落实"红盾护农、经纪活农、合同帮农、商标富农、权益保农、政策爱农、市场助农"等七个工作机制,全力服务"家电下乡"、"汽车下乡"、"农机下乡"、"良种下乡"等惠农工程,大力培育发展农民专业合作社,培训规范农村经纪人队伍,有力的促进了社会主义新农村建设。2009年,全市共培训发展农村经纪人2 149人,发展特色农民专业合作社262户,出资额1.45亿元,合作社成员11 899个,分别比2008年增加136户、1.02亿元、5 995个。2009年10月,玉溪市工商局在全市开展了"服务农村改革发展调研活动",经过深入调研,报经市政府研究,由市政府下发了《关于进一步发挥工商行政管理职能服务玉溪农村改革发展的若干意见》的文件,提出了十二条促进农村经济发展和农民增收的措施,进一步推进了工商服务新农村建设工作。

**【消费者权益保护】** 2009年,全市工商系统认真履行消保职能,积极开展各类流通环节商品专项整治,推进12315行政执法监管体系建设,依法保护消费者合法权益。2009年,共查处侵害消费者权益案件294件(其中:商品消费案件213件、服务消费案件81件),案值117.11万元,罚没金额98.51万元。1. 全面推进"一会两站"建设。在全市范围内把"一会两站"作为政府的第二信访部门来建设,及时便捷地维护广大农村消费者的合法权益。截至年底,全市已建立了75个消协分会,消协分会覆盖率达100%,共建立659个"两站",在村委会建立"两站"500个,在社区、居民委员会建立"两站"35个,在超市、市场、商场建立"两站"124个,初步形成了一个纵向到底、横向到边的维权网络。2. 大力推进12315行政执法体系建设。继续加大12315平台信息化建设力度,完善软硬件设施,拓宽网络覆盖面,强化快速处置功能,完善工作机制,建立数据统计分析中心综合分析功能,开通短信平台发布消费警示,全面提升"12315"服务效能,实现消费维权由事后调处为主,向事前调控和防范为主转变。3. 开展流通环节商品质量监测。2009年,市局委托云南省质量检测中心,按季度、分重点对经营的水泥、食品(果冻、面条、速冻食品)、节能灯、服装等进行了商品质量监测。

**【食品流通监督管理】** 2009年,玉溪市工商局把流通环节产品质量和食品安全监管作为重点工作来抓,加大了对食品经营行为的日常监管,深入开展食品安全专项整治,探索建立长效机制,维护群众消费安全。1. 开展食品安全专项整治。全系统先后组织开展了"食品添加剂"、"禽类市场"、"农资市场"等十八次商品和节日市场整治,出动执法人员1.15万人次,检查相关市场498个次、超市270个次、经营户5.53万户次,发放相关宣传资料43万份,下发责令整改通知书530份。查处市场违法违章案件1 416件,案值2 018万元,查收假劣食品49种170吨。2. 继续开展食品安全示范店创建活动,全面提升流通环节食品经营户的经营管理水平。2009年,全市工商系统进一步按照市县城、集市及城郊结合部、农村食杂店三类不同区域的不同标准认真抓好食品安全示范店的创建达标活动,截至2009年底,全市已累计创建流通环节食品安全示范户1 691户。3. 以易添加食品及食品添加剂为重点,认真组织开展了打击在流通环节食品中违法添加非食用物质和滥用食品添加剂专项整治活动。全市共出动执法人员858人次,对全市170个市场及7 723户涉及食品添加剂经营户进行了清查整治。共发放宣传材料7万余份,下发整改通知书45份,对7户在集市内边加工边销售即食食品经营户进行了立案处罚,没收价值1 800余元的过期及不合格食品添加剂,罚款850元。

**【反垄断与反不正当竞争执法】** 2009年,玉溪市工商局以提高执法效能为出发点,以开展反垄断反不正当竞争执法行为为重点,深入开展打击成效、查处危险化学品、易制毒品、"扫黄打非"等不法经营行为,进一步规范市场经济秩序。1. 开展打击传销行动。2009年,全市工商系统认真落实打击传销联席会议制度,集中开展打击传销联合执法行动。全市共出动执法人员1 635人次,端掉传销窝点19个、聚会场所1 456个,教育驱散遣返传销人员115人,出动宣传人员392人次、宣传车辆90台次,张贴宣传画1 000张,发放宣传材料1.1万余份,通过移动、联通、电信部门成功发送"远离传销、共建和谐"宣传短信6.4万余条,有力地维护了社会稳定。2. 开展"扫黄打非"工作。2009年,全市工商系统与有关部门联合开展"扫黄打非"专项整治,肃清影响青少年健康成长的不良刊物、打击非法政治性出版物、清理印刷市场,取得了明显的成效。2009年,全市工商系统共出动执法人员2 969人次,检查新闻出版单位2 210家次,检查音像制品店2 425家次,出版物经营单位227家次,印刷企业115家次,学校周边商店、摊位2 500家次，查获违规经营单位14家，取缔无证游商摊点24家，收缴非法音像制品1万余张，收缴非法出版物1 231本。3. 开展易制毒化学品管理。2009年，玉溪市工商局加大对涉及易制毒化学品企业的法律宣传，严厉打击非法生产、经营、运输和使用易制毒化学品的违法行为，有针对性地开展易制毒化学品专项整治，取得了明显成效。2009年，全系统共出动执法人员1 474人次，清查企业1 555户次。截至年底，全市共有易制毒化学品企业339家、生产企业6家、经营21家、购买（使用）307家、运输5家。4. 开展“两烟”打假打私。2009年，全市工商系统积极开展“两烟”打假打私工作，以查处无证经营，特别是宾馆、酒店、娱乐场所、旅游景点和车站等卷烟销售重点进行整治规范。全市先后开展了整治汽车（摩托车）配件市场、进口家电市场、成品油市场，打击走私盗版光盘、走私手机和电脑零配件等打私综合治理专项整治行动。2009年，全系统共出动执法人员3 347人次，组织打击走私专项整治行动14次，检查宾馆（酒店）、娱乐场所、旅游风景区3 500家，检查经营户5 350家，查处案件125件，查处无证无照经营户58家，案值4.72万元，罚款1.49万元，没收假冒卷烟951条，没收光碟1 000余盘；检查辖区内汽车、汽配交易市场、汽车维修、回收站等场所107户，盘查机动车辆489辆，清理机动车修理点424处。

**【广告监督管理】** 2009年，玉溪市工商局加大广告监管力度，继续深入开展虚假违法广告专项整治行动，有效维护广告市场秩序健康发展。1. 完成2008年度广告经营许可证、户外广告和固定形式印刷品广告年检工作。认真完成广告经营许可证、户外广告及固定形式印刷品广告年检工作。全市2008年度应参检广告经营单位15户，实际参加年检15户，年检率为100%，合格率为100%。全市2008年度应参加年检的户外广告286件，实际参加年检286件，年检率为100%；经省工商局登记批准发布的固定形式印刷品广告2户，实际参加年检2户，年检率为100%。2. 开展虚假违法广告整治工作。2009年，全市工商系统加强对医疗、药品、保健食品、化妆品、美容、农业生产资料等六类重点广告的监管，进一步规范广告发布行为，严厉打击虚假违法广告。2009年，全市工商系统共查处虚假违法广告案件26件，罚款13.34万元。3. 开展媒体广告发布监测检查工作。全市工商系统加大媒体广告的监测力度，对玉溪电视一二台、红塔区电视台、玉溪日报等重点媒介发布的医疗、药品、保健食品、化妆品、美容服务和农业生产资料广告实施定期不定期的监测，发现虚假违法广告及时责令整改和查处。2009年，市局共监测大众媒介广告2 023条次，发出责令整改通知书11份，有效地遏制了虚假违法广告的行为。4. 积极参与第八届全国优秀公益广告评选活动。市局积极动员各广告经营单位和媒体单位参与公益广告参评活动，经过宣传动员和筛选，全市共推荐上报影视作品5条、先进单位2家，玉溪市工商局荣获2007～2008年度优秀公益广告评选活动组织奖，报送的公益广告平面类有1条荣获银奖、2条荣获入围奖，影视类有1条荣获银奖、1条荣获入围奖。

**【商标监督管理】** 2009年，玉溪市工商系统以争创玉溪市知名商标、云南省著名商标为重点，以扶持、培育、争创中国驰名商标为突破口，全面推进商标战略实施，加大商标监管力度，开展保护注册商标专用权专项行动，依法查处商标侵权行为。1. 全面推进商标战略实施。市局在调查研究的基础上制定了《玉溪市工商行政管理局关于推进商标战略工作的实施意见》，明确了未来5年玉溪市商标战略工作的总体要求、目标任务、工作重点和措施，并将2009年～2012年推进商标战略的目标任务分解到了各县区工商局，认真开展了“一所一标”工作，全市36个工商分局（所）共宣传动员企业、个体工商户申报商标注册259件。并确定规模较大、实力较强的12家企业作为未来五年重点扶持、培育、争创中国驰名商标的企业。红塔烟草（集团）有限责任公司“红梅”商标已经获得中国驰名商标称号。同时，市局积极引导企业运用商标战略开拓市场。2009年6月24日，开展了首届玉溪市知名商标评定，评定了55件玉溪市知名商标。市财政拿出81万元对获得中国驰名商标、省著名商标和玉溪知名商标的企业进行奖励。截至2009年底，全市共有有效注册商标2 100多件，有中国驰名商标2件，云南省著名商标78件，玉溪市知名商标55件，全市商标发展呈现良好态势。2. 开展保护注册商标专用权行动。2009年，全市各级工商机关继续开展保护注册商标专用权行动，坚决查处假冒注册商标和商标侵权行为，切实保护注册商标专用权。截至2009年底，全市共查处商标侵权案件11件，案值74.3万元，罚没金额38.7万元。

**【计划财务工作】** 2009年，玉溪市工商局强化财务量化考核，财务管理工作得到进一步加强。1. 认真落实《工商系统计划财务工作量化指标》责任制，通过目标考核，促进了财务管理工作的制度化、规范化、法制化建设。2. 逐步实现财务管理创新，加强了对“玉溪工商财务政务信息网”和“玉溪工商财务账务日常工作操作平台网”进行建设。到年底，已完成了操作平台中各项软件的开发并投入使用。3. 把风险点管理纳入财务管理的重点工作。以内部审计及日常财务检查为契机，加强财务风险点的防范与管理，整个系统的财务管理工作得到了进一步的巩固和加强。

**【基本建设】** 2009年，玉溪市工商局突出抓好基建项目的落实，加强基建资金管理，基础设施建设得到了稳步推进。2009年，共安排全系统基本建设项目9个，其中：新建项目6个，拆建项目2个，装修项目1个。市局严格执行基本建设标准化建设方案，按照全省工商系统办公楼标准化建设方案，所有项目正在逐步实施，顺利推进。

**【机关党建工作】** 2009年玉溪市工商局认真落实《中国共产党和国家机关基层组织工作条例》，紧紧围绕市局党组的中心工作，不断加强党员干部的思想政治和作风建设，强化党员队伍管理，充分发挥党员的先锋模范作用和党支部的战斗堡垒作用,有力地推进了玉溪工商各项工作顺利开展。1. 强化组织建设,健全各种制度。按照有关规定,及时对党总支和党支部进行换届选举,产生新一届的书记及支委;不断加强制度建设,健全完善了《“三会一课”制度》、《民主生活会制度》、《民主评议党员制度》、《党员目标管理考评制度》等,逐步实现各项管理工作制度化、规范化。2. 强化目标管理,认真落实责任制。市局党总支与各支部书记签订了《支部工作目标管理责任书》,制定了《中共玉溪市工商行政管理局总支委员会支部目标管理考核细则》,并以半年督促检查、年底考核的形式,对市局机关四个党支部落实责任制的情况进行全面的检查考核。3. 强化作风建设,狠抓先进性教育。积极开展先进性教育活动,基本达到了中央提出的“提高党员素质,加强基层组织,服务人民群众,促进各项工作”的目标要求。4. 强化堡垒作用,抓好“云岭先锋”工程。严格按照省委提出的基层党组织建设“五好”目标要求,倡议广大党员积极“奉献云岭、争当先锋”,做到“带头学习讲政治、带头干事谋发展、带头创新建佳绩、带头服务比奉献、带头自律树形象”,认真履行职责,立足本职、开拓进取。5. 强化思想建设,做好经常性工作。首先是加强理论武装,组织党员干部深入学习中国特色社会主义理论体系特别是科学发展观,自觉以科学理论为指导,坚定理想信念,牢固树立共产党人的核心价值观;其次是加强政治教育,坚持不懈地抓好党的路线方针政策教育、形势任务教育,引导党员干部增强政治意识、大局意识、责任意识,在关键时刻头脑清醒,经得起各种风浪考验;再次是加强党性修养,教育党员干部牢记党的宗旨,严守党的纪律,维护党的形象并以优良的作风做好各项工作。

**【老干工作】** 2009 年,玉溪市工商局高度重视老干部管理工作,年初,签订了《退离休人员管理工作目标责任书》,切实从思想上、政治上关心老干部,认真落实退离休人员的生活待遇,解决好老干部的实际生活困难,定期组织老干部召开会议,通报各阶段工作情况,认真听取老干部意见和建议。同时,加强老干部医疗保健,采取定期体检、邀请专家学者讲课等办法,提高老干部的自我保健水平。2009 年 11 月,市局机关组织老干部到文山普者黑、红河弥勒县考察,让老干部开阔视野,陶冶情操,促进身心健康。

**【经济检查】** 2009 年,玉溪市工商局积极推进全员执法办案,积极履行工商监管职能,查处各类经济违法违规行为,加强对重点行业及重点领域的监管执法工作,查处了一批大要案件,努力为经营者创造公平、公正的交易环境,为消费者创造安全的消费环境。2009 年,全市工商系统共查办各类违法违规案件2 790件,其中:一般程序案件 852 件、简易程序案件1 939件。

**【信息化建设】** 2009 年,玉溪市工商局结合全市市场监管执法工作实际和信息化建设基础,全面、深入开展信息化建设工作,分类指导、分层推进,全局信息化建设取得进展。完善市(县)两级网络中心和数据中心建设,市局投入 25 万元经费,对市局信息中心机房进行改造,提高网络性能,建立网络安全和应急机制,进一步夯实了工商专网网络基础;全面推广应用“工商业务一体化”软件功能,进一步规范各项工商业务处理流程;继续开展计算机岗位能手培训、选拔工作;组织开展移动执法平台的推广及应用,并于 2009 年 10 月正式开通了全市工商系统移动执法平台,为 700 余名干部职工配发移动执法终端。

**【消费者协会工作】** 2009 年,玉溪市消费者协会围绕“消费与发展”年主题,履行消协的各项职能,维护消费者合法权益。1. 深入开展“3·15”系列活动。市消协于 3 月 3 ~ 15 日在全市范围内集中开展了主题鲜明、内容丰富的系列宣传咨询服务和执法活动。召开“消费与发展”年主题座谈会,为营造消费和谐献计献策;各地消协联合相关部门在中心城区、乡(镇)、村和较大的市场开展声势浩大、内容丰富的宣传咨询服务活动,开展消费者维权执法活动和假冒伪劣商品集中销毁活动,现场销毁收缴的不合格食品、假冒伪劣商品、假私卷烟、药品、非法出版物等1 800种、680 千克,总价值 150 余万元。并在玉溪红塔文体中心举办大型“3·15”文艺晚会,以群众喜闻乐见的多种形式宣传好年主题。2. 积极受理消费者投诉。市消协及时受理、分流、调解好消费者投诉,着力解决消费者最关心、最直接最现实的利益问题。2009 年,全市共接听电话4 299个,其中:咨询电话3 086个、投诉电话1 124个、举报电话 89 个,受理消费者投诉1 124件,解决1 102件,解决率 98.04%,接待消费者来人来访1 345人次,为消费者挽回经济损失 142.03 万元。3. 广泛开展消费教育。市消协把开展经常性消费教育,提高消费者维权意识,作为一项重点工作来抓,充分利用《玉溪日报》、“玉溪3·15维权网”网络平台做好消费指导、消费教育工作。2009 年,全市共向社会发布每月投诉统计情况分析 10 期、消费警示 10 条、《维权简讯》10 期、典型案例 41 件、维权知识 10 条。

**【个私协会工作】** 2009 年,玉溪市个私协会把鼓励、引导、发展个私经济作为主要工作来抓,开展鼓励创业促进就业工程,积极维护个私企业的合法权益。认真履行协会服务职能。热情接待、认真处理会员的来信来访,并主动上门服务,帮助会员解决生产经营活动中的实际困难。2009 年,市个私协会共接待会员来访 1.6 万多人次,走访会员单位3 500余户,提供法律法规咨询 862 人次,为会员调解纠纷 16 次,受理会员诉求 32 件,并做到件件有落实。开展鼓励创业促进就业工程。充分发挥个私协会机构点多面广的优势,贯彻落实鼓励创业“贷免扶补”政策。2009 年共推荐创业人员 137 人,完成“贷免扶补”工作指标 81 人,发放贷款405 万元,建立了 126 人的导师库,指导帮扶 236 名创业者成功创业、就业。

**【广告协会工作】** 2009 年,玉溪市广告协会以服务和促进玉溪广告行业健康发展为目标,认真履行协会协调、指导、服务、监督职能,稳步推进协会工作,定期召开广告协会常务理事会议,为企业提供法律法规咨询,及时解答其在经营中遇到的问题,并指导企业做好广告企业技术职称评定和广告企业资质认定材料组织申报工作;组织人员参加第十六届中国国际广告节,收集上报了8幅参赛作品;参加中广协开展的2008~2009年度争创广告行业精神文明先进单位评比活动,指导被推荐企业上报有关评选材料,两家企业被推荐为全国先进行业文明先进单位和云南省先进行业文明单位。

**【大事记】**

△1月9日,玉溪市委党风廉政建设责任制工作考核组,对玉溪市工商局2008年贯彻落实党风廉政建设责任制情况进行了全面的检查考核,给予较高评价。

△16日,通海县四街镇四寨村及周边江川、华宁村庄发生霍乱疫情后,玉溪市各级工商部门积极组织人员配合相关部门参与霍乱疫情防治工作,强化市场巡查,加强食品安全监管。

△17日,省工商局纳宗会局长在江云苏处长等人陪同下莅临玉溪市工商局,代表省局党组亲切慰问玉溪市工商系统的广大干部职工。

△2月26日下午,省委党风廉政建设考核组在省局刘本军副局长等领导陪同下,对玉溪市工商系统贯彻落实党风廉政建设责任制情况进行了检查考核。

△27日,玉溪市政府召开全市工商行政管理工作会议。会议传达贯彻了全省工商行政管理工作会议和市委三届五次全会精神,总结2008年工作,并对2009年工作作出安排部署。市委常委、常务副市长谢兴荣,市政府副秘书长杨丽芬,市人大副主任吴建森,市政协副主席李有明出席会议。

△3月12日,玉溪市工商局、玉溪市消费者协会组织召开了"消费与发展"年主题座谈会,玉溪市常务副市长谢兴荣参加了座谈会,并作重要讲话。市消协常务理事、全市20余家企业负责人参加了座谈。

△15日晚,玉溪市工商局、玉溪市消费者协会在玉溪市聂耳音乐厅举办年主题大型文艺晚会。晚会以歌舞等群众喜闻乐见的文艺形式,诠释"消费与发展"年主题。

△25日,全省工商系统开展深入学习实践科学发展观第三片区骨干培训在玉溪召开,省局副局长曹阳、法制处处长王一丁等领导出席培训会,玉溪、普洱、红河、版纳四个州市局局长、人教科长、县区局长和玉溪市局机关科室负责人参加了培训。

△4月8日,玉溪市工商局组织召开了以"信心责任发展"为主题的政银企座谈会。市人大吴建森副主任、市政协李有明副主席、市长助理姚学松出席会议。9个市直部门、8家金融部门及38家企业代表到会座谈。

△9日下午,玉溪市工商局召开深入学习实践科学发展观活动动员大会。玉溪市委学习实践科学发展观活动第六指导检查组应邀出席会议,市局领导班子成员、局机关全体党员干部100余人参加了会议。

△27日,玉溪市工商系统党风廉政建设暨计划财务工作会召开,会议回顾总结2008年全系统党风廉政建设和计划财务工作,部署2009年党风廉政建设工作任务,安排2009年全系统预算工作,表彰先进单位,并签订责任书。

△5月19日,省工商局赵健副局长、商标处冯林处长一行到玉溪市工商局对贯彻落实全省工商工作会议精神、六项重点工作、党风廉政建设风险点管理、学习实践科学发展观活动、阳光政府四项制度等工作情况进行督查调研,并深入走访了部分基层分局(所)。

△6月11日下午,玉溪市工商局党组召开学习实践科学发展观专题民主生活会,会议由党组书记、局长焦平主持,市纪委、市委学习实践发展观活动第六指导组领导到会指导。

△24日下午,玉溪市政府组织召开玉溪市知名商标暨守合同重信用企业授牌大会,为荣获云南省著名商标的22家企业、荣获玉溪市知名商标的55家企业和2005~2007年度189户"守合同、重信用"企业授牌。玉溪市委常委、常务副市长谢兴荣,市政府副市长王跃,市人大副主任吴建森,玉溪市政协副主席李有明,省工商局商标处处长冯林,玉溪市工商局党组书记、局长焦平等领导出席了会议。各县区人民政府分管副县区长、高新区管委会分管副主任,市直有关单位负责人,各大金融机构负责人、各县区工商局局长,以及获奖企业主要负责人等共计300余人参会。

△7月7日,共青团玉溪市委与玉溪市工商局、市个私协联合召开玉溪市个私企业荣获省级"青年文明号"单位授牌大会,为玉溪市荣获2008年度省级"青年文明号"的三家单位进行授牌。团省委常委、副书记杨金莹,团市委书记余莉,省个私协副秘书长张仁礼,团市委副书记曾丽娟,玉溪市工商局副局长杨宇等领导出席了会议。

△8月12日,云南省工商局在玉溪市江川县召开全省工商行政管理局长座谈会。省局领导纳宗会、周发洪、赵健、曾荣基、曹阳、荆日荣出席会议,玉溪市委书记孔祥庚、市人大主任董诗强、市政协副主席郭开堂出席会议,市委常委、常务副市长谢兴荣到会并致辞。

△8月10日~11日,省工商局纳宗会局长在玉溪市委常委、常务副市长谢兴荣的陪同下,带领省局办公室、直属分局相关人员到澄江县对食品安全示范店、农资示范店创建及农民专业合作社工作进行专题调研。

△18日,玉溪市工商局召开了加强作风建设企业代表座谈会,邀请了全市外资企业、内资企业和个体工商户代表等40余人参会,广泛听取和征求社会各界对工商部门工作的意见和建议。

△9月8日,玉溪市工商局机关召开维护稳定迎接建国60周年工作动员会议,学习传达各级维护稳定暨信访工作会议精神,安排部署近期维稳信访工作任务和重点工作。

△24~25日,玉溪市工商局举办了2009年度全市注册登记能手竞赛活动。通过笔试、计算机考核和面试,共决出了10名市局注册登记能手。

△9月下旬,玉溪市工商局在华宁、新平、元江三个县组织开展了面向消费者、涉农经营户、当地政府部门的《农村市场体系建设问卷调查》活动。

△10月16日,在由玉溪市委、市政府组织召开的全市加快非公有制经济发展大会上,玉溪市个体私营经济协会荣获"玉溪市非公有制经济优质服务机构"称号。

△30日,全省工商系统规范化建设华宁县工商局办公楼、江川县工商局江城分局办公楼分别举行了开工仪式,标志着全省工商系统规范化建设全面启动。

△11月9日,玉溪市工商局召开局长办公会议。会议通报了2009年第三季度落实各项工作情况督察结果,并就考评2009年度六项重点工作进行安排部署,提出工作要求。

△16~20日,玉溪市工商局抽调有关人员组成三个考核小组,对各县区工商局2009年落实党风廉政建设和反腐倡廉工作情况进行检查考核。

△12月14~18日,省工商局胡坤纪检组长、商标处冯林处长等督查调研组一行五人对玉溪市工商系统开展2009年度第二次督查调研。

△14~20日,以冯林处长带队的省局党风廉政建设责任制考核组,对玉溪市工商局落实2009年度党风廉政建设责任制情况,采取听党组汇报、班子成员述职述廉、民主测评、查看相关资料、召开在职干部座谈会和离退休干部座谈会等方式进行了考核。

△23日,玉溪市委党风廉政建设责任制工作考核组对玉溪市工商局2009年贯彻落实党风廉政建设责任制情况进行了全面的检查考核。

【2009年受到表彰的单位和个人名单】

玉溪市工商局被省局党组和市委、市政府评为2009年度党风廉政建设工作优秀奖;被省局和市委、市政府评为2009年度社会治安综合治理工作先进单位;被市委、市政府评为2009年度"禁毒"工作先进单位。被市委、市政府评为2009年度"打私"工作先进单位;被市委、市政府评为2009年度"消防安全"工作先进单位;被市委、市政府评为"玉溪市第三批新农村建设工作队及指导员工作先进派出单位"。

玉溪市工商局被省工商局评为"全省工商系统推进商标战略先进单位一等奖"。

玉溪市个体私营经济协会被玉溪市委、市政府评为"玉溪市非公有制经济优质服务机构"称号。

【2009年任职的局领导名单】

党组书记、局长 焦 平

副 局 长 李宝生 董从寿 杨 宇

纪检组长 丁 伟

## 红 塔 区

【概述】 红塔区工商行政管理局有在职干部职工118人(其中事业人员8人)、离退休人员52人。内设办公室、人事教育股、法制股、纪检监察室、公平交易股、市场监督管理股、商标广告监督管理股、注册登记股、经检大队9个股室和红塔山分局、州城分局、大营街分局、北城工商所、研和工商所、春和工商所6个派出机构,并代管红塔区消费者协会、红塔区个体私营经济协会。2009年为全省"服务效能提升年",为全面落实好上级提出的执法服务理念,红塔区工商行政管理局进一步解放思想,树立建设"服务型监管工商"的理念,以学习实践科学发展观为契机,按照上级及区委、区政府的工作安排和部署,紧紧围绕省局"六项重点工作"及市局分解的十项重点工作,更新观念、创新工作方式,恪尽职守履行市场监管职能,认真抓好落实,服务地方经济发展,并取得一定的成绩。年内,全局各项工作稳步推进,取得了明显的成效。在服务和促进社会经济发展方面,促进了各类市场主体的平稳较快增长,辖区内登记注册的各类市场主体较2008年增长35.2%。促进社会主义新农村建设,农民专业合作社较2008年增长123.8%。推动商标战略深入实施,增强了企业商标意识;在整顿和规范市场经济方面,强化城乡市场监管,促进了市场交易规范。进一步推进市场监管长效机制的建设,保障了辖区市场无重大食品质量和安全事故发生。创新消费维权网络建设途径,将维权服务触角延伸乡村;在队伍建设方面,以"基层工商所规范化建设"、"阳光政府四项制度"为抓手,顺利实现工商工作转型,促使队伍建设和干部素质得到新的提升。

年内,红塔区工商局被省委、省政府评为"文明单位";被玉溪市工商局评为"党风廉政建设考核一等奖"、"社会治安综合治理先进单位"、"2009年度信息宣传工作先进单位";被红塔区委、区政府评为"社会治安综合治理先进单位"、"禁毒工作先进集体"、"玉溪市红塔区第五届文明单位";被红塔区政府评为"消防安全先进单位"、"2009年度安全生产责任考核三等奖";区工商局党总支被红塔区直属机关党委评为"优秀党组织"、"党风廉政建设责任制先进单位"。档案管理工作进一步加强,顺利通过云南省档案局"五星级"评审验收。

【法制建设】 2009年,红塔区工商局以落实"阳光政府四项制度"建设为抓手,打造"公开、透明、勤政、务实"的阳光工商形象。通过红塔区政府信息公开门户网站工商网页、电子触摸屏、政务公开栏等多形式、多途径地将职能、职责、人员身份、办事地点、依据、条件、程序、时限、收费标准、行政许可事项、常见问题业务等信息条目进行公开、透明地公示,并进行开通"92168"专线。同时,继续加强行政执法相关制度建设,通过完善执法办案流程、加大执法办案力度,推动全局办案工作深入开展,截至年底,全区查处各类违法、违章案件386件,其中,一般程序的案件98件、简易案件288件。严格按照案审规定,组织召开案审会11次,听证会5起,当事人提起行政复议1起,复议结果为维持。提起行政诉讼案件2件,1件撤诉,1件一审维持。

【纪检监察】 2009年,红塔区工商局深入推进队伍党风廉政建设工作,认真组织开展廉政风险点防范管理工作,重点是认真落实党风廉政建设和反腐败工作责任制,将任务逐级进行分解,层层签订《党风廉政建设目标管理责任书》134份。以宣传教育为突破点,夯实队伍建设的基础。把加强思想政治工作作为防范廉政风险的关键,开展防范风险教育主题实践教育、示范教育和警示教育,提高政治素质,加强机关建设和队伍建设,建立干部任前廉政谈话制度，按规定对新提拔任用的中层干部进行任前廉政谈话，签订《廉洁勤政承诺书》。全年共开展督察51次，发出《督察意见书》16份、反腐倡廉教育6次、示范教育6次、廉政文化建设活动4次、预防职务犯罪教育3次。积极探索廉政风险点防范管理的措施，盯住廉政风险点的薄弱环节，有针对性地制定管理办法和措施，对相关单位和个人下发了《廉政风险点评估通知书》，切实做到对风险点的管理责任到人、监控到位、防范有力。加大督察力度，筑牢廉洁安全"防火墙"。对重点部位、重点人员，采取各种途径进行公示，加大对廉政风险点的防控力度。成立联合督查组，以明查暗访等形式，对各岗位实施检查和督查。建立科学的责任考评体系，认真落实党风廉政责任制。明确责任分工，并将任务细化分解到领导班子每位成员及相关职能股室，做到任务量化、措施具体、时限清楚、落实到人。认真考核。将惩防体系检查考核的结果作为衡量一个单位、个人业绩的重要方面和对单位评先、决定干部考核任用的重要内容。

**【人事教育】** 2009年，红塔区工商局加强干部职工的政治思想和业务知识的学习，制定培训计划。全年组织学习26次，观看警示教育片9次。认真做好人事管理工作，及时更新人事信息，全年为334人次办理工资及各项津贴补贴增资手续，看望在职干部职工14人次。做好干部任用的考察考核工作，全年中层干部任免6人，其中提拨使用2人。

**【企业注册登记】** 2009年，红塔区工商局多举措开展市场主体登记工作，认真落实首问责任制、限时办结制、服务承诺制、严格实行一次告知制、"一审一核"制，对不涉及前置审批实行当场登记、当场发照；严格执行政策，鼓励创业、再就业，实行免收个体工商户注册登记费。并委托工商所（分局）开展企业年度检验，实行年检"一审一核"制，片区（网格）责任人为年检初审员。年内，停止办理商品交易市场登记证，市场开办方可自主选择市场主体类型。

年内，完成帮扶创业者、就业者、创业导师库26名指标；做好云南省鼓励创业"贷免扶补"，推荐26名贷、免、扶、补创业人员小额信贷（其中大学生5名、农民工16名、复转军人1名、下岗再就业4名），贷款金额130万元。并建立健全"贷免扶补"工作台账、创业人员档案。

截至年底，辖区内监管的各类市场主体24 557户，其中内资996户、私营2 769户、外资66户、个体20 726户；农民专业合作社登记注册47户，注册资本2 532.82万元，吸纳农民成员384人。其中年内新发展26户，注册资本260.49万元，吸纳农民成员104人。

辖区内登记注册的各类市场主体24 048户，其中内资企业753户、注册资本397 078.34万元；私营企业2 522户、注册资本389 054.78万元，投资人8 143人，从业人员43 838人；个体工商户20 726户，注册资本（金）86 508万元，从业人员72 849人。年内新发展内资企业33户，注销7户；新发展私营企业786户，注册资本60 001.71万元，投资人325人，从业人员2 115人，注销81户；新发展个体工商户3 958户，注册资本（金）27 452万元，从业人员8 367人；注销个体工商户932户。

截至2009年底，个体工商户应验照数17 958户，实验数15 005户，验照率83.5%；企业应年检应检数3 540户，实检数3 030户，年检率85.5%。

2009年，红塔区工商局积极推进市场主体信用分类监管，对各类市场主体的信用体系实行动态监测和监管，并制定了相应的考核办法及细则。通过对企业信用的长期监测和评价，对长期信用较好、守法经营、生产经营正常有序的企业实行免检制度，为真正需要快捷、便利的企业提供适时有效的服务。针对经济户口的级别，要求各分局、所网格监管员实施相应的监管机制。

截至年底，共建立企业、个体工商户市场主体信用分类监管经济户口共计39 624户（含注、吊销），其中，属于A类户口的有36 427户，属于B类的有29户，属于C类的有1 660户，属于D类的有1 508户。

截至年底，实行信用分类监管的商品交易市场共26个，已完成商品交易市场基本信息和开办者信息录入的26个，市场信用属A类的5户，属B类的19户，属C类的2户。辖区内商品交易市场初步实现信用分类监管。

截至年底，对辖区内的102户农资经营户实施信用分类监管，其中91户属A类，11户属B类，21户经营地区属城镇，81户经营地区属农村。

发挥合同管理在经营中的作用。通过办理抵押登记，帮助企业解决融资问题。2009年，共计办理抵押登记34份，涉及合同贷款金额24 853万元；鼓励企业参与"重合同、守信用"评选活动。

**【市场规范管理】** 2009年，红塔区工商局认真开展食品添加剂专项检查、节日市场检查、种子专项检查、学校食品卫生检查、烟花爆竹起来整治、娱乐场所检查、禁毒工作专项整治、废旧金属整治、食品安全工作检查、红盾护农专项检查、新农村建设检查、生产安全检查、旅游市场检查、生猪定点达标检查、自行车被盗问题专项整治、消防安全专项治理等35次，出动执法人员2 387人次，出动执法车辆813台次，检查流动摊点498户、经营户4 826户次，发出责令整改通知书等文书235份，督促经营户当场销毁过期饮料51瓶、过期小食品34袋，没收假冒伪劣、过期食品18千克。

年内，深入开展"农村食品安全示范店"创建，全区已验收授牌3批185户。与红塔区农资有限公司开展共创"农资连锁示范店"和红盾护农"农资连锁示范店"活动，评比出"农资连锁示范店"71户。

**【反垄断与反不正当竞争执法】** 2009年，红塔区工商局认真开展净化社会文化环境专项整治和加强"扫黄打非"专项整治行动力度，检查辖区内电子游戏经营场所，取缔黑网吧5户，暂扣电脑33台；开展"两烟打假打私""走私贩私"整治行动，查获无证经营户53户、假烟130包、非专卖烟246.6条；严厉打击传销行为，配合市局和相关部门出动执法人员850人次，清查出租房等场所，驱散遣送参与传销人员771人，解救被骗人员1人,查办案件1件。

【广告监督管理】 2009年,红塔区工商局组织对食品、药品、医疗器械等广告专项检查5次。办理户外广告发布登记145户,检测和检查各类广告9 410条,其中审查橱窗广告8 500余份。查处广告违法案件6件。

【商标监督管理】 截至2009年10月15日,开展商标打假维权专项执法行动6次,查处商标侵权案件3件。年内,红塔区制定《红塔区工商局商标战略意见》及《工作规划》,成立"推进商标战略工作领导小组";集中人力对辖区内的注册商标进行摸底调查;开展"一所一标"、"三书一卡"工作,发放《商标法律告知书》120份、《商标策略提示书》95份、《商标注册建议书》120份、《商标跟踪服务联系卡》160份;鼓励和推荐企业、个体工商户参加云南省著名商标和参加玉溪市知名商标评比认定活动。年内,全区有注册商标893件(已建档540件),其中云南省著名商标22件、玉溪市知名商标16件;涉农商标10件。年内新申请注册43件(已公示)。推荐1户经营户的1件商标参加中国驰名商标评选;推荐8户经营户的8件商标参加云南省著名商标评选,其中6件被评定为2009年云南省著名商标;另处有7家经营户7件商标参加云南省著名商标续展,被评定为2009年云南省著名商标;推荐12户经营户的12件商标参加玉溪市知名商标的评选,被评定为2009年玉溪市知名商标。对企业和个体工商户开展行政指导,提供咨询服务93人次。

【计划财务工作】 2009年,红塔区工商局认真落实市局财务工作量化责任制,促进财务管理的制度化、规范化;把风险点管理纳入财务管理的重点工作。以内部审计及日常财务检查为契机,加强财务风险点的防范与管理,整个系统的财务管理工作得到了进一步的巩固和加强。

【基本建设】 2009年,红塔区工商局加大对办公设备的投入,购置了部分新的办公桌椅;加强信息化设备购置,在省局配发3台的基础上,新购置电脑18台、1台服务器;改善了基层的办公环境,对大营街分局、红塔山分局、州城分局、春和工商所的办公场所进行维修改造,使之焕然一新。研和所、北城所业务用房新建列为省局、市局的办公用房规范化新建基建项目,区局办公业务用房列为省局维修改造项目,3个项目开展有序。

【老干工作】 2009年,红塔区工商局加强对老干部的组织领导,设立了组织机构,明确了分工,制定了老干部工作安排意见,细化了每个季度老干部工作应抓好的相关事项,全年看望、慰问离退休老干部45人,组织44名老干部参加本年度的职工医疗互助活动,组织全局离退休人员45人进行了一次全面健康体检,为离退休老干部及家属办理市内公交车IC卡42份。

【消费者协会工作】 截至2009年底,红塔区消协受理各类投诉695件,已调解675件(调解率97.12%),不予受理8件,接待来访及接受咨询、举报、投诉电话2 490人次,为消费者挽回经济损失86.74万元。其中属"一会两站"受理并解决的投诉190件,挽回经济损失14.29万元。从投诉的类别来看:家用电子电器类有227件,占受理投诉32.66%;家用机械类38件,占受理投诉5.47%;百货类243件,占受理投诉34.96%;房屋及装修建材类10件,占受理投诉1.43%;农用生产资料类7件,占受理投诉1%;服务类137件,占受理投诉19.71%;其他类33件,占受理投诉4.75%。涉及质量问题投诉有528件(占投诉案件的75.97%),安全2件,价格27件,计量6件,广告13件,假冒8件,虚假品质表示3件,营销合同3件,其他105件。

年内,区消费者协会在中心城区及乡镇有关企业、商场、超市围绕"消费与发展"年主题开展12315宣传活动,散发宣传材料约1.5万份。现场调查并收回《消费维权问卷调查表》50份;现场受理群众咨询500人次。同时,创新消费维权模式,将维权服务触角延伸乡村,提出了"工商牵头、企业参与、协调配合,共建维权、服务发展"的"一会两站"创建新思路,确立消费维权创建"16100"目标。在百信企业自愿参与共建"两站"基础上,对符合"两站"设立条件的企业市场终端零售进行授牌。增强消费者对其商品质量信任度,提高其商店的信誉度,增加经营户的市场销售额,促使经营户主动参与和支持消费维权工作。截至年底,辖区内有协会1个,分会6个,两站98个(其中年内新发展58个)。

【个私协会工作】 2009年,红塔区个私协会重新制定修改协会章程、会费收取标准,建立完善财务管理制度、协会规范管理制度、入会登记档案、台账和收费登记台账及入会登记批准程序规定;建立会员走访制度,走访会员3 851户,为会员排忧解难;坚持会员住院看望制度,慰问住院会员84人(支出慰问费9 757元),慰问老、弱、病、残会员和下岗再就业从事个体经营困难会员143人(支出慰问金1.32万元);组织禁毒法和防治艾滋病等方面知识文艺节目,深入到农村和社区进行巡回演出47场次,观众约9 400人次;个私经济党组织走访调研5户私营企业、10户个体工商户党组织建设及党员活动情况,为组织部门在"二新"(新社会组织、新经济组织)经济组织中的党组织建设提供依据。

【2009年任职的局领导名单】

党组书记、局长　李亚明
副 局 长　黄亚勇　许斌强
　　　　　彭　刚　张　军
纪检组长　杨丽琼

## 江川县

【概述】 2009年,江川县工商局在市工商局及县委、县政府的正确领导下,认真学习贯彻落实中央经济工作会议精神和国务院新"三定"方案,积极推动工作转型,大力建设"服务"型工商,深入学习实践科学发展观,着力打造"阳光工商"。全局干部职工转变思想观念,精诚团结,尽职尽责,在培育和发展非公经济、打击传销和非法传销、打击生产销售假冒伪劣商品行为培育和发展著名知名商标、为受损烟农维权、为营造公平、规范、和谐、诚信的江川市场环境作出了努力,圆满完成了市局及县委、政府安排布置的2009年工作目标和任务。

【法制建设】 2009年,江川县工商局认真落实每月两次执法业务学习制度,并按照"五五"普法工作计划、依法治理工作计划、"江川县工商局二○○九年法制学习培训教育计划"对《中华人民共和国国家赔偿法》、《无照经营查处取缔办法》、《中华人民共和国合同法》、《中华人民共和国食品安全法》等法律法规知识学习18次。完善案件核审及听证等制度,强化执法监督力度,加强对各办案机构办理案件的指导和督察,实行重大、重要案件提前介入制,对10余起案件进行了提前介入,并对行政执法目标管理进行督察。全年共办理各类案件99起。

【纪检监察】 2009年,江川县工商局组织学习国家、省、市、县有关党风廉政建设工作文件,提高干部职工开展好党风廉政建设工作的积极性,通过层层签订党风廉政建设工作责任书,确定了全局每位工商干部职工的工作责任;设置工商内网预防职务犯罪教育专栏,编发预防职务犯罪教育专栏5期,组织全局干部职工统一观看警示教育片,受教育干部职工61名;坚持不懈贯彻《云南省行政问责办法》等四项制度的落实,提升全局工商行政管理机关服务水平和行政效率,树立良好的社会形象;认真开展财政票据专项自查工作,积极开展纠风工作开展行政效能建设,开展行政效能工作实施检查督察3次,局党组考评3次,全局行政效能建设开展工作受到好评;结合工作实际,开展廉政风险点管理工作,组织全局纪检监察(兼职)人员共7名召开专项工作分析会议;开展厉行节约工作,抓好廉政文化工作,未发现有违反党纪、政纪的行为,良好的廉政情况推动了各项目标任务的全面完成。

【人事教育】 2009年,江川县工商局组织开展了2008年度公务员考核,全局共有58名公务员、3名事业工作参加了考核,其中评定优秀等次11人,称职等次47人,3名工人为合格等次;抓好分局、所、股、室干部的调整配齐工作,共对7人进行了岗位轮换;结合国家工商总局新"三定方案",做好县局和所(分局)机构设置和职能职责划分工作,进一步理顺内设机构间职责关系,为下一步县区局的机构改革工作打下坚实的基础;完成了职务工资升档和级别工资晋升等工资调整工作,对全局符合规定人员的职务工资升档和级别工资晋升等项工作进行了调整和审批,共计14人;补充完善全局60人的工资台账,完成了工资统发基础资料数据采集工作,收缴2009年济难解困互助基金的;认真开展科学发展观学习实践活动,大力加强干部队伍能力建设;加强基层工商所(分局)规范化建设,大街分局作为试点并已达标。

【企业注册登记】 截至2009年底,江川县共有各类企业648户,其中内资企业257户,2009年新办内资企业20户,内资企业变更登记32户,办理内资企业注销登记15户,全县应检内资企业是258户,已检243户,年检率为94%。

【企业监督管理】 截至2009年底,全县共有私营企业391户,从业人员10 881人,注册资金72 538万元;有个体工商户6 592户(其中交通运输业1 074户)、从业人员9 799人、注册资金27 206万元;全年新办私营企业53户,新办个体工商户1 505户,办理私营企业变更登记35户,私营企业注销登记19户、个体工商户注销登记783户;全县应检私营企业381户,已检379户,全县应参加验照的个体工商户是5 870户,已验照户数是5 572户,验照后户数为5 460户,验照率为100%。全年共免收登记费25 750元,为下岗失业人员再就业营造了良好的环境。

【市场规范管理】 2009年,江川县工商局开展食品市场监督检查活动,营造放心的消费环境,共出动执法人员526人,检查食品经营户2 162户次,查获过期变质食品34千克;开展农资市场清理整治行动,开展清理家电下乡市场,对家电下乡销售网点和商品进行监管,规范经营主体市场准入,严厉查处无照经营行为,打击以"家电下乡"之名销售伪劣产品和商标侵权等违法行为,切实保护消费者合法权益;做好生猪定点屠宰监管,确保人民群众吃上放心肉,查处私屠乱宰行为。2009年,江川县工商局组织执法人员对全县主要集贸市场销售鲜猪肉、牛羊肉的摊点进行了重点检查。检查中,发现有5户不法商贩在销售病害肉、注水肉,执法人员当场没收病害肉、注水肉700余千克,并按有关规定进行了处罚,让人民群众吃上了"放心肉"。规范市场秩序,做好防控禽流感工作,督促、配合市场开办方做好了市场的规划、管理,活禽须经过注射疫苗后方可上市交易,禽类食品须检验、检疫后方可上市交易,全年共检查活禽51万只。

【消费者权益保护】 1. 积极开展红盾护农工作,为农民挽回经济损失129 579.87元。2008年8月,前卫镇农民因为栽种假劣种子而受到损失,导致所种谷子欠收或颗粒无收,全县农民的经济损失约30余万元。仅前卫村247户农户的种植面积284.9亩,损失129 579.87元。江川县工商局及消费者协会组织对农民的损失进行赔偿。2009年4月28日,对前卫村237户农户的经济损失首批进行赔偿,赔偿金额为129 579.87元。2. 开展追索假农药行动,保护受损烟农利益。2009年6月12日,旧州部分烟农到政府反映:他们在防治白粉病过程中,使用50%硫磺悬浮剂后5、6天后,烟叶开始出现变黄、发枯现象。江川县工商局根据群众反映,于当天下午15时召开紧急会议,组织全局执法人员对全县经营农药化肥的220户经营户开展全面突击检查,通过检查暂扣50%硫磺悬浮剂(由昆明农药厂生产)1 000多瓶,对四川、广州等厂家生产的50%硫磺悬浮剂暂扣1 000多瓶,封存200多瓶,同时责令经营者召回已售出的由昆明农药厂生产的50%硫磺悬浮剂5瓶。全县预计受损面积约200多亩,江川县工商局党组根据县政府工作安排,公开组织召开受损烟农赔偿大会,昆明农药厂赔偿全县受损烟农218户，赔偿金额505 208元。

【反垄断与反不正当竞争执法】 2009年，江川县工商局重点打击传销和变相传销，在打击传销和变相传销工作中，全局共出动人员94人次，对出租房业主发放通知和宣传资料60份，检查出租房场所98家；开展扫黄打非活动。组织人员协同文化、公安、教育行政等部门对非法出版物进行查堵、删除，开展查缴少儿版人民币少儿八卦玩具及卡通类非法出版物，查缴恶搞证件以及假冒军警服装标识等商品，开展易制毒化学品专项工作，开展清缴整治低俗音像制品专项行动，开展了一次打击"傍名牌"违法行为的专项执法检查活动；认真开展2009年"两烟"打假打私专项行动，共出动人员113人次，检查香烟经营户（重点是对宾馆、酒店、娱乐场所及旅游风景区进行检查）506户，切实保护好烟民的利益。

【广告监督管理】 2009年，江川县工商局认真做好广告经营单位（持《广告经营许可证》单位）的年度检查工作，共检审1户，检审合格。到年底，全县共有广告经营户16户（其中有限公司2户、个体工商户14户）；组织开展了对2008年度及其以前登记批准发布并仍在有效期内的户外广告登记证的年度审验，共审验73户，合格率达100%；继续深入开展虚假违法广告专项整治工作，以整治虚假违法药品、医疗器械、保健食品广告为契机，推动虚假违法广告专项整治工作的深入开展，一年来，全局共查处未经登记擅自发布户外广告案件2件，罚款2 700元；认真做好对各类广告发布的受理审核登记，全年共受理审核户外广告登记证30户；进一步加强县城内的户外广告、招租广告等小广的管理，并对设置在县城主要街道的橱窗户外广告专栏加强了巡查管理，有效地制止了乱张贴、乱发布行为，从而美化了县城的市。

【商标监督管理】 1. 积极推进江川县商标战略实施，加大商标培育力度，广泛开展"一所一标"活动，采取有效措施，认真推行"三书一卡"制度，积极开展"两兴"、"两清"、"两规划"、"两本账"工作，大力引导企业增强商标意识，强化商标培育力度；全年共为5户申请商标注册的企业和4户商标续展企业进行了法律咨询和业务指导。向企业、个体工商户发放《商标法律告知书》250份、《商标注册建议书》45份、《商标策略提示书》25份和商标管理跟踪服务卡50份。2. 认真组织开展保护注册商标专用权行动，开展好2009年"保护知识产权宣传周"活动及对全县专卖专营维修店进行专项查检活动，共对全县范围内的28户专卖店、45户专营店进行了检查。3. 认真做好云南省著名商标、玉溪市知名商标的宣传和推荐申报工作，新申报3件商标参加著名商标的认定，两件著名商标到期重新申报认定，新申报5件商标参加玉溪市知名商标的认定，2009年全局共扶持申报玉溪市知名商标6件、云南省著名商标4件（知名、著名商标正在市局、省局审批中）。扶持9家企业、个体工商户新申请注册商标9件（这9件商标国家工商总局正在审批中）。到12月31日，全县共有注册商标103件，有云南省著名商标9件、玉溪市知名商标7件。

【计划财务工作】 2009年，江川县工商局坚持开源节流、量入为出的原则，提高资金的使用效益，切实开展行政性收费收缴管理及经费收支管理工作，保障了工商管理工作的顺利进行。认真开展财政票据专项检查工作，对全局2008年度购领、使用、核销、结存票据管理等情况和2008年9月停收两费后，新旧版票据的清理登记和缴销情况，在全局范围内进行了全面的清理检查，未发现任何违反法律法规使用其他票据进行擅自收费和罚款的现象，认真开展行政事业单位经营性国有资产清查工作。2009年，全局共计收取企业注册登记费16.6万元、个体工商户注册登记费5 180元，所有行政性收费及罚没收入已全额上缴市局，做到应收尽收，应缴尽缴，没有出现任何不廉洁行为，行政性收费中严格执行国家相关减免优惠政策。

【基本建设】 2009年，江川县工商局向上级部门争取资金194万元建盖江城分局公务用房，基础已打好，主体工程正在建设中。另外，已征用土地1 500平方米作为路居工商所办公用房用地。

【老干工作】 2009年，江川县工商局关心爱护老干部，对生活困难和因病住院的老干部及时前往看望，带去党组的关怀，局里订购了《支部生活》、《云南老年报》等报刊供老干部学习；建立和完善退休干部管理工作的有关制度，用制度规范和推动老干部工作的和谐健康发展；强化了老干支部的作用，根据情况开展支部学习活动，全年老干部支部组织学习了12次，每次支部学习老干部党员大都能到齐，思想比较统一。

【信息化建设】 2009年，江川县工商局开展了计算机岗位操作能手及网上办案能手培训比赛，做好了办公业务一体化管理软件应用工作，做好了商品市场信用分类监管工作的软件培训应用，流通食品许可的网络登记。完成了电子政务网建设，基本构建了纵向省、市、县、所四级工商部门互联，横向与当地党委、政府及各部委办局互通的工商系统电子政务网；2009年新购打印扫描一体机一台，全局实现1.5人一台电脑，一个机构一台打印机。

【消委会工作】 1. 认真组织开展"3·15"系列活动。重点是组织召开江川县消费者协会第三届第八次理事会议和"消费与发展"的年主题座谈会；紧紧围绕"消费与发展"的年主题开展多种形式的宣传活动，发放宣传材料3 000份，悬挂宣传2009年"3·15国际消费权益日消费与责任"系列宣传标语35幅；组织开展声势浩大"3·15"年主题活动，开展对大型商场、超市、学校周边、各类批发市场、城乡结合部等进行了大检查，检查经营户213户，发现违法经营5户，依法对其经营的伪劣食品"九九国泰"牌莎麦鸡精和国泰纯味精进行了扣留，对销售假冒伪劣商品的行为给予狠狠的打击；开展"国际消费者权益日宣传咨询服务"活动，理事单位参加有工商、技术监督、药监、卫生、烟草专卖、广播电视、农业、发改委,积极宣传有关法律法规知识,接受咨询1 250余人次,发放10个品种的宣传资料6 000份,消费咨询250次。2. 2009年,江川县工商局共受理消费者投诉80件,为消费者挽回经济损失71.06万元,受理消费者投诉80件,调解成功71.06件,调解成功率100%。

**【个私协会工作】** 1. 做好贷免扶补工作,帮助8户私营企业贷款2 420万元,树立了会员企业坚定信心、克服困难、渡过难关的决心;组织8名创业导师对8户新创业的个体工商户进行了创业辅导和就业咨询;推进个私经济组织党建工作,帮助个体工商户和私营企业提升经营管理水平,促进个私经济健康快速发展,个私企业中现有党总支1个、支部16个,共有党员190人,县个私协会党员13人;严格会费收取、管理和使用。本着"取之于会员、用之于会员"的原则,江川县个私协会制定了《江川县个体私营经济协会财务管理制度》及《江川县个体私营经济协会会费收取管理办法》,确保了会费用于为会员服务,独立设账,协会自主管理;抓好入会宣传、会籍管理、会员联络、会员服务、会费收取和会员参与自主管理等环节的基础性工作,填写入会申请书4 500份,使会员自愿入会率达到了92%。

**【2009年任职的局领导名单】**

局　　长　李阿斗

副 局 长　杨　毅　张绍林　陆　雯

纪检组长　张燕琳

## 新平彝族傣族自治县

**【概述】** 玉溪市新平彝族傣族自治县工商行政管理局设立办公室、人事教育股、纪检监察室、法制股、企业个体注册登记管理股、公平交易股、市场监督管理股7个内设股室和桂山分局、戛洒分局、漠沙分局、扬武工商所4个派出机构,核定人员编制数73人,其中行政编制70人、事业编制3人(老干部管理服务工作人员1人、工勤人员1人、事业人员1人)。截至2009年底,新平县工商局实有在职干部职工61人(行政人员58人、机关工人1人、工勤人员1人、事业人员1人),有本科学历44人、大专学历10人、中专(高中)学历5人、初中及以下学历2人,分别占72.3%、16.4%、8.2%、3.1%。

2009年,新平县工商局在市工商局党组和县委、县人民政府的正确领导下,以邓小平理论和"三个代表"重要思想为指导,以"落实科学发展观,促进科学监管"为主题,以国家工商总局"四个统一"、"四化建设"和"四高"要求为重点,努力实践省局"三个到位"、"六个好"的工作目标,紧紧围绕服务和促进新平县经济建设和社会发展这个根本,认真履行工商行政管理职能,为加快建设富裕文明生态和谐新平作出了积极的贡献。

**【法制建设】** 1. 完善行政执法责任制、执法监督制、过错追究制、案件审核制、评议考核制等一系列规章制度,对执法行为进行全面全方位的规范制约,促进依法行政,提升执法办案能力。新平县工商局法制监督和核审部门全年核审一般程序案件114件,核审率100%,组织听证1件,无一起复议、诉讼案件。2. 继续推进"五.五"普法和依法治理工作进程。征订《工商行政管理法规汇编》等资料,组织干部职工学习《食品安全法》、《个体工商户验照办法》、《企业年度检验办法》、《动产抵押登记办法》、《股权出质登记办法》,《工商行政管理机关行政处罚程序规定》、《政府信息公开条例》和阳光政府"四项制度"等法律法规、规章和政策,共组织学习50余场次,参学人员3 000余人次。全局58人参加"企业年检核审员"考试,合格率100%。以工商局和个私协会名义组织企业管理人员和个体工商户开展市场经济法律、法规的学习培训,参训人数达1 200余人次,发放普法宣传材料1万份。

**【纪检监察】** 1. 严格落实党风廉政建设责任制。按照党风廉政责任书"一岗双责"的要求,坚持县局领导班子统一领导、纪检监察组织协调、群众积极参与的党风廉政建设工作领导体制,认真贯彻执行与市局和地方纪检部门签订的党风廉政建设责任书,明确主要领导为党风廉政建设第一责任人,每半年对县局党风廉政建设工作责任书落实情况进行自查自纠,自觉接受市局和地方纪检部门的党风廉政建设双考核工作。2. 认真开展党风廉政教育,大力推进廉政文化建设。组织开展了听一堂廉政教育党课,观看《关注官商勾结,解剖社会人生》等一组廉政教育电教片,召开一次正面(迪庆州纪委何德映同志和全国纪检监察系统先进工作者王瑛同志先进典型事迹)、反面(辽宁省食品药品监督管理局原局长张树森违纪案件和云南铜业集团有限公司原董事长邹韶禄违纪违法窝案等)预防职务犯罪典型案例分析会,举办一场预防职务犯罪讲座,举行一次家庭助廉倡廉活动,进行一次"双学"(学习纪检监察业务、学习市场监管业务)活动"六个一"活动,大力推进廉政文化建设,以喜闻乐见的形式让干部职工广受廉政教育和熏陶。3. 强化预防职务犯罪工作,全面推进廉政风险点防范管理。强化与县检察院联合成立的预防职务犯罪工作协调领导小组职责,认真按照《预防职务犯罪协议书》的内容开展好全县工商系统预防职务犯罪工作。坚持廉政谈话制度,实职副科以上干部实行重大事项报告制度和述职述廉制度,三个分局开展了基层行政执法人员向监管服务对象代表述职述廉工作,全县工商系统聘请了61名行风监督员,接受社会各界对工商工作的监督。拓展源头治理腐败工作的领域,对具有队伍管理权、行政审批权、行政执法权、行政收费权、物品采购和财务支出权等重点岗位和责任人员实行廉政风险防范和控制管理。公布、公示服务项目、服务标准、服务承诺等,设立监督投诉电话和举报箱,落实AB角工作制,悬挂工作人员去向表,保证服务窗口不缺岗、工作人员不离位。注册登记进驻县政府政务中心,"一站式"服务落实到位。登记窗口在提供高效、周到、便捷服务的同时全面接受社会的监督,确保行政审批行为公开、透明;严格监督案件查审分离制度的落实,规范执法权限和自由裁量权行使的工作经验被《中国工商报》报道。国有资产的处置,依据相关规定在县纪委、监察局、国资办、公证处相关人员监督下进行公开、公平、公正拍卖;对局机关大项物资采购的决策讨论、专控申报审批、发票结算等工作实行全程监督。4. 认真落实阳光政府"四项制度",全力打造"阳光工商"。在政务信息查询制度的落实上,实行"六公开"(公开办事职责、办事依据、办事程序、办事标准、办事纪律、查询和投诉方法),制作统一的政务公开栏,让群众一看便晓;印制《办事须知》、《办事指南》等指导性资料,免费供办事对象随时选取,让群众一读便知;全面落实首问责任制,热情解答各种咨询和疑问,让群众一问便懂;开通12315投诉举报电话和96128政务信息查询电话,让群众一拨便通。在重大决策听证、重要事项公示、重点工作通报制度的落实上,采购触摸屏、显示屏、办公软件等设备,及时更新、充实相关信息450余条,搭建信息宣传平台;实行种子留样备查公示制度、市场信息分析报告制度、消费警示信息公示发布等制度,举行行政执法案件听证1起,及时对拟发放食品流通许可证经营户、拟授牌"食品安全示范店"和"农资安全示范店"等10项重要事项进行了公示,对落实省局六项重点工作和市局七项重点、十项工作任务进展情况、受理消费者投诉情况、落实"七农"工作机制情况等13项重点工作进行了通报,使人民群众的知情权、表达权、参与权和监督权得到充分体现。通过加强党风廉政建设和反腐败工作,干部职工廉洁自律意识和自我防范能力明显增强,综合素质明显提高,执法行为进一步规范,连续六年实现领导干部和干部职工"零违纪"。

**【人事教育】** 1. 深入学习实践科学发展观,在推进新平工商科学监管、促进科学发展上形成新的共识。根据县委和市局开展深入学习实践科学发展观活动的统一部署,县局党组坚持把深入学习实践科学发展观活动作为首要政治任务和中心工作,及时成立学习实践活动领导小组及办公室,制定学习实践活动具体的实施方案,在每个阶段的每个环节又制定具体工作方案和时间安排表,突出全员培训,将学习实践活动覆盖到全体干部职工,认真开展"工商六送"(解疑释惑送法规、走访企业送温暖、执法维权送服务、食品安全送放心、广告监管送关爱、红盾护农送春风)和"三个一"(个人形象一面旗、工作热情一团火、谋事布局一盘棋)主题实践活动,确保了学习调研、分析检查、整改落实三个阶段的各项学习活动任务的落实,全县工商系统深化了对科学发展观的认识,形成了推进新平工商科学监管、促进科学发展的新共识,各项工作取得了新成绩,让干部群众感受到了学习实践活动带来的新变化、新气象,达到了"党员干部受教育、科学发展上水平、人民群众得实惠"的总要求,党员干部群众对全局学习实践活动的综合满意率达100%,学习实践活动任务圆满完成。2. 基层工商所(分局)规范化建设结硕果。按照"执法行为规范、监管制度规范、基础设施规范、队伍管理规范"目标要求,认真制定《新平县工商行政管理局工商所(分局)规范化建设实施方案》和《新平县工商行政管理系统工商所(分局)工作责任制及考核办法》,全面实施了以德、能、勤、绩四个方面为考核重点的工作目标绩效管理体系和工作效能督察制度,规范基层分局工作职能、岗位职责、内部管理、工作制度,促进基层工作的制度化、程序化、规范化、法治化。基层工商所规范化建设试点单位戛洒分局通过了市局规范化建设达标验收。3. 干部轮岗形成机制。在保持工作和人员大部分稳定的前提下,2009年9月乡镇分局共有7名干部轮换到了县局机关和城区分局。通过2007年以来三次干部轮岗的工作检验,轮岗工作得到了广大干部职工的理解和支持,参加轮岗的干部职工以大局为重,在新的工作岗位上安心履职、认真尽责,做到了人员安得下心来、工作干得上来,干部轮岗已形成工作机制。4. 以执法办案能手、登记注册能手、计算机操作能手练兵竞赛活动为抓手,提升队伍素质。11名干部参加了市局登记知识网上考试(每周3次),5名干部参加了市局计算机知识考试(每周1次),选派出3名计算机操作能手、5名登记注册能手、8名执法办案能手参加市局组织的竞赛活动,2名干部被市局选派参加省局执法办案能手竞赛活动,其中1名干部进入省局执法办案能手竞赛面试,促进了比、学、赶、帮、超的良性竞争,形成了争先创优的良好工作氛围。新平县工商局2009年六项重点工作任务提前完成,部分重点工作任务超计划完成,被市局评为2009年度行政执法办案工作一等奖、信息宣传工作一等奖、食品安全监管工作一等奖、综治工作先进单位、推进"一会两站"建设暨消费维权工作先进单位,被县政府评为2009年度反走私综合治理工作二等奖,特别是行政效能督察工作经验还在全市工商工作会上进行了交流,干部职工被国家工商总局表彰1人、被县政府表彰2人。

**【企业注册登记】** 1. 认真落实注册登记承诺服务、全天候服务、全程跟踪服务三项制度和"三时五办"(准时服务、限时服务、延时服务,符合政策的坚决办、手续齐全的立即办、行动不便的登门办、有困难的帮助办、一个部门解决不了的协调办)工作模式,全面提升注册登记服务水平。截至2009年12月底,全县内资企业有296户,注册资金108 976.2万元。2. 内资企业年检工作顺利完成。2008年度全县内资企业应检307户,实检292户(注销21户),待处理15户,变更登记49户,年检率为100%。3. 认真落实国家宏观调控政策,促进经济结构调整和经济增长方式转变。积极支持发展先进制造业、高新技术产业和服务产业,按照国家实现节能、降耗、减污、减排和安全生产等目标的要求,积极配合有关部门,参与对煤矿、非煤矿山、危险化学品、烟花爆竹、民爆器材、污染企业的检查整治,依法做好相关企业的变更、注销登记等工作。4. 帮扶企业应对危机,共克时艰,措施有力。建立领导班子成员联系重点工业企业制度、企业回访制度、骨干企业年检上门服务制度等一系列工作制度,积极支持昆钢、云铜、仙福、云新、南恩等重点工业企业的发展。对民生工程、基础设施建设项目、生态环境建设项目、资源深加工项目、循环经济项目、节能减排项目及企业技术更新升级改造、地方特色经济等大项目、好项目,提前介入,实行事前、事中、事后全程服务,主动做好相关法律、法规宣传和咨询、指导企业办理登记注册手续、协调相关部门等工作,促进项目早开工、早投产、早受益,同时积极完成县委、县政府下达的1件招商引资项目(新平懒厨子食品有限公司)。为应对金融危机影响,在2008年9月起全面停收"两费"的同时,停收个体工商户登记费、变更登记费,企业登记费实行缓、补缴政策,利用登记职能积极为企业融资出力献策,办理企业动产抵押登记11件、企业股权质押登记1件,帮助企业融资6 723.6万元。

**【企业监督管理】** 1. 个体工商户验照和私营企业年检工作全面完成。应验照个体工商户5 893户,实验5 893户,验照率为100%,已歇业未办注销手续的575户(拟作吊销),变更登记159户、注销登记240户;私营企业应检281户,实检266户(注销7户),待处理15户,变更登记28户,年检率为100%。2. 个体私营经济逆势而上。截至2009年12月底,全县私营企业有308户,注册资金108 444.25万元,从业人员10 743人,户数增长9.6%;个体工商户有6 704户,注册资金21 295.97万元,从业人员11 231人,户数增长13.76%;农民专业合作社有24个,成员出资总额172.39万元,合作社成员637人,户数增长140%。3. 积极鼓励创业促进就业。利用工商登记窗口,结合市场巡查,通过张贴、发放宣传材料,向广大经营者和农村居民大力宣传县委、县人民政府《鼓励农村居民进城镇创业就业推进城乡一体化实施意见(试行)》,服务城乡一体化建设。不折不扣地落实国家、省、市、县在政策支持、市场准入、减免费用等方面的政策,支持下岗失业人员、大中专毕业生、退役军人、残障人士、返乡农民工创办个体工商户和私营企业。认真落实云南省鼓励创业"贷免扶补"政策,及时发放8户个体工商户两年期5万元贴息贷款扶持名额,建立创业导师库,指导帮扶748名创业者成功创业、就业。

**【市场规范管理】** 1. 三个基层分局全面实施市场"网格化"管理,网格管理以经济户口为基础、以市场巡查为手段、以职能到位为核心、以督察考核为保障,网格管理人员依托云南工商一体化软件系统和移动执法办公系统,依法对辖区内的各类市场主体资格、经营行为和商品质量等进行横向到边、纵向到底的全方位动态监管,有效解决责任不具体、监管不到位、服务不均衡等问题,全县工商系统的市场监管水平进一步提高。2. 全面实施食品、家电、农资、建材、危险化学品等十类重点商品分类监管,继续在县城中心城区和乡、镇政府所在地开展诚信经营体系创建活动,督促经营户落实不合格商品退市、商品进货检查验收、重点商品索证索票管理等"三项制度",组织开展建材市场整治、学校周边环境整治、扫黄打非等57项专项整治,联合省质检中心和化学工业品检测站等集中开展了3次影响较大的产品质量抽检活动,查处各类经济违法违章案件228件(销售不合格建材案件16件、销售不合格手机案件15件、销售不合格农资案件11件、经营黑网吧案件1件、无证经营卷烟案件12件、无照经营案件138件、其他案件35件),罚没金额108.94万元,所办案件无一起复议、诉讼案件。3. 认真落实"七农"工作机制,全力服务新农村建设。及时把340份合同示范文本送到相关涉农企业进行宣传,为涉农合同的签订提供参考。"守合同、重信用"创建活动得到企业认同和参与,全县13户企业受到市、县政府表彰奖励。红盾护农成效明显,查处销售不合格农资案件11件、没收假化肥14.75吨,解决种子投诉2件、为农民群众挽回损失1.4万元。全县农民专业合作社发展到24个,增加140%;农村经纪人培训人数达到451人,增加153.37%;农村"农资安全示范店"达到24个,增加100%。全县市场无重大监管责任事故出现,特别是禽流感市场防控、手足口病市场防控、甲型H1N1流感防控、红盾护农行动和"家电下乡"、"汽车下乡"市场监管及节假日期间旅游市场监管工作得到了县委、县政府的充分肯定,全县工商系统行政执法水平进一步提高。

**【消费者权益保护】** 1. 认真开展"3·15国际消费者权益日"执法检查、宣传实践"消费与发展"年主题活动。12315"四个平台"已初步建立,相关管理制度健全,工作流程规范。"一会两站"规范化建设稳步推进,全县目前建立消协分会12个,在行政村(居委会、社区)、市场、超市建立"两站"42个,消协分会在乡镇的覆盖率达100%,消费维权网络延伸到了农村。2. 在新平农业生产资料有限责任公司、新平新合商贸公司等6户企业中建立了消费争议和解机制。县消费者协会全年共受理解决消费者投诉28件,解决率100%,为消费者挽回经济损失3.1万元。纳溪村消费者投诉站受理首例投诉调解成功,为167户农户挽回损失1.38万元。

**【食品流通监督管理】** 1. 认真开展食品安全专项整治。严格执行"源头治理,重在预防,分类监管,防控有力"方针,巩固和提升市级食品安全示范镇工作成效,重点抓好长效监管机制建立,积极做好《食品安全法》学习宣传培训工作和办理食品流通许可证培训及发放工作,建立健全组织领导、巡查监管、信用评价、消费维权、效能问责督察食品安全工作体系,对重点区域、重点环节、重点食品防控有力,全年查处销售不合格食品案件25件,没收超期食品153.5千克、超期食品添加剂10千克,得到了县人民政府食品安全管理委员会的好评。2. 推进"食品安全示范店"建设。全县"食品安全放心示范店"达到205个,增加100%。3. 在食品安全监管执法探索方面取得新的突破。一名干部结合执法实践撰写的论文荣获国家工商总局、中国工商报《食品安全法》征文二等奖。

**【反垄断与反不正当竞争执法】** 2009年,新平县工商局共查处商业贿赂案件5件,没收非法所得3.11万元,罚款22万元。

**【广告监督管理】** 2009年,新平县工商局共查处违法广告案件1件,罚款0.1万元。旅游广告市场整治、清理"国家免检"食品广告行动工作取得较好成绩,被《中国工商报》进行了报道。

【商标监督管理】 1. 商标战略实施取得新突破。积极开展"一所一标"活动，指导和帮助企业、农产品行业协会、农民专业合作组织完成13件商标的申报工作，全县注册商标总数达到48件；"戛洒汤锅"商标注册成功，涉农商标数量达20件；"好甩"商标被认定为玉溪市知名商标，全县知名商标数量达到8件；"好甩"、"何礼"两件商标被认定为云南省著名商标，全县著名商标数量达到8件（平宝、云冠、磨盘山、南恩、云新、仙福、好甩、何礼）。知名商标、著名商标数量占全县注册商标总数的33%。2. 商标专用权保护力度进一步加大。查处侵犯商标专用权案件4件，案值6.84万元，罚款18.26万元，没收假冒国窖1573酒62瓶、假冒茅台酒12瓶、假冒五粮液酒14瓶、假冒水井坊酒2瓶、假冒剑南春酒13瓶。

【计划财务工作】 2009年，新平县工商局积极安排财务人员参加市局和县财政局举办的业务培训和网上答题竞赛活动，努力提高财务人员的管理水平。进一步完善和细化《财务报销管理办法》、《资金支出审批权限管理办法》等财务管理制度，严格执行"收支两条线"管理规定，实现财务工作的制度化、规范化、程序化和法治化，全县工商系统未发现乱收费、乱罚款、乱摊派"三乱"行为和违反财经纪律的现象。全面清理固定资产，对盘盈资产、盘亏资产和损坏报废资产按相关规定进行了申报。认真开展清理小金库"回头看"活动，分别与县局财务室及工作人员、县局工会及财务人员、县消协及财务人员、县个体私营经济协会及财务人员签订了防范小金库承诺书8份，防范小金库承诺书兑现率达到100%，未发现违反规定的行为。2009年9月干部轮岗交流中，及时组织监察室和县局财务人员对戛洒分局、漠沙分局财务收支情况的真实性、合法性、效益性等进行内部审计，促进财务监督职能到位。按照建设"节约型工商"的要求，努力倡导勤俭办事作风，压缩不合理开支，重点是加强车辆经费支出和业务接待费支出的管理，努力降低行政成本和机关运行成本，实现了节支也是增收的预期目标。

【基本建设】 2009年，新平县工商局抓住新平县城南片开发的契机，积极争取省局、市局和县委、县人民政府的支持，县局办公楼整体搬迁新建工程于2009年12月开工建设。同时，借助县局办公楼整体搬迁的时机，采取委托开发、团体购买的方式建盖职工住宅，积极改善干部职工的住房条件，住宅楼工程进入收尾阶段。

【老干工作】 2009年，新平县工商局认真落实老干部的生活待遇和政治待遇，使老干部老有所养、老有所乐。在生活上，按地方标准缴付老干部的公积金、医疗保险，看望慰问生病住院、生活困难的老干部，安排4名老干部到安宁温泉进行疗养。每月按时组织老干部学习，召开春节、中秋节、敬老节及"庆祝建国60周年"老干部座谈会，组织老干部参观大红山"两矿"建设，鼓励和支持老干部参加县老年协会组织的各种文体活动。

【信息化建设】 2009年，新平县工商局为基层分局协调资金新购置5台微机，更换注册厅的5台微机，并对干部运用一体化办公软件情况进行考核，要求做到人人过关，切实提高干部微机操作水平。启用移动执法办公系统建设，进一步提高了市场监管的科技水平。

【个私协会工作】 2009年，新平县各级个体私营经济协会组织共看望慰问生活困难、生病、受灾等会员12次，帮助解决各种困难12余件次。组队参加"和谐杯"体育比赛活动。组织会员开展各种知识培训及技能培训8场次，参训人员900人次，业务培训3场次，参训人员86人次。

【2009年受到表彰的单位和个人名单】

2009年11月，新平县工商局普志雄荣获国家工商总局《中国工商报》颁发的《食品安全法》征文二等奖。

【2009年任职的局领导名单】

党组书记、局长　杨增敏

副局长　王　敏　瞿永胜　夏静珏

纪检组长　丁国庆

## 通海县

【概述】 2009年，通海县工商局以邓小平理论、"三个代表"重要思想和为指导，认真贯彻落实党的十七大、十七届三中全会和各级工商工作会议精神，以"深化科学监管，促进科学发展"为主题，以实现国家工商总局"四个统一"、"四化建设"、"三个过硬"和"四高"要求为重点，以努力达到省工商局"三个到位"、"六个好"的工作目标为着眼点，深入学习和实践科学发展观，加强基层建设，实施科学监管，提升服务效能，各项工作取得了明显成效。

【纪检监察】 1. 抓教育，促自律，筑牢思想防线。制定了《通海县工商行政管理局开展加强作风建设促进科学发展教育活动方案》，提出了工作思路和要求，编印下发各类学习资料；开展学习王瑛同志先进事迹活动，由局领导主讲了"加强作风建设、促进科学发展"为主题的廉政讲座；以近年来少数领导干部因党性观念不强，作风上放松要求而滑入腐败深渊的典型案例为反面教材，积极开展警示教育。2. 组织开展行风问卷调查和行风义务监督员巡视活动，向社会各界发放"行风建设调查"问卷40份，就"依法行政、政务公开、廉政建设、文明服务、办事效率"等五个方面向社会各界征求意见建议，综合满意率96%。3. 组织广大党员干部开展"阳宗海砷污染事件"案例分析和向工商系统先进模范胡学勤同志学习的活动的学习讨论活动。4. 结合工商工作岗位特点，找出了党风廉政建设的风险点，并总结出风险点管理的措施、办法和经验。制定党风廉政建设突发大要案处置预案，加强违法违纪案件调查处理工作的针对性、时效性和主动性。全面完成基层工商所向监管服务对象述职述廉工作，基层干部勤政廉政意识不断加强。"以廉为荣、以贪为耻"的氛围已然形成，进一步树立了工商干部良好的职业操守。

同时，把落实四项制度与学习实践

科学发展观活动、与更新“四个理念”、实现“四个转变”、达到“四高目标”相结合;认真整改党风廉政建设上半年督察意见,组织学习市局第二季度工作督察情况通报及下半年落实阳光政府四项制度有关文件精神,并结合单位实际认真梳理工作思路,制定落实阳光政府四项制度工作措施,与各单位签定了部门责任书;认真开展行风监督员巡视检查活动,不断加强行政执法行为的监督。向行风监督员发出邀请书22份(实际参加巡视检查的义务监督员15名),收回调查表15份。并组织行风义务监督员对本局所属单位进行了巡视检查;积极参加纪检监察干部“双学”活动,切实提高纪检监察人员业务素质。截至12月底,重大决策公示10项、重要事项通报不少于12项,组织重要事项公示7期、重点工作通报10期,接受“96128”政务信息查询3次,政务信息当场查询10次,企业工商档案信息查询36次。

**【人事教育】** 2009年,通海县工商局学习实践科学发展观活动,着力在五个方面上下功夫。1. 在“主题实践活动”上下功夫;2. 在“广泛征求群众意见”上下功夫;3. 在分析检查上下功夫;4. 在“开好两个民主生活会”上下功夫;5. 在“开展评议强化民主监督”上下功夫。在学习实践科学发展观活动中,召开座谈讨论会5次,发放《通海县工商行政管理局科学监管、科学发展大家谈活动建言表》73份,共收集建言56条;干部职工撰写心得体会63篇,党员43名均完成了5 000字以上的读书笔记,党组成员撰写调研报告4篇,全体党员参加了县委组织的学习实践科学发展观理论测试,取得了平均98.22分的好成绩。全系统摆脱思维束缚、转变陈旧观念、破除体制机制障碍,自觉把科学发展观贯穿于想问题、作决策、干工作的全过程,思想的大解放,带来了行动的大变革,干部职工精神状态更加振奋,各项职能工作更加有效推进。同时,加强干部学习教育、培训,提高履职能力。形式多样抓好干部学习教育,将支部学习与干部政治业务学习,单位组织学习与个人自学,日常学习和专题教育相结合起来进行,学习内容做到“紧扣干部思想动态,紧扣业务工作需要、紧扣时代主题”;加大干部培训力度,积极组织参加上级组织的各类培训,采用以会代训、听法制讲座,知识竞赛,讨论、测试、网络考试等形式对干部职工进行业务素质培训,组织开展执法办案、注册登记、计算机操作等岗位练兵活动,不断提高队伍素质;将干部学习教育与开展学习实践科学发展观活动结合起来进行,通过科学发展观理论全员培训,查找分析存在问题等形式,提升了干部职工思想素质,进一步增强了责任心事业感,形成了作风在基层转变,优良服务在基层体现,监管效能在基层提升,科学发展观在基层实践的良好风气。

**【企业注册登记】** 2009年,通海县工商局服务各类市场主体保持良好势头。认真贯彻阳光政府“四项制度”,进一步简化程序,规范流程,不断探索和推行统一、规范、高效的登记注册工作模式。实行一个窗口对外服务,建立便捷高效的市场准入服务体系,支持个私经济发展。放宽市场准入条件,协调解决前置审批许可难题,进一步降低了创业门槛。推行属地登记管理,下放登记注册权限,方便企业和经营者就近就便办理工商登记业务。严格执行就业优惠政策,支持自主创业和自谋职业。面对金融危机,积极采取有力措施,努力服务地方经济平稳较快发展,取得良好效果。2009年,全县共有私营企业939户、个体工商户7 116户。

**【市场规范管理】** 1. 以食品安全监管为重点,加大流通环节产品质量和食品安全专项整治力度,整顿和规范市场经济秩序取得新进展。全系统共查处各类经济违法违章案件202件,收缴罚没款71万余元。2. 流通领域食品安全和产品质量监管进一步加强。狠抓“两项制度”落实,进一步完善了食品安全监管机制。稳步推进食品经营主体信用分类和食品质量分类监管,将“两个100%”制度向广大农村延伸,积极探索小食杂店、小摊点有效监管模式,较好地解决了无证照经营问题。积极开展“农村食品安全示范店”和“农资示范店”创建工作。全年目标创建90户示范店,现已完成90户。2. 市场信用分类监管工作进一步深入。按照市局的要求,制定了市场信用分类监管工作实施方案,明确了工作职责。完成了全县9个各类市场的信息录入,加强网格的巡查监管。现已完成辖区内1A级和2A级市场的认定,全县创建2A级市场4个、1A级市场4个,并已完成公示工作。

**【消费者权益保护】** 1. 农村消费维权“一会两站”发展稳步推进,覆盖率已达100%,横向到边、纵向到底的全县消费维权网络体系初步建立。2. 消费者协会和12315指挥中心全日值班,耐心回答咨询,认真受理处理申投诉,细心化解矛盾。2009年,共受理消费者申投诉106件,成功调解106件,调解成功率达100%。

**【反垄断与反不正当竞争执法】** 2009年,通海县工商局进一步加大商业贿赂整治力度,打击传销规范直销取得新进展,进一步完善打传联席会议制度,继续保持高压态势,深入开展专项整治行动。配合有关部门开展两烟打假、反走私、扫黄打非、打黑除恶、禁毒防艾、公众聚集场所消防安全、校园周边治安、网吧管理等专项治理取得新成效,有力维护了市场安全稳定。

**【广告监督管理】** 2009年,通海县工商局认真开展广告信用监管,规范广告发布环节,针对广告监管难点、热点及人民群众关心的问题,加强广告监测,对药品、医疗、保健食品、化妆品、美容等五类广告重点监管,虚假违法广告整治行动取得明显成效。

**【商标监督管理】** 1. 推进商标战略成效明显。围绕县委、政府“品牌兴县”的部署,积极实施商标战略,认真开展了2009年全县商标培育申报工作。全县申报云南省著名商标共7件,另有2件为重新认定;申报玉溪市知名商标10件。认真开展“一所一标”工作。明确了“一所一标”工作责任人和工作职责,拟定了商标发展5年规划,建立了已注册商标登记台账和拟注册商标台账。同时,通过向企业发放商标管理的"三书一卡",引导企业注册商标和正确使用商标。到年底,各分局(所)均帮扶辖区内市场主体申请1件注册商标,完成"一所一标"的工商所4个,注册商标17件,每个分局(所)均达到了3件以上。截至12月,全县共有注册商标282件,其中云南省著名商标13件、玉溪市知名商标5件。2. 商标行政保护力度进一步加大。强化商标日常监管,提高监管效能。以食品、药品、农资产品及服装为重点,组织开展保护奥林匹克标志专有权专项整治,加大商标专用权保护力度,严厉打击商标侵权行为。查处商标违法案件件。

【服务新农村建设】 1. 认真落实"七农机制",规范农资市场、保护农民利益、搞活农产品流通、促进农村经济发展。深入开展"红盾护农",严厉打击制售假冒伪劣农资坑农害农行为。全县共查处农资案件21件,罚款28.76万元。推进"经纪活农",制定了培育发展的措施办法,全年培育发展经纪人500人。2. 加强合同监管,推进"订单农业"的发展。结合实际,重点开展蔬菜购销合同示范文本的推行使用,主要针对涉农龙头企业、农民专业合作社、行业协会,推广示范文本2 500余份。推进"权益保农",巩固"一会两站"建设,召开了全县"一会两站"总结会。推进"政策爱农",积极为农民专业合作社设立登记服务。截至2009年底,共登记农民专业合作社30个,入社成员2 562人,注册资金总额2 295万元,促进成员人均增收400元。3. 推进"市场助农",全面开展农资"诚信市场"、"食品安全示范店"创建工作。

【2009年任职的局领导名单】

局　　长　谭为林

副 局 长　李明俊　马娅君

纪检组长　周红卫

## 易门县

【概述】 易门县工商局内设局办公室、法制股、人事教育股、纪检监察室、企业注册登记管理股、公平交易股、市场管理股、经济检查大队、派出机构有龙泉分局、六街分局、十街工商所、绿汁工商所,全局共有公务员51人,工勤人员2人,有离退休老干部9人。

2009年,易门县工商局以构建和谐社会、和谐工商为总要求,坚持监管与发展、服务、维权、执法"四个统一"、把省局确定的六项重点、市局确定的十项工作和县委政府的五保要求作为全局的中心工作抓紧抓实,抓出了成效,综治工作、信息宣传被市局评为先进单位。党风廉政建设、参加第五届中国云南野生食用菌交易会被县委政府评为优秀单位,受到表彰奖励。

【法制建设】 2009年,易门县工商局以继续贯彻实施国务院《全面推进依法行政实施纲要》和《易门县"三五"依法治县规划》为主要工作目标,以推行阳光政府为重点,落实行政执法责任制为主线,积极推进全局依法行各项工作的顺利开展。制定、修改、完善了《易门县工商行政管理局案件查处工作流程》等十个制度、规定、办法,核审办理行政处罚案件122件,全年共开展行政执法监督检查三次。即行政许可行为、行政复议工作以及行政执法行为。全年共回访行政处罚案件40件,案件回访结果认为执法程序较规范占100%;文明执法满意度100%。开展法律进村宣传活动。在中国共产党建党88周年纪念日当天,印制50份禁毒防艾宣传材料发送到村委会每个党员干部手中,向他们宣传了预防艾滋病的常识及国家对艾滋病防治政策,回顾党的光辉历程同时组织村委会党员共80人进行"五五"普法测试。组织开展"12·4"法制宣传日活动,出动干部15人,共发放工商法规宣传材料800份。

【纪检监察】 2009年,易门县工商行政管理局以科学发展观为统领,按照各级党风廉政工作会议的部署,以风险点管理为抓手,在"防"字上下功夫,从加强领导干部的廉洁自律教育,提高干部队伍廉政意识,加强各项工作的规范化、程序化管理,使干部的廉洁自律意识不断增强,遵纪守法的自觉性不断提高,深化了党风廉政工作。加强对落实科学发展观的监督检查,切实纠正损害群众利益的不正之风。认真落实"一岗双责",全局共签订党风廉政建设责任书56份。重点是抓"五项建设",开展推进基层工商党风廉政建设年活动。开展加强党性修养弘扬新风正气教育月活动,教育党员干部做到政治坚定、作风优良、纪律严明、勤政为民、恪尽职守、清正廉洁,做到"个人形象一面旗,工作热情一团火,谋事布局一盘棋",为促进工商工作又好又快发展提供坚强保证。全年共监察检察10次,预防职务犯罪,未发生一起违纪违法案件。全局党风廉政建设工作被易门县委政府表彰评为"2009年党风廉政建设工作优秀单位"。

【人事教育】 2009年,易门县工商局以党的十七大精神为指导方针,把深入学习实践科学发展观活动作为首要政治任务和人事教育的中心工作。坚持用科学发展观统领各项工商业务,用科学发展观推进工商科学监管,促进了工商科学发展上水平。党员干部认识高、态度好、局领导撰写调研报告7篇,中层干部撰写交流发言材料18篇,党员撰写组织生活会发言提纲35篇。真正达到了党员干部受教育,科学发展上水平,人民群众得实惠的要求,通过教育学习提高了党员干部的服务意识,大局意识,在全局上下真正形成领导在一线服务,干部在一线成长、队伍在一线工作、党性在一线锻炼、作风在一线转变、科学发展在一线实践。全年共组织机关业务学习25次、政治理论学习9次、专题学习4次、警示教育1次、为努力实现"三个到位、六个好"奠定了坚实的政治基础。

【企业注册登记】 截至2009年底,全县共有内资企业212户,注册资金71 539万元。接待解答群众企业登记事宜272人次;办理企业开业登记37户;变更登记154户;注销登记18户;办理企业、个体工商户个体名称登记75户;办理农民专业合作社开业登记9户;办理企业备案登记6户。提供企业、个体工商户登记档案查询77人次。深入企业进行回访服务,为企业挽回经济损失6 000元。

【企业监督管理】 截至2009年底,易门县共有个体工商户5 336户,从业人员8 457人,注册资金21 545万元;全县登记注册私营企业304户(其中:分支机构59户),投资者人数772人,雇工9 231人,注册资本73 434万元。

【市场规范管理】 2009年,易门县工商局在开展整顿和规范市场秩序工作中,为维护流通环节食品和农资安全消费,以推进易门县诚信经营体系建设工作目标为重点,以组织实施"两项制度"为手段,全力打造易门县诚信经营、和谐消费环境,认真组织开展市场监管各项工作;积极为企业服务,全年共办理动产抵押登记35宗、依法监督财产拍卖3宗,以实施索证索票制度为重点,15次组织开展了食品安全、农资合同监管、猪肉产品市场专项检查等执法检查。积极配合县政府各部门,组织开展第五届中国·云南野生食用菌交易会的筹备、服务及交易会期间的市场监管工作。组织对75户种子经营户开展法律法规培训,继续加强农村合同帮农,促进订单农业发展,推进农村食品安全工作,创建食品安全示范店138个,监督企业与农户签订259份洋葱种植收购合同,解决了农民种植无稳定利益保障的困难,确保订单农民增收。组织开展诚信市场创建工作和商品交易市场信用分类监管信息化建设。全年组织开展各项市场专项整治25次,共出动执法人员1 967人次,检查市场经营主体7 577户次。

【消费者权益保护】 2009年,易门县工商局和易门县消协以科学发展观为指导,坚持"以人为本"的原则,按照构建社会主义和谐社会的要求,紧紧围绕"消费与发展"年主题,依托"12135"平台,进一步健全和完善了"12135"消费者申诉举报"一会两站"网络建设。同时认真履行《消费者权益保护法》赋予的七项职能,热情为广大消费者服务。全年共接待群众来信来访咨询657人次,依法受理消费者投诉59起,解决59起,及时中止调解2件,不予受理5件,为消费者挽回经济损失2.95万元。组织参与易门县"3·15国际消费者权益日"宣传咨询服务活动,组织出动消协执法人员47人次,组织检查乡(镇)所在地街道、市场食品经营户203户、农资经营户67户、家电经营户23户,走访"一会两站"25个,发放各种宣传资料累计达2.2万份。全年发布消费者警示3篇,有效地维护了消费者的合法权益,促进了当地社会经济的稳定和发展。

【食品流通监督管理】 2009年,易门县工商局认真贯彻执行《食品安全法》,核准发放食品流通许可证6份,开展食品安全专项检查13次,检查食品经营户5 395户次,出动执法干部1 189人次,查处制售假冒伪劣食品案件18件,罚款0.16万元,查获假冒伪劣食品176千克,价值0.45万元,创建食品安全示范店138个(户),确保了全县流通环节的食品安全。

【反垄断与反不正当竞争执法】 2009年,易门县工商局反垄断与反不正当竞争执法以组织开展"扫黄打非"、整治商业贿赂和严防传销活动为主线,以组织开展取缔无照经营行为和严厉查处"两虚一逃"等经济违法行为为重点,组织开展了校园周边环境"扫黄打非"专项治理、"制止传销、人人有责"和打击非法传销行动、制止欺诈月活动、成品油市场专项整治、卫星电视地面接收设备和流通环节涉安产品专项整顿等工作,全年共组织发放"制止传销、人人有责"、《禁止传销条例》等宣传材料1.22万余份。重点是组织开展"扫黄打非"专项行动,出动专项整治执法人员82人次,检查书报刊、音响制品、计算机软件制品及电脑电子市场和繁华街区、旅游景点、交通枢纽、宾馆饭店等场所的出版物市场经营户346户。组织开展"打传"专项行动,出动执法人员92人次,组织开展宣传"制止传销、人人有责"、"远离传销、共建和谐"、《禁止传销条例》宣传系列活动,组织检查城乡结合部会所、出租房屋94间,有效地维护了当地的市场秩序和社会稳定。

【商标广告监督管理】 2009年,易门县工商局为做好商标备案登记管理工作,在"4·26"世界知识产权日,发放保护商标专用权知识宣传单2 000张,解答群众咨询商标事宜12人次;开展"一所一标"、"三书一卡",建立"两本台账"工作,发出商标策略建议书10份,商标建议书5份,商标策略提示书6份;动员2户商标企业申报云南省著名商标、5户企业申报玉溪市知名商标,备案登记注册商标27件。落实玉溪市工商行政管理局商标、广告工作意见,做好各类广告监管工作,按时上报报表。审查办理户外广告登记4户,共计24条。

【计划财务工作】 2009年,易门县工商局认真贯彻落实厉行节约八项要求,严格执行财务制度,加强财务核算,实现了部门预算收支平衡,保障了全局各项工作的正常开展。重点是认真贯彻落实省纪委、省监察厅、省财政关于厉行节约八项要求,实现了公务接待费、公款出国、用电、用水、用油、车辆购置及运行费用支出削减目标。认真做好行政收费和罚没款收缴工作,做到按期应收尽收、应缴尽缴。全年共收取行政性收费17.09万元,上缴罚没款收入17.17万元。严格执行财务制度,规范各项经费支出,把易门县工商局工会、易门县消费者协会、易门县个体私营经济协会账户纳入统一管理、统一做账,脱离手工做账,实现了会计电算化管理。

【老干工作】 2009年,易门县工商局共有离退休老干部9名。党组十分重视老干工作,召开专题会两次,座谈会一次,两次向他们通报全局工作,为老干部人手征订一份《老年报》、组织他们体检身体、外出考查学习各一次。全年共组织老干学习12次,为老干部身心健康提供精神政治保障。

【经济检查】 2009年,易门县工商局坚持贯穿立党为公、执法为民这一主线,加强监管与优质服务两个长效机制,营造公平公正、规范有序、和谐诚信的市场环境。严厉打击市场主体违法行为,查处企业抽逃资金、虚假出资、提交虚假证明文件等违法行为。严厉打击无照经营行为,重点查处无照擅自从事建筑经营活动、营业执照过期、超经营范围等违法行为。严厉查处制售假冒伪劣农资坑农害农行为,确保全县农资消费安全。全年共查处经济违法、违章案件115件,案件总值156.48万元,收缴罚没款17.17万元。

【信息化建设】 2009年,易门县工商局共举办信息化培训7次,3人参加市局计算机大比赛,1人通过云南省公安厅组织的计算机信息系统管理员上岗证考试,3人通过县保密局涉密计算机人员上岗资格考试,7月开通了96128政务信息查询专线,全局录入商品交易市场信用分类监管系统的市场8个,已认定6个。投资2.57万元为六街、龙泉分局办证厅购买了电子触模屏,并安装了阳光工商四项制度查询系统,给每位干部职工配发了一部工商e通手机。业务处理实现网上办公自动化,政务及时在政府信息网上公开。全局干职计算机操作技能显著提高。

【个私协会工作】 2009年上半年,易门县个私经济协会文艺队共演出文艺节目11场次,观众达1万余人次,宣传工商法律法规、"禁毒、防艾"知识等内容,节目形式有花灯小调、小品、快板等,演出地点遍及全县乡村,深受群众的好评。

【2009年任职的局领导名单】

局　　长　杨绍清

副 局 长　曾　毅　冯亚彬　胡建昌

纪检组长　倪志刚

## 峨山彝族自治县

【概述】 峨山县工商行政管理局共有在职人员56人,其中,公务员51人、工勤人员1人、事业编制4人。局机关内设机构8个,分别是:办公室、人事教育股、法制股、监察室、企业个体注册登记股、市场监督管理股、公平交易股、消协办公室。派出机构3个,分别是双江分局、甸中分局、富良棚工商所。

【法制建设】 1. 制定了峨山县工商局《案件评查、评议、考核办法》及《做好对违法行为人的警示与疏导工作实施方案》。2. 积极配合相关部门开展法制宣传活动。协助消费者协会开展"3·15"消费者宣传日活动。3. 认真做好全局的普法工作。组织干部职工开展"重温宪法、维护宪法、践行宪法"的《宪法》学习宣传教育活动,参加县依法治县办举行的《宪法》及相关法律知识竞赛。同时还举行了《食品安全法》知识考试。4. 认真做好2008年度的行政执法自查工作。按照行政许可案件评议考核内容和标准,对依法行政、行政许可事项、认真落实"四项制度"等内容开展行政执法检查。

【纪检监察】 1. 严格落实党风廉政建设责任制,制定《峨山县工商行政管理系统2009年党风廉政建设责任书》,把党风廉政建设责任制层层签订、层层落实到个人,共签订责任书55份。2. 研究制定了《峨山县工商行政管理局2009年党风廉政建设和反腐败工作意见》,从六个方面对党风廉政建设和反腐败工作作了详细的安排。3. 抓好惩防体系建设,围绕对行政审批权的规范、行政执法权的监管和队伍管理权的监督,推行领导干部述职述廉、基层执法人员述职述廉以及干部监督工作联席会议、重要资金分配使用、政府采购和工程建设项目招标等监督制度,切实加强对权力运行的监督和制约。4. 深化廉政风险点管理,紧紧围绕工商职能转变的实际,积极探索廉政风险点防范管理的方法和途径。对管人管钱管物项目的重点岗位、人员中容易发生问题、存在廉政风险的薄弱环节,积极探索廉政风险点防范管理的方法和途径,做好防范工作。5. 监督阳光政府四项制度的落实,在继续巩固行政问责等四项制度成果的基础上,结合自身实际,抓紧研究制定打造"阳光工商"的实施方案和具体细则,对打造"阳光工商"落实情况实施全程监督,共开展阳光政府四项制度监督检查5次,加大行政问责力度,确保省政府实施"阳光政府"四项制度的全面贯彻落实。

【人事教育】 1. 深入开展学习实践科学发展观活动。成立领导小组和工作机构,研究制定《峨山县工商局开展深入学习实践科学发展观活动方案》及各阶段工作方案,及时动员安排部署阶段和整个学习实践活动工作,强化学习培训,参加学习实践科学发展专题辅导和培训155人次。2. 开展干部职工政治理论学习,加强组织领导,明确学习指导思想和任务,对学习的内容、时间、方法和措施进行详细安排。举办政治理论学习培训97人次、政策法规培训168人次、注册登记业务基础知识培训112人次、计算操作基础知识培训112人次、计算机综合应用操作培训112人次、小群练兵25人次,组织培训考试150人次。3. 积极开展基层规范化建设,实现工商所(分局)任务到岗、责任到人;落实网格监管责任制,网格化管理划分区域、职责、人员明确;规范工商所(分局)综合性基础工作流程、个体工商户注册登记工作流程、执法巡查工作流程、案件查处工作流程,消费者投诉调解工作流程,保证各项业务工作有序开展;大力加强教育培训和考核指导,全面推进工商所(分局)规范化建设。

【企业注册登记】 1. 通过创新、完善、落实市场主体准入制度和措施,改进登记监管方式,提高监管服务效能,大力支持各类市场主体健康发展,建立健全市场主体信用管理体系,全力营造经济平稳较快发展的良好氛围。截至2009年12月底,全县共有内资企业276户,注册资金31 143万元。年内办理内资企业登记81户(其中设立登记12户、变更登记65户、注销登记4户);全县共有私营企业345户,注册资本(金)50 392万元,投资者人数987人,雇工人数7 571人。年内共办理私营企业登记72户(其中设立登记15户,变更登记50户,注销登记7户);全县共有个体工商户5 238户,从业人员7 799人,资金数额8 038.78万元,年内共办理登记2 040户(其中开业登记1 337户,变更登记238户,注销登记465户);全县共有农民专业合作社35户,成员总数917个,出资总额42.64万元。年内共办理农民专业合作社设立登记

28户。2. 积极推进企业信用体系建设和监管职能到位，采用“一个窗口”和“上门服务”的方式，对全县各类法人企业和非法人分支机构认真开展年度检验工作。截至2009年10月31日，全县应检企业605户，已检企业502户，未检企业103户，年检率83%；个体工商户应验照4 326户，已验照3 583户，吊销743户，验照率100%。3. 大力扶持农民专业合作社发展。积极做好《农民专业合作社法》及《农民专业合作社登记管理条例》等有关农民专业合作社的法律法规和政策的宣传，引导、鼓励多主体、多层次、多类型兴办合作社，主动指导农民专业合作社登记注册，编发登记注册所需材料的指导资料，开通登记绿色通道，实行零收费、近距离、耐心指导、无障碍服务。共登记农民专业合作社35户，注册资金43万元，成员917人，涉及养殖业，种植业，农产品的收购、加工、贮存、运输以及农业生产资料的购买、信息技术服务等多个行业。4. 丰富股权融资形式和股权的价值实现方式，鼓励企业多渠道融资发展，增加股权利用渠道，调动投资积极性，促进投资创业，以创业带动就业。截至2009年底，成功办结了两件股权出质登记，出质股权数额290万元，被担保债权数额500万元。

【市场规范管理】 1. 积极开展食品安全专项整治，在日常巡查的基础上，开展了砖茶市场专项检查，元旦、春节期间食品市场专项检查，旅游市场食品安全检查，禽流感疫情专项检查，“3·15”执法宣传专项检查，食品添加剂市场专项检查，猪肉市场质量安全专项检查，活禽经营市场专项整治，“五·一”、端午节食品安全专项整治，育欣牌果香型固体饮料专项检查，甲型H1N1流感专项整治和中秋、国庆食品安全专项检查等专项检查。检查中，共出动执法人员748人次，检查经营户2 580多户次，检查品种涉及粮、肉、蔬菜、酒类、水果、豆制品、奶制品、水产品、饮料、调味品、烟草制品、烟花爆竹等食品、产品。查处违法违规行为239件，没收各种不合格食品90千克、340瓶(袋)，案值6 000多元。2. 一年来，共组织开展了家电市场检查、卫星电视设备的检查、液化气市场检查、烟花爆竹市场检查、禁塑工作检查、不合格电热毯市场检查、移动通信市场检查、公众集聚场所高层建筑和地下建筑消防安全整治、黑网吧专项整治、不合格饮水机专项检查等10多项专项检查，共检查12个市场2 930个摊点门店。检查中，发放种类宣传材料9 000多份，没收禁止上市的塑料购物袋3 000多个，没收假伪手机7部，没收鞭炮1 200封、礼花350支、鱼雷262个。3. 加强经营行为监管，打击违法经营，对在农资市场巡查中发现的违法行为，依法进行处理。全年组织50多人次开展两次农资市场专项检查，共检查农药门店56个、种子经营店18个，检查中没收过期或不合格农药27瓶袋、禁止销售高剧毒农药4瓶；抽检化肥38个品种，查出不合格化肥33个品种，没收假劣化肥42.72吨，案值76.81万元。取缔无照加工、销售农具加工厂一个。4. 开展查处取缔无照经营工作及行政指导。截至2009年12月底，全县共查处无照经营案件116件，案值13.58万元，取缔无照经营33户，引导办照182户。5. 制定了以完善市场开办者的管理和自律制度，规范进场经营者的经营行为及网格管理人员的监督管理行为规范为目标的“诚信市场”创建活动。县局组织“诚信市场”考核小组对参加创建活动的市场开展考核评定，按照创建“诚信市场”标准逐项检查，峨山县习峨商业城认定为1A级“诚信市场”；塔甸集贸市场认定为2A级“诚信市场”；天天乐超市认定为2A级“诚信市场”；峨山佳家超市被市局认定为3A级“诚信市场”。6. 积极开展食品安全示范店创建活动。通过督促经营户规范经营行为，引导、指导经营户建立和完善经营管理制度，在全县范围内开展创建食品安全示范户的活动，通过片区人员的指导和经营户的不断完善，在原来创建达标219户的基础上，2009年又创建了20户食品安全示范户，总数239户，占全县流通环节食品经营户的34%。7. 进一步规范食品批发企业的销货凭证。2009年，在食品批发户中积极推行统一销货凭证，印制“食品批发销货凭证”300多本，免费发放给46户食品批发经营户使用，统一和规范了食品批发企业、个体的销货凭证，为实施粘贴式进货台账的建立打下了基础。8. 积极开展企业动产抵押登记管理工作。2009年，共办理企业动产抵押登记份数15份，借贷金额14 260万元。

【反垄断与反不正当竞争执法】 2009年，峨山县工商局坚持“标本兼治、重在治本”的方针，积极探索市场监管长效机制，努力营造公平公正、规范有序、和谐诚信的市场环境，在市场监管中严格执法，积极查处违法违章案件。截至12月，全局共查处违法违章案件393件，案值115.61万元。其中：一般案件立案51件，全部结案，案值114.44万元；简易案件342件，案值1.17万元。1. 积极开展黑网吧专项整治及加强网吧管理工作。于2009年2～10月，对辖区内8个乡镇从事网吧经营活动的行为进行了专项检查，共出动人员68人次，检查了已登记注册的网吧11户。查处取缔黑网吧2户，没收专门用于无照经营的电脑6台。2. 积极开展文化市场、整顿，对传播淫秽色情、恐怖暴力以及其他严重损害广大青少年身心健康的非法出版物进行了检查和收缴，共收缴恶搞证件241张，出动执法人员对三家黑网吧、一非法行医点依法进行了查处，没收医疗药品、器具96瓶(袋)，医疗广告单2 000余份。3. 积极开展两烟打假打私工作，出动执法人员12人次，积极参与峨山县假烟销毁活动；出动执法人员2人次，配合公安局、烟草专卖局成功打掉一擅自收购烟叶的窝点，没收擅自收购的烟叶850千克；立案查处违法售卖假烟案件一件，没收假烟543条。

【广告监督管理】 1. 对全县3户广告经营单位实施年度检查。2. 组织开展户外广告、店堂广告专项检查，清理拆除违法广告125条(块)，查处发布违法发布广告案件5件。3. 全年受理各类广告审查登记18件。

【商标监督管理】 2009年，峨山县工商局积极做好商标法规的宣传工作，依法保护注册商标专用权，对商标的使用进行监督管理,深入推进商标战略实施,全面开展"三书一卡"制度、"两规划"、"两本账"、"一所一标"工作。全年共培育发展商标7件,其中地理商标3件(小街慈菇、岔河核桃、大龙潭花椒),普通商标4件。截至2009年底,全县已拥有注册普通商标35件,其中知名商标2件、著名商标2件。2009年已申报推荐著名商标2件、知名商标1件。2008年~2009年,拟定培育商标39件,其中已申请注册商标的有28件,待发商标注册证。

【计划财务工作】 1. 严格执行财务"收支两条线"的管理规定。2. 严格执行现金、票证、固定资产等管理规章制度。3. 按政策规定的项目、标准收取行政性规费,全年收取并上缴行政性规费11.63万元,罚没款111.75万元。

【老干工作】 2009年,峨山县工商局组织老干部会议学习3次,科学发展观专题学习1次,体格检查31人次,节日慰问111人次,走访、联系交流老干部164人次,看望生病住院老干部12人次,接待老干部及家属咨询和反映问题21人次,并对其咨询和反映问题及时给予政策性答复,上报老干部工作信息4条。

【信息化建设】 1. 积极开展阳光政府四项制度网上发布工作,在峨山县政府信息公开门户网站和玉溪市工商局内部网站分别开辟了"阳光政府四项制度在峨山工商"专栏,对"三重一查"的实施方案、实施细则进行了公开公示。2. 2009年在阳光政府四项制度网上发布重点工作通报13条,重要事项公示1条。对96128政务信息查询专线基础信息进行了梳理采集,把常见问题和解答信息24条,添加到了云南省政务信息网站。3. 为加快办公一体化运用软件系统的推广,加大对干部的业务培训力度,2009年对干部进行运用软件培训2期,培训人数52人。并在干部职工中开展了计算机技能岗位大练兵比赛,选拔出选手参加市局的技能比赛。

【消费者权益保护】 2009年,峨山县工商局以建立"四个平台"为目标,大力推进"一会两站"建设。重点是抓网络覆盖,按照全县所有乡镇100%建立消费者协会分会,所有村居委会100%建立12315联络站和消费者投诉站的总体目标,已完成消费者协会分会建设8个,建成"两站"76个。抓工作规范,制定了12315申诉举报工作规范,确保"一会两站"建成一个、规范一个、作用发挥一个;抓服务延伸,充分借助"一会两站"平台,把消费纠纷解决在基层,把"一会两站"建设成为党委政府的"第二信访部门"。2009年,"12315"网络共受理消费者投诉26件,解决26件。调解率100%,投诉金额42 301.5万,挽回经济损失19 667.5元,接待来电、来人咨询服务53人次。抓信息汇总分析。按月形成辖区范围内消费安全和消费维权信息分析报告,按照规定和程序在政府网站及红盾网站发布,引导和提示消费者科学合理消费。

【个私协会工作】 1. 充分发挥个私协党支部的作用,抓个私协党建工作,借企业年检之机开展非公有制企业党建工作的"登记申报、年检年报",建立完善非公企业党建工作基础台账,强化动态管理,对全县的19户非公有制企业党建工作进行了年检。2. 为落实云南省鼓励创业"贷免扶补"方案,按照上级协会《关于建立创业导师库的通知》的要求,建立了峨山县个私协会创业就业培训导师库,培养创业导师9人,实现再就业者15人,对拓宽就业渠道、缓解就业压力、促进经济社会发展具有重要意义。3. 积极宣传、落实云南省鼓励创业"贷免扶补"政策,制定了《峨山县个体私营经济协会关于贯彻落实云南省鼓励创业贷免扶补政策的工作实施方案》,为符合条件的5户新创业个体工商户争取"贷免扶补"创业资金25万元;并按要求建立了"贷免扶补"工作台账、创业人员档案;为更好地为创业人员提供服务,建立后续跟踪服务机制;开展了对创业人员进行一帮一的活动,建立了《玉溪市鼓励创业"贷免扶补"跟踪服务记录卡》,并将记录卡归入创业人员档案。

【2009年受到表彰的单位和个人名单】

峨山县工商局被玉溪市委、政府评为玉溪市第六届"文明单位"。

【2009年任职的局领导名单】

党组书记、局长　李文康

副局长　李坚　周旭

纪检组长　李和兰

## 澄江县

【概述】 澄江县工商行政管理局内设2室5科1中心,派出机构有2个分局1个工商所,共有在职干部职工41名(含事业人员3名、工勤人员1名)。

2009年,县工商局认真贯彻执行党的十七大精神,按照科学发展观和构建社会主义和谐社会的要求,切实加强工商行政管理工作,确保各项工作落实到位,营造良好的市场环境。紧紧围绕县委政府的中心工作,以打造一支政治上过硬、业务上过硬、作风上过硬的工商队伍为目标,全面贯彻落实"阳光政府四项制度",打造"阳光工商"新形象,不断规范执法行为,各项工作取得显著成效。有力地维护了市场经济秩序,有效的促进了澄江经济持续健康发展。

【纪检监察】 1. 党风廉政建设、社会治安综合治理、精神文明建设工作整体推进。2009年,澄江县工商局高度重视党风廉政建设和社会治安综合治理工作。坚持从建章立制入手,以思想道德建设、党风廉政建设、队伍建设为切入点,不断健全完善监督制约机制,努力实现党风廉政建设和社会治安综合治理工作经常化、制度化、规范化,为建立一支生动活泼、团结干事、廉洁高效、依法行政的工商行政管理队伍奠定了坚实的思想理论基础。2. 党组织的战斗堡垒作用和党员的先锋模范作用得到充分发挥。2009年,通过开展党课教育、纪念建党活动、光荣传统和艰苦奋斗精神教育、强化"党员先锋岗"示范教育等活动,不断增强了党组织的凝聚力、战斗力和共产党员在市场监管、行政执法等各项工作中的先锋模范作用,进一步加强了党的思想建设和组织建设,树立了良好的工商形象。3. 积极开展宣传，对外树立良好形象。2009年，澄江县工商局继续把宣传报道作为重点工作来抓，紧紧围绕中心工作，积极捕捉服务发展和监管执法中的新措施、新经验，通过《玉溪日报》、《澄江信息》、市局《动态与研究》等各级新闻媒体积极宣传工商工作。截至年底，共发布工商信息稿件129篇，其中省工商局采用5篇、市级媒体刊登62篇、县级媒体采用12篇。

**【人事教育】** 1. 切实加强学习教育培训，全面提升干部队伍素质。自开展深入学习实践科学发展观活动以来，澄江县工商局紧密结合工商工作实际，统一思想，精心准备，统筹谋划，全面部署，坚持做到“规定动作”一个不落、有序开展，“自选动作”突出特色、力求实效，较好地完成了学习调研、分析检查、整改落实三个阶段的各项活动任务，经测评满意率为100%，成效明显。坚持“一月一法一学一考制度”，着力提高干部队伍行政执法能力。在县局定期组织学习和干部自学的基础上，还邀请大学教授、法学专家知名律师为干部职工举办法律法规知识培训。同时，还采取“以案学法、以会代训”的方式，提高干部依法行政的能力，共举办各种讲座和培训班3次，举行日常性考试12次，涉及工商行政管理法律法规20余部。通过学习和培训，全体干部职工的业务水平得到了整体提高，在参加玉溪市工商系统岗位练兵竞赛活动中，有2人分别荣获玉溪市工商系统注册登记能手称号，4人入围玉溪市工商系统行政执法办案能手。

2. 深入贯彻落实阳光政府“四项制度”，打造阳光工商。2009年4月以来，澄江县工商局认真贯彻落实阳光政府“四项制度”，实施“阳光工商”，及时成立领导小组，制发了相关方案及实施细则，并不断加大贯彻落实的力度。在凤麓分局、龙街分局、县局办证厅、县局大院醒目位置制作安装了阳光政府四项制度公示栏17块，在龙街分局、县局办证厅安装了电子触摸屏2个，设立96128专线电话，极大地方便了来办事的人民群众。2009年，重要事项公示5件，重点工作通报7件，并将以上内容在澄江政府信息网上发布，以方便群众查询。为保障阳光政府四项制度工作落到实处，县局加大对各所（分局）、机关各科（室）的督察力度，开展定期不定期督察117科次、351人次，发出限期整改通知书7份，报送阳光政府四项制度工作简报12期。

**【企业注册登记】** 截至2009年底，全县共有内资企业561户（其中私营企业350户），注册资本158 726.35万元，从业人员16 460人，个体工商户4 153户，资金数额16 575.43万元，从业人员9 486人，外资企业19户含9户分支机构，注册资本7 640.3万美元，实收资本（已到位）3 017.18万美元。

**【市场规范管理】** 1. 继续深入开展食品安全专项整治。重点是继续深入开展食品安全的源头治理工作，加强对种植养殖、生产加工、餐饮消费等各个环节的源头监管，坚决打击使用非食品原料加工生产食品等违法行为；巩固食品经营户建立索证索票制度和进销货台账制度，坚决取缔无照经营、违法违规经营不合格食品的行为；继续完善食品药品安全责任监管体系，建立完善行政执法责任制和责任追究制，深化食品安全示范店建设活动，充分发挥食品安全示范店的示范带头作用，杜绝假冒伪劣食品销售，切实保障人民群众身体健康和生命财产安全。组织了五一、六一、国庆、中秋节日食品安全专项整治，组织了添加非食用物质及滥用食品添加剂、非碘盐等食品专项整治，查处违法经营户9户，没收不合格食品40余瓶袋；继续按照创建食品安全示范店的三类标准要求规范全市流通环节所有食品经营户，全年共创建食品安全示范店112户。2. 创新服务“三农”工作机制，积极促进农村经济社会发展。深入贯彻落实党的十七届三中全会精神，认真总结工商行政管理机关依法履行职责，开展红盾护农、经纪活农、合同帮农、商标富农、市场兴农等工作的经验做法，研究服务“三农”新办法、新措施，进一步创新服务“三农”工作机制，促进农业增效、农民增收。共出动执法人员203人次，检查农资经营户307户，对87户有违法行为的经营户进行查处，没收不合格农药2 859袋瓶、种子63千克、化肥250千克，监督农资经营户加快建立以“两账两票”、“一书一卡”、“进货查验”、“质量承诺”、“不合格产品退市”为重点内容的自律制度，试行建立农资产品经营留样备查管理，按农资“安全示范店”的标准要求全面推进农资商品经营店达标规范工作，加大农资市场监管规范及打假力度，努力铲除坑农损农害农行为。3. 认真贯彻落实好“禁塑”工作。2009年，澄江县工商局认真开展了禁止生产、销售、使用、提供塑料购物袋的专项整治行动。在专项整治行动中，检查经营户1 600多户次、集贸市场7个；没收213户塑料购物袋4.4万个；宣传阶段张贴公告300份，发放宣传材料8 000份，出动法制宣传车12台次，入户通知1 200多户次，发出责令改正通知617份，对2户销售塑料购物袋的经营户进行立案查处。通过立案查处及采取没收塑料袋这一措施，让广大经营户、消费者看到政府“禁塑”的信心和决心，同时有力地震慑了一部分无视“禁塑令”的经营户。

**【消费者权益保护】** 坚持把消费维权与促进科学发展和构建和谐社会相结合，通过创新机制、完善制度、引导规范行业行为和推进12315行政执法体系建设，全面提升消费维权水平，切实保护消费者合法权益。共受理消费者投诉46件，为消费者挽回经济损失3.27万元，接待来访和接受咨询76人次，有效地化解了社会矛盾，维护了社会的稳定。在“3·15”国际消费者权益日活动中，共销毁假冒伪劣商品65余种，价值6万余元；销毁劣质药品、劣质医疗器械108批次、380千克，价值2.5万余元。同时，加强“一会两站”建设，全县六个乡镇已建立消协分会6个，建立消费者投诉站、联络站48个。

**【反垄断与反不正当竞争执法】** 2009年，澄江县工商局共查处经济违法违章案件578件，其中：一般案件146件、简易案件432件。重点是继续把打击传销作为工作的重点之一，继续保持打击传销高压态势。对县域内的非法传销组织进行了严厉的打击，共端掉传销窝点6个，收缴传销资料200余份，教育并驱散来自湖北、广东、江苏等地的传销人员33人；严把市场主体准入关，加大无照经营查处取缔力度。对全县网吧进行了多次集中清理，严查网吧经营主体资格，取缔“黑网吧”8户。开展对矿山综合治理工作，严肃查处矿山违法案件，共立案查处矿山违法案件43件，依法取缔无证、照开采磷矿点20个，有效地净化了生产经营秩序，保护了经营者和消费者的合法权益。在县政府的统一组织领导下，县工商局积极配合相关部门，开展了“两烟”市场专项整治、校园周边环境整治、立夏节市场整治、环境百日整治行动、抚仙湖综合治理、县城秩序综合治理、猪肉市场等专项整治活动，有力地维护了澄江经济秩序的稳定；继续开展扫黄打非工作，共开展扫黄打非专项行动5次，检查书店、音像制品店120余户次；收缴低级庸俗音像制品30余盒。

**【商标广告监督管理】** 2009年，澄江县工商局结合“4·26”保护知识产权活动，积极推进商标战略的实施。针对澄江县省著名商标、市知名商标数量少，带动力不强，远远不能适应经济社会发展需要的现状，加大商标战略推进力度，通过宣传教育、示范引导、指导服务等方法，引导更多企业树立商标、品牌竞争意识，积极帮助推荐企业参加著名商标和知名商标评选活动，扩大企业知名度，提高全县企业运用商标做强做大和“走出去”的能力。截至年底，全县共有注册商标146件，其中省著名商标8件、市知名商标7件。认真开展基层工商所“一所一标”工作，县工商局所属的两个分局一个工商所圆满完成了“一所一标”工作目标；制定了商标培训发展两年规划及建立了“三书一卡”制度；建立了注册商标登记台账和拟注册商标登记台账，完成“两本账”的建立工作；并向企业宣传了省市县各级政府对开展商标战略的方针、政策，积极争创品牌活动，引导企业树立品牌意识。

**【2009年任职的局领导名单】**

党组书记、局长　张立胜

副 局 长　黄玲芳　阳瑞鹏

纪检组长　吴亚华

## 华宁县

**【概述】** 2009年，华宁县工商行政管理局认真贯彻各级工商工作会议精神，认真落实《阳光工商四项制度》，全面展开学习实践科学发展观活动，进一步推进了单位“网格化”管理模式，单位精神文明建设成效明显，被评为十二届省级文明单位。全年查处各类经济案件289件，实现全局行政执法的历史新高。全年进行各类专项整治行动21次，对辖区7个市场，220户工商企业、288户私营企业、6 131户个体工商户实施了有效管理，单位软、硬件建设得到长足发展。

**【纪检监察】** 1. 以围绕中心、服务大局为前提，制定工作意见和考评办法，对主要工作进行了任务分解。2. 建立健全“三重一大”集体决策制度，有效地贯彻民主集中制，主动接受社会监督、党内监督。3. 继续推行廉政风险点管理，促进干部廉洁从政和队伍建设健康发展，在行政审批上、执法办案、队伍管理等方面采取了建立前期预防、中期监控、后期处置三道防线实施风险防范。4. 加强廉洁自律，大力开展厉行节约机制，完善公车管理制度，实行有偿派车制，杜绝了违反交规和公车私用的现象。5. 按照“六个必须”要求，着力开展监督检查，促进了单位各项工作的科学监管。2009年，结合“小金库”清查、局务公开、打造阳光工商等工作，全年开展专项督查18次，对工作纪律、着装标准、出勤公休等问题抽查31次，查处违反有关单位制度事件15人次。

**【企业注册登记】** 1. 从严把关，规范市场主体准入行为。截至2009年10月20日，全县依法登记的内资企业220户，其中：国有企业59户、集体企业75户、联营企业1户、公司84户、其它企业1户，注册资金34 281万元，全年办理变更登记47户，注销登记11户。个体工商户6 131户，从业人员9 190人，资金数额14 964万元。新发展个体户1 200户，增加从业人员2 305人，资金数额增加5 688万元。私营企业288户，投资者人数639人，雇工人数6 882人，注册资金40 113万元。全年新发展私营企业31户；登记注册专业合作社32户，出资总额548万元，成员总数1 096个。2. 抓好企业年检、个体工商户验照工作，全年完成年检企业477户，年检率为90%。个体工商户验照4 724户，验照率为99%。3. 认真贯彻落实省委、省政府大力发展非公经济优惠政策，按照要求，全年共减免各类行政事业收费29 086元。4. 强化便民中心窗口的服务工作，全年共受理办件4 104件，接受各类咨询2 096件。

**【市场规范管理】** 2009年，华宁县工商局以努力营造公平竞争、规范有序、诚信和谐的市场环境为工作目标，加强流通领域食品安全监管，全力提升农村农资商品市场监管水平。建立各种准入、巡查、退市、安全信息等制度，坚持对食品经营开展“六查六看”，集中开展流通环节违法添加非食用物质和滥用食品添加剂的专项执法检查，对全县7个集贸市场、1 360户食品经营户开展适时整治。全年评选食品安全示范店325个，整治城乡结合部的“六小”户共12个，帮助建立自律制度的经营户1 174户，查处过期食品近300千克，查处食品违法案件23件。先后组织执法力量对农资、粮食、成品油等重要商品市场进行了拉网式检查，严厉查处无照经营，先后清理整顿农产品市场7个，检查经营户837家，查处无照经营23户，责令停业整顿5户，变更登记4户，立案查处无照经营案件33件。坚决查处和取缔农村黑网吧，加强农村文化市场监管，7月～10月，会同县公安局抽调执法人员组成专项检查组，在全县范围内开展了为期4个月的整治“黑网吧”专项行动。共检查网吧经营户24户，查获农村黑网吧6户，查扣用于非法经营的电脑31台。加大对家电下乡商品的监管力度，切实维护农村消费的合法权益。出动执法人员39人次，检查经营户91户次，严格要求“家电下乡”销售户必须执行进货检查验收制度，规范源头治理，做到经营行为能够追踪溯源，切实对消费者负责，从源头杜绝废旧家电翻新，质量不合格和以送货下乡等名义经销假冒商品等行为。积极推进商品交易市场信用分类监管，强化流通领域商品质量监管。通过开展“诚信市场”创建活动，鼓励争先创优，提升市场信用。到年底，全局已完成登记商品交易市场3个，并已上报市局认定。严防疫情通过市场流通环节传播，在防控禽流感、狂犬病的基础上，积极做好甲型H1N1流感预防控制工作，以屠宰场、活猪交易市场、农贸市场等为重点，对猪肉类产品交易市场和经营单位进行全面清理检查，加大市场巡查力度，做到领导在岗，人员到位，任务明确，责任明确。扎实推进禁塑工作，加强市场巡查，强化监管措施，建立禁塑工作长效监管机制。发放宣传材料600余份，共出动执法人员38人次，检查食品经营者户1 627户，截至4月27日，共收缴塑料购物袋2.8万余个。开展手机市场专项检查。于4月15日对全县手机市场进行集中检查，共出动执法人员65人次，检查手机经营户40户，抽样送检手机99部，其中61部不合格，立案查处销售不合格手机案件16件。

**【反垄断与反不正当竞争执法】** 2009年，华宁县工商局以“突出专项整治工作，紧紧围绕整顿和规范市场经济秩序”为目标而展开公平交易执法工作，全年共查处各类经济案件289件，其中：一般程序处理案件178件、简易程序处理案件111件，案值160.55万余元，没收不合格化肥110吨。按照“三全两化”法制审核工作原则，上述案件仅两件进入行政诉讼程序。在整个行政执法过程中，坚持将各项工作渗透到每一项具体的专项活动。重点是大力开展“七农工作”，切实维护“三农”利益。建立健全“七农”工作制度，开展“红盾护农”、“春耕保农”等行动。对全县130家农资经营户积极落实七项制度和推进“一账一卡”，积极引导、帮助农资经营户不断完善各项制度，并逐步走上经常化、规范化、法制化。1～10月，共检查农资经营户130户，查处生产、销售不合格复混肥料及伪劣化肥案18件，案值25.2万元；查处农资傍名牌不正当竞争案件21件；作引人误解的虚假宣传农药案15件；销售侵犯注册商标专用权农药案4件；查处超范围经营种子案7件。1～2月，出动执法人员45人次，以繁华路段、交通枢纽、旅游景点、集贸市场、学校周边、电子软件卖场、出版物及音像制品批发零售场所等为重点区域，对辖区内18户印刷、复制、销售企业进行检查。为落实市局转发省局《关于查缴少儿版人民币少儿八卦玩具及卡通类非法出版物的专项整治通知》的通知精神，打击扰乱社会秩序的行为。3月31日～4月3日，对全县市场进行了严格检查，共没收“少儿版人民币”124袋及17张、野兽图15袋、兑奖纪念币2张，红包拿来（内装塑料小纸币）50袋、塑料野兽2个。

**【商标广告监督管理】** 1. 制定《华宁县工商局关于推进商标战略工作的实施意见》，实施“动态监管、辖区责任、社会协管、媒体监测、违规举报”的管理模式，严厉打击虚假广告，推行商标战略。建立健全了县局、分局“两规划”、“两本账”、“一标一所”等制度，完成全县商标战略五年规划（到2012年全县拥有省著名商标9件、玉溪市知名商标20件），圆满完成“一所一标”工作，新申报注册商标4件（华宁县宁州舒氏陶艺有限公司的“舒氏陶艺”；华宁烟草大酒店餐饮部的“泉乡土八碗”及华宁盘溪认一清真食品厂申报的“盘溪”、“滇回”）。实现了全县共有有效注册商标35件的目标。全年办理户外广告登记19件，查处违法广告案件3件，清理车体广告4起，拆除违法宣传条幅25条，收缴违法印刷品广告300份，责令停止发布广告7件，立案查处商标侵权案件3件。

**【基本建设】** 占地面积3 333平方米、建筑面积2 500平方米的五层县局办公大楼于2009年10月30日破土动工，年内实现征地费用投入133万元、工程投入总量136万元，租房办公的现状将在2010年彻底解决。

**【老干工作】** 1. 坚持以人为本，倡导“一不变、一从优”工作思路，即：老干部基本政治待遇不变，生活待遇略微从优。重点是坚持“政策清楚、以诚相见、以情感人”的工作原则，树立“热心、耐心、细心、诚心”的服务观念，尽心尽力为老同志办实事、办好事，以老同志满意为标准，开展老干部服务工作。2. 认真落实《华宁县老干部工作目标责任制》和市工商局安排的老干部工作，全力服务老干部的活动和学习，做到年初有计划、年中有检查、年终有总结。3. 创新管理模式，开展身体检查、外出考察、儿孙帮教、走访慰问等活动，提升老干管理工作的挡次和质量。

**【消费者权益保护】** 1. 围绕“3·15”维权体系建设，全面提升服务效能，扎实拓展服务领域。消协把便民、近民、亲民作为工作的出发点和落脚点，结合部门职能，严格按照《12315维权网络实施方案》，全力打造新型的消费投诉网络，通过建立健全一系列规章制度，来保护消费者的合法权益不受到侵害。2. 制定了《基层“一会两站”联络实施方案》，由每位工商干部联络1～9个自然村，在5个乡（镇）、77个村委会（社区）建立“一会两站”，确保广大消费者各类投诉的高效处理。3. 在每年的“3·15”国际消费者权益日，组织开展了一系列活动。2009年，专门举行销毁假冒伪劣商品现场会，集中销毁了标价为150万元的假冒伪劣商品。并精心筹备举办了“3·15”专场文艺晚会，通过歌舞、魔术、独唱、演唱等节目，以及穿插有关法律法规知识问答互动，扩大普法宣传力度，使观看晚会的4 000多名企业主和广大群众进一步提升了安全、科学的消费意识。由于采取了各项有效措施，县消协的办事效率得到了大大提升。截至10月18日，县消费者协会共受理消费者投诉80件、调解并达成协议的77件，调解率达96.25%，为消费者挽回经济损失9.62万元。接受各种举报、咨询共504件，答复办结504件、办结率达100%。

**【个私协会工作】** 1. 从加强政治思想教育，提高会员素质，促进个私经济健康发展入手，大力倡导非公经济的社会经济作用。以政治思想教育为重点,积极组织会员学习相关法律法规,利用年检之机对单位会员进行普法考试。2. 按照市协会《关于建立创业导师库的通知》精神,协会积极调研,完成省政府对个私协会建立“创业导师库”的工作,入选9名创业导师进入导师库。2009年10月,组织开展了新经济组织科学发展观活动。

**【2009年任职的局领导名单】**

党组书记、局长　李跃进

副 局 长　沈　海

纪检组长　禄思昌

## 元江哈尼族彝族傣族自治县

**【概述】** 玉溪市元江县工商行政管理局内设7个股室,下辖2分局3所,肩负着10个乡镇2个农场的市场监管和行政执法任务。现有干部职工67人,其中男性56人、女性11人,少数民族33人、汉族34人,党员干部36人。

2009年,元江县工商局按照“以学习实践科学发展观为契机,以科学监管为手段,以市场主体信用分类监管为主线,围绕四个转变,抓好十项重点工作,促进元江科学发展”的工作思路,认真实施阳光政府四项制度,努力打造温暖、透明的“元江阳光工商”,深入开展岗位大练兵,努力建设一支政治上、业务上、作风上过硬的干部队伍,为元江经济社会的又好又快发展,提供优质、高效、便民的服务。切实加强市场监管,维护公平、公正、开放、有序、诚信的市场秩序,各项工作取得了新的成效。

**【法制建设】** 2009年,元江县工商局按照上级部门的安排部署和目标管理责任制的要求,全面推进依法行政工作。1. 加强执法监督检查,规范执法行为。严格按照《行政处罚法》和《工商行政管理行政处罚程序规定》规范执法,建立实施了执法监督检查制度。2. 严把案件核审关,提高案件质量。全年核审案件91件,在执行过程中,加强与执行人员的协调,确保执行案件的到位,保障公民、法人和其他经济组织的合法权益。3. 认真开展行政复议及行政诉讼工作。建立和完善工商机关行政复议工作制度,通过行政复议和行政执法检查,加强对各办案单位具体执法行为的监督。2009年全局查处各类经济违法案件1 100件,未发生当事人申请行政复议和诉讼案件。4. 加强基层法制建设工作。加强对法制人员的培训,要求基层法制人员对本单位办理的案件重点核审,提高办案质量和办案水平。

**【纪检监察】** 2009年,元江县工商局按照全市工商行政管理系统党风廉政建设和反腐倡廉工作的总体要求,全面履行纪检监察职责,党风廉政建设各项工作取得明显成效。1. 全面贯彻落实科学发展观及“八会”精神,抓好思想作风建设,认真开展“加强党性修养,弘扬新风正气”为主题的作风建设教育活动,筑牢全局干部职工思想道德防线。2. 严格执行责任追究制,通过强化组织建设、强化定期汇报、强化综合督察三项举措力促“一岗双责”贯彻落实。3. 全面铺开基层行政执法人员向监管服务对象代表述职述廉工作,面对面接受社会评议。4. 认真做好廉政风险点查找评估和防范改进工作。结合系统预防职务犯罪工作及反腐倡廉建设的实际,查找行政执法过程中容易发生问题的薄弱环节,初步明确风险岗位、风险环节、风险部位,有针对性地建立完善风险点管理。5. 多措并举落实“阳光政府四项制度”。充分发挥纪检监察职能作用,对重大决策听证、重要事项公示、重点工作通报、政务信息查询的落实情况进行严格督察,积极打造“透明、温暖”的阳光工商。6. 紧扣“以廉为荣,以贪为耻”的主题,继续开展廉政文化大家谈、廉政文化进家庭、出版《元江红盾廉政文化期刊》等活动,稳步推进和深入开展廉政文化工作。

**【人事教育】** 1. 加强干部管理,充分利用人力资源。秉着“物尽其用、人尽其才”的原则,认真做好后备干部的选拔、培养、交流工作。一年来交流干部7名,正常轮岗4名。2. 以提高能力素质为核心,加大干部教育培训力度。通过开展岗位大练兵,认真执行“一周一小考、一季一大考”的学习模式,努力提升干部业务素质。3. 加强基层工商所(分局)规范化建设,积极推进“四化建设”。把工商所(分局)规范化达标工作纳入季度考核和年度公务考核范围,强化监督检查,确保工作落实。2009年,澧江分局、甘庄分局通过了基层工商分局规范化建设验收达标。

**【企业注册登记】** 1. 抓好2008年度企业年检工作。2009年,全县应检企业479户,实检企业463户,办理注销16户,年检率88.54%。2. 营造投资环境,保市场主体总量增长。全县登记注册的企业有578户,注册资本(金)80 608万元,其中:非私营企业262户,注册资金34 884万元;私营企业316户(其中分支104户),注册资本45 907万元,有外来投资企业143户,注册资本(金)24 712万元。受理企业变更登记154户,企业注销登记42户。认真办理抵押登记,拓宽企业融资渠道。以做好动产抵押登记工作为抓手,积极为各类市场主体提供融资服务,全年共办理抵押物登记21件(其中股权质押1件,融资140万元),帮助生产经营企业融资1.9525亿元。

**【企业监督管理】** 2009年,元江县工商局认真落实国家关于鼓励和扶持发展个体私营经济的一系列方针政策,依法审批,严格监管,促进个私经济发展。1. 做好个体验照工作。应验照个体工商户4 559户,已验照3 825户,验照率83.9%;比上一年度下降了2.86%,未参加验照734户。2. 提升服务水平,积极扶持和发展个私经济。2009年新发展个体工商户1 311户,注册资金达4 724.86万元,从业人员2 041人,其中:发展农村经纪人284户;发展外来投资个体工商户282户,从业人员532人,注册资金642万元。受理个体变更登记365户;受理个体注销登记449户。3. 积极培育农民专业合作社,规范发展农村经纪人。2009年,全县共发展农民专业合作社29户,成员出资总额62.4万元,成员总数2 410人。培育农村经纪人456人,指导农户签订了农业订单,订单履行金额为440万元,促进了农业产业化、规模化的发展。

【市场规范管理】 2009年,元江县工商局以整顿和规范市场经济秩序为中心,全面推进"市场主体信用分类监管",探索长效监管机制,加强对粮食、农资等重要商品和节假日市场的监督管理,继续做好合同监管、服务新农村建设等工作。1. 全面推进"市场主体信用分类监管",探索长效监管机制。截至2009年底,全县的经营户总数5 297户,其中纳入"市场主体信用分类监管"的各类经营户共计5 021户,占全县各类经营户的95%。2. 全面整治各类市场,全力维护市场经济秩序。3. 全年开展整治校园周边专项检查行动7次,共计出动执法人员187人次,检查学校19个次、门店97户次。严厉查处取缔黑网吧,共出动执法人员96人次,检查网吧24户次,查处违法经营网吧4户,查处取缔黑网吧12户,罚款4.65万元。4. 全年共开展卷烟市场、烟种、烟叶专项检查20次,取缔无照经营1起,查处超范围经营5起,罚款3 030元,维护了卷烟销售和烟叶收购市场的良好秩序,确保了全县烤烟生产任务的完成。共出动执法人员112人次,检查相关经营户189户次,维护了广大农民群众和全县蔗糖企业的合法权利。5. 大力整治矿山。该局协同相关部门参与整治矿山12次,出动执法人员26人次,检查矿山12个,查处违法违章案件3起,罚款4.5万元。为整合矿产资源,增加税收起到了保障作用。6. 建立"七农"机制,助推新农村建设。围绕重点季节、重点地区、重点市场和重点品种,认真开展保春耕、保夏种、保秋播专项执法行动。共开展农资市场专项检查行动5次,共计出动执法人员147人次,检查14个农资经营市场、125户农资经营户,共查处销售假冒伪劣农资案件8件,没收2 022件假冒伪劣商品,案值7.35万元,处罚款12.96万元;查处无照经营农资案件14件,案值47.74万元,处罚款12.93万元,有效遏制了假劣农资流向农村市场,规范了农资市场秩序,维护了农民权益。

【消费者权益保护】 1. 认真组织开展"3·15"国际消费者权益日纪念活动。开展综合执法检查,检查商店256户,没收假冒伪劣商品20件,标值300元,罚款240元。销毁各类假冒伪劣物品332件,标值580.76元。在县城主街道设立咨询服务台和各类假劣商品展示台,悬挂布标18幅,出黑板报、专刊8期,散发《消费者权益保护法》、《"3·15"专刊》以及其他宣传资料2 000余份,通过手机发布宣传标语2万余条等形式进行维权宣传。2. 开展"送法规、送名优商品"下乡及"打假护农保春耕"百里行活动。利用街天下乡镇发放《消费者权益保护法》、《手机修理三包规定》、《欺诈消费者行为处罚办法》等宣传材料共计3 000余份,发放"消费与责任"年主题及诚信维权宣传单、农资信誉卡、消费警示8 000余份,现场解答群众咨询2 300余人次。检查110多家经营单位和个体户。3. 建立信息发布机制,开辟手机发布消费警示、消费信息的新途径。通过手机为消费者发布消费信息、消费警示等3万余条,为消费投诉开辟了新途径。4. 开展12315消费者申诉工作,共受理消费者投诉44件,调解42件,因消费者争议达不成一致意见的2件,调解率95%,为消费者挽回经济损失1.92万元。5. 加强"一会两站"建设,构建农村维权网络。已在全县75个村(社区)委会设立"一会两站",实现了农村消费维权网络"无缝覆盖"。

【食品流通监督管理】 1. 加强流通领域食品监管,加大对重点场所和区域食品经营行为的巡查和监管力度,确保食品安全。抓好节日市场食品安全、奶制品专项检查、肉食品市场监管等方面的工作。全年共出动执法人员3 565人次,检查集贸市场234个次、经营户39 535户次,开展各类节日专项检查行动10次,取缔无照经营5户,查处销售假冒伪劣食品案件42件,没收假冒伪劣商品6 926件,标值31 138元。2. 积极探索推行"食品准入工程"。截至12月底,共创建"食品安全示范店"210家,其中2009年创建了109家。

【广告监督管理】 1. 确保广告经营单位的合法有效,提高广告经营主体质量。2009年,对全县16户广告经营单位进行了年检验照,年检验照率为100%。2. 整治虚假广告,规范广告发展。执行广告审查备案制,确保广告真实合法。受理登记、备案各类广告377件。下发预警通知整改5件,牌匾广告整改8件。3. 组织开展"医疗、药品、保健食品、化妆品、美容服务及农业生产资料"广告整治,共开展整治行动14次,收缴发布违法保健食品、药品广告宣传单300多份,责令停止发布违法广告6件,限期整改9件,有效维护了广告市场秩序。

【商标监督管理】 1. 按照"普遍指导,重点培育"的原则,培育了一批有竞争力有优势和带动能力强的商标和知名品牌,到年底,全县拥有有效注册商标81个,使用商品类别81个。2. 按照"申报一批、储备一批、培育一批"的思路,建立中国驰名商标和省著名商标、市知名商标梯次品牌创建结构。2009年,组织企业申报玉溪市知名商标5户,申报云南省著名商标4户。3. 加强商标监督管理,实行"三书一卡"和"三本账"登记备案制度。4. 开展一所一标、商标富农活动,与涉农企业建立商标联络员制度,通过一对一服务、上门咨询等提高企业商标品牌意识和商标保护法律意识。

【计划财务工作】 1. 严格执行财务制度、强化目标管理责任书。认真执行"收支两条线"管理制度,做到应收尽收,罚没款及时入库,坚持"收缴、罚缴"分离。2. 严格遵守节支增收原则,合理安排经费,做好各项工作经费保障。3. 加强票据管理,规范收费行为。

【基本建设】 2008年,澧江分局、东峨工商所被列为标准化工商所(分局)建设范围。2009年,积极办理了澧江工商分局、东峨工商所办公楼的征地手续及规划、地勘、设计、概预算等工程建设前期工作,并于年内付清了征地费,办公楼建设项目正在稳步推进。

【机关党建工作】 2009年,元江县工商局党总支以邓小平理论、“三个代表”重要思想为指导，深入开展学习实践科学发展观活动，进一步加强党员的思想、组织、作风建设，为推进工商行政管理工作又快又好的发展，深入开展学习实践科学发展观活动，努力提高党员干部整体素质；注重思想政治建设，坚定党员干部队伍理想信念；明确责任落实，大力加强党的建设；加强机关作风建设，努力塑造干部队伍新形象；抓好扶贫挂钩联系点的帮扶工作，助推新农村建设向前发展；以党建促进业务工作，确保市场监管职能到位。

【老干工作】 2009年，元江县工商局共有离退休老干部17人，其中提前退休3人，具有“两高一散”的特点，即高年龄、高职务、居住分散。为实现老有所养、老有所学、老有所为、老有所乐的工作目标，春节期间，对每位老干部进行了家访探望，共发放慰问金4 200元、活动经费4 000元及纪念品20份；在国庆期间对离休干部也进行了慰问。全年为离退休干部报销住院护理费3 410元，医疗互助金1 302元；做好3位离世老干部的善后工作，并对家属进行了慰问。全年接待来访老干部10人次，为他们排忧解难，解除后顾之忧。

【经济检查】 2009年，元江县工商局把行政执法作为工商行政管理的生命线，严厉打击经济违法违章行为，在查处制售假冒伪劣商品、无照经营等常规案件的同时，重点加大对企业虚假出资、虚假宣传等违法行为的查处力度，共查处各类案件1 100件（立案91件），案值374.54万元，罚没款96.57万元，没收商品1 810件，为元江经济社会平稳发展营造了宽松的投资环境。此外，联合县公安局开展了打击传销执法检查行动，成功捣毁一个非法传销集会窝点，收缴非法传销物品60件、笔记本及书籍等350余本，遣散71人，维护了社会稳定。

【信息化建设】 2009年，元江县工商局继续以建设“数字化工商”为目标，以信息资源开发利用作为信息化工作的核心任务，用信息化手段创新市场监管方式方法，努力提高工商执法监管领域的科技含量。重点是完善基层办公设施，提高全局信息化水平。从紧张的办公经费中挤出7.52万元作为信息化建设经费，购买了电脑11台、照相机1台、复印机1台，配发到各部门以进一步提高工作效能。同时，加大培训使用“工商一体化办公软件”，努力实现基层单位个体登记计算机规范化、程序化管理，企业、个体分层分类监管信息可以适时登记和查询，提高了监管效率。

【个私协会工作】 2009年，元江县个体私营经济协会在上级个私协会和县委、县人民政府的领导下，遵照“自身建设好，作用发挥好，社会形象好”的目标，积极发挥行业协会“自我教育、自我管理、自我服务”的作用。重点是加强对会员的学习、教育工作，努力提高会员的综合素质。以基层协会为单位，学习《消费者权益保护法》、《食品安全法》、《产品质量法》等法律、法规。以服务为重心，认真履行协会自我服务职能。及时了解会员的生产经营情况，为其提供法律法规帮助和生产经营信息1 000余户次；为会员调解纠纷1次，挽回损失100元；认真落实“贷免扶补”政策，鼓励创业促进就业。选择10户会员为县创业导师并进入导师数据库，为5户失业人员首次创业办理贷款服务，为235户会员减免会费11 280元。及时慰问困难会员，对受灾、生病住院会员慰问、帮助孤寡老人、残疾人等困难人员达500余人次，支出慰问金2 580余元。积极鼓励全县会员参与家乡社会公益事业建设和社会主义新农村建设。上半年，因远分会会员捐资就达9 300元，协会干部为农村困难党员捐款达2 400元。

【2009年任职的局领导名单】

党组书记、局长　李红庭

副 局 长　仁永红　李宏刚

纪检组长　杨金玉

## 昭通市

【概况】 2009年是新中国成立60周年，也是推进“十一五”规划顺利实施的一年，更是停征“两费”后加强工商队伍建设、推进工商事业持续发展的重要一年。一年来，全市工商系统在市委、市政府和省工商局的正确领导下，紧紧围绕市委市政府保增长、扩内需、调结构、抓改革、促开放、保民生的工作大局，努力实现“三个到位”、“六个好”的工作目标，采取有效措施，积极应对困难，充分发挥职能作用，千方百计促进经济平稳较快发展，尽职尽责维护公平公正的市场秩序，尽心尽力保护消费者合法权益，努力提高干部队伍素质，大力推进规范化建设，为保持昭通经济发展良好势头作出了新贡献。

【法制建设】 2009年，昭通市工商局狠抓执法人员学习培训工作，加大法制教育培训工作的实效性。全系统一年来共开展4次大型法制知识专题讲座，两次法制培训，有力地提升基层法制员的监督水平，并取得显著成效。还利用参加竞赛和其它法律法规学习活动之机拓宽知识层面。2009年5月，组织市局机关参加昭通市普法和依法治理办主办的“突发事件应对法及应急知识竞赛活动”，共报送有效答卷54份。提高法制宣传教育的针对性和实效性，深入开展法制宣传教育工作。市局法制科长马娅连续四期做客昭通人民广播电台《大家说法》栏目，针对当前全市消费市场现状，通过大量消费维权案例，对消费权利、维权途径、网络购物、霸王条款等问题逐一进行现场解答。抓住行政执法工作重点，持之以恒做好行政执法监督工作。强化案件核审，积极受理符合条件的行政复议案件。全系统共受理行政复议案件10件，维持1件，撤销9件。认真开展行政指导和说理式文书的推行工作。2009年全系统共计发出说理式行政处罚决定书174份，行政指导建议书84份。积极抓好法制建设，促进规范化进程。借鉴完善《工商所（分局）法制员制度》，借鉴拟定《工商所（分局）执法文书管理制度》，《工商所（分局）法律法规学习制度》，《工商所（分局）行政强制措施审查制度》，《行政处罚案件回访制度》等五项制度配合"五型"工商所创建工作。为红盾移动监管平台完成约13万字的法律法规、常见违法行为定性处罚、行政强制措施依据查询等内容，提供了有力的工作支持。

【纪检监察】 2009年，昭通市工商局大力推进阳光政府四项制度，开展重要决策听证1次、重点工作通报6期、重要事项公示8次、政务信息查询48次。开展廉政谈话活动，市局党组成员分别和联系县区局局长开展廉政谈话11人次。认真落实党风廉政建设责任制，全系统签订了174份《党风廉政建设责任书》。认真推行《督查制度》，开展五级督查，全系统共开展一级督查4次，二级督查7次，三级督查75次，四级督查97次，五级督查106次。努力推进个人行为价值系数认证工作，召开认证会议2次，具体认定负面行为10人次和正面行为5人次。指导开展基层行政执法人员向监管服务对象代表述职述廉工作，全系统52个基层所、分局开展了述职述廉工作，67名基层干部面向监管服务对象进行了述职述廉，邀请地方社会各界和市场主体代表1 256人参加了评议，通过无记名测评，对述职述廉报告总体满意率为95.55%，对工商所、分局干部总体满意率为94.78%，征求到意见建议74条。3月17日，市局原局长陈学坤带领昭阳区局局长走进市广播电台新闻直播间，现场解答听众提出的问题4个。向市场主体发放问卷调查表400份，就工商部门作风建设和服务承诺执行情况征集意见建议。做好行风建设义务监督员工作。6月16日，邀请10名义务行风监督员和10名个体私营企业特邀代表召开政风行风建设评议会，收集意见、建议10条，评议结果为优秀16份、良好4份。8月13～18日，组织全系统128名行风义务监督员巡视检查工作，深入到125户市场主体就工商干部工作作风、廉洁情况、工作纪律进行暗访。认真做好信访、案件办理工作。接到信访举报共14件，其中受理14件，澄清事实7件，涉及科级干部6人，一般干部1人；批评教育3件，涉及一般干部3人；立案调查4件。

【人事教育】 1. 加强干部教育培训工作。制订《昭通市工商行政管理局2009年度干部教育培训计划》；组织各县、区局法制人员和财会人员到市局跟班学习；组织县区局、市局领导班子共7人次参加国家工商行政管理总局组织的培训学习；组织全系统在职公务员和事业干部参加了省人事厅组织的《危机管理》培训考试；制订《昭通市工商行政管理局二〇〇九年党组理论学习中心组学习计划》；开展"深入学习实践科学发展观"、"市委二届八次会议"、"党风廉政建设"和"十七届四中全会"四个专题的学习。2. 强化人事管理基础工作。组织实施2009年昭通市工商局市局机关公务员年度考核；完成在职人员基本情况调查；完成国家工作人员因私出国（境）证件清理工作；完成工商工作三十年人员的统计和表彰工作；完成2009全市工商系统公务员招录工作。3. 干部选拔任用工作。全年共提拔使用3名科级领导干部，平级调整交流科级干部4名。4. 完善了工资福利工作。审核并申报191名公务员和6名机关工勤人员的工资滚动晋级；办理年终一次性奖金966名，事业人员晋薪74名，一个月基本额度工资报批72名；办理2008年录用的20名公务员的转正手续和公务员登记工作；办理2009年新录用公务员的登记报批；办理全系统2009年度规范津补贴的工作申报审批工作；完成对32名离退人员住房补贴申请表的汇总和上报工作。

【企业注册登记】 1. 认真制定《昭通市工商系统工商所（分局）工作职责及规范流程（试行）》，用于指导基层单位规范有效地开展工作；制定完善《昭通市工商行政管理局注册登记调研报告制度》和《昭通市工商行政管理局市场主体登记分析报告制度》。2. 认真开展2009年全市工商系统注册登记岗位能手练兵大比武竞赛工作。3. 结合"四项制度"的全面推行，将"四项制度"和"四化"建设紧密结合，通过"红盾信息网"、电子显示大屏，制作"服务指南"、桌签、上岗证等形式，向社会公示各项服务内容、标准、要求、程序、时限，注册登记工作人员照片、姓名、编号、工作职责、业务电话及监督电话等，使注册登记各项业务工作置社会的监督之下，提高注册登记工作效率和服务质量。4. 依托"一体化"软件，加强企业信用分类监管，加大对重点热点行业的整治。5. 依法开展年度检验和监管服务工作。2009年，全市登记内资企业2 143户（其中企业法人554户），注册资金427 406万元，其中，国有企业796户，集体企业230户，股份合作制企业206户，公司552户，其他企业24户；登记私营企业4 246户，投资者人数9 182人，从业人员64 745人，注册资本881 452.35万元。

【企业监督管理】 1. 加强分层登记。截至2009年底，全市共登记个体工商户62 481户，从业人员117 298人，注册资金164 500.88万元。2. 认真贯彻落实国家各项优惠政策，为下岗失业人员、退役士兵、大中专毕业生、两劳释放人员、残疾人、农民专业合作社开辟"绿色通道"，积极鼓励、扶持下岗失业人员、高校毕业生、退役士兵、残疾人员及其他新增待业人员兴办个体工商户、私营企业。全年共为下岗失业人员申办个体工商户3 063户，引导个体工商户、私营企业吸纳下岗失业人员788人。3. 认真组织全系统分管注册登记工作领导和工作人员开展《工商行政管理机关股权出质登记办法》和《工商行政管理机关股权出资登记管理办法》研讨会。

【市场规范管理】 1. 搞好"两节"市场的监督管理，确保节日市场稳定。据不完全统计,在"两节"市场监管中,全市工商系统共出动执法人员3 987人次,出动执法车辆1 216台次,检查市场、经营户17 879个次,派出检查组128个,查处案件21件;收缴不合格食品1 487千克;勒令退市食品120千克;取缔烟花爆竹非法经营点6户;收缴烟花11件、火炮2件;受理消费者投诉21件,调解投诉11件,为消费者挽回经济损失1.02万元。2. 采取多种形式,认真开展"禁塑"工作。截至2009年12月25日,在"禁用塑料购物袋"工作中,全市工商系统共出动行政执法人员19 751人次,检查市场1 351个次,检查经营户26 779户次,查处违法经营户96户,收缴塑料购物袋21.2万余个,罚没金额1.96万元。3. 强化农资市场监管,规范农资市场秩序。4. 采取措施切实做好甲型H1N1流感防控市场监管工作。5. 切实履行职责,加强猪肉市场监管。6. 认真组织开展烟花爆竹市场专项检查。7. 加强校园及周边治安环境的整治工作。8. 建立市场监管信息定期分析报告制度。9. 深化工商服务新农村建设工作机制。10. 诚信市场创建工作。于2009年4月7日制定下发了《昭通市工商行政管理局关于开展诚信市场创建活动实施方案》。11. 动产抵押物登记以及对拍卖市场的监管工作。截至2009年12月18日,全市工商系统共办理动产抵押物登记63份,其中,借贷合同62份,合同金额52 890.60万元;注销登记5份,主债权金额3 497万元。截至2009年12月18日,全市有拍卖企业4户,拍卖师7人,共举办拍卖会21次,现场监督21次,拍卖委托书59份,拍卖金额17 711万元,拍卖确认金额23 185万元。

**【消费者权益保护】** 1. 认真履行工作职责,切实维护消费者合法权益。全年指挥中心共受理消费者咨询5 102件;申诉452件,调解成功447件,调解成功率达98.9%;举报212件,已处理211件,成功率达99.5%;为消费者挽回经济损失664 575.4元。2. 积极开展12315行政执法体系"四个平台"建设。拟定《昭通市工商系统12315行政执法体系"四个平台"建设实施方案》。全年已建立消费者协会分会143个,建立12315联络站和投诉站1 274个。

**【食品流通监督管理】** 1. 采取集中培训、入户辅导、举办讲座等形式,广泛学习、宣传《食品安全法》,共开辟宣传专栏56个,开展集中学习、培训、讲座、知识竞赛等86场次,参加人员1万余人次,在媒体(电视、网络)上宣传11次,开展现场咨询28场次,发放宣传资料21 470余份。2. 制定创建方案和帮扶措施,建立"一把手"负总责、工商所(分局)结对包户帮扶的创建工作责任制,注重实地指导,认真开展"农村食品安全示范店"创建活动,全年共创建1 758个。3. 强化食品质量快速监测,共开展监测255次,抽样监测食品样品784组,不合格率为6.9%。4. 经常开展食品经营户"索证索票制度"、"进货台账制度"建立和执行情况的检查,不断推进"两项制度"持续、规范建立,从源头上遏制不合格食品流入市场。5. 开展违法添加非食用物质和滥用食品添加剂整治,检查食品经营户3 665户,重点清查食品添加剂经营户(含使用)87户,查扣非食用食品添加剂100千克,取缔无照经营15户,专项整治工作取得一定成效。6. 组织开展食品市场专项整治,严厉打击制售假冒伪劣、"三无"、过期、腐败变质等不合格食品行为。共出动执法人员18 620余人次,检查食品经营户61 590余户次,查处制售假冒伪劣食品案件331件,取缔无照食品经营户71户,查获收缴不合格食品25 066.55千克,其中收缴假冒"白象"牌等食盐15 850千克、各种仿冒白酒931瓶、病死猪肉150千克、不合格月饼345千克、不合格奶制品303.9千克、不合格儿童食品1 141.5千克、不合格糕点373千克、假冒"雪花"啤酒5 664瓶、饮料1 957瓶、假冒"三南"牌茶叶379包、无"QS"标识的茶叶67包(盒、袋),有效维护了食品市场安全。

**【反垄断与反不正当竞争执法】** 1. 认真组织开展"两烟"打假打私专项行动,自办和配合烟草专卖部门查办涉烟案件202件,其中工商部门办理涉烟案件44件,取缔违法经营户73户。配合烟草专卖部门收缴假"红梅春"、"紫云"等卷烟4 598.8条,收缴"红梅顺"等非渠道卷烟8 957条,制售、贩运"假、私、非"卷烟违法行为得到有效遏制。2. 严厉查处各种"傍名牌"等商标侵权行为,立案查处商标侵权案件47件,收缴假商标标识1 250张,查获假冒"潘婷"等洗发液231瓶、"舒肤佳"香皂258盒、"云南白药牙膏"166支、欧莱雅等知名化妆品300多瓶、惠普墨盒44个、惠普硒鼓19个、"立白"洗衣粉187件,切实维护消费者、生产者和经营者的合法权益。3. 重点对医疗、药品、食品、化妆品、有奖促销等商品(服务)广告进行整治,召开广告主体和广告监管者座谈会10次,参加座谈会人员223人,采用行政告诫的方式指导广告主体依法开展广告活动,立案查处虚假违法广告案件81件,广告市场秩序得到一定好转。4. 积极履行反走私工作职责,以娱乐场所、物流市场、集贸市场为重点区域,以非国产手机、化肥、卷烟、酒、进口饮料为重点商品,以市场清查为主要方式,有针对性地开展了打击销售走私物品专项整治行动,努力营造良好的市场环境。

**【广告监督管理】** 1. 开展日常监管工作情况。共发布违法广告警示16条次;发布重点违法广告公示4次,公开曝光公示重点违法广告6条;召开广告联席会议1次。全市共有广告经营单位126户,从业人员786人,广告经营额1 743万元;其中广告公司52户,从业人员369人,广告经营额1 236万元;个体广告经营74户,从业人员417人,广告经营额507万元。2. 开展广告专项整治工作情况。全年在整治虚假违法广告专项行动中,共出动人员1 366人次,出动车辆480台次,检查经营户560次,检查户外广告牌548块、布标341条、灯箱广告750个、路牌广告410块、墙体广告353条,撤除墙体广告16条;责令拆除违法广告54条;检查乡级卫生院(所)270户,诊疗药店550户。收缴印刷品广告16 992份,其中化妆品6 455份、美容2 604份、保健品2 234份、药品3 576份、其他2 123份;发放宣传资料1.12万份。撤除布标233条、撤除灯箱242个、撤除牌匾32块。查处违法广告案件89件，罚款33万元。

【商标监督管理】 1. 截至2009年底，全市共有11件商标荣获"云南省著名商标"称号：云南永孜堂制药有限公司的"永孜堂"商标、昭通市长江丝绸有限公司的"图形"商标、王太平的"赤水源山珍"商标、昭通市新兴糕点食品厂的"昭八景"商标、永善天山食品有限公司的"溪洛渡"商标、云南云天化股份有限公司的"云天化"商标、云南昊龙实业集团有限公司的"昊龙"商标、云南云天化股份有限公司的"金沙江"商标、昭通市四季面厂的"四季"商标、昭通市昭阳区明飞旅游食品厂的"大山包"商标、巧家白鹤滩食品有限责任公司的"玉晶"商标。2. 云南云天化股份有限公司荣获"中国驰名商标"称号。

【计划财务工作】 2009年，顺利完成六个县、区局的内部审计工作，进一步规范会计行为；认真开展清查"小金库回头看"工作；经过全系统干部职工的艰苦努力，共完成行政性收费收入127.99万元，罚没款485.33万元。

【基本建设】 1. 制定方案、明确领导。拟定《昭通市工商行政管理系统开展创建"五型工商所(分局)"活动实施方案》，进一步深入推进全市工商所规范化建设。2. 完善制度、促进落实。出台《昭通市工商行政管理系统工商所(分局)工作职责及规范流程(试行)》；研究制定《昭通市工商系统工作人员纪律规定100条》。3. 专题调研、加强指导。4. 年终考评，激励先进。

【机关党建工作】 1. 加强政治理论学习，党员干部政治理论素养得到有效提高。2. 加强干部队伍建设，干部队伍执法服务水平得到明显提升。3. 加大挂钩帮扶力度，切实开展机关党员进农家活动。4. 充分发挥职能作用，促进经济社会和谐健康发展。2009年底，全市工商系统已建党总支12个、党支部59个、党小组38个，有专兼职党务工作者107人。其中：市局机关有党总支1个、党支部2个、党小组3个；各县区局机关共有党总支11个、党支部23个，党小组11个，基层工商所(分局)共有党支部34个、党小组24个。全市工商系统现有党总支、党支部书记65名，平均年龄40.5岁，文化程度在大专以上的有54人，占83.08%。全市工商系统现有党员708人，其中：初中及以下文化程度党员126人，高中文化程度的87人，大专文化程度的362人，大学文化程度的120人。2009年度，全市工商系统共发展新党员15人，开展党员教育活动326次，共有1个党总支、3个机关支部进行了换届选举。自垂直管理以来，全市工商系统共有6个支部受州市级表彰，19个支部受县级表彰，共有1名党员受国家工商总局表彰，1名党员受省局表彰，5名党员受州市级表彰，33名党员受县级表彰。

【老干工作】 1. 开展节日慰问活动。2. 强化老干部人员信息管理。办理了13名提前退休转正常退休人员的审批，18名干部职工的提前退休审批手续；15名遗属补贴申报。3. 细化疗养工作。先后组织盐津、威信等县局共20名退休老干部到省局安宁温泉疗养中心进行疗养。

【经济检查】 1. 注重宣传教育防范，有效防止传销回流反弹。出动执法人员588人次，开展宣传活动24次，制发手机短信3次，张贴、悬挂宣传标语21幅，张贴宣传画2 380余份，播放视听资料8个多小时，发放宣传资料1.93万余份，"12315天天在行动"栏目播放防止传销知识和打击传销案例5期，受教育人数达20万余人次。2. 切实加强食品市场监管，确保流通领域食品安全。开展"农村食品安全示范店"创建活动，努力提升农村食品安全水平。3. 以开展执法月活动为契机，着力整顿和规范市场经济秩序。4. 完善12315执法体系建设，维护消费者合法权益。

【信息化建设】 1. 建成市局和各县、区局局域网12个，配备工作计算机492多台，建成工商业务专用网络，实现省、市、县、乡四级联网，市局机关配备服务器4台，笔记本13台、硬件防火墙1台，路由器2台。2. 制定《昭通市工商局关于分类分层加快推进全系统信息化建设的实施方案》，积极指导各县、区局的分类分层开展信息化建设活动，用2~3年的时间，提高全市工商系统的信息化的应用水平。3. 在全市范围内启用"云南工商政务业务一体化软件"的OA模块，切实提高办公自动化水平。4. 加强计算机操作培训，提高干部职工的计算机操作水平和一体化软件的应用能力。组织开展"每周一技"电脑培训小知识、"每季一考"电脑培训小测试，并采取集中培训、上机操作、个别指导、网上传递操作录像等多种方式，对县、区局网络管理员、12315工作人员进行集中培训，促进各项业务软件的实际应用和信息化意识的提升。5. 政府信息公开工作扎实推进。及时成立政府信息公开领导小组，及时编制政府信息公开指南和目录，相关科室配合对市局的文件、规章制度、法律法规、业务流程、收费标准、行政许可事项等资料进行整理，按时按质完成市工商局在政府信息公开网站上的录入。6. 组织开展计算机操作岗位练兵竞赛工作。市局下发《昭通市工商系统岗位练兵竞赛实施方案》、《昭通市工商系统计算机操作岗位练兵竞赛活动实施细则》，对计算机操作岗位练兵工作进行统一安排部署。全年共组织培训2 000多人次，共产生13名市级计算机操作能手和2名省级计算机操作能手。7. 12315投诉举报网络平台运行良好。建立"相对集中受理、统一调度分派、统一指挥协调、分类管理、分级执法"的12315消费者申诉、举报受理中心，明确执法监管网络的工作要求，依托工商业务专网和一体化软件，共投入资金近6万元建成建设昭通市工商系统12315申诉举报网络。8. 根据《昭通市工商系统2009年度信息化建设工作考核实施方案》，组成三个考核工作小组对全市11个县(区)工商局的信息化建设工作进行检查考核。经过实地检查考核，结合数据抽查和各小组的情况汇总，信息化考核检查排名前5位的县局依次为：永善县局、巧家县局、威信县局、鲁甸县局、水富县局。并予以补助永善县局7万元、巧家县局6万元、威信县局5万元、鲁甸县局4万元、水富县局3万元的信息化建设专项经费。

【消委会工作】 2009年,昭通市消协认真贯彻落实"三个到位、六个好"目标,紧紧围绕"消费与服务"年主题开展工作,取得了显著成效。1. 精心组织开展了"3·15"纪念活动。围绕"消费与责任"年主题,引导消费者树立健康科学的消费理念。2. 狠抓消费者投诉调解工作,化解因消费纠纷引发的矛盾,促进和谐昭通建设。3. 狠抓消费维权工作。策划了"12315民生维权"电视栏目——"3·15天天在行动",面向社会,多层次、全方位开展宣传教育活动,引导经营者诚信经营、守法经营,切实维护好消费者合法权益。

【个私协会工作】 1. 根据《中共云南省委办公厅关于加强全省新经济组织和新社会组织党的建设工作的意见(试行)》精神及中共云南省委组织部、云南省工商行政管理局、云南省个体私营经济协会《关于对全省非公有制企业党建工作进行登记申报、年检年报的通知》精神,与市委组织部联发《关于对全市非公有制企业党建工作进行登记申报、年检年报的通知》文件,要求各级年检机构在年检工作中,严格实行非公有制企业党建工作登记申报、年检年报制度,为非公有制企业党建工作打下基础。并制定年检相关事项登记表,在年检工作中进行认真登记和统计,掌握全市年检企业及个体工商户相关情况,做到基本情况及时掌握。2. 开展好鼓励创业"贷免扶补"工作。全市共建立创业导师120户,为58户首次创业者成功申办创业贷款,共计发放贷款金额288万元。

【广告协会工作】 2009年,昭通市广告协会配合工商部门完成广告审查员的培训和发证工作,为全市广告行业提高素质、加强自律提供了人力资源支持。

【大事记】

△2009年1月,昭通市工商局被国家文明委命名表彰为"全国精神文明建设工作先进单位",这是继上年被国家人力资源和社会保障部、国家工商总局联合表彰为"全国工商行政管理系统先进集体"之后,昭通市工商局荣获的第二个国家级荣誉称号。

△2009年,根据昭通市委的统一部署,昭通市工商局把深入学习实践科学发展观活动作为解放思想、转变观念、提升效能、推动发展的重要契机,紧紧围绕"党员干部受教育、科学发展上水平、人民群众得实惠"的总体要求,紧密结合工商工作实际,统一思想,精心准备,统筹谋划,全面部署,扎实推进,经过半年的学习实践,圆满完成各项任务,活动取得明显成效。

△2009年,以承办全市精神文明建设现场会为着力点,让全市500多名参会人员现场感受市工商局在精神文明创建工作上的亮点和特色,得到了与会人员的高度肯定,进一步宣传了昭通工商,展现了昭通工商的良好社会形象。

△2009年,以主办"走进大山包,感受新昭通"摄影活动为着力点,邀请50多名摄影爱好者走进昭通大山包,激发大家对祖国大好河山和家乡的热爱,彰显昭通工商文化内涵,同时,通过活动的举办,积极地宣传了昭通的本土文化,为促进昭通地方经济的发展作出了努力。

△2009年,以打造昭通苹果品牌为着力点,内引外联,牵线搭桥,积极推动订单农业的发展,有效催生和发展农村经纪人,深入推进社会主义新农村建设,为昭通苹果成功走进山城重庆和昭通广大果农增收致富作出了积极的贡献。共签订《昭通苹果购销合同》30份,销售苹果3.32万吨,销售金额14 656万元。同时,昭通市工商局与重庆市渝中区工商局签订《促进昭通苹果流通合作协议》,进一步加强云南昭通与重庆渝中两地工商部门的交流合作与发展。

△2009年,昭通市工商局积极探索工商企业联手打假保名牌合作机制。以农资市场打假为着力点,与云南云天化股份有限公司联手开展农资打假,共同签订《打假冒保品牌促发展合作协议》,积极探索工商企业联手打假保名牌合作机制,为全市农资打假工作向纵深发展提供了保障。共查处假冒云天化股份有限公司生产的"金沙江"牌尿素案件22件,案值23.4万元。

△2009年,昭通市工商局积极健全完善中小企业融资担保体系。以建立健全中小企业融资担保体系为着力点,积极促成昭通市个体私营经济协会和云南省农村信用社联合社昭通办事处签订《中小企业股权质押贷款合作协议》,促成10家优质会员与昭阳农村信用合作银行签定总额为4 065万元的贷款合同,积极建立协会、银行、企业之间"合作多赢"的新模式,架起银企信贷的连心桥,开创银企合作的新天地。全市共办理43户股权出质登记,出质股权数额1.30亿元,被担保债权数额1.24亿元。

【2009年受到表彰的单位和个人名单】

昭通市工商行政管理局被评为全国精神文明建设先进单位。

昭通市昭阳区工商行政管理局太平分局被评为全国工商行政管理系统商标工作先进集体。

昭通市工商局被评为2008年度云南省工商行政管理系统州、市局党风廉政建设先进单位。

何羚荣获全省工商系统"讴歌三十年成就再创工商新辉煌"演讲比赛三等奖。

马娅荣获全省工商系统"讴歌三十年成就再创工商新辉煌"演讲比赛优秀奖。

杨萍被评为昭通市人大代表建议、政协委员提案办理先进个人。

马赛武被评为全国工商行政管理系统信息化建设先进个人。

【2009年任职的局领导名单】

党组书记、局长　陈学坤(~2009.06)
副 局 长　张学平(2009.06~)
　　　　　肖才志　张全胜　刘　翔
纪检组长　訾成刚

## 昭 阳 区

【概况】 昭阳区工商行政管理局隶属昭通市工商行政管理局,位于昭阳区昭阳大道180号,是昭阳区主管市场监督管理和行政执法的职能部门,现有派出机构13个，分别是凤凰、龙泉、太平三个分局及滇东北商贸中心工商所、北城工商所、火车站工商所、北闸工商所、守望工商所、永丰工商所、洒渔工商所、靖安工商所、乐居工商所、炎山工商所，内设机构有办公室、监察室、法制股、人事教育股、公平交易股（含经检大队）、市场监督管理股、商标广告监督管理股、企业个体注册登记管理股、机关后勤服务中心，辖区包括城区三个办事处及17个乡镇，人口80万。全局在职人员203人，其中行政编制188人，事业编制15人，平均年龄40岁，大学本科以上学历41人占20.19%，大专学历140人占68.97%，中专及中专以下22人占10.84%，有中共党员128人，设有党支部13个，党总支1个。肩负着全区23个乡（镇、办事处）47个集贸市场、271户内资企业、12 430户个体工商户和804户私营企业的注册登记和监督管理任务，承担着全区整顿和规范市场经济秩序的重要管理职责。

2009年是全面落实国务院新“三定”方案和全面停征“两费”的第一年。昭阳区工商局在市局和区委、区政府的正确领导下，深入学习实践科学发展观，按照“四个统一”和“三个到位、六个好”的目标和要求，积极应对工商职能转变提升，进一步解放思想，更新观念，抓住机遇，迎难而上，紧紧围绕省局确定的“六项重点工作”及昭阳区委、区人民政府的中心工作，从理清工作思路、创新工作措施、强化监管执法、发挥职能作用提升服务水平入手，扎实有效地开展各项工作，积极服务地方经济的发展，围绕“四高”要求，切实转变思想观念提升队伍整体素质、提升服务水平、强化执法监管，以基层规范化建设为突破口，开拓进取，在队伍建设、市场监督、行政执法、食品安全整治、“一会两站”建设等方面取得良好成绩，圆满完成各级党委、政府和上级工商部门交办的各项工作任务。

**【法制建设】** 2009年，昭阳区工商局认真贯彻落实省、市局法制工作目标要求，贯彻落实“五·五”普法规划要求，结合具体工作实际，全面落实执法责任制、加强工商执法人员学习培训。1. 认真开展法制宣传工作。在“3·15”活动期间共发放食用盐、保健品、药品、食品安全、消费维权农药、化肥、种子、环境保护等宣传资料6.2万余份；发放并收回针对商品房问卷调查表200份；7月，积极迎接昭阳区人大对区局“五.五”普法工作检查并得到充分肯定，组织局领导参加区普法办组织的领导干部“五·五”普法知识考试。2. 加强法制工作，全面推进工作到位。根据市局要求认真挑选组织了3批共6人次到市局法制科跟班见习，通过组织基层人员跟班见习的方式影响和带动全体干部职工的学习积极性；2009年6月19日组织全局职工参加《中华人民共和国食品安全法》知识讲座，7月13日组织全局职工参加全国工商系统《中华人民共和国食品安全法》法律法规视频讲座。全年到基层开展了2次针对行政执法案件的指导，在龙泉、太平两分局和办案人员面对面的就行政执法中存在的难点、疑点问题进行了个案指导。按照相关规定设立完善内部相关行政执法监督体系，加强案件的核审工作，按照市局的规定采取“四审八核”机制开展工作，对办案机构的部分文书编号实行统一代码、分号段的管理办法，加大执法检查的力度和深度，加强对新文书格式使用规范、行政处罚自由裁量权情况进行针对性的检查。组织全局法制员及相关股、分局、所分管法制的领导参加的行政处罚案件及行政许可评析活动，通过以评代训的方式查找问题，带着问题去培训，增强依法行政意识，增强责任感，改善行政执法案件类型的单一，转变观念适应当前形势的需要，扩宽行政执法案件的领域。全年组织了对2起历史案件的应诉工作，通过积极主动的向法院及当事人沟通、协调，两起案件都得到了比较圆满解决。3. 全年共核审一般程序案件55件，核审完毕下达处罚决定书的48件（其中销售假冒伪劣产品案3件，销售不合格产品案7件，擅自发布户外广告案2件，无照经营案20件，擅自从事互联网上网服务案2件，擅自改变公司登记事项案1件，未审查参展商经营资格和未到登记机关备案案2件，不正当竞争案3件，超经营范围案2件，未按规定年检案2件，冒用分公司名义从事经营活动案1件，侵犯注册商标专用权案3件）。全年共收缴罚没款141.9万元，上缴罚没款比去年增加70.3万元，将近翻了一番，行政处罚案件未出现听证、复议和行政诉讼的情况。

**【纪检监察】** 2009年，昭阳区工商局深入学习贯彻中纪委、工商总局、省市工商局党风廉政工作会议精神，从自身实际出发，完善2009年纪检监察工作配套体系，明确领导责任，确立责任关系，形成制度落实，工作有部署、有检查、有人抓的工作机制。1. 加强学习完善制度，以科学发展观统领纪检监察工作。全年组织开展贯彻《实施纲要》和落实“阳光政府四项制度”为主题的教育月活动，增强了全体干部的党性修养和廉洁意识，增强了使命感和责任感，召开有关部门参加的纪检监察工作专题会议4次，深入基层督察指导工作2次，督促班子成员和辖区负责人认真履行其各自职责。党组按照责任分解、责任追究和“一岗双责”的要求，明确了责任范围和责任内容，分三个层次签订了《2009年党风廉政建设责任书》25份，形成了逐级负责的责任制体系。在原有制度的基础上重新修改《昭阳区工商局风险点管理实施方案》，在《市局工作人员纪律100条》的基础上，又增加了20条，形成《区局工作人员纪律120条》，《昭阳区工商局三级督察实施方案》等规范性文件，使全局廉洁执法行为更加合理、更加规范、更加科学。2. 抓党风、行风建设，从领导班子自身建设及领导干部廉洁自律入手，认真纠正损害群众利益的不正之风。强化领导责任落实，坚持严字当头，完善各项规章制度，全局11个工商所（分局）分别召开述职述廉大会，115名工商执法人员向监管对象代表作述职报告，全局参加述职述廉大会的代表391人，包括企业个体代表、乡镇领导、人大代表、政协委员、义务监督员等，对述职述廉报告测评满意率为88.3%，对工商所、分局执法人员满意率为89.6%、办事效率满意率为87.5%、廉政情况满意率为98.9%。按时上报纪检监察工作、党风廉政建设、阳光政府四项制度等各项报表，上报区委、纪委、信访办、检察院等各单位简报、总结材料、工作动态59份。按照"八个坚持、八个反对"的要求,加大了对股、所级干部的监督力度,中层干部年终都作廉政述职总结,任免前进行廉政谈话。一年来,区局按有关规定对14人进行问责处理,其中对1人进行了岗位调整。

**【人事教育】** 2009年,昭阳区工商局以党的十七大精神和深入学习实践科学发展观为指导,认真贯彻落实省、市、区工商工作会议精神,拟定了《关于进一步加强基层工商所(分局)规范化建设的实施方案》、《开展创建"五型工商所(分局)"活动实施方案》、《老干部管理工作职责》、《2009年度精神文明建设工作方案》。1. 强化监督考核,深入开展基层领导班子规范化建设。于2009年6月对区局11个基层分局、所领导班子及成员开展届中考核工作,组织了群众满意度测评,发放并收回测评表70份,测评结果53票满意,17票比较满意。2. 创新培训方式,全面运行人才建设机制。认真学习领会省工商局纳宗会局长代表省局党组作的《坚决贯彻全国工商行政管理局长座谈会精神,努力实现"三个到位、六个好"的工作目标》工作报告和《2006~2010年全国工商行政管理系统人才队伍建设规划》、《2006~2010年全国工商行政管理系统干部教育培训规划》有关精神,全年举办"三大能手"培训班7期,参训人员317人次,选送计算机操作能手5名参加省、市局举办计算机操作能手竞赛活动。开展深入学习实践科学发展观活动和工商行政管理理论知识学习培训10期,参训人数达1 653人次。结合2009年政府公务员《危机管理》培训要求,订阅并发放职工学习《危机管理理论与实务》教材187本,顺利参加全区统一考试。党支部积极组织全体党员干部学习《十七届四中全会读本》。3. 积极组织精神文明创建活动。2009年度成功申报区局机关为省级"文明单位"并作好准备,迎接省级文明单位复查工作,成功申报并批准滇东北商贸中心工商所、凤凰分局为市级"文明单位",成功申报并批准洒渔工商所、乐居工商所、守望工商所为区级"文明单位",开展了一系列精神文明活动:"三八"节组织在职和离退休女同志58人到乐居生态园开展活动;组织全局干部职工203人参与国庆60周年庆典活动;4月27日组织全局干部职工203人响应党组号召参加爱心捐赠,共捐资12 275元,对区局贫困职工遗属进行慰问;7月29日向新农村建设指导员派驻工作点盘河乡油榨房村公所捐赠档案柜4个、办公桌4个和办公椅15把;组织个协党支部对盘河乡23名困难老党员进行慰问;积极筹备"百人合唱团",并列入党组中心工作重点;组织区局干部职工80人,参加区政府组织的科普、卫生、婚姻知识讲座;组织干部职工50人观看精神文明建设教育片和廉政建设教育片。

**【企业注册登记】** 2009年,昭阳区工商局进一步创新完善服务方式,围绕地方经济和社会发展的中心工作,及时跟进,找准切入点,帮助企业度过难关,促进经济社会平稳较快发展。1. 用活工商职能,帮助解决实际问题;为企业提供准入及退出、创业与融资、信用等综合服务,切实帮助企业解决发展中遇到的行政审批、融资、改制和兼并等实际困难。2. 加强对工商分局、所在注册登记工作上的联系和指导,以经济户口为支撑,在分析判断的基础上形成企业生存状况及运行情况的实时快报,及时为政府、企业、社会提供决策资讯,服务和促进经济平稳较快发展。3. 认真落实优惠政策,严格执行"两费"停征规定和已经取消的各项收费项目,严格执行农民专业合作社登记管理"三免"政策,杜绝搭车收费、强行收费等违纪违规行为,切实减轻企业和经营户的负担。4. 加强工商窗口服务功能,提升准入效率。进一步建立工商登记窗口服务制度,认真落实服务承诺、限时办结等工作制度,实行专人专件办理,推行预约服务、延时服务、加班服务,主动跟踪、主动配合、全程服务,为投资兴业营造良好的环境。5. 在登记窗口显示企业登记绿色通道标示牌,公示服务内容、方式,积极引导服务对象进入绿色通道。对进入绿色通道的企业按照特事特办、急事急办的原则提供优先服务,实行优先受理、优先核准、当场发照。6. 继续抓好四项制度的执行。预约服务、延时服务的范围、延长服务时间、承诺时限制度得到进一步加强和完善。7. 大力开展股权出质登记工作。为5家公司的9个自然人股东和1个法人股东免收一切费用,优质高效办理了股权出质设立登记,融资960万元。到年末共有内资企业271户,注册资金133 223.9万元。其中:国有企业52户,注册资金11 491万元;集体企业133户,注册资金9 447.9万元;股份合作企业30户,注册资金4 500万元;公司55户,注册资金107 785万元;其它企业1户。

**【企业监督管理】** 2009年,昭阳区工商局把思想和认识高度统一到全面落实科学发展观上来,紧紧围绕加速发展这个主题,紧密结合当地实际,创造性地开展工作。1. 强化登记责任、把严格登记程序与贯彻落实"四项制度"相结合,快速、优质、高效地办理设立登记。对相关权限进行下发,委托基层分局、所依法办理辖区个体工商户设立、变更、注销登记和年检,并对免予登记的个体经营户进行备案,并实行限时办结制度,根据《行政许可法》的规定时限,个体工商户的设立登记基本实现了现场办理(只需2分钟),企业的设立登记,实现质的突破与飞跃。2. 简化市场准入程序。对不涉及前置审批的各类企业变更实行登记注册"一审一核制",坚持"谁登记,谁负责"的原则,将受理和审查两个程序合并为一个程序,提高办事效率。3. 积极加大案件的查处力度,不断规范企业的市场准入行为积极加大对案件的查处力度,全年共查处违反注册登记监管案件19件,结案19件,罚没款共12.19万元。到年末共有私营企业808户(其中分支机构226户),投资者1 339人,雇工9 030人,注册资金104 557.68万元。其中:个人独资企业191户、合伙企业25户、有限责任公司592户、个体工商户12 455户。

**【市场规范管理】** 2009年,昭阳区工商局严格按照市场监督管理的工作职责任务,全面开展工作,按时按质完成各项任务。1. 以种子留样备查为起点全面开展2009年红盾护农工作。对从外地购进种子的11户经营户的838.1吨种子中，提取44个样品留存备查，对已留样备查的种子，制作成公示，发给各分局、所和经营单位各门店及其下属网点张贴，并向外公布举报电话；全年红盾护农工作共出动工商执法人员1 214人次，出动执法车辆187台次，印发宣传工作材料3 000份，开展宣传活动2次。2. 努力建立农资市场监管的长效机制，落实农资价格信息采集制度。对其采集的价格，每日上报市局和区人民政府；每周和每季度，根据上市量和供求关系的变化，全面调查分析价格上涨、下跌波动的原因，形成周分析、季度分析材料及时报送市局和区人民政府，为政府科学决策和宏观调控提供可靠、真实、准确的数据。至11月25日，共报送价格日报221份次，报送价格周分析31期，季度价格分析2期。3. 建立农资监管的三个机制和一个会议制度，全面实行“两账两票、一书一卡”制度。与相关执法部门联动，整合执法资源，形成执法合力；与农资经营企业的联动机制，规范其经营行为及下属网点；工商部门股室与股室之间，股室与分局、所之间加强信息沟通的上下联动机制。建立了由工商部门、农业部门、农资生产企业、农资销售企业共同组成联系会议制度，定期或不定期召开会议，听取农资市场监管情况意见和建议，了解市场生产、经营动态，针对存在问题提出整改意见，部署相关农资监管工作。全区共有登记注册的农资经营户数387户（含市局登记注册数）。其中种子经营户54户、化肥经营户150户、农药经营户100户、农机具及配件经营户63户、农用地膜经营户20户。在实际监管中对具有主体经营资格的农资企业进行规范，印制统一样本，实施建立“进货台账”、“销货台账”、保存“进货发票”、销售农资向消费者提供“销货发票”、“商品质量信用卡”的制度，建立两账两票一书一卡制度农资经营户数150户。4. 大力培育和发展农村经纪人。全年新发展经纪人63户，开展农村经纪人培训2期，培训人数61人。免费向农村经纪人员赠送“农产品购销合同”、“经纪合同”等示范文本2 000余份。全区在工商部门登记注册的农村经纪人总数为263户，执业范围涉及粮食、蔬菜、水果、牲畜、洋芋等，共带动5乡镇的2 800户农民增收致富，农产品外销达7 000万元。5. 组织开展元旦、春节、国庆等节日市场的整治及烟花爆竹经营安全的专项检查。配合安监部门查处和打击非法生产经营行为20余起，立案4起，其中非法生产违法行为3起。非法储存经营一起，收缴违法产品烟花4件、“100头”大地红59件、“200头”大地红64件、爆竹王2件、富贵炮1件、大爆竹53件、盘炮24件、50头土爆竹92.5捆、“220”头小土爆竹25捆、20袋成品、半成品土炮竹1.3万余头，生产原料硝、黑火药、引火线、低钾、硫磺等300余千克，对依法收缴的非法制品及原材料及时进行了妥善的销毁处置。全局共出动执法人员165人次，共检查学校92个（次），检查了经营户691户，查处案件2件，罚没金额0.1万元，查处违法经营户2户，没收过期食品116盒（包），取缔无照经营39户。6. 组织开展禁止生产销售使用塑料购物袋工作，受到省局检查组的好评。围绕省政府的实施意见及国家局的禁塑令，全面深刻领会政策法规的尺度，深入各市场和商场，在日常的巡查中以“三查三看”进行监管，全年禁塑工作共计出动执法人员450人次，检查市场32个，经营户2 360户次，查处违规经营户4户，没收塑料购物袋7万余个。7. 针对集贸市场开展各项整治行动，积极创建诚信市场。针对“政风行风热线”市民提出的问题，组织在全区开展为期一月的“集贸市场专项整治行动”。集贸市场内活禽经营应与其他农产品分开，设立相对独立的经营区域；严禁没有检疫证明的禽类及产品进入市场销售；认真落实消毒制度，督促市场开办者或经营者定期对禽类交易区域进行消毒，并对禽类粪便及废弃物作无害化处理。规范场内食品经营户经营行为。全部达到持证亮照经营，索证索票、台账建立完善、记录详细。针对市场上多次发生的利用杆称作弊、缺斤短两欺骗消费者的情况，自2009年4月1日起，要求昭阳区所有超市、门店、集贸市场等固定经营摊店禁止使用杆称，全部改用托盘秤、台秤、电子秤，分步开展限制使用杆称工作。同时，制作了公平称标志牌和陪置公平称，分别免费发放给“西苑农贸市场”、“西街农贸市场”、“珠泉水果批发市场”、“凤霞农贸市场”管理和使用。根据市局关于开展诚信市场创建活动的要求，确定了7个条件较好的市场和超市集中力量指导帮助开展创建活动。通过考核上报局党组批准评定“珠泉建材家具市场”、“西街农贸市场”、“凤霞农贸市场”、“恒邦超市”、“华美超市”5家单位为2A级诚信市场，并在媒体上进行公示。同时“珠泉建材家俱市场”、“恒邦超市”、“华美超市”被市局评为“3A级诚信市场”。将商品交易市场信用分类监管信息化工作落到实处。对已办理企业注册登记的13个市场，全部按要求录入商品交易市场信用分类监管平台，最终认定A类市场3个、B类市场5个、C类市场5个。8. 全面开展合同监管、动产抵押登记、拍卖备案监督、展销会登记等常规性的工作。全年检查各类经济合同143份，金额86 446万元，通过合同帮农，促进农产品的销售。对展销会活动依法办理登记，全年接待办理商品展销会登记5个，参展经营者800余户。对招投标和政府采购活动进行现场监督，依法审核参投者的主体经营资格，坚决制止围标行为和没有资格的投标者参与投标。参与相关的招投标会25次，现场制止5户不具备资格的投标者参与投标。依法督促受理拍卖企业对其组织的拍卖活动进行报备案，对拍卖会进行现场监督。全年派人参加拍卖会现场监督13次，备案拍卖委托书50份，金额13 527万元；拍卖确认书49份，金额18 215万元。依法开展动产抵押登记工作，全年共办理动产抵押登记30份，被担保的主合同30份，金额32 235万元，抵押物价值54 454万元。

**【消费者权益保护】** 2009年，昭阳区工商局切实履行保护消费者合法权益的职责，使消保工作成为真正意义上的消费者的保护神。重点是以“一会两站”建设工作为契机，全面提升政府在广大人民群众心目中的地位。于6月17日，以守望回族乡“一会两站”的成立为标志，正式拉开了全区“一会两站”建设的序幕，截至9月20日，全面完成昭阳区20个乡镇和街道办事处的20个消费者协会分会和129个村民委员会、49个社区居民委员会、城区3个集贸市场、4个大型超市建成的185个12315联络站和消费者投诉站的建设工作。通过“一会两站”建设工作，促进消委会工作全面开展。编写印制《昭阳区“一会两站”工作手册》300本，发到各乡镇、街道办事处工作人员手中。通过示范店的创建工作，以示范店带动整个流通环节的食品安全工作，在全区范围内扎实开展了示范店的评选工作，通过工商所（分局）推荐，乡镇、街道办事处政府和区局审查，共评选出109户食品店为“一星级”示范店，并推荐出21个商店参加市局的“二星级”示范店评选。加强流通环节食品快速检测工作。为确保流通环节食品安全，强化措施，以责任制的方式增强流通环节食品快速检测工作，通过快速检测，从中发现销售不合格食用盐案件线索1条，通过权威部门检测判定为“不合格产品”，并立案查处。

**【食品流通监督管理】** 2009年，昭阳区工商局认真贯彻《国务院关于食品等产品安全监督管理的特别规定》，进一步加强流通环节食品安全工作。重点是加强宣传、开展培训、完善准入。两次集中全局执法干部进行培训，对全局执法干部进行《食品安全法》的考试。5月31日在体育馆广场配合相关部门，向市民宣传《食品安全法》，利用“一会两站”建设和新闻媒体向农村及社会各界宣传《食品安全法》；充分利用“红盾移动监管平台”，开展食品安全监管工作；成立昭阳区米线协会，加强对米线生产经营者的管理。极积筹备《食品流通许可证》的发放工作，加强市场主体资格的准入管理。同时，不断完善制度，落实责任，切实加强食品安全监管。推行“网格化”监管模式，制定了食品经营分布图和监管责任区分图，落实层级管理责任制，将监管任务落实到户，责任到人；实行挂钩联系指导制度，机关各职能股、室挂钩帮扶相应的基层工商分局（所），进一步强化了食品安全监管工作，确保了食品监管工作全面到位，不留死角；贯彻落实“七制一卡一账”制度，统一印制了食品经营者“七制一卡一账”示范文本，并下发各分局（所）及经营户实施。到年底，除部分贫困山区外，全区95%以上的食品经营户都建立了索证索票制度和进货台账登记制度；加强案件查办，严厉查处食品经营违法案件。全年累计查办食品案件14件。查处食品违法案件7件，没收各类假冒食品10.5吨，价值30余万元。全年未发生“食品安全”等重大突发事件。

**【广告监督管理】** 2009年，昭阳区工商局按照市局的部署和要求，以医疗、药品、食品、保健品、房地产等广告为重点，进一步加强了对广播、电视、报刊、户外及互联网广告监管力度。重点是进一步做好广告经营单位年检工作，进一步规范了广告市场秩序；严格执行《户外广告登记管理规定》，进一步加强对户外广告的登记和监督管理工作；认真开展广告法执法月活动，强化行政执法，从严监管，依法查处各类虚假违法广告；坚持违法广告公告制度，对危害较大、影响面广的典型案件通过红盾网等各种媒体向社会公开；充分发挥广告监管联席会议的作用，形成整治合力，积极探索和构建广告监管长效机制。全年共出动执法车辆55台次，出动检查人员210人次，进行广告监测306条，其它检查110余次，收缴非法印刷品广告120余份，查办违法广告案件14件，共收缴罚没款8.82万元。

**【商标监督管理】** 2009年，昭阳区工商局通过抓注册商标申请、抓著名商标创建为工作重点，扎实有效地开展了“一所一标”活动和著名商标培育创建工作。全年新增注册商标12件（市局下达任务数11件），指导“云南永孜堂制药有限公司”等6户企业申报云南省著名商标，经过云南省工商局的评审和公示，“大山包”、“四季”、“永孜堂”、“昭八景”4个商标被认定为云南省著名商标。帮助云南昭阳威力淀粉有限公司等11户企业开展了第一届“昭通市知名商标”的申请活动。到年末备案的有效注册商标55件，其中有“月中桂”、“万和”、“四季”、“大山包”、“永孜堂”、“昭八景”等6件商标为“云南省著名商标”昭阳区工商局太平分局被国家工商总局授予“全国工商行政管理系统商标工作先进集体”荣誉称号。充分发挥商标兴企、商标富农、商标强区的积极作用，在全区范围内扎实有效地推进商标战略的深入实施，在区委、政府和市工商局的领导下，十分注重发挥工商职能优势，大力开展招商引资和农副产品推荐工作，参加昭通市人民政府在重庆市举办的“云南昭通苹果推介展销会”，由昭阳区工商局牵头协调签订的协议达32个，协议总金额为2.115亿元。

**【计划财务工作】** 2009年，昭阳区工商局充分发挥财务核算和监督职能，进一步加强财务管理。重点是严格执行现金管理和结算制度，定期核对现金与账目，发现现金金额不符，做到及时汇报，及时处理。坚持财务手续，严格审核，对不符规定和不规范的发票不予报销。严格“收支两条线”管理规定，做到应收尽收，应缴尽缴。本年度完成罚没款141.97万元；个体注册登记费3.32万元；企业注册登记费14.04万元。已全部上缴。在票据管理方面，严格遵循票据管理制度。严格依据国家规定，按照物价部门核准的收费项目和收费标准，使用省财政厅和地方财政部门发放的专用票据，按各自的用途收取行政性收费和罚没收入，并及时足额上缴。严格执行预算管理。全局对各项经费的安排使用做到了统筹兼顾，保证重点，量入为出，确保各项业务工作的正常开展。

**【老干工作】** 昭阳区工商局现有离退休老干部64人。其中离休老干部5人、退休人员46人、提前退休人员13人。

2009年，昭阳区局结合昭阳工商实际，切实加强对离退休人员管理工作。重点是建立区局领导联系同级离退休人员制度，负责掌握其思想动态，解决其生活中的困难和问题。全年召开了2次老干部交心谈心座谈会，让每一位老干部都了解区局的整体工作，理解并支持区局的工作；在经费非常紧张的情况下，为老年支部订阅了《云南支部生活》、十七届四中全会读本等刊物。召开了100余人次参加的春节、三八节、七一建党节和重阳节座谈会;组织3名提前退休人员参加市局的统一安排,到昆明温泉疗养中心进行健康体检;组织老年党支部召开“七·一”党建老干茶话会,局长和分管老干的领导都到会和大家交心谈心,让他们真正的感受到组织的温暖关怀,体现“老有所养、老有所乐”;按照《昭阳区80周岁以上老年人保健补助长寿补助发放管理暂行办法》文件精神通知6位80岁以上老干部积极申报保健补助;根据《关于在全市工商系统开展走访慰问离退休老同志活动的通知》精神,区局党组于8月底至9月初开展了看望慰问离退休老同志的活动,制定了活动方案并支出经费1.73万元用于购置纪念品。积极协调相关部门,落实相关政策,为5名退休人员申请的《特殊慢性病、慢性病就医证》发放门诊费7 560元,看望往院老干部8人。

**【经济检查】** 2009年,昭阳区工商局以“严格监管执法,服务经济发展”为理念,把群众关心的热点作为监管执法的切入点,把发展经济的兴奋点作为监管执法的着力点,配合烟草专卖局等相关部门,对辖区所有卷烟零售户开展了一次全面的清理,办理简易程序案件121起,查获一般程序的涉烟违法案件5起,没收假烟58条,取缔违法经营户14户。认真贯彻落实2009年全国“扫黄打非”电视电话会议精神,出动执法人员156人次,深入城区和乡村,对书摊、书店、音像店和校园周边、公园等公共场所、文化娱乐场所等领域,累计检查经营户265家次,清缴了盗版出版物、淫秽、色情出版物、非法盗版DVD等音像制品。以服务“三农”为宗旨,以整顿农资市场为重点,以开展农资打假专项行动为手段,促进农业发展、农民增收和社会稳定,开展为期三个月对冒牌“金沙江”牌尿素的专项整治行动,共出动执法人员1 100人次,检查市场12个次,检查经营户196户,查扣假冒金沙江”牌尿素27 640千克,查处案件5件,罚款1.3万元。对昭阳区辖区内的昭通龙鑫农资有限责任公司等12家销售涉嫌侵犯“安泰生”注册商标专用权的丙森锌可湿性粉剂的经销商进行突击检查,共查获可湿性粉剂203听,总价值0.8万余元,巩固了农资市场的整治成果和建立对农资市场的长效监管机制,开展了声势浩大手机市场专项整治行动。检查手机经营门市42个,查获涉嫌有质量问题的手机662台。协同广播电视局连续两次开展了对非法销售卫星地面电视接收设施的专项行动,检查31户经营户,当场查获违法经营的卫星电视设备19套、小接收机20台、卫星数字电视接收机195台、地面卫星接收设备配件35箱、地面卫星电视接收天线28个、高频头35个。在昭阳区迎丰桥玉峰批发部及其仓库内,现场查获涉嫌侵权啤酒472件;在广州市公大商务顾问有限公司的配合下,开展惠普品牌专项执法活动,对昭阳区电脑耗材市场进行拉网式突击检查,共查缴假冒惠普墨盒44个,假冒惠普硒鼓19个,总价值4.17万元。对流通领域走私行为开展专项整治行动,严厉打击销售走私物品行为。出动执法人员322人次,检查经营户253户。认真开展“打击传销、规范直销”宣传教育活动,全年共出动打击传销宣传活动车辆16台次、工作人员80多人次,播放视听资料8个多小时,发放各种宣传资料1万余份,宣传教育群众2万余人;会同有关部门开展了治理商业贿赂查处不正当竞争行为,对辖区内18家废旧金属收购站点及报废汽车市场进行了清理整顿。全年办理案件79件,案值151万元,罚没款41.7万元。

**【信息化建设】** 2009年,昭阳区工商局信息化建设在原有基础上,积极探索用信息化手段来改进昭阳区工商局管理工作的新途径和新方法,不断将先进的计算机管理技术融入到自己的工作中去,结合自身实际,推进系统内部软件的应用,逐步发挥网络功能,提高办事效率,积极开展信息化建设工作。重点是做好工商一体化软件及昭阳红盾网的运行维护。全局共有计算机80余台,为了保证工商专网一体化软件及昭阳红盾信息网的正常运行,全局所有电脑都实行内外网分离,进行物理隔离,从而有效保障数据安全,加强网络管理人员责任意识,努力保障网络的畅通,及时排除来自各部门的网络及计算机故障;积极配合昭通市工商局推动红盾移动监管信息平台的使用。昭阳区工商局太平分局、凤凰分局作为第一个开展红盾移动监管信息平台的实验点,在昭阳区工商局信息中心积极工作下,开通87个用户,尝试利用移动通讯手段加强工商监管工作。加强培训,提高自动化办公水平和效能。采取集中培训、分散学习等多种方式对广大干部职工进行培训,积极派员参加省、市工商系统内部举办的计算机业务知识竞赛;不定期请上级信息化人员对职工和领导进行计算机基础知识、工商系统内部软件、法律法规等多方位的培训,努力提高干部职工的计算机管理水平。认真做好信息撰写及上报工作,全年共撰写上报各类信息45期303条,上报市局被采用73条、区政府采用97条、市电视台采用31条、区委采用60条,市级网站采用13条、市级报刊采用27条、云南广播电台采用1条,《工商行政管理》半月刊采用1条,有效地宣传了昭阳区工商行政管理工作。

**【消委会工作】** 2009年,昭阳区消费者协会认真开展消费维权工作,为构建和谐昭阳做出应有的贡献,围绕年主题,在引导消费上下功夫,通过媒体和其他形式,引导消费者健康消费、文明消费、可持续消费。发布消费警示8条,撰写《昭阳区消费者协会受理咨询、申诉、举报情况分析》3篇。全年共接受消费者咨询600余件,受理消费申(投)诉186件,其中涉农消费申诉5件,为消费者挽回经济损失74.18万元,其中有5.2万元是为农民挽回用于直接购买农业生产资料的损失。

**【个私协会工作】** 2009年,昭阳区个体私营经济协会紧紧围绕发展这一主线,提升协会服务能力,增强协会的凝聚力和号召力,以发展经济为出发点,以服务会员为落脚点,支持和引导全区非公有制经济的健康快速发展。深入学习实践科学发展观,推动基层分会规范化建设,实现协会的科学发展。组织开展了以

"基层组织建设年"和"会员服务年"为载体围绕和配合工商行政管理机关的中心工作，拟定了《昭阳区个体私营经济协会基层分会规范化建设实施方案》，完善会员登记管理制度、工作承诺制度，在全区个体私营户中积极开展全民精神文明建设，昭阳区个私协积极申报省级文明单位，破解各级党委政府非常关心的非公经济中小企业发展问题，组织了全市各行各业的120名企业代表和市个私协、区个私协全体人员，参加"昭通工商股权出质、出资登记推介大会"，办理股权出质10户，金额960万元。把"贷免扶补"工作作为协会工作的重中之重，发放宣传资料2 000多份，出动人员30人，完成昭阳区个体私营经济协会扶持创业10人的目标任务。着力加强党建工作，充分发挥党组织和党员的作用。协会以服务经济抓党建，抓好党建促发展为宗旨，积极探索非公经济党建工作，成立"昭阳区个体私营经济协会党总支部委员会"，下设11个党支部，积极吸纳优秀会员加入党组织，协会现有党员27人，其中预备党员9人、个体经济党员19人、私营经济党员7人，2009年经区直属工委培训合格的入党积极分子11人。在"七·一"建党节之际，区个私协组织总支党员及会员23人到盘河乡油榨房村开展"献爱心慰问贫困老党员"活动，将全体党员捐献的大米、食用油、农业技术书籍送到老党员的手中。协会党总支和各基层分会认真落实市委、区委2010年度党报党刊宣传发行工作会议精神，共征订党报党刊36份，金额0.8万元。

**【2009年受到表彰的单位和个人名单】**

昭阳区工商局太平分局被评为全国工商行政管理系统商标工作"先进集体"。

**【2009年任职的局领导名单】**

党组书记、局长　高　云

副 局 长　孙世坤　杨启义　钟顺敏

纪检组长　崔　华

## 永善县

**【概况】** 永善县工商行政管理局有干部职工100人，其中在职干部职工77人（公务员73人、工人4人，平均年龄为40岁；女职工26人、男职工51人），离退休23人。有大学文化16人，占21%；大专文化39人，占51%；中专（含中专）以下22人，占28%。县局内设办公室、人事监察股、法制股、公平交易股、市场监督管理股和企业个体注册登记管理股等股室；派出机构有景新分局、桧溪所、黄华所、大兴所、莲峰所。局党总支下设机关支部、老干支部、景新分局支部、个私协支部、兰花宾馆支部5个党支部，有中共党员56人。

**【法制建设】** 1. 充实调整了案件核审领导组，各所、分局配备了兼职法制员，打破了传统的以地域、职能职责管辖办案的方式，在全县范围内实行局所联动、所所联动、股室联动跨区域、跨职能职责查办案件的执法模式，形成全员参与办案、协作互助、团结干事的执法环境；制定了《行政执法错案追究办法》、《行政赔偿追偿制度》、《案件核审制度》、《案件核审议事规程》、《"一案一评、一案一审"制度》等规章制度，进一步规范了执法主体、执法程序、执收执罚行为、自由裁量权应用；杜绝了在执法中以权谋私、执法不严的现象；有效防止了人情案、错案的发生，强化了阳光办案。年终县局对评选出的年度"十佳"案例进行了表彰。

2. 拟定并实施全县工商系统"五五"普法规划，全年共开展党组集体学法和全局机关及城区分局执法人员的法制学习培训6次。3·15期间，配合食品、药品、技术监督等相关部门开展法制宣传活动3次，法律咨询630多人。做好对违法行为人的警示与疏导，共发出警示通知书80份；有针对性的对13户行政违法当事人进行了案件查处回访工作。

**【纪检监察】** 1. 把党风廉政建设纳入整体工作格局，纳入领导班子目标管理，层层签订《党风廉政建设责任书》13份，签订《2009年度股室所（分局）目标管理责任书》13份。聘请以人大副主任、政协副主席、个私业主为代表的"行风义务监督员"；纪检组、监察室重点对公务人员履行职责、执政、勤政、廉政等情况进行监督。2. 县局自2009年3月31日启动"阳光政府四项制度"工作以来，于5月25日开通了96128政务信息查询专线电话，并将常见问题145条发布到政务信息网上查询系统，加强了外部监督和社会监督。3. 制定和完善了《工作纪律制度》、《督查制度》等，重点加强了督查力度，将督查中发现的正面典型和负面典型进行认证评分，认证结果与目标责任制奖惩、年度考核、公务员考评以及其他评先评优直接挂钩。全年共开展各种督查59次，处理一般违纪人员29人次。

**【人事教育】** 1. 坚持"管少不管多，管两头促中间"的原则，加强领导班子建设，采取软培训、硬考核的"一月一法一考"、跟班学习、以案说法、岗位练兵、技能比武、在岗自学、中层干部备课抽签讲课等方式，提升了干部队伍整体素质。2. 认真开展深入学习实践科学发展观活动。开展了以建设服务型工商为课题的专题调研活动，开展了"服务理念、服务方式、服务质量找差距"活动，开展了"走进基层工商所、走进企业、走进个体工商户"的"三走进、三破解"主题实践活动和"我为永善工商科学发展建言献策"的征文活动。挤出2 000多元资金帮助扶贫点细沙乡黄金村解决其电路改造；解决大兴工商所基层规范化建设经费3万余元和黄华个私协会文体活动经费2 000多元；挤出经费10万余元对县局办公楼环境进行了改善；对移民办照、验照开辟"绿色通道"，开展包户移民走访活动，破解生产、经营中的遇到的困难。3. 认真开展精神文明建设工作，形成人人参与共建格局。局精神文明建设工作形成了局长主抓、分管领导具体抓，各股（室）既各司其职又相互协作的工作机制，干部职工牢固树立了促进和谐人人有责，和谐社会人人共享的思想。组织开展了景新分局"五型（责任型、学习型、服务型、效率型、文明型）"工商所、分局创建活动。

**【企业注册登记】** 1. 认真落实省政府

《云南省人民政府关于鼓励创业促进就业的若干意见》精神,立足各项登记注册职能,落实优惠政策、提高服务效能、改革登记监管方式、支持三农发展;积极支持应届大学毕业生、复退转业军人、下岗职工、农民工就业再就业,支持残疾人自主创业,设立专门服务窗口,开设"绿色通道";全年向县委、县政府主要领导及相关部门报送县局撰写市场主体分析报告3期33份,为政府决策及公众查询提供服务;积极推进企业信用分类监管,做到登记机关监管与工商所属地监管上下联动,非公有制经济得到了健康、平稳的发展。2. 全年新发展私营企业42户,注册资本3 022万元;个体工商户1 894户,从业人员3 581人,资金数额7 269万元。截至2009年12月20日,全县共有私营企业234户,投资者人数536人,雇工人数3 029人,注册资本37 539万元;内资企业154户,注册资本17 290万元;个体工商户6 932户,从业人员15 895人,资金数额27 050万元;农民专业合作社30户,出资总额1 317万元,成员总数300个,其中:农民成员283个。

【企业监督管理】 1. 认真做好企业年检和个体验照工作。2008年度应验个体工商户6 451户,实验2 259户,在未验的4 192户个体工商户中,自动歇业3 192户,外出的500户,无法联系当事人500户;全县应检内资企业354户,实检204户,延期年检9户,注销14户。在未参检的127户企业中,无正当理由未参加年检的62户,已歇业未办理注销手续的32户,改制企业33户。2. 结合企业年检工作加大了对企业无照经营、擅自改变登记事项等违法行为的查处力度,全年立案查处经济违法违章案件11件,罚没款10.02万元。

【市场规范管理】 1. 各所、分局制作了食品经营户分布图、监管责任区划图,建立了食品安全网格监管责任制度。全县共完成115户"农村食品安全示范店"的创建工作,提请县乡人民政府表彰二星级食品安全示范店5户、一星级食品安全示范店15户;统一印制了《流通环节食品经营者进货台账》和《流通环节商品经营者进货台账》,建立了统一规范的食品经营者"七制一卡一账制度",与全县998户食品生产、经营户和513户餐饮业经营主体签订了责任书,食品经营者建立进货台账制度和索证索票制度达100%。加强了城乡食品市场监管和校园周边环境整治。全局共开展了40次食品快速监测,进行了10余次食品专项整治,查处食品类一般程序违法案件16件,案值1.7万元,罚没款4.4万元。2."七农机制"不断完善,全年新发展农村经纪人12人,召开农村经纪人培训座谈会2次,参会人员89人次;积极推行涉农合同示范文本,结合实际拟定《农业种植产销合同》,指导签订涉农合同4份,合同种植面积1.3万亩,合同金额258万元,涉及农户98户;检查涉农合同102份。3. 切实加强节日期间市场的监管,确保节日市场繁荣稳定,加强了"网吧"专项整治、"扫黄打非"、未成年人保护力度,深入开展校园周边环境整治工作,严厉了打击违法添加非食用物质和滥用食品添加剂违法行为。

【消费者权益保护】 1. 以《食品安全法》的贯彻实施为契机,开展法制宣传活动3次,解答法律法规咨询630余人次;开展市场主体培训2次,占市场主体总数的78%;受理消费者申、投诉及举报40件,成功调处40件,涉案金额12.2万元,争议金额3.27万元,为消费者挽回经济损失2.76万元;受理群众举报12件、咨询150余件,转立案查处6件。2. 制定了《永善县"一会两站"建设实施方案》,成立了"一会两站"建设工作领导组,并由县财政预算解决建设启动资金3万元。在全县已建立消协分会15个,在村委会、社区建立"两站"137个,在学校内建立投诉站5个、联络站14个,交通要道设置"12315"消费维权宣传标志,形成了100%覆盖全县乡村的消费者权益保护网络体系。

【广告监督管理】 2009年,永善县工商局建立了2009年整治虚假违法广告联席会议和虚假违法广告监测制度,全年共受理户外广告登记200件,开展广告审查员法规培训2次,公告虚假违法广告2次,对3件医疗广告实行全程监管,加强了对16户广告经营单位的监测检查,共立案查处广告违法案件5起,罚没款7 100元。

【商标监督管理】 2009年,永善县工商局成立了"永善县工商局商标战略实施领导小组",认真清理全县注册商标情况,完善商标档案,全面负责商标战略实施的组织领导工作。2. 专题召开了商标法服务万家企业启动仪式培训会,通过不同形式宣传《商标法》,突出做好县内具有一定规模、经济效益好和独特优势的农副土特产品的扶持工作。3. 全年共申请商标注册5件,重点培育、扶持和创建"云南省著名商标"1件,"昭通市知名商标"2件。

【计划财务工作】 2009年,永善县工商局落实各项规章制度,加强财务管理,保障重点支出,努力提高资金使用效率,切实保障各项工作的开展。重点是严格按收费许可证审定的收费项目进行收费;认真编制和执行部门经费预算,严格执行"收支两条线"管理规定,至11月底,全局完成上缴行政性收费7.5万元。严格按规定加大对票据的监管力度;严格控制接待、会议、公务用车等办公经费支出,实行单位固定资产登记、领用制度,做好本局的固定资产管理,按时按质完成了全系统车辆保险申报工作;严格专项经费的使用和管理;严格实行"一支笔"审批制度和大额经费支出党组集体决定制度,强化对资金使用的监督管理;开展了对工商所(分局)财务督查调研工作和财务内部审计工作。

【基本建设】 1. 成立了局基建办,抽调专人负责相关资料收集、工程施工联系等日常工作。桧溪、黄华基层工商所办公楼建设正抓紧进行,莲峰所已竣工,各项施工手续正在办理和完善中。到年底已完成基建投资101.49万元。2. 结合实际制定出台了《昭通市永善县工商局基层规范化建设实施方案》、《永善县工商局2009年基层规范化建设创建任务分解表》,明确了长远和近期创建具体工作目标。按县局党组"统一规格、统一色调、集中采购、分工负责”的要求，筹措资金10万余元对局机关会议室、过道进行了粉刷和装修，重新制作了公示牌匾，更换了办公桌椅、窗帘、增配打印机，增设“红盾之家”职工活动室及图书室。

【机关党建工作】 1. 认真组织党员落实“三会一课”制度，开展了重温入党誓词的宣誓活动。局党组书记作了题为《中国革命历程的三次思想解放》、《中国共产党党员纪律处分条例》的党课教育，并就党员干部存在的9个方面问题作了警示教育。2. 纪检组长针对县委、人大、县直属工委到局党总支部调研工作时提出的要求和对局党总支部上半年工作存在的问题，从党员的纪律、作风、工作行为等方面的规范和提升入手作了安排强调。3. 党总支按要求完成了2010年45份的党刊征订任务，完成党费上缴4 930元。

【老干工作】 2009年，永善县工商局有一名同志专门负责老干工作。多次组织老干部召开座谈会，倾听他们对县局工作意见和了解他们生活中的困难，并及时帮助解决。

【经济检查】 2009年，永善县工商局先后组织执法力量对农资、食盐、粮食、成品油、汽车修理、废旧金属收购、货运物流、“两烟”打假打私、小煤矿及非煤矿山、建材、租赁服务、娱乐服务等重要市场进行了拉网式检查。全局共办结一般程序案件131件，案值140余万元，罚没款入库42万余元；取缔无证照黑网吧6家、取缔游戏室1个；全年共没收手机14部、电脑20台、不合格化肥4.85吨、假食盐10吨、低俗音像制品（光碟）52张以及部分其他类假冒伪劣商品，有效保护经营者和消费者的合法权益，营造公平竞争、安全、和谐的市场经济环境。其中，检查农资经营户367户次，签订《农资经营责任书》194份，取缔农资经营户2户，查处销售假劣农资案3起，督促农资经营者建立了“两账两票、一卡一书”。

【信息化建设】 2009年，永善县工商局成立了由局长任组长的“信息化工作领导小组”，加大了信息化建设资金的投入。全年共投入信息化建设资金5.5万余元，购置电脑主机3台，电脑显示器9台，更换了部分逐渐老化信息化设备，按照市局要求启用了工商“一体化软件”相关模块。

为进一步促进全县工商系统信息化建设规范化、制度化和科学化，立足干部职工岗位，按照“谁登记、谁录入；谁检查、谁录入；谁处罚、谁录入；谁录入，谁负责”的原则，建立健全各项规章制度，强化操作的考核督查力度；遵循“以需求为导向、以应用促发展”原则，在规定的时限内将市场巡查、行政处罚等信息进行采集、整理、录入，加强对经济户口的分配认领、分层分类登记和信用体系建设的指导；以县级能手网管为培训肯干，坚持“全员参与、重在基层、立足岗位、注重实效”的原则，以业务技能为重点，强化知识培训。2009年，在市局举行的“计算机操作能手和登记注册能手”两项活动中，取得较好成绩。

【消费者协会工作】 2009年，永善县消费者协会成立了妥善处置婴幼儿奶粉事件领导组，加强对消费赔付款发放工作的领导。

【个私协会工作】 2009年，永善县个私协会在动产抵押、股权质押、小额贷款、授信贷款等方面联手搭建融资平台，为中小企业服务。重点是加强“贷免扶补”工作，5户创业者提出的创业项目通过初审后向有关部门进行推介，获得银行贷款23万元。加强“股权质押”工作。县局及个私协会为企业办理股权出质登记2件，融资2千余万元，为10家中小企业达成了5 000万的股权出质登记贷款合作协议。加强个私党建工作，个私党支部和兰花支部被县委确定为第三批深入学习实践科学发展观活动试点单位参加了学习活动。个私协会发扬“致富思源、富而思进”的高尚品质，全年累计向贫困学生捐资助学15万余元。组织会员参加了4月份由县政府主办的“信合杯”篮球运动会，展示了个协会员积极向上的精神风貌。加强个私维权建设。成立了永善县个体私营经济协会会员法律维权服务中心，积极为全县个体私营经济的发展提供法律咨询、培训等公益性法律服务。

【2009年任职的局领导名单】

党组书记、局长　邓　辉

副局长　姜世波　邓鹏飞

纪检组长　马　华

## 水富县

【概况】 水富县工商行政管理局内设办公室，注册登记股，人事股，纪检监察室，市管股，基建办公室；下设经济检查大队，向家坝分局。全局有在职干部45名，工人3名，合计48名。到2009年末，水富工商局注册登记的各类企业302户，注册资金68 248万元，其中新注册各类企业15户，注册资金3 650万元；年检178户；私营企业47户，内资企业6户，集团公司2户，注册资金合计4.6亿；提前完成验照工作，验照率达100%；全年受理个体工商业户变更登记279户，注销登记109户，名称预先核准登记59户，使全县个体工商业户新增个体工商户1 250户，使全局个体工商户达到3 046户，注册资本8 897.61万元，从业人员7 050人。另外，建立了市场监管信息定期分析报告制度，大力发展农村经纪人10人，积极扶持农民专业合作社3户。

【法制建设】 2009年，水富县工商局紧紧围绕市局整体工作目标要求，以贯彻落实市局法制工作要点为主线，强化法制工作制度建设和案件质量建设，全力抓好依法行政工作的日常监督管理，抓住案件执行这个纽带，推动法制工作再上新台阶。年初，拟订了法制工作培训计划，对法制工作的培训进行了安排和部署。编印以“消费与责任”为主题的“3·15”特刊3 000余份分发给广大的消费者，有力地促进了广大消费者自我保护意识。同时按照市局执法办案岗位练兵竞赛活动的要求编印了水富县《工商系统执法办案岗位练兵竞赛活动业务知识和技能学习范围》一书,作为“五·五普法”的重要资料。根据2009年市局举行的“办案能手”、“计算机操作能手”及“注册能手”的培训要求为契机掀起了岗位大练兵的热潮,提高了广大干部职工的法律素质和执法理论水平。同时做好案件的核审和诉讼工作。全年共核审经济违法案件50件。其中无照经营案件12件、销售假冒伪劣商品案件20件、商标侵权案件8件、擅自发布广告案件3件、未按规定参加年检案件4件、擅自改变经营范围、内容、名称案件3件。全年无诉讼无申请复议案件,所办案件符合管辖的规定。积极配合公安、文化做好禁毒防艾的培训和宣传,全年共召开禁毒防艾会议2次,共培训歌舞娱乐场所从业人员100余人次,出动执法人员40人次参加禁毒工作,清查歌舞厅、酒吧、发廊、录像厅等歌舞娱乐场所50处,对巩固水富县的“无毒县”成果做出了贡献。

**【纪检监察】** 2009年,水富县工商局按照局党组的安排部署和年初召开的专题党风廉政建设工作会议,结合县局党组书记局长与党组成员,党组成员与各股、室、队、分局负责人,层层签订党风行风廉政建设责任书11份,强化一岗双责,加大考核力度,落实责任追究。同时为完善全局工作人员个人行为示范激励机制,继续保持争先创优的良好风格,使各股、室、分局工作有目标、行为有规范、考核有标准、奖惩有依据,充分调动每个工作人员的主动性、积极性和创造性,提高办事效率,根据《中华人民共和国公务员法》、《云南省国家公务员考核实施办法(试行)》,《昭通市工商行政管理人员个人行为价值系数认证制度》,结合实际,制定了工作人员个人行为价值系数认证实施细则,进一步强化干部考评机制,切实改进工作作风,落实长效机制。在年终,还将对见义勇为的好人好事,工作岗位中评为能手、评为五好文明家庭、贤内助,文章信息被采编的干部予以个人行为价值系数认证加分。根据市局《督察制度》,纪检监察室开展了对各股、室、分局的效能督察,通过对各股室、分局工作完成进度督查、工作效率质量抽查、服务态度跟踪等,实施监察关口前移,会同相关股室,开展了软件使用、信用监管、股室工作计划小结上报、放心店食品安全监管、重点创新工作进展的检查、督查,促进依法行政,廉政勤政,不断提升全局工作效能。全年开展上下班考勤查岗共115次,共出动人员326人次。邀请水富县市级人大代表1名、市级政协委员1名,县级人大代表3名、政协委员代表5名、有关部门代表12名、行风建设义务监督员代表2名,以及个体工商户代表8名和企业代表5名,共计35人与局党组班子及中层干部就机关作风评议召开恳谈会。会上有12位代表作了发言。通过这次恳谈,对各代表提出的意见和建议进行认真梳理归纳,并针对意见和建议作出进一步整改。尤其是切实解决全局工作纪律、工作态度、工作作风、精神状态及廉洁自律等方面存在的问题,开展纪律作风整顿及警示教育活动。使全局上下形成团结紧张、令行禁止、遵纪守法、勤政廉洁、克己奉公的良好氛围。进一步强化纪律教育,加强监督管理,健全落实制度,改进工作作风,掀起纪律作风整顿问责风暴。进一步推进廉政风险和监管风险管理工作向纵深发展。

**【企业注册登记】** 2009年,水富县工商局认真贯彻落实国家工商总局监管与发展、服务、维权、执法统一,积极推进制度化、规范化、程序化、法治化建设,加强法律法规的学习,立足工商行政管理职能,增强服务观念,为经营者服务,为水富经济发展服务,把工商行政管理注册工作融入水富县经济发展的大环境之中。同时不断转变工作作风,改进工作方法,完善服务措施,提高工作效率。1. 继续实行服务承诺制度、限时办结制度、首问责任制度、预约服务制度、延时服务制度、上门服务制度等,继续完善办理执照一审一核制,真正达到优质、高效、廉洁、便民的目标。2. 建立注册登记档案管理制度、计算机软件数据录入工作流程,确保档案管理规范有序。3. 建立完善企业信用分类监管制度和个体工商户分层分类登记管理办法。4. 转变工作作风,认真落实各项优惠政策,积极推进就业再就业工作,也是打造服务型工商的一个举措。注重提升工商第一形象的理念,采取扎实有效的措施搞好窗口建设,全面提升窗口形象。重点是全面推进政务公开,登记注册股对本部门的职责、权限、办照程序、办照时限、收费标准、政策法规等进行公示,提供与审批事项相关的备查资料,方便企业和群众查询和办事。全面提高服务质量。牢固确立窗口服务无小事的理念,采取多种方法,增加服务内容,积极推行引导服务、限时服务、延时服务、预约服务和上门服务。全面提高登记质量。窗口工作人员牢固树立依法登记的观念,认真学习注册登记管理的法律法规,熟练掌握业务知识,以高度的责任感认真细致、一丝不苟地审核每一份登记材料,做到每一件登记经得起法规的检验、时间的考验和上级的检查。截至年底,全县实有各类企业302户,注册资金68 248万元,其中新注册各类企业15户,新企业注册资金3 650万元;年检178户,全年受理个体工商业户变更登记279户,注销登记109户,名称预先核准登记59户,使全县个体工商业户新增个体工商户1 250户,使全局个体工商户达到3 046户,注册资本8 897.61元,从业人员7 050人。另外,建立了市场监管信息定期分析报告制度,大力发展农村经纪人10人,积极扶持农民专业合作社3户。

**【消费者权益保护】** 2009年,水富县工商局在消费维权工作中,积极开展消费维权宣传、消费维权知识竞赛、消费者评议活动,认真接待消费投诉,有效调解各类消费矛盾。共接待消费者投诉44件,受理消费者投诉44件,调解成功率为100%,接待来访咨询人数92人次,纠纷案值2.056万元,为消费者挽回经济损失1.51万元。通过各类专项整治和执法维权,全年共出动执法人员329人次,检查食品经营户622户次,没收不合格食品182千克,查处假冒伪劣食品及违法违规案件66件,罚没2.46万元,维护了食品市场和节日消费安全。同时积极开展“3·15”知识竞赛活动,共发放试卷1 094份,收回试卷932份,通过法制股工作人员的的耐心评审,其中95分以上的有473份,约占收回试卷的51%。邀请23名个体、私营企业主进行了现场监督。现场抽出组织奖一名,县纪委办公室获此殊荣。另外,评出一等奖1名、二等奖2名、三等奖3名、纪念奖50名。

**【食品流通监督管理】** 水富县工商局充分发挥其职能,强化工作责任,积极创新监管手段,狠抓目标落实,较好地完成了流通环节食品安全监管各项工作任务,取得了比较明显的成效。1. 精心筹划,开展各项食品市场专项整治。2009年,先后组织开展了"元旦"、"春节"、"五一"、"端午"、"十一"、"中秋"食品市场等节日食品安全集中整治、打击违法添加非食用物质和滥用食品添加剂专项整治、农村食品市场专项执法检查、学校及周边食品安全专项整治等活动。通过各类专项整治和执法检查,共出动执法人员329人次,检查食品经营户622户次,没收不合格食品182千克,查处假冒伪劣食品及违法违规案件66件,罚没2.46万元,维护了食品市场和节日消费安全。2. 重心下移,强化食品安全日常监管。按照《工商行政管理所食品安全监督管理工作规范》和"六查六看"巡查要求,将监管重心下移,落实工商分局食品安全日常巡查和属地监管责任制,采取增加巡查频次、完善巡查内容、提高巡查效率等措施,有针对性地开展市场巡查,及时发现和查处违法违章行为,加大对制售假冒伪劣食品等违法案件的查处力度,规范食品销售者的经营行为。将食品市场巡查与经济户口管理结合起来,完善监管信息采集,加强对监管数据的统计分析,切实提高日常巡查监管的针对性和有效性。3. 多措并举,加强食品快速检测工作。2009年,该局集中现有的食品检测设备,在管辖区域有重点、有针对性地开展了8次食品快速检测专项行动。抽检的食品涉及新鲜猪(牛)肉、腌卤制品、肉制品、水发产品、奶制品、果汁饮料、面制品、干鲜制品、桶装饮用水9大类55个样品,总合格率为65.5%。对存在问题的食品坚决实行下架退市,同时,在水富工商红盾网中公示检测结果。4. 加大推行统一食品批发进销货凭证工作力度。2009年6月1日起,按照"规范源头"、"票随货走"的要求,认真推行统一食品批发进销货凭证工作,积极构建流通环节食品安全监管长效机制,建立完善流通环节食品源头治理和追溯制度,提升食品安全监管效能,确保食品市场消费安全。5. 流通领域"食品安全示范店"创建工作。为进一步加强食品市场监管,切实构建流通环节食品安全长效机制,根据云南省工商行政管理局2009年重点工作目标及要求,结合实际情况,经过认真、细致的考评,已创建并授牌表彰48户食品经营户为"食品安全示范店"。同时,将其中经考评、验收达标的3户食品经营户推荐为"一星级食品安全示范店",由所在的乡、镇人民政府进行命名表彰与授牌。

**【反垄断与反不正当竞争执法】** 2009年,水富县工商局以促进健康发展为主线,以队伍建设为根本,深挖案源,依法行政,严格执法,在强化市场监管,加强行政执法,运用一体化软件办案,优化办案质量等方面做了大量的工作。一年来,共查办案件45件(其中简易案件6件、一般程序案件39件),万元以上案件有7件,罚没款入库金额22.5万元,有力地打击了各类违法经营活动,保护了经营者和消费者的合法权益,树立了工商部门严格依法行政,文明执法的良好形象,为水富县经济健康发展,创造了一个稳定、公平、公正的良好市场竞争环境。

**【老干工作】** 2009年,水富县工商局党组高度重视老干工作,充分肯定水富县工商事业的发展离不开退休老同志们的大力关心和支持,为继续保持和发扬党的优良传统和作风,一如既往地关心支持水富工商的发展和进步,为促进水富地方经济发展,为构建社会主义和谐社会,做出新的更大贡献。党组多次召开专门会议研究决定对水富县工商局退休老职工进行走访慰问活动,特别是在"重阳节",局党组书记局长胡家平带领党组成员和监察室、人教的同志一起上门看望17位退休的老职工,向17位退休老干部致以节日的问候和亲切的慰问!为他们送上一封慰问信和最真诚的祝福,同时向他们每人发放了200元慰问金。与此同时向老同志征求工作中的意见,转达上级工商部门对他们的关怀。局领导们与老干部亲切交谈,向他们了解了健康状况和生活状况,和他们唠家常,问寒问暖,希望他们静心休养,心情舒畅,健康长寿。老干部们非常高兴,抑制不住内心的喜悦侃侃而谈,其乐融融。

**【2009年任职的局领导名单】**

党组书记、局长　胡家平

党组副书记　周　萍(正科级)

副局长　杨　耕　陈　敏

## 彝良县

**【概况】** 彝良县工商系统现有干部职工107人,其中:在职干部职工75人,本科学历3人、大专学历51人、中专学历18人、高中学历5人,平均年龄37岁,现有中共党员35人。局机关设6个股室,基层设1个分局、2个工商所。

2009年,彝良县工商系统在市局和县委县政府的正确领导下,以科学发展观为统领,纵深推进队伍建设,增强科学监管能力,提升服务发展水平,在全面落实省局"六项重点工作"和《昭通市工商行政管理系统2009年局长目标责任书》,实施阳光政府四项制度,着力推动队伍建设和各项业务工作上取得新的成绩。县局机关和派出机构分别荣获"省级文明单位"、"市级文明单位"和"县级文明单位"等荣誉称号;《云南日报》、《昭通日报》、《昭通电视台》等多家媒体先后160余次报道了该局在队伍建设、业务建设和服务经济建设等方面的做法,得到了市县领导和群众的好评。

**【法制建设】** 2009年,彝良县工商局以贯彻落实五五普法规划,以加强法制宣传,夯实法规培训为基础,严把案件质量关,推动法制工作再上新台阶。1. 加强法制宣传,努力营造公平竞争环境。充分利用"3·15"国际消费者权益日宣传活动和彝良工商红盾网等多种形式向社会开展法制宣传活动。2. 加强业务学习培训,努力提高干部队伍执法水平。突出抓好《食品安全法》知识、办案程序和法制员的法律法规培训，把干部职工培训重点主要放在自学讨论、执法办案能手和办案技能上，不断提高业务整体素质。3. 认真落实限时办案和“回访”工作。严格按照县局限时办案要求和《彝良县工商行政管理局案件查办回访制度》，开展案件查处回访工作6次。4. 加强案件核审工作，保证案件核审质量。严格落实“四审八核”机制，确保案件质量，全年所有立案查办的案件核审率为100%，无一例诉讼。5. 加强执法监督，提高执法质量。推行新版行政处罚文书，强化使用培训，明确说理式执法文书的操作规范，加强执法行为监督，确保执法质量。6. 抓好普法工作，推行行政指导。认真开展推进依法治理工作和“法律六进”工作，建立《彝良县工商行政管理局行政指导制度》，把行政指导作为行政执法的工作机制，努力做到监管与服务相统一，不断提升服务效能。

**【纪检监察】** 2009 年，彝良县工商局以落实党风廉政建设责任制为重点，加强效能监察，推进职能到位，提升工作效能。1. 签订党风廉政建设责任书，实施“一岗双责”。层层签订《彝良县工商局2009 年党风廉政建设责任书》，把反腐倡廉各项工作任务分解到了各部门，融入到各项工作中。2. 开展述职述廉，自觉接受监督。工商所（分局）共有35 名执法人员接受了评议，监管服务对象代表对基层执法人员勤政廉政情况的满意率为100%。3. 开展警示教育，不断增强干部职工的廉洁意识。组织集中收看了《高墙悲歌》和《夫妻共奏廉政曲》正反典型电教片，并对警示教育片进行案例分析和讨论。4. 强化效能督察，确保工作落实。开展三级督察，按照《彝良县工商行政管理个人行为价值系数认证实施方案》，对4 位同志进行了正面认证和1 位同志进行了负面认证；办理信访案件1 件，办结率达100%；开展效能监察20 次，通报9 期。

**【人事教育】** 2009 年，彝良县工商局围绕思想抓教育，围绕应用抓培训，在干部队伍建设和精神文明建设等各项工作上取得了明显成效。1. 创新载体，认真开展学习实践科学发展观活动，努力提高干部职工思想素质。紧密联系工作实际和思想实际，在规定动作的基础上，通过全员培训、走进企业、走进校园、走近群众等“自选动作”的开展，创新了载体，丰富了内容，取得了实效。干部职工在全面落实科学发展观，努力实现“三个到位，六个好”工作目标的思想认识进一步得到统一，形成共识，干部队伍工作作风进一步得到转变，服务理念进一步得到更新，综合素质进一步得到提升。2. 以“三个能手”竞赛活动为契机，开展岗位练兵活动，提高干部职工业务能力。采取跟班见习、专题讲座、周末课堂、严格考核等方式，突出抓好计算机操作、执法办案、注册登记业务培训。3. 鼓励职工参加学历教育，提高文化素质。鼓励支持职工利用工作之余参加各类在职函授教育，提高文化素质。2009 年，该局有3 名干部通过努力，获得了大学本科学历。4. 多措并举，深入开展精神文明创建活动。进一步健全完善了服务平台等配套设施，改善了基础办公条件；组织开展乒乓球、游泳、演讲比赛、励志训练等形式的活动，丰富职工文化生活，不断加强团队精神塑造；开展“和谐文明家庭”、“贤内助”评选和义务献血活动，营造和谐氛围。县局机关和派出机构分别荣获“省级文明单位”、“市级文明单位”和“县级文明单位”等荣誉称号。5. 建立完善制度，促进工作有序开展。修订完善《彝良县工商行政管理局行政事务管理暂行规定》和工商所（分局）绩效考核机制，进一步规范了工作行为，调动了工作积极性。

**【企业注册登记】** 2009 年，彝良县工商局围绕地方党委、政府的中心工作，以便民、高效为核心，进一步规范办事程序，努力营造规范、便捷、高效市场准入环境。1. 深入推行政务公开。依照法律法规，将办事依据、条件、程序、项目、标准及登记流程图，在办公场所公示，增强了工作透明度。2. 强化市场准入服务指导，认真开展就业再就业工作。推行“导办服务”、“限时服务”、“延时服务”、“预约服务”及“一次讲清”的工作制度，对返乡农民工、下岗失业人员、高校毕业生、城镇退役士兵、残疾人以及零就业家庭人员申办个体私营企业和企业改制，开辟“绿色通道”。完成创业“贷免扶补”5 户，争取到25 万元的资金，建立“创业导师库”9 户。3. 积极推进农村经纪人和农民专业合作社发展。认真宣传落实《农民专业合作社法》及《农民专业合作社条例》。2009 年，办理农民专业合作社3 户，开展经纪人培训2 期，参训17 人次，办理经纪人《营业执照》10 户。4. 下放个体工商户登记权限，构建办照“高速路”。在工商所（分局）设立注册大厅，规范工作流程，建立一个对外窗口，实施“一审一核”制，县局以书面形式委托工商所（分局）利用内网登记系统开展个体工商户注册登记业务，方便业主申办营业执照。

截至2009 年底，全县累计注册登记各类企业360 户（内资企业100 户、私营企业260 户，其中有限责任公司149 户、合伙企业56 户、个人独资企业55 户），个体工商户7 578户。共有农民专业合作社11 户，注册资金142 万元，成员108 人。

**【企业监督管理】** 2009 年，彝良县工商局在完善“经济户口”动静态档案、落实属地监管责任制的基础上，利用网络监管平台和市场巡查，强化对市场主体的准入行为、经营行为和退出行为的全程监管，努力营造公平竞争的经营环境，促进全县个私经济健康发展。1. 结合市场巡查，实施企业（个体工商户）分层（分类）监管，查处无照经营行为。进一步完善《企业信用分类监管制度》、《企业激励制度》、《企业失信惩戒制度》和《个体工商户分层登记监管制度》，按照“谁登记、谁录入；谁检查，谁录入；谁处罚，谁录入”的原则，市场主体准入信息的采集录入7 938条，市场经营行为信息采集录入14 101条，市场退出信息的采集录入12 条。有A 级企业324 户，B 级企业0 户，C 级企业36 户，D 级企业0 户；A 级个体工商户6 871户，B 级个体工商户0 户，C 级个体工商户707 户，D 级个体工商户0 户；查办无照经营案件46 件。2. 强化年检验照工作，规范市场主体生产经营行为。在开展的企业年检和个体工商户验照工作中，坚持依法行政与热情服务相结合，开展上门服务活动，为帮助市场主体及时解决问题提供法律咨询。办理不按时参加年检案件7件，处罚款6.1万元，办理抽逃资金案件1件，处罚款1.5万元。

【市场规范管理】 2009年，彝良县工商局积极探索科学监管方式，建立有效的综合治理机制，为深入开展整顿和规范市场经济秩序作出新的成效。1. 强化监督，规范管理。进一步健全和落实市场监督管理制度，确保市场开办者行为规范、进场经营者行为规范、上市商品规范、市场监督行为规范。2. 积极采取措施，推进监管职能到位。认真组织开展了以食品市场、农资市场等为重点的专项整治行动15次，强化节假日市场安全监管措施，十二类重点市场和十类重点商品受到严密监控。查办不合格产品案件27件，查处出售违禁商品案件12件；依法查处无照经营黑网吧案件6件，没收用于非法经营活动电脑35台；查获假冒“立白”洗衣粉368包，没收塑料购物袋10万余个。3. 建立完善涉农工作制度，认真开展涉农商品质量监管工作。积极推进《种子留样备查公示制度》、《农资市场“两账两票、一书一卡”制度》、《农资“商品承诺”先行赔偿制度》，规范农资经营者行为。同时，不断强化对农民群众识假、防假的维权服务指导和宣传，时刻提醒农民群众到已规范的经营店购买农资，提醒农民群众留心查验经营者证照、索要购物凭证、查看产品、保存样品等，进一步提高农民群众自我维权保护能力。查处违法案件8件。4. 积极开展诚信市场创建工作。引导鼓励示范性较强的商品交易市场、商场、超市和经营户参与“诚信市场”创建活动，提升市场及其经营主体的诚信度和创建层次。

拓展执法办案领域，维护公平竞争，不断总结工作经验，切实制止各种不正当竞争行为。将治理商业贿赂作为制止不正当竞争的重点，分行业、分层次、分阶段开展监控和治理。继续加大以反仿冒、反误导、反欺诈为重点的反不正当竞争执法力度。严厉查处垄断性行业强制交易、强制服务、侵害消费者和其他经营者合法权益的行为。全年办理反不正当竞争案件3件。

【消费者权益保护】 2009年，彝良县工商局紧紧围绕“消费发展”年主题，采取多种形式发动全社会共同参与，营造安全、健康的消费环境，切实维护消费者合法权益。积极联系有关部门参与纪念“3·15国际消费者权益日”打假、维权活动。现场接受咨询300余人，发放宣传材料6 400余份，保障消费者举报投诉渠道畅通，依法受理调解消费投诉32起，为消费者挽回经济损失3.9万元。

【食品流通监督管理】 2009年，彝良县工商局通过强化市场巡查，实施分类监管，流通领域食品监管工作取得新实效。1. 进一步完善市场巡查和信用分类监管制度，推行层级管理和巡查协管。层层签订责任书，强化了片区监管职责，明确到岗到人，实行AB角互动，互补缺位，推进了监管职能到位，工作到位。2. 以规范食品经营行为为着力点，深入开展食品安全专项整治。在基层建立食品安全网格化监管责任制、食品经营户分布图、监管责任区划分图，做到监管任务落实到户，责任到人；坚持以市场巡查为主，以建立食品市场长效监管机制为保障，不断完善食品安全“七制一卡一账制度”，推进行业自律建设，实现食品质量可追溯；以一、二类食品质量监测为重点，认真开展节日市场整治、校园周边环境整治、打击流通环节违法添加非食用物质和滥用食品添加剂专项整治等专项检查工作，维护市场秩序保稳定。3. 不断规范经营者自律行为，着力构建“工商监管、行业自律、社会监督、”三位一体的监管机制。对食品经营者严格实行进货检查验收制度、购销台账制度、索证索票制度、不合格食品退市制度和质量承诺制度等经营者五项自律制度，积极创建“食品经营诚信示范店”。4. 宣教并举，进一步提升消费者和经营者的法治观念和自律意识。按照《昭通市工商局关于在食品安全法实施前做好有关工作的紧急通知》要求，积极协调有关部门开展食品安全法的宣传工作。全年开展食品质量监测32次，检测猪肉、大米、奶制品、饮料、月饼、食用油等10大类食品，收缴销毁过期食品509千克。查办食品类违法案件16件，取缔校园周边无证照经营户7户。

【广告监督管理】 2009年，彝良县工商局拓展执法办案领域，维护公平竞争，不断总结工作经验，切实制止各种不正当竞争行为。将治理商业贿赂作为制止不正当竞争的重点，分行业、分层次、分阶段开展监控和治理。继续加大以反仿冒、反误导、反欺诈为重点的反不正当竞争执法力度。严厉查处垄断性行业强制交易、强制服务、侵害消费者和其他经营者合法权益的行为。全年办理反不正当竞争案件3件。

坚持日常监管和专项整治并重，以广告法执法月活动为契机，深入推进广告监督管理。1. 规范主体资格和广告监测。按照辖区负责制，开展了广告经营者、广告发布者经营资格清查工作，依法办理涉及招生、商业、美容等领域户外广告登记13户。2. 开展专项检查。利用市场巡查机制，按照《户外广告登记管理规定》，结合违法广告的主要表现形式开展了专项检查。查处擅自发布户外广告案件7件，处罚款1.9万元。

【商标监督管理】 2009年，彝良县工商局积极推进商标战略，严肃查处商标假冒侵权案件，为企业提供商标服务。1. 开展知识产权保护宣传咨询活动。利用电视台等媒体和印发宣传单3 800余份，大力宣传知识产权保护成果，大力宣传知识产权保护知识。2. 开展专项活动。以食品、种子、化肥、农药等关系人民群众生命、财产安全的商品为重点开展商标法执法月活动。查获没收商标侵权化肥396包，查办商标侵权案件8件，处罚款2.75万元。3. 开展“一所一标”活动，推进商标战略。按照《昭通市人民政府办公室关于实施商标战略的通知》要求，将创建活动的目标任务进行细化分解到所（分局），明确工作职责，加强业务指导，完成4个注册商标的申报工作。

【计划财务工作】 2009年,彝良县工商局严格财经纪律,增强财务管理,财务工作平稳运行。健全完善与部门预算管理相适应的各项规章制度,贯彻执行国家的财经制度和财经纪律,加强会计监督检查,强化对资金使用的监督管理。严格执行"收支两条线"管理规定,对执收部门票据进行定期和不定期抽查2次;切实规范固定资产管理行为,对购置、调拨、使用、处置、报废固定资产按程序报批,并完善相关手续;严格专项经费的使用和管理,进行事前、事中、事后跟综问效和专项监督检查。

【基本建设】 2009年,彝良县工商局加强自身建设,夯实工作基础,推进工商所(分局)规范化建设取得新进展。积极开展"五型工商所"创建。制定《彝良县工商行政管理系统开展创建"五型工商所(分局)"活动实施方案》,以"执法行为规范、监管制度规范、基础设施规范、队伍管理规范"为标准,着力把基层工商所(分局)建设成为维护市场经济秩序、服务地方经济发展的坚强阵地。2009年,角奎分局被昭通市工商局命名为"五型工商分局"荣誉称号。

【机关党建工作】 彝良县工商局党总支下设党支部2个,有中共党员50名,其中在职人员37名。2009年,坚持"围绕工作抓党建、抓好党建促工作"的思路,建立和完善"党员信息库",做到了维护信息及时准确,上报资料按时无误;以学习实践科学发展观活动为契机,广泛开展思想教育、党纪法纪教育、党员民主生活会和组织活动,统一思想,提升素质,增进团结;完善考核措施,签定党员目标责任书,充分发挥党员先锋模范作用和党支部战斗保垒作用,为确保全年工作任务完成发挥了积极作用。

【老干工作】 彝良县工商局有退休职工32人。2009年,该局坚持从实际出发,关心、照顾老干部,让老同志真正体会到工商大家庭的温暖。在学习实践科学发展观活动中,对退休党员采取送学上门的方式,将学习资料送到老干部家中学习;在九九重阳节组织退休老干部座谈,征求工作的意见和建议。在春节期间,走访慰问全体退休职工,为每位退休职工送去了200元慰问金;对生病的老同志做到及时探望,对去世老同志的家属进行慰问并协助料理后事;县局阅览室、职工之家随时向老干部开放,方便他们学习、娱乐;关爱职工身体健康,组织退休职工到县人民医院体检。落实工资标准,按时发放退休金,对老同志在工资和公费医疗等方面的疑问给予耐心解释工作。

【经济检查】 按照全市工商行政管理工作会议和县委县政府作出的决策部署,加强组织领导,统一思想认识,谋划工作思路,建立工作机制,推动经济检查工作迈上新台阶。1. 把握工作主题,确立工作思路。紧紧围绕市局"六个狠抓"工作主线,确立了经济检查工作的总体思路:以科学发展观为统领,增强科学监管能力,全面落实省局"六项重点工作"和《昭通市工商行政管理系统2009年局长目标责任书》,着力推动经济检查工作迈上新台阶。2. 明确工作责任,实施目标管理。层层签订目标管理责任书,明确目标责任,细化工作任务,将工作层层分解,落实到部门到人,纳入年终考核。3. 完善制度建设,强化工作监督。进一步完善了《彝良县工商行政管理局勤政效能监察暂行办法》和《彝良县工商行政管理局行政事务管理暂行规定》,有力推动了经济检查工作落实到位。4. 以"四个强化"为抓手,全面开展经济检查工作。以强化领导为抓手,做到领导责任到位;以强化落实为抓手,推行联系挂点责任;以强化协调为抓手,争取资金政策支持;以强化督察为抓手,保障工作顺利推进。进一步推行层级管理和巡查协管,建立食品安全监管网格化,强化市场巡查,实施分类监管,完善食品安全"七制一卡一账制度",深入推进"七农"机制,认真组织开展了专项打假治劣工作15次,全年查办一般程序案件100件、简易程序案件33件,处罚没款32.38万元。

【信息化建设】 2009年,彝良县工商局始终把信息化建设作为基础性工作来抓,不断更新和配置硬件设施,全系统信息化建设取得新发展。1. 高度重视,狠抓配置。硬件设施齐全,中心机房运行正常,用于工作的电脑共配有79台,人均配备率达100%。2. 进一步完善了网络体系建设。建立了市局、县局、工商所(分局)三级联网的网络体系,启用了运转协调的工商政务业务一体化软件和腾讯通软件系统,把信息技术、网络技术渗透到机关和基层各个领域和层面,有效提高了工作效率和服务水平。3. 强化学习培训,全面推广使用"一体化软件"、腾讯通软件和电子邮件。紧紧抓住应用这个关键环节,强化学习培训。举办了"周末课堂"等培训班5期,受训人数达200多人次,普遍提高了"一体化软件"、腾讯通软件和电子邮件的运用技能,进一步提升了办公自动化应用水平。4. 强化录入质量,推行目标管理。按照"谁登记、谁录入;谁检查,谁录入;谁处罚,谁录入"的原则,推行责任制目标管理,使各类信息录入质量得到提高。市场主体准入信息录入7 509条,市场经营行为信息录入14 101条,市场退出信息录入12条;录入各类经济违法违章案件100件。5. 依托信息化建设,落实阳光政府四项制度。开通96128政务信息查询专线电话、政务信息网上查询系统和电子政务网,实施了重要事项公示和重点工作通报,进一步深化了政务公开和局务公开,为打造阳光工商夯实了基础。

【消委会工作】 1. 加强和完善基层消费维权组织建设,充分发挥12315申诉举报网络作用,为群众提供"零距离"维权服务,推动维权工作全方位、深层次发展。2. 积极推动基层消费维权组织建设工作。完成了15个乡镇分会和137个村(社区)"一会两站"建设和挂牌工作,同时建立完善了各项工作机制和相关制度,初步形成覆盖全县城乡的消费者权益保护网络体系。3. 积极推进12315"四个平台"建设。按照实施方案的目标和步骤,努力将12315建设成为工商部门与广大消费者和人民群众信息互动的平台,成为工商部门畅通民意的平台,成为工商部门接受社会监督和听取群众意见的平台，成为工商部门解决人民群众最关心、最直接、最现实利益问题的平台。

**【个私协会工作】** 2009年，彝良县个私协会充分发挥"三自"作用，积极向县政府汇报，筹建会员法律维权服务工作站，主动开展各项工作；召开协会党员选举会1次，开展协会党总支和分会党支部创建工作。

**【2009年受到表彰的单位和个人名单】**

2009年，彝良县工商局被云南省委、省政府命名为"省级文明单位"。

**【2009年任职的局领导名单】**

局　　长　廖俊宇
副 局 长　张绍芸　郑　波
纪检组长　陈玉明

## 鲁甸县

**【概况】** 鲁甸县工商局管辖区范围3个镇、9个乡，截至2009年12月31日，有在职人员71名，其中公务员69名，工人2名，离退休人员33名（离休人员1人）。在职人员取得本科学历9人、专科学历51人、中专学历8人、高中及以下学历3人。在职人员中有中共党员46名；离退休人员中有中共党员20名。内设机构7个：办公室、人事教育股、纪检监察室、法制股、企业个体注册登记管理股、公平交易股、市场监督管理股。派出机构4个：文屏分局、龙树工商所、龙头山工商所、桃源工商所。代管群团组织2个（鲁甸县消费者协会、鲁甸县个体私营经济协会）；局党总支下设7个支部（局机关支部、文屏分局、龙树工商所、龙头山工商所、桃源工商所、大水井工商所、老年支部）；工、青、妇组织健全。

**【法制建设】** 1. 认真开展法制宣传和法律法规的培训工作，改变以往工商法律法规学习宣传模式，把内部学习与外部宣传紧密结合起来，对内提高全体干部职工的依法行政水平和业务素质，对外提高广大企业业主及个体工商户的法律法规意识，促进依法、诚信、文明经营；全年共举办八期对内部人员培训，培训的内容主要有《工商行政管理机关行政处罚程序规定》两期、《一体化软件培训》、办案中的技巧、《新法律文书使用手册》《工商行政管理机关行政处罚案件听证规则》、《食品安全法》及食品安全法的配套规定、《防震减灾法》办案中要注意的问题、《一体化软件培训》各一期，组织了全局人员的业务、"计算机、注册登记、执法办案"三个能手的选拔考试，并完成对全县市场主体的培训工作，培训率达70%以上。

2. 改变法制宣传工作形式，把法律法规知识讲座、开辟宣传专栏、有线电视广播、发放知识小册子等与"六进"结合起来，通过多种形式扩大工商法律法规的宣传面，形成良好的工商服务环境和执法氛围。结合2009年开展的"3·15"消费者权益保护日"消费与发展"为主题的宣传活动及开展护农保春宣传活动，在3月15日于县城文化广场组织"识假辨假"现场咨询、讲解和大量的物品展示，发放宣传资料4 000余份、宣传手册120册。2月26日联合公安局、农行在文化广场开展打击传销宣传活动，就什么是传销、非法传销与直销的区别以及传销的危害作了现场讲解，接受咨询100多人次，发放宣传资料800余份。消费者和广大的农户受到很大教育和启发，同时也懂得如何识别假冒商品及在正规渠道购买化肥和怎么样保护自己的合法权益。出四期宣传栏，以"消费与发展"为主题的《中华人民共和国消费者权益保护法》、《国务院特别规定》、《食品安全法》等法律法规知识和宣传横幅（二条）、标语十余条（在鲁甸广播电视台播出）。全年共出四期宣传栏，主要以《工商行政管理机关行政处罚程序规定》、《工商行政管理机关行政处罚案件听证规则》、《食品安全法》、食品安全的知识宣传为主和生活中的小常识、相关的法律法规。认真开展好"法律七进"工作，法律进鲁甸县二小、文屏镇中心小学、茨院小学、龙树小学等学校、文屏清真寺、桃源民族聚集地、龙树苗族聚集地、鲁甸县鸿鹄实业公司、昊龙公司等企业进行法律法规宣传培训，以《中华人民共和国消费者权益保护法》、《中华人民共和国产品质量法》、《中华人民共和国行政处罚法》、《食品安全法》及其配套规定等法律法规和食品安全知识等内容为主的"法律七进"工作，发放《中华人民共和国消费者权益保护法》和《食品安全法》知识宣传资料2 500余份，受宣传培训的达1.7万余人次。向前来办理注册登记人员现场咨询讲解1 600余人次，发放开业登记宣传资料3 260余份，向个体工商户发放《商品零售场所塑料购物袋有偿使用管理办法》宣传资料1 000余份。

2009年，全局共办理经济执法案件174件，其中简易程序办理的96件、一般程序办理的78件。查处无照经营类案件26件、销售不合格商品类件69件、广告类案件10件、未年检案49件、不能提供检验报告案2件、不正当竞争案1件、销售数量不足案1件，案件核审通过率100%，全年所办理的行政案件，案件质量与上年同期相比，有所提高，证据方面比较充分全面，引用法律法规准确无误。

**【纪检监察】** 2009年，鲁甸县工商局健全党风廉政建设责任制，层层分解，逐级落实责任。形成了党风廉政建设"一把手"负总责、班子成员各负其责、分工明确、责任具体、上下协调，使党风廉政建设与行风建设齐抓并举，为各项工作的开展提供纪律保障，形成了齐抓共管的良好局面。

1. 大力推进党风廉政建设。充分发挥党风廉政建设责任制在党风廉政建设和反腐败工作中的"龙头"作用，形成纪检监察组织协调、部门各负其责、依靠群众支持和参与的反腐败领导体制和工作机制。县局党组书记与各党组成员、各工商所（分局）负责人，党组成员与各股、室负责人分别签订了2009年党风廉政建设责任书共24份，形成了党风廉政建设"一把手"负总责、班子成员各负其责、分工明确、责任具体、协调配合、齐抓共管的良好局面。2. 深入开展工商廉政文化建设。把加强工商廉政文化建设作为强化干部廉政教育、建设廉洁高效工商机关的基础性、长期性工作来抓。积极开展先进示范和警示教育活动。教育全局干部职工算清廉洁与腐败的政治账、经济账、家庭账、人生账。在全局倡导“以廉为荣,以贪为耻”良好的社会风尚。3. 组织开展基层工商所、分局向监管服务对象述职述廉工作。组织召开了所、分局执法人员向监管服务对象代表述职述廉汇报会,邀请县人大、县政协、县监察局等部门领导、行风义务监督员、企业、个体工商户、宗教人士、消费者、相关职能部门领导等代表对局机关作风进行评议、测评,评议、测评结果满意率为95%以上。4. 狠抓干部职工队伍思想作风建设。以深入开展学习实践科学发展观活动为契机,营造风清气正的良好氛围,实施风险点评估与管理,高度重视政务公开、局务公开工作,确保行政权力公开透明运行,高度重视信访举报工作,及时发现和纠正存在的问题和苗头。

**【人事教育】** 1. 以开展解放思想大讨论为契机,狠抓思想作风建设。认真组织开展“解放思想、深化改革、扩大开放、科学发展”大讨论活动。制定了《鲁甸县工商行政管理局解放思想大讨论活动方案》,明确大讨论活动的指导思想、讨论主题、目标要求和方法步骤等,结合局情,精心组织、周密安排,紧紧围绕讨论主题和讨论重点,真正做到“规定动作不走样,自选动作有创新”,使大讨论活动主题鲜明、宗旨明确、组织有力、措施有效。认真开展好自我查找和面对面相互查找,深究阻碍解放思想的根源,怎样才能解决好存在的问题,全局71名干部职工按照“六破六立”、“七个解决”的要求,对照自身存在的不足和今后的努力方向撰写心得71篇。使大讨论活动与落实行政问责办法等“四项制度”相结合,切实转变机关作风,提高工作效能和行政执行力,不断提高干部队伍素质,树立良好的形象。真正把大讨论活动与认真落实“四个统一”,积极推进“四化”建设,努力实现“三个到位”和“六个好”的工作目标相结合,使解放思想大讨论的过程成为转变观念、改进工作、完善措施、加快发展的过程。

2. 认真组织开展岗位练兵活动,着力提高干部队伍业务能力和业务水平。为进一步提高工商行政管理信息化、执法办案、注册登记业务能力和业务水平,结合鲁甸工商实际,制定切实可行的计算机操作能手、执法办案能手、注册登记能手培训计划,严格培训纪律、实施培训后考试奖惩。尤其是在开展三个能手竞赛活动中,结合不同业务工作开展了多次培训活动,1人获市级计算机操作能手第一名,并推荐参加省级计算机操作能手竞赛;1人获市级执法办案能手第一名,2人分别获市级注册登记能手第一名和第三名,并推荐一名参加省级注册登记能手竞赛。

3. 积极开展精神文明活动,给队伍建设注入活力。组织干部职工开展文娱活动,为祖国六十华诞献礼,进一步丰富了干部职工的文化生活;组织离退休老同志进行健康检查,与老同志们交心谈心,从身体上、精神上、生活上关心老干部;对因病住院、生活困难、亲人去世的干部职工由局领导带队慰问。2009年,全局干部职工缴交大学生助学基金20 230.78元、助学捐款7 400元;无偿献血2 300毫升,超额完成政府下达指标任务数1 100毫升;向扶贫挂钩的大水井村送去扶贫工作经费1万元。

**【企业注册登记】** 截至12月底,全县共登记内资企业122户,注册资金11 729万元,其中2009年新设立83户;私营企业211户,注册资金55 411万元,私营企业投资人206人,雇工人数1 193人,其中新设立70户;农民专业合作社17户,注册资金15 403万元,投资人146人,其中新设立8户。全县有个体工商户3 617户,从业人员3 982人,注册资金4 200万元,其中新开业1 285户,从业人员1 321人。个私经济在国际金融危机中发展迅速,受到了县委、政府的充分肯定和人民群众的广泛好评。

**【企业监督管理】** 2009年,鲁甸县共有内资企业166户(含营业性)、私营企业142户,个体工商户2 530户。全年完成内资企业年检76户,在年检中办理了注销登记71户;私营企业已年检117户;个体工商户验照率达87%。

**【市场规范管理】** 2009年,鲁甸县工商局把流通环节食品安全监管工作作为市场监督管理工作的重中之重,以宣传贯彻《食品安全法》为契机,做好防范工作,严厉查处食品安全违法行为。大力开展节日市场整治,开展以打击流通环节违法添加非食用物质和滥用食品添加剂专项整治、成品油市场、校园周边环境市场整治、猪肉市场整治等专项检查。积极开展食品质量快速监测,强化甲型H1N1流感疫情防控工作,有力维护食品市场秩序和社会稳定。在流通环节食品市场整治中,共出动检查人员1 737人次,出动检查车辆108台次,检查食品经营户2 624户次,开展食品快速检测14次,查处食品经营违法案件34件,依法查处不合格食用盐2.4吨,当场依法销毁各种过期变质食品2 000余千克。还积极完善食品安全“七制一卡一账制度”,辖区内食品经营户100%建立索证索票制度和进货台账制度。为了保障“七制一卡一账”制度的落实,由公平交易股、监察室、人教股共同组成食品安全督查组,不定期对各工商所、分局辖区内食品安全工作进行明察暗访。全年共开展了食品安全专项督查4次,对督查中发现的问题严格要求整改,确保辖区内的产品质量和食品安全。

**【消费者权益保护】** 1. 进一步推进和规范12315消费维权站及联络点工作,扩大消费维权网络的社会覆盖面和良好社会效应。2009年,12315联络点和维权站共受理各类咨询,调解举报申诉17件,100%办结,为消费者挽回经济损失3万余元,切实维护了消费者权益。2. 声势浩大的“3·15”大型宣传活动精彩纷呈。3月15日,组织相关行政执法部门、消费者协会会员单位、部分有影响力的工商企业在县文化广场举办了以“消费与发展”为主题的“3·15”大型宣传活动。设立咨询服务台接受群众咨询;用流动宣传车,通过进市场、进社区、进街道、进宗教场所、进学校周边进行流动宣传,有效地扩大了宣传面和宣传的渗透力。县政府保剑县长率领县四套班子及相关部门负责人亲临现场指导,对工商部门组织的“3·15”大规模的宣传活动所取得的良好社会效应给予高度赞许。并逐一和商品展示的业主进行亲切交谈,询问经营状况,鼓励业主做强做大,要求业主依法经营、守法经营、自觉抵制假冒伪劣。宣传活动共发放宣传资料2.15万余份,受理咨询1 000余人,当场受理调解消费者投诉1件。

截至2009年底,全县共建立消费者协会分会12个、12315联络站84个、消费者投诉站84个,全县12个乡镇100%建立了消费者协会分会,80个行政村、4个居民委员会100%建立了"两站"。

【反垄断与反不正当竞争执法】 1. 开展以整治假冒"金沙江"牌化肥为重点,切实把保护生产企业的利益和维护消费者合法权益结合起来,加大对重点季节、重点地区、重点市场、重点品种的监管和重大案件的查处力度,认真清理规范农资经营主体资格,完善农资经营主体市场准入和退出机制;切实加强农资商品质量监测,及时把不合格农资商品清除出市场;积极推行种子留样备查公示制度、农资经营诚信责任制度和信用分类监管制度。督促经营者落实"两账两票、一书一卡","种子留样备查公示","农资质量监测"。对种子、化肥、农药、农机具等农用物资进行细致检查并密切跟踪。在组织开展的农资市场专项整治工作,查处销售过期农药77袋、过期种子102袋,没收假劣化肥18.22吨、江底水泥厂销售质量不足水泥等违法经营行为。

2. 开展"两烟"打假打私工作,积极配合烟草专卖、公安等部门严厉打击销售假冒商标卷烟行为。2009年,共查获涉烟案件34起,查获各品牌卷烟2 938条,涉案金额5.5万元。抽调5名执法人员参加全县烤烟收购执纪执法工作,配合烟草专卖、公安查获假烟104件,案值10万元,查获非法收购、运输烤烟案值30万元;查处利用"家电下乡"进行虚假宣传的不正当竞争案件一件,罚款0.5万元。同时,鲁甸县工商局作为鲁甸县平安市场联创工作的牵头部门,在"扫黄打非"、危险化学品、娱乐场所、卫星电视广播地面接收设施、打击非法集资等清理整治和综治维稳工作中,起到了积极的主导作用。在文化市场整治工作中,查获"口袋书"80本、淫秽光碟342碟册,取缔黑网吧3个,查处无照游戏室1个,有力地净化了文化市场。

【广告监督管理】 2009年,鲁甸县工商局在广告市场监管中,建立并完善整治虚假违法广告专项行动联席会议制度、广告审查员制度、广告监管制度、广告监测工作制度、违法广告公告制度等一系列制度,加强了对广告行业的监督与指导。充分发挥工商行政管理职能作用,进一步规范广告经营活动,促进广告市场向着诚信、有序、规范的方向健康发展,保护消费者的合法权益,维护社会经济秩序,充分发挥各类广告在经济发展中的作用。

2009年,全县有广告经营单位12户,从业人员53人(其中管理人员18人、业务人员20人、其它人员15人),全年的广告经营额15万元。全年共登记户外广告45户(其中3户属2008年底报表后登记的),其中医疗服务广告1个、食品广告5个、化妆品广告1个、家用电器广告7个、服装服饰广告4个、金融保险广告1个、信息服务广告6个、商场销售(家具、摩托等)广告17个,其它(如建材等)广告3个。户外广告经营额6万元,户外广告媒体数66个,其中展示牌21个、电子显示装置广告1个,灯箱广告5个、交通工具广告17个、充气物广告11个,布标墙体等其它户外广告11个。全年共查处广告案件8件(其中1件为2008年底报表后查办的),其中虚假广告案2件、非法经营广告案6件,其中2件是一般程序处罚的,6件是简易程序查处的,罚没金额共0.45万元。

【商标监督管理】 2009年,鲁甸县工商局把实施商标战略工作作为服务地方经济发展的一项重要工作来抓好落实,积极实施"商标兴企"、"商标兴农"工程。积极帮助理世食品有限公司"噜咪啦"商标申报驰名商标、帮助"昊龙"申报云南省著名商标续展,帮助"昊龙"和"噜咪啦"申报昭通市知名商标,已完成了申报。2009年以来,共扶持新申请注册"云荞神"、"骡马厂"、"鑫兴园"、"三川半"(含三个种类),共6个商标。

【计划财务工作】 2009年,鲁甸县工商局健全财务管理制度,完善监督制约机制,严守国家的财经制度和财经纪律,加强会计监督检查,强化对资金使用的监督管理;切实规范固定资产管理行为,对购置、调拨、使用、处置、报废固定资产按程序报批,坚持"一支笔签字"制度,完善好相关手续;严格按收费许可证审定的收费项目进行收费,严格执行"收支两条线"管理规定,不坐支、挪用、截留行政性收费和罚没收入。加大票据监管力度,对执收部门票据进行定期和不定期抽查;严格专项经费的使用和管理,对基本建设、信息化建设、专项执法经费、基本装备等重大项目支出要进行事前、事中、事后跟综问效和专项监督检查。

【老干工作】 2009年,鲁甸县工商局把老干工作管理纳入党风廉政建设工作,实行局领导联系老干部制度,时常掌握老同志的思想动态。从政治上关心,使老同志在精神上有所寄托。在生活上帮助,使老同志在物质上有所依靠。工作上支持,使老同志真正体会到大家庭的温暖。坚持老干部生病看望制度、春节慰问制度、年工作开展情况通报制度,恳请老干部交心谈心,生活上关心老干部,真正使老干部感受到老有所为、老有所学、老有所养、老有所医、老有所教、老有所乐的晚年生活。

【信息化建设】 1. 硬件装备水平显著提高。鲁甸县工商行政管理局有干部职工71人,配备台式电脑31台,便携式手提电脑12台,激光打印机8台,针式打印机7台,数码相机1台,数码摄像机1台,扫描仪1台,传真机1台,投影仪1台;建立与省、市连接的局域网,使文件资源及打印机等硬件资源共享,提高资源利用效率,减少数据冗余,实现了信息传递网络化和局内办公无纸化。通过网络服务提供商(ISP)接入了互联网,实现了内部网和外部网畅通,通过网络了解经济发展、政策法规等信息,为全局信息化建设奠定了基础。

2. 各项工商业务软件应用逐步加

快。为积极推进信息化进程,进一步提升工商工作效率,根据市局的要求和县局实际情况,在一体软件各模块的使用上基本达到了98%,特别是注册登记、商标广告、行政执法等几个模块的应用和熟练成度达到了100%,财务软件,人事管理软件等应用软件的使用,为进一步提高工作效率,奠定了基础。

3. 电子政务应用取得了一定进展。通过计算机操作业务的普及和有关软件的推广运用,信息化建设有力地促进了各项职能业务的规范、创新和发展。县局、工商所两级在部分业务上实现了政务信息网上传输,基本实现业务电子化。县局已建设开通了红盾信息网站。红盾信息网在全县有一定的知名度,推出了工商动态、政策法规、政务信息、队伍建设、学习园地、办事指南、资料下载、领导信箱、公众留言等栏目,同时将个私企业信用等级情况在网上公示,方便社会公众免费查询,受到了县委,政府的充分肯定,基本实现了无纸化办公。

4. 计算机知识培训工作得到了加强。为让全体工商干部进一步提高计算机知识的理论水平和实际应用能力,将计算机应用与工商工作有机结合。县局按照省、市局的"三个能手"实施方案,严格落实县局制定的《2009年计算机操作岗位练兵竞赛活动实施方案》、《2009年度计算知识培训实施方案》。继续落实《计算机"五会"内容》和《昭通市工商局编写的计算机每周一技小知识》计算机知识培训,通过内部培训对局内所有的干部职工进行全方位的知识更新和补充。现在全局干部职工均能熟练进行计算机的基本操作,如用 WPS 和 WORD 进行文字的录入、编辑和排版;用 EXCELL 电子表格进行制表、计算和一般的统计分析;用 POWPOINT 进行简单的课件制作;用 ACCESS 进行简单的数据库操作;用局域网实现文件共享;在互联网上查找资料、学习新知识和一般的计算机故障处理等等。

**【个私协会工作】** 1. 发挥桥梁作用,做好个私协会工作。全面贯彻落实鼓励创业"贷免扶补"工作,鼓励和帮助有创业能力、首次创业的大学毕业生、农民工、复转军人、留学回国人员开展创业。在有关部门的大力支持下,确定了4户首次创业者的"贷免扶补"工作,全额完成了"贷免扶补"任务指标,并将20万元的启动资金分别发到4户办理营业执照首次创业者手中。2. 充分发挥个私协会作用,动员组织个私协会会员向灾区、公益事业积极捐款。一年来,累计捐款数额为2 865万元。同时,还引导会员当文明市民,做文明商家。县个私协会充分发挥协会的"三自"作用,开展各种形式多样的宣传、教育、督导工作,为政府部门与群众之间架起了的一座沟通的桥梁。

**【2009年任职的局领导名单】**
局　　长　米长旭
副局长　马仲列　罗伟庆
纪检组长　王永敢

## 大关县

**【概况】** 大关工商局内设办公室(含财务、信息中心)、人事教育股、法制股、公平交易股(含经济检查大队)、市场管理股、注册登记股(含商标、广告管理),派出机构有翠华分局、黄连河等四个工商所,管辖9个乡镇14个集贸市场。全局编制数56人,现有在职职工46人(其中女职工16人占总数的35%,党员30人占总数的65%,40岁以上的27人占总数的59%,大专以上38占总数的82.6%人),全系统设有一个党总支三个党支部。代管大关县消费者协会、大关县个私经济协会。

**【法制建设】** 1. 开展了《工商行政管理机关行政处罚程序规定》等法律法规的培训和两次闭卷考试。2. 组织开展两次行政执法案件评析活动提升办案质量。3. 严把案件核审关,确保案件质量,确保无诉讼案件。4. 加强行政提示和案件查处回访工作,对超市等行业开展行政提示。5. 以"3·15国际消费者权益日"为契机,围绕年主题广范开展"3·15国际消费者权益日"系列活动。6. 开展法律进校园宣传活动,在大关县职业中学开展了"食品安全知识"专题讲座。7. 针对全县的企业经营管理人员开展了"五·五"普法集中培训。8. 开展《食品安全法》等法律法规的宣传活动,在各乡镇进行法制宣传培训十一次,达70%以上的普及率,同时还编印了《五·五普法知识问答》1 000多册发到企业和个体户手中。

**【纪检监察】** 1. 年初局党组书记与党组成员、党组成员与分管股、室、分局签订《党风廉政建设责任书》,拟定了《党风廉政建设2009年主要工作任务分解》,为全年党风廉政建设和反腐败工作奠定了坚实的基础。2. 召开了两次党风廉政建设形势分析会,认真查找全系统在党风廉政建设和反腐败工作中存在的不足之处,努力排查存在的问题及其产生的根源。3. 推行风险点管理。结合单位实际制定了《风险点岗位管理实施方案》,加强物资采、供等风险点的管理工作。4. 组织广大党员干部认真学习党纪政纪条规和反腐倡廉的方针、政策,开展专题学习活动、形势教育,副科级以上领导干部参加了县纪委组织的党政纪知识测试。5. 切实加强机关工作纪律建设,制定和完善了《大关县工商行政管理局工作人员行为规范(试行)》,使管理更加规范化,队伍作风进一步好转。一年来开展机关纪律检查42次,发出处罚通知9份,对违反纪律的9人罚款共450元。6. 切实落实阳光政府四项制度。认真做好政务公开和政府信息网上查询系统的答复工作,96128专用电话一年来的接通率、答复率、群众满意率均为100%。

**【人事教育】** 2009年,大关县工商局在对职工的教育培训上,主要采取集中学习与个人自学相结合、专题讲座、辅导报告、法律知识测试等手段,结合各自的岗位工作,加强业务知识学习,开展三个练兵活动,提高业务素质和依法行政能力,一年来共举办理论与业务知识等培训6期,培训人数252人次。同时,以学习实践科学发展观活动为契机,认真开展职工学习培训,提高队伍政治素质。为使学习实践科学发展观活动取得实效,成立了领导组,从体制、机构上保障了学习实践活动的进行；邀请有关领导进行指导；抓好骨干培训；与县武警中队结成精神文明共建单位开展联谊活动；"规定动作不走形，自选动作有特色"，每位干部职工撰写心得体会3篇共135份，读书笔记突破6万字；以开展"广纳良言、促进思想解放"为载体，抓好召开领导班子民主生活会，形成领导班子贯彻落实科学发展观情况的分析报告，找准问题分析原因；以"改善民计民生、加速发展"为载体，抓好制定整改落实方案、集中解决突出问题、完善推动科学发展的体制机制。

【企业注册登记】 1. 建立服务绿色通道。推行即时办结制，对招商引资项目推行了特殊情况延时服务制度（为36户企业提供了延时服务，提供咨询服务166人次）。2. 降低市场主体准入门槛。对企业实行"三放开"、"两简化"，最大限度地简化登记材料和发照程序。3. 积极做好服务工作。开展创业帮扶和为企业办实事活动。4. 利用股权出质登记破解中小企业融资难题。与大关县农村信用合作社携手签订《大关县中小企业股权质押贷款合作协议》，签订了2 720万元的意向性贷款合同，推荐并办理股权出质登记4户，质押贷款3 650万元。

【企业监督管理】 2009年，大关县工商局授权分局对个体工商户进行核准登记，全面推进个体工商户分层登记管理即时建好"经济户口"，完成个体工商户年检1 553户、新办1 402户，依法注销236户。设立了"三农"、"下岗职工再就业"、"退役士兵"等服务窗口，结合返乡农民工再就业、新农村建设和农副产品流通的现实需求与相关部门配合，开展涉农经纪人的培训、发照工作。

【市场规范管理】 1. 认真清理农资经营主体资格，积极引导农资经营者行业自律，建立和完善农资经营者进销货台账、索赔制度，努力实现农资商品质量可追溯管理，全县农资经营户58户全部建立进销货台账、签定农资商品质量承诺书。2. 加强质量监测，抽样备查各类化肥14种，种子留样备查27种；实行农资"质量承诺先行赔偿"制度12户预存赔付金5.8万元。3. 加强涉农合同的监督检查、指导开展涉农合同帮扶活动，稳步推进订单农业发展。4. 完成农村食品安全示范店创建62户，备案经济合同20份备案金额3 350万元，办理企业动产抵押登记备案4份。5. 认真开展甲型H1N1流感的防控工作。紧急启动《大关县工商行政管理局甲型H1N1流感防控工作应急预案》四级响应，并采取有力措施配合相关部门做好甲型H1N1流感防控工作，为控制疫情的发展作出了积极贡献。

【消费者权益保护】 2009年，大关县工商局牢固树立全心全意为广大消费者服务的宗旨，热情周到，快速出击，切实保护了消费者的合法权益。一年来，共接受各类咨询183人次，受理举报14件、投诉23件，为消费者挽回损失8.21万余元，通过12315投诉中心提供的线索查获经济违法案件4件。

【反垄断与反不正当竞争执法】 2009年，大关县工商局集中开展食品安全专项整治、盐业市场专项整治、家电手机专项整治、废旧物品收购二手汽车成品油等重要商品市场整治、"两烟"市场专项整治、节日市场专项整治、商标广告专项整治、反不正当竞争专项市场整治、文化娱乐市场专项整治、校园周边环境专项整治、矿山安全专项整治及"红盾护农"专项农资检查行动，依法"取缔无照经营"活动，一年来共查处种类违法违章案件89件，罚款31万元；收缴过期变质商品1 536.35千克。

【广告监督管理】 2009年，大关县工商局抓好广告监测工作：在6月份对大关电视台进行了全程监测；加强了日常广告监督管理和各种广告登记备案工作，全年共登记备案广告36次，加强了户外广告管理工作，对城区户外广告进行了清理，发现未登记户外广告9块，对其中的8户户外广告进行立案查处。

【商标监督管理】 2009年，大关县工商局召开了商标注册人座谈会，开展了"傍名牌"专项整治，对全县超市、名酒经营户、宾馆、娱乐场所、化妆品经销店、美发店、美容院进行检查清理，立案查处案件2件，罚款0.1万元。

【计划财务工作】 2009年，大关县工商局严格执行财经纪律，切实做到收支两条线；大额度经费实行集体研究决定，安排工作精打细算力争用尽量少的费用办更多的事；经费使用、审批实行"一支笔"管理；凡业务采购与接待，一律不准赊欠，进一步树立了良好的工商形象；加强了对票据情况的监管，对票据的领、用及管理组织了两次专项检查。

【老干工作】 2009年，大关县工商局加强离退休管理工作，切实做到平时走访、贫困帮扶、节日慰问、生病看望、死亡悼念，了解身体、生活状况及其思想状况，把各级组织的新精神、新要求及时传递给每个离退休人员，使离退休人员老有所学、老有所医、老有所乐、老有所为。

【信息化建设】 1. 抓网站建设。适时更新、充实大关红盾信息网内容，对网站定期进行维护；抓信息安全建设。把计算机的安全工作放在首位来抓，加强职工的网络安全教育，并制定了严格的规章制度，一年来没有泄密事件的发生。2. 抓一体化软件的应用工作。由网管员根据不同情况对个别同志进行重点辅导，既注重实际操作又兼顾综合能力的提高，使职工计算机应用水平有了较大提高。

【消委会工作】 2009年，大关县消委会深入全县九个乡镇开展宣传工作，积极主动地向当地党委、政府汇报并得到了大力支持，在全县各乡镇设立了9个消费者协会分会，76个行政村2个社区设立了"两站"。

【个私协会工作】 2009年，大关县个私协会充分发挥协会的"三自"作用，协助开展了法制宣传与培训，认真对新开办的经营户、受行政管理部门处罚过的经营者进行回访，组织各分会对困难个体户进行安抚、慰问。

【2009年任职的局领导名单】
党组书记、局长　杨永勤
副 局 长　晁旭东
　　　　　柯永昌(2009.08～)
纪检组长　黄　强

## 镇雄县

【概况】 镇雄县工商行政管理局下设8个职能股室、7个工商所、1个分局。共有公务员109人、机关工人1人、事业人员9人。

2009年,镇雄县工商局在昭通市工商局和镇雄县委、政府的领导下,以邓小平理论和"三个代表"重要思想为指导,深入学习实践科学发展观,按照国家、省、市工商行政管理工作会议的部署,紧贴地方经济发展大局,积极开展"服务效能提升年"建设活动,做到公平服务、有效服务和高效服务;量力而行,开展基层规范化建设,促进执法行为规范、监管制度规范、基础设施规范和队伍管理规范;建立健全长效机制,以流通领域食品安全、农资市场、非煤矿山、建材市场、不正当竞争行为、虚假违法广告、企业非法转让、无照经营、家电市场、两烟打假打私等行动为重点,全面开展市场整治。这些举措,推动了镇雄工商事业的进一步发展,得到了上级部门的认可,在昭通市工商局组织的年度局长目标责任制考核中,被评为3个优秀单位之一,工商局党总支被县委表彰为先进党组织。同时,局机关和乌峰、以勒、芒部连续保持"省级文明单位"和"市级文明单位"称号,其余工商所全部保持"县级文明单位"称号。

【法制建设】 1. 强化行政执法监督工作。重点是继续完善行政执法责任制,推进依法行政。按照各级政府落实行政执法责任制的要求,细化执法程序和执法标准,明确执法部门和执法人员的分级责任。积极推行行政首长出庭应诉制度。明确行政首长出庭应诉工作的重要性;同时,认真开展执法检查,强化执法监督。重点加强了对执法办案过程中的行政强制措施、行政处罚自由裁量、罚没财物处理以及案件执行、案件移送等环节的监督。2. 落实"五五"普法任务。重点是坚持系统内部全员学法机制。采取个人自学为主、集体培训为辅的方式进行。结合县局组织的专项整治,积极开展跟班见习、案卷评查等活动,让基层工商所执法人员到经检队进行跟班学习,与法制股案件核审人员一起核审案件,对办案的关键环节、技巧和法律法规知识进行讨论交流,提高办案水平和文明执法水平。认真开展法制宣教工作。充分利用"3·15"消费者权益日活动、宣传专栏等平台,开展法律法规宣传,全年共组织开展了10期针对各类市场主体的法律法规培训活动,发放各种宣传资料5 000余份。3. 强化制度和工作机制建设,促进全系统运作规范、协调。对各项工作进行条分缕析,制定详细的《股所(分局)工作目标责任书》和《2009年各项工作任务分解表》,将各项具体工作任务分解到所,到人,并明确完成时限。推行工作日志制度,要求基层工商所人员人人记录工作日志并由县局纪检监察室和人教股负责检查和抽查,让干部职工对工作完成情况做到心中有数,不累积,不欠账。建立工作督察机制。成立"镇雄县工商局工作督察和队伍纪律、行为纠察领导小组",实施机关每月、基层工商所每季度汇报、检查并通报一次工作进展的举措,对重点工作、重点环节和劳动纪律执行情况进行监督,确保工作到位。一年中,局长向分管领导发督办通知8份,局机关向基层发督办通知4份,有力地推动了工作的顺利开展。

【纪检监察】 2009年,镇雄县工商局在纪检监察工作中,由局党组书记向党组成员,党组成员向各联系分管股所分层签订了《党风廉政建设责任书》,落实了党风廉政建设责任。积极开展廉政教育活动。邀请县检察院专业人士从正反两个方面介绍相关案例,做到警钟长鸣。积极加强风险点管理。通过对行政执法、注册登记、落实四项制度、职能履行特别是流通环节食品安全监管等风险环节开展专项督察;对基层工商所干部职工开展视频查岗,检查到岗履职情况;对风险岗位人员开展廉政谈话等措施,努力化解风险,切实做到防患于未然。建立外部监督机制,自觉接受社会监督。通过聘请行风义务监督员,召开群众评议机关作风恳谈会,窗口部门、职能股室、基层单位负责人向监管对象述职述廉活动等形式,让直接和群众打交道的人员面对面地接受群众的评议和监督,做到不搞形式,不走过场,达到警示和监督的作用。加强对违纪行为的查处力度,2009年对1名严重违纪人员作了开除处理,对违反有关规章制度的人员给予经济处罚20人次,有力地整肃了机关作风。

【人事教育】 1. 在全系统深入开展学习实践科学发展观活动。制定了《镇雄县工商局深入学习实践科学发展观实施方案》,按照"规定动作严格执行上级规定的标准、自选动作努力突出了部门特色和实践特色、以学习实践活动促进各项工作"的原则和要求,分三个阶段认真开展了烈士陵园祭扫、"三走进、三破解"、专题调研、案例分析、以"服务效能提升年"建设为主题的大讨论活动和"和谐工商回头看"、"学理论、找差距、求创新"、解放思想大讨论、"我为科学发展出份力"等六项主题实践活动开展,并始终注重在提高认识上下功夫,在取得实效上下功夫,在服务县域经济平稳较快发展的具体举措上下功夫,用各项工作的实际成果来衡量和检验学习实践活动的成效。2. 继续推行班子成员每月带班制度,负责处理全局事务和业务工作,增强全局观念和领导能力,同时,认真坚持开展了每季度1次党组中心组学习,对年初确定的主题开展讨论和交流,努力提升综合素质。3. 在全系统全面开展创先争优活动。依托上级主管部门组织开展的"执法办案能手、注册登记能手、计算机操作能手"等三个能手的培训选拔,积极开展跟班见习、案卷评查等练兵活动,让基层工商所法制员、办案人员到经检队进行跟班学习,并与法制股案件核审人员一起核审案件,对办案的关键环节、技巧和法律法规知识进行讨论交流,提高办案水平和文明执法水平。

【企业注册登记】 1. 依法把好市场主体准入关,准确把握"依法许可"和"创造宽松环境"的关系,认真落实省局制定的《服务非公经济发展实施办法》,做到条件符合高效登记,条件不符合的提供良好服务促其完备条件后予以登记,进一步优化准入环境,促进各类市场主体公平准入,平等竞争。2. 认真落实建设责任政府和阳光政府的各项要求,制定了《镇雄县工商局推进阳光政府四项制度实施方案》,继续落实服务承诺、首办责任、限时办结等制度,开通96128专线,接受群众咨询,接受社会监督。3. 强化企业年检、个体工商户验照换照工作。全年共年检企业869户,年检率96.6%,验照个体工商户6 800户,注销个体工商户1 718户,新注册登记个体工商户819户,私营企业42户,内资企业2户,农业合作社1户,变更登记198户次。4. 通过编制《市场监管信息定期分析报告》和《市场主体运行分析报告》,对市场主体变化、消费热点、流通领域食品监测、农副产品和农资价格、违法广告及商标申报注册信息做出定期分析,积极开展市场主体准入服务指导,努力提升服务层次。5. 建立联系企业制度,积极开展行政指导、行政提示和回访工作,变事后处罚为事前警示,努力降低市场主体违法率。

【市场规范管理】 2009年,镇雄县工商局通过认真分析县域市场总体状况,确定全年突出开展流通领域食品安全、非煤矿山、农资市场、建材市场、不正当竞争行为、企业非法转让、无照经营整治、两烟打假打私和家电市场等专项整治活动,坚持监管和执法相结合,专项整治和日常巡查相结合,取得了较好成效。

1. 在流通领域食品安全专项整治中,共建立工商所、分局辖区责任监管责任书75份,建立食品安全经营人员责任书2 879份;帮助食品经营户建立"七制一书"2 879户,100%的食品经营店建立了进销货台账和索证索票制并覆盖上柜食品的80%;创建食品安全示范店570户,公示表彰1A级诚信市场13个;收缴不合格食品2 362千克,标值4.7万元。2. 在非煤矿山专项整治中,共清理非煤矿山140余户,立案查处42起,罚没金额24.8万元。3. 在农资市场整治中,加大化肥、农药、农膜等农资产品的抽检力度,落实籽种留样备查制度,共检查市场425个次,检查经营户1 568户次,收缴不合格农药(农达牌)1件,退市不合格化肥20吨,留样备查籽种17千克;继续推行农资布点经营并对经营主体进行培训,使全县农资经营户布点经营达207户,其中开展连锁经营的有8户,培训经营人员120余人次;紧扣农时节令,组织了2 000余吨化肥、2 500余千克籽种的"放心农资",送到农村消费市场。4. 在建筑建材市场整治中,首次开展了对住房实际使用面积的检查,抽检建材5批次。5. 在不正当竞争行为专项整治中。针对垄断行业中的不正当竞争行为开展查处。全年共查处不正当竞争案件6件,罚没款7.72万元。6. 在黑网吧专项整治工作中,积极加强与文化部门和公安部门的联合,主动争取乡镇政府支持,对目前登记的31家有证网吧经营行为进行了规范,对有证经营业主进行了培训,规范经营行为。并查处取缔黑网吧11个、立案8件,没收用于黑网吧经营的电脑65台。7. 在无照经营专项整治工作中。共清理无照经营189户,立案查处无照经营成品油案件4件,罚没款7万元;限期办照181户,取缔8户,取得了显著的成效。8. 在两烟和名酒打假打私工作中。立足"主动联络、主动配合、主动出击",深入开展两烟打假打私2次,收缴各类假冒商标卷烟1 525条(与烟草协作收缴),标值达6万余元;有力地维护了全县支柱产业的健康发展;同时在元旦、国庆等节假日期间,着力开展名优酒专项打假活动3次。收缴违法经营的仿冒国窖1573、泸州老窖、中国劲酒等各类酒700余瓶,标值2.4万元;立案查处5起,罚没款0.6万元。9. 在家电市场和摩托车配件整治工作中,对224户家电下乡建立了台账。查处不合格手机40部,电磁炉2台,标值2万余元;收缴不合格电线11个品种、1 000余千克,标值3万余元。

【消费者权益保护】 1. 完成了消协换届并在全县28个乡镇都建立了消费者协会分会,将投诉联络站深入设立到社区和村办,使之成为植根于广大人民群众的投诉举报网络,成为与广大消费者和人民群众信息互动的平台。2. 提升消费者申诉和投诉快速反应能力,认真处理全市12315热线、市长热线转办的和自身接到的各种投诉。3. 认真开展流通领域产品质量监测,组织工商所(分局)对辖区内豆制品、饮料、酒类开展食品监测16次并发布消费警示。

【反垄断与反不正当竞争执法】 2009年,镇雄县工商局按照"监管和执法相统一"的要求,结合各类市场专项整治工作,积极拓展案源,努力延伸办案领域。规范案件办理程序,提高案件办理质量,并严防案件无故消失或不了了之。一年来,全系统在整顿和规范市场经济秩序工作中,共查处各类经济违法违章案件201件,罚没款51.21万元。其中一般案件88件,罚没金额48.36万元,案值9.56万元;简易案件113件,罚没款2.85万元。

【广告监督管理】 2009年,镇雄县工商局在广告监督管理中,严格广告登记管理,做好广告的备案和审查工作,共登记广告74条;严厉打击虚假广告、违法广告和违规广告的发布,并对不按规定制作广告的广告发布者、经营者进行查处。共查处违法广告15条,立案15件,罚没金额2万元。

【商标监督管理】 1. 积极推进全县商标发展战略,开展"一所一标"培育。积极向县政府进行专题汇报,把商标培育发展工作纳入县政府和乡镇政府的工作计划,推动全县商标发展战略工作会议于2009年4月14日召开。签订了《镇雄县推进商标战略目标责任书》,落实了乡镇政府发掘乡镇主要产品、特色产业,推进商标战略目标任务的责任。2. 明确了工商部门在培育、扶持、壮大一批驰名、著名、知名商标方面的相关责任。并积极进行宣传,让广大企业了解申报商标的好处,开展商标申请注册指导工作和申报云南省著名商标和昭通市知名商标工作。3. 全县已申报注册登记成功的12个商标，对于增加产品的附加值，让产品走出县域市场，必将起到示范作用。4. 在全县范围内开展商标专用权清理整治工作，打击商标侵权行为。

【计划财务管理】 1. 认真执行《财务管理制度》，严控“三公”支出。公务接待原则上在机关食堂组织；机车管理严格执行《车辆管理制度》，凡需维修的车辆须经县局财务负责人、机关2名驾驶员一同审核报修项目，提出意见交有关会议研究后方能组织维修；外出学习、考察等活动一般都是有上级部门安排，原则上不自行组织。同时，严格基层工商所经费管理，实行包干使用，以季核拨，超支自理，节约滚存使用的原则，增强节支观念，保证了有限的资金用在最需要的地方。2. 在基本建设方面，主要是按照基层规范化建设达标要求，一方面投资改善了基层工商所办公装备和工作环境等硬件条件；另一方面着力进一步规范软件设施，按照内部运作规范的要求，建立统一的工作责任制和考核办法，提升工作效能。相关制度做到统一规划、统一制作，统一格调，从文档管理到人、财、物的管理都必须按规范要求，有运行痕迹，有存查依据。全年共有乌峰分局、牛场工商所和母享工商所3个机构达到标准，完成了创建任务。

【老干工作】 截至2009年底，镇雄县工商局共有退休老同志53人。为给老同志营造健康、和谐的生活环境，该局加强老干部管理工作，在指定1名人教股干部兼职分管老干工作的同时，建立了局领导班子成员和股室挂钩联系制度，随时了解老干部的家庭、身体、生活状况，积极组织帮助老干部解决困难。并努力建好老干部活动室，聘请专人搞好服务，使老同志老有所乐。同时，认真做好老同志的各种福利待遇享受申报工作，并将所有退休干部职工全员纳入县工会组织的职工医疗互助范围，减少他们的后顾之忧。

【信息化建设】 1. 结合政务业务一体化软件功能模块的拓展，积极组织软件操作培训。到年底，各工商所均能使用该系统开展公文收发、市场监管、注册登记、行政执法等工作，提高了依托现代手段开展政务业务工作的水平。2. 积极筹措资金，完善硬件设备。投资近16万元，为股所配备电脑19台、相机5台、摄像机1台，机关注册登记服务大厅和乌峰分局各购置触摸屏1台。

【个私协会工作】 2009年，镇雄县个私协会认真落实“三自”方针，充分发挥联系广泛的优势，强化“提供服务、反映诉求、加强自律、规范行为”的职能作用，认真抓好个私协建设，健全工作机构，完成了个私协换届工作，设立了专门的办公室并落实了工作人员。强化服务工作。按照中个协提出的“两个扩大、三个提高”的要求，通过搭建政企沟通平台、会员交流平台，积极开展联系联络活动，一方面让政府及其部门了解会员意愿，加大对个私经济的支持力度；另一方面加强会员之间的相互沟通，让会员在交流比较中取长补短，在取长补短中共同进步。坚持开展创业帮扶活动，邀请创业有成的32名个私业主为创业导师，建立帮扶机制并扩大帮扶面，使尽可能多的初创业人员尽快走上致富道路。

【2009年任职的局领导名单】
党组书记、局长　吴长庆
副 局 长　成联元　颜家文　顾怀贵
纪检组长　高　琼

## 威 信 县

【概况】 威信县工商行政管理局内设办公室、人事教育股、法制股、企业个体注册登记股、公平交易股、12315投诉举报中心、市场监督管理股、纪检监察室、工会委员会及扎西分局和麟凤、罗布、双河工商所4个派出机构。有在职干部职工94人。其中公务员86人，机关工人1人，事业工人7人。2009年，继2006年后再次获得”省级文明单位”称号；荣获昭通市工商局《县、区局长工作目标责任制》一等奖；获得威信县“综治维稳暨平安创建先进单位”称号。

【法制建设】 2009年，威信县工商局以贯彻落实阳光政府“四项制度”为契机，认真落实《威信县人民政府关于进一步做好深化行政审批制度改革工作有关事项的通知》精神，制定了“四项制度”实施办法，建立了部门行政审批内部监督管理制度，清理规范审批事项，将审批时限在法定工作日内缩短为1～3个工作日，提高依法行政效率。进一步推进“五五普法”工作，以《执法证》换发为契机，对《工商行政管理机关行政处罚程序规定》、《工商行政管理机关行政处罚文书》进行专题讲座；开展了《食品安全法》知识培训和考试；选派5名基层法制联络员到市局参加跟班见习培训；开展法律法规巡回宣传12次；开展案卷交叉检查评议活动2次；开展执法能手岗位大练兵和“一月一法”培训考试2次，举办市场主体培训班4期，培训经营者600人，发放资料1万余份。推进工商法制化进程，进一步完善《行政执法责任制》、《行政执法评议考核办法》、《行政处罚案件核审制度》；推行《行政指导制》和《行政执法案件回访制》，做到阳光执法。

【纪检监察】 2009年，威信县工商局狠抓党风廉政建设和反腐败工作，坚持“把手”负总责和班子成员“一岗双责”原则，认真落实《党风廉政建设目标责任制》；坚持民主集中制原则，定期召开民主生活会，加强班子交流与沟通，增强班子凝聚力；切实抓好廉政和监管两个风险点管理工作，制定了防范措施；推行个人行为价值系数认证制度，保持队伍的先进性；将廉政格言搬上办公桌、把廉政警示图片悬挂上墙、把《云南工商之歌》念上口，有力推进工商廉政文化建设；在扎西分局和麟凤、罗布、双河工商所开展基层执法人员向监管服务对象述职述廉工作，参会代表达140人，发放民意测评表140份，收回140份，行政执法满意率达98%。加强督查督办，制定《威信县工商行政管理系统督查制度》，推行“三级督查”，促进工作到位。开展部门政风行风评议活动，2009年，县局组织召开了2次行风监督员、企业、个体工商户、社会人士参加的座谈会，共收集建议、意见12

条,行风测评满意率为96%。

【人事教育】 1. 开展深入学习实践科学发展观活动,紧紧围绕“党员干部受教育、科学发展上水平、人民群众得实惠”的总要求,做到“规定动作”不走样,“自选动作”有创新,结合实际开展“一面旗、一团火、一盘棋”主题实践活动,开展了“想三天、走三步、问三问”以及“科学发展大家谈”建言献策等大讨论活动,使干部队伍思想认识进一步深化、工作作风进一步转变、工作责任心明显增强、和谐氛围更加浓厚。共召开动员大会2次,座谈会9次,领导班子写调研报告4篇,读书笔记60篇,收集征文20篇,撰写心得体会文章96篇,发放征求意见表110余份,征求意见和建议126条,制定整改措施7条。2. 狠抓干部队伍学习培训。以开展全系统岗位大练兵、大比拼活动为契机,加强业务知识更新培训和选拔考试,有9名同志获得县级“注册登记、执法办案、计算机操作”能手,5名同志获得市级能手,3名同志被选拔参加省级能手考试。3. 组织开展了重走长征路、三人篮球运动会、队伍军训活动和“和谐文明家庭”创建活动,激发干部职工热爱工商、心系工商的热情。4. 抓好工、青、妇群团工作,竭力保护广大职工和妇女同志的合法权益,2009年,县局再次获得全县“计划生育工作先进单位”称号。

【企业注册登记】 2009年,威信县工商局认真落实阳光政府“四项制度”,制定了《简化企业登记年检手续促进地方经济发展实施意见》,按照“非禁即入”原则,对企业(个体工商户)登记权限一放到底;在注册大厅开设招商引资、返乡农民工、五类人员登记“绿色通道”,提供“一站式”无障碍服务;开展“巾帼文明示范岗”创建活动,提高窗口人员服务形象。年内依法办理企业登记87户,注销企业11户,注册资金69 273万元,从业人员38 710人。截至年底,全县共有企业387户,其中法人企业294户,营业企业93户,注册资金88 557万元,登记农村经纪人10户,农民专业合作社22个(成员120个)。

【企业监督管理】 2009年,威信县工商局进一步落实企业(个体)分层分类登记制度,放宽基层登记权限,在基层一线开设便民服务窗口,为非公经济发展创造良好环境;组织开展了走访“百家企业”活动,对黑色产业、红色旅游产业、绿色支柱产业、农村区域优势产业等特色产业进行专题调研,为县委政府决策提供可靠依据;进一步推进企业信用分类监管制度,建立企业“经济户口”档案,实施信用分类监管;严把市场主体准入关,进一步完善取缔无照经营工作机制,规范经营行为。一年来,共开展调研活动5次,办理个体工商户开业登记1 296户,注销个体工商户1 106户。截至年底,全县已登记注册的个体工商户3 808户,注册资金9 266万元,取缔无照经营110户,建立经济户口档案3 796户,减免各项工商收费5.2万元,企业年检率为98%,个体验照率为100%。

【市场规范管理】 2009年,威信县工商局以贯彻实施《食品安全法》为契机,加强商品质量和食品安全监管,按照“培训教育、服务指导、监管执法、整治规范”16字工作要求,推出了“网格布局、一票通关、资源整合、造血监管、典型引导”五体合一监管模式,认真落实层级监管责任制,着力抓好“食品安全示范店”、“诚信市场”创建,推进索证索票制度和进销货台账制度100%向村社延伸,确保市场消费安全;切实开展“红盾护农保春耕、秋种”农资市场整治,全面落实农资经营“两账两票,两书一卡”和农资经营先行赔偿等制度,净化农资市场;开展对农村经纪人的培训,大力发展农村经纪人,带动农村产业发展;抓好“合同帮农”工程,积极引进涉农企业,实行企业+基地+农户的经营模式,指导企业与农户签订“订单合同”,切实为农民排忧解难,推出《格式合同监督管理办法》,加强合同监督管理,确保农民合法权益不受侵害,对蚕桑养殖业户实行“1+1”帮扶,促进全县绿色产业健康发展,同时认真抓好节日市场、各类专项市场以及重点领域、场所的监管,切实营造安全、健康、稳定的市场环境。全年共出动执法人员4 650人次,共检查经营户6 250户次,共建立食品经营户索证索票和进销货台账1 080户,创建食品安全示范店210户,由县政府授牌二星级示范户8户,由乡镇授牌一星级示范户50户,没收不合格食品3.2吨,退市食品1.65吨,抽检商品品种62批次,建立农资经营信用档案37户,开展食品安全知识培训6次,发放《流通领域食品安全监管知识手册》650本,指导签订涉农合同1 605份,签约金额752万元。

【消费者权益保护】 2009年,威信县工商局认真开展“3·15国际消费者权益日”活动,围绕“消费与发展”年主题,开展了消费维权“进社区、进学校、进市场、进乡村、进机关、进企业”活动;进一步加强12315“四个平台”建设,进一步完善投诉受理工作机制,严格规范内部工作流程,严格落实首问责任制,做到投诉举报件件有落实,事事有回音;认真抓好基层“一会两站”建设,实现维权网络全覆盖,把“一会两站”建设成为为民办好事、办实事的民心工程和政府的“第二信访部门”;征对投诉热点,及时发布消费警示,引导消费者健康消费。全年共受理消费者投诉案件87件,成功调处87件,为消费者挽回经济损失86.32万元,接待消费者咨询600人次,建立一会10个,两站87个,发布消费警示16期,发放宣传资料1万余份。

【反垄断与反不正当竞争执法】 2009年,威信县工商局开展《食品安全法》、《产品质量法》等“每月一法”专项整治,切实维护公平公正的竞争环境。加强反垄断执法,以服装、化妆品、家电、酒类等商品为重点,狠打“傍名牌”歪风;以医药购销、工程建设、出版发行等领域为重点,加大商业贿赂行为查处力度;以供电、供气、有线电视、电信、金融、交通运输、专营专卖等重点行业合同的格式条款入手,严厉打击限制竞争和强制服务等不正当竞争行为,切实做好合同备案工作。突出开展校园周边的文化市场、电子游戏室、网吧、歌舞娱乐场所等专项行动,有效净化社会文化环境。切实开展“家电下乡”产品、“两烟”、盐业、建材等市场专项整治。全年共立案查处各类行政处罚案件409件，其中一般程序案件152件、简易程序案件257件，涉案金额125.3万元，收缴罚没款27.6万元，没收非法书刊300余册，查获假冒卷烟150条，取缔“黑网吧”3户。

【广告监督管理】 2009年，威信县工商局进一步完善广告联席会议制度，定期或不定期召开联席会议，积极探索广告市场监管长效机制；以直接关系人民群众健康安全的食品、保健食品、药品、医疗、化妆品、美容服务等广告为重点，严厉查处虚假违法广告，积极营造良好的广告业发展环境；与相关部门联合对互联网络、电视、报刊发布广告的行为实施跟踪监测。一年来，共召开联席会议2次，受理户外广告登记120户，责令停止发布广告5条，查处广告案件7件，特别是查处了一起“双诺希”胶囊保健产品虚假宣传案件，得到县委政府的高度评价和老百姓的认可。

【商标监督管理】 2009年，威信县工商局深入开展注册商标专用权的保护工作，加快发展商标注册和引导企业争创名牌商标。抓好“一所一标”商标战略活动，积极开展商标发展的调研，培育、扶持和创建“云南省著名商标”和“昭通市知名商标”；开展“一月一打”商标专用权保护行动，为实施商标品牌战略营造良好的环境。全年上报商标注册4个，申报知名商标1个，查处商标侵权案件4件。

【计划财务工作】 2009年，威信县工商局进一步完善部门财务管理制度，严格执行“收支两条线”，切实规范财务收支行为，严格压缩各类行政支出，控制行政成本，把各类支出控制在规定的预算指标内；坚持“一支笔”审批制度，切实做到开源节流，确保全局各项工作有序运转；严格清理“小金库”，全年全系统无违反财经纪律现象发生。

【基本建设】 2009年，威信县工商局认真抓好基层规范化建设工作，筹资3万元对扎西分局、罗布工商所硬件、软件、内部环境等进行更新、规范，基层规范化建设实现达标。

【老干工作】 2009年，威信县工商局按照省、市局有关老干部工资、医疗等方面的政策，充分在政治上、思想上、生活上关心关爱老干部，及时为老干部排忧解难，对生病的离退休老干部进行慰问，积极帮助老干部解决政治生活待遇问题；积极组织离退休老干部疗养；在春节、中秋节、重阳节等节假日召开全系统老干部座谈会，同时对不能前来参加座谈会的老干部组织前往慰问。

【信息化建设】 2009年，威信县工商局进一步加大对硬件设施的投入，配置了电脑63台和复印机、传真机、打印机、摄像机、照像机等一批现代办公设备，夯实信息化建设基础；建立完善信息化管理配套制度，推进规范化管理；健全了政务内网（局域网），全面实现了县局、市局、各基层工商所公文、信息等网上传递；大力开展“一体化”软件等知识培训，全面启用“一体化”软件，提高全系统信息化工作水平。2009年，该局信息化建设在市局考评中获得“三等奖”。

【个私协会工作】 2009年6月30日，成立了个体私营经济协会并召开了第一次代表大会，把全县个体私营经济发展推上新的台阶；抓好个私经济党建工作，开展第三批学习实践科学发展观活动，切实把个私经济党组织建设成为推动个体私营企业发展的桥梁和纽带；认真落实“贷免扶补”优惠政策，为鼓励创业促进就业提供融资帮助；认真抓好创业导师服务工作，对个体工商户进行培训指导；积极落实“普九”攻坚，倡议捐资助学。年内共办理贷免扶补4户，上交教育捐款48 912元。

【2009年任职的局领导名单】
党组书记、局长　柯发昌
副局长　罗　辉　谢　锋　刘昌林
纪检组长　熊孟琴

## 绥江县

【概况】 2009年，绥江县工商行政管理局在市局和县委、县政府的领导下，紧紧围绕市局和县委、县政府的工作重点，以科学发展观为统领，以国务院“三定”方案赋予工商新的职能为基本依据，坚持高效便民、监管规范、队伍和谐进步为目标，全面开展了各项工作，为实现绥江经济社会又好又快发展作出了积极贡献。

【企业注册登记】 2009年，绥江县工商局优化登记管理，高效便民。注册登记窗口通过前期咨询指导、预约服务、合并审核程序等举措，为市场主体准入提供优质、高效、便民的服务。截至12月底，全县共有内资企业107户、注册资金11 139万元。其中国有企业33户（其中法人企业12户），注册资金1 377万元；集体企业37户（其中法人企业24户），注册资金1 762万元；股份合作制企业5户（全为法人企业）注册资金1 043万元；国有集体性质的公司32户（其中法人公司10户）注册资金6 957万元；私营企业196户，注册资金22 903万元；其中：个人独资企业69户（其中分支机构2户），合伙企业23户，有限责任公司104户（其中分公司30户）；个体工商户3 489户，注册资本239 756万元；，出资总额为1 476.60万元。

【市场规范管理】 1. 帮助企业融资，活跃发展氛围。积极推动解决中小企业融资难问题，共办理动产抵押登记16件，为企业筹措流动资金2 451万元。2. 加大经纪人培训力度，充分发挥各级经纪人协会的作用，切实提高经纪人法律意识、从业水平，各类经纪人14人，扶持农民专业合作社发展壮大，已登记注册农民专业合作社21户，资金总数达1 476.60万元，抵押物总价值9 310.06万。2. 加强社会治安综合治理，切实维护公平交易秩序与社会稳定。继续深入开展商业贿赂专项整治，案件领域涉及医药、教育、建筑等行业。开展烟花爆竹市场、网吧和游戏室、无照经营、安全生产督查等专项整治，查处无照经营活动。积极配合文化等部门开展“扫黄打非”行动，查缴非法出版物及盗版书籍200余册。校园周边环境专项整治作为市场监管工作的重点，强化措施，常抓不懈。

重点是强化对校园周边市场秩序的监管和食品经营者的检查力度，完善索证索票制度，把好食品市场准入关。充分发挥“12315”消费者投诉举报网络的作用，全县已设立了“12315”联络站和投诉站，对校园内食品安全投诉做到快速接报、快速部署、快速出击、快速办结。对校园周边市场实施不间断巡查，防止出现监管缺位现象。联合文化、公安、教育等部门对网吧、游戏厅进行了专项治理。截至12月，校园周边环境整治行动，共出动执法人员120人次，收缴过期方便面49袋、饮料60瓶，对即将到期的63袋儿童食品做了下架处理。查处取缔黑网吧3户，暂扣电脑14台，罚款1万元。3. 为规范手机市场经营秩序，维护消费者利益，对全县的手机市场进行了专项清理和整治。在整治工作中，严查经营主体经营资格和维修人员的维修资质，确保合法合规经营。加大《消费者权益保护法》和《移动电话机商品修理更换退货责任规定》等法律、法规、规章的宣传力度，使消费者明了法律的规定，自觉拿起法律武器，维护自己的合法权益。加大维权力度，针对消费者有关手机的投诉，实行快受理、快转办、快调解、快结案，及时维护消费者利益。开展手机质量送检，搞好手机质量监测，严防假劣手机流入市场。截至年底，共出动执法人员48余人次，检查手机经营、维修网点34家，调解手机纠纷15起，结案率100%，对30家经营户的26部各种型号的手机进行了送检，经检测不合格26部，对经销不合格手机的经营户予以立案查处，罚款8 000元。

**【消费者权益保护】** 1. 强化信用建设，提升消费信心。通过企业、行业放心消费创建试点，积极探索区域创建思路和模式，开展“3·15”消费维权系列活动，发布消费警示信息2期。2. 加强消费纠纷调解处理。2009年，共计受理消费者投诉12件，解决率100%，全部进行成功调解，为消费者挽回经济损失2.75万元。2009年，在市局和县政府领导的关心、支持下以及相关部门的配合下，已将个体私营经济协会、消费者权益保护委员会的换届工作顺利完成，建立投诉站和联络站35个，覆盖了33个行政村和两个社区，完善了两会的组织机构，让两会会员合法的权益不受侵害，得到法律保障。

**【食品流通监督管理】** 2009年，绥江县工商局组织全局干部职工认真学习《食品安全法》，并以食品安全监管为重点，强化商品质量监管和打假治劣工作，坚决打击各类违法行为，有效维护了市场经济秩序。对食品经营店业主、大型超市负责人、农贸市场主办方、广大消费者广泛宣传《食品安全法》，开展培训25场，培训人数900余人。开展食品、成品油、服装、钢材等商品专项质量监测，共完成食品速测43件，并实行了食品经营票账合一管理制度，加强对食品批发户的出货单管理，为食品安全监管打下坚实基础。

**【商标监督管理】** 2009年，绥江县工商局突出重点领域和重点环节，加大保护知识产权和维权反欺诈力度。加大对侵犯知识产权案件的查处力度，依法保护企业合法权益。发挥虚假违法广告整治联席会议牵头职责。开展网络广告、房地产广告、药品保健品广告等专项检查，全年共接受商标注册咨询4件，查处商标侵权4件，罚款5 000元；广告违法案件7件，罚款6 800元。管好商标广告，查处虚假宣传、虚假表示及各种欺诈行为，加强广告发布监测监控力度。加大了对重点媒体、医疗广告的监管力度。全年查处商标侵权4件，罚款5 000元；广告违法案件7件，罚款6 800元，共接受商标注册咨询4件。

**【基本建设】** 2009年，绥江县工商局加强基层基础建设，倾心关注一线工作人员的工作和生活。在经费紧张的形势下，县局千方百计筹措资金改善基层执法环境和工作条件，为基层营造良好的执法环境和工作环境。一年来，为基层工商所修缮了房屋并对部分办公设施进行了维修，共投入资金6万元。中城分局被评为“五型工商所”达标单位。

**【经济检查】** 2009年，绥江县工商局立足于工商系统实情，放下包袱，不等不靠，轻装上阵，增强工作的紧迫感、危机感，整顿规范市场经济秩序取得较优异的成绩。全年共立案查处各类违法违章案件232件（包括一般程序简化办理案件），其中超经营范围案件6件、擅自发布户外广告案件3件、无照经营案件28件、销售伪劣商品案件24件、逾期未年检案（含个体未验照案）171件，共计罚没款17.36万元。

同时，严厉打击农资产品等制假售假行为，大力维护农村市场秩序。通过实施种子留样备查、强化农资抽检力度、查处“傍名牌”肥料等活动，严厉打击扰乱农村市场秩序的不法行为。做好家电下乡产品指定销售网点的备案工作，规范辖区内家电下乡产品指定销售网点的经营行为。通过检查，查获无证经营农资产品案1件，罚款2 000元。

**【2009年任职的局领导名单】**

局　长　柯　猛

副局长　周　越　毕　涛

## 盐津县

**【概况】** 盐津县工商行政管理局内设7个职能股、室，下设1个分局、3个工商所，共有在职人员53人，其中：公务员45人，工人8人。

2009年，盐津县工商局坚持在市局和县委、县政府的正确领导下，以科学发展观为统领，紧紧围绕建设“六个好”实现“三个到位”的目标和《昭通市工商行政管理系统2009年局长目标责任书》的要求，尽职尽责加强市场监管，尽心尽力服务经济发展，扎扎实实加强队伍建设，各项工作都取得新的成绩，系统上下呈现出大局稳定、人心思进、内和外顺、蓬勃发展的良好局面。

**【法制建设】** 2009年，盐津县工商局坚持以“强化依法行政意识、明确工商职能、严格执法监督”为法制工作重点，强化执法监督，加大培训力度，共组织3期法制培训；开展了2次“行政执法案例评查活动”评析会，对各办案机构将挑选出的案例进行交叉评查，做到以案释法、以案学法，并从中评选出3个优秀案例；制订了《案件核审监督工作制度》、《兼职法制员工作制度》、《说理性处罚文书操作规程》。全年办理的一般程序案件78件，其中，无照经营案件27件，占了35%；产品质量类案件18件，占了23%；商标广告案件13件，占了17%，反不正当竞争案件2件，占了3%；“两烟”类案件5件，占了6%。没有发生无故延期办理、败诉、复议案件的情况。

**【纪检监察】** 2009年，盐津县工商局坚持将业务工作和党风廉政建设工作一起抓，以“教育与管理并重，监督与查处并举”为方针着力增强队伍拒腐防变的能力。1. 组织观看了以反腐倡廉、先进典型事迹为题材的《真水无香》、《女检察官》等优秀故事影片，深化对干部职工的廉政勤政教育。2. 在党风廉政工作会议上，局长与各股、室和三所一分局签订了《盐津县工商局09年党风廉政建设责任书》，责任书明确了各部门抓党风建设和反腐倡廉工作的责任，指出了2009年度党风廉政建设工作的责任内容、责任目标以及责任考核和责任追究，认真落实党风廉政建设责任制。3. 在上年查找廉政风险点的基础上，按照市局关于深化廉政风险点管理工作的通知要求，再次组织全体职工进行排查，对“两个风险点排查”工作采取“领导点、部门查，相互提”的方法，确定了11个容易发生问题、存在廉政风险的薄弱环节为风险点，并进行查漏补缺，建章立制，逐步形成以岗位为点、以工作程序为线、以制度为面环环相扣的廉政风险防控机制。4. 成立了阳光政府“四项制度”组织机构，结合实际制定了《盐津县工商局政务信息查询实施细则、重大决策听证、重点工作通报实施细则、重要事项公示实施细则》，并按要求落实了阳光政府四项制度工作月报和信息报送等制度，保证了四项制度的顺利贯彻执行。5. 为抓工作落实，由监察室、人教股、法制股、公平交易股抽调人员组成了督察组，严格按照《昭通市工商行政管理系统督查制度》内容要求对各股、室、和三所一分局进行了督察。6. 邀请人大代表、级政协委员、有关部门代表，以及行风建设义务监督员、个体工商户和企业，共计30余人参加行风评议会，诚恳听取代表们对县工商局反腐倡廉工作及工作作风方面的意见和建议，并对症下药，落实整改。

**【人事教育】** 1. 2009年，盐津县工商局紧密结合学习实践科学发展观活动，努力找准工作和学习的结合点和切入点，按照“三个过硬”的要求，通过采取全员培训、骨干培训、交流学习等方式强化干部职工业务水平的提升；以“三个能手”比武竞赛活动助推全局的岗位大练兵，从而提高干部职工的岗位工作能力，通过层层选拔，在全市的“三个能手”比武竞赛活动中，有1名同志获市级“执法办案能手”称号，有1名同志获“注册登记能手”称号；通过开展“科学发展大家谈”、“三个一”主题实践等活动，切实解决干部职工在党性观念、思想作风、工作作风方面存在的一些问题，进一步提高广大干部职工履行岗位职责的本领，尽快适应工商工作转型的需要。

2. 在精神文明建设工作中，按照“深化、完善、巩固、提高”的八字方针，在县局党组的统一领导下，工青妇齐抓共管，各部门和广大干部职工广泛参与，县局机关成功申报了省级精神文明单位，盐井分局、普洱工商所、牛寨工商所保持了县级文明单位称号；同时，积极营造和谐工商文化：组织外出考察学习活动、参加“关河之声——五月颂歌”文艺演出、举办“和谐文明家庭”创建等活动，在全局营造了和谐向上的工商文化氛围，干部职工的集体观念、奉献意识明显增强，开展各类捐款共计近4万元。

**【企业注册登记】** 1. 做好年检验照工作。全县应验照个体工商户4 890户，实际验照的个体工商户1 601户，在验照过程中有1 826户已过期已作注销处理，自然流失的有954户，验照率为89%；全县应检企业335家，已年检合格企业307家，年检率91%。2. 全面落实各项促进非公有制经济发展的优惠政策，开设为应届大学毕业生、下岗职工、农民工、残疾人、复退转业军人等注册登记提供政策咨询及办照的绿色通道，积极开展股权出质登记和股权出资登记等工作，落实市场主体（监管）信息定期分析报告制度，有力促进各类市场主体健康成长。全年新发展个体工商户1 122户，从业人员2 467人，资金数额3 555万元；新发展私营企业41户，注册资金8 179万元。登记农民专业合作社17户，出资总额521万元，成员总数152人。

**【市场规范管理】** 1. 深入开展“红盾护农”行动，严把农资市场经营主体准入关，并实行种子留样备查公示制度，强化种子质量监管，在农耕农忙时期，加强对农资市场和农资商品的巡查力度。共查处农资案件2件，案值0.9万元，罚没金额0.55万元。2. 整治校园周边环境，在寒暑学期开学之际，对各中小学校周边无证经营的摊点和游商小贩进行检查整治，依法查处无照经营的脏、乱、差的饮食摊点和食品小卖部。共出动执法人员168人次，检查食品经营户362户次，对2家食品经营户下发了责令整改通知书，取缔校园周边“黑网吧”2户。3. 认真开展无照经营专项整治行动，共清理检查经营户115户，引导经营户办理营业执照33户，查办无照经营案件8件。4. 切实开展禁塑工作，共收缴了6 000余个塑料口袋，立案查处了4起违法销售塑料袋案件。5. 认真开展诚信市场创建活动，认定公示了1户“1A”级诚信市场，向市局推荐了1户“3A”级诚信市场。6. 加强合同监管，共备案登记合同38份，其中动产抵押合同3份，肥料连锁加盟协议2份，化肥经营合同18份，良种代销合同12份，针对消费者的格式合同5份。7. 做好抵押物登记监管工作，共受理了4起抵押登记申请，其中3起为动产抵押登记申请，标的约2 000万元，1起为动产抵押登记注销申请，标的为2 197.15万元。

**【消费者权益保护】** 2009年，盐津县工商局积极向县委、县政府争取到20万元资金，用于“一会两站”的硬件和软件建设，以及会长、站长的经费补贴，保证了“一会两站”建设工作的圆满完成。全县共建成消费者协会分会10个、“两站”88个，全面完成“一会两站”的总体目标;充分借助"一会两站"平台,提升了12315的快速反应、快速处理能力,全年共受理消费者投诉22件,调解处理22件,为消费者挽回损失1.4万余元。

【食品流通监督管理】 1. 加强学习宣传《食品安全法》,共组织集中学习、培训班3次,培训人员150多人次,全员考试1次,发放宣传资料500份,张贴横幅标语8条,接受现场咨询28人次。2. 加强了对重点食品的质量监测和食品快速检测,共开展了食品快速检测16次。3. 认真开展节日期间食品安全集中整治行动和农村食品市场专项执法检查,共出动执法人员1 148人次,检查食品经营户785户次,共取缔无照经营户27户、查处制售假冒伪劣商品案件18件,查获假冒伪劣食品520千克,价值0.98万元。4. 推进了食品安全示范店的创建,共创建食品安全示范店216户,其中,乡人民政府表彰的"一星级"有23户,县人民政府表彰的"二星级"有12户。

【广告监督管理】 2009年,盐津县工商局强化了对广告发布环节的监管,加大了对虚假广告的惩治力度,在户外广告监管中,审查登记了440条广告,对其中39条不符合广告法规定的广告内容进行了更正,查处了8幅涉及违反户外广告登记管理条例的广告,罚没款0.26万元。

【商标监督管理】 2009年,盐津县工商局认真开展了"一所一标"工作及"云南省著名商标"、"昭通市知名商标"申报工作,完成了"一所一标"任务,获评省级著名商标1件、市级知名商标1件。

【基本建设】 2009年,盐津县工商局投入15万余元,更换和补充了机关和各所分局22台电脑,基本解决了制约办公自动化的"瓶颈",保证了工作的正常运转;在基础设施建设上,投入80多万元(其中60万元是省局补助),新建了局机关食堂,对机关办公楼和盐井分局办公室进行了改造装修,切实改善了干部职工的工作、生活环境。

【老干工作】 2009年,盐津县工商局一如既往地做好老干部管理工作,开展了春节走访慰问活动,共发放慰问金4 000余元,召开了2009年"九·九"重阳节老干部座谈会;按照政策规定做好遗属补助、抚恤费、医疗费报销、住房公积金费用提取等相关工作;安排11名退休人员参加省局组织的疗养活动。

【个私协会工作】 2009年,盐津县工商局成功举办了第二届个体私营经济协会换届选举工作会议,选举产生了新一届个体私营经济协会理事会成员,为个私协会工作的顺利开展提供了组织保障;与盐津县农村信用合作联社签订《中小企业股权质押贷款合作协议》,共促成11家优质会员与盐津农村信用合作联社签定总额为5 225万元的贷款合同,建立了协会、银行、企业之间"合作多赢"的新模式;积极支持公益事业,在捐资助学活动中,与县工商局共同捐款3.6余万元。

【2009年任职的局领导名单】
党组书记、局长 钟世伟
副 局 长 邓秀平 张 超
纪检组长 熊国强

## 巧家县

【概况】 2009年,巧家县工商行政管理局有在职干部职工65人(公务员56人、机关工勤人员1人、事业人员8人),最大年龄53岁,最小年龄27岁,平均年龄41岁。有内设机构6个(办公室、人教股、监察室、法制股、登记股、公平交易股);派出机构7个(白鹤滩分局、药山工商所、大寨工商所、东坪工商所、小河工商所、老店工商所、马树工商所,其中:白鹤滩分局与药山工商所合署办公,东坪工商所与大寨工商所合署办公,老店工商所与马树工商所合署办公)。

【法制建设】 1. 在全系统开展了"十佳案例"评选活动,并将依法行政工作纳入工作目标管理考核的内容。按照"条块结合、对口实施、全员参与"的原则,广泛开展专题学习、专业培训等活动,组织全系统执法人员认真学习新版行政执法文书和相关法律法规,提高了执法人员的法律水平。2. 进一步深化执法责任制,大力完善执法检查、岗位责任、监督检查等制度,解决了职责不清、互相推诿、互争利益等现象。深入推行案件回访制、过错责任追究制、案件质量考核制、行政执法督察制等制度。充分发挥法制员作用,加强了对基层执法行为的监督。3. 组织开展法律法规知识培训6期,参加人数156人次,发出《行政指导建议书》35份,案件承办部门回访当事人50次,法制部门组织回访当事人20次,轻微违法行为行政告诫200余次,涉及当事人200余人。强化案件审核工作,对一般程序的138件案件,做到件件审核。1起行政复议案件市局维持了原处罚决定,1起民事诉讼案件和1起行政诉讼案件二审取得了胜诉。

【纪检监察】 2009年,巧家县工商局紧密联系党风廉政建设和反腐败斗争的实际,着重解决纪律作风、效能建设方面存在的问题,开展了预防职务犯罪专题教育和典型案例教育活动。制定下发了实施方案和党风廉政建设责任分解表,签订了党风廉政建设责任书。将党风廉政建设工作与其他业务工作同部署、同落实、同检查、同考核,强化对干部职工的党风廉政教育,加强思想上对党风廉政建设重要性的认识,让廉洁自律意识入心、入脑,在全系统形成了责任明确、上下贯通的责任机制,使党风廉政建设责任制工作落实有标准、完成有时限、考核有依据、追究有对象。建立完善督查制度,实行三级督查,强化督查力度,确保各项工作顺利开展。签订《党风廉政建设责任书》15份,进行纪律督查60次,局领导带队到基层工商所督查3次,下发《督查意见书》3份、督查通报2份。

【人事教育】 2009年,巧家县工商局按照会监管、会服务、会办案、会维权、会协调、会电脑操作的"六会"和能调查研究、能出谋划策、能撰写公文、能组织协调、能指导落实的"五能"的思路,加大教育培训力度,有针对性地解决"干什么"和"怎么干"的问题,全面提高工商干部的履职能力。制订法律法规培训计划,采取岗位练兵、技能比武、跟班学习等形式进行轮训,着力提高干部职工依法履职能力。深入开展计算机操作能手、注册登记能手、执法办案能手"三个能手"岗位练兵竞赛活动。通过大培训、大练兵、大比武、大考核、大考试,把队伍素质逐步提高。县局共推荐7人参加市级能手竞赛,分别有2人获市级计算机操作能手、2人获注册登记能手和1人获执法办案能手,有2人被市局推荐参加省级注册登记和执法办案能手的竞赛。白鹤滩分局获市级"青年文明号"荣誉称号,档案管理工作通过县档案星级评审领导组的验收,达到四星级标准,档案管理员获昭通市档案管理先进个人。

【企业注册登记】 2009年,巧家县工商局按照责任政府和阳光政府"四项制度"的要求,进一步实行了政务公开,以政务公开栏的形式,公开了办事人员、办事程序、办事依据。登记注册窗口推行了首问负责制、限时办结制、服务承诺制以及"窗口一站式,告知一口清,示范一文本,办事一次结,数据一个库,一审一核制"的工作方法,提供便捷高效的市场准入服务,积极引导、支持个私企业健康发展。积极做好贷免扶补工作,在7月21日全县鼓励创业"贷免扶补"贷款发放仪式中,县局帮扶的5户个体工商户全部足额领到了创业贷款。大力做好市场主体的培训工作,组织开展市场主体法制培训5次,培训人数达3 590人次,市场主体培训率达71.6%。全力做好企业个体年检验照等日常监管工作,办理内资企业变更登记57户,办理内资企业注销登记4户,吊销内资企业1户,私营企业7户;办理私营企业变更登记37户,办理私营企业注销18户;办理个体工商户变更登记176户,办理个体工商户注销登记273户。年内新登记注册内资企业2户;私营企业84户,注册资本8 605.80万元,从业人员618人;新办个体工商户1 458户,注册资本2 835.20元,从业人员2 084人。

【企业监督管理】 2009年,巧家县工商局严把市场主体准入关,严格按照法律法规开展工作,大力扶持个体私营经济健康发展。着力强化窗口建设,大力推行简化办事程序,转变工作机制,提高办事效率,以方便企业群众办事为目标,全方位开展为民便民服务,下放权限,授权工商所、分局办理不需前置许可的个体工商户的注册登记。截至12月底,全县有内资企业144户,注册资本14 721.50万元;私营企业242户,注册资本93 511.50万元,从业人员5 893人;个体工商户5 524户,注册资本7 844.69万元,从业人员7 513人;农民专业合作社36户,出资总额1 053万元,成员总数351人。全县各类市场主体注册资本(金)总额已达117 130.69万元。注册资本500万元以上1 000万元以下的16户,1 000万元以上1亿元以下的6户,1亿元以上的1户。

【市场规范管理】 2009年,巧家县工商局加大农村市场整治力度,出动执法人员365人次,收缴过期变质食品100千克,收缴不合格洗衣粉194件1 164包。配合省通信产品质量监督检验站进行手机市场专项整治2次,出动执法人员35人次,检查手机经营户29户,查扣涉嫌假冒进网许可标识的手机360部,经鉴定没收假冒进网许可标识的手机139部,查处案件17件。配合公安、文化、教育、电信、卫生等部门对学校周边的网吧、电子游戏室、饮食店、副食店进行全面整治,出动执法人员188人次,检查经营户145户,当场予以取缔无照经营户23户,下发责令改正通知20份,查处各类过期小食品120千克,立案查处黑网吧案件4件和无照经营电子游戏室5件,没收电脑29台。投入资金5 000余元做好食品安全示范店的创建工作,提请县人民政府对55户"二星级食品安全示范店"进行命名表彰。

【消费者权益保护】 2009年,巧家县工商局在县委、县政府的支持下,以推进"一会两站"建设为抓手,着重做好消保维权上的宣传与服务工作,赢得了群众的高度评价。3月19日,提请县政府组织召开会议,明确工作目标,落实工作责任,并由县政府与各乡镇签订了推进"一会两站"建设目标责任书。8月28日,提请县政府组织召开了"一会两站"建设工作推进会议,对"一会两站"进行授牌,在全县形成覆盖县、乡、村三级的消费维权网络。在"一会两站"建设工作中,投入资金8万余元制作了工作手册和工作台账共计600本,制作了"一会两站"牌匾、消协分会牌匾、工作职责和工作制度牌子共计613块,聘请了分会会长16人,"两站"工作人员183人。"3·15"期间,会同有关质监、卫生、文体等部门共同举办"消费与发展"主题宣传咨询活动,出动执法车辆6台次、人员50余人次,现场累计接待解答群众咨询600余人次,发放各种宣传资料1万余份,集中销毁价值11万余元的假冒伪劣产品1 000余件。积极受理消费者投诉举报,调解消费纠纷44件,为消费者挽回经济损失6.56万元。

【食品流通监督管理】 2009年,巧家县工商局以贯彻落实《食品安全法》为契机,加大食品市场专项整治力度。进一步清理了食品经营户主体资格,完善经济户口管理。对食品经营户实行"一户一账一档"管理制度,进一步规范了食品经营主体的经营行为。制定了规范的食品经营者"七制一卡一账制度",加强对食品经营者的监管。建立了食品安全网格化监管责任制、食品经营户分布图、监管责任区划分图制。层层签订责任状,确保责任落实。加强对流通环节食品安全快速检测工作,工商所对辖区内市场全部组织了抽样检测。在食品市场专项整治中,出动执法人员456人次,检查经营户2 534户次,查处各类过期变质食品705千克,价值1.05万元。

【广告监督管理】 2009年,巧家县工商局对未经授权许可和批准,擅自以家电下乡名义打广告的经营户进行了专项整治,出动执法人员105人次、执法车辆42台次,检查经营户125户次,办理户外广告登记128个,立案查处违法广告案件8件。

【商标监督管理】 2009年,巧家县工商局加大了商标法规宣传,努力实施商标推进战略,引导个私企业积极注册商标,积极争创著名、知名商标。做好农产品商标“长江”、“玉晶”省著名商标和市知名商标的申报工作,完成了“堂琅”、“卓达”、“巧家小碗”、“小碗”等14个商标的注册受理。经常与商标注册的企业保持联系,认真做好帮扶工作。立案查处侵犯商标专用权案件1件,维护商标专用权人的合法权益。

【计划财务工作】 2009年,巧家县工商局结合工作实际,通过进一步强化预算管理,优化资金结构,严肃财经纪律,加强制度建设,较好地完成了各项财务工作任务。财务收支指标按时间进度基本得以实现,做到了收支平衡,经费保障能力和财务管理水平都有新的提高。加强财务制度建设,制定完善了《财务管理制度》、《机关财务管理办法》、《大额资金管理规定》、《因公因病人员住院护理费报销规定》、《固定资产管理制度》等行之有效符合现时政策的财务管理办法,规范全局收支,保障各项工作正常开展。强化预算管理,改革支出管理,提高经费保障能力。

【基本建设】 2009年,巧家县工商局做好老店工商所办公楼建设的征地、图纸设计、地堪设计、工程造价预算及相关手续的报批工作,同时还完成了招标和前期工程。

【老干工作】 2009年,巧家县工商局按照上级的安排部署,制订了工作计划,明确老干部管理工作的目标要求、任务,为做好老干部管理工作打下基础。强化对老干部管理工作的组织领导,成立了领导小组,建立完善了工作制度。切实关心离退休干部政治、生活待遇,按时组织老党员过组织生活,学习党的重大方针、政策,切实开展春节、重阳节慰问离退休老干部活动,开展老年保健知识讲座,对长期有重病在家的和住院的离退休人员进行看望慰问。同时,组织开展丰富多彩的文体活动,成功举办了2009年“红盾杯”老年门球坐庄赛,来自全县28支代表队的200多名老年门球运动员参加了比赛,工商代表队获第9名。

【经济检查】 2009年,巧家县工商局紧紧围绕政府关心、群众关注、社会反映强烈的热点、难点问题,充分发挥职能,突出重点、标本兼治,下大力气治理市场顽疾,努力营造良好的投资和消费环境。着力整顿规范市场经济秩序,认真开展流通环节产品质量和食品安全、红盾护农、无照经营、保护注册商标专用权、校园周边环境和查处取缔“黑网吧”、虚假违法广告、节日市场、农资市场等专项整治行动,规范了市场主体及其经营行为,有力地维护了良好的市场秩序。在重点案件中取得了新的突破,案件所涉及领域不断扩大,类型不断增多,办案工作实现了由以查处无照经营为主向以查处假冒伪劣商品和商标广告案件为主的重大转变,先后查处了不正当竞争行为、销售假冒伪劣产品、虚假出资、逾期未年检、擅自改变登记事项、擅自设立分公司等案件,促进了行政执法工作不断向程序化、规范化、标准化方面迈进。全系统共立案查处各类经济违法违章案件471件(一般程序案件138件、简易程序案件333件),罚没款入库43.58万元。

【信息化建设】 1. 制定完善信息化建设管理制度,明确了信息化建设工作的保密、使用、安全等措施,从而为推动全系统信息化建设提供了制度保证。启用了一体化软件的公文收发、档案管理、固定资产、行程安排、论坛、公告栏、通讯录、学习园地、会议管理、办公用品、考勤管理、请示报告、广告管理等模块,全系统安装使用腾讯软件,实现信息、文件等的网上传输。2. 加大对信息化工作的培训力度,举办一体化软件及操作技能集中培训2次,参加人数达150人次。完善了巧家工商红盾信息网(包含内网和外网),充实网站版面和内容,访问量月均达600人次以上。

【个私协会工作】 8月28日,召开县个私协会第五届代表大会,选举产生了新一届理事会。县个私协会认真履行职责,及时采取多种形式积极向全县个私协会会员进行宣传,共筹集捐款5 340元,用以资助挂钩扶贫点困难学生的学习、生活。

【2009年任职的局领导名单】

党组书记、局长　迟永江

副 局 长　陈建有　肖　勇

　　　　　夏天荣(~2009.11)

纪检组长　柘　娅

## 楚雄彝族自治州

【概况】 2009年,楚雄州工商部门在省局党组、州委、州政府的领导下,在州人大、州政协及州纪委的指导、监督下,以科学发展观为统领,全面贯彻牢记一条主线,把好两道关口,确保双安全,提高两个保障,实现一个目标的“一二二二一”的工作思路,即牢记依法行政是工商部门的生命线;把好市场主体准入关、流通环节市场秩序关;确保班子安全和队伍安全;提高财务和信息化保障能力;实现落实好“三定”方案的目标。坚持“三个第一”,全力服务改革、发展、稳定,为地方经济社会发展作出了贡献。

【法制建设】 2009年,楚雄州工商局认真贯彻落实国家工商总局、省工商局的总体工作思路,围绕提高执法人员法治意识、加大执法监督力度、规范执法行为等重点工作,进一步加强法制建设,努力推进依法行政。1. 深入开展法制学习培训。全年组织学法考试36场次,参加学法考试面达到98%以上;举办培训班74期,参训人员2 556人次。认真实施

“五五”普法规划。利用“3·15”国际消费者权益日开展工商法律法规宣传，设立咨询服务点和假劣商品展览点；结合企业年度检验、个体户验照等，召开企业联络员培训会、个私协会员大会，组织工商法律法规学习培训85场次，参加学习人员7 915人次；在开展“一会两站”建设中，组织培训班16期，对社区、村委会的工作人员进行《消费者权益保护法》及消费维权常识的讲解培训，培训400余人。2. 州局与各县(市)局、开发区分局签订了执法责任书，同时，全系统从州局到各县(市)局，局领导与科室、科室负责人与科员都签订了执法责任书，把执法责任落实到岗到人。开展系统内季度执法检查和案卷评查，共评查2009年度查结的案卷220卷，促进了各县(市、区)执法质量的提高。加强案件核审，全系统法制机构全年核审一般程序行政处罚案件1 555件。严格执行注册登记法制审核制度，认真审查注册登记机构报审的注册登记档案344份。3. 在全系统积极推行“说理式执法文书”。通过不断检查、规范，全州各级工商机关能够遵循规定，正确行使自由裁量权。4. 认真开展行政复议和行政诉讼工作。共审理申请复议案件17件，其中上年结转2件，年内新受理15件，已经全部审结，维持15件，变更1件，和解1件。各县市工商局无行政复议案件。5. 认真开展执法证换发工作，全系统共有792人领取执法证，全部完成执法人员信息录入工作。

**【纪检监察】** 全州工商系统把党风廉政建设和反腐败工作融入工商工作之中，进一步强化作风建设，不断完善规章制度，全面推进廉政文化建设，切实提高执法监管效能，树立良好的队伍形象，以反腐倡廉的实际成效保障和促进了监管执法工作的开展。1. 全面落实党风廉政建设责任制。始终坚持“一把手”负总责，班子成员按分工具体负责抓落实，认真履行“一岗双责”。召开了全系统党风廉政建设工作会，传达全省工商系统党风廉政建设工作会议精神，与业务工作同部署、同落实、同考核、同检查。州局党组分别与各县市，区(分)局党组签订了责任书，分管领导与分管科(室)签订责任书，各县市也结合实际修订完善责任书，县市局党组与科(股)、工商所(分局)签订责任书，全系统签订责任书428份。同时参照省工商局、州委量化考核内容，形成全系统2009年的考核标准。2. 推进“责任政府”四项制度深入落实，贯彻落实“阳光政府”四项制度。继续推进行政问责制、服务承诺制、限时办结制、首问责任制，进一步提升服务质量，提高工作效能。全州工商系统1～10月共受理涉及市场主体登记注册、市场主体监管、经济违法违章案件查处、市场行为监管、商标广告监管、消费者申诉举报服务承诺事项共69 170件，按照向社会公示承诺的时限要求，全部办结，办结率为100%。采取明查暗访、调查询问、电话抽查等方式，对落实责任政府四项制度情况进行督促检查。1～10月开展督查162次，对违反工作纪律、违反工作程序的15名干部进行行政问责，其中，对2名县局领导进行停职检查和作出书面检查的行政问责。加强对贯彻落实“阳光政府”四项制度监督检查。成立了以党组书记、局长为组长的落实“阳光政府”四项制度领导小组，制定了楚雄州工商局重大决策听证、重要事项公示、重点工作通报、政务信息查询“四项制度”的实施方案、细则，在《彝州红盾网》开辟栏目公示2009年度落实阳光政府四项制度工作计划及工作情况，在楚雄州政府门户网站公示12条重要事项和重点工作情况信息。开通“96128”政务信息查询电话专线，确定接线员12名。1～10月开展督查72次。3. 开展风险点管理工作。成立楚雄州工商局廉政风险点管理办公室，在全系统内排查出9个容易产生监管风险的重点环节，对已排查的风险点进行风险点评估，确定风险等级，并按照风险类别、风险岗位、风险等级、风险表现形式、责任领导和责任人进行登记备案。4. 全面推行基层述职述廉活动。截至10月30日，15个基层分局完成基层述职述廉，142名执法干部接受测评，503名代表参加测评。通过参会代表的测评，对基层工商所(分局)述职述廉报告的综合满意率97%，对干部综合满意率97.2%。5. 做好群众信访举报的查办工作。截至10月30日，全系统收到信访举报件8件，已办结8件。通过调查核实，举报问题不存在；省工商局转办“金色热线”群众反映问题1件，州政府纠风办转办“政风行风热线”群众反映问题5件，已办理完毕。

**【人事教育】** 2009年，楚雄州工商部门人事教育工作紧紧围绕州局党组工作中心，加大干部队伍管理力度，加强基层工商所(分局)规范化建设，深入开展精神文明创建活动，为全州工商事业的健康发展提供组织保证和人才支撑。1. 加强队伍建设，增强队伍整体活力。召开了各县(市)工商局领导班子民主生活会暨学习实践科学发展观领导班子专题民主生活会；考察了2名副科级后备干部；协助省委第十一考察组，考察了州局1名副厅级后备干部；从州县(市)局、抽调了11名干部，下派全州11个村(5社区)指导新农村建设工作。2. 健全完善科学合理的绩效考核和激励机制。州局利用信息化建设平台，结合实际，立足职能，制定了《楚雄州工商行政管理局2009年州局机关内部管理及重点工作考核实施细则》，将省工商局的“六项重点工作”、“阳光政府四项制度”、科学发展观学习实践活动、《党风廉政建设责任书》、《社会治安综合治理责任书》等各科(室)2009年度重点工作融入其中，实行网上绩效督查，强化州局机关内部科(室)的责任落实。3. 稳步推进工商所规范化建设。成立了全州工商系统基层工商所规范化建设工作领导小组和办公室，下发《楚雄州工商行政管理系统基层工商所(分局)规范化建设实施方案》。州局选择了3个，县(市)局选择了18个条件成熟、具有代表性的工商所(分局)作为2009年全州系统规范化建设试点单位。4. 全力推动精神文明建设。制定《楚雄州工商局机关创建第十二批省级文明单位实施方案》，开展先进典型教育活动。通过召开全州系统表彰奖励大会，通报表彰了15个先进个人、5个先进集体，在全州工商系统营造了学习先进、崇尚先进、赶超先进的浓厚氛围。开展了“雷锋我们的榜样”学习活动，号召“三融人”学习和弘扬雷锋精神。开展“向国旗敬礼、做一个有道德的人”网上签名寄语活动。全州共有842名工商干部职工、32名家属子女在中央文明网、央视网、人民网、新华网等网站上参与签名寄语959条，表达对祖国的美好祝愿。

【企业注册登记】 2009年末，楚雄州有内资企业3 314户，注册资金54.10亿元，户数比上年减少148户，减幅4.27%，注册资金比上年增加3.38亿元，增长率6.66%。其中国有企业667户，集体企业919户，股份合作企业206户，公司1 495户，其他企业27户。内资企业户数减少，注册资金反增，呈现着扩大规模、淘汰落后的发展趋势。原因是：内资企业经历多年改制重组，现今公司制改造基本完成，具有一定规模的企业发展逐步走向正轨，成为内资企业发展的骨干企业，实现了内资企业总体上从数量向质量的转变。

【外商投资企业注册】 2009年底，楚雄州有外商投资企业186户，其中法人62户，注册资金2.11亿美元，实收注册资金0.37亿美元。年内新增分支机构2户。外商投资企业发展缓慢，存在以下问题：一是资金到位率低，发展后续力弱。二是经营效益差。10户企业亏损。7户盈利企业主要集中在与红塔集团有限公司楚雄烟厂合资的烟草辅料生产企业。三是企业法律意识有待增强，年检率低。

【企业监督管理】 2009年末，楚雄州共有个体工商户55 974户，注册资金11.20亿元，从业人员102 400人，分别比2008年底净增6 765户、3.66亿元、16 154人，分别增长13.75%、48.54%、18.73%。年内新办个体工商户14 553户，注册资金4.59亿元，从业人员25 472人。个体工商户加速增长，成为市场主体增长亮点。

2009年末，全州共有私营企业5 262户，注册资本75.09亿元，从业人员103 424人，分别比2008年底净增长710户、13.65亿元、13 851人，分别增长15.60%、22.22%、15.46%。2009年新设立私营企业1 138户，注册资本11.79亿元，从业人员有15 449人。2009年私营企业继续保持了较高的增长率。

【市场规范管理】 制定下发《开展诚信市场创建活动的实施方案》，把诚信市场创建与商品交易市场信用分类监管工作紧密结合起来，以商品交易市场信用分类监管为基础，通过商品交易市场信用分类监管为诚信市场创建提供可靠的基础数据和基本依据。截至11月，全州已完成商品交易市场数据采集录入63个。在全州各类商品交易市场中开展“诚信市场”创建活动。全州共认定11个3A级市场，29个2A级市场，5个1A级市场。

2009年，进一步加大对畜禽市场及肉食品市场监督检查力度，监督检查市场主办者与场内经营者责任书的签订，明确场内经营者的具体责任和责任追究办法。同时加强与农业、畜牧、卫生、质检、公安等部门的协调配合和沟通联系，形成联动工作机制。从5月1日开始实行甲型H1N1流感疫情日报告制度。截至11月，全系统共出动执法人员26 201人次，检查各类市场11 353个次，检查经营户116 352户次。

【消费者权益保护】 截至11月，全州挂牌建立消协分会108个，12315联络站和消费者投诉站767个。创建“农村食品安全示范店”1 101户，覆盖了全州所有乡镇和行政村。共接到(待)消费者来电来访11 539个次，受理消费者申诉(投诉)、举报、咨询1 976件(其中申(投)诉949件，举报211件，咨询816件)，解决1 976件，解决率100%。为消费者挽回经济损失53.93万元。

【食品流通监督管理】 1. 多种形式开展学习宣传《食品安全法》活动。利用3·15活动期间、赶集日或各地开展各项宣传活动的契机，开展现场学习宣传《食品安全法》咨询服务活动，印发宣传资料7.9万份。利用广播、告示栏、黑板报、宣传布标、政风行风热线等形式，广泛宣传《食品安全法》。其中广播宣传19次，悬挂布标58条，出黑板报117期，发放各种食品安全宣传资料14万份。2. 做好食品流通许可证的核发准备工作。举办全州实施食品流通许可专题培训班，对各县(市、区)局许可证核发工作人员如何操作使用许可证登记打印软件进行了培训。6月底按照省局下发食品流通许可证文书格式，正式开始食品流通许可申请受理和审核工作，到11月9日已核准许可1 063户。3. 认真组织开展节日食品市场专项整治。全州各级工商部门认真加强元旦、春节、州庆、五一、中秋、国庆等节日食品市场整治，共累计出动执法检查人员16 070人次、车辆1 056台次，检查经营户80 613户次，检查各类市场2 011个次，取缔无照经营331户，查处食品违法案件434件，罚没金额61.2万元，查获假冒伪劣食品8 157.96千克。通过对节日期间食品市场开展专项整治行动，全州食品市场秩序良好，市场繁荣，节日期间全州流通领域未发生食品安全责任事故。4. 全面推进“农村食品安全示范店”创建工作。2009年全州新培育创建“农村食品安全示范店”787户。截至11月24日，全州共计创建“农村食品安全示范店”1 101户，覆盖了全州所有乡镇和行政村，超额完成省局下达的创建目标任务。

【广告监督管理】 2009年，楚雄州工商局出动执法人员2 312人次，检查广告经营户5 713户，检查广告9 684条，收缴各种印刷品广告15 074份，牌匾、布标284条，取缔各种广告2 799条。清洗乱粘贴广告8 456张，清除、覆盖乱喷涂办证文凭广告6 536条。查处违法违章广告案件51件，责令停止发布违法广告16条、限期整改34条。开展医疗、药品广告检查和互联网广告集中清理行动。抽查州、市电视台播出的广告18条，对存在问题进行现场分析、现场指导、当场反馈，及时提出指导性意见和建议进行整改。检查从事互联网上网服务企业2家，检查监测门户网站13家、自设网站93家，清查网上广告76条。

【商标监督管理】 1. 大力宣传商标法律法规，提高全社会商标意识。全州工商部门结合实际，采取多种形式，面向社会、面向农村、面向企业大力宣传商标法律法规及有关知识，共出动人员122人，出动车辆38辆次，发放宣传材料30 780多份，发放农产品商标指南2 300份，电视、广播宣传52条次，出黑板报67期，召开会议61场次，悬挂宣传布标57条，接受群众咨询1 915人次，通过宣传使商标法律法规深入人心。2. 积极开展驰名、著名商标培育、申报工作。推荐18家企业的19件商标参加全省第七届省著名商标申报认定，有18件被认定为省著名商标，是上年7件的257%。推荐1户企业申报驰名商标。3. 推进"一乡一标"工作。制定具体落实措施和实施方案，把目标任务层层分解，责任落实到位，任务落实到人。截至11月，全州各级工商部门帮助企业申报商标注册142件，比去年同期增加41件。其中有国家工商总局商标局受理通知书119份，新核准注册商标68件。全州共有注册商标394件。

**【计划财务工作】** 全州工商部门认真坚持依法收费，依法罚款，2009年全州实现行政性收费收入192.38万元，罚没收入483.21万元，合计675.59万元。超额完成非税收入征收计划183.98%。

1. 开展全州工商系统2008年内部审计和2009年会计基础工作规范化达标工作，州局对5个单位进行了重点审计。通过审计，加大了对县、市局经费的监督力度，提高了资金使用效率，促进了党风廉政建设等方面的工作，全面提高了全州各县、市内部控制意识和规范管理意识。2. 认真开展全州系统会计基础工作规范化达标。根据《中华人民共和国会计法》和《会计基础工作规范》等相关规定，制定《楚雄州工商行政管理系统会计基础工作规范化达标实施管理办法》和《楚雄州工商行政管理系统会计基础工作规范化达标考核标准》，并对全州会计基础工作规范化进行考核。通过考评，10个考评单位9个达标，1个需整改，达标率占91%。3. 完成行政事业单位经营性国有资产清查工作。全州工商部门严格按照改革方案确定的步骤和时间要求，完成基础数据的收集、整理、汇总工作。全州列入清查单位11个，到2009年末共有经营性固定资产经营项目87个，账面价值408万元。4. 多举措提升财务人员整体素质。年内组织全州15人参加全省内部审计人员岗位资格证书和基本建设岗位资格证考试，7人参加省审计协会经济责任审计和效益审计学习，22人参加会计从业人员继续教育，4人参加《会计从业资格证》考试。州局于5月13日圆满举办了全州系统财务规范化管理培训班。针对全州各县（市、开发区）工商局财务管理中存在的问题，州局通过编写《2009年收入、支出类科目设置》、《单位基础信息动态预算管理日常要求》等多期业务指导，指导基层开展工作。通过以上学习培训的开展，建立了一支政治坚定、业务精湛、作风过硬、服务一流的财会人员队伍，为促进全面工作的开展作出了贡献。

**【基本建设】** 2009年，完成了永仁县工商局办公楼、牟定县工商局三分局办公楼的建设与搬迁，完成了双柏县工商局附属楼、大姚县工商局职工综合用房的建设及投入使用，争取到大姚县工商局新街分局办公综合楼、禄丰县工商局一平浪分局办公综合楼、南华县工商局一分局办公综合楼、楚雄市工商局中山分局办公综合楼4个立项建设项目。全州基础设施建设得到了提升。

**【机关党建工作】** 在州直机关工委的领导下，在州局党组的指导下，紧紧围绕党建工作的总体目标和单位的中心工作，坚持以邓小平理论和"三个代表"重要思想为指导，全面贯彻落实科学发展观，进一步巩固和扩大先进性教育成果，着力增强基层党组织的创造力、凝聚力和战斗力。1. 认真抓好理论学习，努力提高党员干部的政治理论素质。认真组织全体党员深入学习党的"十七大"、十七届三中、四中全会精神，认真学习各级会议精神，开展爱国主义教育。积极开展网上学习讨论，总支结合工商部门的实际采取多种形式，认真开展专题学习讨论活动。2. 认真抓好深入学习实践科学发展观活动。严格按省工商局和楚雄州委深入学习实践科学发展观活动要求，认真扎实开展好学习实践科学发展观活动，做到"规定动作"不走样，"自选动作"有创新，认真开展学习调研、分析检查、整改落实三个阶段的学习实践活动。制定了第二批深入开展学习实践科学发展观活动的绩效考核方案。对10县市深入开展学习实践科学发展观活动，按照三个阶段、十二个环节进行细化量化考核。3. 切实抓好党员目标管理责任制的落实。党总支始终把党员、支部"双目标"管理工作作为支部和总支的一项重要工作来抓，结合单位实际，认真制定出党员目标责任书，总支与各支部签订，支部与党员签订，做到层层签订，层层抓落实，使党员、支部"双目标"管理工作得到了较好落实。4. 认真抓好扶贫工作。党总支于年初及时制定扶贫工作计划，由局领导带队，积极深入扶贫联系点，对扶贫联系点情况进行调研并写出了调研报告上报州扶贫办。积极组织全局干部职工为扶贫联系点捐款8 100元购买化肥，帮助扶贫联系点解决了一定的困难，总支积极向有关部门协调汇报，为扶贫点争取整村推进项目一个，为扶贫联系点解决了实际困难。

**【老干工作】** 2009年，楚雄州工商局离退休人员服务工作紧紧围绕"老有所养，老有所医，老有所乐，老有所学，老有所为"这个中心，为老干部服务，让老干部安度晚年。1. 落实各项工作制度。把老干工作当作一项重要的工作，年初下发《楚雄州工商局2009年度老干部工作意见》，对离退休人员服务工作提出了总体要求，对具体工作进行了安排。工作中加强领导，完善机构，充实了领导小组，明确职责和分工，建立健全了在职领导与同级老干部联系制度，遇有重大事项决策，在职领导主动与退休老领导沟通、共谋发展，定期和不定期地进行交流。州局机关老干部现有党员16名，全部编入离退休党支部，并在此基础上成立老年协会和老干部活动小组，实行三套牌子，三个组织，统一管理，把活动拓展到每一个离退休老干部身上。原来的老年协会和老干部活动经费在年初就直接拨到老干部活动专用账户，党费也按80%返还到老干支部，使其活动经费得到了保障。同时，充分利用每季度一次的老干部集中学习日，巩固深入学习实践科学发展观活动的成果，坚持通报制度。按规定定期向离退休人员通报本单位的重大工作部署和重要情况，组织州局离退休人员积极参与楚雄州委、州政府召开的情况通报会、形势报告会2次。使老干部紧跟形势，及时了解国内外大事和国家现行的方针政策，把老干部的思想统一到中央和省、州的决策部署上。2. 严格执行党和国家关于离退休干部生活待遇的各项规定，按现行有关政策规定按时足额发放离退休人员离退休金及各项补贴，保证老干部经费按时足额发放，全面落实老干部的生活待遇。共上报审批全州276名离退休干部职工的2009年规范津贴补贴，13名离休干部增加护理费，5名提前退休人员滚动升级，64名退休人员发放年终一次性奖金，7名死亡人员丧葬补助，办理退休手续20人，上报省局因瘫痪等原因生活长期完全不能自理的离休干部增加护理费5名。春节、国庆中秋和敬老节时，全州各级工商部门对全州200多名离退休老干部进行了3次集中慰问，送上了节日礼物。与老干部电话交流100余次。组织全州13名离休干部进行了健康体检，组织老干部参加老年保健知识讲座1次，组织县市局20名离退休干部参加了省局组织的健康疗养。坚持参观考察，“重阳节”时，全系统积极组织离退休老干部参加参观考察活动。州局组织10多位离退休老干部到世界恐龙谷、禄丰县工商局进行参观考察，让老干部亲身感受改革开放的巨大成果以及工商事业的发展变化，畅谈思想，交流感情，愉悦身心，使老干部们共享改革发展的成果。

**【经济检查】** 全州工商系统坚持以维护地方经济稳定、健康、和谐发展为已任，立足职能，全力维护良好的市场经济秩序。共出动执法人员17 407人次，出动执法车辆3 393次，查处各类经济违法违章案件4 200件，捣毁各类窝点38个。案件数与上年同期相比下降41%。

**【信息化建设】** 1. 以信息化绩效考核推进应用。全州从2009年开始启动信息化绩效考核工作，以网上日常监测结果为主要依据从效能上对各县、市区局信息化工作实行评估考核。至11月底，全州数据库汇总个体登记业务数据138 614条、企业登记业务数据20 777条、经济户口数据96 534条、商标监管数据394条、广告管理业务数据2 034条、公文处理业务数据5 089条，简报管理数据1 693条，行政执法案件数据3 376条、12315申投诉数据4 191条。2. 积极开展岗位练兵。全州各级工商部门按照省、州局的安排部署，精心策划、认真组织，继续开展计算机操作岗位练兵竞赛活动。至11月底，全州系统共举办各种形式培训班50次，参加培训2 500余人次。3. 为贯彻落实“四项制度”提供技术支撑。各级工商机关积极搭建工作平台，利用信息技术手段及时发布工商执法信息，建立信息查询机制，积极为社会公众提供信息查询和信息咨询服务。年内楚雄州工商局在省政府“四项制度”网站上发布重要事项公示2条，重点工作通报11条，政务信息查询27条；在政府信息公开网站上发布信息119条。

**【个私协会工作】** 2009年，全州各级个体私营经济协会以组织开展“基层组织建设年”和“会员服务年”为载体，认真履行“自我教育、自我管理、自我服务”的职责，打牢基础、提升服务、开拓进取、求实创新，努力建设现代服务型协会。至年末，全州有县（5市、开发区）协会11个，基层协会61个，行业协会13个，会员小组420个，有个体会员5万人，从业人员9.21万人，私营企业会员2 970户，雇工8.2万人。协会会员中有个私党组织163个，其中依托各级协会及分会建立党组织有28个，个体工商户经营者中有党员960名，私营企业负责人中有党员345名。

1. 基层组织建设取得实效。按照“基层组织建设年”活动要求，与省个私协会签订《个私协会2009年协会工作目标责任书》，并将责任书内容细化分解与各协会签定了《楚雄州个私协会2009年协会工作目标责任》，结合实际又将协会工作职责细化为12项考核指标分解到各协会，有效提升协会工作执行力、落实力。年底对各协会进行了考核，依据考核结果给予了奖励。年内，各级协会在原有制度基础上，制定完善了业务学习制度、档案管理制度、财务制度、督察考核制度、评比奖惩制度、请示报告制度、会议制度等，开发了个私会员管理系统，将全州会员入会、收费、党组织建设、党员基本情况全部纳入计算机管理，在服装、农产品、手机销售、农资销售等4个行业建立了协会，年内完成社团登记取得法人资格；在食品销售、砂石、种植、茶叶种植、供销社、网吧等6个行业建立了下属楚雄市个体私营经济协会的行业分会，通过规范发展达到社团登记条件后再完成社团登记。做好群众评议工商局机关作风活动。共召开“群众评议省工商局机关作风”主题的理事会、会员大会20场次，共邀请566名服务对象参会，其中有协会理事159名，发放各类评议表404份，收回有效评议表403份，好评率为99%，理事好评率为100%。个私协会会员、监管服务对象对工商部门、对协会工作给予了充分肯定。加强个私支部党建工作，全州除南华、永仁个私协会未成立党支部外，楚雄市、大姚、姚安、元谋、武定、开发区已成立协会支部，全面展开了党建工作。

2. 扎实开展“会员服务年”活动。以学习实践科学发展观为契机，积极开展走访宣传活动，切实履行服务职能。全年走访调查会员生产经营情况和家庭生活情况，走访私营企业会员户332次，个体会员户1 435次，及时解决会员的困难和各种纠纷28件。对生病的会员或病故会员家属、残疾会员进行走访慰问，对会员及家属发生的意外事故及时看望慰问，中秋、春节印制日历，订制慰问品向广大会员表示节日问候，体现了“娘家人”的温情。据不完全统计，全州发放慰问金近20万元。

3. 认真落实优惠政策。认真落实“贷免扶补”优惠政策，积极鼓励创业。全州宣传“贷免扶补”政策43期次，培训17期，241人。年内省局、省个私协会下达楚雄州扶持创业人员目标任务55户，贷款金额275万元，带动就业人员165人，建立创业导师132人。截至8月底，全州超额完成扶持创业人员74

户，贷款金额355万元，带动就业人员266人，创业导师149人。采取多项举措对返乡农民工进行帮扶、引导，认真开展农民工创业就业工作。2009年末，全州已到工商部门办理个体户的农民工有4 612人，吸纳雇佣农民工的企业或个体工商户有3 647户，到企业或个体户中就业的农民工有16 840人，联合相关部门开招聘会5场次，联合培训农民工14场次，组织参加农民工表彰会1次。私营企业或个体工商户吸纳下岗失业人员1 825人，对维护社会稳定促进经济发展起到了积极的作用。

【广告协会工作】 楚雄州广告协会紧紧围绕自我教育、自我服务、自我管理来开展工作，引导广告行业加强行业自律，大力开展精神文明行业活动，发挥协会组织联系党和群众的桥梁纽带作用，促进全州广告行业的健康发展。至年末，全州共有广告经营单位199户，广告从业人员896人，广告经营额2 130万元，纳税额187万元。对符合年检范围的17户广告经营单位进行了年检，共发布公益广告302条，播出17 723条次，投入制作资金19.5万元。1. 抓思想教育，宣传法规。深入学习贯彻《广告法》和广告管理的配套法规，及时印发国家近期发布的广告法规，以《广协动态》为宣传法律法规的阵地，广泛宣传国家整治虚假违法广告的有关政策规定，促进了广告经营单位做到"知法、懂法、守法"，依法开展广告经营活动，自觉抵制违法广告。认真组织开展围绕党委、政府的中心工作以"未成年人思想道德教育"、"防治艾滋病"、"构建和谐社会"等内容为主题的公益广告活动，积极配合有关部门向省上推荐了廉政公益广告的评选。动员广告协会会员参加省广协组织的各种活动，逢年过节慰问会员，看望生病会员，组织会员积极参加公益广告活动评选。2. 指导媒介单位广告审查员认真履职。州广告协会积极配合工商部门重点抓好广告审查员的履职工作，指导审查员认真履职，对广告经营单位反映出的问题和意见及时反馈给工商部门进行处理。做好报告工作，制定《楚雄州促进广告业发展指导意见》上报省局、省广协。

【大事记】

△1月9日，在州纪委召开七届四次全会上，州局2008年度落实党风廉政建设责任制被评为合格单位，受到楚雄州委的表彰。

△1月，州直机关工委党建目标责任制考核第五考核组对州局2008年度党建目标责任制落实情况进行了检查考核，考核评定为优秀等次。

△2月11日，楚雄州纪委第五纪工委监察分局"两委"委员扩大会议在州局召开。第五纪工委监察分局联系的19家部门领导参加了会议。州局党组成员、纪检组长余琼芬在会上作交流发言。

△3月1日，全州工商系统正式启用由州局自主开发的"楚雄州个私经济协会信息管理系统"。

△3日，州局召开深入学习实践科学发展观活动总结大会，党组书记、局长苏国胜作总结报告，州委第九检查指导组组长周国兴到会指导，州局机关47名干部职工参加了会议。州委第九检查指导组组长周国兴表示：活动期间州委杨宁副书记代表州委向中央、省部分主流媒体采访团介绍楚雄州开展深入学习实践科学发展观活动情况时，专门提到楚雄州工商局在开展"三牢记五争先"主题实践活动中，紧密结合自身实际，提出"五比五看"系列活动，取得很好的效果。州工商局的学习实践活动为楚雄州争了光，提供了经验。

△25～26日，楚雄州人民政府召开全州工商行政管理工作会议。会议由州人民政府副秘书长、接待处长唐聆燕主持，州人大常务副主任江正荣、政协副主席王应学、州级相关部门领导、全州各县（市、区）人民政府分管工商的县（市）长和11个县（市、区）工商（分）局局长、办公室主任、州局副科以上干部参加了会议。州人民政府副州长杨元茂到会作重要讲话，州局苏国胜局长作工作报告。楚雄市政府、大姚县政府、元谋县政府分别就食品安全监管、农产品地理标志认定和支持农村经纪人发展工作进行了交流发言。州局通报了受国家局、省局表彰的先进集体和个人并进行了表彰。

△4月29～30日，省局曾荣基组长率基建处、基建办、办公室、省设计院有关领导，到永仁县工商局召开专题现场办公会，就永仁县局办公楼建设进行实地勘察，制定整改方案。

△5月5日，州局苏国胜局长一行3人，到楚雄市工商局调研检查2009年楚雄市工商行政管理工作。

△20～24日，省局党组成员、纪检组长曾荣基率省消协办赵光发主任一行5人到楚雄开展督查调研。

△5月，全州工商系统正式启用由州局自主开发的"楚雄工商网上绩效考核督查管理系统"。

△6月4日，楚雄州人民政府督查组组长、州法制局局长陆绍林一行5人，到州局就实施责任政府阳光政府四项制度工作情况进行检查。

△6月30日～7月1日，西双版纳州工商局到楚雄局开展2008年度行政执法评议考核检查。

△7月10日上午7:50分，时隔姚安"7.9"地震12个小时，州局苏国胜局长、余琼芬纪检组长不顾余震频繁，满带州局对姚安地震灾区工商干部职工的关心与牵挂，带领办公室、计财科人员一行5人，奔赴姚安县地震灾区慰问干部职工。

△7月14日，省局纳宗会局长一行9人满带着省局党组、机关对地震灾区工商干部职工及亲属的浓浓深情和殷切牵挂，深入到姚安县工商局、大姚县工商局新街分局、南华县工商局一分局看望慰问干部职工，指导抗震救灾工作并进行现场办公。下拨5万元给姚安县局用于先期排出办公楼险情、评估办公楼受损情况。下拨5万元给楚雄州局，用于对在"7·09"地震中受灾的其他县排查灾情，抗震救灾。

△7月，姚安"7.09"地震发生后，昆明市官渡区局捐助3万元，丽江市工商局干部职工积极捐款8 800元，支持楚雄抗震救灾。一些州市局也纷纷打来电话询问灾情，表示关心。

△8月27日，州局邀请省、州人大代表、政协委员和相关部门代表，召开了评议省局机关作风建设恳谈会。苏国胜局长向与会代表通报了省局近年来，特

别是在抓机关作风建设、提高工作效率、提升服务水平，加强调查研究、作好全系统表率方面的情况，介绍了州局贯彻落实省局党组工作部署，加强作风建设的做法和成效。与会代表纷纷就亲身经历的事例对近年来工商部门作风建设的成效给予了充分肯定，高度评价了省局加强作风建设，促进职能到位，推动经济社会发展所取得的成绩。并从楚雄州工商系统扎实的作风，廉洁高效的服务印证了省局作风建设的成果。

△8月，双柏县首个服务商标“福双喜”成功注册，落户鄂嘉。

△9月14～17日，保山市工商局代表省局对全州广告市场进行了检查。

△18日，州直机关工委副书记岑云英一行对州局机关党总支2009年机关党建工作进行督查调研。

△25日，州局对武定县局副局长李伟作出书面检查、纪检组长松琼停职检查的行政问责。

△25日，以州人大常委会教工委付永新主任为组长的调研组一行6人，就全州商标管理与保护工作进行调研。

△28日上午，楚雄州政府副州长李家龙、州总工会党组书记、副主席王虎在州局领导的陪同下，亲切看望慰问了全国先进工作者、州局原局长王立国同志。并到州局登记注册大厅视察，了解全州企业发展情况和商标发展状况。

△10月24日，云南省依法治省办公室主任周鸽昌一行7人到楚雄州工商局检查调研依法治理工作。

△10月，楚雄州地理标志证明商标“大姚核桃”经国家工商总局商标局核准注册。该件地理标志证明商标是楚雄州第一件地理标志证明商标。

△11月4日，州局对大姚县工商局干部朱顺平作出开除公务员职务的决定。

△18～20日，省局党组成员、副局长刘本军一行3人到牟定县检查调研社会治安综合治理工作。

△23日，四川省阿坝州工商局张光明、郭琪金副局长一行9人，风尘仆仆赶赴楚雄州局开展感恩答谢，对楚雄州工商局、州个私协在“5.12”地震中给予阿坝州工商局的无私援助和捐款表答谢意。在答谢仪式上，张光明、郭琪金副局长和彭迪副调研员代表阿坝州工商局向楚雄州局、州个私协敬献了锦旗，并向楚雄州局领导敬献了哈达和羌红。

△12月14～18日，省局荆日荣副巡视员率食品流通处王伟处长一行7人到楚雄开展2009年度第二次综合督查调研。

△15日，州委第十二检查考核组毕作东副书记一行4人对楚雄州工商局2009年党风廉政建设责任制的落实情况进行检查考核。

△15～19日，省局督查调研组王伟组长一行4人对楚雄州工商局2009年党风廉政建设责任制的落实情况进行检查考核。

**【2009年受到表彰的单位和个人名单】**

1月，楚雄州工商局被楚雄州委表彰为2008年度党内廉政建设责任制合格单位。

2月10日，楚雄州工商局、元谋县工商局被云南省人力资源和社会保障厅、云南省工商行政管理局表彰为全省工商行政管理系统三等功先进集体。

2月12日，楚雄州工商局被云南省工商行政管理局表彰为2008年度全省工商行政管理系统政务信息与宣传工作先进单位一等奖、新闻报道先进单位一等奖。

3月10日，楚雄州工商局被楚雄州人民政府表彰为2008年度楚雄州禁毒工作先进单位。

3月18日，楚雄州工商局被云南省工商行政管理局表彰为2008年度全省工商行政管理系统奶制品市场专项整治获奖单位一等奖。

4月，楚雄州工商局被云南省工商行政管理局表彰为2008年度全省工商行政管理系统党风廉政建设先进单位一等奖、财务报表考核二等奖。

4月，楚雄州工商局被楚雄州人民政府表彰为2007～2008年度办理州人大代表建议和州政协提议先进单位。

5月，楚雄州工商局被云南省精神文明指导委员会、云南省工商行政管理局表彰为优秀公益广告组织奖。

7月，楚雄州工商局被楚雄州人民政府表彰为2008年全州粮食行政首长负责制考核奖励单位。

12月24日，楚雄州工商局、楚雄市工商行政管理局巡查监督管理分局、南华县工商局、双柏县工商局、元谋县工商局、禄丰县工商局被云南省委办公厅、云南省人民政府办公厅表彰为云南省第十二批省级文明单位。

6月5日，楚雄州工商局信息科被国家工商行政管理总局表彰为全国工商行政管理系统信息化工作先进单位。

2月10日，永仁县工商局宜就工商所、南华县工商局沙桥工商所被云南省工商行政管理局表彰为全省工商行政管理系统先进工商所。

1月8日，楚雄州工商局宋彪被中国消费者协会表彰为全国消协组织保护消费者权益先进工作者。

2月10日，楚雄州工商局罗永高被云南省人力资源和社会保障厅、云南省工商行政管理局表彰为全省工商行政管理系统三等功先进个人。

2月10日，楚雄州工商局施慧被云南省人力资源和社会保障厅、云南省工商行政管理局表彰为全省工商行政管理系统二等功先进个人。

2月10日，楚雄市工商局钱有明、永仁县工商局张跃强、元谋县工商局张立宏被云南省工商行政管理局表彰为全省工商行政管理系统先进个人。

2月9日，楚雄州工商局杨晓云、禄丰县工商局王婧菡、大姚县工商局曹雪涛、楚雄市工商局陈艳被云南省工商行政管理局表彰为2008年度全省工商行政管理系统注册登记能手；楚雄州工商局李庆霞、元谋县工商局田仁富、楚雄市工商局杨彪被云南省工商行政管理局表彰为2008年度全省工商行政管理系统计算机操作能手；元谋县工商局施忠文被云南省工商行政管理局表彰为2008年度全省工商行政管理系统执法办案能手。

2月12日，楚雄州工商局李兴明被云南省工商行政管理局表彰为2008年度全系统优秀政务信息员一等奖，仲显荣被云南省工商行政管理局表彰为2008年度全系统优秀新闻报道员一等奖。

7月20日，楚雄州工商局唐思虎被国家工商总局表彰为全国工商行政管理系统商标工作先进个人。

7月30日，楚雄州工商局张如伦被中共楚雄州委、楚雄州人民政府表彰为1997～2008年度楚雄州社会治安综合治理维护稳定工作先进工作者。

12月4日，楚雄州工商局苏国胜被中国个体劳动者协会表彰为全国个私协会先进工作者。

**【2009年任职的局领导名单】**

党组书记、局长　苏国胜

副 局 长　张如伦（～2009.11）

　　　　　罗永高　唐思虎

纪检组长　余琼芬

## 楚雄市

**【概况】** 2009年，楚雄市工商局有在职干部职工145人，其中，大专及其以上学历119人（研究生2人）。局机关设8个科室（办公室、人事教育科、计划财务科、信息网络监督管理科、法制科、行政管理科、监察室、机关党委办公室），有2个群团组织（个体私营经济协会、保护消费者权益委员会），6个派出机构：注册登记管理分局、经济监督检查大队、巡查监督管理分局、市场监督管理分局、坝区监督管理分局、山区监督管理分局。

2009年，楚雄市工商局在省、州工商局和市委、市人民政府的领导下，在市人大、市政协和市纪委的监督指导下，深入学习实践科学发展观，以邓小平理论和“三个代表”重要思想为指导，按照“严规范、提质量、促发展”的工作思路，创新服务方式，规范市场经济秩序，确保六项重点工作完成，不断朝着“四个统一”、“三个到位”、“六个好”的目标迈进，为推动楚雄市地方经济平稳较快发展做出了积极贡献。

**【法制建设】** 1. 全面推行说理式执法。全年278件一般程序案件均使用说理式执法，有1件复议，案件复议率比上年同期下降86%。2. 强化执法监督，规范行政执法。全年执法人员在辖区发现违法行为1 160起，实施警告和责令改正301起，查办各类经济违法案件859件，填制《对违法行为人的警示与疏导工作登记表》720份，开展行政许可和行政处罚案卷自查和评查4次，法制核审行政许可材料58份。3. 认真抓好各类市场经营主体的普法培训工作。全年组织个体工商户和企业主开展“五五”普法培训23期4 985人次，发放普法宣传材料67 200余份。

**【纪检监察】** 1. 制定《2009年党风廉政建设和反腐败工作意见》，层层签订《党风廉政建设责任书》。2. 抓好党风廉政教育，上好廉政党课，开展正反典型教育。3. 认真贯彻落实责任政府、阳光政府四项制度，推行政务公开，创建阳光工商。发布重要事项公示8项、重点工作通报事项11项。4. 做好行风建设工作。聘请14名政风行风义务监督员，召开政风行风义务监督员座谈会和评议工商局机关作风建设恳谈会，发放行风评议问卷调查表23份。5. 继续抓好廉政风险点、监管风险点管理，推行“自我诺廉”制度，签订《廉政风险防范承诺书》146份。6. 实行基层行政执法人员向监管服务对象代表述职述廉零距离。坝区分局和山区分局干部分别深入到东华镇新柳村委会和大地基乡人民政府召开述职述廉汇报会，发放测评表107份，满意率100%。7. 检查规章制度落实，开展行政行为回访。全年对各机构落实规章制度情况进行督促检查19次，回访案件214件、消费者投诉256件、市场巡查行为1 442人次、行政许可行为546件。8. 工商廉政与文化建设有机结合。举办廉政诗歌创作朗诵比赛、廉政书法绘画摄影手工艺品作品展赛、冬季运动会和迎新春文艺晚会，积极参加州市政府及部门组织的各种体育赛事和节日庆典活动。

**【人事教育】** 1. 坚持素质教育，抓好在职学历培训，开展以“六会”培训为重点的素质教育6场次。2. 组织开展计算机操作、注册登记、执法办案“三个能手”竞赛活动。通过集中测试，选送了5名“计算机操作能手”、3名“注册登记能手”、10名“执法办案能手”参加州工商局组织的能手竞赛，被评定为州级“计算机操作能手”2名、“注册登记能手”2名、“执法办案能手”7名。3. 基层工商所（分局）规范化建设有创新。按照省、州工商局关于基层工商所（分局）规范化建设的安排部署，针对分局设置中有2个农村综合分局、3个城区专业分局的实际，创新提出专业分局规范化建设理念，研究制定《专业分局规范化建设工作标准（试行）》。专业试点分局巡查监督管理分局和综合试点分局坝区监督管理分局分别以99.5分和99分顺利通过州工商局的检查验收。巡查监督管理分局在2008年被命名为州级文明单位的基础上，2009年又被命名为省级文明单位。

**【企业注册登记】** 2009年，全市新登记企业180户，其中内资企业11户、私营企业169户；办理内资企业注销登记31户、私营企业注销登记52户。年底全市共有内资企业219户，注册资金68 364万元，同比减少8.4%；共有私营企业830户（含分支），注册资金112 374万元，从业人员8 236人，同比增长15.5%。

**【企业监督管理】** 1. 落实各项优惠政策，严格执行个体工商户登记“一审一核”制。全年新登记个体工商户3 113户，其中持有《再就业优惠证》从事个体经营的162户，免收行政事业性收费5万多元。年末实有个体工商户11 151户，注册资金23 285万元，从业人员26 499人，同比增长9.3%。2. 强化日常监管服务，扎实开展2008年度个体工商户验照和企业年检工作，接待咨询7 000多人次。全年办理动产抵押登记12件，抵押金额达4 000万元。3. 建立市场主体发展情况、市场监管信息定期分析报告制度，为党委政府决策和经营者投资提供信息服务。共编报《全国农副产品和农业生产资料价格行情监测日报表》365份、《农副产品和农资价格每周分析报告》39期、《农副产品和农资价格每季分析报告》3期、《楚雄市市场主体发展情况分析报告》3期。

**【市场规范管理】** 1. 组织开展诚信市

场创建活动。公示"2A级诚信市场"4个,其中2个被州工商局公示为"3A级诚信市场"。2. 认真开展商品交易市场信用分类监管工作,完成33个市场信息的录入,认定上报商品交易市场B类市场2个、C类市场11个。3. 加快推进市场企业化登记。辖区35个集贸市场中有12个已实现企业化登记和管理。4. 制定《关于开展流通环节十类重要商品索证索票工作实施方案》,将家用电器、儿童玩具、劳动防护用品、燃气具、电线电缆、低压电器、建筑钢材、汽车配件、人造板、扣件共十类重要商品纳入索证索票管理范畴。并已在全市141户经营户中得到规范实施。5. 做好甲型H1N1流感疫情防控工作。于2009年10月17日正式启动《楚雄州楚雄市工商行政管理局市场监管应急预案》,进入Ⅰ级应急响应。6. 围绕工商职能,服务新农村建设,"七农"机制促农增收。"经纪活农"稳步推进,全年发展农村经纪人78户,同比增长780%;"红盾护农"成效明显,推出农资"两账两票一书一卡"制度,建立健全农资市场长效监管机制,组织开展红盾护农"打假保春耕"、"打假保夏播"、"打假保秋种"三大专项行动,出动执法人员487人次,检查农资经营户1 627户次,受理有关农机质量的申(投)诉14件,为消费者挽回经济损失55 780元;"市场助农"搞活流通,全年新登记农民专业合作社118家,成员总数979个(其中农民成员964个,企业、社团成员15个),出资总额达1 040万余元;"政策爱农"彰显活力,严格执行国家各项优惠政策,办理农民工从事个体经济注册登记558人,免收行政事业性收费4万多元;"合同帮农"保障增收,做好农产品购销合同和劳务合同等涉农合同知识培训,指导农民签订涉农合同,发放合同示范文本329份;"权益保农"深得人心,组建农村消费维权组织,在全市15个乡镇建立楚雄市保护消费者权益委员会分会、143个村委会和各乡镇中心学校建立12315联络站和消费者投诉站;"商标富农"有声有色,开展"一乡一标"活动,将商标工作向农村延伸,推行"商标+公司+农户"经营模式,邀请商标事务所开设商标注册知识讲座,全年引导企业、个体工商户和农民专业合作社申请办理注册商标33件,同比增长94.12%,其中,涉农商标17件,同比增长128.57%,指导2户企业申报云南省著名商标,已公示1件,向市政府上报了《楚雄市工商行政管理局关于推进注册"楚雄茶花"(暂定名)地理标志证明商标的报告》,加快推进楚雄地理标志商标申报步伐。7. 做好家电等产品下乡监管工作。组织全市"家电下乡"中标企业负责人参加规范"家电下乡"行政指导工作会议,检查中标单位20余家,查获4部非中标品牌手机涉嫌质量问题。

**【消费者权益保护】** 2009年,共接待消费者来访、咨询245人次,解决消费者申诉、投诉445件,受理举报61件,为消费者挽回经济损失45.68万元。

**【食品流通监督管理】** 2009年,楚雄市有食品经营户4 510户,其中食杂店1 953户(包括31户大型商场超市),食品生产企业15户,食品生产加工小作坊305户,餐饮经营户1 612户,食品摊点625户。1. 认真贯彻实施《食品安全法》,坚持先证后照、证照分离,严格执行食品流通许可一审一核制。11月10日,正式发放《食品流通许可证》。2. 实现食品安全示范店创建乡镇全覆盖。在全市143个村委会、1个居委会、8个社区创建"食品安全示范店"166个,其中农村食品安全示范店128个。3. 成立"食品检测室",配备食品快速检测设备7套,制定食品快速检测计划,开展7项检测,共抽检食品经营户126户、商品231批次。4. 日常监管和集中整治相结合,加大重点时期、重点市场、重点品种的食品安全专项整治。全年查处取缔无照经营食品65户,查办食品违法案件185件,案值30.9万元,没收各类过期食品1 458.7千克。

**【反垄断与反不正当竞争执法】** 2009年,楚雄市工商局认真履行《反垄断法》和《反不正当竞争法》赋予工商的职能,努力开创执法工作新局面。全年依据《反不正当竞争法》和《云南省反不正当竞争条例》查处不正当竞争案件10件,案值168.15万元,收缴罚没款28.3万元。

**【广告监督管理】** 2009年,楚雄市工商局继续深入开展虚假违法广告专项整治,维护广告市场秩序。全年办理户外广告登记314份,检查户外广告、印刷品广告等165条次,查处各类违法广告案件37件。

**【商标监督管理】** 2009年,楚雄市工商局加大商标专用权保护,注册商标监督管理工作不断加强。全年查处侵犯注册商标专用权案件32件,没收打印机墨盒8个,防冻液17桶,汽车用反光条374条,各种电线47卷,冒牌"茅台"、"五粮液"、"水井坊"等各类名酒173瓶,狮牌雪茄、硬盒黑魔怪、万宝路、台湾520、绿摩尔、大重九等非烟40余类1 862.5条。

**【基本建设】** 按照省工商行政管理系统办公用房规范化建设要求,完成了中山工商分局项目工程的地质勘察、规划、施工结构图设计、设计施工图审核、工程预算造价等前期工作,并于12月28日正式开标。

**【机关党建工作】** 1. 深入开展学习实践科学发展观活动。整个学习实践活动安排部署突出一个"早"字,全员培训突出一个"广"字,学习调研突出一个"实"字,完成了3个阶段11项目标任务。学习活动得到了楚雄市委、州工商局的充分肯定,被列为楚雄市100多家单位中工作做得最好的4家典型单位之一,被推荐作为全州工商系统学习实践科学发展观全员培训先进集体上报省工商局。2. 积极探索新形式下个体私营经济组织党建工作的新途径,开展"党员示范店"创建活动,授予10家个私党员经营户"党员示范店"称号。"两新"党组织建设工作得到州委、市委组织部的检查肯定。3. 城乡党组织互帮互助活动取得实效。坝区分局党支部引导新柳村委会走农民专业合作社发展路子,巡查分局党支部引导和帮助鹿城镇军屯辖区四屯村生猪养殖厂进行商标申请与注册,扶持其成为当地特色农产品商标,走品牌经济带动地方发展路子。4. 做好党报党刊征订工作。广泛宣传,积极动员,共征订2010年党报党刊236份。

【经济检查】 2009年,楚雄市工商局强化日常监管,组织开展打击传销、治理商业贿赂、食品安全、打假护农、虚假宣传、商标侵权、走私贩私、扫黄打非等专项整治行动。全年共出动执法人员3 351人次、车辆843台次,检查经营户12 776户次、市场1 980个次,捣毁传销窝点13个,清查传销人员113人,查处各类经济违法违章案件859件,其中一般程序案件278件、简易程序案件581件,案值243.87万元,收缴罚没款163.91万元。

【信息化建设】 1. 紧紧围绕"信息化绩效年"工作目标,更新、调整全局计算机设备,硬件建设取得新进展。全年新增计算机29台,后备电源1个,多功能一体机1台,调整使用原有计算机17台。2. 开展以网上日常监测为基础的信息化绩效考核。对各机构信息化应用情况进行网上实时、动态、在线监测评估,定期公布监测结果。3. 继续深化计算机业务应用,数字工商一体化等系统应用率达90%以上。充分利用楚雄市工商局子网及信息公开网站为公众提供信息服务。目前网站文章总数805篇,网站访问19 112次,总浏览量达475 697人次,网上商品备案信息达10 776条,同比增加161%。

【消委会工作】 1. 延伸监管和维权触角,推进"一会两站"建设。全年建立"一会两站"261个,其中保护消费者权益委员会分会19个,12315联络站和消费者投诉站242个,形成了覆盖城乡、上下联动、高效便民的基层消费维权网络,提前超标准完成省政府和省工商局"一会两站"建设两个100%的工作任务。2. 围绕"消费与发展"年主题,开展以诚信宣誓、万人签名等内容的纪念3·15国际消费者权益日宣传咨询服务和执法活动。现场发放法律法规宣传材料1万余份,接待消费者咨询3万余人次,销毁30余类150个品种的问题商品10余吨,货值60余万元。3. 建立消费维权数据定期分析报告制度,累计编发《保护消费者权益委员会情况报告》、《消费警示》、《消费指南》和《消费简报》36期。

【个私协会工作】 1. 积极引导建立行业协会,提升行业自律和服务水平。全年在服装、农产品、手机、农资、食品、砂石、种植、茶叶种植、供销社和网吧行业引导建立了10个行业协会(分会)。2. 落实基层协会工作责任制,提高协会组织服务经济发展的能力。目前已建立会员之家19个、会员活动小组30个、工作站8个,个体工商户入会率94.4%,私营企业入会率98.9%。全年走访会员11 298户次,组织法律法规培训和专家讲座11期3 450人次,开展读书活动,发放"会员学习卡"、书籍等3 900册,编发《个私动态》、《个私经济信息指导》16期2万余份,发放《光彩》杂志864份,向劳动部门推荐优秀创业导师1名,向市妇联推荐优秀创业女性和女能手(女经纪人)5名。3. 认真贯彻落实《云南省鼓励创业"贷免扶补"实施办法》,成功帮扶创业者11人、带动就业者33人、推荐创业导师入库14名,帮助11名创业人员获得55万元创业贷款。积极主动为青山嘴移民就业做实事,先后4次组织88家企业到栗子园小区为移民举办专场就业招聘会,提供就业信息及岗位460个,达成预向用工协议262人,移民实际到企业工作100人,参与移民达到2 500多人。

【2009年受到表彰的单位和个人名单】

2009年,楚雄市工商局注册分局被云南省妇女联合会表彰为"巾帼文明示范岗";4月,楚雄市工商局被云南省体育局表彰为"2008年度全民健身活动先进单位";2月,楚雄市工商局干部钱有明被云南省工商局表彰为"全省工商系统先进个人",杨彪被云南省工商局表彰为省级"计算机操作能手",陈艳被云南省工商局表彰为省级"注册登记能手"。

【2009年任职的局领导名单】

党组书记、局长　罗　荣

副 局 长　王云平　周振宇　何明静

纪检组长　颜明鸿

## 经济开发区

【概况】 楚雄州工商行政管理局经济开发区分局是楚雄州工商行政管理局的直属分局,有干部职工17人,内设3个科:综合管理科、注册登记科、市场监督管理科,负责开发区的工商行政管理工作,挂靠管理的单位有楚雄州个体私营经济协会开发区分会、楚雄州消费者协会开发区分会。

2009年,开发区分局以贯彻落实科学发展观为统领,在州局和开发区党委、管委的正确领导下,坚持以邓小平理论和"三个代表"重要思想为指导,按照国家工商总局提出的"四个统一"、"四化"建设、更新"四个理念"要求,努力实现"四个转变"、达到"四高目标"和实现"三个到位"、"六个好"的云南工商新目标,以州局党组提出"牢记一条主线,把好两道关口,确保双安全,提高两个保障,实现一个目标"的"一二二二一"工作思路为向导,紧紧围绕有效促进开发区经济发展这一中心,全体干部职工团结一心,不断创新工作思路,切实改进工作作风,努力提高工作绩效,认真落实监管、服务与发展,倾心全力服务地方经济发展,恪尽职守加强市场监管执法,为开发区的经济社会平稳较快发展做出了积极的贡献,取得较好的成绩。

【纪检监察】 1. 认真落实"一岗双责",建立责任制,层层抓落实,签订党风廉政建设责任书16份,签订率100%。2. 组织科室签订廉政风险防范承诺和个人廉政风险防范承诺21份,签订率达100%,有效增强干部职工自觉遵守各项廉洁制度的决心和廉洁自律意识。3. 加强党风廉政教育,年内共开展以党性党风党纪教育为主要内容的专题学习25次,参加学习共计396人次;组织干部职工撰写心得体会文章17篇。4. 强化内外监督。在外部监督方面,主要是完善政务公开、发放廉政监督、业务咨询惠民"双卡"、公开举报电话、设立意见箱等,广泛接受社会监督;从开发区纪委、监察局、社区群众、各类企业、个体工商户以及与分局有一定关联的政府工作部门中聘请了7名同志为分局政风行风义务监督员，对分局政风行风进行民主监督；对征求到的合理化意见、建议及时采纳、及时整改。内部管理上，分局成立督察工作组，建立、实施日常工作督查、专项工作督查、督查结果通报等六项督查制度；开展绩效考核工作，利用实地抽查、网络平台工作日志考评等手段对日常工作进行绩效考核，有效促进工作作风的进一步好转和工作效率的进一步提高。5. 加强廉政风险点、监管风险点管理。严格执行规章制度，对涉及内部管理、行政许可、行政性收费执收、行政执法四个方面三个等级的十二个廉政风险点和市场准入、市场监管、消费维权、行政执法等五个方面三个等级十三个监管风险点加强管理，进一步完善了干部监督管理机制和权力约束机制，科学规范和有效约束行政权力的运行，深化廉政建设，有效促进了监管执法和服务发展水平的进一步提升。6. 认真落实责任政府四项制度和推行阳光政府四项制度，抓好政务公开、局务公开，打造阳光工商、廉洁工商。党风廉政建设各项工作的开展，营造了风清气正的良好环境，保证了分局各项工作任务的高效落实。2009年，分局共受理市场主体登记注册、经济违法违规案件查处、广告监管、消费者申诉举报等涉及服务承诺事项5 493件次，限时办结率和首问首办率均达到100%。

**【人事教育】** 1. 坚持周一学习制度，培养善学习、能创新、懂业务、能办案、会监管的实用型人才。2. 坚持学法考试制度，主要学习了《食品安全法》、《流通环节食品安全监督管理办法》、《农业生产资料市场监督管理办法》等10部法律法规，开展学习培训26次，组织考试4次，促进监管执法水平进一步提升。3. 开展学习实践科学发展观"回头看"活动。把开展"一面旗、一团火、一盘棋"主题实践活动作为"回头看"的重要工作内容，全体干部职工对照"个人形象一面旗、工作热情一团火、谋事布局一盘棋"的"三个一"标准自我对照找差距，不断完善和提高，把"三个一"要求落实在实际工作中；按照"回头看"的"四看"要求，认真开展自检自查，逐项落实，用实际行动做好实践科学发展观整改落实后续工作，用实际行动促进科学发展。4. 认真学习贯彻十七届四中全会精神，用全会精神的新阐述、新理论、新要求武装头脑，指导实践。5. 开展应对停收"两费"职能转型教育，引导干部职工正确对待职能转型，进一步明确停收"两费"后的工作目标和工作重心，使全体干部职工紧紧围绕省州局工作目标，立足于本职，着眼于未来，充分履行工商行政管理职能。6. 切实抓好"三项技能"岗位练兵，开展计算机操作、登记注册业务、行政执法办案等业务知识培训、考试，干部职工业务能力和计算机操作水平整体得到明显提升。7. 基层规范化建设取得实效。紧紧围绕"监管制度规范、执法行为规范、服务行为规范、队伍管理规范"的"四规范"工作目标开展规范化建设，使"一线"管理实现"基础工作标准化、户口管理明晰化、监督检查科学化、行政执法规范化"。

**【企业注册登记】** 2009年，开发区分局始终坚持服务与管理并重，大力实施"急事急办、特事特办、难事巧办、好事快办"的服务措施，全面推行"政策上最大宽限、手续上最便简化、时间上最快速度、态度上最优服务"的"四个最"工作准则，着力优化开发区个私经济发展环境。1. 在服务大厅，从接待咨询、登记注册、受理投诉方面全部实现一厅式办公、一站式服务。2. 深入落实责任政府四项制度，大力推行阳光政府四项制度，加大政务公开力度，认真推行"阳光政务"、"一审一核制"、"首问负责制"、"一口清"、"限时办结制"，实施重点工作通报、重要事项公示等制度。3. 主动公开服务承诺，只要申请人提交的申请材料齐全，符合法定形式，个体工商户登记实行当场办结；企业名称核准实行当场办结；企业注册登记在3个工作日内办结；"三资企业"实行全程陪同到州、省局办理。4. 完善登记审批网络体系，推行上门服务、预约服务。5. 采取有效措施，解决企业融资困难问题，帮助企业应对金融危机。一年来，共为9户企业办理动产抵押登记9件，主债权金额达2.3亿元；指导企业开展股权出质登记，共为区内2户企业办理了3例股权出质登记，帮助企业将"静态"股权转化为"动态"资金，融资总金额达2.5亿元。6. 利用企业年检搭建帮扶企业平台，共渡金融危机难关。落实上级规定，批准4户企业办理延期年检手续、批准1户企业办理延长出资期限至2009年底；对受到金融危机影响，超过六个月未开业或自行停业连续时间超过六个月的36户企业说明正当理由后通过年检；对2户许可证过期正在办理之中的企业先通过年检，后再提交前置许可证件；减少要件，对2008年1月1日以后登记的企业，如前置审批在审批事项不变，且在有效期内，住所证明在有效期内，不要求企业提交相关证件复印件即可通过年检。7. 制定《楚雄州工商局开发区分局强化市场准入服务方案》，明确总体工作目标和强化市场准入服务的十一条措施。8. 与州局和开发区管委会同步开通96128服务专线，为广大投资者提供最新的政策解答和最优的高效服务。

2009年，全区新注册企业118户（其中：私营企业114户），注销企业21户（其中：私营企业17户），办理变更登记151户（其中：私营企业131户）；办理个体工商户开业登记1 161户、变更登记194户、注销登记705户。截至年末，在该分局登记注册的企业达599户（其中分支机构121户），注册资本（金）188 491万元，从业人员10 616人，分别比上年同期增长22.1%、20%、12.5%。599户企业中，包括内资企业64户（含分支机构35户），注册资本63 969万元；私营企业535户（含分支机构86户），注册资金124 522万元，从业人员9 035人。全区有个体工商户2 812户、从业人员6 401人、资金数额10 531万元，分别比上年同期增长19.4%、32.6%、31.6%。

**【市场规范管理】** 一年来，分局始终以维护开发区经济稳定、健康、和谐发展为已任，以整顿和规范市场经济秩序工作为核心，以全面推行片区监管责任制为手段，不断创新监管方式，强化责任落实,加强市场监管执法,努力营造公平公正、规范有序、和谐诚信的市场秩序和消费环境。全年,分局共查处各类违法违章案件55件(其中立案案件39件),收缴罚没款11.99万元。

1. 维护公平的市场准入秩序。认真开展个体验照和企业年检工作,清理查处持照不经营和转让、借用他人营业执照经营行为,严格审核市场主体资格。加大市场巡查力度,严厉打击无照经营行为,维护公平竞争的市场秩序。共开展市场巡查306次,出动执法人员733人次,检查经营户1 105户次,发出《市场检查告知书》262份,限期整改150户次,取缔无照经营91户,查处无照经营案件21件,收缴罚没款4.27万元。采取部门联合,整治前置许可证失效小旅馆。把开展个体验照工作过程中清理出的30户特行许可证过期的住宿服务经营户基本情况以书面形式及时通报开发区公安派出所,并联合开展法律法规宣传培训2次,参训人数达90人次。部门联合整治成效显著,有效地维护了公平的市场准入秩序。

2. 严厉打击传销。对区内的传销活动严密监控,时时保持高压态势,日常监管和专项整治紧密结合,按照"打、防、控、管"相结合的工作要求和"找线索、挖窝点、办案件、摧网络"的工作思路,切实强化措施,铁腕整治,重拳出击,打击传销。尤其在开展打击传销百日联合执法行动中,措施得力,成效显著。一年来,共开展打击传销专项行动9次,出动执法人员163人次、车辆47台次,对涉嫌传销的47户出租房进行了清理检查,捣毁传销窝点27个,遣散河南、河北、湖南、湖北、四川、安徽等籍传销人员158人,收缴传销书籍资料489本;开展打击传销宣传教育9次,悬挂宣传布标3条,发放宣传材料5 000余份,张贴宣传画130余份,接待咨询120人次;立案查处传销案件3件,其中:为传销人员提供经营场所案件3件,收缴罚没款7 100元,没收移动电话机10部;查获管制刀具一批(已移交派出所处理)。打击传销活动,有力地维护了开发区社会稳定,促进了区内经济社会的持续快速协调健康发展。

3. 认真开展各类专项检查。在加强日常监管的基础上,在元旦、春节、州庆、五一、端午等节假日到来前夕,以粮、食用油、酒类、蔬菜、水产品、奶粉、豆制品等为重点,对与人民群众节日消费密切相关的商品进行专项检查;加强辖区集贸市场的监督检查,认真查验市场动物产品检疫合格证,坚决杜绝病害畜禽及其产品上市销售,确保广大人民群众吃上"放心肉"。开展烟花爆竹市场专项检查,严把烟花爆竹经营者市场准入关,增强经营者责任自律意识,督促其建立购销台账,加强消费者安全教育,确保节日消费安全。开展"护农打假"专项整治。重点检查无证无照、制假售假行为。与辖区内经营种子、农药、化肥、农膜等12户经营户签订了农资经营责任书,督促其守法经营;实行商品备案制,对24个品种的化肥、207个品种的农药、53个品种的种子进行了备案,有力保障农业增效、农民增收。开展建材市场专项执法检查行动,集中时间、集中力量开展整治,严厉打击无证无照、销售假冒伪劣建筑材料和室内装饰装修材料的违法行为,有效规范了建材市场经营秩序。严厉打击盗版音像制品专项整治,维护开发区音像市场的正常秩序。一年来,在开展以上专项检查中,分局共出动执法人员466人次、车辆156台次,检查各类经营户4 286户次;查处立案案件1件,没收超薄型塑料袋7 000个,收缴罚没款2 000元。

**【消费者权益保护】** 2009年,开发区分局把提升12315服务效能作为重点工作抓紧抓实,做到快速反映、有诉必接、又接必应、有应必果,努力建设工商"第一形象品牌"。1. 重宣传。紧紧围绕"消费与发展"年主题,通过举行"3·15"座谈会、开展问卷调查、假劣商品展示、发布消费警示和法律法规宣传等,开展声势浩大的"3·15"国际消费者权益保护日活动,提高社会群众的维权意识、法律意识和自我保护意识。2. 建机构。扎实开展消费者协会分会、12315联络站和消费者投诉站"一会两站"建设,年末,开发区共有1个消费者协会分会和18个12315联络站、消费者投诉站,"两站"覆盖区内所有通讯企业、村(居)委会、市场、旅游景点和部分大型超市,共有44名申(投)诉处理工作人员上岗服务,有效拓宽消费者申(投)诉渠道。3. 建制度。建立、规范12315"一会两站"工作制度3个54块,明确工作职责,有效规范工作流程,保障"两站"工作的高效规范运转。4. 提效能。加强12315平台信息化建设,加大工作人员的学习培训力度,不断提高其业务素质和申(投)诉处理能力,提高工作效率,全力服务维权工作。一年来,分局共成功调解消费者申(投)诉162件,与上年同期相比增长22%;为消费者挽回直接经济损失36.55万元,是上年同期的3.04倍;申(投)诉调解成功率达到98%,比上年同期上升4个百分点,12315效能建设成效显著,深受社会各界好评。

**【食品流通监督管理】** 2009年,开发区分局组织区内的食品经营户开展食品安全经营承诺签字仪式,并实施《食品安全经营承诺书》上墙公示制度,有效增强经营者自律意识,鼓励社会、群众积极监督,进一步深化了"工商监管、经营者自律、社会监督"的"三位一体"流通环节食品安全监管机制。开展食品安全示范店创建工作。采取典型引路的工作方法,召开创建工作现场会,以点带面、全面推开;通过推荐上报、规范制度、自查自评、组织考核等工作程序,授予区内8户食品经营店为"开发区食品安全示范店"。强化长效监管,促进经营者自律,充分发挥"食品安全示范店"的模范带头作用,带动开发区食品经营户不断规范经营行为。以《食品安全法》的实施为契机,加强分局干部监管水平的同时对辖区内的食品经营户、消费者开展宣传培训3次,制作宣传专栏1期,发放宣传资料6 000余份,保障食品安全监管工作顺利开展。充分利用食品安全快速检测仪,对人民群众密切关注、与日常生活息息相关的九类食品进行安全检测,及时发布检测报告,切实保障食品消费安全。把指导、监督食品经营户100%建立进货索证索票制度和进销货台账制度工作常态化,确保生产经营主体资格合法有效,明确食品来源追溯渠道,切实维护消费者的合法权益。把食品经营户列为重点监管行业的重中之重，加强市场巡查，强化责任落实，划片包干监管，责任追究到人。年内，辖区内无食品安全事故发生。

【广告监督管理】 2009年，开发区分局严格规范户外广告的发布行为，严查虚假违法广告，认真开展不良广告行为整治。一年来，共登记户外广告97条，检查户外广告720条，其中：药品广告80条、食品广告100条、医疗器械广告90条、其它广告450条；出动执法人员40人次、执法车辆17台次，纠正违法广告20条，立案查处违法广告案件8件，收缴罚没款1.2万元，没收违法广告3 000余份，较好地规范了开发区的广告经营市场秩序。

【商标监督管理】 以促进企业、产业发展壮大，提升企业市场竞争力为目标，引导企业争创“中国驰名商标”和“云南省著名商标”战略导向，按照“培育一批、扶持一批、推荐一批”的原则，依次确定本地知名商标、云南省著名商标、中国驰名商标的重点培育目标，建立商标梯队发展模式。一年来，指导市场主体注册商标9件（以收到国家商标局的受理通知书为准），完成州局下达任务数5件的180%；完成云南省著名商标认定5件，是州局下达任务数2件的2.5倍。

【计划财务工作】 1. 加强部门预算管理，创新理财思路，牢固树立“节约即增收”理念，从点滴做起厉行节约，不断加强对“人、车、会、话”的管理，切实提高资金使用效益。2. 严肃财经纪律，坚持“一支笔审批、量入为出”的原则，认真执行经费预算。3. 严格执行“收支两条线”管理规定，行政性收费及罚没收入做到应收尽收，应缴尽缴。全年上缴行政性收费23.5万元、罚没款12.2万元。4. 严格执行《云南省工商系统票据管理办法》，做好票据的保管、领发和核销工作，规范票据的使用管理，坚决杜绝使用不规范票据收费的行为。

【信息化建设】 严格执行《楚雄州工商局开发区分局信息化应用考核办法》，加大信息化工作考核力度，促进信息化在日常工作中的应用；以省、州局开展的计算机岗位练兵为契机，通过网络交流、OA平台、“科室间一对一互助”、“每日一题、两周一考”等多项行之有效的措施，开展计算机应用培训，干部职工计算机操作水平得到明显提升，“2009信息化绩效年”取得实效。年终，分局共有服务器1台，交换机2台，计算机24台（其中笔记本电脑4台），打印机12台，扫描仪1台，数码相机1台，数码摄像机1台，多功能一体传真机1台，电子显示屏1块。

【个私协会工作】 2009年，开发区个私协会在开展形式多样的文体活动，丰富会员的文化娱乐生活的同时加强会员之间沟通交流，走访慰问受灾经营户、困难经营户、生病住院会员，力尽所能帮助会员树立信心、渡过难关。一年来，组织会员开展游泳运动1次，对36户困难、生病经营户进行探望并给予补助；春节、国庆、中秋节来临前，走访慰问会员523户。加强协会党组织建设，完成了党支部支委换届选举，组织全体党员开展深入学习实践科学发展观活动，加强党支部“两新”组织建设，充分发挥党组织在个私经济中的引导、扶持和教育作用，增强会员的集体荣誉感和社会责任感，激发个私会员的创业信心和积极回报社会的热情。积极协助政府做好创业、就业工作。组织2户会员参加省工商局、省个私协会、云南大学等单位在昆明联合举办的“百家民企高校春季招聘会”，帮扶了80名学生签订就业协议；积极协调企业吸纳高校毕业生，在1户会员企业建立了云南省高校毕业生见习基地，提供见习岗位12个，搭建就业平台；发挥协会职能作用，积极联系企业，向相关部门提供了108个岗位的用工信息，并组织10户企业开展现场招聘，有效解决楚雄市青山嘴水库部分移民就业问题。根据上级工作要求，迅速开展鼓励创业、实施“贷免扶补”工作，全程服务4户经营户，及时享受省政府的“贷免扶补”政策。

【2009年任职的局领导名单】
局　长　吴开云
副局长　李利明

## 双柏县

【概况】 双柏县工商行政管理局设办公室、注册登记股、公平交易股、法制股、人事教育股、监察室、党委办7个内设机构和妥甸工商分局、法脿工商所、鄂嘉工商所、爱尼山工商所4个派出机构。现有干部职工49人，平均年龄37岁，其中女17人，中共党员32人。

2009年，双柏县工商行政管理局在省、州工商局和双柏县委、政府的正确领导下，以邓小平理论和“三个代表”重要思想为指导，深入学习实践科学发展观，按照国家工商总局坚持“四个统一”，加强“四化建设”，实现“四高目标”，建设“三个过硬”队伍总体要求和省工商局“三个到位”、“六个好”工作目标，积极应对国际金融危机冲击，坚持以人为本，科学发展，理性发展，和谐发展，以党建工作为统领，以班子建设为龙头，以队伍建设为抓手，以文化建设为支撑，以基础建设为保障，以精神文明建设作助推，强势推进活力工商建设，促进工商行政管理各项工作齐头并进，均衡发展，助推县域经济社会又好又快发展。

【法制建设】 2009年，双柏县工商行政管理局按照依法治县的基本方略，以提高干部法律意识、规范干部执法行为为重点，不断规范执法程序，健全执法制度，努力“办好案、办典案、办铁案”，进一步规范执法行为，全面推进依法行政。1. 制定《2009年普法依法治理工作安排》，对全局普法和依法治理工作作出具体安排，创建法律法规宣传专栏，宣传《消费者权益保护法》、《食品安全法》、《食品安全法实施条例》、《流通环节食品安全监督管理办法》、《食品流通许可证管理办法》和《农业生产资料市场监督管理办法》等工商法律法规12期。2. 坚持干部季度学法考试制度，组织干部学习《乳品质量安全监督管理条例》、《流通环节食品安全监督管理办法》、《食品流通许可证管理办法》、《中华人民共和国食品安全法实施条例》、《农业生产资料市场监督管理办法》等法律法规，并进行考试考核，2009 年开展季度学法考试 4 场次。3. 坚持执法业务日常培训制度。利用每星期五下午业务学习培训和半年、年终工作会，邀请法制权威人士和局内法制骨干开展学习培训，提升干部执法业务水平，2009 年共组织干部执法业务培训 43 期次。4. 推行行政处罚案件立（销）案网上备案制度和行政处罚案件主办人制度，实行“一案一主办”（即一个案件由一人主办，其他若干人协办），案件与主办者责任挂钩，进一步明晰行政处罚案件办理人员的职责。5. 严格按照《楚雄州工商行政管理系统注册登记实行法制审核的意见（试行）》的要求，将公司、企业法定代表人变更和股权变更登记等重要注册登记许可事项纳入法制核审范围，由法制机构进行审核把关。2009 年，共核审企业注册登记许可 5 件，进一步规范企业注册登记许可行为。

**【纪检监察】** 2009 年，双柏县工商行政管理局纪检监察工作以科学发展观为统领，坚持标本兼治、综合治理、惩防并举、注重预防的方针，在实和细上下功夫，紧紧围绕责任制的落实，把反腐倡廉工作融入工商工作始终，有力推进各项工作齐头并进，均衡发展。1. 以工商廉政文化建设为载体，推进党风廉政建设工作向纵深发展。开辟《每周一言》和廉政文化展室，在双柏县级部门和社会各界引起了强烈反响，并被双柏县纪委标树为廉政文化建设进机关、进家庭示范点。开展廉政文化进家庭活动，选送干部创作“清风和谐”主题书画作品 3 件参加楚雄州职工才艺展，荣获摄影类一等奖 1 件，手工类三等奖 1 件。2. 加强制度创新和建设，构建廉政建设长效机制。修改完善《党风廉政建设目标责任制》、《岗位责任制量化考核办法》等十余项制度，形成靠制度规范、按制度办事、用制度管人。推行兼职纪检监察员制度，强化内部监督管理。在监管服务对象和社会各界人士中聘请 20 名廉政监督联系户和 15 名政风行风义务监督员定期召开座谈会，接受群众监督。开展基层行政执法人员向监管服务对象述职述廉活动，法脿工商所、鄂嘉工商所 12 名一线执法人员分别向 41 名农村经营的个体户代表进行了述职述廉，受到群众欢迎，得到地方党委政府好评。深入推进风险点管理，对工作中行政许可、行政执法、流通环节市场监管以及人、财、物等方面容易发生问题、存在廉政风险和薄弱环节的重点人员、岗位以及工作环节，进一步实施廉政风险评估、测评，有的放矢制定廉洁自律和防范管理措施，经常对风险点进行风险级别检查和评定，将预防腐败责任落实到每一个具体人员和岗位，重点加以监控，形成以人为点、以工作程序为线、以制度为面、环环相扣的风险防控机制，做到提醒在前、建章立制在前，约束在前。开展“大接访大下访”活动，认真做好群众来信来访工作，把问题和矛盾化解在萌芽状态。3. 以创建“彝州先锋走廊”示范点为契机，加强党的建设，改善服务环境，彰显双柏工商新形象。4. 强化责任，落实党风廉政建设责任制。通过签订《党风廉政建设责任制》、《八小时以外干部管理责任书》、《思想政治工作责任书》，形成一级抓一级，层层抓落实的格局，全局干部职工无任何违反党风廉政建设的问题出现。5. 完善措施，规范运作，贯彻落实阳光政府“四项制度”。制定《双柏县工商局落实阳光政府四项制度创建阳光工商实施方案》、《双柏县工商局贯彻重大决策听证制度实施意见》、《双柏县工商局重要事项公示实施办法》、《双柏县工商局重点工作通报实施办法》、《双柏县工商局政务信息查询实施办法》及其《实施细则》，明确职责分工，规范运作，推行政务公开，打造“阳光工商”。2009 年，发布重要事项公示 11 条，重点工作通报 10 条，政务信息 45 期，137 条，开通 96128 电话专线。

**【人事教育】** 2009 年，双柏县工商行政管理局人事教育工作以培养政治坚定、业务精通、作风过硬、爱岗尽业、服务一流的干部队伍为核心，认真开展思想政治教育和争先创优活动，抓好基层规范化建设，推进精神文明建设工作，进一步提升工商行政管理履职能力和市场监管执法水平。1. 紧紧围绕中央提出的“党员干部受教育、科学发展上水平、人民群众得实惠”的总体目标，深入开展学习实践科学发展观活动，进一步解放思想、改革创新，着力转变工商工作不适应科学发展的思想观念，着力解决影响和制约工商工作科学发展的突出问题，着力构建有利于双柏工商工作科学发展的体制机制，积极探索工作转型，使工商工作和党的建设更加符合科学发展观的要求，把党员干部的发展观念和发展积极性引导到推动工商工作科学发展上来，全局 49 名干部职工参加学习实践科学发展观活动，学习实践的经验和做法得到县委肯定，在全县深入学习实践科学发展观推进会上进行了推荐交流，同时，结合全局实际确定了 9 个正反典型案例，以增强学习的针对性。全局共编写学习实践科学发展观活动简报 63 期，出黑板报 38 期，撰写心得体会 47 篇，调研报告 4 篇，其中信息简报被州工商局采用 30 篇，被县委、县政府采用 12 篇，被楚雄日报、楚雄晚刊、州广播电台等媒体采用 18 篇。2. 坚持周一上午政治理论学习制度，周五集中开展实用业务能力、法律法规和综合技能技术学习培训，坚持每季度一次学法闭卷考试制度，并坚持逢会必考，逢会必培训制度，以考促学，以学促进。采用请进来、走出去和自学互学的方式开展学历教育、计算机技能、普通话、新闻写作、会计资格、驾驶技能和驾驶安全培训，大力培育各条线上的多面手，促进工商干部队伍专业化、职业化建设水平。2009 年，组织政治理论学习 164 场次，邀请县文联老师、系统内文学艺术爱好者开展新闻、信息、简报、文学创作改稿培训 3 场，邀请县摄影协会老师、单位摄影技术能手开展摄影技能培训 4 场。3. 以靠得住、过得硬、有本事为目标，推行基层工商所干部职工分批次到县局机关进行跟班轮训，对机关所有业务岗位进行学习锤炼，为基层长远发展培育骨干力量。2009 年，完成基层工商所 15 名干部的顶岗轮训工作，收获明显，反响强烈。4. 以“三个 100”为推手，建设双柏“数字工商”人力资源库。培养一批计算机操作能手。通过艰苦鏖战，在机关和每一个基层工商所培养一批扎实掌握计算机基础操作、办公自动化综合应用、计算机软硬件维护、网络管理和软件应用的岗位尖兵和标兵。培养一批注册登记能手。通过培训学习，全局所有从事窗口注册登记工作的干部，能动地在信息化环境中高效应用计算机为个体、企业提供优质服务。培养一批行政执法能手。通过勤励耕耘，全局所有从事行政执法的干部，能动地在行政执法工作中，加强法律法规及业务知识学习，提升综合行政执法能力，为依法行政提供保障。2009 年，培训选拔县级计算机能手 4 名，州局考核评定州级能手 1 名；县级注册登记能手 3 名，州局考核评定州级能手 2 名，省级考核评定省级能手 1 名；县级执法能手 5 名，州局考核评定州级能手 4 名。4. 紧紧围绕“执法行为规范，监管制度规范，基础设施规范，队伍管理规范”的目标，深入调研，群策群力，制定方案措施，完善监管执法机制和管理规章制度，规范办公环境和基础设施建设，加强干部教育培训，提升队伍素质，优化人员结构，提高执法效能，深化维权服务，坚持做到执行标准不走样、落实标准不变形。2009 年，创建规范化基层工商所 2 个。

**【企业注册登记】** 2009 年，双柏县工商行政管理局企业注册登记管理工作紧紧围绕“增加总量、扩大规模、鼓励先进、淘汰落后”的原则，创新服务举措，积极应对国际金融危机，努力为企业营造健康的发展环境。1. 实施企业倍增计划的战略决策。围绕发展第一要务，招商引资第一要事，用硬措施打造软环境，把软环境打造为硬品牌，搭建服务企业的多样化平台和工作机制，全面推行“四零”标准服务工作制和企业联络员制度，服务企业发展。2009 年，全县共有私营企业 173 户（含分支机构），其中个人独资企业 48 户、分支机构 4 户，合伙企业 1 户，有限责任公司 58 户、分支机构 62 户，私营企业投资者人数 245 人，雇工 2 268 人，注册资本（金）17 964 万元。年内新发展私营企业 35 户，新增投资者 37 人，雇工 286 人，注册资本（金）3 680万元。全县共有内资企业 203 户，注册资本（金）22 756万元，年内新发展内资企业 15 户。其中：实有内资公司 11 户、分公司 66 户，内资企业法人 39 户、营业单位 87 户。全县共有农民专业合作社 27 户，成员 321 人，出资总额 864 万元，其中年内新登记农民专业合作社 24 户，成员 302 人，出资总额 822.81 万元，年内新登记农村经纪人 10 户。2. 加大年检宣传力度，增强企业年检意识。召开企业联络员年检专题会，学习《企业年度检验办法》，安排年检的时间、内容、方法和要求。2009 年，年检企业 247 户，占全县应年检企业 361 户（包括分支机构）的 68%。3. 体现服务，宽松管理。对 2008 年 7 月 1 日以后出资期限到期的无违法记录的企业，因资金紧张无法按时缴付出资的，依企业申请，允许延长出资期限至 2009 年底。对受国际金融危机影响，企业成立后超过 6 个月未开业，或者开业后自行停业连续 6 个月以上的，允许其延续至 2009 年底。对 2008 年 7 月 1 日以后设立的且已按期交付出资到位的公司年检时免予提交审计报告。在企业年检中对不涉及人身安全、公共安全的前置许可证件已到期，因客观原因未提交的，可先年检或验照，延期一个月后提交前置许可证件。

**【企业监督管理】** 2009 年，双柏县工商局紧紧围绕发展第一要务，招商引资第一要事，用硬措施打造软环境，把软环境打造为硬品牌，搭建服务经济发展的多样化平台和工作机制。1. 以“服务效能提升年”为契机，开展注册登记人员业务培训和业务交叉检查，互帮互学，进一步提升注册登记人员业务素质。2. 按照“非禁即入、非禁快入”的原则，以“创优环境兴双柏，强化服务促发展”为目标，严格执行“首问责任制、首办责任制、服务承诺制、限时办结制、一审一核制、当场登记制度、预约服务制度”，正确处理好发展与规范关系，优化市场主体发展软环境，促进各类市场主体健康有序发展。2009 年，新发展个体工商户 528 户，注册资金 303 万元，从业人员 820 人，实有个体工商户2 941户，从业人员4 328人，注册资金5 403万元。3. 成立鼓励创业“贷免扶补”工作领导小组，制定实施方案，明确人员职责，工作目标任务、方法步骤，为首次创业人员提供贷款支持、税费减免、创业服务、资金补助等方面的扶持，2009 年，帮助 4 人贷款 20 万元实现创业，同时带动 12 人就业，完成州工商局下达任务数的 100%。建立创业导师数据库，按时完成 13 名创业导师数据库录入工作。

**【市场规范管理】** 2009 年，双柏县工商行政管理局市场监督管理工作按照全面落实科学发展观，努力构建和谐社会总体思路，充分发挥市场监管职能作用，标本兼治，打防结合，高位推进市场安全监管。1. 加强流通环节食品市场监管，确保食品市场消费安全。严把食品市场主体准入关，依法查处取缔无照经营，确保食品生产经营主体资格合法有效。强化食品市场日常监管，加大市场巡查力度，层层落实监管责任。加强猪肉市场监管，切实做好甲型 H1N1 流感防控工作。集中开展季节性、重大节日食品专项执法检查，着力解决突出问题，严厉打击食品经营违法、违章行为，确保监管执法到位。2009 年，开展食品市场检查 102 次，出动检查人员1 334人次、车辆 186 台次，检查市场 94 个次，检查经营户 11 842户次，查处流通环节食品经营违章违法案件 66 件，对 579 户食品经营户实行了进货索证索票制管理，开展违法添加非食用物质和滥用食品添加剂专项整治 12 次，开展食品安全快速检测 32 次，公布检测情况 32 期。2. 完善市场管理制度，落实监管责任。完善《经营者商品质量责任书》、《市场开办者职责》、《市场管理人员工作制度》、《双柏县流通环节食品安全承诺书》、《市场内经营者基本信息档案管理办法》、《双柏县鲜肉购销场厂挂钩制度》、《双柏县商品交易市场安全应急管理制度》等制度，明确岗位职责，签订局长与分管副局长、分管副局长与所（分局）长、所（分局）长与所员 3 个层次《流通领域食品安全监督管理责任书》，片区巡查人员与经营者签订《经营者商品质量责任书》，做到一级抓一级、层层抓落实，构筑商品质量安全事故防火墙。3. 加强食品经营准入管理，切实做好流通许可证核发工作。加强《食品安全法》和《食品安全流通许可证管理办法》等法律法规的宣传学习，制定《食品流通许可证》审核、发放、管理工作规范，开展流通许可证办理人员业务知识和系统操作技能培训，提高管理水平和业务技能，切实做好流通许可证核发工作，2009 年，开展《食品流通许可证》核发，业务培训 4 场。4. 做好"禁塑"工作，建设环保型社会。成立禁止生产销售使用塑料购物袋工作领导小组，全面安排部署禁塑工作，出动执法人员 116 人次、车辆 23 台次，发放禁塑宣传资料2 100余份，当场销毁各类塑料购物袋11 600个，没收塑料袋12 100个。5. 以创建"诚信市场"为推手，促进食品经营者诚信规范经营。制定《双柏县工商局开展诚信市场创建活动实施方案》，高效推进实施，2009 年，认定2A 级"诚信市场"4 个，其中推荐州工商局认定3A 级"诚信市场"1 个。

**【消费者权益保护】** 2009 年，双柏县工商行政管理局消费者权益保护工作以食品安全为核心，坚持以人为本，把维护人民群众的根本利益作为工作的出发点和落脚点，统筹推进城乡消费维权工作，实现由事后调解处理为主向重视事前防控转变，做到调解处理与防范相结合，让城乡消费者共享消费维权公共服务。1. 以"消费与发展"年主题为主线，开展纪念3·15国际消费者权益日活动，展示依法收缴的假虎骨、假虫草、假化肥、假农具等与广大消费者生产生活息息相关的30 余种假冒、伪劣样品，增强群众识别真伪的能力。共出动执法人员 46 人次、执法车辆6 台次，悬挂标语 8 条，出宣传专栏 6 期，编发消费警示 12 期，向群众讲解识别假冒伪劣商品知识，发放《食品安全法》宣传材料 1.2 万余份，受宣传的群众达 1.6 万余人。2. 开展法律法规宣传活动，提升经营者和消费者法律意识。2009 年，开展乡镇集市法律法规宣传6 场次，组织经营者学习《食品安全法》等各种法律法规 9 场次，出法律法规宣传专栏 16 期。3. 开展食品安全进校园活动，普及食品安全知识，提高中小学生食品安全意识，增强假冒伪劣食品识别能力和自我保护意识，努力减少青少年食品伤害事件的发生。2009 年，开展《食品安全知识讲座》8 场次，发放食品安全宣传材料2 980份，受教育学生达到3 600人。4. 2009 年，在全县 5 镇 3 乡建立消费者协会分会 8 个，建立消费者投诉站和12315 联络站9 个。5. 充分发挥12315 打假维权投诉受理平台作用，维护生产者、经营者、消费者的合法权益。2009 年，共接待投诉 11 起，受理 11 起，调解成功 11 起，挽回经济损失6 000元。

**【反垄断与反不正当竞争执法】** 2009 年，双柏县工商行政管理局公平交易工作以营造公平竞争、规范有序、和谐诚信的市场环境为目标，积极创新执法理念和监管机制，大力整顿和规范市场经济秩序，依法行政，文明执法。1. 紧紧围绕整顿和规范市场秩序这一中心，积极拓宽执法监管领域，相继对节日市场、广告市场、成品油市场、服装市场、文化市场、粮食市场、废旧金属回收市场依法进行了清理整治，认真做好"两烟"打假打私工作，加大公平交易执法力度，提高监管执法效能，营造公平竞争、规范有序、诚信和谐的市场环境。2009 年，查办公平交易执法案件 336 件，其中，立案案件107 件，简易案件 229 件。2. 以创建"农村食品安全示范店"为抓手，提升农村食品经营者食品安全意识。制定《双柏县工商局 2009 年度"农村食品安全示范店"创建工作方案》，并扎实、高效推进实施，2009 年，创建"农村食品安全示范店"84 户。3. 深化工商服务新农村建设工作机制，制定《双柏县工商局完善七农工作机制促进农业增效农民增收工作意见》和《双柏县工商局 2009 年红盾护农工作方案》，明确目标，责任到人。2009 年，出动执法人员 537 人次、车辆114 台次，检查农资经营户1 521户次，印发宣传材料2 515份，开展宣传活动 10 次、媒体宣传报道 12 篇次，查处违法农资案件 2 件，罚款1 800元，受理涉农投诉 1 件，为农民挽回经济损失 800 元。4. 强强联手，通力协作，严厉打击传销违法犯罪活动。加强传销危害警示宣传，建立工商、公安联合执法和监管协作执法机制，公布打击传销举报电话，畅通投诉举报网络，严厉打击传销，开展社会治安综合治理，群防群控。2009 年，出动执法人员 26 人次、车辆 8 台次，发放打击传销宣传材料1 500余份，出黑板报3 期，专栏 1 期。5. 做好对违法行为人的警示与疏导。制定《双柏县工商局违法行为人的警示与疏导实施方案》，把引导、扶持、帮助、说服、教育、示范、劝告、建议、警示、告诫等不具有国家强制力的管理手段全面引入工商行政管理工作中，加强事前预警告诫、事中纠正制止、事后教育规范。2009 年，对违法行为人事前预警告诫 89 户、事中纠正制止363 户、事后教育规范 212 户。

**【广告监督管理】** 2009 年，双柏县工商行政管理局广告监督管理工作以户外广告监管为重点，加大违法广告的清理力度，营造健康、文明的广告环境。1. 严把广告登记审查关，规范户外广告发布行为。2009 年共办理户外广告登记 21 件。2. 扩大广告监测范围，提高监测质量，从源头和重点环节上防范虚假广告，2009 年共监测广告 72 条。3. 积极引导企业正确运用广告战略，扩大企业产品知名度，增强市场竞争力。加强对广告媒介单位的教育和指导，增强政治敏锐性和鉴别力，防范和杜绝不良广告的发生。4. 加强与城管等相关部门的协调配合，以中国双柏虎文化节为契机，结合县城文明小城镇的创建，重点加强对户外广告、印刷品广告、牌匾广告、店堂广告的巡查清理，对发现不符合精神文明建设要求的文字、画面及时依法清理，拆除非法广告牌匾 3 块、墙体布标 41 条，重新布置规划户外广告宣传专栏 4 处。5. 加强对印刷品广告、户外广告清理整治。2009 年，共出动执法人员 91 人次、车辆 16 辆次，检查单位 58 个，检查个体户 246 户，检查广告 179 条，收缴各种印刷品广告 360 多份，清除覆盖乱喷涂办证、文凭等广告 61 处。

**【商标监督管理】** 2009 年，双柏县工商行政管理局商标监督管理工作按照"注册一个商标，带动一个产业，搞活一地经济，富裕一方农民"的要求，建立企业商标注册联络员制度，推行"商标注册建议书、商标变更建议书、商标续展建议书、商标备案建议书、商标策略提示书、商标法律告知书”六种商标文书，指导农民、涉农企业和农民专业合作社积极申请农副产品商标和地理证明商标，帮助农民运用商标整合特色优势农副产品资源，走商标富农之路。同时，按照“培育一批、扶持一批、推荐一批”的原则，建立全县创建驰名、著名商标品牌梯队，积极打造双柏特色产品品牌，提高全县工业产品的市场竞争力。2009 年，全县共有有效注册商标 10 件，其中成功申报云南省著名商标 2 件，正在申报注册商标 18 件。

【计划财务工作】 2009 年，双柏县工商行政管理局财务工作紧紧围绕财务管理规范化建设要求，严格按照财务工作的要求，本着“量入为出，保证重点，兼顾一般”的原则，科学理财，依法管财，加强财务监督管理，提高资金使用效率。建立健全了《内部审计制度》、《财务管理制度》等制度，加强内部管理，每半年、年末向职工通报全局财务收支情况。同时，严格执行车辆管理规定，按月公示个人用车缴纳燃油费。严格执行“收支两条线”规定，公开行政性收费标准，接受社会和群众监督。按照《收费许可证》批准的收费项目、收费标准、收费范围收取行政性收费，并按规定的渠道及时、足额上缴上级局，做到应收尽收，应缴尽缴，全年共收取工商管理各种行政性收费 5.92 万元，罚没款入库 12.75 万元。

【基本建设】 2009 年，双柏县工商行政管理局按照科学决策，民主决策，立足局情，量力而为的方略，投资89 930元对法脿工商所办公楼进行修缮，现已竣工，并投入使用。同时，多方筹措资金对妥甸工商分局、法脿工商所内部环境、办公设施进行改造完善，促进基层工商所规范化建设进程。

【老干工作】 2009 年，双柏县工商行政管理局老干工作传承中华美德，情系老干部，把老干部工作放在全局一盘棋的工作格局中统筹进行谋划。1. 坚持学习阅读经常化。组织老干部每月集中一次政治理论学习，发放学习资料，阅读有关文件，通报国家对老干部实施的相应政策及全局各项工作开展情况，丰富老干部的精神文化生活，提高政治思想素质。2. 坚持知情明政制度化。注重老干部的思想动态，党委领导适时向老干部通报工作情况，解答相关政策，与老干部沟通思想，研究解决老干部关心的热点和难点问题。邀请老干部代表参加党风廉政建设意见征求会、形势报告会、述职述廉会等重要会议。3. 坚持关爱健康定期化。每年定期组织离退休干部到县医院进行一次身体检查，建立健康档案，全面掌握老干部的健康状况，积极为老干部的身心健康服务。4. 坚持走访慰问日常化。每年春节、重阳节等节日，局党委领导积极开展走访慰问活动，为老干部送上一点慰问品，道上一句祝福语，表达一点关爱情，让老干部真切感受到党组织的关怀和温暖。2009 年，开展老干部座谈交流及联谊活动 5 次，积极筹措资金2 400元组织全体老干部进行健康体检，看望慰问老干部共 61 人次，局领导班子共研究老干部工作 5 次，组织学习活动 16 次，组织参观新农村建设示范活动 1 次。

【信息化建设】 2009 年，双柏县工商行政管理局信息化建设工作紧紧围绕“信息化建设推进年”和“信息化建设绩效年”的总体思路，在加强干部职工的信息化知识和计算机操作技能上下功夫，加快网络化进程，推行电子政务。1. 多方筹措资金，充实信息化建设硬件基础，购买 DELL 笔记本 4 台，DELL 台式计算机 4 台，全局共有计算机 41 台，人机比例为 1:0.97，改善了办公条件。2. 制定《双柏县工商局 2009 年信息化工作方案》、《双柏县工商局 2009 年信息化培训实施方案》，深入开展信息建设活动，全面提升干部职工信息化应用水平。3. 紧紧围绕州工商局绩效考核指标，对各股(室)、工商所(分局)信息化应用情况进行网上实时、动态、在线监测，定期公布监测结果，及时进行查缺补漏和修改完善，切实提高数据质量，实现业务应用全覆盖、应用水平新提升。4. 突出以需求为主导，以应用促发展，全面推进云南省工商行政管理信息系统和云南省电子政务协同办公系统的应用，充实工商行政管理信息资源，推进电子政务。5. 贯彻落实阳光政府四项制度，全面启用云南省阳光政府四项制度重大决策听证系统、重要事项公示系统、重点工作通报系统、政务信息网络查询系统和行政审批项目查询系统五个系统。2009 年，发布重要事项公示 11 条，重点工作通报 10 条，政务信息 45 期，137 条。6. 充分利用网络资源，在双柏县红盾信息网站上，利用内部数字工商一体化软件，在学习园地栏目中开设计算机岗位练兵指导，将《工商信息化手册》中相关内容浓缩编制成计算机岗位练兵指导，供全局干部职工学习，全年共编写计算机岗位练兵指导 12 期。7. 分期分批从基层工商所(分局)选派干部到局机关跟班砺练，提升计算机操作技能。8. 以“三个 100”为推手，建设双柏“数字工商”人力资源库，围绕国家工商总局题库，编写自测题，开展计算机知识考试活动。2009 年，共组织计算机学习考试 9 场次，培训选拔县级计算机能手 4 名，州局考核评定州级计算机能手 1 名。

【个私协会工作】 2009 年，双柏县个私协会工作按照“自我教育、自我管理、自我服务”的方针，充分发挥个私协会职能，以求真务实的态度和开拓进取的精神，创新开展各项工作，促进个私经济快速健康发展。年内组织个私篮球队参加“五四”杯篮球赛，增进个私协会与各部门之间的沟通和交流，展示会员风采。开展禁毒防艾工作，加强艾滋病监测检测及行为干预管理，落实公共娱乐场所各项艾滋病防治措施，开展艾滋病宣传教育活动，发放宣传册 60 余册，张贴宣传画报 12 幅。

【2009 年受到表彰的单位和个人名单】

双柏县工商局被云南省委、省人民政府命名为省级文明单位。

【2009 年任职的局领导名单】

党组书记、局长　苏舜生

副 局 长　郭　华　杨　君

纪检组长　杨庆发

## 牟定县

【概况】 2009年,牟定县工商局内设2室4股1中心,即办公室(下设财务室)、监察室、人事教育股、法制股、注册登记管理股、公平交易股和12315消费者申诉举报中心,下设3个分局,即牟定县工商行政管理局一分局(管辖共和镇、江坡镇、凤屯镇),牟定县工商行政管理局二分局(管辖新桥镇、蟠猫乡),牟定县工商行政管理局三分局(管辖安乐乡、戌街乡)。截至12月31日,全局有干部职工70人,其中:公务员64人,机关工人1人,事业人员5人。

【法制建设】 2009年,牟定县工商局认真贯彻实施《全面推进依法行政实施纲要》,不断提高执法水平,强化服务意识,创新工作方式。积极行政,开展法律法规宣传、教育和培训,增强执法人员学法、用法、守法意识,规范执法人员依法行政的行为和程序,促进执法人员依法履行工作职责。1. 强化行政执法监督,实行局长负总责,层层签订《行政执法责任书》,将责任分解落实到人,加强案件核审,严格把关。2009年,备案登记案件199件,经审核不予立案的3件,核审立案案件196件,简易程序处理147件,开展案卷评议169件,核审行政许可登记45件,有效防止违规操作,切实纠正执法不当,维护执法公正,体现立法本义,促进行风建设。同时实行案件分级核审制度,在各执法机构考核任命案件初审员,负责本机构所办案件的审核,提出审核意见报法制股核审。2. 依据《中华人民共和国政府信息公开条例》的相关规定,对行政许可事项、行政强制措施、行政收费、行政检查、行政处罚依据等事项在牟定县政府网站、牟定红盾信息网、办公场所进行公示,极大的方便行政相对人查询。3. 加强法制宣传教育培训。年内,结合阶段性的工作重点,在系统内有针对性地举办学法培训6期312人次。同时,加强社会宣传,年内,组织开展企业法人培训1期,人员187人次,重点培训《企业年度检验办法》、《股权出资登记管理办法》、《股权出质登记管理办法》,并邀请环保、安监等部门对相关的法律法规进行讲解,组织开展专业合作社和经纪人培训1期,人员43人次,重点培训《农民专业合作社法》、《农民专业合作社登记管理条例》等相关法律法规。在“3·15”和“三月会”期间,设点开展咨询服务2期,发送宣传材料1.1万余份,大力宣传《消费者权益保护法》、《无照经营查处取缔办法》等法规,营造了良好的行政执法工作环境。4. 组织6人参加全州工商系统“行政执法办案能手”竞赛,有3人获得“行政执法办案能手”称号。

【纪检监察】 2009年,牟定县工商局进一步树立大局意识和服务意识,切实把党风廉政建设和反腐败工作融入工商工作之中。1. 认真落实党风廉政建设责任制。以领导班子为重点,紧紧围绕责任分解、责任考核、责任追究,制定实施细则和配套规定,细化工作责任,层层签订责任书,责任到人,上下协调,齐抓共管,全员参加的党风建设工作格局。2. 进一步加强学习教育,统一思想,增强反腐倡廉意识。认真传达学习党的十七大和各级党风廉政建设工作会议精神,全面贯彻总局提出的“四个统一”、“四化建设”、“四高目标”和省局提出的“三个到位、六个好”要求,扎实认真落实省政府“责任政府四项制度”、“阳光政府四项制度”和州局党组“六项”重点工作,统一思想,不断提高干部职工的综合素质和增强反腐倡廉意识。进一步加强廉政文化建设,组织全局党员干部职工62人到州党风廉政教育基地接受廉政教育;开展“廉之声”演讲比赛活动,10名参赛者围绕着“勤政廉政、科学发展”的主题开展了声情并茂的演讲;刊登廉政文章4篇,格言警句40条,廉政漫画24幅,把工商廉政文化渗透到工商工作的每一个环节,进一步构建执法为民的工商价值理念,树立高效服务的工商工作作风,弘扬与时俱进的工商职业精神,营造公正廉洁的工商行政氛围。3. 进一步完善制度,深化政务公开,接受社会监督。整理编印了《牟定县工商局规章制度》,收录规章制度50个,制定了落实阳光政府四项制度创建阳光工商相关方案及实施细则,年内,发布重要事项5项,重点工作通报18项。在政务信息查询制度方面,认真落实《牟定县工商行政管理政务信息实施办法》,对当事人的咨询认真答复。进一步完善查询内容,公示办事流程,认真开展基层规范化建设,开通了96128政务信息查询专线,年内发布动态信息164条。4. 认真抓好监督,不断拓宽监督领域,向行政许可、行政执法和行政不作为等全方位延伸,向事前、事中、事后全过程延伸,向干部职工八小时以外的全领域延伸,促进党风廉政建设。年内开展干部纪律作风督察6次,落实“四项制度”情况督察4次,对17人进行诫勉谈话,对违反规章制度的11人进行问责。

【人事教育】 2009年,牟定县工商局以突破、创新为理念,以求实、求是为要求,全面落实人事教育各项工作。以培养“四会”干部为目标,强化学习教育培训,提高干部综合素质。结合学习实践科学发展观活动,组织干部深刻理解科学发展观理论,夯实干部职工的理论功底。加强思想教育,推动干部增强责任、自律、法纪意识,完善思想学风,修复纪律作风,认真落实责任政府四项制度。年内,4名同志撰写的“推进科学监管,做到三个到位六个好”论文被编人省工商局优秀论文集。以创新为思路,积极开展文明单位创建,组织开展“廉之声”演讲比赛、迎国庆60周年诗歌朗诵和积极参加县庆祝祖国60周年歌咏晚会,丰富生活,陶冶情操。弘扬社会优良品质,积极支持发展社会公益,姚安“7·09”地震后,组织职工捐款8 750元,党员捐款3 910元,单位及干部职工捐款2.6万元积极支持抗震救灾,向腊湾村委会14户贫困户赠送化肥、衣物,累计2 300元,腊湾小学赠送会议桌10张。营造爱老、敬老、护老、养老氛围,切实保障老干部的物质、精神需要,提高老干部管理水平。制定了离退休老干部管理办法等8项老干部管理服务制度,以机制保障老干部政治、生活待遇落实。年内,组织老党员学习政策理论2次。开设老干部活动室,订阅老年报20份,邀请老干部参加党风巡视座谈会、工农业生产考察各1次,组织老干部身体检查1次,对生病住院的5名老干部进行了慰问。

【企业注册登记】 2008年，牟定县工商局完善市场主体准入制度，创新监管服务方式，从政府重点项目、小额贷款以及帮扶企业促进发展方面，完善市场准入，采取了有效的措施，认真落实“四项制度”，促进经济平稳发展。截至2009年12月，全县有内资企业177户，注册资金26 655万元。办理股权出质登记1户，出质额576万元，担保债权5 000万元。

【企业监督管理】 2009年，牟定县工商局认真落实市场准入制度和监督管理机制改革的各项措施，鼓励、支持、引导个私经济发展。年内全县新发展个体工商户928户(其中：登记为经纪人业务的有27户，从业人员1 810人，注册资金7 414.64万元)；新发展私营企业34户(其中：设立公司14户，设立分支机构20户)；新登记农民专业合作社9户。截至年底，全县城乡个体工商户达到3 416户、从业人员5 703人、注册资金10 773.82万元；私营企业共有250户(其中：分支机构116户)，投资者人数702人、雇工11 130人、注册资金23 734万元；有农民专业合作社22户，出资总额1 255.49万元，合作社成员296人，其中：非农民成员13人。从事经纪业务的合作社10户。

认真做好2008年度个体工商户验照工作。全县应验照个体工商户3 670户，实验照3 647户，验照率99.4%，验照中办理注销登记129户，已歇业未注销769户。未验照个体工商户23户。

【市场规范管理】 2009年，牟定县工商局全面加强市场监管，转变理念，搞好服务，力促地方经济发展。1. 进一步加大流通环节食品安全监管和专项整治工作力度。把贯彻落实《食品安全法》和深入开展食品安全专项整治作为年内食品安全监管的重中之重，不断加大工作力度。核发食品流通许可证工作顺利推进，年内共核发许可证347个。开展食品安全专项整治26次，出动执法人员905人次，检查食品经营户1 083户次，查处无照经营食品16户，查处制售假冒伪劣食品案件43件。2. 开展“农村食品安全示范店”创建活动。对2007、2008年评选、命名的“鹿城大厦牟定商场”等107户进行复核考评，通过复核，摘牌9户，保留“农村食品安全示范店”98户；新创建考评、命名授牌“农村食品安全示范店”6户，全县创建命名挂牌的“农村食品安全示范店”共计104户，遍布牟定县城和全县7个乡镇的84个村委会，基本形成了信誉良好、质量可靠、安全程度高的食品放心网店。3. 开展“诚信市场”创建活动。制定《牟定县工商局开展诚信市场创建活动实施方案》，把创建“诚信市场”活动作为一项长期的、重要的工作来抓，经过考评，认定牟定县粮食储备有限公司粮食交易市场、牟定县物业管理有限公司龙川农贸市场为“2A级诚信市场”，州工商局评定牟定县粮食储备有限公司粮食交易市场为“3A级诚信市场”。4. 深化工商服务农村改革发展工作机制。按照以科学发展观统领全局和构建和谐社会的要求，创新思想理念，创新“三农”服务机制，着力实施“兴农富民”工程。制定了《牟定县工商局关于完善七农机制“兴农富民”工作方案》，深入开展红盾护农活动。年内，共出动执法车辆43台次、执法人员246人次，印发宣传资料2 100份，共检查农资市场12次，检查各类农资、农机经营户278户次，共查处各类农资、农机违章违法案件12件，收缴罚没款13 269元。新发展农村经纪人29户，农民专业合作社9户。5. 扎实开展扫黄打非工作，净化文化市场。年内，共出动执法人员116人次、车辆19台次，清理检查文化市场9次，共检查各种光盘销售、书刊经营企业、门店95户。6. 建立市场监管信息定期分析报告制度。成立了“牟定县工商行政管理局市场监管信息定期分析报告工作领导小组”，制定了《牟定县工商局市场监管信息定期分析报告工作实施方案》，落实机构和人员负责，按照向县政府和州局报送农副产品和农资价格日报表，并根据每周市场价格和信息变化情况，撰写市场信息分析报告，及时报送县委政府和州工商局。

【消费者权益保护】 2009年，牟定县工商局认真落实国家工商局推进“四个平台”建设的意见，加强“一会两站”建设，成立了“一会两站”规范化建设工作领导小组，制定了《关于建立乡镇消委分会和村级消费者投诉站、12315联络站的实施方案》，把“一会两站”的建设工作作为“一把手”工程，由工商局局长、消委会长负总责，截至10月底，在全县4镇3乡建立了7个“乡(镇)消委分会”，在全县84个村委会和县城21个市场、商场(超市)等消费场所挂牌建立了“12315联络站”和“消费者投诉站”。按照国家总局关于加强12315行政执法体系建设，积极打造“四个平台”的要求，制定了《牟定县工商局12315行政执法体系建设方案》，在县工商局设“牟定县工商局12315消费者申诉举报中心”，在一、二分局设“牟定工商一、二分局12315消费者申诉举报站”，三分局设“牟定工商三分局12315消费者申诉举报站”，明确工作职责，规范工作流程，健全管理制度，严格工作纪律，强化服务态度和服务方法，积极受理、解决消费者投诉和接待群众来信来访，同时指导、督促分局认真快速开展消费者申诉(投诉)调解、举报案件调查处理工作。全年共受理消费者投诉40件，处理39件，为消费者挽回经济损失50 171元。

【反垄断与反不正当竞争执法】 2009年，牟定县工商局进一步强化监管，努力维护市场竞争秩序。年内，共查处违章违法案件346件，其中：立案案件198件，简易案件148件，收缴罚没款26.9万元，申请人民法院强制执行4件。1. 认真做好打击传销，规范直销工作。大力宣传《禁止传销条例》和《直销管理条例》，深入开展打击传销专项行动。以预防教育为基础，以12315消费者申诉举报网络为依托，以市场巡查为手段，强化宣传抓预防，继续保持高压态势。年内，共出动执法人员91人次，出动执法车辆18台次，检查出租房等聚会场所46个次。同时，加强对全县4户个体户从事直销经营行为的监督和管理，督促其依法依规开展直销经营活动，取得了良好的社会成效，维护了社会稳定。2.

积极参与开展禁毒工作。对辖区易制毒化学品经营情况进行了分析，成立了整治工作领导小组，制定了整治工作方案、措施和工作制度，按照部门职责，切实开展对易制毒化学品的监管工作。共出动执法人员82人次，出动执法车辆14台次，检查经营企业41户次。3. 加大对各种无照经营行为的查处力度，共查处无照经营案件191件，罚没金额9.76万元，纳入管理182户，取缔无照经营户9户，规范了市场主体。无照经营行为得到有效遏制。4. 加大对高危行业的专项执法检查力度。对全县范围的采砂场经营主体资格进行检查，共检查采砂场、采石场42家，查处无照从事沙石开采案件3件，罚款1.15万元。5. 认真开展“两烟”打假打私专项行动。联合烟草专卖、公安等部门在辖区内开展以卷烟打假、规范卷烟经营者经营行为的卷烟市场专项整治行动4次，共查处卷烟违法案件14件，收缴罚没款6 319元。6. 积极整治娱乐场所。年内，共出动执法人员92人次、执法车辆14台次，加大对电子游戏室、网吧、歌舞厅等娱乐场所的查处力度，配合公安、文化等部门进行突击检查、重点抽查，共清查各类娱乐场所86户次。7. 做好对违法行为人的警示与疏导工作。在日常监管过程中，转变工作方式方法，变过去简单的“查、扣、罚”为“引、劝、帮”，采取沟通、建议、提示等方式规劝、帮助行政相对人知法守法；在行政执法过程中，从“防”上下功夫，注重运用行政走访、行政约见、行政警示、行政告诫等方式，开展对热点行业和重点企业的经常性走访活动。在市场监管与行政执法过程中，对行政相对人作出的引导、劝导、提醒、警示等行政指导，及时发出《市场检查告知书》，及时提醒经营者加强自律，及时更正，对日常监管中发现的不良行为和尚不构成行政处罚的首次轻微违规违章行为进行口头或书面警示发放提示书和限期改正告知书，对立案查处的当事人，及时填写《对违法行为人的警示与疏导工作登记表》，督促其尽快改正，消除违法行为。年内，共对立案查处的131个违法行为人开展了警示与疏导工作，填写《对违法行为人的警示与疏导工作登记表》131份。

【广告监督管理】 2009年，牟定县工商局继续开展整治虚假违法广告专项行动，把医疗、药品、保健食品广告和发布虚假违法广告的行为作为整治的重点，在整治中，共出动执法人员42人次、车辆9台次，检查广告经营单位，监测户外广告，查处销售食品发布虚假宣传违法广告案件3件，查处医疗机构未经登记发布户外广告案件3件，收缴罚没款10 600元。通过集中整治，净化了食品药品广告市场，维护了消费者的合法权益。

【商标监督管理】 2009年，牟定县工商局结合实际制定了《牟定县工商局开展“一乡一标”工作实施方案》，通过培育市场主体、特色产品、优势产品，实现由分散经营向规模经营、品牌经营的转变，以农村为着力点，极力扶持当地特色农产品申报注册商标，鼓励支持商标持有人争创著名商标和驰名商标。2009年，完成申报商标注册12件，新增注册商标3件。全县有注册商标29件，其中：涉农商标15件，著名商标2件。新申报著名商标3件。严厉打击商标侵权行为，强化知识产权保护。严厉查处仿冒知名商品特有的商标、名称、包装、装潢等不正当竞争行为。全年共查处商标违法违章案件9件，罚款5.23万元。

【计划财务工作】 2009年，牟定县工商局加强财务管理工作，严格执行“收支两条线”规定，遵行“规范管理、依法理财”的方针，健全监督制约机制，使财务保障能力有新的提高。2009年，共完成行政性收费61 600元，收缴罚没款26.9万元。

【基本建设】 2009年，牟定县工商局在省州工商局和县委、县政府的关心、支持下，牟定县工商局三分局办公综合楼于3月10日竣工交付使用，该工程批准建筑面积600平方米，设计建筑面积为589平方米，竣工测绘面积为597.16平方米。主体工程审计确认工程造价为1 093 408.47元，附属工程审计确认工程造价为251 374.33元。

【老干工作】 2009年，牟定县工商局坚持以老干部为本，以“思想到位、服务到位、保障到位”为原则，有效落实党中央、国务院“一定要照顾好老同志”的各项措施。以离退休支部为中心，组织老党员学习政策理论2次。为离退休干部订阅老年报20份，扩大老干部学习渠道。邀请老干部参加党风巡视座谈会、工农业生产考察各1次，组织老干部身体检查1次，普及老年医学知识讲座1次。年内，由党组书记、局长带队到医院看望生病住院的5名老干部，为1名异地居住老干部办理医保异地安置手续，切实真心为老干部办实事。

【信息化建设】 2009年，牟定县工商局认真贯彻落实“信息化建设推进年”和“信息化建设绩效年”的工作任务，成立牟定县工商行政管理局信息化建设工作领导小组及办公室，结合实际制定了《牟定县工商行政管理局计算机信息系统安全管理和责任制度》、《牟定县工商局2009年信息化建设工作推进实施方案》、《牟定县工商局2009年信息化建设绩效考核指标》，强化对各个机构的考核和监督工作。认真开展信息化培训工作，年内组织培训2期，组织13人参加了全州“三个能手”(计算机操作能手、注册登记能手、行政执法办案能手)竞赛。同时加强硬件建设和基层分局的建设，年内，新增电脑12台，数码摄像机2台，交换机2台。

【个私协会工作】 2009年，牟定县个私协会充分发挥“三自”职能作用，加强自我教育，开展积极向上的文体活动，一分会军屯党支部文艺宣传队，自编、自导、自演丰富多采的文艺节目，宣传党的路线、方针、政策，年内，共组织演出18场次，增强了协会活力。年内，共组织个体私营企业学习75次，参会人数达3 680人次。加强自我管理，教育引导个体户和私营企业主正确认识和处理加快个体私营经济发展和加强日常监督管理的关系，提高自律意识。强化自我服务，认真落实优惠政策，做好贷免扶补工作，为5

户符合条件帮扶创业“贷免扶补”的服务对象，每户提供贷款5万元，圆满完成上级下达的任务。与电力公司协调，为39户个体工商户解决营业用电与生活用电的差价问题。全年慰问个体私营企业74户，慰问金额5 790元，姚安“7·9地震”后，在协会的倡议下，全县有1 067户个体、私营企业捐款24.14万元。加强自身组织建设，增强组织活力。全县个体工商户中有党员105名，私营企业中有党员314名，建立私营企业党支部20个，个私协分会党支部1个。

**【2009年任职的局领导名单】**

党组书记、局长　薛　虹

副 局 长　李云培　高云川

纪检组长　段连惠

## 南华县

**【概况】** 南华县工商局设办公室、人事教育股、监察室、经济检查大队、法制股、登记注册股6个内设机构和龙川分局、沙桥分局、红土坡分局、马街工商所4个派出机构。现有职工74人。其中：公务员63人，机关工人8人，事业人员3人，共产党员59人，女职工23人，大专以上学历61人。

2009年，南华县工商局深入开展学习实践科学发展观活动，以促进南华经济又好又快发展为己任，以推进监管服务职能到位为目标，切实加大阳光政府四项制度的贯彻落实，抓好阳光工商创建，加强基层工商所（分局）规范化建设，努力营造公平竞争的市场秩序、安全健康的消费环境、诚信和谐的流通氛围，为促进南华经济社会平稳较快发展做出了新的贡献。

**【法制建设】** 2009年，南华县工商局坚持每周一学、每季一考的干部学法制度，层层签订行政执法责任书，认真开展立案登记备案制度及加强案件核审工作，对程序、适用法规、证据、自由裁量权行使等重点环节都进行严格审查把关，努力做到行政处罚案件程序合法、过罚相当，并定期编印法规指导、法制交流、法制工作简报、行政执法监督、整规简报、办案技巧、新法快递等专刊，在网上开展执法和法制交流，进行法规指导，干部职工法制观念和法律意识明显提高。

**【纪检监察】** 2009年，南华县工商局党风廉政建设工作，坚持“一把手”负总责，主要领导亲自抓，分管领导具体抓，一级抓一级，层层抓落实的工作机制。1. 推进源头上防治腐败的制度建设。重新修订《南华县工商局制度汇编》，抓制度落实，形成用制度规定管人、管事、管财、管物，保证党务、政务、事务正常运行，有效防止了各类违纪违法行为发生。2. 立足教育，着眼防范，强化监督。签订《廉政承诺书》、《家庭助廉责任书》，组织中层以上干部到州廉政教育基地接受教育和在全系统开展警示教育，着力构筑“不愿为”、“不能为”的自律意识和防范体系，达到“不敢为”的目的。3. 强化教育预防的措施。抓教育、打招呼、促防范，加大监督的力度，在全系统继续推行发放《廉政监督卡》，聘请兼职纪检监察员，建立廉政监督联系户，强化内外部的有效监督，使干部职工牢固树立廉洁奉公的思想。4. 抓廉政文化建设，促工商廉政勤政。努力营造浓郁的“以廉为荣、以贪为耻”的工商廉政文化氛围，不断推动廉政文化进机关、基层、岗位、家庭、市场，为工作的开展提供了坚强的政治和思想保障。

**【人事教育】** 2009年，南华县工商局以深入学习实践科学发展观活动为契机，认真抓干部队伍学习培训，不断提高队伍的整体素质，增强队伍的执法水平和业务能力。年内参加本科学历教育6人。在职人员中，具有研究生学历1人，占1.3%，本科学历的30人，占40%，大专学历的30人，占40%。组织45岁以下人员参加全国计算机等级考试，有58人获得一级B证，占全局干部职工的74%。

**【企业注册登记】** 2009年，全县应参加年检企业487户，参检企业475户，年检率达97.5%。在登记注册工作中，继续深入落实二十五项便民利民服务措施，实行和完善“一次性告知”、“一审一核”、“首问负责”等制度，设立再就业“绿色通道”，认真接待及办理相关登记业务，快速准确在承诺时限内办结，营造“亲民、利民、为民、爱民”的办事环境。全年新发展私营企业44户。年末，全县共有内资企业191户、私营企业283户。

**【企业监督管理】** 2009年，南华县工商局继续深入贯彻《国务院关于支持和引导个体私营等非公经济发展的若干规定》、《云南省人民政府关于鼓励创业促进就业的若干意见》、《云南省鼓励创业贷免扶补实施办法》等支持非公有制经济发展的文件精神，全力支持非公有制经济的发展。年内，全县非公经济户4 818户（其中，个体工商户4 535户，私营企业283户），比上年增536户；从业人员17 074人，比上年增1 843人；注册资金4.8亿元，比上年增1.4亿元。

**【市场规范管理】** 2009年，南华县工商局以食品安全和农资市场监管为重点，严厉打击制售假劣商品违法行为，维护良好的市场交易环境，当好人民群众消费安全的“保护神”。1. 认真开展元旦、春节、“五一”等节日市场专项检查，确保节日市场安全。共出动执法车辆67辆次，出动执法人员356人次，检查各类经营户2 358户次，查处案件118件。2. 净化出版物市场，营造良好的文化消费环境。出动检查人员70人次，检查门店、摊点453个次，收缴少儿版人民币98张，清缴违法音像制品21个品种，66张。3. 加强农资市场监管，切实维护广大农民利益。紧紧围绕爱农、护农、帮农行动，严厉打击制售假劣农资坑农害农违法行为，确保农民用上放心农资，切实维护农民的合法权益。共出动执法人员312人次、车辆63台次，检查农资经营户861户次，质量抽查12批次，查处案件18件。4. 强化对烟花爆竹市场监管，构建安全的烟花爆竹消费环境。共出动检查人员51人次，出动车辆10辆次，检查经营户179户次，查获超范围经营烟花爆竹的经营户48户，取缔38户，对严重违法的10户经营户进行了处罚。5. 加大卷烟市场的监管力度。积极配合烟草专卖部门多次对全县的卷烟市场开展了专项执法检查,共查处超范围经营卷烟案件11件。6. 认真开展"限制和禁止生产销售使用塑料购物袋"工作。对全县经营户进行检查,重点对经营范围中核准有塑料制品及塑料手提袋生产加工的经营户进行逐一核查。在销售使用环节,采取宣传教育与处罚相结合切实把禁塑工作落到实处。出动检查人员145人次,检查市场29个次,检查经营户1 213户次,对31户销售使用的2 563个塑料购物袋作当场销毁处理。7. 扎实开展食品安全专项整治。共出动执法人员1 378人次、车辆136辆次,检查经营户8 744户次,取缔无照经营户102件,检查集贸市场102个次,查处制售假冒伪劣食品案件63件,案值2.39万元,查处假冒伪劣等不合格食品1 051.5千克。利用食品快速检测设备检测食品30多个品种114个批次,4 655千克。创建食品安全示范店128户,推进了食品安全市场监管工作的深入开展,确保食品消费安全。8. 努力做好甲型H1N1流感防控工作。加大市场巡查力度,重点对猪肉市场、畜类、禽类、农贸市场等市场进行监管,坚持检疫上市,严把市场准入关。共出动执法人员1 718人次,检查市场821个次,检查经营主体5 120户次。9. 打击传销,规范直销工作。散发《禁止传销条例》宣传单1 000余份,张贴"远离传销、共建和谐"宣传画100余份,悬挂布标6条,出动执法人员29人次。在开展直销监管工作中,出动执法人员16人次,散发《直销管理条例》1 000余份,对2户未取得直销经营资格的经营户进行规范。

全年,共查处各类违法违章案件1 049件,案值8.57万元,没收物资95千克。

【消费者权益保护】 2009年,南华县保护消费者权益委员会共受理调解消费者投诉29件,为消费者挽回经济损失10万元,接待来电来访群众416人次。认真组织开展以"消费与发展"为主题的"3·15"活动,加强"一会两站"建设,全县10个乡镇已设立消委分会10个,15所中学设立12315联络站、消费者投诉站15个,形成覆盖城乡、上下联动、反应迅速、工作规范、高效便民的基层消费维权网络。

【反垄断与反不正当竞争执法】 2009年,南华县工商局认真组织开展打击流通环节违法添加非食用物质和滥用食品添加剂专项整治行动。对全县食品经营户,6家商场超市开展专项整治工作,出动检查人员146人次,整治重点区域27个次,重点单位238个次,重点产品39个品种。

【广告监督管理】 2009年,南华县工商局加大惩治虚假违法广告的力度,严厉打击广告欺诈行为,查处广告违法案件4件,出动检查人员181人次、车辆98辆次,检查经营户1 656户次,取缔清除违法广告1 263条,共办理各类户外广告登记45份。

【商标监督管理】 2009年,南华县工商局以加大商标保护力度为重点,继续开展保护注册商标专用权的执法行动。共查处各类商标违法案件64件,案值8 900元,帮助企业申报办理注册商标12件,其中:涉农商标9件。

【基本建设】 2009年,南华县工商局严格执行《云南省工商行政管理系统基本建设管理办法》,按照省局基本建设工作遵循统一管理、分级负责,统筹兼顾、突出重点,统一规范、适度超前,质量第一、终身负责的原则,南华县工商局龙川分局业务用房经省局批准立项建设,该工程总建筑面积800平方米,工程估算277万元,年末完成征地、地勘、可研评审。

【信息化建设】 2009年,南华县工商局有服务器1台,交换机4台,计算机56台。其中,台式50台,笔记本电脑6台,打印机22台,实现州局、县局、分局三级联网。以贯彻落实"信息化建设推进年"和"信息化建设绩效年"为契机,开展电子政务网应用为切入点,在加强硬件建设的基础上,以深化实际应用为重点,强化学习培训,开展"云南工商政务业务一体化"软件、"网上绩效考核督查管理系统"、"楚雄工商网上商品备案监管服务系统"、"南华县电子政务协同办公平台"、南华县"信息传输系统"的应用,扎实开展"执法办案"、"计算机操作"、"注册登记"岗位能手竞赛,通过"每周一题"、"每月一考"练兵活动,充分利用网络资源,积极开展网上学习、网上培训、网上竞赛、网上考试。全局共开展培训14期次,参训人员598人次,考试10期次,参考人员664人次。培养选拔县级能手10名,州级能手7名,省级能手1名。

【个私协会工作】 2009年,南华县个私协会充分发挥个体私营经济协会"自我教育、自我管理、自我服务"的"三自"职能作用,团结、教育和引导全体会员诚实守信、文明经营、优质服务。利用每年一次的会员大会,每半年一次的理事成员会,每季度一次的常务理事会的学习机会,组织会员深入学习和领会党和国家在各个时期的方针政策、法律法规。加强私营企业党组织建设。把企业党建工作融入到促进企业发展中,不断加强组织建设,推动企业发展生产,维护和实现好广大职工的根本利益,提高党组织参与企业决策的能力,为创建和谐企业打下坚实的政治基础。做好和完善个体私营企业党建工作登记申报、年检年报制度。年末,非公有制企业中已组建党组织14个,党员195名。年内召开了县个体私营经济协会五届六次理事(扩大)会议。补选产生了理事9名,常务理事7名、副会长2名。为进一步做好全县个体私营经济协会工作,不断开创协会工作新局面奠定了良好的组织基础。圆满完成鼓励创业的"贷免扶补"工作任务。共向5名创业青年发放创业贷款25万元。创业带动就业23人,建立创业导师15人,切实解决了创业者创业流动资金紧缺的实际困难,帮助他们实现成功创业打下坚实的基础。组织会员开展向"7·09"地震灾区献"爱心"活动,个私会员向灾区捐款5 000元。各片区分会积极配合工商部门开展灾区市场监管出动人员159人次、车辆17台次,检查门店、摊点591户次。为灾区运送帐篷10顶、棉被20床,救灾物资1.2吨,接送工作人员36人次。全年共走访会员3 560户次，慰问生病住院，受灾困难户34户次。

【2009年任职的局领导名单】
局　　长　张宏安
副 局 长　马治国
纪检组长　胡俊芬

## 姚安县

【概况】 2009年，姚安县工商局在州工商局和县委、县人民政府的正确领导下，坚持以"三个代表"重要思想和十七届四中全会精神为指导，深入学习实践科学发展观，锐意进取，开拓创新，坚持"四个统一"，建设"六个好"，实现"三个到位"的总体目标，把好市场主体准入关，探索市场监管长效机制，努力创建公平竞争、安全健康、诚信和谐的市场秩序和消费环境，各项工作取得了新的成绩。2009年，姚安县工商局设有6个内设股室和1个监管分局，以及挂靠工商部门的保护消费者权益委员会和个体私营经济协会。共有干部职工51人，退休人员23人，副科级以上领导干部4人。在职干部中，党员30人，大学学历18人、专科学历28人、中专高中以下5人。全局在职干部平均年龄40岁。

【法制建设】 1. 提高执法水平，确保办案质量。在采取多种形式和手段开展工商法律法规培训的同时，继续加大对基层执法办案的指导与监督，开展专题法制培训12期。2. 严格执行案件核审制度。把办案部门的案件工作与绩效考评、评分量化考核相结合，做到所有查办案件无一复议案件。3. 积极推进普法工作，转变执法观念，促进干部学法用法的自觉性和主动性，提高执法效能。4. 从"依法界定执法职责、建立行政执法评议考核机制、明确行政执法责任"三方面全面推进行政执法责任制，使行政执法工作向纵深发展。2009年查办的所有行政案件无任何一件进行复议或诉讼。

【纪检监察】 2009年，姚安县工商局贯彻"一把手"负总责和班子成员一岗双责制。层层签订责任书，层层抓落实，2009年度被中共姚安县委、县人民政府评为党风廉政建设优秀单位。加强对基层行政执法人员的社会监督，进一步规范执法行为，促进基层全面建设。加强制度建设，抓好源头防范。年初修订完善了《姚安县工商局违反纪律处理规定》，形成"人人学习制度，人人遵守制度，用制度规范行为，按制度办事，靠制度管人"的工作氛围。积极开展廉政文化进机关、进家庭、进社区活动，努力营造学廉、思廉、知廉、守廉的文化氛围。

【人事教育】 2009年，姚安县工商局人事教育工作充分发挥"关心人、教育人、激励人、提高人"的基本职能，从抓干部队伍入手，认真开展人教工作。1. 坚持年初集体学习局规、工作流程、目标管理责任书、考核办法等规章制度，使纪律制度和工作任务在全体干部中入耳、入脑、入心，创建按规章制度办事的良好氛围。2. 在认真落实全州工商系统绩效考核的基础上推行岗位工作目标月考核、工作流程季度考核制度，增强内部监管职能、提高工作的落实力度，促进各项工作规范有序进行。3. 加大对干部的素质教育。一方面加大对干部职工政治理论、业务技能及现代管理知识的培训力度，进一步提高干部职工科学管理水平和驾驭市场经济的能力；另一方面坚持早操制度，每早列队环城跑步30分钟，既提高了干部的身体素质又树立工商队伍的新形象，同时，也增强了干部职工的集体观念，全局形成一种团结一心，积极进取，务实高效，开拓创新的良好氛围。

【企业注册登记】 2009年，姚安县局大力推进行政审批制度改革，积极开展"窗口服务规范化建设"活动，推行首问负责制，落实"一个窗口受理"、"一次性告知"、"一审一核"和"一站式"服务，做到窗口服务"一口清"，并不断改进限时办结、预约服务等便民措施，完善登记、年检"绿色通道"制度，对县政府确定重点建设项目、重点招商引资项目，开通登记审批"绿色通道"，变被动受理为主动介入，实行预约、延伸、跟踪服务。国家总局重新修订《内资企业登记提交材料规范》后，及时对网站、服务厅的办事指南进行了更新，挤出办公经费近1.8万元重新印制了《登记指南》小册子，摆放在服务大厅免费提供给服务对象。通过各项优惠、便民措施的落实，全县市场主体呈现了强劲的发展态势。2009年全县个体工商户、从业人员、注册资金均比上年同期增长了15%以上；私营企业数、从业人员、注册资本比上一年度增长了30%以上，农民专业合作社发展到62户，比上一年度增加49户，培育发展农村经纪人42户，实现零的突破。

【市场规范管理】 从姚安区域经济发展的水平和实际出发，正确把握宣传教育和行政处罚的现实意义，注重实际效果，既及时有效打击违法违规行为，又积极服务，促进地方经济健康发展，构建和谐社会。1. 结合县情，创新农资市场监管，稳步推进农资安全示范店创建。在开展好种子留样备查、督促农资经营户建立健全"两账两票、一卡一书"制度和重要农资网上备案制度的基础上，县局党组结合姚安农业县的特点，创新农资监管方式，开展诚信兴农活动，创建"农资安全示范店"，为农资经营户树立榜样，通过示范带动和辐射，全面推进农资市场诚信经营信用体系建设。年内，通过示范店的评选、审查、命名和退出机制，筛选确定示范店25户，已如期举行挂牌仪式并向社会进行了公示。2. 加强"家电下乡"服务监管。县局联合个私协会，加大宣传力度、普及"家电下乡"知识，利用印发宣传单、张贴标语、巡查宣传、上门走访等多种形式，大力宣传"家电下乡"支农惠农政策，对辖区家电销售商从主体资格、商品质量、经营行为、售后服务等方面进行监督，让经营者明确应主动承担的法定义务和消费者的主要权利，鼓励经营者主动进行质量承诺，丰富服务内容，促使其严格自律，认真履行责任。同时，切实规范市场准入，严格按照国家六部委通知精神严把市场准入关，对辖区内经批准设立的"家电下乡定点销售单位"进行全面清理调查和登记备案，对一般的家电经营主体进行按月巡查，严肃查处虚假宣传，误导农民消费的行为。在日常巡查中,把农村家电市场巡查作为工作重点,以市场巡查为手段,强化日常监管,指导家电经营户落实进货查验制度和进货台账制度,促进经营户加强自律,对家电产品源头质量把关,确保产品质量安全可靠。家电下乡活动开展以来,县局共开展家电市场检查9次,出动执法人员178人次,检查种类9个、品牌16种,家电1 683台,查处虚假宣传案件16件,有力的维护了"家电下乡"活动的顺利开展,让农民群众得到真正实惠。全年共开展食品安全、家电市场、网吧、旅馆、建筑建材市场、广告、商标专用权、文化市场、卷烟市场、蚕茧市场、非煤矿山、农资市场等专项整治50余次,出动执法人员2 967人次、车辆351台次,检查各类经营主体14 638户次,查处各类违法违章案件466件(其中立案139件),没收不合格白酒2吨、过期变质食品435千克,没收假冒卷烟84.4条、没收侵犯注册商标专用权的化妆品3盒,没收侵权"康佳"彩色电视机3台,暂扣假冒食盐5.85吨。

**【食品流通监督管理】** 食品安全监管工作该局从规范化和监管效能上下功夫。1. 从严监督食品经营户建立索证索票制度。2. 加大日常巡查监管力度,全面推行格子监管新模式。3. 抓示范,推进流通环节食品安全监管。结合《食品安全法》的实施,制定了农村食品安全示范店创建工作方案和创建标准,在全县77个村委会创建食品安全示范店77个(实现每个村委会1个的目标)。县局专门成立了工作领导小组,将目标任务时限要求细化分解到监管分局各片组。由监管人员对门店商品摆放、进销货台账、经营者自查台账及经营行为进行规范调查摸底、筛选出了每个村委会拟创建名单,报县局领导小组考核评审最终确定逐一挂牌启动。截至8月底,县局对创建达标的77户食品经营户授予农村食品安全示范店牌匾,并建立了相关档案和定期巡查制度。4. 加大对食品安全的相关知识、法规宣传,营造良好的监管环境。5. 加强市场监管执法,对屡教屡犯的经营户,依法进行查处,对守法经营、诚信经营户列为食品安全示范店,起到典型引路,示范带动的作用。

**【商标广告监督管理】** 2009年,姚安县工商局为充分发挥商标服务职能,积极推进商标发展战略的实施,采取切实有效措施,认真细致做好商标监管工作。全县有效注册商标14件。年内指导帮助企业申报注册商标9件,走访了解企业商标注册、使用情况116户次,个体工商户960户次,召开企业(个体工商户)商标工作专项座谈会6次,出黑板报宣传商标、广告法规14期,印发商标宣传资料2 150余份,上街设点集中宣传2次。开展日常监管与重点治理相结合的办法,进一步增强企业、个体户的法律意识和自律行为,规范全县广告市场秩序,保护了合法经营者的利益。2009年末,全县共有广告经营单位3户,其中兼营广告事业单位(县电视台)1户、私营有限责任公司2户。一年来,为了严厉打击各类违法虚假广告,共出动检查人员85人次,出动车辆20台次,检查单位116个,检查个体户960户,清洗乱张贴广告39条,清除、覆盖乱喷涂办证文凭广告25条。在检查中共计查处广告违法案件5件,其中未经登记擅自发布户外广告的4件,共计罚没金额0.85万元,有效净化了全县的广告市场秩序。

**【计划财务工作】** 2009年,姚安县工商局按照新的财务管理体制,及时修订完善县局各项财务制度,按照规范化、精细化的要求,严肃财经纪律,坚持"集体当家、民主理财、一支笔审批制度",不断提高各项资金的使用效率,为全年各项工作的正常开展提供了充足的经费保障。在预算收入执行方面严格按照"收支两条线"的管理规定,做到应收尽收、及时收缴、按时入库,全年共完成非税收入12.68万元,占年初预算的317%。

**【基本建设】** "7.09"姚安6.0级地震对县局新建办公楼及职工宿舍楼造成了一定的影响,县局迅速启动应急预案,对县局办公楼及职工住宿楼的受损情况进行核查后及时向州局作了汇报,在征得上级同意后,即刻邀请地震灾情评估专家和中介机构对办公楼的震损情况、修缮方案作出评估。并在全县启动地震恢复重建工作前联系施工队对办公楼进行加固修缮,办公楼恢复修缮工作于9月20日全面结束。新建办公楼也于12月19日举行了落成仪式并正式投入使用。

**【老干工作】** 2009年末,姚安县工商局共有退休干部23人。在老干部管理工作中继续认真执行老干部"两费"保障机制,按照老干工作做深、做细、做实的原则,完善了老干部管理台账,建立了老干部信访台账,在春节前,由局领导带队到23名退休老干部家中看望慰问,带去局党组的关怀和全体干部职工的深情厚谊;召开"9·9重阳节"座谈会,体现局党组对老干部的关怀;妥善安排去世老干部后事,看望慰问家属和帮助料理后事,受到了去世老干部家属的称赞。

**【信息化建设】** 2009年,姚安县工商局以应用云南工商政务业务一体化软件为重点,扎实抓紧抓好"三个一百"业务能手岗位练兵,通过严格考核选拔出11名优秀干部参加省州局竞赛,获州级行政执法能手4名、计算机操作能手1名、注册登记能手2名,其中2人经州局推荐参加省级能手竞赛,分获省级注册登记能手1人、计算机操作能手1人。同时在各股(室)、分局实行微机专管员制度。并充分利用现有网络资源,加大网上办公监察力度,有效降低行政成本。

**【消委会工作】** 2009年,姚安县消委会积极受理消费者投诉和举报,全年共成功调处各类纠纷49件,受理咨询500人次,为消费者挽回经济损失38 776元。

**【个私协会工作】** 2009年,姚安县个私协会认真贯彻执行党和国家发展非公有制经济的方针、政策,落实好省委、省政府的就业优惠政策,更好地帮助和扶持各类人员创业、扩大就业,有效推动地方经济发展,姚安县工商局、姚安县个私协会精心组织,周密安排,及早谋划、提前行动,圆满完成了州局下达的5户创业户的任务,全年共成功帮扶创业者7户,带动就业36人,推荐创业导师入库10名,帮扶创业人员贷款25万元。按季度编印《会员学习材料》分发给全县个体工商户会员学习，广泛宣传党的政策和国家的法律、法规，提高广大会员的自身素质和经营管理水平。组织个私协理事开展好各种活动。坚持按季度开展全县个私协分会的集体学习活动共12次，按季度编印《会员学习材料》3期1.5万份，分发给全县个体工商户会员学习，既宣传了党的政策和国家的法律、法规，也提高了广大会员的自身素质和经营管理水平。年内看望生病住院、受灾等会员106人次。

**【2009年任职的局领导名单】**

局　　长　高庆华
副 局 长　刘佳佶　龚荣平
纪检组长　沈云华

## 大姚县

**【概况】** 大姚县工商局有在职职工70人，退休职工29人，从事农村经济开发职工1人。内设机构6个：办公室、人事教育股、监察室、法制股、公平交易股、注册登记管理股；派出机构5个：金碧分局、石羊分局、新街分局、龙街工商所、仓街工商所；大姚县工商局党总支下设局机关、金碧分局、退休干部和个体私营经济协会4个党支部；挂靠的群团组织有大姚县消费者权益保护委员会和大姚县个体私营经济协会。

2009年，大姚县工商局在省、州工商局和县委、县政府的领导下，在县人大、政协、纪委的监督下，以科学发展观为指导，认真贯彻落实党的十七大、十七届四中全会精神，按照努力实现国家工商总局"四个统一"、"四化"建设、"四高目标"、"四个转变"和云南工商"三个到位，六个好"的工作目标，围绕州局党组"一二二二一"的工作思路，始终按照县局"五个坚持"的工作目标，落实"六项重点工作"，把支持和服务地方经济发展作为工作的出发点和落脚点，提升服务效能、创新工作机制，努力提高科学监管促进科学发展的能力和水平，营造良好市场环境，提升市场信心，为促进地方经济又好又快发展和社会和谐稳定作出了积极努力。

**【法制建设】** 2009年，大姚县工商局认真制定学习计划，学习了《食品安全法》、《农民专业合作社法》、《禁止传销条例》、《工商行政管理机关行政处罚规定》、《流通领域食品安全监督管理办法》等10余部与工商行政管理相关的基本法律法规，并把学法考试成绩列入综合量化考核，共组织干部职工学习法律法规700人次，集中法制培训学习3次。每个季度的学法考试及格率在98%以上。对各类企业进行法律法规的宣传，宣传教育面达85%以上；各个私协分会共组织个体工商户和私营企业主学习宣传《食品安全法》等10多个法律法规，参学人数达2 300多人次。2月，举行了全局70名干部职工参加的《工商行政管理行政执法文书》专题培训班。5月，举行了全局66名干部职工参加《食品安全法》专题培训班。10月，请州工商局法制科的教师对全局67名干部职工进行了食品安全监管的行政执法专题培训班。开展法规指导，共编写法规指导8期。按照国家工商总局"关于强化对市场准入行为、市场竞争行为、市场监督执法行为的规范管理"要求，核审重要注册登记档案17户。与各股（室）、分局（所）签订了行政执法责任书。坚持法制人员对案件的初审和执法检查制度，共核审立案案件298件。做好季度行政执法自检自查工作，每季度对相关股、分局、所行政执法办案和注册登记工作进行检查，严格考核法制宣传教育与"五五"普法工作。

**【纪检监察】** 2009年，大姚县工商局认真制定2009年党风廉政建设学习教育工作计划，开展党纪党规教育。认真落实党风廉政建设责任制，层层签订党风廉政建设责任书，共签订了党风廉政建设责任书51份，加强对责任书的检查考核。召开干部职工会、党员会，认真开展理想信念教育，共开展专题学习教育6次，参学人员达365人次。组织中层以上16名干部到州廉政教育基地学习参观，开展警示教育。结合推进责任政府"四项制度"和阳光政府"四项制度"落实，开展专项督促检查、自查14次。在核发营业执照、广告登记、行政执法案件办理、受理解决消费者投诉中，向当事人填发《楚雄州大姚县工商行政管理局廉政监督卡》和首问责任登记表，全局共发放《廉政监督卡》和首问责任登记表355份。邀请13名政风行风义务监督员召开专题巡视检查工作座谈会议3次，共收到意见建议23条。组织13名行风义务监督员以听、查、看、访的方式对局机关注册厅、金碧分局、石羊分局进行工作视察、测评，经当场测评，各项工作满意率均达到100%。建立廉政文化宣传室，强化廉政学习，增设了廉政书柜，购置图书和光盘，激励干部职工读书看片思廉。征集廉政书法、格言警句等，全局共收到廉政书法55幅、廉政十字绣10幅、廉政格言警句65条，廉政文化进机关工作受到了县纪委的充分肯定。开展了基层执法人员向辖区内监管服务对象述职述廉活动，26名基层执法人员向97名监管服务对象代表、5名人大代表、10名政协委员进行了述职述廉，民主测评，综合满意率达97%。

**【人事教育】** 2009年，大姚县工商局为提高队伍素质，全年共进行了6期420人次的业务培训。认真开展"三项能手"练兵，支持1名干部参加硕士研究生学习，3名干部参加研究生报名考试，17名在职干部参加函授本、专科班学历教育培训学习。

**【企业注册登记】** 2009年，大姚县工商局积极支持重点企业的发展，进一步完善工业园区企业、重点招商引资企业的"快速通道"，做好农民专业合作社的帮扶、发展工作，指派专人上门服务，对农民专业合作社提供优先服务、预约服务、延时服务和上门服务，做到登记事前指导、事中服务、事后帮扶；如大姚三台彝山核桃专业合作社，因社员多，路途远，登记人员多次前往合作社筹建地进行帮扶指导。全年新培育农民专业合作社15家，新增入社成员221人，成员出资新增382万元，合作社业务范围覆盖了核桃、花椒、马铃薯、蔬菜、烤烟种植、朗德鹅养殖、畜禽养殖、生产资料购销服务等8个产业。2009年底，全县实有内资非私营企业278户,注册资金18 216万元。农民专业合作社20户,成员出资达1 786万元,成员人数达265人。

【企业监督管理】 2009年,大姚县工商局认真贯彻落实国家、省、州工商局关于做好企业帮扶和完善市场主体准入制度,创新监管服务方式,促进经济平稳较快发展工作的有关要求,积极开展企业登记、年检、监管和服务工作,年检中共走访企业201户,办理企业注销登记34户,变更登记77户,提供法律、法规宣传27期,指导帮助5户专业合作社建立健全财务制度,对2户合作社变更登记提供指导。立案查处企业违反登记管理法律法规案件3件,罚款0.6万元。进一步完善城镇失业人员、农民工、高校毕业生、残疾人等特殊群体再就业办照的“绿色通道”,共为49名城镇失业人员,4名高校毕业生和3名城镇退役士兵和420名农民工办理个体工商户营业执照。并帮扶12名农民工、3名城镇失业人员作为自主创业贷免扶补政策对象。截至2009底,全县共有个体工商户5 266户,从业人员5 394人,注册资金8 885万元;内资私营企业255户,投资者达390人,雇工7 822人,资金数额达43 775万元。

【食品流通监督管理】 2009年,大姚县工商局以认真宣传贯彻《食品安全法》为主线,层层签订了《流通领域食品质量监管责任书》。全县36户食品市场、超市建立了索证索票制度。先后在经营者和消费者中开展了食品安全知识培训16场次,向社会散发宣传资料7 000多份。积极在农村发展和培育食品安全示范店,命名了129户食品经营户为农村食品安全示范店。加大了市场巡查力度,对无照经营食品进行了专项清理整顿,严厉查处食品违法违章行为。一年来,共出动执法检查人员843人次、车辆121台次,检查集贸市场110个,查处制售假冒伪劣食品案件60件,取缔食品无照经营户45户,查扣假冒伪劣食品和不合格食品5 631千克。

【反垄断与反不当竞争执法】 2009年,大姚县工商局根据州工商局、县治理商业贿赂领导小组的统一部署,把治理商业贿赂作为整治腐败、净化社会风气和打击不正当行为主要工作来抓,召开专题会议研究布置。成立治理商业贿赂工作领导机构,及时制定大姚县工商局反商业贿赂专项整治行动方案,明确重点行业和区域。对全县工程建设、医药购销等六大领域在市场交易活动中的行为进行分析、整治。同时,对各类超市、批发零售市场、旅游景点、车站、旅馆、饭店、药店等加强监管,加大销售侵犯注册商标商品、假冒他人包装、标识等不正当竞争经营行为的查处力度,共查处侵犯注册商标案件8件,案值1.2万元,没收侵权商品卷烟49.8条。

【广告监督管理】 2009年,大姚县工商局加强法律法规宣传,提高广告经营单位的法律意识,共召开会议8次,出黑板报8期,走访企业153户。同时,强化对广告发布环节的监管,督促、检查辖区广告经营单位认真执行内部管理制度,加强行业自律,并突出重点,认真开展虚假广告专项整治工作,共出动执法人员155人次、车辆19台次,检查经营户1 650户,监测各类广告144条次(其中:监测电视广告78条次,户外广告38条次,印刷品广告15条次,其它形式广告13条次),清洗乱张贴广告30张,清除乱喷涂、办证文凭广告36条。积极推荐辖区内的优秀公益广告参加全省评选活动。到年底,全县共有广告经营单位4户,从业人员28人,广告经营额47万元。

【商标监督管理】 2009年,大姚县工商局进一步加大申办注册商标宣传力度,扎实做好“一乡一标”工作,围绕全县优势产业和特色农产品,深入到12个乡(镇)、各企业、个体工商户和农民专业合作社中,进行调查了解,收集资料,对有条件申办注册商标的各种经营组织进行广泛动员,引导企业和农户走商标强企、商标富农之路。以“大姚核桃”地理标志证明商标成功注册为契机,大姚县政府组织召开了大姚县推进商标战略工作座谈会,并下发了《关于推进全县商标品牌战略工作实施意见》,形成了“政府引导、企业主动、部门支持”的商标工作新格局。认真开展“4.26”世界知识产权保护宣传周活动,扶优治劣,打击商标侵权行为,依法保护注册商标所有人的合法权益。全年共召开商标工作学习会议12次,印发宣传资料110份,开展商标行政指导20期次。积极支持企业参与云南省著名商标的申报工作,共发放商标注册建议书20份,商标变更建议书2份,商标续展建议书6份,商标策略提示书2份,商标备案建议书10份,商标法律告知书2份。共帮助、支持企业申报注册商标14件,争创云南省著名商标2件。到年底,全县有效注册商标37件,云南省著名商标2件,地理标志证明商标1件,共立案查处商标侵权案件8件,案值0.22万元。

【基本建设】 2009年,大姚县工商局在省、州工商局和县委、县政府的关心、支持下,抓住基本建设中的发展机遇和历史遗留问题两个关键,认真思考,进一步加强了基础设施建设。2009年,县局职工综合楼已经竣工投入使用;新街分局办公综合楼建设已完成征地、地勘、图纸设计等工作,正在建设之中;职工商品房遗留问题已得到彻底解决,老干部商品房决算审计问题州中级人民法院审理已结束,基本建设历史遗留问题正得到逐步解决。

【机关党建工作】 大姚县工商局党总支下设4个基层党支部,共有党员64人,其中12名党员在个私企业中。2009年,局党总支认真组织学习实践科学发展观,围绕领导班子好、队伍素质好、制度建设好、工作业绩好、群众反映好的“五好”党支部建设目标,狠抓基层组织建设,进一步增强了基层党组织的创造力、凝聚力和战斗力。1. 抓制度。认真贯彻落实中央四个长效机制文件和云南省18项基层党建工作制度,健全完善了“三会一课”、“党员学习”等12项制度。坚持每年把党建工作目标纳入年终考核体系,细化责任目标,形成了层层抓落实的责任机制。2. 抓信息化建设。在“数字工商一体化”网上设置了党建工作栏，依托网络资源优势，及时传递党建工作信息和动态，2名同志被县委任命为“党情信息员”，坚持每月编写一期“大姚县工商局党建工作简报”。3. 抓党风廉政建设。按照建立健全教育、制度、监督并重的惩治和预防腐败体系的要求，严格执行民主集中制原则，认真落实述职述廉、诫勉谈话等党风廉政责任制度，深入开展以“五进”、“五上”为主要内容的工商廉政文化活动，增强党组织的吸引力和号召力。有6名同志向党组织递交了入党申请书，发展党员5名。4. 抓阵地建设。把党员的管理教育、制度建设与阵地建设紧密结合起来，强化阵地建设，共建成党员活动室2个，购置党教辅导读本100余册，党员电教VCD碟片10多张。5. 开展形式多样的活动，丰富党建内涵。个私协党支部组织开展了争创“创业先锋”——弘扬时代主旋律，创造光彩新事业活动。离退休党支部组织开展了争创“维稳先锋”——发挥余热献真情，维护稳定保平安活动。积极组织开展“党员先锋岗”、“党员示范岗”、“党员示范店”创建活动。各党支部开展了“三争三创”活动。引导党员在奉献社会、服务群众中实践立党为公、执法为民。

【老干工作】 2009年，大姚县工商局按照要把老干部工作“做深、做细、做实、做好”的工作要求，认真研究新形式下做好老干部工作的政策措施，积极改进老干部管理的新方法，加强与老干部的联系，掌握老干部的动态，认真组织好春节慰问、组织好老干部的学习。在春节、敬老节、“八一”建军节、“七一”建党节等重大节日，组织召开退休老干部或代表参加座谈会，向老干部们传达省、州工商局有关工作会议精神。做好全省工商系统退休干部职工的工资社会化发放工作，对30名退休干部职工的工资、个人信息进行了复核。为14名达到条件的退休老同志办理了云南老年优待证。看望慰问生病住院的老干部8人次，为生病住院的退休干部办理医疗互助手续8人次。退休干部党支部书记赵聚和同志参加了县委老干局组织的深入学习实践科学发展观理论培训班和州委老干局组织的十七届四中全会理论学习培训班，2009年退休干部党支部被县委表彰为“大姚县老有所为先进集体”，退休干部赵聚和同志被县委表彰为“大姚县老有所为先进个人”。

【经济检查】 2009年，大姚县工商局认真开展打击传销和监管直销工作，按照《禁止传销条例》、《全国打击传销专项行动方案》，共出动执法人员56人、车辆12台次，检查公共场所、城区出租房等场所71处。规范直销行为，对全县注册的内资企业、私营企业（个人独资企业）、个体工商户核准的经营范围进行了检查，检查了县城区及重点乡镇经营户75户，查处直销案件1件。开展“两烟”打假打私专项行动，把全县各乡镇集贸市场、乡镇所在地、公路沿线、学校周边市场定为整治区域，县城区、山区铁锁、三台、三岔河、湾碧、桂花定为重点整治区域，重点打击生产、藏匿、运输假冒卷烟、走私烟等经营行为，共出动执法人员127人、车辆31辆，共检查卷烟销售门店537个，托运部13个、批发部28个、娱乐场所39个、宾馆13家、饭店55家、旅游景点4个。严厉打击制售假冒伪劣农资等坑农害农行为，查处以虚假宣传手段诱骗农民消费者、推销不合格商品或质次价高商品的行为的“红盾护农”行动，出动执法人员85人次、车辆22台次，印发宣传资料5 000份，开展识别假冒农资宣传，检查农资市场3个次，查处各类农资违法违章案件5件。围绕做好国庆60周年等重要活动的保障工作，加强互联网上网服务营业场所整治，进一步加大查处取缔黑网吧力度，积极配合有关部门，参与禁毒、扫黄打非、校园周边环境等整治活动，出动执法人员156人次、执法车辆32台次，查处案件5件。在违法行为当事人中推进警示与疏导工作，共对351户违法行为人在事前检查预警，事中纠正88户，事后教育规范122户。全年共查处各类经济违章案件462件，案件总值149.3万元。

【信息化建设】 2009年，大姚县工商局认真贯彻落实省、州工商系统“信息化建设推进年”和“信息化建设绩效年”的工作要求，年初成立了信息化建设工作领导小组，制定了《楚雄州大姚县工商行政管理局信息化建设工作机制》、《楚雄州大姚县工商行政管理局计算机使用管理暂行规定》、《楚雄州大姚县工商行政管理局计算机网络安全管理规定》、《楚雄州大姚县工商行政管理局推广信息化应用工作考核办法》。将推进信息化建设绩效考核工作纳入了2009年县工商局“九项重点工作”之一。不断加大投入，为基层分局（所）配备电脑、打印机、数码照相机等硬件设备，达到了机关人手一台、分局（所）每2人一台电脑的目标，每个基层分局（所）配备了1名兼职计算机管理人员。并根据年初制定的培训计划，采取分级培训、分类培训、分期培训、集中培训、跟班学习、专人指导、互相交流等形式，组织干部职工和业务骨干进行了计算机基础知识及业务软件的强化培训，共举办业务培训8期，参训人员达500余人次。按照每季度州局下发的全州信息化应用情况网上日常监测报告，对全局的信息化应用和建设实施督查、日常监测和考核工作。以三级联网为依托，启用了企业登记监督管理系统，实现了经济户口的网上认领建档，通过经济户口数据库，可以随时调用经济户口的静态信息和动态信息，实现了信息资源共享。利用工商政务业务一体化软件信用分类监管软件的各项功能和指标体系，实现企业信用计算机自动分类的等级标准、网上商品备案、个体私营经济协会信息网上管理、商品交易市场分类认定。在县局、分局、所之间全面实现了各类公文的网上传递、网上审批和网上浏览及查询。利用办公自动化系统（OA系统），在全局范围内全面实现网上公文流转，实行网上批阅，网上转发，“无纸化”办公得到有效推行。在政府信息公开网站上提供了市场主体登记注册条件，市场主体登记注册提交材料目录，市场主体登记注册办理流程等信息，为公众提供政务信息网络查询服务。6月，通过层层考核和综合评定，选拔出了2009年度的县级4名计算机操作能手、6名注册登记能手、6名执法办案能手。全局70名干部职工中65人取得了计算机一级B等级证书。

【消委会工作】 2009年,大姚县消费者权益保护委员会按照"一个中心、二级执法、三级联动、高效灵敏、反应快速"的目标,不断加强消费维权网络建设,逐步形成了以分局(所)、乡镇、村、社为网络,辐射全县范围的消费维权体系,截至年底,全县共建立13个消费者协会分会,在村委会、社区、大型超市、宾馆等建立12315联络站和投诉站18个。全局全年共接到(待)消费者来电来访245人次,受理消费者申诉(投诉)、举报、咨询70件。其中:申(投)诉58件,举报7件,咨询5件,为消费者挽回经济损失7.76万元,做到件件有落实,事事有回音。

【个私协会工作】 2009年,大姚县个私协充分发挥桥梁纽带作用,带领广大非公经济人士全力应对金融危机。积极开展学习活动,不定期组织会员代表开展法律法规培训和国家大政方针的学习,定期开展蓝球、登山等会员活动,丰富广大个私经营者的文化生活,增强他们合法经营和诚实守信意识。组织会员开展对全省工商系统机关作风建设进行评议。共发放《云南省2009年度群众评议省直机关活动评议表》29份,收回29份,对省工商局贯彻执行党的路线方针政策,转变职能等五个方面的情况进行评议,满意率达100%;不定期听取会员及代表的意见或建议,收集合理化意见和建议9条。组织召开了部分监管服务对象座谈会,参会的监管服务对象达218名,共发放《云南省2009年度群众评议省直机关活动评议表》218份,收到意见和建议27条。加强个私协支部党建工作,组织个私经营者党员深入学习实践科学发展观。认真开展"每月党员集中活动日"活动。个私协会党支部结合支部实际制定了年度党建工作目标和"每月党员集中活动日"活动计划。做好党员发展工作,在广大个私业主中做好入党积极分子的培养和党员发展工作,有3名个体工商户向党支部递交了入党申请书,经党支部讨论列为入党积极分子培养、考察,参加支部的学习教育活动。加强党的理论学习和思想道德教育,党支部共组织党员集中活动8次,参加党员81人次。县个私协会党支部从原来成立时的5名党员发展到了14名党员。

【2009年任职的局领导名单】

党组书记、局长　王　健

副 局 长　赵惠春　刀云丽

纪检组长　郭　剑

## 永仁县

【概况】 永仁县工商行政管理局内设机构6个股(室);下设派出机构5个工商所(分局);局党总支下设4个党支部,有中共党员37人。全系统有干部职工71人,其中离退休职工19人,在职职工52人。在职人员中,有公务员47人,事业人员4人,机关工人1人。

2009年,永仁县工商局紧紧围绕全省工商六项重点工作、州工商局"12221"工作思路和县委、县政府中心工作,充分发挥工商监管服务职能,有效应对经济危机,各项工作成效明显,被县委、县政府表彰为服务企业满意部门,食品安全、综治、行政执法等多项工作受到县委、县政府的表彰,为促进永仁经济平稳较快发展、维护社会和谐稳定作出了积极的贡献。

【法制建设】 永仁县工商局坚持以提高干部职工的法治意识、规范执法行为为目标,努力提高依法行政、依法办事的水平,全面推进依法行政工作。1. 落实行政执法责任,与各执法机构和执法人员签订了行政执法责任书,形成了层层抓落实的行政执法工作格局。2. 以使用新推行的行政执法《办案文书》为契机,加强学习培训,进一步规范使用各类办案文书,不断提高办案质量。3. 严格案件核审,从抓办案程序入手,规范行政强制、自由裁量等案件办理程序,提高行政执法水平。全年共核审行政处罚案件168件,无行政复议、行政诉讼和行政赔偿案件。

【纪检监察】 2009年,永仁县工商局以抓党风廉政建设,确保队伍安全为重点,切实加强纪检监察工作。1. 抓党风廉政建设责任制和反腐败工作任务的落实,在全系统形成了局党组书记、局长负总责,分管领导具体抓,一级抓一级,一级对一级负责,层层抓落实的党风廉政建设工作格局。2. 认真开展警示教育活动。组织全体干部职工观看了《高墙悲歌》DVD教育片;局领导班子成员参加了由县纪委组织的警示教育活动,并写出心得体会;认真组织开展了基层执法人员向监管服务对象述职述廉活动,综合满意率为97.3%。3. 严格落实各项制度。制定了《中共楚雄州永仁县工商行政管理局党组贯彻落实建立健全惩治和预防腐败体系2008~2012年工作规划的具体措施》,制定了"永仁县工商系统党风廉政建设三项谈话制度"。严格坚持民主议事制度,继续实施风险点管理,认真开展"非税费收入"专项清理工作;加大治理商业贿赂力度、从源头预防和治理腐败。4. 认真开展加强作风建设、促进廉洁从政主题教育活动,聘请了政风行风义务监督员31人,开展义务监督员巡视检查活动8次。继续推行廉政监督卡制度,发放"廉政监督卡"366份。5. 贯彻落实责任政府、阳光政府"四项制度"。制定和实施了《重大决策听证、重要事项公示、重点工作通报、政务信息查询》的具体实施方案、实施细则和工作计划;制定了《关于继续推进行政问责制服务承诺制首问责任制限时办结制的实施意见》。同时,全面实施政务公开,切实加大对各项制度和六项重点工作落实的监督检查力度。

【人事教育】 1. 以提高素质为核心,大力推进队伍建设。加强政治理论学习,利用每周一政治学习日在全系统深入学习贯彻党的十七大精神、广泛开展形势政策教育、社会主义荣辱观教育,全年组织学习48场次1 320人次。加大教育培训力度,以提高干部依法履行岗位职责的能力为重点,广泛开展岗位练兵、技能竞赛等活动,组织培养12名"三项能手"参加了全州竞赛,取得州级注册登记能手2名、执法办案能手2名的良好成绩。2. 在全系统深入开展学习实践科学发展观活动,全体党员干部撰写学习实践科学发展观心得体会51篇,党员干部参与学习教育面达到100%。3. 做好各类人员工资管理的具体工作，加强对工资福利特别是对规范后津补贴的管理，严格执行工资福利政策，及时办理部分人员工资变动报批工作。加强人事档案管理，保证档案材料及时归档。4. 抓好评先推优工作，调动干部职工的积极性、主动性和创造性，激发干部职工干事创业热情，进一步营造崇尚先进、学习先进、赶超先进的氛围和风清气正的干事环境。5. 深化精神文明创建活动。积极开展文明单位创建工作，形成层层参与创建具有不同级别的文明单位的格局。同时，以创建行业特色为着眼点，以日常工作规范为抓手，以优化发展环境为推动力，以人民满意为目标，不断推进全系统精神文明建设。6. 抓好基层工商所规范化建设。制定了工商所规范化建设实施方案，制定完善工商所内部管理制度，业务工作制度，工作流程，不断细化、规范相关工作内容，狠抓督查和绩效考核，促进基层监管执法和服务效能的全面提高。2009 年，宜就工商所、永定分局经楚雄州工商局考核已达标。

**【企业注册登记】** 2009 年，全县新发展内资企业 18 户、私营企业 26 户、个体工商户 509 户、农民专业合作社 52 户。年末，全县实有内资企业 137 户(其中企业法人 38 户、营业单位 99 户)，比上年同期 131 户增加 6 户，增长 4.5%；注册资本12 007万元，比上年同期13 821万元减少1 814万元，减少 13%。私营企业 164 户，比上年同期 147 户增加 17 户，增长 12%；注册资本21 259万元，比上年同期19 372万元增加1 887万元，增长 9.7%，从业人员2 112人，比上年同期1 688人增加 434 人，增长 25.7%。个体工商户2 319户，比上年底1 918户增加 401 户，增长 21%；从业人员4 619人，比上年底3 917人，增加 702 人，增长 18%；注册资金3 779万元，比上年底2 318万元增加1 461万元，增长 63%。农民专业合作社 68 户，比上年底的 16 户增加 52 户。成员总数共计 431 人，比上年底 106 人增加 325 人，其中：农民成员为 412 人，占成员总数的 96%；非农民成员有 19 人，占成员总数的 4%；出资总额达4 612.1万元，比上年底1 575.7万元增加3 036.4万元。

**【企业监督管理】** 坚持制度创新与服务创新相结合，促进各类市场主体健康发展。1. 扎实开展企业年检和个体工商户验照工作，加强日常监管。完成企业年检 258 户(含私营企业)，年检率为 92.5%；完成个体工商户验照1 935户，验照率为 100%。深入走访企业 250 户次，走访调查个体工商户1 920户次。2. 以食品、安全生产、娱乐场所、交通运输等涉及人民群众生命财产安全的行业为重点，认真开展前置审批条件审查，共审查前置审批事项 33 类 156 项。3. 扎实开展违章违法案件查处，查处违反登记管理法律法规案件 59 件，罚款 3.08 万元；清理无照经营 29 户，纳入管理 29 户；认真开展查处取缔黑网吧专项行动；查处无照经营 1 户，罚款4 000元；查处转让证照 1 户，罚款2 000元。4. 严格执行"一审一核"制和"法制核审"制度，认真落实扶持残疾人、下岗职工、农民工创业就业的各项优惠政策、措施。建立健全了下岗失业人员办证登记台账和办证制度；实行一次性告知，开设"绿色通道、阳光操作、透明服务"；完成"贷免扶补"创业 4 户，招聘、带动就业人员 12 人，每户获得创业贷款 5 万元。5. 认真落实促进服务业发展的政策措施，对 2008 年 7 月 1 日以后出资期限到期、无违法记录的 2 户企业，经企业申请，允许延长出资期限至 2009 年底；对受国际金融危机影响，成立后超过 6 个月未开业、自行停业连续 6 个月以上的 16 户企业，允许其延续至 2009 年底，有力支持了各类企业的发展。6. 进一步加强"经济户口"管理和企业(个体工商户)信用分类监管，对企业(个体工商户)档案进行全面清理，摸清底数，做到报表数、档案数与电脑录入数据的统一，促进规范化管理。

**【市场规范管理】** 1. 认真开展诚信市场创建工作，制定《开展诚信市场创建活动的实施方案》和考核、认定、公示办法，完成商品交易市场数据采集录入 3 个，完成 100%，全部认定为 B 类市场。建立了市场监管信息定期分析报告制度。2. 深化服务新农村建设工作机制，扎实开展经纪活农工作，发展农村经纪人 5 户；推进合同帮扶工程，检查合同 54 份，合同金额6 624.47万元，其中涉农合同 34 份。受理动产抵押登记 8 份，借贷合同金额1 423.8万元，注销登记 3 件，主债权金额 503.4 万元；推行合同示范文本格式 63 份。3. 扎实开展红盾护农行动。制定了 2009 年"红盾护农"专项整治行动方案，进一步完善制度，加强日常监管。实行"两账两票一卡一书"制度农资经营户 117 户；进行种子留样备查 11 户、22 个批次。扎实开展专项检查整治，出动执法人员 297 人次、车辆 72 台次，检查农资经营户1 612户次，发放宣传材料 515 份，查处违法经营案件 3 件，罚款 3.28 万元，没收化肥 18.9 吨。4. 加强家电下乡市场监管，切实维护广大农民的合法利益，检查销售网点 101 个次，立案查处 16 件销售冒牌手机案件，没收手机 49 部。5. 扎实开展甲型 H1N1 流感市场防控。及时成立了 H1N1 流感疫情市场防控工作领导小组，制定了防控工作方案，建立了监测报告制度，实行甲型 H1N1 流感防控工作日(零)报告统计制度。6. 认真开展"打黄扫非"、防艾工作，出动执法人员 270 人次、车辆 33 台次，检查出版物市场 75 个次，检查各类文化店摊点 249 个次，检查复印店 32 家次，配合扫黄打非办收缴非法出版物 48 本、盗版光碟 15 张。与公安、文化、卫生等执法部门密切配合，采取局所联动的工作方法，加强禁毒、防艾知识宣传，发放宣传材料 200 余份，与 54 户经营户签定了《楚雄州公共场所防治艾滋病责任合同》。7. 认真做好对违法行为人的警示与疏导工作，全年共对 224 户违法行为人进行警示与疏导，其中事前预警 74 户，事中纠正 56 户，事后教育规范 94 户。

**【消费者权益保护】** 2009 年，永仁县消费者权益保护工作紧紧围绕"消费与责任"年主题，开展丰富多彩的"3·15国际消费者权益日"宣传纪念活动和执法检查行动，出动执法检查人员 140 余人次、车辆 36 台次，检查门店、摊点1 560

余户次,查扣各类违法物资价值达1万余元,立案查处6件,罚款1万元;散发各种宣传资料1.6万余份,发布电视"消费警示"、提示和公益广告19条次,悬挂横幅宣传标语37条。全年共受理消费者投诉91件,调解结案91件,调解率达100%,为消费者挽回经济损失31 563元,接待来访和接受咨询359人次。提供案件线索后行政处罚1件,罚没款30 800元。调解啤酒瓶爆炸伤人纠纷1件,赔偿医疗费106.80元。

**【食品流通监督管理】** 坚持标本兼治、防打结合,边整治边规范、整治与规范并举,构建食品安全长效监管机制为目标,强化流通环节食品监管力度。1. 健全机构、落实责任,实行食品安全一把手负责制,在全系统形成主要领导带头亲自抓,分管领导具体抓,职能股(室)和工商所(分局)主要抓的食品安全监管工作格局。2. 以宣传贯彻食品安全法律法规及加强食品安全监管八项制度为契机,扎实开展食品安全专项整治,全系统共出动工商执法人员1 977人次、车辆262台次,检查食品经营户、餐馆、摊点等5 484户次,受理食品消费投诉19件,查处过期变质、假冒伪劣、"三无"食品案件13件,没收假劣食品35.5千克。开展食品检测8次,合格率为100%。3. 认真做好食品流通许可工作,2009年核发《食品流通许可证》15份。4. 认真开展农村食品安全示范店创建工作,制定了《永仁县工商系统2009年度"农村食品安全示范店"创建工作方案》,创建"农村食品安全示范店"63个。

**【反垄断与反不正当竞争执法】** 1. 认真开展《反垄断法》和《反不正当竞争法》学习宣传,组织全系统干部职工进行了《反垄断法》学习考试,合格率100%。2. 认真组织开展反垄断、反不正当竞争执法检查,受楚雄州工商局委托,依法对辖区内一不正当竞争违法经营行为进行调查处理,罚款2万元。

**【广告监督管理】** 2009年,永仁县工商局主要对印刷品、虚假代办文凭、医疗、药品、商品信息等户外广告进行了重点整治。认真贯彻落实《户外广告登记管理规定》,加强户外广告监测工作,全年共监测广告65条;认真开展专项整治工作,出动工商干部386人次,出动车辆76台次,投入资金7 500元,取缔各种户外广告8 625条,责令停播虚假违法广告1条。进一步完善广告监督管理市场巡查考核制度,并实行季度抽查考核。

**【商标监督管理】** 1. 扎实推进"一乡一标"工作,制定了商标培育发展五年规划和"一乡一标"工作实施方案,2009年新申请注册商标10件,年末,全县共有注册商标36件。2. 加强宣传引导,认真组织开展"4.26"知识产权日等宣传活动,组织各类宣传培训19次,3 850人次。3. 推行《商标注册建议书》等"六书"制度,建立了《有效注册商标登记台账》和《拟培育、发展商标台账》。加强跟踪服务,做好辖区内的有效注册商标和已申报注册商标的痕迹管理,收集整理有关资料,为企业提供及时有效的服务。4. 认真开展注册商标专用权集中整治行动,加大商标监管力度,严厉打击商标侵权行为,查处商标侵权案10件,有效维护了商标权益人的合法权益。

**【基本建设】** 2009年,永仁县工商局投资500万元新建的局机关办公楼竣工验收并投入使用,投资11万元对宜就工商所办公楼、干部职工住宿楼进行了震损维修加固。

**【机关党建工作】** 2009年,永仁县工商局党建工作以加强党的思想政治建设和转变干部队伍作风为重点,以提高支部党建整体水平为目标,以提高党员队伍素质为核心,不断推进党建工作制度和机制的创新。1. 加强思想政治保证,全系统紧紧围绕党的十七大、十七届三中、四中全会精神,《中国共产党党内监督条例(试行)》、《中国共产党纪律处分条例》、《中国共产党党员领导干部廉洁从政若干准则(试行)》等,不断强化学习,政治思想水平不断得到提高。2. 认真开展了以"三牢记、五争先"、"科学发展、富民强县"、"三个一"为主题的学习实践科学发展观活动。3. 以责任书的形式进一步落实党建目标管理责任。在全系统形成了党组织统一领导,党政齐抓共管,纪检组负责组织协调,各支部及全体党员共同参与的党建工作领导体制和工作格局。4. 坚持"三会一课"制度,建立了局党组中心学习活动制度,召开局党组中心学习组专题会议4场次,交流发言16人次,召开支部会议16场次,参会党员451人次。认真订阅党报党刊,全系统共订阅党报党刊57份,资金6 100多元,其中党员个人自费订阅支部生活1 488元。5. 深入开展机关联村"六个一"活动。为扶贫联系点岔河村委会上党课一次,订阅党报党刊3份,金额500元,解决村党支部活动经费2 000元。6. 充分利用支部生活会、"7.1"建党节以及年终工作总结会等组织开展活动,投入活动经费4 800多元,进一步促进党组织活动经常化、正常化。7. 做好党费收缴工作。认真开展党费的收缴比例、标准及金额的测算、公示及收缴工作,2009年,收缴党费5 297元,完成率为100%。

**【老干工作】** 1. 抓好老干部思想政治工作,使老干部老有所学,思想常新,组织老干部参加了学习实践科学发展观动员大会、工商工作会议及"七一"支部大会等活动。2. 坚持情况通报制度,定期向老干部通报工作安排和工作进展情况。3. 坚持走访慰问制度。利用春节、中秋节、敬老节等节假日进行普遍走访,对生病住院和有重病的老同志适时走访,对在外地居住的老同志,进行电话询访,及时了解老同志的思想情况、身体状况,全年看望慰问生病住院的老干部3人,慰问老干部19人,慰问金3 800元。4. 出资3 700元组织退休老干部进行了健康体检;组织2名老干部参加省工商局第六期离退休干部职工健康疗养;组织老干部参加老年保健知识讲座一次。

**【经济检查】** 2009年,永仁县工商局以打击假冒伪劣商品、查处无照经营、治理商业贿赂、打击传销、虚假广告等工作为重点,进一步加强整顿和规范市场经济秩序工作,出动执法人员1 941人次、车辆352台次,查处各类违法经营案件168

件，涉案案值19.98万元，没收各类食品35.5千克、不合格化肥18.9吨、侵犯商标专用权手机49部，收缴罚没款14.48万元。

【信息化建设】 2009年，永仁县工商局新增计算机15台、打印机6台、UPS5台、多功能一体机1台，信息化建设进一步得到加强，为实现工商行政管理“四化”建设打下良好的基础。年末，全系统共有服务器2台、24口交换机1台、5口交换机5台，4小时不间断UPS15台、激光打印机1台、多功能一体机1台、复印机2台，针式打印机21台，笔记本电脑2台、台式计算机48台，数码相机1台，扫描仪1台，投影设备1套。

【消费者协会工作】 2009年，永仁县工商局消协紧紧围绕“消费与责任”年主题，积极引导消费、加强社会监督和自身建设，努力提升消费维权工作水平。1.加强消费引导，及时向广大消费者和申诉举报站发出情况通报和消费警示，针对消费热点和投诉率高的商品，及时做好群众消费指导，促进科学理性消费。通过新闻媒体发布“消费警示”8期。2.加强社会监督，积极联合执法部门开展食品安全消费、家电下乡、农资、建材、化妆品和手机消费等专项监督检查；督促经营者依法经营，履行法定义务，有效保护了消费者的合法权益。3.加强“一会两站”建设，全面完成了基层消费者协会建设工作，已建立基层消协分会7个，12315联络站和消费者投诉站69个。

【个私协会工作】 2009年，永仁县个体私营经济协会切实履行个私协会“三自”职能，认真贯彻落实各项支持个体私营经济发展政策，促进了全县个体私营经济健康稳定的发展。1.进一步加强思想、法律、法规及职业道德教育。采取不同形式，组织开展政策法规、职业道德培训教育，召开委员会、会员会34场次，参会人员达9 640人次。2.积极配合开展个体工商户验照工作。个私协工作人员协助验照工作达76人次，走访调查、服务上门1 620人次；摸底调查出无照经营84户，协助纳入登记管理75户，取缔9户。3.积极宣传落实各项优惠政策。及时向有关部门反映、反馈下岗失业人员、困难个体工商户的生产经营状况，积极协助解决相关问题和困难。4.切实加强自身建设。认真抓好制度建设，完善了《工作任务综合量化考核管理办法》，统一制定了协会工作八个制度，十个台账。健全财务制度，定期或不定期地进行财务检查，确保了有限的资金用在刀刃上。加强信息宣传，全年编辑《工作信息》和《个私协简报》32期，出黑板报40期，撰写新闻稿18篇。5.组织开展健康有益的文体活动10场次，促进会员相互交流，激发会员积极向上的拼搏精神，对增强协会凝聚力取到了积极的促进作用。积极配合公安、文化等执法部门开展禁毒防艾宣传活动，出动工作人员68人次，发放宣传材料2 600余份。真情关心会员，开展中秋节慰问孤寡老人活动，捐助钱物合计4 431元，慰问受灾个体工商户1户，慰问金100元。

【2009年受到表彰的单位和个人名单】

2月，永仁县工商局宜就工商所被省工商局表彰为全省工商系统先进工商所，局长张跃强被省工商局表彰为全省工商系统先进个人。

【2009年任职的局领导名单】

党组书记、局长　张跃强

副 局 长　李玉聪

纪检组长　李长赋

## 元谋县

【概况】 2009年，元谋县工商局有在职人员78人，其中：男49人、女29人；大学学历29人、大专学历42人、中专学历4人、高中以下文化2人。局机关设办公室、人教股、纪检监察室、法制股、经检大队、注册登记股，派出机构有元马、能禹、黄瓜园、老城4个分局。局党委有委员7人，其中：书记、副书记各1人。下设党支部13个，有中共党员142名，其中，有非公党支部7个，中共党员58名。年内发展新党员4名。

【法制建设】 2009年，元谋县工商局进一步完善法制监督机制，认真落实行政执法责任制，扎实做好案件核审、行政执法检查和案件评查工作。牢固树立监督是规范行政执法行为的保障的观念，积极做好事前审查、事中检查和事后评查工作。认真做好案件核审工作，对416件各类违法违章案件进行了认真核审，并按照一审一核制度规定，对120件立案案件进行逐件核审，并在年底进行集中评查。坚持把规范使用执法新文书作为重点培训内容，采取网络培训、集中培训等方式方法，广泛开展法制培训活动。全年共举办法制培训5期，培训干部384多人次，组织法律法规考试4场次，干部职工参加考试312人次，参考率达92.5%，及格率达100%。

【纪检监察】 2009年，元谋县工商局深入开展纪律作风大整顿行动，重申国家工商局《六条禁令》、省工商局《八项禁令》和公务员《八条禁令》，清理废止不适应工作需要的制度14个，修订完善制度16个，并定期对制度执行情况进行认真督查，全年共开展督查63次，促进了全局干部纪律作风进一步改善。认真开展基层述职述廉活动，深化廉政文化建设，加强政风行风建设，强化风险点管理，共排查监管风险岗位10个，并根据风险岗位的表现形式，制定了具体的风险点管理措施。以贯彻落实“阳光政府”四项制度为契机，深入开展“爱家、爱岗、爱县”等主题实践活动，及时成立了六项重点工作督查小组，坚持每季度开展一次全面督促检查，每月开展一次定期检查。全年共组织开展全面检查2次，定期开展督促检查12次，下发督察通报1期，发现并整改问题10个，为确保各项工作的顺利进行并取得实效，提供了坚强的纪律保障。

【人事教育】 2009年，元谋县工商局深入开展学习实践科学发展观活动，教育引导党员干部切实增强党员宗旨意识、大局意识和服务意识，牢固树立科学发展观和政绩观，在党员队伍中形成比成绩、比贡献的浓厚氛围，在服务发展、服务大局、服务基层、服务群众中履行好职责,真正把心思放在干事创业上,把功夫下到狠抓落实上的良好工作局面。加强机关文化建设,运用各种专题辅导、报告讲座、学习论坛、网上学习、竞赛演讲等形式,开展社会主义荣辱观教育、公共管理核心课程培训、岗位业务练兵、专业技能竞赛等活动,着力提高干部思想道德素质和科学文化水平。

**【企业注册登记】** 2009 年,元谋县工商局结合实际制定了《楚雄州元谋县工商行政管理局强化市场主体准入服务实施方案》、《楚雄州元谋县工商行政管理局强化市场准入服务措施》,积极开展注册登记工作,在注册登记股服务窗口设置督导岗,放置意见簿,明确机构负责人为督导员,并向办事人员发放《廉政监督卡》,接受群众监督。积极开展注册登记业务培训,全年共开展注册登记业务指导与培训 4 期,培训注册登记人员 16 名。认真落实首问负责制,严格执行首问责任制、限时办结制、服务承诺制、行政问责制等制度,由首位接待人员负责填写《落实情况登记台账簿》,做到履职到位、服务热情、严格自律,对违反规定造成不良影响的实行责任追究。切实做好就业再就业服务工作,认真宣传国家再就业优惠政策,积极引导帮助农民工、下岗职工、大中专毕业生、复转军人、留学归国人员、失业人员等就业和再就业。积极支持各类市场主体健康发展,截至 11 月 16 日,全县共有私营企业 672 户,投资者 862 人,雇工5 445人,注册资金35 714万元。年内新发展私营企业 94 户(含分支机构),投资者 82 人,雇工 616 人,注册资金4 515万元,办理注销私营企业 17 户。全县有个体工商户4 412户,从业人员7 691人,注册资金6 705万元。年内新发展个体工商户1 501户,从业人员2 371人,注册资金2 229万元,办理注销个体工商户 471 户。

**【企业监督管理】** 2009 年,元谋县工商局对市场主体数据库录入情况进行自检自查,重点监管、认领户数合格率 90%,重点市场、特殊行业、隶属市场情况标注清楚,合格率 95%,做到了数据库数据与书式报表数据相符。对年内市场主体登记档案自查,随机抽取企业登记档案 20 户、个体工商户 10 户,经自查全部符合法定形式要求。按照工作职责要求,强化企业规范化管理工作:(1)抓行政许可执行规范。积极组织开展企业年检和个体工商户验照贴花工作。2008 年度应检内资企业 290 户,未检 12 户,年检率达 96%;应检私营企业 598 户,未检 26 户,年检率达 96%;应验照个体工商户3 598户,实验3 295户,注销 142 户,验后户数为3 295户,验照率达 95.5%,验存率 95.9%;应换照 31 户,已换照 22 户。期间,对食品生产经营等涉及社会公共安全和人民群众生命财产安全的行业实行重点监督管理,对全县食品经营户进行严格检查,依法查处无照经营案件 195 件,取缔无照经营 29 户,案值 10.2 万元,罚款 8.36 万元。全县 957 户食品经营个体户已按照有关规定和要求建立了索证索票和进销货台账制度。(2)抓市场主体登记事项规范。进一步提高企业年检效能,对擅自改变登记事项、虚假出资等违法违章行为进行依法查处。规范经营范围核准和注销程序,提高登记数据的准确性,把审查的重点放在把好登记前置许可关、加大对股东出资行为督促检查力度和加大对未参加年检企业的查处力度等方面。(3)抓服务效能规范。创新服务方式,对在同一地有较多分支机构的企业,如邮政、电信、农资等,进行集中年检,既节约了时间,又提高了效率。认真落实“四个一次清”制度,即回答咨询一次说清、办事程序一次讲清、表格文书一次给清、能办事项一次办清。(4)抓执行收费政策规范。严格执行国家年检收费规定,保证年检不“搭车”、收费不“搭车”。(5)抓食品安全监管规范。坚持企业监督管理与食品安全监管和推进企业信用分类监管相结合,对销售食品的企业在年检时审查其建立索证、索票、进销货台账情况,巩固专项整治成果。截至 9 月 8 日,全县 36 户食品经营企业已全部建立索证索票和进销货台账。(6)抓企业年检与党建工作规范。坚持企业监督管理与做好企业党建工作相结合,适时掌握企业党员基本情况。(7)抓数据质量工作规范。按照“谁登记、谁录入,谁检查、谁录入,谁处罚、谁录入,谁年检、谁录入”的原则,及时将年检情况、处罚信息等录入登记系统,将前置有效批准文件、许可证或资格认定文件在登记系统和分类监管系统中进行更新,发现失实、失误数据及时进行纠错补录,全面规范经济户口数据库,进一步加强对企业信用信息的征集。(8)抓行政执法工作规范。定期开展案情分析和案情通报,对案情认真分析,做到依法办事、依法行政。

**【消费者权益保护】** 2009 年,元谋县工商局组织开展了声势浩大的“3·15国际消费者权益日”宣传咨询活动,积极参与“科技、文化、卫生三下乡”。期间,共开展宣传咨询活动 5 场次,邀请县政府领导发表电视讲话 1 次,召开消费与发展座谈会 5 场次,联办“红盾之声”专题节目 2 期,播出广播稿 12 篇、电视新闻 2 条、消费警示信息 13 条,出黑板报 6 期,挂宣传布标 13 块,广播宣传法律法规 8 部,向群众散发宣传单51 500份,组织 11 家执法单位展出并销毁假冒伪劣商品 166 种,开展消费维权问卷调查 1 次,调查消费者 51 人,接待各类咨询 934 人次。组织 13 家省、州级诚信企业宣传环保节能新产品、家电下乡商品 18 种,检查市场 6 个、经营单位 832 个。组织 22 家理事单位、11 家执法单位、13 家省、州级诚信企业,开展销毁假冒伪劣商品游行活动,公开销毁了一批假冒伪劣商品。全年共接到举报 24 起,消费者申(投)诉 66 件,其中不予受理 3 件,解决 62 件,支持消费者起诉 1 件,为消费者挽回经济损失 3.48 万元。

**【食品流通监督管理】** 2009 年,元谋县工商局认真履行流通领域食品安全监管职责,充分利用“3·15”宣传日和下乡走访个体工商户的机会,发放宣传资料4 000多份,向经营者和消费者广泛宣传《食品安全法》等法律法规,增强消费者自我保护意识和经营者守法诚信经营意识。严把食品主体准入关,严格执行前置审批许可制度,依法查处取缔无照经营食品等违法违章行为。严把食品入市质量关,引导和监督食品经营者建立和落实了进货查验制度、索证索票制度、购销台账制度、质量承诺制度、食品自检制度、不合格食品退市制度等七项自律制度，确保入市食品质量合格和消费安全。坚持每季度及重大节日前组织开展食品质量快速检测不少于20个品种(5批次)，通过检测未发现不合格食品上市销售。以农村和城乡结合部为重点区域，深入开展流通环节食品安全专项整治。全年共出动执法人员1 545人次、车辆160台次，检查食品经营主体5 307户次，依法查处流通领域食品经营违法违章案件35件，罚款5.35万元。积极开展“农村食品安全示范店”创建工作，把影响力大和示范性较强的农村食品经营户作为创建对象，全县共创建“农村食品安全示范店”78个。

【广告监督管理】 2009年，元谋县工商局针对元谋广告市场的实际，在整治不良广告行动中，继续把发布电视、广播、户外印刷品广告等媒体作为整治的重点，加强重点广告类别审查，要求新闻媒体单位认真履行肩负的社会责任，严格广告发布程序，依法规范广告发布行为。积极开展广告专项检查整治活动，始终对不良广告保持高压态势，全年共出动执法人员596人次、车辆157台次，检查个体工商户1 476户次，企业275户次，检查监测电视广告135条次，清理检查网吧169户次，检查医药门店300户次，检查书摊13个、音像制品经营店14个。

【商标监督管理】 2009年，元谋县工商局把推进商标战略工作作为服务经济社会发展，增强农产品市场竞争能力，促进全县绿色支柱产业发展的重大举措来抓，在全县扎实开展“一乡一标”工作，广泛开展商标专题调研，以“3·15”和“4.26”宣传活动为契机，广泛宣传商标法律法规知识。根据企业、个体工商户的需求提供全方位的商标宣传服务与指导工作，于6月8日举办1期商标工作及培训会，邀请省级有资质的专家到现场讲课，全县商标持有人、农民专业合作社理事长、农村经纪人、拟培育发展商标注册申请人等共72人参加培训学习，有效引导企业、个体工商户建立完善商标注册、使用、管理和保护的各项内部规章制度，使企业、个体工商户的商标法律意识和自我保护意识不断提高。建立和推行商标注册建议书等“六书”制度，通过市场巡查、上门走访、调查等方式，掌握辖区内的工商企业、个体工商户在商标使用中存在的问题，及时建议市场主体申请商标注册。建立商标跟踪服务联系卡制度，对辖区内的工商企业、个体工商户采取商标监管部门与工商分局监管相结合的办法，分片负责，落实责任，跟踪服务，帮助企业、个体工商户解决各类商标问题，到11月10日，全县有有效注册商标26件，其中：云南省著名商标2件，涉农商标18件。

【基本建设】 2009年，元谋县工商局按照省工商局提出的“统一管理、分级负责、统筹安排、量力而行、精心设计、适度超前、质量第一”的基本建设思路，坚持把新建机关办公楼作为全系统基本建设的工作重点，积极向上级工商部门和有关单位申报建设工程项目。在上级工商部门及县委、县政府的大力关心、支持和帮助下，县工商局机关办公楼建设工程项目已完成项目申报、用地预审等前期工作，并在元谋县元马镇汉禄路北侧征地12.4亩，拟新建局机关及能禹分局办公楼及附属工程，以解决局机关及能禹分局办公用房拥挤等问题。至年底，已完成工程建设用地征用及土石方回填工作。

【机关党建工作】 2009年，元谋县工商局坚持以机关效能建设为重点，积极开展基层党建工作，有效提高党建工作制度化、规范化发展水平，全面提升基层党建工作水平。1. 深入开展学习实践科学发展观活动，重点解决影响和制约工商工作科学发展的困难和问题。期间，共召开民主生活会、中心学习组学习会、干部例会学习等会议60余场次，组织集中学习50多个小时、开展典型案例教育3场次，撰写调研报告9份、专题调研报告4篇、心得体会141篇，党员干部参学率达100%。通过深入开展学习实践活动，进一步提高了全系统广大干部职工对新形势、新任务的认识，充分调动了全体干部职工学习实践科学发展观的坚定性、主动性和自觉性，增强了做好本职工作的信心和勇气。2. 以健全完善党建工作制度，提高制度的执行力、落实力为重点，继续深化基层党建工作理论创新，着力解决基层党建工作经费，确保党建工作顺利开展。3. 以开展基层工商所规范化建设为突破口，在全系统深入开展以建设稳定可靠的基本队伍、建设标准规范的基本阵地、开展务实有效的基本活动、健全可行管用的基本制度、规范必要可靠的基本保障为内容的“五个基本建设”活动，有效促进了党建工作制度化、规范化建设。4. 紧紧围绕促进经济社会发展，充分履行工作职责，科学设置绩效目标体系，健全完善科学合理的评价机制、激励约束机制和考核奖惩机制，根据行业特点全面推行岗位责任制、服务承诺制、首问负责制、限时办结制、责任追究制等工作制度，形成了以制度管人、按制度办事的工作格局。5. 以建设阳光政府、责任政府和法治政府为契机，切实加大党务公开、政务公开力度，组织领导班子成员及各支部党员之间共开展交心谈心活动80余次，听取对领导班子及成员意见建议25条，并认真进行了整改，有效推动了机关作风的进一步转变。6. 切实加强党风廉政建设工作，积极开展典型案例和党风廉政教育。4月27日，组织25名中层干部到楚雄州委党校“廉政教育基地”开展警示教育。认真落实和完善党风廉政建设责任制，强化廉政风险点防范管理，充分利用党风廉政建设有效资源做好有害部位、关键环节的防范工作，有效杜绝了不廉洁行为的发生。积极开展廉政文化建设活动，共收到干部创作的书画、摄影、漫画作品67件。加大廉政督查力度，开展政风行风督查8次，特邀监察员召开座谈会议1次，召开廉政监督联系户座谈会议4次，受理、处理网上信访转办件1件。

【老干工作】 2009年，元谋县工商局切实加强与老干部的联系，经常到老干部家中座谈、走访，掌握老干部思想、生活、学习情况，春节走访慰问退休干部31人，每人送去价值100元的慰问品，并组织3名退休干部到安宁疗养。高度重视退休老干部反映问题，多次到元谋县委组织部、元谋县劳动人事局查询相关档案，并及时向州局请示、汇报，最终解决了退休干部黄如玉、马自芬的待遇问题。在敬老节组织退休干部到元谋博爱医院进行身体检查，共有24人参加体检，充分体现了局党组对老干部的关怀。“八一”建军节组织退伍军人、退休干部40余人到元谋县小丙岭农业综合开发基地参观、考察，并举行座谈。及时将《元谋县人民政府关于加强殡葬改革工作的实施意见》在每位在职干部和退休人员中，进行广泛宣传，并做好退休干部家属的工作。退休干部杨宗义去世后，县工商局及时做好其家属的思想工作，并按照有关规定进行火化。

**【经济检查】** 2009年，元谋县工商局全面加强经济监督检查工作，出动执法人员2 801人次、车辆388台次，检查市场229个次，检查经营主体6 519户次，取缔无照经营154户，依法查处各类违法违章经营案件427件，没收违法所得0.88万元，罚款31.95万元，没收过期食品75.66千克、假冒茅台酒17千克，没收过期及假冒农药162.87千克、过期种子3.95千克、假冒玉米种992千克、假冒小家电7台、塑料购物袋76把。1. 加强对集贸市场食品质量监管。充分利用新配发的食品快速检测箱，对农贸市场、商场、超市等重点地区，肉类水分、牛奶新鲜度、面粉、腌制食品亚硝酸盐和甲醛、陈化米液体石蜡、干菜漂白剂等添加剂含量进行检测，共检测186个品种(5批次)商品，未发现销售不合格和超标准滥用食品添加剂行为。2. 强化肉食品安全监管。严格猪肉市场准入，认真做好甲型H1N1流感的防控工作。要求销售猪肉的经营户必须从合法规范的定点生猪屠宰场进货，未经检验检疫合格的猪肉一律不准进入市场销售。全年共出动检查人员4 117人次，检查猪肉市场1 372个次，检查肉食品经营户10 913户次，确保让群众吃上放心肉。3. 认真做好打击违法添加非食用物质和滥用食品添加剂专项整治工作。组织开展了为期4个月的“打击违法添加非食用物质和滥用食品添加剂专项整治”活动，共出动执法人员668人次，调查食品经营单位982户次，走访28户，检查经营户1 498户，检查食品经营户“商品管理责任书”108户，召开食品经营户座谈会4场次，检测食品23种35个批次，对21个地区53个经营单位进行了重点整治，巩固了食品安全监管成果。4. 以督促农资经营户建立和落实“两账两票，一卡一书”制度为重点，继续深入开展“红盾护农”专项整治行动，全年共出动执法人员850人次、车辆250台次，印发宣传资料14 256份，召开会议宣传农资经营政策36场次，开展咨询宣传55场次，检查市场31个次、农资经营户812户次，开展农资质量监测76次，依法查处农资经营违法违章案件26件，罚没款7.47万元。5. 进一步加强“家电下乡”、“汽车摩托车下乡”市场监管，通过全面排查，摸清全县共有“家电下乡”、“汽车摩托车下乡”销售网点48个的底数，累计出动执法人员316人次，检查经营主体212户次，并对相关政策及法律法规进行广泛宣传，确保了国家惠农政策落到实处。6. 认真开展建材市场专项执法检查活动。认真督促建材经营市场主体履行产品质量主体责任，建立健全质量追溯和责任追究制度，出动执法人员248人次、车辆41台次，检查建材批发零售市场10个次，检查销售建筑材料的生产经营单位198户，依法查处建材经营违法违章案件7件。7. 加强文化市场监管。对全县图书市场、音像制品市场、旅游风景区市场、中小学生学习用品专卖店、教材专柜、校园周边出租书屋、交通站口书刊零售点、街头游商报贩等市场进行了专项检查，共出动执法人员332人次，检查市场30个次，检查店档摊点268个次，检查经营户452户次，检查印刷企业、个体户41户次，配合参与公安、文化部门专项行动2次，检查各类书刊杂志2 310册、音像制品2 564盘、软件121份，收缴淫秽书刊28册、光碟15碟。8. 积极落实禁塑工作责任。利用广播电视宣传《云南省限制和禁止生产销售使用塑料购物袋的实施意见》2次，召开个体工商户、私营企业会员会议5场次，参会人员638人次，悬挂布标3块，出黑板报4期，出动执法人员260人次、车辆58台次，检查市场26个次、超市6个，经营户458户，责令改正51户，依法处理塑料袋销售经营户1户，没收塑料购物袋76把，罚款300元。9. 加强节日市场监管不放松。节日期间共出动执法人员752人次、车辆116台次，检查市场及景区65个次，检查商品经营单位2 487个，依法查处各类市场违法违章经营案件14件，罚款0.5万元。加强流通领域烟花爆竹质量监管工作，元旦春节期间出动执法人员79人次、车辆20台次，检查市场19个、烟花爆竹经营主体229户次，依法查处违法经营案件6件，限期改正27户。稳步推进“诚信市场”创建工作，建立完善农副产品和农资价格每日监测和每周价格分析报告制度。

**【信息化建设】** 2009年，元谋县工商局继续深入开展“注册登记能手”、“计算机操作能手”、“执法办案能手”岗位练兵竞赛活动，举办各类培训22期，参训人员751人，开展考试23次，参考人员672人次，干部职工综合素质明显增强，为民服务水平明显提高，全系统已有14名干部分别获得州级计算机操作岗位能手、注册登记能手及执法办案能手荣誉称号。健全信息化工作制度，加大硬件设施建设力度，强化网络安全监管，全局已拥有计算机71台，每季度定期开展信息化设备安全检查及信息化系统应用情况监测1次，并将检查和监测情况纳入绩效考核，保障了信息化系统安全运行。坚持以工作促信息化发展，以信息化规范和推进各项工作的全面落实，通过网上认领建档，将采集到的市场主体动态信息及时输入计算机，初步建立起了覆盖全县范围的个体工商户数据库、企业数据库及经济户口数据库，有效整合了政府信息资源和行政执法资源，规范了工作流程，初步形成了以经济户口为基础的动态监管网络体系，实现了监管与服务的统一，形成了信息共享、上下联动、规范操作、动态监管的良好工作格局，推动了各项工作的深入发展。根据元谋县电子政务中心的统一安排和部署，于1月份开通并启用了运转正常的元谋县电子政务协同办公平台，实现了不同部门之间公文的网上流转，极大的节约了办公成本,缩短了公文流转时间。于5月开通了96128政务信息查询专线,有效解决了人民群众查询难、投诉难的问题。建立了元谋红盾信息网,开设了党建之窗等专栏,依托政府信息公开网站,建立了工商局政府信息公开网站和阳光政府四项制度信息公开网站,有效扩大了宣传,增强了工商工作的透明度,初步建立起了自觉接受社会监督、适时与公众进行双向交流的工作平台,为全县工商事业健康发展营造了良好社会舆论氛围。

**【消委会工作】** 2009年,元谋县消委会在县工商局的指导下认真开展工作,健全基层组织机构,完善消费维权网络,强化队伍建设,确保了消委会各项工作顺利开展,并取得了实效,消费者投诉能就近就便得到及时解决。加强请示汇报工作,及时将消委会工作情况向县委、县政府进行汇报,使消委会工作得到了县委、县政府的重视和支持,由县人民政府下发了《元谋县人民政府办公室关于加强一会两站规范化建设的意见》,对建立消费者协会分会、12315联络站和消费者投诉站等工作进行了统一安排部署,在全县建立消协分会10个、建立12315联络站和消费者投诉站36个,落实分会领导及工作人员、义务监督员、"两站"工作人员149人,进一步完善了全县消费维权网络,有效解决了消费者"投诉难"、"维权难"等问题。以贯彻落实"阳光政府"四项制度为契机,结合实际制订了进一步提高全县12315服务效能工作方案,建立了12315指挥中心,开通了96128专线,健全完善了12315数据分析发布机制,落实了具体工作人员和工作制度,建立了政府信息查询制度及台账,受理和答复群众查询2人次,基本建成了工商部门与广大消费者和人民群众信息互动、畅通民意、接受社会监督和听取群众意见平台和解决人民群众最关心、最直接、最现实利益问题的"四个平台",12315服务效能得到了全面提升。以岗位大练兵大比武活动为契机,广泛开展消费维权业务培训活动,规范调处行为,定期不定期地对各工作站进行督查,开展消费工作督查2次,督促各工作机构严格按照工作规范开展工作。充分发挥消费维权义务监督员作用。按照建立和完善"行政执法、行业自律、舆论监督、群众参与"相结合的市场监管体系的要求,精心选配热心维权事业,会监督、敢监督,真心实意为消费者服务的消费维权义务监督员队伍,并组织召开消费维权义务监督员和理事单位座谈会2次,认真听取他们对消费者权益保护工作的意见建议,要求相关理事单位认真整改。畅通12315消费者申诉举报网络,严格按照州消协统一受理、及时分派、按时办结的要求,认真办理好每一件投诉,做到件件有落实,事事有回音,切实保护消费者合法权益。

**【个私协会工作】** 2009年,元谋县个体私营经济协会以认真学习贯彻党的十七大及十七届四中全会和中央经济工作会议精神为主线,组织会员学习87场次,参学会员3 810人次,有效增强了会员的发展信心。走访个体、私营企业会员3 100人次,接待来信来访59件,编发个私信息简报12期,为会员及消费者提供咨询服务420人次、政策咨询及信息服务340人次。广泛宣传国家"贷免扶补"政策,引导办照196户,安置下岗失业人员65人,在工商部门登记的私营企业有15户、个体工商户1 418户(城镇416户),其中大学毕业生69人、农民工777人、复转军人5人、其它人员151人。对有创业意向的"四类人员"发放创业计划书45份,收到创业计划书12份,进行贷前调查8户,推荐创业导师入库17名。通过评审,有6位申请人接受了为期1周的创业培训,有6名创业者获得了国家"贷免扶补"贷款,共贷款30万元。组织会员开展"一方有难、八方支援"献爱心活动,在7.09地震恢复重建工作中,共捐款1.66万元,用于此次抗震救灾恢复重建。关心会员疾苦、对生病住院、车祸、遇难、受灾会员及时进行看望慰问,共看望慰问困难会员群众60名,发放慰问金1万元,帮助会员解决实际困难和减免下岗失业人员、困难会员会费金额1.8万元,体现了协会"娘家人"的温暖。8月25日,召开了县个体私营经济协会第八届会员代表大会,审议通过了元谋县个私协第七届理事会的工作报告及《章程》修改草案,选举产生了第八届理事会理事,副县长赖有常被县个私协会聘为名誉会长,张立宏当选为县个私协会第八届理事会会长。会议还表彰了"先进个体工商户"26户、"先进私营企业"6户。

**【2009年任职的局领导名单】**

党组书记、局长　张立宏

副 局 长　杨有伟　王　杰

纪检组长　刘钦建

## 武定县

**【概况】** 2009年,武定县工商局现干部职工85人,其中女干部职工24人,大专以上学历76人,占总数的89.4%,设党总支1个,党支部5个,共产党员71名。全系统共设8个股(室)3个分局,管辖全县26个集贸市场和专业市场。

**【法制建设】** 2009年,武定县工商局认真贯彻落实《全面推进依法行政实施纲要》,提高依法行政水平。结合实际在工作中严格把好"四关",进一步规范执法办案,努力实现法律效果与社会效果的有机统一。1. 把好制度关。制定完善了《行政执法责任书》和立案登记备案、行政过错责任追究等制度,在全局以网上绩效考核为抓手,实行了工作绩效考核评比制度,将各项工作进行了细化和量化,责任到股(室)、分局,强化了全局人员的责任意识、大局意识。2. 把好案件评审关。进一步完善了案件评审领导小组,对办案机构所办案件,从现场检查、立案、调查,一直到案件终结的各个环节进行全程无缝式监督和指导,对其中存在的问题及时地提出意见和建议,最大限度地减少执法随意现象,规范执法行为。3. 把好案件分析关。组织执法人员定期不定期召开案件分析会,由案件主办人员介绍典型案例办案经验,交流心得体会,进行深入剖析,进一步加深对有关法律法规条文适用的正确理解。4. 把好案件互查关。定期不定期组织办案机构通过采取交叉检查、互查互评的方式,评查各股(室)、分局在办案程序、适用法律、证据材料、文书案卷等方面存在的问题，及时纠正执法办案中的不规范、不恰当、不完善的行为。2009年，组织开展法制宣传教育主题活动2次，发放《中华人民共和国食品安全法》等宣传单600多份，组织人员先后4次对县局两个业务股室及三个分局进行普法和依法治理工作检查。举办法制培训班5期，参训人员258人次，组织执法人员专题学习104次，组织干部职工考试4次，组织行政执法办案人员32人公开进行行政执法能手技能比武活动1次，组织岗位技能培训4期，参加人数308人次，坚持"每周一题"学法29次，编发《法规指导》11期，全局所查办案件，无一件行政复议案件，无一当事人上访、缠诉，实现了法律效果与社会效果的有机统一。

【纪检监察】 2009年，武定县工商局党组专题研究党风廉政建设工作4次，召开理论中心组学习4次46人，召开专题民主生活会2次24人。局党组及班子成员与股室、分局签订《党风廉政建设责任书》13份。组织学习各级党风廉政建设会议精神6场次，参加党风廉政建设专题培训2次95人，开展宗旨教育50余场次，法律法规教育12场次，示范教育4场次，专题学习教育2次84人，警示教育4次217人，建立和完善党风廉政建设相关制度10个，规范统计台账16份，主要领导讲党课1场次83人，组织41名行风义务监督员、服务对象代表对三个分局的工作进行了巡视，发出意见建设征求表174份，制作股(室)、分局服务承诺桌牌11块，照片4份，编发《武定工商局贯彻实施阳光政府四项制度工作简报》16期。通过扎扎实实地抓学习、抓教育、抓落实，全系统党风廉政建设工作取得了较好成效。

【人事教育】 2009年，武定县工商局组织84名干部职工认真参加了深入学习实践科学发展观活动，组织集体学习22场次，参加学习实践科学发展观和"加强作风建设、促进科学发展"主题教育知识问答456人次，编发《深入学习实践科学发展观活动简报》29期，加强和改进思想政治工作，充分发挥党支部和工、青、妇组织的作用，认真开展"四谈"即：领导班子与中层干部谈、中层干部与一般职工谈、职工与职工谈、党员与群众谈活动，开展干部职工交心谈心达128人次，注意从干部职工的思想深处挖根源，特别是针对干部职工的思想状况，在努力加强以理想信念、纪律作风、职业道德、艰苦奋斗等方面狠下功夫，进一步凝聚人心。继续深入学习贯彻《公民道德建设实施纲要》，在广大党员干部职工中深入开展"讲党性、重品行、树形象"活动，加强以职业道德、社会公德、家庭美德、个人品德的"四德"教育。深入开展多种形式的宣传教育活动，大力宣传系统内的模范人物和先进单位，将活动扎实有效地开展下去。同时，用三个月的时间在全系统内开展了以"刹歪风，树正气"为主要内容的干部思想纪律作风整顿活动。整顿期间，对违反工作纪律和考勤制度、会议制度、着装制度等各项制度的10名职工，按照情节轻重进行了通报批评、写出书面检查等不同程度的行政问责处理，整个工商系统工作作风和形象明显好转，为民服务的质量和水平也得到了明显提升，在2009年县政协开展的民主评议活动中，各位委员和广大人民群众对武定县工商局的工作给予了高度的评价。

【企业注册登记】 2009年，武定县工商局以认真贯彻落实"阳光政府"四项制度为契机，在工作中积极推行"六项服务"举措，进一步创优发展环境，大力促进武定个私经济、国有集体经济健康发展。1. 引导服务。设置了引导指示牌，主动帮助办事人员了解办事程序，熟悉办事流程，使用文明用语，规范文明礼仪上推行"三声"，即来有迎声、问有答声、走有送声，全面落实窗口"首问首办责任制"，做到有问必答、百问不厌，最终做到回答问题一口清、受理注册一纸清、手续齐全一次成。2. 延时服务。不管是工作时间还是下班时间，尽量不让办事人员跑空，尽可能减少办事人员的往返和等候时间。3. 后续服务。对重点项目、重点企业落实专人负责，做好后续服务工作。在优化服务方式上实行"四通"，即：对符合法律法规的确保畅通；对有利于企业发展又不违背法律法规原则的适当变通；对注册前需要与有关部门联系的主动疏通；对难以畅通、不能变通、无法疏通的，加强沟通，不断优化服务环境。4. 上门服务。对企业创知名品牌、下岗失业人员再就业、大中专毕业生创业有困难的，主动上门为其解决实际问题。5. 即时服务。在努力提高办事效率上坚持"五确保"，即：确保受理办件无推诿、确保承诺办件零积压、确保办件质量无投诉、确保温馨提示能到位、确保登记制度有落实。对办照、年检、业务咨询、消费投诉等实行即时受理、即时办结，对办照有前置审批要求和不能当场调解的投诉等实行限时办结。6. 预约服务。服务对象因特殊事由需在节假日或"八小时以外"办理工商事宜的，通过预约方式予以办理。通过采取一系列有力措施，促进了武定县国有集体经济的健康发展。截至12月底，武定县辖区实有内资企业463户(其中：企业法人137户，营业性企业326户)，注册资金24 799万元，年内共发展22户(新注册)企业，办理变更登记104户，办理注销登记23户。

【企业监督管理】 建立健全经济户口，规范监管机制，认真抓好私营企业年检和个体验照工作，结合武定县山区面积占97%的实际，走村串户，服务上门，分片分组下村，上门年检和验照。同时，认真贯彻落实中央和国家、省、州工商局关于促进农民增加收入的有关通知精神，采取七项措施积极支持农村个体私营经济发展。坚决执行优惠政策，积极支持和鼓励下岗失业人员自谋职业创办个体私营企业，促进地方经济发展。在注册登记管理股和三个工商分局分别设立了4个专门为下岗失业人员再就业服务窗口和下岗失业人员再就业政策咨询台，推行了"下岗失业人员再就业绿色通道便民服务卡"，对下岗失业人员申请办理个体工商户或私营企业的优先受理、优先发照，进一步完善了办照承诺制和限时办结制。至12月，全县私营企业已通过年检的户数为269户，年检率为91%；应验照个体工商户4 307户，实际验照4 305户,验照率99.95%,验照后户数4 518户,验存率104.9%。验照期间查处个体无照经营案件49件,案值8.24万元,收缴罚款4.12万元,查处个体违反登记案件6件,收缴罚款0.53万元。2009年,共办理农民专业合作社27户,成员168人。为59户下岗失业人员办理了个体营业执照,减免登记费0.12万元,减免其它各项费用4.6万元。为41户高校毕业生办理营业执照减免各项费用2.35万元。帮助对符合条件的5户创业人员获得创业贷款25万元。截至12月底,武定县辖区实有个体工商户4 876户,从业人员7 027人,注册资金7 441万元。2009年,新注册登记个体工商户950户,办理注销登记363户。辖区内实有私营企业443户,投资者人数为595人,注册资本56 890万元,雇工人数达8 186人。2009年,新注册登记私营企业154户,办理注销登记12户。

**【市场规范管理】** 2009年,武定县工商局加强对农资市场长效监管机制的建立和完善,建立农资经营经济户口档案,加强动态监管,确保农业生产安全,使农民利益得到更大的保护。健全种子留样备查制度,实行网上农资备案登记,保证农业用种的质量和赔偿责任追诉。2009年,共出动执法人员641人次,出动执法车辆169辆次,检查农资经营户868户,检查市场220次。查处农资案件4件,罚款2 800元,受理消费者投诉1件,挽回经济损失800元,抽检化肥1次。开展红盾护农政策法规宣传6次,印发宣传材料3 300份,出宣传栏3期。全县已有123户农资经营户建立了"两账两票"、"一卡一书",有45个品种的农资按要求进行了备案。

在扎实推进商品交易市场信用分类监管信息化建设的同时,采取有效措施,积极开展了各项专项整治行动。1. 严格执行云南省人民政府的禁塑规定,加大对违规生产销售使用塑料购物袋行为的查处力度。出动执法人员对辖区内经营户进行全面检查。2009年,共出动执法人员88人次,出动执法车辆12辆次,检查经营户2 171户,检查市场11个,查处不合格塑料袋2.4万个,对42个商店下达了限期改正通知书。2. 认真开展打击违法添加非食用物质和滥用食品添加剂专项整治工作。出动执法人员349人次,检查各类经营户4 181家,整治重点地区47个,整治重点单位123家,整治重点产品42种,专项行动中取缔无照食品经营户5户。同时认真检查流通环节丁二酸及其钠盐销售和使用情况,出动车辆6辆次、人员63人次,检查从事食品加工和食品零售的经营户569户。3. 认真开展活禽经营市场专项整治工作。共出动执法人员250人次、车辆12辆次,检查各类市场13个。4. 做好公众聚集场所、高层和地下建筑消防安全专项整治工作。共出动车辆12辆次,执法人员105人次,检查经营单位168户。5. 集中整治高考校园周边市场为高考保驾护航。出动执法人员18人次,车辆2辆次,检查经营门店28户,当场销毁过期变质食品18袋、饮料14瓶。6. 认真做好汽车摩托车下乡市场监管工作,共出黑板报6期,粘贴横幅标语10条,出动执法人员103人次、车辆13辆次,检查经营主体181户,查处摩托车无照经营案件4件,罚款300元。查处以"家电下乡"名义搞虚假宣传广告3起,查扣未经批准发布的广告横幅5条,罚款700元。7. 把握定位,与公安、文化等相关部门密切配合,形成执法合力,积极做好文化市场、"扫黄""打非"等各项工作。共出动执法人员575人次,出动执法车辆385辆次,检查出版物市场111个次,检查书店(摊)1 446个次,检查印刷复制企业128户。

**【消费者权益保护】** 强化消费维权职能,全面推进"12315"行政执法体系建设,打造维权服务的政府"民心工程"品牌。根据省、州工商局关于进一步加强12315行政执法体系建设的通知精神,及时成立了12315申诉举报中心,在狮山、高桥、插甸3个分局设立了投诉站。1. 完备12315申诉举报工作制度,做到受理迅速、分流合理、处理及时、披露适度、督办到位。2. 完善受理消费者投诉工作制度,明确工作任务,统一执法规程,建立按辖区管理的受理投诉申诉工作制度。3. 加强对各类消费品市场动态报告分析,引导消费者科学消费。4. 以12315申诉举报中心为应急行政执法指挥调度平台,加强对具体涉及辖区管理部门的组织领导,将12315消费者申诉举报工作与执法办案、信用体系建设、信息化建设相结合,从12315申诉举报案件中发现案源,为企业信用体系评价提供资料,发挥12315执法体系的综合监管职能。5. 切实加强12315执法体系工作人员纪律作风建设,严格执行"有问必答、有诉必接、有假必打、有案必查、有查必果"的热情、文明、高效、快捷工作准则,同时建立工作责任追究制度和考核制度,加强对12315执法体系工作的领导。从而建立起"一个中心、三级分流、横向到边、纵向到底、务实高效"的消费维权网络,让群众真正实现在家门口投诉,使消费纠纷就近得到解决。2009年,积极配合乡一级政府建立了"一会两站"160个,共收到申投诉、举报46起,成功办结46起,为消费者挽回经济损失4.5万元,接待来访咨询119人次。

**【食品流通监督管理】** 2009年,武定县工商局加快食品安全监管工作的整体推进,落实监管要求,创新监管机制,突出抓好"防、控、打"为一体的监管模式,有力地加强了流通领域食品安全监管工作。1. 以农村食品市场为重点,推进"农村食品安全示范店"建设。在2008年全县开展创建乡镇食品安全示范店17户的基础上,2009年全县共培育创建109户"农村食品安全示范店"。2. 做好《食品安全法》的宣传培训工作。2009年,共组织广大食品经营户学习《食品安全法》16场次,参加学习人数达1 438人次,举办培训班1期,参训人数46人次,检查食品经营户3 744户,督促食品经营户建立台账32户,对2户经营食品的违法经营户给予了880元罚款,对不认真建立进销货台账的50户食品经营户给予了责令改正的处罚。3. 认真开展食品检测工作,加强对市场的监督管理。以检疫准入为核心,严防私屠滥宰、病死猪肉、注水猪肉流入市场,要求经营者全面建立进货查验、索证索票、购销台账、质量承诺等制度,推行"挂牌经营”制度;在市场开办者、进场经营者中全面实行“场厂挂钩”、“协议准入”、“强制退出”、“市场开办者第一责任人”制度,提高市场开办者、经营者的质量安全意识,严防带疫、带病、注水肉、注水鸡上市交易,确保市场经销的猪肉100%来自定点屠宰加工企业,确保肉食、禽类及其制品消费安全。2009年,共出动执法人员2 998人次,检查市场754个次,检查经营户14 323户次,执法人员在4个农贸市场、2个批发部、4个超市共采集泡菜、罐头制品、火腿肠、其它米面制品、豆腐干、食用盐、干菜等食品样品53个,开展猪肉水分检测215次,检测结果为合格。

**【广告监督管理】** 2009年,武定县工商局认真做好广告日常监管和服务工作,充分发挥广告在社会主义经济建设中的作用。同时,积极开展虚假违法广告专项整治,规范全县广告市场秩序,把直接关系人民群众切身利益的医疗、药品、保健食品、化妆品、美容服务、房地产等六类广告作为整治的重点,积极开展整治行动,并切实加强对户外广告、印刷品广告、广告经营单位和新闻媒介单位广告的监管,利用广播电视宣传栏、黑板报等形式加大宣传力度。2009年,共登记各类户外广告62件,其中:药品广告2件,保健食品广告4件,其它广告56件,出动执法人员83人次、执法车辆28辆次,检查市场经营主体921户次,收缴未经办理户外广告登记的药品广告(散页、报纸)3 500份,清洗户外小广告960条,责令改正店堂广告16户,户外广告7户,摘除虚假宣传的超市招牌2户,查处广告案件3件,收缴罚没款700元。

**【商标监督管理】** 大力推进商标战略工作的实施,结合实际,把武定县支柱行业、重点企业和农副土特产品商标注册工作列为重点,尤其是以服务“三农”为出发点,积极引导农副产品的商标注册,特别是加快证明商标、集体商标的注册步伐,促进地方经济发展。同时,突出以食品、酒类、药品、农资、涉外商标、驰名商标、著名商标专用权的保护为重点,以生产、批发企业、专营专卖店、超市为整治突破口,开展保护商标专用权专项执法行动。2009年,结合开展“一乡一标”工作,发放《商标法》、《商标注册所需提交的材料》宣传单1 500份,走访企业宣传商标法律、法规、商标有关知识,动员引导企业注册商标33户次,分别填用商标注册建议书21份,商标备案建议书13份,查获商标案件2件,收缴罚款6 000元。截至12月底,武定县共有注册商标56件,其中2009年帮助企业、个体工商户申报注册商标11件。

**【基本建设】** 2009年,武定县工商局从加强基础设施建设入手,逐步加大资金投入力度,为局机关和分局添置了6台计算机、4台打印机及部分办公用品,以狮山分局为试点加快基层规范化建设步伐,挤出资金8万余元对办公楼进行了改造,全面实现了基础设施建设规范,监管制度规范,服务行为规范,执法行为规范和队伍管理规范,12月,狮山分局的基层规范化建设已顺利通过州局的检查考核。同时,进一步加大对职工食堂的投入和管理,继续巩固基层分局职工食堂,安装修缮了监控设备和路灯,积极建设职工阅览室、职工活动室,搞好绿化、美化工作,进一步完善了局机关和分局的学习实践科学发展观活动宣传栏、政务公开栏和价格收费公示牌,极大地改善了职工的工作和生活环境。

**【机关党建工作】** 武定县工商局设党总支1个,党支部5个,有共产党员71名。2009年,紧扣主线,把握主题,在全体干部职工中深入开展学习实践科学发展观活动,广泛开展了“五比五看”和“七对照七检查”主题学习实践活动。认真开展了“解难题、渡难关”两个“五个一”主题实践活动,活动开展以来,全局79名公务员共走访结队帮扶的个体户、企业213次,走进社区了解情况20次,宣传工商法律、法规98次,开展工商法规咨询102次,征求意见89次,征求到意见建议7条。与武定县文联联合创办了一期“科学发展在武定工商”《狮子山文艺》(工商专刊),印制了《红盾在学习实践中闪光——武定县工商行政管理局学习实践科学发展观活动掠影》图册,总结撰写了学习实践科学发展观典型材料10个,共编发武定县工商局深入学习实践科学发展观活动工作简报28期。2009年,全局在学习实践科学发展观活动中,参加全员培训356人次,举行专题辅导5场次,邀请有关人员辅导授课3场次,系统内介绍经验11次,局领导授课2场次,写出心得体会文章84篇,调研报告4篇,学习实践科学发展观活动在武定县工商系统取得了明显成效。

**【老干工作】** 2009年,武定县工商局有离休干部1名,退休干部、职工18名。坚持和完善老干部阅文、学习制度,组织老干部学习理论和国家大政方针6次,召开老干部工作会议2次,写出老干部调研材料1篇,并多次向老干部通报县情局情,使老干部们充分了解全县工商工作的整体进展情况,充分发挥老干部党支部的战斗堡垒作用,进一步增强组织观念和党性修养。继续执行“四必访”制度,即生病、重大节日、婚丧嫁娶、困难户必访,春节前为老干部送去慰问金4 000元,为3名生活特别困难的老干部遗属送上慰问金600元,中秋节为老干部送上月饼、板栗等土特产。加强老干部的思想政治教育,关心离退休老干部生活,倾听老干部们的意见建议,积极帮助解决在生活方面存在的问题。组织离退休老干部参观工农业生产项目。“敬老节”期间组织了全体离退休老同志到武定县“生命源”化工有限责任公司和武定县养鸡厂进行了参观,让老同志了解全县的工农业生产情况,感受武定县五乡五业建设所带来的巨大变化。年内组织2名老干部到省工商局安宁培训中心进行疗养,8月份组织离休干部进行了健康检查,让老干部们深深体会到了单位大家庭的温暖。

**【经济检查】** 2009年,武定县工商局以构建社会主义和谐社会,打造“平安武定”、“活力武定”为目标,继续深入整顿和规范市场经济秩序,努力创建公平竞争的市场秩序、安全健康的消费环境和诚信和谐的流通氛围,制定了做好对违法行为人的警示与疏导工作实施方案,不断优化和整合原有的各项行政执法制度,坚持属地管理,将查处违法行为人的警示与疏导工作与市场巡查制相结合、与经济户口管理相结合、与信用分类监管相结合、与商品准入制度相结合、与12315消费者申诉举报相结合、与执法监督管理制度相结合,健全完善市场主体的监管体系、流通领域商品准入监管体系、消费者申诉举报体系、市场监督管理体系,建立健全行政执法责任制,规范监管行为,形成分工协作、统一互动、快捷灵敏、行之有效的监管运行机制,增强综合执法能力,做到"早发现"、"严监管",实现监管职能到位。2009年,武定县工商局共查处各类违法违章案件446件,罚没款191 540元。

【信息化建设】 1. 深化业务软件应用,结合全州工商系统网上绩效考核,努力提高云南省工商行政管理信息系统的应用率,切实加强楚雄州收费软件、楚雄工商网上商品备案监管服务系统、分类监管与动态巡查系统、工商综合信息系统、统计报表软件、Office办公等软件的规范应用和数据的维护管理,保障日常工作正常、有序地开展。2. 加强数据管理,注重数据质量和数据资源的整合利用。加强数据管理,安排专人负责、把关数据库数据质量,定期通报数据库建设情况,要求各业务股(室)根据州局对口业务科(室)制定的应用规范,明确数据录入标准,在软件应用过程中狠抓数据质量,加强对基层的指导和督促。着力解决各级不同程度存在的数据录入不准确、不规范、不完整甚至不依据业务规范和操作规范随意处理信息数据等问题,确保数据信息的真实、完整、准确。3. 完善制度,强化培训,促进信息化建设走向制度化和规范化。先后制定出台了一系列规章制度,有效地促进了各项业务工作的规范化和标准化。巩固近几年教育培训工作取得的成果,开展岗位技能培训和计算机操作技能培训活动,以考促学,以赛促学,兴起"争当业务尖子、争当计算机能手"的热潮,切实提高全局干部的信息化应用水平,真正实现信息化建设"三化"目标:即"工作人员专业化、日常运作规范化、信息管理制度化。2009年,组织干部职工学习培训4次,参加人数192人次,层层推荐选拔参加了省州局的能手竞赛,其中被州局表彰为计算机操作能手2人,执法办案能手2人,注册登记能手1人。4. 加强网络安全建设。单独建立符合计算机网络中心安全、温度、防火、防水等基本要求的中心机房,明确了涉密计算机12台,在全局要求各股(室)、分局制定网络安全管理制度,层层落实安全责任,按照"谁使用,谁负责"的原则,把网络安全责任细化到每一台电脑,每一个人,提高网络安全防护能力。同时,加强安全教育和培训,切实增强全体干部网络安全意识和应急能力。

【消委会工作】 2009年,武定县工商局紧紧围绕"消费与发展"年主题,加强消保维权的调研,重视和关注消费者投诉的热点及难点,坚持对投诉按月进行分析。共撰写食品安全、服务消费领域监管简讯6篇,上报典型投诉案例1例,引导消费者树立正确的消费观念和消费方式,促进科学、合理、文明消费。为配合省消协《云南省维护消费者合法权益十大典型案例》的评选活动,上报了1篇典型案例,并认真开展了2009年"3·15"活动问卷调查工作,对消费领域存在的问题进行消费维权社会问卷调查。以多种形式开展了纪念"3·15国际消费者权益日"宣传咨询服务活动。认真组织全体干部职工收听收看了中央电视台和云南电视台播出的"3·15"专题电视晚会,并充分利用广播电视传媒作用,与武定县移动公司、联通公司、电信公司联系,在3月14~15日以发送手机短信的形式,分别给移动、联通、电信用户发送"3·15"维权短讯,受宣传人数为10.5万人次,同时充分发挥各理事成员单位及"一会两站"的联动作用,在"3·15"前夕,共有国税、地税、广电等15家消委理事成员单位悬挂布标15块,展板5块,黑板报3期对"消费与发展"年主题进行宣传。3月15日,由县工商局、县消委牵头组织开展宣传咨询服务活动,共有烟草专卖、农业、畜牧兽医、质监、药监、粮食、电信、联通、移动9家单位参加,现场宣传人员49人,共发出宣传材料43种共计1万份,受宣传人数4 000人,接受咨询人数680人次,现场受理消费者投诉3件,整个活动收到了预期的效果。

【个私协会工作】 1. 加大对企业、个私业主的法律法规培训与宣传力度。结合企业年检、个体验换照及武定县实际,共组织私营企业法律法规学习培训1次,参会人员256人,组织内资企业法律法规学习培训1次423户参加,组织私营企业法律法规学习培训1次256户参会,组织个体工商户法律法规学习培训26场次,参会人员4 638人次,使广大企业、个体私营业主增强了法制观念和信用观念,积极争做"爱国敬业,守法经营,诚信服务,奉献社会"的模范。2. 加强个私非公党建工作。为切实抓好非公企业党建的"登记申报、年检、年报"工作,协会党委立足全县非公企业党建实际,以三个百分之百确保"登记申报、年检、年报"工作目标百分之百实现。2009年,武定县个私协共有私营企业党支部10个,在册党员317人,个体工商户党支部1个,在册党员152人。3. 大力加强职业道德教育,积极鼓励和支持个私业主参加各种高尚的文艺、体育等精神文明活动。2009年,组织全县256户私营企业听取县委宣传实践科学发展观专场宣讲报告会1次,组织干部职工和会员为受火灾的高桥个体户杨红明家捐款1.9万元,积极筹集资金,组织县内274户私营企业主到武定县忠爱医院进行健康体格检查,以实际行动体现了对会员的关心关注。

【2009年任职的局领导名单】

党组书记、局长　李碧明

副 局 长　李　伟

　　　　　曾红春(2009.10~)

纪检组长　松　琼(~2009.10)

## 禄丰县

【概况】 2009年,禄丰县工商局内设机构11个,即办公室、公平交易股、经济检查队、登记注册股、计划财务股、监察室、法制股、人事教育股、机关后勤服务中心、系统工会、信息办;派出机构5个,即金山工商分局、广通工商分局、碧城工商分局、一平浪工商分局和腰站工商所(金山分局和腰站工商所合署办公)。全局共有在职职工133名(其中自收自支人员2人)。

**【法制建设】** 2009年,禄丰县工商局进一步加强法制建设,依法行政水平明显提高。1. 加强法制宣传教育培训。继续坚持每个季度一次的法规学习考试,组织开展了新的执法文书培训和"执法办案能手"评比活动,增强了全体干部职工适应职能调整的本领和素质。2. 加强核审工作,提高行政执法质量。全年共核审一般程序行政处罚案件204件,审核企业登记材料70户。3. 坚持对办案机构开展半年一次的行政执法检查和不定期的案件质量评查,认真查找存在的问题,促进全系统执法办案质量的提高。4. 开展对违法行为人警示与疏导工作,缓和矛盾升级。按照"事前预警告诫、事中纠正制止、事后教育规范"的要求,在市场检查和行政执法中认真开展对违法行为人警示与疏导工作,并严格落实回访制度。

**【纪检监察】** 2009年,禄丰县工商局认真落实党风廉政建设工作责任制,反腐倡廉工作取得新的成效。1. 认真落实党风廉政建设"一岗双责"制,层层抓落实,与各股(室、队)、分局签订党风廉政建设责任书,签订率达100%。2. 认真开展党风廉政教育系列活动。在组织观看警示教育片的同时,通过举办反腐倡廉形势报告会、组织干部职工到楚雄州预防职务犯罪警示教育基地和楚雄监狱开展警示教育、到结对帮扶的村委会开展进农村等一系列活动,提高全体干部职工的思想政治素质和拒腐防变能力。3. 加强政风行风建设。将政风行风评议工作纳入年度目标管理,在全系统全面推行基层工商执法人员向监管服务对象代表述职述廉工作,继续实施廉政风险点管理,并建立了行政行为回访制度。4. 开展规范行政权力运行试点工作。以规范工商行政管理职权为出发点,狠抓行政权力清理和公开透明运行两项重点工作,对行政权力进行全面梳理、逐项规范。

**【人事教育】** 1. 开展深入学习实践科学发展观活动,大力加强干部队伍的思想政治建设。在活动中突出实践特色,着力解决工商事业发展中存在的突出问题,进一步改善了机关工作作风,机制体制不断完善。2. 加强基层班子建设,提升领导能力。围绕局党组对分局班子建设配齐、配强的思路,对各股(室、队)、分局部分中层干部进行了交流,对部分职工工作岗位进行了调整,并根据工作需要新任命了5名中层干部。3. 加大干部培训教育力度,全面提高干部队伍整体素质。坚持每周一次的理论学习制度,组织开展了"一岗双责"和注册登记、执法人员业务培训,组织人员参加了"禄丰县政府协同办公系统"培训,不断提升干部队伍的政治理论水平和业务技能。在学历教育工作中,本着工作、学习两不误的原则,积极支持鼓励干部职工参加本科及研究生课程的学习。

**【企业注册登记】** 1. 认真落实首问责任制、限时办结制等便民服务措施,大力加强登记窗口建设,努力为投资者、创业者营造良好的发展环境。2. 深化企业信用分类监管,充分利用企业信用监管数据平台,通过红盾信息网站及时公布企业的年检信息及违法被吊销企业的信息。3. 积极推行网上年检,鼓励企业网上申报年检,提高年检效率。4. 认真做好非煤矿山、危险化学品、烟花爆竹等重点行业生产经营企业的专项整顿,及时做好企业的变更登记和注销登记工作。截至12月31日,全县共有内资企业710户,注册资本85 277万元。年内新增内资企业69户,注册资本6 389万元,办理注销登记66户。

**【企业监督管理】** 1. 认真贯彻落实《国务院关于鼓励支持和引导非公有制经济发展的若干意见》和《云南省人民政府关于鼓励创业促进就业的若干意见》,进一步优化发展环境,继续促进非公有制经济健康发展。2. 认真落实工商部门对社会的承诺事项,积极支持应届大学毕业生、复退转业军人、下岗职工、农民工就业再就业,支持残疾人自主创业。3. 认真开展非公经济党建摸底调查工作。全年共指导帮助企业填写《非公有制企业党建工作情况年报表》358份、《新注册非公有制企业党建工作情况申报表》38份。截至12月31日,全县共有私营企业674户,注册资金111 925万元,从业人员15 104人;个体工商户9 775户,注册资金1.5亿元,从业人员10 816人;农村经纪人15户;农民专业合作社45户,出资总额645.25万元,合作社成员780人。年内新发展私营企业123户,个体工商户2 409户,农村经纪人7户,注册登记农民专业合作社30户。

**【市场规范管理】** 1. 积极开展诚信市场创建工作。经全面认真的考核,认定禄丰金山市场、禄丰县金山农贸市场和禄丰县龙源祥市场为2A级诚信市场,禄丰金山市场被州工商局认定为3A级诚信市场。2. 建立市场监管信息定期分析报告制度。从4月开始,把禄丰金山市场、金山农贸市场、喜多多购物广场及农资公司作为全县农副产品和农资价格日监测点,对市场主体变化、农副产品和农资价格、流通领域食品监测、消费热点、违法广告监测、商标申报注册等情况进行定期分析,掌握市场变化动向,实施科学监管。

**【消费者权益保护】** 2009年,禄丰县工商局以建立消费者协会"一会两站"为重点,制定了《"一会两站"建设工作实施方案》和《进一步提升12315服务效能工作方案》,积极推进"12315"维权网络建设和服务效能提升,营造安全放心的消费环境,促进和谐社会建设。全年共接待来访、咨询158人次,受理消费者投(申)诉45件,调解成功45件,处理(申)投诉结案率达100%,为消费者挽回直接经济损失86 993元。

**【食品流通监督管理】** 1. 认真组织开展《食品安全法》宣传活动。在宣传工作中,全局共组织干部职工集中学习3场次,举办经营户培训班1期,开展现场咨询5场次,发放宣传材料3 000余份。

2. 进一步健全食品安全监管长效机制，认真落实网格区责任田责任人责任制。目前，20个食品超市和食品市场全部建立了进货索证索票制度，1 861户乡镇、街道和社区食杂店全部建立了食品进货台账，进一步巩固了"两个100%"和"一个彻底解决"工作成果。3. 积极开展"农村食品安全示范店"培育、创建工作。按照农村食品安全示范店的标准，通过经营者申报、严格审核、实地检查和向社会公示，命名了158户食品经营户为"2009～2010年农村食品安全示范店"。4. 积极开展流通环节食品检测工作。全年共组织检测人员培训2场次，开展食品快速检测12次，检测的食品均未发现异常。5. 认真组织市场专项整治和检查活动。全年共出动执法人员1 938人次，检查经营户13 370户次，取缔食品无照经营户30户，查处制售假冒伪劣食品案件20件，查获假冒伪劣食品136.6千克。6. 规范碘盐市场。共检查18个集贸市场、1个食盐代批发销售网点、1 861个食盐零售摊点，查获假冒云南盐化股份有限公司生产的"白象"牌食盐1 140千克。

**【广告监督管理】** 2009年，禄丰县工商局以整治关系广大人民群众切身利益的药品、医疗器械、保健食品等广告为重点，严把广告经营资格发布关，认真审查广告的发布内容，统一指定粘贴户外广告地点，打击虚假违法广告行为。全年共核准发布墙体广告、车身广告和布标广告82件，出动执法人员263人次、车辆42台次，对辖区内广告进行了专项检查，共检查经营户785户次，监测广告8条，检查广告52条。

**【商标监督管理】** 2009年，禄丰县工商局大力推进商标品牌战略实施，增强县域经济发展后劲及企业自主创新能力。县局成立了领导小组及办公室，制定了《开展"一乡一标"工作实施方案》，对全县商标目标任务进行了量化分解，与职能股室和分局签订了《商标工作责任书》，采取措施动员广大企业开展商标注册，及时提醒企业变更、续展注册商标，为企业商标的使用、管理、保护和争创工作提供意见或建议，全年共帮助企业申请注册商标登记16件，年内，全县共有有效注册商标94件，"云南省著名商标"4件。

**【计划财务工作】** 2009年，禄丰县工商局按照节约型工商建设理念，围绕科学理财，进一步强化预算管理，加强监督，提高资金使用效率，确保各项工作的顺利开展。在经营性国有资产清查工作中，认真按照上级要求，对2007～2008年全局经营性国有资产涉及的出租房屋铺面进行了全面清理核实。在各项财务管理工作中加强财务软件的应用，进一步提升财务管理信息化工作水平，会计基础工作规范化建设通过了州局组织的规范化达标考核。

**【基本建设】** 2009年，禄丰县工商局确定了金山分局、碧城分局为工商所（分局）规范化试点单位，对碧城分局办公楼进行了环境绿化，对金山分局办公楼楼顶防水、墙面等进行了修缮，金山分局和碧城分局全部通过了州局规范化工商所（分局）验收。一平浪分局办公综合楼建设前期工作进展顺利，2010年下半年即可竣工搬迁。

**【机关党建工作】** 局机关党委下设6个党支部：局机关党支部、金山分局党支部、广通分局党支部、碧城分局党支部、一平浪分局党支部、离退休干部党支部，共有党员90人，其中在职人员中有党员75人。2009年，禄丰县工商局机关党委把党建工作作为全局工作量化考核的重要内容纳入考核，认真开展了深入学习实践科学发展观活动，深入抓好党风廉政建设，认真开展规范行政权力运行试点工作，深化精神文明创建工作，文明单位创建、基层党组织结对共建和城乡文明结对共建活动取得实效。

**【老干工作】** 禄丰县工商局现有离退休人员24人，成立了离退休干部党支部。在工作中，切实加强与老干部的联系，组织离退休党员干部参加了第二批深入学习实践科学发展观活动，召开了离退休老干部座谈会，对全县工商行政管理工作情况进行了通报，征询了老干部的意见和建议；走访慰问了离退休干部和遗属，对老干部反映的问题按政策及时给予答复和解决。年内办理了2名提前退休人员正式退休手续，对8位生病住院的老干部进行看望慰问。

**【经济检查】** 2009年，禄丰县工商局在加强日常监管的同时，对农资、食品、网吧、非煤矿山等进行了专项整治，共出动执法人员2 884人次，出动车辆330台次，查处各类经济案件321件（其中立案207件），没收违法物资：电线79卷，假冒茅台酒22瓶、水井坊10瓶、五粮液21瓶、五粮春28瓶，劣质洗发水38瓶，各种香皂90块，影碟机18台，节能灯82只，过期农药105瓶，国家禁止生产销售的"地条钢"11.65吨，啤酒、饮料、调味品、方便面、糕点等过期食品136.6千克。

**【信息化建设】** 2009年，禄丰县工商局以提升信息化技术含量和人员素质为目标，加快信息化建设步伐。1. 与各股（室、队）、分局签订《信息化建设工作责任书》，将各项目标列入责任书实行效能考核。2. 加强硬件设施建设，提高办公效率。年内投资11.9万元，购买了计算机、打印机、复印机、数码相机等办公用品，全局已有各类计算机124台（其中台式机104台，笔记本电脑17台，服务器3台）。3. 加大培训力度，提高干部职工计算机应用水平。举办计算机应用培训8期次，开展了全员计算机岗位练兵竞赛活动，对在竞赛中成绩突出的30名职工分别授予计算机操作能手、执法办案能手和登记注册能手称号。全局干部职工通过全国计算机等级考试的有123名，其中获得一级证书121人，二级证书2人。4. 加强工商系统业务软件的应用，提升信息化应用效能。继续完善企业网上年检系统、"食品安全监管电子地图"等系统的开发应用，加强数据监测，提高数据质量。

**【消委会工作】** 2009年，禄丰县消费者协会围绕"消费与发展"主题开展"3·15"宣传咨询服务活动，通过电视、广播、手机短信、宣传栏、发放宣传单等形式广泛宣传《食品安全法》、《消费者权益保护法》、《云南省消费者权益保护条例》、《国务院关于加强食品等产品安全监督管理特别规定》等法律法规，展出打假打私成果展板25块，展出食品、农资、家电、摩托车等7大类的假冒伪劣商品共18个品种，悬挂宣传布标40余条，发送公益短信3条，发放维权普法宣传资料1.4万多份，发放问卷调查表100余份，接待咨询673人次，现场受理投诉6起。至12月底，全县14个乡镇消费者协会分会和“两站”已全部挂牌。

**【个私协会工作】** 禄丰县个体私营经济协会下设5个分会，其中基层分会4个、直属分会1个，共有会员7 625户。在工作中，县个私协会充分发挥“自我教育，自我管理，自我服务”的职能作用，举办经营户培训班1期，开展现场咨询5场次，发放宣传材料3 000余份。在春节、中秋节前夕，对会员积极开展慰问活动，对受灾困难和生病会员及时进行走访慰问。成立了鼓励创业“贷免扶补”工作领导小组，开展了业务培训，购买了《云南省劳动合同书》免费发放给创业人员使用，年内共扶持创业人员3户，帮助创业人员申请创业贷款7户，贷款金额35万元。

**【2009年受到表彰的单位和个人名单】**

禄丰县工商局被省委、省政府评为第十二批省级文明单位。

**【2009年任职的局领导名单】**

党组书记、局长　杨建华

副 局 长　尹　明　李云峰

纪检组长　李祖贤

# 红河哈尼族彝族自治州

**【概况】** 云南省红河哈尼族彝族自治州工商行政管理局辖13个县、市工商行政管理局，76个工商所、分局。局机关驻蒙自县红河大道南侧。机关内设办公室、人教科、监察室、法制科、计划财务科、基础设施办公室、公平交易科、经济检查支队、企业个体私营注册登记管理科、外资科、商标广告管理科、市场科、机关后勤服务中心、12315消费者申诉指挥中心、信息办公室、工业园区分局共16个科级单位。代管的群团组织有红河州消费者协会、红河州信用促进会、红河州广告协会。截至2009年底，共有在职干部职工1 076人。

2009年，红河州工商行政管理系统在省工商局和中共红河州委、州人民政府的领导下，深入学习实践科学发展观，紧紧围绕全省工商行政管理工作会议的安排部署以及州委、政府的各项中心工作，按照国家工商总局的“四个统一”、“四化建设”、“四个转变”、“四高目标”和云南省工商局“三个到位”、“六个好”的工作目标要求，以开展“服务效能提升年”活动为契机，紧扣中心，围绕大局，积极应对全球金融危机，保民生、保增长、保稳定，在服务地方经济发展上谱写了新的篇章，整顿和规范市场经济秩序取得新成效，队伍综合能力和基层规范化建设迈上新台阶。

**【法制建设】** 1. 按照“五五”普法规划和省局、州委普法办的安排部署，开展全系统法制宣传教育工作，搞好工商行政管理法律法规宣传。2. 加强法制监督，规范执法行为。全系统共办理行政处罚案件8 514件，其中按照简易程序处罚的6 000件，按一般程序处罚的2 514件，经法制机构核审的2 333件，未核审的181件属一般程序处理的案件中的简单案件。受理行政复议案件5件，受理后申请人撤回2件，经审查，申请人不具备复议主体资格不予受理2件，受理1件，结果维持原处罚决定。达到听证条件的行政处罚案件612件，当事人申请听证8件，受理8件，经听证，维持4件，变更4件。当事人对工商部门提起行政诉讼6件，经人民法院审理，当事人撤诉1件，驳回诉讼请求1件，维持2件，限期履行职责1件，未审结1件。对2007年以来的行政处罚案件抽取668件进行回访，回访率达13%。共抽取按一般程序处罚的案件195件、按简易程序处罚的案件368件进行执法评议考核，对存在的问题在办公自动化系统上进行了通报。开通了红河州行政执法与刑事司法互助信息平台系统。3. 执法责任制进一步落实，重新修订了《案件审理委员会工作规则》，制定了《行政执法评查、评议、考核办法》、《关于做好对违法行为人警示与疏导工作的实施意见》、《关于对查处公司发起人、股东抽逃出资违法行为适用自由裁量权意见》等。4. 顺利完成了行政执法证换发工作。5. 加强对基层法制工作的指导，编印《工商行政管理基础知识手册》，整理了工商行政管理常用法律法规、国家工商总局答复等链接在红河红盾网上，供大家学习下载。

**【纪检监察】** 1. 抓责任制的贯彻落实，每半年召开一次专题会议分析党风廉政建设工作存在的问题和应采取的办法和措施；结合实际制定和签订目标责任书，全系统共签订目标责任书444份；制定了《贯彻落实建立健全惩治和预防腐败体系2008～2012年工作规划的实施意见》。2. 继续开展党风廉政建设宣传教育工作，组织开展正反两方面的警示教育活动，以孟连县“7.19”事件和“云铜专案”为典型，开展案例分析教育；“七一”建党节组织党员瞻仰烈士陵园，开展迎“七一”歌咏比赛活动。3. 开展工商廉政文化建设。州本局机关和各县（市）局办照大厅、办公楼过道悬挂廉政警示牌1 000余块。积极推进廉政文化“五进六上”活动。4. 建立健全和完善规章制度，规范行政管理行为，以落实阳光政府“四项制度”为重点，制定和完善了《阳光政府四项制度监督检查实施方案》及《细则》、《机关固定资产管理岗位制度》、《关于进一步加强财务管理的规定》、《机关档案管理办法》、《基层工商所分局工作规范》等。重大决策听证一次3项、重要事项公示10项、重点工作通报10项和政务信息查询指南1项；政务信息公示四个栏目累计达34项；公示动态信息43期，工商法律法规查询23条；工商公告5项；提交相关资料下载和网站查询帮助等内容，为公众查询提供方便。开展责任政府四项制度、阳光政府四项制度和“六项重点工作”督察检查工作7次；开展了14次行风义务监督员巡视检查活动。组织参与收听省工商局领导做客省广播电台《金色热线》互动沟通直播节目及州工商局领导做客红河广播电台《红河纠风热线》直播节目，互动人数达2 000余人次。5. 加大信访件的查办力度，全年收到信访举报10件，受理10件。反映情况不实的1件，查无实际的2件，批评教育2件，通报批评2件，督办1件，限期整改1件，诫勉谈话1件。责令3人写出书面检查。6. 开展基层执法人员向监管服务对象代表述职述廉工作，全州45个工商所（分局）137人参加述职述廉活动，邀请评议代表1 286人，发放民主测评表1 281份，发放问卷调查表11 538份，满意率最低95%、最高100%。7. 强化督察力度，派出47人次开展督察7次，督察县市局47个次，抽查工商所（分局）66个次，发督察通报7期。

**【人事教育】** 1. 根据州委和省工商局关于开展学习实践科学发展观活动的部署，于3月~8月投入经费5万元，按照实施方案完成了各个阶段的目标任务。在学习实践活动中，开展了科学发展观全员培训，参学人数达3 294人次，各级领导作辅导55场次，培训骨干364人次，邀请专家授课17场次，开展先进典型经验交流60人次，撰写学习心得体会1 064篇，走访企业193户次，形成调研报告56篇。2. 组织开展语言文字达标工作，按照所处蒙自县二类城市语言文字工作评估档案资料要求，收集整理、补充、完善了近年来语言文字工作的相关资料，通过了红河州语言文字工作委员会的检查验收，并被确定为接受省语言文字工作委员会检查的试点单位。3. 工商所（分局）规范化建设达标已完成27个，超额完成4个。4. 组织开展对全系统1 087名在职人员的年度考核工作，评选出优秀等次210人。5. 办理了10名公务员的招录手续。上报审批了13人申请提前退休手续，组织112名符合工人技术等级晋升的人员参加培训考试，并上报省局审批了34人晋升为高级工的工资手续，审批了78人晋升为中级工的工资手续。6. 办理了4名科级干部的试用期满转正手续，调整科级职位2个，批复任免分局长4名。

**【企业注册登记】** 2009年，红河州工商局按照保增长、保民生、保稳定、鼓励创业促进就业的总体要求，认真贯彻落实责任政府和阳光政府“四项制度”，提高服务效能。1. 加强登记“窗口”建设，凡是无法定前置审批条件、登记材料齐全、手续完备的审批项目，一律当场许可。2. 对“窗口”一线工作人员充分授权，全系统县级以上14个注册大厅的受理人员均可当场办结登记、备案事项。3. 开展股权出质登记，缓解企业融资困难，办理股权出质登记15件，股权出质额14 539.7万元，担保债权总额18 890万元。4. 对个体工商户、个人独资企业、合伙企业的设立登记，按照注册资金（营运资金）以及生产规模和经营范围相适应的原则办理登记，不作数额上的限制，一个工作日办结。创业人员从事个体工商户登记的，一律免收证照类、登记类费用。5. 开展岗位练兵活动，决出10名州级注册登记能手，选派6名参加省级竞赛，2名获省级注册登记能手称号。共登记注册内资企业4 529户，与上年相比减少175户，注册资本（金）252.7亿元，比上年增加34.1亿元。登记注册私营企业6 796户，与上年相比增加727户；注册资本（金）133.35亿元，与上年相比增加27.96亿元；从业人员136 753人，与上年相比增加6 422人。登记注册个体工商户达88 004户，与上年相比增加12 568户；注册资本（金）26.19亿元，与上年相比增长7.96%；从业人员146 622人，与上年相比增加21 414人。登记注册农民专业合作社308户，与上年相比增加150户；出资额1.06亿元，与上年相比增加6 800万元；成员总数5 518人，与上年相比增加2 563人。

**【外商投资企业注册】** 1. 本着“多设路标，少设障碍”的思想，改进登记服务方式，建立“绿色通道”，对招商引资项目主动提前介入，大力推行预约服务、上门服务、跟踪服务等措施，建立疑难问题“会商”制度。做到急事急办，特事特办。建立咨询、受理、登记、发照“一站式”服务，提高登记效率。在红河州工商局登记注册的外商投资企业100户，其中有限责任公司20户，分支机构80户。投资总额21 175.06万美元，注册资本11 794.46万美元，分支机构80户。新登记注册10户，完成与州政府签订的目标责任书。办理变更登记20户。办理注销登记2户。2. 坚持原则性与灵活性相结合、合法性和合理性相结合。优化工作流程，实行“一审一核”制度。坚持做到“两个不得”：不得以准入把关为由，超出法规增加条件，甚至人为设置障碍；不得以发展经济为由，擅自突破法律规定。3. 围绕前置审批、登记注册、监督管理三个方面，对市场主体进行行政提醒。4. 建立健全企业联络员制度，加强对联络员培训，加强与企业的沟通，对92户企业进行实地调查和回访，超额完成与州政府签订的目标责任书。5. 建立《红河州外商投资企业经济户口管理实施办法》和《外籍自然人（越南人）经商备案管理制度》。6. 优化年检措施，推行网上年检，充分发挥外资登记管理信息资源的优势，资源共享。2008年度全州应年检企业106户，年检96户，年检率90.56%。7. 建立上下联动的监管机制。登记机关及时将外资企业设立、变更、注销、处罚等行政决定，及时传递给基层工商部门，基层工商部门及时将回访信息录入经济户口管理系统反馈给州局，并督促企业到登记机关办理变更登记。

**【企业监督管理】** 1. 开展了查处取缔黑网吧专项行动，整治不良广告。2. 开展了计划生育药械市场专项整治行动。3. 积极参与打击盗窃破坏“三电”违法犯罪专项斗争。4. 依法严厉查处未依法登记、超越经营许可范围擅自经营、销售地理信息产品、盗版地图等违法行为。5. 参与安全生产执法行动。6. 配合有关部门开展保安服务市场专项整治。查处违反内资企业登记管理法规的内资企业133户次,吊销营业执照86户。通过年检,授予守信(A)级企业4 313户,警示(B)20户,失信(C)196户。查处私营企业违反登记管理法规142户次,吊销营业执照36户,罚款106.97万元。通过年检授予守信(A)级企业6 453户,警示(B)48户,失信(C)295户。查处个体工商户违反登记管理法规3 135户次,罚款53户次,罚款金额15.83万元,吊销营业执照2 587户,发出整改通知书22份,责令改正10户,查处黑网吧46户。

**【市场规范管理】** 1. 组织开展了诚信市场创建活动,认定1A级诚信市场26个,2A级诚信市场26个,3A级诚信市场5个,4A级诚信市场4个。2. 对全州3 166户农资经营户全部纳入信用分类监管。3. 组织开展了农资打假护农保春耕专项行动,对全州市场上经营的农药和化肥进行了重点抽样监测,经省化工监测中心检测,所抽样监测的95个样品24个合格,71个不合格。不合格样品涉及劣质化肥250吨、农药105件,罚没款82万余元。检查农资经营户2 692户,占全州农资经营户3 166户的85%,已有2 799户建立了“两账两票”、“一书一卡”制度,占总户数的88%。农资经营户台账和经济户口档案全部建立。4. 加大案件查处力度,共查处经销假劣农资案件115件,案值93.93万元,罚没款112.91万元,没收查扣各类假劣农资一批,受理农资投诉10件,为农民挽回经济损失2.09万元。5. 开展了对农村经纪人的培训工作,并对符合条件的进行了登记发照,与各级供销合作部门配合举办了18期1 400余名经纪人业务培训,登记发照的经纪人达到1 150户,2009年新增547户,超额完成了与州人民政府签订的发展目标任务的447%。6. 积极宣传推广各种农产品类合同示范文本44 339份,规范购销行为。7. 组织开展2007～2008年的“守合同重信用”企业公示活动,共公示426户,超过与州人民政府签订目标任务数的184%。8. 加强合同检查和行政调解,共检查合同199份,涉及金额28 608.68万元,调解合同争议2件。检查涉农企业79户的涉农合同3 875份。9. 办理企业动产抵押登记161份,抵押合同金额185 708万元。10. 对7户拍卖企业的拍卖活动进行监管,备案20次,现场监拍19次,拍卖委托书25份,拍卖确认书43份,拍卖委托金额2 784万元。11. 发挥合同监管职能作用,积极参与建设工程领域突出问题的专项治理工作。12. 对商品交易市场开办方已办理企业登记的118户中的103户完成了市场信用分类认定,其中A类市场14个,B类市场59个,C类市场30个。13. 加强对粮食市场的监管。全州共有粮食批发市场3个,在各类市场中划分出粮食交易区的市场230个,取得粮食收购资格的企业170户,粮食经营户1 300户。检查粮食市场556个次、各类粮食经营户1 640户次。14. 对2个汽车交易市场、38户汽车经销商和24户加油站进行了检查。15. 针对“元旦”、“春节”等节日,检查烟花爆竹经营户2 703户次,查处无证照经营案件112件,取缔违规经营59户,查处质量欺诈案件11件,发放各类宣传材料4 900份,收缴非法销售以及假冒伪劣烟花爆竹2 379件。16. 对旅游市场进行综合整治,检查景区、景点250个次,检查旅游企业及经营户2 047户次,收缴三无产品和过期食品2 884瓶(袋),查处旅游企业违法经营案件2件。17. 开展“禁塑”工作,检查市场368个次,检查经营户35 232户次,查处违法经营户62户,收缴不合格塑料袋136.33万个,捣毁窝点3个,发放宣传材料40 810份。18. 对活禽与活体鸟类经营市场进行专项整治,检查交易市场96个次,检查经营户718户,下发限期整改通知书13份,取缔无照经营户8户。19. 对市场、商场超市的安全隐患进行排查,共排检治理隐患企业(个体)126户,排检一般隐患27项,整改率100%。20. 做好商品展销会的登记管理工作,登记商品展销会6个,其中企业法人主办的4个,其他人员主办的2个。21. 做好甲型H1N1型流感防控工作,检查市场3 732个次,检查经营户5 548户次,收缴销毁病害肉类1 887千克。

**【消费者权益保护】** 1. 抓好消费者投诉调处工作。全年共接到消费者申诉举报及咨询电话5 000余个次,受理消费者投诉1 291件,调解处理1 291件,为消费者挽回经济损失83.69万元。其中:家用电子电器类,受理269件,调解处理269件;百货类,受理173件,调解处理173件;房屋及装修建材类,受理155件,调解处理155件;农用生产资料类,受理60件,调解处理60件;服务类,受理272件,调解处理272件;其他类商品,受理167件,调解处理167件。2. 认真抓好数据汇总分析。利用12315平台数据统计分析功能,通过对12315数据的汇总分析和筛选,共制作发布《红河州工商局12315工作简报》8期,同时发布消费警示5篇。3. 实行不定期回访调查,听取消费者意见。共回访调查51件,非常满意的5件,满意的37件,基本满意的8件,不满意的1件。4. 进一步提升12315行政执法体系四个平台建设。全州13个县、市工商局都设立了12315消费者申诉举报中心,71个工商所(分局)设立了12315消费者申诉举报站。

**【食品流通监督管理】** 1. 积极培育和创建食品安全示范店。全州有编制工商所(分局)76个,应创建“农村食品安全示范店”任务数368户,实际已创建619户。2. 加大《食品安全法》宣传力度,在大型超市、集贸市场门口等显眼位置悬挂宣传横幅或开辟宣传栏153条(块),发放宣传资料37 974份,开展现场咨询34场次,在媒体上宣传8次。3. 各县市工商局深入基层对辖区内的食品经营户1.28万余户、市场、超市负责人160余人进行了食品安全法律法规知识培训,发放宣传资料1万余份。4. 开展食品市场专项整治,检查经营户74 417户次,取缔食品无照经营户169户,查处制售假冒伪劣食品案件75件,没收不合格食品15 455.6千克,罚没金额48.75万元。与泸州老窖、茅台、五粮液、水井坊等名优企业联手加大打假力度，共立案 65 件，涉案名优酒3 495瓶，散装白酒1 004千克，捣毁售假窝点 5 个，移送公安机关 2 件。查获假冒贵州茅台酒1 164瓶，泸州老窖特曲 257 瓶，国窖1 573酒 64 瓶，剑南春 189 瓶，五粮液 116 瓶，水井坊 81 瓶，红星二锅头1 151瓶，雪花啤酒 436 瓶，其他类酒 37 瓶。对流通环节的乳制品、月饼、饮料、水果、蔬菜、肉及肉制品、水发产品、干果、干菜、食用盐等主要食品的农药残留、二氧化硫、甲醛、亚硝酸盐等 141 种食品进行检测，共检测4 659批次，检测发现不合格食品 33 批次。对检测不合格的食品已责令全部下架，逐级落实工商部门监管防线，合力创造健康安全放心的食品消费环境。5. 认真开展食品流通许可证核发工作。通过培训，全州工商系统于 11 月 11 日起正式发食品流通许可证，年内已发 506 户，其中内资企业 31 户，个体工商户 475 户。

**【反垄断与反不正当竞争执法】** 2009 年，红河县工商局共立案查处违法垄断与不正当竞争法规的案件 24 件，案值 115. 23 万元，罚没金额 94. 11 万元。在立案查处的案件中，案值 5 万元以下的 20 件，5 ~ 10 万元的 1 件，10 ~ 30 万元的 1 件，30 ~ 100 万元的 2 件；违法主体涉及公司 9 件、私营企业 1 件、个体工商户 12 件、其它 2 件。

**【广告监督管理】** 2009 年，红河州工商局以打击虚假违法广告，规范广告行为，促进广告业发展为工作重点，开展广告监管工作。1. 开展了对广告经营单位年度检查工作。在年检中，重点对经营单位是否做到依法开展广告经营活动，是否按规定建立了广告业务承接登记、审核、档案、合同等有关管理制度，广告审查员是否严格履行审查员职责等情况进行检查。通过对广告经营单位年度检查，促进了广告经营单位对广告法律、法规的了解，提高了依法经营意识。2. 认真贯彻落实国家工商总局、卫生部、国家食品药品监督管理局等部门《关于在整治互联网低俗之风专项行动中严厉打击非法“性药品”广告和性病治疗广告的通知》、《全省工商系统净化社会文化环境专项行动实施方案》、《云南省工商行政管理局关于加强食品药品广告整治的通知》等要求，对全州有关媒体发布性药品广告行为进行了严厉打击，共查处性药品广告 20 条次，处以罚没款 13 万元。3. 继续加强广告监测工作，共监测电视广告1 893条次，广播广告 319 条次，报纸广告 252 条次，户外广告 389 条次，监测发现违法广告 102 条次。4. 切实加大案件查办力度，不断建立完善案件查处工作机制，共查处各类违法广告案件 159 件，处以罚没款 63. 75 万元。

**【商标监督管理】** 1. 开展宣传商标法，服务万家企业，推进商标注册保护工作行动。在“4 · 26”保护知识产权宣传周期间，与红河电视台联合发布了以“关注知识产权，保护注册商标专用权”为主题的公益广告 12 条次；组织开展商标知识宣讲和咨询服务活动，共悬挂布标 2 条，发放宣传资料3 000多份，接受咨询 200 余人次。走访企业、个体工商户5 273户次，走访农户1 524户次，引导新申请注册商标 356 件，申请注册原产地证明商标 1 件。2. 积极开展培育创建知名品牌工作。全州共推荐 26 户企业参加申请认定云南省著名商标，10 户企业重新申请认定云南省著名商标。指导帮助云南红酒业有限公司顺利完成“云南红”商标申报中国驰名商标工作。指导和配合蒙自县过桥米线协会完成了申请注册“蒙自过桥米线”原产地证明商标工作。配合红河哈尼梯田管理局加强对红河哈尼梯田等知名景区及民族传统文化节日名称保护工作。3. 组织 76 个工商所、分局开展“一所一标”和“一所多标”活动，引导培育拟申请注册商标 380 件，引导新申请注册商标 295 件，全部完成“一所一标”工作。4. 及时查办商标侵权案件，保护注册商标专用权，共查处侵犯注册商标专用权案件及一般商标违法案件 31 件，处以罚没款 24. 86 万元，没收侵犯“舒华 SHUA 及图”注册商标专用权跑步机 2 台。

**【计划财务工作】** 1. 针对红河州大成会计师事务公司专项审计提出的问题，及时下发了《关于进一步加强财务管理工作的通知》，要求各县、市工商局针对审计中存在的问题限期进行整改，化解财务管理风险。2. 依法收费，规范收费收入管理，上缴行政性收费 382 万元，完成征收计划的 202%，上缴罚没收入1 483万元，比上年增长 3%。3. 狠抓会计基础工作，促进规范化管理，进一步完善财务报账流程；落实资金管理有关规定；强化固定资产管理。4. 做好财务日常工作，科学编制部门预决算，提高部门预算执行力度。配合财政国库集中支付改革，做好全系统在职人员工资财政统发、离退休工资社会化发放和离退休人员的日常管理等基础工作，严格执行厉行节约八项要求。5. 开展清查“小金库”回头看，共清查行政单位 14 个，清查率达 100%，规范了非税收入管理，杜绝私设小金库现象。6. 制定工作方案开展经营性国有资产清查工作。7. 全面开展财务检查，年内开展了一次内部财务管理自查工作和八个县市工商局局长及十三县市局主办会计组成检查组进行的财务交叉检查。8. 接受省工商局审计小组的财务收支审计，同时，注重对各县、市工商局的内审工作，在经费困难的情况下，挤出 10 万余元经费，聘请红河州大成会计师事务公司对 13 个县市局机关、5 家后勤服务中心、12 家个私协会、10 家基层工会、2 家基本建设等单位 2005 ~ 2008 年的各项收支进行审计。

**【基本建设】** 1. 完成了绿春县工商局城区分局办公楼、个旧市工商局卡房工商所办公综合楼 2 个新建项目，建筑面积2 048平方米，完成投资额 473 万元。2. 报经省工商局批准，河口县工商局办公楼、南溪分局办公综合楼、弥勒县工商局新哨工商所办公综合楼 3 个项目立项，批准总建筑面积3 155. 6平方米，计划投资1 125. 07万元。年内实际开工河口县南溪分局办公综合楼、弥勒县工商局新哨工商所办公综合楼 2 个项目，建筑面积1 090. 2平方米，计划建设投资 277. 59 万元。3. 批准县市工商局自筹资金维修基层工商所（分局）办公综合楼项目 9 个，建筑面积4 374平方米，投入维修资金 85. 8 万元。4. 省州两级分别委托云南亚太公司、红河大成会计师事务公司,完成了对州局办公楼、石屏县工商局办公楼、绿春县工商局城区分局办公楼、个旧市工商局卡房工商所综合楼4个已竣工项目的决算审计,审计总建筑面积为11 490平方米,建设单位送审总金额4 244.6万元,终审金额3 984.75万元,审减259.85万元。

【机关党建工作】 1. 建立健全机关党组织,采用公推直选的方式选举产生了中共红河州工商局总支委员会,设书记一名,副书记一名,委员三名,下设4个党支部。2. 坚持"三会一课"制度,开展政治思想工作和争先创优活动,发挥党员的先锋模范作用,带动周围群众,推荐给州直机关工委表彰优秀党务工作者一名,优秀党员一名。3. 开办党员学习园地、党员活动室、党总支信息专网专栏。4. 结合学习实践科学发展观,开展了"建党88周年演讲比赛"、"践行科学发展观演讲比赛"等主题活动。5. 发展壮大党员队伍,全年新发展党员3名,培养入党积极分子1名。

【老干工作】 1. 根据人事变动情况调整充实了老干工作领导小组。建立领导联系老干工作制度,州局有离退休人员30人,全年走访老干部77人次,听取老干工作汇报17次。2. 落实老干部的政治待遇,坚持重要文件及时传阅,重要活动一起参加,重要会议邀请列席,组织建设同等考核。建立老干部党支部和昆明离退休人员党支部。为老干部订阅报刊杂志,保证日常学习资料。定期通报工商工作情况2次。组织老干部到泸西参观工农业生产、欢度敬老节,对长年生病卧床的老干部进行慰问,向离退休人员发放慰问金,鼓励老干部在"三个文明"和构建和谐社会建设中发挥作用,一人被评为全省老有所为先进工作者。3. 落实老干部生活待遇,按时足额发放离休干部的离休金,及时为离休干部办理增加护理费标准手续,为离退休人员办理了2009年增加的津补贴手续;做好离休干部的医疗统筹和退休干部的医疗保险,足额发放离休干部的就地休养费、保健费、高龄补贴。及时拨付老干部活动经费。关心老年人健康,组织离退休人员参加州委老干部局举办的老年保健讲座,印制健康保健知识发放到每一位老干部手中,组织离退休人员进行体检。开展送温暖活动。

【经济检查】 1. 加大案件查处力度,全年共查处案件5 831件,案值10 676.43万元,罚没金额1 192.36万元,其中立案查处案值5万元以下的2 299件,5~10万元的31件,10~30万元的4件,30~100万元的9件,100万元以上11件;违法主体涉及国有企业3件、集体企业17件、股份合作企业1件、公司91件、外资企业1件、私营企业30件、个体工商户658件、自然人1 304件、其它249件。2. 在"扫黄打非"工作中,共检查出版物市场店档摊点6 266个次,检查印刷复制企业900户次,收缴非法盗版光盘143张,盗版书籍145册。3. 在"三电"专项行动中,清查废旧金属收购点336个次、无工商营业执照站点11个、流动收购废旧物品人员14人,责令停业整顿3户,其他处理3户,同时取缔报废汽车非法回收点1户。4. 在"两烟"打假打私工作中,检查经营户12 870户次,清理无许可证有营业执照经营户447户、既无许可证也无营业执照经营户276户,工商、公安、烟草专卖部门立案196件,查获"假、非、私"卷烟30 057.7条,案值415.85万元,烟叶162 270千克,烟丝5 634千克,烟末21 580千克,罚没款11.26万元。5. 在"打传"工作中,工商、公安密切配合,清理取缔传销活动场所1 082个,教育劝返传销人员4 897人,扣押现金20.31万元,收缴各类传销薄册2 650余本。

【信息化建设】 1. 加大培训力度,不断提高管理人员信息化应用水平,培训112期2 992人次;派出系统管理员80人次下基层指导,指导500余人次。2. 以工商一体化软件的应用为切入口,开展了农资市场分层分类监管、食品安全法、食品安全流通许可证的培训与推行工作;利用州级计算机能手选拔赛、到石屏、蒙自、金平调研等机会,组织相关人员进行工商业务信息平台维护知识培训,参训人员达80人次。3. 开展计算机操作能手岗位练兵竞赛,在巩固2008年计算机岗位练兵活动成果的基础上,总结经验和做法,按照"巩固、深化、提高、发展"的原则,制订了岗位大练兵活动实施方案,逐级开展了"一月一练一考核一督查一通报"制度。全系统共选拔出县级计算机能手49名,39名选手参加了州级竞赛,产生10名州级能手。选派6名选手参加省级计算机能手选拔赛并有3名取得省级能手称号。4. 开发应用了"工作目标任务跟踪督办系统",为贯彻落实州委六届三次党代会精神,立足职能转型实际,经过计划、分析、设计、编码、测试、维护六个阶段,自主研发了"工作目标任务跟踪督办系统",被中共红河州直属机关工委确定为创新项目。

【消费者协会工作】 1. 认真做好婴幼儿奶粉事件573名患儿一次性赔偿金发放工作,发放赔偿金120.2万元。2. 围绕中消协提出的"消费与发展"年主题,组织开展形式多样的宣传活动,发放相关宣传材料298 395份,展板400余块,悬挂标语146条,检查市场74个。3. 抓好"一会两站"建设,建立消费者协会分会134个,达100%,建立12315联络站、消费者投诉站1 236个,达95.2%(除金平外全部完成)。4. 开展挑战消费领域潜规则,取缔超市查验小票行为。5. 热情受理消费投诉,维护消费者权益,受理消费者投诉1 324件,解决1 313件,解决率99.16%,为消费者挽回经济损失123.67元。接待消费者来访、咨询8 332人次。

【个私协会工作】 1. 举办全州鼓励创业"贷免扶补"培训班,印制宣传册300余本,为109名创业人员申报获取鼓励创业"贷免扶补"贷款109笔,贷款金额539万元,带动345人就业,完成全年任务数的109%。2. 完成了云南省个私协会创业人员导师库222名创业人员导师的录入工作。3. 组织蒙自矿冶公司等4户企业参加全省百家民营、外资企业招聘会。4. 推荐上报蒙自观宝大酒店等6户企业为云南省大学毕业生见习基地。5. 为创业人员就业提供方便,在云南省个私协会网站上公示了14名工作人员的姓名及联系电话号码。6. 在各级组织部门的指导下，开展了非公企业党建登记申报、年检年报"双报"工作，全州69个个私基层协会中成立个体私营企业党组织100个，其中党委7个、党总支12个、党支部81个，发展党员105名，发展团员122名。

【广告协会工作】 1. 按照国家工商总局、中国广告协会以及云南省工商局、云南省广告协会的要求，积极组织有设计能力的3家媒体4件作品参加"民族团结专题公益广告大赛活动"。2. 组织广告企业参加云南省第七届、第八届公益广告大赛，获得广播类广告金奖一项、影视类广告铜奖两项、入围奖一项。

【大事记】

△3月23～24日，红河州人民政府在蒙自召开全州工商行政管理工作会议，聂明副州长到会作讲话。

△4月16日，红河州工商局召开学习实践科学发展观动员大会。

△5月5～6日，红河州工商局党组到绿春县牛孔乡龙洞村践行"科学发展、情系民生"主题实践活动。

△14日，在蒙自召开全州工商系统党风廉政建设暨计划财务工作会议。

△26～27日，在蒙自召开全州工商系统消保暨行政执法工作会议。

△6月15日，在蒙自召开全州工商系统行政事业单位国有资产清查工作会议。

△20日，省工商局纳局长在红河州个旧市看望离休老干部。

△7月8日，省工商局周副局长在红河州进行工作调研。

△16日，省工商局党组到红河州召开干部大会，宣布王玉华同志任红河州工商局党组书记、局长。

△12月8日，红河州工商局邀请州政协副主席苗羊宝进行学习十七届四中全会精神专题讲座。

△14～19日，省工商局刘本军副局长一行到红河州对六项重点工作、综治工作、党风廉政建设、计划财务工作进行考核。

【2009年受到表彰的单位和个人名单】

石屏县工商局王建美、弥勒工商局李芳琳被云南省工商局表彰为2009年注册登记能手。

个旧市工商局李阳、金平县工商局杨名权、红河州工商局李怀青被云南省工商局表彰为2009年计算机操作能手。

红河州工商局汪济源被云南省委组织部、省委老干部局表彰为老有所为先进工作者。

红河州工商局王玉华被云南省总工会表彰为云南省第十九届先进工作者。

红河州工商局被云南省工商局表彰为推进商标战略工作二等奖。

红河州工商局被红河州人民政府表彰为推进商标战略工作二等奖。

红河州工商局被红河州人民政府表彰为招商引资先进单位。

红河州工商局被云南省工商局表彰为社会治安综合治理一等奖。

红河州工商局被红河州人民政府表彰为社会治安综合治理二等奖。

红河州工商局被中共红河州委、州人民政府表彰为党风廉政建设一等奖。

【2009年任职的局领导名单】

党组书记、局长　戚发云（～2009.07）
　　　　　　　　王玉华（2009.07～）
副 局 长　王文斌　马志明　杨万鸿
纪检组长　朱昆升

## 个旧市

【概况】 2009年，个旧市工商行政管理局现职干部职工114人，退休干部职工73人。设办公室（财务）、监察室、人事教育科、法制科、公平交易科、经济检查大队、市场监督管理科、企业个体注册登记管理科、商标广告科、基建办、"12315"投诉中心11个内设科室。设有锡城分局、大屯分局、鸡街分局、金湖工商所、老厂工商所、卡房工商所、蔓耗工商所7个派出机构。代管个旧市消费者协会和个旧市个体私营经济协会。

【法制建设】 1. 加强法律法规学习培训。结合"五五"普法，制定"五五"普法和"三五"依法治理规划。组织全局干部职工学习《物权法》、《国务院加强食品药品等商品的特别规定》、《工商行政管理行政处罚程序规定》、《工商行政管理处罚案件听证规则》、《劳动合同法》、《就业促进法》、《个旧城市管理条例》、《政府信息公开条例》、《突发事件应对法》、《云南省艾滋病条例》、《行政机关公务员处分条例》、《企业所得税法》、《安全生产法》、《矿山安全法》、《道路交通安全法》、《中华人民共和国食品安全法》等法律法规。对2009年6月1日颁布实施的《中华人民共和国食品安全法》、《食品安全法实施条例》和《食品流通许可证管理办法》，多次认真学习宣传，并组织全局干部职工进行考试。征订法制教育读本《2009年法制宣传教育学习资料》116本，人手一册，全局干部职工参加法制教育统一考试，参考率和考试合格率达100%。

对私营企业和个体工商户进行法律法规培训。对全市食品经营户进行《食品安全法》、《食品安全法实施条例》和《食品流通许可证管理办法》集中培训，共培训17期，培训1 114人次。在个旧电视台上宣传《食品安全法》2次，编印《食品安全法相关知识手册》2 000册和《食品安全法》相关知识宣传材料1万份，分别发放到食品安全监管人员、私营企业和个体工商户手中。

2. 开展重大决策听证。根据"阳光政府四项制度"要求以及州市人民政府《重大决策听证制度实施方案》规定，组织重大决策听证。2009年9月30日，在云南省人民政府重大决策听证网站上刊登了《应急预案听证公告（第一号）》和10月22日刊登了《应急预案听证公告（第二号）》。2009年11月3日，举行了《个旧市工商行政管理局流通环节重大食品安全突发事件应急预案》听证会。出席代表38名，实到会37名。代表有：市人大、市政协、市政府法制办、市纪委执法室等听证监察人；红河州红印商场、个旧冠南商贸有限公司、云锡储运商场，倘甸、鸡街、卡房和市区农贸市场个体户等利害关系人代表；个旧市大众超市、大屯镇百货超市、乍甸和鸡街镇个体户等普通公众代表；云南明泽律师事务所律师、听证程序专家、新闻工作者、旁听人等。代表们针对《个旧市工商行政管理局流通环节重大食品安全突发事件应急预案》提出意见建议。《个旧市工商行政管理局流通环节重大食品安全突发事件应急预案听证报告》经过个旧市人民政府法制办公室审查,意见为:“听证程序合法合规,材料齐全,已登记备案。”此重大决策听证,成为个旧市工商局行政决策的首次听证。

3. 加强案件回访工作。为充分尊重当事人合法权益,保障当事人合法权利,加强自身执法监督,建立案件回访制度,要求各案件承办部门在查处一般程序违法案件结案后,在对当事人送达《处罚决定书》时,由当事人对查处案件情况进行回访,由当事人填制《执法监督意见反馈表》,收集反馈意见装入案卷档案。2009 年查处的一般程序案件 661 件,全部进行了第一次回访,填制了《个旧市工商局执法监督意见反馈表》,对 15 个当事人进行第二次回访。2009 年 8 月,结合全州集中开展行政执法案件回访活动,又抽调公平交易、监察室、经检大队、市场科、商广科等科室人员组成三个回访小组,采取直接回访为主,电话回访、信函回访和召开座谈会回访为辅的形式,对行政执法案件进行回访,抽取 2007 年以来案件数的 2% 共计 30 件案件进行回访。此次回访中抽取的案件涉及无照、发布违法广告、未按期年检、销售不合格商品等类型,回访中当事人普遍认为执法人员在执法过程中程序合法、行为文明、无违法违纪行为。

4. 做好行政执法案件的评查、评议和考核。2009 年,制定下发《个旧市工商行政管理局行政执法案件评议、考核暂行办法》和《个旧市工商局行政处罚案件考核量化标准》,建立权责明确、行为规范和保障有力的行政执法体制,规范行政执法行为,提高依法行政水平和办案质量。全年抽查一般程序处罚案件 15 件和简易程序处罚案件 30 件,已通过州局考核检查组考核。

**【纪检监察】** 2009 年,个旧市工商局坚持“标本兼治、综合治理、惩防并举、注重预防”的方针,健全完善教育、制度、监督并重的预防和惩治腐败体系,贯彻实施责任政府“四项制度”和阳光政府“四项制度”,严格执行党风廉政责任制,加强机关作风建设。党风廉政建设和反腐倡廉工作取得一定绩效。

1. 加强学习教育。制定《党组理论中心组学习计划》、《党风廉政建设工作计划》、《党风廉政建设宣传教育工作计划》、《局机关党委理论学习计划》,明确学习教育指导思想、学习教育方式、学习教育内容要求,保证学习教育有计划、有组织、有落实、有考核。3 月 28 日,召开全局大会,传达学习了市委书记赵刚在个旧市 2009 年党风廉政建设大会上题为《以坚强的党性和优良的作风为保证,推动锡都经济社会平稳较快发展》的讲话及市长王忠题为《以党风廉政建设为切入点,推进服务型政府和人民满意政府建设》的讲话。4 月 17 日,召开阳光政府四项制度动员大会,认真学习了阳光政府四项制度。6 月,传达学习了全州工商系统党风廉政建设工作会议精神。8 月 14 日,召开全局《中国工商行政管理概论》学习培训动员大会,组织干部职工对《中国工商行政管理概论》一书进行学习。另外,依托工商系统开展的岗位大练兵活动,开展党纪政纪、法律法规及业务知识的学习教育活动,先后学习了《乳制品质量安全监督管理条例》、《食品安全法》、《行政处罚文书》等法律法规。组织党员干部学习了《王瑛先进事迹》,要求党员干部以王瑛同志为榜样,学习她忠于职守、无私奉献的品质,严于律已、甘于奉献的精神。组织干部职工观看了《真水无香》和《马背上的法庭》等反腐倡廉宣传教育片及预防职务犯罪警示教育展览。组织党员干部学习了阳宗海砷污染、孟连“7・19”事件、云铜腐败案。积极开展党务知识培训,组织了新一届支部书记和支部委员就基层组织建设的基本任务、党支部书记和支委应履行的职责等内容进行培训。局领导班子成员还以《科学发展,廉政为民》为主题,为全局党员干部上了一场生动的党课。

2. 抓好制度落实。重点抓好班子成员述职述廉。为强化对领导干部的教育管理,对领导班子和班子成员进行有效监督,增强领导干部的责任意识和廉洁自律意识,每年都召开领导班子成员述职述廉大会,领导班子成员分别就个人分管的工作和廉洁从政情况进行述职述廉,全局干部职工对领导班子成员进行民主测评,2009 年民主测评满意率达 92% 以上。为了加强对基层工商执法人员执法行为、廉洁勤政情况的社会监督,进一步转变工作作风,规范执法行为,促进职能到位,树立良好的工商形象,从 2007 年 11 月起以老厂工商所作为试点,开展基层执法人员向监管服务对象述职述廉工作起得成功后,2008 年起在全局均开展此项工作,以此接受监管服务对象对工商基层行政执法人员的监督,坚决纠正损害群众利益的不正之风,打造“阳光工商”,推进“阳光执法”。为建立健全管理机制,切实加强风险点管理,制定了《个旧市工商局财务管理制度》,规定基层工商所(分局)一律实行财务报账制度,基层只设一名出纳,不再设会计岗位,严格执行《个旧市工商局票据管理制度》规定,做到票款一致,验旧领新,努力实现用制度管人、管物、管事,有效遏制不良问题的发生。制定 AB 角工作岗位制度为进一步增强全局干部职工的服务意识、责任意识,全面改进和加强全局机关工作作风,提高办事效率和服务水平,确保“服务承诺制”、“限时办结制”、“首问责任制”等服务群众的制度得到有效落实,制定《个旧市工商局 AB 角工作岗位制度》,AB 角工作制度由纪检监察主管,纳入绩效考核,其相互顶岗的工作情况,列入公务员年度考核。

3. 切实加大督察力度,加强阳光政府、责任政府四项制度的督察。为切实贯彻落实阳光政府四项制度,制定了《贯彻落实阳光政府四项制度监督检查实施方案》及《实施细则》,并采取明查暗访和实地检查等方式,定期或不定期对机关各科室、分局、工商所进行监督检查,对贯彻落实阳光政府四项制度不力,出现问题的部门负责人和责任当事人,按照行政问责有关规定实施问责。认真公开工作人员身份,明确工作人员工作地点、内容、范围,方便群众办事和监督,使四项制度走向规范化。邀请行风义务监督员进行巡视检查。由局领导班子成员分别组织局机关及基层工商所(分局)开展行风义务监督员巡视检查活动。巡查检查贯彻执行党的路线、方针、政策,圆满完成上级提出的各项工作任务;依法行政、规范执法行为;落实责任政府、阳光政府四项制度情况;转变机关工作作风,努力为企业和群众提供优质高效服务情况;自觉接受群众监督,向社会公开相关内容、标准、程序等;树立群众观念,认真解决损害群众利益的情况;接受群众投诉咨询问题情况;严格执法、公正执法、文明执法情况。巡视检查组由义务监督员代表、监管服务对象代表、个私协会理事代表、政协委员代表共计41人组成。为加强党风廉政建设,加大廉政风险点的管理,于8月中旬集中开展行政执法案件回访活动,进一步加强作风建设,提高执法水平,巩固责任政府四项制度的贯彻落实。案件审查小组抽取2007年以来的案件数的2%共计30件案件进行回访,共回访15个当事人。通过回访,指导帮助违法行为人树立守法经营理念,完善内部经营管理制度,诚实守信、合法经营,并对案件承办部门和承办人是否依法行政、文明执法进行督察。

【人事教育】 一、开展深入学习实践科学发展观活动。根据中央、市委、州工商局党组关于开展深入学习实践科学发展观活动的统一部署,在市委学习实践活动领导小组的指导下,从3月以来,扎扎实实开展了学习实践活动。1. 加强领导,精心组织,迅速启动学习实践活动。3月,市委召开深入学习实践科学发展观活动动员大会后,局党组以高度的政治责任感立即着手抓落实。根据中央《关于在全党开展深入学习实践科学发展观活动的意见》、《中共云南省委关于开展深入学习实践科学发展观活动的实施意见》和《云南省工商行政管理局关于开展深入学习实践科学发展观活动实施方案》精神,迅速成立了个旧市工商局深入学习实践科学发展观活动领导小组,由党组书记、局长任组长,其他局领导为副组长,设立了专门的办公室,制定了《个旧市工商行政管理局关于开展深入学习实践科学发展观活动方案》,召开党组专题会议,认真学习中央、省委、市委和州工商局党组的决定精神,细化实施方案,进一步明确了工商系统学习实践活动的指导思想、基本原则、目标要求、重点思考和解决的问题,编制了《学习实践活动工作流程表》,做到了内容明细,措施明确,责任明了,确保学习实践活动按照各步骤和各环节规定程序开展。3月27日,召开了深入学习实践科学发展观活动动员大会。从4月15日起,对全局186名干部职工全面进行了科学发展观全员学习培训。

2. 专题调研。从4月20日~5月10日,全面转入了专题调研。重点着眼于实现科学发展和工商职能的转变,提升全员执法能力,着力思考和解决科学监管和服务发展工作中的难点问题;着眼于积极服务个旧市社会主义新农村建设,着力思考和研究工商工作的切入点;着眼于抓基层打基础,着力思考和解决"五好工商所"创建的热点、难点问题;着眼于切实维护生产者、经营者和消费者合法权益,着力思考和解决以食品安全为重点的流通环节商品质量监管长效机制建设,以及消费纠纷有效化解途径的难点问题;着眼于大力推进个旧市商标战略实施,着力思考和研究加强个旧市商标注册申请服务、注册商标专用权保护,知名商标、著名商标和驰名商标的推荐上报等工作的措施办法。在调研中加强领导和责任,分为5个调研组和5个专题进行调研,做到分工到人、责任到人,调研课题到人,时间到位;第一调研组由党组书记、局长汪号负责。着眼于调研个旧工商科学发展和工商职能的转变、科学监管与服务发展工作中的难点及"五好工商所"创建的热点和难点问题上。第二调研组由副局长马韶明负责。着眼于调研切实维护生产者、经营者和消费者合法权益、"一会两站建设"、消费纠纷有效化解的途径、食品安全、流通环节商品质量监管的长效机制建设、农村食品安全示范店创建、"诚信市场"的创建及食品安全长效监管机制建设的难点问题。第三调研组由纪检组长杨子维负责。着眼于调研基层队伍建设、基层制度化建设的热点难点问题。第四调研组由副局长姚永琼负责。着眼于调研分层分类监管、提升全员执法能力的措施办法及充分应用信息化平台实现科学监管的难点问题。第五调研组由木宏钧副局长负责。着眼于调研推进个旧市商标战略实施、商标注册申请服务、注册商标专用权保护,知名商标、著名商标和驰名商标的推荐申报,基层工商所开展"一所一标"活动。

3. 开门纳谏,广泛征求意见。为切实找准和有效解决影响和制约个旧工商科学监管、科学发展的突出问题,完善个旧工商科学监管、科学发展的体制机制,进一步更新发展思路,加快科学发展,采取多种形式,集中多方智慧,广泛征求意见,重点扎实抓好建言活动。在学习实践活动第二阶段工作中,为了使学习实践活动更具群众性、富有实效性,结合工商实际,创新载体,上下互动,着力于调动全局广大党员和干部职工的积极性,激励他们贡献聪明才智,积极探索科学监管、科学发展的思路,在全局部署开展了人人建言活动。通过自下而上层层组织,层层发动,全局干部职工和退休干部职工结合实际,畅所欲言,对工商事业的发展积极建言献策,提出建言近60条。5月11日~17日,学习实践活动领导小组办公室分别向各科室、分局和工商所发出了《开展学习实践科学发展观活动征求意见表》17份,以书面形式广泛征求意见。之后,共收到回复17份,经认真梳理反映出的问题和对策建议共34条,归纳提出的意见和建议主要有7个方面,即:政治学习、心系群众、真抓实干、开拓创新、发扬民主、廉洁自律、其它意见。为了进一步强化干部职工对局党组的监督,增强意见建设的针对性,局党组开门纳谏,充分发动广大干部职工以实名、书面、来人来访等形式,对局领导班子、领导干部个人的工作以及加强内部管理提出意见建议,广开言路,引导正气。为此,广大干部职工积极谏言,收到了一定的效果。5月20日~22日,局党组成员走进干部职工、个体工商户和私营企业当中,采取面对面交心谈心的方式,认真听取了各方意见。前后走访分局、工商所、个体工商户和私营企业共30家,交心谈心46人。在交心谈心和走访中,局党组成员认真进行了"三检查三分析",即:检查是否准确理解了科学发展观的深刻内涵,分析学习实践科学发展观的自觉性;检查工作中存在的突出问题,分析结合实际贯彻落实科学发展观的坚定性;检查现行不符合科学发展观的体制机制,分析制约科学发展的局限性。与之交心谈心的干部、个体工商户和私营企业开门见山,开诚布公,对局领导班子在工作中存在的问题,认真进行了查找分析,深入分析了原因,提出了各方面的意见和建议。

4. 召开高质量的局党组专题民主生活(扩大)会。为了切实开好这次专题民主生活会,会前局党组专门制定了民主生活会方案。在深入学习的基础上,对照征求到的意见建议,局党组成员结合个人思想和工作实际,深入查找了自身存在的不适应、不符合科学发展观要求的突出问题,深刻剖析了原因,认真做了发言准备。5 月 25 日,紧紧围绕“学习实践科学发展观”这一主题,召开了局党组专题民主生活会。在专题民主生活会上,局党组成员各自从思想、工作机制、队伍建设等方面找出了存在的问题,并作了原因分析,提出了整改思路。5 月 27 日 ~6 月 3 日,组织召开党员主题生活会。各支部根据自已的实际,召开了党员专题组织生活会,对照科学发展观,结合前一阶段学习实践的收获和体会,进行了自查。一查推进工商科学发展的责任感和紧迫感强不强;二查宗旨意识和理想信念牢不牢;三查执法为民做的够不够;四查工作能力和水平高不高;五查先锋模范作用发挥好不好,每个党员都从执政理念、人生信仰、价值追求和“为了谁、依靠谁、服务谁”的高度进行了深入的分析自查。在专题民主生活会和党员主题组织生活会的基础上,局领导班子紧紧围绕贯彻落实科学发展观,增强凝聚力、创新力、执行力等方面,牢牢抓住带有全局性、根本性、关键性问题,认真查找在贯彻落实科学发展观方面存在的问题和差距,深入剖析问题存在的原因,对分析检查报告(讨论稿)进行了进一步深入的分析、修改和完善,形成了领导班子贯彻落实科学发展观情况的分析检查报告。

5. 加强整改落实。7 月 3 日,召开学习实践科学发展观整改落实阶段动员大会。7 月 15 日,局党组专门召开会议,研究需要整改落实的问题,提出三个大的方面六个具体需要整改落实的问题。三个大方面是:思想认识、“六项工作”、队伍建设;六个具体问题是:组织《中国工商行政管理概论》学习培训、加强各项岗位技能培训、一所一标、一会两站、食品安全示范店建设、作风纪律。在加强各项岗位技能培训和组织《中国工商行政管理概论》学习培训整改方面:仅在上半年就安排了政治理论、法律法规、业务基础、案例分析、计算机和网络等知识学习培训 81 期4 000人次。在 8 月 14 日,召开全局《中国工商行政管理概论》学习培训动员大会。在 8 月和 9 月组织干部职工进行了 3 期共 360 人次的《中国工商行政管理概论》学习培训。在食品安全示范店建设整改方面:制定了《个旧市工商局流通环节重大食品安全事故应急预案》、《个旧市工商局食品安全专项整治考核制度》、《食品经营者进货查验制度》、《食品经营者索证索票制度》、《流通领域食品经营户责任书》等管理制度,并建立健全“工商监管、经营者自律、社会监督”三位一体的长效监管机制。另外,深入开展了《食品安全法》宣传教育活动。一会两站整改方面:在 2006 年以前建立锡城、卡房、大屯、鸡街、老厂、蔓耗 6 个分会;在移动、联通、电信、金方、红印 5 家企业建立 23 个两站的基础上,为确保在 2010 年底,在全市各乡镇和办事处 100% 建立分会,在行政村、社区、学校及重点市场、商场 100% 建立“12315”联络站和消费者投诉站,该局特制定了《个旧市工商局进一步提升“12315 平台”建设工作方案》、《关于进一步加强“一会两站”建设的工作方案》、《个旧市工商局“12315 平台”建设工作考核标准》、《2009 年工商分局所一会两站建设考评标准》、《个旧市工商行政管理系统 12315 申诉举报工作规程(试行)》等制度。“一所一标”整改方面:在驰名商标培育申报和基层工商所开展“一所一标”活动的工作中,共走访了企业和个体户 122 户,走访农户 17 户,引导培育注册商标数 9 户,培育帮扶注册驰名商标商标数 1 户,办理 3 个新申请认定云南省著名商标和 2 个到期重新认定云南省著名商标的申请。在作风纪律整改方面:7 月 15 日,局党组研究制定了《个旧市工商局加强作风纪律制度》,在订立制度之后,在不告知的情况下,督查组定期或不定期地进行巡视和检查,对违反工作纪律、工作不落实、工作效率低,属情节轻微且未造成不良后果的,对其进行行政告诫或诫免谈话,被告诫人当年年度考核不得评为优秀,如在一个考核年度被告诫三次以上的,不得被评为称职以上等次。对严重违反工作纪律,给工作造成损失及不良后果的,按《行政机关公务员处分条例》给予相应的纪律处分。

通过半年来开展学习实践科学发展观活动,基本达到了中央提出的党员干部受教育、科学发展上水平、人民群众得实惠的目标。9 月 2 日 ~5 日,根据市委学习实践活动领导小组的部署,该局在全体党员、市属部委办局和个私党员中进行了学习实践活动满意度测评,共发出测评表 109 份,收回 105 份,满意和比较满意率达 94.3%,学习实践活动取得显著成效。

二、开展全员岗位大练兵活动。

从 2 月开始,全局又继续深入开展全员岗位大练兵活动。重点是坚持运用多种方式、多种载体开展全员岗位练兵活动,力求岗位练兵和实际工作紧密结合,与创建学习型机关和加强队伍建设紧密结合。重视运用信息化手段,建立和完善网上学习平台、学习交流论坛,为干部职工在岗学习开辟方便快捷的渠道,增强岗位技能。强化管理措施,完善激励制度,鼓励干部职工主动学习、主动练兵。建立了一整套的督察制度,把全员岗位练兵作为效能督察的重要内容,且督察结果与评先选优挂钩。此次全员岗位大练兵活动要求 50 岁以下人员必须人人过关,50 岁以上人员鼓励达标。采取以科室为单位组织学习,每个月组织集中学习时间不少于 4 个课时,要求各部门负责人带头组织学习,并结合当前中心工作,针对业务工作中存在的问题学习,学习的同时做好学习记录。自开展全员岗位大练兵活动以来,形成了“一月一学、一学一督察、一督察一通报”的测评考核工作机制。为确保此次全员岗位大练兵活动各项学习措施和学习要求落实到位，党组成立了岗位练兵督察组，开展岗位大练兵专项督察，每月随机到各科室、分局、工商所等部门进行抽查考核，检验练兵成效，并对考核结果进行通报，同时将考核结果作为年终综合考核表彰的重要依据。

三、加强基层规范化建设。

为全面提高工商所规范化建设水平，加快工商所制度化、规范化、程序化、法治化建设步伐，打造“三个过硬”的执法队伍，充分发挥工商所在市场监管、行政执法和促进经济社会发展中的职能作用，开展了一系列创建工作。下发了《个旧市工商行政管理局开展创建“五好工商所”活动实施方案》，成立了创建“五好工商所”活动领导小组和办公室，为基层规范化建设工作确立了保障机制。

该局下辖三个分局和四个所，2009年将创建的工作重心放在金湖工商所及鸡街分局，其他5个分局和工商所采取逐步推进方式，力争用2~3年的时间全面完成创建“五好工商所”工作。在创建“五好工商所”工作中，重点是加强队伍素质建设，创建单位成立了党支部，基层党组织得到进一步发展。强化学习，采取集体学习与个人自学、请老师与个案讨论等形式进行学习。加强文明服务建设，创建单位辖区内各类市场管理有序，验照工作正常开展，农村食品安全示范店稳步推进，一会两站建设工作和消费者投诉接待工作正在有序，积极推进“七农”工作，努力完成“一所一标”工作。加强执法监管，创建单位对辖区进行了网格化监管，做到责任明确。所有网格责任人做到了市场巡查和台账一体化。对照改善执法环境、拓宽监管领域，突破办案不规范和执法不到位的问题，开展专项培训，强化办案人员的业务水平。加强内务管理，创建单位积极完善经济户口档案管理归档，对人员和办公区进行网格化监管，工作流程在办公大厅进行公示，办公区物品摆放统一标准。加强基础建设。规范工商所服务平台、办公室、会议室和休息室等，改善基础办公条件，提高监管执法的现代化水平。自筹资金46万元，按照省局统一标准样式对工商所进行装修改造，使其面貌焕然一新。鸡街分局投入资金7万元，进行了基建工程改造。

四、公务员年度考核。

成立个旧市工商局考核领导小组，制定具体的考核办法，按照“撰写总结、个人述职、民主评议、确定等次、反馈结果”的基本程序进行。全局实有在职干部职工124人，其中公务员89人，工人35人，实际参加考核人员123人，参考率99.19%。经考核领导小组对民主评议结果进行审核，评定出优秀人员23人，称职人员100人。

**【企业注册登记】** 2009年，个旧市新登记注册内资企业21户、私营企业165户；办理企业变更登记396户；注销登记82户。全市登记注册内资企业623户，注册资金402 141万元，其中：国有企业151户、集体企业235户、有限公司227户、股份合作企业8户、其它企业1户。私营企业1 331户，投资人数2 471人、雇工人数31 661人、注册资金179 829万元，其中：有限责任公司829户、个人独资企业489户、合伙企业13户。个体工商户9 451户，从业人员16 786人，注册资金19 438万元。农民专业合作社31户，注册资金71.1万元，成员总数243人，其中：农民成员233人，非农民成员3人，企业单位成员1户，事业单位成员1户、社会团体成员3户。

1. 认真做好企业监管工作，对逾期未年检的企业进行处罚与教育，进一步加强企业守法经营意识，帮助企业依法开展生产经营活动。在企业年检工作中，要求企业的年检材料须先到属地的工商分局和工商所进行初审，进行审核把关，并对企业进行巡查，及时将巡查记录录入监管档案中。年检中，将虚报注册资本、虚假出资、抽逃出资、《矿产品加工许可证》、《矿产品经营许可证》、《安全生产许可证》及采掘、危化品、冶炼等企业的安全生产“三同时”作为年检审查的重点。年检中对许可证是否到期，是否在有效期均作审查重点，对提交无效的许可证的企业均要求其减少经营范围，否则不予年检。同时，要求一人有限公司，注册资本实行分期缴付未全额缴齐的公司，从事创业投资，验资、评估、担保、房地产经纪等中介机构，非煤矿山(有色金属)采掘，冶炼，房地产开发经营，食品生产，医药及医疗等行业提交2008年度企业财务审计报告。

2. 帮扶企业发展。对外来投资企业、国有大型企业、私营冶炼企业、农资生产企业等有代表性的9户企业进行走访，加强与企业的沟通和相互理解，对企业在生产经营活动中遇到的困难和问题给予帮助。积极为企业解决融资难的问题，新办理小额贷款公司一户，办理股权出质登记3户，股权出质金额1 354万元，担保债权总额4 800万元。大力推进网上年检，减轻企业负担。

3. 做好贷免扶补工作。认真贯彻落实《云南省工商局云南省个私协会关于贯彻落实云南省鼓励创业贷免扶补实施办法》，推荐13名在个旧地区有一定影响力的企业家或专业技术人员作为创业导师录入创业导师库，作为个旧地区创业人员的帮扶人员。5月15日召集7个工商所(分局)负责人对开展鼓励创业贷免扶补工作进行安排部署，并对参会人员进行政策培训。6月5日，组织申请创业贷款人员参加市劳动就业中心和市总工会举办的制定《创业计划书》指导培训会。15人均获准每人5万元的创业贷款。推荐的15名创业人员，已指定具体的工作人员作为承办联系人，承办联系人将对创业人员进行创业指导帮扶，并进行贷款还款的跟踪服务。

**【企业监督管理】** 2009年，全市共有私营企业1 331户，注册资金179 829万元，从业人员31 661人；共有个体工商户9 451户，注册资金19 438万元，从业人员16 786人。5月4日，云南个旧有色冶化有限公司总经理杨文忠、云南乘风有色金属股份有限公司董事长万希勤，他们锐意进取、开拓创新、依法诚信经营、承担社会责任、构建和谐社会、在经营管理、技术进步、节能减排等发挥了显著的示范作用和表率作用，荣获“云南省第十一届优秀企业家”称号。4月29日，在五一节到来之际，个体户郭维新获个旧市服务明星称号；私营企业者马宏获个旧市创新能手称号。9月，个旧市光博电冶厂、云南云河药业有限公司、个旧市万通客运有限责任公司等27家私营企业荣获个旧市“2007～2008年守合同、重信用企业”称号。10月13日，红河良黎房地产开发有限责任公司、红河州金鹏影视广告有限责任公司、云南个旧有色冶化有限公司，他们积极增强法律意识、信用意识、自律能力和市场竞争力，推动社会信用建设，营造良好的市场环境，维护生产经营者和消费者的合法权益，促进了市场交易秩序的健康发展，荣获红河州2007～2008年度“守合同重信用企业”称号。10月，30多家私营企业和个旧市食全食美餐厅等2家个体户，荣获个旧市人民政府2007～2008年度“守合同、重信用”称号。

4月，针对部分红糖加工经营户，在生产加工过程中不同程度的掺用有害添加剂吊白块的情况，在鸡街镇对有关经营户进行了法律法规培训，宣讲了在食用红糖中添加吊白块对人体的危害性及《食品安全法》等相关法律法规，引导守法经营。9月，在鸡街镇对9户月饼加工户进行《食品安全法》相关知识培训以及法规考试，对42户经营户进行《食品安全法》学习培训和考试。5月25日，在蔓耗镇举办《食品安全法》培训，63户食品经营户参加培训，并进行考试，考试合格者颁发合格证书。5月，在大屯镇举办农村食品经营户培训班，参加人员86人。6月，在市区对农贸市场17户家禽零售经营户进行经纪人知识培训，对360户食品经营户和76户十类重点商业监管经营户培训。

为鼓励高校毕业生、复退军人、农民工和回国创业人员自主创业，省政府出台了《云南省鼓励创业贷免扶补工作实施办法》，要求大力鼓励和推动创业和就业，更好地促进经济社会又好又快发展。个旧市工商局对此项工作十分重视，专门制定下发《鼓励创业贷免扶补工作实施方案》。5月15日，召集负责人对贷免扶补工作进行安排布置，同时采取以会代训的方法对参会人员进行政策培训。通过开展贷免扶补工作，15名创业者各获5万元贷款，其中大专以上毕业生2人。

7月12日晚，一场大暴雨把老厂农贸市场个体经营户王学飞家铺子变成了一片汪洋。由于市场地势较低，她家铺子正好在排水口处，雨太大，水就涌入她家铺子里，把她家堆在里面的干辣椒面、面粉、白糖等淹湿了。第二天，老厂个私协会领导及工作人员知道这一情况后，及时到她们铺子里看望和慰问，并把200元慰问金送到了王学飞手里，她感动地说：“谢谢你们了，个私协会真是我们个体户的家，这真是大雨无情，人有情”。

9月21日晚，个旧市个体私营经济协会在市人民影剧院进行了“个旧市个体私营经济协会庆祝建国60周年文艺晚会”，自编自创演出了“在灿烂的阳光下”、“我的祖国”、“好日子”、“越来越好”、“今天是你的生日”、“欢庆”、“歌唱祖国”等17个文艺节目。观众达600多人。春节，在卡房镇组织个体户和私营企业开展冬季运动会，进行篮球、象棋、拔河和跑步等项目比赛。

7月30日，在“八一”建军节到来之际，个私协会到市消防大队慰问消防官兵，送上慰问金2万元。贾沙围墙村委会单风寨村共有14户57口人，以种植水稻玉米为主，经济在5个自然村中最落后，村民吃水主要是从公路边排水沟里流来的水沉淀以后取来饮用，水质不卫生的问题长期困扰着村民。8月，个私协会出资1.37万元，为其修建了沉淀池，铺设了800余米的水管，对老水池进行了加固和增添了盖板。单风寨村民从此告别了长期饮用不卫生水的历史。3月，支助贾沙清水沟扶贫点劳动工作服180套，价值1.08万元。

**【市场规范管理】** 1.规范农村和农资市场秩序，积极服务社会主义新农村建设。开展“红盾护农保春耕”活动，重点整治种子农膜等农资市场，严厉打击销售假冒伪劣农资商品及坑农、害农和骗农等违法行为，健全完善“两账两票一书一卡”制度，努力营造公平公正、规范有序、和谐诚信的农资市场环境，切实保障农业生产安全，保护农民群众利益，全年出动执法人员145人次，检查农资经营企业和个体户98户次、市场39个次，检查中发现有问题的经营户7户，其中经营资质不符2户，进货检验不齐全的2户，商品质量不合格1户，包装标识不符合2户。从81户种子经营户抽取水稻种子样本236份，备查数量147千克；玉米种子样本72份，备查数量178千克；小麦种子样本22份，备查数量7.1千克。免费发放《个旧市种子销售台账》115本，印发宣传材料800份，开展宣传活动3次。加强农药市场专项整治，出动检查人员93人次、检查车辆61台次、检查市场38个次、农药经营户89户次。出动98人次、车辆30台次，检查农膜生产、农药经营、化肥经营、种子经营和饲料经营户109户。对硫磷、甲基对硫磷、久效磷、磷胺等五种农药进行专项检查，对假冒和仿冒“农达”农药行为进行整治。开展“合同帮农”，积极推进订单农业，结合当地实际和产业特色，培育和扶持农产品加工龙头企业，规范涉农合同，全年共检查221户涉农企业合同1 980份，发放涉农合同示范文本3 000份；辅导2户企业与263农户签订涉农合同281份，价值2 130万元。积极发展农村经纪人，在去年培育和发展农村经纪人的基础上，继续完善“经纪活农”机制，6月16日和17日同市供销社在卡房举办经纪人培训班，对124名农村经纪人进行培训，以此促进个旧农业产业结构调整和农民增效增收。2.加强元旦春节市场监管。出动执法人员898人次和检查车辆224台次，检查市场56个次、经营户1 981户，收缴假冒伪劣儿童食品和过期变质食品41千克，查获假冒伪劣饮料、酒、罐头和调味品等380瓶，市场标值1.3余万元。取缔无照经营户14户，取缔黑网吧1户。3.加强猪肉禽蛋市场监管。围绕重点地区、市场和经营者，对猪肉、牛羊肉和熟食品等进行集中抽查，及时将不合格的猪肉等副食品清出市场。严厉打击无证照经营、注水肉、“高温猪肉”、病死肉、不合格猪肉、不合格卤腊制品、缺斤短两和以次充好等违法违规行为。对多次违法的市场、商场和超市责令停业整顿，追究市场主办单位的责任。市场实行“场厂挂钩”协议准入，主办单位市场落实准入管理责任制，对280户经营户实行挂牌经营、购销台账、协议准入制度。全年共出动执法人员445人次、检查车辆191台次，检查肉类市场46个次、经营户1 320个次,抽查猪肉等副食品98批次,合格率达100%。4. 加强粮食市场监管。按照《粮食流通管理条例》等文件要求,遵循“依法管粮,规范秩序,合法经营,搞活流通,服务市场,方便群众”的原则,加强对粮食市场的监管,确保粮食市场稳定,维护广大农民和消费者利益。全年出动执法人员102人次,检查市场62个次,检查各种粮食经营户142户次。5. 加强汽车市场监管。认真贯彻《汽车品牌销售管理实施办法》和《二手车流通管理办法》,加强对汽车销售、汽车改装、汽车维修、报废汽车回收、汽车拆解、新旧汽车交易、汽车配件经营等市场进行全面检查,严厉打击在汽车市场上的各种违法违规行为,维护汽车市场秩序,确保道路交通安全。全年共检查汽车交易市场2个次,检查品牌汽车经销商8个次。6. 其它市场监管。加强商品展销会登记监管,登记监管商品展销会2户次。加强成品油市场监管,共检查加油站43个次。加强合同监管,倡导“讲诚信重承诺”社会风气,提高诚实守信道德水平,重点检查买卖、装饰装修房屋租赁、居间、加工、承揽等合同,打击各种合同欺诈违法行为,共检查各类合同461份,涉及金额2亿元。开展动产抵押物登记,积极为企业融资,全年共办理动产抵押物登记78份,借贷合同金额8.5亿元。出动执法人员102人次,对饮水机市场开展专项检查,检查销售饮水机店面和水行61户。查处不合格手机案件35件。

**【反垄断与反不正当竞争执法】** 2009年,查处一般程序案件674件,当场处罚案件110件。全年无诉讼和行政复议。1. 加强食品安全监管。制定《个旧市工商局食品安全工作实施方案》、《个旧市工商行政管理局流通环节重大食品安全突发事故应急预案》、《个旧市工商局“食品安全示范店”创建方案》。加大《食品安全法》宣传力度,4月,对干部职工进行相关知识培训;5月和11月,分19期对全市1 411户食品经营户和159户申办“食品流通许可证”经营者进行培训考试;对79户示范店验收授牌;在显目地点悬挂宣传标语42条,在个旧市电视台上宣传2次;编印发放《食品安全法》相关知识手册2 000册和《食品安全法》相关知识宣传材料1万份,分别发放到食品安全监管人员与销售者手中。另外,以月饼、乳制品、儿童食品、散装食品、糕点、饮料、腌制食品、膨化食品、豆制品、水产品、酒类、肉类、蛋禽、食用油、酱油和食醋等高风险食品为重点进行整治,出动检查人员456人次、车辆22台次,检查食品经营户1 371户次、糕点生产商32户、商场超市18个,当场收缴销毁过期食品约47.5千克、过期饮料28.5千克,查处食品案件439件,罚款38.74万元。出动执法人员16 898人次,集中对奶制品市场、流通环节违法添加非食用物质和滥用食品添加剂、重大节假日、重大活动、农村食品市场等专项执法检查,检查经营户27 152户次,查处使用过期食品添加剂案件4件。2009年,共对食品类40余个大类168余个品种进行859余次的安全检测。其中:集贸市场安全检测366余次、超市11余次、专卖店4余次、商场2余次、小商铺138余次。建立农村产品质量和食品安全示范店29个。2. “扫黄打非”。出动执法人员1 195人次,检查印刷复制企业和出版物零售摊点1 530家次。出动人员122人次,检查巡查100家音响制品经营户,71家报刊书店经营户,20家出租经营户,取缔无照经营户1户,收缴《人体艺术》低俗光盘18张。通过对音像制品市场的整治行动,进一步净化了音像制品市场的经营秩序,打击了音像制品经营活动中的违法违规经营行为。2009年,个旧市工商局在“扫黄打非”工作中,共出动检查人员1 317人次,检查经营户1 721户次。3. 开展建材市场专项执法检查。对销售建筑材料和室内装饰装修材料的经营户要求索取《工业产品生产许可证》和《检验报告书》复印件,防止假冒伪劣建筑材料和室内装饰装修材料进入市场,保护广大消费者合法权益。对88户经营户进行检查,检查各建材市场经营者经销的钢材、排水管、人造板、电线、涂料、胶粘剂、室内装修材料等商品是否索证索票和进货渠道是否正规,查处不合格建材案件9件,案值8.17万元。4. “两烟”打假打私。烟草、工商、公安联合出动执法人员600人次,检查经营户2 000家;配合烟草部门查处案件24件。其中:查处无证无照经营户2家,罚没款1.73万元;检查宾馆酒店、娱乐场所、旅游景区13家,没收假冒卷烟13.5条。

**【商标广告监督管理】** 2009年,个旧市工商局共查处商标广告违法案件34件,罚款12.22万元。办理户外广告登记151户,公益广告登记5户。

1. 开展培育驰名商标申报工作。全年走访农户79户、企业和个体户593户,发出商标建议书25份、商标策略提示书15份和跟踪卡10份,引导培育注册商标数15户,培育帮扶知名注册商标数3户。做好云南省著名商标认定推荐工作,把个旧具有较大规模、较大市场份额、较高知名度的注册商标推荐参加云南省著名商标的认定,共接受3个新申请认定云南省著名商标,2个到期重新认定云南省著名商标的申请。

2. 开展打击傍名牌不正当竞争经营行为专项行动。对突出放大使用企业名称中的字号,构成假冒他人注册商标,侵犯他人注册商标专用权的;对仿商品商标图案与中国驰名商标或省著名商标相近似的商品,构成商标侵权的;对简化使用企业名称,构成对商品的产地、生产者等使人误解的虚假表示或虚假宣传的;对企业名称(包括在中国境内进行商业使用的外国或者地区企业名称)中使用他人具有一定的市场知名度,为相关公众所知悉的企业名称中的字号,引人误认为是他人的商品的;对“知名商品”、“特有的名称、包装、装潢”的认定的行为进行清查。在这次专项行动中,共出动执法人员187人次,对67户服装专卖店、18个超市的酒类、8个家用电器经销店、1户照相器材经营店等256家店铺进行专项检查。对柒牌、安踏、耐克、阿迪、匹克、李宁、特色龙、哥弟、鄂尔多斯、九牧王、背靠背、天风运动服、双星、千兔服饰、亮点服饰、小魔怪牛仔、妈咪宝贝童装店、天依良品服装店、雅格服饰、颜想容服装、非常女孩、易玛哥服饰、中山路潮服、乡里人服装店、阿卡西服装店、哥弟服饰店、男孩女孩店、个旧市卡帕专卖店、个旧市百丽体育用品商店、个旧市青童服装店等服装店及服装品牌进行检查。对茅台、五粮液、水井坊、剑南春、泸州老窖等品牌酒类进行检查。对松下、日立、索尼、柯达、三星、海尔、伊莱克斯等家用电器和照相器材进行检查。查处违反商标法规案件6件,罚款2.60万元。其中:销售侵犯注册商标专用权瓶装酒4件、销售侵犯注册商标专用权电子产品2件。查处违反广告法规案件4件,罚没款7.45万元。

**【老干工作】** 个旧市工商局共有退休人员72人。2009年,每月15号都进行思想政治学习。认真组织学习党的十七大报告,要求老党员及退休干部要深刻领会党的十七大的主题,深刻领会党的十六大以来所取得的成绩,深刻领会改革开放的伟大历史进程和宝贵经验,深刻领会中国特色社会主义道路和中国特色社会主义理论体系,深刻领会科学发展观的科学内涵、精神实质、根本要求,深刻领会实现全面建设小康社会奋斗目标的新要求,深刻领会社会主义经济建设、政治建设、文化建设、社会建设等方面的重大部署,深刻领会以改革创新精神推进党的建设新的伟大工程的重大任务。召开全体老干部会议,通报个旧市工商局重大决定,让老干部一如既往的关心和支持工商工作。为让每一位老年人保持身心健康,安度晚年、颐养天年、益寿延年,老协在安全第一、量力而行、重在参与的原则下,春节期间组织老年人进行有益的文体活动,每一季度局党组成员都和老干部在一起联欢,真正让所有老干部感受到精神上的关心。在“七一”建党节到来之际,老协于6月30日举行了环个旧湖竞走比赛,在轻松热闹的气氛中决出一等奖一名,二等奖两名,三等奖三名。老协门球队更是在局领导的关心支持下,定期拨付各种联赛经费,保证每年门球队的正常运行。

**【消费者协会工作】** 1. 开展“3·15消费与发展”年主题活动。3月15日,由个旧市工商局、个旧市消费者协会主办,34个党政机关、行政执法部门和企业事业单位参与,在个旧市区怀源芳圃开展丰富多彩的大型“3·15”宣传活动。州工商局、州消费者协会、市委、市人大、市政府、市政协相关领导出席活动。活动期间散发各种宣传材料1万份,展示宣传图版200块。设咨询服务台13个,提供咨询服务1 200余人次。现场受理和解决投诉16件,为消费者挽回经济损失1.5万元。对23户个旧市“消费与发展参与单位”进行授牌。鸡街、蔓耗、大屯、卡房也利用赶集天开展“3·15”活动。当天,出动执法人员1 000人次,检查市场14个、经营户800户。销毁如下假冒伪劣商品:不合格瓶装食品酒11个品种93件1 084瓶;武警式制服和公安式制服89套、武警式制服T恤1件、帽子50顶、马夹2件、钱包10个、皮带23条、领带9条、帽徽9副和领花7副;过期兽药181个品种215千克;过期葡萄酒6瓶;假劣洗发水40箱;红糖和干巴等过期变质食品200千克;过期假劣药品25箱;假香烟517.8条。

2. 积极受理消费者举报投诉。2009年,受理消费者举报投诉案件306件,解决率100%,为消费者挽回经济损失56.14万元。接待消费者来访和咨询370人次。从投诉类别看:家用电子电器类112件,占投诉总量的37%;家用机械类17件,占投诉总量的5.5%;百货类88件,占投诉总量的28.8%;房屋及装修建材19件,占投诉总量的6.2%;农用生产资料1件,占投诉总量的0.3%;服务类50件,占投诉总量的16%;其它类商品19件,占投诉总量的6.2%。从投诉性质看:质量问题投诉247件,占投诉总量的81%;安全投诉7件,占投诉总量的2.3%,价格投诉12件,占投诉总量的3.9%;计量投诉1件,占投诉总量的0.3%;广告投诉3件,占投诉总量的1%;虚假品质表示2件,占投诉总量的0.6%;营销合同13件,占投诉总量的4.2%;人格尊严投诉1件,占投诉总量的0.3%;其它20件,占投诉总量的6.4%。

3. 对遭“问题奶粉”侵害患儿进行赔偿。“问题奶粉”事件出现以后,按照上级部署,积极开展对患儿进行赔偿工作。积极查找患儿,从医院、公安、电信、社区多方寻找家长,力争维护好患儿们的合法权益。认真开展赔偿工作,应赔户共计31户,实赔26户,有4户查找不到,1户属重症户。

4. 加强“12315平台和“一会两站”建设。为保证“12315平台和“一会两站”工作顺利开展,制定了《个旧市工商局关于加强12315行政执法体系“四个平台”建设工作规划》、《个旧市工商行政管理系统12315申诉举报工作规程》、《个旧市工商局进一步提升“12315平台”建设工作方案》、《个旧市工商局“12315平台”建设工作考核标准》、《关于进一步加强“一会两站”建设工作方案》和《工商分局所一会两站建设考评标准》等制度。对投诉举报的案件分流接收滞缓、不及时办理、无处理结果和不及时录人数据的进行通报,造成重大事故和影响的严格追究责任,并对单位领导问责。

根据《云南省人民政府办公厅关于全省乡镇和街道办事处建立消费者协会分会的通知》和《云南省工商行政管理局云南省消费者协会关于加强一会两站规范化建设工作的意见的通知》,为实现省局提出的把“一会两站”建成政府的“第二信访部门”目标要求,下发《关于进一步加强“一会两站”建设的工作方案》,积极展开“一会两站”建设工作,已完成建立10个分会任务,提前完成114个行政村、社区建设两站的工作任务。其中:城区办分会理事38人,两站数量29个,两站人数252人,总人数290人;鸡街分会理事11人,两站数量18个,两站人数160人,总人数171人;卡房分会理事6人,两站数量16个,两站人数145人,总人数151人;锡城分会理事13人,两站数量10个,两站人数113人,总人数126人;贾沙分会理事10人,两站数量11个,两站人数101人,总人数111人;大屯分会理事7人,两站数量10个,两站人数100人,总人数107人;保和分会理事11人,两站数量6个,两站人数54人,总人数65人;蔓耗分会理事9人,两站数量6个,两站人数42人,总人数51人;沙甸分会理事5人,两站数量4个,两站人数44人,总人数49人;老厂分会理事8个,两站数量4个,两站人数24人,总人数32人;全市10个分会理事共118人,114个两站总工作人员有1 035人,一会两站工作人员总计1 153人。2006年已建立的企业、商场两站有24个。

挑战商场行业潜规则,叫停商场超市划小票行为。对15个超市商场(包含分店)、1个书店、1个图书城共计21个商家下发《建议书》,告知其在经营场所出口处设置的查验购物小票行为已涉嫌违反《中华人民共和国消费者权益保护法》第七条、第十一条、第二十五的规定,建议各单位在2009年4月6日前停止出口查验小票的行为。针对个别超市认识不到位,有敷衍了事的情况,市消费者协会又于2009年4月15日专门召集市区的所有商场超市开会,再次重申划小票行为属侵权行为,将此行为产生的法律后果作了宣传,如拒不接受建议的,一切法律责任自负。各商家在消协晓之以法的情况下,明确表态要按法律法规办事,停止侵权行为,截至4月17日,13个商家已停止划小票。

**【2009年任职的局领导名单】**

党组书记、局长　汪　号

副 局 长　马韶明　木宏钧　姚永琼

纪检组长　杨子维

## 开 远 市

**【概况】** 开远市工商行政管理局现有6科、1室、2分局、3所、2个协会(办公室)、1个大队;另有1个州局派驻机构——纪检监察室,1个后勤服务中心,实有机构数17个。在职110人,其中公务员94人、机关工人5人;下属事业单位事业干部1人、事业工人10人。机关党委下辖8个党支部,有中共党员89人,另有民主党派致公党员2人。

2009年,开远市工商局深入学习实践科学发展观,紧紧围绕省州工商行政管理工作会议的安排部署以及市委、市政府的各项中心工作,按照国家工商总局"四个统一"、"四化建设"、"四个转变"、"四高目标"和云南工商"三个到位"、"六个好"工作目标的要求,以"服务效能提升年"活动为契机,由"收费监管型"向"服务监管型"转变,充分发挥工商行政管理职能作用,做到"三个优化"、"三个突出"、"三个注重"、"三个深化"、"三个推进",全年各项工作取得明显成效。

**【法制建设】** 2009年,开远市工商局立足规范行政行为,提高执法效能,强化执法监督,进一步规范执法行为。紧扣"加强法制宣传教育,服务经济社会发展"主题,开展普法工作。6次集中全局执法人员进行行政执法考试,对全局90余人干部职工进行《食品安全法》培训,召开《食品安全法》座谈会10余次,辖区内食品经营户有300多人参加。市局5名局领导参加了市委普法办10月份组织的法制教育考试。全年开展各类学习、宣传活动10余次,发放宣传资料3 000余份,接受咨询600余人次。落实行政执法责任制,强化案件执行工作,对立案、暂扣、结案、核审、执行、复议等各个环节进行监督,全年所有立案查办的案件核审率均在100%,所有处罚的案件,无一例诉讼。认真开展2009年度行政执法评议考核工作,对1~9月办理的一般程序处罚案件和简易程序处罚案件,以及其它行政执法情况进行了自查自评。创新执法理念,推行柔性执法,做好对违法行为人警示与疏导工作,在查处经济违法案件中,实行说理式行政处罚决定书模式,通过对违法行为人"事前预警告诫、事中纠正制止、事后教育规范",将全局行政执法标准从"合法"的最低要求上升到"合法、合理、合情"三者有机统一的高度,使所办案件公平公正、过罚相当、宽严适度,达到处罚与教育相结合的目的。

**【纪检监察】** 2009年,开远市工商局按照党风廉政建设与业务工作同部署、同落实、同检查、同考核的"四同时"制度,继续坚持一把手负总责、一岗双责、一级抓一级、层层抓落实的党风廉政建设工作格局,层层签订21份党风廉政建设责任书。以完善惩治和预防腐败体系为重点,切实加强反腐倡廉建设。围绕"防"字抓教育,开展权力观教育、荣辱观教育、法纪教育、廉洁自律教育和警示教育。组织全局干部职工参观反腐倡廉暨预防职务犯罪教育图片展览,上好廉政教育党课,对新提拔的中层干部进行廉政谈话,夯实执法为民的思想基础;围绕"严"字抓制度,抓好各项制度的贯彻落实。贯彻落实好阳光政府四项制度,开通了"96128政务信息查询专线"。强化监督检查,对"六项重点"工作、党风廉政建设、岗位大练兵、四项制度等工作进行效能督察,从会风、上下班、着装等各个方面狠抓作风纪律。督察工商所(分局)40个次,派出督察干部32人次,发出督察通报8次;围绕"全"字抓监督,不断拓宽监督领域,逐步向行政许可、行政执法和行政不作为等全方位延伸,向事前、事中、事后全过程延伸。认真做好廉政风险点的排查工作,重新面向社会公开聘请了行风政风义务监督员11名,圆满完成向监管服务对象代表述职述廉工作。

**【人事教育】** 2009年,开远市工商局围绕"落实科学发展观,争当红河排头兵"这一主题,本着求真务实、开拓创新的精神,密切联系实际、精心组织、周密布暑,历时五个月,经过三个阶段,十一个环节,三十六个步骤,圆满完成学习实践活动全部内容。通过学习,领导班子科学决策、民主决策的意识得到进一步增强。广大干部职工面对工商工作的新形势、新任务,更好地确立了忧患意识、责任意识、服务意识、创新意识,进一步提高了"推动工商科学发展,促进科学监管"的意识。同时按照"统一规范标准、逐月分类实施、重在岗位练兵、定期检验成果"的原则,以及"一月一学、一学一督察、一督察一通报"的测评考核工作机制,在全局自上而下狠抓干部队伍建设,有序开展"计算机操作、注册登记、执法办案"岗位大练兵活动,先后投入教育培训经费19.3万元。2月份以来组织全员性岗位练兵培训4次,参加人数350人次;计算机操作能手培训11次,考试8次,共919人次参加学习培训测试;组织注册登记能手学习培训测试9次,参加人数170人次;组织执法办案能手学习培训测试6次,参加人数470人次。有46人分别通过州局效能督察组

"计算机操作、注册登记、执法办案"三项工作3次测试。在"五好工商所"创建和工商所规范化建设中,投入经费45.62万元,对各工商所、分局办公室进行全面修缮、装潢;增添、更换汽车、电脑、打印机、数码相机、办公桌椅、便民服务设施等办公硬件,工作人员基本人手一台电脑,有效促进了信息化建设工作;制作工商行政管理门头标志牌匾、公示牌匾、规章制度、工作流程等牌匾75块;为建立和完善经济户口档案,购置档案柜22组,档案盒3 000个,档案袋1万个;在羊街工商所、中和营工商所建立小食堂2个,有效改善了基层单位干部职工生活条件。

**【企业注册登记】** 2009年,开远市工商局按照"四项指标"、"四项标准"、"四项机制"和"三项公示"要求,全面建立企业信用分类监管制度,建立和完善企业信用信息数据库,分步推进工作。截至2009年12月,开远市有内资企业460户,全年新发展33户,与上年同期相比下降3.77%,注册资本金428 753万元,与上年同期相比上升13.03%。其中国有企业111户,占全体企业户数的24.13%,注册资本金80 967万元,占总注册资本金的18.88%;集体企业84户,占全体企业户数的18.26%,注册资本金3 827万元,占总注册资本金的0.89%;股份合作制企业25户,占全体企业户数的5.43%,注册资本金6 895万元,占总注册资本金的1.61%;有限责任公司240户,占全体企业户数的52.17%,注册资本金337 064万元,占总注册资本金的78.61%。

**【企业监督管理】** 截至2009年12月,全市共有个体工商户7 879户,全年新增个体工商户2 274户,新增从业人员2 465人;与上年同期相比下降了11.98%,从业人员10 532人,与上年同期相比上升2.34%,注册资本金20 986万元,与上年同期相比下降3.93%。个体工商户发展完成全年任务数(1 200户)的189.5%,从业人员发展完成全年任务数(1 800人)的136.94%。全市私营企业共有693户,2009年新发展110户,与上年同期相比上升了9.48%,从业人员10 984人,与上年同期相比上升16.31%,注册资本金88 468万元,与上年同期相比上升了17.95%。其中个人独资企业84户,占全体企业户数的12.12%,注册资本金5 815万元,占总注册资本金的6.57%;合伙企业11户,占全体企业户数的1.59%,注册资本金590万元,占总注册资本金的0.67%;有限责任公司598户,占全体企业户数的86.29%,注册资本金82 063万元,占总注册资本金的92.76%,私营企业发展完成全年任务数(75户)的146.66%。

截至2009年12月,全市共登记农民专业合作社49户,其中全年新发展25户,登记的情况是:种植业37户、养殖业11户、其他行业1户。出资总额为638.57万元,成员总数989人,其中农民成员968人、非农民成员19人、企业单位成员2人。农民专业合作社发展完成全年任务数(8户)的312.5%。

**【市场规范管理】** 1. 在"农村食品安全示范店"创建和"诚信市场"创建上求突破。狠抓食品安全示范店创建工作,投入经费6.5万元,在2008年已创建了50家"食品安全示范店"的基础上,又为第二批19家"农村食品安全示范店"授牌。截至年底,共创建"食品安全示范店"69户,正在帮扶经营户12户。2. 进一步加大对食品安全的监督检查,完善市场巡查机制,坚持、督促落实食品经营户建立购销货台账制度。将食品安全责任书细化到科、分局、基层工商所,按照信用等级分类管理进行日常监管和重点检查,并有分类监管的巡查、处理记录,同时做到了专项整治有方案、有台账、有检查、有记录、有案件、有预案、有档案。要求经营户做好"三查两建一推一明示",使辖区内商场、超市建制率已达100%。3. 积极开展"星级诚信市场"创建活动。有18个市场、个体经营户480户参加"星级诚信市场"创建活动,达到诚信市场标准的有6个,其中,达到"A级诚信市场"标准的有华信超市等4个,"AA级诚信市场"标准的有阳光汽车交易市场、红河红大车市2个,创建活动涉及的企业23户,个体工商户50户。4. 深化工商服务新农村建设工作机制,认真做好"七农"工作。建立"红盾护农机制",强化农资市场监管,不断完善落实"两账两票、一卡一书"、种子留样备查等工作制度,严厉打击制售假冒伪劣农资坑农害农等违法行为,检查农资经营户184个次,受理农资投诉7件,涉农合同咨询72人次;建立和完善"商标富农"机制,积极争取地方党政部门的支持,做到对农产品商标实行全方位服务。全市已注册农副产品及其加工产品商标54件,占总注册量的31%,正申请的农副产品及其加工产品商标17件;建立"经纪活农机制",大力发展和规范农村经纪人,发展农业经纪人45户,经纪业务量264万元;建立"合同帮农机制",全年共帮助农民审查合同8份,制定和完善合同条款59条,避免无效合同1份,金额达15万元,调解合同纠纷1起,为农民挽回经济损失2万元,组织开展合同法培训2次,参训87人次。5. 帮助金鸟养鸡厂疏通销售白凤乌鸡蛋的渠道,使该厂与金方购物广场等商场和集贸市场订立供货合同,该厂养殖的乌鸡,由2007年的7 000只发展到现在2.5万多只,远销到昆明和文山等地。6. 建立"权益保农机制",建立农村消费维权的"一会两站",已建成消协分会7个、两站73个,方便农民消费者就近申诉举报,解决农村消费者投诉78件,为农村消费者挽回经济损失12.54万元;建立"政策爱农机制",积极引导农村个体私营经济发展,推进农业结构调整和产业化经营;建立"市场助农机制",积极培育、规范和繁荣农村市场,搞活农村流通。7. 围绕2009年"扫黄打非"工作的重点和任务,开展"扫黄打非"和"净化文化市场"专项整治工作。狠抓落实,集中时间、集中力量、有重点、有目的地对各类非法出版物,翻印销售非法出版物、盗版出版物、色情音像制品、及无照经营音像的经营户进行了清理整顿。在专项整治中,出动执法人员462人次,检查音像经营点、店、书报刊摊632户次、服装经营店316户次,检查印刷企业、复印经营点209户次,收缴一批违法及不合格商品。8. 加强农村家电等商品市场监管,检查各类家电经营户32户、农村集贸市场6个,确保国家"支农"、"惠农"政策落到实处,有效规范了农村家电市场。加强粮食市场监督管理,重点对全市的粮食加工、批发、销售企业和军供网点的大米、面粉(条)、食用植物油、粮食制品等进行监管检查。共检查大米20多个品种,计860吨,面粉(条)185吨,其它粮食200多吨,植物油10多个品种。

【消费者权益保护】 2009年,开远市工商局积极维权,促进消费,在"一会两站"建设和"12315平台"建设上求突破。在"一会两站"建设中,通过积极汇报协调,争取地方党委政府的支持,全面部署建设工作,坚持建设标准。颁布实施,先易后难,成熟一批,发展一批,在现有的基础上逐步完善。全市应建"一会两站"总数80个,已挂牌数80个,挂牌率100%;成立消费者协会分会7个,挂牌率100%;成立消费者投诉站、12315联络站73个,挂牌率100%;截至年底,消协共受理投诉210件,解决率为100%,为消费者挽回经济损失17.47万元,接待消费者来访、来电咨询423人次,依规定不予受理的投诉4件。

【反垄断与反不正当竞争执法】 2009年,开远市工商局紧扣市场监管和行政执法的工作职责,不断拓展执法领域,强化监管效能。在完成"六项重点工作"的同时深入开展各类专项执法行动,切实建立和维护公平公正的市场秩序。2009年全局共查处各类案件404件,即时处罚案件76件,罚没金额108万元。开展12次大规模的节日前供应市场进行专项检查,出动执法人员1 447人次,抽查市场92个次、食杂店4 930户次和超市102家次,查看经营户进销货台账和索证索票台账1 160份,责令12户销售过期的小食品下柜,4户销售"三无"食品全部退市,对41户台账建立不全面、不规范的经营户当场下发了责令整改通知书,取缔无照经营户15户;净化校园周边经营环境,出动执法人员240人次,出动检查车辆50台次,重点对学校周边网吧、卡拉OK厅、电子游戏室、副食品店等娱乐场所进行清理整顿,对全市30多所学校的周边环境进行了82次的巡查,取缔无照经营户4户,收缴了部分过期、变质食品及过期儿童食品72千克;打击违法添加非食用物质和滥用食品添加剂专项整治,立案查处利用死因不明的猪肉腌制腊肉、香肠案件2起,收缴病死猪肉1 700千克,涉案总值3.4万元;开展了流通环节食品安全应急处置演练;打击傍名牌不正当竞争行为专项执法行动;加强成品油、汽车和建材市场的监管;继续开展打击传销专项整治工作,捣毁传销窝点4个,清查出传销人员17人,教育劝返传销人员15人。同时积极配合各有关职能部门和当地政府组织的各项专项检查工作15次。

【广告监督管理】 2009年,开远市工商局加强广告日常监管、依法查处广告违法案件。针对开远电视台广告部、广播电台广告部、气象局广告部三家广告经营单位发布的食品、保健食品、药品广告进行专项检查。全年共出动人员24人次,对全市的广告市场进行清理整治,检查农资广告68条次,检查其它各类广告62条次。全年共查处各类违法广告案件15件,收缴印刷品广告2 000份。

【商标监督管理】 2009年,开远市工商局推进商标战略在驰名商标培育申报和基层工商所开展"一所一标"活动上求突破。每个分局、工商所每年至少指导帮助市场主体申请一件注册商标,至少确定一件已注册商标作为争创知名、著名商标的培育帮扶对象,至少指导一户涉农企业积极运用"公司+商标+农户"经营模式开展品牌化经营。2009年,市荣祥优质米加工厂的"滇燕"商标、振东林果场的"态康"商标成功地被评选为云南省著名商标。到12月,全局共走访企业、个体工商户161户;走访农户124户;引导培育注册商标42件;新申请注册商标16件;培育帮扶知名、著名商标3件。发出商标注册申请建议书29份;发出商标策略提示书7份、商标法律告知书4份、商标管理跟踪联系卡9份。

【信息化建设】 2009年,开远市工商局以科学工商建设为契机,加大投入,完善软、硬件设施,保障工作顺利开展。在经费紧张的情况下,加快信息化建设步伐,完善硬件设施,保障各项工作顺利完成,共投入资金18万余元,购买电脑27台、打印机8台等,对基层工商所、分局进行了网络改造,增加了网络设备。对一些存在网络安全隐患的电脑安装了病毒查杀软件。5位市局领导班子成员分别与市委保密委员会签订《开远市在岗科级领导干部保密承诺书》,对涉密和非涉密计算机进行统计和标注,对计算机日常操作和维护责任到个人。及时对新业务系统的运用进行培训,组织全员性培训4次,参加培训人员350人次,并购买《电脑短训班教程》发给大家进行自学、互学。

【个私协会工作】 做好鼓励创业"贷免扶补"工作。经过近5个月的努力调查、推荐,已在规定的时限内完成上级协会下达13户初次创业人员"贷免扶补"小额贷款的申报工作,经市劳动和社会保障局、财政局审批合格后,市农村信用联社为13户初次创业人员每户发放小额贷款5万元,合计放贷65万元。切实做好创业导师服务工作,全市13家个体、私营企业会员作为创业导师的推选并录入省个私协会建立的网址上,为广大初次创业者提供了有效的帮助。市三鼎产业有限公司、市阳光经贸有限责任公司、市协和医院三家申报,经州就业和再就业工作领导小组批准为云南省高校毕业生就业见习示范基地(首批)并授牌,市三鼎产业有限公司现在有一名吉林省吉利汽车大学毕业生在该公司见习。春节时,个私协会组织三个慰问小组,带着大米和食用油(价值100元)物品分别对市区104户困难、下岗经营、贫困山区、残疾人等个体经营会员进行节日前慰问。小龙潭分会为了使辖区内从事豆腐皮生产的企业有较好的发展,组织25人到石屏县豆腐皮生产规模较大的企业进行参观学习,加强了地区之间的交流与合作。

【2009年任职的局领导名单】

党组书记、局长　王兴忠

副 局 长 李 立 何金义 吕志功
纪检组长 孟德纪

## 蒙自县

【概况】 2009年,蒙自县工商行政管理局认真学习党的十七大、十七届三中、四中全会精神,全面贯彻落实科学发展观,按照国家工商总局“四个统一”、“四化”建设、省工商局“三个到位、六个好”的工作目标和县“46664”发展思路,紧紧围绕省工商局“六项重点”工作和县委、政府的中心工作,创新监管思路、监管制度、监管手段和监管方式,采取有力措施,提出了“三个一(一月一重点,一重点一落实,一落实一通报)”的工作方法,扎实工作,圆满地完成了各项工作任务,为全县经济社会发展做出了积极贡献。

【纪检监察】 2009年,蒙自县工商局围绕中心工作,把党风廉政建设和反腐败工作融入其中,重点加强了效能督查、惩治和预防腐败体系建设、廉政风险点管理、严肃查处违纪违法案件等工作。1. 加大反腐倡廉教育工作。2009年,蒙自县工商局始终把思想道德教育放在首位,结合工商职能,以树立正确权力观为重点,深入开展理想信念教育、廉政从政艰苦奋斗和职业道德教育。先后组织开展典型案例警示教育,丰富多彩的廉政文化活动等,努力营造风清气正的廉政氛围。结合深入开展实践科学发展观查缺补漏活动,采取会议传达、集中学习与个人自学相结合的形式,将全局干部职工分为两批各进行为期三天的全员培训。通过培训,推动了全局干部职工学习科学发展观活动的层层落实。制定了《2009年党风廉政建设宣传学习教育计划》,2009年共开展了各类党风廉政建设宣传学习教育50余次,参加学习教育的人数为5 120人次。2. 更新监管理念,创新监管机制。重点是完善制度建设,提高工作效率。制定了《系统首问责任制》、《服务承诺制》、《限时办结制》、《工作人员行政问责办法》和《服务承诺书》,明确了各项工作的具体时限和要求,主动接受社会监督。设置投诉电话2部、举报箱7个、公示牌23块。在各工商分局(所)、办证大厅建立政务公开栏,设置《服务指南》10余本;并在办公区醒目位置悬挂“云南省行政机关八项工作承诺”宣传版。建立“纪检监察工作联系卡”,设置机构、人员身份公示栏。实行“一岗双责”制度。年初,局党组书记与五位党组成员、班子成员与局属17个部门、局属17个部门的负责人与每一位工作人员都签订了《2009年度党风廉政建设责任书》,共88份。党支部与党员签订责任书共60份。按照“三个一”工作方法,加大对六项重点工作的监督检查。组织对“经济户口”网格化管理及信用分类监管执行情况、岗位大练兵学习情况、开展企业服务月活动落实情况、诚信市场、食品安全示范店、一所一标、一会两站创建等重点工作进行了督察。加强效能督察,强化对权力的有效监督。对“八六八”禁令、执法作风、执法形象、纪律作风等督察共60次。并把党风廉政建设责任制工作考核检查的结果与局属各部门及个人的年终考核相挂钩。开展廉政风险点排查。确定了一级风险机构6个、二级风险机构10个、三级风险机构3个。3. 加大行风纠风治理工作力度。全年共发放民主测评表441份,收回422份,收集到建议28条、意见12条,制定整改措施12条;积极接受社会监督,召开行风建设座谈会6次,走访企业、个体工商户198户,对局机关作风建设情况的民主评议满意率为98%。班子成员对分管部门党风廉政建设进行定期检查,根据情况及时与分管部门负责人进行廉政谈话,有针对性地加强分管部门干部的教育和管理。认真开展基层行政执法人员向监管服务对象代表述职述廉工作。总计发放《基层行政执法人员向监管服务对象代表述职述廉工作征求意见表》3 300份,收回3 300份。征求到意见和建议共4条。经统计,对6个基层工商所、分局的述职述廉报告评价总满意率为98%。对全体行政执法人员在服务态度方面的总满意率为95.4%;在办事效率方面的总满意率为95.8%;在廉政情况方面的总满意率为95%。

【人事教育】 为全面提高干部依法行政的水平和综合执法素质,2009年初,蒙自县工商局就制定了每月一法学习培训计划。在每月一法学习的基础上,在全局干部职工中开展了“三个一”(一周一会一学习,一月一法一案例,一季一考一评比)岗位比武大练兵学法活动。同时在全局范围内广泛开展注册登记、执法办案、计算机操作“三能手”岗位大练兵、大比武活动,营造了人人学习、人人练兵、争当先进的浓厚氛围,收到“大规模培训干部职工、大幅度提高业务素质”的实效,通过层层选拔,该局四名同志参加了全省组织的“三能手”大比武活动。

【市场规范管理】 2009年,蒙自县工商行政管理局增强服务意识,优化投资环境,规范市场主体准入行为,鼓励和支持市场主体来蒙自投资办企业。1. 加强注册登记监管,进一步规范市场主体行为。重点是认真开展注册登记工作,严格按照许可登记程序和审批制度规定,把好市场主体准入关。截至2009年12月31日,全县登记注册内资企业总数523户,注册资金60 979万元。新设立企业37户,注册资金20 021万元。吊销49户,注销36户。与2008年同期相比,户数减少49户,下降8.6%;注册资金增加10 374万元,增长20.5%。登记注册私营企业715户,注册资金97 873万元。新设立私营企业167户,注册资金15 944万元。吊销53户,注销54户。与2008年同期相比,户数增加98户,增长15.9%;注册资金增加17 125万元,增长21.2%。登记注册个体工商户12 155户,从业人员15 742人,注册资金31 941万元。与2008年同期相比,户数增加2 558户,增长26.6%;注册资金增加4 669万元,增长17.12%。注册登记农民专业合作社46户,注册资本1 758万元,投资人1 137人(农民1 114人)。同时,按要求完成年检和验照工作。企业参检率92%,个体户验照率93.6%。2. 转变职能,强化服务,尽心竭力帮助企业应对危机。结合2008年度企业年检工作,认真做好帮扶企业的各项工作。重点是对2008年度经营亏损困难企业,减免年检费。企业成立后超过六个月未开业或者开业后自行停业连续六个月以上的，允许其延续至2009年底。为解决中、小企业融资难等问题，充分发挥职能作用，采取上门服务、同步指导，在最短的时间内为申请成立蒙自县康达小额贷款有限公司、蒙自县天马小额贷款有限公司的两家企业办理了登记注册手续，从而确保了小额贷款公司的顺利成立，小额贷款公司成立为改善全县金融资源的配置，缓解民企融资难题，帮扶企业共度金融危机取到积极作用。严格执行国家、省、州、县有关收费减免优惠政策，全年共减免企业注册登记费1 050元、个体工商户注册登记费46 230元。3. 强化市场准入服务指导。采取措施，做好市场准入服务指导工作。按照有关法律、法规和有关文件精神，共简化审批事项16项。同时，制作"一次性告知补正材料通知书"，汇编了《注册登记法律法规》、《注册登记申请材料告知书》等材料，为办事人员提供方便、快捷的服务。规范行政审批流程，推行"一审一核"制，对申请人提出的申请，符合条件的，当场办理；对申请人提出的申请不规范的，帮助办理，最大限度地方便企业、群众。办事群众如因特殊情况无法在法定工作日内进行业务办理的，可向各注册登记窗口提出预约服务申请，在非国家法定工作日也可办理行政审批手续，大大方便了办事群众，2009年县政府行政服务中心"工商"窗口先后9次被评为"红旗窗口"，12月被评为年度"红旗窗口"。同时，工商部门主动到企业走访，充分了解企业经营状况，听取企业对工商部门的意见和建议，为企业献计献策，引导企业更好更快发展。共走访回访182户企业，召开座谈会6次，开辟"绿色通道"8个，上门为企业年检13户，帮助企业解决问题41件，收到感谢信1封。2009年，蒙自县工商局根据省、州工商局有关规定，制定工作方案，确定目标任务，认真做好"农村食品安全示范店"的创建工作。全县共创建"食品安全示范店"100户，遍及全县的11个乡镇，覆盖率达100%，在总量上已提前超额完成年初预定的创建38个的目标。同时，按照省、州工商局《商品交易市场信用分类监管实施方案》的要求，加强"诚信市场"的创建活动。制定了《蒙自县工商局开展诚信市场创建活动实施方案》，并指定专人负责抓落实，圆满完成全县市场信息的采集录入工作，并按新的监管模式对26个市场(1 060户经营户)进行信用分类监管，其中A类市场6个，B类市场18个、C类市场2个。4. 积极鼓励创业促进就业工作。按照《云南省鼓励创业贷免扶补实施办法的通知》要求，制定了《关于贯彻落实云南省鼓励创业贷免扶补实施办法和方案》，全县超额完成下达的15个任务数，完成了17个成功创业者的"贷免扶补"工作任务，为创业人员配备导师17人，以创业带动就业51人。5. 认真开展"扫黄打非"工作。全年共出动执法人员764人次，检查复制印刷企业52家次、出版物市场1 122个次、店档摊点15个次、网吧58户、游戏室19户，查缴少儿玩具版人民币43张、硬币38个、有奖纸币40包，没收盗版光盘357碟，没收T恤2件。此外，还安排部署了甲型H1N1流感防控工作，开展了建材市场专项执法检查行动，开展了手机市场专项检查，开展了查处取缔黑网吧及"两烟"打假等专项行动。同时，积极参与安全生产专项整治、校园周边环境整治等工作。全年共查处各类违法违章案件139件，罚没金额168万元。在案件查处中，查扣病死猪肉1 115千克，查获假冒伪劣食品1 426.4千克，收缴假劣成品油700千克，没收假冒伪劣农药31.4千克、假冒伪劣酒323瓶、假冒伪劣化妆品32瓶、不合格手机32部、假劣直销洗涤用品27瓶、护肤品10盒、保健品1 125.5克，扣留"一洗黑"130盒、塑料手提袋成品100袋、塑料手提袋半成品50袋。

**【食品流通监督管理】** 2009年，蒙自县工商局切实采取措施，加强流通环节食品安全监管工作。重点是以构建流通环节食品安全监管长效机制为目标，加强食品安全为重点的流通领域商品质量监管。在与全县2 032户食品经营签订《食品安全责任书》的同时，与片区管理人员签订《片区管理责任书》，把食品安全监管责任明确落实到每个人，建立了日常巡查监管为主，节日和专项整治为辅的食品安全监管长效机制。采取多种形式加大宣传《食品安全法》的力度，印制《食品安全法》等宣传资料5 000余份，利用双休日、节假日进行宣传发放，并组织食品经营户进行培训。严格落实国家工商总局流通环节食品安全监管八项制度，扎实做好食品流通许可证的发放与管理工作。截至2009年12月，共发放食品流通许可证283户。根据省、州局关于开展快速检测工作的有关规定，把快速检测工作作为开展食品监管的辅助手段，全年共开展快速检测211次，检测品结果均为合格。根据每个时期的不同重点，开展了元旦、春节、五一、端午、国庆、中秋、州庆等节日期间的流通环节食品安全专项整治，共检查食品经营户15 271户次，检查批发市场、集贸市场等432个次，取缔无照经营户10户，查处食品案件16件，罚没金额15.74万元，保证了全县40万人口的消费安全。

**【反垄断与反不正当竞争执法】** 2009年，蒙自县工商局会同公安等部门先后开展了"斩首行动"、"夏季攻势"和"秋风行动"等一系列声势浩大的打击传销专项行动，加大了对异地聚集、拉人头式传销活动的重拳打击，有效遏制了传销活动蔓延势头。为建立长效监管机制，工商局抽出8人，公安局抽出4人，组建了蒙自县打传小分队。全年共出动执法人员3 690人次，清理传销窝点1 150个，收缴各类传销资料1 800余本(册)，教育、遣返传销人员2 582人；立刑事案件26件，破获26件，涉案金额2 908.8万元，抓获犯罪嫌疑人38人，刑拘36人，取保候审19人，逮捕21人，起诉21人，维护了蒙自地区正常的经济秩序和改革开放形象。

**【商标监督管理】** 2009年，蒙自县工商局坚持以"商标富农"为抓手，全面实施商标品牌战略，切实维护商标注册权人的合法权益，积极引导涉农单位广泛开展农产品商标注册工作，鼓励和帮助涉农企业申报注册地理证明商标，有效提升农产品产业层次。制定了《商标培育发展工作三年(2009～2011)规划》及《关于对2009年商标广告监督管理工作实行量化考核的通知》。实施“三书一卡”制度，积极开展“一所一标”工作。共走访个体(企业)225户，走访农户227户，发放“商标注册申请建议书”64份、“商标策略提示书”5份、“商标法律告知书”6份、“商标管理跟踪服务联系卡”21张。选择重点，开展商标帮扶活动。全县选定6家上规模的企业作为申报著名商标企业予以重点扶持培育，帮助企业加强商标产品的宣传，提升商标企业形象，指导企业做好申报工作。2009年推荐5家企业申报云南省著名商标，均获得认定。“蒙自过桥米线”商标已在公告期。

通过帮助与服务，全年新增申请注册商标86件，与上年同期的18件相比大幅度增加，从而促进了蒙自县商标品牌建设工作，在蒙自县工商局备案的注册商标共有81件。开发区分局荣获全国实施商标战略先进集体。

【消委会工作】 2009年，为加强广大农村基层消费维权网络，改善城乡消费环境，蒙自县工商局全面开展“一会两站”建设。在蒙自县人民政府的大力支持下，县政府划拨工作经费15.3万元开展此项工作。全县11个乡镇已全部建立了消协分会；86个村委会、15个社区已建立12315联络站和消费者投诉站；全县500平方米以上的市场、商场、超市、宾馆、酒店已建立12315联络站和消费者投诉站32个。蒙自县消费维权“一会两站”网络建设，有效推进了和谐社会建设的步伐，形成覆盖城乡、上下联动、反映迅速，工作规范、高效便民的基层消费维权网络。同时，蒙自县工商局进一步提升12315服务效能，继续加大12315平台信息化建设力度，不断完善软硬件设施，拓宽网络覆盖面，强化快速处置功能，规范工作流程，拓展服务领域。2009年以来，共接受来电、来信、来访1 118件，受理消费者投诉413件，解决404件，解决率97.82%，为消费者挽回经济损失49.3万元，有效地保护了广大消费者和经营者的合法权益。

【消费者协会工作】 2009年，蒙自县消费者协会发挥消协职能作用，结合国际消费者权益日开展系列活动。活动期间，制作宣传展板106块，悬挂标语31条，接待咨询人数890人次，发放宣传资料1.75万份，检查市场15个，组织青年志愿者56人，制作电视节目宣传5期，现场办理消费者投诉11件，当场解决消费者投诉5件，为消费者挽回经济损失1.7万元；参与市场检查15个；销毁劣质棉絮42床、劣质复合肥7.2吨、劣质有机肥1.2吨、劣质开关插座12件、伪劣食品1.1吨、劣质酱油160件、假冒劣质手机23部，总价值13.18万元。

蒙自县个私协会充分发挥协会作用，积极组织开展全县个体工商户和私营企业的普法学习活动。编印9 900本有17部法律法规内容的“五五”普法学习手册，举办80期普法培训班，9 223名会员参加了“五五”普法培训。

【服务新农村建设】 2009年，蒙自县工商局充分发挥工商职能，深化工商服务新农村建设工作机制，不断促进社会主义新农村建设。重点是认真开展“红盾护农”行动，维护农民合法权益。针对蒙自地区的实际，制定了《蒙自县工商局红盾护农专项行动实施方案》。全年共出动执法人员277人次，检查农资经营户1 552户次，收缴过期各类品种农药2 245瓶、583袋，查获涉嫌假冒农药1 287瓶，查处销售过期和无照经营农药案件45件，罚款6.32万元。草坝辣椒市场查处短斤少两坑农害农案件21件，罚款1.93万元，受理涉农投诉44件，挽回经济损失1.6万元，确保了红盾护农和农资市场整治工作取得实效。创新监管机制，促进农民增收增效。制定了《贯彻落实完善“七农”工作机制促进农业增效农民增收工作实施方案》等监管制度，在辖区农资生产经营者中普遍建立了“两账两票一书一卡”和票证管理档案。全年全县共培育农村经纪人237人，推行合同示范文本1 500份，农民专业合作社46户。农资经营户379户，已全面实现分类监管，其中A类367户、C类12户，“七农”工作制度已全部建立，共查处涉农案件49件，罚款8.25万元。

【2009年任职的局领导名单】

局　　长　汪　勇

副 局 长　卢文亮　刘忠诚

　　　　　马良荣　欧阳翔

纪检组长　李　琳

## 建水县

【概况】 建水县工商行政管理局有干部职工105人，其中大学本科18人、专科60人、中专22人、高中5人。局党委下设6个党支部。有中共党员86人。机关内设办公室、纪检监察室、人事教育科、法制科、企业个体注册登记管理科、公平交易科、经济检查大队、公平交易科、市场监督管理科、商标广告管理科、基本建设办公室，派出机构有城区分局、工业园区分局、曲江分局、面甸工商所、南庄工商所、西庄工商所、官厅工商所，代管消委、个私协会2个群团组织。

【法制建设】 2009年，建水县工商局坚持全面推进依法行政，不断提高依法行政能力，在行政执法体制上有了新进展。1. 积极开展“法律六进”活动，对各自辖区内的工商企业、个体工商户开展法律法规宣传教育。2. 认真履行“协调、把关、监督”的职能，加强执法监督和执法培训，做好案件核审工作。对查处的一般程序案件严格执行分局、所两级把关制度，严把案件质量关。3. 注重规范执法办案文书的书写规范，全面做到程序合法化、书写规范化。4. 以开展岗位大练兵活动为契机，继续抓好干部职工的法律法规学习和行政执法监督等规定的执行，使全局的执法办案工作逐步走向制度化、规范化的轨道。

【纪检监察】 2009年，建水县工商局坚持领导重视，明确责任和层层负责制的原则，做到年初与各科室、分局、所签订《党风廉政建设》责任书，采取开展警示教育等方式，不断加强干部职工廉洁意识；工作上做好各项工作效能督察和阳光政府四项制度工作，并精心组织基层行政执法人员向监管服务对象代表述职述廉和局领导班子、中层干部的述职述廉工作。

【人事教育】 2009年，建水县工商局着眼于抓政治理论学习、规范内部管理、提高队伍素质、推进机关作风四个环节，进一步转变作风，圆满地完成了各项任务。人事管理工作中以人事政策为依据，严格执行各项人事政策，按时完成了干部统计工作、公务员年度考核及调资工作。

**【企业注册登记】** 2009 年，全县共有注册登记的内资企业 669 户。在企业注册登记管理工作中坚持管理与服务并重，着力优化发展环境，严格前置审批，严把市场准入关，依法规范登记行为。按照分类监管工作界定类别、分类监管、依托巡查、强化效能原则，进一步完善创新的监管方式，认真落实《企业个体分类监管》工作，每年都按要求顺利完成了企业年度检验工作。

**【企业监督管理】** 截至 2009 年 12 月 1 日，全县有注册登记私营企业 633 户；登记注册的个体工商户9 901户。在发展个私经济工作中，始终坚持做到优化政策环境，简化手续，宽准入严规范，继续实施个体工商户分层分类监管工作，认真落实国家在政策支持、市场准入、收费减免等方面的优惠政策，引导和扶持下岗失业人员、大学毕业生、退役军人创办个体工商户和私营企业，实现就业和再就业。认真做好政务公开，进一步完善企业个体工商户登记注册程序、条件、内容、收费标准、工作人员职责、服务承诺电话等，工作得到了企业个体工商户的一致好评。

**【市场规范管理】** 1. 加强节日市场监管。紧紧围绕与人民群众息息相关的重点商品，在元旦、春节、中秋、国庆节前后，开展集中检查行动，查获假冒伪劣商品一批。2. 加强粮食市场的监督管理。把全县所有种子经营户纳入企业诚信管理体系，建立《种子经营诚信管理档案》，与粮食经营户签订《农资商品质量责任书》，取得较好效果。3. 突出监管重点，加强猪肉市场监管，及时开展对猪肉等熟食品集中监督抽查行动，及时将监测不合格的猪肉等副食品清出市场，同时建立市场开办者、进场经营者“场厂挂钩”制、“协议准入”制度、“强制退出”制度和“购销台账”制度。4. 深化工商服务农村改革发展工作机制，强化农资市场信用分类监管，进一步完善“两账两票、一卡一书”种子留样备查、市场准入、退出等工作机制；重视农村经济人的培育和发展，积极引导和培训发展农村经济人；开展合同帮农工作，规范涉农合同格式条款，按照以适度规范促进发展，在发展中逐步规范的要求，积极为农民专业合作社注册登记开辟“绿色通道”。

**【消费者权益保护】** 2009 年，建水县工商局结合“3·15”活动，积极开展维权进农村、进社区、进商场等工作。进一步完善城乡投诉举报渠道，投诉中对消费者的投诉不分大案小案、分内分外，做到100%受理、100%处理。截至年底，全局受理调处消费者投诉58 件，为消费者挽回经济损失 8.6 万余元。

**【商标广告监督管理】** 2009 年，建水县工商局大力推行“公司 + 商标 + 农户”经营模式开展品牌化经营，按照“一所一标”的工作目标要求，落实各分局、所责任领导和责任人及商标联系人的职责，为扎实推进商标的培育和发展奠定了基础。2009 年新增注册商标 36 件，办理续展申请商标 1 件。

**【计划财务工作】** 2009 年，建水县工商局严格执行“收支两条线”管理，认真抓好行政事业性收费工作。认真执行收费标准、项目及政策性减免的有关政策，进一步规范执收执罚行为。做好票证管理工作，抓好经费管理使用。

**【基本建设】** 2009 年，建水县工商局进一步改善办公环境，加大对各分局所基础设施建设的投入，改造了基层分局办证厅，更新配备执法办案车辆三辆和购置计算机 22 台。同时，认真抓好“六项重点工作”：

1. 开展了“农村食品安全示范点的创建活动，为创建工作投入资金 4.8 万元，印制宣传资料5 700份、《中华人民共和国食品安全法》1 000册发给各食品经营户，并通过红河信息网公示。8 月 1 日，对 59 户经营户进行了授牌。到年底，全县共创建“食品安全示范店”63 户。

认真开展诚信市场的创建活动。成立领导工作机构，实行层层领导负责制，抓好市场开办单位的培训宣传工作，确定具有一定规模和影响力的建水县人民商城为创建工作试点，通过考核，认定建水人民商城、建水东门商场为建水 AA 级诚信市场。同时，深入开展“守重合同信用”企业公示活动，全县有 46 户企业被评为 2007 ~ 2008 年度县级“守合同重信用”企业，并由县人民政府颁发了牌匾和证书。

2. 建立市场监管信息分析报告制度。确定建水县临安镇新桥市场为监测点，对全县粮、油、肉、菜等农副产品和肥料等农资价格行情进行每日监测，每日按时上报县政府和州局；深化工商服务农村改革发展工作机制，进一步明确工作重点和步骤，强化农资市场信用分类监管，进一步完善“两账两票、一卡一书”种子留样备查、市场准入、退出等工作机制；重视农村经济人的培育和发展，建立考核机制，积极引导和培训发展农村经济人，共发展农村经济人 283 人；开展合同帮农工作，积极制定推广涉农合同和土地流转合同示范文本，规范涉农合同格式条款，到目前为止共推广示范文本合同 528 份；按照以适度规范促进发展，在发展中逐步规范的要求，积极为农民专业合作社注册登记开辟“绿色通道”。今年共新登记从事农村经济业务的企业、个体工商户 64 户。

强化市场准入服务指导。加大政务信息公开工作，及时公示“注册登记办事指南”、“注册登记收费标准”等事项，进一步方便了人民群众。与此同时，加大政策扶持力度，鼓励创业促进就业。通过规范实施，严格审核把关，加强监督检查，完成鼓励创业“贷免扶补”14 户，完成州局、州个私协分配的帮扶成功创业者 14 户、就业者1 111人、导师库 23 户三项指标。

在做好对违法行为人的警示与疏导工作中，起草制定了相关实施方案和考核办法，并组织全局干部参加工商行政管理工作法律知识培训和考试。为依法行政,严格执法打下了良好的基础。

3. 始终把服务地方经济社会发展作为市场监管的首要任务,积极运用和延伸工商职能,在为经济发展办实事、作贡献上做出积极努力。工作中大力推行"公司+商标+农户"经营模式开展品牌化经营,按照"一所一标"的工作目标要求,明确工作目标,落实各分局、所责任领导和责任人及商标联系人的职责,为扎实推进商标的培育和发展奠定了基础。截至11月底,新增注册商标36件,办理续展申请商标1件。

4. "一会两站"是消协组织在基层的延伸,为加强"一会两站"建设,积极组织人员采取多项措施,通过采取考察学习和到各乡组织培训等方式,建立了消协分会和12315联络站,并投入资金3万余元,完善消费投诉站的建设。截至年底,全县共有消协工作人员717人,在全县14个乡镇100%建立消费者协会分会15个,工作人员101人;在153个村委会(社区)100%建立12315联络站和消费者投诉站,确定工作人员612人。

5. 紧紧围绕队伍建设好、文明服务好、执法监管好、内务管理好、基础建设好的"五好"要求,在加强自身建设和基层规范化工作中,始终做到组织到位,措施落实,以点带面,整体推进。一方面,积极加强软件建设,做好内务管理规范和督查管理工作,制定和完善了《建水县工商行政管理局基层规范化建设工作制度手册》。另一方面抓紧完善基础设施,改善办公环境。加大了对各分局所基础设施建设的投入,更新配备了执法办案车辆三辆;购置计算机共计22台;改造了南庄工商所、西庄工商所的办证厅;统一印制经济户口档案盒和制度公示牌和工作流程图等,开展创建五好工商所活动以来,全局共投入建设经费近55万元。通过以点带面,树立标杆,整体推进的方式,全局各分局、所的基层建设工作已初步步入规范化管理的正轨。

6. 不折不扣地贯彻执行省州工商局的各项决策。在认真贯彻执行好省政府"阳光政府、四项制度"的同时,进一步推行政务公开,认真抓好重大决策听证、重要事项公示、重点工作通报和推行政务信息查询四项制度的组织落实。

**【老干工作】** 2009年,建水县工商局以管理服务老干部为己任,认真落实老干部工作政策,主抓了老干支部的学习和落实生活待遇、各种传统节日的慰问等工作,有力地保障了老干部工作的正常开展。

**【经济检查】** 2009年,建水县工商局继续深入整顿和规范市场经济秩序,坚持推行执法重心下移,以保安全、求稳定、促发展的工作作风,加大对违法经济案件的查处,有力地打击了各类经济违法违章行为。截至12月,全局共查处各类经济违法案件177件。

**【信息化建设】** 2009年,建水县工商局继续以岗位大练兵活动为契机进一步加强全局干部职工计算机操作培训,全年共组织6期工商各项业务工作培训,全局运用和操作微机能力有了进一步提高。

**【个私协会工作】** 2009年,建水县工商局按时召开个体私营经济协会常务理事扩大会,充分发挥个私协会的桥梁作用,做好会员的思想工作。特别是在完成鼓励创业"贷免扶补"工作中发挥了有力的组织作用,为今后工作打开了新局面。

**【2009年任职的局领导名单】**

党组书记、局长　何　伟

副 局 长　易　彬　武卫民

## 石屏县

**【概况】** 石屏县工商行政管理局有在职人员64人,其中公务员55人、工人6人、工勤人员3人。有少数民族27人;有中共党员68人(在职人员中的党员48人,占党员总数的71%;离退休人员中的党员20人,占党员总数的29%)。文化结构:大学文化14人、大专文化37人、中专文化7人、高中文化及其以下6人。年龄结构:35岁以下17人,36岁至45岁31人,46岁以上的16人。县局设2室5科,派出机构5个,即:2个分局3个工商所。局党总支设4个党支部,隶属于县直机关工委。5个基层所(分局)党支部分别隶属于当地党委领导。

**【法制建设】** 2009年,石屏县工商局为确保"五五"普法规划和"三五"依法治县规划法制宣传教育工作顺利进行,开展了一系列的依法行政建设工作。1. 认真开展案件回访,2009年,共回访行政处罚案件38件。2. 认真学习法律法规,继续抓好普法学习工作。在已制定相关学法制度的基础上,制定了2009年度学法计划,抓好工商行政管理干部自身的学习,在全局继续开展"每月一法"、"每季一考"学习活动。进行了《中华人民共和国食品安全法》等十余部法律法规的培训,共安排组织学习640人次,组织考试192人次。3. 认真组织2009年度行政执法评议考核工作,2009年9月,共查处各类违法违章案件351件,其中按一般程序立案查处的案件88件,简易程序处罚的案件263件。4. 完成了全局执法人员执法证2009年执法证申领工作。5. 认真做好创建依法行政示范单位的相关工作及法治单位创建考核工作,促进职能到位,为地方经济发展作出贡献。

**【纪检监察】** 2009年,石屏县工商局在州局党组和石屏县委、政府的正确领导下,深入贯彻党中央关于反腐倡廉的一系列重大战略部署和要求,按照省、州工商局工作部署,把反腐倡廉工作融入工商行政管理业务工作中,贯彻落实中央《惩治和预防腐败体系2008~2012年工作规划》,制定完善党风廉政建设责任目标和各项规章制度,使党风廉政建设和反腐败工作继续保持良好的发展势头。1. 加强领导,突出责任制落实。一年来,把党风廉政建设列入重要议事日程,做到同业务工作一起部署、一起检查、一起考核,按照"横向到边、纵向到底"的要求,建立健全责任网络,建立健全党风廉政建设工作领导小组,全年共签订责任书18份。坚持"谁主管,谁负责"的原则,细化责任分解,严格责任履行、落实"一岗双责",增强了党员干部的责任意识。2. 加强宣传教育,增强廉洁从政意识。重点是深入开展廉政文化建设。加大党风廉政建设宣传教育的针对性和实效性，全面提高干部职工对党风廉政建设工作重要性的认识。加强思想教育，筑牢思想防线。以“深入学习实践科学发展观活动”为契机，加强全体干部职工的思想教育，开展全员培训，实事求是查找存在的问题，深刻分析产生问题的原因，全面总结经验教训，认真开展批评和自我批评，营造了良好学习氛围。3. 加强监督检查，确保党风廉政建设取得实效。重点是针对工商行政管理服务职能，继续完善了公示内容，更好、更大程度地接受群众的监督。加强效能督察，加大对基层工商所（分局）的督促指导。开展经营性资产清理及政府非税收入清查工作。进一步完善政务、财务公开正常化、规范化。加强节日期间车辆管理，加强党风廉政建设责任制的监督检查，促进反腐倡廉各项工作落到实处。坚持抓好党的民主集中制。开展基层执法人员向监管服务对象述职述廉工作，提高基层廉洁从政，为民服务意识。开展群众评议机关作风活动。不折不扣落实党内监督各项制度和报告个人有关事项、上交礼品礼金、收入申报等制度，认真落实科级领导干部廉政档案管理和公示制。

**【人事教育】** 1. 加强法制培训，参加全民普法考试，在全局继续开展“每月一法”、“每季一考”学习活动，2009 年，共安排组织学习 640 人次，组织考试 192 人次。开展科学发展观学习实践活动，组织学习培训 2 次，每批学习培训时间为五天，参学人员撰写心得体会文章 64 篇，局党组成员向县实践办交心得体会文章 5 篇。2. 开展岗位大练兵大比武活动，全年共选出县级执法办案能手 5 名，注册登记能手 2 名，计算机操作能手 3 名，在省、州举行的比赛中均取得良好成绩。

**【企业注册登记】** 2009 年，石屏县工商局围绕地方经济发展的中心工作，强化市场准入服务指导，在服务地方经济发展上有了新突破。1. 开展对企业的年检审验情况。应检内资企业 258 户（含分支），实检 249 户，参检率 96.51%，合格率 100%，未参检 9 户，注册资本 22 061万元，实收资本3 685万元，注册资本到位率 100%，资产总额71 224万元，负债总额37 080万元。应检私营企业 356 户（含分支机构），实检 340 户，年检率 95.51%，未参加年检 16 户，年检合格率 100%。注册资本金50 383万元，实收资本49 243万元，资产总额132 562万元，税后利润5 363万元，亏损额3 717万元。2. 吊销营业执照情况。有 16 户企业无正当理由未向该局申报 2008 年度企业年检，也没开展经营活动或查不到该企业，该局依照法定程序于 2009 年 11 月 6 日，决定吊销 16 户企业营业执照。

**【企业监督管理】** 1. 深入开展企业（个体）信用分类监管，加强对企业（个体）生产经营行为的监督管理。按照“谁许可，谁负责”的原则，创新工商行政管理监管方式，将企业、个体工商户按照生产、经营商品对消费者的影响程度，违法情节的轻重划分为守信、警示、一般失信、严重失信共四个监管类别，根据不同的及别采取不同距离的监管方式。截至 2009 年 11 月 16 日，内资 A 级企业 668 户，B 级企业 1，C 级企业 14 户，D 级企业 40 户（其中私营企业 A 级企业 412 户，B 级企业 1 户，C 级企业 14 户，D 级企业 32 户）；个体 A 级6 081户，B 级 9 户，C 级 86 户，D 级 0 户。2. 开展对个体工商户的验照、换照。截至 2009 年 5 月 30 止，应验照个体工商户5 886户，实验户数5 544户，验照率 94%，验照后户数5 276户，验存率 90%，验照中注销登记 610 户，资金数额15 395万元，销售营业收入28 729万元，产值4 565万元，社会消费品零售额 17 418 万元，从业人员 9 593人。3、加强窗口建设，优化服务机制。重点是继续抓好四项制度的执行和检查力度，认真落实省工商局对社会的承诺事项。支持和推动公有制企业的改制、兼并和重组，对各级政府确定的重大投资项目和重点建设项目，推行服务前移和服务延伸，全程提供登记咨询和指导服务，并在县行政审批中心派驻工作人员，对外地来投资办企业业主提供通畅便捷的服务。进一步完善登记制度，优化登记流程，进一步推行一审一核制，对来办事的人员提供注册登记需要的规范材料范本。办事大厅大力倡导细节化、人性化服务，推行规范文明服务用语。截至年底，全县共有内资企业 263 户，其中法人企业 98 户，注册资本（金）19 118万元，按经济性质划分国有企业 55 户，有集体企业 78 户，联营企业 1 户，股份合作制企业 41 户，有限公司 88 户，新发展内资 3 户。私营企业 435 户，其中有限公司 244 户，个人独资企业 187 户，合伙企业 4 户，投资者人数 828 人，雇工人数14 045人，注册资金54 788万元，新发展私营企业 57 户，新增从业人员 170 人。共有个体工商户6 176户，从业人员9 946人，注册资金18 159万元，新发展个体工商户 900 户，新增从业人员 1 288人。截至 2009 年 10 月，共发展农民专业合作社 25 户，从业人员 281 人，主要从事种植业和养殖业，出资总额 2 519.53万元，其中货币出资 697.4 万元，非货币出资额1 822.13万元。新发展农业合作社 13 户，新增从业人员 169 人，出资额1 716万元。

**【市场规范管理】** 1. 深入开展商品交易市场信用分类监管工作。全县注册登记的商品交易市场共有 10 个，应认定商品交易市场信用类别 10 个，已对 8 个商品交易市场进行了初步认定，并报州局核准认定了 B 级市场 3 个，C 级市场 3 个，D 级市场 2 个；其余 2 个市场未进行信用分类，1 个已办理注销登记，1 个尚未开业。2. 积极开展“星级诚信市场”创建活动，指导石屏县异龙综合集贸市场和石屏县龙朋镇综合集贸市场进行“星级诚信市场”创建活动，并通过考核、公示，认定以上 2 个市场为“2A 级诚信市场”。3. 建立日常监管信息定期分析报告制度。报送《红河州农副产品和农业生产资料价格行情监测日报表》共 9 期，市场监管信息定期分析 2 期。4. 扎实开展各类专项整治工作。认真开展烟花爆竹市场专项整治、打击违法使用假冒伪劣配件承修机动车专项检查、流通环节产品质量和食品安全、红盾护农、打击传销百日联合执法行动、狂犬病防控、石屏市场“禁塑”、甲型 H1N1 流感防控等各项工作。共出动执法人员 714 人次，检查经营户1 044户。5. 依法进行商品展销会登记，全年共依法对2场商品展销会进行了核准登记。6. 加大农资市场的监管力度，对农资市场全面实施信用分类监管。该局实施农资经营户信用监管共286户，其中，实施A类监管的个体工商户163户、内资企业37户、私营企业82户；实施C类监管的个体工商户4户。

【消费者权益保护】 1. 12315申诉举报工作。制定12315投诉申诉举报中心工作制度等十项制度，全年共受理各类违法违章案件351件，其中按一般程序立案查处的案件88件，简易程序处罚的案件263件，罚没金额57万余元；共受理消费者投诉34件，解决率为100%，为消费者挽回经济损失5.7万元。2. 开展“一会两站”建设工作。全县共设立1个消费者协会、9个分会、115个消费者投诉站、12315联络站，建立了纵横交错的消费组织网络，为切实维护消费者的合法权益提供了有力的组织保障。

【食品流通监督管理】 1. 开展“农村食品安全示范店”创建活动。全县已对“农村食品安全示范店”授牌41户(2008年16户、2009年25户)。2. 认真开展《食品安全法》培训工作，对全体干部职工65人进行了培训，各分局(工商所)对辖区内的食品经营户培训和考试工作，共培训考试1 071户。3. 建立健全食品安全监管长效机制。各所(分局)与全县958户食品经营者签订了《流通环节食品安全经营责任书》，督促食品经营者建立索证索票、进货查验等食品安全监管制度，确保食品安全。4. 以保障群众食品消费安全为目的，建立政府部门监管、企业自律、社会监督三位一体的食品安全监管体系，切实用好食品安全检测系统、食品快速检测箱等工具和平台，使机构规范化、人员专业化、操作程序化、信息制度化，确保食品安全长效监管。

【反垄断与反不正当竞争执法】 1. 石屏县工商局根据省局2009年度开展打击“傍名牌”不正当竞争行为专项执法行动实施方案，针对当前“傍名牌”不正当竞争行为的形式、特点和危害性，组织开展了以食品、服装为重点的“傍名牌”不正当竞争专项执法行动。共出动执法人员28人次，检查经营户102户，没有发现“傍名牌”不正当竞争行为。今后将大力推进反不正当竞争工作，加大市场监管和执法力度，严厉打击各种“傍名牌”行为。

【广告监督管理】 1. 开展“性药品”广告和性病治疗广告专项治理。及时对辖区内的媒体广告进行检查，未发现非法“性药品”广告和性病治疗广告。2. 食品药品广告整治。重点重点检查乡镇综合农贸市场、流通领域食品批发店、药品零售店等场所。共出动执法人员50次、执法车辆12台次，检查市场信息2个，检查经营户40户，未发现违法违章广告。

【商标监督管理】 2009年，石屏县工商局加强宣传、创新举措，商标战略工作深入推进。努力开展知名品牌的培育申报工作，深入开展宣讲活动，结合自身实际，采取多项奖励举措，鼓励辖区内各企业、个体工商户积极申报农产品商标注册，凡成功申报农产品注册商标的，每件奖励500元；表彰在开展“一所一标”、“一所多标”工作中成绩显著的各基层分会，凡引导企业、个体工商户申报农产品注册商标，并取得《商标注册证》的，每件奖励200元。全年共引导培育商标注册6件。共有云南省著名商标5件、红河州知名商标2件。

【计划财务工作】 2009年，石屏县工商局认真贯彻省、州局计划财务工作会议精神，使计划财务工作由粗放管理向科学规范化管理的机制转变，建立了财务管理长效机制，财务管理水平得到明显提高，采取各种方式，依法行政，规范收费收入管理，认真开展经营性国有资产清查工作、清查“小金库”回头看工作及财务检查工作，对会计基础规范化、会计核算、预算编制执行、固定资产管理等工作进行了彻底整改。基本上规范了全局财务及各项经济业务活动，化解了财务管理风险。

【基本建设】 2009年，石屏县工商局全面开展基层规范化建设，同时在2个分局3个所开展规范化工商所申报创建工作，并已全部验收。共制定了基层工商所(分局)28项工作规范和9项规章制度，确保工作有章可循，五个基层工商所(分局)全面推进建设工作，共投入资金48万余元。截至年底，全局五个工商所(分局)已基本实现了办公环境整洁、优美，布置合理，规范有序的目标，干部职工素质也得到了极大的提高，提升了工商部门在当地党委政府及群众心目中的形象。

【机关党建工作】 2009年，石屏县工商局党总支在推进党的建设新的伟大工程中，更新思想理念，加大思想建设、组织建设和作风建设力度，把制度建设贯穿其中，立足于做好党建经常性工作。总支共下设4个支部，有中共党员53名。一年来，坚持党组严管发展计划，党总支确定培养对象，严把入党“质量关”，做到“成熟一个，推荐一个，发展一个”，共培育预备党员1名。着力提高各支部的凝聚力、战斗力，党总支战斗堡垒作用和党员先锋模范作用得到进一步发挥。

【老干工作】 老干部工作是党和政府工作的重要组成部分，是一项政策性和社会性很强的工作。2009年，石屏县工商局对老干部工作一直高度重视，认真贯彻老干部工作方针、政策，不折不扣地落实老干部“两项”待遇，节日期间慰问走访老干部，离退休人员住房补贴已按要求和标准发放到位。

【经济检查】 1. 开展农资打假护农保春耕专项行动。2009年，共出动执法人员107人次，检查农资经营户380户次，重点检查种子、化肥、农药等集中开展农村食品市场专项执法检查，共抽检了13个样品，有11个不合格，立案查处5件不合格化肥(农药)案，共计罚款140 212.5元。并派员参加县政府组织下的农资打假联合检查组，对全县九个乡镇的农资市场进行专项整治。2. 组织开展打击传销百日联合执法行动。检查出租房50余处，制止非法宣传行为1

起,驱散聚集群众200余人。

【信息化建设】 2009年,石屏县工商局继续推行"数字化工商"目标建设,结合省、州局开展岗位大练兵活动的契机,以信息资源开发利用作为信息化工作的核心任务,用信息化手段创新市场监管方式方法,大力推进信息化建设。1. 加强硬件设施投入。全局在信息化建设方面投入的资金累计已达到50余万元,为各个科室、所(分局)购置了数码相机、激光打印一体机、投影仪等大批现代办公设备,有力推进了全局计算机信息系统的建设。2. 加强电子政务建设,进一步提高工作效率。2009年共公示重要事项11次,通报重点工作14次,接听96128专线2次。3. 开展计算机岗位练兵情况。2009年,共选出县级计算机能手3名,参加州局举行的计算机能手选拔考试,均取得良好成绩。

【消委会工作】 2009年,石屏县工商局加大宣传力度,深入开展消费维权工作。3月15日,联合烟草专卖局、移动公司等单位,紧紧围绕"消费与发展"年主题,深入开展"3·15"系列宣传活动,共接受咨询1 150人次,向消费者发放有关商品住房市场调查情况问卷10份,发放宣传材料2万多份,通过多方扩大宣传教育面,使"消费与发展"年主题深入人心。

【个私协会工作】 2009年,石屏县个私协会开展对会员慰问,充分发挥个私协会作用。在春节到来之际印制法规宣传挂历5 000份,分发到私营企业及个体工商户手中;看望生病的会员,为他们送去慰问金1 000元;在中秋、国庆来临之际,对困难的个体工商户进行慰问,发放慰问金5 000元。

【广告协会工作】 2009年,石屏县广告协会加强广告队伍自身建设,提高从业人员素质,引导行业自律,规范广告行为,继续加强广告法律法规培训,较好地完成了各项任务。

【2009年受到表彰的单位和个人名单】

石屏县工商局被石屏县委、县政府授予2009年度社会治安综合治理工作优秀奖。

【2009年任职的局领导名单】

党组书记、局长 田忠义

副 局 长 邹 云 张卫东 余洪伟

纪检组长 王向东

## 弥勒县

【概况】 2009年,弥勒县工商行政管理局以邓小平理论、"三个代表"重要思想为指导,全面落实科学发展观,深入贯彻落实党的十七大和十七届四中全会精神,以"制度化、规范化、程序化、法治化"建设为重点,努力做到"监管与服务、监管与执法、监管与发展、监管与维权"的统一,着力推进监管领域、监管方式、监管方法和监管手段的转变,努力实现"建设高素质队伍、运用高科技手段、实现高效能监管、达到高质量服务"目标,努力达到"明确职责、履职到位,爱岗敬业、工作到位,统筹兼顾、谋划到位",努力完成"建设一个好班子、带出一支好队伍、完善一套好制度、营造一个好环境、搭建一个好平台、树立一个好形象"。在州局党组和弥勒县委、县政府的正确领导下,创新思路,克服困难,积极作为,各项工作均在新的起点上实现了新的发展,为地方经济发展和社会和谐作出了新的贡献。全年共完成行政性收费收入27.75万元,罚没收入114万元。

【法制建设】 1. 贯彻落实"五五"普法规划,加强法制宣传教育,进一步提高工商干部职工的法律素质。2. 大力宣传工商行政管理法律法规和政策,不断提高经营者的守法经营意识和消费者的维权意识。3. 认真履行执法监督职能,规范执法行为。认真做好案件的核审工作,做到核审率达100%。全年共核审案件92件(全局共查办各类经济违法案件1 515件,其中适用一般程序的案件92件,适用简易程序的案件1 423件);同时,认真做好适用简易程序处罚案件的备案工作,通过备案工作及时发现存在的问题,并及时指导纠正。加强对行政许可行为的监督,开展了2008年度行政执法评议考核工作。行政执法评议考核以实施行政许可和贯彻落实省政府"四项制度"为重点,通过考核,自查分97分;开展了2009年度行政执法评议考核工作。行政执法评议考核主要是2009年1~9月办理的行政处罚案件。自查分99分,经州局检查组评查得分98.2分。集中开展了政执法案件回访活动,共出动回访人员130人次,回访案件当事人144人(其中,直接回访132人次、电话回访12人次),回访率达45.4%。发放宣传资料80份,征求到意见、建议5条。4. 认真抓好执法办案岗位大练兵。全年共进行了8次督察,组织测试8次,参加测试人员456人次。共推荐5人参加州局组织的执法办案能手竞赛活动。通过督察、测试,有力地促进了执法办案岗位大练兵活动的深入开展,全系统干部队伍综合素质得到了进一步的提高。

【纪检监察】 (一)加强党风廉政建设和制度建设,从源头上预防腐败。1. 签订责任书,落实责任制。2. 开展党风廉政教育,筑牢拒腐改变思想道德防线。3. 坚持用制度管人、管事。4. 修订有关工作制度,制定出台了《报账及票据管理制度》、《车辆管理制度》等一系列制度。5. 严格执行部门预算和政府集中采购制度,严格执行"收支两条线"的财务管理制度,杜绝了坐支、挪用、截留、私设"小金库"和固定资产占为己有的不良行为。6. 认真开展好厉行节约工作,采取八项措施确保此项工作的顺利完成。7. 认真组织开展基层执法人员向监管对象述职述廉工作。8. 继续开展工商廉政文化建设。(二)积极抓好阳光政府"四项制度"的贯彻落实。做到了重要事项公示,重点工作通报,政务信息公开,方便了群众查询,推进县局"四项制度"的贯彻落实,努力打造"阳光工商"。主要采取六项措施开展工作。1. 建立工作机构,明确职责分工。2. 开展宣传发动,组织学习培训。3. 做好"六公开""一重点",着重抓好贯彻落实。4. 完善便民设施。以服务群众、方便群众、让群众满意为目标。5. 县局把每周二确定为"局长接待日",由局领导零距离接触办事群众,倾听群众的意见和建议,搭建起弥勒工商"亲民、爱民、为民"桥梁,共接待办事群众 80 余人次。6. 按时开通了 96128 政务信息查询电话。全年共完成重要事项公示 7 次,重点工作通报5次,政务信息查询44次。(三)进一步加强党风廉政教育,提高党员干部廉洁自律的自觉性。同时,开展作风纪律和效能督察,稳步推进六项重点工作。严肃查处违反服务承诺制、首问负责制、限时办结制的行为,切实解决全体干部职工的"不作为、乱作为、慢作为"等问题。组织行风义务监督员到基层工商所(分局)进行督查,积极推进部门行风建设、干部职工作风建设。

**【人事教育】** 1. 坚持"两手抓,两手都要硬"的方针,大力加强工商队伍的政治思想学习教育,不断提升工商队伍的政治思想素养。2. 开展深入学习实践科学发展观活动,推动工商工作全面协调可持续发展。3 月 23 日 ~8 月 31 日,在全系统开展了深入学习实践科学发展观活动。经过学习调研、分析检查、整改落实阶段,取得了实效,领导干部的观念进一步转变,思想更加解放,运用科学发展观分析问题、解决问题和指导工作的能力进一步增强,全系统深入贯彻落实科学发展观,各项工作取得新的成绩,取得了实效,科学发展观活动得到了县深学领导小组的肯定,通过了验收。3. 认真组织县局党组理论学习中心组学习活动。4. 加快推进"五好工商所"建设和工商所规范化建设步伐。全年为基层工商所建设共投入 130 余万元。5. 继续组织开展岗位大练兵活动。同时,有计划分批次安排基层人员 40 余人到昆明盘龙区工商局进行跟班学习,学习先进的执法经验、执法理念。

**【企业注册登记】** 1. 强化管理,严把市场主体准入关。在办理企业、个体工商户的设立、变更、注销登记时,严格依法行政,热情服务,向申请人宣传相关法律、法规和政策,严格执行法律、法规规定的登记条件和程序,按照首问责任制、服务时限承诺制、限时办结制的要求,认真审查申请材料,并在规定时限内办结。2009 年,全县登记注册的内资企业 338户,注册资金181 500万元;私营企业 632户,投资者人数1 502人,雇工人数11 481人,注册资金243 099.11万元;个体工商户11 007户,从业人员20 004人,资金数额44 549.22万元;农民专业合作社 29户,出资总额 372.97 万元,成员总数 273人。共办理名称预先核准登记 115 个,共办理开业登记 129 户,变更登记 229户,注销登记 42 户,公司备案登记 13户,迁移登记 15 户。共办理档案查询66 人次。2. 加大监管力度,规范市场主体行为。强化以年检为重点的监督管理,做好 2008 年度的企业年检及个体工商户验换照工作。积极促进就业再就业工作。3. 转变工作作风,强化服务意识,提高服务质量和工作效益。4. 按照省州工商局、个私协关于贯彻落实云南省鼓励创业贷免扶补实施方案的通知要求,认真指导创业人员填报创业小额贷款申请材料,做好推荐工作,搞好创业服务。加强宣传培训、做好宣传工作,公布鼓励创业"贷免扶补"服务窗口,负责人姓名和联系电话,及时宣传相关政策和办理流程,发放政策问答宣传小册子230 份。建立和完善创业导师库 17 人,实现了创业导师资源全省共享。全年经个私会推荐的"贷免扶补"创业人员 35人,现已有 13 人领到了贷款,总金额 61万元。

**【市场规范管理】** 1. 以强化农资市场整治力度为重点,严厉打击坑农害农行为,积极组织开展"红盾护农保春耕"专项行动。邀请国内知名正规农资生产企业和国际知名农资品牌代理商 12 家参与并提供相关产品和宣传资料,在各乡镇开展宣传咨询活动;积极探索农资监管新方式,在各乡镇开展放心农资示范店活动,由省"3·15信息中心"授予七个乡镇 11 户"放心农资示范店"称号。2. 以节日市场整顿为重点,严厉打击制假售假违法行为。3. 积极开展"星级诚信市场"创建活动。按照程序要求对符合条件的民升超市、艺丰建材市场、金方超市等3 家2A 级市场进行命名并挂牌,同时向州局推荐上报达到 3A 级诚信市场标准的民升超市。4. 认真开展商品交易市场信用分类监管工作。5. 深化工商服务新农村建设工作机制。大力培育发展农村经纪人,现全县共有 126 户农村农副产品和粮食经纪人;认真开展开展"合同帮农"活动。共指导帮助企业签订各类涉农合同48 659份,涉及订单种植面积 17 万余亩,涉及金额35 086万元。6. 积极开展文化市场和学校周边环境治理。7. 做好成品油市场监管工作。8. 加强卫星电视广播地面接收设施管理工作。9. 积极配合有关职能部门深入开展社会治安综合治理和安全生产月活动,维护社会稳定。2009 年,在各类市场专项整治工作中,全局共出动执法人员2 730余人次,检查市场、景区 84 个 275 次、经营户14 950余户次,发放各类宣传材料 8 万余份,立案查处各类农资违法案件 7 件、无照经营 3 件,取缔无照经营 27 户,没收假劣农药 4 种670 包(瓶),没收涉嫌商标侵权的农药3 个品种 120 余件(24 瓶/件)零 5 瓶,查扣不合格塑料袋 90 余千克,发出限期整改通知书 2 份。

**【消费者权益保护】** 1. 着力打造 12315行政执法体系"四个平台"建设。进一步规范 12315 消费者申诉举报工作流程,加大 12315 平台信息化建设力度,竭力提升 12315 服务效能。2. 加大宣传力度,不断增强消费者识假、辨假能力,使消费维权工作由原来的事后补救转变为事前预防,实现维权关口前移。3. 做好一年一度的"3·15"宣传咨询服务与执法活动。在"3·15"活动期间,召开座谈会,开展以"消费与发展"为主题的"3·15"国际消费者权益日大型宣传咨询活动,公开销毁一批假冒伪劣商品。现场接受咨询2 000余人次,受理投诉 3起,共发放宣传资料 4.2 万余份。尔后组织相关人员销毁了从文化市场收缴的非法盗版物、淫秽色情光碟及假冒伪劣商品、过期变质食品共计 1.77 万余件(瓶),价值 11 余万元。

**【反垄断与反不正当竞争执法】** 1. 加强食品安全监管。食品安全是关系人民群众生命安全和社会稳定的大事,流通环节食品安全监管是工商行政管理部门的重要职责之一。重点是建章立制,明确责任,层层签订食品安全责任书,确保流通领域食品安全监督管理工作到位;基层工商所(分局)把食品安全监管责任明确落实到每个人,建立了日常巡查监管为主,节日和专项整治为辅的食品安全监管长效机制,明确了对食品经营户按"六查六看"的要求进行巡查,要求每户每月巡查不得少于2次,并把巡查情况当日录入微机。结合《食品安全法》的实施,加大了《食品安全法》的宣传力度,采取悬挂活动标语、现场散发宣传材料、现场接受群众咨询等方式,开展各种形式的宣传活动。购买101本单行读本发放给全局干部职工学习培训,印制了3 000余份《食品安全法》宣传资料发放宣传;认真落实责任制,积极开展专项整治。2. 认真组织开展"农村安全食品安全示范店"活动。通过食品经营者自愿提出创建申请、各工商所(分局)帮扶、培育、规范,按标准要求提交卫生、质监、食药监、税务等相关部门考核,在弥勒县人民政府门户网站重要事项公示栏公示后,8月27日,正式命名45家"食品安全示范店",并于8月28日在弥勒县民升超市门前举行"弥勒县食品安全示范店授牌仪式"。3. 继续抓好无照经营查处取缔工作。4. 积极开展打击非法传销行动。

2009年,弥勒县工商局共出动执法人员8 300余人次,检查经营门店8 995余户次,与市场主办单位签订责任书18份,督促市场主办单位与经营户签订食品安全责任书470余份,收缴各种假冒伪劣、过期食品等300余千克,查获假冒卷烟12 741.9条,查获初烤烟叶40 836千克、烟梗52 760千克、烟末21 580千克、烟丝1 840千克,非法广告7 000余份,没收不合格计量器具12台、塑料袋90余千克;与公安机关一道,取缔4个非法传销窝点,收缴传销宣传资料600余份,其中一起因涉案数额较大,移交公安机关查处,有力地打击了扰乱市场经济秩序的不法行为,保护了经营者和消费者的合法权益。

**【广告监督管理】** 1. 开展2008年度广告经营单位年检工作。2. 开展户外广告登记管理工作。3. 走访企业和个体工商户24户,宣传商标广告法律、法规和规章,发放户外广告登记须知36份,办理广告审查员备案5个,办理户外广告登记许可44份,办理广告经营许可证1户,退还材料不全、不符合法定形式的户外广告登记申请83份。4. 加强对电视广告、户外广告、商标、奥林匹克标志和特殊标志使用的监管,对管理制度不健全等情况及时督促当事人整改、纠正。查处广告违法案件4件,罚款1.54万元。

**【商标监督管理】** 实施商标战略,推动经济发展是工商行政管理机关义不容辞的责任,弥勒县工商局对省局提出的"一所一标"活动高度重视。执法人员走进企业宣传商标知识,宣传商标在企业经济乃至整个社会经济发展中作用,协助企业申请商标、指导企业争创著名、驰名商标,正帮扶"云南红酒业有限公司"的"云南红"商标申报"驰名商标"。"一所一标"工作有计划、有措施,每个工商所(帮扶)由辖区市场主体申请一件以上注册商标。在"一所一标"及"一所多标"工作中,建立商标监管服务登记台账,推动商标法服务万家企业促进商标注册保护工作的深入开展。全年共走访企业、个体工商户832户;走访农户183户;引导培育注册商标34件,新申请注册商标17件(其中:弥阳分局7件、新哨所2件、竹园分局2件、虹溪所5件、巡检所1件);培育帮扶知名、著名商标3件(其中申报云南省著名商标"云牛"和"砉红"2件,申报中国驰名商标"云南红")。巡查重点企业、个体工商户门店17户;接待前来咨询人员26人次,发放宣传材料500多份。

**【计划财务工作】** 2009年,弥勒县工商行政管理局坚持严格执行"收支两条线"有关规定,积极推行国库集中支付和非税收入改革,进一步建立健全财务管理制度,严肃财经纪律,严格预算管理,合理安排支出。认真执行部门预算和政府集中采购制度,坚持和完善重要资金分配使用情况的监督检查机制,严格遵守财经纪律,认真开展经营性固定资产清查工作,继续做好"小金库"的清查工作。认真落实资金管理的有关规定,坚持会计出纳分设、银行印鉴分管和按月监督核对的原则,账务处理严格执行国家会计基础规范要求,坚持从细微处入手,按国家财务规定对每一笔收支票据的真实性、完整性进行认真审核,严格控制现金的支出,对超过现金限额的支出按国家相关规定严格进行控制,加强财务印章的管理和使用,定期与银行核对,确保本局资金的安全、完整。加大财务监管督察力度,县局财务定期不定期地加强对各单位的财务和固定资产的监督检查,重点对票据的管理和使用情况、两费的收缴情况、固定资产的管理使用情况等进行监督检查,杜绝了坐支、挪用、戴留、私设"小金库"和固定资产占为己有的不良行为。严格财务管理支付的收支分离制度,确保计划财务工作预算收支平衡。

**【老干工作】** 2009年,弥勒县工商局进一步加强对老干部工作的管理和服务工作。1. 关心老干部的政治文化生活。为老协支部订报刊杂志3份。邀请老协主席、支部书记和老干部参加年终工作会议、深入学习实践科学发展观全员培训会议,组织召开老干部深入学习实践科学发展观征求意见座谈会,老协支部每季度组织一次学习,积极鼓励老干部参与政治生活。2. 积极组织老干部参加县老年运动会。3. 组织老干部到泸西工商局参观学习,到安宁疗养。4. 积极关心老干部生活,看望生病住院老干部3人。5. 在国庆、中秋、敬老节对老干部进行慰问。6. 将省局核拨退休无房职工住房补贴12人38.58万元兑现到个人。

**【信息化建设】** 2009年,弥勒县工商局继续加大信息化建设力度,努力提高工商行政管理部门监管社会主义大市场的水平。1. 以信息化建设促进工商行政管理工作现代化。2. 坚持资金投入,信息化硬件建设不断增强。在历年来大力投资的基础上,又筹集14万元为基层工商(分局)配置了一批电脑、打印机、数码相机。到年底,县局机关和竹园分局、虹溪工商所、新哨工商所已做到人手一台,弥阳分局保障了每1.5人一台,局机关已做到人手一台电脑,各科所都配备了笔记本电脑和数码相机。3. 坚持教育培训,信息化应用水平明显提高。在计算机岗位大练兵活动中,按照岗位职责要求,本着"干什么、学什么,缺什么、补什么"的原则,局党组要求50岁以下干部职工全部参与。全年县局共举办计算机基础知识培训8期,举办计算机综合应用操作培训27期,全体干部职工均参加了培训,同时开展学习培训测试35期,390人次参加测试,接受州局考核3次。当前,全局大部分同志具备了一定的计算机理论知识和操作技能,在实际工作中能较熟练地操作电脑,为全局的信息化建设打造一支较高素质的计算机应用干部队伍。

【消费者协会工作】 1. 紧紧围绕"消费与发展"年活动主题,积极履行消费者协会的职责,确实维护好消费者合法权益。以高度的责任感和政治敏锐性做好"问题奶粉"患儿的赔付工作。全年共出动人员80人次,发放患儿一次性赔偿金6.6万元。2. 做好"3·15"宣传咨询服务与执法活动。3. 组织召开了由工商局、人大代表、政协委员、执法单位、新闻媒介、消费者、弥勒电信分公司、弥勒电信分公司等部门人员参加的服务行业消费者评议座谈会。4. 各级消协组织加快推进维权网络建设,截至9月30日,全县12个乡镇分会和136个12315联络站和消费者投诉站已全部建立并正式开展消费者投诉的受理调解工作。5. 认真开展取消超市查验购物小票行为工作。6. 做好消费者投诉的受理调解工作。全年各级消协共受理消费者直接投诉41件,调解成功41件,成功率达100%,接待群众来访、接受咨询2 396人次,为消费者挽回损失19 578元;通过12315平台处理消费者投诉41件,举报5件。其中12315指挥中心分派投诉36件,各工商所(分局)受理5件,为消费者挽回损失4.15万元。

【个私协会工作】 1. 全县各级个私协会充分发挥"三自"职能,强化服务意识,提升服务强化理念,进一步加强对会员的教育、管理,开拓思路,优化举措,提高为会员服务的水平和质量;积极开展走访联系工作,为会员排忧解难,开展送温暖活动,共走访慰问了贫困、生病会员50人,发放挂历1万余份。2. 组织企业(弥勒县吉成能源煤化工有限责任公司)参加在昆举办的云南省百家民营企业高校招聘会;推荐上报州级就业见习示范基地1个(云南炜瑞投资有限公司),已获批准并授牌。3. 认真贯彻落实云南省鼓励创业贷免扶补有关政策,积极推进首次创业贷免扶补工作。

【2009年任职的局领导名单】

党组书记、局长 张志华

副 局 长 童建福 王国琦

纪检组长 周 昱

## 泸 西 县

【概况】 泸西县工商行政管理局内设办公室、人事教育科、监察室、法制科、市场科、商广科、企个科、公平科、经检大队9个部门,派出2个分局和5个工商所,在职81名(大专以上学历60人),退休29人,有中共党员65名。

2009年,全局围绕省工商局提出的"三个到位、六个好"目标要求,深入开展学习科学发展观教育活动,全面提升队伍素质;扎实推进省州局确定的"六项重点工作",在行政执法和商标战略实施工作方面取得较好成绩。

【法制建设】 2009年,泸西县工商局认真贯彻落实"五五"普法规划,做好法制宣传和法规培训工作,全面落实执法责任制,规范执法行为,严把案件质量关,强化案件核审和错案责任。利用"3·15"活动之际,在县城和集镇设立宣传点提供咨询服务,发放各种宣传材料1.1万余份。组织企业管理人员和个体工商户以及私营企业主60余人进行培训,印发培训资料300余册。对全年查办的各类违法违章案件211件进行核审,案件核审率100%,无一例复议、诉讼。

【纪检监察】 2009年初,泸西县工商局制定《2009年党风廉政建设学习教育计划》、《2009年党风廉政建设工作计划》和《2009年党风廉政建设责任制目标任务分解》。在3月4日的全局中层干部会上,党组书记、局长分别与班子成员和各工商所、分局签订《2009年党风廉政建设责任书》,班子成员又根据分工与分管的科、室签订《2009年党风廉政建设责任书》。全面推行阳光政府四项制度。自4月10日全县推行阳光政府四项制度后,全局组织学习,分解任务,切实进行贯彻落实,有重要事项公示5条、重点工作通报12条,96128政务信息查询5次。全局在正常推进阳光政府四项制度的同时,完善政务公开的内容和形式,整理设置局机关政务公开栏,在登记注册大厅配置电子显示触摸屏。通过专题会议分析和研究厉行节约的措施,修改和完善相关制度,找准找实控制经费支出的切入点,从思想上提高贯彻落实厉行节约八项规定的党性认识,全年在规定的经费支出上未超出红线。

【人事教育】 2009年,泸西县工商局坚持抓班子带队伍的工作思路,认真传达贯彻全国、全省、全州工商行政管理工作会议精神,扎实开展学习科学发展观和岗位大练兵活动,强化全局的学习教育,全面提高队伍的整体素质,凝聚力和战斗力明显增强。在深入开展学习实践科学发展观活动中,全局成立了以局长为组长的开展学习实践科学发展观活动领导小组,抽调思想素质较高、责任心强的5名同志组建学科办,并特别明确一名局领导负责学习实践工作事务。全局扩大参学对象到退休职工,于3月31日召开全局110人参加的动员大会。把抓好全员的学习培训作为提升每名职工认识问题、分析问题和解决问题能力的关键环节狠抓落实,从4月15日~17日,全体人员集中在局机关进行了封闭式的培训,除规定学习的内容外,增加全国、全省、全州工商工作会议精神,选学国家工商总局周伯华、省工商局纳宗会、州工商局戚发云局长所作的工作报告。组织收看电教片,并邀请县委党校校长作专题辅导。全局以学习活动提升自身素质,以理论指导实践活动,按照科学发展观要求,先后开展向监管服务对象和相关单位及内部职工征求意见,由四名局领导带队深入到基层所开展了4个专题的调研活动,召开党组班子民主生活会和检查评议分析报告会,及时有效地查找和纠正工作中的缺点和错误,找准找实制约工商发展的瓶颈,积极寻找措施和方法,有针对性地进行解决。5月5日,通过城区工商分局查办的一件无照经营案进行分析讨论,对促进和加快全局执法办案工作朝着规范化、程序化的方向发展取得了实质性的效果。针对基层工作任务的新变化、新要求,充分利用岗位大练兵平台,有效解决大部分人员计算机操作不熟,法律法规知识匮乏,不能适应新形势、新要求的现状,从3~5月份全局分七批完成了第一轮的电脑培训。政治理论和法律法规的学习做到经常化、规范化、制度化,舞街铺工商所创新学习机制,开展并坚持"一月一法"学习制度,城区分局还推行了"一月一法一考"学习制度。

**【企业注册登记】** 2009年,全县登记注册的内资企业279户,注册资金63 438万元;私营企业587户,从业人员16 591人,注册资本127 585万元;个体工商户9 098户,从业人员15 843人,注册资金30 906.24万元,总产值1 906万元,营业额50 854万元,商品零售额36 607万元。出台了《完善市场主体准入制度创新监管服务方式促进经济平稳较快发展工作方案》,强化全县市场准入的指导,切实抓好登记注册工作,进一步促进县域经济的稳定发展,结合应对金融危机工作,对企业年检和个体验照,采取了走出去的办法,现场为企业办事,对困难企业减免了年检费和登记费。落实鼓励创业促进就业政策,制定并上报贷免扶补工作方案,申报贷免扶补对象11户,审核批准贷款9户,建成导师库13家。

**【市场规范管理】** 1. 开展诚信市场创建活动,成立泸西县工商局开展诚信市场创建活动领导小组,制定《泸西县工商局开展诚信市场创建活动实施方案》。7月29日,对全县申报的6个市场、超市进行考核,8月3日经局党组研究决定:泸西县兴忠批发市场、泸西县恒远意通商场以3A级市场、超市报州局考核;经贸公司综合市场为2A级,泸西县蔬菜水果批发市场、泸西县宏明电器城、泸西县百货大楼为1A级,并进行公示、授牌。2. 开展"守合同重信用"创建活动,通过深入企业走访调查,召开评议会议,征询金融、税务等13家相关部门意见,依据国家工商总局"守合同重信用"评定的七条标准,组织评定上报县人民政府审批、表彰2007~2008年"守合同重信用"33家企业和14家建筑施工队。3. 着力强化合同监管,积极推行合同示范文本,办理动产抵押登记72份,施工合同备案69份;指导签订订单农业15 861份(稻谷1 058份、烤烟14 803份);建筑施工合同37份,参与建筑招投标22项,调解合同纠纷1起,推行合同示范文本7种2 667份。4. 开展"农村食品安全示范店"创建工作,全局以学习新的《食品安全法》为主线,切实强化食品安全监管工作,在全县认真开展了农村食品安全示范店的创建工作,共创建食品安全示范店40家,经过评定、考核、公示等程序,对40家食品安全示范店发放荣誉牌。

**【消费者权益保护】** 2009年,受理解决各类消费纠纷59件,为消费者挽回经济损失14.14万元,接待来访、咨询150人次;处理重大投诉案件4起,涉案金额6.61万元。在全县3乡5镇建立泸西县消费者协会分会8个,在81个村委会、5个社区建立消费者投诉站86个。在8个分会中,设理事单位78个,理事78人;86个消费者投诉站,共有工作人员633人,其中调解员133人。

**【反垄断与反不正当竞争执法】** 2009年,泸西县工商局行政执法工作全州排行第三。全年立案查处各类经济违法违章案件211起,罚没款入库128.86万元。主要涉及无照经营、打假查劣、商标广告、逾期未年检、转让执照、虚假出资、反不正当竞争、无工业产品许可证等行为。

**【商标广告管理】** 2009年,全县共有商标注册132件(其中当年申请商标注册53件),有知名商标3件、著名商标6件。泸西县工商局2个分局5个工商所均完成"一所一标"任务,3个基层所实现"一所多标"。

**【老干工作】** 2009年,泸西县工商局按照州工商局老干部管理工作要求,始终围绕"老有所养、老有所医、老有所学、老有所为"的目标要求,全面落实各项老干部工作任务。全局现有离退休职工29人,其中副科以上干部23人,平均年龄在66岁以上,老干部工作呈现出人员多、年龄大、身体差、住地分散等特点。2009年,为了进一步加强老干部管理工作的领导和责任落实,建立了领导干部联系制度、重大节日慰问制度、生病住院看望等系列制度,确保老干部工作有序推进。重点是抓好离退休老干部支部每季度一次的集中学习活动。为离退休老干部党支部订阅党报和杂志,建立老干部阅览室,随时为老干部阅文提供方便,使老干部更加充分感受到党和国家对他们的重视、关心和温暖。做好两次集中慰问工作。春节和重阳节期间,局领导班子成员分成几个慰问小组,或深入离退休职工家中,或举行茶话会,看望慰问,征求意见,解决具体问题,把党的温暖和单位的关爱送给老同志,使老干部深受感动,充分体现了对老干部的照顾和关爱。把老干部的健康放在首位,坚持组织全局退休老干部进行身体体检,平时老干部患病住院,优先安排车辆接送,局领导、老干工作人员及时到医院问候。此外,还完成了退休人员住房补贴发放工作。

**【2009年任职的局领导名单】**

局　　长　陈茂林
副 局 长　李永光　张云鹏
纪检组长　王宏伟

## 元阳县

**【概况】** 元阳县工商行政管理局内设9个科室,下设2个分局和3个工商所,代管2个社团组织。现有干部职工89人,其中在职人员64人、离退休人员25人。在职人员中,有妇女干部9人,少数民族干部40人,本科学历12人、大专学历25人、高中、中专文化27人,平均年龄43岁。全局共有中共党员44人。

2009年,元阳县工商行政管理局以全国、全省工商行政管理工作会议精神为指导,以"六项工作"为重心,以"两项"制度的实施为抓手,大力推进党风廉政建设,深入学习实践科学发展观,认真贯彻落实阳光"四项制度",为全面实现国家工商总局提出的"四个统一"、"四高要求"和省局提出的"三个到位、六个好"打下了坚实的基础。

**【法制建设】** 2009年,为适应新形势、新任务的要求,切实加强工商系统法制建设,提高依法行政水平,元阳县工商局认真开展了"三五普法"和"五五普法"工作,开展了形式多样,丰富多彩的法律宣传、培训活动。宣传学习了《全面推进依法行政实施纲要》、《公司法》、《公司登记管理条例》、《合伙企业法》、《个人独资企业法》、《外资企业法》、《反不正当竞争法》、《云南省反不正当竞争条例》、《无照经营查处取缔办法》、《城乡个体工商户管理暂行条例》、《商标法》、《商标法实施条例》、《广告法》、《广告管理条例》、《消费者权益保护法》、《云南省消费者权益保护条例》、《工商行政管理机关受理消费者申诉暂行办法》、《合同法》、《关于查处利用合同进行的违法行为的暂行规定》、《反垄断法》、《产品质量法》、《国务院关于加强食品等产品安全监督管理的特别规定》、《行政许可法》、《行政处罚法》、《行政复议法》、《行政诉讼法》、《国家赔偿法》、《工商行政管理机关行政处罚程序规定》、《工商行政管理机关行政处罚案件听证规则》、《行政执法机关移送涉嫌犯罪案件的规定》等法律法规。进行法律宣传、培训活动5期,参训274人次。印制新修订的行政执法文书27种,并对全局执法人员进行了新修订的行政执法文书培训,为工商所、分局设立法制员。不断完善、规范基层工商行政管理执法工作,促进依法行政、秉公执法,树立工商执法权威,树立良好的执法形象。进一步增强工商行政管理干部的法制观念和法律意识,提高依法行政的能力和水平。坚决纠正和查处有法不依、执法不严、违法不究、以罚代管、随意执法行为,正确行使监管权力,落实责任,严格执纪,保证各项工作的顺利进行。

全年共审核一般程序案件70件,无一起申请复议和起诉。

**【纪检监察】** 全面推进工商系统党风廉政建设,为工商工作提供坚强的政治和纪律保证。1. 局党组层层签订党风廉政建设责任书,严格执行责任追究制。元阳县工商行政管理局党组把抓好党风廉政建设工作确定为首要责任,将党风廉政建设列入局党组重要议事日程工作,明确责任,完善和签订目标责任书,形成了主要领导负总责,分工明确,一级抓一级,责任到人,上下协调,齐抓共管,全员参加的党风廉政建设工作格局。2. 召开党风廉政建设形势分析会,认真分析和准确判断本单位党风廉政建设的形势,针对本单位存在不足和带倾向性问题,查找薄弱环节和存在问题的原因,找准突破口和切入点,建立和完善党风廉政建设工作长效机制。3. 强化效能督察,促进各项工作落在实处。围绕"两项"制度的实施,以抓好规章制度的落实为保障,强化督查力度,严格行政效能督察工作,采取自查和检查相结合,明查和暗查相结合,内部和外部相结合的方法,切实找准弄清行风建设中存在的问题,加以整改。实现用制度管人、管物、管事,全力推进履职到位,确保"服务效能提升年"各项工作目标实现。为全面落实全局各项工作的开展提供了强有力的保证。全年共组织督察组对基层各项工作的开展进行了17次督察,其中,局长带队督察2次,并为基层所解决了职工饮水工程等事项;副局长、纪检组长带队督察15次。通过督察,促进了元阳局各项工作的顺利开展。4. 积极推进纠正行业不正之风工作。围绕政风行风建设,认真组织收听省局参与的"金色热线"和州局参加的"红河纠风热线"直播,解决基层群众反映的问题;围绕治理行业不正风的问题,围绕纠正损害群众利益的突出问题,继续开展了治理商业贿赂等专项治理工作,切实维护人民群众的根本利益。

**【人事教育】** (一)完善"五好工商所"内容,全面推进基层规范化建设进程。2009年,省工商局落实六项重点工作的要求之一就是要在基层工商所(分局)的规范化建设上寻求突破。为加快工商所制度化、规范化、程序化、法治化建设步伐,打造"三个过硬"的执法队伍,元阳县工商局党组提出了在2009年内完成南沙、新街两个分局的规范化建设,成立了领导机构,下设办公室在人教科。1. 积极学习内地先进经验,因地制宜,结合元阳的实际,探索出一套适合自己的方法,即以软件建设为主、硬件建设为辅,重点在提高整体素质、健全制度、规范执法行为和各项业务操作上下功夫。2. 建立健全上下联动机制,强化业务对口指导。切实帮助解决工商所在规范化建设中遇到的困难和问题,局关各科室在按各自业务范围进行规范指导的基础上,进一步细化了责任分工和任务分解,特别是领导小组成员科室作了明确的具体的任务,特别是人教科、办公室、监察室、法制科、信息中心首当其冲承担了各项工作任务,做到各负其责、分工协作,按时限完成了各项分解任务。帮助两个分局制定内务制度14个,业务操作规范15个,工作流程图15个,量化考核表4项,规范了个体档案、各项执法监管档案,共投入资金5.4万元,基本实现了"队伍建设好、文明服务好、执法监管好、内务管理好、基础建设好",已经州局考评组验收合格。

(二)以"解放思想"大讨论为契机,认真开展岗位练兵、演讲比赛和军训活动。从业务技能抓起,开展了注册登记能手、执法办案能手、计算机操作能手大比武、大练兵和演讲比赛活动。通过全员性开展大练兵、大比武活动和军训活动,不断激活每个干部职工的内在潜力,营造了人人学习、人人练兵、争当先进的浓厚氛围,并初步收到实效,不断培养干部职工的团队意识和爱岗敬业的奉献精神,进一步树立"局兴我荣、局衰我耻"的精神境界;组织开展向干旱灾区募捐活动。西南五省干旱灾区牵动每一个工商干部的心，该局及时组织干部职工及离退休老同志进行募捐活动，职工捐款计1.32万元，为灾区献出了爱心，充分发扬了中华民族“一方有难、八方支援”的传统美德。

**【企业注册登记】** 2009年，元阳县工商局进一步完善市场主体准入制度，提高服务效能，大力支持各类市场主体健康发展，营造经济平稳较快发展良好氛围。1. 加强窗口建设，优化登记服务。认真按照“行政问责制、服务承诺制、限时办结制、首问责任制”四项制度的要求，做好登记服务工作。一年来，接待咨询服务100多人次，接待外来查询档案26人次。对作出的行政许可未发生过一起因行政许可事项而出现上诉、投诉以及纠份事件。对凡是被取消的行政许可事项严格按照行政许法以及相关法律法规严格执行，从法制的角度遏制人情照、关系照的发生，树立了良好的工商行政管理形象。2. 积极支持和推动外来投资者到元阳县投资办企业，做好登记服务工作，促进地方经济发展。2008年以来，元阳工商局按照“主动跟踪、限时办结”的原则，为外来企业提供登记咨询和指导服务工作。为做好外来企业到元阳县投资办企业的指导服务工作，局领导和登记科人员多次到外来投资企业，为企业送去登记规范文本制式，指导帮助企业填写相关登记表格，不厌其烦为企业提供各类咨询和提出来的相关问题解答，同时进行相关法律法规的宣传学习。只要提交登记材料齐全，以最快的速度为其办理相关登记手续，受到企业和县政府的认可好评。3. 帮扶企业积极应对经济危机，度过难关。4. 认真落实省政府《关于鼓励创业促进就业的若干意见》(省政府2009年1号文件)，对个体工商户、个人独资企业、合伙企业的设立登记，注册资金以与其生产规模和经营范围相适应的原则办理登记，不作数额上的限制，一个工作日内办结。

认真履行企业登记管理职能，为全县各类企业办理登记注册提供方便快捷、优质服务。截至2009年12月，全县登记注册内资企业实有221户，注册资本31 994.0万元；私营企业实有148户，从业人员1 989人，注册资本28 407万元。共有个体工商户4 228户，从业人员6 441人，注册资金10 705万元，2009年，全县共办理各类企业新开业登记30户，从业人员82人，注册资本1 450万元。办理变更登记113户、注销登记13户，名称预先核准登记41户。登记农民专业合作社13户(其中种植业5户、养殖业8户)，出资总额共计293万元，成员总数619人。登记农村经纪人10户，从业人员10人。

**【企业监督管理】** 1. 认真做好2008年个体工商户验照工作。根据州局《关于做好2008年个体工商户验照工作的通知》精神，于2009年3月开始，为确保个体工商户验照工作的顺利进行，结合实际情况，特制定《元阳县企业年检个体工商户验照工作实施方案》，下发各工商所、分局，要求各工商所、分局认真按《实施方案》统一步骤，统一实施开展验照工作。在验照中要求各工商所、分局严把前置许可审查关，对各类涉及前置许可或专项审批的经营范围，要严格审查各种许可证的原件及复印件或相关手续。特别是关系到公共安全、人身安全的行业和领域，更要作为审查的重点。凡属于前置许可或专项审批各类许可证失效或过期的，要强制要求变更经营范围或予以吊销。并要求认真填写辖区内验照经营户《个体工商户验照报告表》中的相关情况，从内部网的“个体工商户登记程序”的“个体工商户验照、换照”中逐户进行数据录入，将相关资料装入各经营户档案。截至2009年12月，全县私营企业实有148户，有从业人员1 989人，注册资本28 407万元。个体工商户实有4 228户，有从业人员6 441人，注册资金10 705万元。

2. 做好建立创业导师库人员的数据录入。根据红河州局《关于建立创业导师库的通知》精神，为落实云南省鼓励创业“贷免扶补”方案，完成省政府对个私协会建立“创业导师库”的要求，积极做好各乡镇创业导师库人员工作，将分配给全县各乡镇的“创业导师库”人员资料18名按要求在英特网上进行了数据录入。

3. 认真开展做好鼓励“贷免扶补”工作。根据红河州局《转发云南省工商局个私协会关于贯彻落实云南省鼓励创业扶补实施办法的通知》精神，对此项工作进行了认真安排和布置。为确保2009年“贷免扶补”工作任务的顺利完成，成立以局长为组长，各基层分会为领导小组成员单位的鼓励创“贷免扶补”工作领导小组。认真开展宣传活动，确保目标任务按质按量完成。

**【市场规范管理】** 2009年，元阳县工商局以科学发展观统领工作，紧紧围绕“以邓小平理论和‘三个代表’重要思想为指导，认真学习和贯彻十七大精神，大力整顿和规范市场经济秩序，倡导诚信经营，开展制度创新和管理创新”这一主线。按照规范市场主体行为，规范竞争行为，规范交易行为和规范执法行为的要求，强化市场监督管理，全员出动，积极开展查处各种违法经营活动，全面推进和完善市场规范管理工作，有效地遏制了各种违法经营行为，促进了地方经济建设。1. 深入开展集贸市场专项整治工作。在巩固以往集贸市场专项整治成果的基础上，再接再厉，突出工作重点，进一步把集贸市场专项整治工作落实到实处。通过集贸市场专项整治，打击了非法经营活动，净化了经营环境，保护了经营者和消费者的合法权益，促进了全县集贸市场的健康发展。2. 强化“元旦”、“春节”、“五一”、“泼水节”等重大节日和少数民族节日的市场监管，确保节日市场的繁荣稳定，确保广大人民群众欢度佳节。加大对重点地区、重点市场、重点商品的检查力度，加大对市场上短斤少两、欺行霸市、强买强卖等严重扰乱旅游市场的违法违章行为的查处，为广大消费者营造一个公平、公正、安全放心的消费环境。3. 深化工商服务农村改革发展，加强对农资市场的监督管理，建立和完善“助农机制”，切实为广大农民消费者服务。重点开展“农资打假保春耕行动”，以整顿农资市场为主，以农资打假为手段，以规范农资市场秩序为目标，严厉查处制售假冒伪劣农资商品的不法行为，确保农民用上放心种子、放心化肥和放心农药。狠抓大要案件的查处，有力打击制售伪劣农资的非法生产经营者。全年查处销售应该包装而未包装的散装种子案一起，罚款1万元。开展对种子、肥料、农药、农膜、农机具及其配件等农资商品的专项整治行动，开展农资商品专项整治行动，加大对不法商贩和假冒伪劣农资商品的打击力度，依法取缔无照。进一步健全和落实"两账两票、一卡一书"、农资经营企业信用分类监管等制度。截至2009年12月，全县共有农资经营户105户，与农资经营户签订责任书105份，签订率达100%。认真履行工商行政管理机关"组织监督管理经纪人、经纪机构"的职责，结合本地实际情况，加大培育发展农村经纪人和经纪组织的力度。协同县委组织部、供销合作社联合社、妇女联合会组织开展农村经纪人的培训工作，培训农村经纪人员共90人，其中妇女经纪人占20%。截至2009年12月，全县取得经纪人资格的人员达147人，有11人已办理营业执照并开展经纪业务活动。全年引导、发展农村经纪合作社12户。4.强化合同监管，开展抵押物登记及商品展销会工作。在日常监管中，充分发挥工商行政管理部门的职能作用，加强对各类经济合同的监督管理。全年共发放建筑施工合同34份；办理了动产抵押登记3件；办理商品展销登记3件。5. 做好商品交易市场信用分类监管工作。根据省、州局文件精神，完成农集贸市场信用分类监管的各项指标的采集、录入工作，并上报州局审核。6. 根据省、州局相关文件精神的要求，积极开展创建"诚信市场"工作。截至2009年12月底，完成5户"诚信市场"的审核、评定、公示、命名、颁发荣誉证书等工作。7. 建立市场监管信息定期分析报告制度。按时收集市场信息，对市场主体变化、流通领域食品监测、消费热点、违法广告、商标申报注册等情况进行分析，为当地党委、政府科学决策、生产经营者、消费者和社会公众信息需求提供服务。通过市场监管工作，打击非法经营活动，保护经营者和广大消费者的合法权益，促进了市场经济的健康发展。

**【反垄断与反不正当竞争执法】** 1. 加强流通环节食品安全监管，确保人民群众食品安全。开展了"元旦、春节、'3·15'、五·一"传统节日、季节性、节日性食品专项执法检查行动。严厉打击销售过期霉变食品、"三无"食品等违法行为，切实解决人民群众反映强烈的问题。开展了奶制品市场专项执法检查。在前一阶段工作的基础上，深入贯彻《乳品质量安全监督管理条例》，突出重点市场、重点区域和重点奶制品销售者，严格规范经营行为，进一步整顿和规范奶制品市场秩序，促进奶制品行业健康有序发展。开展了打击流通环节违法添加非食用物质和滥用食品添加剂的专项执法检查。建立健全有效的流通环节食品添加剂销售和使用的监管机制。开展了农村食品市场专项执法检查。在农村食品市场专项执法检查中，紧紧围绕农民群众反映强烈的问题，突出整治重点，加大整顿力度。进一步规范流通环节食品安全生产经营秩序，增强了食品经营者的法制观念，加强和提高了食品经营者的责任意识、质量意识、信誉意识、经营意识和行业自律意识，为促进食品产业持续健康发展提供了安全、放心、可靠的保障。开展"两烟"打假打私工作，进一步规范烟草市场的流通经营销售秩序。进一步增强使命感、责任感，切实做好"扫黄打非"工作。打造良好和谐社会、平安市场环境而尽责尽职。统一认识，加强领导，深入开展食品安全示范店创建活动。全年共创建公示"食品安全示范店"35户。继续深入整顿和规范市场经济秩序，加大违法案件查办力度。

2. 2009年，共查办各类违法违章案件386件，罚没收入67.79万元。其中，一般程序立案25件，罚款45.66万元；简易程序164件，罚款18.24万元；简单程序197件，罚款3.9万元，全局共组织出动执法人员312人次，检查市场253个，检查经营户4 034户，其中：个体3 962户，企业72户。

3. 认真开展学习宣传《禁止传销条例》、《直销管理条例》，进一步做好打传防范工作

4. 积极做好"一会两站"建设，努力创新消费者权益保护工作，为提升消费者协会工作水平、开拓消费者权益保护事业新局面发挥积极作用。

**【广告监督管理】** 1. 继续把关系人民群众身心健康的药品、医疗、保健食品、化妆品、美容服务等广告作为监管的重点，加强监测，强化对广告发布环节的监管。2. 为迎接2010上海世博会的成功举办，加强对世博标志的保护工作。3. 加强对户外广告监管工作，全年共办理户外广告登记17件，检查户外广告经营户40户次，责令停止即将发布的三下乡广告5条，宣传单100张。

**【商标监督管理】** 2009年，元阳县工商局认真做好红河州知名商标和云南省著名商标的推荐上报工作。根据红河州工商局《关于开展2008年红河州知名商标认定工期的通知》精神，进行2008年红河州知名商标推荐和有关资料上报工作。全县有5户企业被评为红河州知名商标，其中元阳县信达实业有有限公司、元阳县多阔茶叶有限责任公司、元阳县鸿运干巴厂、元阳县茶树良种厂的注册商标2009年被评为红河州知名商标，元阳县水卜龙茶厂知名商标续展认定为红河州知名商标。根据云南省工商局关于开展2009年"云南省著名商标"认定活动的通知精神，2009年5月开展推荐上报"云南省著名商标"工作，推荐上报企业元阳县水卜龙茶厂参加"云南省著名商标"申报认定工作。

**【计划财务工作】** 2009年，全局收入565.12万元，其中：财政拨款547.61万元，其他收入17.51万元，支出565.12万元。

全年收取行政性收费5.84万元，罚没款67.79万元。财务工作接受了来自各方面的检查：4月份接受州发改委收费检查，10月接受了州局计财科的检查。积极参加学习不断提升政治业务素质，3月份参加省局内审资格培训、4月到大理学习先进的财务管理经验、10月到其他县局进行财务交流学习。通过学习规范了财务报销程序，使财务工作将更加规范、更加科学也更加透明。同时，非税收入纳入了财政管理，对2008年的非税收入进行了全面清理，纳入了财政

管理，所收取的各项收入在扣除成本后全部上缴财政厅。

【基本建设】 1. 购置执法车辆一台，并办理相关落户手续。2. 按省、州工商局编制基本建设“十一五”规划的要求，申报了元阳县工商局南沙工商分局办公住宿楼为2009～2010年基本建设规划新建项目。

【老干工作】 1. 执行党的老干部方针政策，加强对老干部工作的领导，认真落实老干部的“两项”待遇，健全管理服务制度，建立了老干部联系册、家属联系册、来信来访记录、老干部管理工作台账等，使系统内老干部工作制度化、规范化和科学化。一年来，接待老干部电话咨询7次、来访4次，全部给予了明确答复。2. 老干管理和财务人员进一步提高了对老干部管理工作重要性的认识，增强了服务意识，做到了按时足额发放离退休老干部工资，做到不拖不欠不漏。一年来，元阳县工商行政管理局共申报兑现4名提前退休人员的工资，更正2人的有误工资、更正1名离休干部的信息，办理了1人的提前转退休手续。3. 坚持日常联系制度。老干部管理人员做到了每个月与每个老干部至少电话联系一次，准确了解他们的困难和情况，及时向领导反映，使老干部的问题得到及时解决。召开老干部座谈会2次，拨付老干支部活动经费1 300元。

【信息化建设】 元阳县工商局已设立信息中心，配备人员2人，负责全局信息化建设、网络维护、设备管理维护、计算机岗位练兵工作。2009年，在经费十分困难的情况下，县局党组按照“保工作、保运转”的原则，挤出资金5万元，为5个基层工商所配备了17台脑、5台打印机，实现了内、外网办公的彻底分裂。开展计算机基础知识培训10次，组织大练兵考试3次。组织收听12315金色热线1次，为五好工商所、规范化工商所建设制作了PPT幻灯片文档，流程图等、安装了96128专线电话，为元阳工商信息化建设打下了坚实的基础。

【消委会工作】 1. 认真组织开展“消费与发展”年主题“3·15”活动。组织了300多人多部门参加的，多形式的宣传咨询服务队；并展示了烟、酒、农药、籽种、日用品、化妆品、儿童食品、药品、医疗器械等200多个假冒伪劣商品。发放宣传材料3.5万份。销毁了价值5.02万元的假冒伪劣商品。2. 认真受理消费者投诉，切实做好调解工作。全年共受理各类投诉13件，成功调解13件，为消费者挽回经济损失10.3万元。3. 加强“一会两站”建设。在全县十四个乡镇建立了14个“消费者协会分会”、“消费者投诉站”和“红盾服务维权工作站”，并在137个村民委建立了“12315消费维权联络站”。“一会两站”的建设增强了生产经营者的诚信自律意识，提高了广大消费者的的自我保护意识，为构建和谐消费及和谐社会作出了贡献。

【个私协会工作】 2009年，元阳县个体私营经济工作在州工商局的领导和州个体私营经济协会的业务指导下，在全体理事和会员的共同努力下，围绕年初制定的工作目标，以“三个代表”重要思想为指导，深挖协会潜力，强化内部管理，增强服务能力，全面落实科学发展观，紧紧围绕转变服务观念，创新服务形式，提高服务质量这一主题，以深化宣传教育效果，提高服务工作效能，加强分会建设，以促进地方经济发展为中心，以服务会员为天职，充分拓展分会职能，积极创新工作特色，分会紧紧围绕“自我教育、自我管理、自我服务”工作中心，以提高广大会员的思想政治素质和经营业务素质，以服务地方经济为抓手，积极发展壮大个私营经济队伍。截至2009年底，协会共有会员6 511名，其中：2009年新发展个体1 518人，私营会员数309人。个私协分会充分发挥职能作用，引导会员守法经营、文明服务，与工商部门管好这支几千多人的个体、私营经济队伍，有力地促进了个体私营经济快速健康发展。积极开展各项活动，促进了个体私营经济的快速发展。

【2009年任职的局领导名单】

党组书记、局长　何忠民

副局长　王晓琼　张新书

纪检组长　潘伟俊

## 红河县

【概况】 红河县工商行政管理局共有8个内设科(室)，即办公室(财务)、人事教育科、监察室、法制科、市场监督管理科、企业个体登记注册管理科、公平交易科(经检大队)、基建办；6个派出机构，即迤萨分局、阿扎河工商所、甲寅工商所、乐育工商所、浪堤工商所、三村工商所(2009年已并入浪堤工商所合署办公，保留机构)。共有在职干部职工39人，离退休干部26人。在职人员中公务员32人、机关工人7人；男31人，女8人，少数民族干部28人，共产党员25人，本科学历4人、大专学历20人、中专、高中学历14人，初中及以下1人。

2009年，红河县工商行政管理局以科学发展观统领工商工作全局，严格按照省局提出的“牢固树立科学发展观，认真落实‘四个统一’，积极推进‘四化’建设，努力实现‘四个转变’、‘四高目标’和‘三个到位’、‘六个好’”的云南工商新目标，认真贯彻落实省州工商行政管理工作会议精神，全面推行阳光政府“四项制度”，建立健全可量化、可检查、可落实、可考核的评价机制，明确工作任务，细化工作责任，加强督促检查，省州局部署的六项重点工作等各项工作得到了较好的落实。

【法制建设】 2009年，红河县工商局以建设法治工商为奋斗目标，以强化法律法规学习为突破口，进一步提高执法人员的执法水平和法律意识，组织执法人员执法办案技能竞赛，增强执法人员学法的积极性和自觉性，培养造就适应现实要求的高素质、专业型、复合型执法队伍。严格行政处罚案件的同级核审制度，严把案件质量，确保案件核审质量，确保行政处罚的合法性、适当性。全面实施“五五”普法规划，积极推进普法依法治理工作。组织纪念宣传活动，开展“法律六进”活动。积极开展重大决策听证和警示与疏导工作，层层分解责任，明确工作职责。

2009年,全局共查处经济违法案件163件,其中一般程序案件66件,简易程序案件97件,罚没款29.98万元。有力地打击各类经济违法违章行为,积极维护地方市场经济秩序。

**【纪检监察】** 2009年,红河县工商局认真落实党风廉政建设责任制,层层签订党风廉政建设责任书,廉政承诺书,把党风廉政建设责任落实到每个干部职工身上。一年来,共召开党风廉政建设会议4次,做到领导重视、工作落实、措施到位、成效明显,在廉洁从政中发挥了表率和带头作用。积极开展廉政谈话、交心谈心活动共计15次。加强廉政风险点管理,采取走访企业个体工商户、明查暗访等方式,对落实阳光政府"四项制度"情况进行了多次督查。进行效能工作督察共12次,通过督察,督促各项工作落到实处。加强查办案件工作和执行责任追究规定,全局无"吃、拿、卡、要"和其他违规违纪现象的发生。认真落实行风监督员制度,召开行风监督员、企业个体工商户代表座谈会,广泛听取全县工商系统推进科学监管、促进科学发展方面的意见和建议。认真开展了正面典型教育和反面警示教育,组织干部职工参观县检察院"预防职务犯罪警示教育活动"图片展览。按照上级的统一部署,成立了贯彻落实阳光政府"四项制度"组织领导和工作机构,研究制定了贯彻落实阳光政府四项制度实施方案、实施办法、实施细则。重大决策听证制度、重要事项公示制度、重点工作通报制度方面的落实,以全面贯彻落实州局六项重点工作为主要内容,对各项工作进展情况适时进行通报。政务信息查询制度落实方面,开通了"96128"政务信息查询专线,明确信息发布负责人以及"96128"政务信息查询负责人及联络员。

**【人事教育】** 2009年,红河县工商局紧紧围绕省工商局提出的"推进科学监管,促进科学发展"主题,积极开展学习实践科学发展观活动,扎实深入开展了思想发动、学习培训、专题调研、"三个一"主题实践活动、征求群众意见、召开专题民主生活会、分析评议等环节的学习实践活动,圆满完成了学习调研、分析检查阶段的工作任务。深入查找到了全县工商系统在落实科学监管、推进科学发展方面存在的主要问题,进一步理清了全县工商行政管理系统推进科学监管、促进科学发展的总体思路、努力方向和工作措施。广大党员对科学发展观的科学内涵、精神实质和根本要求的认识进一步提高,推进科学发展的坚强意志进一步增强,谋划科学发展的正确思路进一步清晰,领导科学发展的实际能力进一步增强,促进科学发展的政策措施得到了较好落实。

以增强工商部门推进科学监管、促进科学发展基础性工作为重点,切实加强工商系统自身建设。认真落实党组理论中心学习组学习制度,县局领导班子高质量召开了专题民主生活会,领导干部模范带头作用进一步增强。进一步完善了以民主集中制为主要内容的领导班子决策议事规则,增强决策的透明度。围绕停收"两费"后工商工作干什么怎样干等专题深入基层开展专题调研,制定了2009年度工作计划,将州局"六项重点工作"等指标任务层层分解落实到基层、落实到每个工商干部。采取全员培训的方式,进一步把干部职工的思想统一到了新时期工商工作新要求上来。开展了全员岗位大练兵、注册登记、执法办案、计算机知识等业务培训,进一步提高了广大工商干部履行岗位职责的本领。深入企业、个体户、新农村建设挂钩点和基层村民委员会体察民情、走访调研、上门服务,对新农村建设挂钩联系点党员上党课,选派新农村建设指导员。

**【企业注册登记】** 2009年,红河县工商局积极促进各类市场主体健康发展,广开工商行政管理"绿色通道",大胆支持符合国家产业政策的各种所有制经济的发展。继续推行和完善首问责任制、服务承诺制、上门服务和一次办结制,为企业发展提供方便、快捷、优质的服务。在企业登记管理工作中,严把登记程序,认真做好企业年检工作,按照经营主体、投资规模、资信状况、行业特点、违法违章情况及经营者经营行为的良好或不良好记录,建立不同的监督方式和监管服务重点。2009年,全县共有企业224户,注册资金16 940万元。

**【企业监督管理】** 2009年,红河县工商局认真做好私营企业年检和个体工商户的验照工作,严格检查前置审批企业,严把登记条件和程序,保证年检验照的质量,达到了年检验照的预期目的。2009年,全县共有私营企业77户,新发展私营企业12户,注册资本金14 328万元;新发展个体户389户、新增从业人员699人、新增注册资金1 064万元。截至年底,全县共有个体工商户3 122户,从业人员4 936人,注册资金6 404万元。

**【市场规范管理】** 2009年,红河县工商局认真贯彻落实党的十七届三中、四中全会精神,深入开展红盾护农、经纪活农、合同帮农、商标富农等工作,促进农业增效、农民增收。2009年,查处农资案件3件,案值2.5万元,罚没金额1.6万元;培训农村经纪人1期、培训人员54人次,培育发展农村经纪人78人;命名农资安全示范店14户;办理动产抵押登记5份,抵押物价值1.85亿元,保债权金额2 950万元,帮助企业解决融资难问题;登记展销会5起。

认真组织开展市场信用等级分类认定工作。在符合认定条件的4个市场中,认定C类市场2个,认定D类市场2个;推进食品经营索证索票和购销台账两项制度,积极推进企业信用分类监管改革。命名"鸿丰超市"等四个超市、市场为红河县"1A级诚信市场"。提请县人民政府批准命名"守信"企业10户。

"扫黄打非"专项整治工作,查处取缔无照经营黑网吧17户,收缴罚没款1.6万元。禁塑整治工作,收缴购物塑料袋等65千克,查处违法经营案件12件,收缴罚没款0.6万元。农村市场整治方面,严厉查处涉及"三农"的"傍名牌"不正当竞争案件,确保中央惠农政策落到实处。安全生产专项整治方面,查处各类违法经营案件5件、案值0.8万元,发现安全隐患17处,当场责令整改4处,限期整改13处,下发整改通知书13份,查出无证经营烟花爆竹20户,查扣不合格烟花爆竹47件。

【消费者权益保护】 红河县人民政府办公室《关于在全县设立农村消费维权组织网络的通知》,对全县"一会两站"建设作出了部署。按要求全县基层乡(镇)需建立消费者协会分会13个,全县88个村委会、3个社区均需建立12315联络站和消费者投诉站。各乡镇成立了"一会两站"建设工作领导小组,并提出了工作实施方案。对"一会两站"工作人员进行有关法律法规和业务知识的培训,并为"一会两站"购置必要的办公设备、制作相应的文书台账和举行授牌仪式。红河县工商局充分借助"一会两站"平台建设工作,把消费纠纷解决在基层,把"一会两站"建设成为党委政府的"第二信访部门"。2009年,受理消费者申诉127件,为消费者挽回经济损失9.23万元。

【食品流通监督管理】 2009年,红河县工商局认真开展以流通环节食品安全专项整治为重点的专项整治工作。全面贯彻落实《食品安全法》,取缔无照经营食品26户,查处食品违章违法案件52件,收缴罚没款2.8万元,查缴各类假冒伪劣等不合格食品1 500千克、货值2.5万元,创建"农村食品安全示范店"23个、完成州局下达任务的100%,检测食品样品12个批次、120组、38个品种。

【商标广告监督管理】 2009年,红河县工商局根据红河州人民政府推进商标战略工作指导精神,研究制定了《红河县工商行政管理局推进著名商标培育申报和基层工商所开展"一所一标"活动实施方案》,认真推行"三书一卡"制度,积极引导企业、个体户使用自主商标,强化商标培育力度,确定了商标培育名单,商标战略工作上升到新的工作层面。截至年底,该局已办理注册商标38个,全面完成州局下达的"一所一标"工作考核指标,并实现了一所多标。虚假违法广告专项整治方面,监测媒体广告36条次,查处违法广告3件,收缴罚没款0.2万元。

【计划财务工作】 2009年,红河县工商局不断规范财务管理工作,完成行政性收费3.43万元,罚没收入29.98万元。对2008年以来的财务工作、票据使用情况进行了全面的自检自查。及时完成工商行政管理系统行政事业单位经营性国有资产清查工作。

【老干工作】 2009年,红河县工商局切实解决好老干部的困难和问题,做到政治上关心、生活上照顾,尽心尽力为老干部服好务。认真落实好老干部政治待遇,进一步加强离退休干部党支部建设和思想政治建设。认真落实离退休干部的生活待遇,为离退休干部搞好服务。积极做好干部职工及离退休人员工资福利待遇的上报审批工作。

【个私协会工作】 2009年,在第二批学习实践科学发展观活动中,红河县个私协按照县局党组要求,扎实开展了深入学习实践科学发展观活动。在精神文明建设中,协会采取寓教于乐、生动活泼的方式,开展健康向上的文体活动。"三八节"期间,县工商局和县个私协会组织文艺代表队,参加了妇女联合会举办的"促和谐、庆三八"文艺晚会。精心编排的舞蹈《红河岸边傣家寨》荣获三等奖。干部职工和个私会员组成的文艺代表队,在红河县国庆六十周年大型万人乐作舞大赛中,取得了最佳创意奖,展示出红盾卫士及个私会员们的风采。继续开展"捐资助学献爱心"活动,倡导个私会员向困难学生捐款36万元。

服务鼓励创业、促进就业。认真落实云南省鼓励创业促进就业"贷免扶补"政策措施,推荐承报"贷免扶补"经营户6户,批准3户。积极开展帮扶成功创业者、就业者、创业导师库录入工作,录入创业导师16人。

【2009年任职的局领导名单】
党组书记、局长　白开仕
副 局 长　杨建明　张　敏
纪检组长　高文伍

## 绿春县

【概况】 绿春县工商行政管理局内设机构有办公室、人事教育科、监察室、法制科、公平交易科、市场科、企业个体科;派出机构有城区分局、牛孔工商所、大黑山工商所、平河工商所。现有干部51人,其中在职干部38人,退休下部13人。在职公务员34人,机关工人1人,事业工人3人。男32人,女6人;大学本科6人、专科22人、高中(中专)11人。

2009年,绿春县工商局在县委、县政府和州工商局的正确领导下,以党的十七大、十七届四中全会和中央经济工作会议精神为指导,按照深入学习实践科学发展观的要求,紧紧围绕全国工商工作会议和全省工商工作会议精神及省局党组提出的"三个到位"、"六个好"的工作目标任务,牢牢把握"四个只有",努力推进工商行政职能到位,取得了较好的成绩。

【法制建设】 1. 开展执法监督,规范执法行为。重点是抓好对行政许可行为的监督,派出工作组深入有关科、所(分局)进行认真的检查、督促。2009年,共收到、受理和审查行政许可申请1 190件,作出行政许可决定1 190件,作出的行政许可决定材料齐全、符合法定形式,并在五个工作日内办结。2. 加强案件核审工作。一审对案件是否具有管辖权,二审当事人的基本情况是否清楚,三审案件事实是否清楚、证据是否充分,四审定性是否准确,五审适用依据是否正确,六审处罚是否适当,七审程序是否合法。3. 抓好简易程序案件的备案监督,严格监督执法文书使用行为。4. 加强对行政执法工作的定期检查、考核工作。5. 做好换发"行政执法证"的相关工作。6. 一手抓普法教育,一手抓依法治理。重点是开展"一月学一法、每季一考"等为主要形式的法制宣传学习教育活动。抓好对外法制宣传、教育和咨询工作。7. 做好法制培训,提高执法水平。重点是紧紧围绕具体执法办案工作,做好即时指导工作。选派执法人员参加省、州、县举办的各种法律或业务知识学习培训。

【纪检监察】 1. 按照省、州、县政府开展阳光政府四项制度的工作安排，成立领导小组，制定实施方案，狠抓工作落实。把应当公开、依申请公开的内容归类整理后安排专人将资料交县网管中心并在县政府门户网站上公布。一年来，在阳光政府四项制度网站上公示12项，通报3项，接听96128政务信息专线咨询3次，回复率100%。

2. 重视加强党风廉政建设和反腐倡廉工作，不断提高勤政廉政意识。重点是按照工作贯例，认真安排部署党风廉政建设工作。继续开展学习党章、遵守党章、维护党章、宣传党章活动，牢记宗旨，增强党性意识。加强沟通，增强团结。不利于团结的话不说，不利于团结的事不做，大事勤商量，小事常沟通，认真开展批评与自我批评；组织20名党员干部到开远小龙潭监狱进行警示教育。积极开展党风廉政建设廉政风险点排查工作和基层执法人员向监管服务对象代表述职述廉工作。一年来，工作人员共拒收礼金6 850元，拒请吃100多次。

**【人事教育】** 1. 切实开展岗位大练兵活动。按照“干什么练什么，缺什么补什么”的原则，依据工作职责，要求中层干部结合业务工作向干部职工讲解执法办案、注册登记、计算机操作知识，增强干部职工的业务素质，切实提高履职能力。一年来，先后组织38名干部开展大练兵活动，产生县级能手15名，州级能手2名。通过开展大练兵活动，干部队伍的整体业务素质明显提高，促进了各项业务工作的开展。2. 开展深入学习实践科学发展观活动。采取召开动员会、全员培训会、局领导专题辅导、邀请党校老师讲课、组织观看国家工商总局周伯华局长的讲话和有关专家的专题讲座、观看科学发展观文艺汇演、交流学习心得等形式，认真开展深入学习实践科学发展观活动，党员干部统一购买笔记本，要求每人撰写学习实践科学发展观活动学习心得一篇。3. 积极开展五好工商所创建活动。基层工商所是工商行政管理事业的基础，是市场监管和行政执法的前沿阵地。加强基层工商所建设，对于实现执法重心下移，监管关口前移，强化“精局强所”观念，推进工商行政管理职能到位，具有十分重要的意义。2009年，申报城区分局为五好工商所，通过州局考评组考评，城区分局创建五好工商所的综合得分是96.5分，达到了预期工作目标。

**【企业注册登记】** 1. 规范企业登记行为，努力营造公平公正的市场主体准入环境。2009年，共设立登记内资企业3户（其中分公司2户），注册资本111.92万元，注销2户（1户集体企业和1户分公司），由非公司企业法人分支改制为分公司2户，办理变更登记31户。到年底，全县共有内资企业88户，注册资本12 848万元。迁移登记有限公司2户，分公司7户。改制2户国有企业分支机构为分公司。2. 切实做好企业年检工作，促进市场主体健康发展。采取宣传栏、广告横幅、电视台公告、电话通知、发送短信、上门服务等方式认真做好宣传动员工作，切实做好特种行业、重点行业的市场主体资格的审查，确保年检工作顺利进行。应参加2008年度年检的内资企业88户，通过年检88户，年检率100%。

**【企业监督管理】** 1. 切实做好私营企业登记管理工作和年检工作。2009年，新设立登记各类私营企业19户，变更登记28户次，注销登记7户。2009年，全县共有各类私营企业111户，投资者436人，雇工人数3 502人，注册资金21 158万元。新登记农民专业合作社12户，出资总额147.9万元，成员198人。截至年底，全县共有农民专业合作社19户，出资总额274.4万元，成员296人。

2. 切实做好私营企业年检和个体工商户验照工作，促进个私经济健康发展。

2008年度，应参加年检的私营企业89户，通过年检80户，年检率89.8%；应验照个体工商户2 985户，实际验照2 507户，验照率达83.98%；应换照255户，换照94户，换照率36.86%。

截至2009年底，共登记个体工商户854户，变更登记288户，注销登记530户，全县实有个体工商户3 490户，注册资金7 408万元，从业人员4 026人。

**【市场规范管理】** 1. 强化监管，扎实开展各类市场专项整治。重点是开展重大节日市场专项整治；积极开展禁塑工作、安全生产工作、隐患排查工作、打击黑车、活禽活体鸟类经营市场专项整治和甲型H1N1流感及狂犬病疫情市场防控工作。全力开展净化社会文化环境专项治理行动。配合县安监、卫生、公安、城建、交通、运政等部门，开展非煤矿山、烟花爆竹、交通运输市场等安全生产大检查活动。积极推进扫黄打非、打击传销、规范直销等工作。在专项整治工作中，共出动执法人员1 501人次，检查市场152个次，检查经营户4 009户次。没收假冒伪劣商品288.8千克（其中：食品177.3千克、猪肉111.5千克）；没收超期变质食用油70.8千克，无标签小米辣13瓶、陈醋6瓶，假冒茅台酒7瓶，啤酒、饮料等110瓶；没收并销毁不合格食盐220千克、劣质烟花爆竹5件；收缴折纸（人民币样）35张、抽奖券40张；没收不合格塑料购物袋98 515只，累计标值1.3万元。抽检猪肉50户次，抽检食品经营户57户17个品种，抽查酒类4户次，食品质量监测抽检数量17个批次，合格率达100%；清除带有安全隐患的占道经营户72户；查处无照经营22户，下发限期办照通知书3份，督促亮照经营2户次；检查建筑安装工程1处，检查建筑装饰材料经营户9户次；检查市场灭火器128个，整改安全隐患8处，责令更换过期、失效灭火器18个；发放《食品安全法》宣传单40份，没收假冒卷烟5条。

2. 围绕六项重点工作，继续开展服务新农村建设各项工作。继续开展商品交易市场信用分类监管工作，重点是按照工作流程，将17户流通环节食品经营户命名为农村食品安全示范户。完成了在县工商局注册登记的大黑山、牛孔、平河等7个市场的“商品交易信用分类监管”信息采集和数据录入工作。绿春县汇金购物广场等5个市场和绿春县电力公司等11家企业分别被县政府评定命名为首批“诚信市场”和“守重企业”。开展市场监管信息定期分析报告制度，根据省、州局的通知要求，确定以城区市场为农副产品和农资价格信息监测点，指定一名具有一定业务能力,责任心强的干部负责此项工作,做到日采日报,并将每季度的综合分析报告报当地党委政府和州局。建立和完善“七农”工作机制,结合市场监管实际,重点开展四农工作机制。深入开展“红盾护农”行动工作,开展专项行动3次,在专项行动中,共出动执法人员164人次,出动执法车辆20台次,检查市场18个,检查经营户399户次。检查各类化肥2 362吨,抽取种子样本19个(种),备查种子148 912千克。扎实开展“经纪活农”工作。全县共发展各类农村经纪人49人。其中,2009年发展25人。强化“合同帮农”工作机制,全年共检查各类合同2 646份,合同金额50 644万元。

**【消费者权益保护】** 2009年,绿春县工商局利用“3·15”国际消费者权益日,大力开展宣传活动,放发宣传材料3.2万份,消毁假冒伪劣和超期变质商品(食品)标值12.8万元。受理消费者申投诉22起,解决22起,解决率100%,为消费者挽回经济损失1.8万元.

**【食品流通监督管理】** (一)认真学习宣传食品安全法,努力营造流通环节食品放心消费环境。1. 组织流通环节食品经营者的食品安全法培训。以工商所(分局)为单位,组织培训四期280人次,印发宣传材料3 000份。2. 认真履行流通环节食品安全监管职责,努力推进食品放心消费环境。

(二)强化措施,执法到位。1. 按照六查六问责的要求认真落实巡查制度。2. 开展食品市场准入专项整治。按照“谁登记、谁规范、谁负责”的原则,以企业年检和个体验照为切入点,对食品生产经营企业和个体经营户的前置条件、《营业执照》进行查验、审核、规范和登记,全县共有食品经营户1 152户,其中流通环节食品经营户751户。3. 根据州局和县政府的安排开展打击违法添加非食用物质和滥用食品添加剂、猪肉等食品质量安全、学校及学校周边食品安全、饮水机市场、剑石牌香甜泡打粉等专项整治;2009年,流通环节食品安全专项行动,全局共出动执法人员969人次,检查经营户5 650户次,查处食品违法违章案件35件,罚款金额2.5万元,取缔无证经营6户,没收各种不合格物品530.7千克,标值1.02万元。

**【广告监督管理】** 1. 加强对户外广告、印刷品等广告的日常监管。2. 组织开展虚假违法广告专项整治活动。3. 加大广告监测力度。4. 开展食品药品虚假违法广告专项整治行动。专项整治活动中,共出动执法人员55人次,检查药店45家,共监测和检查保健食品、药品、医疗、化妆品、美容五类广告10条次,查出违法广告4条次。对违法广告限期整改3条次,责令停止(或暂停)发布1条次。取缔利用专家、患者名义形象作宣传的医疗广告1起。5. 加强户外广告管理。2009年共办理户外广告10户,印刷品广告备案11户次,监测电视台广告20次。

**【商标监督管理】** 2009年,共走访企业(个体工商户)101户,走访农户6户,发放商标宣传材料1 000余份,引导培育注册商标20件,新申请注册商标2件。截至2009年底,全县共有注册商标9件,已经递交申请且国家局已经受理但还未批准注册18件,驳回受理1件。

**【计划财务工作】** 2009年,绿春县工商局共完成行政事业性收费5.8万元,完成罚没入库23.5万元,完成车辆购置及运行费用支出压缩21.25%,公务接待支出压缩15.51%,节油节电节水上压缩7.48%。

**【基本建设】** 2009年,绿春县工商局组织实施大黑山工商所办公楼装修工程竣工验收工作和平河工商所办公楼搬迁重建工作并向州局申报。

**【机关党建工作】** 绿春县工商局设有党总支,配备党员活动室。下设2个党支部,有中共党员20名。2009年,开展党员民主评议2次,播发电教片12次。

**【老干工作】** 2009年,全局共召开老干部座谈会3次,看望老干部2人次,慰问老干部26人次,组织老干部参观学习12人次。同时,对老干部的来信来访热情接待,积极办理,做到件件有着落,事事有回音,做到无越级和重复上访。

**【经济检查】** 1. 治理商业贿赂。根据州局和县政府的安排部署,坚决纠正市场经营活动中违反商业道德和市场规则、影响公平交易的不正当交易行为,强化对仿冒包装装潢、虚假宣传、虚假表示等违法行为的查处。2. 打击传销。加大与公安等部门的协作配合,形成打击传销和监管直销的合力。依法严厉查处未经批准擅自从事直销,以直销企业名义从事的违规培训和无照直销行为以及直销企业的违法违规行为,确保直销市场的健康有序发展。

**【信息化建设】** 2009年,绿春县工商局在省、州工商局的关心支持下,实现了省、州、县、所四级联网,在局党组的重视支持下,实现了人手1台电脑,基本实现了无纸化办公。

**【消委会工作】** 1. 扎实推进12315行政执法体系“四个平台”建设。2. 建立了覆盖全县八乡一镇87个村委会(含6个社区)的消费者投诉站和12315联络站,建立消费者协会分会4个、消费者维权站87个、12315联络站87个。通过在行政村建立“两站”,方便了全县81个村委会2个社区716个村民小组、756个自然村消费者的申诉举报,极大地缓解了农村消费者举报难、投诉难的问题,为构建和谐社会做出了积极的努力。2009年,共受理消者投诉22起,解决22起,解决率100%。

**【个私协会工作】** 1. 组织会员学习各种政策法规共60人次,开展普法教育50人次。2. 积极开展捐资助学活动。以“六一”儿童节为契机,分别为3所小学校捐赠价值590元的学习用品和体育用品。3. 积极参与开展文化体育运动。筹资3 100元组建男女队参加当地党委政府举办的纪念“五·四”篮球运动会,其中个协女队夺得第一名。4. 积极做好“春节”、“中秋”等重大节日期间慰问困难会员活动。一年来协会走访慰问困难会员22户,送慰问金2 070元。发放挂历2 000份。5. 与邻县个协开展联谊活动,增进广大个协会员与会员之间的沟通交流,密切会员间的关系。

**【2009年任职的局领导名单】**
党组书记、局长　汤跃波
副 局 长　胡继成
纪检组长　李袖华

## 屏边苗族自治县

**【概况】** 屏边县工商行政管理局共有在职工作人员44人、离退休人员21人。设有办公室、人事教育科、法制科、注册登记科、公平交易科、经济检查大队、市场管理科和纪检监察室8个科室和玉屏分局、白河工商所、新现工商所、和平工商所四个派出机构。党总支下设3个党支部,有中共党员28人。

2009年,屏边县工商行政管理局在省、州工商局和县委、县人民政府的领导下,坚持以邓小平理论和"三个代表"重要思想为指导,深入学习实践科学发展观,按照"四个统一"、"三个到位"、"六个好"的工作目标,以开展"服务效能提升年"活动为契机,紧紧围绕"六项重点工作",着力更新观念、创新机制、全面提升干部队伍整体素质,提出"忠于法律、团结拼搏、勇于争先、务实高效、创新发展"的治局理念,努力提高科学监管,促进科学发展的能力和水平,营造良好的市场环境,为促进地方经济社会平稳较快发展和社会稳定作出了新贡献。

**【法制建设】** 2009年,屏边县工商局把提高依法执政意识为重点,以工商行政管理系统行政执法岗位练兵竞赛活动为契机,加强全体干部职工的行政法律法规的辅导和培训。为全面提高工商执法队伍的法律素质和依法办案能力,县局通过组织培训,就行政执法办案的方法、技巧以及法律文书的要求进行了讲解与交流,并以实际案例进行模拟操作。通过一系列的学习活动,不仅营造了良好的学习氛围,而且增强了大家的学习热情。同时以《食品安全法》的颁布、实施为契机,认真开展《食品安全法》的学习培训工作。一年来,全局共组织局机关、各工商所(分局)集中学习了9场次、培训执法人员315人次;举办培训班7期,培训流通领域食品经营户537人次;组织《食品安全法》知识竞赛4场。

切实做好对违法行为的警示与疏导,及时制定下发了《屏边县工商局关于做好对违法行为人警示与疏导工作的实施意见》,就在行政执法办案中如何做好对违法行为人警示与疏导提出了工作目标、工作措施并进行责任分解。重点是事前预警告诫,推行行政指导;事中纠正制止,推行阳光执法;事后教育规范,坚持案件回访。指导帮助违法行为人树立守法经营理念,完善内部经营管理制度,诚实守信,合法经营。

**【纪检监察】** 2009年,屏边县工商局树立"抓党风、带政风、促行风"的基本理念,大力加强党风廉政建设。重点是坚持以科学发展观统领全局,以加强领导干部作风建设、贯彻执行"阳光政府四项制度"为切入点,以干部队伍"大练兵、大比武"工作为抓手,全面加强队伍建设;通过及时组织传达中纪委、国务院及省、州、县各级召开的党风廉政建设会议精神并层层签订了2009年度《党风廉政建设目标责任书》,进一步细化了目标任务,自上而下逐级建立以"一把手负总责,亲自抓,分管领导具体抓"的党风廉政建设责任制;深入开展党风廉政宣传教育,促进干部队伍廉洁从政意识。全年共组织多种形式学教活动25次,受教育人员达486人次;共召开局党组理论学习中心组学习4次;撰写心得体会80篇,发放征求意见表40份,组织参观科学发展观学习先进典型三批67人次。通过以上多形式的教育活动,教育干部职工"常修为政之德、常思贪欲之害、常怀律己之心",不断增强工商行政管理工作职业道德和为民服务本领,牢固树立起"公仆"意识;进一步完善落实党风廉政建设和反腐倡廉工作制度。以省政府"阳光政府四项制度"的贯彻执行为契机,制定印发了屏边县工局贯彻"阳光政府四项制度"的实施方案、实施细则、责任分解工作方案和监督检查实施方案。继续强化制度建设,坚持用制度管人、管事。制定下发了屏边县工商局办公制度、考勤制度、禁酒制度、公务接待制度、车辆管理制度、办公用品购置审批制度、会议制度、财产管理制度和票证制度等多个内部管理制度,制度的完善和健全,使得工作纪律和作风得到了很大的转变;加大督察工作力度,全年围绕"八六八"禁令、执法作风、执法形象、票证使用、内部制度、纪律作风等开展"执法形象"督察3次。全系统的执法行为进一步得到规范,廉洁行政、文明执法的良好风气逐步形成。

**【人事教育】** 2009年,屏边县工商局以贯彻学习实践科学发展观为重点,以深入开展岗位大练兵为契机,全面加强干部队伍教育。为提高干部职工对学习实践科学发展观的认识,进一步开拓视野,着力解决本系统执法人员办案少、经验不足,见识少、视野不开拓的现实问题。4月,组织全体干部职工44人分两批到昆明市工商局和曲靖市工商局观摩学习基层规范化建设和行政执法办案先进典型;6月份党支部还组织以全体党员和入党积极分子为主的干部职工一行24人,深入个旧卡房分矿进行实地考察,对企业管理先进理念和如何深入贯彻落实科学安展观进行相互交流、学习和借鉴。通过以上活动,增强了全体干部在市场经济形势下"立党为公、执政为民"的勤政意识。

在总结上年大练兵成效的基础上调整和充实了领导小组。在全体职工会议上再次强调深入开展大练兵、大比武活动的重要性、必要性及活动的基本原则。为了保证练兵活动顺利进行,局党组还想尽办法,在办公经费相当困难的状况下,加大信息化建设。在上级及有关市县工商局的大力支持和帮助下,新增电脑11台,极大地缓解了办公设备严重不足的状况。学习过程中充分结合实际,采取了灵活多样的学习和练兵方法,把自学、互学、集中学等方式方法紧密结合在一起,做到在练中干,在干中学,达到学以致用。通过扎实开展岗位大练兵活动,全体干部职工感受颇深,学习和工作热情得到激发,整体业务技能得到提高。

此外,为增强全体干部职工的凝聚力、责任感和团队协作精神,年内组织开展爱国歌曲、民族歌曲大家唱活动,组织干部职工捐款活动4次,积极参加县委、县政府组织各种公益事业和庆典活动。使得干部队伍的凝聚力、责任意识、服务意识、全局意识有了很大提升,干部队伍作风得到全面改进,精神面貌焕然一新,对全面开展各项工作奠定了坚实基础。

**【企业注册登记】** 2009年,屏边县工商局按照“四个统一”和“四化”建设的要求,进一步规范和简化内部登记审批程序,为方便投资者办理营业执照,提高工作效率,建设效率工商、服务工商、诚信工商,促进屏边经济发展,大胆创新,于10月将私营企业设立登记、变更登记、注销登记授权委托到各工商所(分局)。截至年底,全县登记注册的内资企业152户,其中:国有企业22户、集体企业61户、股份合作制企业3户、有限公司63户,其他企业3户,注册资金37 016.773万元;私营企业111户,其中:私营有限公司73户、个人独资企业30户、普通合伙企业6户,注册资本19 374.2万元;个体工商户2 973户,注册资金6 769.284万元,从业人员4 940人;农民专业合作社7户,注册资金119.08万元;全面完成年初制定的各项工作目标任务数。

**【市场规范管理】** 2009年,屏边县工商局坚持“监管与服务相统一”的原则,紧扣市场监管,全面履行工商监管职能,加大整顿和规范市场经济秩序工作力度。1. 努力开展“诚信市场”创建工作。成立了商品交易市场信用分类监管工作领导小组,及时制定《屏边县商品交易市场信用分类监管工作实施方案》。召开市场主办者会议15次,走访市场主办者37人次,认真做好市场各种管理制度建立健全和平完善工作。全县市场已注册法人执照的有3户、申报诚信市场1个,实行商品交场市场信用分类监管市场主体1个。通过诚信市场创建活动,市场主体和市场经营主体的信誉得到了普遍提高。2. 建立市场监管信息定期分析报告制度。对市场主体变化、流通领域食品监测、消费热点、违法广告监测、商标申报注册等情况由专人负责进行定期分析并形成报告,按时上报州局和当地党委、政府,为党委政府管理决策、生产经营者投资、消费者消费和社会公众信息需求提供服务。3. 开展对农资经营户主体资格审核认定工作,抓住年度验照和企业年检时机,对全县现有的123户农资经营户全面进行审核认定,保护合法经营,取缔非法经营,理顺了全县农资市场经营秩序。

**【消费者权益保护】** 2009年,屏边县工商局加大消费者维权宣传,精心组织“3·15”宣传咨询服务执法活动工作。紧紧围绕2009年“消费与责任”的宣传主题,联合县级各相关部门和企业在县城举办了大型“3·15”国际消费者权益保护日法律法规宣传咨询活动。通过发放各种宣传材料、现场接待消费者投诉、法律法规咨询服务等将消费维权工作全面展开。在整个活动中,出动执法人员和服务人员120人,发放各种宣传资料5.62万份,发放商品住房市场问卷调查6份,收回6份,设展板6块、大型布标2块、现场投诉台1个、咨询服务人数达300人次。活动增强了广大消费者的维权意识,推进了全县维权工作和消费者权益保护工作的深入开展。县消协全年共受理消费者投诉14件,调解率为100%,为消费者挽回经济损失1万元。

**【食品流通监督管理】** 2009年,屏边县工商局加强流通环节食品安全监管,规范食品市场经营秩序,维护消费者的合法权益。1. 加大食品安全的监督检查。全年共检查各类食品市场118个次,检查超市64个次,检查经营户3 062户次;查办食品类违法违章案件40件,案值42.9万元,罚款3.22万元,取缔无照经营34户;抽检食品108个批次;共查缴过期变质食品599千克。2. 着力加强对节日食品市场的专项整治。充分利用食品安全检测箱的快速检测作用,在节前重点对米面、食用植物油、肉类、蔬菜、禽蛋、奶制品、副食品、烟、酒、酱油、食醋、食用盐、糕点等人民群众日常生活必需的品种进行监测。严厉打击销售不合格食品和扰乱食品市场秩序的违法行为,确保人民群众食品消费安全。3. 完善市场巡查机制。制定了《流通环节食品安全监管及自律制度》,督促落实食品经营户建立购销货台账。4. 积极认真开展“食品安全示范店”的创建工作。2009年,全县流通领域食品经营户共有459户,99%以上食品经营户已签订食品安全责任书。全年共创建食品安全示范店35户。

**【广告监督管理】** 1. 认真做好广告经营单位年检工作,确保主体合法、有效。2. 继续抓广告监测工作,使全县的违法媒介广告得到有效控制。3. 认真开展虚假违法广告专项整治工作。以医疗、保健食品、药品、化妆品、美容服务广告为重点,深入开展虚假违法广告的专项整治。4. 加强虚假违法广告和户外广告的查处力度,规范广告市场秩序。

**【商标监督管理】** 2009年,屏边县工商局领导积极谋划,主动向政府分管领导作了专题汇报,取得政府及有关领导对推进商标战略工作的重视与支持,下发了《关于广泛征集论证屏边县知名产品服务商标注册的通知》,并设立“屏边县人民政府商标征集论证办公室”(设在屏边县工商局企个科,由局长万勇担任办公室主任)。此外,通过大力宣传《商标法》等法律法规,积极引导企业正确运用商标战略开拓市场。全年共走访企业、个体工商户、农户214户;引导培育注册商标5件、新申请注册商标5件、培育帮扶知名、著名商标2件(1件到期著名商标已重新申报);发出商标建议书47份、提示书1份、服务卡10份,顺利完成全县“一所一标”工作。2009年,全县持有有效注册商标11件。

**【计划财务工作】** 1. 坚持用制度管钱、管物、管人的原则,补充和完善财务管理制度。制定下发了屏边县工商局公务接待制度、办公用品购置审批制度、财务财产管理制度和票证制度等多个内部管理制度。2. 严格执行报账制。对各工商所(分局)全面实行报账制,按报账制单位进行管理。并将机关各科室及各工商所(分局)每月的经费开支情况通过内部网络进行公示,做到公开、透明并以此达到相互监督的作用。3. 加强固定资产管理。根据省州关于加强固定资产管理有关文件精神,县局财务室于2009年6月~9月对全局的固定资产进行了认真细致的清理盘点,并将清查结果和分析报告通过政务公开栏进行公示。通过制定相关规定,进一步明确财务部门、资产管理部门及使用部门的责任。

**【基本建设】** 2009年,屏边县工商局按照基层规范化建设的要求,加大对白河工商所和新现工商所的办公用房、基础设施改造和所容所貌建设,共计投入资金3.64万元,用于微机、公示牌、工作流程图、便民服务厅、档案柜等软硬件设施建设。通过基层规范化建设,使得各项工作制度更加健全和完善,工作程序更加统一和完备,工作效率显著提高,服务能力和水平大大增强;基础建设得到加强,工商所的外部形象标准、统一;干部思想观念和综合素质有了大幅度的提高,纪律严明、作风优良、廉洁自律、举止文明的工商形象得以体现。

**【机关党建工作】** 屏边县工商局设党总支部1个,下设机关支部、老干支部和个私协支部,有中共党员20人。2009年以来,党总支在县直机关工委、县工商局党组具体指导下,认真落实科学发展观,立足党总支部工作实际,认真抓好党员的思想建设、组织建设、制度建设、作风建设和党风廉政建设。一年来,充分发挥了党总支、党支部的战斗堡垒作用和党员的先锋摸范带头作用,全体党员积极性得以调动,关心、支持热爱公益事业热忱不断提升,党组织活动丰富多彩,形式多样,取得较好的成绩。1. 2009年2月19日完成了对党总支部、机关支部、老干支部的换届工作。2009年4月21日召开工商局党总支大会,传达上级党委会议精神,部署全年工作,党总支书记与各支部书记签订工作目标责任书,层层分解党建任务,落实工作责任。2. 认真组织开好专题民主生活会、民主评议党员和党员党性定期分析会议,党组织活动丰富多彩。2009年深入新现乡田心村体查民情、与农村党员共商农村发展经济致富奔小康路子,参与田心村党总支部过组织生活、文体活动等5次。3. 与农村基层党组织结对联建工作成绩突出。工商局党总支协调筹款(党员干部捐款)1 300元,帮助田心村委会建立健全基层组织工作制度、工作职责,并装框上墙;协调筹款(老党员、在职党员干部捐款)1 800元,帮助田心村委会党员活动室添置条凳18把。工商局党总支、个私协支部协调筹款、筹物价值3 300元,村民投工、投劳,为"结对联建"的田心村委会建"光彩爱心桥"一座;开展献爱心、送温暖捐"一本书"活动,为新现田心村委会农业科技图书室筹得各类书籍500余册,价值6 500余元;为结队帮抚的西沙猫猫头村修路解决资金2 000元。

**【老干工作】** 2009年,屏边县工商局发扬严谨、务实、团结、奉献和尊老爱幼的优良传统,全面加强老干部管理工作。结合老干管理工作的性质特点,明确分管领导和具体工作负责人,使老干工作有人过问有人管。进一步提高认识,增强老干服务人员的工作自觉性和责任感。落实老干部生活和政治上的各项待遇,保证老干部的各项待遇落到实处。3月,在经费紧张的情况下筹措资金优先组织离退休老干部进行身体检查。上半年共召开离退休老干部座谈会两次,对离退休干部的住房和身体健康等情况进行了解,从精神上对离退人员进行安抚和疏导。年内没发生老同志上访事件。通过一年来的努力,多数老干部消除了很多思想上的疑虑和不良情绪,对工商工作积极建言献策,起到了积极的促进作用。

**【经济检查】** 2009年,屏边工商局紧扣市场监管和行政执法的工作职能,进一步拓展执法领域和挖掘案源,不断提高执法能力和水平,全局案件查处工作有了飞跃性的突破。全县共查处违法违章案件632件,收缴罚没款87.51万元,案值3 385万元。其中:立案196件、罚款84.9万元,当场处罚436件、罚款2.61万元。所办案件均未出现复议、诉讼和赔偿。通过一系列案件的查处,使全县市场交易环境得到了进一步改善,营造出公平交易、放心消费的和谐氛围。

2009年,经济案件查办工作呈现出以下亮点:案件数量增长很大;执法领域拓宽;工商所执法人员工作业务技能和办案能力有所加强,各工商所的办案数和办案质量明显提高;呈现上述特点,其原因是县局领导对案件查办工作的重视和亲自指导,在局领导的带动和指导下,全体工作人员(特别是基层执法人员)学法、用法的积极性和意识明显增强。

**【信息化建设】** 2009年是屏边县工商局历年来在信息化建设方面投入最大、培训人数最多的一年。为扎实推进信息化建设工作、岗位大练兵及业务工作的开展,局党组经研究在县局设立了信息办并配备信息管理员,负责对全局的信息系统进行维护和对办公自动化进行业务指导和培训。此外,局党组多方筹集资金,着力解决硬件设施紧缺、老化等问题,先后购买了11台电脑、3台打印机、1台复印机、5台数码相机,极大地缓解了办公设备不足的状况,进一步提高了全员的信息化运用水平。

**【消委会工作】** 1. 突出工作重点,完成全县设立农村消费维权组织网络,全面安排布署全县"一会两站"设立工作。为加快乡镇消费者协会分会建设的步伐,开创全县消费者权益保护工作新局面。局领导高度重视,精心组织,通过政府下发了《屏边苗族自治县人民政府办公室关于在全县设立农村消费维权组织网络的通知》,及时制定《在全县设立农村消费维权组织网络工作实施方案》和《关于印发屏边县乡(镇)消费者分会会长、秘书长、理事、联络员培训工作实施方案》。截至2009年8月,全面完成7个乡(镇)分会,社区、行政村80个站的设立和挂牌工作。在"一会两站"建设工作中,全年召开各种会议64次,开展业务培训1期,受训人员42人,制作工作职责牌7块、12315联络站、消费者投诉站工作职责牌80块,建立健全基层投诉工作流程、台账14个,争取到县政府的专项工作经费10万元。2. 加大

12315 行政执法体系“四个平台”建设，进一步提升 12315 服务效能。为进一步推进 12315 行政执法体系建设，拓展服务领域，开展工商业务全方位咨询，进一步提升 12315 服务效能，努力将 12315 行政执法体系建设成为执法为民的“四个平台”，制定下发了《屏边县工商局关于加强 12315 行政执法体系“四个平台”建设的工作规划》、《屏边县工商局进一步推进 12315 行政执法体系“四个平台”建设工作方案》以及 12315 申诉、举报中心管理制度和工作流程。

【个私协会工作】 2009 年，屏边县个私协会以邓小平理论和“三个代表”重要思想为指导，以科学发展观为统领，充分发挥“服务政府、服务会员、服务社会”的社会作用；积极推进自身的组织建设、业务建设和规范化建设；实现协会的科学发展，为促进个体私营经济又好又快发展、构建社会主义和谐社会作出新的贡献。

2009 年，新的局党组班子成立后，为开创个私协工作新局面，于 2 月 18 日召开个私协会员代表座谈会，就将来的个私协会工作开展和工商部门如何更好地为企业和个体户提供服务指导进行了探讨。会上，各代表畅所欲言，都分别作了推心置腹的交流发言。这对全局更好地履行依法行政、服务监管起到了很积极的作用。在做好市场主体准入服务监管的同时，充分发挥个私协会的桥梁钮带作用。在屏边县个私协和工商局的组织和共同倡议下，共向全县个私协会员以及社会各届募集爱心捐款 3.12 万元，分别为三个不幸的意外受灾会员家庭解决了一些实际困难（意外摔伤的陶永斌之女，因电路老化引起失火的酿酒经营户周保能和白血病患者李荣）；个私协党支部还多方协调筹款筹物为“结队联建”的田心村建起图书室一个和“光彩爱心桥”一座。通过为民做好事、办实事、解难题，进一步发挥了个私协组织积极的社会效应。

【2009 年任职的局领导名单】

党组书记、局长　万　勇

副 局 长　杨保德　毛文屏

纪检组长　周锦钊

## 河口瑶族自治县

【概况】 河口县工商行政管理局有在职干部职工 53 人，离退休人员 22 人，在职人员中，男 35 人，女 18 人；有中共党员 36 人；大专以上学历 44 人（其中本科 4 人）、中专（高中）5 人、初中以下 4 人。局机关设办公室、监察室、法制科、公平交易科、企业个体管理登记科、市场监督管理科 6 个科（室），辖城区分局、南溪分局和新街、桥头 2 个工商所。

2009 年，河口县工商局认真贯彻落实十七大精神，紧紧围绕州工商局和县委、政府的各项中心工作，认真履职。全体干部职工团结一致，依法行政，努力提高执法效能。结合系统内开展的岗位大练兵、大比武活动，牢固树立科学发展观，认真落实“四项制度”，在努力实现“三个到位”、“六个好”工作目标上下功夫，狠抓队伍建设和各项工作落实，尽职尽责加强市场监管。同时，积极做好创建“五好工商所”工作，把城区、南溪 2 个分局和新街、桥头 2 个工商所一起纳入创建行列。并在机关开展了工商廉政文化建设，各项工作均取得了明显成效。

【法制建设】 1. 做好“五五”普法的起步工作，结合 2009 年的岗位大练兵工作，组织干部职学习了《工商行政管理机关行政处罚文书》、新修订的《公司法》、《公司登记管理条例》等 30 部工商法律法规。2. 以推行行政执法责任责任制为重点，进一步深化案件核审工作。全年共办理案件2 044件，立案查处的案件 23 件，简易程序案件2 021件。处罚金额为 13.2 万元，其中，一般程序案件处罚金额为 4.8 万元，简易案件处罚金额为 8.4 万元。3. 开展国家公务员资格的在职工商干部执法证的换发、申办工作。全局换发执法证人员为 45 名，新申领执法证人员 1 名。

【纪检监察】 1. 严格落实党风廉政建设责任制，党组书记与各党组成员及各科、所、分局负责人层层签订责任书。2. 深入开展了学习实践科学发展观活动。进一步提高学习实践活动内涵。深入到桥头乡桥头村开展“五个一活动”，活动中向桥头村委会赠送了三十余册图书，购买了价值1 000余元的化肥分别送给了三户困难户。3. 开展了风险点评估，梳理了三个级别的风险点防范内容，制定了《河口县工商局党组对风险点防范的措施》。签订了《河口县工商局个人廉政风险和自我防范承诺书》53 份。进一步丰富了党风廉政建设的科学发展内涵。4. 认真开展基层各分局、工商所“执法人员向监管服务对象述职述廉”工作，满意率达到 95% 以上。

【人事教育】 2009 年，河口县工商局以实现“三个到位”和建设“六个好”工作目标为主线，大力加强干部职工的思想素质、法律素质、职业道德素质和业务技能素质建设，为各项工作的开展提供了组织保证。大力推行岗位大练兵、大比武，不断加强干部职工自身业务素质，适应国门工商的崭新形象。按照制定的《岗位大练兵实施方案》，全局上下迅速掀起了学习热潮。争做执法办案能手、注册登记能手和计算机操作能手的活动开展起来了，利用每周五下午开展业务培训，同时在各科、所、分局之间还展开了模拟受理、案例分析、计算机操作竞赛等业务交流活动，大大促进了工作的主动性和能动性，形成了人人一专多能的良好局面。全年开展岗位练兵业务培训八期，参加人员共计 440 人次。举行岗位大练兵业务考试 3 次，共计 165 人次。

【企业注册登记】 2009 年，河口县工商局提高服务水平，促进全县各类市场主体健康发展。1. 积极改进登记方式，深入落实阳光政府“四项制度”等措施，为企业提供方便、快捷、优质的服务。2. 发挥工商部门与市场主体联系紧密优势，积极为企业提供政策咨询，推动市场、促进消费。3. 加大对企业违法违规的查处力度，为企业改革发展和公平竞争创造良好的环境。截至年底，全县共有内资企业 202 户，注册资金28 778万元。

【企业监督管理】 2009 年，河口县工商局认真贯彻关于大力支持个私经济发展的文件精神。在9月1日后停收市场管理费和个体管理费，进一步强化服务，并在广播、电视以及注册窗口进行了公示。截至年底，全县有个体工商户4 453户，从业人员7 684人，注册资金11 443万元。私营企业306户，投资人597人。注册资金34 649万元。

【市场规范管理】 2009年，河口县工商局以抓好六项重点工作为切入点，充分发挥工商行政管理职能作用。1. 加强流通环节食品安全监管，积极打造安全、放心的食品消费环境。2. 开展“农村食品安全示范店”活动。结合河口实际，分三个阶段开展了“农村食品安全示范店”的创建工作。截至年底，全县已有22户经营户评为了“农村产品质量和食品安全示范店”。3. 加大对农资市场的监管力度。严厉打击销售、经营假冒伪劣农药、化肥、种子、农机等坑害农民利益的非法经营行为，做到有案必接、有接必查、有查必果。针对全县农耕季节性特点，把化肥、农药、水稻、玉米种子作为重点监管商品，严厉打击制售假劣农资商品的违法行为，一年来，出动检查车辆9台次，参加执法检查人员22人次，检查农资经营企业、个体户52户次；检查市场18个次，向农资经营户推广使用了3 000份信誉卡。签订农资安全责任书100份。对4户农资经营户进行现场抽取化肥检验，品种有复合肥料、氮钙肥、水果专用配方肥。

【反垄断与反不正当竞争执法】 2009年，河口县工商局共查处各类经济违法违章案件9 247件（其中简易程序案件9 209件），罚没收入收缴入库88.9万元。1. 以落实“两个100%”和“一个彻底解决”为抓手，继续推进全县食品安全监管，重点做好元旦、春节节日市场整治，加大对越南边民食品经营户的监管，设立经济户口卡，建立台账，实行同国内经营户同等管理。目前同国内经营户签订食品安全责任书445份。进一步完善、规范了监管方式。2. 在食品安全监管领域，继续加大7方联动会议制度和信息交流互通机制。全年共开展联合行动3次，进一步整顿规范全县猪肉市场秩序，取缔非定点屠宰点4个，查获从越南疫区走私入境生猪102头，成品肉510千克，货值5.08万元。确保了消费者吃上放心肉。3. 开展食品安全监管“关口前移”工作，对食品经营户进行法规培训，严把食品市场准入。组织全县食品经营户学习培训《食品安全法》，提高自我防范意识。4. 结合辖区实际，抓住群众反映的热点、焦点问题，在全县范围开展流通领域商品质量监测工作，提高流通领域商品质量抽查工作的效率，进一步扩大流通领域商品质量监测工作的社会影响。共组织基层执法人员32人次举行食品安全快速检测培训三期；检查市场9个次，抽查了猪肉注水、米粉吊白块和腰果二氧化硫含量情况，未发现超标。

【商标广告监督管理】 1. 强化广告监督和商标保护管理力度。分阶段、分季度、开展专项整治，加强法规宣传。截至年底，共有广告经营单位11户，注册资金240万元。户外广告登记35户，广告经营额120万元。2. 加强日常监管。定期或不定期地对重点的医疗机构，药品经营户，广告经营单位进行检查和督促整改。3. 继续开展商标行政保护工作，积极发挥职能作用，引导市场主体申请商标注册和申报驰名商标、著名商标和知名商标。向条件符合的企业、个体户发出《商标注册建议书》7份。截至年底，全县共有注册商标4件。

【计划财务工作】 1. 坚决贯彻收支两条线的管理规定，认真落实各项减免政策。2. 切实为做好停征“两费”工作提供纪律保障。坚决做到令行禁止，严禁顶风违纪，坚决杜绝不按规定继续收取或变相收取“两费”的单位和个人行为。对各分局、所执行停征“两费”政策的情况进行督察。3. 及时做好验照期间向个体工商户预收的个体工商户管理费清退工作。4. 对“三公开一监督”制度重点进行内部自查以及局长任期经济责任审计工作，认真检查票据领用、结报、缴销和经济运行情况。5. 树立“节约是增收”意识，努力降低行政执法和机关运行成本。

【老干工作】 2009年，河口县工商局坚决贯彻老干部工作的方针政策，坚持组织学习、重大节日走访慰问、生病住院看望等制度，认真落实老干部的各项待遇。共为离退休人员解决生活实际困难9件，组织到安宁疗养5人次，受到了老干部的好评。结合领导干部带头接访和主动下访工作，深入听取监管服务对象以及离退休干部的要求和呼声，切实解决信访工作中的热点、难点问题。共接待老干来电来访25件，答复解决25件。组织离退休干部33人召开座谈会2次，努力把各种矛盾纠纷化解在萌芽状态，促进社会和谐稳定。

【信息化建设】 2009年，河口县工商局重视和加强信息化建设，不断更新和完善硬件设施，注重操作应用，以落实省局“信息化建设年”工作目标为契机，结合全州工商信息系统政务网的开通使用，坚持“以需求为导向，以应用促发展”目标，从“底子薄”的实践出发迎头赶上，高标准、严要求，狠抓各项工作落实。1. 加强领导，落实责任。在这项工作上坚持高点定位的原则，形成局长负总责，亲自抓，其他党组成员共同协调的工作机制，局党组对信息化工作进行统一领导、规划和协调。县局办公室具体负责信息化建设的具体工作，并制定了《信息化建设分解表》，从上至下，形成合力，将责任具体落实到部门，到人，切实抓好信息化建设工作。2. “软硬”兼施“两手抓”，为信息化建设夯实基础。经过不懈努力，进一步充实配置了硬件设施，全局目前共有计算机53台。构建了三级联网的网络体系，完善OA自动化办公系统，进一步推行无纸化办公，推进了办公自动化。3. 以健全网络、提高操作技能为手段，积极举办计算机操作技能培训，促进工商业务一体化软件的运用推广。共分四期212人次对机关、基层人员就工商一体化软件、12315网络申诉投诉和信用登记管理信息录入操作方法进行了培训。

【消委会工作】 1. 充分发挥12315消

费维权网络和“一会两站”的作用，建立完善工商监管，行业自律，社会监管相结合的消费维权纠纷。积极建立健全工作机制。对河口县的四乡两镇、27个行政村（办事处）做好经费和人员的保障工作，制定了工作方案，现已建立乡镇级分会6个，全县四乡两镇30个街道办事处设立了消费者协会分会。2. 针对人民群众反映强烈的热点问题进行集中整治，严厉打击各种制假售假，坑害老百姓的行为，切实保护消费者合法权益，在“3·15”国际消费者维权日，开展声势浩大的宣传活动。全年共受理消费者投诉20件，调解结案20件，调解率达100%，为消费者挽回经济损失1.52万元，接待来访和接受咨询91人次，散发宣传材料4 000余份，发布消费警示8条。

【个私协会工作】 1. 深入开展法制宣传教育，提高广大个私协会会员的法律观念和法制意识。2. 激励、教育和引导会员在“三个代表”重要思想指导下，全面贯彻落实科学发展观、立足岗位、互帮互助，竭诚奉献。各个协分会，充分发挥协会的作用。3. 做好农民工预防艾滋病宣传教育工作，调动各分会的力量，配合宣传，计生、卫生、公安、文化等部门，切实做好会员中民工预防艾滋病的宣传教育，组织参加政府开展的各项宣传、培训，在全体个协会员中普及预防艾滋病宣传的氛围。

【2009年任职的局领导名单】

局　　长　王　刚

副 局 长　李贵祥　孟宪军　刘　勇

纪检组长　罗　静

## 金平苗族瑶族傣族自治县

【概况】 红河州金平苗族瑶族傣族自治县工商行政管理局有在职干部职工60人，退休老干部22人。内设办公室、信息中心、人事教育科、监察室、法制科、公平交易科、市场监督管理科、企业个体注册登记管理科、经济检查大队等9个科室，派出机构有城区、勐拉2个分局和金水河、者米、铜厂、老勐、渡口、马鞍底6个工商所。

2009年，全县工商行政管理机关按照做到“四个统一”、加强“四化建设”、推进“四个转变”、实现“四高目标”和“三个到位、六个好”的要求。着力更新思想观念，创新体制机制，加强市场监管，服务科学发展，为应对金融危机、促进县社会经济平稳较快发展和社会和谐稳定做出了新贡献。2009年度该局荣获金平县落实党风廉政建设责任制工作考核一等奖、金平社会综合治理目标管理工作考核二等奖、金平县工会工作目标管理责任制工作考核三等奖。

【法制建设】 2009年，金平县工商行政管理局继续开展“每月一法”学习活动，促进依法行政，提高市场监管和行政执法水平，适应新形势下工商工作的需要，提高了全局干部职工的整体素质和行政执法水平，确保案件质量和各项工作任务的完成，达到了学习的最终目的。为配合《中华人民共和国食品安全法》施行。积极做好学习宣传工作，制定下发了学习通知及其培训方案。开展了执法办案新文书使用培训，保证行政执法质量，规范使用新文书。全年共核审一般程序案件72件，罚没款36.5万元，简易程序案件备案登记54件，罚没款4 988元。

【纪检监察】 2009年，金平县工商局在开展廉政风险点防范管理试点的基础上，全面推开廉政风险点防范管理工作。制定全面推行廉政风险和监管风险防范管理的长效机制，切实管实、管住、管好廉政风险点和监管风险点。共查找出岗位廉政风险点13个，存在风险83处，制定防范措施58条。加强党员干部党风廉政教育，筑牢拒腐防变的思想道德防线：深入开展以“树立优良作风，促进科学发展”为主题的理想信念教育和党风党纪专题教育；坚持领导干部讲廉政党课制度；开展典型示范教育，组织干部职工观看反腐倡廉教育电教片2次、报告会1次，进行案例警醒教育4次；坚持局党组定期研究分析职责范围内的党风廉政建设工作，共召开学习责任书专题会2次、专题研究分析党风廉政建设工作会9次、全局人员参加的安排部署党风廉政建设工作会议3次、中心理论组组织学习4次、研究和布置党风廉政建设相关工作的其它会议10余次，听取工作汇报2次，向州局纪检组汇报工作2次；大力加强廉政文化建设，深入开展“五进”活动，在机关公示栏、红盾网上公示收集到的廉政格言50条，在办公区的墙上悬挂廉政内容标语口号牌59块。

继续巩固、完善、提升省政府行政问责、服务承诺、首问责任、限时办结四项制度。共受理涉及服务承诺事项1 564件，限时办结1 562件，首问首办698件，首问首办率为100%，开展对责任政府督查8次。同时还根据服务承诺制和首问责任制的要求，继续设置首问席，开展首问服务工作。

开展基层述职述廉，加强基层全面建设，开展了基层执法人员向监管服务对象述职述廉工作。经过3个阶段16个步骤，历时2个月，制作宣传标语12条，召开意见征求座谈会5场次，发放意见和建议征求表400余份，征求到意见和建议37条，制定整改措施21条；召开执法人员向社会和监管服务对象代表作述职述廉汇报会6场次，全局25名基层工商执法人员全部参加了述职述廉，32人全部参加了民主测评，测评满意率达97%，基本满意率为3%，在测评中，共收到意见和建议13条，制定完善措施12条，反馈给与会代表提出的意见和建议13条300余份。

认真贯彻“阳光政府”四项制度，努力建设“阳光工商”共对各科所贯彻落实“阳光政府”四项制度开展情况进行2次全面监察。加强12315行政执法体系建设，完善网络公开平台和开通了政务信息专线电话“96128”的查询，切实加强“阳光工商”载体建设。共在金平县政府门户网上进行重点工作通报4次、重要事项公示9次，上报阳光政府四项制度工作信息6篇。

【人事教育】 2009年，金平县工商局按照“三个过硬”的总体要求，铁腕抓队伍，强力正行风，服务树形象，努力为市场监管、服务发展提供坚强的组织保证。

1. 开展深入学习实践科学发展观活动，增强队伍的政治意识、大局意识和责任意识。及时制定了《科学发展观全员培训实施方案》和《科学发展观全员培训日程安排表》。购买了学习资料，统一教材。采取传达文件、集中学习、自学研读、撰写笔记、专题辅导、领导讲课等方式进行，进行工商系统全体党员、干部职工、退休干部党员、个私协党员“全员培训”。

2. 加强队伍建设，着力提高全员整体素质。以转型、执法大练兵为契机，扎实提高干部素质，深化干部教育培训工作，组织干部参加各类培训共计6期180人次，广泛深入地开展注册登记、执法办案、计算机操作等三个项目的岗位技能大练兵活动。全系统选拔出9名县局级岗位能手，并选送6名县局能手参加州局能手竞赛，其中有2名执法办案能手和计算机能手（陈明富和杨名权）进入省局比赛，杨名权获省、州局“计算机能手”称号。

3. 继续申报创建州级“文明单位”，为各基层所配置了执法办公用品，改善了各基层所在监管执法中的装备条件，投入8万余元资金用于基层工商所办公楼修缮，信息化建设、室内设施购置。坚持和推行机关规范用语和文明用语，不断提高服务水平，积极营造优良的语言服务环境。开展举办了“祖国颂红盾情”为主题的诗歌、散文普通话朗诵比赛。

**【企业注册登记】** 1. 严把前置许可关。严格审查前置许可的有效期限、内容是否符合有关登记管理法律法规的规定。2. 严把验资报告审查关，审查验资机构资格、验资报告中有无验资单位印章及注册会计师的盖章签字，现金出资有无银行的缴款凭证并加盖印章，实物出资有无实物清单及单据。3. 严把投资主体审查关，审查投资人的职业状况和身份证明、场地证明、投资单位的营业执照及年检情况。4. 严把企业“退出”关，凡需要注销的企业，由企业填报注销表，明确债权债务责任，主管部门签署意见，交回执照、公章及合同专用章，然后再予办理。5. 认真做好企业公司变更登记，凡需企业提供的资料必须提供齐全，并经审查合格后，再按程序变更登记。全县应年检企业396户，实检企业330户，年检率83.3%。一年来，共办理内资企业设立登记17户，注销登记7户，全县内资企业总数达到185户。比2008年的172户增长7.56%；农民专业合作社5户，比2008年的4户增长25%。

**【企业监督管理】** 根据国家工商总局《个体工商户登记程序规定》结合实际，对5个工商所（分局）进行了委托，全权委托其负责辖区内的个体工商户登记注册工作。全县应验照的个体工商户3 752户，通过验照的个体工商户3 584户，验照率达到了96%。2009年共有个体工商户4 203户，比2008年的3712户增长13.23%；私营企业275户，比2008年的233户增长18.03%；

**【市场规范管理】** 1. 开展红盾护农保春耕行动，出动执法人员128人次，共检查农资经营户424户，查处无照经营农资商品经营户5户，查扣不合格种子77千克，没收尿素8 600千克、过磷酸钙1 500千克，立案查处经营假冒化肥、农药案13件，结案的10件，对无农资经营许可证的经营户所经营的150袋化肥作没收处理，与127户化肥、农药、种子经营户签订了责任书。同时，委托云南省化工产品质量检测站对9农资经营户经营的22个品种的农药及化肥现场抽样并送检。立案查处经营伪劣化肥、农药案件9件，涉及不合格的农药、化肥15个品种，罚款14.74万元。2. 加强食品安全为重点的流通领域商品质量监管，与1 066户食品经营户签订了流通环节食品安全经营责任书。全年共检查各类市场主体5 242户次，检查市场41个，抽样检测125户次；没收注水羊肉15千克、狗肉20千克，与县烟草专卖局配合查获涉烟违法案件38起，涉案卷烟388.3条。在“元旦、春节、中秋节、十一节”节日期间，深入开展食品安全专项整治。加强家电下乡市场监管，检查家用电器经营户14户，检查手机经营户14户，收缴不合格手机127部；拓展监管领域，开展建筑材料市场整治，规范建筑材料市场工作。共检查建筑材料经营户21户，抽检各种建筑材料26个品种，涉及钢材、PP－R给水管材、PVC－U排水管、给水用聚乙烯（PE）管材、铝合金建筑型窗等。立案查处经营不合格建筑材料案件12件。开展成品油市场整治。共检查成品油经营5户，抽检0#柴油和93#汽油样品8个，经检验，不合格的0#柴油经营户2个；93#汽油经营户1个。3. 开展“扫黄打非”，推进精神文明建设，落实社会治安综合治理的目标责任。国庆期间，召开了社会治安综合治理联席会议一次。全年共出动执法人员219人次，检查市场9个，检查印刷复制企业7家，检查了个体工商户263户，其中地摊60户、游商13户，收缴T恤衫11件。

**【消费者权益保护】** 2009年，金平县工商局努力构建12315行政执法体系平台，促进消费维权。制定了《金平县12315行政执法体系四个平台建设实施方案》和12315指挥中心工作制度及工作流程。在各乡镇分别建立了消协分会13个，建立了12315联络站和消费者投诉站34个（分布在金河镇17个村委会和4个社区、勐拉乡7个村委会、勐桥乡6个村委会）。

**【反垄断与反不正当竞争执法】** 2009年，金平县工商局共依法查处各类违法违章案件126件，其中一般程序案件72件，结案68件，罚款36.5万元；查办即时处罚案件54件，罚款4 988元。1. 抓好各类市场专项整治和打击制售假冒伪劣商品违法行为，全力营造繁荣有序、稳定发展的市场环境。全年共检查各类市场主体5 242余户次，检查市场41个、车站托运部4个，共出动执法人员1 231人次，出动车辆227台次，抽样检测125户次；没收注水羊肉15千克、狗肉20千克，查处不合格和假冒伪劣农资价值总额0.74万元，查处不合格和假冒伪劣食品价值总额0.02万元，查处不合格和假冒伪劣农资77千克，查处违法案件23件，收缴罚没金额0.97万元，受理农民消费者咨询申诉举报31件。其中：受理咨询16件，受理申诉举报11件，协调解决涉农消费纠纷4件；为农民消费者挽回经济损失合计0.57万元。查获涉烟违法案件38起，涉案卷烟388.3条。2.

以开展“红盾护农”行动为重点，抓好农资市场专项整治，全力维护本县农业生产安全，服务新农村建设。分两个阶段，会同县农资公司对全县辖区的农资市场进行三次清理整治，共出动执法人员182人次，出动车辆20台次，共检查农资经营户424户，查处无照经营农资商品经营户5户，查扣不合格种子77千克，立案查处经营假冒化肥、农药案13件，结案的10件，对无农资经营许可证的经营户所经营的150袋化肥作征收处理。同时委托云南省化工产品质量检测站工作人员对9农资经营户经营的22个品种的农药及化肥现场抽样并送检。3. 加强流通领域食品安全监管，切实维护广大人民群众的身体健康和生命安全。以保障食品市场消费安全为目标，对商场、超市和集贸市场、批发市场、食品专卖店、批发店等重点食品经营行业建立八项自律制度，与1 066户食品经营户签订了流通环节食品安全经营责任书。集中开展专项整治，大力强化日常监管。加强市场主体自律，引导督促食品经营户落实购销台账、索证索票、质量安全档案等商品质量自律管理制度，建立电子经济户口，进行信用分类监管。在“元旦、春节、中秋节、十一节”节日期间，深入开展食品安全专项整治。重点对辖区内的商场、超市、食品经营户和摊点、小食品店、农村小卖部经营的酒类、米、面、食用油、肉及肉制品、乳制品、水果、水产品、蔬菜、地方特色食品、方便食品、熟食制品、凉拌食品、饮料以及儿童食品进行认真检查，重点核查食品经营主体资格、索证索票执行情况、进销货台账的记录情况；清除无检验(检疫)合格证明食品、假冒伪劣食品和过期变质食品。查扣假冒伪劣食品和不合格食品20千克，受理和处理消费者申诉举报4件，为消费者挽回经济损失1 200元，查处制售假冒伪劣食品案件2件。开展创建“农村食品安全示范店”工作，创建农村食品安全示范店43户。认真开展《食品安全法》宣传培训工作，组织全县工商系统和食品经营户开展了《食品安全法》集中学习宣传活动，同时利用赶集日、广播电视、报社等对《食品安全法》进行宣传。在县工商局办公地点、超市、客运站等公共场所悬挂横幅布标6幅，悬挂宣传标语，以扩大《食品安全法》实施后的社会认知度和影响力。宣传培训活动共发放《食品安全法》宣传资料2 000余份，培训人员达700余人。对“贝因美”、“南山”等婴儿配方奶粉市场进行清查工作，共清查食品经营户135户。4. 认真开展“扫黄打非”，推进精神文明建设。重点是封堵和查缴政治性非法出版物；打击各类盗版侵权行为；扫除淫秽色情有害出版物；清理非法网络经营和计算机软件制品经营活动。对辖区内经营书报刊及音像制品的经营户开展全面的、拉网式的查缴工作。共出动执法人员219人次，检查市场9个，检查印刷复制企业7家，检查了个体工商户263户，其中地摊60户、游商13户，收缴T恤衫11件。5. 开展打击“传销”、规范“直销”宣传活动。由工商行政管理局牵头，联合烟草、公安、质量技术监督、消费者协会等部门，利用“3·15”宣传活动，着力向广大人民群众宣传《禁止传销条例》和《直销条例》。此次宣传活动共出动人员16人次、车辆4台次，发放宣传材料1 000余份。让广大人民群众提高觉悟，做到不参与传销或变相传销，积极举报和抵制传销，使传销分子无居住活动环境。

**【广告监督管理】** 2009年，金平县工商局共登记户外广告59户，电视广告监测42条次，户外广告监测40条次，店堂广告30条次。查处2件违法广告、6件虚假广告案件，没收一般印刷品广告1 450份。补办户外广告登记的5户。

**【商标监督管理】** 帮助10户企业和个体工商户设计商标图样和名称10次，积极开拓商标注册新路子，支持扶助当地企业积极参与争创省著名商标和州知名商标活动。一年来，共引导培育商标28件，新注册商标12件。向红河州商标协会培育推荐了金平县开源有限公司的“勇曦”注册商标、九宝茶业有限公司的“九宝”注册商标为红河州知名商标(已命名)。截至年底，全县有省著名商标1件，州知名商标2件。查处商标侵权假冒案件5件，没收假冒“农家乐”商标酒240瓶，罚款1万元。

**【计划财务工作】** 1. 坚持“量入为出，收支平衡”原则，编制了新年收支计划，核定了各所预算收支控制数。2. 认真做好预算基础信息填报工作，建立好系统内基础信息库。3. 加强票据管理，建立专用仓库，实行专人保管，并强化定期清点等使用监管。4. 做好“收支两条线”管理，依法组织非税收入，保证预算完成。5. 加强对全系统固定资产清查管理工作，加大对国有资产产权的转移及核销的监管力度。6. 加强预算约束制和计划性预算管理，严格杜绝私设账外账和小金库行为，厉行节约，精打细算。

**【基本建设】** 1. 为各基层所配置了执法办公用品，投入8万余元资金用于基层工商所办公楼修缮，信息化建设、室内设施购置，增设注册厅。2. 为5个工商所制作了各项制度等牌匾共计52块；渡口工商所和老勐工商所已按统一标准完成外观门头(徽标)改造，设立会议室、档案室、小阅览室、小食堂等。

**【老干工作】** 2009年，金平县工商局组织学习十七大精神，认真开展深入学习实践科学发展观活动。积极组织老干部投身到深入学习实践科学发展观活动中。通过以参加动员会议、集中学习、征集意见会、党员培训会、召开专题民主生活会等形式推进科学发展观活动顺利进行。组织集中学习6次、培训4次，座谈3次。开展春节及重阳节慰问退休老干部活动。对长期有重病在家的和住院的退休人员进行慰问和看望。组织开展“敬老节”活动，组织老干部进行座谈，开展扑克、象棋娱乐活动，为年满60周岁的老干部发放50元慰问金；组织8名老干部到蒙自、河口参观考察活动；组织5人到安宁疗养院疗养。对老干部实行进行定期和不定期的走访，特别在春节前夕，由分管领导带队到蒙自、弥勒进行春节慰问活动。为县老年发展促进会积极捐献2 000元。

**【信息化建设】** 按照国家工商总局“金

信工程”要求，配置有服务器一台、计算机59台，完成红盾信息网站开通和局机关局域网与因特网的联结。实现与州局VPDN专线联接，投入8万余元在全州工商系统第一个配置了视频会议系统。

**【消委会工作】** 2009年，金平县工商行政管理局以纪念“3·15”国际消费者权益日为契机，围绕“消费与发展”年主题，与金平县内相关的12家行政机关、4家企业共同组织开展了以宣传《禁止传销条例》、《直销管理条例》、《产品质量法》、《食品卫生法》、《种子法》为主线，贯穿《真假农药识别方法》、《日常用品消费指南》、《产品质量须知》、《药品常识》等消费知识的宣传活动。公开销毁了假烟、假酒、假药、假冒伪劣手机、头盔、家用电器以及过期变质食品等39个品种，共计价值5.85万元的假冒过期物品。全年共受理各类消费咨询80次、申诉举报28件，处理率达100%，总案值8.94万元。

**【个私协会工作】** 金平个私协党支部现有共产党员21名(其中预备党员3名)，入党积极分子2名；文化结构：大专以上文化3名、中专文化1名、高中文化2名、初中及以下文化17名。针对个体私营者文化业务素质低，经营管理能力弱，分析决策水平差的问题，开展各种形式的业务培训，提高会员的综合素质，开展职业道德教育3次，解答法律法规20多次。为全县1 000余户食品业户举办食品“四制一书”和国务院《特别规定》、《食品安全法》等相关知识培训。认真做好促进下岗失业人员再就业工作，共接待创业人员咨询35人次，配合农村信用社发放“贷免扶补”款项4户20万元。对获得2008年度食品放心店的个私企业进行回访和督察，对发现的问题及时进行处理，提高食品放心店社会信誉度。2009年通过各项指标考核和测评，评定出了43户“食品安全示范店”。

**【2009年任职的局领导名单】**

党组书记、局长　张跃林

副局长　张　伟　李立成

# 文山壮族苗族自治州

**【概况】** 2009年，文山州工商行政管理局下辖8个县局，下设29个工商所(分局)，内设科室有办公室、人事教育科、计财科、法制科、市场监督管理科、企业个体私营注册登记管理科、商标广告监督管理科、公平交易科、12315消费者申诉举报指挥中心、经济检查支队。全州工商系统现有在职干部职工758人，其中：公务员675人，少数民族266人，有共产党员478人，具有大专以上文化577人；离退休干部职工316人，其中离休人员22人、退休人员294人。州局机关现有在职人员62人，其中共产党员43人，占人员总数的69.4%。

2009年，文山州工商局以党的十七大、十七届四中全会精神为指导，深入学习实践科学发展观，主动服务保增长、扩内需、调结构的工作大局，按照做到“四个统一”、加强“四化建设”、推进“四个转变”、实现“四高目标”和“三个到位”、“六个好”的要求，认真扎实地开展各项工作，切实推进职能转型，提升效能，全力服务经济建设，为推动文山州经济平稳较快发展、促进社会和谐安定作出了积极贡献。

**【法制建设】** 2009年，文山州工商局以规范执法行为、提高队伍素质和执法能力为目标，拟定了《文山州工商行政管理系统重大听证实施细则》、《文山州工商行政管理系统行政处罚自由裁量执行标准》和工商所(分局)法制员制度。组织开展《食品安全法》、《工商行政管理机关行政处罚程序规定》等法律法规及规章的培训宣传教育工作，全州工商系统共开展各种法制学习培训57次，法制宣传60次，发放宣传材料2.05万份。加强行政处罚案件的核审、监督指导工作和新行政处罚文书的指导、监督检查工作，积极开展对违法行为人警示与疏导工作，坚持事前预警告诫、事中纠正制止、事后教育规范，积极推行阳光执法，开展执法监督行动13次，进行回访45次。全州工商系统法制机构共监督检查简易案件2 727件，核审一般程序案件567件，受理行政复议案件4件，无行政诉讼。积极参与地方立法立规工作，对《文山三七条例实施细则》多处条文提出修改意见并得到了充分采纳，有效促进了三七产业的健康发展。

**【纪检监察】** 1. 认真贯彻落实《惩治和预防腐败体系2008～2012年工作规划实施意见》，进一步落实党风廉政责任制，层层签订党风廉政建设责任书158份。2. 加强风险点管理，并认真落实行风监督员制度，全年共组织督察活动65次，走访管理对象612人次，按内部规章制度处理了违规违章人员2人次，纠正监管不到位1次。3. 组织行风义务监督员走访了356户个体工商户、74户企业。4. 认真贯彻落实阳光政府四项制度，开通了文山红盾信息网，设立了阳光政府四项制度专栏，开通了96128政风查询热线。5. 公示重要事项43次，全面检查阳光政府四项制度的落实情况22次。

**【人事教育】** 1. 切实组织好学习实践科学发展观活动，积极转变思想观念，坚持结合工商实际、探索科学监管。2. 以在岗自学为主、综合培训与专项培训相结合的方式，组织集中培训96期，培训人员4 363人次，开展有针对性的学习培训207期，培训人员5 339人次，组织开展了登记注册、执法办案、计算机操作应用岗位大练兵活动，评选出县级注册登记能手33名、计算机操作能手78名、执法办案能手45名，州级注册登记能手11名、计算机操作能手13名、执法办案能手11名，省级注册登记能手1名、执法办案能手8名。3. 按照以点带面、示范先行的工作思路，按全州基层工商所、分局总数30%的比例，首批确定了11个规范化建设示范单位，并制发了《文山州工商系统工商所、分局规范化建设标准》。

**【企业注册登记】** 截至2009年底，全州经工商部门登记注册的市场主体基本情况：有内资企业2 453户，注册资本68.68亿元；有私营企业3 596户，注册资本81.43亿元；有农民专业合作社188户，出资总额1.41亿元；有个体工商户57 288户，资金数额17.16亿元。

**【企业监督管理】** 1. 采取试点先行、以点带面、逐步推开的方式，稳妥推进股权出质、出资登记管理，认真做好动产抵押登记工作，切实帮助企业特别是中小企业解决融资难问题指导企业通过股权出质贷款融资和支持发展，协助文山州人民政府做好小额贷款公司相关工作，共为12户有限责任公司办理了股权出质登记，股权出质数额为1.97亿元，担保债权总额为29.38亿元；完成了5户小额贷款试点公司的登记发照工作。2. 服务政府决策和经济发展，加强企业回访，坚持和完善市场主体登记信息及监管信息定期分析报告制度，利用企业信用分类联网平台为有关方面出具企业信用记录431条。3. 认真清理市场主体，查处取缔无照经营案件1 316件，收缴罚款197.93万元。4. 开展鼓励创业、促进就业"贷免扶补"工作，于2009年8月率先并超额完成了64人的帮扶任务，帮助创业者申请到贷款320万元，并开展相应的后续跟踪服务，辖区内3个县局"贷免扶补"工作受到州委州政府表彰。

**【市场规范管理】** 1. 认真推广农资"经济户口"信用分类监管，扎实开展"红盾护农"行动，全州工商系统共指导2 129户农资经营户建立了"两账两票、一卡一书"制度；检查各类农资经营门店（经营户）14 121户次，查处农资经营案件98件，案值433.90万元，收缴假劣化肥12.65吨、过期农药2.6吨。2. 认真组织开展"经纪活农"，已发展农民专业合作社177户、经纪人2 118户、经纪执业人员2 470人，经纪业务量达1.18亿元。3. 制定并大力推广使用了11种涉农合同示范文本，指导了企业和农户签订涉农合同63 246份，签约金额达17.77亿元；检查各类合同22 850份，合同金额达8.6亿元，办理抵押合同77份，金额达11亿元。4. 加强"家电、汽车、摩托车下乡"监管等工作，共检查经营主体2 670户次，查处违法案件6件，案值8万元，解决涉农消费者申述举报5件。5. 开展诚信市场创建活动，建立商品交易市场信用分类信息收集、评价、披露等制度，共认定1A级和2A级（县级）诚信市场41个，推荐3A级和4A级（州级）诚信市场17个，全州注册登记的53个市场、3 637户经营户已全部纳入信用分类监管。6. 建立了市场监管信息定期分析报告制度，对市场主体变化、流通领域食品监测、消费热点、违法广告、商标申报注册等情况每季度进行采集和分析，共上报省局和州政府农产品价格定期分析报告31份。

**【消费者权益保护】** 2009年，文山州工商局加强网络建设，提升服务效能，开展全方位咨询，消费维权开始由事后调处为主向事前调控和防范为主转变。组织开展消费维权宣传咨询服务活动，并针对文山州消费者申诉较为集中的问题，在《七都晚刊》等媒体上发布热点消费提示。全州共建立12315工作机构53个，配置专、兼职工作人员118名，业务专用计算机65台，工作席64个，专用电话64部。接到咨询、申诉（投诉）和举报26 231件次，答复咨询24 682次，分流、受理消费者申（投）诉案件1 399件，为消费者挽回经济损失313.15万元，收到表扬信8件。

**【食品流通监督管理】** 1. 认真开展《食品安全法》学习宣传活动，共出动人员339人次、车辆53台次，开展宣传活动24场次，悬挂宣传横幅203条，发放宣传手册491本，发放宣传资料9 980份，展出相关假冒伪劣食品35件，接待群众咨询4 000余人次。2. 严格按"农村食品安全示范店"创建条件开展工作，对食品经营户进行了有效的选择、培育和规范，共创建农村食品安全示范店197户。3. 开展食品抽样检测，共检测蔬菜等5大类10个小项357组样品。4. 认真开展奶制品市场检查等专项执法行动。共检查经营户48 684户次，查处制售假冒伪劣食品案348件。

**【反垄断与反不正当竞争执法】** 2009年，文山州工商局以反垄断和反不正当竞争执法为重点，加大案件查处力度，维护公平竞争的市场环境。

**【广告监督管理】** 2009年，文山州工商局共受理户外广告登记申请687份，核发《户外广告登记证》685份；监测大众媒体广告1 995条次，在监测中责令停止发布5条，责令改正7条；检查经营户3 066个，检查各类广告983条，查处广告违法案件131件，收缴罚款19.8万元，收缴违法印刷品广告925份。

**【商标监督管理】** 1. 指导辖区内市场主体申请注册商标96件，超额完成64件。2. 积极培育推荐著名商标和驰名商标，共有7件商标被新认定为云南省著名商标，"文山三七"证明商标申报驰名商标材料已上报国家工商总局商标局。3. 把严厉打击制售假冒伪劣食品、药品的违法行为和一般商标侵权案件结合起来，确保注册商标专用权专项整治工作落到实处。2009年共检查各类市场199个次，检查经营户4 760户次，查处商标侵权、假冒注册商标案件43件，罚款13.39万元，没收侵权商品618件，收缴侵权标识219件。

**【计划财务工作】** 2009年，文山州工商系统共上缴行政性收费收入193.47万元，完成全年计划任务数的136.81%；罚没款702.55万元，完成全年计划任务数的119.08%。

**【基本建设】** 2009年，文山州工商局严格执行控制党政机关办公楼等楼堂馆所建设的规定，以解决基层工商所无房、危房办公问题和部分危房改造、修缮项目为重点,努力推进基本建设规范化工作,共完成麻栗坡县局办公楼、富宁县剥隘分局办公楼的新建工程和文山县局大院、西畴县局大院的改造工程,基层工作条件大为改善。

**【老干工作】** 2009年,文山州工商局进一步完善了《离退休人员工作管理制度》、《离退休人员学习制度》、《领导联系离退休人员工作制度》、《离退休人员信访工作制度》等规章制度,建立了老干部花名册、慰问探望记录簿、离退休老干部座谈学习记录簿等,严格按照政策规定,全面落实老干部政治、生活待遇,组织老干部87人次走访参观文山州年产80万吨氧化铝厂、天保口岸等地;接待老干部来访26件次;节日慰问离退休人员386人次;走访慰问生病住院离退人员54人次;为每位老干部订阅了一份《云南老年报》;共组织了2期20名老干部到安宁温泉疗养院休养身体。

**【经济检查】** 1. 坚持"狠打严防、标本兼治"原则,加大打击和查处传销力度,先后开展了"对香港世界通国际科技有限公司网络涉传案件摸底排查"和"打击传销百日联合执法行动"等专项整治行动。共出动执法人员2 041人次、车辆529台次,张贴宣传画2 310幅、宣传标语90条,检查出租房、聚会场所946个,教育并遣返传销人员107人。2. 积极开展"两烟"打假打私工作。共检查经营户6 393户次,取缔无证照经营户82户,查缴假冒卷烟69 485包、非正规渠道卷烟48 146包、伪劣烟叶18吨。3. 深入开展"扫黄打非"专项整治工作。共检查出版物市场327个次,检查印刷复制企业683户次、店挡摊点14 750个,查处案件18件,取缔非法经营户10户。4. 加强节日市场监管。出动工商执法人员5 196人次、车辆1 150台次,检查经营户17 378户。查处案件819件,案值489.62万元,收缴罚款57.24万元。5. 积极开展"禁塑"工作。组织宣传动员会8次,发放宣传资料16 003份;检查市场415个次、经营户21 680户次,查处案件190件,收缴塑料购物袋183.71万个。

**【信息化建设】** 2009年,文山州工商局在全州工商系统推广使用了触摸屏信息系统、移动执法办公系统,提高了全州工商系统信息化建设应用水平。

**【消费者协会工作】** 2009年,文山州消协认真贯彻落实《云南省人民政府关于加强"一会两站"建设的工作意见》,积极争取各级党委、政府支持,全面推进"一会两站"建设,"一会两站"建设由部门行为转变成政府行为。同时,按照"统筹规划、分步实施、突出重点、确保质量"的原则制定实施方案并开展工作,全州102个乡镇已100%挂牌成立消费者协会分会,在1 093个应建"两站"的村社和市场、超市、酒店中,已建"两站"1 033个,占应建数的94.5%。

**【个私协会工作】** 截至2009年底,文山州个私会员发展到57 195名,从业人员68 277人,注册资本171 631万元;私营企业发展到3 160户,投资人数达8 164人,从业人员53 884人,注册资本814 320万元,个体私营经济成为了推动文山经济发展的重要力量。

**【2009年受到表彰的单位和个人名单】**

2009年2月,陈勇被云南省人事厅授予二等功。

**【2009年任职的局领导名单】**

党组书记、局长　陈　勇

副　局　长　李汝海　米正昌

　　　　　　屠金亮　杨云玲

纪检组长　匡中发(~2009.11)

## 文山县

**【概况】** 2009年,文山县工商局内设8个股室、5个工商所(分局),有在职干部职工134人、离退休老干部39人,共设党总支1个,党支部7个,有中共党员96人(含老干支部22人)。

2009年,文山县工商局坚持以"三个代表"重要思想为指导,在全面开展科学发展观学习实践活动和"四项制度"学习的基础上,狠抓"六项重点工作"的开展,以服务经济发展统揽工作全局,以提高队伍素质,强化效能建设为着力点,大力加强班子队伍建设,提高执政能力,强化市场监管,创优发展环境,为文山经济社会健康快速发展作出了积极贡献。

**【法制建设】** 1. 2009年,文山县工商局共组织法制宣传12次,发送宣传资料1 683份,开展对违法行为人的警示与疏导工作17次,免予处罚案件17件。2. 始终把案件核审作为工作的重中之重,共核审一般程序案件550件。3. 举办案件模拟和新的行政执法文书培训3期,参训人员32人。4. 认真做好"五五"普法工作,开展法制宣传4次,出动人员18人次,发放宣传资料5 000余份,接受咨询500余人次。

**【纪检监察】** 1. 制定了《文山县工商局推行阳光政府四项制度实施方案》,认真贯彻落实好阳光政府"四项制度"创建阳光工商。2. 组织全局干部职工集中观看了国家工商总局局长周伯华《在总局机关处以上干部深入学习实践科学发展观活动辅导报告会上的报告》等光盘,掀起了学习实践科学发展观活动高潮。3. 加强社会监督,规范执法行为。聘请了15名人大代表、政协委员和企业代表为行风建设监督员,定期召开座谈会征求意见、建议,坚持开门整改。4. 进一步推进惩治和预防腐败体系建设工作,分别与领导班子成员和各分局、所、股、室签订《党风廉政建设责任书》19份。5. 对政务公开工作进一步规范,认真清理规范行政权力,将办事程序、办事须知等全部录入电子显示屏和触摸屏,方便了群众,增强了工作透明度,促进了政务公开工作的规范化建设。

**【人事教育】** 2009年,文山县工商局坚持抓好干部教育培训工作,经常性地开展岗位练兵活动,共培养县级计算机操作能手12人、执法办案能手10人,培养州级计算机操作能手2人、办案能手1人、省级注册登记能手1人。

**【企业注册登记】** 2009年,文山县共有农民专业合作社24户;有内资企业360

户,注册资金77 571万元,新发展内资企业47户,办理变更登记117户,办理注销登记21户。2008年度应参加年检的内资企业333户,完成年检308户,年检合格率93%;应参加年检私营企业673户(其中独资企业55户、合伙企业9户),实际完成年检648户,占应检数的96%。

【企业监督管理】 2009年,文山县工商局办理私营企业开业注册登记839户(其中分支机构289户),投资人1 239人,雇工8 030人,注册资本87 456万元,新发展私营企业199户(其中分支机构42户),投资人344人、雇工1 703人、注册资金13 356万元,办理变更登记167户,办理注销登记33户;有个体工商户13 623户,从业人员20 323人,注册资金43 552万元。

【市场规范管理】 2009年,文山县工商局全面推行网格化监管模式,5个工商分局(所)共划分为49个网格。一年来,以政策宣传为先导,以打假护农为重点,努力开拓农资市场监管工作新局面,印发了4 000余份宣传材料;建立和完善"红盾护农、经纪活农、合同帮农、政策惠农、市场助农"等工作机制,严把农资市场准入关,严厉打击制假售假的违法行为,加强流通领域农资商品质量监测,督促农资经营者建立健全"两账两票、一卡一书"和种子留样备查等制度,积极引导发展现代农资流通体系,有力地推动了"红盾护农"行动的深入开展。共出动执法人员610余人次,执法车辆220余台次,整顿农资市场30余个次,检查农资经营户870余户次,查处农资案件13件;全县331户各类农资经营户全部建立了"两账两票、一书一卡"制度;创建"诚信市场"11个,其中2A级"诚信市场"4个,1A级"诚信市场"7个;培育农村经纪人440人;认真开展涉农合同示范文本的推广工作,切实维护农民利益。

【消费者权益保护】 2009年,文山县乡(镇)、办事处100%建立了消费者协会(分会)和投诉站、联络站,在县城商业集中区和19家超市设立了警示牌;制定了"四个平台"建设规划和建设方案,在各乡(镇)、社区和市场建立了156个12315联系站,完善了12315消费者申诉举报工作制度和工作流程,开通投诉电话和信息查询专用电话线路1条,设置受理坐席4个、内网受理通道3条、业务受理平台3个。

【食品流通监督管理】 2009年,文山县工商局深入开展食品安全专项整治,逐级签订责任状,建立健全了食品经营者七项自律制度和经济户口,实行了一户一卡,分类监管。坚持"四严查",检查市场、经营户8 960余户次,检查各类批发市场、集贸市场等27个,与食品经营户签订责任状和承诺书2 057份,辖区内的食品市场、超市100%建立了进货索证索票制度;乡镇政府所在地的街道和社区食杂店100%建立了食品进货台账制度;狠抓"农村食品安全示范店"创建工作,共培育创建了25个"农村食品经营示范店"。

【反垄断与反不正当竞争执法】 2009年,文山县工商局共查获虚假宣传、有奖销售等不正当竞争案件3件。

【广告监督管理】 2009年,文山县共有广告经营单位77户,其中广告公司40户、个体户33户、独资企业2户、兼营广告企业2户;广告经营单位注册资本达2 096.1万元,广告从业人员计274人,取得广告专业技术岗位资格证书的有26人,取得广告审查员证书的有54人;尚在发布期限内的广告有路牌广告30个、灯箱205个、展示牌140块、车体广告424辆、单立柱16棵、电子显示屏1个、楼宇电视广告33台;督促广告经营单位依法建立和完善了广告经营业务的承接登记、审核、档案、合同等基本管理制度;依法受理登记发布户外广告342条,依法发出受理行政许可通知书342份,依法发出准予行政许可决定书342份,依法办理变更登记32份;认真开展食品、保健食品、药品广告专项整治,全年共检查食品、保健食品、药品等各类广告713条,查处44件广告违法案件。

【商标监督管理】 2009年,文山县工商局严厉查处商标侵权案件和打击"傍名牌"专项执法检查行动,加大对中国驰名商标、云南省著名商标、知名商标、涉农商标、涉外商标的保护力度,以食品、药品、服装、农资、服装等商品为重点,共出动执法人员234人次、车辆43台次,检查经营户451户,检查交易市场17个,查获6件商标侵权案件和1件擅自使用奥林匹克标志案件,收缴侵权产品457件;共发出商标注册建议书48份、商标法律告知书12份、商标战略提示书10份、注册商标回访联系卡65份。推荐文山州煤业有限公司的"普阳及图"商标和文山县马塘冯家粮油食品工业有限责任公司的"冯家及图"商标申报云南省著名商标,帮助企业正式申请注册了8件注册商标。

【计划财务工作】 2009年,共完成工商管理行政性收费256 924元,其中:个体工商户注册登记费20 274元,企业注册登记费236 650元。罚没款1 302 258.44元。截至2009年11月底,完成各项经费拨款796.04万元,各项开支759.46万元。

【基本建设】 2009年,文山县工商局按照省局《工商所规范化建设考核办法》的要求,强化责任,健全制度,多方筹措资金,为基层分局(所)配备了硬件设施。筹集资金40万元,为基层工商所(分局)配置了5辆执法车辆。

【老干工作】 2009年,文山县工商局高度重视老干部的身体、生活情况,到医院看望住院的离退休老干部15人次,利用"九九敬老节"开展节日座谈、慰问活动,坚持实行中层以上干部联系老干部活动制度,让老干部亲身感受到了社会主义大家庭的温暖。

【经济检查】 2009年,共查处一般程序案件550件、简易程序案件72件,查获过期食品查处销售假冒伪劣商品案件20件,没收伪劣"冷酸灵"牙膏135支、假冒"丸美"化妆品10盒、假冒名酒133瓶、假冒农药2 500袋,以及假冒"OPPO"

手机10部、“聚氯乙烯绝缘无护套电缆电线”89圈;查处食品安全案件1件,没收不能提供检验报告的食品添加剂25千克。严厉打击传销和变相传销行动,全年共开展打击传销清理遣返传销人员行动6次,查处取缔传销窝点23个,遣返传销人员39人,收缴用于传销学习的笔记本35本、业务洽谈指南32册、操作手册32册、板凳7个和电视机1台。开展“两烟”打假打私行动,共出动执法人员168人次、车辆268台次,深入21个乡镇集市发放宣传资料5 379份,配合烟草、公安等执法部门检查经营主体1 152户,查处涉烟案件13件,查获非法渠道卷烟2 102包。开展查处取缔黑网吧专项行动,共出动执法人员139人次,出动车辆40台次,检查网吧经营户285户次。开展查处“六四文化衫”紧急行动,查获印有“1989”字样文化衫3件,印有“89”字样文化衫9件。

**【信息化建设】** 2009年,筹集资金23万元,购置了22台台式电脑、4台笔记本电脑、13台打印机、6台数码相机、1台投影仪。全体干部职工配备了能上工商专网查阅资料的移动终端执法系统。

**【消委会工作】** 2009年,共受理消费者投诉397件,解决359件,为消费者挽回经济损失150.48万元,接待来访咨询789人次。把因食用问题奶制品致患婴儿赔偿金发放工作作为一项重要工作来抓,抽调54名工作人员、20台车辆组成27个工作组,深入到全县14个乡镇、16个社区、47个村寨的141名患儿家中开展赔付工作,共发放赔偿金26.8万元。

**【个私协会工作】** 1. 截至2009年,全县共有108户个体工商户,私营企业中有党员366人,其中17户企业已建立了党组织,在册的党员173人,流动状态的党员10人。2. 帮扶12名创业人员实现创业并带动了就业,推荐创业导师28名。3. 广开就业渠道,为政府减轻就业压力,共安置下岗职工1 050人、大专毕业生1 418人、复转军人238人、残疾人员180人。4. 积极支持新农村建设,资助建设资金3万余元用于新农村建设。

**【2009年任职的局领导名单】**

党组书记、局长 赵 勇

副 局 长 卓秉文 冯兴能 熊明祥

纪检组长 魏 铭

## 砚山县

**【概况】** 砚山县工商行政管理局内设9个职能股室,派出机构有2个工商分局、4个工商所。全县工商系统在职干部职工99名,其中公务员87名、工勤人员12名;本科学历25人、专科学历47人;少数民族37人;离退休干部33人;设党总支1个,党支部5个,有中共党员73人(含老干支部15人,个体工商户中的党员10人)。

2009年,砚山县工商局高举邓小平理论和“三个代表”重要思想伟大旗帜,认真贯彻落实科学发展观,积极开展阳光政府四项制度和解放思想大讨论活动,紧紧围绕“四化建设”、“三个到位、六个好”工作目标,全力打造“砚山工商人”品牌,按照省、州工商局的工作安排部署,以“六项重点工作”为重心,结合砚山实际,紧扣“带队伍、抓工作”两大主题,充分发扬“出实招、重实效、谋发展”的精神,以争创一流工作业绩为目标,以队伍教育整顿为中心,尽职尽责加强监管执法,尽心尽力促进改革发展,认真开展各项工作,为促进砚山经济社会又好又快发展作出了新的贡献。

**【法制建设】** 1. 坚持不懈地抓好法制宣传教育工作。共组织干部职工开展法律法规学习46次,开展法律法规宣传38次,组织干部职工和个体工商户开展法制培训18次、法律知识和业务知识考试13次。2. 严格依法行政,认真做好案件核审工作。全年共核审一般程序案件287件,在案件核审工作中,坚持严把关,做到不拖案、不压案。3. 积极开展行政执法监督检查,推进工商法治建设。开展行政执法监督检查4次,对存在的问题及时指出,制定整改措施进行整改。4. 对15户受行政处罚的当事人进行回访,接受社会各界的监督,促进依法行政。经回访,执法人员在履行行政执法工作中都能严格依法行政,无不廉洁行为发生。

**【纪检监察】** 1. 按照勤政廉政的要求,结合基层工作实际,细化党风廉政建设责任书,将责任书内容与业务工作实绩挂钩,层层签订。分管领导和分管机构签订党风廉政建设工作目标责任书15份,党总支与各支部签订工作目标责任书5份,职工家属签订家庭日常活动自律承诺书97份。2. 强化党风廉政建设责任制考核机制重点,对各职能机构和派出机构负责人履行“一岗双责”的实绩进行严格的考核、奖惩;明确责任主体,强化责任意识,实行“连带责任制”,发生违纪违规问题要追究分管领导、机构负责人和当事人的责任。3. 加强停征“两费”后出现的变相收费、乱摊派、乱罚款,借办理企业注册或年检之机搭车收费,向监管服务对象强拉赞助,借行政执法、行政审批吃拿卡要等问题的监督检查。2009年,共开展巡查督察51次,其中党风廉政建设巡查督察26次、四项制度督察14次、六项重点工作督察11次,无上述违法违纪行为发生。

**【人事教育】** 1. 组织开展3次全员集中学习。股级(含副主任科员)以上领导干部撰写理论性文章44篇,其他干部职工撰写心得体会53篇。2. 进一步推进“六员三级制”专业化队伍建设。2009年9月,对申报法制员、注册登记员、执法办案员、市场巡查监管员、消保维权员职级的人员进行分级、跨员、跨级业务知识考试。经过严格的闭卷考试和县局考评领导小组综合评定后,报局党组会议讨论,确定了第二批“六员三级制”职级人员。为以后专业人员工作调配、人事制度改革打下了良好的基础。

**【企业注册登记】** 2009年,砚山县工商局全面贯彻执行《行政许可法》及《企业登记程序规定》、《企业登记申请材料及格式规范》和《企业登记前置许可目录》等法律法规,认真做好企业注册登记工作。2009年办理登记注册内资企业426户,注册资金14 870万元;办理登记注册私营企业484户,从业人员10 801人,注册资金107 098.8万元。年内新办内资企业106户,办理注销83户;私营企业开业登记74户,办理注销38户。

【企业监督管理】 1. 加强经济户口管理,严把市场准入关。2. 做好企业年检和个体工商户验照工作。2009年应年检内资、私营企业850户,实年检822户(注销96户),检审率为96.7%。对未按期参加年检的16户企业进行了处罚;应验照个体工商户7 659户,实验照7 368户(注销199户),验照率96.2%。3. 登记注册个体工商户9 570户,从业人员9 950人,注册资金45 774.74万元;登记注册农民专业合作社27户(其中分支机构1户),社员426人,注册资金1 822.43万元,其中出资额在1 000万元的1户。年内办理个体工商开业登记2 303户,办理注销392户;办理农民专业合作社17户。

【市场规范管理】 1. 加强农资市场监管。全县共有农资经营户445户。其中种子经营户115户、化肥经营户99户、农药经营户90户、农机及配件经营户74户、农用地膜经营户15户,其他52户。按经营者信用等级划分:A级408户、B级13户、C级24户。2009年整顿农资市场588个次,检查农资经营户1 941户次,与种子经营户签订《种子经营责任承诺书》46份,与农药、化肥经营户签订《农资经营责任承诺书》95份、《诚信经营承诺书》58份,建立农资进销货台账260户、发放"农资商品信誉卡"、"消费服务提示"165份。查处农资经营违法违章案件24起,案值26.42万元。受理农资消费投诉案5件,为农户挽回经济损失0.86万元。查获过期农药1 543.57千克,没收以假充真农药2 383千克、假冒化肥8 750千克。销毁过期农药226千克,价值2 500元。2. 开展扫黄打非工作。检查音像制品店、书店和学校周边少儿玩具、卡通画册、文具用品门店及摊点6 825个次,查处办结案件19件,其中销售淫秽光碟案17件、销售盗版书刊案1件、擅自从事音像制品经营活动案1件。查获含有低俗淫秽色情内容音像制品20个品种94碟、少儿版人民币1 147张(枚)、盗版书刊26册。3. 开展打击传销工作。检查出租房聚会场所21个次,发出警示、提示38次,张贴宣传画350张。配合公安部门对3户涉嫌传销经营户进行调查,排除隐患,为国庆60周年庆典活动营造和谐稳定的社会环境。4. 做好"家电下乡"、"汽车摩托车下乡"监管,防止翻新废旧、假冒伪劣家电销往农村。查处5户经营户和8个门店未经登记擅自发布摩托车下乡户外广告案。受理消费者有关家电下乡、汽车摩托车下乡咨询4件、申诉举报1件,办结申诉举报案1件,为消费者挽回经济损失2 000元。5. 深入开展虚假违法广告和商标专项整治。查处广告违法案件47件,罚款7.48万元;查处商标违法案件13件,罚款0.11万元。6. 加强网络市场监督管理。检查已注册登记网吧228户次。查处违法经营2户,罚款1.8万元;查处取缔黑网吧5户,罚款2.75万元。

【消费者权益保护】 2009年,砚山县工商局共受理消费者咨询528人次,受理消费者申(投)诉案件236件,调解成功236件,为消费者挽回损失9.19万元,加倍赔偿金额0.34万元。处理举报1件,案值为0.35万元,罚款1万元。

【食品流通监督管理】 2009年,砚山县工商局对全县32个食品市场(集贸市场)1 015户食品经营户进行监督管理。15个超市100%建立完善食品经营各项制度;乡(镇)政府所在地以上868户食品经营户(食杂店)100%建立进货台账、索证索票制度;乡(镇)以下132户农村食品经营户(食杂店)100%建立进货台账制度。依法取缔有固定场所无照食品经营户22户;检查乳制品经营户952户次,监督322户乳制品销售者建立进货查验制度和进货台账制度;查获销售、使用过期食品添加剂案件5起;在季节性、节日性食品专项检查中,检查食品经营企业和个体工商户7 816户次,集贸市场185个次,查获各类食品违法违章案件145起,罚没金额9.28万元,收缴过期变质食品160余个品种5 210包(瓶、袋),计7 111.57千克,价值3.72万元;受理食品消费投诉案29件,为消费者挽回经济损失1.72万元;捣毁制假窝点1个,查获以假充真食盐6吨,案值0.48万元;组织对流通环节水产品及其制品、肉类及其制品、豆制品、烹调佐料、蔬菜、酒、饮料、水果等9大类食品抽检68个批次、68个样品,合格54个样品,合格率79.41%;公开销毁各类假冒伪劣食品850.96千克,价值1.5万元。

【反垄断与反不正当竞争执法】 2009年,砚山县工商局加大反不正当竞争执法力度,切实制止垄断行为,建立和完善打击反不正当竞争长效机制,维护社会稳定,维护公平竞争的市场秩序,保护经营者和广大消费者的合法权益。运用《反不正当竞争法》处罚的农资虚假标注案件5件,案值26.19万元,罚款2.8万元。

【广告监督管理】 2009年,砚山县工商局以规范医疗、药品、保健食品、农资广告为重点,坚持专项检查与日常监管相结合,规范广告主、广告经营者、广告发布者的广告经营行为和发布行为,依法规范广告内容,纳入登记管理。登记户外广告120户,检查广告146条,查处广告违法案47件,罚款7.48万元。

【商标监督管理】 2009年,砚山县工商局推进商标战略,积极开展"一所一标"工作。全县有有效注册商标48件,其中正常使用商标46件,新申请注册商标12件,推荐云南省著名商标2件。开展查处假冒商标、侵犯驰名商标和证明商标专用权、涉农商标、非法印制及购买使用假包装、假标识、假商标违法案件等专项整治行动。查处商标违法案件13件,罚款0.105万元。

【计划财务工作】 1. 认真执行"厉行节约"工作,经费使用与上年相比节约率达29.28%。严格财务收支,量入为出,管好用好项目经费,精打细算,勤俭节约,努力降低行政执法成本,提高资金使用效率。2. 加强固定资产管理,积极开展经营性国有资产清查工作,落实非税收入责任,全面完成执收执缴任务。3. 3月10日后开始停收个体工商户注册登记费,3月10日前收取个体注册登记费17 804元,全年收取企业注册登记费178 506. 04元。

【基本建设】 2009年,砚山县工商局切实加强基层工商所(分局)规范化建设。对分局(所)的对外标识、内设组(队)标识、工作目标宣传栏、多媒体会议室、档案室、注册厅等基础设施进行建设和改造,配备了一体机、办案设备、食品安全检测设备等。统一制作工商所(分局)标牌15块以及"四项制度"、"收取规费的项目、标准、依据"、"八六八禁令"、"活动室"标牌4块;制作毛泽东题词"为人民服务"钛合金标牌1块;将中国共产党党旗、入党誓词上墙4处;购置2台电子触摸屏、15组档案柜、1台健身器材、3个报刊架分配到4个基层工商所(分局)。

【经济检查】 2009年,砚山县工商局加强市场监管,规范市场秩序,努力营造公平公正、规范有序、和谐诚信的市场环境。深入开展食品、农资、商标、广告、网吧、"两烟"等各类市场专项整治行动,严厉打击市场经济违法违章行为。全年共查处办结各类市场经济违法违章案件826件,其中一般程序案件287件。案件数与上年的617件相比,增加209件,增长33. 89%。

【信息化建设】 1. 2009年,砚山县工商局共置换损坏破旧计算机2套,全局已有计算机101台,实现了人均一台的目标。2. 建成了一个多媒体会议室,为推广应用一体化软件和省、州、县、所四级联网工作打下了坚实的基础。3. 组织开展计算机操作应用培训考核活动,于9月22～24日对全系统干部职工进行计算机操作考核,评选出40名同志为第一批"砚山县工商系统计算机操作能手"。4. 建成砚山县工商局移动执法指挥系统。

【消委会工作】 1. 围绕"消费与责任"年主题,认真开展"3·15"宣传咨询和执法活动。在全县辖区内共设立维权成果展示台4个,宣传服务点4个,展示假冒伪劣商品30余个品种;销毁过期食品250. 18千克、饮料289瓶、农药81. 62千克、化妆品21瓶,案值2万余元。"3·15"期间,查处各种违法违章案件30件,受理消费者投诉18件,全部及时解决,为消费者挽回经济损失12 630元。2. 进一步提升12315服务效能。为进一步拓展12315执法服务,拟定砚山县工商行政管理系统12315工作规程和建立12315行政执法体系"四个平台"方案。

【个私协会工作】 1. 认真开展鼓励创业贷免扶补工作。成立"贷免扶补"工作领导小组。联合县就业局和财政局对初次创业人员进行创业培训,为7名农民工和1名大学生办理鼓励创业贷款共40万元,其中从事贸易业6户、服务业2户。2. 为会员排忧解难3次,维护会员合法权益3件,开展文体活动1次,分别到全县11个乡镇开展艾滋病宣传培训11期,展出宣传图片11期,参加培训200余人。

【2009年任职的局领导名单】

党组书记、局长　付建荣

副 局 长　文丽萍

纪检组长　张忠林

## 西畴县

【概况】 2009年,西畴县工商行政管理局内设办公室、纪检监察室、人事教育股、法制股、公平交易股、市场监督管理股、企业个体私营注册登记管理股共7个股室,派出机构4个(工商分局2个,工商所2个);有干部职工69人(科级1人、副科级3人、主任科员2人、副主任科员15人、科员33人、工人11人、见习期人员4人),其中:有少数民族干部职工16人;大学本科学历21人、大专学历34人、中专学历4人、高中文化9人,初中文化1人;有离退休人员41人(离休3人、退休20人、提前退休18人)。设党总支1个,党支部5个,有中共党员43人。

2009年,西畴县工商行政管理局认真学习贯彻十七大精神,牢固树立科学发展观,按照落实国家总局"四化建设"、"四个统一",全面建设省局提出的"六个好",努力实现"三个到位"的目标要求,深入开展学习实践科学发展观活动,认真贯彻落实"四项制度"推进阳光工商建设,扎实推进六项重点工作,不断增强服务意识,拓宽执法、服务领域,全面推进职能到位,为西畴经济社会和谐发展作出了积极的贡献。

【法制建设】 1. 开展《工商行政管理机关行政处罚程序规定》、《行政诉讼法》、《行政复议法》等为主的法律法规培训,全年共举行了6期执法培训,培训342人次。2. 按照《云南省工商行政管理机关行政执法评议考核办法》的规定,对基层工商分局(所)的执法工作进行评议考核。3. 以"三月法制宣传月活动"为主线开展法律法规宣传咨询活动。出动人员187人次,发放宣传资料2 563份。4. 认真做好案件核审工作,严把案件质量关,共核审一般程序案件73件,指导督查简易程序案件78件,开展执法监督工作6次,一年来,未产生行政复议案件和行政诉讼案件。

【纪检监察】 1. 制定了《西畴县工商局推行阳光政府四项制度实施方案》,组织全体干部职工深入学习推行阳光政府四项制度有关文件精神,共组织学习10次,培训205人次,报送信息12期,报送相关部门共60份,被州局四制办采用3期。2. 明确责任,完善和签订党风廉政建设目标责任书。把党风廉政建设和反腐败斗争纳入了法制轨道,对各级领导班子和领导干部在党风廉政建设和反腐败工作中应负的责任作了制度性规定。使党风廉政建设工作切实做到有部署、有落实、有检查、有考核,常抓不懈。3. 认真开展监督检查工作。全年开展督查396次,督查481人次,并按时向州局、县政府四制办、县纪委监察局报送监督检查书面报告。

【人事教育】 1. 深入开展学习实践科学发展观活动。把学习实践科学发展观活动作为2009年最重要的一项政治任务,共组织集中学习26次,召开调研座谈会2次;撰写学习心得体会文章60篇,撰写调研报告4篇,撰写信息、简报18期。2. 采取集中培训、岗位练兵、技能锻炼等形式,加强业务培训,提升干部队伍履职能力。统一印制了《工商行政管理法规汇集》一书,做到人手一册。通过考试,共考评出县级执法办案能手10名、注册登记能手7名、计算机操作能手8名;获评州级执法办案能手5名、州级计算机操作能手3名、省级执法办案能手3名。

**【企业注册登记】** 2009年,西畴县工商局严把市场主体准入关,切实加强对市场主体经营行为的监管,规范、促进市场主体健康发展。截至2009年12月底,全县登记注册的各类企业391户,注册资本(金)22 677万元,其中:法人企业102户、营业企业288户(含分支机构);私营企业138户,注册资本(金)14 054万元,投资人307人,雇工2 044人;农民专业合作社12户,注册资本(金)930万元,成员总数120人;个体工商户3 738户,从业人员4 050人,注册资金9 960万元。

**【企业监督管理】** 1. 认真落实市场准入制度和监管机制改革的各项措施,建立完善规范、便民、高效快捷的登记管理机制,推行登记服务承诺制等服务制度措施,完善个体工商户分层登记管理,热情服务于各种所有制经济发展。2. 认真实施企业信用分类监管工作。按照《云南省工商行政管理系统企业(个体工商户)信用分类监管实施办法》,全县2009年列入守信企业(A级)的385户、警示企业(B级)的9户、一般失信企业(C级)2户、严重失信企业(D级)4户。守信个体工商户(A级)3 639户、警示个体工商户(B级)61户、一般失信个体工商户(C级)38户。通过对企业、个体工商户的信用分类,加强对市场主体准入行为、经营行为和退出行为进行全过程监管,使基层分局在日常监管工作中有了重点和目标。

**【市场规范管理】** 1. 深入开展"红盾护农"行动。在农资市场监管中,切实维护农民权益。2009年共出动执法人员986人次、车辆162台次,检查农资经营户775户次,查办各类农资案件6件,案值1.84万元,罚款2.8万元。2. 在全县范围开展对超市、商场、集贸市场经营者进行《限塑令》宣传,落实好长效监管责任制,切实做好禁止生产、销售、使用塑料购物袋的工作。共出动执法人员150人次,检查市场45个次,检查经营户1 760户次,共收缴塑料购物袋14万余个,价值0.84万元,其中立案查处批发塑料购物袋案2件,罚款0.32万元。有力地推进了《限塑令》工作的贯彻落实。

**【消费者权益保护】** 2009年,西畴县工商局积极维权、促进消费,加快"一会两站"和"12315平台"建设。强化12315指挥中心受理功能,保证消费者投诉渠道畅通,全年共受理消费者投诉113件,为消费者挽回经济损失1.3万元,接受消费者咨询人数120人。

**【食品流通监督管理】** 1. 在食品安全专项检查中,共出动执法人员1 504人次、车辆201台次,检查市场126个次,检查食品经营户3 177户次,共查办食品案件15件,案值3.8万元,罚款4.01万元,共受理食品投诉案件7件。2. 认真开展"农村食品安全示范店"创建活动,落实食品生产经营者的主体责任,健全工商监管、行业自律、社会监督的食品安全监管机制,不断扩大"两项制度"覆盖面,对多年来守法经营、诚信经商的22户食品经营户按要求评选并命名挂牌。

**【反垄断与反不正当竞争执法】** 1. 把整顿和规范市场经济秩序工作向纵深推进。2009年,共出动执法人员3 820人次、车辆416台次,检查经营户5 632户次,共查处违法违章案件225件(其中:一般程序案件73件,简易程序案件152件)。没收过期饲料7包,收缴各类过期食品592盒(袋)、糖果15千克,反垄断与反不正当竞争执法工作卓有成效。2. 继续做好"两烟"打假打私、打击传销和变相传销、"扫黄打非"等专项整治工作。2009年共出动执法人员407人次,出动车辆121台次,检查出租房聚会场所17个,检查卷烟零售户858户、服装经营户286户次、书店、书摊销售点94个、印刷企业12户次,查缴《天安门时报》、《少儿版人民币少儿八卦玩具及卡通类非法出版物》等非法政治出版物。查获印有"1989""89"等字样的T恤衫50件、外衣59件、裤子43条。

**【广告监督管理】** 2009年,西畴县工商局加大虚假违法广告整治,推进广告市场秩序健康发展。开展虚假违法广告专项整治活动,严厉打击欺骗和误导消费者的虚假违法广告,规范广告发布行为。全年检查广告127条次,监测广告112条次,办理户外广告登记11户,依法查处违法广告案件6件。

**【商标监督管理】** 1. 以"世界知识产权保护宣传周"为契机,开展保护知识产权宣传咨询服务,发放宣传资料150份,张贴宣传标语5份,提供咨询服务35人次,回访注册商标企业22户次。2. 开展打击侵犯注册商标专用权违法行为专项整治工作中,查获销售侵犯注册商标专用商品案1件,没收侵权五粮液12瓶、水井坊7瓶、茅台6瓶。3. 在著名商标培育申报工作中,推荐西畴县青龙山茶厂注册商标"高原谢氏"参加了云南省著名商标评选活动。在开展"一所一标"活动中,指导帮助了两户企业办理了2件注册商标申请。

**【计划财务工作】** 2009年,西畴县工商局完成行政性收费收入5.12万元,收取罚没收入25.55万元。同时,抓好票据管理工作,严格票据领用、结报、缴销制度,确保行政性收费和罚没收入按时结账并按规定上缴州局。

**【基本建设】** 2009年,西畴县工商局认真开展基层(工商所)规范化建设工作。把规范化建设工作作为有效"提高执法效能、规范执法行为"的重要举措来抓,制定下发《西畴县工商局关于加快工商所基层规范化建设实施方案》,一把手亲自抓,分管领导直接抓,各工商(分局)所具体抓,各业务股室协调抓的工作机制,明确了县局统筹与工商所努力的方向,落实了各股(室)和工商所的责任,为规范化管理工作取得实效奠定了坚实的基础。共投入资金6万余元,对兴街分局办公楼、职工食堂、娱乐活动室进行了维修改造,同时,按国家工商系统标识规定和州局规范化建设考核标准,对兴街分局办公场所、注册服务场所、办公室、会议室等进行规范,使之达到基层规范化建设的要求。

**【老干工作】** 2009年,西畴县工商局共有离退休人员41人,其中:离休人员3人,退休人员20人,提前退休人员18人。1. 根据老干部管理工作实际,进一步完善老干部管理工作制度,建立了老干部花名册、慰问探望记录簿、离退休老干部座谈学习记录簿等,做到规范管理。2. 从政治上、生活上尊重关心老干部。全年共计走访慰问生病住院离退休人员3人次,发放慰问礼金240元;春节期间慰问离退休人员38人次,发放慰问费4 650元,并为每位离退休人员订阅了一份《云南老年报》,报刊费1 900元。

**【信息化建设】** 1. 继续加大对信息化建设的投入,推进信息化建设。共筹集5.87万元资金,购置7台计算机等一批办公设备,不断完善信息化建设,满足工商系统工商政务业务一体化工作的需要。2. 加强工商一体化应用培训工作,进一步提高云南工商政务业务一体化软件应用水平。

**【消委会工作】** 1. 紧紧围绕"消费与发展"年主题,大力开展维权宣传和咨询活动,现场展示假酒、假洗衣粉、过期变质食品、药品等20多个品种,张贴宣传标语80余张,发出宣传资料2 000余份,发出《消费者权益保护法》资料500份,解答消费者咨询45人次,销毁了价值达2.8万元的假冒伪劣商品。2. 认真组织和协调社会各有关方面的力量,为消协开展工作创造良好的环境。3. 认真加强对"一会两站"的督促和指导,充分发挥"一会两站"的作用,努力为广大消费者服务。

**【个私协会工作】** 1. 认真履行个体私营经济协会职责,在广大个私会员中积极开展文明诚信、创建和谐的各种光彩服务活动,树立了"诚实守信光荣,欺诈失信可耻"的道德观念。2. 鼓励创业促进就业工作,宣传优惠政策,建立"导师库信息"服务平台,真正把创业就业工作落实到位。全年帮助316人创业,其中:大学毕业生25人、农民工54人、城镇登记失业人员19人、其他人员81人;帮助5名创业人员取得创业贷款扶持。鼓励创业促进就业工作受到中共文山州委、州人民政府表彰,被授予"文山州创业就业工作先进单位"。3. 西畴县个私协会在党建工作中,积极配合地方党委政府在非公有制企业建立党组织。经上级党组织批准,成立了西畴县个体私营经济协会党支部。4. 全年为会员办实事8件,慰问和看望会员106人次。

**【2009年任职的局领导名单】**

党组书记、局长　袁正权

副局长　黄功亮　何　斌

纪检组长　吴　锟

## 马关县

**【概况】** 2009年,马关县工商行政管理局内设办公室、人事教育股、纪检监察室、公平交易股、市场监督管理股、企业个体私营注册登记管理股、法制股;下设马白工商分局、都龙工商所、八寨工商所。有国家公务员78人、工人8人;有硕士研究生1人、大学本科学历19人、大专学历41人、中专文化16人、高中文化6人、初中文化3人;有离退休人员45人。系统内设党总支1个,党支部5个,有中共党员77人(在职人员中的党员53人、离退休人员中的党员24人)。全系统监管13个乡镇各类市场34个。

**【法制建设】** 2009年,马关县工商局共查处各类经济违法违章案件1 178件,罚没款44.72万元,其中一般程序案件170件,罚没款38.37万元;简易程序案件1 008件,罚没款6.35万元。

**【纪检监察】** 2009年,马关县工商局下发了领导班子成员2009年《党风廉政建设职责》、各项业务《任务分解表》、《2009年廉政建设责任状》,明确了领导班子成员、党员干部执行党风廉政建设责任机制,自觉落实县纪委、州局纪检监室各项报告制度。提出接受社会监督的"四看标准"(即:一个电话看文明,一份执照看服务,一次执法看形象,一名干部看队伍),聘请行风监督员,监督执法行为;建立督办、催办制度,定期开展交叉暗访和清理整治活动。

**【人事教育】** 2009年,共举办以执法办案、计算机技能、工商法律法规、其他法律知识为内容的培训7次,组织3人到州局培训、1人到上海工商系统挂职学习、9人参加州局组织的执法办案能手竞赛、2人参加州局组织的计算机操作能手竞赛;产生县局执法办案能手9人、州局计算机操作能手1名、省局注册能手1名。

**【企业注册登记管理】** 截至2009年,全县经工商部门登记企业总户数为585户,注册资金121 463万元,其中:内资企业202户,注册资金63 973万元;私营企业383户,投资者704人,雇工3 129人,注册资金57 490万元。个体工商户总户数为5 563户,从业人数5 643人,注册资金8 472万元。

**【个体私营经济】** 2009年,马关县工商局高度重视个体私营经济在解决社会就业问题方面的突出作用,坚持为下岗失业人员、大学毕业生、退役军人、残疾人和劳改劳教释放人员开辟办证"绿色通道",鼓励高校毕业生和下岗失业人员通过创办个体私营企业实现就业和再就业,引导企业和工商户吸纳下岗失业人员就业并减免有关费用,全年共引导32位残疾人、退伍军人、下岗失业人员等从事个体私营经济。进一步完善经纪活农、权益保农等"七农"机制。建立农资市场监管长效机制,培育、扶持农资连锁经营,指导378户农资经营户建立"两账两票、一书一卡"制度。认真落实惠农政策,对农民专业合作社一律免收登记费等,共新发展农民专业合作社7户,出资额153万元。

【市场规范管理】 1. 开展流通环节食品安全"两项制度"建设,与食品经营户签订食品安全监管责任书2 100份,指导经营者建立各种食品安全管理制度164份。2. 认真开展"农村食品安全示范店"创建工作。3. 市场规范管理工作继续加强。加大集贸市场整治力度,出动执法人员110人次,检查市场42个次,取缔无照经营19户;配合公安、文化、教育、电信、卫生等部门对学校周边的网吧、电子游戏室、饮食店、副食店进行全面整治,成效明显。4. 做好"守合同,重信用"企业的推荐工作,共认定了2009年度的2A级诚信市场2个和1A级诚信市场2个;推荐给州局表彰了12户"守合同重信用"企业。5. 加强流通环节商品质量和食品安全监管,全年共出动执法人员5 621人次,出动执法车辆210台次,集中力量检查食品经营户2 315户次,查处各类食品违法案件14件,罚没款0.52万元,共查获各类不合格食品1 717.5千克。

【消费者权益保护】 2009年,马关县工商局继续推进农村12315消费维权和"一会两站"网络体系建设工作,全县已挂牌成立消协分会13个、12315申诉举报工作站3个、农村消费者维权站、12315联络站124个,"两站"建设达100%。依托"一会两站"全面推进12315行政执法体系建设,完善消费者申诉举报受理等制度,逐步建立了由消费者咨询、申诉举报、消费安全预警、查办案件等组成的12315行政执法综合网络。全年共受理消费者投诉209件,调解成功209件,为消费者挽回经济损失11 837元,接待来访接受咨询9 420人次。

【反垄断与反不正当竞争执法】 1. 深入开展"红盾护农"活动,大力整治农村市场,规范农村市场主体的经营行为。从2月份开始,组织开展为期三个月的"红盾护农保春耕"专项行动,以种子、化肥、农药为重点,严厉打击制售假冒伪劣农资等坑农害农违法行为,全年共出动执法人员1 176人次、车辆228台次,查处农资违法案件27件(化肥案25件,农药案2件),案值372.1万元,罚款6.45万元。2. 积极开展兴奋剂、商业贿赂、不合格取暖器与电热毯、"家电下乡"、以及"傍名牌"不正当竞争行为等专项整治行动,全年共出动执法人员260余人次,检查企业、个体工商户300余户,查处案件2起,罚款2万元。3. "两烟"打假打私工作取得明显成效。对全县13个乡镇的877户卷烟经营户进行了检查。查获无烟草专卖许可证经营案件21件,其中:农村经营户案件13件(给予教育限期改正),县城经营户案件8件,案值4 260元,罚没金额0.18万元;没收假烟127条;查处销售假烟案件3件,案值3.55万元,罚没金额0.17万元。4. 严厉打击传销和变相传销。全年共出动执法人员30人次、车辆4台次,共检查市场15个,开展宣传咨询服务30人次,发放宣传材料600余份;查处假冒公司名义推销手机软件网络传销案件1件,没收涉案物品笔记本电脑2台、投影机1台、营销资料、宣传光盘等;密切配合公安部门清查参与世界通传销人员8人,涉及金额43.75万元,对参与人员进行了教育并遣返。5. 开展矿区常态化监管工作。联合公安部门与38户矿产品经营户签订《矿产品购销责任书》(马白22户、都龙16户),实施常态化监管以来共出动工商执法人员105人,出动执法车辆60台次,共查获违法违规案件7件,结案4件,没收硫化锌原矿139.94吨、白钨矿541.90千克。

【广告监督管理】 2009年,马关县工商局开展了以医疗、药品、保健食品、化妆品、美容服务、农资广告为重点的专项整治,共出动执法人员254人次、车辆62台次,检查市场、商场、经营户1 000余户次,查处违法广告116条,收缴非法印刷品广告142份,查处广告案件10件,罚款0.62万元。

【商标监督管理】 截至2009年,全县共有注册商标16件,年内共有:马关茂荣农副产品加工厂的"茂荣"、马关华晟矿业有限公司的"华晟达"、马关正一生物产业有限公司的"正一源"申请商标注册。

【计划财务工作】 2009年,马关县工商局进一步强化思想观念的转变,适应预算管理制度改革,按照"规范管理,依法理财"的方针,严格执行"收支两条线"规定,确保工资性支出和业务工作正常运转需要。加大内部财务审计工作力度。对涉及有收费工作的分局、股室及各所,应每个季度对收取的规费、罚没款、保管票据进行检查,检查到个人,要求人人票、款、物三清。

【老干工作】 2009年,马关县工商局成立了离退休人员管理工作领导小组,下设办公室于人教股,负责搞好日常管理工作,工作人员经常进行研究,完善了七个规章制度,明确了岗位职责,对死亡离退休人员和遗属造册登记,热情周到做好老年人服务工作。一年来组织老干部开展丰富多彩的体育娱乐活动和其他形式的活动共4次。

【信息化建设】 截至2009年12月,全局共有计算机72台,其中:台式机68台,笔记本电脑4台;48台连入工商行政管理专网,17台连接英特网。

【个私协会工作】 2009年,马关县个私协会开展了2008年度个私协系统云南省青年文明号的推荐工作,推荐云南伟华建筑工程有限公司参评,组织企业参加了省局组织的百家民营企业招聘会,选定并录入了创业导师,并按照文山州工商局的有关文件精神,开展了创业贷免扶补工作。年内共有7户创业者获得创业贷款共计35万元。

【2009年任职的局领导名单】

局　　长　李　刚

副局长　韩立峰　陶　菲

纪检组长　卢建标

## 丘北县

【概况】 丘北县工商局有干部职工79人(干部72人、工人7人;中共党员50人、共青团员5人;少数民族27人;本科

13人、专科43人、中专20人、高中1人、初中2人),离退休人员34人。县局机关内设机构有办公室、人教股、纪检监察室、法制股、公平交易股、市场监督管理股、个体企业登记注册股。代管丘北县个体私营经济协会和消费者协会两个群团组织。派出机构有锦屏工商分局、双龙营工商所、曰者工商所、腻脚工商所。县局机关设党总支1个,下设6个党支部。

【法制建设】 2009年,丘北县工商局以贯彻落实五五普法规划,加强法制宣传,搞好法规培训为基础,以全面落实执法责任制、规范执法行为,加强执法监督检查为重点,严把案件质量关,强化案件核审和错案责任追究制度。1. 抓学习培训,认真组织开展一月一法培训工作,做到一季一考。2. 组织开展法律、法规宣传,全年共宣传工商行政管理法律、法规5次,发放宣传资料6 000余份,开设黑板报宣传36期。3. 认真做好案件的审核工作,共核审行政处罚案件240件,其中:简易程序案件和"五个一"案件180件、一般程序案件60件。无行政复议或行政诉讼。

【纪检监察】 2009年,丘北县工商局共开展各种廉政教育活动3次,207人次参加。2009年充分发挥监督检查职能,抓好督察工作。主要围绕执法办案、市场监管、"四项制度"的落实、解放思想大讨论活动以及食品安全等工作开展督察活动。共组织开展督察活动21次,走访管理对象560余人次。

【人事教育】 2009年,丘北县工商局进一步认真抓好干部职工思想政治工作,加大干部教育培训力度,加强干部专业技能和综合素质的培训,全面提高广大干部职工履行岗位职责的能力。认真组织理论学习,在学习过程中,全体干部职工都做了1万字以上的学习笔记,共撰写了78篇5 000字以上的心得体会和完成了州局要求的两个调研课题。组织县局执法办案能手培训考试,命名了10名县级执法办案能手。选拔13人参加了省、州局组织的执法办案能手和计算机能手竞赛。通过考试,1人取得省级办案能手称号,2人取得州级计算机能手称号,3人取得州级办案能手称号。

【企业注册登记】 截至2009年11月,丘北县注册登记的内资企业共有240户,其中国有企业61户、集体企业97户、公司71户,其他企业11户;有企业法人57户、营业性企业183户,注册资本(金)20 158万元。1. 认真做好企业注册登记管理工作,共办理企业注册登记33户,办理变更登记40户、办理企业注销14户。2. 冠以"云南"行政区划企业名称预先核准实行网上申报、核准,为5户企业申报核准了名称预先核准。3. 充分发挥企业登记职能,积极支持、参与全县国有企业改革,主动配合经贸、财政等部门帮助改制企业论证、确定改制方案,为丘北县国企改革改制做好服务。截至2009年11月15日,主动参与国企改革16户,通过改革改制重组资产8 050余万元;积极参与11户供销社改革、改制。

【企业监督管理】 2009年,丘北县注册登记个体工商户5 491户,从业人员5 650人,注册资金11 879万元,注册登记私营企业312户,投资者人数1 013人,雇工人数3 442人,注册资金32 368万元。1. 实行个体工商户分层登记和一审一核制,委托基层工商所(分局)办理辖区内的个体工商户登记。2. 认真做好个体工商户换照、验照工作,2008年度个体工商户应验照4 831户,已验照4 625户,已换照600户。3. 充分发挥工商行政管理职能作用,做好下岗失业人员再就业工作和残疾人、大中专毕业生、城镇退役士兵、刑释解教人员就业工作。截至2009年11月,已为从事个体经营的下岗失业人员、残疾人、高校毕业生办理营业执照40人次,免收登记费和工本费0.1万元,引导个体私营经济吸纳下岗失业人员110人次。

【市场规范管理】 1. 加强市场主体行为监管,指导推行实施网格化监管模式。各工商所(分局)完成网格责任区划分,经济户口认领,监管巡查信息录入,全县共建立网格责任区30个,认领经济户口5 492户,全县户口认领率100%。2. 开展节日市场整治工作。共出动执法人员385人次、车辆66台次,检查各类市场32个次、各类经营户2 406户次。3. 开展旅游市场专项整治工作。共出动执法人员128人次,出动车辆26台次,检查经营户350户,检查景区2个,整治期间无违法违章案件查处。4. 组织开展限塑和禁塑专项整治工作。共出动执法人员502人次,出动车辆60台次,检查市场36个,检查经营户5 100户,发放宣传单3 000余份,发出"禁塑"通知1 200份,收缴塑料购物袋53万余个。5. 继续开展"守合同、重信用"企业评选活动。按照"守重企业"评选标准,经推荐上报,丘北县共有20家企业被评为州级2008年度的"守合同、重信用"企业。

【消费者权益保护】 2009年,丘北县工商局进一步推进和规范基层消费维权工作,不断完善行政监督、行业自律、社会监督、消费者参与为一体的"12315"行政执法体系,提高消费维权工作的整体水平,围绕"消费与发展"年主题开展宣传咨询和执法活动,活动中发放宣传资料1 000余份。全年共受理各类消费者投诉53件,解决51件,为消费者挽回经济损失110 179元,接待咨询、来访群众1 000人次,向社会发布消费警示4期、消费预警2期,有力地维护了消费者的合法权益和市场经济秩序。

【食品流通监督管理】 2009年,丘北县工商局共出动执法人员2 569人次、车辆300余台次,检查各类市场253个次、超市17个,检查各类经营户8 722户次,督促建立完善自立制度42户,纠正档案或台账登记不规范的56户,查处违法违章案件33件,罚款25 600元,收缴"三无"食品和过期食品328.5千克,受理和处理消费者申诉和举报案件3件,为消费者挽回经济损失800元。

【反垄断与反不正当竞争执法】 2009年,共出动执法人员126人次,开展产品质量专项检查3次,检查经营户43户次;强化反垄断执法,重点监控供电、供水、供气、通讯、医疗等公用企业,并进行专项检查1次。

【广告监督管理】 1. 认真做好户外广告登记工作,2009年共办理了户外广告登记32户、630条(块)。2. 认真组织开展户外广告专项整治行动,进一步规范了广告经营单位的经营行为和规范广告媒介单位广告发布行为。3. 加强食品药品广告整治。4. 积极开展整治虚假违法广告专项行动,严厉打击虚假违法广告,进一步规范广告经营单位的经营行为和广告媒介单位广告发布行为。5. 继续开展公益广告活动。积极组织开展公益广告活动,2009年共组织发布以"妇科病普查"、"禁毒防艾"、"环境保护"等内容的公益广告16条,发布60次。

【商标监督管理】 截至2009年底,丘北县登记在册的注册商标共有45件,其中云南省著名商标5件。1. 积极开展"宣传商标法服务万家企业推动注册商标保护"工作。2. 积极引导企业、个体工商户实施商标战略,指导做好商标注册、使用,运用商标品牌占领和拓宽市场,在商标管理中积极推行"三书一卡两账"制度,对全县企业和个体工商户实行"网格化"管理和"一对一"跟踪服务,全年共走访、跟踪服务企业(个体工商户)155户。2009年,丘北县企业、个体工商户共申请商标注册24件。3. 认真组织开展注册商标专用权保护专项行动,出动执法人员536人次,检查企业、个体工商户1 696户次,查处商标侵权案件9件,罚款2.48万元,没收侵权T恤、运动服100余套。

【计划财务工作】 2009年,丘北县工商局共实现罚没收入38.33万元。

【基本建设】 2009年,丘北县工商局把双龙营工商所定为规范化建设的试点单位,已经完成注册服务厅、办公室、会议室及职工食堂改造。全年规范化建设共投入资金12万元。

【机关党建工作】 1. 狠抓政治理论学习,为科学发展筑牢思想基础。2. 加强组织建设,筑牢科学发展的组织基础。3. 加强制度建设,构建和谐工商。4. 积极开展党内活动,丰富党内生活,出资11 838元为对口扶贫点购买60套课桌、2套音响、接收机等设备。5. 抓好党风廉政建设,提高党员廉洁自律能力。11月,各工商所(分局)邀请各辖区内个体工商户、消费者代表、企业人员和当地党委政府、人大代表、政协代表等参加述职述廉活动。

【老干工作】 2009年,丘北县工商局坚持以人为本,认真落实各项老干政策,关心老干部的生活和健康,鼓励老干部老有所学、老有所乐、老有所为,并定期进行走访慰问。在春节、中秋节、九九重阳节组织召开了老干部座谈会,慰问老干部115人次,发放慰问金1.56万元。看望边远山区生病住院老干部8人,支出经费900元。针对老干部高年龄期、高发病期健康状况日益下降的实际情况,为27位离退休干部办理职工医疗互助有关手续。

【经济检查】 2009年,丘北县工商局加大案件查处力度,严格规范市场交易行为,严厉查处市场上的各类经济违法违章案件。共查处各类经济违法违章案件19件,收缴罚没款58 121元,没收死因不明的牛肉1 050千克和质量不合格手机3部。

【信息化建设】 2009年,丘北县工商局举办了计算机业务培训5期,参培人员对计算机监管模式有了一定的认识和操作能力,为加大信息化建设,实行网格化监管打下了良好的基础。2009年,共购买计算机9台,充实到工商所(分局)。通过完善软件功能,充实硬件装备,规范了监管工作流程。

【消委会工作】 2009年,丘北县工商局紧紧围绕"消费和谐"年主题,继续积极推进农村消费维权组织网络的建设,切实抓紧第二批"一会两站"的建设工作。在全县各乡(镇)100%建立消费者协会分会,营业面积在500平方米以上的超市、商场、宾馆、酒店、客运站100%建立消费者维权站和12315联络站(简称"一会两站")。全县12个乡(镇)已100%建立消费者协会分会,在全县社区、商场、村民委设立"两站"122个。积极组织开展2009年"3·15国际消费者权益日"纪念活动,在"3·15"活动期间,共发宣传材料4 000多份,出黑板报5期,电视专题宣传2次,广播播出3期,并组织销毁了各职能部门查获的21大类884个品种、总价值224 980.94元的假冒伪劣商品。

【个私协会工作】 1. 认真组织开展向全国文明诚信个体工商户学习活动,认真开展诚信教育、职业道德教育和法制教育活动,提高了会员的素质。2. 做好会员企业农民工预防艾滋病的宣传教育工作,为构建和谐丘北作出新的贡献。3. 认真作好会员入会和会费收缴工作,上缴会费54 249元。组织看望慰问困难个体工商户76户、因灾、因病住院个体工商户45户,支出慰问金额5.83万元。4. 在全县个私经济组织试行党建工作"登记申报、年检年报"制度,截至2009年11月15日,全县个私经济组织中已建党支部9个,有党员36名;成立了丘北县个体私营经济协会党支部。5. 认真做好扶持创业"贷免扶补"工作,帮助大学生、退伍军人等创业人员创业,建立创业导师库,聘请创业导师24名,为7名大学生、下岗失业人员办理创业贷款35万元。6. 为了进一步提升丘北县非公企业管理水平,县协会出资4万元与云南大学经济院联合举办企业负责人培训班,对全县50名非公企业负责人及管理人员进行现代企业管理培训。

【2009年任职的局领导名单】

局　　长　安政桔

副 局 长　居培斌　李永奎

## 广南县

【概况】 2009年,广南县工商行政管理局机关设办公室、人教股、纪检监察室、公平交易股、企业个体私营经济注册登记管理股、市场监督管理股、法制股,派出机构设莲城分局、八宝分局、珠街工商所、珠琳工商所、八达工商所。负责监管各类市场61个、内资企业329户、私营企业350户、个体工商户8 066户,农民专业合作社24家。有在职干部职工93人(本科学历的5人、专科学历的67人、中专学历的9人、高中学历的9人、初中学历的3人),设党委1个,党支部7个,有中共党员95人(其中在职人员中的党员77人)。

2009年,全县工商系统以学习实践科学发展观活动为契机,以省、州工商局确定的六项工作为重点,全力推进流通环节食品安全监管、商标战略推进、"一会两站"建设、工商所(分局)规范化建设、落实阳光政府四项制度等六项重点工作深入开展,各项工作取得阶段性成效,为实现"四个统一"、推进"四化"建设,实现"四高"、"三个到位"、建设"六个好"的目标要求打下了坚实的基础。同时,开展学习实践科学发展观和岗位大练兵活动,不断提高干部职工综合素质和业务能力,加强党风廉政建设,构筑拒腐防线,强化工商队伍综合素质和监管能力。全年立案查处各类市场违法案件148起,受理、调解消费者投诉145件,为消费者挽回经济损失10.65万元。

**【法制建设】** 2009年,广南县工商局采取广播、板报、宣传车等形式,宣传《消费者权益保护法》、《公司法》、《合同法》、《无照经营查处取缔办法》、《反不正当竞争法》、《产品质量法》、《打击传销条例》等法律法规。按照"有法可依、有法必依、执法必严、违法必究"的要求,以推行行政执法责任制为重点,建章立制,制定《广南县工商局重大决策听证实施办法》,分解执法权限,确定执法责任。纠正不依法采取行政强制措施3次,处罚不当4次。依法核审一般程序案件148件(下处罚决定140件、告知阶段3件、撤销5件)。回访一般程序行政处罚案件10件(直接回访8件,电话回访2件)。组织全县工商系统干部职工参加州、县"五五"普法考试,及格率100%。

**【纪检监察】** 1. 召开会议传达贯彻全州工商系统党风廉政建设工作会议精神。2. 签订《党风廉政建设责任书》15份。3. 探索廉政风险点防范管理措施。4. 用典型的违法违纪案例对干部职工开展警示教育,教育干部职工树立正确的世界观、人生观和价值观。5. 采取"明察与暗访相结合"、"专项督察与经常性督察相结合"的方式,对落实责任政府四项制度和实施阳光政府四项制度的情况进行督察,无干部职工违法违纪违规。

**【人事教育】** 2009年,广南县工商局认真贯彻实施《公务员法》,做好公务员年度考核、工资改革等工作;深入贯彻《党政领导干部选拔任用条例》;组织干部职工学习党的十七届三中、四中全会精神和全省、全州工商行政管理工作会议精神,加强干部思想教育;组织全系统91名公务员参加县人事局组织的公务员考试,及格率100%。

**【企业监督管理】** 2009年,广南县工商局认真贯彻落实企业注册登记法律法规和鼓励非公经济发展各项优惠政策,建立和完善规范、便民、高效、快捷的登记管理机制,依法履行登记职能,推行登记服务承诺制等服务措施,全县各种所有制经济健康发展。截至2009年底,全县注册登记有内资企业329户、注册资金15 888万元;登记注册有私营企业350户,投资者人数695人,雇工人数4 613人,注册资本69 586.70万元;注册登记有个体工商户8 066户,从业人员8 107人,资金数额24 797.11万元;注册登记有农民合作社24户,出资总额939万元,成员总数307人。

**【市场规范管理】** 2009年,广南县工商局以流通环节食品安全监管为重点,开展"诚信市场"创建活动。在市场主办单位申报的基础上,按照程序和认定标准,认定县级"1A级诚信市场"2个、"2A级诚信市场"8个,推荐上报州工商局认定"3A级诚信市场"1个、"4A级诚信市场"2个。

**【消费者权益保护】** 2009年,广南县工商局围绕"消费与发展"年主题开展"3·15"活动,加强"一会两站"建设,大力推进12315维权进社区、进村镇、进商家、进市场,拓宽消费维权领域,着力解决消费者投诉难、维权难现状。"3·15"活动中,有党政领导参加15人次,发放宣传材料1万余份,召开座谈会3次,制作宣传板块10块,张贴标语100幅,发布消费警示3条,协调移动公司发布消费知识短信1万条,公开销毁塑料购物袋42万个;受理消费者投诉(申诉)案件145件,为消费者挽回经济损失10.65万元。发布消费警示6条。支持消费者向有关部门起诉8件,接受咨询服务15 415人次,消费者投诉解决率100%。查处侵害消费者案件89件,罚没款29.91万元。截至2009年底,全县共成立消协分会18个,消费者投诉站184个。

**【食品流通监督管理】** 2009年,广南县工商局积极开展"农村食品示范店"创建活动。年内,开展专题学习8次,培训人员141人次;设立宣传点13个,悬挂布标26条,开展现场咨询服务20场次,接受群众咨询5 800余人次,举办培训班5期,在校园举办专题讲座7次,接受宣传培训师生9 470人次,现场指导市场7个、商场(超市)13个、食品经营户1 146户;检查食品经营户10 502户次,查处食品违法案件93件,罚款4.83万元,取缔食品无照经营户3户;收缴过期变质食品5 346袋(包)517.4千克;抽检食品经营户90户,检测食品样品159个,合格样品137个,合格率86.16%;创建"农村食品示范店36家;发放《食品流通许可证》311本。

**【反垄断与反不正当竞争执法】** 2009年,广南县工商局以反垄断和反不正当竞争执法为重点,加大案件查处力度,维护公平竞争。年内,查处公平交易案件5件,案值2.57万元,罚没款2.74万元。

**【广告监督管理】** 2009年,广南县工商局积极宣传广告法律法规,开展虚假违法广告专项整治,强化广告发布环节的监管,查处广告违法行为,维护广告经营秩序,保护消费者合法权益。年内,发放

《户外广告登记证》34户，监测检查各类广告244条次，查处违法广告案件2件，罚款0.5万元，收缴违法广告4 000份。

【商标监督管理】 2009年，广南县工商局认真贯彻落实全州商标战略推进工作会议精神，加强商标法规宣传；组织开展“一所一标”创建活动和云南省著名商标申报、中国驰名商标争创工作；加大商标行政保护和广告监管力度。年内，发放商标法规宣传材料5 000余份(册)；申报云南省著名商标1件，争创中国驰名商标1件，申报商标注册11件；指导商标咨询、查询25个，帮助企业办理商标续展4件。截至2009年11月，全县有注册商标24个(其中：地理标志商标8个，农产品注册商标6个，其他商标10个)。全县有广告经营户17户，有从业人员61人。

【老干工作】 2009年，广南县工商局组织38名离退休老干部学习党的十七届四中全会精神等现行党和国家的路线、方针、政策。“九九重阳节”期间，组织老干部观看法棚村新农村建设；开展虎年春节慰问活动，慰问离退休老干部，送去慰问金和慰问品价值0.7万元。在慰问过程中，向老干部通报了2009年全县工商系统开展的主要工作和取得的成效；帮老干部征订《老年人生活指南》、《老年报》、《文山日报》等报刊杂志，丰富老干部文化生活。

【信息化建设】 2009年，广南县工商局购置计算机10台、打印机9台配发给各分局(所)，2名计算机能手受州工商局表彰。开展计算机业务培训2期，参加培训70人次。做好网络维护，保障网络正常运转。完善县级数据中心，加强对“经济户口”的管理。

【消委会工作】 2009年，围绕“消费与发展”年主题，开展“3·15”宣传咨询服务和执法活动，宣传《消费者权益保护法》、《欺诈消费者行为处罚办法》等保护消费者权益法律法规，增强消费者维权意识和防范能力；创新消费维权体制，推进12315网络进社区、进村镇、进市场、进商家，完善“一会两站”建设，抓好重点商品和服务行业消费维权工作，广泛开展消费者教育活动，提升消费维权水平。

【个私协会工作】 1. 圆满完成州工商局和县政府下达的“贷免扶补”任务。在“贷免扶补”工作中，为8户创业者申请创业贷款40万元；完成帮扶成功创业者、就业者、创业导师库创建工作；聘请当地10名经验丰富、创业有成的创业能人作为创业导师，对创业者进行创业指导，做好“贷免扶补”后续跟踪服务和管理。2. 开展宣传教育活动2次，参加普法学习69人次。为会员办实事6件，发放会员困难补助资金共计2 100元。3. 积极配合文山州个私协会和文山州映象传媒公司拍摄以“锦绣莲城春意浓”为主题的宣传广南县非公经济发展的专题片。4. 在国庆期间，与县工商联共同举办了以“勇创业、同发展、庆国庆、共联欢”为主题的文艺晚会，讴歌新中国成立以来，特别是改革开放30年来广南县非公经济的发展历程和辉煌成就。

【2009年任职的局领导名单】

党组书记、局长　岳万坤

副局长　季　菲　杨　勉

纪检组长　陆贵成

## 富宁县

【概况】 2009年，富宁县工商局内设职能股室8个，派出机构有2个工商分局、4个工商所。全局有在职干部职工71人，其中具有大专以上文化52人，副科级以上干部41人，少数民族40人。局党总支下设5个党支部，有中共党员58人(含老干支部18人)。

2009年，富宁县工商局以邓小平理论和“三个代表”重要思想为指导，全面落实科学发展观，深入贯彻党的十七大精神，认真落实“四个统一”和“四项制度”，积极推进“四化”建设，努力实现“三个到位、六个好”，创新监管机制和服务方式，切实提高监管执法效能、服务水平和队伍素质，营造公平竞争、规范有序、诚信和谐的市场环境，维护市场秩序和消费安全，为富宁经济社会又好又快发展作出新的贡献。

【法制建设】 2009年，富宁县工商局共开展各种法制学习培训2次，参加学习培训140人次；向社会开展法制宣传3次，发放宣传材料1 800份；开展执法监督行动2次，回访14次，共监督检查简易案件87件，核审一般程序案件208件。

【纪检监察】 2009年，富宁县工商局开展专项督察6次、综合督察4次，例行日常督察372次，发现并纠正苗头性问题5个，整治上班迟到等普通违规行为37人次，累计扣款833.80元，扣考核分10分，发出实名制纪检监察通报13期次；工作人员拒贿累计3人次2 000元，以及金戒指1枚、高级食品1件；单位和个人为群众办实事做好事38件，其中捐助现金9 800元。2009年，富宁县工商局党风廉政建设工作荣获全州第二名。

【人事教育】 1. 深入开展学习实践科学发展观活动。扎实开展学习培训，制订了详细的学习培训计划及方案，有计划按步骤地把学习活动推向深入。共撰写心得体会文章70篇，抄写科学发展观笔记70本，局领导班子每人撰写调研文章1篇，向地方党委政府、各部门和部分服务对象以书面的形式征求了意见和建议。2. 广泛开展“三能手”岗位大练兵。认真组织开展了登记注册、执法办案、计算机操作应用岗位大练兵活动。2009年，共评出县级执法办案能手3名、县级计算机操作能手3名，县级注册登记能手2名。并推荐成绩优良的选手参加了省、州局的岗位大练兵比赛，获评州级计算机操作能手2名。

【企业注册登记】 2009年，富宁县工商局为企业股东办理股权出质登记3户，出质额1 350万元，担保债权总额7 700万元。截至2009年12月底，全县共有内资企业187户，注册资金1.4亿元。

【企业监督管理】 2009年，富宁县工商局共办理私营企业设立登记63户，截至

2009年12月30日，全县共登记私营企业313户，从业人员5 821人，注册资金6.8亿元；共办理个体工商户开业登记2 073户；共登记个体工商户7 311户，从业人员9 071人，注册资金15 935万元。

**【市场规范管理】** 2009年，富宁县工商局将辖区划分为20个监管网格，采取了一个网格、两级监管、三组互动、四级联动和五个清楚的管理层级，并在实际工作中实行一人一网和互为监督、帮助的“AB”角监管模式。通过推行“网格化”监管的新型模式，有效促进了工商工作职能的到位，进一步增强了干部职工的工作责任感和使命感。

**【消费者权益保护】** 2009年，富宁县工商局受理消费者申诉、投诉案件263件，解决263件，解决率为100%，为消费者挽回经济损失36.83万元，接待来访咨询2 818人次。同时，按照《关于实施〈消费者权益保护法〉的若干意见》，在消费者权益争议申诉的有关程序性法规未明确前，着手摸索经验，切实保护消费者的合法权益。受理的消费者赵仁美诉重庆啤酒集团柳州分公司“啤酒爆炸伤害”一案，已成功获赔26 000元人民币；王帮钟诉浙江省台州市路桥贝科特清洗机厂及富宁新源五金机电部“高压冷水机漏电致人死亡”一案也获得62 000元人民币赔偿，这是富宁县消协调解的最大一起投诉。

**【食品流通监督管理】** 1. 创建“农村食品安全示范店”25户，超额完成任务2户；创建“诚信市场”7个。2. 及时启动甲型H1N1流感疫情市场防控日报告和零报告制度，强化禽畜产品入市的检查和疫情防堵、监控工作。3. 做好《食品安全法》宣传工作，采取措施对《食品安全法》和配套法规、规章进行学习和宣传，2009年共集中学习2次，对干部和经营者开展培训5次，悬挂宣传标语6条。督促食品经营者制作悬挂宣传标语19条，张贴宣传版27张，购买宣传手册48册，发放食品宣传资料1 500份。4. 不断加大流通环节食品安全监管执法力度，集中开展了奶制品市场、打击流通环节违法添加非食用物质和滥用食品添加剂、重点食品以及季节性、节日性食品和农村食品市场等专项执法检查，均取得了很好的成效。共检查食品经营户2 668户次，查办违法经营食品案14件，查缴过期变质等食品3 212袋（瓶）、问题猪肉233.5千克。对旺仔、蝶泉、贝因美、圣元4个品牌5个系列的奶制品抽取了6个样品送云南省产品质量监督检验中心对三聚氰胺限量值进行检验。查获用无“QS”认证的食品添加剂加工蛋糕的案件一起，收缴无“QS”认证的食品添加剂43瓶（盒）。

**【广告监督管理】** 2009年，富宁县工商局共出动执法人员175人次，出动执法车辆53台次，先后对辖区41个次医疗机构和商业企业进行检查，清理违法医疗广告两条60余幅（块），办结一般程序案件1起，罚款1万元。

**【商标监督管理】** 2009年，建立和推行商标跟踪服务联系卡制度，对辖区内的企业实行分片划定、落实责任、跟踪服务，切实保护商标注册人的合法权益。开展保护商标专用权专项执法行动，查处销售侵犯他人注册商标专用权的摩托车案2件，罚款4.47万元；不断完善工作措施，积极开展“一所一标”活动，全县的商标推荐申报工作有序开展。共指导帮扶申报注册商标31件、成功申报云南省著名商标1件，超额完成商标注册帮扶工作任务，实现了历史性突破。

**【计划财务工作】** 2009年，富宁县工商局比上年支出节约经费8.83万元。全年共收取行政性收费13.37万元。

**【老干工作】** 2009年，富宁县工商局组织退休老干部，认真学习胡锦涛总书记《在纪念党的十一届三中全会召开30周年大会上的讲话》和十七大精神，把老干部的思想统一到学习实践科学发展观活动上来。认真组织退休老干部学习党的十七届四中全会精神，进一步提高退休干部对党的路线方针政策的理解。在春节、中秋节、“重阳节”等节日期间，组织开展慰问退休老干部活动，共发放慰问金12 300元，把组织的温暖和关心送到退休老干部心中。

**【经济检查】** 2009年，富宁县工商局共查处各类案件295件，其中：一般案件208件，简易案件87件，罚款140万元。查扣假冒香烟、茅台酒、“东芝”抽油烟机、燃气灶具、“SONY索尼”太阳能热水器、飞利浦家用燃气灶、“海尔阳光”太阳能热水器、“西门子”油烟机、“诺基亚”及“三星”手机、“半球”电饭煲等大量的假冒伪劣产品。同时，认真组织开展打击传销专项行动，加大了对异地聚集、拉人头式传销活动的打击，对借口销售手机软件，实质上非法从事传销活动的“香港世界通国际科技有限公司富宁世华工作室”进行了坚决取缔，此案件已移交文山州公安局经济侦察支队办理。加强成品油等重要商品市场监管，对全县的成品油市场的开展了清理整治，共查办无照经营成品油案件1件，查办销售汽车违法案件1件，处罚2.5万元。认真做好网吧、KTV娱乐场所专项整治工作，捣毁了2个擅自从事上网服务活动的地下“黑网吧”。

**【信息化建设】** 2009年，富宁县工商局共有计算机72台，人均拥有1.01台。2009年11月，全面启用了工商移动执法办公系统，为执法人员提供移动执法、网络巡查、经济户口查询、12315调度指挥、现场信息采集、远程办公等服务，拓展了工商行政管理的业务空间，有效解决现场执法中的技术、法律、业务支撑问题。

**【消费者协会工作】** 1. 消费者协会举办了一系列大规模的宣传咨询服务和专项执法活动。3月15日，联合消防、食药监、农业、畜牧、环保、国土、卫生、烟草专卖等部门，在县城富州广场集中开展了宣传咨询服务活动，累计发放宣传资料22种2.2万余册（份），受教育群众达5万余人，现场受理了2起消费申诉，并当即办结，为消费者挽回经济损失1 308元。集中销毁了香烟、食品、家电、药品、种子、农药等13大类85种的假冒伪劣商品，价值49.93万元。2. 在推进“一会两站”建设的同时，积极指导各村委会的消费者投诉站调解了5起农村“村级消费投诉纠纷”案件，当场为消费挽回直接经济损失5 810元，及时维护了广大农村消费者的合法权益。

**【个私协会工作】** 1. 充分发挥个私协会组织“自我教育、自我管理、自我服务”的三自作用，履行协会“宣传、引导、服务、协调”的工作职能。在全县个体工商户、私营企业中，积极开展法制、政策的宣传教育，在国际禁毒日、世界艾滋病日开展形式多样的宣传活动，印发外出打工预防艾滋病扑克牌防艾宣传等资料3 100份。2. 为下岗职工、大中专毕业生、复员退伍军人和残疾人解决就业鼓励帮扶从事个体私营62人。同时，帮助9名会员申请得到政府贴息扶持贷款，缓解了经营中的困难，全年共慰问困难会员20个，发放慰问金4 973元，为会员办实事26件，挽回经济损失19.63万元。

**【2009年任职的局领导名单】**
党组书记、局长　苗　勇
副 局 长　吴光合　黄仕荣
纪检组长　陈大慧

## 麻栗坡县

**【概况】** 麻栗坡县工商局有办公室、人事教育股、法制股、公平交易股、企业个体私营注册登记管理股、市场监督管理股6个内设机构，另设纪检监察室。有城关工商分局、天保工商分局、八布工商所、铁厂工商所、南温河工商所、董干工商所6个派出机构。核编71人，实有67人，本科14人、专科41人、中专9人、高中1人、初中2人；汉族45人，少数民族22人；离退休人员25人。

**【法制建设】** 1. 加强法律法规宣传。通过黑板报、有线电视、广播等媒介，广泛宣传法律法规。发放宣传材料6 800余份，张贴宣传标语50余份，接待群众咨询1 426人次，受教育群众达数千人，举办培训班16期，参训756人次。2. 把好案件质量关。全年共审核一般程序案件135件，其中：无照经营案件70件，制售假冒伪劣商品案22件，擅自发布户外广告案12件，违反公司法和公司登记管理条例案10件，经营无生产许可证电动机工具案7件，侵权注册商标专用权案6件。

**【纪检监察】** 2009年，麻栗坡县工商局紧紧围绕党风廉政建设和反腐败工作的总体要求，认真贯彻落实省、州工商系统党风廉政工作会议精神，推动党风廉政建设和反腐败斗争深入开展，层层签订党风廉政建设责任书，严格执行责任追究制。坚持预防为主，加大从源头上预防和治理腐败的工作力度。聘请行风义务监督员进行监督，多形式进行督察工作。全年明查暗访22次，查处一般违规违纪行为8件，当场予以批评教育、纠正；查处影响部门形象的行为1件。全力推行阳光政府四项制度建设，把责任政府四项制度的落实和贯彻实施阳光政府四项制度结合起来，把不作为、乱作为、严重损害群众利益等行为作为问责重点，把行政许可事项集中、与人民群众生产生活密切相关的部门和“窗口”单位作为督查对象，明确了网络查询管理员和96128政务专线信息联络员，在县局建立了内部网站，开设了“阳光工商”、“重大决策听证”、“重要事项公示”、“重点工作通报”和“政务信息查询”专栏。

**【人事教育】** 1. 抓好干部职工政治理论和业务知识的学习。全年共组织干部职工学习21期次，培训530余人次。2. 认真组织开展学习实践科学发展观活动。通过“学习调研”、“分析检查”、“整改落实”三个阶段学习和实践，干部思想认识有了深刻转变，增强了党的组织信念、纪律观念。工作作风明显转变。3. 开展岗位练兵。采取教育、培训、个人自学等方式，不断提高干部职工队伍的思想和业务水平，全员开展了计算机操作技能、执法办案员、市场巡查员、注册登记员和执法办案能手考试。4. 推进工商所（分局）规范化建设。制定了《文山州麻栗坡县工商行政管理局工商所规范化建设实施方案》下发各股（室、队）、工商所（分局）执行。建立完善了《学习制度》等14个内部管理制度、《案件讨论制度》等25个业务工作制度和各项工作流程。

**【企业注册登记】** 截至2009年底，麻栗坡县登记注册的内资企业共有155户（法人企业49户、营业企业106户），注册资本（金）238 770万元；国有企业37户，注册资金3 049万元；集体企业26户，注册资金4 809万元；股份合作企业4户，注册资金276万元；有限责任公司88户，注册资金230 636万元。

**【企业监督管理】** 2009年，麻栗坡县工商局全面贯彻落实云南省委、省政府《关于加快非公有制经济发展的若干意见》及省工商局《关于贯彻〈中共云南省委、云南省政府关于加快非公有经济若干意见〉的实施办法》的各项政策规定，积极支持个体私营经济发展。2009年底，全县登记注册的私营企业279户，注册资金68 393万元，从业人员4 243人；个体工商户4 566户，注册资金11 421.99万元，从业人员6 595人。

**【市场规范管理】** 2009年，麻栗坡县工商局围绕整顿和规范市场经济秩序这一中心工作，开展“红盾护农”行动，强化合同、农村经纪人、农民专业合作社监管，组织开展了食品安全、“节日”、农资、塑料购物袋等市场专项整治及“守重企业”申报、诚信市场、农村食品安全示范店的创建工作。创建23户“农村食品安全示范店”，查处农资违法违章案件10件，案值7.70万元，罚没金额2.99万元，没收查扣农药59.68千克、肥料3 200千克，培育农村经纪人127户，发展农民专业合作社8户，走访12家涉农企业，推广10种涉农合同示范文本210份，检查合同5 460份，没收塑料购物袋99 150个，罚没金额0.51万元。评出县级“守合同、重信用”企业17户，办理动产抵押登记8件，抵押物价值33 712万元，主债权金额12 196万元，创建县级“诚信市场”2个、州级“诚信市场”1个。

**【消费者权益保护】** 2009年，麻栗坡县工商局加强“一会两站”建设，搭建12315平台，不断提升“12315”服务效能，以纪念“3·15”国际消费者权益日为契机，围绕“消费与发展”年主题，组织开展消费维权系列宣传咨询服务活动。积极向县委、县政府汇报，争取县委、县政府对“一会两站”规范建设工作的支持。通过完善系统内部维权网络，方便快速地受理基层消费者的申诉、举报。在县局建立了“12315”消费者申诉举报中心，各工商所（分局）建立了12315”消费者申诉举报工作站。共建立了11个消协分会、100个消费者维权站、100个12315联络站。2009年，共受理消费者申诉37件，成功调解37件，为消费者挽回经济损失72 188万元。

**【食品流通监督管理】** 1. 加强学习培训。认真宣传《食品安全法》，投入经费3 000余元，举办培训班16期，参训756人次，发放宣传资料2 800余份。2. 做好食品流通许可证发放工作。共办理食品流通许可83户。3. 以节日市场和边境市场为重点，开展食品安全整治，严防重大食品安全事故的发生。共出动执法人员775人次、车辆198台次，检查市场93个次，检查食品经营户2 583户次。取缔无照经营4户、摊点9个，查获病害猪肉149千克，查获食品案件23件，罚款8 500元，没收销毁过期水果罐头49瓶、过期饮料19瓶、火腿肠9根、沙琪玛米花6盒、真可以蛋卷8包(90克)、劣质白酒162千克、多味瓜子21包，营养快线6瓶，优先乳7瓶、各种小食品21千克。

**【反垄断与反不正当竞争执法】** 2009年，麻栗坡县工商局深入开展治理商业贿赂工作。大力宣传商业贿赂行为的社会危害和国家有关治理商业贿赂的法律法规，提升全社会自觉抵制商业贿赂的意识，营造良好的执法环境和社会氛围，推进治理商业贿赂工作深入开展。

**【广告监督管理】** 1. 开展对广告经营单位和在有效期内的户外广告的检查。全县共有兼营广告业务的经营单位9户，从业人员25人，广告经营额31万元，领取《广告经营许可证》的广告经营单位1户，从业人员4人，符合经营资格检查。有效期内的户外广告5户，有3户已撤除。2. 做好户外广告登记。2009年共登记户外广告51户，户外广告营业额38万元。3. 严厉打击虚假违法广告。检查市场25个次，检查商店332户次，出动车辆14台次，出动人员68人次，检查户外广告56条次，进行广告监测82条次。查处广告违法案8件，罚款1.45万元。

**【商标监督管理】** 1. 申报培育云南省著名商标。全县共有注册商标20件，其中正常使用8件，注册人已歇业注销而未使用的7件，失效的5件，拟帮扶推荐“老山”、“瑶君山”、“强马”争创云南省著名商标。2. 开展“一所一标”活动。全年帮助指导企业注册了“华嘉莲”、“云纯”、“雪绵”、“老山琼琳”（两件）和“怀能”6件注册商标。3. 开展打击“傍名牌”保护注册商标专用权专项执法行动。共出动人员68人次、车辆36台次，检查市场25个次，检查商店410户次，检查各类注册商标500余件次，查处商标侵权假冒案件5件，案值0.66万元，罚款0.8万元。

**【计划财务工作】** 2009年，麻栗坡县工商局认真执行财务管理有关规定，进一步规范和完善会计核算及财务收支行为，加强财务信息化管理，建立健全干部职工（含离退休人员）身份、工资信息，单位车辆、房屋信息，做到底子清，情况明；健全财务管理、固定资产管理、票据管理、车辆管理等内部控制制度；抓好增收节支工作，降低行政执法和机关运行成本，提高资金使用效率，加强政府采购工作，按照省政府办公厅规定的政府集中采购目录及采购限额标准，规范采购行为；严格票据领用、结报、缴销制度，确保行政性收费和罚没收入及时足额上缴，杜绝坐支、挪用、贪污等行为。

**【基本建设】** 2009年，麻栗坡县工商局抓好县局和城关分局办公楼、天保分局、八布工商所办公综合楼三个项目的建设管理工作，成立基本建设领导小组，确定专人重点抓好质量管理、安全管理和廉政管理。县局和城关分局办公楼项目已竣工验收投入使用，天保分局、八布工商所办公综合楼两个项目正在建设之中。

**【老干工作】** 2009年，麻栗坡县工商局认真贯彻执行党和国家有关老干部管理工作的方针、政策，广泛学习宣传党和国家有关老龄工作的方针、政策和《老年人权益保障法》等，对离退休老干部政治上给予关心，生活上给予照顾。共看望因病住院的离退休人员5人次，走访离退休老干部46人次，送去慰问信27封，发放慰问金6 000余元。

**【经济检查】** 2009年，麻栗坡县工商局加大执法力度，深入开展整顿和规范市场经济秩序，严厉打击各类违法经营行为，开展了打击传销、“扫黄打非”、“两烟”打假打私、非法行医等专项执法行动。全年共查获一般程序案件135件、简易程序案件121件，收缴罚没款651 121元。查获淫秽光碟27片，查处黑网吧1户，没收假冒红河烟28条，取缔无证流动牙医摊点4个、游医游贩摊点12个，没收过期爱偌螨清乳油30瓶、过期农药581瓶（袋）、过期油漆44桶、假冒化肥78包、89文化衫17件、电视接收设施5套、降频器9台、天线10台、电视接收机7台，假冒康佳贵族电视机7台。

**【信息化建设】** 1. 加大硬件建设，筹集资金配备办公电脑设备，麻栗坡县工商局干部职工电脑配备达到人手一台。2. 强化计算机应用，积极组织干部职工开展计算机操作运用比赛，并积极参加省、州局组织的计算机竞赛，提高计算机操作运用水平。3. 搭建信息平台，在县局建立了局域网。

**【个私协会工作】** 2009年，麻栗坡县个私协会抓好自身建设，积极为会员做好事、办实事、解难事。走访会员1 800余户，慰问受灾会员1户，送去慰问金1 000元，帮助会员解决困难5件，维护会员合法权益2件，为会员挽回经济损失近2 000元。发放宣传材料2 000余份，举办宣传专栏4期，上门为会员宣传和窗口接待咨询服务累计2 000人次，向有关部门提出改进意见1条，深入会员走访调研一次，为5名申请人获得贷款，推荐8人创业导师，为5名申请“贷免扶补”的创业人员介绍了一对一的创业导师。加强协会党建工作。全县219户私营企业中，36户有党员，共有党员252人；11户企业建立党支部，建立党支部11个（联合建支部3个），有党员195人；有党员而未在该企业中建立党支部的企业有25户，共有党员57人，个体工商户中有党员104人。

【2009年任职的局领导名单】

局　　长　张成勇
副 局 长　贺成艳　韦宗斌
纪检组长　刘宏文

## 普洱市

【概况】 普洱市工商系统有市局机关内设职能科室11个、群团组织办事机构3个、直属分局1个；派出县局级机构10个，县局级机关内设股室60个、群团组织办事机构20个、分局16个、工商所21个。全市工商系统共有在职人员702人，其中：公务员592人、工人11人、事业（群团）人员99人。学历结构：大专以上学历616人，占在职人数的87.74%（其中：本科及以上249人，占35.47%；专科367人，占52.27%）；高中、中专学历73人，占10.39%；初中及以下学历13人，占1.85%。现有基层党组织33个，其中党总支6个、党支部27个，共有中共党员425人（含离退休人员中的党员）。市工商局机关有干部职工75人；全市工商系统有离休人员19人、退休人员219人。

全市辖区内有222个集贸市场、2 373户内资企业、49 376户个体工商户、3 051户私营企业、94户外资企业；有570件注册商标、26件云南省著名商标。

【法制建设】 1. 认真组织开展执法业务学习活动。开展了对《食品安全法》和《食品安全法实施条例》的学习、《行政复议法》实施十周年的纪念与学习宣传活动，参加了各种“五·五”普法学习考试宣传活动。2. 坚持开展各项执法监督工作。完成了2008年度年终综合考评行政执法案卷评查情况的汇总、分析、归纳、通报等后续工作，并组织纪检监察、公平交易、商广等监管执法机构，开展了行政执法案件回访工作，对普洱市工商系统2007年~2009年6月期间的110件案件进行了回访。认真做好了2009年度执法检查工作。组织制定了《涉案财物管理规定》。坚持实行行政处罚案件核审制度、规范性文件审核制度等执法监督制度。全市工商系统无行政复议案件。3. 积极支持服务监管执法工作。制定了《关于进一步提升基层监管执法工作规范的指导意见》。提出了《关于防范和处理生产经营环境污染纠纷的意见》。4. 六项重点工作推进和四项制度执行情况。制发了《普洱市工商系统重大决策听证制度实施细则》及《普洱市工商系统重大决策听证制度实施办法》，执行情况良好。

【纪检监察】 2009年，普洱市工商系统共签订党风廉政建设责任书137份。党风专题教育受训1 350人次、警示教育受训918人次、先进典型示范教育受训762人次。设立廉政文化宣传专栏14个，张贴宣传资料106幅，开展廉政文化活动51次，1 610人次参加，悬挂廉政格言警句260余条。进一步修订完善了廉政风险点管理、非工作时间监督管理、行政督察工作等10个制度。查找出12个廉政风险点及其主要表现形式，制定防范措施62条。全市工商系统纪检监察机关共受理各类信访举报3件，给予行政记大过处分1人，给予澄清有关问题2件2人。共制定“阳光政府”四项制度细则、办法33个，制定措施30个，开展阳光政府四项制度全面检查45次，开通了96128专线和网上查询，公示重要事项25次，通报重点工作32次，开展六项重点工作督查52次。

【人事教育】 1. 圆满完成学习实践科学发展观活动。市、县（区）局分别开展了科学发展观全员集中培训，开展了“我为工商科学发展、科学监管建一言”建言活动，共收集到87条建言。组织市局机关、思茅区工商局全体干部职工共160余人到普洱监狱开展警示教育活动。制作了35块廉政文化警示教育宣传牌。在全市工商内网上开辟了学习实践科学发展观活动专栏，刊载相关信息30余条，点击700多人次；开办黑板报4期，发表学习心得24篇，供干部职工交流学习，营造了良好的学习氛围；全市工商系统共参加学习培训1 223人次。举办专题辅导25场次，参加骨干培训214人次，邀请系统外专家学者授课21人次，组织系统内先进典型经验介绍14人次，干部职工撰写学习体会698篇。2. 选拔5名县（区）局领导赴上海学习培训；选送1名市局领导、5名县（区）局长、1名分局长到深圳参加培训；选派市、县（区）工商局中层干部和业务骨干共200多名到昆明市进行为期3天的跟班学习；组织基层一线执法人员到省内先进地区考察学习。3. 开展岗位大练兵、大比武活动。通过层层考试，共选拔出注册登记能手8名、计算机操作能手10名、执法办案能手25名。4. 下发了《普洱市工商局加快工商所规范化建设实施方案》、《普洱市工商局工商所（分局）基础建设规范》，确定了试点单位。于11月9日，在宁洱县梅子工商所和思茅区城南分局召开全市工商系统规范化建设现场会；各县（区）局申报达标的单位达15个，完成年初申报计划的150%。

【企业注册登记】 1.2009年，全市登记注册的内资企业2 188户（企业法人665

户),注册资金325 801万元,其中:国有企业527户(企业法人196户),注册资金58 165万元;集体企业869户(企业法人243户),注册资金27 158万元;股份合作企业84户(企业法人31户),注册资金14 653万元;公司696户(企业法人192户),注册资金223 144万元;其他企业12户(企业法人3户),注册资金2 681万元。2. 2009年,全市共办理企业开业登记128户,注册资金14 582万元;办理企业注销146户,办理吊销企业营业执照187户;全市上门年检95户,年检率达90.90%。3. 全年共走访企业297户,召开座谈会60次,以创业促进就业177人,为下岗再就业人员、退伍军人、高校毕业生开辟绿色通道,提供优质服务。4. 全市共办理股权出质登记8件,出质股权数额3 656万元,担保债权数额11 600万元;办理股权出质注销登记3件。

**【外商投资企业注册】** 1. 登记注册情况:2009年普洱市外商投资企业在册户数65户(中外合资企业7户、中外合作企业3户、外商独资企业18户、外商投资企业分支机构37户),投资总额34 507.9万美元,注册资本17 405.17万美元,外方认缴额11 031.59万美元。全市年内新发展外资企业4户。2. 个资企业年检情况:2009年全市应检外资企业93户,实检92户,年检率98.9%,年检期间注销备案企业2户,网上年检率达100%。

**【企业监督管理】** 1. 个体私营经济基本情况:2009年,全市注册登记的有个体工商户49 376户,有从业人员116 315人,注册资金167 137万元;有私营企业3 221户,从业人员共74 012人,注册资金573 993万元;有农民专业合作社113户,出资总额5 755万元,成员总数2 466人。为下岗职工、高校毕业生办理工商执照提供开业指导、政策咨询服务及办照的绿色直通服务980户。2. 按时完成验照、年检工作。已验照的个体工商户38 175户,验照率91.7%;查无下落的个体工商户89户;查处违反个体工商户登记法律、法规行为168件,罚款1.22万元。私营企业年检2 636户,年检率90.64%。3. 开展各项专项行动工作。开展查处取缔黑网吧专项行动,查获无照经营黑网吧19户,查扣电脑158台,立案查处11件,罚款4.27万元,查处取缔黑网吧10户。积极做好对含有"八一"字样的企业名称进行了清理和规范工作。在"三电"专项行动中,全市共出动执法人员260人次,检查经营收购生产性废旧金属物品296户,规范经营废旧品经营户23户。

**【市场规范管理】** 1. 2009年"两节"市场监管工作:全市工商系统共出动检查人员502人次,出动检查车辆120台次,检查市场、经营户4 469户。2. 烟花爆竹市场监管工作:共出动执法人员293人次、车辆103台次,检查经营户632户,派出检查组43个,查处无经营许可证29件。3. 禁塑工作:共出动执法人员483人次、车辆65台次,检查集贸市场125个、超市6个,检查经营户7 646户,扣留不同规格塑料购物袋120余万个。4. 甲型H1N1流感防控工作:于5月1日起按照要求按时向省局和地方政府执行零报告制度和周报告制度。5. 活禽和活体鸟类经营市场专项整治工作:共出动执法人员356人次,出动执法车辆87台次,检查活禽市场26个。6. 建立市场监管信息定期分析报告制度。制定了《关于建立市场监管信息定期分析报告制度实施方案》,在思茅区五一集贸市场建立了农副产品和农资价格信息监测点,已向上级主管部门和当地党委、政府和相关部门报送农副产品和农资价格信息分析资料共24期。7. "诚信市场"创建工作:已经创建县级诚信市场和在红盾网及相关媒体公示的市场(包含商城、超市)24个。

**【消费者权益保护】** 1. 全面完成"问题奶粉"患儿赔偿工作。全市共赔偿患儿187人,赔偿金额40.2万元。2. "3·15"宣传咨询服务活动效果显著。全市各级消费者协会共出动工作人员450人次,出动宣传车辆230台次,在城市和农村共设立宣传咨询点58个,悬挂宣传标语160条,展出假冒伪劣商品30多种,销毁假冒伪劣商品标值89万元,现场发放各种宣传材料6万余份,消协、质量技术监督、烟草专卖、食品药品监督、卫生等有关部门为消费者提供咨询服务1 900人次,现场受理消费者投诉25件,为消费者挽回经济损失1.2万元。3. "一会两站"规范化建设工作稳步推进。全市已建立消协分会103个,已建立消费者投诉站和12315联络站521个。4. 2009年,共受理消费者有关商品和服务消费的投诉399件,调解消费投诉成功率达99.5%,为消费者挽回经济损失134.5万元,接待咨询4 192人次。

**【公平交易】** 2009年,普洱市工商系统共查处经济违法违章案件4 411件,案值1 647万元,罚没收入310.26万元。1. 反走私工作:共出动车辆180台次,出动检查人员802人次,检查经营户3 180户,立案查处案件27件,没收外国红牛饮料43 622听,没收外国食用植物油1 620瓶,没收外国倒卖84毫米软大丰收卷烟150条,没收非法卷烟制品253条。2. "扫黄打非"工作:共出动车辆274台次、检查人员1 186人次,检查各类经营户3 006户次,检查书店、摊点1 726户次,检查音像制品店326户次,检查文化娱乐场所74个次,检查印刷、复制经营户171户次,没收淫秽图书24册,查获收缴低俗音像制品1 881张(碟),查获收缴"六四"文化衫66件、挂包1个,查获非法出版物923本,取缔黑网吧1个,查获使用人民币图案的橡皮擦25盒,查获儿童搞恶卡35盒,收缴复制音像制品459张(盘),收缴少儿版人民币8张、卡通类非法出版物923本,没收盗版小学生教材和辅导教材623册,立案查处案件17件,罚款2.25万元。3. 打击傍名牌工作:共检查经营户584户,查处案件5件,收缴假冒贵州茅台酒44瓶,收缴茅台内供酒134瓶,收缴假冒红星二锅头酒159瓶等。4. 打击传销工作:开展打击传销百日联合执法行动,共出动执法人员438人次,印发宣传材料8 921份,开展宣传活动17次,张贴宣传画1 000张,检查市场45个,检查出租房86户,检查宾馆125个,检查茶楼23个。5. 直销专项检查:全市出动执法人员155人次、车辆38台次,检查门店76户。

【广告监督管理】 1.2009年,全市广告经营单位有113户,有从业人员415人,广告经营额1 817.22万元,上缴利税145.37万元,年检率达100%。2. 上报参加全国优秀公益广告活动作品4件(广播3件、户外广告1件)。3. 加强食品药品广告整治,共出动执法人员280人次、车辆46台次,共检查监测各类广告2 344条次,查处违法广告案件90件,罚款10.17万元,责令停止发布广告41条。4. 进一步加强固定形式印刷品广告监督管理工作,共对辖区内的书店、报刊、图书出租店等76个点进行检查。5.9月8日~18日,对普洱市、昆明市两地工商机关广告监管工作开展情况和广告市场情况进行了交叉检查。

【商标监督管理】 2009年,普洱市工商系统新培育、扶持和帮助申报中国驰名商标2件,申报云南省著名商标6件;成功帮扶注册了"墨江紫米"证明商标。全市37个工商所(分局)共帮扶58户市场主体新申报注册商标66件,截至2009年12月31日,全市共有注册商标570件,有云南省著名商标26件。

【计划财务工作】 2009年,普洱市工商局制定了《普洱市工商局机关经费开支管理制度》;对6个县(区)局进行了内部审计;全市行政性收费完成118.41万元,超额完成了全年行政性收费预算;完成罚没收入310.26万元,超额完成了全年罚没收入预算,行政性收费收入和罚没收入均已按时全额上缴。

【基本建设】 2009年,完成了景东县局、宁洱县勐先工商所2个办公楼建设项目;新立项镇沅县恩乐工商分局、墨江县泗南江工商所2个办公楼建设项目;恢复动工景谷县局办公楼建设项目。对全市工商系统8个竣工项目进行了工程决算审核和工程财务审计。制定了在建工程的月报表制度,拟定上报了《工程建设投资、建设规模控制责任书》、《工程建设安全生产责任书》、《工程质量责任书》、《工程建设项目廉政责任书》。

【机关党建工作】 2009年12月,普洱市工商局成立了机关党总支委员会,建立了老干支部等四个党支部。

【老干工作】 2009年,市、县(区)工商局都成立了离退休人员管理工作领导小组,将老干部工作纳入了年度考核。组织30名离退休人员参加了省局的疗养。出台了《普洱市工商行政管理系统老干部管理信访工作制度》。关心体贴老同志,落实好政治、生活待遇。市局退休人员成立了老干部活动小组,并率先在普洱市直机关中开展对75岁以上老干部定人定期跟踪服务活动。

【信息化建设】 2009年,普洱市工商局大规模组织开展了全市工商系统的办公自动化软件学习培训活动,正式启用了"政务业务一体化软件";投入资金52万元,于9月建成了全省工商系统第一个远程视频会议系统,并先后召开了国庆中秋节日市场监管工作部署、预防职务犯罪视频专题讲座、食品流通许可培训、市局领导述职述廉等视频会议;全市工商系统于11月启用了移动执法终端。

【个私协会工作】 1. 个体私营经济组织发展状况:全市注册登记的个体工商户49 376户(个私会员44 438户,比上年同期增加17.48%,入会率达90%),私营企业3 221户(个私会员2 770户;比上年同期增加6.87%,入会率达86%)。2. 开展"基层组织建设年"活动,推进协会组织机构建设。全市各级协会共选送上报基层典型经验材料2篇(澜沧协会1篇、景东协会1篇),推荐上报基层协会先进单位1个(景东县个私协会)。3. 上报的两户会员企业(普洱淞茂医药有限公司济安堂大药房连锁十一店、云南省金孔雀客运有限公司乘务队)被评为省级"青年文明号"。4. 共录入创业导师131人。5. 开展扶贫济难工作,全市各级个私协会共走访155户困难群众,捐献帮扶资金18 670元。看望和慰问困难会员42户,发放慰问金37 060元。6. 认真做好了全市非公有制企业党建工作,全市共有个私协会党支部3个、个私企业经济党组织80个,有在册党员2 896名、流动党员279名。7. 认真开展鼓励创业"贷免扶补"工作和建立"高校毕业生就业见习基地"的工作。全面完成扶持创业50人帮扶贷款的工作任务目标,共为创业者成功申请贷款250万元,同时带动就业186人。建立省、市两级高校毕业生就业见习示范基地5个(省级1个、市级4个),每年能为150名以上的高校毕业生提供50个以上的专业岗位,见习期限为3~12个月。

【大事记】

△5月18日~26日,省工商局赵健副局长率省局第二督查调研组到普洱市局就贯彻落实全省工商行政管理工作会议的情况进行检查、指导。

△9月15日,普洱市工商局投入资金52万元建成普洱市工商系统视频会议系统。

△9月16日,省工商局刘本军副局长一行到江城县嘉禾乡"省工商局扶贫挂钩点"—南旺村开展扶贫工作调研。

【2009年任职的局领导名单】

党组书记、局长　普祖武(~2009.04)
赵书华(2009.07~)
副局长　张治国　赖之雄
张海燕(2009.02~)
纪检组长　雷　洪

## 思茅区

【概况】 思茅区工商局共有干部职工122人,其中:离退休29人、在职93人,在职人员中,有公务员72人、工人21人;具有大学本科学历的50人、大专学历36人、中专及以下学历7人。局机关内设纪检室、办公室、人教股、法制股、公平交易股、市场股和注册登记管理股共7个股室;下设城北分局、城南分局、思茅港分局3个派出机构;代管个私经济协会和消费者协会2个群众团体。全局设一个党总支,辖4个党支部,有党员62人,其中有在职党员46人、离退休党员16人。

2009年,思茅区工商局认真学习实

践科学发展观,全面落实区委、区政府和上级工商行政管理机关的工作部署,结合实际,找准定位,强化措施,各项工作顺利有序开展,为维护思茅区和谐的生产、经营、投资和消费环境,促进社会经济又好又快发展作出了积极贡献。

【法制建设】 1. 狠抓法律知识培训,先后4次组织学习了法学基础理论、《工商行政管理机关行政处罚程序规定》、《工商行政管理机关行政处罚案件听证规则》、《食品安全法》、《食品安全法实施条例》、《食品流通许可证管理办法》、《流通环节食品安全监督管理办法》等法规和制度。2. 积极开展执法办案能手竞赛活动,评选出区局执法办案能手13名,推荐5名同志参加市局执法办案能手竞赛活动。3. 对执法人员的执法资格重新进行审定,采集区局72名执法人员相关信息,并录入国家总局执法证管理系统。4. 协助各执法办案单位,做好对违法行为人的警示与疏导工作。5. 2009年,全市工商系统共核审一般程序案件111件,无行政复议、行政诉讼、行政赔偿案件发生。

【纪检监察】 2009年,思茅区工商局以科学发展观为统领,全面加强干部作风建设和党风廉政建设工作,积极推进廉政文化建设,为各项工作的开展提供有力的纪律保障。1. 加强了政治思想、职业道德及勤政廉政教育的宣传、培训和学习,重点学习了党的十七届四中全会精神,增加制作廉政警示格言宣传画25幅,为职工发放廉政读本93本。2. 抓好正反典型教育,开展了"加强党性修养、弘扬新风正气"作风教育活动,参加了市局统一组织的预防职务犯罪警示教育活动,组织干部参观了普洱监狱。3. 加强制度建设,针对公车使用混乱和公车私用的问题,重新修订《车辆管理制度》,加大对《政治业务学习》、《着装纪律规范》、《上下班签到制度》落实情况的督察。4. 强化纪检监察机构,健全完善副科级以上干部的廉政档案,及时查处违纪违规行为,发挥内部纪检监察作用,在全局开展跟踪督察,防患于未然。5. 重点对工作作风、工作纪律进行督促检查、通过建章立制及督促检查,规范干部职工工作纪律及行为。2009年,开展督察40次,出动督察人员71人次、车辆31台次。接受政务信息查询10人次,重要事项公示3次,重点工作通报7次。

【人事教育】 2009年,思茅区工商局深入开展学习实践科学发展观活动。在历时5个多月的学习实践活动中,采取有效措施,广泛动员广大党员和干部职工积极参与。认真落实"十三个一",进行深刻理性的分析检查,将"四个环节"的工作做到位、做扎实。明确整改应达到的5项预期目标和整改的6项主要内容及17项整改措施,确保整改落实取得实效。做好后备干部人选的补充调整,完成了对城南、城北分局长考察认定工作。做好全局人员工资晋级、升档的日常管理和人事报表上报工作。

【企业注册登记】 2009年,全区有内资企业272户(其中:国有企业51户、集体企业137户、股份合作企业10户、公司74户),注册资本18 973万元;有农民专业合作社22户,成员总数323人,出资总额1 290万元。内资企业应参加年检269户,实检258户(含期间注销户数22户),其中企业法人实检104户,营业性企业实检154户。企业销售(营业)收入36 995万元(其中服务营业性收入13 577万元);纳税总额2 764万元,资产总额247 079万元,负债总额227 264万元,利润总额2 378万元,净利润1 365万元,净亏损1 609万元。受理企业名称核准预先登记69户,办理内资企业开业登记26户、办理变更36户,办理注销24户,办理农民专业合作社登记12户。

【企业监督管理】 2009年,思茅区个体工商户应参加验照7 598户,按时通过验照6 931户,注销歇业526户,未参加验照141户,验照率为98%;私营企业应参加年检627户,按时通过年检602户,未参加私营企业年检25户,年检率为96%。

在注册登记管理工作中,加强政策上的引导,积极支持符合国家产业政策的各类企业发展,大力鼓励和发展非公有制经济。2009年1~11月底,为665名下岗失业人员减免注册登记费、变更登记费共计13 524元。

2009年1~11月,共办理个体工商户注册登记3 277户、变更登记1 380户、歇业注销1 059户;办理私营企业注册登记132户、变更登记116户、歇业注销28户;截至2009年11月20日,全区共有在册个体工商户9 816户,从业人员34 456人,资金数额44 772万元;有私营企业731户,投资者人数1 278人,雇工人数13 012人,注册资本53 185万元。

【市场规范管理】 1. 深入开展红盾护农工作,进一步加强和完善农资市场日常监管。严把农资市场主体准入关,加大农资市场专项整治,开展季节性、专项性执法行动,重点加大对种子、化肥、农药等农业生产资料市场监管力度,严厉打击生产销售假冒伪劣农资行为;认真落实"两账两票"、"一书一卡"、"种子留样备查公示"、"农资质量监测"等制度,规范农资经营行为;与132户农资经营户签订《农资诚信经营和商品质量责任书》共132份,明确农资生产经营责任;坚持和完善各项农资市场监管制度,积极引导农资企业和经营者建立健全内部管理制度,检查和督促农资经营企业按规定要求建立和完善各类农资生产、经营台账;在行业内部推行守法经营、质量公开承诺制,推进农资企业诚信建设,加强对农资经营单位和经营户的信用分类监管。2. 全面建立和完善农副产品和农资价格每日监测、每周分析报告制度,建立起农副产品和农资价格每季度分析报告和市场监管信息定期分析报告制度。3. 组织开展"1A、2A级诚信市场"考核、认定、公示工作。截至2009年11月13日,已考核、认定公示"2A级诚信市场"8个。4. 2009年7月15日全面完成了10个商品交易市场信用分类认定工作,其中:B级类别7个、D级类别3个,无A、C级类别。5. 开展化肥专项执法集中打假,严厉打击违法经营行为。6. "禁塑"工作取得明显成效。2009年开展专项清理整治行动5次,下发《限期整改通知书》103份,依法查扣收缴各种类型型号塑料购物袋69.7万个,查处经营销售塑料购物袋案件8起。7. 认真做好动产抵押登记工作。共办理动产抵押登记23起,借款金额8 733.3万元,抵押物价值36 578.78万元。8. 做好甲型H1N1流感疫情的市场防控工作,加强重大动物疫情市场防控,严防非法入境畜禽及其产品流入市场。

**【消费者权益保护】** 1. 2009年,思茅区工商局努力提升12315服务效能,热情为消费者服务,消费者权益保护工作取得了显著成效。全局共接待消费者咨询94人次,受理申诉114起,为消费者挽回经济损失47.98万元。2. 加强元旦、春节等重大、传统节日前的市场专项检查工作,2009年,思茅区工商局将城郊结合部各大超市、集贸市场、批发市场作为检查重点区域,将食品安全、虚假广告、制售假冒伪劣等违法行为作为检查的重点内容。认真组织节日食品市场专项检查工作6次,共出动车辆28台次、工商执法人员78人次,检查集贸市场47个次、超市25个次、食品经营门店1 600户次,取缔无照经营25户,当场销毁过期饮料、罐头、饼干等食品283瓶(袋),查扣无中文标识、无质量检验报告的"REDBULL"饮料3 552听、涉嫌假冒的瓶装酒733瓶。3. 以农村食品市场、农资市场为执法重点,结合家电下乡政策,采取有效措施,组织开展农村食品市场检查暨"家电下乡"、"汽车摩托车下乡"市场专项整治3次,出动执法人员12人次、车辆4台次,检查家电、摩托车经营户30余户次。4. 组织开展农村食品安全示范店的创建工作。有28户严格执行食品管理各项制度的经营单位被授予"农村食品安全示范店"称号。

**【食品流通监督管理】** 1. 开展《食品安全法》宣传工作。累计发放《食品安全法》2 000余册、国务院《关于加强食品等产品安全监督管理的特别规定》1 500余份,引导并督促1 700余户经营户建立健全《进货检查验收制度》、《索证索票制度》、《不合格食品退市制度》等五项制度。2. 全面开展《食品流通许可证》办理发放工作,共受理办证申请168户,其中正在审查39户、准予核发121户、驳回申请8户。3. 组织开展打击流通环节违法添加非食用物质和滥用食品添加剂专项检查2次,出动工商执法人员10人次、车辆4台次,加强食品添加剂经营户的日常巡查,督促食品添加剂经营户建立完善索证索票、进(销)货台账制度和不合格食品添加剂退市制度;检查食品添加剂标签是否符合《食品安全法》相关规定;对2户擅自在食品中添加非食用物质的经营户进行立案查处,没收非食用物质20千克,罚款1.6万元。4. 开展学校周边食品安全专项整治工作。共出动车辆2台次、工商执法人员6人次,检查学校周边的食品经营门店32户,取缔无照经营3户,当场销毁过期饮料、三无食品24瓶(袋)。2009年,共查办制售假冒伪劣食品案件28件,执行罚款5.27万元。

**【反不正当竞争执法】** 2009年,思茅区工商局依照《反不正当竞争法》的有关规定,深挖案源,加大反不正当竞争执法力度,努力实现反不正当竞争执法工作新突破。全年共立案查处反不正当竞争案件2件、执行罚款0.4万元。

**【广告监督管理】** 2009年,思茅区工商局依法审批登记户外广告208个,其中:展示牌102个、布标2个、公交车载体36个、灯杆(箱)20个、墙体42个、喷绘4个、电子显示装置2个。

**【商标监督管理】** 1. 加强商标日常监管,继续深入开展保护注册商标专用权行动,严厉打击和查处各种商标侵权行为。积极帮助知名商标跨地区开展打假维权。2009年,共查处侵犯注册商标专用权案9件,罚款3.5万元。2. 努力做好辖区内注册商标数据资料的统计工作,建立健全各类商标工作档案,积极引导各类市场主体增强商标意识,实施商标战略,提升产业素质和市场竞争力,并回访获得云南省著名商标的企业,鼓励企业争创中国驰名商标。3. 充分发挥商标监管执法的服务作用,加大对土特产品、农产品商标的培育。在"一所一标"、"一所多标"活动中,制定和推行"三书一卡"制度,对特色农产品开展调查,并帮助指导农产品商标申请人申请注册商标。2009年全区共帮助指导企业申请注册商标16个,已被国家工商总局商标局受理7个。

**【计划财务工作】** 1. 严格执行"收支两条线管理的规定,抓好行政性收费工作。2. 认真落实各项减免收费优惠政策,2009年,减免注册登记费、变更登记费共计13 524元。3. 严格按照物价部门核定的收费项目、收费标准、收费范围收取行政性收费,足额上缴。4. 完成2008年财务结算和2010年部门预算工作。5. 做好经费分配,保障全局工作顺利开展。

**【基本建设】** 2009年,思茅区工商局在上级工商部门的支持和指导下,大力推进基层规范化建设。投入资金43.62万元,对城南分局办公楼进行维修、改造,统一标识,统一模式,制作了办公室标识牌、工作流程图、宣传橱窗、仪容镜、岗位公示栏、政务公开栏、增设服务大厅滚动电子显示屏,改善了基层分局的办公环境,从硬件上为城南分局规范化建设、推进网格化监管打下了良好的基础。2009年,城南分局作为普洱市工商系统基层规范化建设的先进单位,接待了全市28个基层工商所(分局)长的现场观摩指导和学习交流。

**【老干工作】** 截至2009年,思茅区工商局有离退休人员29人,占全局总数的23.8%。一年来,思茅区工商局全力实践"团结务实、敬老服务、创新发展"的工作理念,进一步落实老干部政治待遇,加强离退休老干部党支部建设,积极开展老干部的管理和服务工作。1. 成立离退休人员管理工作领导小组,由局长亲自分管老干部服务工作,并由两名政治素质和业务素质过硬的工作人员负责联系老干部,及时掌握、研究、解决离退休人员管理工作中的难题。2. 抓好重要精神、重要文件的学习。全局28名离退休老干部与在职职工一起认真参加了学习实践科学发展观活动的全员培训;在日常工作中,保证老干部参加重要会议,及时通报工作情况,倾听老干部意见和建议;定期开展离退休党员组织生活。3. 认真开展好老干部走访调查,积极为老干部办实事。常年坚持"五必访"。为有特殊困难的2位老干部落实了困难补助,及时探望7位生病住院老干部,安排了2位老干部参加疗养,在国庆60周年之际走访慰问新中国成立之前参加工作的4位离休老干部。坚持组织老干部开展文化健身活动,进一步提高老干部文化生活质量。

**【经济检查】** 2009年,思茅区工商局以强化执法监管为重点,集中精力拓宽领域查办案件,共查办各类经济违法违章案件196件,其中立案查处76件,查结76件,采用简易处罚程序查处120件。1. 认真开展打击传销工作。先后在社区、学校张贴《打击传销违法犯罪活动》宣传画1 000余张,主办黑板报20余期,发放《打击传销宣传提纲》2 500余份,召开预防和打击传销知识座谈会1次,在电视上播放《"世界通"为非法传销组织的公告》20余次;在国庆60周年庆典前深入开展百日打击传销专项行动,累计开展专项检查2次,出动工商执法人员40人次、车辆15台次,检查商品介绍(推广)会6次,巡查出租屋60户次。2. 维护公平交易,规范直销市场。共检查各网点的培训场所8次,印发宣传材料200余份。3. 开展对违法行为人的警示与疏导工作。对查办结案的发布虚假广告、商标侵权等案件40余个当事人进行回访,未发现再次违法的现象。4. 联合文化、公安、广电、烟草等政府职能部门开展以流通领域为主的各项专项检查整治工作。全年联合开展卷烟打假打私专项检查8次,出动车辆10台次,出动检查人员24人次,查处违法经营卷烟案件15件,执行罚款0.41万元,没收假冒卷烟139条。开展移动电话市场专项检查4次,出动执法人员56人次、车辆14台次,检查移动电话经营门店125户次,对9户销售伪造进网许可标志的手机的经营户立案查处,没收手机266部,执行罚款1.6万元。开展"扫黄""打非"专项检查3次,共出动执法人员58人次、执法车辆16台次,检音像制品店100户次、书店和报刊亭80户次、印刷和复印店50户次,对7户销售淫秽图书和音像制品的经营户立案查处,执行罚款1.36万元,查获淫秽图书19册、淫秽DVD光盘1 107盘、印有淫秽图案的打火机1 100个、使用人民币图案的橡皮擦25盒、恶搞卡片35盒。联合厂家开展打假保名优行动。开展打假保名优行动5次,出动执法人员30人次、车辆10台次,查办销售假冒名酒案7件,没收假冒"五粮液"等名酒77瓶。开展建材市场专项执法检查1次,出动工商执法人员32人次、车辆10台次,检查经营户32户次、依法取缔无照经营5户,对3户销售假冒"昆电工"牌电线电缆的经营者立案查处,没收假冒"昆电工"牌电线电缆122卷,执行罚款1.4万元。联合广电部门开展清理非法销售卫星电视接收设施专项整治执法活动2次,出动执法人员56人次、车辆15台次,检查经营户22家,对7户非法销售卫星电视接收设施的经营户立案查处,没收卫星接收天线44套、卫星电视接收机16台、KU波段高频头19只、接收电缆37根。

**【信息化建设】** 1. 2009年,思茅区工商局投入信息化建设资金637 029.8元,为全局新配备复印机2台、电脑16台、打印机8台、一体机6台。2. 以全市工商系统"计算机操作能手、执法办案能手、注册登记能手"竞赛为契机,抓紧岗位练兵,多次以多媒体演示授课的方式开展业务培训,利用局域网组织网上测试。让广大干部职工熟悉掌握了2009年新版执法文书的应用技巧、工商一体化软件操作要领,快速适应了新的工作形势需要。

**【消费者协会工作】** 1. 2009年,紧紧围绕"消费与发展"年主题,深入开展3·15宣传活动,出动人员10人、车辆2台,发放宣传材料5 000余份,现场为消费者提供咨询服务230人次。2. 加快一会两站建设,深入乡镇、街道社区进行宣传和调研,结合思茅区实际,在四镇三乡建立起7个消费者协会分会、14个12315联络站和消费者投诉站,形成了高效快捷的农村消费维权网络。

**【个私协会工作】** 2009年,思茅区个私经济协会认真落实"贷免扶补"政策,引导和推动个体劳动者自主创业,为促进非公经济健康发展发挥了积极作用。1. 严格按照"贷免扶补"政策和办理流程,鼓励和引导经营户申请贷款,自主创业。对申请创业贷款的个体工商户和各类企业,特别是大学生、农民工、复转军人等自主创业者深入调查摸底,掌握创业人员的经营能力、信用状况、创业项目可行性,认真审定并向农村信用社推荐,保证及时放贷。2. 在落实贷免扶补工作的过程中,区个私协坚持实地考察,为大学生联系创业导师,不断完善创业导师库。2009年,共受理创业申请35份,发放创业计划书10份,推荐创业项目10个,经思茅区农村信用社审定发放"贷免扶补"资金50万元。3. 建立健全财务管理制度,规范会费收取、管理及上缴工作。

**【2009年任职的局领导名单】**

局　　长　李　江
副 局 长　刀祖应　杨忠华　孔庆文
纪检组长　石　梅

## 镇沅彝族哈尼族拉祜族自治县

**【概况】** 镇沅县工商行政管理局有在职干部职工57人,其中有中共党员29名,大中专以上学历达100%,县局机关设8个股室和4个派出机构。

2009年,镇沅县工商局高举邓小平理论和"三个代表"伟大旗帜,认真学习贯彻党的十七大、十七届三中、四中全会精神,按照国家工商总局"四化建设"、"四个统一"、"四高目标"和省局"三个到位"、"六个好"的总体要求,以开展深入学习实践科学发展观为契机,全力抓好"六项重点工作",为全县经济和社会和谐发展作出了新的贡献。2009年,镇沅县工商局各项工作综合考核名列普洱市工商系统前茅,荣获全市工商系统2009年度"先进集体"。

**【法制建设】** 1. 开展法制宣传学习教育和培训,加强全体干部法律意识。采取以会代训的方式,结合工商法律、法规一起开展普法培训，在全县工商系统开展执法办案培训1次，组织执法业务基础知识考试2次；参加到昆明市官渡、西山区工商局跟班学习1次，组织执法办案能手考试2次。组织学习《食品安全法》及《工商行政管理机关行政处罚规定》、《工商行政管理机关行政处罚案件听证规则》等法律法规、规章。2. 认真开展法制监督，积极落实案件核审把关工作。认真制定行政执法责任书，积极贯彻《全面推进依法行政实施纲要》，对全局实施的行政执法工作进行全面监督，开展行政执法案件核审工作。3. 2009年度镇沅县工商局核审备案各类行政处罚案件79件，合计罚款46.16万元，其中：实施简易程序案件备案30件，罚款0.15万元；实施一般程序处理案件49件，罚款46.01万元，合计案值426.73万元。以上所实施的行政处罚案件均已通过法制核审、备案，无行政复议和行政诉讼。

**【纪检监察】** 1. 认真贯彻落实全市工商系统党风廉政建设和计划财务工作会议精神，镇沅县工商局党组与分局（所）签订了2009年党风廉政建设责任书，将党风廉政建设工作与业务工作一起布置、一样抓落实、一并考核奖励。2. 开展深入学习实践科学发展观活动，全局57名干部职工撰写了学习心得体会。3. 认真贯彻落实"阳光政府"四项制度，按照要求开展重大决策听证、重要事项公示、重点工作通报、政务信息查询的各项工作。

**【人事教育】** 1. 组织开展深入学习实践科学发展观活动，并取得了实效。2. 坚持开展"二五"学习制度，全年参加学习1 068人次，书写学习心得体会104篇；开展各类学习培训5次，选送7人次参加省、市局组织的计算机能手、执法办案能手、注册登记能手比赛，3人次获得市局表彰。

**【企业注册登记】** 2009年，镇沅县工商局认真完成了年检和验照工作，制定了"强化和市场准入服务指导的工作方案和措施"、"镇沅县工商局推进商标战略工作方案"、"鼓励创业'贷免扶补'工作的实施方案"、"企业信用分类监管应用实施方案"，成立了相应的领导小组开展各项工作。2009年，全县内资企业有287户，注册资金45 382万元（其中：私营企业150户，注册资金29 315万元）；有个体工商户3 542户，从业人数4 782人，注册资金9 488万元。

**【市场规范管理】** 1. 抓好诚信市场建设。设立了"镇沅工商局创建诚信市场创建活动领导小组办公室"，并按方案开展各项创建工作。辖区内有登记市场5个，其中2个"1A"级市场、2个"2A"级市场完成了录入上报认定工作。2. 建立市场监管信息定期分析报告制度。共建立了农副产品和农资价格监测点4个，完善了农副产品和农资价格每周分析报告制度，形成综合分析上报市局和当地经济商务部门。3. 深化工商服务农村改革发展工作机制。制定了"七农"工作制度，切实开展红盾护农各项工作。共出动执法人员389人次，检查农资经营单位284个，检查农药15个品种，抽检农药标签50个，查处违法案件42件，收缴假劣农资3 284千克。加强涉农合同的监督检查，共计检查涉农企业3家，检查农业订单合同2万余份，及时纠正违规条款，防止坑农、害农、损农事件发生。4. 大力推广合同示范文本，特别是农业种销合同的规范和使用。5. 大力扶持发展农民专业合作社，全县共登记注册5户农民专业合作社。

**【消费者权益保护】** 2009年，镇沅县消协认真组织开展以"消费与发展"为主题的3·15宣传活动，广泛宣传《中华人民共和国食品卫生法》、《中华人民共和国消费者权益保护法》、《国务院关于加强食品等产品安全监督管理的特别规定》、《云南省限制和禁止生产销售使用塑料购物袋的实施意见》等十多部法律法规。全年共出动宣传车辆18台次、执法人员78人次，先后深入乡镇、社区搭建咨询台5个，悬挂宣传布标10条，播放录音资料20个小时，发放宣传材料5 000余份，接待咨询450余人，销毁假冒伪劣商品13个品种价值6 800元。全年共受理消费投诉案件15件，成功调解15件，为消费者挽回经济损失24 140元。

**【食品流通监督管理】** 1. 认真落实《流通环节食品安全整顿工作实施方案》，加大对食品市场的安全监督和检查。全年共出动执法人员613人次，检查经营户4 547户，检查市场70次。查处假冒伪劣食品案件27件（简易程序案件26件，一般程序案件1件），收缴罚款0.53万元。2. 重点抓好食品安全示范店培育工作，共创建食品安全示范店38个（其中农村食品安全示范店10个），超额完成了市局下达的建设20个流通环节食品安全示范店的目标任务。3. 以经济片区管理为单位，认真组织各乡（镇）流通环节食品经营户学习新修订的《食品安全法》及实施条例，要求各食品经营户认真做好进销货台账及索票索证工作，全县辖区内流通环节518户经营户均按要求完成。

**【广告监督管理】** 1. 加强户外广告、城市"牛皮癣"的治理。2. 通过对辖区内14家网吧彻底的清理检查，没有发现非法涉性黄色网站、涉性广告、不良广告等违规行为。3. 继续开展虚假违法广告整治。重点治理虚假违法食品、医疗、药品、保健食品、化妆品、房地产广告。建立整治虚假违法广告专项行动联席会议制度，对虚假违法广告进行综合治理。4. 做好广告经营单位及广告主监测工作，建立广告市场信用监管体系，按日常监测、检查情况，对广告经营单位、广告主进行信用监管考评，建立信用等级记录。

**【商标监督管理】** 截至2009年12月31日，镇沅县有有效注册商标14件，其中云南省著名商标1件。2009年，镇沅县工商局积极开展"一所一标"创建活动，帮助指导企业完成了5件商标申请。1. 突出抓好商标知识宣传培训，提高企业和群众对商标的认知程度。利用举办培训班等活动形式，向企业宣传商标知识，提高企业创牌意识，真正使企业做到"无标创标"、"有标创牌"。2. 由运用商标战略取得明显经济效益的县著名企业现身说法,激发广大企业培育著名商标的信心。3. 强化企业商标保护意识,熟悉商标保护规则。加大对著名、知名商标的宣传力度,帮助企业运用商标战略促进企业经济发展。

**【计划财务工作】** 2009 年,镇沅县工商局共完成非税收入 52.49 万元,其中:行政性收费 6.33 万元、罚没收入 46.16 万元,超额 162% 完成年初预算计划。

**【基本建设】** 2009 年,镇沅县工商局成立了以局长为组长、分管规范化建设领导为副组长的规范化建设工作领导小组,设立专门办公室,制定了“镇沅工商局规范化工商所建设实施方案”,投入资金 10 万余元,完成规范化工商所建设 2 个(勐大工商所、按板工商所)。恩乐工商分局建设已获省局立项批准并进入前期准备工作,和平工商所规范化建设正在推进。

**【老干工作】** 2009 年,镇沅县工商局老干工作坚决贯彻“政治上关心,生活上从优”的原则,确保老干部生活、医疗、健康有保障。在各大节日,组织有关人员前往各乡(镇)老干部居住地看望、慰问,年内走访退休老干部 13 人次。

**【经济检查】** 2009 年,镇沅县工商局配合有关部门先后开展“两烟”打假打私工作 3 次,查处无证无照经营户 49 户,收缴罚款5 450万元;开展扫黄打非工作,共查缴淫秽色情音像制品 110 碟、卡通类非法出版物 923 本、“六四”文化衫 1 件、挎包 1 个,取缔黑网吧 1 户,查处非法销售地面卫星电视接收设施 1 户;开展打击传销工作,开展宣传工作共 4 次,发放宣传材料2 000余份,接受咨询 600 余人次,张贴宣传画 87 张;开展反走私综合治理工作,共查缴无中文标识的饮料 617 听;开展打击“傍名牌”不正当竞争行为专项执法工作。在专项检查中查缴仿冒“OPPO”手机 4 部,适用简易程序立案查处案件 4 件。

**【信息化建设】** 2009 年,镇沅县工商局投入资金 10 万余元,完成了局机关、分局人手一台计算机的配置,乡(镇)工商所计算机也平均增加一台。建成了县局视频会议终端,为各工商所(分局)配备了办理证照的打印机。并且开展了政务业务一体化软件使用培训和计算机能手及注册能手竞赛活动。

**【个私协会工作】** 1. 按照《中共镇沅县委关于开展深入学习实践科学发展观活动的实施意见》的要求,扎实开展第三批学习实践活动。2. 继续加强和改进思想政治工作,组织开展了党的路线、方针、政策和革命传统教育,组织开展了法制宣传教育,增强了会员队伍的法律意识,提高了会员队伍的整体素质。3. 积极鼓励创业促进就业,贯彻落实《普洱市个体私营经济协会贯彻落实云南省鼓励创业“贷免扶补”实施方案的通知》,成立了镇沅县工商局个体私营经济协会鼓励创业“贷免扶补”工作领导小组,制定了工作目标和实施方案。2009 年,和平分会组织个体户参加国庆 60 年歌咏比赛获乡党委、政府表彰。

**【2009 年任局的局领导名单】**

党组书记、局长　余仕彬
副 局 长　蔡松高　王　宁
纪检组长　魏大昌

## 宁洱哈尼族彝族自治县

**【概况】** 宁洱县工商行政管理局现有 7 个内设机构:办公室、人教股、法制股、监察室、公平交易股、市场股、注册登记管理股;3 个派出机构:宁洱分局、勐先工商所、梅子工商所;代管个私经济协会和消费者协会。全局有在职干部职工 65 人、离退休人员 29 人(其中有 3 人离休)。局党总支下设 4 个支部,有中共党员 52 人。

2009 年,宁洱县工商局深入学习贯彻科学发展观,按照总局“四个统一”要求,紧紧围绕省局“三个到位”、“六个好”工作目标,扎扎实实推进六项重点工作,努力实现建设“一流的干部素质、一流的执法水平、一流的服务效能、一流的工商形象”任务,狠抓各项工作任务的落实,积极配合县委政府工作要求,全力挖掘探索转型后的工商监管职能,充分发挥工商行政管理职能,保增长、保稳定、保民生,为全县经济社会发展进步做出了新的贡献。

**【法制建设】** 1. 制定重大决策听证、重要事项公示、重点工作通报和政务信息查询四项制度实施细则,有效地保障了“阳光政府”四项制度的贯彻落实。2. 开展好县委贯彻落实科学发展观自选动作:“思想道德 · 民主法制进万家”活动。那柯村是宁洱县工商局的扶贫挂钩点,一年来,宁洱县工商局共派出人员 62 人次,对那柯村开展了 6 次送法下乡和进村入户走访活动,举行《食品安全法》、《无照经营查处取缔办法》等法律法规培训 2 场次,参加培训村民 46 人次,发放宣传手册 60 本。制作悬挂永久性宣传标语 4 条。3. 2009 年,共开展《中华人民共和国商标法》、《中华人民共和国广告法》、《中华人民共和国食品安全法》及其相关法规等法律法规培训 10 场次,参训 528 人次,免费发放宁洱县个体私营经济协会编印的“五五”普法教材4 000余册、食品安全法读本1 000余份。4. 对新进公务员的执法资格进行了培训考试,加强了对行政执法证的管理。5. 截至 2009 年 12 月 23 日,共办理各类行政处罚案件 880 件,案值 107.03 万元(不含简易程序案件),罚没金额共计 27.2 万元,其中:一般程序案件 86 件,罚款 20.2 万元(包括没收违法所得 1.7 万元);简易程序案件 795 件,罚款 7 万元。案件核审率 100%,全年无行政复议和行政诉讼案件。

**【纪检监察】** 1. 认真落实党风廉政建设责任制。与各股室、分局(所)签订了《宁洱县工商局 2009 年党风廉政建设责任书》9 份。实行干部“一岗双责”管理,制定《宁洱县工商局 2009 年党风廉政建设工作意见》。2. 全面推行阳光政府四项制度,加强组织领导,确保阳光政府四项制度工作落到实处,政务公开成效明显,设立“96128”政务信息查询专线,及时解答群众咨询和反映的问题。3. 认真组织监督开展学习实践科学发展观活动。成立领导小组,制定学习实践活动方案,有组织、有计划、有步骤的开展。4. 切实做好开展经营性国有资产清查工作。5. 全面推行廉政风险点管理。认真开展风险排查,切实找准风险点,制定了《宁洱县工商局开展廉政风险点管理工作实施方案》、《宁洱县工商局廉政风险点防范措施》。每位干部职工根据各自的工作岗位,查找风险点,并做出自我防范承诺书。6. 切实加强对各项工作监督检查。于2009年5月21日~23日,开展了为期三天的"六项重点工作专项交叉检查"活动。

【人事教育】 1. 加强干部职工队伍建设,坚持利用周二、五学习和各种会议形式组织干部职工开展政治理论、廉政建设、警示教育、作风纪律教育、正反两方面学习教育,确保队伍健康向上。2. 深入学习科学发展观。4月1日,召集宁洱县工商系统深入学习科学发展观动员会,邀请县学习督察组领导到场指导培训。3. 10月,组织学习培训危机管理知识,全员参加考试。4. 加强基层规范化建设。宁洱分局、勐先工商所已按市局规范化建设的要求基本完成。5. 8月31日,组织股长、所(分局)长等21人到昆明市局跟班学习,学习内地发达地区的监管模式、服务理念、制度建设、作风效率等方面的先进经验。

【企业注册登记】 2009年,全县共有内资企业194户(其中企业法人51户),注册资本22 483万元;办理企业开业登记24户。全县共有私营企业177户,从业人员7 927人,注册资本17 688万元;2009年新登记注册27户,从业人员210人,注册资本3 794万元。

【企业监督管理】 1. 个体工商户注册登记情况:2009年全县共有个体工商户4 772户,从业人员10 750人,注册资本23 331万元;2009年,办理个体工商户开业登记1 128户,从业人员3 926人,注册资本4 922万元。全县共有农民专业合作社27户,从业人员306人,成员出资总额1 100万元;2009年新发展26户,从业人员298人,成员出资总额1 099万元。2. 2008年度应验照个体工商户3 888户,截至5月31日,实际验照3 821户,验照率98.28%。注销685户,验照期间新发展519户,从业人员1 689人,注册资金885.35万元。实有个体工商户3 722户,从业人员9 724人,注册资金17 526.65万元。3. 认真开展了规范企业、个体工商户登记注册档案工作,加强对企业、个体工商户的信用信息征集工作。将信用监管工作与属地监管工作有机结合,建立县局与分局(所)之间互通联通的信息共享机制,建立权威、准确、详实的经济户口档案。4. 对未按时参加年检的30户内资企业和22户私营企业在《普洱日报》上进行了公告,限其在限期内进行补检。对未按时参加年检的18户内资企业和15户私营企业以及2户擅自改变企业名称的内资企业进行了处罚。5. 认真做好"贷、免、扶、补"工作,制定了《宁洱哈尼族彝族自治县个体私营经济协会贯彻落实云南省鼓励创业"贷免扶补"工作实施方案》,成立了宁洱县工商局、个体私营经济协会鼓励创业"贷免扶补"工作领导小组,创建了创业导师库。完成创业帮扶对象4户,并为其介绍了相应的创业导师,为创业者提供一对一的帮扶服务,100%完成了创业帮扶任务。

【市场规范管理】 1. 圆满完成了培育20个"农村食品安全示范店"的任务指标。2. 对"1A、2A级诚信"市场进行考核认定公示上报。已创建1A级诚信市场1个、2A级诚信市场1个。3. 建立农副产品和农资价格信息定期分析报告制度,建立市场监管信息定期分析报告制度,形成每周、每季度分析报告,已进行注册登记的集贸市场有2个,其基本信息已录入完成。4. 积极探索工商部门服务社会主义新农村的新机制、新模式。制定了《宁洱县工商行政管理局完善七农工作机制促进农业增效农民增收工作实施方案》。加大"七农"工作力度,树立服务社会主义新农村建设的市场监管服务新理念,大力推进职能服务和执法手段的创新。5. 11月20日,举办了农产品经纪人培训班,县工商局参与协办,来自7乡2镇农村的120人参加培训,并进行资格考试。6. 积极开展流通领域食品安全专项检查。每逢重大节庆日,认真开展副食品、肉类等各类食品和酒类市场的专项检查,一年来,共开展食品安全专项整治5次,出动执法人员822人次、车辆91台次,查获不合格食品5类共计208千克,货值5 380元。7. 开展动产抵押登记,强化合同监管工作。共办理动产抵押登记30份,抵押物价值18 450万元,主债权金额4 934.40万元。8. 积极参与拍卖监督管理工作。共参与监督拍卖2起,拍卖标的件数9件,成交9件,成交金额1 139万元,成交率100%。9. 认真开展限塑禁塑宣传工作,印发宣传材料3 000余份。10. 全县网吧经营秩序得到有效规范。2009年,宁洱县工商局与县公安、文化等相关部门密切配合,对城区、学校周边和乡镇的电子游戏室、网吧等文化娱乐场所进行整治,共出动执法人员88人次,出动执法车辆22台次。截至2009年底,宁洱县工商局依法注册登记持有营业执照的网吧经营户有15户,其中:城区10户、城郊3户、磨黑2户;有电子游戏室12户,登记在册电子游戏机共554台。

【消费者权益保护】 1. 组织开展"3·15"国际消费者权益保护日宣传活动。围绕"消费与发展"年主题,把宣传活动重点安排在乡(镇)农村来开展,分别到梅子乡、勐先乡、磨黑镇、宁洱镇开展了内容丰富、形式多样的宣传咨询服务活动。活动期间共接待咨询人员2 000余人,现场受理消费者投诉1起,销毁收缴不合格食品添加剂、食品、饮品、日用品等商品21种,标值0.28万元。发放宣传材料4种共计1万余份,悬挂宣传标语4条。共出动执法人员64人次、车辆14台次。2. 认真处理好消费者来人来电投诉。2009年共接待来访、咨询、举报386人次,受理消费者投诉64件,为消费者挽回经济损失5.7万元,调解率达100%。3. 全年受理农村消费者投诉36起。

【食品流通监督管理】 1. 积极开展对"问题奶粉"患儿的劝导赔偿工作,对25名患儿顺利进行了一次性赔偿工作,共计完成赔偿金额5万元。2. 加大对学校周边的食品安全治理。联合有关部门11个单位,出动执法人员387人次,共检查9个乡镇、28个学校周边的经营户2 000余户。3. 结合县局与宁洱县人民政府签订的《2009年食品安全目标责任书》,与基层工商部门、股(室)、经营户层层签订《食品安全责任书》,并积极推行"四制一书"制度。4. 编制了《宁洱哈尼族彝族自治县工商行政管理局法律法规道德规范读本》4 000本、《中华人民共和国食品安全法》单行本500本,在同心、磨黑、德安、勐先等乡镇对食品经营户代表进行了集中培训并发放相关学习材料。5. 进行了为期4个月的打击违法添加非食用物质和滥用食品添加剂专项整治工作。共出动执法检查人员113人次,出动车辆17台次,对涉及的经营主体进行了全面检查。

**【反垄断与反不正当竞争执法】** 2009年,宁洱县工商局以打击"傍名牌"为重点,加强知识产权保护工作。1. 重点打击利用境外登记的企业名称以委托加工、授权使用,监制等名义加工生产"傍名牌"产品的行为。2. 指导企业积极举报,如发现商标侵权及不正当竞争行为,及时向工商机关提供案件线索。3. 全年共查处"傍名牌"等不正当竞争案件7件,案值3.2万元,罚款2.4万元。

**【广告监督管理】** 1. 把医疗、药品、保健食品、化妆品、美容五类重点商品(服务)广告作为整治重点,保持打击网上非法"性药品"和性病治疗广告的高压态势,强化对广告发布环节的监管。2. 为规范"家电下乡"广告发布行为,对具备资质的24家"家电下乡销售门店"进行了检查。重点检查了外包装上的"家电下乡"产品标志、产品说明书"中标产品"字样及"家电下乡产品标识卡"。对违法行为予以制止、查处,检查告诫以印刷品发布"家电下乡"广告的违法行为,有效净化广告市场。3. 共出动执法车辆21台次、执法人员42人次,收缴非法印刷品3 000余份,监管户外广告89条,印刷品广告62条。共立案查处各类虚假违法广告14件,罚没金额1 650万元。

**【商标监督管理】** 1. 截至2009年底,全县共有注册商标34件(茶叶12件、农产品5件、酒类3件、糖业1件、建材水泥2件、其他类11件)。2. 对有效期满的注册商标督促指导办理续展申请。3. 做好云南省著名商标的推荐工作。全县有绿潮、天壁、普秀3件云南省著名商标。积极推荐"濮女牌""卫国牌"申请云南省著名商标。3. 积极开展"一所一标"工作。各分局(所)2009年共指导帮助企业申请注册商标共5件。4. 开展好查处商标使用违法行为和保护注册商标专用权执法行动,查处假冒注册商标行为1起、侵犯他人注册商标专用权案1起,案值11.03万元,罚款0.75万元,受理权利人投诉他人擅自使用其注册商标专用权案1起。

**【计划财务工作】** 1. 建立健全了单位内部财务管理制度。2. 落实"两节"措施,发扬艰苦奋斗作风,努力降低行政执法和机关运行成本,切实提高资金使用效率。3. 2009年6月16日~9月14日组织开展了经营性国有资产清查及"回头看"自查自纠工作。4. 认真开展清查"小金库""回头看"工作。5. 认真做好财务规范化管理交叉检查工作,检查小组一行5人,于2009年11月11日~12日,对江城县工商局开展了财务规范化管理交叉检查考核评比工作。6. 非税收入征收工作:做到应收尽收,应缴尽缴,按时完成了2009年纳入预算管理的非税收入征收计划任务。

**【基本建设】** 2009年8月13日~31日,完成勐先工商所新建办公楼项目竣工决算实施审计。新建勐先工商所办公楼占地220平方米,为二楼一底的全框架结构,建筑面积501.7平方米,总投资92.05万元,由宁洱三建司承建,属"6.3"地震的恢复重建项目,是普洱市工商系统按省局的《规范》设计建盖的第一栋工商所办公楼,基本完成规范化建设。

**【机关党建工作】** 1. 党组织建设的基本情况:宁洱县工商局党总支于1997年成立,有总支委员5人,总支下设支部3个,即:机关支部、分局支部、老干支部。共有党员52人,其中:在职人员中有党员36人、离退休人员中有党员16人;少数民族人员中有党员22人,占党员总数的41.5%。2. 加强领导,切实做好党建工作。进一步明确支部书记第一责任人的工作职责,加强督促检查,开展表彰奖励活动,多措并举确保工作目标责任制的落实,促进各项工作的顺利开展。3. 常抓学习教育,坚持利用周二、五学习日组织学习教育活动,开展全员深入学习实践科学发展观活动。4. 不断完善制度建设,进一步建全完善系统内《党员学习制度》、《党员民主评议制度》、《民主生活会制度》等多项制度。5. 发挥职能优势,加强个私经济组织党建工作。深入调查研究,摸清和掌握全县非公经济组织和党员基本情况。

**【老干工作】** 1. 加强学习,保障老干部的政治待遇。一年来,坚持学习制度,组织老干部23人次学习党的十七大报告、党风廉政建设和反腐败斗争读本;17人次学习新党章;21人次学习《公务员法》和《宁洱文明公约》;12人次学习《关于进一步加强新形式下离休干部工作的意见的通知》。2. 坚持通报制度,经常向老干部通报县局的工作开展情况。3. 坚持考察制度,健全组织生活。离退休人员能够正常参加党组织生活。6月、10月组织老干支部的党员18人次到大沙坝、回龙寺考察学习,参观当地的西瓜、蚕桑种养殖情况以及地震恢复重建项目情况。重阳节组织离退休人员24人次到太达"6.3"地震中心带参观古庙、茶场恢复重建情况。3. 10月23日,召开全体离退休干部职工敬老节座谈会。

**【经济检查】** 1. 制定《宁洱县工商局做好对违法行为人警示与疏导工作的实施方案》,采取口头或书面形式予以行政告诫,督促其在限期内纠正违法行为人130户。2. 完善健全了系统行政执法评议考核办法,行政执法案卷评查办法和行政处罚案件回访制度。3. 加大打击传销、规范直销监管力度。组织开展打击传销百日联合执法行动,开展打击传销宣传月活动,一年来共出动执法人员98人次,出动车辆14台次,发放《禁止传销条例》、《远离传销、共建和谐》等宣传材料1 400余份,解救宁洱县在外地受困的传销人员1人;加强对直销企业的政策引导、行政指导和教育督导,引导企业遵守法律法规,严厉查处未经批准擅自从事直销或者打着“直销”、“连锁经营”、“特许经营”旗号从事传销活动的违法行为。4. 积极配合县烟草专卖局,进一步整治卷烟收购、零售市场,查处无证照非法经营卷烟违法行为,坚持不懈地做好“扫黄打非”工作。严密封堵和查缴政治性非法出版物和淫秽色情非法出版物。在整治中,共出动车辆52台次、执法人员132人次,检查相关门店439个次,查获政治性非出版物类74类(种)、音像制品类224类(种);取缔黑网吧2户;责令下柜不良文化衫16件;查获收缴低俗音像制品149盒,立案查处3起,没收查获收缴淫秽音像制品28盒,罚款0.4万元;开展反私打私工作,排查监控重关区域,出动执法人员36人次,出动执法车辆8台次,查获无进口检验证明的无中文标识红牛饮料8 400听。5. 全年共查处各类行政处罚案件45件,罚款6.3万元。

**【信息化建设】** 1. 2009年新配置了9台电脑(含官渡区工商局赠送的3台电脑)、14台打印机,全局电脑配备率达到82%。2. 在宁洱分局开展登记权限下放试点工作,把个体工商户的设立、变更、注销等权限下放到分局,在分局试行成功的基础上,再向其它基层单位推行。3. 积极开展经济户口认领工作,认领率达到96%以上。4. 加强分类监管,所有个体户验照信息全部登记录入完毕,实行分类监管。

**【消委会工作】** 1. 扎实开展“一会两站”建设工作,构建维权体系。挂牌工作坚持到每个乡(镇)都召开专题会议,做到挂牌一家、培训一家。2. 共建立了9个分会、93个站。消费维权网络建设覆盖了全县9个乡(镇)、85个村民委员会、4个社区、2个农贸市场、2个超市。宁洱县工商局为分会制定了《分会章程》、《分会职责》、《两站职责》、《消费者投诉须知》、《消费者投诉登记台账》,按要求提前完成了两个100%。3. 切实做好法律宣传工作,2009年发放消费者法律手册210本、“315”维权手册170本、农村消费安全挂图160张。4. 巩固提升文明卫生县城创建成果,开展“消费者满意街区”创建活动。

**【个私协会工作】** 1. 坚持“自我教育、自我管理、自我服务”的“三自”方针,加强思想政治工作,拓宽自我服务领域,提高自我管理水平,抓好自身建设,努力开展各项工作。2. 县个私协会和各乡(镇)分会采取不同形式,组织会员认真学习党的十七大精神和国家有关法律法规,分别在宁洱、磨黑、同心、勐先、梅子等乡(镇)组织超市、市场开办者、食品流通经营户等400余人进行了《食品安全法》培训,在培训学习活动中,梅子分会发放《工商法律法规读本》100余本、《思想道德·民主法治进万家》宣传手册100余本,张贴宣传画册10份,开办黑板报3期。3. 县个私协会积极物色、筛选、落实创业导师人选,并把筛选确定的8名创业导师相关资料录入“创业导师库”,做到创业导师资料翔实无误,真实可靠。4. 强化服务意识,更好的为会员办实事。坚持看望慰问制度,2009年春节,共看望慰问生病住院会员22人,发放慰问金0.21万元。立足为会员办实事。积极主动上门为会员验照和发放年检报告书。认真落实下岗职工再就业各项优惠政策,维护会员的合法权益。全年共为24户下岗失业人员办理营业执照,免收一切费用。精心组织“普洱天壁水泥有限公司”等企业参加云南省工商行政管理局、云南省个体私营经济协会、云南大学等举办的“云南省百家民营、外资企业高校招聘会”。“云南省普洱茶(集团)有限公司”被市个私协会推荐上报为普洱市省级挂牌的高校毕业生就业见习基地,该见习基地每年能为50名以上的高校毕业生提供10个以上的专业岗位见习和3~12个月的见习期限。

**【2009年任职的局领导名单】**

党组书记、局长　纪文松

副局长　郭应明

纪检组长　朱　彬

## 景东彝族自治县

**【概况】** 2009年,景东工商行政管理局有内设机构8个,即:办公室、监察室、人事教育股、法制股、企业个体注册登记管理股、公平交易股、市场监督管理股、12315中心;有派出机构5个,即:锦屏分局、文井分局和漫湾、景福、大朝山东镇工商所。共有干部职工143人,其中:在职干部职工102人(干部85人,职工17人),离(退)休干部42人(离休干部3人);在102名在职干部职工中,有大专以上学历93名,占92%。设党总支1个,下设支部7个,有中共党员90名(含离退休党员29名)。全县共有36个集贸市场,注册登记各类企业493户(含私营企业288户)、个体工商户6 442户、农民专业合作社10户。

**【法制建设】** 1. 要求各工商所(分局)和县局各股(室、中心)与县局签订《执法责任状》,明确了各执法机构的执法权限和职能责任。2. 根据《行政处罚法》等有关法律法规的规定,对部分违法案件使用“六个一”模式查处,指导工商所(分局)适用“六个一”执法办案模式办理案件368件。3. 制定了《普洱市景东彝族自治县工商行政管理局行政执法案卷评查、评议、考核办法》,规范了执法行为,提高了案卷质量。4. 加强了案件核审,严把案件质量关。2009年,共核审案件76件。5. 圆满完成了《行政执法证》的信息采集、录入等工作。

**【纪检监察】** 1. 层层签订《党风廉政建设责任书》,落实了责任制,健全了考核制。2. 积极探索廉政、监管两个风险点管理的重点和途径,教育干部职工始终坚守党纪国法的红线、廉政从政的防线、道德操守的底线,党风廉政建设深入扎实、卓有成效。3. 把党风廉政建设和反腐败工作主要任务进行分解,对主办或协办的任务进行细化,具体分解到党组成员和各工商所(分局)、县局各股(室、中心)负责人,明确了领导责任和工作职责。4. 把行政审批、行政执法、队伍管理、协会经费、基本建设作为廉政风险点。5. 从强化行政责任、规范行政行为、优化政务环境、改善服务态度、提升工作效能入手,积极推行"阳光政府"四项制度。6. 成立实施"阳光政府"四项制度领导小组,制定了《贯彻阳光政府四项制度实施方案》和《四项制度实施细则》,明确了指导思想、基本原则、方法步骤和工作要求。7. 成立局务公开领导小组,积极推行阳光许可、阳光监管、阳光执法、阳光维权和阳光监督,全力打造"阳光工商"。

**【人事教育】** 1. 认真学习和贯彻党的十七大及十七届三中、四中全会精神和胡锦涛同志在云南考察工作时的重要讲话。2. 自2009年3月以来,局党组坚持把学习实践科学发展观活动作为首要政治任务,积极开展全员培训,高标准、严要求地完成了各个阶段各个环节的工作。全局干部职工共撰写理论性文章5篇、心得体会96篇,征求到对局领导班子的意见3条、建议5条,收集到进一步深入学习实践科学发展观活动的意见1条、建议5条,并制定了推进科学发展的9项措施,测评满意度达90.19%。3. 认真组织开展"个人形象一面旗、工作热情一团火、谋事布局一盘棋"为主要内容的"三个一"主题实践活动,加强了党性修养,转变了工作作风。4. 始终坚持"两手抓,两手都要硬"和"精神文明重在建设"的方针,巩固成果,连续12年保持省级文明单位的殊荣。

**【企业注册登记】** 截至2009年7月31日,全县企业年检405户(含私营企业216户),依法吊销36户,年检率为92.47%。始终坚持把工作的切入点放在培育市场主体发展上,放宽登记条件,简化登记程序,开辟"绿色通道",促进市场主体保持良好的发展势头。截至2009年底,共注册登记内资企业205户,注册资本15 746万元;2009年办理内资企业开业登记7户,办理变更85户、注销6户、吊销未参加2007年度年检的内资企业18户。认真查处和严厉打击无照经营和"三无"企业的行为,建立健全无照经营、"三无"企业台账。

**【企业监督管理】** 截至2009年7月31日,个体工商户换(验)照5 068户,完成89.35%。放宽登记条件,简化登记程序,为市场主体开辟了"绿色通道"。截至2009年底,登记注册个体工商户6 442户,注册资本金18 347.94万元,从业人员11 581人;登记注册私营企业288户,注册资本48 949.80万元,从业人员5 527人;登记注册农民专业合作社10户,出资总额493.70万元,成员94人。授权委托工商所(分局)对个体工商户进行了登记管理,2009年,各工商所(分局)办理个体工商户开业登记3 774户,办理变更973户,办理注销2 737户。与县精神文明办、公安局、文化体育局等部门协调,认真开展取缔黑网吧专项行动。共出动执法人员165人次,检查已登记网吧17户,查处不规范网吧1户,罚款0.3万元;责令电信部门中断10户无证照经营网吧的接入服务,使黑网吧整治达到了预期效果。认真开展计划生育药械市场专项整治,共出动执法人员32人次,检查药店和成人用品经营店320户次,责令限期整改的经营成人用品企业11户。联合有关职能部门开展"安全生产三项"行动,2009年,共开展专项行动4次,出动执法人员32人次,检查企业56户,排查存在安全隐患企业6户。

**【市场规范管理】** 1. 开展元旦、春节"两节"市场整治工作。共出动执法人员204人次、车辆51台次,检查市场经营户1 509户次,受理消费者申诉4件,调解4件,为消费者挽回直接经济损失2 290元。2. 制定《普洱市景东彝族自治县工商行政管理局市场监管信息定期分析报告制度实施方案》、《普洱市景东彝族自治县工商行政管理局完善"七农"工作机制促进农民增收农业增效实施方案》和《普洱市景东彝族自治县工商行政管理局开展诚信市场创建活动实施方案》,认真协调、组织抓好方案贯彻落实。3. 对涉农合同的内容作了认真的审查,有效地遏制了坑害农民的不公平或霸王条款,重点对蚕茧生产收购合同、烟叶种植收购合同等涉农合同进行了监管。2009年,共审查涉农合同15 786份,金额达1 570.41万元。4. 积极联合有关职能部门开展县级"守合同,重信用"企业评选活动,并推荐给县人民政府命名表彰了2007~2008年度"守合同,重信用"企业26户。5. 制定《普洱市景东彝族自治县工商行政管理局甲型"H1N1"流感防控工作应急预案(试行)》,及时启动甲型H1N1流感疫情防控,认真落实了日报、周报和零报制。2009年,共出动执法人员1 897人次,检查市场384个次、经营户8 975户次。6. 认真开展动产抵押登记工作。2009年,办理企业动产抵押物登记6份,抵押物价值11 766万元,债权金额10 517万元。

**【消费者权益保护】** 1. 紧紧围绕"消费与发展"年主题,认真组织开展了"3·15"宣传咨询服务活动。在"3·15"活动中,共出动干部职工79人次、车辆25台次,设咨询服务点7个,发放各种宣传材料15 050份,展示假冒伪劣商品19种,录音播放《消费者权益保护法》、《产品质量法》、《消费者权益保护条例》等法律法规8小时,接受咨询服务1 160人次。2. 不断提升"12315"服务效能,消费维权开始由事后调处为主向事前调控和防范为主转变,"12315"品牌逐步树立。全年共接待来人来电咨询1 268人次,受理投诉39件,金额6.57万元,调解37件,调处率94.87%,为消费者挽回直接经济损失5.79万元。3. 认真落实重大节日24小时轮流值班,确保消费者安全消费。2009年重大节日期间,共受理消费者投诉9件,金额4 268元,调处率达100%,为消费者挽回直接经济损失6 233元。

**【食品流通监督管理】** 1. 认真学习宣传和贯彻落实《食品安全法》,进一步明确职责、强化监管。2. 按照景东县工商局与县人民政府签订的《食品安全工作目标责任书》的要求,逐项对照、狠抓落实。3. 结合"六项重点工作",抓紧抓好流通环节食品安全监管责任制的落实,积极组织开展了"农村食品安全示范店"创建活动。2009年,创建"农村食品安全示范店"30户。4. 精心组织、积极协调,于2009年11月27日举行了《食品流通许可证》承办机构听证会,确定了内资企业、私营企业《食品流通许可证》由县局企业个体股承办,个体工商户《食品流通许可证》由县局授权委托工商所(分局)承办。5. 加强与有关职能部门的配合,深入开展了乳制品、违法添加非食用物质、滥用食品添加剂、重点食品、节日食品和农村食品市场等专项检查,堵源截流、防患于未然。

**【广告监督管理】** 1. 对景东电视台广告经营进行年审,对17户广告牌制作企业和个体户进行备案审查。2. 切实加强对医疗、药品、保健食品广告和其他广告的监测,严厉打击未经审批擅自发布广告和虚假广告的违法行为。责令停播贵州风湿酒广告1则。3. 加大市场巡查工作力度,对辖区的户外广告实施严密监测,规范了户外广告的发布行为。责令停止发布有奖销售虚假广告1条。4. 加大对不良广告的整治力度。监测电视广告8条,对电视广告备案管理32条。5. 积极协助锦屏分局开展了由23名广告经营者和工作人员参加的广告法律和广告业务培训,广告经营者的守法意识和自律意识明显提高。

**【商标监督管理】** 1. 以开展企业年检和个体验照为契机,进一步了解、搜集全县注册商标企业情况,对持有注册商标的17户企业、20个注册商标进行微机管理,掌握了全县注册商标的实有数量和使用情况;对国家工商总局商标局已受理的10件商标进行备案。2. 积极推行商标法律告知书、商标注册建议书、商标策略提示书和商标跟踪服务联系卡"三书一卡"制度,做好商标服务工作,帮助指导经营者申报注册商标4个。3. 结合"六项重点工作",制定"一所一标"工作计划,着力提升商标的持有量,完成"一所一标"工作计划,锦屏分局实现了"一片一标"。4. 积极开展"商标兴农"和"商标兴企"宣传和指导工作,动员3户农民专业合作社申报农产品商标。5. 把维护商标专用权纳入日常监管内容,对片区专卖店进行备案管理。

**【计划财务工作】** 1. 明确了由局长直接分管财务工作,成立了财务管理专项检查工作领导小组,计划财务管理工作有了组织保障。2. 按照年初与普洱市工商局签订的《普洱市工商行政管理系统计划财务工作责任书》的规定,逐项对照、抓好落实。3. 按照省财政厅批复的部门预算,做到当年预算收支平衡,并按时、准确地编制财务报表和财务分析报告,如实反映单位预算执行情况。4. 严格执行"收支两条线"管理规定,坚决杜绝"三乱"现象,全面完成了2009年行政事业性收费和罚没收入征收计划,对应上缴的预算款及时足额上缴。5. 全面、准确、及时地做好工资统发申报、离退休人员工资发放、经费收支工作和住房公积金、医疗保险等社会保障工作。6. 全面加强了财务规范化管理工作;固定资产和票据管理工作不断规范,财务管理信息化水平日益提高。7. 明确规定开支在3 000元以上必须由局长办公会或局务会集体研究决定,公开了财务管理、经费预算、经费收支、行政性收费标准和收费执行结果情况,广泛接受单位职工和社会各界的监督。

**【基本建设】** 2009年10月26日,景东县工商局建筑面积1 744.5平方米、概算投资332.78万元的新办公楼顺利通过了竣工验收。

**【老干工作】** 1. 认真落实老干部"两个待遇"。2. 健全完善各项制度,把老干工作列入重要议事日程,2009年,共研究讨论老干工作5次,为3名离休干部征订了《老年报》各1份,为离(退)休干部党员征订了《支部生活》28份。3. 组织12名退休干部到安宁疗养院疗养。4. 认真组织召开座谈会等活动,适时向老干部通报县委、政府和工商工作情况,并向老干部发放了新中国成立60周年纪念品。5. 认真开展走访慰问和看望活动,积极为其排忧解难。2009年,代为老干部报销医药费36 274.7元,走访老干部家庭37户次,看望生病住院老干部26人次。

**【经济检查】** 2009年,景东县工商局以流通环节食品安全监管为重点,提高监管效能,创新办案模式,加大执法力度,严格依法行政,较好地维护了全县的市场秩序,共查处各类经济违法违章案件758件,其中:一般程序处罚案件407件、简易程序处罚案件351件,罚没收入55.32万元。1. 及时启动甲型H1N1流感疫情防控,认真落实了日报、周报和零报制。全年共出动执法人员1 897人次,检查市场384个次、经营户8 975户次。2. 把日常巡查与专项执法相结合,加大对中国驰名商标、云南省著名商标、地理标志证明商标、涉外商标的保护力度。共查处商标侵权案件2件,案值1万元,罚没收入0.3万元。3. 坚决贯彻落实《无照经营查处取缔办法》,促进公平竞争,营造和谐环境,全力保护生产经营者和消费者的合法权益。共查处无照经营案件449件,罚没收入29万元。

**【信息化建设】** 1. 立足现有的设备和条件,切实加强了维护和管理,全面推广信息化应用,创新信息应用方式,为提高监管执法效能提供技术支撑。2. 进一步推进了信息技术与工商业务融合,全面启用了政务业务一体化软件,做到人力资源与科技资源优势互补,人尽其责、物尽其用,并注重业务系统之间的整合对接,基本实现了无纸化办公。3. 高度重视信息化和网络化等高科技手段的运用,改善系统设备,加强资源整合,完成了远程视频会议系统建设,提高行政效能,降低行政成本。

**【消委会工作】** 1. 跨州(市)、进家庭,及时承办了景东县婴幼儿"问题奶粉"事件患儿一次性赔偿金发放工作,特别是积极主动、各方协调,为一名患儿争取到了5 000元的困难补助金。2. "一会两站"建设任务圆满完成,截至2009年8月18日,全县13个乡(镇)168个村(居)委员会,100%建立了"一会两站";在城区超市、酒店、集贸市场、客运站、学校等8个重点场所进行了"两站"挂(授)牌。截至2009年8月24日,全县已建立"两站"176个。3. 认真组织召开了县消费者协会第四届理事会,选举产生了县消费者协会第四届常务理事和会长、副会长及秘书长，为保护消费者权益工作提供了有力的组织保障。

【个私协会工作】 1. 加强了协会自身建设，在机构设置、制度完善和工作人员充实等方面进行了规范。2. 根据省个私协会"关于评选推荐全国个私协会先进单位和先进工作者的通知"的精神，市个私协会把景东县推荐为备选先进单位，并认真组织了材料上报工作。3. 狠抓云南省鼓励创业"贷免扶补"工作的落实，建立了创业导师库。4. 深入开展了慰问、看望受灾和困难会员活动。截至2009年底，出资5 300元对会员进行看望和慰问。5. 县协会及锦屏分会于2009年9月28日组织召开了会员代表座谈会，并组织代表们捐资捐物，到锦屏镇敬老院看望了17位孤寡老人；于9月29日又组织了城区部分从事美容美发服务行业的会员到县儿童福利院义务为孤儿理发服务，并把在座谈会上募集到的1 000元现金捐给福利院。

【2009年任职的局领导名单】

局　　长　王成贵

副 局 长　杨明兰　李应华

## 景谷傣族彝族自治县

【概况】 景谷县工商行政管理局有派出机构4个：永平分局、威远分局、勐班工商所、民乐工商所；局机关有职能股(室)和内设机构10个：市场监督管理股、公平交易股、企业个体股、办公室、人教股、法制股、纪检监察室、基建办、机关服务中心、"12315"指挥中心；有群众团体组织2个：个私协会、消费者协会。全局现有干部职工82人(其中公务员60人、工人22人)，具有大学本科文凭的20人、专科43人、中专9人、高中以下10人，退休14人(退休7人、提前退休7人)；县局设党组1个、党总支1个，有党支部7个，有中共党员72名(包括个私党支部)。截至2009年12月底，全县工商系统有"市级文明单位"2个、"县级文明单位"3个。

2009年，景谷县工商行政管理局坚持以邓小平理论和"三个代表"重要思想为指导，坚持以科学发展观统领工商行政管理工作全局，深入贯彻党的十七大和十七届三中、四中全会精神，认真落实全省和全市工商工作会议的重要部署安排，努力实现"三个到位"、"六个好"的工作目标，认真推进"六项重点工作"，尽职尽责加强市场监管，尽心尽力服务经济发展，着力更新观念、创新机制、提升效能、积极推进工商行政管理工作转型，努力提高科学监管促进科学发展的能力和水平，服务发展有新举措，市场监管有新成效，自身建设有新进展，圆满完成了各项任务，为景谷县经济又好又快发展和社会和谐稳定做出了积极贡献。

【法制建设】 2009年，景谷县工商局组织干部职工狠抓法律法规的学习，认真开展"五五"普法宣传教育工作，参加《中华人民共和国安全生产法》、《中华人民共和国公司法》、《中华人民共和国反不正当竞争法》、《无照经营查处取缔办法》、《中华人民共和国食品安全法》的学习培训和考试，同时，按《工商行政管理机关执法监督暂行规定》的要求，做好一般程序案件的核审把关工作，全年共核审一般程序案件106件，核审率达100%。认真做好案件回访，全年共回访案件当事人36人。

【纪检监察】 2009年，景谷县工商局着力解决党员干部在党性党纪党风方面的突出问题，深入开展学习实践科学发展观活动，强化党风廉政建设责任制，确保反腐倡廉各项任务落实，认真贯彻省政府"阳光政府"四项制度，努力建设"阳光工商"，开展廉政风险点监管，认真查找风险点，做好风险评估，并制定出各类风险点防范措施。落实《云南省公务员八条禁令》、《云南省公务员八不准》和开展"增强责任心、增强执行力、增强纪律观念"三增强主题教育活动，加强干部队伍作风纪律整顿，提高思想意识，提升精神境界，增强改进作风的自觉性。同时，充分发挥纪检监察的"督促、查纠、防范、保障"职能作用，开展队伍作风建设督察。

【企业注册登记】 2009年，景谷县工商局充分发挥企业登记管理工作的职能作用，切实提高企业登记的依法行政能力，继续深入落实新修订的《公司法》、《公司登记管理条例》和国家工商总局的有关规定，进一步完善政务公开，不断创新政务公开的形式，全面推进企业的改制改革工作，认真开展企业年度检验工作，2009年全县应检企业(包括独资企业、合伙企业、有限公司)为810户，实际年检529户，参检率为65%。截至2009年底，全县实有企业529户。

【企业监督管理】 2009年，景谷县个体工商户应验照5 352户，实际验照5 352户；私营企业应检341户，实检260户。截至2009年底，全县有个体工商户5 595户，从业人员8 750人，注册资金17 810万元；全县共有私营企业374户，雇工6 549人，注册资金44 717万元。

【市场规范管理】 2009年，景谷县工商局的市场监督管理工作以继续深入开展"红盾护农"行动和整治流通领域商品质量和食品安全工作为重点。1. 建立景谷商品交易市场信用分类监管机制，制定《景谷县工商局开展诚信市场创建活动实施方案》，2009年已上报符合登记条件市场11个，认定10个，其中：B类市场8个、C类市场2个。2. 加强对农资经营户内部管理制度的建设，督促指导农资经营户建立"两账两票、一卡一书"制度，按要求完善种子留样备查制度，建立种子生产、加工、销售一系列管理台账。3. 认真做好动产抵押合同监管工作，全年共办理动产抵押合同26份，抵押物价值24 931万元，贷款金额9 577万元。4. 严厉打击扰乱食品市场秩序的违法行为，深入开展食品安全专项整治行动，全年共出动车辆34台次，出动执法人员218人次，累计检查食品经营户635户，检查批发市场、集贸市场6个。

【消费者权益保护】 1. 制定《景谷县消协关于加强"一会两站"规范化建设工作的实施方案》，以政府推动、社会共建为原则，努力形成政府、工商牵头、消协有关部门配合、社会广泛参与的工作格局。对全县10个乡(镇)、132个行政村、1 955个村民小组进行摸底,已在10个乡(镇)建立消费者协会分会,90个行政村、3个超市、5个市场建立两站。2. 加强12315形象工程建设。为将12315建设成为景谷工商第一形象品牌,成为工商部门接受社会监督和听取群众意见的平台,12315在加强对工作人员技能培训的同时,进一步强化责任意识,严格按工作规范办事,推动政务信息公开,确保投诉电话畅通。2009年,全县受理消费者投诉28起,调解28起,调解率达100%。

**【反垄断与反不正当竞争执法】** 2009年,景谷县工商局以"红盾护农行动"、"整治流通领域商品质量和食品安全"为重点,共查处经济违法违章案件432件,案值31.24万元,其中:立案106件、即时处罚326件,罚没款41.245万元。全年共出动检查人员556人次,出动车辆90余台次,检查农业生产资料经营单位95个、农资点47个、个体工商户526户、集贸市场8个、专业市场2个、药店31个,查获假烟丝150千克、过期变质食品933千克、不合格化肥30.9吨、塑料袋2 340千克、非法音像制品229盘。查处的案件类型主要包括:无照经营、违法户外广告、侵犯商标专用权、逾期未年检、销售假冒伪劣化肥、过期变质食品等。

**【广告监督管理】** 2009年,景谷县工商局广告监督工作以开展"诚信广告"为重点,进一步完善广告监管制度,加大对县城户外广告的日常巡查监管力度,截至2009年底,全县有兼营广告业务的事业单位1户,从业人员8人;有制作字牌广告个体工商户17户,从业人员53人;有印制广告的印刷厂2户,从业人员24人。2009年度办理户外广告登记79条,监控电视广告42次,事后监管各类广告80条次,查处虚假广告3起。

**【商标监督管理】** 2009年,景谷县工商局扎实推进商标战略,在驰名、著名商标培育申报和基层工商所开展"一所一标"活动上求突破,做好注册商标的登记备案工作,积极开展保护注册商标专用权行动,保护商标注册人的合法权益。截至2009年底,全县共有36件注册商标,分布于26家企业和个体工商户,主要用于茶、林、糖、酒等行业。

**【信息化建设】** 1. 继续加大硬件建设投入。投资5万元装备视频会议设施,开通与普洱市工商局的远程会议视频,提高工作效力,降低会议成本。以干部职工人手一台电脑为目标,增加电脑配备,全县工商系统拥有电脑28台、传真机8台、打印机15台,全面建成全县工商系统局域网,并开通局机关主要领导办公室的宽带网络。2. 加大培训力度。除窗口部位工作人员外出参加电脑培训外,由局机关的信息员开展对全局干部职工电脑应用的指导和培训,提高全局干部职工的电脑操作能力。3. 全面提升全局的电脑使用率,逐步向"无纸化"办公迈进。

**【个私协会工作】** 1. 2009年,全县各级分会组织在各地工商部门的指导下开展形式多样的文艺体育活动,展现了新时期广大个体劳动者和私营企业者的时代风采,全县个私协会组织不断壮大,社会地位明显提高。2. 全县个体工商户、私营企业主中有县级政协委员34名,人大代表12名。

**【2009年任职的局领导名单】**

局　　长　罗维忠
副 局 长　李新祥　李　毅
纪检组长　马　荣

## 墨江哈尼族自治县

**【概况】** 墨江县工商行政管理局下设7个股室、2个工商分局、2个工商所,截至2009年底,全局在编人员64人。

**【法制建设】** 1. 人手一册的发放《工商行政管理系统全面推进依法行政实施纲要》、《工商行政管理办案手册》读本。每周二、五组织例行学习,每年进行两次法律、法规的考核,组织业务骨干深入分局(所)对执法办案及执法办案中出现的问题进行指导,使执法工作进一步规范,经办案件无一起诉、复议。2. 大力推进法律进机关、进乡村、进社区、进学校、进企业、进单位主题活动,通过廉政文化宣传室、证照办理窗口、年检(验照)工作、日常巡查、专题宣传活动等大力开展《行政复议法》、《行政复议条例》、《食品安全法》等法律、法规宣传,向社会广泛宣传行政复议制度,使广大人民群众懂得运用法律武器通过行政复议渠道维护自己的合法权益。3. 强化行政执法监督,共审核案件118件,做到事实清楚、证据充分、定性准确、处理适当、程序合法,无一例案件进行行政复议,确保了具体行政执法行为的合法、规范。

**【纪检监察】** 1. 党风廉政建设工作。墨江县工商局党组特别重视从思想观念和思维方式上转换,做到纪检监察工作与业务工作两手抓,强化服务理念,自觉运用科学发展观来指导党风廉政建设各项工作,与股室、分局(所)签订了党风廉政建设责任书,以开展党风廉政专题教育、行政督察等形式,开展党风廉政建设工作。2. 廉政文化工作的开展。坚持一把手负总责,分管领导全面抓,推行股长、分局长、所长对所聘人员具体抓落实。在廉政文化建设中,要求全体工商干部认真学习领会省、市、县相关会议精神、党纪法规,用党纪法规武装头脑,指导行为。加强廉政风险点管理工作,抓好队伍建设。集中人员、集中精力、集中时间进行了认真学习和讨论,积极拓展,从源头上预防腐败,在借鉴外地先进经验的基础上,党组深入调研,认真分析,大胆探索,把腐败的"篱笆"扎得更牢,通过排查,决定对具有队伍管理权、行政审批权、行政执法权、行政收费权、基本建设、财务支出权等重点岗位和责任人员实行廉政风险点管理。墨江县工商局统一制作廉政文化警句标牌26块张贴于各办公室,并主办宣传专刊一期,制作专栏一块,设立一间廉政文化宣传室,开展廉政文化教育3次。

**【人事教育】** 1. 抓学习培训,激发干部职工的危机感。2. 认真开展深入学习实践科学发展观活动。制定了《墨江县工商行政管理局关于在全县工商系统开展深入学习科学发展观活动的实施方案》,并通过召开动员大会和党组中心组开展的学习讨论活动,组织干部职工认真学习十七大报告、十七届三中全会精神、《墨江县开展深入学习实践科学发展观活动学习读本》,组织科学发展大家谈活动,深入调研,组织撰写学习心得体会、认真查找问题并开展整改落实,广泛集中群众的智慧,切实增强学习的实效性、灵活性和多样性,共发出建言表70 份、征求整改意见建议表 63 份,收到意见建议 3 条、整改意见建议 4 条、质量较高的调研报告 4 份,学习心得体会 63 篇。3. 继续巩固、完善提升"责任政府四项制度",落实"阳光政府四项制度"。制定了《墨江县工商行政管理局落实阳光政府四项制度的实施方案》、《墨江县工商行政管理局对实施重大决策听证重要事项公示重点工作通报政务信息查询四项制度情况加强监督检查的实施方案》,认真抓好落实,并成立了工作机构,具体负责推进落实。

在各股室、分局(所)办公室悬挂 8 项工作承诺标志,在政府信息网上公示了相关内容。截至 10 月底,受理服务承诺事项9 078件,其中:落实限时办结数3 053件,落实首问首办数3 000件,落实其他服务事项3 025件;开展重要事项公示 1 次、重点工作通报 9 次。

**【企业注册登记】** 截至 2009 年底,墨江县登记注册的企业共有 217 户,比上年同期减少了 40 户,注册资金43 661万元。年内办理企业开业登记 6 户,办理变更 90 户,办理注销 19 户,吊销 2007 年度未参加年检的企业 27 户。

**【企业监督管理】** 截至 2009 年底,全县共登记私营企业 145 户(年内办理私营企业开业登记 24 户),注册资金15 552万元,个体工商户4 776户(新增2 034户),个私经济从业人员11 253人。

**【市场规范管理】** 2009 年,墨江县已纳入登记管理的市场共 5 个,年检率达 100%。全年开展节日市场整治、网吧整治、农资市场整治、手机市场整治、物流市场整治、校园周边环境整治等一系列专项整治行动,出动执法人员1 433 人次,共检查经营户共4 666户(其中农村经营户2 770户);检查批发市场、集贸市场等各类市场 104 个(其中农村市场 71 个);查处食品违法行为 1 件。

**【消费者权益保护】** 2009 年,墨江县工商局共受理消费者申(投)诉 18 件,解决率 100%,为消费者挽回经济损失 0.96 万元;接待来访,接受咨询 46 人次。在受理的投诉中,质量类投诉 12 件,占 66.67%;价格类投诉 2 件,占 11.11%;计量类投诉 2 件,占 11.11%;其他类投诉 2 件,占 11.11%。

**【食品流通监督管理】** 截至 2009 年 11 月,墨江县证件齐全的食品生产经营主体总数共2 941户(其中生产加工企业 7 户);生产加工个体工商户 131 户;流通环节经营企业 100 户;流通环节经营个体工商户1 350户;餐饮经营企业 26 户;餐饮经营个体工商户1 327户。食品安全示范店 20 个(其中农村食品安全示范店 12 个),建立农村食品安全示范店的行政村 5 个。整治城乡结合部的"六小"(指城乡结合部的各类小食品市场、小摊点、小食杂店、小商店和批发市场、集贸市场内的小作坊、小餐馆)共 12 个。3 个工商分局(所)均建立了食品准入制度、市场巡查制度、不合格食品退市制度、食品安全信息公示制度、信用分类监管制度、责任及责任追究制度、预警与应急预案。

**【广告监督管理】** 2009 年,墨江县工商局共办理户外广告登记 120 户;完成了广告单位的年检工作;集中整治了医疗及器械、药品、食品、化妆品等广告,未发现虚假、违法广告的发布。

**【商标监督管理】** 截至 2009 年 10 月底,墨江县拥有有效注册商标 18 件(其中云南省著名商标 3 件);积极动员墨江酒江酒业有限公司参加了第三届商标节;2009 年帮助指导企业新申报注册商标 8 件,协助企业和业主查询商标 5 件。

**【基本建设】** 2009 年,墨江县工商局泗南江工商所新办公综合楼主体工程于 12 月 28 日开工建设,预计于 2010 年 3 月 28 日完成主体工程建设。泗南江工商所新办公综合楼占地面积 900 平方米,由云南省设计院设计、墨江县设计室绘图,建筑面积 465.3 平方米。

**【机关党建工作】** 截至 2009 年底,墨江县工商局有中共正式党员 42 人,1 名积极分子正在培养考察中。局党总支下辖 3 个党支部,即:机关党支部、联珠分局党支部和退休老干党支部。通关分局和泗南江工商所 2 个党支部隶属所辖党委管理。

**【老干工作】** 截至 2009 年底,墨江县工商局共有退休人员 16 人,其中:退休 12 人、提前退休 4 人。

**【经济检查】** 2009 年,墨江县工商局开展了节日市场、烟花爆竹市场、网吧、粮食市场、碘盐市场、低俗影像制品市场、饮水机市场、烟草市场、反走私行动、打击傍名牌行动等一系列市场专项整治活动,规范市场经济秩序。各类专项整治行动共出动执法人员2 307人次,对全县 5 个市场及近3 000户个体户进行了全面检查,查获各类过期霉变食品 130 袋(包),收缴塑料购物袋 8 万个、不合格计量称 7 把,暂扣电脑主机 158 台、显示器 158 个。截至 11 月 24 日,共立案查处违法违章案件 34 件、"五个一"案件 84 件。

**【信息化建设】** 截至 2009 年底,墨江县工商局共有计算机 37 台,政务信息传输、财务电算化管理、企业、个体登记管理、经济户口管理、统计报表等业务软件得到了应用。2009 年开始应用政务业务一体化软件中公文收发、简报管理、固定资产管理等模块。继续加大计算机应用培训力度,广泛开展岗位练兵、过关考试等形式多样的活动,不断提高广大干部职工计算机应用水平。

【消委会工作】 1. 3月15日，墨江县消协围绕“消费与发展”年主题，在县城联珠商贸城北大门前举行了大规模的“3·15”国际消费者权益保护日宣传咨询服务活动。出动人员68人次、车辆11台次，悬挂宣传布标12条，发放宣传材料23种共11 900张，提供咨询服务2 011人次。并在现场对假冒伪劣商品进行公开曝光，为消费者传授识假知识。2. 举办“消费与发展”大型专题文艺晚会和“消费与发展”进农村“3·15农村消费者之音”专题文艺演出。晚会现场，对获得“诚信单位”和“诚信业户”称号的29家单位和50户业户的代表进行了授牌。3. 提高服务效能，建立健全“一会两站”消费维权体系。成立了“墨江县乡（镇）和行政村（社区）建立‘一会两站’工作领导小组”，制定了“一会两站”工作实施方案。截至2009年11月底，全县的15个乡（镇）消费者协会分会、4个社区、16个行政村的投诉站、联络站已建立并进行了挂牌。预计2010年底，其余的148个行政村的两站建设将全面完成。

【个私协会工作】 1. 建立墨江创业导师信息库。筛选推荐了自愿为初次创业人员提供免费帮扶和创业培训服务导师4名，统一录入了省个私协编制的创业导师数据库，实现创业导师资源共享。2. 认真开展贷免扶补工作。通过加大宣传力度、加强监管服务、统一模式、统一帮扶等方式，确定了帮扶对象，其中：农民工创业1名、大学生创业2名、复员军人创业1名；4名申请创业人员正在办理相关手续。县个私协会为创业人员做好了“一对一、一条龙、一站式、一体化”的服务工作，并于7月3日完成了4户成熟帮扶对象的帮扶任务。

【2009年任职的局领导名单】

党组书记、局长　周江勇

副 局 长　郑江云　陈　莹

纪检组长　赵文祥

## 孟连傣族拉祜族佤族自治县

【概况】 孟连县工商行政管理局内设6个股室，即：办公室（含财务审计）、人事教育股、法制股、公平交易股（含消保）、市场登记管理股（含商标广告合同）、企业个体登记注册管理股；设1个纪检检察室；县局下设2个派出机构有娜允分局、勐马工商所。全局干部职工共49名，其中在职干部职工30人、离退休人员19人。

2009年，孟连县工商行政管理局以邓小平理论和“三个代表”重要思想为指导，贯彻落实党的十七大、十七届三中、四中全会精神，深入学习实践科学发展观，按照做到“四个统一”、加强“四化建设”、推进“四个转变”、实现“四高目标”的要求，紧紧围绕云南工商“三个到位、六个好”和普洱工商“五个新”工作目标，不断更新思想观念，加大创新力度，狠抓工作落实，为构建和谐社会和促进孟连经济健康快速发展做出了积极的贡献。

【法制建设】 2009年，孟连县工商局紧紧围绕职能职责工作的履行，不断完善规则制度，强化执法监督，加强法制宣传培训，全面推进依法行政。1. 强化行政执法监督，把行政执法评议考核作为推进依法行政和落实行政执法责任制的重点来抓，通过加强法制建设，行政执法水平和办案质量有了进一步的提高，执法效能不断提升。2. 建立健全重大决策听证工作制度，确实保障执法相对人的知情权、参与权、监督权，2009年共核审一般程序案件51件。3. 进一步规范行政处罚和行政许可的实施，适时开展对违法行为警示与疏导工作，开展了行政执法检查，确保执法规范，全年抽查回访案件25件，未发现违规违纪现象。4. 进一步加强执法业务培训和法制宣传教育工作，利用局域网、互联网认真组织开展了对《食品安全法》等新法规的学习培训和宣传教育，并组织全局职工参加了市局组织的预防职务犯罪视频会议讲座，加强法纪教育，强化自我约束能力。

【纪检监察】 1. 加强党风廉政教育，促进廉洁从政。加强对党的十七大、十七届三、四中全会以及中纪委三次全会精神的学习，提高思想认识，提升党性修养。深入开展先进事迹学习和警示教育活动，加强党性、党风、党纪教育；继续深入开展工商廉政文化建设，全面推进“五进”活动。2. 认真落实党风廉政建设责任制。签订了党风廉政建设责任书，做到分工明确，责任具体。3. 全面推行廉政和监管风险点防范管理工作，制定了《孟连县工商局廉政风险点防范管理工作实施方案》，及时成立了组织机构，开展自查自纠，并对岗位潜在风险做出自我防范承诺，推行党员干部廉政勤政承诺制度。4. 进一步加强队伍纪律作风建设，提高工作效率和服务质量。5. 抓好机关党建工作，继续大力推行党建工作，党支部与25名党员签订了《党员目标管理责任书》和《家庭廉政公约》。签订各类责任状、责任书50份，即：《党风廉政建设责任书》8份；《社会治安综合治理目标管理责任书》8份；《党员目标管理责任书》26份；《六项重点工作目标考核责任书》8份。

【人事教育】 1. 开展深入学习实践科学发展观活动。认真组织开展深入学习实践科学发展观全员培训工作，如期完成了学习调研、分析检查、整改落实的各阶段工作要求，全局31名干部职工撰写了62篇心得体会，局领导班子完成了1篇高质量调研报告。认真分析检查各方提出的意见和建议，对工商工作进行了深刻反思；形成了局领导班子《贯彻落实科学发展观分析检查报告》，在全县第二批深入学习实践科学发展观活动的74个参学单位群众满意度测评中，孟连县工商局群众满意度测评结果为100%。2. 成立了组织机构，明确责任，拟定了开展“三年”活动的实施意见，明确工作目标任务、落实措施，以努力建设一支“政治过硬、业务过硬、作风过硬、服务一流”的干部队伍为目标，努力做到监管与发展、监管与服务、监管与维权、监管与执法的统一。3. 继续深入开展岗位练兵活动，李明辉同志取得了全市“计算机能手竞赛第一名”的优异成绩，马永睿同志获全市“执法办案能手竞赛第五名”，肖飞同志获全市“执法办案能手竞赛第二十名”，并分别代表全市工商系统参加全省岗位能手练兵大比武。

【企业注册登记】 截至2009年12月，全县内资企业实有113户，注册资金116 678万元；全县有私营企业169户，注册资金22 020万元；全县有农民专业合作社6户，从业人员269人，资金148.26万元。

【企业监督管理】 2009年，全县实有个体工商户3 236户，从业人员6 835人，资金数额13 220万元，2009年办理开业登记801户，办理注销登记114户。同时履行好监管职能，严把市场主体、个体工商户验换照及企业年检关，严格按照规定要求开展年检工作，2008年内资企业应参加年检123户，通过年检120户；私营企业应参加年检159户，通过年检155户。全面开展个体工商户验照工作，集中验照2 110户，验照贴花率92%，停歇业23户，办理变更26户，办理注销46户。

【市场规范管理】 1. 全县共登记注册流通领域食品经营主体915户，全县已创建"食品安全示范店"36家，备案登记流动经营主体49户。2. 加大打击传销工作力度。共检查宾馆（旅社）、出租房屋166户次，检查学校、市场、车站34个次，发放宣传资料500份，张贴宣传画75张。3. 认真做好甲型H1N1流感防控工作。成立防控工作领导小组，认真落实责任，确保监管工作落到实处。建立健全并落实台账制度，加强市场监管，认真上报监管报表。加强对甲型H1N1流感有关知识的宣传，让老百姓大胆、放心购买猪肉食用，确保消费市场繁荣稳定。加强12315申诉举报值班，及时受理和处置防控甲型H1N1流感疫情的申诉举报，维护社会安定和谐。4. 建立和完善诚信体系建设机制。推进商品交易市场信用分类监管工作，加强信息的录入、分析和利用。全县有各类市场7个，对符合条件的3个市场实施了信用分类监管。3个市场信用类别评定为B级，362户进场经营者中信用类别评定为A级的占87.3%、B级占12.1%、C级占0.6%。同时积极引导督促市场开办者建立了场内信息公示、商品退场、商品登记等12项制度。5. 积极开展其他专项整治工作。先后开展了手机销售市场、乳制品商品市场、"限塑"以及"扫黄打非"等专项整治行动。

【消费者权益保护】 1. 积极维权、促进消费，开展"一会两站"建设，在推进"一会两站"建设工作中，制定了实施方案，成立领导小组，并积极向政府主管领导进行工作汇报，建立完善的维权网络和工作机制，全县三镇三乡已建立6个协会分会，完成了100%消费者协会分会建立，辖区内符合建立"两站"条件的行政村、居委会、集贸市场、超市、宾馆、批发市场等场所共计56个，现已建立45个。已完成80%的12315联络站和消费者投诉站建设，全县有兼职维权工作人员180名。2. 健全完善12315行政执法体系，完善机制，努力构建12315行政执法体系"四个平台"，全年接待来访和接受咨询100余人次，受理投诉39件，调解成功37件，为消费者挽回经济损失5.4万元。

【反垄断与反不正当竞争执法】 2009年，孟连县工商局公平交易执法查办案件229件（其中一般程序处理案件45件、简易程序处理案件184件），罚没款13万元。

【广告监督管理】 1. 2009年，孟连县工商局加大广告市场监管力度。以直接关系人民群众健康安全的食品、药品、医疗等广告为重点，严厉查处各类广告违法行为。全县有广告制作经营户7户、广告发布经营户1户。2009年查处了2起广告违法案件。2. 建立广告经营管理台账，规范户外广告备案登记制度，全年共备案登记51件户外广告。

【商标监督管理】 2009年，孟连县工商局成立"一所一标"工作小组，引导帮助企业新申报注册商标3枚，分别是孟连银海生态茶有限公司6月份申报注册的"神鱼"商标和孟连县龙源商贸有限公司9月份申报注册的"勐波山"商标、"林仙"木制品商标。

【计划财务工作】 2009年，孟连县工商局实现非税收入65 509.54元，罚没款完成13万元。

【个私协会工作】 2009年，孟连县个私协会充分发挥桥梁纽带作用，积极引导个体私营经济健康发展，开展鼓励创业促进就业工作。1. 通过典型引路、媒体动员、协会组织、行政推进等手段，积极营造"自主创业、艰苦创业、全民创业"的浓厚氛围，发放宣传资料1 450份。2. 与县劳动就业部门、县团委、县妇联共同召开创业导师座谈会一次，到会11名代表，共收到创业建议3条。3. 完成创业导师库的录入工作，7位经商成功人士自愿担任创业导师，为创业帮扶提供帮助，涉及行业为：种植业、零售业、制造业。4. 积极开展创业小额贷款申贷工作，现已完成对3户创业帮扶会员的创业小额贷款的发放和积极还贷工作。帮扶工作共带动就业岗位7个，涉及3个相关行业，分别是商业1户、养殖业1户、制造业1户。

【2009年任职的局领导名单】

党组书记、局长　苏志刚

副 局 长　陈林礼

纪检组长　秦和忠

## 澜沧拉祜族自治县

【概况】 澜沧县工商行政管理局内设办公室（含财务）、人教监察室、法制股、企业个体注册登记管理股、商标广告管理股、市场管理股、公平交易股。派出机构有勐朗分局、上允分局、惠民工商所。编制76人，2009年全局共有在职干部职工64人，其中：公务员55人、工勤人员1人，事业编制人员8人。

【法制建设】 1. 继续开展法律法规教育，利用"3·15"专题活动、个协会议、食品经营户农资经营户专门会议等渠道宣传《食品安全法》、《消费者权益保护法》等法律法规，提高经营者、消费者的法律意识。2. 注重干部职工法律基础知识、工商法规的学习，认真开展"五五"普法宣传教育工作，组织干部职工每周五进行学习，组织业务骨干深入基层分局(所)对执法办案及执法办案中出现的问题进行指导，纠正办案过程中出现的问题，并与执法办案人员一起探讨，研究案件所涉及的法律、法规，规范全局的执法工作。2009 年，组织全局执法人员开展执法办案岗位练兵竞赛考试。3. 进一步强化四级审核机制和执法监督检查，规范案件审核，严把案件质量关。全年共审核一般程序案件 112 件、简易程序案件 636 件，无复议撤销案件和行政诉讼案件。

【纪检监察】 2009 年，澜沧县工商局以完善惩治与预防腐败体系为重点，以加强党性修养和作风建设为抓手，以建章立制入手，拓展从源头上防止腐败工作领域，全面加强党风廉政建设和反腐败工作。1. 在系统内及时传达贯彻县纪委和市局党风廉政建设工作会议精神，并与基层分局(所)和机关股室签订党风廉政建设责任书 10 份。2. 为加强对党风廉政建设工作的领导，成立了澜沧县工商局党风廉政建设工作领导小组。3. 认真组织开展党风廉政风险点管理工作，注重监督检查，纪检监察室坚持每季度至少下基层巡回检查一次的工作制度，按照《督查实施方案》的规定开展督查工作，重点检查履行职责、作风纪律、政务公开、落实制度、廉政勤政、重要事项公示、重点工作通报和服务承诺兑现等情况。4. 按照《澜沧县工商行政管理基层行政执法人员向监管服务对象代表述职述廉实施方案》，认真开展述职述廉工作。

【人事教育】 2009 年，澜沧县工商局继续以队伍建设为根本，着力增强干部职工综合素质。1. 认真组织开展学习实践科学发展观活动，按时按质按量完成了每个环节的具体工作，召开 1 次动员大会、1 次领导班子专题民主生活会，征求群众意见 1 次，组织 1 次群众评议工作，组织集体学习 5 次，参加学习 287 人次，干部职工撰写心得体会 85 份。认真组织开展调研活动，撰写调研报告 5 篇。2. 加强业务技能培训，2009 年，共有 1 名同志获市级“注册登记能手”称号、2 名同志获市级“计算机操作能手”称号。3. 大力开展思想信念教育、宗旨教育、党性党风教育、党纪政纪条规教育、思想道德教育、正反典型教育。4. 认真贯彻落实“阳光政府”四项制度，成立领导小组，研究制定实施方案，深入宣传学习，认真组织培训，积极创建“阳光工商”。5. 全力推进工商所规范化建设。成立了领导小组，制定了实施方案，完善各项业务工作流程，整改了办公室布局，改造服务大厅，对着装、服务配套措施等都进行了细化要求。

【企业注册登记】 2009 年，澜沧县工商局继续认真贯彻《行政许可法》和国家工商总局的有关规定，促进企业登记管理工作规范化。继续认真贯彻实施新修订《公司法》和《公司登记管理条例》，切实加强和改进企业登记和监管，在日常登记工作中，严格依照法定职权、法定程序办事，做到不越位、不缺位、不错位，切实提高了践行依法行政的自觉性。截至 2009 年底，全县有各类注册工商企业 241 户，注册资本(金)26 827万元，其中：国有企业 67 户，注册资金2 902万元；集体企业 103 户，注册资金2 239万元；股份合作制企业 11 户，注册资金 1 669万元；有限责任公司 60 户，注册资金20 017万元。2009 年，企业年检率为 96.2%。各类市场主体呈持续、健康、稳定发展态势，为活跃地方经济发挥了积极作用。

【企业监督管理】 2009 年，澜沧县工商局按照规范化的要求，对收费项目、收费标准进行公示，全面推行“阳光收费”和“一审一核”制。开辟绿色通道服务工作，提供引导服务、上门服务、跟踪服务、延时服务、预约服务。积极支持企业采取股权出质，做好股权出质登记工作，缓解企业融资难的问题。对全县5 962户个体工商户进行了换验照工作，已验照 4 842户，注销 208 户，换验照率为 85%。2009 年，全县共有个体工商户7 341户，从业人员13 793人，注册资金21 063万元，其中，2009 年办理开业登记2 117户，从业人员2 140人，注册资金7 417万元。共有私营企业 310 户，投资者 930 人，雇工4 251人，注册资本(金)49 185万元。其中：有限责任公司 252 户，投资者 873 人，雇工3 697人，注册资本45 368万元；个人独资企业 55 户，投资者 50 人，雇工 543 人，注册资金3 730万元；合伙企业 3 户，注册资金 87 万元。

【市场规范管理】 1. 加强节日市场监管工作。全年出动执法人员 494 人次，出动执法车辆 104 台次，检查各类市场 70 个次，检查经营户3 357户，派出检查组 20 组。2. 认真开展诚信市场创建活动，创建县级诚信市场 4 个，推荐市级诚信市场 2 个；创建“食品安全示范店”36 户。3. 认真开展“红盾护农”专项行动，建立健全各项管理制度。落实目标责任制，严格执行市场准入制，推行质量保证值，建立索证索票制，建立健全“两账两票、一卡一书”登记制，建立种子留样备查公示制，建立证照管理制，建立“诚信”档案管理制，建立分类监管制。2009 年，农资市场监管累计出动执法人员 344 人次，出动车辆 119 台次，检查各类农资经营户1 113户，查处涉农案件 12 件。以电视、手机信息等形式向广大农村消费者发布以农资产品为重点的消费提示，协同农业科技人员一起深入到乡村集贸市场、乡村集市宣传识别农资产品真假的知识，引导农民群众增强自我防范意识和维权意识。全年共发动专项宣传 3 次，印发宣传材料2 000余份。4. 加强烟花爆竹、粮油、猪肉、禽类市场的监管，认真开展限塑、甲型 H1N1 流感防控、茶叶市场等专项整治，全年累计出动执法人员1 332人次、车辆 217 台次，检查各类经营户14 634户、市场 730 个。5. 认真开展合同监管、企业动产抵押登记及拍卖监督管理工作，全年共检查建筑合同 39 份，合同金额为3 079万元；办理动产抵押物登记 8 份，主债权金额为 2 255万元，抵押物价值4 676万元；参与拍卖监督管理 1 起，拍卖确认金额 75.6 万元。

【消费者权益保护】 1. 开展“农村食品安全示范店”创建活动，对 36 户信誉较好、营业场所较为规范、守法经营的诚信经营户完成了培育授牌工作。2. 推进

“一会两站”建设，全县20个乡镇消费者协会分会全部建立。城镇、社区、交通沿线的村委会、大的商场、景区、超市和专业市场建立了31个12315联络站和消费者投诉站。3. 加强宣传，积极维权。“3·15”期间，悬挂宣传标语32条，与县电视台联合发布消费警示、提示1期，展出假冒伪劣商品10余种，现场发放各种宣传材料17 000余份。全年共受理消费者投诉27件，解决26件，解决率95%，支持消费者起诉1件，为消费者挽回经济损失9 798元，接待咨询服务227人次，消费者举报违法违章案件10件，接到消费者感谢电话4个。4. 进一步提升12315服务效能，制定了《澜沧县工商行政管理局关于建立12315行政执法体系“四个平台”建设的规划和方案》、《澜沧县工商系统12315申诉举报中心工作规程》，把政府96128专线联系电话设在消委会。

【食品流通监督管理】 1. 加强领导，责任明确，成立领导小组，与分局(所)、各相关股室签订责任书，形成了一把手负总责，分管领导具体抓，职能股室分工抓，分局(所)、各片区重点抓的齐抓共管的工作格局。2. 认真组织学习、宣传、培训。全年开展学习贯彻《食品安全法》集中学习22次，参加人数达1 857人，发放宣传材料2 655份。3. 创新机制、强化措施，积极构建食品安全监管长效机制。制定、完善了《澜沧县食品安全监督管理工作制度》、《澜沧县工商局食品安全投诉举报处理制度》、《澜沧县工商局流通环节食品安全监管工作责制和责任追究制》等15项工作制度，使监管工作有章可循。4. 积极营造良好的食品安全监管工作氛围。利用“3·15”活动、农村食品安全示范店创建工作、重大节日检查及日常巡查为契机，大力宣传相关法律法规。5. 加强监管，构建安全健康的食品消费市场。与食品经营者签订责任书1 615份，并对食品经营主体进行认真清理，做好《食品流通许可证》发放的前期准备，同时认真开展各项食品安全专项整治，全年累计出动执法人员1 646人次，检查经营户8 081户，检查各类市场73个，取缔无照经营户16户，查处制售假冒伪劣食品案件317件，案值14.72万元，查获假冒伪劣食品24 002.69千克，标值6.73万元。

【广告监督管理】 2009年，澜沧县工商局加强广告监督，突出整治重点，注重整治实效，共审查准予发布各类单立柱、印刷品、户外布标、路间路牌、房顶路牌、车体、户外墙体及电视、手机短信广告103条。

【商标监督管理】 2009年，澜沧县工商局成立工作机构，落实责任领导和责任人，制定计划，积极推进中国驰名商标培育和云南省著名商标认定申报工作，深入落实开展“一所一标”活动，认真推行“三书一卡”工作制度。1. 加强领导，成立澜沧县工商局商标战略实施领导小组，全面负责指导商标战略实施的组织领导，制定《澜沧县工商局基层工商所开展一所一标活动实施方案》，明确工商所“一所一标”活动的工作目标和任务。2. 从抓商标注册工作入手，采取在企业年检、个体验照的过程中，动员广大企业和有实力的个体开展商标注册，及时提醒商标持有的企业和个体变更、续展注册商标。3. 把商标跟踪服务联系“三书一卡”制度和开展“一所一标”工作目标任务和目标要求印发到各分局(所)，要求分局(所)积极开展“两兴”、“两清”、“两规划”、“两账本”工作，并积极帮扶辖区内市场主体申请注册商标。全年两个分局一个所共指导帮助企业申报了6件注册商标，发放商标管理跟踪服务联系卡37份、商标法律告知书30份、商标注册建议书20份、商标战略核审书30份，截至2009年底，全县共有注册商标17件(其中云南省著名商标2件)。4. 加强协调配和，积极探索商标监管长效机制，推广“商标授权经营制度”，积极走访企业，加大商标注册进度和保护力度，严厉查处商标侵权行为。全年共查处商标侵权案件2件。

【计划财务工作】 1. 认真编制2010年部门预算，对已变化的人员编制、车辆编制、车辆的增减、人员增减等有关信息进行补充、更新与修改，对重要的基础信息进行核实，为下一步基本支出预算动态管理做好准备。2. 积极行动，把厉行节约的八项要求落到实处，按照规定压缩指标，认真计算控制压缩指标数额。3. 做好市场建设遗留债务化解与经营性国有资产管理改革工作。根据中共云南省委办公厅、云南省人民政府办公厅《关于推进省级行政事业单位经营性国有资产管理改革工作的通知》、云南省规范非税收入管理工作领导小组办公室《关于认真开展省级行政事业单位经营性国有资产清查工作有关事项的通知》精神，认真清查，使用好和管理好收回的房屋。4. 认真抓好内部审计工作，促进财务监督职能。

【基本建设】 2009年，澜沧县工商局重新制作安装了工商红盾标志和“工商行政管理”统一标识、工商所(分局)标牌和个私协会、消委会标牌等。同时着力改善窗口条件，改造注册大厅，整改了服务柜台，更换破旧桌椅，摆设绿色盆景，配置了书写台、示范文本、意见薄、茶几、饮水机、老花镜等。

【机关党建工作】 1. 学习党中央、省委、市委、县委和省、市工商局党风廉政建设工作会议精神，积极参加全县第二批深入学习实践科学发展观活动。共召开各种形式会议13次，参会286人次。2. 认真开展好民主评议党员工作。对每个党员按优秀、合格和不合格三个档次进行认真评定，66名党员(包括1名预备党员)中评选出“优秀共产党员”14名、“优秀党务工作者”4名。3. 各党支部对2007年以来设立的党员示范岗2个、党员先锋岗1个、党员示范窗口1个和文明个体工商户党员示范岗3个进行岗位履职考核。4. 认真抓好党风廉政建设责任制工作。党总支与县直属机关党委签订责任书的同时，与4个党支部签订了责任书，明确了职责。5. 开展形式多样的庆“七一”活动。召开庆祝大会表彰先进的同时，组织个私党支部党员向县福利院老人献爱心。6. 认真开展党支部委员会换届选举工作，完成了三个党支部委员的换届选举。

【老干工作】 2009年,澜沧县工商局党组高度重视老干部管理工作,建立健全了老干部管理机构,把老干部管理工作纳入重要议事日程,做到年初有安排,年中有督促,年底有检查,形成了主要领导亲自抓,专职老干部具体抓的工作格局。1. 坚持学习制度,认真贯彻胡锦涛同志关于"多从政治上关心老同志"的指示精神,全年共开展10次政治学习,组织老同志学习党的方针政策、党的十七届三中、四中全会精神;为每位老干部订阅了《老年报》。2. 严格执行老干部政策,切实落实生活待遇。从未出现拖欠老干部待遇的情况;严格执行离退休干部医疗费纳入医疗的各项政策,使老干部有病得到及时治疗。3. 制定慰问制度。局领导亲自看望和慰问住院的老干部,全年深入到老同志家走访、探访30人次,帮助解决实际困难。

【信息化建设】 1. 加大了信息化设备的投入,添置信息化设备,为各股室开展业务工作创造了一个良好的环境,为干部职工增加信息渠道和学习机会提供了一个良好的平台。2. 加大干部职工计算机操作运用培训力度,注重干部职工信息化办公能力的提高,要求能熟练掌握"工商政务、业务一体化软件"的使用,使工商业务流程更加规范化。3. 建立工商信息报送制度,指定专人负责,机关各股室和基层分局(所)以及政府信息公开网站工商行政管理平台有机联动,有效地增加了信息流动和业务交流,增强了工作的积极性。4. 广泛开展"计算机操作岗位练兵竞赛"活动,共有2名同志被评为普洱市计算机操作能手。

【个私协会工作】 1. 加强学习、提高认识、统一思想。各基层分会认真组织个私业主(党员)深入学习党的十七届三中全会精神,积极开展深入学习实践科学发展观活动,一年来,共召开各种形式会议6次,参会800余人次。2. 认真落实贷免扶补政策,积极鼓励创业促进就业。全年完成"贷免扶补"工作目标任务8人,带动22人就业。3. 组织会员积极进行献爱心活动,在"慈善关爱贫困大学生"、"向受台风袭击的台湾同胞捐款"、"看望福利院老人"等活动中,澜沧县个私协会会员共捐款捐物89 973元。

【2009年受到表彰的单位和个人名单】

李海被国家工商总局表彰为"全国工商行政管理系统优秀工商行政管理人员";勐朗分局被省工商局表彰为"全省工商行政管理系统先进工商所(分局)"。

【2009年任职的局领导名单】

局　　长　胡　波
副 局 长　李春亚
纪检组长　孙　念

## 西盟佤族自治县

【概况】 西盟县工商行政管理局2009年在职人数30人,其中:公务员28人、工勤人员1人、事业编制人员1人;大学本科学历3人、大专学历21人、中专及以下学历6人;离退休人员10人。内设机构5个:局办公室、企业个体股、公平交易股、市场股、法制股。2个派出机构:西盟分局、勐梭工商所。

2009年,西盟县工商局坚持以邓小平理论和"三个代表"重要思想为指导,深入学习贯彻党的十七大和十七届三中、四中全会精神,紧紧围绕省、市工商局提出的"六项重点工作"目标和县委、县政府的中心工作,深入开展学习实践科学发展观活动,认真贯彻落实全市工商工作暨党风廉政建设工作会议精神,求真务实,扎实工作,大力推进阳光政府"四项制度",充分发挥工商职能作用,尽心尽力促进西盟经济社会平稳较快发展。

【法制建设】 1. 认真组织学习《中华人民共和国食品安全法》、《国务院关于加强食品等产品安全监督管理的特别规定》、《中华人民共和国防震减灾法》、《中华人民共和国反垄断法》、《中华人民共和国合伙企业法》、《中华人民共和国实发事件应对法》、《云南省工商行政管理系统市场监管理应急预案》等有关法律、法规。2. 深入推进行政审批制度改革,彻底清理和处理行政审批项目,改进审批方式,提高服务水平,积极创新行政审批机制,加强对已取消行政审批项目的后续监管,加强审批监督。3. 在窗口部门严格实行服务承诺制、首问负责制、限时办结制等制度,规范行政行为,严厉杜绝行政不作为、乱作为等阻碍发展的行为。4. 2009年共审核案件213件,其中简易程序案件177件。

【纪检监察】 2009年,西盟县工商局严格执行党风廉政建设责任制,坚持"标本兼治、综合治理、惩防并举、注重预防"的方针,以完善惩治和预防腐败体系为重点,着力推动《工作规划》实施意见的落实,以加强党性修养和作风建设为抓手,着力解决党员干部在党性党风党纪方面存在的突出问题,切实把党风廉政建设工作融入到工商中心工作之中。1. 贯彻会议精神,统一思想认识。西盟县工商局分别以党组会、局务会、职工大会的方式传达贯彻省、市工商工作会议精神,共召开传达贯彻会议10次,145人次参加学习。2. 落实责任目标,层层抓落实。坚持"一把手"负总责,班子成员分工具体负责,建立健全齐抓共管的领导体制和工作机制,切实履行好"一岗双责";逐级签订《西盟县工商行政管理局党风廉政建设责任书》9份,做到目标明确,责任落实。3. 深入开展理想信念教育和党风党纪专题教育。开展向先进典型学习活动4次,100人次参加学习;进行党风廉政专题教育4次,100人次接受教育;开展警示教育2次,56人次接受教育;进行戒勉谈话2人次、集体廉政谈话1次,党组专题研究党风廉政建设2次。认真开展廉政文化建设,编制《西盟县工商行政管理局廉政文化专刊》2期。4. 认真组织开展深入学习实践科学发展观活动。全局28名在职干部职工、4名退休党员共32人参加学习实践活动,集中学习5天,编写学习简报7期,上报相关信息31条,为群众办实事2件。5. 全面推行廉政风险点管理。把廉政风险点管理作为惩治和预防腐败体系建设的重要内容,将人事管理、行政审批、执法监管、财务管理、行政收费、基建项目管理等重点岗位和环节纳入风险点进行重点防范,同时实行廉政风险点周查月报制度。6. 认真贯彻省政府"阳光政府"四项制度，努力建设"阳光工商"。把落实省政府"阳光政府"四项制度与党风廉政建设紧密结合起来，保证"阳光政府"四项制度在工商系统的全面实施，促进"阳光工商"建设。坚决纠正领导干部和公务员中存在的不作为、慢作为、乱作为等问题，确保"阳光政府"四项制度的全面贯彻落实。做好局内政务信息公开工作，保障干部职工的知情权、参与权、表达权、监督权。年内开通了96128专线和网上查询，公示重要事项1次，通报重点工作3次。共开展责任政府四项制度明查暗访3次、阳光政府四项制度全面检查2次、六项重点工作督查2次。

**【人事教育】** 2009年，西盟县工商局认真组织全体干部职工学习法律、法规，严格执行单位制定的《内部岗位制度》，积极组织人员参加各种业务知识培训和到发达地区跟班学习，全年累计培训学习70人次。积极组织选拔、推荐全市开展的注册登记、行政执法和计算机三个能手大练兵比赛活动，县局娜农、汪迎春分获市级注册登记能手、市级行政执法办案能手称号。督促指导勐梭工商所规范化建设，建立和完善了工商所各项规章制度和工作流程，明确了工商所各个岗位的工作职责和工作任务，上墙公示了辖区平面图和流程图等，公开了监督电话和服务承诺，努力推进工商所规范化建设。

**【企业注册登记】** 1. 强化市场准入和指导工作。2009年，全县个体工商户应验照1 091户，实际验照1 005户，验照率98.1%；2009年依法办理注销登记65户，查无下落21户。私营企业应年检70户，实际年检68户，年检率97%；内资企业应年检70户，实际年检69户，年检率98.5%。2009年，办理个体工商户开业登记251户，从业人员3 891人，注册资金4 475万元；办理私营企业开业登记3户，投资人数4人，雇工人数32人，注册资金101万元；扶持组建农民专业合作社6户，成员810人，出资额567万元。2. 积极鼓励创业促进就业工作。认真贯彻落实《云南省工商局、云南省个私协会关于贯彻落实云南省鼓励创业贷免扶补实施办法的通知》文件精神，主动与县劳动就业局、财政局、总工会、团委、妇联、信用社等有关部门联系和协调，积极做好创业帮扶工作，鼓励和支持大学毕业生、返乡农民工、下岗失业人员、复转军人等自主创业，实现就业和再就业。按时按量完成了市局下达的3户"贷免扶补"帮扶创业任务。

**【市场规范管理】** 1. 建立全县市场监管信息定期分析报告制度，做到每日有专人负责采集农副产品和农资价格上报市局，每周对农副产品和农资价格变化情况进行综合分析，形成书面材料报送有关部门。2. 完善服务新农村建设工作机制，扎实开展"红盾护农"工作。成立了服务"七农"工作领导小组，制定工作实施方案；建立和完善农资经营户档案，与全县37户农资经营户签订了《农资产品质量承诺书》，督促农资经营户建立健全自律机制和进、销货台账，努力实现对农资商品质量的可追溯监管，力争从源头上治理和规范农资经营行为；会同县农业局、综治办开展"红盾护农"送法下乡宣传咨询活动，利用赶集日开展现场咨询活动2场次，出动宣传人员8人次、宣传车辆2台次，发放宣传材料700余份，接受群众咨询29人次；加大对农资经营主体的监管力度，对全县从事农资产品经营的企业、个体工商户进行了全面清查；认真做好农村经纪人发展工作，积极配合县供销社、农业局开展为期3天的农村经纪人培训班1期，全县参加培训146人。3. 加大对家电下乡商品的监管力度。开展农村商品市场专项执法检查，加大对电视机、洗衣机、电冰箱等"家电下乡"商品的监管力度。

**【消费者权益保护】** 1. 稳步推进"一会两站"规范化建设，成立了"一会两站"规范化建设工作领导小组，制定了建立"一会两站"规范化建设工作实施方案及工作职责，在全县范围内积极推进"一会两站"规范化建设。全县五乡二镇全部建立了消费者协会分会。2. 进一步提升"12315"服务效能。进一步完善了12315消费者申诉举报中心和申（投）诉站工作制度和工作流程，开设12315意见箱和建议栏，不断拓展服务领域，积极开展消费维权服务工作，全年共受理消费者申（投）诉3件，调解3件，调解率为100%，为消费者挽回经济损失1 500元。

**【食品流通监督管理】** 1. 成立了流通环节食品安全专项整治工作领导小组，制定了《流通环节食品安全专项整治实施方案》，开展了节日食品安全专项检查，出动执法人员298人次，出动执法车辆68台次，检查市场45个次、食品经营户2 049户次，查获各种过期变质食品1 422千克，价值6 349.50元。2. 积极做好《食品安全法》和食品安全相关知识宣传工作，进一步完善了各类食品安全监管工作制度，并注重狠抓落实，确保全县流通环节食品市场安全，全县95%以上的食品经营户建立了食品准入五项制度。3. 在全县范围内开展了为期4个月的打击在食品中违法添加非食用物质和滥用食品添加剂专项整治工作，顺利通过了市食品安全检查组的验收。4. 在全县范围内积极开展"农村食品安全示范店"帮扶创建工作，共创建"农村食品安全示范店"23户，超额完成了市局下达的11户任务，做到每个乡镇、每条街道都有一户起到表率作用的"农村食品安全示范店"。5. 认真开展"诚信市场"创建活动，勐卡镇"民族农贸市场"被评为A级诚信市场。

**【反垄断与反不正当竞争执法】** 1. 积极做好对违法行为人的警示与疏导工作。制定了《西盟县工商局做好对违法行为人的警示与疏导工作实施方案》及《案件评查、评议、考核意见》，全年口头告诫违法行为人15人次。回访案件10件，无案件行政复议和行政诉讼。2. 加强行政执法办案工作，积极推进执法权威化建设。全年共办理案件213件，其中：简易程序案件177件、一般程序案件36件。

**【广告监督管理】** 1. 2009年，西盟县工商局有广告经营户6户，已办理具有广告审查员资质的有3人,全年共办理户外广告登记26户。2. 加强对食品、药品广告的监管,在县卫生、药检局的配合下,对辖区内的药品广告和户外广告进行专项治理整顿。

**【商标监督管理】** 1. 认真做好《商标法》和有关法律法规宣传工作。2. 积极开展"一所一标"或"一所多标"活动,推行"三书一卡"制度,鼓励和引导各类市场主体,积极申请注册各类商标,实施商标战略,打造地方特色品牌。2009年,西盟县工商局帮扶指导企业或个体申请注册商标共3件。

**【计划财务工作】** 1. 认真贯彻落实全市工商系统计划财务工作会议精神,遵守财经纪律,严格执行"收支两条线"规定,围绕建设"节约型工商",进一步规范和加强财务管理。2. 严格按照规定按时上交行政性收费和罚没收入。

**【机关党建工作】** 2009年,西盟县工商局党支部按照《西盟县工商局党支部2009年党建工作计划》,认真学习"三个代表"重要思想,全面落实科学发展观,扎实开展"深入学习实践科学发展观活动",充分发挥党员的先锋模范作用和党支部的战斗堡垒作用。1. 西盟县工商行政管理局党支部有党员17名(在职11名、退休人员中4名、个体户中2名)。2. 加强思想建设,牢固树立宗旨意识。党支部紧紧围绕党的中心工作和工商业务工作,坚持中心组学习、党员学习制度,实行党员目标责任制,认真组织党员学习党的基本理论、基本知识和党的路线方针政策。3. 开展"深入学习实践科学发展观活动"。集中学习5天,编写学习简报7期,上报相关信息31条,学习期间上党课2次,召开组织生活会3次、民主生活会1次,为群众办实事2件。4. 开展各项党建工作,签订了党员目标管理责任书15份,签订《西盟县工商行政管理局党风廉政建设责任书》9份,修订完善了《支委会议事制度》;开展向先进典型学习活动4次,100人次参加学习;进行党风廉政专题教育4次、100人次接受教育;开展警示教育2次、56人次接受教育;编制《西盟县工商行政管理局廉政文化专刊》2期。5. 开展"送温暖"活动。组织人员深入扶贫挂钩点莫美村开展调研工作,帮助群众解决实际困难。看望慰问贫困党员和孤寡老人10户,发放慰问品价值1 000元;帮助9组解决篮球架一套,价值2 800元;帮助解决水泥排水管20根,价值3 000元;"六一"儿童节慰问村小学,赠送学习用品价值500元;"五一"节慰问孤寡老人,发放慰问礼品(金)560元;"七一"建党节,组织村组干部到景洪、勐海等地参观考察,并购买果苗发放群众,投资8 420元;国庆、中秋节慰问贫困党员和孤寡老人1 860元。全年在扶贫挂钩点累计投入资金20 140元。

**【老干工作】** 1. 西盟工商局共有离退休老干部10人,其中:离休1人、退休6人、提前退休3人;享受正科级待遇的8人、副科级待遇1人,普工1人,共产党员7人。2. 成立离退休人员管理工作领导小组,并由一名局领导(纪检组长)分管指导老干工作,指定一名中层干部专门负责老干部日常事宜工作;老干部领导小组及时掌握、研究和解决离退休老干部实际困难和问题。3. 为老干部提供多种读物、报刊,经常组织老干部学习省、市工商工作会议精神,使老干部及时了解工商事业发展动向。经常邀请老干部参加县局重大会议,认真听取老干部在队伍建设、干部任用、发展思路等方面的意见和建议。4. 落实考察制度,动员离退休老干部到安宁市参加省局统一组织的老干部疗养活动,全年安排2名离退休老干部参加疗养。5. 积极开展离退休党员的组织生活和离退休老干部的关怀活动。坚持开展"五必访",坚持从生活细节上关心爱护老干部,对离退休老干部保持经常联系,及时帮助解决实际困难,在各大节日里开展座谈慰问活动。

**【信息化建设】** 2009年,西盟县工商局采取多种方式,加大信息化建设投入,加强计算机操作技能的学习和培训,努力提高全局干部职工计算机操作技能和运用水平,全面使用"政务业务一体化"软件。为保证全市工商系统视频会议系统的建成,共投资4.5万元用于县局视频会议室的建设。县局共有计算机18台,其中:网络服务器1台,便携式笔记本2台,台式计算机15台。

**【2009年任职的局领导名单】**

副 局 长　岩　龙(主持工作)

纪检组长　潘宗红

## 江城哈尼族彝族自治县

**【概况】** 江城县工商局现有编制数53人,实有在职在编人数42人(其中:行政编制37人、事业编制5人)。有大学本科学历13人,占31%;大学专科学历24人,占57%;高中以下文化5人,占12%。局机关内设6个股(室)即:办公室、人事教育股、法制股、企业个体股、公平交易股、市场股。派出机构2个,即:勐烈分局、康平工商所。挂靠江城县保护消费者合法权益委员会、江城县个体劳动者协会。

**【法制建设】** 1. 扎实推进"五五"普法规划的实施,认真组织开展法制宣传培训工作,组织干部职工开展《食品安全法》的学习培训,并先后进行了5次学习测试;利用"3·15"国际消费者权益保护日,向广大群众进行《消费者权益保护法》、《云南省消费者权益保护条例》、《食品安全法》等法律法规的宣传。2. 认真执行开展重大决策听证制度。制定了《江城县工商局重大决策听证制度实施细则》,严格按照实施细则开展重大决策听证工作。3. 深入开展行政审批制度改革自查自纠工作。根据普洱市工商局有关通知要求,江城县工商局对行政审批事项进行了认真清理和自查,共保留行政审批项目10项,其中行政许可项目9项、非行政许可审批项目1项。4. 认真开展行政执法检查。及时成立执法检查领导小组,对2009年涉及行政执检查的事项进行了认真检查。

**【纪检监察】** 1. 认真学习贯彻党的十七届四中全会精神。局党组及时组织党员和干部职工传达学习《中共中央关于加强和改进新形势下党的建设若干重大问题的决定》。局党组强调，要把学习贯彻党的十七届四中全会精神作为当前的一项重要政治任务，切实抓紧抓好，扎实做好党的建设各项工作。2. 认真开展学习实践科学发展观活动。组织党员干部参加了3月30日江城县委召开的深入学习实践科学发展观活动动员大会。并按照市局和县委的要求，扎实开展深入学习实践科学发展观活动各阶段工作，截至8月底，江城县工商局顺利完成了学习实践活动的各项任务，通过了县委的验收。3. 认真学习贯彻中纪委三次全会和省纪委八届四次全会精神，全面完成2009年党风廉政建设各项任务。开展党风廉政专题教育42人次，组织全局党员干部职工观看了2部警示教育片。开展先进典型示范教育1次，建立廉政文化宣传专栏1个，开展廉政文化教育1次，开展读好一本廉洁从政书籍活动，努力推进廉政文化建设。

**【人事教育】** 1. 认真抓好科学发展观的全员培训工作，组织参加专题讲座2次。2. 深入贯彻落实党的十七大关于大规模培训干部、大幅度提高干部素质的要求，安排干部职工参加县委党校为期一周的综合知识学习培训。3. 认真组织开展执法办案能手、企业注册登记能手、计算机操作能手的岗位大练兵活动，一名同志取得了市级计算机能手比武竞赛第二名。

**【企业注册登记】** 2009年，江城县工商局认真贯彻落实企业登记管理办法和个体工商户登记管理办法，积极为各类市场主体的登记注册提供方便快捷的服务。截至2009年12月，全县登记在册的国有、集体企业共106户，注册资金7 407万元；共有私营企业117户，注册资金35 548万元，投资人441人，雇工5 526人；共有个体工商户2 293户，注册资金6 193万元，从业人员4 917人。

**【市场规范管理】** 2009年，江城县工商局认真开展“诚信市场”创建活动。成立了诚信市场创建活动领导小组，制定了《江城县工商行政管理局开展诚信市场创建活动实施方案》，明确了领导责任和责任股室、协办股室的责任。开展农资经营户信用分类监管工作，全县16户农资经营户均为A级信用企业；积极引导督促市场开办者建立和完善《进场违禁商品检查和清退制度》、《不合格商品退场制度》等相关制度；完成了新大新市场、腾达市场信息采集、录入、上报工作，两个市场的信用等级为B级，并向社会进行公示。

**【消费者权益保护】** 1. 完成了全县7个乡(镇)的消费者协会分会的挂牌，并在康平乡6个村民委员会建立了12315联络站、消费者投诉站。2. 2009年，共受理消费者投诉13件，调解成功13件，调解成功率为100%，为消费者挽回经济损失5 400余元，接受来人、来电咨询210人次。3. 认真组织婴幼儿“问题奶粉”事件患儿一次性赔偿金发放工作。在婴幼儿“问题奶粉”事件中，全县共有10名婴幼儿受到侵害，江城县工商局在规定时间内完成了10名患儿的赔偿金发放工作，共发放赔偿金2万元。

**【食品流通监督管理】** 1. 积极开展农村食品安全示范店创建工作。制定了《江城县工商局农村食品安全示范店创建帮扶措施》(江工商发[2009]30号)，并认真宣传动员和组织培训。2009年5月16日举办了第一期食品安全培训班，参加培训50人。动员20户个体工商户参与创建活动。通过筛选，推荐上报11户食品经营户为“农村食品安全示范店”。现已完成了11户食品安全示范店挂牌工作。2. 加强日常监管。2009年，共开展食品安全专项检查7次，出动执法人员202人次，出动执法车辆39台次，检查超市22个次，检查农贸市场32个次，检查食品经营户1 045户次，没收过期变质食品223千克。

**【反垄断与反不正当竞争执法】** 2009年，江城县工商局制定了《做好对违法行为人的警示与疏导工作实施方案》和《案件评查、评议、考核办法》，共查处违法违章案件27起，其中立案查处20起、简易程序处罚7起，收缴罚没款15 960元。

**【广告监督管理】** 2009年，江城县工商局开展了“打虚假、树诚信”广告专项整治行动，对保健食品药品、医疗广告进行了清理检查，不断加大查处虚假违法广告的力度。2009年江城县共有广告经营单位3户、管理人员6人、从业人员6人；审核登记的有户外广告26条、宣传单22 000份。

**【商标监督管理】** 2009年，江城县工商局认真开展学习宣传《商标法》及相关法律法规，加强云南省著名商标的保护工作；认真贯彻落实各级政府商标战略实施意见；积极开展“一所一标”活动。2009年，江城县共有有效注册商标14件。

**【计划财务工作】** 1. 认真学习大理会议精神，不断加强财务管理，根据大理经验，制定了财务管理相关制度。2. 扎实推进经营性国有资产清查工作。

**【老干工作】** 1. 政治思想工作：组织老干部们与在职干部职工一起参加学习教育活动，老干部党员同在职党员一起过组织生活。“七一”建党节和“八一”建军节，邀请所有老干部开展了各种形式的纪念活动。经常组织老干部参加必要会议或其他各种集体活动。2. 对生活的关照：各相关节日江城县工商局都召开座谈会和慰问老干部。2009年国庆节期间，专门召开了老干部国庆座谈会，对异地居住不能够参加座谈会的三名老同志送去了慰问金。

**【信息化建设】** 2009年，江城县工商局以自学和集中培训等形式，积极开展大练兵活动，选派4名干部参加了市局和省局开展的计算机操作能手、执法办案能手和登记注册能手大比武活动。派出7名干部参加普洱市工商系统政务业务一体化软件培训班培训。2009年11月，江城县工商局已全面启用了政务业务一体化软件。9月3日，完成了视频会议系统的建设，并投入使用。2009年，江城县工商局能够正常使用的计算机共19台(含笔记本电脑5台)。

【个私协会工作】 1. 积极开展"基层组织建设年"活动,加强个私协会党组织建设。2. 建立创业带动就业导师库。3. 认真落实云南省鼓励创业"贷免扶补"工作,帮助3位创业者办理了贷免扶补相关手续。

【2009年任职的局领导名单】
党组书记、局长 杨德辉
副局长 李发清 熊 卫
纪检组长 白光明

## 西双版纳傣族自治州

【概况】 西双版纳州工商行政管理局现有内设机构12个。分别为:办公室、人教科、计财科、法制科、企业科、公平交易科、市场科、商广科、监察室、外资科、12315消费者申诉举报指挥中心、后勤服务中心。下设5个派出机构,分别是:景洪市工商局、勐海县局、勐腊县局、西双版纳州局直属分局、西双版纳州工商局磨憨分局。实有17个基层工商分局(所)。挂靠或分设于西双版纳州工商局的社团组织有消费者协会、个体私营经济协会、广告协会。

西双版纳州工商行政管理系统编制总人数为316人(现实有280人)。学历结构:研究生3人,本科137人,专科106人,中专及以下34人。民族结构:共有16种民族,其中汉族135人,占48%;傣族61人,占22%;另有彝族24人、哈尼族21人、拉祜族6人、回族7人、基诺族6人、瑶族3人、白族4人、布朗族2人、苗族3人、景颇族2人、佤族2人、土家族、布依族、土族和侗族各1人。全局在职人员的平均年龄为41岁。

2009年是贯彻落实党的十七大和十七届三中、四中全会精神,全面建设小康社会、落实科学发展观和阳光政府"四项制度"的重要一年。一年来,全州工商系统在州委、州政府和省工商局的正确领导下,坚持以邓小平理论和"三个代表"重要思想为指导,紧紧围绕"四个统一",全面推进"四化建设",努力实现"三个到位"、"六个好"工作目标,充分发挥工商行政管理职能作用,以构建和谐社会为主旨,狠抓省局部署的"六项重点工作"和市场网格化监管、党风廉政风险点管理、贯彻实施阳光政府四项制度等重要工作,全面依法整顿和规范市场经济秩序,努力营造规范有序、公平竞争的市场环境和诚信和谐、安全健康的消费环境;进一步加强队伍建设和信息化建设,提高队伍素质和依法行政水平。通过全局上下同心同德、改革创新、开拓进取,使各项工作均取得了可喜成绩,为推动全州经济社会的发展作出了新的贡献。

【法制建设】 2009年,西双版纳州工商系统的行政执法工作组织严密,制度落实,依法规范,成效明显,使得市场整规工作继续稳步推进,营造了公平公正、竞争有序的市场环境,并在一些行政执法业务大项上又有新突破。1. 认真履行案件核审职责,把牢行政处罚关口。2. 行政许可执法进一步规范。狠抓实施中的跟踪督导、调研、协调工作,确保了行政许可业务工作的制度化、规范化建设。两级局机关除严格履行行政许可职能外,还依法查处了一批违法经营案件。3. 办案质量不断提高,消保维权工作成效明显。全年共核审各级办案机构呈报的行政处罚案件1 133起,比上年同期下降11.97%(其中州局法制科核审128起,景洪市局628起,勐腊县局269起,勐海县局108起)。在所核审的案件中达到听证条件的236起,除一起由勐腊县局查处的案件因当事人申请而举行听证外,其余案件均因当事人放弃听证权而未实际组织听证;罚款或没收违法所得万元以上的案件40起,占案件总数的3.5%。此外,两级法制部门还完成了1 686起简易处罚案件的备案登记。年内,全州工商共执收罚没款245.6万元。全年所核审的案件中,除有1起被申请复议外,无一被起诉或因执法过错而引发行政赔偿问题。4. 强化执法监督,确保依法行政。为了督促各项法制工作制度落到实处,及时发现并纠正存在问题,确保行政执法行为的合法性和合理性,法制部门加大了检查与督导力度。严密组织行政执法检查。重点查验了基层办案单位的执法案卷、法制工作制度的落实情况和普法工作,并对行政许可执法行为作了重点抽查,还通过质询、访谈等形式,全面了解掌握了法制工作的一般情况。年内,州局法制科认真受理了25起执法信访个案,依法、耐心、有理、有节地对每一质询作出了回复,依法纠正了其中的3起执法不当行为,维护了工商执法形象。此外,两级机关的法制部门还累计为广大工商业主提供法律咨询服务860余人次,在一定范围内宣传了市场管理法律法规,及时化解了因工商执法引发的社会矛盾,避免了一批非必要的行政复议或行政诉讼案件。5. 法制宣传教育深入扎实,努力完成普法任务。坚持"每季度学法考试"制度,狠抓了队伍内部学习教育。与有关部门共同举办了旅行社经理和导游、农民专业合作社、农村经纪人、食品安全培训班,开展了"3·15"、"12.4"等专项宣传,印发宣传资料1.5万份,扎实而深入地宣传了工商法律法规。经州普法领导小组检查后认为,该局的"五五"普法宣传教育是全州做得最好、最有成效的。

【纪检监察】 2009年,西双版纳州工商局根据省局提出的"找准风险点、筑牢防护墙"的全新工作理念,以风险点管理为突破口,狠抓党风廉政建设,成效显著。1. 系统梳理,全面查找风险点。全系统共确定了行政审批、执法办案、消保维权、队伍建设、财务管理、后勤管理、协会工作7大项48个风险点,并细化了

100多条风险监控措施,做到不留空白和死角。2. 深度分析,动态评定风险等级。按风险高低,将各个岗位的风险划分为四级,按照常态进行防范管理,由部门领导承担监控责任。3. 健全机制,科学制定避险措施。先后制定了《风险防范等级管理办法》等制度,形成对预防腐败工作"内控防范有制度、岗位操作有标准、事后考核有依据"的风险监管体系。4. 多措并举,全面加强风险监管。各级领导互签了《党风廉政风险防范管理责任书》,全局干部签订了《廉政风险防范承诺书》。在工商分局(所)指定一名兼职监察员履行监控职责,实现监控重心下移。建立了督查机制,督查中发现的问题及时下达《廉政风险督查建议书》和《限期整改通知书》。对不同的风险等级,采取不同的防范监控措施,实施不同的督查考核标准。实行风险点等级管理以来,全系统没有发生重大责任事故,保持了违纪违法的零投诉、零举报,显示了风险等级管理的实质成效。

该局创新建立的《风险点防范等级管理办法》及其配套措施等一系列长效机制的做法,受到省局和州纪委、省纪委的高度肯定,被省纪委作为示范典型在全省推广宣传。同时,经研究,省纪委、省工商局关于"如何监督权力,预防腐败,建立风险防范管理长效机制"的联合调研课题,确定交由该局承担完成。此课题经中纪委批准已正式立项。省纪委、省委组织部、省委宣传部、省电视台还专门录制了版纳工商风险点管理的专题片《未雨绸缪护红盾》,在省电视台党风廉政专栏播出,并发文要求全省各部门组织收看,大力宣传。

**【人事教育】** 2009年,西双版纳州工商局的人事教育工作,以加强干部思想教育和队伍素质教育为重点,主要抓了6方面工作:1. 认真开展深入学习实践科学发展观活动。成立领导小组,并制定下发《西双版纳州工商行政管理局开展深入学习实践科学发展观活动方案》,举办了为期三天的全员及骨干培训,发放各种学习材料665份,完成了规定的学习内容和讨论活动。2009年6月,召开了领导班子专题民主生活会,查找存在问题,制定了相关的整改措施和各项工作制度。2. 围绕建设三个过硬的干部队伍,加强干部培训工作。为了更好地开拓基层工商所(分局)干部的视野,加快全州工商系统基层规范化建设,提高基层监管执法水平和服务质量,3月,组织州局机关相关科室及两县一市工商所长(分局长)共28人到昆明市工商局进行了为期7天的跟班学习。此外,还组织了全州系统263名公务员和事业干部参加了《危机管理》培训考试。年内系统各级认真总结,加大了"三个一百名"岗位练兵的力度,相关部门还分别组织了集中培训,使岗位练兵活动富有成效,全年有10人获得省级能手。3. 深化人事制度改革,强化考核、激励先进。拟定了《党组干部任免和人事调配若干议事规定试行》等规定,同时积极做好干部职务变动和职务晋升的申报工作,2009年干部职务变动2人,其中科员晋升为副科级2人。按照国家公务员考核的要求,完成了2008年度公务员考核工作。推荐景洪市局副局长岩温龙参评全国先进工作者,推荐州局法制科科长朱恩全参评全省工商行政管理二等功先进个人,推荐勐腊县局局长杨健参评全省工商行政管理三等功先进个人,推荐勐腊县局勐仑分局参评全省系统先进工商所,并组织对先进进行了表彰通报。4. 认真履行人事工作职责,做好保障工作。周密、严谨及时的做好每个人的工资津补贴;完成省局组织实施的各项专项调研;完成公务员的招录工作,共向社会招录了10名公务员;按计划接收安置了1名退役士兵;为全州6人办理了调动手续,其中调出外系统2人、系统内调动4人;根据党组的要求,很好的落实在职及退休干部的疗养、体检工作。5. 加强基层工商所规范化建设工作。4月,向各工商所下发了《基层工商所规范化建设实施方案》和《关于下发西双版纳州工商系统基层规范化建设考核办法(试行)的通知》,明确了工商所规范化管理最终要实现"所容所貌园林化、消保维权网络化、办公管理自动化、内部管理规范化、职能运行程序化"的总体目标,具体涉及到工商所行政执法、市场监管等方面的60多个考核项目。并于9~10月,由州局人教科组成考核组对申报规范化建设达标的6个工商所(分局)进行验收考核。

**【企业注册登记】** 2009年,全州注册登记人员严格遵循国家法律、法规规定的市场准入条件和程序,严把市场主体准入关和退出关,切实做到"五严格"(严把前置许可关、严把验资报告审查关、严把投资主体审查关、严把股东(股权)变更关、严把企业"退出"关)。认真落实扩大内需保增长的精神要求,强化市场准入服务指导,优化服务,采取多种服务措施帮扶企业共度金融危机难关,全州各类市场主体呈现出健康、平稳的良好发展态势。一年内,新注册登记企业671户,办理注销259户,吊销130户,使全州在册企业达到4 490户(内资企业1 400户,私营企业3 090户),注册资本71.98亿元,从业人员6.2万人。

2009年初全州内资企业应检4 910户,其中企业法人2 082户,分支机构2 108户。实检企业3 630户,其中企业法人1 743户,分支机构1 887户,参检86.63%,合格率100%。个人独资企业应检237户,实检187户,参检率78.90%;合伙企业应检36户,参检率77.78%。

**【外商投资企业注册】** 2009年,西双版纳州新设立外商投资法人企业4户,外商投资企业分公司3户,经营网点14个,新增投资总额1 481.21万美元,新增注册资本888万美元,新缴实收资本293.25万美元,办理注销登记17户(网点),变更登记43户。截至2009年12月31日,全州累计在册外商投资(法人)企业32户,其中:中外合资4户,中外合作1户,外商合资2户,外国法人独资4户,外国自然人独资2户,台港澳与境内合资8户,台港澳与境内合作2户,台港澳法人独资2户,台港澳自然人独资7户,含省局登记的4户;分公司18户,经营网点35户。分布情况:景洪市在册法人企业21户、分支机构25户,勐海县在册法人企业6户、分支机构17户,勐腊县在册法人企业5户、分支机构11户;投资总额15 217.04万美元;注册资本10 971.74万美元(其中:中方注册资本1 708.33万美元,外方注册资本9 263.41万美元);累计实收资本3 135.32万美元(其中:中方实收资本1 195.73万美元,外方实收资本1 939.59万美元)。法人企业从投资来源看,较为集中的是台港澳地区和泰国。分别是香港14户,台湾5户,泰国5户,美国1户,澳大利亚1户,瑞士1户,韩国2户,菲律宾1户,新加坡1户,日本1户。从行业分布看,制造业10户,农林牧渔业7户,电力、燃气及水的生产和供应1户,住宿餐饮业3户,娱乐业2户,水利环保及公共设施管理业5户,交通运输业4户。

2009年,全州应参检外商投资企业(法人)28户,实际参检26户(其中:中外合资4户,外商合资2户,外国法人独资4户,外国自然人独资2户,台港澳与境内合资6户,台港澳与境内合作2户,台港澳法人独资2户,台港澳自然人独资4户),参检率92.8%,通过年检25户,年检合格率96%,未通过年检1户;应参检分公司15户,实际参检15户,参检率100%,通过年检15户,年检合格率100%;应参检经营网点38户(其中移动公司34户,联通公司4),实际参检38户,参检率100%,通过年检38户,年检合格率100%。

**【企业监督管理】** 一年内,全州各级共完成8 902户个体的登记,办理注销5 363户,吊销117户,使登记在册的个体工商户达到2.75万户,注册资金8.81亿元,从业人员5.56万人。年初要求验照的个体工商户24 652户,实际验照19 387户,验照率78.64%。

**【市场规范管理】** 2009年,全州共录入各类市场59个,按照市场信用分类监管工作要求,对经注册登记市场进行认定,全州共认定各类市场40个,其中认定的A类市场7个,B类市场9个,C类市场11个,D类市场13个。(一)及时取消市场登记工作。按照相关要求,立即停止办理商品交易市场登记工作,及时注销市场登记证,收回有关证、章,做好商品交易市场转入企业登记的内部衔接工作。(二)积极做好商品展销登记工作。按照市场行政审批程序及要求,全州共登记及备案各种商品展销会9次,其中,州局登记5次(临时登记1次)、勐腊登记4次。(三)积极开展“禁塑”工作。在开展限制和禁止生产销售使用塑料购物袋专项整治工作中,共出动工商执法人员446人次,出动执法车辆88车次,检查市场108个次,检查经营户5 601户次,下发《责令改正书》18份,查处、收缴各种塑料购物袋39.8万余个(约3吨),查处无照经营户3户,罚没款800元,发放禁止生产使用塑料购物袋通知书及宣传单、张贴宣传材料累计1 460多份。(四)防治甲型H1N1流感及禽流感工作。按省局要求,制定了《西双版纳州工商行政管理局甲型H1N1流感防控工作应急预案》,并实行日零报告制和情况周报制。全州工商系统共出动执法人员5 572人次,检查市场3 315个次,检查经营户41 651户次。收缴销毁病害肉类102千克。(五)汽车市场的管理。对已经登记备案的15家品牌汽车的销售企业进行了检查,并对要求核准的9类品牌汽车进行核定。结合实际对二手车市场进行了检查,要求其规范经营。(六)石油液化气市场的整治。为规范全州液化气市场经营秩序,全州工商系统统一开展了清理整治液化气市场专项行动,共检查液化气经营户73户,查获无照经营23户,查扣不合格钢瓶458个。(七)卫星地面接收设施的检查整治。与州广播电视局在全州范围内统一时间、统一行动,州、市以及两县分别在各自的辖区内联合开展了“卫星电视地面接收设施专项整治”。据统计,全州两部门共检查地面卫星经营户(点)160个,收缴无许可证经营卫星地面接收设施的“小锅”、“小耳朵”144座、高频头67个、接收机90台。(八)旅游市场的综合整治。按照全省旅游市场综合整治工作要求,积极部署,要求全州各级工商机关,要进一步提高认识,加强领导,充分发挥工商行政管理机关的职能作用,严格执法,认真开展好查处旅游商业贿赂行为,查处旅游无证经营、虚假广告、“零负团费”等不正当经营行为。(九)合同监管基本情况和动产抵押物登记管理。据统计,全州共向合同当事人宣传合同法规69人次,为来访者提供法律咨询服务102人次;检查合同173份,合同金额为179 934.44万元;参加招投标173次(其中,该局参加招投标40次)。全年全州共办理动产抵押物21份,借贷金额17 475.94万元(其中,景洪7份,金额5 965万元;勐海9份,金额10 110.94万元;勐腊5份,金额1 400万元)。(十)深入开展“红盾护农”工作,深化社会主义新农村建设。大力培育发展农村经纪人。在三县(市)开展“农村农产品经纪人法律法规知识培训”;参与了勐海县委、县政府连续举办的3期“2009年勐海县‘村两委’干部培训班”,共634人参加了培训。年内,全州已经注册登记农民专业合作社59户,出资4 051.48万元,经备案登记的农村经纪人共有756人,经营范围涉及种殖、养殖、农产品、农业生产资料等行业。积极推进“合同帮农”工作。制定12类涉农合同示范文本,全州共检查涉农企业5家,检查涉农合同120份,涉农合同金额1 795万元。经检查订单合同未发现欺诈和违法行为。加大宣传,红盾护农工作成效显著。一年以来,全州帮助新建立两账两票一书一卡经营户380户,共对20家经营单位进行了种子留样备查,留样水稻、玉米种子品种31个,全州共出动执法人员1 528人次,出动执法车辆514台次,开展宣传活动3次,印发宣传工作材料134份,检查市场216个次,检查经营户2 165户次,查扣假劣农资45千克。查处涉农案件8件,案值2.42万元,罚没金额0.78万元。建立市场监管信息定期分析报告制度。制定了《关于建立市场监管信息定期分析报告制度的实施方案》,指定专人负责,实行了工作责任制,建立开展了农副产品和农资价格信息定期分析报告制度和市场监管信息定期分析报告制度。此工作自5月开始,截至年底,已经专题形成《农副产品和农资价格信息专刊》简报32期,通过省州政府信息网和西双版纳红盾信息网予以公示,受到了政府和有关部门的好评。(十一)市场网格化监管成效显著。1.科学划分网格,明确网格责任人员。把市(县)局、基层分局(所)辖区划定为三级网格(一级格3个、二级格19个、三级格90个),明确了责任,按"一书、一图、一表、一志、一档"规范运作。2. 健全监管制度,保障运转规范。制定了《市场网格化监管实施细则》、《网格化监管市场巡查办法》、《市场网格化监管工作督查办法》等一系列制度,逐级签订了网格监管责任书,把市场网格化监管责任落实到每个人头上。3. 分流市场主体,凸显日常监管。把所有市场主体分流到所在基本网格,由基本网格认领并进行日常监管。4. 加强平台建设,开展业务培训。增配了电脑、车辆等设备,移动执法办案系统建设,积极开展培训,提高"工商一体化软件"在网格化监管中的运用水平。5. 加强督查考核,确保责任落实。州局开展2次督查,市(县)局和基层分局(所)的督查考评也能定期组织实施,并能及时提出了督查意见,通报督查情况。

**【消费者权益保护】** 2009年,全州消保维权体系建设取得新突破。一方面,"一会两站"建设继续推进。在全州32个乡镇、220个行政村建立了33个消协分会、417个"两站",挂牌率达100%,建成了完善的消费维权体系。截至年底,全州"一会两站"共受理消费者投诉202件,解答消费者咨询224起,为消费者挽回经济损失13.31万元,有力地保护了农村消费者的合法权益,真正体现了政府"第二信访部门"的作用。另一方面,"12315"的服务效能全面提升。通过完善软硬件设施,拓宽网络覆盖面,拓展服务领域,不断强化"12315"综合分析功能。目前,全系统共开通"12315"电话专线4条,配置专用电脑8台,两级局的"12315"指挥中心有了一整套完备的管理制度和规范的工作流程,基本建立起"四个平台"。与政府"96128"对接,实现了双轨服务。一年来,全州共受理申(投)诉436件,解决434件,解决率99.71%,为消费者挽回经济损失17.73万元;支持消费者起诉1件;接待消费者咨询391人次。

**【食品流通监督管理】** 2009年,西双版纳工商局认真贯彻实施《食品安全法》,依托网格化监管,建立食品安全长效监管机制,进一步做好流通领域食品监测工作,继续抓好流通环节食品安全监管工作,抓好流通领域商品质量监督管理,大力查处销售不合格食品和假冒伪劣商品等违法行为,保障消费安全。在食品安全执法检查中,全州工商系统共出动执法人员5 221人次、车辆1 091台次,检查经营户20 612户次,检查批发市场、集贸市场等各类市场544个次,取缔无照经营户138户,查处制售假冒伪劣食品案件28件,案值1.99万元,罚没金额14.7万元。没收不合格肉类食品472千克,价值0.8万元,不合格调味品、奶制品、儿童食品、饮料2 309.2千克,价值4.55万元,其它假冒伪劣食品共计1 193.3千克,价值1.94万元。受理和处理消费者申诉举报46件,为消费者挽回经济损失2.56万元。

通过全州工商机关的努力,圆满完成了创建目标,全年共创建了"食品安全示范店"177个,这些"农村食品安全示范店"统一挂牌,严格按照标准进行创建,"农村食品安全示范店"的创建,为农村食品经营的正规化起到了示范带头作用,创新了农村食品安全监管机制,使全州农村食品安全监管工作迈上了一个新的台阶。

**【反垄断与反不正当竞争执法】** 紧紧围绕整顿和规范市场经济秩序的中心任务,进一步加大市场检查和执法办案的力度,积极组织开展市场专项整治行动。一年来,全州共查处各类经济案件2 686件,案值338.02万元,同比上升了16%,罚没金额214.93万元,同比下降了16%,捣毁制假、传销窝点155个,教育、遣返传销人员452人。没收用于传销产品(西服、皮包等)218套(件),非法传销书刊和笔记本2 460本,罚款1.42万元。4月28日,景洪市法院依法对传销骨干分子江西籍胡某父子判处有期徒刑4年和3年,开创了西双版纳州打传的先例,震慑了传销分子。为有效地推动文化市场的健康发展,年内,工商系统共出动执法人员2 100人,出动执法车辆500台次,检查各类文化市场、游戏室、网吧等经营户1 890户,查获淫秽光蝶359盘;查处取缔黑网吧9户,没收用于黑网吧经营的电脑17台,罚没金额1.37万元;监测广告437条次,未发现不良广告;查处校园周边非法出版物"口袋书"712本,禁止销售贴画图71大张及印有人民币图案的抽奖卷600余张。积极开展对夜总会的检查工作,责令限期改正3户,行政处罚2户,罚没款2万元。

为进一步规范全州卷烟市场经营秩序,严厉打击"假、私、非"烟,在全州范围内组织开展了为期二个月的卷烟市场专项整治行动,共出动执法人员852人次,执法车辆411台次,检查经营户7 750户,查获无证照销售卷烟案件1 441起,查扣卷烟5 128.2条,案值94.69万元,罚款34.07万元。

打私工作在省州两级打私办的指导下,全州工商系统紧紧围绕打击走私工作为中心,坚持"打防结合、综合治理、突出重点、坚持不懈"的反走私工作方针。全州共出动执法人员203人,出动执法车辆105台,检查市场118个,检查冷库7个,检查汽车配件门店115间,检查其它门店205间油库和加油站5个。全州共查获泰国产各类食品共计1 157件,泰国产棕榈油5吨,没收泰国产红牛4 160件,案值43万元,罚没款10.2万元。

**【广告监督管理】** 2009年,西双版纳州工商局前置审批广告共计1 045次,其中:户外广告牌18 482块、灯箱广告475个、车身广告679块、布标2 943条、医疗广告103幅,做到有登记台账和档案规范化管理。纠正不规范广告285条,不予登记各类广告465条,发出违法广告整改通知书41份,查处各类违法案件20件,已执收罚没金额共12 500元。对4个电视台、1个广播电台、1个报社进行了《广告经营许可证》年检。有力地维护了广告市场秩序,营造了全州广告业全面、协调、可持续发展的良好环境。

**【商标监督管理】** 截至12月,全州已有注册商标585个,有6件商标被评为云南省著名商标。根据省局下达的"一所一标"任务,该局及时行动,全面部署,积极开展宣传活动、摸底选项、帮助申请工作。有18个基层单位帮助所属企业申报了24件商标注册，还将勐海茶厂的“大益”牌作为驰名商标向上申报，超额完成了“一所一标”和驰名、著名商标的申报任务。积极帮扶文化旅游品牌的培育，帮助西双版纳泼水节印象旅游开发有限公司打击恶意抢注事件，并在15个类别上进行商标的申请。

【财务管理】 按照全省工商系统财务会议精神，西双版纳州工商局加强了财务管理工作，修订完善了财务管理制度，层层签订了责任书，并制定了相应的考核办法，强化了预算管理，确保了收支平衡。1. 经费预算收支情况良好。根据省局的“部门预算批复”，全局认真领会省局安排经费的原则和标准，及时向下批转了预算。做到预算执行公开透明，拨付及时到位，保障了机构正常运转，确保了当年经费预算收支平衡。年末未出现赤字、举债、坐支、挪用行为。2. 严格执行“收支两条线”管理。完成纳入预算管理的非税收入计划任务。其中，行政性收费100万元，完成全年计划的196.5%；罚没收入241万元。两项收入均已全部足额上缴省局。3. 积极做好财务保障工作。两级财务与人教部门密切配合，全面、准确地做好工资统发数据，按时上报省局。离退休人员的工资和公用经费严格按标准及时发放到位，住房公积金和医疗保险均能按照属地标准足额上缴，做到不重、不漏。4. 认真完成财务报表编排。两级财务按时、准确地编制2008年财务报表和财务分析报告，认真做好2008年度决算工作。全面清理、复查、汇总、填报各项经费预算执行情况，并进行财务活动分析。5. 落实监督制度，规范财务行为。“三公开一监督”、“一支笔审批”、“一费一票”等项制度得到了很好的落实，计财工作的廉洁性和合法性得以保障。

【基本建设】 2009年，完成了磨憨工商分局、景洪市勐养工商所、普文工商所3个项目的申报筹建工作，完成勐腊县城关分局和勐海县勐遮工商所的绿化改造工作。

【机关党建工作】 2009年12月26日，中共云南省西双版纳傣族自治州工商行政管理局直属机关和个私协会党委正式成立。党委下设一个总支部委员会（金孔雀集团总支部委员会），十二个支部（包括：州局机关支部、老干支部、直属分局支部和其余9个个私企业支部）；党委下设办公室和9名委员（其中书记、副书记各1名）。全州工商系统现有党员330人（州局直属机关：62人、州个私协会110人、景洪市局59人、勐海县局40人、勐腊县局59人）。

【老干工作】 2009年，全州离退休老干部共有117人。根据《云南省工商行政管理系统离退休人员管理工作考核评比试行办法》，坚持不懈地从政治上关心老干部，认真落实老干部生活待遇的有关政策，切实解决好离休干部的离休费、医药费等问题，并通过召开座谈会、茶话会、走访看望、组织游览考察、开展文体娱乐活动等形式开展了丰富多彩的老干活动。2009年全州系统办理退休手续6人，完成了无固定收入的已故离休干部配偶生活补助报批工作。邀请保健医生为老干部讲解保健知识，完成州局机关全体离退休干部体检。

【信息化建设】 2009年，西双版纳州工商局累计投入经费43.56万元，购置计算机9台、投影设备4套、电子触摸屏5套、电视机6台，并装帧墙体公示栏13个280平方米，制作各种公示通报信息资料卡6 000余份，搭建了重要事项公示、重点工作通报、政务信息查询平台，既解决“阳光政府四项制度”实施的载体，又开辟了便捷高效的服务渠道。全系统共开通“12315”电话专线4条，配置专用电脑8台，两级局的“12315”指挥中心有了一整套完备的管理制度和规范的工作流程，基本建立起“四个平台”。并与政府“96128”实现对接，实现了双轨服务。借岗位练兵的契机，组织全局干部进行计算机知识培训，提高了广大干部职工的计算机操作技能。

【消委会工作】 2009年，西双版纳州各级消费者协会严格履行《消费者权益保护法》规定的职能，积极受理消费者投诉，对商品和服务进行社会监督，切实保护消费者合法权益。紧紧围绕“消费与发展”年主题，开展“3·15”国际消费者权益日宣传活动。活动中，累计向广大消费者发放各种宣传资料4 300余份，展出假冒伪劣商品53种，销毁假冒香烟150件（共计750条）；各类烟丝及烟叶883.5千克，价值27 340元，注水鸡165只（300千克），价值4 125元。现场受理并解决消费投诉6起，接受咨询654人次，共出动执法人员162人次、车辆39台次。结合宣传主题，通过短信、报纸、电视等媒体向广大消费者进行宣传，引导消费者积极、合理消费，促进地方经济发展。全州消费者消费维权意识进一步提升，消费环境得到了净化，为消费维权后续工作开展打下了坚实的基础。

【个私协会工作】 2009年，全州个私协会有县（市）级协会三个，县级以下基层分会18个，会员小组38个，县（市）级以上协会兼职人员13人，基层协会兼职人员20人。州个私协会理事会成员127人，常务理事24人，共有会员26 845人，其中个体会员24 435人，私企会员1 911人；从业人员88 838人，注册资金44万余元。

各级个体私营经济协会根据《协会章程》，围绕促进非公有制经济发展，整治市场经济秩序的大局，认真履行指导、协调、服务三大职能，深入、扎实地开展职权范围内的工作。1. 大力开展“双思”教育，引导会员回报社会，积极为有困难的会员捐款、捐物。2009年，州工商局、州个私协会按照省局、省个私协会的要求建立创业人员导师库43名，并为创业人员提供“一对一、一条龙、一站式、一体化”的服务，共受理咨询325人，受理贷款申请47户，发放贷款45户221万元，超额完成省局下达的目标任务，同时促进就业84人。以招聘会等不同形式促进就业，建立大学生就业基地一个，促进就业520人，为版纳州社会促进就业做出贡献。2. 积极做好服务工作。年内，共举办私营企业主和管理人员参加的法律培训13期次，参加人数达9 000余人，组织会员召开座谈会9次，发放宣传、信息资料3.1万份。继续抓好“省委5号文件”的大力宣传，使广大会员充分感受党和政府支持非公有制经济发展的态度和决心。3. 加强协会组织建设，使协会整体功能不断增强，切实维护广大会员的合法权益。4. 加强个私经济宣传工作。10月，州工商局和州个私协会组织全州工商干部和个私协会会员组办了《个私之花开傣乡祝福祖国庆华诞》的大型文艺晚会，受到了地方党委、政府和广大群众的好评。

【广告协会工作】 西双版纳州广告协会针对全州广告行业起步晚、底子薄、规模小的实际，把自身的职能定位于重点突出宣传工作，与工商广告监管部门一道，紧紧抓住《广告法》及其它广告法规宣传这一关键，积极开展宣传、引导，力促广告业的发展。年内先后组织召开座谈会9次，召集会员重点学习了《广告法》和《印刷品广告管理办法》，听取会员对全州广告业发展的意见和建议。借诚信市场建设的东风，教育广大会员严格依法经营、诚信服务，与各种虚假、欺诈广告行为作坚决斗争。主动为会员搜集、提供经营信息资料，帮助他们拓宽业务、提升档次、提高效益、规范行业，促进整个广告业的发展。

【大事记】

△5月，在全州工商系统推行市场网格化监管，这是市场监管模式的一项重大变革。

△11月10日，西双版纳州工商局举办《食品流通许可证》核发业务培训班，11月16日起开始受理《食品流通许可证》办证业务。

△12月26日，中共西双版纳州工商行政管理局直属机关和个私协会党委正式成立。

【2009年受到表彰的单位和个人名单】

西双版纳州工商局法制科科长朱恩全荣获“全省工商行政管理系统二等功先进个人”。

勐腊县工商局局长杨健荣获“全省工商行政管理系统三等功先进个人”。

景洪市局城关分局邓丽清、景洪市局橄榄坝分局张勇昆荣获“全省工商行政管理系统先进个人”。

朱月红、苏家萍、高杰荣获“全省工商行政管理系统计算机操作能手”。刘奔锋荣获“全省工商行政管理系统注册登记能手”；王志文、祁苒、赵祯妮、鲁开江、李豫、赵龙荣获“全省工商行政管理系统执法办案能手”。

【2009年任职的局领导名单】

局　　长　岩温扁

副 局 长　李忠平　马云霄

纪检组长　钟晓红

## 景洪市

【概况】 景洪市工商行政管理局内设办公室、监察室、公平交易股、市场股、个体注册登记股、法制股、商广股、人事教育股；下设城关、开发区、橄榄坝3个分局及嘎洒、勐养、勐龙、普文4个工商所；共有在职人员100人，其中男职工59人、女职工41人，少数民族53人；本科学历66人，专科学历26人，中专（高中）学历8人。局党总支下设4党支部，有中共党员58人，预备党员1人。

2009年，景洪市工商局坚持以党的十七届四中全会为指导，始终围绕“四个统一”、“三个到位”和“六个好”的工作目标，勇于实践、大胆解放思想、更新观念、开拓创新使各项工作再上新台阶。流通环节食品安全监管成效明显，行政执法办案有新突破，信息化建设不断提升，基层规范化建设全面推进，基础建设、效能服务进一步改善。

【法制建设】 2009年，景洪市工商局按照州局“五五”普法相关文件要求，认真组织全局干部学习法律法规，在全局范围内开展“每季度卷面测评”学习活动。10月，组织市工商局执法能手竞赛活动，共向州局推荐出6名执法能手。在案件审核中，全年查处各类违法违章案件1 681件，其中简易处罚1 068件、立案613件，收缴罚没款80.46万元。全年无复议和起诉案件，案件审核率为100%。

【纪检监察】 2009年，景洪市工商行政管理局党组始终把党风廉政建设作为推进各项业务工作的总抓手，以落实党风廉政建设责任制为龙头，着力推进制度创新；以积极推行政务公开为突破口，着力强化对权力运行的监督制约；以工商廉政文化建设为载体，着力营造风清气正的廉政氛围；以主题教育、典型示范教育为重点，着力抓好党风廉政教育；以提高纪检监察履职水平为目标，着力加强纪检监察的自身建设。使廉洁奉公、行政为民的理念更加深入人心，党风廉政建设更富成效。1. 强化廉政教育。组织学习有关党风廉政建设工作的文件精神和规章制度、“八六八”禁令、《公务员法》；组织全局干部观看《真水无香》、《罪与罚》、《缉毒警》及《高墙悲歌》等影片。2. 落实廉政责任。按照“一岗双责”的要求，结合工作实际，严格落实责任，签订《党风廉政建设责任书》、《行风建设责任书》等44份责任书，形成市局、工商所和干部三级工作责任机制，同时，发出家庭助廉倡议书96份，签订家庭助廉责任书96份。3. 加强廉洁自律制度。制定《行政执法评议考评办法》、《考勤制度》、《行政效能监察实施办法》、《关于加强着装纪律的规定》、《景洪市工商局党员“三会一课”制度》、《景洪市工商局党员民主生活会制度》、《景洪市工商局党员管理制度》等多种制度，建立起反腐倡廉的长效机制，用制度管理干部，增强干部积极性、主动性。4. 积极查办信访举报案件，2009年，共接到3起信访举报，经认真查实，做到件件有回音，事事有答复。5. 在查找系统廉政管理风险点中，列出三级风险管理点，由部门负责人进行监控。并将风险点逐一登记汇总、建立台账，有针对性地制定了33条监控措施，有效地从源头上筑牢了工商干部反腐倡廉的防线。

【人事教育】 2009年，景洪市工商局进一步加大干部教育培训力度，不断提高队伍整体素质和执法水平。服务科学发展，推进“三个到位”、“六个好”工作目标的实现。在州局、市委学习科学发展观实践活动领导小组的领导下，扎实开展科学发展观学习活动，制定了实施方案,开展宣传,开办网上活动专栏,认真扎实地开展了学习培训、组织召开领导班子专题民主生活会,3月,选派10名基层所长、骨干到昆明工商局跟班学习;认真贯彻落实州局推行的市场网格化监管新模式,力争实现高效能的监管与服务;为科学发展观的工作扎实有效推进取得了阶段性成果。推进"四化建设",增强工商队伍素质建设。开展岗位大练兵竞赛活动,培养执法办案能手、注册登记能手、计算机操作能手,力争做到"人人能办案,人人会办案",从而全面推进"三个过硬"工商队伍建设。

【企业注册登记】 2009年,景洪市工商局以打造阳光型工商为目标,创新服务方式,深化服务内涵,登记窗口办事水平和服务质量有了新提升,服务地方经济发展。截至年底,全市共有私营企业747户,注册资金57 936万元,增长率为11.67%;内资企业286户,注册资金92 048万元,增长率为4.2%;农民专业合作社28户,注册资金2 806.8万元;企业年检率达88.36%。2009年,实有个体工商户14 015户,注册资金44 379万元,增长率为12.28%,年内个体工商户新开业4 960户,验照换照率达83.95%。

【企业监督管理】 2009年,景洪市工商局依法指导登记和监管、落实各级政府扶持个私经济发展的优惠政策、提高服务质量,促进全市个私经济的快速发展。1. 贯彻落实"四项制度"切实改进工作流程,提高工作效率,简化个体工商户和私营企业的登记、注册、办照程序,缩短办照时限。全年共办理登记私营企业174户,内资企业38户,个体工商户4 664户。2. 认真落实《云南省鼓励创业贷免扶补实施办法》,对应届大学生、复退转业军人、下岗工人、农民工、残疾人等人员就业和自主创业提供咨询服务,2009年,共接待创业人员235人次,配合农村信用社发放贷免扶补贷款55万元(11户)。

【市场规范管理】 2009年,景洪市工商行政管理局明确工作目标和方向,有计划、有措施的开展各项监管活动。1. 依托市场网格化监管工作平台,结合各自职能特点和辖区实际,不断丰富"网格化"管理内容。2. 抓好市场登记,完善市场监管。共办理企业注册登记新增市场5个。3. 加强合同监管工作。全年共参加招标63次,审查投标单位资质269户,工程金额36 987万元;办理动产抵押登记7起,银行贷款5 965万元,办理动产抵押注销1起。4. 制定《景洪市工商行政管理局关于建立市场监管信息定期分析报告制度实施方案》。自2009年第二季起,对市场主体变化、农副产品和农资价格涨跌原因、流通领域食品监测等进行综合分析,并形成综合报告上报党委、政府,全年共上报11期。5. 进一步规范拍卖经营秩序。全年共审查拍卖监督备案48件,拍卖委托书62份,拍卖标底金额8 959万,成交确认备案73份,拍卖成交金额7 503万元。6. 完善七农工作机制。全年推广涉农合同321份,发放农资进销货台账60本,发展农村经纪人220人,农村专业合作社26户。7. 开展"诚信市场"创建活动,成立"诚信市场"创建工作领导小组,于2009年6月8日召开"诚信市场"创建动员大会,确定"景洪市农贸市场、景洪市民族工艺品市场、天顺超市、大兴量贩、天城大卖场"5个市场、超市为"诚信市场"创建单位,并通过了考核。8. 做好市场专项清理整治工作,一年来,先后对非法无线电接收器市场、成品油市场、液化气市场、烟花爆竹市场、水果市场等开展专项整治行动,共检查各类经营户1 468户,查处各类违章案件93件,罚没款47 597元。9. 开展甲型H1N1流感疫情监测,加强交易市场甲型H1N1流感疫情的防控。

【消费者权益保护】 2009年,景洪市工商局积极推进12315行政执法体系建设,打击侵害消费者权益行为。全年受理消费投诉208件,解决206件,调解率为99%,接受消费者咨询115件,为消费者挽回经济损失9.41万元。协调解决了全市237名因"三鹿奶粉"导致的婴幼儿肾结石患者的赔偿问题,共计赔偿47.4万元。

【反垄断与反不正当竞争执法】 1. 2009年,景洪市工商局全面推进工商行政管理转型,加大行政执法办案力度,营造公平、公正、和谐稳定的市场经济秩序。一年来,共出动执法人员160人次,执法车辆118台次,执行并完成上级部门及市政府下达的"2009年扫黄打非"专项行动、"食品安全整治"专项活动等12项专项执法工作。2. 加强流通环节食品安全监管,建立监管机制。签订食品安全承诺书3 430份,督促市区内的食品经营户建立健全了进货索证、索票制度及食品进货台账制,免费发放食品安全进销货台账8 000余份。全面提高了景洪商品交易市场的规范化管理水平。3. 建立和完善打击传销长效工作机制,防止传销活动的发生,采取多种手段大力开展宣传教育活动,开展百日打传联合执法行动,增强广大群众识别、防范和抵制传销。在全市不同区域张贴打传宣传画1 100幅,召开2009年打传工作座谈会,开展专项集中整治活动。全年共取缔传销窝点64个,查获传销人员158人,查获传销物品及传销资料2 100余份。4. 抓好"两烟"执法工作,维护卷烟市场秩序。明确岗位职责,建立健全"两烟"专项执法台账,积极开展专项检查工作,严厉打击违法经营行为,一年来,共查处卷烟违法经营行为案件104起(其中立案65起,当场处罚39起),卷烟价值9万余元,收缴罚没款38 519元。

【商标广告监督管理】 在商标广告管理工作中,加大对商标、广告的登记、监管、查处力度。一年来,共登记各类广告305件(其中,布标520条,广告牌618块,车身广告32个,墙体广告18个),受理广告咨询218次,收缴违规印刷品广告1万多份,取缔无照广告经营户10家,拆除违规户外广告120条,查处商标、广告案件32件。通过规范和整治,使全市的广告市场秩序明显好转。同时,制定下发《景洪市工商局推进商标战略实施一所一标工作措施》,帮助企业完成商标注册的"三书一卡",同各工商所(分局)签订了"一所一标"责任书10份。2009年,共帮助经营户申报注册商标14件。

【信息化建设】 2009年，景洪市工商行政管理局根据省、州工商局要求，进一步提高认识，加强组织领导，突出重点，稳步推进信息化建设步伐。积极落实市场网格化监管制度，对网格责任人进行电脑培训，确保网格监管信息录入及时准确全面。在互联网站、触摸屏、滚动显示屏、信息栏上公示了近1 500条涉及工商的法律、法规、行政处罚、消费警示、近期工作动态的信息。加强基层信息化管理，为基层配置手提电脑10台、台式电脑18台、打印机8台，已基本实现基层干部人手一台电脑。信息化建设的不断加强，有力地推进了“四化建设”的进程，提升了监管执法和工作效率。

【消委会工作】 1. 2009年，景洪市消委会切实履行《消费者权益保护法》赋予的各项职能，积极做好消费者权益保护工作。在“3·15”活动期间，发放宣传资料2万余份，组织商品住房消费者问卷调查2 000份，现场提供消费信息及咨询69人次。2. 发挥“一会两站”的优势和作用，完善“3·15”维权网络。在全市11个乡镇辖区内建立消协分会11个，12315联络站和消费者投诉站184个。3. 贯彻落实“食品安全示范店”创建工作，全年完成创建食品安全示范店72户。于2009年9月4日在市工商局会议室召开“食品安全示范店”授牌及《食品安全法》培训大会，向72户示范店发放法律文本。

【个私协会工作】 2009年，景洪市个私协会加强对个私企业的引导、教育，组织个体党员学习23次，参会人员395人次；为个体私营企业主出境登记办事25人次；组织个体户到磨憨考察16人次；接待创业人员咨询235人次，截至8月27日已配合农村信用合作社发放“贷免扶补”款项16户(80万元)，超额完成了上级交办的任务。

【2009年任职的局领导名单】

局　　长　董兆明

副 局 长　罗景城　王新光　岩温龙

纪检组长　查树英

## 勐海县

【概况】 勐海县工商行政管理局内设机构有办公室、监察室、注册股、公平交易股、市场股、法制股、人事监察股、12315投诉举报中心，派出机构为城关分局、勐遮分局、打洛分局、勐混工商所、勐阿工商所、勐满工商所。共有干部职工88人，其中在职人员57人(包括2009年新招录的6名公务员)，离退休人员31人。在职人员中公务员50人、事业单位人员1人、工人6人；有本科学历30人(占52.6%)、专科学历21人(占36.8%)、中专学历5人(占9%)、高中文化1人(占2%)。设有1个党总支4个党支部，共有党员40名。

2009年，勐海县工商局在州局和勐海县委、县政府的正确领导下，以开展学习实践科学发展观和落实阳光政府四项制度打造阳光工商为契机，坚持以科学发展观统领全局，围绕“服务效能提升年”这一主题，以发展为中心、以服务为宗旨、以规范为目的，以落实“六项重点”工作为抓手推进履职到位，尽心尽力促进地方经济又好又快发展。

【法制建设】 1. 加大法制宣传教育力度，继续深化“五五”普法工作。利用每周二、五下午学习日组织学习了《行政处罚法》、《食品安全法》、《农民专业合作社法》等法律法规；以开展执法能手活动为契机先后组织全局干部职工进行执法考试2次，经过层层筛选，有2名同志入选参加全省的执法办案能手竞赛。2. 严把案件核审关，加大内部执法监督。勐海县工商局全年查办案件369起，罚没款276 247元。在案件的核审中，严把案件的四个关口：严把立案关、严把核审关、严把行政处罚决定审批关和严把当事人陈述申辩关，确保所办案件符合法律规定，所查办的案件无一例复议、诉讼。3. 严格执法程序，提高执法水平。严格执行州局制定的执法办案程序和罚没、暂扣物资管理等各项制度，明确了行政强制措施实施过程中事前、事中、事后的监督管理。全年对23户行政相对人进行案件回访，未发现违法违纪行为。

【纪检监察】 1. 建立健全党风廉政建设责任制，严格抓落实。层层签订《党风廉政建设责任书》25份。2. 开展廉政建设风险点管理。对行政审批权、行政执法权、队伍管理权等重点环节、重点岗位查找出了18种易出现违反廉洁自律规定的行为，并不定期对其监督检查，未发现违法违纪行为。3. 加强反腐防腐警示学习教育，筑牢干部职工思想防范意识。组织党组成员在内的29名党员干部，到西双版纳傣族自治州反腐倡廉警示教育基地接受警示教育。召开恳谈会，18名代表参加，会上各位代表积极发言，提出了12条意见建议。组织33名干部职工观看由西双版纳州工商局制作的《傣乡红盾铸铜墙》专题片。组织学习党的十七大、十七届三中全会精神等理论知识，不断提高党员干部党性修养及职工自身的政治素质。4. 加大信访投诉查处力度，严肃查处违规违纪行为。认真受理群众各类举报投诉，做到“件件有回复，事事有回音”。全年受理2件信访案件，都没有涉及到工商干部。5. 深入开展学习实践科学发展观活动。对照活动的3个阶段11个环节，加强组织领导，精心安排部署，完成了活动规定动作，并开展全员培训。6. 认真贯彻落实阳光政府“四项制度”，努力打造阳光工商。投入经费4万余元，搭建良好的平台，畅通为民服务的渠道。分别搭建了以“政府信息网”和“勐海县工商局红盾信息网”发布为主，电视屏幕滚动发布、墙体公示栏发布为辅的重要事项公示、重点工作通报平台；以电子触摸屏查阅为主，“勐海县工商局红盾信息网”、经济户口档案和信息资料卡查阅为辅的政务信息查询平台；按时开通“96128”专线，开辟了便捷高效的服务渠道，切实做到了便民利民，树立了勐海工商新形象。

【人事教育】 1. 强化政治理论学习。认真组织局机关干部职工学习各种文件精神，党的十七届三中、四中全会以及《在纪念党的十一届三中全会召开30周年大会上的讲话》、《关于深入贯彻落实科学发展观的若干重大问题》、《中国工商行政管理概论》等理论知识，确实提高干部队伍的政治理论素质。共组织学习31次、参学人数758人次。2. 开展企业注册登记股股长、监察室主任职位竞聘上岗演讲活动,进一步激励和鞭策了干部职工工作积极性。3. 深入开展精神文明建设工作。组织干部职工开展运动会、爱国卫生活动、"五一"拔河比赛、庆"八一"座谈会、观看教育电影片等活动16次,参加人数505人次。积极帮扶挂钩联系点,在单位困难的情况下发动全局干部职工捐款,为两户帮扶对象提供发展资金3 000元。年内,该局已申报省级文明单位。

**【企业注册登记】** 1. 认真贯彻落实全省工商行政管理工作会议精神,根据省、州局《2009年重点工作任务分解》要求,强化市场准入服务,积极引导市场主体健康发展。截至11月15日,全县共有私营企业409户,从业人员2 330人,注册资金53 303万元;内资企业321户,注册资金33 998万元;个体工商户7 067户,从业人员12 758人,注册资金25 053.8万元。2. 做好年检验照工作。私营企业年检率90.67%,内资企业年检率94.86%,个体工商户验照率76.27%,年检验照合格率100%。3. 加大"三农"服务工作力度。截至11月15日,全县共有38户农民专业合作社,出资总额1 695.05万元,成员总数444人,经营范围主要涉及农业生产资料销售的4户,农产品销售的5户,农产品加工的2户,种植业25户,养殖业2户。年内新设32户,与上年同期相比,户数、出资额、成员分别上升533.33%、162.19%、303.64%。4. 加大无照经营行为查处力度,全年查处无照经营案件111起,罚款7万元,严厉的打击了无照经营违法行为,规范了市场主体。

**【市场规范管理】** 1. 认真贯彻落实国家"限塑令",出动执法人员71人次,出动执法车辆5台次,检查市场13个次、经营户548户,下发《市场预警通知书》86份,发放宣传材料150份,张贴宣传资料10份,收缴塑料购物袋3万多个。2. 扎实开展H1N1防治工作,强化猪肉市场监管,严格市场主体准入制度、协议准入制度、购销台账制度、强制退市制度,落实市场开办者猪肉质量第一责任人经营管理制度,实行每日的疫情零报告制度和每周的统计报送制度。协同有关部门严厉打击走私贩私、非法加工、销售病害猪肉及其产品等违法违规行为,出动执法人员148人次、车辆25台次,检查市场32个次。3. 加强"家电下乡"的监督管理,确保农民真正得到实惠。认真贯彻国家惠民政策,高度重视农村商品市场监管工作,把汽车、摩托、电视机、洗衣机、电冰箱等家电作为重点商品,对全县51户家电下乡指定店开展专项检查,出动人员52人次、车辆24台次,未发现贴有家电下乡的红色标贴及销售假冒伪劣商品的行为。4. 开展创建"诚信市场"活动,推进商品交易市场分类监管工作。完成商品交易市场信用分类监管信息采集录入工作,并上报认定7个市场,其中A级市场2个,B级市场5个。在诚信市场创建中,积极对具有集贸市场性质和有一定规模的商场、超市做调查摸底工作,积极对其跟踪服务,最后确定"西双版纳大兴有限责任公司勐海大兴量贩超市"、"勐海县宏福综合集贸市场"为勐海"诚信市场"。5. 建立健全"七农"工作机制,促进农业增效、农民增收、服务新农村建设。为勐海村"两委"干部就消法及合同的相关知识、如何办理农村经纪人和如何办理农民专业合作社等内容做了3期培训,共280人参加培训,发放办理农村经纪人、农民专业合作社办事流程、指南1 000份及相关的合同示范文本500余份。开展农资春季打假专项行动,主要检查主体资格、产品质量、虚假宣传、五种高毒农药、进销货台账等方面,共出动执法人员1 380人次、车辆820台次,检查市场494个次,检查经营户1 926户。开展"查农资、保春耕"活动,用3天时间对全县8个乡镇26个村委会的77家农资经营网点进行农资产品质量专项检查,责令56户整改,查获4户无照经营户,没收过期"根壮粉"26袋,封存无照经营库存产品36.14吨;协助质量技术监督局查扣劣质化肥33.68吨。推行了12种涉农合同文本,使订单农业的签约率和履约率明显提高。备案种子经营户29户,封存留样20个,其中水稻15种,玉米5种。合同备案登记26件,金额共计75 861 639.74元,参加工程招投标25起,拍卖登记8起。办理动产抵押合同7份,为企业取得银行贷款11 135.3万元。开展农副产品和农资价格监测,并向上级及时汇报,累计上报3期价格分析报告。

**【食品流通监督管理】** 1. 认真贯彻落实国务院关于开展全国打击违法添加非食用物质和滥用食品添加剂专项整治专题工作会议精神,出动执法人员75人次,出动车辆39台次,检查经营户151户次,其中整治重点区域11个、重点经营户28户、重点产品24种,未发现违法添加非食用物质和滥用食品添加剂的现象。2. 抓好元旦、春节、国庆节、中秋节等节假日及日常食品安全检查。全年共出动执法人员562人次,检查经营户2 030户次、市场165个次,取缔无照经营20户、罚款1.55万元,查处制售假冒伪劣食品案件12件,销毁假冒伪劣食品27千克、注水鸡310千克和未检猪肉50余千克,捣毁非法生猪屠宰点一处,查获6头病死猪,并对其进行无害化处理,扣留假冒贵州茅台酒10瓶、澜沧江小白酒42件。3. 充分利用快速检测箱检测豆类、咸菜、肉类等各类食品30余次,均属合格。4. 做好办理食品流通许可证准备工作。加大《食品安全法》宣传力度,出动车辆5台次、执法人员17人次,发放宣传单1 000余份;对已办理流通环节食品卫生许可证经营户进行摸底调查,出动人员21人次、车辆7台次,印制食品流通许可申请材料7 800份,积极参加州局举办的办理食品流通许可证培训,为办理食品流通许可证打下坚实的基础。食品流通许可证已正式办理,初步审核办理食品流通许可申请17户。5. 深入开展"农村食品安全示范店"创建活动,营造食品安全消费环境,共创建51户。

**【反垄断与反不正当竞争执法】** 2009年,勐海县工商局扎实有效地开展反不正当竞争专项整治,严厉查处仿冒知名品牌特有的名称、包装、装潢等不正当竞争行为,全年共查获仿冒、假冒商标案8起,没收假冒商标标识及内飞2万余张,没收假冒商标影碟机450台,共计罚款36 527元。

【广告监督管理】 2009年,勐海县工商局认真审核并建好户外广告发布登记台账,全年共受理户外广告登记25件,广告备案2件。严厉打击虚假广告,全年查处违法广告案件1件。

【商标监督管理】 2009年,勐海县工商局积极推进商标战略,开展"一所一标"活动,向企业宣传保护注册商标专用权的有关法律法规,引导企业积极申请注册商标,提高市场竞争力,全县已申请注册商标12件。

【老干工作】 2009年,勐海县工商局组织离退休老干部开展春节座谈会、运动会、庆"三八"、庆"八一"和"九九重阳"节等活动;组织学习相关文件内容,参观新时期基层工商所规范化建设;组织老干部体检;在中华人民共和国成立60周年之际,走访慰问新中国成立前参加革命工作的老干部、老党员;及时看望生病住院退休干部。全年投入经费23 065元。

【经济检查】 1. 加强对重点行业的专项执法检查。对全县食品加工点进行专项检查,查处了5家非法加工点,罚款0.8万元;捣毁勐宋乡违法生产加工硫磺熏制竹笋加工窝点9处,销毁有毒有害竹笋2吨;对网吧进行拉网式检查,查处无照网吧6家,取缔黑网吧1家,罚款0.9万元。2. 继续深入开展卷烟市场专项整治。继续加大对县域卷烟市场整治力度,严厉打击"假、私、非"烟,特别是加大无证查处力度,全年依法查处违法经营行为260起。3. 严厉打击传销违法活动。针对传销更加隐蔽,更加分散,更加顽固的特点,以普法教育为基础,以市场巡查为手段,做到了强化宣传抓预防,依法履责端窝点,重拳出击严厉打击各类传销违法活动,取得了良好的社会成效。4. 积极配合有关部门开展扫黄打非、"黑车"、"私彩"等专项整治。开展低俗音像制品专项整治,出动执法人员20人次、车辆5台次,收缴光碟32片,低俗黄色光碟110片,罚款3 000元。配合民政、公安等部门,开展打击"私彩"专项整治。批评教育并责令停止一批无证非法销售彩报点,查处取缔非法"私彩"销售点,收缴非法"私彩"销售用的设备(一般收款收据、手机、桌椅),整顿规范彩票市场秩序行动取得了阶段性的成果。配合运政、交通等部门清理整顿非法营运行业,共收缴各种非法营运机动车及"黑车"30辆。

【信息化建设】 1. 完善硬件设施,加大对信息化硬件的投资力度。结合市场网格化监管、工商所规范化达标、落实阳光政府"四项制度"等工作的开展,加大了硬件设施的投入力度。新购电脑17台、触摸屏1台、滚动显示屏1台、打印机13台、复印机1台,投入资金累计16.27万元,硬件设施建设得到了较大完善。2. 加强信息化软件培训。采取集中培训、分散学习的方式加强信息化办公业务培训,并结合"计算机岗位练兵"活动,加大培训力度,通过层层选拔,选派的两名计算机操作人员均获省局计算机操作能手称号。3. 构建畅通信息网络平台。实现了与县政府电子政务网的横向连接,实现了网上信访、网上信息报送和政务业务办理;建设"勐海县工商局红盾信息网"。

【消委会工作】 1. 加大"消费与发展"年主题活动宣传力度,充分利用3·15消费者权益保护日,在全县各辖区的主要街道、城乡群众聚集较多的地方设宣传点,向广大消费者展示烟、酒、食品、饮料等各种假冒商品供群众识别参考,向广大人民群众发放了消费调查问卷100份,实收回84份。在活动中出动人员53人次、车辆12台次,接受咨询投诉37人次,发放宣传材料共5 000余份。2. 全面完成了"一会两站"建设,共建消费者协会分会11个,联络站和投诉站132个。3. 加强12315形象工程建设,四个平台已基本搭建。全年受理各类投诉88起,调解成功86起,调解率达97%,挽回经济损失2.73万元。

【个私协会工作】 发挥协会桥梁、纽带作用,积极配合工商局的年检、验照工作,努力为会员提供周到和便捷的服务。鼓励创业促进就业工作取得实效,在窗口设"创业贷免扶补服务窗口",开辟绿色通道,共受理创业咨询119人次,配有6名创业导师,已为11名创业人员颁发营业执照,并成功申请贷款51万元,带动38名人员就业。积极组织会员参加州个私协会国庆60周年文艺晚会,并选派了三个节目参加汇演;开展"访会员,送温暖,走访慰问困难个体工商户"活动,为10户个体工商户送去了慰问品和慰问金,让他们感觉到协会的温暖。

【2009年任职的局领导名单】

党组书记、局长　周邦民
副 局 长　岩　伦　王国新
纪检组长　保俊文

## 勐腊县

【概况】 勐腊县工商行政管理局机关设办公室、人教股、纪检监察室、法制股、公平交易股、市场股、注册登记股7个职能股室,下设城关、勐仑2个分局及勐捧、勐满2个工商所。全局有在职人员75人,其中国家公务员69人、事业编制1人、工人5人;男职工50人、女职工28人;本科学历16人、大专44人、中专10人、高中4人、初中1人;平均年龄40岁。局党总支下设机关、城关、勐仑、勐捧、勐满、个协、老干7个党支部,有正式党员58名,预备党员1名。

【法制建设】 2009年,勐腊县工商局为有效地适应新形势、新任务的要求,加强了政治理论和业务的学习,全面落实科学发展观,积极参加了州工商局举办的行政培训学习,并组织了勐腊县工商局执法办案能手考试,为依法行政、市场监管执法、进一步增强执法为民的自觉性提供保障。在"3·15"宣传活动中,累计发放各类宣传单5 000余份(册),并在县城主要街道悬挂横幅1条。10月20日对"西双版纳绿宝石商贸总公司擅自设立分支机构"进行了公开听证。全年共立案查处各类经济违法违规案件595

件(其中:一般程序处罚案件269件,简易程序处罚案件326件),收缴罚没款51.21万元。

【纪检监察】 2009年,勐腊县工商局把党员干部廉政教育与社会主义荣辱观的学习教育紧密结合起来,从源头上预防和治理腐败,扎实推进党风廉政建设和反腐败斗争,为建立"勤政、廉洁、高效、务实"的基层工商队伍作风,进一步推动工商管理事业不断前进奠定了坚实基础。1. 全面落实党风廉政建设责任制。按照州局党组部署和要求,党组成员与各股(室)、工商所(分局)负责人签订了《党风廉政建设责任书》,明确责任目标,层层细化责任,加强督促落实,确保全系统党风廉政建设责任制的全面落实。2. 建立廉政风险防范等级管理制度。通过对行政处罚、行政许可、行政强制、财务管理、人事工作等业务大项上的风险点进行排查、梳理与分析,根据不同的风险指数,将风险点划分为不同的风险级别,制定出廉政风险防范等级管理办法。同时分别指定每一风险点的督察责任人,明确了监督权责,实行不同层级的有效预防和监控。3. 建立基层纪检监察员制度。按照州局要求,在4个基层工商所(分局)任命了6名兼职纪检监察员,明确了其既抓业务主体工作,又抓党风廉政建设的双重责任,形成了主要领导负总责,兼职纪检监察员具体负责,分工明确,互相监督,责任到人,全员参与的党风廉政建设工作格局。

【人事教育】 2009年,勐腊县工商局紧紧围绕"发展是主题、执法是关键、服务是重点、队伍是保证"的要求,坚持以科学发展观和十七届四中全会精神为指导,围绕提高队伍素质、改善队伍形象的工作目标,开展各种教育培训,广泛深入地进行精神文明建设,努力提高基层工商所建设水平,继续坚持四个创新,扎实开展各项工作。1. 努力建设"学习、团结、廉政、求实"的领导班子。年初,局领导班子提出了四项自我承诺,即勤奋学习、遵纪守法,以身作则、向我看齐,工作扎实、开拓创新,交往办事、廉洁奉公,不当"糊涂官",树立良好的政治品质,发挥领导的表率作用,同时加大对股室、工商所等中层领导班子建设的工作力度。努力提高领导干部的领导水平、政策水平、管理水平、决策能力。认真制定党组中心组理论学习计划,坚持每季组织一次党组中心组学习,将党组中心组学习与"立党为公、执政为民"、"围绕发展主题,深化服务理念"、"坚持求真务实,改进工作作风"和"牢记'两个务必',构筑思想防线"四个专题教育有机结合起来。党组成员坚持学在前、用在前,为全局干部职工上党课、作理论学习辅导。开好民主生活会。6月,按照州局党组在纪律作风整顿期间召开一次专题民主生活会的要求,局党组认真准备召开党员领导干部专题民主生活会,在本次专题民主生活会中,党组成员采取自学和集中学习相结合的方式,认真按照要求,重点学习了《中国共产党纪律处分条例》、《中国共产党党内监督条例》等文件,并围绕"五查五纠"内容,互相帮助,查找存在的不足和问题,开展批评与自我批评;会前,党组广泛向各下属单位征求意见,并对发现的问题及时整改。通过本次专题民主生活会,党组成员在"从严要求自己、从严带好队伍、从严管理教育、从严抓制度建设、从严抓工作落实"上统一了思想认识,为队伍作风整顿作出了表率。2. 认真组织开展专题讲座,深入开展学习实践活动。每周组织干部职工集中学习,严格签到制度、考勤制度,做到了每个干部一个不漏,一次不缺。第一阶段共组织集中学习18次,参加学习1 080人次,撰写心得体会69篇。4月8日,邀请了勐腊县委党校教员作了专题辅导报告;组织观看云南省工商系统相关先进典型,开展正反典型案例分析,总结近年来的经验教训,进行典型经验交流发言;全系统72名干部参加了报告会。4月17～19日,各股室分管领导在局长的带领下,深入到基层调研,开展"三走进、三破解"、"三学习、三提高"、"三进入、三改进"活动。3. 加强业务技能培训,提高干部业务水平。教育培训时采取集中学习与个人自学相结合、辅导报告、法律知识测试等手段,工作人员结合自身的岗位工作,加强业务知识学习,有针对性地进行岗位练兵,展开竞赛,提高业务素质和依法行政能力,在集中学习期间建立考勤签到制,并把它列入绩效考评,既解决了工学矛盾,又达到教育效果,确保学习、工作"两不误、两促进"。4. 开展"工商所规范年"活动,加强工商所建设。把2009年作为"工商所规范年",投资30多万元对城关分局、勐仑分局分别进行了改造和修缮,还为各所购置了照相机等办案器材,配备了计算机、空调和档案柜,印制经济户口卡片8 000张,制作了各种上墙公示牌匾60余块。同时对工商所各岗位职责和学习、考勤、着装等制度作了统一规定,要求各所严格遵照执行,并全部公示上墙,便于群众监督。

【企业注册登记】 企业年度检验和个体工商户验照是工商行政管理机关依法按年度对市场主体进行检验,确认其继续经营资格的法定制度,涉及面广、工作量大、政策性强。全局把年检工作与为企业提供优质服务相结合,继续完善首办责任制、一次告知制和当场登记制度,在具体工作中,对涉及人民生命财产安全的企业严格审查,确保前置审批材料齐全,如发现不齐或过期的,要求企业及时补齐相关文件或责令其作变更登记,严格审查企业注册资金,防止抽逃注册资金或虚假出资的行为发生。增强企业的年检意识和自觉接受监督管理意识,促进了各类市场主体的稳定发展。1. 立足登记职能,积极为各类企业提供优质服务。一年以来注册登记工作继续坚持发展为第一要务,采取灵活多样的服务措施,为前来办理登记注册企业提供多项咨询服务,截至年底,全县共有各类市场主体5 806户,其中私营企业505户,从业人员3 067人,注册资金30 551万元;内资企业367户,注册资金24 577万元;个体工商户4 920户,注册资金13 218万元,从业人员10 149人。2. 认真部署,有序开展年检工作。认真组织并做好企业及个体工商户的年检工作,全县应验照个体工商户4 779户,已验照4 349户,验照合格率达91%;全县应年检私营企业469户,已年检合格企业434家,年检率达92.5%;内资企业应年检户数359户,已年检323户,年检率达90%。3.

认真贯彻落实新《合伙企业法》和《农民专业合作社法》，促进非公有制经济不断发展。2009年，勐腊县工商局把扶持农民专业合作社作为服务“三农”的突破点，采取多种有效措施，积极培育农民专业合作社，使农民专业合作社发展呈现良好态势。在登记窗口设立农民专业合作社“绿色通道”，制定了登记范本，并指定专人进行指导；提供优先受理、优先核名、优先登记“三优先”服务，只要登记资料齐备，当场受理、当场发照；实行全程“零收费”，即免收登记费、免收执照工本费。全县已登记成立农民专业合作社14家，注册资金121.33万元，从业人员394人，经营范围包括特色蔬菜、水果种植及家畜养殖等行业。与勐腊县供销社联合组织召开全县各乡镇农村经纪人培训大会，培训经纪人一期100余名。

【企业监督管理】 2009年，勐腊县工商局依托经济片区管理，不断探索监管方式，进一步规范市场主体行为和促进全县个体私营经济持续、稳定、健康发展。1. 加强日常登记管理，促进个私企业发展。全县已登记注册私营企业505户，从业人员3 067户，注册资金30 551万元；内资企业367户；个体工商户4 920户，注册资金13 218万元。2. 认真落实各项优惠政策。按照国家、省、州有关政策，在市场准入、政策支持、收费减免，提供服务和优化市场环境等方面采取了一系列措施，促进了经济发展与扩大就业再就业的良性互动。为确保完成“贷免扶补”创业工作目标任务，制定了《勐腊县工商局、勐腊县个私协会鼓励创业“贷免扶补”实施方案的通知》，在辖区内成立了领导小组，建立了创业导师库，配有10名创业导师，有效推进了县内的创业就业之路。年内县个私协会承办的10户“贷免扶补”对象全部落实，50万元创业资金已全部发放到创业者手中。

【市场规范管理】 1. 流通环节食品安全监管工作。推进“农村食品安全示范店”创建工作。计划在全县创建“农村食品安全示范店”32户，现已完成38户。开展创建“诚信市场”活动，提升市场信用水平。2009年，经过企业自愿申报、基层分局(所)培养，州局、县局考核，社会公示等环节，最终评定命名勐腊县口岸综合商品市场、勐腊县宏丰集贸市场、勐腊县大兴量贩为“AAA”级信用单位；勐仑华顺超市为“AA”级信用单位。2. 搞好服务、促进发展。按照“为党委、政府提供决策依据，为经营者、消费者和社会公众提供信息服务”的要求，做好市场监管信息定期分析报告的相关工作。按时上报州局和县委、县政府，为党委政府管理决策、生产经营者投资、消费者消费和社会公众信息需求提供服务。截至年底，农副产品和农资价格信息收集分析周报已上报28期、季报已上报2期，市场监管信息定期分析报告工作已全部完成。进一步完善服务新农村建设工作机制。发展农村经纪人，促进农业增效、农民增收。把扶持农民专业合作社作为服务“七农”的突破点，采取多种有效措施，积极培育农民专业合作社，使农民专业合作社发展呈现良好态势。3. 以“红盾护农”行动为重点，加大对农资市场的监管，切实保护农民的合法权益。农资市场是勐腊县农业稳步发展的重要前提，“红盾护农”更是维护广大农民群众切身利益的具体行动。为做好护农工作，继续完善对农资经营户的“两账两票、一卡一书”制度，要求各分局、工商所签订责任书4份，建立健全四项制度，全局共出动执法人员231人次，检查经营户902户，整顿市场5个，全县辖区与经营户共签订责任书197份，进一步规范了农资市场。4. 加强日常监督管理，切实发挥工商职能。为了规范全县的拍卖行为，维护拍卖秩序，保护拍卖活动各方当事人的合法权益，认真做好拍卖监管的备案工作。2009年，共备案拍卖行为9起，拍卖委托书8份，拍卖确定书16份，金额565.9万元。为积极扶持企业更好地搞活资金流通，以达到企业融资，调动企业经营的积极性，及时为企业办理抵押登记借款合同5份，金额达1 400万元，注册登记3户，金额达2 380万元。同时充分发挥工商职能，参与监督建筑工程招标合同33次，审查竞标企业的相关证执，准予参与竞标33次，金额52 191.9万元。为确保全县汽车交易市场品牌化、合法化、规范化，该局多次对全县的机动车(非机动车)进行了检查备案。2009年，共检查汽车交易市场82个次，检查品牌汽车经营商22个次，签订机动车(非机动车)销售企业安全责任书24份。5. 加强食品市场安全监管工作。在食品安全监管工作中，该局制定了六项整治措施：依托一个中心，实现两个转变，狠抓三个重点，构筑四道防线，建立五个制度，落实六查六看，并在具体监管工作中严格落实，保障全县食品市场的安全有序。依托一个中心，即依托12315申诉、举报中心，高效运行12315监管平台，形成“一个中心，三级联动”的快速反应机制；实现两个转变，就是实现过去“以打为主，打防结合”向现在的“以防为主，防打结合”战略的转变，变“静态管理”为“动态巡查”，建立日常巡查制，初步形成“企业自律，行政监管，社会监督”三方联动的监管机制；狠抓三个重点，就是对重点商品、重点区域狠抓落实，重点打击不法经营行为；构筑四道防线，即严把食品准入关、抽样检查关、不合格食品退市关、食品储备关；建立五个约束制度，即建立进销货台账制度、不合格食品退市制度、商品索证制度、签订责任书制度、不良行为警示制度；落实六查六看，就是认真落实国家工商总局的六查六看，提高农村食品安全监管效能，有效维护农村食品市场流通秩序。通过全面落实食品安全监管责任制，对勐腊县的食品市场进行清理整顿，实现了对全县食品质量的全方位、动态、立体式监管，安全和谐的食品消费环境初步形成。

【消费者权益保护】 消费者权益保护机构坚持以维护消费者权益为己任，以“12315”为依托，进一步加强消保维权工作。2009年，勐腊县工商局已在全县10个乡镇挂牌建立消费者协会分会10个，建立“两站”46个，挂牌率达100%。同时，在52个村委会相继挂牌成立了乡村“消费者维权站”、“12315联络站”，聘请维权人员118名，形成了“工商所、村级工作站(岗)、联络员”三级农村维权网络，确保农村维权工作稳步发展，真正把“一会两站”建成了基层政府的“第二信访部门”。

通过建立完备的管理制度，规范工作流程，12315指挥中心已基本建立起“四个平台”。一年来，共受理消费者申诉37件，成功解决37件，调解率为100%，为消费者挽回经济损失5.46万元，接待来访和接受咨询76人次，切实维护了经济社会稳定。

【反垄断与反不正当竞争执法】 根据省、州工商局的部署，针对影响市场秩序和社会和谐的突出问题，西双版纳州工商局深入扎实开展整顿规范市场秩序的工作，为营造良好发展环境，促进和谐社会建设发挥了积极作用，全局一年来共查处各类经济违法违章案件595件，罚款金额51.21万元（其中立案269件，罚款金额48.33万元；简易案件326件，罚款金额2.87万元），着力整顿和规范了市场经济秩序。1. 深入开展商品质量专项整治。5月，该局与县广电局、安全局、610办公室等部门抽调人员组成联合执法组，对县内11个乡镇进行检查，此次行动共出动人员63人次、车辆20台次，清理48个销售门市部，工商部门暂扣卫星接收机49台，高频头37只，卫星接收天线31座，共暂扣接收机、接收天线、高频头117件。在春节前后集中开展安全专项执法检查，在辖区内对视频经营户和不合格视频进行一次全面检查，据统计，在节日市场监管工作中共出动执法人员226人次、车辆52台次，检查经营户1 358户，市场16个，查获不合格食品86千克，过期变质饮料250瓶。积极开展食品安全大检查活动的同时，还采取随机抽样的方式，利用食品安全检测仪，对购物相对集中的部分商场的烟薰肉、鱿鱼、腰果等食品进行了重点监测，确保了群众消费安全。2. 继续保持对传销活动的高压态势，防止传销活动的发生。面对部分地区传销活动有所抬头的严峻形势，该局多次召开会议进行研究和部署，积极向当地党委、政府汇报全县传销活动情况，采取多种手段大力开展宣传教育活动，增强广大群众识别、防范和抵制传销，防止传销组织者利用公共场所从事传销活动。3. 开展打击非法出版物专项行动。为进一步净化和规范全县出版物市场，营造良好的舆论环境和文化环境，该局对全县图书、音像制品经营单位进行了专项清理整顿。此次专项行动，以严厉打击各类政治性非法出版物，取缔各类非法出版物，封堵网上有害信息，坚决打击淫秽色情、侵权盗版等各类非法出版活动为重点。共出动执法人员12余人次、车辆6台次，对全县16家图书、音像制品单位进行了专项检查，未发现淫秽色情、侵权盗版等各类非法出版物。4. 开展“两烟”打假打私专项行动工作。根据州、县政府关于开展“风暴十一号”、“风暴十二号”专项行动的通知要求，该局结合辖区的实际情况，认真履行市场监管职责，积极参与“两烟”市场治理工作，此次行动共出动执法人员146人次、车辆65台次，检查经营户465户，涉及无烟证282户，立案56件，罚没金额13.17万元，简易案件226件，罚没1.8万元，移交公安机关处理2起，检查宾馆、游乐场所、景区20个。

【老干工作】 老干部是党和国家的宝贵财富，贯彻落实好老干部政治、生活等方面的政策，是老干工作的核心内容，也是老干工作者义不容辞的责任，更是县局党组的一项政治任务。一直以来，该局党支部在具体的工作中，坚持从实际出发，以高度的政治责任感，充分在政治上尊重、思想上关心、生活上照顾老干部，正确处理老干部与人事业务工作的关系，推动了老干部工作开展，在为老干部服务和管理工作上取得了新的成绩，使老干部老有所养、老有所学、老有所乐、老有所为，促进了工商事业发展，保持了工商系统稳定。一年来共组织看望住院老干部19人次，慰问金额1 800元；召开学习座谈会4次。

【信息化建设】 电子政务建设是信息化工作的重要组成部份，要加快信息化的发展，就要加快电子政务的建设。近年来，勐腊县工商局在省、州工商局的大力支持下，初步建立了办公自动化网络系统（OA系统），该系统涵盖了公文处理、督查办理、信息发布等机关内部的主要日常流转工作内容，基本实现了省局、州局、县局三级联网，县局各股室与州级各科室之间可以通过OA系统传输公文和其它信息资料，使办公效率和内部管理效率得到了极大提高。

信息中心作为工商信息建设管理、工商业务计算机应用系统与设备技术保障及工商内部管理部门提供工商信息服务的职能部门，加快信息化建设，推进工商综合网络应用，实现工商系统电子政务和办公现代化，提升行政执法监管整体水平，是工商系统信息化建设的重点工作。抓住工作重点，脚踏实地，全面实施“网络化”技能服务模式，以服务的理念做好工商信息化建设管理工作。截至年底，全系统在信息化建设方面投入的资金累计已达到67.91万元，全局共有终端服务器1台、台式电脑36台、笔记本电脑13台、打印机12台、复印机1台、一体机3台、投影仪4台、摄像机1部等设备，下属分局、工商所均配有了电脑，为全局的计算机信息系统奠定了良好的基础。

【消费者协会工作】 2009年，勐腊县消费者协会紧紧围绕全国统一的消费年主题，认真组织大规模的“3·15”国际消费者权益日纪念活动。县质量技术监督局、检验检疫局、食品药品监督管理局、烟草专卖局等职能部门参加了现场咨询服务活动。勐腊县消协在活动现场展出了近年来开展打假维权、红盾护农、3·15维权、成立“一会两站”等图片126张，展出查获的假酒、假化肥、假香皂、假洗发水等假冒及不合格商品18个品种。向消费者发放宣传资料5 000余份，现场接受咨询250人次，通过宣传咨询服务活动，提高了广大消费者的法律意识及识假辩假能力，维护了消费者的合法权益。

【个私协会工作】 市场主体行为的不规范，不仅扰乱市场秩序，也影响消费者合法权益，为强化企业约束机制，引导企业切实承担社会责任，勐腊县工商局加强了对个私营经济协会、消费者协会的指导工作，充分发挥行业自律，规范行为的作用，引导广大经营者遵章守法、诚信经营、公平竞争。为加大促进就业工作的力度，3 月 20 日勐腊县工商局、人事劳动保障局和个体私营经济协会在勐腊县街心花园联合举办勐腊 2009 年非公企业春风送岗大型现场招牌会。本次招聘服务活动采取了上下联动和依托社会力量共同推进的方式，活动以"发展非公经济、扩大就业需求、落实就业政策"为主题，以下岗失业人员、大中专院校毕业生、农民工、社会各类技能人才和其他劳动者为招聘对象，向社会招聘会计、医生、护士、厨师、保安、服务员、中老语翻译、营销主管、水电技术工人等人才。招聘会上，设立咨询台，由工商、劳动保障、个私协会等部门的工作人员为求职者提供政策咨询。共吸引了 68 家非公企业前来招聘，提供各类工作岗位 367 个，现场签定意向性协议书 285 份。

【2009 年任职的局领导名单】

党组书记、局长　杨　健

副 局 长　张宁川　周俊忠

纪检组长　陈　成

## 大理白族自治州

【概况】 2009 年，大理州工商局共有在职干部职工 913 人，其中公务员 802 人；离退休干部 354 人。州局机关内设 11 个科室及经检支队、"12315"指挥中心、信息办，下辖 12 个县(市)工商局和开发区、旅游度假区两个州属分局，35 个工商分局，17 个工商所。全州工商系统继续开展"文明单位"创建活动，努力提升"文明单位"、"文明行业"等级，2009 年，包括州工商局在内的 6 个州、县(市)工商局被中共云南省委、省人民政府命名表彰为省级文明单位。

2009 年，大理州工商系统按照云南省工商局、中共大理州委和州人民政府的安排部署，坚持以邓小平理论和"三个代表"重要思想为指导，深入贯彻落实科学发展观，认真实施阳光政府四项制度，围绕落实国家工商总局的要求和云南工商工作目标，创新机制、提升效能，依法行政、规范执法，积极推进工商工作转型，切实履行工商行政管理机关市场监管和行政执法职能。

【法制建设】 2009 年，全州工商系统继续按照"抓基层、抓规范、抓质量"的工作思路，以执法重心下移和执法行为的合法性、规范性、适当性为重点，进一步建立健全行政执法评议考核和绩效管理制度，加大执法培训，强化执法监督，规范执法行为，提高执法效能。2009 年，全系统以开展岗位练兵竞赛活动为重点，组织各类培训 37 期、培训人员达 2 000多人次。受理审结行政复议案件 4 件(其中：1 件维持、3 件由申请人撤回)，切实开展行政处罚案件评析和案件回访工作。根据国家工商总局、省工商局统一安排部署，对全州工商系统 794 名具备执法资格的行政执法人员的身份进行认真清理、公示，并建立了数据库。同时，继续深入开展"五五"普法工作，2009 年 3 月，大理州工商局被中央宣传部、司法部、全国普法办授予"全国'五五'普法中期先进集体"荣誉称号。

【纪检监察】 1. 开展"秉公用权、廉洁执法"廉政警示专题教育。为进一步加强全系统干部职工特别是领导干部人生观、价值观、权力观的学习改造，正确认识和慎重对待手中的行政执法权，中共大理州工商局党组从 9 月 1 日 ~30 日，集中一个月的时间在全系统开展"秉公用权、廉洁执法"廉政警示专题教育活动。以集中学习、集中警示教育为主，采取多种形式，深化教育效果，突出开展"五个一"活动：即召开一次动员会、开展一系列集体学习活动、开展一次警示讲座、开展一次观看教育警示片活动、开展一次实地警示教育活动。全系统干部职工深入学习关于反腐倡廉的一系列重要论述，认真学习廉洁自律各项规定及法律、法规、规章；邀请大理州检察院领导进行预防职务犯罪专题辅导；组织全体干部职工观看廉政教育警示片；到大理监狱接受警示教育。通过"身边事、身边人"的教育警示，增强了广大干部职工的责任感和廉洁自律意识，进一步体会到加强党风廉政建设的重要性和必要性，推动全州工商事业继续健康、稳定发展。

2. 实施廉政风险点管理。全州工商系统按照中共大理州工商局党组《关于进一步开展廉政风险点管理工作的补充意见》的要求，结合实际，认真实施廉政风险点管理，突出重点，分类管理，对监管风险进行了排查、评估、防范，排出了八类监管风险。2009 年确定全系统廉政风险重点是行政执法办案和基建风险，同时把经营性资产清查和个私协会会费收支纳入廉政风险点管理，并制定切实可行的防范措施加以制约和防范。围绕上述重点，纪检机构把可能发生问题的事项列为风险点造册登记，定期跟踪，定期检查，定期提出预警，确保风险点无风险。全州工商系统 844 名干部职工填报了个人的防范承诺表，真正体现"个个身上有风险，人人自我要防范"。

3. 开展县局机关述职述廉试点活动。中共大理州工商局党组、纪检组认真筹备祥云县工商局向监管服务对象代表述职述廉试点工作，指导祥云县工商局按照省、州统一要求，分阶段、分步骤、按程序扎实开展向监管服务对象代表述职述廉试点工作。述职述廉试点工作受到社会各界的充分肯定，其经验做法在全省工商系统党风廉政建设工作会上作了交流。

【人事教育】 2009 年，大理州工商局坚持抓班子、带队伍、强素质的指导思想，严格执行民主集中制，坚持重大事项集体讨论决定，提高决策的民主化、科学化水平；坚持党组中心学习组学习制度，通过领导班子带头学习，带动全系统广大党员和干部深入学习；建立和完善党组学法制度，提高各级班子依法行政的能力；健全完善对领导班子和领导干部的科学考核评价机制，实施对县(市)局班子的量化考核，推动各项工作责任落实，不断激发班子活力。围绕新形势、新任务对工商行政管理工作的新要求，强化业务培训，提高队伍素质。继续在系统内开展计算机操作能手、注册登记能手、执法办案能手竞赛活动，积极参加全省工商系统三个能手竞赛，2009 年，大理州工商系统共有 13 名选手获得省局能手称号，其中：计算操作能手 4 名、注册登记能手 5 名、执法办案能手 4 名。分 3 期选送 8 名县市局及两区分局局长参加了国家工商总局行政学院的培训。结合开展深入学习实践科学发展观活动，切实开展全员培训，组织全系统 58 名所(分局)长进行骨干培训，组织全州 12 县(市)工商局“学办”主任、人教股长、工商所长(分局长)和州局机关全体干部职工共 141 人，在州委党校进行了为期 3 天的全州工商系统基层单位深入学习实践科学发展观骨干培训。

【企业注册登记】 2009 年，大理州工商局结合实际，制定了《关于完善市场主体准入制度创新监管服务方式促进经济平稳较快发展工作方案》，从完善市场主体准入、提高服务效能、支持各类市场主体健康发展、市场主体退出机制、营造经济平稳较快发展良好氛围等方面提出 27 条措施。截至 2009 年 12 月底，全州共登记注册各类内资企业3 849户，注册资本(金)631 003万元；私营企业4 697，注册资本819 065万元；外商投资企业(法人)达 88 户，投资总额达77 469.74 万美元，注册资本达39 251.2万美元，比上年末分别增长 7.32%、15.77%、6.97%；全州共有个体户72 022户，从业人员103 446人，注册资金185 983.97万元，比上年同期分别增长 13.59%、14.20%、31.23%。

【企业监督管理】 按时完成了 2008 年度企业年检和个体验照工作。应检企业 8 459户，实检7 944户，参检率为 94%。全州个体工商户应参加验照63 407户，实际参加验照 60 538 户，验照率为 95.48%。积极服务鼓励创业促进就业工作，认真落实省政府以创业促就业“贷免扶补”政策，积极帮助创业人员申请政府创业免息贷款，积极开展创业培训和帮扶工作。全州共有农民专业合作社 325 户，出资总额14 707.96万元，成员总数2 746 人(其中农民成员2 587 人)，比上年同期增长了 4 倍。继续完善企业(个体工商户)信用分类监管机制，加强实施对各类市场主体准入、退出、交易、竞争行为的综合性监管，加强以“经济户口”为依托，以工商所属地监管为核心的日常监管工作，对全州8 816户企业的信用情况进行了分类，2009 年 12 月底，A 类(守信)8 491户(其中：私营企业4 797户)，占 96.31%；B 类(警示)110 户(其中：私营企业 53 户)，占 1.25%；C 类(失信)175 户(其中：私营企业 133 户)，占 1.99%；D 类(严重失信)40 户(其中：私营企业 0 户)，占 0.45%，数据库数据基本完整和齐备，基本实现了企业信用分类监管目标。结合日常巡查，查处无照经营行为，全年全州共查处取缔无照经营案件 1 075 件，案件总值 655.70 万元，其中立案查处案件 889 件。全年引导办照1 027户，取缔无照经营 392 户。

【市场规范管理】 完善七农工作机制，服务农村改革发展。1. 红盾护农。以化肥、农药、种子等农业生产资料为重点，以规范经济秩序、强化质量管理、建立服务体系为工作内容。全年共开展宣传活动 30 次，印发宣传材料22 728份，媒体宣传报道 11 篇次，检查市场1 798 个次，检查农资经营户7 867户次，取缔无照经营 17 户，查处农资案件 168 件，案值256.76 万元，没收查扣物资34 354(台、件)，捣毁制假售假窝点 2 个，受理投诉 14 件，为农民挽回经济损失 2.36 万元，抽查农资 20 批次，对 439 户种子经营户实行了种子留样备查公示制度，建立两账两票一书一卡制度的农资经营户达1 475户。2. 经纪活农。以培育、规范、发展为原则，以宣传引导、业务培训、登记注册、规范经营和典型示范带动为内容，重点培育发展优势产业、特色农产品和农村劳动力转移等方面的农村经纪人。全年共培育经纪人1 808户，经纪执业人员1 690人，经纪业务量2 896万元。应运而生的蔬菜、水果、养殖等各种行业协会 7 个和专业合作社 262 个。3. 合同帮农。以打击涉农合同欺诈行为作为突破口，积极探索合同帮农工作机制，重点帮扶涉农企业和行业组织规范与农户的种养殖和农产品购销合同，并积极推广《农产品购销合同》、《甘蔗种植订购合同》、《蔬菜买卖合同》、《水果买卖合同》等六种涉农格式合同，防止合同条款缺陷和“霸王条款”。全年，共有涉农企业 129 户，签约农户56 463户，签约合同 56 454份，金额 1.99 亿元，履约 100%；共检查合同 779 份，金额 1.07 亿元，检查涉农企业 28 户，涉农合同5 140份。依法调解涉农合同纠纷，为农民挽回经济损失 9 万余元。4. 商标富农。积极引导涉农企业走“企业 + 农户 + 商标”的农业产业化发展模式。以引导商标注册、实施商标战略、培育名优品牌为工作重点，充分利用商标知识产权，提高农产品的市场竞争力。5. 权益保农。以网络建设、调处纠纷、市场规范为工作重点，大力开展“一会两站”建设，形成了“纵向到底，横向到边”的维权网络。加大农村市场监管力度，以农资、食品、家电为重点，打击假冒伪劣，有效维护农民群众生产生活消费安全。全年，查处商品交易市场违法违章案件 168 件，案值 256.76 万元。6. 政策爱农。下放登记注册权限，方便农村个体工商户就近办照；减免费用，鼓励创业发展；引导产业结构调整，发展“执照”农民；提高农业生产组织化程度，发展农民专业合作经济组织。为农民和涉农行业减免登记费等各种费用达 3 万余元。7. 市场助农。以促进农产品“引产帮销”为工作内容，以改善农村市场交易环境为着力点，积极参与农村集市的改造，改善农村市场交易条件。年内，全州共有涉农市场 266 个。

开展诚信市场创建。2009 年 12 月底，全州录入商品交易市场信用分类监管软件 93 个市场，认定等级市场 93 个，其中，A 级 26 个，B 级 52 个，C 级 14 个，D 级 1 个。录入一体化软件，纳入日常监管 204 个市场。开展创建“诚信市场”活动工作，通过县、市工商局考核认定、公示，已完成48个诚信市场的认定，其中“1A级诚信市场”8个和“2A级诚信市场”40个。州级完成考核认定、公示21个诚信市场的认定，其中“3A级诚信市场”15个和“4A级诚信市场”6个。

节日市场监管。全州工商系统统一思想，确定工作重点，明确工作目标、任务，有计划、有措施地开展了元旦、春节、五一、三月街、十一、中秋和州庆期间的节日市场专项整治。重点加强了对农村集市、城乡结合部市场和景区景点的市场检查，重点查处无照及食品违法行为；重点检查食品、副食品、饮料、酒类、肉类、保健品、防寒保暖商品、粮油及制品等的检查；重点加强对旅游景点、景区、旅游商品等的检查。节日市场整治中，全州各级工商机关共出动车辆180台次、执法人员2 506人次，检查经营户4 239户次，检查市场429个次，教育违规经营户18户次，查处案件27件，受理投诉95件，挽回经济损失1.93万元。

成品油和粮食市场监管。全州加强对成品油市场监督检查工作，共出动检查人员510人次，出动检查车辆120车次，检查加油站点274个次，查处无照经营户4户，案值1.4万元，清理取缔非法加油站点4个，查扣油品0.21吨；同时，对全州56户可入市收购粮食企业进行重点监管，其中，国有16户，经批准具备入市收购资格的企业40户，查处非法收购粮食案件1件，案值0.7万元。

“禁磷”和“禁塑”工作。大理州工商局要求大理、洱源两县（市）工商局把“禁磷”工作作为日常市场巡查重点之一，巡查中一经发现“含磷”洗涤用品，坚决予以查禁。共出动执法人员1 450余人次，出动执法车辆380余台次，检查各类生产、经营、销售、使用洗涤用品的单位和个体户计4 720余户。开展“禁塑”工作以来，共出动执法人员2 223人次，出动执法车辆218台次，组织开展专项整治工作6次，检查市场296个次，检查经营户16 980户次，查处并曝光黑窝点6个，查处经营户1户，收缴违禁塑料袋202万余个，发放宣传材料5.4万份，环保袋2万多个，组织“禁塑”宣传15次，制作并悬挂“禁塑”宣传栏40余个，电视8期。

打击传销专项行动。1. 组织排查，掌握情况。对全州范围内的直销企业分支机构和网点进行了一次全面的摸查，检查是否销售直销产品、是否有打着“直销”等旗号从事传销活动。共出动执法人员549人次，出动执法车辆116台次，检查出租聚会场所272余个，共发放“禁止传销法律知识宣传单”和“规范直销行为宣传材料”9 000余份。2. 突出重点，积极组织开展打击传销专项行动。认真开展打击“世界通”网络传销活动。公安、检察院、法院、工商等部门成立了专门的领导机构，下设8个专案组，由公安、工商抽调工作人员，历经2个多月时间开展了打击和取缔工作，共立案7件。3. 加强宣传教育。在利用电视、报刊等新闻媒体搞好宣传的同时，开辟专栏、制作专题节目、宣传车、张贴画等多种形式，广泛宣传、深入揭批，在注册登记窗口共发放“打击传销规范直销”宣传手册2 500份，各集贸市场张贴宣传画600多张。全年全州共出动执法人员1 671人次，出动车辆382台次，接待举报20起，检查出租房935个，捣毁传销窝点76个，教育劝返传销人员272人次，查处案件4件，移送公安机关2起，人员14人，没收传销物品135件，传销材料1 216份，发放宣传材料4 838余份。

“扫黄打非”工作。2009年，大理州工商系统积极同文化、公安等部门配合，开展了对文化出版物市场的清理检查。对政治性非法出版物、淫秽色情出版物、盗版出版物进行坚决查处，坚决查缴淫秽光盘和以青少年为读者对象的有害卡通画册及淫秽“口袋本”图书，查缴封建迷信和伪科学及诱发未成年人违法犯罪行为和恐怖、残忍等内容的出版物、游戏软件产品等。全州出动工商执法人员2 448人次，检查出版物市场225个次，检查经营户4 665户次，检查临时摊点600户次，检查印刷复印户314户次，没收淫秽、低俗音像制品2 177张（碟）、违法小广告2 400份，没收非法出版物12本，查获黑网吧2户，暂扣电脑、显示屏37套，查获“六四文化衫”142件（套），取缔无照经营7户，立案查处7件。

“两烟”打假打私工作。2009年，全州各级工商行政管理机关始终把“两烟”打假打私工作作为整顿和规范市场经济秩序的重点，坚持“打源头、打网络、端窝点、清市场”的工作方针，以严厉打击卷烟制假、贩假、售假，非法加工贩卖卷烟、烟丝以及无证照经营卷烟等违法经营行为为重点，充分发挥工商职能作用，加大对“两烟”市场监管的力度，共出动执法人员1 580人次、执法车辆465车次，检查卷烟销售经营户2 632户次，检查旅游景点卷烟销售点215个次，检查检查宾馆、酒店、娱乐场所、货运站点等522户次，与烟草专卖部门联合查办各类卷烟案件387件，其中一般程序44件，简易处罚343件，查缴假冒卷烟4 382条、走私白皮烟223条，取缔违法经营户、无照经营户104户。

**【消费者权益保护】** 大理州工商局积极维权、促进消费，开展“12315平台”和“一会两站”建设，消费维权水平进一步提高。强化全系统“12315”网络建设，不断提升“12315”服务效能，开展工商业务全方位咨询，消费维权开始由事后调处为主向事前调控和防范为主转变，“12315”正在成为大理工商的“第一品牌”。州工商局指挥中心和各县（市）工商局认真完善值班制度，健全受理申诉举报快速反应机制，高效、便捷处理各类消费者申投诉，做到有诉必接，有诉必查，有查必果。指挥中心每月撰写消费分析向广大消费者发布消费警示。全年共受理消费者咨询、申诉、举报5 719件，其中，咨询4 155件，申诉、举报1 564件；为消费者挽回经济损失111.69万元。

**【食品流通监督管理】** 2009年，全州共创建农村食品安全示范店469个，超额完成创建任务。继续抓好食品安全监管工作。全州共出动执法人员26 738人次（其中农村市场14 143人次）、车辆5 376台次，检查食品经营户65 532户次（其中农村市场41 062户），检查批发市场、集贸市场等各类市场763个（其中农村市场450户），取缔无照经营户162户（其中农村市场107户），吊销营业执照43户，查处制售假冒伪劣食品案件127件，案值32.07万元,没收假冒伪劣不合格食品1 763.5千克(其中农村市场1 328.2千克),不合格各类葡萄酒62瓶,不合格酒类506.3千克、肉类1 256.6千克、禽蛋62千克、调味品148.2千克、饮料605千克。充分利用食品快速检测仪、检测箱加大对流通环节食品的快速检测工作,全年全州各级工商机关共检测食品经营户490户,开展37次食品快速检测工作,检测食品690个批次,503个品种。检测鲜猪肉1 052头,发布公示检测信息28次。

【广告监督管理】 截至2009年12月,大理州经工商部门核准登记的广告经营单位有204户,广告从业人员822人,广告经营额2 001万元,广告公司33户。继续深入开展整治虚假违法广告专项行动,以医疗、保健食品、药品、化妆品、美容服务等五项广告为重点,全年监测广告2 403条,其中:药品广告85条,医疗271条,保健食品52条,化妆品13条;其它2 446条。检查电视广告2 180条,报纸广告285条,广播广告167条,户外广告1 656条,印刷品广告807条,其它形式广告212条,发现涉嫌电视违法广告7条,涉嫌户外违法广告56条,涉嫌印刷品违法广告1条。全州工商机关共立案查处各类广告违法案件89件。

【商标监督管理】 2009年,大理州工商系统深入推进商标战略实施,不断完善工作措施,认真开展驰名商标培育申报和基层工商所"一所一标"活动。云南下关沱茶(集团)股份有限公司的"宝焰牌"沱茶已上报国家商标局申请认定中国驰名商标。全州有云南省著名商标39件(其中新认定12件)。"一所一标"、"一所多标"责任数为76个,各县(市)局已完成上报指标任务数173个,完成率为227%。同时,不断巩固和完善商标监管执法工作中行之有效的制度措施,积极探索遏制商标侵权假冒行为发生的长效机制。以食品、药品、农资、服装等商品为重点,把日常巡查与专项执法相结合,加大了对中国驰名商标、云南省著名商标、地理标志证明商标、涉外商标的保护力度。全州工商机关共立案查处商标侵权假冒案件70件。

【基本建设】 2009年,大理州工商局结合工商所(分局)工作转型的要求,根据"以信息化建设和全员执法办案为突破口,全面推进基层规范化建设"工作思路,2009年,根据省工商局示范工商所建设工作安排,大理州工商局制定了《云南省大理州工商行政管理局关于加快工商所规范化建设实施方案》,将示范工商所创建的进度进行了合理调整。同时根据转型后基层工作实际,研究制定全州城区工商所和农村工商所不同的工作职责、创建标准和规范化建设目标,规范工商所全面建设,提升基层工作效能,着力把工商所建设成为维护市场经济秩序、服务大理经济发展的前沿阵地和服务窗口。全州已有33个工商所(分局)完成规范化达标任务,占全州工商所(分局)实有数的63.5%。

按照基本建设与四化建设相统一、与示范工商所建设相统一、与工商所职能调整相统一的要求,建立了全州工商系统基层(县市局及工商所、分局)建设三年规划项目储备库。严格遵守基本建设有关规定和要求,认真执行省工商局批准的项目、面积、标准化图纸设计和施工程序。2009年,大理州工商系统被省工商局列入的四个基本建设项目(祥云县下庄分局综合办公楼、剑川县马登分局综合办公楼、巍山县工商局大仓分局综合办公楼、宾川县太和工商所综合楼)于12月28日全部开工建设。

【信息化建设】 1. 进一步夯实网络基础。11月,对部分工商所(分局)联网设备进行更换,在全省率先完全实现州、县、所三级路由器硬件对联,网络线路及联网设备质量位居全省前列。2. 组织开展了全州政务系统骨干培训工作,11月16日全系统正式启用一体化软件政务模块,实现所有工商行政管理政务业务工作一体化应用。3. 与中国电信大理分公司签订了大理州"工商行政管理移动执法办公系统"项目合同,8月,州局机关启用移动执法办公系统,12月底前,各县市工商局均启用了移动执法办公系统,实现利用移动执法终端登录州局移动执法办公服务器开展移动执法办公,利用笔记本电脑通过3G无线上网卡登录一体化软件服务器开展移动执法办公。

【消委会工作】 1. 组织开展围绕"消费与发展"年主题的3·15国际消费者权益日大型宣传咨询服务和执法活动。3月15日,大理州、市工商局和消协分别在下关、大理和凤仪等地举办了现场投诉咨询活动,为群众解答和发放宣传资料,邀请了电信、移动等多家企业参与现场解答咨询。全州进行电视报道23期,发放宣传材料207 860份,发放《2009年纪念"3·15国际消费者权益日"商品房问卷调查表》200份,接受咨询人数102 324人次,现场受理投诉20件,成功调处17件。2. 开展市场检查执法活动。全州各级消费者协会联合工商、公安、安监、农业、质监、药监、卫生监督、烟草专卖、供销社等行政执法部门,出动执法人员1 599人次、车辆383辆次,检查107个集贸市场、54个超市、5 650家经营户的317种商品,没收"三无"及过期食品2 210千克,色情光盘3 000张,盗版光盘700张。各县市消协联合公安、烟草、文化等相关单位,销毁假劣物品321种,假劣物品价值378.7万元;销毁假冒卷烟1万多条、价值100多万元。3. 受理消费者投诉。全州共受理消费者投诉1 201件,成功调解1 195件,调解率99%,为消费者挽回经济损失73.2万元,接待来访和接受咨询2 393人次。4. 定期通报投诉情况分析。大理州消费者协会办公室向各县市消协和社会公众通报消费维权热点、难点问题5次,制作大理州消费者协会简报2期。4. 加强"一会两站"建设,全州乡镇应建分会110个,行政村等应建两站1 344个。到11月底建立分会110个,投诉站和联络站共1 438个。

【个私协会工作】 1. 建立和完善大理州扶持创业导师库工作。在全州非公企业会员中推荐出246名志愿为创业者提供指导咨询服务的"创业导师",并录入了省个私协会创业导师数据库,各基层分会从"创业导师"数据库中选出43名有创业实际经验的创业导师，为初次创业人员开展“一对一”的帮扶指导服务；建立了省级高校毕业生就业见习示范基地1个(《大理同兴房地产有限公司》，获首批省级云南省高校毕业生就业见习示范基地称号)。2.“贷免扶补”工作。2009年底，全州工商机关通过“贷免扶补”帮助扶持创业者67人，领到贷款共计335万元。3. 个私经济组织党建工作。出台了一系列制度及措施，强化个私经济组织党建，做好“登记申报、年检年报”工作；对个私经济组织党建工作开展了专题调研和督查，全面加强个私经济组织党建。建立以个体私营企业中的党员为主的党组织20个(其中：党委1个、党总支2个、党支部17个)。私营企业以企业为单位建立党支部187个、团支部67个，工会315个。4. 强化自身建设。全年全州各级协会组织开办业务培训班39班次、培训1 740人；组织考核定级13次、参加人员350人；获得证书260人；组织开展宣传教育110场次，参加人数达19 774人次。全州个私经济协会会员中有各级人大代表和政协委员311人(其中：省级人大代表1人、省级政协委员1人、州级人大代表15人、州级政协委员12人)，全国劳动模范2人，省级劳动模范3人，“云南省青年文明号”2户。南涧县个私协会被推荐为“全国个私协先进单位”。2009年底，全州共建立个私协组织80个(其中：州级1个，县市级12个，基层分会66个，行业协会1个)；经济实体1个。全州会员达76 799户(其中：个体工商户会员72 022户、私营企业会员4 777户)，从业人员达188 041人。全州各级个私协会会员中有高级专业技术职称的96人、中级383人、初级617人；烹饪师5 471人，家电维修技工676人，美容美发师2 427人。

**【2009年受到表彰的单位和个人名单】**

大理州工商局被中央宣传部、司法部、全国普法办授予“全国‘五五’普法中期先进集体”荣誉称号；被云南省工商局表彰为2009年度全省工商系统推进商标战略工作先进单位；被大理州委、州政府表彰为社会治安综合治理工作先进单位。

大理州工商局12315指挥中心因圆满完成2009年全国3·15专题晚会现场热线受理工作，被国家工商总局消费者权益保护局授予荣誉证书。

**【2009年任职的局领导名单】**

党组书记、局长　李志林

副 局 长　成云滔　蒲天雨　段成良

纪检组长　李永庆

## 大理市

**【概况】** 大理市工商局机关内设机构12个科(室)；派出机构2个工商所、8个分局；外设“12315”申(投)诉举报中心、市政府政务中心“工商窗口”；主管市个私经济协会、市消费者协会。全局有干部职工225人，其中在职在编人员171人、离退休人员54人；党总支下设14个基层党支部，有中共党员132人。

2009年，大理市工商局以党的十七届四中全会精神为指导，深入贯彻落实国家、省、州工商行政管理工作会议和市委七届五次全会精神，立足服务科学发展，全面推进基层工商所(分局)工作履职到位，紧紧围绕州工商局“六项重点工作”和市委、市人民政府“两保护、两开发”的工作目标，始终坚持一手抓服务大局，促进经济社会又好又快发展不动摇，一手抓履职尽责，维护市场经济秩序不放松，积极完成州工商局和市委、市人民政府交给的各项工作任务。

一年来，大理市工商局工作综合考评、食品安全监管、行政执法、商标工作监管、六项重点工作、信息宣传报道、社会治安综合治理、党风廉政建设等工作，分别获得全州工商系统考核一等奖；被州委、州人民政府评为“州级文明单位”、被省委、省人民政府评为“省级文明单位”、被市委、市人民政府评为“先进平安单位”；安全生产、消防安全、重大动物疫情市场防控、流动人口服务管理、食品安全监管、党风廉政建设等工作分别被市委、市人民政府评为优秀单位。

**【法制建设】** 大理市工商局按照国家工商总局“全面推进工商行政管理规范化、程序化、制度化、法制化建设”和市委、市人民政府“五五”普法和“三五”依法治市的要求，经过工商行政管理职能转型后，主要任务放在行政执法监管工作上，在公平交易、执法办案、市场监管、注册登记、商标广告、消费维权等执法工作中，积极探索，勇于创新，努力营造行政执法环境。1. 落实行政执法责任制，层层签责。健全行政执法组织机构，制定工作方案，完善了《行政执法办案目标责任考核制度》等23项行政执法规章，与业务科(室)、工商所(分局)签订了《行政执法工作目标责任书》。截至2009年11月，全局共查处各类经济违法案件651件，罚没收入430万元，占全州工商系统罚没收入788.45万元的55%。2. 加大执法工作培训，提高办案质量。全年组织法治培训2次；“行政执法办案能手”和“注册登记能手”岗位大练兵活动3次，12人参加全州工商系统“行政执法办案能手”竞赛，获州级“行政执法办案能手”5人、“注册登记能手”1人。举办《食品安全法》监管执法知识业务培训1期170人次，组织工商所(分局)食品安全简易快速监测业务培训2次。基层全员执法意识普遍增强，执法水平和办案质量不断提升。3. 开展法制宣传教育。制定《大理市工商局法制宣传教育工作方案》，建立了《领导干部学法及法制讲座制度》和《大理市工商局执法过程的法律咨询服务制度》。2009年，党组学法4次，领导干部法制讲座2次；组织收看国家工商总局《食品安全法》视频讲座1次、禁毒防艾知识预防讲座1次；开展“3·15”、“法律六进”、法制宣传月、大学生创业贷免扶补、就业再就业等法律宣传活动，发放宣传资料3万余份，制作展板50块、横标标语10幅；组织食品安全和打击传销法律宣传进校园、进社区、进乡镇、进企业活动4次，发放宣传资料5万份、讲座2次。收到了良好的工商法律法规宣传效果，受到社会各界的好评。4. 做好案件核审、听证、行政复议、行政应诉和回访工作。核审案件351件、诉讼案件2件，移交公安机关案件1件，行政处罚听证会2场；回访案件207件，回访率90.48%，满意率100%。

【纪检监察】 大理市工商局党组坚持把反腐倡廉和基层组织建设纳入领导班子及部门责任目标管理一并部署、一并检查、一并考核。充分发挥纪检监察职能作用,开展丰富多彩廉政文化活动,打造自律倡廉、高效廉政环境。1. 责任签廉。班子第一责任人与所属24个部门签订《党风廉政建设责任书》,与14个党支部签订《党建工作目标管理责任状》,并将工作任务分解到各部门和落实到人。2. 警示谈廉。领导干部和工商所(分局)长开展述职述廉、廉政谈话、诫勉谈话活动,积极参加反腐倡廉知识考试;干部职工听反腐倡廉警示教育讲座1课,观看警示教育影片和光碟2场;组织党员爱国主义教育活动7次,上党课2次;召开行风政风评议恳谈会1次;组织到者么村委帮困扶贫活动2次,捐助扶贫款21 400元。3. 制度督廉。建立了《领导干部廉洁从政准则》、《党员干部廉洁自律规定》、《禁止大吃大喝管理制度》、《贯彻落实厉行节约管理规定》、《公务用车管理使用办法》。班子成员带头遵守执行各项廉政制度,用制度管人,用制度监督人。对"因公出国(境)、公务用车配备使用、公务接待、楼堂馆所建设、一般性支出"等方面,严格控制在国家规定标准之内。从领导到一般干部职工未发生任何违纪违规行为。4. 工商文化促廉。举办全市首届个体私营经济运动会;举办1期展现大理市工商行政管理发展30年成就大型摄影展;组织歌颂新中国成立60周年诗朗诵活动1次,组织野外登山活动1次;参加全市建党88周年党的知识竞赛和纪念建国60年"万人红装苍洱唱国歌"等活动,均受到各级领导和社会的好评。5. 文明建设又创"双丰收",被州委、州人民政府评为"州级文明单位";被省委、省人民政府评为"省级文明单位"。6. 完善廉政考核、激励机制。建立了《党风廉政建设考核办法》和《党员领导干部廉洁自律考核奖惩激励制度》,每年度对廉政建设和党建工作实施考评表彰1次,建立领导干部廉政档案4份,并在全市廉政建设考核中,获优秀成绩。

【人事教育】 1. 贯彻落实党的十七届四中全会、省委八届七次全会、省、州工商行政管理工作会议和市委七届五次全会及"两会"精神,把学习贯彻会议精神转化为谋划发展的动力。党组坚持从严律已,从严带队伍,着力找准和解决自身建设中的突出问题,正确处理工作与学习的关系,在勤学善思、开拓创新、团结干事、求真务实等方面作出表率,在服务经济发展方面尽职尽责,有为、有位、有威。采取专题学、集体学、自学、讲座等多种形式的学习教育活动,自觉地把思想和行动统一到省、州工商工作会议精神和市委、市人民政府"两保护、两开发"发展上来,确保中央政令畅通和上级机关以及各级党委、政府的决策落到实处。2. 2009年,组织班子专题学习12次,领导干部讲座4堂课,干部职工学习96次;领导干部下基层96次;队伍教育培训527人次;领导干部撰写调研报告4篇,干部职工撰写学习心得171篇。通过这些活动,提高了领导干部的政治理论水平和依法行政能力,增强了干部职工的政治意识、大局意识、服务意识。3. 积极推进基层工商所(分局)建设工作,根据省、州工商局示范所建设工作部署,以稳妥推进的工作思路,及时制定《关于加快工商所(分局)规范化建设实施方案》,将示范工商所创建工作合理调整,周密计划,结合转型后基层工作实际,从硬件、软件上加大投入,加大管理,着力把工商所建设成为维护市场经济秩序、服务大理经济发展的前沿阵地和形象窗口。全局有10个工商所(分局),已完成规范化建设达标7个。4. 抓工作,促落实,提升机关服务效能。"两费"停征后,积极推进工商行政管理职能到位,以突出服务水平、服务公正、服务效率、服务质量、服务均衡为理念。以实现"三个到位"、"六个好"为目标,以推进"四项制度"为重点,积极开展"阳光工商"、"形象工商"的创建活动,制定了《2009年行政督查实施方案》,形成了主要领导负总责,分管领导具体抓,协办科(室)分工协作的效能督查运行工作机制,改革和完善了考核评价体系,拟定了《2009年工商所(分局)综合考评意见》和《2009年局机关效能考核评价意见》,并层层签订责任书,形成了上下对接,任务共担、责任相连、全方位覆盖的综合考评机制,对工作中发现的问题及时进行通报,变督查为事前、事中、事后的全过程,有力的推动了各项工作的开展,确保了年初目标任务的完成。全年,"四项制度"、"六项重点工作"督查15次,重大行政处罚听证2次,重要事项公示2次,重点工作通报6次。

【企业注册登记】 大理市工商局把企业登记注册工作作为"两费"停征后工商行政管理转型的一项重要内容。按照"有利于市场准入,有利于市场主体监管,有利于服务社会"的要求,积极推进企业注册登记制度改革。1. 围绕一个主体,即"市场准入主体",毫不动摇的鼓励、支持和引导各类所有制经济平稳较快发展。截至2009年10月,全市注册登记内资企业2 914户(含私营企业),注册资本72.47亿元。2. 依托一个基础,即"经济户口"。全局建成以"数字工商"为依托,以分类监管为主导,以区域监管责任制为保障的"经济户口"管理机制。截至2009年10月,全市建立个体经济户口20 686宗,私营经济户口2 731宗、内资企业经济户口513宗。3. 立足一个支撑,即"信息化"。全局登记窗口和基层服务注册厅,计算机配置达人手一台,已满足了登记工作的需要。在办理登记注册、经济户口管理、企业信用体系、企业信息查询、年检验照已全部实现网上办理。4. 拓宽融资渠道,解决企业资金困难。积极支持企业采取股权出质、股权出资等方式进行融资,做好股权出质、出资登记工作,对股权权能完成,资金有困难的企业,充分运用股权权能,解决资金短缺、融资难的问题,加大宣传指导,设置注册服务"绿色通道",配置专业人员,为申请人提供全程服务和法律咨询。全市办理股权出质登记4户,股权数额2.63亿元,担保债权总额3.6亿元,填补了在企业融资、股权出质、股权出资登记管理上的空白。5. 政策宣传引导,鼓励创业促进就业。严格执行省人民政府《关于鼓励创业促进就业的若干意见》文件精神,积极鼓励应届大学毕业生、下岗职工、农民工实现自主创业和就业。2009年,在大理高等院校举办“创业课堂进高校”活动，参加活动的大学生300多人，建立高校毕业生创业见习基地1个；办理大学生创业登记170多人，安排下岗失业人员再就业4 056人，其中3 190个下岗失业人员，办理工商《营业执照》，私营企业向社会提供6 000多个就业岗位。为政府缓解和减轻了就业压力，成为市场经济发展中的社会“稳定器”。

**【企业监督管理】** 大理市工商局围绕市委、市人民政府建设滇西中心城市战略目标，积极服务各类经济平衡较快发展。截至2009年11月，全市个体工商户发展到20 460户，从业人员40 730人，资金6.72亿元；全市私营经济发展到2 357户，投资者4 782人，雇工37 548人，注册资本36.9亿元。

**【市场规范管理】** 大理市工商局深化农村市场监管工作机制，积极服务农村改革发展。1. 红盾护农。把“红盾护农”工作作为市场监管的重要内容。全年开展宣传6次，印发宣传工作材料9 000余份，检查农资经营户340户次，查处农资案件5起，案值20.77万元，罚没金额12.73万元，没收查扣物资4 014千克；建立“两账两票”、“一书一卡”制度的农资经营户340户，实行种子留样备查12户14个品种。2. 经纪活农。全市培育发展农村经纪人1 634人；各类经纪协会4家；农民专业合作社88户，出资总额2 147.68万元，成员达423人。3. 合同帮农。积极推广《农产品购销合同》、《蔬菜买卖合同》、《甘庶种植订购合同》、《水果买卖合同》、《农业种植养殖产销合同》等六种涉农格式合同，免费向经纪协会和经纪人提供6 000余份涉农合同，检查农产品合同400余份，涉及金额3 000万元。4. 商标富农。积极引导涉农企业走“企业+农户+商标”的农业产业化发展模式，以引导商标注册、实施商标战略、培育名优名牌为重点，充分利用商标知识产权，提高农产品的市场竞争力。5. 权益保农。以网络建设、调处纠纷、市场规范为重点，大力开展“一会两站”建设，形成了“纵向到底，横向到边”的维权网络。加大对农村市场监管力度，以农资、食品、家电为重点，打击假冒伪劣，有效维护农民群众生产生活消费安全。全年查处商品交易市场违法违章案件17起，罚没金额19.13万元。6. 政策爱农。下放登记注册权限，方便农村个体工商户就近办照；减免费用，鼓励创业发展；引导产业结构调整，发展“执照”农民；提高农业生产组织化层次，发展农村专业合作经济组织88户，“万村千户工程”农家店96户。7. 市场助农。以促进农产品“引产帮销”为工作内容，以改善农村市场交易环境为着力点，积极深化农村市场监管服务，规范农村交易市场行为。全市发展涉农市场20个，各类集贸市场、专业市场60个。

**【消费者权益保护】** 2009年，大理市工商局大力推进12315行政执法体系建设，积极维权，促进消费，在“12315”平台和“一会两站”建立上取得新突破。全市建立消费者分会11个，“两站”180个，基本覆盖乡镇（社区）、大型商场（超市）。全年共受理消费咨询、申诉、举报705件，已调解620件，涉及投诉商品金额67.82万元，为消费者挽回经济损失27.31万元。

**【食品流通监督管理】** 1. 大理市工商局在巩固扩大流通环节食品质量和食品安全专项整治成果的基础上，积极开展以农村食品市场为重点的专项执法检查。共出动执法人员1 200人次、执法车辆200台次，检查食品经营主体4 500户次、市场25个次，查处食品违法案件13起，罚没款6.4万元，查处各类制售伪劣食品1 860.75千克，价值7.27万元，确保了农村食品市场消费安全。2. 开展奶制品市场和滥用食品添加剂专项执法检查。共出动执法人员1 319人次、执法车辆58台次，检查奶制品经营主体572户次、集贸市场10个，查处无照经营3起，查缴过期和滥用食品添加剂49瓶、食品1 200千克，奶制品市场秩序良好。3. 开展流通环节食品监管和食品安全示范店创建活动。按照省州工商局的工作部署，以发放流通环节食品经营许可证为契机，严把食品市场准入关，核发《食品经营许可证》206户；全市创建食品安全示范店75个，诚信经营一条街2个。

**【广告监督管理】** 1. 认真做好户外广告登记管理，严格规范广告发布行为，全年共受理户外广告登记1 250户。2. 深入开展虚假违法广告专项整治，重点检查整治有效期内广告经营单位34家、广告主167块户外广告。查处广告违法案件58件，罚没金额42.24万元。

**【商标监督管理】** 1. 深入推进商标战略实施，不断完善工作措施，在驰名商标培育申报和基层工商所“一所一标”活动上取得新突破。全局完成申报认定“著名商标”6件、“驰名商标”1件，“一所一标”完成上报指标数34件，超额完成任务指标。2. 不断巩固和完善商标监管执法工作制度，积极探索遏制商标侵权行为发生的长效机制，以食品、药品、农资、服装等商品为重点，强化日常巡查和专项整治，加大对驰名商标、著名商标、地理标志证明商标、涉外商标的保护力度。全年举办商标知识培训1期，走访企业和经营户80多家，发放宣传材料1 000余份；查处商标侵权假冒案件35件，罚没金额16.32万元。

**【计划财务工作】** 1. 大理市工商局党组高度重视财务规范化管理工作，按照“理顺体制、健全机制、完善制度、夯实基础”的总体要求，计划财务管理步入程序化、规范化运行轨道。开展财务管理人员的业务培训2次，科学编制收支预算，合理调整收支结构，严格经费使用管理，全盘统筹兼顾，按省、州工商局的要求，基层工商所（分局）的工作经费按规定标准保障到位，不超支、不截留、不挪用。在保障工商所（分局）经费使用的基础上，突出重点，全面兼顾，厉行节约，勤俭治局，改善和解决基层工商所（分局）的基础建设，为打造工商所规范化环境，提供可靠的资金保障。2. 各项财务责任目标有新的突破。完成行政性收费收入73.42万元，完成罚没收入430万元，已全部上缴州工商局，资金上缴率为100%。

【基本建设】 大理市工商局以创建基层示范工商所为目标,加大投入,加大管理,10个工商所(分局)已完成规范化达标7个,在基础建设总投入16余万元,紫云分局办公大楼建成使用总投入25万多元。

【老干工作】 大理市工商局党组以高度的政治责任感,坚持在政治上尊重,思想上关心,生活上照顾,建立老干部管理数据库,在卫生、医疗、家庭、生活方面纳入特别管理,每逢重大节日,党组分别对老干部进行慰问和召开座谈会,听取老干部的意见和建议,每年度组织老干部体检和外出休养一次,使老同志感受到组织上对他们的关心和温暖。老干部的政治待遇、生活待遇、支部建设、自身建设得到提高。

【经济检查】 1. 积极组织开展打走私综合治理,共出动执法人员1 730人次、执法车辆165台次,检查各类油库油站27个次,油罐车23辆;检查各类卷烟经营主体265家,出动执法人员102人次、执法车辆36台次,查处卷烟4 382.1件,案值37.31万元,假卷烟、走私烟、白皮烟223件,立案查处19起,当处249起,警示34起;检查整治各类拼(组)装汽车和走私车17户次,有效地打击走私犯罪行为。2. 查处"恶意串通拍卖"案14起,罚没金额210.3万元;查处其他经济违法案件35件,罚没金额62.11万元。3. 积极参与社会治安综合治理,认真组织开展打击"世界通"网络传销专项行动,加大对异地聚集、拉人头式传销活动。开展创建"无传销社区(村)"、"防止传销进校园"宣传活动6次,发放宣传资料1.5万余份,检查整治出租房及聚会场所150处,捣毁传销窝点40个,遣散传销人员70余人,移送公安机关处理4人;积极参与和开展取缔"黑网吧"、整治校园周边环境、安置帮教、流动人口服务管理、预防青少年犯罪、禁毒防艾等专项行为;深入开展平安建设创建活动,11月,被市委、市人民政府评为"先进平安单位"。

【信息化建设】 大理市工商局以推进"一体化软件政务模块"运用为契机,开展"政务模块"应用全员培训3期171人次;"计算机操作能手"岗位大练兵活动4次,获州级"计算机操作能手"2人,全局实现了人手1台电脑的目标。2009年度,信息化建设总投入30余万元。

【消委会工作】 大理市工商局高度重视和加强对消协工作的领导,从办公设施、人员、经费、交通、通信等方面给予积极保障。全市建立消费者协会基层分会11个,"消费者投诉站"和"联络站"180个;积极组织开展纪念"3·15"国际消费者权益日"宣传咨询和执法服务活动,发放宣传资料4.2万多份,现场受理投诉举报40多件,接待消费者咨询7 925人次。

【个私协会工作】 充分发挥个私协会职能作用,重视和加强个私协会的基层党建工作。个私协会在落实省人民政府以创业促就业"贷免扶补"工作中,发挥了积极作用。全市完成"贷免扶补"指标20人,帮扶创业人员免息贷款100万元,建立高校毕业就业见习培训基地1个。

【广告协会工作】 积极组织辖区广告经营户申请加入"大理州广告协会"工作,根据州工商局的安排部署,结合实际,动员和组织了大理市辖区79户广告经营单位自愿申请加入"大理州广告协会"。

【2009年任职的局领导名单】

党组书记、局长　袁爱忠

副 局 长　王建敏　张　强

纪检组长　赵　欣

## 祥云县

【概况】 2009年,祥云县工商局在省州工商局和县委、县政府的领导下,认真贯彻党的十七大、十七届三中、四中全会精神,以深入贯彻落实科学发展观为契机,坚持抓大事、谋发展,抓服务、强监管,抓队伍、树形象,以"四化"建设为抓手,深入推进城乡统筹、"四位一体"科学发展战略,充分发挥职能作用,积极服务县域经济社会发展,全力以赴投身抗震救灾和灾后修复重建工作,狠抓办事效率的"提速"、工作水平的"提高"、工商形象的"提升",努力做到监管与发展、服务、维权、执法"四个统一",出色地完成了各项工作任务,为祥云经济社会发展作出了积极贡献。祥云县工商局内设8个股(室),派出7个工商分局(所)。现有在职在编干部职工66人,其中公务员60人,机关工人1人,事业单位人员5人;主任科员5人,副主任科员33人,科员22人,技师1人,高级工1人,中级工2人,职员2人;大学本科24人,专科30人,中专10人,高中2人;35岁以下14人,36~50岁44人,50岁以上8人;男性47人,女性19人;中共党员46人。全局平均年龄43岁。

【法制建设】 2009年,祥云县工商局采取多种形式开展法规培训、跟班学习、实地操作、轮流办案,强化业务培训和实践操作,举办法律专题培训和业务培训5次,党组成员深入基层分局(所)开展法制讲座2次。在行政执法案件办理过程中,对立案、暂扣、结案、核审、执法、复议等各个环节进行监督管理,严格按照《行政处罚法》和《工商行政管理机关行政处罚程序规定》规范执法行为,实现监管职能到位。2009年,共查处各类经济违法违章案件318件(其中:简易程序案件181件,一般程序案件137件),罚没款35.25万元,未有一件引起行政诉讼,有效提高了依法行政水平。

【纪检监察】 2009年,祥云县工商局积极实施风险点管理工作,对容易发生问题、存在风险的薄弱环节,有针对性地制定防范措施,实行定期和不定期督查,机关各股(室)、各工商分局(所)及个人结合岗位职责认真填写廉政风险和防范承诺表,不断增强干部职工廉洁自律意识。全面推行基层述职述廉工作,制定实施意见及述职述廉办法,3月30日召开了述职述廉会议,县工商局领导班子成员和机关服务窗口负责人共6人在会上作了述职述廉报告,县局机关中层以上干部12人接受了代表们的民主测评,代表们对述职人员的报告评价满意率达97.5%,对中层干部测评综合满意率达95%以上。对征求到的6条意见建议,制定了措施、落实了责任、切实进行了整改。进一步深化党风廉政建设责任制工作,层层签订党风廉政建设责任书,创新考核方式,健全奖惩办法,强化内部管理,认真做好"两费"的清退监督工作,增强广大干部职工的工作责任心和廉洁自律意识,把实施阳光政府四项制度纳入年终考评内容,并结合季度督查工作实时检查落实工作进展情况。

【人事教育】 2009年,祥云县工商局通过召开党组中心组学习和专题民主生活会,抓好班子建设,使领导班子成为学习的模范、团结的模范、干实事的模范、良好作风的模范。组织开展注册登记、执法办案、计算机操作能手练兵活动,队伍素质进一步提高,工作作风进一步转变,服务效率进一步提升。采取五结合学习机制,即集中学习与自学相结合、党组中心学习组与党支部学习相结合、落实"规定动作"与完成"自选动作"相结合、典型案例学习与专题讨论相结合、专题辅导讲座与实际工作相结合,丰富学习内容,强化理论学习,夯实理论基础,提高了全体干部职工学习实践活动的自觉性。

【企业注册登记】 2009年,祥云县工商局始终坚持服从和服务于全县经济发展大局,着力转变执法理念,强化服务意识,改进服务措施,服务水平不断提高,积极营造良好的经济发展"软环境",为县域经济发展提供优质、高效、便捷服务。全县共登记注册内资企业255户,注册资本(金)24 141万元,其中国有企业37户,集体企业48户,股份合作制企业22户,公司148户(含分公司)。全县有私营企业477户,注册资金125 957万元;个体工商户7 695户,资金数额16 408万元。开辟"绿色通道"热情做好下岗失业人员再就业的有关服务工作。全年,共办理下岗失业人员从事个体经营13户,私营企业吸纳下岗失业人员111人,新增农民专业合作社46户,认缴出资2 932万元,成员255人。

【企业监督管理】 2009年,祥云县工商局扎实推进企业年检和个体验照工作,加强对干部职工的登记管理培训,提高干部对年检工作的认识,大力推进实地年检,通过实地检查制作记录的方式开展实地年检,实地年检率占应检户数的80%。加强对涉及前置审批和许可证的审查,尤其是涉及公共安全和人民群众生命财产安全,对环境保护有较大影响和不符合产业引导政策的行业进行重点审查。对有限责任公司出资行为重点审查虚假出资,抽逃出资的行为。全县应检企业707户,实检690户,年检率97.6%,应验照个体工商户6 423户,实验6 358户,验照率为99%。

【市场规范化管理】 2009年,祥云县工商局把开展"红盾护农"工作作为落实"三农"政策,促进农业生产发展,维护农村稳定、确保农民增收的一项重要措施,强化对农药、种子、化肥、地膜、农机具配件等涉农商品的监管,切实抓好"三账两票"、"一书一卡"和种子留样备查制的落实。免费发放给食品和农资经营户进、销货和不合格商品退市台账,推进经营者自律制度建设,严把商品进货关,对29户种子经营户经营的19个品种进行留样、公示。2009年,共出动执法车辆231台次、执法人员668人次,检查农资经营户340户次,查处农资违法案件3件,案值12.97万元,罚款7.71万元。

【消费者权益保护】 2009年,祥云县工商局进一步规范12315消费者申诉举报工作,切实提高12315工作的制度化、规范化、程序化、法治化水平,把《工作人员岗位职责》、《工作人员行为准则》、《申诉举报工作准则》、《工作人员廉政制度》、《服务承诺制度》、《文明用语》、《消费者咨询申诉举报受理范围》、《消费者咨询申诉举报不予受理范围》、《消费者申诉举报受理条件》、《申诉举报工作流程》十项制度上墙公示。2009年,县消协共接到消费者投诉、举报、申诉68件(其中:州局12315指挥中心分派49件),解决68件,为消费者挽回经济损失3.32万元,共接受消费者咨询222人次。

【食品流通监督管理】 2009年,祥云县工商局继续深入开展食品安全专项整治工作,维护广大人民群众的食品消费安全,标本兼治,着重在研究和建立长效机制上下功夫,努力实现流通领域食品安全监管工作的制度化和规范化,进一步规范经营者进销货台账制度和索证索票等自律制度,组织开展食品安全专项整治12次,出动执法人员928人次,检查各类市场7个,检查经营户2 485户次,取缔无照经营户14户,查处制售假冒伪劣食品案件45件,案值1.45万元,罚没款0.87万元,没收过期变质食品226.2千克,没收无碘盐6 460千克。

【广告监督管理】 2009年,祥云县工商局进一步加强对广告市场主体资格的规范管理,不断提高广告监管执法水平。对辖区内1户广告经营单位,12户户外经营单位进行了年度检查工作,切实提高了依法管理广告业的执法水平,促进了广告经营单位依法经营的自觉性,使广告经营单位的经营行为更加制度化、规范化。共开展专项整治行动3次,违法医疗广告蔓延势头得到有效控制,进一步规范了广告市场主体行为,提高广告业的诚信意识,增强了广告主、广告经营者、广告发布者自觉规范准入和交易行为,树立"诚信广告"从我做起的意识。

【商标监督管理】 2009年,祥云县工商局认真贯彻实施商标战略工作意见,制定了《实施商标战略工作方案》,积极开展"一所一标"和"一所多标"活动,主动上门向企业提供商标法律法规的咨询指导服务,并积极帮助企业开展云南省著名商标的注册申请工作,加强农产品商标、地理标志证明商标、民间传统特色产品商标的培育和注册申请服务。2009年,共申报商标19件,正在国家商标局等待注册,其中申报云南省著名商标3件,全面完成了"一所一标"、"一所多标"的工作目标。

【计划财务工作】 财务管理基本建设

进一步规范,进一步推行大理州财务规范化管理的经验做法,把省州局财务工作会议精神贯彻落实到计划财务工作中,积极应对停征"两费"改革,全面清理"两费"票据,加强财务管理,压缩消耗性支出,落实"两节"措施,确保正常运转。全面完成财产清查,进一步健全了固定资产管理制度。对2008年专项资金的使用情况进行了自检自查,经查,完全符合开支范围、开支标准。

【基本建设】 2009年,祥云县工商局积极应对"两费"停征后工商职能调整,加强规范化建设,加快基层工商分局(所)由"收费监管型"向"监管服务型"转变,大胆探索,勇于创新,实现基层工作的转变与提升。进一步抓好基层制度建设,以规范化工作行为,工作程序为重点,狠抓岗位责任制的落实,规范基层综合监管行为。进一步抓好基层组织建设,加大基层规范化建设的设备、资金投入,选准配强工商所(分局)长,科学合理配备基层人员,优化基层队伍结构。云南驿工商分局通过了示范工商所的考评验收,加快了基层规范化建设步伐。

【信息化建设】 2009年,祥云县工商局认真贯彻落实《大理州工商行政管理局关于进一步加强基层信息化建设工作的意见》,成立了信息化建设领导小组,制定了《2009年信息化建设实施方案》,明确了县局专职系统管理员和各工商分局(所)兼职系统管理员,进一步制定和完善了《计算机信息系统管理制度》,开展培训18期,培训116人次。继续开展岗位大练兵活动,选拔出县局计算机操作能手4名,注册登记能手4名,行政执法办案能手6名。

【消费者协会工作】 2009年,祥云县消费者协会不断提升消费维权水平。在全县10个乡(镇)建立消费者协会分会,136个行政村、社区,21个市场、商场、超市建立12315联络站和消费者投诉站,逐步形成覆盖城乡、上下联动、反应迅速、工作规范、高效便民的基层消费维权网络。积极参与行政执法机关的市场检查活动,及时发布消费警示。举办"3·15国际消费者权益日"宣传咨询服务活动,为消费者现场解惑释难,讲解识假辨假知识,展示、曝光假冒伪劣商品164种,发放宣传材料36种3.2万份,接待消费者咨询1 200多人次。

【个私协会工作】 坚持以科学发展观统领个私协会工作,不断加强对个私协会工作人员的思想政治教育和业务知识的培训,加强服务引导工作,提高为促进个体私营经济发展服务的能力,加强自我管理,引导广大会员加强自律、自觉规范生产经营行为,加强组织建设工作,提高履行职能促进自我发展的能力。组织引导会员学习《消费者权益保护条例》、《反不正当竞争法》、《食品安全法》等法律法规,以争创"光彩之星"、"户户讲道德,店店无假货"、"光彩服务周"为主要载体,进一步推进诚信建设活动的深入开展。认真做好"贷免扶补"工作,6名创业人员顺利拿到了"贷免扶补"资金。全县已建党组织的私营企业17户,党员362人,个体户中有党员178人。

【2009年任职的局领导名单】
党组书记、局长　陈维光
副 局 长　杨家宝　王　志
纪检组长　蒋荣华

## 宾川县

【概况】 2009年,宾川县工商行政管理局内设8个职能股(室),派出机构有3个分局、2个工商所。全局有干部职工106人(男73人、女33人),其中本科学历24人,专科学历57人,中专学历8人。局党总支下设支部6个,共有党员56名,占全局干部职工的52.83%。

2009年是新中国成立60周年和工商行政管理恢复建制30周年,也是宾川工商局正视压力、经受考验、富有挑战的一年。一年来,全县工商系统在省州工商局和县委、县政府坚强有力领导下,坚持以邓小平理论和"三个代表"重要思想为指导,深入学习实践科学发展观,认真贯彻落实党的十七大、十七届三中、四中全会、中央经济工作会议精神,紧紧围绕县委、县政府保民生保增长保稳定和改革发展工作大局,按照努力实现"四个统一"、"四化建设"、"四个转变"、"四高目标"和"三个到位""六个好"工作目标要求,着力更新观念、创新机制、提升效能,积极推进工商工作转型,努力提高科学监管促进科学发展的能力和水平,营造良好市场环境,扎实推进社会主义新农村建设,为促进全县经济社会平稳较快发展和社会稳定和谐作出了积极努力。

【法制建设】 在制定《做好对违法行为人的警示与疏导工作实施方案》的基础上,进一步建立权责明确、行为规范、监督有效、保障有力的行政执法责任制,认真落实执法责任。完善《行政执法办案规则》及《量化考核办法》。在坚持法制学习制度、案件评析检查制度、案件回访制度的基础上制定实施《重大案件报告备案制度》、《实施行政处罚自由裁量权办法》、《行政处罚涉案财物管理暂行规定》等,切实做到依法行政、文明执法。2009年"行政执法"工作被州工商局评为一等奖。

【纪检监察】 2009年,宾川县工商局按照党风廉政建设"一岗双责"的要求,进一步深化党风廉政建设责任制;不折不扣贯彻落实"阳光政府"四项制度,全年在相关网站上发布重要事项公示5项,重点工作通报6项,接待受理政务信息查询42人次,配备了一部政府信息直通车专用手机;盯住廉政风险点和薄弱环节,有针对性地研究制定有效的管理办法和管理措施,切实做到了对风险点的管理责任到人、监控到位、防范有力,确保了风险点无风险;深入推进基层述职述廉工作;大力开展警示教育活动,年内开展了"加强作风建设、促进科学发展"主题教育、"秉公用权、廉洁执法"警示专题教育和预防职务犯罪专题讲座等活动;积极开展了勤政廉政谈话、定期党风廉政建设分析报告会等活动,为抓实全局党风廉政建设工作奠定了基础。

【人事教育】 紧紧围绕县委第二批深入学习实践科学发展观活动的一系列安排部署和云南工商"三个到位、六个好"

工作目标,牢牢抓住学习实践活动学习调研、分析检查、整改落实三个重要环节,突出实践特色,创新活动载体,做到规定动作不走样、自选动作有创新,呈现出“组织严密、学习深入、氛围浓厚、全员参与、主题突出、效果明显、学习与工作两不误”的特点,得到了州委检查指导组、县委、县委检查指导组和省州局督查组的充分肯定和高度评价,并被县委列为全县学习实践活动“示范单位”,学习实践活动取得了明显成效。通过学习实践活动深入扎实的开展,形成了《党组分析检查报告》和《整改落实方案》,进一步凝聚了科学发展的共识,认清了影响和制约科学发展的差距,理清了解决存在问题的思路,改进了工作作风,激发了全体干部职工学习热情、履行工商职能的激情,找准了服务地方经济发展的结合点和切入点,坚定了实现“三个到位、六个好”云南工商工作目标的决心。以建设“和谐班子”为目的,着力提升班子凝聚力和战斗力,营造了一个朝气蓬勃、奋发有为、团结协作、积极向上的干事创业环境。与此同时,在干部队伍能力建设上狠下功夫。积极采取集中培训、岗位练兵、技能锻炼、“一带一、一帮一”、“一月一法学习考试”等形式,深入开展大练兵、大比武、“三能手”竞赛选拔等活动,把学习内容从政治理论和业务知识扩展到市场经济、现代管理,以及科学文化知识、计算机、公文写作等方面,通过开展业务知识讲座、执法办案训练、专题案例讨论、经济户口建立等业务知识的培训学习,有效地提高了全体干部职工履行岗位职责的专业素质和执法能力。全年县局共举办各类讲座和培训32期,考试12次。同时,为提高执法人员的综合素质,积极鼓励和支持干部参加在职教育,干部队伍的文化结构进一步改善,综合素质不断提高。在全州工商系统开展的“三能手”选拔活动中,取得了州级3个注册登记能手、2个计算机操作能手、1个执法办案能手的优异成绩,还有3位同志参加省级能手竞赛,有效检验了岗位练兵和全员培训成效,得到了全州工商系统的充分肯定和高度赞誉。通过抓班子建设、队伍能力建设、信息化建设、制度建设等,全局干部队伍综合素质全面提升,监管、执法、维权、服务水平明显提高。

【企业注册登记】 2009年,宾川县工商局以强化市场准入服务指导为指导,修改和完善了《大理州宾川县工商行政管理局注册登记程序规定》、《企业注册登记程序规定》、《一审一核制度》、《限时办结制度》、《AB岗工作制度》、《预约服务制度》、《注册登记疑难问题合议审核制度》、《市场主体锁定规范》等十二项注册登记管理制度,进一步强化了市场准入服务工作。同时,大力推进企业信用分类监管和个体工商户分层登记、分类监管制度改革,以《注册登记量化考核评分表》为标准,进一步完善市场主体动静态数据信息,强化日常巡查,增强监管工作时效性、有效性。全面完成个体工商户验照和企业年检工作,应验个体工商户7 586户,实验7 442户,验照率达98%。应检企业706户,实检648户。全县共有个体工商户8 458户,注册资金22 539万元,从业人员9 028人;私营企业374户,注册资金40 569万元,从业人员3 993人;内资企业306户,注册资金41 136万元;农民专业合作社35户,成员总数317人,出资总额1 944万元。

【市场规范管理】 1. 与各分局(所)签订了食品安全监管责任书,明确了全局食品安全监管的组织领导、方法措施、工作目标及工作纪律,以《食品安全法》出台为契机,强化食品安全检测工作,继续完善和巩固食品安全监管进货查验、索证索票、购销货台账等制度,确保了全县食品安全监管工作落实到位、取得实效,被州局评为2009年“食品安全及整规工作”一等奖。2. 以流通环节食品安全、非食用添加剂、商标侵权、虚假违法广告、农资等为重点,积极开展元旦、春节、五一、3·15、十一、中秋、州庆期间的专项整治行动,共开展21次专项工作整治,出动执法人员1 925人次、执法车辆296台次,努力为全县经济平稳较快发展营造了良好的市场环境。3. 积极依法查处各类违法违章案件,努力营造公平公正、规范有序、和谐诚信的市场环境。全年共查处各类经济违法违章案件418件,向公安机关移送涉嫌犯罪案件3件,收缴罚没款53.8万元。4. 进一步完善《食品安全示范店创建实施方案》。共创建农村“食品安全示范店”57户,创建“诚信文明经营户”15户。5. 认真开展“诚信市场”创建活动,共创建了“诚信市场”3个。

【消费者权益保护】 1. 加强12315“四个平台”建设,县局12315申投诉举报站做到受理畅通、快速反应、处理及时、结果满意。2. 加强“一会两站”建设。在宾川县委、县政府的大力支持下,在全县10个乡镇设立了消费者协会分会,在村委会、商场、超市、集贸市场、学校等重点场所建立12315联络站和消费者举报站107个,初步形成了一个遍布农村的维权网络,切实为广大消费者提供了优质便捷的服务。3. 加强培训,召开了由各消协分会、消费者投诉站工作人员、12315联络员共72人参加的培训会,对全县消费维权工作向前发展起到了积极的推动作用。2009年全局12315共受理消费者投诉110件,限时分派、办结率达100%。其中调解了涉农群体性投诉10件,为消费者挽回经济损失8.2万元。

【广告监督管理】 2009年,宾川县工商局严格依照《广告经营资格检查办法》,对辖区内广告经营单位实施了年度检验。在广告的日常监管中,加强对户外广告、印刷品广告、店堂牌匾广告、临时性广告等的监管,加强对媒介广告的监测。采取局所联动的方式,开展了“打虚假树诚信”广告专项整治行动。在州工商局商广科的指导下,开展了广告审查员的培训工作,全局共培训广告审查人员25名,为促进全县广告业的健康发展奠定了坚实的基础。

【商标监督管理】 2009年,宾川县工商局不断加大知识产权保护力度,切实维护商标专用权。制定了《大理州宾川县工商行政管理局开展保护注册商标专用权行动方案》,在全县范围内组织开展了保护商标专用权集中行动。日常工作中,加强商标的日常监管,加大《商标法》及其实施条例的宣传力度和广度,积极引导帮助企业申请注册商标，增强企业商标意识，引导企业运用商标战略争创名牌，提高产品知名度，扩大市场占有份额。全年共帮助经营者完成了商标申报26户共31个商标，其中有1个地理标志证明商标。“汇悬”、“爽馨”两个商标已评定为云南省著名商标。

【基本建设】 2009年，宾川县工商局积极筹措资金，按照基层规范化建设的要求，先后投入资金27.3万元，购买一批办公桌椅、办公用品和健身器材配备到各工商所（分局），完成了牛井工商分局、平川工商所办公楼的改造，实现了基层规范化建设目标。同时，积极争取项目资金，启动了太和工商所办公楼建设，建筑面积649㎡，主体工程预算投资98万元，目前已按照省局设计方案和标准开工建设，已完成二层封顶，预计2010年7月可完工。

【机关党建工作】 在加强各支部组织建设、作风建设、制度建设、纪律建设的基础上，完善了各党支部“三会一课”制度、民主生活会制度、党费收缴管理制度，积极开展党支部形象工程建设，充分发挥党组织战斗保垒作用和党员先锋模范带头作用。全年县局党总支共核拔各支部党建工作经费9 000元，发展党员3名，共收缴党费7 726元，征订《云南支部生活》62份。与此同时，县局党总支积极组织全体干部职工开展各种捐款捐物、献爱心活动，全年组织学习实践科学发展观捐款捐物、为11·2地震灾区捐款等活动共2次，全体干部职工捐款共10 930元。局党组分别向扶贫挂钩村委会山冈村委会、支麻登村委会捐赠了农业生产资料（价值4 540元），向地震灾区捐款4 920元，为综治维稳挂钩联系点碧鸡村委会捐款3 000元。

【信息化建设】 积极筹措资金，投资18.5万元购买了39台计算机（其中9台笔记本电脑）、打印机6台、13个隔离卡、16个计算机硬盘；以全员培训，“人人过关考试”，实施“周志”工作等为重点，全面提升全体干部职工信息化应用水平；对工商所（分局）联网设备进行更换，实现州、县、所三级路由器硬件对联；于11月16日全系统正式启用一体化软件政务模块，实现所有工商行政管理政务业务工作一体化应用；12月底前首先在中层领导干部启用了移动执法办公系统。

【个私协会工作】 充分发挥个私协“三自”作用，结合职能，鼓励创业，促进就业，筛选出8户具有一定创业经验和行业特点的企业家和业主、能够对促进创业提出建设性和指导性意见的专家学者担任创业导师。全年共有8户非公经济实体申请享受贷免扶补政策，每户已领到5万元创业小额贷款。县个私协会制作了慰问挂历8 500份，在元旦、春节期间对全体会员进行了慰问，共慰问贫困、受灾、伤残会员及家属18户，发放慰问金3 342元。

【服务三农工作】 认真落实县局“七农”《工作方案》，推进宾川社会主义新农村建设。1. 结合全县农产品出口基地备案工作，积极开展了红盾护农专项行动，严厉打击各种制售假劣农资坑农害农行为，没收了农作物种子2 178千克、农药55千克、化肥308千克。查处农资案件70件，收缴罚没款22.84万元。2. 认真组织开展全县农村经纪人、商标权人及商标申请人、龙头企业业主培训活动，由工商业务骨干和农技专家进行了培训。指导各分局所建立了农村经纪人备案台账，完成农村经纪人登记47户，帮助成立经纪人协会3个。3. 严格执行国家各种优惠减免政策。共为申请办理个体工商户营业执照减免登记费1 808户，36 160元。4. 向各工商所（分局）提供4 000份农副产品买卖合同，由各工商所（分局）向经纪人和农户免费发放。5. 对8家荣获省、州“守合同重信用企业”进行了授牌表彰。6. 积极献计献策，采取有效措施，配合县委政府拓宽宾川柑桔等水果销售渠道，解决宾川柑桔销售困难等问题，被县委政府评为“促进柑桔营销先进单位”。服务宾川新农村建设工作初见成效。

【2009年任职的局领导名单】

党组书记、局长　尹凌云

副 局 长　董银华

纪检组长　吴建国

## 弥渡县

【概况】 弥渡县工商局设办公室、纪检监察室、计划财务股、人事教育股、法制股、公平交易股、市场监督管理股、企业个体注册登记管理股8个内设机构，弥城分局、直力分局、红岩分局、新街工商所、寅街工商所5个派出机构，弥渡县消费者协会、弥渡县个体私营经济协会挂靠县工商局，2009年末在职干部职工72人，党员42人，大专以上文化程度64人。2009年，全系统在州局党组和县委、县政府的坚强领导下，以邓小平理论、“三个代表”重要思想和科学发展观为指导，认真贯彻落实十七届四中全会、中央经济工作会议、省委八届七次全会和各级工商行政管理工作会议精神，努力化挑战为机遇，变压力为动力，坚定信心、迎难而上、扎实苦干。紧紧围绕国家工商总局“四个统一”、云南工商“三个到位、六个好”的工作目标和县委、政府中心工作，坚定信心保增长、坚持不懈保民生、坚定不移保稳定，把自觉服务经济社会发展大局作为根本任务，充分发挥职能作用，全力服务经济社会发展大局；坚持依法行政、规范执法，始终做到对法律负责与对市场主体和消费者负责的统一，进一步树立工商行政管理公平公正的执法形象；更新观念、创新机制、提升效能，积极推进工商工作转型，努力提高科学监管促进科学发展的能力和水平，营造良好的市场环境，提升市场信心，促进弥渡经济社会平稳较快发展和社会稳定和谐。

【法制建设】 建立完善《重大案件集体讨论制度》、《罚没财物管理办法》，加强对行政处罚行为的监督，克服行政自由裁量权的随意性，规范了罚没财物管理。进一步规范执法行为，提高执法水平，拓展监管执法领域的深度和广度，实现监管职能的转变和提升，将法治化、规范化、程序化、制度化贯穿于行政执法工作的始终,从而推进工商行政管理职能转变,促进监管职能全面到位,呈现出“案件数量增加、案件质量提高、办案领域拓宽”的良好局面,做到行政处罚案件无复议撤销、诉讼败诉现象发生。1. 开展法制宣传教育,宣传工商行政管理法律法规及消费者维权常识。积极开展送法下乡活动,服务三农,向广大农民群众现场讲解农资、食品、药品、手机、烟酒等商品的安全消费知识、识假辩假方法,编印宣传资料进行分发,开展现场咨询。2. 认真抓好法律、法规培训。按照“分级负责、分类培训”的原则,依托一周一学平台,法制、公平交易等职能部门及时、认真制定培训计划,结合实际积极开展培训,努力提高基层执法队伍的综合素质,实现营造全员执法办案工作新局面。同时邀请有关专家就如何开展好工商行政管理行政执法、实现全员执法办案进行了为期半天的法制讲座。3. 加强规范化建设,规范行政执法办案行为。认真落实执法责任,彻底解决监管不到位、执法责任不明确、行政执法效能不高等问题,对案件的举报、查办、立案、审批、督办等环节进行明确的细化,做到有案必查、有查必果。进一步规范行政执法行为。严格按照《中华人民共和国行政处罚法》、《工商行政管理机关行政处罚程序规定》、《关于正确行使行政处罚自由裁量权的指导意见》等法律、法规,健全完善行政执法程序、执法责任、处罚标准和执法过错追究责任制度,强化对处罚案件事前、事中、事后全过程监督,实现由事后监督向事前防范和全程监督转变,由对行政处罚案件的单一监督向行政许可和各项行政执法行为的监督转变。认真把好案件核审关,严格依法行政,严格办案程序,尽量做到所处罚案件公平、公正,保障了所处罚案件顺利执行。4. 强化市场巡查,把市场巡查作为实现基层全员执法办案的突破口。进一步创新市场巡查工作,建立基层执法动态化、长效化运行机制。按照“五定”(定区域、定人员、定任务、定责任、定奖惩)要求,明确区域定职责,落实制度做保障,强化监管职能,保证监管效果。加大对流通环节食品安全、10 类重点商品和其他重要商品的市场巡查监管工作,以关系到人民生命、健康、财产安全为主的重要商品作为查处各类经济违法案件的突破口,对监管辖区、监管任务和监管责任实行层层分解,搭建立体化的监管网络,为能够及时发现案源、及时查处违法违章行为打下坚实的基础。5. 依托信息化建设资源和手段,提高基层执法效能。积极开展行政执法软件应用及执法人员培训工作,充分运用信息化建设的成果,使信息化建设成为基层规范化建设和全员执法办案的支撑点,提升基层全员执法办案的能力和水平,不断丰富办案手段,实现规范化、程序化办案。按州工商局部署,及时启用一体化软件行政执法模块,所有案件通过系统中受理、立案、查案、处罚、核审、审批、执行等程序在行政执法模块中完成。6. 认真做好案件回访工作。根据州工商局《关于在全州工商行政管理系统集中开展行政执法案件回访活动的通知》,对 2007 年以来所查办的万元以上案件,围绕执法程序是否规范,执法行为是否文明,有无违法违纪行为,执法人员是否有吃、拿、卡、要问题,对全局行政执法工作的建议和意见 5 个方面,通过座谈方式进行直接回访,共回访案件 13 件。

**【纪检监察】** 始终把落实党风廉政建设责任制列入重要议事日程,切实做到党风廉政建设与业务工作一起部署、一起检查、一起落实、一起考核,签订《2009 年度党风廉政建设责任书》。深入贯彻实施《工商行政管理机关开展廉政风险点防范管理工作的意见》,制定《风险点防范管理实施方案》和《风险点防范管理办法》,积极探索廉政风险防范管理的方式方法,构筑起“防控管理有措施、岗位履职有标准、事后考核有依据”的风险防控管理机制。通过自己找、领导点、群众提、互相帮等形式,从思想道德风险防范、制度机制风险防范、岗位职责风险防范 3 个方面查找出包括行政许可、行政审批、行政执法、干部管理、财务管理、基建物资采购 5 个大类 37 个廉政风险点,干部职工结合岗位职责作出了《廉政风险点防范承诺书》,有效防范廉政风险和监管风险,最大限度地遏制、减少各类违纪违法案件和监管事故,确保干部职工履行职责的廉政和监管安全。以云南铜业集团有限公司原董事长邹韶禄等人严重违纪违法案作为典型案例,积极开展警示教育,增强广大干部职工廉洁自律意识,筑牢拒腐防变的思想道德防线。党组成员积极参加州工商局和县委组织的预防职务犯罪警示教育会。按州工商局党组安排部署,结合大理州工商系统个别县局发生的严重违法、违纪案件,在全系统开展“秉公用权、廉洁执法”专题警示教育活动。全面贯彻实施“阳光政府”四项制度,投资近万元购置电子触摸屏设在注册厅,将工作人员身份职责、服务标准、办事条件、办事程序、办理时限、收费依据、提交材料和办理结果等在门户网站和电子触摸屏上公示,进一步深化政务公开,规范行政行为,打造“阳光工商”,树立工商良好形象。通过切实加强党风廉政建设,为全面履行职能提供了坚强的政治、纪律保证,被弥渡县委、县政府表彰为党风廉政建设优秀单位。

**【人事教育】** 1. 按照州工商局党组和弥渡县委的安排部署,紧紧围绕“党员干部受教育、科学发展上水平、人民群众得实惠”的总体要求,加强领导,健全机构,落实措施,深入开展科学发展观学习实践活动。突出实践特色,创新活动载体,认真开展学习调研、分析检查、整改落实 3 个阶段工作,做到“规定动作”不走样,“自选动作”有创新,把用科学发展观武装头脑、指导实践、推动工作作为学习的出发点和落脚点,进一步凝聚了科学发展的共识,找准了影响和制约科学发展的差距,改进了工作作风,促进了科学发展,实现了履职、工作、谋划“三个到位”。2. 坚持把队伍建设放在更加突出的位置,以实现“三个过硬”、“四高”为目标,以提高队伍素质为核心,以内强素质、外树形象为重点,大力抓好队伍建设各项措施的落实。从 3 月 1 日起在全系统推行工作日志管理制度,要求每位干部职工如实将每天的工作情况在网络智能办公系统日志管理中记录下来,并将工作日志撰写情况列入绩效考核和公务员年终考核。“两费”停收后,工商行政管理职能得到进一步加强。为提高干部职工理论、业务水平,尽快实现职能转型,从7月起实行一周一课制度。制定计划,明确责任,由局领导带头授课,股、室轮流主讲,内容以业务工作为主。同时邀请有关方面权威人士作专题讲座,丰富一周一课内容。建立干部跟班见习制度,派出8位同志到大理市局跟班见习,从基层抽调部分同志到县局相关股、室跟班见习,拓展思路,强化素质。3. 大力加强基层规范化建设。按“执法行为规范,业务工作标准化,综合监管水平和服务能力明显增强;监管制度规范,各项规章制度和工作程序统一完备;基础设施建设规范,内外标识和执法装备整齐统一;队伍管理规范,内务管理统一化,工作人员行为举止文明,廉洁自律,作风优良,纪律严明,形象良好”的目标,全面提升基层工作规范化水平,筑牢全县工商事业长远发展的基础。弥城分局、苴力分局、红岩分局经州工商局考评、验收,达到规范化标准。4. 继续加强基层工商精神文明建设,在广大干部职工中大力营造安心立足一线、扎实工作的良好氛围,深入开展形式多样的精神文明创建活动和丰富多彩的群众文化活动,不断增强工商团队的感染力和凝聚力,增强干部职工对工商行政管理事业的认同感和归属感。被弥渡县委、政府表彰为“先进平安单位”,被大理州委、政府命名为文明单位称号。5. 做好2008年度各类人员考核工作。根据《国家公务员暂行条例》的有关规定和云南省人事厅、云南省工商局的有关文件精神,从工作人员的德、能、勤、绩、廉5方面进行考核,重点考核政治思想和工作实绩。通过考核,全局72名干部职工称职(合格)等次58人,优秀等次14人。

**【企业注册登记】** 制定《大理州弥渡县工商行政管理局关于完善市场主体准入制度创新监管服务方式促进经济平稳较快发展工作方案》,找准工商服务全县经济社会发展的结合点和切入点,不断探索和创新综合监管模式,优化服务举措,完善服务体系,实现从被动服务向主动服务转变,从单一服务方式向多元服务方式转变,从注重服务数量向注重服务质量转变,提升基层服务发展的能力和水平。树立“大开放促进大招商,大招商促进大发展”的理念,创优招商引资环境,全程跟踪服务,努力营造经济发展软环境、投资软环境、就业软环境,促进弥渡经济平稳较快发展。制定《工商进百家企业调研帮扶活动实施方案》,以“帮企业渡难关、帮基层解难题、帮群众办实事”为主要内容,积极开展走访、帮扶活动,共走访企业62户。切实帮助企业、群众解决实际困难,及时为3户企业(个体工商户)办理了动产抵押登记,帮助企业解决146.71万元贷款。截至2009年12月,全县实有内资企业182户,注册资本(金)2.74亿元;私营企业170户,投资人279人,雇工1 323人,注册资金1.97亿元;个体工商户5 697户,从业人员5 838人,注册资金1.14亿元;农民专业合作社实现零的突破,登记注册8户,成员总数79人,出资额161.4万元。

**【市场规范管理】** 建立市场监管信息定期分析报告制度,按时上报州局和县委、县政府。深化工商服务新农村建设工作机制,制定“七农”工作机制,积极推广涉农合同示范文本。切实加强对建筑行业招投标、医疗卫生行业药品医疗器械采购的监管,全年共参加16家单位的招投标工作,涉及工程控制价4 166.5万元,中标价4 128.47万元。积极开展食品安全示范店和诚信市场创建活动,在县人民政府2009年10月27日召开的弥渡县消费者协会“一会两站”成立暨诚信市场、食品安全示范店命名大会上,命名31户食品经营户为食品安全示范店,命名光明超市、滇西蔬菜批发市场、综合市场为“2A级诚信市场”。

**【消费者权益保护】** 加强“一会两站”建设和“12315平台”建设,撰写《关于推进消费者协会一会两站建设的报告》向县政府分管领导报告,主动争取县委、县政府对“一会两站”建设工作的领导和支持。县政府下拔5万元专项资金,县人民政府办公室下发了《关于建立消费者协会一会两站的实施意见》,把部门工作上升为政府工作,有力推进了全县消费者协会“一会两站”建设,形成了政府领导、工商牵头、消费者协会等有关部门配合、社会广泛参与的保护消费者合法权益的工作格局。在县人民政府10月27日召开的弥渡县消费者协会“一会两站”成立暨诚信市场、食品安全示范店命名大会上,县消费者协会在全县8个乡(镇)设立消费者协会分会,在全县89个村委会(社区)、9个市场、弥渡宾馆等4个宾馆、4个超市、4所学校设立12315联络投诉站,“一会两站”建设率达100%,形成覆盖城乡、上下联动、反映迅速、工作规范、高效便民的基层消费维权网络,真正把“一会两站”建成基层政府的“第二信访部门”。制定12315申诉举报中心管理制度和规范的工作流程,基本建立起“四个平台”,把12315建设成为弥渡工商“第一形象品牌”。积极开展以“消费与发展”为主题的“3·15”国际消费者权益日系列活动。发放宣传资料36 560份,现场解答群众咨询2万人次,广泛宣传《消费者权益保护法》等法律法规,教育和引导经营者诚信经营,增强群众鉴别商品的能力,引导群众科学、合理、文明消费。在全县范围内开展大规模的市场监督检查执法活动。3月11日公开销毁了标价近25万元的假冒伪劣食品、药品、卷烟、手机、兽药等商品。全年共受理申诉30件,其中商品消费申诉28件,服务消费申诉2件。共处理举报案件15件,其中商标侵权案件4件,案值1.46万元,没收违法所得400元,罚款1.6万元;违反《产品质量法》案件7件,案值1.46万元,没收违法所得0.2万元,罚款6.45万元;其他案件4件。

**【反垄断与反不正当竞争执法】** 以加强流通环节食品安全监管为重点,深入整顿规范市场经济秩序,为弥渡经济平稳较快发展营造良好的市场环境。1. 抓实流通领域食品安全监管。全县食品市场、超市(商场)100%建立了索证索票制度,乡(镇)以上的食杂店经营户100%建立了进、销货台账。认真开展流通领域食品质量专项整治,净化食品市场环境。共开展各类食品专项整治行动4次,查获假冒红牛2 064听,过期白糖4吨多,假冒茅台酒14瓶,取缔制售以工业盐假冒食用盐的窝点，查获工业盐6吨。全年立案查处食品违法、违章案件9件，收缴罚没款2.32万元。开展打击流通环节违法添加非食用物质和滥用食品添加剂专项行动，依法打击流通环节销售非法食品添加物、违法添加非食用物质和滥用食品添加剂的行为，切实保护人民群众身体健康。2. 结合县情，执法为民，全力抓好农村农资商品市场监管。积极推进农资市场信用分类监管，完善农资产品购销台账、质量追溯、质量承诺、商品退市和重要农资商品备案等制度，建立健全农资市场长效监管机制。开展“红盾护农”专项行动，严厉打击生产、销售假冒伪劣农资违法行为，查获假冒云天化尿素31.52吨，立案查处农资案件15件，罚没金额19.5万元，为消费者挽回直接经济损失1.5万元，确保农民群众播上“放心种”、施上“放心肥”、喷上“放心药”。3. 开展报废汽车市场专项整治工作。查获非法收购报废汽车“五大总成”前后桥8个、发动机15个、变速箱30个，立案查处违法案件10件，收缴罚没款7.11万元，有力打击了非法拆解、拼装报废汽车的违法行为。4. 开展卷烟市场的专项治理。查处违法违章案件12件，罚没款0.36万元。5. 全力做好限塑工作，建立资源节约型和环保型社会。对屡次违法的5户超市进行了查处，收缴罚没款5万元。6. 加强电子产品的监管力度，净化电子产品市场。查获不合格影碟机21台、道路灯具5种、多用电源插板45个、灯具18盏、手机72部。认真履职，积极协助有关部门开展扫黄打非、禁毒防艾、校园周边环境整治、娱乐场所整治等专项行动，全力维护社会稳定和谐。全年共查处各类经济违法违章案件116件，其中一般程序的92件，罚没款千元以上案件35件、万元以上案件14件，罚没金额45.11万元。

**【广告监督管理】** 全县从事广告业务的广告经营单位有17户，其中从事户外广告经营的9户，已获得广告审查员培训证的有16户。继续深入开展以医疗、保健食品、药品、化妆品、美容服务为重点的虚假违法广告整治，严厉打击虚假违法广告行为，责令当场拆除违法广告72条，限期拆除违法广告56条。全年共登记户外广告116个，监测广告157条次。

**【商标监督管理】** 弥渡县工商局在县委、县政府和州工商局的正确领导下，以科学发展观为指导，积极发挥工商服务经济发展的职能作用，深入推进商标兴企、商标富农、商标强县的商标战略，在全系统广泛开展“一所一标”、“一所多标”商标注册服务活动，增强企业商标意识、品牌意识，促进经济发展方式转变，推动地方经济发展。通过认真调研，形成《大理州弥渡县工商行政管理局关于推进商标战略调研报告》积极向县政府分管领导汇报，引起县领导高度重视，县人民政府制定下发了《弥渡县人民政府关于进一步加强商标工作的意见》，明确目标，强化措施，实行目标任务倒逼管理。深入企业、农户宣传政策，释疑解惑，积极帮扶。邀请商标注册中介机构现场到局机关受理，减轻申请商标注册人负担，做好全程服务。2009年协助经营企业（户）申请注册商标14件。弥渡县建林绿色食品有限责任公司的注册商标“张氏建林”被评为云南省著名商标。建立商标注册登记台账，积极推行商标法律告知书、商标注册建议书、商标策略提示书和商标管理跟踪服务联系卡制度，夯实商标工作基础。全县注册商标共有41个，其中期满未续展16件、已转让给外地企业1件，有效注册商标28件。认真开展商标法律法规宣传，加强商标管理，查处仿冒知名商品和“傍名牌”行为以及对商品质量作误导性宣传、不正当有奖销售等行为。

**【计划财务工作】** 充分发挥计划财务工作服务基层、服务大局、服务工商事业的作用，按州工商局“五统一、三加强、两缩短”的要求认真做好深化部门预算制度改革工作，做到了以收定支，确保收支平衡。认真贯彻执行“收支两条线”和“罚缴分离”规定，做到收入及时入库、及时上缴，完成非税收入个体注册登记费0.57万元、企业注册登记费6.8万元，占计划任务161.62%，完成罚没收入45.11万元。全面实施财务规范化管理工作，合理调整支出结构，切实加强对“人、车、会、话”的管理，努力降低运行成本，2009年基本实现了公用经费支出、接待费用降低以及节能降耗的控制目标。经考核，获得“财务规范化管理达标单位”。成立规范政府非税收入管理工作领导小组及其办公室，认真做好经营性资产清查工作。加强基本建设，在州局党组的关心、帮助下，积极向省、州工商局和县发改局申报立项。经批准，对苴力分局原办公楼作拆除处理，新建综合楼，建筑面积598平方米，工程总造价115.56万元。

**【老干工作】** 弥渡县工商局有退休干部职工37人，其中党员17人。设有老干部支部1个，党员12人。弥渡县工商局成立老干部工作领导组，把老干部管理服务工作列入重要议事日程，使老干部管理工作逐步制度化、经常化。深入贯彻党的老干部工作方针、政策，从改革、发展、稳定的大局出发，全面落实老干部的政治待遇和生活待遇。1. 努力落实政治待遇。县局召开重要会议时邀请老干部代表参加会议共3次，参会人数31人次，广泛听取和吸纳他们的意见和建议2条。积极帮助老干部成立学习小组，征订《大理日报》、《老年报》各1份，《支部生活》14份，充实了他们的精神生活，让他们能够自我学习、自我教育、自我提高。全年共组织老干部学习40人次。按照“三会一课”制度及民主评议党员制度，组织退休党员干部参加组织生活，按期收缴党费。县局领导班子与退休干部建立了联系制度，定期不定期进行家访，了解他们的情况，听取他们的意见和建议，及时掌握所联系的老干部的生产生活情况，为他们解决一些实际困难和问题，全年领导走访看望老干部两次共20人，走访居住在本县的老干部13人，走访看望居住在外县的老干部1人。2. 认真落实生活待遇。严格执行国家政策，及时足额发放退休金及各种补贴费用。对患病的退休干部，及时派人多次看望，一年来，共看望生病住院老干部6人并及时为他们办理医保住院手续。积极开展慰问活动，对33名离退休干部进行春节慰问，给每位老干部送去100元慰问金和节日的问候,听取他们的意见、建议和要求。10月21日召开"重阳节"座谈会,党组书记、局长通报了县工商局以科学发展观为统领,科学监管促进科学发展所取得的成绩以及服务地方经济社会平稳较快发展的新举措。认真做好老干部来信来访工作,做到件件有回音,事事有落实,全年,共处理老干部意见及建议2件。

**【信息化建设】** 调整信息化建设领导小组,主要领导担任组长,县局设1名专职系统管理员,5个派出机构各设1名兼职系统管理员。加大投入,购买了11台电脑,5台激光打印机,全局微机数量达60台,人均0.81台。11月6日,组织全局71名干部职工集中培训,依托一体化软件测试模块,就计算机基础知识、一体化软件政务模块、食品流通许可等业务模块进行培训。11月16日,全系统正式启用一体化软件政务及食品流通许可证模块。12月底按要求顺利启动工商行政管理移动执法办公系统。

**【个私协会工作】** 弥渡县个体私营经济协会设办公室在县工商局,由工商局在编职工负责日常工作。在全县各乡镇设立8个分会,有个体会员5 697人,私营经济会员1 020人。坚持正确的政治工作导向,加强宣传教育工作,促进会员队伍整体素质的提高,重点组织会员学习了《食品安全法》。认真贯彻落实云南省鼓励创业贷免扶补实施办法,顺利完成州工商局、州个私协会下达扶持创业5人的目标任务。认真组织完成推荐创业导师工作,推荐15名具有一定创业经验和特点的企业家、个体户自愿为初次创业人员提供免费帮扶和创业培训服务,按时录入省个私协创业导师数据库,实现创业导师资源全省共享。认真做好《个体私营经济协会会员登记表》、《个体私营经济协会会员登记薄》、《个体私营经济协会会员咨询登记表》、《个体私营经济协会会员维权登记表》等数据收集工作,使新设立登记的私营企业和个体户入会率达100%。认真组织开展分会活动,积极配合工商部门做好管理工作。积极筹措资金10.5万元,统一采购礼品对全县个体私营经济协会会员进行春节慰问。

**【2009年任职的局领导名单】**

党组书记、局长　朱东宁

副 局 长　王　洪　双何仁

纪检组长　司建秀

## 永平县

**【概况】** 永平县工商行政管理局内设办公室、纪检监察室、人事教育股、法制股、计划财务股、市场监督管理股、公平交易股、企业个体注册登记管理股、12315投诉举报中心,下设博南、杉阳分局和龙街工商所。全局共有干部职工71人,其中在职人员48人,退休人员23人。局党总支下设局机关、博南分局、杉阳分局和老干党支部,有中共党员36名。

2009年,永平县工商行政管理局以邓小平理论和"三个代表"重要思想为指导,深入学习实践科学发展观和党的十七届四中全会精神,按照国家工商总局"四个统一"、"四化建设"、"四个转变"、"四高目标"和省工商局"三个到位"、"六个好"的工作目标,紧紧围绕食品安全监管、搞好服务促进发展、推进商标战略、积极维权促进消费等六项工作,切实维护市场秩序和促进经济社会又好又快发展。

**【法制建设】** 1. 制订年度学法计划,坚持"一月一学法,一季一考试",采取以会代训、全员学法、专项培训的方式开展学法活动,以提高执法人员的业务素质,保障执法人员知法懂法,规范执法。2. 严把案件审核关,查执法主体,看是否越权执法;查处罚对象,看当事人的身份是否错误;查违法事实证据,看证据是否确凿充分;查定性关,看适用法规条文是否准确;审罚没数额,看自由裁量是否适当。3. 在各基层分局、所设立法制监督员,组织业务股室对基层执法情况进行检查,及时发现和纠正基层分局、所在办案过程中存在的问题,有效维护和树立工商部门的执法权威。4. 结合工作实际,制定推行行政执法责任制具体措施,完善各项配套制度,明确不同阶段的工作重点,有计划、分步骤地扎实推进,形成严格执法、公正执法、文明执法的良好环境。

**【纪检监察】** 1. 组织局机关开展向监管服务对象述职述廉活动,向个体工商户和企业代表、党委政府和有关部门发出述职述廉民主评议表18份,收到意见和建议10条并进行了整改。2. 制定《永平县工商行政管理局关于推行"阳光工商"四项制度监督检查工作实施意见》、《永平县工商行政管理局对重大决策听证、重要事项公示、重点工作通报、政务信息查询四项制度监督检查实施细则》,对贯彻落实"阳光政府"四项制度进行督察。3. 签订《党风廉政建设责任书》,班子成员与分管股室分局所负责人签订,负责人与部门干部职工签订,将责任细化到个人。4. 广泛征求意见,召开座谈会、走访企业、聘请行风政风义务监督员。5. 认真分析排查风险点,查找在法定职责范围内可能存在的廉政风险和监管风险,查找出风险点24条,作出防范承诺30条。6. 组织干部观看警示教育片、邀请检察院领导开展廉政警示教育专题讲座。7. 开展行政执法案件回访和义务监督员巡视监督活动,进一步规范行政执法工作。

**【人事教育】** 1. 按照"理论教育抓深入,理论学习抓创新"的工作思路和分层次、有重点、重实效的要求,制定《永平县工商行政管理局二00九年理论学习及业务培训工作计划》,认真组织学习实践科学发展观和党的十七届四中全会精神,增强干部职工的理论和业务水平。2. 在班子建设上,紧紧围绕《2008年党组民主生活会整改措施》,从党组会、局务会和局长办公会等会议制度入手,坚持民主集中制,做到思想上合、工作上合、力量上合,始终围绕党组的意图和全局的中心工作,各司其职、各负其责;在队伍建设上,按照"把德才兼备的干部培养成党员,把党员培养成执法办案能手,把党员中的优秀干部培养成股所长"的"三培养"要求,提拔股所中层干部6名,调整4名干部的工作岗位。

3. 制定《永平县工商行政管理局关于加快工商所规范化建设实施方案》和《永平县工商行政管理局关于进一步推进基层规范化建设工作的意见》,对龙街工商所进行规范化建设。4. 为巩固和发扬精神文明建设成果,深入开展文明单位创建活动,对县、州、省级文明单位和文明行业届满的单位进行重新申报。5. 按照干部档案达标工作要求,对在职在编干部职工人事档案进行清理规范。

【企业注册登记】 1. 2009 年,全县共有内资企业 114 户,注册资本(金)20 329万元;私营企业 139 户,注册资本(金)42 999万元,从业人员2 322人。应检内资企业 113 户,实检 109 户,年检率96.5%;应检私营企业 119 户,实检 105户,年检率 88.24%。2. 建立企业走访、回访制度,建立了走访回访企业台账,走访、回访企业 111 户次,召开监管服务对象座谈会 4 场次。3. 严格执行个体工商户、个人独资企业、合伙企业的设立登记,注册资金不作数额上的限制,并免收证照、登记费共计 0.72 万元。4. 办理登记服务企业 2 户,支持县农资公司到农村设立连锁经营店 130 户。

【外商投资企业注册】 2009 年,全县共有外商投资企业 6 户,根据省、州工商局的统一部署和安排,结合企业属地监管开展了《外商投资企业走访制度》。

【企业监督管理】 1. 2009 年,全县共有个体工商户3 484户,注册资金6 797万元,从业人员4 868人;农民专业合作社发展达 22 家,入社成员 284 人(其中:农民成员 24 人,非农民成员 3 人),出资总额2 234.1万元。2. 开展 2008 年度个体验照工作。应参加 2008 年度验照的个体工商户2 996户,实验户2 917户,验照率 97.36%,验照后户数2 643户,验存率88%,验照期间办理注销登记 353 户、变更登记 41 户、开业登记 553 户。截至 12月底,共有个体工商户3 246户,注册资金6 040万元,从业人员4 251人。在验照期间发现擅自改变登记事项 12 户,从事非法经营 6 户,责令限期办理变更登记12 户,处罚 6 户。3. 查处取缔无照经营。全年共出动车辆 58 台次,清理整顿无照经营户 112 户。

【市场规范管理】 1. 认真学习《合同法》、《动产抵押登记办法》等法律法规。2. 成立"红盾护农"行动工作领导组,积极主动与农业、质监、商务局等部门联系与配合,加大执法力度,进一步督促引导农资经营户建立完善进货检查验收制度、索证索票制度和销货台账等制度。全年共出动执法人员 226 人次、车辆 59台次,对全县经营农资的企业、个体户进行检查,共检查 7 个乡镇农资经营户392 户次。3. 全年共办理抵押登记 6户,贷款金额1 000万元。4. 纳入登记的9 个市场,通过认定 B 级市场 8 个,C 级市场 1 个;按照创建诚信市场认定标准,认真细致考核,永平县综合集贸市场评为 2A 级诚信市场、永平县华联购物广场和永平县永乐江购物广场评为 1A 级诚信市场。

【消费者权益保护】 2009 年,紧紧围绕"消费与发展"主题年,全面履行《消费者权益保护法》赋予的职能。3 月 15 日由县局和消协牵头,县司法局、县烟草专卖局、县技术质量监督局、县药品食品监督局、县农业局等单位参加,举办了"3·15"大型宣传活动。展示假冒伪劣商品、假冒药品和卷烟、过期变质食品以及失效种子、农药等假冒伪劣商品计 56个品种 156 件,假烟4 016条,发放宣传材料4 200份、消费维权问卷 60 份、粘贴标语 37 条、布标 2 幅,接受消费者咨询165 人次、销毁假冒伪劣商品货值 4 万余元。

【食品流通监督管理】 1. 制定《流通环节食品安全整顿工作实施方案》,继续完善和推进索证索票、进销货台账制度建设,紧紧围绕严格食品市场准入,积极探索监管方式方法,切实提高"两项制度"建设,共建立市场和超市 4 个,食杂店 833 户。2. 以城乡结合部、季节性和节日期间的食品为重点,对农村食品市场、超市和批发户进行集中开展取缔无照经营专项执法行动。3. 积极加大与商务部门的协调,配合"万村千乡市场工程",把创建"农村食品安全示范店"作为工商监管农村食品安全的工作重点,发动食品经营户参与创建活动,共建立食品安全示范店 17 户,实现每个乡镇有一户"示范户"的创建目标。

【反垄断与反不正当竞争执法】 认真贯彻落实专项整治的紧急通知,组织各分局、所开展专项检查行动 39 次。全年共出动执法车辆 50 台次、执法人员 232人次,对全县 7 个乡镇市场、1 个县城综合集贸市场的经营户进行专项检查 748户,查办违法违章案件 83 件,总案值40.78 万元,罚没款 13.13 万元。

【广告监督管理】 2009 年,永平县工商局共办理户外广告登记 36 条次,查处违法广告案件 5 件,罚没款2 200元。对 1户广告经营单位进行了年检,年检合格。

【商标监督管理】 全年共核准注册商标 14 个,其中:博南、杉阳分局,龙街工商所指导商标注册新申报 7 个。查处假冒"五朵金花"牌农用薄膜案 1 件,罚款1 500元。

【计划财务工作】 1. 积极参加省工商局举办的内部审计资格、基本建设会计资格培训和州工商局组织的"会计知识教育、财务工作规范化管理"培训,取得了资格证。2. 坚持部门预算制度,确保重点支出,实行专款专用,厉行节约,合理开支,实行"一支笔"签字制度,确保了经费预算收支平衡。3. 严格执行"收支两条线",基层分局(所)实行报账制,全年无"贪污"、"挪用"、"坐支"等行为。4. "两费停收"后,对会费收据、罚没收据、企业登记费收据的监管,做到一月一核对,一月一核销,未发现擅自私印自制单据等违法行为。5. 制定《财务公开办法》,定期不定期的采取多种形式进行公开,进一步接受群众的监督。6. 严格按照《云南省工商行政管理系统固定资产管理制度》进行核算,实行核算部门与资产管理部门分开,行政办公室负责固定资产的采购、使用、清查登记管理。

【基本建设】 2009 年,永平县工商局为加强基层建设，解决基层工商所办公楼老化问题，投入资金1万元，对龙街工商所办公楼进行了维修。

【机关党建工作】 2009年，永平县工商行政管理局党总支下设局机关、博南、杉阳分局和老干党支部，共有党员36人，其中：在职人员中有党员30人，退休人员中有党员6人。1. 组织观看"纪念长征电影"、"铁人"等教育片，以革命前辈的奋斗历程和献身精神勉励和教育自己。2. 推行党员承诺制，紧紧围绕履行岗位职责，工作作风等作出承诺，自觉接受群众监督。3. 开展"秉公用权、廉洁执法"廉政专题警示教育活动和党课教育，全面加强党风廉政建设。4. 积极组织党员干部职工与扶贫村的贫困家庭结对帮扶，解决在生产和生活上遇到的困难和问题，切实做好"扶贫济困送温暖"活动。

【经济检查】 1. 加大对传销活动的日常巡查专项执法检查力度，以人民群众日常生活的密集场所及聚集区域为重点，对各大宾馆、超市、出租屋等场所进行专项巡查检查。2. 结合个体工商户验照、企业年检，对全县的厂矿企业进行实地勘验。3. 按照《特别规定》，对家用电器、儿童玩具、燃气器具等十类重点商品质量进行监管。共出动执法人员232人次、车辆50台次，检查经营户748户，查办违法违章案件83件，总案值40.78万元，罚没款13.13万元。

【信息化建设】 2009年，永平县工商行政管理局共有电脑32台，打印机19台，扫描仪1台。1. 启用工商业务一体化系统中的公文收发、简报管理、会议通知等新模块和工商移动执法办公终端设备。2. 在县政府信息公开网站发布信息66条，回答提问1条；在云南省人民政府门户网站发布重要事项公示内容6条，重点工作通报5条，常见问题5条。3. 开展商品交易市场信用分类及食品安全快速检测和计算机大练兵等活动。4. 按照国家保密法的相关规定，对同时涉及使用物理隔离卡进行物理隔离的内、外网的机器，粘贴警示标志，加强自我防范意识，定期对微机进行病毒检测和安全漏洞检测。

【消委会工作】 2009年，在全县8个乡镇72个村民委员会设立"消费者协会分会"8个和"12315消费者举报投诉站"72个。共受理处理消费者举报、申诉、投诉12件，调处率100%，为消费者挽回经济损失8 400元。

【个私协会工作】 2009年，个私协共有会员7 190人，其中：女性1 376人，少数民族615人，中共党员183人，共青团员68人，政协委员15人，人大代表9人。年内为下岗失业人员办理《再就业优惠证》出示证明200份，引导帮扶再就业453人，对会员患病住院和灾害事故进行慰问，让他们真正感受到大家庭的温暖。各分会按照扶持创业目标任务，为创业人员提供"一对一、一条龙、一站式、一体化"的四个一服务，向信用社推荐3户创业人员"贷免扶补"，共计金额15万元，建立"创业导师库"12户。对129户私营企业的66名党员建立了12个党支部，实行了"登记申报、年检年报"制度。

【广告协会工作】 2009年，全县从事广告业的个体工商户共有9户，申请加入云南省广告协会的广告经营单位1个。

【2009年任职的局领导名单】

党组书记、局长　后则坚

副 局 长　施云龙

纪检组长　丁淑华

## 云 龙 县

【概况】 2009年，云龙县工商局坚持在省州工商局党组和县委、县政府的正确领导下，坚持"三个代表"重要思想为指导，深入学习实践科学发展观，把思想集中统一到十七届四中全会精神上来，把力量凝聚到努力实现"三个到位""六个好"的新时期云南工商工作新目标上来，以"四个统一"和云南工商"三个到位""六个好"的工作目标，全力服务经济社会发展大局，着力更新观念，围绕中心，突出重点，创新机制，提升效能，积极推进工商工作转型，努力提高科学监管、促进科学发展的能力和水平，服务发展有新发展，市场监管有新成效，"六项重点工作"有新突破，自身建设有新进展，各项工作取得新成效。

云龙县工商行政管理局内设办公室、人事教育股（含老干部管理）、纪检监察室、法制股、公平交易股、市场监督管理股、登记注册股（含商标、广告监督管理）、计划财务股、个体私营经济协会办公室、消委办公室。派出机构有诺邓分局、漕涧分局、旧州工商所、长新工商所。全局核定编制人员50人。现有干部职工47人（男30人、女17人）。其中：公务员42人（男27人、女15人）；事业人员5人（男3人、女2人）。文化结构：大专以上学历33人；中专学历7人；高中学历4人；初中学历3人。副科级以上领导职数4人。退休干部23人（男16人、女7人）。平均年龄42.7岁。

【法制建设】 2009年，云龙县工商局以深入贯彻落实"四项制度"为核心，结合规范化工商所的建设目标，深入推进"阳光工商"创建工作，做到阳光许可、阳光监管、阳光执法和阳光维权，扎实抓好局务公开，将政务、党务、工作流程、服务承诺、办事流程、工商行政管理统一标识等全部上墙公示。通过加强自身建设，在全局努力形成"份内事、马上办，局内事、主动办，突发事、快速办，重大事、跟踪办，经办事、精细办，任何事、干净办"的良好作风。强化督查意识，健全督查工作机制，定期不定期地对重点工作进行督查，紧紧围绕"六项重点工作"的完成情况，定期与不定期进行督促检查，进一步提升工作效率，树立工商新形象。

【纪检监察】 2009年，云龙县工商局从教育、管理和监督上的薄弱环节入手，狠抓党风廉政建设责任制的落实，全面推行廉政风险点和岗位风险点管理，采取管得住、管得了的人性化措施，着力在防范管理和消除风险点上下功夫，始终把党风廉政建设与工商工作融为一体，坚持党风廉政建设与业务工作同时部署、同时落实、同时检查、同时考核，按照“一岗双责”的要求与各股室、所和分局签订责任书，层层抓落实。年内全面开展基层执法人员向监管服务对象代表和行风义务监管员述职述廉工作，拓宽了工商部门与监管服务的联系渠道，加深了监管部门与监管服务对象之间的沟通和理解，得到了各级党委政府和监管服务对象的一致好评。树立了全局上下高效、务实、清廉、文明的良好氛围，推动新时期工商行政管理各项工作的顺利开展。

同时，按照州局党组《关于在全州工商系统开展“秉公用权、廉洁执法”廉政警示教育活动的通知》要求，结合云龙实际，加强组织领导，成立组织机构，制定方案，结合全州工商系统个别县局领导班子出现的违法违纪问题，年内召开一期全局股室所、分局负责人及财务人员参加的警示教育活动，请县检察院和县纪委相关负责人就如何构筑拒腐防变的思想防线为主题，进行专题讲解，警钟长鸣，廉洁执法，秉公用权，采取多种形式，不断丰富内涵，不断把党风廉政建设工作推向深入。

**【人事教育】** 2009年，云龙县工商局以提高全体干部职工能力素质为重点，贯彻民主集中制为核心，全面开展人事教育各项工作。（一）进一步加强思想建设。以深入学习实践科学发展观活动为契机，精心组织，健全机构，制定方案，结合实际，狠抓落实，努力解决影响改革开放、科学发展的思想观念、体制机制、工作作风等方面存在的突出问题，积极探索实现科学发展的新思路、新途径、新举措，不断推动新时期工商行政管理事业的新发展。（二）进一步加强领导班子建设。坚持民主集中制，努力营造风清气正的良好氛围和干事环境，树立讲团结、会管理、敢干事、干成事的创业意识，树立找准位、干到位、不越位、不缺位、补好位的工作理念，班子从团结走向新的团结，以班子的整体活力凝聚和带领干部职工努力拼搏，扎实工作。（三）进一步加强干部队伍建设。紧紧围绕新形势、新任务对工商行政管理工作的新要求，特别是应对职能转型后，部分基层干部职工认为取消“两费”工商工作就难有作为等突出问题，紧紧围绕“三大能手”全面加强综合业务素质的培训。要求全体干部职工要紧紧立足实际，端正思想，善于思考，敢于想事有“虎气”；努力拼搏，雷厉风行，忠于职守，敢于谋事有“火气”；加强学习，提升素质，精通业务，敢于干事有“底气”。只有这样，每一个干部职工才能真正对新时期的工商工作充满信心，也才能真正以努力实现“三个到位”“六个好”为工作目标，正视困难，振奋精神，坚定信心，扎实工作。（四）进一步加强作风建设。讲实话，务实事，求实效，进一步增强纪律观念，教育和引导干部职工严格遵守组织纪律、工作纪律，增强政治意识、大局意识、团结协作意识，用更新的精神面貌和更高的工作标准履行职责。全局干部上下齐心，努力工作，想干事、干成事和不出事的创业精神达到新境界，全面促进全局各项工作的顺利开展。（五）以人为本，和谐发展，建立健全激励机制和内部管理制度，谋求各项具体工作有实效。以贯彻落实“阳光政府”四项制度为核心，加强组织领导，明确职责分工，健全机构，精心组织，制定方案，完善内部管理机制，建立和健全《党组成员百分量化考核办法》、《股室所分局负责人百分量化考核办法》、《干部职工百分量化考核办法》及《车辆管理制度》、《接待制度》、《经费包干使用制度》等，狠抓落实，形成以制度管人、管事的良好氛围。（六）强化培训，提升素质，狠抓队伍建设。立足实际，着力提高全系统干部队伍专业岗位技能，全员参与，在全局范围内全面开展“执法办案”、“登记注册”、“计算机操作”培训基础上，为检验培训成果，于8月4日组织全局干部职工开展“执法办案”、“登记注册”、“计算机操作”三大能手岗位技能竞赛，全局共产生2009年县级计算机操作3人，县级登记注册能手3人，行政执法办案能手9人。其中县级计算机能手有1人被评为2009年州级计算机操作能手。年内有2位同志进入省、州工商系统计算机能手行列。

**【企业注册登记】** 充分发挥工商行政管理职能作用，继续拓宽工商行政管理“绿色通道”，紧紧围绕《公司法》、《公司登记管理条例》的贯彻实施，促进各类市场主体健康发展。截至12月，共有内资企业134户，注册资金15 266万元，其中：企业法人25户；国有企业26户，注册资金1 063万元。内资企业中：集体企业44户，注册资金1 749万元；股份有限责任公司2户，注册资本50万元；有限责任公司及分公司62户，注册资本10 940万元。年内新发展10户，核准变更登记61户。

**【企业监督管理】** 进一步拓宽工商行政管理“绿色通道”，放开准入领域，放开准入条件，创新监管方式，分层登记、分类监管，全面实现“三项委托”，促进各类市场主体稳定发展。截至12月，全县共登记注册个体工商户3 081户，从业人员3 999人，注册资金10 373万元。年内新发展544户，注册资本3 407万元，从业人员790人。核准注销登记267户。

全县共登记注册私营企业187户，投资者人数427人，雇工人数2 724人，注册资本金49 002万元。年内新发展25户，从业人员225人，注册资金4 753万元。年内核准变更登记32户，核准注销登记4户。全县共登记注册个人独资企业72户，投资人数68人，雇工967人，注册资本金7 716万元。合伙企业9户，投资人数25人，雇工173人，注册资本金2 058万元。有限责任公司106户，投资人数334人，雇工1 584人，注册资本金39 228万元。年内新发展25户，投资人数37人，雇工188人，注册资本金4 753万元。

**【市场规范管理】** 积极推进“两项改革”，完善商品准入制度和市场巡查制度。（一）加强流通环节食品安全监管，在“农村食品安全示范店”创建和“诚信市场”创建上求突破。深入贯彻落实《食品安全法》，不断强化流通环节食品安全监管，以深入学习和广泛宣传相结合方法，切实把流通环节食品安全监管各项工作落到实处。2009年度共创建30户“农村食品安全示范店”。全面完成“诚信市场”认定工作，公示认定“县城综合农贸市场、天添超市、华联超市、漕涧供销超市、漕涧三江超市”等5个市场、超市为2009年度2A级“诚信市场”,并颁发牌匾。(二)搞好服务,在促进发展强化服务上求突破。建立市场监管信息定期分析报告制度,对市场主体变化、农副产品农资产品价格、流通领域食品监测、消费热点、违法广告监测、商标申报注册等情况进行定期分析并形成情况报告上报州工商局。深化工商服务新农村建设工作机制,全面推进“七农”机制,建立和健全农资市场长效监管机制,提高农村经纪人服务农村经济发展能力,积极推动企业向新型经营模式发展,促进农资市场健康发展。强化市场准入服务指导,创新监管方式,提高服务效能,努力营造良好的经济发展软环境、投资环境、就业环境,增强投资者、经营者信心。(三)积极探索,大力推进社会主义新农村建设。抓好“七农”、建好“一农”、促进“三农”、服务“新农”。建立和完善“合同帮农”工作机制,稳步推进订单农业。以泡核桃、茶叶、烤烟和粮食生产等行业和商品为重点,指导涉农企业和农户提高合同意识、诚信意识和证据意识,提高农民自我保护意识和防范风险能力的意识。积极推进农村商品流通体系建设步伐,加快农村商品流通,畅通农资流通渠道,搞活农产品流通,促进农民增收,提高农产品市场竞争力。

**【反垄断与反不正当竞争执法】** 进一步整顿和规范市场经济秩序,努力营造良好的市场经济环境,认真开展各项专项整治,促进和谐社会建设。2009年共查处各类违法经济案件226件。其中一般程序案件119件,简易程序案件107件。共收缴罚没款30.38元。所有查办的案件没有发生行政复议和行政诉讼事件。

**【商标监督管理】** 推进商标战略,在驰名商标培育申报和基层工商所开展“一所一标”活动上求突破。积极开展“一所一标”和“一所多标”活动。2009年将“大栗树茶”创建为云南省著名商标。通过积极宣传和积极走访服务企业,在产品商标注册上下功夫。年内已发动3户企业正在申办相关的农产品注册商标,已完成5个注册商标的申办工作。同时,以巩固广告专项整治成果,进一步加强整顿和规范广告市场秩序,全年共受理审查登记户外广告17户。

**【基本建设】** 积极推进财务规范化管理,做到事前审核、事中控制、事后检查全过程监管。强化内部审计,成立以纪检组长为组长的内部审计组,采取定期与不定期的方式对各工商所和分局进行内部财务审计,确保全局各项工作的顺利开展。通过狠抓落实,全员参与,严肃纪律,把财务规范化建设形成每个干部职工的自觉行为,2009年11月经州局财务科考核,该局的财务规范化建设进入了全州工商系统财务规范化管理达标行列。同时,始终坚持厉行节约,完善制度,强化措施,从节约一桶水、一升油、一张纸、一餐饭做起,从而使运行费用、公务接待、节油节电节水等四个硬性指标得到了有效控制,始终确保全局各项工作的正常开展。

在经费严重不足的情况下,局党组高度重视,精心组织,多方筹措,共投入近20万元资金,解决配置漕涧分局和旧州所的工商执法专用交通工具,努力实现人手1台计算机和人手1部移动执法终端机,为基层及相关职能股室配备了执法专用扫描仪5台、打印机4台、摄像机1台及食品快速检测等设备,统一执法标准达到一个新的起点。进一步明确和强化基层工商所职责任务,提升基层工作效能。争取用1~2年的时间,使全系统工商所(分局)逐步达到“执法行为规范、监管制度规范、基础设施规范、队伍管理规范”的建设目标。

**【信息化建设】** 进一步加大信息化建设硬件设施投入力度,在经费严重不足的情况下,云龙县局党组高度重视,精心组织,多方筹措,共投入近20万元资金,解决配置漕涧分局和旧州所的工商执法专用交通工具,努力实现人手1台计算机和人手1部移动执法终端机,为基层及相关职能股室配备了执法专用扫描仪5台、打印机4台、摄像机1台及食品快速检测等设备,统一执法标准达到一个新的起点。

**【消委会工作】** 继续巩固完善覆盖面,规范工作机制,加大12315平台信息化建设力度,拓展服务领域,开展工商业务全方位咨询。逐步形成了“纵向到底、横向到边”的维权网络。结合实际,以网络建设、调处纠纷、市场为重点,大力开展消费者协会分会、12315联络点和消费者投诉站等“一会两站”建设。截至2009年9月,全县共设立消费者基层分会11个,村社、企业、学校、商场共设立消费者投诉站和12315联络站141个。其中:设立村社消费者投诉站和12315联络站86个;企业、学校、商场共设立消费者投诉站和12315联络站55个。

**【2009年任职的局领导名单】**

党组书记、局长　李珍鹏

副 局 长　杨文沛　杨吉兴

纪检组长　施江平

## 洱 源 县

**【概况】** 洱源县工商行政管理局内设机构6股2室,即:办公室、纪检监察室、人事教育股、法制股、计划财务股、市场监督管理股、公平交易股、企业个体注册登记管理股;下设5个派出机构,即:茈碧湖分局、炼铁分局、三营工商所、右所工商所、凤羽工商所。代管县个体私营经济协会和县消费者协会工作。全局在职干部职工60人,其中局机关26人,各基层分局、所34人;中共党员30人,大专以上文化38人,中专以下22人。

2009年,洱源县工商局坚持以邓小平理论和“三个代表”重要思想为指导,全面落实科学发展观,认真贯彻国家工商总局“四个统一”,积极推进“四化建设”,努力实现云南工商“三个到位”、“六个好”工作目标,全面提高监管服务水平和执法效能,尽心尽力服务全县经济发展,各项工作都取得了新的成效。年内,洱源县工商局被大理州人民政府授予州级“文明单位”称号,被大理州总工会评为州级“先进职工之家”。

【法制建设】 2009年,洱源县工商局积极开展法制宣传和教育培训活动,努力提高队伍监管执法水平和综合素质;以实施"阳光政府"四项制度为契机,进一步完善行政执法责任制,加强绩效考核和执法监督,努力打造"阳光工商";完善行政执法办案制度,大幅提升案件查办质量,严格依法行政。2009年,全局共查处各类违法违章案件119件,无一行政复议和行政诉讼案件。

【纪检监察】 2009年,洱源县工商局认真贯彻中央、省、州、县党风廉政建设工作会议精神,抓实纪检监察工作。1. 积极组织干部职工收看警示教育片,加强反腐倡廉教育。2. 认真开展典型案例分析、讨论,以案说法,强化党员干部在执法办案、财务收支和行政许可事项等方面的自律意识。3. 实施风险点管理制度,预防和处理好"案、费、证、照"中容易发生的不廉洁问题,杜绝"吃、拿、卡、要"等现象的发生。4. 进一步健全和完善党风廉政建设和财务管理的各项规章制度。由于管理严格、措施得当,2009年,县工商局没有发生一起违法违纪事例。

【人事教育】 2009年,洱源县工商局的人事教育工作,坚持"理论联系实际,按需施教,学以致用,注重质量和实效"的原则,采取"大学法、大培训、大考试"等行之有效的方式和措施,着力培养和提高全体干部职工整体综合素质,努力建设一支适应新时期工商行政管理改革和发展需要的高素质专业化的干部队伍。强化业务培训工作,狠抓队伍素质教育;加强工商法律法规理论知识学习,增强干部职工理论修养;开展以"三个能手"业务竞赛为重点的岗位技能大练兵活动,着力提高业务技能。通过教育、培训,2009年,洱源县工商局基本实现了80%以上的工商分局(所)干部具备执法办案能力和计算机操作运用能力的目标,队伍整体素质和综合能力全面提升,基本实现从"收费管理型"向"监管执法服务型"转型。

【企业注册登记】 2009年,洱源县工商局坚持监管与服务相统一的工作理念,将加强企业注册登记管理与全方位服务企业发展紧密结合起来。1. 开展上门年检服务和推行企业定期走访制度,主动争取企业对工商部门的意见和建议,积极为企业排忧解难;2. 及时为企业办理各种注册登记、变更、注销等手续,实行登记咨询"一口清"服务和限时办结制度,高效快捷为企业提供服务;3. 严厉打击各种违法经营行为,为企业提供良好的生产经营环境和市场秩序;4. 推行企业信用分类监管制度,建立健全企业信用档案。年末,全县共登记注册各类私营企业212户,投资者人数397人,雇工2 269人,注册资金30 771.5万元;内资企业176户,注册资金20 255万元;农民专业合作社7户,成员39人,出资总额101万元。

【企业监督管理】 洱源县工商局充分发挥职能作用,全面加强个体私营经济监管工作。认真做好个体工商户验(换)照及私营企业年检工作。2009年,全局年检验照工作质量有了很大提高,私营企业应检200户,实检190户,年检率95%;个体工商户应验照3 315户,实验3 315户,验照率100%。结合验照工作,加强对无照经营户的清理和取缔。全年共查处无照经营11户,罚款5 600元。依托个体工商户"经济户口"和企业信用分类监管机制,进一步充实和完善个私经济电子档案,为基层数据库建设积累基础数据。深入学习领会中央和省、州、县党委、政府应对金融危机出台的"保增长、保民生、保稳定"的决策部署,认真贯彻落实国家"鼓励创业、促进再就业"优惠政策,积极开展"贷免扶补"工作,大力促进就业和再就业。全年共为3户具备创业条件的人员提供了贷免扶补手续,获得贷款资金9万元。

【市场规范管理】 2009年,洱源县工商局全面推行市场"网格化"管理制度,健全和完善市场长效监管机制;继续巩固和完善"两图两制"、"两个百分百、一个彻底"的食品安全监管制度,进一步规范流通领域食品市场秩序;积极探索新型市场监管模式,开展网络市场监管工作;完善"两票两账、一书一卡"四项监管制度,开展农资商品定向监测工作,强化农资市场监管,不断完善"红盾护农"监管体系;不定期开展专项整治行动,把日常监管与重点打击相结合,营造强大的执法声势。2009年共开展专项整治行动11次,查处无照经营食品案件5件、制售假冒伪劣食品案件21件,罚款2.84万元;检查整顿8个农资经营市场,共留样备查种子7户14个品种,查处无照经营农资案件8件,罚款2.8万元。

【消费者权益保护】 2009年,洱源县工商局大力开展消费者协会分会、12315联络站和消费者投诉站等"一会两站"建设。在9个乡镇成立了消费者协会分会,在90个村委会(社区)、4个超市(商场、酒店)、15个集贸市场设立消费者投诉站和联络站,增加了消费维权网络的覆盖率,方便了群众投诉。健全完善12315行政执法体系,进一步规范申诉举报管理制度和工作流程,健全受理申诉举报快速反应机制,高效、便捷处理各类消费者申投诉。2009年共受理各类消费者申诉举报案件55件,办结55件,办结率100%,为消费者挽回经济损失3.86万元。深入开展农村消费维权工作,切实维护农村消费者合法权益,保障农村繁荣和稳定。2009年内共受理和解决涉农消费纠纷案件6起,为消费者挽回经济损失2.5万元。

【食品流通监督管理】 2009年,洱源县工商局继续加强食品流通监督管理,深入开展整顿和规范食品市场经营秩序专项行动,重点抓好两项工作:一是在对食品经营户进行"两个100%"规范的基础上,认真组织开展节日食品市场整治、学校周边食品经营户专项清理及其它食品安全专项整治行动。年内,共出动检查人员313人次、车辆161辆次,检查市场30个次,食品经营户2 118户次,查处各类食品经营违法案件28件,罚款2.58万元;二是全面开展农村食品安全示范店和诚信市场创建工作,2009年,共创建农村食品安全示范20个,初选、培育了"1A级诚信市场"和"2A级诚信市场"各1

家，并全部通过了州局的考核验收。

【广告监督管理】 2009年，洱源县工商局依照《广告经营资格审查办法》的有关规定，对从事广告经营的新闻媒体单位进行检查。同时对医疗广告进行专项整治，对洱源电视台、县人民医院、中医院所发布的医疗广告进行全面审查，确保医疗广告的真实、合法。对户外广告进行检查，对未经登记擅自发布户外广告的5户广告经营户进行了教育处罚，责令限期补办有关手续。加大对广告违法案件的查处力度，特别对"性药品"广告和性病治疗广告进行了专项治理。一年来，共监测各类广告29条，查处广告违法案件1件，罚款金额1 000元。

【商标监督管理】 2009年，洱源县工商局认真贯彻落实云南人民政府关于实施商标战略的决策部署，加强商标监督管理。积极做好驰(著)名商标专用权的保护工作，严厉查处商标侵权案件，保护著名商标专用权，为企业发展创造良好的市场环境。广泛开展"一所一标"、"一所多标"商标培育和驰(著)名商标推荐、参评、申报工作，增强企业市场竞争力。2009年全系统共培育上报商标9个，全县拥有注册商标总数63个。继续以食品、药品、农资、服装等商品为重点，开展商标专项整治行动，切实维护消费者和生产经营者的合法权益。积极开展《商标法》及相关知识的宣传，普及商标法律知识，提高商标专用权保护意识。

【计划财务工作】 2009年，洱源县工商局严格执行财务制度，遵守财经纪律，切实加强计划财务工作。建立健全在职人员和退休人员工资基础信息数据库、机动车辆基础信息数据库、组织机构代码数据库等基础信息，努力提高财务管理信息化应用水平。认真开展行政事业单位经营性国有资产清查工作，加强和规范非税收入项目的资金管理。积极开展大理州工商系统财务管理规范化达标活动，并顺利通过了州局的达标验收。

【基本建设】 2009年，借助基层规范化建设的有利时机，洱源县工商局共投入40多万元资金，加强基础设施建设。投入16万多元，对三营工商所办公楼和登记注册大厅等进行更新改造，新建了卫生间、洗澡间，使工商所面貌焕然一新；投入5万多元为茈碧湖分局装修改造办公楼，新设置了岗位公示栏、学习园地等硬件；投入3万多元为右所工商所更新办公桌椅，并对行政性收费项目及标准、工作职责等全部公示上墙；投入16万元为2个基层所更新了执法车辆。这些项目的投入使用，大大改变了洱源县工商局基层工商所的办公环境和条件，加快了基层规范化建设的步伐。

【机关党建工作】 2009年，洱源县工商局党支部在州局党组、县直属机关党委的正确领导下，以邓小平理论和"三个代表"重要思想为指导，通过抓学习、抓教育，不断加强党支部的思想建设、组织建设和作风建设，切实做好支部的党建工作。一是抓思想建设，不断提高党员干部的政治业务素质；二是在五个基层工商所(分局)成立了四个党小组，切实发挥基层党组织的战斗堡垒作用；三是抓作风建设，树立党员的良好形象；四是认真抓好新党员发展、教育工作，及时为党组织注入新鲜血液。2009年，局党支部新发展的4名预备党员都已按期转正，新选配的4名入党积极分子都已顺利通过了县直机关党委组织的培训学习；五是组织开展丰富多彩的党员活动，激发党员干事创业的工作热情，增强党组织的凝聚力和向心力。

【老干工作】 2009年，洱源县工商局把落实老干部管理的八项制度，作为抓好老干部工作的重点，不断规范老干部管理工作。推行老干部接待日活动，认真落实老干部定期学习制度、阅文制度、参加会议制度三项制度，从政治上关心老干部，使老干部老有所教、老有所学。做好老干部接待工作，认真落实来信来访、走访慰问探视制度和在职干部联系老干部制度，从思想上关心老干部，使老干部老有所管，老有所爱。认真落实老干部的政治待遇，促使老干部老有所学，保证观念常新、与时俱进。保证老干部工资按时足额发放，及时为生病住院的老干部办理医保手续，认真落实老干部的生活待遇，使老干部时时感受到党和政府的温暖和关怀。通过一年来卓有成效的工作，老干部管理工作正逐步走上规范化轨道。年末，全局离退休干部共有22人，其中离休2人，退休20人。

【经济检查】 2009年，洱源县工商局强化行政执法工作，大力整顿和规范市场经济秩序，努力营造公平、有序的市场环境。严厉查处商业贿赂、传销、商标侵权、虚假广告和其它违法违章行为。明确工作重点，加大对重点行业、重点区域的监管力度。2009年，洱源县工商局加大了对食品、成品油、网吧等重点行业，以及学校周边、城乡结合部、公路沿线等重点区域的监管力度。对全县市场成品油质量进行了抽样检测，发现并处理不合格油品1批，立案查处1起，罚没款近1万元；对全县18家网吧进行了两次集中清理，严查网吧经营主体资格，坚决取缔"黑网吧"。继续开展"红盾护农保春耕"专项行动，强化农资市场监管。与105户农资经营户签订《质量承诺保证书》，实行农资产品定期抽检、新产品申报备案、种子留样备查制度。全年共留样备查种子26户10个品种，检查农资经营户105余次，查处违法经营农资案件2件，罚款2.8万元，有效地净化了农资市场，维护了农民的合法权益。

【信息化建设】 2009年，洱源县工商局以强化应用为目标，着力加强信息化建设，助推洱源工商工作全面发展。1. 加大硬件投入。在经费极其紧张的情况下，新购置笔记本电脑4台，台式电脑15台，在全县率先实现了人手一台的配备标准，极大的提高了工作效率，加快了信息化建设步伐。2. 加大培训力度，全面推广一体化软件所有模块的应用，确保了11月16日全州同步启用办公自动化模块目标的实现。3. 组织开展计算机操作运用岗位技能大练兵活动，提高干部职工计算机业务技能，进一步增强广大干部职工的适岗能力，助推了全局各项工作的顺利开展。

【消委会工作】 2009年，洱源县消委会进一步加强《中华人民共和国消费者权益保护法》和《云南省消费者权益保护条例》的宣传，普及法律知识，提高消费维权意识。认真开展"消费与发展"年主题宣传活动。在"3·15"消费者权益日，开展了一次较大规模的宣传咨询服务活动，出动宣传车辆4台次，现场接受消费者咨询122人次，制作各种宣传展板6块，销毁各种假冒伪劣商品11大类2 300余件(包\袋)，标值6万多元。认真受理消费者申(投)诉，及时解决消费纠纷，切实维护消费者权益。其中较为典型的是成功调解了洱源县右所镇23户农民集体投诉一案，及时化解了纠纷，避免了事态的进一步扩大。另外在办理"三聚氰胺"奶粉申诉案中，积极为4位消费者及时取得经济补偿8 000元，减轻了患者家属的经济负担，为救治患者赢得了时间。

**【个私协会工作】** 2009年，洱源县个体私营经济协会在县委、县政府的领导下，在县工商局的直接指导下积极开展工作，充分发挥了自我教育、自我管理、自我服务职能作用，全力服务非公经济发展。充分利用与县工商局合署办公的有利条件，积极为下岗失业人员、大中专毕业生、复员军人从事个体经营提供方便；利用各种机会积极向广大个私经营者宣传党和国家的富民政策，引导城镇、农村富余劳动力创办企业和从事个体经营，活跃城乡经济；积极配合公安、卫生等部门，在企业、个体工商户中开展禁毒防艾宣传教育活动；积极做好个私经济党建调研工作，摸清底数，为非公经济开展党建工作奠定基础；组织开展对会员的走访慰问活动。全年，共走访慰问了私营企业会员212户、个体工商户会员3 315户，发放慰问品3 600份。

**【2009年任职的局领导名单】**

党组书记、局长　尹乐春

副 局 长　林源明　周锦云

纪检组长　丁凤云

## 剑 川 县

**【概况】** 2009年是特殊的一年，是新中国成立60周年，是工商系统全面落实新"三定"方案、工商停止收费后，转变职能的第一年，是市场监管压力增大的一年，是机遇与挑战并存的一年。为了进一步落实科学发展观，贯彻落实全州工商行政管理工作会议精神，全局紧紧围绕"1234"的工作思路，倾力创新，主动作为，服务科学发展，为促进县域经济平稳较快发展，作出了积极的贡献。可以说，2009年是各项工作创新之年，硕果累累之年，大有作为的一年。

剑川县工商局内设9个股(室)，2个协会(个私协会，消协)，下设3个工商所(分局)。现有干部职工50人(其中：公务员46人，35岁以下有10人，36~40岁19人，41~45岁17人，46~50岁有1人，51~54岁有3人，机关工人1人，事业工人3人)，离退休人员16人。局机关有在职人员24人，平均年龄40.46岁。全局共有37名党员。大专以上学历41人。基层3个所，分局共有干部职工26人，平均年龄39岁。副科级以上领导干部3人。

**【法制建设】** 以完善落实行政执法责任制为核心，强化执法监督，制定《案件评查、评议、考核办法》、《案件评查量化考核办法》，制定《违法行为人警示与疏导》、《行政执法与工作规范》手册等一系列制度和规章，做到执法办案适用法律精准化、程序规范化、文书格式化、档案标准化，制定关于《剑川县工商行政管理局集中开展行政执法案件回访活动实施方案》，对2007年以来200件行政处罚案件(一般程序)进行案件回访，回访罚没金额达1万元以上的案件14件，回访率达100%，其余案件回访率达50%。

**【纪检监察】** 以贯彻落实《惩治和预防腐败体系2008~2012年工作规划实施意见》为纲，认真履行"一岗双责"，抓好责任分解、责任考核、责任追究，层层签订党风廉政建设责任书，把党风廉政建设责任落实到每个干部职工身上。与县检察院共同建立预防职务犯罪工作机制，开展廉政谈话，从政治上关心爱护每位干部职工。加强廉政风险点管理，对食品安全监管、高危行业监管、执法办案环节、注册登记环节、市场巡查环节、消费维权环节、制度落实环节等工作进行评估，有针对性地制定防范措施，对落实责任政府、阳光政府"四项制度"、个私协会费进行了多次督查，开展向监管服务对象述职述廉，自觉接受社会监督。开展"秉公用权、廉洁执法"专题警示教育活动，有效规范了依法行政，促进了文明执法。

**【人事教育】** 1. 深入开展学习实践科学发展观活动。紧紧围绕"党员干部受教育、科学发展上水平、人民群众得实惠"和省局提出的"推进科学监管，促进科学发展"主题，抓住学习调研、分析检查、整改落实三个重要环节，突出实践特色，创新活动载体，加强组织领导，严密组织实施，做到了"规定动作"不走样，"自选动作"有创新，认真研究制定了《剑川县工商行政管理局深入学习实践科学发展观活动整改落实方案》，对涉及的整改任务，建立"销号整改"台账，整改一件，销号一件，确保整改措施落到实处。通过开展深入学习实践科学发展观活动，广大党员对科学发展观的认识进一步提高，推进科学发展的坚强意志进一步增强，谋划科学发展的正确思路进一步清晰，领导科学发展的实际能力进一步增强。2. 加强班子建设。切实按照"六个好"的要求加强班子能力建设，在提高驾驭全局的能力、团结协作的能力、凝心聚力的能力和执行力上狠下功夫；以贯彻民主集中制为核心，召开了深入学习实践科学发展观专题民主生活会，认真落实党组理论中心学习组学习制度和重大事项党组决策制度。按照"可落实、可量化、可考核"的基本要求，在深入调研的基础上，研究出台2009年度工作思路和制定相应考核办法，将省州局"六项重点工作"等指标层层签订责任书，任务层层分解落实到基层、落实到每个工商干部。3. 干部队伍教育培训。按照"三个一流"即：一流的素质，一流的作风，一流的业绩的标准加强干部队伍建设，努力建设"三个过硬"的工商队伍；认真开展"队伍素质提升年"活动，制定《2009年干部队伍教育培训方案》,组织分局所长、有关业务人员到大理古城、龙泉二个分局学习基层工商所规范化创建经验。从5月中旬至9月,启动“计算机百日练兵”,“注册登记百日练兵”,“执法办案百日练兵”活动,共集中全员培训22场次,累计参学人数达1 000人次,全年还相继开展“一周一学”、“一月一法”、“一年一评”、“一案一议”、“一带一学”等学法用法活动,努力培养一批操作熟练、业务精通、爱岗敬业的业务能手,2009年,先后产生“大理州工商局计算机操作能手”1名,“大理州工商局注册登记能手”1名,“大理州工商局执法办案能手”1名。作风建设上,围绕“服务效能提升年”主题,组织开展了“科学发展大家谈”活动、“三个一”主题实践活动,深入企业、基层工商所、新农村建设挂钩点,体察民情、走访调研、上门服务,到老君山镇美水村与38户结对贫困群众、农户开展帮扶活动,捐款4 000元购买了化肥,送到了帮扶对象手中,建立健全帮扶对象“家庭档案卡”,为帮扶对象解难事、办好事。4. 贯彻阳光政府四项制度。成立贯彻落实阳光政府“四项制度”组织领导和工作机构,研究制定贯彻落实阳光政府四项制度实施方案、实施办法、实施细则。在红盾网站开辟阳光政府四项制度专栏,全面推行政务公开。围绕省局六项重点工作为主要内容,对各项工作进展情况进行季度通报。按时开通了“96128”政务信息查询专线,对涉及工商部门办理的行政服务内容,公众可以通过网络、电话、现场查询等途径进行查询。通过落实阳光政府四项制度,进一步增强了全局广大干部职工的责任意识和服务意识,进一步推动了工作的落实。5. 创建规范化工商所。围绕基础设施规范、监管制度规范、执法行为规范、服务行为规范、队伍管理规范的基层规范化建设全面展开。加大投入,投资6.5万元,新建分局注册大厅,工商标识门头,投资8万元,为金华分局、甸南所购置新的办公桌椅、档案柜、健身器材,着力改善工作条件。全面推行网格化新型监管模式。制定工作职责和业务流程,推进监管制度规范。积极开展学习培训,提高基层综合执法水平,完善执法办案综合机制,推进执法行为规范。建立健全内部管理运作机制,明确职责,推进队伍建设规范。大力倡导全员执法办案,实现了年内每人完成一件一般程序案件的目标。按照“一年二个所,二年上台阶”的目标,年内完成了金华分局、甸南工商所规范化创建工作,并顺利通过州局验收。6. 制度建设。在工作中大胆创新、大胆摸索、大胆借鉴,加强制度建设,通过建立实施党组成员和股室挂钩联系分局、所工作机制,建立完善《剑川县工商局制度汇编》、《分局所基层规范化建设制度汇编》、《党风廉政制度汇编》、《剑川县12315联络站、消费者投诉站规范化工作手册》及《2009年分局、所综合考评办法》、《局机关绩效考评办法》等22部内部管理制度和市场监管制度,形成了用制度管人,按制度办事,靠制度规范执法行为的工作局面,进一步树立以“制度管人”和“干好干坏不一样”的观念,采取每周一评、当月考核、年终考评。对每个干部职工进行工作绩效考核,保证规范持久的执行力,确保全年各项工作圆满完成。2009年获得州局综合考评一等奖、行政执法工作一等奖、党风廉政建设和综治工作一等奖、六项重点工作二等奖、食品安全监管及市场整规三等奖、各项工作考核,名列全州十二县市前茅。7. 创建文明单位。三个分局所被县委、县政府重新命名为县级“文明单位”,县局被升格为州级“文明单位”。

**【企业注册登记】** 2009年,剑川县工商局放宽市场准入,提高登记效率。全面实行“一审一核”制。创新监管方式,强化服务指导。改进企业年检和个体工商户验照方式,“零距离”为企业、个体工商户搞好服务。鼓励创业、促进就业。认真落实云南省鼓励创业促进就业“贷免扶补”政策措施,将帮扶成功创业者、就业者、创业导师库三项指标细化分解,确定“剑川县清香园酒厂”等3户企业为扶补对象,完成小额信贷15万元的工作任务。通过以上工作的实施,有力促进了各类市场主体健康成长,个体私营企业呈良性增长态势。2009年,全县实有个体工商户3 625户,从业人员4 185人,注册资金4 024万元;实有私营企业167户,投资人数356人,从业人员4 463人,注册资本27 063万元;实有企业户数149户,注册资本金12 006万元。同时,全面落实市场主体(监管)信息定期分析报告制度,对市场主体登记信息、农副产品和农资价格信息、流通领域食品安全检测情况、消费维权工作情况、商标注册情况和广告监测情况等进行定期分析,形成分析报告,为各级党委政府决策、生产经营者投资、消费者消费和社会公众信息需求服务。

**【反垄断与反不正当竞争执法】** 深入开展红盾护农、经纪活农、合同帮农、商标富农等七农工作,促进农业增效、农民增收。建立《剑川县农资连锁经营管理办法》、《剑川县农资连锁经营责任可追溯制度》、《剑川县农资投诉举报制度》、《剑川县农资企业(连锁店)信用等级管理办法》等8项农资监管制度,并印制成册发放到经营户手中;建立经营者“两账两票一书一卡”、“种子留样备查公示”、“农资质量监测”工作机制,进一步夯实覆盖全县86户农资连锁经营和物流配送工作,做到认识、领导、责任、监管、制度“五到位”,实现了企业有发展、农民得实惠、监管提效能、政府满意“四赢”局面。全年查处无照经营农资案件2件,案值4万元,罚没金额4 700元;登记全县农民专业合作社2户,出资总额16万元,成员总数15人;办理动产抵押登记11份,帮助企业解决融资难问题。

制定《剑川县商务局、剑川县工商局关于在“农家店开展农村食品安全示范店”创建工作方案》,积极推进“农村食品安全示范店”创建工作。在全县共创建“农村食品安全示范店”27个。

促进商品交易市场信用分类监管工作,完成商品交易市场开办单位信息采集录入工作,推进市场信用分类监管。强化措施,加强引导,推进“诚信市场”创建工作。剑川县市场经营服务中心、剑川县仁和商贸有限责任公司、剑川县金华镇城南市场、金华佰嘉壹超市被命名为2A级“诚信市场”,同时,将剑川县市场经营服务中心、剑川县仁和商贸有限责任公司2家申报为3A级“诚信市场”。

认真开展以流通环节食品安全为重点的专项整治工作。全年行政处罚案件216件,其中一般程序案件90件,简易程序案件126件,行政处罚1万元以上的案件有6件,罚没款33.5万元。全面贯彻落实《食品安全法》,启动实施《食品流通许可证》工作,对食品消费中容易出现问题的重点食品进行检测,合格率达98%。全年检查食品经营者1 233户次,检查添加剂经营者40户,查处无照经营24户,查缴各类假冒伪劣等不合格食品253千克;查处取缔黑网吧1户;查处涉烟违法案件42件、查处无照经营57件。“扫黄打非”专项整治工作方面,查获“六四文化衫”35件;收缴低俗光盘220盘,“少儿版人民币”6盒;加大对“家电下乡”销售网点的监管力度,维护好“家电下乡”市场秩序,打击以“家电下乡”名义销售假冒伪劣家电产品的行为,保障家电下乡市场的规范有序经营。

针对近年来建材市场管理较为混乱,建筑材料质量问题层出不穷。拓宽监管领域,组织开展对钢材市场进行专项检查,对5户销售不合格的钢材商进行了行政处罚,不合格钢材涉案金额达12万元,罚没金额15.61万元。有力地打击了建材市场上的违法经营行为,为建房户用上放心建材提供了保障。

**【商标广告监督管理】** 按照“普遍指导、重点扶持、注册保护”的原则,以培育农产品商标为着力点,扎实开展“一所一标”工作,全县辖区有云南省著名商标2件,年内新申请注册商标8件,商标总量已达21件。

**【基本建设】** 年内金华分局办公楼顺利验收竣工,共投入138万元,建筑面积765平方米,在建设过程中,严格管理,加强基建工程的计划、投资与监督管理,把金华分局建设成为合格工程,廉政工程和样板工程,达到规范化建设的标准。积极争取省州支持,马登分局办公楼立项,共投资148万元,建筑面积654平方米,已于12月动工。

**【信息化建设】** 11月16日按时启用了工商一体化软件所有业务系统,按照“分级培训,分类指导”原则,开展全员培训,提高信息化应用水平。每年投入7万多元,正式启用工商移动执法办公系统。加大投入,统筹安排,年内共投入2万元,为基层配置笔记本电脑5台,实现了分局所能操作计算机的干部职工、每人配备1台计算机的目标。

**【消委会工作】** 认真开展“3·15”宣传执法活动和“12.4”法制宣传活动,并在全县建立消费者分会8个,消费者投诉站、12315联络站132个,消协分会、消费者投诉站、12315联络站在全县乡镇、社区、行政村实现全覆盖。

**【2009年任职的局领导名单】**

局　　长　朱戈迈
副 局 长　杨灿铭
纪检组长　杨　军

## 鹤庆县

**【概况】** 2009年,鹤庆县工商局现有在职职工61人,其中公务员57人,工勤人员4人,大专以上学历53人,中共党员29人。全局设办公室、人教股、财务股、纪检监察室、法制股、市场准入股、市场规范股、经济检查队等8个内设机构;基层派出机构有3个分局(云鹤分局、松桂分局、草海分局)、4个所(辛屯工商所、北衙工商所、黄坪工商所、朵美工商所)。年内,辛屯工商所与草海分局合并办公,北衙、朵美工商所与松桂分局合并办公。

2009年是新中国成立60周年和工商行政管理恢复建制30周年,也是工商系统停止“两费”征收后,全面应对工商行政管理机关内部和外部环境面临的发展性和结构性挑战,积极转变职能的一年。应对国际金融危机严重冲击,努力保持全县经济社会平稳较快发展,是对鹤庆工商行政管理工作的重大考验。一年来,鹤庆县工商局在大理州工商局和中共鹤庆县委、县政府的领导下,认真学习十七大精神,深入开展学习实践科学发展观活动,不折不扣地贯彻落实阳光政府“四项制度”,结合实际充分发挥工商行政管理职能作用,以“三个到位”“六个好”为目标,以基层规范化建设为抓手、全员执法办案为突破口、信息化建设为支撑,突出重点工作,加强督查,统筹兼顾,进一步提升工商队伍的整体素质,着力提高推进改革创新、促进科学发展、推动社会和谐的能力,全局工作取得了新的发展。年内,鹤庆县工商局荣获大理州工商系统综合考评、行政执法一等奖;草海分局、云鹤分局通过了大理州工商局基层规范化建设创建考核验收,圆满完成了2009年基层规范化建设创建任务;段银江荣获2009年度全省工商系统计算机操作能手称号,陈全荣获2009年度大理州工商系统注册登记能手称号,段炳熙、曾永方、李鸿彦荣获2009年度大理州工商系统行政执法能手称号。

**【法制建设】** 2009年,鹤庆县工商局紧紧围绕“以基层规范化建设为抓手,以全员执法为突破口,信息化建设为支撑”的工作目标,以强化执法能力建设、提高执法效能、推进工商行政管理“四化”建设为核心,立足基层抓规范,健全完善执法制度机制,夯实执法基础,强化执法监督,进一步增强全局系统干部职工依法管理、依法行政、依法办事的能力和水平,确保各项工商行政管理政策、法律、法规、规章的正确实施,努力建设法制工商。1. 继续抓好“五五”普法规划的宣传工作。根据普法工作计划,有措施、分步骤组织干部职工学习全国“五五”普法教材,充分利用电视、广播、报刊等媒体,采取粘贴标语、制作宣传专栏、散发宣传单、创办法制宣传园地等,大力开展法制宣传教育。2. 认真抓好法制培训。按照“全员执法”的要求,遵循“干什么学什么、缺什么补什么”的原则,以“所所能执法、人人会办案”为目标,采取集中或分散培训、个案分析会、知识竞赛、岗位练兵等方式,全方位开展全员行政执法培训,努力实现所所能执法、人人会办案的全员执法目标要求。8月20日在县局机关开展了为期一天的行政执法综合业务培训会。在培训会上特邀县法院行政庭庭长刘顺仙对证据的收集、要求、采用、法律效力进行专题讲授。3. 在3·15国际消费者权益日活动期间，开展工商法律法规宣传咨询服务、假冒伪劣商品展示和执法活动。在活动期间，以悬挂横幅、播放录音带、散发宣传材料等方式进行宣传，共散发各种宣传资料4 000多份，接受群众咨询 30 多人次；在技监、卫生、烟草、农资、公安、广播电视等有关部门的配合下，组织执法人员 66 人次、车辆 14 台次深入到农村、集贸市场、商场等地进行宣传和检查，共检查集贸市场 8 个，经营户 120 户。查处了 7 起违章违法案件，罚款 2 万多元，没收和销毁了一批假劣商品。4. 继续抓好政务公开工作。按照"以公开为原则、不公开为例外"的要求，以行政许可事项、行政处罚事项、行政执法依据、行政执法程序为重点深入贯彻落实阳光政府"四项"制度，采取多种形式，全方位推行政务公开，不断提高工商行政管理机关行政行为的透明度，自觉主动接受人大、纪检监察机关和广大人民群众的监督，积极促进依法行政，努力打造阳光工商。5. 按照合法行政、合理行政、程序正当、高效便民、诚实守信、权责统一的要求，进一步建立和完善依法行政的各项制度。年内，鹤庆县工商局先后制定和完善了依法行政方面的制度 10 项，基本实现了岗位制度化，改变了过去对依法行政成绩突出的单位和个人没有奖励评定标准的历史，充分调动了干部职工依法行政的积极性和主动性，进一步增强了执法活力，提高了执法效能。6. 建立案件会商机制，对查处的疑难复杂案件实行案件会商。7. 推行人性化办案。对违法行为轻微并能及时纠正，没有造成危害后果的个体经营户、企业采取口头、书面形式予以行政告诫，不予行政处罚，真心实意帮助个体经营户、各类企业守法经营。8. 正确运用行政处罚自由裁量权。为确保处罚公平公正、过罚相当，鹤庆工商局划定区域，对同区域内的性质、情节、危害后果相同或相近的违法行为，在适用的法律依据以及处罚种类和幅度上，作相同的处理。9. 拓展执法领域，维护公平竞争市场秩序。在监管好一般违章违法行为的同时，明确方向，突出重点，把监管执法向维护公平竞争、保护知识产权方面拓展。年内，全系统共查处了 5 件商标侵权案、2 件传销案、1 件不正当竞争案、13 件伪造移动电话机进网许可标志案。10. 认真落实行政执法责任制。将行政执法责任明确到岗、责任到人，把责任追究落实到执法全过程，进一步规范有法不依、执法不严以及行政不作为等行为，努力推动建立权责明确、行为规范、监督有效、保障有力的工商行政管理行政执法体制。法制机构工作人员按照"严核审、高要求"的要求，认真做好案件的核审、备案、应诉等工作，确保行政处罚案件"事实清楚，证据充分，定性准确，处理适当，程序合法"。2009 年，全局共查处各类经济案件 155 件，其中经过核审的按一般程序处罚的案件 100 件（属听证案的有 38 件），简易案件 55 件，罚没金额 501 650. 83元，罚没金额比上年增加 24. 77 万元。所查办的案件类型涉及无照经营、超范围经营、未经批准擅自发布广告、反不正当竞争、商标侵权、传销等执法领域，无一诉讼案件。

**【纪检监察】** 2009 年，鹤庆县工商局坚持标本兼治、综合治理、惩防并举、注重预防的方针，以抓实政风行风建设为目标，以第二批开展深入学习实践科学发展观活动为契机，以落实党风廉政建设责任制为抓手，以落实"阳光政府"四项制度和继续推行责任政府四项制度为工作重点，认真扎实开展党风廉政建设和反腐败工作，努力打造教育、制度、监督并重的惩治和预防腐败体系，构建党风廉政建设的长效体制，为努力实现国家工商总局"四个统一"、"四化建设"、"四个转变"、"四高目标"和省工商局提出的"三个到位、六个好"工作目标提供有力的政治和纪律保障。1. 统一思想，提高认识。认真学习贯彻上级党风廉政建设工作会议精神，加强领导，建立组织机构，层层签订党风廉政建设责任书和严格执行责任追究制。2. 精心组织，周密部署，认真开展党性、党风、党纪专题教育活动。首先，根据州工商局和县委的部署要求，从 3 月下旬开始至 8 月底，按照"党员干部受教育、科学发展上水平、人民群众得实惠"的总体要求，在全局系统组织开展了深入学习实践科学发展观活动；其次，积极认真开展好工商系统"秉公用权、廉洁执法"专题教育活动，为了增强警示教育的针对性，突出开展"五个一"活动。3. 认真建立股所级领导干部廉政档案。全面完成了全局 4 名副科以上实职领导干部和 19 名股所级领导干部廉政档案的组织填报、审核和建档保存工作。4. 认真开展和落实党风廉政建设形势分析会，积极参与省工商局的省直机关行风评议网络投票工作。5. 扎实推进廉政风险和监管风险防范管理工作，建立长效监管机制。全系统 61 名干部职工填报了个人的防范承诺表。6. 加强领导，强化责任，深入贯彻落实《惩防体系工作规划》。7. 认真贯彻落实"阳光政府"四项制度和继续推行责任政府四项制度，加大监督检查力度。8. 积极开展文明单位创建活动和开展工商廉政文化建设，增强干部爱岗敬业意识。9. 按时完成了党风廉政建设工作档案的规范化管理工作，认真做好"四项制度"贯彻落实情况的监督检查以及党风廉政建设的信息、报表、总结的上报工作。

**【人事教育】** 1. 认真组织开展全系统深入学习实践科学发展观活动。学习实践活动自 3 月 23 日正式展开，到 8 月 17 日结束。全系统深入学习实践科学发展观活动分学习调研(3 月 31 日 ~4 月 28 日)、分析检查(5 月 1 日 ~6 月 28 日)、整改落实(7 月 1 日 ~8 月 17 日)三个阶段。在开展学习实践活动中，鹤庆县工商局严格按照县委科发办的工作安排和要求，做到"高标准完成规定动作，努力创新自选动作，联系实际推进建设工作"，取得了良好的成效。2. 抓好全局精神文明建设工作。鹤庆县工商行政管理系统被县委、县政府命名表彰为第三批县级"文明系统"；县局机关、松桂分局、云鹤分局、草海分局、黄坪工商所分别被县委、县政府命名为第十二批县级"文明单位"，县局机关于 5 月 22 日被州委、州政府命名表彰为第十一批州级"文明单位"。3. 做好单位干部调配，工资福利及干部的考核、考察、任免等各项工作。2009 年参加公务员年度考核 61 人（含 4 名工人），考核结果为：优秀公务员 12 人，称职公务员 44 人，合格工人

4 人;年内完成全局 57 名公务员(含 1 名公勤人员)及 25 名离退休人员 2009 年的津贴补贴规范任务。4. 按照大理州工商局"关于开展全州工商系统干部档案审核规范工作的通知"要求,完成了全局 60 名干部档案的审核规范工作,并在规定时限内上交州工商局人教科验收和统一管理。

【企业注册登记】 2009 年,鹤庆县新登记个体工商户1 262户,从业人员1 397人,资金数额5 346万元;共注销个体工商户1 077户,其中城镇注销 406 户。截至 2009 年 12 月,全县共有个体工商户5 383户,从业人员6 072 人,资金数额14 703万元,其中:城镇2 239户,从业人员2 389人,资金数额6 615万元。年内,新发展内资企业 29 户,注册资本(金)3 060万元;共注销私营企业 21 户,注册资本(金)14 万元。截至 2009 年 12 月,全县共有内资企业 183 户,其中企业法人 28 户,营业单位(包括各类企业法人分支机构)155 户,注册资本(金)22 060万元。全县新发展登记私营企业 45 户,投资者人数 67 人,雇工人数 383 人,注册资本(出资金额)5 572万元;注销私营企业 15 户,投资者人数 12 人,雇工人数 38 人,注册资本(出资金额)2 833万元。截至 2009 年 12 月,全县共有私营企业 176 户,其中分支机构 38 户,投资者人数 321 人,雇工人数6 088人,注册资本(出资金额)45 084万元。其中城镇 89 户,投资者人数 157 人,雇工人数3 780人,注册资本(出资金额)31 145万元。年内,新登记农民专业合作社 6 户,农民成员 170 人,非农民成员 3 人,成员总数 173 人,货币出资 654. 10 万元,非货币出资 400 万元,出资总额1 054. 10万元。截至 2009 年 12 月,全县共有农民专业合作社 12 户,其中农产品销售 3 户,种植业 8 户,养殖业 1 户,农民成员 213 人,非农民成员 3 人,成员总数 216 人,货币出资 671 万元,非货币出资 400 万元,出资总额1 071万元。

【企业监督管理】 1. 完成 321 户各类企业的年度检验和5 198户个体工商户的年度验照工作。2. 在加强对企业、个体工商户登记事项的审查和监督的同时,做好私营企业党建工作。3. 认真开展无照经营查处工作。2009 年度,鹤庆工商局共查处无照经营案件 65 件,案值 116. 14 万元,没收金额 0. 48 万元,罚款 31. 79 万元。4. 开展查处取缔黑网吧专项行动。年内,全系统共出动执法人员 168 人次,共检查网吧 10 户,取缔黑网吧 3 户,罚款 2. 8 万元,没收 0. 28 万元。

【市场规范管理】 2009 年,鹤庆县工商局的市场规范管理工作以整顿和规范市场经济秩序为基础,以保障食品市场和商品市场消费安全为目标,强化和规范日常监管,深入开展流通环节食品安全和农村商品市场专项整治,强化和规范日常监管,积极构建长效监管机制。1. 以加强流通环节食品安全监管为重点,深入开展整顿和规范市场经济秩序工作。通过集中开展奶制品市场、打击流通环节违法添加非食用物质和滥用食品添加剂、重点食品以及季节性、节日性食品等专项执法检查,健全完善了进货查验制度和进货台账制度。2. 开展"农村食品安全示范店"创建活动。年内,共创建了 25 户农村食品安全示范店。3. 加大全县商品交易市场信用分类监管力度,全县录入商品交易市场信用分类监管 6 个,认定等级市场 6 个,纳入日常监管 11 个,考核认定、公示 3 个县级诚信市场(其中:1A 级诚信市场 2 个,2A 级诚信市场 3 个),1 个州级 3A 级市场。4. 建立市场监管信息定期分析报告制度。根据市场主体的变化、农副产品价格升降、消费热点等形成每周、每月、每季的市场监管信息分析报告,积极为当地党委政府管理决策、生产经营者投资、消费者消费和社会公众信息需求提供服务。5. 深化工商服务新农村建设工作机制。强化农资市场的监管,积极开展"红盾护农"行动,认真落实农资商品市场准入制、巡查制和监管责任制,督促农资经营者落实了"两账两票一卡一书一留样"制度。深入全县各村各寨,充分挖掘资源,突出一村一品、一村一业特色,因势利导,鼓励村民在自愿的基础上成立专业合作社,不断发展壮大农村集体经济,促进农民增收。6. 充分发挥食品快速检测仪、检测箱的作用,积极开展食品快速检测。年内,共开展食品快速检测 46 次,检测食品 55 个次,品种包括肉类、乳制品、干发水菜、腊制品、水果、蔬菜等。7. 转变执法理念,规范执法行为。推行行政指导,推广说理性办案文书,正确运用行政处罚自由裁量权,大力推行全员执法办案。年内,查处行政执法案件 20 件,罚款 1. 51 万元。8. 健全完善市场监管突发事件应急处置机制。

【消费者权益保护】 2009 年,鹤庆县工商局在健全完善 12315 消费者申(投)诉举报中心受理范围、及时解答咨询、认真受理申诉举报、健全分流反馈系统四项机制的基础上,为进一步规范工作程序,提高工作效能,提升 12315 服务效能,大力开展 12315 行政执法体系四个平台建设,努力推进 12315 行政执法体系建设。1. 健全完善 12315 行政执法体系,努力建设工商部门与广大消费者和人民群众信息互动的平台。设立申投诉举报电话一部,值班受理坐席 1 位(兼职),移动电话 5 部,确保申投诉渠道畅通。进一步完善 12315 申投诉举报中心的受理、转办、督办和反馈功能,及时、规范处置消费者申诉举报。积极争取对 12315 分析系统的改造升级,建立 12315 消费维权数据库,按照有关规定和程序及时发布市场监管信息和消费警示、提示,切实提高防范市场消费突发事件的能力,使 12315 信息来源于社会公众,更好地服务于广大群众。2. 建立健全社会消费维权网络,努力建设工商部门畅通民意的平台。结合"一会两站"建设工作,加强对联络站和投诉站的工作人员进行业务培训,为消费者权益保护提供更优质的服务。截至年底,全县已建立了 115 个消费者联络站,12 个消费者投诉站。充分利用基层党员远程教育网络等社会资源,搭建 12315 城乡远程维权平台,配合开展"家电下乡"活动,为农村消费维权提供"零距离"服务。在学校、商场、市场、宾馆、饭店订制了 74 块 12315 警示牌,进一步完善 12315 进商场、进超市、进市场、进企业、进学校工作。建立健全消费纠纷和解机制,拓宽消费纠纷和解的"绿色通道",增强消费纠纷和解的公正性和透明度。3. 建立健全执法监督机制，努力建设工商部门接受社会监督和听取群众意见的平台。在12315平台设立工商机关行风、政风监督窗口，自觉接受社会监督，及时受理和转办投诉、举报，按照规定程序处理，并积极配合有关股室开展效能监察和执法监督工作。同时，充分利用工商系统门户网站、红盾专网等平台，开设专门的意见箱，积极开展12315“社会开放日”、“回访消费者”等活动，听取社会各界和人民群众对工商部门工作的意见和建议，进一步严格执法程序，规范执法行为，做到执法为民。4. 建立健全12315数据分析发布机制，努力建设工商部门解决人民群众最关心、最直接、最现实利益问题平台。一年来，鹤庆县工商局在注重排查12315信息中的违法案件线索，在及时调解消费申诉的基础上，加强12315与政府有关部门公共服务平台的工作联动，进一步优化12315工作流程，减少流转环节，提高申诉举报处置效率，积极探索建立12315消费市场分析评估体系，增强12315数据分析的科学性和预测性，进一步健全社会利益协调机制诉求表达和信访工作机制、社会稳定风险评估机制和群体性事件应急处置机制，拓宽社情民意表达渠道，及时了解和把握社会热点问题，搞好矛盾纠纷的源头预防。2009年，鹤庆县工商局共处理各种举报13件，受理消费投诉53件，调解成功案件53件，调解成功率达100%，为消费者挽回经济损失2.87万元；接待来访咨询56人次，接受咨询62人次。

【**食品流通监督管理**】 2009年，鹤庆县工商局根据大理州工商局关于流通环节食品安全监管的总体部署，加强对流通领域食品安全工作的组织领导，认真制定2009年流通领域食品安全整治工作方案并狠抓落实，实行流通环节食品安全工作目标责任制管理，切实维护食品市场经营秩序，保护消费者合法权益。1. 集中开展奶制品市场专项执法检查。鹤庆县工商局在深入贯彻《乳制品质量安全监督管理条例》和《奶业整顿和振兴规划纲要》工作中，严格监督奶制品销售者落实进货查验制度和进货台账制度，特别是仔细查验对2008年9月14日前生产的奶制品经生产企业重新检验合格的报告和标识；突出重点市场、重点区域和重点奶制品销售者，严格规范经营行为，进一步整顿和规范奶制品市场秩序，促进奶制品行业健康有序发展。年内共出动工商执法人员85人次、车辆43台次，检查市场16个次，检查奶制品经营户63户，检查奶制品36个批次92个品种。2. 集中开展打击流通环节违法添加非食用物质和滥用食品添加剂的专项执法检查。在鹤庆县人民政府的统一组织领导下，在食品和食品添加剂经营者自查自纠的基础上，对重点食品、重点区域和重点食品经营者开展集中检查专项执法行动，依法严厉查处流通环节食品经营者在食品中添加非食用物质和滥用食品添加剂的行为以及违法销售食品添加剂的行为，建立健全有效的流通环节食品添加剂销售和使用的监管机制。年内共出动执法人员75人次、车辆19台次，检查食品经营户397户，检查使用食品添加剂21户。大力配合县级有关部门，查处桂林市某化工有限公司生产的不合格“剑石”牌香甜泡打粉154袋。3. 集中开展重点食品以及季节性、节日性食品的专项执法检查。鹤庆县工商局把开展重点食品专项执法检查作为整顿和规范市场经济秩序工作的重要任务，着力解决本地区食品市场存在的突出问题。集中开展重点品种的专项执法检查，突出抓好奶制品、肉制品、米面制品、禽蛋制品、儿童食品、老年食品、膨化食品、豆制品、饮料、糕点、月饼、干果、调味品、食用油、酒类、腌制食品、冷冻食品等品种的专项执法检查，严厉打击销售过期霉变食品、“三无”食品等违法行为。集中开展重点区域的专项检查。以城乡结合部、旅游景区为重点，依法抓好小食品店、小摊点、小市场的专项检查，坚决依法取缔无照经营，严厉打击制售假冒伪劣食品违法行为。集中开展季节性、节日性食品市场专项执法检查。以中秋节、春节为重点，突出抓好节日性食品以及季节性食品的检查，重点整治价实不符、过度包装、搭售商品、虚假宣传及欺诈消费者等问题，切实保障节日食品和季节性消费安全。集中开展对重点食品经营企业和市场的专项执法检查。以商场、超市、批发市场、集贸市场和食品经营企业为重点，突出抓好市场开办者和经营者自查自纠和自律工作，认真监督落实食品经营者对食品安全的法定责任和义务，督促市场开办者、经营者自查和整改食品安全方面的问题，切实做到不进、不存、不销假冒伪劣食品和不合格食品，严格规范食品经营者的经营行为。4. 集中开展农村食品市场专项检查。加大对农村城镇、集镇、乡村举办的食品交易会、庙会赶集和旅游景区景点、车站码头等经营食品的监管力度，严格规范农村食品经营秩序；加大对城乡结合部和乡镇各类食品批发市场、集贸市场，特别是食杂店的监管力度，狠抓重点场所和经营者的整治，严格规范经营行为；加大对消费者反映强烈和与农民群众日常生活消费关系密切的食品品种的监管，狠抓重点品种的整治，严格规范食品市场安全准入行为；加大推进农村食品安全示范店建设进程；加大对食品广告的监管力度，依法严厉查处含有虚假、夸大内容的食品广告，严厉查处涉及宣传疾病预防、治疗功能的违法食品广告。5. 加大学习宣传力度，深入贯彻实施《食品安全法》。采用集中学习、个人自学、知识竞赛、岗位练兵等多种方式认真组织执法人员深入学习《食品安全法》，切实提高干部职工执法水平。以食品经营者和消费者作为重点，向社会各界广泛宣传《食品安全法》，让食品经营者熟悉掌握《食品安全法》规定的从事食品经营所应具备的基本条件、进货查验和记录、定期清理库存食品、召回和退市等基本制度、食品经营者的法律责任等主要内容。让消费者了解权益受到损害时获得救济的途径、民事赔偿的具体内容、食品安全的知识，增强消费者食品安全意识和自我保护能力。依法审批发放食品流通许可证，严把市场主体准入关。对申请从事食品生产经营的坚持先证后照，依法登记注册；对许可证被吊销或到期的，及时责令其限期办理变更登记或依法办理注销登记，逾期未办理的，依法吊销其营业执照。建立健全“两项制度”和“一票通”等长效监管机制，切实提高食品经营者自律水平。按照《工商行政管理所食品安全监督管理工作规范》"六查六看"的要求,将监管重心下移,严格落实基层工商所食品安全日常巡查和属地监管责任制,依法查处制售假冒伪劣食品违法行为,切实规范食品销售者的经营行为。实施食品市场分类监管,把食品市场分类监管与日常巡查、经济户口管理、食品质量监测、食品安全示范店创建和信用分类等结合起来,建立健全食品安全违法行为记录制度,建立违法案件信息库,完善监管档案,并加强对监管数据的统计分析,切实提高监管执法效能。

**【广告监督管理】** 2009 年,鹤庆县共有广告经营户 11 户,从业人员 27 人。其中利用广播电视媒介发布广告的广告经营单位 1 户,从业人员 3 人;从事灯箱、牌匾、横幅广告设计、制作的私营企业 1 户,从业人员 2 人;从事灯箱、牌匾、横幅广告设计、制作的个体工商户 9 户,从业人员 22 人。

为切实维护广告市场秩序,鹤庆县工商局加大法律法规宣传,提高广告经营者依法经营的意识,促进行业自律。在市场日常监管中,强化对广告发布、档案制度的检查,督促其认真履行审查义务,规范发布、代理行为。强化广告监测工作,重点对鹤庆县广播电视事业局广告专题部发布的电视广告进行跟踪监测,全年共监测 140 条各类广告。以打击虚假违法广告为重点,加大执法检查力度,严厉查处保健食品、药品、化妆品、医疗、美容服务等领域的虚假违法广告。年内共查处 1 件虚假医疗服务广告违法案件,罚没款 1.60 万元;1 件擅自发布户外广告违法案件,罚没款 0.2 万元。

**【商标监督管理】** 根据大理州工商局《2009 年商标工作意见》精神,切实加大了对商标管理的工作力度,努力营造良好的商标执法和保护环境。2009 年,全县共查处商标侵权假冒案件 6 件,均属销售侵犯注册商标专用权的商品,其中 3 件属投诉案件,案件总值 5.54 万元,罚款金额 1.6 万元。认真开展"一所一标"、"一所多标"工作。年内共完成"一所一标"、"一所多标"18 件。截至 2009 年 12 月 31 日,全县共有商标 22 件,其中 1 件是"云南省著名商标",即"古翔"商标。

**【计划财务工作】** 2009 年,鹤庆县工商局计划财务工作按照加强内部管理,全面实现规范化管理的要求,扎实做好财务基础工作,运用科学的财务分析方法提高财务管理水平,为工商行政管理各项工作的开展提供了经费保障,实现了财政经费的收支平衡,圆满完成了财务管理任务。年内共完成行政性收费 10.76 万元,完成预算指标任务 4.15 万元的 159.28%;完成罚没款 54.31 万元,完成预算指标任务 20 万元的 171.55%;全局行政事业类收入合计 482.08 万元,支出 482.08 万元,全年收支平衡,无年终结余。根据 6 月 15 日召开的大理州工商系统行政事业单位经营性国有资产清查工作会议要求,对全局范围内的经营性资产进行了认真清查。经清查,经营性资产收入有两项:房屋租赁收入和其他收入。2007~2008 年,房屋租赁及其他收入共计63 548.01元,经营性资产收入的支出共计63 548.01元,主要是用于缴纳税金、办公费用、营业执照框成本、房屋维修费、补发干部职工津补贴,两年收支无余额。

**【基本建设】** 根据省、州工商局文件规定,对无房退休职工的住房补贴进行了测算上报和发放。对 2009 年"7·9"云南姚安地震中黄坪工商所的受损办公楼进行维修。结合县局机关创建省级文明单位,投资 11 万元对县局机关办公区进行绿化改造。为改善执法办案条件,筹资 20 万元按规定购置了 2 辆执法车辆。

**【机关党建工作】** 2009 年,鹤庆县工商局设党支部 1 个,党员 32 人(预备党员 2 人),其中男 26 人(预备党员 1 人),女 4 人(预备党员 1 人)。年内,鹤庆县工商局机关党建工作主要是:改选了局党支部委员会,使党组织的凝聚力、战斗力得到了加强;按时收取、上交党费;组织开展"七·一唱响《云南工商之歌》"演唱和"红土地之歌"演讲比赛活动,进一步激发党组织和广大党员干部团结务实、积极向上、开拓进取的团队精神;组织开展了以"贴民心、解民困、帮民富"为主要内容的党员挂钩帮扶活动。7 月 1 日,在庆祝建党 88 周年活动中,全局在职 28 名党员干部捐款2 800元,为扶贫挂钩村里习吉村委会的 28 户困难党员、群众送去化肥等农资,并对贫困老党员进行慰问。积极组织经县局党支部推荐批准的入党积极分子参加县直机关党委举办的入党积极分子培训班。年内,共接收新党员 2 名,培养入党积极分子 3 名。

**【老干工作】** 2009 年,鹤庆县工商局有退休干部 25 人,其中退休 23 人,提前退休 2 人。老干部是党的干部工作的重要组成部分,鹤庆县工商局党组把认真落实退休干部职工的政治和生活待遇作为工作重点,本着服务为主的原则,切实为老干部办实事,及时解决老干部在生活中遇到的各种困难。年初对每位退休人员及遗属进行了春节慰问,送去了慰问金(品)。在春节慰问工作中,一方面了解他们的思想及家庭生活,另一方面让老同志们更具体的了解并支持全局的工作。认真接待来信来访,耐心细致讲解老干部最关心的利益问题,不厌其烦地给予解答。坚持对生病住院的退休干部进行看望,送去县局党组的关心和问候。在省、州工商局的关心支持下,在 10 月底将住房补贴及时足额地发放到符合条件的退休干部手中。精心组织、妥善安排 2 名退休人员参加省局组织的 2009 年第二批安宁温泉疗养,让他们真切感受到单位和组织的温暖。

**【经济检查】** 2009 年,鹤庆县工商局共查办各类经济违法违章案件 155 件,其中立案 100 件,同比增长 64%,罚没款 543 060.83万元,同比增长 47%。罚没款首次突破 50 万元,且无一例行政复议或诉讼案件。1. 严厉打击传销,规范直销行为。为维护人民群众的生命财产安全、营造公平有序的市场经济秩序,鹤庆县工商局根据州工商局、州公安局的安排部署,出动执法人员 136 人次,出动车辆 40 驾次,重点开展了打击传销百日联合执法行动。在行动中，查处了“月月爱”负离子卫生巾非法传销行为，捣毁取缔窝点1个、立案查处10件，没收非法所得1.44万元、罚款5.25万元、清查遣散人员97人。2. 深入开展“两烟”打假打私工作。在公安、烟草专卖局的密切配合下，1、2月份参与开展“高原风暴”8号行动；3月份组织开展“3·15”联合执法活动；6~8月参与开展“高原风暴”9号专项行动；9月份参与开展烟叶收购市场秩序的维护；积极会同公安、烟草部门整治卷烟市场，特别加强对宾馆、酒店、娱乐场所及旅游景点等卷烟销售点的监管，打击卷烟走私贩私行为。3. 严厉打击非法回收、拆解、销售、拼装报废汽车等违法行为，加强同相关部门的密切配合，落实责任制，规范报废汽车回收、拆解市场秩序，保障人民群众的生命安全。4. 加强对煤矿等采矿业、危险化学品、烟花爆竹、民爆器材、消防安全、娱乐场所等行业和领域的监管，消除安全隐患。5. 积极配合有关部门开展“扫黄打非”斗争，坚决查缴政治性非法出版物，坚决清除淫秽色情等文化垃圾，坚决打击各类侵权盗版活动，保护知识产权，坚决查处取缔非法黑网吧，努力维护社会稳定和国家安全。6. 积极参与禁毒防艾、打黑除恶、社会治安综合治理等工作，严厉打击非法生产、经营、运输和使用易制毒化学品的违法行为，实现对易制毒化学品的全方位有效监管。7. 配合广电部门开展整顿和打击非法生产、销售和安装卫星地面接收设施专项行动。8. 加强鲜茧收购市场监管，切实维护鲜茧收购市场秩序。

**【信息化建设】** 2009年，鹤庆县工商局信息化建设在省、州工商局的关心和支持下得到了进一步的发展。1. 按州局要求于11月16日启用工商一体化软件中的政务模块，一体化软件的所有业务、政务模块全部得到应用。2. 继续制订完善《大理州鹤庆县工商行政管理局红盾网站管理办法》、《大理州鹤庆县工商行政管理局政府信息公开网站管理办法》、《大理州鹤庆县工商行政管理局计算机信息系统保密管理规定》等计算机管理制度，并与全局各股(室)、分局(工商所)层层签订了计算机管理责任书。3. 做好对鹤庆县工商局红盾网站和鹤庆县工商局政府信息公开网站的维护、更新工作。4. 在全员分批、分层次培训的基础上，根据《大理州工商行政管理局开展计算机应用技能岗位练兵竞赛实施细则》的相关要求，继续做好计算机能手的培训、选拔工作。通过培训、选拔和参加竞赛，段银江获得2009年度云南省工商系统计算机操作能手称号。

**【消委会工作】** 1. 深入学习贯彻党的十七大精神和与业务相关的各种法律法规、业务知识，以科学发展观统一思想，强化消协组织为广大消费者服务的意识，找准消协工作的切入点和立足点。2. 开展“消费与发展”年主题活动。在3·15国际消费者权益纪念日期间开展执法宣传咨询活动。共出动执法人员72人次、车辆16台次，检查各类商品市场7个，查处违章违法案件6件，接待群众咨询8人次，制作标语口号18幅，进行专题报道4次，设宣传咨询服务平台3个，展出假冒伪劣产品27种；发放宣传材料1.9万份。3. 抓好受理消费者投诉咨询工作。2009年，鹤庆县消费者协会共受理消费投诉56件，调解成功案件56件，调解成功率达100%，为消费者挽回经济损失20 334元；接待来访咨询62人次。在受理消费者投诉咨询工作中，消协工作人员以热心、诚心、公心积极主动地开展工作，对每一次咨询都做到耐心解答，并指导消费者在日常生活中应注意的问题，使受理投诉与群众来访件件得到落实。4. 组织开展消费者评议活动。根据省、州消协的安排部署，鹤庆县消费者协会组织社会各界对全县保险、有线电视、教育培训等公共服务行业开展价格、公平交易、宣传、诚信服务、争议解决等内容的评议。通过评议活动，加强了社会的监督力度，增强了消费者的自我保护意识，整合了社会维权资源，切实解决了广大消费者消费维权的热点、难点问题，推动了公平正义的和谐消费环境建设。5. 加强和推进“一会两站”组织机构和消费维权队伍的建设工作。对全县的9个消协分会、115个消费者联络站和12个消费者投诉站进行跟踪服务和指导，并对“一会两站”的工作人员进行了业务培训。

**【个私协会工作】** 2009年，鹤庆县个体私营经济协会始终坚持“自我教育、自我管理、自我服务”的宗旨，拓展服务领域，积极引导、帮助、扶持个私企业扩大发展空间，及时帮助其解决发展中遇到的困难和问题，切实维护会员的合法权益，进一步增强私营企业“走光彩之路、创光彩业绩”的决心和信心。1. 继续开展普法教育，增强会员守法经营意识。根据第五个五年普法规划，采取以分会为核心，乡镇政府所在地为重点，结合年检、验照工作，组织会员学习《宪法》、《公司法》、《合同法》、《消费者权益保护法》、《食品卫生法》等法律法规，把普法教育延伸到每个会员，引导他们依法经营依法保护自身的合法权益。2. 开展职业道德教育，提高职业道德水平。把会员职业道德教育作为工作的一项重要内容来抓，狠抓《公民道德教育实施纲要》和《个体劳动者私营企业经营者道德规范》的落实，继续深入开展“户户讲道德、店店无假货”、“诚信店铺”等活动，与县城城南市场、南大街、鹤阳路、新华旅游村的个体经营户签订诚信合同，帮助他们建立商品进货查验机制和进销货台账，杜绝假冒伪劣商品流入社会坑害消费者。广大个私协会员致富思源、富而思进，积极回报社会，利用多种渠道向社会捐款，并积极投身于社会主义新农村建设，一年来全县个私会员共向社会捐款25万多元。3. 关心会员，为会员办实事，增强组织的凝聚力、影响力。在元旦、春节期间，由工商干部和个私协分会组成的慰问组，走村串户发送慰问信，了解广大会员的经营情况，帮助解决广大会员在生产经营中遇到的困难和问题。年内，共发送慰问信5 500多本，慰问困难会员8户，赠送慰问金4 000多元。4. 认真落实“贷免扶补”工作。鹤庆县个体私营经济协会严格按照“三统三分”的要求，实行“四个一”服务，强化“一条龙”服务，为5名首次创业人员分别申请到5万元的创业贷款，完成了年内“贷免扶补”工作。同时，在广泛征求社会各界意见的基础上，推荐上报了19

位在鹤庆县各乡镇有一定创业经验和特点的企业家、致富带头人及创业成功人士作为创业导师，并统一录入省个私协创业导师数据库，实现了创业导师资源共享。5. 认真开展个私企业党建工作。根据云南省委组织部、云南省工商局、云南省个私协会关于在全省非公有制企业党建工作进行登记申报、年检年报的要求，县个私协会积极配合工商部门，在登记注册和企业年检时，发放《新注册非公有制企业党建工作情况申报表》、《非公有制企业党建工作情况年报表》，并引导其规范填报，为非公经济党建工作采集到了真实准确的数据。截至2009年12月，全县176户私营企业中，已建立党组织12户，有党员260人，建立工会组织13户，团组织5户，2009年新成立党组织5户。

**【2009年任职的局领导名单】**

党组书记、局长　王晓锐

副 局 长　洪尔荣　李淮海

纪检组长　李来水

## 南涧彝族自治县

**【概况】** 2009年，南涧县工商局全面落实科学发展观，深入贯彻党的十七大和十七届四中全会精神，按照“三个到位”“六个好”的工作目标，紧紧围绕省、州工商局确定的六项重点工作和县委、县政府的中心工作，不断解放思想、开拓创新，切实履行职责，各项工作取得了较好成绩。

**【法制建设】** 1. 认真落实执法责任制。建立健全行政执法责任制，年初制定《法制工作计划》，将执法责任分解到岗、到人。完善执法和监督制度，规范执法行为，制定下发了《2009年行政执法综合考核办法》、《案件评查评议考核办法》、《行政执法办案流程》、《行政执法过错责任追究制》等相关制度。2. 严把案件核审关。2009年共核审各类案件50件，出具核审意见书50份，无行政诉讼和行政复议案件。3. 加大法制宣传教育力度，夯实依法治理基础。组织干部职工法制学习和培训，增强依法行政工作能力。共组织了二期行政执法培训、一期食品检测知识培训。开展面向社会和行政相对人的普法宣传，营造良好的依法治理环境。一方面以“3·15”消费者权益日、“4.26”世界知识产权保护日等为契机，大力开展法律法规宣传咨询活动和“法律六进”活动。另一方面依托行政指导手段加强对行政相对人的普法宣传。共出动车辆43台次，发放宣传材料4 600余份，制作、悬挂、张贴横幅、标语和图画300余幅(张)。4. 强化错案责任追究，确保行政处罚案件正确、合法。全年立案查办的案件核审率达100%，无一例复议和诉讼。5. 认真落实限时办案和“回访”工作。年内，回访案件28宗。6. 受县人民政府委托，于9月29日下午在南涧宾馆大会议室组织召开了县城综合集贸市场等六个市场经营权拍卖方案听证会。

**【纪检监察】** 1. 继续深入学习《党章》、十七大精神、中纪委十七届三次全会精神、科学发展观、《建立健全教育、制度、监督并重的惩治和预防腐败体系实施纲要》和省州工商局党组《建立健全惩治和预防腐败体系2008～2012年工作规划实施意见》，进一步加强干部职工思想政治教育，增强拒腐防变能力。2. 开展多形式教育活动，进一步增强防腐倡廉意识。采取主要领导亲自授课、专题辅导培训、民主生活会、专题组织生活会等形式，深入开展党的政治纪律教育。开展以瓮安事件、孟连事件和“11.28”案件为反面典型的警示教育，州局党组提出的“秉公用权、廉洁执法”廉政警示专题教育活动和县纪委提出的“加强作风建设、促进科学发展”主题教育活动。3. 认真落实“一岗双责”党风廉政建设责任制。年初县局主要领导与党组成员和派出机构负责人、局领导成员与分管内设机构负责人、各机构负责人与所属干部职工层层签订《党风廉政建设责任书》。同时认真扎实开展好党风廉政建设形势分析会，为贯彻落实“四个统一”、实现“三个到位、六个好”提供强有力的政治组织保障。4. 深入开展工商廉政文化建设及实施好廉政风险点管理工作。按照科学发展观活动及贯彻落实阳光政府四项制度创建阳光工商的具体要求，紧紧围绕工商机关市场监管和行政执法的基本职能，一方面从规范机关行为、优化办事流程、提高行政效能入手，结合基层规范化工商所(分局)建设，继续推进政务公开，从工作人员、工作职责、办事流程、规章制度、服务承诺、文明用语及党建制度等方面进行全方位公示公开。另一方面开展文化环境示廉等活动，投资5 000多元在局机关悬挂了20幅以南涧风貌为主的画框。同时，向全局中层以上干部发出了24份家庭助廉倡议书，构筑单位、个人、家庭三位一体的反腐倡廉防控体系。在风险点管理工作中，一方面以股(室)、队、中心、分局(片区)为单位，以高风险岗位为重点，以工作环节为突破点，以权力行使为焦点，通过认真梳理，分类排查和评估，制定出监管风险点防范措施。全局排查出重点涉及风险岗位19个，风险人员23人，风险环节25个。另一方面认真填报监管风险防范承诺书。年内，填报监管风险防范承诺书1份；监管风险点排查评估备案登记表1份；内设机构及派出机构填报监管风险防范承诺书13份；干部职工填报监管风险防范承诺书54份。同时，制定全面推行廉政风险和监管风险防范管理的长效机制，切实管实、管住、管好廉政风险和监管风险点，做到风险点管理责任到人、监控到位、防范有力，确保风险点无风险。开展好廉政谈话活动。采取主要领导与班子成员谈，局领导与分管股室和挂钩联系分局(所)负责人谈，纪检组长与个别人员谈，股室、分局、所负责人与干部职工谈等方式，全年共开展廉政谈话人数为26人次。

**【人事教育】** 1. 认真开展第二批学习实践科学发展观活动。根据省州工商局和县委的安排布置，紧紧围绕“党员干部受教育、科学发展上水平、人民群众得实惠”的总体要求，结合工商职能特点，突出实践特色，创新活动载体，顺利完成第二批学习实践科学发展观的各项工作任务。2. 强化教育培训，进一步提高队伍素质。制定出台了《南涧县工商行政管理局2009年干部教育培训方案》，对全年的教育培训工作进行了全面安排。以工商一体化软件运用为依托,采取自学自练、"一帮一"和"一带一"、集中与分散相结合的方式开展了政务一体化培训软件应用、计算作操作应运、食品流通许可证业务、行政执法业务、注册登记业务培训及食品快速检测等业务培训工作。3. 协助局党组抓好领导班子建设。局领导班子按照党组民主集中制原则,完善党组学习制度、坚持民主议事制度,班子成员带头学理论、学法、交流学习体会,加强团结协作,提高领导水平和能力。结合学习科学发展观活动,召开了学习科学发展观活动领导班子专题民主生活会和南涧县工商局党组中心组学习活动。4. 创新机制,优化配置,激发队伍生机活力。为进一步适应工商行政管理工作向监管服务型转变,充分调动和发挥干部职工的工作积极性、主动性和创造性,整合人力资源和行政执法力量,在县局实行了对股室负责人的轮岗,在基层保持机构不变的前提下推行机构合署办公划片区管理。5. 加快推进基层工商所规范化建设。制定下发了《南涧县工商行政管理局关于加快工商所规范化建设实施方案》,各所(分局)积极开展规范化建设。南涧分局、宝华工商所、小湾分局顺利通过州局考评验收。6 积极开展精神文明创建活动。年内,县局届满重新申报为省级文明单位。7. 认真整理在职人员个人档案。按《干部档案整理工作细则》要求,对全局 59 名在职人员的个人档案进行了归档,并移交州工商局保管。

**【企业注册登记】** 2009 年,南涧县工商局办理内资企业设立登记 11 户、变更登记 68 户,办理注销登记 17 户。截至 2009 年底,全县共有内资企业 166 户,注册资本11 893万元。内资企业应检 172 户,实检 169 户,已通过年检 167 户,待处理 2 户,年检率达 98%,年检合格率达 99%。

**【企业监督管理】** 2009 年,南涧县工商局办理私营企业设立登记 40 户、变更登记 32 户、注销登记 3 户;办理农民专业合作社设立登记 12 户;办理个体工商户设立登记 984 户、注销登记 521 户。截至 2009 年底,全县共有私营企业 167 户,分支机构 69 户,注册资本35 152.03 万元,投资人 373 人,雇工2 018人;农民专业合作社 16 户,成员总数 122 人,其中农民成员 112 人,非农民成员 10 人,出资额 384.46 万元;个体工商户3 254 户,从业人员5 414人,注册资金9 456.99 万元。同时积极开展验换照及年检工作。年内,已验照个体工商户2 791户,验照率达 100%,其中,验照后注销歇业 219 户;私营企业应检 130 户,实检 127 户,已通过年检 123 户,待处理 4 户,年检率达 98%,年检合格率达 97%。

**【市场规范管理】** 1. 认真组织开展红盾护农专项工作。制定下发《2009 年红盾护农行动方案》,落实监管责任制度,提高监管效率。对全县 127 户农资经营户实行全面监管,督促指导各分局(所)积极开展农资经营者健立健全"两账两票、一卡一书"制度。进一步落实种子留样备查公示和消费信息警示制度。53 户种子经营户建立了二级监管台账。打击假劣农资、农机具,强化执法监管。2009 年,共出动执法人员 663 人次,出动执法车辆 165 台次,检查经营户 786 户次,检查市场 65 个次,查处农资、农机具案件 8 件,案值 5.89 万元,罚款 6.79 万元。2. 认真开展各类专项整治工作。开展汽车、成品油等重要商品市场专项整治工作。共查处违法经营汽车案 1 起,罚款 2.26 万元;查处违法经营成品油案 4 起,收缴罚款 0.93 万元。加强"烟草"市场专项监管工作。共查处无证经营卷烟案件 3 起(其中一起正在调查中),立案 2 起,案值7 381元,罚没款 0.15 万元。认真开展"扫黄打非"专项整治工作,出动执法人员 114 人次、车辆 32 辆次,检查经营户 307 户,收缴非法出版物 3 本、少儿版人民币 101 张、低俗音像制品 689 盘。开展打击传销和变相传销专项工作。发放宣传资料5 000余份,制作宣传牌 17 块,接受群众咨询 200 余人次。

**【消费者权益保护】** 1. 认真履行 12315 职责,及时受理消费者的投诉、申诉和举报及州局 12315 指挥中心转办的投诉、申诉和举报事件,并及时进行调处。全局共受理投诉、申诉和举报事件 16 件,调处 16 件,调处率达 100%。2. 建立以县局经济检查大队为中心,各分局、片区经济检查中队为骨干的 12315 快速行政执法队,负责受理投诉、申诉和举报的调查处理工作。3. 在各乡、镇村委会和重点企业、商场、学校建立 12315 联络站 94 个。4. 构建 12315 行政执法体系"四个平台",完善创新消费维权体制、机制,强化"一会两站"建设,扩大网络覆盖面,完善服务功能,规范 12315 行政执法行为、提升服务水平。

**【食品流通监督管理】** 年内认真组织开展了打击流通环节违法添加非食用物质和滥用食品添加剂专项整治工作,以及节假日期间的食品安全监管检查工作和食品监测工作,进一步完善流通环节食品经营户"两项制度"的监督、指导工作。2009 年,南涧县工商局大力宣传食品安全法,积极推行食品安全许可证的核发工作。同时落实监管责任,层层签订食品安全责任书。2009 年,共查处滥用食品添加剂案 1 起,罚款 0.5 万元;没收过期食品 163 袋(瓶);收缴假酱油 31.5 千克。

**【广告监督管理】** 积极做好广告专项整治工作。年内完成了 5 户广告经营单位的年检工作;登记户外广告 44 户计 44 条;监测广告 420 条次;办理未经登记擅自发布户外广告案 1 件。

**【商标监督管理】** 2009 年,南涧县工商局积极开展"一所一标"、"一所多标"工作,大力发展注册商标,积极争创著名商标。全年共完成 11 件商标注册和 1 件"云南省著名商标"申报认定工作。加强注册商标专用权保护,完善注册商标档案和台账,实现了全州注册商标信息共享。年内对 35 件注册商标进行了备案,并查处侵犯注册商标专用权案 1 件。开展商标助农活动,培育农产品商标。积极为 4 户农民专业合作社提供商标注册咨询服务;协助 2 户茶叶种植户办理商标注册事宜;积极帮助县茶叶站、县畜牧局注册"南涧绿茶"、"无量山乌鸡"地理标志证明商标。

【基本建设】 2009年,南涧县工商局投入69 856元,对县局办公楼及住宿区部分设施进行了改造修缮。

【老干工作】 2009年,南涧县工商局共有离退休老干部18人,其中离休1人、退休14人、提前退休3人。年内组织开展好春节看望慰问及平时对老干部的走访看望工作,向老干部们宣传好相关的方针政策,通报工作情况。对患病离退人员及时慰问看望。召开离退休人员座谈会,开展工作调研,建立离退休人员信息库,坚持联系制度、通报制度、信访制度等工作制度,认真做好服务管理工作。

【经济检查】 全年共办理行政执法案件72件,其中,一般程序案件50件,简易程序案件22件,案值241.57万元,收缴罚没款20.43万元。

【信息化建设】 全局共有台式电脑36台,笔记本电脑7台,做到了平均1.4人拥有1台电脑,重点岗位人手1台电脑。年内,该局采取多种形式并全面启用了工商一体化软件政务模块。

【消委会工作】 县工商局、烟草、技术监督、药监、卫生、畜牧、文化、司法等9家县消协理事成员单位于3月7~15日分别到各乡镇开展了大规模的"消费与责任"年主题宣传咨询服务和执法活动。共发放宣传材料3 300多份,展出58个品种的假劣商品,并向680多名消费者讲解了假劣商品鉴别有关知识;制作悬挂宣传标语4条,受理消费投诉11件,当场解决11件;接受咨询680多人次;并对案值12.8万元的假冒伪劣商品进行集中公开销毁。为了加快农村消费维权网络建设,已在村委会、商场、超市、企业、学校设立了94个消费者申(投)诉站、联络站。全年共受理消费者投诉46件,为消费者挽回经济损失11.90万元,接待来信来访和咨询513人次。

【个私协会工作】 制定《个私协会财务管理制度》、《个私协会工作制度》、《服务承诺制度》,并投资5万余元建立会员信息档案室。坚持以服务会员、服务社会为宗旨,着力维护会员权益,积极参与社会公益活动。印发各类资料3 500余份,走访慰问困难会员、受灾会员25户次,慰问金额4 500元,并征订价值1.8万元的台历2 000册,挂历200册对全县广大个私会员进行慰问。向楚雄姚安地震灾区捐款1 000元,为南涧县示范小学购买教学设备捐资2 000元。积极推进非公经济组织党建工作。年内,非公企业党总支下设13个党支部,共有党员194名(其中:新经济组织中党员152名)。按照县委的部署和要求,县工商局党委组织非公企业党总支下设13个党支部的161名党员参加了全县第三批学习实践科学发展观活动。

【2009年受到表彰的单位和个人名单】

12月4日,县个私协会被中个协授予"全国个私协会先进单位"荣誉称号。

【2009年任职的局领导名单】

党组书记、局长　杨云辉
副 局 长　王丽萍　余国旗
纪检组长　赵　莲

## 巍山彝族回族自治县

【概况】 2009年,巍山县工商局共有在职干部职工61人,男44人,女17人;中共党员35人;内设机构7个,派出机构4个,大理州工商局派驻机构1个。

2009年,县工商局在县委、县人民政府和州工商局的领导下,以迎接新中国成立60周年为动力,深入贯彻落实科学发展观,坚持更新观念、创新机制、提升效能,积极推进工商工作转型,努力提高科学监管促进科学发展的能力和水平。通过统筹兼顾、突出重点,推动了工作水平整体提升,实现了服务发展有新举措,市场监管有新成效,"六项重点工作"有新突破,自身建设有新进展,各项工作都取得了较好成绩。

【法制建设】 进一步加强行政执法监督,加强法律、法规的学习培训,切实提高全局干部职工的执法水平,促进和完善全局的依法行政工作。组织学习了《食品安全法》、《公司法》等法律法规和规范性文件。组织法律、法规考试3次、宣传咨询活动2次。印制并向全县市场经营户下发《市场经营者法律法规道德规范读本》5 000册,切实提高了广大经营户的法律意识。同时,还认真开展了对违法行为人警示与疏导工作。坚持"事前预警告诫、事中纠正制止、事后教育规范"的原则,采取口头告诫或责令改正的方法处理,帮助经营者规范自己的经营行为。对查办结束的案件,认真开展回访工作。

【纪检监察】 2009年,巍山县工商局结合实际,切实加强党风廉政建设和反腐败工作。及时召开党风廉政建设工作会议,认真学习贯彻落实省、州局党风廉政建设会议精神,对2008年党风廉政建设工作作了总结奖励,安排部署2009年工作。层层签订责任书,进一步明确责任,形成了一级抓一级,层层抓落实,人人有责任的党风廉政建设工作格局。认真贯彻落实中共中央《建立健全教育、制度、监督并重的惩治和预防腐败体系实施纲要》和省州工商局党组《建立健全惩治和预防腐败体系2008~2012年工作规划实施意见》,进一步加强干部职工思想政治教育,增强拒腐防变能力。结合深入学习实践科学发展观活动,利用科学发展大家谈、民主生活会、专题组织生活会等形式,在党员干部中深入开展党的政治纪律教育,加强党性锻炼、增强党性观念、坚定党的信念。开展预防职务犯罪警示教育活动。以典型案例分析入手,认真组织开展了以瓮安事件、孟连事件和"11.28"案件为反面典型的警示教育,强化了干部队伍的廉洁从政、廉洁自律意识。

【人事教育】 2009年,巍山县工商局积极探索,认真开展深入学习实践科学发展观活动,广泛开展围绕"四个统一"、"三个到位""六个好"、"贯彻落实科学发展观,实现工商工作科学发展"等大讨论活动和"秉公用权、廉洁执法"主题教育月活动,队伍服务意识进一步提高。

认真组织计算机、注册登记、行政执法等岗位大练兵、大比武活动,选送8名同志参加全州工商系统“三个能手”竞赛,分别获得了注册登记能手和计算机能手称号。以“白州党建长廊”示范点创建工作为契机,进一步推进基层组织建设和党员队伍建设,强化基层战斗堡垒作用。

**【企业注册登记】** 2009年,巍山县工商局发挥注册登记职能,促进各类市场主体健康发展。根据上级文件精神,对于2008年7月1日以后出资期限到期的无违法记录企业,因资金紧张无法按时缴付出资的,依企业申请,允许延长出资期限至2009年底;对个体工商户、个人独资企业、合伙企业的设立登记,注册资金(营运资金)以与其生产规模和经营范围相适应的原则办理登记,不作数额上的限制,一个工作日内办结。为下岗职工再就业人员、高校毕业生提供开业指导、政策咨询和直通服务。至年底,全县登记注册的个体工商户共有5 174户,从业人员5 266人,注册资金12 739万元,与上年同期相比,分别增长12%、13%、52.8%;内资企业164户,注册资本16 042万元,与上年同期相比,户数下降1.2%,注册资本增长59.6%;私营企业257户,分支机构89户,共有投资者582人、雇工人数4 966人、注册资本35 851万元,与上年同期相比,分别增长2%、14%、69%、6%;农民专业合作社组织2户,成员总数18户,出资总额90万元。开展贷免扶补工作,共推荐创业人员5人,获贷款25万元。筛选推荐了在全县具有一定创业经验和特点的企业家、致富带头人及成功人士13人,并将推荐信息录入了省个私协编制下发的创业导师数据库,实现了创业导师资源全省共享。

**【市场规范管理】** 1. 扎实有效开展食品安全专项整治,积极推进“四位一体”长效监管机制。对全县流通环节的食品经营户进一步建立健全索证索票和进(销)货台账;对十类重点商品经营户建立健全“两项制度”;创建农村食品安全示范店19户。检查食品经营户6 757户次,检查批发市场、集贸市场等各类市场128个次,查处各类违法经营食品案件20件,罚款2.47万元。2. 切实开展市场巡查工作。认真落实片区管理责任制、片区管理责任追究制。充分运用《市场巡查告诫书》,加强痕迹管理。结合日常巡查,在重要节日和重点季节到来之际,加强对重点商品的专项巡查。3. 全面实施种子留样备查制度和信用分类监管,严把重要商品市场准入工作,在备耕期间开展了种子留样备查工作,全力构建农资商品质量安全保障体系。共留38个样品,代表数量28.94万千克。4. 加强流通领域农资商品质量监管,认真清理农资经营主体资格,着力抓好以种子、农药、肥料、农机具为重点的农资商品质量监测工作,加大农资违法案件的查处力度。共查处农资案件6件。5. 认真开展禁塑工作。悬挂宣传布标27块,发放宣传材料2 000多份,广泛宣传“白色污染”的危害性。通过工作的有效开展,全县境内的两家一次性餐具提供商均更换了包装物,所有商场、超市均不再提供塑料购物袋。6. 开展诚信市场创建工作。巍山县城农贸市场、巍山县庙街供销有限责任公司综合农贸市场、巍山县南诏镇恒兴超市、云南四方街商贸有限公司巍山分店、巍山县大仓供销合作社大仓百货商场五家单位经积极创建,被命名为2A级诚信市场。

**【消费者权益保护】** 2009年,在全县10个乡(镇)设立了消费者协会分会,在97个村民委员会(居民委员会)及部分市场、超市、宾馆设立了12315联络站和消费者投诉站,聘任121位同志为协会工作人员,配备了工作簿、胸卡、工作制度、机构牌匾,实现了“一会两站”在全县城乡的全覆盖。同时,加强12315行政执法体系建设,充分发挥“12315”的申诉举报作用,保护农民消费者合法权益。共受理消费者咨询、申诉、举报案件32件,协调解决涉农消费纠纷7件,为消费者挽回经济损失2.21万元。

**【广告监督管理】** 2009年,巍山县工商局通过日常监测检查和开展专项检查,加强对电视、广播、互联网、手机、户外、印刷品等广告的监管。对格调低下、用语低俗、画面暧昧等有悖于社会主义精神文明建设要求和损害未成年人身心健康的不良广告,及时制止,坚决查处。共监测电视广告97条,户外、印刷品广告127条,查处广告违法案件19件。

**【商标监督管理】** 2009年,巍山县工商局广泛开展“一所一标”、“一所多标”工作,深入企业宣传商标认定对提高企业品牌形象、市场知名度和核心竞争力的重要作用,宣传动员企业积极自愿参与申报。共出动宣传人员158人次,走访宣传企业、个体工商户、合作社95户次。共新增注册商标6件。加强商标监管,严厉打击商标侵权行为。以保护驰名商标、著名商标、涉外商标、奥林匹克标志和地理标志为重点,加大商标侵权案件查处力度,并指导企业参加著名商标认定。

**【计划财务工作】** 2009年,巍山县工商局通过进一步强化预算管理,优化资金结构,严肃财经纪律,加强制度建设,较好地完成了各项财务工作任务。财务收支指标按时间进度基本得以实现,做到了收支平衡。经费保障能力和财务管理水平都有新的提高。同时,做好非税收入征收工作。年内该局财务工作在全州工商系统首批考核为财务规范化达标工作县之一。

**【基本建设】** 大仓分局综合办公楼建设工程已完成报批立项、地堪测绘、设计、招标等工作,于12月中旬开工。

**【信息化建设】** 2009年,巍山县工商局进一步加快办公自动化运用步伐,积极筹措资金购置了4台笔记本电脑,4台打印机。全局电脑达到内设股室至少有1台以上,基层所4台以上,联网率100%,形成了设备完善、配置合理、运转快捷的计算机网络体系,基本达到了信息化工作的要求。推广运用“工商政务业务一体化软件”,全面启用12315、行政执法、商标管理、广告管理、市场登记和政务模块。同时,还对全局计算机及网络、移动存贮进行了清理登记和保密检查,并落实了责任人员,细化了管理责任,签订了保密承诺书,粘贴了机身警示语。

【2009 年任职的局领导名单】
党组书记、局长　李金权
副 局 长　杨继昆　孙茂林
纪检组长　陈荣华

## 漾濞彝族自治县

**【概况】** 大理州漾濞彝族自治县工商行政管理局下设办公室(含计划财务股),人事教育股,法制股,企业个体注册登记管理股,整规股(含公平交易、经济检查大队、消保、市场监督管理、合同监管),纪检监察室。下设基层派出机构3个,即苍山西镇分局、平坡分局、漾江工商所。现有在职职工45人(男23人,女22人),其中局机关25人,基层分局、所20人。全局大专以上学历32人,占干部职工总数的71.11%。全局有中共党员26人。

2009年,漾濞县工商局在大理州工商局和漾濞县委、县政府的正确领导下,坚持以邓小平理论和"三个代表"重要思想为指导,认真贯彻党的十七届三中、四中全会精神,以迎接新中国成立60周年为动力,深入学习实践科学发展观,围绕落实国家工商总局"四个统一"和云南工商"三个到位""六个好"的工作目标,全力服务经济社会发展大局,着力更新观念、创新机制、提升效能,积极推进工商工作转型,努力提高科学监管促进科学发展的能力和水平,在服务发展、行政执法、"六项重点工作"和信息化建设等方面都取得了一定的成绩。

**【法制建设】** 1. 坚持不懈地抓好执法人员素质培训,着力打造合格的行政执法队伍。配发人手一册常用法律法规汇编和行政处罚文书使用手册,开展了4次全员参与的法制培训。2. 开展面向社会和行政相对人的法制宣传。结合"五五普法",在全县范围内开展了"法律进机关、进乡村、进社区、进学校、进企业、进单位"的"法律六进"活动,共举办送法下乡3场次,受众140名,举办全县"3·15"联系站点负责人培训班1期,培训工作人员76名。此外还结合"4.26"知识产权宣传日、"12.4"法制宣传日等,与有关单位配合开展相关的法制宣传系列主题活动,形成普法的规模效应。3. 建章立制、加强监督,促进依法行政和法制工商建设。相继制定和实施了《行政执法责任分解》、《行政执法人员行政执法责任分解》、《罚没物资管理办法》等规章制度,并严格依规办事,大力加强监督指导,以此规范执法人员的行政行为。4. 强化案件核审和错案责任追究,提高执法质量,严把立案关、核审关、行政处罚决定审批关、执行关和当事人陈述申辩关,确保行政处罚案件合法,年内未出现行政复议和行政诉讼案件。

**【纪检监察】** 按照省、州、县各级党风廉政建设工作会议精神和《建立健全教育、制度、监督并重的惩治和预防腐败体系实施纲要》的要求,该局把反腐倡廉同行风教育、干部队伍教育整顿结合起来,认真抓好各项工作。1. 认真学习贯彻落实省、州局党风廉政建设会议精神,于5月6日及时组织召开2009年党风廉政建设工作会议,传达了全州工商系统党风廉政建设工作会议精神,层层签订责任书。2. 开展多形式的教育活动。结合深入学习实践科学发展观活动,利用科学发展大家谈、民主生活会、专题组织生活会、典型案例分析等形式,深入开展党的政治纪律教育和警示教育活动,并在9月份开展了为期一个月的"秉公用权、廉洁执法"专题教育活动,活动中请县检察院副检察长李刚开展了预防职务犯罪专题讲座,多措并举保证活动的组织实施。3. 深入开展工商廉政文化建设及实施好廉政风险点管理工作。从规范机关行为、优化办事流程、提高行政效能入手,继续推进政务公开,进一步树立起"以廉为荣,以贪为耻"的道德观念。以高风险岗位为重点,以工作环节为突破点,以权力行使为焦点,认真梳理廉政风险,排查、评估出重点涉及的风险岗位、风险人员和风险环节。4. 结合实际,分析研究全局的党风廉政建设状况,组织开展了2次党风廉政建设形式分析会,在反复酝酿和广泛征求意见的基础上找出存在的4条问题,并制定了相应的改进方法进行实施。5. 积极开展党组成员与股室领导、干部职工廉政谈话、交心谈心活动。全年局班子成员分别与各股室负责人、股室职工进行廉政谈话、交心谈心累计12次。此外,局领导班子始终坚持民主集中制,强化集体领导主体意识;按要求组织召开领导干部民主生活会;认真开展纪检干部"双学"活动;按照三本八部的要求,建立健全了全局党风廉政建设工作档案;还加大外部监督力度,聘请了20名各阶层的政风行风义务监督员,主动接受社会各界的监督,全面推进依法行政、廉洁从政。

**【人事教育】** 1. 加强领导班子建设。加强团结,增强班子凝聚力。着重从讲政治、讲正气、维护党性原则出发,搞好"班长"与班子成员以及班子成员相互之间的团结,进一步规范、完善贯彻民主集中制的各项制度。统筹全局,增强班子战斗力。坚持把提高领导班子的科学决策水平、战斗力作为班子建设的着力点,坚持从工商工作全局出发,狠抓工作重点和工作协调,做到统筹兼顾,确保了各项工作的顺利开展。率先垂范,增强班子号召力。县局党组成员始终坚持做到了带头学习理论、带头遵守制度、带头廉洁自律,以自身的模范行为为广大干部职工作出榜样,不断增强班子的号召力。2. 加强干部职工教育培训力度,切实提高干部队伍素质。加强股、所长(分局长)的教育培训力度。采取参观学习、业务交流等形式,定期组织股、所长(分局长)到先进的县市局参观、交流学习,切实提高股、所长(分局长)履行职责的能力、应对处理复杂问题的能力、承担急难险重任务的能力,靠股、所长的精心组织和带头模范作用来确保基层建设取得实效。积极开展法律知识培训,组织全局干部职工学习有关工商法律法规和条例,结合实例讲解、培训执法办案的技巧和方式、方法,使全局干部掌握执法办案的技能。加强计算机应用技能培训,采取理论与实际业务知识相结合的方式,从计算机基础知识着手,对干部职工进行计算机操作技能培训,并通过人人上机考试的方式检查学习效果。同时,鼓励干部职工积极参加州局组织的计算机操作能手竞赛活动。在开展业务培训的同时,继续鼓励和支持干部职工参加学历教育,在时间上对参加学历教育的干部职工给予支持。3. 认真组织好深入学习实践科学发展观活动。从2009年3月底至8月。全局高度重视,精心组织,周密安排,扎实推进,经过近半年的学习实践,较好地完成了学习调研、分析检查、整改落实等各阶段和各环节的“规定动作”,创造性地开展“自选动作”。全局45名干部职工认真参加了各环节的学习实践活动,进一步加深了对科学发展观内涵及其重大意义的理解,提高了认识,取得了共识,有力地促进了服务发展、监管执法和队伍建设等体制的健全完善,推动了各项工作的全面开展。4. 深化文明单位创建工作。积极开展苍山西镇分局和漾江工商所县级文明单位的重新申报工作。积极开展扶贫帮扶活动。干部职工年内捐扶贫款10 250元;捐助残费5 400元;10月,向挂钩扶贫的太平乡平地村村民委员会拨付了2 000元经费用于村公所修缮。

**【企业注册登记】** 2009年,漾濞县工商局严格按照州局《关于完善市场主体准入制度创新监管服务方式促进经济平稳较快发展工作方案》的要求,认真落实完善市场主体准入、提高服务效能、支持各类市场主体健康发展、市场主体退出机制、营造经济平稳较快发展良好氛围等方面的27条措施,全面完成了个体工商户换照验照和企业年检工作。根据省工商局、省个私协会《关于贯彻落实云南省鼓励创业贷免扶补实施办法的通知》要求,成立了鼓励创业“贷免扶补”工作领导小组,完成创业导师库的建立,2009年录入创业导师库16人,支持2户个体户创业贷款10万元,并带动7人就业。

截至2009年12月10日,全县共有内资企业97户,注册资金9 770万元;共有私营企业147户(其中分支23户),从业人数1 991人,注册资金23 999万元;共有个体工商户1 909户,从业人数4 665人,注册资金1 812万元,(其中,2009年办理开业登记431户,办理注销登记65户);共有农民专业合作社53户,出资额2 242万元,成员总数524人,年内办理登记52户,出资额2 209万元,成员491人。

**【市场规范管理】** 截至2009年12月20日,全局共查处各类违法案件216件,其中即时处罚79件,一般程序案件137件,案件总值53.55万元,罚没收入17.85万元。

1. 流通环节食品安全监管进一步加强。及时启动甲型H1N1流感疫情市场防控日报告和零报告制度,切实做好甲型H1N1流感疫情市场防控工作。同时加大流通环节食品安全监管执法力度,集中开展了奶制品市场、打击流通环节违法添加非食用物质和滥用食品添加剂、重点食品以及季节性、节日性食品和农村食品市场等专项执法检查。充分发挥快速检测仪、检测箱的作用,在节日食品市场专项执法检查中开展了5次食品质量速测工作,速测了涉及酒类、大米、面粉、食用油、饮料、乳制品、烘炒食品、调味品等9项食品,依法查处销售“三无”食品、冒牌、仿冒、过期变质以及不符合卫生要求的食品经营户11户。2. 不断巩固和完善商标监管执法工作中行之有效的制度措施,积极探索遏制商标侵权假冒行为发生的长效机制,深入开展保护注册商标专用权专项执法行动,打击商标侵权假冒行为。全年共出动执法人员108人次、车辆33台次,检查涉及知识产权专营专卖店、药品、食品、农资、服装、音像等经营户808个次,印发各类材料300多份。3. 广告市场秩序进一步好转。继续深入开展虚假违法广告专项整治,突出整治重点,加大执法力度,严厉查处药品、医疗、保健食品、美容服务等虚假违法广告,全年在各部门配合下出动检查人员296人次,出动车辆93台次,检查各类市场经营主体1 886个,对9个集贸市场和全县各级医疗机构进行了44次检查。此外,积极组织、支持、指导市场广告主体开展以倡导社会主义精神文明为主题内容的公益广告活动,指导制作公益广告35条,发布2 016次。4. 认真开展“扫黄、打非”查缴政治性非法出版物专项行动。2009年,共出动“扫黄打非”执法人员227人次;开展集中行动和专项行动15次;检查出版物市场30个次;检查店档摊点221个次;全年共查缴各类盗版、非法出版物64件(其中收缴淫秽色情出版物49本,盗版音像制品15盘)。取得了“扫黄打非”集中行动的阶段性胜利。

**【消费者权益保护】** 1. 建立健全消费投诉网络,扩大12315工作辐射面。认真贯彻落实党的十七大和中央经济工作会议、中央农村工作会议精神,按照州消协的文件要求,积极与政府部门联系建立“分会”、“联络站”和“投诉站”的相关事宜,制定了实施方案,建立“一会两站”85个,其中:依托工商所、分局成立消协分会9个;成立投诉站、联络站76个,覆盖到全县56个行政村、1个社区的市场、宾馆、车站、超市等地。2. 积极处理消费投诉,调解消费纠纷。2008年共受理投诉6起,调解投诉成功5起,为消费者挽回经济损失6.2万元。

**【基本建设】** 2009年,漾濞县工商局把基层工商所建设作为工作的重中之重,本着政策向基层倾斜,精力向基层集中,力量向基层投入,政策向基层延伸的工作方式,使工商所的规范化建设得以全面推进,有力地推动了各项工作的开展。在基层规范化建设上,该局结合实际,成立了以局党组书记为组长、党组成员为副组长、相关股、室、所长(分局长)为成员的工商所规范化建设创建活动领导小组,制定了《漾濞县工商行政管理局基层工商所规范化建设创建活动实施方案》,并组织全局干部职工认真学习创建基层工商所规范化建设实施方案,使全局干部职工充分认识基层工商所规范化建设的重大意义,积极参与创建活动。经过努力,全局实现2个基层工商所规范化建设达标。

**【信息化建设】** 截至2009年底,全局共有电脑34台(其中笔记本电脑9台),打印机16台,扫描仪5台,数码相机1台。全局已达到2人1台电脑的办公格局。年内全局组织了4次计算机操作培训,并按州局11月16日全面启用一体化软件中的政务模块的要求,全面启用了注册登记、企业监管、执法案件、公文收发等业务、政务模块，基本实现了业务工作规范化、信息化管理。

【消委会工作】 建立完善了“12315”信息化平台，认真开展消费维权工作。1. 完善消费维权工作机制，在州局成立12315消费者申诉举报指挥中心的基础上，成立了12315消费者申诉举报中心，两分局一所成立了申诉举报站，并配齐了12315执法人员，中心和联络站配备了专用的通信手机。基本形成统一指挥、上下联动的三级执法体系，保证了12315消费维权工作的正常开展。2. 围绕“消费与责任”年主题，积极开展“12315”进商场、进社区、进农村、进学校活动，切实维护消费者的合法权益。在“3·15”活动期间，接受广大消费者的各类咨询500多人次，发放法律法规宣传材料14 800份，向群众讲解部分品牌的酒类、日用品真伪辨别知识3场次。

【个私协会工作】 2009年，漾濞县个私协会积极开展“五五”普法工作，召集个体工商户和私营企业主进行法律法规学习培训，并通过考试检验培训成果。制作了挂历对全县个体工商户和私营企业进行了慰问，县局、各分局、所领导还亲自上门，对遭受天灾人祸的42户个体户进行专门走访，帮助其排忧解难，并为其送去4 200元的慰问金。

【2009年任职的局领导名单】
党组书记、局长　董继龙（～2009.07）
副 局 长　左常政（2009.07～主持工作）
　　　　　常　德
纪检组长　杨善明

## 保山市

【概况】 保山市工商局下辖5个县（区）工商局，有47个基层工商所（分局），现有在编干部职工488人。内设企业科、办公室、人事教育科、纪检室、计财科、法制科、公平交易科、市管科、商管科、消费者协会、外资科、个私协会等12个科室。

【法制建设】 2009年，保山市工商局共办理案件1 813件，其中适用一般程序1 372件、简易程序441件，案值1 280万元，罚没金额465万元。受理并圆满处理了行政复议案件1件。各县区上报了典型案例20件。1. 全市工商系统开展法制培训97次、4 120人，其中干部职工培训69次、2 377人，对监管服务对象培训28次、1 743人，考试25次。发放各种法制宣传材料27 600余份，各单位并利用广播、电视、报刊、板报、条幅等多种形式开展法制宣传。结合注册登记工作，学习培训了《股权出资登记管理办法》；结合“商标战略”工作，开展了两次《商标法》等法律法规的培训；结合岗位大练兵活动，开展培训21次、1 106人，考试18次；各县区上报了法制培训计划5份、培训小结7份。2. 通过创办的《法制工作园地》、《法制之窗》，充分利用内部电子网络传输到全市系统每位干部职工，进行探讨学习。3. 以省工商局、市政府行政执法评议考核工作为契机，对法律法规和行政许可、行政执法案件进行深层次探讨、学习。4. 结合《食品安全法》等法律法规，及时组织收看相关视频讲座，对内对外组织培训学习，全市工商系统共培训学习55场次、4 430余人，发放宣传册（单）2万余份。

【纪检监察】 2009年，牢牢抓住惩防体系建设的工作主线，扎实推进党风廉政建设责任制的落实。共收到岗位潜在廉政风险意见242条，防范建议115条。认真开展了基层行政执法人员向监管服务对象代表述职述廉工作，全市工商系统共有54名分局所干部进行了述职述廉，494名代表出席述职述廉会议，普遍对此项工作给予了好评。不断加强督察工作，全年对全市工商系统开展11次督察，督察工作人员475人次，没有发生违反党风廉政建设的违法违纪行为。

【人事教育】 一、抓好政治理论学习。1. 规模大，五县（区）局股（所）级正职以上领导干部、市局机关除值班以外的全体人员参训，参训人员达到150人。2. 认真选取培训内容，扩大知识覆盖面。为工商干部增强执法能力和水平提供了持续的动力。3. 学习方式灵活多样，有效解决工学矛盾，增强了学习的效果。

二、抓好业务培训。1. 抽调了五名县（区）局业务骨干到市局进行第十一期跟班学习。2. 选送到省局参加“三项能手”比赛的选手获得了好的成绩，有9名同志在2月9日省局表彰会上获得了“三项能手”称号，其中：有7人获得了执法办案能手；有2人获得了计算机操作能手；有1人获得了注册登记能手称号。3. 3月下旬选派了一位该局领导参加了省局组织的到澳大利亚、新西兰进行工商管理考察。4. 4月22日由市局王局长率四名领导干部参加了省局举办的时代前沿知识讲座第一讲：《关于商标战略有关内容的讲座》。5. 6月9日，根据省局有关文件要求，下发了《保山市工商局关于转发云南省工商局关于认真组织学习中国工商行政管理概论文件的通知》，在全市工商系统掀起学习《中国工商行政理概论》热潮。6. 为了提高干部素质，加强干部队伍建高设，全年先后派出三批人员到浙江、青岛、大连、西安、湖南等地考察学习。7. 根据保山市局党组安排，怒江洲工商系统业务骨干分批到市、区两局进行跟班学习。8月6日和10月26日分别组织接受了2期，每期8人，为时1个月的干部培训任务。

三、严格按照干部选拔任用程序，选好用好干部。经严格按照任免程序，并上报省局批准，1月20日任命了市局机关两名实职正科、两名实职副科级干部。11月3日，根据市局党组对原隆阳区工商局领导班子成员的问责决定，免去了三位县局副局长职务。

四、超额完成基层工商所（分局）规范化建设任务。全市16个工商所（分局）验收合格，顺利达标，至此全市工商系统超额完成全年基层规范化建设任务的30%。

【企业注册登记】 1. 内资企业（国有、集体、股份合作制、内资公司）基本情况。截至2009年12月15日，全市共登记注册各类内资企业1 751户，其中：国有企业438户；集体企业596户；股份合作制企业87户；有限公司629户。注册资本517 020万元。2009年新登记81户，其中：国有企业13户；集体企业7户；股份合作制企业2户；公司58户。办理注销登记186户，其中：国有企业56户；集体企业57户；股份合作制企业46户；公司27户。2. 私营企业（个人独资、合伙、公司制）基本情况。截至2009年12月20日，全市共登记注册私营企业3 084户（其中分支机构1 000户），投资者人数7 325人，雇工人数61 889人，注册资本（出资金额）680 141.82万元，其中城镇2 387户。2009年度办理开业登记565户，办理注销登记209户。3. 农民专业合作社基本情况。截至2009年12月20日，全市登记农民专业合作社625户，按业务范围分：农业生产资料的购买3户，农产品销售4户，农产品加工2户，种植业520户，养殖业86户，其他10户。出资总额24 448.42万元，其中：货币出资额为23 703.33万元；非货币出资745.09万元。成员总数96 225人，其中：农民成员95 226人；非农民成员986人，企业单位成员12户，社会团体成员1户。4. 企业年检情况。截至2009年7月1日，全市实际应检企业4 533户，实检4 186户，年检率为92.35%。未参检企业347户，其中：未检锁定193户，准予延期154户，分别占应检数的4.26%、3.39%。年检中，全市办理开业登记271户；办理变更登记820户；办理注销登记142户；办理迁移登记3户；清理假集体企业1户。

【外商投资企业注册】 截至2009年11月，全市登记注册外商投资企业109户，其中40户分支机构。69户法人企业按企业类型分：中外合资17户，中外合作4户，外商合资4户，外国法人独资8户，外国自然人独资8户，台港澳与境内合资11户，台港澳与境内合作4户，台港澳合资2户，台港澳法人独资8户，台港澳自然人独资3户。69户法人企业投资总额27 738.65万美元，注册资本17 791.36万美元（外方出资12 684.25万美元），实收资本13 913.06万美元（外方实际出资9 075.95万美元）。

2008年度，保山市工商局应参加年检的外商投资企业及分支机构共109户（实为108户），其中法人企业69户，分支机构40户。在2008年度的年检中，实际参检外商投资企业及分支机构为56户，其中法人企业25户，分支机构31户，参检率51.38%。2008年度，保山市工商局未参加年检的外商投资企业及分支机构共52户，其中法人企业43户（除去转为内资企业的云南保山百思特医疗器械有限公司），分支机构9户。

【企业监督管理】 截至2009年12月20日，全市共登记个体工商户47 076户，从业人员66 100户，资金数额150 993.57万元，其中：城镇21 668户，从业人员31 334人，资金数额80 280.19万元。本期开业9 887户、从业人员14 277户，资金数额48 421.93万元。本期注销3 133户，其中城镇1 879户。

截至2008年12月31日，全市应验照个体工商户户数为40 781户，截至2009年6月30日，全市实验照数为39 622户，验照率为97.16%。验照中无正当理由未参加验照的1 109户，占应验照数2.72%。有正当理由无法验照的50户，占应验照数0.12%。验照期间，全市共办理开业登记4 724户，变更登记1 345户，注销登记1 659户，拟进行吊销1 109户。

【市场规范管理】 1. 建立了市场监管信息定期分析报告制度。2. 充分发挥工商行政管理职能作用，不断完善“七农”工作机制。经清理，全市共有农资经营户1 830户，其中有农资连锁经营店779户；对1 830户农资经营户实行了信用分类监管，其中：A级1 771户、B级40户、C级19户。共建立万村千乡农资农家店819户。共出动执法人员3 064人次、车辆558台次，检查农资经营户4 956余户次，没收价值1 227元的过期农药，取缔无照经营户267户，受理农民投诉农资案件5件，查处农资案件51件，案值26.1万元，罚没金额6.55万元，其中：种子案件4件，化肥案件8件，农药案件5件，其他案件7件，有力保护了广大农民的合法利益。进一步完善农资市场长效监管机制，共签订2 130份农资经营责任书；共督促农资经营户建立“两账两票、一卡一书”台帐2 768户次。继续开展种子留样备查工作，2009年以来留样备查45个品种218个批次。3. 积极培育和发展农村经纪人，服务农村经济发展。全市共有经纪人297户，其中农村经纪人284户，比上年的115户增加2.47倍。在297户中介机构中，共有从业人员525人，经纪业务量4 300万元。其中：在284户农村经纪人中，备案登记的农村经纪人有102户。4. 认真开展合同帮农工作。重点帮扶671户涉农企业规范与农户的种养殖和农产品购销合同，开展涉农合同帮扶工作。共检查涉农企业671户，涉农合同订单73 730份。2009年制定推广合同示范文本13种，推广合同示范文本18 381份，共调解涉农合同纠纷4件。5. 认真组织开展诚信市场创建活动。全市共录入注册登记的商品交易市场基础数据20个，已认定市场20个，其中：隆阳13个，腾冲2个，施甸1个，昌宁4个。截至2009年4月30日，共注销市场登记证269户。认真组织开展诚信市场创建活动。全市共计公示1A级“诚信市场”3户，2A级“诚信市场”29户，3A级“诚信市场”14户、4A级“诚信市场”5户。并向省局推荐上报5A级“诚信市场”5户。6. 认真组织开展行政许可登记及非行政许可登记事项，严把登记质量关认真组织开展食品流通许可证发放工作，共举办培训班8期，参加培训人员300余人次。全市共办理食品流通许可237份；依法核准商品展销会。全市依法核准登记商品展销会8起。在商品展销会期间共立案查处4起,当场处罚1起违法经营行为,暂扣违法所得1.15万元,罚款50元,共受理调处消费者投诉20件,为消费者挽回经济损失44 205元,其中商品质量38 950元。接待来访、接受咨询15人次。依法开展企业动产抵押登记工作,严格按照《物权法》和《动产抵押登记办法》的规定办理动产抵押物登记。全市共办理动产抵押物登记80份,其中借贷合同69份,借贷金额58 202万元,注销登记22份。

【计划财务工作】 1. 全面加强内部审行工作。委托云南东陆会计事务所保山分所对龙陵、昌宁的离任局长进行了离任审计,严格做到"逢离必审";对隆阳区工商局、腾冲县工商局、昌宁县工商局三个单位组织开展了内部审计工作;完成了市局办公楼的工程、财务审计;对腾冲县腾越分局办公楼进行了审计;对隆阳区河图所、隆阳区瓦窑所进行了修缮工程审计。此外,市局及各县(区)局抽派的6名财会人员参加了省局组织开展的审计资格培训,并全部取得了审计资格证。2. 积极做好市场建设遗留债务的化解和政府性债务的上报工作。在2007年政府性债务核查工作的基础上,按照及时、全面、准确的原则积极做好2008年政府性债务的清理统计工作。11月初按省局计财处的要求上报历史债务和新增债务271.68万元,报送了相关的欠债凭证。3. 积极做好非税收入的清理、上报、缴纳工作。4. 积极推进财务出纳应用软件。5. 规范基层报账制度,实行全市统一报表流程。

【基本建设】 1. 腾冲县腾越分局在建工程,10月底已竣工验收交付使用。2. 配合省局委托的中介机构做好市局办公楼的审计工作,于10月29日最后审核通过并出具审计报告,审定投资额为1 288.53万元,资金缺口333.53万元。3. 9月29日省局基建会议安排3个基建项目,隆阳区辛街、潞江工商所综合办公楼、腾冲县猴桥工商所综合办公楼。其中隆阳区辛街、潞江工商所综合办公楼工程项目已于12月8日正式动工。腾冲县猴桥工商所由于资金不到位,暂缓动工,但各种前期手续已办完。

【机关党建工作】 2009年7月,保山市工商局总支及三个支部按照《党章》和《中国共产党党和国家机关基层组织工作条例》的有关规定进行换届选举,选举程序规范,选举结果及时报机关工委批准。

【老干工作】 2009年,保山市工商局有离退休老干部17人,其中离休2人、退休11人、提前退休3人、离岗退养1人;享受副厅级单项待遇1人、处级待遇12人、科级待遇4人;中共党员16人,非党老干部1人;女干部1人。2009年主要开展了以下工作:1. 老干部兼职人员注重加强学习,不断提高老干部工作队伍的政治思想水平和业务素质,重点学习了党的十七大会议精神和《中共云南省委组织部云南省老干部局关于进一步加强新形势下老干部工作的意见》及全市老干部工作会议精神。2. 建立健全学习、信访、信息、岗位责任制和有关规章制度。3. 注重做好基础工作,"三簿五册"健全。4. 做好信访工作,做到件件有回音,事事有落实,全年无信访件。5. 注重调查研究,切实做好老干部工作和老干部老有所为的宣传工作。

【经济检查】 截至2009年11月10日,保山市工商系统共查处各类经济违法案件1 512件(其中一般程序案件1 164件、简易程序案件348件),案值3 046.33万元,罚没款482.97万元。其中市局公平交易科查办案件22件,案值1 474.87万元,罚没款95.01万元。

一年来,保山市工商局认真开展整顿工作,共出动执法人员12 157人次,检查经营户49 691户次,检查市场2 111个次,取缔无照经营户92户,查处制售假冒伪劣食品案件253件,查获假冒伪劣食品3 955千克。大力开展了食品安全示范店的创建工作,2009年全市每个工商所(分局)负责培育创建8个以上农村食品安全示范店,全市完成340个以上"农村食品安全示范店"。到年底共创建食品安全示范店412个,超额完成72个。根据2009年6月1日新颁布的《食品安全法》规定,全市共办理食品流通许可证394份。

截至11月,全市公平交易部门共对违法行为人采取警示教育措施38起,其中采取事前警示教育5起,发放责令改正通知书20份,行政纠错书1份,行政指导建议书15份,行政警示书22份,行政提示书1份,3起案件进行了从轻处罚,15起案件进行了减轻处罚,3起案件免于行政处罚,回访案件当事人8起。

按照《云南省工商行政管理系统流通环节食品安全整顿工作方案》的部署和要求,认真开展整顿工作。在整顿工作中共出动执法人员8 908人次,检查经营户32 627户次,检查市场1 532个次,取缔无照经营户83户,查处制售假冒伪劣食品案件225件,查获假冒伪劣食品3 767千克。

打击传销工作取得了一定成效。2009年以来,全市不断加大打击传销力度,共出动执法人员830人次,出动车辆307台次。检查出租屋聚会场所696个,捣毁窝点22个,教育劝返传销人员47人次,立案查处案件12起,案值7万元,罚没款0.99万元,移送司法机关案件1起,移送涉案人员22人,抓获头目7人,刑事拘留14人,发放各类宣传材料3 600余份,并进行电视宣传2次。其中,由市工商局与市公安局联合查办的"世界通"网络传销案,在办案人员的努力工作下已取得突破性进展。截至11月,该案已调查涉案人员100余人,扣留涉案资金15万元,移送公安机关刑事拘留并取保候审13人,冻结资金40余万元。市工商和公安局根据到镇江调取的证据情况正在商定具体的处理措施,并提请市政法委召开工商、公安、检察、法院、金融等部门参加的联系会议,确定打击范围、查询冻结账户等相关工作。

【信息化建设】 1. 网站建设进一步加强,市局负责的保山红盾信息网进行了相应改版,在推进责任政府和阳光政府四项制度中发挥了积极的作用;"保山市场诚信网"建设取得了阶段性进展,市场主体的诚信信息不断丰富,为诚信体系建设奠定了良好的基础。2. 内部电子邮件系统运用日益广泛。通过对电子邮件系统的运用,使无纸化办公进程得到极大推进,相关信息适时通信程度前所未有地提高,工作效率大大提升。3.“一体化”软件运用强力推进,通过对上联省局,下接县区局、分局所“四级联通”的工商系统“一体化”办公软件的运用,使保山工商部门信息化水平进一步提高。4. 移动执法平台初具规模。依托3G网络的发展,为监管全市工商系统执法人员配备了移动执法平台。同一体化软件对接后,将使全市工商部门监管执法工作的信息化程度提升到一个全新的高度。

**【消委会工作】** 2009年,保山市共设立消费者协会分会72个,设立12315联络站及消费者投诉站1 156个,逐步形成覆盖城乡、上下联动、反映迅速、工作规范、高效便民的基层消费维权网络。为使消费维权工作做到规范化,制定了《保山市工商局关于12315建立“四个平台”的规划》等相关文件,进一步提升12315服务效能。推荐了2个分局参加第三届云南省优秀“青少年维权岗”评选活动。“一会两站”建设和“12315平台”建设上实现的新突破,为维护广大人民群众消费的合法权益打下了坚实的基础,在维护社会稳定方面发挥着积极和重要的作用。在2009年“3·15”期间,全市工商部门认真开展“3·15”维权宣传,销毁各种假烟、伪劣食品、药品共100多个品种,案值266万余元;截至年底,全市12315消费者申诉举报指挥中心共接转消费者咨询、投诉、举报电话16 793次,接待消费者咨询6 602人次,受理消费者投诉616件,调处率100%;为消费者挽回经济损失82.9万元;隆阳区工商局成功调处农户投诉“中农2号”玉米种子案件,为777户农户挽回经济损失48万多元。同时,开展了对流通领域的食品安全快速监测工作,共抽样检测各类食品13 655个(批次)商品,发布消费警示(提示)8次。

**【个私协会工作】** 截至2009年12月底,全市有州(市)级协会1个,县(区)级协会5个,基层协会48个,行业分会2个。有协会专职工作人员10人(其中:州市级2人,县区级8人),有临时人员45人(其中:县区级5人,基层协会40人)。全市有个体工商户会员47 076户,从业人员66 160人,拥有注册资金150 993万元;有团体会员(私企)3 084户,有投资者人数7 272人,雇工人数61 222人,拥有注册资本588 131万元。2009年度,个私经济上缴税金9.16亿元;完成增加值81.65亿元,比上年同期增长16.6%;实现社会消费品零售额55亿元,比上年同其增长22.5%。

**【广告协会工作】** 2009年,全市广协有会员85名,有营业性广告公司24户,兼营性广告企业8户,电视台5户,广播电台1户,报社1户,杂志社1户,其他广告经营单位45户,注册资本金2 786万元,广告经营额达到1 468万元,上交利润165万元。设理事33名,常务理事23名,会长1名,副会长3名。

2009年,全市共登记各类户外广告456户,户外广告经营额560万元,户外广告登记数3 026个,其中展示牌502块;灯箱761个;布标298条;其它1 465个。

**【大事记】**

△4月23日,国家工商总局刘凡副局长在云南省工商局赵健副局长、保山市工商局王德山局长、腾冲县段生荣副县长等的陪同下,到腾冲县就农民专业合作社、农村经纪人、农民土地流转合同格式规范等问题进行了专题调研,并作了重要讲话。

△10月22日~23日,国家工商总局副局长钟攸平到腾冲县工商局就再就业、非公有制经济领域党建和农民专业合作社等工作进行调研。

**【2009年受到表彰的单位和个人名单】**

保山市工商局被中国消协评选为全国消协先进集体,被省工商局评选为2008年度全系统政务信息与宣传工作先进单位,被省人事厅、省工商局评选为2008年度集体三等功,被省工商局评选为2008年度工商系统奶制品市场专项整治先进单位,被省人事厅、省工商局评选为2008年度集体三等功,被省政府、省工商局评选为2008年度商标战略先进单位。

**【2009年任职的局领导名单】**

党组书记、局长　王德山
副局长　李勇　蔡义生　马向红
纪检组长　杨国平

## 隆阳区

**【概况】** 保山市隆阳区工商行政管理局有干部职工202人。其中在职人员127人(公务员113人,职工14人),离退休老干部75人。设有12个股(室)、3个分局、8个工商所,辖区面积5 011平方千米,总人口87万,辖6镇、10乡、2个街道办事处。管辖着全区个体工商户16 024户、企业1 382户、集贸市场72个,农民专业合作社157个。局党委下设隆阳区工商局党总支、区个体私营经济协会党总支两个党总支,共11个党支部,有党员170人,其中工商局党总支117人,个私协党总支53人。

2009年,全系统组织开展了各类专项整治行动49项,共出动执法人员6 052人次、车辆1 217台次,共查办各类违法案件469件(立案查处案件302件,当场处罚167件),案值384.8万元,罚没90余万元。

**【法制建设】** 1. 2009年开展业务培训4次,组织执法能力测评考试、人员选拔、集中培训活动3次,选送15名优胜者于11月参加了全市行政执法竞赛活动。2. 2009年立案查处各类违法案件469件,使用简易程序查办的案件事实清楚、证据确实充分、处罚得当,所有案件均按原则、按要求全部核审。3. 结合“五五”普法要求,开展法制“六进”宣传教育活动,进行全员普法考试2次。4. 举行听证会3次。自2009年6月15日起,对违法行为人采取警示教育措施84起,对立案查处的案件当事人采取事前警示教育43起,回访案件当事人28起。

**【纪检监察】** 1. 隆阳区工商局党组班子成员与23个机关股室、分局、所签订了《党风廉政建设责任书》。修订和编印了《保山市隆阳区工商行政管理局党风廉政制度汇编》下发执行;全年召开党组会议研究党风廉政工作4次,开展党风廉政建设学习和反腐败案例教育8次,参加学习人数达500多人次。2. 加大行政效能及作风纪律监督。全年,共进行督察检查37次,被督察人员664人次。经济处罚13人次,罚款850元,罚没款项全部捐献给扶贫挂钩点。制作了5期督察通报,系统内通报了违纪违规人员21人次和11个分局、所1~12月份完成工作目标责任书情况。

**【人事教育】** 1. 圆满完成了全局深入学习科学发展观活动任务,并通过了隆阳区政府科学发展观学习活动领导小组的考评验收。2. 实施人员轮岗交流。2009年3月,隆阳区工商局最终对27名干部完成了第二次轮岗交流。3. 抓好干部业务培训。2009年,开展了八项业务培训,并对全局127名干部职工进行了两次综合性业务学习考核。4. 认真落实"三项能手"大考评工作。选拔参加省局计算机操作考试1人,注册登记考试1人,行政执法考试6人。5. 11月,该局干部杜红飞参加云南省第七届"红土地之歌"保山赛区演讲比赛活动获得了第一名,同期在参加云南省第七届"红土地之歌"演讲比赛获优秀奖。6. 积极开展扶贫帮困和支持新农村建设工作。2009年3月9日,为扶贫挂钩点瓦马乡白岩村捐助了5万元人民币和60套课桌椅、50个书包和100个小学生保温饭盒;组织8名个私业主代表,对新农村建设挂钩点瓦马乡下里灌村进行了走访调研,提出具体方案支持该村发展烤烟产业。

**【企业注册登记】** 1. 个体验照工作:2009年应验照14 169户,已完成验照13 585户,完成验照率95.87%。2. 企业年检工作:应年检1 268户,完成年检857户,完成年检率67.58%。年检中对108户企业的经营范围进行规范,办理企业住所变更35户,办理企业注销登记44户。3. 办理市场个体工商户和企业设立注册登记5 164户。4. 办理农民专业合作社登记157户,并于2009年8月份配合区供销社组织52户企业开展了隆阳区农民专业合作社培训会议。

**【市场规范管理】** 1. 开展春节和元旦市场整治、火灾隐患排查治理、禁毒防艾、校园周边环境整治等市场整治14项;出动执法检查组58个、执法人员3 643人次、车辆294台次,检查集贸市场、超市123个,经营户12 075户;开展网吧、电子游戏厅等娱乐场所拉网式检查5次;检查学校周边商店、食杂店1 358家,检查互联网上网营业场所、电子游戏室、书刊、音像出租店、录像放映厅171家;查处取缔违法经营网吧、无照经营69家;发放免费安全套5 800多只,发放"防艾"和禁止生产销售使用塑料购物袋等宣传材料3 500份。同时,定期做好市场监管信息分析报告。2. 将11个分局(所)在一体化软件上划分为48个网格,所有人员对监管区域内的经济户口进行认领,实行两人一组的AB角互补管理模式。3. 开展"诚信市场"创建工作。2009年创建"诚信市场"22个。4. 开展"七农"工作。检查农资经营户57户、农药经营户23户、种子经营户4户、鱼药经营户1户。依法处理规范农药经营违规行为2户,查办种子案件3起,没收违法所得4 117.5元,处罚款3万元,没收劣种子40千克。对辖区5家种子批发企业所经营的20个水稻品种和14个杂交包谷品种开展了抽样备查。2009年3月,成功受理和调处一起"中农2号玉米"种子投诉案件。为777户农户挽回经济损失482 775元。检查"家电下乡"经营户232户。

**【消费者权益保护】** 1. 组织开展了以"消费与发展"为年主题的3·15维权宣传活动。发放宣传资料15 000余份,接待消费者咨询920多人次,张贴标语35条;销毁了各种假烟、假劣食品、药品共100多个品种,案值249.65万余元。2. 受理调处消费者投诉142件,调处率达100%,为消费者挽回经济损失12.9万元,接受消费者咨询131人次。

**【食品流通监督管理】** 1. 截至2009年12月31日,辖区食品经营主体共有4 533户,2009年,共检查食品经营户7 795户次,立案查处各类食品经营违法案件125件,取缔无照经营36户,收缴各类假冒伪劣过期食品1 377袋(包),罚款11.7万元。2. 2009年,检测食品7项,共4 262个样品,查处违法使用食品添加剂经营户2户。3. 对流通环节食品经营户全面推行"一票通"制度。隆阳区工商局已对流通环节食品经营户2 873户发放了"一票通"凭证2 000余本、进(销)货台账1 020余本。4. 开展"农村食品安全示范店"创建工作。已在辖区291个行政村和18社区内创建授牌"农村食品安全示范店"88户,城区"食品示范店"9户。

**【反垄断与反不正当竞争执法】** 1. 开展"扫黄打非"工作。检查出版物市场130个、店铺摊点523个次,印刷复制店121户;收缴淫秽色情出版物130本(盘)。2. 打击非法传销。3月中旬,配合公安等部门摧毁非法传销窝点22个,涉案金额80余万元。3. 严厉打击非法采矿。2009年3~5月期间,联合相关部门依法对瓦窑镇矿产品经营违法行为进行有力查处,取缔无照加工经营户2户,查处无照收购经营户9户,依法暂扣非法生产收购的矿产品668吨,摧毁极具安全隐患的非法盗采矿窝点43个,恢复林地面积42.8亩。

**【广告监督管理】** 2009年,隆阳区工商局与辖区44户广告经营单位签订《杜绝虚假违法广告承诺书》,依法办理户外广告登记180件;清理拆除陈旧破损广告13块(条),对开办的互联网站广告监测105户;监测检查户外广告657条,监测中发现违法广告3条;查处违法广告案件5件,罚款金额1.5万余元。

**【商标监督管理】** 1. 将41件涉农商标办理了商标注册手续;积极引导2户农业专业合作社申请证明商标注册。2. 开展"一所一标"联系走访工作。走访企业及个体工商户734户(企业253户,个体481户)。发放"三书一卡"1 713份。有217户企业及个体工商户到商标事务所办理了商标注册申请手续，完成了市局下达的154件商标申请任务。3.向省工商局推荐4件注册商标申报“云南省著名商标”，完成了市局下达的推荐申报云南省著名商标申请2件的任务。对驰名、著名、知名商标企业分别给予一次性20万、5万和1万元的奖励。4.2009年查处商标违法案件5件，案值15万元，罚款金额2.77万元，没收侵权商品3件，没收假冒商标钢材41.5吨。

【计划财务工作】 2009年，隆阳区工商局结合干部轮岗交流，抽调了财务专职人员，对6个二级单位的财务收支、票证管理及执行财金纪律情况进行了内部审计，对存在的问题进行了限期整改。

【基本建设】 2007年以来，隆阳区工商局筹措资金300余万元，对瓦窑、河图等工商所办公楼进行修缮，全面启动了潞江、辛街工商所办公楼的重建；为各分局、所配备了设施，完成了板桥和瓦窑的规范化建设任务，并于9月份通过了保山市工商局的验收，使隆阳区工商局的规范化建设达标的单位达到4个，占基层单位的36%，圆满完成了全年的基层规范化建设任务。

【机关党建工作】 1.2009年1月16日挂牌成立了隆阳区工商局党委。共有党员170人，下设两个党总支，4个支部（区工商局党总支，有党员117人，设7个支部；个私协会党总支，有党员53人）。2.6月11日，区局成立了六项重点工作领导小组。下发了《隆阳区工商局关于对2009年重点工作任务分解的通知》，在重点工作目标考核责任书中明确了33项工作考核指标任务，围绕33项工作考核指标任务要求，制定完善了各类工作计划、方案、制度和实施办法等19个。

【信息化建设】 2009年，隆阳区工商局共举行听证2起；按要求完成了在政府信息公开网、区局门户网等网站上发布6条的任务；投资3 000余元制作了“保山市隆阳区工商局公示栏”；开展了2次全面检查阳光政府四项制度落实情况工作。于2009年6月份正式开通了96128政务信息查询电话，接到查询电话4起；在云南省政府重点工作通报信息网上发布了8条相关信息；在云南省政府信息公开门户网站内设立了区局“四项制度专栏”，发布了18条相关信息。

【消委会工作】 2009年，隆阳区工商局在全区18个乡（镇）办事处的11个消协分会协助下，在309个村、社、18所学校、5个超市、3个商场、1个旅游公园、6家企业建立了消费者投诉站和12315联络站共342个。

【个私协会工作】 1.2009年6月30日，隆阳区工商局党委审定，批准转正了预备党员19名。个私协会党总支设有支部4个，党员已达53人。2.完善制度，树立典型。授予了个私第二、第三党支部和姜朝晰等6名党员“党员示范岗”先进荣誉称号，同时对评选出的100户文明经营户颁发了2009～2010年度“文明经营户”荣誉匾牌。3.举办思想政治、职业道德宣传、艾滋病预防知识教育活动8场，参训53人次。4.向会员印制挂历1.5万份，慰问贫困会员76户，为受灾会员捐款28 110元。5.做好互助医疗保险和小额贷款工作。共投保773人，投保金额59 521元，已理赔17人，理赔金30 470元。与保山市邮政储蓄银行携手开展“好借好还”小额贷款业务，2009年共受理贷款申请3次。6.为会员受理调解成功1起案件，为个私会员挽回经济损失2万元。

【2009年受到表彰的单位和个人名单】

龙泉工商分局由市级文明单位升格为省级文明单位。

【2009年任职的局领导名单】

党组书记、局长 许 旻

副 局 长 李绍明 胡 杰

纪检组长 张定强

## 龙陵县

【概况】 龙陵县工商行政管理局共有编制64人，2009年实际在职在编干部职工62人，其中公务员60人、机关工勤人员2人；大专以上文化程度45人；有离退休人员16人，其中离休1人、退休15人。内设7个股室，下设3个分局4个工商所，代管龙陵县个体私营经济协会和消费者协会。设党总支委员会1个，下设6个支部，有共产党员49人（含离、退休人员中的党员）；设个私经济党总支一个，下设5个分会支部，1个私营企业支部，共有党员51名。

2009年，龙陵县工商局坚持以党的十七大精神为指导，认真贯彻落实省、市工商工作会议精神，深入开展科学发展观、十七届三中、四中全会及省委八届七次全会精神的学习贯彻，以提升服务效能、强化队伍建设、实现工作转换为抓手，继续解放思想，全面抓好了“六项重点工作”等各项工作的落实，为龙陵经济社会又好又快发展做出了积极的贡献。

【法制建设】 1.2009年，龙陵县工商局共组织法律法规、业务技能培训4次，参训人员201人次，制作《法制之窗》7期、转发保山市工商局编制《法制工作园地》4期、制作规范工作的学习通知2份。2.编印了法律法规书籍1 200本、刊登黑板报67期。3.强化职能，认真落实执法责任制。共核审一般程序行政处罚案件366件，核审率达100%，送达权利义务告知书366份，送达听证告知书47件案件，编制《案件核审通报》7期。

【纪检监察】 2009年，龙陵县工商局共签订“党风廉政建设责任书”16份。加强党风廉政建设知识的学习、提高政治思想认识。开展形式多样的工商文化建设活动。认真开展了风险点查找及预防工作。认真抓好阳光政府“四项制度”的贯彻落实。通过抓学习、抓宣传、抓落实、抓督查等方式全面贯彻落实好阳光政府“四项制度”。全面开展基层执法人员向监管服务对象代表的述职述廉工作。

【人事教育】 1.2009年，共组织集中学习46次。2.积极组织开展深入学习实践科学发展观活动，被县委评为学习实践活动先进单位。3. 认真组织抓好岗位练兵活动和三项能手选拔，评选出县级能手9名并参加了省市级的能手比赛，均取得较好成绩。4. 选拔任用分局、所领导2名。5. 做好2个试点单位规范化建设，通过了保山市工商局的达标验收。

【企业注册登记】 2009年，办理龙陵县工商局共办理开业登记17户，注销登记20户，截至2009年12月31日，全县在册登记的内资企业222户，注册资金56 255万元；应检内资企业应检225户，实检221户，清理补办过期前置93户，年检率98.22%。

【企业监督管理】 2009年龙陵县工商共办理开业登记1 208户，本期注销675户，办理私营企业开业登记23户，注销16户(吊销1户)，办理农民专业合作社开业登记50户，办理变更4户。2009年底，全县在册个体工商户6 192户，从业人员7 375人，注册资金18 720.43万元；私营企业266户(其中：分支机构131户)，投资者486人，雇工4 506人，注册资本38 016万元；共登记注册农民专业合作社76户，出资总额5 214.15万元。在个体私营经济监管中，提前圆满完成个体验照、私营企业年检工作。私营企业应检259户，实检251户，年检率96.91%；个体工商户应验照5 691户，实验5 534户，验照率达97.24%。共制作日查通报12期，检查个体登记699次，检查开业1 232户，变更570户，注销676户。在限期事务期限内，提醒417次。全面推行了工商行政指导工作，一年来发放各种行政指导文书1 521份，服务企业282户次、个体户3 121户。开展无照经营专项检查活动，查处无照经营案件282件，案值500.54万元，没收金额0.42万元，罚款金额50.35万元。

【市场规范管理】 1. 2009年，龙陵县工商局共组织开展日常市扬巡查910次，出动执法人员3 610人次，出动车辆543台次，行程14 880公里，检查经营户9 226次，检查市场513个次。2. 认真开展各类市场专项检查1 301次，出动执法人员4 260人次，出动车辆561台次，行程15 410千米，检查市场1 996个次，检查经营户22 313户次。检查中共查出无照经营户395户，不亮照38户，超范围经营29户，查出制售假冒伪劣商品经营户170户。发出行政建议书61份，责令改正265户，当场处罚21户，立案查处233户，收缴假冒伪劣产(商)品价值6 598元。3. 全年共办理企业动产抵押物登记42份，评定及公示16户“守合同重信用”企业；参与拍卖企业监督2起，拍卖金额88.2万元；办理合同备案56份，金额8 585.58万元；参与工程招标、工程验收56件次；注销44个市场登记证，收回有关证、章，办理食品流通许可证61份。4. 做好合同帮扶和经纪人培育发展工作。积极推广11种(烤烟、甘蔗、茶叶、蔬菜、水果、草果、无公害油菜籽、饲料定购、农村土地流转、鲜蛋购销、农副产品订购)格式合同，检查涉农合同510份，签订涉农合同订单5 500份，涉及金额2 200万元。共发展季节性经纪人59户，大力发展农民专业合作社75户。

【消费者权益保护】 1. 2009年，龙陵县工商局认真开展好节日市场专项整治工作，共出动执法人员221人次，出动执法车辆21台次，检查各类经营户1 001户，查处假冒伪劣商品7户，假冒伪劣商品价值3 020元，立案4户，当场处罚2户，责令改正1户。2. 深入开展“红盾护农”专项执法检查，共出动执法人员304人次，车辆67台次，检查农资市场107个次，检查农资经营户401户次，发出责令改正通知书2户份，查处农资案件1件，案值0.03万元，罚没金额822元。3. 出动执法人员82人次、车辆19台次，检查市场31个次，共检查经营户193户次。4. 开展成品油市场监管，共出动执法人员23人次、车辆7台次，检查各类经营户75户次。立案查处成品油案件1件，案值2.1万元，罚没款1.5万元。

【食品流通监督管理】 2009年，龙陵县工商局共出动执法人员1 877人次，检查食品经营户9 418户次，办理小食杂摊点备案登记355个，整治小摊点766个次，开展食品安全快速检测628次。对48个“农村食品安全示范店”进行了考评验收。

【反垄断与反不正当竞争执法】 2009年，龙陵县工商局加强学习宣传；开展“傍名牌”行为的专项检查活动；开展了对旅游企业虚假宣传、“零负团费”等不正当竞争行为专项治理，共出动执法人员34人次、车辆10台次。

【广告监督管理】 2009年，龙陵县工商局共办理户外广告登记32户；加强了对广告市场监管的研讨。

【商标监督管理】 2009年，龙陵县新申请注册商标143件，保山市首件地理标志商标“龙陵紫皮石斛”及“龙陵黄龙玉”、“龙陵黄山羊”地理标志商标已经被国家商标局相继正式受理。全年共开展专项整治行动2次，共出动执法人员52人次，出动执法车辆14台次，检查市场23个，检查经营户228户。

【计划财务工作】 2009年，龙陵县工商局共收取行政性收费12.55万元，罚没收入58.01万元，已全额上交。全年未发生“乱收费、乱罚款、乱摊派”的行为，不存在转移、截留、挪用和坐支行政性收费收入和罚没款收入的情况。

【基本建设】 2009年，龙陵县工商局将镇安分局、龙新所作为2009年基层规范化建设的单位，筹集了14.3万元对两个基层单位的办公楼及注册厅进行了改造装修，改善了两个基层单位的办公条件，提升了服务水平。

【老干工作】 2009年，龙陵县工商局切实落实好老干部的“两项待遇”，尽职尽责做好老干工作。严格执行和落实好老干部联系制度，二级班子以上领导每人联系1～2位离退休干部，每年走访联系2次以上。在春节、中秋等节日对老干部进行慰问，关注老干部的身体健康和生活状况。

【经济检查】 2009年，龙陵县工商局紧紧把住320国道咽喉作用，全面加大对各类经济违法案件查处力度,全年共查处各类经济违法违章案件379件,案值414.7万元,罚没金额49.10万元;查办走私贩私案件43件,案值90余万元,罚没金额36.03万元;共查处传销案件1宗,捣毁传销窝点1个,遣散传销人员50多人,移送公安部门处理3人。

**【信息化建设】** 2009年,龙陵县工商局加强网络建设,实现了人均一台电脑的目标,保证电子政务工商专网畅通;全县工商干部能全面使用"云南工商政务业务一体化软件"各功能模块;各分局、所均有1名专职管理人,确保网络信息系统管理制度健全,网络信息安全保障体系完善。

**【消委会工作】** 1. 组织开展了"3·15"纪念及年主题系列活动。发放各类宣传材料30种,共13 900余份,接待来访咨询1 000余人次,受宣传面达1万余人次;组织42个理事成员单位的理事及社会人士共49人召开了"消费与发展"年主题座谈会暨消协三届一次理事会。2. 全面完成了"一会两站"基层组织网络建立工作,在10个乡镇建立了消费者协会分会,在5个社区、116个行政村、30所中心学校及初级中学(含县幼儿园)、2个商场、1个超市建立了"两站",完成了两个100%的目标,并对216名"一会两站"的人员进行了业务培训。3. 认真履行职能,调处消费者纠纷。共接到消费者举报2件,消费者投诉23件,100%进行了受理调解,为消费者挽回经济损失0.68万元,接待来访咨询人数191人次。4. 开展了对2008年评为"消费者信得过单位"的14个单位的回访,未发现有违法行为。

**【个私协会工作】** 截至2009年12月31日,龙陵县个私协会共有个体工商户会员6 148户,私营企业会员141户。1. 为10户贷免扶补对象发放贷款50万元,10户创业者共带动就业人员89人。2. 认真开展"创业导师"库的建立工作。应录入创业导师10名,实际录入20名。3. 认真开展了关爱会员送温暖慰问活动。县协会和各基层分会全年共组织召开理事座谈会、民主评议会、新春中秋茶话会21次,参加人员303人。4. 春节专门走访慰问协会理事、困难、残疾、年老体弱会员38人,慰问生病住院会员4人。送年历4 800份,为30户会员减免会员费1 462元。5. 接待会员来信来访40人,为会员排忧解难103人次。6. 换发会员证876份。

**【2009年任职的局领导名单】**

局　　长　李　忠
副 局 长　杨　波
纪检组长　刘绍云

## 施甸县

**【概况】** 2009年,施甸县工商行政管理局核定编制64人。实有在职人员68人,其中公务员58人(年内新招1名),本科25人、专科24人、中专5人、高中3人、初中1人。

**【法制建设】** 2009年,施甸县工商局加大培训学习力度,加强法制机构队伍建设,认真组织开展"五五"普法宣传教育工作,共组织宣传教育活动5次,组织全局68名干部职工参加"五五"普法考试,出动车辆20台次,出动宣传(执法)人员280人次,设咨询服务台39个次,提供法律咨询服务2 930人次,悬挂布标36幅,散发宣传材料3.25万余份册。加强行政执法监督检查,强化案件核审工作,核审率为100%,在2009年已结案的125件一般程序案件中,属听证范围的有9件,当事人申请举行听证1件,未申请举行听证8件。全面推行了"阳光执法",向行政相对人发放《权利义务告知书》近300份,对25件行政处罚一般程序案件进行了回访。

**【纪检监察】** 2009年,施甸县工商局对《施甸县工商局工作效能督察实施方案》进行了修订完善,共进行督察61次,处罚42人次,督察情况在全局范围进行通报,并纳入年度考核。开通了"96128"政务信息查询电话,收集整理了20余条常见问题和各项行政许可项目,提供电话专线查询服务,实现工商政务信息网上查询。

**【人事教育】** 截至2009年12月31日,施甸县工商局干部职工有本科学历22人,专科学历36人,中专学历5人,高中以下5人,专科以上学历占了85%,科学发展观总结测评全局满意率为91.7%。

**【企业注册登记】** 1. 2009年,全县共有个体工商户4 707户,从业人员5 382人、注册资金11 964万元;私营企业174户,从业人员4 007人,注册资金28 834万元,内资企业156户,注册资金22 729万元。2. 开辟绿色通道,服务农民专业合作社的发展。施甸县工商局注册登记的专业合作社已达95户,其中:果蔬专业合作社8户,中药材种植2户,生猪养殖5户,烤烟专业合作社80户,出资总额3 126.72万元,成员数共19 504人。

**【市场规范管理】** 1. 开展查处政治性非法出版物专项整治。2. 开展清缴整治低俗音像制品专项行动取得成效。共出动执法人员286人次、车辆52台次,检查集贸市场22个,检查音像制品经营户65户次,共收缴低俗音像制品影碟1 182碟。3. 开展清理整顿校园周边环境行动,保护未成年人的合法权益。共检查学校83所次,网吧、电子游戏室、茶室30户次,食品经营户450户次,清理下架过期食品10袋(2.40千克)、过期饮料12瓶、过期茶叶10袋(500克/袋)、不良影碟带200碟。4. 组织开展"禁限塑"整治。共出动执法人员125人次、执法车辆25台次,检查市场13个,检查销售及销售过程中使用塑料购物袋经营户1 325户,查获2起无照经营塑料购物袋案件。5. 认真做好甲型H1N1流感防控工作。共出动执法人员1 263人次,出动执法车辆136台次、检查各类经营户2 153户次。6. 配合相关部门开展各类专项整治,查获1户经营户无证经营销售无标签鞭炮9封,查获3户经营户销售无标签擦炮154盒、"外标"烟花20筒。7. 给2户超市授予"诚信市场"匾牌。

【消费者权益保护】 1. 在乡镇政府新建立消费者协会分会7个,合计13个,在行政村新建立12315联络站82个,合计137个,实现13个乡镇政府100%建立消费者协会分会,137个行政村(社区)100%建立12315联络站;在37所中学和乡镇中心小学建立12315联络站37个,建立比例达到100%,在挂钩村的菠萝小学建立消费者投诉站1个;在营业面积500平方米以上的超市、宾馆建立12315投诉站2个,合计14个。2. 认真开展国际消费者权益日活动,散发相关法律法规宣传材料22 500余份册,提供咨询1 500余人次,受宣传教育人数达11 000余人次。3. 认真受理、调处消费者投诉。全来共受理调处消费者投诉案件34件,争议金额315 261.5元,为消费者挽回损失191 700.5元,消费者得到加倍赔偿案1件。

【反垄断与反不正当竞争执法】 1. 圆满处理完成两例因食用三鹿牌问题奶粉的婴幼儿赔偿事件,协调支付赔偿金4 000元。2. 加强流通领域食品安全快速检测,确保食品安全。进行检测2 178次,有效的保护了流通领域的食品安全。3. 认真开展违法添加非食用物质和滥用食品添加剂专项检查。捣毁滥用食品添加剂非法加工黑窝点1个。4. 完成了48家“农村食品安全示范店”的创建工作。2008~2009年度,全县共培育创建60个“农村食品安全示范店”。5. 2009年,共查办行政处罚案件229件,案值481 955.16元,罚款295 410元,罚没及物资变价款32 620元。一般程序处罚案件125件,其中5件未结,广告案件43件,商标案件4件,黑网吧2件,无照经营案件36件,销售过期食品及假劣案件26件,其他案件14件。简易程序处罚案件104件,其中无照经营81件,其他23件。

【商标监督管理】 2009年,施甸县工商局组织2家企业申报了云南著名商标;并于年内基本实现一所一标的工作目标。

【广告监督管理】 2009年,施甸县工商局共办理户外广告登记94件,比2008年同期50件相比增加44件,增长率为88%;查处户外广告案件44件,罚没款9.1万元,其中:擅自发布户外广告案件11件,罚没款3.95万元;擅自发布虚假户外广告案件33件,罚没款5.15万元;拆除擅自发布户外广告5幅;收缴违法印刷品广告宣传页20多页。

【基本建设】 2009年,施甸县工商局完成了甸阳分局、姚关分局、由旺分局三个基层单位的规范化建设工作。投入资金近17万元,对姚关、由旺和甸阳三个分局综合办公楼进行修缮改造,更新完善现有的办公设备设施,新购置办公用桌椅13套,注册登记服务工作台1组,数码照相机2台,液晶电脑6台,综合用档案柜8组,消毒柜2台。

【信息化建设】 1. 完善网络故障记录并妥善处理17次。2. 在原有电脑61台的基础上新购入电脑5台,加上省局配发的3台,计算机累计达到69台,实现了人均人手一台电脑的目标。

【个私协会工作】 截至2009年12月31日,施甸县个私(含团体)会员已发展到8 928名,比2008年底的7 670名增加了1 258名,增长率为16%。发放完成10户首次创业贷款,每户5万元,共计50万元。10户经营户共容纳了46名闲散人员、农民、失业人员就业,总投资规模为76万元。

【2009年受到表彰的单位和个人名单】

施甸县工商局被云南省委政府被为省级文明单位。施甸县工商局王华被云南省工商局评为工商系统第五届“双先”表彰先进个人。

【2009年任职的局领导名单】

局　　长　袁关友
副 局 长　李子和　蒋正高
　　　　　张国盛(~2009.09)
纪检组长　陈连西

## 昌宁县

【概况】 昌宁县工商行政管理局内设办公室、人教、法制、注册、市管、公平交易、纪检监察七个股室,另设机关后勤服务中心、个私协会,下设田园、柯街、卡斯三个分局和湾甸、温泉、勐统、漭水、耈街五个工商所。全局共有在职干部职工78人,其中公务员69名,机关工人4名,事业工人5名。专科以上学历人员68人(其中本科学历22人),占全局在职人员的87.18%,有离退休人员31人(其中离休3人)。有中共党员76人(在职人员中有党员49人,离、退休党员人员中有27人)。

2009年,昌宁县工商局以深入学习实践科学发展观为己任,认真贯彻落实党的十七大和十七届四中全会精神。以国家工商总局、省局提出的“四个统一、四化建设、四高要求、三个到位、六个好”为工作目标,明确职责、狠抓落实,进一步解放思想,迎难而上,改革创新,在把握好大局、履行好职能、发展好事业方面做出了积极努力。

【法制建设】 1. 加强法制宣传,发放1 800余份《食品安全法》和《食品安全法》问答材料,接待群众食品安全咨询200多人次;举办经营者和消费者法规培训班10期,先后有千余人参加学习培训。2. 加强业务培训,全年集中开展干部法制培训4期,参加培训人员达160人次,组织考试4期,参加考试人员78人,及格率达98%。加强案件核审工作,全年共核审一般程序案件119件,核审率为100%。3. 推行一套行政指导模式,制定了《昌宁县工商局行政指导暂行办法》,共出动执法人员136人次,车辆27台次,警示告诫违法行为64人次,减轻处罚9人次。4. 努力探索行政执法的新方法、新模式,昌宁县工商局基层共有44人具备执法资格,2009年1~10月已有36人参与了执法办案。

【纪检监察】 1. 开展深入学习实践科学发展观活动。全县工商系统共有9个单位、7个支部、78名在职干部职工及16名离退休干部参与学习活动。组建领导机构1个,撰写了心得体会78篇、读书笔记78份、学习记录9篇,组织专题考试1次,编印学习实践活动简报20期,在网上发表文章26篇,撰写调研报告5篇,发放征求意见表99份,征求到各方面意见建议432条,召开专题民主生活会1次,组织生活会7次、专题会议14次,形成领导班子分析报告1份,查找存在问题5个,制定整改落实方案1份。2. 贯彻“四制”、接受监督,推行“阳光工商”。在昌宁县人民政府信息公开网站上公示各类信息14类349条。在县局机关和基层单位设8块橱窗公示牌上公示,接受人民群众监督。3. 抓工作促落实、在加强督查上求突破。全年共开展督查16次,有力地保障了工作的推进。

**【人事教育】** 2009年,昌宁县工商局坚持按照干部管理规定,建立唯才是举、任人唯贤的用人机制,共有22位干部参加推荐选拔,交流轮岗达14人,占全局干部职工总人数17.95%。

**【企业注册登记】** 截至2009年12月31日,昌宁县共有私营企业466户,从业人员9 337人,注册资本89 681万元;内资企业249户,注册资本14 391万元;农民专业合作社129户,出资总额7 725万元,成员总数20 887人,其中农民成员20 716人。1. 开展好企业年检工作。2009年全县应检企业683户,已检673户,年检率98.5%。其中内资企业应检数267户,已检户数266户,年检率99.6%;私营企业应检416户,已检户数407户,年检率97.8%。农民专业合作社应检19户,已检19户,年检率100%。2. 加大对企业的监管处罚力度。共处罚了36户冒用分公司名义、擅自改变登记事项、虚假出资等违法企业,罚款金额10.08万元。

**【企业监督管理】** 截至2009年10月31日,昌宁县共有个体工商户6 071户,从业人员7 213人,资金总额17 459万元。1. 圆满完成个体验照工作。2009年应验照数5 152户,实验户数5 065户,验照率为98.31%。查无下落87户,注销189户,新开业806户,变更201户,验照后实有个体工商户4 963户;对查无下落的87户个体工商户进行造册登记,予以公告吊销。2. 认真贯彻落实国家和省、市、县有关再就业的各项优惠政策,持《再就业优惠证》申办个体工商户148人,落实国家和地方再就业优惠政策免收登记费0.41万元。3. 取缔无照经营145户,限期责令补办营业执照35户,对多次督促办照而未补办营业执照的110户进行处罚,罚款金额23.41万元。

**【市场规范管理】** 1. 抓好食品安全示范店的创建工作,13个乡镇共建立示范店96户。签订了《食品安全责任书》2 078份。2009年,昌宁县工商局共出动执法人员264人次,检查经营户2 082户,检查批发市场、集贸市场等各类市场76个次,查处各类涉及食品违法案件5件,罚款0.6万元,案值2.54万元。2. 围绕服务“三农”,推动社会主义新农村建设。出动执法人员74人次、车辆46台次,检查市场87个次、农资经营网点548个次,建立农资两账两票一书一卡制度经营户548户。2009年,全县共有涉农经纪人7户。其中:个体经纪人5户、其他组织2户。这7户中介机构共有从业人员14人,经纪业务量194.00万元;开展涉农合同帮扶活动。全年下发合同示范文本32种,推广涉农合同示范文本8种。用人单位和企业订立劳动用工合同1 280份;积极优先为企业办理动产抵押物登记。共办理抵押物登记16件,抵押物价值1.32亿元,借款金额5.74万元。3. 履行职责,扎实开展“禁毒防艾”工作。发放宣传材料1 200多份。签订责任书2 361份。4. 以服务发展为目标,做好商品展销会和拍卖会监管工作。2009年共登记商品展销会4起,查处未经登记擅自举办商品交易会案件1起,罚款0.3万元。5. 认真开展“禁塑”和成品油市场管理工作。共出动执法人员128人次,出动执法车辆17台次,分5个小组对38个成品油市场、8个加油站、1 986户经营户进行了检查。6. 建立长效机制,净化校园周边环境。2009年在对校园周边环境的整治工作中共出动执法人员200人次,出动执法车辆50台次,检查学校周边各类经营户268户,查获“三无”食品50千克,过期食品100千克,有效遏制在校园周边非法开设网吧、游戏室的违法行为。7. 认真组织开展食品流通许可工作。2009年共办理食品流通许可证37户。

**【消费者权益保护】** 2009年,昌宁县消协组织共接待消费者咨询241次,受理各类消费投诉52件,其中成功调解52件,成功调解率为100%,为消费者挽回经济损失4.81万元。

**【反垄断与反不正当竞争执法】** 1. 加大案件查办力度。2009年,昌宁县工商局共发出行政告诫书265份,查处经济违法违章案件181件,案值342.67万元,罚没款35.45万元(其中:一般程序案件共119件,案值258.04万元;简易程序案件62件,案值0.50万元)。查获各类过期食品、饮料3 210瓶(袋)、变质食品120千克;依法查处取缔无照网吧5家,没收电脑10台;捣毁一个无照非法销售柴油窝点,没收成品油14吨;查处销售不合格手机案件2件,没收手机4部;于2009年7月成功的摧毁了“香港世界通国际科技有限公司”传销窝点,打掉网络传销窝点6个,教育处理参加人员72人。2. 认真抓好食品安全监管工作。全县共有食品生产、经营及餐饮户2 588户(其中:流通环节食品经营1 636户、食品生产加工388户、餐饮564户)。2009年度,昌宁县工商局利用DY3000半自动食品监测仪及食品检测箱全面加强全县流通领域食品安全监管工作,共定性抽检各类食品3 100多个批次,共检测出不合格食品20多个批次、不合格食品255千克。

**【广告监督管理】** 2009年,昌宁县工商局共登记户外广告90户,对医疗、保健品等的广告实行审查备案管理,共备案6份。对店堂牌匾广告,户外广告,媒体单位发布的广告进行专项治理,通过专项整治和市场巡查共查处各类广告案件17件,罚没款2.37万元。1. 共出动执法人员189人次,清理招牌359块,企业个体自行撤换了不规范的门头广告125块,强制拆除了不合格广告牌12块,通过清理达到了统一标准、规范内容的目的。2. 全年共监督检查共检查药店1 218家,出动执法人员150人次,执法车辆21台次,查出违法广告5个,罚款1.6万元,检查中查到不规范广告,现场立即进行了纠正。3. 对12户互联网经营户的广告进行全面清理整治。

**【商标监督管理】** 1.2009年内共新申请注册商标104枚(其中涉农商标53枚),完成目标任务的167.7%。共走访企业及个体工商户516户,完成任务的227%。发放"三书一卡"258户,积极开展"4.26"商标宣传活动,发放相关宣传材料18 250份。完成"云南省著名商标"的申报工作。截至2009年10月31日,全县共有注册商标60枚,其中"云南省著名商标"2枚。2. 开展商标专用权整治。出动执法车辆12台次,出动执法人员42人,检查各类经营主体243户,拆除涉嫌商标侵权的招牌12块。

**【基本建设】** 2009年9月20日前,昌宁县工商局全面完成了柯街工商分局、卡斯工商分局、湾甸工商所三个基层单位的规范化建设工作。从硬件、软件两个方面进行了规范,添置计算机6台,饮水机、消毒柜、洗衣机各3台,办公桌椅11套,沙发8套,文件柜6个,数码相机4台。

**【老干工作】** 2009年,昌宁县工商局按照《老干部目标管理责任制》的要求,做好老干部管理,每月15日集中学习一天;昌宁县工商局领导分别联系同级及以上离退休老干部11名,组织全系统离退休干部16人到小湾电站、凤庆县等地考察学习,认真组织慰问老干部活动。

**【信息化建设】** 1. 基础硬件设备投入取得成效。截至2009年12月31日,昌宁县工商局拥有电脑78台,实现了人手一台电脑。2. 加大信息宣传力度。全年被县级以上报纸、刊物、信息、电视台、广播电台采用116篇(条),市工商局创办的《红盾之约》刊登14篇,县局编发《昌宁工商政务信息》57期(184篇)。

**【消委会工作】** 2009年,昌宁县成立了13个基层消委分会、164个消费者投诉站、167个12315联络站。县工商局、县消协联合开展了首届"3.15国际消费者权益日"问卷调查活动,共发出问卷1 000份。共出动宣传车10余台次,悬挂宣传横幅50条,张贴宣传标语500张,升气球和彩虹门2支,发放宣传材料2万多份,设置宣传展板17块。现场受理消费者申(投)诉30起,现场接受消费者咨询1万人次,12315投诉电话受理咨询5人次。组织有关单位焚毁假冒伪劣物品案值15万元。

**【个私协会工作】** 1. 举办企业座谈会、恳谈会活动20次。2. 认真落实了"减免创业人员登记费"的政策,全年共免收登记费148人,免收费用0.41万元。农民专业合作社免收全部工商管理行政性收费;对涉农企业减免工商管理行政性收费0.84万元;为扶贫挂钩点捐款近2万元,慰问金共3万余元,扶贫款4万余元,基建建设3万余元,物资500余件(袋)。3. 抓个私会员"五五"普法宣传教育工作。2009年完成2 290人的业主普法考试测验,考试合格率为100%。4. 认真履行职能,稳步推进"贷免扶补"各项措施的落实。接收创业计划书20份,通过筛选,推荐到信用合作社的《创业计划书》共10份,10位创业人员得到了每人5万元的两年期创业无息贷款。吸纳了56名就业人员。协会推荐创业导师12名,为其配备创业指导老师12名。

**【2009年受到表彰的单位和个人名单】**

曾昭亚获2008年度省工商行政管理系统计算机能手荣誉称号,曾寿姜获2008年度省工商行政管理系统执法办案能手荣誉称号和2009年度省级优秀建言建言人,杨怀春获2009年度省级优秀建言建言人。

**【2009年任职的局领导名单】**

党组书记、局长　杨加胜
副 局 长　段茹国　陈开强
纪检组长　胡永兴

## 腾冲县

**【概况】** 2009年,腾冲县工商局机关设办公室、人教股、纪检室、法制股、注册股、市管股、公平交易股等7个职能股室和机关后勤服务中心,下辖3个分局、9个工商所,负责指导个体私营经济协会和消费者协会的工作。在编干部104人,其中大专以上学历97人。

2009年,腾冲县工商局局全力服务农村改革发展,制定了《腾冲县工商局关于服务农村改革发展工作的指导意见》,在每个工商所(分局)建立了涉农合同工作指导站,以扶持发展农民专业合作社为切入点,围绕"龙头企业+合作社+品牌+经纪人+合同+农户"模式的推广,强化服务工作。大力支持农民专业合作社发展;制定并推广使用合同指导文本18种;认真做好农村经纪人培育发展工作,收集整理农业经纪从业人员基本信息267人,将其中50人纳入备案管理,并对其中30人发放了农业经纪从业证。

**【法制建设】** 2009年,腾冲县工商局做好对违法行为人的警示与疏导,坚持事前预警告诫、事中纠正制止、事后教育规范。新制定8项法制工作规范,积极推行"说理式"行政处罚决定书。继续实行重大复杂案件集体讨论决定制度,进一步深入开展"阳光执法行动",加强执法监督,开展案件回访35件。加强法制培训,参训人员达400余人次,编发《法制园地》6期。

**【纪检监察】** 2009年,腾冲县工商局共开展督察102次。年内未发生违反党风廉政建设规定的行为,社会各界对工商的满意度较高。

**【人事教育】** 2009年,腾冲县工商局广泛开展深入学习实践科学发展观、"服务效能提升年"及"学习力、执行力、创新力"建设等一系列主题实践活动。共组织全局干部职工培训13次,开展轮流授课9次。围绕全省工商系统"三项能手"竞赛,开展了行政执法、注册登记和计算机操作全员岗位大练兵活动。上报《红盾之约》稿件4期89篇,组织开展了8个市级文明单位、5个青年文明号的复查和10个省级文明单位、1个"青少年维权岗”的申报工作。

【企业注册登记】 截至2009年12月15日，腾冲县核准登记的个体工商户有13 788户，从业人员23 216人，注册资金52 252万元；私营企业785户，雇工人数16 946人，注册资金286 370.78万元；内资企业552户，注册资本（金）132 495万元；农民专业合作社167户，成员出资总额7 123.15万元，成员总数22 701户，同比增长8.28倍、5.03倍和25.18倍。

【企业监督管理】 2009年，腾冲县工商局认真开展企业年检和个体工商户验照工作，企业年检率为98.40%，个体工商户验照率为97.83%，并依法对未参加年检验照的市场主体进行了处理。

【市场规范管理】 2009年，腾冲县工商局共开展市场巡查2 174次，出动巡查人员5 385人次、巡查车辆2 311台次，检查经营户28 963户次，检查市场751个次。认真开展商品交易市场信用分类监管工作，按照保山市工商局要求停办了市场登记证；办理动产抵押登记12份，抵押物价值45 087万元，主债权金额15 845万元，参与拍卖现场监督3次。加强诚信体系建设，评选命名了6户“诚信市场”；推荐上报了3户3A级诚信市场和1户4A级诚信市场；对原有的29户“守合同、重信用”单位进行了复查；建立了市场监管信息定期分析报告制度，定期上报相关信息。

【消费者权益保护】 2009年，腾冲县工商局实行24小时值班和领导带班制度，认真受理消费者申诉举报，全年共受理消费者申（投）诉237件，接到举报24件，对以上诉求，均严格按照法律法规和有关规定进行了妥善处理，为消费者挽回经济损失7.34万元。

【食品流通监督管理】 2009年，腾冲县工商局出动执法人员2 431人次，检查经营户12 341户次，检查市场526个次，查处制售假冒伪劣食品案件33件，查获假冒伪劣食品307.6千克。对676户食品流动摊点实行备案监管。开展了流通领域食品安全快速监测工作，共抽样检测4 719个样品。开展了流通环节违法添加非食用物质和滥用食品添加剂专项整治。创建“农村食品安全示范店”103个。开展了食品流通许可工作，办理食品流通许可证147份。

【反垄断与反不正当竞争执法】 2009年，腾冲县工商局依据《反不正当竞争法》及《云南省反不正当竞争条例》查处案件11件，案值18.24万元。

【广告监督管理】 截至2009年11月15日，全县经核准登记的广告经营单位为34户（国有事业单位1户，个体工商户22户，私营企业11户），从业人员111人。登记户外广告132份。开展了2次虚假违法广告专项整治行动，查处广告违法案件26件。召开了2次整治虚假违法广告联席会议。积极配合保山市工商局对腾冲县广告经营单位进行年检，通过初检26户。

【商标监督管理】 2009年，腾冲县注册商标申报工作实现历史性突破，全年被受理77件，是发展数量最多的一年，全县注册商标数量达到334件。“腾冲饵丝”完成了地理标志证明商标注册申请。2009年，推荐上报了8件云南省著名商标，其中重新认定5件，新申报3件，除1件新申请的外，其余7件均通过了审查，全县有云南省著名商标13件。同时，加强商标日常监管，开展了2次保护商标专用权专项整治行动，查处商标侵权案件25件；组织了1次对企业的商标知识培训，积极开展了“4.26保护知识产权宣传周”活动。

【基本建设】 2009年，腾冲县工商局腾越分局办公楼建成投入使用；按规定上报了猴桥工商所的建设项目；确定了腾越、来凤、固东和滇滩四个分局（所）为该局第一批达标单位，已全部通过保山市工商局检查验收。

【机关党建工作】 2009年，腾冲县工商局在职人员中有中共党员82人，退休人员中有中共党员22人。机关党支部共有党员84人，设7个党小组（含老干党小组）。年内机关党支部被县直机关党委表彰为先进党组织，1名党员被表彰为优秀共产党员。局机关党支部对3个先进党小组和25名优秀党员给予了表彰奖励。

【老干工作】 2009年，腾冲县工商局严格执行老干部政策，落实“两项待遇”，健全管理服务制度。向老干部通报工作情况5次，邀请部分老干部参加年终总结会1次，参加科学发展观学习实践活动4次，组织学习贯彻十七届四中全会精神1次。建立健全“三簿五册”和信息上报制度。组织娱乐活动3次，开展了健康检查和看望慰问活动，局领导联系老干部11人22次。年内没有发生上访案件。

【经济检查】 2009年，腾冲县工商局共查处案件400件，案值496.5万元，其中一般程序案件359件，简易程序案件41件。

【信息化建设】 2009年，腾冲县工商局共公开信息209条，在政务信息在线解答系统录入常见问题信息40条，96128政务信息查询专线共接听9人次，编发《落实“阳光政府”四项制度工作简报》8期。

【消费者协会工作】 截至2009年12月31日，全县共设立消费者协会分会18个，设立消费者投诉站（12315联络站）311个，逐步形成覆盖城乡、上下联动、反映迅速、工作规范、高效便民的基层消费维权网络。在“3·15”期间，认真开展维权宣传，对一年来查获的假冒伪劣商品进行了集中销毁，所销毁的物品折价15.84万元。

【个私协会工作】 2009年，腾冲县个私协会将腾冲县30名个私经营成功人士选为创业导师，录入云南个私协会创业导师库，并为60名创业者提供导师服务；积极代办各项审批手续，使20户个私企业及时办理了100万元的创业小额贷款；进一步加强了对会员的创业培训，为22名创业人员申请了劳动保障部门的免费培训，与县工商联及某营销策划公司联合举办《面对面顾问式实战销售》系统训练两期,培训人员160人次。

【2009年受到表彰的单位和个人名单】

全国妇女“巾帼建功”活动领导小组表彰县局妇委会为“全国巾帼文明岗”;2009年2月,省局表彰来凤分局为“全省工商行政管理系统先进工商所”。

【2009年任职的局领导名单】

局　长　方　勇

副局长　徐国学　孟定双　陈莉华

纪检组长　许守唐

## 德宏傣族景颇族自治州

【概况】 2009年,德宏州工商局机关有在职公务员65人、事业编制人员6人、工勤人员2人,内设职能科室10个,代管社团组织3个。州局机关成立总支委员会,下设四个支部委员会,有党员76人。德宏州工商局下辖潞西、瑞丽、梁河、盈江、陇川5个县(市)工商局和姐告、畹町2个直属分局。全州工商系统有在职公务员435人、事业编制人员47人、工勤人员7人。

2009年,德宏州工商局坚持以“三个代表”重要思想和科学发展观为指导,认真贯彻落实党的十七大,十七届三中、四中全会精神,中央经济工作会议精神,省委八届七次全会精神,州委五届十次全会精神和全省工商工作会议精神,深入学习实践科学发展观,严格按照“四个统一”、“四化建设”、“四个转变”、“四高目标”要求,组织开展“服务效能提升年”活动,努力实现“三个到位”、“六个好”工作目标,为促进社会经济发展作出了新的贡献。

【法制建设】 1.2009年,德宏州工商局深入开展“五五”普法,以《食品安全法》、《食品流通许可证管理办法》、《工商行政管理机关行政执法过错责任追究办法》学习宣传为重点,进企业、进市场、进学校、进农村、进超市开展宣传培训活动60余场次,受训5 092人次,张贴公告、悬挂宣传布标500多张(条),发放宣传材料5万余份,组织全州工商系统干部开展了一日一题学习、政治理论知识和业务知识闭卷考试等工作。

2. 对所涉及的现有15项行政许可项目和4项非行政许可项目进行全面清理。经清理,拟保留7项行政许可项目和3项非行政许可项目。同时,对大多数行政审批项目的审批事项在设定时限内压缩了1/3以上。完成全州434名行政执法人员换证信息录入工作。强化制度建设,制定了《德宏州工商行政管理机关行政执法案卷评查办法》、《行政执法案件主办人制度》(试行)、《一般程序案件简便方式办理的实施意见》(试行)等制度,修订了《德宏州工商行政管理机关行政执法评议考核办法》、《行政赔偿实施办法》、《行政执法责任制规定》、《行政执法过错责任追究办法》、《行政处罚案件核审办法》、《行政执法案件评审制度》等规定。

3. 认真开展案件核审工作,严把案件质量关。截至2009年12月15日,全州共办理行政处罚案件1 559件,其中简易程序案件404件、一般程序案件1 155件,达到听证标准的737件,提出听证申请2件,均依申请举行了公开听证;全年没有行政复议及赔偿案件。组织开展了以实施行政许可和贯彻落实省政府“四项制度”为重点的行政执法评议考核工作和案件查办程序、自由裁量权运用为主要内容的行政执法检查工作,强化执法监督。

【纪检监察】 2009年,德宏州工商局成立了实施阳光政府四项制度领导小组及办公室,制定下发《德宏州工商行政管理机关推行阳光政府四项制度实施方案》和配套实施办法、实施细则,使阳光政府四项制度在全州工商系统得到了有序开展。实现96128信息查询专线与12315信息互动平台的有机结合,由12315指挥中心负责对人民群众查询政务信息进行解答。全州工商系统投入经费8万多元,制作岗位职责公示卡492块、行政许可公示牌63块、行政处罚程序、流程公示牌129块、片区责任人身份公示牌296块、工作人员身份公示牌429块、意见箱50个、意见簿45本、工作人员在岗情况公示牌13块、辖区图公示牌20块。全州工商系统共组织重大决策听证1次,重要事项公示42次,重点工作通报70次。

召开全州工商行政管理系统党风廉政建设工作会议,认真落实一岗双责,层层签订党风廉政责任书326份。建立廉政和履职风险点防范机制,强化对权力运行的实时监督和全过程监控。深入开展工商廉政文化建设,组织开展了“七个一”活动,全年组织干部职工477人次参观警示图片展,签订部门廉政风险防范承诺书80份,签订个人廉政风险和自我防范承诺书482份,召开专题会议70次,举行诫勉谈话8人次,举行干部廉政谈话84人次,建立廉政档案476份。全年未接到对干部职工的举报、控告,未发生违纪违法案件,收到锦旗1面,拒礼、拒贿19人,拒贿金额33 240元。

【人事教育】 2009年,德宏州工商局积极参加第二批深入学习实践科学发展观活动和全员培训活动。州局党组及时成立了领导小组及办公室,制定实施方案,下发指导文件32份,编写简报70期,制作宣传栏15期;组成5个调研组,由分管局领导带队,深入挂钩联系的县(市)工商局、基层工商所(分局)开展调研活动,形成8篇专题调研报告,并在《德宏团结报》上刊登。坚持把学习活动贯穿始终,保证学习时间安排,共举办培训班2次、领导干部专题辅导4次、专家学者专题辅导1次,组织开展讨论4次。在党员干部中开展两项“三个一”活动,在全体干部职工中开展了服务效能提升年主题实践活动;州局党组开门纳谏,组织开展了“我为工商科学监管、促进科学发展建一言”活动，共征求到各类意见、建议287条。州局党组围绕“三检查、三分析”，认真开展批评与自我批评，讨论通过州局领导班子贯彻科学发展观分析检查报告，制定了周密的整改方案。截至12月31日，解决突出问题35个，修改完善规章制度84个，合并废止规章制度26个，为群众办实事710件。

坚持班子建设两个“十六字”方针，切实加强各级领导班子建设。重点组织开展了州及县（市）工商局两级党组中心组学习活动、专题民主生活会。对5个县（市）局、直属分局的一把手进行交流轮岗，使班子结构不断优化；加强基层工商所（分局）班子建设，调整充实6名同志担任工商所（分局）领导。

制定《2009年干部教育培训方案》、《2009年度理论学习安排意见》，组织各类政治理论、业务知识培训30期，受训1 100人次。

制定《德宏州工商行政管理局关于边境地区工商所（分局）工作指导意见》、《德宏州工商行政管理局边境地区工商所（分局）工作目标考核办法》和《德宏州工商行政管理局边境地区工商所（分局）岗位职责和工作流程》等制度，分别从职能职责、内部机构设置、绩效考评、岗位职责、工作流程等方面对规范化建设进行规定，形成了一套较为完整的工作规程及考核评价体系。同时，州局把“三个制度”汇编成《德宏州工商行政管理局边境地区工商所（分局）工作规程》，印发到基层每一位干部职工手中。全州基层规范化建设成效明显，经州局组织考核验收，在全州24个工商所（分局）中，确定16个工商所（分局）为达标工商所。

**【企业注册登记】** 2009年，德宏州工商局进一步整合州工商局、潞西市工商局行政许可职能，选派业务素质过硬、作风优良的工作人员进驻德宏州政务中心，实行一个窗口对外，一条龙服务，一站式办公，公开、透明地为申请人提供便捷、优质、高效的准入服务。全州登记在册内资企业1 133户，注册资金总计220 839万元；全州2009年办理内资企业开业登记99户，注册资金共计72 534万元。全州登记注册外资企业116户（其中：法人企业37户，分支机构79户），投资总额29 702.91万美元，注册资本15 075.96万美元（其中外方12 204.58万美元）。全州2009年登记外商投资企业13户（其中法人企业2户，分支机构11户），投资总额29 702.91万美元，注册资本15 075.96万美元（其中：外方认缴注册资本12 204.58万美元）。认真做好企业年检工作，内资企业年检率为93%，外商投资企业参检率为98%。在年检工作中实际走访企业248户，开辟“绿色通道”25个，引导企业到农村设立连锁企业、分支机构73户，积极支持国有企业改组改制，新登记中国农业银行德宏分行等改制企业27户；积极支持企业通过股权出质融资，帮助企业解决融资难问题，全年办理股权出质登记25件，出质股权数额21 009万元，担保债权总额29 550万元。

**【企业监督管理】** 1. 2009年，德宏州登记在册的私营企业有3 136户，投资者6 947人，雇工26 186人，注册资金654 289万元；有个体工商户32 085户，从业人员51 966人，注册资金126 652万元；2009年，办理私营企业开业登记554户，注册资本79 083万元；新增个体工商户8 548户，注册资金32 911万元。2. 切实做好个体工商户验照、私营企业年检工作，个体工商户验照率为94%，私营企业年检率为91%。3. 积极做好鼓励创业促进就业工作，认真做好农民工、下岗失业人员、复员退伍军人、大中专毕业生从事经营的登记工作，落实各项优惠政策，免收个体工商户证照类、登记类行政事业性收费共计18万。4. 认真组织开展安全生产清理整治行动，检查人口密集区域、场所265个，检查重点商品、重点行业经营户1 435户，其中涉及前置许可市场主体1 271户，检查企业登记档案120份，共发出责令改正通知书8份。5. 在严格执法的同时，认真做好教育、规范、疏导工作，全年回访被处罚主体480户，对600户轻微违法经营户予以从轻或免除处罚处理。

**【市场规范管理】** 1. 2009年，德宏州纳入工商管理的各类商品交易市场175个（城镇市场56个、农村市场119个），已办理营业执照90个，未办理登记注册85个，符合市场信用分类监管的有36个，认定A类市场24个、B类市场12个，在全州确定了重点示范市场4个。认真做好市场信用分类监管工作，认定1A级诚信市场31个、2A级诚信市场17个、3A级诚信市场9个、4A级诚信市场3个。2. 建立市场监管信息定期分析报告制度，从2009年第二季度开始，每季度向政府提交一份市场监管信息定期分析报告。3. 加大粮食市场监管力度，严厉查处以次充好、缺斤短两、串通涨价、欺行霸市、囤积居奇等扰乱市场秩序行为。全州登记在册粮食经营户297户，办理粮食收购许可证78户。4. 加强对商品展销会、动产抵押和拍卖监管。全州共办理商品展销会8场；企业动产抵押登记合同28份，借贷金额67 705.64万元；拍卖企业7户，共办理拍卖备案16起，拍卖委托书41份，拍卖委托书金额6 709.6万元，拍卖确认书89份，拍卖确认金额5 110.89万元，现场监拍16场。5. 加大宣传力度，努力营造禁塑工作氛围，强化日常监督管理。立案查处违法销售塑料购物袋案件6件，全州各大超市、商场已全部使用环保购物袋。6. 完善联防联控工作机制，加大甲型H1N1流感防控商品市场监管力度，切实维护市场稳定。全州登记在册鲜猪肉经营户有1 279户、猪肉制品经营户83户、仔猪经营户76户。加大禽流感防控工作力度，配合相关部门开展活禽和活体鸟类经营市场专项整治。7. 全州工商部门配合公安消防、安监等有关职能部门，排查歌舞娱乐场所73户、网吧67户、洗浴中心8户、影剧院3户、宾馆饭店337户，录像厅1户，下发《责令限期改正通知书》40份，《重大火灾隐患限期整改通知书》2份，《复查意见书》36份。8. 调整充实新一轮“禁防”工作队员。禁防工作队按照州“禁防”办工作部署，狠抓工作落实。州局党组拨出专项经费5万元，制定2009年禁防工作计划和进度计划表，签订禁防工作责任书，在11个村庄显著位置安放了永久性的“禁毒防艾，造福后代”宣传牌。深入走访70

户吸毒人员家庭,签订了保证书70份。六一儿童节前夕,工作队分别到街坡、大湾、木康、广相四所学校参加庆祝活动,向同学们宣讲禁毒防艾知识。利用节假日与村委会共同组织开展禁防工作宣传,并自编文艺节目参加芒市镇组织的汇演。大湾村在册吸毒人员有115人,死亡18人,强制戒断7人,巩固71人,无新增吸毒人员。全州工商系统严格落实防艾工作责任制,层层签订责任书,与266户普通宾馆、273户社会旅馆全部签订了责任书,共摆放安全套50多万只。

**【消费者权益保护】** 2009年,德宏州工商局以建立健全12315网络体系和消费维权制度为重点,采取保证各级12315投诉电话和网络畅通、加强业务技能培训、强化快速处置功能、建立定期信息分析制度等四项措施,进一步提升12315服务功能。12315指挥中心共接听热线电话6 961个,接待消费者来访、咨询6 235人次,收到短信30条,发布消费提示4条。受理消费者举报158件,通过举报查处案件34件。共通报消费申诉举报热点和违法动态11期、消费申诉热点、难点分析3期。

全州工商系统按照“统一标准,统一牌匾,统一制度,统一台账,统一承诺,统一公示”的要求扎实开展“农村食品安全示范店”创建活动,创建食品安全示范店330户。认真开展食品安全专项整治,集中开展打击违法添加非食用物质和滥用食品添加剂专项整治,查处制售假冒伪劣食品案件38件,案值54万元,查获假冒伪劣各类食品数量21 965千克。进一步推进索证索票和进销货台账制度,全州实现了县城所在地食品批发企业和食品批发商统一使用《食品进货台账及经营清单》,即粘贴式台账。依法办理食品流通许可证,全州已办理食品流通许可证300份。充分利用食品快速检测设备,认真开展流通环节食品质量监测,德宏州工商系统运用食品安全快速检测设备,对65类商品进行了食品快速检测,检测样品602个,合格595个,合格率为98.83%。继续抓好家用电器等十类重点商品的质量监管,全州1 008户十类重点商品经营户均按要求建立了索证索票和进货台账制度。组织开展流通环节食品安全事故应急预案演练,进一步增强全系统应对和处置突发事件的能力和水平。

**【反垄断与反不正当竞争执法】** 2009年,德宏州工商系统紧紧围绕保民生、保增长、保稳定工作大局,着力推进科学监管,服务科学发展,集中开展了流通领域产品质量和食品安全、打击走私贩私、查处虚假违法广告、打击传销、扫黄打非等专项行动。全州共立案查处各类经济违法案件1 519件,案值1 800万元,实现罚没收入829万元。

认真清查盗版出版物、淫秽出版物及政治性非法出版物,加大查处黑网吧力度,配合开展打黑除恶、扫黄、禁毒、反假币、反洗钱等专项整治,积极参与社会综治维稳工作,全州查缴非法音像制品979盘,取缔黑网吧5户,没收电脑15台。针对农村商品配送、送货下乡和农村集市等特点,切实加大电视机、洗衣机、电冰箱等“家电下乡”商品的监管力度,全州查处以家电下乡名义销售不合格家电、无照经营家电等违法案件4件,没收不合格光波炉75台。严厉打击走私贩私和经销无合法进口来源商品行为,从经营者主体资格、产品质量、产品包装装潢和产品标识等方面加强对经营进口商品的监管,共查处案件95件。认真开展了“两烟”打假打私、“风暴十二号”专项检查行动,检查经营户7 315户次,查处案件5起,取缔无证无照经营户133户,没收假冒、走私卷烟3 500多条。完善执法机制,推进治理商业贿赂工作开展,全州共立案查处商业贿赂案4件,有力维护了公平竞争的市场秩序。

严厉打击传销,加强对原转型企业经营活动的监控,对“安利”、“完美”组织的产品推广会等活动要求报备,并派专人到现场旁听。组织开展“打击传销百日联合执法行动”,配合公安部门开展对香港世界通网络涉传案调查取证工作,全州排查出涉嫌“世界通”传销人员63人;对“旅游快车”传销案正式立案调查,协助公安部门对6个主要骨干成员进行刑事拘留。全州共驱散、捣毁传销窝点或非法聚众场所16个,教育劝返参与传销人员59人,刑事拘留6人,收缴了一批用于传销活动的产品及相关资料,发放宣传材料6 000多份。

**【广告监督管理】** 2009年,德宏州工商系统以食品、药品、医疗广告和危害未成年人身心健康的非法涉性低俗不良广告为重点,组织开展打击整治网络淫秽色情等有害信息专项行动,对全州44家网站进行重点检查。加强广告监测,加大广告发布环节监管力度。加强对户外广告的登记管理,严把广告市场准入关,共受理登记各类户外广告1 298件。加大广告监管力度,严厉打击虚假违法广告行为,共查处违法广告案件84件。

**【商标监督管理】** 2009年,德宏州工商系统认真贯彻落实新修订的《德宏州人民政府关于推进商标战略工作的实施意见》,举办了2期“企业商标战略”培训班,培训300余人。全州共接待商标注册咨询服务621人次,走访商标企业732户。加大对云南省著名商标、德宏州重点扶持商标、重点出口企业商标帮扶力度,培育和争创一批云南省著名商标和中国驰名商标,增强企业的创新能力。全州新申报云南省著名商标17件,新申报中国驰名商标1件,新申请注册商标71件。全州共有云南省著名商标14件、德宏州重点扶持商标58件。加大商标保护力度,立案查处商标侵权案件50件。

**【计划财务工作】** 2009年,德宏州工商系统围绕“保经费、保运转”和财务“四化”建设开展财务工作。抓好财务人员业务培训,提高财务人员业务水平。认真组织开展全州财务监督检查,完成了全州5个单位的领导离任经济责任审计工作。按要求完成全州工商系统经营性国有资产的清理上报工作,为做好经营性国有资产管理改革工作打下了基础。截至12月30日,全州完成行政性收费93万元,完成省局下达预算任务54.3万元的171%;完成罚没收入829万元,完成省局下达预算任务450万的184%。

**【基本建设】** 2009年,德宏州工商系统完成了陇川县工商局新建办公大楼、潞西市工商局开发区分局新建办公大楼的审计工作;认真做好州工商局新建办公楼土地证办理工作;经省局批准,盈江县工商局办公楼、盏西工商所办公楼危房的拆除重建工作正在进行。

【老干工作】 2009年,德宏州工商系统共有离休人员6人、退休人员100人、提前退休人员60人。为切实做好老干部管理工作,州局成立了以局长为组长,班子成员为副组长,人教科、办公室、计财科、机关服务中心和老干办公室等科室负责人为成员的老干部工作领导小组,负责老干部日常管理服务工作。建立了州局领导与同级离退休干部联系制度和县(市)局领导与退休干部联系制度,确定老干部专兼职管理服务干部8名。制定了《德宏州工商行政管理系统离退休人员管理工作制度》,采取"三簿五册"工作法,使老干部工作进一步规范化、制度化。加强离退休干部党支部建设,全州共建立离退休干部党支部6个,有党员111名。为老干部订阅了《中国老年报》、《云南老年报》、《中国工商报》、《中国社会工作·老龄》等报刊杂志;州局还为离退休老干部每人解决120元的书报费,由他们自主选择订阅报刊。每月20日定期组织离退休老干部开展集体活动,并形成了制度。积极组织老干部外出疗养,全年共组织外出疗养三批,参加疗养30人。9月18日,组织开展公益"献爱心"活动,州局离退休干部20余人,前往潞西市大湾村木康小学开展"老手牵小手"活动。

【信息化建设】 2009年,德宏州工商局组织实施了"计算机"、"注册"、"执法"三个能手岗位大练兵技能大比武活动,全州共开展培训班21次,参加培训654人次,产生县级能手37名、州级能手3名、省级能手3名。全州工商系统在职干部职工参加了全国计算机一级考试。组织367名干部职工参加全国第30次计算机一级等级考试,有218人取得一级考试等级合格证。投入30余万元,配置移动执法终端190台,推进"移动执法"工作。

【消委会工作】 1.2009年,组织召开了理事会议,选举产生了第三届州消委会理事会机构及成员,规范和健全了组织和人员。按照"政府主导、工商推动、消费者参与、全社会齐抓共管"的模式,在全州乡镇、社区、商场推进"一会两站"建设,畅通人民群众的消费维权渠道,把消费维权与维护社会和谐稳定相结合,使"一会两站"成为政府的"第二信访部门"。全州已建成消委(协)分会55个、消费者投诉站和12315联络站650个,聘请义务监督员、维权联络员697人。2.紧紧围绕"消费与发展"年主题,认真开展2009年3·15国际消费者权益日宣传咨询服务和执法活动。全州组织各种宣传活动40余场,现场接受咨询1 250余人次,义务服务362人次,发放宣传资料6.5万多份,受众超过10万人次,现场受理投诉5件,挽回经济损失8 000元,展览并销毁假冒伪劣商品256个品种,货值51.35万元。3.开展了"第二届德宏州消费者喜爱商品(服务)"评选活动,组织了40件商品、107家服务企业参加评选。经初评、终审,评选出31件商品及36户企业为"德宏州第二届消费者喜爱商品(服务)"称号。全州各级消委会共受理消费者投诉453件,不予受理8件;涉及投诉金额超过120万元,接受咨询、接待来访共1 041人次,成功解决了446起投诉,办结率为98.5%,为消费者挽回经济损失达83万余元。

【个私协会工作】 1.2009年,组织召开了州个私协六届会员代表大会和六届一次理事会,选举产生了新一届协会领导班子,修改了协会章程。2.积极抓好入会宣传、会籍管理、会员参与等基础性工作,为会员解决各类纠纷40多件,挽回经济损失近30万元。3.依托协会优势,参与组织了全州民营企业高校毕业生招聘会。组织65家民营企业参加招聘会,提供各类就业岗位645个。4.认真贯彻落实鼓励创业贷免扶补政策,在全州范围内建立了6个高校毕业生就业见习基地,提供见习岗位74个,在云南省创业导师库网上录入创业导师91人,为41户符合贷款条件的创业者发放贷款205万元。5.成功举办"颂中华、迎国庆"六十周年文艺晚会,得到了党委、政府和广大会员的一致好评。6.全面开展个私协会党建工作,积极参加第三批深入学习实践科学发展观活动。

【广告协会工作】 2009年,通过加强行业自律和业务培训,积极引导行业发展,认真做好公益广告工作。潞西、瑞丽分别举办广告作品展,展示了本地广告企业的规模、水平和形象。

【社会主义新农村建设】 2009年,全州工商机关在红盾护农专项整治中立案查处假劣农资案件15件,案值7.73万元,没收了一批过期农药、玉米种子、化肥等;认真开展了种子留样备查工作,共留样备案玉米、水稻、小麦、西瓜种子558个;对农资经营主体资格进行清理规范,全州1 004户农资经营户普遍建立健全了"两账两票,一卡一书"制度,完善了农资市场长效监管机制;支持具有合法经营资格的农资经营户建立农资连锁经营服务网点236个;登记在册农村经纪人186户,其中新发展113户;登记在册农民专业合作社161户,成员2 620人,出资额6 234万元,其中新发展105户,成员1 893人,出资额4 253万元;加大涉农合同推广力度,推行省局制定的"甘蔗种植订购合同"、"蔬菜买卖合同"、"水果买卖合同"等四个涉农合同示范文本275份;加强"涉农"合同检查,及时解决合同纠纷,共检查各类合同3 690份,合同金额15 550万元。

制定了《2009年大湾村委会新农村建设工作计划》,并抽调副科长1人、主任科员1人为工作队成员,4名同志常驻大湾村开展工作。州工商局党组为工作队配备车辆1台,投入新农村建设经费3.8万元,用于11个村民小组19名联络员补助、驻村工作队员出勤补助、11块永久性宣传广告牌的制作、组织村干部外出考察等支出。

5月、11月,两次组织大湾村干部群众赴腾冲、盈江、陇川、潞西市遮放、风平等地考察种植基地和社会主义新农村建设情况。8月18日,从大湾村选送两位种植能手到陇川户岛村枇杷协会学习枇杷种植技术,由州工商局出资购买了

100株种苗在大湾试种。认真落实农村产业调整政策,召开群众动员大会8次,动员种植竹子303亩、香料烟610亩。指导完成了大湾村10个村民小组的换届选举工作。认真开展学习实践科学发展观活动,制定了《芒市镇大湾村委会开展深入学习实践科学发展观活动实施方案》。全村挂牌创建平安家庭907户,创建率达到76%。

【大事记】

3月30日~4月1日,云南省工商局第四片区基层单位深入学习实践科学发展观全员培训动员会议在芒市召开,省局党组成员、副局长周发洪出席会议并就全员培训作动员和辅导讲话。

6月2~3日,省工商局市场处张建学处长一行4人代表省政府第二检查组到德宏州对"禁塑"工作进行检查和指导。

【2009年受到表彰的单位和个人名单】

德宏州工商局12315指挥中心、瑞丽市工商局女子市场巡查队被全国妇女巾帼建功活动领导小组评为"全国巾帼文明岗"。

潞西市工商局荣获全国工商行政管理系统商标工作先进集体称号。

盈江县消协被中消协评为全国2009年"消费与发展"年主题活动先进单位。

德宏州工商局信息中心主任徐林被国家工商总局评为全国工商系统信息化建设先进个人。

盈江县消协罗有助荣获全国消协组织保护消费者权益先进工作者称号。

盈江县个私协杨进春被评为全国个私协会先进工作者。

姐告工商分局被省人事厅、省工商局记集体二等功。

德宏州工商局党组书记、局长黄春伟被省人事厅、省工商局记个人二等功。

畹町工商分局局长朱卫华被省人事厅、省工商局记三等功。

潞西市公平交易股(经检大队)获"云南省工商行政管理系统先进工商所(队)"称号;张槟峰荣获全省工商系统先进工作者称号。

瑞丽市工商局干部郭聪被评为全省工商行政管理系统先进个人。

德宏州工商局、潞西市工商局、瑞丽市工商局、梁河县工商局、盈江县工商局、陇川县工商局被命名为云南省第12批省级文明单位。

德宏州工商局被省工商局授予全省推进商标战略实施工作先进单位,荣获二等奖。

德宏州工商局荣获2008年度全省财务报表考核一等奖。

德宏州工商局被省工商局评为全省奶制品市场整治先进集体。

吴猛、龚宜进、李慧琴分别被省工商局评为2009年度执法办案能手、计算机操作能手、注册登记能手。

德宏州工商局干部孔维福荣获全省工商系统政务信息工作二等奖。

瑞丽市工商局干部姚承坤荣获"2008年度全国法制好新闻三等奖"和全省工商行政管理系统新闻报道工作二等奖。

【2009年任职的局领导名单】

党组书记、局长　黄春伟
副 局 长　卢振伟　罗德宏　赵卫平
纪检组长　胡　宁

## 潞西市

【概况】 2009年,潞西市工商局共有在职干部职工108人、离退休干部42人。内设8个股(室)、4个分局、1个工商所。代管的群团组织有潞西市个私协会、消费者协会、广告协会。

2009年,潞西市工商局始终以深入学习实践科学发展观为主线,紧紧围绕总局"四个统一"、"四化建设"、"四个转变"、"四高要求"和省局"三个到位"、"六个好"工作目标;着力深化"边境口岸好工商"建设,紧扣"服务效能提升年"主题,切实做好"科学监管促进科学发展"和"服务经济发展大局",突出抓好六项重点工作,结合实际,在执行上下功夫,在落实上做文章,在监管上谋创新,在服务上求实效,重点以实施周志月考制度为推动,在片区监管服务精细化管理上寻求新突破;以实施案件评审考核制度为推动,在基层行政执法工作上寻求新突破。不断加强班子和队伍建设,尽职尽责加强市场监管,尽心尽力服务经济发展,坚持不懈推进制度创新,扎扎实实加强队伍建设,拓宽服务领域,监管水平得到提升。为营造规范有序、公平竞争市场环境和安全健康消费环境做出了积极贡献。

【法制建设】 1. 2009年,潞西市工商局继续认真做好"五五"普法工作,开展"一日一题、一月一法、一季一例"法律知识学习培训。2. 进农村、进学校、进企业、进社区、进机关的"五进"活动,进一步提高了干部职工的法制意识、经营户的诚信守法意识,增强消费者依法维权意识。3. 制定实施了《潞西市工商局办案积分考评与奖励办法》,有力推动了全局行政执法工作,开创了人人会办案的良好局面,顺利完成基层工商干部从"收费监管型"向"服务监管型"转变。4. 利用"3·15"、"4·26"、"6·26"、"12·4"法制宣传活动广泛开展宣传教育,营造学法、用法、守法、护法氛围。认真落实案件网上审批和各类案件核审工作。5. 重点抓好计算机操作技能培训,到各办案机构进行案件网上审批业务培训。全年办理行政执法案件606件。

【纪检监察】 2009年,潞西市工商局建立健全机构,将责任进一步细化,层层签订责任书,使党风廉政建设的任务和责任落实到每个部门及环节,形成上下协调、齐抓共管、全员参加的工作格局。修订完善了《督察制度》、《政治思想联系制度》、《财务管理工作制度》,工作过程中切实做到制度化、规范化,着重加强对行政执法和会费收取的监督。积极探索,深入推进工商廉政文化建设教育活动,拟定了《廉政文化实施方案》,按照"五进"要求,开展了诗书漫画、格言警句、文艺汇演、知识竞赛等不同形式的倡廉活动,不断推进党风廉政建设向纵深发展。

【人事教育】 2009年4月起,潞西市工商局认真开展了以党组认识"高"、安排部署"快"、培训方案"活"、培训活动"实"、学习形式"新"、宣传氛围"浓"为特点的学习实践科学发展观活动。开展各种政治业务学习，学习内容包含《科学发展观》、《危机教育》、《行政机关公务员处分条例》、《阳光四制》等，有针对性地进行思想教育和业务技能培训，以提高干部职工政治敏锐性和监管执法水平。全面推进基层规范化建设，按照省、州局的要求，把推进基层工商所规范化建设作为做好全局工作的抓手，全面推进基层工商分局（所）规范化建设。2009年潞西市工商局向州工商局上报的4个分局（所）全部通过了基层规范化建设达标考核。

**【企业注册登记管理】** 2009年，潞西市工商局办理内资企业开业登记34户、注销49户。截至年底，共有内资企业182户，其中：国有企业61户、集体企业63户、股份合作企业17户、公司41户，注册资金43 661万元。2008年度企业营业执照应年检数为744户，已检690户，参检率92.7%，对逾期未参加年检、换验照的企业依法进行吊销营业执照处理。2009年，潞西市共登记农民专业合作社39户、成员649人，出资额1 763.76万元。

**【企业监督管理】** 2009年，潞西市工商局办理私营企业开业登记22户。截至年底，全市共有私营企业602户、从业人员8 695人、注册资金104 276万元。全年新登记个体工商户1 509户，截至年底，共有个体工商户9 184户、从业人员16 053人、注册资金44 640万元。2008年度个体户营业执照应验数为7 783户，已验7 569户，验照率97.2%，对逾期未参加验照的个体工商户依法进行了吊销营业执照处理。

**【市场规范管理】** 1.2009年，潞西市工商局制定实施了《潞西市工商局食品配送车备案登记管理办法》。以农村食品店、集贸市场、超市等为配送对象的食品经营户配送车辆和人员实行资质登记，在配送车辆上粘贴醒目标识，督促经营者履行八项制度，严格查验、规范配送，形成工商监管、经营户自律、社会监督立体式监管格局。逐步实现了食品安全"三方共赢"的局面。2. 着力做好"农村食品安全示范店"创建工作，加强食品市场诚信体系建设，切实构建流通环节食品安全长效机制，共创建食品安全示范店73户（城镇示范店28户，山区示范店45户）。3. 以开展商品交易市场信用分类监管为重点，加强市场监管，推动市场诚信体系建设，按要求评选出"1A诚信市场"5个、"2A诚信市场"4个、向州工商局推荐上报"3A诚信市场"4个、"4A诚信市场"2个，同时，通过潞西市工商局阳光四制宣传栏和政府信息网站向社会公示了创建结果。建立市场监管信息定期分析报告制度，每个季度对市场主体变化、农副产品农资价格、流通环节食品监测、消费热点、违法广告监测、商标申报注册等情况形成分析报告，上报州局和当地党委政府。

**【消费者权益保护】** 1.2009年，潞西市工商局分别开展了节日食品市场专项整治、"育颀牌"果香型固体饮料专项检查、打击流通环节违法添加非食用物质和滥用食品添加剂、猪肉市场专项检查、仿瓷餐具市场专项检查、不合格取暖器电热毯专项检查、高考期间学校周边环境整治、烟花爆竹专项整治、饮水机市场专项检查、"剑石牌"香甜泡打粉专项检查、家电下乡汽车摩托车下乡市场专项整治等专项检查，查获一批不合格商品，有力地维护了消费者的合法权益。2.2009年圆满完成了"一会两站"的建设工作，全市共有消费者维权机构279个，聘请义务监督员266人。3.2009年，潞西市保护消费者权益委员会、12315申诉举报中心共受理消费者投诉、申诉、举报239件，涉案金额1 257 248元，挽回经济损失27.1万元。

**【反垄断与反不正当竞争执法】** 1.2009年，潞西市工商局公平交易执法共查办各类案件606件。2. 认真开展"两烟"、"扫黄打非"、易制毒化学危险品、报废汽车、食品安全、打击传销、红盾护农、成品油市场等专项整治行动，取得较好的成效。

**【广告监督管理】** 1.2009年，潞西市共有广告经营单位41户（电视媒体1户、有限公司14户、个体工商户26户），广告从业人员175人。2.2009年，查处违法虚假广告54件，拆除违法布标广告58条，没收违法广告印刷品1 400余份。3. 全年办理户外广告登记、核发《户外广告登记证》659件。4. 对虚假违法医疗、药品和保健食品、化妆品广告进行专项整治。5.2009年，购置了微波接收器、电视盒及录制设备等，对电视媒体广告实行全天24小时监测，变被动监测为主动监测，提升了广告监管水平和执法手段。利用监测设备监测电视媒体广告2 856条次。

**【商标监督管理】** 2009年，潞西市工商局积极开展"一所一标"活动，完成申报商标注册17件、续展1件。截至2009年底，共有注册商标226件（其中云南省著名商标6件、州人民政府重点扶持商标22件），2009年8月被国家工商总局授予"全国工商系统商标工作先进集体"称号。

**【基本建设】** 2009年，潞西市工商局先后投入经费3万余元，制作各类公示牌289块、岗位职责牌110套，设置举报箱12个、意见箱11个、意见簿6本，安装信息查询专用电脑6台、电视机2台，公布投诉举报电话号码8个，通过"潞西市人民政府信息公开门户网站"和市局机关阳光四制宣传栏发布重大决策听证公告1期、重点工作通报16期、重要事项公示3期、阳光四制宣传栏简报8期，按要求安装并运行政府公文交换传输系统、行政执法案件网上办案和网上信访三个系统平台。

**【信息化建设】** 2009年，潞西市工商局按照信息化建设实施方案，强化对信息化建设工作重要性和紧迫性的认识，进一步加大信息化建设投入，共投入资金8万余元，购置电脑23台。全局已配备电脑124台，干部职工人均1.15台。举办计算机培训2期，受训150人次。

**【消委会工作】** 1. 广泛宣传《消费者权益保护法》，3·15期间到潞西市街心花园、潞西市三台山德昂族乡隆重举行以

"消费与发展"为主题的纪念"3·15"国际消费者权益日宣传咨询服执法务活动。通过发放各种宣传材料,摆放宣传展板,悬挂宣传布标,展示假冒伪劣商品,现场受理投诉,现场检测食品等活动,广泛宣传了"消费与发展"的主题,营造了公平、安全、和谐的消费环境,增强人民群众消费维权意识。2. 认真开展"诚信单位"评比活动,已申报17家"诚信单位"。

【个私协会工作】 1. 通过组织爱心助学、知识讲座、义务服务、外出参观考察等各种活动加强了协会的组织协调能力、提升了协会的形象,增强了会员之间的凝聚力和向心力。2. 通过积极做好"贷免扶补"、建立"创业导师库"工作,真正做到以创业带动就业。2009年,个私协成功帮助11户首次创业人员申请到创业贷款55万元,同时带动安置了38人就业。3. 继续组织开展"爱心资助贫困大学生"活动,帮助贫困大学生走好求学之路。4. 通过培养个私党员和增强协会党支部建设,发挥个私党支部的战斗堡垒和个私党员的先锋模范带头作用,积极引导和带动广大个私经营户诚信经营、健康发展。

【广告协会工作】 1. 抓服务,促发展,认真做好会员服务工作,努力建设服务型协会,抓宣传,强意识,增强诚信兴商意识;抓自律,促规范,建立广告行业内部的监督和约束机制;抓活动,促交流,增强协会的组织力和凝聚力。2. 为庆祝祖国60年华诞,广告协会于9月28日~10月4日举办了芒市地区第二届广告作品展。一共有16家单位共50幅作品参展。

【2009年任职的局领导名单】

党组书记、局长　李春涛

副 局 长　胡　涛　王爱民

　　　　　张卫春( ~2009.04)

纪检组长　官必元

## 瑞丽市

【概况】 瑞丽市工商局有在职干部职工84人,有退休人员31人。设有7个职能股(室)、3个工商分局、2个工商所;设5个党支部;有4个代管社团组织,即个体私营经济协会、消费者权益保护委员会、广告协会、宝玉石协会。

2009年,瑞丽市工商局以邓小平理论和"三个代表"重要思想为指导,深入学习实践科学发展观,认真贯彻落实党的十七大、十七届三中、四中全会、中央经济工作会议精神和省、州工商行政管理工作会议精神,紧紧围绕保增长、保民生、保稳定的工作大局,按照努力实现国家工商总局"四个统一"、"四化建设"、"四个转变"、"四高目标"和云南工商"三个到位""六个好"以及德宏工商"五型工商机关"创建、"五好工商所"建设工作目标的要求,立足瑞丽工商工作实际,大力推进科学监管促进科学发展,以贯彻实施责任政府和阳光政府四项制度为保障,深入开展"服务效能提升年"实践活动,狠抓六项重点工作落实,各项工作都取得了新成绩,为促进瑞丽经济社会平稳较快发展和社会稳定和谐作出了积极贡献。

【法制建设】 1. 2009年,瑞丽市工商局按照"五五"普法和"依法治市第三个五年规划"工作要求,有针对性地开展了法制宣传教育活动,充分运用"法律六进",开展了以"学法律、讲权利、讲义务、讲责任"为主题的"法律进机关"活动,结合新农村建设和禁毒防艾工作,进一步丰富"法律进农村"活动;结合完善服务与依法经营,拓展"法律进企业"活动;结合普法宣传及消费维权,推进"法律进社区、进学校"活动。2. 执行了每季度一次的法制研讨会制度,通过以案说法,以会代训的形式,加大培训力度,切实解决办案机构在行政执法中遇到的热点、难点问题。3. 认真开展案件核审工作,共核审案件219件,无一起复议、诉讼。4. 加强业务培训,开展"一日一题"、"一季一案"、"一法一考"学习培训活动,建立了统一的个人学法档案。5. 认真组织开展执法办案岗位大练兵竞赛活动,对全局执法办案人员进行了文书使用、网上办案流程操作、《工商行政管理机关行政处罚程序规定》、《工商行政管理机关行政处罚案件听证规则》、《无照经营查处取缔办法》、《德宏州工商行政管理机关行政处罚自由裁量权实施办法(试行)》等法律法规及相关问题的集中学习培训,选拔了6名班干部职工参加了全州工商执法办案能手竞赛活动。6. 开通了网络专线,与县检察院接通行政执法与刑事司法信息共享平台,实现执法部门信息共享。

【纪检监察】 2009年,瑞丽市工商局认真学习贯彻有关党风廉政建设会议精神,进一步落实党风廉政建设责任制,层层签订党风廉政建设责任书,构建了责任明确、目标具体、逐级负责的廉政责任体系,同时向干部职工家属发放"家庭助廉倡议书",构筑反腐倡廉家庭防线。积极开展警示教育、预防职务犯罪专题讲座等、"加强党性修养,弘扬新风正气"为主题的各项教育活动,以开展"整顿队伍作风纪律促进工作到位"为手段,切实加强队伍作风纪律,促进各项工作任务落实到位;进一步加强风险点管理工作,制定了《瑞丽市工商局开展风险点管理工作实施方案》,在全局各部门对可能涉及风险岗位、风险环节、风险部位和风险人员等风险点进行梳理造册,制定了防范措施。抓好惩防体系《实施纲要》的贯彻落实,从6个方面42个分类项目把工作任务分解到各个部门;认真开展专项治理工作;积极开展工商廉政文化建设试点工作,把激发干部职工参与党风廉政建设作为着力点,大力开展廉政文化进机关、进基层、进岗位、进家庭、进市场活动,不断营造浓厚的廉政文化氛围;继续开展基层执法人员向监管服务对象代表述职述廉工作;扎实开展"工商转型、纪检监察怎么办"专题讨论活动;深入推进责任政府"四项制度";加强对实施阳光政府"四项制度"监督检查,对"阳光政府"四项制度的各项工作制度、实施细则以及六项重点工以及干部职工人员身份、岗位职责等进行公示,通过采取"上墙、上网、上桌、上显示屏"等形式,增强了落实阳光政府四项制度的宣传力度和良好氛围,切实做到"八公示"、"八统一"。

【人事教育】 1. 加强队伍学习培训和教育管理工作。采取集中学习、个人自学的方式,认真组织开展了各类政治理论学习和考试活动,干部职工撰写心得体会164篇,组织参加政治理论考试159人次。2. 抓好城乡干部岗位轮换,基层队伍活力明显增强,调整了6名股所级干部,对城乡13名干部工作岗位进行了调整。3. 加强队伍管理,制定《瑞丽市工商局干部职工高考录取奖励办法》、《瑞丽市工商局关于调整干部职工接送子女上(放)学的规定》。4. 抓好在学习实践科学发展观活动中找出的两个问题的整改落实。与安宁市工商局开展边疆党建文化长廊活动,组织各党支部书记、工青妇有关负责人到安宁市工商局参观学习;组织干部职工进行体检。5. 认真组织开展深入学习实践科学发展观活动全员培训活动。6. 扎实开展"五型"工商机关创建和"五好"工商分局(所)创建活动,各分局(所)把创建目标任务细化到人,由责任人负责创建活动的相关工作和日常事务。7. 深入开展基层规范化建设,提出十二项措施,规范了基层内设机构设置,统一门头牌匾和公示栏,实现外部标识的规范。8. 强化内务管理制度,重点抓考勤管理制度,制定工商所(分局)工作流程,实现工商所(分局)工作行为和工作流程的规范,强化市场监管工作机制,实行划片到组,责任到人。

【企业注册登记】 2009年,瑞丽市工商局强化市场准入服务,认真落实"一审一核"、"一人多专"、"AB"角工作机制,进驻政府行政许可服务大厅,方便了行政许可申请人,促进了各类市场主体健康快速发展。截至2009年底,全市登记注册的内资企业有249户,注册资金22 710万元;圆满完成2008年度企业年检工作。

【企业监督管理】 2009年,瑞丽市登记在册的私营企业有688户,注册资金119 064万元,有从业人员1 360人。登记注册的个体工商户有8 073户,注册资金32 971万元,有从业人员12 109人;外国籍自然人个体工商户有356户,注册资金1 210万元,有从业人员424人。圆满完成2008年度个体工商户验照工作和私营企业年检工作。

【市场规范管理】 1. 依法开展拍卖监管、展销监管、动产抵押工作,全年共办理拍卖备案11起,现场监拍11场,备案标的物78宗,成交55宗,成交金额1 770.8万元;办理企业动产抵押登记合同5份,抵押物价值19 891万元,借贷金额13 046万元;办理注销登记4份。2. 加强对商品交易市场的监管,全市共有各类市场36个,已登记注册的12个,其中:综合市场4个、农副产品市场2个、工业品市场6个,圆满完成商品交易市场信用分类监管信息录入工作。3. 加强新农村建设工作,进一步深化"七农"工作机制,积极探索新农资市场监管模式,严把农资市场主体准入关;进一步完善农资市场"经济户口"台账,认真做好种子留样备查和种子公示工作,全面推行"农资进销货登记备查"管理制度,开展红盾护农专项执法,严厉打击生产销售假冒伪劣农资行为。在农村经纪人发展和农民专业合作社及合同示范文本方面取得了突破,发展农村经纪人41户、农民专业合作社7户,推广了2份合同示范文本。建立完善"红盾护农"维权网点的建设,在全市范围内相继建立了"一会两站"53个,聘请联络员53人,初步形成了能覆盖全市城乡的维权网络。4. 扎实开展诚信市场创建活动,认定了"2A级诚信市场"3个。5. 开展好推安防艾工作,继续加强对44户普通宾馆、102户社会旅馆的监管,免费发放安全架及宣传卡280套、安全套10万支,安全套摆放率达100%。6. 认真开展"禁塑"整治工作,组织力量深入超市、商场、集贸市场、商品批发零售场所广泛宣传。7. 抓好各类节日市场、农村食品安全、成品油市场、电力电信广播电视设施市场、卫星电视地面接收设施市场等10多项专项整治工作。8. 进一步落实市场巡查制和片区监管责任制积极推进基层市场监管方式的改革,强化责任意识,分片到组,责任到人,建立长效监管机制,促进监管职能全面到位。

【消费者权益保护】 1. 继续开展好"一会两站"工作,在全市5个乡镇、26个行政村、7个社区和6个农场分场建立消委会分会6个、"两站"53个,聘请义务联络员53名,"一会两站"已全部覆盖了瑞丽市所有乡镇、村、社区、农场分场,及部分学校、行协、商场、超市、市场、企业等,并发放了统一受理文书、工作流程以及工作职责,对相关人员进行了集中培训并发放了聘书。2. 加强"十类重点商品"监管,对辖区内的十类重点商品经营户建立了监管台账,全市232户十类重点商品经营户建立了索证索票制度和进销货台账制度。3. 全年共受理消费者申(投)诉152起,涉及金额49 558.3元,已解决151起,调解无效1起、移交旅游局处理1起,提供相关咨询服务320人次。4. 利用食品快速检测设备共开展了107个批次的食品快速检测,未发现不合格情况。

【反垄断与反不正当竞争执法】 1. 2009年,瑞丽市工商局共查处各类经济违法违章案件245起,其中简易程序处理19件,案件总值962.82万元,罚没款213.67万元。2. 认真做好对违法行为人的警示与疏导工作,全年未发生一起行政复议案件及因案件处理不当引发的维稳事件。3. 按照《食品安全法》要求,严把市场准入关,做好《食品流通许可证》的核发工作,截至2009年底,共发放了62份《食品流通许可证》。4. 截至2009年底,全市996户食品经营户都已建立了"两项制度",建立了食品经营者监管台账、流动食品摊点备案台账、食品安全示范店台账、乳品经营户监管台账。扎实推进"农村食品放心示范店"工作,全年创建了47户食品安全示范店,统一悬挂了"食品安全示范店创建户"公示牌,并在当地媒体进行公示。5. 积极探索境外食品监管,在多个部门的努力下,境外食品有了国内的检验报告,确保广大人民群众的食品安全。6. 以节日食品市场整治为主,集中开展产品质量和食品安全专项执法检查,全年共出动执法人员1 231人次,出动执法车辆743台次,检查各类食品经营主体13 010户次,共收缴各类过期变质食品(含现场销毁)1 086吨,下架退市不合格食品(含无中文标示、无检验报告外国食品)1 151千克,取缔无照经营户1户。共查办食品案件32起,案值129.3万元,罚没款50.35万元(其中:假冒伪劣案件11起,案值3.6万元,罚没款2.27万元)。7.积极开展"两烟"打假打私工作,共出动了执法人员248人次、车辆135台次,检查卷烟经营户676户,查获走私卷烟60条、回流烟20条、非烟133条。8.积极开展打击传销专项整治,组织开展了"打击传销百日联合执法行动"和"打击传销宣传月"活动。9.积极开展"扫黄打非"活动,收缴淫秽低俗音像制品133盘、"文化衫"308件、不合格儿童玩具枪18把、玩具枪子弹45小袋、抽奖券7 630张,移交文化局处理非法光盘盒套1.8万个、光盘印刷品3 000余份。

**【广告监督管理】** 1.认真开展广告经营单位日常监管和年检工作,监测抽测电视广告66条,完成应检广告经营单位年检工作。2.认真做好户外广告登记,引导商家依法发布广告,为广大消费者营造良好的广告导向,发放宣传资料2 000余份,检查药房,诊所各类店堂医疗广告140条,拆除未经登记擅自发布的户外广告152条(块)。3.全年查办广告违法案件6件,罚款2.46万元。

**【商标监督管理】** 1.认真落实"商标富农"工作及"一所一标"、"一所多标"工作机制。建立了《辖区注册商标登记监管台账》、《拟培育、发展商标台账》,认真开展商标法规宣传,引导商家树立品牌意识,主动帮助商家查询、代办注册商标。共走访动员经营户220余户,走访动员企业个体经营户180余户,发放"商标注册建议书"、"商标策略提示书"180余份,代理注册商标20件。2.积极开展争创"云南省著名商标"工作,2009年瑞丽市有注册商标66件,其中云南省著名商标7件、德宏重点扶持商标5件,培育发展了19件涉农产品商标。3.加大注册商标专用权的案件查办,全年共查处商标违法案件14起,罚没款7.4万元。

**【计划财务工作】** 1.严格执行收支两条线和有关财务制度,做到按时上缴和合理开支,没有发生违纪违规行为,确保了各项工作正常运转。2.积极推进会计电算化工作。使用了出纳票据通软件,财务工作完全实现了会计电算化。3.公开单位财务管理制度、公开经费预算执行和经费开支情况、公开行政性收费标准及收费执行结果情况。4.开展业务培训,提升财务人员素质。组织财务人员学习财务制度和计算机操作,规范票据填写,规范财务行为。5.2009年,收取并上缴行政事业性收费26.01万元、罚没款231.01万元。

**【基本建设】** 2009年,瑞丽市工商局购买了224.4平方米的一套商品房作为办公地点,解决了瑞丽市工商局珠宝街工商所长期无办公场所的困境;办公设施装备方面,采取"以旧更新"的方式购置了4辆汽车。

**【老干工作】** 1.坚持定期召开老干部工作会议和党支部的组织生活会,传达学习党的路线方针政策,学习老干部政策和党内法规知识。2009年,重点组织学习了党的十七大精神、《党章》等。2.针对老干部提出的问题,积极热心地为老干部排忧解难。3.定期向老干部通报工商工作情况,广泛征求老干部对工商工作的意见和建议;4.组织召开提前退休老干部座谈会,进一步明确老干部管理工作制度。5.建立了局领导联系老干部工作制度,明确了日常工作内容。6.积极开展为老干部送温暖活动,组织干部职工对老干部每季度进行家访一次,对生病住院的老干部做到及时到医院或家中探望,协助老干部办理慢性病保险事务等。

**【信息化建设】** 1.开展了执法办案能手、注册登记能手、计算机操作能手"三个能手"为主的业务培训活动。选拔了6名"执法办案能手"、6名"注册登记能手"、4名"计算机操作能手"参加全州竞赛,其中干部张炎丽获得州级"注册登记能手"称号。2.采取以会代训的方式,举办了行政执法办案知识培训、财务管理知识培训和商品交易市场信用分类监管信息化建设软件培训及全国计算机等级考试培训等培训会。3.调整了市局信息化建设领导小组,加强了对计算机设备的管理和运用及网络安全工作。开通了电子政务专线,确保电子公文交换工作顺利开展。4.2009年,全局共有电脑87台、打印机25台、复印机1台、碎纸机2台、投影仪1台、扫描仪8台、摄像机2台、数码照相机14台。

**【消委会工作】** 2009年,瑞丽市消委会工作围绕"消费与发展"年主题,积极开展为群众和消费者的咨询宣传服务,加强与各理事单位的联系与协作。以"3·15国际消费者权益日"为契机,在全市范围内广泛开展了为期一个月的宣传活动。召开了"3·15"活动座谈会,相关理事单位共同参加,通报2008年度各理事单位开展消保维权情况,安排了2009年纪念"3·15国际消费者权益日"活动暨执法服务宣传活动的各项工作。活动中,展出宣传展板33块,悬挂宣传布标48条,并对10个主要集贸市场进行了一次设点宣传活动,共发放各类宣传材料1.4万份,销毁各类假冒伪劣、过期变质物品15类,市场价值399 516元。

**【个私协会工作】** 1.加强协会指导工作,充分发挥协会与政府、协会与会员的桥梁纽带作用。2.认真遵守财务管理制度,严格按标准收取会费。3.成功组织了傣族舞蹈和配乐诗朗诵两个节目参加全州个私"颂中华.迎国庆"文艺演出活动。4.顺利完成了瑞丽市个私协会换届工作。5.认真开展"贷免扶补"工作,积极鼓励创业、促进就业。截至11月底,成功完成帮扶创业者10名、帮扶成功就业者30名,建立创业导师库导师13名。

**【广告协会工作】** 1.截至2009年底,瑞丽市有广告经营单位38户、从业人员1 078人,有会员23人。2.加强对广大会员法律法规和专业知识的学习培训,有8名技术人员通过云南省广告专业资格考试,取得了专业资格证书。3.积极参与公益广告制作,与市电视台设计制作了“绿色瑞丽”的公益广告。4. 积极配合工商部门实施商标战略工作，帮助代理注册商标6件。

【2009年任职的局领导名单】

党组书记、局长　李红彦（~2009.05）
　　　　　　　　朱卫华（2009.05~）
副 局 长　赵佳鸿　张　龙
　　　　　何　艳（~2009.07）
纪检组长　吴永新

## 梁河县

【概况】　梁河县工商行政管理局有内设机构9个，派出机构有2个分局、2个工商所，工、青、妇组织健全。全局有在职干部职工47人，其中公务员43人、事业编制人员2人、合同制工人4人，有退休人员23人。在职人员中，取得本科学历的有20人、专科学历26人、中专学历2人、高中学历1人。

2009年，梁河县工商局从保增长、保民生、保稳定的工作大局出发，认真贯彻落实省、州工商工作会议精神，努力实现国家工商总局“四个统一”、省工商局“三个到位”、“六个好”和州工商局“打造边境口岸好工商”工作目标，立足梁河工商工作实际，大力推进科学监管促进科学发展，以贯彻实施责任政府和阳光政府四项制度为保障，深入开展“服务效能提升年”实践活动，狠抓六项重点工作落实，各项工作都取得了新成绩。

【法制建设】　2009年，梁河县工商局认真落实“五五”普法规划，加强法制宣传培训，不断提高全县工商系统干部职工的法律水平和业务素质。1. 制定学习培训计划，推行“两个一”学习制度，采取办培训班、以会代训、专题讲座、以案说法、典型案例分析等形式，开展法律法规知识学习。2. 探索推广互动式培训方法，使培训更具有针对性，增强培训效果。3. 认真做好案件核审工作。严把案件质量关，依法正确行使自由裁量权，对处罚金额较大、案情复杂、需要吊销执照的行政执法案件一律由案审会讨论决定。4. 认真开展执法案件评查、检查、法制督察等多形式的执法检查。全年共召开案审会议22次。5. 对新执法文书的使用进行了专题培训。6. 认真贯彻执行省政府阳光政府“四项制度”，确保“服务效能提升年”目标的实现。组织召开首例行政许可听证会。推进政务公开，做到“八公示、八统一”，制作各类公示牌163块、设置意见箱4个、意见簿4本、查询专用电脑4台，在注册厅设置一台大屏幕电视机滚动播放政务公开事项。按时开通“96128”政务信息电话专线，在“政务信息公开门户网站”开设“阳光政府四项制度”专栏，共发布重要事项公示共4期、重点工作通报4期。

【纪检监察】　1. 层层签订了2009年党风廉政建设责任书34份。2. 严格执行党组议事规则，凡重大事项、大额资金使用必须经过党组会议研究决定。3. 加强反腐倡廉学习教育，组织干部职工观看警示教育片，邀请县检察院同志进行预防职务犯罪知识讲座专题教育课，以案说法。4. 结合“七个一”活动，抓好廉政文化建设，干部职工撰写反腐倡廉学习心得47篇，向全局干部职工发送廉政短信144条，积极参加州纪委举办的廉政公益广告比赛，梁河县工商局选送的作品《透明》荣获平面类一等奖。5. 进一步加强风险点管理工作。围绕行政审批权、行政执法权、队伍管理权，把市场准入、市场监管、行政执法、财务管理、人事管理等重点环节和岗位纳入风险防范管理。6. 认真开展基层执法人员述职述廉工作，监管服务对象代表对基层二级班子的述职述廉满意率为100%，对一般执法人员的综合满意率为97.3%。

【人事教育】　1. 认真开展深入学习实践科学发展观活动。共召开党组会4次、中层干部会3次，领导动员讲话3次，共组织开展集中学习12次，全局干部职工共撰写心得体会49篇，形成调研报告12篇。2. 认真落实州工商局《边境地区工商所（分局）规范化建设实施方案》的要求，加强对规范化建设工作的组织领导，投入资金5万余元，为工商分局（所）配备了相应的办公设备和执法装备，美化办公环境，促进基层规范化建设工作有序地开展。2009年，共申报基层规范化建设单位3个，均已通过州局初步考核验收。3. 进一步完善选人用人、职级晋升、责任追究、轮岗交流制度。加强年轻干部培养，充分调动干部队伍工作积极性。

【企业注册登记】　2009年，全县个体工商户应验照2 379户，实验照2 243户（其中：注销127户），验照率为94%；验照后户数2 116户，验存率89%。经查实对136户属自然流失、自动歇业，查无下落的个体工商户进行吊销营业执照处理。2009年新登记个体工商户594户，截至12月，全县共有个体工商户2 846户，有从业人员3 477人，注册资金6 710万元。全县应检内资企业91户，实检91户，年检率100%；应检私营企业133户，实检130户，延期年检3户，年检率98%；共有内资企业86户，注册资金14 966万元；共有私营企业141户，投资者人数562人，雇工人数1 896人，注册资金11 970万元。2009年办理私营企业开业登记13户。

【市场规范管理】　1. 建立健全市场监管长效机制，扎实开展“两烟”打私打假工作，参与了3次烟草“风暴”专项行动。2. 认真开展学校周边环境整治工作，认真开展清理无照经营、整顿“黑网吧”、“扫黄打非”工作，严查文化市场非法出版物，净化学校周边经营环境。3. 以高压态势，严厉打击传销和变相传销行为，维护社会稳定，努力营造公平竞争、规范有序、诚信和谐的市场环境。4. 深入开展安全生产大检查。重点加强对烟花爆竹、危险化学品、超市等人员集聚娱乐场所等的整治，消除安全隐患。5. 依托“万村千乡市场工程”，与商务部门互相协作，创建“农村食品安全示范店”31户、万村千乡示范户15户。并对“农村食品安全示范店”进行了检查考核验收。6. 着力开展“诚信市场”创建工作。申报创建1A市场一个，申报创建2A市场2个，动员市场开办者以公司形式办理市场登记。建立市场信息收集上报渠道，及时掌握市场消费动态。7. 加强甲型H1N1流感防控市场监管工作。成立防控工作领导小组,制定防控工作应急方案,成立防控应急处置分队,深入贯彻落实猪肉市场监管七项制度,确保防控工作措施落到实处。在各类专项整治行动中,共出动执法人员1 826人次,出动车辆332台次,检查市场422个次,检查食品经营户4 558户次、其他经营户1 316户次,收缴各种过期农药19瓶(袋),责令无证经营户下柜41户,查缴色情音像制品75盒,检查出租房38户次。

【消费者权益保护】 1. 制定并完善了12315各项规章制度,进一步加强了12315消费者申(投)诉举报网络建设,分别与相关21个职能部门建立了紧密的联动关系。2. 开展丰富多彩的"3·15"纪念活动,现场组织了万人签名活动,对获得"德宏州第二届消费者喜爱商品(服务)"的单位,颁发荣誉证书及牌匾。发放各类宣传资料91类、宣传单8 920份,涉及行政法规28个、商品信息34个、展板14块,展览名特优商品30种,现场接受消费者咨询1 000多人次,向广大消费者现场展示查获的假冒伪劣、过期食品、不合格商品28个品种,价值1.4万元,并在活动结束时集中销毁。3. 依法受理消费者投诉和开展救助工作,切实保护消费者的合法权益。共受理消费投诉23件,为消费者挽回经济损失52 950元。接待来访群众879人。4. 认真开展了"诚信单位"创建申报工作,共申报"诚信单位"10户,其中:企业4户、个体户6户。

【食品流通监督管理】 1. 进一步扩大索证索票和进销货台账制度的覆盖面。督促全县725户食品生产经营户,全部建立了索证索票制度和进销货台账制度。2. 加强对食品批发商和批发市场的票据规范管理,要求县城16户食品批发商使用粘贴式台账,作为建立"进货台账"制度的补充和完善。3. 认真组织各分局(所)对商场、超市以及食品经营店销售的分装、散装、裸装食品设置"食品标识卡"600份。4. 加强监管,确保县城的市场、超市销售的猪肉100%来自定点屠宰企业,防止有害或有疾病的肉及肉制品流入市场。5. 认真组织食品经营户学习《食品安全法》。组织培训食品经营户3次,参加学习84户,开展专题讲座2次,听课人数1 400人,发放宣传资料4 200份。6. 于11月11日全面启动《食品流通许可证》发放工作,坚持一个窗口对外的要求,由注册窗口统一办理。2009年,检查收缴伪劣食品75千克、肉制品20千克、奶制品7千克、儿童食品12千克、老年食品8千克、酒类10千克、饮料40.5千克,与相关部门收缴销毁35千克不合格猪肉,查处制售不合格酱油案件一起,收缴销毁不合格酱油2 000千克,罚款3 000元。

【反垄断与反不正当竞争执法】 2009年,梁河县工商局对保险行业和商品包装装潢等行业进行了清理整治,共查处违反《反不正当竞争法》案件4件,涉案金额916 501.46元,罚没金额3.3万元。

【广告监督管理】 2009年,梁河县工商局认真开展各类违法广告专项整治行动,查处虚假违法广告和违法户外广告,净化广告市场,规范广告经营行为。2009年全县应检广告经营单位1户,实检1户。截至12月底,全县共有广告经营单位7户,从业人员27人,注册资金69.4万元。全年检查户外广告64条次,共办理户外广告登记147件;监测电视广告306条次,查处虚假违法广告和违法户外广告案件17件。

【商标监督管理】 2009年,梁河县已拥有德宏州重点扶持商标2件、云南省著名商标2件。2009年6月梁河县工商局帮助指导企业新申报云南省著名商标1件。对现有商标及新办理的商标进行跟踪服务,指导企业和农民申请注册商标,帮助农民走商标富农之路。帮助指导基层(分局)所建立完善了辖区商标监管台账和"一所一标"商标发展台账。截至11月份,指导帮助申报注册商标9件。

【计划财务工作】 2009年,梁河县工商局积极推进部门预算管理,严格执行部门预算,合理调整支出结构,加强支出管理和固定资产管理。积极创建"节约型工商",倡导勤俭节约、艰苦奋斗的作风,努力增收节支、量入为出,努力降低管理成本。进一步完善了财务管理制度,达到用制度管人、管事、管钱。分局(所)实行经费包干制。日常开支由分管财务副局长负责审批,大额资金开支经党组研究同意后,方可开支。严格执行收支两条线管理,做到应收尽收,应缴尽缴。

【机关党建工作】 1. 扎实开展深入学习实践科学发展观活动,以及深入学习贯彻十七大和十七届三中、四中全会精神。2. 组织党员干部深入学习《党章》、《党内监督条例》、《党纪处分条例》和基层组织建设的有关规定。3. 定期召开思想政治工作、党风廉政建设会议,加强与被联系人沟通,及时掌握党员干部的思想、生活、工作中存在的问题和困难。4. 坚持教育与管理相结合,进一步发挥党员先锋模范作用。5. 认真开展党员民主评议和党员培训工作。6. 搞好挂钩社区工作调研,于"七·一"活动期间给社区党员上党课,为广大农村党员进行种植、养殖及农产品加工等有关知识的培训。7. 与挂钩社区的5户贫困家庭确定了帮扶关系,共送去慰问金1 000元。8. 发动党员干部职工为汶川地震灾区学生捐款1 500元,捐赠"爱心包裹"共6个。

【老干工作】 1. 抓好老干部学习及思想政治工作,及时掌握老干部思想动态。2. 做好老干部来信来访工作。3. 定期不定期地走访慰问老干部,及时了解老干部的思想生活、身体情况。4. 积极为自愿提出申请的在职干部办理退休相关手续。5. 组织召开了全局退休干部"我为工商科学发展、科学监管建一言"座谈会。6. 组织退休干部职工开展"敬老节"系列活动,丰富了老干部的晚年生活。

【经济检查】 2009年,梁河县工商局牢固树立"法制建设"是工商行政管理工作"生命线"的观念,实行基层法制员、县局法制机构和分管领导三级核审制,建立了行政处罚案件"立案、调查、结案三阶段”分别控制、全面把关的法制监督新模式;大力推行网上办案,实现了电子档案和文本档案同步进行,提高执法效率,节省办案成本。共办理行政执法案件171件,其中:一般程序案件125件、简易程序案件46件,罚没收入697 817元,与上年同期相比增长90.15%。

【信息化建设】 1. 增加了硬件设施的投入,新购置电脑3台、激光彩色打印机1台、激光黑色打印机1台、一体复印机3台、喷墨彩色打印机1台、数码相机3台、录音笔1台、1 000G移动硬盘1个。2. 结合州局开展信息化岗位练兵活动,着重抓好干部职工工商业务软件和专网使用的技能培训,并于9月底组织全局干部职工参加了全国计算机等级考试,2009年,梁河县工商局获得“州级注册能手”称号1人,获得“州级计算机能手”称号1人,另有三名同志进入“州级执法办案能手”的第二轮选拔考试。3. 在内网编发政务信息215篇,团结报采用5篇、本局政府信息公开网站发表102篇。

【个私协会工作】 1. 认真按照基层协会规范化建设工作的要求,建立和完善个私协会及基层分会各项制度,使协会工作走向规范化。2. 加强对个私业主及员工的培训,着力提高经营者素质。与相关部门举办商品营销服务员培训2期,参加培训395人;举办私营企业员工职业道德、礼仪培训1期,参加培训65人。3. 组织个私会员共30余人参加梁河县城市民兵应急连一年一度的军事训练,在军训期间,参加了勐养镇的抢险救灾行动,得到了县委、县政府和县武装部的肯定和好评。4. 召开了六届四次理事会,改选了会长和聘请了名誉会长。5. 建立了会员优惠服务点。对12户确定为会员优惠服务点试点单位的经营户,进行了授牌。6. 成功组织会员参加州个私协会、州工商局主办的“庆祝中华人民共和国成立六十周年文艺汇演”。7. 举办了内容丰富多彩的“迎国庆、话中秋”联谊活动。8. 组织开展对困难会员的慰问活动,慰问生病住院、受意外伤害、灾害以及死亡会员34人次,慰问支出8 400余元。9. 加强对外交流学习。组织部分会员和农民专业合作社代表,到腾冲县就农民专业合作社和农村经纪人发展进行参观考察学习。10. 支持帮助会员开展维权活动。积极协助2户会员通过诉讼方式妥善解决了合同纠纷案,为两户会员挽回经济损失13 808元。

【2009年受到表彰的单位和个人名单】

梁河县工商局被命名为云南省第12批省级文明单位。

【2009年任职的局领导名单】

党组书记、局长　杨世体

副 局 长　闫宏芳　洪　湖　郑清伟

纪检组长　郭文林

## 盈江县

【概况】 盈江县工商局内设办公室、个体企业注册登记股、公平交易股、法制股、市场股、人教股6个股室,派出机构有平原、卡场、太平3个工商分局及弄璋、盏西、旧城3个工商所,代管群团组织有个私协会和消费者协会。全局共有干部职工74人(其中机关工人1人、事业工人5人),有退休干部20人,局总支下设7个党支部。

【法制建设】 2009年,盈江县工商局深入开展了“五五”普法活动,重点宣传学习《食品安全法》、《食品流通许可证管理办法》、《工商行政管理机关行政执法过错责任追究办法》;认真开展执法大练兵和法制培训,建立个人学法档案;探讨科学监管模式,拓宽监管执法领域,股与所、所与所联合办案模式全面铺开;加强对特殊行业的监管,案件查办质量大幅提升;制定了《行政执法评审制度》、《行政执法案件主办人制度》、《罚没物资处理办法》,成立了县局案件评审委员会。

【纪检监察】 2009年,盈江县工商局贯彻落实一岗双责制,制定了思想政治工作联系制度、党风廉政建设量化考核标准,签订《党风廉政建设责任书》67份,每季度举行一次专题研究会议;梳理、查找出廉政、履职风险点13大块91个,建立分局、股(室)、所档案14个,干部廉政风险档案67份,签订干部自我防范承诺书67份;建成机关、弄璋工商所两个廉政文化墙及机关、旧城所、弄璋所3个廉政图书室,悬挂廉政格言警句32条;认真组织开展了“七个一”活动,认真开展2009年基层执法人员向监管服务对象代表述职述廉工作,测评综合满意率为94.2%,现场征求到意见建议19条,聘请政风行风义务监督员51人;深入贯彻阳光政府四项制度,创建阳光工商,制定了《重大决策听证制度实施意见》和《实施细则》、《重要事项公示实施办法》和《实施细则》、《重点工作通报实施办法》和《实施细则》及年度计划、《实施阳光政府四项制度加强监督实施方案》和《实施细则》及《督察督办工作暂行办法》,确定了49项公示、5项听证、11项通报、57项政务信息查询事项,按“八公示、八统一”要求制作辖区公示牌6块、责任公示牌75块、流程图41个、人员岗位职责71个、工作证71个、意见箱(簿)7套,发布重要事项公示6项、重点工作通报30期,收集信息41条;组织督查22次,发布督查通报3期,编发督查信息8期,进行诫免谈话8人次,责令限期整改2人次;拒礼、拒贿2起4人次,拒贿金额7 000元。

【人事教育】 1. 2009年,盈江县工商局共举办实践科学发展观活动培训班2期,邀请县宣讲团及局领导授课8次,组织开展讨论1次,共组织培训干部213人次,撰写调研报告5份;组织7个支部学习30个工作日,学习材料10份、光盘7份,先进经验交流3次,分组讨论10次,收集建言122条,提出汇总意见建议20条,组织71人参加理论考试1次,撰写心得体会71份。2. 积极开展“一面旗、一团火、一盘棋”和“三个一”和“三走进、三破解”活动,建立了支部联系制度帮扶贫困户5户(陇中村4户8人,盏西1户7人),捐助金额2 500元,并作为全县3个学习先进单位之一接受省、州媒体采访。3. 制定《岗位大练兵大比武活动实施方案》,组织全员培训3次,受训213人次,选拔出县级能手18人,其中有5人进入州级执法能手前20名。4. 投入经费8 000余元,实现了制度、档案、台账、文书统一格式,制作了《基层所(分局)规范化建设指南》5本、工作流程图36块、统一台账132个、统一档案盒186个、学习笔记本24本,做到内部管理规范化,2009年有三个分局(所)达标;2009年盈江县工商局被评为省级文明单位,平原分局、旧城所、弄璋所被评为州级文明单位;弄璋所被评为"五好工商所"。5. 积极开展文体活动,培育队伍团队精神。"全民健身日"和"元旦"期间组织全体干部职工进行集体步行活动;选送一名干部参加盈江县"深入实践科学发展观"演讲比赛,荣获二等奖;参加盈江县建党八十八周年"树廉洁形象,促进农村发展"主题知识竞赛活,勇夺第二名。

**【企业注册登记】** 1. 2009年,盈江县登记注册的内资企业有194户,与上年相比减少了39户,下降16.7%;注册资本44 985万元,与上年相比增加27 473万元,上升156%。2. 2009年应检内资企业190户,已检174户,年检率91.5%。3. 积极支持企业通过股权出质融资,帮助企业解决融资难问题。截至2009年10月30日,已办理股权出质登记4件,帮助企业融资4 200万元。

**【企业监督管理】** 1. 2009年,盈江县共有个体工商户5 599户,与上年相比增加1 021户,增长22.3%;注册资金21 294万元,与上年相比增加3 569万元,上升20.1%;有从业人员9 637人,与上年相比增加1 718人,增长21.6%。2. 全县共有私营企业558户(其中:分支机构173户),与上年相比增加64户,增长12.9%。注册资金229 554万元,与上年相比增加14 050万元,增长6.5%;投资人数1 285人,与上年相比增加95人,增长7.9%;雇工人数8 818人,与上年相比增加828人,增长10.3%。3. 全县共有农民专业合作社41户,与上年相比增加26户,上升173%;成员总数803人,与上年相比增加334人,上升212%;出资额2 027.8万元,与去年相比增加916.9万元,上升348%。4. 2009年全县应验照个体工商户4 822户,已验照4 549户,验照率94.3%,其中办理登记事项变更712户;应年检私营企业509户(其中分支机构数160户),已检476户,参检率93.5%。

**【市场规范管理】** 1. 2009年,盈江县共有市场33个,办理企业、个体注册登记的市场10个,符合商品交易市场信用分类监管条件的市场9个,认定A级市场2个,B级市场6个。创建县级诚信市场5个(2A级诚信市场3个、1A级诚信市场2个)。2. 共办理动产抵押登记4份,主债权金额4 434.34万元。3. 办理拍卖备案1份,拍卖标的物1宗,拍卖确认金额200万元。4. 采用多宣传、勤督促、重落实的方法,稳步开展"禁塑"工作,全年共没收国家明令禁止销售塑料袋18.7万个。5. 完善防控机制,全力做好甲型H1N1流感、禽流感、重大动物疫情和消防安全防控工作。6. 与各分局(所)签订责任书,对全县的68家普通宾馆、酒店和63家社会旅馆进行造册登记,认真做好免费安全套的发放、摆放、使用和统计上报及督促检查,全年共发放免费安全套4.53万只、免费安全套架110个、"防艾宣传"卡片110份、禁防宣传画等资料2.1万余份。7. 2009年,认真开展"红盾护农"工作,清理规范了267户农资经营单位的主体资格,对上市的96个种子品种进行了留样封存备查;新发展农村经纪人23户,全县已有农村经纪人30户,签订马铃薯订单1份,合同金额65万元,带动农户种植了2 000亩马铃薯,促进了农民增收致富;开展涉农合同帮扶活动,检查订单收购合同50份,及时调解西瓜收购合同纠纷1宗,为农户挽回经济损失700元,推广"涉农"建设工程施工合同示范文本80份。

**【消费者权益保护】** 1. 充分发挥"12315"消费维权网络作用,在"3·15"国际消费者权益日利用电视广播、宣传栏集中宣传"消费与发展"年主题,广泛宣传《消费者权益保护法》、《云南省消费者权益保护条例》、《合同法》、《商标法》等法律、法规,引导消费者维护好自身合法权益;到弄璋、太平、新城等乡镇开展"消费与发展"送法下乡巡回宣传活动。2. 全年共受理消费者投诉146件,不予受理4件;受理消费者申诉举报案件87件,办结87件,办结率100%,接待来访咨询人员213人次,为消费者挽回经济损失32.79万元,销毁价值80余万元的劣质商品。

**【反垄断与反不正当竞争执法】** 2009年,盈江县工商局集中开展了流通领域产品质量和食品安全、打击走私贩私、查处虚假违法广告、打击传销、扫黄打非、砖瓦窑、石灰窑、"两烟"打假打私等专项行动。全年共立案查处各类经济违法案件269起,案值1 160.78万元,罚没金额101.23万元。认真清查盗版、淫秽及政治性非法出版物,查缴非法音像制品136盘、盗版书刊117本;取缔黑网吧2户、电子游戏室2户,没收泰国产红牛饮料2 875瓶、塑料袋18.7万个、走私卷烟858条,销毁"雪力"力宝精328件,收缴卫星电视广播地面接收设施11个。组织开展了"打击传销百日联合执法行动",配合公安部门开展"世界通"涉嫌传销案在册人员的查找和调查取证工作,落实具体人员信息15条,排查出涉嫌人员11人。与45家宾馆、餐厅签订了《盈江县工商行政管理局打击传销责任书》;发放《禁止传销条例》和《直销管理条例》95份,张贴、发放打击传销、规范直销宣传图片550份。在严格执法的同时,认真做好违法行为人警示疏导工作,对4户规模较小的无照经营户发放了《限期整改通知书》,敦促其改正违法行为,做到处罚与教育相结合。

**【广告监督管理】** 2009年,盈江县工商局检查广告经营单位12户、个体户215户、市场18个次、户外广告387条次,拆除破损广告11条,清查2008年度登记批准发布仍在有效期内的户外广告50个,查办广告违法案件8件,监测电视广告678条次、印刷品广告34条次、网站26家,均未发现违法广告。

【商标监督管理】 2009年,盈江县共有云南省著名商标1件、德宏州重点扶持商标5件、有效注册商标64件,全年帮助企业和个人新申请了商标注册8件,超额完成“一所一标”工作任务;查办商标侵权案件1件,没收侵权未经授权使用奥运五环标志餐具包装膜1万个。

【计划财务工作】 1. 完善制度,压缩支出。2. 制定实施办法,对基层进行培训,规范会计凭证。3. 加强基层财务监督检查,内部审计合署办公单位。4. 盘点资产实物,安装行政事业单位资产卡片管理系统,加强固定资产管理。

【基本建设】 2009年,盈江县工商局完成了卡场与太平、盏西与旧城工商分局(所)的合署和县局机关租房办公搬迁工作。2. 完成了县局办公楼、卡场分局、盏西工商所灾后恢复重建撤除工程。3. 省局下拨重建资金200万元,县局机关和盏西工商所办公楼正按上级要求进行建设中。

【老干工作】 2009年,盈江县工商局专门成立老干工作领导小组,建立领导联系和管理服务制度,由专人负责开展社会化发放清查工作,保证老干部利益;全年组织学习活动7次,召开支部会3次,梳理意见建议5条;节日、老干部病、逝时及时进行慰问;为老干部征订报刊,动员参加老年协会和老年大学,不断丰富老干部文化生活。

【信息化建设】 2009年,盈江县工商局组织实施了“三个能手”岗位大练兵活动,共开展培训3次,参训213人次,产生县级能手18名,其中有5人进入州级执法能手前20名;全局在职干部职工65人参加了全国第30次计算机一级考试,37人取得一级考试等级合格证;投入20万元,配置了复印机、笔记本、便携式打印机等办公设备,确保了网上正常办公。

【消费者协会工作】 1. 围绕“消费与发展”年主题,开展“3·15”国际消费者权益日纪念活动,发放宣传资料2.3万多份,悬挂宣传标语23幅、展板24块。2. 加强“一会两站”建设,共设消费者协会1个、基层分会15个、消费者投诉站(联络站)137个,聘请维权联络员(监督员)153人,“一会两站”覆盖面达100%;创建“农村食品安全示范店”92户,7户州级食品安全示范店制作了食品安全公示牌,92户食品安全示范店制作了《食品质量对外承诺》。3. 加强对22户“家电、汽车摩托车下乡”销售网点的监管。4. 加大食品安全监管力度,共出动执法人员1 835人次,检查各类食品市场323个次,检查食品经营户12 218户次,收缴各类假冒伪劣食品3 989千克,价值6.47万元。立案查处各类食品违法经营案件12起,罚款10.86万元;共销毁查获假冒伪劣食品1 424.5千克、假农药60瓶(袋)、假种子29.5千克、走私烟、假烟2 323条、过期大理啤酒1 560件、不合格性保健品口服类50瓶、药品液体类126瓶、假牙模型196板,合计总价值80余万元。

【个私协会工作】 1. 组织参加德宏州民营企业招聘会,拟招聘59人,签订就业意向30人。2. 鼓励创业促进就业。为8名退伍军人、下岗人员、农民工申请办理了40万元“贷免扶补”小额创业贷款。3. 丰富会员文化生活,组织会员积极参加泼水节和建国六十周年文艺汇演,把文化事业延伸到个体私营经济领域。

【2009年受到表彰的单位和个人名单】

盈江县消费者协会被中消协表彰为全国2009年开展消费与发展年主题活动先进单位;罗有助荣获“全国消协组织保护消费者权益先进工作者”;盈江县工商局被命名为云南省第12批省级文明单位;张槟峰被授予云南省工商行政管理系统第五届“双先”表彰先进个人。

【2009年任职的局领导名单】

党组书记、局长　杜　江(2009.05~)

副 局 长　莫加友　周立强

王绍宏(2009.03~)

纪检组长　李　瑜

## 陇川县

【概况】 陇川县工商局内设机构8个,分别是办公财务室、人事教育股、纪检监察室、法制监督股、公平交易股、企业个体注册登记及商标广告监督管理股、市场监督管理股、机关后勤服务中心;派出机构5个,即章凤分局、陇把分局、城子工商所、景罕工商所、户撒工商所;代管2个社会团体组织(个体私营经济协会、消费者权益保护委员会)。全局共有干部职工75人,其中公务员70人、工勤人员4人、合同工1人。现有离、退休人员21人。有党总支1个,下设机关、章凤、户撒、城子、陇把、景罕、老干7个支部,在职人员中有党员38名、离退休人员中有党员12名。有省级青年文明号1个、州级青年文明号1个;有省级文明单位1个、州级文明单位1个、县级精神文明单位4个。

2009年,陇川县工商局认真按照国家工商总局提出的“四个统一”、“四化建设”、“四个转变”、“四高要求”和省局“三个到位”、“六个好”的工作目标,紧紧围绕“服务效能提升年”和“六项重点”工作,加强队伍建设,更新思想观念,创新工作机制,提升服务效能,积极推动工作转型,努力提高科学监管促进科学发展的水平和能力,为促进陇川县经济社会平稳较快发展和社会和谐稳定做出了积极贡献。

【法制建设】 1. 认真抓好法律法规的学习培训工作。组织干部开展“五五”普法中期考试,举办《工商行政管理机关行政处罚程序规定》、《工商行政管理机关行政处罚案件听证规则》、《中华人民共和国突发事件应对法》、《食品安全法》、《统计违法违纪行为处分规定》等法律法规考试和培训。2. 加大对外法制宣传力度。先后印制1.5万余份法律法规宣传单、3 000份中邮特刊、25幅宣传布标、88块宣传展板,利用“3·15”国际消费者权益日、“世界知识产权宣传活动”、“食品安全宣传月”、“6.26禁毒日”等各种活动,组织干部上街设立法制咨询服务台,悬挂展示宣传布标及展板,向群众发放宣传单,认真为群众解答法律法规问题。

3. 组织开展“送法下乡”和“送法进校园”活动,使消费者和广大师生提高了自我保护和消费维权意识,增强了流通环节食品经营者的法制观念和自律意识。4. 认真督察指导网上案件审批流程,严格按程序执行。5. 认真做好“一日一题”、“一季一案”、“一法一考”工作,提高干部的法律法规知识和办案技能。6. 做好执法岗位练兵培训工作。先后两次进行了执法岗位练兵培训,提高了干部岗位技能知识。7. 把好案审关,2009 年共查办案件 106 件,其中:审核一般程序处罚的案件 48 件(销案 4 件)、简易程序处罚的案件 58 件。

**【纪检监察】** 1. 认真开展了风险点查找工作,制定了预防措施进行重点防控。2. 75 名干部签订了《远离毒品保证书》。3. 局党组与各业务股室及派出机构签订了党风廉政工作责任书,做到责任明确,细化到人。4. 建立和完善了《党风廉政建设学习教育情况登记台账》、《拒礼拒贿登记台账》、《信访举报登记台账》等六种廉政台账。5. 组织干部职工观看了正反方面典型事例的警示教育片,开展以案说法,增强了法纪教育的说服力和有效力,有力地构筑拒腐防变防线。全年未发生违纪违法案件,没有收到关于干部违纪违法的举报信件。

**【人事教育】** 1. 认真学习贯彻党的十七届三中、四中全会、中央经济工作会议精神,深入学习全省工商行政管理工作会议精神、全省工商局长座谈会议精神、全州工商工作会议精神;认真学习省工商局党组书记、局长纳宗会在德宏调研时重要讲话精神。2. 深入组织开展了学习实践科学发展观活动,全局 7 个党支部、51 名党员和 24 名非党干部参加了学习活动。整个学习活动,分 3 个阶段历时 5 个月共计 150 天。学习活动中,局党组开展中心组集中学习 6 次,完成重要理论文章学习 12 篇,开展解放思想大讨论 3 次;各支部组织集中学习 11 次,开展解放思想大讨论 3 次,举办全员培训 1 次,召开典型案例分析讨论会 2 次;编写学习实践“科学发展观”简报简讯 45 期,开设宣传栏 2 期;开展专题调研 5 次,上报调研报告 8 篇,局领导撰写调研理论文章 4 篇。全体党员完成学习心得体会 75 篇,7 个党支部的 51 名党员(其中 11 名离退休支部党员)接受了教育。3. 继续通过各种渠道提高干部学历。2009 年在职干部中,获得本科学历的 16 人,占 20%;获得专科学历的 50 人,占 63%;有中专及以下学历 13 人,占 4%。

**【企业注册登记】** 截至 2009 年 12 月 31 日,全县登记在册的内资企业有 137 户,注册资金10 534万元,与上年同期相比增加 36 户;登记在册的农民专业合作社有 20 户、社员 341 人,注册资金 559.51 万元,与上年同期相比增加 12 户;发展农村经纪人 20 人,与上年同期相比增加 16 人。

**【企业监督管理】** 截至 2009 年 12 月 1 日,全县登记注册个体工商户3 383户、从业人员6 060人,注册资金8 456万元,在 2008 年的基础上增加 444 户;登记在册的私营企业 354 户,投资人 427,雇工 2 065人,注册资金27 586万元,在 2008 年的基础上增加 45 户。

**【市场规范管理】** 1. 认真组织开展“元旦”、“春节”、“五一”、“六一”和各民族节日市场检查整治工作,确保了市场稳定。2. 认真开展高致病性禽流感防控工作,加强对活禽交易市场和定点宰杀禽类上的检查整治,认真开展活禽和活体鸟类市场专项整治,联合林业、卫生、畜牧三部门对全县各个市场和屠宰场进行监督检查。3. 认真开展禁止生产销售使用塑料购物袋检查。发放宣传资料 6 000余份,收缴塑料购物袋3 800余个。4. 认真开展公共聚集场所专项整治,检查市场 15 个次、超市 20 个次、宾馆 50 个次、网吧、游戏室 10 个次、KTV、舞厅 15 个次、各类娱乐场所 35 个次。5. 开展卫星电视地面接收设施专项整治,检查市场 12 个次、经营主体 56 户次,有效规范了卫星电视广播地面接收设施市场秩序。6. 开展“两烟”专项整治,检查卷烟经营户 979 户次,查处无照经营卷烟案 6 起,配合烟草专卖部门收缴卷烟 405 条。

**【消费者权益保护】** 1. 积极研究探索农村“12315”维权工作的方式、方法,通过构建农村维权网络,完善相关制度建设,不断加大农村维权宣传力度,有效提高了农村维权效能,在全县 9 个乡镇和 1 个农场建立了消委会分会 10 个、“两站”80 个,达到了全县乡镇 100% 建立消委会分会的目标。2. 在 9 个试点联络站开展“六个一”试点建设,投资 1.5 万元为 9 个试点单位配齐了设施,完善了工作制度,进一步拓宽消费者申诉举报渠道。3. 全年受理消费者投诉 31 件,成功调解 31 件,调解率 100%,为消费者挽回经济损失73 768元,接待来访和咨询 67 人次。

**【食品流通监督管理】** 1. 继续规范食品经营者索证索票和进货制度,加强流通环节食品安全监管,做到进驻一户、规范一户、成型一户。2. 加强食品安全监管工作,对消费者关心的食品、饮料、散装白酒、家用电器等商品进行检查,共出动执法人员 239 人次、执法车辆 68 台次,共检查经营户1 265户,检查各类市场 56 个次,查获过期食品 432 包,不合格外国“红牛”饮料 16 瓶、兽药 47 包,价值约 1 万余元。5 月,端掉了生产、加工食品制假窝点 1 个,案值达 19 万余元。开展了三次有一定规模的食品抽样检测,共检测 23 个品种。3. 认真组织干部、食品经营户开展了《食品安全法》学习培训活动,参训 200 余人。4. 积极组织开展“送法下乡”、“送法进校园”活动,营造了良好的社会宣传氛围。5. 认真开展了“农村食品安全示范店”创建工作,扎实推进“万村千乡”市场工程,完成了 59 户示范户的创建任务。为示范店悬挂了“农村食品安全示范店创建户”公示牌 59 户。

**【广告监督管理】** 2009 年,陇川县工商局进一步加大广告市场监测力度,严厉查处虚假违法广告。1. 进一步加强广告经营单位的监管和广告监测,建立了广告监管巡查台账,做到每月巡查一次,并做好广告巡查记录,全年共巡查广告主、广告经营者、广告发布者65户次，共审查户外广告287条（篇），同时加强了对广告经营单位的监管。2. 积极开展广告市场专项整治工作，确定药品、保健食品等夸大功能疗效的虚假广告为整治重点，严厉查处发布虚假违法行为，全年共立案查处虚假广告案6起，罚款3万元，收缴违法广告牌37块，收缴违法药品印刷品广告2 860余份。

【商标监督管理】 2009年，陇川县工商局各基层分局（所）积极开展“一所一标”工作，2009年共计接待各类商标咨询34人次，走访商标注册企业13户，协助企业及协会申报注册商标8件，顺利完成了“一所一标”任务。

【计划财务工作】 2009年，陇川县工商局进一步强化预算管理，优化资金结构，严肃财经纪律，加强制度建设，较好地完成了各项财务工作任务。财务收支指标按时间进度基本得以实现，做到了收支平衡，略有结余。经费保障能力和财务管理水平都有新的提高。对招待费、差旅费、交通费、福利费、医药费等主要支出项目有了新的规定，同时，将工商分局（所）经费实行预算管理，使工商分局（所）费用开支更为规范；定期在党组会议、局长办公会议和机关全体人员会议上公开有关的财务数据，使各项费用开支更公开更透明。

【基本建设】 1. 健全组织，成立了陇川县工商局基层规范化建设工作领导小组。2. 建立健全各项制度，增强行政执法效能。制定了基层工作综合量化考核办法、车辆管理办法、市场巡查管理工作规则、行政执法审批权限暂行规定等规章制度，形成了按制度办事、用制度管人的工作机制，实现了对基层各项业务工作的规范化管理。3. 为基层更换了3台执法车辆，购买增加了4台电脑和4部数码照像机，提高了基层的执法装备；投入10万余元资金对4个基层分局（所）的基础设施、办公用具进行修缮和更换，改善了干部职工工作、生活环境。

【机关党建工作】 1. 2009年，以党的执政能力建设和先进性建设为主线，提高党员干部贯彻落实科学发展观的本领，努力把基层工商党组织建设成为贯彻落实科学发展观的坚强堡垒、把干部队伍建设成为贯彻落实科学发展观的骨干力量，为推动科学发展提供坚强组织保证。2. 进一些步优化基层党组织建设，巩固基层党组员阵地建设，扎实抓好党员活动场所建设，发挥基层党组织服务地方经济建设的作用和地位。3. 建立健全基层支部工作台账制度，推进基层党支部工作制度化、规范化。4. 制定党内激励、关怀、帮扶的相关制度和规定，以老党员和生活困难党员为重点，广泛开展党内关怀活动。5. 抓好民主生活会指导、民主评议党员工作。6. 充分发挥党员的先锋模范作用，真正实现“一个支部一个战斗堡垒，一个党员一面旗帜”。7. 2009年，全局有党总支1个，下设机关、章凤、户撒、城子、陇把、景罕、老干7个支部，在职人员中有党员38名，离退休人员中有党员12名。评选优秀党员12名。

【经济检查】 2009年，陇川县工商局积极引导干部从“收费监管型”向“执法服务型”转变，共查办各类经济违法违章案件106件，罚没收入52万元。

【信息化建设】 2009年，陇川县工商局电脑配置达到班子成员人手1台笔记本电脑、内设股室2台以上电脑、基层分局（所）5台以上电脑的目标，联网率100%，形成了设备完善、配置合理、运转快捷的计算机网络体系。在陇川县人民政府信息网，设立门户网站，2009年在政府信息公开网公开单位职责3条、领导简介1条、法律法规8条、行政许可26条、便民服务信息18条，发布工作动态120条。龚宜进同志获得省、州级计算机能手称号；舒琛同志获得州级计算机能手称号；穆晓萍同志获得州级注册能手称号。

【消委会工作】 1. 深入开展“消费与发展”年主题宣传，打造“3·15”维权品牌，举行了5场“3·15”宣传咨询活动，设立消费者现场咨询、投诉及服务台，各部门积极向过往群众散发宣传单，提供各种法律咨询和商品鉴别咨询。共接受群众咨询8 000余人次，发放宣传资料1.2万余份。2. 利用“3·15”活动期间开展了假冒伪劣商品展示活动，涉及食品、药品、烟草、盗版光盘等，共计256多个品种，总价值约110万余元。3. 2009年受理消费者投诉31件，成功调解31件，调解率100%，为消费者挽回经济损失73 768元，接待来访和咨询的群众67人次。

【个私协会工作】 2009年，陇川县个私协紧紧围绕协会“三自”方针，充分发挥桥梁和纽带作用，积极搞好服务工作，各项工作亮点突出。1. 协会组织健全，班子年轻有为。全县设有5个基层分会，一批30多岁的年轻会员被推选为理事，激发了协会班子的工作热情。2. 会员发展迅速。截至10月底，全县有会员3 754户，2009年新发展会员740户。3. 会员培训扎实有效。全年共开展《食品安全法》等培训8次，受训1 868人次。4. 硬件设施得到积极改善。投入一定的资金为基层分会更新了办公桌椅、增设了办公室、阅览室，使基层会员拥有了“会员之家”。5. 法律援助受好评。由协会聘请的常年法律顾问章凤章鸿律师事务所的资深律师全年共为会员开展免费咨询45人次，开展免费服务3起，挽回经济损失18万元；通过诉讼解决3起，挽回经济损失30万元，减免法律服务费2.7万元。6. 服务会员工作到位。全年共走访会员2 657户次，发放新年挂历3 000份；看望慰问因灾受损会员8户次，发放慰问金3 200元。7. 组织开展会员“反哺”社会活动深入人心。积极组织会员参与捐资助学、捐资助教、捐资助困等“反哺”社会活动82人次，捐款捐物8万余元。8. 贷免扶补促进就业。配合县信用联社发放创业资金20万元，帮助4户大中专毕业生和农民工实现了创业梦想，通过创业带动了社会就业。9. 会员活动形式多样。组织个私协会理事到县武装部开展国防知识教育，并进行了射击比赛；组织编排舞蹈《彩之情》参加了全州个私经济“颂中华、迎国庆”文艺晚会，展示了边疆个私风采。

【2009 年任职的局领导名单】
党组书记、局长　杨明方(2009.05～)
副 局 长　许升留　王　咏
纪检组长　赵立功

## 姐告边境贸易区

【概况】 德宏州工商行政管理局姐告边境贸易区分局内设办公室、市场科、注册科 3 个科室。现有在职人数 12 人,其中干部 11 人,工勤人员 1 人;设有党支部 1 个,有党员 9 人。

2009 年,姐告工商分局以学习贯彻党的十七大精神、学习实践科学发展观为中心,认真贯彻落实总局“四个统一”、“四化建设”、“四高”要求以及省局“三个到位”、“六个好”的工作目标,全力打造“阳光工商”,推进“服务效能提升年”,抓好“科学监管促进科学发展”和“服务经济发展大局”两条主线,抓好“六项重点工作”,紧紧围绕省、州工商局和姐告工管委的工作部署,以“建设边境口岸好工商”为中心任务,各项工作稳步推进。

【法制建设】 1. 组织“一月一法”、“一日一题”、“一季一案”学习培训活动。2. 采取一月一学一考的方法,抓好干部职工法律法规学习和考试。3. 以《食品安全法》、《食品流通许可证管理办法》、《工商行政管理机关行政执法过错责任追究办法》学习宣传为重点,认真抓好区内企业、个体户的法律法规培训和指导工作,对提高区内个私业主法律知识起到了积极的作用。4. 积极参加姐告工管委举行的依法治区和法制宣传教育知识竞赛,分局代表队荣获姐告区依法治区和法制宣传教育知识竞赛一等奖。5. 认真开展案件核审工作,严把案件质量关。截至 12 月 15 日,共核审行政处罚案件 31 件,有行政诉讼案件 1 件,经省高院终审判决予以维持;全年没有行政复议及赔偿案件。

【纪检监察】 1. 开展了“工商转型、纪检监察怎么办”专题讨论活动;组织党员干部收看警示教育片和观看反腐倡廉宣传教育系列展板;进一步完善了分局思想政治工作联系制度,2009 年建立思想政治工作联系档案 11 份;进一步加强了对风险点的评估和管理,将分局财务、票据管理人员及注册大厅纳入了风险点管理,制作了部门及个人廉政风险点承诺表共 10 份,找准在廉政建设中存在的风险和薄弱环节,形成自律与监督相结合;认真开展了党风廉政建设“七个一”活动。2. 加大督察力度,成立了督察队,开通了“96128”专线,认真贯彻落实“阳光政府四项制度”,对各项工作的开展进行了全方位的督察,为进一步推行政务公开、打造阳光工商,强化督察意识,健全督察机制,提升工作效率取到了积极的促进作用。2009 年 4 月以来开展重点工作通报 3 次,对 8 项重要事项分别在分局公示栏、专用查询电脑、姐告政府信息公开门户网站进行了公示,开展督察工作 8 次,加强了监督检查力度;认真落实“八公示、八统一”,共制作人员职责、身份公示牌 1 块,实施阳光政府创建阳光工商实施细则 1 块、岗位职责座卡 12 块、工作证 12 个、行政许可公示牌 1 块、12315 工作流程图、行政处罚工作流程图等 7 块、在岗情况公示牌 1 块、辖区图公示牌 1 块、意见簿 1 本、意见箱 1 个,并购买一台电脑专门用于公示相关内容,方便群众查询,共投入经费 1.5 万元。3. 2009 年来,共召开专题会议 8 次,完善各项规章制度 32 个,组织各种学习宣传教育 247 人次,开展各种督察 8 次,组织全体干部职工签订“廉洁自律承诺书”12 份、“远离毒品保证书”12 份,向干部职工家属发助廉信 12 封,聘请行风义务监督员 11 人,领导干部述职述廉 3 人次,撰写廉政心得体会 24 篇,书面批评教育 1 人次,拒贿 2 人,金额8 000元。

【人事教育】 1. 按照“五型工商机关”创建方案的标准和要求,着力抓好“四个强化”,在原有基础上修订完善了干部告诫、工作汇报、考勤、接待、财务、车辆管理等 32 个规章制度,把各项规章制度融入日常工作,坚持不懈地强化对干部的监督管理;制定了“日学月结一交流”学习制度,进一步加强了干部队伍建设。2. 牢固树立科学发展观、认真落实“四个统一”、推进“四化”建设、努力实现“三个到位、六个好”工作目标。圆满完成了各个阶段学习实践科学发展观工作,在学习实践活动中各项工作开展认真扎实,分局受到姐告工委表彰,被评为姐告区深入学习实践科学发展观活动“先进集体”荣誉称号;认真组织全体干部职工开展深入学习实践科学发展观全员培训活动,撰写学习心得体会 11 篇。3. 认真贯彻落实州局党组 2008 年对分局班子考核反馈意见和建议,制定了整改措施,认真加以整改,要求分局班子按照科学发展观要求,努力建设“边境口岸好工商”,为姐告区打造“和谐姐告、开放姐告、文化姐告、精品姐告、贸易姐告”做出应有的贡献,树立良好国门工商形象。

【企业注册登记】 1. 截至 2009 年 12 月,全区登记在册内资企业有 33 户,注册资金5 485 万元。2. 结合“分类监管”,认真组织开展年检验照工作,应检内资企业 33 户,参检 29 户,对 4 户未参加年检的单位执行吊销营业执照处理。

【企业监督管理】 1. 优化发展环境,加快审批速度,全面提高办事效率和服务水平。2. 开展送法宣传活动,投资3 000多元印制了 100 本《工商行政管理法规宣传手册》发放到个私企业手中,努力提高区内个私业主法律知识。3. 帮助拓展市场。积极创造条件,支持和鼓励个私企业学习先进经验和技术,提高市场竞争力。4. 加大品牌培育力度,推进实施商标战略。5. 积极帮助和指导个私企业加强基层党组织建设,进一步完善个私党建工作。6. 积极对个私企业进行回访,为个私企业提供政策法规等咨询服务。7. 积极为个私企业出谋划策、排忧解难,及时帮助解决个私企业反映的问题和困难。8. 引导、帮助个私企业打造企业文化,树立企业形象。9. 为个私企业聘请了常年法律顾问,为个私企业提供法律援助。

截至 2009 年 12 月,全区登记在册私营企业有 98 户,投资者人数 177 人,雇工人数 296 人,注册资金21 921万元;登记在册的个体工商户有1 661户,从业人员 2 782 人,注册资金 10 333 万元。

2009年新登记私营企业11户，投资者人数15人，雇工人数57人，注册资金1 171万元；新增个体工商户393户。姐告区应检私营企业91户，参检73户，对4户未参加年检的企业执行吊销营业执照处理；个体工商户验照1 235户（其中注销44户），因未参加验照并查无下落执行吊销营业执照处理的238户。

【市场规范管理】 2009年，姐告工商分局进一步规范市场交易秩序，充分发挥职能作用，对流通领域商品质量进行了全方位、立体式监管。1. 在强化日常监管的基础上，不断加大市场监管和市场巡查力度，严厉打击各类经济违法违章行为，先后开展了黑网吧整治行动、保护商标专用权行动、禁塑令行动、食品添加剂安全专项整治、抗击禽流感专项行动、文化市场专项治理、打击传销、“两烟”打假打私、扫黄打非等各类专项整治行动。2. 建立市场监管信息定期分析报告制度。每个季度对市场主体变化、农副产品农资价格、流通领域食品监测、消费热点、违法广告监测、商标申报注册等情况进行分析并形成情况报告，积极为地方党委政府管理决策、生产经营者投资、消费者消费和社会公众信息需求服务。3. 扎实开展商品交易市场信用分类监管信息录入工作。开展了系统软件应用培训，积极开展商品交易市场信用信息采集、汇总录入工作，已将辖区内符合条件的市场及其开办者、经营者信息全部录入商品交易市场信用分类监管系统，为进行信息化监管打下良好的基础。

2009年，姐告工商分局在市场监管工作中，共出动执法人员894人次、车辆231台次，检查经营户4 884户次，查扣涉嫌侵权力保精9 460瓶，没收塑料购物袋1 720个，销毁假冒伪劣商品、食品、侵权商标标识、包装物、侵权摩托车配件等共计4 393个。

【消费者权益保护】 2009年，在姐告区内建立了7个消费者联络站和投诉站，严格按照“六个一”的要求规范“一会两站”；2009年7月与缅甸木姐商会进行了座谈，继续签订了消保维权协议书，加强了沟通与合作，进一步促进了跨国维权工作；2009年8月投资6 000多元在姐告主街道设立了两块宣传广告牌，并形成覆盖全辖区、上下联动、反应迅速、工作规范、高效便民的基层消费维权网络，真正把“一会两站”建设成为基层政府的“第二信访部门”。2009年，共受理消费者申诉案件10件，涉及金额3.81万元，成功调解9件，为消费者挽回经济损失2.01万元，处结率为90%，其中：姐告消委会下设的玉城消费者联络投诉站2009年设立以来，共接到消费者投诉案件2件，涉及金额1.62万元，均已成功调解，为消费者挽回经济损失1.32万元。

【食品流通监督管理】 1. 突出工作重点，扎实认真开展流通环节食品安全专项执法检查。开展乳制品行业整顿规范及食品安全专项整治工作，严格监督销售者落实进货查验制度和进货台账制度，规范其经营行为；开展流通环节违法添加非食用物质和滥用食品添加剂专项执法检查；开展重点食品及季节性、节日性食品的专项执法检查，确保市场安全稳定；充分利用食品安全快速检测设备在节日市场整治中认真开展了检测，检测样品76个，合格率为100%。在食品安全专项检查中，共出动检查人员574人次，检查经营户3 041户次，查扣销毁检疫不合格猪肉3 085千克，没收过期及不合格各类食品88.4千克。2. 认真抓好《食品安全法》学习宣传活动，强化流通环节食品安全日常规范管理。在商场、超市、市场、学校等公众场所公告《食品安全法》；在辖区内悬挂《食品安全法》宣传布标6幅；组织辖区85户食品经营户学习并讨论《食品安全法》；在人员密集场所设立《食品安全法》宣传咨询台，发放宣传资料200余份；对索证索票和进货台账作进一步的规范要求，辖区内的1个农贸市场、3个超市、85户食品经营户100%建立了进货索证索票制度和食品进货台账制度，并签订了食品安全责任书。3. 以创建“农村食品安全示范店”和“诚信市场”为突破，加大流通环节食品安全日常监管力度，开展了姐告区散装白酒专项整治行动，签订了《散装白酒行业经营责任书》40份，建立了散装白酒生产流通环节的可追溯制度，通过建立“三制”、“一账”、“一书”、“一票”监管长效机制，规范了姐告区内的散装白酒市场；认真开展“先进个体工商户”、“先进私营企业”等诚信评选活动。2009年，申报诚信经营户8户、诚信市场6个，创建“农村食品安全示范店”14户（州级2户、市级12户）；已认定“1A级诚信市场”4个、“2A级诚信市场”2个。2009年12月，对区内首批6个市场340户“A类诚信经营户”进行挂牌，有效推进了区内诚信市场体系建设。

【广告监督管理】 2009年，姐告边境贸易区有广告经营户1户，2009年共登记各类户外广告5户次。

【商标监督管理】 2009年姐告工商分局帮助经营主体申请注册商标12件，走访商标持有人20户次。截至2009年12月，姐告区已拥有注册商标18件，正在申请的注册商标有61件。

【计划财务工作】 2009年，姐告边境贸易区工商分局加强财务管理，配齐财务、票据管理人员，严格财经纪律，要求财务人员每月5号前必须将上月的收支情况报局长及分管财务副局长。坚持集体当家、民主理财，重大开支由班子会议研究决定，起到了相互监督和制约的作用，杜绝了不廉洁行为的发生。2009年，罚没收入37.36万元。

【经济检查】 2009年，姐告边境贸易区工商分局认真开展行政执法办案工作，制定了《行政处罚案件限时办结服务承诺》、《工作延时申请》等制度，探索推行说理式办案，积极查处区内各种经济违法违章行为。截至12月1日，共立案查处经济案件31起。

【信息化建设】 2009年，姐告工商分局组织实施了“计算机”、“注册”、“执法”三个能手岗位大练兵技能大比武活动，选拔州级能手2名。组织分局12名干部职工参加全国第30次计算机一级等级考试，有7人取得一级考试等级合格证。

【消委会工作】 2009年，姐告区消委会工作紧紧围绕“消费与发展”年主题，认真开展2009年3·15国际消费者权益日宣传咨询服务和执法活动。活动期间，共出动宣传车4台次、宣传人员45人次，展出宣传工商执法服务、交通安全、防火知识、禁毒等展板26块，现场发放《消费者权益保护法》及传销知识手册、防火知识手册、交通安全手册等资料2 000余份，识别真假货讲解对比40多次，接受咨询20余次。销毁假冒伪劣价值8 000余元的摩托车配件、食品、侵权商标标识、包装物共计7种。为姐告区内荣获第二届德宏州消费者喜爱商品（服务）的企业颁发获奖牌匾。

【个私协会工作】 2009年，姐告区个私协会认真贯彻落实国家“五五”普法规划，以《食品安全法》、《商标法》等为重点，组织区内80多户个体户、私企业主及17户注册商标持有企业开展了法制宣传教育工作。通过开展“会员服务年”活动，依托工商资源和协会优势，积极参加全州民营企业高校毕业生招聘会，提供就业岗位28个，达成就业意向53人，其中：高校毕业生52人、退伍军人1人。认真贯彻落实省委省政府鼓励创业贷免扶补政策，2009年协助2户符合贷款条件的创业者申请到贷款10万元。在云南省创业导师库网上录入创业导师1人。以上党课、“八荣八耻”教育、开展“诚信建设宣传月”活动、参加姐告国门升旗仪式、共同学习责任政府、阳光政府“四项制度”等形式将文体活动融入边疆党建长廊建设中，全面开展个私协会党建工作；按照省个私协会“基层组织建设年”的要求，2009年7月29日对姐告区个私协会进行了改选，现有兼职会长1人、副会长6人、兼职秘书长1人，大力加强了基层组织和会员队伍建设；在全州个私协表彰会中，姐告分会3名个私代表分别被表彰为先进个体工商户、先进私营企业和抗震救灾先进个人。

【2009年受到表彰的单位和个人名单】

姐告工商分局被省人事厅、省工商局记集体二等功。

【2009年任职的局领导名单】

局　　长　刘正举（2009.04～）

副 局 长　赵建刚　段学鑫

## 畹町经济开发区

【概况】 德宏州工商行政管理局畹町经济开发区分局内设办公室、市场股、注册股、监察室，现有在职干部职工18人，有退休干部6人。在职人员中有公务员16人、工勤人员2人；有中共党员12人；有大专以上学历13人。

【法制建设】 2009年，畹町经济开发区工商分局认真按照“五五”普法规划，加强法制宣传，搞好法规培训，规范执法行为，加强执法监督检查，严把案件质量关，强化案件核审和督查制度。1. 强化了行政执法和法制培训工作，按照创建“学习型”工商的目标要求，结合执法办案岗位大练兵活动，组织开展了各项行政执法和法制培训工作，全局干部利用周二学习日，轮流上课讲授法律法规，执法办案人员定期不定期开展研讨办案经验交流活动，营造了相互学习共同提高的良好学习氛围。2. 利用“3·15”、“诚信经商月”、“科普日”等重要节日，积极向消费者和经营者宣传工商法规，并在名镇广场设立宣传点，开展大型宣传活动，悬挂布标4幅，制作宣传展板10块，发放各种宣传材料1 200余份，接待咨询群众300余人次。3. 结合“普法及消费维权”，加强对社区群众和农村消费者的法律法规宣传，进一步丰富“法律进社区、进农村、进学校”活动。联合教育、交警、消防等6部门到畹町中小学开展了消费维权、食品安全等法律法规知识讲座。制作展板10块，发送《消费者权益保护法》、《食品安全法》等宣传资料、手册730余份。畹町中、小学师生共1 200余人听取了专题讲座。4. 积极深入社区角落、农村田间地头，大力宣传消费维权、农资打假维权、食品安全知识，在畹町辖区3个社区、3个行政村和16个自然村各主要街道、超市、市场、农村公房、公路沿线建筑物明显位置安装12315宣传牌40块，张贴《农村消费安全》挂图20份，张贴《食品安全法》全文25份。5. 对46件一般程序案件开展核审，维持46件，核审率达100%，未发现随意执法、执法腐败等问题，所查办的案件无一例复议、诉讼。

【纪检监察】 2009年，畹町经济开发区工商分局以建立惩治和预防腐败工作机制为平台，进一步加强纪检监察工作，强化反腐倡廉教育。1. 健全组织机构，成立了纪检监察室并配齐相关人员。2. 强化反腐倡廉教育，加强“十观”教育。3. 加强作风教育，进行党风廉政建设教育和宗旨教育，扎实开展作风教育整顿。4. 制定了《党风廉政建设工作计划》，开展以“一个落实、四个结合、十项活动”为载体的工商廉政文化建设活动。与各股室签订了党风廉政建设责任书四份，与干部职工家属签订《干部家属廉政责任书》20份。5. 认真开展风险排查，推动党风廉政建设和反腐败工作。2009年，分局党风廉政建设工作被州局评为一等奖。

【人事教育】 1. 2009年，畹町经济开发区工商分局继续抓好干部宗旨观、荣辱观、权力观和廉洁从政教育、职业道德教育。2. 着力加强局班子、二级班子建设，制度建设和思想作风建设。3. 认真开展党章学习活动和创建“五型工商机关”、“文明单位”活动。4. 大力加强了干部队伍建设，制定实施了《畹町工商分局读书学习制度》，丰富学习形式；坚持每周二学习日制度，集中学制度、学理论、学业务，相互交流学习经验，进一步提高学习效果。5. 认真组织开展“阳光政府”四项制度及深入学习实践科学发展观教育活动，领导干部共撰写理论文章3篇、调研文章2篇，全局干部职工共撰写心得体会文章54篇。6. 采取集中学习与个人自学相结合、专题讲座、辅导报告、法律知识测试等手段，有针对性地进行了岗位大练兵，展开竞赛，共组织各种培训17次，受训306人次，分局17人参加9月份全国计算机等级考试，有8人达到及格以上水平。

【企业注册登记】 1. 截至2009年10月31日，畹町经济开发区共登记内资企业42户,注册资金4 773万元,户数、资金比上年同期下降6.67%、2.05%。2.2009年办理开业登记3户,办理注销6户(含吊销2户)。3.应参加年检的内资、私营企业共155户,完成年检率91.61%,年检合格127户,合格率89.43%,检存率81.93%,年检期间办理变更登记27户。

【企业监督管理】 1.截至2009年10月31日,畹町经济开发区共登记私营企业110户,注册资金23 663万元,有从业人员1 428人,户数、资金、从业人员分别比上年同期上升0.9%、59.56%、8.59%。2.2009年,新开业私营企业24户,注销23户(含吊销13户)。3.共登记有个体工商户679户,有从业人员1 215人,注册资金1 758万元,户数、人员、资金与上年同期相比分别上升1.19%、6.93%、0.33%。4.2009年,新开业个体工商户110户,注销102户(含吊销18户)。5.应参加验照的个体工商户671户,验照率100%,验照后户数571户,验存率85.1%,验照期间办理变更登记15户。

【市场规范管理】 1.2009年,畹町经济开发区工商分局以服务发展为目标,全面推进诚信市场建设,积极探索长效监管机制,创建了14户"食品安全示范店",评出了1户2A"诚信市场"和1户2A"诚信超市"。2.进一步加强对农资、食品、成品油等重要商品和节假日市场的监督管理,继续做好禽类、猪肉市场等重大动物疫情市场防控工作,重点开展了产品质量和食品安全、奶制品清查、红盾护农、节假日市场、成品油市场监管、学校周边环境、重大动物疫情市场防控、"两烟"打假打私、打击传销违法行为等专项整治行动,共出动执法车辆231台次、执法人员983人次,检查各类经营户3 616户次。

【消费者权益保护】 2009年,畹町经济开发区工商分局加大消费维权工作力度,切实保护消费者合法权益。进一步规范和加强了12315数据库的建设,认真做好各类数据的采集和录入工作,定期进行汇总和分析。严格12315值班工作制度,坚持每天12小时值班制度,做到与州局12315指挥中心同步运行,确保全州12315系统信息畅通,调度及时,处置有效。坚持"六个一"标准,加强"一会两站"建设,截至11月份,共建成12315联络站和消费者投诉站14个,聘请消费维权联络员和监督员29人。

【食品流通监督管理】 1.结合一年一度的"3·15"活动,围绕"消费与发展"年主题,广泛向群众宣传《食品安全法》、《特别规定》、《产品质量法》等法律法规,共发放各种宣传材料510份,悬挂布标4幅,制作宣传展板10块,现场受理消费者咨询77人次,集中销毁各种假冒伪劣商品80余个品种,价值10万余元。2.认真落实食品安全工作目标责任制。在年初与州局签订《食品安全工作目标责任书》及《补充条款》的基础上,进一步细化了食品安全监管的目标责任,把目标责任层层分解到相关股室,层层抓落实。3.认真清理和规范食品经营主体资格,严把市场准入关。通过清理和规范,截至10月底,共有证照齐全的食品经营户224户,其中:生产加工经营户14户、流通环节经营户128户、餐饮业经营户82户;城区138户、农村86户。4.认真开展节日食品市场专项整治。围绕重要节日,突出重点商品、重点市场和重点区域,深入开展节日市场整治工作,严厉打击无照经营和制假售假行为,共出动执法人员157人次、车辆32台次,检查集贸市场24个次、超市22个次、旅游景点11个次、食品经营户823户次、音像出租店21个次,收缴各类过期变质和假冒伪劣食品20千克,价值3 000余元。

【反垄断与反不正当竞争执法】 2009年,畹町经济开发区工商分局共查办各类经济违法案件46件,案值142.8万元,罚没金额83.56万元,其中:无照经营案件41件、商业贿赂案件1件、商标侵权案件1件、违反登记管理规定案件3件。

【广告监督管理】 2009年,畹町经济开发区工商分局强化监管职能,严格行政执法,健全工作机制,规范广告经营,积极营造了健康有序的广告市场环境。1.召开了畹町2009年度整治虚假违法广告联席会议。2.认真进行了户外广告监管,扎实开展违法广告专项执法行动,全年共发放《户外广告登记证》12份,共出动车辆5台次、执法人员25人次,检查各类经营户103户次,对墙体广告和招牌广告以及未经登记擅自发布的各类广告及随意张贴的小广告进行了清理,共清除各类小广告18条。

【商标监督管理】 1.积极引导推进注册商标申报工作,规范商标使用行为。共接受商标咨询6人次,走访动员5户企业申请注册商标,指导帮助2户企业申请注册商标共3枚。2.继续加强云南省著名商标、德宏州重点保护商标的宣传、推荐和认定工作,鼓励企业争创驰名、著名、知名商标,畹町辖区共有德宏州重点扶持商标5枚;2009年,动员畹町富年达木业有限公司参与了云南省著名商标认定活动。3.大力查处商标侵权案件。2009年,共查处假冒商标案件1件,案值1万元,没收假冒商标商品40件。

【计划财务工作】 1.强化预算意识,加强部门预算管理。顺利完成了2009年的计划财务决算工作。2.强化监督意识,加强财务监督检查。3.加强固定资产管理,严格固定资产购置、使用、调拨、处置等项目的审核报批、核算、控制和监督。2009年,新增固定资产97 402元。4.坚持依法收费、规范收费。抓好行政性收费收入工作,严格执行收费政策,做到应收尽收,应缴尽缴。

【基本建设】 2009年,畹町经济开发区工商分局从加强基础设施建设入手,加大资金投入力度,进一步改善了办公条件,配备了桑塔纳执法办案车辆1台、电脑5台、打印机3台。

【老干工作】 1.为6位老干部订阅了《老年报》,定期不定期组织老干部学习、座谈,及时传达上级重要会议精神,积极组织老干部参加文娱活动及参观中缅友好纪念馆等户外活动，不断丰富其老年生活。2. 坚持逢年过节慰问制度，经常深入老干部中了解情况，听取意见，关心疾苦，排忧解难，对特困老干部在经济上给予适当的照顾。并为三名老干部发放了建房费。3. 全年共组织老干部学习5次，召开座谈会2次，开展户外活动3次，走访慰问老干部27人次，接待并解决老干部来电来访8人次。

**【信息化建设】** 2009年，畹町经济开发区工商分局加大资金投入力度，继续加大信息化基础设施建设，新配置台式计算机2台、手提电脑3台、打印机4台、数码相机机1台。结合计算机操作岗位大练兵，以强化计算机操作和业务软件应用为重点，以数字工商一体化软件系统和办公平台操作使用为内容，就计算机日常应用、登记业务、监管查询、巡查录入、网上案件审批、12315处理申（投）诉等操作流程开展了操作培训，共开展培训5次，受训91人次，进一步提高了干部计算机应用能力和现代化办公水平。

**【消委会工作】** 2009年，畹町经济开发区消委会认真做好消费者申（投）诉工作，共受理消费者投诉9件（其中州工商局转办4件），接待消费者来访、咨询40余人次，为消费者挽回经济损失4 226元。"3·15"期间，围绕"消费与发展"年主题，由畹町消委会牵头，工商、检验检疫、商务、卫生、农牧等部门联合开展了2009年纪念"3·15国际消费者权益日"宣传咨询服务和执法检查活动。共出动执法人员29人次，检查集贸市场、商场3个，检查经营户75户，发放各种宣传材料510份，悬挂布标4幅，制作展示展板10块，现场受理消费者咨询77人次。活动结束后，集中销毁各种假冒伪劣商品80余个品种，价值10万余元。

**【个私协会工作】** 1. 加强自身建设，创新工作机制，努力为协会工作促发展、上台阶。组织协会工作人员学习并贯彻好《国务院关于鼓励支持和引导个体私营等非公有制经济发展的若干意见》，不断提高工作人员的综合素质。召开了瑞丽市畹町经济开发区个体私营经济协会第一届第一次代表大会。为全面推进畹町个体私营等非公经济健康快速发展奠定坚实基础。2. 增加固定资产购置，为协会顺利开展各项工作提供保障，2009年，新购置微型车1台、数码相机1部。3. 认真做好个体私营经济党建工作，成立了畹町个体私营经济党支部。4. 发挥协会作用，动员、组织协会员努力为社会事业献爱心、做奉献，组织会员到新农村建设扶贫联系点弄弄村进行送温暖活动。5. 关心会员，为会员办实事。畹町个私经济协会一贯坚持当协会会员发生意外、重病时必访制度。协会真正起到了连接会员的桥梁和纽带作用。2009年5月，组织辖区会员共14人到华东五市进行了一次参观考察活动。

**【2009年任职的局领导名单】**

局　　长　朱卫华（～2009.05）
副 局 长　段树强
　　　　　杨国琼（2009.02～）
　　　　　董自保（2009.08～）

# 丽江市

**【概况】** 2009年，丽江市工商局有在职干部职工316人，其中，研究生2人，大专以上235人，中共党员有204人。另有离退休老干部128人。市局内设机构有办公室、人事教育科、计划财务科、企业个体注册登记管理科、公平交易科、市场监督管理科、12315消费者申诉举报指挥中心、商标广告监督管理科、法制科、纪检监察室、机关服务中心；下辖古城区、玉龙县、永胜县、华坪县、宁蒗县工商局和玉龙雪山直属分局，11个工商分局、7个工商所；代管个私协、消委会、广告协会三个社团组织。

**【法制建设】** 2009年，丽江市工商局大力推进法律进机关、进乡村、进学校、进企业、进单位主题活动，坚持开展"一月一法"的全员普法学习制度，增强系统干部职工的守法意识，提高了管理相对人的法律意识。2009年全市工商系统共查办案件1 548件。其中一般程序的615件，简易处罚的933件。法制机构对立案案件进行了核审，确保案件事实清楚，证据确凿，定性准确，处罚适当，程序合法。对简易程序处罚案件，工商所（分局）法制监督员进行了审核把关，确保案件质量。全年无行政复议和行政诉讼案件。年内举办了一次"丽江市工商局创园绿化建设征求意见听证会"。

**【纪检监察】** 1. 抓党风廉政建设，树立工商新形象。市局党组始终把党风廉政建设列入重要议事日程，与业务工作一起部署、一起落实、一起检查、一起考核。党组书记与分管领导，分管领导与各科（股）室负责人签订了责任书，落实齐抓共管工作机制。按照建立健全惩防体系的要求，加强教育，完善制度，强化监督。重大决策做到决策过程民主化，决策程序规范化，决策结果公开化。积极推行风险点管理，广泛开展基层工商向监管服务对象的述职述廉活动。通过加强制度建设、强化制度执行力、健全工作机制、规范权力运行，预防制度机制上的廉政风险。确保权力运行到哪里，防范措施跟到哪里，最大限度地减少腐败，保护干部。市工商局被省局评为党风廉政建设一等奖，被市委、市政府评为党风廉政建设优秀单位，也是连续第四年被评为党风廉政建设优秀单位。2009年8月，获得了"丽江市政协委员民主评议满意单位"称号，广大工商干部依法行政，热忱服务，廉洁自律，赢得了社会广泛赞誉，树立了工商部门良好的社会形象。2. 加强领导，完善机制，认真贯彻落实阳光政府"四项制度"。成立了领导小组和办公室，明确了落实四项制度的责任主体。研究制定了《实施阳光政府四项制度工作方案》、《重大决策听证制度实施办法》、《重要事项公示制度实施办法》、《重点工作通报制度实施办法》、《政务信息查询制度实施办法》和《落实阳光政府四项制度工作督察方案》，明确了工作目标，细化了工作措施。成立了政务信息查询工作组，确定了政务信息网上查询和“96128”专线服务人员，开通了4部专线电话。为了保证各项制度和工作的落实，建立工作效能督查制，把对重大决策听证、重要事项公示、重点工作通报、政务信息查询制度的落实与重点工作督查紧密结合，落实专管人员，定期不定期的督促检查。下级向上级实行每月工作汇报制度，上级每季至少对基层进行一次督查，季末由纪检室对督查情况进行汇总通报。通过推行“月汇报、季督查、年考核”的工作模式，干部职工的主动性有了明显提高，机关作风进一步好转，部门协调运转，认真处理政务、扎实管好事务，热情搞好服务，严格抓好监管，确保上级工作安排落实到位。同期，围绕搞好社会治安综合治理维护社会稳定，以处理群众信访投诉为抓手，进一步完善网络、专电、信函、走访“四位一体”的举报投诉受理机制，对涉及民生、上级督办的急件、特件，开辟受理、回复、督办的应急快速处置通道。通过认真落实新四项制度，增强了工作透明度，提高了工作效率，提升了政府的公信力。

【人事教育】 1. 认真细致地做好全系统干部职工的工资审批、上报工作，没有出现错报、漏报的情况。完成了全市工商系统的公务员年终考核，全市工商系统46名公务员年度滚动晋升工资级别工作，3名工人技术等级晋升等工作。2. 努力建设高素质队伍。按照省局的安排部署，开展了全员培训活动，全系统共有308人参加封闭和半封闭培训，聘请专家讲课10次，市县（区）局领导开展专题辅导17次，班子成员大会交流发言24次，干部职工学习交流172人次、研讨交流20人次，撰写学习心得体会文章308篇，撰写调研报告30篇，召开座谈会18次，系统干部全员学习培训覆盖率100%，全员培训取得显著成效。系统干部职工做到了“三个准确把握”，即准确把握了学习实践活动的指导思想和目标要求，增强了贯彻落实科学发展观的自觉性和坚定性；准确把握了科学发展观的重大意义、科学内涵、精神实质和根本要求，进一步增强了推进科学监管、促进科学发展的责任感和紧迫感；准确把握了云南工商工作目标就是落实“四个统一”、坚定不移地推进“三个到位”和“六个好”的工作新目标。3. 在全市工商系统积极开展“建设一个好班子，培养一支好队伍，完善一套好制度，改善一种好环境，创建一番好业绩，树立一流好形象”为内容的“六好工商所”创建活动，努力使全系统工商分局（所）逐步达到“执法行为规范，监管制度规范，基础设施规范，队伍管理规范”的规范化建设目标。4. 严格遵守组织人事纪律，按干部管理权限认真履行组织工作职责。①明确干部任用标准，树立正确的用人导向。注重选拔任用政绩突出者和务实型的干部，坚持重文凭不唯文凭，重年龄又不唯年龄，有功者赏，有能者上，让扎扎实实干事的干部看到了希望；干部职工都清楚地意识到，在我们工商部门，只有务实肯干、干出成绩，就有个人前途，找关系、走人情、空谈务虚、跑官要官者没有市场。②严格按照《党政领导干部选拔任用干部》规定的程序，公开、公平、公正选人。严格把好资格条件关、民主推荐关、考察关、党组集体讨论和决定干部任免事项会议关。对试用期满的11名分局局长（实职副科）进行考核，对考核合格的进行正式任用。年内调整充实了古城区、永胜县、玉龙县工商局领导班子。③认真开展公务员的招录申报工作和干部工作调动。按照公务员法的有关规定和省局的部署，年内招录8名公务员。由玉龙县局调整干部2名，宁蒗县工商局调整干部1名。

【企业注册登记】 围绕“保增长、扩内需、调结构”的战略目标，积极构建依法、规范、高效、便民的企业登记管理机制，进一步明确了科室职能、岗位职责、办事程序、办事时限和工作制度，完善“一审一核”制，减少内部审批环节，不断规范登记行为，严格按照法律规定的程序办理登记注册等事项，并依托信息化推进规范化，进一步规范工作流程，提高办事效率，不断加强服务制度建设，进一步完善联络员和登记回访制度，继续推行一次告知制、首办责任制、服务承诺制和限时办结制，严格落实服务承诺，有力地促进了各类市场主体健康发展。1. 丽江市实有登记注册内资企业1 388户（企业法人312户），注册资本（金）325 834万元，其中：国有企业394户，注册资金28 095万元；集体企业358户，注册资金20 574万元；股份合作企业103户，注册资金6 054万元；公司527户，注册资本269 553万元；其他企业6户，注册资金1 553万元。2. 开展外商投资企业2008年度的年检工作，申报并已通过年检的企业法人16户，分支机构36户。3. 积极开展股权出质融资。办理股权出质登记2户，股权出质额5.74亿元，担保主债权10亿人民币。4. 认真开展监督检查工作。以年度检验为主要手段，依照《企业年度检验办法》的相关规定，进行监督检查，及时纠正违法违规行为。全年立案查处案件2件，罚款1.5万元，即时处罚5件，罚款0.5万元。年内还根据省局的安排开展了兴奋剂专项治理、净化社会文化环境、安全生产、查处取缔黑网吧、计划生育药械、保安服务行业等市场专项整治行动。

【企业监管管理】 2009年，丽江市实有注册登记个体工商户23 270户，从业人员38 819人，注册资金82 564万元。其中：城镇16 711户，从业人员30 107人，注册资金68 418万元。年内办理开业登记5 905户，从业人员11 698人，注册资金37 466万元；年内办理注销手续4 026户；年内安置下岗失业人员1 031人，其中持《再就业优惠证》申办个体工商户371人，享受地方再就业优惠政策264人，落实国家和地方再就业优惠政策免收工商行政管理行政性收费100元。全市个体工商户实现总产值14 760万元，销售总额或营业收入97 045万元，社会消费品零售额82 041万元。全市实有登记注册港澳居民个体工商户4户，从业人员10

人,资金数额15万元。其中:香港居民个体户3户,从业人员8人,资金数额14万元;零售业1户,餐饮业3户,与上年同期相比保持不变。全市实有登记注册私营企业2 851户(分支机构723户),投资者6 504人,雇工43 845人,注册资本(金)812 157万元。其中:独资企业580户,投资者532人,雇工10 583人,出资额47 461万元;合伙企业64户,投资者224人,雇工1 551人,认缴出资额13 379万元;有限责任公司2 202户,投资者5 576人,雇工31 580人,注册资本(金)737 428万元;总产值233 726万元,销售总额或营业收入396 210万元,社会消费品零售额338 597万元;年内办理开业登记649户,办理注销登记263户。大力开展无照经营整治,在整治工作中做到"四个结合",即:与清理整顿网吧工作相结合,与食品安全整治工作相结合,与完善电子经济户口相结合,与规范旅游市场秩序相结合。全系统年内共查处取缔无照经营户156户。

【市场规范管理】 1."诚信市场"创建活动有新突破。建立市场监管信息定期分析报告制度,制定下发了《丽江市工商局关于建立市场信息定期分析报告制度的通知》,指定专人具体负责收集信息,进行分析,按时上报上级局和当地党委政府。2009年全市共有84个市场,现核准认定并完成信息录入34户,均纳入市场分类监管。其余因开办主体不明、场地产权不清和无固定经营户以及以路为市等原因,需待进一步清理完善、逐步规范。在此基础上积极开展了"诚信市场"创建活动,制定了《丽江市开展诚信市场创建活动实施方案》,成立了领导小组,明确了分管领导和责任科室。工作中加强了服务,积极协助市场开办者完善各项管理制度,制作"12315"宣传牌,在商场、超市设置工商监督岗。根据诚信市场评定标准,全年共评出10个"A级诚信市场",13个"AA级诚信市场"。2. 深入开展"红盾护农"行动,服务社会主义新农村建设取得实效。①明确责任,各区县局与分局(所)、分局(所)与基层管理人员、农资经营户层层签订责任书,明确了责任与义务,形成了从上到下的监管责任网络。②加大日常监管和市场巡查力度。建立"五查"工作机制,严厉打击坑农害农行为。"五查",即:一查证照,严查农资无照经营和超范围经营;二查质量,严防假劣农资坑害农民,要求农资经营户提供上市农资产品的产品检验合格报告,并对上市销售的两杂种子进行留样备查,对部分化肥进行抽样送检;三查台账,用制度规范经营者的经营行为,按照农资经营要建立健全"两账两票、一卡一书"的要求,认真检查农药、化肥、种子经营户的进、销货台账,以及索证索票等制度的建立情况,做到农资产品来路明,销路清,努力实现农资商品的可追溯监管;四查"两站"工作情况,检查"两站"的运行情况,了解"两站"在受理农村投诉中存在的困难和问题,为维护农民合法权益多做工作;五查制度落实,对各分局、所落实农资市场监管各项制度进行检查,及时发现不足并加以整改,确保各分局、所对农资市场监管到位。"五查"机制的落实,使得违法经营农资行为得到及时查处和制止,全市农资市场秩序得到有效规范。全年全系统共出动执法人员642人次、车辆147台次,检查市场65个次,农资经营户744户次,查办农资案件15件,查获劣质肥料230吨,罚款3.12万元,没收违法经营农药(敌敌畏)171瓶,没收地膜10千克。③结合实际大胆创新,促进农民专业合作社的长足发展。从自身职能出发,大胆创新,将规范登记与促进农民专业合作社发展相结合,积极协调关系、周到提供服务,开辟注册绿色通道、降低准入门槛、及时受理、快捷登记,免收登记费,使农民专业合作社发展到168户,成员总数2 016人,出资总额8 451万元;经纪人发展到191人(其中年内新增114户)。3. 大力强化重要商品市场监管。加强了汽车市场和成品油市场监管,严把市场主体准入关;以农贸市场、集贸市场等为重点,严密防控甲型H1N1流感、猪蓝耳病等疫情通过市场传播。在旅游市场专项整治中,查处违法案件13起,罚没款1.85万元。

【消费者权益保护】 1. 做好家电下乡专项整治工作。在加大"家电下乡"市场监管力度的同时,充分发挥12315消费者申诉举报平台和农村"一会两站"的作用,加大社会监督和消费维权工作力度,切实保护农村消费者合法权益。全年共出动执法人员588人次,检查经营主体986户次,查处虚假违法广告案件6件,案值4万元,罚款0.9万元。受理消费者关于"家电下乡"、"汽车摩托车下乡"的咨询10件;受理消费者申诉1件,为消费者挽回经济损失2 900元。全市辖区内共有核准备案的"家电下乡"销售网点179个。2. 做好移动终端市场专项整治工作,查扣涉嫌伪造进网许可标志、涉嫌质量不合格的移动电话机290部,没收经检验质量不合格的移动电话机156部,罚款3.5万元。3. 认真做好消费者申诉举报工作。2009年共受理消费者申诉1 100件,调解成功1 091件,成功率为99.18%,为消费者挽回经济损失111.75万元,接待来访、接受咨询3 675人次。

【食品流通监督管理】 2009年,丽江市工商局认真抓好对《食品安全法》的学习,做好《食品流通许可证》的发放工作,全年共发放食品流通许可证87份。进一步加强对流通环节食品经营户的管理,在经济户口管理上,实行"七制一账一卡"制度和"四制一书"制度;在市场巡查上,以"六查六看"为主要内容,狠抓市场巡查;在创新监管方式上,引导和监督经营者建立和落实各项自律制度,实行信用分类分层监管;在明确层级监管责任上,以"两图一书"管理模式为核心,在工商分局(所)悬挂"食品经营户分布图"、"监管人员责任区分布图",实现工商分局(所)监管责任落实到人,并采取签订责任书等形式,强化食品安全责任制。共与食品经营者签订《流通环节食品安全责任书》6 589份。根据省工商局的安排部署,自2009年6月1日开始使用全省统一格式的食品批发进销货凭证,第一批统一印制了5 000份凭证下发一区四县工商局,要求全市的食品批发企业(个体户)统一使用。抓好"农村食品安全示范店"创建工作,全市工商系统共创建"农村食品安全示范店"153户,已经全部命名授牌。做好流通环节食品抽样检验工作。制定了《丽江市流通领域商品质量监测计划》,基本建立了工商部门抽检、消费者送检、经营者自检相结合的食品质量检验检测体系,逐步形成了以定向监测为基础,不定向监测为补充的食品质量监测格局。年内组织对辖区内的葡萄酒、螺旋藻、果脯进行了抽样送检,共送检74个批次的产品到云南省产品质量监督检验研究院、丽江市产品质量检验中心检验。

做好流通环节食品市场整治工作。1. 抓好螺旋藻市场专项整治工作。对销售螺旋藻的80余家专卖店、药店、超市、购物店进行了检查,扣留涉嫌存在质量问题的螺旋藻共计841袋(瓶、桶)。对丽江市场上销售的全部螺旋藻品牌进行了统一的抽样,共抽取41个品牌66个批次的螺旋藻产品送云南省产品质量监督检验研究院进行检验,对销售经检验不合格螺旋藻产品的销售商立案进行了处罚。2. 加强食品市场专项整治。开展节日食品市场整治,全市共出动执法人员4 769人次、执法车辆1 037车次,检查食品经营户17 709户次,查扣假冒伪劣食品和不合格食品7 936千克,查处食品案件68件,罚款16.78万元。开展清查"剑石"牌香甜泡打粉专项行动,共出动执法人员241人次、执法车辆53台次,检查食品经营户和食品添加剂经营户2 267户次,查获广西桂林市某化工有限公司生产的"剑石"牌香甜泡打粉404.75千克。加大对食品大要案件的查处:对一经销商在食品外包装上虚假标注的行为进行了查处罚款;对"京华牌"、"天生帝宝牌"二锅头酒侵犯红星二锅头酒外包装专用权行为进行查处,没收260瓶侵权的二锅头酒;查获涉嫌侵犯青岛啤酒外包装专利和虚假宣传的啤酒936件;查获涂改生产日期的过期娃哈哈非常柠檬、AD钙奶、呦呦奶茶共253件,假冒的国窖1573、五粮液13瓶。3. 做好打击违法添加非食用物质和滥用食品添加剂专项整治工作。全市工商系统共出动执法人员1 245人次,出动车辆401车次,检查食品经营者4 738户,检查食品添加剂经营者158户,抽检酱油、豆制品、米面制品、水发产品、黄花菜、肉制品、红糖等20多个品种,有2个品种质量监测不合格,合格率为90%。执法人员对不合格商品立即作了下柜停止销售的处理,并对销售者作了警告教育,查扣滥用食品添加剂的商品211.3千克(红糖),查处流通环节涉及违法添加非食用物质和滥用食品添加剂的案件2件,案值1.08万元,罚没金额0.25万元。受理消费者申诉举报1件。

**【反垄断与反不正当竞争执法】** 1. 严厉打击传销,规范直销行为。广泛宣传,构建群防群治机制。与公安等部门联合开展大型宣传活动两次。将打击传销工作纳入社会治安综合治理目标考核范畴,实行"一票否决制";深入推进创建"无传销社区、乡镇"活动。2. 开展保护知识产权和反不正当竞争工作。为保护昆明电缆股份"中国驰名商标"产品,对全市电缆产品进行了拉网式清查。共查获假冒电缆8.8千米,立案查处5起。与五粮液酒厂、泸州老窖酒厂、百威啤酒厂分别开展专项打假行动3次,查获假冒国窖1 573白酒6瓶,假冒百威啤酒12瓶。监督并规范移动、联通公司的有奖交话费活动。3. 开展扫黄打非行动,清查非法政治出版物工作。全年共开展10次专项行动。组织出动人员450人次、车辆125台次,对全市印刷、批发、零售、复制市场作了拉网式清查,共检查经营户1 050户次。组织清查市长信箱反映丽江游戏室涉赌事件,对古城、玉龙所有游戏室进行了清查,严格规范经营行为。与市公安局联合查处印有"六四"等反动内容衣物46件。4. 做好对违法行为人的警示与疏导工作。在查处经济违法案件中,通过对违法行为人"事前预警告诫、事中纠正制止、事后教育规范",使所查办案件做到公平公正,程序合法,过罚相当,宽严适度,真正达到处罚与教育相结合的目的。制定了《丽江市工商局案件评查、评议、考核办法》,对行政执法案件进行评查、评议和考核。全年共送达《限期纠正通知书》,告知违法行为人违法事实,责令限期改正的620户次。对一般程序行政处罚案件进行了回访387件次,指导帮助违法行为人树立守法经营理念,诚实守信,合法经营。开展执法办案能手岗位练兵竞赛活动,评出10名市级执法办案能手并进行了表彰奖励。

**【广告监督管理】** 2009年,丽江市工商局继续以医药、保健食品、美容服务、集资融资广告和网上发布"性药品"广告、性病治疗广告为整治重点,采取现场检查和重点监测相结合的办法,加大了违法广告的查处。全年共监测广告1 586条,发现违规发布广告71条,责令公开更正2条,责令停止发布违法广告69条;查处各类广告违法案件65件,罚款15.8万元,全市广告市场秩序明显好转。

**【商标监督管理】** 1. 强化商标专用权保护。查处涉嫌商标违法和侵权案件17起,罚没款1.51万元。与五粮液、泸州老窖、百威、青岛啤酒等厂家开展联合打假行动,查获假冒国窖1573白酒6瓶,假冒百威啤酒12瓶;查获产品质量存在问题的花园畈香辣牦牛肉酱7 998瓶(2.78吨),查获涉嫌侵犯鹤庆酒厂"大麦酒"外包装的白酒539件(8.5吨),仿冒华夏牌红葡萄酒414件。加大培育力度,推进商标战略有了新进展。广泛开展了"一所一标"创建活动,全系统18个分局(所)为企业提供商标咨询服务187人次,指导协助企业在农特产品方面申报商标34个;坚持"择优扶强、重点扶持"的原则,将"丽水金沙"和"玉龙雪山"确定为争创中国驰名商标的重点对象,推荐了8件商标申报云南省著名商标,其中有3件重新认定和4件新申报,均获初审公告,至此,丽江市的云南省著名商标已达23件。此外,丽江市工商局还负责起草并促成了《丽江市人民政府关于推进商标战略工作的实施方案》和《丽江市知名商标认定办法》的出台,建立了政府牵头、部门密切配合,齐抓共管的商标战略工作机制。

**【计划财务工作】** 1. 搞好部门预、决算,积极做好经费保障工作。认真贯彻落实全省计划财务工作会议精神。5月6日召开了全市系统财务工作会议,传达了全省工商系统财务工作会议精神。抓好预算收支平衡。5月27日批复下达各区县工商局年度经费预算，省局下达丽江市工商系统2009年经费预算为1 495.75万元。在修缮费的安排上，永胜县工商局金官工商分局7万元，丽江市工商局机关职工宿舍修缮4万元，华坪县工商局荣将分局办证大厅改造3万元。于8月18日完成了2010年部门预算数据上报工作。完成基建项目收尾工作。市局机关办公楼项目，总投资869.36万元，到位资金783万元，缺口资金89.97万元。古城区工商局办公楼装修项目，总投资191.39万元，到位资金171.37万元，缺口资金20.02万元。宁蒗县泸沽湖工商分局办公楼项目，总投资84.87万元，到位资金62.31万元，缺口资金22.56万元。以上三项总计缺口资金132.55万元，已于12月4日上报省局。2. 全面完成行政性收费和罚没收入收缴任务。截至11月30日，行政性收费完成88.8万元，占任务数54万元的164%，超额完成34.8万元。已全额上缴省财政，没有发生坐支、挪用行为；罚没收入完成181.71万元，比上年同期的184.76万元，减收了3.05万元，下降了1.65%，但年内已完成了年初计划数的180万元的任务数。3. 加强财务监督检查，开展财务专项检查。认真开展财务监督工作。于10月12～22日在全系统范围内开展了一次财务大检查和审计回访工作。主要对一区四县工商局2008年预算执行情况、财务收支情况、专项资金使用情况、固定资产管理、票据管理、政府采购、小金库清查情况进行全面的检查。组织开展了全市系统小金库清查回头看工作，主要从行政性收费、罚款清查；资产处置、出租收费为主进行清查，清查结果表明，全市系统未发现违规行为。同时向上级签订了《严肃财经纪律杜绝“小金库”承诺书》，承诺遵守账户管理规定，按照规定用途使用账户，不违规开设银行账户；将所有资金纳入财务部门法定账目核算；所有账目向监督机关公开；执行统一的津贴补贴规范政策，不违反规定给职工发放津贴、补贴，并接受广大干部群众、社会各界和新闻媒体的监督。同时通过清查深刻认识“小金库”问题的影响和危害，受到了一次规范自身行为的教育，进一步严肃了财经纪律，增强了法制观念。完成全市系统对工商总局专项资金使用情况的检查工作：主要检查2008年省工商局安排到丽江市系统执法办案经费13万元的使用情况。其中：市局机关7万元，一区四县各1万元。检查情况表明：丽江市工商系统无截留挪用专项资金的情况，拨付资金能够做到及时、足额，无违反财经规定的情况。国家工商总局安排的资金，发挥了应有的作用：通过资金的投入，全市系统在开展整规和规范市场秩序，营造良好的市场环境工作资金有了保障，通过抓食品安全专项整治，进一步强化了流通环节产品质量的食品安全监管工作。完成行政事业单位经营性国有资产清查工作。制订了《丽江市工商行政管理局行政事业单位资产清查工作实施方案》，由财务、资产管理、纪检、机关服务中心等部门负责具体组织本单位资产清查工作，按期按质完成经营性国有资产清查工作。4. 积极推进“四化”建设，实现财务规范化管理。财务管理制度化建设方面，通过建立健全《丽江市工商系统财务管理制度》、《丽江市工商局财务人员岗位责任制》、《丽江市工商系统票据管理制度》等与工商行政管理体制相适应的财务制度，针对预算管理、内部监督等关键环节，明确各岗位职责，制订了便于操作的财务核算工作流程，明确各环节的工作职责，确保财务工作各个环节有法可依、有章可循，进一步完善了全市系统财务管理制度。加快财务管理规范化建设方面。以实现人、财、物科学、规范管理为目标，做到财务人员持证上岗，市局机关做到了会计、出纳、票据、审计四个不相容岗位进行分设，岗位职责按《丽江市工商局财务人员岗位责任制》执行。在全市系统发文要求统一使用会计核算凭证，市局机关首先垂范，做到经费开支事前审批、事中控制、事后审核，审批手续齐全。严格按照行政单位会计制度规定设置会计科目和账簿，会计报表与会计账簿数据一致，做到数据准确，及时上报。会计凭证做到摘要清楚、附件完整、装订整齐。会计凭证、账簿、报表、电子数据等资料做到按时备份和归档。各单位支票管理建立了领、销制度；空白支票和印鉴由两人分别保管。规范财务管理程序化建设方面。按照集体当家、民主理财的原则，全市系统能够坚持“一支笔审批”制度，财务事项的办理基本上能够做到事前审批、事中控制、事后稽核，进一步强化程序观念，严格遵循财务工作程序，健全程序规则，体现工作的可操作性。推进财务管理法制化建设方面。在开展日常财务工作中，严格遵守相关法律法规的规定，做到有法必依。同时加强了支出资金追踪问效及财务法规制度落到实处的监督工作。开展了财务管理与风险点管理相结合，如市局机关开通了网上银行查询业务，不仅方便了出纳的业务工作，财务负责人和会计还可随时查询资金的流向和资金使用的正确性；市局机关严格按照现金管理条例的规定，控制现金流量，对超过1 000元的现金支出需经局长审批后支付，有效地控制了现金大额支出，同时，开展不定期银行存款、现金盘点，做好资金安全工作。5. 开展财务内部审计。对玉龙县、永胜县和宁蒗县工商局三个单位进行财务内部交叉审计。6. 开展财会人员培训，提升财务人员整体素质。7. 积极推进阳光工商工作，实行政务公开。坚持“集体当家、民主理财”和“一支笔”审批制度的要求，各单位的财务收支坚持“一支笔”审批，并不定期向职工进行通报，全市系统部门预算执行、经费收支情况和收费执行结果于每年全市工商系统财务工作会议上进行公布。加大财务人员财务法规宣传教育力度，不断提高财务工作法制化水平。8. 做好会计基础工作，提高财会工作质量。规范票证管理，认真做好全市系统在职人员工资统发和离退休人员经费按月上报工作及会计核算各类报表的上报工作，完成全市系统车辆保险、职工医疗保险、职工公积金交缴、核实、汇总、上报工作。2009年全市系统按实有车辆为67辆已全部参保，但目前仍有17辆车保费缺口。完成全市系统医疗保险交缴、申报工作。全市系统2009年共缴纳103.39万元，由于省财政安排资金的基数不含07年新增津补贴，而全市系统各单位参保基数含了07年新增津补贴，再加上财政认可的各区县标准地方执行的标准有出入，省财政厅核拨经费为

59.94万元,因此,造成全市系统2009年医疗经费缺口资金近43.45万元。完成全市系统职工住房公积金交缴、申报工作。职工住房公积金的交缴是按2009年元月份工资基数进行交缴的,2009年全年共交缴91.48万元,但省财政厅核拨数只是按2009年年初预算数核定,没有安排新增人员和提前退休人员公积金,全年安排丽江市65.47万元,现缺口资金26.01万元。

**【机关党建工作】** 认真贯彻党中央提出的推进党的建设新的伟大工程的决定,围绕把机关党总支(支部)建设成有凝聚力、创造力、战斗力的工作目标,以抓党建、推工作为指导,以学习实践科学发展观为党建载体,以全面提高党员整体素质,充分发挥"六个带头"作用为工作的归宿点,有效地加强了机关党建工作,促进了工商工作创新发展。党建和各项工商工作取得了显著成效,受到了上级的充分肯定,获得了不少殊荣,有两个党支部被上级评为"先进党支部",党总支被市直工委评为党建目标管理先进党总支,28名党员被表彰为优秀共产党员,市局机关连续十年保持了省级文明单位的称号,连续五年被省工商局评为党风廉政建设先进单位,连续四年被市委、市政府评为党风廉政建设优秀单位。这些殊荣的获得与党建工作密不可分。一年来,丽江市工商局突出抓了以下工作:突出抓好班子建设,突出抓好党员队伍素质,突出抓好制度建设,突出抓好工作业绩,突出抓好赢取群众口碑工作,突出抓好党建活动,突出抓好党内互助"八个一",按照"一帮一"、"二帮一"、"三帮一"的结对帮扶原则,全总支43名在职党员共为永胜县三川镇军和村28名贫特困党员捐款9 500元,并深入到这些贫特困党员中进行了访贫问卷,交心谈心,深入细致地了解他们生产、生活中的实际困难,鼓励启发他们坚定信心,自强自立,脱贫致富,突出抓好廉政文化建设,开展了环境示廉,活动兴廉,建立党员干部廉政文化学习档案等工作。

**【信息化建设】** 丽江市局党组以加强网络建设为核心,以强化业务运用为重点,深入开展信息化建设年活动。在基础差、底子薄、起步晚的情况下,多方筹集资金,举债完成了电子政务工商专网建设,实现了省、市、县、所四级联网。市县局在加强计算机等硬件设施投入的同时,在"人人学电脑,个个能过关"活动的基础上,集中开展了业务软件操作培训和计算机操作大练兵活动,强化了政务业务一体化软件的运用,利用网络平台,积极推行政府信息公开,为推进"四化"建设、实现"三个到位"和"六个好"工作目标提供了重要技术支撑。

**【消委会工作】** 1. 组织了3·15国际消费者权益日纪念活动。组织10个诚信单位参加了活动,共发放各种宣传单2.5万多份,现场接待消费者咨询2 800多人次,发放商品房问卷调查表550份,直接受理消费者投诉5起。活动结束后,市区(县)两级工商部门和有关单位将查获的过期食品、药品、假烟假酒、日用消费品等12大类、117个品种22吨的假冒伪劣商品在各辖区垃圾场进行统一销毁。2. 开展12315"五进"活动,为云南大学旅游文化学院的学生举办了一场消费者权益保护知识专题讲座,为丽江各大旅行社的涉外导游200余人举行了一场有关不正当竞争行为的知识讲座。3. 加强"一会两站"建设。全市62个乡(镇)建立了63个保护消费者权益委员会分会,在行政村、社区、市场、大型超市建立了342个12315消费者申诉举报联络站、消费者投诉站。并按照"有一间办公室、有办公设备、由专兼职工作人员、有一部维权电话、有一个制度、有一本申诉举报登记簿"的"六有"的标准进一步规范"一会两站"的建设。同时积极协调各级政府,为一会两站的负责人每月解决10元的工作补助经费,进一步提升"一会两站"的工作效能。4. 开展"酒后不开车、开车不喝酒"公益宣传活动。9月25日,与丽江市交警支队共同发起了倡导拒绝酒后驾车的公益宣传活动,把900张印有"酒后不开车、开车不喝酒"字样的公益提示牌粘贴到了全市的宾馆、饭店、酒楼、公路沿线的农家乐、餐厅等地。5. 开展首届"丽江市餐饮名店"评选工作。根据云南省人民政府促进餐饮业发展的意见,丽江市消委会、丽江市工商局、丽江市商务局、丽江市卫生局、丽江市食品药品监督管理局、丽江市烹饪与美食行业协会、丽江市旅游购物协会联合发起了"首届丽江市餐饮名店"评选活动,活动从9月份开始,经过宣传报名、初审、专家评审三个阶段后,从报名参加的860多户餐饮企业中评选出60户"首届丽江市餐饮名店",在媒体公示之后,于12月2日举行了授牌仪式。6. 认真做好消费者申诉举报工作。2009年,全市各级消协组织共受理投诉1 100起,调处1 091起,成功率为99.18%,为消费者挽回经济损失111.75万元,接待来访、接受咨询3 675人次。

**【个私协会工作】** 1. 认真开展深入学习实践科学发展观的活动,用科学发展观统领协会工作,不断拓展协会工作新局面。把实现好、维护好、发展好全市广大个体劳动者和私营企业主的根本利益作为开展各项工作的出发点和落脚点,紧紧围绕党委、政府提出的中心工作,以及省局党组、市局党组年初提出的目标工作任务,充分调动个体私营经济业主加快发展的积极性、主动性和创造性,促进全市个体私营经济的平稳健康发展。2. 坚持不懈地抓职业道德教育,不断提高会员的职业道德水平。坚持开展以道德建设为核心,以诚信建设为重点,以"户户讲道德,店店无假货"示范点为标准的职业道德教育和"重操守、讲诚信、创光彩业绩",争创"光彩之星"、"青年文明号"等活动为载体的精神文明创建活动,教育、引导广大会员崇尚先进、学习先进,进一步展示广大会员的良好精神风貌,树立良好的社会形象。在争创活动中,丽江三川火腿有限责任公司、丽江市自留地民族文化传播有限公司获得了由共青团云南省委、省工商局、省个私协会命名的云南省"青年文明号"荣誉称号,这一荣誉称号在全市个体私营经济组织中尚属首次获得。3. 精心组织全市民营企业参加全省高校招聘会。4月15日,市协会组织丽江正龙实业有限公司、丽江得一食品有限责任公司、丽江玉龙旅游股份有限公司和府皇冠假日酒店、丽江三川火腿有限责任公司四家民营企业参加全省高校招聘会，四家企业在本届招聘会上，分别与46名应届大学毕业生签订了意向性就业合同，并安置了32名大学生就业岗位。4. 认真抓好票据使用统一管理工作。全市协会系统从4月1日起统一起用新的票据，实行统一发放，统一管理，实行专人领票、专人管理，建立票据领用、核审登记台账，做到填写票面与所收款项相符，票据编号与原始记录相符，票清账清。5. 抓好鼓励创业贷免扶补政策的贯彻落实。完成省局、省个私协会下达给丽江市的创业人员35户，累计发放财政贴息创业贷款175万元，与此同时，为做好创业人员的后期创业指导工作，全市先后聘请了27名创业导师，义务为创业人员提供经营策略、市场营销等方面的创业帮扶工作，帮助创业人员解决创业过程当中遇到的困难和问题，为创业人员提供创业过程中的跟踪服务工作，帮助创业人员创好业、守好业，让创业人员在创业当中带动更多的人就业。目前，全市35户创业人员已为47名城镇、农村待业人员提供了就业岗位。6. 加强个体私营经济党建工作，不断创新个私党建工作新亮点。认真贯彻落实《中共云南省委办公厅关于加强全省新经济组织和新社会组织党的建设工作的意见（试行）》、中共丽江市委《关于成立中共丽江市个体私营经济协会委员会的批复》文件精神，做好个私党委挂牌成立前期的筹备工作。7. 认真开展好全市非公有制经济组织学习实践科学发展观活动。市个私协承担起全市第三批非公有制经济组织学习实践科学发展观活动的工作重任。由于指导有力，省委指导小组组长张功祥书记在巡视指导丽江市学习实践活动开展情况时，对丽江市开展非公有制经济组织学习实践活动给予了高度的评价和肯定，并将丽江市学习实践活动取得的经验作为全省经验交流单位进行推广。

**【广告协会工作】** 1. 积极参与制定《丽江市关于促进广告业发展指导意见》，明确了全市广告业发展的指导思想，提出了今后五年全市广告业发展的主要目标：加快行业结构调整，推行现代企业制度，促进广告业向专业化、规模化、集约化、品牌化方向发展，提升广告设计、制作、代理和发布水平；通过培育一批具备综合能力的广告企业为主干，以发展一批广告传播、户外广告、品牌代理为核心业务的企业，指导一批专业化程度高的小企业为基础，形成布局合理、结构优化的广告产业体系，确保广告经营额逐年提高，使广告经营额、利税额、运作能力紧跟发达地区发展步伐，适当提高发展速度。到2013年，初步形成布局合理、结构优化的广告产业体系，广告经营额实现稳定增长，广告企业逐步做强做大。广告创意、设计、策划、制作、代理和发布等专业能力达到全省中上水平。2. 配合广告主管部门开展整治虚假违法广告行为，加强对广告企业守法经营教育。3. 积极开展优秀公益广告评选活动，组织12家广告经营单位报送了27条公益广告作品，筛选出11条参加全省优秀公益广告评选。丽江日报传媒有限公司获得全省优秀公益广告评选活动先进单位，该公司法定代表人获得全省优秀公益广告评选活动先进个人称号。4. 协助工商部门开展丽江市知名商标评选活动。5. 加强协会自身建设，做好服务会员工作，促进广告行业健康发展。主要抓了对会员的广告法律、国家政策法规和规章制度的咨询服务，协助会员开展广告发布前的初审工作；协调会员与政府有关部门的关系，及时反映和沟通情况，维护会员的合法权益。

**【2009年受到表彰的单位和个人名单】**

丽江市工商局被省委、省政府表彰为文明单位，被市委、市政府表彰为党风廉政建设优秀单位，被省局评为落实六项重点工作一等奖，被省局评为2009年度云南工商系统党风廉政建设一等奖，被省工商局评为“推进商标三等奖”。

丽江市工商局计划财务工作被省局评为一等奖，政务信息、宣传报道分别被省局评为二等奖。

丽江市工商局于8月1日获得“丽江市政协委员评议满意单位”称号。

古城区工商局被省委、省政府表彰为文明单位。

**【2009年任职的局领导名单】**

局　长　屈春亮

副局长　杨建福　饶宝军　杨其珍

## 古城区

**【概况】** 2009年，古城区工商局内设机构分别为办公室、纪检监察室、法治股、公平交易股、市场准入登记管理股、市场登记管理股、商标广告监督管理股、机关服务中心；派出机构有七河分局和大研分局。管辖区域包括四个城区科级办事处，五个科级农业乡，辖区人口为14万。全区共有各类市场22个，市场总面积达129 873平方米，区局登记注册的企业1 278户，个体工商户9 397户。全局在职人员58名，其中公务员49人，工勤人员9名。离退休人员32名。全局设一个总支，三个支部，分别为局机关、大研分局、老干部支部，共有党员59名。

2009年，古城区工商局在省、市工商局和区委、区政府的正确领导下，全局干部职工严格按照打牢基础、强化素质、履行职责、推进服务的工作思路，在构建长效管理机制上下功夫，大力推进制度化、规范化、程序化、法治化建设，以“六项重点工作“为中心，创新管理体制和监督服务方式，努力提高执法效能，服务质量和依法行政水平，力求在队伍建设、监管执法、履职服务、基层建设、信息化建设上有新突破，为营造公平公正、规范有序、和谐诚信的市场经营环境和安全健康的市场消费环境做出了积极贡献。

**【法制建设】** 2009年，古城区工商局按照制度化、规范化、程序化、法治化建设的工作思路，以规范执法行为为主要内容，不断拓宽执法监督范围。认真执行“一月一法、一季一考”的学习制度，组织全体干部职工学习相关的法律法规知识。制定了行政执法各项监督制度，按照省市工商局“三能手”选拔比赛的规定，开展了登记注册能手、执法办案能手、计算机操作能手的评比工作。同时，加强法制核审工作，按一般程序处理的立案案件都做到一案一审，确保案件的质量。

【纪检监察】 2009年,古城区工商局党组把纪检监察工作列入党组的重要议事日程,真正做到纪检监察工作与其它工作一起部署、一起研究、一起督促检查,形成了齐抓共管党风廉政建设和反腐倡廉工作的格局。局党组与各股室分局的负责人,总支与各支部以及支部与各个党员都层层签订了《党风廉政建设责任书》。按照建立健全惩、防体系的要求,加强教育,完善制度,强化监督。开展了大研分局向监管服务对象的述职述廉活动,加强了工商廉政文化建设,与作风教育有机的结合,狠抓"阳光政府四项制度"的落实,设立了96128政务服务专线,定期开展重要事项、重点工作通报。引导干部牢固树立"依法行政执法为民"的观念。

【人事教育】 2009年,古城区工商局坚持星期一上午的学习制度,组织干部职工认真学习党的路线、方针和政策及有关文件精神,认真学习四项制度、十七大精神、科学发展观、工商业务知识的学习和培训,集中开展了学习实践科学发展观全员培训,全体干部职工结合自己的工作实际写出心得体会。年内有一名干部参加了硕士研究生学历的半脱产学习。

【企业注册登记】 在企业注册登记管理工作中,坚持准入条件和程序,严把市场准入关,规范市场主体资格。加强对与人民群众和社会生活有密切相关的行业进行重点严格的审查,对有前置审批规定的行业在办理中严格把关,并按《行政许可法》所要求的步骤和程序来规范各类企业的登记管理,严把市场准入关。积极支持国有、集体企业的公司改造,放宽准入条件,简化登记程序,以最快捷的速度办理相关手续,并实施一系列的优惠政策,把支持鼓励外商投资企业与调整优化产业结构、促进区域经济协调发展,维护国家经济安全结合起来,努力营造便利良好的投资环境。不断提高监管水平和服务质量,完善政务公开,推行首办责任制,服务时限承诺制,积极推进企业信用体系建设,为各类企业提供优质高效的服务。积极开展注册登记能手选拔竞赛工作,在窗口岗位的工作人员都进行了统一学习和选拔赛。截至2009年12月,全区共有各类企业1 278户,对各类企业实行了分类管理和年检换照工作。

【企业监督管理】 2009年,古城区工商局充分发挥职能作用,始终把支持发展非公经济作为促进全区经济发展社会稳定的重要工作来抓,竭尽全力支持非公经济的发展,认真贯彻执行中共中央、国务院关于下岗失业人员再就业、对应届大学生自谋职业、退役士兵、伤残军人提供优惠政策,为他们从事个体经营设立专门服务窗口,热情做好再就业的有关服务工作。全年为自谋职业的大学毕业生、退役士兵、两劳释放人员、残疾人提供贷免扶补等就业优惠政策,帮助10户自谋职业者创业,争取了50多万元的无息贷款,设立创业者导师库,提供5户创业者导师,指导和帮助自谋职业者谋出路、渡难关。截至2009年12月,全区共有个体工商户9 397户。

【市场规范管理】 2009年,古城区局扎实开展"红盾护农"行动,积极为新农村建设服务,继续在红盾护农、经纪活农、合同帮农等方面下功夫,与辖区内的农资经营单位和种子经营单位签订了责任书36份,对5个品种的种子作了留样备查,确保农民群众的利益不受损害。开展"诚信市场"创建活动,与辖区内市场主办者签订创建责任书22份,依托商品交易市场信用分类监管,做好市场信息基础数据录入工作,已录入12个市场的数据信息,逐步完成了A、B、C、D四个等级的市场信用分类监管工作。按照国家总局关于动产抵押登记的规定,对抵押登记已到期的1户企业作了注销登记,新受理2户企业的动产抵押,抵押额达1亿,积极为企业排忧解难。加大打击制假售假、商业欺诈、不正当竞争等违法行为力度,营造公平竞争的经营环境。年内,全局强化了市场巡查,加强了对螺旋藻、成品油、汽车、两烟、手机等重要商品市场监管,重点查处仿冒知名商品、厂家的"傍名牌"行为和对商品质量作误导性宣传、不正当有奖销售等商业欺诈行为,切实加大对网吧、学校周边等重点行业和地区无照经营取缔力度。查获冒牌商品44件,过期食品520千克,不合格商品98包,立案查处市场违法案件156件,罚款5.98万元。

【消费者权益保护】 1. 加强维权工作。"3·15"期间,紧紧围绕年主题,开展了声势浩大、形式多样的宣传咨询活动,发放宣传资料1.5万份。认真调处消费纠纷,全年共受理投诉359件,调处356件,接待消费者来信来访466人次,为消费者挽回经济损失27.54万余元,为创造安全健康的消费环境做出了贡献。2. 积极发挥消保工作职能作用,积极探索商品准入制度建设,对重点商品加强抽查,对食品市场、农资市场、文化市场、医药市场实施商品质量监督关口的前移。3. 推进"一会两站"的建设,共设立分会9个,维权站和联络站57个,加快了12315信息平台建设,积极推进12315进市场、进社区工作。推行进货登记备案制,对重点商品进行全程监控。

【食品流通监督管理】 2009年,古城区局紧紧围绕"两个100%"和"一个彻底解决"的目标,采取有力措施,全面清理食品经营主体资格,指导检查经营者建立自律制度。1. 将食品安全监管工作作为一项重要内容纳入到2009年度工作目标管理责任书中,与责任股、室、分局签订责任书,各分局又将监管内容、任务分解细化给各巡查组,层层抓落实。2. 严把食品质量市场准入关,建立健全食品质量准入体系,进一步引导和监督食品经营者建立完善食品经营自律制度,落实进货查验制度、索证索票制度、购销台账制度、质量承诺制度。3. 深入开展"农村食品安全示范店"的创建活动,通过签订食品安全责任书,对辖区9个乡镇办事处的285户食品加工企业及个体户,1 594户流通环节食品经营企业及个体户签订了食品安全责任书,建立健全经济户口和信用分类监管档案,开展监管记录和监管记录卡等登记注册基础资料,共评选食品"安全示范店"42户。

【反垄断与反不正当竞争执法】 2009年,古城区局大力加强行政执法的工作,调整充实了一线执法人员,增强了执法力量。通过加强培训和开展执法岗位能手选拔赛,进一步规范执法行为。加大查处的力度,对商标广告、企业违反登记规章、制假售假行为严厉打击。全年共查处各类案件329多起,罚款36.25万元。有力地整肃了市场环境,为广大消费者和经营者提供了健康有序的消费和经营环境,也进一步彰显了工商执法的权威。

【广告监督管理】 健全广告审查员制度,通过组织举办广告审查员培训班,提高广告审查员履行广告审查行为的能力和水平,预防虚假违法广告的滋生。严把户外广告的审批登记,重点针对医疗广告、药品、食品等广告经营行为强化监督管理,从源头上杜绝违法广告的滋生,先后受理登记检测户外广告460条,对车身广告、立柱广告登记备案率100%。进一步整顿和规范辖区广告市场,维护人民群众的切身利益,保障广告业的持续健康发展,先后组织开展了药品、医疗、烟草、门牌等专项整治,强化了户外广告的监管,查处违法广告22件,罚款4.75万元。

【商标监督管理】 加大力度,深入开展保护知识产权的行动,加强对专卖(营、修)店的监督管理,实施登记备案制度,要求提交相关手续进行备案。加强商标注册的引导、宣传和咨询服务工作,认真开展"一所一标"创建工作,协助企业申请注册商标共6个类别商标13件,其中9件商标注册申请已被国家工商局商标局受理,4件商标注册申请已在申报中。加大执法力度,严厉查处商标侵权案件,依法打击商标侵权行为,结合开展保护注册商标专用权行动,对奥林匹克标志、食品、药品等商品上发生商标侵权假冒案件,进行重点清理和整顿。积极开展推优工作,根据辖区的实际情况,对企业信誉良好、市场效益好,市场开拓前景良好的地方知名商品积极支持鼓励参加省著名商标的评选工作,进一步提高企业知名度。

【计划财务工作】 1. 认真执行"收支两条线"规定,全年上缴行政性收费25.1万元、罚没收入36.25万元。2. 认真做好预决算工作,严格执行一支笔审批,厉行节约,合理安排经费开支,努力创建节约型工商,有利保障区局的高效运转。3. 加强票据管理,完善管理办法,严把票据的领、发、结算关。4. 加强财务监督管理,严肃财经纪律,严禁坐收坐支,挪用公款。5. 严格执行行政性收费项目的许可证审批制度。对收费项目、收费内容、依据、标准进行了全面清理,做到了公开亮证收费。

【老干工作】 2009年,全局共有离退休人员32人,其中离休人员3人,退休人员24人,提前退休人员5人。一年来,区局按照省、市局有关老干部管理工作的部署,强化服务意识,多途径地做好老干工作:从思想、政治、组织上关心老干部,落实了老干部服务管理的具体工作机构和老干部服务管理人员,建立了离退休党支部,结合实际开展形式多样的尊老爱老教老活动,想方设法组织开展慰问、体检、疗养、座谈、学习、比赛等丰富多彩的活动。春节、中秋节、重阳节期间都由局领导带队对老干部进行走访慰问,让老干部感受到组织的关心,集体的温暖。与此同时,还设立老干部活动室,活动室设有麻将、扑克、象棋等活动工具,每周换一次报刊杂志,为老干部提供良好的精神食粮。成立了老干部门球队,经常与当地的老干部一道参加各种赛事,使广大老干部老有所乐,老有所学,老有所为。

【信息化建设】 办公现代化是新时期工商工作的基本要求。2009年通过省、市局支持和加大资金投入,区局硬件设施有了一定的改善,基本能满足办公的需要。同时在提高干部职工计算机应用能力上下功夫,认真开展了计算机操作应用的大练兵活动,要求区局所有干部职工学电脑、用电脑。全局干部职工都参加了电脑技术技能普及培训。

【个私协会工作】 为充分发挥个私协会的桥梁纽带作用,区个私协会在2009年春节前后,为广大个体私营企业征订了年画,组织个私协会会员开展特困个体户慰问活动,在"八·一"前夕对人民子弟兵进行理发、照像修理、缝纫等义务服务。个私协分会片组长还坚持每个月星期一下午的学习日活动,召开个体私营企业主座谈会,对协会存在的问题和发展方向等进行了研究和沟通,积极促进个私协会的健康发展。

【2009年受到表彰的单位和个人名单】

古城区工商局大研分局被云南省工商局授予"云南省工商系统先进工商所(分局)"荣誉称号;古城区工商局大研分局分局长赵雪松被国家工商总局授予"全国工商系统先进工作者"荣誉称号。

【2009年任职的局领导名单】

党组书记、局长　杨其珍

副 局 长　木丽章　张正男　赵友庆

纪检组长　和冠华

## 玉龙纳西族自治县

【概况】 玉龙县工商局内设机构6个:办公室、纪检监察室、法制股、公平交易股、市场商标广告管理股、12315指挥中心;派出机构3个:黄山分局、石鼓分局、巨甸工商所。全局实有在职人员43人,其中公务员36人,事业编工勤人员7人。在职人员中,具有大学本科学历16人,大专学历18人,中专学历2人,高中以下7人。

【法制建设】 2009年,玉龙县工商局积极参加县普法办开展的普法教育,通过自学与集中辅导的方式,开展以《商标法》、《广告法》为重点的普法教育,加强干部队伍整治理论和法律法规知识培训,全面提升干部职工业务技能和执法水平,使各项工作向"制度化、程序化、法治化、规范化"迈进。并及时组织干部职工学习国家、省、市局长座谈会讲话精神,努力营造赶学比超的学习氛围,把业务学习活动真正落到实处。

【纪检监察】 2009年,玉龙县工商局坚持日常工作和党风廉政建设两手抓,一方面从强化干部作风、制度、惩防体系入手,大力加强干部作风教育整顿工作,不断完善理论业务学习及财务等制度,用廉洁自律为主要内容的制度管人管事;一方面加强纪检监察工作,从局到所,明确了专(兼)职纪检员,层层签订《党风廉政责任书》,将党风廉政建设工作同其他业务工作同安排、同部署、同检查、同考核,时刻敲响廉政建设的警钟;同时建立每个干部职工的廉政档案,收集整理分解的廉政风险点 52 条以及应对的自律方案和防范措施。年内全面推行基层行政执法人员向监管服务对象述职述廉工作制度,加强群众对工商行政管理执法工作的监督,改进工作作风,提高服务质量提升工作效能。

**【人事教育】** 一个部门的发展,队伍是第一要素,制度是关键。2009 年,玉龙县工商局紧扣“抓班子、带队伍、促工作、树形象”的工作思路,从服务、监管、建设三个方面出发,立足本职,服务大局,主要从以下几方面抓队伍建设:1. 深入学习实践科学发展观活动。在县委及市局动员的基础上,在全县率先召开了动员大会,“一比二看三落实”的学教活动受到了省局纳宗会局长的充分肯定。2. 深入开展了“讲党性、抓机遇、重民生、谋发展”为主题的学习教育活动,大力推进干部队伍建设。认真贯彻落实“阳光四项制度”为主要内容的实施方案,促进全局干部职工树立爱岗敬业意识。3. 通过五种意识的教育,不断提高干部职工队伍的素质,为打造一支业务过硬、作风优良、纪律严明的工商队伍奠定了基础:从增强职工大局意识着眼,不断提升整个职工队伍的战斗力和凝聚力;倡导职工的创新意识,要求每个部门每个职工树立创新意识,把“发展要有新思路、改革要有新突破、开放要有新局面、各项工作要有新举措”的理念融入工作中去,使工作不断有新发展;把效能意识贯穿工作始终,努力改变“懒、散、拖”工作效率低下的问题;提高服务意识,全面推行服务承诺制和政务公开制度,做到监管与服务的统一;紧抓廉政不放松,注重培养干部职工健康的廉政文化意识,灌输以廉为本、以廉为荣的廉政文化思想,让每位干部职工都努力做到廉政勤政,时刻绷紧廉洁自律这根弦。

**【企业注册登记】** 2009 年,玉龙县工商局认真落实“集中办理”、“一审一核”制度,实行“零距离”服务,做到“特事特办、急事急办”,提升服务水平。截至 11 月 20 日,全县共有内资企业 100 户,注册资金55 279万元,企业法人 26 户;国有企业 26 户,注册资金 807 万元,企业法人 3 户;集体企业 47 户,注册资金 3 644万元,企业法人 11 户;私营企业 274 户,投资人数 655 人,雇工人数2 081人,注册资金45 243.9万元。

**【企业监督管理】** 截至 2009 年底,全县共有个体工商户2 570户,从业人员 3 699人,注册资金4 220.76万元。农民专业合作社共有 40 户,其中种植业 15 户,养殖业 11 户,其他行业 14 户,出资总额 4 436.64 万元,其中货币出资 1 445.81 万元,非货币出资 2 990.83 万元。

**【市场规范管理】** 为进一步推进企业信用建设,增强企业信用观念,提高企业信誉等级,改善和优化辖区社会信用环境,玉龙县工商局认真开展了诚信市场评定工作,并评定出 5 个“A 级诚信市场”予以公示,将市场内的所有经营户详细资料录入电脑,积极推进商品交易市场信用分类的认定工作,逐步建立健全市场信用的长效监督机制。进一步抓好农资安全工作,认真开展“红盾护农”活动,加强对种子、肥料、农药、农机及零配件四大类农资产品的监管,切实规范农资市场秩序,全面推进工商服务新农村建设“七农”工作机制,建立健全农资市场长效监管机制,促进农业增效,农民增收。2009 年,“红盾护农”专项执法行动共出动执法车辆 80 车次、执法人员 126 人次。

**【消费者权益保护】** 2009 年,共受理消费者申投诉举报 37 件,调解 37 件,申投诉处理率达 100%,转交办调处回复率达 100%,为消费者挽回直接经济损失 3 万余元。

**【食品流通监督管理】** 根据辖区实际,在全县分阶段、分步骤积极推进“产品质量和食品安全示范店”的建设。按照“食品安全示范店”的评定标准,选择辖区内几家规模较大,经营管理规范的超市、商店,率先建成食品安全示范店,并加快推进农村食品安全示范店建设进程,扩大覆盖面。同时建立有效的激励措施提高示范店的市场占有率,从而全面提升农村食品质量安全整体水平,为农村食品安全提供可靠的物质保障。年内在全县范围内已创建农村食品安全示范店 41 户,为食品安全监管起到了一定的示范作用。其中,石鼓分局 11 户,巨甸所 14 户,黄山分局 16 户。

**【广告监督管理】** 通过资格审查,严把户外广告市场准入关。对于符合市场准入条件的,发给《户外广告登记证》。对已获得合法证照,开展户外广告经营活动的单位和个人,也进行了定期清理整顿,及时发现不符合户外广告经营条件的单位,责令其限期整改,如逾期未到达要求,就注销其户外广告经营资格。通过日常监测,严把户外广告发布关。对正在发布或已经发布的户外广告进行监测,再对照有关法律法规和发布标准等进行研究分析,及时了解户外广告发布的质量和执行法规的情况,掌握违法违规的证据和线索,并予以及时处理。通过执法检查,严把户外广告行为规范关。通过执法检查,广泛宣传有关法律法规和政策,积极开展咨询活动,不断增强户外广告经营单位的法规意识,规范其户外广告经营行为。2009 年,玉龙县工商局重点监管了户外广告和媒介广告。全年查办案件重点放在对户外广告的整治上,共立案 23 起,同时作出对每起案件罚款2 000元的决定。

**【商标监督管理】** 2009 年,玉龙县工商局充分发挥商标监管和服务职能作用,更广泛、更深入地推进《商标法》的宣传工作,探索与创新商标监管机制,加强商标监管的信息化建设,努力扩大商标注册申请和有效注册商标数量,推动商标战略深入稳妥的实施。年内全县注册商标已达30件，其中商品商标25件，服务商标5件，玉龙县老君山农场有限公司的“呼儿换”和丽江得一食品有限公司的“得一”被评为云南省著名商标。

**【基本建设】** 2009年，玉龙县工商局加大办公服务装备资金投入，投资16万元购置了2辆执法车辆，配发给石鼓分局和企业注册股。

**【经济检查】** 2009年，玉龙县工商局认真开展了食品、旅游、广告等各类市场专项整治，共查处无照经营、假冒伪劣食品案件等经济违法案件120余起，罚没款15余万元。通过严厉打击各种非法、违法经营行为，有力地促进了各类市场健康发展及行业自律，净化了辖区市场消费环境。

**【信息化建设】** 2009年，玉龙县工商局进一步加大对信息化建设的投入，投入资金2万元，新增电脑4台；结合岗位大练兵及计算机应用技能开展培训2次，参加人员16人次。

**【消委会工作】** 2009年，玉龙县消委会围绕“消费与发展”年主题，牢固树立“以消费者为本”的服务意识，利用各类媒体进行法律法规宣传，深入乡（镇）开展3·15国际消费者权益日活动，散发宣传单，设立现场咨询、投诉台、打假维权成果展台，进一步增强消费者的自我保护意识和经营者守法诚信经营意识。

**【个私协会工作】** 2009年，玉龙县个体私营经济协会在贯彻“自我教育、自我管理、自我服务”的方针基础上，做好服务工作，扶持个体私营经济的发展，同时帮助个体劳动者解决生产经营中的困难和问题。一年来，组织了多次送温暖献爱心活动，参与慈善一日捐与台湾地震捐助等活动。

**【2009年任职的局领导名单】**

党组书记、局长　木丽章

副 局 长　车文松　和智武

纪检组长　梁红亮

## 永胜县

**【概况】** 永胜县工商局内设职能股室7个，派出机构5个（3个工商分局、2个工商所）。全局在职干部职工69名，其中公务员64名，工勤人员7名；离退休干部33人；设党总支1个，党支部4个和2个党小组。

2009年，永胜县工商局坚持用科学发展观统领工商工作，在上级工商局及县委政府的领导下，紧紧围绕“四个统一”、“四化建设”、“四高要求”，积极应对“两费”停征后的职能转变，努力做到“三个到位”、“六个好”，明确一个中心，突出三个重点，狠抓六项工作，尽职尽责维护市场秩序，尽心尽力保护消费者合法权益，扎扎实实提高队伍素质，千方百计促进永胜经济社会又好又快发展，取得了显著的成绩。全局共查处案件622件，其中立案查处244件，简易程序378件，罚没金额52.35万元。干部职工在丽江日报上刊登文章59篇，永胜电视台播放新闻11条，专题片1期，广播特约稿2条，云南工商管理刊登2篇，市局信息快讯采用11篇，市局政务信息采用107篇，省局政务信息采用8条，当地党委、政府采用5条。

**【法制建设】** 永胜县工商局不断地创新监管方式，对立案、暂扣、结案、核审、执行、复议等各个环节进行监督管理，确保各个环节不出问题，实行监管职能到位，同时，变被动送审为主动审核，经常做到外出调查，了解有关案件的真实情况，对当事人申辩、陈述的问题进行及时的查证落实，并做好有关当事人的回访工作，即不放过任何违法行为，也不庇护违反法定程序的办案行为。年内撤销违法案件1件，回访当事人179人次，稳定了民心，化解了执法积怨，理顺了监管工作环境。坚持“查、办、审、批”相分离的原则，认真做好案件的核审工作。对疑难案件、大案、要案进行反复审核，对案件出现的错误和疏漏，及时纠正、完善，对大案要案的查处，提前介入及时配合，罚款2 000元以上的案件，必须通过集体讨论，全年集体讨论案件23次。在案件核审中严把案件的四个关口：严把立案关；严把核审关；严把行政处罚决定审批关；严把当事人陈述申辩关。法制股接待来访来电人员47人次，听取当事人陈述、申辩24次，使当事人在申辩后其合法权益得到保护。

严格按照《关于在全市工商系统集中开展行政执法案件回访活动的通知》要求，对全县工商系统2007年以来查办的一般程序行政处罚案件，按三分之一的比例进行了回访。指导帮助违法行为人树立守法经营理念，完善内部经营管理制度，诚实守信，合法经营。2007年以来立案查办案件537件，回访179件。

**【纪检监察】** 以贯彻落实《惩治和预防腐败体系2008～2012年工作规划实施意见》为纲，认真落实党风廉政建设责任制，全县工商系统层层签订党风廉政建设责任书40份，家属助廉责任书40份，把党风廉政建设责任落实到每个干部职工身上。认真落实行风监督员制度，聘请了行风评议员和义务监督员各20名，对干部特别是领导干部的行政行为进行评议和监督，广泛听取全市工商系统推进科学监管、促进科学发展方面的意见和建议。深入走访并邀请公、检、法和纪委领导召开座谈会，广泛听取他们对工商部门工作的意见、建议。在五个分局、所全面开展基层执法人员向监管服务对象述职述廉工作，得到了与会监管服务对象代表、社会各界人士和当地党委政府的充分肯定和好评。县纪委还组织了13家单位到永胜县局进行党风廉政建设工作交流。

制订下发了“阳光政府”四项制度实施细则，明确了各股、室、分局、所在“阳光工商”建设中的职责，配备了监督检查的人员，制定了《永胜县工商局重大决策听证实施办法》、《永胜县工商局重要事项公示实施办法》和《永胜县工商局重点工作通报实施细则》，有专人负责，并在网站上进行了相应的信息公开。建立了行政处罚预先警告、首违不罚、回访、告知等制度，从制度上保证人民群众行使知情权、表达权、参与权和监督权。按时开通了“96128”政务专线，安排两人专门负责，制作7块阳光服务公示牌。并把打造“阳光工商”与学习实践科学发展观有机结合起来,努力使工商工作更加合民心顺民意。

按照省、市局的要求,永胜县工商局紧紧围绕工作安排狠抓工作的监督检查。成立了监督检查工作领导小组,制订了《落实2009年重点工作任务分解方案》,明确了责任领导、责任股(室)、分局(所)和具体责任人,确保了每项工作的落实和监督检查均有领导抓,有牵头股(室)负责,有具体人员落实。局领导根据各自分管联系单位,每个月进行一次工作督查,县局每个季度进行一次工作督查,确保了各项工作的落实。实行六项重点工作月报制度,确定专人,每月定期收集整理上报六项重点工作进展情况。

【人事教育】 以深入学习实践科学发展观为中心,强化思想政治建设。在学习实践科学发展观活动中,坚持把县委统一部署与创造性开展工作相结合,加强组织领导,推动学习实践活动有序开展,力求规定动作完成好、自选动作有创新。坚持深入调研,着力解决问题。坚持把学习实践活动与实际工作紧密结合,利用学习成果指导实际工作,在实际工作中检验学习成果。坚持强化科学发展示范点的创建工作,发挥典型示范作用。坚持把学习实践活动与提升服务相结合,努力提高服务效能。因在学习实践活动中成绩突出,被永胜县委评为全县学习实践科学发展观活动先进集体。结合科学发展观开展以"讲党性、抓机遇、重民生、谋发展"为主题的作风建设教育活动。召开了动员会,成立了领导小组,制定了实施方案,全局41名党员参加了教育活动,撰写心得体会41篇。

加强党风廉政教育。以"树立优良作风,促进科学发展"为主题深入开展理想信念教育和党风党纪专题教育,为科学发展提供思想和组织保证。共编写廉政教育简报4期,召开了全局党风廉政建设工作会议,及时总结了经验,安排部署了全年的工作。

开展感恩教育。在感恩教育活动中,结合实际,开展了"四个忠于"活动:"忠于中国共产党",发挥党员的先进性,要求全体党员争做"四个表率",即:做勤奋学习的表率,做勇于创新的表率,做干实事出成果的表率,做服务大局、树立形象的表率,在全局党员中开展"个人形象一面旗,工作热情一团火,谋事布局一盘棋"主题实践活动,把党的先进性落实到每个党员身上。"忠于祖国"。教育广大干部职工做到感恩于心,回报于行。发挥职能作用,做到"四个统一",以维护广大消费者权益为己任,关注民生。"忠于人民",提升为人民服务意识。年内,该局将"服务效能提升年"的主题贯穿于行政执法的各项工作之中,从服务经济社会发展的大局出发,以"尽职尽责创造良好发展环境,尽心尽力为各类市场主体服务"为出发点和落脚点,扎实开展服务政府、服务社会、服务企业、服务三农"四项服务"活动。"忠于工商行政管理事业",提升职业道德素养。通过开展各种形式多样的教育活动,强化干部职业道德建设和业务素质的提高,使干部们牢固树立局荣我荣,局耻我耻的工商荣辱观,树立以自己的一举一动为工商争光为荣,以自己的一言一行为工商抹黑为耻理念;不做有损于工商事业的事,不发表有损于工商形象的言论。牢固树立献身工商事业的崇高理想,把自己锻造成思想上忠于工商事业,业务上通晓的优秀工商干部。

按照"建设高素质队伍"的要求,切实强化干部教育培训,提高干部综合素质,让基层干部尽快适应工商工作转型的需要。推行了局机关及城关分局人员到基层工商分局、所学习锻炼制度,调动了干部职工的积极性。通过在全局开展了计算机操作、执法办案、注册登记三个方面的练兵活动,并分别选出优秀选手参加市局比武,在计算机操作和执法办案方面取得好成绩,进一步提高了广大工商干部履行岗位职责的本领。

基层工商所规范化建设扎实有效。以创建"六好工商所(分局)为抓手,全面推进基层规范化建设。按照基层规范化建设达标数不少于基层工商所数30%的要求,已有2个分局达标。全市基层规范化建设现场经验交流会在永胜县召开,现场观摩了2个基层工商所(分局)规范化建设。

【企业注册登记】 认真落实便民措施,积极开展"窗口"建设,全面推行"一审一核"制、服务承诺制和限时办结制,为创业者提供了更加快捷、便利、优质的服务。截至2009年12月31日,全县登记注册各类企业822户,内资企业370户,注册资金23 764万元,其中,国有企业99户,集体企业142户,股份合作制企业30户,公司99户。

【企业监督管理】 2009年,全县共有私营企业421户,投资人数783人,雇工4 251人,注册资本(金)65 772万元,其中,有限责任公司294户,个人独资企业118户,合伙企业9户;农民专业合作社51户,成员总数362人,出资总额1 669万元。个体工商户4 954户,从业人员6 114人,注册资金7 516.32万元。截至2009年6月30日企业年检率达95%,个体工商户验照率为98.83%。全年共出动执法人员117人次,检查已登记的网吧26户,查获2户无照经营网吧,罚款0.8万元,查处超范围经营网吧5户,罚款0.3万元,取缔电玩室1间。针对企业融资难的实际,认真办理企业动产抵押登记手续,为企业融资提供服务。办理企业动产抵押登记10份,抵押物价值13 080.41万元,主债权金额13 898.26万元。

【市场规范管理】 扎实开展"红盾护农"工作,多措并举,维护农民利益。明确责任,县局与分局(所)、分局(所)与基层管理人员、农资经营户多层次签订责任书,明确了责任与义务,形成了从上到下的监管责任网络。继续建立种子留样备查机制和化肥随机抽检机制。要求农资经营户建立并执行进销货台账制、经营承诺制、进货检查验收制、索票索证制等。以年检验照为契机,坚决查处农资无照经营和超范围经营行为,掺杂使假、以次充好行为,假冒或仿冒等不法行为。查质量严防假劣农资坑害农民;查台账切实做到规范经营。全面推行"七农机制",建立推进农资市场信用分类监管。做好"五查",即:一查证照,严查农资无照经营和超范围经营。在种子销售旺季,加大对无照经营的查处力度,仔细对每户种子经营户所经营的种子与种子备案登记证、营业执照核准经营范围进行核对，严查超范围经营农作物种子，严防不合格种子、假劣种子坑害农民。二查质量，严防假劣农资坑害农民。严格按照各分局所与经营者签订的不销售假劣农资责任书的要求，要求农资经营户提供相应批次产品的产品检验合格报告(证)，并对上市销售的两杂种子进行留样备查，对部分化肥进行抽样送检。三查台账，切实做到用制度规范经营者的经营行为。按照农资经营要建立健全“两账两票、一卡一书”的要求，认真检查农药、化肥、种子经营户的进、销货台账，以及索证索票等制度的建立情况，做到农资产品来路明，销路清，努力实现农资商品的可追溯监管。四查“两站”工作情况。检查“两站”的运行情况，了解了“两站”在受理农村投诉中存在的困难和问题，同时为联络员加油、鼓劲，鼓励他们大胆工作，为维护农民合法权益多做工作。五查分局、所制度落实情况。对各分局、所落实农资市场监管各项制度进行检查，及时发现不足并加以整改，确保各分局、所对农资市场监管到位。全年共出动执法人员516人次、车辆67台次，检查市场62个次，农资经营户651户次，查获超范围经营种子12件，罚款7 000元，共查获劣质肥料230吨，罚款1.4万元，经过“红盾护农”行动，有力地净化了全县农资市场环境，维护了农民的合法权益。根据永胜县实际，制定了《永胜县开展诚信市场创建活动实施方案》，成立了领导小组，由一名局党组成员负责，并由市管股专人具体负责抓落实。共评出2个市场为永胜县2A级诚信市场：粮油购销有限公司建材市场和精诚市场服务中心，向社会公示了创建结果。全年检查各类经济合同3 004份，其中检查涉农企业订单合同2 480份，积极开展合同帮扶工程工作，支持发展订单农业。为使“家电下乡”规范有序，严厉查处各种以“家电下乡”名义进行的无照经营、超范围经营、销售假冒商品等行为，商标侵权行为，制订了整治实施方案，与家电下乡各销售网点签订《诚信经营承诺书》，做好家电经营者亮照经营工作。同时，以“家电下乡”监管整治为契机，切实加大电视机、洗衣机、热水器、空调、电冰箱等“家电下乡”商品，以及农机具、摩托车等商品的质量监管。全年共查处家电下乡违法广告案件5起，罚款4 700元。

扎实开展“禁塑”工作，以科学发展、和谐社会为前提，建立健全了工作领导机构和明确了责任股、室，同时建立了工作责任追究制，层层签订责任书，一级抓一级，层层抓落实，围绕“禁塑”工作重点，加强对超市、商场、集贸市场、商品零售场所、各类个体经营户等市场主体的监督检查，切实把“禁塑”工作抓到了实处。在“禁塑”工作中，积极配合环保、商务等相关部门，集中力量，强化专项整治，严厉打击销售使用塑料袋购物的同时，着力探索建立“禁塑”工作的长效监管机制，并按照国家、省、市局的具体要求，统一部署，结合永胜实际，重点搞好前期的宣传教育工作。“禁塑”工作行动中，全局共出动执法人员247人次、车辆16台次，检查市场25个次，经营户368户，未查获违法违规行为。

深入开展文化物市场整顿，营造文明健康的消费环境。严密查缴政治性非法出版物和淫秽色情非法出版物，严厉打击侵权盗版等非法出版活动，共出动执法人员600人次，检查各种出版物经营户200户次，积极清理各种非法、反动、色情、淫秽等违法出版物，查获违法光盘15盘。

积极扶持农村经纪人发展。发展了经纪人53人，金官工商分局以农资市场信用分类监管为突破口，加强农资市场监管，期纳工商分局大力规范农村“一会两站”建设和扶持蔬菜产业发展，服务地方经济发展，对全县农资市场实行信用分类监管，并建立了电子台账。

**【消费者权益保护】** 积极组织3·15主题宣传活动，2009年3·15活动期间共接受咨询5 000人次，发放宣传单3 500多份，悬挂横幅12幅，现场受理消费者投诉3起，现场调解3起，出动执法人员311人次、车辆17台次，检查农村食杂店、集贸市场21个次，检测猪肉水分371头次，没收不合格台秤2台、杆秤17杆，对近年没收的各类假冒伪劣商品统一集中进行了现场销毁，共销毁各种假冒伪劣商品3.5吨和非法广告1万余份，并在永胜电视台进行了宣传，有力的震慑了制假、售假不法分子，提高了社会影响。全年共受理消费投诉120起，调解处理120起，调解率100%，为消费者挽回经济损失42.3万元。

**【食品流通监督管理】** 突出食品安全监管的重点，确保食品安全。严把市场准入关，通过建立并督促落实食品进货查验制度、索证索票、进货台账等经营者自律制度，将统一印制的《食品进货(销货)登记台账》发放给各经营单位，做到进货有来路，销售有记录，售后有服务。在全县范围内共发放统一制作的《食品进货(销货)登记台账》467份，确保货源质量安全、渠道合法、追溯有据，促进食品经营者诚实守信经营。集中开展专项执法检查：以城市社区、农村和城乡结合部为重点，加大对农村食品市场的监管力度，严格规范农村食品经营行为，严厉查处无照经营和制售假冒伪劣食品违法行为；以商场、超市、集贸市场和批发市场为重点，主要检查食品经营者进货索票索证、购销台账、不合格食品退市、食品质量承诺、自查自纠自律等制度的建立和落实情况；以“元旦”、“春节”、“五一”为重点，开展节日食品市场专项执法检查，重点检查粮、肉、蔬菜、水产品、奶制品、豆制品、酒、饮料、儿童食品、保健食品等品种，对流通领域销售的食品滥用非食用物质和食品添加剂进行专项整治。全年，共出动执法人员196人次、车辆23台次，检查农村食杂店612户次、超市3户；抽样送检白酒2户，没收不合格瓶装二锅头酒192瓶，罚没款2 000元。共出动执法人员103人次，对校园周边进行专项检查，共查处销售过期食品经营户8户，没收过期变质麻辣排骨面8包，椰果爽11瓶，酒鬼花生14袋，七彩果冻11个，营养豆食3瓶。

开展“农村食品安全示范店”创建，确保农村食品安全。局党组把此项工作作为一项重要的工作任务，精心组织，周密部署，参照总局制订的标准，结合实际，制订符合本辖区实际情况的“农村食品安全示范店”创建标准，建立了45

个"农村食品安全示范店"。

【反垄断与反不正当竞争执法】 积极开展"两烟"打假执法工作,维护两烟市场秩序。抽调业务骨干到烟草部门,联合公安等部门开展"两烟"执法打假工作,2009年查处违法经营卷烟案件25件(立案查处4件,当场处罚21件),罚款4 550元,查处非法贩卖烤烟案7件,没收非法贩卖烤烟1吨,有力的净化了"两烟"市场。

【广告监督管理】 全年共办理户外广告登记63份,监测电视广告206条次,责令永胜县电视台整改6条,停止发布3条,拆除违法户外广告56张,查处广告违法案件7件,罚款5 300元。

【商标监督管理】 扎实推进商标战略,积极稳妥开展"一所一标"工作。2009年,永胜县工商局推荐了6件商标参评云南省著名商标,局党组将"一所一标"、"一所多标"工作纳入重要议事日程,制订了实施方案,明确提出各分局、所要结合辖区内的农特产品、支柱产业,全力开展工作。全局5个分局、所共帮助经营主体申报农、特产品商标5件。协助各类市场主体办理商标注册工作,共提供商标咨询服务38人次,代办商标查询28件次,配合8户企业办理了商标注册;加大商标专用权保护力度,全年查处违法商标案件1起,罚款0.1万元。

【基本建设】 2009年,按照创建"六好工商分局(所)的标准,投资6万元对金官工商分局办证服务厅和会议室进行了改造。

【机关党建工作】 对工商局党总支进行了改选,党组成员、纪检组长吴汝雄兼任总支书记,李志东任机关支部书记,杨树红任城关分局支部书记,张兴勇任金官分局支部书记,张朝湖任期纳分局支部书记。

永胜县工商局总支分别于春节和中秋节到永胜县大沟村党支部对8名结对帮扶的困难党员家中慰问,同他们座谈、交心,了解生产、生活情况,同时向他们发放了人均200元的慰问金,把机关党员干部的温暖、爱心送给了最需要关心和帮助的贫困党员,为他们送去了永胜县工商局全体党员的一片心意,受到困难党员和村党支部的好评。充分体现了党内关怀,促进了党内和谐。

【老干工作】 加强老干部管理,切实做好老干部稳定工作。1. 制定了《永胜县工商系统离退休人员管理制度》,不折不扣执行党的老干部政策,调整充实了老干部管理工作领导小组,配备了专职老干部管理人员,由一名局党组成员负责分管,建立了"三簿五册",认真落实老干部"两项"待遇,健全了管理服务制度,使老干部管理工作制度化、规范化、科学化。2. 各分局、所按照辖区管理责任制的要求,切实加强与老干部的联系,了解他们的思想动态,了解他们的生活情况,及时给予力所能及的帮助,把问题解决在基层,把矛盾化解在萌芽状态。3. 切实关心老干部生活,开展了送温暖活动。坚持开展一年一次的春节看望、慰问活动,由局长亲自带领相关工作人员,挨家挨户到32名离退休老干部家中看望、慰问,带去了局党组和干部职工的问候,受到老干部的一致好评;组织老干部进行身体健康检查,有25名老干部到医院进行了体检;重阳节组织离退休老干部座谈,局党组书记杨局长代表县局向老干部作了工作通报,并听取了老干部的建议和意见。4. 生活上帮助,使老同志在物质上有所依靠。认真落实老干部的调资工作,严格按照省局关于对老干部的增资工作要求,坚持落实工资标准,保证老干部的退休金每月按时发放到他们手中,按照省局统一部署,及时发放了老干部的住房补贴共计129.98余万元;优先解决老干部的医药费问题,平时做好对老干部在诸如工资和公费医疗等方面的疑问给予耐心解释工作;坚持老干部住院看望制度,及时探望生病住院的老干部4人次;坚持慰问离退休干部遗属制度,认真做好离、退休干部遗属工作,按照上级文件要求及时调整遗属生活补助,并按时发放。

【经济检查】 充分利用电视台、报刊、宣传栏等新闻媒介,大力开展宣传教育工作,杜绝传销进校园、进社区,在社区、街道、学校等地粘贴打击传销宣传画200张。全年共出动执法人员58人次,车辆10台次,对出租房屋、学校、社区等地进行检查,严防打着"直销"、"连锁经营"、"特许经营"、"电子商务"等旗号从事传销的活动。加强对手机市场的清理整顿工作,出动执法人员92人次,检查手机经营户50户次,同时与手机经营户签订销售责任书,共签订24份责任书。强化对建材市场的监管力度,出动执法人员53人次,对建材市场不同型号的10种钢筋进行随机抽检,合格率达100%。加强螺旋藻养殖、产品生产和消费市场监管,促进螺旋藻产业健康发展。以螺旋藻养殖、生产、销售企业(个人)持有《营业执照》、《卫生许可证》、《工业品生产许可证》食品质量安全认证等相关证照的情况;螺旋藻产品质量情况;螺旋藻产品包装、标识是否符合国家法律法规的规定;螺旋藻产品外包装是否虚假标注生产企业、产地等信息的情况;对螺旋藻产品的有效成分、用途、功效等进行夸大、虚假宣传的行为;螺旋藻养殖、生产、销售等环节存在的其它违法违规行为为重点开展全面清查。共检查清理全县范围内养殖、生产、销售螺旋藻的企业14家,对发现问题的7家企业发放了责令整改通知书。加强对石材市场的监管,确保安全生产。对永胜县仁和镇内从事石材开采、加工、销售的企业和个体户进行检查,共检查各类石材经营户20户,其中,查处无营业执照从事石材开采、加工、销售经营户3户,并依法进行处理。

【信息化建设】 截至2009年底,全局共有电脑33台。为加强计算机信息安全管理,制订了涉密计算机管理制度,签订保密责任书19份,各分局、所都明确了信息管理员,由专人负责计算机及信息安全管理。

【消委会工作】 加强"一会两站"建设,进一步加强农村"一会两站"规范化建设,统一制作了牌匾、制度、投诉记录簿等,发放了2009年度联络员聘书80份及人均120元的补助,农村“一会两站”建设做到了有一间办公室、有一部维权电话、有专(兼)职人员、有一套制度、有一本电话举报登记簿。

**【个私协会工作】** 全力开展云南省创业“贷免扶补”工作,确定了7名创业者进行帮扶,落实扶持贷款35万元。大力开展诚信建设,2009年,有39户2007~2008年度“守合同、重信用”先进企业受到县人民政府表彰。

**【2009年任职的局领导名单】**

党组书记、局长　杨向东(~2009.10)
　　　　　　　　高金明(2009.11~)
副局长　张　铳
　　　　屈春国(~2009.11)
　　　　谭继林(2009.06~)
纪检组长　谭继林(~2009.06)
　　　　　吴汝雄(2009.06~)

## 宁蒗县

**【概况】** 宁蒗县彝族自治县工商行政管理局现有干部职工44人。内设市场准入股、市场规范股、市场管理股、法制股、纪检监察室、办公室等股室。下设大兴、泸沽湖2个分局和红桥、战河2个工商所。

2009年,宁蒗县工商局以邓小平理论和“三个代表”重要思想为指导,坚持以科学发展观统领工商工作,围绕“服务效能年”这一主题,着力推进“四化建设”,努力实现“四个转变”,认真贯彻落实省、市工商工作会议精神和县委、县政府的各项工作部署,围绕促进地方经济平稳较快发展大局,切实发挥工商职能,以“六项重点工作”为重点,为各类市场主体健康有序发展提供优质服务,大力开展整顿和规范市场经济秩序工作,努力创造公平有序的市场竞争环境。

同时,积极深入开展精神文明创建活动,县局顺利通过了云南省2006~2008年度文明单位考评,申报了云南省2009~2011年文明单位。战河工商所被评为市级文明单位。

**【法制建设】** 2009年,宁蒗县工商局坚持每周一上午集中学习制度,认真组织干部职工学习法律法规和工商业务知识。举办了以《食品安全法》为重点的法制培训,组织收看了国家工商总局食品安全法律法规视频讲座。

**【纪检监察】** 建立健全了党组织建设各项规章制度。动员鼓励品行兼优的年轻同志向党组织靠拢,培养积极分子。组织召开了建党节座谈会。认真贯彻县委决定,积极开展党内互助“八个一”活动,机关党员与扶贫点贫困党员实行一对一结对帮扶,深入贫困党员所在地,调查了解他们的生产生活情况,机关8名党员向贫困党员捐款共1 400元。层层落实党风廉政建设责任制。每位干部职工都填写了个人廉政风险和自我防范承诺表,建立了个人廉政档案。主办会计听取县人民法院对一起挪用贪污公款案件的审理,通过这次警示教育,增强了防范意识。年内,县局被评为“2008年度丽江市工商系统党风廉政建设二等奖”,被县委、县政府评为“党风廉政建设先进单位”。

**【人事教育】** 1. 认真开展深入学习实践科学发展观活动。根据市局和县委学习实践办的要求和部署,从2009年3月31日起,局成立领导机构、制定工作方案、广泛动员部署、积极组织学习、开展专题调研、组织开展全员培训活动;在分析检查阶段,召开座谈会,广泛征求意见,召开专题民主生活会和组织生活会,形成分析检查报告,组织群众评议;在整改落实阶段,制定整改方案、解决突出问题、认真总结测评。通过开展深入学习实践科学发展观活动,进一步提高了工商系统落实科学发展观的思想认识,进一步理清了落实科学发展观的工作思路。实现了四个提高:干部理论水平得到提高;干部理论素质得到提高;遵守纪律自觉性得到提高;廉政意识得到了提高。2. 深入开展岗位练兵活动。组织县局机关和工商分局(所)人员积极参加2009年度全市工商系统岗位练兵“三个能手”比赛选拔活动,取得了较好的成绩。3. 积极参加文体活动。“五一”前夕,组织干部职工参加全县职工体育运动会,参加了穿城越野赛和男子拔河比赛项目,荣获拔河比赛第三名;“十一”前夕,组织干部职工参加全县庆祝建国60周年歌咏比赛,荣获三等奖;在云南省第七届“红土地”演讲比赛中,吴雪同志荣获全市第一名,全省三等奖。4. 修订完善规章制度。为认真贯彻“四个统一”,推进“四化”建设,努力实现“三个到位”、“六个好”,在建立健全内部规章制度方面加大了力度,经认真修改完善,共整理出67个规章制度,为进一步加强队伍建设,全面推进系统工作垫定了基础。5. 热心公益事业。为改变宁蒗县城车辆乱停乱放、交通秩序混乱的局面,县人民政府组织各单位干部职工捐款修停车场。全局干部职工共捐款5 500元,还动员县城广大经营户捐款3 300元。联合交警等部门组织开展了“保护生命,拒绝酒后驾车”公益宣传活动,在星级酒店、餐厅等悬挂公益宣传牌100张。

**【企业注册登记】** 1. 认真开展2008年度企业年检、个体验照工作。截至2008年12月31日,全县登记注册的企业213户(含各类企业的分支机构,下同),其中:法人企业120户,营业企业93户。按企业类型分:国有企业4户,集体企业2户,有限责任公司(含分公司)112户,合伙企业2户,个人独资企业33户,其他企业58户。全县应检企业213户,实检企业140户,年检率65.7%。通过年检,核定A级企业137户,B级企业3户。结合企业年检,办理变更登记25户,注销登记4户。截至2009年5月30日,全县共换照2 220户,验照率为91%。未验照218户。2. 抓好日常登记注册工作。2009年度,共受理新办经营户595户,新增注册资本(金)6 759万元;受理变更登记228户(内资企业15户、私营企业39户、个体工商户174户);受理注销登记133户(内资1户、私营11户、个体121户)。截至10月30日,全县登记在册经营户2 983户,注册资本(金)38 488万元。其中,内资企业53户,私营企业180户,个体工商户2 750户。

【市场规范管理】 认真开展“诚信市场”创建活动，永宁农贸市场和大兴“金鑫综合农贸市场”被认定为宁蒗县“2A级诚信市场”，并在工商信息网和当地媒体上进行了公示。建立农副产品和农资价格信息定期分析报告制度，认真搜集农副产品和农资供求、价格变动情况，对市场主体变化、流通领域食品检测、消费热点、违法广告、商标申报注册等情况每季度进行分析，按规定时间报市局、县委政府和有关部门。认真开展红盾护农工作，严格依法清理规范农资市场经营主体资格，与各分局、所签订了农资市场监管责任书4份，与经营单位和个人签订农资商品质量责任书13份，实行种子留样备查制度。加强对农资经营单位的指导，督促其建立健全进销货台账及索票索证制度，做到规范经营。加强日常监管，受理农资消费者投诉3起，查获无照经营农资案件3起。积极培育农村经纪人，2009年已培育农村经纪人5人。指导县内龙头企业同农户签订涉农合同1 015户(份)，合同金额50万元。加强动产抵押登记工作，为企业办理动产抵押登记手续5户，动产抵押金额共计1.43亿元，为历史之最。认真开展禁塑工作。通过发布通告、电视媒体宣传等多种形式加强宣传，营造了良好的舆论氛围。共查获塑料袋11万个，罚没款1 500元，受到了省局委派的交叉检查组的好评。加强市场安全管理，与工商分局(工商所)签订市场安全管理责任书4份。积极开展商品交易市场信用分类监管，将全县已办理企业法人登记领取营业执照的商品交易市场纳入了“商品交易市场信用分类监管”并全部完成信息采集录入工作。加强肉食品市场监管，认真贯彻落实国家、省、市工商局和县人民政府有关肉食品管理的精神，成立了防控人感染甲型H1N1猪流感工作领导小组和工作机构，启动了市场监管应急预案，全面加强市场监控，严格落实疫情零报告制度，全年未发现疑似疫情。开展推荐“守合同、重信用”企业活动。全县1户企业获得“云南省守合同重信用”殊荣。加强商品展销会监管工作，全年商品展销会7次，成功举办了一年一度的骡马物资交流会。

【食品流通监督管理】 1. 紧紧抓住农村“食品安全示范店”创建工作，推进食品安全监管。与分局、所签订“食品安全监管责任书”4份，制定了《宁蒗县工商局2009年食品安全整治实施方案》。对食品安全工作保持高压态势，积极督促、指导流通领域食品经营户做好食品台账、索证索票等制度的完善。同时，充分发挥食品检测箱的作用，组织人员先后2次对腊肉、火腿、米线等共12个品种的食品进行了检测，确保食品消费安全。一年来，共发布食品消费警示2次，制作下发食品消费警示200份。由分管领导带队，就食品安全监管工作对各分局、所开展了督查。各分局、所开展了元旦、春节、五一、中秋、国庆节日市场整治工作，检查经营户1 903户次。一年来，全局共出动执法人员839人次，检查经营户2 597户次，检查市场5个，查获各类假冒伪劣及过期食品共计155千克，查处各类违法食品案件共计20起，罚没款共计0.48万元，受理有关食品安全申诉举报案件10件，为消费者挽回经济损失1.58万元。2. 积极开展“农村食品安全示范店”创建工作。制定了宁蒗县工商局《创建农村食品安全示范店实施方案》，成立了领导小组，各分局、所按照实施方案的要求，结合辖区实际开展创建工作。截至10月30日，全局共创建“农村食品安全示范店”33户，按照市局的要求，全部挂牌完毕。

【反垄断与反不正当竞争执法】 开展对不正当竞争行为的执法行动，对宁蒗县石油公司不正当竞争等3起案件依法进行了查处，共罚款23 760元。

【商标广告监督管理】 为认真贯彻落实省、市关于推进商标战略工作的实施意见，起草了《宁蒗县商标战略实施方案》，报县人民政府审查批复。按照省、市推进驰名商标培育申报和开展基层工商所“一所一标”活动的通知精神，大力宣传商标法律法规及相关知识，鼓励生产、服务型企业积极申请商标注册，全年共有2户涉农企业申请了3件商标注册，申请的商标已全部通过商标事务所初审并报国家商标局复审。对具有显著地方特色的地域名称“泸沽湖”、“女儿国”等的商标注册情况进行了全面的摸底。年内全县共有注册商标45件，除1件服务类商标外，其它全部为商品类商标，其中正在使用的注册商标8件，闲置注册商标14件，正在申报的商标共有12件(“万格山”、“摩梭魂”等)，无效注册商标11件。加大对商标专用权的保护和虚假违法广告的打击力度：查处11起违法户外广告，罚款9 600元；对县电视台播出的广告进行监测，共监测广告24条，没收违法广告印刷品220份，罚款50元。开展保护注册商标专用权行动，对仿冒“回味”牌茶叶、“现代阳光”太阳能等知名品牌的行为进行了检查，查处违法案件2起，没收假冒“现代阳光”注册商标太阳能发热管250支、冒牌茶叶183包，罚款2 099元。

【经济检查】 开展无照经营清理专项行动，对无照从事蜂窝煤加工销售的行为进行了整治，共查处案件9件，罚没款7 700元。加强对卷烟市场监管，查处无照经营卷烟案件8起，罚没款2 750元。加强旅游市场监管，对从事旅游商品销售服务的商场进行了检查，受理游客投诉4起，为游客挽回经济损失15 160元，查处旅游商场欺诈游客案1件。认真开展扫黄打非工作，查缴淫秽VCD光盘112张。打击传销活动，通过张贴通告、宣传画、电视、3·15活动等方式大力宣传“世界通”等网络传销活动，与分局、所签订“打击传销责任书”4份，分局、所对辖区传销行为进行摸排，严防传销行为在宁蒗县滋生蔓延。加大对未参加2008年度年检的企业的处罚力度，查处案件4起，罚款2万元。加强对网吧等娱乐场所的监管，查处网吧违法案件2起，罚款4 200元。开展对废旧金属收购市场整治，检查废旧收购经营户12户，查处案件2起，罚款5 100元。开展对名酒名烟市场专项检查，没收假冒“茅台酒”2瓶，罚款1 700元。加强对借“家电下乡”之名搞非法活动的监管，共出动执法人员98人次，检查经营户126户。积极推进食品安全监管，全年共创建“农村食品安全示范店”33户。与分局、所签订“食品安全监管责任书”4份，积极督促、指导流通领域食品经营户做好食品台账、索证索票等制度的完善。充分发挥食品检测箱的作用,组织人员先后2次对腊肉、火腿、米线等共12个品种的食品进行了检测,全面确保食品消费安全。并发布食品消费警示2次,实行食品安全监管工作督查制度,加强以食品安全监管为重点的节日市场整治,查获各类假冒伪劣及过期食品共计155千克,查处各类违法食品案件共计20起,罚没款共计0.48万元。

全年共查处各类经济违法案件228件,罚款16.85万元。年内还对2007年以来查办的案件,以三分之一的比例进行了回访,从回访情况看,执法人员主体合法,案件事实清楚,定性准确,适用法律恰当,程序合法。

【信息化建设】 1. 按照市局统一制定的标准,认真组织开展了计算机能手竞赛活动,努力建设政治坚定、业务精通、作风过硬、服务一流的高素质干部队伍。2. 全面推行阳光政府四项制度。县局、各分局、所统一制作了收费公示牌,切实发挥公开政府信息、方便群众查询的作用。完善政务信息查询工作,指定人员具体负责,结合部门职能职责,主动收集与业务相关的常见问题及解答,进行分类整理并公示。开通了"96128政务专线"转接本单位的专线电话。3. 认真做好宣传信息工作。截至11月中旬,共完成宣传报道47则,其中报纸通讯1则,整版报道1版,头版1篇,电视消息10条,共完成考核任务分111分(任务100分);政务信息86则,省局政务信息5则,完成考核任务分101分(任务100分);完成简报4篇,其中省级1篇、县级3篇,完成考核任务分19分(任务36分)。

【消委会工作】 努力推进12315"一会两站"建设,结合实际,制定实施了《12315一会两站建设实施方案》,已在各乡镇建立了15个保护消费者权益委员会分会和35个"12315"投诉、举报联络站。会同有关部门组织开展了声势浩大的3·15宣传咨询和销毁假冒伪劣商品活动。现场接受群众咨询近3 000人次,发放问卷调查表100份,发放宣传单近1.5万份,展览假冒伪劣商品及盗版、淫秽光碟和书籍等37个品种。全年共受理咨询63次,投诉11起,为消费者挽回经济损失1.21万元,处理市局转、督办的消费者申、投诉案件10件,挽回经济损失1.67万元。

【个私协会工作】 认真开展"贷免扶补"工作,通过政策宣传,7名申请人参加了创业就业指导培训并取得了培训合格证书,个私协从符合条件的7户创业申请人中精选出4户,按程序推荐给县就业局、财政局、农村信用联社,并为他们发放贷款20万元。结合企业年检,认真做好全县私营企业党建工作的统计模底,全县在册私营企业180户,有党员76人,8户建立了党组织。

【2009年任职的局领导名单】
党组书记、局长　金古公社忍
副 局 长　李学光　陈富强
纪检组长　郭卫星

## 华坪县

【概况】 2009年,华坪县工商行政管理局坚持用科学发展观统领工商工作,以邓小平理论和"三个代表"重要思想为指导,深入学习贯彻党的十七大、十七届三中、四中全会,全面落实省、市工商局提出的"四个统一"、"四化建设"、"四高目标",努力实现"三个到位","六个好"工作目标,积极应对"两费"停征后的职能转变,始终围绕"服务效能提升年"这一主题,着力提高监管水平,促进履职到位,尽职尽责维护公平公正的市场秩序,尽心尽力保护消费者的合法权益,扎扎实实提高队伍整体素质,为地方经济社会又好又快发展做出新贡献。

2009年,全局共有干部职工45人,退休干部24人,其中共产党员22人。局机关内设7个职能股(室),下设2个分局、2个所。设党总支1个,党支部4个(老干部支部1个)。

【法制建设】 全局以"三个代表"重要思想为指导,认真贯彻执行党的十七大、十七届三中、四中全会精神,牢固树立执政为民的思想。为紧紧抓好工商队伍的法制教育,针对新形势下工商监管工作的要求,不断创新工作思路和执法理念,认真组织学习《禁止传销条例》、《直销管理条例》、《公司法》、《公司登记管理条例》、《行政许可法》、《行政处罚法》、《行政赔偿法》、《全面推进依法行政实施纲要》等法律法规;积极开展法制宣传、教育、咨询活动。切实增强党的宗旨意识,增强廉洁从政、依法行政的意识能力,在查处经济违法案件中,坚持事前预警告诫,事中纠正制止,事后教育规范,做好违法行为人的警示与疏导工作;坚持"查、办、审、批"相分离的原则,依法行政,依法执法,切实维护当事人的陈述申辩权,每件案件都依法告知当事人其权利、义务,并随机抽取30%对行政处罚当事人进行回访,保护了当事人的正当权益,实现了行政处罚"零复议"、"零诉讼"。

【纪检监察】 2009年,华坪县工商局严格按照党风廉政建设责任制要求,狠抓党风廉政建设,确保反腐倡廉各项任务目标的落实。1. 积极组织全局干部职工学习《中国共产党章程》、《中国共产党纪律处分条例》、《中国共产党党内监督条例》、《建立健全教育、制度、监督并重的惩治和预防腐败体系实施纲要》、《十七大报告会》等法律、法规及文章,切实把思想认识统一到标本兼治、综合治理、惩防并举、注重预防的方针上来。2. 继续巩固、完善、提升责任政府四项制度,抓好跟踪问效,认真督促检查落实。县局"四项制度"办公室继续加强对股(室)、分局(所)贯彻责任政府四项制度工作的督促检查,在督促检查中把落实情况和实际效果作为重点,严肃纪律、严格问责,着力解决在处理行政事务中存在的问题,真正为广大人民群众服务、为华坪经济平稳较快发展提供优质服务。3. 认真贯彻落实"阳光政府"四项制度,努力打造"阳光工商"。成立推行阳光政府"四项制度"领导小组,制定下发了实施方案和实施细则,通过召开动员大会,进一步明确责任,提高了认识;即时开通了"96128"政务信息查询专线电话、阳光政府"四项制度"网络查询平台,为公众获取政务信息提供人性、便捷的服务。4. 制定和分解党风廉政建设责任目标,同业务工作一起进行细化、分解。与股(室)、分局(所)签定落实业务与党风廉政建设责任书,县局与市局、县人民政府签定了责任书,同时各分局、所与当地党委政府签定了责任书。5. 严肃纪律,认真做好制度落实情况监督检查。定期或不定期对各股(室)、分局(所)执行制度的情况进行抽查和检查,把贯彻执行禁令和纪律作为加强党风、政风、行风建设、队伍建设的重要内容来抓。6. 深化工商廉政文化建设,营造清廉务实的干事环境。在县局和分局(所)办公楼、走廊悬挂廉政警言,营造浓厚的廉政文化氛围,做到环境示廉;在全局高唱《云南工商之歌》,把廉政文化、自觉抵制不良思想的侵蚀意识融入干部职工的思想建设之中,唱响红盾工商精神主旋律,凝聚力量、激发干劲。7. 全面推行廉政风险点管理。在2008年开展廉政风险点防范管理的基础上,继续按照《丽江市工商局廉政风险点管理办法(试行)》,从领导干部岗位开始,查找在法定职责范围内可能存在的廉政风险和监管风险。8. 发挥社会各界对工商行政管理部门行风的评判和监督作用,切实纠正不正之风。每季度向全县的企业、个体工商户现场发放问卷调查表,对工商执法人员是否存在违规执法,以权谋私,吃、拿、卡、要等问题,是否存在黄、赌、毒的行为及各股(室)、分局(所)在办理有关事务过程中的工作效率、工作作风、服务质量等方面的情况及存在的问题进行测评;对行业作风建设方面的其他问题以认真负责的态度进行评议和监督。9. 深入开展矛盾纠纷排查化解工作,充分发挥职能股(室)、分局(所)广泛接触人民群众的优势,做好相关法律法规、方针政策的宣传,综合应用法律法规、方针政策、行政手段进行教育、协商、疏导,耐心做好矛盾化解工作,坚持把矛盾纠纷解决在萌芽状态、解决在基层。

【人事教育】 华坪县工商局始终坚持以教育培养、锻炼提高为基点,把加强政治理论学习、业务知识学习与十七大、十七届三中、四中全会精神的学习紧密地结合起来,在普遍教育的基础上,党组成员采用交心谈心等方式,解决思想、工作中存在的问题,收到了积极成效。1. 在干部职工中扎实开展理想信念、依法行政、爱岗敬业、职业道德教育和以集体荣誉感为核心的团队精神教育,教育干部职工忠于党、忠于国家、忠于人民、忠于工商事业;引导干部职工树立"工商兴我荣,工商衰我耻"的主人翁意识,热爱工商事业,热爱工作岗位;倡导"我为红盾添光彩、我为工商作奉献"的良好风尚,大力培养无私奉献的精神。2. 开展深入学习实践科学发展观及"讲党性、抓机遇、重民生、谋发展"作风建设教育活动,采用集中全员培训,股(室)、分局(所)小组学习、个人自学等方式,每位干部职工均写出了不少于1万字的学习笔记、个人心得体会和总结,县局按规定编写活动工作简报10期,撰写了《努力实践科学发展观,促进华坪县非公有制经济又好又快发展》调研报告,讨论通过了华坪县工商局《支持县域经济发展十大措施》、《监管执法十大措施》、《暖心十大措施》。3. 坚持每周半天的集中学习制度,开展了每月学习一部法律,组织一次考试的活动,学理论、学业务,相互交流学习经验,增强学习的系统性,力争使机关干部基本做到"五能",基层干部做到"五会"。4. 继续深入开展岗位大练兵竞赛活动,计算机操作能手、注册登记能手、执法办案能手在参加市局组织的评选中均取得较好的成绩。

【企业登记注册】 2009年,华坪县工商行政管理局继续强化市场准入登记职能,建立完善统一、规范、高效便捷的市场主体登记注册服务体系,强化市场准入服务指导,支持各类市场主体加快发展。1. 营造宽松的市场准入环境。对重大投资项目、招商引资项目和对当地经济建设、劳动就业有显著促进作用的项目,需要组建公司或者办理增资登记的,开辟"绿色通道",进行专人专件办理,提供便捷高效的登记注册服务。2009年,全县共新登记注册各类企业105户,注册资金24 337万元。2. 积极帮助企业解决发展中的困难,特别是中小企业融资难问题,做好"股权出质、出资"、企业动产抵押工作。全年共办理企业动产抵押备案登记21份,主债权金额1.54亿元;对2家自然人股东出资申请设立的小额贷款有限公司做好政策业务指导,颁发了工商营业执照;大力鼓励下岗失业、高校毕业生、返乡农民工等实现再就业,营造"自主创业、艰苦创业、全民创业"的浓厚氛围,为创业人员提供相关咨询服务,聘请创业导师讲解创业经验,对7人进行了创业培训,为创业人员成功申报国家创业扶持资金35万元。3. 充分发动广大农民组织农民专业合作社,把产业做大做强,带动当地经济的快速发展。截至2009年底,全县共登记注册农民专业合作社37户,注册资金1 910.21万元,成员人数达771人,专业合作社分布在全县八个乡镇,主要是以种植、养殖业为主,有力推动了全县的农村经济又好又快地发展。4. 按照"宽准入、重培育、严监管"的工作思路,立足工商职能,以行政指导为手段,以宣传、培训、备案、巡查等方式,依托全县农业优势产业,大力培育发展规范农村经纪人。2009年,培训发展农村经纪人119人,通过他们的作用,解决了当地农民生产的难题,促进农业生产结构调整,保证农民增收,农村劳动力就业。

【企业监督管理】 华坪县个体私营经济继续保持健康发展的良好态势。截至2009年12月31日,全县个体工商户累计发展数为3 908户,从业人员7 299人,注册资金19 750万元,全年实现总产值10 540万元,营业收入56 621万元,社会消费品零售额49 465万元;结合个体工商户分层分类管理制度,大胆实践,大胆探索,依据个体工商户的信用状况,分为A、B、C、D四个信用管理类型,依法实施不同的监管,既推进了个体工商户的分级管理,又加强了市场的诚信建设,推动了个体私营经济的快速发展;认真做好个体工商户经济户口管理,依托全市工商综合管理系统,全县的各类企业、个体工商户的经济户口全部实行了网络化管理,登记注册、日常监管等资料均可上网查询,进一步提升了监管服务水平。

【市场规范管理】 1. 加强市场巡查制度,对辖区各类市场和经营主体进行经常性的巡查和专项整顿,创造良好的市场竞争环境和安全有序的消费环境。2. 深入开展"红盾护农"行动,农资市场实现信用分类监管。通过市场巡查和调查研究,在摸清全县农资经营户底数的基础上,督促各农资经营户建立健全了"两账"、"两票"、"一卡一书"制度,按照农资经营户上年度经营和诚实守信情况,将全县农资经营户划分为 A、B、C、D 四个等级,录入工商综合管理系统,实行信用等级监管。根据总局和市局 2009 年红盾护农工作安排,组织开展"红盾护农",农资市场专项整治工作,严厉打击制售伪劣农资等坑农害农行为。3. 从加强猪肉市场安全监管入手,积极开展甲型 H1N1 流感防控工作。积极配合物价部门对有关防疫所需商品实施重点监管,依法严厉打击囤积居奇,欺行霸市,哄抬物价,牟取暴利等扰乱市场秩序的违法行为;主动配合卫生防疫、动检、质监等有关部门,以生猪养殖密集区和养猪场、屠宰场、活猪交易市场等为重点,加强甲型 H1N1 流感疫情市场监测,发现问题,及时通报有关部门;督促市场开办者进一步改造和完善市场设施,切实做好经营区域消毒工作,及时发现问题、排除隐患,营造清洁卫生的市场环境,确保防控工作落实到位。4. 开展文化市场、扫黄打非、校园周边秩序、矿山安全、食品添加剂、乳制品市场等专项整治等工作,对全县集贸市场上市的四大类食品进行了三次抽样检测,对各违章经营户依法给予取缔和处罚,有力维护了各类市场的稳定。5. 开展"家电下乡"商品质量监管,对家电下乡指定经营店进行备案登记,对每户家电下乡经营店进行了细致核对备案检查,严防打着家电下乡口号欺骗广大农民,严防翻新家电进入农村家庭。全县共登记备案家电下乡指定经营店 29 户。6. 积极推进商品交易市场信用分类监管,有效提高市场开办者、经营者诚信意识,支持政府实施乡镇农贸市场和农产品批发市场建设改造,指导开办者、经营者规范管理、规范经营。完成全县 9 个商品交易市场信用分类基本数据录入,制定《华坪县工商局开展诚信市场创建活动实施意见》指导创建活动,2009 年,全县评比"1A 级诚信市场"4 个,"2A 级诚信市场"1 个。

【消费者权益保护】 2009 年各消委投诉站、12315 举报站共接受咨询 343 人次,受理申(投)诉 51 件,成功调解 49 件,涉诉金额 180 余万元,为消费者挽回经济损失 8.13 万元。

【食品流通监督管理】 认真贯彻落实《食品安全法》,把流通环节食品安全监管作为工作重中之重,落实食品监管责任制,拓宽、细化监管模式,通过建立并督促落实食品进货查验制度、索证索票、进货台账等经营者自律制度,确保货源质量安全、渠道合法、追溯有据,促进食品经营者诚实守信经营,确保"两个 100%"和"一个坚决杜绝"的继续巩固和落实,全县 939 户食品经营户全部建立台账登记、索票索证制度,100% 签订了安全责任书。积极推进"农村食品安全示范店"创建工作,按照"七制"上墙,"一卡一书"设置规范,经营自律的要求,严格创建标准,全县共建立食品安全示范店 30 个。

【广告监督管理】 以关系人民群众健康安全的食品、药品、医疗等广告为重点,严厉查处各类违法广告。切实加强对涉及和影响社会稳定、危害未成年人身心健康等严重违法及不良广告的监管,继续支持推动公益广告事业发展。积极履行指导广告业发展的职能,加强对广告主、广告经营者、广告发布者的工作指导。重点加强对首届丽江华坪芒果文化节期间媒体发布广告内容的监测,做到违法广告早发现、早制止、早查处。全年共办理广告备案登记 31 起,查处违法广告案件 2 件,收缴违法印刷品广告 1.6 万余份。

【商标监督管理】 深入贯彻落实《云南省人民政府关于实施商标战略工作的意见》,大力宣传商标法,进一步引导企业增强品牌意识;积极推进商标战略的实施,有重点、有步骤地培育和发展一批集本地资源优势、品质特色的商标和地理标志,全面提高名优企业的市场竞争能力。2009 年,全局自觉把省局的要求与全县新农村建设实际结合起来,充分发挥职能作用,对涉农企业进行帮扶指导,突出"三书四抓五主动"工作重点,积极推进"云南省著名商标"、"丽江市知名商标"评选活动和"一所一标"工作。年内新取得注册商标 1 户,全县有效使用注册商标 12 件,其中云南省著名商标 4 件。一批涉农商标的备案、注册和使用,提高了农产品附加值和地域品牌知名度,收到了注册一个商标、带动一个产业、搞活一地经济、可以富裕一方农民的良好效果,有力促进了社会主义新农村建设。

【基本建设】 县局党组积极想办法,多方筹措资金,在市局、县委、县政府的支持下,进一步加大基层建设投入力度。中心分局、荣将分局办公环境的维修与改造已基本完成,为中心分局新配备执法车辆 1 辆。新庄所办公条件的改善,正在积极向上级部门争取办理之中。

【机关党建工作】 1. 切实加强党员的教育和管理,增进党支部的凝聚力。按照县委的部署,组织全体党员认真开展学习实践科学发展观和作风建设教育活动;利用每周星期一半天的学习日,继续开展《党章》学习教育活动,把提高工商监管、行政执法水平同建设有中国特色社会主义共同理想结合起来,提高执政本领,在实际工作中真正发挥党员的先锋模范作用、党组织堡垒作用;在党员中开展廉政文化教育学习活动,努力营造"以廉为荣、以贪为耻"的廉政文化氛围,推进党风廉政建设上台阶。2. 健全完善党员、党支部双目标考核制度。把监管执法、依法行政、任务目标、学习教育、支部党员活动量化考核到支部及党员个人,定岗定责;把理想、信念,党纪条规,社会公德,家庭美德,职业道德,社会主义荣辱观与理解人、尊重人、关心人、爱护人、促进人的全面发展,上好一次党课,写好一篇心得体会,开展一次《党章》知识教育活动,作为各支部全年工作重点抓紧抓实;在监管执法,办理执照中党员带头做到"四个不"、"四心"、"五个办"、"五个快"、"六个一样"、"九个一点"等服务承诺,树立工商系统党员良好的形象。3. 加强党组织建设,增强党支部的向心力。健全组织生活制度,做到党员学习有材料、有笔记、有体会,坚持定期民主生活会和领导干部双重组织生活,进一步完善了党内监督;做好党组织的换届工作,2009 年,党总支和 4 个支部的支部书记进行了换届选举。4. 落实党建联系点制度,深入开展好党内互助"八个一"活动。年初按照党员结对帮扶要求,确定了帮扶对象,并为嘎苴村党支部征订了报刊、《农村致富》杂志;经局党组研究,向扶贫挂钩点捐赠扶贫款5 000元帮助修建进村公路;积极协调个私企业为扶贫点 2 名贫困大学生解决学费问题,最大限度地帮助扶贫挂钩点脱贫致富。

**【老干工作】** 2009 年,华坪县工商局认真贯彻老干部工作方针、政策,落实老干部各项待遇,树立"以人为本、为老服务"的工作理念,为老干部解决实际问题。按政策规定及时足额发放老干部的退休金和各种补贴,通过积极努力,在国庆前夕全额发放了老干部的住房公积金和增补养老金,解决了老干部们多年来反映的问题。为 5 名退休干部在工会职工医疗互助中心申请补助自付住院费用3 813元。节日期间,县局党组组织工作人员对老干部进行了走访慰问,对生病住院的老干部,局领导和工作人员及时到医院看望问候,把组织和单位的关怀和慰问送到每位老干部家中。"重阳节"到来之际,组织退休老干部实地参观考察了华坪县的新农村建设示范村——华坪县中心镇河东村九组。县局在做好老干部服务工作的同时,要求在职的干部职工弘扬中华民族尊老、敬老、助老的传统美德,大家都来尊重、关心、帮助老干部,树立爱心助老的良好风尚,使他们感受到组织和社会的关怀,共享改革发展成果,共创和谐社会。

**【经济检查】** 2009 年,华坪县工商局以科学发展观为统领,按照"监管与发展相统一、监管与服务相统一、监管与维权相统一、监管与执法相统一"的要求,紧紧围绕当地党委、政府中心工作,立足本职,在有为、有威、有位上解放思想,"以履职到位、工作到位、谋划到位"为工作目标和抓手,继续深入整顿规范市场秩序,加大监管执法力度,为促进社会经济平稳较快发展营造公平竞争、规范有序、诚信和谐的市场环境。2009 年,全局共查处各类违法案件 328 件,其中立案查处 103 件,简易处罚 225 件,罚没款金额 17. 62 万元,同 2008 年相比增加 3 万元。

**【信息化建设】** 2009 年,华坪县工商局认真贯彻落实国家工商总局关于信息化建设和全省工商系统关于开展岗位大练兵的指示精神,统一思想、提高认识,确立了以信息化建设促进工商行政管理工作现代化的工作思路,使得信息化建设工作得以稳步推进、不断发展。1. 继续加大了硬件设施投入。2009 年,在经费有限的情况下,想方设法挤出一定的资金购买了电脑及各种配套设施,配置到各股、室、分局、所。基层分局、所基本达到每 2 人 1 台电脑,为建立华坪县局工商行政管理计算机信息系统奠定了良好的基础。2. 加强电子政务建设,进一步提高工作效率。2009 年正式启用办公自动化网络系统(OA 系统),该系统涵盖了公文处理、工作业务、行政执法、会议管理、信息发布等机关内部的主要日常流转工作内容,实现了市局—县局—工商分局(所)三级电脑联网,各部门之间可以通过 OA 系统传输公文和其它信息资料,使办公效率和内部管理效率极大提高,并大大节约办公成本、行政成本。3. 建立健全市场主体"经济户口"管理,提高对市场监管的效率。各级登记管理机关将企业、个体工商户办理设立、变更、注销登记的基本情况录入电脑,并分别分配到企业和个体户所属的工商分局(所),使基层工商所对本辖区的各类市场主体登记情况心中有数,真正做到"底数清、信息准"。基层工商所充分利用"经济户口"的信息,运用对市场主体的监督管理职能有针对性地开展工作,增强了管理的主动性和连续性,促进了市场监管职能到位。4. 提高人员素质,加大人员培训力度。以岗位大练兵为契机,积极组织全局干部职工开展计算机基础知识和技能的培训。年内全局大部份同志具备了一定的计算机理论知识和操作技能,在实际工作中能较熟练地操作电脑,为华坪县局的信息化建设打造了一支较高素质的计算机应用干部队伍。

**【消委会工作】** 1. 大力推进"一会两站"建设。积极争取县委、县政府资金支持,进一步加大"一会两站"建设力度,已建立和完善乡镇保护消费者权益委员会分会 8 个,农村"12315"消费者申诉举报联络站,消费者投诉站 55 个,社区站点 5 个,"四进"站点 8 个。各投诉站点有办公室、有维权电话、有专(兼)职工作人员、工作制度、申诉举报登记簿健全,基本达到了"六有"和城乡全覆盖创建目标。2. 全面提升"12315"服务效能。继续推进 12315 行政执法体系建设,依托工商红盾专网,已在中心、荣将、新庄开通 12315 申诉举报专网登记平台;建立健全工作机制,12315 申投诉中心实行专人负责,制定了完备的管理制度和工作流程;进一步拓展服务领域,开展工商业务全方位咨询,提升 12315 服务效能,切实维护生产者、经营者、消费者的合法权益。3. 认真开展"3·15"宣传咨询活动。"3·15"期间,县消委会组织各成员单位开展了以"消费与发展"为年主题的宣传、咨询执法活动,对全县集贸市场开展了执法检查,同时在中心、荣将、新庄开展了宣传、咨询及假、劣商品的展示活动。

**【个私协会工作】** 华坪县个私协会为提高履职能力,始终把加强自身建设摆在重要议事日程,把工作重点放在为会员服务、密切与会员群众的联系上,恪守协会之责、善谋富会员之策、多办利会员之事,把会员群众的需要放在第一位。1. 个私协会各项工作取得新进展。深入宣传教育工作,推动了会员队伍的精神文明建设。各级协会组织广大会员学习了省政府《关于大力发展个体私营经济的决定》、丽江市《关于加快发展非公有制经济的决定》,宣传了新《公司法》、《反不正当竞争法》、《消费者权益保护法》、《个人独资企业法》、《合伙企业法》等法律法规。号召全县个私会员开展诚信经营活动，树立“爱国敬业、守法经营、诚信服务、奉献社会”的思想情操和从业观念，把信用建设作为经营户生存和发展的前提，在社会上树立良好的企业形象，形成依法经营、诚信经营的良好局面。尤其是在“2009年首届丽江华坪芒果节”期间，县个私协及时向全县私营企业及个体工商户发出倡议，广大的私营企业经营者们表现出大无畏的精神，纷纷解囊，用实际行动支持政府的中心工作，体现出全县私营企业业主的高尚品质。2. 加强协会自身建设，提高协会职责。各级协会积极开展了春节座谈会、扶贫抗旱救灾、捐资助学等内容丰富的活动。县协会组织召开三次较大规模的理事、会员座谈会，商讨华坪县个私工作事宜，诚心诚意为会员谋利益、谋发展。3. 扶贫献真情。组织理事会员代表座谈，宣传扶贫帮困，号召全体会员积极响应，致富不忘社会，捐资捐物，为贫困弱势群众献爱心，充分体现党和政府的温暖。

**【2009年任职的局领导名单】**

党组书记、局长　陈绍兴

副 局 长　陈自和　陈贵东

纪检组长　曾世菊

## 怒江傈僳族自治州

**【概况】** 云南省怒江傈僳族自治州工商行政管理局下设兰坪、泸水、福贡、贡山4个县工商局，13个工商所（分局），全州工商系统共有干部职工196人。州局机关内设办公室、人事教育科、纪检监察室、公平交易市场监督管理科、商标广告监督管理科、企业个体注册登记科、消费者权益保护科（12315指挥中心）、法制科、计划财务科共9个科室。

2009年，全州工商行政管理系统认真贯彻“四个统一”，积极推进“四化建设”，努力实现“三个到位”“六个好”及“三年打好四个翻身仗”的工作目标，紧紧围绕省局党组及州委、政府的中心工作，按照州局党组“一年打基础、二年抓提升、三年实现目标”的怒江工商工作思路，以开展深入学习实践科学发展观活动和实施“阳光政府”四项制度为契机，深入整顿和规范市场经济秩序，拓宽工商行政管理“绿色通道”，着力打造“阳光工商”。进一步推进全系统党风廉政建设和反腐败工作，切实加强自身建设，完善市场监管体系，不断提高依法行政能力。全州工商系统在困难中前进，在发现和解决问题中发展，在发展中创新，变压力为动力，在教训中总结经验。通过全体干部职工的共同努力，各项工作取得了新的成绩。

**【法制建设】** 2009年，全州工商系统注重法律法规的学习，扎实推进“五五”普法规范的实施，认真落实《依法行政实施纲要》，努力提高执法水平，严格依法行政，文明执法。以推进行政执法工作的法制化、规范化为目标，加强制度建设，搞好法制培训，强化执法监管，做好执法保障和服务工作。1. 为规范全州工商系统行政执法行为，实行政务公开，确保公平公正执法，提高执法水平和办案效率，出台了《怒江州工商行政管理系统市场网格监管工作制度》、《怒江州工商行政管理机关基层行政执法审批权限指导意见》、《怒江州工商行政管理系统基层工商所（分局）实行“三个一”处罚办法的实施意见（试行）》、《怒江州外国（缅甸）籍个体工商户注册登记管理办法（试行）》、《怒江州支持非公有制经济发展若干意见（试行）》、《云南省怒江州工商行政管理机关首查不处罚的规定（试行）》。2. 完善执法责任制度。为明确执法职责，年初即根据各单位执法岗位的配置情况，分解执法职权，明确岗位职责，确定执法责任，与各县局签订《怒江州工商系统行政执法责任书》，切实做到依法定则、依责定标、依标考核、依绩奖惩。3. 狠抓学习培训工作。结合“五五”普法工作，根据《怒江州工商行政管理系统2009年法制宣传教育及法制培训计划》的要求，制定《怒江州工商系统2009年度法律法规培训、学习考试方案》。并严格按照方案要求组织实施。2009年11月18日，举办了企业法定代表人（负责人）法律法规培训班。组织州局机关2009年学法活动，开展了《反垄断法》、《反不正当竞争法》、《行政诉讼法》、《行政复议法》、《工商行政管理机关行政处罚案件听证规则》、《食品安全法》的辅导、学习、考试。2009年3月6～16日，在省工商局培训中心组织安排全系统54名干部进行为期10天的业务骨干培训。9月1日～2日，在六库举办了全州执法培训班。全系统各县局长、副局长、工商所（分局）长、兼职法制员、执法办案人员约70余人参加了培训。4. 强化评查工作，提高执法质量。2009年4月27～29日，组织全州四县法制机构负责人集中到州局，对四县局2008年1月～2009年3月期间的行政处罚案件进行评查。年内，全州共立案查办案件443件。

**【纪检监察】** 2009年，全州工商系统紧紧围绕全省工商行政管理系统党风廉政建设工作会议精神，以加强教育，完善制度，强化监督为主线，以提高认识、理顺关系、规范管理为切入点，有力推动了全州系统党风廉政建设和反腐败工作的有效开展。1. 明确责任、强化机制，切实加强对党风廉政建设和反腐败工作的组织领导，调整充实了各级工商局党风廉政建设领导小组、工作机构和工作人员，制定了《党风廉政建设工作任务分解》。2. 结合实际，认真传达贯彻党风廉政建设会议精神，统一思想，提高认识，增强党风廉政建设和反腐败工作的责任感。加强监督机制，明晰责任，并层层签定了《党风廉政建设责任书》。州局党组与四县局党组，各级党组书记与班子成员，分管领导与科(股)室、工商所、分局,县局股室、工商所、分局负责人与干部职工个人层层签订了《责任书》、《责任分解》,签订了《党风廉政建设责任书》153份、《责任分解》57份。全系统形成了横向到边、纵向到底,一把手负总责,班子成员履行"一岗双责",职能科(股)室齐抓共管,依靠全体干部职工支持和积极参与,一级抓一级,一级对一级负责的党风廉政建设和反腐败工作新格局。3.认真推行阳光政府"四项制度"工作。全州系统以推行阳光政府四项制度作保证,建立和完善广泛的社会和内部监督机制,促进公权力的正确行使。州、县设立了监督检查工作机构。州局制定了《怒江州工商行政管理系统阳光政府四项制度监督检查实施方案》,确保全州系统推行阳光政府四项制度工作落实到位。在政府信息公开网站上开设了"阳光工商"、"重大决策听证"、"重要事项公示"、"重点工作通报"和"政务信息查询"专栏,全州系统收集整理上传政务信息查询资料,共收集上传到政府信息网的业务咨询问和解答信息26条,采集上传行政许可项目信息17项,政务公开信息2条。明确"96128"政务专线信息联络员5名,开通了"96128"政务信息查询专线电话6部。4.加强警示教育,从源头上防止腐败。全州系统利用学习日和学习园地(OA系统)对干部职工进行反腐倡廉、典型案例和警示教育。组织学习了《公务员法》、《行政机关公务员处分条例》、《刑法》、《云南省人民政府关于省人民政府部门及州市行政负责人问责办法》;组织观看了党风廉政警示教育《高墙悲歌》电教片,受教育人数400余人次。为了达到长期警示的目的,州局将《高墙悲歌》电教片转载在OA系统中,对干部职工进行警示教育。州局对余桦挪用公款违法犯罪案件发生的根源、危害和给人的警示等方面进行了全面分析,并形成题为《莫伸手伸手必被捉》的典型案例剖析材料,对干部职工进行警示教育。5.加强廉政风险点防范,从源头上治理腐败。注重抓风险点防范工作。签订了《部门廉政风险点防范承诺书》22份,《个人廉政风险点防范承诺书》78份;其他各种《承诺书》64份,继续推行发放廉政监督制度,结合办理证照、换照、企业年检工作,共发放廉政监督卡1 236份,虚心接受社会监督,促进党风廉政建设和反腐败工作。

【人事教育】 1.大力开展教育培训工作,提高队伍思想业务素质。全州195名干部职工分别参加了州县两级工商局举办的科学发展观全员培训,参训率98%。确保全州深入学习实践科学发展观全员培训活动取得实效,真正达到党员干部受教育,科学发展上水平,人民群众得实惠的总体要求。使全系统干部队伍政治思想素质得到进一步提高。继续深入开展"百日学习教育活动",大力开展培训教育活动,提高队伍业务素质。分两批选送16名干部到保山市工商局跟班见习学习;组织了法规业务培训和观摩学习,将匹河工商所规范化建设现场观摩与业务培训紧密结合,组织全州67名干部参加法律法等培训和45名干部的现场观摩;以推广云南工商信息系统应用为契机,开展计算机应用培训,有力提高全系统干部计算机操作应用能力。2.加强基层工商所规范化建设工作,提升工商所执法效能。从规范执法行为、规范监管制度、规范基础设施、规范队伍管理入手,稳步推进基层工商所规范化建设工作,完成了匹河、通甸、营盘、上江四个工商所的规范化建设和达标考核验收,达到省局30%工商规范化建设达标的要求。3.加强人事管理,注重监督考核工作,指导人事调配、安置退伍军人、办理干部退休审批。加强组织工作,严格执行《干部选拔任用条例》选拔任用干部。全面完成了2008年度全州194人的年度考核。认真执行编制管理控制,根据非领导职数和实有情况,考察上报审批2名副主任科员。

【企业注册登记】 2009年,全州工商系统强化服务意识,改进工作作风,严格遵守法定程序,把好企业登记审查关。截至年底,全州私营企业户数871户,比上年同期增加93户,增长11.95%;投资者人数1 935人,比上年同期增加103人,增长5.62%;雇工人数11 645人,比上年同期增加709人,增长6.48%;注册资本(金)258 579.5万元,比上年同期增加23 510.5万元,增长10%;按经济类型分,独资企业、合伙企业、有限责任公司的户数都有所增加。其中:独资企业192户,比上年同期增加36户,增长23.07%;合伙企业39户,比上年同期增加7户、增长21.87%;有限责任公司640户,比上年同期增加50户、增长8.47%。2008年全州有8户农民专业合作社,出资总额为150.1万元,成员总数85人。全州农民专业合作社已发展到46户,出资总额为2 220.76万元,成员总数737人。

【市场规范管理】 2009年,全州工商系统,紧紧围绕行政执法与监管工作职能,按照全州工商工作会议的总体要求,努力学习实践科学发展观,着力实现监管领域由低端向高端延伸,监管方式由粗放向精细转变,监管方法由突击性、专项性整治向日常规范监管转变,监管手段由传统向现代化转变的"四个转变",深入开展以食品安全、红盾护农、查处取缔无照经营为主要内容的专项整治工作。截至年底,全州共查获各类案件500件,其中:立案查处92件。1.开展《直销管理条例》和《禁止传销条例》宣传。全州工商机关组织力量,根据属地管辖原则,把打传工作落实到工商分局(所)日常监管工作中,以工商分局(所)辖区责任为重点,加强市场、宾馆、饭店、茶室、出租房等易聚会场所和传销活动易发区的日常巡查,进一步完善打击传销工作机制,认真组织宣传教育活动和专项打击行动,有效遏制了传销活动在怒江州的发展和蔓延。2.开展"两烟"打假打私工作。共出动执法人员114人次,检查经营户1 556户,检查宾馆、酒店、旅游景点48家查获违法卷烟1 055.6条,查获烟丝65千克。3.开展"扫黄打非"工作。发挥职能作用,严把印刷、复制、销售出版物等经营单位和市场准入关,继续深入开展"扫黄打非"工作,净化文化市场,强化日常监管。4.开展元旦、春节期间食品安全专项整治工作。元旦、春节期间,全州突出对重点食品、重点市场和重点区域的检查力度,严厉打击制售有毒有害和假冒伪劣食品的行为。把涉及人民群众身体健康和生命安全的酒类、粮油、肉类、水产品、禽蛋、饮料等食品作为检查的重中之重。共出动执法人员185人次,检查市场41个,私营企业5户,个体经营户1 689户。5. 建立市场监管信息定期分析报告制度。从2009年4月起建立了农副产品和农资价格变化情况综合分析制度并上报当地党委、政府。6. 开展诚信市场创建活动。根据《怒江州工商行政管理局开展诚信市场创建活动实施方案》中的认定标准,年内上报5个“2A”级诚信市场和1个“3A”级诚信市场。向社会公式“2A”级诚信市场3家。7. 开展红盾护农工作。加大市场巡查力度,严把市场主体准入关。执行经营者“两账两票、一书一卡”和“种子留样备查公示”制度,全州农资经营户签订责任书39份,农资经营户发出经营承诺书39份,同时认真开展了保春耕专项执法活动,严防坑农害农行为发生。对辖区农资经营户进行种子抽样,全州共抽取16类种子进行备查。

【消费者权益保护】 2009年,全州工商系统以12315为依托,以开展流通环节食品安全专项整治为重点,切实抓好消费者权益保护工作。1. 抓组织领导,各项食品安全监管工作制度落实到位。为了全面贯彻落实全国和全省食品安全监管工作会议及《云南省工商系统2009年流通环节食品的安全专项整治行动方案》,州局成立了工作领导小组,由一把手亲自抓,分管领导具体抓,确保了专项整治工作层层有人抓、有人落实的工作局面。明确了各科室、各县局的职责和工作任务。督促基层工商所(分局)与食品经营者层层签订责任书,将食品质量责任落实到每一个经营者头上,强化了工商所的责任意识。指导和帮助经营者建立健全各种自律制度,从源头上减少食品安全隐患。建立健全食品安全监管各项规章制度,制定下发了《怒江州工商行政管理系统流通环节食品安全专项整治行动方案》、《食品质量安全监督管理规定》等九项制度。2. 抓检查处理,各项专项整治工作任务完成到位。食品安全是广大人民群众十分关心的热点,2009年,加大了对食品市场的整治工作,在整治过程中,执法人员针对重点市场、重点商品加大对食品市场的检查力度,特别是将关系广大消费者健康和生命安全的酒类、粮油、肉类、水产、禽蛋、饮料等食品作为整治的重中之重。2009年,在食品安全专项整治中,全州共开展各类食品安全整治62次,出动执法人员3 532人次,检查批发市场、集贸市场等各类市场436个次,检查经营户13 736户次,取缔无照经营7户,查处假冒伪劣食品案件71件,有效地规范了辖区内的食品市场,杜绝假冒伪劣食品坑害消费者的事件发生。年内,先后开展了打击违法添加非食用物质和滥用食品添加剂专项整治行动,开展了重大节假日及重大集会前的食品市场专项整治行动。年内全州共创建《农村食品安全示范店》87户。3. 抓规范化建设,消费者申诉举报处置到位。12315受理投诉举报工作不仅是工商部门服务广大人民群众的“民生工程”,也是工商部门的“形象工程”,作为党委政府联系群众的桥梁和纽带,怒江工商12315不断加强软件和硬件两个方面规范化的建设力度,努力全心全意为人民群众和消费者排忧解难。2009年以来,为切实提升怒江“12315”受理投诉举报工作的服务质量,按照“为民、务实、清廉”的要求,各县工商局以全州工商系统正式启用12315执法系统软件为契机,进一步完善“12315”值班制度,全面提高12315行政执法工作能力和水平。根据怒江州工商的实际情况,制定出《怒江州工商行政管理局“12315”工作制度》,形成“局长亲自抓、分管领导具体抓”的工作格局,实行24小时值班制度,泸水县、兰坪县工商局还购买了值班专用通信设备,以保证“电话有人听、事情有人办、纠纷有人调处”的工作规范,将值班制度落实到人,做到“用制度管事、用制度管人”。并充分利用OA系统(办公自动化系统),实现“12315”受理、分派、督办工作的网络化、规范化、现代化、快速化。截至年底,怒江州12315指挥中心共接听电话158个,受理消费者申(投)诉举报112件。共挽回经济损失3.26万元。

【商标广告监督管理】 1. 加强商标监督管理,加大商标宣传力度,保护注册商标专用权,做好“一所一标”及咨询服务工作。重点加强商标日常监管,继续开展保护注册商标专用权专项行动。结合怒江商标监管工作实际,每季度对辖区的注册商标专卖(营、修)店及销售有注册商标商品的非专卖店进行两次专项执法检查,共出动执法人员78人次,检查专卖(营、修)店1 028户次。制定了开展2009年“保护知识产权宣传周活动”实施方案,重点对全州辖区内的食品、药品、服装、农资、烟草等商品进行检查,共出动执法人员37人次,检查经营户208户次,发放宣传材料1 319份。认真做好商标法律法规宣传,积极开展“一所一标”活动。积极为市场主体申请商标注册提供全方位服务,发放“商标注册建议书”43份。截至年底,全州完成云南省2009年著名商标申请认定3件,完成申请商标注册36件。2. 加强广告监管,严把市场准入关,把整治虚假违法广告工作推向深入。严把检查标准,确保年检质量。在年检中严格执行《广告经营许可证管理办法》的规定,认真落实年度检查范围,强化检查内容及程序、严格检查标准,确保年度检查质量。全州2008年度应参加年度检查广告经营单位7户,实际参加年度检查7户,参加检查率为100%。对2008年及其以前经各级工商行政管理局登记批准发布的户外广告28块进行年度检验,参检率达100%。广告审查员应参加年度检验76人,参加年度检验率达100%。截至年底,全州共有广告经营单位43户,从业人员140人,营业额396.98万元,纳税额40万元。取得广告审查员证76人,技术岗位资格证76人。广告业得到了进一步的发展,广告经营行为得到逐步规范。加强广告日常监测、监督管理,严厉打击虚假违法广告。年内全州共监测电视515条4 056次,报纸110条次,广播21条290次,共办理户外广告登记1 440条。加大执法检查和案件查处力度,在对广告发布行为进行日常监管的同时,不断强化责任意识,依法依规加大检查和案件查处力度,做到虚假违法广告及时发现、及时查处,严厉打击虚假违法广告,共查处户外广告违法案件29

件，没收一般形式印刷品广告3 000份，有效地打击和整治虚假违法广告，促进广告市场的规范化发展。

【基本建设】 在省局党组的大力关心支持下，2006年12月，省工商局审核同意建设方案，并发文批准建设怒江州局办公用房，建筑面积2 697.5平方米，层高六层，框架结构，概算总投资813.61万元。该工程2007年3月19日破土动工，2009年11月投入使用。办公楼的建成极大地改善了全局的办公条件。

【信息化建设】 信息化是当今时代的重要标志，信息技术越来越广泛地运用于工商行政管理的各个领域，关系到工商行政管理机关能否在新时期实现职能到位，关系到规范执法行为、提高工作效率、提升工商形象，信息化成为市场监管和行政执法的重要手段。2009年，在充分认识信息化建设的重要性和必要性的基础上，加快信息化建设的步伐，加大信息化建设投入，加大培训力度，着力提高干部职工计算机应用水平，全系统实施无纸化办公，全州工商系统移动执法手机全面开通。

【企业监督管理】 2009年，为确保全州非公有制经济发展健康稳步发展，州人民政府出台了《怒江州支持非公有制经济发展若干意见(试行)》、《怒江州外国(缅甸)籍个体工商户注册登记管理办法(试行)》两个规范性文件。依据《怒江州外国(缅甸)籍个体工商户注册登记管理办法(试行)》，怒江州泸水县工商行政管理局于2009年10月9日，登记了全州第一户缅甸籍个体工商户，截至2009年12月，全州共注册5户缅甸籍个体工商户。为落实州人民政府《怒江州支持非公有制经济发展若干意见(试行)》文件精神，怒江州工商局制定了《怒江州工商行政管理机关支持非公有制经济发展若干意见》及《怒江州企业(个体工商户)注册登记延时服务制度、预约服务制度、上门服务制度》等制度，为企业、个体工商户提供便捷高效的服务，年内全州工商系统共为群众提供延时服务315户次；预约服务44户次；上门服务781户次。截至年底，全州个体工商户为8 309户，比上年同期增加2 013户，增长31.97%；从业人员14 338人，比上年同期增加3 252人，增长29.33%；注册资金35 133.2万元，比去年同期增加11 327.45万元，增长47.58%。

【2009年任职的局领导名单】

党组书记、局长　杨　军(2008.06～)

副 局 长　孙宁生　丁　晨

纪检组长　周　勇

## 泸水县

【概况】 泸水县工商行政管理局共有在职干部职工54人，其中，公务员49人，事业人员4人，工勤人员1人。大学本科学历18人，大学专科学历23人，中专学历6人，高中学历2人。中共党员50人，其中，在职人员中的党员44人，退休人员中的党员6人。局党总支部下设6个党支部，1个党小组。

2009年，泸水县工商行政管理局在州局党组及泸水县委、县人民政府的坚强领导下，以"三个代表"重要思想、十七届四中全会精神为指导，以开展深入学习实践科学发展观活动为契机，以提高整体素质、基层工商所规范化建设为抓手，研究和探索新体制下的工商行政管理工作机制，努力实现监管领域由低端向高端延伸，监管方式由粗放向精细转变，监管方法由突击性、专项性整治向日常规范监管转变，监管手段由传统向现代化转变。为创造公平竞争的市场环境和安全健康的消费环境，认真履行工商行政管理职责，按照年初确定的工作目标，紧紧围绕省工商局提出的2009年六项重点工作，按照年初与州局签订的13份责任书，以流通环节食品安全监管和重要商品监管为重点，大力整顿和规范市场经济秩序，积极推进诚信体系建设，努力维护经营者、消费者的合法权益，圆满完成了工作任务。

【法制建设】 2009年，泸水县工商局在法制工作中，根据全面推进法制化、规范化、制度化、程序化建设的要求，进一步提高监管执法效能。重点是认真开展了年度执法检查和案件评审工作。此外，对各执法机构日常执法业务等项工作进行监督检查，主要围绕行政许可、行政处罚等内容对全局的执法行为开展了多层面、全方位的监督检查，形成了有效的内部监督制约机制，大大提升了执法效能，规范了执法行为，有效克服了执法中的随意性和盲目性。严把案件核审关，认真开展案件核审工作。年内，共核审一般行政处罚程序案件44件。在案审工作中，严格按照《行政处罚法》、《工商行政管理机关行政处罚程序规定》等相关法律规定，严肃对待，认真把关，力求每一件经核审的案件，都能成为经得住检查和考验的"铁案"。积极组织开展相关法律、法规的内部学习培训工作，主要是对《食品安全法》的宣传、考试。开展了每一个季度的法律、法规的学习培训，并在全局范围内组织学习培训考试，取得了真学、真懂、会用的好效果。

【纪检监察】 2009年，泸水县工商局抓党风廉政建设注重源头治理，狠抓落实党风廉政建设责任制和责任分解。局党组与基层工商分局(所)和县局职能股室签订党风廉政建设责任书14份；签订班子成员党风廉政建设责任分解4份；县局职能股室负责人和基层工商所长、分局长、对本股室和本工商所干部职工签订党风廉政建设责任分解38份，实现了层层签订党风廉政建设责任制和责任分解的工作机制。积极主动与州局党组和县委政府签订2009年度党风廉政建设责任书，并按责任书量化考核内容，逐条对照，逐项落实，确保2009年度党风廉政建设责任制各项工作落到实处。实行"一把手"负总责，分管领导"一岗双责"，定期不定期对分管股室和工商所(分局)负责人进行廉政谈话，年内共开展廉政谈话58人次；不断增进了全局干部职工勤政廉政的思想意识。继续推行发放廉政监督卡，结合办理证照、换照、企业年检工作实际，2009年度共发放廉政监督卡1 536份，虚心接受社会监督，促进党风廉政建设和反腐败工作。认真开展廉政风险点管理工作，实现了全局干部职工积极参与和认真查找廉政风险点管理工作的新格局,确定了廉政风险点管理岗位。并且认真总结去年廉政风险点管理工作取得的经验和做法,制定并签订部门廉政风险防范承诺书14份;签订干部职工廉政风险自我防范承诺书54份,实现了廉政风险无风险的工作格局。认真开展基层行政执法人员向监管服务对象代表述职述廉工作。通过召开2009年度基层行政执法人员向监管服务对象代表述职述廉会议,进一步树立了基层行政执法人员公平公正的执法形象,密切了与监管服务对象之间的关系,提升了社会各界人士对基层行政执法人员的满意度和公信力,搭建了一个群众了解工商,支持工商、监督工商的平台,促进了作风建设、业务建设、环境建设。建立和完善领导干部事项报告制度、述职述廉会议制度。认真履行党风廉政建设领导责任,实现了一把手对全局落实党风廉政建设工作负总责,分管领导对分管工商所(分局)和职能股室的党风廉政建设工作负具体负责的工作格局。结合当前形势,切实开展廉政建设形势分析会。通过召开党风廉政建设形势分析,分析局党风廉政建设工作中存在的不足和带有倾向性的问题,查找党风廉政建设工作中的薄弱环节和存在问题及原因,并且提出了具体的解决问题的办法和措施,为全面落实好省局、州局、泸水县委、政府交办的各项工作任务起到了积极的推动作用。

**【人事教育】** 2009年,泸水县工商局以学习实践科学发展观为契机,紧贴政府工作,围绕县局党组的中心工作,为更新"四种理念",实现"四个统一"、"四化建设"、"四个转变"、"三个到位"、"六个好"工作目标提供组织保障,努力建设一支"政治上过硬、业务上过硬、作风上过硬"的队伍,努力实现工作到位。首先,顺应新形势、新任务,开展活动、强化学习、岗位练兵、全面提升。重点是以学习实践科学发展观为契机,抓干部思想观念教育;以军训为契机,抓干部作风建设;以OA办公系统的应用为契机,抓干部运用数字化、信息化、网络化高科技手段办公一体化培训教育;紧扣法律法规及当季工商半月刊内容开展学习、培训、考试;继续开展岗位大练兵、大比武活动,努力完成3个能手硬性指标;通过年度岗位目标量化考核和行政执法考核,促进各项工作有序进行。

**【企业注册登记】** 2009年,全县共有私营企业351户(分支机构111户),注册资(本)金102 881万元。年检率为81%。内资企业89户。一年来,泸水县工商局以2009年企业年度检验和个体工商户验照为契机,通过年检、验照和清理档案,建立健全了各类经济户口,同时核销部分名存实亡的市场主体,为开展企业、个体工商户分类监管工作的稳步开展打牢基础。因未参加2008年度年检共吊销各类企业21户,其中,私营企业20户,内资企业1户。

年内,共为企业、个体工商延时服务307户、上门服务168户、预约服务169户。

**【企业监督管理】** 2009年,全县共有个体工商户3 371户,从业人员6 982人,注册资金15 795万元。设立登记注册的个体工商户1 291户,从业人员2 595人,注册资金6 420万元,依法注销325户。应换照验照2 349户,注销219户,实换照验照2 099户,换照验照率为90%。

全县共有农民专业合作社29户,出资总额为375万元,成员331人,其中农民成员为325人,全部为种植业。

**【市场规范管理】** 1. 抓好《食品流通许可证》发放的相关工作,2009年共受理食品流通许可申请269户,其中已核发准予许可通知216份。2. 抓食品安全示范店创建工作,全县共创建"农村食品安全示范店"24家。3. 抓好食品安全监管工作,与食品经营户签订了《流通环节食品安全经营责任书》504份,全年共开展元旦、春节、中秋国庆等重大节日食品安全专项整治活动13次。出动执法人员169人次,检查个体工商户1 654户次、超市16个次,查获过期食品346千克。对部分食品进行抽样送检,检测出2种小食品属不合格食品,对该经营户已依法查处。4. 抓好奶制品市场专项执法检查,共出动执法人员45人次,检查346户经营户,其中乳制品经营户329户,通过检查,辖区内329户乳制品经营户全部证、照齐全。5. 开展打击流通环节违法添加打击的非食用物质和滥用食品添加剂的专项执法检查,出动执法人员54人次,检查个体工商户377户次、超市2个,抽查市场2个。6. 开展手机市场专项整治共出动执法人员14人,检查手机经营户32户,执法人员依法对13家涉案经营户进行了立案查处,罚款金额2.61万元。通过整治,有力地打击了部分经营者为牟取暴利不顾损害消费者利益的违法行为。7. 深入开展"家电下乡"、"汽车摩托车下乡"市场专项整治工作,加大市场监管力度,出动执法人员13人次、执法车辆5台次,检查家电经营个体工商户136户,企业12户,并对泸水县境内的14户家电下乡销售服务网点进行登记造册。8. 抓好诚信市场创建工作,推荐"泸水县民族贸易有限责任公司六库民通商场"和"怒江天顺超市有限责任公司"为泸水县2A级"诚信市场",并报州局备案。2009年7月24日,泸水县工商行政管理局邀请县政府副县长对两家企业进行"诚信市场"授牌仪式。

**【消费者权益保护】** 1. 建立完善工商监管、行业自律、社会监督相结合的消费维权体系,有计划推进"一会两站"建设,全县9个乡镇都建立了消协分会。年内共处理12315消费者申诉58件,成功调解48件。为消费者挽回经济损失2.78万元。2. 加大侵害消费者权益案件查处力度,2009年共查处侵害消费者权益案件32件,案值11.79万元,罚款金额10.54万元。通过查处,有力地打击了经营户的侥幸心理,增强了经营者的自觉性。

**【反垄断与反不正当竞争执法】** 1. 加强农村市场监管,维护农村市场秩序、服务农村改革发展促进社会主义新农村建设,切实解决"三农"问题。2. 完善"七农"工作机制,促进"七农"工作深入开展。与农资经营户签订责任书72份,发出经营承诺书72份,同时对辖区内农资经营户销售的14个批次的种子实行留样备查。3. 严把农村市场主体准入、加强农村市场监管，全年共出动执法人员356人次、执法车辆96台次，检查农资经营户555户次。发放宣传资料200份。对3家销售不合格“睿弘”牌硫酸钙土壤调理剂的经营户进行了行政处罚，共计罚没款54 283.6元，没收不合格“睿弘”牌硫酸钙土壤调理剂737袋，共计29.48吨，为农民挽回经济损失1.13万元。4. 抓好定点直报分析工作。全年直报点共出动人员600多人次，出动车辆200多台次。5. 继续抓好打击传销工作，全年共出动执法人员103人次，检查3户直销店，发放宣传材料200份，检查出租房等人员密集场所211个次。6. 继续加大对各类违法案件的查处力度，全年共查处各类违法案件204件，案值17.28万元，罚没款计193 896.14元。

**【广告监督管理】** 全县共有广告经营单位22户，从业人员60人，广告营业额140万元，纳税额10.51万元。年内共监测和检查电视广告129条7 566次，其他广告58条1 430次，广告营业额15.75万元，纳税额1.18万元。全年共办理户外广告登记828个，宣传交通安全知识户外公益广告200个，一般形式印刷品广告备案3.2万份，布标备案20条。户外广告的登记和备案工作做到了有登记台账和档案规范化管理，有效地促进了全县广告市场的规范化发展。加大执法检查和案件查处力度，年内共查处广告违法案件14件，罚没金额1.12万元，没收一般形式印刷品广告3 000份，有效地打击和整治虚假违法广告，促进了全县广告市场的规范化发展。

**【商标监督管理】** 1. 积极为市场主体申请商标注册提供全方位服务，指导企业提高产品商标注册意识，宣传商标在品牌中的核心地位，积极推行并发放“商标注册建议书”16份，“商标续展建议书”2份，回访商标注册企业3户，进一步推进“商标富农”的深入实施；2. 积极推动辖区内农产品商标和地理标志商标的注册，建立和完善“商标富农”的工作机制，推行工商所指导农户、涉农企业申请注册农产品商标和地理标志证明商标，帮助农户和涉农企业运用商标整合特色农副产品资源，走“商标富农”之路；3. 加大商标行政保护力度，建立商标监管长效机制，切实维护商标所有人和广大消费者的合法权益；4. 积极开展“一所一标”和“一所多标”活动，分管领导与各分局、所签订了怒江州泸水县工商行政管理局商标工作责任书5份；5. 积极做好商标注册咨询服务工作。共有正式注册有效商标25件。云南怒江州东方大峡谷生物有限责任公司的“东方大峡谷”商标被重新认定为2009年云南省著名商标，有效期为三年。

**【计划财务工作】** 2009年，泸水县工商局加强财务预算管理，理顺财务关系，进一步更新理财观念，优化支出结构，合理统筹安排使用资金。进一步加强行政性收费的收缴工作，严格执行“收支两条线”的管理规定，始终坚持依法行政，依法执收，严格规范收费行为。做到应收尽收，应缴尽缴，年内完成行政性收费92 090.79元。本着增收节支的原则，严格控制经费支出，合理有效地利用资金，把有限的经费安排到最急需的地方，集中财力办大事，促进“六项重点工作”的圆满完成。

**【基本建设】** 1. 投入20万元完成了上江工商所规范化建设项目，并通过了怒江州工商局的验收，达到合格标准。2. 积极争取县局新城区办公用房建设项目资金，取得阶段性进展。3. 称杆工商分局办公用房建设项目立项，项目资金省局拨入60万元。

**【老干工作】** 1. 全心全意做好老干部管理服务工作。为了更好地从政治上关心、生活上照顾好老同志，局党组成员采取了分别挂钩联系老干部的方式，时时事事为老干部着想，带领着老干管理人员为老干部提供及时、方便、优惠、优质的服务。努力做到常怀尊老之情，恪守敬老之责，多办利老之事，全心全意做好老干部工作。2. 在重阳节和春节来临之际，通过走访、座谈、慰问等形式与老干部促膝交谈，关爱老干部。3. 在县局召开工商行政管理工作会议之际向老干部通报了工商工作开展情况，并诚恳的听取老干部宝贵意见，以进一步推进泸水工商事业的不断发展。

**【信息化建设】** 随着工商职能转变，信息化建设的进一步推进，泸水县工商局高度重视，加大投入，加快信息化建设步伐，结合实际，举办了计算机操作培训，并在全局范围内开展计算机能手比赛，有1名职工代表全州参加计算机能手比赛。到年底，全局45岁以下干部基本能运用计算机办公。

**【消费者协会工作】** 2009年，泸水县消费者协会紧紧围绕县委、县政府的中心工作，积极引导个私经济发展，加强消协组织建设。认真组织开展3·15纪念活动，有20家单位和企业参加发放宣传材料1万余份；开展消费维权进军营活动；建立12315值班制度，切实保障12315电话24小时畅通；认真做好消协换届工作，改选了部分因工作原因调离原岗位的理事成员。

**【个私协会工作】** 2009年，泸水县个私协会共有会员3 735户，从业人员12 646人，注册资金11.87亿元，完成生产总值1.26亿元，实现营业收入3.3亿元，社会消费品零售总额3.13亿元，上缴税收4 682.8万元。圆满完成贷免扶补工作任务，帮扶4户创业，办理创业贷款20万元，带动14人就业。全年慰问会员19人次，开展捐资助学11批次，赞助公益事业建设8批次。

**【2009年任职的局领导名单】**

党组书记、局长　杨文忠

副 局 长　李新华　朱建芳

纪检组长　邬兴尽

## 福贡县

**【概况】** 福贡县工商行政管理局内设4股2室，即企业个体注册登记管理股（含商标、广告），计划财务股，公平交易市场监督管理股（含消保、合同），法制股，办公室（含人教、老干管理），纪检监察室；派出机构有匹河工商所，上帕分局

（石月亮工商所和上帕分局合署办公），肩负6乡1镇10个市场的工商行政管理工作。共有在职人员29人（公务员26人，工人3人），其中：女14人，男15人，副科以上干部14人，科员12人，中级工2人，见习工人1人；平均年龄38岁。

2009年，福贡县工商局以邓小平理论和“三个代表”重要思想为指导，以开展学习实践科学发展观和落实阳光政府四项制度打造阳光工商为契机，坚持以科学发展观统领全局，按照省局“三个到位”、“六个好”的工作目标和省局党组对怒江提出“三年打好四个翻身仗”的具体要求，结合州局提出的2009年为全州工商系统基础建设年的实际，解放思想观念，创新思路、创新机制，创新方式，努力做到市场监管与发展、服务、维权、执法的统一，扎实推进制度化、规范化、程序化、法制化建设，不断提升工作效能和依法行政水平，全力为地方经济发展服务，为推动全县经济社会又好又快发展作出了贡献。

**【法制建设】** 1.2009年，该局结合实际，制定出台了2009年度法律法规学习、培训、考试方案，重点学习宣传并掌握了与工商行政管理工作相关的和新出台的、涉及工商行政管理方面的各种法律、法规及规章。通过考试学习达到了培训目的，提高了全局干部职工依法行政的能力。2.2009年，该局共查处违法违章案件10件，罚没金额7 500元。全年的10个案件，件件事实清楚，证据确凿，程序合法，适用法律、法规正确，处理恰当，无复议案件和行政赔偿案件。

**【纪检监察】** 1.贯彻落实党风廉政有关会议精神和廉政教育，使全局干部职工进一步提高加强党风廉政建设工作重要性的认识和为下一步党风廉政建设工作奠定了基础。2.发挥监督职能，促进党风廉政建设各项工作的落实。对党风廉政建设进行责任分解、层层签订《党风廉政建设责任书》11份，形成了一级抓一级、层层抓落实的工作局面。3.以领导班子和领导干部为重点，组织班子成员对照检查填报《福贡县领导干部接受礼品、礼金、有价证券和支付凭证情况登记表》3份，个人重大事项报告，拒礼、拒贿上交礼品金情况登记和申报领导干部收入情况表3人次，年度领导干部述廉3人次。4.把党风廉政建设和反腐倡廉工作与经济社会发展和省局党组六项重点工作结合起来，抓好党风廉政建设和反腐败工作。召开了党风廉政建设分析会，提出了按照“一岗双责”的要求，切实把党风廉政建设工作和业务工作紧密结合起来。5.抓工作、促落实，在加强督查上求突破。制定了2009年福贡县工商局行政监督检查实施方案。年内全面检查“六项工作重点”，贯彻落实科学发展观、阳光政府四项制度落实情况共督察2次。领导班子主要负责人向上级报告党风廉政建设工作情况1次，分管领导定期不定期对分管股室、工商所（分局）负责人年内共进行廉政谈话10人次，开展廉洁从政教育3次，开展反腐倡廉专题教育3次，办好政风行风热线电话1部。6.廉政风险点管理工作开展情况。召集各股室工商所（分局）负责人召开了廉政风险分析会，提出了防范措施，并形成书面报告报纪检监察室备案。另外还重新签订了部门廉政风险点防范承诺8份，个人承诺24份，全面加强廉政风险点管理工作。

**【人事教育】** 1.组织全体干部职工认真学习十七大会议精神，认真贯彻落实科学发展观，全局干部职工共撰写28篇贯彻落实科学发展观方面的文章，深刻领会十七大会议精神。2.按质按量完成部分干部职工工资变动工作。2009年全局符合增加级别工资5人，增加薪级工资1人。3.年底按要求完成公务员统计报表和人事工资报表上报工作。4.组织全局干部职工培训OA办公软件，协助法制股完成全年的法制培训工作。5.继续重视干部的在职教育培训，努力提高干部职工的科学文化知识。

**【企业注册登记】** 1.2009年，福贡县工商局主要在服务经济发展求突破上下功夫，为大学毕业生、复退伍军人、残疾人、两劳刑满释放人员打开绿色通道，为他们设立专门的办证窗口，鼓励他们投身于个体工商业的创业大军之中。年内共为企业和个体工商户延时服务12次；在验照工作中为了方便路途较远的个体工商户验照，分局执法人员主动上门为个体工商户验照200多次。向社会发放1 000份报纸，宣传《怒江州外国（缅甸）籍个体工商户注册登记管理办法（试行）》并按规定认真执行。2.2009年，福贡县工商局严把市场主体准入关，依法规范市场主体资格，严格按照一审一核的要求，实施对市场主体的登记注册和监督管理工作。全年新登记注册企业8户，变更登记27户，未按时接受年度检验的依法吊销6户，注销登记24户。截至2009年11月20日，全县内资企业总计42户，私营企业有67户。3.全年应检企业户数有102户，截至2009年7月1日为止，已通过年检的91户，年检率89.13%。未按时接受企业年检的11户，其中申请延期年检的有5户，有6户企业在限期内一直未到登记机关接受年度检验，将依法立案查处。

**【企业监督管理】** 1.截至2009年12月，福贡县个体工商户累计达1 411户，从业人员2 448人，注册资金4 628.2万元，其中，新发展366户，从业人员692人，注册资金1 437.2万元，注销登记64户。总体上呈现出良好发展的势头。2.福贡县应参加验照的个体工商户有1 053户，到年底，前来参加验照的有948户，从业人员1 011人，注册资本3 309万元，验照率为90%。

**【市场规范管理】** 1.“红盾护农”工作开展情况。结合实际情况制定了2009年红盾护农实施方案，实行种子留样备案制，对农资经营户推行了两账两证一书一卡制，并联合农业、公安、质监等部门进行了春耕、夏种、冬播等红盾护农专项执法行动，共出动执法人员57人次，检查经营户231户。通过检查，有效地净化了农资市场，切实维护了广大农民的合法权益。2.对全县经营音像制品经营户开展了清缴整治低俗音像制品拉网式清查专项行动。此次专项行动共出动执法人员8人次，检查音像制品经营户6户、新华书店音像制品专柜1个，清缴低俗音像制品49碟。3.“农村食品安全示范店”和“诚信市场”创建工作开展情况。2009年，福贡县工商局把“农村食品安全示范店”和“诚信市场”创建作为全县规范化市场创建的契机，建立相应的工作实施机制，明确目标责任和工作责任，完成“农村食品安全示范店”9户，“2A级诚信市场”1家。4. 建立市场监管定期分析报告制度。建立农副产品和农资价格每日监测制度、农副产品和农资价格每周分析报告制度、农副产品和农资价格每季度分析报告制度，为政府引导消费提供依据。

【**消费者权益保护**】 1. 2009年，福贡县工商局紧紧围绕2009年“消费与发展”主题，对全县六乡一镇10个市场进行了全面检查，共发放宣传单1 123份，展示各类不合格、过期劣质食品651.68千克，价值0.96万元。受理咨询368人次。2. 全年共受理消费者投诉1件，为消费者挽回经济损失700元。3. 在全县六乡一镇都成立了消协分会，并在上帕镇上帕社区、石月亮乡利沙底村和匹河乡老姆登村成立了“两站”。

【**食品流通监督管理**】 1. 节假日食品市场监督工作开展情况。2009年，福贡县工商局高度重视节假日食品安全监管工作，在节日期间突出重点区域、重点市场和重点食品，特别是与人民群众节日消费密切相关的食品，对辖区进行了全面大检查，累计共出动执法人员56人次，检查食品经营者998户，查扣假冒伪劣食品和不合格食品15.72千克。2. 乳制品市场监管工作情况。结合实际情况，认真做好乳制品市场主体准入工作，加大乳制品市场巡查力度，将监管任务和责任层层落实到基层工商所和具体责任人，监督销售者合法经营乳制品，监督乳制品销售者建立进货查验制度和进货台账制度，监督销售者实施乳制品的退市制度，监督销售者履行不合格乳制品的更换，退货义务。同时打击不正当竞争行为和依法受理、处理对不合格乳制品的举报，依法查处销售无质量合格证、无标签、过期、变质或者不符合乳品质量安全国家标准的乳制品及销售伪造产地，或者冒用他人厂名、厂址、认证标志等质量标志乳制品，确保乳制品销售环节的质量安全。3. 认真开展流通环节违法添加非食用物质和滥用食品添加剂专项整治工作。结合辖区实际情况，采用调查和重点排查方式，对全县经营户进行了检查，此次专项整治行动共出动执法人员32人次，检查经营户281户，没有违法添加非食用物质和滥用食品添加剂的行为。

【**广告监督管理**】 1. 根据《整治虚假违法广告工作方案》每季度对医疗、药品、保健食品、印刷品广告，一个季度全面的检查一次。共出动执法人员18人次，检查医疗、药品、保健食品经营户39户次。对福贡县电视台进行了年度检验，并对播放的广告进行不间断的检测检查，督促其建立起广告档案制度、审查制度。2. 加强广告登记管理和备案工作。进一步严格规范程序严格按照《行政许可法》的有关规定依法把好准入关，承诺办理时限，提高办事效率，为经营者提供优质服务。全年共办理户外广告登记9户、变更2户。

【**商标监督管理**】 2009年，福贡县工商局把推进商标战略要在驰名商标培育申报和基层工商所开展“一所一标”活动作为一项重点工作来抓。成立了以分管副局长为组长的领导小组，制定工作计划和实施方案，对辖区内的六乡一镇的一些个体、企业进行了全面的了解、筛选，对具有“名、特、优、新、稀”地理标志的农产品的个体工商户进行了走访，并对6户个体经营者发放了商标注册建议书共6份。通过工作人员的服务与努力，个体工商户和金林茶厂的“和金林”商标和大林茶厂的“怒舅山”商标已经与商标代理机构签订了代办协议。

【**计划财务工作**】 1. 结合工作实际，于2009年3月制定了《怒江州福贡县工商局内部财务收支管理制度》，包括了岗位责任制，支票、印鉴和现金管理制度、固定资产管理办法等十三个管理制度。同时，财务人员在工作过程中严格遵守这些规章制度，有效地实施了内部监督和控制，加强了对本单位财产物资的监督和管理，杜绝了各种漏洞的发生。2. 严格按照《会计法》的规定，依法设置会计账套、账簿、科目，并保证其真实完整，根据实际发生的业务事项进行会计核算、填制会计凭证、登记会计账簿、编制财务会计报告。3. 严格票据领用、结报、缴销制度。对正在使用的票据进行了认真的登记，对有问题的及时做出处理意见进行处理，在票据的领用、发放、核销中做到手续完备，职责明确，同时对使用票证的股室、所(分局)的票证管理工作进行指导、检查和监督。4. 明确岗位人员职责，加强财务人员的互相监督。严格落实资金管理的有关规定，坚持会计出纳分设、银行印鉴分管和按月监督核对的原则，加强财务印章的保管和使用。同时严格财务收支审批程序和审批制度，严格一支笔审批制度，严格大额经费支出党组集体讨论制度。5. 截至11月24日，完成个体注册登记费0.2万元，企业注册登记费、年检费以及企业变更登记费4万元；罚没收入0.75万元，合计4.98万元。

【**基本建设**】 2009年，福贡县工商局抓住匹河工商所重建和州局党组把匹河工商所确定为全州第一个规范化工商所的契机，全面推进工商所规范化建设。匹河工商所于2008年5月1日破土动工，于2009年4月16日竣工验收交付使用。实际建设规模为455平方米，总投资为52万元。该办公楼建成后，在州局党组的领导下和各业务科室的具体指导下，按照州局《工商所规范化建设考核标准》，制定了匹河工商所规范工作制度和规范化业务工作流程，从办公环境绿化到标识、标牌内容的审定与制作、业务工作程序、内务保障制度都严格按标准和要求来打造基层工商所的规范化建设，并于11月10通过了验收。

【**老干工作**】 福贡县工商局现有退休老干部共9人，其中有2人属于退休但还未办理手续。退休人员有3人居住在县内，其他6人都居住在异地。该局认真贯彻落实国家对老干部的政策规定，对老干部应享受的待遇，按时、足额兑现,保证退休老干部的合法权益得以认真落实。按政策规定及时解决好已故退休干部配偶无固定收入生活补助增减上报和发放工作。春节前对9名老干部进行了春节慰问走访,每人发放慰问金200元,共计发放1 800元。9月份接待了1名老干部来咨询建房补助问题,做了认真接待,及时解答了他的问题。

【信息化建设】 1. 根据实际情况,于6月22日~7月3日对全局人员进行了为期两个星期的OA培训,全局干部职工基本掌握了OA应用程序,为信息化建设工作的开展奠定了基础。2. 到11月底,在阳光政府四项制度网站和政府信息网站共发表文章80篇,按时开通了96128政务信息查询电话1部,并已在政府信息网和阳光政府四项制度网提供了市场主体登记注册条件、提交材料目录、办理流程信息查询。同时,该局"一会两站"工作开展情况分别在州、县电视台进行了播出。

【个私协会工作】 1. 根据"贷免扶补"优惠政策,由县个私协会筛选推荐了6人为"贷免扶补"创业导师团,成功推荐一位返乡农民工在信用社贷款5万元启动资金。2. 严格按照个体私营经济协会章程规定,全年会费总收入13.69万元;应上缴州协会2.74万元;已上缴州协会2.42万元;还应上缴3 149.4元。

【2009年任职的局领导名单】
党组书记、副局长　龙德金(主持工作)
副 局 长　开冷叶
纪检组长　王　志

## 兰坪白族普米族自治县

【概况】 兰坪白族普米族自治县工商行政管理局内设办公室、监察室、计划财务股、人事教育股、企业个体注册股、商标广告管理股、法制股、公平交易市场管理股,派出机构有金顶分局、营盘分局、通甸分局、石登工商所。共有在职干部职工65人,民族结构:汉族4人,少数民族61人。离退休干部11人。

2009年,兰坪县工商局以党的十七大和全国经济工作会议精神为指导,深入学习实践科学发展观,进一步解放思想,推进四项制度的落实,按照国家总局提出的"四个统一",推进"四化"建设、建设"三个过硬"队伍和省局党组提出的"三个到位"、"六个好"的工作目标,着力解决人民群众最关心、最直接、最现实的利益为重点,积极进取,开拓创新,全面落实全州工商工作会议和党风廉政建设工作会议精神,努力完成2009年省局党组提出的的六项重点工作任务。

【法制建设】 2009年,兰坪县工商局坚持不懈地做好执法监督,努力规范行政执法行为。严把案件核审关,同时以事实为依据,以法律为准绳,切实做好行政处罚案件的核审工作,组织行政诉讼案件的应诉工作。年内查处案件共246件,罚没款20.12万元。其中,一般程序案件43件,罚款11.59万元,没收违法所得4 602.9元,简易处罚即"三个一"案件203件,罚款8.08万元。

【纪检监察】 2009年,兰坪县工商局党风廉政建设和反腐败工作的总体要求是:以邓小平理论和"三个代表"重要思想为指导,深入贯彻落实科学发展观,全面贯彻党的十七大精神,按照各级党委、政府和各级工商局党风廉政建设工作会议的部署和要求,紧密结合本局实际,严明党的政治纪律,严格执行党风廉政建设责任制,坚持标本兼治、综合治理、惩防并举、注重预防的方针,以完善惩治和预防腐败体系为重点,着力推动《工作规划》实施意见的落实,以加强党性修养和作风建设为抓手,着力解决党员干部在党性党风党纪方面存在的突出问题,全面推进党风廉政建设和反腐败工作,为实现国家工商总局"四个统一"、"四化建设"、"四个转变"、"四高目标"和省局"三个到位、六个好"工作目标,提供坚强的政治和纪律保证。按照总体要求,该局紧扣全年的"六项重点工作",重点加强贯彻落实科学发展观的监督检查、惩治和预防腐败体系建设、"阳光政府"四项制度、廉政风险点管理、严肃查处违纪违法案件这五项工作。层层签订党风廉政责任书65份,形成了层层签订、层层落实党风廉政建设责任制的工作机制。

【人事教育】 1. 成立"百日学习教育活动"领导小组和制定实施方案。在全局开展军事训练活动,强化业务技能培训,提高队伍整体素质。采取以案代培的形式,加强对基层业务的实践培训,提高一线执法水平。全面开展深入学习实践科学发展观活动,根据中央、省委统一部署和《中共兰坪县委关于开展深入学习实践科学发展观活动的实施意见》的精神及省、州工商局的有关要求,在全局干部中开展深入学习实践科学发展观活动,为确保活动取得实效,做到精心组织、高度重视,周密安排,在学习上认识到位,措施到位,工作到位,并结合实际,富有创意地开展学习实践活动。在学习活动中,全局共撰写心得体会63份、学习笔记65本、调研报告15份。2009年,在上级的精心组织下,到省工商局培训18人,保山见习4人,州局培训17人,县局培训99人次。全局还开展了评选注册登记能手、执法办案能手、计算机操作能手岗位练兵活动,全面提高了队伍整体素质。

【企业注册登记】 2009年,兰坪县工商局注册登记工作紧紧围绕《2009年度注册登记工作目标责任书》充分发挥市场主体登记和监管职能,进一步提高登记管理水平和监管服务质量,努力营造经济发展软环境、投资软环境、就业软环境而努力。截至12月30日,共办理设立登记102户,变更登记91户,注销登记22户,备案登记8户,企业名称预先核准登记99户。全县共有企业489户,比上年同期增加59户。其中内资企业104户,注册资本110 844万元,比上年同期减少3户,注册资本增加5 069万元;私营企业371户,注册资本97 976万元,投资者人数707人,雇工人数5 388人,比上年同期增加67户,注册资本增加4 050万元,投资者人数增加78人,雇工人数增加360人;农民专业合作社14户,出资总额1 756万元,成员总数388人,比上年同期增加13户,出资总额增加1 705万元,成员增加380人。个体工商户2 789户，从业人员3 431人，资金数额10 934万元，年内个体工商户新开业943户，从业人员969人，资金数额4 030万元；个体工商户比上年同期增加了631户，从业人员增加274人，资金数额增加2 664万元。年内办理注销登记312户。个体工商户户数、从业人员、资金数额都比上年同期增加；私营企业户数、投资者人数、雇工人数、注册资金都比上年同期增加。

**【企业规范管理】** 1. 认真抓好2009年度企业年检工作和个体工商户验照工作。全县应检企业户数405户，截至12月30日，已年检325户，注销22户，年检率为86%。全县应验照个体工商户2 222户，实验个体工商户2 222户。截至12月30日，查处无照经营83户。企业(个体工商户)注册登记实行延时服务制度、预约服务制度、上门服务制度，截至12月30日，申请延时服务31次，预约服务8次，上门服务26次，均已办结。另外积极主动完成各种专项检查，把开展查处取缔黑网吧专项行动作为净化社会文化环境重点工作来抓，专项行动共出动检查人员155人次，共检查71户经营户。在"三项行动"整治中，全局共出动337人次，对辖区内企业进行了拉网式的检查，全年共发放整改意见书20份。共发放行政执法廉政监督卡225份。

**【市场规范管理】** 2009年，兰坪县工商局网格化监管平台初具规模，全年共进行497条变更登记回访、66条注销登记回访、628条企业年检回访、3 342条设立登记回访、9条限期整改；日常巡查3 047条、处理投诉2条、变更回访222条、注销回访47条、吊销回访2条、专项整治163条、四索巡查126条。登记内资企业数据107条，私营企业数据398条，个体工商户数据数3 146条。市场主体属地网格化监管情况：内资企业电子档案入库数据107条；私营企业电子档案入库数据400条；农民专业合作社电子档案入库数据10条；个体工商户电子档案入库数据3146条；个体备案电子档案入库数据428条；无照经营电子档案入库数据2条；合计电子档案入库数据4 093条；"商品交易市场信用分类监管"软件应用，辖区内实有商品交易市场12个，具备市场证的有4户，已完成商品交易市场基本信息和市场开办者信息录入情况4户，已完成信用分类指标采集情况4户。

**【消费者权益保护】** 积极维权、促进消费。在"一会两站"建设和"12315平台"建设上求突破。在县政府的统一领导下，各乡镇党委、政府相继组成领导小组，制定工作方案，并在县消协的精心指导下，依次成立了"一会两站"。全县共成立了8个分会，104个消费者申诉联络站、消费者投诉站，于11月17日全面完成了农村消协维权网络建设。

**【食品流通监督管理】** 2009年，兰坪县工商局认真学习贯彻《中华人民共和国食品安全法》、《国务院关于进一步加强食品安全工作的决定》、《国务院关于加强食品等产品安全监督管理的特别规定》、《流通环节食品安全监督管理办法》等相关的法律法规和规章制度。全年共出动宣传车2台次，发放宣传单1 840余份，悬挂横幅2条，接受咨询50余人次，接受消费者投诉2起，成功调解2起。主要开展了奶制品市场专项执法检查，进一步整顿和规范奶制品市场秩序，促进了全县奶制品行业健康有序发展。集中开展专项整治，打击流通环节违法添加非食用物质和滥用食品添加剂的专项执法检查。按照省局《关于进一步加强流通环节食品安全检查监管的紧急通知》要求，以农村食品市场为重点，加强对食品市场日常监管和巡查工作的力度。查处涉嫌违法生产经营育颀牌果香型固体饮料。开展重点食品以及季节性、节日性食品的专项执法检查。一年来，组织执法人员对全县的超市、农贸市场、食品经营户进行检查。共出动执法人员2 314人次，检查超市59个次，检查农贸市场127个次、食品经营户7 215户，查处制售假冒伪劣食品案件49件，案值达3 625元，没收过期变质食品196.59千克，罚没金额5.95万元。同时建立健全食品安全监管长效机制，与全县1 006户食品经营者签订了《流通环节食品安全经营责任书》，督促食品经营者建立《索证索票制度》、《进货查验制度》、《销售食品质量承诺制度》、《不合格食品退市制度》等食品安全监管制度，并与市场开办者签订了《食品质量责任制度》，用制度来约束经营者，确保食品安全。同时为了加强肉制品质量的监管，工商工作人员每天认真检查肉制品检疫证明，屠宰厂出产量、商品数量。从源头上坚决杜绝病死猪肉和未检疫的肉制品流入市场，确保肉制品质量安全，并按照《中华人民共和国食品安全法》的规定，认真开展好《食品流通许可证》发放工作。

**【广告监督管理】** 2009年，兰坪县工商局结合州局2009年商标管理工作和广告监督管理工作要点，充分发挥监管职能，强化了商标广告监督管理的职能作用。1. 认真做好广告经营单位年检工作。在日常监管中，以分局、所日常巡查为主，对本辖区的户外广告进行监管，截至12月27日，监测检查电视广告207条/578次，其它广告146条/437次。共受理登记户外广告128户，其中：展示牌433幅、车身广告104条、灯箱广告38个、墙体广告29幅。查办擅自发布户外广告案件2件，罚款0.25万元。按时完成2008年度年检工作，应检单位数10户，实检单位数10户，电视台1户，其它(个体工商户)9户，年检率为100%。2. 切实开展季度虚假违法广告专项整治，结合开展不良广告整治工作的精神，全面遏制虚假违法广告的发布及进一步规范专卖行为，净化广告市场健康有序的发展。累计出动检查人员92人次，检查各类经营户583户次。3. 在全县范围内集中开展食品、药品广告整治工作。截至11月27日，全局共出动执法人员115人次，检查食品广告21条，监测电视广告47条，检查药店、医院、诊所34户，共检查店堂广告26条，未发现违法行为。在开展此次食品、药品广告整治过程中，采取与分局、所市场巡查相结合，对辖区内的食品广告、药品广告进行摸底调查，以户外广告登记为基础，不断落实户外广告巡查制度，建立基本信息台账,切实履行户外广告监管职责,对户外广告问题做到了早发现、早制止、早查处。

【商标监督管理】 2009年,兰坪县工商局在开展"一所一标"活动上求突破,共发放商标注册建议书17份,发放商标策略提示书2份;发放商标法律告知书2份,走访企业23户。7月中旬,积极联系昆明创马克信息咨询有限公司到兰坪县工商局,对28户企业和17户经营种养殖业个体户进行培训,发放宣传单45份,已完成申请注册商标9件。

【基本建设】 2009年,经州、县工商局积极争取,省工商局同意新建兰坪县工商局办公用房工程建设项目。办公用房征用土地和土地使用权证及土地规划许可证手续已办理完毕。计划在2010年3月破土动工。

2009年,兰坪县工商局结合实际投入20万元资金狠抓分局(所)规范化建设,经州工商局验收组验收,通甸工商分局、营盘工商分局完全符合《工商所规范化建设考核标准》的要求,已通过州局达标验收。

【老干工作】 2009年,兰坪县工商局认真贯彻执行党的老干部政策,保障退休老干部的合法权益得以认真落实,坚持"服务为主,管理为辅"的原则,制定了《离退休干部管理服务工作量化考核责任制》、《离退休干部管理服务工作制度》、《老干部管理信访制度》、《老干部联系制度》、《老干部学习制度》、《老干部情况通报制度》、《老干部组织生活制度》、《老干部参加重要会议制度》、《老干部参观考察制度》、《老干部走访慰问制度》、《老干部阅文制度》等。春节对11名老干部走访慰问,每人发放慰问金600元,看望了一位遗属和一位病人,共发放慰问金500元,刘汉宝同志在住院期间,发放困难补助600元;九九重阳节开展走访慰问活动,每人发放慰问金100元,共计8 800元。

【信息化建设】 2009年,兰坪县工商局按照州工商局信息化建设责任书要求,结合兰坪县工商局实际开展信息化建设,建立了计算机网络系统运行管理、信息安全管理等方面的规章制度,按照安全制度,逐项对照检查日常工作中所涉及的项目,建立日常检查反馈机制,指定专人对不规范的情况及时进行纠正,建立了OA系统及网络运行日志;对各分局(所)进行了网络改造,建设完成了小型局域网;以规范化工商所建设为契机,对营盘分局和通甸分局重新规划布线,配置了机柜,设置了专用壁纸和屏幕保护;开发和建设了"兰坪县工商红盾信息网"网站。在"兰坪县工商红盾信息网"开发使用网络训练学习模块,更新培训资料,使培训经常化;组织了2009年度"三个能手"选拔竞赛活动。2009年,该局以信息技术应用为主线,以加强信息安全为重点。以提高全员计算机技能为依托,强化管理,狠抓应用,规范操作,进一步加快工商行政管理信息化建设步伐,建立起功能齐全、协调高效、信息共享、监控严密、安全稳定的工商管理信息系统。以信息化带动工商管理的现代化、法制化、规范化,为工商事业的健康发展提供更有力的技术支撑。努力做到提高应用水平、提高建设水平、提高网络信息安全保障能力,使信息化建设不断上台阶、上水平,充分发挥了信息化对落实"四个统一"、推进"四化"建设、实现"三个到位"和"六个好"的技术支撑作用。

【个私协会工作】 2009年,兰坪县个私协会在地方政府和有关部门的大力支持下,紧紧围绕州协会年初制订的2009年工作目标责任书和县协会制订的工作目标责任书,扎实有效地开展了一系列的工作。认真学习贯彻党的十七大会议精神,努力学习实践科学发展观。按照省个私协会的要求,县个私协安排四个分会对辖区内各行业中具有一定创业经验和特点的私营企业家,在乡镇致富带头人中进行筛选,推荐出15名,由县个私协统一录入省个私协会的创业导师数据库,实现创业导师资源全省共享,为以后开展鼓励创业"贷免扶补"中的"扶"打下了基础。积极开展鼓励创业"贷免扶补"工作。开展了网上评议88家省直机关作风活动。充分发挥协会的职能作用,积极为会员排忧解难,并加强非公经济党建工作。

【2009年任职的局领导名单】
党组书记、局长　杨润生
副 局 长　钟渝斌　杨智鸿
纪检组长　李家媛

## 贡山独龙族怒族自治县

【概况】 贡山县工商行政管理局现有在职干部职工20人,其中1人长期患病住院。女职工有10人,中共党员8人,大学本科学历4人,大专学历10人,中专学历3人,中专以下3人,平均年龄37岁。局机关内设办公室和人事教育股(合署)、纪检监察室、计划财务股(含审计)、法制股、企业个体注册登记管理股(含商标、广告管理)、公平交易市场监督管理股(含经检队、消保、合同),派出机构有茨开工商所。

2009年,贡山县工商行政管理局坚持以邓小平理论、"三个代表"重要思想为指导,全面落实科学发展观,深入贯彻落实党的十七大和十七届四中全会精神,以"制度化、规范化、程序化、法治化"建设为重点,努力做到"监管与服务、监管与执法、监管与发展、监管与维权"的统一,不断解放思想,加强队伍建设,改革监管方式,强化监管手段,认真履行职责,扎实推进全年工作深入开展,并取得较好的成效。

【法制建设】 2009年,贡山县工商局坚持以构建"和谐工商"为行政执法工作的切入点,全面把好案件质量关,做到依法行政、文明执法,确保全年的行政执法案件事实清楚、证据充分、处罚恰当、手续完备、程序合法。1. 注重加强法律、法规、规章和业务学习,努力提高行政执法水平和业务能力。年内参加州局组织的法律法规培训2期,参训人员13人次,结合单位实际开展了内部法律法规培训学习2次,组织了4次考试,以考促学,同时加大社会普法工作力度,认真开展法制宣传。充分发挥自身工作的特殊性,发挥墙报、广播、电视等传媒举办专栏、专题,做好法律、法规宣传活动,结合“3·15”国际消费者权益保护日,在社会上开展宣传法律、法规活动,使《国务院关于加强食品等产品安全监督管理的特别规定》、《中华人民共和国产品质量法》、《行政许可法》、《无照经营查处取缔办法》、《产品质量法》等法律深入人心,做好送法下乡,送法到广大消费者,使广大人民群众知法、懂法、守法。2. 加强执法监管机制,把好案件质量关。在执法监管机制方面:为规范行政执法工作,提高案件质量核审关,成立了行政执法案件评议领导小组,制定《行政执法错案责任追究暂行规定》。在把好案件质量关方面:由县局组织法制股、公平交易股、企业登记股、工商所对全局的法制和执法工作进行定期和不定期的执法检查,及时指出案件的存在问题,并限期予以纠正。2009 年,行政处罚案件共有 38 件,其中一般程序案件 1 件,简易处罚案件 37 件;没有出现申请行政复议和提起行政诉讼,实现“零”听证、“零”行政复议和“零”行政诉讼。

**【纪检监察】** 1. 认真传达贯彻党风廉政建设工作会议精神,统一思想,提高认识,增强党风廉政建设和反腐败工作的责任感。加强监督机制,明晰责任,并层层签订了《党风廉政建设责任书》、《廉洁自律承诺书》、《党员廉洁承诺书》、《“四项制度”承诺书》、《工商干部廉洁自律承诺书》、《部门廉政风险和防范承诺表》、《个人党风廉政建设风险和自我防范承诺表》,共 73 份。2. 开展行政效能督察,确保系统政令畅通。结合贯彻落实《四项制度》,针对股、室、所职能开展督察检查,对查摆出来的问题,下发督察整改建议书 8 份,督促股室、所进行认真整改。3. 开展干部廉政教育,组织观看了警示片《高墙悲歌》,教育片《永不凋零的巴山红叶》等以及用身边的典型案例进行教育,教育广大干部锁住贪欲,树立正确的人生观、利益观和权力观,培养良好的生活作风,慎交朋友,管好家庭和身边人,不断加强党性修养,树立和弘扬优良作风,始终做一个清清白白的好干部。4. 结合深入学习实践科学发展观活动,5 月 27 日组织全体干部职工开展“服务理念、服务方式、服务质量找差距”主题活动,每位干部积极发言,坚持“坦诚相见,实事求是,促进工作”的原则,真诚沟通,交换看法,共同提高。6 月 24 日召开领导班子专题民主生活会及党员专题组织生活会,邀请县委指导检查组组长施积成参加,加强指导。局班子成员先后作了发言,坦诚相见,畅所欲言,总结工作和思想,查摆了自身存在的问题,党员帮班子查找思想上、工作上存在的问题,认真开展了批评与自我批评,客观公正,实事求是地帮助同志指出问题,做到讲党性不讲面子,讲党纪不讲私情,讲原则不讲关系,讲真话不讲套话,真正触及思想,触动灵魂。5. 开展向监管服务对象述职述廉活动。11 月 12 日开展了贡山县茨开工商所负责人向监管服务对象述职述廉活动,采取“面对面”的方式向监管服务对象进行述职述廉,敢于揭短亮丑,勇于较真斗硬,拓宽了群众对工商所干部履行职责和廉洁奉公的监督渠道,融洽了管理者与被管理者的关系,提升了贡山县工商队伍的整体形象,述职述廉活动的有效开展增强贡山县工商人的社会满意度和公信力。通过向监管服务对象述职述廉活动,树立责任意识、服务意识、敬业意识,认真做好监管服务工作,形成比奉献、争一流、作贡献的良好风气,营造“廉政勤政”的行业氛围,在全县机关作风民主评议 68 个部门中该局排在 24 位。

**【人事教育】** 2009 年,贡山县工商局抓班子带队伍,抓学习重教育,着力提升队伍素质。1. 狠抓学习,加强周一、五的学习,按照打造“学习型、服务型、务实型、阳光型、诚信型”工商队伍的新思路,切实增强队伍素质,提高行政执法水平,2009 年选派 6 名干部参加州局组织的为期 10 天业务骨干培训,2 名干部到保山市工商局为期一个月的跟班学习,以及各种业务培训,截至 2009 年底参加培训的人员共有 25 人,县局开展的培训 5 期。2. 开展走进军营、参加军训活动,通过此活动,进一步增强广大干部职工的组织纪律、集体观念、团结意识,养成了雷厉风行、令行禁止的作风和吃苦耐劳的精神,提高了队伍的凝聚力和战斗力,为建设一支政治过硬、业务过硬、作风过硬、纪律严明、高效廉洁的工商行政管理队伍奠定了基础。

**【企业注册登记】** 2009 年,贡山县工商局始终坚持依法履行登记职能,按照统一的登记标准、登记程序和登记要求进行登记,进一步完善登记制度,优化登记流程,进一步做好日常登记管理工作,努力建立“依法、规范、便民、高效、廉洁”的登记管理工作机制,切实推进依法行政,不断完善注册工作制度。规范经营范围用语,严格按照《国民经济行业分类》(GB/T4754－2002)的标准用语核定。及时认真地办理农民专业合作社设立登记 3 户,内资企业设立登记 2 户,变更登记 13 户,注销登记 1 户;私营企业设立登记 12 户,变更登记 17 户,注销登记 3 户;个体工商户设立登记 176 户,变更登记 74 户,注销登记 123 户。

截至 2009 年 12 月,全县共有内资企业 37 户(其中:国有企业 10 户,集体企业 7 户,股份合作企业 1 户,公司 19 户),注册资本3 143万。私营企业 69 户(其中分支机构:20 户),投资者人数 154 人,雇工人数 717 人,注册资本24 299万元。按企业类型分为:个人独资企业 5 户,合伙企业 4 户,有限责任公司 60 户。

全县已登记农民专业合作社 3 户,出资总额 89.06 万元,成员总数为 18 人,农民成员 17 人,企业成员 1 人。共有个体工商户 747 户,从业人员1 489 人,注册资金3 780万元。

**【企业监督管理】** 1. 企业年检情况:全县应检企业 95 户,已检 82 户,年检率 86%,对未参加年检的 13 户企业均已登报限期参加年检,1 户已申请公司清算组备案。2. 个体验照情况:应验照 654 户,实验 618 户,验照率为 94%。验照过程中办理注销 60 户、变更 36 户;查无下落拟吊销执照 12 户,未参加验照 14 户,由于卫生许可证到期而没有验照的有 10 户。验照中查无下落的 12 户个体户已吊销并在县政府网站公告,对各种原因未验照的个体户进行了补验。3. 在年检、验照工作期间,共查处取缔个体无照经营户2户，发现20户企业、36户个体户存在与原核定的登记事项不符，已责令办理变更登记，同时，在办理变更登记时，按照《国民经济行业分类》（GB/T4754—2002）的标准用语核定经营范围，进一步规范了个体工商户的经营范围用语。

【市场规范管理】 2009年，贡山县工商局积极做好预防青少年犯罪和禁毒防艾工作。1. 会同有关部门，坚决取缔和清理整顿非法经营的电子游戏厅、录像放映厅、歌舞厅、音像厅、报刊摊点，严禁网吧接纳未成年人入内，取缔无照、无证非法经营"黑网吧"以及取缔学校周边200米范围内的网吧和福利彩票销售点。2. 对制售有害青少年健康成长的商品、文化制品行为依法严厉打击没收，5月25日开展了清缴整治低俗音像制品专项行动，出动执法车辆2台次，共没收淫秽光碟31张。3. 打击和取缔传销活动。结合贡山县打击传销工作面临的形势，在三乡一镇及城乡结合部、出租房密集区、流动人口密集区、学校周边及社区广泛开展宣传教育，同时还公布举报电话，引导群众识别传销行为，自觉做到学法、懂法、守法，防止上当受骗。通过多渠道开展宣传教育活动，全县形成了"远离传销、拒绝传销、抵制传销、共同打击"的良好氛围。

【食品流通监督管理】 1. 民以食为天，食以安为先，食品安全工作直接关系到人民群众的身体健康和生命安全，关系到经济社会发展和社会稳定，是人民群众最关心、社会最关注的热点问题，县局高度重视食品安全工作，成立组织机构，层层签订了责任书，明确部门职责，制定工作方案，定期研究食品安全工作，督促落实食品安全监管措施，2009年贡山县未发生重大食品中毒事件。重点是健全完善制度，落实食品安全监管长效机制，督促、指导、帮助食品经营者建立了一整套食品安全制度（《不合格食品退市制度》、《食品进货索证索票制度》、《食品进货台账制度》等），内部建立《食品市场巡查制度》、《食品安全责任追究制度》等，同时把辖区划分为四个片区，实行网格化监督管理。突出质量检测，采取定期不定期检测箱现场检测办法，共检测各类食品8个批次，并公布检测结果，警示、引导消费。加强节日期间的食品检查，对重点店面的重点食品（粮、油、奶制品、调味品、休闲食品）进行检查。一年来，共出动执法人员546人次，检查个体经营户1 867户次，检查出过期食品580千克，没收非食用添加剂4.5千克。2. 为切实做好诚信市场创建工作，按照省、州工商局的要求，制定了工作方案，成立了领导小组，明确责任分工，确定创建范围、认定标准和认定程序，在全县各类市场（商场、超市）全面开展诚信市场创建工作。茨开工商所按照评选标准，认真组织实施，并结合先期开展的商品交易市场信用分类监管工作，推荐荣兴和荣华两个市场参加诚信市场创建。3. 加大"食品安全示范店"创建力度，扩大"食品安全示范店"创建覆盖面。为进一步强化对流通环节食品安全的长效监管，力争通过标本兼治的措施，全面提升农村食品安全水平，保障广大农村消费者食品消费安全，促进食品经营者诚信规范经营，按照州局的工作部署，局领导重视，召开会议研究决定，成立了工作领导小组，制定了《农村食品安全示范店工作实施方案》，茨开工商所在辖区内摸底调查统计、大力宣传引导，对具备一定经营规模、经营行为良好的农村食品经营户动员申报。在遵循自愿申报的基础上，对食品安全示范店实行动态管理，不搞终身制，如在经营活动中受到执法部门查处或群众投诉，经查实存在严重违法违规行为的，取消示范店资格。通过此次创建农村食品安全示范店活动，引导和带动农村食品安全逐步走向规范化道路。到年底，已完成了农村食品安全示范店的创建工作，2008～2009年建成了20家"农村食品安全示范店"。

【消费者权益保护】 2009年，贡山县工商局加强12315维权体系建设，提高维权能力，切实保护消费者合法权益。为切实解决农村消费者投诉难、维权难的问题，按照上级的统一部署，突出工作重点，大力推进12315行政执法体系建设，县局党组非常重视"一会两站"建设，先后多次召开会议研究部署，并及时向县政府领导汇报。为确保"一会两站"工作的顺利进行，县局成立了"一会两站"工作领导小组，制定了《贡山县人民政府"一会两站"实施方案》，把"一会两站"作为"一把手"工程，局长亲自抓，全局上下紧密配合，协调联动。9月23～26日、10月20日，贡山县工商局、消费者协会分别到丙中洛乡、捧当乡、普拉底乡、茨开镇、独龙江乡举行"一会两站"授牌仪式，县政府副县长李永卫、县消协会长、工商局局长肖明为各分会进行了"一会两站"（消费者协会分会、消费者维权站和12315联络站）挂牌，"一会两站"的建立标志着贡山县消费维权"一会两站"建设工作翻开新的一页，把矛盾纠纷化解在农村、化解在基层，为政府分忧解难，发挥"政府第二信访部门"的作用，成为农村群众的投诉站、政府职能部门的情报站、政府与人民群众的"连心桥"，促进和谐贡山的建设。

【广告监督管理】 1. 按照《广告经营许可证管理办法》规定，2009年1月1日～3月31日，对1户广告经营单位和有效期内3户户外广告经营户进行年度检查。通过检查，1户广告经营单位（贡山县电视台）按照《广告经营许可证管理办法》开展经营，3户有效期内户外广告按照《户外广告登记管理规定》及工商机关核准事项发布户外广告。根据登记情况，应参加年检经营单位1户、有效期内户外广告3户，实际年检广告经营单位1户、有限期内户外广告3户，年检率达100%，按期完成了本年度广告经营单位的年检工作。2. 开展虚假违法医疗广告、农资广告监测、检查整治的工作。坚决打击发布虚假违法食品、药品广告、农资广告行为，切实保障人民群众身心健康和生命安全。结合贡山实际，成立了工作领导小组，制定了工作实施方案，按照实施方案具体部署，5～6月期间，在贡山县开展食品、药品、农资广告整治工作。通过检查，2009年贡山县电视台、3户广告经营户未发布相关食品、药品、农资广告。3. 加强日常广告监督管理和各种广告登记备案工作。全年按照《广告法》、《户外广告登记管理规定》等有关法律法规办理登记户外广告8户,广告备案11户。

【商标监管管理】 为将商标富农工作进一步推向深入,提高农产品的市场竞争力,带动品牌经济发展,结合工作实际,贡山县工商局发挥主力军作用,扎实有效地开展商标申报工作。1. 积极开展上门宣传服务工作。分管人员深入到田间地头、涉农企业,宣传商标知识和法律法规,提高农民和涉农企业主动注册商标、精心培育商标、自觉保护商标的意识。2. 对辖区内商标情况进行调查摸底。对辖区内农产品商标的分布情况,特别是体现地方特色、地域特征的农产品进行摸底、梳理、登记。积极开展上门服务工作,了解企业商标预申请情况。根据贡山县具有丰富的自然资源的优势,积极帮扶辖区内的涉农企业申报商标。

2009年,怒江山泉饮品有限公司已委托云南九云商标代理有限公司申请"怒江"商标;贡山荣华农资土产有限责任公司委托云南博安商标代理有限公司代理注册"丙中洛"、"独龙江"两个商标;贡山荣兴民族贸易有限公司申请"纯天然的问候"注册商标,已获得国家商标局的受理通知书,目前已注册的商标有10件。

【计划财务工作】 为加强2009年的计划财务管理工作,确保全年经费预算收支平衡,保证全年计划财务工作各项任务的完成,提升财务管理工作在工商行政管理工作中的保障能力,贡山县工商局于5月与州局签订了责任书,按照责任书的要求,严格落实各项计划财务工作目标任务:1. 严格执行各项财务收支预算,确保当年经费预算收支平衡,做到统收统支,收支平衡,不赤字、不举债。本着厉行节约,严格经费开支审批,坚持"一把手"、"一支笔"审批制度,事前审批,事中监督,事后核审支付,严格按各项审批程序支出费用,截至11月30日,上年结余95 388.02元,本年收入858 130.45元,本年支出856 824.56元,结余96 693.91元,收支平衡,不存在坐支、挪用行为。2. 认真贯彻"收支两条线"管理规定,在确保不发生"乱收费、乱罚款、乱摊派"的前提下,及时足额完成纳入预算管理的非税收入计划任务,截至11月30日,完成行政性收费收入45 147.83元,比2009年行政性收费征收任务数2.83万元超额完成了16 847.83元,超额完成了59.53%,完成罚没收入10 610元,所有收费收入已全部上缴。3. 全面、准确、及时地做好工资统发等国库集中支付工作,离退休人员工资、公用经费、全系统住房公积金、医疗保险、大病互助医疗保险等各项社会保障工作,做到不重不漏。按照财政统发工资的要求,只要全局职工有工资变动的,财务人员都能按人教审核的工资进行上报,按时发放离退休人员工资,缴存公积金、医疗保险,2009年全局公积金、医疗保险已全部缴交完成,支出公积金53 976元,医疗保险77 733.63元,截至11月支出退休工资114 336元。

【机关党建工作】 2009年,贡山县工商局大力加强党支部的思想建设、组织建设和作风建设,认真贯彻执行党的路线、方针、政策,模范实践"三个代表"重要思想,引导全体干部树立高尚的道德情操和行为规范,认真开展入党积极分子教育和培训,普及党的知识,端正入党动机,树立为人民的事业奋斗终身的崇高人生目标,切实提高党员干部、入党积极分子的思想政治素质和职业道德水平,2009年发展了2名预备党员,充分发挥党员的战斗堡垒作用,带领全局干部职工依法行政、廉洁行政,全力为地方经济的发展出谋献策、保驾护航,2009年7月1日,局支部书记被评为先进党务工作者,并组织全体干部积极参加县委组织的唱红歌歌唱比赛,以饱满的热情展现贡山工商风采。

【老干工作】 贡山县工商行政管理局现有退休老干部3人,其中:女职工2人,男职工1人;平均年龄59岁;享受副处待遇2人,中级技工1人;在贡山县居住2人,归地方老干局管理;异地居住1人(居住地丽江市)。

1月16日,邀请退休老干部参加职工座谈会;6月24日,组织老干部参加县局工会活动;11月份组织老干部进行体检;局领导多次走访慰问老干部,春节局领导对异地老干部也进行了慰问,让老干部们体会到组织的关怀。

【信息化建设】 1. 抓好组织领导。局领导高度重视办公自动化系统推广应用工作,在经费紧张的情况下,挤出2万多元,新购了电脑、打印机配备到工商所及相关股室;专门成立了办公自动化系统推广应用工作领导小组,组建了一支由局长、分管领导、办公室人员和各股、室、所计算机兼职人员组成的推广应用队伍,进一步落实责任,并实行目标管理,确保此项工作顺利实施。2. 抓好制度建设,保障网络信息安全畅通,制定了《计算机网络安全管理规定》、《办公自动化系统管理规定》、《机房管理规定》等相关规章制度,同时根据需要适时制定相应管理制度,保障各项工作的顺利开展。3. 抓好培训指导。在推广应用过程中,把茨开工商所、企业登记股、公平交易股作为培训的重点,分管领导作为重中之重,要求局领导"从我做起、带头应用",带头亲自抓、亲自学、亲自用。在州局组织培训的基础上,由局办公室牵头,采取集中培训和一对一培训等方式,重点对分管领导和各股、室、所的负责人及相关工作人员进行了OA系统如何登录、IP地址如何设置、业务软件的安装、公文收发、起草、签批、签章、信息报送发布等培训(共培训2期);局办公室落实专人,主动加强与各股室所的联系,定期及时收集办公自动化系统应用情况,及时解决应用遇到的问题,不能解决的及时向州局信息管理人员请示、汇报,大力推动办公自动化系统在全局的应用。4. 抓好信息的宣传和应用落实。县局以全面推行工商"一体化"建设为契机,加大对工商所、企业登记股基础设施建设的投入及人员的调配,广泛应用"工商业务一体化"软件,重点抓好业务信息资源建设,运用信息化手段创新企业、个体户监督管理方式,逐步建立完善市场主体静态、动态监管机制,建立健全"经济户口",依照市场主体静态信息一旦变化、及时更新,监管动态信息一经产生,立即更新的思路,实现内资、私营企业、个体户登记等重要数据及时准确地输入电脑,真正做到"底数清、信息准、动态明、反应快","经济户口"的建立完善,对市场主体的监督管理有针对性地开展工作,增强了管理的主动性和连续性,促进监管效能成倍提高,在系统内部共发布信息简报24期。在政府公开网上重点工作通报12条,重要事项公示5条等其他信息。

【个私协会工作】 1. 加强法律法规教育、培训,提高了会员学法、守法意识,增强了会员的法制观念,极大地促进了贡山的和谐发展,利用"3·15"消费者权益日扩大宣传范围。通过出宣传车、制宣传板、设宣传站、发宣传单、挂过街横幅等办法,把宣传搞得有声有色,对依法经营、和谐消费产生了巨大影响。2. 通过创建"诚信市场"活动,引导广大会员开展诚信经营,号召会员自觉地做到"不制假、不掺假、不售假",教育和引导会员诚信、守法经营,用诚信提高市场竞争力。做到广泛发动、积极宣传诚信,共同营造守法、诚信经营环境,增强讲文明重诚信的经营理念。3. 狠抓党组织的党建工作,本着"全面推进,重点突破,加大力度"的思路,突出狠抓规模以上非公企业党组织的建立工作。通过在对非公有制企业进行登记注册和年检时,分别发放并引导申报人和年检人填写《新注册非公有制企业党建工作情况申报表》和《非公有制企业党建工作情况年报表》,深入细致地做好非公有制企业党建工作情况摸底调查工作,经摸底调查,全县非公企业中均未建立党组织,在以后的工作中将主动协同县组织部有针对性地在具备一定规模的非公有制企业中建立党组织,充分发挥非公有制企业党组织的政治核心作用和党员队伍的先锋模范作用。4. 开展"致富思源、富而思进"的双思教育,引导会员回报社会。在云南省个体私营经济协会牵头下,经贡山县个体私营经济协会会长多方协调,田汉基金会、昆仑矿业公司等3户企业于2009年7月6日晚19:00时在贡山县捧当乡红塔希望小学举行了"捐资助学,献爱心"活动的捐赠仪式。共向红塔希望小学捐赠电脑50台;书包、文具盒、圆规等各类学生学习用品及服装等价值近26万元的物品,切实改善了该校学生的学习条件。通过捐赠活动,充分体现了捐赠方致富不忘国家,以实际行动积极回报社会,向社会奉献,扶贫帮困。同时,也体现了县个私协会心系儿童、情系教育、有力地推动了全县个体私营经济协会"双思教育"的开展。5. 严格规范收费行为,模范执行会费收取、管理、开支等一系列规定和要求,遵守各项财务制度。并严格执行团体会费的收缴规定,做到按时足额向上级协会缴纳团体会费,全年共收取个私协会会费1.68万元。

【2009年任职的局领导名单】
党组书记、局长　肖　明
副 局 长　杨金黎
纪检组长　尹　康

## 迪庆藏族自治州

【概况】 迪庆州工商行政管理局下辖3个县工商局,设有1个直属分局。州局机关设办公室、商标广告科、企业科、人事教育科、法制科、纪检监察室、公平交易科、计划财务科、12315指挥中心、经检支队10个科室。现有行政人员120名,机关工勤3人,群团事业人员19名,离退休人员68名。全州共有13个工商所(分局)。

2009年,迪庆州工商行政管理局在省局的正确领导下,在迪庆州委、政府的关心支持下,全面实践科学发展观,深入贯彻落实党的十七大和十七届四中全会精神,省委八届七次全会和州委六届七次全会精神,以七项重点工作为中心,不断解放思想,加强队伍建设,改革监管方式,强化监管手段,切实履行职责,为迪庆经济发展和社会和谐做出了新的努力,圆满完成了年度各项工作任务。

【法制建设】 2009年,迪庆州工商局组织学习了《中华人民共和国反不正当竞争法》、《欺诈消费者行为处罚办法》及商业贿赂等相关法律法规。年内认真解答基层工商机关提出法律咨询21件,做到事事有回答,件件有回音,并把咨询和答复的问题和情况录入计算机管理。

2009年,全州行政处罚案件共有308件,其中简易程序处理的有137件,一般程序处理的有171件,属听证范围的案件有22件,当事人放弃听证案件22件。在审核的案件中未出现一起因办案程序不合法或处罚不当等问题引起的行政复议或行政诉讼。

深入推进行政审批制度改革的工作。根据《迪庆州人民政府关于深化行政审批制度改革的通知》要求,为了认真贯彻执行《行政许可法》和《全面推进依法行政实施纲要》,按照当前正在开展的"四项制度"的相关要求,认真清理全州工商系统的行政审批项目,共清理行政审批项目13项。按要求开展自查自纠工作,写出自查自纠总结材料,填写行政审批项目清理意见表和行政审批项目登记表上报省局和行政许可法清理工作检查组。

认真做好2009年全州行政执法案卷检查工作。根据《云南省工商局关于做好2009年度执法检查工作的通知》精神和州局党组的安排部署,在七项重点工作的督查的同时,全面完成三县行政执法案卷的考评工作。全州共检查案卷247件,罚没金额310 880元,其中,一般程序的案卷126件,简易程序的案卷121件。通过检查,全州各级工商机关全面使用《工商行政管理机关行政处罚文书、行政复议文书和行政赔偿文书》,但由于全州经济发展不平衡,多数企业经营不善,利润较小,加之以藏区稳定为主,所以对所有的行政处罚都要根据企业的实际情况和履行能力加以全面考虑,为此,不存在滥用自主裁量权,所有实施行政强制的案件,都报经局领导批准后实施,做到手续完备,程序合法,在检查中没有发现执法人员违纪违法情况,检查的247件案件,全部结案,无一例提起复议和提起诉讼。

开展行政执法案件回访活动。为进一步加强作风建设,提高执法水平,加快推进六项重点工作,落实省局《云南省工商局关于在全省工商行政管理系统集中开展行政执法案件回访活动的通知》要求,该局结合实际,及时贯彻落实,积极开展全州行政执法案件回访活动。全州共抽出行政执法案件9件,涉案金额30 328元,进行了回访,其中:无照经营案件4件,金额3 028元;超经营范围的有1件,金额5 000元;商业贿赂案件1件,金额5 000元;制售假冒伪劣案件3件,金额2 300元;未按规定进行年检的1件,金额1万元。回访结果:执法程序规范,执法行为文明,当事人对违法行为已及时纠正,执法人员在执法过程中无违法违纪行为。对工商机关处罚无任何意见。

**【纪检监察】** 2009年,迪庆州工商系统以开展党风廉政建设和反腐教育活动为契机,狠抓队伍建设。认真学习贯彻各级政府和工商行政管理系统党风廉政建设工作会议精神。认真落实《建立健全惩治和预防腐败体系2008~2012年工作规划》,坚持标本兼治、综合治理、惩防并举、重点预防的方针,以党风廉政建设责任制为龙头,以廉政风险点防范管理为抓手,反腐倡廉教育、监督、制度、改革、纠风等各项工作整体推进,全州工商系统党风廉政建设和反腐败工作取得了明显成效。1. 加强监督检查,促进全州工商系统各项中心工作和重点任务的落实。2. 弘扬新风正气,作风建设取得新成效。认真组织开展"加强党性修养、弘扬新风正气"主题教育活动和"个人形象一面旗、工作热情一团火、谋事布局一盘棋"主题实践活动。按照"六个着力"、"四个大兴"的要求,督促各级领导干部着力加强党性修养。3. 健全制约机制,对权力运行的监督进一步强化。继续采取专题督查调研、州局分管领导参加挂钩县(区)工商局民主生活会、领导干部述职述廉等方式,加强对各级领导班子特别是"一把手"的监督。深入开展"小金库"专项治理,逐步建立州局干部职工有关事项报告制度。采取行政监察、执法监察和效能监察等多种方式,加强了对行政许可和行政执法行为的监督。认真做好信访举报工作,严肃查办违纪违法案件。4. 积极探索推进廉政风险点防范管理和基层述职述廉工作。

**【人事教育】** 1. 认真开展2008年度公务员考核工作。据统计,全系统共有132名公务员参加了考核,其中评定优秀等次25人,称职等次107人。按时、按质完成2008年度一次性奖金等审批工作。对涉及滚动升级、技术岗位变动而调整工资的人员做到及时上报、及时审批、无差错、无遗漏。2. 认真做好老干部的管理和服务工作。年内组织迪庆州工商系统退休人员赴安宁疗养。每逢元旦春节、国庆等重大节日,州县局党组专派班子成员看望慰问离退休老干部,送上节日的慰问金及慰问品,听取老干部的意见建议。倡议为困难职工爱心捐款。组织全州工商系统干部职工爱心捐款共计7 950元,及时将温暖及关怀送到退休干部的心坎上。3. 组织三县局、开发区分局副局长赴上海工商局干部管理学校参加2009年度工商系统管理干部培训班。通过此类的培训学习,全州工商系统干部职工各方面业务素质得到了进一步提高。4. 积极开展岗位大练兵、大比武活动。在全州系统广泛开展岗位大练兵、大比武评比活动。评出执法办案能手5名、计算机操作能手2名、注册登记能手2名,参加全省的岗位大练兵评比活动。通过岗位练兵、比武的竞赛,提高了干部职工服务经济社会发展的能力,提高了依法行政的能力,提高了运用现代化科技手段监管市场的能力,为造就一支政治上过硬、业务上过硬、作风上过硬的干部队伍奠定了良好的基础。

**【企业注册登记】** 积极开展窗口建设,畅通各类市场主体准入通道。在登记注册窗口全面实行"一二三四五"的工作模式,积极为各类新办企业简化登记手续,缩短办照时间,打造优质服务的文明窗口形象。年内注册登记科被推荐为迪庆州文明示范窗口。在注册登记工作中,首先把好市场主体准入关。坚持为办事群众提供公正、公平、公开、高质量、常态化的服务,做到"资料齐全当场办、资料不齐区别办、紧急项目加班办、重点项目指导办、特殊项目灵活办"。截至2009年底,全州登记的内资企业有568户,注册资金336 410万元;私营企业755户,投资人数为1 644人,雇工人数20 273人,注册资金381 856.92万元。企业登记的个体工商户8 929户,从业人员14 145人,资金数额为44 305.2元;农民专业合作社100户,出资总额合计6 601万元,与2008年底相比较共增加农民专业合作社65户,增长185%;出资总额增长207%。

严格按照新《公司法》对企业年检的规定开展年检工作,对关系人民群众身体健康、生命安全的企业,重点进行经营资格的前置审查,同时开展上门指导年检,对守信企业实行"快速通关",切实减轻了企业的年检成本。对于股权权能完整、资金有困难的企业,积极支持其采取以股权出资、出质等多种方式,充分运用股权权能,解决当前资金短缺、融资难的问题。对于2008年7月1日以后出资期限到期的无违法记录的企业,因资金紧张无法按时缴付出资的,依企业申请,允许延长出资期限至2009年底。对于受国际金融危机影响,企业成立后超过6个月未开业,或者开业后自行停业6个月以上的,允许其延续至2009年底。对于企业生产经营受国际金融危机影响,需要调整经营方向的,积极支持企业利用现有经营条件,开展相关项目的经营,为企业办理经营范围变更登记提供便利。全州应检企业为1 248户,实际参检企业1 024户,参检率为82%,未参加年检的224户,责令限期接受年检的224户,年检中发现企业有其他违法行为的13户,限期内已办理变更登记的13户。全州应检个体工商户6 697户,已检5 537户,参检率为83%。

【消费者权益保护】 积极开展消费教育活动,强化消费维权保护力度。在充分发挥举报申诉及消费维权职能作用的同时,积极将消费维权的网络延伸到村(居)及市场,建立了"农村食品安全示范点"66户。创建2A级"诚信市场"6个,在全州所有乡镇建立消费者协会分会,在乡镇所在地的行政村、社区建立两站,全州建立1个消费者协会,29个消费者协会分会,91个消费者投诉站、12315联络站。充分发挥社会、群众力量参与消费维权工作,确保消费纠纷最近、最快、最方便、最有效解决。全州共接听消费者来电347人次,受理投诉217起,调解217起,咨询253件,举报37件,为消费者挽回经济损失278万元。从而受到了各级领导和广大人民群众及消费者的赞誉与表扬,收到感谢信5封、锦旗4面、手机短信表扬8条。

【食品流通监督管理】 结合迪庆实际,在日常食品安全监管工作中,全系统主要是通过与农贸市场、商场、超市的工作互动,积极建立由政府支持,工商部门积极监管,消费者积极配合,经营户加强自律,群众广泛参与的食品安全网络。采取积极引导抓自查、属地监管抓巡查、突出重点专项查、强化落实抓督查的工作方式,对辖区所有企业、作坊、经营业户进行摸底,做到了企业数量、证照情况、产品流向"三清楚"。进一步规范食品经营主体的经营行为。继续完善和落实进货台账和索证索票制度。积极开展快速检测工作,工商机关对辖区内大型集贸市场全部组织了抽样检测。在"元旦、春节"、"3·15"、"五一"、"中秋、十一"期间进行了6次大规模的食品安全监管专项整治,共出动执法人员2 802人次,出动执法车辆287台次,检查食品经营户7 558户,各类市场136个,取缔无照经营户32户。

【广告监督管理】 2009年,迪庆州广告监督管理工作紧紧围绕保护人民群众切身利益的问题,继续加大整顿和规范广告市场的力度,积极研究和解决广告市场出现的新情况、新问题,切实加强对广告业发展的指导,为迪庆经济社会发展发挥积极职能作用。认真做好2008年度广告经营单位年检工作,全州应参检的广告经营单位有12户,其中广告公司6户、兼营广告企业2户、电视台1户、广播电台1户、报社1户,期刊杂志社1户,实际参检的广告经营单位12户,参检率为100%。突出整治重点,加大执法力度,继续深入开展虚假违法广告整治工作。利用日常检查、监测和每季度一次检查、监测相结合的方式,对所辖各类媒体进行检查、监测,共检查、监测各类广告80条,其中,电视广告50条,报纸广告16条,广播广告2条,户外广告12条。通过检查、监测,努力把问题有效的控制和解决在萌芽状态。加强户外广告监督管理,净化城市环境。为了迎接建国六十周年庆典,美化香格里拉城市环境,协同香格里拉县工商局,出动人员25人次、车辆10台次,对香格里县城区及国道214线沿途户外广告进行了专项检查整治,检查广告80余幅(条),广告经营者12家,当场强制拆除各种违法广告20余条,查处违法广告6起。

【商标监督管理】 积极推进品牌战略深入实施,积极帮助企业尤其是中小企业做好注册商标工作,认真开展"一所一标"、"一所多标"创建工作,千方百计做好商标注册服务工作,执法人员经常深入企业,主动上门为企业提供注册商标服务。加强对商标法律知识的宣传、注册商标专用权的保护、企业申报驰名和著名商标的指导,大力支持引导企业实施商标战略。积极引导企业树立品牌意识。通过深入宣传《商标法》及知识产权保护方面的法律法规,引导企业树立品牌意识,及时为符合条件的企业注册商标,保护企业权益不受侵害。截至2009年11月20日,全州已有注册商标53件。"吉塘"、"藏秘"商标被再次认定为云南省著名商标。

【个私协会工作】 2009年,迪庆州个私协会认真学习贯彻党的十七大精神,深入学习实践科学发展观,全面开展"基层组织建设年"活动,围绕和配合工商行政管理机关的中心工作,打牢基层,提升服务,创新发展,努力建设现代服务型协会,为促进全州个私经济平稳可持续发展和构建和谐社会作出了积极的贡献。年内积极组织企业参加云南省"青年文明号"的评选;做好"云南省百家民营企业高校招聘会活动";积极开展鼓励创业"贷免扶补"工作。迪庆州个私协会把代表和维护会员的利益、全心全意为会员服务作为协会工作的出发点和落脚点,从提高服务能力、提高服务层次、提高服务效益着手,认真抓好各项服务工作,为个体经济的健康发展营造了良好的服务氛围。

【大事记】

△2月,召开全州工商行政管理工作会议。

△3月31日,开始启动学习实践科学发展观活动。

△5月5日,召开全州工商系统党风廉政建设工作会议。

△12月,州局机关新建办公楼正式投入使用。

【2009年受到表彰的单位和个人名单】

迪庆州工商行政管理局获得全省工商行政管理系统党风廉政建设先进单位二等奖、全省工商行政管理系统计划财务工作先进单位二等奖、全省工商行政管理系统2008年度政务信息先进单位二等奖、全省工商系统社会治安综合治理工作先进单位一等奖、全省工商系统政务信息先进单位三等奖。

【2009年任职的局领导名单】

党组书记、局长　杨永祥

副 局 长　李庆庚　张灿斌

纪检组长　李志军

## 德钦县

【概况】 德钦县工商局内设机构为3股2室(法制股、公平交易市场管理股、注册登记股、纪检监察室、办公室),派出机构有奔子栏工商所、云岭工商所、升平分局。全局人员编制数为34名,实有干部职工数为19名。其中共产党员11名,大专以上文化程度12人,占职工总数63%,年龄在45岁以上的6人,占职工总数的32%,45岁以下的13人,因病在家病休的2人。根据"三定"方案,德钦县工商局领导职数为一正一副,纪检组长1名,而德钦县工商局现有领导职数为一正二副,因工作调整,现缺纪检组长1名。非领导职数为副主任科员6人。

2009年,德钦县工商局在省、州局党组和县委、县政府的正确领导下,以十七大精神为统领,以开展"深入学习实践科学发展观活动"为契机,认真贯彻落实总局坚持"四个统一"、推进"四化建设"、实现"四个转变"和"四高目标"的具体行动,尤为重要的是省、州局工作会议精神让基层的工作目标更清、方向更明,更加坚定了基层工商坚定不移推进"三个到位"、"六个好"和为地方经济发展执好法、服好务的信心和决心,围绕转型升级,不断解放思想,创新工作机制,强化责任意识,切实做到:抓作风,提效能;抓队伍,提素质;抓监管,促规范;抓服务,促发展。开拓创新,高效务实地完成好全年各项工作。

**【法制建设】** 1. 积极开展法制学习活动,每周五下午为全局干部职工学习日,学习了工商行政管理相关法律法规,并进行测试。2. 加大对案件的监督和审核工作,全年共立案查处各类经济违法违章案件33件,其中立案18件、简易程序15件,罚没款入库共计54 680元,无行政投诉和行政复议。3. 做好普法工作,不仅在内部普法,还利用下乡和"3·15"期间进行普法宣传。

**【纪检监察】** 1. 认真组织开展以升平分局为试点的基层工商执法人员向监管服务对象述职述廉活动。2. 加强党风廉政建设,健全制度、纠正不正之风,签订《党风廉政建设责任书》。3. 加强制定内部管理制度,规范政务、财务公开,用制度管人,把责任落到实处。

**【人事教育】** 1. 认真负责的做好干部职工的晋职调资、年度考核和统计报表等工作。2. 抓好局内部规章制度检查落实工作,加强机关作风建设,保证全局工作的顺利开展。3. 做好干部职工的培训工作,选派年轻人到州、省局参加培训业务知识,同时做好干部职工的学历教育工作。

**【企业监督管理】** 充分发挥对非公有制经济的登记注册和监督管理职能,依法登记,高效服务,大力扶持。全县共有内资企业78户。其中:国有企业36户、集体企业19户、有限公司(含分公司)22户、股份合作企业1户,注册资本51 432万元。全县有各类私营企业31户,投资者人数为69人,雇工人数共有273人,注册资金有8 062万元。全县共登记个体工商户1 113户,从业人员1 614人,注册资金共有1 405.7万元。完善窗口服务质量不断优化,推行引导、贴身、即时、规范服务,并落实"四不准"。顺利完成个体工商户和企业的年检、验照贴花工作。

**【食品流通监督管理】** 按照州局、县委、县政府对食品安全的总体要求,积极配合德钦县食品安全委员会的食品安全整治工作,确保节日、长假期间消费市场安全有序,加强了交通沿线、旅游景点景区的食品经营户的监管工作,同时开展了农村食品、学校周边食品专项整治,全年共计检查食品经营主体1 876次,出动执法车辆78台次、执法人员340人次。严厉查处制售假冒伪劣食品等违法行为,查获劣质食品20余种,没收各类食品2 025千克,没收商品总价值2.6万元,有效地维护了人民群众及游客旅游市场消费安全。

**【消费者权益保护】** 充分发挥"12315"维权网络作用,推动消费维权进市场、进社区、进乡村,充分利用"12315"消费者申诉举报网络,实现食品安全全方位监管。发挥快速检测箱作用,以工商抽检为主,以消费者送检为辅,强化食品质量日常监测和快速检测。对有问题的食品,及时发布消费警示。通过定期发布食品安全常识、食品案件查处、食品监测等相关信息,达到完善食品安全监管预警和应急处置机制。及时受理食品等重要产品的投诉和举报,维护消费者的合法权益,全年共受理商品消费申诉8件,消费者争议金额1.66万元,为消费者挽回经济损失1.66万元,调解成功率达100%。

**【商标广告监督管理】** 加强对广告行业和商标使用的监督管理,健全监管制度,加大查处力度,对10多种驰名商标进行了检查,切实保护持有人的权益。辖区内有广告经营户4户,广告企业1户,2009年审核广告189条。辖区内涉及到的是两个工商所和一个工商分局,完成一所一标任务共3个商标,年内已有4家到商标事务所完成了商标申请工作,都拿到了注册申请受理通知书,分别为"松林"、"月亮弯"、"梅里"、"卡博"。

**【2009年任职的局领导名单】**

党组书记、局长　春　生

副 局 长　李　刚　杨映伯

## 维西傈僳族自治县

**【概况】** 维西县工商行政管理局内设办公室、法制股、纪检监察室、企业个体私营经济注册登记管理股、公平交易市场监督管理股5个股室。下设保和分局、叶枝工商所、塔城工商所、维登工商所4个派出机构。省局核定的人员编制44人,其中:行政35人,事业7人,工勤1人,老干服务1人。全局实有在职人数28人。其中:男性20人,占职工总数的71%,女性8人,占职工总数的29%。共产党员16人,占职工总数的57%。年龄结构:50岁以上的占1%;40~50岁的占20%;35~40岁的占62%;35岁以下的占17%。文化结构:本科11人,占职工总数的39%;大专12人,占职工总数的43%;中专2人,占职工总数的7%;高中3人,占职工总数的11%。全局有退休干部职工21人。2009年退休的有7人。

2009年,维西县工商行政管理局在维西县委、县政府和迪庆州工商行政管理局的正确领导下,坚持以科学发展观统领全局,认真落实全国、全省、全州工商行政管理工作会议精神,紧紧围绕年初县委、县政府确定的各项发展战略目标及州局党组确定的七项主要工作目标,不断解放思想,全面加强队伍建设和基层建设,切实提高队伍整体素质,认真履行市场监管职能,创新措施,支持和服务地方经济发展,扎实开展了各项工商行政管理工作,取得了较好成效,圆满地完成了全年的工作任务和目标。

【法制建设】 2009年,维西县工商局以贯彻落实《全面推进依法行政实施纲要》为主线,强化法制工作制度建设和案件核审质量建设,全力抓好依法行政工作的日常监督管理,在担负“组织、监督协调、把关、服务”等重要服务方面勇于开拓、不断创新,继续深入贯彻落实《全面推进依法行政实施纲要》,提高依法行政水平;进一步推行工商行政管理执法责任制、执法公示制和执法过错责任追究制;不断加强对各种行政行为的监督;成立了案件审理委员会;制定了《做好对违法行为人的警示与疏导工作实施方案》及《维西县工商局执法质量考核评议制度》、《维西县工商局案件评查、评议、考核办法》、《维西县工商局行政处罚案件核审办法》、《维西县工商局案审委员会案件审理规程》、《维西县工商局案件审理委员会工作规定》,执法办案过程中采取有效措施积极推行说理式文书;进一步加强“五五”普法和法制宣传教育工作,坚持不懈地抓好执法人员素质培训工作,着力打造合格的行政执法队伍;按照《工商行政处罚程序规定》,严把案件核审各个关口,共审核案件78件,其中,一般程序案件13件,简易程序案件65件,无照经营案件14件,涉及食品安全案件18件,罚没款合计47 200元,无一起引起诉讼或复议案件。

【纪检监察】 2009年,维西县工商局紧紧围绕省、州、县各级党委、政府和工商行政管理部门关于党风廉政建设和反腐败工作的总体要求,结合部门实际,深入开展系统党风廉政建设和反腐败斗争,按照责任分解内容和“一岗双责”要求,签订了2009年党风廉政建设责任书;围绕“党组决策权、行政审批权、行政执法权、队伍管理权”四个重点,坚持“识别风险先行、防范意识先行、防范措施先行”的工作措施,积极探索风险点管理的有效方法。进一步加强党风廉政建设,制作了《维西县工商行政管理局重要部位风险点排查登记表》,签订了《个人廉政风险和自我防范承诺表》,建立健全廉政风险档案,为实行重点监控提供依据;完善相关制度、采取有效措施,进行重点防范、重点监督,进行有效监控;全面贯彻落实《建立健全教育、制度、监督并重的惩治和预防腐败体系实施纲要》,与县人民检察院加强联系与配合,在全州工商系统率先实行预防职务犯罪联席会议制度,共同开展预防职务犯罪工作;认真贯彻落实“四项制度”,推行“阳光政府工程”建设,对局属各单位贯彻落实阳光政府四项制度情况进行了4次明察暗访工作,及时纠正和改进存在的不足和问题,确保全县工商系统阳光政府四项制度的全面贯彻落实,强化部门服务职能;自觉接受社会监督,向服务对象发放了维西县工商行政管理局深化四项制度工作征求意见表30份,收回30份。征求到建议共3条,并在解放思想活动中认真进行研究整改。进一步增强纪检监察信访举报和查办案件工作,提高信访举报和查办案件工作力度;加强党风廉政建设的监督检查工作,确保党风廉政建设各项制度的贯彻落实,按时召开专题民主生活会;加强行风建设,增强服务意识,进一步提高全局工作效能和水平,为全局各项工作的顺利开展提供了有力的政治保证。

【人事教育】 1. 认真学习政治理论,提高队伍素质。维西县工商行政管理局历来注重人员素质教育,坚持学以致用、用以促学。深入学习贯彻党的十七大精神,全面落实科学发展观,坚定不移地用科学发展观武装党员干部的头脑,坚定不移地把科学发展观落实到工商行政管理工作各个方面,在履职工作中真正成为科学发展观的践行者、执行者。利用周五学习日,认真学习党的十七届四中全会精神,学习工商法律、法规,进一步解放思想,提高素质,增强全系统干部职工的工作紧迫感和责任感。2. 积极做好公务员考评工作。严格遵守干部考核评价的有关规定,对干部的履职情况认真进行考核评价。评出了年度优秀公务员、先进工作者。3. 积极做好公务员工资套改相关工作。24人晋升工资档次。4. 为提高执法水平和办案能力,举办了一次法律知识讲座。并组织基层工商所执法人员到县局进行跟班学习。积极参加省局举办的各种培训。5. 大力支持干部职工参加学历教育,改善队伍学历结构。积极参加省、州局举办的诗歌竞赛,计算机能手、办案能手大比武活动。

【企业监督管理】 2009年,维西县工商局认真贯彻落实科学发展观,始终把服务经济发展摆在重要位置,不断提升服务水平和质量,有力地促进了全县经济快速持续协调发展。全县内资企业应参加年检144户,实际参加年检136户,参检率94%,合格率100%;私营企业应参加年检118户,实际参加年检98户,参检率83%,合格率100%。全县应验照的个体工商户2 124户,实际验照1 960户,验照率92%,验照合格率100%。截至11月底,全县共有内资企业148户,注册资本8 283万元。其中,法人企业46户,营业企业102户。年内新注册登记的内资企业有4户,注册资本305万元。其中,法人企业1户,营业企业3户。办理注销登记的企业3户,办理变更登记的企业25户,办理企业名称预先核准21户。全县共有私营企业138户,注册资本87 329万元,投资者人数315人,雇工人数2 384人。年内新注册登记的私营企业20户,注册资本4 840万元,投资者人数31人,雇工人数29人。全县共有农民专业合作社34户,出资总额1 890.18万元。其中,货币出资1 704.7万元,实物出资85.48万元。成员总数527人,其中,农民人数507人,非农民人数20人。全县共有个体工商户3 109户,资金数额10 957万元,从业人员5 911人。年内新登记的个体工商户643户,资金数额3 890万元,从业人员1 466人。办理注销登记的个体工商户86户,办理变更登记的个体工商户430户,免收登记费、变更费、工本费19 089元。全年共收取企业注册登记费、变更登记费5.7万元。

根据云南省工商行政管理局、云南省个体私营经济协会关于贯彻落实云南省鼓励创业贷免扶补实施办法的通知,维西县工商局实际完成4户,带动就业人员12人,建立了"贷免扶补"创业导师库,录入创业导师18名。圆满完成了鼓励创业"贷免扶补"工作。

【市场规范管理】 一年来,维西县工商局坚持以人为本、执法为民,结合州局2009年七项重点工作安排,紧紧依靠地方党委政府的支持,严格落实执法责任制,认真履行市场监管职能,继续深入整顿和规范市场经济秩序,建立和完善市场监管机制,营造良好的市场秩序和群众消费环境。截至11月底,共查处各类违法违章案件78件(其中:立案15件,当场处罚63件),共处罚款51 200元,没收假冒伪劣商品案值14 168元。有力地打击了扰乱市场经济秩序的不法行为,保护了经营者和消费者的合法权益。在从严查处违法违章行为的同时,根据州局《关于做好对违法行为人警示与疏导工作的通知》要求,认真开展对违法行为人的警示与疏导工作,进一步提高了违法行为人对违法行为的认识,起到了很好的作用。(一)深入开展"红盾护农"行动,切实维护农民利益。按照关于整顿和规范市场经济秩序工作的总体部署,深入开展农资打假和监管工作,严格农资市场的准入。从维护农民合法权益的高度出发,积极提高创新农资市场监管方式,把事关农民切身利益的化肥、农药、种子列为"首管商品",实行全程监控,使假农资远离农民群众。特别是对种子经营单位进一步加强了监督管理,实行五项措施:1. 与种子经营单位签订《种子经营责任书》、《农资经营责任书》;2. 建立销售责任制,要求各种子经营单位遵循"谁销售谁负责"的原则,增强销售者对商品质量的自律意识,具体要求经营户建立健全《种子进销货登记台账》和《种子留样备查登记台账》;3. 在县城人口密集的场所及各乡镇街道张贴购买种子的《消费警示》;4. 严格执行种子留样备查公示制度,并在4月份将全县种子留样的品种进行公示;5. 严把农资市场准入关的同时,认真做好《种子法》的宣传工作。(二)加强流通环节食品安全监管,认真开展"农村食品安全示范店"和"诚信市场"创建。1. "农村食品安全示范店"创建工作是一项提高农村食品经营者经营水平,切实保障农村食品市场消费安全的重要工作,为使创建工作顺利推进,成立了维西县工商局"农村食品安全示范店"创建工作领导小组,同时根据农村食品经营者规范经营程度低的具体实际,制定下发了《维西县工商局农村食品安全示范店创建活动实施方案》、《维西县工商局食品安全巡查制度》。为切实加强食品安全监管,局领导与食品安全监管责任股室主要负责人分别签订维西县工商行政管理局2009年食品安全监管责任书。提出了"农村食品安全示范店"创建的具体培训帮扶措施,按照州局七项重点工作安排部署,在全县范围内完成18个"农村食品安全示范店"的创建。2. 为加快全县市场诚信体系建设,结合实际,认真开展"诚信市场"创建活动。为使创建工作顺利推进,成立了维西县工商局"诚信市场"创建工作领导小组,制定下发了维西县工商局"诚信市场创建活动实施方案"。并根据市场开办者的自愿申请,对诚信市场开办者进行严格审查推荐,帮助市场开办者建立完善了相关的制度。按照州局的工作部署,在全县范围内共创建"2A级诚信市场"4个。(三)流通环节食品安全监督管理。食品流通环节是消费者接触食品的第一道主要环节,同时也是牵涉消费者数量最大的一个重要环节,搞好流通环节的食品安全工作至关重要。维西县工商局紧紧围绕工作职能,认真按照上级目标任务以食品安全监管工作为重中之重,以查办各类食品违法案件为手段,采取食品监管机制和各项专项整治行动相结合的方法,以创新监管机制为突破口,切实转变工作作风,锐意进取、扎实工作,有力地打击了各种食品违法行为,为营造放心满意的食品市场和消费环境做出了积极的努力。在流通环节食品安全监管中,共进行专项检查40次,出动执法人员610人次,检查食品经营户2 364户,查处制售假冒伪劣食品案件44件,没收假冒伪劣食品852.28千克,假冒伪劣食品案值1.47万元,罚没金额2 200元。通过多次的专项执法行动,大大净化了农村食品市场,同时通过大量的宣传,极大提高了食品经营者的责任意识和辨别能力,为食品安全监管长效机制的建立奠定了基础。(四)农资市场监管工作。为促进农业生产发展,维护农村稳定,确保农民增收,充分发挥工商行政管理职能作用,加强农资市场监管,规范农资经营行为,努力建立农资市场监管的长效机制,有效地维护农资市场经济秩序,对全县的90户农资经营户及种子经营的2个单位进行了春秋两季的专项检查,共出动执法人员38人次、车辆12台次,对种子经营户进行了留样备查并进行了公示,县城及各乡镇粘贴消费警示48份,为营造良好的农资市场做出了积极的努力。(五)家电下乡活动是国家实施的一项惠民政策,作为工商部门的职责是要维护良好的市场环境,切实保护农村消费者的合法权益不受侵害。在此项工作中,全局严防借家电下乡之名,以假充真、以次充好、虚假宣传。积极配合有关部门认真开展此项工作,实施了3次专项检查,对3户乱张贴广告的经营户进行了警告。(六)认真宣传《食品安全法》,营造良好市场氛围。《中华人民共和国食品安全法》于2009年6月1日起正式施行。《食品安全法》的颁布施行,对规范食品生产经营活动,防范食品安全事故发生,提高我国食品安全整体水平,切实保障广大人民群众的身体健康和生命安全,具有十分重要的作用。为进一步加强食品安全宣传教育工作,深入学习贯彻《食品安全法》,提高广大人民群众的食品安全意识和自我保护能力,动员全社会关心、支持和参与食品安全工作营造食品放心消费环境,保证全县食品质量安全和食品行业的健康发展。在"六一"到来之际,充分利用电视、广播等媒体认真宣传《食品安全法》,大力营造食品安全"大宣传"氛围。共发放宣传材料5 000份。并认真贯彻落实《中华人民共和国食品安全法》,根据上级安排严格按照办理《食品流通许可证》程序规定,共办理《食品流通许可证》70户。

【消费者权益保护】 2009年,维西县工商局以科学发展观为指导,加大"消费与发展”年主题活动的宣传力度，充分利用3·15消费者权益保护日和节假日，通过设置咨询台和散发宣传资料等方式，积极开展宣传教育活动。紧紧围绕“消费与发展”主题，不断提升维权工作水平，为了维护消费者的合法权益，使消费者的权益能够及时得到保护，严格遵守“12315”电话值班制度。并以“消费与发展”年主题为主线，大力宣传《中华人民共和国消费者权益保护法》、《云南省消费者权益保护条例》、《中华人民共和国产品质量法》等法律法规，切实履行消协职能。1. 认真开展“3·15”国际消费者权益日纪念活动，3月15日，设立消费维权咨询服务台，现场受理消费投诉，耐心回答消费者咨询，并摆放多种假冒伪劣商品实物，增强了消费者的安全消费意识，提高了对假冒伪劣商品的鉴别能力，当日共发放“消费与发展”年主题宣传材料600余份，销毁假冒伪劣商品510千克，不合格手机16台，假冒伪劣饮料75瓶，假冒飞雕牌取暖器5台，卫星地面接收机18台，不合格卫生筷56包，不合格卷烟72包，盗版光碟140碟，涉黄打火机31个。2. 依法处理消费纠纷，2009年共调处消费纠纷25件，成功调解25件，为消费者挽回经济损失10 200元，接待来访和咨询24人次。由于消协工作人员对每一起消费纠纷都高度重视，并及时认真受理，依法公正调处，从而化解了消费纠纷，维护了社会稳定，促进了地方经济发展。

建立和完善乡镇“消费者协会分会”、“消费者投诉站、12315联络站”，是一项服务于民的网络工程，可提高农村普法力度，增强维权实效，加强市场监管力度，有效防范假冒伪劣商品和伪劣农业生产资料进入农村市场，促进农业经济健康发展和农村社会秩序的稳定。为切实维护广大农村消费者合法权益，进一步改善农村消费环境，2009年该局积极维权、促进消费，加强“一会两站”建设。全年全县挂牌10个消协分会及成立16个“联络站”，达到全县乡镇、办事处100%建立消费者权益保护协会分会。从而改变了长期以来消费者协会无基层组织，无专职人员，无独立办公场所，历来消费者协会工作均由工商部门一肩挑的部门行为，使基层消协分会及“一会两站”的建设逐渐步入规范化轨道。

12315是工商部门的形象工程，是工商管理机关依法行政和维护广大消费者合法权益的窗口，为进一步完善市场监管体系，切实保护消费者合法权益，维护市场经济秩序，根据州局12315申诉举报工作规范化建设工作要求，该局积极实施“12315”四个平台建设工作，制定了《维西县工商行政管理局12315调配中心“四个平台”建设规划》、《维西县工商行政管理局12315调配中心“四个平台”行政执法体系建设工作实施方案》、《维西县工商局12315调配中心管理制度》、“维西县工商局12315调配中心工作流程图”及“维西县工商局12315指挥中心信息采集示意图”。进一步提升12315服务效能，切实维护消费者合法权益。

**【商标广告监督管理】** 商标、广告在维西县发展较为滞后，在工作中涉及面小，2009年维西县工商行政管理局仍严格按照相关法律、法规认真履行职责。坚持查处与引导相结合的原则，加大宣传力度，积极引导广告业健康发展。同时，严格监控广告经营、制作、发布全过程，一年来共审查、登记户外广告6件，电视广告4件，查处商标侵权案件1起，处罚款2 000元，没收商标侵权商品案值1 400元。年内完成了攀农黑谷、香格里拉三江植物园（标志）、阿尺木刮（酒）、康邦野生核桃油四个商标的申报注册工作。

**【基本建设】** 2009年，维西县工商行政管理局在省、州工商行政管理局及地方各级政府的关心支持下，修建塔城工商所办公大楼，已竣工投入使用。经上级主管部门同意，已重新选址并已办理维登工商所相关用地手续。并列入云南省工商局2010年建设工程项目，2010年，将在新址重新修建维登工商所办公楼。

**【信息化建设】** 1. 完善硬件设施，加大硬件投入。2009年投入2万多元购置了1台复印机、2台打印机。2. 加强计算机应用业务培训，采取举办学习班、考试等行之有效的措施，不断提高干部职工的计算机应用技能。3. 加强政务信息工作。全年在政府信息网共发布信息81期，自办廉政文化专刊1期。

**【2009年任职的局领导名单】**

局　　长　李　聪（~2009.08）
　　　　　陈文军（2009.09~）
副 局 长　李庆椿　李勇生
纪检组长　钱嘉光（~2009.11）
　　　　　墨志坚（2009.12~）

## 香格里拉县

**【概况】** 香格里拉县工商行政管理局内设办公室、公平交易市场监督管理股、个私登记注册管理股、法制股、商标广告监督管理股共5个股室；下设城南分局、城北分局、虎跳峡分局、江边工商所、三坝工商所共5个派出机构；管理个私协会、消费者委员会两个群团组织。全局现有干部职工57人，其中公务员45人，工勤人员12人；大专以上学历44人，占在职人数的77%；中共党员25人，占在职人数的43%。共有离退休干部18人。

2009年，香格里拉县工商行政管理局以科学发展观统领工商工作全局，严格按照省局党组提出的“牢固树立科学发展观，认真落实‘四个统一’，积极推进‘四化’建设，努力实现‘四个转变’、‘四高目标’和‘三个到位’、‘六个好’”的云南工商新目标，认真贯彻落实全省工商行政管理工作会议精神，紧紧围绕迪庆州工商行政管理局部署的七项重点工作目标，加强队伍建设，转变监管方式，强化监管手段，切实履行职责，为经济发展和社会和谐稳定做出了新的努力，取得了新的成绩。

**【法制建设】** 2009年，香格里拉县工商行政管理局大力加强法制队伍建设，成立了行政执法案件审查委员会，认真做好案件核审和复议，核审一般程序案件129件，简易程序案件59件；以“五五”普法为契机，举办食品经营企业、个体工商户《食品安全法》培训2次，发放宣传资料6 000多份，张贴食品安全宣传挂图、标语283张(条);组织单位干部职工参加了州局组织的执法办案能手评选,统一规范行政执法文书格式,发放法律、法规书籍100多册,有效促进了全局干部职工学法用法规范执法的积极性、主动性。

【纪检监察】 2009年,香格里拉县工商行政管理局结合"四项制度"建设,以实施廉政风险点管理和全面推进基层述职述廉工作为重点,深入推进党风廉政建设和反腐倡廉工作。1. 以贯彻落实《惩治和预防腐败体系2008~2012年工作规划实施意见》为纲,认真落实党风廉政建设责任制,全系统层层签订党风廉政建设责任书67份,廉政承诺书57份,党员目标责任书20份,把党风廉政建设责任落实到每个干部职工身上。2. 加强廉政风险点管理,从领导干部岗位开始,查找在法定职责范围内可能存在的廉政风险和监管风险,结合实际对各业务口提出风险防范指导意见,研究制定了全面推行廉政风险和监管风险防范管理的长效机制,切实管住管好廉政风险和监管风险点。3. 切实开展督查工作。采取走访企业个体工商户、明查暗访等方式,对落实阳光政府"四项制度"、责任政府"四项制度"进行了多次督查。认真落实行风监督员制度,召开行风监督员、企业个体工商户代表座谈会1次,广泛听取全县工商系统推进科学监管、促进科学发展方面的意见和建议。4. 加强思想教育。坚持利用每周五集中学习日和支部党员大会等机会,组织开展对《党章》、十七届四中全会的学习,党员干部撰写心得体会20份。同时还积极组织全局干部职工观看《真水无情》、《缉毒警》、《铁人》等教育警示影片,提高干部职工的思想认识,筑牢思想道德防线。

【人事教育】 2009年,香格里拉县工商行政管理局按照"建设高素质队伍"的要求,切实强化干部教育培训,提高干部综合素质,让基层干部尽快适应工商工作转型的需要。政治建设上,以开展深入学习实践科学发展观活动为契机,采取全员培训、个人自学的方式,全面组织了以科学发展观为主要内容的政治理论学习教育,组织学习十七届四中全会、省委八届七次全会精神,进一步把干部职工的思想统一到了新时期工商工作新要求上来。业务建设上,采取组织培训和外出考察学习的方式,开展了行政执法、食品检测、计算机知识等业务培训;组织单位干部职工参加了全州工商系统执法办案能手、注册登记能手、计算机能手竞赛;组织局长、分局(所)长及有关业务人员分别到丽江学习了基层规范化建设经验,到大理学习了财务规范化管理和户外广告、媒体广告监管经验。通过培训和外出考察学习,进一步提高了广大工商干部履行岗位职责的本领。作风建设上,围绕"服务效能提升年"主题,组织开展了"科学发展大家谈"活动、"三个一"主题实践活动,深入企业、个体工商户走访调研,开展上门办照服务。

【企业注册登记】 2009年,香格里拉县工商行政管理局立足工商职能,积极投身到服务地方经济又好又快发展中,大力支持各类市场主体健康发展。1. 强化市场准入服务指导,提高登记效率。个体工商户、企业注册登记全面实行"审核合一"和"一审一核"制。2. 创新监管方式,强化服务指导。制定完善市场准入服务指导意见,对不设工商所的乡镇,由工商所集中上门年检、验照,零距离为个体工商户搞好服务。对各级党委、政府确定的重大投资项目、招商引资项目的注册登记,开辟绿色通道,及时解决登记中遇到的困难和问题。积极稳步开展股权出资登记,截至11月底,办理股权出资2亿元。3. 加强窗口建设,规范服务行为。设立专门服务窗口,开设"绿色通道",积极为应届大学毕业生、下岗职工、农民工、残疾人、复退转业军人等注册登记提供政策咨询及办照的绿色通道服务,实现"一个窗口"对外,"一条龙"、"一站式"服务。通过实施以上举措,有力促进了各类市场主体健康成长,个体私营企业呈良性增长态势。截至11月30日,全县登记注册的内资企业有134户,注册资本4.94亿元;私营企业416户,注册资本19.41亿元,从业人员13 735人;个体工商户4 664户,注册资本3.22亿元,从业人员6 474人;农民专业合作社58户,注册资本4 665万元,入社农户299户。截至11月底,新登记注册内资企业1户,注册资金3万元;私营企业40户,注册资本6 532万元;个体工商户807户,注册资本4 987万元;农民专业合作社34户,注册资本2 819万元。

同时,全面落实市场主体(监管)信息定期分析报告制度,对市场主体登记信息、农副产品和农资价格信息、流通领域食品安全检测情况、消费维权工作情况、商标注册情况和广告监测情况等进行定期分析,形成分析报告,为生产经营者投资、消费者消费和社会公众提供信息需求服务。

【市场规范管理】 2009年,香格里拉县工商行政管理局认真开展以流通环节食品安全专项整治为重点的专项整治工作。1. 以全面贯彻落实《食品安全法》为契机,按照"六查六看"的要求,重点抓好粮食、食用油、肉类、水产品、蔬菜、奶制品以及儿童食品等百姓日常消费品的检查力度,强化日常监管,大力开展流通环节食品安全专项整治,确保消费者放心消费。全年共出动执法人员1 325人次,出动执法车辆265台次,检查经营户4 019户次,检查批发市场、集贸市场51个,查缴过期食品1 606.91千克,没收过期饮料678瓶。2. 加大食品监测和快速检测的力度。结合各类食品专项整顿,充分发挥快速检测箱的作用,加强对食品添加剂的快速检测,逐步消除过去靠手摸、眼看、耳听、鼻闻的监管模式,检测食品样品68个。3. 进一步建立和完善食品安全监管长效机制。加大对食品经营者的督促和指导,督促食品经营企业落实好食品检查验收制度、索票索证制度、购销台账制度、不合格食品退市制度。针对辖区内部分食品经营户进销货台账粘贴仍不规范、票据不完整等现象,进行了全面回访。4. 认真开展"农村食品安全示范店"创建和"诚信市场"创建活动。全年共创建"农村食品安全示范店"30户,授予建塘镇供销社集贸市场为"AA级诚信市场";并将创建结果在《迪庆日报》上向社会公示。全年共查处经济违法案件188件,罚没款18.67万元。发放办照通知、提示129份,责令改正通知书538份。对432人违法行为人进行警示与疏导,避免行为人同一行为的再次违法,达到处罚与教育相结合的目的。

【商标广告监督管理】 2009年,香格里拉县工商行政管理局认真贯彻落实省、州政府实施商标战略工作意见,制定了《开展"一所一标"创建工作实施方案》,并将任务分解量化到各基层分局(所)。通过对企业的走访服务,超额完成了"唐卡"、"啊嘎"、"云之宝"、"松赞林景区及图形"、"扎西卡达"、"卡瓦格博"、"藏刀王"、"仓玛拉及藏文"8件商标注册。积极走访辖区企业,开展商标争创工作,指导、协助"吉塘"、"雪域印象"、"宏达"3件注册商标申报云南省著名商标,截至年底,全县共有注册商标66件。继续打击商标假冒侵权行为,加大商标专用权保护力度,出动执法人员30人次、执法车辆20台次。严厉打击"傍名牌"不正当竞争行为,维护经营者和消费者合法权益,专项检查共出动执法人员68人次,出动执法车辆16台次,检查经营户163户,查扣傍名牌服装130件。认真开展户外广告登记监管工作,全年共审查登记户外广告112条,检查户外广告105条,责令限期整改20条,拆除违规广告70多条幅,印刷品广告60份,检查网站45个。

【计划财务工作】 2009年,香格里拉县工商行政管理局本着"以收定支、量入为出、量体裁衣"的工作原则,认真落实《财务工作责任书》,加强财务管理,理顺财务关系,做到了严格执行部门预算,确保机关正常运转;认真贯彻执行党政机关厉行节约若干问题有关规定,加强了支出管理和固定资产管理,做到了账与账、账与物、账与实相符。在实际工作中大力倡导勤俭办事作风,提高了资金使用效率,做到了科学合理使用有限的业务经费。加强了财务票据管理工作,所有票据都做到了票据相符,票款相符。截至年底,已完成各项非税收入:个体工商户注册登记费10 759元,企业注册登记费103 444元,罚没收入186 721元,银行利息收入847.36元。

【基本建设】 2009年,香格里拉县工商行政管理局以基础设施规范、监管制度规范、执法行为规范、服务行为规范、队伍管理规范为内容的基层规范化建设全面展开。1. 建立健全了基本的办事制度,制定了工商所(分局)人员职责制度、党风廉政建设制度、着装制度、标识规范、考勤管理办法、印章管理办法、档案管理办法、保密工作规定、群众信访接待制度、执法办案、报账会计工作规定、计算机设备及网络使用管理办法、流通环节食品经营分类监管规范、市场巡查责任追究制度等29个制度。2. 明确基层工商所(分局)规范化建设标准。通过到丽江考察规范化建设工作,结合自身实际,制定了《基层工商所(分局)规范化建设标准》,将"五个规范"内容细化分解成95个建设标准。年内城南分局、城北分局规范化建设任务已基本完成,虎跳峡分局规范化基础设施建设正进入工程招投标工作阶段。

【信息化建设】 2009年,共投资1万余元为基层分局(所)配置了电脑3台,复印机3台。组织11名干部职工进行微机操作培训。

【消委会工作】 2009年,香格里拉县工商行政管理局以营造和谐消费环境为目的,消费维权网络体系建设取得新突破。1. 切实加强"一会两站"建设。为切实维护广大消费者合法权益,促进城乡消费者维权网络建设,制定了《"一会两站"规范化建设工作实施方案》。在各级乡镇党委的大力支持下,目前,已顺利完成了全县11个乡镇100%建立消费者权益保护协会分会,55个村民委员会、6个居民委员会100%建立两站。为了切实提高"一会两站"工作人员的法律、法规知识和解决消费投诉的专业技能,还组织执法人员开展培训,共开展培训10场次,参加培训人员达300人次。2. 进一步提升12315服务效能。为切实保护消费者合法权益,维护市场经济秩序,制定了12315申诉举报工作规范,确保"一会两站"建成一个、规范一个、作用发挥一个。截至11月底,共受理消费者投诉举报120起,其中举报8起,投诉112起,成功调解112起,调解率为100%,为消费者挽回经济损失128万元,接受来电、来访咨询152人次。该工作的开展,得到广大消费者的一致好评,收到表扬信5封,锦旗4面,手机短信表扬6条。

【个私协会工作】 2009年,香格里拉县个私协会按照构建和谐社会的要求,围绕中心,服务大局,充分发挥桥梁纽带作用,认真开展日常服务工作,为工商行政管理事业改革发展发挥了积极作用。在加强自身建设的同时,个协还积极开展向困难会员献爱心活动,全年慰问困难会员12户,发放慰问金3 600元。

【2009年任职的局领导名单】

党组书记、局长　和卫平

副 局 长　刘志华　和瑞云　李启亮

## 临沧市

【概况】 临沧市工商系统共有行政机构9个,即市局、8县(区)工商局;有派出机构39个(工商所24个,分局15个),有内设职能业务机构41个(市局9个、县区局32个)。全市工商系统有纪检监察机构9个,即市、县(区)工商局纪检监察室;所属事业单位19个,即市、县(区)消费者协会、个私协会和市广告协会。全市工商系统共有人员编制529名,其中,市、县(区)工商行政管理机关495名,所属事业单位34名。共有在职人员502人。行政班子领导职数市工商局1正3副(年内有1正3副),8县(区)工商局8正18副(年内有8正19副)。全市纪检领导职数9个(年内有9个),全市工商系统共有机关党委1个,党总支8个,党支部46个,妇女委员会9个,工会委员会9个。

2009年,临沧市工商行政管理工作以邓小平理论和"三个代表"重要思想为指导,深入学习实践科学发展观,认真贯彻党的十七大、十七届三中、四中全会和中央经济工作会议精神,按照云南工商工作新目标,进一步明确了全市工商系统推进科学监管、促进科学发展的"六抓基本工作思路",即抓班子、带好队伍,抓监管、重在创新,抓服务、树好形象,抓示范、突出亮点,抓基层、注重规范,抓落实、务求实效;明确了全市工商系统推进科学监管、促进科学发展的"四新目标",即在服务改革发展稳定上有新作为、在监管执法上取得新突破、在经验探索上创造新成果、在工作落实上取得新成效。扎实推进全市工商行政管理改革和创新,各项工作措施得到了较好的落实。至年底,全市34个单位进入了文明单位行列,其中省级7个,市级26个,县级1个。市局被省人力资源和社会保障厅、省工商局荣记先进集体二等功,全系统65个次先进集体和92人次先进个人分别受到了省、市、县级表彰。

**【法制建设】** 1. 配强人员,规范业务。全市共配备法制机构干部及工商所(分局)法制监督员65名,成立复议办公室9个,设立8类台账,涉及28个内容。2. 加强业务培训,总结出了"量身定课,送训上门"的做法和经验。开展全员岗位大练兵学习培训、"以案说法"、"以会代训"、"机关与基层工商所(分局)联动办案"等活动,对29部法律法规进行学习培训考试165次,参加人数达4 697人次;配合市普法办举办"五五"普法学习考试3次。3. 加强法制宣传。开展了"临沧市'红盾杯'法律法规知识竞赛",全市机关和企事业单位干部职工、个体工商户、学生、村干部和农民群众4万多人参加了答题竞赛,组织开展了纪念《复议法》颁布实施十周年、《无照经营查处取缔办法》五周年知识竞赛活动。4. 健全依法行政制度,进一步规范执法行为。制定了《行政执法案卷评查办法》、《重大决策听证办法》、《执法证换发申领办法》等制度,强化案件核审,做好复议应诉工作。5. 落实阳光政府四项制度,进一步规范重大决策听证。制定了重大决策听证实施办法,2009年共组织重大决策听证6项。6. 加强执法证规范管理。截至11月已完成全系统444人需申请(换发)执法证人员的统计、信息采集录入。

**【纪检监察】** 1. 抓好学习教育。组织干部职工学习24次,参学人员512人,深入开展反腐倡廉学习教育,继续深入推进工商廉政文化建设,组织全市工商系统干部职工自创廉政格言513条。2. 抓责任落实。全市工商系统干部职工分别与单位签订了廉政承诺书547份、家属助廉承诺书517份,各级领导干部认真履行了"一岗双责",层层签订了2009年党风廉政建设责任书547份。3. 抓好制度落实。制定了《廉政风险点管理考核办法》和《监管风险点管理办法》,分级开展廉政风险点监督检查36个次;认真落实干部廉政谈话、落实行风监督员制度。4. 抓作风建设。向公、检、法、司等有关部门及企业、个体工商户发出问卷调查表137份,收回137份,共征求到对工商机关评价意见57条。5. 抓监督检查。对8县(区)工商局党风廉政建设责任制落实情况等重点工作开展了3次监督检查,县局纪检监察机构对本单位和下属系统落实党风廉政建设责任制情况等重点工作开展了检查共计24次。强化对落实责任政府"四项制度"和阳光政府"四项制度"监督检查。强化了对行政性收费和个私协会费的监督检查。6. 抓案件查办。全市工商系统纪检监察机构受理各类来信来访举报案件12件,已办结12件。7. 抓自身建设,开展"做党的忠诚卫士"、"当群众贴心人"主题实践"双学"活动,提高纪检干部业务素质。

**【人事教育】** 1. 开展学习实践科学发展观活动。组织开展了科学发展观全员培训,培训率100%。召开以"深入贯彻落实科学发展观,进一步推动科学发展"为主题的专题民主生活会,开展以"推进科学监管,促进科学发展"为主题的"科学发展大家谈"活动,收到建议意见74条,创造的4个典型经验被收编在《云南省工商行政管理系统科学监管科学发展典型事例》,1个典型经验被选为临沧市学习实践科学发展观活动典型案例之一。2. 加强领导班子建设。出台《临沧市工商行政管理系统县(区)局领导班子和领导干部综合考核评价办法(试行)》。修改完善了党组中心组学习计划制度、集体学习制度、个人自学制度、重点发言制度、调研制度、学习考勤制度、学习反馈制度、学习档案制度、督查制度、考核制度。分别对永德县工商局、临翔区工商局、云县工商局领导班子贯彻执行民主集中制情况进行了检查。3. 提高干部队伍素质。开展了新形势下如何当好工商所长、市场规范管理、企业和个体工商户的监督管理、行政执法案件查办、法制监督、党风廉政建设等专题培训。开展了停收两费后"干什么,怎么干"讨论活动。制定并组织实施岗位练兵活动实施方案,全系统共举办学习培训班191期2 871人次。选拔出市级注册登记能手6名、执法办案能手8名、计算机操作能手6名。4. 基层规范化建设工作。成立领导小组,组织考察学习,编录了《临沧市工商系统基层规范化建设学习考察心得体会》和《临沧市工商系统基层工商所(分局)规范化建设手册》,制定了《临沧市工商行政管理系统基层工商所(分局)规范化建设意见》和《临沧市工商行政管理系统基层工商所(分局)规范化建设标准》,在凤庆召开了规范化建设现场会,年终经考核,云县工商局爱华分局等12个工商所(分局)达标。5. 开展爱国主义教育。组织开展庆祝建国60周年"迎国庆、颂祖国"诗歌朗诵歌咏比赛活动。

**【企业注册登记】** 1. 加强注册登记工

作,各类市场主体健康成长。全市于6月1日起启用新登记文书,制定出台了《临沧市工商行政管理系统企业核准登记办法》,全面实行企业注册登记"核审合一"和"一审一核"制度,实行市场主体(监管)信息定期分析报告制度。截至2009年12月,全市共登记注册内资企业1 541户,注册资金208 512万元;个体工商户35 199户,从业人员63 319人,注册资本85 129.33万元;私营企业2 080户,投资者4 462人,从业人数42 003人,注册资金464 855万元;农民专业合作社134户,出资总额2 114.73万元,成员总数2 272人;外商投资企业39户,外商投资企业分支机构87户,注册资本6 970.27万美元,实收资本2 979.19万美元。2. 抓好年检验照工作。制定出台了《临沧市工商行政管理系统企业年检实施办法》,全面委托工商所(分局)办理年检,全市应验照个体工商户31 414户,实际验照30 518户,验照率97%;应检企业3 288户,实际年检2 978户,年检率90.6%,对年检中有违反登记法规行为的16户企业进行了行政处罚,依法按程序吊销了未参加2008年度年检的17户企业。对外资企业实行网上年检,应检外商投资企业113户,其中企业法人36户,分支机构77户,实检86户(企业法人12户,分支机构74户)。3. 落实各项政策措施。积极贯彻落实服务经济平稳较快发展相关措施,研究出台了《关于履行职能促进临沧经济平稳较快发展的实施意见》和《关于强化市场准入服务改进登记监管方式促进经济平稳较快发展工作方案》。落实鼓励创业有关政策,对首次创业的个体工商户,免费办理营业执照,安置下岗失业115人,免收行政性收费11.17万元,为临沧市国有资产经营有限责任公司、临沧公路建设开发有限责任公司等6户企业成功发行城投债券做好登记和咨询服务。4. 加强企业个体监督管理工作。召开全市企业个体工商户信用分类监管现场会,全面推广企业个体工商户信用分类监管。依托"工商政务业务一体化软件",按照"谁登记、谁录入,谁检查、谁录入,谁处罚、谁录入"的原则,在登记注册、日常监管和行政处罚办理完毕3个工作日内,及时、完整、准确录入相关信息,实现了数据动态更新。做好非公有制经济党建申报工作,协助地方党委组织部门做好非公有制经济党建工作。

【市场规范管理】 1. 扎实开展"诚信市场"创建,经市场开办者申报,市、县(区)工商局考核,对8个2A级诚信市场和6个3A级诚信市场、3个4A级诚信市场进行了认定公示。2. 深化工商服务农村改革发展工作机制。市、县(区)局制定了《完善"七农"工作机制促进农业增效农民增收工作实施方案》,新增农村经纪人111户;积极推广水果订购、马铃薯收购、西瓜购销、生猪购销4种合同格式文本,指导31户企业签订涉农合同33 309份,合同金额33 391万元;完成了33个商品交易市场信用等级分类工作;农资市场及农资经营户全面实现信用分类监管,涉及农资经营户1 056户。3. 落实服务农村改革发展各项措施。查处违法经营农资案件58件,案值190.56余万元,罚没款39.85余万元,查扣不合格化肥5 600千克、农药591.21千克;对水稻、玉米、小麦三类种子留样1 184份,代表种子基数1 179吨;将制假售假、无照经营等违法经营农资的23户经营户列入"黑名单",并进行公示;抽检化肥样品261个,不合格样品61个,对不合格化肥进行了查处;办理动产抵押登记84份、借贷金额68 017万元,办理股权出质登记17户、出质股权数额21 226万元,帮助企业融资4.27亿元。4. 扎实开展"禁塑"工作。签订"禁塑"责任书3 658份,5家超市自行退货112万个,收缴购物塑料袋381.7万个,查处违法经营户57户,收缴罚没金额15 400元,查获批发购物塑料袋"黑窝点"1个。5. 认真开展甲型H1N1流感防控工作。制定了甲型H1N1流感防控工作应急预案,认真落实猪肉质量监测制度,加强市场监测和分析。6. 强化对拍卖、商品展销会、汽车交易市场监管。审查拍卖合同14份,现场监拍8场次,查处违法举办拍卖活动案件1件;登记商品展销会15场次;指导全市327户机动车销售单位严格落实安全生产责任承诺制、销售备案制和公示制,对销售品牌汽车的11户企业进行了公告,对2起超范围经营品牌机动车进行了查处。7. 建立市场监管信息定期分析报告制度,共制作简报45期。

【消费者权益保护】 1. 认真解决消费纠纷。全年12315工作机构共接到电话和接待来人来访11 008个次,其中,当场答复和移交其他部门办理9 181件、申诉684件、举报114件、咨询1 029件,申诉举报案件办结率100%,为消费者挽回经济损失43万元。2. 推进"一会两站"建设。全市77个乡镇和街道办事处全部建立了消费者权益保护协会分会;在行政村、社区、市场和县城所在地中小学建立12315联络站和消费者投诉站1 259个。3. 提升12315服务功能。制定了《加强12315行政执法体系"四个平台"建设的实施方案》、《加强12315行政执法体系"四个平台"建设规划》;建立完善了12315申诉举报工作规范、消费者申诉举报受理程序、分派程序、调处程序、12315联席会议制度、服务承诺制度、首问责任制度、限时办结制度,12315消费者申诉举报指挥中心工作流程图、机构示意图、消费者维权网络分布图、市场分布图、行政区划图,各级12315工作机构已基本建立完备的管埋制度和规范的工作流程。

【食品流通监管管理】 1. 学习宣传《食品安全法》。全市工商系统在组织全体干部职工学习培训的基础上,举办食品经营企业、个体工商户《食品安全法》培训班19期,深入学校组织学习《食品安全法》23次,组织开展宣传咨询19场次,发放宣传资料12 980份;印制《食品安全法》单行本1 500本发给食品经营者;悬挂粘贴布标、标语93块(条);与市普法办共同举办《食品安全法》为主要内容之一的法律法规知识竞赛1次,参加人员40 745人次。2. 切实抓好流通环节食品安全监管。开展食品经营主体清查,全市证照齐全的食品经营主体11 370户。深入推进食品经营"一票通"和"粘贴式台账",全面加强流通环节食品安全监管。查处无"QS"标志、无中文标识、过期等食品2 013.4千克,查处制售假冒伪劣食品案件 47 件。组织开展流通环节食品安全事故应急演练。为 213 户流通环节食品经营户核发《食品流通许可证》。加强食品快速检测工作,共检测各类食品2 731个样品。3. 扎实开展“农村食品安全示范店”创建。制定创建工作方案,按照“统一标准、部门引导、经营者自愿、免费参与、保证质量、全面覆盖”的帮扶措施,通过初审、推荐、综合考评、认定授牌和备案等程序,全市 27 个工商所共创建“农村食品安全示范店”595 个。

**【反垄断与反不正当竞争执法】** 全年共查处经济违法案件2 389件,案件总值 2 537.71万元,罚没款 530 万元。1. 严厉打击传销行为。深入开展打击传销宣传月活动、打击传销百日联合执法行动、直销市场专项清理检查及香港世界通国际科技有限公司网络涉传案件摸底排查等工作,共查获涉嫌“世界通”网络传销案件 4 件,涉案人员 63 人,刑事拘留 1 人。2. 开展专项整治行动。深入开展名酒市场整治,查处违法案件 84 件,没收假五粮液 281 瓶、泸州老窖 92 瓶、五粮醇 2 瓶、水井坊 2 瓶、过期虫草松茸酒 18 瓶,收缴罚没款 35.54 万元。深入开展建材市场专项整治,查处违法案件 26 件,案值 43.8 万元,罚没款 14.7 万元;深入开展“两烟”打假打私工作,取缔无证照经营 344 户,查处违法案件 423 件,案值 30.25 万元,收缴罚没款 13.63 万元,没收假冒卷烟1 498.5条,没收烟叶、烟丝 746 千克;深入开展打击傍名牌不正当竞争行为专项执法行动,立案查处违法案件 45 件,案值 17.67 万元,收缴罚没款 24.32 万元;深入开展手机市场专项整治,查处违法案件 121 件,案值 15.54 万元,收缴罚没款 18.03 万元,没收不合格手机 151 台;深入开展打击违法添加非食用物质和滥用食品添加剂专项整治,对 21 种涉嫌滥用食品添加剂的食物样品进行了抽样送检。同时,对年检中有违反登记法规行为的 16 户企业进行了行政处罚,罚款 16.9 万元。3. 深入开展以农资、家用电器、食品、建材为主的农村市场专项整治,严厉打击制售假冒伪劣商品向农村转移的违法行为,共出动执法人员2 095人次,检查经营主体7 654户次,取缔无照经营 104 户,查处总价值 25.7 万元的不合格和假冒伪劣农资、食品及其他商品,查处不合格伪劣钢材 19 吨,查处违法违章案件 208 件、罚没金额 44.49 万元;加大对家电、农机、汽车下乡监管力度,查处虚假宣传案件 25 件,收缴罚没款 7.81 万元。

**【广告监督管理】** 1. 建立健全长效监管机制。制定《临沧市工商行政管理系统大众媒介广告监管工作制度》、《临沧市工商行政管理系统广告监测管理办法》,建立大众媒介广告联合会审备案工作机制,全年共开展联合会审备案 6 次,备案广告 31 条次。针对大众媒介,形成“宣传部门牵头、行政部门参与、大众媒介配合”的监管工作机制;针对户外广告市场,形成“联合审查、分头检查、合力查处”监管协作机制,年内召开联席会议 4 次。2. 认真开展广告市场整治。以整治大众媒介广告、户外广告、虚假违法广告为重点,积极推行分级监管,加强广告监测,深入整治虚假违法广告,共监测各类广告25 318条次,禁止发布 160 条次,及时纠正 380 条次;共查处虚假违法广告 87 件,收缴罚没款 16.54 万元。3. 开展广告经营资格年检工作,完成广告经营单位年检 14 户。

**【商标监督管理】** 1. 全面推进商标战略实施。制定了《推进商标战略工作实施意见的发展规划》、《开展“一所一标”创建工作实施方案》,成立了由分管领导任组长的商标战略实施领导小组、“一所一标”创建工作领导小组、“澜沧江”注册商标申报中国驰名商标领导小组。3 月,按时启动了云南澜沧江啤酒企业(集团)有限公司的“澜沧江”注册商标申报中国驰名商标工作;组织“澜沧江”等 9 个注册商标申报云南省著名商标,获得云南省著名商标 4 件;开展临沧市首届知名商标评审认定,35 件商标被授予临沧市知名商标。积极开展“一所一标”和“一所多标”活动,全系统共协助、指导申请人办理商标注册申请 47 件,获得国家商标局核发的《注册申请受理通知书》30 件。2. 认真开展保护注册商标专用权行动。以查处侵犯驰名商标、著名商标和涉农商标案件为重点,认真开展保护注册商标专用权行动,共查处商标案件 88 件,收缴罚没款 32.16 万元,案值 46.13 万元,收缴侵权物品 678 件。3. 全面推进商标经济户口管理。制定了《临沧市工商行政管理系统商标经济户口管理办法》、《临沧市工商行政管理局关于贯彻落实商标经济户口管理办法的工作意见》和统一规范的《注册商标经济户口登记记录表》、《注册商标经济户口管理台账》、《未注册商标经济户口管理台账》,按照“一件商标一个户口一个档案”的要求分级分类建立机式、书式商标经济户口档案,初步实现了市、县(区)、所(分局)三级商标数据同步更新、上下联动管理。

**【计划财务工作】** 2009 年,临沧市工商局开展行政事业单位经营性国有资产清查工作,开展市场建设遗留债务清理工作,清理政府性债务项目 5 个、债务余额 195 万元;有序推进财务管理工作规范化建设,经检查考核,全市 9 个独立核算单位财务工作达规范化建设标准。

**【基本建设】** 2009 年,临沧市工商局切实加强基建工程的计划、投资与监督管理。年内云县工商局办公楼建成投入使用,并通过审计;凤庆县工商局办公楼搬迁、沧源县勐董分局办公楼新建项目全面启动,完成了双江县忙糯工商所修缮。

**【机关党建工作】** 临沧市工商局机关党委下设 5 个党支部,有党员 58 名,其中在职人员中有党员 47 名(女党员 20 名),退休人员中有党员 10 名,个体户中有党员 1 名。3 月,市局机关党委进行了换届选举,年内,机关党委组织广大党员干部开展学习实践科学发展观活动,组织学习党的十七届四中全会精神等,积极支持新农村建设,先后三次深入永康村开展调研、讲党课、民情恳谈和慰问困难党员工作。制定了《中共临沧市工商局机关委员会党员党性定期分析制度》。

**【老干工作】** 全系统有离退休人员 171

人。市、县(区)局分别成立离退休人员管理工作领导小组,配备专兼职老干部管理工作人员12人,根据离退休人员各种信息变化,建立健全了"三薄五册",做好各种登记表和信息采集以及信息库的建库工作。始终坚持领导挂钩联系制度、阅文制度、学习制度、通报制度、参加重要会议制度、考察等工作制度,加强离退休老干部党支部的建设,切实落实老干部的政治待遇,每年春节、敬老节等重大节日,分别对辖区范围内的离退休人员进行看望慰问。

【信息化建设】 建成并投入使用移动执法办公系统,完成了"政务业务一体化软件"的升级工作。新开通了沧源、永德、耿马、镇康县便民服务中心的业务。新开发启用了网络版《综合统计报表》软件,实现了全市工商系统综合统计数据网络上报,系统汇总。

【个私协会工作】 2009年,临沧市个私协会制定《临沧市县(区)个体私营经济协会工作规范化建设标准》,认真贯彻落实鼓励创业贷免扶补各项措施,制定《贯彻落实云南省鼓励创业贷免扶补实施办法工作方案》,共帮扶成功创业者45人,获得贷款225万元,带动就业者168人,建立创业导师库166户。年内全市共组织个体私营企业17 149人参加法律法规的学习和答题竞赛。成立了临沧市个体私营经济协会党支部,按要求开展了学习实践科学发展观活动,举办了临沧市非公经济学习实践科学发展观宣读培训班,与消协、广协共同举行"服务群众走进群众"学习实践科学发展观主题活动。

【广告协会工作】 2009年,临沧市广告协会召开一届二次理事会,制定了《临沧市广告协会财务管理办法》、《临沧市广告协会会费收缴、管理、使用办法》,开展新社会组织深入学习实践科学发展观活动,年内帮助4名品学兼优的贫困学生解决学习生活困难。

【大事记】

△1月6日,临沧市工商局印发《临沧市工商行政管理系统企业年验实施办法》,正式将企业年检工作下放工商所完成。

△7日,临沧市工商局印发《临沧市工商行政管理系统企业核准登记办法》,正式实行一审一核、审核合一登记办法。

△22日,经中共临沧市工商局机关委员会批准,选举产生第一届市个私协会党支部。

△2月2日,经中共临沧市工商局党组会议研究决定:蒋正林任临沧市沧源县工商行政管理局党组书记,免去其中共临沧市工商行政管理局党组秘书、临沧市工商局办公室主任职务,梁建荣免去临沧市沧源县工商局党组书记、局长职务,调临沧市工商局工业园区分局工作。

△4月7日,中共临沧市工商局机关党委、临沧市工商局机关工会和临沧市工商局妇女委员会举行换届,选举产生新一届中共临沧市工商局机关党委、临沧市机关工会和临沧市妇女委员会。

△5月19~21日,省局曾荣基纪检组长一行在临沧开展督查调研。

△6月26日,经中共临沧市工商局党组研究决定,杨仁延同志试用期满,正式任永德县工商局党组书记、局长。

△7月20日,临沧市工商局召开干部大会,省工商局纪检组长曾荣基同志宣布了省局党组关于临沧市工商局人事变动的重要决定,李晗同志免去临沧市工商局党组书记、局长职务,毛文光同志主持全面工作。

△8月19日,临沧市工商局召开全市工商局长座谈会。

△25日,临沧市工商局召开学习实践科学发展观活动总结大会,标志着临沧市工商局深入学习实践科学发展观活动圆满结束。

△9月2~4日,由省局广告监督管理处李晗处长带领的市场处、消保处共3名同志组成的工作组,在市局毛文光、李学成副局长的陪同下深入镇康县南伞、耿马县清水河、沧源县芒卡等边境口岸进行实地检查指导。

△8日,首届临沧市知名商标评审认定会议于在临沧市工商局召开,认定35件注册商标为首届临沧市知名商标。

△14日,经中共临沧市工商行政管理局党组会议研究决定,蒋正林任临沧市沧源佤族自治县工商行政管理局局长。

△18日,临沧市工商局开展了庆祝建国60周年"迎国庆、颂祖国"诗歌朗诵歌咏比赛活动。

△10月10日,临沧市工商局与临沧市电信公司签订协议,标志着临沧市工商系统移动执法项目正式启动,11月1日,移动执法终端配备到干部职工手中,标志着移动执法平台正式启用,11月19日,临沧市工商行政管理局出台《移动执法办公系统终端管理办法》。

△11月4日,临沧市工商局召开党组中心组十七届四中全会精神专题学习会议,会上,明确提出了临沧工商工作新思路和新目标。

△30日,临沧市工商局机关档案室通过验收达省五星级标准。

△12月14~19日,由省工商局曾荣基巡视员带队、基建处处长杨忠华为组长的一行5人到临沧开展综合督查调研,对六项重点工作进行考核。

【2009年受到表彰的单位和个人名单】

1月,云县工商行政管理局爱华分局、涌宝分局、凤庆县工商局凤山分局、小湾分局、永德县工商局、永德县工商局永康分局、乌木龙工商所、镇康县工商局凤尾分局、耿马县工商局孟定分局、勐撒工商所、双江县工商局勐库工商所被临沧市委、市人民政府命名表彰为第十六批文明单位。

1月,临沧市消费者协会被中国消费者协会表彰为全国消协组织保护消费者权益先进集体。

2月9日,临沧市工商局曾成坤同志获全省执法办案能手称号,李豫川同志获全省注册登记能手称号,蒋树芹、崔宏铭获全省计算机操作能手称号。

2月12日,临沧市工商局被云南省工商局表彰为2008年度新闻报道先进单位二等奖,2008年度政务信息宣传先进单位二等奖。蒋正林被评为2008年度优秀新闻报道员,王小丹被评为2008年度优秀政务信息员。

2月10日，省人力资源和社会保障厅、省工商行政管理局授予临沧市工商局二等功，授予李相平、施剑二同志三等功。

2月10日，耿马县工商局孟定分局、云县工商局爱华分局被省局表彰为先进集体，杨国友、罗鸿昌二同志被表彰为先进个人。

3月2日，临沧市工商局被临沧市人民政府办公室表彰为2008年度食品安全工作目标责任制考核先进单位。

3月18日，临沧市工商局被省工商局表彰为奶制品市场专项整治一等奖。

3月20日，毛文光同志被政协临沧市委员会表彰为优秀政协委员。

4月2日，临沧市工商局被临沧市人民政府表彰为2008年度消防工作先进单位二等奖。

4月15日，临沧市工商行政管理局被云南省工商局表彰为2008年度会计报表一等奖。

4月15日，临沧市工商行政管理局被云南省工商局党组表彰为2008年度云南省工商行政管理系统党风廉政建设先进单位一等奖。

7月20日，临沧市工商局常江同志被国家工商总局表彰为全国工商行政管理系统商标工作先进个人。

**【2009年任职的局领导名单】**

局　　长　李　晗（～2009.07）
副 局 长　毛文光（2009.07～主持工作）
　　　　　李学成　李向春
纪检组长　纪光辉

## 临 翔 区

**【概况】** 临翔区工商行政管理局共有干部职工101人，其中，在职人员73人，实有公务员63名（正副科级领导7名，主任科员1名，副主任科员35名，科员20名），机关工人6名，事业工人4名；离退休老干部27人；有本科学历30人，专科学历23人，中专学历7人，高中以下文化13人，现就读专科1人、本科1人。临翔区工商行政管理局下设6个职能股室、2个分局和1个工商所。截至2009年底，纳入监管范围的各类经营主体共计7 671户，其中，个体工商户6 825户，私营企业583户，内资企业142户，农村经纪人51户，农民专业合作社32户，集贸市场38个。2009年，基层规范化建设、党风廉政建设、财务规范化建设工作荣获市局一等奖、六项重点工作荣获二等奖、社会治安综合治理暨维稳工作被市局评为先进单位。

**【法制建设】** 1. 按照“五五”普法规划加大对干部职工普法教育培训力度。年内，对干部职工进行岗位培训考试，举行5场次，参加人次350人次；对市场主体培训130人次；组织71名干部职工参加了“五五”普法考试，合格率为100%。2. 按照监管执法重心下移的要求，强化对工商所（分局）执法办案的培训和指导，提高工商所（分局）执法人员调查取证、法律适用、自由裁量权运用等执法办案能力和技巧，推动工商所（分局）执法办案向商标执法、广告执法、公平交易执法、维权执法等领域拓展，培养一批执法办案能手和业务骨干。3. 制定实施《临翔区工商局重大决策听证制度实施细则》、《临翔区工商局对违法行为人警示与疏导工作实施方案》、《临翔区工商局行政执法评议考核办法》、《临翔区工商局依法治区示范单位工作方案》。4. 积极开展好“3·15”国际消费者权益活动、食品安全法宣传月活动、综治维稳宣传月活动、禁毒日等活动的法律法规宣传教育、咨询工作。共发放宣传材料7 100份，张贴宣传画50张。

**【纪检监察】** 1. 落实党风廉政建设责任制。层层签订党风廉政建设责任书71份，工作人员承诺书71份，家庭助廉承诺书71份，做到把业务工作、党风廉政工作一起布置、一起检查、一起落实、一起出成果。2. 突出工商特点，抓住关键环节，针对存在的问题定期不定期专题分析研究党风廉政建设工作，专题分析研究党风廉政建设和反腐败工作2次。3. 加强思想道德教育，进一步提高了干部队伍的拒腐防变能力。以反面典型为教材，特别是身边的典型案例为警示素材，深入开展警示教育，引导全系统工商干部抵制各种诱惑，防止不廉洁行为的发生。4. 认真落实临沧市工商局《廉政风险点管理办法》和《监管风险点管理办法》，制定实施《临翔区工商局各部门主要廉政和监管风险点及防控措施表》、《临翔区工商局廉政信息风险点防范表》。年内，开展专项督察4次、重点工作督察8次。

**【人事教育】** 1. 不断提高领导班子建设水平。以扎实开展深入学习科学发展观活动为契机，不断提高领导班子的执行力、向心力、凝聚力。以创建学习型班子为切入点，认真落实党组（理论）中心组学习制度，突出学习主题，增强学习的针对性，着力提高班子和班子成员解决问题和处理问题的能力，加强民主集中制建设，提高班子议事决策能力。2. 不断加强干部队伍服务发展能力建设。以实现“三个过硬”队伍建设为目标，持续开展岗位练兵大比武活动。将“登记注册技能”、“执法办案技能”、“计算机操作技能”及“消费维权技能”等作为技能大练兵活动的重点，鼓励干部职工积极参与，实现干部职工人人会监管、人人会办案、人人会电脑、人人会维权、人人会协调的目标，提高干部队伍的综合业务技能。年内，共举办培训8次，培训人员480余人次，组织全员考试4次，举行技能比武4次，获市级注册登记能手1名。3. 把廉政教育列入干部培训的重要内容，对全体干部进行廉政建设培训，增强廉洁自律意识。做到以事前教育、事前预防、事中监控、堵塞漏洞为重点，着力加强重点环节和重点岗位干部的思想教育。4. 深入开展学习实践科学发展观活动。分批组织干部职工参加了市局和区委组织的学习实践科学发展观活动辅导专题讲座5场。累计开展集中学习培训11次，参学人员324人次，撰写心得体会文章72篇，领导班子贯彻落实科学发展观分析检查报告1篇。向全体干部职工和11家区直相关单位发放测评表81份，满意率95%，拟定整改事项49项。

**【企业注册登记】** 1. 截至2009年底，全区共有内资企业142户（内资法人52户，营业性单位90户），注册资金16 172

万元；与上年同期相比，分别减少0.82%、增长1.94%。2. 全面落实市场主体(监管)信息定期分析报告制度，为地方党委政府决策、生产经营者投资、消费者消费和社会公众信息需求服务。3. 实行重点项目联络员负责制。区局5名班子成员与23个招商引资企业实行重点项目联络员负责制，积极为其提供工商登记法律法规等方面咨询服务，主动为企业解决遇到的问题和困难。4. 认真开展企业年检工作。2009年，应检企业142户，实检企业116户，年检率81.6%。年检中，坚持教育疏导与处罚相结合，对情节轻微的，积极进行疏导，限期整改；对情节严重、教育不改的，予以处罚。年内，共查处案件5件，罚款1.05万元。

【企业监督管理】 1. 强化市场准入服务指导，全面落实“核审合一”、“一审一核”、“一站式”服务措施。全区共有个私企业7 408户，其中，私营企业583户，与上年同期相比增长15%；个体工商户6 825户，与上年同期相比增长18.8%；有农民专业合作社32户，出资总额781万元；登记小额贷款公司1户，注册资本金1 000万元。年内，新发展个体工商户1 915户，私营企业99户，农民专业合作社25户。2. 认真落实鼓励创业促进就业政策措施等工作。2009年，为首次创业人员和下岗人员免费办理个体工商户营业执照1 915户，免收个体登记费3.71万元。3. 认真开展企业个体工商户年检、验照工作。2009年，应检私营企业506户，实检447户，年检率88.3%；应验照个体户5 746户，已验照5 286户，验照率92%；办理个体注销675户，企业个体变更845户。4. 积极为企业融资服务。共为15家企业办理动产抵押登记合同15份，抵押物价值1.3亿元，借款金额6 174万元。首次办理股权出质登记1家，出质数额为700万元，融资额达300万元。5. 积极推进企业个体信用分类监管工作改革，有力推进企业个体信用分类监管工作制度化、规范化、法治化、程序化。年内，召开试点现场会取得圆满成功。

【市场规范管理】 1. 以试点工作为突破口，积极探索市场监管长效机制，为经济平稳较快发展营造良好市场环境。对人民群众反映的部分集贸市场混乱问题，凤翔分局在扎路营综合批发市场积极采取驻场式管理措施，切实加大了市场监管力度，为人民群众营造良好的市场环境。积极开展诚信市场创建，完成扎路营综合批发市场4A级和中心农贸市场2A级的创建工作。2. 深入开展红盾护农、经纪活农、合同帮扶、商标富农等工作，促进农民增效，农民增收。落实种子留样备查制度，共对61个品种进行种子留样备查，其中：水稻42种，玉米19种，并对留样种子情况进行公示；对辖区内农资商品质量进行抽检，抽检化肥31个样品，经送检检测，不合格产品有8个，抽样合格率为73%；查处农资违章违法案件10件，查扣不合格化肥7 580千克，罚款2.2万元；认真推行“两账两票、一卡一书”制度，对84户农资经营户实行信用分类监管，并建立健全进销货台账制度；积极做好培育和发展农村经纪人和订单农业合同帮扶工作，共发放宣传资料400多份，截至2009年底，共有农村经纪人51户，年内新发展25户，经纪业务量达140万元；开展涉农合同帮扶工程，以涉农合同帮扶为抓手，按照“公司＋基地＋农户”的模式，与5户企业签订了收购“订单农业”，涉及农户1 882户，涉农帮扶金额达6 100万元。3. 以服务新农村建设为重点，强化《农业生产资料市场监督管理办法》的宣传、培训和贯彻落实，进一步规范农资市场。年内，组织开展培训2次，参加人员250人次；同时，积极开展农村经纪人培训1次，培训人员92人次。

【消费者权益保护】 按照“政府领导、工商(消协)负责、部门联动、乡(镇、街道)协同、社会共建”的原则，不断加大消费维权“一会两站”建设力度，建立“一会两站”197个。圆满完成“三鹿”奶粉事件赔付工作，赔偿金额14万元；成功调解了某美容美发院引发的群体消费纠纷，为180多位消费者追回经济损失40多万元，确保了社会和谐稳定。2009年，共受理调处消费者申诉举报146件，为消费者挽回经济损失64万余元。与上年同期相比，分别下降56.81%和增长220.69%。

【食品流通监督管理】 1. 推进流通领域食品“两项制度”，在扎路营综合批发市场积极开展“一票通”和“粘贴式”进货台账试点工作。做到进驻一户、规范一户、成型一户。2. 全面推进“农村食品安全示范店”培育创建工作，年内，创建“农村食品安全示范店”93个。积极开展流通环节食品安全信用体系建设工作，将5家具有一定规模的超市作为试点单位，建立了信用征集、评价、披露、分类管理为主要内容的信用管理制度；联合市局开展了启动食品应急预案演练工作1次。3. 开展食品快速检测工作。主要对蔬菜类、水果类农药残留检测，水产品及食品甲醛检测，腊肉、香肠亚硝酸盐检测，面粉、面条、豆制品吊白块检测。共检测400个样品，经检测各项指标合格为100%。4. 稳步推进食品流通许可证核发工作，截至2009年底，共为180户流通环节食品经营户核发了《食品流通许可证》。同时，强化了对《食品安全法》及相关法规的学习贯彻。年内，组织开展培训3次，参加人员340人次。

【广告监管管理】 1. 开展以药品、医疗器械、保健食品、化妆品、美容服务等虚假违法广告为重点的专项整治行动。2. 加强广告市场的日常监督检查，着力规范广告市场秩序。2009年，共检查广告经营户163户次。年内，共查处广告违法案件8件，罚款3.4万元。

【商标监管管理】 2009年，临翔区工商局商标监管部门鼓励、引导农户和农村经济合作组织积极申请注册农产品商标，指导涉农企业积极运用“公司＋商标＋农户”的经营模式，开展品牌化经营，增加农产品附加值，增强农业龙头企业的市场竞争力。加大知名商标、著名商标、驰名商标的培育和创建力度，构建优势品牌群体。2009年，共帮扶申请注册商标7件。

【计划财务工作】 2009年，临翔区工商局坚持勤俭理财,严格控制一般性支出,确保重点支出需要。强化预算管理,坚持以收定支,确保当年经费预算收支平衡。加强非税收入征管,严格执行银行代收代缴制度,及时足额的完成纳入预算管理的非税收入计划任务,做到应收尽收,应缴尽缴。加强票据管理,合法使用票据,严格按规定统一使用省财政厅印制的非税收入专用票据、罚没专用票据和税务发票。加强固定资产管理,根据资产管理规定和要求,配备单位内部固定资产管理机构和管理人员,防止国有资产流失。规范单位会计行为,加强会计基础工作。借鉴大理州先进经验,建立健全单位内部财务管理制度,对单位财务活动进行控制和监督,做到用制度管人、管事,以制度促进管理,财务工作逐步走了规范化管理轨道。

【机关党建工作】 1. 健全组织机构,充分发挥基层党支部的战斗堡垒作用和党员先锋模范作用,区局下设1个党总支,共有5个党支部(机关、个私协会、老干部、凤翔分局、博尚分局),共有党员51名。2009年,新发展党员2人。2. 按照中央保持共产党员先进性长效机制四个文件的规定,把党建工作列入工作议程,摆到重要位置,同业务工作一起研究部署、一起检查落实、一起总结考核。3. 发挥职能优势,协助组织部门做好非公经济组织党建指导工作。以个私协会为依托,以个私经济组织及其从业人员为对象,深入个私企业调查研究,与个私业主座谈,听取个私业主对党建工作的建议意见,指导个私企业党建工作,并结合个体验照、企业年检,认真做好非公经济组织党建情况申报统计工作。4. 顺利完成党总支换届工作。按照区直机关工委《关于中共临沧市临翔区工商行政管理局总支委员会换届委员候选人预备人选的批复》,临翔区工商局党总支分别召开了总支党员大会选举产生了新一届总支委员会委员、书记、副书记,并进行了新一届委员分工。

【老干工作】 2009年,临翔区工商局加强老干部管理工作,规范运转工作机制。主要领导亲自抓,明确一名人教专干落实老干部工作,做到年初有计划,年终有总结;签订了老干部管理责任书27份;2009年,召开老干部工作会议6次,其中组织学习政治理论3次,召开座谈会2次,支部会议1次;组织27名老干部进行了全面体检;坚持走访慰问制度,年内,走访慰问老干部3次。

【经济检查】 2009年,临翔区工商行政管理局共查处各类经济违法案件474件,案值399.7万元,罚没款85.1万元。检查流通领域食品经营户3 570户次,依法查获过期食品、“三无”产品2 500千克,标值3 000多余元。与经营户签订禁止销售和使用塑料购物袋责任书3 798份,发放宣传资料5 000多份,粘贴禁塑公告155份,没收塑料购物袋279万多个,共查办案件51件。检查卷烟经营户520户,查处卷烟案件16件,收缴罚款3.5万元。联合商务等部门开展“家电下乡”专项整治工作2次;联合公安、文化等部门开展打击传销工作,查获涉嫌“世纪通”网络传销大要案1件。检查饮水机主体经营户87户,依法查处销售不合格商品1户。检查各类书刊1 837种、音像制品经营户128户、网吧经营户58户、印刷企业5家、农村集贸市场89个次。开展清查各类打击走私贩私工作专项行动5次,检查商场、市场、车站等相关经营店铺364个次,查获走私红牛60件。组织开展食品安全、禁塑、虚假违法广告、农资市场、名烟名酒、家电下乡、“扫黄打非”、打击传销专项整治等工作,切实维护了良好的市场经济秩序。

【信息化建设】 1. 继续加大信息化建设硬件设备的投入,配齐能满足日常工作业务需求的计算机等硬件设备。2009年,新配置笔记本电脑2台,打印机3台,复印机2台,数码相机3台,办公移动电话71部。实现人手一台计算机、一部办公移动电话。2. 继续加强对工商干部计算机操作技能的培训,进一步提高工商干部的计算机操作水平和应用能力。3. 加强信息网络建设与管理,确保全区工商系统电子政务专网的横向互通和纵向互连,信息安全和网络正常运转,使现有网络资源作用得到充分发挥。强化网上政务公示、信息宣传、信息查询。同时,进一步充实完善电子触摸屏信息查询系统中政务公示、信息宣传等相关内容。

【消委会工作】 1. 开展3·15“消费与发展”年主题纪念活动,邀请技监、农业、药监、卫生、旅游等职能部门参加,组织25个相关部门、单位和企业开展现场宣传咨询活动,制作通俗易懂宣传画展42块,为消费者提供法律法规咨询服务台36个,当天现场受理投诉2起,接受咨询服务5 000多人次,发放各类宣传资料2万多份,发放消费维权问卷调查表116份。2. 开展消费维权进校园活动。在3·15国际消费者纪念日和12.4法制宣传日活动期间,主动到临沧教育学院师专班,为学生讲授《消费者权益保护法》、《禁塑令》、《知识产权保护法》及国务院《禁止传销条例》和《食品安全特别规定》等方面的法律法规知识2次,发放宣传资料5 000余份,制作宣传标语6幅,资助活动经费1 000元。通过开展法制宣传进学校活动,使学生们了解了工商法律法规与他们的学习、生活密切相关,达到了良好的法制教育宣传效果,受到了学校及师生的好评。

【个私协会工作】 1. 重视会员发展,不断壮大会员队伍。2009年,有单位会员221人,个体会员4 650人。2. 加强个私协会党建工作。2009年,个私协会党支部共有党员11名,发展入党积极分子2名,批准入党2名;进一步加强非公有制经济党建工作,年内,共有18家企业建立党支部,有党员283人。3. 认真落实“贷免扶补”政策措施等工作。帮扶成功创业者8人,带动就业者32人,建立创业导师库20户,申请“贷免扶补”资金40万元。4. 发挥好协会作用,加强服务意识为广大会员办实事、办好事,帮助会员解决实际困难和问题。年内,先后走访了个私会员450家,为2户困难会员分别发放慰问金500元,为“爱心圆梦”助学捐款500元,资助新农村建设资金2.1万元。

【广告协会工作】 1. 加强协会组织建

设,积极做好会员发展工作,定期召开广告协会理事会议。2. 加强法律法规和专业知识的学习,努力提高从业人员的综合素质。3. 开展学习实践科学发展观"走进群众"宣传活动。创新活动载体、树立典型示范,积极引导非公有制经济组织依法诚信经营,促进非公有制经济组织的科学发展,对7户非公企业和3户个体工商户授予"党员经营示范户"称号。

**【2009年任职的局领导名单】**

党组书记、局长　黄子正

副 局 长　杨崇林　刁有闻　罗兴伟

纪检组长　俸秀仙

## 凤庆县

**【概况】** 2009年,凤庆县工商局内设机构有办公室、法制股、市场准入登记管理股、市场规范管理股;派出机构有凤山工商分局、小湾工商分局、鲁史工商所、勐佑管理工商所、三岔河工商所、营盘工商所。实有在职人员60人,退休人员32人;党群组织有消费者协会1个,个私协会1个;设党组1个,党总支1个,党支部7个,有中共党员52人,其中在职人员中有党员34人。

2009年,凤庆县工商局创建省级文明单位1个,市级文明单位4个,县级文明单位2个,结对挂钩精神文明建设共建村1个,下派新农村建设指导员1名,筑固县级青年文明号1个、青年之家1个,文明示范岗1个,安全文明小区1个。年内被市工商局考核为"党风廉政建设先进单位"、"六项工作先进单位"、"综治先进单位"、"财务管理先进单位",1名同志被市局表彰为优秀政务信息员,2名同志被市局评为执法办案能手,1名同志被市局评为计算机操作能手,1名同志被市局评为登记注册能手,1名同志在政协七届一次会议上的提案被评为优秀提案,2名职工家庭荣获市级未成年人思想道德教育先进家庭称号。

**【法制建设】** 2009年,凤庆县工商局不断加大法规学习,坚持"缺什么学什么、学什么考什么"的原则,年内共组织专项执法考试4次,参加人数248人次,组织"红盾杯"法律法规知识竞赛1期60人参加;加强执法监督,对全年查处各类违法违章案件199件进行了核审,强化对行政处罚自由裁量权行使的监督,坚持每季度对办案机构的案件质量进行全面检查,重点加强对立案、销案、处罚、没收物品处置、行政强制措施五个环节执行情况的监督,及时纠正不当行政行为;加强案件回访,回访当事人199人,回访率100%。

**【纪检监察】** 2009年,凤庆县工商局把组织开展党的政治纪律教育作为基础,注重加强领导班子建设,强化党风廉政建设教育工作。制定了《凤庆县工商行政管理局党组贯彻落实建立健全惩治和预防腐败体系2008~2012年工作规划实施方案》、《凤庆县工商行政管理系统2009全年、下半年党风廉政建设工作安排意见》。签订了2009年度党风廉政建设责任书51份、廉政风险点目标管理责任书39份、工作人员廉政承诺书44份、家庭助廉承诺书62份、个人廉政风险和自我防范承诺表61份、部门廉政风险和防范承诺表13份。学习实践科学发展观活动效果明显,征求到领导班子建设性意见建议57条,剖析出存在问题5条,制定班子集体整改落实措施5项,活动中形成党员学习心得体会文章33篇,印发简报6期。加强工商工作监管工作,续聘新聘凤庆县工商行政管理系统政风行风义务监督员35名。深入贯彻落实"责任政府"和"阳光政府"四项制度,签订《贯彻落实"责任政府"和"阳光政府"四项制度部门负责人承诺书》34份,举办重要事项听证会1次,通报、公示重点工作多项,编发推行"阳光政府"四项制度工作简报4期。

**【人事教育】** 2009年,凤庆县工商局继续抓好干部学习培训工作,集中全系统60名干部职工收听收看政协和人代"两会"电视直播,积极派员参加国家局在深圳组织的县工商局长培训1期1人,省局《会计法》培训1期1人、《离退休人员社会化发放》培训1期1人、市局举办《基层执法骨干》培训1期2人、《信息化管理》培训1期1人,自行组织《危机管理理论及实务》培训1期60人,干部队伍的综合素质能力明显增强。年内开展计算机培训13期89人次、执法办案培训9期138人、登记注册培训12期124人次,组织考试3场,评选出县级能手15名,优选6名到市局参加竞赛,获得能手称号4名。加大干部职工学历教育宣传力度,继续把2010年全系统人员大专以上学历达到90%以上作为工作目标,制定"十一五"干部学历培训计划,有26人次干部职工参加省、市、县组织的各类学习、培训、考察活动,年末有大专以上学历52人,占86.67%,中专、高中7人,占11.66%,初中1人,占1.67%。加强信息报道,全年共有63条信息被国家、省市局和各级刊物采用,自行编撰《凤庆工商信息》12期,《调研工作》22期,学习园地专栏4期,市场信息分析1期。

**【企业注册登记】** 全县有内资企业151户,注册资金19 391万元;私营企业184户,投资人数367人,雇工人数4 027人,注册资金42 734万元。认真开展企业年检工作,实检328户,参检率97%,年检期间,办理设立登记27户,注销登记3户。推行"核审合一"、"一审一核"制,积极培育发展农民专业合作社。扶持发展农民专业合作社19户,成员152人(企业成员1人,农民成员151人),出资总额161.94万元,100%为货币出资,行业分布为种植12户、养殖7户。公示企业行政许可事项办理结果12期100户,向有关单位或个人提供企业档案查询30次。积极参加重大工程招投标项目核审18个。

**【企业监督管理】** 截至2009年底,全县共登记注册城乡个体工商户4 92户,从业人员7 186人,注册资金11 907万元,与上年同比增长16.69%、49.86%、36.39%。完成个体工商户验照工作,应验照4 692户,实际验照4 595户,验照率97%,验照中新设立登记478户,注销登记155户。认真贯彻云南省鼓励创业促进就业"贷免扶补"政策,帮扶创业者7

人、带动就业者21人、建立创业导师库21人,解决贷免扶补资金35万元。

【市场规范管理】 2009年,凤庆县工商局按照“开展一项专项整治、查处一批案件、规范一个行业”的市场监管工作要求,努力实现监管领域由底端向高端延伸,监管范围由监管传统集贸市场向依法监管各类消费品市场延伸,监管重点从个案查处向涉及群众利益的重点、热点、难点问题延伸。开展“禁塑”工作,与有关企业、个体户签订“禁塑”责任书2 000余份,收缴塑料袋45万只1 050千克。开展烟草行业整治。按照“阳光政府”四项制度的规范要求,参与烟草市场打假听证会1次,同烟草部门联合检查烟草经营户776户,办理超经营范围等案件17件,收缴假烟876条。严厉打击制售假劣商品行为,加强对家电下乡电视机、饮水机、电磁炉、取暖电热毯等产品监管,强化对低俗影像制品和非法出版书刊清缴,查缴了一批假冒劣质名酒、枕头、坐垫、机动车配件及涉黄、违禁书籍、影像制品。强化传销和变相传销排查,查获香港“世界通”国际科技网络涉嫌传销案1件,涉案人员5人,移送公安部门处理。加大市场重大疫情防控和甲流防控,严格对上市畜牧动物管理和流动人员的排查,启动市场应急预案,抽派执法力量适时对人和其他动物重大疫情进行防控,做好市场的临时关闭各项工作。全面推进农资经营户信用分类监管,深入落实农资经营户进销货台账制度,建立农资经营户台账216套,分类监管农资经营户A级186户、B级24户、C级无、D级6户(列为黑名单监管),抽检化肥35个样品,备案登记种子经营户89户295个品种。通过开展专项整治,全年共查办各类案件199件(一般程序案件198件,简易程序案件1件),总案值116万元,案件总数与上年同期增18%,案值与上年同期增58%,案件分类中无照经营案件占29%,产品质量案件占37%,不正当竞争案件占18%,其它占16%。

认真组织开展市场信用分类监管,确定分类指标5个,全部认定为B类信用级别,凤城集贸市场被市工商局认定为省4A级诚信市场,小湾集贸市场被县工商局认定为2A级诚信市场。建立市场主体(监管)信息定期分析报告制度,对市场登记监管、农副产品价格、食品安全检测、消费维权热点、商标注册、广告管理等进行季度分析,积极向上级主管部门、县乡政府上报,共编报统计报表7期,上报定期分析报告3期。

【消费者权益保护】 维权网络建设全面提升,制定《凤庆县工商行政管理局12315消费维权体系建设工作实施方案》,在全县社会事业发展暨农村中小学校舍安全工作会议上,县政府与13个乡镇主要领导签订了责任书,将工作责任分解到乡镇。截至目前,全县13个乡(镇)全部建立消费者协会分会,建立12315联络站和消费者投诉站“两站”246个,其中:乡镇13个,行政村(社区)187个、中小学校32个、商场超市9个、宾馆(酒店)4个、客运站1个,聘请“两站”负责人246名。实现了所有乡镇、行政村重点领域全覆盖。进一步提升12315服务效能,继续加大12315平台信息建设力度,制定了《凤庆县工商系统12315申诉举报工作规范》和《加强12315行政执法体系“四个平台”建设的实施意见》,配置移动通讯系统30台。年内共接待消费者咨询178人次,受理消费者投诉15件,为消费者挽回经济损失1.31万元,调处率和满意率100%。

【食品流通监督管理】 2009年,凤庆县工商局积极创建“农村食品安全示范店201个,实现全县所有行政村全面覆盖。大力开展食品安全检测,完成抽检食品样品428个,合格率98%,抽检食品主要是大米、面粉、肉类、食用油、蔬菜等与民众息息相关的入口食品,所有抽样数据录入食品安全检测系统,并将检测信息向社会公布。开展食品市场整治规范,认真组织清查“剑石牌”香甜泡打粉、“育颀牌”果香型固体饮料等违法使用添加剂和滥用添加剂行为,没收“三无”面条1.25吨,过期变质及质量不合格食品、糖果、肉制品、水产品960千克。全面启动流通领域食品经营行政许可业务,实行“一审一核制”,证照办理相分离,把办证服务工作前移到服务窗口,实现“一站式”服务,为149户食品经营户核发了许可证。

【商标广告监督管理】 2009年,凤庆县工商局按照商标富农理念,制定了《推进商标战略实施方案》、《“一所一标”工作实施方案》,成立了商标富农工作指导小组,对全年的商标工作进行安排。开展著名商标和知名商标推荐工作,帮扶7件商标获得云南省著名商标(凤牌、王子冠、晶菱、邦太、巨达、三宁、凤发),帮扶9件商标获得临沧市知名商标(凤牌、王子冠、晶菱、邦太、巨达、三宁、凤发、龙泉、凤勋)。认真开展“一所一标”规划落实,雲岚、小湾、滇红、青龙桥、方源、苏亚红、滇红长湖等7件商标被国家商标局受理或注册。强化全县商标户口重建管理,新建立商标管理台账5套、商标经济户口74户,编制商标名录资料书20册。坚持不懈开展广告监管规范,有广告发布单位2个,广告制作经营单位7个,从业人员23人;监测广播电视图文、字幕广告178条,专项开展广告行业的“打虚假树诚信”行动,查处违法广告案9件,坚持整治虚假违法广告联席工作会议制度。

【基本建设】 2009年,凤庆县工商局以工商所规范建设“十个一”工程为目标,狠抓基本建设,年内向省局争取到县局(含凤山分局)办公楼建设项目立项,建筑面积2 600平方米,总投资620万元,完成了新办公楼的设计、工程建设手续、土地圈征、开工建设工作,完成了原县局办公楼的资产处置和搬迁工作。

【老干工作】 重视老干部管理与服务,加强领导干部挂钩联系制度,落实老干部工作专兼职工作人员5名,制定了《老干部管理工作责任制度》、《老干部管理人员工作岗位责任制度》、《老干部信访工作制度》,建立了老干部管理“三薄五册”。坚持定期学习活动、工作通报制度。年内向老干部通报工作1次,外出考察1次,全员走访慰问2次,看望生病老干部6人,办理死亡抚恤金1.93万元,为老干部订阅了报刊和杂志4类。

【信息化建设】 全系统共有24口交换机5台,8-5口交换机26台,台式电脑61台,笔记本电脑3台,视频头11个,多媒体设备1套,电子触摸屏1台,照相机15台,摄像机2台,打印机24台,复印机3台,移动硬盘8个,U盘10个,扫描仪1台,塑封机1台,ADSL4个,路游器6个,食品安全快速检测仪1台,检测箱4个。实现了硬件投入到位,文书交接工作办公自动化,登记系统软件、经济户口软件、HRP人力资源系统软件、老干部软件、报表软件、投诉统计软件、会计软件、票据软件的正常运用以及三级网上报送。

【消费者协会工作】 紧紧围绕中消协确定的2009年"消费与发展"年主题,联合县质监、食药、卫生局等12家单位进行送法宣传活动,印发了2万份图文并茂的法律法规知识卡片及宣传资料,宣传展板43块,播放《消法》、《反不正当竞争法》、防艾等录音、录像、广播30多次,对伪劣商品巡展曝光并组织销毁。

【个私协会工作】 年内有个体私营经济协会组织1个,基层分会4个,专职人员1人,兼职工作人员2人,有个体私营经济协会党组织1个(支部委员会),共产党员5名,建立手机行业协会1个,建立个私协工会分会1个,有企业会员单位110个。在个私企业中加大对流动党员的统计调查,已建党组织企业12户,党员人数363人,建党委4个,党支部27个,新发展9名入党积极分子,3名经组织部门批准吸纳为中共预备党员。

【2009年任职的局领导名单】

党组书记、局长　赵雪昆

副 局 长　王正华　杨玉华　陈文江

纪检组长　郭中福

## 云　县

【概况】 2009年,云县工商局在市工商局和云县县委、县政府的正确领导下,以邓小平理论、"三个代表"重要思想为指导,全面深入学习实践科学发展观,认真贯彻落实十七届三中、四中全会、省委八届七次全会精神,紧紧围绕2009年全省工商行政管理系统重点工作,全面落实省市工商工作会议安排部署的工作任务,促进工商行政管理逐步实现职能转型,努力实现"三个到位,六个好"的云南工商工作新目标,为促进经济平稳较快发展,扩大内需和应对金融危机大局作出了积极贡献。2009年,云县工商局内设有办公室、监察室、法制股、规范股、准入股、经济检查大队6个内设机构;下设有爱华分局、涌宝分局、大寨工商所、漫湾工商所、幸福工商所5个派出机构。2009年有工作人员64人,其中公务员58人,机关工人(事业)6人。

【纪检监察】 2009年,云县工商局认真落实"一把手"负责制和"一岗双责"责任制。聘请党风、行风、政风业务监督员22人,设立基层工商所(分局)兼职纪检监察员5名。同时,认真梳理廉政风险点的关键环节和部位,制定20条风险防范措施,签订《部门廉政风险和防范承诺书》11份,《个人廉政风险和自我防范承诺书》64份,签订《家庭助廉承诺书》15份,发出《家庭助廉倡议书》64份。年内到云县看守所开展警示教育1次64人,学习省市局通报2次,发送廉政短信64条,组织观看模范人物先进事迹电影4次。积极推进廉政文化建设,向干部职工征求格言警句40条,装裱悬挂廉政文化警句28幅,制作摆放工商廉政文化建设个人座佑铭40块。做好局务和政务公开,做好行风巡视检查,召开2次行风义务监督员会议,虚心听取社会各界和监管服务对象的意见和建议。

【人事教育】 2009年,云县工商局全面落实基层规范化建设100项指标和"基础设施、监管制度、执法行为、服务行为、队伍管理"五大规范。共计投入资金30万元,配齐基层办公和执法办案设备,爱华分局、涌宝分局通过市局基层规范化建设考核验收。同时深入开展岗位练兵活动。共举行岗位练兵集中培训6起,培训320人次。投入资金2 000余元购买练兵书籍194本,对岗位练兵工作中学习资料、讲师经费给予保障。经层层比武选拔,3名干部获市级岗位练兵能手称号,1名干部被表彰为省级注册登记能手。

【企业注册登记】 2009年,云县工商局进一步放宽市场准入限制,提高注册登记效率,创新监管方式,建立重点项目联络员制度,帮助企业解决市场准入中的实际困难和问题,营造良好的发展氛围,为拉动内需,化解金融危机大局服务。2009年辖区实有内资企业259户,与2008年相比增加4.02%;实有私营企业341户,与2008年相比增加11.07%;实有个体工商户5 642户,与2008年相比增加1.86%。安置下岗失业人员43人,免收行政性收费230元。

【企业监督管理】 2009年,云县应参加年度检验的企业511户,实际年检企业464户,参检率90.08%。未参检的47户企业中,有2户为申请缓检企业,有27户为上年度未参检拟吊销企业,18户属无正当理由未参加年检企业。对年检中发现存在违法行为的2户企业分别作出了罚款的处罚决定,共收缴罚款0.25万元。应参加验照个体工商户5 539户,实际完成验照5 412户,验照率为97.71%。在验照过程中,进行注销登记的个体工商户694户,验存率为85.18%。验照期间查处各类违法违章案件25件,罚没款2.52万元。

【市场规范管理】 以营造公平交易的市场环境为重点,坚持引导与查处、教育和预防相结合,加大对食品安全、无照经营、虚假违法广告、侵权商标、产品质量、虚假出资、不正当竞争、农资化肥的查处力度,积极构建和谐诚信的市场环境,全年共查处各类违法案件413起,收缴罚没款81.4万元。

【消费者权益保护】 全年受理消费者投诉31件,投诉商品及服务价值19.03万元,为群众挽回损失8.53万元。

【食品流通监督管理】 1. 深入开展以农村食品市场和流通环节食品安全专项整治为重点的整顿工作。共检查各类市场86个次,检查食品经营主体1 454户次,查处各类食品违法违章案件40件,查获不合格和假冒伪劣食品71.26千克,饮料2.4万瓶。2. 在县城的32个大小型超市、4个集贸市场全部建立索证索票制度,全县2 125户食品经营户建立进货台账。乡镇所在地和县城所在地的小食杂店、小摊点无照经营和“问题”食品得到有效解决,食品经营基本做到“进货有凭证,上柜有检查,质量有把关,销售有记录,退出有渠道”。3. 全面建立辖区食品经营户分布图,辖区食品监管责任分布图。建立以辖区管理、片区管理和市场巡查为主要内容的食品安全监管工作机制。建立与市场开办者、经营户签订责任书为形式的质量责任制度。建立索证索票、进销货台账、一票通、粘贴式台账为主要内容的经营者自律制度,“部门监管,行业自律,群众参与,社会监督”三位一体的管理机制基本形成,食品安全监管长效机制进一步加强。4. 创建农村食品安全示范店43户,抽检乳制品、调味品、鲜肉、酒类等食品400个样品。定期对食品经营者进行培训,发布全县流通领域食品安全检测情况3期。

**【广告监督管理】** 2009年,云县工商局对辖区内媒介广告、户外广告、印刷品广告进行了监测,全年共监测检查各类广告1 135条次,查处违法广告案件7件,全年广告平均违法率为0.62%,持续保持在较低水平。

**【商标监督管理】** 2009年,云县工商局深入企业和个体工商户宣传商标法律知识,起草《云县人民政府关于推进商标战略工作实施意见》,引导企业树立品牌意识,在全县形成争创驰名商标、巩固著名商标、培育知名商标、挖掘地理标志证明商标的品牌梯度培育体系。认真开展“一所一标”创建工作,帮扶农民专业合作社和个体工商户完成“银鹤、临涌、周佳箐、穆瓦法嘎、酒中情”等商标的申报工作。

**【计划财务工作】** 2009年,云县工商局认真借鉴发达州市工商局财务管理工作经验,按省市工商局要求全面规范财务管理。1. 夯实财务管理基础性工作。配齐配足财务专用设备,对基层工商所(分局)专设的财务报销人员进行业务培训,对财务会计从业资格进行清理,对基层财务过渡账户进行核对,对基层使用财务用章进行清理。2. 严格财务预算和会计核算。做好县局和基层工商所(分局)年度财务预算。按“以收定支、量入为出、保证重点、兼顾一般”的原则确保预算收支平衡。3. 制定财务监督工作计划,严格财务管理。公示行政性收费有关情况,接受社会监督。4. 加强对财务管理制度落实的监督,2009年会同财务部门对基层工商所(分局)及各股室进行2次财务及各项工作检查。

**【基本建设】** 云县工商局办公楼2009年3月31日竣工落成。办公楼位于临沧市云县爱华镇新兴街,为五层全框架,总建筑面积1 600平方米,批准项目总投资318万元。2008年5月12日开工,2009年4月8日经建设方组织设计、施工、监理单位验收,工程质量评定为合格。

**【老干工作】** 2009年,云县工商局制定健全老干部管理工作制度和老干管理工作计划,明确2人兼职负责老干部管理工作。1. 认真落实老干部政治待遇。注意听取和采纳老干部对工商工作的意见和建议,坚持组织生活制度,组织老干部参加支部组织生活和党员民主评议。坚持老干部阅文制度,按规定组织退休人员传达或阅读文件。制定了老干部学习制度,并能坚持学习制度,组织退休人员学习政治理论2次。坚持通报制度,局长向退休人员通报工作情况2次。2. 认真落实老干部生活待遇。及时对住院老干部进行探望和慰问,组织老干部到医院进行两年一次统一体检。对家庭特别困难、患重病住院的退休干部的医疗费进行垫资。根据老干部反映,兑现提高单位支付的住院护理费,对老干部反映的渗水住房进行维修。认真搞好离退休人员保健工作,组织退休人员进行保健讲座1次。

**【消委会工作】** 召开全县消费维权和“一会两站”建设工作会议。集中对“一会两站”人员进行培训。进一步明确“一会两站”工作人员工作职责,建立相关配套制度和工作台账,建立消费维权联络员制度,完成建立全县乡(镇)消费者协会分会12个,实现消费维权全覆盖农村村委会,共建立消费维权投诉站、联络站132个。

**【个私协会工作】** 1. 抓好会员的教育学习,引导会员在法律、法规范围内开展经营活动。组织2 000户会员参与“红盾杯”法律法规竞赛。2. 积极开展文体活动,提高会员凝聚力。组织个私协球队参加云县滨江“世纪城”杯男子篮球丙级联赛,在35支队伍中荣获第五名及组织奖。3. 认真开展“贷免扶补”的工作。对申请享受贷免扶补政策人员相关资料进行认真的调查、分析,并找当事人进行相关政策的宣传,经协会审查确定7名申请人员,获得贷款共计35万元。4. 全面加强个私党建工作。于2009年2月12日在云县工商局党总支下成立了个私协党支部,充分发挥个私经济党员先锋、模范的带头作用。

**【2009年受到表彰的单位和个人名单】**

云县工商局被省委、省政府命名为省级文明单位。

**【2009年任职的局领导名单】**

党组书记、局长　刘世坚
副 局 长　李绍光　李华锋　钱　岩
纪检组长　王兴科

## 永德县

**【概况】** 2009年,永德县工商局共有干部职工人69人(其中,在职51人,退休18人),在职人员中有男同志32人,女同志19人;中共党员20人;本科学历9人,大专学历33人,中专学历8人,中专以下学历1人,平均年龄41岁。有派出机构4个(德党工商分局、永康工商分局、乌木龙工商所、小勐统工商所),有7个内设机构(监察室、办公室、市场准入登记管理股、市场规范管理股、法制股、经济检查大队、个私办)。有市级文明单位4个、县级文明单位1个。

【法制建设】 (一)全面学习《全面推进依法行政实施纲要》,严格依法办事,依法行政,健全完善依法科学民主决策机制。对所有案件进行案件核审把关,并实行备案制度,案件备案率达100%,案情复杂的,交案审委员会讨论研究,广泛征求意见,凡涉及到相对人权利、义务的都进行告知。健全完善市场监管、行政执法长效机制及行政执法监督检查机制,结合实际,制定下发了重要工作事项督察实施意见,对全局的各项工作进行定期或不定期的督察检查,从而保证自身行政违法行为的不发生。

(二)切实加强干部职工业务技能培训。提高执法能力和执法水平是全局各项工作中的重中之重。年初,县局制定了行政执法培训计划,并将行政执法培训工作纳入年终工作绩效考核内容,采取以会代训、以案学法或个案指导等方式来完成好此项工作。1. 采取"请进来,走出去,请上来,走下去"的培训措施,加大干部培训力度。组织了新闻宣传报道、摄影知识、法律法规等各类培训共121人次,并选派干部到发达地区工商局跟班学习2期,参加国家、省、市局各类培训11期31人次。通过学习培训,提高了干部职工理论水平和业务能力,特别是选派到昆明跟班学习的同志,都做到领着任务出去,带着成果回来,每个同志都认真撰写学习总结,将外地先进典型经验总结提炼,并结合全县的实际,提出创新发展的路子。2. 着力提高干部队伍政治理论水平,建设政治上过硬的队伍。认真组织干部职工学习党十七届三中、四中全会精神、工商行政管理法律法规等,使广大工商干部具有坚定的政治立场、敏锐的政治意识和高度的政治觉悟,思想上、行动上与省、市局党组保持高度一致,工作上自觉维护国家利益、党的利益和人民的利益。3. 着力提高干部队伍业务水平,建设业务上过硬的队伍。以开展岗位技能大练兵活动为契机,认真组织干部职工开展计算机、注册登记和执法办案等业务知识的学习培训。

(三)行政执法案件情况。坚持全员执法,树立办小案的意识,推进基层工商所全员办案工作。在具体工作中,按照开展一项整治、查处一批案件、规范一个行业的工作要求,进一步规范执法行为,提高执法效能,同时,借鉴外地的成功经验和做法,研究制定了《永德县工商局关于实施一般程序简便方式行政处罚的规定》,对轻微违法违章案件实施行政告诫和行政建议。全局共办理经济违法案件497件,收缴罚没款56.6万元,其中:一般程序案件61件,简易案件248件,一般程序简便处理188件。

【纪检监察】 永德县工商局党组始终把队伍建设作为基础性、长期性任务来落实,切实抓好领导班子建设、干部队伍建设和党风廉政建设,切实强化日常的监督和管理,确保干部职工的廉洁性。1. 认真落实党风廉政建设责任制,形成党风廉政建设与业务工作同部署、同落实、同检查、同考核。县局党组书记、局长与县局党组班子成员签订责任书3份,县局党组成员与分管股室和挂钩的基层单位签订责任书10份,各股室、工商所(分局)负责人和职工签订责任书33份,廉政承诺书50份,家庭助廉承诺书48份。形成一级抓一级,层层抓落实的工作格局。2. 认真开展重要事项工作督察。严格按季度开展督察,重点对局党组安排的重要工作和干部队伍管理等情况进行督察,查找工作中存在的问题,并提出具体整改措施。3. 认真查找和梳理廉政风险点。结合工商职能,认真分析查找在市场准入、行政执法、行政性收费、受理消费者投诉等方面存在的廉政风险。实施廉政风险点管理,较好的规范了广大干部职工的言行,思想观念得到转变,业务素质得到提高,为全系统规范化建设提供了纪律保障。4. 强化廉政风险点的防范措施。局党组根据查找出来的廉政风险点,组织召开党组会议,逐条进行分析,统一思想认识,把握好关键岗位、关键环节、关键部门,并研究制定了相关防范措施。全局在执行风险点管理上,态度是坚决的,措施是有力的,广大人民群众是拥护的,有效实现了对干部职工的教育管理,廉政风险点已作为一项长效监管机制来抓。

【人事教育】 2009年,永德县工商局人事教育工作以提高队伍素质、改进工作作风为关键,提高领导班子和干部队伍执政能力为核心,努力建设一支朝气蓬勃、奋发有为的工商行政管理队伍。全年共组织各类培训32次,参训人员476人次,干部学历大专以上的已达85%。

【企业注册登记】 (一)围绕全市工商系统服务社会主义新农村建设工作目标,全面落实"三农"政策。全县工商系统以贯彻实施新《公司法》、《公司登记管理条例》为基础,以窗口服务和上门服务为主要方式,畅通"绿色通道",牢固树立管理就是服务的思想,变被动服务为主动服务,切实发挥职能作用,积极支持非公有制经济发展。截至12月31日,全县共有企业378户,注册资金65 672万元。其中,内资企业174户,注册资金50 779万元;私营企业204户,注册资金204户。

(二)认真落实服务非公经济发展各项政策措施。首先是放宽市场准入,从经营范围、前置审批、注册资本、无形资产出资方式和比例、企业集团组建、名称登记、参与国企改革、对外投资总额、招商引资资格等方面放宽限制,进一步优化准入环境。其次是认真落实服务承诺制、首办责任制、上门年检制、回访制、挂钩联系制,严格执行下岗失业人员再就业各项优惠政策,2009年共为下岗失业人员减免登记费1.1万元。认真贯彻县委、县政府关于加强招商引资有关规定,立足工商行政管理职能,继续强化首问责任、服务承诺、窗口服务、政务公开、告知等行政许可制度,积极为外来投资者提供高效、便捷服务,营造良好的投资环境。

(三)开展涉农合同帮扶,培育农村经纪人,服务于农民增收。按时完成"合同帮农"指标。按照"围绕主要产业、依托龙头企业、推广格式文本、指导规范签约、维护企业农民利益"的基本要求。县局充分发挥合同行政监管作用,依托当地的龙头企业,面向种植规模较大的农户,从利益共享、风险共担的角度来做签约双方的工作。超额完成"经纪活农"指标。根据市工商局关于培育发展农村经纪人工作安排，该局从2006年开始就制定了三年工作目标，对全县培育和发展农村经纪人工作进行安排，提出了2006年发展10户、2007年发展20户、2008年发展30户的工作指标。2006年度和2008年度我局按进度完成了农村经纪人发展指标；2009年培育发展农村经纪人任务8户，占任务的160%。年内新发展农民专业合作社1户，全县已注册登记农民专业合作社2户，成员28人，注册资金0.6万元，带动了293户农民共同致富，农民专业合作社成为新农村建设的一支生力军，成为区域经济发展的新增长点。继续推广涉农合同示范文本，指导5户涉农企业与农户签订农副产品购销合同。积极开展“贷免扶补”工作，完成帮扶成功创业者4人、带动就业者12人、建立创业导师库17户。

**【企业监督管理】** 2009年，永德县工商局创新服务方式，提升服务效能，努力为市场主体快速发展营造健康发展环境。重点对市场主体变化、流通领域商品质量监测、消费品市场趋势、消费投诉热点等进行定期分析，建立市场监管信息定期分析报告制度，形成分析报告，为党委政府决策、生产经营者投资、消费者消费和社会公众信息需求服务。全面落实“一站式”服务。行政许可事项全部进入地方政府便民服务中心，实现“一个窗口”对外，“一条龙”、“一站式”服务。将企业年检工作全部下放到工商所(分局)。企业年检和个体工商户验照全面实行上门服务，2008年度应验照个体工商户3 221户，已验3 221户，验照率100%，注销268户，验存户数2 953户，验存率92%。应检企业369户，已检355户，年检率96%。

**【市场规范管理】** 2009年，永德县工商局以流通环节食品安全专项整治为重点，深入开展各类专项整治工作。1. 开展食品安全专项整治。全县共有食品经营户930户，全部建立食品经营索证索票和购销台账两项制度，推行“粘贴式”进销货台账工作，增强经营者的责任意识和安全意识。共办理食品案件29件，案值104万元，罚款12.24万元。2. 深入开展烟草市场集中专项整治行动。会同烟草专卖局联合执法，从5月份开始用4个月的时间分三个阶段在全县开展烟草市场集中专项整治行动。共检查个体工商户256户，查处119户，案值2.3万元，罚款1.19万元，责令下柜禁止销售26户，限期销售26户。3. 开展农资市场专项整治。继续以“红盾护农”、“春耕保农”行动为载体，深入开展以种子、化肥、农药为重点的农资市场专项检查，立案查处农资案件14件，案值9.39万元，罚款5.2万元；建立健全农资商品市场准入制度，从源头上确保农资市场安全。按规定与农资经营户签订《化肥经营销售质量保证责任承诺书》、《流通领域市场主体商品质量管理责任书》和《市场主体遵守工商行政管理法律法规告知承诺书》各89份，发放农资销售信誉卡122本，农资进、销台账102套，对农资经营户实行“以所建账，按户建档”，规范农资市场；继续开展种子留样备查工作，辖区内共有种子留样11户，共留样78个水稻品种，留样81千克，代表种子数量51 860千克，留样玉米52个品种，留样59千克，代表种子数量21 120千克。4. 开展假冒名酒专项整治。为加大酒类市场的监管工作，严厉查处经销假冒名酒违法行为，共检查酒类商品经营户156户，其中：超市5户，宾馆、酒楼、饭店37户，食品经营户114户，立案查处26件，没收各种假冒名酒104瓶，罚款12.09万元。5. 开展“扫黄、打非”专项行动。本着打击非法，保护合法的原则，有效遏制黄、非等社会丑恶现象的蔓延，为未成年人提供绿色文化空间。配合公安、文化等部门开展文化市场专项整治工作，加大对各类无证经营报刊、音响制品销售点的整治和取缔工作力度，共出动工商执法人员358人次、车辆138台次，检查经营户204户次，查获非法音像制品4盘、服装2件。6. 净化学校及周边市场秩序，为未成年人创造优良的学习、安全消费环境。对学校及周边非法经营的“黑网吧”、电脑屋、游戏厅、歌舞厅、录像厅进行整治，对2户网吧违规行为实施处罚。清理和取缔学校周边各类销售危险儿童玩具、封建迷信物品，严厉查处销售“三无”产品和制售假冒伪劣商品，为学校及未成年人营造了秩序优良、消费安全的市场环境。

**【消费者权益保护】** 全面推进“一会两站”网络建设，建成行政村、社区、市场12315联络站和消费者投诉站169个；进一步提升12315服务功能，已基本建立起“信息互动，畅通民意，接受监督，听取意见，解决人民群众最关心、最直接、最现实利益”的四个平台，12315工作机构管理制度和工作流程进一步完善，全年共受理消费者投诉13件、申诉(举报)6件，为消费者挽回经济损失1.59万元。

**【反垄断与反不正当竞争执法】** 2009年，永德县工商局严把市场准入关，严格审批登记程序，规范市场主体经营行为，维护统一开放公平竞争的市场环境。全年主要开展了无照经营、虚假违法广告、流通环节产品质量和食品安全、农资市场等专项整治行动，共检查企业(个体)门店近4 850个(户)次，整顿规范市场352个次。根据《云南省商品交易市场管理条例》有关规定，开展集贸市场规范化管理工作。印发了《永德县工商行政管理局关于进一步加强集贸(商品)市场规范化管理的意见》，使集贸市场规范化管理工作有章可循。加大对全县市场开办单位进行年度检验力度，全县共有不同规模的交易市场26个，其中领取市场登记证17个，未办理登记证9个(属产权归属不清、规模较小，达不到登记条件)，应参检16个，实检16个，年检率100%。

**【广告监督管理】** 依据国家总局《广告经营许可证管理办法》和《广告管理条例施行细则》的有关规定，永德县工商局认真地组织开展2009年度广告经营单位年检工作。全县应参加2008年度广告经营单位年检的单位1户(永德县广播电视局)。通过检查，永德县广播电视局能依法开展广告经营活动，无违法经营行为和发布虚假违法广告，给予确认通过年检，同意继续经营。在做好广告经营单位年检工作的同时,加强广告监测工作,及时、全面地将监测情况统计上报。配合其他股室搞好有关广告管理法规的宣传和广告市场的检查,根据国家新的《户外广告登记管理规定》,将登记权下放到各基层单位,切实加强对户外广告的监督管理。

认真组织开展虚假违法广告整治工作。召开专题会议,并下发《永德县工商行政管理局关于开展虚假违法广告专项整治工作方案》,与广播电视局(站、所)签订了大众媒介广告责任书,凡在电视上发布的广告必须先到辖区所在地的工商部门审查备案,领取《准予发布通知书》,广播电视局(站、所)收到工商部门审核的通知书后,才能发布广告,否则将视为非法广告进行查处。同时加大执法力度,构建职能部门协作平台。建立了以工商局牵头,宣传、公安、监察、卫生、广播电视、新闻出版、医药监管等部门组成的联席会议制度,围绕工作重点,集中整治,形成齐抓共管的工作态势,对虚假宣传的违法行为进行严厉查处。

**【商标监督管理】** 2009 年,永德县工商局进一步加大《商标法》和《商标法实施条例》的宣传力度,让广大的经营者增强商标法律意识,让知识产权法律意识深入人心。认真受理经营者的咨询,积极指导农村经济组织、涉农企业申请注册农产品商标。截至 12 月 31 日,全县共有注册商标 63 件。认真履行培育、发展和保护商标的职责,引导辖区个体工商户和企业做好商标注册工作。积极开展“一所一标”活动,制定了工作计划,印发了“一所一标”工作方案,各工商所(分局)认真抓好落实,年内共完成 5 个企业商标申报工作,占任务的 125%。全面推进商标经济户口管理,建立辖区注册商标经济户口档案和台账。

**【基本建设】** 永德县工商局的基本建设在市局党组关心支持下,总投资为 430 多万元的职工集资住宅小区 26 套住房现已投入使用;总投资 68 万元的县局办公大楼正式投入使用;投资 71.6 万元的乌木龙工商所已竣工投入使用;配齐了各工商所(分局)的执法专用车辆。

**【信息化建设】** 根据深化工商行政管理体制改革和深入落实“四制”要求,永德县局把加快信息化建设当作是实现监管执法现代化的重要途径。通过多年努力,该局在信息化建设方面取得一些成绩,硬件投入力度也逐年加大。全局共有网络服务器 1 台、触摸电子显示屏 1 台、数码相机 3 台、1 台投影仪、1 台复印机、打印机 11 台、台式计算机 50 台、笔记本 4 台,实现了人手一台电脑。为全面提高“政务业务一体化软件”运用水平,提高市场监管和行政执法规范化、程序化水平,由办公室牵头,组织网络管理员和有关股室的微机操作人员,对“政务业务一体化软件”启用后各项模块的运用情况进行了一次全面的自检自查。根据《永德县工商局关于进一步规范使用政务业务一体化软件的通知》,结合岗位练兵大比武的契机,不断强化电子政务学习,在全面启用“政务业务一体化软件”所有模块的同时,不断提高各项模块的运用水平。把现已启用和待启用的模块分配到各业务股室和相关责任人,在自己熟练运用的同时,指导好相关股室和工商所(分局)运用。通过学习,广大干部职工已能在政务业务一体化软件中处理自己的业务,推进了无纸化办公进程。

**【个私协会工作】** 根据《永德县个体私营经济协会章程》的规定认真做好全县个体工商户和私营企业入会和收取会费工作。发挥个私协会“桥梁”作用,全力服务非公有制经济的发展,充分利用个私协会办公室与工商局市场准入股合署办公的有利条件,在登记注册窗口开辟“绿色通道”,为下岗失业人员等申办个私经营工商登记提供方便、快捷的服务,对符合优惠政策规定的,免收注册登记费、证照工本费等费用,为广大会员创业营造良好的发展环境。利用各种机会、采取各种方式,向广大个私经营者广泛宣传国家大力发展非公有制经济的政策和措施,引导农村富余劳动力创办个体私营企业,开展农村的农副产品经纪业务,积极联系、协调有关部门对个私企业给予支持帮助。年内还组织个私协会会员参加了 2010 年元旦春节“地电杯”综合运动会,取得女队篮球赛第一名。

**【2009 年任职的局领导名单】**

党组书记、局长　杨仁延
副 局 长　武文春
纪检组长　李延立

## 镇康县

**【概况】** 镇康县工商行政管理局内设机构有办公室、监察室、法制股、市场准入登记管理股、市场规范管理股、经济检查大队;派出机构有南伞工商分局、凤尾工商分局、勐捧工商所。局党总下设 6 个党支部,有中共党员 39 人(其中,在职 23 人、退休 11 人、个私协 5 人)。所属两个群团组织,即个体私营经济协会、消费者协会。全局共有干部职工 43 人,其中公务员 36 人,机关工人 3 人,事业人员 4 人。

2009 年,镇康县工商行政管理局以“三个代表”重要思想为指导,深入学习实践科学发展观,按照国家工商总局明确的“四个统一”,省局党组提出的“三个到位”、“六个好”的工作目标,把贯穿“依法行政,执法为民,服务发展”一条主线,建立健全“队伍建设、市场监管”两个长效机制,努力实现“三个基本满意”作为工商改革发展的方向,更新发展理念、监管理念、执法理念、维权理念,创新工作机制,提高科学监管,促进科学发展的能力和水平,全面完成 2009 年各项工作任务。

**【法制建设】** 1. 加强对执法办案人员的培训教育,着力提高执法办案人员的法律素质和业务素质,按照干什么、学什么,缺什么、补什么的原则,进行业务培训,不断提高依法行政的能力和水平。2. 组织干部职工参加县法制部门组织的普法考试 1 次,市局组织的红盾杯知识竞赛 1 次,县局组织《中华人民共和国行政复议法》施行十周年、安全生产知识、工商法律法规知识竞赛 3 次。3. 做好对违法行为人的警示与疏导,制定《做好对违法行为人的警示与疏导工作实施方案》和《案件评查、评议、考核办法》。

【纪检监察】 1. 不断强化党风廉政建设责任制的落实，按照一级抓一级，一级为一级负责和一岗双责的要求，层层签订了党风廉政建设责任书42份。2. 强化廉政风险点管理，切实加强对廉政风险岗位及工作人员落实廉政风险点防控措施的监督检查，确保廉政风险点无风险。3. 强化监督检查，确保重要工作事项落到实处，纪检监察机构认真履行职责，把推行责任政府和阳光政府四项制度作为监督检查的重点，采取日常监督、季度检查、重点督查、边检查边清理，边检查边完善等多种方式，对全系统贯彻落实责任政府和阳光政府四项制度情况进行督促检查。

【人事教育】 1. 加强领导班子建设。着力提高领导班子的领导水平，努力把领导班子建设成为勤奋学习的模范、团结实干的模范、开拓创新的模范、勤政廉政的模范。加强领导班子的政治理论学习和业务知识学习，提升学习实践科学发展观的能力及应对新形势、解决新问题、促进新发展的能力。不断增强把握大局、统揽全局、统筹兼顾的能力，理解党委政府及上级领导机关决策部署的能力，履行职责与推进自身建设有机结合的能力。正确认识新形势、新任务带来的新挑战和新机遇，解放思想，开拓创新，不断创新队伍建设、业务建设机制。鼓励和引导领导班子自觉运用现代管理知识、公共管理知识、领导管理知识，加强业务工作管理、队伍管理，以领导干部业务管理能力的提高带动和推动基层干部能力的提升。2. 着力提高干部队伍素质。加强全局干部职工的教育培训，加大对干部职工法律法规，办案技能，执法实践中的突出问题的培训。以本职业务为重点，采取跟班学习、集中学习和自主学习相结合的方法，分层次、按程序深入扎实开展岗位大练兵活动，层层选拔能手，参加市局比赛，分别获得计算机操作能手第二名、第四名，执法办案能手第一名的好成绩。

【企业注册登记】 1. 积极履行登记前告知义务，主动告知企业设立、变更、年检、注销登记的条件和应提交材料，指导确定企业名称。2. 对党委、政府确定的扩大内需、促进增长的重大投资和利用外资项目，提前介入，开辟"绿色通道"，提供便捷高效的登记注册服务。全县私营企业147户，注册资金35 105万元；内资企业133户，注册资金16 478万元。

【企业监督管理】 创新服务方式，提升服务效能，努力为市场主体快速发展营造健康发展环境。全面落实"一站式"服务，全面推行企业、个体工商户注册登记"一审一核"、"审核合一"制度，减少办事程序，缩短办事时限，提供便捷高效的登记注册服务。年内全县个体工商户达3 010户，注册资金11 563万元；办理流通环节食品经营许可证29户。

【市场规范管理】 1. 深入开展专项整治行动。开展食品安全专项整治，严格监督食品经营者建立健全并落实进货查验、购销台账和索证索票制度，鼓励食品经营者建立电子台账或粘贴式台账，增强经营者的责任意识和安全意识。以"红盾护农"、"春耕保农"行动为载体，开展以种子、化肥、农药为重点的农资市场专项检查，查获不合格化肥2吨。工商所(分局)与农资经营户签订责任书94份，对辖区农资经营户采取人盯人，一盯一战术，对农资经营户实行"以所建账，按户建档"，规范农资市场。农资市场全面实行信用分类监管，全县共有农资经营户94户，其中，守信82户、警示1户、失信1户。完成抽检化肥30个样品，其中合格29种，不合格1种。开展禁塑专项整治。贯彻落实国务院禁塑令，查获批发塑料购物袋窝点1个，没收塑料购物袋2.12吨。2. 制定《镇康县工商行政管理系统完善"七农"工作机制促进农业增效农民增收工作实施方案》，培育发展农产、牲畜、养殖等行业农村经纪人10户；新扶持发展农民专业合作社20户，成员568名，出资额97万元；推广种植、养殖涉农合同示范文本，监制合同示范文本1 500份，指导5户经济组织签定了涉农合同114户，合同金额514 800元；种子留样备查47个品种，代表种子数量6万千克。3. 办理动产抵押登记12份、借贷金额4 720万元。4. 开展"诚信市场"创建活动。完成6个市场的信用等级分类工作，其中，B类3个、C类3个。按照"分类申报考核，分类认定公示"的原则，做到申报程序规范，市局认定为3A级市场1户、县局认定为2A级市场1户。

【消费者权益保护】 1. 进一步提升12315服务效能，全面开展12315行政执法体系"四个平台"建设，制定了加强12315行政执法体系"四个平台"建设的规划、方案和12315工作管理制度，工作流程。切实加强12315行政执法体系队伍建设，加大教育培训力度，结合岗位练兵活动，加强12315一线工作人员的业务培训，不断提高消费维权能力。2009年到红河州调处消费者申诉案件1件，为消费者挽回经济损失8 700元，2009年全县工商系统受理消费者申诉举报39件，其中，商品消费申诉37件，服务消费申诉2件，为消费者挽回经济损失2.93万元。

【食品流通监督管理】 1. 严格监督食品经营者建立健全并落实进货查验、购销台账和索证索票制度。认真贯彻落实《乳制品质量安全监督管理条例》，依法监督乳制品销售者切实履行进货查验和进货台账等自律制度。查获不合格牛奶果盘61件，过期牛奶果盘200件。2. 开展"农村食品安全示范店"创建活动，制定了《镇康县工商行政管理系统"农村食品安全示范店"创建工作方案》和培训帮扶工作措施。严格检查"农村食品安全示范店"索证索票和建立进销货台账的情况，对食品零售商建立便捷有效的粘贴式台账制度。完成"农村食品安全示范店"71个，实现全县行政村、社区"食品安全示范店"全面覆盖。3. 积极推进食品安全快速检测工作，充分发挥食品检测仪和食品检测箱的作用，完成食品样品检测438个。

【广告监督管理】 2009年，镇康县工商局加强对报纸、电视、广播、户外广告等覆盖面广、影响力大的广告进行监测，重点监测药品、医疗服务、医疗器械、保健用品和化妆品广告,严厉打击虚假违法广告活动,全年对辖区内媒介广告、户外广告(含车体广告)进行了监测,共监测检查各类广告1 490条次,其中,电视媒介广告1 469条次(医疗服务广告639条次、酒类广告183条次、其它类广告647条次),户外广告21条次。

【商标监督管理】 1. 制定“一所一标”创建工作实施方案,明确指导思想、目标、措施,全面推进商标经济户口管理,建立辖区注册商标经济户口档案和台账。2. 两分局一所完成帮扶申请注册商标3个,即镇康县如意橡胶开发有限责任公司的“大丫口”、“南棒河”商标,镇康县凤尾泉酿酒厂的“阿数瑟”商标。3. 组织推荐“红庆”、“箐山”2个注册商标申报临沧市首届“知名商标”。

【老干工作】 2009年,镇康县工商局始终把维护好老干部的利益作为工作出发点和落脚点,不折不扣的落实老干部工作,严格执行考察制度,组织老干部到白岩村参观新农村建设1次;在资金困难情况下自筹资金为退休人员缴纳医疗费32 124元,大病保险1 200元;关心老干部生活,看望住院老干部6人次,办理丧事2起,发放慰问金8 700元;搞好退休人员保健工作,组织全体退休干部体检1次,体检费5 700元;做好节日慰问工作,分别对退休干部进行春节和中秋节慰问,发放慰问金11 800元。

【经济检查】 2009年,镇康县工商局调整充实执法力量,整合执法资源,加大执法力度,细化执法指标,落实执法责任,全年共查处各类违法违章案件103件,其中立案63件,罚没款50.44万元。

【消委会工作】 1. 全面完成了“一会两站”建设工作,全县共成立消费者分会7个;所有行政村、社区、市场(含超市、商场)、县城所在地中小学、乡镇中学和中心完小建立12315消费者投诉站107个,形成覆盖城乡的消费者申诉举报网络。2. 组织3·15国际消费者权益日宣传活动。围绕“消费与发展”年主题,开展消费教育、消费咨询等形式的宣传活动,发放5 000份年主题宣传材料,广泛深入地宣传消费与发展相互促进的理念,关注民生,促进发展。3. 以高度的责任感全面做好“三鹿”婴幼儿奶粉患儿赔偿工作,共赔偿患儿11人,其中:重症患儿1人,一般性患儿10人,赔偿金额5万元,全面完成了赔付兑现工作。

【个私协会工作】 1. 镇康县个私协会不断充实和壮大个私队伍,有力促进了镇康非公经济健康发展,共有个体会员4 793人,私营企业会员2 645人。2. 在当地党委的领导下,充分发挥工商部门和个私协会联系非公有制经济较为紧密的优势,认真落实非公有制经济党建工作情况统计申报制度,完成98户企业自行申报工作。3. 积极开展会员活动,在庆祝中国共产党成立60周年活动中,组织个私会员11人参加县协会和工商局举办的迎国庆、讲文明、树新风诗歌朗诵比赛,协会两名队员分别获得第1名和第2名的好成绩。4. 热心公益事业,帮助勐捧镇根基村解决修建村道路资金6 000元;为南伞镇刷布厂村种植泡核桃购买农药30件,价值6 000元;走访慰问生病会员1人,发放慰问金800元;资助农村贫困大学生共17名,资助金额5.5万元。

【2009年任职的局领导名单】

局　　长　李相平

副 局 长　李光宏　汪恒东

纪检组长　韦之化

## 耿马傣族佤族自治县

【概况】 耿马县工商行政管理局现有内设机构6个:办公室、法制股、市场规范管理股、市场准入登记管理股、经检大队、监察室;有派出机构3个:耿马工商分局、孟定工商分局、勐撒工商所;代管个体私营经济协会、消费者协会。有在职干部职工61人(公务员57人、机关工勤人员1人、行政工人2人、事业人员1人),其中男36人、女25人,退休干部20人。在职的61名干部职工中,大学本科学历10人,大专学历45人,高中3人,初中以下3人。局党总支下设党支部6个,有中共党员50人(其中在职人员中有36人、退休人员中有14人)。6个党支部中含个私协党支部,有21名党员。

【法制建设】 1. 强化宣传教育力度,认真普及工商法律法规知识。以“3·15”消费者权益保护日、知识产权宣传日、科技宣传周等为载体,积极开展工商行政管理法律法规的宣传教育活动;印制《中华人民共和国食品安全法》读本1 500本,免费发放到全县工商系统干部职工、企业法人代表以及食品流通领域的个体工商户手中;分3期对辖区的企业法人代表、管理人员、营销人员以及个体工商户从业人员,进行工商行政管理法律法规的培训;以岗位练兵为契机,在干部职工中组织了法律法规业务知识测试10次。2. 加大执法监督力度,促进执法行为规范。全年共组织开展了3次执法检查工作,主要对2008、2009年度行政执法进行检查,对发现的问题,及时提出了整改措施和方法。3. 认真开展行政执法案件回访活动。对全县工商系统自2007年1月~2009年6月30日止所办理的行政执法案件中的130件进行了回访。4. 严肃认真组织听证会。将拟定的《耿马县工商局核发食品流通许可证实施方案》作为流通领域食品安全监管重大工商行政政策措施列为听证事项,按照程序举行了听证。

【纪检监察】 1. 加强组织领导,完善工作机制。根据年初竞聘上岗后人事变动情况调整了领导小组成员和基层工商所(分局)兼职纪检监察人员;年内,在分层分级签订党风廉政建设责任书60份的基础上,4月份又签订了工作人员廉政承诺书60份、家庭助廉承诺书56份;按照党风廉政建设责任制的要求,全年共开展廉政谈话29人次。2. 强化学习教育,夯实思想基础。认真传达学习了中纪委三次和四次全会、国务院第二次廉政工作会议、中共云南省纪委八届四次全体会议、省政府第二次廉政工作电视电话会议及全国、全省、全市工商系统党风廉政会议精神;抓实思想政治教育,认真组织学习邓小平理论、“三个代表”

重要思想和科学发展观，特别是抓好社会主义核心价值体系、社会主义荣辱观、社会主义和谐社会建设、惩治和预防腐败体系建设等重要理论的学习，着力增强宗旨观念，增强干部队伍执法为民意识；认真开展警示教育活动，利用正反两方面的典型教育干部职工自觉遵守廉洁自律的有关规定，全年开展警示教育活动3次。3. 加大督察力度，抓实行风建设。定期开展工作纪律监督检查，其中，县局机关每周开展1～2次，各所（分局）每月开展1次；加强廉政风险点管理的监督检查，采取明查暗访的形式每月进行检查1次，全年共开展检查11次，其中开展明查暗访7次，走访企业、个体工商户87户96人次，组织纪检监察机构对全县工商系统干部职工是否存在赊欠监管服务对象财物、是否存在吃拿卡要等消极腐败问题开展了1次明察暗访，未发现有关违法违纪现象。

**【人事教育】** 2009年，耿马县工商局大力加强教育培训，坚持干部职工每周一学、每月一考制度，每月组织党员集中学习1～2次，积极组织开展岗位业务技能练兵比武、“以案学法”、专题辅导培训、顶岗跟班见习、外出学习考察等学习教育载体活动，年内共开展专题培训31次，组织测试活动18次，有2名岗位业务能手受到市工商局表彰奖励。年初，组织实施了干部竞聘上岗，根据竞聘上岗结果，调整变动岗位18人，促进了干部合理流动，增强了干部队伍活力。

**【企业注册登记】** 2009年，耿马县工商局采取措施积极服务于市场主体健康发展。一是健全完善了全县工商系统服务非公经济、招商引资和中小企业工作措施；二是落实领导挂钩联系重点非公企业和外来投资企业制度，实行工商联络员跟踪服务制度；三是全面严格落实窗口服务制、服务承诺制、首问责任制、限时办结制、“绿色通道”服务制、预约登记服务、一次办结制、一审一核制等服务措施，不断提高注册登记效率，进一步强化市场主体准入服务指导。按照“非禁即入”的原则，办理设立登记企业96户、注销35户、变更90户。2009年，全县共有企业358户，注册资本金50 799万元。

**【企业监督管理】** 2009年，耿马县工商局进一步推行首问责任制、服务承诺制，施行一站式服务，认真落实国家在市场准入、收费减免等方面的优惠政策，放宽市场准入条件，简化手续，促进全县个私经济快速发展。全年共办理开业登记个体工商户1 443户，办理注销登记1 468户、变更登记571户，年内，全县共有个体工商户5 070户，注册资金13 678万元，从业人员6 700人。一年来，共为1 320户首次创业人员办理了注册登记手续，减免费用共计30 360元。全县应参加2008年度验照个体工商户5 095户，实验5 095户，验照率100%，验照过程中办理注销863户、变更350户，新发展676户，验存率83.06%。

**【市场规范管理】** 2009年，耿马县工商局在全面加大监管力度的同时，突出重点，深入落实监管长效机制工作措施。1. 深入推进企业个体信用分类监管。对辖区358户企业、5 070户个体工商户信用类别进行核定，共核定守信企业358户，警示个体工商户50户，失信个体工商户119户，守信个体工商户4 901户，在日常监管执法工作中，采取相应的分类监管措施。2. 组织实施商品交易市场信用分类监管。3. 认真落实农资市场分类制度。严把农资经营主体准入关，积极引导农资经营单位和个人建立健全自律机制和内部管理制度，对227户农资经营户实行信用分类监管，对127户化肥、种子和农药经营者全面建立落实“两票两账一卡一书”制度。

**【消费者权益保护】** 2009年，耿马县工商局制定实施12315行政执法体系“四个平台”建设实施方案和消费者申诉举报处理工作规范，在不设工商所（分局）的乡镇、车站、重点宾馆等地完成“一会两站”建设任务，新成立消费者分会6个，12315联络站和投诉站12个，全县9个乡镇都设立了消费者协会分会，县局成立了消费者申诉举报中心，3个工商所（分局）所在地设立了消费者申诉举报站，85个村委会（社区）设立了12315联络站和投诉站，在重点市场、中小学、商场（超市）、娱乐场所、车站、宾馆、农场等地设立了12315联络站和投诉站45个，全县共有“一会两站”143个。全年共受理消费者申诉举报案件30起，为消费者挽回经济损失2.6万元，制作发布消费提示、警示7期。

**【食品流通监督管理】** 1. 推进食品市场主体诚信体系建设。积极开展食品安全示范镇和食品安全示范店创建活动，命名耿马镇为食品安全示范镇，授予环城超市等82户流通领域食品经营者为“农村食品安全示范店”称号。完成了商品市场信用分类监管基本信息采集工作，完成4A、3A、2A诚信市场推荐、上报、认定、公示工作。2. 严格落实食品市场准入制度。监督指导1 075户食品经营户建立健全流通领域产品进销货台账、不合格商品退市台账和索证索票等制度，各工商所（分局）与经营大户签订“协议准入”责任书，实行食品安全警示信息公示等制度，推进食品安全关口前移。3. 强化食品安全宣传教育和警示。广泛深入开展食品安全法制宣传教育，年内组织了一次食品安全宣传培训，参训人员256人次，发放《中华人民共和国食品安全法》读本1 500份，定期不定期发布食品安全警示信息和市场预警信息7期（次）。4. 开展食品安全检测。于元旦、春节、泼水节、五一、中秋等重大节日前组织开展食品安全专项整治行动，利用食品快速检测箱对食品进行抽检，全局共完成抽检样品520个，录入机式429个样品。

**【反垄断与反不正当竞争执法】** 2009年，耿马县工商局以食品安全专项整治为重点，以查办各类不正当竞争案件为核心，努力营造公平竞争的市场环境和放心满意的和谐消费环境。全年全县工商系统共查处案件298件，其中立案209件，当场处罚89件，案值702.8万元，罚没收入96.45万元。查处食品经营违法违章案件31起，查获过期食品8.75千克；组织开展流通领域化肥质量抽检3批次，抽检化肥样品48个，查获超范围经营化肥案件3起，不合格化肥案件1

起;查获塑料购物袋73万余个,相关案件31起。查处取缔出版物无证经营摊点7户,查处无照经营网吧经营户8户,无证经营KTV娱乐场所、卡拉OK厅16户,查获电脑21台,收缴盗版音像制品共计8 287碟(盘),非法出版书刊852册(本)。

【广告监督管理】 2009年,耿马县工商局继续加大虚假违法广告打击力度,把直接关系到人民群众切身利益的药品、保健食品、医疗、化妆品、美容等作为专项整治的重点,积极开展广告监测工作。全年共监测广告4 295条次,其中,电视广告1 293条次,户外广告2 969条次,印刷品广告33条次,查处违法广告案件4起。

【商标监督管理】 2009年,耿马县工商局认真履行宣传、培育、发展和保护商标的职责,紧紧围绕支柱产业,突出重点积极培育发展,指导帮助企业使用商标,认真组织开展"一所一标"活动,帮扶辖区企业申请注册商标5件,注册商标范围为食品、木制品和建筑材料类,积极组织辖区内3户企业积极参加临沧市首届知名商标评审认定活动,云南耿马乾峰茶业有限公司的"回味"牌商标和耿马洛凌茶厂的"洛凌"牌商标被认定为临沧市知名商标。

【基本建设】 2009年,耿马县工商局紧紧围绕"五个规范"深入组织实施基层工商所规范化建设工程,加强基层和基础设施建设。结合实施基层规范化建设,在省、市工商局的支持帮助下,投入40余万元对孟定分局和勐撒工商所办公楼及窗口服务厅、干部交流用房、职工食堂进行了改造修缮,添置了2辆执法专用车,对县局机关、孟定分局和勐撒工商所的办公环境进行了绿化美化,购置了数码相机、摄像机、打印机等监管执法必备设施,为全局执法人员配备了移动执法终端设备。年内孟定分局和勐撒工商所通过了市局的考核验收。

【老干工作】 2009年,耿马县工商局认真落实老干部的"两个待遇",凡遇重大传统假日都对老干部进行看望慰问,坚持对生病住院的退休人员进行探望制度。年内,组织老干部学习政治理论知识和省、市、县局重要会议和文件精神2次,对年初干部竞聘上岗、年度工作总结部署、年度财务支出和预算情况等重要工作情况进行了通报,积极组织老干部参加建党88周年庆祝活动,并由老干工作人员陪同到临近县(区)参观考察1次,举办老年保健知识讲座1期。

【信息化建设】 1. 加强网络使用、信息化安全管理,制定出台了《耿马傣族佤族自治县工商行政管理系统计算机及信息网络使用管理制度》,加强对涉密计算机的使用管理。2. 进一步加大计算机操作应用技能培训力度,采取以会代训、跟班学习、积极参加市局举办的培训班以及开展岗位练兵等方式,着力提高全系统干部职工计算机操作运用技能和监管执法水平,强势推进政务业务一体化软件模块及各类软件的应用。在硬件设施充分保障的前提下,加大软件应用力度,全面启用了OA办公软件、财务电算化管理、统计报表、食品安全检测、商品交易市场信用分类监管等软件,有力地提高了履行工商行政管理职能效能。

【消委会工作】 1. 围绕"消费与发展"年主题,认真组织开展"3·15国际消费者权益日"纪念活动。现场共发放宣传资料8 068份,悬挂条幅60条。2. 召开县消协第一届二次理事会,通报协会成立以来工作开展情况,圆满完成协会改选部分理事、常务理事、副会长、秘书长工作。3. 加大"一会两站"培训力度。县工商局和消协联合相关部门积极组织开展培训工作,对全县"一会两站"工作人员及部分企业代表、个体工商户进行了2期培训。4. 强化消费维权工作情况定期分析通报和消费警示提示。年内及时定期向上级机关和县委、县政府上报全县消费维权情况分析报告,适时向社会通报消费维权热点、难点问题,同时发布消费警示、提示,尽可能把消费维权由事后补救转为事前防范。全年共上报消费维权工作情况定期分析报告3期,制作发布消费警示、提示7期。

【个私协会工作】 1. 积极加强会员发展工作。认真开展宣传工作,严格入会程序,完善入会手续及资料。截至目前,耿马县个私协会共有会员5 288户。2. 认真落实"贷免扶补"工作。积极与相关部门协商讨论"贷免扶补"问题及解决协调合作关系问题。为7户创业者申请获得贷款35万元、带动劳动就业37人,创建创业导师库16户。3. 加强个私协会党建工作。协会党支部共有党员23名,于4月份召开支部大会选举产生了新一届个私经济协会党支部委员和支部书记,增选了3名支委。4. 积极组织会员开展文艺活动,丰富会员文化生活。5月,孟定分会投入经费5 000余元组织个体、私营经营者21人参加"广场集体舞比赛"活动,并取得了第二名的优异成绩;9月底,勐撒分会组织举行了一次"迎国庆60周年象棋比赛"活动,参加比赛会员18人。5. 认真落实慰问制度,为会员送温暖。2月初,协会组织开展了春节前夕慰问贫困个体工商户活动,慰问贫困个体工商户13户,发放慰问金3 300元。

【2009年任职的局领导名单】

局　　长　罗金华

副 局 长　尚卫红　唐桂荣

纪检组长　张济能

## 沧源佤族自治县

【概况】 源沧县工商局下设办公室、监察室、市场规范管理股、市场准入股、法制股、经检大队6个内设机构和勐董分局、芒卡分局、勐省工商所3个派出机构,有个体私营经济协会和消费者权益保护协会两个挂靠机构。年末有在职干部职工42人,其中男29人,女13人;少数民族13人;公务人员33人,机关事业人员9人。

2009年,沧源县工商行政管理局在市局党组和沧源县委、县政府的正确领导下,坚持以科学发展观统领工商工作全局,认真落实"四个统一",推进"四化"建设,努力实现"三个过硬"、"四高"、"四个转变"要求和"三个到位"、"六个好"工作目标,围绕年初市局下达的“六项重点”工作任务，推进部门自身建设，落实服务发展措施，强势推进行政执法，切实维护大众消费，努力做到工作指标化、任务责任化、管理规范化、监管精细化，年初确定的各项目标任务得到了较好落实。

**【法制建设】** 2009年，沧源县工商局不断加大法规学习，年内共组织专项执法考试2次，参加人数248人次，组织“红盾杯”法律法规知识竞赛1期45人参加；加强执法监督，对全年查处各类违法违章案件进行了核审，强化对行政处罚自由裁量权行使的监督，坚持每季度对办案机构的案件质量进行全面检查，重点加强对立案、销案、处罚、没收物品处置、行政强制措施五个环节执行情况的监督，及时纠正不当行政行为；加强案件回访，回访率100%。

**【纪检监察】** 沧源县工商局始终把加强领导班子和干部队伍建设摆在突出的位置，扎实推进思想、组织、制度、作风和党风廉政建设，为推进全县工商行政管理改革发展奠定了坚实的基础。始终坚持抓班子、带队伍，发挥龙头作用，推动自身建设健康稳步发展。1. 加强政治理论学习。结合实际制定学习计划，认真落实学习制度，以党组理论中心组集中学习、职工大会学习、支部学习等形式，切实加强政治理论学习，不断增强领导班子凝聚力、执行力、创新力。2. 落实民主集中制。涉及人事任免、大额经费开支、固定资产处置、基本建设等重大事项集体研究决定，不搞个人说了算，进一步提高了班子决策透明化、民主化、科学化。一年来，下发党组会议纪要14期，行政会议纪要2期，自觉接受群众监督，让决策过程在阳光下运行。3. 召开务虚会议，认真分析面临的新形势、新任务，总结经验得失，明确努力方向，通过沟通交流，进一步把领导班子的思想和行动统一到省、市局党组总体部署和要求上来。4. 召开领导班子专题民主生活会。6月12日，严格按照领导班子民主会的程序和要求，局领导班子成员紧紧围绕“学习实践科学发展观”主题，结合自身思想、作风实际，就存在问题及分管工作进行了深刻剖析，在深入调研、广泛征求意见的基础上，形成了切合实际的领导班子分析检查报告。5. 召开党风廉政建设工作汇报会。6月29日和11月19日，县局党组分别认真听取了纪检监察部门上半年工作情况汇报和2009年度党风廉政建设工作情况汇报，就做好纪检监察工作和党风廉政建设工作进行了专题研究，进一步把县局领导班子的思想和行动统一到“确保干部职工不出问题是全县工商系统最大的任务、最硬的指标”上来；在11月9日召开了2009年度务虚工作会议，明确务虚工作的重要性和必要性，切实把加强干部队伍的教育、监督和管理不断引向深入。

始终把党风廉政建设作为全局性、战略性任务来抓。1. 抓学习教育，用科学发展观统领党风廉政建设。认真学习贯彻省、市工商系统党风廉政建设工作会议精神。召开党组会议、局务会议、全体干部职工大会进行传达贯彻，全面落实“一把手”负总责，“一岗双责”制度。深入开展反腐倡廉学习教育，进一步推进工商廉政文化建设。以多媒体的形式，组织干部职工观看警示录，认真学习警示教育材料，丰富廉政文化内涵，大力倡导家庭助廉，签订《工作人员廉政承诺书》42份、《家庭助廉承诺书》38份。2. 抓制度落实，强化源头预防腐败力度。认真落实《惩治和预防腐败体系2008~2012年工作规划实施意见》，按照市局的总体部署和要求，把责任分解到各支部、股室、所。制定《沧源县工商行政管理局2009年党风廉政建设和反腐败工作意见》和《沧源县工商局2009年度纪检监察工作计划》，切实加强对干部的教育、监督和管理。分别签订《党风廉政建设责任书》42份、《预防职务犯罪协议书》41份。由分管领导组织勐董分局、芒卡分局、勐省工商所召开党风廉政建设工作专题会，切实把广大干部职工的思想和行动统一到会议精神上来，不断推动全县工商系统党风廉政建设工作深入开展，取得实效，推动工作。加强对进驻政府政务服务中心工作人员的廉洁自律，分别签订责任书3份。签订《廉政风险点管理目标责任书》41份、填写《部门廉政风险和防范承诺表》10份，《个人廉政风险和自我防范承诺表》42份，上门征求行风监督员意见建议45条，填写《廉政风险点检查登记表》7份、《明查暗访登记表》2份。对新提拔的办公室、市场准入股负责人进行任前廉政教育谈话，开展监管风险点排查，制定沧源县工商局监管风险点防控措施共7条。3. 强化监督检查，确保重要工作事项落到实处。强化对落实“责任政府”四项制度的监督检查。签订《部门负责人贯彻落实责任政府“四项制度”承诺书》10份、《工作人员贯彻落实责任政府“四项制度”承诺书》42份。定期不定期对各股室、基层工商所(分局)落实责任政府四项制度情况进行全面检查。制定“阳光政府”四项制度实施方案、实施细则、宣传方案。强化对六项重点工作的监督检查，开展集体督查2次。

**【人事教育】** 按照总局“政治过硬、作风过硬、业务过硬”的要求，切实加强干部队伍建设。1. 加强学习。深入开展学习实践科学发展观全员学习培训活动，多层次、多角度组织干部职工深入学习十七大会议精神，贯彻落实全国、全省、全市工商局长座谈会精神，努力实现“三个到位”、“六个好”云南工商工作目标，自觉把思想和行动统一到上级的部署和要求上来；组织开展停征“两费”后基层工商部门干什么、怎么干主题研讨活动，进一步解放思想、解除困惑、解决问题。2. 开展岗位大练兵活动。成立岗位练兵大比武活动领导小组和工作机构，结合实际，制定注册登记、执法办案、计算机操作岗位练兵大比武活动方案，自下而上掀起全员大练兵热潮。在2009年全市工商系统“三项能手”竞赛活动中，分别取得了注册登记能手竞赛第2名、执法办案能手竞赛第3名、计算机操作能手竞赛第5名的优异成绩，全面实现零的突破。3. 开展干部队伍作风纪律整顿活动，让每一位干部职工在大会上以多媒体形式上台发言，围绕自身作风纪律方面存在的问题，结合新的形势变化和发展要求，查找差距，理清思路，更新观念，并提出具体的措施和办法来促进工作的发展。

【企业注册管理】 认真落实行政问责、首办责任、服务承诺和限时办结“四项制度”,年内,沧源县工商局对县党委、政府确定的扩大内需、促进增长的重大投资项目、招商引资项目的沧源佤乡文化旅游集团有限公司等6家企业的注册登记,做到推行服务前移和服务延伸,全程跟踪联络,强化服务指导,提供更为方便、优质、高效、快捷的服务。一年来,各级注册登记窗口办理企业开业登记73户、变更登记54户、名称预先核准29户、户外广告登记29户、抵押物登记9户、展销会登记2户。开展市场信用分类监管,制定了实施方案、指定专人负责,完成了市场信用等级认定工作,其中,沧源勐董综合商贸城市场为3A级诚信市场,沧源县勐省集贸有限公司市场为1A级诚信市场。制定了市场主体登记(监管)信息定期分析报告制度、广告检测情况定期分析报告制度,指定专人负责,共向市局和县委、县政府上报市场主体情况登记分析报告9期,广告监测、商标注册情况定期分析报告3期,流通领域食品安全检测情况定期分析报告4期,消费维权工作情况定期分析报告3期。2009年度全县实有注册企业297户(内资企业172户,私营企业125户),其中,重点监管企业70户,高危行业企业77户,A级守信企业276户,C级一般失信企业3户。年内新设立企业73户,办理注销登记50户。共有个体工商户2 829户,其中,A级守信个体户2 590户、B级警示个体户112户、C级一般失信个体户127户。年内新设立个体工商户745户,办理注销登记450户。共有农民专业合作社23户,其中,种植业14户、养殖业7户、运输业1户、手工制造业1户。全县应参加2008年度年检的各类企业共274户,其中:内资企业165户,私营企业109户。截至6月30日,全县实际参加年检企业257户,有实际困难申请延期年检的11户,逾期无正当理由不参加年检17户,年检率93.8%。年检期间注销企业19户,新发展企业21户。在企业年检过程中,共发现38户企业违反登记管理法规,责令37户企业限期办理变更或者注销登记手续,立案处罚1户。根据年检结果,对274户企业实施分类监管,划分出A级守信企业272户,B级警示企业1户,C级一般失信企业1户。2008年度全县应验个体工商户2 525户,截至5月20日,已验照户数2 524户,验照率99%,验存户数2 181户,验存率86.4%,验照期间注销343户,新发展个体工商户278户。制定并落实“七农”工作措施,培育发展了农村经纪人6户,其中,勐董分局3户、芒卡分局1户、勐省所2户;指导签订涉农合同8户。

【市场规范管理】 2009年,沧源县工商系统共查处各类经济案件302件、罚没款27.76万元,其中:立案178件、罚没款27.14万元,当场处罚124件、罚没款0.62万元。开展了元旦、春节、国庆中秋市场专项整治,对全县食品经营户进行了地毯式检查,严厉打击制售假劣食品、有毒有害食品、过期霉变和三无食品等违法行为。开展了白酒市场专项整治,对辖区内江西籍烤酒经营户进行了检查,对14个白酒样品进行了送检。制定下发了《“农村食品安全示范店”创建工作方案》和《“农村食品安全示范点”培训帮扶措施》,在10个乡镇创建“农村食品安全示范店”90户,100%完成市局年初下达任务目标;5月24～26日派员到临翔区工商局凤翔分局进行了跟班学习,完成了食品样品检测任务500个;开展了《食品安全法》培训活动,培训食品经营户1 135户,2009年共与流通领域食品经营者签订了食品安全责任书115份。深入开展红盾护农活动,完成了22个化肥样品的抽检任务(市局下达20个),留查水稻18 681千克44个样,查处农资案件3件、案值2.4万元、罚款1.56万元;公示农资经营户黑名单3户。开展“禁塑”、卷烟市场、手机市场、饮水机市场、汽车摩托车下乡市场、仿瓷餐具市场专项整治,通过一系列大范围、高强度的专项整治行动,有力的促进了沧源县工商局行政执法工作的有序开展,案件查处数量、罚没款数额与上年同期相比有了大幅度提高,干部职工学办案的积极性空前提升、会办案的人数比例大幅攀升,在一系列的专项整治中,沧源县工商局干部职工深入基层、深入市场、学法用法,较好的完成了维护市场经济秩序的任务,达到了处罚一个、规范一片、震慑一方的目的。禁塑行动中没收塑料袋87 681个,立案1件。

【消费者权益保护】 沧源县工商局党组高度重视“一会两站”建设工作,把该项工作看作是倾听民意、服务基层的重要渠道,在2009年底全县建立了10个乡镇消费者权益保护协会分会,其中,勐董分局4个、勐省所1个、芒卡分局2个;所有行政村、社区、市场(含超市、商场)、县城所在地中小学、乡镇中学和中心完小100%建立了12315消费者投诉举报站,全县共建立12315消费者投诉举报站165个,其中行政村90个、城市社区3个、超市3个、集贸市场13个、宾馆10个、学校30个、旅游景区4个、农场1个、客运站1个、其它12315联络站消费者设诉站10个,制定并完善了12315工作流程和规定,实现“12315”消费维权网络全覆盖。同时沧源县工商局要求在“一会两站”建设工作中,要加强请示汇报,每季度向市局上报一次消费者权益保护协会分会建设情况。2009年,向市局汇报分会建设情况2次。沧源县工商局历来对“12315”投诉申诉工作高度重视,制定了建设四个平台的具体规划和方案,初步建立起“信息互动,畅通民意,接受监督和听取意见,解决人民群众最关心、最直接、最现实利益”的四个平台,进一步完善了“12315”工作机制,制定了完备的管理制度和规范的工作流程,真正将“12315”打造为佤山工商第一品牌。截至11月30日,沧源县工商局“12315”投诉申诉举报中心共接到消费者投诉、申诉17起,成功调解处理17起,为消费者挽回经济损失1.26万元,调解率100%,受理消费者咨询12件,回复12件。沧源工商局“12315”积极快速的反应、灵活有效的措施受到了广大消费者的一致好评。

【商标广告监督管理】 积极开展首届临沧市知名商标准备申报工作,推进“一所一标”工作,经申报,“石佛洞”牌被评为临沧市知名商标,帮扶沧源县“佤山映象”、“勐省”、“芒卡老余”、“沧百大”等4个品牌申请注册商标，截至11月30日，沧源县工商局所帮扶申请的4个商标已经全部被国家工商总局商标局受理。认真开展2008年度广告经营单位年检工作，对全县6户广告经营单位的广告审查员资格进行审查，并按一户一档建立经济户口。加强商标广告监测。全年，全系统共监测电视台商业广告579条次；户外广告299条次，其中，超市商品广告48条次，家电商品广告110条次，信息服务30条次，信息产品5条次，家具商品广告61条次，酒类商品广告30条次，其他商品广告53条次。

【计划财务工作】 勐董分局办公楼建设项目已按省局要求上报市局，工程已于11月18日正式破土动工。编制了2009年部门预算，开展了2007～2008年固定资产处置情况清理工作，派员参加了市局组织的财务规范化建设学习考察活动，完成了梁建荣同志的离任审计工作。

【基本建设】 为全面完成市局年初下达的基层工商所规范化建设达标任务，沧源县工商局成立了基层工商所（分局）规范化建设领导小组，全面负责协调基层规范化建设工作，制定了创建工作方案和措施，制定并组织实施了《工商所内部管理制度》、《工商所业务工作制度》、《工商所工作流程》，确保基层规范化建设工作有计划、有步骤的顺利进行，在规范化建设过程中，沧源县工商局主要领导多次亲临规范化建设现场检查指导工作，对工作中出现的问题立即解决，在财力上给予大幅度倾斜，共投入了3.2万元用于勐省工商所办公楼装修和办公设备更新，在2009年10月29日市局组织的基层规范化建设达标考评中，勐省工商所考核得分96.9分，达到基层规范化建设要求；同时沧源县工商局党组考虑到芒卡分局工作、生活条件比较艰苦，在市局的大力支持下，投入1.4万元为芒卡分局更新了办公桌椅、生活设施并安装了空调；为解决勐董分局办公环境拥挤问题，沧源县工商局投入4 500元，将准入股办证大厅原有的固定式柜台拆除，更换为办公桌椅，大大改善了勐董分局工作人员办公环境；为了让广大干部职工有一个更好的工作环境和感受爱国守法、爱岗敬业氛围，沧源县工商局先后投入9 600元，修补了办公楼和庭院破损部分、更新了人员公示栏、辖区示意图和“八六八禁令”、新增了钛合金制作的“二十字方针”、文明单位创建公示栏和国家总局、省局目标要求公示栏，实施了“红旗飘飘”工程，并邀请驻沧解放军举行了升国旗仪式。

【老干工作】 重视老干部管理与服务，加强领导干部挂钩联系制度，落实老干部工作专兼职工作人员，制定了《老干部管理工作责任制度》、《老干部管理人员工作岗位责任制度》、《老干部信访工作制度》，建立了老干部管理“三薄五册”。坚持定期学习活动、工作通报制度。年内向老干部通报工作1次，全员走访慰问2次，看望生病老干部6人。

【2009年任职的局领导名单】
党组书记、局长　蒋正林
副 局 长　肖文明　姜湘忠
纪检组长　汪菊丽

## 双江拉祜族佤族布朗族傣族自治县

【概况】 双江自治县工商局局机关内设办公室、监察室、法制股、准入股、规范股（含12315中心）、经检大队、机关服务中心；下设派出机构：勐勐分局、勐库工商所、忙糯工商所、大文工商所。群团组织设个体私营经济协会、消费者协会、工会、妇委会；党组织设党总支1个、党支部5个，有中共党员37名。全局核编人员49名，在职43人，平均年龄44岁。2009年，全局有9个次先进集体和7人次先进个人分别受到了省、市、县级表彰，创建省级文明单位1个、市级文明单位2个、市级巾帼文明岗1个，局机关档案室建设达省五星级标准。

【法制建设】 1. 推进依法行政。制定并实施年度普法和依法治理规划，对内落实“五个一”学习措施，强化培训，干部职工依法行政；对外利用年度个私协和消协理事会、行风监督员会、“3·15”国际消费者权益日、“6·26”禁毒宣传日、“12·4”法制宣传日，强化宣传，敦促企业个体诚信守法经营。2. 建立依法行政保障制度。建立执法责任、执法考评、案件评查、执法过错责任追究制，建立基层工商所（分局）法制员核审制。3. 推行违法行为人警示与疏导。制定《违法行为人警示与疏导工作方案》和《案件评查、评议、考核办法》，推行行政建议、行政告诫。4. 加大法制监督。做好所查办案件备案、核审和回访工作。

【纪检监察】 1. 抓责任政府和阳光政府四项制度。继续推进责任政府四项制度，明查暗访81次；全力推行阳光政府四项制度，开展重大事项听证2次，重要事项公示13项，重点工作通报7项，全面开通96128专线电话和政务信息网络查询。2. 抓风险点管理。落实廉政风险点和监管风险点管理办法，对固定资产、注册登记、行政审批、行政处罚、食品监管实行重点监管，实行行政处罚案件开据行政监察告知书，及时防范风险。3. 抓廉政载体。组织学习党风廉政建设及典型教育3次、撰写心得43篇，更新内部廉政文化上墙面，制作43幅廉政漫画在局机关和工商所（分局）悬挂，开展“迎国庆60周年演讲”活动。4. 抓党风廉政建设责任制。制定惩防体系2008～2012年计划，层层签订党风廉政建设责任书52份、干部廉政承诺书43份、家庭助廉承诺书43份，履行“一岗双责”。开展主要领导与分管领导、分管领导与股所（分局）长廉政谈话，落实基层纪检监察员制度，加强人、才、物、事、权和廉政档案管理。认真贯彻《政府信息公开条例》，公开党务、局务会议内容，设置10个公示栏和5个举报箱，聘请20名行风监督员，加强监督各项工作。

【人事教育】 1. 抓思想建设。积极组织参加了全县第二批深入学习实践科学发展观活动，认真学习了党的十七届四中全会精神，深入开展“停征两费后基层干什么、怎样干”大讨论，着力建设一支政治过硬的队伍。2. 抓班子建设。落实党组中心组学习和民主集中制，开展"学习实践科学发展观"专题民主生活会和"加强领导干部党性修养、树立和弘扬良好作风"年度专题民主生活会；落实党组和行政班子决策议事规则，会议决定事项形成会议纪要，增强决策透明度。3. 抓业务建设。开展登记注册、执法办案和计算机操作岗位练兵活动，并优选出相应能手参加市局竞赛，积极参与省市局组织培训和外出考察。年内4名干部参加省局业务培训，31名干部参加市局业务培训，4名干部参加外地州市考察，4名干部参加临翔区驻场式管理和企业信用分类监管现场观摩，5名干部参加凤庆县基层规范化建设实地考察，着力培养一支业务过硬的队伍。4. 抓作风建设。按照省局2009年"服务效能提升年"要求，加强思想作风、学习作风、工作作风建设，认真落实责任政府和阳光政府四项制度，强化督查，解决抓落实上滞后问题；坚持一线工作法，按"可落实、可量化、可考核"要求，将省市局"六项重点工作"指标任务层层分解签订责任书，落实到基层、到人；县局领导班子开展八项承诺的"三力建设"活动，开展局领导带领分管股室"下基层参与监管执法"活动，带动职工干好工作，造就一支作风过硬的队伍。5. 落实"红盾人才"计划。支持干部就读党校函授学历教育，当前，全系统干部中，有本科15人、大专28人（其中就读本科8名），大专以上学历达100％。5. 完成年度公务员考核、正常晋升、职务工资报批及人事报表统计上报。

【企业个体监督管理】 1. 做好注册登记工作。全年共注册登记内资企业111户，注册资金15 385万元；私营企业138户，注册资金42 457万元；个体工商户3 140户，注册资金7 419万元。2. 做好年检验照工作。对应参检的111户内资企业、123户私营企业实行上门年检，对2 671户个体户入户验照，对114户查无下落个体户吊销营业执照。3. 落实优惠政策。对新登记首次创业的868户个体工商户免收登记费2万元。4. 推进企业个体信用分类监管。重新核定企业守信239户、警示3户、失信7户、严重失信4户（吊销营业执照）；核定个体户守信（A级）3 140户、严重失信（D级）781户（吊销营业执照）。

【市场监督管理】 1. 深入开展整顿和规范市场经济秩序。共开展各类市场专项整治行动67次，出动人员500人次、车辆300台次，检查门店2 500个，摊点350个、商品700种、广告250条（幅），发放材料6 000份，为2户企业办理价值9 500万元的动产抵押物登记，实现贷款5 160万元。2. 市场监管长效机制不断完善。企业个体信用分类监管工作：对新设立和需升降级的企业、个体及时进行核定。商品交易市场监管工作：市场登记证注销后转入企业登记，并实施市场信用分类监管，完成3个市场信用等级分类，评定3A级诚信市场1个、2A级诚信市场1个。食品安全监管工作：对665户食品全面推行"一票通"和"粘贴式"进货台账，检测409个食品样品并录入系统，创建"农村食品安全示范店"72个。农资市场监管工作：抽检44个化肥样品，对6户种子留样备查，农资市场及农资经营户全面实现信用分类监管，涉及农资经营户123户，65户农资经营户建立进销货台账。落实商品市场准入制度工作：当前对665户食品、3户屠宰、65户农资、19户机动车销售、10类安全商品中的51户经营户，实行流通领域商品市场准入。推进基层监管制度工作：以落实"四制"特别是片区管理责任制为抓手，"年度工作百分量化考核"、"六项重点工作考核"和"局所片三级联动考核"工作机制进一步完善。3. 服务新农村建设。制定了《完善"七农"工作机制促进农业增效农民增收工作实施方案》，通过努力，新增农村经纪人11户，新扶持发展农民专业合作社1户，指导5户企业与942户农户签订涉农合同942份，合同金额33 391万元。

【消费者权益保护】 1. 开展"消费与发展"年主题"3·15"活动，销毁26万元的伪劣商品。2. 加强"一会两站"建设。围绕全县乡镇100％建立消费者协会分会目标，在6个乡镇建立消协分会6个，实现所有乡镇100％建立消协分会。按工商部门建立12315联络站、消费者协会建立消费者投诉站的要求，共建立12315联络站和消费者投诉站115个，实现所有行政村、社区、市场（含超市、商场）、县城所在地中小学和乡镇中学、中心完小100％建立12315联络站和消费者投诉站。3. 以"四个平台"建设为重点，制定并落实"四个平台"创建规划和工作方案，已基本建立起"信息互动，畅通民意，接受监督，听取意见，解决人民群众最关心、最直接、最现实利益"的四个平台。4. 加强消费纠纷调处。制定并落实12315投诉中心管理制度和工作流程，通过覆盖城乡12315消费者申诉投诉举报网络，及时受理和处理消费者咨询、投（申）诉和举报，共受理消费者投诉49件，为消费者挽回经济损失7.46万元。

【公平交易】 2009年，双江县工商局共查处各类经济违法违章案件125件（立案82件、当场处罚43件），收缴罚没款37.23万元，没收不合格化肥43.8吨，假"五粮液"酒16瓶，不合格电磁炉18台，不合格"冷酸灵"牙膏368条，不合格食品36.5千克，不合格饮料596瓶，不合格猪肉49.5千克，收缴塑料购物袋926 079个。

【商标广告监督管理】 1. 认真贯彻落实省、市人民政府实施商标战略工作意见，建立商标备案登记，全县进行备案登记注册商标27件，积极做好首届临沧市知名商标评审认定基础统计上报工作，2009年推荐1件商标参评，并被评定为临沧市知名商标，当前，共有3件商标被评为临沧市知名商标，2件商标被评定为云南省著名商标。认真开展"一所一标"工作，每个工商所（分局）帮扶企业或个体申报注册商标不少于1件，2009年帮扶注册商标4件，已结束了边远工商所无商标的历史。2. 根据《广告经营许可证管理办法》，对应参加2008年度年检的1户广告经营单位进行年检，并通过了年检。

【财务管理】 1. 科学理财，搞好经费保障。完成2008年财务决算,制定2009年经费预算。2. 强化政务公开。对内公开财务收支情况,经费支出按月公示;对外按有关政策规定,及时调整更新收费公示内容。3. 按“收支两条线”规定足额上缴全年罚没收入,严格部门预算管理,完善财务管理制度,坚持“一支笔”审批制,实现经费包干使用。4. 推进财务规范化建设。基础工作规范,财务办公实行单一,有2名人员均配有保险柜、档案柜、计算机及笔记本电脑各1台;会计核算管理规范,按会计核算要求,认真做好凭证归类、装订,保证数据的一致真实;会计财务电算化,会计资料的形成,按规定进行备份保存;固定资产管理规范,设立资产分类台账,并有使用人员签名,完善固定资产购置政府采购手续,资产处置,经领导研究决定,报上级批准,采取公开拍卖形式处置;财物票据监督管理规范,票据领用手续完备,并有经办人员签字,县局和工商所分别编制经费预算,坚决按预算执行;罚没物资管理规范,没收物资开据《云南省罚没物资专用收据》,收缴物资造册登记、处理物资变价款及时上缴入库。

【基本建设】 1. 以加强基层工商所(分局)规范化建设为目标,积极争取市局的支持,投资15万元对勐库工商所规范化建设进行房屋修缮,投资15万元对忙糯工商所房屋置换后进行修缮,并配备办公设施、生活设施、执法装备和内外标识,切实改善基层工商所的办公生活环境。2. 做好基本建设项目请示汇报,积极向省、市局请示汇报县局办公楼拆迁重建立项报批。

【老干工作】 1. 加强组织领导。成立老干管理工作领导小组,并指定专人负责。2. 加强老干痕迹工作管理。建立健全“三簿五册”的登记管理,根据有关政策和离退休人员各项信息变化,做好各种登记统计和信息采集,完成离退休人员相关资料信息的调查分析及信息上报。3. 落实老干管理工作八项制度。局领导不定期听取老干工作汇报,上、下半年和重阳节进行专题座谈,并开展专题调研活动,落实领导联系离退休人员制度;单位设立老年人活动室,每年为8名老干部订阅《支部生活》、《临沧日报》、《双江报》,对本地老干部定期送学习资料、文件、会议精神,对身居外地老干部通过长途电话传达,落实学习和阅文制度;半年和年终召开工作总结等会议,邀请老干部参加,通报工作,沟通思想,倾听意见,落实参加重要会议和情况通报制度;指定一名局领导加入老干党支部,组织8名老干部开展学习实践科学发展观活动,参加听党课和各项党组织活动,参观县城城市规划建设,落实组织生活和参观考察制度;九九重阳节、中秋、春节进行慰问老干部,凡是生病住院的老干部都进行探望慰问,积极与医保中心、工会协调报销老干部医药费,落实走访慰问制度。4. 照顾老干部生活。按时足额发放离退休费及补贴,组织老干部每两年进行一次健康体检。5. 组织老干部开展娱乐、健康性集体活动。适时安排老干部参加各种娱乐活动,参加老年协会活动,在喜迎国庆60周年的庆祝活动中,积极组织老干部参加书法、绘画、摄影、唱歌、跳舞、健身等兴趣活动。

【信息化建设】 1. 加大硬件投入。投资28 720元,新配置计算机3台、打印机3台、摄像机2台、照相机1台、传真机1台,全面实现人手一台计算机。2. 强化软件应用。抓好电子政务专网运行,新启用网络版《综合统计报表》软件,实现综合统计数据网络上报,系统汇总;全面启用“政务业务一体化软件”所有模块,搭建局、所两级办公自动化平台;立足工商电子政务和红盾信息网,推进工商政务业务、12315行政执法平台建设,逐步搭建履行工商职能及服务党委政府、市场主体和消费者的信息技术支撑平台。3. 加强网络维护管理。落实数据修改和输入权限管理制度,切实抓好数据备份和网络安全管理,进一步完善中心机房设备登记记录。

【个私协会工作】 1. 加强个私协支部建设。分管领导以普通党员身份加入个私党支部,做好在个体户和私营企业中培育党员工作。2. 抓好个私经济组织党建工作。个私协会认真落实非公有制经济党建统计申报制度,协助地方组织部门做好党建工作,12户私营企业组建了党组织,建立党支部16个。3. 加强个私协会自身建设。严格遵循协会章程,建立理事会、文档、财务等制度,建立会员书式档案,完善会员入会手续,规范会费收缴行为,按照“取之于会员、用之于会员”原则,加强会费使用管理。4. 做好鼓励创业、促进就业工作。认真落实云南省鼓励创业促进就业“贷免扶补”政策措施,帮扶成功创业人员4人(获得贷款20万元),带动就业人员12人,建立创业导师库12户。5. 开展走访联系等协会服务工作。走访调查会员458户,为4户(12人)个体户实现农转非,上门看望17户受灾、残疾会员。切实帮助经营者解决实际困难问题。

【2009年受表彰的单位和个人名单】

县工商局省级“文明单位”届满被云南省委、省人民政府重新命名为省级“文明单位”;忙糯工商所市级“文明单位”届满被临沧市委、市人民政府重新命名为市级“文明单位”。

杨慧、和江云、马荣获得云南省工商局“从事工商行政管理工作三十年”荣誉。

【2009年任职的局领导名单】

党组书记、局长　钟履强

副 局 长　王庭勇　马　云　查新荣

纪检组长　周世光

# 法规·政策

## 法　　律

### 中华人民共和国食品安全法

（2009年2月28日第十一届全国人民代表大会常务委员会第七次会议通过　2009年2月28日中华人民共和国主席令第9号公布　自2009年6月1日起施行）

目　录



#### 第一章　总　　则

**第一条**　为保证食品安全，保障公众身体健康和生命安全，制定本法。

**第二条**　在中华人民共和国境内从事下列活动，应当遵守本法：

（一）食品生产和加工（以下称食品生产），食品流通和餐饮服务（以下称食品经营）；

（二）食品添加剂的生产经营；

（三）用于食品的包装材料、容器、洗涤剂、消毒剂和用于食品生产经营的工具、设备（以下称食品相关产品）的生产经营；

（四）食品生产经营者使用食品添加剂、食品相关产品；

（五）对食品、食品添加剂和食品相关产品的安全管理。

供食用的源于农业的初级产品（以下称食用农产品）的质量安全管理，遵守《中华人民共和国农产品质量安全法》的规定。但是，制定有关食用农产品的质量安全标准、公布食用农产品安全有关信息，应当遵守本法的有关规定。

**第三条**　食品生产经营者应当依照法律、法规和食品安全标准从事生产经营活动，对社会和公众负责，保证食品安全，接受社会监督，承担社会责任。

**第四条**　国务院设立食品安全委员会，其工作职责由国务院规定。

国务院卫生行政部门承担食品安全综合协调职责，负责食品安全风险评估、食品安全标准制定、食品安全信息公布、食品检验机构的资质认定条件和检验规范的制定，组织查处食品安全重大事故。

国务院质量监督、工商行政管理和国家食品药品监督管理部门依照本法和国务院规定的职责，分别对食品生产、食品流通、餐饮服务活动实施监督管理。

**第五条**　县级以上地方人民政府统一负责、领导、组织、协调本行政区域的食品安全监督管理工作，建立健全食品安全全程监督管理的工作机制；统一领导、指挥食品安全突发事件应对工作；完善、落实食品安全监督管理责任制，对食品安全监督管理部门进行评议、考核。

县级以上地方人民政府依照本法和国务院的规定确定本级卫生行政、农业行政、质量监督、工商行政管理、食品药品监督管理部门的食品安全监督管理职责。有关部门在各自职责范围内负责本行政区域的食品安全监督管理工作。

上级人民政府所属部门在下级行政区域设置的机构应当在所在地人民政府的统一组织、协调下，依法做好食品安全监督管理工作。

**第六条**　县级以上卫生行政、农业行政、质量监督、工商行政管理、食品药品监督管理部门应当加强沟通、密切配合，按照各自职责分工，依法行使职权，承担责任。

**第七条**　食品行业协会应当加强行业自律，引导食品生产经营者依法生产经营，推动行业诚信建设，宣传、普及食品安全知识。

**第八条**　国家鼓励社会团体、基层群众性自治组织开展食品安全法律、法规以及食品安全标准和知识的普及工作，倡导健康的饮食方式，增强消费者食品安全意识和自我保护能力。

新闻媒体应当开展食品安全法律、法规以及食品安全标准和知识的公益宣传，并对违反本法的行为进行舆论监督。

**第九条**　国家鼓励和支持开展与食品安全有关的基础研究和应用研究，鼓励和支持食品生产经营者为提高食品安全水平采用先进技术和先进管理规范。

**第十条**　任何组织或者个人有权举报食品生产经营中违反本法的行为，有权向有关部门了解食品安全信息，对食品安全监督管理工作提出意见和建议。

#### 第二章　食品安全风险监测和评估

**第十一条**　国家建立食品安全风险监测制度，对食源性疾病、食品污染以及食品中的有害因素进行监测。

国务院卫生行政部门会同国务院有关部门制定、实施国家食品安全风险监测计划。省、自治区、直辖市人民政府卫生行政部门根据国家食品安全风险监测计划,结合本行政区域的具体情况,组织制定、实施本行政区域的食品安全风险监测方案。

**第十二条** 国务院农业行政、质量监督、工商行政管理和国家食品药品监督管理等有关部门获知有关食品安全风险信息后,应当立即向国务院卫生行政部门通报。国务院卫生行政部门会同有关部门对信息核实后,应当及时调整食品安全风险监测计划。

**第十三条** 国家建立食品安全风险评估制度,对食品、食品添加剂中生物性、化学性和物理性危害进行风险评估。

国务院卫生行政部门负责组织食品安全风险评估工作,成立由医学、农业、食品、营养等方面的专家组成的食品安全风险评估专家委员会进行食品安全风险评估。

对农药、肥料、生长调节剂、兽药、饲料和饲料添加剂等的安全性评估,应当有食品安全风险评估专家委员会的专家参加。

食品安全风险评估应当运用科学方法,根据食品安全风险监测信息、科学数据以及其他有关信息进行。

**第十四条** 国务院卫生行政部门通过食品安全风险监测或者接到举报发现食品可能存在安全隐患的,应当立即组织进行检验和食品安全风险评估。

**第十五条** 国务院农业行政、质量监督、工商行政管理和国家食品药品监督管理等有关部门应当向国务院卫生行政部门提出食品安全风险评估的建议,并提供有关信息和资料。

国务院卫生行政部门应当及时向国务院有关部门通报食品安全风险评估的结果。

**第十六条** 食品安全风险评估结果是制定、修订食品安全标准和对食品安全实施监督管理的科学依据。

食品安全风险评估结果得出食品不安全结论的,国务院质量监督、工商行政管理和国家食品药品监督管理部门应当依据各自职责立即采取相应措施,确保该食品停止生产经营,并告知消费者停止食用;需要制定、修订相关食品安全国家标准的,国务院卫生行政部门应当立即制定、修订。

**第十七条** 国务院卫生行政部门应当会同国务院有关部门,根据食品安全风险评估结果、食品安全监督管理信息,对食品安全状况进行综合分析。对经综合分析表明可能具有较高程度安全风险的食品,国务院卫生行政部门应当及时提出食品安全风险警示,并予以公布。

## 第三章 食品安全标准

**第十八条** 制定食品安全标准,应当以保障公众身体健康为宗旨,做到科学合理、安全可靠。

**第十九条** 食品安全标准是强制执行的标准。除食品安全标准外,不得制定其他的食品强制性标准。

**第二十条** 食品安全标准应当包括下列内容:

(一)食品、食品相关产品中的致病性微生物、农药残留、兽药残留、重金属、污染物质以及其他危害人体健康物质的限量规定;

(二)食品添加剂的品种、使用范围、用量;

(三)专供婴幼儿和其他特定人群的主辅食品的营养成分要求;

(四)对与食品安全、营养有关的标签、标识、说明书的要求;

(五)食品生产经营过程的卫生要求;

(六)与食品安全有关的质量要求;

(七)食品检验方法与规程;

(八)其他需要制定为食品安全标准的内容。

**第二十一条** 食品安全国家标准由国务院卫生行政部门负责制定、公布,国务院标准化行政部门提供国家标准编号。

食品中农药残留、兽药残留的限量规定及其检验方法与规程由国务院卫生行政部门、国务院农业行政部门制定。

屠宰畜、禽的检验规程由国务院有关主管部门会同国务院卫生行政部门制定。

有关产品国家标准涉及食品安全国家标准规定内容的,应当与食品安全国家标准相一致。

**第二十二条** 国务院卫生行政部门应当对现行的食用农产品质量安全标准、食品卫生标准、食品质量标准和有关食品的行业标准中强制执行的标准予以整合,统一公布为食品安全国家标准。

本法规定的食品安全国家标准公布前,食品生产经营者应当按照现行食用农产品质量安全标准、食品卫生标准、食品质量标准和有关食品的行业标准生产经营食品。

**第二十三条** 食品安全国家标准应当经食品安全国家标准审评委员会审查通过。食品安全国家标准审评委员会由医学、农业、食品、营养等方面的专家以及国务院有关部门的代表组成。

制定食品安全国家标准,应当依据食品安全风险评估结果并充分考虑食用农产品质量安全风险评估结果,参照相关的国际标准和国际食品安全风险评估结果,并广泛听取食品生产经营者和消费者的意见。

**第二十四条** 没有食品安全国家标准的,可以制定食品安全地方标准。

省、自治区、直辖市人民政府卫生行政部门组织制定食品安全地方标准,应当参照执行本法有关食品安全国家标准制定的规定,并报国务院卫生行政部门备案。

**第二十五条** 企业生产的食品没有食品安全国家标准或者地方标准的,应当制定企业标准,作为组织生产的依据。国家鼓励食品生产企业制定严于食品安全国家标准或者地方标准的企业标准。企业标准应当报省级卫生行政部门备案,在本企业内部适用。

**第二十六条** 食品安全标准应当供公众免费查阅。

## 第四章 食品生产经营

**第二十七条** 食品生产经营应当符

合食品安全标准,并符合下列要求:

(一)具有与生产经营的食品品种、数量相适应的食品原料处理和食品加工、包装、贮存等场所,保持该场所环境整洁,并与有毒、有害场所以及其他污染源保持规定的距离;

(二)具有与生产经营的食品品种、数量相适应的生产经营设备或者设施,有相应的消毒、更衣、盥洗、采光、照明、通风、防腐、防尘、防蝇、防鼠、防虫、洗涤以及处理废水、存放垃圾和废弃物的设备或者设施;

(三)有食品安全专业技术人员、管理人员和保证食品安全的规章制度;

(四)具有合理的设备布局和工艺流程,防止待加工食品与直接入口食品、原料与成品交叉污染,避免食品接触有毒物、不洁物;

(五)餐具、饮具和盛放直接入口食品的容器,使用前应当洗净、消毒,炊具、用具用后应当洗净,保持清洁;

(六)贮存、运输和装卸食品的容器、工具和设备应当安全、无害,保持清洁,防止食品污染,并符合保证食品安全所需的温度等特殊要求,不得将食品与有毒、有害物品一同运输;

(七)直接入口的食品应当有小包装或者使用无毒、清洁的包装材料、餐具;

(八)食品生产经营人员应当保持个人卫生,生产经营食品时,应当将手洗净,穿戴清洁的工作衣、帽;销售无包装的直接入口食品时,应当使用无毒、清洁的售货工具;

(九)用水应当符合国家规定的生活饮用水卫生标准;

(十)使用的洗涤剂、消毒剂应当对人体安全、无害;

(十一)法律、法规规定的其他要求。

**第二十八条** 禁止生产经营下列食品:

(一)用非食品原料生产的食品或者添加食品添加剂以外的化学物质和其他可能危害人体健康物质的食品,或者用回收食品作为原料生产的食品;

(二)致病性微生物、农药残留、兽药残留、重金属、污染物质以及其他危害人体健康的物质含量超过食品安全标准限量的食品;

(三)营养成分不符合食品安全标准的专供婴幼儿和其他特定人群的主辅食品;

(四)腐败变质、油脂酸败、霉变生虫、污秽不洁、混有异物、掺假掺杂或者感官性状异常的食品;

(五)病死、毒死或者死因不明的禽、畜、兽、水产动物肉类及其制品;

(六)未经动物卫生监督机构检疫或者检疫不合格的肉类,或者未经检验或者检验不合格的肉类制品;

(七)被包装材料、容器、运输工具等污染的食品;

(八)超过保质期的食品;

(九)无标签的预包装食品;

(十)国家为防病等特殊需要明令禁止生产经营的食品;

(十一)其他不符合食品安全标准或者要求的食品。

**第二十九条** 国家对食品生产经营实行许可制度。从事食品生产、食品流通、餐饮服务,应当依法取得食品生产许可、食品流通许可、餐饮服务许可。

取得食品生产许可的食品生产者在其生产场所销售其生产的食品,不需要取得食品流通的许可;取得餐饮服务许可的餐饮服务提供者在其餐饮服务场所出售其制作加工的食品,不需要取得食品生产和流通的许可;农民个人销售其自产的食用农产品,不需要取得食品流通的许可。

食品生产加工小作坊和食品摊贩从事食品生产经营活动,应当符合本法规定的与其生产经营规模、条件相适应的食品安全要求,保证所生产经营的食品卫生、无毒、无害,有关部门应当对其加强监督管理,具体管理办法由省、自治区、直辖市人民代表大会常务委员会依照本法制定。

**第三十条** 县级以上地方人民政府鼓励食品生产加工小作坊改进生产条件;鼓励食品摊贩进入集中交易市场、店铺等固定场所经营。

**第三十一条** 县级以上质量监督、工商行政管理、食品药品监督管理部门应当依照《中华人民共和国行政许可法》的规定,审核申请人提交的本法第二十七条第一项至第四项规定要求的相关资料,必要时对申请人的生产经营场所进行现场核查;对符合规定条件的,决定准予许可;对不符合规定条件的,决定不予许可并书面说明理由。

**第三十二条** 食品生产经营企业应当建立健全本单位的食品安全管理制度,加强对职工食品安全知识的培训,配备专职或者兼职食品安全管理人员,做好对所生产经营食品的检验工作,依法从事食品生产经营活动。

**第三十三条** 国家鼓励食品生产经营企业符合良好生产规范要求,实施危害分析与关键控制点体系,提高食品安全管理水平。

对通过良好生产规范、危害分析与关键控制点体系认证的食品生产经营企业,认证机构应当依法实施跟踪调查;对不再符合认证要求的企业,应当依法撤销认证,及时向有关质量监督、工商行政管理、食品药品监督管理部门通报,并向社会公布。认证机构实施跟踪调查不收取任何费用。

**第三十四条** 食品生产经营者应当建立并执行从业人员健康管理制度。患有痢疾、伤寒、病毒性肝炎等消化道传染病的人员,以及患有活动性肺结核、化脓性或者渗出性皮肤病等有碍食品安全的疾病的人员,不得从事接触直接入口食品的工作。

食品生产经营人员每年应当进行健康检查,取得健康证明后方可参加工作。

**第三十五条** 食用农产品生产者应当依照食品安全标准和国家有关规定使用农药、肥料、生长调节剂、兽药、饲料和饲料添加剂等农业投入品。食用农产品的生产企业和农民专业合作经济组织应当建立食用农产品生产记录制度。

县级以上农业行政部门应当加强对农业投入品使用的管理和指导,建立健全农业投入品的安全使用制度。

**第三十六条** 食品生产者采购食品原料、食品添加剂、食品相关产品,应当查验供货者的许可证和产品合格证明文件；对无法提供合格证明文件的食品原料，应当依照食品安全标准进行检验；不得采购或者使用不符合食品安全标准的食品原料、食品添加剂、食品相关产品。

食品生产企业应当建立食品原料、食品添加剂、食品相关产品进货查验记录制度，如实记录食品原料、食品添加剂、食品相关产品的名称、规格、数量、供货者名称及联系方式、进货日期等内容。

食品原料、食品添加剂、食品相关产品进货查验记录应当真实，保存期限不得少于二年。

**第三十七条** 食品生产企业应当建立食品出厂检验记录制度，查验出厂食品的检验合格证和安全状况，并如实记录食品的名称、规格、数量、生产日期、生产批号、检验合格证号、购货者名称及联系方式、销售日期等内容。

食品出厂检验记录应当真实，保存期限不得少于二年。

**第三十八条** 食品、食品添加剂和食品相关产品的生产者，应当依照食品安全标准对所生产的食品、食品添加剂和食品相关产品进行检验，检验合格后方可出厂或者销售。

**第三十九条** 食品经营者采购食品，应当查验供货者的许可证和食品合格的证明文件。

食品经营企业应当建立食品进货查验记录制度，如实记录食品的名称、规格、数量、生产批号、保质期、供货者名称及联系方式、进货日期等内容。

食品进货查验记录应当真实，保存期限不得少于二年。

实行统一配送经营方式的食品经营企业，可以由企业总部统一查验供货者的许可证和食品合格的证明文件，进行食品进货查验记录。

**第四十条** 食品经营者应当按照保证食品安全的要求贮存食品，定期检查库存食品，及时清理变质或者超过保质期的食品。

**第四十一条** 食品经营者贮存散装食品，应当在贮存位置标明食品的名称、生产日期、保质期、生产者名称及联系方式等内容。

食品经营者销售散装食品，应当在散装食品的容器、外包装上标明食品的名称、生产日期、保质期、生产经营者名称及联系方式等内容。

**第四十二条** 预包装食品的包装上应当有标签。标签应当标明下列事项：

（一）名称、规格、净含量、生产日期；

（二）成分或者配料表；

（三）生产者的名称、地址、联系方式；

（四）保质期；

（五）产品标准代号；

（六）贮存条件；

（七）所使用的食品添加剂在国家标准中的通用名称；

（八）生产许可证编号；

（九）法律、法规或者食品安全标准规定必须标明的其他事项。

专供婴幼儿和其他特定人群的主辅食品，其标签还应当标明主要营养成分及其含量。

**第四十三条** 国家对食品添加剂的生产实行许可制度。申请食品添加剂生产许可的条件、程序，按照国家有关工业产品生产许可证管理的规定执行。

**第四十四条** 申请利用新的食品原料从事食品生产或者从事食品添加剂新品种、食品相关产品新品种生产活动的单位或者个人，应当向国务院卫生行政部门提交相关产品的安全性评估材料。国务院卫生行政部门应当自收到申请之日起六十日内组织对相关产品的安全性评估材料进行审查；对符合食品安全要求的，依法决定准予许可并予以公布；对不符合食品安全要求的，决定不予许可并书面说明理由。

**第四十五条** 食品添加剂应当在技术上确有必要且经过风险评估证明安全可靠，方可列入允许使用的范围。国务院卫生行政部门应当根据技术必要性和食品安全风险评估结果，及时对食品添加剂的品种、使用范围、用量的标准进行修订。

**第四十六条** 食品生产者应当依照食品安全标准关于食品添加剂的品种、使用范围、用量的规定使用食品添加剂；不得在食品生产中使用食品添加剂以外的化学物质和其他可能危害人体健康的物质。

**第四十七条** 食品添加剂应当有标签、说明书和包装。标签、说明书应当载明本法第四十二条第一款第一项至第六项、第八项、第九项规定的事项，以及食品添加剂的使用范围、用量、使用方法，并在标签上载明“食品添加剂”字样。

**第四十八条** 食品和食品添加剂的标签、说明书，不得含有虚假、夸大的内容，不得涉及疾病预防、治疗功能。生产者对标签、说明书上所载明的内容负责。

食品和食品添加剂的标签、说明书应当清楚、明显，容易辨识。

食品和食品添加剂与其标签、说明书所载明的内容不符的，不得上市销售。

**第四十九条** 食品经营者应当按照食品标签标示的警示标志、警示说明或者注意事项的要求，销售预包装食品。

**第五十条** 生产经营的食品中不得添加药品，但是可以添加按照传统既是食品又是中药材的物质。按照传统既是食品又是中药材的物质的目录由国务院卫生行政部门制定、公布。

**第五十一条** 国家对声称具有特定保健功能的食品实行严格监管。有关监督管理部门应当依法履职，承担责任。具体管理办法由国务院规定。

声称具有特定保健功能的食品不得对人体产生急性、亚急性或者慢性危害，其标签、说明书不得涉及疾病预防、治疗功能，内容必须真实，应当载明适宜人群、不适宜人群、功效成分或者标志性成分及其含量等；产品的功能和成分必须与标签、说明书相一致。

**第五十二条** 集中交易市场的开办者、柜台出租者和展销会举办者，应当审查入场食品经营者的许可证，明确入场食品经营者的食品安全管理责任，定期对入场食品经营者的经营环境和条件进行检查，发现食品经营者有违反本法规定的行为的，应当及时制止并立即报告所在地县级工商行政管理部门或者食品药品监督管理部门。

集中交易市场的开办者、柜台出租者和展销会举办者未履行前款规定义务，本市场发生食品安全事故的，应当承担连带责任。

**第五十三条** 国家建立食品召回制度。食品生产者发现其生产的食品不符合食品安全标准,应当立即停止生产,召回已经上市销售的食品,通知相关生产经营者和消费者,并记录召回和通知情况。

食品经营者发现其经营的食品不符合食品安全标准,应当立即停止经营,通知相关生产经营者和消费者,并记录停止经营和通知情况。食品生产者认为应当召回的,应当立即召回。

食品生产者应当对召回的食品采取补救、无害化处理、销毁等措施,并将食品召回和处理情况向县级以上质量监督部门报告。

食品生产经营者未依照本条规定召回或者停止经营不符合食品安全标准的食品的,县级以上质量监督、工商行政管理、食品药品监督管理部门可以责令其召回或者停止经营。

**第五十四条** 食品广告的内容应当真实合法,不得含有虚假、夸大的内容,不得涉及疾病预防、治疗功能。

食品安全监督管理部门或者承担食品检验职责的机构、食品行业协会、消费者协会不得以广告或者其他形式向消费者推荐食品。

**第五十五条** 社会团体或者其他组织、个人在虚假广告中向消费者推荐食品,使消费者的合法权益受到损害的,与食品生产经营者承担连带责任。

**第五十六条** 地方各级人民政府鼓励食品规模化生产和连锁经营、配送。

## 第五章 食品检验

**第五十七条** 食品检验机构按照国家有关认证认可的规定取得资质认定后,方可从事食品检验活动。但是,法律另有规定的除外。

食品检验机构的资质认定条件和检验规范,由国务院卫生行政部门规定。

本法施行前经国务院有关主管部门批准设立或者经依法认定的食品检验机构,可以依照本法继续从事食品检验活动。

**第五十八条** 食品检验由食品检验机构指定的检验人独立进行。

检验人应当依照有关法律、法规的规定,并依照食品安全标准和检验规范对食品进行检验,尊重科学,恪守职业道德,保证出具的检验数据和结论客观、公正,不得出具虚假的检验报告。

**第五十九条** 食品检验实行食品检验机构与检验人负责制。食品检验报告应当加盖食品检验机构公章,并有检验人的签名或者盖章。食品检验机构和检验人对出具的食品检验报告负责。

**第六十条** 食品安全监督管理部门对食品不得实施免检。

县级以上质量监督、工商行政管理、食品药品监督管理部门应当对食品进行定期或者不定期的抽样检验。进行抽样检验,应当购买抽取的样品,不收取检验费和其他任何费用。

县级以上质量监督、工商行政管理、食品药品监督管理部门在执法工作中需要对食品进行检验的,应当委托符合本法规定的食品检验机构进行,并支付相关费用。对检验结论有异议的,可以依法进行复检。

**第六十一条** 食品生产经营企业可以自行对所生产的食品进行检验,也可以委托符合本法规定的食品检验机构进行检验。

食品行业协会等组织、消费者需要委托食品检验机构对食品进行检验的,应当委托符合本法规定的食品检验机构进行。

## 第六章 食品进出口

**第六十二条** 进口的食品、食品添加剂以及食品相关产品应当符合我国食品安全国家标准。

进口的食品应当经出入境检验检疫机构检验合格后,海关凭出入境检验检疫机构签发的通关证明放行。

**第六十三条** 进口尚无食品安全国家标准的食品,或者首次进口食品添加剂新品种、食品相关产品新品种,进口商应当向国务院卫生行政部门提出申请并提交相关的安全性评估材料。国务院卫生行政部门依照本法第四十四条的规定作出是否准予许可的决定,并及时制定相应的食品安全国家标准。

**第六十四条** 境外发生的食品安全事件可能对我国境内造成影响,或者在进口食品中发现严重食品安全问题的,国家出入境检验检疫部门应当及时采取风险预警或者控制措施,并向国务院卫生行政、农业行政、工商行政管理和国家食品药品监督管理部门通报。接到通报的部门应当及时采取相应措施。

**第六十五条** 向我国境内出口食品的出口商或者代理商应当向国家出入境检验检疫部门备案。向我国境内出口食品的境外食品生产企业应当经国家出入境检验检疫部门注册。

国家出入境检验检疫部门应当定期公布已经备案的出口商、代理商和已经注册的境外食品生产企业名单。

**第六十六条** 进口的预包装食品应当有中文标签、中文说明书。标签、说明书应当符合本法以及我国其他有关法律、行政法规的规定和食品安全国家标准的要求,载明食品的原产地以及境内代理商的名称、地址、联系方式。预包装食品没有中文标签、中文说明书或者标签、说明书不符合本条规定的,不得进口。

**第六十七条** 进口商应当建立食品进口和销售记录制度,如实记录食品的名称、规格、数量、生产日期、生产或者进口批号、保质期、出口商和购货者名称及联系方式、交货日期等内容。

食品进口和销售记录应当真实,保存期限不得少于二年。

**第六十八条** 出口的食品由出入境检验检疫机构进行监督、抽检,海关凭出入境检验检疫机构签发的通关证明放行。

出口食品生产企业和出口食品原料种植、养殖场应当向国家出入境检验检疫部门备案。

**第六十九条** 国家出入境检验检疫部门应当收集、汇总进出口食品安全信息,并及时通报相关部门、机构和企业。

国家出入境检验检疫部门应当建立进出口食品的进口商、出口商和出口食品生产企业的信誉记录，并予以公布。对有不良记录的进口商、出口商和出口食品生产企业，应当加强对其进出口食品的检验检疫。

## 第七章 食品安全事故处置

**第七十条** 国务院组织制定国家食品安全事故应急预案。

县级以上地方人民政府应当根据有关法律、法规的规定和上级人民政府的食品安全事故应急预案以及本地区的实际情况，制定本行政区域的食品安全事故应急预案，并报上一级人民政府备案。

食品生产经营企业应当制定食品安全事故处置方案，定期检查本企业各项食品安全防范措施的落实情况，及时消除食品安全事故隐患。

**第七十一条** 发生食品安全事故的单位应当立即予以处置，防止事故扩大。事故发生单位和接收病人进行治疗的单位应当及时向事故发生地县级卫生行政部门报告。

农业行政、质量监督、工商行政管理、食品药品监督管理部门在日常监督管理中发现食品安全事故，或者接到有关食品安全事故的举报，应当立即向卫生行政部门通报。

发生重大食品安全事故的，接到报告的县级卫生行政部门应当按照规定向本级人民政府和上级人民政府卫生行政部门报告。县级人民政府和上级人民政府卫生行政部门应当按照规定上报。

任何单位或者个人不得对食品安全事故隐瞒、谎报、缓报，不得毁灭有关证据。

**第七十二条** 县级以上卫生行政部门接到食品安全事故的报告后，应当立即会同有关农业行政、质量监督、工商行政管理、食品药品监督管理部门进行调查处理，并采取下列措施，防止或者减轻社会危害：

（一）开展应急救援工作，对因食品安全事故导致人身伤害的人员，卫生行政部门应当立即组织救治；

（二）封存可能导致食品安全事故的食品及其原料，并立即进行检验；对确认属于被污染的食品及其原料，责令食品生产经营者依照本法第五十三条的规定予以召回、停止经营并销毁；

（三）封存被污染的食品用工具及用具，并责令进行清洗消毒；

（四）做好信息发布工作，依法对食品安全事故及其处理情况进行发布，并对可能产生的危害加以解释、说明。

发生重大食品安全事故的，县级以上人民政府应当立即成立食品安全事故处置指挥机构，启动应急预案，依照前款规定进行处置。

**第七十三条** 发生重大食品安全事故，设区的市级以上人民政府卫生行政部门应当立即会同有关部门进行事故责任调查，督促有关部门履行职责，向本级人民政府提出事故责任调查处理报告。

重大食品安全事故涉及两个以上省、自治区、直辖市的，由国务院卫生行政部门依照前款规定组织事故责任调查。

**第七十四条** 发生食品安全事故，县级以上疾病预防控制机构应当协助卫生行政部门和有关部门对事故现场进行卫生处理，并对与食品安全事故有关的因素开展流行病学调查。

**第七十五条** 调查食品安全事故，除了查明事故单位的责任，还应当查明负有监督管理和认证职责的监督管理部门、认证机构的工作人员失职、渎职情况。

## 第八章 监督管理

**第七十六条** 县级以上地方人民政府组织本级卫生行政、农业行政、质量监督、工商行政管理、食品药品监督管理部门制定本行政区域的食品安全年度监督管理计划，并按照年度计划组织开展工作。

**第七十七条** 县级以上质量监督、工商行政管理、食品药品监督管理部门履行各自食品安全监督管理职责，有权采取下列措施：

（一）进入生产经营场所实施现场检查；

（二）对生产经营的食品进行抽样检验；

（三）查阅、复制有关合同、票据、账簿以及其他有关资料；

（四）查封、扣押有证据证明不符合食品安全标准的食品，违法使用的食品原料、食品添加剂、食品相关产品，以及用于违法生产经营或者被污染的工具、设备；

（五）查封违法从事食品生产经营活动的场所。

县级以上农业行政部门应当依照《中华人民共和国农产品质量安全法》规定的职责，对食用农产品进行监督管理。

**第七十八条** 县级以上质量监督、工商行政管理、食品药品监督管理部门对食品生产经营者进行监督检查，应当记录监督检查的情况和处理结果。监督检查记录经监督检查人员和食品生产经营者签字后归档。

**第七十九条** 县级以上质量监督、工商行政管理、食品药品监督管理部门应当建立食品生产经营者食品安全信用档案，记录许可颁发、日常监督检查结果、违法行为查处等情况；根据食品安全信用档案的记录，对有不良信用记录的食品生产经营者增加监督检查频次。

**第八十条** 县级以上卫生行政、质量监督、工商行政管理、食品药品监督管理部门接到咨询、投诉、举报，对属于本部门职责的，应当受理，并及时进行答复、核实、处理；对不属于本部门职责的，应当书面通知并移交有权处理的部门处理。有权处理的部门应当及时处理，不得推诿；属于食品安全事故的，依照本法第七章有关规定进行处置。

**第八十一条** 县级以上卫生行政、质量监督、工商行政管理、食品药品监督管理部门应当按照法定权限和程序履行食品安全监督管理职责；对生产经营者的同一违法行为，不得给予二次以上罚款的行政处罚；涉嫌犯罪的，应当依法向公安机关移送。

**第八十二条** 国家建立食品安全信息统一公布制度。下列信息由国务院卫生行政部门统一公布：

（一）国家食品安全总体情况；

(二)食品安全风险评估信息和食品安全风险警示信息;

(三)重大食品安全事故及其处理信息;

(四)其他重要的食品安全信息和国务院确定的需要统一公布的信息。

前款第二项、第三项规定的信息,其影响限于特定区域的,也可以由有关省、自治区、直辖市人民政府卫生行政部门公布。县级以上农业行政、质量监督、工商行政管理、食品药品监督管理部门依据各自职责公布食品安全日常监督管理信息。

食品安全监督管理部门公布信息,应当做到准确、及时、客观。

**第八十三条** 县级以上地方卫生行政、农业行政、质量监督、工商行政管理、食品药品监督管理部门获知本法第八十二条第一款规定的需要统一公布的信息,应当向上级主管部门报告,由上级主管部门立即报告国务院卫生行政部门;必要时,可以直接向国务院卫生行政部门报告。

县级以上卫生行政、农业行政、质量监督、工商行政管理、食品药品监督管理部门应当相互通报获知的食品安全信息。

## 第九章 法律责任

**第八十四条** 违反本法规定,未经许可从事食品生产经营活动,或者未经许可生产食品添加剂的,由有关主管部门按照各自职责分工,没收违法所得、违法生产经营的食品、食品添加剂和用于违法生产经营的工具、设备、原料等物品;违法生产经营的食品、食品添加剂货值金额不足一万元的,并处二千元以上五万元以下罚款;货值金额一万元以上的,并处货值金额五倍以上十倍以下罚款。

**第八十五条** 违反本法规定,有下列情形之一的,由有关主管部门按照各自职责分工,没收违法所得、违法生产经营的食品和用于违法生产经营的工具、设备、原料等物品;违法生产经营的食品货值金额不足一万元的,并处二千元以上五万元以下罚款;货值金额一万元以上的,并处货值金额五倍以上十倍以下罚款;情节严重的,吊销许可证:

(一)用非食品原料生产食品或者在食品中添加食品添加剂以外的化学物质和其他可能危害人体健康的物质,或者用回收食品作为原料生产食品;

(二)生产经营致病性微生物、农药残留、兽药残留、重金属、污染物质以及其他危害人体健康的物质含量超过食品安全标准限量的食品;

(三)生产经营营养成分不符合食品安全标准的专供婴幼儿和其他特定人群的主辅食品;

(四)经营腐败变质、油脂酸败、霉变生虫、污秽不洁、混有异物、掺假掺杂或者感官性状异常的食品;

(五)经营病死、毒死或者死因不明的禽、畜、兽、水产动物肉类,或者生产经营病死、毒死或者死因不明的禽、畜、兽、水产动物肉类的制品;

(六)经营未经动物卫生监督机构检疫或者检疫不合格的肉类,或者生产经营未经检验或者检验不合格的肉类制品;

(七)经营超过保质期的食品;

(八)生产经营国家为防病等特殊需要明令禁止生产经营的食品;

(九)利用新的食品原料从事食品生产或者从事食品添加剂新品种、食品相关产品新品种生产,未经过安全性评估;

(十)食品生产经营者在有关主管部门责令其召回或者停止经营不符合食品安全标准的食品后,仍拒不召回或者停止经营的。

**第八十六条** 违反本法规定,有下列情形之一的,由有关主管部门按照各自职责分工,没收违法所得、违法生产经营的食品和用于违法生产经营的工具、设备、原料等物品;违法生产经营的食品货值金额不足一万元的,并处二千元以上五万元以下罚款;货值金额一万元以上的,并处货值金额二倍以上五倍以下罚款;情节严重的,责令停产停业,直至吊销许可证:

(一)经营被包装材料、容器、运输工具等污染的食品;

(二)生产经营无标签的预包装食品、食品添加剂或者标签、说明书不符合本法规定的食品、食品添加剂;

(三)食品生产者采购、使用不符合食品安全标准的食品原料、食品添加剂、食品相关产品;

(四)食品生产经营者在食品中添加药品。

**第八十七条** 违反本法规定,有下列情形之一的,由有关主管部门按照各自职责分工,责令改正,给予警告;拒不改正的,处二千元以上二万元以下罚款;情节严重的,责令停产停业,直至吊销许可证:

(一)未对采购的食品原料和生产的食品、食品添加剂、食品相关产品进行检验;

(二)未建立并遵守查验记录制度、出厂检验记录制度;

(三)制定食品安全企业标准未依照本法规定备案;

(四)未按规定要求贮存、销售食品或者清理库存食品;

(五)进货时未查验许可证和相关证明文件;

(六)生产的食品、食品添加剂的标签、说明书涉及疾病预防、治疗功能;

(七)安排患有本法第三十四条所列疾病的人员从事接触直接入口食品的工作。

**第八十八条** 违反本法规定,事故单位在发生食品安全事故后未进行处置、报告的,由有关主管部门按照各自职责分工,责令改正,给予警告;毁灭有关证据的,责令停产停业,并处二千元以上十万元以下罚款;造成严重后果的,由原发证部门吊销许可证。

**第八十九条** 违反本法规定,有下列情形之一的,依照本法第八十五条的规定给予处罚:

(一)进口不符合我国食品安全国家标准的食品;

(二)进口尚无食品安全国家标准的食品,或者首次进口食品添加剂新品种、食品相关产品新品种,未经过安全性评估;

（三）出口商未遵守本法的规定出口食品。

违反本法规定，进口商未建立并遵守食品进口和销售记录制度的，依照本法第八十七条的规定给予处罚。

**第九十条** 违反本法规定，集中交易市场的开办者、柜台出租者、展销会的举办者允许未取得许可的食品经营者进入市场销售食品，或者未履行检查、报告等义务的，由有关主管部门按照各自职责分工，处二千元以上五万元以下罚款；造成严重后果的，责令停业，由原发证部门吊销许可证。

**第九十一条** 违反本法规定，未按照要求进行食品运输的，由有关主管部门按照各自职责分工，责令改正，给予警告；拒不改正的，责令停产停业，并处二千元以上五万元以下罚款；情节严重的，由原发证部门吊销许可证。

**第九十二条** 被吊销食品生产、流通或者餐饮服务许可证的单位，其直接负责的主管人员自处罚决定作出之日起五年内不得从事食品生产经营管理工作。

食品生产经营者聘用不得从事食品生产经营管理工作的人员从事管理工作的，由原发证部门吊销许可证。

**第九十三条** 违反本法规定，食品检验机构、食品检验人员出具虚假检验报告的，由授予其资质的主管部门或者机构撤销该检验机构的检验资格；依法对检验机构直接负责的主管人员和食品检验人员给予撤职或者开除的处分。

违反本法规定，受到刑事处罚或者开除处分的食品检验机构人员，自刑罚执行完毕或者处分决定作出之日起十年内不得从事食品检验工作。食品检验机构聘用不得从事食品检验工作的人员的，由授予其资质的主管部门或者机构撤销该检验机构的检验资格。

**第九十四条** 违反本法规定，在广告中对食品质量作虚假宣传，欺骗消费者的，依照《中华人民共和国广告法》的规定给予处罚。

违反本法规定，食品安全监督管理部门或者承担食品检验职责的机构、食品行业协会、消费者协会以广告或者其他形式向消费者推荐食品的，由有关主管部门没收违法所得，依法对直接负责的主管人员和其他直接责任人员给予记大过、降级或者撤职的处分。

**第九十五条** 违反本法规定，县级以上地方人民政府在食品安全监督管理中未履行职责，本行政区域出现重大食品安全事故、造成严重社会影响的，依法对直接负责的主管人员和其他直接责任人员给予记大过、降级、撤职或者开除的处分。

违反本法规定，县级以上卫生行政、农业行政、质量监督、工商行政管理、食品药品监督管理部门或者其他有关行政部门不履行本法规定的职责或者滥用职权、玩忽职守、徇私舞弊的，依法对直接负责的主管人员和其他直接责任人员给予记大过或者降级的处分；造成严重后果的，给予撤职或者开除的处分；其主要负责人应当引咎辞职。

**第九十六条** 违反本法规定，造成人身、财产或者其他损害的，依法承担赔偿责任。

生产不符合食品安全标准的食品或者销售明知是不符合食品安全标准的食品，消费者除要求赔偿损失外，还可以向生产者或者销售者要求支付价款十倍的赔偿金。

**第九十七条** 违反本法规定，应当承担民事赔偿责任和缴纳罚款、罚金，其财产不足以同时支付时，先承担民事赔偿责任。

**第九十八条** 违反本法规定，构成犯罪的，依法追究刑事责任。

## 第十章 附 则

**第九十九条** 本法下列用语的含义：

食品，指各种供人食用或者饮用的成品和原料以及按照传统既是食品又是药品的物品，但是不包括以治疗为目的的物品。

食品安全，指食品无毒、无害，符合应当有的营养要求，对人体健康不造成任何急性、亚急性或者慢性危害。

预包装食品，指预先定量包装或者制作在包装材料和容器中的食品。

食品添加剂，指为改善食品品质和色、香、味以及为防腐、保鲜和加工工艺的需要而加入食品中的人工合成或者天然物质。

用于食品的包装材料和容器，指包装、盛放食品或者食品添加剂用的纸、竹、木、金属、搪瓷、陶瓷、塑料、橡胶、天然纤维、化学纤维、玻璃等制品和直接接触食品或者食品添加剂的涂料。

用于食品生产经营的工具、设备，指在食品或者食品添加剂生产、流通、使用过程中直接接触食品或者食品添加剂的机械、管道、传送带、容器、用具、餐具等。

用于食品的洗涤剂、消毒剂，指直接用于洗涤或者消毒食品、餐饮具以及直接接触食品的工具、设备或者食品包装材料和容器的物质。

保质期，指预包装食品在标签指明的贮存条件下保持品质的期限。

食源性疾病，指食品中致病因素进入人体引起的感染性、中毒性等疾病。

食物中毒，指食用了被有毒有害物质污染的食品或者食用了含有毒有害物质的食品后出现的急性、亚急性疾病。

食品安全事故，指食物中毒、食源性疾病、食品污染等源于食品，对人体健康有危害或者可能有危害的事故。

**第一百条** 食品生产经营者在本法施行前已经取得相应许可证的，该许可证继续有效。

**第一百零一条** 乳品、转基因食品、生猪屠宰、酒类和食盐的食品安全管理，适用本法；法律、行政法规另有规定的，依照其规定。

**第一百零二条** 铁路运营中食品安全的管理办法由国务院卫生行政部门会同国务院有关部门依照本法制定。

军队专用食品和自供食品的食品安全管理办法由中央军事委员会依照本法制定。

**第一百零三条** 国务院根据实际需要，可以对食品安全监督管理体制作出调整。

**第一百零四条** 本法自2009年6月1日起施行。《中华人民共和国食品卫生法》同时废止。

# 行政法规

## 废弃电器电子产品回收处理管理条例

（2008年8月20日国务院第23次常务会议通过　2009年2月25日中华人民共和国国务院令第551号公布　自2011年1月1日起施行）

### 第一章　总　　则

**第一条**　为了规范废弃电器电子产品的回收处理活动，促进资源综合利用和循环经济发展，保护环境，保障人体健康，根据《中华人民共和国清洁生产促进法》和《中华人民共和国固体废物污染环境防治法》的有关规定，制定本条例。

**第二条**　本条例所称废弃电器电子产品的处理活动，是指将废弃电器电子产品进行拆解，从中提取物质作为原材料或者燃料，用改变废弃电器电子产品物理、化学特性的方法减少已产生的废弃电器电子产品数量，减少或者消除其危害成分，以及将其最终置于符合环境保护要求的填埋场的活动，不包括产品维修、翻新以及经维修、翻新后作为旧货再使用的活动。

**第三条**　列入《废弃电器电子产品处理目录》（以下简称《目录》）的废弃电器电子产品的回收处理及相关活动，适用本条例。

国务院资源综合利用主管部门会同国务院环境保护、工业信息产业等主管部门制订和调整《目录》，报国务院批准后实施。

**第四条**　国务院环境保护主管部门会同国务院资源综合利用、工业信息产业主管部门负责组织拟订废弃电器电子产品回收处理的政策措施并协调实施，负责废弃电器电子产品处理的监督管理工作。国务院商务主管部门负责废弃电器电子产品回收的管理工作。国务院财政、工商、质量监督、税务、海关等主管部门在各自职责范围内负责相关管理工作。

**第五条**　国家对废弃电器电子产品实行多渠道回收和集中处理制度。

**第六条**　国家对废弃电器电子产品处理实行资格许可制度。设区的市级人民政府环境保护主管部门审批废弃电器电子产品处理企业（以下简称处理企业）资格。

**第七条**　国家建立废弃电器电子产品处理基金，用于废弃电器电子产品回收处理费用的补贴。电器电子产品生产者、进口电器电子产品的收货人或者其代理人应当按照规定履行废弃电器电子产品处理基金的缴纳义务。

废弃电器电子产品处理基金应当纳入预算管理，其征收、使用、管理的具体办法由国务院财政部门会同国务院环境保护、资源综合利用、工业信息产业主管部门制订，报国务院批准后施行。

制订废弃电器电子产品处理基金的征收标准和补贴标准，应当充分听取电器电子产品生产企业、处理企业、有关行业协会及专家的意见。

**第八条**　国家鼓励和支持废弃电器电子产品处理的科学研究、技术开发、相关技术标准的研究以及新技术、新工艺、新设备的示范、推广和应用。

**第九条**　属于国家禁止进口的废弃电器电子产品，不得进口。

### 第二章　相关方责任

**第十条**　电器电子产品生产者、进口电器电子产品的收货人或者其代理人生产、进口的电器电子产品应当符合国家有关电器电子产品污染控制的规定，采用有利于资源综合利用和无害化处理的设计方案，使用无毒无害或者低毒低害以及便于回收利用的材料。电器电子产品上或者产品说明书中应当按照规定提供有关有毒有害物质含量、回收处理提示性说明等信息。

**第十一条**　国家鼓励电器电子产品生产者自行或者委托销售者、维修机构、售后服务机构、废弃电器电子产品回收经营者回收废弃电器电子产品。电器电子产品销售者、维修机构、售后服务机构应当在其营业场所显著位置标注废弃电器电子产品回收处理提示性信息。

回收的废弃电器电子产品应当由有废弃电器电子产品处理资格的处理企业处理。

**第十二条**　废弃电器电子产品回收经营者应当采取多种方式为电器电子产品使用者提供方便、快捷的回收服务。

废弃电器电子产品回收经营者对回收的废弃电器电子产品进行处理，应当依照本条例规定取得废弃电器电子产品处理资格；未取得处理资格的，应当将回收的废弃电器电子产品交有废弃电器电子产品处理资格的处理企业处理。

回收的电器电子产品经过修复后销售的，必须符合保障人体健康和人身、财产安全等国家技术规范的强制性要求，并在显著位置标识为旧货。具体管理办法由国务院商务主管部门制定。

**第十三条**　机关、团体、企事业单位将废弃电器电子产品交有废弃电器电子产品处理资格的处理企业处理的，依照国家有关规定办理资产核销手续。

处理涉及国家秘密的废弃电器电子产品，依照国家保密规定办理。

**第十四条**　国家鼓励处理企业与相关电器电子产品生产者、销售者以及废弃电器电子产品回收经营者等建立长期合作关系，回收处理废弃电器电子产品。

**第十五条**　处理废弃电器电子产品，应当符合国家有关资源综合利用、环境保护、劳动安全和保障人体健康的要求。

禁止采用国家明令淘汰的技术和工艺处理废弃电器电子产品。

**第十六条**　处理企业应当建立废弃电器电子产品处理的日常环境监测制度。

**第十七条**　处理企业应当建立废弃电器电子产品的数据信息管理系统，向所在地的设区的市级人民政府环境保护主管部门报送废弃电器电子产品处理的基本数据和有关情况。废弃电器电子产品处理的基本数据的保存期限不得少于3年。

**第十八条** 处理企业处理废弃电器电子产品，依照国家有关规定享受税收优惠。

**第十九条** 回收、储存、运输、处理废弃电器电子产品的单位和个人，应当遵守国家有关环境保护和环境卫生管理的规定。

## 第三章 监督管理

**第二十条** 国务院资源综合利用、质量监督、环境保护、工业信息产业等主管部门，依照规定的职责制定废弃电器电子产品处理的相关政策和技术规范。

**第二十一条** 省级人民政府环境保护主管部门会同同级资源综合利用、商务、工业信息产业主管部门编制本地区废弃电器电子产品处理发展规划，报国务院环境保护主管部门备案。

地方人民政府应当将废弃电器电子产品回收处理基础设施建设纳入城乡规划。

**第二十二条** 取得废弃电器电子产品处理资格，依照《中华人民共和国公司登记管理条例》等规定办理登记并在其经营范围中注明废弃电器电子产品处理的企业，方可从事废弃电器电子产品处理活动。

除本条例第三十四条规定外，禁止未取得废弃电器电子产品处理资格的单位和个人处理废弃电器电子产品。

**第二十三条** 申请废弃电器电子产品处理资格，应当具备下列条件：

（一）具备完善的废弃电器电子产品处理设施；

（二）具有对不能完全处理的废弃电器电子产品的妥善利用或者处置方案；

（三）具有与所处理的废弃电器电子产品相适应的分拣、包装以及其他设备；

（四）具有相关安全、质量和环境保护的专业技术人员。

**第二十四条** 申请废弃电器电子产品处理资格，应当向所在地的设区的市级人民政府环境保护主管部门提交书面申请，并提供相关证明材料。受理申请的环境保护主管部门应当自收到完整的申请材料之日起60日内完成审查，作出准予许可或者不予许可的决定。

**第二十五条** 县级以上地方人民政府环境保护主管部门应当通过书面核查和实地检查等方式，加强对废弃电器电子产品处理活动的监督检查。

**第二十六条** 任何单位和个人都有权对违反本条例规定的行为向有关部门检举。有关部门应当为检举人保密，并依法及时处理。

## 第四章 法律责任

**第二十七条** 违反本条例规定，电器电子产品生产者、进口电器电子产品的收货人或者其代理人生产、进口的电器电子产品上或者产品说明书中未按照规定提供有关有毒有害物质含量、回收处理提示性说明等信息的，由县级以上地方人民政府产品质量监督部门责令限期改正，处5万元以下的罚款。

**第二十八条** 违反本条例规定，未取得废弃电器电子产品处理资格擅自从事废弃电器电子产品处理活动的，由工商行政管理机关依照《无照经营查处取缔办法》的规定予以处罚。

环境保护主管部门查出的，由县级以上人民政府环境保护主管部门责令停业、关闭，没收违法所得，并处5万元以上50万元以下的罚款。

**第二十九条** 违反本条例规定，采用国家明令淘汰的技术和工艺处理废弃电器电子产品的，由县级以上人民政府环境保护主管部门责令限期改正；情节严重的，由设区的市级人民政府环境保护主管部门依法暂停直至撤销其废弃电器电子产品处理资格。

**第三十条** 处理废弃电器电子产品造成环境污染的，由县级以上人民政府环境保护主管部门按照固体废物污染环境防治的有关规定予以处罚。

**第三十一条** 违反本条例规定，处理企业未建立废弃电器电子产品的数据信息管理系统，未按规定报送基本数据和有关情况或者报送基本数据、有关情况不真实，或者未按规定期限保存基本数据的，由所在地的设区的市级人民政府环境保护主管部门责令限期改正，可以处5万元以下的罚款。

**第三十二条** 违反本条例规定，处理企业未建立日常环境监测制度或者未开展日常环境监测的，由县级以上人民政府环境保护主管部门责令限期改正，可以处5万元以下的罚款。

**第三十三条** 违反本条例规定，有关行政主管部门的工作人员滥用职权、玩忽职守、徇私舞弊，构成犯罪的，依法追究刑事责任；尚不构成犯罪的，依法给予处分。

## 第五章 附 则

**第三十四条** 经省级人民政府批准，可以设立废弃电器电子产品集中处理场。废弃电器电子产品集中处理场应当具有完善的污染物集中处理设施，确保符合国家或者地方制定的污染物排放标准和固体废物污染环境防治技术标准，并应当遵守本条例的有关规定。

废弃电器电子产品集中处理场应当符合国家和当地工业区设置规划，与当地土地利用规划和城乡规划相协调，并应当加快实现产业升级。

**第三十五条** 本条例自2011年1月1日起施行。

# 中华人民共和国
# 食品安全法实施条例

（2009年7月8日国务院第73次常务会议通过 2009年7月20日中华人民共和国国务院令第557号公布 自公布之日起施行）

## 第一章 总 则

**第一条** 根据《中华人民共和国食

品安全法》(以下简称食品安全法),制定本条例。

**第二条** 县级以上地方人民政府应当履行食品安全法规定的职责;加强食品安全监督管理能力建设,为食品安全监督管理工作提供保障;建立健全食品安全监督管理部门的协调配合机制,整合、完善食品安全信息网络,实现食品安全信息共享和食品检验等技术资源的共享。

**第三条** 食品生产经营者应当依照法律、法规和食品安全标准从事生产经营活动,建立健全食品安全管理制度,采取有效管理措施,保证食品安全。

食品生产经营者对其生产经营的食品安全负责,对社会和公众负责,承担社会责任。

**第四条** 食品安全监督管理部门应当依照食品安全法和本条例的规定公布食品安全信息,为公众咨询、投诉、举报提供方便;任何组织和个人有权向有关部门了解食品安全信息。

## 第二章 食品安全风险监测和评估

**第五条** 食品安全法第十一条规定的国家食品安全风险监测计划,由国务院卫生行政部门会同国务院质量监督、工商行政管理和国家食品药品监督管理以及国务院商务、工业和信息化等部门,根据食品安全风险评估、食品安全标准制定与修订、食品安全监督管理等工作的需要制定。

**第六条** 省、自治区、直辖市人民政府卫生行政部门应当组织同级质量监督、工商行政管理、食品药品监督管理、商务、工业和信息化等部门,依照食品安全法第十一条的规定,制定本行政区域的食品安全风险监测方案,报国务院卫生行政部门备案。

国务院卫生行政部门应当将备案情况向国务院质量监督、工商行政管理和国家食品药品监督管理以及国务院商务、工业和信息化等部门通报。

**第七条** 国务院卫生行政部门会同有关部门除依照食品安全法第十二条的规定对国家食品安全风险监测计划作出调整外,必要时,还应当依据医疗机构报告的有关疾病信息调整国家食品安全风险监测计划。

国家食品安全风险监测计划作出调整后,省、自治区、直辖市人民政府卫生行政部门应当结合本行政区域的具体情况,对本行政区域的食品安全风险监测方案作出相应调整。

**第八条** 医疗机构发现其接收的病人属于食源性疾病病人、食物中毒病人,或者疑似食源性疾病病人、疑似食物中毒病人的,应当及时向所在地县级人民政府卫生行政部门报告有关疾病信息。

接到报告的卫生行政部门应当汇总、分析有关疾病信息,及时向本级人民政府报告,同时报告上级卫生行政部门;必要时,可以直接向国务院卫生行政部门报告,同时报告本级人民政府和上级卫生行政部门。

**第九条** 食品安全风险监测工作由省级以上人民政府卫生行政部门会同同级质量监督、工商行政管理、食品药品监督管理等部门确定的技术机构承担。

承担食品安全风险监测工作的技术机构应当根据食品安全风险监测计划和监测方案开展监测工作,保证监测数据真实、准确,并按照食品安全风险监测计划和监测方案的要求,将监测数据和分析结果报送省级以上人民政府卫生行政部门和下达监测任务的部门。

食品安全风险监测工作人员采集样品、收集相关数据,可以进入相关食用农产品种植养殖、食品生产、食品流通或者餐饮服务场所。采集样品,应当按照市场价格支付费用。

**第十条** 食品安全风险监测分析结果表明可能存在食品安全隐患的,省、自治区、直辖市人民政府卫生行政部门应当及时将相关信息通报本行政区域设区的市级和县级人民政府及其卫生行政部门。

**第十一条** 国务院卫生行政部门应当收集、汇总食品安全风险监测数据和分析结果,并向国务院质量监督、工商行政管理和国家食品药品监督管理以及国务院商务、工业和信息化等部门通报。

**第十二条** 有下列情形之一的,国务院卫生行政部门应当组织食品安全风险评估工作:

(一)为制定或者修订食品安全国家标准提供科学依据需要进行风险评估的;

(二)为确定监督管理的重点领域、重点品种需要进行风险评估的;

(三)发现新的可能危害食品安全的因素的;

(四)需要判断某一因素是否构成食品安全隐患的;

(五)国务院卫生行政部门认为需要进行风险评估的其他情形。

**第十三条** 国务院农业行政、质量监督、工商行政管理和国家食品药品监督管理等有关部门依照食品安全法第十五条规定向国务院卫生行政部门提出食品安全风险评估建议,应当提供下列信息和资料:

(一)风险的来源和性质;

(二)相关检验数据和结论;

(三)风险涉及范围;

(四)其他有关信息和资料。

县级以上地方农业行政、质量监督、工商行政管理、食品药品监督管理等有关部门应当协助收集前款规定的食品安全风险评估信息和资料。

**第十四条** 省级以上人民政府卫生行政、农业行政部门应当及时相互通报食品安全风险监测和食用农产品质量安全风险监测的相关信息。

国务院卫生行政、农业行政部门应当及时相互通报食品安全风险评估结果和食用农产品质量安全风险评估结果等相关信息。

## 第三章 食品安全标准

**第十五条** 国务院卫生行政部门会同国务院农业行政、质量监督、工商行政管理和国家食品药品监督管理以及国务院商务、工业和信息化等部门制定食品安全国家标准规划及其实施计划。制定食品安全国家标准规划及其实施计划,应当公开征求意见。

**第十六条** 国务院卫生行政部门应当选择具备相应技术能力的单位起草食

品安全国家标准草案。提倡由研究机构、教育机构、学术团体、行业协会等单位,共同起草食品安全国家标准草案。

国务院卫生行政部门应当将食品安全国家标准草案向社会公布,公开征求意见。

**第十七条** 食品安全法第二十三条规定的食品安全国家标准审评委员会由国务院卫生行政部门负责组织。

食品安全国家标准审评委员会负责审查食品安全国家标准草案的科学性和实用性等内容。

**第十八条** 省、自治区、直辖市人民政府卫生行政部门应当将企业依照食品安全法第二十五条规定报送备案的企业标准,向同级农业行政、质量监督、工商行政管理、食品药品监督管理、商务、工业和信息化等部门通报。

**第十九条** 国务院卫生行政部门和省、自治区、直辖市人民政府卫生行政部门应当会同同级农业行政、质量监督、工商行政管理、食品药品监督管理、商务、工业和信息化等部门,对食品安全国家标准和食品安全地方标准的执行情况分别进行跟踪评价,并应当根据评价结果适时组织修订食品安全标准。

国务院和省、自治区、直辖市人民政府的农业行政、质量监督、工商行政管理、食品药品监督管理、商务、工业和信息化等部门应当收集、汇总食品安全标准在执行过程中存在的问题,并及时向同级卫生行政部门通报。

食品生产经营者、食品行业协会发现食品安全标准在执行过程中存在问题的,应当立即向食品安全监督管理部门报告。

## 第四章 食品生产经营

**第二十条** 设立食品生产企业,应当预先核准企业名称,依照食品安全法的规定取得食品生产许可后,办理工商登记。县级以上质量监督管理部门依照有关法律、行政法规规定审核相关资料、核查生产场所、检验相关产品;对相关资料、场所符合规定要求以及相关产品符合食品安全标准或者要求的,应当作出准予许可的决定。

其他食品生产经营者应当在依法取得相应的食品生产许可、食品流通许可、餐饮服务许可后,办理工商登记。法律、法规对食品生产加工小作坊和食品摊贩另有规定的,依照其规定。

食品生产许可、食品流通许可和餐饮服务许可的有效期为3年。

**第二十一条** 食品生产经营者的生产经营条件发生变化,不符合食品生产经营要求的,食品生产经营者应当立即采取整改措施;有发生食品安全事故的潜在风险的,应当立即停止食品生产经营活动,并向所在地县级质量监督、工商行政管理或者食品药品监督管理部门报告;需要重新办理许可手续的,应当依法办理。

县级以上质量监督、工商行政管理、食品药品监督管理部门应当加强对食品生产经营者生产经营活动的日常监督检查;发现不符合食品生产经营要求情形的,应当责令立即纠正,并依法予以处理;不再符合生产经营许可条件的,应当依法撤销相关许可。

**第二十二条** 食品生产经营企业应当依照食品安全法第三十二条的规定组织职工参加食品安全知识培训,学习食品安全法律、法规、规章、标准和其他食品安全知识,并建立培训档案。

**第二十三条** 食品生产经营者应当依照食品安全法第三十四条的规定建立并执行从业人员健康检查制度和健康档案制度。从事接触直接入口食品工作的人员患有痢疾、伤寒、甲型病毒性肝炎、戊型病毒性肝炎等消化道传染病,以及患有活动性肺结核、化脓性或者渗出性皮肤病等有碍食品安全的疾病的,食品生产经营者应当将其调整到其他不影响食品安全的工作岗位。

食品生产经营人员依照食品安全法第三十四条第二款规定进行健康检查,其检查项目等事项应当符合所在地省、自治区、直辖市的规定。

**第二十四条** 食品生产经营企业应当依照食品安全法第三十六条第二款、第三十七条第一款、第三十九条第二款的规定建立进货查验记录制度、食品出厂检验记录制度,如实记录法律规定记录的事项,或者保留载有相关信息的进货或者销售票据。记录、票据的保存期限不得少于2年。

**第二十五条** 实行集中统一采购原料的集团性食品生产企业,可以由企业总部统一查验供货者的许可证和产品合格证明文件,进行进货查验记录;对无法提供合格证明文件的食品原料,应当依照食品安全标准进行检验。

**第二十六条** 食品生产企业应当建立并执行原料验收、生产过程安全管理、贮存管理、设备管理、不合格产品管理等食品安全管理制度,不断完善食品安全保障体系,保证食品安全。

**第二十七条** 食品生产企业应当就下列事项制定并实施控制要求,保证出厂的食品符合食品安全标准:

(一)原料采购、原料验收、投料等原料控制;

(二)生产工序、设备、贮存、包装等生产关键环节控制;

(三)原料检验、半成品检验、成品出厂检验等检验控制;

(四)运输、交付控制。

食品生产过程中有不符合控制要求情形的,食品生产企业应当立即查明原因并采取整改措施。

**第二十八条** 食品生产企业除依照食品安全法第三十六条、第三十七条规定进行进货查验记录和食品出厂检验记录外,还应当如实记录食品生产过程的安全管理情况。记录的保存期限不得少于2年。

**第二十九条** 从事食品批发业务的经营企业销售食品,应当如实记录批发食品的名称、规格、数量、生产批号、保质期、购货者名称及联系方式、销售日期等内容,或者保留载有相关信息的销售票据。记录、票据的保存期限不得少于2年。

**第三十条** 国家鼓励食品生产经营者采用先进技术手段,记录食品安全法和本条例要求记录的事项。

**第三十一条** 餐饮服务提供者应当制定并实施原料采购控制要求,确保所购原料符合食品安全标准。

餐饮服务提供者在制作加工过程中

应当检查待加工的食品及原料，发现有腐败变质或者其他感官性状异常的，不得加工或者使用。

**第三十二条** 餐饮服务提供企业应当定期维护食品加工、贮存、陈列等设施、设备；定期清洗、校验保温设施及冷藏、冷冻设施。

餐饮服务提供者应当按照要求对餐具、饮具进行清洗、消毒，不得使用未经清洗和消毒的餐具、饮具。

**第三十三条** 对依照食品安全法第五十三条规定被召回的食品，食品生产者应当进行无害化处理或者予以销毁，防止其再次流入市场。对因标签、标识或者说明书不符合食品安全标准而被召回的食品，食品生产者在采取补救措施且能保证食品安全的情况下可以继续销售；销售时应当向消费者明示补救措施。

县级以上质量监督、工商行政管理、食品药品监督管理部门应当将食品生产者召回不符合食品安全标准的食品的情况，以及食品经营者停止经营不符合食品安全标准的食品的情况，记入食品生产经营者食品安全信用档案。

## 第五章 食品检验

**第三十四条** 申请人依照食品安全法第六十条第三款规定向承担复检工作的食品检验机构（以下称复检机构）申请复检，应当说明理由。

复检机构名录由国务院认证认可监督管理、卫生行政、农业行政等部门共同公布。复检机构出具的复检结论为最终检验结论。

复检机构由复检申请人自行选择。复检机构与初检机构不得为同一机构。

**第三十五条** 食品生产经营者对依照食品安全法第六十条规定进行的抽样检验结论有异议申请复检，复检结论表明食品合格的，复检费用由抽样检验的部门承担；复检结论表明食品不合格的，复检费用由食品生产经营者承担。

## 第六章 食品进出口

**第三十六条** 进口食品的进口商应当持合同、发票、装箱单、提单等必要的凭证和相关批准文件，向海关报关地的出入境检验检疫机构报检。进口食品应当经出入境检验检疫机构检验合格。海关凭出入境检验检疫机构签发的通关证明放行。

**第三十七条** 进口尚无食品安全国家标准的食品，或者首次进口食品添加剂新品种、食品相关产品新品种，进口商应当向出入境检验检疫机构提交依照食品安全法第六十三条规定取得的许可证明文件，出入境检验检疫机构应当按照国务院卫生行政部门的要求进行检验。

**第三十八条** 国家出入境检验检疫部门在进口食品中发现食品安全国家标准未规定且可能危害人体健康的物质，应当按照食品安全法第十二条的规定向国务院卫生行政部门通报。

**第三十九条** 向我国境内出口食品的境外食品生产企业依照食品安全法第六十五条规定进行注册，其注册有效期为4年。已经注册的境外食品生产企业提供虚假材料，或者因境外食品生产企业的原因致使相关进口食品发生重大食品安全事故的，国家出入境检验检疫部门应当撤销注册，并予以公告。

**第四十条** 进口的食品添加剂应当有中文标签、中文说明书。标签、说明书应当符合食品安全法和我国其他有关法律、行政法规的规定以及食品安全国家标准的要求，载明食品添加剂的原产地和境内代理商的名称、地址、联系方式。食品添加剂没有中文标签、中文说明书或者标签、说明书不符合本条规定的，不得进口。

**第四十一条** 出入境检验检疫机构依照食品安全法第六十二条规定对进口食品实施检验，依照食品安全法第六十八条规定对出口食品实施监督、抽检，具体办法由国家出入境检验检疫部门制定。

**第四十二条** 国家出入境检验检疫部门应当建立信息收集网络，依照食品安全法第六十九条的规定，收集、汇总、通报下列信息：

（一）出入境检验检疫机构对进出口食品实施检验检疫发现的食品安全信息；

（二）行业协会、消费者反映的进口食品安全信息；

（三）国际组织、境外政府机构发布的食品安全信息、风险预警信息，以及境外行业协会等组织、消费者反映的食品安全信息；

（四）其他食品安全信息。

接到通报的部门必要时应当采取相应处理措施。

食品安全监督管理部门应当及时将获知的涉及进出口食品安全的信息向国家出入境检验检疫部门通报。

## 第七章 食品安全事故处置

**第四十三条** 发生食品安全事故的单位对导致或者可能导致食品安全事故的食品及原料、工具、设备等，应当立即采取封存等控制措施，并自事故发生之时起2小时内向所在地县级人民政府卫生行政部门报告。

**第四十四条** 调查食品安全事故，应当坚持实事求是、尊重科学的原则，及时、准确查清事故性质和原因，认定事故责任，提出整改措施。

参与食品安全事故调查的部门应当在卫生行政部门的统一组织协调下分工协作、相互配合，提高事故调查处理的工作效率。

食品安全事故的调查处理办法由国务院卫生行政部门会同国务院有关部门制定。

**第四十五条** 参与食品安全事故调查的部门有权向有关单位和个人了解与事故有关的情况，并要求提供相关资料和样品。

有关单位和个人应当配合食品安全事故调查处理工作，按照要求提供相关资料和样品，不得拒绝。

**第四十六条** 任何单位或者个人不得阻挠、干涉食品安全事故的调查处理。

## 第八章 监督管理

**第四十七条** 县级以上地方人民政府依照食品安全法第七十六条规定制定

的食品安全年度监督管理计划，应当包含食品抽样检验的内容。对专供婴幼儿、老年人、病人等特定人群的主辅食品，应当重点加强抽样检验。

县级以上农业行政、质量监督、工商行政管理、食品药品监督管理部门应当按照食品安全年度监督管理计划进行抽样检验。抽样检验购买样品所需费用和检验费等，由同级财政列支。

**第四十八条** 县级人民政府应当统一组织、协调本级卫生行政、农业行政、质量监督、工商行政管理、食品药品监督管理部门，依法对本行政区域内的食品生产经营者进行监督管理；对发生食品安全事故风险较高的食品生产经营者，应当重点加强监督管理。

在国务院卫生行政部门公布食品安全风险警示信息，或者接到所在地省、自治区、直辖市人民政府卫生行政部门依照本条例第十条规定通报的食品安全风险监测信息后，设区的市级和县级人民政府应当立即组织本级卫生行政、农业行政、质量监督、工商行政管理、食品药品监督管理部门采取有针对性的措施，防止发生食品安全事故。

**第四十九条** 国务院卫生行政部门应当根据疾病信息和监督管理信息等，对发现的添加或者可能添加到食品中的非食品用化学物质和其他可能危害人体健康的物质的名录及检测方法予以公布；国务院质量监督、工商行政管理和国家食品药品监督管理部门应当采取相应的监督管理措施。

**第五十条** 质量监督、工商行政管理、食品药品监督管理部门在食品安全监督管理工作中可以采用国务院质量监督、工商行政管理和国家食品药品监督管理部门认定的快速检测方法对食品进行初步筛查；对初步筛查结果表明可能不符合食品安全标准的食品，应当依照食品安全法第六十条第三款的规定进行检验。初步筛查结果不得作为执法依据。

**第五十一条** 食品安全法第八十二条第二款规定的食品安全日常监督管理信息包括：

（一）依照食品安全法实施行政许可的情况；

（二）责令停止生产经营的食品、食品添加剂、食品相关产品的名录；

（三）查处食品生产经营违法行为的情况；

（四）专项检查整治工作情况；

（五）法律、行政法规规定的其他食品安全日常监督管理信息。

前款规定的信息涉及两个以上食品安全监督管理部门职责的，由相关部门联合公布。

**第五十二条** 食品安全监督管理部门依照食品安全法第八十二条规定公布信息，应当同时对有关食品可能产生的危害进行解释、说明。

**第五十三条** 卫生行政、农业行政、质量监督、工商行政管理、食品药品监督管理等部门应当公布本单位的电子邮件地址或者电话，接受咨询、投诉、举报；对接到的咨询、投诉、举报，应当依照食品安全法第八十条的规定进行答复、核实、处理，并对咨询、投诉、举报和答复、核实、处理的情况予以记录、保存。

**第五十四条** 国务院工业和信息化、商务等部门依据职责制定食品行业的发展规划和产业政策，采取措施推进产业结构优化，加强对食品行业诚信体系建设的指导，促进食品行业健康发展。

## 第九章　法律责任

**第五十五条** 食品生产经营者的生产经营条件发生变化，未依照本条例第二十一条规定处理的，由有关主管部门责令改正，给予警告；造成严重后果的，依照食品安全法第八十五条的规定给予处罚。

**第五十六条** 餐饮服务提供者未依照本条例第三十一条第一款规定制定、实施原料采购控制要求的，依照食品安全法第八十六条的规定给予处罚。

餐饮服务提供者未依照本条例第三十一条第二款规定检查待加工的食品及原料，或者发现有腐败变质或者其他感官性状异常仍加工、使用的，依照食品安全法第八十五条的规定给予处罚。

**第五十七条** 有下列情形之一的，依照食品安全法第八十七条的规定给予处罚：

（一）食品生产企业未依照本条例第二十六条规定建立、执行食品安全管理制度的；

（二）食品生产企业未依照本条例第二十七条规定制定、实施生产过程控制要求，或者食品生产过程中有不符合控制要求的情形未依照规定采取整改措施的；

（三）食品生产企业未依照本条例第二十八条规定记录食品生产过程的安全管理情况并保存相关记录的；

（四）从事食品批发业务的经营企业未依照本条例第二十九条规定记录、保存销售信息或者保留销售票据的；

（五）餐饮服务提供企业未依照本条例第三十二条第一款规定定期维护、清洗、校验设施、设备的；

（六）餐饮服务提供者未依照本条例第三十二条第二款规定对餐具、饮具进行清洗、消毒，或者使用未经清洗和消毒的餐具、饮具的。

**第五十八条** 进口不符合本条例第四十条规定的食品添加剂的，由出入境检验检疫机构没收违法进口的食品添加剂；违法进口的食品添加剂货值金额不足1万元的，并处2 000元以上5万元以下罚款；货值金额1万元以上的，并处货值金额2倍以上5倍以下罚款。

**第五十九条** 医疗机构未依照本条例第八条规定报告有关疾病信息的，由卫生行政部门责令改正，给予警告。

**第六十条** 发生食品安全事故的单位未依照本条例第四十三条规定采取措施并报告的，依照食品安全法第八十八条的规定给予处罚。

**第六十一条** 县级以上地方人民政府不履行食品安全监督管理法定职责，本行政区域出现重大食品安全事故、造成严重社会影响的，依法对直接负责的主管人员和其他直接责任人员给予记大过、降级、撤职或者开除的处分。

县级以上卫生行政、农业行政、质量监督、工商行政管理、食品药品监督管理部门或者其他有关行政部门不履行食品安全监督管理法定职责、日常监督检查不到位或者滥用职权、玩忽职守、徇私舞弊的,依法对直接负责的主管人员和其他直接责任人员给予记大过或者降级的处分;造成严重后果的,给予撤职或者开除的处分;其主要负责人应当引咎辞职。

## 第十章　附　　则

**第六十二条**　本条例下列用语的含义:

食品安全风险评估,指对食品、食品添加剂中生物性、化学性和物理性危害对人体健康可能造成的不良影响所进行的科学评估,包括危害识别、危害特征描述、暴露评估、风险特征描述等。

餐饮服务,指通过即时制作加工、商业销售和服务性劳动等,向消费者提供食品和消费场所及设施的服务活动。

**第六十三条**　食用农产品质量安全风险监测和风险评估由县级以上人民政府农业行政部门依照《中华人民共和国农产品质量安全法》的规定进行。

国境口岸食品的监督管理由出入境检验检疫机构依照食品安全法和本条例以及有关法律、行政法规的规定实施。

食品药品监督管理部门对声称具有特定保健功能的食品实行严格监管,具体办法由国务院另行制定。

**第六十四条**　本条例自公布之日起施行。

# 放射性物品运输安全管理条例

(2009年9月7日国务院第80次常务会议通过　2009年9月14日中华人民共和国国务院令第562号公布　自2010年1月1日起施行)

## 第一章　总　　则

**第一条**　为了加强对放射性物品运输的安全管理,保障人体健康,保护环境,促进核能、核技术的开发与和平利用,根据《中华人民共和国放射性污染防治法》,制定本条例。

**第二条**　放射性物品的运输和放射性物品运输容器的设计、制造等活动,适用本条例。

本条例所称放射性物品,是指含有放射性核素,并且其活度和比活度均高于国家规定的豁免值的物品。

**第三条**　根据放射性物品的特性及其对人体健康和环境的潜在危害程度,将放射性物品分为一类、二类和三类。

一类放射性物品,是指Ⅰ类放射源、高水平放射性废物、乏燃料等释放到环境后对人体健康和环境产生重大辐射影响的放射性物品。

二类放射性物品,是指Ⅱ类和Ⅲ类放射源、中等水平放射性废物等释放到环境后对人体健康和环境产生一般辐射影响的放射性物品。

三类放射性物品,是指Ⅳ类和Ⅴ类放射源、低水平放射性废物、放射性药品等释放到环境后对人体健康和环境产生较小辐射影响的放射性物品。

放射性物品的具体分类和名录,由国务院核安全监管部门会同国务院公安、卫生、海关、交通运输、铁路、民航、核工业行业主管部门制定。

**第四条**　国务院核安全监管部门对放射性物品运输的核与辐射安全实施监督管理。

国务院公安、交通运输、铁路、民航等有关主管部门依照本条例规定和各自的职责,负责放射性物品运输安全的有关监督管理工作。

县级以上地方人民政府环境保护主管部门和公安、交通运输等有关主管部门,依照本条例规定和各自的职责,负责本行政区域放射性物品运输安全的有关监督管理工作。

**第五条**　运输放射性物品,应当使用专用的放射性物品运输包装容器(以下简称运输容器)。

放射性物品的运输和放射性物品运输容器的设计、制造,应当符合国家放射性物品运输安全标准。

国家放射性物品运输安全标准,由国务院核安全监管部门制定,由国务院核安全监管部门和国务院标准化主管部门联合发布。国务院核安全监管部门制定国家放射性物品运输安全标准,应当征求国务院公安、卫生、交通运输、铁路、民航、核工业行业主管部门的意见。

**第六条**　放射性物品运输容器的设计、制造单位应当建立健全责任制度,加强质量管理,并对所从事的放射性物品运输容器的设计、制造活动负责。

放射性物品的托运人(以下简称托运人)应当制定核与辐射事故应急方案,在放射性物品运输中采取有效的辐射防护和安全保卫措施,并对放射性物品运输中的核与辐射安全负责。

**第七条**　任何单位和个人对违反本条例规定的行为,有权向国务院核安全监管部门或者其他依法履行放射性物品运输安全监督管理职责的部门举报。

接到举报的部门应当依法调查处理,并为举报人保密。

## 第二章　放射性物品运输容器的设计

**第八条**　放射性物品运输容器设计单位应当建立健全和有效实施质量保证体系,按照国家放射性物品运输安全标准进行设计,并通过试验验证或者分析论证等方式,对设计的放射性物品运输容器的安全性能进行评价。

**第九条**　放射性物品运输容器设计单位应当建立健全档案制度,按照质量保证体系的要求,如实记录放射性物品运输容器的设计和安全性能评价过程。

进行一类放射性物品运输容器设计,应当编制设计安全评价报告书;进行二类放射性物品运输容器设计,应当编制设计安全评价报告表。

**第十条**　一类放射性物品运输容器的设计,应当在首次用于制造前报国务院核安全监管部门审查批准。

申请批准一类放射性物品运输容器的设计,设计单位应当向国务院核安全监管部门提出书面申请,并提交下列材料:

(一)设计总图及其设计说明书;

(二)设计安全评价报告书;

(三)质量保证大纲。

**第十一条**　国务院核安全监管部门

应当自受理申请之日起45个工作日内完成审查,对符合国家放射性物品运输安全标准的,颁发一类放射性物品运输容器设计批准书,并公告批准文号;对不符合国家放射性物品运输安全标准的,书面通知申请单位并说明理由。

**第十二条** 设计单位修改已批准的一类放射性物品运输容器设计中有关安全内容的,应当按照原申请程序向国务院核安全监管部门重新申请领取一类放射性物品运输容器设计批准书。

**第十三条** 二类放射性物品运输容器的设计,设计单位应当在首次用于制造前,将设计总图及其设计说明书、设计安全评价报告表报国务院核安全监管部门备案。

**第十四条** 三类放射性物品运输容器的设计,设计单位应当编制设计符合国家放射性物品运输安全标准的证明文件并存档备查。

## 第三章 放射性物品运输容器的制造与使用

**第十五条** 放射性物品运输容器制造单位,应当按照设计要求和国家放射性物品运输安全标准,对制造的放射性物品运输容器进行质量检验,编制质量检验报告。

未经质量检验或者经检验不合格的放射性物品运输容器,不得交付使用。

**第十六条** 从事一类放射性物品运输容器制造活动的单位,应当具备下列条件:

(一)有与所从事的制造活动相适应的专业技术人员;

(二)有与所从事的制造活动相适应的生产条件和检测手段;

(三)有健全的管理制度和完善的质量保证体系。

**第十七条** 从事一类放射性物品运输容器制造活动的单位,应当申请领取一类放射性物品运输容器制造许可证(以下简称制造许可证)。

申请领取制造许可证的单位,应当向国务院核安全监管部门提出书面申请,并提交其符合本条例第十六条规定条件的证明材料和申请制造的运输容器型号。

禁止无制造许可证或者超出制造许可证规定的范围从事一类放射性物品运输容器的制造活动。

**第十八条** 国务院核安全监管部门应当自受理申请之日起45个工作日内完成审查,对符合条件的,颁发制造许可证,并予以公告;对不符合条件的,书面通知申请单位并说明理由。

**第十九条** 制造许可证应当载明下列内容:

(一)制造单位名称、住所和法定代表人;

(二)许可制造的运输容器的型号;

(三)有效期限;

(四)发证机关、发证日期和证书编号。

**第二十条** 一类放射性物品运输容器制造单位变更单位名称、住所或者法定代表人的,应当自工商变更登记之日起20日内,向国务院核安全监管部门办理制造许可证变更手续。

一类放射性物品运输容器制造单位变更制造的运输容器型号的,应当按照原申请程序向国务院核安全监管部门重新申请领取制造许可证。

**第二十一条** 制造许可证有效期为5年。

制造许可证有效期届满,需要延续的,一类放射性物品运输容器制造单位应当于制造许可证有效期届满6个月前,向国务院核安全监管部门提出延续申请。

国务院核安全监管部门应当在制造许可证有效期届满前作出是否准予延续的决定。

**第二十二条** 从事二类放射性物品运输容器制造活动的单位,应当在首次制造活动开始30日前,将其具备与所从事的制造活动相适应的专业技术人员、生产条件、检测手段,以及具有健全的管理制度和完善的质量保证体系的证明材料,报国务院核安全监管部门备案。

**第二十三条** 一类、二类放射性物品运输容器制造单位,应当按照国务院核安全监管部门制定的编码规则,对其制造的一类、二类放射性物品运输容器统一编码,并于每年1月31日前将上一年度的运输容器编码清单报国务院核安全监管部门备案。

**第二十四条** 从事三类放射性物品运输容器制造活动的单位,应当于每年1月31日前将上一年度制造的运输容器的型号和数量报国务院核安全监管部门备案。

**第二十五条** 放射性物品运输容器使用单位应当对其使用的放射性物品运输容器定期进行保养和维护,并建立保养和维护档案;放射性物品运输容器达到设计使用年限,或者发现放射性物品运输容器存在安全隐患的,应当停止使用,进行处理。

一类放射性物品运输容器使用单位还应当对其使用的一类放射性物品运输容器每两年进行一次安全性能评价,并将评价结果报国务院核安全监管部门备案。

**第二十六条** 使用境外单位制造的一类放射性物品运输容器的,应当在首次使用前报国务院核安全监管部门审查批准。

申请使用境外单位制造的一类放射性物品运输容器的单位,应当向国务院核安全监管部门提出书面申请,并提交下列材料:

(一)设计单位所在国核安全监管部门颁发的设计批准文件的复印件;

(二)设计安全评价报告书;

(三)制造单位相关业绩的证明材料;

(四)质量合格证明;

(五)符合中华人民共和国法律、行政法规规定,以及国家放射性物品运输安全标准或者经国务院核安全监管部门认可的标准的说明材料。

国务院核安全监管部门应当自受理申请之日起45个工作日内完成审查,对符合国家放射性物品运输安全标准的,颁发使用批准书;对不符合国家放射性物品运输安全标准的,书面通知申请单位并说明理由。

**第二十七条** 使用境外单位制造的二类放射性物品运输容器的,应当在首次使用前将运输容器质量合格证明和符合中华人民共和国法律、行政法规规定，以及国家放射性物品运输安全标准或者经国务院核安全监管部门认可的标准的说明材料，报国务院核安全监管部门备案。

**第二十八条** 国务院核安全监管部门办理使用境外单位制造的一类、二类放射性物品运输容器审查批准和备案手续，应当同时为运输容器确定编码。

## 第四章 放射性物品的运输

**第二十九条** 托运放射性物品的，托运人应当持有生产、销售、使用或者处置放射性物品的有效证明，使用与所托运的放射性物品类别相适应的运输容器进行包装，配备必要的辐射监测设备、防护用品和防盗、防破坏设备，并编制运输说明书、核与辐射事故应急响应指南、装卸作业方法、安全防护指南。

运输说明书应当包括放射性物品的品名、数量、物理化学形态、危害风险等内容。

**第三十条** 托运一类放射性物品的，托运人应当委托有资质的辐射监测机构对其表面污染和辐射水平实施监测，辐射监测机构应当出具辐射监测报告。

托运二类、三类放射性物品的，托运人应当对其表面污染和辐射水平实施监测，并编制辐射监测报告。

监测结果不符合国家放射性物品运输安全标准的，不得托运。

**第三十一条** 承运放射性物品应当取得国家规定的运输资质。承运人的资质管理，依照有关法律、行政法规和国务院交通运输、铁路、民航、邮政主管部门的规定执行。

**第三十二条** 托运人和承运人应当对直接从事放射性物品运输的工作人员进行运输安全和应急响应知识的培训，并进行考核；考核不合格的，不得从事相关工作。

托运人和承运人应当按照国家放射性物品运输安全标准和国家有关规定，在放射性物品运输容器和运输工具上设置警示标志。

国家利用卫星定位系统对一类、二类放射性物品运输工具的运输过程实行在线监控。具体办法由国务院核安全监管部门会同国务院有关部门制定。

**第三十三条** 托运人和承运人应当按照国家职业病防治的有关规定，对直接从事放射性物品运输的工作人员进行个人剂量监测，建立个人剂量档案和职业健康监护档案。

**第三十四条** 托运人应当向承运人提交运输说明书、辐射监测报告、核与辐射事故应急响应指南、装卸作业方法、安全防护指南，承运人应当查验、收存。托运人提交文件不齐全的，承运人不得承运。

**第三十五条** 托运一类放射性物品的，托运人应当编制放射性物品运输的核与辐射安全分析报告书，报国务院核安全监管部门审查批准。

放射性物品运输的核与辐射安全分析报告书应当包括放射性物品的品名、数量、运输容器型号、运输方式、辐射防护措施、应急措施等内容。

国务院核安全监管部门应当自受理申请之日起45个工作日内完成审查，对符合国家放射性物品运输安全标准的，颁发核与辐射安全分析报告批准书；对不符合国家放射性物品运输安全标准的，书面通知申请单位并说明理由。

**第三十六条** 放射性物品运输的核与辐射安全分析报告批准书应当载明下列主要内容：

（一）托运人的名称、地址、法定代表人；

（二）运输放射性物品的品名、数量；

（三）运输放射性物品的运输容器型号和运输方式；

（四）批准日期和有效期限。

**第三十七条** 一类放射性物品启运前，托运人应当将放射性物品运输的核与辐射安全分析报告批准书、辐射监测报告，报启运地的省、自治区、直辖市人民政府环境保护主管部门备案。

收到备案材料的环境保护主管部门应当及时将有关情况通报放射性物品运输的途经地和抵达地的省、自治区、直辖市人民政府环境保护主管部门。

**第三十八条** 通过道路运输放射性物品的，应当经公安机关批准，按照指定的时间、路线、速度行驶，并悬挂警示标志，配备押运人员，使放射性物品处于押运人员的监管之下。

通过道路运输核反应堆乏燃料的，托运人应当报国务院公安部门批准。通过道路运输其他放射性物品的，托运人应当报启运地县级以上人民政府公安机关批准。具体办法由国务院公安部门商国务院核安全监管部门制定。

**第三十九条** 通过水路运输放射性物品的，按照水路危险货物运输的法律、行政法规和规章的有关规定执行。

通过铁路、航空运输放射性物品的，按照国务院铁路、民航主管部门的有关规定执行。

禁止邮寄一类、二类放射性物品。邮寄三类放射性物品的，按照国务院邮政管理部门的有关规定执行。

**第四十条** 生产、销售、使用或者处置放射性物品的单位，可以依照《中华人民共和国道路运输条例》的规定，向设区的市级人民政府道路运输管理机构申请非营业性道路危险货物运输资质，运输本单位的放射性物品，并承担本条例规定的托运人和承运人的义务。

申请放射性物品非营业性道路危险货物运输资质的单位，应当具备下列条件：

（一）持有生产、销售、使用或者处置放射性物品的有效证明；

（二）有符合本条例规定要求的放射性物品运输容器；

（三）有具备辐射防护与安全防护知识的专业技术人员和经考试合格的驾驶人员；

（四）有符合放射性物品运输安全防护要求，并经检测合格的运输工具、设施和设备；

（五）配备必要的防护用品和依法经定期检定合格的监测仪器；

（六）有运输安全和辐射防护管理规章制度以及核与辐射事故应急措施。

放射性物品非营业性道路危险货物

运输资质的具体条件，由国务院交通运输主管部门会同国务院核安全监管部门制定。

**第四十一条** 一类放射性物品从境外运抵中华人民共和国境内，或者途经中华人民共和国境内运输的，托运人应当编制放射性物品运输的核与辐射安全分析报告书，报国务院核安全监管部门审查批准。审查批准程序依照本条例第三十五条第三款的规定执行。

二类、三类放射性物品从境外运抵中华人民共和国境内，或者途经中华人民共和国境内运输的，托运人应当编制放射性物品运输的辐射监测报告，报国务院核安全监管部门备案。

托运人、承运人或者其代理人向海关办理有关手续，应当提交国务院核安全监管部门颁发的放射性物品运输的核与辐射安全分析报告批准书或者放射性物品运输的辐射监测报告备案证明。

**第四十二条** 县级以上人民政府组织编制的突发环境事件应急预案，应当包括放射性物品运输中可能发生的核与辐射事故应急响应的内容。

**第四十三条** 放射性物品运输中发生核与辐射事故的，承运人、托运人应当按照核与辐射事故应急响应指南的要求，做好事故应急工作，并立即报告事故发生地的县级以上人民政府环境保护主管部门。接到报告的环境保护主管部门应当立即派人赶赴现场，进行现场调查，采取有效措施控制事故影响，并及时向本级人民政府报告，通报同级公安、卫生、交通运输等有关主管部门。

接到报告的县级以上人民政府及其有关主管部门应当按照应急预案做好应急工作，并按照国家突发事件分级报告的规定及时上报核与辐射事故信息。

核反应堆乏燃料运输的核事故应急准备与响应，还应当遵守国家核应急的有关规定。

## 第五章 监督检查

**第四十四条** 国务院核安全监管部门和其他依法履行放射性物品运输安全监督管理职责的部门，应当依据各自职责对放射性物品运输安全实施监督检查。

国务院核安全监管部门应当将其已批准或者备案的一类、二类、三类放射性物品运输容器的设计、制造情况和放射性物品运输情况通报设计、制造单位所在地和运输途经地的省、自治区、直辖市人民政府环境保护主管部门。省、自治区、直辖市人民政府环境保护主管部门应当加强对本行政区域放射性物品运输安全的监督检查和监督性监测。

被检查单位应当予以配合，如实反映情况，提供必要的资料，不得拒绝和阻碍。

**第四十五条** 国务院核安全监管部门和省、自治区、直辖市人民政府环境保护主管部门以及其他依法履行放射性物品运输安全监督管理职责的部门进行监督检查，监督检查人员不得少于2人，并应当出示有效的行政执法证件。

国务院核安全监管部门和省、自治区、直辖市人民政府环境保护主管部门以及其他依法履行放射性物品运输安全监督管理职责的部门的工作人员，对监督检查中知悉的商业秘密负有保密义务。

**第四十六条** 监督检查中发现经批准的一类放射性物品运输容器设计确有重大设计安全缺陷的，由国务院核安全监管部门责令停止该型号运输容器的制造或者使用，撤销一类放射性物品运输容器设计批准书。

**第四十七条** 监督检查中发现放射性物品运输活动有不符合国家放射性物品运输安全标准情形的，或者一类放射性物品运输容器制造单位有不符合制造许可证规定条件情形的，应当责令限期整改；发现放射性物品运输活动可能对人体健康和环境造成核与辐射危害的，应当责令停止运输。

**第四十八条** 国务院核安全监管部门和省、自治区、直辖市人民政府环境保护主管部门以及其他依法履行放射性物品运输安全监督管理职责的部门，对放射性物品运输活动实施监测，不得收取监测费用。

国务院核安全监管部门和省、自治区、直辖市人民政府环境保护主管部门以及其他依法履行放射性物品运输安全监督管理职责的部门，应当加强对监督管理人员辐射防护与安全防护知识的培训。

## 第六章 法律责任

**第四十九条** 国务院核安全监管部门和省、自治区、直辖市人民政府环境保护主管部门或者其他依法履行放射性物品运输安全监督管理职责的部门有下列行为之一的，对直接负责的主管人员和其他直接责任人员依法给予处分；直接负责的主管人员和其他直接责任人员构成犯罪的，依法追究刑事责任：

（一）未依照本条例规定作出行政许可或者办理批准文件的；

（二）发现违反本条例规定的行为不予查处，或者接到举报不依法处理的；

（三）未依法履行放射性物品运输核与辐射事故应急职责的；

（四）对放射性物品运输活动实施监测收取监测费用的；

（五）其他不依法履行监督管理职责的行为。

**第五十条** 放射性物品运输容器设计、制造单位有下列行为之一的，由国务院核安全监管部门责令停止违法行为，处50万元以上100万元以下的罚款；有违法所得的，没收违法所得：

（一）将未取得设计批准书的一类放射性物品运输容器设计用于制造的；

（二）修改已批准的一类放射性物品运输容器设计中有关安全内容，未重新取得设计批准书即用于制造的。

**第五十一条** 放射性物品运输容器设计、制造单位有下列行为之一的，由国务院核安全监管部门责令停止违法行为，处5万元以上10万元以下的罚款；有违法所得的，没收违法所得：

（一）将不符合国家放射性物品运输安全标准的二类、三类放射性物品运输容器设计用于制造的；

（二）将未备案的二类放射性物品运输容器设计用于制造的。

**第五十二条** 放射性物品运输容器

设计单位有下列行为之一的，由国务院核安全监管部门责令限期改正；逾期不改正的，处1万元以上5万元以下的罚款：

（一）未对二类、三类放射性物品运输容器的设计进行安全性能评价的；

（二）未如实记录二类、三类放射性物品运输容器设计和安全性能评价过程的；

（三）未编制三类放射性物品运输容器设计符合国家放射性物品运输安全标准的证明文件并存档备查的。

**第五十三条** 放射性物品运输容器制造单位有下列行为之一的，由国务院核安全监管部门责令停止违法行为，处50万元以上100万元以下的罚款；有违法所得的，没收违法所得：

（一）未取得制造许可证从事一类放射性物品运输容器制造活动的；

（二）制造许可证有效期届满，未按照规定办理延续手续，继续从事一类放射性物品运输容器制造活动的；

（三）超出制造许可证规定的范围从事一类放射性物品运输容器制造活动的；

（四）变更制造的一类放射性物品运输容器型号，未按照规定重新领取制造许可证的；

（五）将未经质量检验或者经检验不合格的一类放射性物品运输容器交付使用的。

有前款第（三）项、第（四）项和第（五）项行为之一，情节严重的，吊销制造许可证。

**第五十四条** 一类放射性物品运输容器制造单位变更单位名称、住所或者法定代表人，未依法办理制造许可证变更手续的，由国务院核安全监管部门责令限期改正；逾期不改正的，处2万元的罚款。

**第五十五条** 放射性物品运输容器制造单位有下列行为之一的，由国务院核安全监管部门责令停止违法行为，处5万元以上10万元以下的罚款；有违法所得的，没收违法所得：

（一）在二类放射性物品运输容器首次制造活动开始前，未按照规定将有关证明材料报国务院核安全监管部门备案的；

（二）将未经质量检验或者经检验不合格的二类、三类放射性物品运输容器交付使用的。

**第五十六条** 放射性物品运输容器制造单位有下列行为之一的，由国务院核安全监管部门责令限期改正；逾期不改正的，处1万元以上5万元以下的罚款：

（一）未按照规定对制造的一类、二类放射性物品运输容器统一编码的；

（二）未按照规定将制造的一类、二类放射性物品运输容器编码清单报国务院核安全监管部门备案的；

（三）未按照规定将制造的三类放射性物品运输容器的型号和数量报国务院核安全监管部门备案的。

**第五十七条** 放射性物品运输容器使用单位未按照规定对使用的一类放射性物品运输容器进行安全性能评价，或者未将评价结果报国务院核安全监管部门备案的，由国务院核安全监管部门责令限期改正；逾期不改正的，处1万元以上5万元以下的罚款。

**第五十八条** 未按照规定取得使用批准书使用境外单位制造的一类放射性物品运输容器的，由国务院核安全监管部门责令停止违法行为，处50万元以上100万元以下的罚款。

未按照规定办理备案手续使用境外单位制造的二类放射性物品运输容器的，由国务院核安全监管部门责令停止违法行为，处5万元以上10万元以下的罚款。

**第五十九条** 托运人未按照规定编制放射性物品运输说明书、核与辐射事故应急响应指南、装卸作业方法、安全防护指南的，由国务院核安全监管部门责令限期改正；逾期不改正的，处1万元以上5万元以下的罚款。

托运人未按照规定将放射性物品运输的核与辐射安全分析报告批准书、辐射监测报告备案的，由启运地的省、自治区、直辖市人民政府环境保护主管部门责令限期改正；逾期不改正的，处1万元以上5万元以下的罚款。

**第六十条** 托运人或者承运人在放射性物品运输活动中，有违反有关法律、行政法规关于危险货物运输管理规定行为的，由交通运输、铁路、民航等有关主管部门依法予以处罚。

违反有关法律、行政法规规定邮寄放射性物品的，由公安机关和邮政管理部门依法予以处罚。在邮寄进境物品中发现放射性物品的，由海关依照有关法律、行政法规的规定处理。

**第六十一条** 托运人未取得放射性物品运输的核与辐射安全分析报告批准书托运一类放射性物品的，由国务院核安全监管部门责令停止违法行为，处50万元以上100万元以下的罚款。

**第六十二条** 通过道路运输放射性物品，有下列行为之一的，由公安机关责令限期改正，处2万元以上10万元以下的罚款；构成犯罪的，依法追究刑事责任：

（一）未经公安机关批准通过道路运输放射性物品的；

（二）运输车辆未按照指定的时间、路线、速度行驶或者未悬挂警示标志的；

（三）未配备押运人员或者放射性物品脱离押运人员监管的。

**第六十三条** 托运人有下列行为之一的，由启运地的省、自治区、直辖市人民政府环境保护主管部门责令停止违法行为，处5万元以上20万元以下的罚款：

（一）未按照规定对托运的放射性物品表面污染和辐射水平实施监测的；

（二）将经监测不符合国家放射性物品运输安全标准的放射性物品交付托运的；

（三）出具虚假辐射监测报告的。

**第六十四条** 未取得放射性物品运输的核与辐射安全分析报告批准书或者放射性物品运输的辐射监测报告备案证明，将境外的放射性物品运抵中华人民共和国境内，或者途经中华人民共和国境内运输的，由海关责令托运人退运该放射性物品，并依照海关法律、行政法规给予处罚；构成犯罪的，依法追究刑事责任。托运人不明的，由承运人承担退运该放射性物品的责任，或者承担该放射性物品的处置费用。

**第六十五条** 违反本条例规定，在放射性物品运输中造成核与辐射事故的，由县级以上地方人民政府环境保护主管部门处以罚款，罚款数额按照核与辐射事故造成的直接损失的20%计算；构成犯罪的，依法追究刑事责任。

托运人、承运人未按照核与辐射事故应急响应指南的要求，做好事故应急工作并报告事故的，由县级以上地方人民政府环境保护主管部门处5万元以上20万元以下的罚款。

因核与辐射事故造成他人损害的，依法承担民事责任。

**第六十六条** 拒绝、阻碍国务院核安全监管部门或者其他依法履行放射性物品运输安全监督管理职责的部门进行监督检查，或者在接受监督检查时弄虚作假的，由监督检查部门责令改正，处1万元以上2万元以下的罚款；构成违反治安管理行为的，由公安机关依法给予治安管理处罚；构成犯罪的，依法追究刑事责任。

## 第七章 附 则

**第六十七条** 军用放射性物品运输安全的监督管理，依照《中华人民共和国放射性污染防治法》第六十条的规定执行。

**第六十八条** 本条例自2010年1月1日起施行。

# 农业机械安全监督管理条例

（2009年9月7日国务院第80次常务会议通过 2009年9月17日中华人民共和国国务院令第563号公布 自2009年11月1日起施行）

## 第一章 总 则

**第一条** 为了加强农业机械安全监督管理，预防和减少农业机械事故，保障人民生命和财产安全，制定本条例。

**第二条** 在中华人民共和国境内从事农业机械的生产、销售、维修、使用操作以及安全监督管理等活动，应当遵守本条例。

本条例所称农业机械，是指用于农业生产及其产品初加工等相关农事活动的机械、设备。

**第三条** 农业机械安全监督管理应当遵循以人为本、预防事故、保障安全、促进发展的原则。

**第四条** 县级以上人民政府应当加强对农业机械安全监督管理工作的领导，完善农业机械安全监督管理体系，增加对农民购买农业机械的补贴，保障农业机械安全的财政投入，建立健全农业机械安全生产责任制。

**第五条** 国务院有关部门和地方各级人民政府、有关部门应当加强农业机械安全法律、法规、标准和知识的宣传教育。

农业生产经营组织、农业机械所有人应当对农业机械操作人员及相关人员进行农业机械安全使用教育，提高其安全意识。

**第六条** 国家鼓励和支持开发、生产、推广、应用先进适用、安全可靠、节能环保的农业机械，建立健全农业机械安全技术标准和安全操作规程。

**第七条** 国家鼓励农业机械操作人员、维修技术人员参加职业技能培训和依法成立安全互助组织，提高农业机械安全操作水平。

**第八条** 国家建立落后农业机械淘汰制度和危及人身财产安全的农业机械报废制度，并对淘汰和报废的农业机械依法实行回收。

**第九条** 国务院农业机械化主管部门、工业主管部门、质量监督部门和工商行政管理部门等有关部门依照本条例和国务院规定的职责，负责农业机械安全监督管理工作。

县级以上地方人民政府农业机械化主管部门、工业主管部门和县级以上地方质量监督部门、工商行政管理部门等有关部门按照各自职责，负责本行政区域的农业机械安全监督管理工作。

## 第二章 生产、销售和维修

**第十条** 国务院工业主管部门负责制定并组织实施农业机械工业产业政策和有关规划。

国务院标准化主管部门负责制定发布农业机械安全技术国家标准，并根据实际情况及时修订。农业机械安全技术标准是强制执行的标准。

**第十一条** 农业机械生产者应当依据农业机械工业产业政策和有关规划，按照农业机械安全技术标准组织生产，并建立健全质量保障控制体系。

对依法实行工业产品生产许可证管理的农业机械，其生产者应当取得相应资质，并按照许可的范围和条件组织生产。

**第十二条** 农业机械生产者应当按照农业机械安全技术标准对生产的农业机械进行检验；农业机械经检验合格并附具详尽的安全操作说明书和标注安全警示标志后，方可出厂销售；依法必须进行认证的农业机械，在出厂前应当标注认证标志。

上道路行驶的拖拉机，依法必须经过认证的，在出厂前应当标注认证标志，并符合机动车国家安全技术标准。

农业机械生产者应当建立产品出厂记录制度，如实记录农业机械的名称、规格、数量、生产日期、生产批号、检验合格证号、购货者名称及联系方式、销售日期等内容。出厂记录保存期限不得少于3年。

**第十三条** 进口的农业机械应当符合我国农业机械安全技术标准，并依法由出入境检验检疫机构检验合格。依法必须进行认证的农业机械，还应当由出入境检验检疫机构进行入境验证。

**第十四条** 农业机械销售者对购进的农业机械应当查验产品合格证明。对依法实行工业产品生产许可证管理、依法必须进行认证的农业机械，还应当验明相应的证明文件或者标志。

农业机械销售者应当建立销售记录制度，如实记录农业机械的名称、规格、生产批号、供货者名称及联系方式、销售流向等内容。销售记录保存期限不得少于3年。

农业机械销售者应当向购买者说明农业机械操作方法和安全注意事项,并依法开具销售发票。

**第十五条** 农业机械生产者、销售者应当建立健全农业机械销售服务体系,依法承担产品质量责任。

**第十六条** 农业机械生产者、销售者发现其生产、销售的农业机械存在设计、制造等缺陷,可能对人身财产安全造成损害的,应当立即停止生产、销售,及时报告当地质量监督部门、工商行政管理部门,通知农业机械使用者停止使用。农业机械生产者应当及时召回存在设计、制造等缺陷的农业机械。

农业机械生产者、销售者不履行本条第一款义务的,质量监督部门、工商行政管理部门可以责令生产者召回农业机械,责令销售者停止销售农业机械。

**第十七条** 禁止生产、销售下列农业机械:

(一)不符合农业机械安全技术标准的;

(二)依法实行工业产品生产许可证管理而未取得许可证的;

(三)依法必须进行认证而未经认证的;

(四)利用残次零配件或者报废农业机械的发动机、方向机、变速器、车架等部件拼装的;

(五)国家明令淘汰的。

**第十八条** 从事农业机械维修经营,应当有必要的维修场地,有必要的维修设施、设备和检测仪器,有相应的维修技术人员,有安全防护和环境保护措施,取得相应的维修技术合格证书,并依法办理工商登记手续。

申请农业机械维修技术合格证书,应当向当地县级人民政府农业机械化主管部门提交下列材料:

(一)农业机械维修业务申请表;

(二)申请人身份证明、企业名称预先核准通知书;

(三)维修场所使用证明;

(四)主要维修设施、设备和检测仪器清单;

(五)主要维修技术人员的国家职业资格证书。

农业机械化主管部门应当自收到申请之日起20个工作日内,对符合条件的,核发维修技术合格证书;对不符合条件的,书面通知申请人并说明理由。

维修技术合格证书有效期为3年;有效期满需要继续从事农业机械维修的,应当在有效期满前申请续展。

**第十九条** 农业机械维修经营者应当遵守国家有关维修质量安全技术规范和维修质量保证期的规定,确保维修质量。

从事农业机械维修不得有下列行为:

(一)使用不符合农业机械安全技术标准的零配件;

(二)拼装、改装农业机械整机;

(三)承揽维修已经达到报废条件的农业机械;

(四)法律、法规和国务院农业机械化主管部门规定的其他禁止性行为。

## 第三章 使用操作

**第二十条** 农业机械操作人员可以参加农业机械操作人员的技能培训,可以向有关农业机械化主管部门、人力资源和社会保障部门申请职业技能鉴定,获取相应等级的国家职业资格证书。

**第二十一条** 拖拉机、联合收割机投入使用前,其所有人应当按照国务院农业机械化主管部门的规定,持本人身份证明和机具来源证明,向所在地县级人民政府农业机械化主管部门申请登记。拖拉机、联合收割机经安全检验合格的,农业机械化主管部门应当在2个工作日内予以登记并核发相应的证书和牌照。

拖拉机、联合收割机使用期间登记事项发生变更的,其所有人应当按照国务院农业机械化主管部门的规定申请变更登记。

**第二十二条** 拖拉机、联合收割机操作人员经过培训后,应当按照国务院农业机械化主管部门的规定,参加县级人民政府农业机械化主管部门组织的考试。考试合格的,农业机械化主管部门应当在2个工作日内核发相应的操作证件。

拖拉机、联合收割机操作证件有效期为6年;有效期满,拖拉机、联合收割机操作人员可以向原发证机关申请续展。未满18周岁不得操作拖拉机、联合收割机。操作人员年满70周岁的,县级人民政府农业机械化主管部门应当注销其操作证件。

**第二十三条** 拖拉机、联合收割机应当悬挂牌照。拖拉机上道路行驶,联合收割机因转场作业、维修、安全检验等需要转移的,其操作人员应当携带操作证件。

拖拉机、联合收割机操作人员不得有下列行为:

(一)操作与本人操作证件规定不相符的拖拉机、联合收割机;

(二)操作未按照规定登记、检验或者检验不合格、安全设施不全、机件失效的拖拉机、联合收割机;

(三)使用国家管制的精神药品、麻醉品后操作拖拉机、联合收割机;

(四)患有妨碍安全操作的疾病操作拖拉机、联合收割机;

(五)国务院农业机械化主管部门规定的其他禁止行为。

禁止使用拖拉机、联合收割机违反规定载人。

**第二十四条** 农业机械操作人员作业前,应当对农业机械进行安全查验;作业时,应当遵守国务院农业机械化主管部门和省、自治区、直辖市人民政府农业机械化主管部门制定的安全操作规程。

## 第四章 事故处理

**第二十五条** 县级以上地方人民政府农业机械化主管部门负责农业机械事故责任的认定和调解处理。

本条例所称农业机械事故,是指农业机械在作业或者转移等过程中造成人身伤亡、财产损失的事件。

农业机械在道路上发生的交通事故,由公安机关交通管理部门依照道路交通安全法律、法规处理;拖拉机在道路以外通行时发生的事故,公安机关交通管理部门接到报案的，参照道路交通安全法律、法规处理。农业机械事故造成公路及其附属设施损坏的，由交通主管部门依照公路法律、法规处理。

**第二十六条** 在道路以外发生的农业机械事故，操作人员和现场其他人员应当立即停止作业或者停止农业机械的转移，保护现场，造成人员伤害的，应当向事故发生地农业机械化主管部门报告；造成人员死亡的，还应当向事故发生地公安机关报告。造成人身伤害的，应当立即采取措施，抢救受伤人员。因抢救受伤人员变动现场的，应当标明位置。

接到报告的农业机械化主管部门和公安机关应当立即派人赶赴现场进行勘验、检查，收集证据，组织抢救受伤人员，尽快恢复正常的生产秩序。

**第二十七条** 对经过现场勘验、检查的农业机械事故，农业机械化主管部门应当在10个工作日内制作完成农业机械事故认定书；需要进行农业机械鉴定的，应当自收到农业机械鉴定机构出具的鉴定结论之日起5个工作日内制作农业机械事故认定书。

农业机械事故认定书应当载明农业机械事故的基本事实、成因和当事人的责任，并在制作完成农业机械事故认定书之日起3个工作日内送达当事人。

**第二十八条** 当事人对农业机械事故损害赔偿有争议，请求调解的，应当自收到事故认定书之日起10个工作日内向农业机械化主管部门书面提出调解申请。

调解达成协议的，农业机械化主管部门应当制作调解书送交各方当事人。调解书经各方当事人共同签字后生效。调解不能达成协议或者当事人向人民法院提起诉讼的，农业机械化主管部门应当终止调解并书面通知当事人。调解达成协议后当事人反悔的，可以向人民法院提起诉讼。

**第二十九条** 农业机械化主管部门应当为当事人处理农业机械事故损害赔偿等后续事宜提供帮助和便利。因农业机械产品质量原因导致事故的，农业机械化主管部门应当依法出具有关证明材料。

农业机械化主管部门应当定期将农业机械事故统计情况及说明材料报送上级农业机械化主管部门并抄送同级安全生产监督管理部门。

农业机械事故构成生产安全事故的，应当依照相关法律、行政法规的规定调查处理并追究责任。

## 第五章 服务与监督

**第三十条** 县级以上地方人民政府农业机械化主管部门应当定期对危及人身财产安全的农业机械进行免费实地安全检验。但是道路交通安全法律对拖拉机的安全检验另有规定的，从其规定。

拖拉机、联合收割机的安全检验为每年1次。

实施安全技术检验的机构应当对检验结果承担法律责任。

**第三十一条** 农业机械化主管部门在安全检验中发现农业机械存在事故隐患的，应当告知其所有人停止使用并及时排除隐患。

实施安全检验的农业机械化主管部门应当对安全检验情况进行汇总，建立农业机械安全监督管理档案。

**第三十二条** 联合收割机跨行政区域作业前，当地县级人民政府农业机械化主管部门应当会同有关部门，对跨行政区域作业的联合收割机进行必要的安全检查，并对操作人员进行安全教育。

**第三十三条** 国务院农业机械化主管部门应当定期对农业机械安全使用状况进行分析评估，发布相关信息。

**第三十四条** 国务院工业主管部门应当定期对农业机械生产行业运行态势进行监测和分析，并按照先进适用、安全可靠、节能环保的要求，会同国务院农业机械化主管部门、质量监督部门等有关部门制定、公布国家明令淘汰的农业机械产品目录。

**第三十五条** 危及人身财产安全的农业机械达到报废条件的，应当停止使用，予以报废。农业机械的报废条件由国务院农业机械化主管部门会同国务院质量监督部门、工业主管部门规定。

县级人民政府农业机械化主管部门对达到报废条件的危及人身财产安全的农业机械，应当书面告知其所有人。

**第三十六条** 国家对达到报废条件或者正在使用的国家已经明令淘汰的农业机械实行回收。农业机械回收办法由国务院农业机械化主管部门会同国务院财政部门、商务主管部门制定。

**第三十七条** 回收的农业机械由县级人民政府农业机械化主管部门监督回收单位进行解体或者销毁。

**第三十八条** 使用操作过程中发现农业机械存在产品质量、维修质量问题的，当事人可以向县级以上地方人民政府农业机械化主管部门或者县级以上地方质量监督部门、工商行政管理部门投诉。接到投诉的部门对属于职责范围内的事项，应当依法及时处理；对不属于职责范围内的事项，应当及时移交有权处理的部门，有权处理的部门应当立即处理，不得推诿。

县级以上地方人民政府农业机械化主管部门和县级以上地方质量监督部门、工商行政管理部门应当定期汇总农业机械产品质量、维修质量投诉情况并逐级上报。

**第三十九条** 国务院农业机械化主管部门和省、自治区、直辖市人民政府农业机械化主管部门应当根据投诉情况和农业安全生产需要，组织开展在用的特定种类农业机械的安全鉴定和重点检查，并公布结果。

**第四十条** 农业机械安全监督管理执法人员在农田、场院等场所进行农业机械安全监督检查时，可以采取下列措施：

（一）向有关单位和个人了解情况，查阅、复制有关资料；

（二）查验拖拉机、联合收割机证书、牌照及有关操作证件；

（三）检查危及人身财产安全的农业机械的安全状况，对存在重大事故隐患的农业机械，责令当事人立即停止作业或者停止农业机械的转移，并进行维修；

（四）责令农业机械操作人员改正违规操作行为。

**第四十一条** 发生农业机械事故后

企图逃逸的、拒不停止存在重大事故隐患农业机械的作业或者转移的，县级以上地方人民政府农业机械化主管部门可以扣押有关农业机械及证书、牌照、操作证件。案件处理完毕或者农业机械事故肇事方提供担保的，县级以上地方人民政府农业机械化主管部门应当及时退还被扣押的农业机械及证书、牌照、操作证件。存在重大事故隐患的农业机械，其所有人或者使用人排除隐患前不得继续使用。

**第四十二条** 农业机械安全监督管理执法人员进行安全监督检查时，应当佩戴统一标志，出示行政执法证件。农业机械安全监督检查、事故勘察车辆应当在车身喷涂统一标识。

**第四十三条** 农业机械化主管部门不得为农业机械指定维修经营者。

**第四十四条** 农业机械化主管部门应当定期向同级公安机关交通管理部门通报拖拉机登记、检验以及有关证书、牌照、操作证件发放情况。公安机关交通管理部门应当定期向同级农业机械化主管部门通报农业机械在道路上发生的交通事故及处理情况。

## 第六章 法律责任

**第四十五条** 县级以上地方人民政府农业机械化主管部门、工业主管部门、质量监督部门和工商行政管理部门及其工作人员有下列行为之一的，对直接负责的主管人员和其他直接责任人员，依法给予处分，构成犯罪的，依法追究刑事责任：

（一）不依法对拖拉机、联合收割机实施安全检验、登记，或者不依法核发拖拉机、联合收割机证书、牌照的；

（二）对未经考试合格者核发拖拉机、联合收割机操作证件，或者对经考试合格者拒不核发拖拉机、联合收割机操作证件的；

（三）对不符合条件者核发农业机械维修技术合格证书，或者对符合条件者拒不核发农业机械维修技术合格证书的；

（四）不依法处理农业机械事故，或者不依法出具农业机械事故认定书和其他证明材料的；

（五）在农业机械生产、销售等过程中不依法履行监督管理职责的；

（六）其他未依照本条例的规定履行职责的行为。

**第四十六条** 生产、销售利用残次零配件或者报废农业机械的发动机、方向机、变速器、车架等部件拼装的农业机械的，由县级以上质量监督部门、工商行政管理部门按照职责权限责令停止生产、销售，没收违法所得和违法生产、销售的农业机械，并处违法产品货值金额1倍以上3倍以下罚款；情节严重的，吊销营业执照。

农业机械生产者、销售者违反工业产品生产许可证管理、认证认可管理、安全技术标准管理以及产品质量管理的，依照有关法律、行政法规处罚。

**第四十七条** 农业机械销售者未依照本条例的规定建立、保存销售记录的，由县级以上工商行政管理部门责令改正，给予警告；拒不改正的，处1000元以上1万元以下罚款，并责令停业整顿；情节严重的，吊销营业执照。

**第四十八条** 未取得维修技术合格证书或者使用伪造、变造、过期的维修技术合格证书从事维修经营的，由县级以上地方人民政府农业机械化主管部门收缴伪造、变造、过期的维修技术合格证书，限期补办有关手续，没收违法所得，并处违法经营额1倍以上2倍以下罚款；逾期不补办的，处违法经营额2倍以上5倍以下罚款，并通知工商行政管理部门依法处理。

**第四十九条** 农业机械维修经营者使用不符合农业机械安全技术标准的配件维修农业机械，或者拼装、改装农业机械整机，或者承揽维修已经达到报废条件的农业机械的，由县级以上地方人民政府农业机械化主管部门责令改正，没收违法所得，并处违法经营额1倍以上2倍以下罚款；拒不改正的，处违法经营额2倍以上5倍以下罚款；情节严重的，吊销维修技术合格证。

**第五十条** 未按照规定办理登记手续并取得相应的证书和牌照，擅自将拖拉机、联合收割机投入使用，或者未按照规定办理变更登记手续的，由县级以上地方人民政府农业机械化主管部门责令限期补办相关手续；逾期不补办的，责令停止使用；拒不停止使用的，扣押拖拉机、联合收割机，并处200元以上2000元以下罚款。

当事人补办相关手续的，应当及时退还扣押的拖拉机、联合收割机。

**第五十一条** 伪造、变造或者使用伪造、变造的拖拉机、联合收割机证书和牌照的，或者使用其他拖拉机、联合收割机的证书和牌照的，由县级以上地方人民政府农业机械化主管部门收缴伪造、变造或者使用的证书和牌照，对违法行为人予以批评教育，并处200元以上2000元以下罚款。

**第五十二条** 未取得拖拉机、联合收割机操作证件而操作拖拉机、联合收割机的，由县级以上地方人民政府农业机械化主管部门责令改正，处100元以上500元以下罚款。

**第五十三条** 拖拉机、联合收割机操作人员操作与本人操作证件规定不相符的拖拉机、联合收割机，或者操作未按照规定登记、检验或者检验不合格、安全设施不全、机件失效的拖拉机、联合收割机，或者使用国家管制的精神药品、麻醉品后操作拖拉机、联合收割机，或者患有妨碍安全操作的疾病操作拖拉机、联合收割机的，由县级以上地方人民政府农业机械化主管部门对违法行为人予以批评教育，责令改正；拒不改正的，处100元以上500元以下罚款；情节严重的，吊销有关人员的操作证件。

**第五十四条** 使用拖拉机、联合收割机违反规定载人的，由县级以上地方人民政府农业机械化主管部门对违法行为人予以批评教育，责令改正；拒不改正的，扣押拖拉机、联合收割机的证书、牌照；情节严重的，吊销有关人员的操作证件。非法从事经营性道路旅客运输的，由交通主管部门依照道路运输管理法律、行政法规处罚。

当事人改正违法行为的，应当及时退还扣押的拖拉机、联合收割机的证书、牌照。

**第五十五条** 经检验、检查发现农业机械存在事故隐患，经农业机械化主管部门告知拒不排除并继续使用的，由县级以上地方人民政府农业机械化主管部门对违法行为人予以批评教育，责令改正；拒不改正的，责令停止使用；拒不停止使用的，扣押存在事故隐患的农业机械。

事故隐患排除后，应当及时退还扣押的农业机械。

**第五十六条** 违反本条例规定，造成他人人身伤亡或者财产损失的，依法承担民事责任；构成违反治安管理行为的，依法给予治安管理处罚；构成犯罪的，依法追究刑事责任。

## 第七章 附 则

**第五十七条** 本条例所称危及人身财产安全的农业机械，是指对人身财产安全可能造成损害的农业机械，包括拖拉机、联合收割机、机动植保机械、机动脱粒机、饲料粉碎机、插秧机、铡草机等。

**第五十八条** 本条例规定的农业机械证书、牌照、操作证件和维修技术合格证，由国务院农业机械化主管部门会同国务院有关部门统一规定式样，由国务院农业机械化主管部门监制。

**第五十九条** 拖拉机操作证件考试收费、安全技术检验收费和牌证的工本费，应当严格执行国务院价格主管部门核定的收费标准。

**第六十条** 本条例自2009年11月1日起施行。

# 外国企业或者个人在中国境内设立合伙企业管理办法

（2009年8月19日国务院第77次常务会议通过　2009年11月25日中华人民共和国国务院令第567号公布　自2010年3月1日起施行）

**第一条** 为了规范外国企业或者个人在中国境内设立合伙企业的行为，便于外国企业或者个人以设立合伙企业的方式在中国境内投资，扩大对外经济合作和技术交流，根据《中华人民共和国合伙企业法》（以下称《合伙企业法》），制定本办法。

**第二条** 本办法所称外国企业或者个人在中国境内设立合伙企业，是指2个以上外国企业或者个人在中国境内设立合伙企业，以及外国企业或者个人与中国的自然人、法人和其他组织在中国境内设立合伙企业。

**第三条** 外国企业或者个人在中国境内设立合伙企业，应当遵守《合伙企业法》以及其他有关法律、行政法规、规章的规定，符合有关外商投资的产业政策。

外国企业或者个人在中国境内设立合伙企业，其合法权益受法律保护。

国家鼓励具有先进技术和管理经验的外国企业或者个人在中国境内设立合伙企业，促进现代服务业等产业的发展。

**第四条** 外国企业或者个人用于出资的货币应当是可自由兑换的外币，也可以是依法获得的人民币。

**第五条** 外国企业或者个人在中国境内设立合伙企业，应当由全体合伙人指定的代表或者共同委托的代理人向国务院工商行政管理部门授权的地方工商行政管理部门（以下称企业登记机关）申请设立登记。

申请设立登记，应当向企业登记机关提交《中华人民共和国合伙企业登记管理办法》规定的文件以及符合外商投资产业政策的说明。

企业登记机关予以登记的，应当同时将有关登记信息向同级商务主管部门通报。

**第六条** 外国企业或者个人在中国境内设立的合伙企业（以下称外商投资合伙企业）的登记事项发生变更的，应当依法向企业登记机关申请变更登记。

**第七条** 外商投资合伙企业解散的，应当依照《合伙企业法》的规定进行清算。清算人应当自清算结束之日起15日内，依法向企业登记机关办理注销登记。

**第八条** 外商投资合伙企业的外国合伙人全部退伙，该合伙企业继续存续的，应当依法向企业登记机关申请变更登记。

**第九条** 外商投资合伙企业变更登记或者注销登记的，企业登记机关应当同时将有关变更登记或者注销登记的信息向同级商务主管部门通报。

**第十条** 外商投资合伙企业的登记管理事宜，本办法未作规定的，依照《中华人民共和国合伙企业登记管理办法》和国家有关规定执行。

**第十一条** 外国企业或者个人在中国境内设立合伙企业涉及的财务会计、税务、外汇以及海关、人员出入境等事宜，依照有关法律、行政法规和国家有关规定办理。

**第十二条** 中国的自然人、法人和其他组织在中国境内设立的合伙企业，外国企业或者个人入伙的，应当符合本办法的有关规定，并依法向企业登记机关申请变更登记。

**第十三条** 外国企业或者个人在中国境内设立合伙企业涉及须经政府核准的投资项目的，依照国家有关规定办理投资项目核准手续。

**第十四条** 国家对外国企业或者个人在中国境内设立以投资为主要业务的合伙企业另有规定的，依照其规定。

**第十五条** 香港特别行政区、澳门特别行政区和台湾地区的企业或者个人在内地设立合伙企业，参照本办法的规定执行。

**第十六条** 本办法自2010年3月1日起施行。

# 行政规章

## 股权出资登记管理办法

(2009年1月14日国家工商行政管理总局令第39号公布 自2009年3月1日起施行)

**第一条** 为规范股权出资登记,根据《公司法》、《公司登记管理条例》等法律法规的规定,制定本办法。

**第二条** 投资人以其持有的在中国境内设立的有限责任公司或者股份有限公司(以下统称股权公司)的股权用为出资,投资于境内其他有限责任公司或者股份有限公司(以下统称被投资公司)的登记管理,适用本办法。

**第三条** 用作出资的股权应当权属清楚、权能完整、依法可以转让。

具有下列情形的股权不得用作出资:

(一)股权公司的注册资本尚未缴足;

(二)已被设立质权;

(三)已被依法冻结;

(四)股权公司章程约定不得转让;

(五)法律、行政法规或者国务院决定规定,股权公司股东转让股权应当报经批准而未经批准;

(六)法律、行政法规或者国务院决定规定不得转让的其他情形。

**第四条** 全体股东以股权作价出资金额和其他非货币财产作价出资金额之和不得高于被投资公司注册资本的百分之七十。

**第五条** 用作出资的股权应当经依法设立的评估机构评估。

**第六条** 公司设立时,投资人以股权出资的,自被投资公司成立之日起一年内,投资人应当实际缴纳,被投资公司应当办理实收资本变更登记。

公司增加注册资本时,投资人以股权出资的,应当在被投资公司申请办理增加注册资本变更登记前实际缴纳。

**第七条** 投资人以持有的有限责任公司股权实际缴纳出资的,股权公司应当向公司登记机关申请办理将该股权的持有人变更为被投资公司的变更登记。

投资人以持有的股份有限公司股权实际缴纳出资,出资股权在证券登记结算机构登记的,应当按照规定经证券交易所和证券登记机构结算办理股份转让和过户登记手续;其他股权依照法定方式转让给被投资公司。

法律、行政法规或者国务院决定规定股权公司股东转让股权必须报经批准的,还应当依法经过批准。

**第八条** 股权出资实际缴纳后,应当经依法设立的验资机构验资并出具验资证明。

验资证明应当包括下列内容:

(一)以有限责任公司股权出资的,相关股权依照本办法第七条规定办理股东变更登记情况;

(二)以股份有限公司股权出资的,相关股权依照本办法第七条规定转让给被投资公司情况;

(三)股权的评估情况,包括评估机构的名称、评估报告的文号、评估基准日、评估值等;

(四)股权出资依法须经批准的,其批准情况。

**第九条** 投资人在公司设立时,依法以股权出资的,被投资公司应当在申请办理设立登记时办理股权认缴出资的出资人姓名或者名称,以及出资额、出资方式和出资时间登记。投资人实际缴纳股权出资后,被投资公司应当申请办理实收资本变更登记,被投资公司属于有限责任公司或者以发起设立方式设立的股份有限公司的,还应当申请办理有关投资人实际缴纳出资额、出资时间等的变更登记。

投资人在公司增加注册资本时,以股权实际缴纳出资的,被投资公司应当申请办理注册资本和实收资本变更登记。被投资公司属于有限责任公司的,还应当申请办理有关投资人姓名或者名称,以及认缴和实际缴纳的出资额、出资时间等的变更登记。

**第十条** 股权公司依照本办法第七条规定申请办理有关登记提交的材料,按照《公司登记管理条例》和国家工商行政管理总局有关企业登记提交材料的规定执行。

**第十一条** 被投资公司依照本办法第九条规定申请办理有关登记手续,除按照《公司登记管理条例》和国家工商行政管理总局有关企业登记提交材料的规定执行外,还应当提交以下材料:

(一)以股权出资的投资人签署的股权认缴出资承诺书。有关投资人应当对所认缴出资的股权符合本办法第三条第一款规定,且不具有该条第二款规定情形等作出承诺;

(二)股权公司营业执照复印件(需加盖股权公司印章)。

**第十二条** 投资人、被投资公司的股权出资行为违反《公司法》、《公司登记管理条例》以及本办法规定的,验资机构、资产评估机构出具虚假证明文件或者因过失提供有重大遗漏的报告的,公司登记机关依照《公司法》、《公司登记管理条例》等有关规定予以查处。

**第十三条** 本办法规定事项,法律、行政法规或者国务院决定另有规定的,从其规定。

**第十四条** 本办法自2009年3月1日起实施。

## 医疗器械广告审查发布标准

(2009年4月28日国家工商行政管理总局令第40号公布 自2009年5月20日起施行)

**第一条** 为了保证医疗器械广告的真实、合法、科学,制定本标准。

**第二条** 发布医疗器械广告,应当遵守《中华人民共和国广告法》(以下简称《广告法》)、《中华人民共和国反不正当竞争法》(以下简称《反不正当竞争法》)、《医疗器械监督管理条例》及国家有关规定。

**第三条** 下列产品不得发布广告:

(一)食品药品监督管理部门依法明令禁止生产、销售和使用的医疗器械产品;

(二)医疗机构研制的在医疗机构内部使用的医疗器械。

**第四条** 医疗器械广告中有关产品名称、适用范围、性能结构及组成、作用机理等内容应当以食品药品监督管理部门批准的产品注册证明文件为准。

**第五条** 医疗器械产品注册证明文件中有禁忌内容、注意事项的,应在广告中标明"禁忌内容或注意事项详见说明书"。

**第六条** 医疗器械广告中必须标明经批准的医疗器械名称、医疗器械生产企业名称;医疗器械注册证号、医疗器械广告批准文号。

经审批的医疗器械广告在广播电台发布时,可以不播出医疗器械广告批准文号。

仅出现医疗器械产品名称的,不受前款限制,但应标明医疗器械注册证号。

**第七条** 医疗器械广告中不得以任何非医疗器械产品名称代替医疗器械产品名称进行宣传。

**第八条** 推荐给个人使用的医疗器械产品广告,必须标明"请仔细阅读产品说明书或在医务人员的指导下购买和使用"。

**第九条** 医疗器械广告中涉及改善和增强性功能内容的,必须与经批准的医疗器械注册证明文件中的适用范围完全一致,不得出现表现性器官的内容。

报纸头版、期刊封面不得发布含有前款内容的广告。电视台、广播电台不得在7:00~22:00发布含有前款内容的广告。

**第十条** 医疗器械广告中有关适用范围和功效等内容的宣传应当科学准确,不得出现下列情形:

(一)含有表示功效的断言或者保证的;

(二)说明有效率和治愈率的;

(三)与其他医疗器械产品、药品或其他治疗方法的功效和安全性对比;

(四)在向个人推荐使用的医疗器械广告中,利用消费者缺乏医疗器械专业、技术知识和经验的弱点,使用超出产品注册证明文件以外的专业化术语或不科学的用语描述该产品的特征或作用机理;

(五)含有无法证实其科学性的所谓"研究发现"、"实验或数据证明"等方面的内容;

(六)违反科学规律,明示或暗示包治百病、适应所有症状的;

(七)含有"安全"、"无毒副作用"、"无效退款"、"无依赖"、"保险公司承保"等承诺性用语,含有"唯一"、"精确"、"最新技术"、"最先进科学"、"国家级产品"、"填补国内空白"等绝对化或排他性的用语;

(八)声称或暗示该医疗器械为正常生活或治疗病症所必须等内容的;

(九)含有明示或暗示该医疗器械能应付现代紧张生活或升学、考试的需要,能帮助改善或提高成绩,能使精力旺盛、增强竞争力、能增高、能益智等内容。

**第十一条** 医疗器械广告应当宣传和引导合理使用医疗器械,不得直接或间接怂恿公众购买使用,不得含有以下内容。

(一)含有不科学的表述或者通过渲染、夸大某种健康状况或者疾病所导致的危害,引起公众对所处健康状况或所患疾病产生担忧和恐惧,或使公众误解不使用该产品会患某种疾病或加重病情的;

(二)含有"家庭必备"或者类似内容的;

(三)含有评比、排序、推荐、指定、选用、获奖等综合性评价内容的;

(四)含有表述该产品处于"热销"、"抢购"、"试用"等的内容。

**第十二条** 医疗器械广告中不得含有利用医药科研单位、学术机构、医疗机构或者专家、医生、患者的名义和形象作证明的内容。

医疗器械广告中不得含有军队单位或者军队人员的名义、形象。不得利用军队装备、设施从事医疗器械广告宣传。

**第十三条** 医疗器械广告不得含有涉及公共信息、公共事件或其他与公共利益相关联的内容,如各类疾病信息、经济社会发展成果或医疗科学以外的科技成果。

**第十四条** 医疗器械广告中不得含有医疗机构的名称、地址、联系办法、诊疗项目、诊疗方法以及有关义诊、医疗(热线)咨询、开设特约门诊等医疗服务的内容。

**第十五条** 医疗器械广告不得在未成年人出版物和频道、节目、栏目上发布。

医疗器械广告不得以儿童为诉求对象,不得以儿童的名义介绍医疗器械。

**第十六条** 按照本标准第六条规定必须在医疗器械广告中出现的内容,其字体和颜色必须清晰可见、易于辨认。上述内容在电视、互联网、显示屏等媒体发布时,出现时间不得少于5秒。

**第十七条** 违反本标准规定发布的广告,构成虚假广告或者引人误解的虚假宣传的,依照《广告法》或者《反不正当竞争法》有关规定予以处罚。

违反本标准第三条、第四条等规定发布的医疗器械广告,依照《广告法》第四十一条处罚。

违反本标准其他规定发布广告,《广告法》、《反不正当竞争法》有规定的,依照《广告法》处罚;《广告法》、《反不正当竞争法》没有具体规定的,对负有责任的广告主、广告经营者、广告发布者,处以一万元以下罚款;有违法所得的,处以违法所得三倍以下但不超过三万元的罚款。

**第十八条** 本标准自2009年5月20日起施行。1995年3月3日国家工商行政管理总局发布的《医疗器械广告审查标准》同时废止。

## 流通环节食品安全监督管理办法

(2009年7月30日国家工商行政管理

总局令第43号公布　自公布之日起施行）

## 第一章　总　则

**第一条**　为了加强流通环节食品安全监督管理，维护食品市场秩序，根据《中华人民共和国食品安全法》（以下简称《食品安全法》）、《中华人民共和国食品安全法实施条例》（以下简称《食品安全法实施条例》）等法律、法规的规定，制定本办法。

**第二条**　在中华人民共和国境内从事流通环节食品经营，应当遵守本办法。

**第三条**　食品经营者应当依照法律、法规和食品安全标准从事食品经营活动，建立健全食品安全管理制度，采取有效管理措施，保证食品安全。

食品经营者对其经营的食品安全负责，对社会和公众负责，承担社会责任。

**第四条**　工商行政管理机关依照法律、法规和国务院规定的职责以及本办法的规定，对流通环节食品安全进行监督管理。

**第五条**　县级及其以上地方工商行政管理机关在当地人民政府的统一领导下，负责本辖区内流通环节食品安全监督管理。

**第六条**　县级及其以上地方工商行政管理机关应当与其他食品监督管理部门加强沟通、密切配合，按照职责分工，依法行使职权，承担责任。

**第七条**　鼓励和支持食品经营者为提高食品安全水平采用先进技术和先进管理规范。

**第八条**　县级及其以上地方工商行政管理机关应当依照法律、法规和本办法的规定公布食品安全信息，为公众咨询、投诉、举报提供方便；任何组织或者个人有权向工商行政管理机关举报食品经营中违反本办法的行为，有权了解食品流通安全信息，对流通环节食品安全监督管理工作提出意见和建议。

## 第二章　食品经营

**第九条**　禁止食品经营者经营下列食品：

（一）用非食品原料生产的食品或者添加食品添加剂以外的化学物质和其他可能危害人体健康物质的食品，或者用回收食品作为原料生产的食品；

（二）致病性微生物、农药残留、兽药残留、重金属、污染物质以及其他危害人体健康的物质含量超过食品安全标准限量的食品；

（三）营养成分不符合食品安全标准的专供婴幼儿和其他特定人群的主辅食品；

（四）腐败变质、油脂酸败、霉变生虫、污秽不洁、混有异物、掺假掺杂或者感官性状异常的食品；

（五）病死、毒死或者死因不明的禽、畜、兽、水产动物肉类及其制品；

（六）未经动物卫生监督机构检疫或者检疫不合格的肉类，或者未经检验或者检验不合格的肉类制品；

（七）被包装材料、容器、运输工具等污染的食品；

（八）超过保质期的食品；

（九）无标签的预包装食品；

（十）国家为防病等特殊需要明令禁止经营的食品；

（十一）食品的标签、说明书不符合《食品安全法》第四十八条第三款规定的食品；

（十二）没有中文标签、中文说明书或者中文标签、中文说明书不符合《食品安全法》第六十六条规定的进口的预包装食品；

（十三）其他不符合食品安全标准或者要求的食品。

对因标签、标识或者说明书不符合食品安全标准而被停止经营的食品，在食品生产者采取补救措施且能保证食品安全的情况下可以继续销售；销售时应当向消费者明示生产者采取的补救措施。

**第十条**　从事食品经营，应当依法取得《食品流通许可证》，凭《食品流通许可证》办理工商登记，领取营业执照。未取得《食品流通许可证》和营业执照的，不得从事食品经营。

食品经营者的经营条件发生变化，不符合食品经营要求的，食品经营者应当立即采取整改措施；有发生食品安全事故的潜在风险的，应当立即停止食品经营活动，并向所在地县级工商行政管理机关报告；需要重新办理许可手续的，应当依法办理。

**第十一条**　食品经营企业应当建立健全本单位的食品安全管理制度，组织职工参加食品安全知识培训，学习食品安全法律、法规、规章、标准和其他食品安全知识，并建立培训档案；配备专职或者兼职食品安全管理人员，做好对所经营食品的检验工作，依法从事食品经营活动。

**第十二条**　食品经营者应当建立并执行从业人员健康检查制度和健康档案制度。食品经营从业人员每年应当进行健康检查，取得健康证明后方可从事食品经营，其检查项目等事项应当符合所在地省、自治区、直辖市的规定。患有《食品安全法》、《食品安全法实施条例》规定的不得从事接触直接入口食品工作疾病的从业人员，不得从事接触直接入口食品的工作。

**第十三条**　食品经营者采购食品，应当查验供货者的许可证、营业执照和食品合格的证明文件。

食品经营企业应当建立食品进货查验记录制度，如实记录食品的名称、规格、数量、生产批号、保质期、供货者名称及联系方式、进货日期等内容。

鼓励其他食品经营者按照前款规定建立进货查验记录制度。

实行统一配送经营方式的食品经营企业，可以由企业总部统一查验供货者的许可证、营业执照和食品合格的证明文件，进行食品进货查验记录，可将有关资料复印件留存所属相关经营企业备查，也可以采用信息化技术，联网备查。

**第十四条**　从事食品批发业务的经营企业销售食品，应当如实记录批发食品的名称、规格、数量、生产批号、保质期、购货者名称及联系方式、销售日期等内容，或者保留载有上述信息的销售票据。

从事批发业务的食品经营企业应当向购货者开具载有前款规定信息的销售

票据或者清单,同时加盖印章或者签字。

**第十五条** 食品进货查验记录、批发记录或者票据应当真实,保存期限不得少于二年。

**第十六条** 鼓励食品经营者采用先进技术手段,记录法律、法规及本办法要求记录的事项。

**第十七条** 食品经营者贮存、运输和装卸食品的容器、工具和设备应当安全、无害,保持清洁,防止食品污染,并符合保证食品安全所需的温度等特殊要求,不得将食品与有毒、有害物品一同运输。

**第十八条** 食品经营者对贮存、销售的食品应当定期进行检查,查验食品的生产日期和保质期,及时清理变质、超过保质期及其他不符合食品安全标准的食品,主动将其退出市场,并做好相关记录。

**第十九条** 食品经营者贮存散装食品,应当在贮存位置标明食品的名称、生产日期、保质期、生产者名称及联系方式等内容。

食品经营者销售散装食品,应当在散装食品的容器、外包装上标明食品的名称、生产日期、保质期、生产经营者名称及联系方式等内容。

食品经营者销售生鲜食品和熟食制品,应当符合食品安全所需要的温度、空间隔离等特殊要求,防止交叉污染。

**第二十条** 食品经营者销售的预包装食品的包装上,应当有标签。标签内容应当符合《食品安全法》第四十二条的规定。

食品的标签、说明书,不得含有虚假、夸大的内容,不得涉及疾病预防、治疗功能。

食品的标签、说明书应当清楚、明显,容易辨识。

食品经营者应当按照食品标签标示的警示标志、警示说明或者注意事项的要求,销售预包装食品。

**第二十一条** 食品经营者应当主动向消费者提供销售凭证,对不符合食品安全标准的食品履行更换、退货等义务。

鼓励食品经营者在其销售食品的包装上附加特殊身份标记,将其销售的食品与其他食品经营者销售的食品相区分。

**第二十二条** 食品集中交易市场的开办者、食品经营柜台的出租者和食品展销会的举办者,应当依法履行下列管理义务:

(一)审查入场食品经营者的《食品流通许可证》和营业执照;

(二)明确入场食品经营者的食品安全管理责任;

(三)定期对入场食品经营者的经营环境和条件进行检查;

(四)建立食品经营者档案,记载市场内食品经营者的基本情况、主要进货渠道、经营品种、品牌和供货商状况等信息;

(五)建立和完善食品经营管理制度,加强对食品经营者的培训;

(六)设置食品信息公示媒介,及时公开市场内或者行政机关公布的相关食品信息;

(七)其他应当履行的食品安全管理义务。

食品集中交易市场的开办者、食品经营柜台的出租者和食品展销会的举办者发现食品经营者不具备经营资格的,应当禁止其入场销售;发现食品经营者不具备与所经营食品相适应的经营环境和条件的,可以暂停或者取消其入场经营资格;发现经营不符合食品安全标准的食品或者有其他违法行为的,应当及时制止,并立即将有关情况报告辖区工商行政管理机关。

**第二十三条** 食品经营者应当建立并执行食品退市制度。食品经营者发现其经营的食品不符合食品安全标准,应当立即停止经营,下架单独存放,通知相关生产经营者和消费者,并记录停止经营和通知情况,将有关情况报告辖区工商行政管理机关。

食品经营者未依照前款规定停止经营不符合食品安全标准的食品的,工商行政管理机关可以责令其停止经营。

**第二十四条** 食品广告的内容应当真实合法,不得含有虚假或者夸大的内容,不得涉及疾病预防、治疗功能。

食品广告中不得含有食品安全监督管理部门或者承担食品检验职责的机构、食品行业协会、消费者协会向消费者推荐食品的内容。

**第二十五条** 社会团体或者其他组织、个人在虚假广告中向消费者推荐食品,使消费者的合法权益受到损害的,与食品生产经营者承担连带责任。

**第二十六条** 食品经营企业应当制定食品安全事故处置方案,定期检查本企业各项食品安全防范措施的落实情况,及时消除食品安全事故隐患。

发生食品安全事故的食品经营者对导致或者可能导致食品安全事故的食品及原料、工具、设备等,应当立即采取封存等控制措施,并自事故发生之时起2小时内向所在地县级人民政府卫生行政部门报告。

**第二十七条** 鼓励食品集中交易市场的开办者、食品经营柜台的出租者、食品展销会的举办者和有条件的食品经营企业配备必要的检测设备,对食品进行自检或者送检。

## 第三章 监督管理

**第二十八条** 县级及其以上地方工商行政管理机关应当按照当地人民政府组织制定的本行政区域的食品安全年度监督管理计划开展工作。

**第二十九条** 县级及其以上地方工商行政管理机关履行流通环节食品安全监督管理职责,有权采取《食品安全法》第七十七条规定的监督管理措施。

**第三十条** 县级及其以上地方工商行政管理机关应当严格落实监管责任,开展食品市场监督检查。食品经营者应当接受和配合工商行政管理机关的监督检查。

**第三十一条** 县级及其以上地方工商行政管理机关进行监督检查时,应当记录监督检查的情况,发现有违法行为的,应当如实记录,经监督检查人员和食品经营者签字后归档,并依法查处;对依法应当立案查处或者移送其他机关依法处理的,应当在监督检查记录中载明。

监督检查记录保存期限应当符合档案管理相关规定。

**第三十二条** 县级及其以上地方工商行政管理机关应当建立食品经营者食品安全信用档案，记录许可证照颁发、日常监督检查结果、违法行为的查处和食品经营者停止经营不符合食品安全标准的食品等情况。依托金信工程，将食品经营者的食品安全信用情况作为企业信用分类监管、个体工商户分层分类监管、市场信用分类监管制度的重要内容，对有不良信用记录的食品经营者增加监督检查频次，加强监督管理。

**第三十三条** 县级及其以上地方工商行政管理机关应当加强对食品经营者经营活动的日常监督检查；发现不符合食品经营要求情形的，应当责令立即纠正，并依法予以处理；不再符合经营许可条件的，应当依法撤销相关许可。

**第三十四条** 县级及其以上地方工商行政管理机关应当对国务院卫生行政部门公布的添加或者可能添加到食品中的非食品用化学物质和其他可能危害人体健康的物质采取相应的监督管理措施。

县级及其以上地方工商行政管理机关在监督检查中发现不符合食品安全标准的食品，责令食品经营者停止经营的，应当及时追查食品来源和流向；涉及其他地区的，应当及时报告上级工商行政管理机关，书面通报相关地工商行政管理机关依法查处。

**第三十五条** 县级及其以上地方工商行政管理机关在监督检查中发现食品经营者经营不符合食品安全标准的食品，其原因是由其他环节引起的，应当及时书面通报有关主管部门。

**第三十六条** 县级及其以上地方工商行政管理机关应当公布本单位的电子邮件地址或者电话，接受咨询、投诉、举报；对接到的咨询、投诉、举报，应当依照《食品安全法》第八十条的规定进行答复、核实、处理，并对咨询、投诉、举报和答复、核实、处理的情况予以记录、保存。

**第三十七条** 县级及其以上地方工商行政管理机关应当依照《食品安全法》的有关规定和当地人民政府的食品监测计划，对流通环节食品进行定期或者不定期的抽样检验。

县级及其以上地方工商行政管理机关对当地人民政府制定的本行政区域的食品安全年度监督管理计划中确定的重点食品、消费者申(投)诉及举报比较多的食品、市场监督检查中发现问题比较集中的食品，以及根据查办案件、有关部门通报的情况，对流通环节的食品是否符合食品安全标准进行不定期抽样检验。

**第三十八条** 县级及其以上地方工商行政管理机关在执法工作中需要对食品进行检验的，应当委托符合《食品安全法》规定的食品检验机构进行检验，并支付相关费用。

**第三十九条** 县级及其以上地方工商行政管理机关实施食品抽样检验以及快速检测工作，应当购买样品，支付相关费用；不收取食品经营者的检验费和其他任何费用，所需经费由同级财政列支。

**第四十条** 县级及其以上地方工商行政管理机关对食品进行抽样检验时，应当制作抽样检验工作记录，现场检查所抽检食品的相关票证、货源、数量、存货量、销售量等；应当要求检验机构按照国家规定的采样规则进行取样，并将抽样检验结果通知标称的食品生产者。

**第四十一条** 县级及其以上地方工商行政管理机关依法开展抽样检验时，被抽样检验的经营者应当配合抽样检验工作，如实提供被抽样检验食品的相关票证、货源、数量、存货地点、存货量、销售量等信息。

**第四十二条** 对检验结论有异议的，可以依法进行复检。被抽样检验的经营者或者标称的生产者，应当向承担复检工作的食品检验机构申请复检，并说明理由。

复检机构名录由国务院认证认可监督管理、卫生行政、农业行政等部门共同公布。复检机构出具的复检结论为最终检验结论。

复检机构由复检申请人自行选择。复检机构与初检机构不得为同一机构。

复检结论表明食品合格的，复检费用由抽样检验的部门承担；复检结论表明食品不合格的，复检费用由食品生产经营者承担。

**第四十三条** 组织实施抽样检验的县级及其以上地方工商行政管理机关应当自收到检验结果五个工作日内，将抽样检验结果通知被抽样检验人，责令其停止销售不符合食品安全标准的食品，监督其他食品经营者对同一批次的食品下架退市，并按照有关规定，准确、及时、客观地公布食品安全抽样检验信息。

**第四十四条** 组织实施抽样检验的县级及其以上地方工商行政管理机关对抽样检验中发现的不属于自己管辖的食品安全案件线索，应当及时书面通报有管辖权的工商行政管理机关或者移送有关执法机关处理。

**第四十五条** 县级及其以上地方工商行政管理机关在食品安全监督管理工作中可以采用《食品安全法实施条例》第五十条的规定认定的快速检测方法对食品进行初步筛查；对初步筛查结果表明可能不符合食品安全标准的食品，应当依照《食品安全法》第六十条第三款的规定进行检验。初步筛查结果不得作为执法依据。

**第四十六条** 境外发生的食品安全事件可能对我国境内造成影响，或者在进口食品中发现严重食品安全问题的，县级及其以上地方工商行政管理机关接到国家出入境检验检疫部门有关通报后，应当采取相应处理措施。

县级及其以上地方工商行政管理机关接到国家出入境检验检疫部门通报的有关进出口食品安全信息，必要时应当采取相应处理措施。

县级及其以上地方工商行政管理机关在监督检查中发现进口食品存在安全问题的，应当及时将获知的涉及进出口食品安全的信息向国家出入境检验检疫部门通报。

**第四十七条** 鼓励县级及其以上地方工商行政管理机关建立食品经营主体数据库、监督检查数据库、典型案例数据库，依托12315行政执法网络，运用先进技术手段加强食品监督检查工作，提高食品安全监督管理水平。

**第四十八条** 县级及其以上地方工商行政管理机关在日常监督管理中发现食品安全事故，或者接到有关食品安全事故的举报,应当立即向当地卫生行政部门通报。

发生食品安全事故的,事发地工商行政管理机关应当按照国务院有关部门制定的食品安全事故调查处理办法,在当地人民政府统一领导下,配合卫生行政等相关部门,及时作出反应,采取措施控制事态发展,并及时向上级工商行政管理机关报告。

调查食品安全事故,应当坚持实事求是、尊重科学的原则,及时、准确查清事故性质和原因。认定事故责任,提出整改措施。

任何单位或者个人不得对食品安全事故隐瞒、谎报、缓报,不得毁灭有关证据。

**第四十九条** 县级及其以上地方工商行政管理机关参与食品安全事故调查时,有权向有关单位和个人了解与食品安全事故有关的情况,要求提供相关资料和样品;有关单位和个人应当配合食品安全事故调查处理工作,按照要求提供相关资料和样品,不得拒绝。

任何单位或者个人不得阻挠、干涉食品安全的调查处理。

**第五十条** 县级及其以上地方工商行政管理机关可以向社会公布下列食品安全日常监督管理信息:

(一)依照《食品安全法》实施行政许可的情况;

(二)责令停止经营的食品、食品添加剂、食品相关产品的名录;

(三)查处食品经营者违法行为的情况;

(四)专项检查整治工作情况;

(五)法律、行政法规规定的其他食品安全日常监督管理信息。

县级及其以上地方工商行政管理机关依据职责公布食品安全日常监督管理信息;涉及其他食品安全监督管理部门职责的,应当联合公布。

公布食品安全日常监督管理信息,应当做到准确、及时、客观,同时对有关食品可能产生的危害进行解释、说明。

具体日常监督管理信息公布制度由省级工商行政管理机关依照本办法制定。

**第五十一条** 县级及其以上地方工商行政管理机关获知《食品安全法》第八十二条第一款规定的需要统一公布的信息,应当向上级工商行政管理机关报告,由上级机关立即报告国务院卫生行政部门;必要时,可以直接向国务院卫生行政部门报告。

县级及其以上地方工商行政管理机关应当与其他食品安全监督管理部门相互通报获知的食品安全信息。

**第五十二条** 省、自治区、直辖市工商行政管理机关应当配合同级卫生行政部门制定本行政区域的食品安全风险监测方案。

县级及其以上地方工商行政管理机关应当协助收集《食品安全法实施条例》第十三条第一款规定的食品安全风险评估信息和资料。

省、自治区、直辖市工商行政管理机关应当配合同级卫生行政部门对食品安全国家标准和食品安全地方标准的执行情况分别进行跟踪评价。

省、自治区、直辖市工商行政管理机关应当收集、汇总食品安全标准在执行过程中存在的问题,并及时向同级卫生行政部门通报。

## 第四章 法律责任

**第五十三条** 违反本办法第九条第一款第(一)、(二)、(三)、(四)、(五)、(六)、(八)、(十)、(十三)项,第二十三条第二款的规定的,没收违法所得、违法经营的食品和用于违法经营的工具、设备、原料等物品;违法经营的食品货值金额不足一万元的,并处二千元以上五万元以下罚款;货值金额一万元以上的,并处货值金额五倍以上十倍以下罚款;情节严重的,吊销许可证。

**第五十四条** 违反本办法第十条的规定,未经许可从事食品经营活动的,没收违法所得、违法经营的食品和用于违法经营的工具、设备等物品;违法经营的食品货值金额不足一万元的,并处二千元以上五万元以下罚款;货值金额一万元以上的,并处货值金额五倍以上十倍以下罚款。

**第五十五条** 违反本办法第十二条的规定,安排患有《食品安全法》第三十四条以及《食品安全法实施条例》第二十三条所列疾病的人员从事接触直接入口食品的工作,或者违反本办法第十三条第一款、第二款,第十四条第一款,第十五条,第十八条,第十九条,第二十条第二款的规定的,责令改正,给予警告;拒不改正的,处二千元以上二万元以下罚款;情节严重的,责令停产停业,直至吊销许可证。

**第五十六条** 违反本办法第九条第一款第(七)、(九)、(十一)、(十二)项,第二十条第一款的规定的,没收违法所得、违法经营的食品和用于违法经营的工具、设备等物品;违法经营的食品货值金额不足一万元的,并处二千元以上五万元以下罚款;货值金额一万元以上的,并处货值金额二倍以上五倍以下罚款;情节严重的,责令停产停业,直至吊销许可证。

**第五十七条** 违反本办法第十七条的规定,食品经营企业未按照要求进行食品运输的,责令改正,给予警告;拒不改正的,责令停产停业,并处二千元以上五万元以下罚款;情节严重的,由原发证部门吊销许可证。

**第五十八条** 违反本办法第二十二条第一款第(一)、(二)、(三)项及第二款的规定的,处二千元以上五万元以下罚款;造成严重后果的,责令停业,由原发证部门吊销许可证。

**第五十九条** 违反本办法第二十四条第一款的规定的,责令广告主停止发布广告,并以等额广告费用在相应范围内公开更正清除影响,并处广告费用一倍以上五倍以下的罚款。违反本办法第二十四条第二款的规定的,没收违法所得,依法对直接负责的主管人员和其他直接责任人员给予记大过、降级或者撤职的处分。

**第六十条** 违反本办法第二十六条第二款的规定,食品经营企业在发生食品安全事故后未进行处置、报告的,按照工商行政管理机关职责分工,责令改正,给予警告;毁灭有关证据的,责令停业,并处二千元以上十万元以下罚款;造成严重后果的,由原发证部门吊销许可证。

**第六十一条** 食品经营者的经营条件发生变化,未依照本办法第十条第二款规定处理的,责令改正,给予警告;造成严重后果的,依照《食品安全法》第八十五条的规定给予处罚。

**第六十二条** 有下列行为之一的,责令改正,拒不改正的,处以一万元以下罚款:

(一)食品经营者聘用未取得健康证明的人员从事食品经营的;

(二)食品经营者未主动向消费者提供销售凭证,或者拒不履行不符合食品安全标准的食品更换、退货等义务的;

(三)食品经营者拒绝工商行政管理机关依法开展监督检查的。

**第六十三条** 违反本办法的规定,有下列行为之一的,责令改正,拒不改正的,处以一万元以下罚款;情节严重的,处以一万元以上三万元以下罚款:

(一)从事批发业务的食品经营企业没有向购货者开具销售票据或者清单的;

(二)食品集中交易市场的开办者、食品经营柜台的出租者和食品展销会的举办者没有建立食品经营者档案、记载市场内食品经营者的基本情况、主要进货渠道、经营品种、品牌和供货商状况等信息;没有设置食品信息公示媒介,及时公开市场内或者行政机关公布的相关食品信息的。

**第六十四条** 食品经营者主动消除或者减轻违法行为危害后果,或者有其他法定情形的,应当从轻、减轻处罚。

违法行为轻微并及时纠正,没有造成危害后果的,不予处罚。

**第六十五条** 县级及其以上地方工商行政管理机关在监督检查中发现食品经营者违反本办法规定涉嫌犯罪的,应当依法移送公安机关。

**第六十六条** 县级及其以上地方工商行政管理机关不履行食品安全监督管理法定职责、日常监督检查不到位或者滥用职权、玩忽职守、徇私舞弊的,依法对直接负责的主管人员和其他直接责任人员给予记大过或者降级的处分;造成严重后果的,给予撤职或者开除的处分;其主要负责人应当引咎辞职。

## 第五章 附 则

**第六十七条** 食用农产品的监督管理适用《中华人民共和国农产品质量安全法》。

**第六十八条** 本办法由国家工商行政管理总局负责解释。

**第六十九条** 本办法自公布之日起施行。

# 食品流通许可证管理办法

(2009年7月30日国家工商行政管理总局令第44号公布 自公布之日起施行)

## 第一章 总 则

**第一条** 为了规范食品流通许可行为,加强《食品流通许可证》管理,根据《中华人民共和国食品安全法》(以下简称《食品安全法》)、《中华人民共和国行政许可法》、《中华人民共和国食品安全法实施条例》(以下简称《食品安全法实施条例》)等有关法律、法规的规定,制定本办法。

**第二条** 食品流通许可的申请受理、审查批准以及相关的监督检查等行为,适用本办法。

**第三条** 在流通环节从事食品经营的,应当依法取得食品流通许可。

取得食品生产许可的食品生产者在其生产场所销售其生产的食品,不需要取得食品流通的许可;取得餐饮服务许可的餐饮服务提供者在其餐饮服务场所出售其制作加工的食品,不需要取得食品流通的许可。

**第四条** 县级及其以上地方工商行政管理机关是食品流通许可的实施机关,具体工作由负责流通环节食品安全监管的职能机构承担。地方各级工商行政管理机关的许可管辖分工由省、自治区、直辖市工商行政管理局决定。

**第五条** 食品流通许可应当遵循依法、公开、公平、公正、便民、高效的原则。

**第六条** 食品经营者应当在依法取得《食品流通许可证》后,向有登记管辖权的工商行政管理机关申请办理工商登记。未取得《食品流通许可证》和营业执照,不得从事食品经营。

法律、法规对食品摊贩另有规定的,依照其规定。

**第七条** 食品经营者的经营条件发生变化,不符合食品经营要求的,食品经营者应当立即采取整改措施;有发生食品安全事故的潜在风险的,应当立即停止食品经营活动,并向所在地县级工商行政管理机关报告;需要重新办理许可手续的,应当依法办理。

县级及其以上地方工商行政管理机关应当加强对食品经营者经营活动的日常监督检查;发现不符合食品经营要求情形的,应当责令立即纠正,并依法予以处理;不再符合食品流通许可条件的,应当依法撤销食品流通许可。

**第八条** 任何组织或者个人有权举报《食品流通许可证》审核发放和监督检查过程中的违法行为,许可机关应当及时核实、处理。

## 第二章 申请与受理

**第九条** 申请领取《食品流通许可证》,应当符合食品安全标准,并符合下列要求:

(一)具有与经营的食品品种、数量相适应的食品原料处理和食品加工、包装、贮存等场所,保持该场所环境整洁,并与有毒、有害场所以及其他污染源保持规定的距离;

(二)具有与经营的食品品种、数量相适应的设备或者设施,有相应的消毒、更衣、盥洗、采光、照明、通风、防腐、防尘、防蝇、防鼠、防虫、洗涤以及处理废水、存放垃圾和废弃物的设备或者设施;

(三)有食品安全专业技术人员、管理人员和保证食品安全的规章制度;

(四)具有合理的设备布局和工艺流程,防止待加工食品与直接入口食品、原料与成品交叉污染,避免食品接触有毒物、不洁物。

**第十条** 申请领取《食品流通许可证》,应当提交下列材料:

(一)《食品流通许可申请书》;

(二)《名称预先核准通知书》复印件;

(三)与食品经营相适应的经营场所的使用证明;

(四)负责人及食品安全管理人员的身份证明;

(五)与食品经营相适应的经营设备、工具清单;

(六)与食品经营相适应的经营设施空间布局和操作流程的文件;

(七)食品安全管理制度文本;

(八)省、自治区、直辖市工商行政管理局规定的其他材料。

申请人委托他人提出许可申请的,委托代理人应当提交委托书以及委托代理人或者指定代表的身份证明。

已经具有合法主体资格的经营者在经营范围中申请增加食品经营项目的,还需提交营业执照等主体资格证明材料,不需提交《名称预先核准通知书》复印件。

新设食品经营企业申请食品流通许可,该企业的投资人为许可申请人;已经具有主体资格的企业申请食品流通许可,该企业为许可申请人;企业分支机构申请食品流通许可,设立该分支机构的企业为许可申请人;个人新设申请或者个体工商户申请食品流通许可,业主为许可申请人。申请人应当在申请书等材料上签字盖章。

**第十一条** 申请《食品流通许可证》所提交的材料,应当真实、合法、有效,符合相关法律、法规的规定。申请人应当对其提交材料的合法性、真实性、有效性负责。

**第十二条** 企业的分支机构从事食品经营,各分支机构应当分别申领《食品流通许可证》。

**第十三条** 许可机关收到申请时,应当对申请事项进行审查,并根据下列情况分别作出处理:

(一)申请事项依法不需要取得《食品流通许可证》的,应当即时告知申请人不予受理;

(二)申请事项依法不属于许可机关职权范围的,应当即时作出不予受理的决定,并告知申请人向有关行政机关申请;

(三)申请材料存在可以当场更正的错误,应当允许申请人当场更正,由申请人在更正处签名或者盖章,注明更正日期;

(四)申请材料不齐全或者不符合法定形式的,应当当场或者五日内一次告知申请人需要补正的全部内容;当场告知时,应当将申请材料退回申请人;属于五日内告知的,应当收取申请材料并出具收到申请材料的凭据,逾期不告知的,自收到申请材料之日起即为受理;

(五)申请材料齐全、符合法定形式,或者申请人按照要求提交了全部补正材料的,许可机关应当予以受理。

许可机关受理许可申请之后至作出许可决定之前,申请人书面要求撤回食品流通许可申请的,应当同意其撤回要求;撤回许可申请的,许可机关终止办理。

**第十四条** 许可机关对申请人提出的申请决定予以受理的,应当出具《受理通知书》;决定不予受理的,应当出具《不予受理通知书》,说明不予受理的理由,并告知申请人享有依法申请行政复议或者提起行政诉讼的权利。

## 第三章 审查与批准

**第十五条** 食品流通许可事项包括经营场所、负责人、许可范围等内容。

食品流通许可事项中的许可范围,包括经营项目和经营方式。经营项目按照预包装食品、散装食品两种类别核定;经营方式按照批发、零售、批发兼零售三种类别核定。

**第十六条** 许可机关应当审核申请人提交的相关材料是否符合《食品安全法》第二十七条第一项至第四项以及本办法的要求。必要时,可以按照法定的权限与程序,对其经营场所进行现场核查。材料审核和现场核查的具体办法由省、自治区、直辖市工商行政管理局制定。

进行现场核查,许可机关应当指派两名以上执法人员参加并出示有效证件,申请人和食品经营者应当予以配合。现场核查应当填写《食品流通许可现场核查表》。

**第十七条** 对申请人提交的食品流通许可申请予以受理的,许可机关应当自受理之日起二十日内作出是否准予许可的决定。二十日内不能作出许可决定的,经许可机关负责人批准,可以延长十日,并应当将延长期限的理由告知申请人。

**第十八条** 许可机关作出准予许可决定的,应当出具《准予许可通知书》,告知申请人自决定之日起十日内,领取《食品流通许可证》;作出准予变更许可决定的,应当出具《准予变更许可通知书》,告知申请人自决定之日起十日内,换发《食品流通许可证》;作出准予注销许可决定的,应当出具《准予注销许可通知书》,缴销《食品流通许可证》。许可机关作出准予许可决定的,应当予以公开。

许可机关作出不予许可决定的,应当出具《驳回申请通知书》,说明不予许可的理由,并告知申请人依法享有申请行政复议或者提起行政诉讼的权利。

**第十九条** 许可机关认为需要听证的涉及公共利益的重大许可事项,应当向社会公告,并举行听证。

## 第四章 许可的变更及注销

**第二十条** 食品经营者改变许可事项,应当向原许可机关申请变更食品流通许可。未经许可,不得擅自改变许可事项。

**第二十一条** 食品经营者向原许可机关申请变更食品流通许可的,应当提交下列申请材料:

(一)《食品流通变更许可申请书》;

(二)《食品流通许可证》正、副本;

(三)与变更食品流通许可事项相关的材料。

**第二十二条** 食品流通许可的有效期为3年。

食品经营者需要延续食品流通许可

的有效期的，应当在《食品流通许可证》有效期届满三十日前向原许可机关提出申请，换发《食品流通许可证》。

办理许可证延续的，换发后的《食品流通许可证》编号不变，但发证年份按照实际情况填写，有效期重新计算。

**第二十三条** 有下列情形之一的，发放《食品流通许可证》的许可机关或者其上级行政机关，可以撤销已作出的食品流通许可：

（一）许可机关工作人员滥用职权，玩忽职守，给不符合条件的申请人发放《食品流通许可证》的；

（二）许可机关工作人员超越法定权限发放《食品流通许可证》的；

（三）许可机关工作人员违反法定程序发放《食品流通许可证》的；

（四）依法可以撤销食品流通许可的其他情形。

食品经营者以欺骗、贿赂等不正当手段和隐瞒真实情况或者提交虚假材料取得食品流通许可，应当予以撤销。

依照前两款规定撤销食品流通许可，可能对公共利益造成重大损害的，不予撤销。

**第二十四条** 有下列情形之一的，许可机关应当依法办理食品流通许可的注销手续：

（一）《食品流通许可证》有效期届满且食品经营者未申请延续的；

（二）食品经营者没有在法定期限内取得合法主体资格或者主体资格依法终止的；

（三）食品流通许可依法被撤销，或者《食品流通许可证》依法被吊销的；

（四）因不可抗力导致食品流通许可事项无法实施的；

（五）依法应当注销《食品流通许可证》的其他情形。

**第二十五条** 食品经营者申请注销《食品流通许可证》的，应当向原许可机关提交下列申请材料：

（一）《食品流通注销许可申请书》；

（二）《食品流通许可证》正、副本；

（三）与注销《食品流通许可证》相关的证明文件。

许可机关受理注销申请后，经审核依法注销《食品流通许可证》。

**第二十六条** 食品经营者遗失《食品流通许可证》的，应当在报刊上公开声明作废，并持相关证明向原许可机关申请补办。经批准后，由原许可机关在二十日内补发《食品流通许可证》。

## 第五章 许可证的管理

**第二十七条** 《食品流通许可证》分为正本、副本。正本、副本具有同等法律效力。

《食品流通许可证》正本、副本式样，以及《食品流通许可申请书》、《食品流通变更许可申请书》、《食品流通注销许可申请书》等式样，由国家工商行政管理总局统一制定。省、自治区、直辖市工商行政管理局负责本行政区域《食品流通许可证》及相关申请文书的印制、发放和管理。

**第二十八条** 《食品流通许可证》应当载明：名称、经营场所、许可范围、主体类型、负责人、许可证编号、有效期限、发证机关及发证日期。

**第二十九条** 《食品流通许可证》编号由两个字母+十六位数字组成，即：字母SP+六位行政区划代码+两位发证年份+一位主体性质+六位顺序号码+一位计算机校验码。

《食品流通许可证》具体编号规则另行制定。

**第三十条** 食品经营者取得《食品流通许可证》后，应当妥善保管，不得伪造、涂改、倒卖、出租、出借，或者以其他形式非法转让。

食品经营者应当在经营场所显著位置悬挂或者摆放《食品流通许可证》正本。

## 第六章 监督检查

**第三十一条** 县级及其以上地方工商行政管理机关应当依据法律、法规规定的职责，对食品经营者进行监督检查。监督检查的主要内容是：

（一）食品经营者是否具有《食品流通许可证》；

（二）食品经营者的经营条件发生变化，不符合经营要求的，经营者是否立即采取整改措施；有发生食品安全事故的潜在风险的，经营者是否立即停止经营活动，并向所在地县级工商行政管理机关报告；需要重新办理许可手续的，经营者是否依法办理；

（三）食品流通许可事项发生变化，经营者是否依法变更许可或者重新申请办理《食品流通许可证》；

（四）有无伪造、涂改、倒卖、出租、出借，或者以其他形式非法转让《食品流通许可证》的行为；

（五）聘用的从业人员有无身体健康证明材料；

（六）在食品贮存、运输和销售过程中有无确保食品质量和控制污染的措施；

（七）法律、法规规定的其他情形。

**第三十二条** 县级及其以上地方工商行政管理机关应当对食品经营者建立信用档案，记录许可颁发、日常监督检查结果、违法行为查处等情况。

对食品经营者从事食品经营活动进行监督检查时，工商行政管理机关应当将监督检查的情况和处理结果予以记录，由监督检查人员和食品经营者签字确认后归档。

工商行政管理机关在办理企业年检、个体工商户验照时，应当按照企业年检、个体工商户验照的有关规定，审查《食品流通许可证》是否被撤销、吊销或者有效期限届满。对《食品流通许可证》被撤销、吊销或者有效期限届满的，登记机关按照有关规定，责令其办理经营范围的变更登记或者注销登记。

**第三十三条** 许可申请人隐瞒真实情况或者提供虚假材料申请食品流通许可的，工商行政管理机关不予受理或者不予许可，申请人在一年内不得再次申请食品流通许可。

被许可人以欺骗、贿赂等不正当手段取得食品流通许可的，申请人在三年内不得再次申请食品流通许可。

被吊销食品生产、流通或者餐饮服务许可证的，其直接负责的主管人员自处罚决定作出之日起五年内不得从事食品经营管理工作。

食品经营者聘用不得从事食品生产经营管理工作的人员从事管理工作的，由原发证部门吊销许可证。

**第三十四条** 有下列情形之一的，依照法律、法规的规定予以处罚。法律、法规没有规定的，责令改正，给予警告，并处以一万元以下罚款；情节严重的，处以一万元以上三万元以下罚款：

（一）未经许可，擅自改变许可事项的；

（二）伪造、涂改、倒卖、出租、出借《食品流通许可证》，或者以其他形式非法转让《食品流通许可证》的；

（三）隐瞒真实情况或者提交虚假材料申请或者取得食品流通许可的；

（四）以欺骗、贿赂等不正当手段取得食品流通许可的。

依照《中华人民共和国行政处罚法》的规定，对主动消除、减轻危害后果，或者有其他法定情形的，可以从轻或者减轻处罚；对违法情节轻微并及时纠正、没有造成危害后果的，不予处罚。

**第三十五条** 食品经营者对工商行政管理机关的处罚决定不服的，可以依法申请行政复议或者提起行政诉讼。

**第三十六条** 食品经营者在营业执照有效期内被依法注销、撤销、吊销食品流通许可，或者《食品流通许可证》有效期届满的，应当在注销、撤销、吊销许可或者许可证有效期届满之日起三十日内申请变更登记或者办理注销登记。

**第三十七条** 工商行政管理机关工作人员玩忽职守、滥用职权、徇私舞弊的，依法追究有关人员的行政责任；构成犯罪的，依法追究刑事责任。

**第三十八条** 工商行政管理机关应当依法建立食品流通许可档案。

借阅、抄录、携带、复制档案资料的，依照法律、法规及国家工商行政管理总局有关规定执行。任何单位和个人不得修改、涂抹、标注、损毁档案资料。

**第三十九条** 工商行政管理机关应当加强与同级食品安全综合协调部门的工作联系，及时通报食品流通许可有关信息。

## 第七章 附 则

**第四十条** 食品经营者在本办法施行前已领取《食品卫生许可证》的，原许可证继续有效。原许可证许可事项发生变化或者有效期届满，食品经营者应当按照本办法的规定提出申请，经许可机关审核后，缴销《食品卫生许可证》，领取《食品流通许可证》，并按照属地管辖的原则，由当地工商行政管理机关依法监督检查。

对《食品卫生许可证》继续有效的食品经营者，工商行政管理机关应当按照《食品安全法》、《食品安全法实施条例》及本办法的规定，定期或者不定期进行监督检查。

**第四十一条** 实施食品流通许可所需的经费，应当列入本行政机关预算。

**第四十二条** 省、自治区、直辖市工商行政管理局可以根据本地实际情况，制定具体实施办法。

**第四十三条** 本办法由国家工商行政管理总局负责解释。

**第四十四条** 本办法自公布之日起施行。

# 农业生产资料市场监督管理办法

（2009年9月14日国家工商行政管理总局令第45号公布 自2009年11月1日起施行）

**第一条** 为了加强农业生产资料（以下简称农资）市场管理，规范农资市场经营行为，保护经营者和消费者，特别是维护农民的合法权益，保障粮食生产，促进农村改革发展，根据《产品质量法》、《种子法》、《农业机械化促进法》、《农药管理条例》等有关法律、法规，制定本办法。

**第二条** 在中华人民共和国境内的农资经营者和农资交易市场开办者，应当遵守本办法。

**第三条** 本办法所称农资，是指种子、农药、肥料、农业机械及零配件、农用薄膜等与农业生产密切相关的农业投入品。

本办法所称农资经营者，是指从事农资经营的自然人、企业法人和其他经济组织。

**第四条** 工商行政管理部门负责农资市场的监督管理，依法履行下列职责：

（一）依法监督检查辖区内农资经营者的经营行为，对违法行为进行查处；

（二）依法监督检查辖区内农资的质量，对不合格的农资进行查处；

（三）依法受理并处理辖区内农资消费者的申诉和举报；

（四）依法履行其他农资市场监督管理职责。

**第五条** 农资经营者和农资交易市场开办者，应当依法向工商行政管理部门申请办理登记，领取营业执照后，方可从事经营活动。

法律、行政法规或者国务院决定规定设立农资经营者和农资交易市场开办者须经批准的，或者申请登记的经营范围中属于法律、行政法规或者国务院决定规定在登记前须经批准的项目的，应当在申请登记前，报经国家有关部门批准，并在登记注册时提交有关批准文件。

**第六条** 申请从事化肥经营的企业、个体工商户、农民专业合作社，可以直接向工商行政管理部门申请办理登记。企业从事化肥连锁经营的，可以持企业总部的连锁经营相关文件和登记材料，直接到门店所在地工商行政管理部门申请办理登记。

申请从事化肥经营的企业、个体工商户应当有相应的住所、经营场所；企业注册资本（金）、个体工商户的资金数额不得少于3万元人民币。申请在省域范围内设立分支机构、从事化肥经营的企业，企业总部的注册资本（金）不得少于1000万元人民币；申请跨省域设立分支机构、从事化肥经营的企业，企业总部的注册资本（金）不得少于3000万元人民币。

专门经营不再分装的包装种子的，或者受具有种子经营许可证的种子经营者的书面委托为其代销种子的，或者种子经营者按照经营许可证规定的有效区域设立分支机构的,可以直接向工商行政管理部门申请办理登记。

**第七条** 农民专业合作社向其成员销售农资的,可以不办理营业执照。

农民个人自繁、自用的常规种子有剩余的,可以在集贸市场上出售、串换,可以不办理种子经营许可证和营业执照。

**第八条** 农资经营者应当依法从事经营活动,并接受工商行政管理部门的监督管理,不得从事下列经营活动:

(一)依法应当取得营业执照而未取得营业执照或者超出核准的经营范围和期限从事农资经营活动的;

(二)经营国家明令禁止、过期、失效、变质以及其他不合格农资的;

(三)经营标签标识标注内容不符合国家标准,伪造、涂改国家标准规定的标签标识标注内容,侵犯他人注册商标专用权,假冒知名商品特有的名称、包装、装潢或者使用与之近似的名称、包装、装潢的农资的;

(四)利用广告、说明书、标签或者包装标识等形式对农资的质量、制作成分、性能、用途、生产者、适用范围、有效期限和产地等做引人误解的虚假宣传的;

(五)其他违反法律、法规规定的行为。

**第九条** 农资经营者应当对其经营的农资的产品质量负责,建立健全内部产品质量管理制度,承担以下责任和义务:

(一)农资经营者应当建立健全进货索证索票制度,在进货时应当查验供货商的经营资格,验明产品合格证明和产品标识,并按照同种农资进货批次向供货商索要具备法定资质的质量检验机构出具的检验报告原件或者由供货商签字、盖章的检验报告复印件,以及产品销售发票或者其他销售凭证等相关票证;

(二)农资经营者应当建立进货台账,如实记录产品名称、规格、数量、供货商及其联系方式、进货时间等内容。从事批发业务的,应当建立产品销售台账,如实记录批发的产品品种、规格、数量、流向等内容。进货台账和销售台账,保存期限不得少于2年;

(三)农资经营者应当向消费者提供销售凭证,按照国家法律法规规定或者与消费者的约定,承担修理、更换、退货等三包责任和赔偿损失等农资的产品质量责任;

(四)农资经营者发现其提供的农资存在严重缺陷,可能对农业生产、人身健康、生命财产安全造成危害的,应当立即停止销售该农资,通知生产企业或者供货商,及时向监管部门报告和告知消费者,采取有效措施,及时追回不合格的农资。已经使用的,要明确告知消费者真实情况和应当采取的补救措施;

(五)配合工商行政管理部门的监督管理工作;

(六)法律、法规规定的其他义务。

**第十条** 农资交易市场开办者应当遵守相关法律、法规,建立并落实农资的产品质量管理制度和责任制度,承担以下责任和义务:

(一)审查入场经营者的经营资格,对无证无照的,不得允许其在市场内经营;

(二)明确告知入场经营者对农资的质量管理责任,以书面形式约定入场经营者建立进货查验、索证索票、进销货台账、质量承诺、不合格产品下架、退市制度,对种子经营者还应当要求其建立种子经营档案;

(三)建立消费者投诉处理制度,配合有关部门处理消费纠纷;

(四)配合工商行政管理部门的监督管理,发现经营者有本办法第八条所禁止行为的,应当及时制止并报告工商行政管理部门;

(五)法律、法规规定的其他义务。

**第十一条** 工商行政管理部门应当建立下列制度,对农资市场实施监督管理:

(一)实行农资经营者信用分类监管制度;

(二)按照属地管理原则,实行农资市场巡查制度;

(三)实行农资市场监管预警制度,根据市场巡查、消费者申诉、举报和查处违法行为记录等情况,向社会公布农资市场监管动态信息,及时发布消费警示;

(四)建立12315消费者申诉举报网络,及时受理和处理农资消费者咨询、申诉和举报。

**第十二条** 工商行政管理部门监督管理农资市场,依据《行政处罚法》、《产品质量法》、《反不正当竞争法》、《无照经营查处取缔办法》等法律、法规的有关规定,可以行使下列职权:

(一)责令停止相关活动;

(二)向有关的单位和个人调查、了解有关情况;

(三)进入农资经营场所,实施现场检查;

(四)查阅、复制、查封、扣押有关的合同、票据、账簿等资料;

(五)查封、扣押有证据表明危害人体健康和人身、财产安全的或者有其他严重质量问题的农资,以及直接用于销售该农资的原材料、包装物、工具;

(六)法律、法规规定的其他职权。

**第十三条** 工商行政管理部门应当建立农资市场监管工作责任制度和责任追究制度。工商行政管理部门工作人员不依法履行职责,损害农资经营者、消费者的合法权益的,依法给予行政处分;构成犯罪的,依法追究刑事责任。

**第十四条** 农资经营者违反本办法第九条规定的,由工商行政管理部门责令改正,处1000元以上1万元以下的罚款。

**第十五条** 农资交易市场开办者违反本办法第十条规定,由工商行政管理部门责令改正,处1000元以上1万元以下罚款。

**第十六条** 违反本办法规定,现行法律、法规和规章有明确规定的,从其规定。

**第十七条** 本办法由国家工商行政管理总局负责解释。

**第十八条** 本办法自2009年11月1日起实施。

## 商标代理管理办法

(2009年11月11日国家工商行政管理

总局令第46号公布　自公布之日起施行）

**第一条**　为维护商标代理秩序，保障委托人及商标代理组织的合法权益，根据《中华人民共和国商标法》及《中华人民共和国商标法实施条例》，制定本办法。

**第二条**　本办法所称商标代理是指商标代理组织接受委托人的委托，以委托人的名义办理商标注册申请及其他有关商标事宜。

本办法所称商标代理组织是指接受委托人的委托，以委托人的名义办理商标注册申请或者其他商标事宜的法律服务机构。

本办法所称商标代理人是指在商标代理组织中执业的工作人员。

**第三条**　国务院工商行政管理部门依法对全国商标代理组织和商标代理人的代理行为进行管理和监督。

县级以上工商行政管理部门依法对本辖区的商标代理组织和商标代理人的代理行为进行管理和监督。

**第四条**　申请设立商标代理组织的，申请人向所在地县级以上工商行政管理部门申请登记，领取《企业法人营业执照》或者《营业执照》。

**第五条**　商标代理组织不得委托其他单位和个人从事商标代办活动，并不得为从事上述活动提供任何便利。

**第六条**　商标代理组织可以接受委托人委托，指定商标代理人办理下列代理业务：

（一）代理商标注册申请、变更、续展、转让、异议、撤销、评审、侵权投诉等有关事项；

（二）提供商标法律咨询，担任商标法律顾问；

（三）代理其他有关商标事务。

商标代理人办理的商标注册申请书等文件，应当由商标代理人签字并加盖商标代理组织印章。

**第七条**　商标代理组织不得接受同一商标案件中双方当事人的委托。

**第八条**　商标代理人应当遵守法律，恪守职业道德和执业纪律，依法开展商标代理业务，及时准确地为委托人提供良好的商标代理服务，认真维护委托人的合法权益。

**第九条**　商标代理人应当符合以下条件：

（一）具有完全的民事行为能力；

（二）熟悉商标法和相关法律、法规，具备商标代理专业知识；

（三）在商标代理组织中执业。

**第十条**　商标代理人不得同时在两个以上的商标代理组织执业。

**第十一条**　商标代理人应当为委托人保守商业秘密，未经委托人同意，不得把未经公开的代理事项泄露给其他机构和个人。

**第十二条**　在明知委托人的委托事宜出于恶意或者其行为违反国家法律或者具有欺诈性的情况下，商标代理人应当拒绝接受委托。

**第十三条**　商标代理组织有下列行为之一的，由其所在地或者行为地县级以上工商行政管理部门予以警告或者处以一万元以下罚款；有违法所得的，处以违法所得额三倍以下，但最高不超过三万元罚款：

（一）与第三方串通，损害委托人合法权益的；

（二）违反本办法第五条、第七条规定的；

（三）损害国家和社会公共利益或者其他代理组织合法权益的；

（四）从事其他非法活动的。

**第十四条**　商标代理人有下列行为之一的，由其所在地或者行为地县级以上工商行政管理部门予以警告或者处以一万元以下罚款：

（一）私自接受委托，向委托人收取费用，收受委托人财物的；

（二）隐瞒事实，提供虚假证据，或者威胁、诱导他人隐瞒事实，提供虚假证据的；

（三）违反本办法第十条、第十一条、第十二条规定的；

（四）有其他违法行为的。

**第十五条**　未经工商行政管理部门登记即从事商标代理活动或者用欺骗手段取得登记的组织，由所在地县级以上工商行政管理部门依照有关企业登记管理的法律、法规处罚。

**第十六条**　被处罚的商标代理组织及商标代理人对工商行政管理部门的行政处罚不服的，可以依照《行政复议法》的规定申请复议；也可以直接向人民法院依法提起诉讼。

**第十七条**　本办法由国家工商行政管理总局负责解释。

**第十八条**　本办法自公布之日起施行。

# 重要文件选载

## 云南省工商行政管理局印发关于完善市场主体准入制度创新监管服务方式促进经济平稳较快发展工作方案的通知

云工商企字〔2009〕5号

各州、市工商行政管理局：

现将《关于完善市场主体准入制度创新监管服务方式促进经济平稳较快发展工作方案》印发给你们，请认真贯彻执行，执行中有何情况，请与省局企业处联系。

附件：关于完善市场主体准入制度创新监管服务方式促进经济平稳较快发展工作方案

二〇〇九年三月二十日

## 关于完善市场主体准入制度创新监管服务方式促进经济平稳较快发展工作方案

为认真抓好省局2009年六项重点工作的落实，充分发挥市场主体登记和监管职能，进一步提高登记管理水平和监管服务质量，努力营造经济发展软环境、投资软环境、就业软环境，现就完善市场主体准入制度、创新监管服务方式，促进经济平稳较快发展制定如下工作方案：

**一、指导思想**

以邓小平理论和"三个代表"重要思想为指导，全面贯彻落实科学发展观，按照国家工商总局和省局的统一安排部署，充分发挥企业登记和监管职能，严格依法行政，加大监管力度，提高执法水平，努力搞好服务，严格规范市场主体行为，维护社会经济秩序，积极促进经济社会平稳较快发展。

**二、工作目标**

完善市场主体准入制度，提高服务效能，大力支持各类市场主体健康发展；创新监管方式，建立企业信用管理体系，完善市场主体退出机制，全力营造经济平稳较快发展良好氛围。

**三、工作要求**

（一）加强领导，落实责任。

为确保工作落实，省局决定建立由曹阳副局长作为责任领导，省局企业注册管理处作为责任处室，省局企业监督管理处、外资处、信息中心作为协办处室，四个处室主要负责人作为责任人的工作机制。各州、市工商局要提高认识，高度重视，成立工作机构，制定工作方案，落实领导责任制和目标责任制，扎实开展工作。

（二）加大宣传力度，营造良好氛围。

各地要将工作方案向当地党委、政府报告，紧密依靠当地党委、政府的领导，加强与有关部门的协调配合，主动加强与新闻媒体的协调与配合，加强信息沟通，建立固定的联系渠道，充分利用广播、电视、报纸等各种媒体，通过新闻宣传报道引导企业运用好各类政策措施。为推进此项工作的全面开展营造一个良好的社会氛围。

（三）加强工作指导，强化监督检查。

上级工商行政管理机关要加强对下级工商行政管理机关的领导，注意掌握情况积极研究和解决工作中出现的问题，要加强监督检查工作，坚持依法行政，保证各项工作落到实处。省局将在适当的时候，对各州、市工商局工作开展情况进行检查。

（四）加强培训，提高素质。

省局将适时召开一次全省工商系统业务培训工作会。认真研究股权出质、股权出资等问题，进一步规范程序，统一要求。各地要结合岗位练兵，采取多种培训方式，开展注册管理、案件管理、信用监管、工商一体化等业务软件的应用培训。

（五）不断开拓创新，认真总结经验。

各地要创造性地开展工作，要大胆地探索新方法新措施，不断地创新和总结工作经验，各地要将工作落实情况每季度（6月25日、9月25日、12月25日）形成书面材料上报省局。

**四、工作措施**

（一）拓宽企业融资渠道，帮助企业解决融资难问题。

1. 积极支持企业采取股权出资，按照《股权出资登记管理办法》，做好股权出资登记工作，缓解企业融资难问题。

2. 积极支持小额贷款公司发展。按照《云南省小额贷款公司管理办法》，认真做好小额贷款公司注册登记工作。

3. 积极支持企业通过股权出质贷款融资。

4. 根据国家工商总局《关于在2008年度企业年检中做好帮扶企业工作的通知》精神，对于2008年7月1日以后出资期限到期的无违法纪录的企业，因资金紧张无法按时缴付出资的，依企业申请，允许延长出资期限至2009年底。

（二）创新监管方式，营造经济平稳较快发展良好环境。

1. 充分利用企业信用监管数据平台，通过各级工商部门的公开网站及时公布企业的年检信息及违法被吊销企业的信息，帮助企业了解工商部门监管企业的信息，使其在投资决策中起到参考作用。

2. 积极推行网上年检，进一步提高工作效率。要进一步加大网上年检推进的力度，省局及有条件的州市要开通网上年检通道，鼓励企业网上申报年检，提高年检效率。

(三)强化政策支持,扶持非公经济发展。

1. 落实省政府《云南省人民政府关于鼓励创业促进就业的若干意见》(省政府2009年1号文件),对个体工商户、个人独资企业、合伙企业的设立登记,注册资金(营运资金)以与其生产规模和经营范围相适应的原则办理登记,不作数额上的限制,一个工作日内办结。创业人员从事个体工商户登记的,一律免收证照类、登记类费用。

2. 大力服务再就业工程。支持应届大学毕业生、复退转业军人、下岗职工、农民工就业再就业,支持港澳台居民申办个体工商户,支持残疾人自主创业。

3. 设立专门服务窗口,开设"绿色通道",为下岗职工、高校毕业生办理工商执照提供开业指导、政策咨询服务及办照的绿色直通服务。

(四)加强窗口建设,优化服务机制。

1. 继续抓好"行政问责制、服务承诺制、限时办结制、首问责任制"四项制度的执行和检查力度,认真落实省工商局对社会的承诺事项。

2. 支持和推动公有制企业的改制、兼并和重组,对各级政府确定的重大投资项目和重点建设项目,推行服务前移和服务延伸,按照"专人负责、提前介入、主动跟踪、限时办结"的原则,全程提供登记咨询和指导服务。

3. 进一步完善登记制度,优化登记流程,进一步推行一审一核制。

4. 办事大厅大力倡导细节化、人性化服务,推行规范文明服务用语。

## 云南省工商行政管理局关于继续做好2009年全省工商系统注册登记岗位能手练兵大比武竞赛工作的通知

云工商企字〔2009〕6号

各州、市工商行政管理局:

2008年度全省各地工商机关紧紧围绕省局党组"三个到位"、"六个好"的工作目标和要求,以学法律、精专业、练技术为重点,积极开展了注册登记岗位能手练兵比武竞赛活动。通过层层比武竞赛,全面提升了各级注册登记管理人员的整体水平和队伍综合素质,形成了争先创优,比、学、赶、帮、超的良好氛围,进一步增强了注册登记队伍的适岗能力,培养了一大批岗位业务能手,爱岗敬业模范。共产生省级注册登记岗位能手35名,州(市)级注册登记岗位能手100余名,县级注册登记岗位能手200余名。

2009年度,为贯彻落实全省工商行政工作会议精神,建立健全系统内业务练兵长效机制,建立和完善统一规范、高效便捷的市场主体登记注册服务体系,不断创新服务方式,提升服务效能,促进各类市场主体健康快速发展。继续做好2009年度全系统注册登记岗位能手练兵,现将比武竞赛有关问题通知如下:

一、本年度练兵大比武活动继续参照2008年《云南省工商系统登记注册岗位能手练兵大比武活动实施方案》及《考评办法》组织实施,不再另外下发文件。

二、已经获得2008年度省级注册登记能手的人员,不再参加2009年的省级能手比武竞赛。

**三、选拔名额和参加竞赛名额分配**

(一)通过竞赛选拔出2009年度省级注册登记能手32名。

(二)参加竞赛人员共68名,名额分配按2009年3月底各州市工商局在册人数的5‰组队参加竞赛。对于西双版纳、丽江、迪庆、怒江、临沧5个人数较少的州(市)工商局各增加1个参赛名额。

**四、时间安排:**

(一)2009年9月底以前,各县(市、区)工商局在开展大练兵的基础上,组织全员竞赛,选拔出县级注册登记能手,组队代表本局参加州(市)局竞赛。

(二)2009年10月20日以前,各州(市)工商局统一组织竞赛,选拔出州(市)级注册登记能手。组队代表本局参加省局组织的注册登记能手竞赛,并将参赛人员名单于10月30日以前报省局。

(三)2009年11月,省局组织全省注册登记岗位能手比武竞赛。(具体竞赛时间另行通知)

**五、工作要求**

各地要高度重视,将登记注册岗位大练兵活动作为今年干部队伍建设的一项重要内容纳入工作议事日程,再掀大练兵高潮,切实加强领导统一协调,认真制定工作措施,把岗位练兵活动融入日常工作中,做到两结合、两促进,量化指标、细化标准,抓好工作落实确保真抓实练,务求抓出成效。要注意发现和树立典型,并及时向省局反馈工作进展情况,上报工作中好的经验和做法。确保岗位业务练兵比武活动达到预期效果,为提高全省注册登记干部队伍整体素质,为我省经济发展做出新的贡献。

二〇〇九年三月三十一日

## 云南省工商行政管理局关于邮政企业经营农资有关经营范围登记问题的通知

云工商企字〔2009〕10号

各州、市工商行政管理局:

为贯彻国办发〔2009〕42号《国务院办公厅转发交通运输部等部门关于推动农村邮政物流发展意见的通知》中关于建立健全农村邮政物流服务体系,活跃农村市场,繁荣农村经济,支持邮政进入农资市场的精神,现就我省邮政企业涉及农资经营登记注册的有关问题通知如下:

**一、积极支持邮政企业及所属加盟连锁邮政"三农"服务网点经营农资产品,按以下要求做好经营范围的登记**

(一)化肥经营,根据省局云工商发〔2005〕11号文件,允许零售经营化肥。

(二)农药经营,所在地工商部门可直接办理登记,经营涉及危险化学品农药的,按照《危险化学品安全管理条例》规定,应先办理危险化学品许可证。

(三)不再分装的包装种子经营,或者受具有种子经营许可证的种子经营者的书面委托,在有效区域内代销其种子的,可以不需办理种子经营许可证。

(四)分装种子经营,凭种子经营许可证,办理登记。

工商行政管理机关对经营农药、种子等农资按"许可经营项目"和"一般经营项目"分类登记经营范围。对属于危险化学品农药的,按照《危险化学品经营许可证》许可的项目,在"许可经营项目"中登记经营范围。对经营其它农药的,在"一般经营项目"中登记。对经营分装种子的,按照《种子经营许可证》许可的项目,在"许可经营项目"中登记经营范围。对经营不再分装种子或者受托代销种子的,在"一般经营项目"中登记为"不再分装的包装种子"。

**二、贯彻有关服务发展措施,鼓励邮政企业开展农资连锁经营**

工商部门要充分认识发展邮政企业连锁经营,是建立农村物流新体系的重要内容,要立足登记管理职能,按照《关于推进农资连锁经营发展的意见》(农市发〔2003〕16号文),简化连锁经营企业的登记注册手续,为连锁企业登记提供高效优质服务。

农资连锁经营企业设立全资或控股的配送中心和门店,可持总部出具的文件,直接到所在地工商行政管理部门申请登记注册,免于办理工商登记核转手续。

连锁经营企业经营有些农资,需要办理有关批准文件(或许可证、经营资格证)的,可由总部统一向审批机关办理批准文件(或许可证、经营资格证),在确定的经营区域范围内,连锁门店可不再办理相应的批准文件(或许可证、经营资格证)。可由总部(或连锁门店)持加盖总部印章的批准文件(或许可证、经营资格证)复印件,向连锁门店所在地有关部门备案,并在连锁店所在地工商部门办理相关登记即可。在核定农资连锁经营企业的经营范围时,对不同地区和系统的企业要一视同仁、不得歧视。

二〇〇九年七月二十九日

# 云南省工商行政管理局关于进一步规范冠以云南行政区划企业名称预先核准有关问题的通知

云工商企字〔2009〕11号

各州、市、县(区)工商行政管理局:

自2006年省局《关于注册冠以"云南"行政区划企业名称预先核准有关问题的通知》下发以来,各地充分利用计算机网络系统,开展企业名称远程查重和报送审核工作,注册冠以"云南"行政区划企业名称预先核准工作实现了方便、快捷和高效,为全省经济又好又快地发展发挥了积极的作用。但随着改革开放和经济发展的不断深入,工作中也存在亟待改进和不断完善的地方,为进一步规范此项工作,现就注册冠以"云南"行政区划企业名称预先核准工作(以下简称"名称")的有关问题通知如下:

**一、进一步加强拟上报预先核准名称的审核工作**

(一)冠以"云南"行政区划企业名称中不得使用下列字样。

1. 企业名称中使用"云南"行政区划的原则上省略"省"字(省政府批准的除外);

2. 根据国家工商总局的相关规定,企业名称中不得使用下列字样:"华润"、"三峡"、"中南海"、"联邦"等;

3. 禁止在企业名称中使用涉及军队和武警部队特定字样,如:"八一"、"国防"、"解放军"、"军用"、"军需"、"军供"等字样;

4. 在名称字号中的行业前不得使用绝对化或排他性用语,如"好"、"最好"、"第一"、"天然"和"绿色"等;

5. 在名称中的字号中未经授权不得使用知名人士姓名、知名企业字号、知名品牌和知名(驰名)商标字样;

6. 鉴于市场登记证取消后,原已办理了《市场登记证》需要重新进行企业登记的,名称中可以使用"市场服务"字样,并将登记证复印件上传到省局;如是新开办企业,未取得相关部门批准的,名称中原则上不得使用"市场"字样,如:"云南XX市场管理(服务)公司"等。

(二)放宽"发展"、"开发"、"实业"和"产业"等字词作为行业后缀用语的表述限制。

(三)省、州(市)、县三级行政区划连用的不受注册资本100万的限制。

(四)规范企业集团预核准名称的审核。

1. 上报集团名称的程序和条件:

企业集团母公司和集团名称的程序应严格按照国家工商总局《企业集团登记管理暂行规定》执行。

(1)企业集团母公司注册资本在5 000万人民币以上并至少拥有5家子公司;母公司和子公司的注册资本总和在1亿元人民币以上;

(2)为促进云南省非公经济的发展,对于母公司注册资本金达到500万元人民币以上非公的企业,并拥有3个以上子公司,母公司和子公司注册资本合计达到1 000万元人民币以上,即可登记注册集团公司。

2. 应上报的材料:

(1)新组建企业集团的,由登记机关签署意见和盖章的《企业名称变更核准意见书》和母公司营业执照传真件;

(2)对企业集团新办下属企业须冠用该企业集团名称(含简称)的,凡过去未通过企业名称远程查重和报送审批的集团名称,要求一律上传原集团登记证复印件。并将该集团名称补录入名称数据库。对不能提供集团登记的不予核准,需补报集团名称预核准。

3. 录入企业集团时的相关栏目的处理:

在集团名称录入时,注册资本一栏内可输入母公司注册资本,企业类型一栏内可输入母公司类型。

**二、进一步规范名称延期、迁移、修改和预备案的程序**

(一)名称的延期:

1. 名称延期按照国家工商总局工商企字〔2009〕83号文件规定执行。投资人有正当理由的,可以申请延长《企业名称预先核准通知书》有效期一次(六个月),经延期的《企业名称预先核准通知书》不得再次申请延期。

投资人申请延期的,应当在有效期

满前一个月内申请办理,由投资人填写《预先核准企业名称延期申请书》,并交回原《企业名称预先核准通知书》全体投资人签字,由登记机关填写《预先核准企业名称调整审核表》(科、股)签署意见盖章,传真到省局办理延期手续,并将《企业名称预先核准通知书》交回原登记机关,省局在办理延期时将在备注一栏中注明已延期。

2. 应上报的材料:登记机关(科、股)签署意见和盖章的《预先核准企业名称调整审核表》传真件。

(二)名称迁移:

由投资人书面提出申请,经全体出资人签字,迁出和迁入双方登记机关签署意见并加盖科、股印章后传真到省局,方可办理。省局核准的不能迁移到其它登记机关,须由投资人直接向省局申请撤销名称预先核准后,再向其它登记机关重新申报。

(三)名称修改:

1. 对预核准名称除"字号"外均可进行修改,对要求修改的名称,应由登记机关签署意见并加盖科、股印章《预先核准企业名称调整审核表》传真到省局,方可办理。

2. 对投资人提出修改名称中"字号"的,应由投资人提出书面申请,并在申请中写明撤销名称,传真到省局后作删除处理,再由登记机关上报新的名称。

3. 登记机关因工作中的失误造成名称中错字的,应由登记机关签署意见并加盖科、股印章《预先核准企业名称调整审核表》传真到省局进行修改("字号"错误的按删除处理后,由登记机关重新上报)。

(四)名称预备案:

为方便快捷的进行企业登记注册后的名称备案工作,经与信息中心协调,对名称预备案程序进行修改,修改后的名称备案直接由登记机关录入备案即告完成,无须再由省局审批。

**三、工作要求**

(一)认真做好初审工作。各地在名称上报前,要按照《企业名称登记管理规定》、《企业名称登记管理实施办法》和《企业集团登记管理暂行规定》对投资人申报的名称进行认真的初审和查重,对不符合相关规定的名称,要做好投资人的工作,不得将不符合相关规定的名称上报省局,形成矛盾上交和推诿。

(二)注意做好本登记机关查重工作。对与本登记机关登记的企业字号、行业相同的名称,一律不得上报,省局在审核中对此类名称无法辨认,各地要认真把关。

(三)对设立一个企业的名称预先核准不能同时上报多个名称。对投资人申请的名称和备用名称不得同时上报,对投资人所申请的名称每次只能上报一个,如被驳回后,方可上报备用名称,以免增加不必要的工作量和形成大量名称数据库垃圾。

(四)进一步加强名称预先核准工作的责任感。企业名称预先核准工作是企业登记的一项重要工作,企业名称预先核准国家工商总局已下发过相关的规定,各地要高度重视此项工作,对上报省局的名称要加强审核,严格把关。对上报省局的名称要加强审核,如因上报名称初审不严而发生的纠纷和造成不良后果的,按照谁主办谁负责的原则,严肃处理。

二〇〇九年七月二十九日

## 云南省工商行政管理局关于在全省推行改进外资企业年检服务方式的通知

云工商外字〔2009〕6号

各州、市工商行政管理局:

2008年,云南省工商局按照国家工商总局"四个统一"、推进"四化建设"、云南省政府"四项制度"的要求,增强服务意识,创新监管方式,优化投资环境,总结、研究、推出了进一步改进外资企业年检服务方式的八项措施。这八条措施受到了国家工商总局的重视,国家工商总局分别在《中国工商报》头版以及中国外资登记网上进行了刊登。

在2007的年度检验中,省局切实贯彻落实《进一步改进外资企业年检服务方式的八项措施》,取得很好的效果:1.进一步做好网上年检。2007年度年检,共有2 450户各类应参检外资企业(包含外商投资企业、外商投资企业分支机构、来华从事生产经营活动的外国企业)通过云南红盾信息网申报了工商年检,网上年检申报率达99.96%。2007年度年检,应检各类外资企业3 706户,实际参检2 451户,参检率为66.14%,较上一年度相比增加5.77个百分点,参检率有较大幅度提升。2. 开展外商投资企业年检分类复核,实行当场办结制。对于年检材料齐全、符合法定形式的,当场办结,当场加盖年检戳记。当场办结率达到90%,外资企业纷纷反映今年年检又快又方便。3. 开展上门复核服务。2007年度年检,对6户大型外商投资企业249户分支机构进行了上门指导、上门年检服务,获得企业好评。4."提供预约复核服务"、"延期复核服务"、"7月1日后新设立外商投资企业免于提交审计报告"等几项措施,切实为外商投资企业减少了等候时间、提供了年检便利、提高了年检效率,得到企业的广泛赞誉。

2009年,在2008年年度检验工作中,全省各州、市工商行政管理局要紧紧围绕国家工商总局"四个统一"、"四化建设"、"四个转变"、"四高目标"和云南工商"三个到位"、"六个好"工作目标的要求,更新思想观念,牢固树立以科学监管促进科学发展的理念,发挥职能作用保增长、保民生、保稳定,把2008年度企业年检工作作为帮扶企业的重要平台,集中企业登记管理工作力量,运用市场准入扶持政策,开展帮扶企业活动,大力推行年检服务措施,减轻企业负担。云南省工商局外资处根据2007年度年检中改进年检服务方式的试行情况,对《进一步改进外资企业年检服务方式的八项措施》进行了修订和完善,现将《进一步改进外资企业年检服务方式的几项措施》修订如下,请全省各州、市工商行政管理局结合本地实际、切实贯彻执行:

**一、进一步做好网上年检**

外资企业年检,要做到"二个一律、二个确保、三个核对、四项预审,四项提醒":即在全省外资系统一律实施"网上预审,一次办结"的年检方式,一律使用全国外商投资企业网上年检系统;确保网上年检培训指导到位，确保申报网络畅通保障到位；企业网络申报的年检数据与工商业务系统登记数据核对，与登记档案数据核对，与日常监管信息核对；预审企业出资情况、预审前置审批许可证件情况、预审登记事项变化情况、预审数据填报规范情况；在网络上提醒指导规范填报年检表格、提醒指导企业办理相关登记(备案)手续、提醒督促履约缴资、提醒督促补齐前置审批许可证件，确保年检工作真正做到“网上预审，一次办结”。

**二、开展外商投资企业年检分类复核**

(一)对注册资本已按期缴纳、前置行政许可符合法定形式的外商投资企业，在通过网上年检初审后，到外资企业年检部门复核时，只要材料齐备、符合法定形式，当场受理，当场办结，当场加盖年检戳记。

(二)对受危机影响，资金紧张无法按时缴付出资的企业和成立后超过六个月未开业，或者开业后自行停业连续六个月以上的企业，提供政策扶持。

(三)对涉及食品、药品、化学危险品、矿山等行业企业的出资和前置许可情况实行严格审查，并进行重点监控，降低社会风险度。

**三、提供集中复核服务**

为方便外资企业复核，对于外资企业比较集中的区域，外资企业年检部门安排人员、约定时间，到上述区域工商局统一集中复核辖区内外资企业申报的年检资料。对符合条件的外资企业，当场加盖年检戳记，完成年检。上述企业可选择就地参加复核，或前去登记机关复核。

**四、开展上门复核服务**

为方便规模大、分支机构众多、信誉好的大型外商投资企业办理年检，在通过网上初审后，可根据企业要求，外资企业年检部门安排专人，实行上门年检复核，实施现场指导、现场复核、现场加盖年检戳记。

**五、提供预约复核服务**

外资企业完成网上初审后，前来办理复核，可通过电话、传真等方式申请，与外资企业年检部门约定时间，年检部门安排专人为其复核，减少企业等候时间。

**六、提供延期复核服务**

对于公司总部在外地，分支机构众多的外资企业，确有原因无法如期参加年检，根据企业申请，可将年检截止日期从6月30日延长至7月31日。

**七、对上一年7月1日后新设立的外商投资企业，企业已提交按期、足额到资的验资报告，可免于提交审计报告。**

二〇〇九年五月十五日

# 云南省工商行政管理局关于印发云南省工商局外资企业回访制度的通知

云工商外字〔2009〕10号

各州、市工商行政管理局：

为落实“四个统一”、加强“四化建设”、推进“四个转变”、实现“四高目标”，达到“三个到位、六和好”的工作目标，本着更新思想观念、创新体制机制的理念，省局外资处将加强回访企业作为今年外资工作重点之一，以完善对企业的服务和监督管理，促进我省外商投资企业健康有序发展。现将《云南省工商行政管理局外商投资企业回访制度》及相关表格下发给你们，请认真贯彻落实！

附件：云南省工商行政管理局外商投资企业回访制度

二〇〇九年六月五日

# 云南省工商行政管理局外商投资企业回访制度

一、为落实“四个统一”、加强“四化建设”、推进“四个转变”、实现“四高目标”，达到“三个到位、六个好”的工作目标，本着更新思想观念、创新体制机制的理念，特制定外商投资企业回访制度，以完善对企业的服务和监督管理，促进我省外商投资企业健康有序发展。

二、对外商投资企业定期回访制度，是指企业登记及监督管理机关在规定的时间内，回访辖区内外商投资企业及其分支机构，向企业宣传党和国家有关方针、政策和工商行政管理法律法规，了解企业登记注册事项的实际执行和企业生产经营情况，帮助企业解决困难和问题，指导企业提高自律意识，规范经营行为，及时纠正和制止企业违章违法经营行为的一项监督管理工作制度。

三、企业登记和监督管理机关应在外商投资企业(分支机构)领取营业执照后六个月内回访一次。以后应根据企业的不同类型、不同行业和不同情况，有针对性地开展定期或不定期的走访。

四、回访的主要内容：

1. 企业实际住所(经营场所)是否与登记事项相符，有无擅自变更经营场所；

2. 企业股东、法定代表人或负责人是否有调整，是否与登记事项一致；

3. 企业是否按核定的经营范围开展生产经营活动，经营范围中是否不符合《外商投资企业产业目录》项目；经营范围中涉及需审批的，是否已办理相关许可证；

4. 企业注册资本是否按约出资，有无抽逃、虚假出资情况，是否依据法律和企业章程的规定，办理股东财产权的转让或转移手续；

5. 企业是否亮照经营，营业执照是否悬挂在经营场所的醒目位置；

6. 企业是否正确使用企业名称、是否按核准的名称刊刻公章；

7. 企业是否按期年检；

8. 企业产品广告发布是否规范；

9. 企业生产经营活动现状，企业生产经营是否正当、市场竞争行为是否合法；

10. 了解企业在生产经营中遇到的实际问题，能够当场解决的即时解决，属于协调解决的帮助协调，属于其他政府部门解决的帮助反映，积极协调解决；

11. 向企业宣传新《公司法》、《公司登记管理条例》以及《股权出资登记管理办法》等法律法规，使企业熟悉、了解和掌握相关法律法规的最新变化；

12. 发放征求意见卡，征求企业对工商部门有哪些要求、意见和建议。

五、企业登记和监督管理机关在进行回访前应做必要的前期准备工作：

(1)应与企业进行联系、沟通,说明回访的目的、内容。

(2)应对回访企业的主要登记注册事项、注册资本到位等基本情况进行了解。

六、企业登记和监督管理机关对企业进行回访工作,应对回访情况如实笔录,并填写《企业回访表》,存入经济户口档案。

七、企业登记和监督管理机关应通过回访充实"经济户口"的信息量,并为企业信用分类监管征信数据。应为企业提供咨询服务,为企业排忧解难,并运用商标、广告、合同管理职能,引导企业创牌子、争市场、守信誉,同时注意倾听企业的呼声,及时将企业的要求、建议反映到有关部门,为其排忧解难。

对违章违法行为根据实际情况予以纠正或查处。对违法情节轻微、社会危害性不明显的,予以批评教育,向企业发放《指导建议书》,提出整改建议,督促企业自行整改,指导企业建立健全规章制度,规范经营;对情节严重、社会危害大的应依法立案调查处理,并及时上报登记注册机关和主管领导。

对责令整改和立案查处的,实行事后跟踪监督,在《指导建议书》发出和立案查处后一个月后要进行回访,并做好书面记录。对责令整改的企业未在期限内改正的,进行立案查处。

八、企业登记和监督管理机关在回访工作中应严肃工作纪律,不得干扰企业的正常经营活动;不得接受宴请、礼品、礼金;不得擅自公开企业的商业秘密。

对执法人员在回访中出现的行为不规范等问题应予以责任追究。

九、企业登记和监督管理机关应通过回访逐步建立联络制度,增强监管效能。

应通过回访,建立有基层政府领导、社会团体和确定有代表性和针对性的企业负责人参加的监管联络网络,通过发送工商服务联系卡、定期或不定期召开联络员座谈会、上门收集信息、征求意见、通报情况,通过监管联络网络宣传工商行政管理法律、法规、收集反映企业的意见建议、及时举报违法违章行为,增强监管效能。

十、本制度自颁布之日起施行。

## 云南省工商行政管理局转发国家工商总局关于贯彻落实2009年全国打击盗窃破坏电力电信广播电视设施违法犯罪专项斗争工作方案的通知

云工商个字〔2009〕4号

各州、市工商行政管理局:

现将国家工商总局《关于贯彻落实2009年全国打击盗窃破坏电力电信广播电视设施违法犯罪专项斗争工作方案的通知》(工商个字〔2009〕46号)转发给你们,望认真贯彻执行。对执行中遇到的问题,请及时向省工商局企业监督管理处反映。

附件:工商个字〔2009〕46号

二〇〇九年三月二十五日

## 国家工商行政管理总局关于贯彻落实2009年全国打击盗窃破坏电力电信广播电视设施违法犯罪专项斗争工作方案的通知

工商个字〔2009〕46号

各省、自治区、直辖市及计划单列市工商行政管理局:

为贯彻落实公安部、综治办、工商总局等9部门联合印发的《全国打击盗窃破坏电力电信广播电视设施违法犯罪专项斗争工作方案》和全国打击盗窃破坏电力电信广播电视设施违法犯罪专项斗争(以下简称"三电"专项斗争)电视电话会议精神,现将全国工商行政管理机关开展"三电"专项斗争的有关事项通知如下:

**一、提高认识,增强开展"三电"专项斗争的责任感和紧迫感**

电力、电信、广播电视设施作为国家重要基础设施和社会公用设施,担负着国家电力的输送、党和国家重要信息的传输保障以及党和国家重要方针政策的宣传任务,与国家安全、公共安全和人民群众的生产、生活息息相关。

近年来,公安、工商等部门不断加大对盗窃破坏电力、电信和广播电视设施犯罪行为的打击力度,取缔了一批非法废旧金属收购站点,扭转了重点地区的混乱局面,遏制了盗窃破坏"三电"设施案件高发势头,但盗窃破坏电力电信广播电视设施的问题仍没有从根本上解决。为确保今年"两会"、新中国成立60周年大庆等重大活动期间电力电信广播电视的安全运行,及"保增长、保民生、保稳定"的当前需要,公安部、综治办、国家工商总局等9部门决定已于2009年2月至11月,继续在全国范围内组织开展"三电"专项斗争。各级工商行政管理机关一定要站在落实科学发展观、构建社会主义和谐社会的高度,充分认识开展"三电"专项斗争的重大意义,增强工作的责任感和紧迫感。要切实加强对"三电"专项斗争的组织领导,层层落实责任,一级抓一级,层层抓落实,确保"三电"专项斗争措施到位,取得实效。

**二、加大废旧金属收购站点监管力度,切实堵塞销赃渠道**

各级工商行政管理机关要对废旧金属收购站点进行全面调查摸排,对辖区内从事废旧金属回收站点进行全面检查,摸清废旧金属收购站点的户数、从业人员情况,登记造册,建立专门的监管档案。4月下旬和8月下旬各省级"三电"办将统一组织开展为期十天的集中清查废旧金属收购站点专项行动,各级工商行政管理机关要积极参加行动,并和各有关部门一起对从事废旧金属回收站点集中的村镇、市场进行拉网式、滚动式清查,横向到边,纵向到底,确保不留死角。

要将再生资源收购回收站点列为企业信用分类监管的重点行业。对有违法记录的再生资源收购回收站点,实行重点监控,并通报公安部门。要加强市场巡查,对一般再生资源收购站点,保证每季度抽查一次,对重点监控的,每月至少抽查一次。对检查中发现的废旧物资收购站点的违法行为,特别是违规收购涉嫌被盗电力、电信、广播电视设施等生产性废旧金属的,要依法从严从重处罚;对违反治安管理法律、法规的行为和涉嫌犯罪的,移送公安司法机关依法处理。

**三、加大市场巡查力度,坚决取缔无照经营**

这次"三电"专项斗争的重点之一就是要坚决取缔一批无照收购生产性废旧金属站点,这是工商行政管理机关"三电"专项斗争工作的重点。各级工商行政管理机关要严格依照《无照经营查处取缔办法》的规定,加大市场巡查力度,坚决取缔无照收购生产性废旧金属站点。对无照收购生产性废旧金属、涉嫌构成犯罪的,要依法移送司法机关追究其刑事责任。要充分利用12315受理平台,紧紧依靠农村治保会、家(居)委会等基层组织,动员社会力量,举报无照收购生产性废旧金属站点。对已经取缔的无照收购生产性废旧金属的站点,要做到"回头看",防止死灰复燃。查处取缔无照收购生产性废旧金属站点工作,要与公安部门加强沟通,密切配合,在遇到暴力抗法时,请公安部门协助解决。

查处取缔无照收购生产性废旧金属站点,要全面落实属地监管责任制,大力推行"局所联动,以所为主,上级督导"的监管模式,强化基层工商所的责任,分片包干,责任到人。对在查处取缔无照废旧金属收购站点工作中成绩突出的,要予以表扬,对执法不严,查处不力的负责人和直接责任人追究责任。

**四、加强部门协调,确保"三电"专项行动取得实效**

各级工商行政管理机关要在"三电"专项斗争工作领导小组的领导、组织和协调下,与当地公安、电信、广电、电力监管等部门密切配合和沟通,努力形成"三电"专项斗争的合力。要讲政治、讲大局、讲协调、讲配合,尽心尽力,尽职尽责,充分发挥工商行政管理部门的执法威力,出色完成"三电"专项斗争中各项工作,确保"三电"专项斗争取得明显效果。

开展"三电"专项斗争,任务艰巨,责任重大,使命光荣,各地工商行政管理机关要以对党和人民高度负责的精神,脚踏实地,团结协作,狠抓"三电"专项斗争各项工作措施的贯彻落实,以优异成绩迎接建国六十周年大庆的到来。对执行中遇到的问题,要及时向国家工商总局报告。

二〇〇九年三月三日

# 云南省工商行政管理局云南省个私协会关于贯彻落实云南省鼓励创业贷免扶补实施办法的通知

云工商个字〔2009〕12号

各州、市工商行政管理局、个私协会:

为认真贯彻落实《云南省鼓励创业"贷免扶补"实施办法(暂行)》(云政办发〔2009〕60号),按照《云南省鼓励创业"贷免扶补"实施办法细则(暂行)》(云人社发〔2009〕76号)有关精神,为确保完成全省个体私营经济协会扶持创业1 000人以上的目标任务,现将有关事项通知如下:

**一、创业帮扶时间对象:**凡2009年1月1日起在各级工商部门登记个体工商户和各类企业,包括大学毕业生、农民工、复转军人、留学归国人员等自主创业者。

**二、创业目标任务**

根据《云南省鼓励创业"贷免扶补"实施办法(暂行)》下达全省个私协会创业工作目标任务,结合各州市经济发展情况和辖区县(市、区)多少,将帮扶创业任务分解到各州市工商局、个私协会。各级工商局、个私协会要确保所承担任务按质按量地完成,超额不限。

**三、创业帮扶服务**

(一)创业咨询培训。各级工商局、个私协会要为创业人员提供相关咨询服务,详细解答有关创业政策,包括创业人员的"四免"政策、奖励政策,即:免行政收费、免税、免担保、免利息(2年),以及对首次创业成功者,按云政发〔2009〕1号文件分别给予1 000元~3 000元创业补贴。也可利用当地媒体或深入企业和个体工商户广泛宣传鼓励创业"贷免扶补"政策。

对有创业意向具有创业能力的大学毕业生、农民工、复转军人、留学归国等自主创业人员,要以县(市、区)工商局、个私协会或所(分局)、个私分会为创业者提供具有针对性的创业培训服务,进行创业启蒙,提高创业能力。开展培训前,可向当地劳动保障部门申请每人不超过1 300元的创业培训补贴。

(二)创业项目评审。对需要贷款的创业者,要对其提出的创业项目进行初审,初审内容主要包括项目可行性、创业者的还贷能力等,项目初审签署意见后报当地农村信用社审定。

(三)创业导师帮扶。各级工商局、个私协会要筛选推荐自愿为初次创业人员提供免费帮扶和创业培训服务、在当地各行业中具有一定创业经验和特点的企业家、在乡镇致富带头人及成功人士、能够对创业促就业提出建设性意见和指导性意见的专家学者以及行业管理等部门。按照每个乡镇(个私协分会)推荐1人以上;县(市、区)个私协会(城区所在地分会)推荐5人以上;州市个私协会(含州市所在地协会)推荐25人以上,其中昆明市个私协会(含四城区)推荐800人以上;省个私协会推荐100人以上。由县级以上协会统一录入省个私协编制下发的创业导师数据库,逐级汇总上报,由省个私协会办公室负责统一建立提供社会使用的创业导师数据库,实现创业导师资源全省共享。各级工商局、个私协会要根据当地所帮扶创业人员的需求和特点,从创业导师数据库中选出并介绍相适应的创业导师给创业者,提供创业成本核算、创业定位、企业发展等方面的一对一帮扶服务。

(四)后续跟踪服务。各级工商局、个私协会对创业人员给予跟踪指导,积极帮助解决创业过程中遇到的困难和问题。重点是对创业人员跟踪的"六项服务",即:咨询培训服务、贷款服务、"四免"服务、还款服务(贷款从第4个月起开始还款)、创业补贴服务、招聘服务。

**四、考核标准**

省工商局、个私协会负责对州市工商局、个私协会进行考核,其标准为:

(一)创业成功(含未贷款者)标准:

从2009年1月1日起在我省创办企业或从事个体经营并经工商登记注册的、吸纳我省就业者3人以上的、稳定经营1年以上的创业者；

（二）创业小额贷款季度还贷率不能低于90%。否则，农村信用社将停办创业小额贷款业务直至还贷率提高到90%后；

（三）对完成年度工作目标任务、创业小额贷款还贷率高于95%的州市工商局、个私协会，按比例全额兑现工作经费，对未完成年度工作目标任务的按比例扣减工作经费。

**五、经费补助**

根据省政府规定，本次鼓励创业工作经费按照系统垂直下拨，工作经费标准为：每帮助1人成功创业给予1600元，实行包干负责，用于开展创业帮扶工作。为了保证全省各级个私协会有效地开展工作，经费分配比例省、州（市）、县（市、区）分别为：1∶2∶7。省个私协会应及时把省就业局拨付的工作经费按比例划拨到基层协会。

**六、具体要求**

（一）加强组织领导。为确保此项工作的顺利完成，成立云南省工商局、个私协会鼓励创业“贷免扶补”工作领导小组，各州市个私协会为领导小组成员单位，领导小组办公室设在省个私协会办公室，负责具体工作。

**省本级主要职责：**

1. 全面负责本级鼓励创业“贷免扶补”工作的领导、规划、监督和检查。

2. 负责落实创业人员有关登记的免费政策。

3. 指导全省各级个私协会完成鼓励创业工作目标任务。

4. 负责全省创业导师数据库的建立、维护。

5. 负责落实划拨相关经费。

**州市级主要职责：**

1. 负责对本辖区内的鼓励创业“贷免扶补”工作的组织领导、检查落实、计划安排。

2. 指导县（市、区）工商局、个私协会落实“四免”和创业补贴政策。

3. 负责创业导师库的录入和核查工作。

4. 及时汇总上报创业帮扶中的工作情况。

5. 负责划拨相关经费。

**县（市、区）级主要职责：**

1. 负责完成本县（市、区）“贷免扶补”创业工作目标任务。

2. 落实“六项服务”的具体工作。

3. 负责本县（市、区）创业导师库的录入和检查，确保数据准确。

4. 负责创业成功者创业补贴申报工作。

5. 负责每季度创业者运行情况检查监督、汇总上报工作。

（二）加大宣传力度。要通过典型引路、媒体动员、协会组织、行政推进等手段，营造“自主创业、艰苦创业、全民创业”的浓厚氛围，要大力宣传党和国家、省委省政府关于鼓励创业的有关方针政策。省政府新闻办公室将组织电视、广播、报纸，以专访、跟踪报道、专栏、身边的故事等形式向全省宣传创业者的成功经验和典型事迹。省政府鼓励创业“贷免扶补”办公室将以定期简报形式，向省政府领导及相关部门通报全省鼓励创业“贷免扶补”工作情况。因此，各级工商局和个私协要设专人收集创业促就业过程中的经验和典型事迹，上报省工商局和个私协会，各单位每月不得少于一篇（含声像宣传），字数不限。

（三）严格“三统三分”要求。按照省政府的要求，鼓励创业“贷免扶补”工作实行“三统三分”。即：“统一管理、统一政策、统一服务，分系统实施、分层次管理、分阶段帮扶”，各级工商局、个私协会不得自定政策，改变服务内容。

（四）实行“四个一”服务。各级工商局、个私协会应建立专门的服务窗口，配备专职人员，为创业人员提供“一对一、一条龙、一站式、一体化”的服务。

（五）纳入单位考核目标。各级工商局、个私协会要按照省政府“三统三分”的要求，制定具体工作计划和实施方案，并将鼓励创业“贷免扶补”工作目标任务纳入各级工商局、个私协会年度考核目标，层层签定责任书。确保完成鼓励创业工作目标任务。

（六）及时逐级上报工作进度和目标任务完成情况。各级个私协会要按月填报《云南省鼓励创业“贷免扶补”工作进度表》，按季填报《云南省鼓励创业“贷免扶补”目标任务完成情况表》并及时反映工作情况。省个私协会会同省财政、省人力资源和社会保障、省农村信用社，对目标任务完成情况进行考核，根据工作进度、考核情况核拨工作经费。

二○○九年四月十四日

## 云南省工商行政管理局关于开展整治计划生育药械市场专项整治行动工作的通知

云工商个字〔2009〕15号

各州、市工商行政管理局：

为认真贯彻落实云南省人口和计划生育委员会等8部门《关于印发云南省计划生育药械市场专项整治行动实施计划的通知》（云人口发〔2009〕20号）行动部署和工作要求，切实保障人民群众的身心健康，促进社会的和谐稳定。现结合工商部门实际，就大力开展此次专项整治工作的具体要求通知如下：

**一、加大宣传工作力度，营造开展专项整治行动氛围**

为广泛发动和正确引导群众参与，有力地促进专项整治行动更好地开展，各级工商行政管理机关要充分利用广播、版报、散发宣传材料等形式，加大对计划生育健康知识及无证无照经营危害性的宣传，营造专项整治的良好社会氛围。要站在维护群众利益、构建和谐社会的高度，充分认识这次专项整治行动的重要性和紧迫性，将计划生育药械市场专项整治工作列入重要议事日程，认真部署，精心组织、抓好落实，确保专项行动取得实效。

**二、突出重点，加大力度，切实维护计划生育药械市场秩序**

各级工商行政管理机关要充分发挥职能作用，突出重点，强化措施，加强对计划生育药械市场的清理整顿，严厉查处打击非法经营计划生育药械的违法行为，维护正常的计划生育药械市场秩序。重点抓好以下工作：一是严把市场准入关，进一步规范计划生育药械市场秩序。要对所有从事计划生育药械经营者进行全面清理，严格按照经营准入条件进行核准登记：对不具备条件的，坚决不予登记；对无照经营的，坚决予以取缔；严厉查处计划生育药械、成人“性用品”虚假违法广告和违法经营行为，对计划生育药械市场的准入和退出进行全方位监管。二是强化经营企业信用分类监管制度，推动计划生育药械市场的健康发展。工商行政管理机关要积极配合有关部门，保护合法的经营活动，畅通经营渠道，推动计划生育药械市场经营主体的信用体系建设，及时将经营户诚信守法和失信违法信息录入“经济户口”档案，引导企业诚信守法经营。

**三、加强协作配合，提高行政执法效力**

计划生育药械市场监管涉及多个部门，工商行政管理机关要主动加强与人口计生委、卫生、质监等部门的紧密协作配合，整合行政执法资源，开展联合执法行动，充分发挥各行政执法部门的专业特长，形成执法合力，增强市场监管效力，共同维护计划生育药械市场经营秩序，切实保障人民群众的身心健康。

**四、按照要求，及时报送情况**

请各州、市工商局于每月15日前将云人口发〔2009〕20号文件中《全国计划生育药械市场专项行动整治行动实施方案》中附件3、附件4－1附件、4－2以邮件方式报送企业监督管理处。专项行动结束后请将书面总结以邮件方式于10月5日前报送企业监督管理处。

二〇〇九年六月十七日

## 云南省工商行政管理局转发国家工商总局关于允许港澳居民个体工商户从事个体诊所等行业的通知

云工商个字〔2009〕18号

各州、市工商行政管理局：

现将国家工商行政管理总局《关于允许港澳居民个体工商户从事个体诊所等行业的通知》（工商个字〔2009〕122号）转发给你们，请结合当地实际，认真贯彻执行。

二〇〇九年七月十日

## 国家工商行政管理总局关于允许港澳居民个体工商户从事个体诊所等行业的通知

工商个字〔2009〕122号

各省、自治区、直辖市及计划单列市、副省级市工商行政管理局：

经国务院批准，内地与香港、澳门特区政府分别于2009年5月9日和5月11日签署了《〈内地与香港关于建立更紧密经贸关系的安排〉补充协议六》和《〈内地与澳门关于建立更紧密经贸关系的安排〉补充协议六》（以下简称《补充协议六》）。根据《补充协议六》有关规定，香港、澳门永久性居民中的中国公民（以下简称港澳居民）在内地设立个体工商户，经营范围进一步放宽。现就有关问题通知如下：

一、自2009年10月1日起，港澳居民个体工商户可以申请登记的经营范围按照《国民经济行业分类》（GB/T4754－2002）划分标准增加以下行业：

1. 个体诊所：小类8530中的个体诊所。

2. 经济贸易咨询和企业管理咨询：小类7433中的经济贸易咨询和企业管理咨询。

3. 批发业：仅限纺织品、服装、日用品、文具用品、体育用品和其他文化用品，包括中类633、小类6341、小类6342和小类6349中的所有项目。

二、港澳居民申请登记个体诊所的，应当持有审批权限的卫生行政管理部门颁发的《医疗机构执业许可证》（营利性），向经营所在地工商行政管理机关申请办理个体工商户登记手续。其经营范围登记为“个体诊所”。其他问题仍按国家工商行政管理总局关于港澳居民在内地申办个体工商户登记管理工作的有关文件执行。

三、各地接到此通知后，要及时传达贯彻到基层工商行政管理机关，确保从2009年10月1日起，《补充协议六》进一步放宽港澳居民个体工商户经营范围的有关规定顺利实施。要加强政策宣传，采取有效措施，促进港澳居民个体工商户健康发展。

四、为了及时、准确地反映港澳居民个体工商户登记情况，请各地按照总局有关规定上报统计报表。在工作中遇到新情况、新问题，请及时向国家工商行政管理总局个体私营经济监管司反映。

二〇〇九年六月十九日

## 云南省工商行政管理局关于印发建立市场监管信息定期分析报告制度开展诚信市场创建活动的实施方案和完善七农工作机制促进农业增效农民增收工作意见的通知

云工商市字〔2009〕6号

各州、市工商行政管理局：

根据省局2009年重点任务分解要求，市场处为责任处室的任务有三项，分别是“诚信市场”创建、建立市场监管信息定期分析报告制度、深化工商服务新农村建设工作机制。为切实履行责任处室的职责，在深入讨论、广泛征求协办处室意见的基础上制定了《云南省工商局关于建立市场监管信息定期分析报告制度的实施方案》、《云南省工商局关于完善“七农”工作机制促进农业增效农民增收工作意见》和《云南省工商局开展诚信市场创建活动实施方案》，现将方案和意见印发你们，望认真抓好落实。

附件：1. 云南省工商局关于建立市场监管信息定期分析报告制度的实施方案

2. 云南省工商局关于完善“七农”工作机制促进农业增效农民增收工作意见

3. 云南省工商局开展诚信市场创建活动实施方案

二〇〇九年三月十三日

# 云南省工商行政管理局关于建立市场监管信息定期分析报告制度的实施方案

2008年2月，云南省工商局和新华社云南分社在全省十六个州市和昆明家乐福建立了十七个农副产品和农资价格监测点，每天对农副产品和农资价格信息进行采集上报，工作开展一年来，受到了国务院、省委、省人民政府高度重视和肯定，为继续完善农副产品和农资价格等市场监管信息报送制度，建立分析报告制度，形成长效机制，制定如下工作方案：

**一、指导思想**

以促进科学发展为核心，以服务经济发展为重点，以为当地党委、政府科学决策，为生产经营者、消费者和社会公众信息需求提供服务。

**二、农副产品和农资价格信息定期分析报告制度**

省局和各州市局要建立农副产品和农资价格信息定期分析报告制度，对农副产品和农资价格上涨、下跌或者小幅上涨、小幅下跌的原因，价格基本稳定的因素，以及供求之间的关系进行综合分析。

1. 完善农副产品和农资价格每日监测制度。全省十六个州市已建立的十七个农副产品和农资价格监测点，要将当日采集的农副产品和农资价格信息于12时前通过新华社全国农用产品和农用生产资料价格行情系统上报，由省局市场处报省人民政府办公厅二处，由新华社报国务院。

2. 完善农副产品和农资价格每周分析报告制度。省局市场处每周要对农副产品和农资价格上涨、下跌或者小幅上涨、小幅下跌的原因，价格基本稳定的因素，以及供求之间的关系等进行综合分析，形成综合分析报告，每周二前报白书记、秦省长、罗副省长、李副省长，省人民政府办公厅二处、三处，并抄送省委政策研究室、省人民政府研究室。

3. 建立农副产品和农资价格每季度分析报告制度。省局市场处每季度要对农副产品和农资价格上涨、下跌或者小幅上涨、小幅下跌的原因，价格基本稳定的因素，以及供求之间的关系等进行综合分析，形成季度综合分析报告，并于下一个季度第一个月9日前，报白书记、秦省长、罗副省长、李副省长，省人民政府办公厅二处、三处，并抄送省委政策研究室、省人民政府研究室。

4. 各州市工商局从2009年4月1日起建立农副产品和农资价格每日监测制度，将农副产品和农资价格监测情况报当地党委政府和有关部门。

5. 各州市工商局从2009年第二季度起，建立农副产品和农资价格变化情况每周综合分析制度，并于下周二前形成综合分析报告，报当地党委政府和有关部门。

6. 各州市工商局从2009年第二季度起建立农副产品和农资价格变化情况季度综合分析制度，并于下一个季度第一个月9日前形成综合分析报告，报当地党委政府和有关部门。

**三、建立市场监管信息定期分析报告制度**

各州市工商行政管理局从2009年第二季度起，要对市场主体变化、流通领域食品监测、消费热点、违法广告、商标申报注册等情况每季度进行分析，并在下一个季度第一个月9日前形成分析报告，报当地党委、人民政府。

一是市场主体变化。包括国有企业、私营企业、个人独资企业、外资企业、个体工商户等增加或减少的原因、对策以及投资的领域、投资的热点等进行综合分析。

二是流通领域食品监测。主要是对监测的数量进行归纳，综合判断市场食品安全的指数，存在的问题，应对的措施等进行综合分析。

三是消费热点。主要是分析当前民生较关注的消费热点问题是什么，对消费与发展的关系等进行综合分析，为政府引导消费提供依据。

四是违法广告监测。通过监测数据，分析违法广告重点及表现形式，提出下步监管重点。

五是商标申报注册，驰名商标、著名商标、知名商标的件数，未来商标拓展趋势等进行综合分析。

**四、要求**

1. 各州市工商局要将农副产品和农资价格变动情况每周综合分析报告和每季综合分析报告抄送省局市场处，将每季度市场监管信息分析报告抄送省局对口处室。

2. 要加强对市场监管信息定期分析报告制度的组织领导。担负任务的科（处）室要指定业务素质好、工作能力强、作风过硬的人员专人负责。报告内容要具体、详实，做到数据准确及时、分析原因透彻、建议合理可行。

3. 严格执行保密制度。市场监管信息分析报告要注意保密，报告范围由主要领导确定，不得扩大范围发放报送，确需扩大范围使用，需报经主要领导同意。

4. 各州市工商局要结合实际制定详细的工作方案，将工作任务落实到科（处）室及个人，并将方案报省局市场处。

# 云南省工商行政管理局关于完善七农工作机制促进农业增效农民增收工作意见

为了认真贯彻落实党的十七届三中全会精神和《中共中央国务院关于2009年促进农业稳定发展农民持续增收的若干意见》（中发〔2009〕1号，以下简称中央1号文件），认真抓好省局提出的2009年六项重点工作的落实，充分发挥工商行政管理职能作用，不断完善“七农”工作机制，促进农业增效，农民增收，服务新农村建设。现就不断完善“七农”工作机制，建立健全工作制度，提出如下工作意见：

**一、充分认识建立“七农”工作机制的重要性、必要性和紧迫性**

各级工商行政管理机关要认真学习、深刻领会党的十七届三中全会和中央1号文件精神，充分认识当前“三农”工作面临的严峻形势；中央已出台多项政策措施，加强新农村建设，着力解决“三农问题”。当前，农民增收仍然困难，农村发展仍然滞后，全面建设小康社会的重点在农民，难点在农村，广大农民迫切需要我们立足工商行政管理职能帮助农民增收，服务农村发展。在工商行政管理部门停收“两费”后，建立有效的“七农”工作机制，能够使农村地区基层工商所实现工作职能转变，努力实现监管领域由低端向高端延伸，监管方式由粗放向精细转变，监管方法由突击性、专项性整治向日常规范监管转变，监管手段由传统向现代化转变的“四个转变”。

**二、明确工作责任，建立工作机制**

1. 责任领导。

省局党组成员，副局长周发洪，负责整个工作的组织领导。

2. 责任处室。

市场处（负责人张建学），负责制定工作方案，信息汇总，整理上报；根据责任领导的安排，落实各项工作；督促实施意见各项措施的落实；负责经验推广和先进事迹宣传，联络员廖才发。

3. 协办处室。

商标处（负责人冯林），负责引导涉农商标注册、加强涉农商标的许可使用指导、加强涉农商标的宣传工作、开展“一所一标”工作、加大涉农商标案件查处力度，联络员李坚。

企业注册处（负责人李连周），负责规范农村市场主体，引导农村经纪人进行企业注册登记，联络员仝梅。

企业监管处（负责人任太文），负责规范农村市场主体；引导农村经纪人进行企业注册登记，联络员陈云晓。

消保处（负责人杨建宏），负责加大对家电下乡商品和农村流通领域食品的监管力度，联络员黄晓翼。

公平交易处（负责人蒋凌），负责加大商业贿赂案件查处力度，做好农村打传宣传教育和传销案件查处工作，工作人员袁媛。

广告处（负责人辛彩英），负责加大对涉农广告的监管力度，加大涉农违法广告案件的查处力度，联络员洪露。

消协办（负责人赵光发），负责加大“一会两站”建设力度，畅通申诉举报渠道，充分发挥“一会两站”作用，对“一会两站”申诉、投诉、举报、咨询情况进行统计分析，联络员姚宏明。

信息中心（负责人侯安利），负责提供技术支持和服务，联络员沈斌。

4. 工作机制。

每季度召集协办处室负责人研究分析“七农”工作机制完善情况和“七农”工作任务完成情况，找准问题，提出加强和改进措施；根据总局安排，结合省局实际，每年至少召开一次全省工商系统“七农”工作专题会议；每季度对各州市“七农”工作机制完善和工作任务完成情况进行专题督查调研，促进工作落实。

**三、认真抓好已有“七农”工作制度的落实，不断探索建立行之有效的“七农”工作制度**

近年来，充分发挥工商行政管理职能作用，立足“七农”机制，服务社会主义新农村建设，不断探索总结，已建立了形之有效的制度，各地要继续抓好落实。同时要不断探索建立新的行之有效的“七农”工作机制，促进“七农”工作深入开展，服务社会主义新农村建设。

（一）红盾护农工作。

1. 信息报送制度。每月30日前上报《农资市场监管情况统计表》，每年的4月20日、7月20日、10月20日前报送各个阶段的报表、阶段工作总结和农资监测情况，12月1日报送全年报表、工作总结和农资监测情况。

2. 典型案例报送制度。每年的4月20日、10月20日前报送典型农资案例，重大情况及时上报。

3. 宣传制度。各州市要积极在新闻媒体上宣传“红盾护农”工作成效。采取印发宣传材料、条幅、板报、墙报等形式向广大人民群众广泛宣传“红盾护农”行动。

4. 农资监管制度。认真执行市场主体准入，经营者落实“两账两票一书一卡”、“种子留样备查公示”、“农资质量监测”。有条件的州市可开展农资商品备案，鼓励和引导农资经营者开展连锁经营和物流配送，降低成本，方便农民。

5. 专项执法制度。每年要突出重点季节、重点地区、重点市场和重点品种，认真开展保春耕、保夏种、保秋播三次专项执法行动。全面清理市场主体，检查各项制度落实情况，加大案件查处力度，严厉打击生产销售假冒伪劣农资行为。

6. 农资广告监测和监管制度。一是对各级各类媒体发布的农资广告要进行监测、检查；二是按照《户外广告登记管理规定》，加强对在农村市场设立的路牌、布标等户外广告的登记工作，依法严格审查登记内容；三是加强对农村集贸市场张贴、散发的涉及农资等重点商品的印刷品广告的检查。

7. 农资质量预警制度。加大市场巡查力度，根据市场巡查、农民消费者申诉举报处理情况，及时发布农资消费预警，防止坑农害农损农行为扩大蔓延。

8. 农资经营者信用分类监管制度。2009年，各州市工商局要在以前工作的基础上，按照有关要求对农资经营者开展信用分类监管，并作为检查考核的硬指标。

（二）经纪活农工作。

1. 调查研究，掌握情况，制定措施。各州市工商局每年要对农村经纪人的发展情况进行调查统计，切实掌握当地农村经纪人的状况和农产品产量、结构、特色，掌握农产品流通状况。制定培育和规范发展农村经纪人的具体计划，确定发展重点和发展数量。

2. 加强对农村经纪人员培训，不断提高农村经纪人员素质。依托工商部门所属“消协”，“个私协”，大力培育、培训和发展农村经纪人，并努力争取政府对农村经纪人培训的资金支持，努力联系配合相关部门开展农村经纪人培训，扩大培训范围，切实解决农民卖粮难、卖菜难、卖果难的问题，促进农村产业结构调整。培训的内容应包括：经纪人基本理论和知识；经纪人设立及登记规范；市场营销知识；合同法律知识、合同基本技巧；商标法律法规及相关知识等。同时，还要根据农村经纪人及农民的需要协助有关组织，邀请有关专家进行农业生产技术知识的培训。

3. 加大宣传力度，扩大农村经纪人的影响。各地工商行政管理机关要继续充分利用电视、广播、报纸等媒介加大宣传力度，将农村经纪人的作用和地位，经纪人的组织形式、注册条件和注册程序等宣传到广大的乡村。要把带领乡亲致富的农村经纪人典型、守法守信农村经纪人典型多渠道多形式进行宣传和示范,以此提高农村经纪人的地位、扩大农村经纪人在农村的影响,引导农民积极投身于农村经纪人行业。

4. 继续采取切实可行的发展措施。各地工商局要在法律法规允许的范围内,对部分农民季节性或临时性从事经纪活动给予相应登记。建立农村经纪人登记绿色通道。支持并引导农民设立农村经纪合伙企业、农村经纪合作社、农村经纪公司等组织,支持农村经纪组织扩大经纪辐射范围,引导农村经纪人开展特色经纪、品牌经纪。

5. 加强农村经纪合同指导和管理,帮助解决农产品经纪中发生的合同纠纷。健全农村经纪执业人员备案及基本情况明示制度。加强农村经纪人及农村经纪执业人员信用管理。对农产品经纪活动中的欺诈行为加大查处力度。

(三)合同帮农工作。

1. 加强涉农合同的监督检查。在合同检查中要加强对涉农合同的检查,对当地涉农企业与农户签订的合同要做到全面检查并做好记录,及时纠正违规条款,解除违规合同。防止重大坑农、害农、损农恶性事件的发生;加强对企业格式合同的检查,坚决制止和依法打击利用格式条款损害农民的合法权益。

2. 制定推广涉农合同示范文本。2009 年,省局要制定出《蔬菜买卖合同》、《水果买卖合同》、《甘蔗种植订购合同》、《农业种养植产销合同》,各州市要加大涉农合同示范文本的推广力度。在制定涉农合同示范文本时要针对消费者投诉的焦点、社会关注的热点、经济发展的重点和政府监管的难点问题。

3. 加强涉农合同行政指导服务。开展涉农合同帮扶活动,引导农民开展合同农业,稳步推进订单农业发展;强化服务指导职能,加大对辖区内诚信宣传力度,提高农民的合同意识和诚信意识、帮助指导农民签订合同;及时发布合同预警,指导农民规避合同陷阱;为农民提供合同咨询服务。

4. 加大涉农合同纠纷调解力度。各级工商部门要进一步加强合同争议调解工作,本着自愿的原则,按照《合同争议行政调解办法》的规定进行调解,及时化解矛盾。依托"一会两站",建立与当地政府部门、司法部门的协调机制,及时调解合同纠纷。

5. 加大涉农合同案件的查处力度。加强对涉农合同办案人员的培训,提高办案能力;依托 12315 及一会两站,广辟案件线索,突出涉农合同欺诈违法行为的查处,切实保护广大农民的利益。

6. 积极引导和鼓励涉农企业、农村专业合作社、农户参加"守合同重信用"公示活动。

(四)商标富农工作。

1. 积极引导农产品商标和地理标志证明商标申请注册。要积极向党委政府请示汇报,加强与有关部门的沟通协作,结合当地农业产业发展规划和地理标志资源状况,引导农产品商标和地理标志证明商标申请注册,特别是还没有地理标志证明商标的州、市要尽快取得突破。

2. 加强对已注册地理标志证明商标的许可使用指导。要了解掌握各地地理标志注册、使用、管理、保护工作的成功经验、做法,分析存在问题,研究落实运用地理标志促进农民增收的办法,指导已注册地理标志证明商标的许可使用,发挥其应有作用。

3. 加强农产品商标和地理标志证明商标的宣传工作。继续对农民、涉农企业加大商标和地理标志宣传力度,鼓励更多农民和涉农企业注册和保护农产品商标和地理标志,积极引导他们运用农产品商标和地理标志发展农业产业化经营。

4. 广泛开展"一所一标"工作。一个工商所每年至少引导、帮助辖区内一个农产品申请注册商标;每年在辖区内至少确定一个已注册的农产品商标,扶持其成为当地特色农产品商标,鼓励支持商标持有人争创著名商标和驰名商标,提高当地农产品商标注册积极性,带动品牌经济发展,进而推动地方经济发展。

5. 加大农产品商标和地理标志证明商标案件查处力度。加强市场巡查,完善内部协调,创新案源发现机制,充分发挥 12315 申诉维权网络作用,加大农产品商标和地理标志证明商标违法侵权案件查处力度。

(五)权益保农工作。

1. 进一步畅通农民消费者申诉举报渠道。要切实加大 12315 进农村、进学校的工作力度,充分发挥 12315 消费者申诉举报网络和基层工商所、12315 维权联络站的积极作用,方便农民消费者申诉举报。在健全 12315 集中受理的同时,认真抓好制度和责任制度的落实,严格按照省局制定的消费者咨询、申诉和举报的受理制度、分流转办制度、督办反馈制度、事件跟踪督办制度等,切实做到对农民消费者的申诉、举报件件有落实,事事有回复。特别要注意解决好涉农群体性申诉举报,把矛盾和问题解决在基层、化解在萌芽状态,促进农民增收。

2. 加大农村"一会两站"建设力度。要积极协调有关部门,在地方政府的统一领导下,各级工商行政管理机关与消费者协会密切配合,力争 2009 年底,全省乡镇、街道办事处 100% 建立消费者协会分会;2010 年底全省行政村、社区及重点市场、商场 100% 建立 12315 联络站和消费者投诉站,逐步形成覆盖城乡、上下联动、反应迅速、工作规范、高效便民的基层消费维权网络。

3. 加强对农村消费咨询、申诉、举报信息的汇总分析。既要及时有效处理好农民消费者的申诉举报,又要强化综合分析,对大量的涉农咨询进行归类分析,并相应建立受理和处理农民消费者咨询数据库,及时有效地对农村市场进行消费提示、引导和发布消费警示,为有针对性的强化农村市场监管提供可靠的资料信息。

4. 加大农村商业贿赂案件查处力度,切实维护农民群众的合法权益。

5. 加大对家电下乡商品的监管力度。围绕家用电器等新农村建设重点商品,深入开展商品市场专项执法检查,针对农村配送、送货下乡和农村集市等特点,切实加大对电视机、洗衣机、电冰箱等"家电下乡"商品的监管,检查其来源是否合法、标识是否齐全、质量是否合格、经营行为是否规范、售后服务义务是否得到切实履行,确保农村商品市场规范有序。加强对收购废旧家用电器的商贩进行监管，摸清收购的废旧家电流向，防止不法商家把收购来的废旧家电，换上新外壳，以“家电送货下乡”的名义，在农村集市上进行销售。

6. 做好农村打传宣传教育工作，严查大要案件。针对传销呈现出向西部和农村蔓延的势头，工商部门要认真履行职责，注重发现、掌握农村传销动态和苗头。积极向农民群众、农民工开展“防传拒传打传”宣传教育工作，切实提高农民群众识别能力，增强防范意识。继续保持高压态势，严厉查处诱骗农民参加传销活动行为。

7. 坚决查处和取缔农村黑网吧，积极开展预防青少年犯罪、禁毒防艾工作。加强农村文化市场监管，认真开展扫黄打非工作。

（六）政策爱农工作。

1. 严格执行《关于停止征收个体工商户管理费和集贸市场管理费有关问题的通知》（财综〔2008〕61 号）规定。使停收“两费”的政策规定真正落在实处，让农村经营者得实惠。

2. 切实做到依法收费。不得借企业年检和个体工商户验照之机搭车收取涉农企业和农民的费用。在年检过程中，不得扩大收费范围提高收费标准，坚决杜绝为其他部门和工商部门所属协会、学会等单位搭车收费、代收代扣费用的行为。

3. 积极支持涉农行业利用外资。凡国家未明令禁止的招商引资项目，经批准，均可办理登记注册。

4. 严格执行各级政府有关支农、帮农、惠农的政策。

（七）市场助农工作。

1. 加大农村集市贸易市场、乡街子、庙会的监管力度，维护农民利益。

2. 支持当地政府和企业改造提升现有农村集市贸易市场。

3. 鼓励企业、个人新建农产品交易市场，鼓励外商投资企业积极开拓农村市场，促进农产品流通，促进农业发展农民增收。鼓励内资、外资大型超市到农村开展连锁经营，方便农民购买。

**四、几点要求**

1. 各级工商机关要加大“七农”工作力度，按照省局的做法，加强统筹协调，建立“七农”工作机制，提升服务“七农”实效。

2. 县（市、区）工商机关，要明确工商所“七农”工作的具体内容、任务，纳入工作考核机制。

3. 加强信息报送工作。各州市工商行政管理局要对“七农”机制职责分解到职责处（科）室，并分别对省局有关处室报送信息。省局有关处室每年 7 月 20 日前将上半年工作情况，次年 1 月 20 日前将全年工作总结报市场处。总结要以制度创新、工作业绩（有必要的数据说明）为重点。市场处汇总后形成全系统“七农”工作上半年情况和年度工作总结。

# 云南省工商行政管理局开展诚信市场创建活动实施方案

云南省第十一届人民代表大会第二次会议提出要加强市场诚信体系建设。为推动“四个转变”，加强“四化建设”，达到“四个统一”，实现省局提出的“三个到位、六个好”工作目标，立足工商职能，加快市场诚信体系建设，省局决定，在全省开展“诚信市场”创建活动，推动市场诚信体系建设，列为今六项重点工作之一。为使创建“诚信市场”活动扎实顺利开展，形成长效机制，制定如下工作方案：

**一、指导思想**

开展创建“诚信市场”活动要以“三个代表”重要思想和科学发展观为指导，引导鼓励市场开办者和经营者积极参与“诚信市场”创建活动，营造诚信守法的市场环境，提升市场信用水平。工商部门要以开展商品交易市场信用分类监管为重点，开展“诚信市场”创建活动为载体，加强市场监管，推动市场诚信体系建设。

**二、落实责任制**

1. 责任领导。

周发洪，省局党组成员，副局长。负责创建“诚信市场”活动工作的组织领导。

2. 责任处室。

市场处（责任人张建学），具体负责制定创建“诚信市场”活动方案；负责每年组织各协办处室对申报“5A 级诚信”市场进行考核认定公示；负责督促检查指导各级工商部门开展“诚信市场”创建活动，联络员廖才发。

3. 协办处室。

企业注册处（负责人李连周），依法为市场开办者办理市场准入登记，联络员仝梅。

企业监管处（负责人任太文），负责规范市场开办者和进场经营者的市场主体资格，按企业信用分类监管方案，对市场开办者和进场经营者的信用等级进行认定，联络员陈云晓。

消保处（负责人杨建宏），负责督促食品市场和十类重点商品市场场内经营者建立和落实索证索票制度，对场内经营者索证索票户数比率和票证齐全户数比率进行统计；负责督促市场开办者建立和落实食品安全快速检测制度，联络员黄晓翼。

商标处（负责人冯林），负责商品交易市场内商标侵权案件的查处，联络员李坚。

广告处（负责人辛彩英），负责引导市场开办者和场内经营者遵守广告法，查处广告违法行为，联络员洪露。

消协办（负责人赵光发），负责督促市场开办者建立和完善消费者投诉处理机制，保障投诉渠道畅通；负责督促指导市场开办者建立市场经营者信用等级评定制度，联络员姚宏明。

公平交易处（负责人蒋凌），负责与市场处共同对商品交易市场内违法违规案件的查处，负责督促市场开办者建立和落实清退淫秽物品和其他非法出版物、法律法规禁止销售的其他物品，联络员袁媛。

信息中心（负责人侯安利），负责提供技术支持和服务，联络员沈斌。

各协办处室要立足自己的职责，扎实开展工作，促进“诚信市场”创建活动深入开展。

**三、创建“诚信市场”的范围**

（一）各类商品交易市场，且市场开办者进行了企业注册登记；

（二）具有集贸市场性质和一定规

模的商场、商城、商厦、超市等。

**四、创建“诚信市场”的认定标准**

(一)市场开办者应建立的制度。

1. 经营者营业执照检查和档案管理规范制度;

2. 进场违禁商品检查和清退制度;

3. 督促和检查经营者索证索票情况制度;

4. 进场商品台账管理和检查制度;

5. 不合格商品退场制度;

6. 日常巡查检查制度;

7. 品牌商品登记管理制度;

8. 消费纠纷调解登记制度;

9. 不合格商品和违法违规行为信息公示制度;

10. 场内经营者信用奖惩制度。

农产品市场还应建立农产品快速检测制度和市场产品安全应急管理制度等。

(二)进场经营者行为规范。

1. 进场经营者必须持有营业执照,并及时办理年检、变更等事项;经营国家实行专营、专卖和许可证制度的商品必须持有相应的证照;经营食品必须有卫生许可证、健康证。经营出版物和音像制品必须分别持有出版物发行许可证和音像制品零售(出租)经营许可证。

农民进入集贸市场临时销售自产的农副产品除外。

2. 进场经营者按照工商行政管理机关核准的经营范围、经营方式,在规定的地点亮照(证)经营,不得随意摆摊设点,不得超范围经营,不得擅自转让或出租、出借、出卖摊位及证(照)。

3. 进场经营者提供商品或者服务,应当按照《中华人民共和国产品质量法》第33条至第39条和《中华人民共和国消费者权益保护法》第16条至第25条的规定,履行法定义务。

4. 进场经营者进货应当索取有关证明和票据,履行进货检查验收责任,保障商品质量,按有关规定建立进货和销售台账。销售商品应向消费者开具商品信用卡和按规定开具发票。

5. 进场经营者应当自觉遵守市场开办者市场管理的有关规定和约定,服从行政机关的监督管理,依法交纳税费。

6. 建立诚信经营承诺和公示制度。进场经营者可与辖区工商机关签订诚信经营承诺书,对销售的商品质量、服务质量及违规违约责任等有关内容进行承诺,并将承诺书(附工商监督电话)公示在门店(摊位)醒目位置。

7. 进场经营者不得有下列行为:

(1)偷税、逃税、抗税和拒绝按规定缴费;

(2)欺行霸市、强买强卖、骗买骗卖、哄抬物价;

(3)使用不合格计量器具以及利用计量器具弄虚作假;

(4)提供不符合规定、承诺的商品或者服务;

(5)销售法律法规规定不得销售的商品和物品。

8. 进场经营者不得销售下列商品和物品:

(1)假冒伪劣商品;

(2)按照国家规定应当检验、检疫而未检验检疫或伪造检验检疫证明的商品;

(3)毒品、走私物品、反动淫秽出版物、重点保护的野生动植物等法律法规禁止交易的商品或物品。

(三)上市商品的规范。

1. 上市商品应当符合国家法律法规的有关规定,质量合格。

2. 上市商品应划行归市,摆放整齐、明码实价,包装完好,标识齐全。

3. 上市的食品符合卫生标准,未过保质期。肉禽必须检疫合格;生熟食品要分开,熟食品、熟肉制品必须在熟食专柜中销售,专柜应有防蝇、防尘设施。

4. 上市商品的标识必须真实,不得侵犯他人注册商标专用权;不得虚假或引人误解地标注产品名称、加工地、原产地、规格、性能成份、生产日期、有效期;不得仿造、冒用认证标识等质量标志。

5. 销售的处理商品(指不危害消费者身心健康,有使用价值可以使用的次品或积压产品等),必须显著标明处理原因,不得以次充好。

(四)工商行政管理机关市场监督管理行为规范。

1. 工商行政管理机关依法对辖区内的市场开办者、进场经营者的经营行为和上市商品质量进行监督管理。

2. 及时准确地办理企业登记注册、年检、变更、注销等手续,审查市场开办者制定市场管理制度,监督其履行第一责任人职责。

3. 依法审查确认进场经营者的主体资格,并对其经营行为进行监督管理,严格按照国家规定收费。

4. 依法查处市场违法违章行为,取缔无证无照经营,认真受理消费者投诉和举报,维护好市场交易秩序,保护市场开办者、进场经营者和消费者的合法权益。

5. 建立和完善经济户口管理制度,建立完备的经济户口档案,市场开办者、进场经营者的有关资料要及时归档,并实行跟踪监督,动态管理。

6. 健全市场巡查制度,严格执行市场巡查制的有关规定。加强对主体资格、经营行为、商品质量等的巡查。

7. 建立和推行不良行为预警制度。对市场开办者和进场经营者的轻微违规违章行为,要进行教育告诫,限期改正。

8. 建立守信、失信行为公示制度和信用档案。对于按照承诺和约定诚信经营的市场开办者和进场经营者,要进行公示;对于市场开办者和进场经营者的失信行为,也应当在市场的公示栏内进行公示。要建立市场开办者和进场经营者信用档案,将其守信和失信行为记录在案。

9. 建立和完善消费者申诉举报制度。要在市场醒目位置设立投诉联络点,公布投诉电话,及时处理消费者申诉。

**五、“诚信市场”考核、认定、公示程序**

“诚信市场”分为:“5A级诚信市场”、“4A级诚信市场”、“3A级诚信市场”、“2A级诚信市场”、“1A级诚信市场”五个等次,A级越多,等次越高。“5A级诚信市场”由省工商局考核、认定、公示;“4A级诚信市场”和“3A级诚信市场”由州市工商局考核、认定、公示;“2A级诚信市场”和“1A级诚信市场”由县(市、区)工商局考核、认定、公示。

1. “1A级诚信市场”和“2A级诚信市场”考核、认定、公示程序。“1A级诚信市场”内A级诚信经营户已达到60%；“2A级诚信市场”内A级诚信经营户已达到70%以上，由市场开办者向当地县（市、区）工商局提出申请，提供相应的材料，工商局市场股（科）组织相关股室依据创建“诚信市场”标准进行考核，将考核结果报县（市、区）工商局党组认定，并在红盾信息网和当地媒体上公示。

2. “3A级诚信市场”和“4A级诚信市场”考核、认定、公示程序。“3A级诚信市场”内A级诚信经营户已达到80%以上、“4A级诚信市场”内A级诚信经营户已达到90%以上，由县（市、区）工商局向州市工商局推荐，州市工商局市场科（处）组织相关职能科室依据创建“诚信市场”标准进行考核，将考核结果报州市工商局党组认定，并在红盾信息网和当地媒体上公示。

3. “5A级诚信市场”考核、认定、公示程序。“5A级诚信市场”内A级诚信经营户已达到95%以上，由州市工商局在“4A级诚信市场”中择优向省工商局推荐，省工商局市场处组织协办处室依据创建“诚信市场”标准进行考核，将考核结果报省局党组认定，在省工商局红盾信息网和省级媒体上公示。

**六、几点要求**

1. 各地工商行政管理机关要进一步统一思想，提高认识，加强组织领导，把创建“诚信市场”活动作为一项长期的、重要的工作来抓，建立长效机制，将创建活动持续不断的开展下去。

2. 各级工商机关要加大商品交易市场信用分类监管工作力度，对具有集贸市场性质和有一定规模的商场、商城、商厦、超市要做好调查摸底工作，确定创建对象，制定创建方案。

3. 创建“诚信市场”活动，是实现公平公正有序的市场环境的重要举措，各级工商机关不得收取费用。

4. 曾经被评选为“诚信市场”的市场优先纳入创建“诚信市场”活动对象。

5. 在开展创建“诚信市场”活动过程中要坚持标准，紧密结合当地实际，使“诚信市场”名符其实。对各级“诚信市场”要实行动态管理，对发生重大违法违规等失信行为，已不符合“诚信市场”标准的，要取消认定，在原公示媒体上对市场的失信行为进行公示。

6. 加强对创建“诚信市场”活动对象的指导。指导市场开办者对进场经营者的信用等级认定，严格标准；督促市场开办者建立相应的制度，严格创建标准；对发生弄虚作假，把关不严，骗取“诚信市场”认定的，要问责工商局有关人员，取消“诚信市场”认定。

7. 2009年，各州市工商局要在创建“诚信市场”活动中见成效，务必有新的突破，州市局和县（市、区）局要考核、认定、公示一批“诚信市场”。

8. 各州市工商局在4月底前要依据本实施方案制定详细的工作方案和考核、认定、公示办法，并报省局市场处。开展创建活动中，要注意总结推广好的经验，及时发现存在问题，提出意见建议。每年要统计上报“诚信市场”考核、认定、公示情况。

# 云南省工商行政管理局关于开展成品油质量监测工作的通知

云工商市字〔2009〕24号

昆明、玉溪、曲靖、楚雄工商局：

今年以来，随着国际原油价格发生较大起伏，国家对国内成品油价格进行多次调整，一些地方非法经营成品油的现象和油品中的假冒伪劣问题有所抬头，成品油的质量投诉有所增多。为进一步规范成品油市场秩序，充分履行工商行政管理机关流通领域商品质量监管职能，保护消费者合法权益，按照国家工商总局的要求和统一安排，现决定在昆明、玉溪、曲靖、楚雄等四个州市统一开展成品油质量监测工作，监测经费由省局统一支付。现将有关事项通知如下：

**一、监测点**

昆明、玉溪、曲靖、楚雄各选择5个加油站（1个中石化加油站，1个中石油加油站，3个其他加油站）作为监测点，根据省局的统一安排，开展成品油监测工作，各州市局确定的监测点要注意保密。

**二、样品采集办法**

由承担抽样任务的州市工商局按照国家工商总局《流通领域商品质量监测办法》的要求进行抽样，每个监测点在柴油、90号汽油、93号汽油中抽取两个品种的样品（昆明抽取两个97号汽油样品），每个品种抽取6升后平均分成3份样品（一份作为检测样品，一份作为检验部门的留检样品，一份作为工商部门的备检样品）。并于10月19日前将样品送往云南省产品质量检验研究院。抽样容器由省工商局统一购买，样品购买费由承担抽样任务的工商局先行垫付，凭发票统一到省质检中心报销。四州市工商局各派2名工作人员于2009年10月9日10时前到省局市场处参加培训，同时领取抽样容器。

**三、几点要求**

1. 承担抽样送检任务的工商局要高度重视，指定一名局领导负责抽样工作，合理选择监测点，严格执行保密制度，落实责任监督机制，强化责任监督制度；

2. 对选定作为监测点的加油站要进行一次全面检查和治理，对无证照经营成品油的行为要坚决取缔，对超范围经营食品及其他商品进行检查，进一步规范企业经营行为，对短斤少两欺诈消费者的违法行为要严肃查处，进一步规范成品油市场秩序。对其他加油站违法违规经营行为，省局将在适当的时候统一部署清理检查专项行动；

3. 抽样按GB/T4756－1998《液体石油产品手工取样法》进行，严格执行安全操作规程，严防发生事故，确保抽样送检工作安全圆满顺利完成；

4. 对检验不合格的成品油，各州市工商局要及时立案查处，并将处罚决定书传真至省局市场处；

5. 各州市要在抽样送检后一周内将抽样情况书面报省局市场处；

6. 完善各种文书，确保抽样程序合法，及时报告工作中遇到的问题。

二〇〇九年九月二十九日

## 云南省工商行政管理局关于进一步明确部分重点工作及商品交易市场信用分类监管信息化建设有关问题的通知

云工商市字〔2009〕28号

各州、市工商行政管理局：

《云南省工商局关于印发建立市场监管信息定期分析报告制度开展诚信市场创建活动的实施方案和完善七农工作机制促进农业增效农民增收工作意见的通知》(云工商市字〔2009〕6号)下发以后，各地及时制定了工作方案，成立了领导机构，狠抓了各项工作的落实。但在执行过程中有些州市反映了一些问题，为统一全省此项工作稳步推进，现将以市场处为责任处室的三项重点工作及商品交易市场信用分类监管信息化建设中的几个问题作进一步明确，望各地抓好落实。

**一、建立市场监管信息定期分析报告制度的问题**

1. 各州市局建立的农副产品和农资价格信息定期分析报告制度、市场监管信息定期分析报告制度，要严格按照省局下发的实施方案要求落实，确保上报给省局和当地党委、人民政府的综合分析数据准确可靠，为国务院、省人民政府和当地党委、人民政府"调控市场、保证供给、引导消费、改善民生"提供重要决策依据。

2. 县、市、区工商局可在州市局统一领导和安排下，根据当地党委政府的要求和需要，立足工商职能，确定相应的报告内容，建立农副产品和农资价格信息定期分析报告制度和相应的市场监管信息定期分析报告制度。县、市、区工商部门建立农副产品和农资价格信息定期分析报告制度和市场监管信息定期分析报告制度工作情况不再作为省局考核和督查的内容。

3. 农副产品及农资价格定期分析报告工作要严格按照"亲眼所见，一手采集，及时报送，不受干扰"的要求，做到定点、定人、定时、定品种、定规格，按时、按质、按量地进行报送，严格做到当日采集，当日分析，当日成文，当日报送。

**二、"诚信市场"创建活动问题**

1. 在"诚信市场"创建活动中，场内经营者信用类别由工商部门(消委会)指导市场开办者依据商品交易市场信用分类监管的规定标准及诚信市场创建活动实施方案中进场经营者行为规范的规定，结合个体工商户信用分类监管进行认定，对达到A类的经营户由市场开办者进行挂牌，所需经费自筹解决。

2. 各地对认定的"诚信市场"在红盾信息网或当地媒体上公示，严格执行不收费的规定，对认定的各类"诚信市场"，不以工商部门的名义发牌匾，可由群团组织授予牌匾。

3. 商品交易市场信用分类监管信息化建设是开展好"诚信市场"创建活动的前提和基础，各地要严格按照总局和省局的要求开展好此项工作。商品交易市场信用分类监管信息化系统录入，严格按照"已在工商部门办理企业注册登记的商品交易市场"的要求进行，未取得企业注册登记的市场不录入商品交易市场信用分类监管系统。

4. 在"诚信市场"创建活动中，要严格标准，严格程序，不得随意降低标准，减少程序。要严格标准，严格考核，宁缺勿滥。

**三、完善"七农"工作机制问题**

1. 以贯彻落实国家工商行政管理总局《农业生产资料市场监督管理办法》(国家工商总局令第45号)为重点。要在2010年1月底以前，对辖区内的农资经营户进行一次全面的清理，按照总局《农业生产资料市场监督管理办法》中"申请从事化肥经营的企业、个体工商户应当有相应的住所、经营场所；企业注册资本(金)、个体工商户的资金数额不得少于3万元人民币。申请在省域范围内设立分支机构、从事化肥经营的企业，企业总部的注册资本(金)不得少于1 000万元人民币；申请跨省域设立分支机构、从事化肥经营的企业，企业总部的注册资本(金)不得少于3 000万元人民币。专门经营不再分装的包装种子的，或者受具有种子经营许可证的种子经营者的书面委托为其代销种子的，或者种子经营者按照经营许可证规定的有效区域设立分支机构的，可以直接向工商行政管理部门申请办理登记"的要求，以化肥、种子经营者为重点，重新审核经营资格，凡不具备经营条件的，不得从事化肥、种子经营活动。

2. 督促农资经营者按照《农业生产资料市场监督管理办法》第九条的规定，建立完善"两账两票一书一卡"制度，农资经营者要在2010年1月底前100%完善"两账两票一书一卡"制度，实现农资商品可追溯管理。进一步抓好"种子留样备查公示"制度落实。

3. 将落实"两账两票一书一卡"、"种子留样备查公示"、"农资质量监测"等农资监管制度作为年终考核的内容，实现农资商品可追溯管理。

**四、督查考核和信息报送问题**

各级工商部门在落实省局市场处为责任处室的三项重点工作中，领导重视，措施有力，成效明显。在省局组织的半年工作进展情况督查中，部分州市局未能全面反映所做的工作和取得的成效。主要原因是工作进展情况上报渠道不明确。在以后的信息报送工作中，以省局市场处为责任处室的"三项重点工作"由各州市局相关部门将工作情况报本局办公室，由办公室报省局六项重点工作督查办公室，并抄送省局有关对口处室，确保上报信息及时准确。

二〇〇九年十月二十三日

## 云南省工商行政管理局关于印发云南省工商行政管理系统农村食品安全示范店创建工作方案的通知

云工商消字〔2009〕3号

各州、市工商行政管理局：

为加强农村食品市场监管，认真落实省局确定的今年六项重点工作，切实构建农村流通环节食品安全长效机制，现将省工商局制定的《云南省工商行政管理系统"农村食品安全示范店"创建工作方案》印发给你们，请结合各地实际，认真贯彻落实，抓出成效。

附件：云南省工商行政管理系统“农村食品安全示范店”创建工作方案

二〇〇九年三月十七日

# 云南省工商行政管理系统“农村食品安全示范店”创建工作方案

为推动我省流通环节食品安全工作健康发展，提升农村食品经营者食品安全意识，保障广大农村消费者食品消费安全，促进食品经营者诚信规范经营，按照国家工商总局和省政府的工作部署，省工商局决定在全省范围内开展“农村食品安全示范店”创建活动。现就全省工商行政管理系统开展“农村食品安全示范店”创建活动制订如下工作方案。

**一、指导思想**

全面贯彻党的十七大精神，以邓小平理论和“三个代表”重要思想为指导，深入落实科学发展观，坚持以人为本，切实把农村流通环节食品安全放在突出位置，落实食品生产经营者的主体责任，健全工商监管、行业自律、社会监督的食品安全监管机制，积极探索和推进“农村食品安全示范店”建设，不断扩大“两项制度”覆盖面，努力提高农村食品经营者规范经营水平，切实保障农村食品市场消费安全。

**二、工作目标**

各州、市工商机关要按照省局制订的“农村食品安全示范店”创建条件，结合各地实际，制定本地区“农村食品安全示范店”培育目标和具体措施，用三年左右时间实现每个行政村至少建立一家“农村食品安全示范店”的总体目标。今年每个城镇工商所（分局）负责培育创建8个以上农村食品安全示范店；边远山区工商所负责培育创建3个以上农村食品安全示范店，全省完成3 500个以上“农村食品安全示范店”的工作目标。

**三、创建条件**

（一）经营规范。经营者自觉遵守法律法规政策和有关管理规定，文明经商、诚信经营。

1. 证照齐全，亮证亮照经营。

2. 经营的食品符合国家质量安全卫生标准，商品标识完整清晰，证件齐全。

3. 使用的计量器具应当检定合格、未超过检定周期。

4. 已建立并认真执行进货验收、购销台账、不合格食品退货等管理制度；经营以肉类、蔬菜等农产品、水产品和畜产品为重点的食品，要求实施“场厂挂钩”、“场地挂钩”等协议准入制度。

5. 诚信守法经营，切实维护消费者权益，积极处理消费者投诉。

6. 经营环境宽敞明亮，清洁卫生，有相应的防蝇防尘措施；行政村食品经营者经营面积不小于10平方米，乡、镇食品经营者经营面积不小于15平方米。

7. 物品陈列规范。销售的食品要与其它生活消费品严格隔开。

（二）食品经营者应按规定进行健康检查，持有当地卫生主管部门颁发的健康证明。

（三）损害赔偿机制健全。能够向消费者主动承诺损害赔偿，及时处理与消费者之间的商品质量纠纷。

（四）向顾客承诺不销售假冒伪劣食品，并积极引导农民群众科学消费、文明消费。

（五）进货渠道正规，能保证进货放心安全，不销售过期霉变食品。

**四、工作方法和工作步骤**

（一）积极培育，有效帮扶。

各地应采取多种方式，积极帮扶、培育农村食品经营者参加“农村食品安全示范店”创建工作。一是由工商所（分局）选择辖区内经营状况良好、经营规范的食品经营者按照创建标准进行培育、规范；二是加强创建工作的宣传力度，扩大“农村食品安全示范店”的社会影响力，让广大农村消费者和食品经营者知晓创建工作的重要意义；三是对不符合条件但有意愿参与“农村食品安全示范店”创建工作的食品经营者要有的放矢的帮助解决问题，积极开展帮扶创建工作；四是针对“农村食品安全示范店”建立有效的激励措施，使经营者切实得到规范经营、文明经商带来的经济社会效益，从而调动农村食品经营者积极申请创建“农村食品安全示范店”的积极性，提升农村食品安全整体水平。

（二）严格标准，认真审核。

“农村食品安全示范店”由具备条件的农村食品经营者自愿向所在地县级工商机关提出创建申请，由县级工商机关进行审核后，对达到条件的予以命名、授牌，并报州、市级工商机关备案；对暂不符合创建条件的食品经营者，县级工商机关要提出改进意见，由辖区工商所（分局）继续指导帮扶食品经营者开展创建工作。

（三）加强检查，确保规范。

各地工商局应全面加强对创建工作的动态检查，并定期进行复核，视检查情况、经营者信用分类监管情况和消费者投诉等情况，决定是否继续保留或取消“农村食品安全示范店”的资格。命名公示的“农村食品安全示范店”，每年要组织定期或不定期地进行复核。对已授牌的“农村食品安全示范店”如发生下列情况之一的，应立即取消“农村食品安全示范店”资格、并向社会公示，报州、市工商局备案。

1. 经销假冒伪劣商品，造成严重恶劣影响的；

2. 发生严重食品安全事故的；

3. 监管检查中发现食品质量主要指标不合格，不符合“农村食品安全示范店”标准的；

4. 发生其他严重违法违规行为的。

（四）工作步骤。

第一阶段：1～2季度，由工商所（分局）选择辖区内经营状况良好、经营规范的食品经营者进行培育、规范。

第二阶段：3季度，由县级工商机关对申请创建“农村食品安全示范店”的食品经营者进行考核，对达到创建标准的，予以命名授牌；州、市局对本辖区创建工作进行检查。

第三阶段：4季度，由省局对各州、市开展“农村食品安全示范店”工作情况进行抽查和考核。

**五、工作要求**

（一）加强领导，落实责任。

为确保“农村食品安全示范店”创建工作落到实处，省局决定由刘本军副局长作为责任领导，省局消保处为责任处室,省局市场处、法制处为协办处室。整个工作在省局党组的领导下,消保处主要负责牵头、组织、协调创建工作,法制处负责从法律、法规、相关政策方面对创建工作进行把关;市场处协助做好“农村食品安全示范店”的宣传工作和具体组织实施工作。各州、市也要建立相应机制,切实加强组织领导,明确目标任务和工作责任,精心组织,认真实施,全力以赴,把创建工作抓紧、抓好,抓出实效。

(二)提高认识,周密部署。

各地应充分认识开展“农村食品安全示范店”创建活动在加强流通环节食品安全监管工作中的重要意义,自觉增强责任感,努力抓好工作落实。要把狠抓“农村食品安全示范店”创建活动,作为当前一个时期的重要工作,全面规划、精心部署、分步骤、分阶段周密实施,将此项工作抓紧抓实抓好、抓出成效。省局将对此项工作进行督促检查,并在四季度对各州、市开展“农村食品安全示范店”工作情况进行考核。

(三)严格纪律,确保成效。

各地在创建“农村食品安全示范店”工作中,应坚持食品经营者自愿原则,不得强制或强迫经营者参加。严禁借创建活动之名向农村商品经营者收取任何费用或变相搭车收费。对于违反规定收费或者谋取不正当利益的行为,各级工商机关纪检、监察部门要依法追究责任单位和责任人的责任,触犯刑律的,及时移送司法机关追究法律责任。要认真做好申报和后续管理工作。县级工商机关要组织指导具备条件的农村食品经营者自愿申报,严格按照条件和要求审核推荐,严格标准条件。对已授牌的“农村食品安全示范店”,各级工商行政管理部门要认真履行职责,加强监管与指导,确保取得成效。各地要加强部门间的组织协调,在当地党委、政府的统一领导下,密切与商务、农业等部门的协作配合,形成情况交流和信息互通机制,切实发挥“农村食品安全示范店”的作用,全面提升广大农村地区食品安全水平,促进农村食品市场规范健康发展。

## 云南省工商行政管理局关于印发云南省工商系统流通环节食品安全整顿工作实施方案的通知

云工商消字〔2009〕8号

各州、市工商行政管理局、省局机关各处室:

现将《全省工商系统流通环节食品安全整顿工作实施方案》印发给你们,请认真抓好落实。

附件:云南省工商系统流通环节食品安全整顿工作实施方案

二〇〇八年五月十四日

## 云南省工商系统流通环节食品安全整顿工作实施方案

为进一步加强我省流通环节食品安全监管,维护食品市场经营秩序,保护消费者合法权益,根据国家工商总局《流通环节食品安全整顿方案》(工商食字〔2009〕64号)、云南省食品安全委员会《云南省食品安全整顿工作实施方案》的相关精神和全省工商系统消费者权益保护工作会议关于流通环节食品安全监管的总体部署,制定本工作实施方案。

**一、指导思想和工作目标**

(一)指导思想。

以邓小平理论和“三个代表”重要思想为指导,深入落实科学发展观,认真贯彻党的十七大、十七届三中全会、中央经济工作会议和党中央、国务院关于食品安全工作的部署和国家工商总局、省食品安全委员会对食品安全整顿工作的要求,坚持治理整顿与振兴产业相结合、集中整治与长效机制建设相结合、企业自律与政府监管相结合,统筹兼顾,突出重点,强化监管,深入开展食品安全整顿,切实规范流通环节食品经营行为,保障食品市场消费安全,促进我省食品产业持续健康发展,让人民群众买得放心、吃得安心。

(二)工作目标。

用两年左右时间集中开展云南省流通环节食品安全整顿,确保食品生产经营主体资格合法有效,销售者进货查验和进销货台账制度得到严格执行,食品安全监管制度得到有效落实,食品经营行为规范有序,食品质量安全水平明显提高,流通环节食品安全状况进一步好转,人民群众食品消费安全感进一步增强。

**二、整顿工作任务和重点**

密切联系实际,切实解决问题,要紧紧围绕我省消费者举报多的食品和薄弱环节,进一步加大市场监管执法力度,深入开展专项执法检查。

(一)集中开展奶制品市场专项执法检查。各级工商行政管理机关要在前一阶段工作的基础上,深入贯彻《乳品质量安全监督管理条例》和《奶业整顿和振兴规划纲要》以及国家工商总局的实施意见,严格监督奶制品销售者落实进货查验制度和进货台账制度,特别是继续仔细查验对2008年9月14日前生产的奶制品经生产企业重新检验合格的报告和标识;突出重点市场、重点区域和重点奶制品销售者,严格规范经营行为,进一步整顿和规范奶制品市场秩序,促进奶制品行业健康有序发展。

(二)集中开展打击流通环节违法添加非食用物质和滥用食品添加剂的专项执法检查。各级工商行政管理机关要按照卫生部、工商总局等九部、局《关于开展全国打击违法添加非食用物质和滥用食品添加剂专项整治的紧急通知》、国家工商总局《实施方案》的部署和省局提出的工作要求,监督流通环节食品和食品添加剂经营者进行自查自纠。同时,对重点食品、重点区域和重点食品经营者适时开展集中检查行动,加大监管执法力度,依法严厉查处流通环节食品经营者在食品中添加非食用物质和滥用食品添加剂的行为以及违法销售食品添加剂的行为,建立健全有效的流通环节食品添加剂销售和使用的监管机制。

(三)集中开展重点食品以及季节性、节日性食品的专项执法检查。各级工商行政管理机关要把开展重点食品专项执法检查作为整顿工作的重要任务,着力解决本地区食品市场存在的突出问题。一是要集中开展重点品种的专项执法检查。要以消费者申诉举报多和与人民群众生活密切相关的食品品种为重点,突出抓好奶制品、肉制品、米面制品、禽蛋制品、儿童食品、老年食品、膨化食品、豆制品、饮料、糕点、月饼、干果、调味品、食用油、酒类、腌制食品、冷冻食品等品种以及超市自制食品的专项执法检查,严厉打击销售过期霉变食品、“三无”食品等违法行为,切实解决人民群众反映强烈的问题。二是要集中开展重点区域的专项执法检查。要以城乡结合部、旅游景区、车站码头为重点,依法抓好小食品店、小摊点、小市场的专项检查,集中执法力量加大市场巡查力度,坚决依法取缔无照商贩,严厉打击制售假冒伪劣食品违法行为。三是要集中开展季节性、节日性食品市场专项执法检查。要以“五一”、中秋、“十一”、元旦、春节为重点,突出抓好对节日性食品以及季节性食品的检查,重点整治价实不符、过度包装、搭售商品、虚假宣传及欺诈消费者等问题,切实保障节日食品和季节性消费安全。四是要集中开展对重点食品经营企业和市场的专项执法检查。要以商场、超市、批发市场、集贸市场和食品经营企业为重点,突出抓好市场开办者和经营者自查自纠和自律工作,认真监督落实食品经营者对食品安全的法定责任和义务,由基层工商所按辖区逐户检查排查,监督市场开办者、经营者自查和整改食品安全方面的问题,切实做到不进、不存、不销假冒伪劣食品和不合格食品,严格规范食品经营者的经营行为。

(四)集中开展农村食品市场专项执法检查。各级工商行政管理机关在农村食品市场专项执法检查中要紧紧围绕农民群众反映强烈的问题,突出整治重点,加大整顿力度。一是要加大对农村城镇、集镇、乡村举办的食品交易会、庙会赶集和旅游景区景点、车站码头等经营食品的监管力度,严格规范农村食品经营秩序;二是要加大对城乡结合部和乡镇各类食品批发市场、集贸市场,特别是食杂店的监管力度,狠抓重点场所和经营者的整治,严格规范经营行为;三是要加大对消费者反映强烈和与农民群众日常生活消费关系密切的食品品种的监管,狠抓重点品种的整治,强化对食品质量安全的监管,严格规范食品市场安全准入行为;四是要加大推进农村食品安全示范店建设的力度,加快推进食品安全示范店建设进程,不断扩大覆盖面,努力提高规范化水平。

同时,要进一步加大对食品广告的监管力度,依法严厉查处含有虚假、夸大内容的食品广告,严厉查处涉及宣传疾病预防、治疗功能的违法食品广告;坚决制止和查处有关部门或者机构、协会违法推荐食品的广告;严格监管声称具有特定保健功能的食品广告,广告宣传的产品功能和成分与标签、说明书不一致的,要责令停止发布,并依法查处。对于被确认为不符合食品安全规定的食品,要立即停止发布该食品的广告。

**三、整顿工作的措施**

(一)加大学习宣传力度,深入贯彻实施《食品安全法》。

《食品安全法》将于2009年6月1日起施行,各级工商行政管理机关要按照《云南省工商行政管理局关于认真学习宣传贯彻实施〈食品安全法〉的意见》(云工商消字〔2009〕6号)的要求,认真学习、大力宣传《食品安全法》,努力实现食品安全监管在思想理念、工作措施、工作作风和工作机制等方面的新转变。一是要认真组织执法人员深入学习《食品安全法》,切实提高执法水平。要采用集中学习、个人自学、知识竞赛、岗位练兵等多种方式开展《食品安全法》的学习。不仅要全面学习掌握《食品安全法》的每一项具体条文,而且要深刻领会《食品安全法》的精神实质,准确理解《食品安全法》的特点和主要内容。二是要向社会各界广泛宣传《食品安全法》,尤其要以食品经营者和消费者作为重点宣传对象。要让食品经营者了解《食品安全法》的重大现实意义和赋予工商行政管理机关的监管职责,熟悉掌握《食品安全法》规定的从事食品经营所应具备的基本条件、《食品安全法》规定的食品经营者的进货查验和记录、定期清理库存食品、召回和退市等基本制度、食品经营者的法律责任等主要内容。要让消费者了解权益受到损害时获得救济的途径、民事赔偿的具体内容、食品安全的知识,增强消费者食品安全意识和自我保护能力。

(二)加大食品经营者监管力度,严把市场主体准入关。

6月1日《食品安全法》正式开始实施后,工商行政管理机关将承担食品流通许可证的发放工作。各级工商机关一是要严格依法执行食品生产经营主体准入条件的规定,进一步规范市场主体准入管理。国家工商总局也将制定下发《食品流通许可证管理办法》,对《食品流通许可证》的发放、条件、程序以及与食品卫生许可证的衔接等问题予以明确。各级工商行政管理机关要严格按照《食品安全法》和《食品流通许可证管理办法》的规定核发《食品流通许可证》。二是坚持先证后照,依法登记注册。凡申请从事食品生产经营,未依法取得前置审批许可的,工商行政管理机关不得办理登记注册手续。三是许可证被吊销或到期的,要根据有关部门的通报和市场检查情况,及时责令其限期办理变更登记或依法办理注销登记,逾期未办理的,依法吊销其营业执照;对被吊销营业执照的食品市场主体,要在工商行政管理网站或者当地主要媒体及时予以公布。同时,继续按照《关于对食品经营主体予以特别标注的通知》规定,对食品经营主体及时进行特别标注,加大对食品生产经营者的经济户口和信用分类监管力度。

(三)加大流通环节食品质量监管力度,严格食品质量市场准入。

各级工商行政管理机关要进一步加强流通环节食品安全源头治理,加大对食品销售者切实履行法定责任和义务的监督力度,切实提高食品经营者自律水平。要按照《云南省工商局关于推行统一食品批发进销货凭证的通知》(云工商消字〔2009〕7号)的要求,通过落实市场开办者对入场销售者建立健全和执行“两项制度”的监督检查责任,加大对省会城市和州(市)政府所在地的食品批发企业、批发商的监管力度,积极推行“一票通”,对食品批发企业的出货票据进行规范统一,按照“票随货走”的要求建立食品安全可追溯制度。加大食品质量监管力度,切实提高食品质量保障水平。加强对食品包装、标识、生产日期、保质期等监督检查,按照“上下联动、内外结合、资源共享”的原则,依据法律、法规和新“三定”方案,完善和创新流通环节食品安全监测机制和方式,针对流通环节特点和消费者投诉、申诉和举报的情况,科学确定食品监测的范围、品种、项目和方式,加强对食品安全监测信息的统计、分析和利用,及时进行消费警示和提示。同时,要充分利用相关部门检测、行业协会检测、销售者自检、消费者送检所反映的信息,对经法定检验机构依法确认的不合格食品,有针对性地依法开展市场清查。要加大对不合格食品退市的跟踪监管力度,切实提高食品安全监控水平。建立健全行政监管责令退市和销售者主动退市相结合的监管机制,监督食品销售者对被告知、通报或者自行发现的不合格食品立即采取停止销售、追回已售出的食品并造册登记等退市措施,对有关部门通报和监督检查中发现的不合格食品依法责令销售者退市,并加强对不合格食品退市后的跟踪监管,严防再次流入市场。

(四)加大食品市场日常巡查力度,严格规范食品经营行为。各级工商行政管理机关要认真贯彻《工商行政管理所食品安全监督管理工作规范》,按照“六查六看”要求,将监管重心下移,严格落实基层工商所食品安全日常巡查和属地监管责任制,按照网格化监管机制,突出重点场所、重点区域、重点销售者,采取增加巡查频次、完善巡查内容、提高巡查效率等措施,有针对性地开展市场巡查,及时发现和查处违法违章行为,依法加大对制售假冒伪劣食品等违法案件的查处力度,切实规范食品销售者的经营行为。要将食品市场巡查与经济户口管理、食品质量监测、食品分类监管与信用分类管理等结合起来,建立健全食品安全违法行为记录制度,建立违法案件信息库,完善监管档案,并加强对监管数据的统计分析,切实提高日常巡查的针对性和有效性。

(五)加大食品市场分类监管力度,切实提高监管执法效能。各级工商行政管理机关针对商场、超市、批发企业、批发市场、集贸市场和食品店经营食品的不同特点和不同经营管理状况,有针对性采取分类监管措施,切实提高食品安全监管执法效能。对商场、超市、批发市场及食品批发企业,重点监督其落实进货查验和购销台账制度等法定责任和义务,鼓励和督促经营者建立和完善协议准入、质量自检、质量承诺和不合格食品退市等自律制度,严格食品质量市场准入和保障销售食品质量。对农村集贸市场,重点是推广“一户多档”、“实名登记”、“证明登记”、“标牌公示”等四项制度,引导其规范和诚信经营。对食品店尤其是农村食品店,重点是监督其落实进货台账制度,仔细查验和妥善保管食品批发和配送经营者出具的销货单据,引导其积极参与创建食品安全示范店活动,配合商务部门推进食品物流配送和连锁经营,确保食品质量合格、经营行为规范。

(六)加大案件查办力度,严厉查处各类食品违法行为。各级工商行政管理机关要强化案件查办工作,尤其要抓好对流通环节食品大要案件的排查和督办工作。对流通环节食品违法案件涉及生产环节的食品质量问题,既要依法查处经销不合格食品及其它质量违法行为,又要将有关情况及时移交和通报质检等相关职能部门。要认真做好行政执法与刑事司法的衔接工作,对涉嫌犯罪的及时依法移送公安机关处理。要充分发挥12315行政执法体系的作用,及时受理和处理食品安全方面消费者的申诉举报,依法调解消费纠纷,严厉查处违法行为,切实保护好消费者的合法权益。

**四、整顿工作的要求**

(一)加强领导,认真组织实施。

各级工商行政管理机关要从贯彻落实科学发展观、构建和谐社会的高度,进一步提高对流通环节食品安全监管工作重要性、艰巨性、长期性和复杂性的认识,进一步增强政治意识、大局意识、责任意识,本着对党和人民高度负责的态度,切实把加强食品安全监管工作作为市场监管工作的重中之重,当作一项政治任务来抓。在地方党委、政府的领导下,切实加强对流通环节食品安全整顿工作的领导,一把手亲自抓,分管领导具体抓,相关职能机构按职责分工协作抓,形成齐抓共管的工作格局。要结合本地实际,研究制定具体的工作方案,层层分解任务,积极认真负责地抓好整顿工作的组织实施。各地要切实加强食品安全监管执法队伍建设,充实执法力量,加强业务培训,保障执法装备和经费,进一步提高食品安全监管的能力和水平。

(二)健全责任制度,严格责任追究。

各级工商行政管理机关要进一步建立健全工商行政管理机关对流通环节食品安全属地监管领导责任制、职能机构指导监督责任制和食品安全基层监管岗位责任制。各州、市工商行政管理机关要明确一个内设机构牵头负责流通环节食品安全整顿的综合协调工作,并明确各内设机构的分工。内外资企业登记注册、监督和个体私营经济监管机构要加强对食品生产经营主体的登记管理,查处违反登记管理法律法规的行为,依法取缔无照经营;消费者权益保护机构要及时受理和依法分流、处理消费者的咨询和申诉举报,依法保护消费者合法权益,依法加强食品市场监管,依法查处流通环节食品安全违法案件;市场监管机构要加强对批发市场、集贸市场食品安全的监管,加强食品交易市场信用分类监管,规范食品市场秩序;竞争执法、直销监管、商标管理、广告监管等机构要分别加大对食品市场不正当竞争、传销、商标侵权、虚假广告违法行为的查处力度。纪检、监察机构要对食品市场监管执法工作进行行政监察。要将食品安全日常监管责任落实到基层,按照划片分段、责任到人的要求,把监管任务落实到工商所每一名执法人员。要严格责任追究制度,发生食品安全监管责任问题的,要依据有关法律、法规和规定严肃追究相关单位和人员的责任。

(三)协作配合,形成工作合力。

各级工商行政管理机关食品安全监管机构和其他相关职能机构在工作中既要坚持各司其职,各负其责,又要加强内部间的相互配合,分工协作,形成合力。要加强区域间、地区间以及与卫生、农业、质检、公安、商务和食品药品监管等部门之间的协作配合,优势互补,信息互通,不断提高监管执法的整体合力。要密切与新闻媒体的联系,加大宣传工作力度,强化对食品安全整顿工作的舆论引导和监督。

(四)强化督导,狠抓检查落实。

各级工商机关要加强对各项工作的督查督办，一级抓一级，层层抓落实。要切实改进工作作风，各级工商行政管理机关领导干部和职能机构都要深入执法监管第一线，认真调查研究，了解一线情况，解决实际问题，有针对性地加强指导、督促和检查。要把组织领导、工作任务、工作措施、工作责任、人员力量和经费保障等逐项落到实处，确保各项工作取得实实在在的成效。省局将适时组织对食品安全整顿工作进行督查。

# 云南省工商行政管理局关于进一步做好家电下乡中商品质量监管工作的通知

云工商消字〔2009〕15 号

各州、市工商行政管理机局：

家电下乡既是一项重要的惠农政策，也是扩大农村消费、拉动内需的重要举措。根据《财政部关于关于开展2009年“家电下乡宣传月”活动的通知》（财明电〔2009〕9 号）等有关文件的精神，为进一步做好家电下乡中商品质量监管工作，严厉打击制售假冒伪劣商品违法行为，切实保护农民消费者合法权益，推进社会主义新农村建设，现就有关问题通知如下：

**一、提高思想认识、加强组织领导**

各州（市）工商局要从促进农村改革发展和构建和谐社会的高度，进一步增强政治意识、大局意识、责任意识，本着对党和人民高度负责的态度，切实把家电下乡中商品质量监管工作当作一项重要任务来抓，要在当地政府的领导下，按照工商部门职能，广泛开展对“家电下乡”的宣传工作，层层分解任务，认真负责地做好“家电下乡”中的商品质量监管工作。

**二、充分发挥职能，加强下乡家电商品质量监管**

一是在市场准入方面要依法查处无照经营行为，依法取缔无照经营活动，进一步规范市场主体；二是在家电质量方面，要重点查处三无产品、商标标识标注的内容与实物不相符行为、傍名牌行为、对质量作引人误解的虚假宣传行为；三是严格执行家电下乡商品索票索证制度，建立购销台账制度，严把商品准入关，杜绝假冒伪劣家电流入市场；四是重点检查下乡家电来源是否合法、质量是否合格、售后服务是否到位，确保农村家电市场规范有序。

**三、加大案件查办力度，严厉打击以送货下乡名义经销假冒伪劣商品的违法行为**

各地要加大对经销家用电器违法经营案件的查办力度。通过市场巡查、媒体披露、举报、投诉等途径深挖大要案件，严查违法经营行为。严厉查处不法商家借送货下乡之机销售拼装、改装、旧货翻新等假冒伪劣商品的行为。同时，要加强涉及家电下乡案件的督查督办，大要案件要挂牌督办，限期办结，对涉嫌犯罪的，严格按照规定及时移送司法机关依法处理。要规范执法行为，严肃执法纪律，既有效惩处违法行为，又依法保障经营者合法利益，促进家电下乡商品的正常流通，确保农民利益不受侵害。

**四、加大宣传力度，搞好部门协调**

为营造良好的农村家电下乡市场监管环境，各州（市）工商局要充分利用新闻媒体、广播、宣传单、告示栏等多种手段，积极宣传国家方针政策及有关监管法律法规，曝光典型案例。同时要充分发挥12315申诉举报网络及“一会两站”的作用，帮助农民消费者提高自我保护意识，增强识假辨假和消费维权能力。加强信息沟通，形成执法合力，实施有效监管，严查违法行为，共同做好家电下乡宣传和商品质量监管工作。

二〇〇九年六月二十二日

# 云南省工商行政管理局关于开展建材市场专项执法检查行动的通知

云工商消字〔2009〕16 号

各州、市工商行政管理局：

按照国家质检总局和国家工商总局等九部门《关于深入开展2009年全国建材市场秩序专项整治工作的通知》（国质检执联〔2009〕181 号）和关于印发《“清新居室”专项执法检查行动方案》的通知（国质检执联〔2009〕236 号）要求，自即日起至2009年10月10日联合开展“清新居室”专项执法检查行动。在专项执法检查行动中，工商部门负责对市场销售的建筑材料和室内装饰装修材料组织开展执法检查，现将有关工作通知如下：

**一、指导思想**

以科学发展观为指导，严格市场准入，严厉打击销售假冒伪劣建筑材料和室内装饰装修材料违法行为，督促经营企业认真履行产品质量主体责任，加强自律，实现建筑材料和室内装饰装修材料全程监管，建立健全质量追溯和责任追究体系，切实保障广大人民群众身体健康和生命财产安全。

**二、检查重点**

此次专项执法检查行动主要检查的两个方面：一是以木家具（包括办公家具）、胶粘剂、内墙乳胶漆、溶剂型木器漆、人造板、木地板、纸面石膏板、防火板等为重点商品；二是以销售无生产许可证生产的热轧带肋钢筋、人造板、建筑扣件等建材产品为重点。各地应当根据本地实际，对销售水泥及水泥制品、耐火砖、建筑卫生陶瓷及五金件、建筑用低压电器和电线电缆、铝型材、防水卷材、塑料管材、保温材料等加强日常执法检查。检查的重点区域主要是销售建筑材料和室内装饰装修材料的交易市场和经营门店，特别是消费者反映问题较多的建材批发、零售市场和农村、城乡结合部销售建筑材料和室内装饰装修材料的商店。

**三、工作措施**

（一）加大经营主体资格清理力度，取缔无照经营建筑材料和室内装饰装修材料行为。全省各级工商机关要加大经营主体资格清理力度，查处无照经营建筑材料和室内装饰装修材料的行为，特别是对送建筑材料和室内装饰装修材料到农村的无照经营行为从严查处，维护农民的合法权益。

（二）推行索证索票制度和进销货台账制度，建立长效监管机制。结合十类重点商品索证索票制度和进销货台账制度的全面推开，加强经营者自律，建立建筑材料和室内装饰装修材料长效监管机制。对销售建筑材料和室内装饰装修材料的经营户要求索取《工业产品生产许可证》和《检验报告书》复印件，对没有《工业产品生产许可证》的产品按照《中华人民共和国工业产品生产许可证管理条例》进行处理，对不能提供《检验报告书》复印件的按照《国务院关于加强食品等产品安全监督管理的特别规定》进行处理，防止假冒伪劣建筑材料和室内装饰装修材料进入市场，保护广大消费者合法权益。

**四、工作要求**

（一）加强领导、密切配合。各地要及时向当地政府汇报专项执法检查行动的开展情况，在政府的统一领导下开展工作。加强与质监、建设部门的协调配合，健全部门间分工协作、责任明确、高效互动的合作机制，切实做到领导到位、责任到位、措施到位、工作到位。

（二）依法行政，严格执法。要严格依法查处各类违法行为，涉及其他部门的要及时移送相关部门查处；对涉嫌犯罪的案件，要及时移送公安机关，杜绝以罚代刑、罚过放行；对行动中发现的重要情况要及时向当地政府和上级部门汇报。

（三）强化督查，狠抓落实。各地要强化督促检查措施，防止重部署轻督查，建立健全督查制度，把此项工作抓到实处，抓出实效。

（四）及时报送工作总结和统计信息。各地工商机关要于2009年10月15前将工作总结和报表上报省局消保处，大案要案情况随时报送。

二〇〇九年六月十八日

## 云南省工商行政管理局转发国家工商总局关于深入开展家电下乡汽车摩托车下乡市场专项整治工作的文件的通知

云工商消字〔2009〕17号

各州、市工商行政管理局：

为认真贯彻落实国务院领导重要批示、指示精神，进一步加强“家电下乡”、“汽车摩托车下乡”市场监管，切实保护农村消费者合法权益，积极促进经济平稳较快增长，现将国家工商总局《关于深入开展“家电下乡”、“汽车摩托车下乡”市场专项整治工作的通知》（工商明电〔2009〕27号）全文转发你们，请你们接到通知后，充分认识深入开展专项整治工作的重要性，按要求加强组织领导，切实抓好检查落实，迅速开展“家电下乡”、“汽车摩托车下乡”市场专项整治工作。

各州、市工商局要于每月15日前，将“家电下乡”、“汽车摩托车下乡”市场专项整治工作统计表以及典型案例报送省局消费者权益保护处，并于9月15日前、12月15日前书面分别报送本地区专项整治工作阶段小结和年度总结。遇有重大情况，及时报告当地政府和省局。

附件：国家工商行政管理总局关于深入开展“家电下乡”、“汽车摩托车下乡”市场专项整治工作的通知

## 国家工商行政管理总局关于深入开展“家电下乡”、“汽车摩托车下乡”市场专项整治工作的通知

工商明电〔2009〕27号

各省、自治区、直辖市及计划单列市、副省级市工商行政管理局：

今年以来，各级工商行政管理机关认真贯彻党中央、国务院的总体部署，深入开展“质量和安全年”活动，按照“保增长、保民生、保稳定”的要求，全面落实全国工商行政管理工作会议精神和总局部署，围绕“家电下乡”、“汽车摩托车下乡”产品等重点商品，扎实开展农村商品市场专项执法检查，取得了明显的阶段性成效。为了认真贯彻落实国务院领导重要批示、指示精神，进一步加强“家电下乡”、“汽车摩托车下乡”市场监管，切实保护农村消费者合法权益，积极促进经济平稳较快增长，现就全国工商系统深入开展“家电下乡”、“汽车摩托车下乡”市场专项整治工作有关问题通知如下：

**一、充分认识深入开展“家电下乡”、“汽车摩托车下乡”市场专项整治工作的重要性，切实增强责任感和紧迫感**

“家电下乡”、“汽车摩托车下乡”是中央应对国际金融危机，增强消费信心，扩大内需的一项重要举措，对于改善民生，促进经济平稳较快增长意义重大。党中央、国务院领导高度重视“家电下乡”、“汽车摩托车下乡”工作，多次作出重要批示、指示，提出明确要求。各级工商行政管理机关要充分认识深入开展“家电下乡”、“汽车摩托车下乡”市场专项整治，对于确保支农惠农政策的落实和扩内需、保增长措施深入贯彻的极端重要性，切实把思想统一到党中央、国务院的决策和部署上来，深入贯彻党的十七大、十七届三中全会和中央经济工作会议精神，从全面落实科学发展观和维护社会和谐稳定的高度，进一步增强责任感和紧迫感，强化大局意识和服务意识，深入开展“质量和安全年”活动和农村商品市场专项整治工作，采取针对性更强、更有力的措施，切实维护“家电下乡”、“汽车摩托车下乡”市场秩序，保障农村商品市场消费安全，促进社会和谐稳定和经济平稳较快发展。

**二、深入开展“家电下乡”、“汽车摩托车下乡”市场专项整治工作，切实维护农村商品市场秩序**

各地要在前一阶段工作的基础上，强化对家电、汽车、摩托车市场的监管，特别是针对假借“家电下乡”、“汽车摩托车下乡”名义销售不合格和假冒伪劣商品、虚假宣传、不正当竞争等违法行为，突出重点区域，重点场所，深入开展专项执法检查，严厉打击各类违法经营行为，切实维护“家电下乡”、“汽车摩托车下乡”市场秩序。

（一）强化对家电、汽车、摩托车等产品下乡活动定点销售网点的管理，切实规范家电、汽车、摩托车等下乡产品的经营行为。各地工商行政管理机关要掌握辖区内在商务部门备案的“家电下乡”、“汽车摩托车下乡”中标销售企业及其所属销售网点名录，对家电、汽车、

摩托车等产品经营主体进行全面排查，严防非销售网点违反规定销售“家电下乡”、“汽车摩托车下乡”产品。要积极配合相关部门加强对“家电下乡”、“汽车摩托车下乡”产品质量的监管，监督中标销售企业及其所属网点切实履行进货查验义务，审验“家电下乡”、“汽车摩托车下乡”产品标识卡及号码，确保产品来源合法、质量合格，杜绝不合格和假冒伪劣商品进入“家电下乡”、“汽车摩托车下乡”流通体系，要加强对中标销售企业及销售网点经营行为的监督检查。积极配合相关部门指导中标销售企业及销售网点完善管理措施，增强网点销售服务功能，严格履行流通企业承诺、“三包”规定和及时提供汽车保养、维修等服务。

（二）加强对家电、汽车等商品二手市场的监管，切实维护旧家电、旧汽车摩托车等商品市场秩序。要按照国家鼓励和支持家电、汽车摩托车等“以旧换新”政策的实施要求，积极配合相关部门加强对“以旧换新”活动的监管，严防回收的旧家电，旧汽车摩托车改头换面非法流入市场。要加强对旧家电、旧汽车摩托车交易市场的监督检查，严格规范市场的主体资格和经营行为，会同相关部门指导交易市场严格管理，加强自律，依法维护旧家电、旧汽车摩托车市场交易秩序。

（三）严厉打击以“家电下乡”、“汽车摩托车下乡”名义销售不合格和假冒伪劣商品等违法行为，切实保障农村商品市场消费安全。要加强对家电、汽车、摩托车等商品市场经营主体资格、商品质量和经营行为的监管，依法查处取缔无照经营行为，严厉查处打着“家电下乡”、“汽车摩托车下乡”旗号制售假冒伪劣商品、销售不合格商品和以次充好、以假充真等违法行为以及利用“家电下乡”、“汽车摩托车下乡”名义实施垄断、商业贿赂、虚假表示、虚假宣传、虚假广告、不正当有奖销售、强行搭售、假冒注册商标、冒用他人企业名称和仿冒知名商品特有的名称、包装、装潢等违法行为。

（四）强化农村商品市场日常监管，切实维护农村商品市场秩序。各地要围绕家用电器，建材、装饰材料、农资等商品，突出重点环节、重点区域和重点经营户，加强农村商品市场监管。要严把农村商品市场主体准入关，按照法定条件和程序，严格农村市场主体准入。要加强农村商品市场交易行为的监管，依法监督农村商品销售者建立并执行进货检查验收制度，严格审验供货商经营资格，验明商品合格证明和标识，引导建立和完善商品质量承诺、不合格商品退市等自律制度。要强化对农村市场商品质量的日常巡查，严格检查商品的标识、生产日期、安全使用日期或者失效日期和质量合格证明文件，依法监督经营者及时退市不合格商品。要强化信用分类监管，完善监管档案，加强对信用监管数据的统计分析，切实提高日常巡查的针对性和有效性。要深入推进农村市场商品质量准入制度改革，完善各项监管制度，努力构建农村商品市场监管长效机制，提高监管执法水平。

（五）加大案件查办力度，切实依法打击违法经营行为和违法犯罪活动。各地要突出重点区域，重点场所和重点经营者，加强案件排查、区域协办和督查督办工作，加大案件查办力度，及时发现和依法惩处各类违法行为。要严格办案程序，规范执法行为，严肃执法纪律，大要案件要挂牌督办，领导包案，限期办结。要严格案件移送制度，对监督检查中发现的违法经营行为和查办的违法案件，凡涉嫌触犯刑律的，要严格按照规定及时移送公安机关依法处理。各地要积极配合公安部门严厉打击假借“家电下乡”、“汽车摩托车下乡”名义从事的违法犯罪活动。

**三、加大社会监督和消费维权工作力度，切实保护消费者合法权益**

各地要在开展专项整治工作中，扩大社会监督，及时受理和处理消费者与广大群众的咨询、申诉和举报，充分发挥12315行政执法体系“四个平台”的作用，加强消费教育和消费引导，加大消费维权工作力度，切实保障广大农民消费者的合法权益。

（一）充分发挥12315消费者申诉举报网络和“一会两站”的作用，及时受理和处理消费者有关“家电下乡”、“汽车摩托车下乡”的咨询、申诉和举报。要依法受理和按程序处理“家电下乡”、“汽车摩托车下乡”活动中的商品消费纠纷，做到件件有着落，事事有回音，要强化对相关咨询、申诉和举报信息的综合分析，掌握市场消费动态情况，并及时报告当地政府或通报有关职能部门，有针对性地提出意见和建议，为政府和有关部门完善相关政策措施和跟踪监管提供参考和信息。

（二）充分发挥12315行政执法体系“四个平台”的作用，健全农村商品市场消费维权体系。要积极完善12315信息化网络体系，大力推进“一会两站”建设和12315进商场，进超市，进市场、进企业、进学校工作，扩大城乡覆盖面，进一步畅通农民消费者申诉举报渠道，积极完善社会消费维权组织网络、执法监督机制以及指挥调度、快速处置和分析发布机制，不断健全家电、汽车、摩托车等商品市场消费维权体系。

（三）认真开展消费教育和消费引导，切实加强部门配合协作和宣传工作。要配合商务等部门及时公布“家电下乡”、“汽车摩托车下乡”中标产品型号、中标销售企业及其所属销售网点名单；广泛宣传和普及“家电下乡”、“汽车摩托车下乡”政策以及家电、汽车、摩托车等商品消费知识，帮助理解和掌握有关政策、法规和操作程序，提高农民消费者购买“家电下乡”、“汽车摩托车下乡”产品的积极性和依法维权意识与能力。配合工业主管、商务等部门引导家电、汽车、摩托车等产品经营者建立健全进货查验、不合格商品退市、商品质量承诺等制度，提升其诚信守法意识与自律能力。同时，要采取多种方式，广泛宣传“家电下乡”、“汽车摩托车下乡”市场专项整治工作，正面引导，曝光典型案件，努力营造良好的舆论氛围和社会环境。

**四、加强组织领导，切实抓好检查落实**

各地要在当地政府的统一领导下，切实加强对“家电下乡”、“汽车摩托车下乡”市场专项整治工作的组织领导，严格责任制和责任追究制，密切协作配合，狠抓督促检查，确保各项工作落实到位。

(一)加强组织领导,精心组织实施。各地要坚持一把手亲自抓,主管领导具体抓,各内设机构按职责分工协作抓,形成齐抓共管的工作格局。要结合实际,及时制定整治工作方案,明确阶段目标和任务分工,层层安排部署,精心组织实施,切实抓紧、抓好,抓出新成效。

(二)严格责任制和责任追究制,强化分类指导。要强化专项整治工作的属地领导责任制,职能机构检查指导责任制、工商所辖区岗位责任制。消费者权益保护机构要认真履行牵头协调职责,市场管理、竞争执法、广告管理等机构按照各自职能分工负责,密切协作配合,切实加强市场监管;竞争执法机构牵头协调和配合公安机关严厉打击借"家电下乡"、"汽车摩托车下乡"名义从事的违法犯罪活动。工商机关各内设机构要按照职能分工,切实负责,加强检查和分类指导,扎实推进"家电下乡"、"汽车摩托车下乡"市场专项整治工作深入开展。

(三)强化部门协作,狠抓检查落实。"家电下乡"、"汽车摩托车下乡"市场监管政策性强,涉及部门多。各地要在当地政府的统一领导下,切实加强与商务、工业主管、质检、公安等部门的沟通协作,加强信息通报,积极配合相关部门依法开展"家电下乡"、"汽车摩托车下乡"监管工作,组织开展联合执法检查,充分发挥整体优势,形成监管合力。要采取重点督查、专项督查、交叉检查、明查暗访等方式,强化督查指导,各级领导干部要深入基层,靠前指挥,一级抓一级,层层抓落实。

总局将适时组织开展专项督查,及时总结各地经验,有针对性地指导专项整治工作。

各省、自治区、直辖市工商局要于每月20日前,将"家电下乡"、"汽车摩托车下乡"市场专项整治工作统计表(见附件)以及典型案例报送总局消费者权益保护局,并于9月20日前、12月20日前书面分别报送本地区专项整治工作阶段小结和年度总结。遇有重大情况,及时报告当地政府和总局。

二○○九年七月六日

# 云南省工商行政管理局关于做好对违法行为人警示与疏导工作的实施意见

云工商公字〔2009〕2号

各州、市工商行政管理局:

为全面贯彻落实全国、全省工商行政管理工作会议精神,更好地完成省局提出的2009年六项重点工作中关于"建立和维护公平公正的市场秩序,加大监管执法力度,在查处经济违法案件中,坚持事前预警告诫、事中纠正制止、事后教育规范,营造良好的市场环境"的要求,现就工商行政管理机关在行政执法办案中,如何做好对违法行为人警示与疏导工作提出如下实施意见:

**一、指导思想**

全省各级工商行政管理机关在查处经济违法案件中,要以邓小平理论和"三个代表"为指导,全面贯彻科学发展观,认真落实"四个统一",以实现"四化建设"为抓手、以提高科学监管、促进科学发展为核心,以转变执法理念、服务经济发展为重点,按照"加强监管,重在预防,违法必纠,惩戒结合"的要求,进一步解放思想,更新观念,依法履行职责,提高执法水平,促进经济发展,构建社会和谐。

**二、目标任务**

在查处经济违法案件中,通过对违法行为人"事前预警告诫、事中纠正制止、事后教育规范",将全省各级工商行政管理机关行政执法标准从"合法"的最低要求上升到"合法、合理、合情"三者有机统一的高度,使所办案件公平公正、过罚相当、宽严适度,达到处罚与教育相结合的目的。

**三、工作内容**

全省各级工商行政管理机关通过市场巡查、群众举报或者上级交办等的各类经济违法案件,要按照省局提出的"事前预警告诫、事中纠正制止、事后教育规范"的要求来开展工作。

(一)事前预警告诫,推行行政指导。

对违法行为轻微尚未造成危害后果的,采取口头告诫或送达《限期纠正通知书》等形式,告知违法行为人违法事实,责令限期纠正。

对于上述违法行为轻微并及时纠正、没有造成危害后果的,工商行政管理机关不予行政处罚。

(二)事中纠正制止,推行阳光执法。

对于进入行政处罚程序的案件,要针对违法行为人的主观意图、违法情节以及后果,正确使用自由裁量权。对主观无意、情节轻微尚未造成严重危害,并积极主动纠正违法行为的,可以依法从轻或减轻处罚;对于危害人民群众身体健康和生命安全、破坏社会公共安全和社会主义市场经济秩序等的经济违法案件,必须依法严厉查处。

全省各级工商行政管理机关要积极推行阳光执法和说理办案,严格执行国家工商总局《关于工商行政管理机关正确行使行政处罚自由裁量权的指导意见》的有关要求。在行政处罚文书中,对不予处罚、减轻处罚、从轻处罚或从重处罚的,要进行表述,并说明理由。在案件核审过程中,核审机构应当加强审查,防止重责轻罚、轻责重罚或者同案不同罚等情况发生。

(三)事后教育规范,坚持案件回访。

全省各级工商行政管理机关在结案后,要针对违法行为人行业特点和违法性质,进行法律法规教育和宣传,使违法行为人做到知法、懂法、守法,避免违法行为人在生产经营中"重蹈覆辙"。要建立健全案件回访制度,实行2次回访(第1次由案件承办部门回访,第2次由法制部门回访)。通过回访,指导帮助违法行为人树立守法经营理念,完善内部经营管理制度,诚实守信,合法经营,并对案件承办部门是否依法行政、文明执法进行检验。

**四、责任分解**

(一)责任处室。

公平交易处:一是起草《关于做好对违法行为人警示与疏导工作的实施意见》;二是督促协办处室完成相关工作;三是对各州、市工商局贯彻落实《实施意见》的情况监督检查;四是对全省工商系统公平交易(经济检查)执法机构查处经济违法案件进行督导;五是对全省工商系统公平交易(经济检查)执法机构执法情况进行统计和分析。

(二)协办处室。

法制处:一是负责工商行政管理法律知识教育培训;二是负责对行政执法办案中执行法律法规的情况进行监督检查;三是负责对执法办案进行回访。

人教处:负责工商行政管理机关行政执法人员队伍建设和教育培训。

企业监管处:负责指导、协调对违反登记管理法律法规规章的经济违法案件的查处。

企业注册处:负责市场主体准入事前告知。

市场处:负责对商品交易市场经济违法案件和合同违法行为的查处与督导。

广告处:负责分级、对口的广告案件查处与督导。

消保处:负责流通环节食品安全违法案件、商品质量违法案件和侵害消费者合法权益行为的查处与督导。

商标处:负责商标侵权案件的查处与督导。

监察室:负责对执法办案中的廉政风险点进行监督管理。

信息中心:一是负责对行政执法网络管理系统提供技术支持;二是负责为案件承办部门调查取证提供技术支持。

**五、工作措施**

(一)加强学习培训,提高执法水平。

为了不断提高执法办案人员素质和水平,各级工商机关要结合工作实际,建立执法办案人员学习制度,强化法律法规培训。要以执法办案能手竞赛考评活动为契机,制定法律法规培训计划,通过自学和集中研讨等方法,使执法办案人员熟练掌握相关法律法规知识。要注意收集整理一批具有典型意义的行政处罚案件,进行以案说法,指导帮助执法办案人员依法行政,正确行使行政处罚自由裁量权。

(二)加强案卷评查,实现奖罚分明。

加强对案件的评查、评议、考核工作。省局将对州、市工商局,州、市工商局将对县、市、区工商局所办案件,由同级法制部门牵头,组织人员进行评查、评议、考核。发现定性错误、违反程序或者重责轻罚、轻责重罚等情况的,要按照行政执法过错责任追究的有关规定,进行问责。对事实清楚、证据确凿、适用依据正确、定性准确、处罚适当、程序合法的,要予以表彰奖励。

(三)认真总结分析,及时上报材料。

各州、市工商局要高度重视,加强领导,结合工作实际,制定切实可行的实施方案,务必抓出成效,努力营造公平公正、规范有序、诚信和谐的市场竞争环境,促进经济平稳较快发展。要认真总结开展此项工作好的经验和做法,及时上报省局,以便在全省工商系统学习推广。

二○○九年三月十六日

## 云南省工商行政管理局关于印发2009年度开展打击傍名牌不正当竞争行为专项执法行动实施方案的通知

云工商公字〔2009〕9号

各州、市工商行政管理局:

为认真贯彻落实全省工商行政管理工作会议精神,省局决定,今年在全省范围内集中开展一次打击“傍名牌”不正当竞争行为的专项执法行动。现将实施方案印发你们,请结合实际,认真贯彻执行。

二○○九年四月二十九日

## 2009年度开展打击“傍名牌”不正当竞争行为专项执法行动实施方案

为认真贯彻落实全省工商行政管理工作会议精神,严厉打击“傍名牌”不正当竞争行为,维护公平竞争的市场秩序,保护经营者和广大消费者的合法权益,结合我省实际,特制定此实施方案。

**一、专项执法行动的时间安排与具体工作步骤**

(一)时间安排:从2009年5月5日~6月30日。

(二)具体工作步骤:分三个阶段进行。

1. 宣传发动、调查摸底阶段(5月5~15日):一是加强与新闻媒体的协作,采取多种形式,大力宣传商标法律和知识,增强企业和全社会的商标意识,服务和支持企业实施商标品牌战略;二是开展调查摸底工作,各州、市要认真履行辖区管理职责,对是否“傍名牌”情况进行摸底排查,明确查处对象和重点,做好驰、著名商标专用权保护的基础性工作。

2. 集中力量、依法查处阶段(5月16日~6月20日):根据第一阶段确定的查处对象和重点,查处侵犯驰名、著名商标、涉外、涉台商标案件,打击非法印制和销售侵权假冒商标标识的行为,严厉打击仿冒知名商品特有的名称、包装、装潢的行为。

3. 巩固成果、总结上报阶段(6月21~30日)。各州、市工商局要对本辖区内开展专项执法行动取得的成果进行巩固,认真研究、解决专项执法行动中遇到的问题,提出改进措施,并将开展专项执法行动情况进行总结上报。

**二、执法重点**

各级工商行政管理机关要重点查处擅自将他人的知名字号或商标作为自己的字号申请登记企业名称,并以多种方式在市场上使用,制造市场误认、混淆的不正当竞争行为(简称“傍名牌”行为);对同时存在仿冒知名商品特有的名称、包装、装潢、侵犯商业秘密等其他侵犯权利人知识产权的行为一并调查处理。各地可根据实际情况确定本地区重点查处的“傍名牌”案件。

一是对突出、放大使用企业名称中的字号,构成假冒他人注册商标,侵犯他人注册商标专用权的,依照《反不正当竞争法》第五条第(一)项或者《商标法》第五十二条的规定认定处理。

二是对简化使用企业名称,构成对商品的产地、生产者等作引人误解的虚假表示或虚假宣传的,依照《反不正当竞争法》第五条第(四)项或第九条的规定认定处理。

三是对企业名称(包括在中国境内进行商业使用的外国或者地区企业名称)中使用他人具有一定的市场知名度、为相关公众所知悉的企业名称中的字号,引人误认为是他人的商品的,依照《反不正当竞争法》第五条第(三)项的规定认定处理。

四是对"知名商品"、"特有的名称、包装、装潢"的认定,参照《最高人民法院关于审理不正当竞争民事案件应用法律若干问题的解释》的相关规定执行。

**三、执法要求**

一是要统一思想,提高认识。"傍名牌"行为的目的是要借助他人的知名字号或商标的市场信誉,通过搭便车,制造市场误认,造成消费者的混淆,争取交易机会,违反公平的市场交易秩序,严重损害经营者和消费者的合法权益。近年来,不少企业深受"傍名牌"不法行为侵权之苦,也有少数企业有"傍名牌"的违法行为之嫌。值得注意的是,我省制、售仿冒假冒驰名、著名商标和涉外高知名度商标的违法行为时有发生,因此,各执法办案单位要深刻认识到"傍名牌"行为的性质和社会危害性,要高度重视打击"傍名牌"不正当竞争行为,统一思想,坚决进行查处,把专项执法行动作为贯彻落实省委、省政府的品牌战略的实际行动,作为改善投资环境、树立我省良好形象、推进我省经济健康有序发展阶段的重要举措,认真部署,抓紧抓好,抓出成效。

二是要突出重点,强化力度。专项执法行动要突出重点,加大执法办案力度。要结合辖区实际,确定查处重点,加大执法办案力度,对具有多次实施违法行为、数额巨大、危害人体健康和生命安全,或造成恶劣影响等情节严重的当事人,除依法予以经济处罚外,还应依法责令停业整顿,直至吊销营业执照。对构成犯罪的案件,要及时移送司法机关追究刑事责任。要重视对"串案"、"窝案"的查办工作,在调查取证时做到深挖细查,查清违法物资的来龙去脉,对当事人属于生产厂家的,要查清销售对象和销售区域;对属于批发经销的,要查清来源、销售对象及销售区域;对属于零售的,要查清来源。执法办案部门应把查证违法物资来源和去向的证据作为结案的重要前提,以杜绝重案轻办、办案不彻底或办半截子案的问题。对"傍名牌"违法企业的商业贿赂行为,要顺藤摸瓜,深挖细查,发现一起,查处一起,不断推进商业贿赂专项治理工作深入发展,以增强查处的威慑力,达到标本兼治之目的。

三是要依法行政,准确适用法律法规。各执法办案部门在查办案件过程中,要严格依照《反不正当竞争法》、《商标法》、《云南省反不正当竞争条例》、《企业名称登记管理规定》等有关法律法规,参照《最高人民法院关于审理不正当竞争民事案件应用法律若干问题的解释》的相关规定,依法调查处理。

四是沟通协作,及时反馈。要强化工商行政管理机关的整体职能优势,加强沟通协作、上下联动、信息共享,发挥整体职能作用。在查办案件过程中遇到的重大或疑难问题要及时请示汇报,对违法物资的来源或去向不在本辖区或跨辖区的案件,办案部门应及时向省局公平交易处联系。对省局转办、督办的案件,要逐件查处落实,并将查处结果书面报市省局。

**四、督查检查**

省局将在专项执法行动开展以及案件的查办情况进行适时检查和督查。各州、市工商局须于2009年7月5日前,将专项执法行动开展的情况(附典型案例)、遇到的困难、存在的问题以及下一步工作的意见、建议,形成书面材料和电子文档上报省局公平交易处。

## 云南省工商行政管理局转发国家工商行政管理总局关于开展直销专项检查工作文件的通知

云工商公字〔2009〕15号

各州、市工商行政管理局:

现将国家工商行政管理总局《关于开展直销专项检查工作的通知》(工商直字〔2009〕143号)(以下简称"通知")转发给你们,请认真贯彻执行。

为贯彻执行好总局"通知"精神,认真开展我省直销专项检查工作,省局对相关事项作出补充通知如下,请一并贯彻执行。

**一、时间安排**

2009年8月10日~9月20日

**二、工作方法**

按照属地管理的原则开展检查工作。直销企业省级分支机构的经营活动由省工商局负责检查,同时要求直销企业省级分支机构对其经营活动地区开展自查和配合当地工商机关的检查。各地工商行政管理机关负责本辖区内直销企业网点经营活动的检查,要求辖区内直销企业网点、分支机构开展自查和配合当地工商行政管理机关的检查。

**二、具体工作步骤**

(一)准备阶段(8月10~15日)。各州、市工商行政管理局要结合本地直销市场的情况和打击传销专项行动的安排,制定具体工作方案,抓紧、抓实各阶段的检查工作。

(二)企业自查阶段(8月16~25日)。直销企业各级分支机构及网点,要按照总局、省局、州(市)局的通知和当地工商行政管理机关的要求进行自查自纠。直销企业在自查工作结束后,要分级向管辖地区工商行政管理机关报送自查及整改情况的书面报告。

(三)工商行政管理机关检查阶段(8月26日~9月15日)。各级工商行政管理机关按照"通知"的要求,结合日常掌握了解的情况、投诉举报的线索和企业报送的情况,开展检查工作。

(四)总结巩固阶段(9月16~20日)。各地工商行政管理机关结合检查情况,及时总结经验,建立健全监管长效机制,完善监管措施,巩固检查成果。

各州、市工商行政管理局的检查工作总结、典型案例,请于2009年9月25日前报送省局公平交易处。自查报告、工作总结同时以书面及电子邮件的形式上报。

附件:关于开展直销专项检查工作的通知

二〇〇九年八月六日

# 国家工商行政管理总局关于开展直销专项检查工作的通知

工商直字〔2009〕143号

各省、自治区、直辖市工商行政管理局：

为贯彻落实国家工商行政管理总局《关于积极应对新形势新要求进一步加强打击传销规范直销工作的意见》精神，进一步加大直销监管力度，确保直销市场健康有序，针对目前直销活动中存在的问题，国家工商行政管理总局决定，从7月20日～9月20日，用两个月的时间，在全国范围内开展直销专项检查工作。现将有关事项通知如下：

**一、检查目的**

通过检查直销企业、直销员及其直销活动，依法查处违规直销、传销等违法行为，维护直销市场秩序；通过开展宣传教育活动，切实提高广大人民群众识别直销与传销的能力，切实提高直销员守法经营的意识，规范直销员队伍，督促直销企业加强管理，严格自律，努力营造规范、健康、有序的直销市场环境。

**二、检查内容**

按照《直销管理条例》的规定，对直销企业及其分支机构的设立和变更，直销企业的招募和培训，直销企业和直销员的直销活动，直销企业建立换货、退货制度及建立信息报备和披露制度等情况进行检查。

（一）依法检查直销企业主体登记等情况。检查直销企业及其分支机构是否依法设立和变更；检查直销企业有无超出直销产品范围从事直销经营活动；检查直销企业的计酬制度有无违反规定，是否建立并实行完善的换货和退货制度；检查直销企业是否依照有关规定进行信息报备和披露。

（二）依法检查直销员情况。检查直销企业及其分支机构有无违反规定招募直销员，其服务网点、经销商、销售人员、直销员等是否有招募直销员的违法行为；检查有无未取得直销员证的人员从事直销活动。

（三）依法检查直销培训考试活动。检查直销企业进行直销员业务培训有无违反规定；检查培训主体、授课人员是否为直销企业、直销培训员；培训场所、授课内容、考试活动是否符合法规规章的规定；直销企业是否履行培训考试计划事先披露、年度培训考试情况报备、授课内容记录及考试试卷保存等规定，是否存在收费培训考试、未经培训考试颁发直销员证等违法行为。

（四）依法检查直销宣传活动。检查直销企业及其直销员有无欺骗、误导等宣传和推销行为；检查直销企业是否存在发布宣传直销员报酬广告，是否存在对企业产品进行夸大虚假宣传，以及宣扬直销员以往的收入情况、宣扬大多数参与者将获得成功的行为。

（五）依法查处直销企业、直销员违规直销行为，严肃查处非直销企业及个人擅自直销行为，严厉打击打着"直销"、"特许经营"、"连锁销售"等旗号，从事传销的行为。

**三、检查措施**

（一）开展排查摸底，掌握基本情况。

各地工商行政管理机关要结合本地直销市场和日常监管情况，认真组织力量，全面掌握直销企业、分支机构、服务网点、直销员及店铺（包括经销商、专卖店）的基本情况。要充分发挥高科技手段，依托直销监管信息系统，对直销企业报备披露信息开展网上监管。从中排查存在的问题和案件线索，确定检查重点和检查方式。

（二）加强行政指导，要求企业自查。

各省、自治区、直辖市工商行政管理机关要及时通知辖区内直销企业或其分支机构对照检查内容逐项自查。要切实发挥行政指导作用，指导企业做好自查工作。自查时，要求企业深刻认识查出的问题，追根溯源，举一反三，及时纠正，认真整改。同时积极引导企业建立科学的事前审核、发证核对、违规清退的直销员招募制度，促进企业严格自律、规范经营。自查工作结束后，直销企业及其分支机构要将有关情况通过省（自治区、直辖市）工商行政管理机关报送总局直销监督管理局。

（三）加大规范力度，查处违规行为。

各地工商行政管理机关要根据排查梳理情况、企业自查情况及举报投诉线索，依法查处各种违规行为。对检查中发现违规招募的直销员，尤其是招募在校大学生从事直销的，责令企业撤销其直销员资格，并依法追究有关人员或企业的责任。严肃查处以产品推介会、研讨会等形式变相组织直销培训的行为。对直销企业自查中隐瞒不报重大问题的，经提醒告诫后仍不采取纠正措施的，以及多次出现问题、情节严重、影响恶劣的，依法从严查处。对打着直销等旗号从事传销活动的，坚决予以取缔。处罚结果要记录在案，存入企业信用档案，录入规范直销信息系统，逐级上报上级工商行政管理机关。

（四）加大宣传力度，提高群众识别能力。

在开展直销专项检查的同时，各地还应正确开展宣传教育活动。通过报纸、网络、电视台、广播电台等多种媒体，运用多种方式，对直销的概念、许可审批、直销地域、直销招募、培训、信息披露、退换货和禁止传销等有关法律法规进行广泛宣传，引导广大群众认清合法直销与传销的区别，增强对直销经营的理性认识，同时切实提高直销企业和直销员守法经营的意识。

（五）加强长效监管制度建设，创新监管方式。

专项检查工作期间，各地要及时掌握新情况，分析新问题，认真总结工作经验，注意将好的经验做法提炼为制度，运用到日常监管工作中去。要不断探索监管机制，创新监管方式，逐步建立健全"政府监管、企业自律、社会监督"的管理机制、"政策引导、行政指导、教育督导"的监督机制以及对直销经营行为全过程的监控机制。

**四、检查要求**

（一）统一思想，提高认识。

各地工商行政管理机关要从维护社会稳定、促进经济平稳较快发展的高度，统一思想，提高认识，切实增强责任感和紧迫感，认真组织好、开展好直销专项检查工作，切实维护直销市场秩序，为新中国成立60周年创造良好的社会环境。

(二)周密部署,务求实效。

各地工商行政管理机关要切实加强组织领导,根据工作实际,及时制定具体工作方案,精心组织,周密部署。工作中,要狠抓落实,务求各项工作取得实效。总局直销监管局将适时进行督查。

(三)把握政策与法律界限。

直销监管工作具有很强的政策性,各地工商行政管理机关要坚持政策引导、行政指导和教育督导相结合,行政指导与执法办案相结合,检查与宣传教育相结合的原则,开展检查工作。对于工作中遇到的疑难问题,应及时向总局直销监督管理局报告。

(四)加强协作配合,形成合力。

工作中,各地工商行政管理机关应注意加强与商务、公安等部门的沟通协调,加强区域间的协作配合,加强系统各部门间的沟通合作,整合有效资源,实现信息共享,发挥各自职能作用,切实形成监管执法合力。

(五)依法行政,廉洁自律。

各地开展检查和查办案件,要坚持以事实为根据,以法律为准绳,严格按照法定程序进行,做到依法行政、规范执法。监管执法人员要严格遵守有关廉政制度和各项纪律规定,做到公平执法,廉洁自律。

各地检查工作情况要及时上报,工作总结及典型案例于2009年9月30日前报送国家工商行政管理总局直销监督管理局。

# 云南省工商行政管理局关于印发云南省工商行政管理系统工程建设领域突出问题专项治理工作实施方案的通知

云工商公字〔2009〕29号

各州、市工商行政管理局,省局相关处室:

为贯彻落实《中央办公厅、国务院办公厅印发〈关于开展工程建设领域突出问题专项治理工作的意见〉的通知》(中办发〔2009〕27号)精神,根据《云南省工程建设领域突出问题专项治理工作实施方案》(云厅字〔2009〕16号)的总体要求,结合省工商行政管理系统工程建设项目突出问题专项治理工作实际,现将我省工商系统工程建设领域突出问题专项治理工作实施方案印发你们,请各单位认真遵照执行。

附件:云南省工商行政管理系统工程建设领域突出问题专项治理工作实施方案

二〇〇九年十一月二十日

# 云南省工商行政管理系统工程建设领域突出问题专项治理工作实施方案

为认真贯彻落实《中共云南省委办公厅、省人民政府办公厅印发的〈云南省工程建设领域突出问题专项治理工作的实施方案〉的通知》(云厅字〔2009〕16号)精神,规范全省工商行政管理系统工程建设行为,促进反腐倡廉建设,按照省工商局开展专项治理工作领导小组的部署和要求,结合省工商系统工作实际,现就全省工商行政管理工程建设项目突出问题专项治理工作制定如下工作计划:

**一、工作目标**

以邓小平理论和“三个代表”重要思想为指导,深入贯彻落实科学发展观,全面贯彻党的十七大、十七届四中全会及省第八次党代会精神,用2年左右的时间,对2008年以来的建设投资项目进行全面排查。认真查找和纠正在项目审批、工程招投标、物资采购和资金管理使用和工程质量管理等重点环节存在的突出问题。坚持围绕中心、服务大局,突出重点、完善制度,集中治理与加强日常监管相结合,严肃查处违纪违规案件,建设廉政高效工程。

**二、任务分解**

全省工商行政管理系统工程建设领域突出问题专项治理工作任务分解为六个方面,具体目标如下。

(一)规范工程建设项目决策和国有资产(土地使用权)的处置行为。

严格执行建设项目审批程序,着重解决未批先建、违规审批以及决策失误造成重大损失等突出问题,解决国有资产(土地使用权)的处置转让行为,促进项目决策和审批公开透明、依法实施。

(二)规范招标投标活动。

认真贯彻执行《招标投标法》,规范全省工商行政管理系统招标投标行为。着重解决规避招标、虚假招标、围标串标、评标不公和未经批准邀请招标、非法指定招标代理、设置障碍排斥投标人等突出问题。

配合省发展和改革委员会的规范招投标活动的具体工作由省工商局企业登记管理处、企业监督管理处、市场监督管理处、基本建设管理处、纪检监察室等相关处室具体负责。

(三)加强工程建设和工程质量管理。

加强项目管理,着重解决工程建设项目管理制度不完善、措施不到位、监理责任不落实、质量安全无保证等突出问题,保证工程建设质量,减少重特大生产安全事故发生。

(四)加强物资采购和资金使用的管理。

着重解决工程建设项目物资采购管理无序、建设单位基本建设财务管理薄弱和资金管理使用混乱以及工程严重超概算、概算虚高等突出问题,规范工程物资设备采购活动,促进建设工程资金使用规范、高效、安全、廉洁。

(五)推进建设项目信息公开和诚信体系建设。

解决工程建设信息公开不规范不透明和信用缺失问题,建立健全公开、透明、公平、公正的准入制度。

配合省工业和信息化委员会的工程建设项目信息公开和诚信体系建设的具体工作由省工商局企业登记管理处、企业监督管理处、市场监督管理处、基本建设管理处、公平交易处、纪检监察室等相关处室具体负责。

(六)加大案件查办力度。

着重解决国家工作人员特别是领导干部利用职权违规干预招标投标等以谋取私利等腐败问题,加大查办工程建设领域商业贿赂案件力度;完善情况通报、案件线索移送、案件协查、信息共享机制,形成查办案件全力;剖析大案要案,开展警示教育,坚决遏制工程建设领域腐败现象易发多发的势头。

配合省纪委、省监察厅加大查办案件力度的具体工作由省工商局公平交易处、经济检查总队、基本建设管理处、纪检监察室等相关处室具体负责。

**三、工作重点**

(一)认真开展项目自查。重点对2008年1月1日以来所有竣工和在建、拟建项目逐一自查清理,建立规范的项目台账。要对照有关政策规定和法律法规,针对项目审批、勘察设计和工程招标、物资采购、资金使用管理、工程质量管理等重点部位和关键环节进行自查,找出存在的突出问题,分析原因,提出治理对策。

一查项目决策、审批程序是否依法合规。是否依法办理立项、规划许可、用地许可、施工许可、质量安全监督等规定的手续。

二查招标投标活动是否依法办事。按规定应当公开招标的项目是否公开招标,邀请招标是否通过有权审批部门批准;是否以肢解工程、化整为零等方式规避招标;是否存在投标人以挂靠、借资质、相互串通等手段进行围标,招标代理机构、评标专家违规操作等问题。

三查项目实施是否按章办事。是否按照项目法人制、工程监理制和合同管理制进行管理;是否存在转包、违法分包工程;对项目经理、监理工程师履职情况是否监管到位;是否建立和落实了工程质量和安全生产责任制;有无擅自扩大建设规模、提高建设标准、增加建设内容等超概算问题;是否按规定程序和要求及时进行竣工验收和决算。

四查项目设计变更是否按照相关程序申报办理,对违规建设、擅自变更设计的行为是否依法处理。

(二)建立完善基本建设规章制度。按照基本建设项目全过程管理的要求,认真对照,对制度缺失的尽快建立,对不够完善的及时修订。

(三)适时开展重点督查。在自查期间,省局将选择重点单位、重点项目、重点环节组织督查。

**四、工作步骤和时间安排**

(一)排查问题阶段(2009年10月~2010年4月)。

1. 各单位按照全省工商行政管理系统工程建设领域突出问题专项治理工作任务分解的六个方面的具体目标和项目自查的四个重点进行自查,自查情况于2010年4月底前书面报告省局专项治理工作领导小组办公室。

2. 全面清理法规制度(2009年10~12月)。对不适应工程建设领域的规章制度予以废止,不够完善的及时修订。

3. 重点督查。在自查期间,省局将选择重点单位、重点项目、重点环节组织督查。

(二)整改规范阶段(2010年4月~2011年9月)。

1. 整改纠正问题(2010年4~6月)。针对排查中发现的问题,制定和完善整改措施,落实整改责任,限时进行整改,应当由上一级主管部门整改纠正的问题及时交由上一级主管部门负责整改纠正:应当由下一级部门整改纠正的问题及时交由下一级部门负责整改纠正;应当由项目建设单位整改纠正的问题及时交由项目建设单位负责整改纠正。确保项目投资和资金使用优质、高效、安全、廉洁运行。

2. 落实监管责任(2009年10月~2011年),各级工商行政管理部门按照省局规定,落实对工程建设领域专项治理工作负总责的要求。各有关部门依照有关法律法规和职责分工,落实对工程建设项目各环节的监管责任。建立健全各部门有效联动、密切配合的监督机制。将因为监管不力、行政不作为和乱作为造成重大损失的行为作为行政问责的重要内容。

3. 完善规章制度(2010年~2011年9月)。在全面清理工程建设领域法规制度的基础上,按照制度建设的职责分工,加快对重点部位和关键环节制度建设的进度,坚持实体性制度与程序性制度并重,注重制度之间的配套衔接,增强制度的针对性和有效性,最大限度地减少滋生腐败的土壤。

(三)巩固成果、总结评估阶段(2011年9~12月)。

要组织对专项治理工作任务落实情况进行全面检查,对搞形式、走过场,达不到目标要求的,要责令"补课";没有完成任务的,要责令限时完成。切实做到不留死角,不打折扣。要注重成果运用,及时把专项治理工作的有效措施和经验转化为法规制度,进一步提出需要完善的规章制度和加强日常监管的工作措施,建立健全长效机制。

各州市工商行政管理局形成专项治理的总结报告,于2011年9月底前报省局专项治理工作领导小组。省局专项治理工作领导小组将对专项治理工作进行全面总结,向省专项治理工作领导小组报告。

**五、保障措施**

(一)提高思想认识,加强组织领导。各州市在省局成立建设工程专项治理工作领导小组和办事机构人员的基础上,对应成立相关机构,主要领导亲自抓,分管领导具体抓,完善机构,明确任务。根据省局工程领域建设专项治理工作领导小组制定的具体方案精神制定本州、市实施方案,并于2009年12月底前报省局工程建设领域专项治理工作领导小组办公室。

(二)加强统筹协调,形成工作合力。把排查问题、进行整改、加强监管、完善制度有机衔接起来,协调推进。积极发挥纪检、财务、监察等内部机构的作用,形成合力,提高效率。

(三)加强督促检查,把握政策界限。各级领导小组成员要深入基层,深入现场。加强对重点项目、重点部位、关键环节的检查,掌握工作进度,督促工作落实。

(四)加强宣传交流,推广典型经验。对在专项治理工作中创造的有效做法和成功经验,各地要及时总结并予以宣传推广,营造良好的工作环境,推动专项治理工作深入开展。

各州市工商行政管理局在专项治理工作中遇到的重大问题要及时向省局专项治理工作领导小组请示、报告。

## 云南省工商行政管理局关于进一步加强固定形式印刷品广告监督管理工作的通知

云工商广字〔2009〕2号

各州、市工商行政管理局：

近年来，我省固定形式印刷品广告发展较快，对丰富广告形式、繁荣广告市场发挥了积极的作用。但在固定形式印刷品广告经营、发布活动中，也存在一些问题，主要是：有的单位和个人未经许可，非法经营固定形式印刷品广告；有的固定形式印刷品广告与期刊出版物的形式特征相混淆；有的在固定形式印刷品广告发布非广告信息等。这些非法广告行为，扰乱了广告的市场秩序，必须加以整顿和规范。为加强对固定形式印刷品广告经营、发布活动的监督管理，打击利用固定形式印刷品广告从事非法出版活动的行为，现就有关问题通知如下：

一、固定形式印刷品广告监督管理工作的政治性和政策性较强，各级工商行政管理机关必须增强政治意识和责任意识，充分认识固定形式印刷品广告监管工作的重要性和特殊性，加强案件移送、协查和情况通报工作，加大对违法行为的查处力度，切实履行好监管的职责。

二、加大监管力度。对未经工商行政管理机关核准登记，擅自经营、发布固定形式印刷品广告，以及将固定形式印刷品广告经营权转让他人经营的违法行为，应当依照《印刷品广告管理办法》及有关法律法规的规定予以查处。

三、加强监督管理。对形式和内容违法的固定形式印刷品广告，应依照《广告法》、《印刷品广告管理办法》等广告管理法律法规予以查处。

四、开展全面清理检查工作，促进固定形式印刷品广告健康发展。

各地工商行政管理机关接到本通知后，要认真部署开展固定形式印刷品广告的全面清理检查：一是要向固定形式印刷品广告发布单位传达贯彻固定形式印刷品广告管理有关规定和本通知精神，要求各有关经营单位对照《广告法》、《印刷品广告管理办法》等法律法规和本通知规定，进行自查自纠，写出经营情况报告，并将书面报告和2008年1月份以来发布的固定形式印刷品广告，报送所在地工商行政管理机关；二是要组织力量对市场上发布的固定形式印刷品广告进行全面地清理检查。对未经登记擅自发布固定形式印刷品广告、转让发布经营权，不按核准的名称、规格、样式发布固定形式印刷品广告的行为，以及固定形式印刷品广告中含有非广告信息内容，违反国家规定使用外国语言文字或者含有国家规定禁止内容，利用固定形式印刷品广告发布违法广告等违法行为的，要依法予以查处。如遇同一违法固定形式印刷品广告在省内不同地方发布的，由省局指定一地工商局统一查处，相关地工商局配合。

清理检查工作应于2009年6月30日前结束，并做好情况汇总工作。各州、市工商行政管理局（特别是办理过固定形式印刷品广告的州、市工商局），应在7月20日前，向省局广告处报送下列材料：1. 清理检查工作报告，内容主要包括：本次清理检查情况、当地固定形式印刷品广告市场存在的问题、对固定形式印刷品广告登记管理工作的意见和建议等；2. 2008年《固定形式印刷品广告情况报告表》。

五、对具有以下情形之一，并涉嫌利用固定形式印刷品广告从事非法出版活动的，应移送同级新闻出版行政机关处理：

（一）含有新闻报道、新闻评论、社会批评、散文、小说、报告文学等内容的；

（二）具有图书、期刊、报纸等出版物特征的。执行本通知中遇到的问题，请及时报告省广告处。

二〇〇九年二月十二日

## 云南省工商行政管理局关于加强食品药品广告整治的通知

云工商广字〔2009〕6号

各州、市工商行政管理局：

加强对食品、药品广告的监管关系到广大人民群众的切身利益，与我省当前在全省范围内“深入开展食品、药品安全专项整治和安全生产治理整顿，防止重特大安全事故和食品药品事件的发生，努力实现安全发展”工作密切相关。各级工商行政管理局要高度重视，切实将食品、保健食品、药品广告的整治纳入食品安全专项整治工作中，统一安排部署，统一检查落实。现提出以下几点要求，请各地结合实际，认真贯彻落实。

**一、食品、保健食品、药品广告整治的重点和目标。**

从严查处：在食品广告中宣传对疾病的预防和治疗作用等违法行为；在保健食品、药品广告中夸大功能、保证疗效、保证治愈、使用患者、专家名义作疗效证明的违法行为；未经广告审查机关审查，擅自发布广告的违法行为；以新闻报道、专家咨询等形式变相发布广告，误导消费者的违法行为；未经广告审查机关审查，内容违法，擅自发布药品、保健食品印刷品广告的违法行为。通过整治，禁止并取缔以患者、公众人物、专家名义作疗效证明，以及未经广告审查机关审查、擅自发布保健食品、药品广告的行为，促使食品、保健食品、药品广告发布秩序明显好转。

**二、强化食品、保健食品、药品广告整治的措施。**

一是要加强日常检查和监测，强化广告发布环节监管，加大案件查办力度。要针对本地具体实际，明确检查和监测的重点区域及问题多发媒体，分级落实辖区监管责任。对监测发现、上级交办、相关部门移送、投诉举报的涉嫌虚假违法广告要加大查处力度，并将查处结果及时通报相关部门。

二是要加强与卫生、食品药品监管部门协调，沟通信息。对发布严重虚假违法广告涉及保健食品、药品的要建议食品药品监管部门采取相应行政强制措施，同时，卫生、食品药品监管部门移送的涉嫌虚假违法的广告，要及时从严查处，并告知查处结果。

三是开展对食品、药品广告市场的专项检查。省局将于今年5～6月期间，联合联席会议成员单位对我省重点地区的食品、药品广告市场进行专项检查，对存在问题将严肃查处。

四是对各地开展整治工作情况进行交叉检查。针对今年各地开展食品、药品广告整治工作情况，省局拟于今年下半年在系统内开展一次交叉检查，通过交叉检查，落实各地整治目标的完成情况。

**三、上报情况要求。**

各地要结合工作实际，研究制定整治工作的具体实施意见，做到有明确目标，有具体内容，有保障措施，并于6月10日、11月10日前将上半年和全年整治工作情况分别报省局广告处。

二○○九年四月十四日

## 云南省工商行政管理局关于印发推进驰名商标培育申报和基层工商所开展一所一标活动实施方案的通知

云工商标字〔2009〕3号

各州、市工商行政管理局：

进一步推进我省商标战略的实施，是省委、省政府深入贯彻党的十七大精神，全面落实科学发展观，切实增强我省自主创新能力，推动经济发展方式转变，努力提高云南企业核心竞争力的一项重要举措；也是工商机关应对职能转变提升，推动科学监管促进科学发展的重要抓手。省局党组决定把“推进商标战略要在驰名商标培育申报和基层工商所开展‘一所一标’活动上求突破”作为今年全系统要抓好的六项重点工作之一，为保证这项工作的顺利推进，省局研究制定了该项活动的实施方案。现把该方案印发给你们，请各地高度重视，积极细化方案，认真组织实施，确保取得实效。

附件：推进驰名商标培育申报和基层工商所开展“一所一标”活动实施方案

二○○九年三月九日

## 推进驰名商标培育申报和基层工商所开展“一所一标”活动实施方案

进一步推进我省商标战略的实施，是省委、省政府深入贯彻党的十七大精神，全面落实科学发展观，切实增强我省自主创新能力，推动经济发展方式转变，努力提高云南企业核心竞争力的一项重要举措；也是工商机关应对职能转变提升，推动科学监管促进科学发展的重要抓手。省局党组决定把“推进商标战略要在驰名商标培育申报和基层工商所开展‘一所一标’活动上求突破”作为今年全系统要抓好的六项重点工作之一，为保证这项工作的顺利推进，特制定此实施方案。

**一、指导思想**

认真贯彻党的十七大关于实施知识产权战略的部署和《国务院关于印发国家知识产权战略纲要的通知》精神，以贯彻落实科学发展观，促进云南经济又好又快发展为出发点和落脚点，积极应对工商职能转变提升，充分发挥商标兴企、商标富农、商标强省的积极作用，推动科学监管促进科学发展，大力推进商标战略实施，力争在驰名商标培育申报和基层工商所开展“一所一标”活动上取得突破。

**二、目标任务**

2009年，全系统要推荐上报驰名商标认定申请10件，力争全年获准认定5～8件；要丰富充实驰名商标推荐后备库，认真开展云南省著名商标推荐认定工作，新增云南省著名商标120件以上；积极开展“一所一标”和“一所多标”活动，每个工商所（分局）每年至少指导帮助市场主体申请一件民间传统特色产品商标或农产品注册商标，至少确定一件已注册农产品商标作为争创知名、著名和驰名商标的培育帮扶对象，至少指导一户涉农企业积极运用“公司＋商标＋农户”经营模式开展品牌化经营。全系统工商所（分局）在商标监管服务中，要走访服务工商企业16 608户以上。

**三、工作措施**

（一）加强领导，落实责任。

为在驰名商标培育申报和基层工商所开展“一所一标”活动上取得突破，省局决定由赵健副局长作为责任领导；省局商标处作为责任处室，冯林处长为负责人；省局公平交易处、法制处、信息中心作为协办处室，蒋凌处长、王一丁处长、候安利副主任为责任人。整个工作在省局党组的领导下，商标处负责统筹整个工作的组织开展；公平交易处协助抓好商标专用权的保护工作；法制处协助完善商标法规建设和组织开展商标疑难重大案件的会商工作；信息中心协助加快商标监管信息系统的建设。各州、市工商局也应建立相应机制，落实责任，确保各项工作目标任务的实现。

（二）加大宣传，形成合力。

坚持反复向党委、政府汇报，争取支持；反复向企业和农户宣传，增强意识；反复向干部职工灌输，提高工作自觉性的“三反复”方针，不断加大宣传力度，努力营造政府培育、企业争创、市场推崇、社会热爱商标的良好氛围，形成政府主导，部门协调，企业重视，合力推进的良好局面。

（三）加强培训，提高效能。

结合工商机关职能转变和提升，加强对基层工商部门的商标培训工作，努力提高商标监管服务水平。针对商标争创工作开展实际，适时开展重点企业商标争创培训工作。省局将在昆明、曲靖试点开展“一所一标”工作取得一定经验的基础上，积极筹备召开全省“一所一标”工作现场会议，并适时举办一期争创驰名商标企业培训班。

（四）明确培育重点，加大帮扶力度。

培育、扶持和创建中国驰名商标是我省推进商标战略工作的重中之重，各州、市要明确培育重点，加大帮扶力度。根据2008年确定的《云南省2009年创建“中国驰名商标”重点名单》及实际工作开展情况，今年创建“中国驰名商标”的重点帮扶企业是：云南大山饮品有限公司、云南云天化国际化工股份有限公司、云南省下关茶厂沱茶（集团）股份有限公司、云南南天电子信息产业股份有限公司、云南铝业股份有限公司、云南罗平锌电股份有限公司、红塔烟草（集团）

有限责任公司、云南省玉溪市维和制药有限公司、云南景谷林业股份有限公司、云南龙生茶业股份有限公司、云南澜沧江啤酒企业(集团)有限公司和勐海茶厂等12户企业。各地要明确责任人,加强与企业沟通联系,指导企业完善商标的使用证据、经济指标证据、产品质量证据、用户情况反馈和宣传资料的收集、整理,积极开展争创工作。在具体工作中,凡是符合中国驰名商标认定条件的,各地都可以推荐上报,并在7月底前完成材料报送工作。

(五)完善制度,抓好落实。

要力争在驰名商标培育申报和基层工商所开展"一所一标"活动上取得突破,必须不断更新观念,完善制度,抓好落实工作。

1. 建立商标培育推荐后备制度。2008年,省局根据各个州、市工商局推荐并结合我省重点产业发展情况,提出了《云南省2009年创建"中国驰名商标"重点名单》。各地要根据日常巡查、走访、市场主体信用分类监管及商标信息库建设情况,联系辖区内产业布局和企业经营发展实际,按照"培育一批、扶持一批、推荐一批"的原则,依次确定本地知名商标、云南省著名商标、中国驰名商标的重点培育目标,建立商标梯队培育模式。

2. 建立驰名商标创建挂钩联系制度。根据确定的重点培育目标,要分级落实责任领导和责任人,根据创建工作的条件、程序和材料需要,主动深入企业指导,帮助企业解决创建工作中遇到的困难和问题。

3. 认真推行"三书一卡"工作制度。积极推行商标法律告知书、商标注册建议书、商标策略提示书和商标管理跟踪服务联系卡制度,从抓商标注册工作入手,采取措施动员广大企业开展商标注册,及时提醒企业变更、续展注册商标,并为注册商标的使用、管理、保护和争创工作提供意见建议。

4. 积极开展"两兴"、"两清"、"两规划"、"两本账"工作。围绕地方党委、政府的发展规划和目标,围绕当地优势产业和优势产品,切实树立"品牌兴农""品牌兴企"的科学发展观,通过切实有效的工作,摸清辖区内的商标注册情况,摸清辖区内的商标侵权状况。在此基础上,各县(市、区)工商局和工商所(分局)分别制定商标培育、发展五年规划。同时建立有效注册商标登记台账和拟培育、发展商标台账,为扎实推进商标的培育和发展奠定良好的工作基础。

(六)积极争取,完善商标法制建设。

《云南省著名商标认定和保护办法》颁布实施已近10年,随着我省商标战略实施工作不断向前推进,加快我省自主知名品牌的培育和保护工作的任务日益繁重和紧迫,对于商标法律法规的完善也提出了更高的要求。要结合商标战略推进中遇到的具体困难和问题,积极向省政府请示汇报,加强与相关部门沟通协商,启动《云南省著名商标认定和保护办法》的修订工作,为推进商标战略实施创造有利的法制条件。

(七)抓紧实施,加快商标监管信息系统建设。

2008年,省局正式向国家工商总局提出了指导和帮助云南省建立和完善商标监管信息系统的请求,并得到了总局领导的同意。要以总局的帮助支持为契机,加强商标监管信息化建设,借鉴外省成熟的商标信息化管理经验,今年初步建立我省商标注册、查询等基本信息数据库和监管系统,并依托云南工商系统"工商业务一体化"软件,建立和完善我省商标监管信息化平台,努力提高我省商标监管的水平和效率。

(八)严格执法,加大商标专用权保护力度。

围绕商标专用权保护的制度化、规范化、程序化、法制化建设,进一步巩固商标监管执法工作中行之有效的制度和做法,积极探索遏制商标侵权假冒行为发生的长效机制。突出重点领域和重点环节,以保护涉农商标、地理标志、食品商标、药品商标、驰名商标、涉外商标为重点,继续加大商标行政执法力度,严厉打击商标侵权假冒行为,依法维护消费者和生产者、经营者的合法权益,营造公平有序的科学发展环境。

(九)强化监督检查,确保目标任务实现。

围绕各项目标任务的落实,制定确实可行的考核办法,强化监督检查。建立商标工作动态通报制度,每月上报一次工作进展情况,对各地完成目标任务情况进行检查通报,确保目标任务实现。

## 云南省工商行政管理局关于转发国家工商总局关于进一步规范商标代理市场秩序的文件的通知

云工商标字〔2009〕29号

各州、市工商行政管理局:

现将国家工商总局《关于进一步规范商标代理市场秩序的通知》转发给你们,请结合省局以下意见认真贯彻执行。

**一、深入清理商标代理组织,建立健全商标代理组织管理信息数据库**

经省局初步清理,全省现有商标代理组织38户(名单见附件2),其中昆明市36户、玉溪市1户、保山市1户,省局已在云南红盾信息网和《都市时报》进行了公示。昆明、玉溪、保山3市工商局要对本辖区内的商标代理组织,逐一上门进行深入细致调查摸底工作,督促商标代理组织如实填写《云南省商标代理组织登记表》(附件3),并填报2008年以来县、市工商局对商标代理组织的不良信用记录。其他州、市工商局要认真清理省内外商标代理组织在当地所设的办事点和代办点,进行详细登记上报。省局将以此为主要依据,对全省商标代理组织有关信息进行汇总、分类和分析,建立健全我省商标代理组织管理信息数据库,便于全省工商系统进一步加强对商标代理市场秩序的规范和管理,促进我省商标代理行业健康有序发展。

昆明、玉溪、保山3市工商局,请于11月13日前,将填写齐备的《云南省商标代理组织登记表》报送省局商标处。其他州、市工商局,请及时将清理商标代理组织办事点和代办点的情况报送省局商标处。

**二、加强督促检查,促进商标代理组织诚信经营和履行有关义务**

各级工商机关要进一步加强对商标

代理组织的日常检查工作，促进商标代理组织守法经营、诚信经营。要督促商标代理组织定期（半年一次）向省、市工商局报送商标代理业务情况，报送经商标局核准的商标注册、续展、转让、变更情况和代理驰名商标申报情况，便于及时掌握全省注册商标信息。省局将在适当时候组织召开全省商标代理组织座谈会，听取商标代理组织意见建议，重申、强调商标代理有关规定和要求，并与商标代理组织签订诚信经营履行义务承诺书。

**三、严格监管执法，严肃查处违法违规商标代理行为**

各州、市工商局要综合应用《广告法》、《合同法》、《反不正当竞争法》、《商标代理管理办法》和企业登记法律法规，加大对商标代理组织和从业人员违法违规行为的查处力度，重点查处以下种违法违规行为：

1. 擅自以国家工商局商标局、中华商标协会、各级工商局等部门、单位及其负责人名义，诱导或者强求招揽商标代理业务行为。

2. 以夸大宣传、提供虚假信息等方式误导委托人，或以欺诈手段骗取委托人钱财的行为。

3. 不履行或不完全履行委托义务，损害委托人利益的行为。

4. 未经委托人同意，擅自把未经公开的代理事项泄露给其他组织和个人的行为。

5. 在明知委托人的委托事宜出于恶意或者违反法律法规或者具有欺诈性的情况下，仍然接受委托的行为。

6. 伪造、变造法律文书的行为。

7. 诽谤其他商标代理组织和商标代理人，或者以回扣等不正当竞争手段争揽商标代理业务的行为。

**四、严肃工作纪律，自觉维护商标代理市场秩序**

省以下工商机关商标监管部门的主要职责是宣传商标法律法规，指导和规范企业商标使用，查处商标侵权和商标违法行为，培育、推荐、认定高知名度商标，大力推进商标战略实施。对于企业申请商标注册和申请高知名度商标认定，工商干部的职责是宣传鼓励、咨询服务和帮助指导，不允许代办、包办。各级工商机关要进一步严肃商标工作纪律，严肃查处以下违法违纪行为：

1. 工商干部直接代理商标注册申请，或者是作为商标代理组织的办事点或代办点，直接为商标代理组织招揽商标代理业务的。

2. 指定商标代理组织，强制商标注册申请人到指定商标代理组织进行商标业务代理的；没有正当、合法理由，限制、阻止商标代理组织和商标代理人合法开展商标代理业务的。

3. 为商标代理组织推荐商标代理业务并拿取商标代理组织回扣的；在指导帮助企业申请商标注册和申请高知名度商标认定中，收取或变相收取费用的。

4. 其他商标工作违法违纪行为。

各地在清理规范商标代理市场秩序工作中，发现的新情况、新问题要及时总结，把握不准的问题应及时向省局请示。

附件：国家工商行政管理总局关于进一步规范商标代理市场秩序的通知

二〇〇九年十月二十二日

## 国家工商行政管理总局关于进一步规范商标代理市场秩序的通知

工商办字〔2009〕159号

各省、自治区、直辖市及计划单列市、副省级市工商行政管理局：

自取消商标代理组织设立和商标代理人资格核准行政审批以来，商标代理行业得到迅猛发展，我国商标代理组织从原来的147家猛增至4317家（截至2009年7月31日），为促进我国商标事业的发展作出了积极的贡献。但是，在商标代理行业快速发展的同时，也出现了一些阻碍行业健康发展、扰乱商标代理市场秩序的因素：一些不具备基本专业要求、不了解相关法律法规、不讲职业操守的人员涌入商标代理行业；见利忘义、出具虚假法律文件、欺诈委托人钱财、违背诚信原则、损害其他代理组织合法权益的情况时有发生；恶意申请、恶意异议、恶意转让等行为屡见不鲜。另外，由于代理组织的数量远远超过了市场需求，恶性竞争愈演愈烈。上述情况造成了全行业整体素质和诚信水平的下降，不仅损害了委托人的利益，也损害了国家利益，扰乱了商标注册和管理工作秩序，败坏了商标代理行业的社会形象。

严格规范商标代理市场秩序，是当前工商行政管理工作的重点。各级工商行政管理部门要按照总局2009年工作会议的精神，严格依法查处各种非法商标代理行为，进一步规范商标代理市场秩序，加强对商标代理人、商标代理组织的监督指导，积极推动行业自律和行业管理，尽快扭转商标代理市场存在的混乱无序状况，保证我国商标注册和管理工作健康有序的发展。现将有关工作通知如下：

**一、充分认识规范商标代理市场秩序工作的重要意义，切实做好新形势下商标代理市场的监管工作**

党的十七大报告明确提出“规范发展行业协会和市场中介组织，健全社会信用体系”的要求。国务院于2008年6月颁布的《国家知识产权战略纲要》中指出，要“完善知识产权中介服务管理，加强行业自律，建立诚信信息管理、信用评价和失信惩戒等诚信管理制度”。总局领导一贯重视商标代理市场的监管工作。周伯华局长在部署2008年工作时指出，要充分发挥各类协会组织提供服务、反映诉求、行业自律、规范行为的作用。要采取有力措施，切实规范商标代理行为，保障商标申请人的合法权益。周伯华局长在部署2009年工作时强调，要深入学习实践科学发展观，牢固树立科学监管、依法监管、有效监管的理念，着力更新思想观念，创新体制机制，提高监管水平，千方百计促进经济平稳较快发展，尽职尽责维护公平公正的市场秩序。

各级工商行政管理部门要认真学习党中央、国务院精神以及总局的工作部署，从深入学习实践科学发展观和构建和谐社会的高度充分认识新形势下进一步加强商标代理市场监管，规范商标代理行为的重要性和迫切性，努力实现监管与发展、监管与服务、监管与维权、监管与执法的“四个统一”。要充分认识规范商标代理市场秩序及建设统一规范、健康发展的社会主义市场经济的重要作用及二者之间的关系，严格依法行政，大胆探索创新，做好新形势下商标代理市场的监督管理工作，切实维护商标权人的合法权益，维护市场经济秩序，促进经济社会又好又快发展。

**二、积极采取有效措施，切实规范商标代理市场秩序**

各级工商行政管理部门要积极行动起来，把整顿规范商标代理市场秩序作为深入学习实践科学发展观活动的一项重要内容，转变监管观念，创新监管方式，依据法律和法规赋予的职责，采取有效措施，切实规范商标代理市场秩序。

（一）要建立和完善商标代理组织信息数据库，做到监督有序、管理有据。

各级工商行政管理部门要对本辖区内商标代理组织进行详细的调查摸底，对商标代理组织数量、从业人员数量、商标代理业务的数量、代理组织被吊销和注销的情况、行政主管机关处罚的情况等进行详细统计，并将统计数据及时上报总局商标局。总局商标局要对各省报送的统计数据进行汇总、分类和分析，建立和完善商标代理组织信息数据库，研究商标代理组织发展的趋势，促进商标代理行业健康有序发展。

（二）要建立工商系统内部上下联动、快速高效的信息交流和工作联系机制。

总局商标局要及时发布商标代理组织代理的商标申请和注册数量、欠费情况等有关信息，为地方工商行政管理部门日常监管商标代理组织提供便利。各省、自治区、直辖市工商行政管理局要每月向总局商标局报送本辖区商标代理组织的情况，包括商标代理组织备案名单（对港澳服务提供者依法设立的商标代理组织要单独标注“港资、澳资”）以及商标代理组织被吊销或注销名单（应包括商标代理组织名称、吊销或注销时间、吊销或注销原因、吊销或注销机关），协助总局商标局及时更新商标代理组织备案和注销数据库。

（三）要充分利用“工商行政管理网”，对商标代理组织实施信用分类监管。

总局商标局要与企业注册局等企业登记管理部门加强沟通与配合，根据《关于对企业实施信用分类监管的意见》和《企业信用分类监管数据规范》的要求，抓紧研究制定商标代理组织和商标代理人信用分类管理办法。总局商标局要定期对外发布商标代理组织信用信息，探索实行商标代理组织不良行为预警制度。各级工商行政管理部门对商标代理组织的处罚情况，应及时报送商标局，协助总局商标局建立健全商标代理组织的信用评价系统。

（四）要综合运用《广告法》、《反不正当竞争法》、《合同法》、《商标代理管理办法》和企业登记法律法规及有关规定，对本辖区的商标代理市场进行集中清理、整顿。

要严格执法，加大对商标代理组织和从业人员违法违规行为的查处力度，重点查处以下违法行为：申请开办业务时隐瞒真实情况，弄虚作假；伪造、变造法律文件；以欺诈手段骗取委托人钱财；不履行或不完全履行委托义务，损害委托人利益；在明知委托人的委托事宜出于恶意或者其行为违反国家法律或者具有欺诈性的情况下，仍然接受委托；未经委托人同意，擅自把未经公开的代理事项泄露给其他组织或个人；以夸大、虚假宣传等方式误导委托人；诽谤其他商标代理组织和商标代理人，或者以回扣及其他不正当竞争手段争揽业务等等。对构成犯罪的，依法移送司法机关追究刑事责任。

（五）要动员社会力量，加强对商标代理违法行为的社会监督。

各级工商行政管理部门要充分发挥“12315”投诉举报热线的作用，对商标代理违法行为的举报，要高度重视，及时依法立案查处。

**三、进一步转变职能，充分发挥和支持商标代理行业协会的作用，实施行业自律管理**

切实转变政府职能，充分发挥行业协会的作用，是我国政府行政体制改革的重要内容。为贯彻落实党中央和国务院精神，健全完善商标代理行业自律和行业管理机制，引导和监督商标代理行业规范、健康的发展，中华商标协会商标代理分会，要充分发挥行业协会职能，切实做好商标代理行业管理和自律工作。

在取消商标代理组织设立和商标代理人资格核准行政审批后，商标代理分会在商标代理行业的管理和自律方面尤显重要和必要。商标代理分会要紧紧围绕其宗旨，以科学发展观为指导，充分发挥自身优势，配合各级工商行政管理部门，规范商标代理市场秩序，实施行业自律管理，积极为规范商标代理市场秩序做出自己的贡献。

各级工商行政管理部门要积极支持中华商标协会商标代理分会的工作，采取切实有效的措施，支持商标代理分会进行行业自律管理。

（一）高度重视发挥商标代理分会在规范商标代理市场秩序中的重要作用。

发挥商标代理分会的行业管理作用，是贯彻落实党的十七大精神和国务院政府工作报告中转变政府职能”的要求、解决当前代理市场混乱情况的重要举措。各级工商行政管理部门要高度重视，更新观念，转变职能，切实发挥行政管理和行业管理各自的优势，努力履行监管职能、提高执法效能，共同做好规范商标代理秩序的工作。

（二）探索建立新形势下商标代理行业管理的新机制。

各级工商行政管理部门要认真研究和认识新形势下商标代理工作的特点，切实推进制度化、规范化、程序化、法治化建设，在构建长效机制上下功夫。要创新管理机制和服务方式，建立工商部门和代理分会的协调配合、信息沟通交流、权益保护协调等机制。充分发挥商标代理分会在商标代理组织和商标代理人信用分类和评级管理过程中的作用。

（三）加强各级工商行政管理部门与商标代理分会在监管工作中的配合和沟通。

要加强与商标代理分会的配合和沟通，及时研究代理管理工作中的新问题。

商标局和各级工商行政管理部门应将对商标代理组织的相关统计数据、备案信息、信用评级信息及处罚情况等及时抄送商标代理分会。对商标代理分会提出的有关对代理机构的违法行为的执法建议,工商行政管理机关应及时反馈处理情况。

商标代理分会应将对商标代理组织及代理人的管理情况和有关统计数据及时抄送商标局和商标代理组织登记地工商行政管理部门。

**四、工作要求**

各级工商行政管理部门要按照党中央、国务院的精神以及总局部署,切实将规范商标代理行业的工作抓出成效。各级工商行政管理部门应及时向总局上报工作情况,同时抄送商标代理分会。对于工作中发现的新情况、新问题要及时总结,把握不准的应及时向总局请示。

二〇〇九年八月十二日

# 云南省工商行政管理局关于贯彻执行保护世界博览会标志专有权行动方案的实施意见

云工商标字〔2009〕32 号

各州、市工商行政管理局:

2010 年上海世博会将于 2010 年 5 月 1 日~10 月 31 日在我国上海举行,为了保护世博会标志权利人的合法权益,为上海世博会的顺利举办创造良好的社会环境,国家工商总局制定了《保护世界博览会标志专有权行动方案》(以下简称《方案》),部署了从今年 8 月至 2010 年底在全国开展为时一年半左右的保护世博会标志专有权的集中整治行动。

为了在我省开展好世博会标志专有权保护行动,切实维护权利人和消费者的合法权益,按照《方案》的要求,结合我省的实际情况,我局提出如下贯彻实施意见:

**一、广泛宣传,认真培训,深化对世博会标志及其保护工作的认识**

上海世博会是我国首次举办的综合类世界博览会,党中央、国务院高度重视上海世博会工作,胡锦涛总书记指出,要举全国之力,集世界智慧,把上海世博会办成一届"成功、精彩、难忘"的世博会。世博会标志是中国 2010 年上海世界博览会组织机构和国际展览局国际等权利人的重要知识产权。依法保护世博会标志是工商行政管理部门的职责。为了加强对世博会标志的保护,2004 年 10 月 13 日国务院第 66 次常务会议通过了《世界博览会标志保护条例》(以下简称《条例》),于 10 月 20 日公布,并自 2004 年 12 月 1 日起施行。《条例》的施行为我国保护世博会标志提供了重要的法律法规的依据。

(一)积极开展广泛的宣传工作。

各地要认真学习《条例》和有关的法律法规,以直接面向社会公众的宣传与媒体的宣传相结合,宣传与专项执法行动相结合,宣传活动与市场经营者自身的教育活动相结合等形式,广泛开展宣传活动:

1. 充分利用电视、广播、网络、报刊、杂志等媒体和资源,以专题宣传、举办培训班、召开座谈会、散发宣传材料、悬挂宣传标语等活动,大张旗鼓向社会宣传有关世博会标志使用和保护的法律法规,进一步提高全社会对世博会标志的认识和保护意识;

2. 充分利用 2010 年的"3 · 15"保护消费者权益日和"4. 26"世界知识产权日宣传周的平台,集中宣传世博会标志及其保护的有关知识;

3. 要把宣传活动与同期开展的世博会标志保护专项行动相结合,在宣传中执法,在执法中宣传,在宣传中展示执法成果,在执法中扩大宣传影响,以宣传促进执法,以执法推动宣传;

4. 昆明、大理、丽江、迪庆、西双版纳等我省主要旅游地区以及其它主要的旅游风景区,要重点开展世博会标志保护的法律法规的宣传、咨询,普及知识,提高社会公众的辨别能力,为切实保护好世博会标志奠定广泛的社会基础。

(二)认真开展世博会标志保护的业务培训。

为保证全国各级工商行政管理机关依职权主动查处侵犯世博会标志专用权案件工作的顺利实施,国家工商总局商标局将于近期在上海举办面向各省、市、自治区工商机关商标管理部门负责人的世博会标志专用权保护执法培训。省局也将从明年开始,结合商标战略的集中培训,对各州市县工商局的商标监管人员分期分批进行业务培训。各地也要采取各种措施对商标监管人员认真开展世博会标志专用权保护的培训工作。

**二、精心组织,认真开展世博会标志保护各个阶段的集中整治行动**

(一)时间。

按照《方案》的要求,并结合实际,我省开展世博会标志保护集中整治行动的时间确定为:

1. 第一阶段从 2009 年 11 月 1 日~12 月 31 日;

2. 第二阶段从 2010 年 3 月 15 日~2010 年 4 月 30 日;

3. 第三阶段从 2010 年 8 月 1 日~8 月 31 日。

(二)重点地区和主要场所。

我省的昆明、大理、丽江、迪庆、西双版纳等主要旅游地区以及其它主要旅游风景区是世博会标志保护的重点地区,当地工商部门一定要紧密配合好当地政府和有关部门,除做好世博会标志日常保护工作外,还要做好紧急预案并积极探索重大活动中的应急处理机制。

全省各地工商部门在开展集中整治行动过程中要周密部署,依法履职,重点针对以下经营场所认真开展世博会标志保护工作:

1. 各大商场、商品交易市场,特别是与世博会纪念品紧密相关的服装和小商品市场;

2. 城乡结合部、城镇小商品集散地及学校周边地区的小商品批发、交易市场;

3. 国家级、省级旅游景点商品、服务的经营场所;

4. 星级宾馆及涉外饭店的商品经营部;

5. 指定授权或者代理品牌的商品、服务专卖(营、修)店;

6. 连锁经营的餐饮服务专营店。

(三)重点环节和商品范围。

1. 集中整治行动的重点环节是世博会纪念品的生产、流通领域和商标印制领域。

在生产领域,要重点检查生产者的主体资格、世博会纪念品授权生产的法律文件、产品质量检验报告等;

在流通领域，要重点检查经营者的主体资格、世博会纪念品授权经营的法律文件、进货渠道、进货手续等；

在商标印制领域，要重点检查商标印制单位从事印制业务的生产经营许可证、商标印制台账登记情况、商标标识的出入库和残次品的销毁登记情况等。

2. 重点检查商品主要是带有世博会标志的纪念币、纪念章、玩具、服装、鞋帽、文具及其它为广大世博会参与者、爱好者、游客和普通消费者喜爱且容易产生世博会标志侵权行为的旺销商品。

3. 还要加强对广告、网络等媒介中使用世博会标志行为的监管，禁止经营者利用世界博览会等名义对商品或服务进行虚假宣传、发布违法广告。

**三、工作要求**

世博会标志保护是我省今明两年商标工作的一个重要内容，事关国家形象和工商行政管理部门的形象，其政治意义和社会意义非常重大。各地工商行政管理机关必须提高对保护世博会标志重要性和必要性的认识，以高度的政治责任感和使命感，充分发挥职能作用，严格执法，依法行政，完成好世博会标志保护的各项工作，达到《方案》中提出的“深化对世博会标志及其保护工作的认识，进一步提高全社会的世博会标志保护意识；准确理解和适用法律法规，严厉打击各种侵犯世博会标志的行为；加强沟通和协调，实现对世博会标志使用行为的全方位监管”的工作目标，树立我省工商行政管理部门大力保护知识产权的良好形象，维护我省和我国的国际声誉。

（一）加强领导，严密组织，精心部署，结合当地实际提出具体实施办法。

各地工商行政管理机关要高度重视世博会标志的保护工作，正职领导要亲自挂帅，做好组织和部署，分管领导要抓好具体落实工作。要按照《方案》和省局的工作意见，结合当地实际，提出具体实施办法，于2009年11月13日前上报省局。

（二）在集中整治行动中要注意以下几个方面的问题：

1. 要坚持保护世博会标志和保护与世博会相关的注册商标专用权相结合。一是世博会标志是保护世界博览会标志专用权行动的核心保护对象；二是世博会参展国家（组织、地区）的官方标志检验印记、赞助商的商标也是行动的重点保护对象；三是要加强对各著名旅游景点和批发零售市场的整治力度。

2. 要坚持集中整治行动和日常监管相结合，进一步完善市场巡查机制，加强日常监管；要认真研究、积极应对各种世博会标志侵权行为新动向、新方式；要注意在行动中追踪制假窝点，从源头上打击侵权行为。

3. 要坚持行政处罚和教育引导相结合，严格按照有关法律法规依法行政，同时要注意加强对市场主办单位和各类市场主体的宣传、教育和引导，提高其依法经营意识，鼓励其对违法行为的举报；坚决打击屡教不改的违法市场经营者，依法追究包庇纵容侵权行为的市场主办单位的法律责任。

4. 要通过广泛的宣传教育建立预防机制，为各类市场经营者打“预防针”，防患于未然；要尝试在主要的市场和重点生产者、经营者和商标印制单位中建立备案登记制，清楚掌握其生产经营情况。

5. 要加强系统内外的沟通、协调与配合，形成整治合力。

一是要加强工商行政管理机关的商标监管、公平交易、消费者权益保护、广告和市场监管等部门协调配合；

二是要加强与上海世博局的沟通与协作，及时掌握有关情况；

三是要加强与公安、海关、商检等有关部门的沟通与协作。对构成商标犯罪的要坚决移送公安机关追究刑事责任；

四是要加强与媒体的信息沟通，及时通报整治行动中的工作进展和成果，扩大影响。

（三）总结经验，找出问题，提出整改措施，及时报告。

要建立向当地政府和省局的报告制度，及时报告工作情况，特别是对大案要案要马上报告。对于需要跨地区查办的大案要案，可随时提出协查意见。

要认真总结上一阶段工作取得的成绩，研究分析存在的问题，找出管理上存在的薄弱环节，提出下一步整改措施和对整治工作的意见和建议，并于整治行动每一阶段工作结束后10日内向省局报送工作总结。

各地工商行政管理机关务必坚持“四个统一”，以求真务实的工作精神，以积极饱满的工作热情，深入开展保护世博会标志专有权的各项工作，充分履行商标监管的工作职能。

二〇〇九年十一月三日

# 统计资料

## 云南省工商行政管理系统实有机构、编制、在职人员基本情况

单位:个、人

| 行政机构数 | | 编制数 | | 在职人数 |
|---|---|---|---|---|
| 合计 | 其中:工商所 | 行政编制数 | 工勤编制数 | |
| 2143 | 729 | 10417 | 172 | 11891 |

## 云南省内资企业登记基本情况

单位:户、万元

| 合　　计 | | 其中:公司 | |
|---|---|---|---|
| 户　　数 | 注册资本 | 户　　数 | 注册资本 |
| 50038 | 41813095 | 20576 | 34403502 |

## 云南省私营企业基本情况

单位:户、人、万元

| 户　　数 | 投资者人数 | 雇工人数 | 注册资本 |
|---|---|---|---|
| 136746 | 278653 | 1714589 | 30729241.29 |

## 云南省个体工商业基本情况

单位:户、人、万元

| 户　　数 | 从业人员 | 注册资金 |
|---|---|---|
| 986655 | 2009177 | 2938143.15 |

## 云南省广告经营基本情况

单位:户、人、万元

| 经营单位 | 从业人员 | 广告经营额 |
|---|---|---|
| 4159 | 19563 | 202360 |

## 云南省查处商标一般违法案件基本情况

| 案件总数（件） | 其中：涉外案件数（件） | 立案查处案件数（件） | | | 案值（万元） | 罚款金额（万元） |
|---|---|---|---|---|---|---|
| | | 小计 | 案值 5～10 万元 | 案值 10～30 万元 | | |
| 136 | | | | | 228 | 78 |

## 云南省查处商标侵权假冒案件基本情况

| 案件总数（件） | 其中：涉外案件数（件） | 立案查处案件数（件） | | | | 案值（万元） | 罚款金额 |
|---|---|---|---|---|---|---|---|
| | | 小计 | 案值 5～10 万元 | 案值 10～30 万元 | 案值 30～100 万元 | | |
| 847 | 28 | | | | | 834 | 414 |

## 云南省商标申请、注册基本情况

| 申请件数 | 注册件数 |
|---|---|
| 12289 | 8537 |

## 云南省市场基本情况

单位：个、万元

| 消费品市场 | | 生产资料市场 | | 生产要素市场 | |
|---|---|---|---|---|---|
| 市场数 | 成交额 | 市场数 | 成交额 | 市场数 | 成交额 |
| 3366 | | 172 | | 16 | |

# 索　　引

## 说　　明

一、本索引采用在行政区划内按主题分析法编制。索引范围主要包括全书各部类条目，“特载”、“专文”、“法规政策”、“重要文件选载”等部类的具体内容未作索引，仅以其文献标题、文献性质或署名标引。

二、《云南工商年鉴》为专业年鉴，故本索引着重从工商行政管理的业务范围方面进行标引，读者可从各行政区划名称为主题查找有关资料。

三、本索引在行政区划内按主题词首字汉语拼音音序（同音字按声调）排列，若首字拼音相同则按第二字音序排列，以此类推。

四、索引款目由主题词、修饰（说明）词、位置所组成，并采取主题词前置的形式。索引款目中的阿拉伯数字表示该主题内容在书中的页码；a、b、c 字母则表示主题内容在该页码的栏别（从左至右）。

五、各部类、栏目标题在本索引中以黑体字标引。

### A



### B



### C

## D

## E

## F



## G

## H

## J

## K



## L

## M

## N

## P

## Q



## R



## S

## T



## W

## X

## Y

## Z

# 云南普洱茶（集团）有限公司

大金瓜

古色古香清香七子饼

云南普洱茶（集团）有限公司位于驰名中外的“普洱茶都”——云南省宁洱县的普洱山下、龙潭池畔，其前身为成立于1975年4月的“普洱茶厂”(其历史可以追溯到1729年成立的清贡茶厂）。

1975年4月，当地政府在清朝普洱贡茶厂的旧址上建立了“普洱茶厂”。建厂之际，就被指定为云南省计划经济年代普洱茶四大生产厂家之一，其出口唛号尾数为4，产品于1977年开始专供云南省土产畜产进出口公司。

厂 区

目前，公司是云南省级农业产业化重点龙头企业，是一家具有丰厚历史积淀的从事茶叶种植、加工技术推广、茶文化传播及茶叶营销的专业企业。集团下属三个全资子公司、三个分公司、六个生态茶叶基地、八个茶叶初制加工厂，精加工车间9 200平方米，土地总面积4.5万亩，茶园面积超2.6万亩，茶工3 200多人，公司固定资产上亿元。主要产品有传统普洱茶，部优产品板山毫峰（绿茶），深加工产品干吃茶、速溶茶、普洱茶饮料等200多个品种，产品多次荣获国家级、省级金奖、名优茶、优质茶称号。注册的“普秀”商标荣获云南省著名商标、普秀产品获云南省名牌产品称号。公司已通过“QS”认证及“ISO9001：2000国际管理体系”认证，“有机食品”认证，“国际清真食品”认证。公司拥有自营出口经营权。

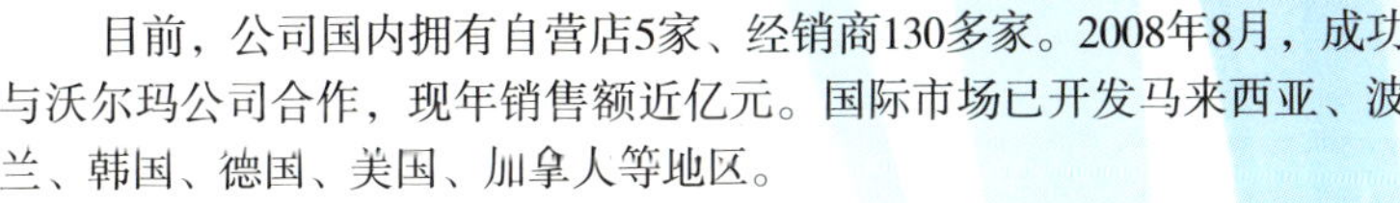

生产线

目前，公司国内拥有自营店5家、经销商130多家。2008年8月，成功与沃尔玛公司合作，现年销售额近亿元。国际市场已开发马来西亚、波兰、韩国、德国、美国、加拿大等地区。

**“普秀”品牌**

1975年4月，普洱茶厂成立，茶厂成立之初就被云南省指定为生产普洱茶的四大厂家之一，编号为4，所生产加工的普洱散茶以调供省茶叶进出口公司出口为主，1994年1月14日，“普秀”商标注册成功。经过十年的经营，普秀牌越来越响亮。

总部普秀阁

2004年10月，普洱茶（集团）有限责任公司完成企业改制，成立了云南普洱茶（集团）有限公司，继续使用“普秀”商标。

2005年12月，集团公司更改了“普秀”商标LOGO。正式启用以“大叶种茶叶”及“马”为主要表现元素，马帮精神渗透其中的“普秀”牌新商标，旨在有效推动树立“正宗、传统、专业、领先”的企业形象。云南普洱茶（集团）有限公司秉承“冒险、创新、亲和、诚信”的茶马古道马帮精神，力求实现“自发向上、务实客观，创一流普洱茶专业企业”的自我价值。同年，“普秀”商标被云南省工商局评为“云南省著名商标”。

公司地址：云南省普洱市宁洱县西门龙潭旁
联系电话：0879-3209888　3230028
传　　真：0879-3209099
昆明营销中心地址：昆明市金实小区云茶大酒店二楼
联系电话：0871-5616333
传　　真：0871-5617222

古茶树

云南红 Yunnan Red

## 借一方宝地 创一个品牌 兴一大产业 富一方百姓

# 通恒国际投资有限公司

通恒国际投资有限公司（Crosston International Investment Ltd）1996年4月在香港成立。在云南投资控股“云南红葡萄产业公司”（云南高原葡萄酒有限公司、云南红酒庄葡萄酒有限公司、昆明云南红酒业发展有限公司和云南高原生物资源开发有限公司）。企业致力于云南的葡萄产业建设和发展，目前已形成一个集葡萄种植和葡萄酒生产、销售的综合葡萄酒产业企业集团。

董事长 武克钢

云南红葡萄酒产业集团从1997年创立品牌“云南红”，高原产区独特的芳香口感和具有地方特色的品牌是云南红得天独厚的优势，目前“云南红”品牌在全国葡萄酒市场位于品牌前列，在众多的葡萄酒品牌中脱颖而出，已获得“中国名牌”及“中国驰名商标”等殊荣。

**云南红酒庄**

云南省弥勒县地处滇东南，属于低纬高原热带季风气候，冬无严寒，夏无酷暑。“云南红酒庄”正坐落于这片神奇的土地上。

云南红葡萄酒厂周围是一望无际的绿色葡萄园，朴素的房舍，仿古的橡木桶酒窖，各具特色的建筑，使葡萄酒庄充满诗情画意。

“云南红酒庄”是被中国农业协会正式授予葡萄酒庄称号的为数不多的葡萄酒庄之一。

“云南红酒庄”旗下设有：云南红酒庄庄园餐厅、云南红法邑圣恩教堂、云南红酒庄客栈、云南红酒庄酒吧、云南红弥勒故事葡萄酒主题餐厅、云南红酒庄生产基地、文化馆。

先进的酿酒设备

**地址：云南省弥勒县东风农场云南红酒庄**

**电话：0873—6331888**

云南红万亩葡萄园